MICHEL

Briefe-Katalog Deutschland 1996

Einzel-, Mehrfach- und Mischfrankaturen
von Deutschland auf Brief

SCHWANEBERGER VERLAG GMBH · MÜNCHEN

Preisnotierungen

Die ✉-Preise gelten für portogerecht frankierte Briefe oder Paket- (Post-)karten.

EF = Einzelfrankatur, d. h. die Marke allein auf dem Brief.

MeF = Mehrfachfrankatur, d. h. die gleiche Marke mehrfach auf dem Brief. Der Preis gilt nur für 2 Stück; weitere Stücke der gleichen Marke werden mit dem Preis für lose ⊙ dazugerechnet.

MiF = Mischfrankatur, d. h. die Marke mit anderen Marken auf dem Brief. Briefpreis gilt für die teuerste Marke, die übrigen Marken werden mit dem Preis für lose ⊙ dazugerechnet.

BF = Belegfrankatur, jeweils niedrigste Preisbewertung, wobei die Feststellung des Bewertungsverhältnisses zwischen EF, MeF und MiF nicht möglich ist oder noch fehlt.

Nicht portogerecht frankierte Briefe werden nur mit einem Aufschlag von maximal 15% für die beste Marke auf den ⊙-Preis bewertet, restliche Marken mit dem normalen ⊙-Preis hinzugerechnet.

Ist in einer Preisspalte keine Notierung vorhanden, lagen dafür bisher keine ✉ vor. Um leihweise Belegvorlage wird daher gebeten. Für noch frankaturgültige Briefmarken werden ✉-Preisnotierungen nur für Ausgaben vor dem 1. Juli 1993 bei Entwertung mit bis zu vierstelliger Postleitzahl angegeben.

Notierungen für lose Marken ✱, ✱✱, ⊙ siehe MICHEL-Deutschland- bzw. MICHEL-Deutschland-Spezial-Katalog oder MICHEL-Junior-Katalog.

Alle Preisnotierungen sind Richtwerte auf DM-Basis; sie legen auch die Wertverhältnisse der Marken untereinander fest. Gravierende Preisänderungen nach Redaktionsschluß werden in der MICHEL-Rundschau angezeigt.

Als Grundlage für die Ermittlung der Preisnotierungen dienten Unterlagen des Briefmarken-Groß- und Einzelhandels, Arbeitsvorlagen von Sammlern im In- und Ausland sowie Arbeitsgemeinschaften.

Bessere ✉ sollten vor Erwerb unbedingt durch einen anerkannten Prüfer geprüft werden.

Internationaler Verband der Herausgeber von Briefmarkenkatalogen

Das Papier dieses Kataloges ist mit elementar chlorfreiem Zellstoff gefertigt und voll recyclebar.

ISBN 3 87858 477 6

Alle Rechte, auch die des auszugsweisen Nachdrucks, der Vervielfältigung und Verbreitung in besonderen Verfahren wie fotomechanischer Nachdruck, Fotokopie, Mikrokopie, elektronische Datenaufzeichnung einschließlich Programmierung, Speicherung und Übertragung auf weitere Datenträger sowie der Übersetzung in andere Sprachen, behält sich der Verlag vor. Die Verwendung der MICHEL-Numerierung – auch einzelner MICHEL-Nummern – in Katalogen, Alben und sonstigen systematischen Briefmarkenverzeichnissen ist ohne Genehmigung des Verlages nicht gestattet (ausgenommen in kostenlos verteilten Händlerpreislisten). Für Irrtümer, Satz- und Druckfehler übernimmt der Verlag keine Gewähr.

© 1996 Schwaneberger Verlag GmbH, Muthmannstraße 4, D-80939 München, Telefon (089) 3 23 93-02
Satz: Gerber Satz GmbH München
Druck und Buchbindung: Gerber + Bruckmann Grafische Betriebe GmbH, Muthmannstraße 4, D-80939 München

Vorwort

Die vorliegende Ausgabe des MICHEL-Briefe-Kataloges weist mehrere wichtige Neuerungen auf, die seinen Wert für die Benutzer deutlich steigern:

1. Katalogisierung von Postbelegen, die im Zeitraum vom 1. Januar 1969 bis zum 30. Juni 1993 unter Verwendung von heute noch postgültigen Marken gelaufen sind (65 Seiten Mehrumfang). Dies war möglich, weil zum 1. Juli 1993 die Umstellung der Postleitzahlen auf die fünfstellige Form erfolgte.
2. Komplette Überarbeitung und Neugestaltung der Gebiete Bundesrepublik Deutschland (1949 bis 1968) und Berlin (West). Das heißt, daß hier die Kopftexte und Bildunterschriften dem Deutschland-Spezial-Katalog angeglichen wurden.
3. Bewertung grundsätzlich nur noch von portorichtig frankierten Belegen. Grund dazu ist die Tatsache, daß eine geringe Überfrankatur von bis zu 10% beim Handel und Tausch nicht mehr toleriert wird. Daraus ergeben sich deutlich höhere Preisnotierungen in den Fällen, in denen exakte Portorichtigkeit nur schwer erreichbar war und Belege dementsprechend selten sind. Nur dort, wo tarifgerechte Einzel- und Mehrfachfrankaturen überhaupt nicht oder nur in extrem seltenen Ausnahmefällen möglich waren, werden geringe Portoungenauigkeiten hingenommen, dies ist dann aber jeweils vermerkt.
4. Straffung der Katalogisierung der Heftchenmarken. Hier wurden alle Angaben entfernt, die nicht unmittelbar mit dem Vorkommen auf Briefen zu tun haben.

Bei der Preisbearbeitung wurde eine konstante Aufwärtsentwicklung festgestellt, da attraktive und seltene Stücke gesucht sind. Besonders deutlich fielen die Steigerungen für die deutschen Besetzungsgebiete im Ersten Weltkrieg und für viele Ausgaben der DDR in Einzel- und Mehrfachfrankaturen aus. Mit Marken der Standardportostufen frankierte Stücke sind in ausreichender Menge und guter Qualität verfügbar. Veränderungen in den Notierungen hat es hier folglich nur in begrenztem Umfang gegeben.

Allen Mitarbeitern, die uns beim zustandekommen dieses Kataloges unterstützt haben, danken wir für ihre Beiträge.

Wir sind davon überzeugt, daß der MICHEL-Briefe-Katalog Deutschland den Sammlern wiederum ein wertvoller Ratgeber und treuer Begleiter ist.

SCHWANEBERGER VERLAG GMBH
Redaktion

Inhaltsverzeichnis

Einführung	5
Deutsche Staaten	13
Baden	13
Bayern	14
Bergedorf	26
Braunschweig	27
Bremen	29
Hamburg	31
Hannover	32
Helgoland	35
Lübeck	38
Mecklenburg-Schwerin	39
Mecklenburg-Strelitz	40
Norddeutscher Postbezirk	41
Oldenburg	44
Preußen	45
Sachsen	48
Schleswig-Holstein	50
Thurn und Taxis	53
Württemberg	55
Deutsches Reich	62
Deutsche Auslandspostämter	140
Deutsche Post in China	140
Deutsche Post in Marokko	143
Deutsche Post in der Türkei	145
Deutsche Kolonien	148
Deutsch-Neuguinea	148
Deutsch-Ostafrika	149
Deutsch-Südwestafrika	151
Kamerun	152
Karolinen	153
Kiautschou	155
Marianen	156
Marshall-Inseln	157
Samoa	158
Togo	159
Deutsche Schiffspost im Ausland	160
Deutsche Marineschiffspost	161
Deutsche Abstimmungsgebiete	162
Allenstein (Ostpreußen)	162
Marienwerder (Westpreußen)	164
Oberschlesien	165
Schleswig (Nordschleswig)	170
Danzig (Freie Stadt)	171
Memelgebiet	188
Saar	194
Saargebiet	194
Saarland	202
OPD Saarbrücken	214
Deutsche Besetzungsausgaben des Ersten Weltkrieges 1914/1918	219
Landespost in Belgien	220
Etappengebiet West	221
Postgebiet Ob. Ost	221
Deutsche Post in Polen	223
Deutsche Militärverwaltung in Rumänien	226
Belgische Besatzungspost in Deutschland	228
Deutsche Besetzungsausgaben des Zweiten Weltkrieges 1939/1945	229
Albanien	229
Böhmen und Mähren	230
Brač	239
Elsaß	240
Estland	240
Frankreich	242
Generalgouvernement	244
Kanal-Inseln	249
Guernsey	249
Jersey	249
Kotor	250
Kurland	250
Laibach	251
Lettland	253
Litauen	253
Lothringen	255
Luxemburg	256
Mazedonien	257
Montenegro	257
Ostland	258
Rußland	259
Serbien	260
Ukraine	265
Zante	267
Zara	268
Feldpostmarken	269
Alliierte Besetzung	275
Notmaßnahmen	275
Gemeinschaftsausgaben	278
Sowjetische Zone	284
Berlin-Brandenburg (OPD Berlin)	284
Mecklenburg-Vorpommern (OPD Schwerin)	284
Bundesland Sachsen	287
Ost-Sachsen (OPD Dresden)	293
Provinz Sachsen (OPD Halle)	295
Thüringen (OPD Erfurt)	296
West-Sachsen (OPD Leipzig)	298
Allgemeine Ausgaben	303
Deutsche Demokratische Republik	309
Postgebühren	307
Berlin (West)	544
Postkrieg	621
Französische Zone	630
Allgemeine Ausgabe	630
Baden	630
Rheinland-Pfalz	633
Württemberg-Hohenzollern	636
Amerikanische und Britische Zone	639
Postgebühren	646
Bundesrepublik Deutschland	648
Prüfordnung	766

Einführung in den MICHEL-Briefe-Katalog Deutschland

Katalogeinteilung

Die Einteilung ist an den MICHEL-Deutschland- bzw. an den MICHEL-Deutschland-Spezial-Katalog angelehnt.

Für das ganze Land oder einen größeren Teil seiner Ausgaben allgemein gültige Bemerkungen stehen zur Vermeidung unnötiger Wiederholungen am Anfang eines Landes. Es empfiehlt sich daher, vor Bearbeitung eines Landes stets das Landesvorwort nachzulesen.

Marken auf Brief

Unter Brief versteht man alle Arten von Poststücken, die portogerecht und auf dem üblichen Weg durch die Post befördert wurden. Dazu gehören auch Paketkarten und alle sonstigen frankierten Postbelege.

Paketkarten werden bei einigen Ausgaben gesondert bewertet. In allen anderen Fällen entspricht die ✉-Notierung auch der für Paketkarten.

Portogerechter Brief: Als portogerecht frankiert gelten alle Postbelege mit einer exakt tarifgemäßen Frankatur. In seltenen Ausnahmefällen wird eine geringe Überfrankatur von maximal 10% des Posttarifes hingenommen. Das ist jeweils besonders vermerkt.

Überfrankierter Brief: Hierunter fallen alle Postbelege, die über dem Posttarif freigemacht sind.

Einteilung der Postbelege:

EF = Einzelfrankatur (eine Marke auf Postbeleg)
MeF = Mehrfachfrankatur (zwei oder mehrere gleiche Marken auf Postbeleg)
MiF = Mischfrankatur (verschiedene Marken auf Postbeleg)
BF = Belegfrankatur

Preisnotierungen

Alle Preisnotierungen sind Richtwerte auf DM-Basis; sie legen auch die Wertverhältnisse der Marken untereinander fest. Preisbewegungen nach oben und unten sind aufgrund von Angebot und Nachfrage die Regel, da der MICHEL-Katalog nur immer den letzten Stand der Marktlage berücksichtigen kann. *Gravierende* Preisänderungen nach Redaktionsschluß werden in der monatlich erscheinenden MICHEL-Rundschau angezeigt.

Der MICHEL-Briefe-Katalog bewertet für jede Markenausgabe stets die billigste Sorte der Einzel-, Mehrfach- und Misch-/Buntfrankatur. Fast jede Marke kann aber auch in selteneren Farbstufen verwendet worden sein, für die dann oft wesentlich höhere Bewertungen gelten. Eine vollständige Katalogisierung solcher Stücke würde den Umfang des vorliegenden Kataloges sprengen und muß daher der für die meisten Gebiete existierenden Spezialliteratur vorbehalten bleiben.

Grundlage für die Ermittlung der Preisnotierungen sind Unterlagen des Briefmarken-Groß- und -Einzelhandels, Arbeitsvorlagen von Sammlern sowie von Arbeitsgemeinschaften im In- und Ausland.

Preisspalten. Die Notierungen im MICHEL-Briefe-Katalog gelten für portogerechte Briefe.

EF = Einzelfrankatur. Der Preis gilt für die betreffende Marke allein auf Postbeleg.
MeF = Mehrfachfrankatur. Der Preis gilt für eine Frankatur mit 2 Stück der betreffenden Marke. Weitere Stücke der gleichen Marke sind mit dem Preis für lose ⊙ hinzuzurechnen.
MiF = Mischfrankatur. Der Preis gilt für die teuerste der auf dem Postbeleg befindlichen Marken. Weitere Marken werden mit dem Preis für lose ⊙ hinzugerechnet.
BF = Belegfrankatur, jeweils niedrigste Preisbewertung, wobei die Feststellung des Bewertungsverhältnisses zwischen EF, MeF und MiF nicht möglich ist oder noch fehlt.

Überfrankaturen, soweit nicht für solche gesonderte Preise vermerkt sind (z. B.: Deutsche Kolonien), werden nur mit einem Aufschlag von maximal 15× für die beste Marke auf den ⊙-Preis bewertet. Weitere Marken werden mit dem normalen ⊙-Preis hinzugerechnet.

Eine Notierung in Kursiv bedeutet einen stark schwankenden Handelspreis im Augenblick der Drucklegung des Kataloges.

Die Bezeichnung „—.—" innerhalb der Preisspalte besagt: Diesen Beleg gibt es, eine Notierung ist jedoch nicht möglich, weil ausreichende Bewertungsunterlagen fehlen. Das hat keinesfalls zu bedeuten, daß der Beleg unbedingt sehr teuer sein muß.

Ist weder —.— noch Preis in einer der drei Preisspalten eingesetzt, so gibt es die Marke in dieser Art

Postbeleg nicht oder dieser lag noch nicht vor. Eventuelle Vorlagen sollten, soweit möglich, durch einen zuständigen Verbandsprüfer geprüft sein.

Gliederung der Markengattungen

Innerhalb eines Landes sind ohne besondere Überschriften die Marken in chronologischer Reihenfolge numeriert, die der Vorauszahlung der Postgebühren durch den Absender dienen; dazu gehören auch Eilmarken, Flugpostmarken (gekennzeichnet durch ✈), Einschreibemarken, Zeitungsmarken usw. Anschließend folgen, jeweils mit eigener Überschrift und Numerierung, die Gattungen besonderer Postwertzeichen, z. B. Dienstmarken, Gebührenmarken, Paketmarken, Zwangszuschlagsmarken usw.

Abbildungen

Die Marken sind, wenn nicht anders vermerkt, in $^2/_3$ Größe, Aufdrucke meist in Originalgröße abgebildet. Die Größenangaben bei den Blockkatalogisierungen sind Durchschnittsmaße, geringfügige Schwankungen sind möglich. Katalogbilder können nicht als Vergleichsmaterial zu Prüfungszwecken herangezogen werden. Fortlaufende Buchstaben bei den Bildlegenden, die sich im Katalogtext wiederholen, erleichtern die Orientierung.

Bildbeschreibungen

In der Philatelie bezieht sich die Bildbeschreibung „rechts" oder „links" immer auf die Vorderseite der vor dem Betrachter liegenden Marke. Dies geschieht auch, wenn es dem eigentlichen Sachverhalt widerspricht; so ist z. B. das auf einer Marke abgebildete linke Auge eines Menschen körperlich dessen rechtes Auge.

MICHEL-Numerierung

Die Marken sind innerhalb ihrer Gruppen chronologisch numeriert, einzelne Nachzügler mit Angabe ihres Ausgabejahres eingefügt. An besonderen Stellen sind Übersichtstabellen oder Hinweise in Schrägschrift (kursiv) auf später erschienene Marken beigegeben. Nachträglich eingefügte Hauptarten erhalten in Ausnahmefällen die Nummern der vorangegangenen Marken mit den Buchstaben A, B, C usw. vor der Nummer. Die Numerierung der Blocks erfolgt kursiv, Sonderaufstellungen befinden sich am Anfang jedes Landes.

A, B, C, D, E (die ersten Großbuchstaben des Alphabetes) hinter der Nummer bezeichnen Trennungsarten der Marken.

a, b, c, d, e (die ersten Kleinbuchstaben des Alphabetes) hinter der Nummer bezeichnen wichtige Farbtönungsunterschiede.

V, W, X, Y, Z (die letzten Großbuchstaben des Alphabetes hinter der Nummer bezeichnen Wasserzeichenarten.

v, w, x, y, z (die letzten Kleinbuchstaben des Alphabetes) hinter der Nummer bezeichnen Papier- und Gummiverschiedenheiten.

I, II, III, IV, V... (römische hinter arabischen Ziffern) bezeichnen Druckarten und Typenunterschiede.

DD = Doppeldruck oder doppelter Aufdruck (A A)
DK = Doppelter Aufdruck, einer kopfstehend (A Ψ)
F = Fehldruck oder Fehlfarbe
U = Ungezähnt oder undurchstochen als Fehlart

Außergewöhnliche Marken, z. B. vereinzelt in Verkehr gekommene Probedrucke, von untergeordneten Stellen angefertigte örtliche Ausgaben geringer Markenzahl u. a. erhalten römische Ziffern ohne weitere Zusätze.

Sofern es offizielle Ganzsachen mit (eingedrucktem) bildgleichem Wertstempel gibt, ist nach der Farbangabe für die entsprechende Marke das Zeichen GA eingefügt.

Bei längeren MiNr.-Angaben sollte in Fehllisten etc. möglichst in folgender Reihenfolge verfahren werden:

1. Hauptnummer (z. B. 49)
2. Farbenunterart (z. B. 49b)
3. Druckart, Typen- oder Zähnungsunterschied, Wasserzeichenart bzw. Papier- und Gummiunterschied (z. B. 49b II)
4. Abartenbezeichnung (z. B. 49b II DD)

Wertangaben

Aus satztechnischen Gründen sind die Wertbezeichnungen bei Marken ohne Aufdruck in Ziffern und die Münzbezeichnungen einheitlich abgekürzt angegeben, ohne Berücksichtigung der Schreibweise auf den betreffenden Postwertzeichen. Stehen Münzbezeichnungen in Klammern, so ist auf der Marke selbst keine Münzbezeichnung gedruckt. Wertaufdrucke sind durch fettere Schrift gekennzeichnet.

Postwertzeichenpapier

Meist werden für den Markendruck Papiersorten gewählt, die nur für diesen angefertigt und oft noch mit besonderen Sicherungen gegen Fälschungen (Seidenfaden, Wasserzeichen) ausgestattet wurden. Daneben kommen auch Papiere von schlechter Beschaffenheit vor.

Man unterscheidet: Faser-, Glanz- und Pergamentpapier, handgeschöpftes, maschinenglattes, satiniertes (geglättetes) und gestrichenes Papier.

Bei farbigem Papier ist der Farbstoff in der Papiermasse selbst vorhanden, bei gefärbtem Papier nur auf der Oberfläche aufgetragen.

Heute wird für Postwertzeichen auch ein Papier benutzt, welchem bei der Herstellung ein Fluoreszenz- oder Phosphoreszenzkörper beigemischt oder aufgetragen ist, der bei Bestrahlung mit ultraviolettem Licht hell aufleuchtet (Fluoreszenz) oder kurz nachleuchtet (Phosphoreszenz). Die UV-Lampe MICHEL-Lux ist hier eine unentbehrliche Hilfe. Mit ihr sind auch der Papiermasse beigegebene optische Aufheller zu erkennen, die unter der Lampe bläulichweiß aufleuchten; diese können jedoch nicht gesondert katalogisiert werden.

Der Hinweis auf Papiersorten in der Katalogisierung erfolgt hauptsächlich dann, wenn eine Ausgabe in verschiedenen Sorten existiert.

Wasserzeichen

Sie werden bei der Herstellung der Postwertzeichen in die noch nicht trockene Papiermasse mit Formen eingepreßt. Man unterscheidet einfaches und mehrfaches Wasserzeichen, stehendes, liegendes (gegebenenfalls linksliegendes und rechtsliegendes), kopfstehendes und seitenvertauschtes Wasserzeichen. Das Wasserzeichenbild befindet sich entweder auf jeder Marke, auf mehreren Marken, als Bogenwasserzeichen über den ganzen Markenbogen verteilt oder am Bogenrand.

Die Wasserzeichen sind in den MICHEL-Katalogen abgekürzt Wz. in Kursivschrift aufgeführt und von der Rückseite der Marke aus gesehen wiedergegeben. Fehlen Wz.-Angaben, so sind die Marken auf Papier ohne Wasserzeichen gedruckt.

Bei Marken auf Briefen läßt sich das Wasserzeichen manchmal schon bei schräg auf die Marke auffallendem Licht und seitlicher Betrachtungsweise erkennen.

Schriftarten

Die auf Briefmarken am meisten verwendete Schriftart ist die aus der römischen Kapitalschrift hervorgegangene *Antiqua* (serifenbetonte Linearantiqua), die in verschiedenen Stilrichtungen als Drucktype verwendet wird. Eine jüngere Form der Antiqua ist die *Grotesk* (serifenlose Linearantiqua), vereinfacht auch Blockschrift genannt, die durch ihre lapidare Form und das Fehlen der Serifen (Haarstriche) sowie der gleichmäßigen Strichstärke der Buchstaben gekennzeichnet ist. Als Nebenform sei auch die *Kursiv*schrift (Schrägschrift) erwähnt, die als Druckschrift die altrömische, handgeschriebene Kursiv nachbildet. Daneben finden auf Briefmarken auch *Schreibschriften* Verwendung. Zuletzt sei von den auf älteren Marken sehr oft vorkommende *Fraktur* erwähnt (auch deutsche Schrift genannt), zu der man auch die gotische Schrift (Rundgotisch) und die Schwabacher zählt. – Schriftstärken: mager, halbfett, fett.

Druckverfahren

Grundlegend unterscheidet man Hochdruck, Flachdruck und Tiefdruck.

Die ersten Briefmarken wurden meist in Steindruck, Buchdruck oder Stichtiefdruck hergestellt, für die Briefmarken der Neuzeit kommen hinzu alle modernen Druckverfahren, wie Offset-(Gummi-)Druck, Raster-(Ätz-)Tiefdruck. Zuweilen werden auch zwei Druckarten kombiniert.

Die verschiedenen Druckverfahren sind im Katalogtext in einheitlichen Abkürzungen verzeichnet.

Hochdruck

Buchdruck (abgekürzt Bdr.). Das Druckverfahren unterscheidet sich vom Flachdruck und vom Tiefdruck durch die Verwendung von Druckelementen, welche den nichtdruckenden Teilen gegenüber erhöht sind. Dabei werden unter Druckelementen die verschiedensten Formen verstanden. Es kann sich um Satzschriften oder Stereotypieplatten aus Blei oder Kunststoff handeln, ferner um Zeichnungen und Bilder in Form von Strichätzungen und Autotypien. Da beim Abdruck solcher Hochdruckformen auf Papier ein leichtes Eindrücken der Linien und Umrisse erfolgt, erkennt man den Buchdruck an der Schattierung auf der Rückseite des Bogens. (Beispiel: Thurn und Taxis, alle Ausgaben; Deutsches Reich, Germania-Bild; Bundesrepublik Deutschland, Ausgabe „Ziffer mit Posthorn" 2 Pf. bis 25 Pf.)

Prägedruck wird meist von zwei Platten in zwei Druckgängen ausgeführt, von denen eine das farbige Bild, die zweite den farblosen Prägedruck wiedergibt. (Beispiel: Deutsches Reich I. und II. Adlerausgabe).

Indirekter Hochdruck

Der indirekte Hochdruck (abgekürzt Ldr.) wird auch Letterset oder Trockenoffset genannt. Der Unterschied zum konventionellen Hochdruck besteht darin, daß hier nicht direkt von der Druckform auf das Papier gedruckt wird. Die Hochdruck-Platte druckt auf einen mit einem Gummituch bespannten Zylinder. Von dort wird das Druckmotiv auf das Papier übertragen. Das Schriftbild der Druckplatte muß seitenrichtig sein. Dieser Übertragungsvorgang ist auch im Offsetverfahren üblich.

Flachdruck

Beim Flachdruck befinden sich druckende und nichtdruckende Flächen nahezu auf einer Ebene. Die druckenden Stellen sind so präpariert, daß sie Wasser abstoßen und dadurch die fettige Druckfarbe annehmen, während die nichtdruckenden Stellen wasserfreundlich sind und Farbe abstoßen. Auf diesen Gegensätzen zwischen Fett und Wasser beruht das Wesen des Flachdruckverfahrens. Je mehr es dabei möglich ist, diesen Gegensatz zu steigern, desto leichter und besser gestaltet sich der spätere Druckvorgang.

Steindruck oder Lithografie (abgekürzt Stdr.). Der Steindruck ist das älteste Flachdruckverfahren, von Alois Senefelder im Jahre 1796 erfunden. Im Gegensatz zum Offsetdruck ist der Steindruck ein direktes Druckverfahren. Als Druckträger dienen Kalksteinplatten, auf welche die Zeichnungen entweder manuell oder fotolithografisch, in beiden Fällen seitenverkehrt, übertragen werden.

Der Steindruck ergibt unscharfe, in der Linienführung oft unterbrochene Bilder und wegen des dünnen Farbauftrages matte, weiche Farben. Er ist für den Druck von Briefmarken heute nicht mehr gebräuchlich.

Offsetdruck (abgekürzt Odr.). Als Druckträger werden biegsame Metallplatten verwendet, welche um die Druckzylinder gespannt werden. Beim Druck wird das auf dem Druckzylinder befindliche Bild auf einen Gummituchzylinder übertragen, von dem dann auf das Papier gedruckt wird. Der Offsetdruck ist also ein indirektes Druckverfahren. Das Bild auf der Platte muß seitenrichtig sein.

Halbtöne müssen gerastert werden. Der Raster täuscht durch verschieden große Punkte verschiedene Tonwerte vor. Helle Bildstellen (helle Tonwerte) werden von kleinen Punkten gebildet, dunkle von großen.

Da das Offsetverfahren keine großen Anforderungen an die Papierqualität stellt und eine sehr schnelle Arbeitsweise gestattet, verdrängte es bei Massenauflagen, besonders auch im Mehrfarbendruck, den Buchdruck, zumal es weiche, gleichmäßige Farbtöne liefert.

Tiefdruck

Stichtiefdruck (abgekürzt StTdr.). Beim Kupferstich – der ältesten Technik des Tiefdruckes – wird die Zeichnung durch Stichel in die Kupferplatte eingraviert, beim Stahlstich in eine Stahlplatte. Die Radierung entsteht unter Säureverwendung, diese vertieft die Zeichnung auf der Kupferplatte.

Die Schabetechnik – Mezzotinto genannt – bedient sich des Gravierstahles und bringt zusätzlich kleine Vertiefungen in die Platte; dies war die erste Technik mit Halbton-Wiedergabe.

Bei der Heliogravüre wird die Vorlage fotografisch auf die Kupferplatte übertragen und geätzt. Dadurch wurde der Stichtiefdruck erst eine reproduzierende Kunst. Diese manuell bearbeiteten Druckformen werden in der Handpresse gedruckt. Die Farbe wird in die Vertiefung gebracht und nach dem Reinigen der Oberfläche erfolgt der Druckvorgang auf gefeuchtetes Papier. Dadurch ergeben sich in der Marke nicht selten meßbare Größenverschiebungen des Bildes, die bei der Zusammenziehung des trocknenden Papiers entstehen.

Das Stichtiefdruckverfahren wird bevorzugt für Markenbilder, die eine besonders sorgfältige Ausarbeitung jeder Bildeinzelheit erfordern; wegen seiner Kostspieligkeit kommt es meist für die höheren Nennwerte in Frage, bietet allerdings auch den größtmöglichen Schutz gegen Fälschungen zum Schaden der Post.

Rastertiefdruck (oder Rakeltiefdruck, abgekürzt RaTdr.). Der eigentliche Tiefdruck wurde erst durch die Fototechnik ermöglicht. Hier wird das Negativ bzw. Diapositiv hergestellt. Der Retusche – Aufsetzen von Lichtern, Durchzeichnen von tiefen Schattenpartien, gleiche Gradationsvorlagen – kommt im Tiefdruck ausschlaggebende Bedeutung zu.

Die Bild- und Schriftfilme werden montiert, anschließend auf Pigmentpapier mit dem Raster kopiert und dann auf den Kupferzylinder übertragen, wobei die anschließende Ätzung auf dem Zylinder verschiedene Tiefen bzw. Tonwertstufen erzeugt.

Bei jedem Druckgang füllen sich die Vertiefungen der Platten mit dünner Spezialfarbe. Das Rakelmesser streift die an der Zylinderoberfläche befindliche Farbe fort, das Papier wird auf die Form gepreßt und nimmt die in den Rasternäpfen befindliche Farbe auf.

Zu erkennen ist der Rastertiefdruck an etwas unruhigen Farbrändern.

Unterdruck

Der Unterdruck war ein Schutz gegen Fälschungen zum Schaden der Post. Er ist entweder dem Auge ohne weiteres mehr oder minder leicht erkennbar, oder er ist zunächst unsichtbar und tritt erst nach längerem Luftabschluß, feuchter Lagerung oder unter Einwirkung bestimmter Chemikalien sichtbar hervor, ist dann aber meist nicht mehr entfernbar.

Aufdrucke

Der Aufdruck ändert die Gattung der Urmarke (z. B. die bisherige Freimarke wird Dienst- oder Portomarke), der Nennwert wird höher oder niedriger. Der Aufdruck kann der Marke auch einen neuen Verwendungszweck zuweisen.

Bei Typenverschiedenheiten wird, wenn nicht anders angegeben, immer von den am meisten überstehenden Punkten des Aufdrucks in der Breite oder Höhe ausgegangen, ebenso bei Ermittlung des Zeilenabstandes bei mehrzeiligem Aufdruck.

Die Farbe des Aufdrucks ist immer schwarz, wenn nicht eine andere Farbe angegeben ist.

Klammerzahlen vor dem Preis weisen bei Aufdruckmarken auf die Katalognummern der betreffenden Urmarken hin, Kleinbuchstaben auf die entsprechenden Abbildungen. Die danach eingesetzten Großbuchstaben sind die Farbabkürzungen der Aufdruckfarben.

Markenfarben

Die verschiedenen Tönungen der Farbe sind eine technisch bedingte Begleiterscheinung des Markendrucks, die besonders auftreten, wenn mehrere Auflagen hergestellt werden. Nur wenn Tönungen amtlich angeordnet werden oder wenn mit ihnen Preisdifferenzen verbunden sind, sind sie im Katalog berücksichtigt.

Farbenbenennung. Für die Farbtöne gibt es nach dem 24teiligen Ostwaldschen Farbenkreis die Bezeichnungsreihe: (grünlich-)gelb, orangegelb, orange, rotorange, orangerot, rot, karminrot, karmin, purpur, violettpurpur, violett, bläulichviolett, blauviolett, violettblau, violettultramarin, kobalt, blau, grünlichblau, grünblau, blaugrün, grün, gelblichgrün, olivgrün, gelboliv. Helle Töne von karmin werden rosa genannt, dunkle Töne von gelb oder orange heißen braun. Auch Zwischenfarben sind leicht erkennbar, wie karminlila, lilakarmin, braunrot, rotbraun, braunoliv usw. Sehr dunkle, dunkle oder trübe Töne jeder Farbe werden durch Zusammensetzungen mit den Worten: schwarz-, dunkel- oder grau- bezeichnet, wie z. B. schwarzgrün, grünschwarz, dunkelblau, grauviolett usw. Die Sättigungsstufen werden durch die Wörter: lebhaft-, mittel-, hell-, matt-, weiß-, und -weiß gekennzeichnet. Sonstige Farbnamen, wie sämisch, rahmfarben oder Zusammensetzungen mit anderen Wörtern, wie ziegelrot, kornblumenblau, lichtblau, wasserblau, maigrün, seegrün usw., dienten in früherer Zeit der Erweiterung der Farbnamen-Palette. Heute benennt der Schwaneberger Verlag die Markenfarben ausschließlich nach den MICHEL-Farbenführer, der in Fachgeschäften erhältlich ist.

Bei mehrfarbigen Marken beginnt die Farbenbezeichnung bei der Umrahmung und setzt sich danach bis zum Mittelstück fort; weist eine Marke mehr als drei Farben auf, wird sie als „mehrfarbig" im MICHEL-Katalog geführt. Für die Ausgaben, die ab Ende 1973 bzw. Anfang 1974 erschienen sind, ist bereits ab 3 Farben die Bezeichnung „mehrfarbig" im Katalog eingesetzt.

Lochungen

Amtliche Lochungen verändern meist den Charakter der Marke oder beschränken ihren Verwendungsbereich. Durch E-Lochung wurden z. B. Marken von Bayern 1911 in Dienstmarken umgewandelt.

Abarten

Druck-Abarten. Fehldrucke, Druckfehler, Plattenfehler, Druckmängel oder Druckzufälligkeiten sind natürlich auch beim Markendruck unvermeidbar; in ihrer Bedeutung für den Philatelisten sind sie aber sehr verschieden. Einzelheiten sind dem MICHEL-Abartenführer zu entnehmen.

Abarten auf Brief werden nur in begrenztem Umfang katalogisiert. In allen anderen Fällen läßt sich eine feste Bewertung nicht angeben.

Die drei Trennungsarten

Die drei bei Postwertzeichen vorkommenden Trennungsarten sind mit geschnitten, durchstochen und gezähnt bezeichnet. Im Katalog ist die Abkürzung für geschnitten □, für durchstochen [] und für gezähnt gez.

In der Philatelie heißen geschnitten nur solche Marken, die amtlich und regulär ohne Durchstich bzw. ohne Zähnung verausgabt wurden. Dagegen nennt man Marken, die außer mit Durchstich oder Zähnung als *Abarten* auch ohne Durchstich oder Zähnung vorkommen, undurchstochen oder ungezähnt. Marken mit breitem Rand, deren Zähnung abgeschnitten ist, sind Teilfälschungen.

Der Durchstich ist linienartig fein oder grob (z. B. Norddeutscher Postbezirk, I. Ausgabe), bogenförmig (z. B. Braunschweig), zickzackförmig (z. B. Berlin-Brandenburg 1945), sägezahnförmig (z. B. Deutsches Reich Nr. 297-300). Es gibt auch farbig mitgedruckten Durchstich (z. B. Thurn und Taxis letzte Ausgabe).

Durchstich und Zähnung unterscheiden sich dadurch, daß die Zähnung reihenweise Löcher und dazwischen Papierbrücken aufweist, während der Durchstich nur durch feine Messer hergestellte Schnitte ergibt, zwischen denen schmale Papierstrecken geblieben sind, die bei der Trennung der Marken vom Bogen zerrissen werden. Der Reißvorgang bringt mit sich, daß bei durchstochenen Marken an die Randbeschaffenheit nicht die gleichen Ansprüche gestellt werden können wie bei den gezähnten Marken.

Die heute gebräuchlichste Trennungsart ist die Zähnung. Die Philatelie bezeichnet je nach der Herstellungsmethode die Zähnung als

Kammzähnung, Kastenzähnung, Linienzähnung

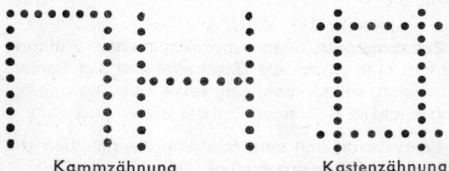

Kammzähnung   Kastenzähnung

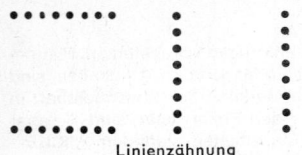
Linienzähnung

Bei Kammzähnung werden Breiten- und Höhenzähnung einer Bogenreihe, bei Kastenzähnung die des ganzen Bogens in *einem* Arbeitsgang der Zähnungsmaschine ausgeführt; bei diesen Zähnungsvarianten sind die Eckzähne der einzelnen Marken daher gleichmäßig.

Bei der Linienzähnung erfolgt erst die Zähnung der einen, dann die der anderen Richtung, wodurch die Eckzähne der einzelnen Marken unregelmäßig ausfallen müssen. Verschiedene Markengrößen bei Linienzähnungsmarken entstehen dadurch, daß die Lochleisten nicht immer im gleichen Abstand eingestellt sind.

Zähnungszahl. Die Zähnungslöcher werden international auf 2 cm berechnet, z. B. gez. 12 heißt: Auf 2 cm gehen 12 Zähnungslöcher. Bei Zähnungsverschiedenheiten einer Marke (gemischte Zähnung) ist die erste Zahl die (waagerechte) *Breiten-,* die zweite aber die (senkrechte) *Höhenzähnung,* z. B. gez. 14½:15 heißt: In der Breite kommen auf 2 cm 14½, in der Höhe 15 Zähnungslöcher. Steht zwischen den Zähnungsangaben ein Bindestrich (z. B. 9-11), so zeigt das an, daß die Marken in verschiedenen Zähnungen von 9 bis 11 vorkommen.

Ein genaues Bestimmen der Zähnung ist nur mit Hilfe eines zuverlässigen Zähnungsschlüssels (MICHEL) möglich, der zu den notwendigsten Bedarfsartikeln eines Sammlers gehört. Die Zähnungsspitzen müssen mit den senkrechten Einteilungsstrichen von links bis rechts haargenau übereinstimmen.

Zentrierung. Wenn die Zähnung gleichmäßige Abstände vom Markenbild hat, bezeichnet man die Marke als gut zentriert; schlechte Zentrierung entsteht bei ungenauer Bogeneinlegung oder bei nicht ausreichendem Zähnungszwischenraum im Bogen.

Zähnungsanomalien. Versagen die Zähnungsmaschinen, so entstehen ungezähnte oder teilgezähnte Bogenreihen (zusammen mit regulär gezähnten) auf einem Bogen. Solche Stücke werden paarweise gesammelt.

Zähnungsgüte. Von unvollkommener Zähnung spricht man, wenn die Beschaffenheit des Papiers (zu weich, wollig, dick) eine reine Zähnung unmöglich macht (z. B. Bremen, Teil der letzten Ausgabe).

Beim Durchstich sind natürlich die gleichen Unregelmäßigkeiten anzutreffen.

Erhaltung der Marken

Bei der Beurteilung der Qualität von Marken auf Brief hat der Philatelist immer vom Zustand der Marke bei der Ausgabe auszugehen und die Eigenarten ihrer Grundstoffe (Papier, Farben, Gummierung), der Herstellung, ihre Widerstandsmöglichkeiten gegen äußere Einflüsse und die übliche Behandlung im Postverkehr (Zähnung, Abstempelung usw.) zu berücksichtigen; der Qualitätsanspruch ist diesen Voraussetzungen unterzuordnen. Man kann z. B. von geschnittenen Marken, die nahezu ohne Ränder oder mit sehr engen Zwischenräumen hergestellt wurden, keine vollrandigen Stücke, bei zähen Papiersorten keine vollständigen Durchstiche oder Zähnungen verlangen.

Die Notierungen des MICHEL-Briefe-Kataloges gelten (sofern bei einzelnen Ausgaben nichts anderes vermerkt ist) für Belege in einwandfreier Qualität. So muß z. B. bei gezähnten Marken die Zähnung allseits vollständig und ohne abgerissene Zahnspitzen sein, bei geschnittenen Marken darf der Schnitt das Markenbild nicht berühren, und gestempelte Marken müssen eine saubere und möglichst lesbare Abstempelung aufweisen. Alle Belege, denen vorgenannte Qualitätsmerkmale fehlen, erfordern je nach Erhaltungsgrad mehr oder weniger starke Preisabschläge. Überdurchschnittliche, selten anzutreffende Erhaltung bedingt *höhere* Preise.

Tauschbasis MICHEL

Die MICHEL-Kataloge sind durch ihre starke Verbreitung in allen Ländern der Welt für den Markentausch geschätzt und beliebt. Als Tauschbasis eignen sich deshalb die MICHEL-Notierungen vortrefflich, der Katalogjahrgang ist dazu jeweils zu vereinbaren.

Fälschungen

Es gibt verschiedene Arten von Fälschungen:
1. zum Schaden der Sammler und Händler, FÄLSCH
2. zum Schaden der Post, 7⁄10
3. als Kriegsmaßnahme, 7⁄10

1. Fälschungen zum Schaden der Sammler und Händler. Es kann sich um Ganz- oder Teilfälschungen handeln, z. B. falscher Durchstich, falsche, verfälschte oder entfernte Zähnung, falsche Abstempelung, falscher Aufdruck, chemische Veränderung von Papier und Druckfarbe, im Wege der Reparatur verkehrt eingesetzte Mittelstücke u. dgl., ferner chemisch oder mechanisch entfernte Aufdrucke, Stempel und dergleichen.

2. Fälschungen zum Schaden der Post. Hierunter fallen nur solche Fälschungen, die während der Kurszeit der Marken zu Frankaturzwecken hergestellt wurden.

3. Fälschungen als Kriegsmaßnahmen sind Fälschungen, welche von kriegführenden Staaten zur Schädigung des Gegners hergestellt wurden. Man unterscheidet *Kriegs-Postfälschungen*, die den Originalen täuschend nachgebildet sind und *Propagandafälschungen*, deren ursprüngliches Bild mit bestimmten Absichten originalähnlich umgezeichnet wurde.

Prüfungen und Prüfungsordnung

Der beste Schutz gegen den Erwerb falscher oder minderwertiger Marken ist der Einkauf im gutberufenen Fachgeschäft. In Zweifelsfällen ist die Hinzuziehung eines Experten angebracht.

Prüfungsordnung. Die von den Spitzenverbänden der Sammler und Händler anerkannten Experten für Marken, Abstempelungen und Erhaltung prüfen nach einheitlichen Richtlinien, die jeder Philatelist kennen sollte.

Ergänzend wird darauf hingewiesen, daß der Verlag der MICHEL-Kataloge keine Markenprüfungen vornimmt.

Literatur

Die Möglichkeit, die geradezu unerschöpflichen, sich ständig ergänzenden Informationsquellen des philatelistischen Schrifttums Sammlern und Händlern zugänglich zu machen, beschränkt sich heute nur noch auf wenige zentrale Fachbüchereien; darum verzichtet der MICHEL-Katalog bis auf wenige Ausnahmefälle auf Literaturangaben. Wertvoller erscheint der Hinweis, daß die Philatelistische Bibliothek, Rosenheimer Straße 5, 81667 München, und die Philatelistische Bücherei Hamburg e.V., Hohenfelder Straße 10, 22087 Hamburg, ihre umfangreichen Buch- und Zeitschriftenbestände in ihren Lesesälen, aber auch im Fernverleih, zur Verfügung stellen.

Aus der Philatelistischen Bibliothek München können Mitglieder von Briefmarkenvereinen, die dem BdPh angehören, direkt ausleihen. Alle übrigen Personen erhalten im Rahmen des nationalen und internationalen Leihverkehrs durch Vermittlung einer öffentlichen Bibliothek Fachbücher oder Fotokopien.

Abkürzungen und Zeichenerklärungen

DK	=	MICHEL-Deutschland-Katalog
DSK	=	MICHEL-Deutschland-Spezial-Katalog
DGK	=	MICHEL-Deutschland-Ganzsachen-Katalog
EK	=	MICHEL-Europa-Katalog
EGK	=	MICHEL-Europa-Ganzsachen-Katalog
ÖSK	=	MICHEL-Österreich-Spezial-Katalog
SSK	=	MICHEL-Schweiz/Liechtenstein-Spezial-Katalog
USK	=	MICHEL-USA-Spezial-Katalog
ÜK	=	MICHEL-Übersee-Katalog
MiR	=	MICHEL-Rundschau

Die verschiedenen Markenarten:

Ah.-Ausg.	=	Aushilfs-Ausgabe
Einschr.-Marken	=	Einschreibmarken (-zettel)
✈ Flp.-Ausg.	=	Flugpost-Ausgabe
Freim.-Ausg.	=	Freimarken-Ausgabe
So.-Ausg.	=	Sonder-Ausgabe
Wohlt.-Ausg.	=	Wohltätigkeits-Ausgabe

Abkürzungen der Druckverfahren:

Stdr.	=	Steindruck
Odr.	=	Offsetdruck
Bdr.	=	Buchdruck
Sta-St. } StTdr.	=	Stahlstich } Stichtiefdruck
Ku-St. }	=	Kupferstich }
RaTdr.	=	Rastertiefdruck
LDr	=	indirekter Hochdruck (Letterset)

Abkürzungen der Farbenbezeichnungen:

bl.	=	blau	Bl	=	blauer Aufdruck
br.	=	braun	Br	=	brauner Aufdruck
d', dkl'	=	dunkel-	Bz	=	bronzener Aufdruck
glb.	=	gelb	G	=	goldener Aufdruck
gr.	=	grau	Gb	=	gelber Aufdruck
gr'n	=	grün	Gra	=	grauer Aufdruck
h'	=	hell-	Gr	=	grüner Aufdruck
kar.	=	karmin	K	=	karminer Aufdruck
lil.	=	lila	Ku	=	kupferner Aufdruck
ol.	=	oliv	L	=	lila Aufdruck
or.	=	orange	Or	=	orange Aufdruck
ros.	=	rosa	R	=	roter Aufdruck
säm.	=	sämisch	S	=	schwarzer Aufdruck*)
schw.	=	schwarz	Si	=	silberner Aufdruck
vio.	=	violett	V	=	violetter Aufdruck

*) Wenn nicht anders angegeben, ist die Aufdruckfarbe immer schwarz.

Andere Abkürzungen und Abkürzungszeichen:

Platten, Typen:

Pl	=	Platte
T	=	Type

Trennungsarten:

gez.	=	gezähnt
K	=	Kammzähnung
Ks	=	Kastenzähnung
L	=	Linienzähnung

~	=	Zähnung richtungsvertauscht
□ (U)	=	geschnitten (ungezähnt)
▯	=	durchstochen

Wasserzeichen:

oWz.	=	ohne Wasserzeichen (Bezeichnung nur in Sonderfällen)
Wz.	=	Wasserzeichen
ZW	=	kopfstehendes Wasserzeichen vorkommend
ꟽW	=	linksliegendes Wasserzeichen vorkommend
Wz	=	rechtsliegendes Wasserzeichen vorkommend

Entwertungen:

⊙	=	mit Poststempel gebraucht
~	=	Federzugentwertung
⊗	=	fiskalische Entwertung
⊘	=	Gefälligkeitsstempel
○	=	Lochentwertung
=	=	andere besondere Entwertungen (z. B. DDR)
Ⓢ	=	Sonderstempel

Briefe und Briefstücke:

✉	=	Marke auf Bedarfsbrief, -Postkarte, Paketkarte oder Drucksache, bei Flugpostmarken auf Flugpostbrief oder -karte
EF	=	Einzelfrankatur
MeF	=	Mehrfachfrankatur
MiF	=	Mischfrankatur
BF	=	Belegfrankatur
▫	=	Marke auf Briefstück
◣	=	schräg halbiert vorkommend
▮	=	senkrecht halbiert vorkommend
▬	=	waagerecht halbiert vorkommend
▥	=	senkrecht gedrittelt vorkommend
▤	=	waagerecht gedrittelt vorkommend
⊞	=	geviertelt vorkommend

Fälschungen:

FALSCH	=	Fälschungen (Teilfälschungen) vorkommend (zum Schaden der Sammler)
Ⓕ	=	Falschstempel vorkommend
FfA	=	Fälschungen zum Schaden der Post

Verschiedenes:

E	=	Entwurf
S	=	Stich
Erg.	=	Ergänzung
—.—	=	kein Preisansatz möglich
S.	=	Seite
s.	=	siehe
F	=	Fehldruck oder Fehlfarbe
🔍	=	Marke erscheint unter der MICHEL-Lux-Prüflampe ...
Papier ph.	=	phosphoreszierendes Papier
Papier fl.	=	fluoreszierendes Papier
GA	=	es gibt offizielle Ganzsachen mit bildgleichem Wertstempel

Deutsche Staaten

Die Erhaltung bei allen älteren Ausgaben der Deutschen Staaten ist ein wesentlicher Faktor bei der Preisbildung. Der Katalog kann selbstverständlich nur Notierungen für fehlerfreie, handelsübliche Durchschnittsstücke einsetzen. Stücke in Überdurchschnittserhaltung werden mit erheblichen Preisaufschlägen gehandelt.

Baden

1 Gulden = 60 Kreuzer

Postgebühren

1 Kr. für Drucksachen und Streifbänder sowie seit dem 1. März 1864 auch für einfache (bis 1 Loth schwere) Ortsbriefe.
3 Kr. für einfache Briefe bis 10 Meilen (innerhalb des Deutsch-Österr. Postvereins) und seit dem 1. Oktober 1862 für einfache Inlandbriefe.
6 Kr. für einfache Briefe über 10 bis zu 20 Meilen (im Postverein).
9 Kr. für gleiche Briefe über 20 Meilen.

Die Preise der Marken Nr. 1—8 gelten für handelsübliche Qualität, im Schnitt berührt, die durchaus vollwertig ist. Vollrandige Stücke sind wesentlich teurer. Bei Nr. 9—12 und 16 sind leichte Zähnungsfehler handelsüblich.

Großherzogtum
1851, 1. Mai/1852. Freim.-Ausg. Zifferzeichnung (a). ⓢ C. Naumann, Frankfurt a. M.; Bdr. W. Hasper, Karlsruhe, auf farbigem Papier; □.

a) Zifferzeichnung

		EF	MeF	MiF
1.	1 Kr. schwarz			
	a. auf sämisch	4500.—	6500.—	7000.—
	b. auf braun (Töne) (1852)	1500.—	1700.—	2000.—
2.	3 Kr. schwarz			
	a. auf orangegelb	250.—	425.—	675.—
	b. auf hellgelb (1852)	110.—	200.—	225.—
3.	6 Kr. schwarz			
	a. auf blaugrün	650.—	1100.—	1300.—
	b. auf gelbgrün (1852)	300.—	425.—	300.—
4.	9 Kr. schwarz			
	a. auf rosalila (altrosa)	1250.—	2500.—	2500.—
	b. auf lilarosa bis dkl'rosa	250.—	375.—	450.—

1853, ab Okt. Freim.-Ausg. Gleiche Zeichnung (a). Bdr. W. Hasper, Karlsruhe, auf geänderten Papierfarben; □.

Abstand der Marken im Bogen:
═══ (seltener ═══) : ─── (seltener ───)

5.	1 Kr. schwarz auf weiß	270.—	550.—	650.—
6.	3 Kr. schwarz auf grün	60.—	70.—	80.—
7.	6 Kr. schwarz auf gelb, orange	170.—	220.—	190.—

1858, Dez. Freim.-Ausg. Wie Nr. 6, jedoch geänderte Papierfarbe; Bdr. W. Hasper, Karlsruhe; □.

8.	3 Kr. schwarz a. blau bis dkl'blau	a	275.—	300.—	850.—

Die Zähnung der Marken Badens und Württembergs erfolgte auf einer von beiden Staaten gemeinsam angeschafften Maschine in Karlsruhe. Marken Nr. 9—12 und Nr. 16 mit vollkommen einwandfreier Zähnung mindestens 75% höher zu bewerten.

1860, ab Juni/1862. Freim.-Ausg. Wappenzeichnung: Wappen auf liniiertem Grund (b). ⓢ Buhl, C. A. Weber; ⓢ und Platten von L. Kurz, Frankfurt; farb. Bdr. W. Hasper, Karlsruhe, auf weißem Papier; eng gez. K 13½.

b) Staatswappen

		EF	MeF	MiF
9.	1 Kr. schwarz	300.—	200.—	350.—
10.	3 Kr.			
	a. preußischblau	250.—	350.—	330.—
	b. ultramarin (Tönungen) (Ende 1861)	150.—	320.—	190.—
	c. veilchenblau	1200.—	1800.—	1600.—
11.	6 Kr.			
	a. lachsrot (1861)	500.—	900.—	570.—
	b. gelb bis orange (1862)	550.—	950.—	630.—
12.	9 Kr. karmin (1861)	1200.—	2000.—	1500.—
Nr.	9 I. 1 Kr.	3000.—	2500.—	3000.—
Nr.	10 a I. 3 Kr.	1800.—	2300.—	2300.—

1862. Freim.-Ausg. Gleiche Zeichnung (b). Bdr.; weit gez. K 10.

13.	1 Kr.			
	a. schwarz	1000.—	550.—	400.—
	b. silbergrau	55000.—	50000.—	35000.—
	c. grauschwarz	8000.—	6500.—	5000.—
14.	6 Kr. blau	375.—	530.—	650.—
15.	9 Kr.			
	a. rötlichbraun	400.—	700.—	500.—
	b. fahlbraun, gelbbraun (I. Auflage 1863)	650.—	1000.—	650.—
	c. dunkelbraun	1500.—	2200.—	1650.—

1862, 26. März. Freim.-Ausg. Wappen auf weißem Grund. ⓢ L. Kurz; Bdr. W. Hasper, Karlsruhe; eng gez. K 13½.

c) Staatswappen

16.	3 Kr. rosakarmin	c	1800.—	2800.—	2500.—

Deutsche Staaten (Baden)

1862/65. Freim.-Ausg. Gleiche Zeichnung (c). Bdr. W. Hasper, Karlsruhe; weit gez. K 10.

		EF	MeF	MiF
17.	1 Kr.			
	a. schwarz (1864)	200.—	120.—	75.—
	b. silbergrau	16500.—	12000.—	10000.—
	c. grauschwarz	2200.—	2000.—	1400.—
18.	3 Kr. hell- bis dunkelrosa (Nov. 1862)	20.—	25.—	30.—
18 U.		200000.—		
19.	6 Kr.			
	a. ultramarin (1864)	150.—	220.—	180.—
	b. preußischblau	450.—	580.—	480.—
20.	9 Kr.			
	a. rötlichbraun (Töne)	180.—	350.—	320.—
	b. gelbbraun (1863), fahlbraun	300.—	450.—	400.—
	c. dunkelbraun	1600.—	2500.—	2100.—
21.	18 Kr.			
	a. grün (Nov. 1862)	8000.—	15000.—	5000.—
	b. dunkelgrün	15000.—	40000.—	15000.—
22.	30 Kr.			
	a. gelborange	30000.—	40000.—	8500.—
	b. dunkelorange	65000.—	80000.—	15000.—

Landpost-Portomarken

Pa   Pb

1862, 1. Okt. Zifferzeichnung Bdr. auf gelbem Papier; gez. K 10.

x. Dünnes Papier

			EF	MeF	MiF
1x.	1 (Kr.) schw. a. gelb	Pa	1500.—	2200.—	1600.—
2x.	3 (Kr.) schw. a. gelb	Pa	600.—	1000.—	650.—
3x.	12 (Kr.) schw. a. gelb	Pb	80000.—		50000.—
3x.	✉ ⊡		30000.—		

y. Dickes Papier

| 1y. | 1 (Kr.) schw. a. dkl'gelb Pa | 3000.— | 4500.— | 3200.— |
| 2y. | 3 (Kr.) schw. a. dkl'gelb Pa | 2000.— | 3300.— | 2200.— |

Die ✉-Preise gelten für portogerecht frankierte Briefe oder Paket- (Post-)karten, maximal 10% überfrankiert.

EF = Einzelfrankatur, d.h. die Marke allein auf dem Brief.
MeF = Mehrfachfrankatur, d.h. die gleiche Marke mehrfach auf dem Brief. Der Preis gilt nur für 2 Stück; weitere Stücke der gleichen Marke werden mit dem Preis für lose ⊙ dazugerechnet.
MiF = Mischfrankatur, d.h. die Marke mit anderen Marken auf dem Brief. Briefpreis gilt für die teuerste Marke, die übrigen Marken werden mit dem Preis für lose ⊙ dazugerechnet.

1868, 1. Okt. Freim.-Ausg. Ähnliche Zeichnung wie vorher. Geänderte Wertbezeichnung „KR." abgekürzt (d); Platten von Mayer, Karlsruhe; Bdr. W. Hasper, Karlsruhe; gez. K 10.

d) Staatswappen

23.	1 Kr. hellgrün bis grün	100.—	60.—	40.—
24.	3 Kr. rosa bis karmin	20.—	25.—	25.—
25.	7 Kr.			
	a. blau (Tönungen)	250.—	500.—	270.—
	b. hellblau	750.—	1700.—	820.—

Bayern

1 Gulden (Florin) = 60 Kreuzer (je 2.85 Pfg.; 1 Mark = 35 Kr.), ab 1. 1. 1876 Reichswährung: 1 Mark = 100 Pfennig.

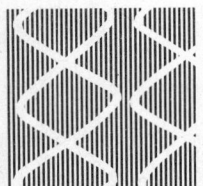

Wz. 1a
enge Rauten

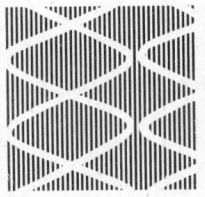

Wz. 1b
weite Rauten

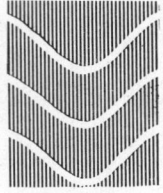

Wz. 2 weite
Wellenlinien

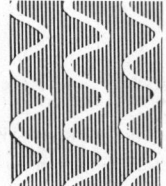

Wz. 3 enge
senkrechte Wellenlinien

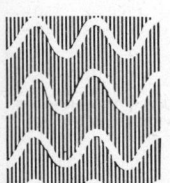

Wz. 4 enge
waagerechte Wellenlinien

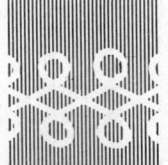

Wz. 5
Schlingen

Wz. 6
Bogenlinien

Deutsche Staaten (Bayern)

Postgebühren

(Bis 31. 7. 1865: 1 Lot = 15⅝ Gramm, 32 Lot = 1 Zollpfund; ab 1. 8. 1865: 1 Lot = 16⅔ Gramm, 30 Lot = 1 Zollpfund = 500 Gramm)

Ab 1. Juli 1849
(Allerhöchste Verordnung über die neue inländische Brieftaxe vom 5. Juni 1849.)
Drucksachen je Loth 1 Kr.
Warenproben nach Massgabe des Gewichts, wie Briefe.
Briefe bis 1 Loth Zollgewicht bis 12 Meilen 3 Kr., über 1 bis 4 Loth: doppelte Gebühr, bei größeren Entfernungen 6 Kr., innerhalb der Pfalz 3 Kr., von der Pfalz nach Bayern 6 Kr.
Von 1 bis 14 Loth: Doppelte Gebühr.
Ortsbriefe 1 Kr., 1 bis 4 Loth 2 Kr.
Einschreibegebühr 4 Kr., ab 1850 6 Kr., ab 1872 7 Kr.

Ab 1. Juli 1850
(Eintritt in den Deutsch-Österr. Postverein)
Briefe bis 10 Meilen 3 Kr., bis 20 Meilen 6 Kr., über 20 Meilen 9 Kr. (§ 8 der Bestimmungen des Bayr.-Deutsch-Österr. Postvereins-Vertrag vom 25. Juni 1850).

Ab 1. April 1854
Auslandsbriefe, nach Ländern, die dem Postverein nicht angehören (Verordnung vom 19. Juli 1854) 18 Kr.

Ab 1. Juli 1858
jedes weitere Loth (bis 16 L.) 3 Kr., über 12 Meilen 6 Kr. (lt. Verordnung vom 10. Juni 1858 Briefe und Drucksachen bis 16 Loth zugelassen); jedes weitere Loth 1 Kr.; nach Frankreich (mit Algerien) 12 Kr.

	1. 8. 1865		1. 10. 1868		1. 7. 1870		1. 1. 1872		1. 1. 1876		
	Orts-verkehr	Fern-verkehr	Orts-verkehr	Fern-verkehr	Orts-verkehr	Fern-verkehr	Orts-verkehr	Fern-verkehr	Orts-verkehr	Fern-verkehr	
Briefe bis 1 Loth	1 Kr.	3 Kr.	1 Kr.	3 Kr.			1 Kr.	3 Kr.	3 Pf.	10 Pf.	
über 1–15 Loth bis 15 g	2 Kr.	6 Kr.	2 Kr.	7 Kr.			2 Kr.	7 Kr.	5 Pf.	20 Pf.	
15 bis 250 g					1 Kr.	3 Kr.	1 Kr.	2 Kr.*)	3 Pf.	5 Pf.	*) erst ab
Postkarten							7 Kr.	7 Kr.		20 Pf.	1. 7. 1872
Einschr.-Geb.	6 Kr.	6 Kr.	6 Kr.	6 Kr.	6 Kr.	6 Kr.					

	1. 4. 1900		1. 8. 1906		1. 8. 1916		1. 10. 1918		1. 10. 1919		6. 5. 1920	
	Orts-verkehr	Fern-verkehr	Orts-verkehr	Fern-verkehr	Orts-verkehr	Fern-verkehr	Orts-verkehr	Fern-verkehr	Orts-verkehr	Fern-verkehr	Orts-verkehr	Fern-verkehr
Brief bis 20 g	3 Pf.¹)	10 Pf.	5 Pf.²)	10 Pf.	7½ Pf.	15 Pf.	10 Pf.	15 Pf.	15 Pf.	20 Pf.	40 Pf.	40 Pf.
20 bis 250 g	5 Pf.²)	20 Pf.	5 Pf.	20 Pf.	7½ Pf.	25 Pf.	20 Pf.	30 Pf.	20 Pf.	30 Pf.	60 Pf.	60 Pf.
Postkarten	2 Pf.²)	5 Pf.	5 Pf.	5 Pf.	7½ Pf.	7½ Pf.	7½ Pf.	10 Pf.	10 Pf.	15 Pf.	30 Pf.	30 Pf.
Einschreiben	20 Pf.						30 Pf.				50 Pf.	
Drucksachen					3 Pf.		5 Pf.				10 Pf.	

¹) Verkehr zwischen Nachbarorten 5 Pfg.   ²) wie später auch zwischen Nachbarorten gültig.

Königreich

1849, 1. Nov. Freim.-Ausg. Wertziffer im Viereck. Ⓔ Peter Haseney; Ⓢ des Urstempels von Franz Max Josef Seitz; Platten von Gustav Lorenz, München; Bdr. der Universitätsdruckerei (Johann Georg Weiss), München; handgeschöpftes Papier der Beckschen Papierfabrik, Pasing; Papier meist wolkig; □.

a

		EF	MeF	MiF
1 I.	1 (Platte 1) .... a			
	a. grauschwarz bis schwarz	10000.—	20000.—	100000.—
	Durch Federzug und Ortsstempel entwertet	8000.—	14000.—	
	Nur durch Federzug entwertet	12000.—		
	b. tiefschwarz	16000.—	32000.—	
	Durch Federzug und Ortsstempel entwertet	13000.—	25000.—	
	Nur durch Federzug entwertet	16000.—		
1 II.	1 Kr. (Platte 2)			
	a. grauschwarz bis schwarz	12000.—	22000.—	
	b. tiefschwarz	18000.—	38000.—	
1 III.	1 Kr. mit 2 dicken, waagerechten Trennungs-(Schnitt-)linien (Platte 1)			
	a. grauschwarz bis schwarz	22000.—	—.—	
	b. tiefschwarz	27500.—	—.—	

1849/62. Freim.-Ausg. Wertziffer im Kreis (b). Bdr. J. G. Weiss, München, Papier rückseitig mit senkrechtem r o t e m Seidenfaden; □.

b

Type I

Type I: Unterbrochener Kreis

Abstand der Marken im Bogen: ══ : ══

Deutsche Staaten (Bayern)

			EF	MeF	MiF
2.	3 Kr.				
	I. stumpfblau, (1.11.1849, Pl. 1)		600.—	1500.—	5000.—
	Durch Federzug und Ortsstempel entwertet		550.—	1000.—	2200.—
	Nur durch Federzug entwertet		700.—		
	II. blau (Tönungen) (Pl. 2–5)		15.—	40.—	40.—
	2 II A. Ausgefüllte Ecken (farbübersättigter Druck)		90.—	180.—	160.—
	2 III. Mit 2 dicken, waagerechten Schnittlinien		2200.—	30000.—	
4 I.	6 Kr. (1. 11. 1849, Type I) rötlichbraun (Tönungen)		1600.—	1900.—	5000.—
	Durch Federzug und Ortsstempel entwertet		1200.—	1400.—	2200.—
	Nur durch Federzug entwertet		1800.—		
	4 I A. Ausgefüllte Ecken (farbübersättigter Druck)		1800.—	2800.—	4000.—
	4 III. Mit 2 dicken, waagerechten Schnittlinien		3500.—	—.—	

Type II

Type II:

Geschlossener Kreis

Abstand der Marken im Bogen enger als bei den Marken in Type I:

═══ : ═══

			EF	MeF	MiF
3.	1 Kr.				
	I. Platte 1 (1.10.1850)				
	a. rosa (Tönungen)		180.—	280.—	500.—
	b. dunkelrosa, lilarosa		250.—	400.—	600.—
	II. Platte 2 (1.9.1862), rosa		10000.—	15000.—	10000.—
4 II.	6 Kr. (Type II, Pl. 1–3) braun bis dunkelrötlichbraun (■ ◣ ✉ 50000.—)		35.—	50.—	60.—
5.	9 Kr.				
	a. mattblaugrün (1.7.1850), bläulichgrün		400.—	700.—	1000.—
	b. blaugrün (1853–54)		1300.—	2000.—	2200.—
	c. lebhaft- bis mattgrün (1851–58)		120.—	550.—	350.—
	d. gelblichgrün (1852–62)		100.—	280.—	250.—
6.	12 Kr. rot (1.7.1858)		1500.—	2400.—	2000.—
7.	18 Kr. gelborange (19.7.1854) (■ ✉ —.—)		3500.—	4500.—	3000.—

Mit nichtamtlichem, zusätzlichem rotem Gummi (nur in Altötting Stempel Nr. 7):

Nr. 2I	2300.—
Nr. 2II	2300.—
Nr. 4I	3800.—
Nr. 4II	2800.—

1862, 1. Okt. Freim.-Ausg. Gleiche Zeichnung (b) in geänderten Farben auf Grund der Abmachungen zwischen den Mitgliedern des Deutsch-Österr. Postvereins. ⓩ und Ⓢ P. Riess; Bdr. von J. G. Weiss auf Papier rückseitig mit Seidenfaden; □.

Abstand der Marken im Bogen wie bei voriger Ausgabe: Marken in Type I etwas größer.

			EF	MeF	MiF
8.	1 Kr. hellgelb bis orangegelb				
	I. spitze Ecken (wie MiNr. 3 Pl. 2)		250.—	350.—	500.—
	II. runde Ecken (wie MiNr. 3 Pl. 1)		3000.—	4000.—	5000.—
9.	3 Kr.				
	a. rosa		25.—	45.—	30.—
	b. karmin		35.—	90.—	50.—
10.	6 Kr. blau bis dunkelblau (◣ ✉ 30000.—)		90.—	250.—	150.—
11.	9 Kr. gelbbraun bis graubraun		130.—	370.—	300.—
12.	12 Kr. gelbgrün, grasgrün (◣ ✉ 75000.—)		650.—	1400.—	1000.—
13.	18 Kr.				
	a. zinnoberrot (Tönungen)		4000.—	5000.—	3000.—
	b. blaßrot bis orangerot		14000.—	8500.—	5000.—

Gültig bis 31.12.1869.

c) Landeswappen

1867, 1. Jan. Freim.-Ausg. Wappenzeichnung. Wappen in Prägedruck (c); ⓩ und Ⓢ des Medailleurs P. Riess; Bdr. und Prägedruck der Königl. Münze auf Papier rückseitig mit Seidenfaden; □.

Abstand der Marken im Bogen: ____

		EF	MeF	MiF
14.	1 Kr.			
	a. gelbgrün bis bläul'grün	80.—	170.—	250.—
	b. dunkelgrün	225.—	450.—	400.—
	c. dunkelblaugrün	350.—	800.—	750.—
15.	3 Kr. rosa bis karmin	10.—	18.—	100.—
	A. □ 10	4000.—		4500.—
16.	6 Kr. blau (◣ ✉ 60000.—)	300.—	500.—	400.—
17.	9 Kr. gelbbraun	450.—	800.—	800.—
18.	12 Kr. lila bis graulila GA	900.—	1500.—	1500.—
19.	18 Kr. ziegelrot	6000.—	6500.—	7000.—

Gültigkeit: Nr. 14, 15, 18–19 bis 31. 12. 1875, Nr. 16–17 bis 31. 10. 1868.

1868, 1. Okt. Freim.-Erg.-Werte und Farbänderungen in Muster (c). Bdr. und Prägedruck der Kgl. Münze auf Papier mit Seidenfaden; □.

20.	6 Kr. braun			
	(◣ ✉ 50000.—) GA ... c	8500.—	1400.—	700.—
21.	7 Kr.	c		
	a. ultramarin	150.—	450.—	400.—
	b. dunkelultramarin	220.—	700.—	450.—
	c. preußischblau	6000.—	14500.—	6800.—
	d. kornblumenblau (königsblau)	3000.—	6200.—	3500.—

Gültig bis 31.12.1875.

Deutsche Staaten (Bayern)

1870, 1. Juli. Freim.-Ausg. Gleiche Zeichnung (c). Bdr. und Prägedruck; X mit Wz. *enge Rauten* (14 mm) (Wz. 1a). Y mit Wz. *weite Rauten* (17 mm) (Wz. 1b); **gez. K 11½.**

X (Wz. 1a)

Preise für X gelten nur für Wz. mit 14 mm bis höchstens 15 mm waagerechtem Durchmesser.

X mit Wz. „enge Rauten" (Wz. 1a)

		EF	MeF	MiF
22 X.	1 Kr.			
	a. hellgrün	70.—	80.—	80.—
	b. dunkelgrün	200.—	275.—	250.—
	c. bläulichgrün	350.—	450.—	400.—
23 X.	3 Kr. rosa, karminrosa	30.—	40.—	50.—
24 X.	6 Kr. braun GA	3000.—	1000.—	600.—
25 X.	7 Kr.			
	a. mattultramarin	300.—	1000.—	400.—
	b. ultramarin	325.—	1000.—	380.—
26 X.	12 Kr. lila GA	8000.—	14000.—	10000.—
27 X.	18 Kr.			
	a. mattziegelrot	6500.—		3500.—
	auf Paketkarte		3200.—	2300.—
	b. dunkelziegelrot	6000.—		3000.—
	auf Paketkarte		3000.—	2500.—

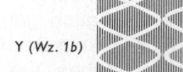

Y (Wz. 1b)

(waagerechter Durchmesser bis 17 mm)

22 Y.	1 Kr.			
	a. hellgrün	20.—	14.—	15.—
	b. dunkelgrün	40.—	45.—	40.—
	c. bläulichgrün	900.—	1000.—	900.—
23 Y.	3 Kr. rosa, karminrosa	10.—	20.—	12.—
24 Y.	6 Kr. braun GA	2000.—	600.—	325.—
25 Y.	7 Kr.			
	a. mattultramarin	45.—	180.—	60.—
	b. ultramarin	100.—	350.—	130.—
	c. dunkelblau	1800.—	3000.—	2000.—
26 Y.	12 Kr. lila GA	12000.—	20000.—	14000.—
27 Y.	18 Kr.			
	a. mattziegelrot	3000.—		1900.—
	auf Paketkarte	2500.—	1000.—	1100.—
	b. dunkelziegelrot	3700.—		2400.—
	auf Paketkarte		1200.—	1200.—

Gültig bis 31.12.1875.

1873, 1. Jan. Freim.-Erg.-Werte in gleicher Zeichnung. Bdr. und Prägedruck; X Wz. 1a, Y Wz. 1b; **gez. K 11½.**

X mit Wz. „enge Rauten" (14 bis höchstens 15 mm) (Wz. 1a)

28 X.	9 Kr. rotbraun	c	5500.—	7500.—	6000.—
29 X.	10 Kr. GA	c			
	a. mattgelb		3200.—		4200.—
	b. dunkelgelb		2800.—		3600.—

Y mit Wz. „weite Rauten" (bis 17 mm) (Wz. 1b)

28 Y.	9 Kr. rotbraun	c	350.—	455.—	600.—
29 Y.	10 Kr. GA	c			
	a. mattgelb		350.—		700.—
	b. dunkelgelb		500.—		1000.—

Gültig bis 31.12.1875.

Gleiche Zeichnung c gez. mit Wz. 2 siehe Nr. 32—36.

1874, 5. Aug. Freim.-Ausg. Neue Wappenzeichnung: ovales Wappenschild. **Großformat;** S P. Riess; Bdr. und Prägedruck Kgl. Münze; Wz. 1b; □.

d

Abstand der Marken im Bogen:

		EF	MeF	MiF
30.	1 Mark GA	d		
	a. violett (Töne)	30000.—		5000.—
	auf Paketkarte			2300.—
	b. dunkelviolett			10000.—
	auf Paketkarte			3000.—

1875, 1. Juli. Freim.-Ausg. S P. Riess; Bdr. und Prägedruck Kgl. Münze; Wz. 1b; **gez. K 11½.**

31.	1 Mk. GA	d		
	a. violett (Töne)			3800.—
	auf Paketkarte			1600.—
	b. dunkelviolett			5000.—
	auf Paketkarte			2200.—

Nr. 30—31 gültig bis 30.6.1912.

Weitere Werte in Zeichnung d gez. mit verschiedenen Wz.:
1 Mk. = Nr. 43, 53, 71. | 2 Mk. = Nr. 44, 64, I, 72.
3 Mk. = Nr. 69, 73. | 5 Mk. = Nr. 70, 74.

1875, 5. Juli. Freim.-Ausg. Zeichnung und Ausführung wie Ausgaben 1870 und 1873 (c). Bdr. und Prägedruck Kgl. Münze; Wz. *weite Wellenlinien* (Wz. 2); **gez. K 11½.**

Wz. 2 (weite Wellenlinien)

32.	1 Kr.			
	a. hellgrün	300.—	320.—	300.—
	b. dunkelgrün	3000.—	4000.—	2500.—
	c. mattgrün	700.—	1000.—	700.—
33.	3 Kr. karmin	100.—	800.—	300.—
34.	7 Kr. ultramarin	3500.—	7000.—	3500.—
35.	10 Kr. gelb	4000.—		4500.—
36.	18 Kr. ziegelrot			80000.—
	auf Paketkarte		60000.—	60000.—

Neue Währung: 1 Mark = 100 Pfennig

1876, 1. Jan. Freim.-Ausg. Gleiche Zeichnung; Wertangabe in PFENNIG (e). S P. Riess; Bdr. und Prägedruck der Weiss'schen Buchdruckerei, München; Wz. 2; **gez. K 11½.**

e

37.	3 Pfg.			
	a. h'grün (Erstauflage)	150.—	175.—	300.—
	b. grün bis bläul'grün	40.—	60.—	100.—
	c. olivgrün	120.—	180.—	350.—
38.	5 Pfg.			
	a. bläulichgrün	120.—	150.—	100.—
	b. dunkelblaugrün	140.—	160.—	120.—
	c. grauolivgrün	4000.—	4400.—	4400.—
39.	10 Pfg.			
	a. h'lilarosa (1.1.1876)	400.—	475.—	425.—
	b. rosa bis karmin (März 1876)	25.—	30.—	25.—
	39 b U. rosa			—.—
40.	20 Pfg.			
	a. ultramarin (Töne)	65.—	90.—	90.—
	b. preußischblau	4000.—	5000.—	4400.—
41.	25 Pfg. braun	1800.—	2200.—	3500.—
42.	50 Pfg. ziegelrot	4000.—	15000.—	4000.—
	auf Paketkarte			3000.—

Gültig: Nr. 37, 41, 42 bis 31.1.1893; Nr. 38, 39, 40 bis 30.6.1912.

Deutsche Staaten (Bayern)

Weitere Werte in Zeichnung e:

2 Pfg. grau	....	Nr. 65
3 Pfg. grün	....	Nr. 47
3 Pfg. gelbgrün	....	Nr. 54
3 Pfg. dkl'braun	....	Nr. 60
5 Pfg. lila	....	Nr. 45a, 48, 55a
5 Pfg. violett	....	Nr. 45b, 55b
5 Pfg. grün	....	Nr. 61, 75
10 Pfg. karmin	....	Nr. 49
10 Pfg. karminrosa	....	Nr. 56
20 Pfg. ultramarin	....	Nr. 50, 57
25 Pfg. hellbraun	....	Nr. 51, 58
25 Pfg. orange bis gelb	....	Nr. 62
30 Pfg. olivgrün	....	Nr. 66
40 Pfg. gelb	....	Nr. 67
50 Pfg. dunkelbraun	....	Nr. 46, 52, 59
50 Pfg. lilabraun	....	Nr. 63
80 Pfg. lila, blauviolett	....	Nr. 68

1876, Jan./1879, Mai. Freim.-Ausg. Großformat. ⑤ P. Riess; Bdr. und Prägedruck Kgl. Münze; *Wz. 2*; gez. K 11½.

		EF	MeF	MiF
43.	1 Mk. rötlichviolett (Mai 1879) .... d	—.—	—.—	10000.—
	auf Paketkarte			1500.—
44.	2 Mk. hell- bis dkl'rotorange (Jan. 1876) .... d	—.—	—.—	6000.—
	auf Paketkarte			800.—

Gültig bis 30.6.1912.

1878, Sept. Freim.-Ausg. Farbänderungen in Zeichnung (e). Bdr. und Prägedruck; *Wz. 2*; gez. K 11½.

		EF	MeF	MiF
45.	5 Pfg. .... e			
	a. lila	400.—	800.—	600.—
	b. violett	600.—	1000.—	900.—
46.	50 Pfg. dunkelbraun .... e	4800.—	5500.—	4000.—
	auf Paketkarte			4000.—

Gültig bis 31.1.1893.

1881, Okt./1906. Freim.-Ausg. Zeichnung wie vorher. Bdr. und Prägedruck J. G. Weiss, ab Januar 1883 Kgl. Münze, auf rötlichem, Nr. 53 auch weißem Papier; *Wz. enge senkrechte Wellenlinien (Wz. 3)*; gez. K 11½.

Wz. 3

		EF	MeF	MiF
47.	3 Pfg. grün .... e	30.—	50.—	80.—
48.	5 Pfg. lila .... e	40.—	45.—	45.—
49.	10 Pfg. karmin .... e	10.—	18.—	10.—
50.	20 Pfg. ultramarin bis graublau .... e	25.—	60.—	35.—
51.	25 Pfg. hellbraun .... e	900.—*)	800.—*)	700.—*)
52.	50 Pfg. dkl'braun ...... e	750.—*)	1200.—*)	700.—*)
53.	1 Mk. .... d			
	x. rötliches Papier			
	a. lila (1885)	650.—*)	1200.—*)	400.—*)
	b. rötl'violett (1881) ..	5000.—*)	—.—*)	4000.—*)
	y. weißes Papier			
	a. rotlila (1900)	380.—*)	750.—*)	150.—*)
	b. violett (1906) (Aufl. Nr. 33)	1100.—*)	1600.—*)	500.—*)

*) ✉-Preise gelten für Paketkarten, portogerechte ✉ 150% Aufschlag.

Gültig: Nr. 47, 48, 51, 52 bis 31.1.1893; Nr. 49, 50, 53 bis 30.6.1912.

Die Bildbeschreibungen sind so informativ wie möglich gehalten, können und wollen jedoch kein Lexikon ersetzen. Fortlaufende Buchstaben (= Klischeezeichen) vor den Bildlegenden sowie vor den Preisspalten in den Katalogisierungszeilen ermöglichen problemlos die Zuordnung von Abbildungen und MICHEL-Nummern.

König Otto (1886—1912), Regentschaft: Prinzregent Luitpold.

1888, 1. Jan./1900. Freim.-Ausg. (e). Bdr. und Prägedruck Kgl. Münze, x auf rötlichem Papier, y auf weißem Papier; *Wz. enge waagerechte Wellenlinien (Wz. 4)*; gez. K 14½. Zähnung A (15. Auflage): Zähnungslöcher kleiner als die zwischenliegenden Papierbrücken; B: andere Lochgrößen (3 Arten!).

Wz. 4

		x (1888)						y (1900)		
		A			B					
		EF	MeF	MiF	EF	MeF	MiF	EF	MeF	MiF
54.	3 Pfg. gelbgrün	35.—	75.—	45.—	25.—	35.—	20.—			
55.	5 Pfg.									
	a. lila	80.—	100.—	110.—	35.—	45.—	35.—			
	b. violett				50.—	60.—	50.—			
56.	10 Pfg. karminrosa	120.—	190.—	175.—	4.—	5.—	3.50	4.—	5.—	3.50
57.	20 Pfg. ultramarin	200.—	325.—	200.—	10.—	12.—	8.—	6.—	6.—	5.—
58.	25 Pfg. hellbraun...............	225.—	240.—	200.—*)	220.—	250.—	220.—*)			
59.	50 Pfg. dunkelbraun	200.—	225.—	250.—*)	150.—	200.—	200.—*)			

*) Preise gelten für Paketkarten; Briefe ca. 100% Aufschlag.

Gültig: Nr. 54, 55, 58, 59 bis 31.1.1893; Nr. 56, 57 bis 30.6.1912.

1890, 10. Febr./1900. Freim.-Ausg. Farbänderungen (e). Bdr. und Prägedruck Kgl. Münze, x auf rötlichem, y auf weißem Papier; *Wz. 4*; gez. K 14½.

		x (1890)			y (1900)		
		EF	MeF	MiF	EF	MeF	MiF
60.	3 Pfg. dunkelbraun, Töne	5.—	15.—	3.50	4.—	14.—	2.50
61.	5 Pfg. dunkelgrün, Erstaufl. grün GA	5.—	5.—	3.50	4.—	4.—	2.50
62.	25 Pfg. orange bis gelb	85.—	100.—	50.—	80.—	90.—	40.—
63.	50 Pfg. lilabraun	150.—	200.—	200.—	100.—	140.—	80.—

Bitte schreiben Sie uns, wenn Sie Fehler oder Unklarheiten in der Katalogisierung feststellen.

Deutsche Staaten (Bayern)

1890, 1. Dez./(1903) Freim.-Ausg. Farbänderung; Bdr. und Prägedruck, x auf rötlichem, y auf weißem Papier; Wz. 3; gez. K 11½.

		EF	MeF x(1890)	MiF	EF	MeF y(1903)	MiF
64.	2 Mk. goldgelb, orange	d 3500.—	3500.—	4000.—	2400.—	5000.—	2000.—
	Paketkarte			1000.—			500.—

1900, 1. Jan./April. Freim.-Ausg. (e). Bdr. und Prägedruck, x auf rötlichem, y auf weißem Papier; Wz. 4; gez. K 14½.

			x			y	
65.	2 Pfg. grau (April)	30.—	50.—	35.—	15.—	25.—	18.—
66.	30 Pfg. olivgrün GA				60.—	100.—	50.—
67.	40 Pfg. gelb GA				80.—	120.—	70.—
68.	80 Pfg. lila, blauviolett	700.—	1100.—	500.—	500.—	800.—	450.—
	Paketkarte	130.—	230.—	150.—	120.—	225.—	150.—

1900, 1. April/1906. Freim.-Erg.-Werte. Bdr. und Prägedruck, x auf rötlichem, y auf weißem Papier; Wz. 3; gez. K 11½.

			x (1900)			y (1906)			z (1906)	
69.	3 Mk. braunoliv	d 3900.—	—.—	3500.—	7500.—	—.—	7000.—			8000.—
70.	5 Mk. grün	d 4500.—	—.—	3500.—	7500.—	—.—	7000.—			8000.—

1911. Freim.-Ausg. Zeichnung (d). auf dickem, hartem, weißem Papier (sog. Postscheckpapier); Bdr. und Prägedruck; Wz. 4; gez. K 11½.

		EF	MeF	MiF
71.	1 Mk. rotlila	200.—	350.—	150.—
72.	2 Mk. orange	250.—	600.—	200.—
73.	3 Mk. olivbraun	400.—	1000.—	400.—
74.	5 Mk. hellgrün	500.—	1100.—	500.—

Bei Nr. 71–74 gelten die Preise für überfrankierte Sammlerbriefe, portogerechte ✉ mindestens 2000.—.

1911, 23. Jan. Freim.-Ausg. Nr. 61 auf gleichem Postscheckpapier. Bdr. und Prägedruck; Wz. 3; gez. K 14½.

| 75. | 5 Pfg. grün GA | e 40.— | 45.— | 35.— |

Gültig: Nr. 60–75 bis 30. 6. 1912.

1911, 10. März/1. Okt. So.-Ausg. zum 90. Geburtstag Luitpolds. ✉ **Prof. Fritz August von Kaulbach; Photolithographie auf farbigem (durchgefärbtem) Papier von O. Consée in München, Nr. 81 I—83 I und 85 I auch vom Topographischen Institut des Kriegsministeriums in München. Nr. 76—80 Wz. 4; gez. K 14:14½; Nr. 81–85 w z. 3; gez. K 11½.**

		EF	MeF Type I	MiF
76 I.	3 Pfg.			
	a. braun a. bräunlich	5.—	25.—	3.50
	b. dkl'braun a. bräunlich	12.—	40.—	9.—
	c. schwarzbr. a. bräunl.	280.—	600.—	180.—
77 I.	5 Pfg. grün a. hellgrün GA	4.—	4.—	3.50
78 I.	10 Pfg. rot a. sämisch GA f	4.—	4.—	3.50
79 I.	20 Pfg. GA			
	a. blau a. hellblau	15.—	30.—	12.—
	b. ultramarin a. hellblau	75.—	120.—	60.—
80 I.	25 Pfg. braunviolett a.			
	sämisch f	120.—	140.—	70.—
81 I.	30 Pfg. orange a. sämisch g	70.—	180.—	60.—
82 I.	40 Pfg. olivgrün a. sämisch g	60.—	100.—	50.—
83 I.	50 Pfg. braunrot a. graubraun g	160.—	220.—	120.—
85 I.	80 Pfg. dkl'lila a. graubraun g	220.—	350.—	150.—

			Type II	
76 II.	3 Pfg.			
	a. braun a. bräunlich	4.—	20.—	2.50
77 II.	5 Pfg. grün a. hellgrün GA	3.—	3.—	2.50
78 II.	10 Pfg. rot a. sämisch GA f	3.—	3.—	2.50
79 II.	20 Pfg. GA			
	a. blau a. hellblau	8.—	20.—	6.—
80 II.	25 Pfg. braunviolett a.			
	sämisch f	80.—	110.—	30.—
81 II.	30 Pfg. orange a. sämisch. g	35.—	110.—	30.—
82 II.	40 Pfg. olivgrün a. sämisch. g	40.—	80.—	30.—
83 II.	50 Pfg. braunrot a. graubraun g	100.—	130.—	45.—
84 II.	60 Pfg. dunkelgrün a. sämisch (1.10.) g	100.—	180.—	60.—
85 II.	80 Pfg. dunkellila a. graubraun g	180.—	280.—	140.—

 f   Prinzregent Luitpold (1821—1912)    g

Type I

Type I: Unklare, magere Inschriften in der Kopfleiste. Kopf des R in MAERZ unförmig klein; Mittelbalken im E von März kurz.

Type II

Type II: Nachgebesserte klare, fettere Inschriften in der Kopfleiste. Kopf des R in MAERZ mit großer Schleife; Mittelbalken des E von März meist gleichlang mit dem oberen und unteren Querbalken.

1911, 10. März. So.-Ausg. zum gleichen Anlaß. Großformat (h) Photolithographie auf farbigem Papier von O. Consée; Wz. 3; gez. 11½.

h) Prinzregent Luitpold (1821—1912) im Jägeranzug

Deutsche Staaten (Bayern)

↑ Type I: Die Fuß-Striche der Ziffern 1 von 1911 fehlen oder sind nur angedeutet. Ziffer 9 mager. Waagerechte Linie unterbrochen (s. Pfeil).

↑ Type II: Kräftige Fuß-Striche der Ziffern 1 in 1911. Ziffer 9 kräftiger als in Type I. Waagerechte Linie durchgehend (s. Pfeil).

		EF	MeF	MiF
			Type I	
86 I.	1 Mk. dunkelbraun a. graubraun	440.—	700.—	175.—
87 I.	2 Mk. grün a. hellgrün ...	500.—	820.—	250.—
88 I.	3 Mk. karmin a. sämisch .	2000.—	3400.—	350.—
89 I.	5 Mk. dkl'blau a. sämisch	2800.—	—.—	475.—
90 I.	10 Mk. orange a. gelblich .	—.—	—.—	2200.—
91 I.	20 Mk. schw'braun a. gelbl.	—.—	—.—	2200.—
			Type II	
86 II.	1 Mk. dunkelbraun a. graubraun	140.—	350.—	50.—
87 II.	2 Mk. grün a. hellgrün ...	150.—	300.—	80.—
88 II.	3 Mk. karmin a. sämisch .	1400.—	2000.—	300.—
89 II.	5 Mk. dkl'blau a. sämisch	—.—	—.—	2200.—
90 II.	10 Mk. orange a. gelblich .	—.—	—.—	4500.—
91 II.	20 Mk. schw'braun a. gelblich	—.—	—.—	4500.—

Bei Nr. 86 I–91 I und 86 II–91 II gelten die Preise für Postkarten, portogerechte Briefe —.—.

1911, 10. Juni. So.-Ausg. zur 25jährigen Regentschaft des Prinzregenten Luitpold. ⊠ Prof. Fritz August von Kaulbach; Stdr. O. Conséé; gez. K oder L 11½.

i) Prinzregent Luitpold (1821–1912) im Kranz

92.	5 (Pfg.) hellgrün/dkl'grün/gelb/schwarz i	10.—	12.—	6.—
93.	10 (Pfg.) hellrot/dkl'rot/gelb schwarz i	15.—	25.—	9.—

Gültig bis 30. 6. 1911.

✈ **1912,** Okt. Flugpostmarke (halbamtlich); ⊠ Prof. Otto Hupp; Bdr.; gez. L 11½.

Fa

Nebenstehender Stempel (schwarz) wurde v. 28. 9. 1912–26. 7. 1914 und von 1920 bis April 1926 verwendet.

F I.	25 Pfg. blau GA .... Fa	1200.—

Mit Stempel „Flugpost Nürnberg" 100% Aufschlag.

1914, ab 30. März. Freim.-Ausg. König Ludwig III. ⊠ von Prof. Walter Firle; RaTdr. der Kunstanstalt A. Bruckmann A.G., München; Nr. 94–103 Wz. 4; gez. K 14:14½; Nr. 104–106 Wz. 3; gez. K 11½; Nr. 107 bis 109 Wz. 4; gez. K 11½.

l   m   n

l—n) König Ludwig III. (1845—1921), Sohn des Prinzregenten Luitpold, 1912 Regent, seit 1913 König, 1918 abgedankt.

Aufl. 1. Friedensdrucke (= Erstdrucke) bis Dez. 1915, klarer, feiner farbsatter Druck auf leicht rahmfarbig getöntem Papier; Gummierung seidenartig.

Aufl. 2 und 3. Kriegsdrucke, ab Dez. 1915, unklarer, oft verschwommener Druck auf weniger gutem Kriegspapier (weißes bis graues Papier, glasiges Zellstoffpapier). Gummierung glatt und dicker aufgetragen. Die Übergänge zwischen 1., 2. und 3. Auflage sind gleitend. Friedensdrucke und Kriegsdrucke unterscheiden sich bei allen Werten auch oft durch die Farbtönungen.

1914/15. 1. Auflage, sog. Friedensdrucke, gezähnt.

			EF	MeF	MiF
94 I.	3 Pfg. tiefbraun	l	8.—	35.—	7.—
95 I.	5 Pfg. lebhaft-, dkl'bläulichgrün (Töne) .	l	5.—	6.—	3.50
96 I.	10 Pfg.	l			
	a. zinnober		3.50	4.—	3.50
	b. bräunlichrot		90.—	130.—	110.—
97 I.	20 Pfg.	l	12.—	30.—	12.—
	a. blau, ultramarin ...				
	b. schwarzblau		1000.—	1500.—	1000.—
98 I.	25 Pfg. dkl'grauschwarz.	l	100.—	190.—	50.—
99 I.	30 Pfg. dunkelorange ..	l	60.—	100.—	50.—
100 I.	40 Pfg. dunkeloliv	l	80.—	160.—	50.—
101 I.	50 Pfg. dunkelrotbraun .	l	80.—	140.—	50.—
102 I.	60 Pfg. dunkelblaugrün .	l	80.—	160.—	50.—
103 I.	80 Pfg. dunkelviolett ...	l	130.—	250.—	75.—
104 I.	1 Mk. braun	m	140.—	300.—	60.—
105 I.	2 Mk. violett	m	320.—	680.—	150.—
106 I.	3 Mk. rot	m	800.—	—.—	400.—
107 I.	5 Mk. blau	n	—.—	—.—	700.—
108 I.	10 Mk. grün	n	—.—	—.—	1500.—
109 I.	20 Mk. sepiabraun	n	—.—	—.—	1500.—

1916/20. 2. und 3. Auflage, sog. Kriegs- und Nachkriegsdrucke. Versch. Papiersorten: Weißes bis grauweißes oder glasig scheinendes Zellstoffsowie Pergamentpapier; Nr. 94–103 Wz. 4; A gez. K 14:14½; Nr. 104–106 Wz. 3; A gez. K 11½; Nr. 107 bis 109 Wz. 4; A gez. K 11½; B ☐.

			A gez.		
94 II A.	3 Pfg. braun	l	5.—	12.—	4.50
97 II A.	20 Pfg. blau	l	5.—	7.—	4.50
98 II A.	25 Pfg. grauschwarz ..	l	8.—	12.—	6.—
99 II A.	30 Pfg. orange	l	6.—	10.—	4.50
100 II A.	40 Pfg. oliv	l	7.—	14.—	4.50
101 II A.	50 Pfg. rotbraun	l	7.—	14.—	4.50
102 II A.	60 Pfg. dkl'blaugrün .	l	10.—	20.—	9.—
103 II A.	80 Pfg. violett	l	20.—	35.—	12.—
104 II A.	1 Mk. braun	m	30.—	40.—	24.—
105 II A.	2 Mk. violett	m	50.—	60.—	35.—
106 II A.	3 Mk. rot	m	100.—	120.—	70.—

Deutsche Staaten (Bayern)

			EF	MeF	MiF
107 II A.	5 Mk. blau ..... n		110.—	190.—	90.—
108 II A.	10 Mk. grün ..... n		500.—	850.—	350.—
108 IIaA.	10 Mk. grün a. schwach bläulich, hartem Zellstoffpapier		—.—	—.—	—.—
109 II A.	20 Mk. dkl'braun ... n		780.—	—.—	475.—

B □ (4.3.1920)

94 II B.	3 Pfg. braun l				40.—
97 II B.	20 Pfg. blau l				40.—
98 II B.	25 Pfg. grauschwarz l				40.—
99 II B.	30 Pfg. orange ... l				50.—
100 II B.	40 Pfg. oliv l				50.—
101 II B.	50 Pfg. rotbraun ... l				40.—
102 II B.	60 Pfg. dkl'blaugrün l				50.—
103 II B.	80 Pfg. violett l				70.—
104 II B.	1 Mk. braun ..... m				70.—
105 II B.	2 Mk. violett ..... m				70.—
106 II B.	3 Mk. rot ..... m				100.—
107 II B.	5 Mk. blau ..... n				130.—
108 II B.	10 Mk. grün ..... n				200.—
109 II B.	20 Mk. dkl'braun ... n				250.—

1916/20. Freim.-Erg.-Werte und Farbänderungen (I). RaTdr. von A. Bruckmann A.G.; Wz. 4; A gez. K 14:14½, B □.

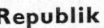

A gez.

110 A.	2 Pfg. blaugrau (1.10.1918)		10.—	4.50
111 A.	2½ a. 2 Pfg. blaugrau (1.8.1916) (▼).......		12.—	4.50
112 A.	5 Pfg. gelbgrün (12.8.1916)	5.—	7.—	4.50
113 A.	7½ Pfg. dunkelgrün (1.8.1916)	6.—	6.—	4.50
114 A.	10 Pfg. karmin (12.8.1916)	5.—	5.—	4.50
115 A.	15 Pfg.			
	a. zinnober (1.8.1916)..	6.—	6.—	4.50
	b. karmin (1920)	120.—	170.—	120.—
	c. or'rot bis bräunl'rot..	140.—	190.—	140.—

B □ (4.3.1920)

110 B.	2 Pfg. blaugrau (1918) ..			40.—
112 B.	5 Pfg. gelbgrün			40.—
113 B.	7½ Pfg. dkl'grün			40.—
114 B.	10 Pfg. karmin			40.—
115 B.	15 Pfg.			
	a. zinnober			40.—

Nr. 94–115 gültig bis 30. 6. 1920.

Republik

1919, 1. März/1920. Freim.-Ah.-Ausg. Ausgabe 1914 in Zeichnungen l, m, n, Kriegsdrucke, mit zweizeiligem rußigem oder glänzendem Aufdruck „Volksstaat Bayern". A gez., B □.

			EF	MeF	MiF
116 A.	3 Pfg. braun .... (94)		2000.—	10.—	4.50
117 A.	5 Pfg. gelbgrün .. (112)		8.—	6.—	4.50
118 A.	7½ Pfg. dkl'grün . (113)		6.—	7.—	4.50
119 A.	10 Pfg. karmin ... (114)		5.—	6.—	4.50
120 A.	15 Pfg. zinnober .. (115a)		6.—	6.—	4.50
121 A.	20 Pfg. blau .... (97)		5.—	6.—	4.50
122 A.	25 Pfg. grauschw' (98)		16.—	17.—	4.50
123 A.	30 Pfg. orange ... (99)		7.—	8.—	4.50
124 A.	40 Pfg. oliv ..... (100)		7.—	10.—	5.—
125 A.	50 Pfg. rotbraun .. (101)		7.—	11.—	5.—
126 A.	60 Pfg. dkl'bl'grün (102)		8.—	14.—	5.—
127 A.	80 Pfg. violett .... (103)		10.—	16.—	7.—
128 A.	1 Mk. braun .... (104)		20.—	25.—	10.—
129 A.	2 Mk. violett .... (105)		30.—	35.—	15.—
130 A.	3 Mk. rot ...... (106)		80.—	120.—	35.—
131 A.	5 Mk. blau ..... (107)		140.—	200.—	100.—
132 A.	10 Mk. grün .... (108)		300.—	500.—	250.—
133 A.	20 Mk. dkl'braun . (109)		400.—	650.—	300.—

B □ (4.3.1920)

116 B.	3 Pfg. braun .... (94)				50.—
117 B.	5 Pfg. gelbgrün .. (112)				50.—
118 B.	7½ Pfg. dkl'grün . (113)				50.—
119 B.	10 Pfg. karmin ... (114)				50.—
120 B.	15 Pfg. zinnober .. (115a)				50.—
121 B.	20 Pfg. blau .... (97)				50.—
122 B.	25 Pfg. grauschw' (98)				50.—
123 B.	30 Pfg. orange ... (99)				50.—
124 B.	40 Pfg. oliv ..... (100)				50.—
125 B.	50 Pfg. rotbraun .. (101)				50.—
126 B.	60 Pfg. dkl'bl'grün (102)				50.—
127 B.	80 Pfg. violett .... (103)				55.—

B □ (1920)

128 B.	1 Mk. braun ...... (104)				60.—
129 B.	2 Mk. violett ..... (105)				75.—
130 B.	3 Mk. rot .... (106)				120.—
131 B.	5 Mk. blau ...... (107)				160.—
132 B.	10 Mk. grün ..... (108)				200.—
133 B.	20 Mk. dkl'braun . (109)				250.—

1919/20. Freim.-Erg.-Werte. Nicht ausgegebene Marken in Zeichnung (l) mit gleichem Aufdruck; Wz. 4; A gez. K 14:14½, B □ (1920).

A gez.

| 134 A. | 35 Pfg. orange (27.6.1919) | 25.— | 30.— | 20.— |
| 135 A. | 75 Pfg. rotbraun, lilabraun (17.7.1919) .... | 25.— | 30.— | 20.— |

B □ (4.3.1920)

| 134 B. | 35 Pfg. orange .... | | | 60.— |
| 135 B. | 75 Pfg. rotbraun, lilabraun | | | 60.— |

Nr. 116–135 gültig bis 30. 6. 1920.

1919. Freim.-Ah.-Ausg. Marken des Deutschen Reiches (Germania- und Bilderausgabe) mit zweizeiligem, mattem bis glänzendem Aufdruck „Freistaat/Bayern" der Staatsdruckerei, Berlin.

Aufdruckzwischenraum 2½ oder 3½ mm.

136.	2½ (Pfg.) hellbraunolivgrau .... (98)		10.—	4.—
137.	3 (Pfg.) braun........ (84)		10.—	3.—
138.	5 (Pfg.) grün....... (85)	4.—	4.—	3.—
139.	7½ (Pfg.) gelb- bis rotorange GA ...... (99)	5.—	5.—	4.—
140.	10 (Pfg.) rosarot bis karminrot GA .... (86)	6.—	7.—	4.—
141.	15 (Pfg.) schwarzviolett GA .... (101b)	5.—	6.—	4.—
142.	20 (Pfg.) violettblau.... (87d)	6.—	7.—	4.—

Deutsche Staaten (Bayern)

			EF	MeF	MiF
143.	25 (Pfg.) orange/braunschwarz a. mattgelb	(88)	8.—	17.—	7.—
144.	35 (Pfg.) rotbraun	(103)	14.—	20.—	12.—
145.	40 (Pfg.) karmin/braunschwarz	(90)	13.—	17.—	10.—
146.	75 (Pfg.) dkl'grün/braunschwarz	(104a)	16.—	24.—	14.—
147.	80 (Pfg.) karminrot/braunschwarz a. rosa	(93)	25.—	30.—	20.—

A gez. 14½ (26:17 Zähnungslöcher).
B gez. 14¼ (25:17 Zähnungslöcher).

A

			EF	MeF	MiF
149 A.	2 Mk. stahlblau/blau	(95)	1600.—	—.—	1100.—
150 A.	3 Mk. violettschwarz/schw'braunviolett	(96)	—.—	—.—	1700.—
151 A.	5 Mk. grünschw./rot	(97)	400.—	—.—	230.—

B

			EF	MeF	MiF
148 B.	1 Mk. karminrot, rot	(94)	50.—	80.—	40.—
149 B.	2 Mk. stahlblau, blau	(95)	90.—	140.—	60.—
150 B.	3 Mk. violettschwarz/schwarzbraunvio.	(96)	230.—	600.—	120.—
151 B.	5 Mk. grünschw./rot	(97)	400.—	—.—	200.—

Gültig bis 31.1.1920.

1919, ab 6. Aug./1920. Freim.-Ah.-Ausg. Marken der Ausgabe 1916, Kriegsdrucke, mit zweizeiligem mattem bis glänzendem Aufdruck „Freistaat/Bayern".

A gez.

			EF	MeF	MiF
152 A.	3 Pfg. braun	(94)		15.—	8.—
153 A.	5 Pfg. gelbgrün	(112)	5.—	5.—	4.50
154 A.	7½ Pfg. dkl'grün	(113)	100.—	150.—	120.—
155 A.	10 Pfg. karmin	(114)	5.—	5.—	4.50
156 A.	15 Pfg. zinnober	(115a)	5.—	5.—	4.50
157 A.	20 Pfg. blau	(97)	6.—	6.—	7.—
158 A.	25 Pfg. grauschw'	(98)	20.—	25.—	17.50
159 A.	30 Pfg. orange	(99)	18.—	25.—	22.—
160 A.	40 Pfg. oliv	(100)	45.—	45.—	40.—
161 A.	50 Pfg. rotbraun	(101)	17.—	22.—	12.—
162 A.	60 Pfg. dkl'bl'grün	(102)	45.—	60.—	55.—
163 A.	75 Pfg. braunoliv	(l)	85.—	85.—	95.—
164 A.	80 Pfg. violett	(103)	40.—	45.—	40.—
165 A.	1 Mk. braun	(104)	40.—	50.—	25.—
166 A.	2 Mk. violett	(105)	40.—	50.—	35.—
167 A.	3 Mk. rot	(106)	80.—	100.—	60.—
168 A.	5 Mk. blau	(107)	240.—	350.—	280.—
169 A.	10 Mk. grün	(108)	400.—	500.—	300.—
170 A.	20 Mk. dkl'braun	(109)	450.—	600.—	350.—

B ☐ (4.3.1920)

			MiF
152 B.	3 Pfg. braun	(94)	40.—
153 B.	5 Pfg. gelbgrün	(112)	40.—
154 B.	7½ Pfg. dkl'grün	(113)	85.—
155 B.	10 Pfg. karmin	(114)	40.—
156 B.	15 Pfg. zinnober	(115a)	40.—
157 B.	20 Pfg. blau	(97)	40.—
158 B.	25 Pfg. grauschw'	(98)	40.—
159 B.	30 Pfg. orange	(99)	60.—
160 B.	40 Pfg. oliv	(100)	60.—

			EF	MeF	MiF
161 B.	50 Pfg. rotbraun	(101)			60.—
162 B.	60 Pfg. dkl'bl'grün	(102)			60.—
163 B.	75 Pfg. braunoliv	(l)			140.—
164 B.	80 (Pfg.) violett	(103)			60.—
165 B.	1 Mk. braun	(104)			70.—
166 B.	2 Mk. violett	(105)			75.—
167 B.	3 Mk. rot	(106)			130.—
168 B.	5 Mk. blau	(107)			240.—
169 B.	10 Mk. grün	(108)			350.—
170 B.	20 Mk. dkl'braun	(109)			500.—

1919, 25. Aug./22. Dez. Wohlt.-Ah.-Ausg. zugunsten der bayerischen Kriegsbeschädigten. Marken Nr. 114, 115 und 97 mit fünfzeiligem Aufdruck: 5 Pf. / für Kriegs- / beschädigte / Freistaat / Bayern; A gez., B ☐.

			A gez.		
171 A.	10 Pfg.+5 Pf. karmin	(114)	25.—	20.—	16.—
172 A.	15 Pfg.+5 Pf. zinnober	(115a)	25.—	40.—	16.—
173 A.	20 Pfg.+5 Pf. blau (22.12)	(97)	30.—	60.—	30.—

1919, 17. Dez./1920. Freim.-Ah.-Ausg. Marke in Zeichnung der Nr. 165 (m) in geänderten Farben, mit Aufdruck des neuen Wertes.

		A gez.		
174 A.	**1.25 M.** a. 1 Mk. gelbgrün (17.12.1919)	60.—	90.—	30.—
175 A.	**1.50 M.** a. 1 Mk. orange (5.1.1920)	70.—	100.—	35.—
176 A.	**2.50 M.** a. 1 Mk. schiefer (17.1.1920)	100.—	150.—	60.—

		B ☐ (4.3.1920)
174 B.	**1.25 M.** a. 1 Mk. gelbgrün	160.—
175 B.	**1.50 M.** a. 1 Mk. orange	175.—
176 B.	**2.50 M.** a. 1 Mk. schiefer	240.—

Nr. 152–176 gültig bis 30.6.1920.

1920, 28. Jan. Ah.-Ausg. Nr. 60, mit violettblauem Zifferaufdruck in den vier Ecken.

Type I   Type II

177.	20 a. 3 Pfg. dkl'braun (60y) Bl			
	I. Aufdruck 4,5–6 mm Abstand (waagerecht)	20.—	30.—	20.—
	II. Aufdruck 3,5–4 und 7 mm Abstand	20.—	30.—	20.—
177 x.	auf rötlichem Papier (60 x) Bl	2400.—	3600.—	2200.—

Gültig bis 30.6.1920.

Gleichzeitig wurden die Restbestände der Wappenmarken zu 5 und 10 Pfg. (Nr. 56 y, 61 y und 75) aufgebraucht. Diese Marken mit Abstempelungen aus dem Jahre 1920 sind von Spezialsammlern gesucht (✉ je 50.—); auch Mischfrankaturen mit Ludwig-Marken (mit und ohne Aufdruck) und mit Nr. 178 ff. möglich, ab 1. April bis 30. Juni 1920 auch Mischfrankaturen mit Marken des Deutschen Reiches.

Deutsche Staaten (Bayern)

**1920, ab 14. Febr. Freim.-Ausg. Sog. Abschiedsserie.
Nr. 178–189, †91 Bdr. von Hamböck, Nr. 190 Stdr.
von O. Conseé, Nr. 192–195 Schnellpressen-Tdr. von
F. A. Bruckmann A.G.; Nr. 178–186 Wz. 4, gez. K
14:14½; Nr. 187–191 Wz. 3; gez. K 13¾:11¼; Nr. 192
bis 195 Wz. 4; gez. K 11¼:11¾.**

o) Pflügender
Landmann
☒ Valentin Zietara

p) Bavaria mit
Wasserrad und Blitz
Franz Paul Glass

r) Sämann

s) Madonna mit Jesuskind,
Patrona Bavariae
☒ S. von Weech

t) Göttin und Landes-
wappen
Prof. A. von Kaulbach

			EF	MeF	MiF
178.	5 Pfg. gelbgrün	o	8.—	5.—	4.50
179.	10 Pfg. orange	o	5.—	5.—	4.50
180.	15 Pfg. mittelrot	o	5.—	5.—	4.50
181.	20 Pfg. violett	p			
	I. offene Endschleife der 2		6.—	6.—	4.50
	II. geschlossene Schleife der 2		—.—	—.—	6000.—
182.	30 Pfg. dkl'grünlichblau	p	7.—	8.—	6.—
183.	40 Pfg. dkl'gelbbraun	p	8.—	8.—	7.—
184.	50 Pfg. rot, zinnober	r	9.—	10.—	8.—
185.	60 Pfg. blaugrün	r	25.—	20.—	12.—
186.	75 Pfg. lilarot	r	22.—	30.—	18.—
187.	1 Mk. karminrot/h'graubraun		30.—	35.—	24.—
188.	1¼ Mk. blau/hellolivbraun	s	25.—	35.—	22.—
189.	1½ Mk. schw'blaugrün/ hellgraubraun	s	35.—	35.—	25.—
190.	2½ Mk. braunschwarz/ graubraun (Stdr.)	s	240.—	350.—	170.—
191.	2½ Mk. braunschwarz/ graubraun	s	80.—	100.—	55.—
192.	3 Mk. graublau	t	170.—	170.—	100.—
193.	5 Mk. lebh'orange	t	220.—	240.—	150.—
194.	10 Mk. dkl'grün	t	230.—	250.—	175.—
195.	20 Mk. olivschwarz	t	350.—	420.—	240.—

Typen-Unterschiede Nr. 181:

181 I Ziffer 2
offene Schleife
ohne aufwärts
gerichtete Fahne

181 II Ziffer 2
geschlossene
Schleife Ziffer 2
mit aufwärts ge-
richteter Fahne

Die beiden Typen unterscheiden sich noch in weiteren Einzel-
heiten der Zeichnung.

Nr. 178—195 gültig bis 30. 6. 1920.

Nr. 178—195 mit Aufdruck „Deutsches Reich" siehe
Deutsches Reich Nr. 119—138.

Dienstmarken

Für die bayerischen Eisenbahnbehörden

1908, 1. Jan. Wappenausgabe mit farbigem Aufdruck eines E.

		EF	MeF	MiF
1.	3 Pfg. dkl'braun .. (60y) R	80.—	300.—	100.—
2.	5 Pfg. dkl'grün ... (61y) R	7.—	10.—	6.—
3.	10 Pfg. karminrosa (56y) Gr	3.—	4.—	2.50
4.	20 Pfg. ultramarin . (57y) R	30.—	65.—	24.—
5.	50 Pfg. lilabraun .. (63y) Gr	275.—	500.—	200.—

Gültig bis 30. 6. 1912.

1912, 1. Juli. Marken der So.-Ausg. 1911 Type II mit eingelochtem E.

		EF	MeF	MiF
6.	3 Pfg. braun a. bräunl' (76)	80.—	180.—	60.—
7.	5 Pfg. grün a. h'grün (77)	8.—	8.—	6.—
8.	10 Pfg. rot a. sämisch .. (78)	10.—	15.—	9.—
9.	20 Pfg.			
	a. blau a. hellblau .. (79a)	30.—	60.—	24.—
	b. ultramarin a. hellblau (79b)	9000.—	—.—	—.—
10.	25 Pfg. braunviolett a. sämisch (80)	225.—	250.—	150.—
11.	50 Pfg. braunrot a. graubraun (83)	350.—	650.—	300.—

1914/16. Marken der König-Ludwig-Ausgabe 1914 mit eingelochtem E.

		EF	MeF	MiF
12.	3 Pfg. tiefbraun (1916) (94 I)	500.—	1100.—	400.—
13.	5 Pfg. saftgrün ... (95 I)	12.—	15.—	12.—
14.	10 Pfg.			
	a. zinnober .... (96a)	12.—	18.—	12.—
	b. bräunlichrot ... (96b)	200.—	250.—	200.—
15.	20 Pfg. blau, ultramar' (97 I)	120.—	220.—	120.—

Gültig bis 31. Juli 1916, doch sind auch spätere Stücke unbeanstandet gelaufen.

Allgemeine Ausgaben

1916, 1. Aug./1920. Wappenzeichnung (Da). ☒ Prof. Hupp, Schleissheim; Bdr. der Königl. Münze v auf farbigem, w auf rahmfarbenem Papier, x auf sprödem, stark durchscheinendem, fast grauem Pergamentpapier, y auf weißem, weichem Normalpapier sowie hartem Zellstoff- und dickem Holzpapier; Wz 4; gez. K 11½.

v = farbiges Papier, zum Teil aus Restbeständen der Luitpold-Ausgabe

		EF	MeF	MiF
18v.	7½ (Pfg.) grün (Töne) a. grünem Papier (1.8.1916)	5.—	5.—	4.—
19v.	15 (Pfg.)			
	a. braunrot a. sämischem Papier (Okt. 1916)	4.—	7.—	4.—
	b. karmin a. sämischem satiniertem Papier (1.8.1916)	180.—	280.—	180.—
	c. zinnober a. sämischem satiniertem Papier (1.8.1916)	100.—	230.—	100.—

Deutsche Staaten (Bayern – Dienstmarken)

		EF	MeF	MiF
20v.	20 (Pfg.) dunkelblau (Töne) a. hellblauem bis grünlichblauem Papier (1.8.1916)	17.—	35.—	17.—
24v.	1Mk. (1.8.1916)			
	a. lila a. bräunlichgrauem Papier	60.—	75.—	60.—
	b. dkl'violett a. bräunlichgrauem Papier	90.—	120.—	90.—

w = rahmfarbenes Papier aus Restbeständen der Ludwig-Ausgabe, Auflage I, matter Gummi, sehr klarer Druck.

		w		
16wb.	3 (Pfg.) hellbraun (1.8.1916)..	35.—	60.—	35.—
17wb.	3 (Pfg.) hellgrün (1.8.1916)	35.—	50.—	35.—
21wb.	25 (Pfg.) hellgrau (1.8.1916)...	45.—	80.—	45.—
22wa.	30 (Pfg.) gelborange auf dickem cremefarbigem Papier (1.8.1916)	—.—	—.—	550.—
23w.	60 (Pfg.) dkl'grün (1.8.1916)...			1000.—
26w.	10 (Pfg.) (1.8.1916)			
	b. rot	90.—	180.—	90.—
	c. rosakarmin	250.—	320.—	250.—
27wb.	15 (Pfg.) mittelbräunlichrot, rosarot		—.—	

x = sprödes, stark durchscheinendes, fast graues Pergamentpapier (Marken mit ein bis zwei kurzen Zähnen sind hier normale Qualität).

		x		
16xa.	3 (Pfg.) braun (Töne) (1.8.1916)	30.—	50.—	30.—
17xa.	5 (Pfg.) grün (Töne) (1.8.1916)	60.—	75.—	60.—
21xa.	25 (Pfg.) grau (Töne) (1.8.1916)	30.—	50.—	30.—
22xa.	30 (Pfg.) gelborange (1.8.1916)	50.—	60.—	50.—
25xc.	7½ (Pfg.) graugrün (Töne) (1.10.1917)	25.—	30.—	25.—
26xa.	10 (Pfg.) karmin (1.8.1916)	60.—	80.—	60.—
27xb.	15 (Pfg.) mittelbräunlichrot, rosarot (1.1.1918)	325.—	450.—	325.—
28x.	20 (Pfg.) dunkelblau (1.9.1916)	40.—	60.—	40.—

y = weißes, weiches Normalpapier sowie hartes Zellstoff- und dickes Holzschliffpapier.

		y		
16ya.	3 (Pfg.) braun (Töne) (1.8.1916)	6.—	5.—	4.—
17ya.	5 (Pfg.) grün (Töne) (1.8.1916)	5.—	7.—	4.—
21ya.	25 (Pfg.) grau (Töne) (1.8.1916)	6.50	8.—	6.50
22y.	30 (Pfg.)			
	a. gelborange	6.50	8.—	6.50
	b. rötlichorange	25.—	35.—	25.—
23y.	60 (Pfg.) dunkelgrün (Töne) (1.8.1916)	12.50	18.—	12.50
25y.	7½ (Pfg.) (1.10.1917)			
	a. grün	60.—	70.—	60.—
	b. schwarzolivgrün	5.—	8.—	5.—
	c. graugrün	4.—	7.—	4.—
26ya.	10 (Pfg.) karmin (1.8.1916)..	5.—	7.—	5.—
27y.	15 (Pfg.) (1.1.1918)			
	a. (dunkel)braunrot	5.—	7.—	5.—
	b. mittelbräunlichrot, rosarot	4.—	6.—	4.—
28y.	20 (Pfg.) dkl'blau (1.9.1916)	7.—	10.—	8.—
29y.	1 Mk. rotlila (1.3.1920)....	6000.—	—.—	6000.—

1919, 1. März/1920. Wappenzeichnung 1916—1919 und Ergänzungswerte mit rußigem bis glänzendem Aufdruck „Volksstaat/Bayern".

Volksstaat Bayern

		EF	MeF	MiF
30x.	3 (Pfg.) braun, pergamentartiges Papier .... (16xa)	3000.—	150.—	80.—
30y.	3 (Pfg.) braun, olivbraun (1.9.) .... (16ya)	2500.—	45.—	35.—
31y.	5 (Pfg.) grün (☐) (1.3.) .... (17ya)	5.—	7.—	5.—
32y.	7½ (Pfg.) graugrün (1.9.) .... (25yc)	40.—	50.—	40.—
33y.	10 (Pfg.) karmin (1.3.) GA ... (26ya)	5.—	7.—	5.—
34y.	15 (Pfg.) (1.3.) ..... (27y)			
	a. rosarot, m'bräunl'rot ..	4.—	6.—	4.—
	b. krapprot a. sämisch ...			
35x.	20 (Pfg.) dkl'blau, pergamentartiges Papier .... (28x)	210.—	275.—	200.—
35y.	20 (Pfg.) blau (☐) (1.9.) .... (28y)	5.—	12.—	5.—
36y.	25 (Pfg.) grau (1.3.) .. (21ya)	8.—	20.—	7.—
37y.	30 (Pfg.) hell- bis dkl'orange (1.9.) .. (22y)	10.—	15.—	7.—
38y.	35 (Pfg.) orange (1.7.) Da	25.—	30.—	18.—
39y.	50 (Pfg.) oliv (Töne) (1.8.) .... Da	12.—	30.—	12.—
40y.	60 (Pfg.) blaugrün (1.9.) .... (23y)	45.—	70.—	45.—
41w.	75 (Pfg.) rotbraun a. kräftigem rahmfarbenem Papier .. Da	135.—	—.—	135.—
41y.	75 (Pfg.) rotbraun (1.8.) .... Da	45.—	55.—	45.—
42v.	1 Mk. lila a. graubraun (1.9.) ..... (24v)	70.—	—.—	70.—
43y.	1 Mk. rotlila (1.3.1920) ..... (29y)	6000.—	—.—	6000.—

Nr. 30–43 Aufdruck rußig oder glänzend, gleiche Preise.

Nr. 16–43 gültig bis 30. 6. 1920.

1920, 24. März. Neue Zeichnungen, sog. Abschiedsausgabe. ℰ Siegmund v. Weech (Nr. 44—55), Julius Nitsche, München (Nr. 56—61); Bdr.; Nr. 44-49 Wz. 4, Nr. 50-61 Wz. 3; gez. K 14.

Db Dc Dd

44.	5 Pfg. gelbgrün ...... Db	380.—	100.—	80.—
45.	10 Pfg. lebh'orange GA .. Db	80.—	100.—	70.—
46.	15 Pfg. rot GA .... Db	80.—	100.—	70.—
47.	20 Pfg. violett........... Db	100.—	80.—	70.—
48.	30 Pfg. dkl'grünlichblau . Db	90.—	110.—	75.—
49.	40 Pfg. hellbraun........ Db	120.—	110.—	100.—
50.	50 Pfg. orange-, mittelrot . Dc	1000.—	850.—	580.—
51.	60 Pfg. grünblau .... Dc	190.—	380.—	150.—
52.	70 Pfg. violett.......... Dc	1400.—	1300.—	1000.—
53.	75 Pfg. lilarot .... Dc	1900.—	1800.—	1400.—
54.	80 Pfg. hellblau .... Dc	1200.—	1500.—	1100.—
55.	90 Pfg. braunoliv .... Dc	1800.—	1600.—	1600.—
56.	1 Mk. dkl'lilabraun ..... Dd	1400.—	1300.—	1000.—
57.	1¼ Mk. grün .... Dd	2500.—	3300.—	2200.—
58.	1½ Mk. mittelbräunl'rot .. Dd	3900.—	—.—	3500.—
59.	2 ½ Mk. blau .... Dd			4500.—
60.	3 Mk. karmin .... Dd	—.—	6000.—	
61.	5 Mk. grünlichschwarz .. Dd			7000.—

Gültig bis 30.6.1920.

1920. Gleiche Ausgabe mit Aufdruck „Deutsches Reich"

siehe Deutsches Reich, Dienstmarken Nr. 34—51.

Portofreiheitsmarken
für nicht staatliche Behörden

die Kriegsbeschädigten-Ausschüsse...............	mit	K
die Beamtenräte der Oberpost- und Eisenbahn-Direktionen..	mit	B
den Zentral-Beamten-Rat des Verkehrspersonals in München.		
die Verwaltung der Staatlichen Lastkraftwagen-Linien...	mit	LK

Für die Kriegsbeschädigten-Ausschüsse

1919, ab 27. Aug. Ludwigmarken mit Aufdruck „Freistaat Bayern" mit eingelochtem K.

			BF
1.	5 Pfg. gelbgrün	(112)	550.—
2.	10 Pfg. karmin	(114)	550.—
3.	15 Pfg. zinnober	(115a)	450.—
4.	20 Pfg. blau	(97 II)	475.—
5.	25 Pfg. grauschwarz ...	(98 II)	1000.—
6.	30 Pfg. orange	(99 II)	1100.—

Gültig bis 30. 6. 1923.

1920, 1. April. Abschiedsserie mit Aufdruck „Deutsches Reich" mit gleicher Durchlochung.

7.	5 Pfg. gelbgrün........	(119)	375.—
8.	10 Pfg. orange	(120)	375.—
9.	15 Pfg. mittelrot	(121)	550.—
10.	20 Pfg. violett, rotlila.....	(122)	425.—
11.	30 Pfg. dkl'grünlichblau ..	(123)	425.—
12.	40 Pfg. dkl'gelbbraun	(124)	550.—
13.	50 Pfg. rot, zinnober	(125)	750.—
14.	60 Pfg. blaugrün	(126)	900.—
15.	80 Pfg. dkl'blau.........	(128)	1000.—

Gültig bis 17. 12. 1921.

Für die Beamtenräte der Oberpost- und Eisenbahndirektionen

1920, 1. April. Abschiedsserie mit Aufdruck „Deutsches Reich" mit eingelochtem B.

16.	5 Pfg. gelbgrün........	(199)	475.—
17.	10 Pfg. orange	(120)	475.—
18.	15 Pfg. mittelrot	(121)	475.—
19.	20 Pfg. violett, rotlila.....	(122)	475.—
20.	30 Pfg. dkl'grünlichblau ..	(123)	475.—
21.	40 Pfg. dkl'gelbbraun	(124)	600.—
22.	50 Pfg. rot, zinnober	(125)	900.—
23.	60 Pfg. blaugrün	(126)	1000.—
24.	80 Pfg. dkl'blau.........	(128)	1100.—

Gültig bis 10. 10. 1921.

Für den Vorstand des Rates des Verkehrspersonals in München

1919, ab 6. Sept. Ludwigmarken mit Aufdruck „Freistaat Bayern" mit eingelochtem R.

25.	3 Pfg. braun	(152)	1000.—
26.	5 Pfg. gelbgrün	(153)	1000.—
27.	10 Pfg. karmin	(155)	1000.—
28.	15 Pfg. zinnober	(156)	1000.—
29.	20 Pfg. blau	(157)	1000.—
30.	25 Pfg. grauschwarz ...	(158)	1100.—
31.	30 Pfg. orange	(159)	1100.—

Gültig bis 30. 6. 1920.

1920, 1. April. Abschiedsserie mit Aufdruck „Deutsches Reich" mit gleicher Durchlochung.

			BF
32.	10 Pfg. orange	(120)	650.—
33.	20 Pfg. violett, rotlila.....	(122)	1100.—
34.	30 Pfg. dkl'grünlichblau ..	(123)	900.—
35.	40 Pfg. dkl'gelbbraun	(124)	1100.—
36.	50 Pfg. zinnober	(125)	1200.—
37.	60 Pfg. blaugrün	(126)	1300.—

Für die Verwaltung der Staatlichen Lastkraftwagen-Linien

1919, 4. Sept. Ludwigmarken mit Aufdruck „Freistaat Bayern" mit eingelochtem LK.

38.	5 Pfg. gelbgrün	(153)	280.—
39.	10 Pfg. karmin	(155)	280.—
40.	15 Pfg. zinnober	(156)	350.—

Gültig bis 30. 6. 1921.

Preise nur bei deutlich lesbarem Ortsnamen und Datum.

Portomarken

1862, 1. Okt. Zifferntzeichnung. Bdr. von J. G. Weiss, München, auf Papier mit rotem, waagerechtem Seidenfaden; □.

	Pa	EF	MeF	MiF
1.	3 Kr. schwarz (765 000).. Pa	2500.—	3500.—	10000.—
I. Vom Empfänge (ohne „r") (Feld 13)............		6000.—		
II. „Bom" (Felder 18 u. 60).	3500.—			

1870, 1. Juli. Gleiche Zeichnung. Bdr. von J. G. Weiss, München; jedoch ohne Seidenfaden; X mit Wz. 1 a = enge Rauten (14 mm), Y mit Wz. 1 b = weite Rauten (17 mm); gez. K 11½.

	Pa		X	
2 X.	1 Kr. schwarz....... Pa	4000.—	6200.—	4000.—
3 X.	3 Kr. schwarz....... Pa	2400.—	3500.—	2400.—
			Y	
2 Y.	1 Kr. schwarz....... Pa	6500.—	10000.—	6500.—
3 Y.	3 Kr. schwarz....... Pa	4500.—	6500.—	4500.—

1876, 1. Jan. Zeichnung wie gleichzeitige Freimarken (e) in Farbänderung mit rotem zweizeiligem Aufdruck. Bdr. und Prägedruck; Wz. 2; gez. K 11½.

Vom Empfänger zahlbar.

4.	3 Pfg. grau, grünlichgrau	240.—	350.—	240.—
5.	5 Pfg. grau, grünlichgrau	180.—	260.—	180.—
6.	10 Pfg. grau, grünlichgrau	40.—	50.—	40.—

Deutsche Staaten (Bayern – Portomarken)

1883, Jan./10. Juni. Gleiche Zeichnung (e). **Bdr. und Prägedruck;** Wz. 3; **gez. K 11½.**

		EF	MeF	MiF
7.	3 Pfg. grau	1000.—	1600.—	1000.—
8.	5 Pfg. grau	500.—	700.—	500.—
9.	10 Pfg. grau (Jan.)	20.—	20.—	20.—
	9 I. Setzfehler zahlbar	600.—		600.—
	9 II. Setzfehler Empfänger	700.—		700.—

1888, 5. März/1903. Gleiche Zeichnung (e). **Bdr. und Prägedruck; x rötliches, y weißes Papier;** Wz. 4; **gez. K 14½.** Zähnung A: Zähnungslöcher kleiner als die zwischenliegenden Papierbrücken; B: andere Lochgrößen.

Zähnung A: x (1888)
10xA.	3 Pfg. grau	550.—	850.—	550.—
11xA.	5 Pfg. grau	475.—	650.—	475.—
12xA.	10 Pfg. grau	230.—	400.—	230.—

Zähnung B:
10xB.	3 Pfg. grau	20.—	25.—	20.—
11xB.	5 Pfg. grau	18.—	20.—	18.—
12xB.	10 Pfg. grau	13.—	15.—	13.—

                                              y (1903)
10y.	3 Pfg. grau	20.—	25.—	20.—
11y.	5 Pfg. grau	18.—	20.—	18.—
12y.	10 Pfg. grau	10.—	15.—	10.—

Gültig bis 31. 1. 1911. Nr. 12 wurde danach (als sogen. Kutschermarke) im Innendienst weiter verwendet.

1895/1903. Erg. Wert in gleicher Zeichnung (e). **Bdr. und Prägedruck; x rötliches, y weißes Papier;** Wz. 4; **gez. K 14½.**

                                              x (1895)
13 x.	2 Pfg. grau		18.—

                                              y (1903)
13 y.	2 Pfg. grau		18.—

Verwendung der Portomarken bis 1. 10. 1910; bis 1. 1. 1911 noch an das Publikum abgegeben.

Retourmarken

Obige Bezeichnung bezieht sich auf **Verschlußmarken** für nicht zustellbare Sendungen, die zur **Absenderfeststellung amtlich** geöffnet werden mußten. Auf Rückseite aufgeklebt. Die Marken wurden nicht abgestempelt.

Ra

Rb   Rc   Rd

1865. Wappen, darunter OPD.-Name, schwarz/weiß, ☐ (Ra).

		BF
1.	Augsburg (Bg. zu 35 Marken)	750.—
2.	Bamberg	800.—
3.	München	800.—
4.	Nürnberg	750.—
5.	Speyer	900.—
6.	Würzburg	750.—

1869/84. Mehrzeiliger Typensatz in verschiedenen Querformaten, ☐ (Rb u. ähnl.).

7.	Augsburg	900.—
8.	Bamberg	900.—
9.	München	900.—
10.	Nürnberg	900.—
11.	Regensburg	900.—
12.	Speyer	1400.—
13.	Würzburg	900.—
14.	Landshut	—.—

Zusammendrucke aus Markenheftchen und Markenheftchenbogen: 200% Aufschlag auf ⊙-Preise

Bergedorf

1 Mark Hamburg Courant (= 1.20 Mk. Reichswährung) = 16 Schilling. je 2 Sechslinge, je 2 Dreilinge; 1 Schilling = 7,5 Pfg., 1¼ Schilling = 4 dän. Skilling.

Postgebühren

½ Sch.	für Briefe nach Hamburg ab 15.6.1866, für Kreuzbandsendungen (außer Hamburg) je 1 Loth
1 Sch.	für Briefe innerhalb des Bergedorfer Postbezirkes und nach Hamburg bis 14.6.1866, für Kreuzbandsendungen bis 8 Loth nach Hamburg und für Landpost
1¼ Sch.	für Briefe nach Schleswig, Holstein und Lauenburg
1½ Sch.	für Briefe nach Boizenburg, Lübeck ab 1.10.1865 und nach Postvereinsorten bis zu 10 Meilen Entfernung
2 Sch.	für Briefe außerhalb Hamburgs und nach Lübeck, Recommandationsgebühr nach Mecklenburg-Schwerin sowie ab 15.6.1866 nach Hamburg
3 Sch.	für Briefe nach Ritzebüttel (Cuxhaven), Mecklenburg-Schwerin und nach Postvereinsorten über 10 bis 20 Meilen Entfernung, Recommandationsgebühren allgemein
4 Sch.	Briefe nach Postvereinsorten über 20 Meilen Entfernung

Deutsche Staaten (Bergedorf)

1861, 1. Nov./1867. Freim.-Ausg. Gleiche Zeichnungen, jedoch endgültige Ausgabe. Lübecker und Hamburger Halbwappen vereinigt zu einem Wahrzeichen. Stdr. C. H. Fuchs auf farbigem, bei Nr. 2 weißem Papier; □.

 a  b  c  d  e

LHPA (Innenecken) = „Lübeck Hamburgisches Post Amt".

			EF	MeF	MiF
1.	½ Schilling schwarz	a	8000.—	16000.—	25000.—
	a. auf hellblau				
	b. auf dunkelblau (1867)		*50000.—*	*150000.—*	*150000.—*
2.	1 Schilling schwarz auf weiß	b	6000.—	20000.—	50000.—
3.	1½ Schilling schwarz auf gelb	c	10000.—	30000.—	
4.	3 Schillinge blau auf rosa	d	18000.—		40000.—
5.	4 Schillinge schwarz auf braun	e	60000.—	200000.—	100000.—

Braunschweig

1 Thaler (3 Mk.) = 24 Gute Groschen (je 12 Gute Pfg.), für Auslandsausgaben (gültig innerhalb des Deutsch-Österreichischen Postvereins, Eintritt 1. Jan. 1852) 1 Thaler = 30 Silbergroschen (1 Sgr. = 12 Silberpfg.), ab 1. 1. 1858: 1 Thaler = 30 Groschen zu je 10 Pfennig.

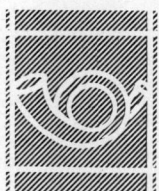

Wz. 1
Posthorn in Linieneinfassung

Postgebühren

	ab 1.1.1852	ab 23.2.1856	ab 4.12.1862	ab 1.1.1863
Briefe bis 1 Loth Gewicht bis 5 Meilen Entfernung	1 Sgr.	6 Pfg.		
5 bis 10 Meilen Entfernung	1 Sgr.	9 Pfg.		
über 10 Meilen Entfernung	2 Sgr.	1 Ggr.		
10 bis 20 Meilen Entfernung	2 Sgr.	1 Ggr.		
über 20 Meilen Entfernung	3 Sgr.	1 Ggr.		1 Gr.
Zuschlag für jedes weitere Loth	1 Sgr.			
Ortsbrief in Braunschweig und Wolfenbüttel (nur Bestellgeld)		3 Pfg.		
Kreuzbandsendungen	⅓ Sgr.			
Ortsbrief bis 15 Loth			3 Pfg.	
Landpostporto				5 Pfg.
Recommandationsgebühr			1 Gr.	

■ Vollrandige Marken: Bewertung nachstehend.
Angeschnittene Marken bzw. ohne Ränder: ⅕ bzw. 1/10 nachstehender Bewertung.

 **1852**, 1. Jan. Freim.-Ausg. Wappenzeichnung (a); Holzschnitt: Carl Petersen, Braunschweig; Bdr. Joh. Heinrich Meyer, Braunschweig; gelblichweißes Papier, rötliche bis braunrote Gummierung; □.

a) Wappen

		EF	MeF	MiF
1.	1 Silb.-Gr. rosa, lilarosa	3000.—	5000.—	6000.—
2.	2 Silb.-Gr. hellblau bis stahlblau (■ ✉ —.—)	2400.—	8000.—	4000.—
3.	3 Silb.-Gr. ziegelrot, orangerot	2200.—	4000.—	10000.—

Deutsche Staaten (Braunschweig)

1853, 1. März/1856. Freim.-Ausg. Gleiche Zeichnung (a). Bdr. von J. H. Meyer, Braunschweig, auf farbigem, dünnen bis gewöhnlichem, teils dickem (0,13 mm) Papier; Wz. Posthorn in Linieneinfassung (Wz. 1); □.

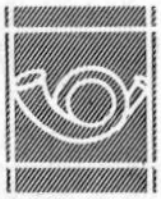

Wz. 1

		EF	MeF	MiF
4.	¼ (Ggr.) = 3 braunschw. Pfg. schwarz auf braun (1.3.1856)	35000.—	1700.—	1200.—
	□□ als Porto für Landpostbestellung (Vorläufer von Nr. 10, 1.5.1853 bis 31.12.1862)		2400.—	
5.	⅓ (Sgr.) = Vier silb. Pfg. schwarz auf weiß (1.3.1856)	7500.—	7500.—	20000.—
6.	1 Sgr. schwarz			
	a. auf sämisch	400.—	600.—	500.—
	b. auf bräunlichgelb	400.—	600.—	500.—
	c. auf dottergelb	900.—	1400.—	1200.—
	Nr. 6aY. Wz.-Mundstück nach links	550.—	750.—	650.—
	Nr. 6bY. Wz.-Mundstück nach links	550.—	750.—	650.—
	Nr. 6cY. Wz.-Mundstück nach links	1000.—	1500.—	1300.—
7.	2 Sgr. schwarz			
	a. auf blau (1855) (■ ✉ 25000.—, ■ ✉ 18000.—)	550.—	1600.—	700.—
	b. auf hellblau (■ ✉ 22000.—)	1100.—	2700.—	1300.—
8.	3 Sgr. schwarz			
	a. auf mattrosa (1856)	600.—	1800.—	750.—
	b. auf lebhaft- bis dunkelrosa	1200.—	3300.—	1200.—

Weitere Werte in Zeichnung a: Nr. 11–16.

1857, 1. März. Freim.-Erg.-Wert. Viereck aus 4 Stück ¼-Ggr.-Marken bestehend; Bdr. J. H. Meyer auf farbigem Papier verschiedener Stärke; Wz. 1; □.

Abstand der Marken im Bogen 1½ bis 3 mm

——— bis ———

9.	⁴⁄₄ Ggr. (4×3 braunschw. Pfg.) schwarz . . . . b			
	a. auf braun	650.—	1200.—	1000.—
	¼ davon gebraucht als Ortsporto (Braunschweig) · · · · · · · · · · · · · ·		350.—	
	gebraucht als Ortsporto (Blankenburg usw.) billigster Ortsstempel		1000.—	
	gebr. als Landpostbestellgeld (s. Vdg. v. 4.12.1862)		1000.—	
	gebraucht auf Postschein mit Nummernstempelentwertung		9000.—	
	gebraucht auf Postschein mit Federzugentwertung		2000.—	
	2×¼ Franko: ✉ bis 5 Meilen		275.—	
	3×¼ Franko: ✉ 5 bis 10 Meilen		350.—	
	4×¼ Franko: ✉ über 10 Meilen		600.—	
	5×¼ gebr. nach dem 16.12.1862		750.—	
	10×¼ a. Auslandsbrief		3500.—	
	b. auf gelbbraun, hellbraun, ¼ davon	1600.—	2300.—	2200.—
	Nr. 9aY. Wz.-Mundstück nach links	1800.—	2500.—	
	Nr. 9aZ. Wz.	3500.—	4500.—	
	Nr. 9bZ. Wz.	6500.—	8500.—	

1861/63. Freim.-Erg.-Wert und Farbänderungen; Nr. 10 Ergänzungswert für Landpostbestellung in teilweise geänderter Zeichnung. Lichte Wertangabe auf schwarzem Grund, geändertes Landeswappen auf geänderte Inschriften; Bdr. auf farbigem, Nr. 12 weißem Papier; Wz. 1; A □, B-D □.

c) Wappen

10.	½ Gr. (= 5 Pfg.) schwarz auf grün (Tönungen) c			
	A. □ (1.1.1863)	2800.—	2000.—	1500.—
	auf Postschein mit Nummernstempelentwertung	12000.—		
	auf Postschein mit Federzugentwertung	2500.—		
	B. bogenförmig □ 16	*35000.—*	*20000.—*	*20000.—*
11.	1 Sgr. schwarz auf gelb . . . . a			
	A. □ (1.1.1861)	350.—	450.—	500.—
	■ (Eschershausen, Schoeppenstedt) Einzelfrankatur	40000.—		
	■ als Landbriefporto mit ganzer Marke Nr. 11 zusammen als 1½ Sgr. verwendet			—.—
	B. bogenförmig □ 16	*16000.—*		
	C. linienförmig □ 17	*30000.—*	*100000.—*	
12.	3 Sgr. . . . . a			
	a. rosa auf weiß (1862)			
	A. □	1200.—	2200.—	1500.—
	b. karmin auf weiß			
	A. □	1400.—	2400.—	1800.—

Deutsche Staaten (Braunschweig)

1864, Juli/Aug. Freim.-Ausg. (a). Bdr. J. H. Meyer; Wz. 1; bogenförmig ⬚ 16, B linienförmig ⬚ 12 (Nr. 14 B).

a) Wappen

			EF	MeF	MiF
13.	⅓ (Sgr.) = 4 Silb. Pfg. schwarz auf weiß............................ a		12000.—	16000.—	—.—
14.	1 Sgr. gelb auf weiß.. a				
	A. bogenförmig ⬚ 16...		1000.—	1400.—	1100.—
	B. linienförmig ⬚ 12...		2000.—	2800.—	2300.—
15.	2 Sgr. schwarz auf blau (◼✉—.—)................................. a		2000.—	3000.—	2200.—
	y. auf Kartonpapier (0,13 mm)		3000.—		
16.	3 Sgr. rosa auf weiß.. a		2800.—	6500.—	3200.—

1865, 1. Okt. Freim.-Ausg. Neue Wappenzeichnung (d); ⓈH. G. Schilling, Berlin Bdr. und Prägedruck von J. H. Meyer; bogenförmig ⬚ 16.

d) Wappen

		EF	MeF	MiF
17.	⅓ Gr. schwarz..	4000.—	6000.—	—.—
18.	1 Gr. rosa...	350.—	550.—	450.—
19.	2 Gr. blau, ultramarin (Tönungen) (◼◼✉ 50000.—)................	800.—	2000.—	1000.—
20.	3 Gr. hellbraun...	1000.—	1800.—	1200.—

✉ mit rotem Kreisstempel St. P./Fr. (Ø 20,5 mm) sind Stadtpostbriefumschläge für Braunschweig (St. P./Fr. = Stadtpost/Franco). Es handelt sich um Barfreimachungsstempel, die später gegen Zahlung von 3 Ggr. für 12 Umschläge aus dem Publikum im voraus angebracht wurden.

Braunschweig 175.—.

In Gebrauch 24.11.1844 bis 31.12.1867.

Bremen

1 Thaler (Gold) (3.32 Mk.) = 72 Grote; 1 Grote = 5 Schwaren; für Sendungen nach Großbritannien: 22 Grote = 10 Silbergroschen.

Postgebühren

2 Gr. für Briefe ab 29.4.1863 zwischen Bremen und Vegesack, ab 1.1.1867 auch zwischen Bremen, Bremerhaven und Vegesack
3 Gr. für Briefe zwischen Bremen, Bremerhaven und Vegesack bis 28.4.1863 bzw. 31.12.1866

5 Gr. für Briefe nach Hamburg
7 Gr. für Briefe nach Lübeck, Mecklenburg-Schwerin, Provinz Groningen (Holland) und nach Dänemark (freigemacht bis Lübeck)
10 Gr. für Briefe nach Holland (außer Groningen) und Amerika
5 Sgr. für Briefe nach Großbritannien und dessen Kolonien

1855, 10. April/1863. Freim.-Ausg. Verschiedene Zeichnungen. Ⓢ und Ⓢ J. C. Hardegen; schwarzer oder farbiger Stdr. von G. Hunckel in Bremen auf farbigem oder weißem, Nr. 1 gestreiftem, Nr. 4c gestrichenem Papier; ⬚.

1855, 10. April. Porto für Briefe innerhalb Bremens und zwischen Bremen, Bremerhaven und Vegesack.

a) Stadtwappen

			EF	MeF	MiF
1.	3 (Grote) schwarz auf graublau................................... a		6500.—	40000.—	30000.—
	x. senkrecht gestreiftes, dünnes Papier (1855)..................			—.—	
	1 IV. Mit Bogen über Krone (Type I, II)				
	y. waagerecht gestreiftes, dünnes Papier.......................		3800.—	25000.—	—.—
	1 IV. Mit Bogen über Krone (Type I, II)			—.—	

Deutsche Staaten (Bremen)

Nr. 1 x und y auch auf Papier mit Fabrik-Wz. (sinnbildliche Darstellung von Lilien, über mehrere Felder reichend) Wz. 1 x W: ✉ 8000.—; Wz. 1 y W: ✉ 7000.—.

Wz. 1 Lilien über 4 Marken gehend

1856, 4. April. Porto für Briefe nach Hamburg.

Abstand der Marken im Bogen 2½ mm.

		EF	MeF	MiF
b				
2.	5 Gr. schwarz a. rosa .. b	3500.—	11000.—	18000.—

1860, 10. Juli. Porto für Briefe nach Lübeck, Mecklenburg-Schwerin und der holländischen Provinz Groningen.

Abstand der Marken im Bogen 2,7 mm.

c				
3.	7 Gr. schwarz auf gelb . c	7500.—	35000.—	35000.—

1859, 22. Aug./1863. Porto für Briefe nach Großbritannien und Irland (Franko eingeführt 1. Juli 1859).

Abstand der Marken im Bogen 2 mm.

d			
4.	5 Sgr. .... d		
	a. gelbgrün (22.8.1859)	2500.—	
	b. moosgrün (4.6.1863)	4000.—	
	c. grün (gestrichenes Papier) (20.10.1859)	4800.—	

1861, 13. Nov./1864. Freim.-Erg.-Werte. Gleiche Wertstufen und Ergänzungswerte (Nr. 5 und 8). ✉ und ⊠ J. C. Hardegen; schwarzer oder farbiger Stdr. G. Hunckel auf farbigem oder weißem, teils gestrichem Papier; bogen- oder sägezahnförmig ⬚ 16.

Durchstich:

Beim Durchstich der Nr. 5–9 kann man 3 Zustände unterscheiden, nämlich D₁, D₁ II, D₂; er erfolgte mit den gleichen Durchstichleisten. In diesem Falle Buchdruck-Wellenlinien, die von den Steindrucker Hunckel zuerst mit einem Messer angeschnitten, später gefeilt wurden. Es handelt sich um 3 Zustände der gleichen Leisten, die sich jedoch durch Abnützung des Stempelmaterials (zeitlich jeweils nach den Freimarken durchstochen) um 3 weitere Unterzustände vermehren ließen.

D₁: Nov. 1861 – längstens Anfang April 1863, 5, 10 Gr., 5 Sgr. gelbgrün.

D₁ II: April 1863, 2 Gr. gelborange und rotorange.

D₂: 2. Hälfte 1863 folg., 2 Gr. gelborange, 3 Gr., 5 Sgr. (a und b).

Bei Abnützung wurden Teile der einen Durchstichform gegen entsprechende des späteren Durchstichs ausgewechselt.

1863, 29. April. Porto für Briefe zwischen Bremen und Vegesack (Franko eingeführt 1852), ab 1.1.1867 auch von und nach Bremerhaven. Durchstich D₂ II und D₂.

		EF	MeF	MiF
e					
5.	2 Gr. .... e			
	a. gelborange	14000.—		40000.—
	b. rotorange	14000.—		40000.—
	c. gelborange, gestrichenes Papier	18000.—		
	d. rotorange, gestrichenes Papier	24000.—		

1864. Durchstich D₂.

6.	3 (Gr.) schwarz a. graublau (Anfang 1864) .. a			
	x. senkrecht gestreiftes Papier	4500.—	25000.—	
	y. waagerecht gestreiftes Papier	35000.—		

1862. Durchstich D₁.

7.	5 Gr. schwarz a. rosa (2. Hälfte 1862) .... b	1100.—	3500.—	35000.—

1861, Nov. Porto für Briefe von Bremen, Vegesack und Bremerhaven nach den Niederlanden, USA. Durchstich D₁.

f				
8.	10 Gr. schwarz a. weiß . f	7500.—	18000.—	22000.—

1863. Durchstich D₁ und D₂.

9.	5 Sgr. .... d		
	a. gelbgrün (Anfang 1863)	1300.—	6000.—
	b. bläul'grün (ab 1864), dunkelgrün	1700.—	—.—
	c. grün, gestrichenes Papier (14.9.1863) .	2500.—	—.—

1866/67. Freim.-Ausg. Gleiche Zeichnungen. ✉ und ⊠ J. C. Hardegen; Stdr. G. Hunckel auf farbigem oder weißem Papier, Nr. 11 nur noch auf waagerecht gestreiftem Papier; gez. L 13.

10.	2 Gr. .... e			
	a. gelborange (Pl. 2) (14.12.1866)	2800.—	35000.—	16000.—
	b. rotorange (Platte 3)	4000.—	—.—	18000.—
11.	3 (Gr.) schwarz a. blaugrau, waagerecht gestreiftes Papier (1866) a	3200.—		40000.—
11 IV.	mit Bogen über Krone (Type I, II)			—.—
12.	5 Gr. schwarz a. blaßrosa (Ende 1866) ... b	1600.—	8000.—	18000.—
13.	7 Gr. schwarz a. gelb (8.3.1867) c	25000.—		90000.—
14.	10 Gr. schwarz a. weiß (4.5.1867) ...... f	9000.—	17000.—	28000.—
15.	5 Sgr. .... d			
	a. trübgelbgrün (seit 1866)	1400.—	10000.—	25000.—
	b. bläulichgrün			—.—
	c. grün auf gestrichenem Papier .	3000.—	10000.—	

Deutsche Staaten

Hamburg

1 Mark Hamburger Courant (= 1.20 Mk. der späteren Reichswährung) = 16 Schillinge (je 7,5 Pfg.) (je 12 Pfg. = 2 Sechslinge).
1¼ Schilling = 4 dän. Skilling. — 1⅓ Schill. = 1 Silbergroschen.

Wz. 1
Schlangenlinien

Postgebühren
(1 Loth = ca. 16,7 g)

½ Sch.	Ab 1.1.1865 Briefe bis 15 Loth, Hamburg und Vororte	2½ Sch.	Ab 15.7.1866, Helgoland
	Ab 1.3.1866 Briefe bis 15 Loth, Hamburger Landgebiete		Bis 30.9.1865, Lübeck, Mecklenburg-Schwerin Zone I und II
	Ab 15.6.1866 Briefe bis 15 Loth, Bergedorf		Drucksachen nach USA über Aachen-Ostende, Malta, Gibraltar, Ostasien, Westindien
	Ab 15.6.1866 Briefe bis 15 Loth, Vierlande		1.4.1864–31.12.1867, Dänemark, Mecklenburg-Schwerin Zone III
	Ab 9.9.1864–Ende 1866, Altona		
	Drucksachen nach Ritzebüttel, Bremen, Lübeck, Oldenburg, Schleswig-Holstein u. ab 1.7.1866 nach Helgoland	3 Sch.	Bremen, Oldenburg
1 Sch.	Bis 1.1.1865 Briefe bis 5 Loth, Hamburg und Vororte	4 Sch.	Bis 15.7.1866, Helgoland
	Bis 15.6.1865 Briefe bis 5 Loth, Bergedorf		Oldenburg über 20 Meilen von Hamburg
	Drucksachen nach Holland, England und USA direkt ab Hamburg	5 Sch.	Besonders genannte Orte in Holland
1¼ Sch.	1.3.1864–9.9.1864, Altona	6 Sch.	USA direkt ab Hamburg
	1.3.1864–Ende 1866, Schleswig-Holstein	7 Sch.	Sonstiges Holland
1½ Sch.	Ab 1.10.1858–31.12.1864 nach Hannover		Ab 1.7.1859, England
	Ab 1.10.1865 Lübeck	9 Sch.	Bis 1.7.1859, England
2 Sch.	Bis 28.2.1866, Briefe bis 5 Loth, Hamburger Landgebiete	18 Sch.	USA über Bremerhaven
	Bis 15.6.1866, Briefe bis 1 Loth, Vierlande und Ritzebüttel		USA über Aachen-Ostende-Liverpool

1859, 1. Jan. Freim.-Ausg. Ziffer im Wappen (a). GA
C. G. Hencke; Bdr. Senatsbuchdruckerei Th. G. Meissner, Hamburg; Wz. 1, Schlangenlinien; □; brauner Gummi.

Wz. 1

a

		EF	MeF	MiF
1.	½ Schilling schwarz GA	18000.—	13000.—	14500.—
2.	1 Sch. braun	2000.—	2500.—	2200.—
3.	2 Sch. rot GA	2000.—	3800.—	4000.—
4.	3 Sch. hell- bis dkl'-preußischblau GA	2800.—	6000.—	5000.—
5.	4 Sch. GA			
	a. gelbgrün	38000.—		50000.—
	b. bläulichgrün, grün	35000.—	80000.—	45000.—
6.	7 Sch. orange GA	800.—	1000.—	3800.—
7.	9 Sch. hell- bis dunkelzitronengelb	37000.—	45000.—	

1864, 29. Febr./April. Freim.-Erg.-Werte. Stdr. C. Adler, Hamburg; Wz. 1; □; weißer Gummi.

b c

Abstand der Marken im Bogen:

(etwa 2,8 mm) : (2,5 mm)

	EF	MeF	MiF
8. 1¼ Sch. GA .... b			
a. zartlilarosa (hellflieder, malven, I. Aufl.)	6000.—	14000.—	
b. grünl'grau, gr'grün	900.—	2000.—	
c. grau	800.—	950.—	
d. bläulichgrau	900.—	1200.—	
e. grau- bis stumpfvio.	850.—	1200.—	
f. dkl'- bis schw'violett	800.—	1100.—	
g. stumpfblau	9000.—	12000.—	
9. 2½ Sch. blaugrün c	1400.—	4800.—	

1864/67. Freim.-Ausg. Bdr., Nr. 12 u. 14 Stdr. C. Adler; Wz. 1; gez. L 13½.

Schräghalbierung
von Nr. 12

Nr. 8, 9, 12a I: I. Druckstein.
Kräftige Hilfslinien.

Nr. 12a II, 12b: II. Druckstein.
Schwache Hilfslinien,
oftmals nicht ausgedruckt.

Deutsche Staaten (Hamburg)

		EF	MeF	MiF
10.	½ Sch. schwarz GA ...... a	180.—	400.—	900.—
11.	1 Sch. br. (◼ ✉ 45000.—) .... a	150.—	400.—	1200.—
12.	1¼ Sch. (◼ ✉ 45000.—) GA .... b			
	a. dunkelviolett			
	a I. I. Druckstein .	400.—	800.—	1700.—
	a II. II. Druckstein .	70.—	180.—	400.—
	b. lilaviolett, grau (II. Druckstein) ...	80.—	200.—	450.—
13.	2 Sch. rot GA ...... a	240.—	600.—	600.—
14.	2½ Sch. gelblich- bis bläulichgrün (1865) c			
	I. Druck klar	220.—	450.—	300.—
	II. Druck unklar, abgenutzt	180.—	350.—	250.—
15.	3 Sch. GA .... a			
	a. m'ultramarinblau (1867)	400.—	1000.—	800.—
	b. preußischblau	1400.—	2800.—	2500.—
	c. ultramarin	350.—	800.—	600.—
16.	4 Sch. GA .... a			
	a. gelbgrün (Töne) ..	250.—	560.—	250.—
	b. bläulichgrün	450.—	1000.—	450.—
17.	7 Sch. orange ...... a	1400.—	2800.—	4500.—
18.	9 Sch. zitrongelb bis orangegelb .... a	80000.—	80000.—	50000.—

1865, 9. Febr. Freim.-Ausg. Wie Nr. 17, jedoch Farbänderung, in Anklang an die entsprechende Wertstufe von Thurn und Taxis. Bdr.; Wz. 1; gez. L 13½.

| 19. | 7 Sch. rotlila .... a | 225.— | 600.— | 800.— |

1866, 4. April/Juni. Freim.-Ausg. Achteckiger Rahmen; Bdr. und Prägedruck der Preußischen Staatsdruckerei in Berlin; ⬚ 10.

d   e

		EF	MeF	MiF
20.	1¼ Schill. .... d			
	a. violett (Töne)	300.—	450.—	950.—
	b. rotpurpur	360.—	600.—	1200.—
	20 I. (a oder b) mit „3" statt „B" in HAMBURG (Feld 94) ...	5000.—	6000.—	7000.—
21.	1½ Sch. karminrosa (4. Apr.) GA ..... e	1500.—	2800.—	3800.—

1867, 5. Mai. Freim.-Ausg. Inschrift in Bändern; Bdr. von Th. G. Meissner, Hamburg; Wz. 1; gez. L 13½.

f

22.	2½ Sch. .... f			
	a. olivgrün	420.—	650.—	500.—
	b. dunkelgrün	650.—	800.—	800.—

Hannover

Bis 30. 9. 1858: 1 Thaler = 24 Gutegroschen zu je (gute) 12 Pfg = 288 Pfg. Für den Deutsch-Österreichischen Postverein (Eintritt 1. Juni 1851), auch für das Postvereins-Ausland gültig: 1 (preußischer) Thaler = 30 Silbergroschen zu je 12 Pfg.; ab 1. Okt. 1858: 1 Thaler = 30 (neue) Groschen zu je (neue) 10 Pfg. = 300 Pfennige.

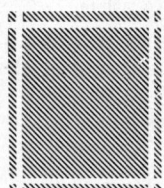
Wz. 1
Linienviereck

Wz. 2
Eichenkranz im Linienhochrechteck

Postgebühren

Inland

	ab 1.10.1850		ab 1.10.1858	
	Briefe	Kreuzband	Briefe	Kreuzband
unter 1 Zolloth (= 1⅛ hann. Loth) Gewicht	1 Ggr.	¼ Ggr.	1 Gr.	3 Pfg.
von 1—2 Zolloth (= 1⅛ bis 2¼ hann. Loth) Gewicht	2 Ggr.	½ Ggr.	2 Gr.	6 Pfg.
von 2—3 Zolloth (= 2¼ bis 3⅜ hann. Loth) Gewicht	3 Ggr.	¾ Ggr.	3 Gr.	9 Pfg.
von 3—4 Zolloth (= 3⅜ bis 4½ hann. Loth) Gewicht	3 Ggr.	1 Ggr.	4 Gr.	12 Pfg.
von 4—5 Zolloth (= 4½ bis 5⅝ hann. Loth) Gewicht	4 Ggr.	1¼ Ggr.	5 Gr.	15 Pfg.
von 5—6 Zolloth (= 5⅝ bis 6¾ hann. Loth) Gewicht	4 Ggr.	1½ Ggr.	6 Gr.	18 Pfg.
von 6—7 Zolloth (= 6¾ bis 7⅞ hann. Loth) Gewicht	4 Ggr.	1¾ Ggr.	7 Gr.	21 Pfg.
von 7—8 Zolloth (= 7⅞ bis 9 hann. Loth) Gewicht	4 Ggr.	2 Ggr.	8 Gr.	24 Pfg.
Recommandationsgebühr	1 Ggr.		1 Gr.	

Postvereinsgebiet

	ab 1.6.1851				ab 1.10.1858			
	Briefe			Kreuzband	Briefe			Kreuzband
bis zur Entfernung von:	10 Meilen	10–20 Meilen	über 20 Meilen		10 Meilen	10–20 Meilen	über 20 Meilen	
unter 1 Zolloth (= 1⅛ hann. Loth) Gewicht	1 Sgr.	2 Sgr.	3 Sgr.	⅓ Sgr.	1 Gr.	2 Gr.	3 Gr.	3 Pfg.
von 1–2 Zolloth (= 1⅛ bis 2¼ hann. Loth) Gewicht	2 Sgr.	4 Sgr.	6 Sgr.	⅔ Sgr.	2 Gr.	4 Gr.	6 Gr.	6 Pfg.
von 2–3 Zolloth (= 2¼ bis 3⅜ hann. Loth) Gewicht	3 Sgr.	6 Sgr.	9 Sgr.	1 Sgr.	3 Gr.	6 Gr.	9 Gr.	9 Pfg.
von 3–4 Zolloth (= 3⅜ bis 4½ hann. Loth) Gewicht	4 Sgr.	8 Sgr.	12 Sgr.	1⅓ Sgr.	4 Gr.	8 Gr.	12 Gr.	12 Pfg.
von 4–5 Zolloth (= 4½ bis 5⅝ hann. Loth) Gewicht				1⅔ Sgr.				15 Pfg.
von 5–6 Zolloth (= 5⅝ bis 6¾ hann. Loth) Gewicht				2 Sgr.				18 Pfg.
von 6–7 Zolloth (= 6¾ bis 7⅞ hann. Loth) Gewicht				2⅓ Sgr.				21 Pfg.
von 7–8 Zolloth (= 7⅞ bis 9 hann. Loth) Gewicht				2⅔ Sgr.				24 Pfg.
Recommandationsgebühr	2 Sgr.	2 Sgr.	2 Sgr.		2 Gr.	2 Gr.	2 Gr.	

Hannoversches Landesgewicht: bis 24.11.1854: 1 Loth = 14.61 g, 1⅛ Loth = 16.44 g, ab 25.11.1854: 1 Loth = 16.66 g
Inlandausgaben: Nr. 1, 2 und 9
Postvereinausgaben: Nr. 3–5, 7, 10–12
Kreuzbandmarken für Inland, Postverein und Ausland: Nr. 6, 8 und 13
Allgemeine Ausgaben: ab Nr. 14

König Ernst August (1837—1851)

1850, **1. Dez. Freim.-Ausg. Gemustertes Wertschild, darüber Wappen. Ⓔ Anton Jürgens; Ⓢ J. Friedr. Fickenscher; Bdr. Senator Culemann auf farbigem Papier von G. W. Quirll & Co., Osnabrück;** *Wz. Linienviereck ungefähr in Markengröße (Wz. 1);* **□; roter Gummi.**

Wz. 1

a

			EF	MeF	MiF
1.	1 Ggr. schwarz a. graublau	a	300.—	700.—	

1851, **23. Juli/1855. Freim.-Ausg. Gleiche Zeichnung** (a) **mit neuem** *Wz. Eichenkranz im Linienhochrechteck (Wz. 2);* **□; roter Gummi.**

Wz. 2

2.	1 Ggr. schwarz	a			
	a. a. graugrün (Töne)		50.—	110.—	4000.—
	b. a. meergrün (1855)		175.—	300.—	—.—

b

1851, **21. Juli/1855. Freim.-Ausg. Wie Nr. 1, jedoch mit glattem Wertschild** (b). **Ⓢ J. Fickenscher; Bdr. Culemann;** *Wz. 2;* **roter Gummi.**

3.	1/30 Thaler (1 Sgr.)	b			
	a. schwarz auf lachsfarben (1851)		300.—	500.—	1200.—
	b. schwarz auf dunkel(himbeer-)rot (Febr. 1855)		300.—	500.—	1200.—
4.	1/15 Thaler (2 Sgr.) schwarz auf graublau (21.7.1851)	b	500.—	1000.—	1200.—
5.	1/10 Thaler (3 Sgr.) schwarz auf gelb bis dkl'gelb (21. 7. 1851)	b	400.—	1200.—	1800.—

König Georg V (1851–1866)

c

1853, **15. April. Kreuzband-Marke, für Inland und Postvereins-Ausland, mit Nennwertangabe in doppelter Währung: EIN DRITTEL SILBERGROSCHEN und 3 PFENNIGE; Ⓢ J. Fickenscher; Bdr. Senator Culemann, Hannover;** *Wz. 2;* **□; roter Gummi.**

6.	3 Pfge. (⅓ Sgr.)	c			
	a. rosa		1800.—	2700.—	6000.—
	b. dunkellilarosa		4500.—	6500.—	—.—

Weitere Werte in Zeichnung c: Nr. 8, 13. In ähnlicher Zeichnung mit Inschrift „DREI ZEHNTEL . . ." Nr. 20.

Deutsche Staaten (Hannover)

1855, Dez. Freim.-Ausg. Bisherige Zeichnung. Unterdruck farbiges engmaschiges Netzwerk; oWz.; Bdr.; □; roter Gummi.

		EF	MeF	MiF
7.	1/10 Thaler (3 Sgr.) schw. b			
	a. Netz orange	1000.—	1900.—	2200.—
	b. Netz gelb	1200.—	2200.—	2300.—

Nr. 7–12

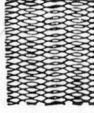
engmaschiges Netzwerk

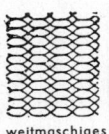
weitmaschiges Netzwerk

1856/57. Freim.-Ausg. Bisherige Zeichnungen mit weitmaschigem Netzwerk-Überdruck (Nr. 8) oder -Unterdruck (Nr. 9–12). Bdr. Culemann; □; rosa Gummi.

8.	3 Pfg. karmin c			
	a. schwarz genetzt ..	1750.—	2700.—	4200.—
	b. grau genetzt	2000.—	3600.—	5000.—
9.	1 Ggr. schwarz/grün .. a	80.—	160.—	3000.—
10.	1/30 Thaler .... b			
	a. schwarz/rosa	190.—	350.—	600.—
	b. schwarz/karmin ...	1500.—	1800.—	1800.—
11.	1/15 Thaler schw./blau .. b	400.—	1200.—	720.—
12.	1/10 Thaler schw./orange (1856) ...... b	400.—	1000.—	800.—

1859, 15. Febr. Freim.-Ausg. Wie Kreuzband-Marke Nr. 6, jedoch oWz.; Bdr.; □; roter Gummi.

13.	3 Pfennig c			
	a. rosa	700.—	1100.—	3000.—
	b. dkl'rosa bis karmin .	1200.—	1800.—	

1859, 15. Febr./1860. Freim.-Ausg. Allgemeine Ausgabe in neuer Währung. ② und ⑤ Brehmer; Bdr. von Senator Culemann; □; rosa Gummi.

d) König Georg V. (1819–1878)

14.	1 Gr. 7½☐ GA .... d			
	a. rosa...............	20.—	50.—	60.—
	b. karmin	120.—	250.—	320.—
	c. lilarot	150.—	250.—	320.—
	d I. weinrot, grober Druck............	500.—	700.—	900.—
	d II. weinrot, feiner Druck	600.—	1000.—	1400.—
15.	2 Gr. GA .... d			
	a. blau	250.—	500.—	280.—
	b. dunkelblau	300.—	600.—	350.—
16.	3 Gr............... d			
	a. gelbor. (Tönungen) ...	400.—	900.—	600.—
	b. dunkelorange	650.—	1250.—	920.—

Weitere Werte in Zeichnung d: Nr. 18 und 19.

1860, 1. April/1862. Freim.-Erg.-Wert für Briefsammlungs- und Auslandspost. Posthorn und Krone. ② J. Fickenscher; Bdr. Culemann, Hannover; □.

e) Posthorn und Krone

		EF	MeF	MiF
17.	½ Gr. schwarz .... e			
	x. rosa Gummi (1862) .	2500.—	4500.—	3500.—
	y. weißer Gummi (1.4.1860)	2800.—	3600.—	3000.—

1861, 1. März. Freim.-Erg.-Wert. ③ J. Fickenscher; Bdr.; □; roter Gummi.

18.	10 Gr. grün .... d	15000.—		8000.—

1861, Nov. Freim.-Ausg. Wie Nr. 16, jedoch in Farbänderung. Bdr.; □; roter Gummi.

19.	3 Gr. ♦ .... d			
	a. h'braun bis braun ..	400.—	820.—	500.—
	b. schwarzbraun	2500.—	4500.—	3200.—
	c. graubraun	1200.—	1850.—	1450.—

1863, 1. Dez. Kreuzband-Erg.-Wert ähnlich Nr. 13. Farb- und Inschriftänderung: DREI ZEHNTEL SILBERGROSCHEN (bisher EIN DRITTEL); Bdr.; □; rosa Gummi.

f

20.	3 Pfg. grün .... f	6500.—	18000.—	15000.—
	✉ Verwendung einzeln auf Ortsbriefen (als Bestellgeld)		8000.—	

1864, März/1865. Freim.-Ausg. in bisherigen Zeichnungen. Bdr., □ 16; x rosa Gummi, y weißer Gummi.

x. Rosa Gummierung

21 x.	3 Pfge. grün ...... f	400.—	750.—	1700.—
	✉ Verwendung einzeln auf Ortsbriefen (als Bestellgeld)	700.—		
22 x.	½ Gr. schwarz ..... e	2400.—	3500.—	3000.—
	✉ Verwendung einzeln auf Ortsbriefen (als Bestellgeld)	3000.—		
23 x.	1 Gr. rosa .... d	150.—	230.—	170.—
25 x.	3 Gr. braun .... d	8000.—	15000.—	10000.—

y. Weiße Gummierung

21 y.	3 Pfge. grün ...... f	350.—	600.—	1500.—
22 y.	½ Gr. schwarz ..... e	1200.—	1800.—	1400.—
23 y.	1 Gr. rosa .... d	20.—	30.—	25.—
24 y.	2 Gr. ♦ .... d			
	a. blau	350.—	900.—	350.—
	b. mattblau	375.—	950.—	375.—
25 y.	3 Gr. braun .... d	400.—	900.—	450.—

Alle Hannover-Marken waren gültig bis 31.10.1866.

Wegen der vorkommenden Halbierungen von Hannover-Marken auf Brief wird auf die Angaben im MICHEL-Deutschland-Spezial-Katalog verwiesen.

In Hamburg noch bis Ende Dezember 1866 geduldet.

Die ✉-Preise gelten für portogerecht frankierte Belege, maximal 10% überfrankiert.

EF = Einzelfrankatur, d. h. die Marke allein auf dem Brief.
MeF = Mehrfachfrankatur, d. h. die gleiche Marke mehrfach auf dem Brief. Der Preis gilt nur für 2 Stück; weitere Stücke der gleichen Marke werden mit dem Preis für lose ⊙ dazugerechnet.
MiF = Mischfrankatur, d. h. die Marke mit anderen Marken auf dem Brief. Briefpreis gilt für die teuerste Marke, die übrigen Marken werden mit dem Preis für lose ⊙ dazugerechnet.

Deutsche Staaten

Helgoland

Bis 31. Dez. 1874 Hamburgische Kurantwährung: 1 Mark H. C. = 16 Hamburger Schillinge = 32 Sechslinge = 192 Pfennig.
Im Verkehr mit dem Postvereinsausland ab 1. Jan. 1852: 2 Hamburger Schillinge = 1½ Silbergroschen; ab 1 Jan. 1875 Deutsche Reichswährung: 1 Mark = 100 Pfennig.

Englische Vergleichswährung: 1 Shilling = 12 Pence = 48 Farthings.

Postgebühren
Hamburger Postdienst

Drucksachen nach Hamburg: 1 Schill. Hbg.
Briefe bis Hamburg für je 2 Loth: 4 Schill. Hbg. u. z. 2 Schill. Seegebühr und 2 Schill. Landgebühr. (Die Postsachen wurden neben den Marken mit dem Herkunftsstempel „HELGOLAND" in Hamburg versehen.)
Wertbriefe bis 50 Mk. Kur. 8 Schill. Hbg.; 50 bis 100 Mk. Kur. 12 Schill. Hbg.; je fernere 50.— Mk. Kur. 6 Schill. Hbg.
Auslandsbriefe: bis 31. Dez. 1851, bis Hamburg wie gewöhnliche Briefe, ab Hamburg Zuschlag des hamburgischen Portos.
Anfang 1864 wurden die Hamburger Gebühren ermäßigt: je fernere 100 Mk. Kur. je Schill. Hbg. (Höchstgrenze 1000 Mk. Kur.
ab 1. Jan. 1852 (Hamburgs Eintritt in den Deutsch-Österr. Postverein): Zonentarif.

Britischer Postdienst
1. Juli 1866[1])—9. Aug. 1890

		Ab 15. Juni 1873 deutscher Tarif:		Ab 1. Jan. 1875	Ab 1. Juli 1879 Helgolands Eintritt in die UPU
Drucksachen je 2½ Loth (mit Frankierungszwang)	½ Schill.	Drucksachen bis 250 g je 50 g (250—500 g)	½ Gr. = ½ Schill. = 4 Schill.	Drucksachen und Warenproben 3 Pfg.	5 Pfg.
Briefe je 1 Loth[2]) unfrankiert (Höchstgewicht 15 Loth)	2 Sch.[3]) 3 Schill.	Postkarten Brief	½ Gr. = ¾ Schill. 1 Gr. = 1½ Schill.	5 Pfg. 10 Pfg.	10 Pfg. 20 Pfg.
Einschreibegebühr, Zuschlag	3 Schill.	Doppelbrief	2 Gr. = 3 Schill.		
Rückschein vom Empfänger (vom Absender im voraus zu zahlen)	3 Schill.		2 Gr. = 2¾ Schill.		
Wertbriefe: bis 125 Mk. Kur. bis 250 Mk. Kur. bis 500 Mk. Kur. bis 1000 Mk. Kur.	8 Schill. 12 Schill. 24 Schill. 48 Schill.				
Briefe bis Hamburg mit Seezuschlag während des ganzen Jahres Ab Hamburg Zonentarif (Ab Sommer 1867 gleiche Bestimmung für Bremerhaven-Geestemünde).	2 Schill.	ab 1. Jan. 1868 (Norddeutsch. Postbezirk) 1 Sgr. = 1½ Sch.			

[1]) Postkonvention für Helgoland; Veröffentl. in Nr. 82 der Mitteilung des (Hamb.) Senats an die Bürgerschaft am 26. Mai 1866; in den Acta der Hamburgischen Stadtpost „btf. Post-Verhältnisse mit Helgoland II Abt. Nr. 5" aus dem Hamburger Staatsarchiv, Auszüge von Kapt. W. Sachse.
Die offizielle Übernahme des Postbetriebes in englische Hände erfolgte am 1. Jan. 1867. In der Zwischenzeit wurden bis zur Ausgabe eigener Landesmarken Hamburgische Briefmarken verwendet.

[2]) Dienstbriefe mußten Dienstsiegel und die Angabe „Dienstsache" tragen; portofrei.

[3]) Die Kosten des Seetransportes trug Großbritannien.

**Wenn Sie eine eilige philatelistische Anfrage haben,
rufen Sie bitte (0 89) 3 23 93-2 24.
Die MICHEL-Redaktion gibt Ihnen gerne Auskunft.**

Deutsche Staaten (Helgoland)

Die drei Kopftypen:

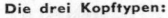

Type I (nur bei Schillingmarken): Haarknoten, die Frisur beginnt nach einem ganzen Satz des Diadems. Vorderer Ausläufer der Büste weist spitz nach unten. Rückseitig unter dem Nacken ist der Abschluß der Büste abgerundet.

Type II (bei Nr. 1 II, 6, 11—16): Haarlocke (Haarrolle im Nacken läuft in eine sichelförmige Locke aus) die Frisur beginnt nach einem halben Satz des Diadems. Vorderer Ausläufer der Büste ist nach oben gewölbt. Rückseitig unter dem Nacken endet die Büste in einem scharfen Winkel.

Type III (nur bei 7): Haarlocke ähnlich einem Korkenzieher die Frisur beginnt nach einem ganzen Satz des Diadems.

1867, ab März/1868. Freim.-Ausg. Münzangabe in Hamburger Schilling. ⓔ Wedding; Ⓢ E. Schilling; Bdr. und farbloser Prägedruck Staatsdr. Berlin; Kopftype I, Nr. 1 II Kopftype II; linienförmig ⌑ 10.

a) und b) Kopf der Königin Viktoria (1819—1901)

			EF	MeF	MiF
1.	½ Sch. . . . . a				
	I. dunkelbläulichgrün/karmin (März 1867) (Type I)			13000.—
	II. bläulichgrün/trübkarmin (Juli 1868) (Type II)			19000.—
2.	1 Sch. rosa/dunkelgrün (März 1867) (Type I) . . . . a		9500.—	3500.—
3.	2 Sch. lilakarmin/gelbgrün (März 1867) (Type I) . . . . b	2200.—	3500.—	1200.—
4.	6 Sch. graugrün/lilarosa (März 1867) (Type I) . . . . b	12000.—		6000.—

Nr. 5 fällt aus.

1869/73. Freim.-Ausg. wie Nr. 1 II; Bdr.; jedoch gez. K 13½:14¼.

6.	½ Sch. grün/rot (8 Aufl., Type II) . . . . a				
	x. Mittelstarkes Papier				
	a. blaugrün/dunkelkarmin (I. Aufl.) (April 1869)			7200.—	3000.—
	b. hellblaugrün (Druck unscharf)/karmin (II. Aufl.) (Aug. 1870)			7200.—	3000.—
	c. bronzegrün/karminrot (III. Aufl.) (Juli 1871) (Druck porös)			7200.—	3000.—
	d. hellgelbgrün (Druck unscharf)/mattrosa (IV. Aufl.) (Jan. 1872)			7200.—	3000.—
	e. hellolivgrün (Druck scharf)/karmin (V. Aufl.) (Juli 1872)			6000.—	2400.—
	f. hellgelb(licht-)grün/karmin (VI. Aufl.) (Sept. 1872)			7800.—	3700.—
	y. Dickes, gegittertes Papier				
	g. bläulichgrün/dunkelkarmin (VII. Aufl.) (Juni 1873)			6000.—	2400.—
	h. (bläulich)grün/karmin (VIII. Aufl.) (Sept. 1873)			7000.—	3000.—

1871/73. Freim.-Erg.-Wert ähnlich Nr. 2; Bdr.; jedoch Kopftype III; gez. K 13½:14¼.

7.	1 Sch. karmin/grün (4 Aufl., Type III) . . . . a				
	x. Mittelstarkes Papier				
	a. stumpfkarmin (Druck fein)/gelblichgrün (Dr. porös) (Juli 1871)	2700.—	4800.—	3300.—
	b. rosakarmin (Druck schwer)/saftgrün (Juli 1872)	5500.—	10000.—	6500.—
	y. Dickes, gegittertes Papier				
	c. karmin/lebhaftgrün (Druck unsauber) (Juni 1873)	1900.—	4000.—	2900.—
	d. tiefkarmin/blaßgrün (Druck porös) (Sept. 1873)	3200.—	4700.—	3800.—

Klischeebeschädigung bei Nr. 6 und 7: Im rechten unteren Eckornament (Zwickel) der 48. Marke bzw. im linken oberen Eckornament der 3. Marke befindet sich ein schräg nach oben bzw. schräg nach unten verlaufender weißer Strich.

1873. Freim.-Ausg. Neue Werte infolge Postabkommen mit der Deutschen Reichspost vom Juni 1873. Innere Ecken (Zwickel) farblos; dickes gegittertes Papier, außer Nr. 8c (Papier nicht gegittert); Ⓢ E. Schilling; Bdr. Staatsdr. Berlin; gez. K 13½:14¼.

8.	¼ Sch. (4. Aufl., Type II) c				
	a. lilakarmin/maigrün (Aug. 1873)			19000.—	13000.—
	b. mattlilarosa/graugrün (Nov. 1873)				13000.—
	8 F. ¼ Sch. grün/rot (Fehldruck) (Sept. 1873)				20000.—
9.	¾ Sch. hellgrün (Dez. 1873) c		9000.—	16000.—	14500.—
10.	1½ Sch. hellgrün/karmin (Sept. 1873) c		1900.—	4800.—	3500.—

Deutsche Staaten (Helgoland)

1875, 15. Febr./1890. Freim.-Ausg. Neue Zeichnung, Rahmen in Hosenbandmuster. Wertangabe links in englischer, rechts in deutscher Währung. Kopftype II; 🅶 H. Gätke, Helgoland; 🅂 E. Schilling, Berlin; Bdr. Staatsdr. Berlin; gez. K 13½:14¼.

d   e   f

		EF	MeF	MiF
11.	1 Pfg. = 1 Farthing lilakarmin/grün (Febr. 1875) .... d		2400.—	
12.	2 Pfg. = 2 Farth. grün/lilakarmin (Febr. 1875) .... d		3600.—	
13.	5 Pfg. = 3 Farth. (3 Auflagen) 🅶🅐			
	a. lilakarmin/grün (I. Aufl.) (Febr. 1875) .... e	500.—	220.—	130.—
	b. lebhaftlilakarmin (II. Aufl.) (Juni 1890)	800.—	420.—	300.—
14.	10 Pfg. = 1½ Pence (5 Auflagen) .... e			
	a. dunkelgrün/dunkelkarmin (I. Aufl.) (Febr. 1875)	200.—	300.—	200.—
	b. stumpfgrün/trüblilakarmin (II. Aufl.) (Sept. 1885)	550.—	750.—	500.—
	c. blaugrün/körniges karminrot, fahlkarmin/eosinrot (III. Aufl.) Mai 1887)	180.—	280.—	180.—
	d. hellgrün/hellrot (IV. Aufl.) (Mai 1889)	180.—	280.—	180.—
	e. bläulichgrün/karmin (V. Aufl.) (Juni 1890)	230.—	350.—	230.—
15.	25 Pfg. = 3 Pence lilakarmin/grün (Febr. 1875) .... f	330.—	500.—	180.—
16.	50 Pfg. = 6 Pence (2 Auflagen) .... f			
	a. grün/dunkellilakarmin (I. Aufl.) (Febr. 1875)	650.—		220.—
	b. grün/tiefkarmin (II. Aufl.) (Juni 1890)	1000.—		400.—

Über Gültigkeit s. Vermerk nach Nr. 18 bzw. Nr. 20.

1876, 1. Juni/1890. Freim.-Erg.-Werte. Dreifarbiges Helgoländer Landeswappen. 🅶 H. Gätke; 🅂 A. Schiffner, Bdr. der Staatsdr. Berlin; gez. K 13½:14¼. In Schalterbogen zu 10 Stück ausgegeben. ✉

g) Landeswappen mit Krone

17.	3 Pfg. = 2½ Farthing (2 Aufl.) .... g			
	a. dunkelgrün/zinnoberrot/gelb, bräunlichgelb (I. Aufl.) (Juni 1876)	18000.—		6000.—
	b. grün/zinnoberrot/orange, tief bis matt (II. Aufl.) (Juni 1877)	18000.—		4500.—
18.	20 Pfg. = 2½ Pence (8 Aufl.) .... g			
	a. lilakarmin/blaugrün/gelb (I. Aufl.) (Juni 1876)	900.—	1600.—	1400.—
	b. rosakarmin/dunkelgrün/gelblichbraun (II. Aufl.) (April 1880)	800.—	1500.—	1200.—
	c. hellrosalila/grün/graugelb (III. Aufl.) (Juli 1882)	350.—	680.—	550.—
	d. eosinrot/graugrün/grünlichgelb (IV. Aufl.) (Mai 1884)	400.—	720.—	600.—
	e. lachsrosa/dunkelgraugrün/zitrongelb (V. Aufl.) (Juli 1885)	320.—	640.—	480.—
	f. ziegelrot/graugrün/gelb (VI. Aufl.) (Jan. 1887)	300.—	550.—	480.—
	g. rötlichorange/hellgraugrün/hellgelb (VII. Aufl.) (Juli 1888)	150.—	300.—	220.—
	h. trübrot/hellgraugrün/hellgelb (VIII. Aufl.) (Juni 1890)	350.—	600.—	500.—

Nr. 11, 12 und 17 wurden Anfang September 1879 amtlich eingezogen, aber erst am 12.6.1880 förmlich außer Kurs gesetzt; mit späteren Stempeldaten wertlos.   *Über Gültigkeit Nr. 18 s. Vermerk nach Nr. 20.*

1879, Aug./1889. Freim.-Erg.-Werte. 🅶 H. Gätke; 🅂 A. Schiffner; Bdr. Staatsdr. Berlin; A gez. K 13½:14¼, B gez. L 11¼.

h   i

19.	1/- Sh. = 1 Mk. (3 Auflagen) .... h			
	A. gez. K 13½:14¼			
	a. blaugrün/lachsrot/grauschwarz (I. Aufl.) (Aug. 1879)			5000.—
	überfrankierter ✉	1000.—	1500.—	1000.—
	b. dunkelgrün/karmin/schwarz porös) (II. Aufl.) (Mai 1889)	8000.—		5000.—
	überfrankierter ✉	1000.—	1500.—	1000.—
20.	5/- Sh. = 5 Mk. blaugrün/lachsrot/gelb i			
	A. gez. K 13½:14½ (Aug. 1879)			.—
	überfrankierter ✉	2700.—	4500.—	2700.—

Nr. 13–16, 18–20 gültig bis 10. 8. 1890 mittags 12 Uhr.

Alle Preisangaben in diesem Katalog sind Preise in DM

Lübeck

Freie und Hansestadt im Verband des Deutschen Bundes, dann seit 1866 des Norddeutschen Bundes, mit eigener Posthoheit bis 31. 12. 1867. Ab 1868 Übernahme des Postdienstes durch den Norddeutschen Postbezirk.

1 Mk. Courant (1,20 Mk.) = 16 Schillinge, je 2 Sechslinge, je 2 Dreilinge.

Wz. 1
Blumen

Postgebühren

Ortsbriefe	½ Schill.
Nach Inlandsorten (z. B. Travemünde und mecklenburgischen Orten innerhalb 3 Meilen)	1 ,,
Nach Hamburg und Bergedorf	2 ,,
ab 1865 und Mecklenburg (3—6 Meilen)	1½ ,,
Nach Holstein	1¼ ,,
Nach mecklenburgischen Orten außerhalb 6 Meilen	2½ ,,
Nach Ländern des Deutsch-Österreichischen Postvereins (2 Sgr. =)	3 ,,
Nach Ländern des Deutsch-Österreichischen Postvereins über 20 Meilen	4 ,,

Bestellgeld ½ Schilling. Ab 1. Juli 1862 wurde für Kreuzbänder kein Bestellgeld erhoben (nach Krötzsch, Handbuch).

1859, 1. Jan. Freim.-Ausg. Wappenzeichnung (a); Stdr. H. G. Rahtgens in Lübeck; Wz. Blumen (Wz. 1); □.

Stdr. H. G. Rahtgens
Wz. 1 Blumen, oft schwer zu erkennen
a

		EF	MeF	MiF
1.	½ Schilling dunkellila ...	25000.—	45000.—	16000.—
2.	1 Sch. hellorange	10000.—	18000.—	10000.—
3.	2 Sch. rotbraun	2000.—	3500.—	2000.—
	3 F. Fehldruck 2½ Sch. rotbraun	*80000.—*	—.—	
4.	2½ Sch. rosa	5000.—	15000.—	6000.—
5.	4 Sch.			
	a. dunkelgrün	3500.—	5000.—	7500.—

1862, 5. April. Freim.-Ausg. wie Nr. 1 und 2, jedoch stärkeres Papier; Stdr.; oWz.; □.

		EF	MeF	MiF
6.	½ Schill. lila .... a	19000.—	40000.—	10000.—
7.	1 Schill. orangegelb ... a	9000.—	20000.—	9000.—

Nr. 1-7 wurden am 1. Aug. 1863 außer Kurs gesetzt, konnten jedoch noch bis 31. Dez. 1863 zur Frankatur benutzt werden.

1863, 1. Juli/1867. Freim.-Ausg. Geänderte Wappenzeichnung (b); Ⓢ H. G. Schilling, Berlin; Bdr. und Prägedruck Preuß. Staatsdruckerei Berlin, □ 12, Nr. 9 B □ 10.

Gut zentrierte Marken: 25% Aufschlag.
b

8.	½ Schill. h'grün, bläulichgrün GA	1000.—	800.—	600.—
9.	1 Schill. h'- bis dunkelorange GA			
	A. Durchstich 12	900.—	1250.—	1000.—
	B. Durchst. 10 (1867, zweites Vierteljahr)	8000.—	11000.—	10000.—

		EF	MeF	MiF
10.	2 Schill. rosa GA	400.—	600.—	400.—
11.	2½ Schill. ultramarin GA .	2000.—	6000.—	3000.—
12.	4 Schill. h'glb'braun GA	800.—	2000.—	950.—

1864, 1. April. Freim.-Erg.-Wert in neuer Adlerzeichnung für Sendungen nach Holstein; Stdr. von H. G. Rahtgens, Lübeck; □.

c

13.	1¼ Schill. c			
	a. rötlichbraun	550.—	1100.—	700.—
	b. dunkelbraun	300.—	700.—	350.—

1865, 1. Dez. Freim.-Erg.-Wert für das nach Hamburg herabgesetzte Porto (vordem 2 Sch.). Adlerzeichnung; Ⓢ H. G. Schilling; Bdr. und Prägedruck der Preuß. Staatsdruckerei Berlin; □ 11¼.
d

14.	1½ Schill. violett GA ... d	550.—	1500.—	550.—

Ganzsachenausschnitte als Freimarken verwendet

GAA 1.	½ Sch. grün Überdruck rechts....	25000.—
GAA 2.	1 Sch. orange Überdruck links	18000.—
GAA 3.	1 Sch. orange Überdruck rechts ...	16000.—
GAA 4.	1½ Sch. blaßlila	8000.—
GAA 5.	2 Sch. rosa Überdruck links	9000.—
GAA 6.	2½ Sch. blau Überdruck links ..... 8000.—	18000.—
GAA 7.	2½ Sch. blau Überdruck rechts....	20000.—
GAA 8.	4 Sch. fahlbraun Überdruck rechts....	20000.—
GAA 9.	4 Sch. fahlbraun Überdruck links	12000.—

Mecklenburg-Schwerin

1 Thaler = 48 Schillinge = je 12 (meckl.) Pfennig.

Postgebühren

Ab 1.5.1848	
Stadtbriefe.................................... ½ Schill.	Gew. Briefe bis 5 Meilen .... 1 Schill.
gewöhnliche Briefe bis 3 Meilen .... 1 Schill.	5 bis 10 Meilen .... 2 Schill.
6 Meilen .... 1½ Schill.	10 bis 20 Meilen .... 3 Schill.
(= 1 Sch. 6 Pfg.)	über 20 Meilen .... 5 Schill.
über 6 Meilen .... 3 Schill.	Drucksachen, Warenproben, Muster- und Kreuzbandsendungen
Einschreibegebühr 2 Schill. Zuschlag. Landpost-Bestellung . ½ Schill.	bis 1 Loth (= 16,67 g)............... ½ Schill.
Rückschein.................................... 2 Schill.	bis 4 Loth .... 1 Schill.
	bis ½ Pfd. (= 15 Loth) .... 2 Schill.
Ab 1.7.1863	Ohne Rücksicht auf die Entfernung.
Stadtbriefe bis 1 Loth (= 16,67 g) .... ½ Schill.	Schwerere Briefe (über ½ Pfd.) gehörten zur Fahrpost und durften nicht
Stadtbriefe bis ½ Pfd. (= 15 Loth) .... 1 Schill.	mit Marken frankiert werden.

1856, 1. Juli. Freim.-Ausg. Wappenzeichnung für ¼ Schillinge (gekrönter Stierkopf). für ⁴/₄ Schillinge viermal wiederholt, **punktierter Grund**; Ⓐ Otto, Güstrow; Ⓢ H. G. Schilling, Berlin; Bdr. Preussische Staatsdruckerei, Berlin; ☐.

a

		EF	MeF	MiF
1. ⁴/₄ Schill. rot .... a		900.—	1300.—	2900.—
1 × ¼ Sch. davon lose				
Zusatzfrankatur + 3 Sch., (Nr. 2a, b), (= Vereinsporto 2 Sgr.)				650.—
2 × ¼ Sch. auf Stadtbrief			400.—	
auf Drucksache			400.—	
2 × ¼ Sch. auf Ganzsache U2 (1½ Sch. grün)				450.—¹)
3 × ¼ Sch.			350.—	
5 × ¼ Sch.			1000.—	
6 × ¼ Sch. Inlands-✉ (3–6 Meilen-Porto)			1100.—	
7 × ¼ Sch. Auslands-✉ (Vereinsporto 1 Sgr.)			1150.—	

Weiterer Wert in gleicher Zeichnung: Nr. 4.

1856, 1. Juli. Freim.-Ausg. Grössere Wappenzeichnung; Ⓐ Otto; Ⓢ H. G. Schilling; Bdr. Staatsdr. Berlin; ☐.

b

	EF	MeF	MiF
2. 3 Schill. .... b			
a. (brl') gelb	500.—	1600.—	950.—
mit zusätzlichen Teilen der Nr. 1 oder Nr. 5			700.—
b. orange	500.—	1500.—	950.—
mit zusätzlichen Teilen der Nr. 1 oder Nr. 5			700.—
3. 5 Schill. blau FALSCH .... b	2600.—		4000.—

Weitere Werte in gleicher Zeichnung: Nr. 6–8.

1864, 1. Juli. Freim.-Ausg. bis zum Erscheinen von Nr. 5. Wie Nr. 1, **punktierter Grund**; Bdr. Preussische Staatsdruckerei, Berlin; waagerecht oder senkrecht (fein) **geripptes Papier**; ☐ 11½—11¾.
Abstand der Marken im Bogen:

4. ⁴/₄ Schill. rot .... a	16000.—	25000.—	80000.—
als Zusatzfrankatur zur Ganzsache			28000.—
mit zusätzlichen Teilen der Nr. 1			30000.—
mit zusätzlichen Teilen der Nr. 4		18000.—	
1 × ¼ Sch. als Zusatzfrankatur auf Ganzsache			10000.—¹)
2 × ¼ Sch. (Stadtbrief)		5000.—	
2 × ¼ Sch. auf Ganzsache U 6 (1½ Sch. grün)			4000.—¹)

¹) Bewertung gilt nur für ✉ mit Stempel über Wertstempel und Marke, nicht aber für Entwertung mit Blaustiftstrichen.

Deutsche Staaten (Mecklenburg-Schwerin)

1864, Sept. Freim.-Ausg. Wie Nr. 4, jedoch weißer Grund. Bdr., auf verschiedenem Papier, teilweise (Nr. 5a) auf dem für Nr. 4 verwendeten geripptem Papier; ☐ 11½–11¾.

		EF	MeF	MiF
5.	¼ Schill. c			
	a. rosa, gestreiftes Papier (I. Aufl.)	450.—	1000.—	450.—
	b. rot bis rosa, gew. Papier (II.-IV. Aufl.)	400.—	700.—	400.—
	2x¼ Sch. (Stadtbrief)		300.—	
	2x¼ Sch. auf Ganzsache U 6 (1½ Sch. grün)			400.—[1]

[1]) Bewertung gilt nur für ✉ mit Stempel über Wertstempel und Marke, nicht aber für Entwertung mit Blaustiftstrichen.

1864/67. Freim.-Ausg. Ergänzungswerte (wie Nr. 2 bzw. Nr. 3) in Postvereinsfarben; Bdr.; ☐ 11½–11¾.

		EF	MeF	MiF
6.	2 Schill. .... b			
	a. rotlila (1. 10. 1866)	2750.—	7500.—	4900.—
	mit Zusatzfrankatur der Nr. 5			3500.—
	als Zusatzfrankatur zur Ganzsache			6000.—
	b. grau (7. 9. 1867)	28000.—		50000.—
	als Zusatzfrankatur zur Ganzsache (1 ✉ bekannt) ..			—.—
7.	3 Schill. gelb .... b			
	I. schmaler, weißer Rand (Sept. 1865), dünnes, gestreiftes Papier	1000.—	3500.—	2500.—
	mit zusätzlichen Teilen der Nr. 5			2000.—
	als Zusatzfrankatur zur Ganzsache			1500.—
	II. breiter, weißer Rand (Juni 1867), gewöhnl. glattes Papier	2500.—	7000.—	5000.—
	mit zusätzlichen Teilen der Nr. 5			3500.—
8.	5 Schill. braun (Okt. 1864) .... b			4000.—
	x. gewöhnliches Papier	3000.—		5300.—
	als Zusatzfrankatur zur Ganzsache			3500.—
	y. sehr dickes Papier	3600.—		6200.—
	z. geripptes Papier	3500.—		6000.—

Ganzsachenausschnitte

GAA 1.	1½ Sch. grün			30000.—
GAA 2.	3 Sch. orange	30000.—		

Ab 1. Januar 1868 gehörte Mecklenburg-Schwerin zum Norddeutschen Postbezirk und verwendete dessen Marken. Umtausch Schwerinischer Wertzeichen erfolgte bis 1. 5. 1868.

Mecklenburg-Strelitz

1 Thaler = 48 Schillinge oder 30 Silbergroschen (je 12 preuß. Pfg.).

Postgebühren

Ab 1864 galten im Inland und im Postvereinsgebiet folgende Portosätze für die einfache Gewichtsstufe:

Stadtbriefe	1 Schill. (½ Sgr.)
Briefe bis zu 10 Meilen einschl.	1 Sgr.
Briefe über 10–20 Meilen einschl.	2 Sgr.
Briefe über 20 Meilen	3 Sgr.
Kreuzbandsendungen	⅓ Sgr.
Einschreibegebühr	2 Sgr.
Rückschein (Retour-Recepisse)	2 Sgr.
Bestellgeld für jeden Brief	¼ Sgr.
Eilzustellung am Tag 3 Sgr., nachts	6 Sgr.

Taxverrechnung erfolgte auf folgender Grundlage:

¼ Sgr. = ½ Schill.		1 Sgr. = 1¾ Schill.	
½ Sgr. = 1 Schill.		2 Sgr. = 3¼ Schill.	
3 Sgr. = 5 Schill.			

Die Einführung von Freimarken verzögerte sich jedoch bis 1864.

Neben der Freimachung durch Briefmarken wurde überwiegend bar frankiert.

1864, 1./26. Okt. Freim.-Ausg. Wappenzeichnung (a). ✉ Otto in Güstrow; Bdr. und Prägedruck der Preuss. Staatsdruckerei Berlin; ☐ 11½–11¾.

a) Gekröntes Wappen mit Stierkopf

		EF	MeF	MiF
1.	¼ Silb.-Gr.			
	a. rotorange (26. 10.) .		45000.—	80000.—
	b. gelborange		100000.—	—.—
2.	½ Silb.-Gr.			
	a. hellgrün (26. 10.) ...	35000.—	23000.—	55000.—
	b. dunkelgrün	—.—	45000.—	
3.	1 Schill. violett (Töne) ...	35000.—	70000.—	

1864. Freim.-Ausg. Wappen im Hochoval. Achteck-Rahmen; ✉ Otto; Bdr. und Prägedruck Preuß. Staatsdruckerei Berlin; ☐ 11½–11¾.

b) Gekröntes Wappen mit Stierkopf im Oval

		EF	MeF	MiF
4.	1 Silb.-Gr. rosa GA ... b	1500.—	2600.—	4500.—
	als Zusatzfrankatur zur Ganzsache			1500.—
5.	2 Silb.-Gr. blau GA	5000.—	15000.—	5000.—
6.	3 Silb.-Gr. braun GA .. b	13000.—	50000.—	18000.—

Lesen Sie bitte auch das Vorwort!

Deutsche Staaten (Mecklenburg-Strelitz)

Ganzsachenausschnitte	EF	MeF	MiF
GAA 1. 1 Sgr. rosa	2000.—		
als Zusatz a. Ganzsache		3000.—	
GAA 2. 2 Sgr. blau	6000.—		
als Zusatz a. Ganzsache		8000.—	

Mecklenburg-Strelitz trat 1866 dem Norddeutschen Bunde bei. Ab 1. Januar 1868 hörte der Gebrauch eigener Marken auf. Markenumtausch bis 31. März 1868 in Freimarken des Norddeutschen Postbezirkes.

Norddeutscher Postbezirk

Nördl. Bezirk: 1 Thaler (= 3 Mark) = 30 Silbergroschen (je 12 Ptg.) oder 30 Groschen (je 10 Pfg.). — Südl. Bezirk: 1 Gulden (1.71 Mk.) = 60 Kreuzer (je 4 Pfg.). Hamburger Währung für Stadtpostbriefe in Hamburg: 1 Mark Courant = 16 Schillinge.

Tabelle über Anrechnungswert von Frankaturen des jeweils anderen Währungsgebietes:

⅓ Sgr. = praktisch 1 Kr.	1 Kr. = ¼ Sgr.
½ Sgr. = „ 2 Kr.	2 Kr. = ½ Sgr.
1 Sgr. = „ 3 Kr.	3 Kr. = ¹⁰/₁₂ Sgr.
2 Sgr. = „ 7 Kr.	7 Kr. = 2 Sgr.
5 Sgr. = „ 17 Kr.	18 Kr. = 5¹/₁₂ Sgr.

Postgebühren

Briefpostsendungen an Adressaten innerhalb der Vertragsstaaten, in den Okkupationsgebieten in Frankreich ab 6. 9. 1870 bis 24. 3. 1871 in Elsaß-Lothringen:
Diese Sendungen durften bis zu 15 Loth wiegen. Das Porto betrug für
Drucksachen (offen gesteckt oder als Streifbandsendung oder als offene Karte je 2½ Loth (Drucksachen mußten frankiert werden) ⅓ Gr. oder 1 Kr
Briefe bis zu 1 Loth von Postort zu Postort 1 Gr oder 3 Kr
Briefe mit Postort zu Postort 2 Gr oder 7 Kr
unzureichend oder unfrankierte Briefe:
Ergänzungsporto +1 Gr oder +4 Kr
Briefpostsendungen im Ortsverkehr, gebietsweise unterschiedlich: ¼, ⅓, ½ und 1 Gr oder 1 Kr
Landzustellgebühr ½ Gr oder 2 Kr
Einschreibegebühr für Fernbriefe 2 Gr oder 7 Kr
Gesamtgebühr für Einschreibe-Ortsbriefe, gebietsweise unterschiedlich:
in Berlin 2 Gr
sonst 1½ Gr oder 4 bzw. 6 Kr
Eilbestellgebühr mindestens 2½ Gr oder 9 Kr
Die 1870 eingeführten Korrespondenzkarten waren tariflich den Briefen gleichgestellt.

Fahrpostsendungen an Adressaten **innerhalb der Vertragsstaaten:**
Das Porto für Wert- und Vorschuß-(= „Auslagen''- = Nachnahme-)Sendungen war entspr. der Entfernung gestaffelt (Mindestporto = 1½ Gr / 6 Kr)
Zusätzlich wurde erhoben: Für **Wertbriefe** eine entspr. Entfernung und Wert gestaffelte **Assekuranzgebühr** (Mindestgebühr bis 15 Meilen u. bis 50 Thlr / 87½ fl = ½ Gr)

Für **Vorschußbriefe** eine **Postvorschußgebühr** von ½ Gr pro Thlr oder Teil eines Thlr bzw. 1 Kr pro fl oder Teil eines fl, mindestens jedoch 1 Gr bzw 3 Kr.

Das **Porto** für **Pakete** richtete sich nach Entfernung und Gewicht (Mindestporto bis 5 Meilen und 1 Pfund = 2 Gr bzw. 7 Kr). Die Assekuranzgebühr für **Wertpakete** entsprach der für Wertbriefe.

Weitere Angaben sind entsprechenden Handbüchern zu entnehmen.

Sendungen nach dem Ausland (nach außerhalb des Gebietes der Vertragsstaaten vom 23.11.1867):

Grundsätzlich galten ab 1.1.1868 die tariflichen Bestimmungen der vorher durch die früheren Postverwaltungen praktisch mit allen europäischen Staaten abgeschlossenen bilateralen Postverträge weiter. Diese wurden nach und nach durch neue Verträge mit der Postverwaltung des Nordd. Bundes abgelöst, außer mit Frankreich, Portugal, Rußland und Spanien. Vor Inkrafttreten des „Allgemeinen Postvereinsvertrages'' und des „Weltpostvertrages'' (1875 bzw. 1878) waren die Tarife von Land zu Land z. T. äußerst unterschiedlich.

Bei Auslandssendungen wurde 1 Loth = 15 g, 2½ Loth = 40 g gerechnet.

Nach den neuen Postverträgen kosteten gewöhnliche Briefe pro 15 g nach:
Belgien ab 1.9.68, Dänemark ab 1.5.68, den Niederlanden ab 1.10.68, Rumänien ab 1.7.69, der Schweiz ab 1.9.68 2 Gr / 7 Kr
(vorher zumeist 3 Gr / 10 Kr)
Dänemark aus dem OPD-Bezirk Kiel und den OPÄ-Bezirken von Hamburg und Lübeck ab 1.5.1868 1½ Gr
Großbritannien u. Irland ab 1.7.70, Helgoland ab 1.2.68
  2½ Gr / 9 Kr
(GB vorher mindest. 5 Gr. / 18 Kr)
Italien ab 1.4.69, Kirchenstaat ab 1.6.69, Norwegen ab 10.7.69, Schweden ab 1.4.69 3 Gr / 10 Kr
(vorher 3 bis 6 Gr / 21 Kr)
Norwegen ab 15.4.68 (vorher zu 8½ Gr / 30 Kr)
  3½ Gr / 12 Kr

Nach alten Verträgen nach:
Frankreich je 10 g: 2, 3½ und 4½ Gr / 12 Kr, Portugal und Spanien je 10 g: 6 bis 8 Gr / 21 Kr, Rußland je 15 g: 1 bis 4 Gr / 14 Kr
Norwegen und Schweden von Hafen zu Hafen 3 Gr
Zwischen angrenzenden Staaten/Postbezirken gab es ein Grenzgebietsporto 1 Gr / 3 Kr
Briefe nach Staaten/Bezirken ohne Postvertrag mußten nur teilfrankiert werden. In äußerst seltenen Fällen erhielten sie durch den Absender zusätzlich die Marken des Empfängerlandes.

Weitere Angaben sind der Spezialliteratur zu entnehmen.

Postgebühren
in den Okkupationsgebieten Frankreich und Elsaß-Lothringen 1870/71
Drucksachen je 40 g (Frankierung obligat.) 4 Cent.
Briefe bis zu 15 g und Korrespondenzkarten 10 Cent.
über 15 g (zugelassen bis 250 g) 25 Cent.
unter- und überfrankierte Briefe:
(Ergänzungs-)Porto + 15 Cent.
Einschreibgebühr 25 Cent.
Rückscheingebühr 25 Cent.
Gebühr für Eilbestellung im Ortszustellbez. 30 Cent.
  im Landzustellbez.
entspr. der Entfernung, mindestens 40 Cent.
Diese Gebühren galten auch für Sendungen in die Vertragsstaaten vom 23. 11. 1867, jedoch kosteten Briefe bis 15 g ab 13.1.1871 15 Cent. Briefe in die unbesetzten Teile Frankreichs je 10 g (Frankierung obligatorisch) 20 Cent.

Für Briefe ins Ausland galten die (z.T.) aptierten französischen Tarife.

Sonderregelungen für Elsaß-Lothringen:
Ortsbrief (incl. Landzustellbez.) 5 Cent.
Bei Aufgabe von 100 Stück 4 Cent.
Wertbriefe (zugelassen ab 28. 10. '70):
  Porto + Einschreibgebühr + Assekuranzgeb. von 10 Cent. je 100 ffr
Pakete (zugelassen ab 10. 5. '71) je 500 g 10 Cent., jedoch mindestens 50 Cent.
in die Vertragsstaaten: zusätzlich das Porto für die Beförderungsstrecke ab Forbach, Weißenburg oder Straßburg

Für Briefe ins Ausland galt ab (vermutlich) 10. 11. 1870 ein Tarif, der dem des Nordd. Postbz. entsprach, wobei 1 Gr = 10 Cent. und 2 Gr = 25 Cent werteten.

Deutsche Staaten (Norddeutscher Postbezirk)

1868, 1. Jan. Freim.-Ausg. Nördlicher Bezirk: Groschenwährung, Ziffer im Kreis (a). C. Schwatlo; H. G. Schilling; Bdr. Preußische Staatsdruckerei Berlin; 8½–11½, auch gemischt.

a

		EF	MeF	MiF
1.	¼ Gr.			
	a. violett (Töne)	400.—	275.—	140.—
	b. violettpurpur bis purpur	400.—	200.—	100.—
	c. (hell)violettgrau	700.—	—.—	400.—
2.	⅓ Gr. gelblich- bis bläulichgrün	40.—	80.—	350.—
3.	½ Gr. orange (Töne)	90.—	40.—	20.—
4.	1 Gr. karmin GA	10.—	20.—	15.—
5.	2 Gr. ultramarin	20.—	40.—	20.—
6.	5 Gr. gelblichmattbraun	150.—	150.—	100.—

Gleiche Marken gez.: Nr. 13–18.

1868, 1. Jan. Freim.-Ausg. Südlicher Bezirk, Kreuzerwährung; sonst wie Nr. 1–6, aber Ziffer im Oval (b). C. Schwatlo; H. G. Schilling; Bdr. Preuß. Staatsdruckerei Berlin;

b

7.	1 Kr. gelblichgrün bis bläulichgrün GA	60.—	90.—	70.—
8.	2 Kr. orange	350.—	1000.—	325.—
9.	3 Kr. karmin GA	15.—	50.—	15.—
10.	7 Kr. ultramarin	75.—	200.—	75.—
11.	18 Kr. gelblichmattbraun	600.—	1000.—	450.—
7 U.		—.—	—.—	—.—
8 U.		—.—	—.—	—.—
9 U.		—.—	—.—	—.—
10 U.		—.—	—.—	—.—
11 U.		—.—	—.—	—.—

Gleiche Marken gez.: Nr. 19–23.

1868, 1. Jan. Stadtpost-Freim. für Hamburg. Zeichnung ähnlich Nr. 7 (Oval), ohne Wertangabe; C. Schwatlo; H. G. Schilling; Bdr. Preuß. Staatsdr. Berlin;

c

12.	(½ Schill.) (dunkel)rötlichbraun bis (dunkel)lilabraun c	325.—	7500.—	10000.—

Die Farbe der MiNr. 12 schwankt sehr stark.

Gleiche Marke gez.: Nr. 24.

1869, ab Jan. Freim.-Ausg. Nördlicher Bezirk, wie Nr. 1–6 (a), Groschenwährung. Bdr.; jedoch gez. K 14:14¼.

13.	¼ Gr.			
	a. matt(grau)violett (rosa bis lila)	250.—	140.—	100.—
	b. lilapurpur bis lilarot (violettgrau)	400.—	200.—	120.—
	c. hellviolett (violettgrau)	600.—	280.—	200.—
14.	⅓ Gr. gelblich- bis bläulichgrün	20.—	40.—	350.—
15.	½ Gr. orange	50.—	25.—	15.—
16.	1 Gr. karmin (✉ 20000.—)	10.—	15.—	10.—
17.	2 Gr. (grau)ultramarin	15.—	30.—	15.—
18.	5 Gr. gelblichmattbraun	150.—	150.—	100.—

1869, 17. Febr./1871, Freim.-Ausg. Südlicher Bezirk; wie Nr. 7–11 (b), Kreuzerwährung. Bdr.; jedoch gez. K 14:14¼.

		EF	MeF	MiF
19.	1 Kr. gelblich- bis bläulichgrün	40.—	65.—	50.—
20.	2 Kr. orange	650.—	2000.—	700.—
21.	3 Kr. karmin	15.—	50.—	20.—
22.	7 Kr. (grau)ultramarin, blau	60.—	150.—	70.—
23.	18 Kr. gelblichmattbraun (1871)	20000.—	26000.—	17000.—

1869. Stadtpost-Freim. für Hamburg. Wie Nr. 12; Bdr.; jedoch gez. K 14:14¼.

24.	(½ Schill.) c			
	a. lilabraun	75.—	2000.—	4200.—
	b. braunlila, karminbraun	150.—	3500.—	4500.—
	c. (dunkel)braun	350.—	—.—	—.—

MeF MiNr. 24 a 2x auf Ortsbrief (tarifgemäß nicht vorgesehen) 1000.—.

Gültig bis 31.12.1874.

1869, 1. März. Freim.-Ausg. Ziffernzeichnungen; C. Schwatlo; H. G. Schilling; Bdr.-Staatsdruckerei Berlin; gez. K 14¼:14.

d   e

25.	10 Gr. grau d			
	Federzugentwertung	1400.—	1500.—	525.—
	Poststempel	12000.—	—.—	5000.—
26.	30 Gr. blau e			
	Federzugentwertung	2200.—	1800.—	950.—
	Poststempel	—.—	—.—	15000.—

			✉
GAA 1.	1 Gr. karmin		250.—
GAA 2.	3 Kr. karmin		900.—
GAA 3.	⅓ Gr. grün		500.—
GAA 4.	1 Kr. grün		1600.—

Die Außerkurssetzung der norddeutschen Marken erfolgte am 31. Dez. 1871, außer Nr. 25 und 26, die aufgebraucht wurden, und außer Nr. 24, die auch nach Übergang an die Reichspost weitergedruckt und erst am 31.12.1874 ungültig wurde.

Kuvertausschnitte mit übergeklebter Marke und hellgrauem Aufdruck zum Aufbrauch, als Marken verwendet:

		✉
GAA 5.	1 Gr.	650.—
GAA 6.	2 Gr.	1800.—
GAA 7.	3 Kr.	850.—

Dienstmarken

1870, 1. Jan. Nördlicher Bezirk: Groschenwährung, Zifferzeichnung, mit rotbraunem Netzunterdruck aus 18 Zeilen mit je 2mal NORDD. POST-BEZIRK; Bdr. Preußische Staatsdr. Berlin; gez. 14:14¼.

Da

			EF	MeF	MiF
1.	¼ Gr. schwarz/bräunlich	Da	—.—	500.—	350.—
2.	⅓ Gr. schwarz/bräunlich	Da	200.—	250.—	350.—
3.	½ Gr. schwarz/bräunlich	Da	100.—	65.—	50.—
4.	1 Gr. schwarz/bräunlich	Da	10.—	15.—	20.—
5.	2 Gr. schwarz/bräunlich	Da	40.—	100.—	80.—

Deutsche Staaten (Norddeutscher Postbezirk)

1870, 1. Jan. Südlicher Bezirk: Kreuzerwährung mit kleinen Abänderungen der Zeichnung, jedoch mit grauem Netzunterdruck; Bdr. Preußische Staatsdr. Berlin; gez. K 14¼:14.

Db

			EF	MeF	MiF
6.	1 Kr. schwarz/grau	Db	5000.—	3000.—	1800.—
7.	2 Kr. schwarz/grau	Db	9000.—	—.—	5800.—
8.	3 Kr. schwarz/grau	Db	1500.—	2500.—	1500.—
9.	7 Kr. schwarz/grau	Db	1800.—		3500.—

Gültig bis 31. 12. 1871.

Okkupationsgebiete in Frankreich und Elsaß-Lothringen 1870/71

1 Franc = 100 Centimes.

1870, 6. Sept. Freim.-Ausg. Zifferzeichnung (a). Typensatz auf Netzunterdruck mit Netzspitzen nach oben (I) oder unten (II). Bdr. Preuß. Staatsdruckerei, Berlin; gez. K 13½:14¼.

a

			I			II		
			EF	MeF	MiF	EF	MeF	MiF
1.	1 Centime							
	a. (dunkel)grauoliv		1200.—	600.—		—.—	4500.—	
	b. dunkelolivgrau bis braunoliv		2000.—	750.—				
	c. dunkelolivgrün		—.—	—.—				
2.	2 Centimes							
	a. (hell)rötlichbraun bis rotbraun		1800.—	650.—		—.—	4000.—	
	b. karminbraun bis lilabraun		3500.—	1200.—				
3.	4 Centimes							
	a. lilagrau, Type I							
	auf Drucksache		500.—	1500.—	350.—	1100.—	3000.—	600.—
	auf Zeitung*)		1500.—			3000.—		
	b. dunkelgrau							
	auf Drucksache		700.—	1800.—	600.—	1100.—	3000.—	850.—
	auf Zeitung*)		1800.—			3000.—		
4.	5 Centimes (9. Dez.)							
	a. gelblichgrün bis graugrün		80.—	80.—	60.—	3200.—	3600.—	2500.—
	aa. hellgelbgrün		90.—	95.—	80.—	2400.—	3200.—	2000.—
	b. dunkelgrün		280.—	320.—	250.—			
5.	10 Centimes							
	a. (oliv)ockerbraun		150.—	250.—	150.—	60.—	90.—	60.—
	b. matt(oliv)ockerbraun		250.—	300.—	250.—	250.—	600.—	250.—
	c. (hell)braunocker, Unterdruck gelb		75.—	100.—	60.—	250.—	500.—	250.—
	d. gelbbraun		900.—	1200.—	700.—			
	da. (hell)ocker bis mattbraun		60.—	100.—	60.—	500.—	900.—	500.—
	e. olivocker		200.—	—.—	200.—			
	f. mittelbraunorange, Unterdruck mittelbraungelb		—.—	—.—	1500.—			
6.	20 Centimes							
	a. (grau)ultramarin (Töne)		100.—	1000.—	140.—	600.—	2800.—	1100.—
	b. blau		300.—	1200.—	460.—			
7.	25 Centimes							
	a. braun (Töne)		500.—	2000.—	800.—	1500.—	—.—	2100.—
	b. dunkelbraun (Töne)		1200.—	3000.—	1400.—	1800.—		

*) Einzelfrankatur auf Ortsbrief: —.— (nur bei Massenauflieferung ab 100 Ortsbriefen).

I. Netzwerk
aufrecht (Spitzen nach oben)

II Netzwerk
verkehrt (Spitzen nach unten)

Die Nr. 1–7 wurden am 31.12.1871 außer Kurs gesetzt. Alle Briefe aus Elsaß–Lothringen nach Frankreich und umgekehrt mußten für die deutsche und französische Strecke gesondert freigemacht werden.
Doppelfrankaturen: 20 Centimes + Frankreich min. 300.—, 20 Centimes + Taxstempel min. 120.—.
Andere Doppelfrankaturen erhebliche Preiszuschläge.

Deutsche Staaten

Oldenburg

1 Thaler = 72 Grote = 360 Schwaren; ab 1. 1. 1858: 1 Thaler = 30 Groschen.

Postgebühren	ab 1852	ab 1858	ab 1. 1. 1861
Briefe bis 1 Loth Gewicht			
bis 10 Meilen Entfernung	2²/₅ Gr.	1 Gr.	
von 10 bis 20 Meilen Entfernung	4⁴/₅ Gr.	2 Gr.	
über 20 Meilen Entfernung	4⁴/₅ Gr.	3 Gr.	
Ortsverkehr			½ Gr.
Drucksachen	⁴/₅ Gr.	½ Gr.	
Recommandationsgebühr	2²/₅ Gr.	2 Gr.	

Preise für Nr. 1—14 für Stücke mit mindestens ½ mm Rand, da die Marken der I. und II. Ausgabe in weitem Feldabstand gedruckt sind.

a   b

1852, 5. Jan./1859. Freim.-Ausg. Wappenzeichnung: Oldenburgisches Hauswappen; Nr. 1 in Einzelheiten geänderte Zeichnung, Wertangabe im Wertschild; Stdr. Gerhard Stalling, Oldenburg; ☐.

a) und b) Hauswappen mit Krone, darunter Wertschild

		EF	MeF	MiF
1.	⅓ Sgr. = 4 Schw(aren) schwarz a. gelbgrün (30. 1. 1855) . . . . a	8000.—	15000.—	
2.	1/30 Thaler (= 2²/₅ Grote = 1 Sgr.) schwarz a. blau . . . . b			

I   II   III

		EF	MeF	MiF
	I. Linke Einbuchtung des Wertschildes reicht bis an das H in THALER. Buchstaben dünn, ebenso Querstriche	200.—	400.—	550.—
	II. Linke Einbuchtung des Wertschildes weniger tief, 0,2 mm vom H in THALER entfernt, Buchstaben und Querstriche dünn wie bei I	480.—	1500.—	2000.—
	III. Linke Einbuchtung des Wertschildes 0,5 mm vom H in THALER entfernt, fast flach. Thaler mit dickem Querstrich, Buchstaben größer und fetter als in I und II (1854)	200.—	450.—	600.—
3.	1/15 Thaler (= 4⁴/₅ Grote = 2 Sgr.) schwarz a. rosa (1859) . . . . b			
	I. wie Nr. 2 I	500.—	1200.—	1000.—
	II. ähnlich Nr. 2 II, Einbuchtung noch kürzer	1200.—	3600.—	2500.—
	III. Innenseite des Hermelins (unter dem Wappen) stark schattiert (1859)	1400.—	4200.—	2800.—
4.	1/10 Thaler (= 7⅕ Grote = 3 Sgr.) schwarz . . . . b			
	a. auf hellgelb	500.—	1500.—	3000.—
	b. auf zitrongelb	650.—	2000.—	4000.—

1859, ab. 10. Juli. Freim.-Ausg. Oldenburgisches Staatswappen mit der Herzogskrone; Wertangabe in Groschenwährung (c); Stdr. G. Stalling auf farbigem Papier; ☐.

c) Staatswappen

		EF	MeF	MiF
5.	½ Gr. schwarz a. grün . . . c	50000.—	85000.—	
6.	1 Gr. schwarz auf			
	a. hellblau bis blau	250.—	500.—	2500.—
	c. indigo	15000.—	—.—	—.—
7.	2 Gr. schwarz a. rosa. . . .	6500.—	20000.—	15000.—
8.	3 Gr. schwarz a. gelb. . . .	6000.—	20000.—	22000.—
9.	¼ Gr. gelborange, dkl'orange . . . . d	55000.—	80000.—	
10.	⅓ Gr. c			
	a. blaugrün	30000.—	14000.—	30000.—
	b. moosgrün (Herbst 1861)	50000.—	25000.—	80000.—
11.	½ Gr. . . . . d			
	a. hellrotbraun	6000.—	8500.—	12500.—
	b. dunkelbraun	6000.—	8500.—	12500.—
12.	1 Gr. c			
	a. blau	800.—	2500.—	3000.—
	b. trübblau	1500.—	4500.—	5000.—
	c. indigo (schw'blau) .	—.—	—.—	—.—
13.	2 Gr. rot c	4600.—	16000.—	12000.—
14.	3 Gr. zitrongelb c	4500.—	20000.—	12000.—

1861, 1. Jan. Freim.-Ausg. Nr. 9 und 11 Ergänzungswerte in etwas geändertem Muster (ohne Blattverzierungen in den Ecken, dafür Schriftbänder, nach den Wertziffern zu, länger und breiter); Stdr. G. Stalling auf weißem Papier; ☐.

d) Staatswappen

1862/67. Freim.-Ausg. Neue Wappenzeichnung: Oldenburgisches Hauswappen (e); ☒ Urstempel von Weidenauer, Wappen von Ed. Schilling, Berlin; Bdr. und Prägedruck der Preußischen Staatsdruckerei Berlin; ☐.

e) Wappen

Deutsche Staaten (Oldenburg)

		EF	MeF	MiF
	A. eng durchstochen 11¾			
15 A.	½ Gr. hellgrün	2500.—	3000.—	4300.—
16 A.	½ Gr. GA			
	a. orange	600.—	950.—	600.—
	b. rotorange	800.—	1600.—	1150.—
17 A.	1 Gr. karmin GA	100.—	180.—	500.—
18 A.	2 Gr. blau GA	300.—	800.—	500.—
19 A.	3 Gr. hellbraun GA	300.—	1400.—	750.—
	B. weit durchstochen			
15 B.	½ Gr. hellgrün	5500.—	7500.—	10000.—
16 B.	½ Gr. orange	3500.—	4800.—	3500.—
17 B.	1 Gr. karmin	350.—	700.—	600.—
18 B.	2 Gr. blau	5000.—	10500.—	7000.—
19 B.	3 Gr. hellbraun	4000.—	16000.—	9000.—

Mit dem 1. Januar 1868 kamen in Oldenburg die Marken des Norddeutschen Postbezirks zur Verwendung.

Ganzsachenausschnitte als Freimarken verwendet (geduldet!).

		EF	MeF	MiF
GAA 1.	½ Gr. orange	20000.—		
GAA 2.	1 Gr. rosa	7500.—		
GAA 3.	3 Gr. braun	70000.—		

Preise für rund geschnittene Stücke; viereckige doppelte Preise.

Preußen

1 Thaler = 30 Silbergroschen (je 12 Pfg.), ab 1867 daneben 1 Gulden = 60 Kreuzer. Umrechnungskurs: 10 Sgr. = 35 Kreuzer süddt. bzw. 13⅓ Schillinge hamb. oder lübisch. Courant.

Wz. 1
Lorbeerkranz

Postgebühren

a) nach Maßgabe der Entfernung
  bis 10 Meilen .... 1 Sgr.
  über 10 bis 20 Meilen .... 2 Sgr.
  über 20 Meilen .... 3 Sgr.

b) nach Maßgabe des Gewichts
  unter 1 Loth (= ca. 16 g) .... das 1fache
  über 1 Loth bis ausschl. 2 Loth .. das 2fache
  über 2 Loth bis ausschl. 3 Loth .. das 3fache
  über 3 Loth bis ausschl. 4 Loth .. das 4fache
  über 4 Loth bis ausschl. 8 Loth .. das 5fache
  über 8 Loth bis ausschl. 16 Loih . das 6fache Porto.

Bestellgeld im Ortsbestellbezirk .... 6 Pfg.
  (Konnte im voraus durch Marken beglichen werden, die laut Vorschrift auf die Siegelseite des Briefes geklebt werden sollten, damit ihr Zweck ersichtlich war.)

Bestellgeld im Landbestellbezirk .... ½ bis 2 Sgr.
Ortsbriefe: 1 Sgr. (bestellgeldfrei).
Expreßbestellung: Zuschlag 2½ Sgr.
Einschreibegebühr (Recommandiert) Zuschlag 2 Sgr.
Drucksachenporto: je Loth 6 Pfg., ab 1. 5. 1856 4 Pfg.

Auslandsbriefe: Innerhalb des Deutsch-Österreichischen Postvereins (Der am 6. 4. 1850 in Kraft getretene Deutsch-Österreichische Postverein umfaßte Preußen, Österreich nebst Kronländern,

Bayern, Sachsen, Mecklenburg-Strelitz und das Holsteinsche Postgebiet. Ihm traten bis 1852 bei: Mecklenburg-Schwerin, Hannover, Württemberg, Luxemburg, Oldenburg, Bremen, Hamburg, Lübeck und die unter Thurn und Taxisscher Postverwaltung stehende Staaten.): Vereinsporto, das im allgemeinen den preußischen Portosätzen entsprach.

Für das übrige Ausland: Gebühren nach den jeweiligen Postverträgen.

Größere Einheiten: senkrecht seltener als waagerecht zusammenhängend.

1850, 15. Nov. Freim.-Ausg. Gegitterter Grund (a). ✉ und ⊠ Prof. Friedr. Ed. Eichens; StTdr. der nachmaligen Preuß. Staatsdruckerei Berlin; Wz. 1 Lorbeerkranz; ☐.

a) König Friedrich Wilhelm IV.
(1795–1861)

Wz. 1

1. ½ (Silbergroschen) = 6 Pfg.
  rotorange (Töne) auf
  weiß .... 1000.— 700.— 650.—

Deutsche Staaten (Preußen)

		EF	MeF	MiF
2.	1 Silbergr. schwarz			
	a. auf rosa (Tönungen) ..	65.—	80.—	130.—
	b. auf dunkelrosa	225.—	350.—	225.—
	c. auf feuerrot (Mitte 1851)	3500.—	6500.—	3600.—
	d. auf lilarosa (l. Aufl., ✉ nur 1850 – Febr. 1851)	700.—	1000.—	1700.—
3.	2 Silbergr. schw. a. blau ...	140.—	250.—	160.—
4.	3 Silbergr. schwarz			
	a. auf gelb (Tönungen) ..	70.—	150.—	150.—
	b. auf goldgelb, maisgelb	225.—	480.—	240.—

1856. Freim.-Erg.-Wert für Drucksachen. Ausführung wie Nr. 1; StTdr. Staatsdruckerei Berlin; weißes Papier; Wz. 1; □.

5.	4 Pfennige . . . . a			
	a. grün	650.—	750.—	1400.—
	b. dunkelgrün	850.—	1000.—	1600.—

Weitere Werte in gleicher Zeichnung: Nr. 9–13.

1857, 1. April. Freim.-Ausg. Glatter Grund (b). Ⓢ (Holzschnitt) H. G. Schilling. Bdr. Preußische Staatsdruckerei Berlin; □.

b) König Friedrich Wilhelm IV. (1795–1861)

6.	1 Sgr.			
	a. rosa (Töne)	300.—	400.—	550.—
	b. rosakarmin	400.—	550.—	750.—
7.	2 Sgr.			
	a. blau	700.—	1400.—	750.—
	b. mattblau, hellblau	850.—	1600.—	1000.—
	c. dunkelblau	1250.—	2600.—	1500.—
	d. schwärzlichblau	3500.—	—	—
8.	3 Sgr.			
	a. orange (Töne)	400.—	600.—	400.—
	b. gelb	1100.—	1400.—	1100.—
	c. dunkelorange	700.—	1200.—	750.—

1858, 15. Sept. 1861. Freim.-Ausg. Gegitterter Grund (a). Bdr. Staatsdr. Berlin; □.

9.	4 Pfg.			
	a. grün (Töne)	450.—	350.—	650.—
	b. blaugrün, dkl'grün ..	650.—	550.—	800.—
10.	1 Silbergr.			
	a. rosa	35.—	40.—	120.—
	b. karminrosa bis karmin (1860/61)	85.—	90.—	160.—
11.	2 Silbergr.			
	a. blau (Töne) (◾)	140.—	250.—	200.—
	b. dunkelblau (1860) ..	350.—	700.—	450.—
	c. schwarzblau	6000.—	8000.—	6000.—
12.	3 Silbergr.			
	a. orange	140.—	250.—	200.—
	b. gelborange, goldgelb	160.—	260.—	220.—

1859. Freim.-Erg.-Wert. StTdr. Staatsdr. Berlin; □.

13.	½ Silbergr. = 6 Pfg. . . . a			
	a. rotorange (Töne) . .	1300.—	1100.—	1000.—
	b. ziegelrot bis dunkelziegelrot	2000.—	2400.—	2200.—

1861, 1. Okt. Freim.-Ausg. Adlerzeichnung im Achteck, Ziffer außerhalb desselben; Ⓢ H. G. Schilling; Bdr. und Prägedruck Preußische Staatsdruckerei Berlin; □ 11¾.

c) Wappenadler

		EF	MeF	MiF
14.	4 Pfennige GA c			
	a. grün	140.—	130.—	150.—
	b. blaugrün, dunkelgrün	280.—	280.—	350.—
15.	6 Pfge GA c			
	a. orange	230.—	190.—	160.—
	b. orangerot, mittelbräunlichrot ...	500.—	380.—	280.—

Weiterer Wert in gleicher Zeichnung: Nr. 19.

1861/65. Freim.-Erg.-Werte. Adlerzeichnung im Oval, Ziffer innerhalb der Zeichnung (d). Ⓢ H. G. Schilling; Bdr. und Prägedruck; □ 11¾.

d) Wappenadler

16.	1 Sgr. rosa, karmin GA ..	20.—	25.—	30.—
17.	2 Sgr. GA			
	a. ultramarin (Töne) ..	30.—	60.—	40.—
	b. preußischblau	330.—	660.—	380.—
18.	3 Sgr. GA			
	a. hellbraun, ockerbraun	25.—	35.—	30.—
	b. graubraun (1865) ...	220.—	270.—	200.—

1865, 1. April. Freim.-Erg.-Wert. Adlerzeichnung im Achteck wie Nr. 14 und 15. Bdr. und Prägedruck; □ 11¾.

c) Wappenadler

19.	3 Pfg. GA c			
	a. graulila, (dkl)lila	9000.—	400.—	325.—
	b. dkl'purpur, rotviolett .	5500.—	3800.—	2000.—

1866, 15. Dez. Freim.-Erg.-Werte. Zahlenmuster im querrechteckigen Rahmen; Inschrift PREUSSEN. Ⓢ H. G. Schilling, Bdr. der Preuß. Staatsdruckerei; blasenartiges Papier; rückseitig bedruckt; □ 10.

e   f

20.	10 Sgr. rosa . . . . e	5300.—	12000.—	2000.—
	auf Paketbegleitbrief. . .	1500.—	3000.—	300.—
21.	30 Sgr. blau . . . . f	—.—	—.—	7000.—
	auf Paketbegleitbrief. . .	6800.—	—.—	2300.—

Die Preise für Nr. 20 und 21 gelten nur für ✉, die bis zum 31.12.1867 verwendet wurden. ✉ mit späterem Datum, oder Mischfr. mit Marken des NDP werten ⅔ obiger Preise.

1867, 1. Juli. Freim.-Ausg. für die 1866 erworbenen mitteldeutschen Gebiete mit Kreuzerwährung und die von der Thurn u. Taxis-Post für 3 Millionen Thaler abgekauften Postgebiete. Wappenzeichnung in neuem, achteckigem Rahmen; sonst wie Ausgabe 1861; Ⓢ H.G. Schilling; Bdr. und Prägedruck Dondorf u. Naumann; □ 16.

g) Preußischer Wappenadler

22.	1 Kreuzer hellgrün GA . g	400.—	500.—	800.—
23.	2 Kr. orange GA	1200.—	1900.—	800.—
24.	3 Kr. karminrosa GA . .	300.—	425.—	450.—
25.	6 Kr. GA			
	a. ultramarin (Töne) . . .	500.—	1000.—	600.—
	b. (hell)blau	2600.—	3600.—	3000.—
26.	9 Kr. h'braun (Töne) GA .g	500.—	1100.—	900.—

Ganzsachen-Ausschnitte als Freimarken verwendet

(amtlich zugelassen)

(in allen Farbenabarten der Briefumschläge)

Wenn auch keine Verfügung während der Zeit der preußischen Post bekannt geworden ist, so kennt man doch eine Verfügung der Norddeutschen Postverwaltung vom 27. 5. 1868, die besagt: Nicht entwertete Franko-Stempel dürfen aus verdorbenen Kuverts ausgeschnitten und als Freimarken Verwendung finden. — Es ist wohl anzunehmen, daß zur Zeit der preußischen Post auch eine ähnliche Verfügung bestanden hat.

Bei den Achteck-Ausschnitten von Kuverts beachte man, daß Stücke mit übergehendem **Nummern-** oder **Ortsstempel** als Freimarken verwendet anerkannt werden; Stücke mit **Federstrichentwertung** sind nicht beweiskräftig.

c   d   e   f

1861. Wappenzeichnung. Überdruck rechts vom Wertstempel.

			EF	MeF	MiF
GAA 12.	1 Sgr. rosa	c	250.—	450.—	350.—
GAA 13.	2 Sgr.	c			
	a. preußischblau		500.—	1000.—	800.—
	b. hellultramarin		250.—	550.—	400.—
GAA 14.	3 Sgr. braun	c	260.—	600.—	400.—

Nr. GAA 12—14, rund geschnitten, sind scharf geprägt. Nicht zu verwechseln mit rund geschnittenen Freimarken Nr. 16 bis 18.

a   b

Preise GAA 1–GAA 27 gelten für rund- oder achteckig geschnittene Stücke, viereckig geschnittene 150% Aufschlag auf nachstehende Preise.

1862/63. Gleiche Zeichnung. Überdruck durch den Wertstempel. Scharfe Prägung.

			EF	MeF	MiF
GAA 15.	1 Sgr. rosa	d	50.—	150.—	100.—
GAA 16.	2 Sgr. blau	d	80.—	180.—	120.—
GAA 17.	3 Sgr. braun	d	70.—	200.—	150.—

1851/52. Kopfzeichnung im Oval oder Achteck, mit Seidenfaden.

			EF	MeF	MiF
GAA 1.	1 Sgr. rosa	a	320.—	1000.—	700.—
GAA 2.	2 Sgr. blau	a	300.—	1000.—	800.—
GAA 3.	3 Sgr. gelb	a	400.—	1500.—	1000.—
GAA 4.	4 Sgr. braun	b		5000.—	2400.—
GAA 5.	5 Sgr. violett	b	1200.—	4000.—	2000.—
GAA 6.	6 Sgr. grün	b	1500.—	6500.—	2700.—
GAA 7.	7 Sgr. ziegelrot	b	1500.—	6500.—	2400.—

1867. Gleiche Zeichnung, flache Prägung (für das frühere Thurn- und Taxissche Postgebiet).

			EF	MeF	MiF
GAA 18.	1 Pfg. violett	e	12000.—	6000.—	2500.—
GAA 19.	6 Pfg. orange	e	1300.—	1400.—	1300.—
GAA 20.	1 Sgr. rosa	e	800.—	850.—	800.—
GAA 21.	2 Sgr. blau	e	800.—	950.—	700.—
GAA 22.	3 Sgr. braun	e	1300.—	1200.—	650.—

Fast nur mit Taxis-Ortsstempeln entwertet.

Desgl., Kreuzerausgabe

GAA 23.	1 Kr. grün	f	3500.—	—.—	3000.—
GAA 24.	2 Kr. orange	f	2500.—	—.—	3000.—
GAA 25.	3 Kr. rosa	f	1500.—	—.—	2000.—
GAA 26a.	6 Kr. preußischblau	f	2500.—	—.—	3000.—
GAA 26b.	6 Kr. ultramarin	f	1500.—	—.—	—.—
GAA 27.	9 Kr. braun	f	3000.—	—.—	3500.—

1853/60. Gleiche Zeichnung, jedoch ohne Seidenfaden. Überdruck links vom Wertstempel.

GAA 8.	1 Sgr. rosa	a	150.—	300.—	150.—
GAA 9.	2 Sgr. blau	a	300.—	450.—	200.—
GAA 10.	3 Sgr. gelb	a	150.—	600.—	200.—
GAA 11.	4 Sgr. rotbraun	b	20000.—		

Nr. GAA 11 nur 2 Stücke bekannt.

Mit dem Eintritt Preußens in den Norddeutschen Bund verloren die preußischen Marken (mit Ausnahme von Nr. 20 bis 21) am 31.12.1867 ihre Gültigkeit.

MICHEL-Sammler-ABC
Richtig sammeln leicht gemacht!

Nicht nur für Anfänger bringt diese MICHEL-Publikation alles Wissenswerte über die Philatelie. Auch der fortgeschrittene Sammler wird noch manchen wertvollen Tip darin finden.

Sachsen

1 Thaler = 30 Neugroschen, 1 Neugroschen = 10 Pfennig.

Postgebühren
(1 sächs. Postmeile = 7500 m)

Kreuzbandsendungen
ab 1 Loth und jedes fernere Loth (ohne Rücksicht auf Entfernung) .... 3 Pfg.

Warenproben und Muster
bis 2 Loth einschl. wie Briefe;
schwerere Sendungen nach Packereitaxe.

Einschreibegebühr (ohne Rücksicht auf Entfernung oder Gewicht) .... 2 Ngr.

Eilbotengebühr .... 3 Ngr.

Briefe im inneren Verkehr.
Einfache Briefe (Gewicht je 1 Loth einschließlich)
(1 Loth = 1/32 Pfund = ca. 16 g).

bis 5 Meilen	½ Ngr.	
über 5, bis mit 15 Meilen	1 Ngr.	1. 7. 1850—30. 6. 1859
über 15 Meilen	2 Ngr.	

„Schwerere Schriftensendungen zahlen doppeltes Porto so lange bis das Packereiporto mehr beträgt."

Ab 1. 7. 1859; auch im Verkehr mit Thurn und Taxis galt die ½-Gr.-Zone für Entfernungen bis 5 Meilen ab 1. 7. 1850

bis 5 Meilen .... ½ Ngr. } je 1 Loth ausschließlich
über 5 Meilen .... 1 Ngr. }

Deutsch-Österreichischer Postverein:
Porto bis 10 Meilen ...... 1 Gr. }
bis 20 Meilen ...... 2 Gr. } je ein Loth ausschließlich.
über 20 Meilen ...... 3 Gr. }

Ab 1. 5. 1856 konnten auch Briefe nach dem Vereinsausland nach Sondertarif durch Marken freigemacht werden.

Vollrandige Marken (mit 4 Rändern, bei Nr. 1 mit deutlich sichtbaren Trennungslinien): Nachstehende Bewertung.

Marken, die diesen Bedingungen nicht genügen, entsprechend billiger.

1850, 1. Juli. Freim.-Ausg. Ziffernzeichnung. ✉ und Bdr. J. B. Hirschfeld, Leipzig; □.

		EF	MeF	MiF
1.	3 Pfennige .... a			
	a. zieg'rot, rot (Töne)	40000.—	60000.—	
	b. kirschrot	55000.—	100000.—	
	c. braunrot	70000.—	100000.—	

	~	✉
		Zuschlag Zuschlag
Doppelstück auf Stadtpost-✉		
Federzugentwertung (nur die ersten 4 Tage)		5000.—

1851, 29. Juli. Freim.-Ausg. Wappenzeichnung. ✉, Holzschnitt und Bdr. J. B. Hirschfeld; □.

b) Staatswappen

I. Auflage

			EF	MeF	MiF
2 I.	3 Pfg .... b				
	a. saftiggrün (Tönungen)		1200.—	2500.—	3200.—
	c. hellgrün		1500.—	3400.—	—.—
	d. gelbgrün		4500.—	7200.—	—.—

II. spätere Auflage

			EF	MeF	MiF
2 II.	3 Pfg .... b				
	a. saftiggrün (Tönungen)		440.—	650.—	850.—
	b. grün, blaugrün		500.—	900.—	1000.—
	c. hellgrün		1300.—	1700.—	2000.—

1851, 1. Aug. Freim.-Ausg. Kopf nach rechts (c). ✉ Ulbricht; ✉ und StTdr. von Kupferplatten von C. C. Meinhold & Söhne, Dresden, auf farbigem Papier; □.

c) König Friedrich August II. (1797–1854)

		EF	MeF	MiF
3.	½ Ngr. schwarz auf			
	a. grau (Töne)	90.—	180.—	200.—
	b. grünl'grau bis bläul'grau	110.—	220.—	250.—
4.	1 Ngr. schw. a. rosa (Töne) ..	80.—	160.—	150.—
5.	2 Ngr. schw. a. h'blau (Töne)	250.—	800.—	400.—
6.	3 Ngr. schwarz auf gelb bis goldgelb (Töne)	150.—	850.—	450.—

Probehefte MICHEL-Rundschau gratis!

1852, Nov. Freim.-Ausg. Wie Nr. 5, jedoch Farbänderung. StTdr. auf farbigem Papier; □.

		EF	MeF	MiF
7.	2 Ngr. schwarz a. dunkelblau c	250.—	800.—	450.—

Kennen Sie schon MICHEL-LUX? Lassen Sie sich bitte diese Prüflampe von Ihrem Händler vorführen. Auch Sie werden begeistert sein.

Deutsche Staaten (Sachsen)

1855, 1. Juni. Freim.-Ausg. Kopf nach links (d). ☒ Ulbricht; StTdr. von C. C. Meinhold & Söhne, Dresden, auf farbigem Papier; ☐.

d) König Johann I. (1801—1873)

		EF	MeF	MiF
8.	½ Ngr. schwarz auf grau oder blaugrau (Töne)	30.—	40.—	90.—
9.	1 Ngr. schwarz			
	a. auf mattrosa, rosa	40.—	60.—	80.—
	b. auf dunkelrosa	50.—	70.—	90.—
	c. auf feuerrot	250.—	350.—	400.—
10.	2 Ngr. schwarz			
	a. auf dunkelblau	90.—	250.—	200.—
	b. auf trübgrünlichblau	200.—	650.—	350.—
	c. auf lebhaftblau	200.—	420.—	400.—
11.	3 Ngr. schwarz auf gelb, hellgelb	40.—	200.—	200.—

1856, 24. April/1863. Freim.-Erg.-Werte. Kopf nach links (d). ☒ Ulbricht; StTdr. von C. C. Meinhold & Söhne, Dresden, auf weißem Papier; ☐.

12.	5 Neugr. .... d			
	a. ziegelrot, bräunlichrot, hellrot	250.—	800.—	300.—
	b. orangerot (1860)	1600.—	5000.—	1600.—
	c. karminrosa bis karminrot	1200.—	4000.—	1200.—
	d. rosabraun (Febr. 1863)	4000.—	—.—	4500.—
	e. dunkel(rost-)braun, gewöhnliches Papier (1857)	2300.—	—.—	2500.—
13.	10 Neugr. .... d			
	a. milchblau (1856. I. Aufl.)	4500.—	12000.—	2000.—
	b. dunkelblau (1859. II. Aufl.)	5500.—	13500.—	3000.—
	c. blau, glas. Papier (1861. III. Aufl.)	7000.—	14000.—	3500.—

1863, 1. Juli/1867. Freim.-Ausg. Wappenzeichnung. ☒ Bdr. und Prägedruck von Giesecke & Devrient, Leipzig; gez. L 13 (reine oder unklare Zähnung).

e) Landeswappen   f) Landeswappen

14.	3 Pfg. .... e			
	a. blaugrün, grün	200.—	250.—	200.—
	b. gelbgrün	300.—	450.—	420.—
	c. smaragdgrün	3000.—	3500.—	3200.—
15.	½ Neugr. .... e			
	a. rotorange (1863/67)	25.—	50.—	30.—
	b. mennigrot (1863/64)	150.—	300.—	200.—
	c. trüb(blaß)orange (1866/67)	20.—	40.—	25.—
	d. orange (Nov. 1867)	65.—	130.—	60.—
	e. zitronengelb, ockergelb (1867)	15000.—	30000.—	22000.—
16.	1 Neugr. karminrosa, lilarosa .... f	15.—	30.—	20.—
17.	2 Neugr. .... f			
	a. blau, hellblau	40.—	140.—	70.—
	b. dunkelblau	120.—	340.—	180.—
18.	3 Neugr. .... f			
	a. rötlichbraun	50.—	250.—	80.—
	b. braun	40.—	150.—	60.—
	c. schokoladenbraun	2000.—	8000.—	2200.—
19.	5 Neugr.			
	a. graublau, grünblau (1863/65)	300.—	600.—	200.—
	b. lila, rotlila (1866)	400.—	800.—	250.—
	c. dunkelgrau (grauwacke) (1867)	900.—	1700.—	500.—
	d. bräunlichlila, graulila (1867)	1400.—	2800.—	800.—
	e. braungrau	2600.—	5000.—	1500.—
	f. reingrau	4200.—	6000.—	3000.—

Deutsche Staaten (Sachsen)

Ganzsachen-Ausschnitte als Freimarken verwendet

Alle Ausschnitte der Briefumschläge konnten nach der Bekanntmachung vom 1. 7. 1859 als „Franco-Marken" verwendet werden. (Die Preise gelten nur für Stücke, bei denen der Stempel auf den Brief übergeht.)

g) 1862   h   i

1859/61. Überdruck links auf Kopfausgabe (g).

		4 eckig	rund geschnitten
GAA 1.	1 Ngr. rosa	800.—	180.—
GAA 2.	2 Ngr. blau	1200.—	300.—
GAA 3.	3 Ngr. gelb	1200.—	350.—
GAA 4.	5 Ngr. violett	1600.—	900.—
GAA 5.	10 Ngr. grün (1861)	20000.—	8000.—

1861. Kopf nach Links (g).

		4 eckig	rund geschnitten
GAA 6.	5 Ngr. malven	6000.—	3000.—

1862. Überdruck rechts auf Kopfausgabe (g).

GAA 7.	1 Ngr. rosa	1200.—	400.—
GAA 8.	2 Ngr. blau	1800.—	600.—
GAA 9.	3 Ngr. gelb	1500.—	450.—
GAA 10.	5 Ngr. violett	6000.—	2300.—

1863. Wappenausgabe.

GAA 11.	½ Ngr. orange	h	200.—	100.—
GAA 12.	1 Ngr. rosa	i	200.—	100.—
GAA 13.	2 Ngr. blau	i	400.—	200.—
GAA 14.	3 Ngr. braun		450.—	300.—
GAA 15.	5 Ngr. lila	i	3800.—	3000.—

Erst mit Ablauf des 31. 12. 1867 wurden sämtliche Marken Sachsens ungültig und außer Kurs gesetzt.

Bessere ✉ sollten vor Erwerb unbedingt durch einen anerkannten Prüfer geprüft werden.

Schleswig-Holstein

Dänische Währung:
1 Rigsbankdahler = 6 Mk (je 16 Skillinge)
4 dänische Sk. = 1¼ Schilling Courant = 4 S.R.M. (Schilling Rigs Mint)

Schleswig-holsteinische Währung:
1 MK Courant = 16 Schillinge

Mecklenburgische Währung:
1 Thaler = 48 Schillinge (je 12 Pfennige)

Lauenburgische Währung:
1½ SLM = 1¼ Schilling Courant

Preußische Währung:
1 Thaler = 30 Silbergroschen (je 12 Pfennige)
1 Sgr. = 1⅓ Schilling Courant
4½ Pfenninge = ½ Schilling Courant

Holsteinische Postverwaltung
Postgebühren

Die Marken waren nach Vorschrift in der rechten oberen Ecke des Briefes aufzukleben.

Briefe bis 5 Meilen Entfernung	1 Sch.	Drucksachen bis 4 Loth Gewicht	1 Sch.
Briefe über 5 Meilen Entfernung	2 Sch.	Recommandationsgebühr	2 Sch.

1850, 15. Nov. Freim.-Ausg. Wappen in Reliefpressung; sog. „Post"-Schillinge. ⓟ und ⓢ M. Claudius; Bdr. und Prägedruck H. W. Köhner & Lehmkuhl, Altona, auf „Dickinson-Sicherheits-Papier", mit blauem, senkrechtem Seidenfaden; □.

a) Wappen von Schleswig-Holstein

			EF	MeF	MiF
1.	1 Schill. dunkel- bis hellblau	a	25000.—	35000.—	100000.—
2.	2 Schill. rosa	a	50000.—	75000.—	100000.—

Dänische Postverwaltung
Postgebühren

Briefe bis 1 Loth gelten einfach: 6 RbB, mit Freimarke: 4 RbB (1¼ Cour.); bis 2 Loth: 2faches Briefporto oder 2 Freimarken (je 4 Rigsbankskilling); bis 3 Loth 3faches Briefporto oder 3 Freimarken.

Recommandationsgebühr: 8 RbB (2½ B Cour.)
Werttarif: Für jede 50 Rbthlr 3 RbB (15/16 B.Cour.)
Drucksachen bis 4 Loth: einfaches Briefporto
Drucksachen 4 bis 8 Loth: doppeltes Briefporto

Dänische Marken im Herzogtum Schleswig ab 1.5.1851, in Rendsburg nach Rückgabe der Post von Holstein ab 1.7.1852, in den Herzogtümern Holstein und Lauenburg ab 1.7.1853, in Hamburg und Lübeck ab 1.8.1855. Sie blieben in Kurs in Holstein und Lauenburg bis 29.2.1864, in Schleswig bis 31.3.1864.

Deutsche Staaten (Schleswig-Holstein)

Gemeinsame oder auch getrennte K. K. österreichische und K. preussische Postverwaltung

Postgebühren:
Briefporto: 4 Schillinge bzw. 1¼ Sch.Cour.

ab 23. 6. 1864 Briefe zwischen Altona und Hamburg: eine halbe 1¼ Sch.Marke
ab 16. 9. 1864 desgl. im Stadtbezirk Kiel. Halbierung bis 31. 3. 1865 zugelassen
ab 1. 1. 1865 Lokalbriefe in ganz Holstein: ½ Sch.
ab 1. 3. 1865 desgl. im Herzogtum Schleswig: ½ Sch.
ab 15. 3. 1865 desgl. für Lokalbriefe zwischen Altona und Hamburg, ferner für Drucksachen nach Hamburg
ab 24. 3. 1865 auch für Drucksachen nach Lübeck
ab 1. 8. 1865 Briefe nach Dänemark 2 Sch.
ab 18. 8. 1865 Briefe nach dem Deutsch-Österreichischen Postvereinsgebiet jetzt 1⅓ Sch. statt bisher 1¼ Sch. Postanweisungen nach Preußen 4 Sch.
ab 1. 2. 1865 Kreuzbandsendungen ½ Sch.

1864, 10. März. Freim.-Ausg. in dänischer Münze (Schilling = Skilling). Inschrift „HERZOGTH. SCHLESWIG". Bdr. und Prägedruck Preußische Staatsdr. Berlin; ☐ 11:½.

b

		EF	MeF	MiF
3.	4 Schill. karmin, rosa .... b	1600.—	4000.—	5000.—

1864, 5. April. Freim.-Ausg. Wertangabe in Hamburger Courant-Schilling. Bdr. Preußische Staatsdr. Berlin; ☐ 11½.

c

| 4. | 1¼ Schill. grün .... c | 80.— | 150.— | 1400.— |

Nr. 3–4 gültig zunächst nur in Schleswig, ab 30. 12. 1864 auch in Holstein bis 31. 10. 1865; in Lauenburg vom 30. 12. 1864 bis 31. 12. 1865, ferner Nr. 4 in Holstein und Schleswig ab 6. 11. 1866.

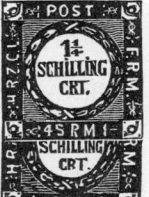

Abbildungen Originalgröße

Nr. 5 I: dünne Umschrift mit Punkten nach H.R.Z.G.L.; enge Wellenlinien.

Nr. 5 II: desgl.; weite Wellenlinien.

1864, 1. März. Freim.-Ausg. Wertangabe in dünner Schrift. H. R. Z. G. L. usw. mit Punkten. Stdr. auf Papier mit Unterdruck von Köbner & Lehmkuhl, Altona; ☐.

d

e) Nr. 6: dicke Umschrift ohne Punkte nach H R Z G L

5.	1¼ Schill. Crt. (hell)blau .... d			
	I. eng gewellter Grund (⬛ EF 25000.—)	280.—	480.—	
	II. weit gewellter Grund (⬛ EF 60000.—)	80000.—	—.—	

1864. Freim.-Ausg. Gleiche Zeichnung, jedoch Umschrift in fetten Buchstaben, HRZGL und FRM ohne Punkte. Stdr. auf Papier mit Unterdruck von Köbner & Lehmkuhl; ☐.

| 6. | 1¼ Schill. hellblau, blau (⬛ EF 20000.—) .... e | 280.— | 500.— | 2300.— |

1864, 15. Mai. Freim.-Ausg. Wertangabe im Viereck; Stdr. mit rosa Netzunterdruck von Köbner & Lehmkuhl; ☐ 7½—8.

f

| 6. | 1¼ Sch. Crt. hell- bis dunkelblau (⬛ EF 5000.—) .... f | 100.— | 180.— | 3000.— |

Deutsche Staaten (Schleswig-Holstein)

1865, Febr./Sept. Freim.-Ausg. Ziffernzeichnung, Inschrift „SCHLESWIG-HOLSTEIN". Bdr. Staatsdr. Berlin; ⌑ 11¾.

    g   h

			EF	MeF	MiF
8.	½ Schill.	rosa bis dunkelrosa (15. 2.) . . . . g	550.—	250.—	250.—
9.	1¼ Schill.	grün bis gelbgrün (18. 4.) . . . . g	90.—	140.—	120.—
10.	1⅓ Schill.	lila (14. 8.) . . . . h	12000.—	1000.—	2500.—
11.	2 Schill.	blau bis hellblau (14. 8.) . . . . g	1500.—	2500.—	1800.—
12.	4 Schill.	braun (8. 9.) . . . . h	15000.—	35000.—	25000.—

Nr. 8—12 gültig in den Herzogtümern bis 31. 10. 1865 und später in Holstein und Schleswig ab 6. 11. 1866 bis 31. 12. 1867, in Lauenburg aber nur bis 31. 12. 1865 und wieder ab 29. 10. 1866—31. 12. 1866.

Ab 20. 8. 1865 wurde die Verwaltung des Herzogtums Lauenburg von Preußen übernommen; ab 1. 1. 1866 nur noch preußische Marken.

1865, 18. Okt. Freim.-Ausg. Inschrift „HERZOGTH. SCHLESWIG". Bdr. Staatsdr. Berlin; ⌑ 11½, Nr. 14 ⌑ 11¼—11¾ und 10½.

    i   k

13.	½ Schill.	grün (Tönungen) i	500.—	370.—	450.—
14.	1¼ Schill.	rotlila bis lila (5 Auflagen) i	80.—	110.—	140.—
15.	1⅓ Schill.	rosa . . . . k	750.—	400.—	600.—
16.	2 Schill.	hellultramarin i	230.—	330.—	225.—
17.	4 Schill.	gelbbraun i	375.—	600.—	500.—

1867, Juni/Okt. Freim.-Ausg. Wie Nr. 14, jedoch Farbänderung; Bdr. Staatsdr. Berlin; ⌑ 10.

18.	1¼ Schill. i			
	a. lebhaftrotlila (13.6.)	220.—	400.—	350.—
	b. graulila (19.7.)	550.—	1000.—	900.—
	c. grau (Tönungen) (19.7.)	225.—	400.—	300.—
	d. grünlichgrau (19.7.)	550.—	900.—	850.—
	e. mattlila (Okt.)	550.—	900.—	850.—

1865, 1. Nov. Freim.-Ausg. Wertziffer im Perlenoval; Inschrift „HERZOGTH. HOLSTEIN", weiß auf farbigem Grund (l); Bdr. Köbner & Co., Altona; ⌑ 8.

    l

19.	½ Schill.	grün	750.—	700.—	600.—
20.	1¼ Schill.	mattlila	90.—	120.—	150.—
21.	2 Schill.	graublau	300.—	450.—	340.—

Nr. 19—21 gültig zunächst nur in Holstein, ab 6. 11. 1866 auch in Schleswig.

Eine dringende Bitte:

Bevor Sie Ihren Brief absenden, vergewissern Sie sich, daß Sie die Absenderangaben nicht vergessen haben. Bitte schreiben Sie Ihre Adresse auch auf den Briefbogen!

Deutsche Staaten (Schleswig-Holstein)

1865/66. Freim.-Ausg. Gleiche Zeichnungen, jedoch Inschriften farbig auf weißem Grund; Bdr. Köbner & Lehmkuhl, Altona; ☐ 7½–7¾.

m   n   o

Nr.			EF	MeF	MiF
22.	1¼ Schill. hell- bis rotlila (2.1866) (22 H ■ ✉ 40000.—)	m	90.—	120.—	150.—
23.	1⅓ Schill. karmin (1.11.1865)	n	750.—	300.—	500.—
24.	2 Schill. hellblau (7.1866)	o	850.—	1400.—	1000.—
25.	4 Schill. hellbraun (1.11.1865)	n	380.—	850.—	680.—

Nr. 22—25 gültig zunächst nur in Holstein, ab 6. 11. 1866 auch in Schleswig.

Thurn und Taxis

Gemäß Aufstellung der Generalverordnung vom 30. 12. 1861 besorgte die Thurn und Taxissche Post auf Grund von Beschlüssen des Wiener Kongresses (1815) den Postdienst in folgenden unabhängigen Staaten des Deutschen Bundes:

Im Nördlichen Bezirk (Groschenwährung):

Kurfürstentum Hessen-Kassel
Großherzogtum Sachsen-Weimar-Eisenach
Landesteil Gotha des Herzogtums Sachsen-Gotha
Fürstentum Schwarzburg-Sondershausen (Oberherrschaft)
Fürstentum Reuß jüngere Linie Gera
Fürstentum Reuß ältere Linie Greiz
Freie Hansestadt Hamburg ⎫
   "   "   Bremen ⎬ für den Postdienst ins Thurn und Taxissche Postgebiet.
   "   "   Lübeck ⎭
Fürstentum Lippe-Detmold
Fürstentum Lippe-Schaumburg
Herzogl. Sachsen-Meiningsche Amt Camburg

Im Südlichen Bezirk (Kreuzerwährung):

Großherzogtum Hessen-Darmstadt
Herzogtum Nassau
Landgrafschaft Hessen-Homburg
Freie Stadt Frankfurt a. Main
Herzogtum Sachsen-Meiningen
Landesteil Coburg des Herzogtums Sachsen-Coburg
Fürstentum Schwarzburg-Rudolstadt (Oberherrschaft)
Fürstentum Hohenzollern-Hechingen
Fürstentum Hohenzollern-Sigmaringen

Gültigkeit des Deutsch-Österreichischen Postvereins-Vertrages ab 1. Mai 1851 für beide Hessen und Nassau 1. Okt. 1851. Für die Hohenzollernschen Lande ab 1. Juni 1852, für das Fürstentum Schaumburg-Lippe ab 1. Jan. 1854.

Nördlicher Bezirk: 1 Thaler (= 3 Mk.) = 30 Silbergroschen (je 12 Pfg.) – 14-Thaler-Fuß-Währung.
Südlicher Bezirk: 1 Thaler (= 1.71 Mk.) = 60 Kreuzer (je 4 Pfg.) – 24½-Gulden-Fuß-Währung.

Postgebühren

Ab 1. 1. 1852. Das Porto entspricht:

    ½ Sgr. = 1 Kr.
    1 Sgr. = 3 Kr.
    2 Sgr. = 6 Kr.
    3 Sgr. = 9 Kr.

Ab 1. 7. 1858. ⅓ Silbergroschen findet Verwendung für Porto der Kreuzbandsendungen.

⅓ Silbergroschen gilt als Porto für Kreuzbandsendung nach dem nicht zum Fürstl. Thurn und Taxisschen Postgebiet gehörigen Ländern, sodann nach den Hansestädten und Hohenzollern bis zu 1 Zollot ausschließlich. Für jedes weitere Lot oder einen überfließenden Lotteil Mehrgewicht wird unmittelbar und ohne die bisherige Abrundung das Porto durch Freimarken erhoben.

Nach den übrigen Teilen des Thurn und Taxisschen Postgebietes sowie nach dem Postvereinsausland verbleibt es bei den bisherigen Abrundungen des Portos auf ¼, ½, ¾ und ganze Groschen.

1 Kr. bzw. ¼ Silb.-Gr. war zur Lokalkorrespondenz verwendet sowie zu Kreuzbandsendungen.

Ab 6. April 1850: ohne Rücksicht auf die verschiedenen Landesgrenzen wird das Briefporto lediglich nach der direkten Entfernung vom Abgangsort bis zum Bestimmungsort aus 3 Gebührenstufen festgesetzt, und zwar:

1 Sgr. oder 3 Kr. bis zu 10 geogr. Meilen,
2 Sgr.   "   6 Kr. über 10 bis zu 20 Meilen,
3 Sgr.   "   9 Kr. über 20 Meilen.

Neben diesen Vereinstarifen blieben die verschiedenen Tarife für den inneren Verkehr der zahlreichen deutschen Postverwaltungen bestehen.

Vergleich zu Silb.-Gr., Pfennigen, Kreuzern und Schillingen

  ¼ Sgr. = 3 Pfg. = ¾ Kr.
  ⅓ Sgr. = 4 Pfg. = 1 Kr.
  ½ Sgr. = 6 Pfg. = 1½ Kr.
  1 Sgr. = 12 Pfg. = 3   Kr. 1 Schilling
  2 Sgr. = 24 Pfg. = 6   Kr.
  3 Sgr. = 36 Pfg. = 9   Kr.

Kurzgefaßte Portotaxe

Entfernung: 1 geogr. Meile (15 Meilen = 1 Äquatorgrad),
          1 Äquatorgrad = 111 km; 1 Meile = 7,4 km.

Gewicht: 1 Zollpfund = 30 Loth = 500 g, 1 Zolloth war demnach 16⅔ g, seit 1840 vom deutschen Zollverein eingeführt.

Währung: 7 Kr. entsprachen genau 2 Silber-Groschen.
           Bei den Portoberechnungen waren gleichgestellt:
           2 Kr. = ½ Sgr.   3 Kr. = 1 Sgr.
           6 Kr. = 2 Sgr.   9 Kr. = 3 Sgr.

Deutsche Staaten (Thurn und Taxis)

1 Kreuzer entsprach teilweise
 ⅓ Sgr. für Kreuzbandporto und
 ¼ Sgr. für Bestellgeld,
sowie für Stadtbriefporto und Porto für gewöhnliche Briefe unter 1 Loth im nächstgelegenen Ort.

2 Kr. und ½ Sgr. Porto für einfache Briefe bis auf 3 Meilen Entfernung bis 1 Loth Gewicht.

3 Kr. und 1 Sgr. Porto für einfache Briefe bis auf 10 Meilen Entfernung bis 1 Loth Gewicht.

6 Kr. und 2 Sgr. wie vor, über 10 bis 20 Meilen.
9 Kr. und 3 Sgr. wie vor, über 20 Meilen.

Briefe über 1 bis 2 Loth Gewicht zweifaches Porto,
 „ „ 2 „ 3 Loth „ dreifaches Porto,
 „ „ 3 „ 4 Loth „ vierfaches Porto.

Als Porto für Übersee, rekommandierte und Express-Briefe wurden die Marken zu 10 und 15 Kreuzer und 5 und 10 Silb.-Groschen verwandt.

1852, ab 1. Jan./1858. Freim.-Ausg. Ziffernzeichnung, Bdr. C. Naumann, Frankfurt a. M. auf farbigem Papier; ☐.

 a    a   b

			EF	MeF	MiF
1.	¼ Silb.-Gr. schwarz a. rotbraun (1. Jan. 1854) ...		1000.—	350.—	240.—
2.	⅓ Sgr. schwarz a. graubraun (1. Juli 1858) ...... a		1000.—	1700.—	2500.—
3.	½ Sgr. schwarz a. graugrün, seegrün .... a		180.—	240.—	180.—
4.	1 Sgr. schwarz a. dkl'blau ... a		500.—	750.—	500.—
5.	2 Sgr. schwarz a. rosa ...... a		150.—	500.—	200.—
6.	3 Sgr. schwarz auf a. gelb .... b. maisgelb		90.— 320.—	140.— 520.—	120.— 275.—
7.	1 Kreuzer schwarz .... b a. auf (grau)grün .... b. auf blaugrün		200.— 450.—	120.— 300.—	80.— 250.—
8.	3 Kr. schwarz a. dkl'blau .. b		200.—	300.—	220.—
9.	6 Kr. schwarz a. rosa ..... b		300.—	200.—	80.—
10.	9 Kr. schw. a. gelb, maisgelb b		90.—	175.—	110.—

1853, ab 5. Juni. Freim.-Ausg. Wie Nr. 4 und 6, jedoch Farbänderung. Bdr. C. Naumann; ☐.

| 11. | 1 Silber-Gr. schwarz a. graublau, hellblau ...... a | 150.— | 150.— | 120.— |
| 12. | 3 Kr. schwarz a. graublau, hellblau .... b | 100.— | 140.— | 100.— |

1859, ab 14. Sept./1861. Freim.-Ausg. ☒ u. ☒ der 5 u. 10 Gr., 15 u. 30 Kr. von F. M. Kepler in Petersburg. Bdr. C. Naumann, Frankfurt a. M.; weißes Papier; ☐.

 c   d

13.	¼ Sgr. h'rot (Anfang 1861) a	600.—	420.—	250.—
14.	½ Sgr. grün (Ende Januar 1860) .... a	450.—	580.—	400.—
15.	1 Sgr. blau (Ende Januar 1860) .... a	140.—	220.—	150.—

		EF	MeF	MiF
16.	2 Sgr. rosa (Anfang 1861) . a	300.—	550.—	300.—
17.	3 Sgr. braunrot (Anfang 1861) .... a	450.—	650.—	450.—
18.	5 Sgr. lila (14. 9. 1859) ... c	1800.—	3000.—	1600.—
19.	10 Sgr. orange (14. 9. 1859) c	30000.—	6500.—	7500.—
20.	1 Kr. hell- bis dunkelgrün (Ende Januar 1860) .... b	175.—	75.—	50.—
21.	3 Kr. hellblau (Ende Januar 1860) .... b	120.—	175.—	120.—
22.	6 Kr. rosa (Ende Januar 1860) .... b	300.—	425.—	275.—
23.	9 Kr. (orange-) gelb (Ende Jan. 1860) ...... b	650.—	850.—	500.—
24.	15 Kr. lila (2. 10. 1859) ... d	1200.—	1500.—	850.—
25.	30 Kr. orange (2. 10. 1859) . d	25000.—	8000.—	2500.—

1862, 24. März/1863. Freim.-Ausg. Farbänderungen. ☒ und ☒ von F. M. Kepler in Petersburg. Bdr. C. Naumann; weißes Papier; ☐.

26.	¼ Sgr. schwarz (12.1.1863) a auf Drucksache	700.— 800.—	350.—	220.—
27.	⅓ Sgr. grün (13.1.1863) ... a auf Drucksache	800.— 1600.—	1700.—	2100.—
28.	½ Sgr. orange(gelb) (☒☒ 25000.—) .... a	150.—	220.—	150.—
29.	1 Sgr. rosa (9.1.1863) (☒☒ 30000.—) .... a	120.—	170.—	120.—
30.	2 Sgr. hellblau (1863) ..... a	350.—	560.—	350.—
31.	3 Sgr. (gelb)braun (1863).. a	135.—	250.—	120.—
32.	3 Kr. rosa .... b	125.—	200.—	125.—
33.	6 Kr. (hell)dkl'blau (26.6.1862) .... b	125.—	220.—	125.—
34.	9 Kr. (hell)braun (1863) .. b	150.—	200.—	140.—

1865, Juli. Freim.-Ausg. Bdr. C. Naumann; farblos, meist unzentrisch ☐ 15½–16.

35.	¼ Sgr. schwarz .... a	5500.—	4000.—	2200.—
36.	⅓ Sgr. hellgrün .... a	3500.—	1600.—	3500.—
37.	½ Sgr. (rot-)orange ...... a	220.—	350.—	220.—
38.	1 Sgr. rosa .... a	150.—	240.—	150.—
39.	2 Sgr. hellblau .... a	375.—	580.—	375.—
40.	3 Sgr. hellbraun .... a	380.—	200.—	—
41.	1 Kr. hellgrün .... b	325.—	125.—	90.—
42.	3 Kr. rosa .... b	65.—	100.—	65.—
43.	6 Kr. hellblau .... b	125.—	200.—	125.—
44.	9 Kr.-hellbraun .... b	150.—	260.—	180.—

1866, ab 31. Aug./1867. Freim.-Ausg. Bdr. C. Naumann; farbig zentrisch ☐ 16–16½.

Druck und Durchstich erfolgten zusammen in einem Arbeitsgang, daher Marken und Durchstich immer zentrisch.

45.	¼ Sgr. schwarz (1867) . a	20000.—	14000.—	8000.—
46.	⅓ Sgr. hellgrün (1867) . a	6000.—	5000.—	7000.—
47.	½ Sgr. orange .... a	700.—	1200.—	800.—
48.	1 Sgr. rosa (☒☒ —.—) .... a	350.—	550.—	350.—
49.	2 Sgr. hellblau (1867) .. a	3000.—	6000.—	3500.—
50.	3 Sgr. hellbraun .... a	1000.—	2000.—	1200.—
51.	1 Kr. .... b a. hellgrün, gewöhnliches Papier .... b. dunkelgrün, x. gewöhnliches Papier y. dünnes Papier	500.— 600.— 1400.—	250.— 550.— 1300.—	160.— 450.— 1100.—
52.	3 Kr. rosa .... b	125.—	175.—	125.—
53.	6 Kr. hellblau .... b	200.—	400.—	200.—
54.	9 Kr. hellbraun .... b	250.—	500.—	350.—

Notierungen für lose Marken

∗, ∗∗, ⊙ siehe MICHEL-Deutschland- bzw. MICHEL-Deutschland-Spezial-Katalog oder MICHEL-Junior-Katalog

Deutsche Staaten (Thurn und Taxis)

Ganzsachen-Ausschnitte als Freimarken verwendet:

(Ab 1864 amtlich zugelassen)

Zunächst galt die Verordnung vom 20. Mai 1862, Anmerkung 1: „Es unterliegt also keinem Anstande, der Marke auf einem Franko-Couvert einzelne Freimarken beizufügen. Unzulässig ist jedoch die Verwendung der aus den Couverts herausgeschnittenen Stempeln."

Während demnach 1862 die Verwendung von Kuvertausschnitten verboten war, ließ man lt. Verfügung vom 29. Oktober 1864 Kuvertausschnitte zur Frankierung zu (gültig bis 30. Juni 1867). Die betreffende Verfügung der Generalpostdirektion lautet: „Verordnung vom 29. Oktober 1864 Anmerkung 1: Ebenso ist die Verwendung von aus Couverts herausgeschnittenen Stempeln behufs Frankierung, falls sie keine Entwertung durch Stempel oder Tintenstrich zeigen, nicht mehr zu beanstanden. Anmerkung 8: Mit Rücksicht auf die nunmehr zugelassene Verwendung der Couvertsstempel zur Frankierung ist die Entwertung der Couvertsstempel von jetzt ab besonders sorgfältig zu bewirken." Es ist dabei einerlei, ob ein ausgeschnittenes Stück tadellos aussieht, oder ob es viereckig oder rund auf dem Briefe sitzt, die Hauptsache ist, daß der Entwertungsstempel sowohl auf dem Stück als auch auf dem Briefe zusammenhängend vorhanden ist.

e   f

1861. Überdruck lila.

			EF	MeF	MiF
GAA	1.	½ Sgr. orange ...... e	1400.—	2500.—	1600.—
GAA	2.	1 Sgr. rosa .... e	850.—	2000.—	1100.—
GAA	3.	2 Sgr. blau .... e	2500.—	4000.—	3500.—
GAA	4.	3 Sgr. braun .... e	1500.—	—.—	3000.—
GAA	5.	2 Kr. gelb .... f	1800.—	—.—	2000.—
GAA	6.	3 Kr. rosa .... f	900.—	2000.—	1000.—
GAA	7.	6 Kr. blau .... f	2400.—	3500.—	2800.—
GAA	8.	9 Kr. braun .... f	1200.—	—.—	1500.—

1862. Überdruck in der Farbe des Wertstempels.

GAA	9.	½ Sgr. orange ...... e	650.—	1500.—	1000.—
GAA	10.	1 Sgr. rosa .... e	300.—	1000.—	550.—
GAA	11.	2 Sgr. blau, ultr. .... e	500.—	1400.—	900.—
GAA	12.	3 Sgr. braun .... e	300.—	1000.—	450.—
GAA	13.	2 Kr. gelb .... f	800.—	2000.—	1200.—
GAA	14.	3 Kr. rosa .... f	220.—	650.—	350.—
GAA	15.	6 Kr. blau .... f	450.—	1800.—	800.—
GAA	16.	9 Kr. braun .... f	450.—	2500.—	800.—

1865. Ergänzungswerte.

GAA	17.	¼ Sgr. schwarz .... e	6500.—	50000.—	20000.—
GAA	18.	1 Kr. grün .... f	2000.—	5000.—	3000.—

Die Preise gelten für tadellos erhaltene, rund oder achteckig geschnittene Stücke mit übergehendem Stempel; viereckig geschnitten ca. 100% Aufschlag.

Bitte teilen Sie uns eventuelle Fehler mit, damit wir sie verbessern können.

Württemberg

1 Gulden (= 1.71 Mk.) = 60 Kreuzer; ab 1. Juli 1875: 1 Mark = 100 Pfennig.

 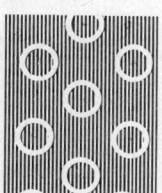

Wz. 1 Kreuze und Ringe   Wz. 2 Ringe

Postgebühren (1851–1858)

Die Marken waren nach Vorschrift in der oberen rechten Ecke des Brietes aufzukleben.

Innerhalb Württembergs

Kreuzbandsendungen: 1 Kr. pro Loth

Freigemachte Briefe:
Nahdistanz: 1 Kr. pro Loth.
bis zu 12 Meilen: 3 Kr. pro Loth.
über 12 Meilen: 6 Kr. pro Loth.
Ab 1858 Einheitsporto 3 Kr. pro Loth.

Fahrpost: Barfreimachung notwendig. Hierfür Frankierungszwang eingeführt am 1.2.1874.

für Wertbriefe (Fahrpost) je nach Gewicht und Wertangabe.

Innerhalb des Deutsch-Österr. Postvereins

Frankierung durch Freimarken z. T. auch für Sendungen nach Ländern möglich, die außerhalb des Vereinsgebietes liegen. (Art. 20 des revidierten Postvereins-Vertrages v. Sept. 1851; in Württemberg gültig ab 1. 7. 1852.) Hierdurch wurde die 18-Kr.-Marke notwendig.

Freigemachte Briefe für jedes Loth Gewicht:

bis 10 Meilen	1 Sgr. = 3 Kr.	bis 1868,
bis 20 Meilen	2 Sgr. = 6 Kr.	dann 3 Kr. pro Loth.
über 20 Meilen	3 Sgr. = 9 Kr.	

für Kreuzbandsendungen pro Loth = 1 Kr.
Einschreibegebühr (erst ab 1. Juli 1861 mit Freimarken zu entrichten): Zuschlag 2 Sgr. = 6 Kr., ab 1868 = 7 Kr.

Deutsche Staaten (Württemberg)

Königreich

1851, 15. Okt./1852. Freim.-Ausg. Zifferzeichnung (a). 5 des Mittelstücks: J. Schuster, Stuttgart; Bdr. J. B. Mezler auf farbigem Papier; ☐.

Leichte Stempel sind höher zu bewerten, da die Stempelfarbe meist ölig ist.

		EF	MeF	MiF
1.	1 Kr. schwarz			
	a. auf sämisch	800.—	1000.—	1100.—
	b. auf hellsämisch	800.—	1000.—	1100.—
	c. auf strohgelb (Seidenpapier)	2000.—	3500.—	3500.—
2.	3 Kr. schwarz			
	a. auf hellgelb	35.—	100.—	140.—
	b. auf dunkelgelb	450.—	1100.—	650.—
	c. auf bräunlichgelb, strohgelb	2000.—	3000.—	2200.—
3.	6 Kr. schwarz			
	a. auf grün	220.—	550.—	350.—
	b. auf blaugrün	350.—	800.—	470.—
4.	9 Kr. schwarz			
	a. auf mattrosa	200.—	750.—	800.—
	b. auf lebhaft- bis dunkelrosa	800.—	1200.—	1000.—
5.	18 Kr. schwarz auf lila (1852)	7000.—	8500.—	4500.—

Gültig bis 31. 12. 1858.

Die Preisnotierungen sind Richtwerte auf DM-Basis, Preisbewegungen nach oben und unten sind aufgrund von Angebot und Nachfrage die Regel.

1857, 22. Sept. Freim.-Ausg. Wappenzeichnung (b) in Prägedruck; Arbeitsstempel in Bern hergestellt; Bdr. und Prägedruck der Billetdruckerei der Eisenbahnkommission auf verschiedenem Papier mit waagerechtem orange-gelbem Seidenfaden; ☐.

b) Wappen von Württemberg

Der normale Abstand der einzelnen Marken beträgt 3/4 mm. Überrandige Stücke (nur auf die Kosten der Nachbarmarken möglich!), insbesondere der 18 Kr. —.—.— Die Katalogpreise verstehen sich für durch Schnitt leicht berührte Exemplare.

		EF	MeF	MiF
6.	1 Kr.			
	a. braun	450.—	650.—	450.—
	d. dunkelbraun	2600.—	3200.—	2600.—
7.	3 Kr. orange	50.—	130.—	50.—
8.	6 Kr. grün, hellgrün	300.—	1000.—	400.—
9.	9 Kr.			
	a. karmin, karminrosa	300.—	1200.—	650.—
	b. lilarot	4000.—	—.—	5000.—
10.	18 Kr. blau, hellblau	12000.—	14000.—	6000.—

Weitere Werte in Zeichnung b: Nr. 11—35, 42.

1859. Freim.-Ausg. Gleiche Zeichnung (b), jedoch ohne Seidenfaden. Bdr. und Prägedruck der Billetdruckerei der Eisenbahnkommission; ☐.

		EF	MeF	MiF
11.	1 Kr.			
	a. dunkelbraun	750.—	1500.—	750.—
	b. schwarzbraun	3500.—	4500.—	3500.—
12.	3 Kr. gelb bis orange	50.—	130.—	50.—
13.	6 Kr. grün bis gelbgrün	650.—	1500.—	650.—
14.	9 Kr.			
	a. karmin, karminrosa	325.—	1150.—	650.—
	b. lilarot	4500.—	—.—	5300.—
15.	18 Kr. blau	24000.—	28000.—	12000.—

Die Preise für Nr. 11—15 verstehen sich für Marken mit nirgends durch Schnitt berührter Markenrandlinie. Marken mit berührter Randlinie je nach Randzustand 30—50% Nachlaß.

1860/61. Freim.-Ausg. Gleiche Zeichnung (b); x dickes, y (ab Juli 1861) dünnes Papier; Bdr. und Prägedruck der Billetdruckerei der Eisenbahnkommission; eng gez. K 13½.

		x. dickes Papier			y. dünnes Papier		
		EF	MeF	MiF	EF	MeF	MiF
16.	1 Kr.						
	a. braun	1000.—	1800.—	1100.—	800.—	1500.—	850.—
	b. schwarzbraun	—.—	—.—	—.—	1000.—	1450.—	1000.—
17.	3 Kr. orange	50.—	130.—	50.—	160.—	350.—	160.—
18.	6 Kr. grün	450.—	1500.—	700.—	350.—	1200.—	600.—
19.	9 Kr.						
	a. karmin	700.—	2500.—	900.—	1000.—	3000.—	1300.—
	b. lilarot	10000.—	—.—	—.—	1200.—	4000.—	1400.—
20.	18 Kr. blau				10000.—	14000.—	7000.—

■ Stücke mit vollkommen einwandfreier Zähnung sind bei Nr. 16 y—20 y mindestens 75% höher zu bewerten; desgl. bei Nr. 21—24.

1862. Freim.-Ausg. Gleiche Zeichnung (b). Bdr. und Prägedruck der Billetdruckerei der Eisenbahnkommission; dünnes Papier; gez. K 10.

21.	1 Kr. schwarzbraun	2200.—	3500.—	2400.—
22.	3 Kr. orange	250.—	400.—	260.—
23.	6 Kr. grün	800.—	1400.—	1100.—
24.	9 Kr. lilarot	5000.—	11000.—	5500.—

Die ✉-Preise gelten für portogerecht frankierte Briefe oder Paket-(Post-)karten.

1863, Jan. Freim.-Ausg. Gleiche Zeichnung (b). Geänderte Farben. Bdr. und Prägedruck der Billetdruckerei der Eisenbahnkommission; gez. K 10.

25.	1 Kr.			
	a. hellgrün	50.—	75.—	120.—
	b. dunkelgrün	550.—	750.—	600.—
26.	3 Kr.			
	a. karminrosa	20.—	70.—	20.—
	c. dunkelkarmin	80.—	160.—	80.—
	d. lilarot, weinrot	1500.—	2600.—	1500.—
27.	6 Kr. hellblau bis blau	300.—	550.—	400.—

Deutsche Staaten (Württemberg)

		EF	MeF	MiF
28.	9 Kr.			
	a. rötlichbraun..........	300.—	1000.—	400.—
	b. gelbbraun.........	1200.—	2500.—	1300.—
	d. schwarzbraun.......	1000.—	2600.—	1200.—
29.	18 Kr. orange	4000.—	6000.—	2000.—

1865, Okt./1867. Freim.-Ausg. Gleiche Zeichnung (b). Bdr. und Prägedruck der Billetdruckerei der Eisenbahnkommission; jedoch ⬚ 10.

30.	1 Kr.			
	a. grün	45.—	70.—	100.—
	b. dunkelgrün	2000.—	2500.—	2200.—
31.	3 Kr.			
	a. rosa bis karmin.......	18.—	50.—	18.—
	c. lilarot .....:......	10000.—	12000.—	10000.—
32.	6 Kr. blau	350.—	650.—	380.—
33.	9 Kr. (1866)			
	a. (rötlich-)braun	400.—	800.—	450.—
	b. fahlbraun	500.—	1000.—	600.—
34.	18 Kr. gelb (1867)	10000.—	10000.—	6000.—

1868, Aug. Freim.-Erg.-Wert. Bdr. und Prägedruck der Billetdruckerei der Eisenbahnkommission; ⬚ 10.

35.	7 Kr. blau bis schieferblau .b	800.—	1600.—	1000.—

1869, 1. Jan./1873. Freim.-Ausg. Neue Ziffernzeichnung (im Oval), kleineres Format (c). Bdr. und Prägedruck der Billetdruckerei der Eisenbahnkommission; ⬚ 10.

c

36.	1 Kr. grün GA	15.—	25.—	25.—
37.	2 Kr. orange (1872) GA ...	900.—	1500.—	1000.—
38.	3 Kr. rosa	10.—	25.—	10.—
39.	7 Kr. blau	110.—	170.—	150.—
40.	9 Kr. braun (1873)	600.—	1000.—	400.—
41.	14 Kr.			
	a. orangegelb, gelb ...	1800.—	—.—	800.—
	b. zitronengelb	12000.—		10000.—

In gleicher Zeichnung c: Nr. 43.

1873, 1. Jan. Freim.-Erg.-Wert für den Innendienst. Zeichnung wie Nr. 6, mit schwarzen Trennungslinien (amtl. Sicherungslinien); Bdr. und Prägedruck; ⬚.

42.	70 Kr........................ b			
	a. bräunlila, I. einfache Trennungs-(Sicherungs-)linien			—.—
	auf Paketkarte			125000.—
	b. rotlila II. doppelte Trennungs-(Sicherungs-)linien			—.—
	auf Paketkarte			120000.—

1874, 5. Nov. Freim.-Ausg. Wie Nr. 36. Bdr. und Prägedruck; jedoch gez. K 11½:11.

43.	1 Kr. grün GA c	250.—	450.—	270.—

Am 30.6.1875 verloren die Marken in Kreuzerwährung von Nr. 6–43, mit Ausnahme von Nr. 39 und 41, ihre Gültigkeit. Die 7 Kr. und 14 Kr. konnten bis 30.6.1876 als 20- und 40-Pfennig-Marken aufgebraucht werden. Währungs-Mischfrankaturen sind nicht nur mit beiden genannten Werten, sondern insbesondere auch mit Nr. 47 möglich (Nr. 38 und 47 ✉ 2000.—); alle übrigen Mischfrankaturen ✉ mind. 4000.—). Seltenere Kombinationen —.—.

Neue Währung: 1 Mark = 100 Pfennig

1875, 1. Juli. Freim.-Ausg. Neue Zeichnung; (d). ✉ Eisenlohr & Weigle, Stuttgart; Bdr.; gez. K 11½:11.

d

44.	3 Pfg. GA	EF	MeF	MiF
	a. gelbgrün...........	25.—	40.—	20.—
	b. bläulichgrün.......	325.—	400.—	390.—
45.	5 Pfg. GA			
	a. violett bis lila	6.—	6.—	5.—
	b. blauviolett..........	400.—	450.—	350.—
46.	10 Pfg. GA			
	a. rosa	15.—	15.—	10.—
	b. karmin	6.—	6.50	5.—
47.	20 Pfg. GA			
	a. blau, ultramarin ...	10.—	12.—	10.—
	b. preußischblau	160.—	230.—	150.—
48.	25 Pfg.			
	a. rötlichbraun........	250.—	250.—	130.—
	b. fahl- bis mattbraun ...	320.—	350.—	200.—
49.	50 Pfg. hellgrau	2000.—	2400.—	1800.—
	auf Paketkarte			800.—
50.	2 Mk. gelb	—.—	—.—	—.—
	auf Paketkarte			4000.—

Nr. 50 gültig bis 15. 10. 1879

1878/79. Freim.-Ausg. Wie Nr. 49 und 50, jedoch Farbänderung. Bdr.; gez. K 11½:11.

51.	50 Pfg. graugrün .... d	270.—	290.—	250.—
52.	2 Mk. rot a. gelblich (1879) .... d	—.—	—.—	—.—
	auf Paketkarte			5000.—

Nr. 52 gültig bis 1. 4. 1883

Weitere Werte in Zeichnung d: Nr. 55–60.

1881, 1. Nov./1883, 1. Jan. Freim.-Ausg. Ziffer schwarz. Bdr.; gez. K 11½:11.

e

53.	2 Mk. (1883) .... e			
	a. orange/schwarz	1000.—	1000.—	800.—
	auf Paketkarte			175.—
	b. gelb/schwarz	1500.—	1500.—	1250.—
	auf Paketkarte			400.—
54.	5 Mk. hellblau/schwarz .... e	—.—	—.—	—.—
	auf Paketkarte			12000.—

Weitere Werte in Zeichnung e: Nr. 61–62.

1890, 5. Febr. Freim.-Ausg. Wie Nr. 44, 45, 48 und 51, jedoch geänderte Farben. Bdr.; gez. K 11½:11.

d

55.	3 Pfg. braun GA ...... d	6.50	20.—	5.—
56.	5 Pfg. .... d			
	a. grün	7.50	7.50	5.—
	b. dunkelblaugrün	220.—	300.—	200.—
57.	25 Pfg. .... d			
	a. orange.............	50.—	50.—	30.—
	b. orangegelb	550.—	700.—	350.—
58.	50 Pfg. hellrotbraun .... d	2500.—	3500.—	2000.—
	auf Paketkarte			650.—

Deutsche Staaten (Württemberg)

1890. Freim.-Ausg. Wie Nr. 58, jedoch Farbänderung. Bdr.; gez. K 11½:11.

		EF	MeF	MiF
59.	50 Pfg. lilabraun, rotbraun ... d	275.—	350.—	200.—
	auf Paketkarte			40.—

1894. Freim.-Erg.-Wert. Bdr.; gez. K 11½:11.

60.	2 Pfg. grau GA .... d	15.—	18.—	10.—

Nr. 60 ist mit roter Abstempelung (Ortsstempel mit Datum) FRANCO 1 PF. bekannt (✉ 500.—). Diese Abstempelung wurde angewandt, um ungenügende Frankierungen von 2 Pfg. auf 3 Pfg. zu erhöhen.

1900. Freim.-Erg.-Werte. Ziffer schwarz; Bdr.; gez. K 11½:11.

61.	30 Pfg. orangerot/schwarz .. e	135.—	225.—	100.—
62.	40 Pfg. lilakarmin/schwarz GA e	350.—	500.—	280.—

Dienstmarken

Bei den nachfolgenden Nummern gelten die Preise über 5.— Katalogwert nur für echt gestempelte, bedarfsmäßig gebrauchte und geprüfte Stücke.

I. Für Gemeindebehörden. Inschrift: „Portopflichtige Dienstsache" oder „Bezirksmarke". Nur innerhalb Württembergs gültig.

Königreich

1875, 1. Juli. Neue Zeichnung. Inschrift: Portopflichtige Dienstsache. Bdr.; gez. K 11½:11.

Da

101.	5 Pfg. GA .... Da			
	a. violett	30.—	40.—	25.—
	b. blauviolett	140.—	250.—	120.—
102.	10 Pfg. GA .... Da			
	a. rosa	35.—	50.—	30.—
	b. karmin	12.—	15.—	10.—

1890. Wie Nr. 101, jedoch Farbänderung. Bdr.; gez. K 11½:11.

103.	5 Pfg. GA .... Da			
	a. grün	10.—	15.—	7.—
	b. schwarzgrün	175.—	250.—	120.—

1896/1900. Erg.-Werte (Da). Bdr.; gez. K 11½:11.

104.	2 Pfg. grünlichgrau	15.—	30.—	7.—
105.	3 Pfg. braun	10.—	12.—	7.—
106.	25 Pfg. orange	60.—	50.—	25.—

Weitere Werte in Zeichnung Da: 112—118, 119—121, 130—132, 150—158.

1906, Jan. So.-Ah.-Ausg. zum 100jährigen Bestehen des Königreichs. Dienstmarken mit Aufdruck: Krone und 1806 bis 1906.

107.	2 Pfg. grünlichgrau .. (104)	—.—	660.—	320.—

		EF	MeF	MiF
108.	3 Pfg. braun .... (105)	45.—	100.—	40.—
109.	5 Pfg. grün .... (103a)	15.—	20.—	12.—
110.	10 Pfg. karmin .... (102b)	15.—	25.—	12.—
111.	25 Pfg. orange .... (106)	450.—	1100.—	350.—

1906/16. Marken der postläufigen Ausgabe, Zeichnung (Da). Bdr.; Wz. Kreuze und Ringe (Wz. 1); gez. K 11½:11.

Wz. Kreuze und Ringe (Wz. 1)

112.	2 Pfg. grau GA	50.—	30.—	15.—
113.	3 Pfg. braun GA	5.—	10.—	5.—
114.	5 Pfg. (hell- bis dkl'-)grün GA	4.—	4.—	4.—
115.	10 Pfg. rosa GA	4.—	5.—	4.—
116.	20 Pfg. GA			
	a. blau	10.—	25.—	10.—
	b. trübblau (1916)	30.—	60.—	25.—
117.	25 Pfg. orange	8.—	20.—	6.—
118.	50 Pfg. lilakarmin	100.—	200.—	60.—

1916, 1. Aug. Erg.-Werte. Zeichnung (Da). Bdr.; Wz. 1; gez. K 11½:11.

119.	2½ Pfg. olivgrau		7.—	5.—
120.	7½ Pfg. orange GA	4.—	6.—	4.—
121.	15 Pfg. hellbraun	10.—	13.50	7.—

1916, 10. Sept. Ah.-Ausg. Dienstmarke mit Ziffernaufdruck.

122.	25 Pf. a. 25 Pfg. orange			
	X. auf Nr. 117 mit Wz. 1 (117)	55.—	75.—	50.—
	Y. auf Nr. 106 o Wz. .... (106)	—.—	—.—	—.—

1916, 6. Okt. So.-Ausg. 25 Jahre Regentschaft von König Wilhelm II. (Db); ⓔ H. Frank, Stuttgart; Bdr. in Bogen zu 40 Marken; gez. K 14¾:14½.

Db) Staatswappen

123.	2½ Pfg. blaugrau		120.—	60.—
124.	7½ Pfg. orange	7.—	10.—	5.—
125.	10 Pfg. hellkarmin	70.—	100.—	45.—
126.	15 Pfg. gelbbraun	15.—	35.—	10.—
127.	20 Pfg. blau	75.—	120.—	60.—
128.	25 Pfg. schwarzgrau	135.—	240.—	90.—
129.	50 Pfg. rotbraun	500.—	1000.—	370.—

1917. Wie Nr. 117, jedoch Farbänderung. Bdr.; Wz. 1; gez. K 11½:11.

130.	25 Pfg. braun/schwarz ... Da	11.—	13.—	8.—

1917, 1. Nov. Wie Nr. 121, jedoch Farbänderung. Bdr.; Wz. 1; gez. K 11½:11.

131.	15 Pfg. lebhaftviolett GA .. Da	8.—	15.—	10.—

Republik (Volksstaat)

1919. Erg.-Wert. Bdr.; Wz. 1; gez. 11½:11.

132.	35 Pfg. rotbraun .... Da	220.—	300.—	180.—

1919. Ah.-Ausg. Dienstmarke Nr. 119 mit blauem Aufdruck.

133.	2 a. 2½ Pfg. olivgrau... (119) Bl	20.—	12.—

Deutsche Staaten (Württemberg – Dienstmarken)

1919. Dienstmarken der Ausgaben 1906/19, z. Teil neu gedruckt mit zweizeiligem Aufdruck Volksstaat/Württemberg.

		EF	MeF	MiF
134.	2½ Pfg. olivgrau ..... (119)		20.—	9.—
135.	3 Pfg. braun .... (113)		170.—	90.—
136.	5 Pfg. (hell- bis dunkelgrün) .... (114)	20.—	6.50	5.—
137.	7½ Pfg. orange [GA] ... (120)	25.—	30.—	14.—
138.	10 Pfg. karmin [GA] ... (115)	6.50	6.50	5.—
139.	15 Pfg. lebhaftviolett [GA] (131)	18.—	9.50	5.—
140.	20 Pfg.			
	a. ultramarin	8.50	9.50	5.—
	b. trübblau	55.—	75.—	40.—
141.	25 Pfg. braun/schwarz . (130)	20.—	25.—	10.—
142.	35 Pfg. rotbraun ..... (132)	70.—	120.—	50.—
143.	50 Pfg. lilakarmin ..... (118)	90.—	120.—	50.—

1920, 19. März. So.-Ausg. Neue Zeichnung (Dc), sog. Abschiedsausgabe. ✍ M. Körner; RaTdr. in Bogen zu 50 Marken; Wz. Ringe (Wz. 2); gez. K 14½:14¾.

Dc) Hirsch (Wappentier)   Wz. 2 (Ringe) (oft schwer erkennbar)

144.	10 Pfg. lilarot	135.—	160.—	110.—
145.	15 Pfg. braun	80.—	70.—	60.—
146.	20 Pfg. blau	70.—	80.—	60.—
147.	30 Pfg. blaugrün	180.—	280.—	150.—
148.	50 Pfg. gelb	420.—	700.—	300.—
149.	75 Pfg. oliv	800.—	1100.—	600.—

Nr. 101–149 gültig bis 31. 3. 1920.

1921, Jan./1922. Farbänderungen (Da). Bdr.; Wz. 1; gez. K 11½:11.

150.	10 Pfg. orange	50.—	25.—	5.—
151.	15 (Pfg.) dkl'grauviolett bis schwarzviolett (3.1921)	30.—	20.—	5.—
152.	20 Pfg. dunkelgrün	800.—	10.—	5.—
153.	40 Pfg. karminrot (3.1921) .	8.—	10.—	5.—
154.	50 Pfg. braunkarmin	25.—	9.—	5.—
155.	60 Pfg. oliv (9.1921)	30.—	14.—	7.—
156.	1.25 Mk. hell- bis dunkelblaugrün (3.1921)	20.—	17.—	6.—
157.	2 Mk. grau (5.1922)	12.—	8.50	6.—
158.	3 Mk. braun (5.1922)	10.—	10.—	7.—

1923, ab 11. Jan. Ah.-Ausg. Dienstmarken mit neuem Wertaufdruck.

I   II

159.	5 Mark a. 10 Pfg. orange (11. 1.) (I) (150)	300.—	10.—	5.—
160.	10 Mark a. 15 Pfg. dunkelviolett . (I) (151)	200.—	9.—	5.—
161.	12 Mark a. 40 Pfg. karminrot ... (I) (153)	80.—	50.—	5.—

		EF	MeF	MiF
162.	20 Mark a. 10 Pfg. orange ...... (I) (150)	55.—	55.—	25.—
163.	25 Mark a. 20 Pfg. dunkelgrün .. (I) (152)	15.—	30.—	5.—
164.	40 Mark a. 20 Pfg. dunkelgrün .. (I) (152)	50.—	50.—	25.—
165.	50 Mark a. 60 Pfg. oliv .... (I) (155)	7.—	6.—	5.—
166.	60 Mark a. 1.25 Mk. hell- bis dkl'-blaugrün .... (II) (156a)	25.—	15.—	5.—
167.	100 Mark a. 40 Pfg. karminrot ... (II) (153)	15.—	8.—	5.—
168.	200 Mark a. 2 Mk. grau .... (II) (157) R	38.—	10.—	5.—
169.	300 Mark a. 50 Pfg. braunkarmin .. (II) (154) Bl.	15.—	30.—	5.—
170.	400 Mark a. 3 MK. braun .... (II) (158) Bl	40.—	50.—	10.—

1923, ab 10. Aug. Ah.-Ausg. Erg.-Werte mit gleichem Aufdruck.

III   IV   V

171.	1000 Mark a. 60 Pfg. oliv .... (II) (155)	75.—	50.—	15.—
172.	2000 Mark a. 1.25 Mk. hell- bis dkl'-blaugrün .... (II) (156a)		20.—	10.—
173.	5 Tauſend a. 10 Pfg. orange ...... (III) (150)		90.—	33.—
174.	20 Tauſend a. 40 Pfg. karminrot ... (III) (153)		120.—	25.—
175.	50 Tauſend a. 15 Pfg. dunkelviolett . (III) (151)	500.—	400.—	200.—
176.	75 Tauſend a. 2 Mk. grau .... (III) (157)	75.—	40.—	8.—
177.	100 Tauſend a. 20 Pfg. dunkelgrün .. (III) (152)		90.—	30.—
178.	250 Tauſend a. 3 Mk. braun .... (III) (158)	110.—	30.—	15.—
179.	1 Million a. 60 Pfg. oliv .... (III) (155)	300.—	180.—	100.—
180.	2 Millionen a. 50 Pfg. braunkarmin .... (IV) (154)	50.—	10.—	8.—
181.	5 Millionen a. 1.25 Mk. hell- bis dkl'-blaugrün ... (II) (156a)	400.—	120.—	100.—
182.	4 Milliarden a. 50 Pfg. braunkarmin ..... (V) (154)		950.—	600.—
183.	10 Milliarden a. 3 Mk. braun .... (V) (158)	800.—	550.—	500.—

Alle Werte bis 5 Mill. Mk. gültig bis 30.11.1923, Milliardenwerte bis 31.12.1923, vereinzelt auch später mit stillschweigender Duldung der Post (✉ mindestens 50% Aufschlag).

Ab 1. 12. 1923: 10 Milliarden = 1 Rentenpfennig

1923, Dez. Ah.-Ausg. Nr. 117 mit Aufdruck in neuer Rentenpfennig-Währung.

184.	3 a. 25 Pfg. orange .. (117)	90.—	110.—	50.—
185.	5 a. 25 Pfg. orange .. (117)	6.—	6.—	4.—
186.	10 a. 25 Pfg. orange .. (117)	4.—	5.—	4.—
187.	20 a. 25 Pfg. orange .. (117)	18.—	30.—	15.—
188.	50 a. 25 Pfg. orange .. (117)	4600.—	8000.—	3800.—

Gültig bis 31.7.1925.

Deutsche Staaten (Württemberg – Dienstmarken)

II. Für Staatsbehörden. Inschrift: „Amtlicher Verkehr" oder „Staatsmarke".

Königreich

1881, 1. April. Wertziffern in Schildern. Inschrift „Amtlicher Verkehr" (Dd). Bdr.; gez. K 11½:11.

Dd		EF	MeF	MiF
201.	3 Pfg. grün	30.—	50.—	25.—
202.	5 Pfg. [GA]			
	a. violett, lila	15.—	25.—	6.—
	b. blauviolett	90.—	120.—	75.—
203.	10 Pfg. [GA]			
	a. rosa	12.—	15.—	10.—
	b. karmin	7.—	10.—	5.—
204.	20 Pfg. [GA]			
	a. ultramarin	7.—	10.—	5.—
	b. trübblau bis olivgrau	40.—	60.—	30.—
205.	25 Pfg.			
	a. rötlichbraun	75.—	120.—	60.—
	b. fahlbraun	230.—	280.—	180.—
206.	50 Pfg. graugrün	110.—	130.—	80.—
207.	1 Mk. gelb	1700.—	2600.—	1200.—

1890. Farbänderungen (Db). Bdr.; gez. K 11½:11.

208.	3 Pfg. braun [GA]	6.—	8.—	5.—
209.	5 Pfg. grün [GA]	6.—	10.—	5.—
210.	25 Pfg. orange	15.—	20.—	10.—
211.	50 Pfg. rotbraun	12500.—	17000.—	10000.—
212.	1 Mk. violett	180.—	275.—	100.—

1891. Wie Nr. 211, jedoch Farbänderung. Bdr.; gez. K 11½:11.

213.	50 Pfg. lilabraun	Dd 45.—	70.—	30.—

1896/1902. Neue Wertstufen (Dd). Bdr.; gez. K 11½:11.

214.	2 Pfg. grau [GA]	8.—	10.—	5.—
215.	30 Pfg. orangerot/schwarz	18.—	25.—	12.—
216.	40 Pfg. lilakarmin/schwarz	18.—	25.—	12.—

Weitere Werte in Zeichnung Dd: Nr. 227–239, 251–254, 256.

1906, Jan. So.-Ausg. zum 100jährigen Bestehen des Königreichs. Marken mit Aufdruck: Krone und 1806—1906.

217.	2 Pfg. grau	(214)	670.—	530.—	220.—
218.	3 Pfg. braun	(208)	25.—	50.—	15.—
219.	5 Pfg. grün	(209)	6.—	8.—	5.—
220.	10 Pfg. karmin	(203b)	9.—	15.—	7.—
221.	20 Pfg.				
	a. ultramarin	(204a)	25.—	30.—	20.—
	b. trübblau bis olivgrau	(204b)	—.—	—.—	1400.—
222.	25 Pfg. orange	(210)	80.—	110.—	55.—
223.	30 Pfg. orangerot/schw.	(215)	80.—	110.—	50.—
224.	40 Pfg. lilakarmin/schw.	(216)	300.—	600.—	250.—
225.	50 Pfg. lilabraun	(213)	300.—	600.—	250.—
226.	1 Mk. violett	(212)	600.—	1200.—	480.—

1906. Dienstmarken der Ausgaben 1881/1902 (Dd). Bdr.; Wz. Kreuze und Ringe (Wz. 1); gez. K 11½:11.

		EF	MeF	MiF
227.	2 Pfg. blaugrau		7.50	5.—
228.	3 Pfg. braun [GA]	7.—	9.—	5.—
229.	5 Pfg. grün	7.—	9.—	5.—
230.	10 Pfg. karmin	7.—	9.—	5.—
231.	20 Pfg.			
	a. ultramarin	7.—	9.—	5.—
	b. trübblau	160.—	240.—	120.—
232.	25 Pfg. orange [GA]	7.—	10.—	5.—
233.	30 Pfg. orange/schwarz	7.—	10.—	5.—
234.	40 Pfg. karmin/schwarz	7.—	10.—	5.—
235.	50 Pfg.			
	a. hellrotbraun	600.—	900.—	450.—
	b. lilabraun, karminbraun	15.—	25.—	12.—
236.	1 Mk. violett	45.—	60.—	24.—

1916, 1. Aug. Erg.-Werte (Dd). Wz. 1; gez. K 11½:11.

237.	2½ Pfg. hellgrau		7.—	5.—
238.	7½ Pfg. orangegelb bis rotorange [GA]	7.—	7.—	5.—
239.	15 Pfg. hellbraun [GA]	7.—	12.—	5.—

1916, 20. Sept. Ah.-Ausg. Nr. 232 und 210 mit Aufdruck 25 Pfg.

240.	25 Pf. a. 25 Pfg. orange			
	X. mit Wz. 1 (232)	30.—	35.—	25.—
	Y. oWz. (210)	—.—	—.—	—.—

1916, 6. Okt. So.-Ausg. 25 Jahre Regentschaft von König Wilhelm II. (De). Bdr. in Bogen zu 100 Marken ohne Zwischensteg; gez. K 14.

De) König Wilhelm II. (reg. 1891—1918)

241.	2½ Pfg. hellgrau		100.—	40.—
242.	7½ Pfg. rotorange	9.—	10.—	6.—
243.	10 Pfg. karminrosa	25.—	35.—	20.—
244.	15 Pfg. gelbbraun	8.—	10.—	6.—
245.	20 Pfg. hellblau	25.—	50.—	40.—
246.	25 Pfg. schwarzgrau	50.—	100.—	80.—
247.	30 Pfg. grün	100.—	170.—	80.—
248.	40 Pfg. lilarosa	100.—	170.—	80.—
249.	50 Pfg. rotbraun	200.—	320.—	160.—
250.	1 Mk. purpurlila	300.—	370.—	250.—

1917. Wie Nr. 232, jedoch Farbänderung. Bdr.; Wz. 1; gez. K 11½:11.

251.	25 Pfg. braun/schwarz	Dd	8.—	10.—	5.—

1917, 1. Nov. Farbänderungen (Dd). Bdr.; Wz. 1; gez. K 11½:11.

252.	15 Pfg. blauviolett [GA]	9.—	9.—	5.—
253.	20 Pfg. hellblau	120.—	170.—	100.—
254.	1 Mk. blaugrau/schwarz	180.—	300.—	150.—

Deutsche Staaten (Württemberg – Dienstmarken)

Republik (Volksstaat)
1919, 1. Febr. Nr. 235 b mit Aufdruck 50 Pf.

		EF	MeF	MiF
255.	50 Pf. a. 50 Pfg. karminbraun .... (235 b)	140.—	250.—	120.—

1919. Ergänzungswert. Bdr.; Wz. 1; gez. K 11½:11.

| 256. | 35 Pfg. rotbraun .... Dd | 140.— | 280.— | 120.— |

1919. Ah.-Ausg. Nr. 237 mit blauem Aufdruck wie Nr. 133.

| 257. | 2 a. 2½ Pfg. hellgrau .. (237) | 50.— | 20.— |

1919. Frühere, z. Teil neu gedruckte Marken mit zweizeiligem Aufdruck

Volksstaat / Württemberg

258.	2½ Pfg. hellgrau ..... (237)		20.—	10.—
259.	3 Pfg. braun X. mit Wz. 1 .... (228)	400.—	200.—	110.—
260.	5 Pfg. grün .... (229)	20.—	10.—	5.—
261.	7½ Pfg. orangegelb bis rotorange [GA] .... (238)	35.—	35.—	15.—
262.	10 Pfg. rosa [GA] ..... (230)	8.—	10.—	5.—
263.	15 Pfg. blauviolett [GA] .. (252)	8.—	15.—	5.—
264.	20 Pfg. [GA]			
	a. ultramarin .... (231a)	5.—	7.—	5.—
	b. trübblau .... (231b)	200.—	240.—	140.—
	c. preußischblau	70.—	100.—	50.—
	d. hellblau .... (253)	—.—	—.—	—.—
265.	25 Pfg. braun/schw. [GA] . (251)	12.—	12.—	15.—
266.	30 Pfg. orange/schwarz (Dez.) .... (233)	20.—	30.—	15.—
267.	35 Pfg. rotbraun ..... (256)	50.—	80.—	30.—
268.	40 Pfg. karmin/schwarz (234)	30.—	40.—	20.—
269.	50 Pfg.			
	a. lilabraun, hellrotbraun X. mit Wz. 1 ..... (235a)	30.—	40.—	20.—
	b. karminbraun ... (235b)	90.—	140.—	75.—
270.	1 Mk. blaugrau/schwarz (254)	70.—	90.—	50.—

1919. Ah.-Ausg. Nr. 259 mit rotem Aufdruck.

| 271. | 75 a. 3 Pfg. braun X. mit Wz. 1 .... (259 X) R | 250.— | 500.— | 200.— |

✉-Preise über 5.— nur für geprüfte Stücke.

1920, 25. März. So.-Ausg. Neue Zeichnungen, sog. Abschiedsausgabe. Ⓚ Kissling und Raible (Stecherzeichen rechts unten); RaTdr. von K. Ebner in Bogen zu 30 Marken; Wz. 2; gez. K 14½:14¾.

Df) Stuttgart   Dg) Ulmer Münster

Dh) Tübingen   Di) Ellwangen

			EF	MeF	MiF
272.	10 Pfg. lilarot	Df	140.—	200.—	130.—
273.	15 Pfg. dunkelbraun ...	Dg	140.—	200.—	130.—
274.	20 Pfg. blau	Dh	80.—	120.—	70.—
275.	30 Pfg. blaugrün	Di	200.—	320.—	150.—
276.	50 Pfg. gelb	Df	500.—	660.—	350.—
277.	75 Pfg. oliv	Dg	500.—	660.—	350.—
278.	1 Mk. rotorange	Dh			600.—
279.	1.25 Mk. violett	Di			850.—
280.	2.50 Mk. ultramarin ..	Df			1200.—
281.	3 Mk. hellgrün	Df			1500.—

Nr. 201–281 gültig bis 31. 3. 1920.

Lt. amtlicher Bekanntmachung v. 27. 3. 1920 wurden alle Staats- und Bezirksmarken, mit und ohne Aufdruck (Nr. 101—149 und Nr. 201—281) am 1. 4. 1920 ungültig.

Retourmarken
Verschlußetiketten für unzustellbare, amtlich geöffnete Briefe (rückseitig aufgeklebt).

Ra   Rb   Rc

1854.	1. Schwarz, □	Ra	250.—
	2. Schwarz, □	Ra	300.—
1875.	3. Schwarz, □	Rb	400.—
1881.	4. Schwarz, gez.	Rb	300.—
1885.	5. Rot, gez.	Rc	300.—

Ist in einer Preisspalte keine Notierung vorhanden, lagen dafür bisher keine portogerechten Briefe dieser Art vor. Um leihweise Belegvorlage wird daher gebeten.

Deutsches Reich

Eintritt in den Weltpostverein: 1. Juli 1875

Block 1 siehe nach Nr. 449
Block 2 siehe nach Nr. 511
Block 3 siehe nach Nr. 579
Block 4 siehe nach Nr. 621
Block 5 siehe nach Nr. 627
Block 6 siehe nach Nr. 631
Block 7 siehe nach Nr. 646
Block 8 siehe nach Nr. 647
Block 9 siehe nach Nr. 648
Block 10 siehe nach Nr. 649
Block 11 siehe nach Nr. 650
Block 12 siehe nach Nr. 937

Am 4. Mai 1871 trat die Deutsche Reichsverfassung vom 16. 4. 1871 in Kraft. Sie bestimmt u. a., daß dem Reich die unmittelbare Posthoheit zusteht mit der Ausnahme des internen Verkehrs in Bayern und Württemberg.

Das Deutsche Reichspostgebiet ist deckungsgleich mit dem Gebiet des Norddeutschen Postbezirks, vermehrt um das Großherzogtum Hessen und das neu entstandene Reichsland Elsaß-Lothringen. Am 1. 1. 1872 geht auch das Postwesen des Großherzogtums Baden in die Verwaltung des Deutschen Reiches über. Erst am 1. 4. 1920, mit der Übernahme der bayerische Postverwaltung (Württemberg seit 1. 4. 1902) durch die Deutsche Reichspost, entsteht ein reichseinheitliches Postgebiet.

Die Herstellung der Marken mit der Inschrift DEUTSCHE REICHSPOST und der Prägung des Reichsadlers im Mittelfeld ist in einer Kabinettorder vom 27. 4. 1871 verfügt, doch war deren Ausgabe erst zum 1. 1. 1872 möglich. Aus diesem Grunde wurden die Marken des Norddeutschen Postbezirks und die Marken von Elsaß-Lothringen bis zum 31. 12. 1871 weiter verwendet. Sie sind daher mit Stempeldaten ab dem 4. 5. 1871 Marken der Deutschen Reichspost. **Bewertung:**

Durchstochene Ausgabe: Zuschlag (außer 18 Kr.) 100,—, 18 Kr. Zuschlag 50,—.
Gezähnte Ausgabe: Groschenwerte 50% Aufschlag, Kreuzerwerte Zuschlag 20,—.

Die neuen Reichspostmarken wurden bereits im Dezember 1871 an die Postämter verteilt, so daß Verwendungen – entgegen der Vorschrift – vor dem 1. 1. 1872 in einigen Fällen vorkommen.

Außer den Innendienstmarken zu 10 und 30 Groschen und der Stadtpostmarke für Hamburg verloren die Marken mit Inschrift NORDDEUTSCHER POSTBEZIRK zum 1. 1. 1872 ihre Gültigkeit. Reguläre Mischfrankaturen dieser Marken mit Brustschildmarken können daher nicht vorkommen.

Die Innendienstmarken zu 10 und 30 Groschen behielten ihre Gültigkeit und wurden aufgebraucht.
Die Stadtpostmarke für Hamburg wurde auch nach dem 1. 1. 1872 weiter gedruckt. Sie war bis zum 31. 12. 1874 auf Ortssendungen innerhalb Hamburgs gültig.

Stempel:

Auf den ersten Ausgaben der Deutschen Reichspost kommen noch vielfach Stempel der ehemals selbständigen altdeutschen Staaten vor. Bewertung und Formen dieser gern gesammelten „nachverwendeten Stempel" siehe P. Feuser, Nachverwendete Altdeutschland-Stempel, Stuttgart 1983.

Beliebt sind auch die bis zum 30. 6. 1875 eingeführten „Übergangs-Stempel" und die anschließend nach und nach eingeführten Normstempel (siehe Arge NDP Heft 36, Arge Brustschilde Rundbr. und MICHEL-Stempel-Handbuch Teil I–III).

Die Stempelfarbe ist im Normalfall schwarz. Blaue Stempelfarbe kommt in mehreren Orten vor (Zuschlag ca. 50–100,—, außer Bremen und Berlin). Blauviolette Stempelfarbe ist u. a. bekannt von Düsseldorf (Zuschlag ca. 100,—). Rote Stempel auf Brustschildmarken sind durchwegs selten u. a. EHRANG, UNKEL, Bahnpost-Strecken-Stempel und F-Stempel als Entwertungsstempel (Zuschlag ca. 500–1500,—).

Stempel fremder Postverwaltungen:

1. Stempel der kgl. Bayerischen und der kgl. Württembergischen Post auf Frankaturen von Rückantwortkarten und auf Briefen der gebietsüberschreitenden Bahnpost. Auf den ersten 3 Ausgaben sind diese Stempel selten (min. 400,—).

Als Grundlage für die Ermittlung der Preisnotierungen dienten Unterlagen des Briefmarken-Groß- und -Einzelhandels, von Arbeitsgemeinschaften sowie Sammlern im In- und Ausland.

  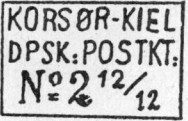

2. Dänische Landungsstempel
   a) Ringstempel (häufigster Nr. 1 von Kopenhagen) auf Deutsches Reich MiNr. 3, 4, 5 sowie 14, 18, 19 u. 20 (mindestens 200,—) auf MiNr. 32–34, 40–42, 47 u. 48 (mindestens 60,—). Auf allen anderen Marken selten.
   b) Dänische Expeditionsstempel Nr. 168–170 u. 187–193 auf Brustschildmarken bekannt (mindestens 300,—).
   c) KORSØR-KIEL DPSK.POSTKT. mit den Nummern 1–4 auf den Marken der ersten 8 Ausgaben (bis Germania mit Wz.) bekannt (Zuschlag 50–200,—).
   d) „Fra Tydskland L" (oder S9") (Lübeck bzw. Stettin) ab 1895 bekannt (ca. 100,—).

3. Schwedische Landungsstempel von Malmö und Stockholm auf Brustschildausgaben bekannt (siehe R. Frick, Schiffspost im Nord- und Ostseeraum, Hannover 1981).

4. Zufallsentwertungen auf Auslandsbriefen:
   Meist Transit- und Ankunftsstempel, die auf die Frankatur übergehen, sowie nachträgliche Entwertungen bei nicht oder nur zart gestempelten Marken.

Alle Marken der Deutschen Reichspost wurden bis 1879 in der Preußischen Staatsdruckerei, Berlin, nach Einrichtung der Reichsdruckerei, Berlin, ab 6.7.1879 in dieser gedruckt. In der Zeit von 1938 bis 1945 wurde auch die Staatsdruckerei Wien, für den Druck der Postwertzeichen zugezogen; Kennzeichnung im Kopftext durch „(W)" hinter der Angabe des Druckverfahrens. MiNr. 119–139 wurden bei der Fa. Bruckmann, München hergestellt.

Wasserzeichen:

Wz. 1 Rauten   Wz. 2 Waffeln   Wz. 3 Reichsadler   Wz. 4 Hakenkreuze   Wz. 5 Deutsch-Ordenskreuz

Währung:

Bis zum 31.12.1874 galt im Norden und in Elsaß-Lothringen die Thalerwährung (1 Thaler = 30 Groschen) und im Süden (Baden, Großh. Hessen, Hohenzollern-Sigmaringen, Coburg, Sachsen-Meiningen, Schwarzburg-Rudolstadt und in der ehem. Freien Stadt Frankfurt a.M.) die Guldenwährung (1 Gulden = 60 Kreuzer).

Währungsverhältnis: 2 Groschen entsprechen genau 7 Kreuzern.

Verhältnis: Groschen–Kreuzer	Einer Freimarke zu:	Abrundung und Umrechnung:
2/7 – 1	1/3 Groschen entspricht 1 Kreuzer	1 oder 2 Pfg. – 1/4 Groschen
4/7 – 2	1/2 Groschen entspricht 2 Kreuzer	4 oder 5 Pfg. – 1/2 Groschen
6/7 – 3	1 Groschen entspricht 3 Kreuzer	7 oder 8 Pfg. – 3/4 Groschen
2 – 7	2 Groschen entspricht 7 Kreuzer	10 oder 11 Pfg. – 1 Groschen
5 1/7 – 18	5 Groschen entspricht 18 Kreuzer	

Die Markwährung (1 Mark = 100 Pfennige) wurde im Reichspostgebiet am 1.1.1875, in Württemberg am 1.7.1875 und in Bayern am 1.1.1876 eingeführt (1 Thaler = 3 Mark). Die durch das Gesetz vom 13.10.1923 vorübergehend eingeführte Rentenmark kommt bei den Postwertzeichen nicht zum Ausdruck, wohl aber die durch das Gesetz vom 30.8.1924 geltende Reichsmark (1 Reichsmark = 100 Pfennig).

Deutsches Reich

Postgebühren 1. 1. 1872—31. 12. 1874

Inland (ohne Orts- und Landzustellbezirke)

Briefe bis 15 Gramm		1 Gr oder 3 Kr
Briefe 15—250 Gramm		2 Gr oder 7 Kr
Postkarten	bis zum 30. 6. 1872	1 Gr oder 3 Kr
	ab 1. 7. 1872	½ Gr oder 2 Kr
Drucksachen	pro 40 (ab 1. 7. 1872 pro 50) Gramm	⅓ Gr oder 1 Kr
	250—500 Gramm	3 Gr oder 11 Kr
Warenproben	pro 40 (ab 1. 7. 1872 pro 50) Gramm bis max. 250 Gramm	⅓ Gr oder 1 Kr / 3 Gr oder 11 Kr
Einschreibgebühr		2 Gr oder 7 Kr
Rückschein		2 Gr oder 7 Kr
Eilzustellung		2½ Gr oder 9 Kr
Postmandat	bis 5. 3. 1873	5 Gr oder 18 Kr
	ab 6. 3. 1873	3 Gr oder 11 Kr
Postanweisung	bis 25 Th./43¾ Gulden	2 Gr oder 7 Kr
	bis max. 50 Th./87½ Gulden	4 Gr oder 14 Kr

Wertbriefe (Gebühr a+b) bis 31. 12. 1873
a) Beförderungsgebühr

	bis 5 Meilen	1½ Gr oder 6 Kr
	5—15 Meilen	2 Gr oder 7 Kr
	15—25 Meilen	3 Gr oder 11 Kr
	25—50 Meilen	4 Gr oder 14 Kr
	über 50 Meilen	5 Gr oder 18 Kr
ab 1. 1. 1874	bis 10 Meilen	2 Gr oder 7 Kr
	über 10 Meilen	4 Gr oder 14 Kr

b) Versicherungsgebühr bis 50 Thaler bis 31. 12. 1873

	bis 15 Meilen	½ Gr oder 2 Kr
	15—50 Meilen	1 Gr oder 4 Kr
	über 50 Meilen	2 Gr oder 7 Kr
Versicherungsgebühr 50—100 Thaler		
	bis 15 Meilen	1 Gr oder 4 Kr
	15—50 Meilen	2 Gr oder 7 Kr
	über 50 Meilen	3 Gr oder 11 Kr
Versicherungsgebühr je weitere 100 Thaler		
	bis 15 Meilen	1 Gr oder 4 Kr
	15—50 Meilen	2 Gr oder 7 Kr
	über 50 Meilen	3 Gr oder 11 Kr
ab 1. 1. 1874	für je 100 Thaler	½ Gr oder 2 Kr
	Minimalgebühr	1 Gr oder 4 Kr

Orts- und Landzustellbezirk:

Die Gebühren für Sendungen im Orts- und Landzustellbezirk waren bis zum 31.12.1874 nicht einheitlich geregelt. Erst ab dem 1.1.1875 (in den OPDen Darmstadt, Karlsruhe und Konstanz ab 1.7.1875) beträgt das Porto für Ortsbriefe- und -karten einheitlich 5 Pfg. (Ausnahme Berlin bis 1.4.1900 10 Pfg.).

	Preußische Gebiete ohne ehemalige ThuT-Postgebiete incl. El.-Lothr. und Sachsen	Ehemalige Thurn u. Taxis-Gebiete in den OPDen Cassel, Erfurt, Frankfurt/M. und Minden		Ehemaliges Herzogtum Braunschweig	Ehemaliges Großherzogtum Hessen OPD Darmstadt	Ehemaliges Großherzogtum Baden, OPD Karlsruhe und Konstanz
	Gr.	Gr.	Kr.	Gr.	Kr.	Kr.
Drucksache	⅓	¼	1	¼	1	1*
Briefe und Karten im Ortszustellbez.	½	¼	1	¼	1	1*
in den Landzustellbez.	½	½	2	½	2	2*
Eingeschriebene Briefe und Karten	1½	1½	6	1½	4	4
Wertbriefe bis 1 Thl. (1¾ Fl.)	1	1	4	1	4	4
1 bis 50 Thl. (87½ Fl.)	2	2	7	2	7	7
Postanweisungen bis 50 Thl. (87½ Fl.)	2	2	7	2	7	7
Insinuationsgebühr	1	1	4	1		—

* ab 1. 5. 1873 ohne Gewichtsprogression

Abweichende Gebühren:

OPD-Bezirk Berlin	Briefe bis 15 g	1 Gr.
	Briefe 15—250 g	2 Gr.
	Karten bis 30. 6. 1872	
	bei gleichzeitiger Aufgabe von 25—99 Briefen	½ Gr.
	von 100 und mehr Briefen	⅓ Gr.
	Einschreibegebühr	1 Gr.
OPD Dresden u. Leipzig	Ortsdrucksachen	¼ Gr.
Stadtbezirk Hannover mit Vorort Linden	Briefe und Karten	⅓ Gr.
Stadtbezirk Hamburg	Briefe und Karten	½ Schill. (3,75 Pfge.)
OPD Karlsruhe+Konstanz vor dem 1. 5. 1873	Drucksachen und Warenproben 40—250 g	2 Kreuzer
	Briefe 15—250 g	2 Kreuzer
	Briefe in den Landzustellbezirk	3 Kreuzer
Mengenauflieferungen	Bei gleichzeitiger Aufgabe eines Absenders von 100 und mehr frankierten Briefen/Karten (Bisher bekannt aus Berlin, Bremen, Breslau und Cöln)	⅓ Gr.

Auslandsgebühren sowie weitere besondere Gebühren siehe Rundbriefe der Arbeitsgemeinschaft Brustschilde, Nachverwendete Altdeutschland-Stempel e. V.

Deutsches Reich

Kaiserreich (1871–1918) (ohne Bayern und Württemberg)

Unterscheidungsmerkmale der Mittelstücke der Brustschild-Ausgaben:

MiNr. 1–11, 14–15   MiNr. 16–30

Kleiner Brustschild (MiNr. 1–11, 14–15):
sog. Aachener Krone: Kreuz links, ohne Bänder
Reichsadler, im kleinen Brustschild preußischer Adler

Großer Brustschild (MiNr. 16–30):
Vierbügelkrone mit Reichsapfel und Kreuz in der Mitte; zwei Mitrabänder
geänderter Reichsadler, preußischer Adler im großen Brustschild mit Hohenzollernwappen
Brustschild von Kette umgeben, unten in der Mitte Orden

1872, 1. Jan. Freim.-Ausg. Inschrift DEUTSCHE REICHS-POST, Adler mit kleinem Brustschild, Krone ohne Bänder, sog. Aachener Krone (a). ⓈH. G. Schilling; Bdr., Mitte farbloser Prägedruck; gez. K 12½:14¼.

			Talerwährung	
1.	¼ Gr. (hell- bis dkl')violett	1600.—	750.—	650.—
2.	⅓ Gr. GA			
	a. gelblichgrün	150.—	250.—	150.—
	b. dkl'(grau-)smaragdgrün	400.—	850.—	450.—
3.	½ Gr. mittelbräunlichrot	150.—	280.—	150.—
	Ortsbrief	350.—		
4.	1 Gr. karmin GA	30.—	45.—	30.—
5.	2 Gr. blau (Töne)	70.—	250.—	70.—
6.	5 Gr. graubraun	800.—	1600.—	520.—
			Guldenwährung	
7.	1 Kr. (hell- bis dkl')grün GA	300.—	350.—	200.—
	Ortsbrief (Frankfurt)	450.—		
8.	2 Kr. mittelbräunlichrot	900.—	3200.—	900.—
	Ortsbrief	1800.—		
9.	3 Kr. karmin GA	50.—	120.—	60.—
10.	7 Kr. blau (Töne)	350.—	1400.—	350.—
11.	18 Kr. graubraun	8000.—	22000.—	3500.—

▌ Nr. 4 ist vom Postamt Syke, Prov. Hannover, halbiert mehrfach im Ortsverkehr auf Dienstpost verwendet worden (vgl. auch Nr. 19 H und 33 aH) Nr. 4 H ✉ 80 000.—.

Weitere Werte in Zeichnung a: Nr. 14 und 15.

1872, 1. Jan. Freim.-Erg.-Werte. Zifferzeichnung; Ⓢ H. G. Schilling; Bdr.; gez. K 14¼:13½.

12.	10 Gr. grau (Töne) b	4000.—	5000.—	800.—
	Poststempel ⊙			9000.—
13.	30 Gr. blau b	10000.—	—.—	2400.—
	Poststempel ⊙			25000.—

~ Handschriftliche Entwertung: Federzug oder Ortsname mit Datum war vorgeschrieben. Poststempel ist seltene Zufallsentwertung.   *Gültig bis 31.12.1874.*

1872, 1. April. Freim.-Ausg. Farbänderungen. Komb. Bdr. und Prägedr.; gez. K 13½:14¼.

14.	½ Gr. orange a	180.—	350.—	200.—
	Ortsbrief	400.—		
15.	2 Kr. orange a	600.—	1600.—	700.—
	Ortsbrief	1200.—		

1872, 1. Juni/Nov. Freim.-Ausg. Zeichnung wie vorher, jedoch berichtigter Adler mit großem Brustschild (d). ⓈH. G. Schilling; Bdr., Mitte farbloser Prägedruck; gez. K 13½:14¼.

		d		d *Talerwährung:*
16.	¼ Gr. (hell- bis dkl')vio	1300.—	800.—	700.—
17.	⅓ Gr. GA			
	a. (hell-)grün	70.—	100.—	120.—
	b. dunkelgrün	750.—	1000.—	850.—
18.	½ Gr. orange	30.—	50.—	60.—
	Ortsbrief	160.—		
19.	1 Gr. karmin GA	25.—	35.—	25.—
20.	2 Gr. blau (Töne)	30.—	100.—	40.—
21.	2½ Gr. (1.11.1872)			
	a. rotbraun	400.—	700.—	400.—
	b. lilabraun	2000.—	2900.—	2000.—
	c. (lebhaft-)braun	3000.—	—.—	3000.—
22.	5 Gr. (mittel-)graubraun	500.—	400.—	320.—
23.	1 Kr. GA		*Guldenwährung*	
	a. (hell-)grün	150.—	240.—	150.—
	Ortsbrief	250.—		
	b. dunkelgrün	2000.—	3300.—	2000.—
	Ortsbrief	2400.—		
24.	2 Kr. orange	8000.—	—.—	8000.—
	Ortsbrief	16000.—		
25.	3 Kr. karmin GA	30.—	110.—	40.—
26.	7 Kr. blau (Töne)	300.—	700.—	320.—
27.	9 Kr. (1.11.1872)			
	a. rotbraun	1000.—	1700.—	1000.—
	b. lilabraun	2000.—	3600.—	2000.—
	c. dunkelbraun	3000.—	—.—	3000.—
28.	18 Kr. (hell-)graubraun	30000.—	22000.—	22000.—

▌ Nr. 19 ist in Syke auf Dienstortspost halbiert verwendet worden (vgl. auch Nr. 4 H und Nr. 33 aH) Nr. 19 H ✉ 100000.—.
✉ Nr. 22 in Elbing ✉ 70000.—.

1874, 1. Jan. Freim.-Ah.-Ausg. Nr. 21 und 27 mit braunem Wertaufdruck.

			EF	MeF	MiF
29.	2½ a. 2½ Gr. rotbr.	(21a) Br	320.—	480.—	320.—
30.	9 a. 9 Kr. rotbraun	(27b) Br	1700.—	3200.—	1700.—

Deutsches Reich

Bei der Ausgabe Groschen-Kreuzer findet man häufig Marken mit unregelmäßigen Eckzähnen; solche sind nicht als Beschädigungen anzusehen, sondern sind durch unregelmäßiges Einsetzen der Kammzähnung entstanden (kleine unwesentliche Größenabweichungen der Marken von Loch zu Loch angemessen sind die Folge).

Preisaufschlag erzielen gut zentrierte Marken und solche mit deutlich ausgeprägtem Mittelstück, besonders mit waffelähnlicher Punktur im Adlerkreis.

Gültigkeit: Bis 31.12.1874,
Marken zu ½, 1, 2, 2½, 5 Gr. bis 31.12.1875.

Ganzsachenausschnitte lt. Nr. 155, Gen. Verordnung v. 4. Aug. 1873, Abs. 3: „Dagegen sind, wie mit Bezug auf Abschnitt V. Abth. 2 § 39 zu A 4, 5 Abs. der Postdienst-Instruction bemerkt wird, aus verdorbenen Francocouverts ausgeschnittene Francostempel, ferner Freimarken welche von Couverts, Briefadressen oder Postanweisungs-Formularen abgelöst oder aus solchen ausgeschnitten sind, als gültige Postwerthzeichen zuzulassen, im Falle sie sich auf andere Briefcouverts, Briefadressen oder Postanweisungs-Formulare haltbar aufgeklebt befinden und unzweifelhaft feststeht, dass sie vordem noch nicht entwerthet worden waren."

Bewertung der als Freimarken verwendeten Ganzsachenausschnitte:

		EF	MeF	MiF
Kleiner Brustschild:				
GAA 1.	1 Gr. rosa (aus U1)	400.—	1600.—	800.—
GAA 2.	3 Kr. rosa (aus U2)	2500.—	—.—	—.—
GAA 3.	⅓ Gr. grün (aus S 1)	1000.—	3000.—	—.—
GAA 4.	1 Kr. grün (aus S 2)	6000.—	—.—	—.—
Großer Brustschild:				
GAA 5.	⅓ Gr. grün (aus S 3)	900.—	2000.—	4500.—
GAA 6.	1 Gr. rosa mit grauem Überdruck (aus U3)	600.—	1700.—	2000.—
GAA 7.	1 Kr. grün (aus S 4)	4500.—	—.—	—.—
GAA 8.	½ Gr. braun (aus P 1)	1200.—	8000.—	8000.—
GAA 9.	3 Kr. rosa (aus U6)	3000.—	—.—	—.—
GAA 10.	3 Kr. rosa mit grauem Überdruck (aus U4)	3000.—	—.—	—.—
GAA 11.	1 Gr. rosa (aus U5)	400.—	1900.—	2200.—
GAA 12.	2 Kr. braun (aus P5)	8000.—	—.—	—.—

Besondere Frankaturen:

Einzelfrankaturen im Orts- und Landzustellbezirk: ✉

MiNr. 1		1600.—
MiNr. 2 a (Stadt Hannover)		600.—
MiNr. 2 b (Stadt Hannover)		—.—
MiNr. 3		350.—
MiNr. 4 (Berliner Ortsbriefe)		180.—
MiNr. 5 (Berliner Ortsbriefe)		—.—
MiNr. 7		450.—
MiNr. 8		1800.—
MiNr. 9 (in Baden vor dem 1. 5. 1873)		—.—
MiNr. 12 als Einzelfrankatur mit Federzugentw.		10000.—
MiNr. 13 als Einzelfrankatur mit Federzugentw.		—.—
MiNr. 14 als Einzelfrankatur auf Orts-✉		400.—
MiNr. 15 als Einzelfrankatur auf Orts-✉		1200.—
MiNr. 16 als Einzelfrankatur auf Orts-✉		1300.—
MiNr. 16+18 auf Auslandsdrucksache		1200.—
MiNr. 17 a als Einzelfrankatur auf Orts-✉ (Stadt Hannover)		400.—
MiNr. 17 b als Einzelfrankatur auf Orts-✉ (Stadt Hannover)		1200.—
MiNr. 18 als Einzelfrankatur auf Auslandsdrucksache		300.—
MiNr. 19 als Einzelfrankatur auf Orts-✉ (Berlin)		150.—
MiNr. 19 als Einzelfrankatur im Grenzrayon zu Holland		400.—
MiNr. 20 als Einzelfrankatur auf Orts-✉ (Berlin)		—.—

Sonstiges:

MiNr. 6 als Einzelfrankatur auf Auslandsbrief		1200.—
MiNr. 1–3 auf Auslandsdrucksachen		1500.—

Halbierungen (H) (senkrecht):

MiNr. 4 H und 19 H sind in Syke (Prov. Hannover) auf Dienstpost im Ortsverkehr mehrfach verwendet worden.

4 H	1 Gr.	80000.—
19 H	1 Gr.	100000.—

Mischfrankaturen zwischen der Ausgabe Adler mit großem Brustschild und Pfennige-Marken sind beliebt; zwischen Adler-Marken mit kleinem Brustschild und Pfennige-Marken: große Seltenheiten.

Innerhalb Preußens handelt es sich hierbei um Zufallsstücke. Da die Marken in Pfennige-Währung nach Baden bereits Anfang Dezember 1874 gesandt wurden und dort ab 10. Dezember 1874 zum Schalterverkauf kamen, waren Voraus-Verwendungen dieser Pfennige-Marken und zugleich Mischfrankaturen mit Kreuzer-Marken möglich.

Bewertungszuschläge für Mischfrankaturen:

Norddeutscher Postbezirk Nr. 24 mit Deutsches Reich	15000.—
Norddeutscher Postbezirk Nr. 25 und 26, mit Deutsches Reich	1500.—
Kleiner + großer Schild	ohne
Groschen mit Kreuzer	4000.—
Groschen im Kreuzergebiet verwendet	1000.—
Kreuzer im Groschengebiet verwendet	1000.—
Kleiner Brustschild (Groschen) mit Pfennige 1. mit 3. Ausgabe	8000.—
Kleiner Brustschild (Kreuzer) mit Pfennige 1. mit 3. Ausgabe	13000.—
Kleiner Brustschild mit Teil-Barfrankatur (Franco-Stempel)	—.—
Großer Brustschild mit Teil-Barfrankatur (Franco-Stempel)	—.—
Kleiner Brustschild mit franz. Marken (Doppelfrankaturen) vom 1.1.72–15.5.72	950.—
Kleiner Brustschild mit franz. Tax ⊙ (Doppelfrankaturen) vom 1.1.72–15.5.72	300.—

Großer Brustschild mit Pfennige (2. mit 3. Ausgabe)

Preise gelten für den teuersten Wert, als Zuschläge zum Markenpreis

MiNr.		MiNr.	
18	800.—	31	3500.—
19	300.—	32	650.—
20	300.—	34	300.—
21a	2300.—	34	500.—
21b	4500.—	35	2500.—
22	1200.—	36	6000.—
29	700.—	37	12000.—

Neue Währung: 1 Mark = 100 Pfennig

1875, 1. Jan./1879. Freim.-Ausg. Neue Zeichnungen. ⓈH. G. Schilling; Bdr. Reichsdruckerei auf gewöhnlichem, später gestrichenem Papier, Nr. 33–36 mit farblosem Prägedruck des Adlers. Wertangabe „Pfennige"; gez. K 13½:14¼.

		EF	MeF	MiF
31.	3 Pfge. GA . . . . e			
	a. blaugrün	28.—	300.—	400.—
	b. gelbgrün	45.—	500.—	600.—
32.	5 Pfge. lila, violett GA . . . e	15.—	18.—	15.—
33.	10 Pfge. GA . . . . f			
	a. karmin, rosa	10.—	12.—	10.—
	aa. lebh'braunrot (blutrot) (1875)	700.—	1500.—	700.—
	b. eosinrosa (Juli 1879) (✉ orange)	20.—	55.—	20.—
34.	20 Pfge. . . . . f			
	a. ultramarin	20.—	70.—	20.—
	b. blau	200.—	560.—	200.—
35.	25 Pfge. . . . . f			
	a. rotbraun	480.—	400.—	160.—
	b. gelbbraun	1600.—	1300.—	550.—
	c dkl'braun (1878)	2200.—	2800.—	800.—
36.	50 Pfge. . . . . f			
	a. grau, hellgrau	250.—	650.—	150.—
	b. schwarzgrau	1600.—	3000.—	1000.—

Deutsches Reich

Mischfrankaturen zwischen Pfennige und Pfennig (3. und 4. Ausgabe)
Preise gelten für den teuersten Wert, als Zuschläge zum Markenpreis

MiNr.		MiNr.	
31	500.—	39	420.—
32	80.—	40	80.—
33	80.—	41	80.—
34	80.—	42	100.—
35	300.—	43	350.—
36	—.—	44	160.—
38	250.—		

Teure Farben: Zuschläge entsprechend den Preisgrundsätzen im MICHEL-Handbuch-Katalog „PFENNIGE", 2. Aufl. 1984.

Pfennigausgabe mit Adler-Krone
3. Ausgabe mit 5. Ausgabe . . . . 8000.—
Ganzsachenausschnitte auf ✉ 250.— Zuschlag.

Nr. 31–36 gültig bis 31.1.1891.

Weiterer Wert in Zeichnung f: Nr. 38; in Zeichnung e und f mit abgeänderter Wertbezeichnung Pfennig: Nr. 39-44.

1875, 1. Jan./1900. Freim.-Erg.-Wert. Ziffernzeichnung ähnlich Marke Nr. 12; ✉ H. G. Schilling; Bdr.; gez. K 14¼ : 13½.

b

37.	2 Mk. lila bis violett . . . . . . b	EF	MeF	MiF
	a. violettpurpur ∗∗	1900.—	1200.—	600.—
	(1875 bis 1880) . . . . ⊙	5500.—	5500.—	1900.—
	b. lilapurpur, trüblila	1000.—	800.—	350.—
	(1880–1884) . . . . . . ⊙	2800.—	—.—	1100.—
	c. trübrosalila (1884			
	bis 1889) (löslich) . . ⊙	650.—	480.—	160.—
	d. stumpfviolettpurpur			
	(1889–1890) (was-			
	serlöslich)	1600.—	1200.—	450.—
	e. braunpurpur			
	(1890–1899)	280.—	190.—	100.—
	f. lilakarmin (1899-1900)	950.—	850.—	400.—

Entwertung bis 17. November 1884 lt. Verordnung: handschriftlich.
Nr. 37 ist meist auf Paketkarten verwendet worden. Marken als MiF auf Wertbrief 200% Zuschlag, als EF und MeF sehr selten —.—.

Verwendung nachgewiesen bis 30.5.1900

1877, 5. März. Freim.-Ausg. Wie Nr. 36, jedoch Farbänderung. Bdr. auf gewöhnlichem, später gestrichenem Papier; gez. K 13½:14¼.

38.	50 Pfge. . . . . f			
	a. grauoliv	300.—	600.—	180.—
	b. dunkelolivgrün	1100.—	2200.—	650.—

Gültig bis 31.1.1891.

e l   f l) Reichsadler

1879/80. Freim.-Ausg. Zeichnung ähnlich Ausg. 1875 (Nr. 31–36). Wertangabe in „Pfennig" (ohne „e"), Bdr., Nr. 41–44 mit Prägedruck; gez. K 13½: 14¼.

39.	3 Pfg. GA . . . . e l			
	a. grün bis bläulichgrün			
	(1880–89)	8.—	35.—	75.—
	aa. dkl'grün bis			
	dkl'bläulichgrün			
	(1880/81; 1884–89) . .	220.—	700.—	1000.—
	b. gelbl'grün (hell-; Töne)			
	(1880–84; 1887-89)	7.—	30.—	70.—
	ba. maigrün (1883/84) . .	120.—	300.—	500.—
	c. zartsmaragdgrün (Töne)			
	(1886/87)	45.—	120.—	250.—
40.	5 Pfg. matt-, hell-, lebh'violett			
	GA . . . . e l	6.—	8.—	5.—

41.	10 Pfg. GA . . . . f l	EF	MeF	MiF
	a. trübrosa bis dunkelrosa ✉ orangerot bis karmin-[rosa]) (1880–83; 1885–86)	4.—	10.—	4.—
	aa. rot (✉ orangerot bis ziegelrot und [dunkel-] braunrot) (1881-83) . .	120.—	320.—	120.—
	ab. orangerosa (eosin; Töne) (1880–81; 1884); zartorangerosa (1885 scharfe Prägung) (✉ gelborange bis [strahlend]-orangegelb) . . .	4.—	10.—	4.—
	b. hellrot (1886) bis stumpf-(dunkel)-rot (1887-89) (✉ stumpfbraunlila)	3.—	5.—	3.—
42.	20 Pfg. GA . . . . f l			
	a. (grau-)ultramarin (dunkel-1880; hell-Töne	7.—	20.—	7.—
	aa. ultramaringrau (1880–81; 1884)	45.—	150.—	45.—
	b. hellblau bis blau (1881-83)	9.—	35.—	9.—
	ba. kobaltblau bis leuchtendhellblau (1885 bis 1886)	125.—	360.—	125.—
	c. lebhaftultramarin bis violett-ultramarin, (lebhaft-)ultramarinblau (1886–89)	5.—	15.—	5.—
43.	25 Pfg. GA . . . . f l			
	a. (dunkel-)ockerbraun (1880–83) bis braun (1881–1882)	500.—	460.—	200.—
	b. rotbraun (1883) bis (hell-) orangebraun	240.—	200.—	75.—
	c. mattrosabraun (1887) bis dunkelrosabraun	160.—	150.—	45.—
	ca. bräunlichocker (scharfe Prägung) (1889)	230.—	220.—	100.—
44.	50 Pfg. . . . . f l			
	a. grünlichgrau bis olivgrau (1880–86)	80.—	120.—	40.—
	b. grauolivgrün bis dunkeloliv (Töne) (1885–89)	80.—	120.—	30.—
	ba. dkl'grauoliv (1888) . . .	150.—	300.—	100.—
	c. resedagrün (gelblicholiv-grün [1887] bis fahlgrün, [1888])	300.—	520.—	160.—
	ca. seegrün (dunkel-[1887] bis hell- [1888]) . . .	480.—	800.—	275.—
	d. schwarzgrün (1889)	250.—	440.—	160.—

Ganzsachenausschnitte aus Streifbändern, Postkarten, Umschlägen wurden als Marken aufgeklebt verwendet und werten auf ✉ mit übergehendem Stempel mit mindestens 120.— Zuschlag.

Schalterverkauf bis 1.12.1890, gültig bis 31.1.1891. Markenumtausch bis 1.2.1891.

Mischfrankaturen

Mischfrankaturen zwischen Pfennig und Krone/Adler (4. und 5. Ausgabe)
Preise gelten für den teuersten Wert, als Zuschläge zum Markenpreis

MiNr.		MiNr.	
39	800.—	45	500.—
40	50.—	46	40.—
41	80.—	47	30.—
42	30.—	48	50.—
43	250.—	49	450.—
44	120.—	50	100.—

Teure Farben: Zuschläge in Höhe der Preisdifferenz zur billigsten Farbe.

Notierungen für lose Marken

∗, ∗∗, ⊙ s. MICHEL-Deutschland-
bzw. MICHEL-Deutschland-Spezial-Katalog
oder MICHEL-Junior-Katalog.

Deutsches Reich

1889, Okt./Dez. Freim.-Ausg. Bdr.; gez. K 13½:14¼.

g) Ziffernzeichnung
h) Stilisierter Reichsadler

	EF	MeF	MiF
45. 3 Pfg. GA .... g	15.—	50.—*	60.—
a. braun (1889–92)	300.—	850.—*	1000.—
aa. dunkelbraun (1889–90)	3.—	18.—*	25.—
b. graubraun bis hellgraubraun (1891–97)	6.—	20.—*	30.—
c. gelbbraun (1897–1900)	15.—	50.—*	60.—
ca. hellgelbocker (1898–1900)	25.—	90.—*	100.—
cb. ockerbraun (1899–1900)	80.—	250.—*	340.—
d. rötlichocker (1897–1900)	15.—	60.—*	70.—
e. olivbraun (Töne) (1899–1900) (⟨M⟩ braunschwarz)			
46. 5 Pfg. GA .... g			
a. grün, graugrün (1889–92)	25.—	35.—	25.—
aa. dunkelgrün, dunkelgraugrün (1890–91)	300.—	700.—	300.—
b. gelbgrün (1890–92)	25.—	35.—	25.—
ba. dunkelgelbgrün (1890–92)	880.—	1900.—	880.—
c. bläulichgrün (1891–1900)	3.—	4.—	3.—
47. 10 Pfg. GA .... h			
a. karminrosa (1889–90) (⟨M⟩ leuchtend karmin- [rosa] bis rot)	35.—	80.—	35.—
aa. lilakarmin (1889–90) (⟨M⟩ [dunkel-]lilakarmin) ...	475.—	1000.—	475.—
b. braunrosa (1890–95) (⟨M⟩ stumpflilabraun)	3.—	12.—	3.—
ba. braunrosa (1890–95) (⟨M⟩ rosabraun, selten mattbräunlichrot)	350.—	780.—	350.—
c. bräunlichrot (1894) (⟨M⟩ ocker)	20.—	50.—	20.—
ca. bräunlichrot (1894) (⟨M⟩ gelb, goldgelb)	80.—	180.—	80.—
d. karmin, rot (1893–1900) (⟨M⟩ karmin, rot, viele Töne)	3.—	8.—	3.—
da. karmin, rot (1893–1900) (⟨M⟩ bräunlichpurpur) ...	10.—	25.—	10.—
db. blutrot, dunkelkarmin (1899–1900) (⟨M⟩ leuchtend-[orange-]rot)	110.—	220.—	110.—
e. braunrot (1899–1900) (⟨M⟩ dunkelockerbraun, selten bräunlichgelb)	70.—	150.—	70.—
48. 20 Pfg. GA .... h			
a. (grau-)ultramarinblau (1889–91)	55.—	110.—	35.—
aa. violettultramarin (1889–91)	500.—	900.—	300.—
b. blau, hellblau, graublau (1891–95)	20.—	35.—	10.—
ba. schwarzblau (1892–93)	650.—	1200.—	400.—
bb. schmutzig-graublau (1892–94)	30.—	70.—	20.—
c. preußischblau (1891–93) (⟨M⟩ grau)	700.—	1400.—	500.—
d. lebhaftultramarin (Töne) (1892–1900)	8.—	15.—	3.—
49. 25 Pfg GA .... h			
a. orangegelb (1889–93 und ab 1896) (mit Stempeln ab 1896 doppelter Preis)	500.—	450.—	120.—
aa. lebhaftchromgelb (goldgelb) (1890–91)	3500.—	3200.—	1200.—
b. (rötlich-)orange (1891–1900)	260.—	240.—	40.—
ba. rotorange (1898–1900)	450.—	400.—	150.—
50. 50 Pfg. .... h			
a. braunrot (1889–90) (⟨M⟩ feuerrot)	1600.—	2200.—	850.—
aa. braunkarmin (1889–90) (⟨M⟩ bräunlichlila, „weinrot")	11000.—		6800.—
ab. dunkelbraunrot (1889–90) (⟨M⟩ dunkelfeuerrot [Töne])	2200.—	3800.—	1200.—
b. rötlichbraun (1889–91)	260.—	370.—	140.—
ba. rötlichlilabraun (Töne) (1889–91)	210.—	290.—	100.—
c. mattrosabraun (1893–94)	85.—	160.—	35.—
d. lilabraun-stumpflilabraun (1890–1900)	40.—	90.—	10.—
da. dunkellilabraun (1897)	100.—	190.—	45.—

* Preise für Nr. 45 MeF gelten für überfrankierte Karten mit 2 × 3 Pfg. Frankaturen. Alle portogerechten MeF sind sehr selten (—.—).

20 Pfg.: Nr. 48a und b ⟨M⟩ gewöhnlich bläulich bis blau, seltener auch rein grau, letztgenannte 5fache Preise.

Abstempelungen aus 1889 verdienen Preiszuschläge von ca. 30%.

Gültig bis 31.12.1902.

Frühere MiNr. 51 fällt aus; jetzt unter MiNr. 50 eingereiht.

1900, 29. März. Freim.-Erg.-Wert im Muster von Nr. 45; Bdr.; gez. K 13½:14¼.

	g EF	MeF	MiF
52. 2 Pfg. grau (Töne) GA .. g	15.—	40.—	10.—
52 I. Druckfehler „REIGHSPOST"........	900.—	—.—	600.—

Mischfrankaturen zwischen Krone/Adler und Germania (5. und 6. Ausgabe) kommen häufiger vor.

Werte bis 20 Pfg. + 30.— ab 25 Pfg. + 50.—

1900, ab 1. Jan. Freim.-Ausg. Germania. Inschrift REICHSPOST (i). ⟨M⟩ P. Waldraff; Bdr.; gez. K 14:14¼.

i) Germania mit Kaiserkrone (nach einem Bild der Schauspielerin Anna Führing).

		EF	MeF	MiF
53.	2 (Pfg.) (hell-, dunkel-) blaugrau (Juli) GA.......	12.—	25.—	10.—
54.	3 (Pfg.) (10.4.)			
	a. olivbraun (Töne)......	6.—	40.—	7.—
	b. siena	60.—	300.—	80.—
55.	5 (Pfg.) grün, hell- bis dunkel (April) GA.......	6.—	7.50	7.50
56.	10 (Pf.) (1.1.) GA			
	a. karminrosa, rot.......	6.—	16.—	7.50
	b. karminrot.............	380.—	850.—	380.—
	c. dkl'bräunlichrot.......	250.—	500.—	250.—
57.	20 (Pfg.) ultramarin, blau (8.1.) (Töne)...........	20.—	60.—	7.—
58.	25 (Pfg.) orange/schwarz			
	a. hellgelb (30.3.) GA....	260.—	300.—	45.—

Deutsches Reich

Nr.			EF	MeF	MiF
59.	30 (Pfg.)	rotorange/schwarz a. weißbräunlichrot (Dez. 1899)	100.—	250.—	45.—
60.	40 (Pfg.)	rotkarmin/schwarz (Dez. 1899)	150.—	280.—	50.—
61.	50 (Pfg.)	violett/schwarz a. weißbräunlichrot (Febr. 1900)	150.—	320.—	50.—
62.	80 (Pfg.)	rotkarmin/schwarz a. rosa (Dez. 1899)	250.—	560.—	120.—

✉-Preise für Briefe, Paketkarten 50% Abschlag.

Da Nr. 59, 60 und 62 im inneren Postdienst schon im Dezember 1899 verwendet wurden, verdienen sie mit Dezemberstempel Preisaufschlag.

REICHSPOST	REICHSPOST
Inschrift: normal	Inschrift: fett
Nr. 58—62	Nr. 58 I—62 I

Nr. 58—62, mit fetter Inschrift wie die einfarbigen Wertstufen.

58 I.	25 (Pfg.)	orange/schwarz a. hellgelb	—.—	—.—	—.—
59 I.	30 (Pfg.)	rotorange/schwarz a. weißbräunlichrot	—.—	—.—	—.—
60 I.	40 (Pfg.)	rotkarmin/schwarz	—.—	—.—	—.—
61 I.	50 (Pfg.)	purpur/schwarz a. weißbräunlichrot	—.—	—.—	—.—
62 I.	80 (Pfg.)	rotkarmin/schwarz a. rosa	—.—	—.—	—.—

Übersichtstabelle der Marken in Germania-Zeichnung

(alle Marken in verschiedenen Papierstärken bekannt)

i   o   u

Wertangabe	Farbe	Wz.	Zeichnung	Mi-Nr.
2 Pfg.	blaugrau	oWz.	i	53
2 Pfg.	dkl'blaugrau	oWz.	o	68
2 Pfg.	dunkelgrau	1	o	83
2 Pfg.	mattbraunoliv	1	u	102
2½ Pfg.	braunolivgrau	1	u	98
3 Pfg.	olivbraun/siena	oWz.	i	54
3 Pfg.	braun	oWz.	o	69
3 Pfg.	braun	1	o	84
5 Pfg.	grün	oWz.	i	55
5 Pfg.	grün	oWz.	o	70
5 Pfg.	grün	1	o	85
5 Pfg.	braun (Töne)	1	o	140
7½ Pfg.	gelb-, rotorange	1	u	99
10 Pfg.	karminrosa, rot	oWz.	i	56
10 Pfg.	lebh'karmin	oWz.	o	71
10 Pfg.	rot, karmin	1	o	86
10 Pfg.	orange	1	o	141
10+5 Pfg.	karminrot (Aufdruck „für Kriegsbeschädigte")	1	o	105
15 Pfg.	braunocker, olivbraun	1	u	100
15 Pfg.	dkl'-, schwarz-, blauviolett	1	u	101
15 Pfg.	orange-, karminbraun	1	u	142
15+5 Pfg.	violett (Aufdruck „für Kriegsbeschädigte")	1	u	106
20 Pfg.	ultramarin, blau	oWz.	i	57
20 Pfg.	ultramarin, blau	oWz.	o	72
20 Pfg.	ultramarin, blau	1	o	87
20 Pfg.	grün, gelblich-, dkl'blaugrün	1	o	143
25 Pfg.	orange/schwarz a. h'gelb	oWz.	i	58
25 Pfg.	or./braunschw. a. m'gelb	oWz.	o	73
25 Pfg.	or./braunschw. a. m'gelb	1	o	88
30 Pfg.	rotorange/schwarz a. weißbräunlichrot	oWz.	i	59
30 Pfg.	rotorange/braunschwarz a. h'chromgelb	oWz.	o	74
30 Pfg.	rotorange/braunschwarz a. h'chromgelb	1	o	89
30 Pfg.	grünlichblau	1	o	144
35 Pfg.	rotbraun, dkl'karminbraun, zimtfarben	1	u	103
40 Pfg.	karminrot/schwarz	oWz.	i	60
40 Pfg.	karmin/braunschwarz	oWz.	o	75
40 Pfg.	rotkarmin/braunschwarz	1	o	90
40 Pfg.	karminrot	1	o	145
50 Pfg.	violett/schwarz a. weißbräunlichrot	oWz.	i	61
50 Pfg.	dkl'rötl'lila/braunschwarz a. h'chromgelb	oWz.	o	76
50 Pfg.	violettpurpur/braunschwarz a. h'chromgelb	1	o	91
50 Pfg.	dkl'rötlichlila	1	o	146
60 Pfg.	dkl'lila	1	o	92
60 Pfg.	h'braunoliv	1	o	147
75 Pfg.	dkl'blaugrün/braunschw.	1	o	104
75 Pfg.	dkl'braunkarmin	1	o	148
75 Pfg.	lila (Töne)	2	o	197
80 Pfg.	rotkarmin/schw. a. rosa	oWz.	i	62
80 Pfg.	kar./braunschw. a. rosa	oWz.	o	77
80 Pfg.	karminrot/braunschwarz a. h'rot oder rosa	1	o	93
80 Pfg.	violettblau, grauultramarin	1	o	149
1 Mk.	dkl'violett/dkl'grün	1	o	150
1¼ Mk.	mittelbräunl'rot/braunlila	1	o	151
1¼ Mk.	mittelbräunl'rot/braunlila	Kreuzblüten	o	151Y
1¼ Mk.	mittelbräunlichrot/dkl'lila	2	o	198
1.60 Mk a. 5 Pfg.	braun	1	o	154
2 Mk.	lilarot/blau	1	o	152
3 Mk.				
1¼ Mk.	mittelbräunl'rot/braunlila	1	o	155
4 Mk.	schwarz/karmin	1	o	153
5 Mk. a. 75 Pfg.	dkl'braunkarmin	1	o	156
10 Mk. a. 75 Pfg.	dkl'braunkarmin	1	o	157

Die ✉-Preise gelten für portogerecht frankierte Briefe oder Paket-(Post-)karten.

EF = Einzelfrankatur, d. h. die Marke allein auf dem Brief.
MeF = Mehrfachfrankatur, d. h. die gleiche Marke mehrfach auf dem Brief. Der Preis gilt nur für 2 Stück; weitere Stücke der gleichen Marke werden mit dem Preis für lose ⊙ dazugerechnet.
MiF = Mischfrankatur, d. h. die Marke mit anderen Marken auf dem Brief. Briefpreis gilt für die teuerste Marke, die übrigen Marken werden mit dem Preis für lose ⊙ dazugerechnet.

Nicht portogerecht frankierte Briefe werden nur mit einem Aufschlag von maximal 15% für die beste Marke auf den ⊙-Preis bewertet. Restliche Marken mit dem normalen ⊙-Preis hinzugerechnet.

Deutsches Reich

1900, 1. April/15. Dez. Freim.-Erg.-Werte. Verschiedene Darstellungen; Inschrift REICHSPOST. StTdr. (Nr. 63 StaSt., Nr. 64—66 Ku-St.); gez. K 14¼ (14½).

Zähnung:

K 14¼: Größe des Markenbildes 34½:21¾ mm.
K 14½: Größe des Markenbildes 33¾:22¼ mm. Diese verschiedenen Größen sind bedingt durch das unterschiedlich starke Zusammenziehen des beim Tiefdruck angefeuchteten Papiers, vor allem senkrecht zur Richtung der Papierbahn.

k) Reichspostgebäude, Berlin
🖉 Geheimrat C. Frenzel

l) Symb. Darstellung „Nord und Süd", Fragmente aus Bild „Victoria" von A. von Werner.
🖉 W. Lipinsky
Ⓢ Prof. W. Roese

m) Enthüllung des Denkmals Kaiser Wilhelm I., Berlin, nach einem Gemälde von W. Pape
Ⓢ Prof. W. Roese

n) Reichsgründungsgedenkfeier im weißen Saale des Berliner Schlosses, nach Gemälde von W. Pape
Prof. W. Roese

			EF	MeF	MiF
63.	1 Mk. rot (Töne)	k	900.—	1500.—	400.—
64.	2 Mk. schw'blau (1. Juni)	l			
	I. Type I		1300.—	2500.—	360.—
	II. Type II		—.—	—.—	600.—
65.	3 Mk. schwarzviolett (1. Aug.)	m			
	I. Type I		5500.—	—.—	3200.—
	II. Type II		6300.—	—.—	3800.—
66.	5 Mk. grünschwarz/rot (15. Dez.)	n			
	I. Type I		—.—	—.—	12000.—
	II. Type II		8600.—	—.—	5000.—
	III. Type I a		8600.—	—.—	5000.—
	IV. Type I b		10200.—	—.—	6000.—

Typenunterschiede der 3-Mark-Marke, Nr. 65:

Type I: Brustpanzer sitzt auf dem Pferderücken auf, Oberkörper des Kaisers rückwärts geneigt, Zügel durchhängend, nach oben breiter werdend

Type II: Zwischen Ende des Brustpanzers und Pferderücken weiße Einbuchtung, Zügel straff, gleichmäßig breit

Typenunterschiede der 5-Mark-Marke, Nr. 66:

Type I   Type II

Type I hat dicke Wertziffern in den Eckschildern, die Spitze der 5 ist links oben abgestumpft.

Type II hat dünne Wertziffern, die Spitze des Häkchens der 5 ist scharf. Außerdem sind noch verschiedene kleine Abweichungen in den Inschriften und der Zeichnung zu finden, z. B. der ganz rechts stehende Minister von Bötticher mit ganzem Kopf, während bei Type I das Ohr nicht sichtbar ist.

Type I a: mangelhafter Druck (Mitte verschoben) von Type I mit Rot und Deckweiß nachgemalt.

Type I b: Type I nur weiß nachgemalt.

Type II a: Bei der bisher unter V katalogisierten Marke kann die Echtheit der Nachmalung nicht eindeutig nachgewiesen werden. Deshalb mußte diese Marke im Katalog gestrichen werden.

Gültig bis 31. 12. 1902.

1901, 13. April. Vineta-Ah.-Ausg. Sogen. **Vineta-Provisorium. Violetter Handstempelaufdruck auf halbierter Nr. 55.**

(⅓ Größe)

			EF	MeF	MiF
67.	3 PF auf halbierter 5 (Pfg.)-Marke grün		45000.—	80000.—	—.—

Diese Aushilfsmarke ist auf S. M. Kreuzer „Vineta", Marineschiffspost Nr. 1 wegen Mangels an 3 Pfg.-Marken in Auflage von 600 Stück durch Halbierung von 300 Stück 5-Pfg.-Marken vom Marine-Oberzahlmeister hergestellt und auch unbeanstandet verwendet worden.

Wilhelmshavener Aufbrauchsausgabe: Die Truppentransportschiffe, welche aus China zurückkehren, brachten von dort die Marken der Deutschen Post in China Nr. 16 und 17 (5- und 10-Pfg-Werte) mit und lieferten sie ihrem zuständigen Postamt Wilhelmshaven ab. Im Sept./Nov. 1901 wurden diese Marken ordnungsgemäß vom dortigen Postamt verkauft. Auf ✉ 10000.—.

Reichspostgebiet einschl. Württemberg

Vom 1. 4.-31. 12. 1902 konnten die Marken von Württemberg auch im Reichspostgebiet aufgebraucht werden; Mischfrankaturen waren möglich.

1902, 1. April. Freim.-Ausg. Germania. Inschrift DEUTSCHES REICH (o). Bdr.; gez. K 14:14¼.

		EF	MeF	MiF
68.	2 (Pfg.) dkl'blaugrau GA	9.—	20.—	7.—
69.	3 (Pfg.) gelb- bis ockerbraun GA	7.50	30.—	6.—
70.	5 (Pfg.)			
	a. dunkelbläulichgrün	60.—	140.—	60.—
	b. grün (Töne)	6.—	7.—	6.—
71.	10 (Pfg.) lebh'karmin GA	6.—	15.—	6.—
72.	20 (Pfg.)			
	a. ultramarin	20.—	45.—	12.—
	b. violettblau	500.—	—.—	350.—
	c. graublau	—.—	—.—	—.—
73.	25 (Pfg.) orange/braunschwarz			
	a. mattgelb	250.—	350.—	50.—
74.	30 (Pfg.) rotorange/ braunschwarz a. h'chromgelb	100.—	220.—	50.—

Deutsches Reich

	EF	MeF	MiF
75. 40 (Pfg.) karmin/braunschwarz . .	150.—	270.—	50.—
76. 50 (Pfg.) dkl'rötlichlila/ braunschwarz a. h'chromgelb .	170.—	310.—	70.—
77. 80 (Pfg.) karmin/braunschwarz a. rosa	270.—	550.—	125.—

Preise für Briefe, Paketkarten 50% Abschlag.

Nr. 68–77 sowie 78–81 sollten erst ab 1. 4. 1902 frankaturgültig werden, wurden aber schon ab 20. 3. 1902 verwendet.

Gültig bis 31. 10. 1922.

Weitere Werte in gleicher oder ähnlicher Zeichnung s. Übersichtstabelle nach Nr. 62 I.

1902, 1. April. Freim.-Erg.-Werte. Ähnlich Nr. 63—66, jedoch Inschrift DEUTSCHES REICH. StTdr. (Ku-St.); A gez. K 14¼ (14½) oder 26:17 Zähnungslöcher; B gez. K 14 oder 25:16 Zähnungslöcher.

p) Reichspostamt Berlin

q) „Nord und Süd"

r) Enthüllung des Denkmals Kaiser Wilhelms I.
s) Reichsgründungsgedenkfeier

A

78 A.	1 Mk. . . . . p			
	a. rot ✉ braunorange)	—.—		1800.—
	b. karminrot	180.—	450.—	75.—
79.	2 Mk. stahlblau, gotische Inschrift . . . . q	1700.—	—.—	900.—
80 A.	3 Mk. . . . . r			
	a. schwarz(lila)purpur	2400.—	—.—	850.—
	b. schwarzpurpurviolett			2100.—
81 A.	5 Mk. . . . . s			
	a. grünschwarz/rot (Mittelstück ✉ braunorange) . .	5500.—	—.—	2000.—
	b. grünschwarz/rot	3500.—	—.—	950.—

B

78 B.	1 Mk. karminrot	750.—	1500.—	350.—
80 B.	3 Mk. . . . . r			
	a. schwarz(lila)purpur	2900.—	—.—	1000.—
	b. schwarzpurpurviolett		—.—	4500.—
81 B.	5 Mk. . . . . s			
	a. grünschwarz/rot (Mittelstück ✉ braunorange) . .		—.—	18000.—

*) ✉-Preise für 78 A–82 B gelten für Paketkarten. Auf Wert-✉ portogerecht 100% Aufschlag.

1902, Mai. Freim.-Ausg. Wie Nr. 79, jedoch mit lateinischer statt gotischer Schrift. StTdr.; oWz.; A gez. K 14¼ (14½), B gez. K 14, Zähnungslöcher wie vorher.

t

82 A.	2 Mk. stahlblau (Töne) . .	430.—	1100.—	200.—
82 B.	2 Mk. stahlblau (Töne) . .	1300.—	2900.—	550.—

✉-Preise für 82 A und B gelten für Paketkarten. Auf Wert-✉ portogerecht 100% Aufschlag.

 **1905/11. Freim.-Ausg. Germania. Friedensdruck.** Wie Nr. 68–77, Nr. 92 Ergänzungswert (o); jedoch mit Wz. Rauten (Wz. 1); Bdr.; gez. K 14:14¼.

o) Germania mit Kaiserkrone   Wz. 1

I. Friedensdruck

Marken mit Friedensmaterialien hergestellt: klarer Druck auf glänzend satiniertem Papier, Mittelstück meist glänzend; Wasserzeichen gut sichtbar;
Zwischenauflagen, bei denen nicht alle Merkmale des Friedensdruckes vorhanden sind, zählen zum Kriegsdruck.

		EF	MeF	MiF
83 I.	2 (Pfg.) dkl'grau (20.11.1905) GA	45.—	120.—	25.—
84 I.	3 (Pfg.) dkl'gelb- bis h'braun (25.10.1905) GA . . .	6.—	35.—	4.—
85 I.	5 (Pfg.)			
	a. dkl'bläulichgrün	3.—	4.—	3.—
	b. gelblichgrün (30.10.1905)	100.—	220.—	100.—
86 I.	10 (Pfg.)			
	a. rosarot (25.11.1905)	5.—	8.—	4.—
	b. rot (Töne)	3.—	6.—	3.—
	c. karmin	150.—	250.—	100.—
	d. orangerot	—.—	—.—	—.—
87 I.	20 (Pfg.) GA (✉)			
	a. ultramarin, ultramarinblau . .	11.—	24.—	6.—
	b. hellblau (1906)	70.—	120.—	30.—
	c. (entfällt)			
	d. violettblau (Jan. 1906) . . .	80.—	130.—	35.—
88 I.	25 (Pfg.) rotor./braunschwarz a. weißgelb (Jan. 1906) . .	110.—	210.—	20.—
89 I.	30 (Pfg.) rotor./braunschwarz			
	x. a. h'chromgelb (23.12.1905) . .	38.—	100.—	17.—
	y. a. h'gelborange	800.—	1250.—	400.—
90 I.	40 (Pfg.) rotkarmin/ braunschwarz (Jan. 1906) . . .	110.—	190.—	30.—
91 I.	50 (Pfg.) violettpurpur/ braunschwarz			
	x. a. h'chromgelb (1906) . . .	90.—	130.—	30.—
	y. a. h'gelborange	750.—	1100.—	350.—
92 I.	60 (Pfg.) dkl'lila (1.10.1911)			
	a. dkl'lila	370.—	680.—	200.—
	b. violett	—.—	—.—	5000.—
93 I.	80 (Pfg.) karminrot/braunschwarz a. rosa (Jan. 1906) . .	60.—	120.—	30.—

1906/11. Freim.-Ausg. Markwerte. Friedensdruck. Gleiche Zeichnung wie Nr. 78, 82, 80 und 81. StTdr.; Wz. 1; A gez. K 14(¼), 14½(¾) oder gemischt = 26:17 Zähnungslöcher.

94 A I.	1 Mk. karminrot (5.2.) . . . . p	150.—	340.—	60.—
95 A I.	2 Mk. blau (Töne) (Febr.) . . t	120.—	300.—	60.—
96 A I.	3 Mk. (3.1911) . . . . r			
	a. braunviolett (✉ rotorange)	1500.—	—.—	450.—
	b. schwarzviolett	1300.—	—.—	300.—
97 A I.	5 Mk. (24.1.) . . . . s			
	a. grünschwarz/rot (Mittelstück ✉ braunorange) . . .	2200.—	—.—	850.—
	b. grünschwarz/rot	1300.—	—.—	350.—

✉-Preise für 94–97 A I gelten für Paketkarten.
Auf Wert-✉ portogerecht 100% Aufschlag.

 **1914/15. Freim.-Ausg. Germania. Kriegsdruck.** Wie Nr. 68–77, Nr. 92 Ergänzungswert (o); jedoch mit Wz. Rauten (Wz. 1); Bdr.; gez. K 14:14¼.

o) Germania mit Kaiserkrone   Wz. 1

II. Kriegsdruck

Marken mit Kriegsmaterialien hergestellt: unklarer Druck auf glanzlosem, rohem Papier, Mittelstück meist stumpf; Wasserzeichen schlecht sichtbar;
Zwischenauflagen, bei denen nicht alle Merkmale des Friedensdruckes vorhanden sind, zählen zum Kriegsdruck.

Deutsches Reich

		EF	MeF	MiF
84 II.	3 (Pfg.) GA			
	a. lebhaft- bis olivbraun	3.—	6.—	3.—
	b. dunkelbraun	550.—	950.—	360.—
85 II.	5 (Pfg.) GA			
	a. dunkelgrün (Töne)	3.—	3.—	3.—
	b. (entfällt)			
	c. (entfällt)			
	d. bläulichgrün (Töne)	120.—	200.—	70.—
	e. schwarzblaugrün	170.—	280.—	100.—
86 II.	10 (Pfg.)			
	a. rot	3.—	5.—	3.—
	b. (entfällt)			
	c. karmin bis lilakarmin	3.—	5.—	3.—
	d. lilarot	520.—	1200.—	400.—
	e. lebhaftrot	8500.—	—.—	7000.—
87 II.	20 (Pfg.) GA			
	a. (grau-)ultramarin	6.—	9.50	6.—
	b. violettultramarin	350.—	720.—	300.—
	c. h'blauviolett	30.—	70.—	25.—
	d. violettblau (Töne)	3.—	6.—	3.—
88 II.	25 (Pfg.)			
	a. orange/braunschw. (metallisch glänzend) a. mattgelb	2800.—	5000.—	900.—
	b. orange/braunschw. a. mattgelb	15.—	25.—	3.—
89 II.	30 (Pfg.) rotor./braunschwarz			
	x. a. hellchromgelb	10.—	25.—	3.—
	y. a. hellgelborange	750.—	1000.—	350.—
90 II.	40 (Pfg.)			
	a. karminrot/braunschwarz	130.—	260.—	60.—
	b. lilarot/braunschwarz	12.—	20.—	5.—
91 II.	50 (Pfg.) violettpurpur/braunschwarz			
	x. a. h'chromgelb	15.—	25.—	4.—
	y. a. h'gelborange	750.—	900.—	280.—
92 II.	60 (Pfg.)			
	a. dkl'rötlichlila	110.—	200.—	50.—
	b. violettpurpur	15.—	25.—	5.—
	c. graulila	500.—	950.—	300.—
93 II.	80 (Pfg.)			
	a. karmin (metallisch glänzend)/schwarz a. h'rot	7000.—	—.—	5000.—
	b. karminrot/braunschw. a. rosa	25.—	50.—	15.—

1916/1917. Freim.-Ausg. Markwerte. Kriegsdruck. Gleiche Zeichnung wie Nr. 78, 82, 80 und 81. StTdr.; Wz. 1; A gez. K 14(¼), 14½(¾) oder gemischt = 26:17 Zähnungslöcher, B gez. K 14¼ = 25:17 Zähnungslöcher.

A 26:17 Zähnungslöcher:

94 A II.	1 Mk. karminrot	p	55.—	1100.—	360.—
95 A II.	2 Mk. blau (Töne)	t	350.—	680.—	200.—
96 A II.	3 Mk. grau, violettgrau	r	4000.—	—.—	2000.—
97 A II.	5 Mk. grünschwarz/rot		2200.—	—.—	1000.—

B 25:17 Zähnungslöcher:

94 B II.	1 Mk. rot	p	50.—	120.—	10.—
95 B II.	2 Mk.	t			
	a. blau (Töne)		50.—	100.—	25.—
	b. grünblau		250.—	600.—	120.—
	c. schwarzblau		470.—	1100.—	240.—
96 B II.	3 Mk.	r			
	a. violettschwarz		150.—	270.—	50.—
	b. schwarzbraunviolett		350.—	880.—	150.—
97 B II.	5 Mk. grünschwarz/rot	s	200.—	450.—	75.—

✉-Preise für 94–97 A II und B II gelten für Paketkarten. Auf Wert-✉ portogerecht 100% Aufschlag.

Das kriegsbedingt minderwertig gewordene Papier machte eine Zähnungsänderung notwendig, die nunmehr 25:17 Zähnungslöcher ergab.

Nr. 87 verwendete die Feldpoststation Nr. 107 im März 1915 ◼ und die Feldpoststation Nr. 766 im Dez. 1917 ◼ (87 H ✉ 2000.—).

Weitere Werte in gleicher oder ähnlicher Zeichnung siehe Übersichtstabelle nach Nr. 62 I.

✈ **1912,** 10. Juni. Flp.-Ausg. (Fa). **Flugpost am Rhein und Main.** Ⓖ **Prof. Kleukens; Bdr. auf sämischem Papier; gez. 11½.**

Fa) Taube mit Brief

			MiF
I.	10 Pfg. braunrot a. sämisch		100.—
II.	20 Pfg. braunrot a. sämisch		220.—
III.	30 Pfg. dunkelgrün a. sämisch		
	3 Marken a. Karte		900.—
	1 Marke a. Karte		1100.—
	F. Großer Mond (Teilaufl. Feld 10)		2600.—

✈ **1912, 10. Juni. Flp.-Ah.-Ausg. Nr. I mit Aufdruck „– 1 M – Gelber Hund" in Dunkelblau.**

IV.	1 Mk. a. 10 Pfg. braunrot a. sämisch ... (I) Bl	600.—
	3 Marken auf Karte sogen. „roter Hund"	1900.—
IV F.	Aufdruckfehler Huna statt Hund (Felder 58 und 68)	1100.—
IV K.	▽	20000.—

✈ **1912, 22. Juni. Flp.-Ah.-Ausg. Nr. I und II mit Aufdruck E. EL. P. im unteren Feld.**

V.	10 Pfg. braunrot a. sämisch ... (I)	5000.—
VI.	20 Pfg. braunrot a. sämisch ... (II)	3000.—

Nr. I bis VI.: Flugpost des Luftschiffs „Schwaben" oder des Flugzeugs „Gelber Hund". Die Marken hatten halbamtlichen Charakter und mußten neben den gleichzeitigen Reichspostmarken verwendet werden. AUDIO ✉

Aufstellung der weiteren Flugmarken (halbamtl.) s. nach Telegrafenmarken.

1916, 1. Aug. Freim.-Erg.-Werte. Germania auf nicht schraffiertem Grund (u). Bdr.; Wz. 1; gez. K 14:14¼.

	u) Germania mit Kaiserkrone	EF	MeF	MiF
98.	2½ (Pfg.) hellbraunolivgrau		18.—	7.—
99.	7½ (Pfg.) GA			
	a. gelb- bis mittelorange	10.—	12.—	7.—
	b. dkl'rotorange (Töne)	8.—	9.—	6.—
100.	15 (Pfg.)			
	a. (dkl')braunocker	12.—	45.—	9.—
	b. olivbraun	240.—	480.—	110.—

Nr. 99 mit Aufdruck einer **10** siehe Polen Nr. 136.

1917, Mai. Freim.-Ausg. Germania. Wie Nr. 100, jedoch Farbänderung. Bdr.; Wz. 1; gez. K 14:14¼.

101.	15 (Pfg.) GA	u			
	a. dkl'violett		8.—	10.—	6.—
	b. schwarzviolett		15.—	25.—	11.—
	c. blauviolett		300.—	380.—	110.—

1918/19. Freim.-Erg.-Werte Germania. Nr. 102 und 103 nicht schraffierter, Nr. 104 schraffierter Grund. Bdr.; Wz. 1; gez. K 14:14¼.

102.	2 (Pfg.) mattbraunoliv (1.10.1918)	u	900.—	25.—	11.—
103.	35 (Pfg.)	u			
	a. rotbraun (6.2.1919)		70.—	90.—	10.—
	b. dkl'karminbraun		600.—	700.—	140.—
	c. zimtfarben		1800.—	1800.—	450.—
104.	75 (Pfg.) (20.2.1919)	o			
	a. dkl'grün/braunschwarz		15.—	50.—	6.—
	b. schwarzblaugrün/braunschwarz		30.—	100.—	10.—
	b F. Rahmen hellblaugrün, metallisch glänzend		3200.—	—.—	1000.—
	c. schwarzgrün/braunschwarz		320.—	600.—	90.—

*Weitere Werte in gleicher oder ähnlicher Zeichnung s. Übersichtstabelle nach Nr. 62 I. Nr. 102 mit Aufdruck einer **5** siehe Polen Nr. 135.*

Nr. 98—104 gültig bis 31. 10. 1922.

Deutsches Reich

Übersicht über die Postgebühren von 1906 bis 1946 (Flugpostgebühren siehe nach Nr. 112)

Die Zahlen geben den Portosatz in Pfennig bzw. Papiermark und ab 1925 in Renten- bzw. Reichspfennig an. Evtl. weitere Portosätze s. H. Oechsner: Die Tarife für Brief- und Paketpost vom 1.7.1906–31.12.1923, Infla-Bücherei, Heft 12.

	1.7. 1906	1.8. 1916	1.10. 1918	1.10. 1919	6.5. 1920	1.4. 1921	1.1. 1922	1.7. 1922	1.10. 1922	15.11. 1922	15.12. 1922	15.1. 1923	1.3. 1923	1.7. 1923
			Posttarife in Pfennig							Posttarife in Mark				
Inland														
Drucksachen:														
bis 20 g	3	3	5	5	10	15	50	50	1					
bis 25 g	3	3	5	5	10	15	50	75	1.5	2	5	10	20	60
25 bis 50 g	3	3	5	5	10	15	50	75	1.5	3	10	20	40	120
50 bis 100 g	5	5	7½	10	20	30	100	150	3	6	15	30	60	180
100 bis 250 g	10	10	15	20	40	60	200	300	6	12	25	50	100	300
250 bis 500 g	20	20	25	30	60	80	300	400	8	16	35	70	120	360
500 bis 1000 g								500	10					
Drucksachen-Karten:					10	40								
Warenproben: bis 250 g	10	10	15	20	40	60	200	300	6	12	25	50	100	300
250 bis 500 g								400	8					
Postkarten:														
im Ortsverkehr	5		7½	10	30	30	75	75	1.5	3	5	10	20	60
im Fernverkehr	5		10	15	30	40	125	150	3	6	15	25	40	120
Briefe:														
im Ortsverkehr														
bis 20 g	5	7½	10	15	40	40	125	100	2	4	10	20	40	120
20 bis 100 g	5	7½	15	20	60	60	200	200	4	8	15	30	60	180
100 bis 250 g	5	7½	15	20	60	60	200	300	6	12	25	50	100	300
250 bis 500 g													120	360
im Fernverkehr														
bis 20 g	10	15	15	20	40	60	200	300	6	12	25	50	100	300
20 bis 100 g	20	25	25	30	60	80	300	400	8	16	35	70	120	360
100 bis 250 g	20	25	25	30	60	120	400	500	10	20	45	90	150	450
250 bis 500 g													180	540
Einschreibegebühr	20	20	20	30	50	100	200	200	4	8	20	40	80	300
Rückschein	20	20	20	40	50	100	150	150	3	6	20	40	80	300
Wertbriefe:														
Beförderungs- 1. Zone	20	25	25	¹)	¹)	¹)	¹)	¹)	¹)	¹)	¹)	¹)	¹)	¹)
gebühr (bis 75 km)														
2. Zone	40	50	50											
Einschreibgebühr				30	50	100	200	200	4	8	20	40	80	300
Versicherungsgebühr	5	5	5	40	100	100	150	150	3	6	20	**)	**)	100
für je Mk.		300					1000				3000	**)	**)	10000
jedoch mindestens	10	10	10				300	300	5	10				
Eil-Bestellgebühr:														
im Orts-Bestellbezirk	25	25	25	50*)	100	150	300	300	6	15	30	60	120	400
im Land-Bestellbezirk	60	60	60	100	200	300	900	900	18	45	90	175	350	1200
Zusätzliche Gebühr für Straßenbahnsendungen in Hamburg							75	75	1	2	4	10	20	20
Ausland														
Drucksachen:														
bis und für je 50 g	5	5	5	5	20	30	80	125	4	8	15	30	60	160
Postkarten	10	10	10	15	40	80	240	350	12	24	50	90	180	480
Briefe bis 20 g	20	20	20	30	80	120	400	600	20	40	80	150	300	800
jede weiteren 20 g	10	10	10	20	60	80	200	300	10	20	40	75	150	400
im Grenzverkehr	10	10	10	20	40	60	200	300	6	12	25	50	100	300
Einschreibegebühr	20	20	20	30	50	100	200	200	4	8	20	40	80	300
Wertbriefe:														
Beförderungsgebühr	–	–	–	–	²)	²)	²)	²)	²)	²)	²)	²)	²)	²)
Versicherungsgebühr	–	–	–	–	150	150	150	150	5	10	50	100	200	500
für je Mk.					1000				3 T.	6 T.	30 T.	60 T.	120 T.	300 T.
jedoch mindestens	–	–	–	–	300	300	300	300	20	–	–	–	–	–

*) Bereits ab 10.7.1919.
**) Vom 15.1.–30.6.1923 bis 5000.— = 40.—, bis 10000.— = 80.—, über 10000.— für je 10000.— = 80.—.
¹) Gebühr wie gewöhnlicher Brief.
²) Gebühr wie E-Brief gleichen Gewichtes.

Deutsches Reich

Übersicht über die Postgebühren von 1906 bis 1946 (Fortsetzung)

	1.8. 1923	24.8. 1923	1.9. 1923	20.9. 1923	1.10. 1923	10.10. 1923	20.10. 1923	1.11. 1923	5.11. 1923	12.11. 1923	20.11. 1923	26.11. 1923	1.12. 1923	1.12. 1923	1.10. 1925	1.8. 1927	15.1. 1932	1.12. 1933
	Posttarife in Tausend-Mark				Posttarife in Millionen-Mark				Posttarife in Milliarden-Mark					Renten-Pfg.			Pfg.	Pfg.
Inland																		
Drucksachen:																		
bis 20 g																	4[6])	3
bis 25 g	0.2	4	15	50	0.4	1	2	20	0.2	2	4	16	30	3	3[2])	5[3])	4[7])	4
25 bis 50 g	0.4	8	30	100	0.8	2	4	40	0.4	4	8	32	30	3	3	5	4[7])	4
50 bis 100 g	0.6	12	45	150	1.2	3	6	60	0.6	6	12	48	50	5	5	8	8[7])	8
100 bis 250 g	1	20	75	250	2	5	10	100	1	10	20	80	100	10	10	15	15[7])	15
250 bis 500 g	1.2	25	90	300	2.4	6	12	120	1.2	12	24	96	200	20	20	30[4])	30[7])	30
Warenproben:																		
bis 250 g	1	20	75	250	2	5	10	100	1	10	20	80	100	10	10	15	8[8])	8
Postkarten:																		
im Ortsverkehr	0.2	4	15	50	0.4	1	2	20	0.2	2	4	16	30	3	3	5	5	5
im Fernverkehr	0.4	8	30	100	0.8	2	4	40	0.5	5	10	40	50	5	5	8	6	6
Briefe:																		
im Ortsverkehr																		
bis 20 g	0.4	8	30	100	0.8	2	4	40	0.5	5	10	40	50	5	5	8	8	8
20 bis 100 g	0.6	12	45	150	1.2	3	6	60	0.6	6	12	48	100	10	10	15	15	16
100 bis 250 g	1	20	75	250	2	5	10	100	1	10	20	80	100	10	10	15	15	16
250 bis 500 g	1.2	25	90	300	2.4	6	12	120	1.2	12	24	96	100	10	15	20	20	20
im Fernverkehr																		
bis 20 g	1	20	75	250	2	5	10	100	1	10	20	80	100	10	10	15	12	12
20 bis 100 g	1.2	25	100	350	2.8	7	14	140	1.4	14	28	112	200	20	20	30	25	24
100 bis 250 g	1.5	30	120	400	3.2	8	16	160	1.6	16	32	128	200	20	20	30	25	24
250 bis 500 g[10])	1.8	35	140	450	3.6	9	18	180	1.8	18	36	144	200	20	30	40	40	40
Einschreibegebühr	1	20	75	250	2	5	10	100	1	10	20	80	200	20	30[5])	30	30	30
Rückschein	1	20	75	250	2	5	10	50	1	10	20	80	200	20	30[5])	30	30	30
Wertbriefe:																		
Beförderungsgebühr	[11])	[11])	[11])	[11])	[11])	[11])	[11])	[11])	[11])	[11])	[11])	[11])	[11])	[11])	[11])	[11])	[11])	[11])
Einschreibegebühr	1	20	75	250	2	5	10	50	1	10	20	80	–	–	40[5])[13])	40[13])	40[13])	40[13])
Versicherungsgebühr	0.1	0.1	2	2	20 T.	20 T.	0.2	2	20 Mio				500	50	5[5])	10	10	10
für je MK.								100										
jedoch mindestens	10000	100000			1 Mio	10 Mio			1 Mia				10 Bio	100	100[5]) 10[5])	500	500	500
Eil-Zustellgebühr:																		
im Ortszustellbez.	2	40	150	500	4	10	20	100	2	20	40	160	300	30	40	40	40	40
im Land-Zustellbez.	6	120	450	1500	12	30	60	300	6	60	120	480	600	60	80	80	80	80
Zusatz-Geb. f. Strassenbahnsendungen in Hamburg	0.05	1	3	12	0.1	0.25	0.5	2	0.05	0.5	1	4	5	5	5	5	5	5
Ausland																		
Drucksachen:																		
bis und für je 50 g	0.6	12	40	150	1.2	3	6	40	0.8	8	16	64	50	5	5	5	5	5
Postkarten	1.8	36	120	450	3.6	9	18	120	2.4	24	48	192	200	20	20	15	15	15[9])
Briefe bis 20 g	3	60	200	750	6	15	30	200	4	40	80	320	300	30	25	25	25	25[9])
jede weitere 20 g	1.5	30	100	375	3	7.5	15	100	2	20	40	160	150	15				15
im Grenzverkehr	1	20	75	250	2	5	10	100	1	10	20	80	100	10	10			
Einschreibegebühr	1	20	75	250	2	5	10	50	1	10	20	80	300	30				
Wertbriefe:																		
Beförderungsgebühr	[12])	[12])	[12])	[12])	[12])	[12])	[12])	[12])	[12])	[12])	[12])	[12])	[12])	[12])				
Versicherungsgebühr	1	50	200	750	6	15	30	200	4	40	40	40	500	50				
für je Mk.	600 T.	30 Mio	120 Mio	450 Mio	3.6 Mia	9 Mia	18 Mia	120 Mia	2.4 Bio	24 Bio	24 Bio	24 Bio	300 Bio	300				

[2]) Unterschied zwischen Voll- und Teildrucksachen (1.12.1925–1.8.1927) bis 50 g: 3 bzw. 5 Pfg. – [3]) Karte mit anhängender Antwortkarte bis 1.12.1933 3 Pfg. – [4]) 500 g–1 kg: 40 Pfg. – [5]) Seit 1.6.1924. – [6]) 1.3.1931 bis 1.12.1933. – [7]) 1.8.1933. – [8]) bis 100 g, 100–250 g: 15 Pfg., 250–500 g: 30 Pfg. – [9]) Ungarn und Tschechoslowakische Rep. 10 Pfg., Briefe 20 Pfg., ab 1.4.1942 nach Finnland Inlandgebühren, ab 1.4.1943 nach Albanien, Bulgarien, Dänemark, Italien, Kroatien, Niederland, Norwegen, Rumänien, San Marino, Slowakei und Ungarn Inlandgebühren. – [10]) Ab 10.5.1938 bis 1000 g auch nach Danzig und Luxemburg. – [11]) Gebühr wie gewöhnlicher Brief. – [12]) Gebühr wie E-Brief gleichen Gewichtes. – [13]) Behandlungsgebühr bis 100 Mk. Wert 40 Pfg., darüber 50 Pfg.
Weitere Gebühren ab 1946 s. nach Gemeinschaftsausgaben – Deutschland unter alliierter Besetzung.

Deutsches Reich

Republik

Gestempelte Inflationsmarken:

Echt gestempelte Inflationsmarken verdienen eine Sonderbewertung. Die Seltenheit vieler Werte ist im wesentlichen auf ihre kurze Verwendungszeit, ihr verspätetes Erscheinen und ihre Ausgabe in nur wenigen Bezirken zurückzuführen. Diese Umstände hatten zur Folge, daß ungebrauchte Marken nach der Kurszeit nachgestempelt wurden.

Sie können ausgeführt sein:
A. Mittels gefälschter Stempel (Falschstempel) Ⓕ
B. Mittels rückdatierter echter Stempel

1919, 1. Mai. Wohlt.-Ah.-Ausg. zugunsten der Kriegsbeschädigten. Nr. 86 und 101 mit Aufdruck.

		EF	MeF	MiF
105.	10+5 Pf.			
	a. rot ....(86 IIa)	1000.—	1400.—	650.—
	c. karmin bis lilakar. (86 IIc)	50.—	65.—	23.—
106.	15+5 Pf.			
	a. dkl'violett.......(101a)	45.—	60.—	25.—
	b. blauviolett ......(101c)	1700.—	2200.—	1000.—
	c. schw'violett .....(101b)	1900.—	—.—	1300.—

Nr. 105 und 106 mit rußigem Aufdruck doppelte Preise.

1919, 1. Juli/1920. So.-Ausg. Eröffnung der Nationalversammlung in Weimar. Sinnbildliche Darstellungen. Bdr.; gez. K 13:13¾.

v) Baum   w) Baumtriebe   x) Maurer
Ⓕ H. Frank   E. Böhm   G. A. Matthey

107.	10 (Pfg.) karminrot GA v	12.—	12.—	7.—
108.	15 (Pfg.) siena/dkl'grünblau . w	8.—	12.—	7.—
109.	25 (Pfg.) dkl'bläulichgrün/ mittelbräunlichrot x	45.—	20.—	7.—
110.	30 (Pfg.) x			
	a. dkl'lila/mittelbräunlichrot.	130.—	280.—	80.—
	b. hellila/mittelbräunlichrot .	120.—	220.—	70.—
	c. lila/mittelbräunlichrot (Febr. 1920)............	8.—	14.—	7.—

Besonderheiten

109 I.	25 (Pfg.) Jahreszahl 1019 statt 1919 (Felder 23 und 83) ..		950.—
110 I.	30 (Pfg.) Jahreszahl 1019 statt 1919 (Feld 99 u. 100 eines Teils der Bogenform II)		580.—

Nur im Inland gültig bis 31. 10. 1922.

✈ **1919, Okt.** Flp.-Ausg. Bdr.; gez. K 14¾:14¼.

Fb) Posthorn   Fc) Doppeldecker
Ⓕ G. A. Matthey   Ⓕ Reichsdruckerei

		EF	MeF	MiF
111.	10 Pfg............ Fb			
	a. orange	25.—	25.—	16.—
	b. braunorange	200.—	280.—	150.—
112.	40 Pfg............ Fc			
	a. dkl'bläulichgrün........	30.—	40.—	16.—
	b. blaßgrün.............	—.—	35000.—	

Flugpostgebühren (einschließlich des Betrages für Eilzustellung): Briefe bis 20 g 1.— Mk., bis 250 g einschl. 1.50 Mk., Pakete bis 5 kg 25 Mk. Ab Juli 1919 (ausschließlich Eilzustellung): Briefe bis 20 g 20 Pf., bis 50 g 65 Pf., bis 100 g 1.05 Mk., bis 250 g 1.45 Mk. Flugpostbriefe, freigemacht mit Germania-Marken: Lp. Ab Okt. 1919 (ausschl. Post- und Eilgebühr): Briefe bis 20 g 10, bis 50 g 40, bis 100 g 80 Pf., bis 250 g 1.20 Mk.

Gültig bis 30.9.1923

1920, 15. März. Freim.-Erg.-Werte. Abgeänderte Zeichnungen von Nr. 94: Reichspostamt in Berlin nunmehr mit Flaggen auf den Flügeltürmen, von Nr. 95: Genius mit Fackel statt mit Krone. Odr.; Wz. 1; gez. K 14¾:14½.

y) Reichspostamt Berlin   z) „Nord und Süd"

A113.	1 Mk.			
	a. mittelrot (🖂 rot) (Mai) y	1000.—	25.—	8.—
	b. (bräunl'-)rot (🖂 braunlila) .... y	2800.—	350.—	120.—
113.	1.25 Mk. dkl'gelblichgrün (März) .... y	8.—	25.—	6.—
114.	1.50 Mk. (März) .... y			
	a. gelbbraun, orangebraun	7.—	10.—	5.50
	b. rötlichbraun	110.—	160.—	75.—
	c. (dunkel)braun	120.—	180.—	80.—
115.	2.50 Mk. (März) .... z			
	a. rosalila	700.—	130.—	45.—
	b. lilarot	180.—	18.—	8.—
	c. purpurlila	500.—	90.—	35.—
	d. dunkelpurpur	2500.—	500.—	230.—
	e. rotlila	120.—	18.—	8.—
	f. braunlila	120.—	18.—	8.—

Gültig bis 30.9.1923

Reichspostgebiet einschließlich Bayern und Württemberg

1920, Juni. Freim.-Ah.-Ausg. Wie Nr. 94 und 95, jedoch Farbänderung mit Aufdruck neuer Werte und Sterne über alten Werten. StTdr.; Wz. 1; gez. K 14½ (25:17 Zähnungslöcher).

116.	1.25 M. a. 1 Mk. dkl'grün .. (p)			
	I. Aufdruck normal	120.—	180.—	35.—
	II. Aufdruck dünn	1200.—	—.—	350.—
117.	1.50 M. a. 1 Mk. rötlichbraun.......... (p)	200.—	180.—	35.—
	117 F. 1 mit breitem Kopf (Feld 1 und 8 im Bogen, in Teilauflage)			1000.—

Deutsches Reich

		EF	MeF	MiF
118.	2.50 M. a. 2 Mk. .... (t)			
	a. braunlila	1800.—	3500.—	800.—
	b. lilarosa bis lilarot	1800.—	3500.—	800.—
	c. lilabraun	5000.—	12000.—	3300.—

Gültig bis 30.9.1923

Am 1. April 1920 erfolgte der Eintritt Bayerns in das Reichspostgebiet unter gleichzeitigem Verzicht auf Ausübung eigener Posthoheit. Nr. 119-138 hatten daher für das ganze Reich Gültigkeit.

1920, 6. April/Juni. Freim.-Ah.-Ausg. Neuauflagen von Bayern Nr. 178—195 mit schwarzem, bei Nr. 133 rotem Münchener Aufdruck in Fraktur.

119.	5 Pfg. gelbgrün ...... (178)	600.—	20.—	10.—
120.	10 Pfg. orange .... (179)	14.—	12.—	8.—
121.	15 Pfg. mittelrot .... (180)	10.—	12.—	8.—
122.	20 (Pfg.) violett, rotlila . (181 I)	40.—	10.—	6.—
123.	30 (Pfg.) dkl'grünl'blau . (182)	10.—	10.—	6.—
124.	40 (Pfg.) dkl'gelbbraun . (183)	10.—	10.—	6.—
125.	50 (Pfg.) rot, zinnober . . (184)	60.—	18.—	9.—
126.	60 (Pfg.) blaugrün ..... (185)	7.—	35.—	6.—
127.	75 (Pfg.) lilarot .... (186)	120.—	45.—	18.—
128.	80 (Pfg.) dkl'blau ...... (r)	18.—	20.—	13.—
129.	1 Mk. karminrot/hellgraubraun .... (187)	450.—	20.—	10.—
130.	1¼ Mk. blau/h'olivbr. . (188)	18.—	25.—	9.—
131.	1½ Mk. schw'bl'grün/hellgraubraun....... (189)	20.—	18.—	12.—
132.	2 Mk. blauvio./graubr.. (s)	20.—	30.—	15.—
133.	2½ Mk. braunschw./graubraun			
	I. (Buchdruck)...... (191)R	45.—	20.—	12.—
	II. (Steindruck)			
	(April 1921)...... (190)R	1500.—	1100.—	400.—

Bei Nr. 134-138 unterscheidet man 2 Typen des Aufdrucks, kenntlich am Kopf des „R" (Type II Felder 3 oder 15; Teilauflage).

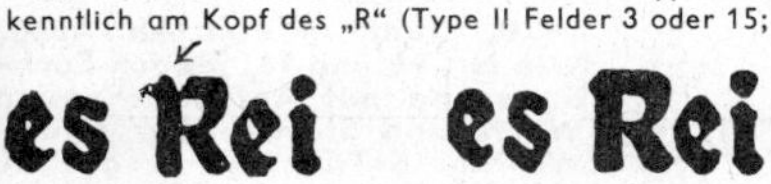

es Rei   **es Rei**

Type I   Type II

Type I:				
134 I.	3 Mk. h'graublau .... (192)	60.—	75.—	40.—
135 I.	4 Mk. bräunlichrot... (t)	120.—	100.—	60.—
136 I.	5 Mk. lebh'orange ... (193)	60.—	75.—	40.—
137 I.	10 Mk. dkl'grün ..... (194)	110.—	200.—	70.—
138 I.	20 Mk. olivschwarz ... (195)	200.—	300.—	100.—
Type II:				
134 II.	3 Mk. h'graublau .... (192)	600.—		280.—
135 II.	4 Mk. bräunlichrot... (t)	1500.—		700.—
136 II.	5 Mk. lebh'orange ... (193)	800.—		350.—
137 II.	10 Mk. dkl'grün ..... (194)	2600.—		1000.—
138 II.	20 Mk. olivschwarz ... (195)	2000.—		850.—

Preise 134-138 I und II für Paketkarten, ✉ 200% Aufschlag.
[FALSCH] Vorsicht vor Verfälschungen in Type II.
Nr. 139 fällt aus.   *Gültig bis 30.9.1923*

1920, Jan./Dez. Freim.-Ausg. Germania. Farbänderungen. Bdr.; Wz. 1; gez. K 14:14½.

o) Germania mit Kaiserkrone

		EF	MeF	MiF
140.	5 (Pfg.)................. o			
	a. (hell)braun.............		9.—	6.—
	b. dkl'braun..............		85.—	30.—
	c. dkl'orangebraun.........		25.—	10.—
141.	10 (Pfg.) gelbr., rotorange. . . o	7.—	6.—	5.—
142.	15 (Pfg.) .... u			
	a. dkl'braunkarmin.........	7.—	8.—	5.—
	b. karminbraun	40.—	70.—	25.—
143.	20 (Pfg.)................. o			
	a. grün.	200.—	10.—	6.—
	b. gelblichgrün	550.—	30.—	20.—
	c. dkl'blaugrün	3800.—	850.—	350.—
144.	30 (Pfg.) grünlichblau (Platte II) [GA]........ o	6.—	9.—	5.—
145.	40 (Pfg.) karminrot (Platte II) o	6.—	9.—	5.—
146.	50 (Pfg.) dkl'rötlichlila (Platte II) [GA]........ o	10.—	20.—	8.—
147.	60 (Pfg.) gelboliv bis grünlicholiv .... o	6.—	18.—	6.—
148.	75 (Pfg.) violettpurpur, lilakarmin (Platte II) .. o	10.—	12.—	6.—
149.	80 (Pfg.) (Platte II) .... o			
	a. violettblau	7.—	11.—	6.—
	b. grauultramarin	270.—	400.—	160.—

1920, Dez. Freim.-Erg.-Werte Germania (o). Bdr.; Wz. 1; gez. K 14:14¼.

o) Germania mit Kaiserkrone

150.	1 Mk. dkl'violett/dkl'grün.....	300.—	12.—	5.—
151.	1¼ Mk. mittelbräunlichrot/braunlila	6.—	10.—	5.—
152.	2 Mk. lilarot/blau	8.—	10.—	7.—
153.	4 Mk. schwarz/(hell-)karmin ..	12.—	18.—	10.—

Auf Wz.-Papier für fiskalische Marken. (Kreuzblüten-Wz.: amtlich „Vierpaß-Wz." genannt.)

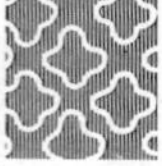

151 Y.	1¼ Mk. mittelbräunl'rot/braunlila ..	5000.—	6000.—	2800.—

Mit Wz. 2 s. Nr. 197-198.   *Gültig bis 31.10.1922.*

Besonderheit:

		EF	MeF	MiF
145 F.	stumpfrot (aus Heftchenbogen)......	700.—	1200.—	600.—

Desgl. einfarbiger Druck mit Doppelplatte. Platte I:

144 I.	....	270.—	420.—	120.—
145 I.	....	340.—	570.—	120.—
146 I.	....	200.—	400.—	120.—
148 I.	....	370.—	680.—	170.—
149 I.	....	420.—	800.—	210.—

Weitere Werte in gleicher oder ähnlicher Zeichnung s. Übersichtstabelle nach Nr. 62 I.

Wissen kommt nicht von selbst
MICHEL

Deutsches Reich

1921, Aug. Ah.-Ausg. Nr. 140, 151 und 148 mit neuem schwarzem, Nr. 156 mit grünem Wertaufdruck.

Aufdruck I: bei Nr. 154, 155, 157 mattglänzend, bei Nr. 156 glänzend maigrün.

Aufdruck II: bei Nr. 154—155 stumpfschwarz, bei Nr. 156 matt blaugrün und bei 157 rußig.

Aufdruck I:		EF	MeF	MiF
154 I.	**1.60 Mk.** a. 5 (Pfg.)			
	a. (hell-)hellbraun.(140a)	8.—	15.—	7.—
	b. dkl'braun......(140b)	2000.—	3000.—	1200.—
155 I.	**3 Mk.** a. 1¼ Mk. mittelbräunlichrot/ braunlila.........(151)	10.—	14.—	7.—
156 I.	**5 Mk.** a. 75 (Pfg.)			
	dkl'braunkarmin...(148) Gr	25.—	35.—	7.—
157 I.	**10 Mk.** a. 75 (Pfg.)			
	dkl'braunkarmin...(148)	35.—	35.—	9.—
Aufdruck II:				
154 II.	**1.60 Mk.** a. 5 (Pfg.)			
	a. (hell-)hellbraun.(140a)	80.—	140.—	50.—
	b. dkl'braun......(140b)	9000.—	—.—	6500.—
155 II.	**3 Mk.** a. 1¼ Mk. mittelbräunlichrot/ braunlila.........(151)	80.—	120.—	40.—
156 II.	**5 Mk.** a. 75 (Pfg.)			
	dkl'braunkarmin...(148) Gr	230.—	250.—	50.—
157 II.	**10 Mk.** a. 75 (Pfg.)			
	dkl'braunkarmin...(148)	330.—	160.—	50.—

🖂 MiNr. 154 und 156: 🖂 nicht bekannt.
🖂 MiNr. 157 🖂 MiF 7500.—.

Nr. 154–157 wurden am 20.1.1922 vom Schalterverkauf zurückgezogen und im Innendienst aufgebraucht. Das Publikum durfte sie nach dem 20.1.1922 nicht mehr verwenden.

1921, Mai/Aug. Freim.-Ausg. Ziffernzeichnungen (aa). 🖂 **Prof. W. Geiger;** Bdr.; *Wz. 1*; gez. K 14:14¼.

158.	5 (Pfg.) lilakarmin (Mai)......	20.—	12.—
159.	10 (Pfg.) (Mai)		
	a. (dkl')braunoliv..........	6.—	8.—	5.—
	b. schwarzoliv............ 2300.—	2200.—	900.—
160.	15 (Pfg.) grünblau (Aug.).....	9.—	12.—	8.—
161.	25 (Pfg.) siena (Aug.)....... 3000.—	10.—	5.—
162.	30 (Pfg.) dkl'bläulichgrün, gelblichgrün (Mai).......	9.—	10.—	6.—
163.	40 (Pfg.) (rot-)orange (Aug.)...	8.—	10.—	5.—
164.	50 (Pfg.) violett (Aug.)........	10.—	30.—	7.—

Nr. 158/177, 159/178, 162/181   Nr. 160/179, 161/180, 163/182, 164/183, 185

1921, Okt./Nov. Freim.-Ausg. Arbeitergruppen. 🖂 **P. Neu;** Bdr.; *Wz. 1*; gez. K 14:14¼.

ab) Schmied   ac) Bergarbeiter nach rechts   ad) Schnitter

			EF	MeF	MiF
165.	60 (Pfg.) schw'rosalila.....	ab	7.—	15.—	5.—
166.	80 (Pfg.) karminrot........	ab	320.—	150.—	40.—
167.	100 (Pfg.) dkl'olivgrün.......	ac	40.—	45.—	15.—
168.	120 (Pfg.) ultramarin.......	ac	400.—	100.—	6.—
169.	150 (Pfg.) orange...........	ad	10.—	20.—	9.—
170.	160 (Pfg.) schw'grünblau....	ad	300.—	350.—	50.—

1921, Dez. Freim.-Ausg. Posthornzeichnung (ae). 🖂 **W. Szesztokat;** andersfarbiger Unterdruck. Bdr.; *Wz. 1*; gez. K 14:14¼.

ae) Posthorn

171.	2 Mk. purpurviolett/rosa.....	60.—	80.—	20.—
172.	3 Mk. zinnober/mattgelb.....	210.—	280.—	70.—
173.	4 Mk. dkl'grün/hellgrün......	60.—	80.—	15.—

Weitere Werte in Zeichnung aa: Nr. 177—183, 185; ab: Nr. 184, 186; ac: 187, 188; ad: Nr. 189, 190, 239, 240, 242, 244; ae: Nr. 191—193, 205—209, 224—232.

1921, Sept. Freim.-Erg.-Werte. StTdr.; bei Nr. 176 der andersfarbige Unterdruck in Odr.; *Wz. 1*; gez. K 14.

 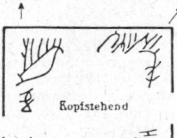

af) Ziffer   ag) Pflüger
🖂 H. Haas   🖂 E. Scharff

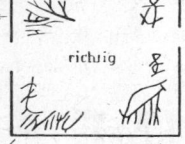

Unterdruck richtig   Unterdruck kopfstehend
Nr. 176, 196, 260   Nr. 176 I. 196 I, 260 K II

174.	5 Mk.....................	af			
	a. orange.................		10.—	15.—	8.—
	b. braunorange..........		190.—	300.—	120.—
	c. rotorange.............		800.—	1300.—	550.—
175.	10 Mk. karminrot........	af	25.—	20.—	12.—
176.	20 Mk...................	ag			
	a. dkl'violettblau/mattgrün..		30.—	25.—	14.—
	I. Unterdruck kopfstehend...........		—.—	—.—	2500.—
	b. schw'violettblau/ mattgrün................		440.—	550.—	240.—

Nr. 158–176 gültig bis 30.9.1923.

Weitere Werte in Zeichnung af: 194, 195, 219—223, 246—257, ag: Nr. 196, 260.

Deutsches Reich

1921/22. Freim.-Ausg. Verschiedene Zeichnungen. Nr. 177–193 Bdr., Nr. 194 bis 196 StTdr.; *Wz. Waffeln (Wz. 2); gez. K 14:14¼, Nr. 194–196 gez. K 14.*

Wz. 2

aa) Ziffern   ab) Schmied   ac) Bergarbeiter nach rechts   ad) Schnitter

af) Ziffer   ag) Pflüger

		EF	MeF	MiF
177.	5 (Pfg.) dkl'kar. (Mai 1922) aa		—.—	850.—
178.	10 (Pfg.) br'oliv (Febr. 1922) aa		—.—	750.—
179.	15 (Pfg.) grünbl. (Mai 1922) aa		—.—	900.—
180.	25 (Pfg.) siena (März 1922) . aa	60.—	20.—	
181.	30 (Pfg.) dkl'bläulichgrün (Mai 1922) .... aa			1500.—
182.	40 (Pfg.) rotor. (Jan. 1922) .. aa	100.—	50.—	24.—
183.	50 (Pfg.) (Jan. 1922) .... aa			
	a. violett...................	6.—	8.—	5.—
	b. violettpurpur	25.—	35.—	15.—
184.	60 (Pfg.) schw'rosalila bis purpurlila (Jan. 1922)....	ab 3500.—	300.—	120.—
185.	75 (Pfg.) blauviolett (Aug. 1922) .... aa	80.—	35.—	20.—
186.	80 (Pfg.) karminrot (März 1922)	ab 1200.—	1000.—	250.—
187.	100 (Pfg.) (Jan. 1922) .... ac			
	a. olivgrün.................	6.—	8.—	5.—
	b. schwarzgrün	150.—	220.—	100.—
	c. blaßgrün	150.—	220.—	100.—
188.	120 (Pfg.) vio'bl. (Mai 1922) . ac		1100.—	500.—
189.	150 (Pfg.) or. (März 1922) ... ad	5.—	8.—	5.—
190.	160 (Pfg.) schw'grünblau (Mai 1922) .... ad	1800.—	1700.—	675.—
191.	2 Mk. braunviolett/rosa (Jan. 1922) .... ae	8.—	10.—	5.—
192.	3 Mk. zinnober/mattgelb (Dez. 1921) .... ae	8.—	10.—	6.—
193.	4 Mk. dkl'grün/hellgrün (Jan. 1922) .... ae	8.—	10.—	7.—
194.	5 Mk. (Febr. 1922) .... af			
	a. orange	10.—	12.—	7.—
	b. braunorange	280.—	400.—	150.—
	c. rotorange	440.—	550.—	260.—
195.	10 Mk. kar'rot (März 1922). af	25.—	30.—	12.—
196.	20 Mk. dkl'violettblau/mattgrün (Mai 1922) .... ag	30.—	35.—	15.—
	I. Unterdruck kopfstehend...	2500.—	—.—	1800.—

Gültig bis 30.9.1923.

Die Preisnotierungen sind Richtwerte auf DM-Basis, Preisbewegungen nach oben und unten sind aufgrund von Angebot und Nachfrage die Regel.

1922, März. Freim.-Erg.-Werte Germania. Bdr.; *Wz. 2; gez. K 14:14¼.*

o) Germania mit Kaiserkrone

		EF	MeF	MiF
197.	75 (Pfg.)................ o			
	a. lebh'lilakarmin.........	50.—	25.—	14.—
	b. rosalila	1000.—	880.—	400.—
198.	1¼ Mk. mittelbräunlichrot/ dkl'lila .... o	10.—	30.—	8.—

Nr. 198 mit Vierpaß-Wz.: Nr. 151 Y.

Weitere Werte in gleicher oder ähnlicher Zeichnung s. Übersichtstabelle nach Nr. 621.

1922, 2. April. So.-Ausg. Deutsche Gewerbeschau München (ah). ⌂ **Prof. Ehmcke; Bdr., Nr. 203–204 auf farbigem Papier; Nr. 199–202** *Wz. 2 liegend,* **Nr. 203 und 204** *Wz. 1 liegend; gez. K 13:13¾.*

ah) Münchener Stadtwappen

199.	1¼ Mk.			
	a. lilarot................	9.—	30.—	8.—
	b. hellilarosa	550.—	—.—	550.—
	c. braunkarmin	50.—	110.—	40.—
	d. rotkarmin	100.—	170.—	80.—
200.	2 Mk.			
	a. violett (Töne).........	10.—	12.—	8.—
	b. dkl'purpurviolett......	520.—	900.—	370.—
201.	3 Mk. orangerot	10.—	100.—	8.—
202.	4 Mk. dkl'ultramarin	10.—	15.—	8.—
203.	10 Mk.			
	a. braun a. h'chromgelb...	40.—	50.—	20.—
	b. lilabraun a. h'chromgelb	900.—	1200.—	280.—
204.	20 Mk.			
	a. lilarot a. rosa (waagerechte Gummiriffelung)..	250.—	300.—	60.—
	b. rot a. rosa (glatter Gummi)	1300.—	1600.—	240.—

Gültig bis 30.9.1923.

1922, ab Mai. Freim.-Erg.-Werte in Posthornzeichnung (ae). **Bdr.;** *Wz. 2; gez. K 14:14¼.*

ae) Posthorn

205.	5 Mk. or./mattgelb (3. Juni)...	20.—	25.—	12.—
206.	10 Mk. lebh'kar'rot/rosa (Juni).	10.—	12.—	8.—
207.	20 Mk. dkl'violett/mattor'rot (Okt.)			
	Type I	8.—	10.—	6.—
	Type II	280.—	350.—	120.—
208.	30 Mk. braun/h'chr'gelb (Okt.)			
	Type I (dicke 30)	130.—	8.—	5.—
	Type II (magere 30)	1000.—	280.—	80.—
209.	50 Mk.			
	a. dkl'grün/mattviolett			
	X. Wz. Waffeln			
	Type I	6.—	8.—	5.—
	Type II	8.—	15.—	7.—
	Y. Vierpaß-Wz. (Type I)		8000.—	2500.—
	b. schwarzgrün/dkl'lila (Wz. Waffeln, Type II)	350.—	500.—	280.—

Deutsches Reich

Nr. 207—209 Type I zeigen fette Inschriften und dicke Sterne, Schnüre am Posthorn dick. Type II magere Inschriften besonders der Wertziffern und kleine spitze Sterne, Schnüre am Posthorn dünn.

207 I   II   208 I   II   209 I   II
und
230 I

Nr. 207 Type II längerer Fuß der „2" als bei Type I.

Gültig bis 30. 9. 1923.

✈ **1922, Juli. Flp.-Ausg.** ✉ **Prof. Aufseesser; Bdr. Nr. 215–218 mit farbigem Unterdruck;** *Wz. 2;* **gez. K 14:14¼, Markwerte gez. K 13:13¾.**

Fd—Fe) Holztaube   Fe

		EF	MeF	MiF
210.	25 (Pfg.) siena........ Fd		350.—	80.—
211.	40 (Pfg.) lebh'rotorange.... Fd		470.—	100.—
212.	50 (Pfg.) braunviolett..... Fd	250.—	160.—	50.—
213.	60 (Pfg.) lebh'rot........ Fd		300.—	80.—
214.	80 (Pfg.) grün........... Fd		340.—	80.—
215.	1 Mk. schw'bl'grün/h'grün Fe	300.—	130.—	25.—
216.	2 Mk. lilarot/h'grau....... Fe	550.—	150.—	25.—
217.	3 Mk. d'viol'ultram./h'grau Fe	320.—	180.—	25.—
218.	5 Mk. orangerot/h'gelb... Fe	370.—	170.—	25.—

Gültig bis 30.9.1923.

Weitere Werte in Zeichnung Fd: Nr. 344—350; in Zeichnung Fe bzw. Fe I: Nr. 235—237, 263—267.

1922. Freim.-Erg.-Werte (af). ✉ **H. Haas; Odr. auf hellchromgelbem Papier;** *Wz. 1;* **gez. K 14¾:14¼.**

af) Ziffern

219.	100 Mk. dkl'graulila (Okt.).....	9.—	12.—	8.—
220.	200 Mk. mittelrot (Nov.).......	9.—	12.—	7.—
221.	300 Mk. grün (Nov.)..........	9.—	12.—	6.—
222.	400 Mk. (Dez.)			
	a. gelbbraun...........	25.—	40.—	10.—
	b. rötlichbraun.........	800.—	1150.—	500.—
	c. olivbraun............	90.—	140.—	55.—
	d. fahlbraun...........	800.—	1150.—	500.—
223.	500 Mk. (rot-)orange (Dez.)....1000.—*		10.—	8.—

Gültig bis 30.11.1923.

* Preis gilt für portogerechte EF, überfrankierte ✉ erheblich billiger.

Weitere Werte in Zeichnung af: Nr. 246–257.

1922/23. Freim.-Ausg. Posthornmarken ohne Unterdruck (ae). **Bdr.;** *Wz. 2;* **gez. K 14:14¼.**

Rb = Rollenbahnbogen

ae) Posthorn

 228 I    228 II

 229 I    229 II

 232 I   232 II

224.	2 Mk. (Mai 1922) (P, W, Rb)	EF	MeF	MiF
	a. bläulichviolett...........		7.—	10.—	5.—
	aa. dkl'purpurviolett.....	70.—	100.—	40.—
	b. dkl'violett............	540.—	800.—	350.—
225.	3 Mk. or'rot (Mai 1922) (P, W)	7.—	15.—	5.—
226.	4 Mk. (Mai 1922) (P, Rb)			
	a. dkl'grün.............		7.—	10.—	5.—
	b. schw'blaugrün........	60.—	60.—	25.—
227.	5 Mk. (Okt. 1922) (P, W)			
	a. orange...............	15.—	8.—	5.—
	b. rotorange............	90.—	50.—	25.—
228.	6 Mk. dkl'blau (Okt. 1922)			
	I. schräge 6 (P)..........	7.—	10.—	5.—
	II. steile 6 (W)..........	10.—	12.—	7.—
229.	8 Mk. dkl'oliv (Nov. 1922)			
	I. große, fette 8 (P)......	80.—	25.—	7.—
	II. kleine, magere 8 (P)....	1300.—	320.—	130.—
230.	20 Mk. purpurviolett (Jan. 1923)			
	I. Type I (Plattendr.).....	8.—	10.—	6.—
	II. Type II (Walzendr.)....	60.—	90.—	30.—
231.	30 Mk. (Febr. 1923) (Rb)			
	a. braun...............	3100.—	720.—	170.—
	b. lilabraun............	380.—	140.—	35.—
232.	40 Mk. hellgrün (Jan. 1923)			
	I. große, fette 40 (P).....	10.—	12.—	6.—
	II. kleine, magere 40 (W und Rb).................	20.—	30.—	12.—

Gültig bis 30.9.1923.

1922, 11. Dez. Wohlt.-Ausg. ✉ **Prof. J. V. Cissarz; Odr.;** *Wz. 2;* **gez. K 14.**

Waagerecht gerffelter Gummi; Bogen zu (5 × 10 =) 50 Marken.

a) Allegorie auf die Mildtätigkeit, Mädchen pflanzt Bäumchen

233.	6+4 Mk. blau/braunocker . ai	1500.—	500.—	120.—
234.	12+8 Mk. mittelbräunlichrot/ mattviolettblau.......... ai	1800.—	580.—	120.—

Gültig bis 15.1.1923.

✈ **1923, Febr./April. Flp.-Erg.-Werte** (Fe I). **Bdr. mit farbigem Unterdruck;** *Wz. 2;* **gez. K 13:13¾.**

Fe I) Holztaube

235.	10 Mk. dunkel bis schwarzrötlichlila/karmin (28.2.)...	3000.—	150.—	50.—
236.	25 Mk. siena/mattgelb (28.2.).	3000.—	150.—	45.—
237.	100 Mk. dkl'oliv/mattorangerot (April)	110.—	140.—	45.—

Weitere Werte in gleicher oder ähnlicher Zeichnung: Nr. 210 bis 218, 263–267, 344–350.

1922/23. Freim.-Erg.-Werte. Arbeitergruppen. Bdr.; *Wz. 2;* **gez. K 14:14¼.**

 ak) Bergarbeiter nach links    ad) Schnitter

238.	5 Mk. orange (24.2.1923). ak		300.—	80.—
239.	10 Mk. blau (Dez. 1922).... ad	6.—	7.—	5.—

Deutsches Reich

		EF	MeF	MiF
240.	12 Mk. or'rot (Dez. 1922) .. ad	280.—	140.—	10.—
241.	20 Mk. lilakarmin bis braunlila (April 1923) .... ak	7.—	8.—	5.—
	Y. liegendes Wz.	600.—	800.—	280.—
242.	25 Mk. olivbraun (Jan. 1923) ad	10.—	12.—	7.—
243.	30 Mk. (Juni 1923) .... ak			
	a. (dunkel-)oliv		28.—	20.—
	b. schwarzoliv		400.—	180.—
244.	40 Mk. (Ende März 1923) .. ad			
	a. dkl'bläulichgrün	10.—	12.—	6.—
	b. (gelblich-)grün	12.—	20.—	10.—
245.	50 Mk. mittelgrünlichblau (Mai 1923) .... ak		1100.—	500.—

1922/23. Freim.-Ausg. (af). Odr.; leicht bräunliches oder weißes Papier; Wz. 2; gez. K 14¾ : 14¼.

af) Ziffern

246.	50 Mk. (Anf. Okt. 1922)			
	a. dkl'(vio')blau	8.—	10.—	7.—
	b. dkl'graublau	60.—	90.—	45.—
	c. schwarzblau	220.—	380.—	200.—
247.	100 Mk. schw'lila a. mattchromgelb (Febr. 1923)...	7.—	11.—	7.—
248.	200 Mk. (Febr. 1923)			
	a. kar'rot a. m'chr'gelb.	7.—	9.—	6.—
	b. rotlil. a. m'chr'gelb ..	300.—	520.—	275.—
	c. lebh'rot a. h'chr'gelb	210.—	400.—	150.—
249.	300 Mk. dkl'gelbgrün a. matt- bis h'chromgelb (Febr. 1923)	5.—	10.—	5.—
250.	400 Mk. dkl'gelbbr. a. matt- bis h'chromgelb (Jan. 1923)	5.—	10.—	5.—
251.	500 Mk. lebh'rotor. a. mattchromgelb (März 1923)	1500.—*	9.—	
252.	1000 Mk. dkl'olivgrau (Jan. 1923)	5.—	8.—	5.—
253.	2000 Mk. (Jan. 1923)			
	a. lebh'blau	10.—	8.—	5.—
	b. dkl'blau	80.—	70.—	30.—
254.	3000 Mk. (Febr. 1923)			
	a. dkl'gelbbraun......	180.—	30.—	13.—
	b. braun, rötlichbraun..	110.—	12.—	8.—
	c. dkl'graubraun	340.—	60.—	25.—
	d. schw'graubraun....	5000.—	2500.—	1200.—
255.	4000 Mk. schwarzviolett (Ende Juli 1923)	15.—	12.—	10.—
256.	5000 Mk. (Anf. Aug. 1923)			
	a. schw'olivgrün	230.—	20.—	9.—
	b. dkl'grün	230.—	20.—	10.—
	c. dkl'bläulichgrün	1400.—	500.—	130.—
	d. schwarzgrün		1500.—	700.—
257.	100000 Mk. orangerot (Anf. Sept. 1923)	15.—	40.—	8.—

* Preis gilt für portogerechte EF, überfrankierte ✉ erheblich billiger.

1923, 19. Febr. Wohlt.-Ah.-Ausg. Rhein- und Ruhr- hilfe. Nr. 238, 242 und 196 mit Aufdruck Rhein-Ruhr-/Hilfe und des Zuschlagswertes.

258.	5 Mk. + **100 Mk.** or. ... (238)		400.—	45.—
259.	25 Mk. + **500 Mk.** ol'br. (242)	1000.—	400.—	120.—
260.	20 Mk. + **1000 Mk.** dkl'violettblau/mattgrün .. (196)	1200.—	1500.—	400.—

Auflagen: Nr. 258 = 10 000 000, Nr. 259 = 5 000 000, Nr. 260 = 1 000 000 Stück.

1923. Freim.-Ausg. StTdr.; Wz. 2, bei Nr. 261 stehend, **bei Nr. 262** liegend, **gez. K 14.**

al) Wartburg bei Eisenach, erbaut um 1070, erneuert im 19. Jahrhundert

am) Kölner Dom (Baubeginn 1284) Höhe 160 m

		EF	MeF	MiF
261.	5000 Mk. (Mai) .... al			
	a. dkl'violettblau/schw'blau .... 1200.—*		40.—	15.—
	b. dkl'grünlichblau......	—.—	400.—	160.—
262.	10000 Mk. (Juli) .... am			
	a. braunoliv.............	—.—*	50.—	20.—
	b. grünoliv.............	—.—*	200.—	60.—

* Preis gilt für portogerechte EF, überfrankierte ✉ erheblich billiger.

✈ **1923, Mai/Juni. Flp.-Ausg., jedoch ohne Unterdruck. Bdr.; Wz. 2 liegend; gez. 13 : 13¾.**

Fe — Fe l
Fe Holztaube Fe l

263.	5 Mk. orangerot........ Fe	620.—	200.—	
264.	10 Mk. braunviolett...... Fe l	230.—	55.—	
265.	25 Mk. dkl'siena........ Fe l	250.—	50.—	
266.	100 Mk. schw'grauoliv .... Fe l 170.—	150.—	45.—	
267.	200 Mk. schwarzviolettblau (Juni) Fe l 1500.—	800.—	180.—	

Weitere Werte in gleicher bzw. ähnlicher Zeichnung: Nr. 210–218, 235–237, 344–350.

1923. Freim.-Ausg. Neue einfache Ziffernzeichnung (an). Bdr.; Wz. 2; gez. K 14 : 14¼.

an) Ziffern

268.	100 Mk.			
	a. violettpurpur (März) ...	8.—	12.—	8.—
	b. hellviolett (Mai)	8.—	10.—	6.—
269.	200 Mk. lebh'rot (März).....	11.—	15.—	10.—
270.	300 Mk. dkl'gelbgrün (April)...	10.—	15.—	8.—
271.	400 Mk. braun (April)	45.—	120.—	30.—
272.	500 Mk. or'rot (Töne) (April)..	2000.—*	120.—	30.—
273.	1000 Mk. dkl'blaugrau (Aug.)..	10.—	15.—	10.—

* Preis gilt für portogerechte EF, überfrankierte ✉ erheblich billiger.

1923, Sept. Freim.-Erg.-Werte Ziffernzeichnung (ao). Bdr.; Wz. 2; gez. K 14 : 14¼.

ao) Ziffer

274.	5 Taus. Mk. grünblau (15.9.) ..		240.—	100.—
275.	50 Taus. Mk. (20.9.)			
	a. hellbraunocker	7.—	10.—	6.—
	b. braunocker.............	60.—	90.—	30.—
276.	75 Taus. Mk. braunviolett (15.9.) (Töne)	600.—	200.—	50.—

Alle Inflationsausgaben unter 100 Mk. waren ab 1. 10. 1923 ungültig.

Deutsches Reich

1923, 24. Aug./Sept. Ah.-Ausg., frühere Ausgaben oder kleine Ziffernmarken in nicht ausgegebenen Farben mit glänzendem oder rußigem schwarzem, bei Nr. 285 blauem und Nr. 290 dunkelgrünem Wertaufdruck (Wert in Tausend Mark usw.); Wz. 2, Nr. 278 X Wz. 1; gez. K 14:14¼

ad   an   an

			EF	MeF	MiF
277.	5 T a. 40 (Pfg.) rotorange (3.9.) ....(182) aa			15.—	7.—
278.	8 T a. 30 (Pfg.) dkl'bläulichgrün................... aa				
	X. Wz. Rauten (Wz. 1) (24.8.) ....(162)	8.—	35.—	7.—
	Y. Wz. Waffeln (Wz. 2) (22.9.) ....(181)	—.—	17000.-	
279.	15 T a. 40 Mk. (3.9.) ...... ad				
	a. dkl'bläulichgrün...(244a)	6.—	9.—	6.—
	b. (gelbl.)grün ......(244b)	20.—	30.—	15.—
280.	20 T a. 12 Mk. orangerot (25.8.) ....(240) ad	12.—	15.—	8.—
281.	20 T a. 25 Mk. olivbraun (24.8.) ....(242) ad	30.—	40.—	11.—
282.	20 T a. 200 Mk. lebh'rot (24.8.) ....(269) an			
	I. Abstand 3,7 mm (eng)	6.—	10.—	6.—
	II. Abstand 4,5 mm (weit)	15.—	20.—	11.—
283.	25 T a. 25 Mk. olivbraun (15.9.) ....(242) ad	190.—	90.—	
284.	30 T a. 10 Mk. blau (3.9.) ....(238) ad	9.—	50.—	8.—
285.	30 T a. 200 Mk. h'grünlichblau (7.9.) .... an Bl	9.—	50.—	8.—
286.	75 T a. 300 Mk. gelbgrün (17.9.) .... an	300.—	200.—	90.—
287.	75 T a. 400 Mk. (1.9.) ...... an			
	a. gelbgrün................	7.—	10.—	6.—
	b. dkl'bläulichgrün.....	300.—	600.—	350.—
288.	75 T a. 1000 Mk. grün (1.9.) an			
	I. Abstand 3 mm (eng)	8.—	12.—	7.—
	II. Abstand 4 mm (weit)	10.—	14.—	7.—
289.	100 T a. 100 Mk. (20.9.) .... an			
	a. violettpurpur.....(268a)	1500.—	1200.—	500.—
	b. h'violett..........(268b)	30.—	25.—	10.—
290.	100 T a. 400 Mk. h'grün (20.9.) .... an Gr	6.—	10.—	5.—
291.	125 T a. 1000 Mk. (20.9.).... an			
	a. rosa................	5000.—	* 12.—	8.—
	b. dkl'rosa...............	—.—	600.—	200.—
292.	250 T a. 200 Mk. lebh'rot (22.9.) ....(269) an	80.—	60.—	35.—
293.	250 T a. 300 Mk. dkl'gelbgrün (20.9.) ....(270) an	180.—	200.—	80.—
294.	250 T a. 400 Mk. braun (22.9.) ....(271) an	180.—	200.—	80.—
295.	250 T a. 500 Mk. mattkarmin (20.9.) .... an	5.—	8.—	5.—
296.	250 T a. 500 Mk. orangerot (20.9.) ....(272) an	180.—	200.—	80.—

Die mm-Angaben bei Nr. 282 I und II sowie 288 I und II sind der Abstand zwischen „Tausend" und Balken.

* Preis gilt für portogerechte EF, überfrankierte ✉ erheblich billiger.

Der Durchstich verschiedener Inflationsausgaben ist so mangelhaft, daß für ganz fehlerlosen Durchstich ein Preisaufschlag gerechtfertigt ist.

1923, 1. Okt. Ah.-Ausg. Ziffernzeichnung (aa) in Farbänderung mit dunkelbraunem bis schwarzbraunem Aufdruck von R. Boll, Berlin; Wz. 2; ▢

aa

		EF	MeF	MiF
297.	400 T a. 15 (Pfg.) ockerbraun...	24.—	35.—	20.—
298.	400 T a. 25 (Pfg.) ockerbraun...	24.—	35.—	20.—
299.	400 T a. 30 (Pfg.) ockerbraun...	24.—	35.—	20.—
300.	400 T a. 40 (Pfg.) ockerbraun...	24.—	35.—	20.—

1923, ab 1. Okt. Ah.-Ausg. Erg.-Werte. Ähnlicher Aufdruck in Dunkelgrün bzw. Dunkelbraun auf den grünen bzw. braunen Marken und Schwarz auf den roten Marken sowie auf Nr. 305 und 310. Wz. 2; gez. K 14:14¼.

301.	800 T a. 5 (Pfg.) gelbgrün .aa	28.—	50.—	25.—
302.	800 T a. 10 (Pfg.) gelbgrün aa	28.—	50.—	25.—
303.	800 T a. 200 Mk. lebh'rot (269) .... an	1100.—	800.—	450.—
304.	800 T a. 300 Mk. gelbgrün an	25.—	45.—	20.—
305.	800 T a. 400 Mk. br..(271) an	180.—	300.—	110.—
306.	800 T a. 400 Mk. gelbgrün an	25.—	45.—	20.—
307.	800 T a. 500 Mk. gelbgrün an	10000.—	15000.—	5000.—
308.	800 T a. 1000 Mk. .... an			
	a. lebh'gelbgrün	8.—	15.—	8.—
	b. bläulichgrün	300.—	480.—	200.—
309A.	2 Mill. a. 200 Mk...... an			
	I. Abstand 2 mm (eng, Walzendruck)			
	a. mattkarminrot.......	5.—	8.—	5.—
	b. bräunlichrot.......	55.—	100.—	45.—
	II. Abstand 2,5 mm (weit, Plattendruck)			
	a. mattkarminrot.....	14.—	22.—	12.—
	b. bräunlichrot.......	300.—	400.—	150.—
	c. orangerot........	6000.—	7500.—	2800.—
	Y. kar'rosa, lieg. Wz.	1900.—	3200.—	1500.—
310.	2 Mill. a. 300 Mk. dkl'gelbgrün...(270) an	15.—	20.—	10.—
311.	2 Mill. a. 500 Mk. mattrot, dkl'rosa (9.10.) ..... an	45.—	80.—	30.—
312A.	2 Mill. a. 5000 Mk. (4.10.) .... ao			
	a. mattkarminrot.......	5.—	9.—	5.—
	b. bräunl'rosa bis bräunl'rot	90.—	140.—	50.—

Die mm-Angaben bei Nr. 309A I und II sind der Abstand zwischen „Millionen" und Oberrand Strichelleiste.

Gleicher Aufdruck, Marken jedoch ▢.

309B.	2 Mill. a. 200 Mk. (22.10,)			
	a. mattkarmirot.....	1000.—	1500.—	550.—
	b. bräunlichrot	45000.—	—.—	—.—
312B.	2 Mill. a. 5000 Mk. (4.10.) mattkarminrot....... ao	100.—	110.—	45.—
[RAUSCH]	800 T. a. 100 Mk. lila.			

Alle Werte bis 800 000 Mk. gültig bis 30. 11. 1923.

1923, Okt./Nov. Freim.-Ausg. Wert in dunklerer Farbe in gerader, bei den Milliardenwerten in schräger Schrift im zweiten Druckgang eingedruckt. Bdr.; Wz. 2; gez. K 14:14¼.

ap   ap   ar

313.	500000 Mk. mittelbr. (13.10.) ap		90.—	20.—
314.	1 Mill. Mk. dkl'grünblau (10.10.) .... ap	6.—	7.—	5.—
315.	2 Mill. Mk. (16.10.) ...... ap			
	a. lila	420.—	250.—	100.—
	b. dkl'purpur...........	29000.—	—.—	24000.—

Deutsches Reich

		EF	MeF	MiF
316.	4 Mill. Mk. gelbgrün.... ap	8.—	12.—	7.—
317.	5 Mill. Mk. h'karminrot . ap	6.—	8.—	5.—
318A.	10 Mill. Mk. or'rot (19.10.) ap	6.—	8.—	5.—
319A.	20 Mill. Mk. .... ap			
	a. dunkelblau...........	15.—	10.—	7.—
	b. schwarzblau.........	—.—	—.—	5500.—
320.	30 Mill. Mk. karminbraun			
	(31.10.) .... ap	8000.—	300.—	50.—
321A.	50 Mill. Mk. (1.11.) ..... ap			
	a. dunkelolivgrün	15000.—*	12.—	7.—
	b. blaugrün.............	—.—*	450.—	300.—
322.	100 Mill. Mk. grüngr. (1.11.) ap	12.—	10.—	7.—
323A.	200 Mill. Mk............ ap			
	a. dkl'ockerbraun.......	15.—	9.—	6.—
	b. dkl'olivbraun........	320.—	200.—	120.—
324.	500 Mill. Mk. h'braunoliv			
	(5.11.) .... ap	6.—	12.—	6.—
325A.	1 Milld. Mk. .... ar			
	I. P. (4.11.)			
	a. hell- bis dkl'lilabraun	6.—	10.—	6.—
	b. (grau-)schw'braun ..	25000.—	40000.—	22000.—
	II. W. (5.11.)			
	a. hell- bis dkl'lilabraun	6.—	10.—	6.—
	b. schwarzbraun.......	580.—	800.—	400.—
326A.	2 Milld. Mk. mattbraun/			
	schwarzgrün (12.11.) .. ar	8.—	12.—	7.—
327A.	5 Milld. Mk. gelborange/			
	braun .... ar	8.—	12.—	7.—
328.	10 Milld. Mk. hellgelbgrün			
	gelbgrün (12.11.) ..... ar	10.—	15.—	8.—
329A.	20 Milld. Mk. dkl'bläulich-			
	grün/braun .... ar	10.—	15.—	8.—
330A.	50 Milld. Mk. lebh'grünlich-			
	blau/dkl'grünlichblau			
	(22.11.) P........... ap	500.—	400.—	160.—

* Preis gilt für portogerechte EF. EF auf leicht überfrankiertem ✉:
321A a 15.—, 321A b 220.—.

1923, Okt./Nov. Gleiche Marken; P-Druck; Wz. 2; jedoch ⬜.

318B.	10 Mill. Mk. orangerot			
	(26.10.) .... ap	1000.—	500.—	200.—
319B.	20 Mill. Mk. dkl'blau			
	(1.11.) .... ap	3200.—	2400.—	1100.—
321B.	50 Mill. Mk. dkl'olivgrün			
	(1.11.) .... ap	11000.—	70.—	35.—
323B.	200 Mill. Mk. dkl'ockerbraun			
	(5.11.) .... ap	240.—	110.—	50.—
325B.	1 Milld. Mk. dkl'(lila)-braun			
	(7.11.) .... ar	250.—	100.—	35.—
326B.	2 Milld. Mk. mattbraun/			
	schw'grün (15.11.) ... ar	70.—	50.—	20.—
327B.	5 Milld. Mk. gelborange/			
	braun (12.11.) .... ar	22.—	30.—	18.—
329B.	20 Milld. Mk. dkl'(bläul'grün/			
	braun (19.11.) .... ar	130.—	130.—	50.—
330B.	50 Milld. Mk. lebh'grünl'blau/			
	dkl'grünl'blau (28.11.) . ar	4300.—	5500.—	2500.—

Der Durchstich ist meist mangelhaft. Tadellose, klare Durchstiche verdienen Preiszuschlag.

1923, 7. Nov. Ah.-Ausg. Nr. 268a und 268b mit neuem Wertaufdruck.

331.	1 Milliarde a. 100 Mk.			
	a. violettpurpur			
	(München)....(268a)	—.—	30000.—	14000.—
	b. h'violett ...... (268a)	400.—	250.—	150.—

Nr. 331a erhielt die Bezeichnung „Hitlerputschmarke" oder „Hitlerprovisorium".

1923, ab 16. Nov. Ah.-Ausg. Bisherige Korbdeckelserie mit neuem Wertaufdruck in Milliarden und Strichleiste.

		EF	MeF	MiF
332.	5 Milliarden a. 2 Mill.			
	Mk. lila (17.11.)..... (315)	3800.—	1600.—	500.—
333.	5 Milliarden a. 4 Mill.			
	Mk. gelbgrün .... (316)	1300.—	520.—	100.—
334A.	5 Milliarden a. 10 Mill.			
	Mk. orangerot			
	(16.11.).......... (318A)	400.—	120.—	15.—
335A.	10 Milliarden a. 20 Mill.			
	a. dkl'blau .... (319A)	40.—	35.—	15.—
	b. schw'blau ..... (319Ab)	—.—	—.—	8000.—
336A.	10 Milliarden a. 50 Mill Mk.			
	a. dkl'olivgrün..... (321A)	50.—	40.—	15.—
	b. blaugrün	—.—	—.—	10000.—
337.	10 Milliarden a. 100 Mill.			
	Mk. grüngrau (16.11.) (322)	200.—	120.—	30.—

1923, ab 17. Nov. Gleicher Aufdruck auf gleichen Marken; jedoch ⬜. Alle drei Werte nur in P-Druck.

334B.	5 Milliarden a. 10 Mill.			
	orangerot			
	(17.11.)....... (318B) ap	4000.—	3900.—	950.—
335B.	10 Milliarden a. 20 Mill. Mk.			
	dkl'blau (19.11.) . (319B) ap	2000.—	1100.—	450.—
336B.	10 Milliarden a. 50 Mill. Mk.			
	dkl'olivgrün			
	(17.11.)....... (321B) ap	650.—	400.—	175.—

Der Durchstich ist meist mangelhaft. Tadellose, klare Durchstiche verdienen Preisaufschlag.

Außerkurssetzung 31. 12. 1923; es sind Mischfrankaturen (10 Mia. = 1 Rpf.) mit der folg. Ausgabe möglich.

Notmaßnahmen und Ausnahmeerscheinungen

I. **Vorübergehend wurde die bare Verrechnung für den Briefverkehr zugelassen (25. 8. bis 14. 12. 1923, vorher und nachher Ausnahmefälle); dadurch entstanden:**

A. Frankaturen mit handschriftlichen Vermerken .... ✉ 30.—
B. Frankaturen mit Gebührenstempeln in verschiedenen Formen, Farben und Schrifttypen.

Bewertung:
Gebühr bezahlt ohne Umrandung einzeilig 15.—
zweizeilig.................................. 15.—

Gebühr bezahlt.

Gebühr bezahlt im Rechteck einzeilig .. 15.—
zweizeilig.................................. 15.—
Gebühr bezahlt im ovalen Paketstempel 40.—
im Oval .... 50.—
im Kreis .... 120.—
im Ring .... 180.—

Deutsches Reich

Gebühr bezahlt / Taxe perçue

Gebühr bezahlt und Taxe perçue mit Umrandung	60.—
ohne Umrandung	60.—
Gebühr bezahlt und Taxe payée mit Umrandung	80.—

Gebühr bezahlt / Taxe payée

ohne Umrandung	80.—
Taxe perçue oder Taxe payée............	80.—
Einn. Nachweis im Rechteck mit und ohne Umrandung	100.—
Postmeisterstempel 350.— — 600.—	

Gebühr bez. Ebert  Bezahlt Dollmer

Die Postmeister einer Anzahl Ämter benutzten eigens angefertigte Stempel mit ihrem Namenszug oder dessen Abkürzung in Druckbuchstaben oder Faksimile, mitunter mit dem Text „Gebühr bezahlt" zu einem Stempel vereinigt, seltener noch mit Datumstempel.
Nach J. Nawrocki, Gebührenstempel der Inflationszeit. Verlag Fritz Seifert, Leipzig O 5, sind bisher 51 Postmeisterstempel folgender Ämter nachgewiesen:

(Postmeistername in Klammern)

Apolda (Rhdt)	Königstein (Petzold)
Babenhausen (Blümler/Freyer)	Leer (Kallenbach)
Berg. Gladbach (W. Kirch)	Lengerich (Schaeder)
Berg. Gladbach (P. König)	Magdeburg 1 (Merkel)
Berlin N 31 (Kaschke)	Magdeburg 3 (Breitsprecher)
Berlin NW 52 (Ln./Ng.)	Neudamm (Mathiske)
Boppard (Clames)	Neudamm (Schultz)
Brilon (STAHL)	Neunburg v. Wald (Fol.)
Dresden N 8 (Teich)	Niederschelden (Sander)
Edderitz (Gl.)	Nordhorn (Klöcker)
Frankfurt-Niederr. 5 (Schwenk)	Nürnberg 10 (Kautz)
Freiburg (Ebert) (s. Abb.)	Parsberg (Frauenholz)
Gladbeck (Herder)	Pyrmont, Bad (Saake)
Gotha (Möller)	Ratibor (Koziel)
Halle (Saale) (Steinmetz)	Reichenbach, Vogtland (Friebel)
Hamburg 1 (Ma./Gr.)	Rendsburg (H. Nickels)
Hamburg 36 (Mai)	Rennerod (Faltin)
Hermsdorf/Th. (W. Keljein)	Schlochau (Goltz)
Hüsten (Vollmer) (siehe Abb.)	Schwarzenbach, Saale (Baumgärtel)
Karlsruhe/B. (Stellberger)	Soldin, Neumark (Tügge)
Kempfeld (Gangloff)	Teningen (E. Klingler)
Kirchen, Sieg (Boos./Knoll)	Weidenau, Sieg (Wrase)
Köln = Cöln 14 (Fettes)	Weißenburg, Bay. (Mittl)
Cöln 14 (H. Paffrath)	Wittstock, Dosse (Kriedemann)
Cöln-Nippes (Frisch)	Worms (G., dazu Datum)
Cöln-Nippes (Sutorius)	

Andere nicht genannte Stempel mindestens 50.— Besondere Kennzeichen bedingen z.T. erhebliche Zuschläge, wie vorschriftswidrige Stempel oder zweifache Abstempelung, letzte 150.—.

Die Preise gelten für rote Stempel. Andere Farben bedingen Aufschläge: violett 25%, schwarz 100%, blau 300%, grün 500%.

C. Frankaturen mit Gebührenzetteln.

Durch Vfg. Nr. 264 vom 28. 8. 1923 war den Postämtern das Genehmigungsrecht zur Herstellung von aufklebbaren Gebührenzetteln erteilt.
Näheres siehe unter Lokalausgaben.

D. Teilfrankaturen (Porto teilweise durch Marken ausgedrückt, teilweise in bar verrechnet — handschriftlich oder durch Gebührenstempel) (Preis auf ✉ mind. 50.—).
II. Ohne amtliche Genehmigung wurden an einzelnen Postämtern Steuermarken (Frachtstempel-, Wechselstempelmarken usw.) zur Frankatur geduldet.
   a) Steuermarken .... ✉ 800.—
   b) Steuermarken mit Freimarken ...... ✉ 1000.—
III. Entwertungen durch Päckchenstempel bzw. durch Farbstift, Tinte oder Pinsel.
   Bewertung: Päckchenstempel mit Ort und Datum 150.— Aufschlag.
   Rollstempel, Korkstempel: Brief gleiche Preise wie Poststempel, lose Marken 50% Abschlag, mindestens 2.—.
   Farbstifte, Tinte, Pinsel: Briefe 75% Abschlag, lose Marken wertlos.
IV. Massenverwendung der Marken. Briefe mit anhängendem Bogen (Preis mind. 600.—).
V. Vierfach aufgewertete Marken. Vom 26. bis 30. 11. 1923 wurden die Marken zum 4fachen Nennwert verkauft und verwendet.
   ✉ 10.— Aufschlag. Vgl. Bemerkung nach Nr. 336 B X.
VI. Dezemberbriefe: ✉ aus Dezember 1923 mit Inflationsmarken (10 Mia. = 1 Rpfg.).
   1, 2, 5 Mia = 150.— Aufschl.,
   10, 20 Mia = 100.— Aufschl.
VII. Übergangsfrankaturen Inflationsmarken mit MiNr. 338 bis 343.
   Mit 3, 5 oder 10 Pfg. in Mischfrankatur .... ✉ 150.— Aufschlag
   mit 20 Pfg. in Mischfrankatur ... ✉ 220.— Aufschlag
   mit 50 Pfg. in Mischfrankatur ... ✉ 1000.— Aufschlag
   mit 100 Pfg. in Mischfrankatur .. ✉ 2800.— Aufschlag

Ab 1.12.1923 Rentenmark-, ab Sept./Okt. 1924 Reichsmark-Währung.

1923, 1. Dez. Freim.-Ausg. Neue Wertziffer ohne eingedruckte Währungsbezeichnung (as). Bdr.; Wz. 2; gez. 14:14¼.

as) Ziffer auf Korbdeckelmuster

		EF	MeF	MiF
338.	3 (Pfg.)			
	a. braun.............	3.—	15.—	2.—
	b. schwarzbraun.......	100.—	250.—	60.—
339.	5 (Pfg.)			
	a. dkl'grün...........	3.—	4.—	2.—
	b. schwarzgrün.......	70.—	120.—	50.—
340.	10 (Pfg.) rot...........	1.—	2.—	1.—
341.	20 (Pfg.) dkl'violettblau ..	6.—	25.—	2.—
342.	50 (Pfg.) rotorange......	30.—	50.—	15.—
343.	100 (Pfg.) violettpurpur	50.—	80.—	30.—

Die Farbunterschiede bei Nr. 338 und 339 beziehen sich auf die Farbe des Markenbildes, nicht der Wertziffer.

Gültig bis 31.1.1928, Nr. 343 bis 30.6.1934.

Wenn Sie eine eilige philatelistische Anfrage haben, rufen Sie bitte (089) 3 23 93-224. · Die MICHEL-Redaktion gibt Ihnen gerne Auskunft.

Deutsches Reich

+ 1924, 11. Jan. Flp.-Ausg. (Fd) **Bdr.**; Wz. 2 X oder Y; gez. K 14:14¼.

Fd) Holztaube   stehendes (X)   liegendes (Y)
Wz. Waffeln (Wz. 2)

		EF	MeF	MiF
344.	5 (Pfg.) dkl'gelblichgrün			
	X. Wz. stehend	13.—	20.—	10.—
	Y. Wz. liegend	900.—	1400.—	600.—
345.	10 (Pfg.) karminrot	15.—	25.—	15.—
346.	20 (Pfg.) blauviolett			
	X. Wz. stehend	45.—	80.—	25.—
	Y. Wz. liegend	800.—	1400.—	700.—
347.	50 (Pfg.) hellrotorange	150.—	300.—	100.—
348.	100 (Pfg.) violettpurpur	250.—	1200.—	190.—
349.	200 (Pfg.) dkl'grünblau	2300.—	—.—	1000.—
350.	300 (Pfg.) dkl'lilagrau	2800.—	—.—	1200.—

Gültig bis 30. 6. 1926.

Weitere Werte in gleicher bzw. ähnlicher Zeichnung: Nr. 210–218, 235–237, 263–267.

1924, 25. Febr. Wohlt.-Ausg. für die Deutsche Nothilfe. ⊠ **Prof. E. Böhm; Bdr.;** Wz. 2 Y; gez. K 14½.

at   au   av   aw

at–aw) Motive aus „Das Leben der heiligen Elisabeth" von Moritz von Schwind (1804–1871)

351.	5+ 15 (Pfg.) schwarz-bläul'grün	at	25.—	35.—	25.—
352.	10+ 30 (Pfg.) zinnober	au	30.—	50.—	30.—
353.	20+ 60 (Pfg.) dkl'blau	av	100.—	280.—	65.—
354.	50+150 (Pfg.) or'braun	aw	430.—	800.—	270.—

Gültig bis 30.6.1925.

Nr. 351–354 mit Aufdruck als Block: Nr. 508–511, Bl. 2.

1924. Freim.-Ausg. – Reichsadler ⊠ **S. v. Weech; Bdr.;** Wz. 2 X; gez. K 14:14¼.

 Neuer Reichsadler
ax)   ay)

355.	3 (Pfg.)	ax			
	X. Wz. stehend				
	a. hell(gelb)braun (März)		4.—	8.—	3.—
	b. ockerbraun		220.—	450.—	140.—
	Y. Wz. liegend		300.—	—.—	250.—
356.	5 (Pfg.) lebh'grün (März) GA	ax			
	X. Wz. stehend		2.—	3.—	2.—
	Y. Wz. liegend		—.—	—.—	5000.—
357.	10 (Pfg.) or'rot (März)	ay			
	X. Wz. stehend		2.—	4.—	2.—
	Y. Wz. liegend		50.—	90.—	55.—
358.	20 Pfg. blau (Juni) GA	ay	8.—	10.—	6.—
359.	30 Pfg. dkl'lila (März)	ay	15.—	35.—	10.—
360.	40 Pfg. braunoliv (Mai)	ay	20.—	80.—	15.—
361.	50 Pfg. m'orange (Nov.)	ay	25.—	100.—	17.—

Gültig bis 31.7.1930.

1924, Mai/1928. Freim.-Erg.-Werte. Bdr.; Wz. 2; gez. K 14:14¼.

az) Heinrich von Stephan (1831–1897), erster deutscher Generalpostmeister und Mitbegründer des Weltpostvereins.

			EF	MeF	MiF
362.	60 (Pfg.) schwarz- bis dkl'rotorange	az	25.—	55.—	16.—
	x. gewöhnliches Papier				
	y. gestrichenes Papier (1928)		160.—	420.—	110.—
363.	80 (Pfg.) schw'grünblau	az	180.—	420.—	90.—

Gültig bis 31.7.1930.

In ähnlicher Zeichnung: Nr. 368—369.

1924/27. Freim.-Erg.-Werte. StTdr.; Wz. 2; gez. K 14.

ba) Burg Rheinstein   bb) Blick auf Alt-Köln (linksrheinisch)

bc) Marienburg   bd) Dom zu Speyer

364.	1 Mk. dkl'grün	ba			
	X. Wz. stehend (1924)		30.—	75.—	25.—
	Y. Wz. liegend (1927)		140.—	270.—	110.—
365.	2 Mk. dkl'grünl'blau (11.5.1924)	bb	100.—	180.—	80.—
366.	3 Mk. dkl'braunrot (Juni 1924)		360.—	700.—	160.—
367.	5 Mk. schw'olivgrün (11.9.1925)		400.—	820.—	160.—

Gültig bis 31. 12. 1938.

Weitere Werte in Zeichnungen ba und bb: Nr. 440 und IX.

1924, 9. Okt. So.-Ausg. 50 Jahre Weltpostverein. Bdr. auf gestrichenem Papier; Wz. 2; gez. K 14:14¼.

be) Heinrich von Stephan (1831–1897)

368.	10 Pfg. dkl'blaugrün	be	5.—	6.—	4.—
369.	20 Pfg. dkl'blau	be	6.—	20.—	6.—

Gültig bis 31. 7. 1930.

In ähnlicher Zeichnung: Nr. 362–363.

Laut Postverordnung vom 13.9.1922 war es gestattet, eingedruckte Wertstempel von Ganzsachen (Postkarten, Kartenbriefe, Postanweisungen) zur Frankatur gewöhnlicher Postsachen zu verwenden. Ab 1. Januar 1925 ist diese Bestimmung aufgehoben und die Benutzung solcher Wertstempel an Stelle von Freimarken verboten worden. In der Zwischenzeit können also derartige Frankaturen vorkommen.

1925, 30. Mai. So.-Ausg. Deutsche Verkehrs-Ausstellung, München (30.5.–11.10.1925). ⊠ S. v. Weech; **Bdr. auf gestrichenem Papier;** Wz. 2, X stehend, Y liegend; gez. K 13¾:13.

bf) Allegorie des Verkehrs   X

370X.	5 (Pfg.) dkl'bläul'grün GA	bf	55.—	85.—	50.—
371X.	10 (Pfg.) mittelrot	bf	70.—	130.—	55.—

Deutsches Reich

```
                                Y
370Y.  5 (Pfg.) dkl'bläul'grün GA .  bf  70.—  100.—   60.—
371Y. 10 (Pfg.) mittelrot . . . . . . . . bf  90.—  160.—   70.—
                                    Gültig bis 31.12.1925.
```

1925. So.-Ausg. Rheinland 1000 Jahre deutsch (bg). ✍ Prof. O. Firle; Bdr. auf gestrichenem Papier; Wz. 2; gez. K 14:14¼.

bg) Rheinische Landschaft mit Burg, Hochofen und Adlerkopf

		EF	MeF	MiF
372.	5 (Pfg.) grün (30. Mai) GA	2.—	3.—	2.—
373.	10 (Pfg.) zinnober (Juli)	2.—	4.—	2.—
374.	20 (Pfg.) blau (Juli)	17.—	40.—	11.—

Gültig bis 31.12.1925.

1925, 15. Dez. Wohlt.-Ausg. für die Deutsche Nothilfe – Wappenzeichnungen. ✍ S. v. Weech; Bdr. auf gestrichenem Papier; Wz. 2; gez. K 14:14¼.

bh) Preußen   bi) Bayern   bk) Sachsen

375.	5+ 5 Pfg. mehrfarbig . . . . . bh	18.—	20.—	15.—
376.	10+10 Pfg. mehrfarbig . . . . . bi	30.—	70.—	25.—
377.	20+20 Pfg. mehrfarbig . . . . . bk	170.—	340.—	80.—

Gültig bis 31.5.1926.

✈ 1926/27. Flp.-Ausg. (Ff). ✍ Prof. O. H. W. Hadank; Bdr. auf gestrichenem Papier; Wz. 2; gez. K 14:14¼.

Ff) Adler

378.	5 Pfg. grün	8.—	10.—	6.—
379.	10 Pfg. mittelrot	7.—	9.—	5.—
A379.	15 Pfg. dkl'rötl'lila (1.5.1927) GA	18.—	30.—	10.—
380.	20 Pfg. dkl'graublau	18.—	55.—	12.—
381.	50 Pfg. h'orangerot	80.—	120.—	45.—
382.	1 Mk. schwarz/rosa	65.—	160.—	50.—
383.	2 Mk. schwarz/mattkobalt	160.—	320.—	125.—
384.	3 Mk. schwarz/h'braunoliv . . .	500.—	1000.—	400.—

Gültig bis 30.6.1934.

1926, 1. Nov./1927. Freim.-Ausg. – Köpfe berühmter Deutscher. Bdr. auf gestrichenem Papier ; Wz. 2; gez. K 14:14¼.

bl) Johann Wolfgang von Goethe (1749—1832), Dichter

bm) Friedrich von Schiller (1759—1805), Dichter

bn) Ludwig van Beethoven (1770—1827), Komponist

bo) Friedrich der Große (1712–1786), König von Preußen

bp) Immanuel Kant (1724—1804), Philosoph

br) Gotthold Ephraim Lessing (1729—1781), Dichter

bs) Gottfried Wilhelm Leibniz (1646—1716), Philosoph

bt) Johann Sebastian Bach (1685—1750), Komponist

bu) Albrecht Dürer (1471—1528), Maler

			EF	MeF	MiF
385.	3 (Pfg.) dkl'ockerbraun . . . bl		4.—	6.—	3.—
386.	3 (Pfg.) mattbraun (Aug. 1927) . . . . bl		4.—	6.—	3.—
387.	5 (Pfg.) grün GA . . . . bm		2.—	4.—	2.—
388.	5 (Pfg.) gelb'grün (Aug. 1927) . . . . bm		3.—	5.—	3.—
389.	8 (Pfg.) dkl'grün (Aug. 1927) GA . . . . bn		3.—	10.—	3.—
390.	10 (Pfg.) karminrot . . . . bo		5.—	7.—	2.—
391.	15 (Pfg.) zinnober GA . . . . . bp		2.—	6.—	2.—
392.	20 (Pfg.) schw'graugrün . . . . bn				
	X. Wz. stehend		20.—	30.—	14.—
	Y. Wz. liegend	2200.—		—.—	1600.—
393.	25 (Pfg.) blau . . . . bl		20.—	45.—	14.—
394.	30 (Pfg.) dkl'grauoliv . . . . . . br		18.—	45.—	10.—
395.	40 (Pfg.) dkl'violett bis purpurlila (Töne) GA . . . bs		24.—	50.—	16.—
396.	50 (Pfg.) lebh'braun . . . . . . bf		210.—	300.—	70.—
397.	80 (Pfg.) dkl'rotbraun . . . . . bu		400.—	780.—	140.—
	auf Paketkarte		250.—	400.—	70.—

Gültig bis 30.6.1933.

1926, 1. Dez. Wohlt.-Ausg. für die Deutsche Nothilfe – Wappenzeichnungen. ✍ S. v. Weech; Bdr. auf gestrichenem Papier; Wz. 2, X stehend, Y liegend; gez. K 14:14¼.

bv) Württemberg   bw) Baden   bx) Thüringen   by) Hessen

```
                                                X
398X.  5+ 5 (Pfg.) mehrfarbig .. bv   3500.—   —.—   3000.—
399X. 10+10 Pfg. mehrfarbig . . . . bw 3500.—  —.—   3000.—
400X. 25+25 Pfg. mehrfarbig . . . . bx  180.—  300.—  110.—
401X. 50+50 Pfg. mehrfarbig . . . . by  450.—  800.—  300.—

                                                Y
398Y.  5+ 5 (Pfg.) mehrfarbig .. bv    12.—    15.—   10.—
399Y. 10+10 Pfg. mehrfarbig . . . . bw  18.—    30.—   15.—
401Y. 50+50 Pfg. mehrfarbig . . . . by 1700.—   —.—  1250.—
```

Nr. 402 fällt aus.   Gültig bis 30.6.1927.

1927, 26. Sept. Wohlt.-Ausg. für die Deutsche Nothilfe – 80. Geburtstag Hindenburgs (bz). RaTdr. auf gestrichenem Papier; Wz. 2; gez. K 14:14¼.

bz) Reichspräsident Paul von Hindenburg (1847—1934)

Deutsches Reich

		EF	MeF	MiF
403.	8 (+7 Pfg.) dkl'grün (Töne) GA	18.—	25.—	15.—
404.	15 (+15 Pfg.) orangerot	25.—	90.—	20.—
405.	25 (+25 Pfg.) blau	200.—	300.—	100.—
406.	50 (+50 Pfg.) mittelbraun	230.—	460.—	120.—

Gültig bis 31. 7. 1928.

I.A.A. 1927, 10. Okt. So.-Ah.-Ausg. zur Tagung des Internationalen Arbeitsamtes in Berlin. Nr. 389, 391 und 393 mit zweizeiligem Aufdruck I.A.A./10.—15. 10. 1927.

10-15.10.1927

407.	8 (Pfg.) dunkelgrün ....(389)	450.—	800.—	220.—
408.	15 (Pfg.) zinnober ......(391)	450.—	900.—	220.—
409.	25 (Pfg.) blau ....(393)	550.—	1300.—	250.—

Gültig bis 30. 11. 1927.

1928, 1. Sept. Freim.-Ausg. – Reichspräsidenten. Bdr. auf gestrichenem Papier; Wz. 2; gez. K 14:14¼.

ca) Friedrich Ebert (1871—1925) 1. Reichspräsident

cb) Paul v. Hindenburg (1847—1934) 2. Reichspräsident

410.	3 (Pfg.) lebhaftockerbraun (Töne) .... ca	4.—	10.—	3.—
411.	5 (Pfg.) grün (Töne) GA .. cb	2.—	3.—	2.—
412.	8 (Pfg.) schw'bläul'grün GA ca	2.—	5.—	2.—
413.	10 (Pfg.) zinnober ...... ca	35.—	30.—	15.—
414.	15 (Pfg.) lilarot GA ...... cb	2.—	4.—	2.—
415.	20 (Pfg.) schw'blaugrün .. ca	150.—	25.—	17.—
416.	25 (Pfg.) blau .... cb	14.—	75.—	5.—
417.	30 (Pfg.) dkl'oliv .... ca	12.—	20.—	5.—
418.	40 (Pfg.) lebh'braunviolett . cb	28.—	80.—	10.—
419.	45 (Pfg.) rötlichorange .... ca	15.—	140.—	15.—
420.	50 (Pfg.) dkl'orangebraun .. cb	45.—	130.—	20.—
421.	60 (Pfg.) dkl'bräunlichrot... ca	30.—	200.—	20.—
422.	80 (Pfg.) schw'lilabraun ... cb	320.—	550.—	100.—
	auf Paketkarte	150.—	190.—	50.—

Ebert-Marken gültig bis 30. 6. 1934, Hindenburg-Marken gültig bis 31. 12. 1935.

Weitere Werte in Zeichnungen ca und cb: Nr. 435—437, 454, 465, 466.

✈ 1928, 20. Sept. Flp.-Ausg. für Flugpost mit Luftschiff „Graf Zeppelin L. Z. 127". RaTdr. auf gestrichenem Papier; Wz. 2 Y; gez. K 14.

Fg

423.	2 RM. ultramarin .... Fg	180.—	330.—	180.—
434.	4 RM. schwarzbraun .... Fg	210.—	480.—	200.—

Nr. 423 Porto für Karten, Nr. 424 für Briefe nach Amerika.

Gültig bis 31. 12. 1937.

In gleicher Zeichnung bzw. mit Aufdruck: Nr. 438—439, 455, 456—458 und 496—498.

1928, 15. Nov. Wohlt.-Ausg. für die Deutsche Nothilfe – Wappenzeichnungen. ⬧ S. v. Weech; Bdr. auf gestrichenem Papier; Wz. 2 X stehend, Y liegend; gez. K 14:14¼.

cc) Hamburg

cd) Mecklenburg-Schwerin ce) Oldenburg cf) Braunschweig cg) Anhalt

		EF	MeF X	MiF
425X.	5+ 5 Pfg. mehrfarbig .. cc	11000.—	—.—	9000.—
426X.	8+ 7 Pfg. mehrfarbig .. cd	200.—	550.—	150.—
427X.	15+15 Pfg. mehrfarbig .. ce	320.—	550.—	275.—
428X.	25+25 Pfg. mehrfarbig .. cf	480.—	900.—	300.—

Y

425Y.	5+ 5 Pfg. mehrfarbig cc	18.—	40.—	15.—
426Y.	8+ 7 Pfg. mehrfarbig .... cd	20.—	55.—	15.—
427Y.	15+15 Pfg. mehrfarbig .... ce	25.—	75.—	20.—
428Y.	25+25 Pfg. mehrfarbig .... cf	220.—	420.—	120.—
429Y.	50+50 Pfg. mehrfarbig .... cg	550.—	950.—	325.—

1929, 1. Nov. Wohlt.-Ausg. für die Deutsche Nothilfe – Wappenzeichnungen. ⬧ S. v. Weech; Bdr. auf gestrichenem Papier; Wz. 2 Y; gez. K 14:14:14¼.

ch) Bremen

ci) Lippe-Detmold ck) Lübeck cl) Mecklenburg-Strelitz cm) Schaumburg-Lippe

430.	5+ 2 Pfg. mehrfarbig .... ch	12.—	35.—	10.—
431.	8+ 4 Pfg. mehrfarbig GA ci	12.—	50.—	10.—
432.	15+ 5 Pfg. mehrfarbig .... ck	18.—	70.—	15.—
433.	25+10 Pfg. mehrfarbig cl	230.—	440.—	140.—
434.	50+40 Pfg. mehrfarbig .... cm	550.—	950.—	325.—
434 I.	Plattenfehler: PE statt Pf (Feld 31)	1700.—	—.—	1100.—

Gültig bis 30.6.1930.

MICHEL-Tasche

für bequemes Mitnehmen
von MICHEL-Katalogen, Einsteckbüchern, Tauschmaterial usw.
Größe 28 x 13 x 25 cm,
strapazierfähiges synthetisches
Material
mit Aufdruck „MICHEL-Briefmarkenkataloge"

1930, Freim.-Ausg. – Reichspräsidenten. Wie Nr. 413, 415 und 422, jedoch Farbänderung. Bdr. auf gestrichenem Papier; Wz. 2; gez. K 14:14¼.

ca) Friedrich Ebert (1871–1925)
1. Reichspräsident

cb) Paul von Hindenburg
(1847–1934), 2. Reichspräsident

		EF	MeF	MiF
435.	10 (Pfg.) purpur (Töne) (8. Febr.) .... ca	22.—	10.—	3.—
436.	20 (Pfg.) lilagrau (8. Febr.) .... ca	35.—	20.—	6.—
437.	80 (Pfg.) mittelbraungelb (Sept.) .... cb	220.—	360.—	80.—
	auf Paketkarte	100.—	130.—	40.—

Nr. 435—436 gültig bis 30. 6. 1934, Nr. 437 gültig bis 31. 12. 1935.

Weitere Werte in Zeichnung ca: Nr. 465; in Zeichnung cb: Nr. 454, 466.

Fgl

1930, 26. April. Flp.-So.-Ausg. zur 1. Südamerikafahrt des Luftschiffes „Graf Zeppelin L. Z. 127". Muster der Ausgabe 1928 (Fg) mit Inschrift in linker oberer Ecke: „1. Südamerika-Fahrt", darüber Adler in Farbe der Marken. RaTdr. auf gestrichenem Papier; Wz. 2; X stehend, senkrechte Riffelung; Y liegend, waagerechte Riffelung; gez. K 14.

438.	2 RM. ultramarin .... Fg I			
	X. Wz. stehend	1000.—	1900.—	1000.—
	Y. Wz. liegend	1000.—	1900.—	1000.—
439.	4 RM. schwarzbraun . Fg I			
	X. Wz. stehend	1000.—	2300.—	1000.—
	Y. Wz. liegend	1100.—	2400.—	1100.—

Gültig bis 30.6.1931.

1930. Freim.-Ausg. Wie Nr. 365 jedoch mit Wertbezeichnung „Reichsmark" statt „Mark". StTdr.; Wz. 2; gez. K 14.

bb I) Alt-Köln (linksrheinisch)

440. 2 RM. dkl'grünlichblau... bb I 550.—1000.— 250.—

Gültig bis 31. 12. 1938.

Nr. 441—443 fallen aus.

1930, 30. Juni. Ged.-Ausg. zum Abzug der alliierten Besatzung aus dem Rheinland. Nr. 412 und 414 mit zweizeiligem Aufdruck 30. JUNI / 1930.

444.	8 (Pfg.) dkl'blaugrün .... (412)	3.—	12.—	2.—
445.	15 (Pfg.) karminrot ...... (414)	3.—	15.—	2.—

Gültig bis 30.6.1934.

Deutsches Reich

1930, 12. Sept. Wohlt.-So.-Ausg. in Blockform. Internationale Postwertzeichen-Ausstellung IPOSTA in Berlin (IPOSTA-Block). Marken in Zeichnung der Nr. 450 bis 453 zu einem Block zusammengefaßt. StTdr. auf Papier mit Bogenrand-Wz., Marken mit Wz. 3; gez. Ks 14¼14.

Wz. 3 Reichsadler

(Abb. ½ Orig.-Größe)

cn I

co) Brandenburger Tor in Berlin

cp) Schloß u. Dom in Marienwerder

cn) Dom und Rathaus zu Aachen

cr) Hl. Burkhardt auf der Mainbrücke in Würzburg, im Hintergrund Feste Marienberg

		EF	MeF	MiF
446.	8 (+4 Pfg.) dkl'grün..... cn	800.—	—.—	450.—
447.	15 (+5 Pfg.) rot .... co	800.—	—.—	450.—
448.	25 (+10 Pfg.) schw'blau .. cp	1200.—	—.—	450.—
449.	50 (+40 Pfg.) dkl'braun .. cr	1200.—	—.—	450.—
Block 1 (ca. 104:148 mm) .... cn I		3000.—	—.—	3300.—
Herzstück (ohne Blockrand)		850.—		850.—

Gültig bis 30.6.1931.

1930, 1. Nov. Wohlt.-Ausg. für die Deutsche Nothilfe – Bauwerke. StTdr.; Wz. 2; gez. K 14¼:14.

cn) Dom und Rathaus zu Aachen

co) Brandenburger Tor in Berlin

cp) Schloß Dom in Marienwerder

cr) Hl. Burkhardt, Mainbrücke Würzburg, Feste Marienberg

450.	8 (+4 Pfg.) dkl'grün GA ... cn	8.—	15.—	5.—
451.	15 (+5 Pfg.) karminrot .... co	12.—	30.—	10.—
452.	25 (+10 Pfg.) .... cp			
	a. dkl'blau	200.—	430.—	85.—
	b. hellblau	900.—1700.—		500.—
453.	50 (+40 Pfg.) dkl'braun .... cr	460.—	960.—	270.—

Gültig bis 30.6.1931.

Deutsches Reich

1931, 15. Febr. Freim.-Erg.-Wert – Reichspräsidenten. Bdr. auf gestrichenem Papier; Wz. 2; gez. K 14:14¼.

cb) Paul von Hindenburg (1847–1934), 2. Reichspräsident

		EF	MeF	MiF
454.	4 (Pfg.) hellgrünlichgrau .. cb	2.50	3.50	1.50

Gültig bis 31. 12. 1935.

Weitere Werte in gleicher Zeichnung: Nr. 410–422, 435–436, 466.

✈ **1931,** Mai. Flp.-Erg.-Wert für Flugpost mit Luftschiff „Graf Zeppelin L. Z. 127". RaTdr. auf gestrichenem Papier; Wz. 2; gez. K 14.

Fg) Luftschiff „Graf Zeppelin L. Z. 127" über Erdkugel

455.	1 RM. lebhaftrot..........	Fg 170.—	380.—	160.—

Gültig bis 31. 12. 1937.

POLAR- FAHRT 1931

✈ **1931,** 10. Juli. Flp.-So.-Ah.-Ausg. zur Polarfahrt des Luftschiffes „Graf Zeppelin L. Z. 127". Nr. 455, 423 und 424 (alle Wz. 2 X) mit dunkelkarminbraunem Bdr.-Aufdruck POLAR- / FAHRT / 1931.

456.	1 RM. lebh'rot.....	(455) Br	500.—	900.—	475.—
457.	2 RM. ultramarin	(423) Br	850.—	1500.—	750.—
458.	4 RM. schw'braun ...	(424) Br	2300.—	5000.—	2300.—

Aufdruckfehler: Ohne Bindestrich nach POLAR (1 x im Bogen in Teilauflage, Feld 41):

456 I.	1 RM...........	4500.—	—.—	4500.—
457 I.	2 RM...........	4500.—	—.—	4500.—

Gültig bis 30.11.1932.

1931, 1. Nov. Wohlt.-Ausg. für die Deutsche Nothilfe. – Bauwerke. StTdr.; Wz. 2; gez. K 14:14¼, Nr. 461 ~.

cs) Dresden, Zwinger ct) Breslau, Rathaus cu) Heidelberg Schloß cv) Lübeck, Holstentor

459.	8+ 4 Rpf. dkl'grün GA .... cs	10.—	35.—	8.—
460.	15+ 5 Rpf. rot......... ct	12.—	75.—	10.—
461.	25+10 Rpf. dkl'blau........ cu	230.—	380.—	100.—
462.	50+60 Rpf. dkl'gelbbraun... cv	500.—	950.—	300.—

Gültig bis 30.11.1932.

1932, 2. Febr. Wohlt.-Ah.-Ausg. Nr. 459 und 460 mit Aufdruck des neuen Wertes und des Zuschlages.

463.	6+4 Rpf. a. 8+4 Pfg. dkl'grün .... (459)	55.—	100.—	40.—
464.	12+3 Rpf. a. 15+5 Pfg. rot .... (460)	65.—	160.—	55.—

Gültig bis 31.8.1932.

1932, Jan. Freim.-Erg.-Werte – Reichspräsidenten. Bdr. auf gestrichenem Papier; Wz. 2; gez. K 14:14¼.

ca) Friedrich Ebert (1871 bis 1925), 1. Reichspräsident

cb) Paul von Hindenburg (1847–1934), 2. Reichspräsident

		EF	MeF	MiF
465.	6 (Pfg.) gelboliv GA....... ca	2.—	5.—	1.25
466.	12 (Pfg.) orange........... cb	2.—	5.—	1.25

Nr. 465 gültig bis 30. 6. 1934, Nr. 466 gültig bis 31. 12. 1935.

Weitere Werte in gleichen Zeichnungen: Nr. 410—422, 435—437, 454.

1932, 1. Okt. Freim.-Ausg. Hindenburg-Medaillon (cw). Ⓔ Prof. K. Goetz; Bdr. auf gestrichenem Papier; Wz. 2; gez. K 14:14¼.

cw) Paul von Hindenburg (1847–1934), 2. Reichspräsident

467.	4 (Pfg.) mittelblau........	7.—	14.—	6.—
468.	8 (Pfg.) smaragdgrün GA.....	15.—	40.—	7.—
469.	12 (Pfg.) rotorange.........	7.—	10.—	6.—
470.	15 (Pfg.) dkl'rosarot.......	350.—	700.—	140.—
471.	25 (Pfg.) (dkl')ultramarin.....	50.—	110.—	20.—
472.	40 (Pfg.) blauviolett........	150.—	300.—	50.—
473.	50 (Pfg.) siena............	450.—	440.—	150.—

Weitere Marken in Zeichnung cw: Nr. 482—495 (Wz. 2) und 512—528 (Wz. 4); mit Traueraufdruck: Nr. 548—553.

1932, 1. Nov. Wohlt.-Ausg. für die Deutsche Nothilfe – Burgen und Schlösser. StTdr.; Wz. 2 Y, bei Nr. 478 X; gez. K 14¼:14.

cx) Wartburg cy) Schloß Stolzenfels am Rhein cz) Nürnberg, Burg

da) Schloß Lichtenstein db) Marburg, Schloß

474.	4+ 2 Rpf. grünl'blau...... cx	12.—	25.—	10.—
475.	6+ 4 Rpf. dkl'oliv......... cy	10.—	15.—	9.—
476.	12+ 3 Rpf. orangerot...... cz	15.—	50.—	12.—
477.	25+10 Rpf. schwarzblau.... da	200.—	380.—	85.—
478.	40+40 Rpf. schwarzlila..... db	550.—	950.—	240.—

Gültig bis 30. 6. 1933.

1933, 12. April. So.-Ausg. Eröffnungssitzung des neuen Reichstages in Potsdam (dc). Ⓔ nach einem Gemälde von A. v. Menzel; RaTdr.; Wz. 2; gez. K 14:14¼.

dc) Friedrich der Große, König von Preußen (1712–1786)

479.	6 (Pfg.) schwarzgrün GA.....	8.—	8.—	5.—
480.	12 (Pfg.) dunkelrosarot.......	6.—	15.—	5.—
481.	25 (Pfg.) dkl'lilaultramarin....	180.—	340.—	100.—

Ⓢ POSTDAM, Reichstagseröffnung. *Gültig bis 31. 12. 1935.*

Deutsches Reich

1933, April/Aug. Freim.-Ausg. Hindenburg-Medaillon. Farbänderungen und Ergänzungswerte (cw). Bdr. auf gestrichenem Papier; Wz. 2; gez. K 14:14¼.

Nr. 482/494   Nr. 495

		EF	MeF	MiF
482.	3 (Pfg.) ockerbraun	7.—	10.—	6.—
483.	4 (Pfg.) dkl'preußischblau (Mai)	6.—	15.—	4.—
484.	6 (Pfg.) schw'bläul'grün GA	7.—	10.—	6.—
485.	8 (Pfg.) lebh'rotorange	10.—	25.—	6.—
486.	10 (Pfg.) (dunkel)siena (Mai)	350.—	140.—	20.—
487.	12 (Pfg.) dunkelrosarot	7.—	10.—	6.—
488.	15 (Pfg.) lilakarmin (Aug.) GA	270.—	500.—	140.—
489.	20 (Pfg.) hellblau (Mai)	250.—	150.—	50.—
490.	30 (Pfg.) dkl'oliv (Mai)	200.—	220.—	50.—
491.	40 (Pfg.) dkl'lilapurpur (Aug.)	190.—	260.—	90.—
492.	50 (Pfg.) dkl'grün/grauschwarz (Juli)	320.—	600.—	170.—
493.	60 (Pfg.) dkl'rötlichlila/grauschwarz (Mai)	400.—	850.—	150.—
494.	80 (Pfg.) dkl'kobalt/grauschwarz (Juli)	400.—	900.—	220.—
495.	100 (Pfg.) dkl'gelborange/grauschwarz (Juli)	500.—	1200.—	300.—

Weitere Werte in Zeichnungen: Nr. 512–528 (Wz. 4); mit Trauerrandaufdruck: Nr. 548–553.

Abb. ½ Größe

1933, 25. Sept. Flp.-So.-Ah.-Ausg. zur 50. Ozean-Überquerung des Luftschiffes „Graf Zeppelin" und zum Besuch der Chicago-Weltausstellung. Ausgaben 1928/31 (Wz. 2 X) mit Aufdruck Chicagofahrt/Weltausstellung 1933 in Schwarz bzw. Braunschwarz (Nr. 498).

496.	1 RM. lebh'rot (455)	1400.—	2700.—	1100.—
497.	2 RM. ultramarin (423)	800.—	1600.—	750.—
498.	4 RM. schwarzbraun (424)	1600.—	3500.—	1500.—

Gültig bis 31.12.1937.

1933, 1. Nov. Wohlt.-Ausg. für die deutsche Nothilfe – Darstellungen aus Werken Richard Wagners. ✒ Prof. A. Kolb; StTdr.; Wz. 4; A gez. K 14:13 (20:15 Zähnungslöcher), B gez. K 14 (20:16 Zähnungslöcher).

Wz. 4 Hakenkreuze

dd) Tannhäuser   de) Fliegender Holländer   df) Rheingold

dg) Meistersinger   dh) Walküre   di) Siegfried

dk) Tristan und Isolde   dl) Lohengrin   dm) Parsifal

		EF	MeF	MiF
499A.	3+ 2 Rpf. dkl'gelbbraun dd	40.—	40.—	25.—
500A.	4+ 2 Rpf. dkl'blau de	50.—	25.—	10.—
501A.	5+ 2 Rpf. grün df	120.—	300.—	30.—
502A.	6+ 4 Rpf. dkl'grün dg	9.—	14.—	8.—
503A.	8+ 4 Rpf. lebh'orangerot. dh	30.—	75.—	20.—
504A.	12+ 3 Rpf. lebh'rot di	12.—	25.—	12.—
505A.	20+10 Rpf. grünl'blau dk	2500.—	3200.—	800.—
506A.	25+15 Rpf. violettultr dl	300.—	800.—	175.—
507A.	40+35 Rpf. dkl'lila dm	950.—	2000.—	475.—

B

500B.	2 Rpf. dkl'blau de	75.—	40.—	12.—
502B.	6+ 4 Rpf. dkl'grün dg	25.—	45.—	20.—
503B.	8+ 4 Rpf. lebh'orangerot. dh	40.—	110.—	20.—
504B.	12+ 3 Rpf. lebh'rot di	25.—	70.—	25.—
505B.	20+10 Rpf. grünl'blau dk	1000.—	1600.—	350.—

Gültig bis 30.9.1934.

1933, 29. Nov. So.-Ausg. in Blockform. 10 Jahre Deutsche Nothilfe. Marken in Zeichnung der Nr. 351-354 mit einzeiligem Aufdruck 1923–1933. Bdr. auf handgeschöpftem Papier mit Bogenrand-Wz., Marken mit Wz. 4; gez. Ks 14¼:14¾.

dm I

508.	5+ 15 (Pfg.) schwarzblaugrün (at)	2000.—	—.—	1200.—
509.	10+ 30 (Pfg.) or'rot (au)	3000.—	—.—	1200.—
510.	20+ 60 (Pfg.) dkl'blau (av)	3200.—	—.—	1200.—
511.	50+150 (Pfg.) siena (aw)	2700.—	—.—	1200.—
Block	2 (210:148 mm) dm I	25000.—	—.—	25000.—
	beschnittener, formatverkleinerter Block	4000.—	—.—	4000.—
	Herzstück (ohne Blockrand)	2800.—	—.—	2800.—

Gültig bis 30.6.1935.

1933/36. Freim.-Ausg. Hindenburg-Medaillon (cw). Nr. 512 Ergänzungswert. Bdr. auf gestrichenem Papier; Wz. 4; gez. K 14:14¼.

cw) Paul von Hindenburg (1847–1934), 2. Reichspräsident

512.	1 (Pfg.) schwarz (4.12.1933)		20.—	1.—
513.	3 (Pfg.) ockerbraun (Töne) (Jan. 1934)		2.—	3.—	1.—
514.	4 (Pfg.) graublau bis dkl'graublau (Febr. 1934)		4.—	7.—	1.—
515.	5 (Pfg.) smaragdgrün (Febr. 1934) GA		6.—	15.—	1.—
516.	6 (Pfg.) schwarz- bis schwarzblaugrün (Febr. 1934) GA		1.—	2.—	1.—
517.	8 (Pfg.) zinnober (Töne) (Jan. 1934)		4.—	8.—	1.—

Nr.		EF	MeF	MiF
518.	10 (Pfg.) dkl'rotbraun bis schwarzrotbraun (Febr. 1934)	45.—	25.—	2.—
519.	12 (Pfg.) lebhaftrot bis rot (Febr. 1934)	1.—	2.—	1.—
520.	15 (Pfg.) dkl'bräunlichlila (Apr. 1934) GA	25.—	25.—	2.—
521.	20 (Pfg.) mittelblau (Apr. 1934)	20.—	45.—	2.—
522.	25 (Pfg.) (Apr. 1934)			
	a. lebh'violettultramarin	15.—	28.—	2.—
	b. graublau	270.—	500.—	80.—
523.	30 (Pfg.) dkl'bräunl'oliv, dkl'oliv (Febr. 1934)	30.—	40.—	2.—
524.	40 (Pfg.) dkl'lilapurpur (Febr. 1934)	25.—	40.—	4.—
525.	50 (Pfg.) schwarzgrün/grauschwarz (Sept. 1934)	40.—	45.—	5.—
526.	60 (Pfg.) dkl'rosalila/grauschwarz (Mai 1934)	40.—	80.—	5.—
527.	80 (Pfg.) dkl'ultramarin/grauschwarz (Febr. 1936)	50.—	85.—	10.—
528.	100 (Pfg.) schwarzgelborange/grauschwarz (Sept. 1934)	75.—	100.—	15.—

Verwendungszeit bis Mai 1945.

1934, 21. Jan. Flp.-Ausg. Bdr. auf gestrichenem Papier; Wz. 4; gez. K 14:14¼, Nr. 538 und 539 gez. K 13¾:13¼.

Fh) Steinadler vor Weltkugel
☒ Bastanier

Fi) Otto Lilienthal (1848—1896).
Flugpionier

Fk) Graf Zeppelin (1838—1917).
Luftschiffkonstrukteur

x Gummiriffelung senkrecht

			Fh		
529x.	5 (Pfg.) lebh'grün GA		Fh	8.—	20.—	5.—
530x.	10 (Pfg.) lebh'rot		Fh	100.—	35.—	6.—
531x.	15 (Pfg.) ultramarin		Fh	22.—	35.—	6.—
532x.	20 (Pfg.) dkl'graublau		Fh	100.—	70.—	8.—
533x.	25 (Pfg.) dkl'gelbbraun		Fh	25.—	55.—	8.—
534x.	40 (Pfg.) lebh'bis mit'vio.		Fh	60.—	110.—	6.—
535x.	50 (Pfg.) dkl'grün		Fh	35.—	50.—	15.—
536.	80 (Pfg.) dkl'gelborange		Fh	120.—	220.—	70.—
537x.	100 (Pfg.) schwarz		Fh	95.—	190.—	70.—
538x.	2 RM. dkl'gelbgrün/schw.		Fi	230.—	580.—	150.—
539x.	3 RM. mit'kobalt/schw.		Fk	300.—	900.—	200.—

y Gummiriffelung waagerecht

529y.	5 (Pfg.) lebh'grün GA	Fh	15.—	40.—	10.—
530y.	10 (Pfg.) lebh'rot	Fh	160.—	45.—	10.—
531y.	15 (Pfg.) ultramarin	Fh	35.—	80.—	10.—
532y.	20 (Pfg.) dkl'graublau	Fh	180.—	120.—	15.—
533y.	25 (Pfg.) dkl'gelbbraun	Fh	75.—	150.—	15.—
534y.	40 (Pfg.) lebh'- bis mit'vio.	Fh	270.—	550.—	60.—
535y.	50 (Pfg.) dkl'grün	Fh	220.—	300.—	80.—
536y.	80 (Pfg.) dkl'gelborange	Fh	270.—	580.—	90.—
537y.	100 (Pfg.) schwarz	Fh	170.—	430.—	80.—
538y.	2 RM. dkl'gelbgrün/schw.	Fi	4700.—	—.—	2800.—
539y.	3 RM. mit'kobalt/schw.	Fk	1800.—	—.—	1200.—

Gültig bis 31.12.1939.

Eine Notierung in Schrägschrift bedeutet, daß die Bewertungsunterlagen für eine eindeutige Preisfestsetzung nicht ausreichen.

1934, 30. Juni. So.-Ausg. zur Kolonialfeier – Deutsche Kolonialforscher. Bdr. auf gestrichenem Papier; Wz. 4; gez. K 13:13¾.

dn) Franz A.E.Lüderitz (1834–1886)

do) Dr. Gustav Nachtigal (1834–1885), Arzt

dp) Karl Peters (1856–1918)

dr) Hermann v.Wissmann (1853–1905)

x Gummiriffelung senkrecht

			EF	MeF	MiF
541x.	6 (Pfg.) schw'blaugrün/dkl'braun	do	15.—	30.—	12.—
542x.	12 (Pfg.) kar'rot/dkl'braun	dp	15.—	35.—	12.—

y Gummiriffelung waagerecht

540y.	3 (Pfg.)	dn			
	a. rotbraun/dkl'braun		70.—	120.—	50.—
	b. lilabraun/dkl'lilabraun		300.—	500.—	180.—
542y.	12 (Pfg.) kar'rot/dkl'braun	dp	15.—	35.—	10.—
543y.	25 (Pfg.) lebh'blau/dkl'braun	dr	200.—	450.—	120.—

Gültig bis 31. 12. 1935.

1934, 26. Aug. So.-Ausg. Saarabstimmung am 13. Januar 1935. Bdr. auf gestrichenem Papier; Wz. 4; gez. K 14:14¼.

ds) Zwei Hände halten ein Stück Saarkohle mit Aufschrift „Saar"
☒ Karl Schulpig

dt) Reichsadler mit Inschrift „Saar"
☒ Werner Brand

544.	6 (Pfg.) dkl'grün	ds	3.—	6.—	2.—
545.	12 (Pfg.) lebh'rot	dt	3.—	12.—	2.—

Gültig bis 31. 12. 1935.

1934, 1. Sept. So.-Ausg. 6. Nürnberger Parteitag. ☒ Mjölnir–Schweitzer RaTdr. auf gestrichenem Papier; Wz. 4; gez. K 14:14¼.

du) Nürnberger Burg

546.	6 (Pfg.) schw'blaugrün GA	du	6.—	10.—	3.—
547.	12 (Pfg.) bräunlichkarmin	du	6.—	25.—	3.—

Ⓢ NÜRNBERG, Reichsparteitag.   Gültig bis 31. 12. 1935.

1934, 4. Sept. So.-Ah.-Ausg. zum Tode Hindenburgs (dv). Freimarken mit Trauerrand-Aufdruck.

dv) Paul von Hindenburg (1847–1934), seit 26. 4. 1925 Reichspräsident

548.	3 (Pfg.) schwarzocker (Töne) (513)	5.—	8.—	4.—
549.	5 (Pfg.) smaragdgrün (515)	25.—	40.—	5.—
550.	6 (Pfg.) schwarzgrün bis schw'blaugrün (Töne) (516)	3.—	4.—	2.50

Deutsches Reich

		EF	MeF	MiF
551.	8 (Pfg.) zinnober......(517)	10.—	20.—	4.—
552.	12 (Pfg.) dkl'rosarot.....(519)	3.—	10.—	2.50
553.	25 (Pfg.) lilaultramarin...(522)	100.—	280.—	50.—

Gültig bis 31. 12. 1935.

1934, 5. Nov. So.-Ausg. 175. Geburtstag Schillers. ✉ **Prof. K. Bauer; Bdr. auf gestrichenem Papier;** *Wz.* **4; gez. K 14:14¼.**

dw) Friedrich von Schiller (1759—1805), Dichter, nach einem Ölgemälde von Ludovika von Simonowitz und einem Kupferstich von Schwerdgeburth

554.	6 (Pfg.) dkl'grün........ dw	3.—	5.—	2.—
555.	12 (Pfg.) mittelrot........ dw	3.—	10.—	2.—

Gültig bis 31. 12. 1935.

1934, 5. Nov. Wohlt.-Ausg. für die Deutsche Nothilfe – Berufsstände. ✉ **Prof. F. Spiegel; StTdr.;** *Wz.* **4; gez. K 13:13¾.**

dx) Kaufmann

dy) Schmied   dz) Maurer   ea) Bergmann   eb) Baumeister

ec) Bauer   ed) Forscher   ee) Künstler   ef) Richter

556.	3+ 2 (Pfg.) braun........ dx	18.—	30.—	10.—
557.	4+ 2 (Pfg.) grünschwarz..dy	30.—	35.—	10.—
558.	5+ 2 (Pfg.) grün......... dz	85.—	180.—	50.—
559.	6+ 4 (Pfg.) dkl'grün...... ea	12.—	15.—	10.—
560.	8+ 4 (Pfg.) dkl'rotorange . eb	20.—	55.—	10.—
561.	12+ 3 (Pfg.) dkl'bräunl'rot . ec	10.—	25.—	10.—
562.	20+10 (Pfg.) schw'grünblau ed	850.—	760.—	90.—
563.	25+15 (Pfg.) vio'ultramarin. ee	220.—	700.—	110.—
564.	40+35 (Pfg.) dkl'lilapurpur . ef	600.—	1900.—	275.—

Gültig bis 30. 6. 1935.

1935, 16. Jan. So.-Ausg. zur Saarabstimmung (13. 1. 1935) (eg). ✉ **Emmy Glintzer, Berlin; RaTdr. auf gestrichenem Papier;** *Wz.* **4; gez. K 14.**

eg) Symbol: „Die Saar kehrt zur Mutter Deutschland zurück"

565.	3 (Pfg.) dkl'rotbraun.........	8.—	15.—	6.—
566.	6 (Pfg.) dkl'grün............	3.—	5.—	2.—
567.	12 (Pfg.) dkl'braunrot.........	3.—	10.—	2.50
568.	25 (Pfg.) schwarzblau.........	70.—	200.—	50.—

Gültig bis 31. 12. 1936.

1935, 15. März. So.-Ausg. Heldengedenktag für die im ersten Weltkrieg gefallenen Soldaten. ✉ **Schweitzer; RaTdr. auf gestrichenem Papier;** *Wz.* **4; gez. K 14.**

eh) Soldat

		EF	MeF	MiF
569.	6 (Pfg.) dkl'grün......... eh			
	x. senkrechte Gummiriffelung........	50.—	90.—	40.—
	y. waagerechte Gummiriffelung........	8.—	12.—	6.—
570.	12 (Pfg.) dkl'braunrot...... eh			
	x. senkrechte Gummiriffelung........	50.—	150.—	40.—
	y. waagerechte Gummiriffelung........	7.—	20.—	6.—

Gültig bis 31.12.1936.

1935, 26. April. So.-Ausg. 1. Reichsberufswettkampf 1935. ✉ **K. Diebitsch; RaTdr. auf gestrichenem Papier; senkrechte, Nr. 572 auch waagerechte Gummiriffelung; gez. K 14.**

ei) Abzeichen

571.	6 (Pfg.) dkl'grün......... ei	10.—	12.—	8.—
572.	12 (Pfg.) mittelrot......... ei			
	x. senkrechte Gummiriffelung........	10.—	18.—	8.—
	y. waagerechte Gummiriffelung........	180.—	450.—	150.—

Gültig bis 31.12.1936.

1935, 21. Juni. So.-Ausg. zur Schütz-, Bach-, Händel-Feier. ✉ **Prof. F. Spiegel; StTdr.;** *Wz.* **4; gez. K 14.**

ek) Heinrich Schütz (1585—1672)   el) Johann Sebastian Bach (1685—1750)   em) Georg Friedrich Händel (1685—1759)

573.	6 (Pfg.) dkl'grün......... ek	4.—	5.—	3.—
574.	12 (Pfg.) dkl'rot........... el	4.—	10.—	3.—
575.	25 (Pfg.) dkl'blau......... em	35.—	140.—	15.—

575 I. Plattenschaden 1585 statt 1685 (Feld 50) 480.— 1300.— 225.—
575 II. Fehlende rechte Pupille Händels ... 2000.— —.— —.—

Gültig bis 31. 12. 1936.

Notierungen für lose Marken

∗, ∗∗, ⊙ s. MICHEL-Deutschland- bzw. MICHEL-Deutschland-Spezial-Katalog oder MICHEL-Junior-Katalog.

Deutsches Reich

1935, 23. juni. So.-Ausg. in Blockform zur Osteuropäischen Briefmarken-Ausstellung OSTROPA in Königsberg (23.6.–3.7.1935).
☒ **Prof. Marten; StTdr. auf Papier mit Bogenrand-Wz., Marken mit Wz. 5; gez. Ks 14.**

Wz. 5 Deutsch-Ordenskreuz

en) Schloß Allenstein, Karte Ostpreußens

ep) Königsberger Schloß, Ostpreußen-Schild

eo) Tannenberg-Denkmal, Adler

er) Schloß Heilsberg, Eichenblatt

er I
(Abb. ½ Orig.-Größe)

	EF	MeF	MiF
576. 3 (Pfg.) dkl'orangebraun en	490.—	—.—	275.—
577. 6 (Pfg.) schw'blaugrün .. eo	400.—	—.—	275.—
578. 12 (Pfg.) rot......... ep	400.—	—.—	275.—
579. 25 (Pfg.) dkl'blau .... er	630.—	—.—	275.—
Block 3 (148:105 mm) ..... er I	2200.—		2200.—
Herzstück (ohne Blockrand)	500.—	—.—	500.—

Ⓢ Sonderpostamt während der Dauer der Ostropa in Königsberg i. Pr. vom 23. 6.—3. 7. 1935 mit Sonderstempeln:

KÖNIGSBERG (PR) OSTROPA

OSTROPA 1935/CRANZ—ROSITTEN SCHIFFSPOST

OSTROPA 1935/SCHIFFSPOST/GROSSES MOOSBRUCH.

Rote und grüne Entwertungen sind lt. Postauskunft nicht amtlich.

Bogen-Wz. 5

Gültig bis 31. 12. 1935.

1935, 10. Juli. So.-Ausg. 100 Jahre Deutsche Eisenbahn.
☒ **K. Diebitsch; StTdr.; Wz. 4; gez. K 14.**

es) „Der Adler". 1. Lokomotive der Eisenbahn Nürnberg-Fürth

et) Moderne Schnellzugs-Lokomotive Reihe 03

eu) „Fliegender Hamburger" Fernschnell-Triebwagen Reihe VT 04

ev) Stromlinien-Schnellzugs-Lokomotive 05 001

	EF	MeF	MiF
580. 6 (Pfg.) dkl'grün .... es	9.—	10.—	8.—
581. 12 (Pfg.) braunrot........ et	9.—	15.—	8.—
582. 25 (Pfg.) dkl'blau.......... eu	130.—	380.—	55.—
583. 40 (Pfg.) dkl'lila........... ev	200.—	480.—	60.—

Ⓢ NÜRNBERG 2, 100 Jahre Deutsche Eisenbahn-Reichsbahnausstellung 1935.

Gültig bis 31. 12. 1936.

1935, 25. Juli. So.-Ausg. Welttreffen der Hitler-Jugend. ☒ **K. Diebitsch; RaTdr. auf gestrichenem Papier; Wz. 4; gez. K 14.**

ew) Fanfarenbläser der HJ

x Gummiriffelung senkrecht

	EF	MeF	MiF
584x. 6 (Pfg.) schw'blaugrün.... ew	17.—	25.—	14.—
585x. 15 (Pfg.) lilakarmin........ ew	65.—	120.—	15.—

y Gummiriffelung waagerecht

	EF	MeF	MiF
584y. 6 (Pfg.) schw'blaugrün.... ew	17.—	25.—	15.—
585y. 15 (Pfg.) lilakarmin........ ew	65.—	120.—	16.—

Gültig bis 31. 12. 1936.

1935, 30. Aug. So.-Ausg. 7. Nürnberger Parteitag. ☒ **K. Diebitsch; StTdr.; Wz. 4; senkrechte oder waagerechte Gummiriffelung; gez. K 14.**

ex) Adler über der Nürnberger Burg

X normales Wz.

	EF	MeF	MiF
586X. 6 (Pfg.) schwarzgrün ..... ex	4.—	5.—	3.—
587X. 12 (Pfg.) dkl'braunrot...... ex	4.—	5.—	3.—

Y verkehrtes Wz. (Schenkel nach rechts)

	EF	MeF	MiF
586Y. 6 (Pfg.) schwarzgrün ..... ex	900.—	—.—	800.—
587Y. 12 (Pfg.) dkl'braunrot...... ex	650.—	—.—	600.—

Gültig bis 31. 12. 1936.

1935, 4. Okt. Wohlt.-Ausg. für die Deutsche Nothilfe – Volkstrachten. ☒ **K. Diebitsch, nach Aufnahmen von H. Retzlaff; StTdr.; Wz. 4; gez. K 14.**

ey) Ostpreußen (Ermland), und Marienburg

ez) Oberschlesien (Roßberg bei Beuthen)

fa) Winzerin aus dem Rheinland (Rüdesheimer Berg)

fb) Niedersachsen (Schaumburg-Lippe [Lindhorst, nach 1807] und Niedersachsenhof

Die Bildbeschreibungen zu den Markenabbildungen sind so ausführlich wie möglich gehalten!

Deutsches Reich

fc) Kurmark (Niederlausitz), Heinersbrück im Spreewald
fd) Schwarzwald (Erbhofbäuerin Anna Zwick, Gutachtal) und Schwarzwaldhaus
fe) Hessen, Marburger Tracht (Niederasphe)
ff) Oberbayern (Bayrischzell, Miesbacher Festtracht)

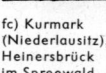 

fg) Friesland (Insel Föhr), Friesenhäuser und Watt
th) Oberfranken (Brautjungfer aus Effeltrich)

		EF	MeF	MiF
588.	3+ 2 (Pfg.) dkl'braun..... ey	10.—	10.—	6.—
589.	4+ 3 (Pfg.) dkl'graublau .. ez	25.—	22.—	6.—
590.	5+ 3 (Pfg.) grün........ fa	45.—	120.—	5.—
591.	6+ 4 (Pfg.) dkl'grün GA .... fb	5.—	6.—	4.—
592.	8+ 4 (Pfg.) dkl'rotorange . fc	25.—	55.—	14.—
593.	12+ 6 (Pfg.) rot .... fd	3.—	10.—	2.50
594.	15+10 (Pfg.) rotbraun ..... fe	180.—	400.—	55.—
595.	25+15 (Pfg.) dkl'blau ...... ff	70.—	280.—	50.—
596.	30+20 (Pfg.) schw'br'oliv .. fg	350.—	470.—	90.—
597.	40+35 (Pfg.) violett........ fh	220.—	470.—	90.—

Gültig bis 30.6.1936.

1935, 5. Nov. So.-Ausg. 12. Jahrestag des Hitlerputsches. ⊠ H. Raebiger; RaTdr.; Wz. 4; senkrechte, Nr. 598 auch waagerechte Gummiriffelung; gez. K 14.

fi) Fahnenträger der SA vor der Feldherrnhalle, München

x Gummiriffelung senkrecht
598x.	3 (Pfg.) braun .... fi	5.—	12.—	3.—
599x.	12 (Pfg.) lebh'rot .... fi	3.—	10.—	3.—

y Gummiriffelung waagerecht
| 598y. | 3 (Pfg.) braun .... fi | 60.— | 100.— | 45.— |

Gültig bis 31.12.1936.

1935, 25. Nov. Wohlt.-Ausg. für die 4. Olympischen Winterspiele in Garmisch-Partenkirchen (6.–16. 2. 1936). ⊠. Eschle; StTdr.; Wz. 4; gez. K 14.

 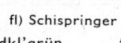 

fk) Eisschnelläufer
fl) Schispringer
fm) Bobfahrer

600.	6+ 4 (Pfg.) dkl'grün...... fk	9.—	12.—	8.—
601.	12+ 6 (Pfg.) rot .... fl	15.—	14.—	14.—
602.	25+15 (Pfg.) vio'ultramarin. fm	75.—	260.—	40.—

Ⓢ GARMISCH-PARTENKIRCHEN. Gültig bis 30.6.1937.

✈ **1936,** 6. Jan. Flp.-So.-Ausg. 10 Jahre Lufthansa. ⊠ K. Diebitsch; RaTdr. auf gestrichenem Papier; Wz. 4; gez. K 14.

fn) Heinkel-Flugzeug He 70 „Blitz" der Lufthansa

			EF	MeF	MiF
603.	40 (Pfg.) dunkelblau	fn	120.—	320.—	40.—

Gültig bis 31.12.1937.

1936, 15. Febr. So.-Ausg. zur 50-Jahr-Feier der Erfindung des Kraftwagens und zur Eröffnung der „Internationalen Automobil- und Motorrad-Ausstellung Berlin 1936". ⊠ K. Diebitsch; RaTdr. auf gestrichenem Papier; Wz. 4; gez. K 14.

fo) Gottlieb Daimler (1834—1900)
fp) Carl Benz (1844—1929)

604.	6 (Pfg.) .... fo			
	a. schw'blaugrün	3.50	5.—	2.50
	b. mattgrün	220.—	440.—	200.—
605.	12 (Pfg.) dkl'braunrot ..... fp	4.—	9.—	3.—

Ⓢ BERLIN-CHARLOTTENBURG 5 / Autoschau Berlin 1936.
Gültig bis 31.12.1937.

✈ **1936, 16. März. Flp.-Ausg. für die Fahrten des L. Z. 129 nach Nordamerika.** ⊠ K. Diebtisch; StTdr.; Wz. 4; gez. K 14½:14.

Fl) Luftschiff „Hindenburg" L. Z. 129 überquert den Ozean

Zeppelin-⊠
X normales Wz.
606.	50 (Pfg.) schw'blau........	Fl	30.—	120.—	20.—
607.	75 (Pfg.) dkl'grün	Fl	30.—	170.—	20.—

y verkehrtes Wz.
(Schenkel nach rechts)
606.	50 (Pfg.) schw'blau........	Fl	35.—	140.—	25.—
607.	75 (Pfg.) dkl'grün	Fl	35.—	170.—	25.—

Gültig bis 31.12.1937.

1936, 4. Mai. So.-Ausg. 250. Todestag Guerickes. ⊠ R. Klein; RaTdr. auf gestrichenem Papier; Wz. 4; gez. K 14.

fr) Otto v. Guericke (1602—1686), Physiker und Bürgermeister von Magdeburg. Erfinder der Luftpumpe

608.	6 (Pfg.) schw'bl'grün (Töne) fr	3.—	4.—	2.—

Gültig bis 31.12.1937.

1936, 9. Mai. Wohlt.-So.-Ausg. zu den Olympischen Sommerspielen in Berlin (1.–16. August). ⊠ M. Eschle; StTdr. auf gelblichem Papier; Wz. 4; gez. 14.

fs) Turner am Reck
ft) Turmspringerin
fu) Fußballspieler

Deutsches Reich

fv) Speerwerfer   fw) Läufer aus dem Fackellauf Olympia–Berlin   fx) Fechter

fy) Ruderer   fz) Jagdspringer

		EF	MeF	MiF
609.	3+ 2 (Pfg.) dkl'braun..... fs	4.—	8.—	3.—
610.	4+ 3 (Pfg.) schw'graublau ft	18.—	18.—	5.—
611.	6+ 4 (Pfg.) dkl'bläul'grün. fu	4.—	5.—	4.—
612.	8+ 4 (Pfg.) orangerot ... fv	14.—	18.—	7.—
613.	12+ 6 (Pfg.) braunrot ..... fw	4.—	9.—	3.—
614.	15+10 (Pfg.) dkl'br'kar...... fx	90.—	280.—	25.—
615.	25+15 (Pfg.) schwarzblau .. fy	50.—	200.—	28.—
616.	40+35 (Pfg.) dkl'violett .... fz	100.—	330.—	40.—

Ⓢ BERLIN-KdF Stadt. Olympia Stadion, Int. Kanulager Müggelsee, Olympisches Dorf, Deutschlandhalle, Olympia Pressehauptquartier, Olympia Reiterplatz, Olympia Schwimmstadion, Grunau Regattabahn, Int. Sportstudentenlager, Ausstellung Deutschlandhalle, Olympialager Heerstraße, Olympia-Stadion Presse, fahrendes Postamt; KIEL – Pressepostamt, Segeln 1936.

Gültig bis 30.6.1937.

Nr. 609–616 in Blocks: Nr. 624–631.

1936, 3. Juni. So.-Ausg. 6. Gemeindekongreß in Berlin und München vom 7. bis 13. 6. 1936 (ga). ⓡ R. Klein; RaTdr. auf gestrichenem Papier; Wz. 4; gez. K 14.

ga) Mutter mit Kindern

617.	3 (Pfg.) dunkelbraun........	4.—	7.—	3.—
618.	5 (Pfg.) schwarzblaugrün.....	18.—	30.—	3.—
619.	12 (Pfg.) dunkelbraunrot	3.—	10.—	3.—
620.	25 (Pfg.) (dunkel-)violettblau ...	40.—	140.—	15.—

Ⓢ MÜNCHEN und BERLIN NW 40. VI. Internationaler Gemeindekongress München-Berlin 1936.

Gültig bis 31. 12. 1937.

Die ✉-Preise gelten für portogerecht frankierte Briefe oder Paket-(Post)-karten.
EF = Einzelfrankatur, d. h. die Marke allein auf dem Brief.
MeF= Mehrfachfrankatur, d. h. die gleiche Marke mehrfach auf dem Brief. Der Preis gilt nur für 2 Stück; weitere Stücke der gleichen Marke werden mit dem Preis für lose ⊙ dazugerechnet.
MiF = Mischfrankatur, d. h. die Marke mit anderen Marken auf dem Brief. Briefpreis gilt für die teuerste Marke, die übrigen Marken werden mit dem Preis für lose ⊙ dazugerechnet.

Nicht portogerecht frankierte Briefe werden nur mit einem Aufschlag von maximal 15% für die teuerste Marke auf den ⊙-Preis bewertet, restliche Marken mit dem normalen ⊙-Preis hinzugerechnet.

1936, 22. Juni. Wohlt.-So.-Ausg. in Blockform zum 3. Rennen um „Das Braune Band" in München-Riem. ⓡ R. Klein; StTdr. auf handgeschöpftem Papier; mit Bogenrand-Wz. Marken mit Wz. 4; gez. Ks 14.

gb l

		EF	MeF	MiF
621.	42 (+108 Pfg.) dkl'braun.. gb l	80.—	.—	80.—
	Block 4 (147:105 mm)........ gb l	100.—	.—	100.—

Ⓢ MÜNCHEN-RIEM.   *Gültig bis 31.3.1937.*

1936, 30. Juni. So.-Ausg. Weltkongreß für Freizeit und Erholung in Hamburg. ⓡ S. Semar; RaTdr. auf gestrichenem Papier; Wz. 4; gez. K 14.

gc) Sinnbild

622.	6 (Pfg.) schw'blaugrün.... gc	7.—	9.—	6.—
623.	15 (Pfg.) braunkarmin ..... gc	50.—	120.—	8.—

Gültig bis 31. 12. 1937.

1936, 1. Aug. Wohlt.-So.-Ausg. in Blockform zu den Olympischen Sommerspielen in Berlin (1. bis 16.8.). Marken in Zeichnung der Nr. 609, 610, 611, 616 und Nr. 612, 613, 614, 615 zu je einem Block zusammengefaßt. StTdr. auf handgeschöpftem, normalem oder stärkerem kartonähnlichem Papier mit Bogenrand-Wz., Marken mit Wz. 4; gez. Ks 14.

fy l

624.	3+ 2 (Pfg.) dkl'braun.... fs	250.—	.—	150.—
625.	4+ 3 (Pfg.) schw'graubl..	310.—	.—	150.—
626.	6+ 4 (Pfg.) dkl'bläul'grün fu	200.—	.—	150.—
627.	40+35 (Pfg.) purpurviolett. fz	500.—	.—	150.—
	Block 5 (147:104 mm)........ fz l	380.—	.—	300.—

Deutsches Reich

		EF	MeF	MiF
628.	8+ 4 (Pfg.) orangerot ... fv	250.—	—.—	150.—
629.	12+ 6 (Pfg.) braunrot .... fw	180.—	—.—	150.—
630.	15+10 (Pfg.) dkl'br'kar.... fx	650.—	—.—	150.—
631.	25+15 (Pfg.) dkl'vio'blau .. fy	450.—	—.—	150.—
	Block 6 (147:104 mm) .... fy	380.—	—.—	300.—

1936, 3. Sept. So.-Ausg. 8. Nürnberger Parteitag. RaTdr. auf gestrichenem Papier; Wz. 4; gez. K 14.

gd) Hakenkreuz und Hände

632.	6 (Pfg.) schw'blaugrün.... gd	4.—	5.—	3.50
633.	12 (Pfg.) dkl'braunrot...... gd	4.—	9.—	3.50

Gültig bis 31. 12. 1937.

1936, 21. Sept./2. Nov. Wohlt.-Ausg. für das Winterhilfswerk. – Moderne Bauten. ✂ G. Fritz; StTdr.; gez. K 14.

ge) Reichsautobahn München–Reichsgrenze   gf) Berlin, Luftfahrtministerium   gg) Nürnberg, Ehrenmal

gh) Saalebrücke   gi) Berlin, Deutschlandhalle   gk) Alpenstraße am Mauthäusl

gl) München, Führerhaus   gm) München, Mangfallbrücke   gn) München, Haus d. Deutschen Kunst

634.	3+ 2 (Pfg.) dkl'olivbraun.. ge	4.—	7.—	3.—
635.	4+ 3 (Pfg.) grauschwarz (2.11.) .... gf	10.—	15.—	3.—
636.	5+ 3 (Pfg.) smaragdgrün (2.11.) .... gg	20.—	80.—	3.—
637.	6+ 4 (Pfg.) dkl'grün ...... gh	3.—	4.—	2.—
638.	8+ 4 (Pfg.) dkl'or'braun (2.11.) .... gi	10.—	22.—	6.—
639.	12+ 6 (Pfg.) dkl'braunrot .. gk	4.—	10.—	3.—
640.	15+10 (Pfg.) schwarzlila (2.11.) .... gl	150.—	300.—	30.—
641.	25+15 (Pfg.) schwarzblau . gm			
	x. senkrechte Gummiriffelung......	750.—	1400.—	500.—
	y. waagerechte Gummiriffelung......	50.—	180.—	30.—
642.	40+35 (Pfg.) vio. (2.11.).... gn	110.—	320.—	45.—

Gültig bis 30.6.1937.

1937, 3. März. So.-Ausg. Luftschutz (go). ✂ nach einem Werbeplakat von Prof. L. Hohlwein; StTdr.; gez. K 14.

go) Schildträger mit Luftschutzabzeichen

		EF	MeF	MiF
643.	3 (Pfg.) dkl'olivbraun	4.—	6.—	2.—
644.	6 (Pfg.) dunkelgrün.........	3.—	4.—	2.—
645.	12 (Pfg.) mittelrot	5.—	12.—	4.—

Gültig bis 31. 12. 1938.

1937, 5. April. Wohlt.-So.-Ausg. in Blockform zum 48. Geburtstag Hitlers. Vier Marken mit Kopf Hitlers. Randbeschriftung in Dunkelgrün. ✂ Prof. R. Klein; RaTdr. auf gestrichenem Papier; Wz. 4; gez. Ks 14.

gp) Adolf Hitler (1889–1945)   gp I

646.	6 (+19 Pfg.) schw'bl'grün .... GA	gp	15.—	30.—	15.—
	Block 7 (147:105 mm) .... gp l	50.—	—.—	50.—

Sonderstempel am 20. 4. in Berlin die Postämter C 2, N 4, NW 7, W 8, W 9, SW 11, O 17, NW 64, SW 68, Berlin-Charlottenburg 1 und 2, Berlin-Schöneberg 1 und Berlin-Neukölln 1, in München die Postämter 1, 2, 8, 13, 19 und 25. Ausserdem wurden Sonderstempel in Nürnberg 2 und Berchtesgaden verwendet.

Gültig bis 31. 12. 1938.

1937, 16. April. Wohlt.-So.-Ausg. in Blockform zur 1. Nationalen Briefmarkenausstellung „Die Deutsche Briefmarke" in Berlin (16. bis 18. April 1937). Wie Block 7, jedoch □.

647.	6 (+19 Pfg.) schw'blaugrün.............. gp	30.—	60.—	30.—
	Block 8 (147:105 mm) .... gp l	125.—	—.—	125.—

1937, 10. Juni. Wohlt.-Ausg. in Blockform zugunsten kultureller Zwecke. Wie Block Nr. 7, jedoch Seitenränder des Bogens □ und neben den Marken der Bdr.-Zusatz „25 Rpf./einschließlich/Kulturspende".

648.	6 (+19+25) Rpf. schw'blaugrün .... gp	50.—	120.—	50.—
	Block 9 (147:105 mm) .... gp II	250.—	—.—	250.—

Block 8 und 9 gültig bis 31. 12. 1938.

Ist in einer Preisspalte keine Notierung vorhanden, lagen dafür bisher keine ✉ vor. Um leihweise Belegvorlage wird daher gebeten.

Deutsches Reich

1937, 1. Aug. Wohlt.-So.-Ausg. zum 4. Rennen um „Das Braune Band" in München-Riem. Block 4, Marke Nr. 621 mit rotem Aufdruck 1. AUGUST / 1937 / MÜNCHEN- / RIEM im Eichenkranz.

		EF	MeF	MiF
649.	42 (+108 Pfg.) dkl'braun .... (621) R	700.—	—.—	750.—
	Block 10 (147:105 mm)... (Bl. 4) R	650.—	—.—	700.—

Ⓢ MÜNCHEN-RIEM.

Gültig bis 30. 6. 1938.

1937, 3. Sept. Wohlt.-So.-Ausg. in Blockform zum 9. Reichsparteitag 1937. Block 9 mit senkrechtem Seitenaufdruck auf jeder Marke. REICHSPARTEITAG / NÜRNBERG 1937.

650.	6 (+19+25) Rpf. schwarzblaugrün ....(648)	45.—	75.—	45.—
	Block 11 (147:105 mm) ..... (Bl. 9)	200.—	—.—	200.—

Ⓢ NÜRNBERG.

Gültig bis 31. 12. 1938.

1937, 4. Nov. Wohlt.-Ausg. für das Winterhilfswerk – Schiffe. Ⓚ Axter-Heudtlass; StTdr.; gez. K 14.

gr) Rettungsboot der Deutschen Gesellschaft zur Rettung Schiffbrüchiger

gs) Feuerschiff „Elbe 1"

gt) Fischerboote a. d. Kurischen Nehrung

gu) KdF-Schiff „Wilhelm Gustloff" vor Madeira; Aloe (Aloe sp.-Liliaceae)

gv) Viermastbark „Padua"

gw) Dampfer „Tannenberg" des Seedienstes Ostpreußen

gx) Fährschiff „Schwerin" der Linie Warnemünde–Gjedser

gy) Schnelldampfer „Hamburg" der Hapag

gz) Schnelldampfer „Europa" des Nordd. Lloyd

			EF	MeF	MiF
651.	3+ 2 (Pfg.) dkl'braun....	gr	4.—	7.—	3.50
652.	4+ 3 (Pfg.) grünlichschwarz...........	gs	15.—	18.—	7.—
653.	5+ 3 (Pfg.) grün......	gt	20.—	70.—	4.50
654.	6+ 4 (Pfg.) dkl'grün.....	gu	4.—	5.—	3.50
655.	8+ 4 (Pfg.) or'rot	gv	9.—	20.—	7.—
656.	12+ 6 (Pfg.) rot..........	gw	4.—	8.—	3.50
657.	15+10 (Pfg.) dkl'lilabraun.	gx	150.—	280.—	30.—
658.	25+15 (Pfg.) dkl'blau	gy	45.—	170.—	25.—
659.	40+35 (Pfg.) purpur	gz			
	x. senkrechte Gummiriffelung....		1050.—	1800.—	700.—
	y. waagerechte Gummiriffelung		120.—	320.—	55.—

Gültig bis 30.6.1938.

1938, 28. Jan. Wohlt.-So.-Ausg. 5. Jahrestag der Machtergreifung Hitlers (30. 1. 1933). Ⓚ A. Kolb; RaTdr. auf gestrichenem Papier; Wz. 4; gez. K 14.

ha) Fackelträger vor dem Brandenburger Tor

660.	6+4 (Pfg.) schw'blaugrün GA .... ha	9.—	12.—	8.—
661.	12+8 (Pfg.) lebhaftrot ..... ha	15.—	20.—	12.—

Sonderstempel von: Berlin C 2, N 4, W 8, W 9, W 35, NW 7, NW 64, SW 11, SW 68, O 17, SO 36, Berlin-Charlottenburg 1, 2, Berlin-Neukölln 1, Berlin-Pankow 1, Berlin-Reinickendorf Ost 1, Berlin-Schöneberg 1, Berlin-Steglitz 1, Berlin-Wilmersdorf 1, München 1, 2, 8, 13, 15, Nürnberg 1, 2, 5, Stuttgart 1, 3, 9, 13, Frankfurt a. M. 1, 2, 9, 10, 13, 14, Hamburg 1, 13, 19, 20, 22, 26, 27, 33, 36, Leipzig C 1, C 2, O 5, O 29, S 3, W 31.

Gültig bis 31. 12. 1939.

Ab 4. 4. 1938 wurden die kursierenden Marken des Deutschen Reiches auch in Österreich gültig, umgekehrt waren jedoch die österreichischen Marken nicht im Deutschen Reich zu verwenden.
Als Verrechnungsbasis galt 1 RM = 1.50 Schilling.

Gleichzeitig mit der Einführung deutscher Wertzeichen am 4. 4. 1938 wurde der Tarif der Reichspost gültig: Ortsbriefe bis 20 g 8 Pfg. oder 12 Gr. einfache Ortskarten 5 Pfg. oder 8 Gr. usw.

✉ mit Mischfrankaturen Deutschland/Österreich 10.— bis 25.—; mit österr. Sonderstempeln 20% Zuschlag.

1938, 8. April. So.-Ausg. Volksabstimmung in Österreich. Ⓚ Prof. E. Puchinger; RaTdr. Staatsdr. Berlin, auf gestrichenem Papier. Bildgröße 23:28 mm; Wz. 4; gez. K 14.

hb) Symbol: Deutscher und Österreicher mit Fahne

| 662. | 6 Rpf. schwarzgrün GA ... hb | 3.— | 4.— | 2.— |

Deutsches Reich

1938, 8. April. Volksabstimmung in Österreich. Zeichnung wie Nr. 662, jedoch RaTdr. Staatsdr. Wien, auf gestrichenem Papier. Bildgröße 21,5:26 mm; oWz.; gez. 12¾.

		EF	MeF	MiF
663.	6 Rpf. schw'blaugrün ..... hb	4.—	5.—	3.50

Abstimmungsstempel: Breslau Sonderpostamt „Rathaus" (schwarz, blau, violett, rot und Mischfarben) und Wien.

Nr. 662—663 gültig bis 31. 12. 1938.

1938, 13. April. Wohlt.-So.-Ausg. 49. Geburtstag Hitlers. ✉ Prof. R. Klein; StTdr.; gez. K 14.

hc) Kopfbild Hitlers

664.	12+38 (Pfg.) braunrot ..... hc	17.—	40.—	15.—

Zum Geburtstag Hitlers am 20. April wurden bei den folgenden Postämtern Sonderstempel geführt: Berlin C 2, N 4, NW 7, W 8, W 9, SW 11, O 17, NW 64, SW 68, Berlin-Charlottenburg 1, 2, 9, Berlin-Schöneberg 1, Berlin-Neukölln; München 1, 2, 8, 13; Nürnberg 2; Berchtesgaden; Pasewalk; Wien 1, 9, 40, 50, 56, 62, 65, 89, 101; Linz 1; Graz 1; Braunau am Inn.

In Zeichnung hc l: Nr. 672.

1938, 21. Juni. So.-Ausg. Deutsches Turn- und Sportfest in Breslau (24. bis 31. 7. 1938). ✉ G. Fritz; StTdr.; gez. K 14.

hd) Dominsel   he) Sportfeld   hf) Rathaus   hg) Jahrhunderthalle

hd–hg) Ansichten von Breslau

665.	3 (Pfg.) dunkelbraun ...... hd	6.—	7.—	5.—
666.	6 (Pfg.) dunkelgrün ...... he	4.—	5.—	3.50
667.	12 (Pfg.) karminrot .... hf	4.—	10.—	3.50
668.	15 (Pfg.) lilabraun .... hg	100.—	190.—	10.—

Ⓢ BRESLAU, Deutsches Turn- und Sportfest 1938.

Gültig bis 31. 12. 1939.

✈ **1938, 5. Juli. Flp.-So.-Ausg. 100. Geburtstag des Grafen von Zeppelin.** ✉ Axster-Heudtlass; StTdr.; gez. K 14.

Fm) Graf Ferdinand v. Zeppelin (*8. 7. 1838, †8. 3. 1917) in seinem Luftschiff

Fn) Führergondel des Luftschiffes „Hindenburg" LZ 129

Zeppelin-✉

669.	25 (Pfg.) schwarzblau ...... Fm	30.—	75.—	25.—
670.	50 (Pfg.) dkl'bläul'grün ..... Fn	45.—	140.—	25.—

Ⓢ Friedrichshafen, Frankfurt/M. u. Konstanz.

Gültig bis 31. 12. 1939.

1938, 20. Juli. Wohlt.-So.-Ausg. zum 5. Rennen um „Das Braune Band" in München-Riem. ✉ Prof. R. Klein; StTdr.; gez. K 14.

hh) Siegesgöttin mit Siegerkranz

		EF	MeF	MiF
671.	42+108 (Pfg.) dkl'braun ... hh			
	x. dunkelbraun, senkrechte Gummiriffelung .	650.—	—.—	650.—
	y. (hell- bis dunkel-)braun, waagerechte Gummiriffelung .	175.—	450.—	175.—

Ⓢ München-Riem.

Gültig bis 31. 12. 1939.

1938, 1. Sept. Wohlt.-So.-Ausg. 10. Reichsparteitag 1938. StTdr.; gez. K 14:14¼.

hc l) Adolf Hitler (1889–1945)

672.	6+19 (Pfg.) schwarzblaugrün			
	GA .... hc l			
	x. senkrechte Gummiriffelung ..	20.—	40.—	16.—
	y. waagerechte Gummiriffelung ..	380.—	650.—	350.—

Gültig bis 31. 12. 1939.

1938, 9. Okt. Wohlt.-So.-Ausg. Eröffnung des Theaters Saarpfalz. ✉ G. Fritz; RaTdr. auf gestrichenem Papier; Wz. 4; gez. K 14.

hi) Ansicht des Theaters in Saarbrücken

673.	6+4 (Pfg.) schw'blaugrün . hi	18.—	22.—	14.—
674.	12+8 (Pfg.) karminrot ..... hi	25.—	35.—	20.—

Ⓢ SAARBRÜCKEN, Eröffnung des Gautheaters Saarpfalz.

Gültig bis 31. 12. 1939.

1938, 18. Nov. Wohlt.-Ausg. für das Winterhilfswerk – Ostmarklandschaften und Blumen. ✉ Axster-Heudtlass; StTdr.; gez. K 14.

hl) Burg Forchtenstein und Edelweiß (Carlina acaulis — Compositae)

hm) Flexenstraße und Frühlings-Küchenschelle (Anemone vernalis — Ranunculaceae)

hn) Zell am See und Aurikel (Primula auricula — Primulaceae)

ho) Großglockner und Edelweiß (Leontopodium alpinum — Compositae)

hp) Ruine Aggstein und Alpenveilchen (Cyclamen purpurascens — Primulaceae)

hr) Denkmal Prinz Eugen in Wien und Heckenrose (Rosa canina — Rosaceae)

Deutsches Reich

hs) Erzberg und Alpenrose (Rhododendron ferrugineum — Ericaceae)

ht) Hall und Stengelloser Enzian (Gentiana kochiana — Gentianaceae)

hu) Stadtbild Braunau am Inn und Frühlingskrokus (Crocus neapolitanus — Iridaceae)

				EF	MeF	MiF
675.	3+ 2 (Pfg.) braun		hl	7.—	10.—	4.50
676.	4+ 3 (Pfg.) dunkelgraublau		hm	15.—	20.—	8.—
677.	5+ 3 (Pfg.) grün		hn	25.—	60.—	5.—
678.	6+ 4 (Pfg.) dkl'grün		ho	3.—	4.—	3.—
679.	8+ 4 (Pfg.) orangerot		hr	15.—	30.—	9.—
680.	12+ 6 (Pfg.) rot		hr	3.—	8.—	3.—
681.	15+10 (Pfg.) schwarzlila		hs	160.—	280.—	25.—
682.	25+15 (Pfg.) schwarzblau		ht	55.—	150.—	20.—
683.	40+35 (Pfg.) dunkellila		hu	120.—	320.—	40.—

1938, 2. Dez. Wohlt.-So.-Ausg. Abstimmung im Sudetenland am 4. Dezember 1938. ▣ Axster-Heudtlass; RaTdr.; Wz. 4; gez. K 14:13¾; waagerechte, Nr. 684 auch senkrechte Gummiriffelung.

hv) Ehepaar aus dem Egerland (Sudetenland)

684. 6+4 (Pfg.) schwarzblaugrün .... hv
  x. senkrechte Gummiriffelung ...... 100.— 220.— 90.—
  y. waagerechte Gummiriffelung ...... 20.— 28.— 18.—
685. 12+8 (Pfg.) karminrot..... hv 22.— 40.— 20.—

Ⓢ Karlsbad, Reichenberg, Troppau u. a.
Gültig bis 31.12.1939.

1939. Wohlt.-So.-Ausg. Internationale Automobil-Ausstellung in Berlin (17. 2. bis 5. 3. 1939). ▣ E. Meerwald; RaTdr. auf gestrichenem Papier; Wz. 4; gez. K 14.

hw) Die ersten Kraftwagen von Benz (1885) und Daimler (1886)
hx) Rennwagen von „Auto-Union" und „Mercedes-Benz" (1938)
hy) Der Volkswagen

686. 6+ 4 (Pfg.) schwarzblaugrün .... hw 30.— 35.— 20.—
687. 12+ 8 (Pfg.) braunrot... hx 30.— 60.— 25.—
688. 25+10 (Pfg.) dkl'blau ... hy 120.— 300.— 40.—

Ⓢ BERLIN-CHARLOTTENBURG 5/Internationale Automobil- und Motorrad-Ausstellung Berlin 1939.
Gültig bis 31.12.1940.

Mit Aufdruck: Nr. 695—697.

1939, 4. April. So.-Ausg. Reichsberufswettkampf 1939. ▣ E. Meerwald; RaTdr. auf gestrichenem Papier; Wz. 4; gez. K 14.

hz) Siegerplakette

			EF	MeF	MiF
689.	6 (Pfg.) schwarzblaugrün	hz	20.—	30.—	18.—
690.	12 (Pfg.) rot	hz	20.—	45.—	18.—

Gültig bis 31.12.1940.

1939, 13. April. Wohlt.-So.-Ausg. 50. Geburtstag Hitlers. ▣ Prof. R. Klein; StTdr.; gez. K 13¾:14.

ia) Hitler in Braunau

691. 12+38 (Pfg.) rot .... ia 30.— 45.— 25.—

Ⓢ in vielen Orten. *Gültig bis 31.12.1940.*

Bei den folgenden Ausgaben bis Nr. 910 bedeutet das (W) hinter der Angabe des Druckverfahrens: Druck der Staatsdruckerei, Wien.

1939, 22. April. Wohlt.-So.-Ausg. zur Gartenschau in Stuttgart (22. 4. bis 31.10.1939). ▣ H. L. Schmitt; RaTdr. (W) auf gestrichenem Papier; gez. K 12¾.

ib) Bild eines Ausstellungspavillons und Stuttgarter Stadtwappen

692. 6+4 (Pfg.) schwarzgrün ... ib 20.— 30.— 18.—
693. 15+5 (Pfg.) dkl'rötlichlila ... ib 120.— 220.— 22.—

Ⓢ STUTTGART/Reichsgartenschau 1939.
Gültig bis 31.12.1940.

1939, 28. April. Wohlt.-So.-Ausg. Tag der Arbeit (1. Mai). RaTdr. auf gestrichenem Papier; Wz. 4; gez. K 14¼:13½.

ic) Hitler am Rednerpult

694. 6+19 (Pfg.) schwarzbraun
 [GA] .... ic 30.— 40.— 25.—

Ⓢ MÜNCHEN. *Gültig bis 31.12.1940.*

In Zeichnung ic I: Nr. 701.

1939, 18. Mai. Wohlt.-So.-Ausg. zum Nürburgring-Rennen (21. 5. und 23. 7. 1939). Nr. 686—688, mit einzeiligem Aufdruck NÜRBURGRING-RENNEN.

695. 6+ 4 (Pfg.) schwarzblaugrün .... (686) 140.— 350.— 120.—
696. 12+ 8 (Pfg.) braunrot... (687) 150.— 450.— 120.—
697. 25+10 (Pfg.) dunkelblau ... (688) 250.— 750.— 120.—

Ⓢ NÜRBURGRING (Eifel).
Aufdruckfälschungen.
Gültig bis 31.12.1940.

Deutsches Reich

1939, 18. Juni. Wohlt.-So.-Ausg.: 70 Jahre Deutsches Derby. Ⓢ Prof. Hadank; StTdr.; gez. K 14¼:14.

id) Reiter

		EF	MeF	MiF
698.	25+50 (Pfg.) dkl'ultramarin . id	90.—	350.—	75.—

Ⓢ HAMBURG, 70 Jahre Deutsches Derby.

Gültig bis 31. 12. 1940.

ii) Reichsberufswettkampf

ik) Nachwuchslager Zeesen

1939, 12. Juli. Wohlt.-So.-Ausg. zum 6. Rennen um „Das Braune Band" in München-Riem. Ⓢ Prof. R. Klein; StTdr.; gez. K 14¼:14.

ie) Rossebändiger

699.	42+108 (Pfg.) dkl'braun ... ie	120.—	430.—	120.—

Ⓢ MÜNCHEN-RIEM.

il) Leistungswettkampf

im) Begabtenauslese

1939, 12. Juli. Wohlt.-So.-Ausg. Tag der Deutschen Kunst. RaTdr. auf gestrichenem Papier; Wz. 4; gez. K 14.

if) Venezianisches Frauenbildnis; Gemälde von Albrecht Dürer (1471–1528)

700.	6+19 (Pfg.) schw'blaugrün . if	45.—	90.—	40.—

Ⓢ MÜNCHEN, Tag der Deutschen Kunst.

Gültig bis 31. 12. 1940.

in) Geländefahren

io) Postsport

ip) Postschutz

ir) Segelflugwerkstätte

1939, 25. Aug. Wohlt.-So.-Ausg. zum beabsichtigten Reichsparteitag in Nürnberg. Zeichnung der Nr. 694, jedoch mit weiterer Inschrift REICHS-/PARTEITAG/1939. RaTdr. auf gestrichenem Papier; Wz. 4; gez. K 14¼:13½.

ic l) Hitler am Rednerpult

701.	6+19 (Pfg.) schw'braun ... icl	40.—	80.—	35.—

Gültig bis 31. 12. 1940.

In Zeichnung ic: Nr. 694.

is) Alte Postkutsche

it) Erholungsheim in Königstein im Taunus

1939, 15. Sept. 1. Wohlt.-Ausg. für den Kameradschaftsblock der Deutschen Reichspost. Ⓢ Axster-Heudtlass; RaTdr. auf gestrichenem Papier; gez. K 13¾:14½.

ig) Großkundgebung in der Deutschlandhalle in Berlin

ih) Postwissenschaftliche Woche in Wien

		EF	MeF	MiF
702.	3+ 2 (Pfg.) lebh'braun ... ig	60.—	80.—	35.—
703.	4+ 3 (Pfg.) dkl'graublau . ih	90.—	100.—	30.—
704.	5+ 3 (Pfg.) smaragdgrün. ii	55.—	200.—	12.—
705.	6+ 4 (Pfg.) schwarzblaugrün .... ik	10.—	25.—	10.—
706.	8+ 4 (Pfg.) rotorange ... il	20.—	50.—	10.—
707.	10+ 5 (Pfg.) dkl'braun ... im	250.—	350.—	10.—
708.	12+ 6 (Pfg.) rot .... in	10.—	40.—	10.—
709.	15+10 (Pfg.) lilapurpur ... io	200.—	350.—	18.—
710.	16+10 (Pfg.) schwarzolivgrün .... ip	90.—	300.—	24.—
711.	20+10 (Pfg.) lebh'violettultramarin .... ir	350.—	480.—	30.—
712.	24+10 (Pfg.) schwarzoliv.. is	80.—	600.—	30.—
713.	25+15 (Pfg.) dkl'viol'blau . it	120.—	650.—	35.—

Gültig bis 31. 12. 1940.

Marken in ähnl. Zeichnungen: Nr. 773—778, 888—893.

1939, 18. Sept. So.-Ausg. Wiedereingliederung Danzigs in das Reich. RaTdr. auf gestrichenem Papier; Wz. 4; gez. K 14.

iu) Marienkirche
iv) Krantor

		EF	MeF	MiF
714.	6 (Pfg.) schw'blaugrün.... iu	5.—	6.—	4.—
715.	12 (Pfg.) bräunlichrot....... iv	5.—	12.—	4.—

Ⓢ DANZIG/19. September 1939.

Gültig bis 31.12.1940.

1939, 1. Okt. Ah.-Ausg. Freimarken von Danzig, mit Aufdruck „Deutsches Reich" und „Rpf" oder „Reichsmark" in zwei Auflagen.

716.	(3) Rpf. a. 3 (Pfg.) dkl'orangebraun ....(289)	15.—	30.—	12.—
717.	4 Rpf. a. 35 (Pfg.) ultramarin (215)	50.—	60.—	12.—
718.	(5) Rpf. a. 5 (Pfg.) lebh'orange GA .....(290)	80.—	180.—	12.—
719.	(8) Rpf. a. 8 (Pfg.) mittelgelbgrün.......(291)	30.—	55.—	20.—
720.	(10) Rpf. a. 10 (Pfg.) dkl'blaugrün ....(292)	220.—	320.—	20.—
721.	12 Rpf. a. 7 (Pfg.) gelbgrün ....(236)	12.—	30.—	12.—
722.	(15) Rpf. a. 18 (Pfg.) orangerot ....(293)	230.—	320.—	40.—
723.	(20) Rpf. a. 20 (Pfg.) schw'grüngrau .....(245)	350.—	400.—	30.—
724.	(25) Rpf. a. 25 (Pfg.) karminrot..........(294)	70.—	350.—	40.—
725.	(30) Rpf. a. 30 (Pfg.) bläulichviolett (Wz. Hakenkreuze).......	200.—	350.—	22.—
726.	(40) Rpf. a. 40 (Pfg.) dkl'violettultramarin .(295)	80.—	280.—	30.—
727.	(50) Rpf. a. 50 (Pfg.) blau/orangerot.....(296)	180.—	420.—	35.—
728.	1 RM. a. 1 G. rotor./ lilaschwarz ....(297)			
	x. dickes Papier, gelbl. Gummi.........	400.—	900.—	200.—
	y. weißes dünnes Papier	350.—	750.—	140.—
729.	2 RM. a. 2 G. ....(213)			
	x. rosa/grauschwarz, dickeres Papier, gelbl. Gummi.........	950.—	2200.—	400.—
	y. purpurkarmin/schwarz, weißes, dünneres Papier, weißer Gummi ..	700.—	1700.—	250.—

Nr. 716–729 sind häufig mit Sonderstempel. „DANZIG/DER FÜHRER /HAT UNS BEFREIT/1. Sept. 1939" bzw. „DANZIG GRÜSST JUBELND/ SEINEN FÜHRER UND BEFREIER/ADOLF HITLER/19. Sept. 39" anzutreffen, obwohl sie erst am 1. Okt. 1939 ausgegeben wurden. Vorgenannter Stempel wurde 3 Monate lang mit diesem unveränderten Datum verwendet.

Nr. 716–729 konnten ab 21.10.1939 auch im gesamten Gebiete der Deutschen Reichspost verwendet werden.

Gültig bis 31.12.1940.

1939, 27. Okt./9. Nov. Wohlt.-Ausg. für das Winterhilfswerk – Bauwerke. ✉H. Trier; StTdr.; gez. K 14.

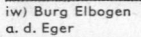

iw) Burg Elbogen a. d. Eger
ix) Drachenfels am Rhein
iy) Kaiserpfalz Goslar

iz) Uhrturm Graz
ka) Römer, Frankfurt a. M.
kb) Ständehaus, Klagenfurt

kc) Burgruine Schreckenstein bei Aussig
kd) Feste Salzburg
ke) Hohentwiel bei Singen

		EF	MeF	MiF
730.	3+ 2 (Pfg.) dkl'braun.... iw	6.—	10.—	3.50
731.	4+ 3 (Pfg.) blauschw..... ix	18.—	20.—	10.—
732.	5+ 3 (Pfg.) sm'grün .... iy	25.—	80.—	3.50
733.	6+ 4 (Pfg.) schwarzgrün . iz	4.—	5.—	3.—
734.	8+ 4 (Pfg.) orangerot.... ka	10.—	22.—	7.—
735.	12+ 6 (Pfg.) dkl'braunrot . kb	3.—	8.—	2.50
736.	15+10 (Pfg.) schwarzlila .. kc	150.—	280.—	25.—
737.	25+15 (Pfg.) viol'ultramarin (9.11.1939) kd	70.—	180.—	25.—
738.	40+35 (Pfg.) violettpurpur . ke	120.—	280.—	35.—
735 x.	senkrechte Gummiriffelung...	18.—	50.—	15.—

Gültig bis 30.6.1940.

1939, 1. Nov. Auslands-Zeitungsmarken (Za). RaTdr.; Wz. 4; gez. K 14.

Za) Zeitungsbote eilt über Erdkugel

auf Streifband
Z. 738.	5 (Pfg.) dkl'smaragdgrünm..	250.—	400.—	250.—
Z. 739.	10 (Pfg.) lilabraun	250.—	650.—	250.—

✉ = auf echt gelaufenen Bedarfs-Auslands-Streifbändern. Andere Postsendungen durften mit den Zeitungsmarken nicht frankiert werden, Ausnahmen aber bekannt. Prüfung ratsam.

1940, 3. März. So.-Ausg. zur Leipziger Frühjahrsmesse 1940. Ansichten von Leipzig. ☒ Axster-Heudtlass (Nr. 739 bis 741) und R. Engelhardt (Nr. 742); RaTdr. (W) auf gestrichenem Papier; gez. L 11.

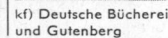

kf) Deutsche Bücherei und Gutenberg
kg) Uhrturmhaus am Augustusplatz

Deutsches Reich

kh) Marktplatz und
Altes Rathaus

ki) Große
Technische und
Baumesse

		EF	MeF	MiF
739.	3 (Pfg.) dkl'braun....... kf	6.—	12.—	4.—
740.	6 (Pfg.) schwarzblaugrün . . kg	4.—	5.—	3.—
741.	12 (Pfg.) dkl'bräunlichrot. . . kh	4.—	10.—	3.—
742.	25 (Pfg.) violettultramarin . . ki	45.—	120.—	12.—

Ⓢ LEIPZIG. *Gültig bis 31. 12. 1941.*

1940, 28. März. Wohlt.-So.-Ausg. 2. „Nationale Briefmarkenausstellung 1940" in Berlin (28. bis 31. 3. 1940). ✂ G. Fritz; StTdr.; gez. K 14.

kk) Hof der neuen Reichskanzlei

| 743. | 24+76 (Pfg.) schw'blaugrün kk | 60.— | 300.— | 60.— |

Ⓢ BERLIN, Nationale Briefmarken-Ausstellung.

Gültig bis 31. 12. 1941.

1940, 10. April. Wohlt.-So.-Ausg. 51. Geburtstag Hitlers. ✂ Prof. R. Klein; RaTdr. auf gestrichenem Papier; Wz. 4; gez. K 14:13½.

kl) Hitler mit Kind

| 744. | 12+38 (Pfg.) dkl'bräunl'rot . . kl | 30.— | 60.— | 30.— |

Gültig bis 31.12.1941.

1940, 30. April. Wohlt.-So.-Ausg. Tag der Arbeit (1. Mai). ✂ A. Grögerchen; RaTdr. (W) auf gestrichenem Papier; gez. 14.

km) Ritter

| 745. | 6+4 (Pfg.) schwarzgrün . . km | 8.— | 12.— | 7.— |

Gültig bis 31.12.1941.

1940, 22. Juni. Wohlt.-So.-Ausg. zum Großen Deutschlandpreis der Dreijährigen um „Das Blaue Band" in Hamburg (23. bis 30.6.). ✂ E. Stahl; RaTdr. auf gestrichenem Papier; Wz. 4; gez. K 14.

kn) Hürdensprung

| 746. | 25+100 (Pfg.) dkl'violett-ultramarin............. kn | 50.— | 240.— | 40.— |

Ⓢ HAMBURG, Großer Deutschlandpreis der Dreijährigen.

Gültig bis 31. 12. 1941.

1940, 20. Juli. Wohlt.-So.-Ausg. zum 7. Rennen um „Das Braune Band" in München-Riem. ✂ Prof. R. Klein; Ⓢ Prof. Lorber; StTdr. (W); gez. K 14.

ko) Kampfwagen des Altertums

		EF	MeF	MiF
747.	42+108 (Pfg.) dkl'lilabraun . ko	140.—	400.—	140.—

Ⓢ MÜNCHEN-RIEM.

Gültig bis 30.6.1941.

1940, 25. Juli. Wohlt.-So.-Ausg. Wiedereingliederung der Gebiete von Eupen, Malmedy und Moresnet. ✂ E. R. Vogenauer; RaTdr. auf gestrichenem Papier; Wz. 4; gez. K 14.

kp) Malmedy

kr) Eupen

| 748. | 6+4 (Pfg.) schw'blaugrün . . kp | 14.— | 17.— | 10.— |
| 749. | 12+8 (Pfg.) mittelbraunrot . . kr | 12.— | 25.— | 10.— |

Ⓢ EUPEN, MALMEDY UND MORESNET.

Gültig bis 31. 12. 1941.

1940, 9. Aug. Wohlt.-So.-Ausg. 50 Jahre Helgoland deutsch. ✂ E. Meerwald; RaTdr. (W) auf gestrichenem Papier; gez. K 14.

ks) Ansicht von Helgoland

| 750. | 6+94 (Pfg.) dkl'blaugrün/ orangerot............. ks | 35.— | 80.— | 35.— |

Ⓢ HELGOLAND 1890–1940. *Gültig bis 31.12.1941.*

1940, 5. Nov. Wohlt.-Ausg. für das Winterhilfswerk – Bauwerke. ✂ L. Wüst; StTdr.; gez. K 14.

kt) Artushof in Danzig

ku) Rathaus in Thorn

kv) Pfalz bei Kaub

kw) Stadttheater in Posen

kx) Heidelberger Schloß

ky) Porta Nigra in Trier

Deutsches Reich

kz) Neues Deutsches Theater in Prag

Ia) Rathaus in Bremen

Ib) Rathaus in Münster (Westf.)

			EF	MeF	MiF
751.	3+ 2 (Pfg.)	dkl'br. . . . . . . kt	7.—	12.—	5.—
752.	4+ 3 (Pfg.)	blauschw. . . . . ku	18.—	20.—	8.—
753.	5+ 3 (Pfg.)	smaragdgrün . . . . kv	20.—	80.—	3.50
754.	6+ 4 (Pfg.)	schwarzgrün . . kw	3.—	4.—	2.50
755.	8+ 4 (Pfg.)	rotorange . . . . kx	10.—	20.—	8.—
756.	12+ 6 (Pfg.)	karminrot . . . . ky	3.50	8.—	3.50
757.	15+10 (Pfg.)	dkl'graulila . . kz	150.—	250.—	14.—
758.	25+15 (Pfg.)	violettultr. . . . la	60.—	190.—	16.—
759.	40+35 (Pfg.)	purpur . . . . . . lb	120.—	320.—	30.—

Gültig bis 30. 6. 1941.

1940, 26. Nov. Wohlt.-So.-Ausg. 50 Jahre Diphterie-Serum. RaTdr. (W) auf gestrichenem Papier; gez. K 14.

Ic) Emil v. Behring (1854—1917), Bezwinger der Diphterie und des Wundstarrkrampfes, Begründer der Serumtherapie

760.	6+ 4 (Pfg.)	schw'bl'grün. lc	9.—	15.—	8.—
761.	25+10 (Pfg.)	violettblau . . . lc	40.—	200.—	12.—

Ⓢ LEVERKUSEN und MARBURG.

Gültig bis 31. 12. 1941.

1941, 12. Jan. Wohlt.-So.-Ausg. Tag der Briefmarke 1941. ✍ E. Meerwald; RaTdr. (W) auf gestrichenem Papier; gez. K 14.

Id) Postillion vor Weltkugel

762.	6+24 (Pfg.)	dunkelgrün . . Id	9.—	14.—	8.—

Ⓢ TAG DER BRIEFMARKE in verschiedenen Städten.

Gültig bis 31.12.1942.

1941, 30. Jan. Wohlt.-So.-Ausg. Deutsch-italienische Waffenbrüderschaft. ✍ Prof. R. Klein; RaTdr. auf gestrichenem Papier; Wz. 4; gez. K 13¾ :14.

Ie) Hitler und Mussolini

763.	12+38 (Pfg.)	dkl'braunrot (Tönungen) . . . . le	15.—	30.—	15.—

Ⓢ BERLIN, MÜNCHEN, WIEN.

Gültig bis 31. 12. 1942.

1941, 1. März. So.-Ausg. Leipziger Frühjahrsmesse 1941. ✍ E. Stahl; RaTdr. (W) auf gestrichenem Papier; gez. K 14.

If) Haus der Nationen

Ig) Gewandhaus

Ih) Alte Waage

Ii) Hauptbahnhof

If—Ii) Ansichten von Leipzig

			EF	MeF	MiF
764.	3 (Pfg.)	braun . . . . If	7.50	12.—	5.—
765.	6 (Pfg.)	dkl'grün . . . . Ig	5.—	7.—	4.—
766.	12 (Pfg.)	dkl'braunrot . . . . . . Ih	5.—	10.—	4.—
767.	25 (Pfg.)	blau Ii	65.—	170.—	15.—

Ⓢ LEIPZIG.

Gültig bis 31.12.1942.

1941, 8. März. So.-Ausg. Wiener Frühjahrsmesse. ✍ Prof. W. Dachauer; RaTdr. (W) auf gestrichenem Papier; gez. K 14.

Ik) Tänzerin (Statue)

Il) Messehaus, Wien, Abzeichen der Messe

Im) Burgtheater, Wien, Masken, Leier

In) Prinz-Eugen-Denkmal, Wien

768.	3 (Pfg.)	siena . . . . Ik	10.—	15.—	5.50
769.	6 (Pfg.)	dkl'blaugrün Il	5.—	7.—	4.—
770.	12 (Pfg.)	hellrot . . . . Im	4.—	12.—	3.50
771.	25 (Pfg.)	dkl'blau . . . . In	75.—	190.—	20.—

Ⓢ WIEN, Wiener Frühjahrsmesse 1941.

Gültig bis 31. 12. 1942.

1941, 17. April. Wohlt.-So.-Ausg. 52. Geburtstag Hitlers. ✍ E. R. Vogenauer; RaTdr. auf gestrichenem Papier; Wz. 4; gez. K 14½ :13¾.

Io) Hitler mit Mütze

772.	12+38 (Pfg.) dkl'bräunl'rot . Io			
	x. senkrechte Gummiriffelung	20.—	50.—	20.—
	y. waagerechte Gummiriffelung	55.—	130.—	50.—

Ⓢ in mehreren Städten.

Gültig bis 31.12.1942.

Deutsches Reich

1941, 16. Mai. 2. Wohlt.-Ausg. für den Kameradschaftsblock der Deutschen Reichspost. Marken in Zeichnung der Nr. 705, 706, 708 und 710–712 in geänderten Farben und mit geänderten Zuschlagswerten. RaTdr. (W) auf gestrichenem Papier; gez. K 13¾ :14¼.

ik) Nachwuchslager Zeesen

il) Leistungswettkampf

in) Geländefahren

ip) Postschutz

ir) Segelflugwerkstätte

is) Alte Postkutsche

		EF	MeF	MiF
773.	6+ 9 (Pfg.) dunkelgrün GA . . . . ik	12.—	30.—	8.—
774.	8+12 (Pfg.) braunrot il	18.—	60.—	11.—
775.	12+18 (Pfg.) rotkarmin . . . . . in	9.—	40.—	7.—
776.	16+24 (Pfg.) grauschwarz . . . . ip	55.—	320.—	22.—
777.	20+30 (Pfg.) violettultramarin . . . . ir	400.—	450.—	30.—
778.	24+36 (Pfg.) purpurviolett . . . . is	80.—	450.—	50.—

Gültig bis 31. 12. 1942.
Ähnliche Zeichnungen in kleinerem Format : Nr. 888–893.

1941, 20. Juni. Wohlt.-So.-Ausg. zum Großen Deutschland-Preis der Dreijährigen um „Das Blaue Band" in Hamburg (22. bis 29. 6. 1941). ⓔ E. Meerwald; Ⓢ Prof. F. Lorber; StTdr. (W); gez. K 14.

Ip) Kopf eines Rennpferdes
779. 25+100 (Pfg.) dunkelviolettblau. . . . . Ib 50.— 260.— 40.—

Ⓢ HAMBURG, Großer Deutschlandpreis der Dreijährigen.
Gültig bis 31. 12. 1942.

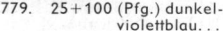

1941, 20. Juli. Wohlt.-So.-Ausg. zum 8. Rennen um „Das Braune Band" in München-Riem. Ⓢ Prof. R. Klein; StTdr. (W); gez. K 14.

Ir) Amazonen im Angriff
780. 42+108 (Pfg.) dunkellilabraun. . . . . Ir 35.— 300.— 35.—

Ⓢ MÜNCHEN-RIEM.
Gültig bis 31. 12. 1942.

1941, 1. Aug./1944. Freim.-Ausg. Adolf Hitler. ⓔ Prof. R. Klein; Bdr. auf gestrichenem Papier, ab Nr. 787 StTdr. auf gewöhnlichem Papier; gez. K 14.

 ls  lt  lu

ls–lu) Adolf Hitler (1889–1945)

		EF	MeF	MiF
781.	1 (Pfg.) . . . . ls			
	a. schw'grau (Töne) . . .		15.—	2.—
	b. grauschwarz		25.—	3.—
782.	3 (Pfg.) rötlichbraun . . . . ls	2.—	3.—	2.—
783.	4 (Pfg.) dkl' bis schw'graublau . . . . . . ls	5.—	10.—	3.—
784.	5 (Pfg.) GA . . . . ls			
	a. dkl'olivgrün (Töne) .	10.—	15.—	2.—
	b. schwarzolivgrün . . .	22.—	30.—	5.—
785.	6 (Pfg.) GA . . . . ls			
	a. lebh'blauviolett bis purpurviolett	2.—	2.—	2.—
	b. lebh'violett bis lebh'bläulichviolett	3.—	4.—	3.—
786.	8 (Pfg.) zinnober (Töne) . ls	2.—	5.—	2.—
787.	10 (Pfg.) dunkelsiena . . . . ls	90.—	35.—	3.—
788.	12 (Pfg.) karminrot . . . . . . ls	2.—	3.—	2.—
789.	15 (Pfg.) karminbraun bis braunkarmin (Töne) GA . . . . ls	40.—	60.—	4.—
790.	16 (Pfg.) dunkelgrünblau ls	10.—	40.—	8.—
791.	20 (Pfg.) kobalt . . . . ls	50.—	80.—	2.—
792.	24 (Pfg.) dunkelorangebraun . . . . ls	9.—	60.—	6.—
793.	25 (Pfg.) violettblau bis dkl'violettblau . . . . lt	30.—	30.—	3.—
794.	30 (Pfg.) schwarzoliv . . . lt	40.—	50.—	3.—
795.	40 (Pfg.) dkl'lila bis hellbläulichviolett . . . . lt	14.—	25.—	4.—
A795.	42 (Pfg.) dkl'bläulichgrün (Töne) (1944) . . . . lu	15.—	150.—	15.—
796.	50 (Pfg.) schwarzblaugrün . . . . lt	10.—	25.—	4.—
797.	60 (Pfg.) karminbraun . . lt	10.—	25.—	4.—
798.	80 (Pfg.) schwarzviolettblau (Töne) . . . . lt	15.—	30.—	4.—

Nr. 787 und 788 in Bdr.: Nr. 826 und 827.

1942/44. Freim.-Erg.-Werte. Adolf Hitler (Iv). ⓔ Prof. W. Dachauer; Ⓢ Prof. F. Lorber; StTdr. (W) in Bogen zu 25 Marken; A (1942) Perfix-Zähnung L 12½, B (1944) gez. K 14.

Iv) Adolf Hitler (1889–1945)

A gez. L 12½

		EF	MeF	MiF*)
799.	1 RM. schwarzgrün (Töne) . .	50.—	70.—	40.—
800.	2 RM. schwarzviolett	100.—	300.—	60.—
801.	3 RM. dunkelbraunrot	240.—	720.—	140.—
802.	5 RM. schw'violettultramarin	380.—	1250.—	160.—

B gez. K 14

799.	1 RM. schwarzgrün (Töne) . .	100.—	150.—	70.—
800.	2 RM. schwarzviolett	180.—	600.—	100.—
801.	3 RM. dunkelbraunrot	370.—	1400.—	200.—
802.	5 RM. schw'violettultramarin	650.—	2100.—	300.—

*) MiF-Preise für Paketkarten; Briefe 50% Aufschlag.
Weitere Werte in Zeichnung ls: Nr. 826, 827.

Deutsches Reich

1941, 9. Sept. Wohlt.-So.-Ausg. zum „Großen Preis der Reichshauptstadt" in Hoppegarten. E. Meerwald; StTdr.; gez. K 14.

lw) Brandenburger Tor

		EF	MeF	MiF
803.	25+50 (Pfg.) violettultramarin (Töne) .... lw	35.—	210.—	30.—

Ⓢ HOPPEGARTEN, Großer Preis der Reichshauptstadt.

Gültig bis 31.12.1942.

1941, 16. Sept. Wohlt.-So.-Ausg. Wiener Messe. StTdr. (W); gez. K 14.

lx) Blick vom oberen Belvedere. Prof. E. Puchinger

ly) Unteres Belvedere. Prof. F. Zerritsch

804.	12+ 8 (Pfg.) lebh'rot lx	25.—	50.—	18.—
805.	15+10 dunkel-purpurviolett....... ly	230.—	400.—	24.—

Ⓢ WIEN, Wiener Messe.

Gültig bis 31.12.1942.

1941, 29. Sept. Wohlt.-So.-Ausg. zur Eingliederung von Teilgebieten von Steiermark, Kärnten und Krain. E. Meerwald; RaTdr. (W) auf gestrichenem Papier; gez. K 14.

lz) Burg in Marburg a. d. Drau

ma) Veldes mit Wallfahrtskirche Maria im See

mb) Stadtturm und Theater in Pettau

mc) Blick auf den Triglav

806.	3+ 7 (Pfg.) braun....... lz	18.—	35.—	12.—
807.	6+ 9 (Pfg.) lebhaftblauviolett........ ma	15.—	45.—	12.—
808.	12+13 (Pfg.) dkl'bräunl'rot . mb	20.—	90.—	18.—
809.	25+15 (Pfg.) dkl'violettultramarin .... mc	130.—	360.—	35.—

Ⓢ MARBURG, VELDES, PETTAU, MEISTERN.

Gültig bis 31.12.1942.

1941, 28. Nov. Wohlt.-So.-Ausg. 150. Todestag Mozarts. und Ⓢ H. Ranzoni d. J.; StTdr. (W); gez. K 14.

md) Wolfgang Amadeus Mozart (1756—1791), Komponist

| 810. | 6+4 (Pfg.) schwarzlila ... md | 10.— | 20.— | 8.— |

Ⓢ SALZBURG, Mozarts Geburtsstadt, und WIEN, Mozart-Woche.

Gültig bis 31.12.1942.

1942, 11. Jan. Wohlt.-So.-Ausg. Tag der Briefmarke 1942. E. Stahl; RaTdr. (W) auf gestrichenem Papier; gez. K 14.

me) Sammler mit Album

		EF	MeF	MiF
811.	6+24 (Pfg.) purpurviolett............ me	17.—	22.—	14.—

Ⓢ TAG DER BRIEFMARKE von verschiedenen Städten.

Gültig bis 31.12.1942.

1942, 10. März. Wohlt.-So.-Ausg. Heldengedenktag 1942. Prof. R. Klein; RaTdr. auf gestrichenem Papier; gez. K 14.

mf) Kopf eines toten Kämpfers

| 812. | 12+38 (Pfg.) (lebhaft-)grünschwarz.......... mf | 9.— | 25.— | 8.— |

Ⓢ MÜNCHEN und andere Städte.

Gültig bis 31.12.1942.

1942, 13. April. Wohlt.-So.-Ausg. 53. Geburtstag Hitlers. E. R. Vogenauer; RaTdr. auf gestrichenem Papier; gez. K 14¼:13¾.

mg) Adolf Hitler (1889–1945)

813.	12+38 (Pfg.) braunkarmin............ mg			
	x. senkrechte Gummiriffelung.....	55.—	120.—	50.—
	y. waagerechte Gummiriffelung.....	33.—	50.—	30.—

Ⓢ in mehreren Städten.

Gültig bis 31.12.1942.

1942, 16. Juni. Wohlt.-So.-Ausg. zum Großen Deutschland-Preis der Dreijährigen um „Das Blaue Band" in Hamburg (28. 6. 1942). Hohlwein; StTdr. (W); gez. K 14.

mh) Rennpferd mit Jockei

| 814. | 25+100 (Pfg.) dunkelviolettblau........ mh | 70.— | 320.— | 70.— |

Ⓢ HAMBURG wie 1941.

1942, 14. Juli. Wohlt.-So.-Ausg. zum 9. Rennen um „Das Braune Band" in München-Riem. Prof. R. Klein; StTdr. (W); gez. K 14.

mi) Ungesattelte Rennpferde

| 815. | 42+108 (Pfg.) braun .... mi | 30.— | 240.— | 30.— |

1942, 8. Aug. Wohlt.-So.-Ausg. 10 Jahre Deutsche Gesellschaft für Goldschmiedekunst. G. Tischer; RaTdr. (W); gez. K 14.

mk) Nürnberger Brautbecher aus dem 16. Jahrhundert und Aquamanile, Löwe aus dem Lüneburger Silberschatz

Deutsches Reich

		EF	MeF	MiF
816.	6+ 4 (Pfg.) dunkel- braunrot GA....... mk	6.—	10.—	5.—
817.	12+88 (Pfg.) dunkel- bläulichgrün....... mk	9.—	25.—	8.—

Ⓢ HANAU

1942, 8. Aug. So.-Ausg. Gründung des SA-Sportabzeichens. Ⓔ Axster-Heudtlass; RaTdr. (W); gez. K 14.

ml) SA-Sportabzeichen

818.	6 (Pfg.) hellbraunviolett bis dkl'grauviolett....... ml	5.—	6.—	4.—

Ⓢ HANNOVER

1942, 29. Aug. Wohlt.-So.-Ausg. 400. Todestag Henleins. Ⓔ Manz; RaTdr. (W); gez. K 14.

mm) Denkmal: Peter Henlein (1480–1542). Nürnberg, Erfinder der Taschenuhr

819.	6+24 dunkelviolett...... mm	7.—	9.—	6.—

Ⓢ NÜRNBERG, Peter Henlein.

1942, 12. Okt. Wohlt.-So.-Ausg. Europäischer Postkongreß der Achsenmächte in Wien. Ⓔ E. Meerwald; Nr. 820 RaTdr. (W); Nr. 821–822 StTdr. (W); Nr. 820 und 822 gez. K 13¾ :14, Nr. 821 ~.

mn) Blasender Postillion vor Europakarte

mo) Reitender Postillion über der Weltkugel
Ⓔ A. Schuricht

mp) Reitender Postillion
Ⓔ R. Zenzinger

820.	3+ 7 (Pfg.) dunkelblau (Töne) .... mn	13.—	22.—	10.—
821.	6+14 (Pfg.) blau/ dkl'braun GA...... mo	13.—	20.—	10.—
822.	12+38 (Pfg.) karminrot/ dunkelbraun........ mp	15.—	35.—	15.—

1942, 19. Okt. Wohlt.-So.-Ausg. zur Unterzeichnung des Übereinkommens über den europäischen Post- und Fernmeldeverein. Nr. 820–822 mit einzeiligem Aufdruck „19. Okt. 1942".

823.	3+ 7 (Pfg.) dunkel- blau ....(820)	20.—	30.—	15.—
824.	6+14 (Pfg.) blau/ dkl'braun GA ....(821)	18.—	20.—	15.—
825.	12+38 (Pfg.) karminrot/ dunkelbraun......(822)	25.—	45.—	25.—

1942, Dez. Freim.-Ausg. Adolf Hitler. Wie Nr. 787 und 788, jedoch jetzt Bdr. (statt StTdr.) auf gestrichenem Papier; gez. K 14.

Buchdruck (Nr. 826—827)   Stichtiefdruck (Nr. 787—788)

		EF	MeF	MiF
826.	10 (Pfg.) .... ls			
	a. dkl'rotbraun	60.—	20.—	2.—
	b. schwarzrotbraun......	150.—	70.—	8.—
827.	12 (Pfg.) lebh'karminrot.....	1.50	2.—	1.50

1943, 10. Jan. Wohlt.-So.-Ausg. Tag der Briefmarke 1943. Ⓔ E. Meerwald; Rahmen Odr., Mitte StTdr.; gez. K 14.

mq) Alte Postkutsche

828.	6+24 (Pfg.) dkl'blaugrau/ dkl'braun/gelb .... mq	5.—	12.—	4.—

Ⓢ TAG DER BRIEFMARKE von verschiedenen Orten.

1943, 26. Jan. Wohlt.-So.-Ausg. 10. Jahrestag der Machtergreifung Hitlers. Ⓔ G. Klein; RaTdr. (W); gez. K 13¾:14.

mr) Brandenburger Tor mit Reichsadler

829.	54+96 (Pfg.) dunkel- braunrot.......... mr	35.—	300.—	20.—

Ⓢ BERLIN, MÜNCHEN, WIEN.

1943, 26. Jan. Wohlt.-So.-Ausg. für Sonderstempel. Ⓔ G. Marggraff; RaTdr. (W); gez. K 14.

ms) Reichsadler mit Wertziffer

830.	3+2 (Pfg.) lebhaft- olivbraun........... ms	7.—	40.—	5.—

Nicht portogerecht frankierte Briefe werden nur mit einem Aufschlag vom maximal 15% für die beste Marke auf den ⊙-Preis bewertet, restliche Marken mit dem normalen ⊙-Preis hinzugerechnet.

Deutsches Reich

1943, 21. März. Wohlt.-So.-Ausg. Tag der Wehrmacht und Heldengedenktag 1943. Ⓔ E. Meerwald; StTdr. der Reichsdr. Berlin (Nr. 831, 834 bis 836, 839–841) bzw. der Staatsdr. Wien (Nr. 832, 833, 837–838, 842); gez. K 14.

„Wehrmacht I"

mt) U-Boot Typ VII A mu) MG-Schützen der Waffen-SS mv) Kradfahrer
Ⓢ W. Hertz   Prof. F. Lorber   Prof. F. Lorber

mw) Nachrichten- mx) Pioniere my) Stürmende
truppe   L. Schnell   Infanterie
Ⓢ J. Piwczyk   L. Schnell

mz) Artillerie   na) Leichte Flak   nb) Stuka Junkers Ju 87
Ⓢ R. Zenziger   A. Schuricht   J. Piwczyk

nc) Fallschirmjäger nd) Panzer   ne) Schnellboot
Ⓢ W. Göritz   B. Chabada   R. Zenziger

Nr.	Wert	Farbe			
831.	3+ 2 (Pfg.)	dkl'lilabraun	mt	11.— 18.—	8.—
832.	4+ 3 (Pfg.)	dkl'braun	mu	25.— 28.—	6.—
833.	5+ 4 (Pfg.)	dkl'grün	mv	30.— 100.—	6.—
834.	6+ 9 (Pfg.)	dkl'pur'vio.	mw	8.— 12.—	6.—
835.	8+ 7 (Pfg.)	dkl'rotor.	mx	15.— 30.—	6.—
836.	12+ 8 (Pfg.)	rotkarmin	my	8.— 25.—	6.—
837.	15+10 (Pfg.)	kar'braun	mz	220.— 370.—	15.—
838.	20+14 (Pfg.)	dkl'graublau	na	280.— 400.—	15.—
839.	25+15 (Pfg.)	schw'blau	nb	90.— 380.—	20.—
840.	30+30 (Pfg.)	dkl'gelbgrün	nc	300.— 350.—	15.—
841.	40+40 (Pfg.)	purpur	nd	130.— 450.—	28.—
842.	50+50 (Pfg.)	schw'grün	ne	250.— 620.—	30.—

Marken in ähnlichen Zeichnungen: Nr. 873–885.

1943, 26. März. Wohlt.-So.-Ausg. Tag der Jugend. Ⓔ E. Meerwald; RaTdr. (W) auf gestrichenem Papier; gez. K 14.

nf) Junge und Mädchen vor Fahne

843. 6+4 (Pfg.) schw'blaugrün . nf   6.—   20.—   5.—

1943, 13. April. So.-Ausg. 54. Geburtstag Hitlers (ng). Ⓔ G. Klein; RaTdr. (W) auf gestrichenem Papier; gez. K 13¾ : 14¼.

ng) Adolf Hitler (1889–1945)

		EF	MeF	MiF
844.	3+ 7 (Pfg.) lilaschwarz	18.—	45.—	12.—
845.	6+ 14 (Pfg.) schw'blaugrün	15.—	30.—	12.—
846.	8+ 22 (Pfg.) indigo	18.—	70.—	12.—
847.	12+ 38 (Pfg.) dkl'braunrot	15.—	40.—	12.—
848.	24+ 76 (Pfg.) schwarzlila	50.—	400.—	30.—
849.	40+160 (Pfg.) schw'grauoliv	270.—	650.—	42.—

Ⓢ BERLIN und in anderen Städten.

1943, 26. Juni. Wohlt.-So.-Ausg. 8 Jahre Arbeitsdienst. Ⓔ K. Müller-Rabe; StTdr. (W); gez. K 14.

 nh   Ⓢ R. Zenziger

Ⓢ A. Schuricht   A. Schuricht   Prof. F. Lorber

nh—nl) Arbeitsmänner im Dienst

850.	3+ 7 (Pfg.) dkl'siena	nh	12.—	25.—	7.—
851.	5+10 (Pfg.) dkl'grünoliv	nh	35.—	80.—	7.—
852.	6+14 (Pfg.) dkl'blau	nk	12.—	20.—	5.—
853.	12+18 (Pfg.) orangerot	nl	14.—	35.—	14.—

1943, 27. Juli. Wohlt.-So.-Ausg. zum 10. Rennen um „Das Braune Band" in München-Riem. Ⓔ Prof. R. Klein; StTdr. (W); gez. K 14.

nm) Jagdreiter

854. 42+108 (Pfg.) braun . . . . . nm   20.—   180.—   16.—

Ⓢ MÜNCHEN-RIEM.

1943, 27. Juli. Wohlt.-So.-Ausg. 100. Geburtstag Roseggers. RaTdr. (W) auf gestrichenem Papier; gez. K 14.

nn) Geburtshaus Roseggers   no) Peter Rosegger (1843–1918), Volksschriftsteller und Heimatdichter
Ⓔ Prof. Brunlechner   Fuchs

855.	6+4 (Pfg.) dunkelgrün	nn	12.—	20.—	8.—
856.	12+8 (Pfg.) dkl'br'rot	no	10.—	35.—	9.—

Ⓢ KRIEGLACH, Peter Rosegger.

Deutsches Reich

1943, 14. Aug. Wohlt.-So.-Ausg. zum Rennen um den „Großen Preis von Wien" am 15. 8. 1943. Ⓩ und Ⓢ H. Ranzoni d. J.; StTdr. (W); gez. K 13¾:14.

np) Rennpferd

		EF	MeF	MiF
857.	6+ 4 (Pfg.) violettschwarz np	10.—	20.—	8.—
858.	12+88 (Pfg.) rotkarmin .... np	10.—	40.—	9.—

Ⓢ WIEN, großer Preis von Wien.

1943, 1. Sept. Wohlt.-So.-Ausg. 10 Jahre Winterhilfswerk. Ⓩ Axster-Heudtlass; Ⓢ Prof. F. Lorber; StTdr. (W); gez. K 14.

nr) Mutter mit Kindern

| 859. | 12+38 (Pfg.) braunrot ..... nr | 12.— | 50.— | 10.— |

1943, 1. Okt. Wohlt.-So.-Ausg. Deutsche Gesellschaft für Goldschmiedekunst. Ⓩ E. R. Vogenauer; Ⓢ J. Piwczyk; StTdr.; gez. K 14.

ns) Ritter St. Georg

860.	6+ 4 (Pfg.) schw'grünoliv			
	GA .... ns	10.—	20.—	8.—
861.	12+88 (Pfg.) karminbraun.. ns	10.—	40.—	8.—

Ⓢ HANAU 18. 10. 1943.

1943, 24. Okt. Wohlt.-So.-Ausg. 800 Jahre Hansestadt Lübeck. Ⓩ A. Mahlau; RaTdr. (W); gez. K 14.

nt) Alt-Lübeck

| 862. | 12+8 (Pfg.) dkl'braunrot ... nt | 15.— | 50.— | 10.— |

Ⓢ LÜBECK, 800 Jahre Hansestadt.

1943, 5. Nov. Wohlt.-So.-Ausg. 20. Jahrestag des Hitlerputsches am 9. November 1923. Ⓩ F. Roubal; RaTdr. (W) gez. K 14.

nu) Fahnenträger

| 863. | 24+26 (Pfg.) dunkelbräunlichrot .... nu | 25.— | 180.— | 12.— |

Ⓢ MÜNCHEN.

1944, 25. Jan. Wohlt.-So.-Ausg. 100. Geburtstag Kochs. Ⓩ E. R. Vogenauer; Ⓢ J. Piwiczyk; StTdr. (W); gez. K 14.

nv) Prof. Dr. Robert Koch (1843–1910) Arzt und Bakteriologe

		EF	MeF	MiF
864.	12+38 (Pfg.) dkl'siena ..... nv	7.—	15.—	6.—

Nr. 864 wurde zwar erst ab 25. Jan. 1944 verkauft, erhielt aber auf Wunsch Gefälligkeitsabstempelung vom 11.12.1943 (Geburtstag Kochs).

Ⓢ WOLLSTEIN, Robert Koch; Berlin C 2, Robert Koch.

1944, 29. Jan. Wohlt.-So.-Ausg. 11. Jahrestag der Machtergreifung Hitlers. Ⓩ G. Klein; RaTdr. (W); gez. K 14.

nw) Hitler mit Adler und Fahne

| 865. | 54+96 (Pfg.) braun....... nw | 40.— | 280.— | 14.— |

1944, 11. Febr. Wohlt.-So.-Ausg. 25 Jahre Deutscher Luftpostdienst. RaTdr. (W); gez. K 14.

nx) Flugzeug Focke-Wulf Condor FW 200 über Flughafen
Ⓩ E. Meerwald

ny) Entwurf eines Langstrecken-Postflugbootes
E. R. Vogenauer

nz) Landflugzeug Junkers Ju 90 „Der große Dessauer"
E. R. Vogenauer

866.	6+ 4 (Pfg.) dkl'grün ..... nx	18.—	30.—	14.—
867.	12+ 8 (Pfg.) lilarot .... ny	16.—	50.—	15.—
868.	42+108 (Pfg.) blau bis dkl'blau .... nzy	70.—	320.—	20.—

1944, 2. März. Wohlt.-So.-Ausg. 10 Jahre Hilfswerk „Mutter und Kind". Ⓩ Axster-Heudtlass; RaTdr. (W); gez. K 14.

oa) Säuglingskrippe

ob) Gemeindeschwester bei Besuch

oc) Arzt untersucht Kind

od) Mütter-erholungsheim

| 869. | 3+ 2 (Pfg.) dkl'rotbraun .. oa | 20.— | 35.— | 7.— |
| 870. | 6+ 4 (Pfg.) schw'blaugrün ob | 12.— | 20.— | 7.— |

Deutsches Reich

		EF	MeF	MiF
871.	12+ 8 (Pfg.) rot . . . . oc	12.—	45.—	7.—
872.	15+10 (Pfg.) dkl'kar'braun. od	250.—	380.—	15.—

1944, 11. März. Wohlt.-So.-Ausg.
1200 Jahre Stadt Fulda. ⌧ F. Wolff;
RaTdr. (W); gez. K 14.

1944, 11. März. Wohlt.-So.-Ausg.
Heldengedenktag 1944. ⌧ Prof.
O. Anton; RaTdr.; gez. K 14.

os) Flora aus dem Schloßgarten, im Hintergrund von links nach rechts der Dom, die Michaelskirche und die Orangerie

		EF	MeF	MiF
886.	12+38 (Pfg.) . . . . os			
	a. braun	9.—	25.—	7.—
	b. hellgelbbraun.	20.—	50.—	15.—

Ⓢ FULDA, 744–1944.

„Wehrmacht II"

oe) Sturmboot

of) Kettenkrad   og) Fallschirmjäger   oh) U-Boot-
kommandant
am Sehrohr

1944, 14. April. Wohlt.-So.-Ausg.
55. Geburtstag Hitlers. ⌧ G. Klein;
Ⓢ J. Piwczyk; StTdr.; gez. K 14¼:13½.

ot) Adolf Hitler (1889–1945)

| 887. | 54+96 (Pfg.) lilarot (Töne) ot | 40.— | 280.— | 11.— |

Ⓢ in mehreren Städten.

oi) Granatwerfer   ok) Scheinwerfer   ol) MG-Schützen
der Waffen-SS

1944, Mai. 3. Wohlt.-Ausg. für den Kameradschaftsblock der Deutschen Reichspost in kleinerem Bildformat 30 × 25 mm (statt 35 × 26 mm). Bilder der 1. Ausgabe mit neuen Werten, Nr. 888 und 890 neue Bilder. ⌧ Axster-Heudtlass; RaTdr. (W); gez. K 14.

om) Sturmgeschütz   on) Schnellboot   oo) Seeaufklärer
Arado Ar 196

ou) Briefzustellerin   ov) Alte Postkutsche   ow) Feldpostbeamter

ox) Geländefahren   oy) Postschutz   oz) Segelflugwerkstätte

op) Eisenbahn-   oq) Nebelwerfer   or) Gebirgsjäger
geschütz

873.	3+ 2 (Pfg.) siena . . . . . . oe	15.—	25.—	10.—
874.	4+ 3 (Pfg.) schwarzblau . of	30.—	45.—	10.—
875.	5+ 3 (Pfg.) schwarzoliv-grün. . . . . og	40.—	100.—	10.—
876.	6+ 4 (Pfg.) lebh'blau-violett . . . . oh	12.—	20.—	10.—
877.	8+ 4 (Pfg.) dkl'orangerot oi	20.—	40.—	10.—
878.	10+ 5 (Pfg.) dkl'lilabraun . ok	200.—	280.—	10.—
879.	12+ 6 (Pfg.) lilarot. . . . . . ol	12.—	40.—	10.—
880.	15+10 (Pfg.) schw'lila . . . om	230.—	370.—	22.—
881.	16+10 (Pfg.) schwarzgrau-grün. . . . . on	55.—	250.—	22.—
882.	20+10 (Pfg.) dkl'blau . . . . oo	350.—	500.—	22.—
883.	24+10 (Pfg.) orangebraun . op	60.—	380.—	22.—
884.	25+15 (Pfg.) dkl'vio'blau . oq	100.—	480.—	35.—
885.	30+20 (Pfg.) schwarzoliv . or	320.—	450.—	35.—

888.	6+ 9 (Pfg.) dkl'viol'blau . ou	12.—	20.—	8.—
889.	8+12 (Pfg.) grünschwarz . ov	20.—	45.—	8.—
890.	12+18 (Pfg.) dkl'karmin . . ow	14.—	45.—	8.—
891.	16+24 (Pfg.) schwarzgrün . ox	60.—	230.—	12.—
892.	20+30 (Pfg.) blau . . . . oy	380.—	500.—	18.—
893.	24+36 (Pfg.) schwarzgrau-violett . . . . oz	70.—	500.—	25.—

Ähnliche Zeichnungen in größerem Format: Nr. 702–713 und 773–778.

Vorsicht vor sehr häufig vorkommenden Falschabstempelungen!

Marken in ähnlichen Zeichnungen: Nr. 831–842.

```
EF  = Einzelfrankatur
MeF = Mehrfachfrankatur
MiF = Mischfrankatur
```

Deutsches Reich

1944, Juni. Wohlt.-So.-Ausg. Ausstellung des Arbeitsdienstes. ⌂ Ahrlé; ⌂ L. Schnell und J. Piwczyk; StTdr.; gez. K 14.

pa) Arbeitsmaid in Uniform mit Rechen

pb) Arbeitsmann in Uniform mit Spaten

		EF	MeF	MiF
894.	6+4 (Pfg.) dkl'gelbgrün	14.—	20.—	10.—
895.	12+8 (Pfg.) braunrot	14.—	35.—	10.—

1944, Juli. Wohlt.-So.-Ausg. 400 Jahre Albertus-Universität in Königsberg (Pr.). ⌂ Prof. Marten; RaTdr. (W); gez. K 14.

pc) Herzog Albrecht

896.	6+4 (Pfg.) dkl'blaugrün ... pc	10.—	25.—	8.—

Ⓢ KÖNIGSBERG, 400 Jahre.

1944, Juli. Wohlt.-So.-Ausg. 7. Tiroler Landesschießen. ⌂ L. Alton; RaTdr. (W); gez. K 14.

pd) Tiroler Standschütze mit Armbrust und Soldat mit leichtem Maschinengewehr

897.	6+4 (Pfg.) schw'bläul'grün pd	12.—	25.—	10.—
898.	12+8 (Pfg.) dkl'braunrot ... pd	12.—	40.—	10.—

Ⓢ INNSBRUCK.

1944, 23. Juli. Wohlt.-So.-Ausg zum 11. Rennen um „Das Braune Band" in München-Riem. ⌂ Prof. R. Klein; StTdr.; gez. K 14.

pe) Stute mit Fohlen

899.	42+108 (Pfg.) braun	pe	22.—	170.—	18.—

Ⓢ MÜNCHEN-RIEM.

1944, Aug. Wohlt.-So.-Ausg. zum Rennen um den „Großen Preis von Wien 1944" in Freudenau. ⌂ H. Frank; RaTdr. (W); gez. K 14.

pf) Kopf eines Rennpferdes

900.	6+4 (Pfg.) schw'blaugrün . pf	14.—	20.—	12.—
901.	12+88 (Pfg.) rotkarmin ... pf	14.—	40.—	12.—

1944, 11. Sept. Wohlt.-So.-Ausg. Deutsche Gesellschaft für Goldschmiedekunst. ⌂ E. R. Vogenauer; RaTdr. (W); gez. K 14.

pg) Nautilusbecher (Dresden);

		EF	MeF	MiF
902.	6+4 (Pfg.) schw'grün GA. pg	15.—	25.—	12.—
903.	12+88 (Pfg.) schwarzbraunrot .	13.—	40.—	12.—

1944, 2. Okt. Wohlt.-So.-Ausg. Tag der Briefmarke 1944. ⌂ E. Meerwald; RaTdr. (W); gez. K 14.

ph) Posthorn und Brief

904.	6+24 (Pfg.) schw'blaugrün .ph	13.—	25.—	12.—

Nr. 905 fällt aus.

1944, 9. Nov. Wohlt.-So.-Ausg. 21. Jahrestag des Hitlerputsches. ⌂ K. Diebitsch; RaTdr.; gez. K 14.

pi) Adler im Kampf mit Schlangen

906.	12+8 (Pfg.) mittelrot	pi	30.—	50.—	20.—

1945, 6. Jan. Wohlt.-So.-Ausg. zur Verleihung der Stadtrechte an die Stadt Oldenburg vor 600 Jahren. ⌂ Vogenauer; odr.; gez. K 14.

pk) Graf Anton Günther

907.	6+14 (Pfg.) schwarzlila ... pk	30.—	35.—	18.—

1945, Jan. Wohlt.-So.-Ausg. Volkssturm. ⌂ E. Meerwald; RaTdr. (W) auf leicht gelbl. Papier; gez. K 14.

pl) Volkssturmangehörige, Adler

908.	12+8 (Pfg.) karmin.	pl	110.—	350.—	100.—

1945, 20. April. Wohlt.-So.-Ausg. Parteiformationen SA und SS. RaTdr. (W); gez. K 14.

pm) SA-Mann
⌂ R. Ahrlé

pn) SS-Mann
⌂ E. Meerwald

909.	12+38 (Pfg.) mittelrot .... pm	—.—	—.—	3000.—
910.	12+38 (Pfg.) mittelrot .... pn	—.—	—.—	3000.—

Nr. 909—910 sind auf Einschreibebriefen im Handel, die die Merkmale echt gelaufener Poststücke tragen. Da diese Ausgabe in den letzten Tagen vor dem Waffenstillstand an einzelnen Postschaltern in Berlin (C 2 C 25, NO 18, W 35 u. a.) verausgabt worden ist, bestand die Möglichkeit einwandfreier Postbeförderung auch von anderen noch dienstbereiten Postämtern aus. Nachweisbar echt gelaufene Briefe müssen geprüft sein.

Katalogisierung Nr. 911 ff. siehe ,,Deutschland unter alliierter Besetzung", nach den Zusammendrucken ,,Deutsches Reich".

Dienstmarken

1874, 1. Juli. Gebührenzettel für Dienstbriefe der Eisenbahn. Bdr. auf gelbem Papier; □.

Allgemeine Ausgabe ✉

I.	(—) schwarz a. gelb	1000.—
I F.	Fehldruck ,,Entschädigungs-Konto"	8000.—

OPD-Ausgaben

II.	(—) schwarz a. gelb	2700.—
II F.	mit Inschrift ,,Konto"	3600.—
II F I.	Inschrift ,,Inut" statt ,,laut"	—
II F II.	mit Abkürzung ,,lt." statt ,,laut"	15000.—

Nr. I und II sollten nicht abgestempelt werden; durchgeschlüpfte Stücke mit Poststempel auf ✉ Nr. I 2500.—, Nr. II —.—.

Nr. I: Die 2. und 3. Zeile haben **Groteskschrift**; die Einfassung ist **doppellinig**. Es gibt mehrere kleine Typenunterschiede. Nr. I wurde vom Generalpostamt den OPD-Bezirken geliefert und von diesen an die Postämter verteilt, die sie auf alle Dienstpostsendungen der Eisenbahn aufzukleben und die Portobeträge daneben zu vermerken hatten. Die einzelnen Portobeträge wurden summiert und monatlich mit der Eisenbahnverwaltung verrechnet.

Nr. II: Entgegen den Vorschriften beschafften sich einzelne OPD-Bezirke zeitweise die Gebührenzettel selbst. Diese Lokalausgaben weisen in der 2. und 3. Zeile **Antiquaschrift** auf und kommen in mehreren Unterarten vor. Die Einfassung ist **einlinig**.

A. Zähldienstmarken

1903, 1. Jan. Ausgabe für **Preußen**. Zeichnung des Rahmens wie bei den gleichzeitigen Germaniamarken (Da). Bdr.; gez. K 14:14¼.

Da

		EF	MeF	MiF
1.	2 (Pfg.) grau	220.—	210.—	60.—
2.	3 (Pfg.) braun	180.—	450.—	55.—
3.	5 (Pfg.) grün	50.—	70.—	35.—
4.	10 (Pfg.) karmin	30.—	35.—	20.—
5.	20 (Pfg.) blau	30.—	60.—	20.—
6.	25 (Pfg.) orangerot/schwarz a. gelb	230.—	400.—	55.—
7.	40 (Pfg.) karmin/schwarz	150.—	400.—	75.—
8.	50 (Pfg.) violett/schwarz a. sämisch	150.—	560.—	90.—

Bei fast allen Werten Farbtönungen bekannt.

Gültig bis 31. 12. 1903

1905, 1. Jan. Ausgabe für **Baden** (Db). Gleicher Rahmen wie bei Nr. 1—8. Bdr.; gez. K 14:14¼.

Db

		EF	MeF	MiF
9.	2 (Pfg.) grau	1200.—	1000.—	375.—
10.	3 (Pfg.) braun	800.—	1800.—	100.—
11.	5 (Pfg.) grün	85.—	125.—	50.—
12.	10 (Pfg.) karmin	65.—	85.—	45.—
13.	20 (Pfg.) blau	70.—	220.—	50.—
14.	25 orange/schwarz a. gelb	1200.—	2000.—	350.—

Nr. 15 fällt aus. Gültig bis 31. 12. 1905.

B. Dienstmarken

Die Preise für Inflationsmarken ⊙ mit einem Katalogwert über 5.— gelten nur für echt gestempelte, Infla-geprüfte Stücke!

1920, 1. April. Mit Ablösungsziffer ,,21" (für **Preußen**) in den Ecken. Bdr.; Wz. Rauten (Wz. 1); gez. K 14:14¼.

Wz. 1

Dc Dd De Df

Dg Dh Di

			EF	MeF	MiF
16.	5 (Pfg.) dkl'grün	Dc	1200.—	35.—	15.—
17.	10 (Pfg.) lebh'karminrot GA	Dd	9.—	14.—	8.—
18.	15 (Pfg.) karminbraun	De	7.—	9.—	7.—
19.	20 (Pfg.) GA	Df			
	a. violettblau (Töne)		30.—	8.—	7.—
	b. preußischblau			15000.—	8500.—
20.	30 (Pfg.) rotorange a. h'chromgelb GA	Dg	6.—	8.—	5.—
21.	50 (Pfg.) purpurviolett a. h'chromgelb	Dh	35.—	7.—	5.—
22.	1 Mk. mittelbräunl'rot a. h'chromgelb	Di	300.—	50.—	25.—

Nr. 16—22 wurden ab 1. 7. 1920 auch von nichtpreußischen Behörden verwendet.

1920, 1. April/Okt. Allgemeine Ausgaben für alle Länder. Ziffernzeichnung ohne ,,21". Bdr.; Wz. 1; gez. K 14:14¼.

Dk Dl Dm Dn

Deutsches Reich

Do   Dp   Dr   Ds

Dt   Du   Dv

			EF	MeF	MiF
23.	5 (Pfg.) dkl'grün........	dk	1400.—	100.—	35.—
24.	10 (Pfg.) lebh'karminrot GA	Dl	5.—	6.—	5.—
25.	15 (Pfg.) karminbraun......	Dm	6.—	7.—	5.—
26.	20 (Pfg.) dkl'violettblau (Töne) GA	Dn	60.—	6.—	5.—
27.	30 (Pfg.) rotorange a. h'chromgelb.....	Do	6.—	7.—	5.—
28.	40 (Pfg.) karminrot (Okt.) ..	Dp	6.—	7.—	5.—
29.	50 (Pfg.) purpurviolett a. h'chromgelb.....	Dr	6.—	7.—	5.—
30.	1 Mk. mittelbräunl'rot a. h'chromgelb.....	Ds	250.—	7.—	5.—
31.	1.25 Mk. dkl'grünblau a. h'orangegelb (Sept.) ..	Dt	7.—	12.—	6.—
32.	2 Mk. dkl'graublau (Sept.) .	Du	12.—	15.—	10.—
33.	5 Mk. (Sept.) .... a. braun (Töne) a. gelb	Dv	5.—	6.—	5.—
	b. karminbraun a. gelb		300.—	350.—	100.—
	c. rotbraun a. gelb		20.—	30.—	12.—

Weitere Werte in Zeichnung Dl: Nr. 65; in Zeichnung Du: Nr. 170.

Dienstmarken mit Aufdruck C.G.H.S. siehe „Oberschlesien".

1920, 1. April. Ah.-Ausg. Dienstmarken von Bayern, Nr. 44—61, mit zweizeiligem Aufdruck „Deutsches Reich" von F. A. Bruckmann.

34.	5 (Pfg.) gelbgrün .... (44)	6000.—	100.—	10.—
35.	10 (Pfg.) lebh'orange .... (45)	10.—	15.—	8.—
36.	15 (Pfg.) rot GA .... (46)	10.—	15.—	8.—
37.	20 (Pfg.) violett....... (47)	180.—	9.—	5.—
38.	30 (Pfg.) dkl'grünl'blau GA .... (48)	6.—	7.—	4.—
39.	40 (Pfg.) hellbraun...... (49)	4.—	5.—	4.—
40.	50 (Pfg.) orangerot ..... (50)	80.—	7.—	4.—
41.	60 (Pfg.) grünblau ...... (51)	7.—	20.—	4.—
42.	70 (Pfg.) violett........ (52)	1200.—	400.—	15.—
43.	75 (Pfg.) lilarot .... (53)	60.—	30.—	5.—
44.	80 (Pfg.) hellblau ..... (54)	8.—	10.—	5.—
45.	90 (Pfg.) braunoliv ..... (55)	50.—	80.—	10.—
46.	1 Mk. dkl'lilabraun ... (56)	500.—	6.—	4.—
47.	1¼ Mk. grün .... (57)	5.—	7.—	4.—
48.	1½ Mk. mit'bräunl'rot .. (58)	15.—	6.—	4.—

			EF	MeF	MiF
49.	2½ Mk. blau............	(59)	25.—	35.—	5.—
50.	3 Mk. karmin..........	(60)	60.—	130.—	8.—
51.	5 Mk. grünlichschwarz ..	(61)	1200.—	1400.—	160.—

Die in Bayern von der Reichspost ausgegebenen Dienstmarken mit Lochung K, B, R unter Verwendung der sogenannten Abschiedsausgabe siehe unter Bayern.

1920, 1. April. Ah.-Ausg. Neu gedruckte Dienstmarken von Württemberg, „Portopflichtige Dienstsache", mit zweizeiligem Aufdruck „Deutsches Reich" der Druckereien der Verkehrsanstalten, Stuttgart.

Deutsches Reich

52.	5 Pfg. grün ......,.... (114)	1300.—	100.—	40.—
53.	10 Pfg. karmin .... (115)	25.—	40.—	25.—
54.	15 Pfg. lebhaftviolett...... (131)	25.—	95.—	25.—
55.	20 Pfg. blau ...... (116a)			
	X. Wz. Kreuze und Ringe		60.—	85.—	40.—
	Y. Wz. nur Ringe		60.—	85.—	40.—
56.	20 Pfg. lilakarmin ...... (118)	230.—	220.—	65.—

1920, 1. April. Ah.-Ausg. Gleicher Aufdruck auf neu gedruckten Dienstmarken von Württemberg „Amtlicher Verkehr".

57.	5 Pfg. grün .... (229)	1500.—	80.—	14.—
58.	10 Pfg. karmin GA ...... (230)	8.—	10.—	6.—
59.	15 Pfg. blauviolett ...... (252)	8.—	12.—	8.—
60.	20 Pfg. ultramarin .... (321)			
	X. Wz. Kreuze und Ringe		40.—	12.—	6.—
	Y. Wz. nur Ringe	1500.—	2500.—	1250.—
61.	30 Pfg. orange/schwarz .. (233)	10.—	12.—	6.—
62.	40 Pfg. karmin/schwarz . (234)	8.—	10.—	6.—
63.	50 Pfg. hellrotbraun .... (235b)	80.—	80.—	9.—
64.	1 Mk. blaugrau/schwarz . (254)	500.—	120.—	30.—

Preise Nr. 52—64 für handelsübliche Zähnung. Tadellose Zähnung verdient Aufschlag.

Von Nr. 60 u. 61 gibt es Schräghalbierungen aus Westerstetten, wie obige Abbildung; sie sind auf Sammlereinfluß hin entstanden.

Nr. 52—64 sind nur in Württemberg ausgegeben und gebraucht worden.

Deutsches Reich

1921, Febr. Wie Dienstmarke Nr. 24, jedoch geänderte Farbe. Bdr. nur in Rollen; Wz. 1; gez. K 14:14¼.

		DI	EF	MeF	MiF
65.	10 (Pfg.) orange	DI	12000.—	4000.—	1500.—

Nr. 65 mit Lochung FM (Finanz-Ministerium) ist keineswegs wertmindernd.

1921, Mai. Ergänzungswert zu Nr. 23 bis 33, neue Zeichnung. Bdr.; Wz. 1; gez. K 14:14½.

Dw

66.	60 Pfg.	Dw			
	a. liabraun		6.—	7.—	5.—
	b. karminbraun		100.—	150.—	70.—

1922, Nov. Neue Zeichnungen. Bdr.; Wz. 1; gez. K 14:14½.

Dx   Dy

67.	3 Mk. braun a. rosa	Dx	100.—	15.—	8.—
68.	10 Mk.	Dy			
	a. dunkelgrün a. rosa		6.—	8.—	5.—
	b. hellgrün a. rosa		80.—	90.—	35.—

1922, ab Febr./1923. Erg.-Werte und neue Zeichnung. Bdr.; Wz. Waffeln (Wz. 2); gez. K 14:14¼.

Dz   Wz. 2

69.	75 Pfg. blau (Nov. 1922)	Dz		150.—	20.—
70.	2 Mk. blauschiefer (Jan. 1922)	Du	5.—	7.—	4.—
71.	10 Mk. dunkelgrün a. rosa (Febr. 1923)	Dv			
	X. Wz. stehend		350.—	120.—	35.—
	Y. Wz. liegend (waagerechte Riffelung)		—.—	—.—	—.—
72.	20 Mk. ultramarin a. rosa (Jan. 1923)	Dy	5.—	7.—	4.—
73.	50 Mk. violett a. rosa (Jan. 1923)	Dy	5.—	7.—	4.—
74.	100 Mk. rot a. rosa (Jan. 1923)	Dy	5.—	7.—	4.—

Vom 15. 1. bis 1. 3. 1923 wurden in Wiesbaden, später auch in Mecklenburg, kursierende Freimarken mit „Regierungs" oder „Dienstmarke" überstempelt; Aufstellung am Schluß der Dienstmarken.

1923, ab Ende Mai. Ah.-Ausg. Freimarken 1922/23 mit schlangenförmigem Aufdruck Dienstmarke.

			EF	MeF	MiF
75.	20 Mk. lilakar. bis br'lila				
	X. stehendes Wz.	(241)	300.—	180.—	30.—
	Y. liegendes Wz.	(241 Y)	4000.—	2000.—	650.—
76.	30 Mk. (dkl')oliv	(243 a)		450.—	90.—
77.	40 Mk. a. dkl'bläul'grün	(244 a)	30.—	25.—	14.—
	b. (gelbl')grün	(244 b)	800.—	1000.—	300.—
78.	200 Mk. lebh'rot	(269)	7.—	7.—	5.—
79.	300 Mk. dkl'gelbgrün	(270)	7.—	7.—	5.—
80.	400 Mk. braun	(271)	8.—	7.—	5.—
81.	500 Mk. orangerot	(272)	35.—	7.—	5.—
82.	100 Mill. Mk. grüngr.	(322)		1600.—	650.—
83.	200 Mill. Mk. dkl.-ockerbraun	(323 A)		1500.—	600.—
84.	2 Milld. Mk. mattbraun/schw'grün	(326 A)		1000.—	550.—
85.	5 Milld. Mk. gelborange/braun	(327 A)		900.—	450.—
86.	10 Milld. Mk. h'gelbgrün/gelbgrün	(328)		1400.—	600.—
87.	20 Milld. Mk. dkl'bläulichgrün/braun	(329 A)	6000.—	1500.—	650.—
88.	50 Milld. Mk. lebh'grünlichblau/dkl'grünl'blau	(330 A)	2700.—	2100.—	800.—

1923, Aug./Okt. Ah.-Ausg. Dienstmarken früherer Ausgaben, mit zweizeiligem Wertaufdruck. Nr. 94 und 97 jetzt Wz. 2.

89.	5 T. a. 5 Mk. braun a. gelb	(33a)		22.—	10.—
90.	20 T. a. 30 Pf. rotorange a. h'chr'gelb	(27)	150.—	50.—	10.—
91.	75 T. a. 50 Mk. violett a. rosa	(73)	150.—	50.—	10.—
92.	100 T. a. 15 Pfg. karminbr.	(25)	70.—	30.—	10.—
93.	250 T. a. 10 Pfg. lebh'-karminrot (🆎 150.—)	(24)	50.—	20.—	10.—
94.	400 T. a. 15 Pfg. lilabraun	(—)		400.—	100.—
95.	800 T. a. 30 Pfg. rotorange a. h'chromgelb	(27)			
	X. Wz. 2			50.—	14.—
	Y. Wz. 1			2800.—	1100.—
96.	1 Mill. a. 75 Pfg. blau	(69)		500.—	200.—
97.	2 Mill. a. 10 Pfg. rosa	(—)			
	X. Wz. 2 stehend		150.—	50.—	14.—
	Y. Wz. 2 liegend		—.—	—.—	—.—
98.	5 Mill. a. 100 Mk. rot a. rosa	(74)		400.—	25.—

Alle Dienstmarken unter 100 Mk., ungültig ab 1. 10. 1923, von 100 bis 800 000 Mk. gültig bis 30. 11. 1923, ab 1 Mill. Mk. gültig bis 31. 12. 1923.

Württembergische Dienstmarken-Provisorien siehe unter Württemberg Nr. 159 und folgende.

Bessere ✉ sollten vor Erwerb durch einen anerkannten Prüfer geprüft werden.

Deutsches Reich

Neue Währung: Renten-, später Reichsmark

1923, 1. Dez. Freimarken Nr. 338—343 in Rosettenzeichnung mit schrägem, schlangenförmigem Aufdruck wie Nr. 75—88.

			EF	MeF	MiF
99.	3 (Pfg.)				
	a. braun	(338 a)	8.—	35.—	6.—
	b. schwarzbraun	(338 b)	—.—	—.—	350.—
100.	5 (Pfg.) dkl'grün	(339)	3.—	4.—	2.—
101.	10 (Pfg.) rot	(340)	4.—	6.—	2.—
102.	20 (Pfg.) dkl'violettblau	(341)	10.—	30.—	4.—
103.	50 (Pfg.) rotorange	(342)	80.—	280.—	40.—
104.	100 (Pfg.) violettpurpur	(343)	800.—	1500.—	320.—

Nr. 99—102 gültig bis 31. 3. 1933.
Nr. 103—104 gültig bis 30. 6. 1934.

1924, ab März. Freimarken Nr. 355—363 mit gleichem, schrägem, bei Nr. 112—113 waagerechtem, schlangenförmigem Aufdruck.

105.	3 (Pfg.) h'-(gelb-)braun	(355)	10.—	45.—	9.—
106.	5 (Pfg.) lebh'grün	(356)	3.—	4.—	2.—
107.	10 (Pfg.) orangerot	(357)	3.—	4.—	2.—
108.	20 (Pfg.) blau	(358)	8.—	25.—	5.—
109.	30 (Pfg.) dkl'lila	(359)	15.—	30.—	7.—
110.	40 (Pfg.) braunoliv	(360)	12.—	160.—	10.—
111.	50 (Pfg.) mattorange	(361)	70.—	240.—	25.—
112.	60 (Pfg.) schw' bis dkl'rotor. (Juni)	(362)	70.—	320.—	60.—
113.	80 (Pfg.) schw'grünblau (Juni)	(363)	1900.—	—.—	700.—

Nr. 105–110 und Nr. 112–113 gültig bis 31.12.1933, Nr. 111 bis 30.6.1934.

1927/28. Ziffernzeichnung (Daa), sog. Strohhutmuster. Bdr. auf gestrichenem Papier; Wz. 2; gez. K 14:14¼.

Daa

114.	3 (Pfg.) dunkelocker	6.—	15.—	4.—
115.	5 (Pfg.) grün	3.—	4.—	2.—
116.	8 (Pfg.)			
	a. schwarzgrün	3.—	5.—	2.—
	b. grün	80.—	150.—	70.—
117.	10 (Pfg.) karmin	200.—	110.—	60.—
118.	15 (Pfg.) zinnoberrot	12.—	25.—	8.—
119.	20 (Pfg.) schwarzbläulichgrün			
	X. Wz. stehend	200.—	130.—	18.—
	Y. Wz. liegend	1500.—	1100.—	250.—
120.	30 (Pfg.) schwarzoliv	8.—	25.—	4.—
121.	40 (Pfg.) braunviolett			
	X. Wz. stehend	25.—	50.—	7.—
	Y. Wz. liegend	120.—	200.—	45.—
122.	60 (Pfg.) lebh'braunrot (1928)	20.—	180.—	10.—

1929. Wie Nr. 117 und 118, jedoch Farbänderung. Bdr. auf gestrichenem Papier; Wz. 2; gez. K 14:14¼.

Daa

			EF	MeF	MiF
123.	10 (Pfg.) zinnober	Daa			
	X. Wz. stehend		380.—	330.—	150.—
	Y. Wz. liegend		200.—	180.—	80.—
124.	15 (Pfg.) lilarot	Daa	7.—	15.—	6.—

1930. Wie Nr. 123 und 119, jedoch Farbänderung. Bdr. auf gestrichenem Papier; Wz. 2; gez. K 14:14¼.

Daa

125.	10 (Pfg.) dkl'lilapurpur	Daa	150.—	80.—	3.—
126.	20 (Pfg.) rötlichgrau	Daa			
	X. Wz. stehend		110.—	30.—	4.—
	Y. Wz. liegend		—.—	—.—	1500.—

1931/32. Erg.-Werte (Daa). Bdr. auf gestrichenem Papier; Wz. 2; gez. K 14:14¼.

Daa

127.	4 (Pfg.) lebh'grünlichblau (nur in Walzendruck)	4.—	5.—	3.—
128.	6 (Pfg.) gelboliv (1932)	5.—	6.—	4.—
129.	12 (Pfg.) orange (1932)	4.—	12.—	3.—

1933, Dez. Wie Nr. 127 und 125, jedoch Farbänderung. Bdr. auf gestrichenem Papier; Wz. 2; gez. K 14:14¼.

Daa

130.	4 (Pfg.) dkl'graublau	Daa	40.—	70.—	30.—
131.	10 (Pfg.) dkl'siena	Daa	230.—	120.—	25.—

Nr. 1143–131 gültig bis 31.12.1936.

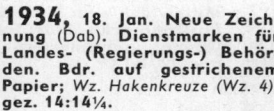

1934, 18. Jan. Neue Zeichnung (Dab). Dienstmarken für Landes- (Regierungs-) Behörden. Bdr. auf gestrichenem Papier; Wz. Hakenkreuze (Wz. 4); gez. 14:14¼.

Wz. 4

Dab) Hakenkreuz im Eichenkranz

132.	3 (Pfg.) ockerbraun (Töne)	5.—	6.—	4.—
133.	4 (Pfg.) dkl'preußisch (Töne)	7.—	5.—	7.—
134.	5 (Pfg.) smaragdgrün	8.—	90.—	6.—
135.	6 (Pfg.) schwarzgrün	5.—	5.—	3.—
136.	8 (Pfg.) orangerot	4.—	5.—	3.—
137.	10 (Pfg.) dkl'rötlichbraun	50.—	40.—	8.—
138.	12 (Pfg.) lebh'rotkarmin, dkl'rosarot (Töne)			
	X. oWz.	30.—	45.—	30.—
	Y. mit Wz.	2.—	3.—	3.—
139.	15 (Pfg.) dkl'bräunlichlila	150.—	200.—	40.—
140.	20 (Pfg.) hellblau	80.—	25.—	5.—
141.	30 (Pfg.) dkl'bräunlicholiv	65.—	110.—	10.—
142.	40 (Pfg.) dkl'lila	40.—	80.—	20.—
143.	50 (Pfg.) dkl'gelborange	100.—	160.—	45.—

Mit MICHEL besser sammeln

Deutsches Reich

1938, 26. Jan. Dienstmarken der Partei
(Dac). ☒ Prof. R. Klein; Bdr.; Wz. 4; gez. K 14.

Dac) Adler auf Sockel

			EF	MeF	MiF
144.	1 (Pfg.) braunschwarz			20.—	10.—
145.	3 (Pfg.) dkl'braunocker		8.—	13.—	12.—
146.	4 (Pfg.) lebh'- bis dkl'kobalt		15.—	12.—	10.—
147.	5 (Pfg.) h'smaragdgrün		20.—	130.—	13.—
148.	6 (Pfg.) dkl'grün		10.—	8.—	10.—
149.	8 (Pfg.) mittelbräunl'rot		13.—	35.—	10.—
150.	12 (Pfg.) mittelrot		10.—	15.—	10.—
151.	16 (Pfg.) dkl'grüngrau		80.—	130.—	60.—
152.	24 (Pfg.) h'brauoliv		65.—	180.—	50.—
153.	30 (Pfg.) dkl'braunoliv		120.—	180.—	50.—
154.	40 (Pfg.) mittelviolett		130.—	190.—	70.—

Die für die Dienststellen der NSDAP und ihrer Gliederungen vorgesehenen besonderen Dienstmarken konnten zum Freimachen der von diesen Dienststellen ausgehenden Postsendungen nach den Orten des Deutschen Reiches und nach dem Gebiet der Freien Stadt Danzig verwendet werden. Die Marken waren von den Dienststellen nach den allgemeingültigen Gebührensätzen ebenso wie gewöhnliche Freimarken zu gebrauchen.

Vom 1. 8. 1938 hatten die Dienstmarken der NSDAP auch innerhalb Österreichs sowie vom Lande Österreich nach dem Altreich und nach der Freien Stadt Danzig Gültigkeit.

1942, 2. März. Dienstmarken der Partei
(Dac) in geänderten Farben. Bdr.; oWz.; gez. K 14:14¼.

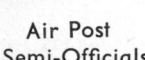

Dac

		EF	MeF	MiF
155.	1 (Pfg.) schw'grüngrau		120.—	30.—
156.	3 (Pfg.) mittel- bis lebh'braun	12.—	30.—	11.—
157.	4 (Pfg.) dkl'blaugrau	40.—	35.—	18.—
158.	5 (Pfg.) (dkl'-)grünoliv	35.—	220.—	20.—
159.	6 (Pfg.) lebhaftblauviolett bis purpurviolett	12.—	15.—	11.—
160.	8 (Pfg.) h'- bis mittelbräunl'rot	12.—	25.—	11.—
161.	12 (Pfg.) rotkarmin	9.—	12.—	9.—
162.	16 (Pfg.) grünblau	150.—	400.—	80.—
163.	24 (Pfg.) mittelor'braun (Töne)	150.—	340.—	90.—
164.	30 (Pfg.) dkl'oliv	175.—	340.—	90.—
165.	40 (Pfg.) mittelviolett	150.—	600.—	110.—

1942/44, Juli. Dienstmarken der Behörden (Dab) teilweise in geänderten Farben. Bdr. (W); oWz.; gez. K 14:14¼.

Dab

		EF	MeF	MiF
166.	3 (Pfg.) (dkl')braunocker	9.—	12.—	8.—
167.	4 (Pfg.) schwarzgrünlichblau	25.—	30.—	15.—
168.	5 (Pfg.) schwarzolivgrün	25.—	200.—	15.—
169.	6 (Pfg.)			
	a. dkl'bläulichviolett	9.—	10.—	8.—
	b. mittelpurpurviolett	60.—	100.—	50.—
170.	8 (Pfg.)			
	a. gelblichrot	25.—	45.—	20.—
	b. mennige	40.—	50.—	40.—
171.	10 (Pfg.) dkl'siena	180.—	150.—	20.—
172.	12 (Pfg.) dkl'rosarot, lebh'rotkarmin		j	
	X. oWz.	9.—	10.—	8.—
	Y. mit Wz. 4	45.—	50.—	40.—
173.	15 (Pfg.) lebh'braunkarmin	320.—	220.—	70.—
174.	20 (Pfg.) mittelkobalt	280.—	130.—	40.—
175.	30 (Pfg.) grauoliv	150.—	290.—	55.—
176.	40 (Pfg.) lilapurpur	100.—	200.—	60.—
177.	50 (Pfg.) schwarzblaugrün	280.—	480.—	100.—

Air Post Semi-Officials — Halbamtliche Flugmarken — Poste Aérienne Semi-Officiels

Flugpostmarken sind die von der Post verausgabten Marken zur Bezahlung des Flugpostportos. Flugmarken dagegen sind diejenigen Marken, die von Fluggesellschaften, Flugveranstaltungen und dgl. herausgegeben wurden zur Bezahlung der Gebühr für die Flugbeförderung von Briefen, Karten usw. durch ein bestimmtes Flugzeug, Segelflugzeug oder Freiballon. In der folgenden Aufstellung sind nur die deutschen meist halbamtlichen, teils auch mit oder ohne amtlicher Genehmigung privat ausgegebenen Flugmarken — also nicht die amtlichen Flugpostmarken — aufgeführt, die für Spezialsammler interessant sind. Literatur: „Sieger, Deutscher Flugpost-Katalog". FALSCH

✈ **1912,** 26. Febr. Flugmarken für Bork-Brück (Grade Flieger). Hochrechteck mit Inschrift und leerem Mittelstück zum Einkleben für die Postfreimarke. Stdr. auf gewöhnlichem, gummiertem Papier; A gez. 12, B ☐.

Flm. a

✉
1 A. (—) violett .... Flm. a 5500.—
B. ☐ ungummiert
  a. gestrichenes Papier .... 40000.—
  b. gewöhnliches Papier .... —.—

Nr. 1 B ist ein in den ersten Tagen verwendeter Probedruck.

✉
2 A. (—) violett .... Flm. b 4000.—
B. ☐ ungummiert
  a. schwarz, gestrichenes Papier .... 25000.—
  b. violett, gewöhnliches Papier .... —.—
FALSCH

Nr. 2 B ist ein vereinzelt verwendeter Probedruck.

✈ **1912,** Mai. Inschrift: Luftverkehr / Bork-Brück / Verkehrs-V. Bork. ☒ H. Grade; Stdr.; gez. 11½; o. G.

3. (—) violett
   Flm. c .... 4700.—

✈ **1912,** 3. März. Inschrift DURCH DIE LUFT/VERK. VER. BORK. Stdr.; A gez. 12, B ☐; o. G.

Flm. b) Geflügelter Brief

Flm. c) Postbote auf Fahrrad und Grade-Flugzeug

Deutsches Reich (Flugmarken)

✈ **1912, 18. Mai. Flugpost des Margareten-Volksfestes Leipzig—Lindenthal. Stdr.; gez. 12.**

4. 50 Pfg. .... Flm. d ✉
    a. helltrübblau .... 400.—
    b. ultramarin .... 950.—

Flm. d) Geflügelte Menschen

Entwertung durch schwarzvioletten Flugpoststempel; violette und rote Stempel ⊙.

✈ **1912, 25. Juli. Flug Gotha—Erfurt. Flugmarke der Herzog-Karl-Eduard-Fliegerschule. Stdr.; gez.11.**

5. 10 Pfg. grauviol. ..... Flm. e 2000.—

Flm. e

Die Entwertung der Flugmarke erfolgte mit dem Namenszugstempel „E. Schlegel" (Ingenieur Ernst Schlegel, Leiter der Fliegerschule). Daneben mußte die normale Germania-Frankatur postseitig entwertet werden.

✈ **1912, 11. Okt. Regensburger Fliegertage bzw. „Erste Regensburger Flugpost" vom 11.—13. X. 1912. Fotodruck von M. Laifle & Cie., Regensburg, auf dickem Glanzpapier; gez. 11.**

Flm. f

Flm. g   Flm. h
Flm. f—Flm. h) Grade-Eindecker

6. 10 Pfg. schwarz .... Flm. f 4000.—
7. 10 Pfg. schwarz .... Flm. g 4000.—
8. 20 Pfg. braun................ Flm. h 15000.—

FALSCH Es empfiehlt sich, nur geprüfte Stücke zu erwerben.

✈ **1913, 20. April. Zeppelinflugtage Düsseldorf. Inschrift „ERSTE DEUTSCHE LUFTPOST AM RHEIN". Stdr.; gez. 12.**

Flm i) Zeppelin über dem Rheintal

9. 10 Pfg. blau .... Flm. i 200.—

Nr. 9 wurde nur auf einer Sonderkarte zu einem Flug Düsseldorf—Köln verkauft und bei der Verwendung nicht abgestempelt (26000 Karten).

✈ **1913, 10.—12. Sept. Flug Feldberg bis Mülhausen und zurück. Stdr.; gez. 11½.**

Flm. k) Eindecker über aufgehender Sonne ✉

10. 25 Pfg. rot .... Flm. k 1800.—

Sonderstempel violett mit Text „Erste Flugpost 11. SEP. 1913 Feldberg—Mülhausen".

✈ **1913, 5. Nov. Zeppelinflugmarke zu den Sonderflügen mit dem Zeppelin „Sachsen" zwischen Liegnitz, Bunzlau, Frankenstein und Haida. Stdr.; gez. 11½.**

Flm. l) Zeppelin über Liegnitz

11. (—) a. rotbraun a. gelb .... Flm. l 7000.—
        b. hellbraun a. gelb ....   8000.—

Auflage: 5000 Stück. FALSCH
Entwertung mit besonderem Flugpoststempel.

Erster Postsegelflug 1923

✈ **1923, 30. August. Erster Postsegelflug 1923 Gersfeld (Rhön). Flugpostmarken Deutsches Reich zu 5 und 10 Mark, Nr. 263 und 264 mit vierzeiligem Aufdruck „Erster / Post- / Segelflug / 1923".**

I a. 5 Mark orangerot (✈✈) .... 120.— ✉*
  b. 10 Mark violett .... 120.—

*) Der Flug kam nicht zustande, die Post wurde durch Boten zum Postamt Gersfeld befördert und dort abgestempelt. Es gibt auch Abstempelungen von Fulda und Fulda-Gersfeld/Bahnpost. Die ✉-Bewertung gilt für Belege mit einem dieser Stempel.

✈ **1924, 5. Juli. Flugmarke des Junkers-Luftverkehrs für den Postflug Berlin—Istanbul—Ankara. Großformat, Wert in GM (= Goldmark). Bdr.; Wz. kleine Waben; gez. 12.**

Flm. m) Junkers-Flugzeug

12. 2 GM. dunkelblau/graubraun .... Flm. m 2000.—

Auflage: 1000 Stück, hiervon 250 Stück auf rotem ✉ Junkers-Luftverkehr geflogen.

Bei Anfragen bitte Rückporto nicht vergessen!

Deutsches Reich (Flugmarken)

✈ **1924/25. Segelflüge am Büchelberg bei Pforzheim.** Flugpostmarken des Deutschen Reiches Nr. 215 bis 218 und 235—237 sowie 263—267 mit vierzeiligem Aufdruck 10 Pf. / Segel- / flüge / Pforzheim.

13 a.	10 Pfg. a.	1 Mk. grün/h'grün	. . . .	(215)	300.—
b.	10 Pfg. a.	2 Mk. lilarot/h'grau	. . . .	(216)	300.—
c.	10 Pfg. a.	3 Mk. dkl'violettultr./h'gr.	. . .	(217)	300.—
d.	10 Pfg. a.	5 Mk. orangerot/h'gelb	. . . .	(218)	300.—
e.	10 Pfg. a.	10 Mk. d'- bis schw'rötl'lila/kar	(235)		300.—
f.	10 Pfg. a.	25 Mk. siena/mattgelb	. . . .	(236)	300.—
13 g.	10 Pfg. a.	100 Mk. dkl'oliv/mattor'rot	. . .	(237)	300.—
14 a.	10 Pfg. a.	5 Mk. orangerot	. . . .	(263)	300.—
b.	10 Pfg. a.	10 Mk. violett	. . . .	(264)	300.—
c.	10 Pfg. a.	25 Mk. dkl'siena	. . . .	(265)	300.—
d.	10 Pfg. a.	100 Mk. schw'grauoliv	. . . . .	(266)	300.—
e.	10 Pfg. a.	200 Mk. blauviolett	. . . .	(267)	300.—

✈ **1925, 12. April. Sog. Oster-Flugtage von Regensburg.** Flugzeuge über Türmen des Regensburger Doms. Inschrift FLUGPOST. Stdr.; gez. 11½. Druckbogen zu 49 Marken à 10 Pf. und 28 Marken à 20 Pf. (120 Druckbogen).

 Flm. n  Flm. o

15.	10 (Pfg.) olivgrün	. . . .	Flm. n	550.—
16.	20 (Pfg.) olivgrün	. . . .	Flm. o	700.—
	Beide Werte zusammenhängend	. . . .		2000.—

Geflogene Belege müssen zusätzlich den Stempel „mit Flugzeug D 409 befördert" (L 2) tragen (+ 100%).

✈ **1928, 22. Juli. Flugpostmarken der Reichspost mit fünfzeiligem Aufdruck: Erste / Segelflugpost / von der Schneekoppe / im Riesengebirge / 21. und 22. Juli 1928.**

17a.	10 Pfg. orange	. . . .	(111)	225.—
b.	40 Pfg. grün	. . . .	(112)	225.—

Wenn Sie eine eilige philatelistische Anfrage haben, rufen Sie bitte (089) 3 23 93-2 24. Die MICHEL-Redaktion gibt Ihnen gerne Auskunft.

✈ **1930, 22. Juni. Regensburger Großflugtag 1930.** Stdr.; gez. 11½.

 Flm. p  Flm. r

18.	10 Pfg.			
	a. hellbraun/dunkelbraun	. . . . .	Flm. p	240.—
	b. blaugrau/dunkelbraun	. . . . . .	Flm. p	240.—
19.	20 Pfg.			
	a. hellbraun/dunkelbraun	. . . . .	Flm. r	350.—
	b. blaugrau/dunkelbraun	. . . . . .	Flm. r	350.—
Beide Werte zusammenhängend:				
18a.+19a.	hellbraun/dunkelbraun	. . . .		1100.—
18b.+19b.	blaugrau/dunkelbraun	. . . .		1100.—

✈ **1930, 19. Okt. 1. Hessische Segelflugpost Herchenhain (Oberhessen).** Stdr.; ▢.

Flm. s) Adler über aufgehender Sonne

20.	25 Pfg. rot	. . . .	Flm. s	300.—

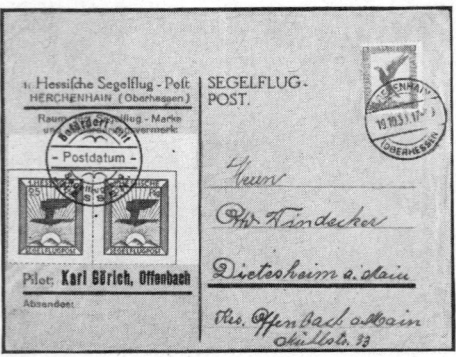

Ganzstück mit 2mal Nr. 20; Entwertung der amtlichen Marke in Grebenhain (Oberhessen)

✈ **1933. Ballonmarken der Luftschutzabteilung der Technischen Nothilfe Hamburg.** Darstellung eines Freiballons mit Aufschrift „Hamburg". Bdr.; gez. L 11.

Flm. t

21.	30 Pfg.			
	a. rot	. . . .	Flm. t	750.—
	b. rot a. blau	. . . .	Flm. t	750.—
	c. schwarz a. blau	. . . .	Flm. t	750.—

Deutsches Reich

Zusammendrucke bis 1945 aus Markenheftchen und Markenheftchenbogen Automatenrollen und -streifen

(Bayern, Bundesrepublik Deutschland, Berlin und DDR s. jeweils am Schluß dieser Gruppen).

Zusammendrucke sind Verbindungen einer Marke mit einer gleichen oder einer anderen oder einem Anhängsel, wobei gleiche Marken zueinander im Kehrdruck stehen oder durch Zwischensteg oder Anhängsel getrennt sind.

A	= Anzeige (amtlicher Werbetext)		S	= senkrecht unmittelbar zusammenhängend
R	= Reklame (privater Werbetext)		SZ	= senkrecht zusammenhängend, durch Zwischensteg getrennt
X	= Diagonalkreuz (Andreaskreuz)		K	= Kehrdruck, waagerecht unmittelbar zusammenhängend
W	= waagerecht unmittelbar zusammenhängend		SK	= Kehrdruck senkrecht unmittelbar zusammenhängend
WZ	= waagerecht zusammenhängend, durch Zwischensteg getrennt		KZ	= Kehrdruck, waagerecht durch Zwischensteg getrennt
Z	= Zwischensteg = leeres Feld mit oder ohne Strichelleisten (Zwischensteg hat mindestens Markenfeldgröße) zwischen 2 Marken		SKZ	= Kehrdruck, senkrecht durch Zwischensteg getrennt
MH	= Markenheftchen		L	= Leerfeld
Zd	= Zusammendruck			

RL = (Bogen) = Rand mit Strichelleisten am Leerfeld bzw. Andreaskreuz, sofern sie wesentlich höhere Preise rechtfertigen. In Klammern ( ) Farbe der Strichelleisten auf dem immer ungezähnten Bogenrand.

H-Blatt = Heftchenblatt, G = Germania.

✉-Preise gelten dem postalischen Gebrauch entsprechend für Stücke ohne H-Blatt-Rand. Mit Rand 50% Aufschlag.

Zusammendrucke aus Markenheftchen sind durch Heftchenbeschnitt fast immer an einer Seite leicht angeschnitten. Solche Zd sind durchaus vollwertig.

Skizzen der H-Blätter: ——— (= durchgehende Linien) = □; ----- (= gestrichelte Linien) = gez.

Germania-Ausgaben Heftchen Nr. 1—13
(keine Heftchenbogen)

MH 1 Nominale 2.— Mk. Friedensdruck Ausgabe 1.11.1910

H-Blatt 1 mit Nr. 86

10	10	10
10	10	10

✉
a. Friedensdruck 1300.—
b. Kriegsdruck 250.—

H-Blatt 2 mit Nr. 85

5	5	5
5	5	5

✉
a. Friedensdruck 500.—
b. Kriegsdruck 65.—

H-Blatt 3 mit Nr. 85

X	5	5
X	5	5

✉ 2700.—

Zd siehe später nach MH 13

MH 2 Nominale 2.— Mk. Ausgabe Februar 1911

H-Blatt 1 } siehe MH 1
H-Blatt 2 }

H-Blatt 4 mit Nr. 85

R	5	5
R	5	5

✉ 7500.—

R. 1 R. 2 R. 3 R. 4

Preise der Zd siehe später nach MH 13

Deutsches Reich (Zusammendrucke)

MH 3 Nominale 2.— Mk. Ausgabe 1911

Reklamen grün				rot	
Blatt 1	Blatt 2	Blatt 3	Blatt 4	Blatt 5	Blatt 6
5	6	7	8	19	2b
9	10a	2a	5	20	21
11	12a	2a	10a	22	23
13	14	2a	10a	27	24
15	10a	7	4	25	26
16	17	18	11	10b	12b

H-Blatt 5 mit Nr. 85

R	5	5
5	5	5

✉ 1000.— + Preise für Reklamen

H-Blatt 6 mit Nr. 86

R	10	10
10	10	10

✉ 1500.— + Preise für Reklamen

R. 5

R. 6

 R. 7
R. 8
R. 9
 R. 10
 R. 11
 R. 12
 R. 13

 R. 14
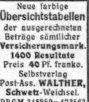 R. 15
R. 16
 R. 17
 R. 18
 R. 19
 R. 20

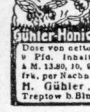 R. 21
R. 22
R. 23
R. 24
R. 25
 R. 26
 R. 27

a. Reklame grün + 5 Pfg. Germania

		✉				✉	
		W	S			W	S
R.	1. Apfelwein, 30 Pfg. das Liter	2700.—		R.	10a. Briefmarken Paul Kohl	1200.—	1200.—
R.	2a. Bienenhonig H. Gühler, mit 3 Bienen	1200.—	1800.—	R.	11. Raueiser Weine	1800.—	1800.—
R.	3. Öfen aller Art, Gew. Quint	2700.—		R.	12a. Aquadent Bekleidg. Jacob	2700.—	2700.—
R.	4. Lecin, blutstärkend	1800.—	1800.—	R.	13. Satrap, kleiner Kopf	2700.—	2700.—
R.	5. Braunkohlen-Brikett-Öfen Quint	1800.—	1800.—	R.	14. Waffen, Burgsmüller	2700.—	2700.—
R.	6. Automobile Delaunay	2700.—	2700.—	R.	15. Honig M. Zeh & Co.	2700.—	2700.—
R.	7. Apfelwein, vorzügl. Qualität	1800.—	1800.—	R.	16. Übersichtstabellen	2700.—	2700.—
R.	8. Satrap, großer Kopf	2700.—	2700.—	R.	17. Bienenhonig Gühler, ohne 3 Bienen	2700.—	2700.—
R.	9. Pelikan-Tinte	2700.—	2700.—	R.	18. Apfelweinsekt	2700.—	2700.—

b. Reklame rot + 10 Pfg. Germania

		✉				✉	
		W	S			W	S
R.	19. Naturweinkellerei Raueiser	3200.—	3200.—	R.	12b. Aquadent Bekleidung Jacob	3200.—	3200.—
R.	2b. Bienenhonig, 3 Qualitäten	3200.—	3200.—	R.	24. Briefmarken Sellschopp	3200.—	3200.—
R.	20. Stukenbrok Einbeck	3200.—	3200.—	R.	25. Versandhaus Limania	3200.—	3200.—
R.	21. Gühler-Honig, 9-Pfd.-Dose	3200.—	3200.—	R.	26. Bad Münster am Stein	3200.—	3200.—
R.	22. Honig H. E. Schmidt	3200.—	3200.—	R.	10b. Briefmarken P. Kohl	3200.—	3200.—
R.	23. Briefmarken Ph. Kosack	3200.—	3200.—	R.	27. Pelikan-Tinte	3200.—	3200.—

Deutsches Reich (Zusammendrucke)

MH 4 Nominale 2.— Mk. Ausgabe ab Juli 1912

H-Blatt 2 a
H-Blatt 1 a } siehe MH 1

Zd siehe nach MH 13

H-Blatt 7 mit Nr. 85

×	×	5
×	×	5

✉ 2300.—

H-Blatt 8 mit Nr. 86

×	10	10
×	10	10

✉ 3100.—

Erste HAN rot auf H-Blatt 8 (April 1913 H 3195.12 [immer im Heftrand])

MH 5 Nominale 2.— Mk. Ausgabe Mai 1913–1916 { a = Friedensdruck
b = Kriegsdruck

H-Blatt 2 a bzw. 2 b s. MH 1

H-Blatt 9 mit Nr. 85, 86

5	5	10
10	10	10

a = Friedensdruck ✉ 600.—
b = Kriegsdruck ✉ 600.—

H-Blatt 1 a bzw. 1 b s. MH 1

a = Friedensdruck
b = Kriegsdruck

Zd siehe später nach MH 13
Folgende HAN immer auf H-Blatt 1 a bzw. 1 b rot:

H 693.13	H 3089.13	H 1460.14	H 4785.14	H 3664.15
H 1282.13	H 3789.13	H 2145.14	H 1481.15	H 3926.15
H 1890.13	H 4643.13	H 2929.14	H 2196.15	H 4622.15
H 2358.13	H 872.14	H 4216.14	H 2689.15	

MH 6 Nominale —.75 Mk. Ausgabe September 1916

H-Blatt 10 mit Nr. 98

2½	2½	2½
2½	2½	2½

✉ 370.—

Keine Zd

MH 7 Nominale 3.— Mk. Ausgabe September 1916

H-Blatt 11 mit Nr. 99

7½	7½	7½
7½	7½	7½

✉ 550.—

H-Blatt 12 mit Nr. 99, 100

7½	7½	15
15	15	15

✉ 1800.—

H-Blatt 13 mit Nr. 100

15	15	15
15	15	15

✉ 1300.—

HAN auf H-Blatt 13 gelbbraun H 3327.16 oder H 4952.16

Zd siehe nach MH 13

MH 8 Nominale 3.— Mk. Ausgabe September 1917

H-Blatt 11 siehe MH 7

HAN auf H-Blatt 15 violett H 1953.17

Zd siehe nach MH 13

H-Blatt 14 mit Nr. 99, 101

7½	7½	15
15	15	15

✉ 1600.—

H-Blatt 15 mit Nr. 101

15	15	15
15	15	15

✉ 190.—

MH 9 Nominale 3.— Mk. Ausgabe Februar 1918

H-Blatt 11 siehe MH 7
H-Blatt 15 siehe MH 8

Zd siehe nach MH 13

HAN auf Blatt 15 violett H 1922.17 oder 3 verschiedene auf H-Blatt 18 rot H 4215.17, H 5662.17, H 277.18

H-Blatt 16 mit Nr. 99, 101

7½	7½	7½
7½	15	15

✉ 1700.—

H-Blatt 17 mit Nr. 85, 101

15	15	5
5	5	5

✉ 1600.—

H-Blatt 18 mit Nr. 85, 86

5	10	10
10	10	10

✉ 1100.—

HAN auf H-Blatt 15 violett H 1922.17 oder 3 verschiedene auf H-Blatt 18 rot H 4215.17, H 5662.17, H 2773.18

Deutsches Reich (Zusammendrucke)

MH 10 Nominale 3.— Mk. Ausgabe November 1918/Februar 1919

H-Blatt 15 (siehe MH 8)
H-Blatt 1 b (siehe MH 5)
H-Blatt 2 b (siehe MH 5)

Zd siehe nach MH 13

HAN auf H-Blatt 2 b grün H 3620.18, H 4846.18

H-Blatt 19 mit Nr. 86, 101

15	15	15
15	10	10

✉ 1000.—

H-Blatt 20 mit Nr. 85, 99

7½	7½	7½
7½	5	5

✉ 1300.—

MH 11 Nominale 3.— Mk. Ausgabe Juni 1919

H-Blatt 15 (siehe MH 8)
H-Blatt 1 b (siehe MH 5)
H-Blatt 2 b (siehe MH 5)

Zd siehe nach MH 13

HAN auf H-Blatt 2 b grün H 1848.19, H 2623.19

H-Blatt 21 mit Nr. 86, 101

15	15	15
10	10	15

✉ 190.—

H-Blatt 22 mit Nr. 85, 99

7½	7½	7½
5	5	7½

✉ 500.—

MH 12 Nominale 3.— Mk. Ausgabe Dezember 1919

H-Blatt 15 (siehe MH 8)
H-Blatt 21 (siehe MH 11)
H-Blatt 1 b (siehe MH 5)
H-Blatt 2 b (siehe MH 5)

H-Blatt 23 mit Nr. 85, 86

10	10	5
5	5	5

✉ 250.—

Zd siehe nach MH 13

HAN auf H-Blatt 2 b grün H 3700.19

MH 13 Nominale 4.— Mk. Ausgabe Mai 1920

H-Blatt 24 mit Nr. 87

20	20	20
20	20	20

✉ 160.—

H-Blatt 27 mit Nr. 85, 86

10	10	10
5	5	10

✉ 250.—

H-Blatt 25 mit Nr. 87, 142

20	20	20
15	15	20

✉ 190.—

H-Blatt 2 b siehe MH 5

HAN auf H-Blatt 24 2 b grün H 5536.19

MH 4–13 gibt es auch ohne HAN

H-Blatt 26 mit Nr. 142

15	15	15
15	15	15

✉ 160.—

Germania-Ausgaben Heftchen Nr. 1—13
(keine Heftchenbogen)

MiZd.-Nr.	Kat.-Nr.	Wert	Verwendet in MH	MH-Aufl.	✉	MiZd.-Nr.	Kat.-Nr.	Wert	Verwendet in MH	MH-Aufl.	✉
W 1.	x/85	x+5	1, 4	6	950.—	S 1.	Rekl./85	Rekl.+5	2	1	*)
W 2.	Rekl./85	Rekl.+5	2, 3	2	*)	S 2.	Rekl./86	Rekl.+10	2	1	*)
W 3.	Rekl./86	Rekl.+10	3	6	*)	S 3.	99/85	7½+5	10, 11	4	60.—
W 4.	x/86	x+10	4	5	1400.—	S 4.	85/86	5+10	5, 9	25	
W 5.	85/99	5+7½	11	2	110.—	a.	Friedensdr.				110.—
W 6.	99/85	7½+5	10	2	130.—	b.	Kriegsdr.				100.—
W 7.	85/86	5+10	5,9,13	27		S 5.	86/85	10+5	12, 13	3	50.—
a.	Friedensdr.				130.—	S 6.	101/85	15+5	9	4	280.—
b.	Kriegsdr.				60.—	S 7.	99/100a	7½+15	7	2	280.—
W 8.	86/85	10+5	12	1	60.—	S 8.	99/101a	7½+15	9, 10	5	280.—
W 9.	101/85	15+5	9	4	400.—	S 9.	101/86	15+10	10,11, 12	5	40.—
W10.	99/100a	7½+15	7	2	400.—						
W11.	99/101a	7½+15	8, 9	5	400.—	S 10.	87d/142	20+15	13	2	30.—
W12.	86/101	10+15	11, 12	3	50.—						
W13.	101/86	15+10	10	2	200.—						
W14.	142/87d	15+20	13	2	40.—						

*) Preise für Zusammendrucke mit Reklame siehe vor MH 4.

Deutsches Reich (Zusammendrucke)

Germania aus Automatenrollen

MiZd.-Nr.	Katalog-Nr.	Wert	✉	MiZd.-Nr.	Katalog-Nr.	Wert	✉
S 11a.	98/99a	2½+7½	60.—	S 13a.	99a/98	7½+2½	60.—
S 11b.	98/99b	2½+7½	36.—	S 13b.	99b/98	7½+2½	36.—
S 12a.	98/99a/98	2½+7½+2½	180.—	S 14a.	99a/98/99a	7½+2½+7½	180.—
S 12b.	98/99b/98	2½+7½+2½	90.—	S 14b.	99b/98/99b	7½+2½+7½	90.—

Germania

(W 17)   (KZ 4)   (RL 6)   (K 3)

MH 14 Nominale 8.— Mk. Ausgabe November 1920

H-Blatt 28 mit Nr. 145	H-Blatt 29 mit Nr. 144, 145	H-Blatt 30 mit Nr. 144	H-Blatt 31 mit Nr. 141, 144	H-Blatt 32 mit Nr. 141
40 40 40 / 40 40 40	40 40 40 / 30 30 30	30 30 30 / 30 30 30	30 30 10 / 10 10 10	10 10 10 / 10 10 10
✉ 150.—	✉ 180.—	✉ 150.—	✉ 180.—	✉ 150.—

Preise nur für „INFLA"-geprüfte Stücke.

MiZd.-Nr.	Katalog-Nr.	Wert	✉	MiZd.-Nr.	Katalog-Nr.	Wert	✉
W 15.	144/141	30+10	20.—	KZ 1.	141/Z/141	10+Z+10	300.—
W 16.	144/145	30+40	20.—	KZ 2.	141/Z/144	10+Z+30	300.—
				KZ 3.	144/Z/144	30+Z+30	300.—
S 15.	141/144	10+30	120.—	KZ 4.	144/Z/145	30+Z+40	300.—
S 16.	141/144/141	10+30+10	180.—	KZ 5.	145/Z/145	40+Z+40	300.—
S 17.	144/141	30+10	20.—	KZ 5 F.	145/Z/145 F	40+Z+40 (stumpfrot)	—.—
S 18.	144/141/144	30+10+30	180.—	RL 1.	RL/L/141	RL+L+10 (or.)	1000.—
S 19.	144/145	30+40	120.—	RL 2.	RL/L/141	RL+L+10 (orange/blau)	1300.—
S 20.	144/145/144	30+40+30	180.—	RL 3.	RL/L/144	RL+L+30 (bl.)	1000.—
S 21.	145/144	40+30	20.—	RL 4.	RL/L/144	RL+L+30 (blau/orange)	1300.—
S 21 F.	145 F/144	40 (stumpfrot) +30	—.—	RL 5.	RL/L/144	RL+L+30 (blau/rot)	1300.—
S 22.	145/144/145	40+30+40	180.—	RL 6.	RL/L/145	RL+L+40 (karm.)	1000.—
K 1.	141/141	10+10	30.—	RL 6 F.	RL/L/145 F	RL+L+40 (stumpfrot)	—.—
K 2.	144/144	30+30	30.—	RL 7.	RL/L/145	RL+L+40 (karm./blau)	1300.—
K 3.	145/145	40+40	30.—				
K 3 F.	145 F/145 F	40+40 (stumpfrot)	—.—				

K 3 F, K Z 5 F, RL 6 F aus Bogen HAN H 7592.20

Germania + Ziffernzeichnung

(W 18)   (KZ 8)   (RL 11)

(W 19)   (K 5)   (KZ 9)

Deutsches Reich (Zusammendrucke)

MH 15 Nominale 12.— Mk. Ausgabe 1921

Die Marken zu 60 und 40 Pf = Germania, 30 und 10 Pf = Ziffer.

H-Blatt 28

H-Blatt 33 mit Nr. 147

```
┌ 60 ┌ 60 ┌ 60 ┐
└ 60 └ 60 └ 60 ┘
```
✉ 170.—

H-Blatt 34 mit Nr. 145, 147

```
┌ 60 ┌ 60 ┌ 60 ┐
└ 40 └ 40 └ 60 ┘
```
✉ 320.—

H-Blatt 35 mit Nr. 145, 162

```
┌ 40 ┌ 40 ┌ 30 ┐
└ 30 └ 30 └ 30 ┘
```
✉ 320.—

H-Blatt 36 mit Nr. 159, 162

```
┌ 30 ┌ 10 ┌ 10 ┐
└ 10 └ 10 └ 10 ┘
```
✉ 450.—

HAN auf H-Blatt 36 oliv H 3148.21

MiZd.-Nr.	Katalog-Nr.	Wert	✉
W 17.	145/147	40+60	64.—
W 18.	145/162	40+30	64.—
W 19.	162/159	30+10	300.—
S 23.	145/147	40+60	300.—
S 24.	145/147/145	40+60+40	500.—
S 25.	147/145	60+40	60.—
S 26.	147/145/147	60+40+60	500.—
S 27.	162/145	30+40	300.—
S 28.	162/145/162	30+40+30	550.—
S 29.	145/162	40+30	64.—
S 30.	145/162/145	40+30+40	550.—
S 31.	159/162	10+30	1000.—
S 32.	159/162/159	10+30+10	2000.—
S 33.	162/159	30+10	200.—
S 34.	162/159/162	30+10+30	2000.—
K 4.	147/147	60+60	40.—
K 5.	159/159	10+10	90.—
K 6.	162/162	30+30	90.—

MiZd.-Nr.	Katalog-Nr.	Wert	✉
KZ 6.	Z/147	Z+60	800.—
KZ 7.	Z/147	Z+60	560.—
KZ 8.	Z/145	Z+40	800.—
KZ 9.	Z/162	Z+30	1250.—
RL 8.	RL/L/145	RL+L+40 (rot/oliv)	2200.—
RL 9.	RL/L/147	RL+L+60 (oliv)	1200.—
RL 10.	RL/L/147	RL+L+60 (oliv/rot)	2200.—
RL 11.	RL/L/162	RL+L+30 (grün/rot)	2200.—
RL 12.	RL/L/145	RL+L+40 (grün/rot)	2200.—
RL 13.	RL/L/159	RL+L+10 (oliv/grün)	4000.—
RL 14.	RL/L/162	RL+L+30 (grün/oliv)	4000.—

Neuer Reichsadler

MH 16 Nominale 2.— Mk. Ausgabe Oktober 1925

H-Blatt 37 mit Nr. 356

```
┌ 5 ┊ 5 ┊ 5 ┊ 5 ┊ 5 ┐
└ 5 ┊ 5 ┊ 5 ┊ 5 ┊ 5 ┘
```
✉ 950.—

H-Blatt 38 mit Nr. 357

```
┌ 10 ┊ 10 ┊ 10 ┊ 10 ┊ 10 ┐
└ 10 ┊ 10 ┊ 10 ┊ 10 ┊ 10 ┘
```
✉ 3200.—

keine Zd

Rheinlandmarken

MH 17 Nominale 2.— Mk. Ausgabe 12. Oktober 1925

H-Blatt 39 mit Nr. 372

```
┌ 5 ┊ 5 ┊ 5 ┊ 5 ┊ 5 ┐
└ 5 ┊ 5 ┊ 5 ┊ 5 ┊ 5 ┘
```
✉ 950.—

H-Blatt 40 mit Nr. 373

```
┌ 10 ┊ 10 ┊ 10 ┊ 10 ┊ 10 ┐
└ 10 ┊ 10 ┊ 10 ┊ 10 ┊ 10 ┘
```
✉ 3400.—

keine Zd

Nothilfe 1925

MH 18a Inhalt je 1 H-Blatt 41, 42, 43 Nominale 2.— Mk. Ausgabe 15.12.1925
MH 18b Inhalt je 1 H-Blatt 41, 42, 44 Nominale 2.— Mk.
MH 18c Inhalt je 1 H-Blatt 41, 42, 45 Nominale 2.— Mk.

Deutsches Reich (Zusammendrucke)

H-Blatt 41 mit Nr. 375

5	5
5	5

✉ 200.—

H-Blatt 42 mit Nr. 376

10	10
10	10

✉ 250.—

H-Blatt 43 mit Nr. 377

x	20
x	20

✉ 1500.—

H-Blatt 44 mit Nr. 377 halbes Kreuz

<	20	20

✉ 2400.—

H-Blatt 45 mit Nr. 377 Summen-Zahlen

SZ	20	20

✉ 4000.—

MiZd. Nr.	Katalog-Nr.	Wert	✉
W 20 I.	x/377	x+20	800.—
W 20 II.	>/377 halbes Kreuz	>+20	900.—
W 20 III.	SZ/377 Summenanzahl	SZ+20	3600.—

Andeaskreuz = blau

Die Preise für Zd. der Inflationszeit auf ✉ gelten nur für Infla-geprüfte Stücke.

Flugpost Heftchen Nr. 19 und Heftchen Nr. 20

 (W 21)  (W 22)  (RL 15 a)

MH 19 Nominale 2.— Mk. Ausgabe 18. Dezember 1930

H-Blatt 46 mit Nr. 379

10	10	10	10	10
10	10	10	10	

✉ 500.—

H-Blatt 47 mit Nr. 380

x	x	20	20	20
x	x	x	20	20

✉ 2200.—

MH 20 Nominale 2.— Mk. Ausgabe 14. Juli 1931

H-Blatt 48 mit Nr. 379, A 379

15	15	10	10	10
15	15	10	10	10

✉ 650.—

H-Blatt 49 mit Nr. 380

x	x	x	20	20
x	x	x	20	20

✉ 600.—

MiZd.-Nr.	Katalog-Nr.	Wert	✉
W 21.	x/380	x+20	50.—
W 22.	A 379/379	15+10	50.—
S 35.	380/x	20+x	1600.—
	Andreaskreuz = blau		

MiZd.-Nr.	Katalog-Nr.	Wert	✉
K 7.	379/6/379	10+10	1100.—
K 8.	380/380/x	20+20	1100.—
RL 15 a.	RL/x/x/380	RL+x+x+20 (blau)	2200.—
RL 15 b.	RL/x/x/x/380	RL+x+x+x+20	360.—

Schiller / Friedr. d. G.

MH 21 Nominale 2.— Mk. Ausgabe November 1926

H-Blatt 50 mit Nr. 387

5	5	5	5	5
5	5	5	5	5

✉ 950.—

H-Blatt 51 mit Nr. 390

10	10	10	10	10
10	10	10	10	10

✉ 3000.—

Keine Zd

Deutsches Reich (Zusammendrucke)

Beethoven / Kant

MH 22 Nominale 2.— Mk. Ausgabe Oktober 1927

H-Blatt 52 mit Nr. 389

```
8 | 8 | 8 | 8 | 8
8 | 8 | 8 | 8 | 8
```
✉ 1700.—

H-Blatt 53 mit Nr. 391

```
x | 15 | 15 | 15 | 15
x | 15 | 15 | 15 | 15
```
✉ 2800.—

MiZd.-Nr.	Katalog-Nr.	Wert	✉
W 23.	x/391	x+15	240.—

Andreaskreuz = zinnober

Nothilfe 1926

MH 23 a Nominale 2.— Mk. Ausgabe 1. Dezember 1926
MH 23 b Teilauflage mit H-Blatt 55, *stehendes Wz.*

H-Blatt 54 mit Nr. 398 Y

```
5 | 5 | 5 | 5
5 | 5 | 5 | 5
```
✉ 400.—

H-Blatt 55 mit Nr. 399 Y oder X

```
x | 10 | 10 | 10
x | 10 | 10 | 10
```
X. stehendes Wz. ✉ —.—
Y. liegendes Wz. ✉ 850.—

MiZd.-Nr.	Katalog-Nr.	Wert	✉
Wz 24 X.	x/399 X.	x+10 (steh. Wz.)	—.—
Wz 24 Y.	x/399 Y.	x+10	350.—

Hindenburgspende 1927

MH 24 Nominale 1.50 Mk. Ausgabe November 1927

H-Blatt 56 a mit Nr. 403

```
8 | 8 | 8 | 8
x | 15 | 15 | 15
```
H-Blatt 56   400.—

(W 25)

MiZd.-Nr.	Katalog-Nr.	Wert	✉
W 25	x/404	x+15	340.—
S 36.	403/404	8+15	50.—
S 37.	403/x	8+x	320.—

Andreaskreuz = rot

Reichspräsidentenserie Heftchen Nr. 25, 26

(W 27)

(K 11)

(W 29)

MH 25 a Nominale 2.— Mk. Ausgabe September 1928
MH 25 b Teilauflage mit H-Blatt 58, *liegendes Wz.*

H-Blatt 57 mit Nr. 411

```
x | x | 5 | 5 | 5
x | x | 5 | 5 | 5
```
✉ 200.—

H-Blatt 58 mit Nr. 412

```
8 | 8 | 8 | 8 | 8
8 | 8 | 8 | 8 | 8
```
X. steh. Wz. ✉ 240.—
Y. lieg. Wz. ✉ —.—

H-Blatt 59 mit Nr. 414

```
x | x | 15 | 15 | 15
x | x | 15 | 15 | 15
```
✉ 300.—

MH 26 Nominale 2.— Mk. Ausgabe 15. April 1932

H-Blatt 60 mit Nr. 454

```
x | 4 | 4 | 4 | 4
4 | 4 | 4 | 4 | 4
```
✉ 260.—

H-Blatt 61 mit Nr. 411, 465

```
6 | 5 | 5 | 5 | 5
6 | 6 | 6 | 6 | 6
```
✉ 260.—

H-Blatt 62 mit Nr. 465, 466

```
6 | 6 | 12 | 12 | 12
12 | 12 | 12 | 12 | 12
```
✉ 400.—

Deutsches Reich (Zusammendrucke)

MiZd.-Nr.	Katalog-Nr.	Wert	✉
W 26.	×/454	×+4	22.—
W 27.	×/411	×+5	12.—
W 28.	465/411	6+5	20.—
W 29.	465/466	6+12	20.—
W 30.	×/414	×+15	12.—
S 38.	×/454	×+4	20.—
S 39.	×/454/×	×+4+×	400.—
S 40.	454/×	4+×	260.—
S 41.	454/×/454	4+×+4	400.—
S 42.	411/465	5+6	20.—
S 43.	411/465/411	5+6+5	85.—
S 44.	465/411	6+5	56.—
S 45.	465/411/465	6+5+6	85.—

MiZd.-Nr.	Katalog-Nr.	Wert	✉
S 46.	465/466	6+12	22.—
S 47.	465/466/465	6+12+6	120.—
S 48.	466/465	12+6	90.—
S 49.	466/465/466	12+6+12	130.—
K 9.	454/ᄂSᄂ	4+ᄂ	40.—
K 10.	411/ᄂᄂᄂ	5+ᄂ	40.—
K 11.	411/S9ᄂ	5+9	40.—
K 12.	412/ᄂᄂᄂ (steh. Wz.)	8+8	40.—
K 13	466/99ᄂ	12+ᄂᄂ	80.—
K 14.	414/ᄂᄂᄂ	15+ᄂS	55.—

Andreaskreuz W 26, S 38—41 = hellblau,
Andreaskreuz W 27 = grün, W 30 = rot

Nothilfe 1928 Heftchen Nr. 27a, b, c

(W 31) A 1a (stehend 5zeilig W 32) (A2/W 33) (KZ 10)

MH 27 a Inhalt 1 H-Blatt 63 Nominale 1.50 Mk. Ausgabe November 1928
MH 27 b Inhalt 1 H-Blatt 64 Nominale 1.50 Mk. Ausgabe November 1928
MH 27 c Inhalt 1 H-Blatt 65 Nominale 1.50 Mk. Ausgabe November 1928

Hinweise für den Katalogbenutzer

Vor Einsendung von vermeintlichen Abarten bitten wir Sie, sich zu überlegen, ob Ihre beabsichtigte Meldung für diesen MICHEL-Katalog auch wirklich geeignet ist. In den normalen MICHEL-Katalogen können Abweichungen des Druckes, der Zähnung, Farbe usw. nur in bestimmten, engumgrenzten, auch den Allgemeinsammler interessierenden Fällen erwähnt werden. Wir empfehlen Ihnen deshalb, die unter dem Titel „MICHEL-Abartenführer" beim Fachhandel vorliegende „Anleitung zur Bestimmung von Abarten, Abweichungen und Fehlern auf Briefmarken" zu Rate zu ziehen. Aus dieser kleinen Broschüre können Sie alle wichtigen Informationen zum Thema Abarten entnehmen.

Anfragen, die nur im eigenen Interesse gestellt werden, können wir nur beantworten, wenn Rückporto (Ausland Antwortscheine) beiliegt.

Prüfungen und Begutachtungen von Briefmarken sowie Ermittlungen von Katalognummern etc. sind aus Zuständigkeits- bzw. Zeitgründen nicht möglich.

Sollten Sie Irrtümer, Satz- oder Druckfehler entdecken, bitten wir Sie, uns diese mitzuteilen. Sie tragen so dazu bei, daß wir diese Fehler für die nächste Auflage korrigieren. Für Ihre Mithilfe bedanken wir uns bereits an dieser Stelle.

Sie erleichtern uns die Arbeit, wenn Sie Hinweise auf Fehler, Vorschläge und Anfragen getrennt von der übrigen Korrespondenz auf einseitig beschriebenen Blättern einsenden.

Vergessen Sie bitte in Ihrem eigenen Interesse nie, auf Ihrem Schreiben deutlich Ihren Namen und Ihre genaue Anschrift mit Postleitzahl anzugeben!

Deutsches Reich (Zusammendrucke)

H-Blatt 63 mit Nr. 426 Y, 427 Y

8	8	8	8
×	15	15	15

✉ 850.—

H-Blatt 64 mit Nr. 426 Y, 427 Y

8	8	8	8
A 1 a	15	15	15

✉ 850.—

H-Blatt 65 mit Nr. 426 Y, 427 Y

8	8	8	8
A 2	15	15	15

✉ 850.—

MiZd.-Nr.	Katalog-Nr.	Wert	✉
W 31.	×/427	×+15	800.—
W 32.	A 1 a/427	A 1 a+15	800.—
W 33.	A 2/427	A 2+15	800.—
S 50.	426/427	8+15	45.—
S 51.	426/427/426	8+15+8	125.—
S 52.	427/426	15+8	90.—
S 53.	427/426/427	15+8+15	125.—
S 54.	426/×	8+×	800.—
S 55.	426/×/426	8+×+8	1800.—
S 56.	×/426	×+8	1200.—
S 57.	×/426/×	×+8+×	1800.—
S 58.	426/A 1 a	8+A 1 a	800.—
S 59.	426/A 1 a/426	8+A 1 a+8	1800.—

MiZd.-Nr.	Katalog-Nr.	Wert	✉
S 60.	A 1 a/426	A 1 a+8	1200.—
S 61.	A 1 a/426/A 1 a	A 1 a+8+A 1 a	1800.—
S 62.	426/A 2	8+A 2	800.—
S 63.	426/A 2/426	8+A 2+8	1800.—
S 64.	A 2/426	A 2+8	1200.—
S 65.	A 2/426/A 2	A 2+8+A 2	1800.—
S 66.	A 1 a/426/×	A 1 a+8+×	4800.—
S 67.	A 2/426/A 1 a	A 2+8+A 1 a	4800.—
KZ 10.	426/Z/Z/427	8+Z+Z+15	110.—
KZ 11.	427/Z/×/427	8+Z+×+15	4000.—
KZ 12.	427/Z/A 2/427	8+Z+A 2+15	4000.—

Andreaskreuz, A 1 a, A 2 = schwarz

Nothilfe 1929

(A 1 a/W 34) (A 2/W 35) (W 36) (KZ 15)

MH 28 Nominale 1.50 Mk. Ausgabe 1. Dezember 1929

H-Blatt 66 mit Nr. 430

A 1 a	5	5	5
A 2	5	5	5

✉ 150.—

H-Blatt 67 mit Nr. 431, 432

8	8	8	8
×	15	15	15

✉ 450.—

MiZd.-Nr.	Katalog-Nr.	Wert	✉
W 34.	A 1 a/430	A 1 a+5	28.—
W 35.	A 2/430	A 2+5	28.—
W 36.	×/432	×+15	160.—
S 68.	431/432	8+15	50.—
S 69.	431/432/431	8+15+8	100.—
S 70.	432/431	15+8	70.—
S 71.	432/431/432	15+8+15	100.—
S 72.	431/×	8+×	150.—
S 73.	431/×/431	8+×+8	540.—

MiZd.-Nr.	Katalog-Nr.	Wert	✉
S 74.	×/431	×+8	320.—
S 75.	×/431/×	×+8+×	540.—
KZ 13.	430/Z/Z/430	5+Z+Z+5	60.—
KZ 14.	430/Z/A 1 a/Z/A 2/430	5+Z+A 1 a+Z+A 2+5	800.—
KZ 15.	431/Z/Z/432	8+Z+Z+15	80.—
KZ 16.	431/Z/×/432	8+Z+×+15	800.—

Andreaskreuz, A 1 a, A 2 = schwarz

1.) Bunter Steg in 2 Markenheftchen dgz, KZ 10, 13, 15
2.) Weißer Steg in 1 Markenheftchen ndgz, KZ 11, 12, 14, 16

Als Grundlage für die Ermittlung der Preisnotierungen dienten Unterlagen des Briefmarken-Groß- und -Einzelhandels, von Arbeitsgemeinschaften sowie Sammlern im In- und Ausland.

Deutsches Reich (Zusammendrucke)

Nothilfe 1930

(W 37)

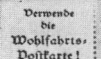
(A 1 b W 38)

MH 29 Nominale 2.— Mk. Ausgabe 1. November 1930

H-Blatt 68 mit Nr. 450

8	8	8	8
×	8	8	8

✉ 180.—

H-Blatt 69 mit Nr. 450, 451

A1b	8	8	8
15	15	15	15

✉ 300.—

MiZd.-Nr.	Katalog-Nr.	Wert	✉
W 37.	×/450	×+8	160.—
W 38.	A 1 b/450	A 1 b+8	160.—
WZ 1.	450/Z/Z/450	8+Z+Z+8	650.—
WZ 2.	450/Z/Z/×/450	8+Z+Z+×+8	900.—
WZ 3.	450/Z/Z/A 1 b/450	8+Z+Z+A 1 b+8	900.—
WZ 4.	451/Z/Z/451	15+Z+Z+15	650.—
S 76.	450/451	8+15	35.—
S 77.	450/451/450	8+15+8	100.—
S 78.	451/450	15+8	70.—
S 79.	451/450/451	15+8+15	100.—

MiZd.-Nr.	Katalog-Nr.	Wert	✉
S 80.	450/×	8+×	160.—
S 81.	450/×/450	8+×+8	1200.—
S 82.	×/450	×+8	800.—
S 83.	×/450/×	×+8+×	1200.—
S 84.	A 1 b/451	A 1 b+15	160.—
S 85.	A 1 b/451/A 1 b	A 1 b+15+A 1 b	1200.—
S 86.	451/A 1 b	15+A 1 b	800.—
S 87.	451/A 1 b/451	15+A 1 b+15	1200.—

Andreaskreuz (dreilinig), A 1 b = dunkelgrün

Nothilfe 1931

(W 39)

A 1 a (stehend 5 zeilig W 40)

(WZ 8)

MH 30 Nominale 2.— Mk. Ausgabe 1. November 1931

H-Blatt 70 mit Nr. 459

8	8	8	8
×	8	8	8

✉ 180.—

H-Blatt 71 mit Nr. 459, 460

A1a	8	8	8
15	15	15	15

✉ 300.—

Bitte bedenken Sie, daß sich der MICHEL-Briefe-Katalog als Standardkatalog auf die wesentlichen Unterschiede der Briefmarken beschränkt. Ausführliche Katalogisierungen müssen Spezialkatalogen und Handbüchern der einzelnen Sammelgebiete vorbehalten bleiben.

Deutsches Reich (Zusammendrucke)

MiZd.-Nr.	Katalog-Nr.	Wert	✉
W 39.	×/459	×+8	120.—
W 40.	A 1 a/459	A 1 a+8	120.—
WZ 5.	459/Z/Z/459	8+Z+Z+8	440.—
WZ 6.	459/Z/Z/×/459	8+Z+Z+× +8	680.—
WZ 7.	459/Z/Z/ A 1 a/459	8+Z+Z+ A 1 a+8	680.—
WZ 8.	460/Z/Z/460	15+Z+Z+15	450.—
S 88.	459/460	8+15	26.—
S 89.	459/460/459	8+15+8	100.—
S 90.	460/459	15+8	65.—
S 91.	460/459/460	15+8+15	100.—

MiZd.-Nr.	Katalog-Nr.	Wert	✉
S 92.	459/×	8+×	120.—
S 93.	459/×/459	8+×+8	900.—
S 94.	×/459	×+8	640.—
S 95.	×/459/×	×+8+×	900.—
S 96.	A 1 a/460	A 1 a+15	120.—
S 97.	A 1 a/460/A 1 a	A 1 a+15+ A 1 a	900.—
S 98.	460/A 1 a	15+A 1 a	640.—
S 99.	460/A 1 a/460	15+A 1 a+15	900.—

Andreaskreuz (dreilinig), A 1 a = dunkelgrün

Nothilfe 1932

 (W 41)    (S 100)    (A 3/S 101)    (K 15)

MH 31 Nominale 2.— Mk. Ausgabe 1. November 1932

H-Blatt 72 mit Nr. 474

```
| 4 | 4 | 4 | 4 | 4 |
| 6 | 6 | 6 | 6 | 6 |
```
✉ 120.—

H-Blatt 73 mit Nr. 476

```
| A3 | 12 | 12 | 12 | 12 |
| ×  | 12 | 12 | 12 | 12 |
```
✉ 150.—

MiZd.-Nr.	Katalog-Nr.	Wert	✉
W 41.	475/474	6+4	16.—
W 42.	475/474/475	6+4+6	80.—
W 43.	474/475	4+6	60.—
W 44.	474/475/474	4+6+4	80.—

MiZd.-Nr.	Katalog-Nr.	Wert	✉
S 100.	×/476	×+12	22.—
S 101.	A 3/476	A 3+12	22.—
SK 15.	474/475	4+9	60.—
SK 16.	476/476	12+12	60.—

Andreaskreuz (dreilinig), A 3, beides orangerot

Fridericus

MH 32 Nominale —.96 Mk. Ausgabe Mai 1933

  (A 4/W 45)   (WZ 10)   (K 18)

H-Blatt 74 mit Nr. 479

```
| 6 | 6 | 6 |
| 6 | 6 | 6 |
```
✉ 150.—

H-Blatt 75 mit Nr. 480

```
| A4 | 12 | 12 |
| 12 | 12 | 12 |
```
✉ 200.—

Deutsches Reich (Zusammendrucke)

MiZd.-Nr.	Katalog-Nr.	Wert	✉	MiZd.-Nr.	Katalog-Nr.	Wert	✉
W 45.	A 4/480	A 4+12	27.—	S 103.	A 4/480/A 4	A 4+12+A 4	220.—
WZ 9.	479/Z/479	6+Z+6	90.—	S 104.	480/A 4	12+A 4	145.—
WZ 10.	480/Z/480	12+Z+12	120.—	S 105.	480/A 4/480	12+A 4+12	220.—
WZ 11.	480/Z/A 4/480	12+Z+A 4+12	165.—	K 17.	479/Z/479	6+Z+6	72.—
				K 18.	480/Z/480	12+Z+12	72.—
S 102.	A 4/480	A 4+12	27.—			A 4 = rot	

Hindenburg, Wz.-Waffeln (Wz. 2) 1933

  (W 46)   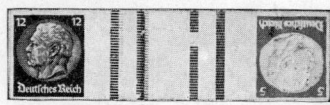 (KZ 17)

MH 33 Nominale 2.— Mk. Ausgabe 5. Aug. 1933

H-Blatt 76 mit Nr. 484   H-Blatt 77 mit Nr. 468, 487   H-Blatt 78 mit Nr. 485, 487

| 6 | 6 | 6 | 6 |
| 6 | 6 | 6 | 6 |

✉ 540.—

| 5 | 5 | 5 | 5 |
| 12 | 12 | 12 | 12 |

✉ 400.—

| 12 | 12 | 12 | 12 |
| 8 | 8 | 8 | 12 |

✉ 800.—

MiZd.-Nr.	Katalog-Nr.	Wert	✉	MiZd.-Nr.	Katalog-Nr.	Wert	✉
W 46.	485/487	8+12	72.—	S 111.	487/485/487	12+8+12	235.—
S 106.	468/487	5+12	20.—	S 112.	485/487	8+12	180.—
S 107.	468/487/468	5+12+5	145.—	S 113.	485/487/485	8+12+8	235.—
S 108.	487/468	12+5	95.—	KZ 17.	468/Z/Z/487	5+Z+Z+12	110.—
S 109.	487/468/487	12+5+12	145.—	KZ 18.	484/Z/Z/487	6+Z+Z+9	165.—
S 110.	487/485	12+8	25.—	KZ 19.	487/Z/Z/487	12+Z+Z+12	165.—

Nothilfe 1933 — Wagner, gez. K 14

 (W 51)    (S 114)    (SK 20)     (W 57)

MH 34 Nominale 2.— Mk. Ausgabe Mitte November 1933

H-Blatt 79 mit Nr. 500 B, 502 B   H-Blatt 80 mit Nr. 503 B, 504 B

| 4 | 4 | 4 | 4 | 4 |
| 6 | 6 | 6 | 6 | 6 |

✉ 500.—

| 8 | 8 | 8 | 8 | 8 |
| X | 12 | 12 | 12 | 12 |

✉ 700.—

Deutsches Reich (Zusammendrucke)

MiZd.-Nr.	Katalog-Nr.	Wert	✉
W 47.	502/500	6+4	36.—
W 48.	502/500/502	6+4+6	80.—
W 49.	500/502	4+6	54.—
W 50.	500/502/500	4+6+4	80.—
W 51.	×/503	×+8	180.—
W 52.	×/503/×	×+8+×	525.—
W 53.	503/×	8+×	345.—
W 54.	503/×/503	8+×+8	525.—

MiZd.-Nr.	Katalog-Nr.	Wert	✉
W 55.	504/503	12+8	100.—
W 56.	504/503/504	12+8+12	180.—
W 57.	503/504	8+12	125.—
W 58.	503/504/503	8+12+8	180.—
S 114.	×/504	×+12	235.—
SK 19.	500/502	4+9	80.—
SK 20.	504/503	8+12	125.—

Andreaskreuz (dreilinig) = rot

Hindenburg (Wz. 4) 1934

  (W 59) (W 61) (A5 = rot)  (KZ 20)

MH 35 Nominale 2.— Mk. Ausgabe Juni 1934

H-Blatt 81
mit Nr. 512, 513, 515

5	1	1	1
5	3	3	3

✉ 70.—

H-Blatt 82
mit Nr. 515, 517

5	5	5	5
8	8	8	8

✉ 70.—

H-Blatt 83
mit Nr. 516

6	6	6	6
6	6	6	6

✉ 65.—

H-Blatt 84
mit Nr. 516, 519

A5	12	12	12
6	12	12	12

✉ 220.—

MiZd.-Nr.	Katalog-Nr.	Wert	✉
W 59.	515/512	5+1[1])	5.—
W 60.	515/513	5+3	7.—
W 61.	A 5/519	A 5+12	30.—
W 62.	516/519	6+12	30.—
S 115.	512/513	1+3	10.—
S 116.	512/513/512	1+3+1	35.—
S 117.	513/512	3+1	25.—
S 118.	513/512/513	3+1+3	35.—
S 119.	515/517	5+8	7.—
S 120.	515/517/515	5+8+5	25.—
S 121.	517/515	8+5	15.—
S 122.	517/515/517	8+5+8	25.—

MiZd.-Nr.	Katalog-Nr.	Wert	✉
S 123.	A 5/516	A 5+6	30.—
S 124.	A 5/516/A 5	A 5+6+A 5	270.—
S 125.	516/A 5	6+A 5	180.—
S 126.	516/A 5/516	6+A 5+6	270.—
KZ 20.	512/Z/Z/513	1+Z+Z+3	25.—
KZ 21a.	515/Z/Z/517	5+Z+Z+8[2])	25.—
KZ 21b.	515/Z/Z/517	5+Z+Z+8[3])	215.—
KZ 22a.	516/Z/Z/519	6+Z+Z+9[4])	20.—
KZ 23a.	519/Z/Z/519	12+Z+Z+12 (rot/grün)	25.—

A 5 = rot

[1]) auch in Einheitsgeberstreifen II und III.
[2]) Strichelleisten grün/orange nebeneinander
[3]) „   „   „   übereinander
[4]) Innenabstand der Strichelleisten 19,5 mm

Hindenburg 1936/37

A 8 a = N.S. (2 Punkte)

A 8 a = schwarz

 (W 63)

 (W 66)

A 9 = dunkelgrün

 (W 67)

A 10 = rot

Deutsches Reich (Zusammendrucke)

MH 36 Nominale 2.— Mk. Ausgabe Ende August 1936.

H-Blatt 85 mit Nr. 516

```
A9  6  6  6
 6  6  6  6
```
✉ 90.—

H-Blatt 86 mit Nr. 519

```
A10 12 12 12
 12 12 12 12
```
✉ 100.—

H-Blatt 87 mit Nr. 513, 515

```
 3  3  3  3
 5  5  5  5
```
✉ 60.—

H-Blatt 88 mit Nr. 512, 517

```
A8a  8  1  1
  8  8  8  8
```
✉ 100.—

MiZd.-Nr.	Katalog-Nr.	Wert	✉
W 63.	A 8 a/517	A 8 a+8	7.—
W 64.	517/512	8+1	7.—
W 65.	A 8 a/517/512	A 8 a+8+1	9.—
W 66.	A 9/516	A 9+6	7.—
W 67.	A 10/519	A 10+12	7.—
S 127.	513/515	3+5	3.—
S 128.	513/515/513	3+5+3	9.—
S 129.	515/513	5+3	7.—
S 130.	515/513/515	5+3+5	9.—
S 131.	A 8 a/517	A 8 a+8	7.—
S 132.	517/A 8 a	8+A 8 a	25.—
S 133.	517/A 8 a/517	8+A 8 a+8	35.—
S 134.	512/517	1+8	6.—
S 135.	512/517/512	1+8+1	13.—
S 136.	517/512	8+1	9.—
S 137.	517/512/517	8+1+8	13.—

MiZd.-Nr.	Katalog-Nr.	Wert	✉
S 139.	A 9/516	A 9+6	7.—
S 140.	A 9/516/A 9	A 9+6+A 9	38.—
S 141.	516/A 9	6+A 9	25.—
S 142.	516/A 9/516	6+A 9+6	38.—
S 143.	A 10/519	A 10+12	7.—
S 144.	A 10/519/A 10	A 10+12+A 10	38.—
S 145.	519/A 10	12+A 10	25.—
S 146.	519/A 10/519	12+A 10+12	38.—
KZ 22 b.	516/Z/Z/915	6+Z+Z+9 [1])	18.—
KZ 23 b.	519/Z/Z/615	12+Z+Z+21 (rot)	18.—
KZ 24.	512/Z/Z/715	1+Z+Z+8	18.—
KZ 25.	513/Z/Z/515	3+Z+Z+5	12.—

A 8 a = schwarz, A 9 = dunkelgrün, A 10 = rot

[1]) Innenabstand der Strichelleisten 21 mm

Hindenburg 1937/39

A 8 b = NS. (1 Punkt)

A 8 b = graublau

(W 68)

(KZ 29a)

(KZ 29b)

MH 37 Nominale 2.— Mk. Ausgabe Anfang Oktober 1937

H-Blatt 89 mit Nr. 514, 519

```
A8b  4  4  4
 12 12 12 12
```
✉ 90.—

H-Batt 90 mit Nr. 512, 519

```
  1  1  1  1
 12 12 12 12
```
✉ 100.—

H-Blatt 91 mit Nr. 513, 516

```
 3  3  3  3
 6  6  6  6
```
✉ 60.—

H-Blatt 92 mit Nr. 515, 516, 517

```
 5  6  6  6
 5  8  8  8
```
✉ 70.—

Wenn Sie eine eilige philatelistische Anfrage haben, rufen Sie bitte (0 89) 3 23 93-224. Die MICHEL-Redaktion gibt Ihnen gerne Auskunft.

Deutsches Reich (Zusammendrucke)

	Katalog-Nr.	Wert	✉	MiZd.-Nr.	Katalog-Nr.	Wert	✉
W 68.	A 8 b/514	A 8 b+4	10.—	S 159.	516/517	6+8	6.—
W 69.	515/516	5+6*)	3.50	S 160.	516/517/516	6+8+6	15.—
W 70.	515/517	5+8	5.—	S 161.	517/516	8+6	10.—
				S 162.	517/516/517	8+6+8	15.—
S 147.	512/519	1+12	3.50	S 163.	514/519	4+12	5.—
S 148.	512/519/512	1+12+1	8.—	S 164.	514/519/514	4+12+4	9.—
S 149.	519/512	12+1	7.—	S 165.	519/514	12+4	7.—
S 150.	519/512/519	12+1+12	8.—	S 166.	519/514/519	12+4+12	10.—
S 151.	513/516	3+6	3.50	KZ 26.	512/Z/Z/61S	1+Z+Z+zl	8.—
S 152.	513/516/513	3+6+3	8.—	KZ 27a.¹)	513/Z/Z/91S	3+Z+Z+9	8.—
S 153.	516/513	6+3	7.—	KZ 27b.²)	513/Z/Z/91S	3+Z+Z+9	130.—
S 154.	516/513/516	6+3+6	8.—	KZ 28.	514/Z/Z/61S	4+Z+Z+zl	10.—
				KZ 29a.³)	516/Z/Z/LlS	6+Z+Z+8	120.—
S 155.	A 8 b/519	A 8 b+12	10.—	KZ 29b.⁴)	516/Z/Z/LlS	6+Z+Z+8	10.—
S 156.	A 8 b/519/A 8 b	A 8 b+12+ A 8 b	35.—				
S 157.	519/A 8 b	12+A 8 b	25.—				
S 158.	519/A 8 b/519	12+A 8 b+12	35.—				

*) Auch bei Hindenburg 1940
¹) Innenabstand der braunen Strichleisten 14 mm
²) Innenabstand der braunen Strichleisten 9 mm
³) Zwischensteg über beide Felder 6 Strichleisten
⁴) Zwischensteg über beide Felder 5 Strichleisten
A 8b = graublau

Hindenburg 1939 (aus Einheitgeberstreifen I, K 21 aus Bogen) Ausgabe Oktober 1939

Einheitgeberstreifen I   (A 8 b = schwarz)

MiZd.-Nr.	Katalog-Nr.	Wert	✉	MiZd.-Nr.	Katalog-Nr.	Wert	✉
W 71.	512/515	1+5	5.—	W 75.	A 8b/513	A 8b+3	6.—
W 72.	512/515/A 8 b	1+5+A 8 b	7.—	W 76.	A 8b/513/512	A 8b+3+1	7.—
W 73.	515/A 8 b	5+A 8 b	6.—	W 77.	513/512	3+1	5.—
W 74.	515/A 8 b/513	5+A 8 b+3	7.—	K 21.	512/ZlS	1+l	5.—

A 8 b = schwarz

Hindenburg 1939

(W 78)   (W 79)   (W 82)   (W 84)   (W 85)
A 12 = graublau   A 13 = braun   A 14 = dunkelgrün   A 15 = dunkelgrün   A 16 = karmin

MH 38 ONr. 9, 10 (2 Auflagen) Nominale 2.— Mk. Ausgabe Oktober 1939

H-Blatt 93 mit Nr. 512, 514   H-Blatt 94 mit Nr. 513, 519   H-Blatt 95 mit Nr. 515, 516

A12	4	4	4
1	1	1	1

✉ 90.—

A13	3	3	12
3	3	3	3

✉ 60.—

A14	6	5	5
6	6	6	6

✉ 100.—

H-Blatt 96 mit Nr. 516   H-Blatt 97 mit Nr. 517, 519

A15	6	6	6
6	6	6	6

✉ 60.—

A16	12	12	12
12	8	8	8

✉ 100.—

Deutsches Reich (Zusammendrucke)

MiZd.-Nr.	Katalog-Nr.	Wert	✉
W 78.	A 12/514	A 12+4	15.—
W 79.	A 13/513	A 13+3 ¹)	6.—
W 80.	513/519	3+12	10.—
W 81.	A 14/516	A 14+6	19.—
W 82.	A 14/516/515	A 14+6+5	24.—
W 83.	516/515	6+5	15.—
W 84.	A 15/516	A 15+6	6.—
W 85.	A 16/519	A 16+12	15.—
W 86.	519/517	12+8	15.—
S 167.	A 12/512	A 12+1	15.—
S 168.	A 12/512/A 12	A 12+1+A 12	60.—
S 169.	512/A 12	1+A 12	40.—
S 170.	512/A 12/512	1+A 12+1	60.—
S 171.	514/512	4+1	3.50
S 172.	514/512/514	4+1+4 ¹)	7.—
S 173.	512/514	1+4	4.50
S 174.	512/514/512	1+4+1	7.—
S 175.	A 13/513	A 13+3	7.—
S 176.	A 13/513/A 13	A 13+3+A 13 ¹)	16.—
S 177.	513/A 13	3+A 13	10.—
S 178.	513/A 13/513	3+A 13+3	16.—
S 179.	519/513	12+3	10.—
S 180.	519/513/519	12+3+12 ¹)	40.—
S 181.	513/519	3+12	28.—
S 182.	513/519/513	3+12+3	40.—
S 183.	A 14/516	A 14+6	11.—
S 184.	A 14/516/A 14	A 14+6+A 14	60.—
S 185.	516/A 14	6+A 14	40.—
S 186.	516/A 14/516	6+A 14+6	60.—

MiZd.-Nr.	Katalog-Nr.	Wert	✉
S 187.	515/516	5+6	3.50
S 188.	515/516/515	5+6+5 ¹)	10.—
S 189.	516/515	6+5	7.—
S 190.	516/515/516	6+5+6	10.—
S 191.	A 15/516	A 15+6	6.—
S 192.	A 15/516/A 15	A 15+6+A 15 ¹)	15.—
S 193.	516/A 15	6+A 15	10.—
S 194.	516/A 15/516	6+A 15+6	15.—
S 195.	A 16/519	A 16+12	15.—
S 196.	A 16/519/A 16	A 16+12+A 16	60.—
S 197.	519/A 16	12+A 16	40.—
S 198.	519/A 16/519	12+A 16+12	60.—
S 199.	519/517	12+8	5.—
S 200.	519/517/519	12+8+12 ¹)	13.—
S 201.	517/519	8+12	5.—
S 202.	517/519/517	8+12+8	13.—
KZ22c.²)	516/Z/Z/915	6+Z+Z+9	35.—
KZ22d.²)	516/Z/Z/915	6+Z+Z+9	18.—
KZ 30.	514/Z/Z/615	4+Z+Z+L	13.—
KZ 31.	519/Z/Z/915	12+Z+Z+ε	22.—
KZ 32.	515/Z/Z/915	5+Z+Z+9	14.—
KZ 33.	519/Z/Z/715	12+Z+Z+8	14.—

A 12 = graublau, A 13 = braun, A 14 = dunkelgrün,
A 15 = dunkelgrün, A 16 = karmin
¹) auch bei Hindenburg 1940.
²) Innenabstand der Strichelleisten 16 mm (1. Auflage).
³) Innenabstand der Strichelleisten 15 mm (2. Auflage).

Hindenburg 1940

 A 16 = orangerot (W 87)

 A 17 = graublau W 89

 A 14 = hellgrün W 88

MH 39 Nominale 2.— Mk. Ausgabe April 1940
1 Stück H-Blatt 94 siehe MH 38
1 Stück H-Blatt 96 siehe MH 38

H-Blatt 98 mit Nr. 512, 514

A 17	4	4	4
1	1	1	1

✉ 70.—

H-Blatt 99 mit Nr. 515, 516

A 14	5	5	6
6	6	6	6

✉ 80.—

H-Blatt 100 mit Nr. 517, 519

A 16	8	8	8
12	12	12	12

✉ 100.—

MiZd.-Nr.	Katalog-Nr.	Wert	✉
W 87.	A 16/517	A 16+8	18.—
W 88.	A 14/515	A 14+5	18.—
W 89.	A 17/514	A 17+4	18.—
S 203.	A 16/519	A 16+12	18.—
S 204.	A 16/519/A 16	A 16+12+A 16	75.—
S 205.	519/A 16	12+A 16	50.—
S 206.	519/A 16/519	12+A 16+12	75.—
S 207.	A 14/516	A 14+6	16.—
S 208.	A 14/516/A 14	A 14+6+A 14	75.—
S 209.	516/A 14	6+A 14	50.—
S 210.	516/A 14/516	6+A 14+6	16.—
S 211.	A 17/512	A 17+1	75.—
S 212.	A 17/512/A 17	A 17+1+A 17	75.—
S 213.	512/A 17	1+A 17	50.—
S 214.	512/A 17/512	1+A 17+1	75.—

MiZd.-Nr.	Katalog-Nr.	Wert	✉
KZ22e.⁵)	516/Z/Z/915	6+Z+Z+9	23.—
KZ22f.⁶)	516/Z/Z/915	6+Z+Z+9	27.—
KZ23c.	519/Z/Z/615	12+Z+Z+ZL (rot/or./braun)	18.—
KZ34.	517/Z/Z/ELS	8+Z+Z+ε	18.—
KZ35.	512/Z/Z/915	1+Z+Z+9	11.—
KZ36.	514/Z/Z/915	4+Z+Z+9	11.—

⁵) Innenabstand der Strichelleisten 10,5 mm (1. Auflage).
⁶) Innenabstand der Strichelleisten 9,5 mm (2. Auflage).
Bei KZ 23c, 35 und 36 sind eine große Zahl verschiedener Strichelleistenabstände bekannt geworden, die nicht einzeln erfaßt werden können.

A 14 = hellgrün, A 16 = orangerot, A 17 = graublau
Zu dieser Gruppe kommen noch folgende Zusammendrucke: W 69, 79, 80, 84, S 171–182, 187–194, 199–202.

Deutsches Reich (Zusammendrucke)

Hindenburg 1939 (aus Automatenrollen):

MiZd.-Nr.	Katalog-Nr.	Wert	✉	MiZd.-Nr.	Katalog-Nr.	Wert	✉
S 215.	514/516	4+6	10.—	S 217	516/514	6+4	12.—
S 216.	514/516/514	4+6+4	16.—	S 218.	516/514/516	6+4+6	16.—

Die Markenrollen hatten 250 Pärchen zu 4+6 Pfg. Zur Überbrückung des Einspannmechanismus waren 5 gezähnte grüne Leerfelder ohne Wz. angeklebt. Verkauf, nicht Versand vom Sammlerschalter.

Hindenburg 1940 (aus Einheitgeberstreifen II, K 22 aus Bogen) Ausgabe Februar 1941

Einheitgeberstreifen II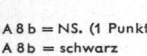

A 8 b = NS. (1 Punkt)
A 8 b = schwarz

MiZd.-Nr.	Katalog-Nr.	Wert	✉	MiZd.-Nr.	Katalog-Nr.	Wert	✉
W 90.	515/512/A 8 b	5+1+A 8 b	13.—	W 94.	A 8 b/512/513	A 8 b+1+3	13.—
W 91.	512/A 8 b	1+A 8 b	11.—	W 95.	512/513	1+3	5.—
W 92.	512/A 8 b/512	1+A 8 b+1	13.—	K 22.	513/513	3+3	6.—
W 93.	A 8 b/512	A 8 b+1	11.—				

Zu dieser Gruppe kommt noch W 59

Hindenburg 1940 (aus Einheitgeberstreifen III, K 22 aus Bogen) Ausgabe Ende Juni 1941

Einheitgeberstreifen III

(A 13 = schwarz)

MiZd.-Nr.	Katalog-Nr.	Wert	✉	MiZd.-Nr.	Katalog-Nr.	Wert	✉
W 96.	515/512/A 13	5+1+A 13	13.—	W 99.	A 13/512	A 13+1	11.—
W 97.	512/A 13	1+A 13	11.—	W 100.	A 13/512/513	A 13+1+3	13.—
W 98.	512/A 13/512	1+A 13+1	13.—				

Zu dieser Gruppe kommen noch folgende Zusammendrucke: W 59, 95, K 22.

Nothilfe 1934 – Berufsstände

A 6 = rot (W 101)

(K 23)

(K 24)

MH 40 Nominale 2.— Mk. Ausgabe 2. November 1934

H-Blatt 101 mit Nr. 557, 559

4	4	4	4	4
6	6	6	6	6

✉ 140.—

H-Blatt 102 mit Nr. 560, 561

8	8	8	8	8
A6	12	12	12	12

✉ 270.—

Deutsches Reich (Zusammendrucke)

MiZd.-Nr.	Katalog-Nr.	Wert	✉
W 101.	A 6/561	A 6+12	72.—
S 219.	557/559	4+6	21.—
S 220.	557/559/557	4+6+4	34.—
S 221.	559/557	6+4	25.—
S 222.	559/557/559	6+4+6	30.—
S 223.	560/A 6	8+A 6	72.—
S 224.	560/A 6/560	8+A 6+8	245.—

MiZd.-Nr.	Katalog-Nr.	Wert	✉
S 225.	A 6/560	A 6+8	145.—
S 226.	A 6/560/A 6	A 6+8+A 6	245.—
S 227.	560/561	8+12	25.—
S 228.	560/561/560	8+12+8	43.—
S 229.	561/560	12+8	29.—
S 230.	561/560/561	12+8+12	43.—
K 23.	557/559	4+9	30.—
K 24.	561/095	8+12	30.—

A 6 = rot

Nothilfe 1935 – Volkstrachten

 (K 26)  (K 25)

A 7 = braun
(W 102)

MH 41 Nominale 2.— Mk. Ausgabe 15. November 1935

H-Blatt 103 mit Nr. 590, 591

5	5	5	5	5
6	6	6	6	6

✉ 90.—

H-Blatt 104 mit Nr. 588, 593

12	12	12	12	12
A7	3	3	3	3

✉ 200.—

MiZd.-Nr.	Katalog-Nr.	Wert	✉
W 102.	A 7/588	A 7+3	50.—
S 231.	590/591	5+6	6.—
S 232.	590/591/590	5+6+5	10.—
S 233.	591/590	6+5	8.—
S 234.	591/590/591	6+5+6	10.—
S 235.	593/588	12+3	8.50
S 236.	593/588/593	12+3+12	12.—

MiZd.-Nr.	Katalog-Nr.	Wert	✉
S 237.	588/593	3+12	10.—
S 238.	588/593/588	3+12+3	12.—
S 239.	A 7/593	A 7+12	110.—
S 240.	A 7/593/A 7	A 7+12+A 7	160.—
S 241.	593/A 7	12+A 7	45.—
S 242.	593/A 7/593	12+A 7+12	160.—
K 25.	590/165	5+9	8.50
K 26.	588/£65	3+15	11.—

A 7 = braun

Olympische Spiele 1936

(W 107)   (W 106)

MH 42 Nominale 2.— Mk. Ausgabe 15. Juni 1936

H-Blatt 105 mit Nr. 609, 613

3	3	3	3	3
12	12	12	12	12

✉ 140.—

H-Blatt 106 mit Nr. 610, 611

4	4	4	4	4
6	6	6	6	6

✉ 120.—

Deutsches Reich (Zusammendrucke)

MiZd.-Nr.	Katalog-Nr.	Wert	✉
W 103.	610/611	4+6	10.—
W 104.	610/611/610	4+6+4	16.—
W 105.	611/610	6+4	6.—
W 106.	611/610/611	6+4+6	16.—
W 107.	609/613	3+12	10.—

MiZd.-Nr.	Katalog-Nr.	Wert	✉
W 108.	609/613/609	3+12+3	16.—
W 109.	613/609	12+3	8.—
W 110.	613/609/613	12+3+12	15.—
SK 27.	610/611	4+9	14.—
SK 28.	613/609	3+12	14.—

WHW 1936 – Moderne Bauten

A 11 = braun (Querformat) (W 113)

(W 121)

MH 43 Nominale 2.— Mk. Ausgabe 2. November 1936

H-Blatt 107 mit Nr. 636, 637

✉ 75.—

H-Blatt 108 mit Nr. 634, 639

✉ 120.—

MiZd.-Nr.	Katalog-Nr.	Wert	✉
W 111.	A 11/639	A 11+12	36.—
W 112.	A 11/639/A 11	A 11+12+A 11	75.—
W 113.	639/A 11	12+A 11	50.—
W 114.	639/A 11/639	12+A 11+12	75.—
W 115.	634/639	3+12	4.—
W 116.	634/639/634	3+12+3	8.—
W 117.	639/634	12+3	6.—
W 118.	639/634/639	12+3+12	8.—

MiZd.-Nr.	Katalog-Nr.	Wert	✉
W 119.	636/637	5+6	6.—
W 120.	636/637/636	5+6+5	8.—
W 121.	637/636	6+5	4.—
W 122.	637/636/637	6+5+6	8.—
S 243.	A 11/634	A 11+3	36.—
SK 29.	636/637	5+9	7.—
SK 30.	634/639	3+12	7.—

A 11 = braun (Querformat)

WHW 1937 — Schiffe

(W 131)

(W 128)

A 11 = braun (Querformat)

MH 44 Nominale 2.— Mk. Ausgabe November 1937

H-Blatt 109 mit Nr. 653, 654

✉ 70.—

H-Blatt 110 mit Nr. 651, 656

✉ 120.—

Deutsches Reich (Zusammendrucke)

MiZd.-Nr.	Katalog-Nr.	Wert	✉
W 123.	654/653	6+5	6.—
W 124.	654/653/654	6+5+6	9.—
W 125.	653/654	5+6	7.—
W 126.	653/654/653	5+6+5	10.—
W 127.	A 11/656	A 11+12	36.—
W 128.	A 11/656/A 11	A11+12+A11	75.—
W 129.	656/A 11	12+A 11	50.—
W 130.	656/A 11/656	12+A 11+12	75.—

MiZd.-Nr.	Katalog-Nr.	Wert	✉
W 131.	651/656	3+12	7.—
W 132.	651/656/651	3+12+3	10.—
W 133.	656/651	12+3	8.—
W 134.	656/651/656	12+3+12	12.—
S 244.	A 11/651	A 11+3	36.—
SK 31.	651/959	3+12	8.—
SK 32.	653/959	5+9	7.—

A 11 = braun (Querformat)

WHW 1938 – Ostmarklandschaften und Blumen

 (A 11/W 135)
 (K 33)
 (K 34)

MH 45 Nominale 2.— Mk. Ausgabe Dezember 1938

H-Blatt 111 mit Nr. 677, 678

5	5	5	5	5
6	6	6	6	6

✉ 70.—

H-Blatt 112 mit Nr. 675, 680

12	12	12	12	12
A11	3	3	3	3

✉ 150.—

MiZd.-Nr.	Katalog-Nr.	Wert	✉
W 135.	A 11/675	A 11+3	40.—
S 245.	677/678	5+6	5.—
S 246.	677/678/677	5+6+5	8.—
S 247.	678/677	6+5	6.—
S 248.	678/677/678	6+5+6	8.—
S 249.	680/675	12+3	6.—
S 250.	680/675/680	12+3+12	11.—

MiZd.-Nr.	Katalog-Nr.	Wert	✉
S 251.	675/680	3+12	8.—
S 252.	675/680/675	3+12+3	11.—
S 253.	680/A 11	12+A 11	40.—
S 254.	680/A 11/680	12+A 11+12	160.—
S 255.	A 11/680	A 11+12	110.—
S 256.	A 11/680/A 11	A11+12+A11	160.—
K 33.	677/878	5+9	8.—
K 34.	675/989	3+12	8.—

A 11 = braun (Hochformat)

WHW 1939 – Bauwerke

 (A 11/W 141)
 (W 138)

MH 46 Nominale 2.— Mk. Ausgabe Dezember 1939

H-Blatt 113 mit Nr. 732, 733

5	5	5	5	5
6	6	6	6	6

✉ 80.—

H-Blatt 114 mit Nr. 730, 735

12	12	12	12	12
A11	3	3	3	3

✉ 150.—

Deutsches Reich (Zusammendrucke)

MiZd.-Nr.	Katalog-Nr.	Wert	✉	MiZd.-Nr.	Katalog-Nr.	Wert	✉
W 136.	733/732	6+5	7.—	W 144.	730/735	3+12	7.—
W 137.	733/732/733	6+5+6	12.—	W 145.	730/735/730	3+12+3	12.—
W 138.	732/733	5+6	8.—	W 146.	735/730	12+3	8.—
W 139.	732/733/732	5+6+5	12.—	W 147.	735/730/735	12+3+12	12.—
W 140.	A 11/735	A 11+12	40.—	S 257.	A 11/730	A 11+3	40.—
W 141.	A 11/735/A 11	A11+12+A11	160.—	SK 35.	733/732	6+5	8.—
W 142.	735/A 11	12+A 11	110.—	SK 36.	735/730	3+12	9.—
W 143.	735/A 11/735	12+A 11+12	160.—				

A 11 = braun (Querformat)

WHW 1940 – Bauwerke

 (A 11/W 148)   (K 37)   (K 38)

MH 47 Nominale 2.— Mk. Ausgabe Dezember 1940

H-Blatt 115 mit Nr. 753, 754

5	5	5	5	5
6	6	6	6	6

✉ 75.—

H-Blatt 116 mit Nr. 751, 756

12	12	12	12	12
A11	3	3	3	3

✉ 130.—

MiZd.-Nr.	Katalog-Nr.	Wert	✉	MiZd.-Nr.	Katalog-Nr.	Wert	✉
W 148.	A 11/751	A 11+3	36.—	S 266.	756/751	12+3	5.—
S 258.	753/754	5+6	7.—	S 267.	756/751/756	12+3+12	11.—
S 259.	753/754/753	5+6+5	11.—	S 268.	751/756	3+12	8.—
S 260.	754/753	6+5	8.—	S 269.	751/756/751	3+12+3	11.—
S 261.	754/753/754	6+5+6	11.—	K 37.	751/756	3+12	8.—
S 262.	756/A 11	12+A 11	36.—	K 38.	753/756	5+9	9.—
S 263.	756/A 11/756	12+A 11+12	110.—				
S 264.	A 11/756	A 11+12	72.—				
S 265.	A 11/756/A 11	A11+12+A11	110.—				

A 11 = braun (Hochformat)

☐☐ K 38 Uo. —.—

Freimarken, Ausgabe 1941, Hitler, Heftchen Nr. 48, 49

  (A 18/W 151) 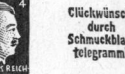 (A 19/W 152) (A 20/W 155) (A 21/W 156)   (A 22/W 157)

 (KZ 39)  (KZ 40)

Deutsches Reich (Zusammendrucke)

MH 48 Nominale 2.— Mk. bestehend aus je 1 H-Blatt 117, 118, 119, 120, 122 Ausgabe Dezember 1941
MH 49 Nominale 2.— Mk. bestehend aus je 1 H-Blatt 117, 118, 119, 121, 122 Ausgabe Dezember 1941

H-Blatt 117 mit Nr. 785

5	5	5	5
1	1	1	1

✉ 60.—

H-Blatt 118 mit Nr. 782, 785

3	3	3	3
6	6	3	3

✉ 60.—

H-Blatt 119 mit Nr. 783, 786

A18	4	4	4
A19	4	8	8

✉ 60.—

H-Blatt 120 mit Nr. 785

A18	6	6	6
6	6	6	6

✉ 100.—

H-Blatt 121 mit Nr. 785

A20	6	6	6
6	6	6	6

✉ 120.—

H-Blatt 122 mit Nr. 788

A21	12	12	12
A22	12	12	12

✉ 110.—

MiZd.-Nr.	Katalog-Nr.	Wert	✉	MiZd.-Nr.	Katalog-Nr.	Wert	✉
W 149.	785/782	6+3	6.—	S 278.	783/786	4+8	4.—
W 150.	783/786	4+8	6.—	S 279.	783/786/783	4+8+4	19.—
W 151.	A 18/783	A 18+4	3.—	S 280.	786/783	8+4	14.—
W 152.	A 19/783	A 19+4	4.—	S 281.	786/783/786	8+4+8	19.—
W 153.	A 19/783/786	A 19+4+8	8.—	S 282.	A 18/785	A 18+6	45.—
W 154.	A 18/785	A 18+6	45.—	S 283.	A 18/785/A 18	A 18+6+A 18	140.—
W 155.	A 20/785	A 20+6	54.—	S 284.	785/A 18	6+A 18	85.—
W 156.	A 21/788	A 21+12	7.—	S 285.	785/A 18/785	6+A 18+6	140.—
W 157.	A 22/788	A 22+12	7.—	S 286.	A 20/785	A 20+6	54.—
S 270.	784/781	5+1	3.—	S 287.	A 20/785/A 20	A 20+6+A 20	175.—
S 271.	784/781/784	5+1+5	10.—	S 288.	785/A 20	6+A 20	115.—
S 272.	781/784	1+5	6.—	S 289.	785/A 20/785	6+A 20+6	175.—
S 273.	781/784/781	1+5+1	10.—	KZ 37.	781/Z/Z/782	1+Z+Z+3	9.—
S 274.	782/785	3+6	3.—	KZ 38.	782/Z/Z/784	3+Z+Z+5	9.—
S 275.	782/785/782	3+6+3	20.—	KZ 39.	783/Z/Z/785	4+Z+Z+9	9.—
S 276.	785/782	6+3	14.—	KZ 40.	786/Z/Z/785	8+Z+Z+9	9.—
S 277.	785/782/785	6+3+6	20.—	KZ 41.	788/Z/Z/882	12+Z+Z+12	15.—

A 18 von W 151 = graublau, sonst violett, A 19 = graublau, A 20 = violett, A 21 und 22 = rot

Freimarken, Ausgabe 1941, Hitler (aus Automatenrollen) Ausgabe Anfang 1942

			✉				✉
S 290.	783/785	4+6	5.—	S 292.	785/783	6+4	5.—
S 291.	783/785/783	4+6+4	9.—	S 293.	785/783/785	6+4+6	9.—

Siehe Bemerkung zu Hindenburg-Automatenrollen 1939 vor Einheitgeberstreifen II.

Zusammendrucke aus Markenheftchen sind fast immer an einer Seite angeschnitten. Solche Zd. sind durchaus vollwertig.

Mit Überdruck „Ostland" siehe dort.

Deutsche Auslandspostämter und Kolonien

Allgemein-Bemerkungen zu den sogenannten „Vorläufern", den Aufdruckmarken und den Marken der Kolonial-Schiffszeichnung der deutschen Auslandspostämter und Kolonien.

„Vorläufer" von Auslands- und Kolonialpostämtern auf deutschen Marken

Als „Vorläufer" bezeichnet man die Marken des Deutschen Reiches und des Norddeutschen Postbezirkes, die bis zur Ausgabe besonderer Marken mit Überdruck verwendet wurden. Sie sind naturgemäß nur an der Abstempelung zu erkennen.

Postgebühren

Der Postverkehr zwischen Deutschland und seinen Kolonien, sowie den Postanstalten im Ausland (China, Marokko, Türkei) erfolgte – nach den Gebührensätzen des Weltpostvereins – mit Auslandsporto bis einschließlich 30. April 1899.
Ab 1. Mai 1899 wurden in den Schutzgebieten die deutschen Inlandgebühren eingeführt, auch für die einzelnen Kolonien untereinander.
Die Postanstalten in Marokko erhielten am 15. 11. 1907 und die in China am 1. 7. 1908 Inlandtarife, während für die Postämter in der Türkei bis zum Schluß die Gebühren des Weltpostvereins bestehen blieben.
Im Juli 1909 wurde für Briefe im Ortsverkehr der Postanstalten in den deutschen Schutzgebieten der innerdeutsche Gebührensatz angeordnet.
Im Ersten Weltkrieg führte man den Auslandtarif wieder ein; bei Marokko kam später zusätzlich noch ein spanischer Sonderzuschlag für die Strecke „Spanien-Marokko" hinzu.

	Ausl. Porto	Inl. Porto	D.O.A. Ausl. Porto	Inl. Porto
Drucksachen bis u. für je 50 gr.	5 Pfg.	3 Pfg.	4 H.	2½ H.
Postkarten	10 Pfg.	5 Pfg.	7½ H.	4 H.
Briefe bis 20 gr. (bis 31. 3. 1900: 15 gr.)	20 Pfg.	10 Pfg.	15 H.	7½ H.
Einschreiben, Gebühr zusätzlich	20 Pfg.	20 Pfg.	15 H.	15 H.

Türkei (vor 1. 7. 1875)
Drucksache . . . . 1 Gr.
Postkarte . . . . 1 Gr.
Brief n. Deutschland . . . . 3 Gr.
ab 1. 7. 72 2 Gr.

Ankunftsstempel
Postkarten . . . . ab 1895 bis 1909
Briefe . . . . bis 31. 3. 1909
Einschreiben u. Eilpost . . . . bis 31. 3. 1909
und wieder eingeführt ab 21. 12. 1909
Wertbriefe immer

Die stark unterschiedlichen Bewertungen der Abstempelungen der verschiedenen Postanstalten siehe: „Ehemalige Deutsche Kolonien und Auslandspostämter-Stempelkatalog", 13. Aufl. 1988.
Bewertungen der R-Zettel siehe: „Die Einschreibezettel der deutschen Postanstalten im Ausland und der deutschen Schutzgebiete", E. Einfeld, 1987.

Deutsche Auslandspostämter
Deutsche Post in China

1 Mark = 100 Pfennig; ab 1905: 1 Dollar = 100 Cents

1886/1901. Marken des Deutschen Reiches, verwendet bei den Postanstalten in China:
siehe Dr. F. Steuer: Handbuch und Katalog der deutschen Kolonial-Vorläufer.

China I.

1898, März/Juni. Ah.-Ausg. Marken des Deutschen Reiches mit diagonalem (45°) Aufdruck **China.**

			EF	MeF	MiF
1 I.	3 Pfg.				
	a. graubraun . . . . (45 b)				
	b. gelbbraun (Juni) . . . . (45 c)		—.—	—.—	100000.—[1])
	c. rötlichocker . . . . (45 d)				
2 I.	5 Pfg. bläulichgrün . . . . (46 c)		100.—	200.—	90.—
3 I.	10 Pfg. karmin, rot . . . . (47 d)		80.—	140.—	70.—
4 I.	20 Pfg. lebhaftultramarin . . . . (48 d)		80.—	150.—	70.—
5 I.	25 Pfg. (rötlich-)orange, orangegelb (Mai) . . . (49 b, a)		900.—	800.—*)	475.—
6 I.	50 Pfg. lilabraun . . . . (50 d)		180.—*)	250.—*)	150.—*)

[1]) Preis gilt nur für kleinen Stempel Shanghai von 1898. Spätere und andere Entwertungen bis zu 50% billiger. Mit Kiautschou-Stempeln s. dort unter V 1 I. *) Preise gelten für überfrankierte Briefe.

Deutsche Auslandspostämter (China)

1898, Dez. Ah.-Ausg. Desgl. mit steilem (56⁰) Aufdruck China.

II.

			EF	MeF	MiF
1 II.	3 Pfg. GA				
	a. olivbraun (✉ braunschwarz)	(45 e)	100.—	220.—	75.—
	b. gelbbraun	(45 c)	400.—	600.—	250.—
	c. rötlichocker	(45 d)	550.—	1000.—	500.—
2 II.	5 Pfg. bläulichgrün GA	(46 c)	25.—	35.—	20.—
3 II.	10 Pfg. karmin, rot	(47 d)	45.—	75.—	35.—
4 II.	20 Pfg. lebhaftultramarin	(48 d)	130.—	240.—	100.—
5 II.	25 Pfg. (rötlich-)orange, orangegelb	(49 b, a)	500.—	350.—*)	250.—
6 II.	50 Pfg. lilabraun	(50 d)	140.—*)	180.—*)	100.—*)

Nr. 1–6 (I und II) mit Stempel von Kiautschou werten höher. Vgl. „Vorläufer" bei Kiautschou.
*) Preise gelten für überfrankierte Briefe.   *Gültig bis 31. 3. 1902.*

5 pf **1900, 7. Juli/7. Nov. Ah.-Ausg. in Futschau. Nr. 3 I und II mit Handstempelaufdruck „5 pf".**

7. 5 pf. a. 10 Pfg. karmin, rot
    I. a Nr. 3 I (diagonaler Aufdruck (▲▲ ✉ 60000.—)
       A. 1. Aufl. (7. Juli) kenntlich nur am Stempeldatum 7.7. bis Anfang Nov. 1900 . . . . 3500.— 8000.— 5000.—
       B. 2. Aufl. (7. Nov.) . . . .
    II. a Nr. 3 II (steiler Aufdruck (7. Juli) (▲▲ ✉ —.—) . . . . 5000.— 9500.— 6500.—

Gültig bis 31. 3. 1902.

1900, 24. Nov./1901, Jan. Ah.-Ausg. in Tientsin. Reichspost-Ausg. mit schrägem Handstempelaufdruck China.

			EF	MeF	MiF
8.	3 (Pfg.) olivbraun	(54 a)	—.—	—.—	3000.—
9.	5 (Pfg.) grün	(55)	—.—	—.—	1800.—
10.	10 (Pfg.) karminrot GA	(56 a)	—.—	—.—	3200.—
11.	20 (Pfg.) ultramarin	(57)	—.—	—.—	3500.—
12.	30 (Pfg.) rotorange/schwarz a. weißbräunlichrot	(59)	—.—	—.—	30000.—
13.	50 (Pfg.) violett/schwarz a. weißbräunlichrot (24. 11.1900)	(61)	—.—	—.—	80000.—*)
14.	80 (Pfg.) rotkarmin/schwarz a. rosa	(62)	—.—	—.—	18000.—*)

*) Preise gelten für überfrankierte Briefe.

Ah.-Ausg. während der Boxer-Unruhen in Petschili, Nordchina.
China-Feldpost während des Boxeraufstandes

1900, 1. Sept./1902. REICHSPOST-Ausg. 1900 ohne Aufdruck von den Feldpostanstalten sowie den Kaiserlichen Postämtern im Kriegsgebiet verwendet.

Die Werte zu 25 Pfg. und 5 Mk. waren nicht an den Schaltern, sind aber verwendet bekannt.

Die Preise gelten für die Ortsstempel Shanghai, Tientsin, Peking und für die Feldpoststation Ostas. Exp. Corps a, b und Feldpoststation Nr. 2. Andere Stempel teurer.

*) Die Preise gelten für überfrankierte ✉.

		EF	MeF	MiF
V a.	3 Pfg. olivbraun	1700.—	2800.—	1400.—
V aa.	3 Pfg. siena	4500.—	9000.—	—.—
V b.	5 Pfg. grün	500.—	1000.—	450.—
V c.	10 Pfg. karminrosa, rot	240.—	480.—	220.—
V d.	20 Pfg. ultramarin	850.—	1250.—	800.—
V da.	25 Pfg. orange/schw. a. hellgelb			10000.—
V e.	30 Pfg. rotorange/schwarz a. weißbräunlichrot	1800.—	3500.—*)	1200.—
V f.	40 Pfg. rotkarmin/schwarz	3200.—	5000.—*)	2800.—
V g.	50 Pfg. vio./schw. a. weißbräunlichrot	2900.—*)	5500.—*)	2600.—*)
V h.	80 Pfg. rotkarmin/schw. a. rosa	3200.—*)		3000.—*)
V i.	1 Mk. rot	5500.—*)		5000.—*)
V k.	2 Mk. schwarzblau	—.—*)		7500.—*)
V l.	3 Mk. schw'vio.	—.—*)		7500.—*)
V m.	5 Mk. grünschw./rot.		—.—	

1900, 1. Sept./1902. Krone – Adlerausgabe ohne Aufdruck von den Feldpostanstalten sowie den Kaiserlichen Postämtern verwendet.

		EF	MeF	MiF
V aa/c.	3 Pfg. gelbbraun	1100.—	2000.—	700.—
V ac/.	3 Pfg. olivbraun	1100.—	1500.—	700.—
V ab.	5 Pfg. bläul'grün	750.—	1200.—	700.—
V ac.	10 Pfg. karmin, rot, braunrot	500.—	750.—	400.—
V ad.	20 Pfg. lebh'ultr.	1100.—	2500.—	1000.—
V ae.	25 Pfg. (rötl.)or.			5000.—
V af.	50 Pfg. lilabraun			9000.—*)

Die Preise gelten für Stempel Shanghai, Tientsin und Peking DP. Bewertung aller anderen Ortsstempel sowie FP, stumme Stempel, Briefpreise etc. siehe Dr. F. Steuer „Handbuch und Katalog der deutschen Kolonial-Vorläufer".

Deutsche Auslandspostämter (China)

1901, April/Okt. Ah.-Ausg. Kiautschou-Ausgabe 1901 (Nr. 5–17) von der Feldpostanstalt Nr. 2 und dem Kaiserlichen Postamt in Peking verkauft und verwendet.

		EF	MeF	MiF
VI a.	3 Pfg. braun	2500.—	3000.—	1500.—
VI b.	5 Pfg. grün	1300.—	2000.—	1200.—
VI c.	10 Pfg. rosa	1500.—	2300.—	1400.—
VI d.	20 Pfg. blau	2100.—	4000.—	2100.—
VI e.	25 Pfg. orange/schw. a. gelb	—.—	6000.—*)	3200.—
VI f.	30 Pfg. or'rot/schw. a. lachsfarben	5500.—	7500.— *)	4000.—
VI g.	40 Pfg. kar./schw.	4000.—	5500.—*)	3300.—
VI h.	50 Pfg. vio./schw. a. lachsfarben	2800.—*)	7000.—*)	3700.—*)
VI i.	80 Pfg. kar./schw. a. rosa	6000.—*)		5500.—*)
VI k.	1 Mk. rot	6000.—*)		5600.—*)
VI l.	2 Mk. stahlblau			6500.—*)
VI m.	3 Mk. schw'vio.			12000.—*)
VI n.	5 Mk. grünschw./rot			—.—*)

*) Die Preise gelten für überfrankierte ✉.

Alle drei Notausgaben sind nur an den Stempeln zu erkennen und müssen Daten während des Boxeraufstandes aufweisen: Die beiden Ausgaben V von Herbst 1900 bis Herbst 1901. Es kommen aber auch spätere Entwertungen bis 31.12.1902 vor. Für Ausgabe VI Hauptverwendungszeit April bis November 1901.

China

1901, Jan./Febr. Ah.-Ausg. Reichspost-Ausg. 1900 mit waagerechtem schwarzem, Nr. 26 senkrechtem rotem Aufdruck China.

			EF	MeF	MiF
15.	3 (Pfg.)				
	a. olivbraun	(54 a)	25.—	40.—	20.—
	b. siena	(54 b)	350.—	650.—	200.—
16.	5 (Pfg.) grün GA	(55)	25.—	30.—	20.—
17.	10 (Pfg.) karminrosa, rot GA	(56 a)	25.—	30.—	20.—
18.	20 (Pfg.) ultramarin, blau (Töne)	(57)	25.—	35.—	20.—
19.	25 (Pfg.) orange/schwarz a. hellgelb	(58)	200.—	160.—*)	90.—
20.	30 (Pfg.) rotorange/schwarz a. weißbräunlichrot	(59)	150.—	130.—*)	70.—
21.	40 (Pfg.) rotkarmin/schwarz	(60)	120.—	80.—*)	70.—
22.	50 (Pfg.) purpur/schwarz a. weißbräunlichrot	(61)	60.—*)	70.—*)	50.—*)
23.	80 (Pfg.) rotkarmin/schwarz a. rosa	(62)	80.—*)	100.—*)	70.—*)
24.	1 Mk. rot	(63 a)	220.—*)	350.—*)	200.—*)
25.	2 Mk. schwarzblau	(64)	220.—*)	350.—*)	200.—*)
26.	3 Mk. schwarzviolett	(65) R			
	I. auf Urmarke Nr. 65 T. I		450.—*)	800.—*)	400.—*)
	II. auf Urmarke Nr. 65 T. II		450.—*)	800.—*)	400.—*)
27.	5 Mk. grünschwarz/rot	(66)			
	I. Type I		2700.—*)	5000.—*)	2500.—*)
	II. Type II (April 1904)		1900.—	3500.—*)	1700.—*)
	III. Type (nachgemalt)		1900.—	3500.—*)	1700.—*)

*) Preise gelten für überfrankierte Briefe.

Gültig bis 31.12.1905.

1905, 1. Okt. Ah.-Ausg. Deutsches Reich-Ausg. 1902 oWz. mit schwarzem, Nr. 36 karminrotem Aufdruck in Cent- und Dollarwährung in Frakturschrift.

			EF	MeF	MiF
28.	**1 Cent** a. 3 (Pfg.) gelb- bis ockerbraun	(69)	40.—	60.—	35.—
29.	**2 Cents** a. 5 (Pfg.) grün GA	(70)	15.—	25.—	12.—
30.	**4 Cents** a. 10 (Pfg.) lebhaftkarmin GA	(71)	15.—	30.—	12.—
31.	**10 Cents** a. 20 (Pfg.) ultramarin, blau	(72)	25.—	40.—	20.—
32.	**20 Cents** a. 40 (Pfg.) karmin/braunschwarz	(75)	100.—	110.—*)	60.—
33.	**40 Cents** a. 80 (Pfg.) karmin/braunschwarz a. rosa	(77)	100.—*)	130.—*)	85.—*)
34.	**½ Dollar** a. 1 Mk. karminrot				
	A. 26:17 Zähnungslöcher	(78 A)	140.—*)	220.—*)	120.—*)
	B. 25:16 Zähnungslöcher	(78 B)	500.—*)	750.—*)	450.—*)
35.	**1 Dollar** a. 2 Mk. stahlblau	(82 A)	120.—*)	200.—*)	100.—*)
36.	**1½ Dollar** a. 3 Mk. schwarz(lila)purpur				
	A. 26:17 Zähnungslöcher	(80 A) R	430.—*)	800.—*)	400.—*)
	B. 25:16 Zähnungslöcher	(80 B) R	250.—*)	450.—*)	220.—*)
37.	**2½ Dollar** a. 5 Mk.				
	a. grünschwarz/rot (Mittelstück ✉ braunorange)	(81 Aa)	2400.—*)	3500.—*)	2200.—*)
	b. grünschwarz/rot	(81 Ab)	2200.—*)	3200.—*)	2000.—*)

Nr. 34 I. linker oder rechter Stern auf einer Spitze stehend:
A. 26:17 Zähnunglöcher		1200.—*)	—.—	1000.—*)
B. 25:16 Zähnungslöcher		1700.—*)	—.—	1500.—*)

*) Preise gelten für überfrankierte Briefe.

Deutsche Auslandspostämter (China)

1905/19. Ah.-Ausg. Gleicher Aufdruck auf Deutsches Reich, Ausgabe 1905/11; *mit Wz.*

Nr.	Beschreibung		EF	MeF	MiF
38.	**1 Cent** a. 3 (Pfg.) dkl'gelbbraun bis hellbraun, glänzender Aufdruck (1906) . . . . (84 I)		30.—	50.—	20.—
39.	**2 Cents** a. 5 (Pfg.) grün (Töne) (1911) . . . . (85 I)		10.—	12.—	10.—
40.	**4 Cents** a. 10 (Pfg.) rot (1911) . . . . (86 I)		10.—	25.—	10.—
41.	**10 Cents** a. 20 (Pfg.) ultramarin (1913) . . . . (87 I)		50.—	100.—	40.—
42.	**20 Cents** a. 40 (Pfg.) rotkarmin/braunschwarz (1908) . . . . (90 I)		40.—	60.—*)	25.—
43.	**40 Cents** a. 80 (Pfg.) rotkarmin/braunschwarz a. rosa, glänzender Aufdruck (1910) . . . . (93 I)		450.—*)	650.—*)	400.—*)
44.	**½ Dollar** a. 1 Mk. A. Friedensausgabe Type I, Wertaufdruck nach rechts, Aufdruck glänzend . . . . (94 A I)				
	A I a. karminrot, 26:17 Zähnungslöcher, Abstand 9 mm (1906)		750.—*)	1100.—*)	600.—*)
	A I b. karminrot, 26:17 Zähnungslöcher, Abstand 9,5 mm (1913)		350.—*)	700.—*)	300.—*)
45.	**1 Dollar** a. 2 Mk. A. Friedensausgabe Type I, Wertaufdruck nach rechts, Aufdruck glänzend, Strahlen schwach, 26:17 Zähnungslöcher . . . . (95 A I)				
	A I a. blau, Abstand 9 mm (1907)		750.—*)	1000.—*)	650.—*)
	A I b. blau, Abstand 9,5 mm		250.—*)	500.—*)	225.—*)
46.	**1½ Dollar** a. 3 Mk. A. Friedensausgabe Type I, Wertaufdruck nach rechts				
	A I a. braunviolett, 26:17 Zähnungslöcher (✉ rotorange), Aufdruck karmin (1912) . . . . (96 A I a) R		750.—*)	1300.—*)	650.—*)
	A I b. schwarzviolett, 26:17 Zähnungslöcher, Aufdruck karmin (1913) . . . . (96 A I b) R		—.—*)	—.—*)	3500.—*)
47.	**2½ Dollar** a. 5 Mk. A. Friedensausgabe Type I, Wertaufdruck nach links, Aufdruck glänzend, 26:17 Zähnungslöcher				
	A I a. grünschwarz/rot, Abstand 9,5 mm, Zwischenraum 2 mm (1906) (✉ Mittelstück braunorange) . . . . (97 A Ia)		1300.—*)	1800.—*)	1200.—*)
	A I b. grünschwarz/rot, Abstand 9 mm, Zwischenraum 2,4 mm (1907) . . . . (97 A I b)		900.—*)	1300.—*)	800.—*)
	A I ba. desgl. linker Stern auf einer Spitze (Feld 8, 11, 12)		1200.—*)	—.—	1000.—*)
	A I c. grünschwarz/rot, Abstand 9,5 mm, Zwischenraum 2,4 mm (1912), Aufdruck lackartig glänzend		550.—*)	800.—*)	475.—*)

*) Preise gelten für überfrankierte Briefe.

Die deutschen Postämter in China wurden nach der Kriegserklärung Chinas am 17. 3. 1917 geschlossen.

Deutsche Post in Marokko

1 Peseta = 100 Centimos

1899, 20. Dez. Ah.-Ausg. Gleiche Marken mit steilem Aufdruck Marocco und Wertangabe in marokkanischer Währung.

1.	**3 Centimos** a. 3 Pfg. olivbraun . . . . (45e)	45.—	70.—	30.—
2.	**5 Centimos** a. 5 Pfg. bläulichgrün GA . . . . (46c)	25.—	40.—	20.—
3.	**10 Centimos** a. 10 Pfg. karmin, rot GA . . . . (47d)	60.—	90.—	45.—
4.	**25 Centimos** a. 20 Pfg. lebh'ultramarin . . . . (48d)	120.—	220.—	80.—
5.	**30 Centimos** a. 25 Pfg. (rötlich-)orange, orangegelb . . . . (49b, a)	700.—	500.—*)	270.—
6.	**60 Centimos** a. 50 Pfg. lilabraun . . . . (50d)	250.—*)	400.—*)	200.—*)

Nr. 1–6 kommen in der ersten Zeit der Verwendung auch mit Zusatzfrankierung privater Inlandskurierlinien vor. ✉ gesucht.

*) Preise gelten für überfrankierte Briefe.   Gültig bis 30. 9. 1901.

1900, 1. Okt. Ah.-Ausg. Reichspost-Ausg. 1900 mit waagerechtem, die Markwerte mit senkrechtem Aufdruck Marocco und waagerechtem Aufdruck des Wertes in marokkanischer Währung.

7.	**3 Centimos** a. 3 (Pfg.) olivbraun . . . . (54a)	20.—	50.—	15.—
8l.	**5 Centimos** a. 5 (Pfg.) grün GA . . . . (55)	15.—	20.—	10.—
9.	**10 Centimos** a. 10 (Pfg.) karminrosa, rot GA . . . . (56a)	15.—	25.—	10.—
10.	**25 Centimos** a. 20 (Pfg.) ultramarin, blau . . . . (57)	35.—	60.—	25.—

Deutsche Auslandspostämter (Marokko)

			EF	MeF	MiF
11.	**30 Centimos** a. 25 (Pfg.) orange/schwarz a. hellgelb	(58)	120.—	120.—	70.—
12.	**35 Centimos** a. 30 (Pfg.) rotorange/schwarz a. weißbräunlichrot	(59)	70.—	70.—	35.—
13.	**50 Centimos** a. 40 (Pfg.) rotkarmin/schwarz a. rosa	(60)	100.—	70.—	35.—
14.	**60 Centimos** a. 50 (Pfg.) purpur/schwarz a. weißbräunlichrot	(61)	180.—*)	300.—*)	160.—*)
15.	**1 Peseta** a. 80 (Pfg.) rotkarmin/schwarz a. rosa	(62)	100.—*)	130.—*)	80.—*)
16 I.	**1 Peseta 25 Centimos** auf 1 Mk. rot (Töne)	(63a)	380.—*)	480.—*)	260.—*)
17 I.	**2 Peseta 50 Centimos** auf 2 Mk. schwarzblau				
	I. auf Urmarke Nr. 64, Type I	(64 I)	330.—	545.—	300.—
	II. auf Urmarke Nr. 64, Type II	(64 II)			
18 I.	**3 Peseta 75 Centimos** auf 3 Mk. schwarzviolett	(65) R			
	I. auf Urmarke Nr. 65 Type I		440.—*)	700.—*)	400.—*)
	II. auf Urmarke Nr. 65 Type II		550.—*)	900.—*)	500.—*)
19.	**6 Peseta 25 Centimos** auf 5 Mk. grünschwarz/rot	(66)			
	I. Type I		2900.—*)	5200.—*)	2600.—*)
	II. Type III (nachgemalte Type I)		2300.—*)	3500.—*)	2000.—*)

Nr. 19 III Nachmalung rot und weiß oder nur weiß.
*) Preise gelten für überfrankierte Briefe.

1903, April. Ah.-Ausg. Marken der gleichen Ausgabe, aber mit Aufdruck in etwas geänderter Schriftart (sog. „fetter" Aufdruck).

8 II.	**5 Centimos** a. 5 (Pfg.) grün GA	(55)	250.—	400.—	225.—
16 II.	**1 Pes. 25 Cts.** a. 1 Mk. bräunlichkarmin	(63b)	1400.—*)	—.—	1200.—*)
17 II.	**2 Pes. 50 Cts.** a. 2 Mk. schwarzblau	(64)	800.—*)	1200.—*)	750.—*)
18 II.	**3 Pes. 75 Cts.** a. 3 Mk. schwarzviolett	(65) R			
	I. auf Urmarke Nr. 65 Type I		1600.—*)	—.—	1500.—*)
	II. auf Urmarke Nr. 65 Type II		1600.—*)	—.—	1500.—*)
19 IV.	**6 Pes. 25 Cts.** a. 5 Mk. grünschwarz/rot (II. Type)	(66)	2200.—*)	—.—	2000.—*)

*) Preise gelten für überfrankierte Briefe.

1905, 30. Sept. Ah.-Ausg. Reichspost-Ausg. 1900 mit Aufdruck Marocco und marokkanischer Währung in Frakturschrift.

20.	**5 Centimos** a. 5 (Pfg.) grün	(55)	—.—	—.—	6500.—**)

**) Preise für Bedarfsfrankatur.

1905, 1. Okt. Ah.-Ausg. Deutsches Reich-Ausg. 1902 oWz. mit Aufdruck 𝔐arocco und marokkanischer Wertangabe in Frakturschrift.

21.	**3 Centimos** a. 3 (Pfg.) gelb- bis ockerbraun	(69)	30.—	50.—	20.—
22.	**5 Centimos** a. 5 (Pfg.) grün GA	(70)	15.—	20.—	10.—
23.	**10 Centimos** a. 10 (Pfg.) lebhaftkarmin GA	(71)	15.—	25.—	10.—
24.	**25 Centimos** a. 20 (Pfg.) ultramarin, blau	(72)	40.—	60.—	30.—
25.	**30 Centimos** a. 25 (Pfg.) orange/braunschwarz a. mattgelb	(73)	140.—	80.—*)	50.—*)
26.	**30 Centimos** a. 30 (Pfg.) rotorange/braunschwarz a. h'chromgelb	(74)	120.—	100.—*)	60.—*)
27.	**50 Centimos** a. 40 (Pfg.) karmin/braunschwarz	(75)	120.—	95.—*)	60.—*)
28.	**60 Centimos** a. 50 (Pfg.) dkl'rötlichlila/braunschwarz a. h'chromgelb	(76)	150.—*)	230.—*)	130.—*)
29.	**1 Peseta** a. 80 (Pfg.) karmin/braunschwarz a. rosa	(77)	130.—*)	190.—*)	110.—*)
30.	**1 Pes. 25 Cts.** a. 1 Mk. karminrot				
	A. 26:17 Zähnungslöcher	(78A)	570.—*)	980.—*)	500.—*)
	B. 25:16 Zähnungslöcher	(78B)	220.—*)	320.—*)	190.—*)
31.	**2 Pes. 50 Cts.** a. 2 Mk. stahlblau	(82A)	800.—*)	1300.—*)	650.—*)
32.	**3 Pes. 75 Cts.** a. 3 Mk. schwarz(lila)purpur				
	A. 26:17 Zähnungslöcher	(80A) R	900.—*)	1450.—*)	750.—*)
	B. 25:16 Zähnungslöcher	(80B) R	380.—*)	550.—*)	330.—*)
33.	**6 Pes. 25 Cts.** a. 5 Mk.				
	a. grünschwarz/rot (Mittelstück ✉ braunorange)	(81 Aa)	*1000.—*)	*1900.—*)	*900.—*)
	b. grünschwarz/rot	(81 Ab)	*950.—*)	*1800.—*)	*850.—*)

*) Preise gelten für überfrankierte Briefe.

Deutsche Auslandspostämter (Marokko)

				EF	MeF	MiF
34.	**3 Centimos** a. 3 (Pfg.) dkl'gelb bis hellbraun................ (84 I)			35.—	60.—	25.—
35.	**5 Centimos** a. 5 (Pfg.) dkl'bläulichgrün.................... (85 Ia)			20.—	30.—	15.—
36.	**10 Centimos** a. 10 (Pfg.) rosarot........................ (86 Ia)			20.—	40.—	15.—
37.	**25 Centimos** a. 20 (Pfg.)					
	a. ultramarin.. (87 Ia)			80.—	120.—	70.—
	b. hellblau.. (87 Ib)			230.—	350.—	175.—
	c. violettblau.. (87 Id)			230.—	350.—	175.—
38.	**30 Centimos** a. 25 (Pfg.) rotorange/braunschwarz a. weißgelb (1911).... (88 I)			160.—	130.—*)	80.—
39.	**35 Centimos** a. 30 (Pfg.) rotorange/braunschwarz a. h'chromgelb (1908) (89 Ix)			150.—	130.—*)	80.—
40.	**50 Centimos** a. 40 (Pfg.) rotkarmin/braunschwarz (1908)......... (90 I)			1000.—*)	1500.—*)	800.—*)
41.	**60 Centimos** a. 50 (Pfg.) violettpurpur/braunschw. a. h'chromgelb (1911) (91 Ix)			120.—	150.—*)	100.—*)
42.	**1 Peseta** a. 80 (Pfg.) karminrot/braunschwarz a. rosa (1911)......... (93 I)			1600.—*)	2500.—*)	1400.—*)
43.	**1 Pes. 25 Cts.** a. 1 Mk. karminrot.......................... (94 A I)			1300.—*)	2000.—*)	1100.—*)
44.	**2 Pes. 50 Cts.** a. 2 Mk. blau (Töne)........................ (95 A I)			1400.—*)	2200.—*)	1200.—*)
45.	**6 Pes. 25 Cts.** a. 5 Mk. grünschwarz/rot.................... (97 A I)			2600.—*)	3700.—*)	2400.—*)

*) Preise gelten für überfrankierte Briefe.

1911/19. Ah.-Ausg. Gleicher Aufdruck mit kk (statt cc) in Marokko.

46.	**3 Centimos** a. 3 (Pfg.) dkl'gelb- bis hellbraun................ (84 I)			20.—	40.—	20.—
47.	**5 Centimos** a. 5 (Pfg.) dkl'bläulichgrün.................... (85 I)			15.—	20.—	15.—
48.	**10 Centimos** a. 10 (Pfg.) rot GA.......................... (86 I)			15.—	30.—	15.—
49.	**25 Centimos** a. 20 (Pfg.) ultramarin....................... (87 I)			40.—	60.—	30.—
50.	**30 Centimos** a. 25 (Pfg.) rotorange/braunschwarz a. weißgelb .... (88 I)			220.—	200.—*)	110.—
51.	**35 Centimos** a. 30 (Pfg.)					
	x. rotorange/braunschwarz a. h'chromgelb (1911) .... (89 Ix)			100.—	110.—*)	60.—
	y. rotorange/braunschwarz a h'gelborange (1913) .... (89 Iy)			100.—	110.—*)	60.—
52.	**50 Centimos** a. 40 (Pfg.) rotkarmin/braunschwarz .... (90 I)			120.—	60.—*)	40.—
53.	**60 Centimos** a. 50 (Pfg.) violettpurpur/braunschw. a. h'chromgelb					
	a. glänzender Aufdruck............................... (91 Ix)			220.—*)	350.—*)	200.—*)
54.	**1 Peseta** a. 80 (Pfg.) karminrot/braunschwarz a. rosa .... (93 I)			170.—*)	300.—*)	150.—*)
55.	**1 Pes. 25 Cts.** a. 1 Mk.					
	A. Friedensausgabe karminrot, 26:17 Zähnungslöcher .... (94 A I)			320.—*)	600.—*)	300.—*)
56.	**2 Pes. 50 Cts.** a. 2 Mk.					
	A. Friedensausgabe, blau, 26:17 Zähnungslöcher .... (95 A I)			300.—*)	550.—*)	270.—*)
57.	**3 Pes. 75 Cts.** a. 3 Mk.					
	A. Friedensausgabe, braunviolett, 26:17 Zähnungslöcher (✉ rotor.).... (96 AIa)R			1300.—*)	2000.—*)	1100.—*)
58.	**6 Pes. 25 Cts.** a. 5 Mk. grünschwarz/rot (26:17)					
	A. Friedensausgabe, glänzender Aufdruck .... (97 A Ib)			2200.—*)	3500.—*)	2000.—*)

*) Preise gelten für überfrankierte Briefe.

Von Nr. 58 erschien in kleiner Auflage eine Abart mit rein schwarzer Rahmenfarbe (Prüflampe bräunlich, sog. Ministerdruck). Sie wurde unerkannt aufgebraucht (58 M. Preis MiF —.—).

Nr. 21–58 gültig in der französischen Zone bis Anfang August 1914, in der spanischen Zone bis 16.6.1919.

Deutsche Post in der Türkei

Konstantinopel

I. 1870. Marken des Norddeutschen Postbezirks, gezähnt, ab 1. März 1870:

II. 1872. Marken des Deutschen Reiches ab Januar 1872:

siehe Dr. F. Steuer: Handbuch und Katalog der deutschen Kolonial-Vorläufer.

1 Piaster = 40 Para und (ab 1908) 1 Franc (= französ.) = 100 centimes

1 PIASTER 1884, 25. Jan. Ah.-Ausg. Reichspost-Ausg. 1879/80, mit schwarzem, bei Nr. 3b blauem Aufdruck der türkischen Währung.

				EF	MeF	MiF
1.	**10 PARA** a. 5 Pfg. .... (40)					
	a. lila, mattlila (1884/85).............................			1900.—	2200.—	1400.—
	b. trüb- bis dunkelviolett (1886/89)			1400.—	1500.—	1000.—
2.	**20 PARA** a. 10 Pfg.					
	a. orangerosa (1884/85) (✉ gelborange, orangegelb) .... (41 ab)			950.—	1200.—	900.—
	b. hellrot bis stumpfrot (1886/89) (✉ stumpfbraunlila) .... (41 b)			850.—	1100.—	800.—

Deutsche Auslandspostämter (Türkei)

			EF	MeF	MiF
3.	**1 PIASTER** a. 20 Pfg.				
	a. grauultramarin (Aufdruck schwarz), (1884/85)	(42 a)	280.—	320.—	250.—
	b. grauultramarin (Aufdruck dunkelblau, unsauber), (April 1884)	(42 a)	1100.—	1500.—	1000.—
	c. hellblau bis blau (Aufdruck schwarz), (1885/86)	(42 b)	800.—	1000.—	750.—
	d. lebhaftultramarin (Aufdruck schwarz), (1887/89)	(42 c)	280.—	300.—	240.—
4.	**1¼ PIASTER** a. 25 Pfg.				
	a. rotbraun bis hellorangebraun (1884/1887)	(43 b)	2800.—	3500.—*)	2400.—
	b. mattrosabraun bis dunkelrosabraun (1887/89)	(43 c)	2500.—	3300.—*)	2200.—
5.	**1¼ PIASTER** a. 50 Pfg.				
	a. olivgrau (1885/86)	(44 a)	1200.—*)	1800.—*)	800.—*)
	b. grauolivgrün (1886/88)	(44 b)	700.—*)	1100.—*)	500.—*)
	ba. dunkelgrauoliv (1888/89)	(44 ba)	1700.—*)	2800.—*)	1300.—*)
	c. resedagrün (1887/88)	(44 c)	—.—	—.—	—.—
	d. schwarzoliv (1889)	(44 d)	1600.—*)	2700.—*)	1200.—*)

*) Preise gelten für überfrankierte Briefe.
Gültig bis 1.2.1891.

---

20 PARA 20 **1¼ PIASTER 1¼** **1889**, 1. Okt./1900. Ah.-Ausg. Reichspost-Ausg. 1889 mit waagerechtem Aufdruck der türkischen Währung.

			EF	MeF	MiF
6.	**10 PARA** a. 5 Pfg.				
	a. (dunkel)grün (1. Okt. 1889)	(46 a)	550.—	700.—	500.—
	b. gelbgrün (1890)	(46 b)	400.—	460.—	350.—
	c. bläulichgrün	(46 c)	150.—	220.—	120.—
7.	**20 PARA** a. 10 Pfg.				
	a. karminrosa (1. Okt. 1889) (✉ leuchtend karminrosa)	(47 a)	750.—	1100.—	700.—
	b. braunrosa (1890/1895) (✉ stumpflilabraun)	(47 b)	220.—	280.—	200.—
	c. bräunlichrot (1886/97) (✉ ockergelb bis goldgelb)	(47 c)	800.—	1100.—	650.—
	d. karmin, rot (1894/1900) (✉ karmin, rot viele Töne)	(47 d)	180.—	240.—	150.—
8.	**1 PIASTER** a. 20 Pfg.				
	a. (grau-)ultramarinblau (1. Okt. 1889)	(48 a)	600.—	800.—	500.—
	b. blau, hellblau, graublau	(48 b)	200.—	400.—	175.—
	c. preußischblau (1892/1893) (✉ grau)	(48 c)	—.—	—.—	—.—
	d. lebhaftultramarin	(48 d)	120.—	140.—	90.—
9.	**1¼ PIASTER** a. 25 Pfg.				
	I. a. orangegelb (Ende 1889)	(49 a)	2000.—	2400.—*)	1300.—
	II. a. orangegelb (1890/1893)	(49 a)	1000.—	1200.—*)	650.—
	b. (rötlich)orange	(49 b)	420.—	400.—*)	250.—
10.	**2½ PIASTER** a. 50 Pfg.				
	a. braunrot (Ende 1889) (✉ feuerrot)	(50 a)	6000.—*)	—.—*)	5000.—*)
	b. rötlichbraun	(50 b)	2400.—*)	4000.—*)	2200.—*)
	ba. rötlichlilabraun	(50 ba)	1300.—*)	2000.—*)	1100.—*)
	c. mattrosabraun	(50 c)	1000.—*)	1600.—*)	800.—*)
	d. lilabraun	(50 d)	500.—*)	650.—*)	400.—*)

*) Preise gelten für überfrankierte Briefe.
Nr. 11 entfällt.
Gültig bis 30.9.1901.

1900, 10. Okt. Ah.-Ausg. Reichspost-Ausg. 1900 mit waagerechtem schwarzem, Nr. 22 senkrechtem karmin oder rosa lateinischem Aufdruck der türkischen Währung, Type I: A oben ohne Dach (außer Nr. 15, 16, 18).

10 PARA 10 **1 PIASTER 1** **1¼ Piaster 1¼** **5 PIASTER 5** **15 PIASTER 15** **15 PIASTER 15**

I. „A" ohne Dach   Nr. 141   Nr. 15   Nr. 201   —   Nr. 22

			EF	MeF	MiF
12 I.	**10 PARA** a. 5 (Pfg.) grün	(55)	25.—	35.—	15.—
13 I.	**20 PARA** a. 10 (Pfg.) karminrosa, rot	(56 a)	20.—	30.—	15.—
14 I.	**1 PIASTER** a. 20 (Pfg.) ultramarin	(57)	20.—	30.—	15.—
15.	**1¼ Piaster** a. 25 (Pfg.) orange/schwarz a. hellgelb	(58)	100.—	80.—*)	50.—
16.	**1½ Piaster** a. 30 (Pfg.) rotorange/schwarz a. weißbräunlichrot	(59)	100.—	80.—*)	50.—
17.	**2 PIASTER** a. 40 (Pfg.) rotkarmin/schwarz	(60)	110.—	80.—	50.—
18.	**2½ Piaster** a. 50 (Pfg.) purpur/schwarz a. weißbräunlichrot	(61)	100.—*)	180.—*)	90.—*)
19.	**4 PIASTER** a. 80 (Pfg.) rotkarmin/schwarz a. rosa	(62)	100.—*)	180.—*)	90.—*)
20 I.	**5 PIASTER** a. 1 Mk. rot	(63 a)	290.—	450.—	250.—*)
21 I.	**10 PIASTER** a. 2 Mk. schwarzblau	(64)	300.—*)	480.—*)	275.—*)
22.	**15 PIASTER** a. 3 Mk. schwarzviolett (Aufdruck rosa bis rot)	(65) R			
	I. auf Urmarke Nr. 65 T. I.		750.—*)	1200.—*)	700.—*)
	II. auf Urmarke Nr. 65 T. II		900.—*)	1400.—*)	800.—*)
23.	**25 PIASTER** a. 5 Mk. grünschwarz/rot	(66)			
	I. Type I		3300.—*)	5500.—*)	3000.—*)
	II. Type II		2200.—*)	3500.—*)	2000.—*)
	III. Type III (nachgemalt)		2000.—*)	3000.—*)	1800.—*)

*) Preise gelten für überfrankierte Briefe.

Deutsche Auslandspostämter (Türkei)

10 PARA 10
II. „A" mit Dach

1902/04. Gleiche Marken mit Aufdruck in Type II: A oben mit Dach (Ā).

			EF	MeF	MiF
12 II.	10 P̄AR̄A a. 5 (Pfg.) grün (1904)	(55)	220.—	280.—	200.—
13 II.	20 P̄AR̄A a. 10 Pfg.) karminrosa, rot (1904) GA	(56a)	250.—	380.—	250.—
14 II.	1 PIĀSTER a. 20 (Pfg.) ultramarin (1902)	(57)	200.—	280.—	175.—
20 II.	5 PIĀSTER a. 1 Mk. bräunlichkarmin (1903)	**)	600.—	800.—*)	500.—*)
21 II.	10 PIĀSTER a. 2 Mk. schwarzblau (1904)	(64)	1900.—*)	2500.—*)	1700.—*)
23 IV.	25 PIĀSTER a. 5 Mk. grünschwarz/rot (Type II) (1903)	(66)	4000.—*)	6000.—*)	3000.—*)

*) Preise gelten für überfrankierte Briefe.
**) Sonderauflage für die Deutsche Post in der Türkei.

10 Piaster 10 **1905,** 1. Okt. Ah.-Ausg. Deutsches Reich-Ausg. oWz. mit schwarzem, Nr. 34 rotem Aufdruck der türkischen Währung in Frakturschrift.

			EF	MeF	MiF
24.	10 Para a. 5 (Pfg.) grün GA	(70)	20.—	40.—	15.—
25.	20 Para a. 10 (Pfg.) lebhaftkarmin GA	(71)	20.—	50.—	20.—
26.	1 Piaster a. 20 (Pfg.) blau	(72)	20.—	35.—	15.—
27.	1¼ Piaster a. 25 (Pfg.) orange/braunschwarz a. mattgelb	(73)	90.—	100.—	70.—
28.	1½ Piaster a. 30 (Pfg.) rotorange/braunschwarz a h'chromgelb	(74)	160.—	200.—*)	120.—
29.	2 Piaster a. 40 (Pfg.) karmin/braunschwarz	(75)	160.—	200.—	120.—
30.	2½ Piaster a. 50 (Pfg.) dkl'rötlichlila/braunschwarz a. h'chromgelb	(76)	170.—*)	270.—*)	150.—*)
31.	4 Piaster a. 80 (Pfg.) karmin/braunschwarz a. rosa	(77)	130.—*)	200.—*)	110.—*)
32.	5 Piaster a. 1 Mk. karminrot				
	A. 26:17 Zähnungslöcher	(78 A)	210.—*)	300.—*)	180.—*)
	B. 25:16 Zähnungslöcher	(78 B)	230.—*)	340.—*)	200.—*)
33.	10 Piaster a. 2 Mk. stahlblau	(82 A)	330.—*)	450.—*)	280.—*)
34.	15 Piaster a. 3 Mk. schwarz(lila)purpur	(80 B) R			
	a. Aufdruck hellrot		900.—*)	1000.—*)	800.—*)
	b. Aufdruck dunkelrot		420.—*)	550.—*)	340.—*)
35.	25 Piaster a. 5 Mk. grünschwarz/rot				
	a. grünschwarz/rot (Mittelstück M braunorange)	(81 Aa)	2700.—*)	4200.—*)	2500.—*)
	b. grünschwarz/rot	(81 Ab)	2800.—*)	4300.—*)	2500.—*)

*) Preise gelten für überfrankierte Briefe.

1905/13. Ah.-Ausg. mit gleichem Aufdruck Ausgabe 1905/11 „Deutsches Reich", *mit Wz.,* **Aufdruck in Schwarz, Nr. 46 in Rot.**

			EF	MeF	MiF
36.	10 Para a. 5 (Pfg.) dkl'bläulich- bis gelblichgrün (1906) GA	(85 I)	15.—	20.—	15.—
37.	20 Para a. 10 (Pfg.) rosarot (1906) GA	(86 I)	15.—	30.—	15.—
38.	1 Piaster a. 20 (Pfg.)				
	a. ultramarin (1906)	(87 I a)	20.—	30.—	20.—
	b. hellblau (1908)	(87 I b)	20.—	30.—	20.—
39.	1¼ Piaster a. 25 (Pfg.) rotorange/braunschwarz a. weißgelb (1908)	(88 I)	200.—	120.—*)	100.—
40.	1½ Piaster a. 30 (Pfg.) rotorange/braunschwarz a. hellchromgelb (1906)	(89 I x)	120.—	100.—	65.—
41.	2 Piaster a. 40 (Pfg.) rotkarmin/braunschwarz (1905)	(90 I)	65.—	50.—*)	30.—
	I. Aufdruck „22 Piaste" (90 Stück)		—.—	—.—	—.—
	II. Aufdruck „2" (10 Stück, rechter Rand)				—.—*)
42.	2½ Piaster a. 50 (Pfg.) violettpurpur/braunschwarz				
	x. a. hellchromgelb (1906)	(91 I x)	110.—*)	110.—*)	80.—*)
	y. a. hellgelborange	(91 I y)	120.—*)	140.—*)	90.—*)
43.	4 Piaster a. (80 Pfg.) karminrot/braunschwarz a. rosa (1906)	(93 I)	140.—*)	210.—*)	110.—*)
44.	5 Piaster a. 1 Mk. karminrot (1907)	(94 A I)	260.—*)	300.—*)	220.—*)
45.	10 Piaster a. 2 Mk. blau (1906)	(95 A I)	340.—*)	490.—*)	300.—*)
46.	15 Piaster a. 3 Mk.				
	a. braunviolett (1912) (M rotorange)	(96 A Ia) R	4500.—*)	6000.—*)	4000.—*)
	b. schwarzviolett (1913)	(96 A Ib) R	—.—*)	—.—*)	—.—*)
47.	25 Piaster a. 5 Mk.				
	a. grünschwarz/rot (Mittelstück M braunorange) (1906)	(97 A Ia)	800.—*)	1000.—*)	600.—*)
	b. grünschwarz/rot	(97 A Ib)	800.—*)	950.—*)	650.—*)

*) Preise gelten für überfrankierte Briefe.

Auch von Nr. 47 kam der zuerst bei Marokko entdeckte „Ministerdruck" mit schwarzer Rahmenfarbe (s. D. Post in Marokko nach Nr. 58) zu unerkanntem Schalterverkauf. Bisher nur wenige Bedarfstücke ⊙ (Nov. 1913) bekannt (47 M. MiF —.—).

Deutsche Auslandspostämter (Türkei)

1908, 5. Aug. Ah.-Ausg. „Deutsches-Reich"-Ausg. 1905/11 *mit Wz., mit diagonalem Wertaufdruck in französischer Währung.*

			EF	MeF	MiF
48.	**5 Centimes** a. 5 (Pfg.) GA				
	a. gelblichgrün	(85 I b)	25.—	35.—	20.—
	b. dkl'bläulichgrün, glänzender Druck (III. Auflage)	(85 I a)	28.—	35.—	23.—
49.	**10 Centimes** a. 10 (Pfg.) GA				
	a. rosarot	(86 I a)	35.—	60.—	30.—
	b. rot, metallisch glänzend, glänzender Druck (III. Auflage, H 3843 a 13)	(86 I b)	45.—	70.—	40.—
50.	**25 Centimes** a. 20 (Pfg.) ultramarin	(87 I)	240.—	330.—	200.—
51.	**50 Centimes** a. 40 (Pfg.) rotkarmin/braunschwarz	(90 I)	520.—	750.—*)	400.—
52.	**100 Centimes** a. 80 (Pfg.) karminrot/braunschwarz a. rosa	(93 I)	600.—*)	960.—*)	550.—*)

*) Preise gelten für überfrankierte Briefe.

Die deutschen Postanstalten wurden infolge Aufhebung der sog. Kapitulationen am 30.9.1914 geschlossen, bis dahin waren Nr. 24–52 gültig.

Deutsche Kolonien

Deutsch-Neuguinea

1 Mark = 100 Pfennig

1888/1901. Marken des Deutschen Reiches verwendet bei den Postämtern in Neu-Guinea:

siehe Dr. F. Steuer: Handbuch und Katalog der deutschen Kolonial-Vorläufer.

1897/99. Ah.-Ausg. Reichspost-Ausg. 1889 mit zweizeiligem Aufdruck Deutsch-Neu-Guinea.

1.	3 Pfg.				
	a. olivbraun (7. 1898)	(45 e)	90.—	200.—	60.—
	b. gelbbraun (1899)	(45 c)	520.—	840.—	400.—
	c. rötlichocker (1899)	(45 d)	680.—	1000.—	500.—
2.	5 Pfg. bläulichgrün GA	(46 c)	25.—	50.—	25.—
3.	10 Pfg. karmin, rot GA	(47 d)	45.—	100.—	45.—
4.	20 Pfg. lebhaftultramarin	(48 d)	90.—	180.—	70.—
5.	25 Pfg. (rötlich-)orange, orangegelb (1898)	(49 b, a)	900.—*)	650.—*)	400.—
6.	50 Pfg. lilabraun	(50 d)	280.—*)	450.—*)	250.—*)

*) Preise gelten für überfrankierte Briefe.

Gültig bis 30.9.1901; auch spätere Abstempelungen bekannt.

a — b

1901, Jan. Freim.-Ausg. Kolonial-Schiffszeichnung, Inschrift DEUTSCH-NEU-GUINEA. oWz.; Nr. 7 bis 15 Bdr., gez. K 14:14½; Nr. 16 bis 19 StTdr., gez. K 14½ (14¼).

a—b) Kaiserjacht SMS „Hohenzollern"; Zeichnung b mit Rahmenzeichnung I

7.	3 Pfg. braun	a	35.—	60.—	25.—
8.	5 Pfg. grün GA	a	30.—	50.—	20.—
9.	10 Pfg. rosa GA	a	40.—	80.—	25.—
10.	20 Pfg. blau	a	60.—	90.—	35.—
11.	25 Pfg. orange/schwarz a. gelb	a	300.—	270.—*)	150.—
12.	30 Pfg. orangerot/schwarz a. lachsfarben	a	250.—	250.—*)	160.—
13.	40 Pfg. karmin/schwarz	a	320.—	260.—*)	170.—
14.	50 Pfg. violett/schwarz a. lachsfarben	a	150.—*)	240.—*)	130.—*)
15.	80 Pfg. karmin/schwarz a. rosa	a	230.—*)	270.—*)	200.—*)
16.	1 Mk. rot	b	300.—*)	400.—*)	280.—*)
17.	2 Mk. dunkelblau	b	400.—*)	470.—*)	350.—*)

Deutsche Kolonien (Ostafrika)

			EF	Mef	MiF
18.	3 Mk. schwarzviolett	b	950.—*)	1400.—*)	850.—*)
19.	5 Mk. grünschwarz/rot	b	3100.—*)	5200.—*)	2500.—*)

*) Preise gelten für überfrankierte Briefe.

Nr. 20–23 existieren nicht auf Brief.   Nr. 7–19 gültig bis 21. 9. 1914.

Deutsch-Neuguinea wurde 1914 von australisch-neuseeländischen Truppen besetzt.

Deutsch-Ostafrika

Lamu

Marken des Deutschen Reiches verwendet bei der Deutschen Postagentur 22. November 1888 bis 31. März 1891:

siehe Dr. F. Steuer: Handbuch und Katalog der deutschen Kolonial-Vorläufer.

Zanzibar

Marken des Deutschen Reiches verwendet bei der Deutschen Postagentur 27. August 1890 bis 31. Juli 1891:

siehe Dr. F. Steuer: Handbuch und Katalog der deutschen Kolonial-Vorläufer.

Deutsch-Ostafrika

Marken des Deutschen Reiches verwendet bei den Postämtern in Deutsch-Ostafrika:

siehe Dr. F. Steuer: Handbuch und Katalog der deutschen Kolonial-Vorläufer.

1 Rupie = 64 Pesa; ab 1905: 1 Rupie = 100 Heller

1893, 1. Juli. Ah.-Ausg. Reichspost-Ausg. 1889 mit einzeiligem **waagerechtem** Aufdruck des Wertes in ostafrikanischer Pesa-Währung.

1.	**2 PESA** a. 3 Pfg. graubraun	(45 b)			
	I. Aufdruck 15¼ mm		580.—	1000.—	500.—
2.	**3 PESA** a. 5 Pfg. bläulichgrün GA	(46 c)			
	I. Aufdruck 15¼ mm		550.—	800.—	500.—
3.	**5 PESA** a. 10 Pfg. GA				
	I. Aufdruck 15¼ mm				
	a. braunrosa (1893) (M stumpflilabraun)	(47 b)	300.—	500.—	300.—
	b. bräunlichrot (1894) (M ocker- bis goldgelb)	(47 c)	700.—	1200.—	700.—
	c. karmin, rot (M karmin, rot, viele Töne)	(47 d)	200.—	360.—	200.—
4.	**10 PESA** a. 20 Pfg. blau, lebhaftultramarin (Aufdruck 15¼ mm)	(48 b, d)	200.—	360.—	180.—
5.	**25 PESA** a. 50 Pfg. mattrosabraun, lilabraun	(50 c, d)			
	I. Aufdruck 16¾ mm		400.—*)	540.—*)	350.—*)
	II. Aufdruck 17½ mm		400.—*)	540.—*)	350.—*)

*) Preise gelten für überfrankierte Briefe.

1896, April 1899. Ah.-Ausg. Reichspost-Ausg. 1889 mit **schrägem** dreizeiligem Aufdruck des Landesnamens Deutsch-Ostafrika und des Wertes in Pesa.

6.	**2 Pesa** a. 3 Pfg.				
	a. graubraun	(45 b)	110.—	220.—	80.—
	b. gelbbraun	(45 c)	600.—	1000.—	500.—
	c. rötlichocker	(45 d)	900.—	1500.—	800.—
	d. olivbraun (2899) (M braunschwarz)	(45 S)	350.—	600.—	300.—
7.	**3 Pesa** a. 5 Pfg. bläulichgrün GA	(46 c)	35.—	50.—	30.—
8.	**5 Pesa** a. 10 Pfg. karmin, rot GA	(47 d)	35.—	70.—	30.—
9.	**10 Pesa** a. 20 Pfg. lebhaftultramarin	(48 d)	60.—	120.—	40.—
10.	**25 Pesa** a. 50 Pfg. lilabraun	(50 d)	250.—*)	450.—*)	200.—*)

*) Preise gelten für überfrankierte Briefe.   Nr. 1–10 gültig bis 30. 9. 1901.

1901, 1. Jan. Freim.-Ausg. Kolonial-Schiffszeichnung; oWz.; **Nr. 11—18** Bdr., gez. K 14:14½; Nr. 19–21 StTdr., gez. K 14½ (14¼).

a   b   a—b) Kaiseryacht SMS „Hohenzollern"; Zeichnung b mit Rahmenzeichnung!

Deutsche Kolonien (Ostafrika)

			EF	Mef	MiF
11.	2 Pesa braun	a	30.—	45.—	20.—
12.	3 Pesa grün GA	a	30.—	45.—	30.—
13.	5 Pesa rosa GA	a	25.—	40.—	20.—
14.	10 Pesa blau	a	50.—	80.—	40.—
15.	15 Pesa orangerot/schwarz a. lachsfarben	a	110.—	100.—*)	50.—
16.	20 Pesa karmin/schwarz	a	180.—	200.—	120.—
17.	25 Pesa violett/schwarz a. lachsfarben	a	140.—*)	170.—*)	100.—*)
18.	40 Pesa karmin/schwarz a. rosa	a	200.—*)	300.—*)	175.—*)
19.	1 Rupie lilarot	b	320.—*)	600.—*)	275.—*)
20.	2 Rupien hellgrün	b	620.—*)	1000.—*)	575.—*)
21.	3 Rupien				
	a. karminrot/grünschwarz		1100.—*)	1300.—*)	1000.—*)
	b. rot/grünschwarz		1100.—*)	1900.—*)	1000.—*)

*) Preise gelten für überfrankierte Briefe.   Nr. 11–18 gültig bis 31.3.1906.

1905, 1. April. Freim.-Ausg. Gleiche Zeichnung, Wertangabe in Heller-Währung (c). Bdr.; oWz.; gez. 14 : 14½.

c) Kaiserjacht SMS „Hohenzollern"

		EF	Mef	MiF
22.	2½ Heller braun	40.—	40.—	25.—
23.	4 Heller GA			
	a. dunkelgrün	110.—	170.—	110.—
	b. hellgrün	25.—	45.—	25.—
	c. gelbgrün	130.—	200.—	130.—
24.	7½ Heller rosa GA	12.—	25.—	10.—
25.	15 Heller			
	a. mattblau	60.—	80.—	50.—
	b. graublau	120.—	170.—	90.—
	c. violettblau			90.—
26.	20 Heller orange/schwarz a. gelb	180.—	160.—*)	90.—
27.	30 Heller karmin/schwarz	150.—	80.—*)	45.—*)
28.	45 Heller			
	a. violett/schwarz	370.—*)	500.—*)	320.—*)
	b. rotlila/schwarz	220.—*)	350.—*)	200.—*)
29.	60 Heller karmin/schwarz a. rosa	700.—*)	1200.—*)	650.—*)

*) Preise gelten für überfrankierte Briefe.   Nr. 29 gültig bis 30. 3. 1912.

1905/19. Freim.-Ausg. Gleiche Zeichnung Wz. *Rauten* (Wz. 1); Nr. 30–37 Bdr., gez. K 14:14½; Nr. 38–39 und I StTdr., gez. K 14½ (14¼). Rupienwerte in Rahmenzeichnung I.

			Wz. 1	
30.	2½ Heller braun (1906)	c	25.—	35.—	20.—
31.	4 Heller grün (1906)	c	20.—	30.—	15.—
32.	7½ Heller rosa (1906)	c	18.—	30.—	15.—
33.	15 Heller	c			
	a. hellblau (1906)		80.—	110.—	70.—
	b. dunkelblau (1908)		30.—	35.—	25.—
34.	20 Heller (1911)	c			
	a. orange/schwarz a. hellgelb		270.—	220.—*)	175.—
	b. dunkelorange		240.—	220.—	160.—
35.	30 Heller karmin/schwarz (1909)	c	200.—	150.—	125.—
36.	45 Heller (1906)	c			
	a. violett/schwarz		750.—*)	1100.—*)	700.—*)
	b. rotlila/schwarz		750.—*)	1100.—*)	700.—*)
37.	60 Heller karmin/schwarz a. rosa (1906)	c	1100.—*)	1900.—*)	1000.—*)
38.	1 Rupie	b			
	A b. rot (1916), 26:17 Zähnungslöcher		—.—	140000.—	
39.	3 Rupien	b			
	A a. rot/grünschwarz (Rahmen ✉ orange) (1908), 26:17 Zähnungslöcher		1300.—*)	2100.—*)	1200.—*)
	b. rot/grünschwarz, 26:17 Zähnungslöcher		1200.—*)	1900.—*)	1100.—*)

*) Preise gelten für überfrankierte Briefe.   Nr. 37 gültig bis 31.3.1912, aber spätere Verwendung geduldet.

Infolge Blockierung Deutsch-Ostafrikas wurden ab Mitte Mai 1915 bei verkehrsreicheren Postanstalten als „Notbehelf" Gebühren-Stempel als Wertzeichen an Stelle von Freimarken eingeführt.

Bekannt sind drei- und vierzeilige Gummistempel (aus Handsetzkasten) von Daressalam und gleichartige zweizeilige von Tanga, in Gebrauch von Mai 1915 bis März/Mai 1916 (auf ✉ je 200.— bis 2800.—).

Besonders selten sind ✉ mit den ersten dreizeiligen violetten Gummistempel von Daressalam, der wegen zu großer Länge für Paket- und Postanweisungsabschnitte nur kurze Zeit im Mai 1915 in Gebrauch war

(2800.—). Kennzeichen der ersten Zeile: Rp H. Der ihn ablösende Dreizeiler war nur für Drucksachen bestimmt und enthielt auf der ersten Zeile gleich mit Stempel die Wertangabe 2½ H (erst ab Ende Mai 1915 in Gebrauch).

Durch Bekanntmachung vom 20. 12. 1915 wurde aus Morogoro, dem neuen Amtssitz des Postdirektors, folgendes bestimmt:

„Vom 1. I. 1916 ab werden bei den Postanstalten in Daressalam, Tanga, Moschi, Morogoro, Tabora, Kigoma und Muansa Postwertzeichen nicht mehr verkauft. Briefsendungen, die frankiert abgehen sollen, sind am Schalter innerhalb der Poststunden unter barer Einzahlung des Frankos aufzuliefern."

Deutsche Kolonien (Ostafrika)

Frankiert mit 7 1/2 H

Für diese 7 Postämter wurden einheitlich Kästchenstempel angefertigt (s. Abb.) mit dreizeiligem Text: „Fr. lt. Einn. / Nachw. in / (Postort)". Dazu kam ein ähnlicher Kastenstempel mit etwas fetteren Schrifttypen vom Postamt Wilhemsthal. Diese 8 Barfreimachungsstempel mußten noch handschriftlich oder mit Gummistempel die Wertangabe, dazu die Signen von zwei Beamten (selten Namenszug eines Beamten) und den Tagesstempel aufweisen. (Bewertung auf ✉ je 300.— bis 2500.— für Portosätze von 2½, 4, 7½ und 15 Heller; andere Sätze verdienen Aufschläge von 25–50%.

Deutsch-Südwestafrika

Marken des Deutschen Reiches verwendet bei den Postämtern in Deutsch-Südwestafrika:

siehe Dr. F. Steuer: Handbuch und Katalog der deutschen Kolonial-Vorläufer.

1897, ab Mai. Ah.-Ausg. Reichspost-Ausg. 1889 mit zweizeiligem Aufdruck, Südwest-Afrika in 2 Worten.

			EF	MeF	MiF
1.	3 Pfg. graubraun	(45 b)	170.—	320.—	130.—
2.	5 Pfg. bläulichgrün GA	(46 c)	35.—	50.—	30.—
3.	10 Pfg. karmin, rot GA (✉ karmin, rot, viele Töne)	(47 d)	150.—	270.—	150.—
4.	20 Pfg. lebhaftultramarin	(48 d)	60.—	120.—	40.—
I.	25 Pfg. (rötlich) orange, orangegelb	(49 b, a)			—.—
II.	50 Pfg. lilabraun	(50 d)	—.—		—.—

1898, 15. Nov./1899. Ah.-Ausg. Gleiche Marken mit zweizeiligem Aufdruck, Südwestafrika in einem Wort.

5.	3 Pfg.				
	a. olivbraun (✉ braunschwarz)	(45 e)	380.—	620.—	275.—
	b. gelbbraun	(45 c)	190.—	260.—	130.—
	c. rötlichocker	(45 d)	850.—	1200.—	575.—
6.	5 Pfg. bläulichgrün GA	(46 c)	40.—	60.—	35.—
7.	10 Pfg. karmin, rot GA	(47 d)	40.—	70.—	35.—
8.	20 Pfg. lebhaftultramarin	(48 d)	140.—	240.—	120.—
9.	25 Pfg. (rötlich)orange, orangegelb (1899)	(49 b, a)	4200.—	3800.—*)	2000.—
10.	50 Pfg. lilabraun	(50 d)	150.—*)	220.—*)	120.—*)

*) Preise gelten für überfrankierte Briefe. Nr. 1–10 gültig 31. 10. 1901.

1900, Nov. Freim.-Ausg. Kolonial-Schiffszeichnung. oWz.; Nr. 11–19 Bdr., gez. K 14:14½; Nr. 20–23 StTdr., gez. K 14½ (14¼).

a–b) Kaiserjacht SMS „Hohenzollern"; Zeichnung b mit Rahmenzeichnung I.

11.	3 Pfg. braun	a	18.—	30.—	12.—
12.	5 Pfg. grün GA	a	10.—	15.—	8.—
13.	10 Pfg. rosa GA	a	10.—	18.—	8.—
14.	20 Pfg. blau bis lebhaftblau	a	30.—	50.—	20.—
15.	25 Pfg. orange/schwarz a. gelb	a	100.—	50.—*)	40.—
16.	30 Pfg. orangerot/schwarz a. lachsfarben	a	80.—	40.—*)	20.—
17.	40 Pfg. karmin/schwarz	a	90.—	40.—	20.—
18.	50 Pfg. violett/schwarz a. lachsfarben	a	30.—*)	40.—*)	20.—*)
19.	80 Pfg. karmin/schwarz a. rosa	a	110.—	160.—	90.—
20.	1 Mk. rot		190.—	260.—	150.—*)
21.	2 Mk. blau	b	220.—	300.—	180.—*)
22.	3 Mk. schwarzviolett	b	240.—*)	340.—*)	200.—*)
23.	5 Mk. grünschwarz/rot	b	1300.—*)	1800.—*)	1000.—*)

*) Preise gelten für überfrankierte Briefe.

1906, ab Juni/1919. Freim.-Ausg. Gleiche Zeichnung; Wz. Rauten (Wz. 1); **Nr. 24–28 Bdr., gez. K 14:14½; Nr. 29 bis 32 StTdr., gez. K 14½ (14¼).**

Wz. 1

			EF	MeF	MiF
24.	3 Pfg.	a			
	a. dunkelbraun (1907)		60.—	80.—	50.—
	b. gelbbraun (1913)		60.—	80.—	50.—
25.	5 Pfg. grün (1906) GA	a	40.—	60.—	30.—
26.	10 Pfg. GA	a			
	a. hellrosa (1906)		25.—	45.—	20.—
	b. rot (metall. glänz.) (1913)		40.—	60.—	30.—
27.	20 Pfg. dunkelblau (1911)	a	100.—	140.—	60.—
28.	30 Pfg. orangerot/schwarz (1913)	a			
	x. a. hellchromgelb		1400.—	1200.—*)	1000.—
	y. a. hellgelborange		1400.—	1200.—*)	1000.—
29.	1 Mk.	b			
	A. rot, 26:17 Zähnungslöcher (1912)		200.—*)	240.—*)	150.—*)
30.	2 Mk.	b			
	A. dunkelblau, 26:17 Zähnungslöcher (1911)		230.—*)	270.—*)	175.—*)
31.	3 Mk. 25:17 Zähnungslöcher (1919)	b			
	a. schwarzviolett				
	b. hellgrauviolett				
32 A.	5 Mk.	b			
	a. grünschwarz/karmin (Mittelstück 🗹 orange) (1906) 26:17 Zähnungslöcher		3000.—*)	4500.—*)	2500.—*)
	b. grünschwarz/karmin, 26:17 Zähnungslöcher (1907)	b	2500.—*)	3800.—*)	2200.—*)

Nr. 31 wurde nur am Sammlerschalter in Berlin verkauft.

*) Preise gelten für überfrankierte Briefe.

Deutsch-Südwestafrika wurde seit 9.7.1915 von der Südafrikanischen Union völlig besetzt und wurde ab 1919 von ihr als Mandatsgebiet verwaltet.

Britische Besetzung siehe unter Südwestafrika (MICHEL-Übersee-Katalog).

Kamerun

1 Mark = 100 Pfennig

1887/1901. Marken des Deutschen Reiches verwendet in Kamerun:

siehe Dr. F. Steuer: Handbuch und Katalog der deutschen Kolonial-Vorläufer.

1897, ab 14. April. Ah.-Ausg. Reichspost-Ausg. 1889 mit schrägem Aufdruck Kamerun.

			EF	MeF	MiF
1.	3 Pfg.				
	a. graubraun	(45 b)	380.—	800.—	350.—
	b. gelbbraun (1898)	(45 c)	300.—	650.—	275.—
	c. rötlichocker (1898)	(45 d)	700.—	1500.—	700.—
	d. olivbraun (🗹 braunschwarz)	(45 e)	220.—	450.—	180.—
2.	5 Pfg. bläulichgrün GA	(46 c)	50.—	75.—	35.—
3.	10 Pfg. karmin, rot GA	(47 d)	50.—	80.—	35.—
4.	20 Pfg. lebhaftultramarin	(48 d)	70.—	160.—	40.—
5.	25 Pfg. (rötlich)orange, orangegelb	(49 b, a)	720.—	420.—*)	275.—
6.	50 Pfg. lilabraun	(50 d)	200.—*)	300.—*)	160.—*)

*) Preise gelten für überfrankierte Briefe.   Gültig bis 30. 9. 1901.

1900, Nov. Freim.-Ausg. Kolonial-Schiffszeichnung; oWz.; **Nr. 7–15 Bdr., gez. K 14:14½; Nr. 16–19 StTdr., gez. K 14½ (14¼).**

a—b) Kaiserjacht SMS „Hohenzollern"; Zeichnung b mit Rahmenzeichnung II.

			EF	MeF	MiF
7.	3 Pfg. braun	a	50.—	70.—	30.—
8.	5 Pfg. grün GA	a	20.—	25.—	15.—
9.	10 Pfg. rosa GA	a	20.—	50.—	15.—
10.	20 Pfg. blau bis lebhaftblau	a	55.—	90.—	35.—
11.	25 Pfg. orange/schwarz a. gelb	a	130.—	80.—*)	60.—
12.	30 Pfg. orangerot/schwarz a. lachsfarben	a	100.—	80.—*)	60.—
13.	40 Pfg. karmin/schwarz	a	110.—	80.—*)	60.—
14.	50 Pfg. violett/schwarz a. lachsfarben	a	70.—*)	100.—*)	50.—*)
15.	80 Pfg. karmin/schwarz a. rosa	a	120.—*)	140.—*)	100.—*)

Deutsche Kolonien (Kamerun)

			EF	MeF	MiF
16.	1 Mk. rot .... b		350.—*)	550.—*)	300.—*)
17.	2 Mk. blau .... b		350.—*)	700.—*)	300.—*)
18.	3 Mk. schwarzviolett .... b		500.—*)	980.—*)	480.—*)
19.	5 Mk. grünschwarz/rot .... b		2700.—*)	4600.—*)	2500.—*)

*) Preise gelten für überfrankierte Briefe.

1905/19. Freim.-Ausg. Gleiche Zeichnungen; Wz. Rauten (Wz. 1); Nr. 20–23, Bdr., gez. K 14:14½; Nr. 24 und 25 StTdr., gez. K 14½ (14¼).

Wz. 1

20.	3 Pfg. braun (1918) .... a			
21.	5 Pfg. grün (1905) GA .... a	100.—	120.—	90.—
22.	10 Pfg. rosa (1906) GA .... a	90.—	100.—	80.—
23.	20 Pfg. .... a			
	a. ultramarin (1914)	1300.—	2000.—	1000.—
24.	1 Mk. rot, rosa, ... b			
25.	5 Mk.			
	a. grünschwarz/rot .... b			
	A. 26:17 Zähnungslöcher (1913)	22000.—*)	—.—	22000.—*)

*) Preise gelten für überfrankierte Briefe.

Nr. 20, 23 b–d und 24 wurden nur am Sammlerschalter in Berlin verkauft.

Nr. 7–25 gültig bis 14.2.1916 (kleinere Postanstalten stempelten die Marken aber noch bis Ende Februar 1916 ab).

1911, 19. Mai. Ah.-Ausg. II in Longji. Nr. 10 halbiert mit beigesetztem Dienstsiegel.

Der östliche französische Teil der früheren deutschen Kolonie Kamerun bildete als französisches Mandatsgebiet ein eigenes Postgebiet (seit 1925 eigene Markenausgaben und seit 1. 1. 1960 selbständiger Staat). Der westliche englische Teil ist Nigerien angegliedert und verwendet nach Aufbrauch der überdruckten deutschen Kolonialmarken nigerianische Postwertzeichen (siehe MICHEL-Übersee-Katalog Band Afrika).

Bessere ✉ sollten vor Erwerb unbedingt durch einen anerkannten Prüfer geprüft werden.

		EF
I.	20-Pfg.-Marke halbiert auf Brief mit daneben gesetztem Dienstsiegel .... a	18000.—

Karolinen

1 Mark = 100 Pfennig

1899, 12. Okt. Ah.-Ausg. Reichspost-Ausg. 1889 mit diagonalem Aufdruck (48⁰) Karolinen.

I.

1 I.	3 Pfg. gelbbraun .... (45 c)	4400.—	6800.—	4000.—
2 I.	5 Pfg. bläulichgrün .... (46 c)	4200.—	6400.—	4200.—
3 I.	10 Pfg. karmin, rot .... (47 d)	800.—	1400.—	700.—
4 I.	20 Pfg. lebhaftultramarin .... (48 d)	1000.—	1500.—	700.—
5 I.	25 (Pfg.) (rötlich-)orange .... (49 b)	18000.—*)	18000.—*)	12000.—
6 I.	50 Pfg. lilabraun .... (50 d)	9000.—*)	13500.—*)	7500.—*)

*) Preise gelten für überfrankierte Briefe.

1900, Mai. Ah.-Ausg. Gleiche Marken mit steilem Aufdruck (56⁰).

II.

1 II.	3 Pfg. olivbraun .... (45 e)	110.—	270.—	80.—
2 II.	5 Pfg. bläulichgrün GA .... (46 c)	100.—	160.—	80.—
3 II.	10 Pfg. karmin, rot GA .... (47 d)	130.—	200.—	110.—
4 II.	20 Pfg. lebhaftultramarin .... (48 d)	200.—	300.—	150.—
5 II.	25 Pfg. (rötlich-)orange, orangegelb .. (49 b, a)	950.—	500.—*)	450.—
6 II.	50 Pfg. lilabraun .... (50 d)	350.—*)	550.—*)	300.—*)

*) Preise gelten für überfrankierte Briefe.

Gültig bis 30. 9. 1901.

Deutsche Kolonien (Karolinen)

1901, ab Jan. Freim.-Ausg. Kolonial-Schiffszeichnung; oWz.; **Nr. 7–15** Bdr., gez. K 14:14½, **Nr. 16–19** StTdr., gez. K 14½ (14¼).

a—b) Kaiserjacht SMS „Hohenzollern"; Zeichnung b mit Rahmenzeichnung II

			EF	MeF	MiF
7.	3 Pfg. braun	a	50.—	70.—	30.—
8.	5 Pfg. grün GA	a	30.—	45.—	25.—
9.	10 Pfg. rosa GA	a	60.—	110.—	45.—
10.	20 Pfg. blau	a	110.—	180.—	70.—
11.	25 Pfg. orange/schwarz a. gelb	a	400.—	300.—*)	170.—
12.	30 Pfg. orangerot/schwarz a. lachsfarben	a	250.—	250.—*)	170.—
13.	40 Pfg. karmin/schwarz	a	270.—	270.—*)	180.—
14.	50 Pfg. violett/schwarz a. lachsfarben	a	140.—*)	190.—*)	110.—*)
15.	80 Pfg. karmin/schwarz a. rosa	a	180.—*)	270.—*)	150.—*)
16.	1 Mk. rot	b	280.—*)	420.—*)	260.—*)
17.	2 Mk. blau	b	380.—*)	540.—*)	300.—*)
18.	3 Mk. schwarzviolett	b	800.—*)	1400.—*)	700.—*)
19.	5 Mk. grünschwarz/rot	b	3000.—*)	4900.—*)	2500.—*)

*) Preise gelten für überfrankierte Briefe.

1905, 20. April. **1. Ponape-Ah.-Ausg.**

Senkrecht halbierte 10-Pfg.-Marke Nr. 9, mit Aufdruck des 1. Dienstsiegels (KAROLINEN kürzer als PONAPE) als 5-Pfg.-Marke gebraucht (20. 4.—9.7. 1905).

I. 10 Pfg. rosa ▯ . . . .
    auf Karte mit deutschem Ankunftsstempel . . . . 1400.—
    auf Karte mit Ankunftsstempel Jaluit . . . . 300.—
    auf Karte ohne Ankunftsstempel . . . . 200.—

Nr. I verdankt ihre Herstellung einem Mangel an 5-Pfg.-Marken, der nach der Zerstörung des Postamtes Ponape durch einen Taifun entstanden war. Karten ohne Ankunftsstempel dürften größtenteils als ⊘ anzusehen sein.

In der Zeit vom 20. 4.—13. 11. 1905 wurde als Entwertungsstempel an Stelle des durch den Taifun vom 20. 4. in Verlust geratenen Ortsstempels das I. Dienstsiegel der Postagentur Ponape verwendet.

Gültig bis 9. 7. 1905.

Vom 14. 3.–3. 6. 1910 wurden in Angaur Marken der Marshall-Inseln verwendet (✉ 350.—).

1910, 12. Juli. 3. Ponape-Ah.-Ausg. Halbierte 20-Pfg.-Marke (Nr. 10) als 10-Pfg.-Marke verwendet unter Beisetzung des 2. Dienstsiegels Ponape.

                                                              EF

II. 20 Pfg. blau ▯ . . . . *22000.—*

Die Halbierung von 20-Pfennig-Marken erfolgte zur gleichen Zeit, weil angeblich keine 10-Pfg.-Marken mehr vorhanden waren.

Nr. 21–22 existieren nicht auf Brief.

1910, 12. Juli. **2. Ponape-Ah.-Ausg.** auf Nr. 7 mit zugesetztem 2. Dienstsiegel. Handstempelaufdruck schwarzviolett.

(KAROLINEN länger als PONAPE)

                                               EF

20. **5 Pf** a. 3 Pfg. braun . . . . 14000.—
     20 K   ⸸ . . . . 16000.—
     20 DD ⚔ . . . . 15000.—

Infolge des starken Verbrauches von 5-Pfg.-Marken gelegentlich des Besuches der deutschen Kriegsschiffe „Scharnhorst" und „Nürnberg" gingen die Bestände der Postagent 3-Pfg.-Marken mit Aufdruck „5 Pf" versah und als solche ausgab.

Entwertungen

⊙ = mit Poststempel gebraucht
∿ = Federzugentwertung
⊗ = fiskalische Entwertung
⊘ = Gefälligkeitsstempel
○ = Lochentwertung
≡ = andere besondere Entwertungen
Ⓢ = Sonderstempel
Ⓣ = Tagesstempel

Kiautschou

1 Mark = 100 Pfennig; ab 1905: 1 Dollar = 100 Cents

I. 1898/1901. Marken des Deutschen Reiches verwendet in Kiautschou:

II. 1898/1901. Marken von Deutsche Post in China 1 I–6 I mit diagonalem Aufdruck:
siehe Dr. F. Steuer: Handbuch und Katalog der deutschen Kolonial-Vorläufer.

5 Pfg. 1900, 9. Mai. 1. Tsingtau-Ah.-Ausg. Deutsche Post in China, Nr. 3 I und II mit Bdr.-Aufdruck 5 Pfg. und Blaustrich durch den alten Wert.

		EF	MeF	MiF
1 I.	5 Pfg. a. 10 Pfg. karmin, rot „China" diagonal	800.—	1700.—	1200.—
	1 I a. ohne Blaustrich	7500.—	—.—	—.—
	1 I b. mit violettem Strich	1500.—	2200.—	2000.—
	1 I c. 🅐🅐 ohne Farbstrich	—.—	—.—	—.—
	1 I d. Aufdruck oben und unten			
	1 I e. kurzer Blaustrich unter der Aufdruck-Wertangabe oder durchstrichene „10" der Urmarke			—.—
1 II.	5 Pfg. a. 10 Pfg. karmin, rot „China" steil	500.—	700.—	800.—
	1 II a. ohne Blaustrich	10000.—	—.—	—.—
	1 II b. mit violettem Strich	1000.—	1600.—	1500.—

5 Pf. 1900, 19. Juli. 2. Tsingtau-Ah.-Ausg. Deutsche Post in China nur Nr. 3 I (diagonal) mit neuem Bdr.-Wertaufdruck 5 Pf. (ohne g).

2.	5 Pf. a. 10 Pfg. karmin, rot	15000.—	30000.—	—.—
3.	5 Pf. a. 10 Pfg., mit Ergänzungshandstempel-Aufdruck „5" über altem Wert	220000.—	—.—	—.—
4.	5 Pf. a. 10 Pfg. mit größerem Ergänzungshandstempel-Aufdruck „5 Pf." über altem Wert	40000.—	—.—	—.—

Nr. 1–4 gültig bis 31. 12. 1901.

1901, Jan. Freim.-Ausg. Kolonial-Schiffszeichnung; oWz.; Nr. 5–13 Bdr., gez. K 14:14½; Nr. 14–17 StTdr., gez. K 14½ (14¼).

a—b) Kaiserjacht SMS „Hohenzollern"; Zeichnung b mit Rahmenzeichnung II.

5.	3 Pfg. braun, gelbbraun	a	40.—	50.—	30.—
6.	5 Pfg. grün [GA]	a	25.—	30.—	20.—
7.	10 Pfg. rosa [GA]	a	30.—	50.—	20.—
8.	20 Pfg. blau	a	80.—	160.—	60.—
9.	25 Pfg. orange/schwarz a. gelb	a	340.—	170.—*)	120.—
10.	30 Pfg. orangerot/schwarz a. lachsfarben	a	230.—	170.—*)	130.—
11.	40 Pfg. karmin/schwarz	a	240.—	190.—*)	130.—
12.	50 Pfg. violett/schwarz a. lachsfarben	a	130.—*)	170.—*)	130.—*)
13.	80 Pfg. karmin/schwarz a. rosa	a	290.—*)	450.—*)	275.—*)
14.	1 Mk. rot	b	430.—*)	650.—*)	350.—*)
15.	2 Mk. stahlblau	b	550.—*)	800.—*)	440.—*)
16.	3 Mk. schwarzviolett	b	1100.—*)	1600.—*)	900.—*)
17.	5 Mk. grünschwarz/rot	b	3300.—*)	5400.—*)	3000.—*)

*) Preise gelten für überfrankierte Briefe. Gültig bis 31. 12. 1905.

1905, 1. Okt. Freim.-Ausg. Gleiche Zeichnungen und Ausführungen in chinesischer Dollarwährung. Nr. 18–23 Bdr., oWz.; gez. K 14:14½; Nr. 24–27 StTdr., gez. K 14½ (14¼).

c—d) Kaiserjacht SMS „Hohenzollern" Inschrift KIAUTSCHOU Zeichnung d mit Rahmenzeichnung II.

18.	1 Cent braun	c	40.—	60.—	25.—
19.	2 Cents grün [GA]	c	30.—	40.—	20.—
20.	4 Cents rosa [GA]	c	30.—	50.—	20.—
21.	10 Cents blau	c	60.—	90.—	40.—

Deutsche Kolonien (Kiautschou)

		EF	MeF	MiF
22.	20 Cents karmin/schwarz c	220.—	180.—*)	130.—*)
23.	40 Cents karmin/schwarz a. rosa c	580.—*)	850.—*)	500.—*)
24.	$ ½ rot .... d	600.—*)	950.—*)	500.—*)
25.	$ 1 stahlblau .... d			
	A. 26:17 Zähnungslöcher	650.—*)	980.—*)	560.—*)
	B. 25:16 Zähnungslöcher	920.—*)	1400.—*)	825.—*)
26.	$ 1½ schwarzviolett .... d	8000.—*)	15000.—*)	7000.—*)
27.	$ 2½ grünschwarz/rot .... d			
	A. 26:17 Zähnungslöcher	15000.—*)	—.—	12500.—*)
	B. 25:16 Zähnungslöcher	19000.—*)	—.—	17000.—*)

*) Preise gelten für überfrankierte Briefe.

1905/19. Freim.-Ausg. Gleiche Zeichnung; *Wz. Rauten (Wz. 1);* **Nr. 28–33 Bdr., gez. K 14:14½, Nr. 34–37 StTdr.; gez. K 14½ (14¼).**

Wz. 1

		EF	MeF	MiF
28.	1 Cent c			
	a. braun (1906)	40.—	60.—	25.—
29.	2 Cents c			
	a. grün (1908)	25.—	30.—	20.—
	b. dunkelgrün (1913)	30.—	50.—	25.—
30.	4 Cents rosa (1909) c	30.—	40.—	20.—
31.	10 Cents c			
	a. blau (1909)	50.—	70.—	40.—
	b. ultramarin	35.—	50.—	30.—
32.	20 Cents c			
	a. karmin/schwarz (1908)	210.—	180.—*)	140.—*)
33.	40 Cents karmin/schwarz a. rosa (1905) c	450.—*)	650.—*)	400.—*)
34 A.	$ ½ rot, rosa, 26:17 Zähnungslöcher (1907) ...... d	500.—*)	750.—*)	450.—*)
35 A.	$ 1 stahlblau, 26:17 Zähnungslöcher (1906) ..... d	580.—*)	880.—*)	530.—*)
36 A.	$ 1½ 26:17 Zähnungslöcher (1905) .... d			
	a. braunviolett (✉ rötlich)	1000.—*)	1500.—*)	850.—*)
	b. schwarzviolett	1600.—*)	—.—*)	1200.—*)
37.	$ 2½ grünschwarz/rot, rosa .... d			
	A. 26:17 Zähnungslöcher (1905) (Mittelstück ✉ braunorange)	3000.—*)	5000.—*)	2700.—*)

*) Preise gelten für überfrankierte Briefe.

Gültig bis 7. 11. 1914.

Marianen

1 Mark = 100 Pfennig

1899, 18. Nov. Ah.-Ausg. Reichspost-Ausg. 1889 mit **diagonalem Aufdruck (48⁰)** Marianen.

I.

			EF	MeF	MiF
1 I.	3 Pfg. gelbbraun .... (45 c)		18000.—	—.—	15000.—
2 I.	5 Pfg. bläulichgrün .... (46 c)		6000.—	10000.—	5000.—
3 I.	10 Pfg. karmin, rot .... (47 d)		1300.—	2000.—	1000.—
4 I.	20 Pfg. lebhaftultramarin .... (48 d)		1800.—	2600.—	1000.—
5 I.	25 Pfg. (rötlich-)orange .... (49 b)		25000.—	—.—*)	16000.—
6 I.	50 Pfg. lilabraun .... (50 d)		14000.—*)	—.—*)	13000.—*)

FALSCH ✉

*) Preise gelten für überfrankierte Briefe.

1900, Mai. Ah.-Ausg. Gleiche Marken mit **steilem Aufdruck (56⁰)** Marianen.

II.

			EF	MeF	MiF
1 II.	3 Pfg. olivbraun .... (45 e)		450.—	850.—	200.—
2 II.	5 Pfg. bläulichgrün GA .... (46 c)		250.—	370.—	200.—
3 II.	10 Pfg. karmin, rot GA .... (47 d)		280.—	600.—	250.—
4 II.	20 Pfg. lebhaftultramarin .... (48 d)		750.—	1500.—	680.—
5 II.	25 Pfg. (rötlich-)orange, orangegelb .... (49 b, a)		2600.—*)	2000.—*)	1200.—
6 II.	50 Pfg. lilabraun .... (50 d)		1500.—*)	2300.—*)	1300.—*)

*) Preise gelten für überfrankierte Briefe.

Gültig bis 30. 9. 1901.

Deutsche Kolonien (Marianen)

1901, Jan. Freim.-Ausg. Bdr., Kolonial-Schiffszeichnung; oWz.; Nr. 7–15 Bdr., gez. K 14:14½; Nr. 16–19 StTdr., gez. K 14½ (14¼).

a—b) Kaiserjacht SMS „Hohenzollern" Inschrift MARIANEN Zeichnung b mit Rahmenzeichnung II.

				EF	MeF	MiF
7.	3 Pfg. braun		a	45.—	70.—	25.—
8.	5 Pfg. grün GA		a	25.—	30.—	20.—
9.	10 Pfg. rosa GA		a	60.—	140.—	40.—
10.	20 Pfg. blau		a	110.—	200.—	80.—
11.	25 Pfg. orange/schwarz a. gelb		a	580.—	180.—*)	160.—
12.	30 Pfg. orangerot/schwarz a. lachsfarben		a	340.—	180.—*)	160.—
13.	40 Pfg. karmin/schwarz		a	400.—	180.—*)	160.—
14.	50 Pfg. violett/schwarz a. lachsfarben		a	180.—*)	220.—*)	140.—*)
15.	80 Pfg. karmin/schwarz a. rosa		a	280.—*)	350.—*)	225.—*)
16.	1 Mk. rot		b	500.—*)	850.—*)	430.—*)
17.	2 Mk. stahlblau		b	680.—*)	1100.—*)	575.—*)
18.	3 Mk. schwarzviolett		b	950.—*)	1500.—*)	850.—*)
19.	5 Mk. grünschwarz/rot		b	2900.—*)	5000.—*)	2800.—*)

*) Preise gelten für überfrankierte Briefe.   Nr. 20–21 existieren nicht auf Brief.

Marshall-Inseln

1 Mark = 100 Pfennig

1889/1901. Marken des Deutschen Reiches verwendet auf den Marshall-Inseln:

siehe Dr. F. Steuer: Handbuch und Katalog der deutschen Kolonial-Vorläufer.

1897/99. Ah.-Ausg. Reichspost-Ausg. 1889 mit steilem Aufdruck MARSCHALL-INSELN.

I. Jaluit-Ausgabe
gelblicher, matter Gummi

			EF	MeF	MiF
1 I.	3 Pfg.(1899)				
	a. gelbbraun	(45 c)	35000.—	—.—	30000.—
	b. rötlichocker	(45 d)	35000.—	—.—	30000.—
2 I.	5 Pfg. bläulichgrün (1899)	(46 c)	2800.—	4800.—	2500.—
3 I.	10 Pfg. karmin, rot	(47 c)	650.—	1000.—	600.—
4 I.	20 Pfg. lebhaftultramarin	(48 d)	750.—	1400.—	700.—
	Nr. 3 I H ▮ auf Karte		80000.—	—.—	—.—
	Nr. 3 I H ▮ auf Schleife		100000.—	—.—	—.—

II. Sogenannte Berliner Ausgabe
weißer, glatter, glänzender Gummi

1 II.	3 Pfg. olivbraun	(45 e)	2800.—	5300.—	2000.—
2 II.	5 Pfg. bläulichgrün GA	(46 c)	1800.—	3200.—	1700.—
3 II.	10 Pfg. karmin, rot GA	(47 c)	700.—	1100.—	650.—
4 II.	20 Pfg. lebhaftultramarin	(48 d)	700.—	1500.—	650.—
5 II.	25 Pfg. (rötlich-)orange, orangegelb	(49 b, a)	8500.—	9500.—*)	6000.—
6 II.	50 Pfg. lilabraun	(50 d)	5500.—*)	8000.—*)	5000.—*)

*) Preise gelten für überfrankierte Briefe.
Berliner Ausgabe mit dem ersten Stempel „Marschall-Inseln" entwertet:

	1 II	2 II	3 II	4 II	5 II	6 II
✉	2400.—	1700.—	1000.—	1000.—	7000.—	5500.—*)

1899/1900. Ah.-Ausg. Gleiche Marken mit berichtigtem Aufdruck Marshall-Inseln.

7.	3 Pfg.				
	a. olivbraun (✉ braunschwarz)	(45 e)	60.—	150.—	30.—
	b. gelbbraun (Nov. 1899)	(45 c)	—.—	—.—	—.—
8.	5 Pfg. bläulichgrün GA	(46 c)	40.—	60.—	35.—
9.	10 Pfg. karmin, rot (1900) GA	(47 d)	85.—	140.—	75.—

Deutsche Kolonien (Marshall-Inseln)

			EF	MeF	MiF
10.	20 Pfg. ultramarin (1900)	(48 d)	130.—	250.—	110.—
11.	25 Pfg. (rötlich)orange, orangegelb	(49 b, a)	650.—	400.—*)	180.—
12.	50 Pfg. lilabraun	(50 d)	300.—*)	460.—*)	250.—*)

Nr. 9 und 12 ▨ und ✉ auf echt nach Deutschland gelaufenen Karten, Nr. 9 H: 20000.—, Nr. 12 H: 90000.—. Es sind nach amtlicher Meldung nur 240 bzw. 48 Stück verwendet worden (Briefe, Eingangsstempel Ponape, sind Mache). Stempel 2.–10. Dez. 1900.

*) Preise gelten für überfrankierte Briefe.

Mit erstem Stempel „Marschall-Inseln" entwertet (Mindestpreise):

	7a	7b	8	9	10	11	12
✉	850.—	2500.—	220.—	380.—	450.—	500.—	500.—*)

Nr. 7–12 gibt es auch mit Zwischensteg (Paar: Preis wie 3 Einzelmarken).

Nr. 1–12 gültig bis 30.9.1901.

1901, ab Jan. Freim.-Ausg. Kolonial-Schiffszeichnung; oWz.; Nr. 13–21 Bdr., gez. K 14:14½, Nr. 22–25 StTdr., gez. K 14½ (14¼).

a—b) Kaiserjacht SMS „Hohenzollern" Zeichnung
b mit Rahmenzeichnung I, Inschrift MARSHALL-INSELN

13.	3 Pfg. braun	a	40.—	60.—	25.—
14.	5 Pfg. grün GA	a	25.—	40.—	20.—
15.	10 Pfg. rosa GA	a	50.—	80.—	30.—
16.	20 Pfg. blau	a	100.—	200.—	80.—
17.	25 Pfg. orange/schwarz a. gelb	a	380.—	230.—*)	150.—
18.	30 Pfg. orangerot/schwarz a. lachsfarben	a	230.—	230.—*)	150.—
19.	40 Pfg. karmin/schwarz	a	250.—	230.—*)	150.—
20.	50 Pfg. violett/schwarz a. lachsfarben	a	150.—*)	200.—*)	150.—*)
21.	80 Pfg. karmin/schwarz a. rosa	a	220.—*)	330.—*)	200.—*)
22.	1 Mk. rot	b	400.—*)	650.—*)	375.—*)
23.	2 Mk. stahlblau	b	650.—*)	1000.—*)	550.—*)
24.	3 Mk. schwarzviolett	b	950.—*)	1600.—*)	850.—*)
25.	5 Mk. grünschwarz/rot	b	2900.—*)	4800.—*)	2600.—*)

*) Preise gelten für überfrankierte Briefe.

Nr. 22–25 nur mit 26:17 Zähnungslöchern.

Samoa

1 Mark = 100 Pfennig

1886/1901. Marken des Deutschen Reiches verwendet in Samoa:

siehe Dr. F. Steuer: Handbuch und Katalog der deutschen Kolonial-Vorläufer.

1900, Ende April. Ah.-Ausg. Reichspost-Ausg. 1889 mit schrägem Aufdruck Samoa.

			EF	MeF	MiF
1.	3 Pfg. olivbraun	(45 e)	250.—	500.—	120.—
2.	5 Pfg. bläulichgrün GA	(46 c)	150.—	260.—	140.—
3.	10 Pfg. karmin, rot GA	(47 b)	150.—	300.—	140.—
4.	20 Pfg. lebhaftultramarin	(48 d)	300.—	500.—	250.—
5.	25 Pfg. (rötlich-)orange, orangegelb	(49 b, a)	1400.—	1100.—*)	600.—
6.	50 Pfg. lilabraun	(50 d)	300.—*)	550.—*)	280.—*)

*) Preise gelten für überfrankierte Briefe.

Gültig bis 30.9.1901.

1900, Dez./1901, Jan. Freim.-Ausg. Kolonial-Schiffszeichnung; oWz.; Nr. 7 bis 15 Bdr., gez. K 14:14½; Nr. 16–19 StTdr., gez. K 14½ (14¼).

a—b) Kaiserjacht SMS „Hohenzollern"; Zeichnung
b mit Rahmenzeichnung II.

7.	3 Pfg. braun	a	50.—	70.—	35.—
8.	5 Pfg. grün GA	a	30.—	40.—	25.—
9.	10 Pfg. rosa GA	a	35.—	50.—	20.—
10.	20 Pfg. blau	a	60.—	140.—	40.—
11.	25 Pfg. orange/schwarz a. gelb	a	320.—	200.—*)	125.—

Deutsche Kolonien (Samoa)

			EF	MeF	MiF
12.	30 Pfg. orangerot/schwarz a. lachsfarben	a	190.—	200.—*)	125.—
13.	40 Pfg. karmin/schwarz	a	210.—	200.—*)	125.—
14.	50 Pfg. violett/schwarz a. lachsfarben	a	120.—*)	180.—*)	90.—*)
15.	80 Pfg. karmin/schwarz a. rosa	a	280.—	400.—	250.—
16.	1 Mk. rot	b	380.—*)	650.—*)	320.—*)
17.	2 Mk. stahlblau	b	600.—*)	1000.—*)	500.—*)
18.	3 Mk. schwarzviolett	b	1000.—*)	1800.—*)	850.—*)
19.	5 Mk. grünschwarz/rot	b	2900.—*)	4800.—*)	2600.—*)

*) Preise gelten für überfrankierte Briefe.   Nr. 20–23 existieren nicht auf Brief.

Togo

1 Mark = 100 Pfennig

1888/1901. Marken des Deutschen Reiches in Togo verwendet:

siehe Dr. F. Steuer: Handbuch und Katalog der deutschen Kolonial-Vorläufer.

1897, ab Juni / 1898. Ah.-Ausg. Reichspost-Ausg. 1889 mit Aufdruck Togo.

			EF	MeF	MiF
1.	3 Pfg.				
	a. olivbraun	(45 e)	70.—	150.—	50.—
	b. gelbbraun	(45 c)	400.—	750.—	300.—
	c. rötlichocker	(45 d)	620.—	1450.—	450.—
	d. (hell)graubraun (1897, Erstauflage)	(45 b)	—.—	—.—	2500.—
2.	5 Pfg. bläulichgrün GA	(46 c)	30.—	40.—	20.—
3.	10 Pfg. karmin, rot GA	(47 d)	30.—	60.—	20.—
4.	20 Pfg. lebhaftultramarin	(48 d)	120.—	200.—	80.—
5.	25 Pfg. (rötlich-)orange, orangegelb (1898)	(49 b, a)	950.—	780.—*)	450.—
6.	50 Pfg. lilabraun (1898)	(50 d)	330.—*)	550.—*)	300.—*)

*) Preise gelten für überfrankierte Briefe.   Gültig bis 30.9.1901.

1900, Nov. Freim.-Ausg. Kolonial-Schiffszeichnung; oWz.; **Nr. 7–15** Bdr., gez. K 14:14½; **Nr. 16–19** StTdr., gez. K 14½ (14¼).

a—b) Kaiserjacht SMS „Hohenzollern" Zeichnung
b mit Rahmenzeichnung II

7.	3 Pfg. braun	a	50.—	70.—	30.—
8.	5 Pfg. grün GA	a	20.—	30.—	15.—
9.	10 Pfg. rosa GA	a	20.—	30.—	15.—
10.	20 Pfg. blau	a	50.—	70.—	30.—
11.	25 Pfg. orange/schwarz a. gelb	a	270.—	100.—*)	90.—*)
12.	30 Pfg. orangerot/schwarz a. lachsfarben	a	150.—	100.—*)	90.—*)
13.	40 Pfg. karmin/schwarz	a	170.—	100.—*)	90.—*)
14.	50 Pfg. violett/schwarz a. lachsfarben	a	80.—*)	110.—*)	60.—*)
15.	80 Pfg. karmin/schwarz a. rosa	a	140.—*)	180.—*)	120.—*)
16.	1 Mk. rot	b	290.—*)	450.—*)	240.—*)
17.	2 Mk. stahlblau	b	450.—*)	750.—*)	425.—*)
18.	3 Mk. schwarzviolett	b	950.—*)	1600.—*)	900.—*)
19.	5 Mk. grünschwarz/rot	b	2900.—*)	4800.—*)	2600.—*)

*) Preise gelten für überfrankierte Briefe.

1909/19. Freim.-Ausg. Gleiche Zeichnung Wz. Rauten (Wz. 1); Bdr., gez. K 14:14½; **Nr. 23** StTdr., gez. K 14½ (14¼).

Wz. 1

21.	5 Pfg. grün (8. 1909)	a	30.—	50.—	20.—
22.	10 Pfg. rosa (1913)	a	800.—	1300.—	700.—

Deutsche Schiffspost im Ausland

Die Schiffsposten im Ausland hatten nach den Bestimmungen des Weltpostvereins „den Charakter eines im Ausland befindlichen Postamtes des Heimatlandes". Deutsche Seepost (später wurde der Name in Schiffspost geändert) gibt es seit dem 30. 6. 1886.

Deutsche Seepost

Vor Einführung eigener Stempel für die Bord-Postämter der Schiffe findet man Stempel wie z. B.:

Aus West-Africa / mit / Hamburger Dampfer
Aus Westindien / über Bremen

die von den Auswechslungs- oder Hafenpostämtern angebracht wurden, um die Herkunft solcher Postsendungen zu kennzeichnen. Briefe mit diesen Stempeln sind sehr gesucht, die Stempel befinden sich jedoch meist nicht auf den Marken, sondern daneben, während die Marken mit den Stempeln der Auswechslungspostämter (Bahnpostämter, Hafenpostämter usw.) entwertet sind.

„Schiffsbrief"			„Aus Westafrika mit Hamburger Dampfer" Rahmenstempel	„Aus Westafrika über Hamburg 2" Rundstempel	„Aus Westafrika" Rahmenstempel
DR 37 f.	2 Mk. lilakarmin		—.—	—.—	—.—
DR 39.	3 Pfg. grün		—.—	—.—	—.—
DR 40.	5 Pfg. violett		1800.—	3800.—	1800.—
DR 41.	10 Pfg. rosa		1000.—	2500.—	1100.—
DR 42.	20 Pfg. ultramarin		600.—	2000.—	600.—
DR 43.	25 Pfg. braun		—.—	—.—	—.—
DR 44.	50 Pfg. olivgrün		1800.—	3200.—	1600.—
DR 45.	3 Pfg. braun		—.—	—.—	—.—
DR 46.	5 Pfg. grün		900.—	2400.—	—.—
DR 47.	10 Pfg. rosa		600.—	1800.—	900.—
DR 48.	20 Pfg. ultramarin		500.—	1500.—	500.—
DR 49.	25 Pfg. orange		2800.—	3500.—	2800.—
DR 50 b.	50 Pfg. rotbraun		—.—	—.—	—.—
DR 50 d.	50 Pfg. lilabraun		1400.—	2800.—	1600.—

Diese Bewertung gilt für Briefe, die laut Absendervermerk aus einem Ort stammen, der später zu deutschem Kolonialgebiet wurde. Sie stammen meistens von Dampfern der Woermann-Linie von den deutschen Kolonien an der Westküste Afrikas, am häufigsten aus Kamerun. Mit gleicher Post in Deutschland angekommene und mit obigen Stempeln versehene Briefe, die nicht aus deutschem Kolonialgebiet kamen, werten 66% obiger Preise.

Die Post der Woermann-Dampfer wurde meist mit der Bahnpost „VERVIERS-COELN" weiterbefördert. Dieser Bahnhofsstempel wertet auf Marken den entsprechenden Preis obiger Liste je nachdem, welcher Nebenstempel „Aus Westafrika etc." als Herkunftsvermerk beigesetzt wurde.

Auch die Stempel

SCHIFFSBRIEF
PAQUEBOT

oder ähnlich stammen meist von den Hafen-Postämtern, welche die Post ungestempelt von den Schiffen übernahmen.

An Bord von Handelsschiffen, insbesondere der großen Linien, befanden sich Postanstalten, die eigene Poststempel benutzten. Mit diesen Stempeln wurden die an Bord geschriebenen und mit deutschen Postwertzeichen freigemachten Sendungen gestempelt.

Man kann also die Stempel der Deutschen Seepost vollwertig finden auf
a) deutschen Marken,
b) Marken der deutschen Kolonien und Auslandspostämtern, sofern die Schiffe diese Gebiete berührten,
c) ausländische Marken nur, sofern entsprechende Abkommen mit den Ländern bestanden.

Die Postannahmestellen bzw. Postämter an Bord der Schiffe wurden im Laufe der Zeit von der Deutschen Reichspost mit eigenen Stempeln ausgerüstet:

Deutsche Schiffspost im Ausland

DEUTSCHE SEEPOST / LINIE HAMBURG NEW YORK
DEUTSCHE-AMERIKANISCHE SEEPOST / BREMEN–NEW YORK
DEUTSCHE SEEPOST / LINIE BREMEN–LA PLATA
DEUTSCHE SEEPOST / LINIE HAMBURG SÜDAMERIKA
DEUTSCHE SEEPOST / OST-AFRIKA LINIE
DEUTSCHE SEEPOST / OST-ASIATISCHE LINIE
DEUTSCHE SEEPOST / LINIE HAMBURG WESTAFRIKA
DEUTSCHE SEEPOST / NEU GUINEA ZWEIGLINIE
DEUTSCHE SEEPOST / SHANGHAI–TIENTSIN
DEUTSCHE SEEPOST / POLARFAHRT / NORDEUTSCHER LLOYD
usw. usw.

Der weitaus seltenste dieser Seepoststempel ist der vorstehend links abgebildete Stempel der Mittelmeer-Linie (Briefstück mit Stpl. „a" oder „c" 500.— bis 800.—, Briefe, sowie Stpl. „b": —.—).

Deutsche Marine-Schiffspost

Nach der Dienstordnung traten die an Bord der Kriegsschiffe befindlichen Marine-Schiffsposten für die Dauer des Aufenthaltes in fremden Gewässern in Wirksamkeit. Ihre Aufgabe war der Austausch dienstlicher und privater Briefpostsendungen mit der Heimat.

Zur Frankierung dieser Marine-Schiffspostsendungen dienten die Marken der Deutschen Reichspost. Zur Entwertung wurden Stempel mit der Inschrift KAIS. DEUTSCHE MARINE-SCHIFFSPOST benutzt.

Ausführliche Angaben s. Handbuch und Stempelkatalog „Deutsche Marine-Schiffspost" von Fr. Crüsemann.

Besondere Postwertzeichen für Marine-Schiffsposten

1897. Postkarten der Deutschen Reichspost mit bogenförmigem Aufdruck „Nur für Marine-Schiffsposten" I a. 10 Pfg. karmin.

Das eigentlich zur Deutschen Marine-Schiffspost gehörende sog. „Vineta"-Provisorium ist aus Zweckmäßigkeitsgründen unter Deutsches Reich Nr. 67 aufgeführt.

Barfrankierungen

Pisa-Barfrankierung. Auf der Ende Juni 1902 angetretenen Reise des Transportdampfers „Pisa" (Marine-Schiffspost Nr. 2) zur Ablösung von Mannschaften in Ostasien waren schon am 7. Juli keine 5-Pfg.-Marken mehr vorhanden. Der Zahlmeister führte die für solche Fälle vorgeschriebene Barfrankierung durch (Aufgabestempel links oben, kleine 5 mit schwarzer Tinte links unten. Nachfrankierung in Berlin C 1 oder C 2). Auf ganzer Karte 3500.—. Es sind auch einige wenige Nachfrankaturen aus Tientsin bekannt (20000.—).

Feldpost der Venezuela-Blockade (20.12.1902–25.2.1903). Um Rechtsbrüche der Castro-Regierung in Venezuela gegenüber europäischen Unternehmungen zu sühnen, schritten Ende 1902 Deutschland und England gemeinsam zu einer Blockade der ganzen Venezuela-Küste. Das deutsche Geschwader übernahm den Abschnitt westlich La Guaira; es bestand aus den Kreuzern Vineta (Marine-Schiffspost Nr. 1), Gazelle (Nr. 10), Falke (Nr. 40), Panther (Nr. 47), Sperber (Nr. 59), den Schulschiffen Charlotte (Nr. 16), Stosch (Nr. 19), und dem Transporter Sibiria (Nr. 65), dessen Marine-Schiffspost aber vom 23.1. bis 23.2.1903 an das als Prise eingereihte Venezuela-Wachtschiff „Restaurador" abgegeben wurde. Feldposttarif vom 15.1.bis 25.2.1903. Zwei Marine-Schiffsposten hatten nur ganz kurze Zeit Feldpostfreiheit, nämlich Nr. 16 bis 19.1. und Nr. 19 bis 23.1.1903.

Wenn Sie eine eilige philatelistische Anfrage haben, rufen Sie (089) 32393-224. Die MICHEL-Redaktion gibt Ihnen gerne Auskunft.

Besondere Postwertzeichen deutscher Seeposten
A. Hapag

Die von der Deutschen Reichspost genehmigten, deshalb als deutsche Wertzeichen anzusehenden Marken dienten zur Frankierung von Postsendungen, die von den Hapag-Dampfern nach und nach Häfen der Westindischen Inseln und dem zentral- und südamerikanischen Festland (Venezuela) übernommen wurden. Ihre Verwendung war nur auf der Seereise und in westindischen Häfen gestattet, und zwar nur für Postsachen, die mit einem Hapag-Dampfer befördert und von diesem an die Postämter abgeliefert wurden. Die Marken wurden dem jeweiligen Dampfer von der Hauptagentur in St. Thomas nach Maßgabe des mutmaßlichen Verbrauchs auf der Fahrt zugeteilt.

Porto: je Unze (= 300 Gramm) 10 Cents Gold = 40 Pfg. = 5 Pence.

1875/79. Marke der Hamburg-Amerikanischen Paketfahrt-Aktien Gesellschaft (HAPAG). Stdr. von Charles Fuchs, Hamburg, mit geprägtem Mittelfeld (Hapag-Wappen), durch Diagonalstriche in 4 Felder geteilt; Bogen zu (9 × 8 =) 72 Marken; gez. 12½; Bogenränder ungezähnt.

1. 10 Cents schwarz/blaugrün/gelb ✉
   (1. Auflage: 1875) . . . . 3500.—
2. 10 Cents schwarz/graugrün/dkl'gelb
   (2. Auflage: 1879) . . . . 4800.—

Schrift bei 1. Auflage (1875) feiner als bei der zweiten (1879).

Einseitig ungezähnte Marken (vom Bogenrand) verdienen Aufschläge.

Auflage: 120 000 Stück.

Entwertungen: Schiffs- und Agentur-, meist Gummistempel (Datumsangabe handschriftlich), Federzugentwertung. St.-Thomas-Ringstempel, Stempel von Venezuela-Häfen, „P" (blau im Kreis).

1875 versahen folgende Dampfer den Westindiendienst (Hauptlinie): Franconia, Rhenania, Alemania, Germania, Vandalia, Saxonia, Suevia; (Zweiglinie): Lothringia, Maracaibo; letztere auf der Linie Maracaibo–Curaçao bald zurückgezogen.

1878 wurden folgende Spezialschiffe in Dienst gestellt: Borussia, Saxonia, Teutonia, Bavaria; 1879 „Lothringia" für St. Thomas–Golf von Mexiko.

Mischfrankaturen entstanden durch Hinzukleben englischer Wertzeichen als Porto für die Weiterbeförderung der betreffenden Postsache. Umgekehrt mußten Postsachen englischer Schiffe von Konsulatspostämtern zur Weiterbeförderung mit Hapag-Dampfer mit diesen Marken ergänzend freigemacht werden. – Mischfrankaturen mit Marken anderer Länder sind ebenfalls in wenigen Exemplaren bekannt geworden. Sehr selten!

Mit dem Beitritt der westindischen Postgebiete zum Weltpostverein 1880–1881 wurden die Marken, die bereits 1879 von der Hapag zurückgezogen worden waren, überflüssig.

B. Ozeanreederei

1916. Ausgaben der Deutschen Versicherungsbank GmbH. für die Handels-Unterseeboote der Deutschen Ozean-Reederei.
I. Ausgabe. Inschriften: Deutsche Versicherungsbank Berlin / Wertbrief-Beförderung / Deutschland–Amerika / 1916; Prägedruck G&D; gez. 14.

1916, vor Eintritt der Vereinigten Staaten von Amerika in den Weltkrieg, trat Deutschland durch die Handels-U-Boote „Deutschland" und „Bremen" mit den USA in Verbindung. Die Deutsche Versicherungsbank GmbH., Berlin, gab mit Genehmigung des Reichspostamtes vom 9.8.1916 für die Deutsche Ozean-Reederei, die diese U-Boot-Fahrten unternahm, Wertzeichen aus, die Porto und Versicherungsbeitrag in ihrem Nennwert vereinigten; der Betrag des Portos wurde später der Postverwaltung überwiesen (Auflagen in Klammern).

		MiF
3.	5 Mk. grün (1000)	4000.—
4.	10 Mk. karminrosa (500)	4500.—
5.	15 Mk. grau (500)	6000.—
6.	20 Mk. ultramarin (500)	6000.—
7.	25 Mk. braun (500)	6000.—
8.	50 Mk. lilarosa (500)	6000.—

Nr. 3–16 gedruckt in Kleinbogen zu je 4 Marken.

🆇 Nr. 15 u. 16.

Außerdem gibt es noch Wertkarten zu 50 Mk., die den einfachen Versicherungs- und Postgeldbetrag darstellen; höhere Beträge wurden durch Hinzukleben obiger Marken auf die Wertkarte gedeckt.

In Amerika wurden die Briefe durch Boten oder neukuvertiert auf dem Postwege von dem Vertrauensmann der Ozean-Reederei dem Adressaten zugestellt.

Der Tauchbootverkehr wurde nach Abbruch der diplomatischen Beziehungen seitens der USA 1917 eingestellt.

II. Ausgabe. Ohne die Inschrift „Wertbrief-Beförderung Deutschland–Amerika"; Wz. schräge Wellenlinien.

9.	5 Mk. grün (500)	4000.—
10.	10 Mk. karminrosa (500)	4500.—
11.	15 Mk. grau (500)	6000.—
12.	20 Mk. ultramarin (500)	6000.—
13.	25 Mk. braun (500)	6000.—
14.	50 Mk. lilarosa (500)	6000.—
15.	75 Mk. schwarz a. silber (300)	—.—
16.	100 Mk. violett a. gold (200)	—.—

Wissen kommt nicht von selbst
MICHEL

Deutsche Abstimmungsgebiete

Danzig, Memel, Saargebiet (Saarland) nach Schleswig eingeordnet

Allenstein
(Ostpreußen)

1 Mark = 100 Pfennig

Vorläufer-✉ (Deutsches Reich Germania Nr. 83–104) vom 14. 2.–2. 4. 1920 mindestens 80.—.
Mitläufer-✉ (mit Germania-Marken wegen Markenmangel) aus der Zeit vom 3. 4.–12. 8. 1920 mindestens 120.—.
Nachläufer-✉ aus der Zeit vom 13. 8.–13. 9. 1920 mindestens 70.—.

Die wichtigsten während der Abstimmungszeit geltenden **Postgebühren** veranschaulicht nachfolgende Aufstellung (Gebühren in Pfennigen):

Gültig	bis 5. 5. 1920			ab 6. 5. 1920	
Gegenstand	Inland	Luxemburg, Österreich, Tschechoslowakei und Ungarn	übriges Ausland	Inland sowie Danzig, Luxemburg, Memel, Österreich, Ungarn und Westpolen (abgetretene Gebiete)	übriges Ausland
Postkarten					
Ortsverkehr	10	—	—	30	—
Fernverkehr	15	15	15	30	40
Briefe					
Ortsverkehr					
bis 20 g	15	—	—	40	—
bis 250 g	20	—	—	60	—
Fernverkehr					
bis 20 g	20	20	30	40	80
bis 250 g	30	30	—	60	—
jede weiteren 20 g	—	—	20	—	60
Drucksachen					
bis 50 g	5	5	—	10	—
bis 100 g	10	10	—	20	—
bis 250 g	20	20	—	40	—
bis 500 g	30	30	—	60	—
je 50 g	—	—	5	—	20
Einschreibgebühr	30	30	30	50	80
Eilgebühr					
Ortsbestellbezirk	50	40	40	100	100
Landbestellbezirk	100	—	—	200	—

Deutsche Abstimmungsgebiete (Allenstein) 163

1920, 3. April. 1. Aush.-Ausg. Deutsche Marken mit schwarzem, dreizeiligem Aufdruck der Staatsdruckerei Berlin.

			EF	MeF	MiF
1.	5 (Pfg.) dunkelbläulichgrün, gelblichgrün	(85)	450.—	20.—	10.—
2.	10 (Pfg.) rosarot bis karmin GA	(86)	20.—	25.—	10.—
3.	15 (Pfg.) dunkelviolett	(101 a)	12.—	20.—	10.—
4.	15 (Pfg.) (1.5.1920) GA				
	a. dunkelkarminbraun	(142 a)	130.—	170.—	90.—
	b. karminbraun	(142 b)	1500.—	—.—	950.—
5.	20 (Pfg.) GA	(87)			
	a. ultramarin		240.—	350.—	200.—
	b. violettblau (Töne)		12.—	15.—	10.—
6.	30 (Pfg.) rotorange/braunschwarz a. hellchromgelb	(89)	20.—	30.—	12.—
7.	40 (Pfg.) rotkarmin/braunschwarz	(90)	25.—	50.—	20.—
8.	50 (Pfg.) purpur/braunschwarz a. hellchromgelb	(91)	40.—	40.—	20.—
9.	75 (Pfg.) dunkelgrün/braunschwarz	(104 a)	100.—	50.—	25.—
10.	1 Mk. karminrot	(94)	100.—	140.—	35.—
11.	1.25 Mk.	(113)			
	a. dunkelgelblichgrün		80.—	50.—	30.—
	b. blaugrün		650.—	480.—	200.—
12.	1.50 Mk.				
	a. gelbbraun, orangebraun	(114 a)	60.—	50.—	40.—
	b. rötlichbraun	(114 b)	350.—	—.—	240.—
	c. (dunkel)braun	(114 c)	500.—	—.—	350.—
13.	2.50 Mk.				
	a. rosalila	(115 a)	550.—	320.—	150.—
	b. lilarot	(115 b)	200.—	110.—	50.—
	c. rotlila	(115 e)	200.—	110.—	50.—
14.	3 Mk. schwarzviolett	(96)	300.—	480.—	70.—

1920, Mai / Juni. 2. Ah.-Ausg. Endgültige Ausgabe, deutsche Germaniamarken mit schwarzem Hochoval-Aufdruck.

			EF	MeF	MiF
15.	5 (Pfg.) dunkelbläulichgrün	(85 a)	—.—	15.—	10.—
16.	10 (Pfg.) rot GA	(86)	15.—	15.—	10.—
17.	15 (Pfg.)				
	a. dunkelviolett	(101a)	80.—	15.—	10.—
	b. schwarzviolett	(101b)	—.—	760.—	250.—
18.	15 (Pfg.) GA				
	a. dunkelbraunkarmin (25.6.)	(142a)	—.—	400.—	200.—
	b. karminbraun	(142b)	—.—	—.—	—.—
19.	20 (Pfg.) GA	(87)			
	a. ultramarin (Walze)		550.—	900.—	450.—
	b. violettblau (Töne)		12.—	15.—	10.—
20.	30 (Pfg.) rotorange/braunschwarz a. h'chromgelb	(89)	30.—	15.—	12.—
21.	40 (Pfg.) rotkarmin/braunschwarz	(90)	15.—	30.—	15.—
22.	50 (Pfg.) violettpurpur/braunschwarz a. h'chromgelb	(91)	60.—	30.—	20.—
23.	75 (Pfg.)				
	a. dunkelgrün/braunschwarz	(104a)	100.—	35.—	20.—
	b. blaugrün/braunschwarz	(104b)	—.—	400.—	200.—
24.	1 Mk. karminrot	(94)	100.—	140.—	25.—
25.	1.25 Mk.	(113)			
	a. dunkelgelblichgrün		120.—	60.—	30.—
	b. blaugrün		400.—	260.—	150.—
26.	1.50 Mk.				
	a. gelbbraun, orangebraun		65.—	60.—	30.—
	b. rötlichbraun		300.—	—.—	240.—
	c. (dunkel)braun		350.—	—.—	275.—
27.	2.50 Mk.				
	a. lilarot	(115b)	200.—	120.—	40.—
	b. rotlila	(115e)	200.—	130.—	40.—
28.	3 Mk. schwarzviolett	(96)	300.—	450.—	65.—

Marienwerder
(Westpreußen)

1 Mark = 100 Pfennig

Laut § 1 der Anordnung der Interalliierten Kommission, die am 17. Februar 1920 in Marienwerder eintraf, „wird der Verkauf der deutschen Briefmarken bei den Postämtern und Postagenturen des Abstimmungsgebietes Marienwerder mit dem 12. 3. 1920 aufhören". Wegen Markenmangels, infolge schlechter Dispositionen und Diebstahls während des Transportes der Markensendungen aus Italien, mußte aber auch nach dem 13. 3. 1920 mehrfach auf die bei den Postämtern liegenden deutschen Marken zurückgegriffen werden. So verwendete deutsche Marken sind an den Stempeldaten erkennbar, z. B. 14. April 1920 (✉ mindestens 150.—).

Postgebühren

		bis 9.5.1920	ab 10.5.1920
Ortsbriefe	bis 20 g	15 Pfg.	40 Pfg.
	20–100 g	20 Pfg.	60 Pfg.
	100–250 g	20 Pfg.	60 Pfg.
Fernbriefe	bis 20 g	20 Pfg.	40 Pfg.
	20–100 g	30 Pfg	60 Pfg.
	100–250 g	30 Pfg	60 Pfg.
Ortspostkarten		10 Pfg.	30 Pfg.
Fernpostkarten		15 Pfg.	30 Pfg.
Drucksachen	bis 20 g	5 Pfg.	10 Pfg.
	20–50 g	5 Pfg.	10 Pfg.
	50–100 g	10 Pfg.	20 Pfg.
	100–250 g	20 Pfg.	40 Pfg.
	250–500 g	30 Pfg.	60 Pfg.
	500–1000 g	40 Pfg.	80 Pfg.
Einschreibegebühr		30 Pfg.	50 Pfg.
Rückscheingebühr		40 Pfg.	50 Pfg.
Nachnahmegebühr		25 Pfg.	50 Pfg.
Eilbotengebühr: Ortszustellung		50 Pfg.	100 Pfg.
	Landzustellung	100 Pfg.	200 Pfg.
Wertbriefe je 1000.— Wert		40 Pfg.	100 Pfg.

Ausland:

Briefe bis 20 g		30 Pfg.	80 Pfg.
je weitere 20 g		20 Pfg.	40 Pfg.
Postkarten		15 Pfg.	40 Pfg.
Drucksachen je 50 g		10 Pfg.	20 Pfg.

1920, 13. März/28. Mai. Freim.-Ausg. (Erste Mailänder Ausgabe) (sog. I. Sarg-Ausgabe) (a). Inschrift „Populi voluntas"; oben: Commission Interalliée, unten: Marienwerder; Stdr. Coen & Co.; *Bogen-Wz.*; gez. L 11½.

a) Symbol. Frauengestalt mit Fahnen, Abstimmungsurne

		EF	MeF	MiF
1.	5 Pfg. grün (Töne) (13.3.)	150.—	15.—	10.—
2.	10 Pfg. karmin (Töne) (13.4.)	20.—	15.—	10.—
3.	15 Pfg. grau (13.3.)	20.—	15.—	10.—
4.	20 Pfg. bräunlichrot (13.3.)	20.—	20.—	10.—
5.	25 Pfg. blau (13.3.)		100.—	20.—
6.	30 Pfg. orange (13.4.)	25.—	50.—	25.—
7.	40 Pfg. braun (13.4.)	20.—	70.—	15.—
8.	50 Pfg. violett (13.3.)	30.—	60.—	15.—
9.	60 Pfg. rotbraun (13.4.)	100.—	120.—	50.—
10.	75 Pfg. lilabraun (13.4.)	200.—	120.—	30.—
11.	1 Mk. grün/braun (13.4.)	120.—	130.—	35.—
12.	2 Mk. dunkellila, schwarzlila (13.4.)	180.—	280.—	85.—
13.	3 Mk. ziegelrot, zinnober (13.4.)	260.—	450.—	100.—
14.	5 Mk.			
	a. ultramarin/hellrot (13.4.)	850.—	—.—	550.—
	b. dunkelblau/rot (28.5.)	450.—	—.—	250.—

Bei Anfragen bitte Rückporto nicht vergessen!

1920, 27. März / 11. Mai. Ah.-Ausg. Germania-Marken mit dreizeiligem Bdr.-Aufdruck von Groll.

Commission
Interalliée
Marienwerder

			EF	MeF	MiF
15.	5 (Pfg.) dunkelbläulichgrün (8.5.)	(85)	—.—	300.—	150.—
16.	20 (Pfg.) violettblau (Töne) (8.5.)	(87d)	200.—	220.—	100.—
17.	50 (Pfg.) violettpurpur/ braunschwarz	(91)			
	x. a. h'chromgelb (9.4.)		5000.—	—.—	4000.—
	y. a. h'gelborange (11.5.)		—.—	—.—	9000.—
18.	75 (Pfg.) dunkelgrün/ braunschwarz	(104a)	380.—	200.—	50.—
19.	80 (Pfg.) karmin/braunschwarz a. rosa	(93)	1200.—	—.—	750.—
20.	1 Mk. rot	(94B)	1500.—	3400.—	1200.—

1920, März. Ah.-Ausg. Versuchsdrucke. DR Nr. 94 mit gleichlautendem Aufdruck in I. Blockschrift, II. Mediävalschrift.

	COMMISSION INTERALLIÉE MARIENWERDER	COMMISSION INTERALLIÉE MARIENWERDER
	I	II

21.	1 Mk. rot	(94B)			
	I. Aufdruck in Blockschrift		—.—	—.—	—.—
	II. Aufdruck in Mediävalschrift				
	a. Aufdruck schwarz		—.—	—.—	—.—
	b. Aufdruck rot		—.—	—.—	—.—

1 Mark 1
Commission
Interalliée
Marienwerder

1920, 21. April / 11. Mai. Ah.-Ausg. Germania-Marken mit Aufdruck wie Nr. 15—20 und weiterem Wertaufdruck über den Wertziffern.

			EF	MeF	MiF
22.	**1 Mk.** a. 2 (Pfg.) mattbraunoliv (21.4.)	(102)	450.—	700.—	200.—
23.	**2 Mk.** a. 2½ (Pfg.) grau (Töne) (11.5.)	(98)	620.—	—.—	125.—
24.	**3 Mk.** a. 3 (Pfg.) braun (Töne) (9.5.)	(84)	—.—	—.—	125.—
25.	**5 Mk.** a. 7½ (Pfg.) orange (Töne) (11.5.)	(99)	—.—	—.—	125.—

Commission Interalliée
Marienwerder

1920, 9. / 16. Juli. Ah.-Ausg. Ergänzungswerte. Markwerte mit größerem Aufdruck.

			EF	MeF	MiF
26.	1 Mk. mittelrot (16.7.)	(A 113)	200.—	270.—	70.—
27.	1.25 Mk. dkl'gelb'grün (113)	180.—	320.—	70.—	
28.	1.50 Mk. glb'braun, br...	(114)	320.—	550.—	90.—
29.	2.50 Mk. (16.7.)				
	a. lilarot	(115 b)	600.—	—.—	70.—
	b. rotlila	(115 e)	—.—	—.—	—.—

Nr. 15–29

Deutsche Abstimmungsgebiete (Marienwerder)

1920, 11. Juli / 3. Aug. Freim.-Ausg. (Zweite Mailänder Ausgabe) (b). Inschrift oben: **PLÉBISCITE**, unten **MARIENWERDER KWIDZYN**; Stdr.; gez. L 11:11¼.

b

		EF	MeF	MiF
30.	5 Pfg. grün		50.—	25.—
31.	10 Pfg. karmin	30.—	40.—	25.—
32.	15 Pfg. schiefer		200.—	100.—
33.	20 Pfg. bräunlichrot	80.—	25.—	15.—
34.	25 Pfg. hellblau		260.—	100.—

		EF	MeF	MiF
35.	30 Pfg. gelborange	30.—	50.—	15.—
36.	40 Pfg. braun	20.—	100.—	15.—
37.	50 Pfg. hellviolett	60.—	85.—	20.—
38.	60 Pfg. rotbraun	60.—	130.—	50.—
39.	75 Pfg. dunkelbraun	250.—	150.—	70.—
40.	1 Mk. grün/braun (16.7.)	130.—	140.—	30.—
41.	2 Mk. dunkellila (11.7.)	180.—	400.—	70.—
42.	3 Mk. ziegelrot (11.7.)	350.—	—.—	120.—
43.	5 Mk. ultramarin/rot (11.7.)	480.—	—.—	200.—

Abzug der Entente-Kommission und Rückgabe der Posthoheit an die Deutsche Post am 16.8.1920. Die Marienwerder-Marken wurden am 14.9.1920 ungültig, konnten aber bis 27.9.1920 in deutsche Marken umgetauscht werden. Im Innendienst wurden sie aber teilweise noch bis Ende Oktober verwendet.

Oberschlesien

1 Mark = 100 Pfennig

Vorläufer: Deutsche Marken mit deutlichem Stempeldatum zwischen 12.2. und 19.2.1920 und lesbarem Ortsnamen aus dem Gebiet (siehe Ortsverzeichnis am Schluß dieses Abschnitts), Preiszuschlag auf Brief ✉ 600.—.

1920, 20. Febr. Freim.-Ausg. Ziffernzeichnung (a). Bdr. Atelier du Timbre, Paris; gez. K 14:13½.

a

		EF	MeF	MiF
1.	2½ Pfg.			
	a. dunkelgrau		40.—	20.—
	b. schwarzgrau		50.—	25.—
2.	3 Pfg rotbraun (Töne)		70.—	15.—
3.	5 Pfg.			
	a. bläulichgrün	100.—	60.—	40.—
	b. grün, graugrün	25.—	12.—	8.—
4.	10 Pfg. braunrot (Töne) GA	12.—	15.—	10.—
5.	15 Pfg. GA			
	a. mattgrauviolett	30.—	50.—	25.—
	b. mattviolett	15.—	25.—	10.—
	c. dunkelviolett	15.—	25.—	10.—
6.	20 Pfg.			
	a. mattgraublau	10.—	30.—	8.—
	b. graublau	12.—	35.—	10.—
	c. graugrünlichblau	80.—	170.—	60.—
7.	50 Pfg.			
	a. dunkelrotbraun	180.—	280.—	140.—
	b. violettbraun	100.—	150.—	70.—
8.	1 Mk. rotkarmin (Töne)	200.—	300.—	120.—
9.	5 Mk.			
	a. rotorange	750.—	—.—	300.—
	b. braunorange	850.—	—.—	350.—

		EF	MeF	MiF
12a.	**50 Pf.** a. 5 Mk. rotorange, schwach glänzender Aufdruck Schalterausgabe (12.3.) (9b)	S 2000.—	5000.—	600.—
12b.	**50 Pf.** a. 5 Mk. braunorange, Nachdruck mit stumpfem, rußigem Aufdruck, sog. „Berner Auflage" (April)	S	—.—	—.— 1500.—

⚠ Marken mit Prüfzeichen „Haertel" und „Müller" unbedingt nachprüfen lassen.

| 10 F. | 5 Pf. a. 15 Pfg. | | —.— | —.— 1100.— |

1920, 26. März. Freim.-Ausg. Bdr. Atelier du Timbre in Paris; Nr. 13–21 gez. K 13½:14, Nr. 22–29 gez. K 14:13½.

b   c

Ansicht schlesischer Hütten und Friedenstaube

			EF	MeF	MiF
13.	2½ Pfg.	b			
	a. hellgrau			25.—	15.—
	c. schwarzgrau			30.—	18.—
14.	3 Pfg. rotbraun			50.—	15.—
15.	5 Pfg. grün (Töne)	b	80.—	15.—	8.—
16.	10 Pfg. grauorangerot GA	b	15.—	20.—	12.—
17.	15 Pfg. mattviolett GA	b	20.—	25.—	12.—
18.	20 Pfg. blau, graublau (Töne)	b	15.—	15.—	12.—
19.	25 Pfg. braun (Töne)			45.—	20.—
20.	30 Pfg. dunkelorange	b	20.—	25.—	15.—
21.	40 Pfg. graugrün (Töne)	b	20.—	30.—	15.—
22.	50 Pfg. grau, schwarzgrau	c	30.—	55.—	25.—
23.	60 Pfg. blau, graublau (Töne)	c	80.—	110.—	45.—
24.	75 Pfg.				
	a. graugrün		130.—	100.—	45.—
	b. schwarzgrün		—.—	—.—	350.—
25.	80 Pfg. graurot	c	80.—	130.—	40.—
26.	1 Mk. graurot	c	100.—	140.—	60.—
27.	2 Mk.	c			
	a. dunkelbraun		120.—	180.—	35.—
	b. braun, rotbraun		—.—	—.—	350.—
28.	3 Mk. grauviolett	c	200.—	330.—	60.—
29.	5 Mk. rotorange	c	320.—	500.—	100.—

1920, März/April. Ah.-Ausg. Nr. 5, 6 und 9 mit Zifferaufdruck in Schwarz bzw. Rot, in verschiedenen Typen. Druck der Druckerei Erdm. Raabe in Oppeln.

| 10. | **5 Pf.** a. 20 Pfg. mattgraublau (19.3.) | (6) S | 120.— | 40.— | 30.— |
| 11. | **10 Pf.** a. 20 Pfg. mattgraublau (6.3.) | (6) R | 40.— | 35.— | 30.— |

Deutsche Abstimmungsgebiete (Oberschlesien)

1921, 20. März. Ah.-So.-Ausg. zur Abstimmung. Nr. 16—26 mit schwarzem oder rotem Bdr.-Aufdruck.

Plébiscite
20 mars
1921
Aufdruck Nr. 30—35

Plébiscite
20 mars 1921
Aufdruck Nr. 36—40

			EF	MeF	MiF
30.	10 Pfg. orangerot	(16) S	480.—	320.—	200.—
31.	15 Pfg. violett	(17) S	320.—	350.—	200.—
32.	20 Pfg. blau	(18) S	650.—	350.—	200.—
33.	25 Pfg. braun	(19) R		420.—	300.—
34.	30 Pfg. orange	(20) S	600.—	500.—	300.—
35.	40 Pfg. graugrün	(21) R	380.—	500.—	300.—
36.	50 Pfg. grau	(22) R	—.—	—.—	—.—
37.	60 Pfg. blau	(23) S	—.—	—.—	—.—
38.	75 Pfg. grün	(24a) S	—.—	—.—	—.—
39.	80 Pfg. rotbraun	(25) S	—.—	—.—	—.—
40.	1 Mk. graurot, -rosa	(26) S	—.—	—.—	—.—

1922, März. Ah.-Ausg. Wie Nr. 23—25, jedoch geänderte Farben mit neuem Wertaufdruck; gez. K 14:13½.

41.	4 M a. 60 Pfg. grau-, olivgrün (Töne)	175.—	320.—	50.—
42.	10 M a. 75 Pfg. braunorangerot	750.—	—.—	300.—
43.	20 M a. 80 Pfg. orange (Töne)	—.—	—.—	850.—

Die Übernahme des Abstimmungsgebietes Oberschlesien in die deutsche bzw. polnische Verwaltung erfolgte nach einem im Amtsblatt der Kommission veröffentlichtem Zeitplan zwischen dem 18. 6. und 10. 7. 1922. Die OS-Freimarken verloren jeweils nach Übernahme in die deutsche bzw. polnische Verwaltung sofort ihre Frankaturgültigkeit, so daß Mischfrankaturen unzulässig waren.

Ost-Oberschlesien

Insurgenten-Ausgabe

1921, 5. Mai. Oberschlesische Industrielandschaft mit polnischem Hoheitszeichen, der Jahreszahl 1921 und Inschrift GORNY SLASK. Bdr.; A gez. 11¼, B □; weißer bzw. bei Nr. 6 gelblicher Gummi.

		A gez.			B □		
		EF	MeF	MiF	EF	MeF	MiF
1.	10 F. ziegelrot	*)	*) 200.—		*)	*) 150.—	
2.	20 F. violett			200.—			150.—
3.	30 F. orange			260.—			180.—
4.	40 F. schwarzoliv			200.—			150.—
5.	50 F. hellgrün			260.—			180.—
6.	60 F. schw'grünblau			180.—			150.—
7.	1 Mark rotbraun			360.—			200.—

*) Einzel- und Mehrfach-Frankaturen können zur Zeit mangels ausreichender Vergleichswerte nicht preislich eingeordnet werden.

✉: Bedarfsbriefe echt gelaufen haben polnische Zensurstempel.

Reguläre Ausgabe

1922, 19. Juni. Freim.-Ausg. Bdr. auf dünnem bis dickem Papier; verschieden gez. L 9—14½.

a   c   b

			EF	MeF	MiF
1.	5 F. hellblau	a		80.—	80.—
2.	10 F. violett	a		70.—	70.—

			EF	MeF	MiF
3.	20 F. zinnober	b	700.—	600.—	70.—
4.	40 F. lilabraun	b	800.—	700.—	80.—
5.	50 F. orange	b	750.—	700.—	500.—
6.	75 F. blaugrün	b	800.—	700.—	210.—
7.	1 M. schwarz	c	800.—	600.—	180.—
8.	1.25 M. dunkelgrün	c	900.—	400.—	860.—
9.	2 M. karmin	c	700.—	600.—	350.—
10.	3 M. smaragdgrün	c	800.—	600.—	400.—
11.	4 M. ultramarin	c	800.—	600.—	250.—
12.	5 M. braun	c	800.—	1000.—	300.—
13.	6 M. orange	c	1200.—	1200.—	350.—
14.	10 M. rotbraun	c	1200.—	1000.—	300.—
15.	20 M. tiefviolett, braunviolett	c	1200.—	1000.—	400.—
16.	50 M. schwarzoliv	c	1500.—	1200.—	900.—

1923, März. Freim.-Erg.-Werte in gleicher Ausführung; Bdr. auf dickem Papier; gez. L 10—13½.

17.	80 M. ziegelrot	c	—.—	—.—	550.—
18.	100 M. blauviolett	c	1200.—	1000.—	650.—
19.	200 M. ocker	c			800.—
20.	300 M. hellblau	c			1000.—

Auflagen: Nr. 17 = 2 000 000, Nr. 18 = 3 000 000, Nr. 19 = 2 000 000, Nr. 20 = 1 000 000 Stück.

Nachdem die polnische Mark die polnische auf der Abwärtsbewegung eingeholt hatte, wurde in Ostoberschlesien die polnische Währung eingeführt und die besonderen Marken am 30. 4. 1923 außer Kurs gesetzt.

Ausgabe der französischen Besatzungsbehörde

sog. Oppelner Notausgabe

1920, 14.—19. Febr. Ah.-Ausg. DR-Marken mit blauem Handstempelaufdruck C. I. H. S. im Kreise (Kontrollzeichen).

			Type I		
			EF	MeF	MiF
1.	2 (Pfg.) mattbraunoliv	(102)	—.—	—.—	—.—
2.	2½ (Pfg.) grau (Töne)	(98)	—.—	—.—	—.—
3.	3 (Pfg.) braun (Töne)	(84)	—.—	—.—	—.—
4.	5 (Pfg.) dkl'bläulichgrün	(85)	40000.—	—.—	35000.—
5.	7½ (Pfg.) gelborange, rotorange (Töne)	(99)	—.—	—.—	—.—
6.	10 (Pfg.) karmin	(86 c)	—.—	—.—	35000.—
7.	15 (Pfg.) schwarzviolett	(101 b)	—.—	—.—	—.—
8.	20 (Pfg.) vio'blau (Töne)	(87 d)		35000.—	30000.—
9.	25 (Pfg.) rotorange/braunschwarz a. gelb (Töne)	(88)			
10.	30 (Pfg.) rotorange/braunschwarz a. h'chromgelb	(89 x)	40000.—	—.—	35000.—
11.	35 (Pfg.) rotbraun	(103)	—.—	—.—	35000.—
12.	40 (Pfg.) rotkarmin/braunschwarz	(90)			40000.—
13.	50 (Pfg.) vio'purpur/braunschwarz a. h'chromgelb	(91 x)			
14.	60 (Pfg.) dkl'lila	(92 a)			45000.—
15.	75 (Pfg.) dkl'grün/braunschwarz	(104a)	45000.—		
16.	80 (Pfg.) karminrot/braunschwarz a. rosa	(93)			
17.	1 Mk. rot	(94 B)			45000.—
18.	2 Mk. blau (Töne)	(95 B)	—.—	—.—	—.—

Auf Nationalversammlungs-Marken

19.	10 (Pfg.) karminrot	(107)			
20.	15 (Pfg.) siena/d'grünblau	(108)			
21.	25 (Pfg.) dkl'bläulichgrün/mittelbräunlichrot	(109)	—.—	—.—	—.—
22.	30 (Pfg.) mittelbräunlichrot	(110)			

Deutsche Abstimmungsgebiete (Oberschlesien)

Nr. 23–24 fallen aus.

Gleicher roter Handstempelaufdruck auf Marken des Deutschen Reiches.

		EF	MeF	MiF
25.	5 (Pfg.) schwärzlich-grün .... (85 II a)	—.—	—.—	—.—
26.	10 (Pfg.) (lebhaft-)rotkarmin .... (86 II c)	—.—	—.—	—.—
27.	15 (Pfg.) schwarzviolett (101 b)	—.—	—.—	—.—
28.	20 (Pfg.) dunkelviolettblau .... (87 II d)	—.—	—.—	60000.—
29.	30 (Pfg.) dkl'rotorange/schwarz auf (weiß-)chromgelb .. (89 II x)	—.—	—.—	—.—
30.	35 (Pfg.) mittelbraun bis rotbraun .... (103 a)	—.—	—.—	—.—
31.	40 (Pfg.) dkl'karminrot/schwarz .... (90 II b)	—.—	—.—	—.—
32.	60 (Pfg.) (dunkel-)graulila .... (92 II a)	—.—	—.—	—.—
33.	75 (Pfg.) dkl'blaugrün . (104 a)	—.—	—.—	—.—

Marken mit Prüfzeichen „Haertel" und „Müller" unbedingt nachprüfen lassen.

Dienstmarken

1920, April. DR-Dienstmarken Nr. 16—22 mit Aufdruck C. G. H. S.

		EF	MeF	MiF
1.	5 (Pfg.) dunkelgrün .... (D 16)	—.—	50.—	25.—
2.	10 (Pfg.) lebh'karminrot. (D 17)	40.—	50.—	25.—
3.	15 (Pfg.) karminbraun... (D 18)	90.—	50.—	25.—
4.	20 (Pfg.) violettblau..... (D 19)	50.—	50.—	25.—
5.	30 (Pfg.) rotorange a. h'chromgelb ...... (D 20)	45.—	60.—	25.—
6.	50 (Pfg.) purpurviolett a. h'chromgelb ...... (D 21)	120.—	180.—	45.—
7.	1 Mk. mittelbräunl'rot a. h'chromgelb ...... (D 22)	150.—	200.—	85.—

Mit MICHEL besser sammeln

1920, Juli/1922, Febr. Gleicher Aufdruck auf DR-Dienstmarken Nr. 23—29, 30—33, 66 und 70.

		EF	MeF	MiF
8.	5 (Pfg.) dunkelgrün.... (D 23)		80.—	35.—
9.	10 (Pfg.) lebh'karminrot. (D 24)	60.—	35.—	25.—
10.	15 (Pfg.) karminbraun ... (D 25)	90.—	70.—	25.—
11.	20 (Pfg.) violettblau .... (D 26)	50.—	50.—	25.—
12.	30 (Pfg.) rotorange a. h'chromgelb...... (D 27)	50.—	50.—	25.—
13.	40 (Pfg.) karminrot (Okt. 1920)......... (D 28)	50.—	90.—	25.—
14.	50 (Pfg.) purpurviolett a. h'chromgelb...... (D 29)	70.—	100.—	25.—
15.	60 (Pfg.) lilabraun (Mai 1921).......... (D 66)	50.—	130.—	25.—
16.	1 Mk. mittelbräunlichrot a. h'chromgelb...... (D 30)	90.—	130.—	25.—
17.	1,25 Mk. dkl'grünblau a. h'chromgelb (Sept. 1921).......... (D 31)	150.—	180.—	30.—
18.	2 Mk. dkl'graublau (*Wz. Rauten*) (Sept. 1920) . (D 32)	250.—	400.—	100.—
19.	2 Mk. dkl'graublau (*Wz. Waffeln*) (Febr. 1922) (D 70)	180.—	220.—	50.—
20.	5 Mk. braun a. gelb (Sept. 1920) .... (D 33)	320.—	460.—	60.—

Die Dienstmarken von Oberschlesien wurden nach der Abstimmung im Deutschen Reich aufgebraucht. Aufschläge für Daten nach der Abstimmung: 1922 = 50%, 1923 = 100%.

Die ✉-Preise gelten für portogerecht frankierte Briefe oder Paket-(Post-)karten.

EF = Einzelfrankatur, d. h. die Marke allein auf dem Brief.
MeF = Mehrfachfrankatur, d. h. die gleiche Marke mehrfach auf dem Brief. Der Preis gilt nur für 2 Stück; weitere Stücke der gleichen Marke werden mit dem Preis für lose ⊙ dazugerechnet.
MiF = Mischfrankatur, d. h. die Marke mit anderen Marken auf dem Brief. Briefpreis gilt für die teuerste Marke, die übrigen Marken werden mit dem Preis für lose ⊙ dazugerechnet.

Nicht portogerecht frankierte Briefe werden nur bei einem Aufschlag von maximal 15 % für die beste Marke auf den ⊙-Preis bewertet. Restliche Marken mit dem normalen ⊙-Preis hinzugerechnet.

Die Postanstalten des Abstimmungsgebietes und ihre damaligen Poststempeltypen:

1. Spalte: Postamtsgröße
   I = PA I. Klasse
   II = PA II. Klasse
   III = PA III. Klasse
   Ag = Postagentur
   ZdA = Zweigpostamt

2. Spalte: Ort kam nach der Abstimmung zu
   D = Deutschland
   P = Polen
   C = Tschechoslowakei

3. Spalte: Postortsname
4. Spalte: Stempeltype lt. Abbildungen
   (Type X = stummer Stempel)

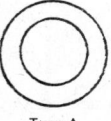 Type A
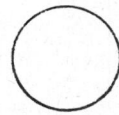 Type B
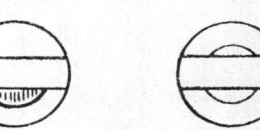 Type C
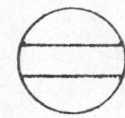 Type D
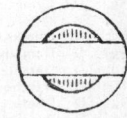 Type E

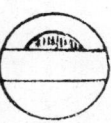 Type F
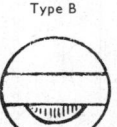 Type G
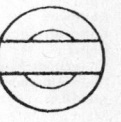 Type H
 Type J
 Type K

Deutsche Abstimmungsgebiete (Oberschlesien)

III	P	Altberun	E
Ag	D	Altbudkowitz	C, X
Ag	P	Alt-Repten	C
Ag	D	Altschalkowitz	B
III	D	Annaberg	E, H, X
II	P	Antonienhütte	E, X
Ag	P	Autischkau	
Ag	D	Babitz (Leobsch.)	C, X
Ag	D	Babitz (Ratibor)	C
Ag	D	Badewitz	B, X
Ag	D	Bankau	B, X
Ag	P	Baranowitz	B, X
III	D	Bauerwitz	E, X
I	D	Beuthen	C, E, H, X
III	P	Bielschowitz	H
Ag	P	Birawa	B
Ag	P	Birkenhain	B, C
III	P	Birkental	E, H, X
Ag	P	Birtultau	E
Ag	D	Bischdorf	C, H
II	P	Bismarckhütte	B, E, H, X
Ag	P	Bitschin	B, C
Ag	P	Bittkow	C
Ag	D	Bladen	A, X
Ag	D	Bleischwitz	B, X
Ag	D	Blottnitz	B
III	D	Bobrek	E, J, X
Ag	D	Bodland	B, X
III	D	Bogutschütz-Nord	K
III	D	Bogutschütz-Süd	K, X
Ag	P	Boronow	H
III	D	Borsigwerk	E, X
Ag	D	Botzanowitz	B, X
Ag	P	Bradegrube	B, X
III	P	Branitz	E, X
Ag	D	Bratsch	B, X
Ag	D	Brinnitz	B
Ag	D	Broslawitz	C
Ag	D	Brzezinka	C
Ag	P	Buchatz	C, X
Ag	P	Bujakow	B
III	D	Carlsruhe	E, H, X
Ag	P	Charlottenhof	
Ag	D	Chechlau	B, C
III	P	Chorzow	E, H, X
Ag	D	Chronstau	A, X
Ag	D	Chrosczinna	B
Ag	P	Chronsczütz	B, X
Ag	P	Chudow	C
Ag	D	Colonnowska	B, X
Ag	D	Comorno	C
Ag	D	Comprachtschütz	B, X
I	D	Cosel	E, H, X
III	D	Cosel-Oderhafen	C, E, X
Ag	D	Costau	B
Ag	D	Creutzburgerhütte	C, X
Ag	D	Czarnowanz	B, X
III	P	Czernitz	E
III	P	Czerwionka	C, E
Ag	P	Cziasnau	B
Ag	D	Dammer	B
Ag	D	Dammratsch	B, X
Ag	D	Dembio	C
III	D	Deschowitz	E, X
Ag	D	Deutsch-Müllmen	B, X
Ag	D	Deutsch-Neukirch	B, X
Ag	P	Deutsch-Piekar	B
III	D	Deutsch-Rasselwitz	B, G, X
Ag	D	Dirschel	C, X
Ag	D	Dobrau	B, X
Ag	P	Domb	C
Ag	D	Dombrowka a.d. Oder	C
Ag	D	Dometzko	B
Ag	P	Dubensko	C
Ag	D	Dziergowitz	B
Ag	P	Egersfeld	C
Ag	P	Eichenau	C, X
Ag	P	Eichtrachthütte	B
Ag	D	Ellguth-Turawa	B
Ag	P	Emanuelssegen	C, X
III	P	Emmagrube	C, H, X
III	P	Friedenshütte	E, H, X
Ag	D	Friedersdorf	C
Ag	P	Friedrichsdorf	B
Ag	D	Friedrichsgrätz	B
III	D	Friedrichshütte	E, X
III	P	Georgenberg	C
Ag	P	Gieraltowitz	C
Ag	P	Gieschewald	C, X
I	D	Gleiwitz	B, E, H, X
III	D	Gnadenfeld	H
Ag	P	Godow	B, X
Ag	D	Godullahütte	B, X
III	D	Gogolin	E, H
Ag	P	Golassowitz	C, X
Ag	P	Gottschalkowitz	C
Ag	D	Gröbnig	B, X
III	D	Groschowitz	E, H
Ag	D	Gross-Borek	B
Ag	P	Grosschelm	B
Ag	P	Großdöbern	C
Ag	P	Gross-Dombrowka	B
Ag	P	Gross-Gorschütz	B
Ag	P	Gross-Grauden	B
Ag	P	Gross-Kottulin	B
Ag	P	Grosslassowitz	B, X
Ag	P	Grossnimmsdorf	B, X
Ag	P	Groß Paniow	C
Ag	P	Grosspatschin	B
III	P	Grosspeterwitz	C, X
Ag	P	Großschimnitz	C
Ag	P	Gross Stein	B, X
Ag	P	Groß Stein Bhf.	B
I	D	Gross-Strehlitz	B, E, H, X
Ag	P	Gross-Weichsel	B
III	D	Guttentag	H, X
Ag	C	Haatsch	B
Ag	D	Halbendorf	C
Ag	P	Halemba	C
Ag	P	Himmelwitz	C, X
I	D	Hindenburg	H, X
Ag	D	Hochkretscham	B, X
Ag	P	Hohenbirken	C, X
III	P	Hohenlinde	E
III	D	Hohenlohehütte	H, X
Ag	P	Hohndorf	C, X
III	P	Idaweiche	B, H, X
Ag	P	Imielin	C
Ag	D	Jaborowitz	C
Ag	D	Jacobsdorf	B
Ag	D	Jakobswalde	B
Ag	D	Jankowitz	C
Ag	P	Janow	C
III	P	Jastrzemb	B, X
Ag	D	Jellowa	C, X
Ag	D	Kadlub-Turawa	C
Ag	D	Kalinowitz	B
Ag	D	Kamienietz	C
II	D	Kandrzin	H, X
III	D	Karf	E
Ag	D	Kasimir	B, X
II	D	Katscher	B, E, X
I	P	Kattowitz	C, E, H, X
Ag	P	Kattowitzerhalde	B
Ag	D	Keltsch	B, X
Ag	D	Kieferstädtel	E
Ag	D	Klein-Althammer	B
Ag	D	Klein-Lassowitz	B
Ag	D	Klein Strehlitz	C, X
Ag	D	Klodnitz	B
III	P	Knurow	C, H, X
Ag	P	Kobier	B
Ag	D	Kochanietz	C
Ag	P	Kochanowitz	C, H
III	P	Kochlowitz	B, H
Ag	P	Kochtschütz	C
Ag	D	Königlich-Dombrowka	C, X
Ag	D	Königlich-Neudorf	C, X
I	D	Königshütte	C, E, H, X
Ag	D	Königshuld	C, X
Ag	P	Körnitz	C, X
Ag	P	Kokoschütz	B
II	D	Konstadt	E, H, X
Ag	P	Kornowatz	B
III	P	Koschentin	E
Ag	P	Koschmieder	B, C
Ag	D	Kostellitz	B
Ag	D	Kostenthal	B, X
Ag	P	Kostuchna	C
Ag	D	Kotschanowitz	C, X
II	D	Krappitz	E, X
Ag	D	Krascheow	B, X
I	D	Kreuzburg	E, H, X
III	D	Kreuzenort	E, X
III	D	Kruppamühle	H, X
Ag	D	Krzanowitz	B, X
Ag	D	Kudoba	E
Ag	D	Kunzendorf	C
III	D	Kupp	E
III	D	Laband	E, H, X
III	D	Landsberg	E, H, X
III	D	Langendorf	E, X
I	P	Laurahütte	B, E, H, X
Ag	P	Leisnitz	C, X
Ag	P	Lendzin	H
Ag	P	Lenschütz	B
Ag	P	Lentzberg	C
I	D	Leobschütz	B, E, H, X
III	D	Leschnitz	E, X
II	P	Lipine	E, X
Ag	P	Lissek	C
Ag	P	Lissek	B
Ag	D	Löwitz	C, X
Ag	D	Lohnau	B, X
Ag	P	Lonkau	B
III	P	Lonschnik	B
II	P	Loslau	E, X
Ag	P	Lubetzko	C
Ag	D	Lubie	B
II	P	Lublinitz	E, H, X
Ag	P	Lubom	C
Ag	D	Lubowitz	B
Ag	P	Lubschau	B
Ag	D	Ludwigsdorf	C, X
Ag	D	Lugnian	B, X
Ag	P	Makoschau	C, X
III	D	Malapane	B, X
Ag	D	Markowitz	C
Ag	D	Matzkirch	B
Ag	D	Mechnitz	B
III	D	Michalkowitz	B, H, X
III	D	Miechowitz	B, J, X
Ag	P	Miedzna-Grzawa	B
III	D	Mikultschütz	B, C, E, X
Ag	D	Mischline	B
Ag	P	Miserau	B
Ag	P	Mittel-Lazisk	C, X
III	D	Mocker	E
Ag	P	Mokrau	C
III	P	Morgenroth	E, X
III	P	Murow	E, X
I	P	Myslowitz	B, E, X
Ag	P	Naclo	B
Ag	D	Nassiedel	C, X
III	D	Nensa	E
III	P	Neuberun	E
III	P	Neudeck	H, X

Deutsche Abstimmungsgebiete (Oberschlesien)

Ag	P	Neu-Heiduk	C, X
Ag	P	Neu-Radzionkau	C
Ag	P	Nickischschacht	B, X
Ag	D	Nieborowitz	B, X
II	P	Nikolai	B, E, H, X,
III	D	Noldau	E, X
I	D	Oberglogau	B, H, X
Ag	D	Ober-Kunzendorf	D
Ag	P	Oberschwirklan	B
Ag	D	Oberwitz	B, C
I	D	Oppeln	B, C, E, H, J, X
Ag	P	Ornontowitz	B, X
III	P	Orzegow	H
III	P	Orzesche	E, X
Ag	D	Ostroppa	B
Ag	D	Ostrosnitz	B
Ag	P	Pallowitz	B
III	P	Paruschowitz	E, H, X
Ag	P	Paulsdorf	C
Ag	P	Pawlowitz	E, X
Ag	P	Pawonkau	H, X
III	D	Peiskretscham	B, E, X
Ag	D	Pilchowitz	B, X
Ag	D	Piltsch	B, X
II	D	Pitschen	E, X
I	P	Pless	H, X
Ag	D	Pluder	C
Ag	D	Podlesie	B, X
Ag	P	Pohlom	C
Ag	D	Polnisch-Krawarn	B, X
III	D	Polnisch-Neukirch	G, X
Ag	D	Polnisch-Rasselwitz	B
Ag	D	Polnisch-Würbitz	C, X
Ag	D	Pommerswitz	B, X
Ag	D	Ponischowitz	B
Ag	D	Poppelau (Oppeln)	C, X
Ag	P	Poppelau (Rybnik)	C
Ag	P	Preiswitz	B
III	P	Preußisch-Herby	C, E, X
III	P	Proskau	E, X
Ag	D	Przywor	C
Ag	P	Pschow	H
Ag	P	Psychod	B, X
Ag	D	Rachowitz	B
Ag	D	Radlau	C
Ag	P	Radlin	C
III	P	Radzionkau	C, E
I	D	Ratibor	B, E, H, X
III	D	Ratiborhammer	E
III	D	Rauden	E
Ag	D	Reinersdorf	B, X
Ag	D	Reinschdorf	C, X
Ag	D	Roben	B, X
Ag	D	Rösnitz	B, X
Ag	P	Rogau	C
Ag	D	Rokittnitz	B
Ag	D	Roschkowitz	B
Ag	D	Rosenberg (Neust.)	J
II	D	Rosenberg (O'schl.)	E, X
Ag	D	Rosmierka	B
Ag	D	Rosnochau	B
Ag	D	Rossberg	B, X
III	P	Ruda	H, X
Ag	D	Rudnik	C
Ag	P	Rudy-Piekar	C
III	D	Rudzinitz	E, X
I	P	Rybnik	E, H, X
Ag	D	Sabschütz	B, X
Ag	D	Sakrau	C, X
Ag	D	Salesche	C, X
Ag	D	Sanct Annaberg	B, E
Ag	C	Sandau	C, X
Ag	D	Sandowitz	B
Ag	D	Sauerwitz	B, X
Ag	D	Sausenberg	B
Ag	D	Schakanau	C
III	D	Scharley	E, H, X
Ag	D	Schelitz	E
Ag	D	Schierokau	B, X
Ag	D	Schieroth	B
Ag	D	Schimischow	B
III	P	Schlesiengrube	F
Ag	D	Schmardt	B, X
Ag	D	Schönau	C, X
Ag	D	Schönfeld	B
Ag	D	Schoenwald	B
Ag	D	Schönwald	B, X
Ag	D	Schoffschütz	B, X
Ag	D	Schomberg	B, C
Ag	D	Schonowitz	B
II	P	Schoppinitz	E, H, X
ZdA	P	Schoppinitz-Rosdzin	E
Ag	D	Schwieben	B
III	P	Schwientochlowitz	B, C, E, X
Ag	P	Schyglowitz	C
Ag	D	Sczedrzik	B
Ag	D	Seichwitz	B, X
Ag	D	Simmenau	B, X
Ag	D	Skalung	C, X
III	D	Slawentzitz	H
Ag	D	Slawikau	B
Ag	P	Sodow	B
II	P	Sohrau	E, X
Ag	D	Sorowski	B
Ag	D	Sossnitza	B
Ag	D	Sowade	B, X
III	P	Stahlhammer	B, X
Ag	D	Sternalitz	B
Ag	D	Sterzendorf	B
Ag	D	Steubendorf	C, X
Ag	D	Steuberwitz	B, X
Ag	D	Stolzmütz	B, X
Ag	D	Stubendorf	B
Ag	D	Studzienna	B
Ag	P	Sussetz	B
Ag	D	Tarnau	C, X
I	P	Tarnowitz	B, E, H, X
Ag	D	Thule	C
III	D	Tichau	E, X
Ag	P	Timmendorf	B
II	D	Tost	B, E, X
Ag	D	Trockenberg	C
Ag	D	Troplowitz	C, X
Ag	D	Turawa	B, X
Ag	D	Twardawa	B, X
Ag	D	Tworkau	B, X
III	D	Tworog	E
III	D	Ujest	E, H, X
Ag	D	Urbanowitz (Cosel)	C
Ag	P	Urbanowitz (Pless)	C
Ag	D	Uschütz	C
Ag	D	Vogtsdorf	C
III	D	Vossowska	H
Ag	D	Walzen	B, X
Ag	D	Wanowitz	B, X
Ag	P	Warschowitz	C
Ag	D	Wierschy	B, X
Ag	D	Wieschowa	C, X
Ag	D	Woinowitz	C, X
III	P	Woischnik	E, X
Ag	D	Woschczytz	C, X
Ag	D	Wronin	B, X
Ag	P	Wyrow	C
II	D	Zaborze	H, X
III	P	Zalenze	H, X
III	D	Zauchwitz	B, X
III	D	Zawadzki	E, X
III	D	Zawisna	E, X
III	D	Zellin	H, X
Ag	D	Zembowitz	B, H, X
Ag	D	Zuzella	B, X
Ag	D	Zyrowa	B

Aufstellung der Streckenangaben in Bahnpoststempel im Abstimmungsgebiet:

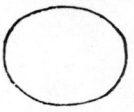
Type I

Type II

1. Spalte: Streckenbezeichnung
2. Spalte: Stempeltype lt. Abbildung

Annaberg – Rybnik	I
Bauerwitz – Troppau	I
Berlin – Östr. Oderberg	II
Berlin – Breslau	I
Beuthen – Kochlowitz	I
Beuthen – Oppeln	I
Breslau – Carlsmarkt – Oppeln	II
Breslau – Kattowitz	I
Breslau – Myslowitz	I
Breslau – Oderberg	II
Breslau – Oswiecim	II
Camenz – Kandrzin	I
Dt. Rasselwitz – Kattowitz	I
Gieraltowitz – Rybnik	I
Gleiwitz – Jastrzemb	I
Gleiwitz – Pilchowitz	I
Gleiwitz – Sohrau	I
Guttentag – Vossowska	II
Kandrzin – Bauerwitz	I
Kandrzin – Camenz	I
Katscher – Grosspeterwitz	I
Kattowitz – Dziedtz	I
Kattowitz – Leobschütz	I
Leobschütz – Jägerndorf	I
Namslau – Jellowa	I
Neisse – Oppeln	I
Neustadt – Kandrzin	I
Oppeln – Kreuzburg	I
Oppeln – Tarnowitz	I
Posen – Kreuzburg	I
Ratibor – Dt. Rasselwitz	I
Rosenberg – Zawisna	I
Tarnowitz – Kreuzburg	I
Vossowska – Preuß. Herby	I
Zawisna – Rosenberg	I

Außer vorstehenden Postort-Tagesstempeln und Bahnpost-Stempeln gibt es noch eine Vielzahl von „stummen" (Kork o. ä.) Stempeln aller Arten und Formen. Nähere Angaben dazu im „HANDBUCH vom Abstimmungsgebiet Oberschlesien 1920/22" der Bundesarbeitsgemeinschaft OBERSCHLESIEN e.V.

Schleswig

(Nordschleswig)

1 Mark = 100 Pfennig. Ab 20. Mai 1920 (für das Gebiet der 1. Zone) 1 Krone (dän.) = 100 Øre

Vorläufer: Deutsche Marken auf Briefen mit Stempeldaten 25.1.1920 ab 12 Uhr bis 26.1.1920 bis 12 Uhr mittags, ✉ 100.— Zuschlag.

   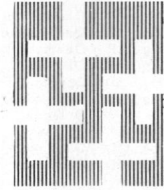

1920, 25. Jan. Freim.-Ausg. ✉ A. Carstens; Bdr. H. H. Thiele, beide Kopenhagen; Wz. Kreuze mehrfach (Wz. 1); gez. K 14:14½

a) Wappen, Inschriften farbig   c) Landschaft mit Hünengrab   b) Wappen, Inschriften weiß   Wz. 1

Allgemeinaufstellung (billigste Werte)

			EF	MeF	MiF
1.	2½ Pfg. grau	a		20.—	10.—
2.	5 Pfg. grün	a	9.—	12.—	6.—
3.	7½ Pfg. gelbbraun	a		20.—	10.—
4.	10 Pfg. karmin	a	11.—	17.—	7.—
5.	15 Pfg. rotlila	a	14.—	22.—	7.—
6.	20 Pfg. blau	a	11.—	40.—	7.—
7.	25 Pfg. orange	b	200.—	65.—	20.—
8.	35 Pfg. braun	b	200.—	110.—	35.—
9.	40 Pfg. violett	b	35.—	90.—	25.—
10.	75 Pfg. blaugrün	b	210.—	210.—	50.—
11.	1 Mk. braun	c	125.—	240.—	50.—
12.	2 Mk. blau	c	360.—	—.—	120.—
13.	5 Mk. grün	c	—.—	—.—	300.—
14.	10 Mk. rot	c			

Mischfrankaturen: Nr. 1–14 mit deutschen Marken Germania oder Nationalversammlung vom 25. bis 26.1.1920 (✉ 200% Zuschlag) und 16.6. bis 23.6.1920 (✉ 200% Zuschlag).

Kursfähig bis 27.5.1920 in der 1. Zone, die zu Dänemark kam, bis 27.6.1920 in der 2. Zone, die bei Deutschland verblieb. – Deutsche Marken galten bereits ab 16.6.1920. (Mischfrankaturen siehe vorher).

I. Zone

1920, 20. Mai. Freim.-Ah.-Ausg. für die 1. Zone Muster wie vorher, aber in dänischer Währung; Aufdruck blau; Wz. Kreuze mehrfach; gez. K 14:14½.

15.	1 Øre grauoliv	d		40.—	20.—
16.	5 Øre grün	d	65.—	16.—	10.—
17.	7 Øre gelbbraun	d	60.—	60.—	25.—
18.	10 Øre karmin	d	40.—	35.—	20.—
19.	15 Øre rotlila	d	25.—	80.—	20.—

			EF	MeF	MiF
20.	20 Øre blau	d	80.—	170.—	30.—
21.	25 Øre orange	e	250.—	230.—	60.—
22.	35 Øre braun	e	120.—		100.—
23.	40 Øre violett	e	270.—	550.—	90.—
24.	75 Øre blaugrün	e	200.—		160.—
25.	1 Krone braun	f			125.—
26.	2 Kronen blau	f			420.—
27.	5 Kronen olivgrün	f			—.—
28.	10 Kronen rot	f			—.—

Mischfrankaturen: Nr. 1–14 mit Marken der I. Zone (Nr. 15–28) vom 20.5.1920 bis 27.5.1920 (✉ 200% Zuschlag); I. Zone mit dänischen Marken vom 9.7.1920 bis 17.7.1920 (✉ 200% Zuschlag).

Dienstmarken

C·I·S 1920. Freimarken Nr. 1–14 (nur in den nachfolgenden Farbtönen) mit dunkelblauem Aufdruck C.I.S (Commission Internationale Slesvig).

1.	2½ Pfg. grau	(1 a) Bl			1200.—
2.	5 Pfg. grün	(2 a) Bl			1100.—
3.	7½ Pfg. glb'braun	(3 a) Bl		2600.—	1400.—
4.	10 Pfg. karmin	(4 a) Bl		2200.—	1300.—
5.	15 Pfg. rotlila	(5 a) Bl	650.—	1800.—	650.—
6.	20 Pfg. blau	(6 a) Bl	650.—	1500.—	650.—
7.	25 Pfg. orange	(7 a) Bl		—.—	—.—
8.	35 Pfg. braun	(8 a) Bl			
9.	40 Pfg. violett	(9 a) Bl		—.—	—.—
10.	75 Pfg. blaugrün	(10 a) Bl			
11.	1 Mk. braun	(11 a) Bl			
12.	2 Mk. blau	(12 a) Bl			
13.	5 Mk. dkl'ol'grün	(13 c) Bl			
14.	10 Mk. rot	(14 a) Bl	3400.—		—.—

Bessere ✉ sollten vor Erwerb durch einen anerkannten Prüfer geprüft werden.

Danzig Freie Stadt

Durch den Versailler Vertrag (Inkrafttreten am 10.1.1920) wurde die Stadt Danzig mit Umgebung vom Deutschen Reich abgetrennt und zur selbständigen Freien Stadt erklärt.
Vom 10. Januar 1920 bis 13. Juni 1920 waren die Marken des Deutschen Reiches ohne Danzig-Aufdruck im Gebrauch (Vorläufer). Sie durften noch bis 19. Juli verwendet werden. Vom 14. Juni 1920 bis 19. Juli 1920 konnten deutsche Marken allein sowie gemeinsam mit Danziger Marken verwendet werden. Mischfrankaturen waren also möglich (sogenannte Mitläufer, Preise s. u.).
Am 10. Januar 1920 waren noch folgende Marken des Deutschen Reiches am Schalter vorrätig (andere Marken mit Danzig-Stempeln stammen aus bei Danziger Postbenutzern vorhandenen Beständen oder sind später von Postbenutzern nach Danzig gebracht worden):

Ausgabe 1914/15
- Nr. 84   3 Pfg. braun (Töne)
- Nr. 85   5 Pfg. dkl'bläulichgrün
- Nr. 86   10 Pfg. rot
- Nr. 87   20 Pfg. ultramarin, vio'blau (Töne)
- Nr. 88   25 Pfg. rotorange/braunschwarz
- Nr. 90   40 Pfg. rotkarmin/braunschwarz
- Nr. 91   50 Pfg. violettpurpur/braunschwarz

Ausgabe 1916
- Nr. 98   2½ Pfg. grau (Töne)
- Nr. 99   7½ Pfg. orange (Töne)

Ausgabe 1917/1918
- Nr. 101 15 Pfg. dkl'violett, schwarzviolett

Ausgabe 1918/1919
- Nr. 102   2 Pfg. mattbraunoliv
- Nr. 103 35 Pfg. rotbraun
- Nr. 104 75 Pfg. grün/braunschwarz

Ausgabe 1919 (Nationalversammlung)
- Nr. 107 10 Pfg. karminrot
- Nr. 108 15 Pfg. siena/dkl'grünblau

Automatenmarken
- Nr. S 11 a u. b orange 2½ + 7½
- Nr. S 12 a u. b 98/99/98 a u. b 2½ + 7½ + 2½
- Nr. S 13 a u. b 99/98 a u. b 7½ + 2½
- Nr. S 14 a u. b 99/98/99 a u. b 7½ + 2½ + 7½

Es können ferner vorkommen:

Ausgabe 1905/11
- Nr. 89   30 Pfg. rotorange/braunschwarz
- Nr. 92   60 Pfg. dunkellila
- Nr. 93   80 Pfg. karminrot/braunschwarz a. rosa
- Nr. 94   1 Mk. karminrot
- Nr. 95   2 Mk. blau (Töne)
- Nr. 96   3 Mk. violett, violettschwarz
- Nr. 97   5 Mk. grünschwarz/rot

Ausgabe 1916
- Nr. 100 15 Pfg. braun

Ausgabe 1919 (Kriegsbeschädigte)
- Nr. 105 10+5 Pfg. karminrot
- Nr. 106 15+5 Pfg. dkl'-, schwarzviolett

Ausgabe 1919/20 (Nationalversammlung)
- Nr. 109 25 Pfg. dkl'bläulichgrün/mittelbräunlichrot
- Nr. 110 30 Pfg. lila/mittelbräunlichrot

Ausgabe 1919 (Flugpost)
- Nr. 111 10 Pfg. orange
- Nr. 112 40 Pfg. grün (Töne)

Ausgabe 1920
- Nr. A113 1.— Mk. mittelrot
- Nr. 113   1.25 Mk. dkl'gelblichgrün
- Nr. 114   1.50 Mk. gelbbraun
- Nr. 115   2.50 Mk. lila
- Nr. 116   1.25 Mk. a. 1 Mk. dkl'grün
- Nr. 117   1.50 Mk. a. 1 Mk. rötlichbraun
- Nr. 118   2.50 Mk. a. 2 Mk. braunlila, lilabraun, lilarot
- Nr. 119   5 Pfg. gelbgrün
- Nr. 120 10 Pfg. orange
- Nr. 121 15 Pfg. mittelrot
- Nr. 122 20 Pfg. violett, rotlila
- Nr. 123 30 Pfg. dkl'grünlichblau
- Nr. 124 40 Pfg. dkl'gelbbraun
- Nr. 142 15 Pfg. dkl'braunkarmin

Aus Markenheftchen: Nr. W 5 85/89 (5+7½); Nr. W 12 86/101 (10+15); Nr. S 3 99/85 (7½ + 5); Nr. S 9 101/86 (15+10).
Preise für Vorläufer; Mitläufer 100% Aufschlag (Marken des Deutschen Reiches mit lesbarem Danzig-Stempel ab 10.1. bzw. 14.6.1920)
(Infla-geprüft)

Nr.	EF	MeF	MiF	Nr.	EF	MeF	MiF
84 II a		850.—	700.—	104 a		650.—	300.—
85 II a		185.—	110.—	104 b		650.—	300.—
85 II d	200.—		375.—	104 c	750.—	1000.—	480.—
85 II e			450.—	105 a			900.—
86 II a	165.—	185.—	140.—	105 c			650.—
86 II b		225.—	190.—	106 a			480.—
86 II c				106 c			1700.—
87 II a	550.—	550.—	450.—	107	165.—	350.—	250.—
87 II d	150.—	175.—	150.—	108	165.—	300.—	250.—
88 II a				109			1000.—
88 II b		250.—	200.—	110 c	1200.—		1200.—
89 II x	500.—		450.—	111 a		1200.—	900.—
90 II a	500.—	600.—	450.—	112			1000.—
90 II b	165.—	300.—	160.—	114 a			1200.—
93 II a				114 c	1200.—		
93 II b	350.—	450.—	250.—	116			1000.—
94 B II		750.—	500.—	119			1000.—
95 B II a			1800.—	120		1500.—	1000.—
98		950.—	650.—	121		1500.—	1000.—
99 a		450.—	350.—	122		1500.—	
99 b			450.—	123			1000.—
100 a		2000.—	1200.—	124	1000.—		
101 a	135.—	160.—	135.—	125			1200.—
101 b	350.—	650.—	350.—	142 a	1100.—		1000.—
101 c	650.—		450.—	S 3			1200.—
102		700.—	650.—	S 11 a			1200.—
103 a		650.—	350.—	S 11 b			1200.—
103 b				S 13 b			1200.—
				W 5			1200.—
				W 12			1200.—

Block 1 siehe nach Nr. 270 / Block 2 siehe nach Nr. 271 / Block 3 siehe nach Nr. 275

   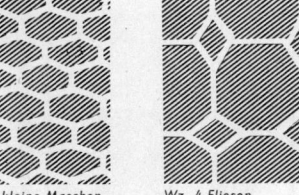 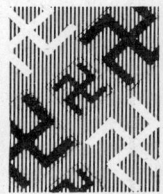

Wz. 1 Rauten X = stehend Y = liegend   Wz. 2 Waben X = stehend Y = liegend   Wz. 3 kleine Maschen X = stehend Y = liegend   Wz. 4 Fliesen   Wz. 5 Hakenkreuze

Danzig

Postgebühren bis 31. Oktober 1923

Freistadt-Gebiet	1.10. 1919	6.5. 1920	10.8. 1920	1.5. 1921	1.1. 1922	1.7. 1922	1.10. 1922	15.11. 1922	15.12. 1922	15.1. 1923	10.2. 1923	15.2. 1923	1.3. 1923
Briefe im Ortsverkehr:													
bis 20 g	—.15	—.40	—.25	—.30	—.75	—.75	1.50	2.—	4.—	5.—	10.—	10.—	20.—
20 bis 100 g	—.20	—.60	—.40	—.40	1.20	1.20	2.50	4.—	8.—	10.—	20.—	20.—	30.—
100 bis 250 g	—.20	—.60	—.40	—.60	1.50	1.50	3.—	6.—	12.—	15.—	30.—	30.—	50.—
250 bis 500 g	—	—	—	—	—	—	—	—	—	—	—	—	70.—
Briefe im Fernverkehr:													
bis 20 g	—.20	—.40	—.40	—.60	2.—	3.—	6.—	12.—	20.—	20.—	20.—	50.—	50.—
20 bis 100 g	—.30	—.60	—.60	—.80	3.—	4.—	8.—	16.—	30.—	30.—	30.—	60.—	60.—
100 bis 250 g	—.30	—.60	—.60	1.20	4.—	5.—	10.—	20.—	40.—	40.—	40.—	80.—	80.—
250 bis 500 g	—	—	—	—	—	—	—	—	—	—	—	100.—	100.—
Karten im Ortsverkehr:	—.10	—.30	—.15	—.20	—.50	—.50	1.—	1.50	3.—	4.—	5.—	5.—	10.—
Karten im Fernverkehr	—.15	—.30	—.30	—.40	1.25	1.50	3.—	5.—	10.—	10.—	10.—	25.—	25.—
Einschreibgebühr	—.30	—.50	—.50	1.—[2])	2.—	2.—	4.—	8.—	20.—	40.—	40.—	80.—	80.—

Deutschland[1])	1.10. 1919	6.5. 1920	1.5. 1921	1.1. 1922	1.7. 1922	1.10. 1922	15.11. 1922	15.12. 1922	15.1. 1923	1.3. 1923	1.7. 1923	1.8. 1923	15.8. 1923
Briefe													
bis 20 g	—.20	—.40	—.60	2.—	3.—	6.—	12.—	25.—	50.—	100.—	300.—	1000.—	5000.—
20 bis 100 g	—.30	—.60	—.80	3.—	4.—	8.—	16.—	35.—	70.—	120.—	360.—	1200.—	7000.—
100 bis 250 g	—.30	—.60	1.20	4.—	5.—	10.—	20.—	45.—	90.—	150.—	450.—	1500.—	8000.—
250 bis 500 g	—	—	—	—	—	—	—	—	—	180.—	540.—	1800.—	9000.—
Karten	—.15	—.30	—.40	1.25	1.50	3.—	6.—	15.—	25.—	40.—	120.—	400.—	2000.—
Einschreibgebühr	—.30	—.50	1.—[2])	2.—	2.—	4.—	8.—	20.—	40.—	80.—	300.—	1000.—	1000.—[3])

Polen	bis 31.8.1922	ab 1.9. 1922	1.11. 1922	15.12. 1922	1.1. 1923	18.1. 1923	10.2. 1923	15.2. 1923	1.4. 1923	1.6. 1923	1.7. 1923	1.8. 1923
Briefe:												
bis 20 g		6.—	12.—	20.—	30.—	50.—	100.—	150.—	250.—	400.—	500.—	1000.—
20 bis 100 g	wie nach	8.—	16.—	30.—	45.—	70.—	140.—	200.—	350.—	600.—	750.—	1200.—
100 bis 250 g	Deutschland	10.—	20.—	40.—	60.—	90.—	180.—	250.—	450.—	800.—	1000.—	1500.—
250 bis 500 g		—	—	—	—	—	—	350.—	600.—	1000.—	1250.—	1800.—
Karten		3.—	6.—	10.—	15.—	25.—	50.—	75.—	150.—	250.—	300.—	400.—
Einschreibgebühr		4.—	8.—	20.—	40.—	40.—	80.—	80.—	80.—	80.—	300.—	1000.—

Ausland[1])	1.10. 1919	6.5. 1920	1.4. 1921	1.1. 1922	15.4. 1922	10.9. 1922	1.10. 1922	1.11. 1922	15.11. 1922	15.12. 1922	15.1. 1923	1.2. 1923	1.3. 1923
Briefe:													
bis 20 g	—.30	—.80	1.20	4.—	8.—	10.—	20.—	30.—	50.—	100.—	150.—	200.—	300.—
für je weitere 20 g	—.20	—.20	—.60	2.—	4.—	5.—	10.—	15.—	25.—	50.—	75.—	100.—	150.—
Karten	—.15	—.40	—.80	2.40	4.80	6.—	12.—	18.—	30.—	60.—	90.—	120.—	180.—
Einschreibgebühr	—.30	—.80	1.—	2.—	4.—	5.—	10.—	15.—	25.—	50.—	75.—	100.—	150.—

[1]) Österreich: 1.10.1919–31.1.1925 (?) Ausland, ab 1.2.1925 Deutschland.
Memelgebiet: 1.10.1919–30.6.1923 Deutschland, ab 1.7.1923–22.3.1939 Ausland.
Saargebiet: 1.10.1919–31.3.1920 Deutschland, ab 1.4.1920–28.2.1935 Ausland, ab 1.3.1935 Deutschland.
Sondertarif nach der Tschechoslowakei ab 1.2.1925: Briefe bis 20 g 25 Pfg., jede weiteren 20 g 20 Pfg., Karten 15 Pfg. Ab 1.6.1935: 35/25/20 Pfg.
[2]) Ab 1.4.1921.
[3]) Ab 20.8.1923: 5000.

1920, 14. Juni / 21. Dez. Freim.-Ah.-Ausg. DR-Marken mit waagerechtem Bdr.-Aufdruck der Reichsdruckerei Berlin.

			EF	MeF	MiF
1.	5 (Pfg.) dunkelgrün (Töne)	(85 II a)		20.—	10.—
2.	10 (Pfg.) GA				
	a. rot	(86 II a)	160.—	160.—	100.—
	b. karmin	(86 II c)	25.—	18.—	11.—
3.	15 (Pfg.) dkl'br'kar.	(142 a)	16.—	25.—	14.—
4.	20 (Pfg.) violettblau (Töne) GA	(87 II d)	20.—	15.—	10.—

Danzig

in Reichsmark, ab 1. 11. 1923 in Gulden (1 Gulden = 100 Pfennig)

1.7. 1923	1.8. 1923	20.8. 1923	1.9. 1923	10.9. 1923	16.9. 1923	23.9. 1923	8.10. 1923	15.10. 1923	22.10. 1923	25.10. 1923	1.11. 1923	1.2. 1925	16.5. 1935
			Tausend				Millionen					Pfg.	
100	400	2000	40	60	0.300	0.8	2	6	40	400	10	10	10
150	600	3000	60	90	0.450	1.2	3	9	60	600	15	15	15
200	1000	5000	100	150	0.750	2.0	5	15	100	1000	20	15	15
300	1200	6000	120	180	0.900	2.4	6	18	120	1200	30	30	30
300	800	5000	100	150	0.750	2.0	5	15	100	1000	20	15	15
350	1000	7000	140	210	1.0	2.8	7	21	140	1400	30	30	30
400	1400	8000	160	240	1.2	3.2	8	24	160	1600	35	30	30
500	1800	9000	180	270	1.4	3.6	9	27	180	1800	40	40	40
50	200	1000	20	30	0.150	0.400	1	3	20	200	5	5	5
100	300	2000	40	60	0.300	0.800	2	6	40	400	10	10	10
300	1000	5000[4]	100	150	0.750	2.0	5	15	100	1000	40	20	20

24.8. 1923	1.9. 1923	10.9. 1923	16.9.1923	23.9.1923	8.10. 1923	15.10. 1923	22.10. 1923	25.10. 1923	1.11. 1923	1.2. 1925	16.5. 1935
					Millionen						
20000	100000	150000	750000	2000000	5	15	100	1000	20	15	25
25000	140000	210000	1000000	2800000	7	21	140	1400	30	30	50
30000	160000	240000	1200000	3200000	8	24	160	1600	35	30	50
35000	180000	270000	1400000	3600000	9	27	180	1800	40	40	70
8000	40000	60000	300000	800000	2	6	40	400	10	10	10
20000	100000	150000	750000	2000000	5	15	100	1000	40	20	30

10.8. 1923	15.8. 1923	ab 1.9. 1923
2000	10000	
3000	15000	
4000	20000	wie nach
5000	25000	Deutschland
1200	6000	
1000	10000	

1.6. 1923	1.7. 1923	15.7. 1923	10.8. 1923	15.8 1923	27.8. 1923	1.9. 1923	10.9. 1923	16.9 1923	23.9. 1923	1.10. 1923	8.10. 1923	15.10 1923	22.10. 1923	25.10. 1923	1.11. 1923	1.2. 1925	1.6. 1935
				Tausend					Millionen						Mia.	Pfg.	
500	1000	3000	10	30	80	250	500	2	5	6	15	50	300	3	40	35[5]	40
250	500	1500	5	15	40	125	250	1	2,5	3	7,5	25	150	1,5	20	20	25
300	600	1800	6	18	50	150	300	1,2	3	3,6	9	30	180	1,8	25	20	25
250	500	1500	5	30	80	250	500	2	5	6	15	50	300	3	40	20[6]	30

[4]) 24. August 1923: 20 000.   [5]) 1. Jan.–31. Mai 1935: —.30.   [6]) 1. Februar–19. März 1925: —.30.
Hier nicht aufgeführte Postgebühren s. Arbeitsgemeinschaft Danzig: „Postgebühren, Literatur – Nr. 122".

		EF	MeF	MiF
5.	30 (Pfg.) rotorange/braunschwarz			
	a. h'chromgelb... (89 II x)	13.—	20.—	12.—
6.	40 (Pfg.) karminrot (13.9.).......... (145)	13.—	45.—	11.—
7.	50 (Pfg.) violettpurpur/br'schw.			
	a. h'chromgelb... (91 II x)	250.—	250.—	16.—
8.	1 Mk. mittelrot .... (A 113)	110.—	200.—	22.—
9.	1.25 Mk. dkl'gelblichgrün........ (113)	60.—	100.—	24.—
10.	1.50 Mk. gelbbraun (20.7.).......... (114 a)	200.—	100.—	35.—
11.	2 Mk.			
	a. blau (Töne) ... (95 B II a)	360.—	500.—	120.—
	b. grünblau ..... (95 B II b)	360.—	500.—	120.—
	c. schwarzblau .. (95 B II c)			1200.—
12.	2.50 Mk.			
	a. rosalila....... (115 a)	280.—	350.—	85.—
	b. lilarot........ (115 b)	250.—	300.—	65.—
	c. rotlila........ (115 e)			1200.—

		EF	MeF	MiF
13.	3 Mk. (20.7.)			
	a. violettschwarz. (96 B II a)	2000.—		1100.—
	b. schwarzbraun-violett .... (96 B II b)			—.—
14.	4 Mk. schw./karmin (21.12.) .... (153)	400.—	650.—	220.—
15.	5 Mk. grünschw./rot (97 II)			
	A. 26:17 Zähnungslöcher ...	—.—	—.—	—.—
	B. 25:17 Zähnungslöcher ...	620.—	900.—	200.—

Gültig bis 30. Sept. 1922

Korkstempel auf Ganzstücken (Paketkarten) sind wie andere Abstempelungen zu bewerten.

Danzig

1920, ab 10. Aug. Ah.-Ausg. Marken der I. Ausgabe mit neuem Wertaufdruck von Julius Sauer, Danzig.

		EF	MeF	MiF
16.	5 a. 30 (Pfg.) rotorange/braunschwarz a. h'chromgelb (1.11.) (5) Bl		16.—	9.—
17.	10 a. 20 (Pfg.) vio'blau (Töne) (17.8.) (4) R	10.—	16.—	9.—
18.	25 a. 30 (Pfg.) rotorange/braunschwarz a. h'chromgelb (5) Gr	12.—	20.—	10.—
19.	60 a. 30 (Pfg.) rotorange/braunschwarz a. h'chromgelb (5) Rbr	30.—	220.—	22.—
20.	80 a. 30 (Pfg.) rotorange/braunschw. a. h'chromgelb (20.11.) (5) V	50.—	200.—	25.—

Gültig bis 30.6.1922.

1920, 20. Aug. Freim.-Ah.-Ausg. DR-Marken mit schrägem farbigem Aufdruck Danzig von Julius Sauer, Danzig.

		EF	MeF	MiF
21.	5 (Pfg.) dkl'grün (Töne) (85 IIa) Bl		15.—	9.—
22.	15 (Pfg.) a. dkl'violett (101a) Bl	65.—	160.—	18.—
	b. schwarzviolett (101b) Bl	600.—	1200.—	400.—
23.	20 (Pfg.) violettblau (Töne) (87 IId) Bl	170.—	28.—	18.—
24.	25 (Pfg.) orange/braunschw. a. mattgelb (88 IIb) R	25.—	250.—	15.—
25.	75 (Pfg.) dkl'grün/braunschwarz (104a) R	120.—	240.—	23.—

Gültig bis 31.3.1923.

Weitere Werte mit gleichem Aufdruck: Nr. 32—40, 47.

1920, 20. Aug. Ah.-Ausg. Danzig Nr. 5 bzw. DR-Marken mit Aufdruck des neuen Wertes und blaß- bis grünlichgrauem Netzunterdruck: Aufdruck von Julius Sauer, Danzig.

Nr. 26 Nr. 27 Nr. 28

Nr. 29 Nr. 30 Nr. 31
(Danziger Flagge)

I. Spitzen des Unterdrucks nach oben:

		EF	MeF	MiF
26 I.	1 MARK a. 30 (Pfg.) rotorange/braunschwarz a. h'chromgelb (5) S	230.—	180.—	140.—
26 III.	doppeltes Netz			950.—
27 I.	1¼ M. a. 3 (Pfg.) braun (Töne) (84 IIa) R	50.—	300.—	40.—
28 I.	2 Mark a. 35 (Pfg.) rotbraun (103a) Bl	130.—	120.—	40.—
29 I.	3 Mark a. 7½ (Pfg.) dkl'rotor. (Töne) (99b) Gr	60.—	220.—	40.—
30 I.	5 Mk. a. 2 (Pfg.) mattbraunoliv (102) R	240.—	400.—	60.—
31 I.	10 Mark a. 7½ (Pfg.) dkl'rotor. (Töne) (99b) S	480.—	650.—	320.—

II. Spitzen des Unterdrucks nach unten:

		EF	MeF	MiF
27 II.	1¼ M. a. 3 (Pfg.) braun (Töne) (84 IIa) R	350.—	670.—	330.—
28 II.	2 Mark a. 35 (Pfg.) rotbraun (103a) Bl	3200.-*)	5000.-*)	2800.-*)
29 II.	3 Mark a. 7½ (Pfg.) dkl'rotor. (Töne) (99b) Gr	240.—	380.—	180.—
30 II.	5 Mk. a. 2 (Pfg.) mattbraunoliv (102) R	750.—	900.—	480.—
31 II.	10 Mark a. 7½ (Pfg.) dkl'rotor. (Töne) (99b) S	620.—		300.—

*) Korkstempel 50% der angegebenen Preise.

Gültig bis 31.3.1923.

Gleiche Marken mit lila Unterdruck: Nr. 41—46.

1920, 30. Aug. Freim.-Ah.-Ausg. Ergänzungswerte. Schräger, farbiger Aufdruck Danzig von Julius Sauer, Danzig.

		EF	MeF	MiF
32.	2 (Pfg.) mattbr'oliv (102) Bl			1600.—
33.	2½ (Pfg.) grau (Töne) (98) Bl			6000.—
34.	3 (Pfg.) br. (Töne) (84 IIa) Bl		700.—	250.—
35.	7½ (Pfg.) dkl'rotor. (99b) Bl			650.—
36.	10 (Pfg.) a. rot (86 IIa) Bl	500.—		250.—
	b. karmin (86 IIc) Bl	250.—		100.—
37.	30 (Pfg.) rotorange/braunschwarz a. h'gelborange (89 IIx) R	1100.—	1800.—	850.—
38.	40 (Pfg.) (90 II) R a. karminrot/braunschwarz	340.—	550.—	300.—
	b. lilarot/braunschwarz	230.—	450.—	200.—
39.	50 (Pfg.) violettpurpur/braunschwarz a. hellchromgelb (91 IIx) R			
	a. violettpurpur			5500.—
	b. hellviolettpurpur			5500.—
40.	80 (Pfg.) karminrot/braunschwarz a. rosa (93 IIb) R	170.—	370.—	220.—

Gültig bis 31.12.1922.

MICHEL-Kataloge

können Sie auch außerhalb Deutschlands beziehen. Unsere Vertretungen in vielen Ländern haben die neuen Kataloge stets lieferbar.

Danzig

1920, 1. Nov. Freim.-Ah.-Ausg. Aufdruck wie Nr. 26 bis 31, jedoch lila Unterdruck, I. Spitzen des Unterdrucks nach oben, II. Spitzen nach unten, III. ohne Unterdruck, IV. mit doppeltem Unterdruck.

		I			II			III			IV
		EF	MeF	MiF	EF	MeF	MiF	EF	MeF	MiF	MiF
41.	**1 Mk.** a. 30 (Pfg.) rotorange/ braunschw. a. h'chromgelb... (5) S	600.—	900.—	380.—	600.—	210.—	40.—	300.—	240.—	120.—	
42.	**1¼ Mk.** a. 3 (Pfg.) lebh'- bis olivbraun......(84 IIa) R	120.—	300.—	120.—	150.—	600.—	200.—		2300.—	1600.—	
43.	**2 Mk.** a. 35 (Pfg.) rotbraun (103a) Bl	550.—	650.—	350.—		950.—	700.—	3000.—	1600.—	2200.—	
44.	**3 Mk.** a. 7½ (Pfg.) dunkelrotorange (Töne)... (99b) Gr	35.—	220.—	190.—	1100.—		800.—		2000.—		
45.	**5 Mk.** a. 2 (Pfg.) m'braunoliv (102) R	50.—	100.—	25.—	120.—		100.—				
46.	**10 Mk.** a. 7½ (Pfg.) dkl'rotorange (Töne)................. (99b) S	50.—	260.—	50.—	350.—	500.—	350.—	120.—	—.—	120.—	1200.—

Gültig bis 31. 3. 1923.

1920, 30. Aug. Freim.-Ah.-Ausg. (Innendienstausgabe). DR-Marken mit Aufdruck Danzig.

Nr. 47

Nr. 49

Nr. 48

				MiF
47.	60 (Pfg.) vio'purpur (92 IIb) Bl			—.—
48.	1 Mk. rot ....(94 B II) R			—.—
49.	2 Mk. bl. (Töne) .(95 B IIa) R			—.—
	Nr. 47–49 Satzbrief			28000.—
	Satz R-✉			35000.—

Gültig bis 31.12.1922.

✈ **1920, 29. Sept. Flp.-Ah.-Ausg.** Freimarke Nr. 6 mit farbigem Aufdrucks eines Flugzeuges bzw. eines geflügelten Posthornes und des Wertes.

		EF	MeF	MiF
50.	40 a. 40 (Pfg.) karminrot. (6) Bl	200.—	350.—	60.—
51.	60 a. 40 (Pfg.) karminrot. (6) R	450.—	600.—	300.—
52.	**1 MARK** a. 40 (Pfg.) karminrot........... (6) Bl	450.—	450.—	75.—
	Nr. 50–52 Satzbrief			180.—

Nr. 50–52 auf portogerechten Flugbriefen: 100% Aufschlag auf jeweiligen ✉-Preis. *Gültig bis 30.6.1922.*

1921, 31. Jan. So.-Ausg. zur Gründung der Freien Stadt am 15. Nov. 1920. ✉ und Bdr. Julius Sauer, Danzig; Wz. 2 X; sägezahnartig ⌑ 13½.

a–b) Kogge (bewaffnetes Handelsschiff)

a)	b)	Wz. 2 Waben

		EF	MeF	MiF
53.	5 (Pfg.) braun (Töne)/ violett .... a	12.—	7.—	

		EF	MeF	MiF
54.	10 (Pfg.) or./violettschw. . a	9.—	13.—	8.—
55.	25 (Pfg.) grün/lilarot .... a	12.—	90.—	10.—
56.	40 (Pfg.) karmin .... a	30.—	190.—	28.—
57.	80 (Pfg.) violettultramarin (Töne)	35.—	150.—	30.—
58.	1 Mk. karmin/grauschw. . b	240.—	75.—	40.—
59.	2 Mk. schw'blau/d'grün . b	100.—	240.—	90.—
60.	3 Mk. schw'viol./bl'grün . b	50.—	100.—	35.—
61.	5 Mk. blauschw./lilarot (Töne) .... b	120.—	720.—	50.—
62.	10 Mk. grün (Töne)/ orangebraun .... b	340.—	420.—	100.—

1921, 11. März. So.-Ausg. Wie Nr. 55 bis 57 (a). ✉ und Bdr. Julius Sauer, Danzig; Wz. 2 X; jedoch gez. K 14.

63.	25 (Pfg.) grün/lilarot	260.—	120.—	25.—
64.	40 (Pfg.) karmin	30.—	35.—	25.—
65.	80 (Pfg.) b. blau (Töne) .... c. violettultramarin	270.—	430.—	90.—

Nr. 53–65 gültig bis 31. 3.1923.

✈ **1921, 3. Mai/1922, 15. Mai. Flp.-Ausg.** ✉ Max Buchholz, Danzig; Bdr. ohne Unterdruck; Wz. 2 X; gez. K 14, Nr. 70 und 71 zickzackförmig ⌑ 13½.

	Fa		Fb
	Eindecker über dem Schattenbild von Danzig		

66X.	40 (Pfg.) blaugrün ..... Fa	90.—	210.—	65.—
67X.	60 (Pfg.) rötlichpurpur.. Fa	20.—	230.—	75.—
68.	1 Mk. karmin .... Fa a. ✉ leuchtend kar'lila .. b. ✉ dkl'karminbraun ..	300.— —.—	100.— —.—	15.— 25.—
69X.	2 Mk. braun (Töne) .... Fa	85.—	150.—	15.—
70X.	5 Mk. violettblau ..... Fb	35.—	190.—	25.—
71X.	10 Mk. moosgrün (15.5.1922) .... Fb	100.—	230.—	100.—

Gültig bis 30.9.1923, Nr. 70–71 bis 2.11.1923.

Weitere Werte in Zeichnung Fa und Fb: Nr. **112—118, 133, 134—137.**

1921, 6. Mai. Ah.-Ausg. Nr. 25 mit weiterem schwarzblauem Wertaufdruck ≡ 60 ≡.

		EF	MeF	MiF
72.	60 a. 75 (Pfg.) dkl'grün/braunschwarz... (25) Bl	12.—	300.—	45.—
72 I.	Wertaufdruck in der Mitte (auf dem Panzer der Germania)	150.—	370.—	100.—

Gültig bis 30.6.1922.

1921, 3. Juni. Freim.-Ausg. (c). ✉ **Prof. Petersen, Danzig; Bdr., ab Nr. 83 mit grauem Rosettenunterdruck von Julius Sauer, Danzig; Wz. 2 X; gez. K 14.**

c) Staatswappen

		EF	MeF	MiF
73.	5 (Pfg.) orange		90.—	12.—
74.	10 (Pfg.) dkl'braun, hellbr.	15.—	25.—	11.—
75.	15 (Pfg.) grün	10.—	11.—	23.—
76.	20 (Pfg.) dunkelgrau GA	120.—	13.—	9.—
77.	25 (Pfg.) russischgrün	150.—	13.—	9.—
78.	30 (Pfg.) (hell-)blau/karmin	6.—	6.—	6.—
79.	40 (Pfg.) hellgrün/karmin GA	10.—	30.—	8.—
80.	50 (Pfg.) dkl'grün/rot GA	9.—	12.—	8.—
81.	60 (Pfg.) karminrot			
	a. ✉ leuchtend kar'lila	20.—	25.—	15.—
	b. ✉ dkl'karminlila	30.—	40.—	30.—
82.	80 (Pfg.) schwarzblau/karmin GA	115.—	30.—	16.—
83.	1 Mk.			
	a. orange/karmin	12.—	15.—	8.—
	b. orange/orangerot			—.—
84.	1.20 Mk. ultramarin	80.—	270.—	27.—
85.	2 Mk. hellgrau/karmin	80.—	240.—	35.—
86.	3 Mk. violett/karmin			
	X. stehendes Wz. und ohne Rosetten-Unterdruck			—.—
	Y. liegendes Wz.	160.—	300.—	120.—

Gültig bis 30. 9. 1923.

Weitere Werte in Zeichnung c: Nr. 93—98, 103—105, 108—111, 123—126, 138, 140.

1921, 1. Aug. Freim.-Erg.-Werte (d). ✉ **M. Buchholz; Bdr. mit grauem Rosettenunterdruck; J. Sauer; Wz. 2 X oder Y; sägezahnartig [ ].**

d) Großes Wappen

		X			Y		
		EF	MeF	MiF	EF	MeF	MiF
87.	5 Mk. rot/grün	100.—	500.—	70.—	190.—	600.—	110.—
88.	10 Mk. rot/blau	280.—	550.—	100.—	280.—	550.—	120.—
89.	20 Mk. rot/schw.	330.—	500.—	200.—	550.—	800.—	400.—

Gültig bis 30.9.1923.

Weiterer Wert in Zeichnung d: Nr. 99.

1921, 16. Okt. Wohlt.-Ausg. zur Tuberkulose-Woche. ✉ **B. Hellingrath; Bdr. J. Sauer; Wz. 2 X; gez. K 14, Nr. 92 [ ] 13½.**

e

f

e-f) St. Georg tötet den Drachen

		EF	MeF	MiF
90.	30+30 Pfg. grün/orangebraun e	300.—	900.—	280.—
91.	60+60 Pfg. rot/orangebraun . e	400.—		360.—
92.	1.20+1.20 Mk. blau/orangebraun	f	780.—	330.—

Gültig bis 30. 11. 1921.

1922, 1. Febr. Freim.-Erg.-Werte (c). Nr. 95—98 mit grauem Rosettenunterdruck; Wz. 2 X; gez. K 14.

		EF	MeF	MiF
93.	75 (Pfg.) violett	12.—	17.—	10.—
94.	80 (Pfg.) grün (Töne)	200.—	120.—	60.—
95.	1.25 Mk. lila/karmin	7.—	230.—	7.—
96.	2 Mk. karmin	7.—	12.—	7.—
97.	2.40 Mk. bräunlichviolett/karmin	180.—	320.—	70.—
98.	4 Mk. blau (Töne)	35.—	50.—	25.—

Gültig bis 30.9.1923.

1922, 1. Febr. Freim.-Erg.-Wert. Bdr. mit grauem Rosettenunterdruck; Wz. 2 X oder Y; sägezahnartig [ ].

99X.	9 Mk. orange/karmin	d	350.—	300.—
	Y. liegendes Wz.		500.—	400.—

Gültig bis 30.9.1923.

1922. Freim.-Erg.-Werte. ✉ **M. Buchholz; Bdr., Nr. 100 mit grauem, Nr. 101 mit orangebraunem Rosettenunterdruck. J. Sauer; Wz. 2 X oder Y; sägezahnartig [ ].**

g

g l
g-g l)
Großes Wappen
X (Wz. stehend)

100X.	50 Mk.	g	
	a. gold/ziegelrot/grau (10.3.)		1500.—
	b. gold/karmin/grau (1.8.)		350.—
101X.	100 Mk. rot/bronzegrün/orangebraun (20.10.)	g l 2800.—	
100Y.	50 Mk.	g	
	a. gold/ziegelrot/grau (10.3.)	450.—	650.—
	b. gold/karmin/grau (1.8.)		500.—
101Y.	100 Mk. rot/bronzegrün/orangebraun (20.10.)	g l 700.—1300.—	600.—

Gültig bis 30.9.1923.

1922, 15. Mai. Ah.-Ausg. Nr. 98 mit neuem, karminrotem Wertaufdruck.

Danzig

		EF	MeF	MiF
102.	8 (Mk.) a. 4 Mk. dunkelblau ..... (98) R	45.—	170.—	30.—

Gültig bis 30. 9. 1923.

1922, 29. Juli. Freim.-Erg.-Werte und Farbänderung (c). Bdr. mit grauem Rosettenunterdruck; Wz. 2 X; gez. K 14.

103.	1.50 Mk. grau	9.—	13.—	9.—
104.	3 Mk. karmin			
	a. ⌧ leuchtend karminlila..	9.—	28.—	9.—
	b. ⌧ dkl'karminbraun.....	—.—	—.—	60.—
105.	8 Mk. hellblau	60.—	220.—	45.—

Gültig bis 30.9.1923.

1922, 2. Okt. Ah.-Ausg. Nr. 104 und 105 mit neuem Wertaufdruck.

106.	6 (Mk.) a. 3 Mk. kar... (104) S			
	a. ⌧ leuchtend karminlila..	15.—	35.—	9.—
	b. ⌧ dkl'karminbraun.....	25.—	60.—	15.—
107.	20 (Mk.) a. 8 Mk. hellblau..........(105) R	150.—	150.—	16.—

Gültig bis 30.9.1923.

1922, Okt./Nov. Freim.-Ausg. (c). Bdr. mit grauem Rosettenunterdruck; Wz. 2 X; gez. K 14.

108X.	5 Mk. grün (9.11.)	9.—	20.—	9.—
	Y. liegendes Wz.			1000.—
109.	6 Mk.			
	a. karmin (30.10.)	10.—	15.—	6.—
	b. karminrosa (24.11.) .	25.—	35.—	20.—
110.	10 Mk. orange (9.11.) ...	10.—	12.—	7.—
111.	20 Mk. hellbraun, dunkelbraun (30.10.)	10.—	12.—	7.—

Gültig bis 2. 11. 1923.

Wz. kleine Maschen (Wz. 3)
X = stehend
Y = liegend
Wz. 3 Y

✢ 1923, 3. Jan. Flp.-Ausg. Nr. 66—71 mit neuem Wz. 3 Y; Bdr., Nr.118 mit grauem Rosettenunterdruck; Nr. 112—115 gez. K 14, Nr. 116—118 ▢.

112.	40 (Pfg.) blaugrün .... Fa			500.—
113.	60 (Pfg.) violett............ Fa	750.—		500.—
114.	1 Mk. karmin.............. Fa	700.—		500.—
115.	2 Mk. braun (Töne) .... Fa			300.—
116.	5 Mk. blau .... Fb	550.—	500.—	350.—
117.	10 Mk. moosgrün.......... Fb	500.—		250.—
118.	20 Mk. mattbraun (10.1.) .. Fb	230.—	270.—	100.—

Gültig: Nr. 112—115 bis 30.9.1923, Nr. 116—118 bis 2.11.1923.

1923, 24. Jan./27. Febr. Freim.-Ausg. (h). ⌧ M. Buchholz; Bdr. mit grauem Rosettenunterdruck J. Sauer; Wz. 3 Y; gez. K 14.

h) Großes Wappen

		EF	MeF	MiF
119.	250 Mk. violett/rot	180.—		30.—
120.	500 Mk. dunkelgrau/rot	150.—	380.—	80.—
121.	1000 Mk. dunkelbraun/rot	120.—	160.—	30.—
122.	5000 Mk. silber/rot (27.2.)	280.—	450.—	200.—

Gültig bis 2. 11. 1923.

Weitere Werte in Zeichnung h: Nr. 147–149.

1922/23. Freim.-Ausg. Bdr. mit grauem Rosettenunterdruck; Wz. 3 Y; gez. K 14.

i   i l

123.	4 Mk. blau (16.12.1922) c	20.—	330.—	17.—
124Y.	5 Mk. dunkelgrün (1.1923) c	8.—	10.—	6.—
125Y.	10 Mk. orange (1.1923) c	8.—	10.—	6.—
126Y.	20 Mk. hellbraun, rotbraun (1.1923) c	8.—	10.—	6.—
127Y.	50 Mk. hellblau/rot (21.11.1922)........ i	10.—	18.—	8.—
128Y.	100 Mk. dunkelgrün/rot (14.12.1922) ...... i l	10.—	12.—	8.—
129.	150 Mk. violett/rot (23.1.1923) (▢) .... i l	10.—	35.—	60.—

Weitere Werte in Zeichnung i und i l: Nr. 139, 141–142.

124 X–128 X ✉ 200% Aufschlag.

Gültig: Nr. 123 bis 30.9.1923, Nr. 124–129 bis 2.11.1923.

1923, 22. März. Freim.-Ausg. Wappen. Bdr. mit grauem Rosettenunterdruck; Wz. 3 Y; gez. K 14.

k) Großes Wappen

130.	300 Mk. hellbläulichgrün/rot. k	14.—	20.—	14.—

Weitere Werte in Zeichnung k: Nr. 143–146, 151–157.

Gültig bis 2.11.1923.

1923, 12. März. Wohlt.-Ausg. für die Kleinrentnerhilfe. ⌧ M. Buchholz; Bdr. mit Rosettenunterdruck J. Sauer; Wz. 3 X; gez. K 14.

l) Alter Rentner, Silhouette von Danzig

131.	50+20 Mk. dunkelkarmin . l	700.—	1200.—	240.—
132.	100+30 Mk. stumpflila ... l	650.—		240.—

Gültig bis 30. 4. 1923.

Danzig

✈ **1923, Febr./April. Flp.-Ausg. Bdr., Nr. 134—137 mit Rosettenunterdruck;** *Wz. 3 Y; gez. K 14.*

Fc) Eindecker über Schattenbild von Danzig

		EF	MeF	MiF
133.	25 Mk. hellblau (27.4.) . Fa	140.—	140.—	15.—
134.	50 Mk. orange (27.4.) . . Fc	220.—	170.—	80.—
135.	100 Mk. rot (5.2.) . . . . Fc	15.—	115.—	15.—
136.	250 Mk. sepia (27.4.) . . Fc	220.—	430.—	120.—
137.	500 Mk. karmin (27.4.) . Fc	200.—	350.—	80.—

Nr. 133—180 gültig bis 2.11.1923.

1923, Mai/Juli. Freim.-Ausg. Neue Wertstufen. Bdr.; *Wz. 3 X oder bei 142 Wz. 3 Y; gez. K 14.*

138.	40 Mk. hellblau (15.5.) . . c	30.—	330.—	110.—
139.	50 Mk. hellblau (20.7.) . . i		800.—	400.—
140.	80 Mk. scharlach (15.5.) . c		300.—	80.—
141.	100 Mk. graugrün (29.7.) . i l	150.—	40.—	15.—
142.	200 Mk. orange (20.7.) . . . i	15.—	20.—	10.—

1923, Mai/Aug. Freim.-Ausg. (k). Bdr. mit Rosettenunterdruck; *Wz. 3 Y, bei Nr. 146 Wz. 3 X; gez. K 14.*

143.	250 Mk. violett/rot (15.5.) .	125.—	150.—	20.—
144.	500 Mk. schiefer/rot (29.6.)	85.—	18.—	11.—
145.	1000 Mk. braun/rot (29.7.) . .	11.—	18.—	11.—
146.	3000 Mk. bl'violett/rot (3.8.)	150.—	95.—	18.—

1923, Aug. Freim.-Ausg. Wappenzeichnung (h). Bdr. mit Rosettenunterdruck; *Wz. 3 Y; bei Nr. 149 Wz. 3 X; gez. K 14.*

147.	10000 Mk. orange/rot (8.8.)	230.—	180.—	30.—
148.	20000 Mk. graublau/rot (13.8.)	35.—	145.—	35.—
149.	50000 Mk. grün/rot (20.8.) .	180.—	180.—	30.—

1923, 14. Aug. Ah.-Ausg. Nr. 148 mit rotem Aufdruck des neuen Wertes, alter Wert durchbalkt. Aufdruck von J. Sauer.

150.	**100000** a. 20000 Mk. graublau/rot (148) R	500.—	800.—	200.—
150 I.	Vierte Null oben offen (Feld 16—20)	—.—	—.—	—.—

1923. Freim.-Ausg. Wappen (k). Bdr.; Nr. 155 bis 157 mit Rosettenunterdruck; *Wz. 3 Y; gez. K 14.*

k

151.	1000 Mk. braun (24.7.) . .	50.—	20.—	15.—
152.	5000 Mk. lilarot (15.8.) . .	22.—	12.—	9.—
153.	20000 Mk. hellblau (25.8.) .	14.—	12.—	9.—
154.	50000 Mk. grün (1.9.)		10.—	7.—
155.	100000 Mk. dkl'blau (6.9.) . .	180.—	12.—	9.—
156.	250000 Mk. violett (11.9.) . .		12.—	9.—
157.	500000 Mk. grau (16.9.) . . .		15.—	11.—

1923, Sept./1. Okt. Ah.-Ausg. Freimarken, teils ohne Aufdruck nicht verausgabt, mit neuem Wertaufdruck der Druckerei des Postscheckamtes Danzig; Nr. 168 mit grauem Rosettenunterdruck; Nr. 158 bis 160 und 162—168 *Wz. 3 Y,* **Nr. 161** *Wz. 3 X; gez. K 14.*

Aufdruck Nr. 163—167, 169—173.

		EF	MeF	MiF
158.	**40000** a. 200 Mk. orange (1.9.) (142)	400.—		350.—
159.	**100000** a. 200 Mk. orange (1.9.) (142)	120.—	120.—	70.—
160.	**250000** a. 200 Mk. orange (1.9.) (142)	1000.—	1400.—	700.—
161.	**400000** a. 100 Mk. graugrün (24.9.) . . . . (141)	60.—	40.—	40.—
162	**500000** a. 50000 Mk. grün (8.9.) . (154)	150.—	90.—	20.—
163.	**1 Mill.** a. 10000 Mk. orange (13.9.) (k)	750.—	1200.—	650.—
164.	**1 Mill.** a. 10000 Mk. lilarot (19.9.) . (k)	25.—	15.—	9.—
165.	**2 Mill.** a. 10000 Mk. lilarot (19.9.) . (k)	15.—	15.—	9.—
166.	**3 Mill.** a. 10000 Mk. lilarot (23.9.) . (k)	25.—	15.—	9.—
167.	**5 Mill.** a. 10000 Mk. lilarot (23.9.) . (k)	10.—	15.—	9.—
168.	**10 Mill.** a. 1000000 Mk. orange (1.10.) . (h)	280.—	500.—	250.—

1923, 15./23. Okt. Ah.-Ausg. Nicht ausgegebene Marke (k) wie vorher mit schwarzem (Nr. 169—173) bzw. rotem (Nr. 174—176) Aufdruck der neuen Werte. Aufdruck der Druckerei des Postscheckamtes; *Wz. 3 Y; gez. K 14.*

169.	**10 Millionen** a. 10000 Mk. graublau	800.—	90.—	30.—
170.	**20 Millionen** a. 10000 Mk. graublau	110.—	40.—	30.—
171.	**25 Millionen** a. 10000 Mk. graublau		250.—	120.—
172.	**40 Millionen** a. 10000 Mk graublau (22.10.1923)	120.—	270.—	110.—
173.	**50 Millionen** a. 10000 Mk. graublau	130.—	110.—	50.—
174.	**100 Millionen** a. 10000 Mk. graublau (22.10.1923) R	25.—	25.—	18.—
175.	**300 Millionen** a. 10000 Mk. graublau (23.10.1923) R	230.—	270.—	50.—
176.	**500 Millionen** a. 10000 Mk. graublau (23.10.1923) R	210.—	15.—	15.—

Zum Sammeln gehört MICHEL!

Danzig

✈ **1923, 18. Okt. Flp.-Ausg. (m), Nr. 179—180 mit Aufdruck neuer Werte.** ☒ M. Buchholz; Bdr. J. Sauer; Wz. 3 Y; gez. K 14.

 m  m

		EF	MeF	MiF
177.	250000 Mk. rot			800.—
178.	500000 Mk. rot		1800.—	800.—
179.	**2 Millionen** a. 100000 M. rot			800.—
180.	**5 Millionen** a. 50000 Mk. rot	1000.—	1400.—	700.—

Nr. 133–180 gültig bis 2.11.1923.

Echt geflogene Belege müssen den Ankunftstempel „Berlin C 2 Luftpost vom 19.10.23 bis 21.10.23 9–10 V" (letzte Möglichkeit) haben (✉ 3000.—).

Neue Währung: 1 Gulden = 100 Pfennig

Mischfrankaturen zwischen Papiermark- und Gulden-Werten waren nur am 1. und 2. November 1923 möglich, 200 Millionen = 5 Guldenpfennige.

1923, 31. Okt./5. Nov. Ah.-Ausg. Wappenmarken in geänderten Farben (Nr. 189–192 großes Wappen im großen Querformat) mit dreizeiligem Wertaufdruck. Bdr.; Wz. Fliesen (Wz. 4); gez. K 14.

5 Pfennige n   **25** Pfennige n l   **1** Gulden o   Wz. 4

181.	**5 Pfg.** a. 50 Mk. lilarot n		9.—	15.—	10.—
182.	**10 Pfg.** a. 50 Mk. lilarot n l		9.—	15.—	10.—
183.	**20 Pfg.** a. 100 Mk. lilarot .... n l		9.—	25.—	10.—
184.	**25 Pfg.** a. 50 Mk. lilarot n l		350.—	300.—	120.—
185.	**30 Pfg.** a. 50 Mk. lilarot n		60.—	30.—	33.—
186.	**40 Pfg.** a. 100 Mk. lilarot .... n		120.—	130.—	35.—
187.	**50 Pfg.** a. 100 Mk. lilarot .... n l		130.—	180.—	45.—
188.	**75 Pfg.** a. 100 Mk. lilarot		350.—		180.—
189.	**1 Gld.** a. 1 000 000 Mk. lilarot (5.11.) ...... o		380.—	500.—	120.—
190.	**2 Gld.** a. 1 000 000 Mk. lilarot (5.11.) ...... o		330.—	950.—	400.—
191.	**3 Gld.** a. 1 000 000 Mk. lilarot (5.11.) ...... o		1800.—		700.—
192.	**5 Gld.** a. 1 000 000 Mk. lilarot (5.11.) ...... o		3200.—		1500.—

Gültig bis 28. 2. 1927.

1924/38. Freim.-Ausg. in neuer Wappenzeichnung. ☒ M. Buchholz; Bdr., x auf weißem, y auf mattgelbem Papier; Wz. 3 Y; gez. K 14.

 p    p l

p–p l) Staatswappen

193.	5 (Pfg.)................. p				
	xa. gelblichorange (19.1.1924).		30.—	35.—	30.—
	xb. rotor., orange (1924) GA ...		10.—	13.—	10.—
	y. orange (2.1935)..........		9.—	13.—	9.—
194.	10 (Pfg.)................. p				
	xa. h'gelblichgrün (19.1.1924).		30.—	35.—	30.—
	xb. dkl'grün, grün (1924) GA ..		10.—	13.—	10.—
	y. grün (3.1935)............		9.—	13.—	9.—

	EF	MeF	MiF
195. 15 (Pfg............. p			
a. mattgrau (19.1.1924)	60.—	80.—	60.—
b. grauschwarz (3.1924) .	30.—	35.—	30.—
196. 20 (Pfg. GA .... p l			
a. (rosa)kar./(hell)zinnober Mitte ☒ (hell)zinnober (26.1.1924)...........	40.—	60.—	40.—
aa. (rosa)karmin/dkl'zinnober Mitte ☒ leuchtend rosakarmin............	150.—	190.—	120.—
b. (rosa)karmin (zinnober)rot Mitte ☒ stumpfrot....	75.—	140.—	60.—
ba. (rosa)karmin/zinnober Mitte ☒ dunkelweinrot...	90.—	160.—	80.—
197. 25 (Pfg.)............ p l			
a. (matt)grau/(hell)zinnober, orangerot (☒ zinnober) (12.3.1924)...	65.—	130.—	80.—
aa. (matt)grau/dunkelzinnober (☒ leuchtend rosakarmin) (1925)......	190.—	300.—	200.—
b. (schwarz)grau/zinnober (☒ stumpfrot) (1929).....	65.—	130.—	85.—
ba. (schwarz)grau/leuchtend zinnober (☒ dkl'weinrot) (1935)................			
198. 30 (Pfg.)............ p l			
a. grün/zinnober (☒ [hell-]zinnober) (12.3.1924)...........	35.—	35.—	50.—
aa. (dkl')grün/dunkelzinnober (☒ leuchtend rosakarmin) (Juni 1925)........	130.—	130.—	160.—
b. dunkelgrün/zinnoberrot (☒ stumpfrot) (Sept. 1930)	50.—	50.—	70.—
ba. dunkelgrün/leuchtend zinnober (☒ dkl'weinrot) (Okt. 1934)...........	70.—	70.—	100.—
199. 40 (Pfg.)............. p l			
a. dunkelblau/graublau (☒ stumpf ultramaringrau) (14.2.1924)...........	55.—	55.—	40.—
b. dunkelblau/hellblau (☒ leuchtend ultramarin) (Sept. 1924)...........	150.—	150.—	110.—
200. 50 (Pfg.)............. p l			
xa. (dkl')violettblau/zinnober (☒ [hell]zinnober) (12.3.1924)...........	85.—	130.—	85.—
xaa. (dkl')violettblau/zinnoberrot (☒ leuchtend rosakarmin) (Dez. 1926)....	500.—	600.—	400.—
xb. (dkl')violettblau/(zinnober)rot, (☒ stumpfrot) (Febr. 1930)...........	100.—	160.—	100.—
yba. (grünlich)blau (1935), türkisblau (März 1938)/ zinnober(rot) (☒ dkl'weinrot)	90.—	150.—	90.—
201. 75 (Pfg.)............. p l			
xa. violett/zinnober (☒ [hell]-zinnober) (12.3.1924)...	135.—	170.—	90.—
xaa. violett/dkl'zinnober (☒ leuchtend rosakarmin) (1925)................	500.—	600.—	400.—
xb. violett/dkl'zinnober (☒ stumpfrot) (April 1932)	170.—	200.—	100.—
yba. violett/leuchtend zinnoberrot (☒ dkl'weinrot) (Febr. 1937)...........	140.—	180.—	90.—

Literaturhinweis: K. Chr. Weise „Wappen von Danzig"

Danzig

1932/35. Nr. 193 und 194 mit Rollenzähnung.

		EF	MeF	MiF
193 D.	5 (Pfg.) orange............. p			
	x. weißes Papier............	85.—	120.—	75.—
	y. m'gelbes Papier (10.1935)..	85.—	120.—	75.—
194 D.	10 (Pfg.) dkl'grün, grün........ p			
	x. weißes Papier............	110.—	170.—	100.—
	y. m'gelbes Papier (11.1935)..	100.—	140.—	95.—

Gültigkeitsdauer: Nr. 195 bis 31.10.1929, Nr. 196–199 bis 31.1.1938, Nr. 193, 194, 200 und 201 bis 30.9.1939.

Weitere Werte in Zeichnung p bzw. p l: Nr. 214–216, 236, 243 bis 250, 269, 272–273, 289–296.

✠ **1924, Juni. Flp.-Ausg.** ✉ **M. Buchholz; Bdr., Nr. 206 mit Unterdruck J. Sauer; Wz. 3 X; gez. K 14.**

r–s) Eindecker über Schattenbild Danzigs

202.	10 (Pfg.) hellrot GA......	r	40.—	50.—	35.—
203.	20 (Pfg.) rotlila	r	30.—	50.—	25.—
204.	40 (Pfg.) sepia	r	35.—	60.—	30.—
205.	1 Gld. grauoliv	r	60.—	120.—	40.—
206.	2½ Gld. braunlila	s	350.—	650.—	240.—

Gültig bis 30.9.1939.

1924, Sept./Nov. Freim.-Ausg. ✉ **und** ✉ **B. Hellingrath; StTdr. Staatsdr. Berlin; Nr. 207–209 Wz. 1 X, Nr. 210–211 Wz. 1 Y; gez. K 14.**

t) Schloß und Kloster Oliva
u) Krantor und Lange Brücke in Danzig
v) Zoppot
w) Marienkirche in Danzig von der Jopengasse gesehen
x) Langer Markt und Rathaus in Danzig

207.	1 Gld. olivgrün/schwarz (22.9.).............	t	400.—	620.—	280.—
208.	2 Gld. pur./schwarz (22.9.)	u	700.—	1000.—	500.—
209.	3 Gld. bl./schwarz (28.11.).	v	320.—	700.—	100.—
210.	5 Gld. lilarot/schwarz (28.11.).............	w	480.—	1100.—	180.—
211.	10 Gld. br./schwarz (28.11.)	x			1000.—

Nr. 207–208 gültig bis 9.1.1925, Nr. 209–211 gültig bis 30.9.1939.

Weitere Werte in Zeichnung t: Nr. 212, 297; in Zeichnung u: Nr. 213.

1925, 1. Jan./1932. Freim.-Ausg. Farbänderungen. StTdr. Staatsdr. Berlin; Wz. 1 X; gez. K 14.

		EF	MeF	MiF
212.	1 Gld................t			
	a. orange/schwarz	50.—	80.—	30.—
	b. rotorange/tiefschw. (schwächer verchromte Platte) (5.1932)	220.—	400.—	150.—
213.	2 Gld. rosa/grauschw ... u	100.—	420.—	50.—

Gültig bis 30.9.1939.

1925/35. Freim.-Erg.-Wert und Farbänderung (p). **Bdr.; Wz. 3 Y; gez. K 14.**

p) Staatswappen

214.	15 (Pfg.) rot	p			
	x. weißes Papier (28.8.1925)...........		10.—	12.—	10.—
	y. mattgelbes Papier (2.1935).............		10.—	12.—	10.—
215.	35 (Pfg.)................	p			
	a. lebh'ultram. (21.10.1925)		28.—	55.—	23.—
	b. mattultramarin (1930)...		35.—	80.—	30.—
	c. dkl'ultramarin (Töne) (Juni 1934)..............		28.—	55.—	23.—

Gültig bis 30.9.1939.

1927, 19. Febr./1935. Freim.-Erg.-Wert (p). **Bdr.; Wz. 3 Y; gez. K 14.**

216.	3 (Pfg.) braun				
	x. weißes Papier		15.—	40.—	20.—
	y. mattgelbes Papier (10.1935)		13.—	40.—	16.—

Gültig bis 30.9.1939.

1929, 7. Juli. So.-Ausg. Internationale philatelistische Ausstellung (7.–14. Juli) (y). **StTdr. Staatsdruckerei Berlin; gez. K 14.**

y) Neptunbrunnen

217.	10 (+10 Pfg.) grün/schwarz	55.—	80.—	60.—
218.	15 (+15 Pfg.) karmin/schwarz	120.—	90.—	100.—
219.	25 (+25 Pfg.)			
	a. ultramarin/schwarz	280.—	200.—	110.—
	b. grünblau/schwarz	740.—	600.—	270.—
	c. indigo/schwarz	1600.—	1500.—	600.—
	Nr. 217–219a Satzbrief			70.—

Gültig bis 31.8.1929.

1920 / 15. November 1930

1930, 15. Nov. So.-Ausg. zum 10-jährigen Bestehen der Freien Stadt Danzig. Marken mit Aufdruck 1920 / 15. November / 1930.

220.	5 (Pfg.) orange.... (193xb)	S	25.—	35.—	25.—
221.	10 (Pfg.) grün, d'grün (194xb)	V	25.—	35.—	25.—
222.	15 (Pfg.) rot .... (214x)	S	70.—	100.—	60.—
223.	20 (Pfg.) kar./dkl'zin. (196aa)	S	80.—	80.—	25.—
224.	25 (Pfg.) (schwarz)grau/ zinnober .... (197b)	S	75.—	95.—	60.—
225.	30 (Pfg.) d'grün/zin'rot (198b)	S	130.—	270.—	110.—
226.	35 (Pfg.) lebh'ultram. (215a)	R	550.—	850.—	400.—
227.	40 (Pfg.) dkl'blau/ graublau .... (199a)	R	140.—	350.—	130.—
228.	50 (Pfg.) (dkl)'vio'blau/ (zinnober)rot... (200xb)	S	350.—	550.—	270.—
229.	75 (Pfg.) vio./dkl'zin. 201xaa)	S	600.—	1500.—	350.—
230.	1 Gld. orange/schw.. (212a)	R	600.—	2000.—	350.—
	Nr. 220–230 Satzbrief				1500.—

Gültig bis 31.1.1938.

Danzig

10 ▬▬ **10**
Luftpost-Ausstellung 1932

1932, Juli. So.-Ah.-Ausg. zur Luftpostausstellung in Danzig (Luposta). Nr. 207—211 mit farbigem Aufdruck.

			EF	MeF	MiF
231.	10+10 (Pfg.) a. 1 Gld. olivgrün/schwarz (♈). . . . . (207) Gr	180.—	270.—	150.—
232.	15+15 (Pfg.) a. 2 Gld. purpur/schwarz . . . . (208) V	180.—	270.—	150.—
233.	20+20 (Pfg.) a. 3 Gld. blau/schwarz . . . . (209) Bl	250.—	370.—	150.—
234.	25+25 (Pfg.) a. 5 Gld. lilarot/schwarz . . . . (210) K	250.—	380.—	150.—
235.	30+30 (Pfg.) a. 10 Gld. braun/schwarz . . . . (211) Br	200.—	480.—	150.—
	Nr. 231—235 Satzbrief			350.—

✉ mit Sonderstempel vom 23.—30.7.1932 10% Aufschlag, vom 31.7.1932 dagegen 25% Aufschlag; an diesem Tage startete der „Zeppelin" in Danzig.

✉ mit zusätzlichem grünem Stempel der Zeppelin-Rundfahrt oder -Rückfahrt ab Danzig mit Luposta-Marken 100% Aufschlag, mindestens pro Brief 250.—.

Gültig bis 31.1.1938.

1933, 27. April. Freim.-Erg.-Wert. Bdr.; *Wz. 3 Y;* gez. K 14.

| 236. | 7 (Pfg.) gelbgrün . . . . | 30.— | 70.— | 25.— |

Gültig bis 30.9.1939.

5
W. H. W.

1934, 15. Jan. Wohlt.-Ah.-Ausg. für das Winterhilfswerk. Nr. 193, 194 und 214 mit zweizeiligem Aufdruck 5/W.H.W.

237.	5+5 (Pfg.) orange . . . . . (193xb)	340.—	480.—	150.—
238.	10+5 (Pfg.) grün . . . . . . (194xb)	480.—	800.—	280.—
239.	15+5 (Pfg.) rot . . . . (214x)	340.—	600.—	200.—
	Nr. 237—239 Satzbrief			400.—

Gültig bis 15.5.1935.

1934, 28. Dez./**1936.** Ah.-Ausg. Nr. 236 und 215 mit farbigem Aufdruck der neuen Wertziffer, alte Wertangabe ≡ oder ■.

240.	6 a. 7 (Pfg.) gelbgrün (28.12.1934) . . . . (236) R	20.—	35.—	15.—
241.	8 a. 7 (Pfg.) gelbgrün . . . . . . (236)			
	a. Aufdruck blau (5.6.1935) . . .	30.—	45.—	25.—
	b. Aufdruck rot (13.7.1936)	25.—	40.—	20.—
	c. Aufdruck grün (23.12.1936) . . .	25.—	40.—	20.—
242.	30 a. 35 (Pfg.) (28.12.1934) . . . Bl			
	a. dunkelultramarin . . . .(215c)	90.—	150.—	75.—
	b. mattultramarin . . . . (215b)	150.—	230.—	100.—

1935, 15. April. Freim.-Erg.-Wert und Farbänderung. Bdr.; *Wz. 3 Y;* gez. K 14.

| 243. | 40 (Pfg.) braun/zinnober . p l | 160.— | 300.— | 100.— |
| 244. | 60 (Pfg.) dunkelgrün/zinnober . . . . p l | 200.— | 400.— | 100.— |

Gültig bis 31.1.1938.

1935, Juni/Sept. Freim.-Erg.-Werte und Farbänderungen. Bdr.; *Wz. 3 Y;* gez. K 14.

p l) Staatswappen

			EF	MeF	MiF
245.	20 (Pfg.) schw'grüngr. (20.6.)	p	55.—	40.—	25.—
246.	25 (Pfg.) karmin (5.6.) GA . .	p	15.—	25.—	20.—
247.	30 (Pfg.) lila (21.8.)	p	35.—	130.—	30.—
248.	40 (Pfg.) dunkelblau (20.6.) .	p	50.—	90.—	35.—
249.	70 (Pfg.) grün/zin. (5.9.) . . .	p	190.—	400.—	120.—
250.	80 (Pfg.) braun/zin. (5.9.) . .	p	240.—	400.—	120.—

Gültig bis 30.9.1939.

✈ **1935,** 24. Okt. Flp.-Ausg. ✉ M. Buchholz; Bdr. Postdruckerei, Danzig; *Wz. 3 X,* **Nr. 255** *Wz. 3 Y;* Bogen zu (10x10 =) 100 Marken; gez. K 14.

 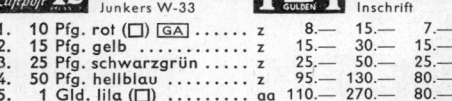

z) Flugzeug Junkers W-33

aa) Stilis. Flugzeug mit Inschrift

251.	10 Pfg. rot (□) GA	z	8.—	15.—	7.—
252.	15 Pfg. gelb	z	15.—	30.—	15.—
253.	25 Pfg. schwarzgrün	z	25.—	50.—	25.—
254.	50 Pfg. hellblau	z	95.—	130.—	80.—
255.	1 Gld. lila (□)	aa	110.—	270.—	80.—

Gültig bis 30. 9. 1939.

Weitere Werte in Zeichnung z: Nr. 298—301.

1935, 16. Dez. Wohlt.-Ausg. für das Winterhilfswerk ✉ M. Buchholz; Bdr.; *Wz. 3 X,* **Nr. 257** *Wz. 3 Y;* Bogen zu 50 Marken; gez. K 14.

ab) Stockturm (um 1390)   ac) Leeges Tor (1626)   ad) Georgshalle (1487)

256.	5+ 5 Pfg. orange . . . . . . ab	50.—	40.—	15.—
257.	10+ 5 Pfg. grün . . . . ac	45.—	90.—	25.—
258.	15+10 Pfg. rot . . . . ad	60.—	100.—	40.—
	Nr. 256—258 Satzbrief			35.—

Gültig bis 31. 5. 1936.

1936, 23. Juni. So.-Ausg. 125 Jahre Ostseebad Brösen. ✉ M. Buchholz; Bdr. Danziger Postdruckerei auf mattgelbem Papier; Nr. 259—260 *Wz. 3Y;* **Nr. 261** *Wz. 3 X;* gez. K 14.

ae) Badestrand von Brösen   af) Strand von Brösen

ag) Krieger-Ehrenmal

259.	10 Pfg. . . . . ae			
	a. schwarzgrün	80.—	100.—	60.—
	b. grün (Töne)	50.—	70.—	30.—
260.	25 Pfg. karmin . . . . af	50.—	110.—	30.—
261.	40 Pfg. hellblau, dkl'blau . . ag	110.—	200.—	50.—
	Nr. 259b—261 Satzbrief			30.—

Gültig bis 31.1.1938.

1936, 25. Nov. Wohlt.-Ausg. für das Winterhilfswerk. Bdr. auf mattgelbem Papier; Nr. 262—264 Wz. 3 X, Nr. 265—266 Wz. 3 Y; gez. K 14.

ah) Milchkannenturm (1517–1519)   ai) Frauentor (1482)   ak) Krantor (1443)

al) Langgartertor (1628)   am) Hohes Tor (1588)

			EF	MeF	MiF
262.	10+ 5 Pfg. blau	ah	50.—	100.—	40.—
263.	15+ 5 Pfg. dunkelgrün	ai	60.—	110.—	40.—
264.	25+10 Pfg. braunkarmin	ak	80.—	180.—	60.—
265.	40+20 Pfg. braun/braunkarmin	al	180.—	300.—	70.—
266.	50+20 Pfg. blau/dkl'blau	am	220.—	420.—	100.—
	Nr. 262–266 Satzbrief				150.—

Gültig bis 31. 5. 1937.

an

1937, 27. März. So.-Ausg. Danziger Luftschutz (DLB). Bdr.; Wz. 3 Y; gez. K 14.

| 267. | 10 (Pfg.) hellblau | an | 20.— | 40.— | 12.— |
| 268. | 15 (Pfg.) lila | an | 30.— | 80.— | 20.— |

Gültig bis 30.9.1939.

p l

1937, April. Freim.-Erg.-Wert. Bdr.; Wz. 3 Y; gez. K 14.

| 269. | 55 (Pfg.) dkl'lila/zinnober | p l | 175.— | 380.— | 175.— |

Gültig bis 30.9.1939.

Notierungen für lose Marken

✻, ✻✻, ⊙ siehe MICHEL-Deutschland- bzw. MICHEL-Deutschland-Spezial-Katalog oder MICHEL-Junior-Katalog

1937, 6. Juni. So.-Ausg. in Blockform. Postwertzeichen-Ausstellung DAPOSTA 1937 (6.–8. 6. 1937). Blockinschrift in Grau. ✍ W. Lütcke; Bdr. auf mattgelbem Papier; Wz. 3 Y; gez. Ks 14.

ao) Marienkirche Danzig   ao I

			EF	MeF	MiF
270.	50 Pfg.	ao			
	a. schwarzgrün		90.—	200.—	80.—
	b. blaugrün (Töne)		70.—	150.—	60.—
Block 1a	mit Nr. 270a				
	(148:105 mm) (I. Aufl.)	ao I	70.—	—.—	70.—
Block 1b	mit Nr. 270b				
	(148:105 mm) (II. Aufl.)	ao I	70.—	—.—	70.—

Gültig bis 30.9.1939.

✈ **1937, 6. Juni. Flp.-So.-Ausg. in Blockform Postwertzeichen-Ausstellung DAPOSTA 1937 (6.–8. 6. 1937).** Blockinschrift in Grau. ✍ W. Lütcke; Bdr.; Wz. 3 Y; gez. Ks 14.

ap) Flugzeug Junkers W-33 und Marienkirche   ap I

271.	50 Pfg.	ap			
	a. dkl'violettblau		90.—	200.—	80.—
	b. blau (Töne)		70.—	150.—	60.—
Block 2a	mit Nr. 271a				
	(148:105 mm) (I. Aufl.)	ap I	70.—	—.—	70.—
Block 2b	mit Nr. 271b				
	(148:105 mm) (II. Aufl.)	ap I	70.—	—.—	70.—

Gültig bis 30.9.1939.

1937, 24. Juni/24. Aug. Freim.-Ausg. Wie Nr. 194, jedoch Farbänderung. Bdr.; Wz. 3 Y; A gez. K 14, D Rollenzähnung.

		EF	MeF	MiF
272.	10 (Pfg.) blaugrün			
	a. mattgelb GA .... p			
	A. gez. K 14 (24.6.)	10.—	35.—	18.—
	D. Rollenzähnung (24.8.) ...	100.—	200.—	90.—

Gültig bis 30.9.1939.

1937, 14. Aug. Freim.-Erg.-Wert. Bdr.; Wz. 3 Y; gez. K 14.

273. 8 (Pfg.) hellgrün .... p   45.—   100.—   45.—

Gültig bis 30.9.1939.

1937, 30. Okt. So.-Ausg.: Danziger Dorf in Magdeburg. W. Brandt; Bdr.; Nr. 274 Wz. 3 X oder Y, **Nr. 275** Wz. 3 X; gez. K 14.

 ar    as

274.	25 (Pfg.) karmin auf mattgelb . ar			
	X. stehende kleine Maschen . .	150.—	290.—	120.—
	Y. liegende kleine Maschen . .	70.—	120.—	50.—
275.	40 (Pfg.) hellblau/zinnober a.			
	mattgelb .... as	100.—	220.—	55.—
	Nr. 274-275 Satzbrief			50.—

Gültig bis 30.9.1939.

1937, 28. Nov. So.-Ausg. zur Danziger Leistungsschau Nr. 274 und 275 zu einem Block zusammengefaßt mit blauer Beschriftung. Bdr. auf mattgelbem Papier; Wz. 3 X; gez. Ks 14.

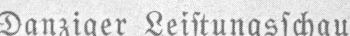

at

Block 3 (146:105 mm) .... at 200.—   —.—   200.—

Gültig bis 30.9.1939.

1937, 13. Dez. Wohlt.-Ausg. für das Winterhilfswerk. Danziger Denkmäler. M. Buchholz; Bdr.; Wz. 3 X; gez. K 14.

au) Madonna   av) Merkur   aw) Der goldene
(Artushof)   (Artushof)   Kerl
                            (Rathausturm)

ax) Neptun-   ay) Der
brunnen   Heilige Georg

		EF	MeF	MiF
276.	5+ 5 Pfg. viol. a. mattgelb au	70.—	70.—	30.—
277.	10+ 5 Pfg. dkl'braun a. mattgelb . . . . av	40.—	65.—	30.—
278.	15+ 5 Pfg. kobalt/br'orange a. mattgelb ...... aw	60.—	100.—	35.—
279.	25+10 Pfg. dkl'blaugrün/bläulichgrün a. mattgelb ax	90.—	160.—	50.—
280.	40+25 Pfg. lilakarmin/hellblau a. mattgelb .... ay	200.—	350.—	90.—
	Nr. 276-280 Satzbrief			140.—

Gültig bis 30.6.1938.

1938, 22. Febr. So.-Ausg. 150. Geburtstag Schopenhauers. M. Buchholz; RaTdr. Staatsdr. Berlin; gez. K 14.

az) Nach dem   ba) Nach einem   bb) Nach der zweiten
ersten Ölgemälde   Ölgemälde von Ruhl   Schäferschen Fotografie
von Hamel (1856)   (1814/15)   (1859)

Arthur Schopenhauer (1788–1860), Philosoph

281.	15 (Pfg.) indigo .... az	30.—	50.—	20.—
282.	25 (Pfg.) sepia .... ba	95.—	100.—	40.—
283.	40 (Pfg.) braunrot ...... bb	120.—	220.—	30.—
	Nr. 281-283 Satzbrief			50.—

Gültig bis 30.9.1939.

1938, 28. Nov. Wohlt.-Ausg. für das Winterhilfswerk. H. Gruber (Nr. 284–287) und Prof. O. Lienau (Nr. 288); RaTdr. Staatsdr. Berlin; gez. K 14.

bc) Die Segeljacht Peter von Danzig im Ozeanrennen 1936; erbaut nach Plänen von Erich Gruber

Danzig

bd) Saugbagger Fu Shing in Schanghai, erbaut auf der Schichau-Werft, Danzig

bf) Motorschiff Hansestadt Danzig vom Seedienst, Ostpreußen

be) Dampfer Columbus vom Nordd. Lloyd, Bremen (Schichau-Werft)

bg) Karavelle Peter von Danzig

			EF	MeF	MiF
284.	5+ 5 (Pfg.) dunkelgrün	bc	60.—	60.—	40.—
285.	10+ 5 (Pfg.) rotbraun ..	bd	40.—	60.—	40.—
286.	15+10 (Pfg.) olivgrün ...	be	40.—	70.—	30.—
287.	25+10 (Pfg.) dunkelblau	bf	90.—	160.—	35.—
288.	40+15 (Pfg.) dkl'braunlila	bg	160.—	270.—	55.—
	Nr. 284-288 Satzbrief				70.—

Gültig bis 30. 6. 1939.

1938/39. Freim.-Ausg. Bdr.; weißes Papier; Wz. Hakenkreuze (Wz. 5); gez. K 14, senkrechte Gummiriffelung. (Nr. 297 glatte Gummierung).

Wz. 5

289.	3 (Pfg.) dkl'orangebraun (7.1938) .... p	40.—	65.—	40.—
290.	5 (Pfg.) lebh'orange (23.7.1938) .... p	20.—	20.—	40.—
291.	8 (Pfg.) mittelgelbgrün (9.1938) .... p	100.—	200.—	80.—
292.	10 (Pfg.) dkl'blaugrün......			
	x. senkr. Gummiriffel. (10.1938)	10.—	20.—	20.—
	y. waager. Gummiriffel. (1939)	40.—	80.—	40.—
293.	15 (Pfg.) or'rot (10.1938) ... p	50.—	75.—	50.—
294.	25 (Pfg.) kar'rot (23.7.1938)	60.—	80.—	50.—
295.	40 (Pfg.) dkl'violettultramarin (19.7.1938) .... p	75.—	190.—	55.—
296.	50 (Pfg.) blau/orangerot (7.1939) .... p l	180.—	350.—	120.—
297.	1 Gld. rotorange/lilaschwarz (10.1938) .... †	230.—	400.—	130.—

1938, Nr. 290 und 292 mit Rollenzähnung in Zähnung D wie bei Nr. 193 D und 194 D.

290 D.	5 (Pfg.) lebh'orange (24.8.1938)...	40.—	60.—	32.—
292 D.	10 (Pfg.) dkl'blaugrün			
	x. senkrechte Gummiriffelung (18.7.1938)	55.—	110.—	70.—
	y. waagerechte Gummiriffelung (7.1939)	450.—	800.—	400.—

Gültig bis 30.9.1939

✈ 1938/39. Flp.-Ausg. Zeichnung (z). Bdr.; Wz. 5; gez. K 14, waager. Gummiriffelung.

298.	10 Pfg. rot (7.1938)	30.—	50.—	40.—
299.	15 Pfg. gelb (8.7.1938)	80.—	120.—	70.—
300.	25 Pfg. schwarzgrün (7.1938)..	120.—	200.—	90.—
301.	50 Pfg. hellgraublau (13.2.1939)	270.—	350.—	160.—

Gültig bis 30. 9. 1939.

1939, 7. Jan. So.-Ausg. Tag der Briefmarke 1939. RaTdr. Staatsdr. Berlin; gez. K 14.

bh) Turnierritter des Danziger Maiumrittes (1500)

bi) Unterzeichnung des Neutralitätsvertrages zwischen Danzig und Schweden (1630)

bk) Die Franzosen verlassen Danzig (2. 1. 1814)

bl) Schlacht von Weichselmünde (1577)

			EF	MeF	MiF
302.	5 (Pfg.) dunkelgrün	bh	35.—	50.—	20.—
303.	10 (Pfg.) dunkelrotbraun	bi	30.—	40.—	20.—
304.	15 (Pfg.) schwarzblau ...	bk	35.—	55.—	25.—
305.	25 (Pfg.) schwarzpurpur .	bl	75.—	130.—	45.—
	Nr. 302-305 Satzbrief				45.—

Gültig bis 30. 6. 1939.

1939, 29. April. So.-Ausg. Deutsche Ärzte und Naturforscher. RaTdr. Staatsdr. Berlin; gez. K 13¼:14¼.

bm) Johann Gregor Mendel (1822—1884), Botaniker, Entdeckung der Vererbungsgesetze 1865

bn) Robert Koch (1843–1910), Arzt und Bakteriologe; Entdeckung des Erregers der Tuberkulose 1882

bo) Wilhelm Conrad Röntgen (1845–1923), Physiker; Entdeckung der Röntgenstrahlen 1895

306.	10 (Pfg.) dkl'rotbraun ...	bm	15.—	35.—	15.—
307.	15 (Pfg.) blauschwarz ...	bn	20.—	45.—	15.—
308.	25 (Pfg.) schwarzgrün ...	bo	50.—	100.—	25.—
	Nr. 306-308 Satzbrief				25.—

Gültig bis 30. 9. 1939.

Belanglose Zufälligkeiten

können nicht als Abarten gesondert katalogisiert werden.

Danzig

Dienstmarken

Da der Gebrauch der Dienstmarken erst ab 1.9.1921 obligatorisch war, trifft man bis dahin (und auch in der Inflationszeit) Mischfrankaturen von Frei- und Dienstmarken an.

Der Aufdruck DM ist verschieden stark und zeigt teils Verstümmelungen infolge Klischeeabnutzung bei fast allen Werten. Durch mangelhafte Bogeneinlage sind Verschiebungen des Aufdruckes wie D, MD, DMD, MDM anzutreffen. Eine gesonderte Katalogisierung erfahren diese Passerverschiebungen nicht.

⊠-Preise gelten für Dienstpost mit behördlichem Absender. Bei privater Verwendung 25% Abschlag.

1921, 25. Aug. Freimarken mit Aufdruck DM.

		EF	MeF	MiF
1.	5 (Pfg.) orange ......(73)			230.—
2.	10 (Pfg.) dunkelbraun..(74)		300.—	180.—
3.	15 (Pfg.) grün ....(75)	185.—	185.—	175.—
4.	20 (Pfg.) dunkelgrau....(76)	225.—	240.—	200.—
5.	25 (Pfg.) russischgrün ...(77)		120.—	120.—
6.	30 (Pfg.) blau/karmin..(78)	185.—	240.—	175.—
7.	40 (Pfg.) h'grün/karmin .(79)	175.—	240.—	130.—
8.	50 (Pfg.) dunkelgrün/rot.(80)	140.—	240.—	140.—
9.	60 (Pfg.) karminrot.....(81b)	80.—	240.—	100.—
10.	80 (Pfg.) schwarzblau/karmin..........(82)	175.—		130.—
11.	1 MK. orange/karmin ..(83)	240.—	90.—	70.—
12.	1.20 Mk. ultramarin ...(84)	240.—		130.—
13.	2 Mk. hellgrau/karmin .(85)	250.—	310.—	250.—
14.	3 Mk. violett/karmin ...(86 Y)	320.—	370.—	225.—

1922, 15. Febr. Erg.-Werte mit gleichem Aufdruck.

15.	75 (Pfg.) violett ......(93)	75.—	125.—	100.—
16.	80 (Pfg.) dunkelgrün ...(94)			
	X. stehendes Wz........	320.—		300.—
	Y. liegendes Wz........	1100.—		1000.—
17.	1.25 Mk. lila/karmin ..(95)	350.—		250.—
18.	2 Mk. karmin ......(96)	65.—	105.—	60.—
19.	2.40 Mk. bräunl'violett/karmin ....(97)			250.—
20.	4 Mk. dunkelblau.....(98)	250.—	330.—	220.—

1922. Geänderter größerer Aufdruck in Schrägschrift auf Freimarke Nr. 87.

21.	5 Mk. grün/rot ......(87)		
	X. stehendes Wz.........	450.—	280.—
	Y. liegendes Wz........	340.—	250.—

Nr. 1—21 gültig bis 30.9.1923.

1922. Ergänzungswerte. Freimarken mit gleichem Aufdruck wie Nr. 1 bis 14.

Nr. 24   Nr. 25

22.	1.50 Mk. grau (29.7.)....(103)	90.—	200.—	160.—
23.	3 Mk. karmin (29.7.)			
	a. ⊠ leuchtend karminlila ......(104a)	90.—	—.—	170.—
	b. ⊠ dkl'br'karmin ..(104b)	—.—	—.—	—.—
24	5 Mk. grün (21.11.)			
	X. stehendes Wz........	190.—	185.—	185.—
	Y. liegendes Wz.........	600.—	—.—	
25.	6 a. 3 Mk. karmin (2.10.)			
	a. ⊠ leuchtend karminlila ......(106a)	180.—	600.—	450.—
	b. ⊠ dkl'kar'braun ..(106b)	—.—	—.—	—.—
26.	6 Mk. (30.10.)			
	a. karmin......(109a)	180.—	220.—	180.—
	b. karminrosa......(109b)	250.—	320.—	250.—
27.	10 Mk. orange (21.11.)...(110)	110.—	110.—	110.—

28.	20 Mk. hellbraun, dunkelbraun (16.12.) ...... (111)	190.—	190.—	170.—

Gültig Nr. 22, 23, 25 bis 30.9.1923, Nr. 24, 26–28 bis 2.11.1923.

1922/23. Freimarken mit gleichem Aufdruck.

		EF	MeF	MiF
29.	4 Mk. (hell-)blau (16.12.1922) .... (123)	250.—	380.—	250.—
30Y.	5 Mk. dunkelgrün (1.1923) ....(124Y)	250.—	185.—	170.—
31Y.	10 Mk. orange (1.1923)(125Y)	120.—	150.—	170.—
32Y.	20 Mk. hellbraun (1.1923) ....(126Y)	120.—		200.—
33Y.	50 Mk. hellblau/rot (10.1.1923) ......(127Y)	80.—	130.—	80.—
34Y.	100 Mk. dunkelgrün/rot (21.2.1923) .....(128Y)	130.—	250.—	130.—
35.	300 Mk. h'bläulichgrün/rot (2.7.1923) ..(130)	1100.—		1000.—
	30 X 31 X 33 X 34 X			
MiF		500.—	240.—	160.— 240.—

1923. Freimarken mit gleichem Aufdruck.

36.	50 Mk. hellblau (21.7.) . (139)			950.—
37.	100 Mk. graugrün (29.7.) (141)			600.—
38.	200 Mk. orange (21.7.) . (142)	250.—	230.—	200.—
39.	500 Mk. schiefer/rot (21.7.) ....(144)			—.—
40.	1000 Mk. braun/rot (29.7.)(145)	360.—	650.—	350.—

Gültig Nr. 29 bis 30. 9. 1923, Nr. 30—40 bis 2. 11. 1923.

Neue Währung: 1 Gulden = 100 Pfennig

1924, ab 1. März/1925. Freimarken mit zweizeiligem schrägem Aufdruck Dienstmarke (grau [bei Nr. 44 und 48] oder schwarz) in Zierschrift; Wz. 3 Y; gez. K 14.

41.	5 (Pfg.)			
	a. gelblichorange (1.3.1924) .. (193xa)	100.—	—.—	100.—
	b. rotor., or.... (193xb)	65.—	80.—	65.—
42.	10 (Pfg.)			
	a. h'glbl'grün.. (194xa)	50.—	140.—	110.—
	b. d'grün, grün (194xb)	35.—	90.—	80.—
43.	15 (Pfg.)			
	a. mattgrau (1.3.1924) ... (195a)	65.—	130.—	110.—
	b. grauschwarz . (195b)	40.—	90.—	80.—
44.	15 (Pfg.) rot (1925) . (214x) Gra	45.—	130.—	110.—
45.	20 (Pfg.) karmin/zin..(196a)	90.—	90.—	75.—
46.	25 (Pfg.)			
	a. (matt)grau/(hell)zin. (12.3.1924) . (197a)	650.—		300.—
	aa. (matt)grau/dkl'zin. (1925) ......(197aa)			380.—
47.	30 (Pfg.)			
	a. gelbgrün/zinnober (12.3.1924) . (198a)	135.—	120.—	100.—
	aa. grün/dkl'zinnober (Juni 1925) . (198aa)	—.—	—.—	150.—
48.	35 (Pfg.) lebh'ultramarin (1925) ......(215a) Gra	250.—	350.—	290.—
49.	40 (Pfg.)			
	a. dkl'blau/graublau (1.3.1924).... (199a)	185.—	185.—	175.—
	b. dkl'blau/hellblau (Sept. 1924) .. (199b)			270.—
50.	50 (Pfg.) dkl'violettbl./zin. (12.3.1924) .. (200xa)	800.—		675.—
51.	75 (Pfg.) violett/zinnober (12.3.1924) .... (201xa)	850.—		

Gültig bis 31.3.1927.

Danzig

Portomarken

Vor Ausgabe der Portomarken wurden auch Freimarken für die Nachtaxierung verwendet (✉ 500.—).
In der Zeit der Hochinflation wurden auch Freimarken und diese in Verbindung mit Portomarken für die Nachtaxierung benützt (✉ 650.—). Bei der Bewertung der Portobriefe beziehen sich die Bezeichnungen EF, MeF und MiF nur auf die Portomarken.

1921, 1. Okt./1922. Wappen ohne Landesnamen (Pa). Bdr.; Wz. 2 Y; gez. K 14.

Pa) Wappen von Danzig

		EF	MeF	MiF
1.	10 (Pfg.) purpur	350.—	220.—	100.—
2.	20 (Pfg.) purpur	185.—	—	100.—
3.	40 (Pfg.) purpur	140.—	160.—	90.—
4.	60 (Pfg.) purpur	100.—	220.—	100.—
5.	75 (Pfg.) purpur (10. 6. 1922)	—	270.—	230.—
6.	80 (Pfg.) purpur	190.—	220.—	90.—
7.	120 (Pfg.) purpur	140.—	220.—	100.—
8.	200 (Pfg.) purpur (10. 6. 1922)	200.—	—	210.—
9.	240 (Pfg.) purpur	100.—	140.—	100.—
10.	300 (Pfg.) purpur (10. 6. 1922)	100.—	140.—	140.—
11.	400 (Pfg.) purpur	220.—	350.—	230.—
12.	500 (Pfg.) purpur	600.—	220.—	100.—
13.	800 (Pfg.) purpur (1. 2. 1922)	250.—	300.—	250.—
14.	20 Mk. purpur (30. 10. 1922)	195.—	280.—	190.—

1923, Jan./April. Gleiche Zeichnung (Pa). Bdr., Nr. 24 und 25 mit blaßgrauem Unterdruck; X Wz. 3 X, Y Wz. 3 Y; gez. K 14.

		X			Y		
15.	100 (Pfg.) pur.	300.—	420.—	300.—			
16.	200 (Pfg.) pur.				2500.-	3400.-	4000.—
17.	300 (Pfg.) pur.	500.—	680.—	500.—			
18.	400 (Pfg.) pur.	500.—	—	500.—			
19.	500 (Pfg.) pur.	230.—	300.—	230.—	230.—	300.—	230.—
20.	800 (Pfg.) pur.	500.—	700.—	550.—			
21.	10 Mk. pur.	175.—	320.—	175.—	160.—	220.—	100.—
22.	20 Mk. pur.				220.—	220.—	160.—
23.	50 Mk. pur.					250.—	170.—
24.	100 Mk. pur.	150.—	110.—	110.—			
25.	500 Mk. pur.	140.—	140.—	140.—			

Erscheinungsdaten: 10.1.1923 = Nr. 15Y, 21 Y, 23 Y; Jan. 1923 = Nr. 16 Y, 17 Y, 18 Y, 19 Y, 20 X, 22 Y; 3. 4. 1923 = Nr. 19 X, 21 X, 24 X, 25 X.

1923, 1. Okt. Ah.-Ausg. mit neuem Wertaufdruck.

I
Aufdr. rußigschwarz

26.	**5000** a.	50 Mk. purpur (23X)	—.—
27.	**10000** a.	20 Mk. purpur (22X)	—.—
28.	**50000** a.	500 Mk. purpur (25)	—.—

			EF	MiF

II
Aufdr. glänzend schwarz

26.	**5000** a.	50 Mk. purpur (23X)	—.—	—.—
27.	**10000** a.	20 Mk. purpur (22X)	2500.—	1100.—
28.	**50000** a.	500 Mk. purpur (25)	—.—	—.—
29.	**100000** a.	20 Mk. purpur (22X)	2500.—	1100.—

Nr. 1–29 gültig bis 2.11.1923.

Zoppoter Provisorien

Ab Mitte September 1923 wurden vom Postamt Zoppot die Freimarken Nr. 145, 147–180, 150 I, 180 F, 181–183, 185–186 mit einem Handstempelaufdruck T im Kreise als Nachportomarken verwendet. ✉ 1000.—. Zuschlag auf ⊙-Preis.

Neue Währung: 1 Gulden = 100 Pfennig

Vom 31.10. bis 23.11.1923 wurden die Nr. 181–192 zur Nachtaxierung benützt (✉ 600.—).

1923, 24. Nov. Neue Zeichnung (Pb). Bdr.; Wz. 4; gez. K 14.

Pb) Großes Wappen

		EF	MeF	MiF
30.	5 (Pfg.) blau/schwarz	200.—	650.—	180.—
31.	10 (Pfg.) blau/schwarz	150.—	250.—	120.—
32.	20 (Pfg.) blau/schwarz	180.—	650.—	350.—
33.	30 (Pfg.) blau/schwarz	200.—	650.—	180.—
34.	40 (Pfg.) blau/schwarz	300.—	650.—	320.—
35.	50 (Pfg.) blau/schwarz	200.—	650.—	160.—
36.	60 (Pfg.) blau/schwarz	500.—	800.—	600.—
37.	100 (Pfg.) blau/schwarz	450.—		350.—

1927, 13. Dez. Erg.-Werte (Pc). Bdr.; Wz. 4; gez. K 14.

Pc) Großes Wappen

| 38. | 15 (Pfg.) blau/schwarz | 150.— | 600.— | 380.— |
| 39. | 3 Gulden blau/karmin | 1100.— | | 900.— |

1932, 20. Dez. Ah.-Ausg. Nr. 34, 36 und 37 mit rotem Aufdruck des neuen Wertes, alter Wert durchbalkt.

40.	**5** a.	40 (Pfg.) blau/schwarz	(34) R	450.—	650.—	450.—
41.	**10** a.	60 (Pfg.) blau/schwarz	(36) R	400.—	650.—	420.—
42.	**20** a.	100 (Pfg.) blau/schwarz	(37) R	480.—	600.—	450.—

1938/39. Gleiche Zeichnung (Pb). Bdr.; Wz. Hakenkreuze (Wz 5); gez. K 14.

43.	10 (Pfg.) graublau/schwarz	700.—	700.—
44.	30 (Pfg.) graublau/schwarz (5.5.1938)	900.—–1500.—	850.—
45.	40 (Pfg.) graublau/schwarz		1000.—
46.	60 (Pfg.) graublau/schwarz		1000.—
47.	100 (Pfg.) graublau/schwarz (5.5.1938)		1000.—

Am 1.9.1939 wurde Danzig wieder in das Deutsche Reich eingegliedert.

Alle Frei- und Sondermarken (soweit nicht schon vorher für ungültig erklärt) sowie die Portomarke Nr. 39 wurden am 1.10.1939, die übrigen Portomarken am 1.11.1939 ungültig.

Britische Feldpost

Vom 9. Februar bis Dezember 1920 bestand in Danzig das britische Feldpostamt H 2, das zwei verschiedene Feldpoststempel benützte (lt. „Danzigs Postgeschichte" von Gerhard Schüler, Archiv für Deutsche Postgeschichte 1956, Heft 1).

Polnische Post in Danzig
PORT GDAŃSK
(Polnisches Postamt im Danziger Hafen)

1925, 5. Jan. Freim.-Ah.-Ausg. Polen, Nr. 201–211 in neuer Auflage, mit Aufdruck PORT / GDAŃSK; gez. K 11¾:11½.

| 1. | 1 Gr. hellbraun | (201) | 250.— | 85.— |
| 2. | 2 Gr. dunkelbraun | (202) | 200.— | 85.— |

Danzig

			EF	MeF	MiF
3.	3 Gr. hellorange	(203)		170.—	85.—
4.	5 Gr. oliv	(204)	220.—	250.—	175.—
5.	10 Gr. hellblaugrün	(205)	120.—	170.—	120.—
6.	15 Gr. rot	(206)	145.—	220.—	145.—
7.	20 Gr. hellblau	(207)	120.—	150.—	85.—
8.	25 Gr. karminbraun	(208)	120.—	150.—	85.—
9.	30 Gr. violett	(209)	120.—	180.—	85.—
10.	40 Gr. blauschwarz	(210)	120.—	180.—	85.—
11.	50 Gr. purpurlila	(211)	125.—	240.—	125.—

Gültig: Nr. 1—6 bis 1. 5. 1933, Nr. 8 bis 1. 6. 1936, Nr. 7 und 9—11 bis 15. 9. 1936.

1926, 12. April. Freim.-Ah.-Ausg. Nr. 236 I und 237 I Polen mit dünnem Aufdruck (a = 7,1 mm hoch), und Nr. 238 I mit dickerem Aufdruck (b = 8,1 mm hoch).

 PORT GDAŃSK a   PORT GDAŃSK b

12.	5 Gr. gelbgrün	(236 I)	450.—	600.—	360.—
13.	10 Gr. violett	(237 I)	300.—	450.—	275.—
14.	15 Gr. trübrosa	(238 I)	550.—	800.—	430.—

Gültig bis 1. 5. 1933.

1926/27. Freim.-Ah.-Ausg. Polen Nr. 236 II–238 II und 239 mit gleichlautendem, aber größerem, dickerem Aufdruck (Aufdruckhöhe 8,8 mm).

15.	5 Gr. gelbgrün	(236 II)	140.—	170.—	95.—
16.	10 Gr. violett	(237 II)	140.—	170.—	95.—
17.	15 Gr. trübrosa	(238 II)	160.—	230.—	120.—
18.	20 Gr. karmin	(239)	140.—	180.—	100.—

Gültig bis 1. 5. 1933.

1928, 15. Febr. Freim.-Ah.-Ausg. Polen Nr. 235 (Marschall Pilsudski) mit gleichem Aufdruck.

19.	25 Gr.				
	a. gelbbraun	(253)	160.—	220.—	120.—
	b. hellrotbraun		240.—	330.—	180.—

 **1929/30.** Freim.-Ah.-Ausg. Polen Nr. 261–263 mit gleichem, kleinerem Aufdruck.

20.	5 Gr. dkl'violett (28.5.1929)	(261)	120.—	135.—	85.—
21.	10 Gr. grün (11.4.1930)	(262)	120.—	135.—	85.—
22.	25 Gr. lilabraun (23.11.1929)	(263)	105.—	125.—	80.—

Gültig: Nr. 20 bis 1.6.1936, Nr. 21–22 bis 15.9.1936.

1929, 30. Nov. Freim.-Ah.-Ausg. Polen Nr. 258x (Präs. Moscicki) mit gleichem waagerechtem Aufdruck, Papier senkrecht gestreift.

23.	1 Zl. schw. a. sämisch . (258x)				
	x. ca. 19 Streifen		580.—	800.—	380.—
	y. ca. 16 Streifen		—.—	—.—	600.—

Gültig bis 1.6.1936.

 **1930,** 5. Jan. Freim.-Ah.-Ausg. Polen Nr. 259 (Sienkiewicz) mit gleichem Aufdruck.

Urmarke für Nr. 24

24.	15 Gr.	(259)	EF	MeF	MiF
	a. dunkelblau		160.—	220.—	160.—
	b. grauultramarin		180.—	240.—	180.—

Gültig bis 1.6.1936.

1933, 1. Juli. Freim.-Ah.-Ausg. Polen Nr. 158y mit gleichlautendem, senkrechtem, blauschwarzem Aufdruck.

25.	1 Zl. schwarz a. sämisch (258y)	950.—	1300.—	800.—

Gültig bis 15.9.1936.

1934, 1. Okt./1935. Freim.-Ah.-Ausg. Polen Nr. 272–274 mit Aufdruck wie Nr. 20–22.

26.	5 Gr. violett	(272)	170.—	230.—	135.—
27.	10 Gr. grün (30.10.1935)	(273)	900.—	1200.—	650.—
28.	15 Gr. lilabraun	(274)	170.—	230.—	135.—

Gültig bis 15.9.1936.

1936/37. Freim.-Ausg. Polen Nr. 301 und 305 mit kleinem, einzeiligem, Nr. 303 zweizeiligem Aufdruck PORT / GDAŃSK.

PORT GDAŃSK

29.	5 Gr. violett (15.8.1936)	(301)	160.—	220.—	125.—
30.	15 Gr. blaugrün (10.9.1936)	(303)	200.—	270.—	180.—
31.	25 Gr. dkl'grünblau	(305)			
	I. Platte I, Bildformat 28,3x21,3 mm (10.9.1936)		130.—	160.—	100.—
	II. Platte II, Bildformat 28,5x22 mm (25.10.1937)		145.—	190.—	125.—

Nr. 29 und 30 gültig bis 15.11.1937.

1937, 5. Juni. Freim.-Ausg. Polen Nr. 315 mit zweizeiligem und 317 mit einzeiligem kleinem Aufdruck PORT / GDAŃSK.

32.	5 Gr. dunkelviolettgrau	(315)	100.—	120.—	75.—
33.	15 Gr. bräunlichrot	(317)	120.—	145.—	85.—

 **1938,** 11. Nov. So.-Ausg. zur Gründung der Republik Polen vor 20 Jahren (a). ⊠ Boratynski; StTdr.; gez. K 12½ : 12¾.

a) Kaufleute, Krantor, Kogge (16. Jahrh.)

34.	5 Gr. orangerot	100.—	120.—	75.—
35.	15 Gr. braun	120.—	150.—	90.—
36.	25 Gr. violett	120.—	150.—	90.—
37.	55 Gr. ultramarin	220.—	280.—	150.—

Die Marken ab Nr. 26 waren auch in Polen kursfähig. Solche mit polnischen Ortsstempeln werten etwa 75% der angegebenen ⊠-Preise. Im Bereich der polnischen Hafenpost waren auch polnische Marken ohne Aufdruck PORT GDANSK gültig (Nr. 201–359, Dienst Nr. 17–21, Porto Nr. 65–99). Freimarken ⊠ 250.—, Dienst- oder Portomarken ⊠ 1000.— Aufschlag auf Markenwert.

Memelgebiet
Klaipéda (litauisch)

1 Mark = 100 Pfennig; ab 16. April 1923: 1 Litas = 100 Cent (Centu, Centai); ab Ende März 1939: 1 Reichsmark = 100 Pfennig.
Vorläufer: Als solche sind die Marken des Deutschen Reiches von der Lostrennung des Memelgebietes vom Reiche (10.1.1920) bis zum Erscheinen der ersten Memelmarken (7.7.1920) zu bezeichnen (✉ 50.—). Sie konnten bis 20.7.1920 aufgebraucht werden. Mischfrankaturen mit Memelmarken sind selten. (✉ 180.—).
Postgebühren: Bis zum 15. April 1923 wie Deutsches Reich.

Französische Mandats-Verwaltung

1920, 1. Aug. Freim.-Ah.-Ausg. Deutsche Reichspostmarken mit zweizeiligem (Nr. 1—8, 14—17) oder einzeiligem (Nr. 9—13) Aufdruck der Staatsdr. Berlin. P = Plattendruck; W = Walzendruck.

 Pfennigwerte   Markwerte

			EF	MeF	MiF
1.	5 (Pfg.) grün	(85)		30.—	10.—
2.	10 (Pfg.) rot bis karmin	(86)	100.—	100.—	45.—
3.	15 (Pfg.) dkl'braunkarmin	(142)		80.—	40.—
4.	20 (Pfg.)				
	a. ultramarin	(87a)	150.—	15.—	8.—
	b. violettblau (Töne)	(87d)	150.—	15.—	8.—
5.	30 (Pfg.) rotor./braunschw.				
	x. a. hellchromgelb (hell und dkl')	(89IIx)	35.—	60.—	20.—
	ya. a. h'gelborange	(89IIy)			2500.—
	yb. a. h'gelborange	(89ly)			5200.—
6.	40 (Pfg.) karminrot/braunschwarz [GA]	(90)	15.—	80.—	8.—
7.	50 (Pfg.) violettpurpur/braunschwarz [GA]				
	x. a. h'chromgelb	(91x)		80.—	10.—
	y. a. h'gelborange	(91y)		—.—	—.—
8.	75 (Pfg.) dkl'grün/braunschwarz	(104)		220.—	40.—
9.	1 Mk. rot	(94B)	230.—		15.—
10.	1.25 Mk. dkl'gelbl'grün	(113)			250.—
11.	1.50 Mk. gelbbraun	(114)	—.—		80.—
12.	2 Mk. blau (Töne)	(95B)	650.—		40.—
	I. 26:17 statt 25:17 Zähnungslöcher	(95A)			7500.—
13.	2.50 Mk.				
	a. lilarot	(115b)	—.—		180.—
	b. purpurlila	(115c)			750.—
	c. rotlila	(115e)			200.—
	d. braunlila	(115f)			260.—
	e. rosalila	(115a)			—.—

1920. Freim.-Ah.-Ausg. Reichspostmarken 1920 mit gleichem zweizeiligem Aufdruck.

14.	10 (Pfg.) orange	(141)	20.—	40.—	10.—
15.	30 (Pfg.) grünl'blau [GA]	(144)	20.—	30.—	12.—
16.	60 (Pfg.) h'braunoliv	(147)	45.—		25.—
17.	80 (Pfg.)				
	a. violettblau	(149a)	180.—	600.—	40.—
	b. grauultramarin	(149b)	850.—		240.—

Nr. 1—17 gültig bis 30. 10. 1920.

> Nr. 18–120 gültig bis 31. 3. 1923.

1920, ab 7. Juli/1921. Freim.-Ah.-Ausg. Marken von Frankreich mit schwarzem, bei Nr. 29, 32 und 33 rotem Aufdruck der Staatsdruckerei, Paris.

			EF	MeF	MiF
18.	5 pfg. a. 5 C.	(116)			
	a. dkl'grün, graues und gelbliches GC-Papier, magerer Druck			25.—	8.—
	b. hellgrün			25.—	8.—
	c. d'grün, GC-Papier fetter Druck			75.—	35.—
19.	10 pfg. a. 10 C. ziegelrot	(117)	15.—	18.—	8.—
20.	20 pfg. a. 25 C. schw'-, hellblau	(119)	20.—	25.—	10.—
21.	30 pfg. a. 30 C. br'or.				
	x. gelbliches oder graues GC-Papier	(120 y)	20.—	25.—	10.—
	y. weißes Papier	(120 x)	20.—	25.—	10.—
	z. weißes GC-Papier, fetter Druck	(120 x)	25.—	35.—	15.—
22.	40 pfg. a. 20 C. nur auf GC-Papier	(118)			
	a. rotbraun		12.—	20.—	10.—
	b. grau- bis lilabraun		10.—	15.—	8.—
23.	50 pfg. a. 35 C. h'violett				
	a. feiner Druck	(121 x)	15.—	25.—	10.—
	b. feiner Druck, GC-Papier grau	(121 y)			600.—
	c. fetter Druck, weißes Papier	(121 x)	15.—	25.—	10.—
24.	60 pfg. a. 40 C. rot/blau	(96)	15.—	35.—	15.—
25.	80 pfg. a. 45 C.	(122)			
	a. olivgrün/blau (GC-Papier grau oder gelblich)		90.—	120.—	70.—
	b. grün/blau (weißes Papier)		15.—	25.—	8.—
	c. dkl'olivgrün/blau (helles GC-Papier)				600.—
	d. dkl'grün/grauultramarin				325.—
26.	1 mk. a. 50 C. braun/hellblau	(97)	15.—	12.—	8.—
27.	1.25 mk. a. 60 C. violett/blau	(138)	80.—	120.—	35.—
28.	2 mk. a. 1 Fr. lilarot/gelbgrün	(98)			
	x. graues bis glbl'-graues GC-Papier		20.—	45.—	20.—
	y. weißes Papier		15.—	20.—	8.—
29.	3 mk. a. 2 Fr. or'rot/hellblau (27.1.1921)	(139) R	—.—		150.—
30.	3 mk. a. 5 Fr. blau/sämisch (7.7.1920)	(100)			150.—
31 I.	4 mk. a. 2 Fr. or'rot/h'blau (7.7.1920)	(139)			
	Platte I Abstand zwischen „mark" und Balken 1,9 mm		20.—	45.—	10.—
	x PF Ia. dicke 4 (Fehltype, Feld 1 und 70)		2000.—	—.—	1400.—
32.	10 mk. a. 5 Fr. blau/sämisch (16.12.1920)	(100) R		120.—	
33.	20 mk. a. 5 Fr. blau/sämisch (27.1.1921)	(100) R			400.—

 **1921,** April. Ah.-Ausg. infolge Portoerhöhung. Marken der vorhergehenden Ausgabe mit neuem Stdr.-Aufdruck der Druckerei Siebert.

34.	15 a. 10 pf. a. 10 C. ziegelrot	(19) BI	18.—	40.—	10.—
35.	60 a. 40 pf. a. 20 C. lilabraun	(22) BI	10.—	35.—	8.—

Memelgebiet

1921, Mai/Juli. Freim.-Ah.-Ausg. Französische Marken mit neuem berichtigtem Bdr.-Aufdruck der Staatsdr. Paris; Pfennig statt pfennig, Mark statt mark, Wertangabe in gerader, bei Nr. 37 in schräger Schrift.

MEMEL MEMEL
60 Pfennig 3 Mark

		EF	MeF	MiF
36.	60 Pfg. a. 40 C. rot/blau (96)	90.—	120.—	50.—
37.	3 Mk. a. 60 C. vio./blau (138) R	30.—	45.—	20.—
38 I.	10 Mk. a. 5 Fr. blau/sämisch Platte I (Abstand 1,9 mm) . . (100) R	140.—	280.—	50.—
39 I.	20 Mk. a. 45 C. grün/blau Platte I (Abstand 1,9 mm) . . (122) R	330.—	560.—	130.—

1922. Freim.-Ah.-Ausg. Gleicher Aufdruck. Neugesetzte zweite Platten von Nr. 31, 38 und 39, Abstand zwischen „Mark" und Balken nur 1,45 mm statt 1,9 mm.

31 II.	4 mk. a. 2 Fr. or'rot/hellblau (5.4.1922) . . (139)	50.—	80.—	20.—
38 II.	10 Mk. a. 5 Fr. blau/sämisch (5.5.1922) . . (100)	200.—	350.—	75.—
39 II.	20 Mk. a. 45 C. grün/blau (15.9.1922) . . . . . (122)	440.—	900.—	180.—

✈ **1921, 6. Juli. 1. Flp.-Ah.-Ausg. Freimarken von Memel mit blauschwarzem Stdr.-Aufdruck „FLUGPOST" der Druckerei Siebert.**

Druckstein (Platte) I: ohne Punkt im ob. T-Balken
Druckstein (Platte) II (31. 7. 1921): mit Punkt im oberen T-Balken

40.	60 pf. a. 40 C. rot/blau . . (24)		
	I. Platte I		550.—
	II. Platte II		1000.—
41.	60 Pf. a. 40 C. rot/blau (Platte II) . . . . (36)		150.—
42.	80 pf. a. 45 C. grün/blau (Platte I) . . . . (25)		150.—
43.	1 mk. a. 50 C. braun/hellblau . . . . (26)		
	I. Platte I		120.—
	II. Platte II		180.—
44.	2 mk. a. 1 Fr. lilarot/gelbgrün (Platte I) . . . (28)		150.—
45.	3 Mk. a. 60 C. violett/blau (Pl. I) . . . . (37)		150.—
46.	4 mk. a. 2 Fr. orangerot/hellblau (Platte I) . . . . (31 I)		180.—
	I a. dicke 4 (Fehltype, 2× im Bogen)		3000.—
	Nr. 40–46 geflogener Satzbrief		450.—

Nr. 40–46 geflogene Bedarfsbriefe 150% Aufschlag auf Preise für Mischfrankatur.

1921, 15. Nov./2. Dez. Ah.-Ausg. Nr. 20 und 23 mit farbigem Stdr.-Aufdruck von Siebert.

47.	15 a. 20 pf. a 25 C. hellblau (15.11.) . . . . . . (20) Bl	15.—	20.—	10.—
48.	15 a. 50 pf. a. 35 C. hellviolett (2.12.) . . . . . (23) R	25.—	35.—	10.—

1922, Jan. Ah.-Ausg. Neuer, blauer Stdr.-Wertaufdruck.

		EF	MeF	MiF
49.	75 a. 60 Pfg. a. 40 C. rot/blau (27.1.) . . . (36 a) Bl	100.—	150.—	40.—
50.	1.25 a. 1 mk. a. 50 C. braun/h'blau (6.1.) . . (26) Bl	20.—	120.—	15.—
51.	5.00 a. 2 mk. a. 1 Fr. lil'rot/glb'grün (7.1.) (28 y) Bl	70.—	120.—	30.—

1922, Jan./April. Freim.-Ah.-Ausg. Französische Marken mit neuem Aufdruck Staatsdr. Paris; Landesname und Wertangabe in Schrägschrift.

Aufdruck auf Nr. 52—59, 61—62   Aufdruck auf Nr. 60, 63—71

52.	5 Pfg. a. 5 C. orange (140)	80.—	8.—
53.	10 Pfg. a. 10 C. rot . . . (117)	60.—	25.—
54.	10 Pfg. a. 10 C. . . . . (141)		
	a. grün	30.—	8.—
	b. russischgrün	180.—	100.—
55.	15 Pfg. a. 10 C. grün . . (141)	50.—	10.—
56.	20 Pfg. a. 25 C. lil'br. . (118)	270.—	110.—
57.	20 Pfg. a. 25 C. h'blau . (119)	270.—	110.—
58.	25 Pfg. a. 5 C. orange (140)	20.—	9.—
59.	30 Pfg. a. 30 C. ziegelrot . . . . (142)	75.—	40.—
60.	40 Pfg. a. 40 C. rot/blau (96)	25.—	18.—	9.—
61.	50 Pfg. a. 50 C. blau, blauschiefer . . . . . (143)	20.—	10.—
62.	75 Pfg. a. 35 C. h'violett (121)	30.—	40.—	10.—
63.	80 Pfg. a. 45 C. grün/bl. (122)	20.—	40.—	10.—
64.	1 Mk. a. 40 C. rot/bl. . (96)	25.—	20.—	10.—
65.	1,25 Mk. a. 60 C. violett/blau . . . . (138) R	18.—	35.—	10.—
66.	1,50 Mk. a. 45 C. grün/blau . . . . (122) R	18.—	30.—	10.—
67.	2 Mk. a. 1 Fr. lilarot/gelbgrün . . . . . . (98)	15.—	30.—	10.—
68.	3 Mk. a. 60 C. violett/blau . . . . (138) R	25.—	35.—	15.—
69.	5 Mk. a. 1 Fr. lilarot/gelbgrün . . . . . . (98)	25.—	80.—	15.—
70.	6 Mk. a. 2 Fr. orangerot/hellblau . . . . . . (139)	30.—	80.—	15.—
71.	9 Mk. a. 5 Fr. blau/sämisch . . . . (100) R	680.—		25.—

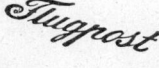

✈ **1922, 12. Mai. 2. Flp.-Ah.-Ausg. Marken von Memel mit blauem Stdr.-Aufdruck „Flugpost" von Siebert in Schreibschrift.**

72.	40 Pfg. a. 40 Cent. rot/blau . . . . (60)	80.—
73.	80 Pfg. a. 45 Cent. grün/blau . . . . (63)	80.—
74.	1 Mk. a. 40 Cent. rot/blau . . . . (64)	80.—
75.	1,25 Mk. a. 60 Cent. violett/blau . . . . . (65)	100.—
76.	1,50 Mk. a. 45 Cent. grün/blau . . . . . . (66)	100.—
77.	2 Mk. a. 1 F. lilarot/gelbgrün . . . . (67)	100.—
78.	3 Mk. a. 60 Cent. violett/blau . . . . (68)	100.—
79.	3 Mk. a. 60 Cent. violett/blau . . . . (37)	4000.—
80.	4 mk. a. 2 F. orangerot/hellblau . . . . . . (36 I)	120.—
81.	5 Mk. a. 1 F. lilarot/gelbgrün . . . . (69)	150.—
82.	6 Mk. a. 2 F. orangerot/hellblau . . . . . (70)	150.—
83.	9 Mk. a. 5 F. blau/sämisch . . . . (71)	150.—

Nr. 72–83 geflogener Satzbrief (ohne Nr. 79) . . . . . 160.—
Nr. 72–83 geflogene Bedarfsbriefe 300% Aufschlag auf Preise für Mischfrankatur.

Memelgebiet

1922, 12. Sept. Freim.-Ah.-Ausg. Französische Marken mit Bdr.-Aufdruck, Staatsdr. Paris, wie Nr. 52 und 64.

			EF	MeF	MiF
84.	35 Pfg. a. 35 C. hellviolett	(121)			18.—
85.	75 Pfg. a. 15 C. graugrün	(109)	150.—	120.—	10.—
86.	1 Mk. a. 25 C. h'blau	(119 b)	45.—	25.—	10.—
87.	1¼ Mk. a. 30 C. ziegelrot	(142)		65.—	10.—
88.	2 Mk. a. 45 C. grün/blau	(122)	40.—	30.—	10.—
89.	2¼ Mk. a. 40 C. rot/blau	(96)			10.—
90.	2¼ Mk. a. 60 C. violett/blau	(138)		70.—	15.—
91.	4 Mk. a. 45 C. grün/blau	(122)	30.—	45.—	10.—
92.	6 Mk. a. 60 C. violett/blau	(138)	40.—	30.—	10.—
93.	9 Mk. a. 1 Fr. lilarot/gelbgrün	(98)		120.—	12.—
94.	12 Mk. a. 40 C. rot/blau	(96)	25.—	35.—	12.—
95.	20 Mk. a. 2 Fr. orangerot/hellblau	(139)	70.—	70.—	15.—
96.	30 Mk. a. 5 Fr. blau/sämisch	(100)		170.—	80.—
97.	50 Mk. a. 2 Fr. orangerot/hellblau	(139)	300.—	440.—	150.—

1922, 17. Okt. 3. Flp.-Ah.-Ausg. Französische Marken mit Aufdruck des neuen Wertes und FLUGPOST von Staatsdr., Paris.

98.	40 Pfg. a. 40 Cent. rot/blau	(96) S	250.—
99.	1 Mk. a. 40 Cent. rot/blau	(96) S	250.—
100.	125 Mk. a. 60 Cent. violett/blau	(138) R	250.—
101.	150 Mk. a. 45 Cent. grün/blau	(122) R	250.—
102.	2 Mk. a. 1 F. lilarot/gelbgrün	(98) S	250.—
103.	3 Mk. a. 60 Cent. violett/blau	(138) R	250.—
104.	4 Mk. a. 2 Fr. orangerot/hellblau	(139) S	250.—
105.	5 Mk. a. 1 Fr. lilarot/gelbgrün	(98) S	250.—
106.	6 Mk. a. 2 Fr. orangerot/hellblau	(139) S	250.—
107.	9 Mk. a. 5 Fr. blau/sämisch	(100) R	250.—

Nr. 98–107 geflogener Satzbrief . . . . 400.—
Nr. 98–107 geflogene Bedarfsbriefe 350% Aufschlag auf Preise für Mischfrankatur.

1922, 22. Okt. Ah.-Ausg. Nr. 54 und 56 mit Bdr.-Aufdruck Mark über Pfg. der Staatsdr. Paris.

108.	„Mark" über 10 Pfg. a. 10 C. grün	(54)	90.—	120.—	45.—
109.	„Mark" über 20 Pfg. a. 20 C. lilabraun	(56)	60.—	70.—	20.—

1922, Dez. Freim.-Ah.-Ausg. Französische Freimarken mit schwarzem oder rotem Bdr.-Aufdruck in Schrägschrift der Staatsdr. Paris.

			EF	MeF	MiF
110.	3 Mk. a. 5 C. orange	(140) S		70.—	10.—
111.	6 Mk. a. 15 C. graugrün	(109) R		60.—	10.—
112.	8 Mk. a. 30 C. ziegelrot	(142) S		130.—	30.—
113.	10 Mk. a. 45 C. grün/blau	(122) R	35.—	45.—	15.—
114.	20 Mk. a. 40 C. rot/blau	(96) S	35.—	50.—	15.—
115.	30 Mk. a. 60 C. violett/blau	(138) S	35.—	100.—	15.—
116.	40 Mk. a. 1 Fr. lilarot/gelbgrün	(98) S	35.—	100.—	15.—
117.	80 Mk. a. 2 Fr. orangerot/hellblau	(139) R		160.—	15.—
118.	100 Mk. a. 5 Fr. blau/sämisch	(100) S	—.—		25.—

1923, Jan. Ah.-Ausg. Nr. 60 und 65, mit Bdr.-Aufdruck „Mark" oder „80" und je einem Balken der Staatsdr., Paris.

119.	„Mark" über 40 Pfg. a. 40 C. rot/blau	(60)	110.—	80.—	18.—
120.	„80.—" über 1.25 Pfg. a. 60 C. violett/blau	(65)		400.—	100.—

Litauische Besetzung

Nr. 121–166 gültig bis 9. 6. 1923.

Nach Einführung der Litaswährung am 16. 4. 1923 bis 9. 6. 1923 Marken mit Markwährung noch zum Kurse von 40 Mark = 1 Cent postalisch verwendbar.

1923, 26. Jan. 1. Ah.-Ausg. auf Nr. 88, 86 und 61. Aufdruck in Stdr. Rytas A.-G.

121.	10 über 2 Mk. a. 45 C. grün/blau	(88) R	100.—	140.—	50.—
122.	25 über 1 Mk. a. 25 C. hellblau	(86) R	100.—	140.—	50.—
123.	„Mark" über 50 Pfg. a. 50 C.	(61) S			
	a. blau				450.—
	b. schiefer		110.—	130.—	60.—

Da es im Briefmarkenhandel keine Festpreise gibt, sind Preisschwankungen bei vielen Marken immer wieder zu beobachten.

Memelgebiet

1923, 5. Febr. 2. Ah.-Ausg. Fünfzeiliger Stdr.-Aufdruck der Staatsdr. Kowno, auf nicht ausgegebenen litauischen Dienstmarken (a), Druckbogen zu 2 Schalterbogen zu 10×10 (= 100) Marken; gez. L 11.

a

		EF	MeF	MiF
124.	**10 MARKIU** a. 5 C. blau	50.—	60.—	35.—
125.	**25 MARKÉS** a. 5 C. blau	50.—	60.—	35.—
126.	**50 MARKIU** a. 25 C. rot	50.—	60.—	35.—
127.	**100 MARKIU** a. 25 C. rot	50.—	200.—	40.—
128.	**400 MARKIU** a. 1 L. braun ...	180.—	340.—	70.—

b

1923, 7. Febr. 3. Ah.-Ausg. Fünfzeiliger gradliniger Bdr.-Aufdruck, Memel in Schrägschrift (b), von Rytas A.-G., auf den gleichen Dienstmarken. Druckbogen: 10×10 Marken, daher Marken mit „Zwischenstegen" nicht möglich. nur von Nr. 131 wurden einige Bogen vor dem Bedrucken nicht vorschriftsmäßig geteilt.

129.	**10 MARKIU** a. 5 C. blau ... S	55.—	80.—	40.—
130.	**25 MARKIU** a. 5 C. blau ... R	55.—	80.—	40.—
131.	**50 MARKIU** a. 25 C. rot ... S	50.—	60.—	40.—
132.	**100 MARKIU** a. 25 C. rot ... Gr	50.—	200.—	40.—
133.	**400 MARKIU** a. 1 L. braun .. R	180.—	340.—	50.—
134.	**500 MARKIU** a. 1 L. braun .. Bl	180.—	400.—	50.—

KLAIPEDA (Memel)

10
○○○○
MARKIU

1923, Mitte Febr. 4. Ah.-Ausg. Gleiche Marken, aber Aufdruck der Staatsdr. Kowno in Schrägschrift, Wertzahl in grader Schrift, ══ durch ✶✶✶✶ ersetzt (c).

c

135.	**10 MARKIU** a. 5 C. blau ... R		130.—	40.—
136.	**20 MARKIU** a. 5 C. blau ... R	80.—	100.—	40.—
137.	**25 MARKÉS** a. 25 C. rot ... Bl		150.—	40.—
138.	**50 MARKIU** a. 25 C. rot ... Bl	100.—	130.—	50.—
139.	**100 MARKIU** a. 1 L. braun .. S	120.—	250.—	60.—
140.	**200 MARKIU** a. 1 L. braun .. S	170.—	350.—	60.—

1923, März/April. Endgültige Freim.-Ausg. Stdr. Staatsdr. Kowno; gez. L 11.

 d  e  f

d-f) Wappen

141.	10 MARKIU lilabraun ... d		90.—	35.—
142.	20 MARKIU gelb .... d	60.—	50.—	35.—
143.	25 MARKES orange .... d		50.—	35.—
144.	40 MARKIU violett ..... d	60.—	50.—	35.—
145.	50 MARKIU gelbgrün .. d		50.—	40.—
146.	100 MARKIU karmin .... e	40.—	50.—	35.—
147.	300 MARKIU olivgrün (12. 4.) ...... e			400.—
148.	400 MARKIU dkl'olivbraun e	180.—	340.—	40.—
149.	500 MARKIU lila (12. 4.) .. e			400.—
150.	1000 MARKIU hellblau .... f			180.—

MICHEL-Kataloge sind weltbekannt.

1923, 12. April. So.-Ausg. zur Angliederung des Memeler Hafens; Stdr. Staatsdr. Kowno; gez. L 11.

g) Schiff   h) Anker   i) Leuchtturm

			MiF
151.	40 Mk. olivgrün .... g		600.—
152.	50 Mk. braun .... g		600.—
153.	80 Mk. grün .... g		600.—
154.	100 Mk. rot .... g		600.—
155.	200 Mk. blau .... h		600.—
156.	300 Mk. braun .... h		600.—
157.	400 Mk. lila .... h		600.—
158.	500 Mk. orange .... h		600.—
159.	600 Mk. olivgrün .... h		600.—
160.	800 Mk. blau i		600.—
161.	1000 Mk. lila i		600.—
162.	2000 Mk. rot i		600.—
163.	3000 Mk. hellgrün i		600.—

Klaipeda 400 M ‖‖‖ ‖‖‖

1923, 13. April. Ah.-Ausg. Nr. 120 mit weiterem liegendem, grünem Aufdruck.

164.	100 M. a. 80 M.	a. 1.25 M. a. 60 C.	1500.—
165.	400 M. a. 80 M.	violett/blau	1500.—
166.	500 M. a. 80 M.	.... (120) Gr	1500.—

✉ MiF mit Litauen-Marken 250.— Aufschlag.

Neue Währung:

16. April 1923 Einführung der Litaswährung (100 Cent = 1 Litas = $^1/_{10}$ \$).

Nr. 167—237 gültig bis 31. 8. 1925.

1923, 16./20. April. Ah.-Ausg. Farbiger Bdr.-Aufdruck der neuen Währung auf Nr. 141—150 von Lituania, Memel.

3

CENTU

		EF	MeF	MiF
167.	**2 CENTU** a.		Billigste Sorte:	
	300 Mk. olivgrün . (147) R	200.—	200.—	100.—
168.	**3 CENTU** a.			
	300 Mk. olivgrün . (147) R	200.—	340.—	100.—
169.	**10 CENTU** a.			
	25 Mk. orange ... (143) S	130.—	220.—	100.—
170.	**15 CENTU** a.			
	25 Mk. orange ... (143) S	130.—	170.—	50.—
171.	**20 CENTU** a.			
	500 Mk. lila ..... (149) Bl		300.—	150.—
172.	**30 CENTU** a.			
	500 Mk. lila ..... (149) S	130.—	200.—	100.—
173.	**50 CENTU** a.			
	500 Mk. lila ..... (149) Gr	230.—	400.—	220.—
170 V.	Fehldruck 5 CENTU (statt 15 C.)			
	a. 25 Mk orange .... (143) S			4000.—

Memelgebiet

1923, 16. April/28. Mai. Ah.-Ausg. Gleicher farbiger Bdr.-Aufdruck von Lituania, jedoch „Cent." statt Centu.

		EF	MeF	MiF
174.	**5 CENT.** a. 300 Mk. olivgrün (16.4.) .. (147) R	140.—	140.—	90.—
175.	**30 CENT** a. 500 Mk. lila (28.5.) ...... (149) S	180.—	260.—	120.—

1923, April/Mai. Ah.-Ausg. Schwarzer Bdr.-Aufdruck von Lituania mit neuen Lettern.

2 CENT

				Billigste Sorte:
176.	**2 CENT.** a. 20 Mk. gelb (30.4.) ...... (142)	135.—	180.—	75.—
177.	**2 CENT.** a. 50 Mk. gelbgrün (17.5.) .... (145)	125.—	170.—	75.—
178.	**3 CENT.** a. 40 Mk. violett (13.5.) .... (144)	170.—	340.—	110.—
179.	**3 CENT.** a. 300 Mk. olivgrün (23.4.) ..... (147)	80.—	200.—	65.—
180.	**5 CENT** a. 100 Mk. karmin (2.5.) .... (146)	80.—	80.—	65.—
181.	**10 CENT.** a. 400 Mk. dkl'olivbraun (12.5.) .. (148)	135.—	150.—	120.—
182.	**1 LITAS** a. 1000 Mk. hellblau (18.5.) ..... (150)	340.—		250.—

1923, Mai. Ah.-Ausg. Bdr.-Aufdruck von Lituania mit einheitlichen Blockziffern.

5 CENT.

183.	**2 C.** a. 10 Mk. lil'br... (141)	100.—
184.	**2 C.** a. 20 Mk. gelb .. (142)	600.—
185.	**2 C.** a. 50 Mk. gelbgrün .. (145)	130.—
186.	**3 C.** a. 10 Mk. lil'br.. (141)	130.—
187.	**3 C.** a. 40 Mk. violett (144)	700.—
188.	**5 C.** a. 100 Mk. kar. . (146)	150.—
189.	**10 C.** a. 400 Mk. dkl'olivbraun .... (148)	2600.—
190.	**15 C.** a. 25 Mk. or. .. (143)	2600.—
191.	**50 C.** a. 1000 Mk. h'blau (150)	130.— 180.— 80.—
192.	**1 Lit.** a. 1000 Mk. hellblau .... (150)	200.— 380.— 140.—

30 CENT. 1 LITAS

1923, Juni. Ah.-Ausg. Nr. 151 bis 163 mit neuem, zweizeiligem Wertaufdruck von Lituania.

193.	**15 C.** a. 40 Mk. ol'grün (151)	110.—	140.—	90.—
194.	**30 C.** a. 50 Mk. braun . (152)	100.—	160.—	80.—
195.	**30 C.** a. 80 Mk. grün .. (153)	110.—	170.—	90.—
196.	**30 C.** a. 100 Mk. rot ... (154)	100.—	160.—	80.—
197.	**50 C.** a. 200 Mk. blau .. (155)	130.—	190.—	90.—
198.	**50 C.** a. 300 Mk. braun . (156)	120.—	180.—	80.—
199.	**50 C.** a. 400 Mk. lila ... (157)	140.—	220.—	90.—
200.	**50 C.** a. 500 Mk. orange (158)	110.—	180.—	80.—
201.	**1 LITAS** a. 600 Mk. olivgrün .... (159)	170.—	340.—	90.—
202.	**1 LITAS** a. 800 Mk. blau .... (160)	170.—	340.—	100.—

		EF	MeF	MiF
203.	**1 LITAS** a. 1000 Mk. lila .... (161)	170.—	340.—	100.—
204.	**1 LITAS** a. 2000 Mk. rot .... (162)	170.—	340.—	100.—
205.	**1 LITAS** a. 3000 Mk. hellgrün .... (163)	170.—	340.—	100.—

1923, Dez. Ah.-Ausg. Nr. 141 bis 146, 148 und 150 mit geändertem roten oder grünen Bdr.-Aufdruck von Lituania.

25 Centai Durchbalkungen bei den Grundmarken zu 10 bis 50 Mk.		**30 Centu** Durchbalkungen bei den Grundmarken zu 100 bis 1000 Mk.	
			Billigste Sorte:
206.	**15 C.** a. 10 Mk. lilabraun .... (141) Gr	320.— 480.—	280.—
207.	**15 C.** a. 20 Mk. gelb .... (142) Gr	230.— 300.—	200.—
208.	**15 C.** a. 25 Mk. orange .... (143) Gr	230.— 300.—	200.—
209.	**15 C.** a. 40 Mk. violett .... (144) Gr	230.— 300.—	200.—
210.	**15 C.** a. 50 Mk. gelbgrün .... (145) R	180.— 270.—	150.—
211.	**15 C.** a. 100 Mk. karmin .... (146) Gr	180.— 270.—	150.—
212.	**15 C.** a. 400 Mk. dkl'olivbraun .... (148) Gr	180.— 270.—	150.—
213.	**15 C.** a. 1000 Mk. hellblau .... (150) R	—.— 2800.—	1500.—
214.	**25 C.** a. 10 Mk. lilabraun .... (141) Gr	240.— 320.—	190.—
215.	**25 C.** a. 20 Mk. gelb .... (142) Gr	200.— 320.—	180.—
216.	**25 C.** a. 25 Mk. orange .... (143) Gr	240.— 320.—	190.—
217.	**25 C.** a. 40 Mk. violett .... (144) Gr	220.— 300.—	180.—
218.	**25 C.** a. 50 Mk. gelbgrün .... (145) R	180.— 250.—	140.—
219.	**25 C.** a. 100 Mk. karmin .... (146) Gr	180.— 250.—	140.—
220.	**25 C.** a. 400 Mk. dkl'olivbraun .... (148) Gr	180.— 250.—	140.—
221.	**25 C.** a. 1000 Mk. hellblau .... (150) R	1800.—	1600.—
222.	**30 C.** a. 10 Mk. lilabraun .... (141) Gr		280.—
223.	**30 C.** a. 20 Mk. gelb .... (142) Gr		200.—
224.	**30 C.** a. 25 Mk. orange .... (143) Gr		200.—
225.	**30 C.** a. 40 Mk. violett .... (144) Gr		200.—
226.	**30 C.** a. 50 Mk. gelbgrün .... (145) R		180.—
227.	**30 C.** a. 100 Mk. karmin .... (146) Gr		180.—
228.	**30 C.** a. 400 Mk. dkl'olivbraun .... (148) Gr		180.—
229.	**30 C.** a. 1000 Mk. hellblau .... (150) R		1600.—

Die großen philatelistischen Abteilungen der Bibliotheken in München und Berlin stehen jedem Sammler zur Verfügung.

Memelgebiet

1923, Nov. Ah.-Ausg. Nr. 125, 127, 128, 131 mit farbigem Bdr., Aufdruck von Lituania.

I. Kleine Ziffern, schmale Null, 87× im Bogen.

II. Große, bauchige Ziffern (1× im Bogen).

III. Ziffern wie Type I. „C" in Centu wie Type II von Nr. 206 bis 229. (12× im Bogen).

		EF	MeF	MiF
			Type I	
230.	**10 C.** a. 25 Mk. a.			
	5 C. blau ...... (125) R	—.—	800.—	450.—
231.	**15 C.** a. 100 Mk. a.			
	25 C. rot ...... (127) Gr	—.—		900.—
232.	**30 C.** a. 400 Mk. a.			
	1 L. braun ...... (128) R	—.—		220.—
233.	**60 C.** a. 50 Mk. a.			
	25 C. rot ...... (131) Gr	1000.—	3000.—	900.—

		MiF Type II	MiF Type III
230.	**10 C.** a. 25 M.	2000.—	1200.—
231.	**15 C.** a. 25 C.	4000.—	3300.—
232.	**30 C.** a. 1 L.	1400.—	450.—
233.	**60 C.** a. 25 C.	3000.—	1900.—

1923. Dez. Ah.-Ausg. Nr. 152, 154, 156 und 158 mit grünem Aufdruck von Lituania.

I. 15 CENT.   II. 15 CENT.

Type II (breite Ziffer) nur 1× im Bogen (auf Feld 100).

		Type I	Type II
234.	**15 C.** a. 50 Mk. braun .... (152)	7000.—	—.—
235.	**25 C.** a. 100 Mk. rot ...... (154)	5000.—	—.—
236.	**30 C.** a. 300 Mk. braun .... (156)	5000.—	—.—
237.	**60 C.** a. 500 Mk. orange ... (158)	5000.—	—.—

Nr. 167–237 gültig bis 31. 8. 1925.

Saar **Saar** Sarre

Die deutschen Marken ohne Aufdruck waren bis 31. 3. 1920 frankaturgültig, wurden jedoch bis 15. 4. 1920 geduldet.
Mögliche Mischfrankaturen (zwischen 30. 1. und 15. 4. 1920)
Mindest-Preiszuschläge zum Markenwert für ✉:

(Ortsverzeichnisse nach Nr. 448)	Saargebietmarken		
	3. Saar Nr. 1—17 ab 30. 1. 1920	4. Saar Nr. 18—31 ab 1. 3. 1920	5. Saar Nr. 32–34 ab 10. 4. 1920
1. Deutsches Reich bis Nr. 115 (bis 15. 4. 1920)	100.—	100.—	90.—
2. Bayern Nr. 98—176 (bis 15. 4. 1920)	ab 1.4.1920 150.—	ab 1.3.1920 120.—	120.—

Bis Mai 1921: 1 Mark = 100 Pfennig; von Mai 1921 bis März 1935: 1 Franc (französ.) = 100 Centimes, dann bis 1947: 1 Reichsmark = 100 Pfennig; 1947: 1 Saarmark = 100 Pfennig und ab November 1947 bis 5. Juli 1959: 1 Franc = 100 Centimes
Block 1 und 2 siehe nach Nr. 259.

Saargebiet (1920–1935)
Postgebühren

Die Inlandsgebühren galten auch für den Verkehr mit dem Reich, mit Frankreich und seinen Kolonien, nicht aber für Danzig und Österreich

Zeit	Inland			Ausland		
	Briefe	Post-karten	Ein-schreib-gebühr	Briefe	Post-karten	Ein-schreib-gebühr
bis 31. 3. 1921 ab 1. 4. 1921	Gebührensätze der Reichspost bis 20 g 60 Pfg. bis 100 g 80 Pfg. bis 250 g 120 Pfg.	40 Pfg.	100 Pfg.	bis 20 g 120 Pfg. jede weiteren 20 g 60 Pfg.	80 Pfg.	100 Pfg.
ab 1. 5. 1921	bis 20 g 20 ct. bis 100 g 25 ct. bis 250 g 35 ct.	10 ct.	30 ct.	bis 20 g 50 ct. jede weiteren 20 g 25 ct.	30 ct.	50 ct.
ab 15. 1. 1922	bis 20 g 15 ct. bis 100 g 25 ct. bis 250 g 35 ct.	10 ct.	30 ct.	do.	30 ct.	50 ct.
ab 1. 1. 1923	bis 20 g 20 ct. bis 50 g 30 ct. bis 100 g 40 ct. bis 150 g 50 ct. bis 250 g 60 ct.	15 ct.	30 ct.	do.	30 ct.	50 ct.
ab 1. 8. 1923	bis 20 g 25 ct. bis 50 g 30 ct. bis 100 g 40 ct. bis 150 g 50 ct. bis 200 g 60 ct. bis 250 g 70 ct. bis 300 g 80 ct. bis 400 g 90 ct. bis 500 g 100 ct.	15 ct.	30 ct.	do.	30 ct.	50 ct.
ab 1. 3. 1924	bis 20 g 25 ct. bis 50 g 40 ct. bis 100 g 50 ct. bis 200 g 65 ct. bis 300 g 80 ct. bis 400 g 95 ct. bis 500 g 110 ct.	20 ct.	30 ct.	do.	30 ct.	50 ct.
ab 1. 10. 1924				bis 20 g 75 ct. jede weiteren 20 g 40 ct.	45 ct.	75 ct.
ab 1. 8. 1925	bis 20 g 30 ct. bis 50 g 50 ct. bis 100 g 80 ct. bis 200 g 100 ct. bis 300 g 120 ct. bis 400 g 140 ct. bis 500 g 160 ct.	20 ct.	60 ct.	bis 20 g 100 ct jede weiteren 20 g 50 ct.	60 ct.	100 ct.

Saar

Zeit	Inland			Ausland		
	Briefe	Post-Karten	Ein-schreib-gebühr	Briefe	Post-Karten	Ein-schreib-gebühr
ab 1. 10. 1925	wie vor			bis 20 g 100 ct. jede weiteren 20 g 60 ct. nach Luxemburg bis 20 g 50 ct. jede weiteren 20 g 30 ct.	60 ct. 30 ct.	100 ct. 125 ct.
ab 1. 3. 1926	do.			bis 20 g 125 ct. jede weiteren 20 g 75 ct. nach Luxemburg bis 20 g 75 ct. jede weiteren 20 g 40 ct.	ab 1. 8. 1926 40 ct.	
ab 6. 5. 1926	bis 20 g 40 ct. bis 50 g 65 ct. bis 100 g 90 ct. bis 200 g 110 ct. bis 300 g 130 ct. bis 400 g 150 ct. bis 500 g 170 ct.	30 ct.	100 ct.	do.	40 ct.	125 ct.
ab 11. 8. 1926	bis 20 g 50 ct. bis 50 g 75 ct. bis 100 g 100 ct. bis 200 g 130 ct. bis 300 g 160 ct. bis 400 g 190 ct. bis 500 g 220 ct.	40 ct.	100 ct.	do.	40 ct.	125 ct.
ab 1. 9. 1926				bis 20 g 150 ct. jede weiteren 20 g 90 ct.	90 ct.	150 ct.
ab 1. 4. 1929	bis 20 g 50 ct. bis 50 g 75 ct. bis 100 g 125 ct. bis 250 g 175 ct. bis 500 g 225 ct.	40 ct.	150 ct.		150 ct.	
ab 1. 4. 1930	Ortsverkehr bis 20 g 40 ct. bis 100 g 60 ct. bis 250 g 75 ct. bis 500 g 100 ct. Fernverkehr bis 20 g 60 ct. bis 100 g 100 ct. bis 250 g 150 ct. bis 500 g 200 ct.	30 ct. 40 ct.	ab 20. 10. 1934 100 ct.			

1920, 30. Jan. Freim.-Ah.-Ausg. Marken des Deutschen Reiches mit Aufdruck Sarre und Balken (über Deutsches Reich), von Gebr. Hofer, Saarbrücken, in 3 Typen.

I   III   Markwert Nr. 17

Typenmerkmale Nr. 1—16:

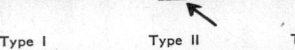

Type I   Type II   Type III

I = große Schrift, 10,7 mm lang, ohne feinen Strich unter Balken.
II = Schrift wie Type I mit kurzem, feinem Kontrollstrich unter Balken, (28. 2. 1920).
III = kleinere Schrift, 10,5 mm lang, mit kurzem, feinem Kontrollstrich unter Balken (2. 3. 1920).

Der Kontrollstrich bei Type II und III bleibt oft beim Druck ganz oder teilweise aus.

			I EF	I MeF	I MiF	II EF	II MeF	II MiF	III EF	III MeF	III MiF
1.	2 (Pfg.) mattbraunoliv...............(102)			34.—	20.—					150.—	75.—
2.	2½ (Pfg.)........................(98)										
	a. hell- bis dunkelgrau, olivgrau........			180.—	80.—			6000.—		40.—	20.—
	b. grünlichgrau.......................			1450.—	625.—			—.—		580.—	300.—
3.	3 (Pfg.) braun (Töne)................(84)			35.—	12.—				1400.—	50.—	18.—
4.	5 (Pfg.)..........................(85)										
	a. grün, blaugrün (Töne)...............		8.—	11.—	3.50	280.—	660.—	225.—	7.—	10.—	3.—
	b. dunkelgrün, dunkelblaugrün (Töne) ...		17.—	25.—	12.—	550.—	1000.—	500.—	20.—	30.—	15.—
5.	7½ (Pfg.).........................(99)										
	a. dkl'gelborange bis mit'orange (Töne)..			30.—	8.—		1200.—	600.—	240.—	110.—	
	b. dunkelrotorange (Töne)...............			80.—	40.—		5400.—	2600.—	420.—	200.—	
	c. blaßorange.........................			60.—	30.—					—.—	2500.—
6.	10 (Pfg.).........................(86)										
	a. rot, karmin.........................		5.—	9.—	3.50				5.—	8.—	3.50
	b. rosarot.............................		17.—	35.—	12.—				20.—	34.—	16.—
	c. lebhaftrot.........................		900.—	1400.—	700.—				380.—	650.—	280.—
7.	15 (Pfg.).........................(101)										
	a. dunkelviolett........................		6.—	8.—	3.50				5.—	7.—	3.—
	b. schwarzviolett......................		100.—	140.—	70.—				15.—	25.—	12.—
	c. blauviolett (Töne)..................		580.—	1100.—	400.—						
8.	20 (Pfg.) hellblau bis violettblau........(87)		5.—	10.—	3.50				6.—	12.—	4.50
9.	25 (Pfg.).........................(88)										
	a. orange/braunschwarz a. gelb........			170.—	75.—					2500.—	1200.—
	b. gelborange/braunschwarz a. gelb			700.—	325.—					950.—	400.—
10.	30 (Pfg.) rotorange/braunschwarz										
	x. a. hellchromgelb................(89x)		160.—	270.—	140.—				350.—	560.—	300.—
	y. a. hellgelborange................(89y)		2100.—	—.—	1800.—				2000.—	—.—	1800.—
11.	35 (Pfg.) rotbraun, dkl'karminbraun ...(103)		100.—	50.—	4.—				530.—	450.—	100.—
12.	40 (Pfg.).........................(90)										
	a. lilarot/braunschwarz................		45.—	90.—	30.—						
	b. karminrot/braunschwarz............		6.—	22.—	3.50	40.—	90.—	26.—	40.—	80.—	30.—
13.	50 (Pfg.) violettpurpur/braunschwarz										
	x. a. hellchromgelb................(91x)		6.—	15.—	4.—	45.—	100.—	26.—	6.—	15.—	3.—
	y. a. hellgelborange................(91y)		350.—	680.—	250.—						
14.	60 (Pfg.).........................(92)										
	a. rosalila, purpurlila (I. Aufl.).........				3500.—						
	b. graulila bis dkl'rötlichlila (II. Aufl.)		10.—	30.—	5.—				8.—	30.—	3.—
15.	75 (Pfg.) bl'grün, schw'grün/br'schw. ...(104)		20.—	35.—	5.—				30.—	35.—	3.—
16.	80 (Pfg.) karmin/br'schwarz a. rosa....(104)		3000.—		2500.—				3000.—		2500.—
17.	1 Mark karminrot bis rot.............(94)										
	A. 25:17 Zähnungslöcher..............		300.—		230.—						
	B. 26:17 Zähnungslöcher..............		—.—		8000.—						
	Nr. 1–17 Satzbrief				1200.—						

Gültig bis 15.8.1920 und vom 1.–15.9.1920.

1920, 1. März. Freim.-Ah.-Ausgabe für den ehemals bayerischen Teil (Pfalz) des Saargebietes. Marken von Bayern mit Aufdruck Sarre und fünffacher, bei Nr. 30 und 31 vierfacher Linie über Landesnamen, von Gebr. Hofer, Saarbrücken

		EF	MeF	MiF
28.	2 Mk. ....(105)			
	a. purpurviolett........	8000.—	—.—	7500.—
	b. violett	1800.—	2500.—	1200.—
29.	3 Mk. rot ....(106)	3000.—	—.—	1900.—
30.	5 Mk. blau ....(107)	12000.—		8000.—
31.	10 Mk. grün ....(108)	5000.—		2500.—
	Nr. 18–31 Satzbrief			5000.—

Nr. 18—26   Nr. 30—31

		EF	MeF	MiF
18.	5 Pfg. gelbgrün .....(112)	20.—	20.—	12.—
19.	10 Pfg. karmin ......(114)	15.—	25.—	10.—
20.	15 Pfg.			
	a. zinnober ......(115a)	150.—	280.—	140.—
	b. mittelbräunlichrot (115b)	15.—	25.—	12.—
	c. karmin........	60.—	110.—	50.—
21.	20 Pfg. blau ....(97)	20.—	30.—	10.—
22.	25 Pfg. grauschwarz . (98)		170.—	70.—
23.	30 Pfg. orange ......(99)	100.—	180.—	60.—
24.	40 Pfg. hell- bis dkl'oliv (100)	80.—	220.—	70.—
25.	50 Pfg. rotbraun .....(101)	20.—	55.—	12.—
26.	60 Pfg. ....(102)			
	a. dkl'blaugrün, dickeres Papier......	55.—	110.—	40.—
	b. schw'grün, gew. Papier	70.—	130.—	40.—
27.	1 Mk. ....(104)			
	a. hellbraun	580.—	720.—	320.—
	b. dunkelbraun	580.—	720.—	300.—

1920, März. Ah.-Ausg. Gleicher Aufdruck von Gebr. Hofer auf Bayern-Marken.

A 31.	2 Pfg. blaugrau ... (110)		16000.—
B 31.	3 Pfg. braun ...... (94)		2500.—
C 31.	7½ Pfg. dunkelgrün (113)		1100.—

Gültig Nr. 18–26 bis 15. 8.1920 und vom 1. 9. bis 15. 9.1920.

Mischfrankaturen zwischen Sarre-Germania- und Bayern-Marken sind möglich, da beide Ausgaben für das gesamte Gebiet ab 1. 4. 1920 Gültigkeit hatten. Auch Bayern-Sarre und Ludwig-Marken ohne Aufdruck kommen zusammen verwendet vor. Siehe Hinweis am Landesanfang.

1920, 10. April. Freim.-Ah.-Ausg. DR-Marken mit geändertem, einzeiligem, waagerechtem, bei Nr. 43 zweimaligem senkrechtem Aufdruck SAARGEBIET.

Saar

A. Normaler, größerer (fetter) Aufdruck:

			EF	MeF	MiF
32.	5 (Pfg.) grün (Töne)	(85)	600.—	10.—	7.—
33.	10 (Pfg.) rosarot bis karmin GA	(86)	10.—	15.—	7.—
34.	15 (Pfg.) dunkel bis schwarzviolett GA	(101)	10.—	10.—	7.—
35.	20 (Pfg.) violettblau (Töne) GA	(87)	40.—	18.—	7.—
36.	30 (Pfg.) rotor./br'schw. a. h'chromgelb	(89x)	18.—	25.—	7.—
37.	40 (Pfg.) rotkarmin/ braunschwarz	(90)	10.—	20.—	7.—
38.	50 (Pfg.) vio'purpur/br'schw. x. a. h'chromgelb	(91x)	25.—	25.—	7.—
	y. a. hellgelborange	(91y)	150.—	150.—	60.—
39.	60 (Pfg.) dkl'lila	(92)	20.—	45.—	8.—
40.	75 (Pfg.) dkl'- bis schw'grün/ braunschwarz	(104)	100.—	70.—	8.—
41.	1.25 Mk. dkl'gelbl'grün	(113)	35.—	150.—	17.—
42.	1.50 Mk. braun	(114)	40.—	50.—	17.—
43.	2.50 Mk. a. rosalila (I. Aufl.)	(115a)	1400.—	480.—	190.—
	b. lilarot (II. Aufl.)	(115b)	520.—	200.—	55.—
	c. rotlila (III. Aufl.)	(115e)	—.—		2500.—
	d. braunlila (III. Aufl.)	(115f)	1600.—	620.—	200.—
	Nr. 32–43 Satzbrief				60.—

Gültig bis 30.4.1921.

 **1920. Freim.-Ah.-Ausg. DR-Marken mit gleichem waagerechtem Aufdruck.**

44.	5 (Pfg.)	(140)			
	a. (hell, dkl')braun			60.—	35.—
	b. (dkl')orangebraun			12.—	6.—
45.	10 (Pfg.) orange	(141)	7.—	10.—	7.—
46.	20 (Pfg.) grün	(143)	120.—	15.—	6.—
47.	30 (Pfg.) grünlichblau GA	(144)	10.—	18.—	7.—
48.	40 (Pfg.) karminrot	(145)	8.—	35.—	7.—
49.	4 Mk. schwarz/karmin	(153)	320.—	500.—	175.—
	Nr. 44–49 Satzbrief				80.—

Gültig bis 30.4.1921.

1921, 4./5. Febr. Ah.-Ausg. DR-Marken mit weiterem Wertaufdruck und Stern (Nr. 50) bzw. neuer Wert und darunter das neue Saarwappen und **SAARGEBIET** in Zierschrift.

 Mark 5 Mark

50.	**20 a.** 75 (Pfg.) schw'blaugrün bis dkl'grün/ braunschwarz (4.2.)	(104)	140.—	40.—	10.—
51.	**5 Mark** a. 15 (Pfg.) dkl'braunkarmin	(142a)	750.—	—.—	200.—
52.	**10 Mark** a. 15 (Pfg.) dkl'braunkarmin	(142a)	1100.—		240.—
	Nr. 50–52 Satzbrief				100.—

Gültig bis 30.4.1921.

1921, ab 18. Febr. Freim.-Ausg. ⚹ **(nach Fotos) A. Montader, Paris; Bdr. Vaugirard, Paris, in Bogen zu 100 Marken; Nr. 53–68 gez. K 12½, Nr. 55 auch gez. K 10½, Nr. 69 nur gez. K 12.**

a) Mühle oberhalb Mettlach   b) Bergmann vor Ort   c) Förderturm Grube Reden

d) Schiffe auf der Saar   e) Saarschleife bei Mettlach   f) Schlackenhalde bei Völklingen

g) Signalbrücke, Bahnhof Saarbrücken   h) Gotische Grabkirche im Park zu Mettlach   i) „Alte Brücke" Saarbrücken

k) Drahtseilbahn Fenne   l) Förderturm und Wetterschacht   m) Neues Rathaus Saarbrücken St. Johann

n) Steingutfabrik Mettlach (ehem. Abtei)   o) Ludwigskirche   p) Landratsamt Sitz des Präsidenten des Saargebietes

r) Burbacher Hütte

Preise von Nr. 53–69 für handelsübliche (mangelhafte) Zähnung. Stücke mit tadelloser Zähnung bis 100% Aufschlag.

			EF	MeF	MiF
53.	5 Pfg.	a			
	a. oliv/blauviolett			45.—	12.—
	b. oliv/dunkelblau			590.—	280.—
54.	10 Pfg. orange/schwarz/blau.	b	12.—	22.—	12.—
55.	20 Pfg. h'bläul'grün/dkl'gr'bl.	c			
	A. gez. K 12		55.—	30.—	28.—
	B. gez. K 10		600.—	1100.—	650.—
56.	25 Pfg. hellbraun/dunkelblau.	d	115.—	35.—	28.—
57.	30 Pfg. graouliv/violettbraun (21.2.) GA	e	130.—	245.—	145.—
58.	30 Pfg. schw'bl'gr'n/vio'br. GA	e	15.—	30.—	17.—
59.	40 Pfg. mittelbräunlichrot GA	f	15.—	60.—	12.—
60.	50 Pfg. dkl'vio'br./dkl'graubr.	g	50.—	140.—	30.—
61.	60 Pfg. hellrot/mittelbraun	h	50.—	90.—	40.—

Saar

		EF	MeF	MiF
62.	80 Pfg. dkl'blau/blau i	30.—	120.—	30.—
63.	1 Mk. h'bräunlichrot/schw. . k	120.—	230.—	30.—
64.	1.25 Mk. schw'blaugrün/ ockerbraun l	150.—	450.—	45.—
65.	2 Mk. schw./h'bräunlichrot . m	110.—	400.—	50.—
66.	3 Mk. .... n			
	a. dkl'gelbbr./schw'braun ..	200.—	250.—	70.—
	b. sepia/schwarz	490.—	730.—	390.—
67.	5 Mk. purpurvio./or'gelb .. o	510.—	—.—	225.—
68.	10 Mk. grün/rotbraun ...... p	900.—	—.—	280.—
69.	25 Mk. (22.4.) .... r			
	a. vio'bl./schw./h'bräunl'rot	2700.—	5000.—	800.—
	Nr. 53–69 Satzbrief			850.—

Gültig bis 30.4.1921.

Neue Währung: 1 Franc (franz.) = 100 Centimes

1921, 1. Mai. Ah.-Ausg. Marken der vorhergehenden Ausgabe mit farbigem Aufdruck des neuen Wertes in Frankenwährung.

5 FRANKEN

30 cent.

Preise von Nr. 70—83 für handelsübliche (mangelhafte) Zähnung. Stücke mit tadelloser Zähnung bis 100% Aufschlag.

70.	3 cent. a. 20 Pfg. h'bläul'grün/ dkl'graublau .... (55) R			
	A. gez. K 12½	180.—	35.—	4.50
	B. gez. K 10½	370.—	620.—	300.—
71.	5 cent. a. 25 Pfg. hellbraun/ dkl'blau............ (56) R	6.—	9.—	2.—
72.	10 cent. a. 30 Pfg. schwarz bl'grün/vio'braun GA.(58) Bl			
	I. Aufdr. dkl'blau	8.—	100.—	4.—
	II. Aufdr. hellblau (Juli)......	130.—	350.—	50.—
73.	15 cent. a. 40 Pfg. mittelbräunlichrot.... (59) S	8.—	25.—	4.—
74.	20 cent. a. 50 Pfg. dkl'vio'br./ dkl'lilagrau........ (60) R	5.—	30.—	3.—
75.	25 cent. a. 60 Pfg. hellrot/mittelbraun ... (61) V	6.—	20.—	3.—
76.	30 cent. a. 80 Pfg. dkl'blau/blau ...... (62) S	10.—	25.—	4.50
77.	40 cent. a. 1 Mk. h'bräunlichrot/schw. . (63) V			
	I. Aufdruck violett	10.—	60.—	5.—
	II. Aufdruck hellblau.......	240.—	390.—	160.—
78.	50 cent. a. 1.25 Mk. schw'bl'grün/ock'br. . (64) S			
	A. gez. K 12½	15.—	60.—	7.—
	B. gez. K 10½	1300.—	3000.—	800.—
79.	75 cent. a. 2 Mk. schw./h'bräunlichrot .(65) Bl			
	I. Aufdruck schwarzblau....	20.—	120.—	15.—
	II. Aufdruck blau	1100.—	2300.—	700.—
80.	1 Fr. a. 3 Mk.			
	a. dkl'gelbbraun/ schwarzbraun ....(66) Bl			
	I. Aufdr. schwarzblau....	22.—	100.—	14.—
	II. Aufdr. blau	1250.—	2800.—	650.—
	b. sepia/schwarz			
	I. Aufdr. schwarzblau....	180.—	460.—	110.—
	II. Aufdr. blau	2100.—	2900.—	870.—
81.	2 Fr. a. 5 Mk. purpurvio./or'gelb ...(67) Bl			
	I. Aufdruck schwarzblau...	90.—	700.—	40.—
	II. Aufdruck blau	1400.—	2950.—	1000.—
82.	3 Fr. a. 10 Mk. grün/rotbraun .... (68)	260.—	1050.—	180.—
83.	5 FRANKEN a. 25 Mk. violettblau/schwarz/ hellbräunlichrot ..... (69) V	2250.—	—.—	600.—
	Nr. 70–83 Satzbrief			450.—

Gültig bis 28.2.1927.

1922, 1. März. Freim.-Ausg. ähnlich Nr. 53–69, jedoch in größerem Format, 32:27 mm, in Bogen zu 10x10 = 100 Marken. Bdr. mit Tonunterdruck (außer Nr.87, 94, 95) Vaugirard; Nr. 84, 86–95 gez. K 12½:13½, Nr. 85 und 96 ~, Nr. 97 gez. K 12.

s) Drahtseilbahn Fenne   t) Bergmann   u) „Alte Brücke", Saarbrücken

v) Neues Rathaus Saarbrücken-St. Johann   w) Schlackenhalde Völklingen   x) Steingutfabrik Mettlach (ehem. Abtei)

y) Hafen, Saarbrücken   z) Evangelische Ludwigskirche   aa) Förderturm und Wetterschacht

ab) Gotische Grabkirche im Park zu Mettlach   ac) Burbacher Hütte

Preise von Nr. 84–97 für handelsübliche (mangelhafte) Zähnung. Stücke mit tadelloser Zähnung bis 100% Aufschlag.

		EF	MeF	MiF
84.	3 C. dkl'olivgrün/or'gelb ... s		40.—	6.—
85.	5 C. .... t			
	a. orange/schwarz.........	7.—	12.—	2.50
	b. gelborange/schwarz.....	150.—	220.—	100.—
86.	10 C. grün/h'gelb (Töne) GA . u	20.—	9.—	2.50
87.	15 C. rotbr. bis dkl'rotbr. GA . s	10.—	30.—	3.50
88.	20 C. dkl'blau/mattgelb GA . t	12.—	35.—	5.50
89.	25 C. karmin/mattgelb...... v	30.—	80.—	17.—
90.	30 C.			
	a. karminrot/hellchromgelb	17.—	34.—	6.—
	b. karminrot/mattgelb.....	210.—	420.—	130.—
91.	40 C. lilabraun/mattgelb..... x	14.—	60.—	3.50
92.	50 C. dkl'blau/mattgrün ..... y	14.—	70.—	3.50
93.	75 C. dkl'grün/mattgelb..... x	280.—	510.—	165.—
94.	1 Fr. bräunlichrot........... z	20.—	70.—	6.—
95.	2 Fr. bläul'violett/mattgelb .. aa	70.—	280.—	13.—
96.	3 Fr. h'or'/schw'blaugrün .. ab	95.—	80.—	20.—
97.	5 Fr. siena/dkl'bräunl'rot .. ac	680.—	2150.—	240.—
	Nr. 84–97 Satzbrief			570.—

1923, Okt. Freim.-Ausg. Wie Nr. 87–89 und 93, jedoch Farbänderungen; Bdr. Vaugirard; gez. K 12½: 13½.

98.	15 C. hellorangerot .... s	20.—	25.—	3.50
99.	20 C. grünlichblau/mattgelb.. v	10.—	25.—	3.50
100.	25 C. lila/mattgelb v	6.—	15.—	2.50
101.	75 C. schw'olivgr./h'glbgr'n.. x	60.—	160.—	17.—
	Nr. 98–101 Satzbrief			150.—

Gültig Nr. 84–101 bis 31.12.1933.

Saar

1925, 9. April. Freim.-Erg.-Werte. ▣ E. Wagner; RaTdr. Vaugirard auf gestrichenem Papier; Nr. 102 gez. K 13½:12½, Nr. 103 gez. K 12.

 ad  ae

ad–ae) Madonna von Blieskastel (Holzstatue)

		EF	MeF	MiF
102.	45 C. rotbraun .... ad	300.—	210.—	45.—
103.	10 Fr. dkl'braun .... ae	650.—	1200.—	220.—
	Satzbrief			560.—

Gültig: Nr. 102 bis 31.12.1933, Nr. 103 bis 28.2.1935.

1926, 25. Okt. Wohlt.-Ausg. zugunsten der Volkshilfe. ▣ H. Wagner; RaTdr. Vaugirard; gez. K 13½.

af) Kriegs-fürsorge ag) Kranken-pflege ah) Kinder-fürsorge ai) Säuglings-pflege

104.	20 C.+20 C. schwarzoliv... af	700.—	310.—	150.—
105.	40 C.+40 C. dkl'braun ..... ag	210.—	350.—	160.—
106.	50 C.+50 C. orangerot..... ah	195.—	380.—	150.—
107.	1.50 Fr.+1.50 Fr. dkl'grünlichblau .... ai	430.—	790.—	400.—
	Nr. 104–107 Satzbrief			390.—

Gültig bis 31.1.1927.

1926, 26. Dez./1927, Freim.-Ausg. RaTdr. Vaugirard; gez. K 13½.

ak) Marktbrunnen in St. Johann   al) Saartal bei Güdingen

am) Kaserne in Saarlouis   an) Abtei Tholey

ao) Schachtanlage   ap) Burbacher Hütte

		EF	MeF	MiF
108.	10 C. siena............. ak		40.—	3.—
109.	15 C. schwarzgrün......... al	800.—	45.—	8.—
110.	20 C. braunorange (Dez. 1926) .... am	8.—	12.—	3.—
111.	25 C. schwarzgraublau..... an	60.—	35.—	7.—
112.	30 C. schwarzolivgrün GA ... ak	10.—	35.—	3.—
113.	40 C. schwarzbraun GA ... am	12.—	25.—	7.—
114.	50 C. braunkarmin.........	10.—	22.—	4.—
115.	75 C. schwarzlila .... al	18.—	40.—	5.—
116.	80 C. mittelorangerot ...... ao	90.—	175.—	45.—
117.	1 Fr. dkl'violett .... ao	50.—	40.—	6.—
118.	1.50 Fr. dkl'grünlichblau bis dkl'grünblau........ am	28.—	40.—	6.—
119.	2 Fr. dkl'bräunlichrot...... ap	28.—	200.—	7.—
120.	3 Fr. schwarzoliv .... ap	80.—	210.—	12.—
121.	5 Fr. siena .... ap	220.—	800.—	50.—
	Nr. 108–121 Satzbrief			250.—

Gültig bis 28.2.1935.

Weitere Werte in Zeichnung ao: Nr. 143, am: Nr. 160.

1927, 1. Okt. Wohlt.-Ausg. zugunsten der Volkshilfe. Nr. 104—107 mit Aufdruck der Jahreszahl.

1927-28

122.	20 C.+20 C. dkl'olivgrün .(104)	650.—	450.—	260.—
123.	40 C.+40 C. sepia .... (105)	440.—	510.—	350.—
124.	50 C.+50 C. orangerot... (106)	340.—	620.—	260.—
125.	1.50 Fr.+1.50 Fr. blau ... (107)	780.—	1200.—	700.—
	Nr. 122–125 Satzbrief			460.—

Gültig bis 29.2.1928.

 **+ 1928,** 19. Sept. Flp.-Ausg. RaTdr. Vaugirard; gez. K 13½.

Fa) Doppeldecker Breguet 18 T über Saarbrücken

126.	50 C. dkl'bräunlichrot...... Fa	55.—	110.—	35.—
127.	1 Fr. dkl'violett .... Fa	75.—	230.—	60.—
126 I.	Wolke vor Flugzeug............	700.—	700.—	
	Nr. 126–127 Satzbrief			45.—

Gültig bis 28.2.1935.

1928, 23. Dez. Wohlt.-Ausg. zugunsten der Volkshilfe. Darstellungen nach berühmten Gemälden. RaTdr. Vaugirard; gez. K 13½.

ar) „Der blinde Bettler" as) „Das Almosen" at) „La Carità"
(v. J. L. Dyckmanns)   (Schiestl)   (Raphael)

128.	40 C. (+40 C.) schw'br. .. ar	260.—	490.—	230.—
129.	50 C. (+50 C.) dkl'bräunlichkarmin.. ar	260.—	470.—	230.—
130.	1 Fr. (+1 Fr.) dkl'vio. .... ar	410.—	720.—	300.—
131.	1.50 Fr. (+1.50 Fr.) dkl'grünlichblau ..... as	620.—	1150.—	320.—
132.	2 Fr. (+2 Fr.) dkl'bräunlichrot..... as	790.—	1300.—	475.—
133.	3 Fr. (+3 Fr.) schw'ol'gr. as	950.—	1700.—	900.—
134.	10 Fr. (+10 Fr.) braun .. at	20000.—	—.—	—.—
	Nr. 128–134 Satzbrief			16500.—

Gültig bis 15.4.1929.

Saar

1929, 22. Dez. Wohlt.-Ausg. zugunsten der Volkshilfe. Darstellungen nach berühmten Gemälden. RaTdr. Vaugirard; gez. K 13½.

au) „Verwaiste Herzen" av) „Hl. Odilia" aw) „La Madonnina"
(Herm. Kaulbach) (M. Feuerstein) (Ferruzzio)

			EF	MeF	MiF
135.	40 C. (+15 C.) schw'ol'grün	au	75.—	400.—	70.—
136.	50 C. (+20 C.) d'bräunl'rot	au	105.—	230.—	110.—
137.	1 Fr. (+50 C.) dkl'br'lila...	au	270.—	530.—	170.—
138.	1.50 Fr.(+75 C.) dkl'grünlichblau	av	450.—	730.—	220.—
139.	2 Fr. (+1 Fr.) lilarot	av	510.—	1300.—	260.—
140.	3 Fr. (+2 Fr.) schw'bl'grün	av	680.—	1450.—	350.—
141.	10 Fr. (+8 Fr.) schw'braun	aw	2350.—	1400.—	880.—
	Nr. 135–141 Satzbrief				

Gültig bis 30.6.1930.

1930, 28. März. Ah.-Ausg. Nr. 116 mit neuem Wertaufdruck.

| 142. | 60 cent. a. 80 C. mittel-orangerot | (116) | 30.— | 55.— | 20.— |

1930, 15. April. Freim.-Erg.-Wert. RaTdr. Vaugirard; gez. K 13½.

ao) Schachtanlage

| 143. | 60 C. mittelorangerot | ao | 8.— | 210.— | 10.— |

Nr. 142 und 143 gültig bis 28.2.1935.

1931, 20. Jan. Wohlt.-Ausg. zugunsten der Volkshilfe. Darstellung nach berühmten Gemälden. RaTdr. Vaugirard; gez. K 13½.

ax) „Sicherheitsmann" ay) „Der barmherzige az) „Im Fenster"
(F. Zolnhofer) Samariter" (F. G. Waldmüller)
 (J. Heinemann)

144.	40 C. (+15 C.) lilabraun	ax	170.—	310.—	150.—
145.	60 C. (+20 C.) orangerot	ax	170.—	270.—	150.—
146.	1 Fr. (+50 C.) lilarot	ay	470.—	720.—	340.—
147.	1.50 Fr.(+75 C.) dkl'grün-blau	ax	610.—	840.—	500.—
148.	2 Fr. (+1 Fr.) sepia	ay	620.—	1300.—	550.—
149.	3 Fr. (+2 Fr.) dkl'grün	ay	860.—	—.—	650.—
150.	10 Fr. (+10 Fr.) rotbraun	az	2150.—	1900.—	2100.—
	Nr. 144–150 Satzbrief				

Gültig bis 31.6.1931.

1931, 23. Dez. Wohlt.-Ausg. zugunsten der Volkshilfe. Darstellungen nach berühmten Gemälden. RaTdr. Vaugirard; gez. K 13½.

ba) „St. Martin" bb) „Caritas" bc) „Das Scherflein
(Fritz Boehle) (Ridgway-Knight) der Witwe" (Dubufe)

			EF	MeF	MiF
151.	40 C. (+15 C.) dkl'braun	ba	175.—	310.—	160.—
152.	60 C. (+20 C.) orangerot	ba	175.—	300.—	160.—
153.	1 Fr. (+50 C.) dkl'br'lila	ba	350.—	610.—	330.—
154.	1.50 Fr. (+75 C.) dunkelgrünlichblau	bb	610.—	960.—	525.—
155.	2 Fr. (+1 Fr.) lilarot	bb	690.—	1100.—	550.—
156.	3 Fr. (+2 Fr.) schw'oliv	bb	1100.—	—.—	900.—
157.	5 Fr. (+5 Fr.) or'braun	bc	3600.—	—.—	3000.—
	Nr. 151–157 Satzbrief				2900.—

Gültig bis 31.10.1932.

✈ **1932,** 20. April. Flp.-Ausg. Erg.-Werte. RaTdr. Vaugirard; gez. K 13½.

Fb) Flugzeug Focke-Wulf A-38 „Möwe" über dem Flughafen Saarbrücken-St. Arnual und Stiftskirche von St. Arnual

158.	60 C. orangerot	Fb	70.—	250.—	50.—
159.	5 Fr. siena	Fb	530.—	1200.—	450.—
	Nr. 158–159 Satzbrief				510.—

Gültig bis 28.2.1935.

1932, 20. April. Freim.-Erg.-Wert. RaTdr. Vaugirard; gez. K 13½.

| 160. | 90 C. lebh'rot GA | am | 190.— | 450.— | 140.— |

Gültig bis 28.2.1935.

1932, 20. Dez. Wohlt.-Ausg. zugunsten der Volkshilfe. Burgen und Kirchen. ✉ nach Photos Wentz; RaTdr. Vaugirard; gez. K 13½.

bd) Kirkel, be) Blieskastel, bf) Ottweiler bg) Saarbrücken
Burgruine Schloßkirche ev. Kirche St.-Michael-Kirche

bh) St. Wendel, bk) Jllingen, bi) Saarbrücken,
Wendelinus- Burg Kerpen St.-Johann-Kirche
brunnen

Saar

			EF	MeF	MiF
161.	40 C. (+15 C.) dkl'braun.. bd		225.—	400.—	200.—
162.	60 C. (+20 C.) orangerot... be		230.—	375.—	200.—
163.	1 Fr. (+50 C.) dkl'violett.. bf		380.—	510.—	330.—
164.	1.50 Fr. (+75 C.) dkl'grünlichblau .... bg		470.—	500.—	420.—
165.	2 Fr. (+1 Fr.) karminrot ... bh		690.—	1150.—	450.—
166.	3 Fr. (+2 Fr.) schwarzoliv . bi		1700.—	—.—	1400.—
167.	5 Fr. (+5 Fr.) dkl'or'braun . bk		3100.—	—.—	2500.—
	Nr. 161–167 Satzbrief				3000.—

Gültig bis 30.6.1933.

1933, 1. Juni. Wohlt.-Ausg. zugunsten der Opfer des Explosionsunglücks am 10. Februar in Neunkirchen (bl). ⌂ J. Lempereur; RaTdr. Vaugirard; gez. K 13½.

bl) Die Stätte des Unglücks

168.	60 C. (+60 C.) dkl'orangerot..	150.—	250.—	130.—
169.	3 Fr. (+ 3 Fr.) schwarzgrün ..	410.—	890.—	340.—
170.	5 Fr. (+ 5 Fr.) dunkelbraun ..	980.—	—.—	600.—
	Nr. 168-170 Satzbrief			640.—

Gültig bis 15.3.1934.

1934, 15. März. Wohlt.-Ausg. zugunsten der Volkshilfe. Nr. 171—176 Standbilder aus der Ludwigskirche in Saarbrücken von Carlo Luca Pozzi, Nr. 177 Grabfigur der Gräfin Elisabeth. RaTdr. Vaugirard; gez. K 13½.

bm) „Liebe"   bn) „Sorge"   bo) „Frieden"   bp) „Trost"

br) „Wohlfahrt"   bs) „Wahrheit"   bt) Gräfin Elisabeth von Nassau-Saarbrücken († 1455) Stiftskirche zu Arnual

171.	40 C. (+15 C.) braun ..... bm	125.—	200.—	90.—
172.	60 C. (+20 C.) rotorange.... bn	130.—	210.—	90.—
173.	1 Fr. (+50 C.) schw'lila... bo	180.—	320.—	140.—
174.	1.50 Fr. (+75 C.) schwarzgrünlichblau ... bp	410.—	610.—	295.—
175.	2 Fr. (+1 Fr.) lilarot....... br	370.—	730.—	275.—
176.	3 Fr. (+2 Fr.) schw'br'oliv . bs	570.—	1200.—	320.—
177.	5 Fr. (+5 Fr.) dkl'or'braun . bt	1100.—	2700.—	825.—
	Nr. 171-177 Satzbrief			810.—

Gültig bis 30.11.1934.

1934, 1. Nov. Ah.-Ausg. Nr. 114 mit Aufdruck des neuen Wertes, alter Wert durchstrichen.

178.	40 cent. a. 50 C. braunkarmin ....(114)	30.—	40.—	25.—

Gültig bis 28.2.1935.

1934, 1. Nov. So.-Ausg. zur Volksabstimmung. Freimarken mit Bdr.-Aufdruck **VOLKSABSTIMMUNG 1935** in der Farbe der Marken, bei Nr. 194 in Schwarz, von Vaugirard.

			EF	MeF	MiF
179.	10 C. siena.......... (108) Br			15.—	5.—
180.	15 C. schwarzgrün.... (109) Gr	800.—		12.—	5.—
181.	20 C. braunorange.... (110) Or	7.—		12.—	7.—
182.	25 C. schw'graublau ..(111) Gr	300.—		45.—	7.—
183.	30 C. schw'olivgrün..(112) Gr	5.—		9.—	3.—
184.	40 C. schwarzbraun... (113) Br	7.—		17.—	5.—
185.	50 C. braunkarmin.... (114) R			22.—	7.—
186.	60 C. mittelorangerot .(143) Or	7.—		20.—	4.—
187.	75 C. schwarzlila...... (115) L	20.—		28.—	10.—
188.	90 C. lebh'rot .... (160) R	20.—		45.—	10.—
189.	1 Fr. dkl'violett....... (117) V	18.—		25.—	10.—
190.	1.50 Fr. dunkelgrünlichblau....... (118) Bl	70.—		95.—	25.—
191.	2 Fr. dkl'bräunlichrot.. (119) R	75.—		160.—	35.—
192.	3 Fr. schwarzoliv .... (120) Gr	160.—		420.—	60.—
193.	5 Fr. siena .... (121) Br	300.—		830.—	200.—
194.	10 Fr. dkl'braun .... (103) S	1200.—		500.—	—.—
	Nr. 179–194 Satzbrief				420.—

Gültig bis 28.2.1935.

✈ **1934,** 1. Nov. Flp.-So.-Ausg. Nr. 126–127 und 158 bis 159 mit Bdr.-Aufdruck **VOLKSABSTIMMUNG 1935** in der Farbe der Marken von Vaugirard.

195.	50 C. dkl'bräunl'rot.... (126) R	100.—	50.—
196.	60 C. orangerot ......(158) Or	30.—	60.—	20.—
197.	1 Fr. dkl'violett....... (127) V	100.—	150.—	80.—
198.	5 Fr. siena .... (159) Br	350.—	900.—	165.—
	Nr. 195-198 Satzbrief			140.—

Gültig bis 28.2.1935.

Wasserzeichen:
Wenn die Angabe eines Wasserzeichens (Wz.) fehlt, ist die Marke immer *ohne Wz.*
Die Wasserzeichenabbildungen sind immer von der M a r k e n rückseite aus gesehen wiedergegeben.

Aufdruck:
Die Farbe des Aufdrucks ist, wenn nicht anders vermerkt, immer schwarz.

Abkürzungen
des Katalogtextes, die immer wiederkehren, finden Sie in einer übersichtlichen Aufstellung in der „Einführung in den MICHEL-Katalog".

1934, 1. Dez. Wohlt.-So.-Ausg. zugunsten der Volkshilfe. Ausgabe 1934 mit zweizeiligem, senkrechtem Bdr.-Aufdruck **VOLKSABSTIMMUNG 1935** in der Farbe der Marken von Vaugirard.

			EF	MeF	MiF				EF	MeF	MiF
199.	40 C. (+ 15 C.) braun (171) Br		110.—	170.—	100.—	203.	2 Fr. (+1 Fr.) lilarot (175) R		330.—	410.—	230.—
200.	60 C. (+ 20 C.) rotor. (172) R		250.—	165.—	100.—	204.	3 Fr. (+2 Fr.) schwarz-braunoliv (176) Gr		380.—	960.—	250.—
201.	1 Fr. (+50 C.) schwarz-lila (173) L		220.—	400.—	180.—	205.	5 Fr. (+5 Fr.) dunkel-orangebraun (177) Br		600.—	.—	320.—
202.	1.50 Fr. (+75 C.) schwarz-grünlichblau (174) Bl		260.—	410.—	200.—		Nr. 199–205 Satzbrief				600.—

Gültig bis 28.2.1935.

Saarland (1947–1956)

1 Reichsmark = 100 Pfennig

Wz. 1
Wellenlinien

bx) Benediktiner-Abtei Mettlach mit „Altem Turm"

by) Marschall Ney (1769–1815)

bz) Große Saarschleife zwischen Mettlach und Merzig

Nachdem das Saargebiet durch freie Abstimmung seiner Bevölkerung am 1. März 1935 zum Deutschen Reiche zurückkehrte, kam es nach dem Zusammenbruch 1945 zur Französischen Zone Deutschlands. Es galten daher auch die Marken der Französischen Zone, die mit Abstempelung saarländischer Postämter von Spezialisten als **Saar-Vorläufer** gesammelt werden. ✉-Zuschlag 30.— auf Markenwert.

1947, Jan./März. Freim.-Ausg. ✉ Prof. V. K. Jonynas; RaTdr. F. Burda in Bogen zu 100 Marken Nr. 224 I und 225 I in Bogen zu 50 Marken; auf dickem, mattgelblichem Papier (weiße bis bräunlichgelbe Gummierung) gez. K 14.

bu) Häuser vor Ort, Hintergrund Saarlandschaft
bv) Arbeiter an der Schmiedepresse
bw) Ernteerbeiterinnen, im Hintergrund Industrieanlagen

			EF	MeF	MiF
206 I.	2 Pfg. dkl'bis schw'gr. (7.3.)	bu	1550.—	35.—	12.—
207 I.	3 Pfg. orange (7.3.)	bu		35.—	13.—
208 I.	6 Pfg schw'bl'grün (17.2.)	bu	12.—	14.—	9.—
209 I.	8 Pfg. mittelrot (7.3.)	bu		55.—	9.—
210 I.	10 Pfg. violettpurpur (7.3.)	bu	35.—	40.—	9.—
211 I.	12 Pfg. dkl'oliv (20.1.)	bu	nur mit Wz.		
212 I.	15 Pfg. dkl'siena (17.2.)	bv		65.—	12.—
213 I.	16 Pfg. vio'ultramar. (17.2.)	bv	45.—	40.—	9.—
214 I.	20 Pfg karminrot (17.2.)	bv	225.—	55.—	9.—
215 I.	24 Pfg lebh'or'braun (4.2.)	bv	5.—	17.—	5.—
216 I.	25 Pfg. lebh'lilakar. (7.3.)	bv	—.—	300.—	180.—
217 I.	30 Pfg. dkl'olivgrün (7.3.)	bw	250.—	65.—	25.—
218 I.	40 Pfg. siena (7.3.)	bw	200.—	100.—	15.—
219 I.	45 Pfg. mittelrot (4.2.)	bw	nur mit Wz.		
220 I.	50 Pfg. blauschwarz (7.3.)	bw	350.—	530.—	180.—
221 I.	60 Pfg. blauviolett (7.3.)	bx	350.—	530.—	180.—
222 I.	75 Pfg. dkl'blau (20.1.)	bx	nur mit Wz.		
223 I.	80 Pfg. rotorange (7.3.)	bx	85.—	200.—	17.—
224 I.	84 Pfg. braun (17.2.)	by	35.—	150.—	20.—
225 I.	1 M. dkl'grün (17.2.)	bz	95.—	350.—	55.—
	Nr. 206 I–225 I Satzbrief				450.—

Desgl., jedoch mit Wz. Wellenlinien (Wz. 1) X fallend, Y steigend; RaTdr.; gez. K 14.

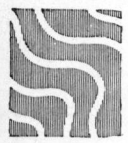 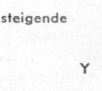 

Wasserzeichen 1

X = fallende   Y = steigende
Wellenlinien

			EF X	MeF X	MiF X	EF Y	MeF Y	MiF Y
211 I.	12 Pfg. dunkeloliv	bu	6.—	10.—	6.—	8.—	10.—	6.—
219 I.	45 Pfg. mittelrot	bw				600.—	380.—	160.—
222 I.	75 Pfg. dunkelblau	bx	1600.—	2000.—	600.—	90.—	160.—	15.—

Gültig bis 27.11.1947.

Saar
Postgebühren (1947–1959)

	Gewicht	im Ort	bis 16.11.1947 nach allen Zonen	Ausland	Gewicht	17.11.1947 bis 30.4.48 Saarl. u. Frankr.	20.11.1947[1)] Dtschl.	Ausl.	1.5.1948 bis 21.9.1948 Saarl. u. Frankr.	22.9.1948 bis 11.1.1949 Dtschl. u. Ausl.	22.9.1948 bis 30.11.1948 Saarl. u. Frankr.	22.9.1948 bis 30.11.1948 Deutschl. u. Ausland
Briefe	bis 20 g	16 Pfg.	24 Pfg.	50 Pfg.	bis 20 g	6 Fr.	9 Fr.	10 Fr.	6 Fr.	18 Fr.	10 Fr.	18 Fr.
	bis 50 g				bis 50 g	9 Fr.	9 Fr.		9 Fr.		10 Fr.	
	bis 100 g			je 20 g = 30 Pfg. (ab 30.9.1947 bis 2000 g)	bis 100 g	12 Fr.	12 Fr.	je 20 g = 6 Fr.	12 Fr.	je 20 g = 12 Fr.	20 Fr.	je 20 g = 12 Fr.
	bis 250 g	32 Pfg.	48 Pfg.		bis 300 g	20 Fr.	20 Fr.		20 Fr.		30 Fr.	
	bis 500 g	40 Pfg.	80 Pfg.		bis 500 g	28 Fr.	28 Fr.		28 Fr.		40 Fr.	
	bis 1000 g	60 Pfg.	120 Pfg.		bis 1000 g	40 Fr.	40 Fr.		40 Fr.		60 Fr.	
					bis 1500 g	50 Fr.	–		50 Fr.		80 Fr.	
					bis 2000 g	60 Fr.	–		60 Fr.		100 Fr.	
					bis 3000 g	75 Fr.	–	–	75 Fr.		125 Fr.	
Postkarten		10 Pfg.	12 Pfg.	30 Pfg.		5 Fr.	5 Fr.	6 Fr.	5 Fr.	12 Fr.	8 Fr.	12 Fr.
mit Antwort						10 Fr.	–	12 Fr.	10 Fr.	24 Fr.	16 Fr.	24 Fr.
Drucksachen	bis 20 g	6 Pfg.	6 Pfg.	–	bis 20 g	2 Fr.	2 Fr.	2 Fr.	2 Fr.		3 Fr.	
	bis 50 g	8 Pfg.	8 Pfg.	–	bis 50 g	4 Fr.	4 Fr.	je 50 g = 2 Fr.	4 Fr.	je 50 g = 4 Fr.	6 Fr.	je 50 g = 4 Fr.
	bis 100 g	16 Pfg.	16 Pfg.	–	bis 100 g	6 Fr.	6 Fr.		6 Fr.		10 Fr.	
	bis 250 g	30 Pfg.	30 Pfg.	–	bis 300 g	12 Fr.	12 Fr.		12 Fr.		20 Fr.	
	bis 500 g	60 Pfg.	60 Pfg.	–	bis 500 g	18 Fr.	18 Fr.		18 Fr.		30 Fr.	
	bis 1000 g				bis 1000 g	30 Fr.	30 Fr.		30 Fr.		45 Fr.	
					bis 1500 g	40 Fr.	40 Fr.		40 Fr.		60 Fr.	
					bis 2000 g	50 Fr.	50 Fr.		50 Fr.		75 Fr.	
					bis 3000 g	65 Fr.	–	–	65 Fr.		100 Fr.	
Eilbotengebühr: Ortszustellbezirk		80 Pfg.				25 Fr.	25 Fr.	20 Fr.	25 Fr.	40 Fr.	35 Fr.	40 Fr.
Landzustellbezirk		160 Pfg.				50 Fr.	50 Fr.	20 Fr.	50 Fr.	40 Fr.	70 Fr.	40 Fr.
Einschreibgebühr		60 Pfg.				14 Fr.	10 Fr.[2)]	10 Fr.[2)]	14 Fr.	25 Fr.	25 Fr.	25 Fr.
Wertbriefe: Einschreibgebühr						14 Fr.	10 Fr.[2)]	10 Fr.[2)]	14 Fr.	25 Fr.	25 Fr.	25 Fr.
Versicherung						15 Fr.[3)]	5 Fr.[4)]	5 Fr.[4)]	15 Fr.[3)]	35 Fr.[5)]	25 Fr.[6)]	35 Fr.[5)]
Nachnahmen						10 Fr.	–	–	10 Fr.	–	15 Fr.	–
eigenh. Zustellung						18 Fr.	–	–	18 Fr.	–	25 Fr.	–

	Gewicht	1.12.1948 bis 30.4.1951 Deutschl. u. Ausland	12.1.1949 bis 13.12.1951 Saarl. u. Frankr.	1.5.1951 bis 14.7.1955 Dtschl. u. Ausl.	14.12.1951 bis 30.6.1955 Saarl. u. Frankr.	1.7.1955 bis 5.7.1959 Saarl.	1.7.1955 bis 5.7.1959 Frankr.	15.7.1955 bis 5.7.1959 Dschtl.	Ausland
Briefe	bis 20 g	25 Fr.	15 Fr.	30 Fr.	15 Fr.	15 Fr.	15 Fr.	15 Fr.	30 Fr.
	bis 50 g		20 Fr.		25 Fr.	25 Fr.	25 Fr.	25 Fr.	
	bis 100 g	je 20 g = 15 Fr.	30 Fr.	je 20 g = 18 Fr.	35 Fr.	35 Fr.	35 Fr.	35 Fr.	je 20 g = 18 Fr.
	bis 300 g		45 Fr.		50 Fr.	50 Fr.	50 Fr.	50 Fr.	
	bis 500 g		60 Fr.		65 Fr.	65 Fr.	65 Fr.	65 Fr.	
	bis 1000 g		90 Fr.		90 Fr.	90 Fr.	90 Fr.	90 Fr.	
	bis 1500 g		120 Fr.		120 Fr.	–	120 Fr.	–	
	bis 2000 g		150 Fr.		150 Fr.	–	150 Fr.	–	
	bis 3000 g		200 Fr.		200 Fr.	–	200 Fr.	–	
Postkarten		15 Fr.	12 Fr.	18 Fr.	12 Fr.	12 Fr.	12 Fr.	12 Fr.	18 Fr.
mit Antwort		30 Fr.	24 Fr.	36 Fr.	24 Fr.	24 Fr.	24 Fr.	24 Fr.	36 Fr.
Drucksachen	bis 20 g		5 Fr.		5 Fr.	5 Fr.	5 Fr.	5 Fr.	
	bis 50 g		10 Fr.		10 Fr.	10 Fr.	10 Fr.	10 Fr.	
	bis 100 g	je 50 g = 5 Fr.	15 Fr.	je 50 g = 6 Fr.	15 Fr.	15 Fr.	15 Fr.	15 Fr.	je 50 g = 6 Fr.
	bis 300 g		30 Fr.		30 Fr.	30 Fr.	30 Fr.	30 Fr.	
	bis 500 g		45 Fr.		45 Fr.	45 Fr.	45 Fr.	45 Fr.	
	bis 1000 g		70 Fr.		70 Fr.	70 Fr.	70 Fr.	70 Fr.	
	bis 1500 g		100 Fr.		100 Fr.	–	100 Fr.	–	
	bis 2000 g		120 Fr.		120 Fr.	–	120 Fr.	–	
	bis 3000 g		160 Fr.		160 Fr.	–	160 Fr.	–	
Eilbotengebühr: Ortszustellbezirk		50 Fr.	50 Fr.	65 Fr.	50 Fr.	50 Fr.	50 Fr.	50 Fr.	65 Fr.
Landzustellbezirk		50 Fr.	100 Fr.	65 Fr.	100 Fr.	100 Fr.	100 Fr.	100 Fr.	65 Fr.
Einschreibgebühr		35 Fr.	50 Fr.[7)]	45 Fr.	35 Fr.	35 Fr.	35 Fr.	35 Fr.	45 Fr.
Wertbriefe: Einschreibgebühr		35 Fr.	50 Fr.[7)]	45 Fr.	35 Fr.	35 Fr.	35 Fr.	35 Fr.	45 Fr.
Versicherung		45 Fr.[5)]	10 Fr.[8)]	55 Fr.[9)]	10 Fr.[8)]	10 Fr.[8)]	20 Fr.[10)]	10 Fr.[10)]	35 Fr.[9)]
Nachnahmen		–	20 Fr.	–	25 Fr.	25 Fr.	25 Fr.	25 Fr.	–
eigenh. Zustellung		–	40 Fr.	–	40 Fr.	40 Fr.	40 Fr.	40 Fr.[11)]	–

[1)] Vom 17.11.1947—19.11.1947 Postsperre für Sendungen nach Deutschland und ins Ausland - [2)] erst ab 22.12.1947 zugelassen – [3)] bis 1000 Fr., jede weiteren 1000 Fr. = 1 Fr. – [4)] bis 3000 Fr., jede weiteren 3000 Fr. = 1 Fr. – [5)] je 2000 Fr. oder Teil davon [6)] bis 1000 Fr., jede weiteren 1000 Fr. = 2 Fr. – [7)] Die Einschreibgebühr wurde am 7.7.1949 auf 35 Fr. ermäßigt – [8)] je 10000 Fr., mindestens 50 Fr. – [9)] je 3500 Fr. – [10)] je 10000 Fr. – [11)] erst ab 19.10. 1955 zugelassen.

Saar

Neue Währung: 1 Saarmark = 100 Pfennig

1947, Nov. Freim.-Ausg. Nr. 206 I–225 I in leicht verbesserter Zeichnung. RaTdr. F. Burda auf besserem, weißem Papier mit weißer Gummierung; gez. K 13¾.

Unterscheidungsmerkmale zwischen erster und zweiter Ausgabe:

Muster bu und bw)

Muster bu)

Muster bv)

Muster bv)

Muster bv)

Muster bx)

Muster bz)

Muster bu) „Häuer", 2—12 Pfg.
 I = Querbalken in beiden AA von SAAR hochliegend
   (bei Nr. 206—211, 226 I—229 I)
 II = Querbalken beider A tiefliegend und kräftiger
   (bei Nr. 206 II—211 II, 226 II—229 II)

Außerdem bei 10 Pfg.
 I = Gerade Wertziffer „10" mit breiter „0"
 II = Schräge Wertziffer „10" mit schmaler „0", „1" ohne Fußstrich.

Außerdem bei 12 Pfg.
 I = mit Wz. 7 X oder Y (bei Nr. 211, 229 I)
 II = ohne Wz. (bei Nr. 211 II, 229 II)

Muster bv) „Hüttenarbeiter", 15—24 Pfg.
 I = Vexierbild (umgekehrtes Kopfbild) zwischen den Beinen des rechten Arbeiters
   (bei Nr. 212—215, 230 I—233 I)

 II = Kein Vexierbild, nur unförmiger Halbkreis
   (bei Nr. 212 II—215 II, 230 II—233 II)

Außerdem bei 15 und 16 Pfg.
 I = „1" der Wertziffer spitz ohne Fuß endend
   (Nr. 212—213, 230 I—231 I)
 II = „1" der Wertziffer mit breitem Fuß
   (Nr. 212 II—213 II, 230 II—231 II).

Außerdem bei 24 Pfg.
 I = Fuß der „2" in Wertziffer schmal und eckig, Querbalken der „4" kurz
   (Nr. 215, 233 I)
 II = Fuß der „2" dick und geschwungen, Querbalken der „4" nach rechts verlängert
   (Nr. 215 II, 233 II)

Saar

Muster bw) „Frauen bei der Ernte", 30—50 Pfg.
I = Hoher Querbalken in beiden A von SAAR, wie bei Muster a)
(Nr. 217—220, 234 I—235 I)
II = Tiefliegender Querbalken beider A, wie bei Muster a)
(Nr. 217 II, 220 II, 234 II—235 II)

Muster bx) „Abtei Mettlach", 60 Pfg.
I = Weiter Abstand zwischen linkem Schatten und Schriftband; vorderer Baumstamm eingekerbt
(Nr. 221, 236 I)
II = Enger Abstand zwischen linkem Schatten und Schriftband; Baumstamm geradlinig
(Nr. 221 II, 236 II)

Muster by) „Marschall Ney", 84 Pfg.
Bei I und II kein wesentlicher Plattenunterschied; nur hat die II. Auflage dickeres, weißes Papier und glatte weiße (statt bei I gelbliche) Gummierung
(Nr. 224, 237 I bzw. 224 II, 237 II)

Muster bz) „Saarschleife", 1 M bzw. SM.
I = Alte Wertbezeichnung M für Mark
II = Neue Wertbezeichnung SM für Saarmark

Bei Anfragen Rückporto nicht vergessen!

Ab 20. 11. 1947: 1 Franc (franzos.) = 100 Centimes

1947, 20./27. Nov./6. Dez. Ah.-Ausg. Nr. 206 I–225 I und Nr. 206 II–225 II mit Aufdruck der Franc-Währung durch Malstatt-Burbacher Handelsdruckerei, gedruckt in Bogen zu 100 Marken bzw. 50 Marken.
I. Aufdruck auf Nr. 206–225 (sog. Urdruck). II. Aufdruck auf die Neuaufl. Nr. 206 II–225 II.

			I			II		
			EF	MeF	MiF	EF	MeF	MiF
226.	10 cent. a. 2 Pfg. dkl'bis schwarzgrau.....(206)			5500.—	1500.—		300.—	100.—
227.	60 cent. a. 3 Pfg. orange (27.11.).........(207)		3900.—	6000.—	3300.—	850.—	170.—	95.—
228.	1 F. a. 10 Pfg. violettpurpur (27.11.).....(210)			135.—	70.—		50.—	27.—
229.	2 F. a. 12 Pfg. dkl'oliv (20.11.).........(211)							
	X. fallendes Wz........................		20.—	65.—	15.—			
	Y. steigendes Wz.......................		10.—	35.—	10.—			
	Z. ohne Wz............................					20.—	40.—	15.—
230.	3 F. a. 15 Pfg. dkl'siena (20.11.)........(212)		20000.—	17000.—	6300.—	400.—	90.—	17.—
231.	4 F. a. 16 Pfg. violettultramarin (27.11.)..(213)		380.—	850.—	300.—	160.—	110.—	70.—
232.	5 F. a. 20 Pfg. karminrot (27.11.).......(214)		18000.—	30000.—	9500.—	22.—	50.—	22.—
233.	6 F. a. 24 Pfg. lebh'orangebraun (20.11.).(215)		12.—	30.—	12.—	12.—	35.—	20.—
234.	9 F. a. 30 Pfg. dkl'olivgrün (27.11.).....(217)		2500.—	7000.—	1800.—	200.—	220.—	120.—
235.	10 F. a. 50 Pfg. blauschwarz (6.12.).....(220)		19000.—	24000.—	11500.—	230.—	280.—	135.—
236.	14 F. a. 60 Pfg. blauviolett (27.11.)......(221)		5500.—	16000.—	2700.—	300.—	400.—	140.—
237.	20 F. a. 84 Pfg. braun (6.12.)...........(224)		100.—	3000.—	80.—	50.—	390.—	120.—
238 a.	50 F. a. 1 M. dunkelgrün (6.12.)........(225 I)		1400.—		1300.—			
238 b.	50 F. a. 1 SM. blaugrün (6.12.).........(225 II)					280.—	200.—	300.—
	Nr. 226 II–238 b Satzbrief				36000.—			

Gültig bis 31.5.1948.

Eine dringende Bitte!

Bevor Sie über eventuell nicht verstandene Abkürzungen, Katalogisierungen etc. an die Redaktion schreiben, lesen sie zunächst die Einleitung zu jedem Land bzw. die Einführung zum Katalog. Sie können sich dadurch vielleicht manche Rückfrage sparen.

Saar

1948, 1. April. Freim.-Ausg. Decaris; StTdr. Staatsdr. Paris, auf dickerem, rein weißem oder etwas dünnerem, leicht graustichigem Papier in Bogen zu 100 Marken (Nr. 239—247) bzw. in Bogen zu 50 Marken (Nr. 248—251); Nr. 239—247 gez. K 14:13¼, Nr. 248—251 gez. K 13.

ca) Verschlungene Hände
Dufresne

cb) Arbeiter
Piel

cc) Mädchen bei der Weizenernte
Mazelin

cd) Bergmann
Cottet

ce) Hochofen
Decaris

cf) Gießerei

cg) Wiederaufbau

ch) Hauptportal der ehem. Benediktinerabtei, Mettlach

Decaris (cf–ch)

		EF	MeF	MiF
239.	10 C. dkl'bräunlichrot	ca	290.—	65.—
240.	60 C. dkl'grünlichblau	ca 680.—	150.—	45.—
241.	1 Fr. violettschwarz	ca 1400.—	70.—	15.—
242.	2 Fr. karminrot	cb 200.—	40.—	12.—
243.	3 Fr. schw'graubraun	cc 30.—	25.—	10.—
244.	4 Fr. orangerot	cc 25.—	35.—	12.—
245.	5 Fr. dkl'violett	cc 20.—	18.—	10.—
246.	6 Fr. dkl'bräunlichrot	cd 10.—	18.—	12.—
247.	9 Fr. dkl'grünlichblau	cd 200.—	70.—	20.—
248.	10 Fr. dunkelblau	ce 30.—	70.—	22.—
249.	14 Fr. karminbraun	cf 350.—	300.—	60.—
250.	20 Fr. dkl'bräunlichrot	cg 200.—	180.—	45.—
251.	50 Fr. schwarzblaugrün	ch 70.—	450.—	95.—
	Nr. 239–251 Satzbrief			280.—

✈ **1948,** 1. April. Flp.-Ausg. (Fc). Decaris; Cottet; StTdr. Staatsdr. Paris in Bogen zu 50 Marken; gez. K 13.
Fc) Flugzeugschatten über Saarschleife bei Mettlach

252.	25 Fr. orangerot	90.—	220.—	85.—
253.	50 Fr. dkl'grünlichblau	130.—	600.—	90.—
254.	200 Fr. lilarot	700.—	—.—	270.—
	Nr. 252–254 Satzbrief			170.—

Gültig bis 30.11.1953.

1948, 12. Okt. Wohlt.-Ausg. zugunsten der Hochwasserhilfe. RaTdr. Vaugirard in Bogen zu 50 Marken; gez. K 13½.

ci) Vom Hochwasser überschwemmter Industrieort

ck) Straße in Saarbrücken mit Kirche in St. Johann

cl) Saarbrücken mit dem Landtagsgebäude

cm) Straße in Saarbrücken

Fd) Hochwassergebiet bei Saarlouis

			EF	MeF	MiF
255.	5+ 5 Fr. dkl'olivgrün	ci	1000.—	600.—	260.—
256.	6+ 4 Fr. dkl'violett	ck	500.—	630.—	260.—
257.	12+ 8 Fr. rot	cl	650.—	890.—	330.—
258.	18+12 Fr. blau	cm	650.—	—.—	300.—

✈ Flugpostmarke

259.	25+25 Fr. schwarzbraun	Fd	1500.—	2000.—	1400.—
	Nr. 255–259 Satzbrief				1200.—

1948, 12. Okt. Wohlt.-Ausg. zum gleichen Anlaß. Marken in Zeichnung der Nr. 255–258 zu einem Block zusammengefaßt mit Randbedruckung in Braun. RaTdr. Vaugirard; □.

cm I

Block	1 (147:104 mm)	cm I	—.—	—.—	10000.—

Saar

✈ 1948, 12. Okt. Flp.-Wohlt.-Ausg. zum gleichen Anlaß. Nr. 259 im Block mit Randbedruckung in Braun. RaTdr. Vaugirard; gez. Ks 13½.

	EF	MeF	MiF
Block 2 lilabraun (90:59 mm) .... Fd I	9000.—	—.—	9500.—

Gültig bis 31.12.1948.

1948, 15. Dez. So.-Ausg. zum 1. Jahrestag der Verkündung der Saar-Verfassung. RaTdr. Vaugirard in Bogen zu 50 Marken; gez. K 13½.

cn) Landkarte

260.	10 Fr. braunrot .... cn	85.—	230.—	40.—
261.	25 Fr. blau .... cn	90.—	290.—	40.—
	Nr. 260–261 Satzbrief			35.—

Gültig bis 31.10.1949.

1949, 11. Jan. Wohlt.-Ausg. zugunsten des Jugendherbergwerkes. RaTdr. Vaugirard in Bogen zu 50 Marken; gez. K 13½.

co) Wanderer und Jugendherberge Ludweiler

cp) Wanderer und Jugendherberge Weißkirchen

262.	8+5 Fr. schwarzbraun ..... co	200.—	500.—	250.—
263.	10+7 Fr. schwarzgrün ..... cp	120.—	400.—	250.—
	Nr. 262–263 Satzbrief			150.—

Gültig bis 31.10.1949.

1949, 2. April. So.-Ausg. Universität des Saarlandes. ⊠ Mees; RaTdr. Vaugirard in Bogen zu 100 Marken; gez. K 13½.

cq) Symbole der Universität: Äskulapstab, Mikroskop, Buch, Retorte

| 264. | 15 Fr. karminrot GA .... cq | 8.— | 100.— | 22.— |

Gültig bis 30.6.1957.

1949, 25. Sept. So.-Ausg. Tag des Pferdes 1949. ⊠ Beutin; RaTdr. Vaugirard in Bogen zu 50 Marken; gez. K 13½.

cr) Pferd mit Fohlen

cs) Rennpferde

265.	15+ 5 Fr. braunrot	280.—	650.—	230.—
266.	25+15 Fr. blau	290.—	820.—	300.—
	Nr. 265–266 Satzbrief			300.—

Gültig bis 31.12.1950.

1949, 20. Dez. Wohlt.-Ausg. zugunsten der Volkshilfe. Darstellungen nach berühmten Gemälden. StTdr. Staatsdruckerei, Paris in Bogen zu 25 Marken; gez. K 13.

ct) „Wunder Moses am Felsenquell" (Murillo)

cu) „Heilung der Gichtbrüchigen" (Murillo)

cv) „Das kranke Kind" (Gabriel Metsu)

cw) „Almosenspende des heil. Thomas von Villanueva" (Murillo)

cx) „Madonna von Blieskastel", Holzstatue

		EF	MeF	MiF
267.	8+ 2 Fr. blauschwarz .... ct	1000.—	1300.—	330.—
268.	12+ 3 Fr. schwarzolivgrün . cu	430.—	1250.—	350.—
269.	15+ 5 Fr. braunkarmin..... cv	700.—	1000.—	600.—
270.	25+10 Fr. dkl'ultramarin .. cw	850.—	1600.—	900.—
271.	50+20 Fr. dkl'violettbraun .. cx	1700.—	—.—	1400.—
	Nr. 267–271 Satzbrief			1800.—

Gültig bis 31.12.1950.

1949/51. Freim.-Ausg. Bilder aus Industrie, Handel und Landwirtschaft. RaTdr. Vaugirard in Bogen zu 100 Marken (Nr. 272—282) bzw. in Bogen zu 50 Marken (Nr. 283–288); gez. K 13½.

cy) Bauhandwerk
⊠ Winter

cz) Beethoven und Konservatorium Tschersovsky

da) Industrie Tschersovsky

db) Arbeit auf der Halde Winter

dc) Kohlenförderung
⊠ Mees

dd) Posthorn und Telefonapparat, Zeichen der PTT
Mees

de) Druck und Presse
Schmidt

df) Keramik
Mees

Ein philatelistisch frankierter Brief bringt immer Freude. Deshalb verwenden Sammler nach Möglichkeit auch Sondermarken zur Frankatur.

Saar

dg) Landarbeiter   dh) Schmelzer   dl) Landsweiler mit Grube Reden   dm) Landschaftsidyll aus dem Bliestal mit Wiebelskirchen bei Ottweiler

☑ Schnei   Schnei   Winter   Winter

di) Landschaft um St. Arnual ☑ Winter   dk) „Der große Stiefel" bei Rentrisch; ☑ Mees

		EF	MeF	MiF
272.	10 C. schwarzlila (1.12.1949) cy		400.—	33.—
273.	60 C. schwarzolivgrau (28.4.1951) .... cz	900.—	350.—	33.—
274.	1 Fr. karminrot bis bräunlichkarmin (1.12.1949)...... da	1100.—	40.—	7.—
275.	3 Fr. schwarzbraun (16.6.1951) .... da	220.—	30.—	8.—
276.	5 Fr. dkl'violett (3.4.1950) . db	5.—	18.—	9.—
277.	6 Fr. schwarzolivgrün (16.6.1951) .... dc	10.—	25.—	7.—
278.	8 Fr. dkl'grün- bis dkl'grauoliv (15.2.1951) .... dd	70.—	100.—	80.—
279.	10 Fr. dkl'orange (3.4.1950) de	35.—	25.—	10.—
280.	12 Fr. dkl'grün (1.12.1949) GA .... df	15.—	60.—	9.—
281.	15 Fr. mittel- bis lebh'rot (3.4.1950) .... dc	5.—	20.—	5.—
282.	18 Fr. lilarot (16.6.1951).... df	35.—	300.—	30.—
283.	20 Fr. blaugrauschwarz (27.4.1950) .... dg	35.—	90.—	18.—
284.	25 Fr. schw'blau (1.12.1949) dh	60.—	180.—	20.—
285.	30 Fr. br'karmin (15.2.1951) di	180.—	170.—	35.—
286.	45 Fr. violettpurpur (15.2.1951) .... dk	110.—	250.—	20.—
287.	60 Fr. dkl'gr'oliv (16.6.1951) dl	200.—	180.—	40.—
288.	100 Fr. dkl'braun (1.12.1949) dm	270.—	600.—	95.—
	Nr. 272–288 Satzbrief			280.—

Gültig bis 30.6.1957.

1950, 3. April. So.-Ausg. Gesellenvater Adolf Kolping. RaTdr. Vaugirard in Bogen zu 80 Marken; gez. K 12¼.

dn) Adolf Kolping (1813–1865), Schuhmacher, dann Priester und Rektor in Köln, Begründer der katholischen Gesellenvereine

289.   15+5 Fr. karmin .... dn   380.—1200.— 430.—

Gültig bis 31.3.1951.

1950, 3. April. So.-Ausg. zum 10. Todestag Wusts. RaTdr. Vaugirard in Bogen zu 50 Marken; gez. K 13½.

do) Peter Wust (1884–1940), kathol. Philosoph

	EF	MeF	MiF
290. 15 Fr. mittellilakarmin ...... do	70.—	190.—	50.—

Gültig bis 31.3.1951.

1950, 22. April. Wohlt.-So.-Ausgabe zur Internationalen Briefmarkenausstellung „IBASA" in Saarbrücken und zum Tag der Briefmarke. ☑ F. Tschersovsky; StTdr. Staatsdr. Paris in Kleinbogen zu 10 Marken; gez. K 13.

dp) Alte Postkutsche, im Hintergrund Stadtteil St. Johann

291. 15 +5 Fr. rotbr./schw'br. . . dp   450.—1900.— 500.—

Gültig bis 31.3.1951.

1950, 28. April. Wohlt.-Ausg. zugunsten des Roten Kreuzes. ☑ F. L. Schmidt; ☑ Piel; StTdr. Staatsdr. Paris in Bogen zu 25 Marken; gez. K 13.

dr) Speisung eines Armen

292. 25 Fr.+10 Fr. braunkarmin/ ziegelrot .... dr   330.—1200.— 280.—

Gültig bis 30.4.1951.

1950, 29. Juni. So.-Ausg. zum Heiligen Jahr 1950. ☑ R. Serres; StTdr. Staatsdr. Paris in Bogen zu 25 Marken; gez. K 13.

ds) Statue des hl. Petrus (Peterskirche in Rom)

293.	12 Fr. schwarzolivgrün ..... ds	70.—	450.—	55.—
294.	15 Fr. dkl'bräunlichkarmin .. ds	65.—	130.—	55.—
295.	25 Fr. dkl'blau .... ds	130.—	270.—	110.—
	Nr. 293–295 Satzbrief			150.—

Gültig bis 31.12.1950.

1950, 8. Juli. So.-Ausg. zum 400-Jahr-Jubiläum der Stadt Ottweiler. RaTdr. Vaugirard in Bogen zu 50 Marken; gez. K 13.

dt) Rathausplatz mit Stadthaus, Hintergrund evang. Kirche

296. 10 Fr. orangebraun ...... dt   170.— 300.— 100.—

Gültig bis 31.3.1951.

1950, 8. Aug. So.-Ausg. zur Aufnahme des Saarlandes in den Europarat. ⓩ F. Tschersovsky; RaTdr. Vaugirard in Bogen zu 50 Marken; gez. K 13½.

du) Weltkugel, Buch, Schriftband

dv) Weltkugel, Buch, Schriftband und Friedenstaube

		EF	MeF	MiF
297.	25 Fr. dunkelblau, dunkelgrünlichblau ..... du	130.—	500.—	160.—

✈ **Flugpostmarke**

298.	200 Fr. rotbraun .... dv	3100.—	—.—	1900.—
	Nr. 297–298 Satzbrief			1100.—

Gültig bis 31.8.1952.

1950, 10. Nov. Wohlt.-Ausg. zugunsten der Volkshilfe. Bilder aus der Lutwinus-Legende StTdr. Staatsdr. Paris in Bogen zu 25 Marken; gez. K 13.

dw) Lutwinus bittet um Aufnahme ins Kloster

dx) Lutwinus erbaut die Abtei Mettlach

dy) Lutwinus als Abt des Klosters

dz) Lutwinus firmt in Reims

ea) Lutwinus betreut Arme und Kranke

299.	8 Fr. + 3 Fr. dkl'siena .... dw	500.—	400.—	190.—
300.	12 Fr. + 3 Fr. schw'olivgrün. dx	210.—	700.—	190.—
301.	15 Fr. + 5 Fr. rotbraun ..... dy	310.—	650.—	380.—
302.	25 Fr. + 10 Fr. dkl'blau ...... dz	530.—	1000.—	500.—
303.	50 Fr. + 20 Fr. dkl'br'karmin . ea	950.—	1800.—	980.—
	Nr. 299–303 Satzbrief			1000.—

Gültig bis 31.10.1952.

1951, 28. April. Wohlt.-Ausg. zugunsten des Roten Kreuzes. ⓩ L. Schmid; Ⓢ Piel; StTdr. Staatsdr. Paris in Bogen zu 25 Marken; gez. K 13.

eb) Mutter mit Kind

304.	25 + 10 Fr. dkl'grün/ karminrot .... eb	550.—	1050.—	280.—

Gültig bis 30.4.1953.

1951; 29. April. So.-Ausg. zum Tag der Briefmarke 1951. ⓩ Mees; StTdr. Staatsdr. Paris in Kleinbogen zu 10 Marken; gez. K 13.

ec) Postboten zu Fuß und zu Pferd um 1760. Alte Brücke und Schloßkirche

		EF	MeF	MiF
305.	15 Fr. dkl'siena .... ec	85.—	310.—	90.—

Gültig bis 30.4.1953.

1951, 12. Mai. So.-Ausg. zur Saarmesse 1951. ⓩ F. Tschersovsky; RaTdr. Vaugirard in Bogen zu 50 Marken; gez. K 13.

ed) Zahnrad, Ähre und Hammer

306.	15 Fr. schwarzgraugrün .... ed	45.—	120.—	45.—

Gültig bis 30.4.1953.

1951, 9. Juni. So.-Ausg. zur Ausstellung „Garten und Blumen im sozialen Wohnungsbau des Saarlandes" in Mittelbexbach. ⓩ H. Blum; StTdr. Staatsdr. Paris in Bogen zu 25 Marken; gez. K 13.

ee) Blumen und Turm von Mittelbexbach

307.	15 Fr. schwarzgrün .... ee	22.—	90.—	22.—

Gültig bis 31.5.1953.

1951, 31. Okt. Wohlt.-So.-Ausg. 375. Jahrestag der Reformation an der Saar. ⓩ Tschersovsky; Ⓢ R. Serres; StTdr. Staatsdr. Paris in Bogen zu 25 Marken; gez. K 13.

ef) Johannes Calvin (1509–1564), Martin Luther (1483–1546)

308.	15 Fr. + 5 Fr. schwarzbraun.. ef	55.—	180.—	55.—

Gültig bis 30.11.1953.

Notierungen für lose Marken
✱, ✱✱, ⊙ s. MICHEL-Deutschland-bzw. MICHEL-Deutschland-Spezial-Katalog oder MICHEL-Junior-Katalog.

Saar

1951, 3. Nov. Wohlt.-Ausg. zugunsten der Volkshilfe. ⊠ Mees (nach berühmten Gemälden). Ⓢ Cheffer (Nr. 309, 311, 313) und Sander (Nr. 310 und 312); StTdr. Staatsdr. Paris in Bogen zu 25 Marken; gez. K 13.

eg) „Die gute Mutter" (Nicolas Bernh. Lepicié)

eh) „Vor dem Theater" (Arth. Kampf)

ei) „Die barmherzigen Schwestern" (Henriette Browne)

ek) „Der barmherzige Samariter" (Giacomo Bassano)

el) „Der hl. Martin teilt seinen Mantel mit dem Armen" (van Dyck)

			EF	MeF	MiF
309.	12 Fr.+ 3 Fr. schw'olivgrün.	eg	190.—	400.—	100.—
310.	15 Fr.+ 5 Fr. schw'violett...	eh	130.—	300.—	100.—
311.	18 Fr.+ 7 Fr. dkl'bräunlichkarmin	ei	300.—	750.—	190.—
312.	30 Fr.+10 Fr. dkl'violettblau	ek	410.—	950.—	310.—
313.	50 Fr.+20 Fr. dkl'lilabraun...	el	500.—	1350.—	600.—
	Nr. 309–313 Satzbrief				700.—

Gültig bis 31.10.1953.

1952, 29. März. So.-Ausg. zu den Olympischen Spielen 1952 in Helsinki. StTdr. Staatsdr. Paris in Bogen zu 25 Marken; gez. K 13.

em) Olympischer Fackelträger.
⊠ F. Tschersovsky;
Ⓢ J. Piel

en) Hand mit Lorbeerzweig und Weltkugel.
⊠ H. Blum
Ⓢ Sandow

314.	15 Fr.+5 Fr. dkl'grün.....	em	70.—	180.—	65.—
315.	30 Fr.+5 Fr. dkl'blau......	en	90.—	270.—	70.—
	Nr. 314–315 Satzbrief				80.—

Gültig bis 31.3.1953.

Bitte teilen Sie uns eventuelle Fehler mit, damit wir sie verbessern können.

1952, 30. März. Wohlt.-So.-Ausg. zur 1. Internationalen Motivbriefmarken-Ausstellung IMOSA und zum Tag der Briefmarke 1952. ⊠ F. Tschersovsky; Ⓢ Cheffer; StTdr. Staatsdr. Paris in Kleinbogen zu 10 Marken; gez. K 13.

eo) Reitender Postbote, im Hintergrund Ludwigskirche, Saarbrücken

			EF	MeF	MiF
316.	30 Fr.+10 Fr. schwarzblau..	eo	100.—	330.—	100.—

Gültig bis 31.3.1954.

1952, 26. April. So.-Ausg. zur Saarmesse 1952. ⊠ Bur; Ⓢ Piel; StTdr. Staatsdr. Paris in Bogen zu 25 Marken; gez. K 13.

ep) Messezeichen und Erdkugel

317.	15 Fr. braunkarmin......	ep	20.—	65.—	22.—

Gültig bis 30.4.1954.

1952, 2. Mai. So.-Ausg. zur Woche des Roten Kreuzes. ⊠ Hossfeld; Ⓢ P. Munier; StTdr. Staatsdr. Paris in Bogen zu 25 Marken; gez. K 13.

er) Flüchtlingsgruppe und Kreuz

318.	15 Fr. orangerot..........	er	20.—	65.—	22.—

Gültig bis 30.4.1954.

1952/55. Freim.-Ausg. Heimische Bilder. StTdr. Staatsdruckerei Paris in Bogen zu 50 Marken; gez. K 13.

es) Schachtanlage
⊠ H. Kratz, Ⓢ Mazelin

et) Ludwigsgymnasium
⊠ Mess, Ⓢ Dufresne

eu) Brückenbau, Brücke von Gerswiler, im Hintergrund Burbacher Hütte
⊠ Frantzeń, Ⓢ Mazelin

Saar

ev l) Hauptpostamt Saarbrücken
🎨 K. Greiss, 🅂 Barlangue

ex) Hängebrücke in Mettlach Hintergrund Gebäude der Fa. Villeroy & Boch
🎨 Grittmann, 🅂 Munier

fc) Neue Universitätsbibliothek in Saarbrücken
🎨 Mees, 🅂 Barlangue

fh) Teilansicht der im Wiederaufbau befindlichen Ludwigskirche, Saarbrücken
🎨 Frantzen
🅂 Dufresne

		EF	MeF	MiF
319.	1 Fr. schwarzblaugrün (12.3.1953) .... es		95.—	10.—
320.	2 Fr. purpurviolett (23.3.1953) .... et	300.—	660.—	8.—
321.	3 Fr. lilarot (3.5.1953)..... eu	310.—	30.—	10.—
322.	5 Fr. schw'bl'grün (1.10.1953) (ohne Inschrift) .... ev l	5.—	15.—	5.—
323.	5 Fr. schwarzblaugrün (März 1954) (mit Inschrift) ..... ev	5.—	22.—	4.—
324.	6 Fr. karminbr. (1.8.1953) . ex	15.—	22.—	8.—
325.	10 Fr. schwarzbraunoliv (19.12.1953) .... et	70.—	80.—	17.—
326.	12 Fr. smaragdgrün (12.3.1953) GA .... ev	10.—	100.—	5.—
327.	15 Fr. br'schw. (1.10.1952) (ohne Inschrift) ...... es l	5.—	10.—	5.—
328.	15 Fr. lilaschwarz (Nov. 1953) (mit Inschrift) .... es	5.—	10.—	5.—
329.	15 Fr. rot bis lebhaftrot (10.1.1955) .... es	10.—	40.—	15.—
330.	18 Fr. schwarzbräunlichlila (18.3.1955) .... eu	70.—	320.—	55.—
332.	30 Fr. violettultramarin (3.5.1953) .... fc	15.—	130.—	8.—
337.	500 Fr. dkl'bräunlichkarmin (1.8.1953) .... fh	1600.—	—.—	800.—
	Nr. 319–337 Satzbrief			450.—

Nr. 331 und 333–336 fallen aus.   Gültig bis 30.6.1957.

1952, 3. Nov. Wohlt.-Ausg. zugunsten der Volkshilfe. 🎨 nach berühmten Gemälden. StTdr. Staatsdr. Paris in Bogen zu 25 Marken; gez. K 13.

fi) „Graf Stroganoff als Kind"
(J. B. Greuze)
🅂 Piel

fk) „Der göttliche Schäfer"
(Ausschnitt) von Murillo
Cheffer

fl) „Knabenbildnis"
(G. M. Kraus)
Gandon

338.	15 + 5 Fr. dkl'lilabraun ...... fi	85.—	200.—	75.—
339.	18 + 7 Fr. rotkarmin .... fk	200.—	350.—	90.—
340.	30 + 10 Fr. dkl'violettblau .... fl	160.—	490.—	140.—
	Nr. 338–340 Satzbrief			140.—

Gültig bis 31.10.1954.

1953, 23. März. So.-Ausg. zur internationalen Saarmesse 1953. 🎨 Ring; 🅂 Gandon; StTdr. Staatsdr. Paris in Bogen zu 25 Marken; gez. K 13.

fm) Saarmessezeichen 1953 (Nadel hält SM am Papierfähnchen zusammen).

		EF	MeF	MiF
341.	15 Fr. dkl'violettultramarin.. fm	15.—	65.—	15.—

Gültig bis 31.3.1955.

1953, 3. Mai. So.-Ausg. zum Tag der Briefmarke 1953. 🎨 Mees; 🅂 Cheffer; StTdr. Staatsdr. Paris in Kleinbogen zu 10 Marken; gez. K 13.

fn) Preußischer und bayerischer Postillon um die Jahrhundertwende

342.	15 Fr. dkl'blau............. fn	55.—	300.—	60.—

Gültig bis 30.4.1955.

1953, 3. Mai. Wohlt.-So.-Ausg. zugunsten des Roten Kreuzes und zum 125. Geburtstag Dunants. 🅂 Gandon; StTdr. Staatsdr. Paris in Bogen zu 25 Marken; gez. K 13.

fo) Henri Dunant (1828—1910), Begründer des Roten Kreuzes

343.	15 Fr. + 5 Fr. schwarzbraun/orangerot .... fo	50.—	170.—	55.—

Gültig bis 30.4.1955.

1953, 16. Nov. Wohlt.-Ausg. zugunsten der Volkshilfe. 🎨 nach berühmten Gemälden. StTdr. Staatsdr. Paris in Bogen zu 25 Marken; gez. K 13.

fp) „Clarice Strozzi"
(Tizian)
🅂 Dufresne

fr) „Die Kinder des Künstlers" (Ausschnitt aus „Caritas") (Peter Paul Rubens)
Gandon

„Clara-Serena mit Vogel" (Peter Paul Rubens)
Mazelin

344.	15 Fr. + 5 Fr. dkl'violett .... fp	60.—	130.—	60.—
345.	18 Fr. + 7 Fr. rotkarmin ...... fr	170.—	310.—	85.—
346.	30 Fr. + 10 Fr. schw'braunoliv fs	140.—	320.—	130.—
	Nr. 344–346 Satzbrief			95.—

Gültig bis 31.10.1955.

1953, 18. Dez. Wohlt.-Ausg. zugunsten der Benediktiner-Abtei Tholey. ▨ J. Piel; StTdr. Staatsdr. Paris in Bogen zu 25 Marken; gez. K 13.

ft) Fresko aus dem Stammkloster Monte Cassino (Beuroner Schule): Hl. Benedikt entsendet hl. Maurus zur Ausbreitung des Ordens

		EF	MeF	MiF
347.	30 Fr.+10 Fr. grauschwarz .. ft	75.—	210.—	65.—

Gültig bis 31.12.1955.

1954, 10. April. So.-Ausg. zur Internationalen Saarmesse 1954. ▨ Ring; ▨ Dufresne; StTdr. Staatsdr. Paris; in Bogen zu 25 Marken; gez. K 13.

fu) Ausschnitt aus dem Messegelände, im Hintergrund Burbacher Hütte

348.	15 Fr. dkl'smaragdgrün..... fu	20.—	50.—	16.—

Gültig bis 30.4.1956.

1954, 9. Mai. So.-Ausg. zum Tag der Briefmarke 1954. ▨ H. Mees; ▨ Cheffer; StTdr. Staatsdr. Paris in Kleinbogen zu 10 Marken; gez. K 13.

fv) Postkutsche und Postomnibus (um 1920) vor Alt-Saarbrücker Rathaus

349.	15 Fr. mittelrot .... fv	50.—	260.—	50.—

Gültig bis 30.4.1956.

1954, 10. Mai. Wohlt.-Ausg. zugunsten des Roten Kreuzes. ▨ F. Schmied; ▨ Piel; StTdr. Staatsdr. Paris in Bogen zu 25 Marken; gez. K 13.

fw) Hilfsbedürftiges Kind inmitten eines Kreuzes

350.	15 Fr.+5 Fr. dkl'siena ...... fw	60.—	260.—	50.—

Gültig bis 30.4.1956.

1954, 14. Aug. So.-Ausg. zum Marianischen Jahr. ▨ nach berühmten Gemälden; StTdr. Staatsdr. Paris in Kleinbogen zu 10 Marken; gez. K 13.

fx) „Madonna des Baseler Bürgermeisters Meyer" (Hans Holbein d. Jüngere), ▨ Pheulpin

fy) „Sixtinische Madonna" (Raffael)
▨ Munier

fz) „Maria mit der Birnenschnitte" (Dürer)
▨ Mazelin

			EF	MeF	MiF
351.	5 Fr. lebhaftrot	fx	100.—	180.—	35.—
352.	10 Fr. dunkelgrün.........	fy	120.—	210.—	50.—
353.	15 Fr. violettblau..........	fz	60.—	210.—	50.—
	Nr. 351–353 Satzbrief				35.—

Gültig bis 31.8.1956.

1954, 15. Nov. Wohlt.-Ausg. zugunsten der Volkshilfe. ▨ nach berühmten Gemälden; StTdr. Staatsdr. Paris in Bogen zu 25 Marken; gez. K 13.

gg) „Gassenbub mit Melone" (Ausschnitt aus „Die Trauben- und Melonenesser" Murillo)
▨ Munier

gb) „Maria de Medici, Tochter Cosimos I." (Agnolo Bronzino)
Pheulpin

gc) „Baron Emil von Maucler" (Johann Friedrich Dietrich)
Cheffer

			EF	MeF	MiF
354.	5 Fr.+3 Fr. mittelrot......	ga	85.—	160.—	27.—
355.	10 Fr.+5 Fr. dkl'grün......	gb	130.—	200.—	27.—
356.	15 Fr.+7 Fr. lebh'purpurvio.	gc	70.—	140.—	55.—
	Nr. 354–356 Satzbrief				15.—

Gültig bis 31.10.1956.

1955, 28. Febr. So.-Ausg. zur Weltmeisterschaft im Querfeldeinfahren der Radfahrer. ▨ Bartz; RaTdr. Vaugirard in Bogen zu 50 Marken; gez. K 13½.

gd) Radrennfahrer auf Weltkugel, saarländische Flagge

357.	15 Fr. mehrfarbig.......... gd	18.—	70.—	17.—

Gültig bis 30.6.1957.

Bessere ✉ sollen vor Erwerb durch einen anerkannten Prüfer geprüft werden.

Saar 213

1955, 28. Febr. So.-Ausg. zum 50. Gründungstag der internationalen Rotary-Vereinigung. Ⓢ Schmidt; RaTdr. Vaugirard in Bogen zu 50 Marken; gez. K 13½.

ge) Hüttenwerk und Zeichen der Rotary-Vereinigung

		EF	MeF	MiF
358.	15 Fr. bräunlichrot .... ge	25.—	60.—	20.—

Gültig bis 30.6.1957.

1955, 18. April. So.-Ausg. zur internationalen Saarmesse 1955. Ⓢ Ring; RaTdr. Vaugirard in Bogen zu 50 Marken; gez. K 13½.

gf) Flaggen von England, Schweiz, Bundesrepublik Deutschland, Frankreich, Saarland und Saarmesseflagge

| 359. | 15 Fr. mehrfarbig ...... gf | 25.— | 55.— | 20.— |

Gültig bis 30. 6. 1957.

1955, 5. Mai. Wohlt.-Ausg. zugunsten des Roten Kreuzes. Ⓢ Schmidt; RaTdr. Vaugirard in Bogen zu 50 Marken; gez. K 13½.

gg) Krankenschwester mit Kleinkind vor Kreuz

| 360. | 15 Fr.+5 Fr. schwarz/zinnober .... gg | 35.— | 70.— | 28.— |

Gültig bis 30. 6. 1957.

1955, 8. Mai. So.-Ausg. zum Tag der Briefmarke 1955. Ⓔ Schmidt; Ⓢ Cheffer; StTdr. Staatsdr. Paris in Kleinbogen zu 10 Marken; gez. K 13.

gh) Landbriefträger; im Hintergrund Pfarrkirche von Illingen (Saar)

| 361. | 15 Fr. dunkelbraunlila ... gh | 15.— | 70.— | 30.— |

Gültig bis 30. 6. 1957.

1955, 22. Okt. So.-Ah.-Ausg. zur Volksbefragung im Saarland. Nr. 329, 330 und 233 mit Aufdruck „Volksbefragung/1955"; gedruckt in Bogen zu 50 Marken.

362.	15 Fr. lebhaftrot ....(329)	20.—	70.—	18.—
363.	18 Fr. schw'bräunlichlila..(330)	18.—	70.—	12.—
364.	30 Fr. violettultramarin...(332)	17.—	50.—	13.—
	Nr. 362–364 Satzbrief			10.—

Gültig bis 30.6.1957.

1955, 10. Dez. Wohlt.-Ausg. zugunsten der Volkshilfe. Ⓔ nach Zeichnungen Albrecht Dürers; StTdr. Staatsdr. Paris in Bogen zu 25 Marken; gez. K 13.

| gi) „Dürers Mutter" Ⓢ Serres | gk) „Hände eines betenden Apostels" Mazelin | gl) „Alter Mann von Antwerpen" Pheulpin |

		EF	MeF	MiF
365.	5+3 Fr. dunkelgrün .... gi	30.—	55.—	14.—
366.	10+5 Fr. grünoliv .... gk	60.—	110.—	22.—
367.	15+7 Fr. dunkelbraunoliv... gl	60.—	130.—	33.—
	Nr. 365–367 Satzbrief			20.—

Gültig bis 30.6.1957.

1956, 14. April. So.-Ausg. zur internationalen Saarmesse 1956. Ⓔ Ring; RaTdr. Courvoisier auf gestrichenem Faserpapier in Bogen zu 25 Marken; gez. K 11¾.

gm) Symbole der saarländischen Industrie und Saarmessezeichen

| 368. | 15 Fr. lebhaftbräunlichkarmin/lebhaftgelbgrün........ gm | 15.— | 50.— | 15.— |

Gültig bis 30.6.1957.

1956, 6. Mai. So.-Ausg. zum Tag der Briefmarke 1956. Ⓔ Mees; RaTdr. Courvoisier auf gestrichenem Faserpapier in Bogen zu 25 Marken; gez. K 11¾.

gn) Fernmeldeturm Saarbrücken

| 369. | 15 Fr. dkl'grün/bläulichgrün. gn | 15.— | 70.— | 15.— |

Gültig bis 30.6.1957.

1956, 7. Mai. Wohlt.-Ausg. zugunsten des Roten Kreuzes. Ⓔ Mees (nach einer Zeichnung); Ⓢ Dufresne; StTdr. Staatsdr. Paris in Bogen zu 25 Marken; gez. K 13.

go) Historischer Verbandsplatz bei Saarbrücken (Ausschnitt einer Zeichnung von Prof. Röchling)

| 370. | 15+5 Fr. schwarzbraun bis schwarzgraubraun....... go | 20.— | 70.— | 15.— |

Gültig bis 30.6.1957.

Saar

1956, 25. Juli. Wohlt.-So.-Ausg. für die Olympischen Spiele in Melbourne. ⑤ Serres; StTdr. Staatsdr. Paris in Bogen zu 25 Marken; gez. K 13.

gp) Jünglingskopf, von der Statue eines Siegers von Benevent

		EF	MeF	MiF
371.	12+3 Fr. schwarzolivgrün/ dkl'blaugrün .... gp	13.—	50.—	12.—
372.	15+5 Fr. schwarzlila/ schwarzbraun.......... gp	13.—	40.—	12.—
	Nr. 371–372 Satzbrief			6.—

Gültig bis 31.12.1958.

1956, 29. Okt. Wohlt.-So.-Ausg. zugunsten des Wiederaufbaues saarländischer Denkmäler (gr.) ⑤ Fenneteaux; StTdr. Staatsdr. Paris in Bogen zu 25 Marken; gez. K 13.

gr) Winterbergdenkmal Saarbrücken vor seiner Zerstörung

373.	5 Fr.+2 Fr. dkl'grün.........	13.—	50.—	10.—
374.	12 Fr.+3 Fr. lila...............	16.—	30.—	10.—
375.	15 Fr.+5 Fr. dkl'olivbraun	17.—	90.—	10.—
	Nr. 373–375 Satzbrief			9.—

Gültig bis 31.12.1958.

1956, 10. Dez. Wohlt.-Ausg. zugunsten der Volkshilfe. ⑤ nach Gemälden. StTdr. Staatsdr. Paris in Bogen zu 25 Marken; gez. K 13.

  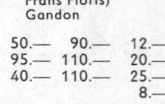

gs) „La belle ferronière" (Leonardo da Vinci)   gt) „Saskia" (Rembrandt)   gu) Spinett spielende Frau (Ausschnitt aus „Die Familie van Berchem", Frans Floris) Gandon

⑤ Mazelin   Piel

376.	5 Fr.+3 Fr. dkl'viol'blau gs	50.—	90.—	12.—
377.	10 Fr.+5 Fr. dkl'rotlila ... gt	95.—	110.—	20.—
378.	15 Fr.+7 Fr. schw'bl'grün gu	40.—	110.—	25.—
	Nr. 376–378 Satzbrief			8.—

Gültig bis 31.12.1958.

OPD Saarbrücken (1957–1959)

1957, 1. Jan. So.-Ausg. zur Eingliederung des Saarlandes in die Deutsche Bundesrepublik. ⑤ H. Kern; Odr. A. Bagel in Bogen zu 50 Marken; Wz. 2; gez. K 13:13¼.

gv) Wappen des Saarlandes

Wz. 2
DBP und Kreuzblüten

		EF	MeF	MiF
379.	15 Fr. mittelbräunlichrot/ dunkelblau .... gv	10.—	28.—	9.—

Gültig bis 31.12.1958.

1957, 1. Jan./25. Mai. Freim.-Ausg. Bundespräsident Heuss. Ohne Währungsangabe. Nr. 380–390 Bdr., Nr. 391–399 StTdr. in Bogen zu 100 Marken (Nr. 380 bis 397) bzw. in Bogen zu 50 Marken (Nr. 398–399); Wz. 2; gez. K 14.

gw   gw l   gx

gw—gx) Prof. Dr. Theodor Heuss (1884—1963), 1. Bundespräsident

380.	1 (Fr.) grün .... gw		110.—	9.—
381.	2 (Fr.) hellblauviolett (16. 3.) .... gw	2000.—	80.—	9.—
382.	3 (Fr.) hellbraun ...... gw	300.—	80.—	8.—
383.	4 (Fr.) dunkelilla (16. 3.) gw	1800.—	110.—	15.—
384.	5 (Fr.) gelboliv .... gw	5.—	8.—	6.—
385.	6 (Fr.) braunrot (16.3.)... gw		25.—	12.—
386.	10 (Fr.) d'grüngrau (16.3.).. gw	60.—	50.—	15.—
387.	12 (Fr.) roforange GA ... gw	5.—	100.—	8.—
388.	15 (Fr.) blaugrün .... gw		25.—	7.—
389.	18 (Fr.) karmin GA ..... gw	40.—	280.—	20.—
390.	25 (Fr.) hellbläulichviolett (16. 3.) .... gw	25.—	80.—	15.—
391.	30 (Fr.) lebhaftviolett ... gw l	15.—	75.—	15.—
392.	45 (Fr.) dunkelgrauoliv (16. 3.) .... gw l	95.—	220.—	35.—
393.	50 (Fr.) dunkelrotbraun . gw l	50.—	160.—	35.—
394.	60 (Fr.) braunrot (16. 3.) . gw l	70.—	250.—	35.—
395.	70 (Fr.) orangerot (16. 3.) gw l	90.—	310.—	40.—
396.	80 (Fr.) dunkelgelboliv .. gw l	110.—	250.—	50.—
397.	90 (Fr.) olivschwarz (16. 3.) .... gw l	310.—	550.—	85.—
398.	100 (Fr.) dunkelbraunrot ... gx	350.—	600.—	110.—
399.	200 (Fr.) purpurviolett (25. 5.) .... gx	950.—	1600.—	230.—
	Nr. 380–399 Satzbrief			550.—

Gültig bis 30.6.1958.

In geänderten Farben mit Währungsangabe „F": Nr. 409 bis 428.

Der Erhaltungsgrad spielt bei allen Briefen als Preisfaktor eine große Rolle.

Saar

1957, 20. April. So.-Ausg. zur internationalen Saarmesse 1957. ⓩ F. L. Schmidt; Odr. Bagel in Bogen zu 50 Marken; Wz. 2; gez. K 13:13½.

gy) Stahlarbeiter vor Hochofen

		EF	MeF	MiF
400.	15 Fr. sepia/ dunkelkarmin ...... gy	10.—	30.—	9.—

Gültig bis 31. 12. 1958.

1957, 25. Mai. So.-Ausg.: 100 Jahre Stadt Merzig. ⓩ E. Girttmann; Ⓢ E. Falz; StTdr. in Bogen zu 50 Marken; Wz. 2; gez. K 14.

gz) Katholische Pfarrkirche St. Peter und Wappen der Stadt Merzig

| 401. | 15 Fr. dkl'violettultram... gz | 10.— | 30.— | 9.— |

Gültig bis 31. 12. 1958.

1957, 16. Sept. So.-Ausg.: „Europamarken". ⓩ Prof. R. Blank; Odr., Baum in Prägedruck in Bogen zu 50 Marken; gez. K 14:13¾.

ha) Stilis. Baum

402.	20 Fr. dkl'orange/ hellgrünlichgelb .... ha	75.—	120.—	20.—
403.	35 Fr. blauviolett/rosa ...... ha	40.—	160.—	18.—
	Nr. 402–403 Satzbrief			8.—

Gültig bis 5.7.1959.

1957, 1. Okt. Wohlt.-Ausg. zugunsten der freien Wohlfahrtspflege. ⓩ B. Jäger; Odr. in Bogen zu 50 Marken; Wz. 2; gez. K 14:13¾.

hb) Junger Bergmann mit Grubenlampe   hc) Bergmann mit Abbauhammer

hd) Bergmann am Kohlenhobel   he) Anschläger am Förderschacht

404.	6 Fr.+ 4 (Fr.) br'ocker braunschwarz ...... hb	25.—	30.—	7.—
405.	12 Fr.+ 6 (Fr.) braunschwarz/ grauoliv .... hc	12.—	80.—	8.—
406.	15 Fr.+ 7 (Fr.) braunschwarz/ orangerot .... hd	12.—	55.—	15.—
407.	30 Fr.+10 (Fr.) braunschwarz/ hellblau .... he	50.—	90.—	17.—
	Nr. 404-407 Satzbrief			7.—

Gültig bis 5.7.1959.

1957, 5. Okt. So.-Ausg. zur Internationalen Briefwoche 1957. ⓩ W. Neufeld; Odr. in Bogen zu 50 Marken; Wz. 2; gez. K 14:13¾.

hf) Zwei Tauben mit Briefen in den Schnäbeln

		EF	MeF	MiF
408.	15 Fr. karminrot/ braunschwarz .... hf	10.—	30.—	8.—

Gültig bis 5. 7. 1959.

1957, 2. Nov./20. Dez. Freim.-Ausg. Bundespräsident Heuss. Jetzt mit Währungsangabe F und in etwas geänderten Farben. Nr. 409–425 Odr. in Bogen zu 100 Marken, Nr. 426–428 StTdr. in Bogen zu 50 Marken; Wz. 2; gez. K 14.

hg–hh) Prof. Dr. Theodor Heuss (1884–1963), 1. Bundespräsident

409.	1 Fr. dkl'grüngrau (5.12.) . hg		110.—	14.—
410.	3 Fr. dkl'blau (5.12.) ...... hg	350.—	80.—	10.—
411.	5 Fr. braunoliv (2.11.) .... hg	5.—	18.—	5.—
412.	6 Fr. mittelbraun (5. 12.) .... hg	25.—	16.—	8.—
413.	10 Fr. mittelblauviolett (2. 11.) .... hg	60.—	50.—	10.—
414.	12 Fr. braunorange (2. 11.) GA .... hg		120.—	7.—
415.	15 Fr. dkl'graugrün (2. 11.) GA .... hg	6.—	25.—	7.—
416.	18 Fr. dunkelblaugrau (5. 12.) GA .... hg	50.—	280.—	55.—
417.	20 Fr. gelboliv (20. 12.) . . hg	80.—	90.—	25.—
418.	25 Fr. hellorangebraun (5. 12.) .... hg	38.—	90.—	20.—
419.	30 Fr. rötlichlila (5. 12.) . . hg	25.—	80.—	20.—
420.	35 Fr. mittelsiena (20. 12.) hg	110.—	210.—	55.—
421.	45 Fr. bläulichgrün (5. 12.) .... hg	100.—	225.—	70.—
422.	50 Fr. karminbraun (5. 12.) .... hg	75.—	210.—	40.—
423.	70 Fr. dkl'gelblichgrün (20. 12.) .... hg	145.—	320.—	105.—
424.	80 Fr. mittelindigo (20. 12.) .... hg	235.—	460.—	90.—
425.	90 Fr. karminrot (20. 12.) hg	420.—	700.—	130.—
426.	100 Fr. mittelor. (20. 12.) . ng	450.—	920.—	130.—
427.	200 Fr. smaragdgrün (20. 12.) .... hh	950.—	1850.—	360.—
428.	300 Fr. preußischblau (20. 12.) .... hh	1200.—	—.—	540.—
	Nr. 409–428 Satzbrief			670.—

Gültig bis 5.7.1959.

1958, 9. Jan. So.-Ausg. zum 50. Todestag Buschs. ⓩ H. Michel und G. Kieser; Odr. Bagel in Bogen zu 50 Marken; Wz. 2; gez. K 13¼:13.

hi) „Max und Moritz"   hk) Wilhelm Busch (1832 bis 1908), Zeichner, Maler und Dichter (Selbstporträt)

429.	12 Fr. dkl'gelboliv/schw. hi	10.—	60.—	8.—
430.	15 Fr. bräunl'rot/schwarz hk	13.—	60.—	11.—
	Nr. 429–430 Satzbrief			4.—

Gültig bis 5.7.1959.

Saar

1958, 5. März. So.-Ausg.: „Waldbrandverhütung". ✍ H. Kern; Odr. in Bogen zu 50 Marken; Wz. 2; gez. K 14:13¾.

hl) Ausgebranntes Waldstück mit Inschrift „Verhütet Waldbrände!"

		EF	MeF	MiF
431.	15 Fr. zinnober/braunschwarz ...... hl	8.—	20.—	8.—

Gültig bis 5.7.1959.

1958, 18. März. So.-Ausg. zum 100. Geburtstag Diesels. ✍ Prof. H. Schardt; Ⓢ E. Falz; StTdr. in Bogen zu 50 Marken; Wz. 2; gez. K 14.

hm) Rudolf Diesel (1858–1913), Maschinenbauingenieur, daneben Dieselmotor

432.	12 Fr. schwarzblaugrün . hm	15.—	45.—	9.—

Gültig bis 5.7.1959.

1958, 1. April. Wohlt.-Ausg.: „Jugendmarken". ✍ E. Göhlert; Odr. in Bogen zu 50 Marken; Wz. 2; gez. K 13¾:14.

hn) Darstellung nach dem Kinderlied „Fuchs du hast die Gans gestohlen"

ho) Darstellung nach dem Volkslied „Ein Jäger aus Kurpfalz"

433.	12 Fr.+6 (Fr.) mehrfarbig... hn	15.—	65.—	7.—
434.	15 Fr.+7 (Fr.) mehrfarbig... ho	17.—	70.—	12.—
	Nr. 433–434 Satzbrief			8.—

Gültig bis 5.7.1959.

1958, 10. April. So.-Ausg. zur internationalen Saarmesse 1958. ✍ H. Mees; Odr. in Bogen zu 50 Marken; Wz. 2; gez. K 14.

hp) Silhouette des Rathauses von Saarbrücken und Saarmessezeichen

435.	15 Fr. braunlila .... hp	8.—	20.—	8.—

Gültig bis 5.7.1959.

1958, 14. Juni. So.-Ausg. zur 400-Jahr-Feier Homburgs. ✍ H. Lau; Ⓢ E. Falz; StTdr. in Bogen zu 50 Marken; Wz. 2; gez. K 14.

hr) Stadtbild von Homburg mit Schloßberg

436.	15 Fr. schwarzolivgrün .. hr	8.—	20.—	8.—

Gültig bis 5.7.1959.

1958, 21. Juli. So.-Ausg. zum Deutschen Turnfest 1958. ✍ E. Göhlert; Odr. in Bogen zu 50 Marken; Wz. 2; gez. K 13¾:14.

hs) Turnerkreuz vor Eichenblatt

		EF	MeF	MiF
437.	12 Fr. mehrfarbig.......... hs	15.—	30.—	8.—

Gültig bis 5.7.1959.

1958, 29. Aug. So.-Ausg. zum 150. Geburtstag von Schulze-Delitzsch. ✍ H. Eidenbenz; Ⓢ L. Schnell; StTdr. in Bogen zu 50 Marken; Wz. 2; gez. K 13¾:14.

ht) Hermann Schulze-Delitzsch (1808—1883), „Vater" der Genossenschaften

438.	12 Fr. dunkelgelbgrün... ht	15.—	20.—	7.—

Gültig bis 5.7.1959.

1958, 13. Sept. So.-Ausg.: „Europamarken". ✍ A. Vossen; Odr. in Bogen zu 50 Marken; Wz. 2; gez. K 13¾:14.

hu) Stilis. Taube über lateinischem E und dem Wort EUROPA

439.	12 Fr. dkl'gelbgrün/kobalt (Töne)........... hu	17.—	65.—	16.—
440.	30 Fr. kobalt/rot .... hu	20.—	65.—	18.—
	Nr. 439–440 Satzbrief			8.—

Gültig bis 5.7.1959.

1958, 1. Okt. Wohlt.-Ausg. zugunsten der freien Wohlfahrtspflege. ✍ E. Meerwald; Odr. in Bogen zu 50 Marken; Wz. 2; gez. K 13¾:14.

hv) Friedrich Wilhelm Raiffeisen (1818–1888), Gründer der Raiffeisenvereine

hx) Sennerin mit Butterfaß

hx) Winzerin mit Weinrebe

hy) Bauer mit Heugabel

441.	6 Fr.+ 4 (Fr.) mehrfarbig.. hv	25.—	30.—	8.—
442.	12 Fr.+ 6 (Fr.) mfg........ hw	15.—	65.—	8.—
443.	15 Fr.+ 7 (Fr.) mfg........ hx	12.—	70.—	10.—
444.	30 Fr.+10 (Fr.) mfg........ hy	36.—	80.—	17.—
	Nr. 441–444 Satzbrief			17.—

Gültig bis 5.7.1959.

Saar

1959, 6. März. So.-Ausg. zum 500. Geburtstag Fuggers. ⊠ E. Göhlert; Odr. A. Bagel, auf vorderseitig leicht grau getöntem Papier in Bogen zu 50 Marken; Wz. 2; gez. K 13:13½.

hz) Jakob Fugger „der Reiche" (1459—1525), Handelsherr

		EF	MeF	MiF
445.	15 Fr. mehrfarbig .... hz	8.—	20.—	8.—

Gültig bis 5.7.1959.

1959, 1. April. So.-Ausg. „Saarbrücken 50 Jahre Großstadt". ⊠ F. L. Schmidt; Ⓢ H.-J. Fuchs; StTdr. in Bogen zu 50 Marken; Wz. 2; gez. K 14.

ia) Rathaus, „Altes Rathaus", darüber Burbacher Hütte

446.	15 Fr. blau .... ia	8.—	20.—	8.—

Gültig bis 5.7.1959.

1959, 1. April. So.-Ausg. zur internationalen Saarmesse 1959. ⊠ P. Mylo; Odr. in Bogen zu 50 Marken; Wz. 2; gez. K 14.

ib) Stilis. Hände mit Messegut, Saarmessezeichen

447.	15 Fr. lilakarmin .... ib	8.—	20.—	8.—

Gültig bis 5.7.1959.

1959, 6. Mai. So.-Ausg. zum 100. Todestag Humboldts. ⊠ H. Kern; Ⓢ E. Falz; StTdr. in Bogen zu 50 Marken; Wz. 2; gez. 13¾:14.

ic) Alexander von Humboldt (1769—1859), Naturforscher

448.	15 Fr. dunkelblau ic	8.—	20.—	8.—

Gültig bis 5.7.1959.

Dienstmarken

Saargebiet

1922, 1. Juni. Freimarken mit diagonalem, farbigem Aufdruck DIENSTMARKE (Type I) in Blockschrift.

			EF	MeF	MiF
1.	3 C. dkl'olivgrün/ hellorangegelb ...... (84) R			610.—	310.—
2.	5 C. .... (85) R				
	a. orange/schwarz........		15.—	25.—	25.—
	b. gelborange/schwarz.....		70.—	90.—	130.—
3.	10 C. grün/hellgelb (Töne). (86)				
	a. Aufdruck karmin		25.—	45.—	25.—
	b. Aufdruck mit bräunl'rot..		14.—	25.—	23.—
4.	15 C. rotbraun bis dkl'rotbraun........(87) Bl		14.—	60.—	25.—
5.	20 C. dkl'blau/mattgelb..(88) R		15.—	60.—	27.—
6.	25 C. karmin/mattgelb...(89) Bl		50.—	110.—	60.—
7.	30 C. ....(90) Bl				
	a. karmin/hellchromgelb ...		17.—	35.—	25.—
	b. karminrot/mattgelb.....		170.—	460.—	210.—
8.	40 C. lilabraun/mattgelb.(91) Bl		22.—	70.—	25.—
9.	50 C. dkl'blau/mattgrün . (92) R		17.—	100.—	25.—
10.	75 C. dunkelgrün/ mattgelb ....(93) R		460.—	660.—	410.—
11 I.	1 Fr. bräunlichrot.....(94) Bl		250.—	630.—	430.—

1923, Nov. Freimarken in Farbänderung mit gleichem farbigem Aufdruck.

12.	15 C. hellorangerot.....(98) Bl	27.—	75.—	35.—
13.	20 C. grünlichblau/ mattgrün ....(99) R	27.—	75.—	35.—
14 I.	25 C. lila/mattgelb ....(100) Bl	27.—	75.—	35.—
15.	75 C. schwarzolivgrau/ hellgelbgrün .... (101) R	45.—	130.—	65.—

1924. Wie Nr. 11 I und 14 I, jedoch mit dünnerem diagonalem Aufdruck (Type II).

11 II.	1 Fr. bräunlichrot......(94) Bl	70.—	280.—	350.—
14 II.	25 C. ....(100) Bl			
	a. lila/mattgelb	55.—	130.—	100.—
	b. lila/dkl'chromgelb ....1200.—	1500.—	3000.—	

Type I und II des Aufdrucks sind am sichersten an dem A zu unterscheiden, desses Querstrich bei Type I nur ein kleines, bei Type II ein größeres Freies △ zuläßt; außerdem steht der mittlere Querbalken des letzten E bei Type II genau in der Mitte, bei Type I etwas höher.

Auf jedem Bogen von 14 II befindet sich auf Feld 30 und 54 der dickere Aufdruck 14 I.

Nr. 1–15 gültig bis 31.12.1933.

Ist in einer Preisspalte keine Notierung vorhanden, lagen dafür bisher keine ✉ vor. Um leihweise Belegvorlage wird daher gebeten.

Saar

1927/32. Freimarken mit farbigem, steilem Aufdruck (32°) DIENSTMARKE (Mediävalschrift ⚔ oder bei Nr. 16 ✽).

Steiler Aufdruck

		EF	MeF	MiF
16.	30 C. schwarzolivgrün (112)			
	a. Aufdruck hellkarmin bis karminrosa.......	18.—	35.—	20.—
	b. Aufdruck mit'bräunl'rot (1932)	12500.—		10500.—
17.	40 C. schw'braun...(113) Or	18.—	38.—	15.—
18.	50 C. braunkarmin.. (114) Bl	18.—	32.—	15.—
19.	75 C. schwarzlila....(115) K	30.—	70.—	30.—
20.	1 Fr. dkl'violett.......(117)			
	a. Aufdruck mittelbräunlichrot.....	18.—	30.—	10.—
	b. Aufdruck dkl'karmin (1930)..............	10500.—		8000.—
21.	2 Fr. dkl'bräunlichrot.(119)			
	a. Aufdruck schwarzblau	40.—	95.—	28.—
	b. Aufdruck graublau ...	60.—	200.—	40.—

1929/34. Freimarken mit diagonalem Aufdruck (23°–25°) DIENSTMARKE (Nr. 22 und 26 ✽).

Diagonaler Aufdruck

		EF	MeF	MiF
22.	10 C. siena.......... (108) Bl		90.—	40.—
23.	15 C. schwarzgrün.... (109) Bl		200.—	120.—
24.	20 C. braunorange.... (110) Bl	250.—	80.—	40.—
25.	25 C. schwarzgraublau.......... (111) Bl	260.—	130.—	20.—
26.	30 C. schwarzolivgrün ...(112)			
	a. Aufdruck mittelbräunlichrot.......	15.—	35.—	20.—
	b. Aufdruck karminrosa....	65.—	60.—	40.—
27.	40 C. schwarzbraun.... (113) R	20.—	40.—	20.—
28.	50 C. braunkarmin (26°)....... (114) Bl	15.—	50.—	20.—
29.	60 C. mittelor'rot (⚔⚔). (143) S	15.—	45.—	20.—
30.	75 C. schwarzlila ....(115)			
	a. Aufdruck orangerot.....	85.—	210.—	55.—
	b. Aufdruck kirschrot......	55.—	210.—	55.—
31.	1 Fr. dkl'violett....... (117) R	35.—	90.—	20.—
32.	2 Fr. dkl'bräunlichrot. (119) Bl	60.—	180.—	20.—

Nr. 16–32 gültig bis 28.2.1935.

Saarland

1949, 1. Okt. Wappenzeichnung (Da). Ⓔ H. Mees; Ⓢ Cottet; StTdr. Staatsdr. Paris in Bogen zu 50 Marken; gez. K 14:13¼.

Da) Wappen

33.	10 C. karminrot		820.—	700.—
34.	30 C. grünlichschwarz......		820.—	400.—
35.	1 Fr. grünblau		160.—	65.—
36.	2 Fr. lebhaftorangerot.....		140.—	80.—
37.	5 Fr. blau	17.—	50.—	25.—
38.	10 Fr. schwarz...........	65.—	100.—	35.—
39.	12 Fr. lila	125.—	360.—	160.—
40.	15 Fr. schwarzblau.......	15.—	60.—	20.—
41.	20 Fr. dkl'bläulichgrün	70.—	480.—	40.—
42.	30 Fr. lilakarmin	180.—	510.—	100.—
43.	50 Fr. purpurviolett	70.—	560.—	75.—
44.	100 Fr. dunkelrotbraun	6900.—	—.—	3700.—
	Nr. 33–44 Satzbrief			2000.—

Deutsche Besetzungsausgaben des Ersten Weltkrieges 1914/1918

Die nachstehenden Markenausgaben waren nicht Marken der Kaiserlich Deutschen Post, sondern durch den Aufdruck solche der neu errichteten, in Rumänien auch amtlich so genannten „Landespost" für die Besetzungsgebiete geworden. Diese Landespost sollte nur der Zivilbevölkerung des Besetzungsgebietes dienen und von den Truppen nicht benutzt werden. Ihr Bereich war zuerst auf den inneren Verkehr des Besetzungsgebietes beschränkt, wurde aber später auf Deutschland, die verbündeten Länder und das neutrale Ausland ausgedehnt. – Im Westen und Osten kamen für die Errichtung nur die deutschen Verwaltungen in Frage; anders in Rumänien, wo an der Verwaltung alle vier verbündeten Mächte im Oberkommando Mackensen (OKM) und später die Zivilverwaltung Rumänien unter deutscher Kontrolle beteiligt waren.

Die Marken verloren in allen Gebieten ihre Gültigkeit mit der Einstellung des deutschen Postbetriebes.

Urmarken: Als Urmarken dienten die Nr. 84–95 und 97–102 des Deutschen Reiches, wobei bei den Besetzungsmarken auch Farbnuancen Verwendung fanden, die bei den unüberdruckten Marken nicht zu finden sind.

Zähnung: Die Markwerte haben z. T. verschiedene Zähnung, 26:17 (= A) und 25:17 Zähnungslöcher (= B).

Aufdruck: Alle Aufdrucke stammen von Platten, die im Typensatz hergestellt und sehr häufig erneuert worden sind. Hierdurch haben sich (bei Belgien, Etappe und Rumänien) zahlreiche Verschiedenheiten ergeben, insbesondere beim Zwischenraum (Zw.) von Wertziffer und Münzbezeichnung. Diese Verschiedenheiten erscheinen zwischen ganzen Auflagen als Zw.-Typen oder innerhalb eines Bogens als Zw.-Abarten. – Außerdem treten bei Belgien und Rumänien Verschiebungen der unteren Zeile gegen die obere auf, die jedoch nicht in den Rahmen einer Katalogisierung gehören. Wir verweisen auf das Kohl-Briefmarken-Handbuch. Der Aufdruck zeigt erhebliche Unterschiede des Glanzes. Es werden glänzender (g), matter (m) und rußiger (r) Aufdruck unterschieden.

Die ✉-Preise gelten nur für geprüfte und nachweislich postalisch gelaufene Ganzstücke (Karten und Briefe mit Zensurstempel, Eilbriefe, R-Briefe, Postanweisungen, Paketkarten).

Literatur: Richter: „Die deutschen Kriegsmarken", 2. Auflage, Berlin, 1921; „Neues von den deutschen Kriegsmarken", Heidelberg 1930; „Seltenheiten bei den deutschen Kriegsmarken", Heidelberg 1933. – Hans Linz: „Deutsche Post in Belgien 1914–1918. Über Umlaufzeit und Bewertung der Marken", Berlin-Schöneberg 1938.

Bitte der Redaktion:

Bei Einsendung von vermeintlichen *Abarten* überlegen Sie immer erst, ob sich Ihre beabsichtigte Meldung für den MICHEL-Katalog wirklich eignet. In den normalen MICHEL-Katalogen können *zufällige* Abarten des Druckes, der Zähnung, Farbe usw. nur in bestimmten, engumgrenzten, auch den Allgemeinsammler interessierenden Fällen erwähnen kann. Der in unserem Verlag erschienene MICHEL-Abartenführer sagt Ihnen Näheres. Tausende von sogenannten Abartenmeldungen verfallen nämlich jährlich als zu unbedeutend der Ablehnung und verursachen eine erhebliche Arbeitsbelastung. Ergänzungs- und Änderungsvorschläge, denen die entsprechenden Belegstücke nicht beiliegen, können überhaupt nicht berücksichtigt werden.

Alle Einsendungen und Anfragen, die nur im eigenen Interesse des Einsenders gestellt werden, müssen in Zukunft ausnahmslos unerledigt bleiben, wenn ihnen das Rückporto (Ausland Antwortscheine) nicht beiliegt.

Prüfungen und Begutachtungen von Briefmarken sowie Ermittlungen von Katalognummern usw. gehören nicht zu den Aufgaben der Katalogredaktion. Sie müssen stets abgelehnt werden.

Sie erleichtern uns die Arbeit und beschleunigen die Erledigung, wenn Sie Katalogkorrekturen, Vorschläge und Manuskripte stets getrennt von der übrigen Korrespondenz auf einseitig beschriebenen Blättern einsenden.

Landespost in Belgien

(für das Generalgouvernement Belgien)
1 Franc = 100 Centimes

1914, 1. Okt./1918. 1. Ah.-Ausg. Deutsche Freimarken (Germania-Muster), mit Aufdruck Belgien und belgischer Währung in Frakturschrift. Markwerte außerdem mit Sternen auf den Mark-Ziffern.

			EF	MeF	MiF
1.	**3 Centimes** a. 3 Pfg. hell- bis dkl'braun. (84)	Zw 0.9	10.—	25.—	5.—
2.	**5 Centimes** a. 5 Pfg. grün (Töne) (85)	Zw 0.9	8.—	10.—	5.—
3.	**10 Centimes** a. 10 Pfg. karmin, rot (Töne) (86)	Zw 1.1	8.—	12.—	5.—
4.	**25 Centimes** a. 20 Pfg. ultramarin (87)				
	I. Abstandstype	Zw 1.0	20.—	30.—	8.—
	II. Abstandstype	Zw 1.4	25.—	40.—	11.—
5.	**50 Centimes** a. 40 Pfg. rotkar./br'schw. (90)				
	I. Abstandstype	Zw 1.0	50.—	70.—	13.—
	II. Abstandstype	Zw 1.3	80.—	110.—	22.—
6.	**75 Centimes** a. 60 Pfg. (92)	Zw 1.0			
	a. purpurviolett		100.—	180.—	30.—
	b. lila (Töne)		120.—	220.—	40.—
7.	**1 Franc** a. 80 Pfg. karminrot/br'schwarz auf rosa (93)		140.—	300.—	50.—
8.	**1 Fr. 25 C.** a. 1 Mark rot (94)		300.—	580.—	100.—
9.	**2 Fr. 50 C.** a. 2 Mark blau (95)		380.—	900.—	150.—

1916, ab Mai/1918. 2. Ah.-Ausg., jedoch mit abgekürztem Aufdruck „Cent." statt Centimes, „F" statt Fr.

9.8 mm

			EF	MeF	MiF
10.	**2 Cent.** a. 2 Pfg. mattbraunoliv (102)	Zw 1.0		35.—	7.—
11.	**3 Cent.** a. 3 Pfg. (84)				
	a. braun (Töne)				
	I. Abstandstype	Zw 0.8	9.—	14.—	6.—
	II. Abstandstype	Zw 1.0	600.—	1000.—	500.—
	III. Abstandstype	Zw 1.2	80.—	130.—	60.—
	b. olivbraun	Zw 0.8	290.—	450.—	200.—
12.	**5 Cent.** a. 5 Pfg. grün (Töne) (85)				
	I. Abstandstype	Zw 0.9	9.—	14.—	6.—
	II. Abstandstype	Zw 1.2	20.—	27.—	15.—
13.	**8 Cent.** a. 7½ Pfg. (99)				
	a. dkl'gelborange bis mittelorange				
	I. Abstandstype	Zw 0.8	9.—	14.—	8.—
	II. Abstandstype	Zw 1.3	9.—	14.—	8.—
	b. dkl'rotorange (Töne)				
	I. Abstandstype	Zw 0.8	500.—	900.—	400.—
	II. Abstandstype	Zw 1.2	—.—	—.—	—.—
14.	**10 Cent.** a. 10 Pfg. (86)				
	a. karminrot	Zw 1.0	10.—	15.—	8.—
	b. lilarot	Zw 1.1	90.—	120.—	60.—
	c. rot, rosa				
	I. Abstandstype	Zw 0.8	180.—	320.—	120.—
	II. Abstandstype	Zw 1.1	85.—	120.—	60.—
15.	**15 Cent.** a. 15 Pfg. (dkl')braunocker (Töne) (100)				
	I. Abstandstype	Zw 0.9	9.—	14.—	6.—
	II. Abstandstype	Zw 1.3	25.—	45.—	18.—
16.	**15 Cent.** a. 15 Pfg. (101)				
	a. blauviolett	Zw 0.9	130.—	190.—	85.—
	b. dkl'violett (Töne)				
	I. Abstandstype	Zw 0.6	—.—	—.—	—.—
	II. Abstandstype	Zw 1.2	12.—	16.—	10.—
17.	**20 Cent.** a. 25 Pfg. orange/braunschwarz				
	a. gelb (Töne) (88)	Zw 0.9	18.—	27.—	15.—
18.	**25 Cent.** a. 20 Pfg. (87)				
	a. ultramarin	Zw 1.3	25.—	45.—	6.—
	b. graublau	Zw 0.8	25.—	45.—	7.—
	c. violettblau	Zw 0.9	—.—	—.—	—.—
	d. blau	Zw 1.3	90.—	150.—	30.—
19.	**40 Cent.** a. 30 Pfg. rotorange/br'schwarz				
	a. h'chromgelb (89)	Zw 1.2	20.—	60.—	7.—
20.	**50 Cent.** a. (90)				
	a. rotkarmin/br'schw.	Zw 1.2	100.—	270.—	45.—
	b. lilarot/braunschwarz				
	I. Abstandstype	Zw 0.8	850.—	—.—	450.—
	II. Abstandstype	Zw 1.2	25.—	80.—	10.—
21.	**75 Cent.** a. 60 Pfg. violett, lila (Töne) (92)	Zw 1.3			
	a. Aufdruck matt.		800.—		600.—
22.	**1 F.** a. 80 Pfg. karminrot/br'schw. a. rosa (93)		150.—	320.—	70.—
23.	**1 F. 25 Cent.** a. 1 Mark rot (94)				
	I. Wertangabe unterhalb der Sternlinie	Za 8.6			
	A. Zähn. 26:17 Zähn'löcher		650.—	1100.—	250.—
	B. Zähn. 25:17 Zähn'löcher		250.—	420.—	100.—
	II. Wertangabe in der Sternlinie	Za 9.8	60.—	170.—	30.—
24.	**2 F. 50 Cent.** a. 2 Mark blau (95)				
	I. B von Belgien unter 2 stehend	Zw 9.8			
	A. Zähn. 26:17 Zähn'löcher		700.—	—.—	300.—
	B. Zähn. 25:17 Zähn'löcher		750.—	—.—	350.—
	II. B von Belgien mehr oder weniger unter F stehend	Zw 9.8			
	A. Zähn. 26:17 Zähn'löcher		300.—	650.—	120.—
	B. Zähn. 25:17 Zähn'löcher		550.—	—.—	200.—
25.	**6 F. 25 Cent.** a. 5 Mark grün-schwarz/rot (97A)				
	I. B von Belgien unter 6 stehend		800.—	—.—	250.—
	II. B von Belgien unter F stehend		1000.-*)	—.—	1500.-*)

*) Mit Überfrankatur (u. a. sogenannte Netschkau-Briefe).

Von MiNr. 21 wurde nur die erste Auflage (MiNr. 21 a, matter Aufdruck) postalisch verwendet.

MiNr. 21 b (rußiger Aufdruck) hat sich auf ✉ bisher stets als ⓖ erwiesen.

Etappengebiet West

1 Franc = 100 Centimes

Im Etappengebiet West wurden ab Dezember 1914 bis zur Ausgabe eigener Marken die beiden Ausgaben der Landespost Belgien verwendet; diese verloren im Etappengebiet West am 15. 12. 1916 ihre postalische Gültigkeit.

Als Vorläufer für die überdruckten Germaniamarken, wenigstens für einen Teil des Etappengebietes West, ist die Valenciennes-Marke (Frankreich Nr. 127) zu 10 Centimes rot (✉ 2000.—) anzusehen, die mit Genehmigung der Deutschen Militärverwaltung von der Handelskammer in Valenciennes für die Bezirke Valenciennes, Quesnay, Solesnes und Cambrai während der Zeit vom 8. September bis 30. Oktober 1914 ausgegeben, aber mit dem Tage des Erscheinens der überdruckten Germania-Marken zurückgezogen und von diesen abgelöst wurde.

Marke gezähnt 11½; Steindruck in Bogen zu 25 Stück, Auflage 3000 Stück. ⬛ gez. 13.

Entwertung: Querovaler Stempel der Handelskammer und einzeiliger Datumstempel. Stempelfarbe mattviolett.

1916, 1. Dez. Ah.-Ausg. Deutsche Freimarken (Germania-Muster) mit Aufdruck der französischen Währung in Frakturschrift. Markwerte außerdem mit Sternen auf den Mark-Ziffern.

				EF	MeF	MiF
1.	3 **Cent.** a. 3 Pfg. gelbbraun (Töne)	(84)	Zw 0.9	18.—	35.—	12.—
2.	5 **Cent.** a. 5 Pfg.	(85)				
	a. grün		Zw 0.5	10.—	15.—	8.—
	b. russischgrün		Zw 0.9	—.—	—.—	—.—
	c. dunkelbläulichgrün		Zw 0.9	120.—	200.—	110.—
3.	8 **Cent.** a. 7½ Pfg.	(99)				
	a. dunkelgelborange bis mittelorange (Töne)		Zw 0.8	20.—	30.—	15.—
	b. dunkelrotorange (Töne)		Zw 1.2	—.—	—.—	—.—
4.	10 **Cent.** a. 10 Pfg.	(86)				
	a. karminrot		Zw 1.0	35.—	50.—	25.—
	b. lilarot, lilarosa		Zw 1.0	150.—	250.—	150.—
	c. rot, rosa		Zw 1.0	70.—	120.—	60.—
5.	15 **Cent.** a. 15 Pfg. dunkelbraunocker	(100)	Zw 0.9	25.—	50.—	20.—
6.	25 **Cent.** a. 20 Pfg.	(87)				
	a. ultramarin					
	I. Abstandstype		Zw 1.0	60.—	120.—	25.—
	II. Abstandstype		Zw 1.3	65.—	130.—	30.—
	b. violettblau		Zw 1.0	250.—	430.—	150.—
	c. hellblauviolett		Zw 1.0	40.—	95.—	15.—
7.	40 **Cent.** a. 30 Pfg. rotorange/braunschwarz a. gelb	(89)	Zw 1.2	80.—	110.—	25.—
8.	50 **Cent.** a. 40 Pfg. lilarot/braunschwarz	(90)	Zw 1.3	60.—	200.—	30.—
9.	75 **Cent.** a. 60 Pfg.	(92)				
	a. lila (Töne)		Zw 1.3	200.—	450.—	70.—
	b. violettpurpur		Zw 1.3	260.—	520.—	100.—
10.	1 **F.** a. 80 Pfg. karminrot/braunschwarz a. rosa	(93)		280.—	600.—	100.—
11.	1 **F. 25 Cent.** a. 1 Mark rot	(94)				
	I. Wertangabe unterhalb der Fußlinie der Sterne					
	A. Zähnung 26:17 Zähnungslöcher			1200.—	—.—	600.—
	B. Zähnung 25:17 Zähnungslöcher			680.—	—.—	300.—
	II. Wertangabe in der Fußlinie der Sterne			680.—	—.—	300.—
12.	2 **F. 50 Cent.** a. 2 Mark	(95)				
	A. Zähnung 26:17 Zähnungslöcher, stahlblau			900.—	—.—	320.—
	B. Zähnung 25:17 Zähnungslöcher					
	a. hellblau			1400.—	—.—	800.—
	b. grünlichblau			1200.—	—.—	600.—

Postgebiet Ob. Ost

Litauen und Südkurland, ab 1918 auch Estland, Livland und Nordkurland umfassend

(Ob. Ost = Oberbefehlshaber Osten)

1 Mark = 100 Pfennig

Literatur: Dr. Curt R. Noske: „Das Postgebiet Ob. Ost, neue Postanstalten und Entwertungen" 1922.

1916, 15. Jan./1918. Ah.-Ausg. Zweizeiliger Aufdruck Postgebiet/Ob. Ost in Frakturschrift.

			EF	MeF	MiF
1.	2½ Pfg. grau (Töne)	(98)			
	a. Aufdruck glänzend		30.—		15.—
	b. Aufdruck matt		80.—		35.—
2.	3 Pfg. gelb-, olivbraun (Töne)	(84)	12.—	25.—	6.—
3.	5 Pfg.	(85)			
	a. dkl'bläulichgrün, Aufdruck glänzend		20.—	30.—	15.—
	b. dunkelgrün, Aufdruck matt		90.—	140.—	80.—
4.	7½ Pfg.	(99)			
	a. dkl'gelbor. bis mit'or. (Töne)		20.—	30.—	15.—
	b. dkl rotorange (Töne)		35.—	55.—	25.—
5.	10 Pfg.	(86)			
	a. karminrot		20.—	30.—	15.—
	b. lilarot, lilarosa		240.—	400.—	210.—
	c. rot, rosa		80.—	130.—	60.—

Deutsche Besetzungsausgaben 1914/18 (Postgebiet Ob. Ost)

		EF	MeF	MiF
6.	15 Pfg. dkl'br'ocker, rötl'braun.(100)	30.—	50.—	25.—
7.	15 Pfg. ....(101)			
	a. blauviolett................	150.—	270.—	120.—
	b. dunkelviolett (Töne)..........	20.—	30.—	15.—
8.	20 Pfg. ....(87)			
	a. ultramarin.................	40.—	45.—	20.—
	b. hellblauviolett	75.—	100.—	55.—
	c. violettblau.................	65.—	80.—	45.—
9.	25 Pfg. rotorange/braunschwarz			
	a. gelb (Töne) ....(88)	50.—	150.—	40.—
10.	40 Pfg. ....(90)			
	a. karminrot/braunschwarz.....	60.—	160.—	50.—
	b. lilarot/braunschwarz	40.—	90.—	25.—
11.	50 Pfg. violettpurpur/braunschwarz			
	a. hellchromgelb............(91)			
	a. Aufdruck glänzend	60.—	120.—	25.—
	b. Aufdruck matt	150.—	400.—	70.—
12.	1 Mark rosa ....(94)			
	A. Zähnung 26:17 Zähnungs-			
	löcher	1000.—	—.—	450.—
	B. Zähnung 25:17 Zähnungs-			
	löcher	280.—	650.—	100.—

Notausgabe für Dorpat

Die Marken hatten nur im Kreis Dorpat Gültigkeit. Post, die diesen Kreis verließ, wurde in Riga mit regulären Marken Ob. Ost gebührenfrei nachfrankiert und mit deutschem Tagesstempel Riga entwertet.

1918, 4./16. März. Ah.-Ausg. für Dorpat. **Russische Marken mit Aufdruck der deutschen Währung von C. Mattiesen.**

				BF
1.	**20 Pfg.** a. 10 Kop.			
	a. dkl'blau	(70a)	450.—	
	b. hellblau, graublau	(70b)	—.—	
2.	**40 Pfg.** a. 20 Kop. blau/rot/hellblau ...	(73)	450.—	

[FALSCH] Aufdruckfälschungen.

✉ Roter Doppelkreis-Ganzbrücken-Stempel „DEUTSCHE FELDPOST".

Verbindungspost Grodno

1919, 1. Mai. Russische bzw. ukrainische Marken mit violettem, Nr. 4 auch mit schwarzem, polnischen Aufdruck „40/POCZTA POLSKA/GR." zwischen Zierstrichen, sowie weiterem, trübrotem Aufdruck „V.P./Grodno" im Rahmen 17x16 mm, Nr. 1 gez. 14½, Nr. 2–5 ☐.

		BF
1.	40 Gr. a. 1 Kop. gelb, orange (Ukraine Nr. 8) .	3500.—
2.	40 Gr. a. 1 Kop. orange (Rußland Nr.64)	3500.—
3.	40 Gr. a. 2 Kop. grün (Rußland Nr. 65)	3500.—
4.	40 Gr. a. 3 Kop. rot (Rußland Nr. 66)	3500.—
5.	40 Gr. a. 5 Kop. br'lila, rotlila (Rußland Nr. 68)	3500.—

Die obigen Marken mit dem poln. Aufdruck waren ursprünglich nach der Besetzung Grodnos am 26. 4. 1919 als Aushilfsausgabe für die poln. Post gedacht. Nach Ablehnung durch den poln. Feldpostmeister übernahm der deutsche Verbindungsoffizier Lt. Bauer diese Marken, um damit die Post der zurückgebliebenen Reichsdeutschen nach Suwalki zu befördern, wo diese Anschluß an das deutsche Postnetz fand. Zur besonderen Kennzeichnung wurde der Zusatzstempel „V.P./Grodno" (Verbindungs-Post Grodno) angebracht. Die Entwertung erfolgte handschriftlich mit einem „B", dem Anfangsbuchstaben von Bauer. Das Porto für einen Privatbrief betrug 40 Pfg., für einen Geschäftsbrief 2.— Mk.

Bei Nr. 1 handelt es sich um den dicken Kiewer Aufdruck. Der polnische Aufdruck wurde meist ordnungsgemäß ausgeführt, bei Nr. 1 aber kopfstehend hergestellt. Der deutsche Aufdruck kommt dagegen in verschiedenen Stellungen vor. Die Verbindungs-Post wurde am 17. 6. 1919 eingestellt.

Notausgabe für Libau

Mit dem 2. 1. 1919 ging die Verwaltung im Baltikum und damit auch der Postbetrieb auf die lettische Regierung über. Die Feldpoststation 168 der in diesem Gebiet verbliebenen 8. Armee versah mit Zustimmung des Reichs-Bevollmächtigten in Libau, besonders auch zur Beförderung der Zivil-Post, weiterhin ihren Dienst. Wegen Mangel an den dort zuständigen Ob.-Ost-Marken und auch eines Ortsstempels wurde auf die noch vorhandenen Germania-Marken zurückgegriffen, welche noch in den Beständen und zu Zwecken der Feldpost vorhanden waren, und diese mit dem Handstempelaufdruck „LIBAU" kenntlich gemacht. Die Einführung der Notpost wurde dem Reichspostamt durch die 8. Armee bekanntgegeben, von ersterem aber bereits am 11.1.1919 die weitere Herstellung der Aufdrucke untersagt, der Aufbrauch der Restbestände jedoch gestattet. Die Feldpost arbeitete bis März 1919. Nach Aufbrauch der LIBAU-Marken wurden Germania-Marken ohne Aufdruck verwendet.

1919, 2. Jan. Deutsche Marken in Germania-Zeichnung mit schrägem, farbigem Handstempelaufdruck LIBAU in Antiquaschrift, 2 Typen.

Type I: Länge = 16,2–16,4 mm, Höhe = 3,2–3,4 mm fein bis stark, ohne Fehler; nur in Violettblau.

Type II: Länge = 15,8–16,0 mm, Höhe = 3,2–3,4 mm Erst klare Abdrucke, später kleine Fehler wie Kopfstrich am L und I rechts abgestumpft, linker Schenkel des A meistens gebrochen; violettblau oder rot.

A: Type I, violettblau

			BF
1 A.	5 (Pfg.) dkl'bläulichgrün	(85)	800.—
2 A.	10 (Pfg.) rot, rosarot	(86)	500.—
3 A.	15 (Pfg.) schwarzviolett	(101)	2400.—
4 A.	20 (Pfg.)		
	a. hellblauviolett	(87 c)	3100.—
	b. violettblau (Töne)	(87 d)	500.—
5 A.	25 (Pfg.) rotorange/braunschwarz a. gelb..	(88)	3100.—
6 A.	50 (Pfg.) violettpurpur/braunschwarz		
	a. h'chromgelb..................	(91 x)	3100.—

B: Type II. a) Aufdruck violettblau, b) Aufdruck rot

			BF a. violettblau	BF b. rot
1 B.	5 (Pfg.) dkl'bläulichgrün........	(85)	500.—	800.—
2 B.	10 (Pfg.) rot, rosarot		250.—	—.—
3 B.	15 (Pfg.) schwarzviolett		1300.—	800.—
4 B.	20 (Pfg.)			
	a. hellblauviolett	(87 c)	1600.—	1600.—
	b. violettblau (Töne).........	(87 d)	250.—	340.—
5 B.	25 (Pfg.) rotorange/braunschwarz			
	a. gelb....................	(88)	2400.—	2400.—
6 B.	50 (Pfg.) vio'purpur/br'schwarz			
	a. h'chromgelb.............	(91 x)	2400.—	2400.—

Die Entwertung erfolgte mit dem Feldpoststempel „K. D. Feldpoststation / ✶ Nr. 168 a" für Einschreibe-Sendungen und mit dem Stempel „Deutsche Feldpost / ✶ 168 b" für normale Postsendungen; ein erst im Frühjahr 1919 neu angefertigter Feldpoststempel unten mit ✶ 168 ✶ kann als Entwertung von Libau-Marken einwandfrei nicht mehr vorkommen. Bei Päckchensendungen wurde ein neunstrahliger Korkstempel verwendet.

Die Preisnotierungen sind Richtwerte auf DM-Basis, Preisbewegungen nach oben und unten sind aufgrund von Angebot und Nachfrage die Regel.

Deutsche Besetzungsausgaben 1914/18 (Postgebiet Ob. Ost)

Landesbotenpost der 10. Armee

Das Gebiet der Landespostanstalten der 10. Armee (General der Infanterie von Falkenhayn), welche zur Durchführung des zivilen Postverkehrs eingerichtet wurden, umfaßte mit dem Stabssitz in Minsk das beim Vormarsch im Februar 1918 besetzte großrussische Gebiet zwischen Estland-Kurland im Norden und der Ukraine im Süden, wozu noch zwei kleinere bereits 1915 besetzte Gebietsteile um Baranowitschi und Nowogrodek hinzukamen.

Die Errichtung dieser Zivilpost erfolgte lt. einer Verfügung des Armee-Oberkommandos der 10. Armee vom 19. 7. 1918. Die Landesboten-Post durfte nur von den Einwohnern, nicht von einzelnen Heeresangehörigen, benutzt werden; die militärischen Dienststellen hatten im Verkehr mit der Bevölkerung gebührenfreie Versendung.

Bei Aufgabe der Sendung mußten folgende Gebühren entrichtet werden: Für Karten im Operationsgebiet eine Landesgebühr von 30 Pfg., bei Verwendung nach dem unbesetzten Rußland, dem Ob.-Ost-Gebiet und der Ukraine war eine Reichsgebühr von 10 Pfg. zu zahlen, die mit einer normalen deutschen Germania-Marke ohne Aufdruck frankiert wurde. Für Briefe betrug die Landesgebühr 60 Pfg. bzw. die Reichsgebühr 20 Pfg., sonst wie vorher. Für die Bestellung im Operationsgebiet wurden außerdem vom Empfänger für eine Karte 20 Pfg. und für einen Brief 40 Pfg. erhoben.

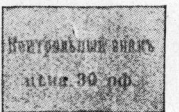

Nr. 1—2

1918, Aug. Landes-Gebührenmarken im Querrechteck mit zweizeiliger, russischer Inschrift: Kontrollzeichen / 30 bzw. 60 Pfg. auf dickem, weißem Papier mit senkrechtem, 14 mm breitem, hellgrauem Unterdruck (Kontrollstreifen). Bdr. Heeresdruckerei 10. Armee (Stereotypie).

			BF
1.	30 Pfg. schwarz	. . . .	1500.—
2.	60 Pfg. schwarz	. . . .	1700.—

Auflage: je 50 000 Stück.

Nr. 3

1918. Bestellgeldmarke. Nr. 1 mit zusätzlichem dreizeiligem rotviolettem Handstempelaufdruck (russ.): „Für Bestellen / 40 K. / bezahlt". Alte Inschrift durchbalkt.

3.	40 a. 30 Pfg. schwarz	7000.—

Entwertung von Nr. 1—3 mit vorhandenen russischen Stempeln in Schwarz, Violett oder Blau. FALSCH

Deutsche Post in Polen

Der Dienst der Deutschen Post beschränkte sich auf die Kreisstädte, d. h. die Postsachen für den betreffenden Kreis, Stadt und Land, wurden postseitig nur bis zu dem Postamt der Kreisstadt befördert. Die Bestellung bzw. Weiterleitung in die kleineren Ortschaften war den dafür zuständigen besonderen Einrichtungen vorbehalten, die zusätzliche Gebühren erhoben (s. anschließende Lokalpost).

Kreisposten bestanden in Czenstochau, Lodz, Sosnowice, Warschau, Zawiercie

1 Mark = 100 Pfennig

1915, 12. Mai. Ah.-Ausg. Zweizeiliger Aufdruck Russisch-/Polen in Frakturschrift.

		EF	MeF	MiF
1.	3 (Pfg.) h'br., braun (Töne) . (84)	8.—	20.—	5.—
2.	5 (Pfg.) dkl'bläulichgrün . . . (85)	10.—	18.—	6.—
3.	10 (Pfg.) karmin . . . . (86)	8.—	15.—	5.—
4.	20 (Pfg.) ultramarin . . . . (87)	25.—	45.—	10.—
5.	40 (Pfg.) rotkarmin/br'schw. (90)	70.—	150.—	40.—

1916, 1. Aug./1917. Ah.-Ausg. Neuer, zweizeiliger Aufdruck Gen.-Gouv. / Warschau in Frakturschrift.

6.	2½ Pfg. grau (Töne) . . . . (98)			
	a. Aufdruck glänzend		30.—	15.—
	b. Aufdruck matt		130.—	50.—
7.	3 Pfg. . . . . (84)			
	a. gelbbr. bis h'braun (Töne), Aufdruck glänzend		17.—	35.—	12.—
	b. lebh'- bis olivbraun, Aufdruck matt	120.—	220.—	85.—
8.	5 Pfg. GA . . . . (85)			
	a. dunkelbläulichgrün, Aufdruck glänzend	15.—	20.—	12.—
	b. dunkelgrün (Töne), Aufdruck matt	80.—	130.—	70.—

		EF	MeF	MiF
9.	7½ Pfg. GA . . . . (99)			
	a. dunkelgelborange bis mittelorange (Töne)	12.—	25.—	12.—
	b. dunkelrotorange (Töne), Aufdruck matt	85.—	320.—	85.—
	c. dunkelrotorange (Töne), Aufdruck rußig	25.—	90.—	25.—
10.	10 Pfg. . . . . (86)			
	a. karminrot	14.—	30.—	12.—
	b. lilarot, lilarosa	140.—	230.—	120.—
	c. rot, rosa	85.—	140.—	65.—
11.	15 Pfg. gelbbraun, braun (Töne) . . . . (100)	20.—	50.—	15.—
12.	15 Pfg. . . . . (101)			
	a. blauviolett	80.—	150.—	60.—
	b. dunkelviolett (Töne)	12.—	28.—	10.—
13.	20 Pfg. . . . . (87)			
	a. (grau-)ultramarin	30.—	25.—	12.—
	b. violettultramarin	45.—	40.—	20.—
	c. (hell-)blauviolett	35.—	30.—	15.—
	d. violettblau	420.—	550.—	300.—
14.	30 Pfg. rotorange/braunschwarz			
	a. h'chromgelb . . . . (89)			
	a. Aufdruck glänzend	100.—	170.—	50.—
	b. Aufdruck matt	70.—	120.—	35.—
15.	40 Pfg. . . . . (90)			
	a. karminrot/braunschwarz . . .	100.—	280.—	55.—
	b. lilarot/braunschwarz	75.—	200.—	40.—
16.	60 Pfg. . . . . (92)			
	a. lila	200.—	500.—	70.—
	b. violettpurpur	130.—	380.—	40.—

Bitte auf Portorichtigkeit achten!

Deutsche Besetzungsausgaben 1914/18 (Polen)

LOKALPOST
(nichtdeutsche Bestellposten in Polen während der deutschen Besetzungszeit)

Die deutschen Postanstalten beförderten Post nur von Postanstalt zu Postanstalt. Für die Zustellung an die Empfänger selbst richteten örtliche Stellen mit Genehmigung oder Duldung der deutschen Besetzungsbehörden Bestellanstalten ein. Das Bestellgeld wurde teils bar (Czenstochau, Lodz), teils durch besondere Marken erhoben (Sosnowice, Warschau, Zawiercie).

Sosnowice (Sosnowiec)
100 Kopeken = 1 Rubel

1916, 18. Febr. Stadtwappen-Muster. Stdr.; gez. 11½.

			BF
1.	3 Kop. hellblau	. . . . a	—.—
2.	10 Kop. braunlila [GA]	. . . . a	—.—

Gültig bis 14. 3. 1916.

1916, 23. Mai. Gleiches Muster. Stdr., jedoch mit Vertikalstreifen-Aufdruck; gez. 11½.

3.	3 Kop. rosa, Streifen grün	. . . . b	—.—
4.	10 Kop. blau, Streifen rosa	. . . . b	—.—

Gültig bis 8. 7. 1916.

1916, 24. Juli. Stadtwappen im Kreis. Dreiecksformat, ohne Wertangabe. Stdr.; gez. 11¼.

5.	(3 Kop.) dunkelkarmin	 c	400.—

Gültig bis 6. 8. 1916.

1–5 ✉ FÄLSCHUNG

Stadtpost der Hauptstadt Warschau

1 Grosz (Gr.) = 1 Fenig = ½ Kopeke; 100 Groszy = 1 Zloty.

Der Bürgerausschuß der Hauptstadt Warschau (Komitet Obywatelski miasta stolecznego Warszawy) errichtete im Einvernehmen mit der deutschen Postbehörde einen Zustelldienst von der deutschen Postanstalt zu den im Stadtgebiet wohnhaften Empfängern gewöhnlicher Post. Einschreib- und Geldsendungen mußten dagegen nach Aufforderung durch Postkarte, die ebenfalls von der Stadtpost befördert wurde und zustellgebührenpflichtig war, bei der deutschen Post persönlich abgeholt werden.

Der am 23. September 1915 um 17 Uhr in der Mazowiecka Str. 7 aufgenommene Bestelldienst erweiterte sich bereits am 21. Oktober 1915 zum regulären Stadtpostdienst. Erst am 21. Oktober 1915 erteilten die deutschen Behörden der Stadtpost die Erlaubnis, auch Sendungen, die innerhalb Warschaus aufgegeben wurden, zuzustellen. Briefe mit Nr. 1–4, die vor diesem Datum bereits innerhalb Warschaus gelaufen sind, sind sehr selten (✉ 500.—). Diese Belege tragen Daten zwischen 23.9. und 20.10.1915; der Kastenstempel WRECZENIE OPLACONE fehlt. Die Sendungen innerhalb der Stadt mußten jedoch ebenfalls bei der deutschen Post aufgeliefert und mit den Besetzungsmarken (Nr. 1–16) freigemacht werden, bevor sie deutscherseits der Warschauer Stadtpost zur Weiterleitung übergeben wurden. Das Verfahren der Selbstabholung von Einschreib- und Geldsendungen blieb bestehen.

Im Oktober 1916 wurde die Außerkurssetzung der Stadtpostmarken ausgesprochen; seit dem 20. Oktober 1916 erfolgte nur noch Gebührenstempel-Vermerk.

Bereits seit dem 21. Oktober 1915 erhielten die Sendungen, deren Bestellgeld im voraus entrichtet war (teils auch in Marken), den Aufdruck des Rahmenstempels WRECZENIE OPLACONE (Bestellgeld bezahlt) ✉ 200% Aufschlag (mindestens 15.—).

1915, 20. Sept. Erste nicht zur Ausgabe gelangte Versuchsauflage. Heraldische Figuren. ✎ Trojanowski; Stdr. mit Tonunterdruck; gez. 11½.

a) Warschauer Sirene, Stadtwappenfigur
b) Polnischer Wappenadler

		BF
I.	5 Groszy . . . . a	
	a. graugrün/(hell)chromgelb	—.—
	b. graugrün/grünlich	—.—
	c. graugrün/hellgelborange	—.—
II.	10 Gr. . . . . b	
	a. (braun)schwarz/(hell)chromgelb . .	—.—
	b. (braun)schwarz/gelblich	—.—
	c. (braun)schwarz/hellgelborange . . .	—.—

1915, 23. Sept. Endgültige Ausgabe. Wie vorige, jedoch Farbänderung und kräftigere Druckausführung. ✎ Trajanowski; StTdr.; Papier dick, weiß, Nr. 2 auch dünn; gez. 11½.

		BF
1.	5 Groszy . . . . a	
	a. schwarzblau/grünlich	200.—
	b. schwarzblau/bräunlich	450.—
2.	10 Gr.	
	a. matt- bis glänzendrot/sämisch (viele Töne)	130.—
	b. anilinrot/gelblich	250.—
	c. braunrot/hellchromgelb bis hellgelborange	—.—

Nr. 1 ist in ca. 10 000 Exemplaren ohne Handstempel „6 groszy" verblieben und zwar auf Briefen mit vorausbezahlter Einhändigung. Briefdaten Ende Oktober und Anfang November 1915, Preise vorstehend. Nr. 2 wurde auch als Gebührenmarke verwendet = fiskalische Entwertung, z. B. Polizeistempel.

1915, 23. Sept. Kleiner Handstempelaufdruck 6 groszy in zwei Typen auf Nr. 1.

		Unterdruck	
		a grünlich	b bräunlich
3.	6 groszy a. 5 Gr. schwarzblau	BF	BF
	a. Aufdruck rot	250.—	300.—
	b. Aufdruck violett	700.—	1000.—
	c. Aufdruck schwarz	1800.—	2500.—

Stempel-Type I: 6 tieferstehend als g von groszy, Type II: 6 sowie g und y von groszy in einer Zeile stehend; bei Untertype abgebrochener linker Aufstrich des „y". Fehlt der Aufstrich ganz, so ist dies der Erkennungsmal eines nicht amtlichen Nachdrucks (Fälschung!).

Notierungen für lose Marken
★, ★★, ⊙ s. MICHEL-Deutschland- bzw. MICHEL-Deutschland-Spezial-Katalog oder MICHEL-Junior-Katalog.

Deutsche Besetzungsausgaben 1914/18 (Polen)

6 GROSZY

1915, 30. Sept. Großer Handstempelaufdruck im Kasten auf Nr. 1.

Aufdruckstellung beeinflußt den Preis nicht.

		Unterdruck	
		a grünlich BF	b bräunlich BF
4.	6 GROSZY a. 5 Gr. schwarzblau		
	a. Aufdruck rot	180.—	220.—
	b. Aufdruck violett	400.—	550.—
	c. Aufdruck schwarz	—.—	—.—

FÄLSCH

1915, Okt./Nov. Marken Nr. 1 und 2 mit großem Aufdruck (die „2" mit geschweiftem Fuß) in Bdr.

2   2 6   6 6   6

I. fett schmal   II. breit

5.	22 a. 10 Gr.	BF
	a. matt- bis glänzendrot/hellchromgelb (viele Töne)	100.—
	b. anilinrot/gelblich	180.—
	c. braunrot/hellchromgelb bis hellgelborange	—.—

		Unterdruck	
		a grünlich BF	b bräunlich BF
6 I.	6 6 a. 5 Gr. schwarzblau (schmale Ziffern)		
	a. Aufdruck schwarz	100.—	180.—
	b. Aufdruck schwarzblau	300.—	400.—
	c. Aufdruck blau	3000.—	—.—
6 II.	6 6 a. 5 Gr. schwarzblau (breite Ziffern)		
	a. Aufdruck schwarz	350.—	500.—
	b. Aufdruck schwarzblau	—.—	—.—
	c. Aufdruck blau	—.—	—.—

1915, Nov./Dez. Kleiner Aufdruck in Stdr. auf Nr. 2 und auf Neuauflage von Nr. 1 (die „2" mit geradem Fuß).

Nr. 7

6   6

Aufdruck von Nr. 8

7.	22 a. 10 Gr.	
	a. matt- bis glänzendrot/hellchromgelb (2a)	70.—
	b. glänzendrot/gelblich (Neuaufl.)	70.—
8.	6 6 a. 5 Gr.	
	a. grün/gelblich	70.—
	b. grün/grünlichgrau	70.—

1916, 2. Febr. Geänderter, größerer Aufdruck mit zwei achtstrahligen Sternen in Stdr.; Grundmarken in Neuauflagen.

2 gr.   6 gr.

		BF
9.	2 gr. a. 10 Gr.	
	a. mattrot bis rosa/grünlichgelb (I. Auflage)	40.—
	b. glänzendrot/gelblich (II. Auflage) (2 d)	60.—
	c. mattrot/gelblich, dünnes bläuliches Papier (III. Auflage)	100.—
10.	6 gr. a. 5 Gr.	
	a. grasgrün/bräunlichgelb (I. Auflage)	60.—
	b. grasgrün/sämisch (II. Auflage)	55.—
	c. hellgrün/gelblich, dünnes bläuliches Papier (III. Auflage)	100.—

FÄLSCH

Zawiercie

10 Pfennig (= Fen) = 1 Mark

1916, 10. Jan. Stadtpostmarken in Hoch- bzw. Querformat mit Ansichten. Stdr.; gez. L 11½.

Je 2 Marken übereinander mit rotlila oder violettem Kontrollstempelaufdruck „Zawiercie" in verschlungenen Buchstaben. Der Restbestand gelangte ohne Kontrollaufdruck in den Handel.

a) Landschaft aus der Umgebung   b) Schulgebäude

mit rotlila Kontrollaufdruck „Zawiercle" in verschlungenen Buchstaben

			BF
1.	10 FEN/Pfg. dkl'violett/grün	a	2500.—
2.	20 FEN/Pfg. graublau/schwarzbraun	b	4000.—

Gültig bis 13.1.1916 infolge Einspruches der deutschen Postverwaltung, die die Restbestände einziehen ließ.

Literatur: Stefan Petriuk, „Stadtpostämter im besetzten Polen 1915–18".

In allen Fragen über philatelistische Literatur stehen Ihnen die

Münchner Stadtbibliothek, Philatelistische Abteilung,

Rosenheimer Straße 5, 81667 München, und die Philatelistische Bücherei

Hamburg e.V., Hohenfelder Straße 10, 22087 Hamburg, zur Verfügung.

Deutsche Militärverwaltung in Rumänien

Die am 24. 2. 1917 verfügte Einrichtung der Landespost diente den Bedürfnissen der Zivilbevölkerung, wurde von früheren rumänischen Postbeamten besorgt und unterstand der Zensur der Deutschen Kommandantur Bukarest und mehrerer anderer Städte im westlichen Rumänien. Für den Verkehr der Besatzungstruppen bestanden besondere Feldposten, die zum Teil eigene Markenausgaben benutzten wie K. und K. Feldpost; die bulgarische Ausgabe für Rumänien s. Bulgarien (Europakatalog); das türkische Postamt in Bukarest verwendete kursierende türkische Marken ohne Aufdruck.

1 Leu = 100 Bani

1917, 1. Juni. 1. Ah.-Ausg. Deutsche Marken mit Aufdruck: M. V. i. R. und rumänischem Wert, Wertangabe schwarz in Berlin aufgedruckt, Rahmenaufdruck rot auf 15 und 40 Bani, schwarz auf 25 Bani in der Staatsdruckerei Bukarest hergestellt.

			EF	MeF	MiF
1.	**15 Bani**	a. 15 (Pfg.) dkl'violett (Töne) . . . . . . (101a)	15.—	60.—	10.—
2.	**25 Bani**	a. 20 (Pfg.) ultramarin . . . . (87a)	20.—	80.—	10.—
3.	**40 Bani**	a. 30 (Pfg.) rotorange/ braunschw. a. h'chromgelb (89x)	280.—	450.—	150.—

1917, 2. Juli/**1918.** 2. Ah.-Ausg. mit geändertem Aufdruck in Frakturschrift.

			EF	MeF	MiF
4.	**10 Bani**	a. 10 Pfg. . . . . . . (86) Zw 1.0			
		a. lilarot, lilarosa	10.—	15.—	7.—
		b. rot, rosa	160.—	250.—	130.—
5.	**15 Bani**	a. 15 Pfg. . . . . . . (101) Zw 0.9			
		a. blauviolett	450.—	600.—	320.—
		b. dunkelviolett (Töne) . . .	40.—	60.—	30.—
6.	**25 Bani**	a. 20 Pfg. . . . . . . (87) Zw 0.9			
		a. blau (Töne)	25.—	45.—	15.—
		b. (h')blauviolett	25.—	45.—	15.—
7.	**40 Bani**	a. 30 Pfg. rotor./braunschw. a. h'chromgelb. (89) Zw 1.1			
		a. Aufdruck matt	35.—	80.—	13.—
		b. Aufdruck rußig	280.—	600.—	130.—

Ausgabe für das Gesamtgebiet Rumänien

Aufdruckänderung Rumänien statt des bisherigen M. V. i. R., weil nach den Friedensverhandlungen von Cotroceni die rumänischen Behörden mehr herangezogen wurden.

Unser
Verlagsprogramm

liegt beim Fachhandel aus. Lassen Sie sich über Alben und Bedarfsartikel unverbindlich ein Angebot machen.

1918, 1. März. 3. Ah.-Ausg. Zweizeiliger Aufdruck Rumänien und rumänischer Wert in Frakturschrift.

			EF	MeF	MiF
8.	**5 Bani**	a. 5 Pfg. dkl'bläul'grün (Töne). (85) Zw 0.8	12.—	12.—	5.—
9.	**10 Bani**	a. 10 Pfg. . . . . . . (86)			
		a. rot, rosa . . . . Zw 0.9/1.0	45.—	20.—	12.—
		b. bräunlichrot . . . . Zw 1.0	200.—	150.—	80.—
10.	**15 Bani**	a. 15 Pfg. dunkelviolett . . . . (101)	8.—	18.—	6.—
11.	**25 Bani**	a. 20 Pfg. . . . . . . (87)			
		a. blau . . . . Zw 0.8	65.—	100.—	40.—
		b. violettblau . . . . Zw 0.8	25.—	35.—	12.—
		c. graublau . . . . Zw 0.8	350.—	500.—	200.—
12.	**40 Bani**	a. 30 Pfg. rotor./braunschw. a. h'chromgelb. (89)	100.—	100.—	24.—

Portomarken

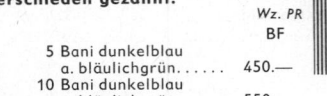

Aufdruck

1918, 1. Juli. Portomarken von Rumänien, ähnlich P 32, 33, 35–37, jedoch oWz. mit rotem Bukarester Aufdruck wie Freimarken Nr. 1–3; gez. L 13½:11½, 11, 11¼:13½.

Urmarke

		BF
1.	5 Bani dkl'blau a. gelblichgrün . . . . (Pb)	120.—
2.	10 Bani dkl'blau a. gelblichgrün . . . . (Pb)	120.—
3.	20 Bani dkl'blau a. gelblichgrün . . . . (Pb)	60.—
4.	30 Bani dkl'blau a. gelblichgrün . . . . (Pb)	60.—
5.	50 Bani dkl'blau a. gelblichgrün . . . . (Pb)	60.—

1918, Aug. Aufdruck wie vorher auf Portomarken gleicher Zeichnung, *mit Wz. PR in monogrammartiger Form; verschieden gezähnt.*

Wz. PR

		BF
6.	5 Bani dunkelblau a. bläulichgrün	450.—
7.	10 Bani dunkelblau a. bläulichgrün	550.—

Kriegssteuer-Portomarken

1918, Sept. Rumänische Zwangszuschlagsportomarke von 1916, *Wz. PR in monogrammartiger Form,* mit Rahmenaufdruck wie vorher; gez. L 13½, 13½:11½.

		BF
8.	10 Bani rot a. grünlich (ZP 4)	65.—

Deutsche Besetzungsausgaben 1914/18 (Rumänien)

Zwangszuschlagsmarken
(Kriegssteuermarken)

Gem. der Verfügung der Militärverwaltung vom 10. 7. 1917 waren zugunsten der Landeshaushaltskasse im Postverkehr von Ort zu Ort zusätzliche Stempelmarken auf Postsachen zu kleben.

1917, 1. Juni. Stempelmarke von Rumänien (Timbru fiscal), als Kriegssteuermarke verwendet, mit rotem, senkrechtem Aufdruck M. V. i. R. in Kursivschrift. Rahmen doppellinig; gez. 13½:11½, ~.

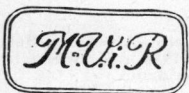

6. 10 Bani graubraun .... 200.—

1917, 25. Juni. Kriegssteuermarken (Weberinzeichnung) von Rumänien mit Aufdruck M. V. i. R. in verschlungener Schrift (Monogramm) oben; x graues, y weißes Papier; verschieden gezähnt.

			x graues Pap.	y weißes Pap.
			BF	BF
1.	5 Bani dunkelgrau ...... R		15.—	20.—
2.	10 Bani braun .... S		15.—	20.—

1917, 15. Sept. Wie Nr. 6, jedoch Farbänderung, mit rotem Rahmenaufdruck wie Nr. 3–5; gez. 13, 13½: 11½.

Urmarke zu Nr. 6 u. 7

7. 10 Bani gelbbraun
   x. a. glänzendem Papier .... 130.—
   y. a. mattem Papier .... 130.—

Vom 1. 1. 1918 bis 1. 10. 1918 waren sämtliche Kriegssteuermarken außer Verkehr.

1917, 10. Aug. Gleiche Zeichnung mit Rahmenaufdruck M. V. i. R. wie Freimarken Nr. 1–3; x graues, y weißes Papier; verschieden gezähnt.

3. 10 Bani braun bis rötlichbraun .... BF
   x. graues Papier .... 120.—
   y. weißes Papier .... 180.—

Etappengebiet der 9. Armee

Das Verwendungsgebiet dieser Ausgabe war das Operations- bzw. Etappengebiet der 9. Armee. Es umfaßte die Gegend von Focsani, Galatz, Buzeu, als die demobilisierten rumänischen Reservisten usw. das besetzte Gebiet erreichten.

1918, 10. März. Freim.-Ausg. Deutsche Marken mit Bukarester Rahmenaufdruck: Gültig / 9. Armee.

1917. Gleicher Rahmenaufdruck auf gleiche Zeichnung, jedoch Farbänderung.

4. 10 Bani grauviolett .... 35.—

		EF	MeF	MiF
1.	10 Pfg. .... (86)			
	a. karminrot	400.—	550.—	260.—
	b. rot, rosa	220.—	320.—	100.—
2.	15 Pfg. .... (101)			
	a. schwarzgrauviolett	250.—	360.—	190.—
	b. dkl'violett (Töne)	160.—	300.—	140.—
3.	20 Pfg. (h')blauviolett ...... (87)	75.—	75.—	20.—
4.	30 Pfg. rotorange/braunschwarz			
	x. h'chromgelb .... (89)	200.—	330.—	120.—

1918, 1. Okt. Gleicher Rahmenaufdruck auf gleiche Zeichnung, jedoch Farbänderung.

5. 5 Bani schwarz BF
   a. Aufdruck karmin .... 45.—
   b. Aufdruck schwarz .... 1000.—

Echt gelaufene Briefe müssen den Stempel „Geprüft /Datum/Postüberwachungsstelle" tragen und die Marken in Bukarest entwertet sein, nachdem sie die dortige Zensurstelle passiert hatten.

Lesen Sie im Katalog immer zuerst das Vorwort sowie die Vortexte und Anmerkungen bei den einzelnen Ländern — Sie sparen sich manche Rückfrage.

Belgische Besatzungspost in Deutschland

BELGISCHE MILITÄRPOST IM RHEINLAND
1 Franc (belg.) = 100 Centimes

1919, 20. Sept. Freim.-Ah.-Ausg. Belgische Marken von 1915, mit zweizeiligem schwarzem Aufdruck.

ALLEMAGNE
ALLEMAGNE Nr. 8—14, 16—17
DUITSCHLAND Nr. 1—7, 15 **DUITSCHLAND**

Erste Aufdruckplatte für die querformatigen Werte (1919): Weiter Zeilenabstand 3 mm, das erste D von DUITSCHLAND unter dem Zwischenraum zwischen AG in ALLEMAGNE, Nr. 11—14.

Zweite Aufdruckplatte Nr. 11 I—14 I: Enger Zeilenabstand 1,5 mm, das erste D von DUITSCHLAND unter dem zweiten A von ALLEMAGNE.

			BF
1.	1 Centime orange	(113)	17.—
2.	2 C. dunkelbraun	(114)	17.—
3.	5 C. grün	(116)	23.—
4.	10 C. karmin	(117)	28.—
5.	15 C. violett	(118)	23.—
6.	20 C. lila	(119)	23.—
7.	25 C. blau	(120)	28.—
8.	35 C. rotbraun/schwarz	(121)	28.—
9.	40 C. grün/schwarz	(122)	55.—
10.	50 C. karmin/schwarz	(123)	100.—
11.	1 Fr. violett	(125)	210.—
12.	2 Fr. blaugrau	(126)	370.—
13.	5 Fr. blau	(144)	125.—
14.	10 Fr. braun	(128)	540.—

1920. Freim.-Ah.-Ausg. Neuauflage der Frank-Werte mittels zweiter Aufdruckplatte: Enger Zeilenabstand 1,5 mm, das erste D von DUITSCHLAND unter dem zweiten A von ALLEMAGNE.

11. I.	1 Fr. violett	(125)	210.—
12. I.	2 Fr. blaugrau	(126)	370.—
13. I.	5 Fr. blau	(144)	110.—
14. I.	10 Fr. braun	(128)	530.—

1921, 1. Juni. Freim.-Ah.-Ausg. Erg.-Werte mit gleichem Aufdruck (bei Nr. 15 und 16 wie bei Nr. 1—7, bei Nr. 17 wie bei Nr. 11 I—14 I).

15.	3 Cent. blaugrau		30.—
16.	25 Cent. schwarzblau		90.—
17.	65 Cent. lilarot/schwarz		130.—

Gültig bis 30. 4. 1931.

FÜR EUPEN UND MALMEDY
Ab 1. Jan. 1920 belgisch; Postbetrieb am 15. 1. 1920 von Belgien übernommen.

1 Mark = 100 Pfennig

EUPEN & MALMÉDY

1920, 15. Jan. Freim.-Ah.-Ausg. Belgische Marken, mit vierzeiligem Aufdruck.

5 PF

				BF
1.	5 PF. a.	5 C. grün	(116)	15.—
2.	10 PF. a.	10 C. karmin	(117)	15.—
3.	15 PF. a.	15 C. violett	(118)	20.—
4.	20 PF. a.	20 C. lila	(119)	25.—
5.	30 PF. a.	25 C. blau	(120)	30.—
6.	75 PF. a.	50 C. karmin/schwarz	(123) R	170.—
7.	1 Mk. 25 a.	1 Fr. violett	(125) R	200.—

Gültig bis 4. 3. 1920 im Kreis Malmedy und bis 19. 3. 1920 im Kreis Eupen.

EUPEN
1 Franc = 100 Centimes

1920, 20. März. Freim.-Ah.-Ausg. Belgische Marken von 1915, mit waagerechtem Aufdruck Eupen in drei verschiedenen Größen.

Eupen

1.	1 C. orange	(113)	15.—
2.	2 C. dunkelbraun	(114)	15.—
3.	5 C. grün	(116)	18.—
4.	10 C. karmin	(117)	18.—
5.	15 C. violett	(118)	25.—
6.	20 C. lila	(119)	25.—
7.	25 C. blau	(120)	30.—
8.	35 C. rotbraun/schwarz	(121)	40.—
9.	40 C. grün/schwarz	(122)	50.—
10.	50 C. karmin/schwarz	(123)	90.—
11.	1 Fr. violett	(125)	180.—
12.	2 Fr. blaugrau	(126)	280.—
13.	5 Fr. blau	(144)	120.—
14.	10 Fr. braun	(128)	500.—

1921, März. Freim.-Ah.-Ausg. Erg.-Werte mit gleichem Aufdruck.

15.	3 Cent. blaugrau	(115)	25.—
16.	25 Cent. schwarzblau	(143)	80.—
17.	65 Cent. lilarot/schwarz	(124)	120.—

Gültig bis 30.4.1931.

Portomarken

1920, 12. März, Ah.-Ausg. Portomarken von Belgien, mit Aufdruck Eupen.

1.	5 Cent. grün	(17)	100.—
2.	10 Cent. karmin	(18)	120.—
3.	20 Cent. oliv	(19)	170.—
4.	30 Cent. hellblau	(20)	170.—
5.	50 Cent. grau	(21)	350.—

MALMÉDY
1 Franc = 100 Centimes

1920, 8. März. Freim.-Ah.-Ausg. Belgische Marken von 1915 mit waagerechtem Aufdruck Malmédy.

Malmédy

1.	1 C. orange	(113)	15.—
2.	2 C. dunkelbraun	(114)	15.—
3.	5 C. grün	(116)	18.—
4.	10 C. karmin	(117)	18.—
5.	15 C. violett	(118)	25.—
6.	20 C. lila	(119)	25.—
7.	25 C. blau	(120)	30.—
8.	35 C. rotbraun/schwarz	(121)	40.—
9.	40 C. grün/schwarz	(122)	50.—
10.	50 C. karmin/schwarz	(123)	90.—
11.	1 Fr. violett	(125)	180.—
12.	2 Fr. blaugrau	(126)	280.—
13.	5 Fr. blau	(144)	120.—
14.	10 Fr. braun	(128)	500.—

Belgische Besatzungspost in Deutschland

1921, März. Freim.-Ah.-Ausg. Freim.-Erg.-Werte mit gleichem Aufdruck.

		BF
15.	3 C. blaugrau	25.—
16.	25 C. schwarzblau	80.—
17.	65 C. lilarot/schwarz	120.—

Gültig bis 30. 4. 1931.

Die Bildbeschreibungen zu den Markenabbildungen sind so ausführlich wie möglich gehalten!

Portomarken

1920. Ah.-Ausg. Portomarken von Belgien mit Aufdruck Malmédy.

			BF
1.	5 C. grün	(17)	100.—
2.	10 C. karmin	(18)	120.—
3.	20 C. resedagrün	(19)	170.—
4.	30 C. hellblau	(20)	170.—
5.	50 C. grau	(21)	350.—

Ausgaben Eupen und Ausgaben Malmédy kursfähig (auch in Alt-Belgien) bis 30. 4. 1931.

Die Marken Eupens konnten auch in Malmédy, die Marken von Malmédy auch in Eupen verwendet werden.

Deutsche Besatzungsausgaben des Zweiten Weltkrieges 1939/1945

Aus praktischen Erwägungen sind alle Ausgaben des II. Weltkrieges einschließlich des schon vor Kriegsausbruch eingerichteten Protektorates hier zusammengefaßt, soweit sie von der deutschen Besatzungsmacht angeordnet, ausgegeben oder genehmigt worden sind, auch wenn die ausgebenden Postverwaltungen eigene von der deutschen Militärverwaltung eingesetzte Landesbehörden waren (z. B. Albanien, Kanal-Inseln, Lettland, Litauen, Montenegro, Serbien usw.).

Albanien

Landespost unter deutscher Besetzung

Während der deutschen Besetzung Albaniens vom 10. 9. 1943 bis 29. 11. 1944.

1 Frank = 100 Qind

14 Shtator 1943 **1943.** Ah.-Ausg. Albanien, Nr. 299–310 mit Bdr.-Aufdruck „14 / Shtator / 1943" in Karminrot (R) oder Graulila (L). Nr. 1 und 9 noch mit neuem Wert.

			BF
1.	**1 Qind** a. 3. Q. braun	(300) R	—.—
2.	2 Q. bräunlicholiv	(229) R	—.—
3.	3 Q. braun	(300) R	—.—
4.	5 Q. grün	(301) R	—.—
5.	10 Q. dkl'braun	(302) R	—.—
6.	15 Q. rot	(303) L	—.—
7.	25 Q. blau	(304) R	—.—
8.	30 Q. violett	(305) R	—.—
9.	**50 Qind** a. 65 Q. karminbraun	(307) R	—.—
10.	65 Q. karminbraun	(307) R	—.—
11.	1 Fr. schwarzgrün	(308) R	—.—
12.	2 Fr. braunkarmin	(309) R	—.—
13.	3 Fr. dunkelbraun	(310) R	—.—

1943. Eilmarke Albanien Nr. 320 mit demselben Bdr.-Aufdruck in karminbrauner Farbe.

14.	25 Q. violett	(320) B	—.—

1944. 22. Sept. Wohlt.-Ausg. zugunsten der Fliegergeschädigten (a). RaTdr. der Staatsdr. Wien; gez. 14.

a) Bombengeschädigte und Trümmer

		BF
15.	5+ 5 Q. dunkelgrün	—.—
16.	10+ 5 Q. dunkelbraun	—.—
17.	15+ 5 Q. dunkellilarot	—.—
18.	25+10 Q. dunkelblau	—.—
19.	1 Fr.+50 Q. dunkeloliv	—.—
20.	1 Fr.+1 Fr. dunkellila	—.—
21.	3 Fr.+1.50 Fr. hellorange	—.—

Ⓔ

Die Preisnotierungen gelten für Briefe in einwandfreier Qualität.

Böhmen und Mähren
Protektorat (15. 3. 1939—8. 5. 1945)

Nach Errichtung des Protektorates am 15. 3. 1939 wurden bis zur Ausgabe eigener Protektoratsmarken die postgültigen Marken der Tschechoslowakei weiter benutzt, die auch bis 15. 12. 1939 noch aufgebraucht werden konnten. Die Marken wurden bis zum 30. 11. 1939 am Schalter verkauft. Die Portomarken wurden (vermutlich aufgrund einer internen Verfügung) bis Mitte Januar 1940 weiterverwendet. Die Post des Protektorates unterstand der Postaufsicht des Deutschen Reiches. Alle Marken des Protektorates sind in der Druckerei „Böhmische graphische Union A.G., Prag", hergestellt.

Mischfrankaturen möglich: 15.7. bis 15.12.1939 Marken des Protektorates mit Marken der Tschechoslowakei, bei Portomarken bis 1940; ferner Marken des Protektorates mit Marken des Deutschen Reiches, von den Dienstpostämtern stammend.

1 koruna (tschechische Krone [K]) = 100 haléřů (Heller)

Postgebühren

Ab 15. 3. 1939 galten für Sendungen innerhalb des Protektorates sowie nach dem Deutschen Reich die tschechoslowakischen Gebühren, die den deutschen Inlandsgebühren stufenweise (1.4.1939, 17.7.1939, 1.6.1940 und 1.10.1940) angepaßt wurden, umgerechnet dem Währungsverhältnis 10 Pfg. = 1 Krone.
Die anfangs noch nach den tschechoslowakischen Portosätzen freigemachten Sendungen wurden deshalb unbeanstandet befördert (geringere Gebühren).

		Protektorat Böhmen und Mähren			Deutsches Reich			
		15. 3. 1939	1. 6. 1940	1. 10. 1940	15. 3. 1939	1. 4. 1939	17. 7. 1939[15]	1. 10. 1940[16]
Briefe – Ortsverkehr	bis 20 g	—.60	—.80	—.80				
	100 g	1.10	—	—				
	250 g	2.—	1.60	1.60				
	500 g	2.50	2.—	2.—				
	1000 g	3.—	3.—	3.—				
– Fernverkehr	20 g	1.—	1.20	1.20	2.—	1.20[8]	1.20	1.20
	100 g	1.60	—	—	jede weitere	—	—	—
	250 g	2.50	2.40	2.40	20 g	2.50[8]	2.40	2.40
	500 g	3.—	4.—	4.—	1.50	4.—[8]	4.—	4.—
	1000 g	4.—	6.—	6.—		6.—[8]	6.—	6.—
Postkarte (jeder Teil von Antwortkarten)	– Ortsverkehr	—.50	—.50	—.50	1.20	—.60[8]	—.60	—.60
	– Fernverkehr	—.50	—.60	—.60				
Drucksachen	20 g	—	—	—.30			—.30	—.30
	50 g	.20(—.30)[23]	—.30	—.40			—.40	—.40
	100 g	—	—	—.80			—.80	—.80
	150 g	—.50	—.50	—	—.50	—.50	—	—
	250 g	—.80	—.80	1.50	für jede 50 g	für jede 50 g	1.50	1.50
	500 g	1.50	1.50	3.—			3.—	3.—
	1000 g	2.—	2.—	—			—	—
	2000 g	3.—	3.—	—			—	—
Geschäftsdrucksache, jede 50 g		—.10	—.10					
Geschäftspapiere	100 g	—	—	—.80	jede 50 g	jede 50 g	—.80	—.80
	250 g	1.—	1.—	1.50	—.50	—.50	1.50	1.50
	500 g	1.50	1.50	3.—	mindestens	mindestens	3.—	3.—
	1000 g	2.—	2.—	—	2.50	2.50	—	—
Blindenschriftsendungen	100 g	—.05	—.05		—.05	—.05		
	1000 g	—.15	—.15	—.30	—.15	—.15	—.30	—.30
	2000 g	—.30	—.30	bis 5 kg	—.30	—.30	bis 5 kg	bis 5 kg
	5000 g	—.75	—.75		—.75	—.75		
	7000 g	—						
Warenproben	100 g	—.40	—.40	—.80	jede 50 g	jede 50 g	—.80	—.80
	250 g	—.80	—.80	1.50	—.50	—.50	1.50	1.50
	500 g	1.50	1.50	3.—	mind. 1.—	mind. 1.—	3.—	3.—
	1000 g	2.—	2.—	—			—	—
Päckchen	bis 2000 g	—	—	4.—	je 50 g 1.— mind. 5.—	je 50 g 1.— mind. 5.—	4.—	4.—[16]

Deutsche Besetzungsausgaben 1939/45 (Böhmen und Mähren)

	Protektorat Böhmen und Mähren			Deutsches Reich			
	15. 3. 1939	1. 6. 1940	1. 10. 1940	15. 3. 1939	1. 4. 1939	17. 7. 1939[15]	1. 10. 1940[16]
Nachnahmegebühr bis 100.— K.	1.50	1.50	wie Brief + 2.—	wie Brief + 3 K.[14] u. jede 100 K. —.50	wie Brief + 3 K.[14] u. jede 100 K. —.50	wie Brief + 3 K.[14] u. jede 100 K. —.50	wie Brief + 2.—
bis 200.— K.	2.—	2.—					
jede weitere 200.— K.	—.50	—.50					
Einschreibengebührzuschlag	2.—	2.—	3.—	2.50	2.50	2.50	3.—
Eigenhändige Zustellung	—.50	—.50	1.—	von D.R. —.50	—.50	—.50	1.—
Eilzustellung	2.—[22]	2.—	4.— (8.—)[15]	5.—	5.—	4.— (8.—)[15]	4.—[19] (8.—)[15]
Rohrpostzuschlag	—.40[17]	—	1.—[21]				
Rückschein							
a) bei Einlieferung	2.50	2.50	3.—	2.50	2.50	2.50	3.—[16)19]
nach Einlieferung	4.—	4.—	4.—	4.—	4.—	4.—	4.—
für Versich.-Amt (gewöhn. Briefe)	1.—	1.—	1.—	—	—	—	—
Poste restante	—.50	—.50	—	—.50	—.50	—	—
Wertbrief 100 g	2.—	2.—	wie gewöhn. Brief + für jede 5000 K. 1.— + Behandl.-Geb. bis 1000 K. 4.— über 1000 K. 5.—	wie E-Brief + Versich. für jede 300 Goldfranken 2.80	wie E-Brief + Versich. für jede 300 Goldfranken 2.80	wie gewöhn. Brief + Versich. jede 5000 K. 1.— + Behandl.-Geb. bis 1000 K. 4.— über 1000 K. Wert 5.—	wie gewöhn. Brief + Versich. jede 5000 K. 1.— + Behandl.-Geb. bis 1000 K. Wert 4.— über 1000 K. Wert 5.—
250 g	4.—	4.—					
500 g	8.—	8.—					
1000 g	13.—	13.—					
+Versich-Gebühr für jede 1000 K.							
a) Brief geschlossen	1.—	1.—					
b) Brief geöffnet	2.—	2.—					
+Behandlungsgebühr	1.—	1.—					
Nicht oder teilw. frank. Sendungen Strafporto	2 mal	2 mal	1,5 mal	2 mal mind. —.50	2 mal mind. —.50	2 mal	2 mal
Geschäftsantwortsendungen = einfache Höhe und dazu bei				E-Brief	E-Brief		
a) Postkarte	—.10	—.10		1 mal	1 mal		
b) Brief	—.20	—.20		mind. —.50	mind. —.50		
Zeitungsdrucksache							
jede Zeitung, jede 100 g	—.05[6]	—.05	—.05	jede 50 g —.25	—.05[18]	—.05	—.05
jede Zulage	—.02	—.02	—.02		—.02	—.02	—.02
Einlieferungsbescheinigung (gewöhnliches Päckchen)	—	—	1.—[19]	—	—	—	1.—[19]

[1] Für Danzig, Jugoslawien, Ungarn, Polen, Rumänien, Griechenland, Türkei
[2] Für Danzig, Ungarn, Polen, Rumänien, Griechenland, Türkei
[3] Verschiedene Gebühren für Zeitungen, Bücher und andere Drucksachen für verschiedene Länder
[4] Gültig für Danzig, Ungarn, Polen, Rumänien. Andere Länder für jede 1000 g —.30 K.
[5] Für Jugoslawien, Rumänien, Griechenland, Türkei
[6] Auch für Jugoslawien, Polen
[7] Für Rumänien ab 1. 6. 1939 – Auslandsgebühren
[8] Für Einschreibenbriefe und Postkarten, Wertbriefe und Briefe über 1 kg gelten diese Gebühren nicht (aber die vorherige)
[9] Für Generalgouvernement ab 7. 2. 1940 – die Auslandsgebühren gültig
[10] Ab 24. 6. 1940 nach Türkei nur die Auslandsgebühren
[11] Auch für Ungarn gültig
[12] Für Jugoslawien, Ungarn, Polen, Rumänien
[13] Für übrige Länder, siehe [12]
[14] Nur 1.50 falls durch Postscheck gesendet
[15] Falls der Empfänger im weiteren Eilzustellbezirk des Zustellpostamtes wohnt
[16] Auch für Generalgouvernement gültig
[17] Eingestellt am 1. 6. 1939, siehe [21]
[18] Gültig ab 1. 6. 1939
[19] Gültig ab 1. 8. 1940
[20] Gültig ab 1. 10. 1940
[21] Wiedergeöffnet am 1. 11. 1940
[22] Nachtzustellung 22–6 Uhr höher um 100%
[23] Teilweise Drucksache, ab 1. 6. 1940 ungültig
[24] Jugoslawien, Polen wie im Inland
[25] Ab 15.8.1939 auch für Danzig gültig, außer Briefe über 1000 g, Geschäftspapiere über 500 g, Drucksachen über 500 g
[26] Bis 5 kg —.30 K. ab 1. 10. 1940

Deutsche Besetzungsausgaben 1939/45 (Böhmen und Mähren)

		Slowakei			Ausland [7)] [9)] [10)]		
		15. 3. 1939	1. 4. 1939	1. 7. 1940	15. 3. 1939	1. 7. 1940	1. 10. 1940
Briefe – Ortsverkehr	bis 20 g 100 g 250 g 500 g 1000 g						
– Fernverkehr	20 g 100 g 250 g 500 g 1000 g	1.— 1.60 2.50 3.— 4.—	2.— jede weitere 20 g 1.50	2.—[11)] jede weitere 20 g 1.50[11)] (bis 2 kg)	2.50[26)] (2)[1)] jede weitere 20 g 1.50 (1.20)[5)]	2.50 jede weitere 20 g 1.50 (bis 2 kg)	2.50 jede weitere 20 g 1.50 (bis 2 kg)
Postkarte (jeder Teil von Antwortkarten)	– Ortsverkehr – Fernverkehr	—.50	1.20	1.20[11)]	1.50[26)] (1.20)[2)]	1.50	1.50
Drucksachen	20 g 50 g 100 g 150 g 250 g 500 g 1000 g 2000 g	—.20 — —.50 —.80 1.50 2.— 3.—	jede 50 g —.50	jede 50 g —.50 (bis 2 kg)	jede 50 g —.50 [3)]	jede 100 g —.50 (bis 2 kg)	jede 50 g —.50 (bis 2 kg)
Geschäftsdrucksache, jede 50 g							
Geschäftspapiere	100 g 250 g 500 g 1000 g	1.— 1.50 2.—	jede 50 g —.50 mind. 2.50	jede 50 g[11)] —.50 mind. 2.50 (bis 2 kg)	—.50 (—.30)[5)] für jede 50 g mind. 2,50 (1.50)[5)]	jede 50 g —.50 mind. 2.50 (bis 2 kg)	jede 50 g —.50 mind. 2.50 (bis 2 kg)
Blindenschriftsendungen	100 g 1000 g 2000 g 5000 g 7000 g	—.05 —.15 —.30 —.75	—.05 —.15 —.30 —.75	—.05[26)] —.15[11)] —.30 —.75 1.—	—.05[4)] —.15 —.30 —.75	je 1000 g —.30 bis 7000 g	je 1000 g —.30 bis 7000 g
Warenproben	100 g 250 g 500 g 1000 g	—.40 —.80 1.50 2.—	jede 50 g —.50 mind. 1.—	jede 50 g —.50 mind. 1.— max. 500 g	jede 50g —.50 (—.30)[5)] mindestens 1.— (—.60)[5)]	jede 50 g —.50 mind. 1.— max. 500 g	jede 50 g —.50 mind. 1.— max. 500 g
Päckchen	bis 2000 g	—	—	je 50 g 1.— mind. 5.— max. 1 kg	je 50 g 1.— mind. 5.—	je 50 g 1.— mind. 5.—	je 50 g 1.— mind. 5.—
Nachnahmegebühr	Wert 100.— K. 200.— K. jede weitere 200.— K.	1.50 2.— —.50	wie Brief+3 K.[14)] u. jede 100 K. —.50	wie Brief+3 K.[14)] u. jede 100 K. —.50	wie Brief+3 K.[14)] u. jede 100 K. —.50	wie Brief+3 K.[14)] u. jede 100 K. —.50	wie E-Brief+4.— u. jede 200 K. 1.—
Einschreibegebührzuschlag		2.—	2.50	2.50	2.50 (2)[5)]	2.50	3.—
Eigenhändige Zustellung		—.50	—.50	—.50 (1.—)[20)]	—.50	—.50	1.—
Eilzustellung		2.—	5.—	5.—	5.— (4.—)[5)]	5.—	5.—
Rohrpostzuschlag							
Rückschein a) bei Einlieferung b) nach Einlieferung c) für Versich.-Amt (gewöhn. Briefe)		2.50 4.— —	2.50 4.— —	—	2.50 4.— —	—	—
Poste restante		—.50	—.50	—.50	—.50	—.50	
Wertbrief	100 g 250 g 500 g 1000 g	2.— 4.— 8.— 13.—	E-Brief +Versich. für jede 300 Goldfranken 2.80	E-Brief[20)] +Versich. für jede 300 Goldfranken 2.80 (max. 2 kg)	E-Brief +Versich. für jede 300 Goldfranken 4.65[13)] (2.80)[12)]	E-Brief +Versich. für jede 300 Goldfranken 4.65	E-Brief +Versich. für jede 300 Goldfranken 4.65
+Versich.-Gebühr für jede 1000 K. a) Brief geschlossen b) Brief geöffnet +Behandlungsgebühr		1.— 2.— 1.—					

Deutsche Besetzungsausgaben 1939/45 (Böhmen und Mähren)

	Slowakei			Ausland 7) 9) 10)			
	15. 3. 1939	1. 4. 1939	1. 7. 1940	15. 3. 1939	1. 7. 1940	1. 10. 1940	
Nicht oder teilw. frank. Sendungen Strafporto Geschäftsantwortsendungen = einfache Höhe und dazu bei a) Postkarte b) Brief	2 mal	2 mal	2 mal mind. —.50 E-Brief 1 mal	2 mal mind. —.50 E-Brief 1 mal mind. —.50	2 mal E-Brief 1 mal	2 mal E-Brief 1 mal	
Zeitungsdrucksache jede Zeitung, jede 100 g jede Zulage	—.05 —.02	—.05 —.02	—.05 —.02 bis 500 g	—.50 3) 4) für jede 50 g	jede 100 g —.50 max. 500 g	jede 100 g —.50 max. 500 g	
Einlieferungsbescheinigung (gewöhnliches Päckchen)	—	—	1.—19)	—	—	1.—19)	

1) Für Danzig, Jugoslawien, Ungarn, Polen, Rumänien, Griechenland, Türkei
2) Für Danzig, Ungarn, Polen, Rumänien, Griechenland, Türkei
3) Verschiedene Gebühren für Zeitungen, Bücher und andere Drucksachen für verschiedene Länder
4) Gültig für Danzig, Ungarn, Polen, Rumänien. Andere Länder für jede 1000 g —.30 K.
5) Für Jugoslawien, Rumänien, Griechenland, Türkei
6) Auch für Jugoslawien, Polen
7) Für Rumänien ab 1. 6. 1939 – Auslandsgebühren
8) Für Einschreibebriefe und Postkarten, Wertbriefe und Briefe über 1 kg gelten diese Gebühren nicht (aber die vorherige)
9) Für Generalgouvernement ab 7. 2. 1940 – die Auslandsgebühren gültig
10) Ab 24. 6. 1940 nach Türkei nur die Auslandsgebühren
11) Auch für Ungarn gültig
12) Für Jugoslawien, Ungarn, Polen, Rumänien
13) Für übrige Länder, siehe 12)
14) Nur 1.50 falls durch Postscheck gesendet
15) Falls der Empfänger im weiteren Eilzustellbezirk des Zustellpostamtes wohnt
16) Auch für Generalgouvernement gültig
17) Eingestellt am 1. 6. 1939, siehe 21)
18) Gültig ab 1. 6. 1939
19) Gültig ab 1. 8. 1940
20) Gültig ab 1. 10. 1940
21) Wiedergeöffnet am 1. 11. 1940
22) Nachtzustellung 22–6 Uhr höher um 100%
23) Teilweise Drucksache, ab 1. 6. 1940 ungültig
24) Jugoslawien, Polen wie im Inland
25) Ab 15. 8. 1939 auch für Danzig gültig, außer Briefe über 1000 g, Geschäftspapiere über 500 g, Drucksachen über 500 g
26) Bis 5 kg —.30 K. ab 1. 10. 1940

Vor- und Mitläufer des Protektorates

Nach Errichtung des Protektorates am 15.3.1939 konnten die bisherigen ČSR-Marken weiter verwendet werden.

Nach dem 30.11.1939 wurde der Schalterverkauf eingestellt; während einer Übergangszeit vom 1.12. bis 15.12.1939 konnten diese Marken noch aufgebraucht werden.

Vorläufer sind ČSR-Marken, entwertet zwischen 15.3.–14.7.1939, Mitläufer sind ČSR-Marken, entwertet zwischen 15.7.–15.12.1939, teils auch später (Jan. 1940). Nicht als Vorläufer bewertet werden die Tschechoslowakei-Marken Nr. 406 und 407, die erst nach Errichtung des Protektorates erschienen sind und deren Verwendung vom 13. bzw. 22.4. bis 30.11.1939 als normal anzusehen ist.

Katalog-Nr.	Wert	Urmarken Serie	Farbe	V = Vorläufer Stempel vom 15.3.–14.7.1939 ✉	M = Mitläufer Stempel vom 15.7.–15.12.1939 ✉
16		Zeitungsmarken 1918/19	blau	—.—	—.—
17		,, 1918/19	dunkelblau	—.—	—.—
191		,, 1920	rotbraun		
277	5 H	Wappenzeichnung 1929	schwarzviolettblau	23.—	23.—
278	10 H	,,	dunkelolivbraun	12.—	12.—
279 A	20 H	,, vierseitig gez.	rot	12.—	12.—
279 B	20 H	,, senkrecht gez.	rot	110.—	120.—
280	25 H	,,	schwarzblaugrün	38.—	35.—
281	30 H	,,	dunkelrosalila	20.—	25.—
303	50 H	Flugpostausgabe 1930	grün	60.—	70.—
304	1 Kč	,,	rot	60.—	70.—
305	2 Kč	,,	dunkelgrün	65.—	75.—
306	3 Kč	,,	dunkellila	75.—	85.—
307	4 Kč	,,	dunkelblau	130.—	150.—
308	5 Kč	,,	braun	80.—	100.—
309	10 Kč	Flugpostausgabe 1930	violettblau	210.—	220.—
310	20 Kč	,,	schiefer	250.—	290.—
326	10 H	Zeitungsmarke OT	braunviolett	110.—	120.—
327	20 H	,,	blau	170.—	190.—
328	30 H	,,	dunkelbraun	300.—	330.—
347	40 H	Comenius	dunkelblau	40.—	40.—
349	60 H	Stefanik	bräunlichviolett	35.—	30.—
350	1 Kč	Masaryk	lilarot	30.—	25.—
351	1.20 Kč	Landschaftsserie 1936	purpur	40.—	40.—
352	1.50 Kč	,,	karmin	45.—	45.—
353	2 Kč	,,	schwarzblaugrün	35.—	35.—
354	2.50 Kč	,,	schwarzviolettblau	40.—	40.—
355	3 Kč	,,	dunkelsiena	35.—	35.—

Deutsche Besetzungsausgaben 1939/45 (Böhmen und Mähren)

Katalog-Nr.	Wert	Urmarken Serie	Farbe	V = Vorläufer Stempel vom 15.3.–14.7.1939 ✉	M = Mitläufer Stempel vom 15.7.–15.12.1939 ✉
356	3.50 Kč	,,	violett	140.—	140.—
357	4 Kč	,,	dunkelviolett	90.—	90.—
358	5 Kč	,,	schwarzgrün	100.—	100.—
359	10 Kč	,,	dunkelblau	240.—	240.—
360	50 H	Beneš	blaugrün	33.—	33.—
364	2 H	Zeitungsmarken	ocker	70.—	70.—
365	5 H	,,	hellblau	30.—	30.—
366	7 H	,,	rot	100.—	100.—
367	9 H	,,	smaragdgrün	110.—	110.—
368	10 H	,,	karminbraun	60.—	60.—
369	12 H	,,	dunkelultramarin	100.—	100.—
370	20 H	,,	schwarzgrün	120.—	120.—
371	50 H	,,	dunkelbraun	160.—	160.—
372	1 Kč	,,	olivgrau	250.—	250.—
379	50 H	Masaryk 1937	schwarz	90.—	100.—
380	2 Kč	,,	schwarz	175.—	185.—
386	1.60 Kč	Landschaftsserie	dunkelbraunoliv	55.—	55.—
387	50 H	10. Sokol Winterspiele 1938	blaugrün	110.—	130.—
388	1 Kč	,,	lilakarmin	130.—	145.—
389	50 H	Masaryk Geburtstag 1938	dunkelgrün	125.—	145.—
390	1 Kč	,,	karmin	150.—	170.—
391	2 Kč	,,	schwarz	200.—	250.—
392	50 H	Schlacht von Bachmatsch 1938	dunkelgrün	110.—	125.—
393	50 H	Kämpfe bei Vouziers 1938	blaugrün	110.—	125.—
394	50 H	Kämpfe bei Doss Alto 1938	blaugrün	90.—	115.—
395	50 H	Sokol Sommerspiele 1938	blaugrün	110.—	125.—
396	1 Kč	,,	braunrot	130.—	145.—
397	2 Kč	,,	dunkelblau	180.—	200.—
398	50 H	Praga Block 1938	dunkelblau	125.—	140.—
399	1 Kč	,,	dunkelkarmin	180.—	190.—
400	50 H	Pilsen	schwarzblaugrün	20.—	20.—
401	50 H	Kaschau 1938	dunkelblaugrün	45.—	45.—
402	50 H	Stefánik	dunkelblaugrün	30.—	30.—
403	2 Kč[1])	20. Jahrestag 1938	blau	200.—	250.—
404	2 Kč	,,	ultramarin	80.—	85.—
405	3 Kč	,,	dunkelbraun	90.—	100.—
406	1 K[2])	Masaryk 1939	lilarot		70.—
407	30 H[2])	Flugpost 1939	lila		120.—
Zu 359	50 H	Zustellungsmarke	blau	180.—	180.—
Zu 360	50 H	,,	karmin	180.—	180.—
P. 55	5 H	Portomarke Ziffernzeichnung	rot	65.—	65.—
P. 56	10 H	,,	rot	80.—	80.—
P. 57	20 H	,,	rot	80.—	80.—
P. 58	30 H	,,	rot	65.—	70.—
P. 59	40 H	,,	rot	65.—	65.—
P. 60	50 H	,,	rot	55.—	55.—
P. 61	60 H	,,	rot	50.—	50.—
P. 62	1 Kč	,,	ultramarin	70.—	70.—
P. 63	2 Kč	,,	ultramarin	100.—	100.—
P. 64	5 Kč	,,	ultramarin	130.—	130.—
P. 65	10 Kč	,,	ultramarin	190.—	190.—
P. 66	20 Kč	,,	ultramarin	250.—	250.—

[1]) nur gültig, wenn Marke aus dem Block getrennt   [2]) erschienen erst nach Errichtung des Protektorats, Mitläuferpreise gelten für Daten nach dem 30.11.1939.

Reguläre Ausgaben

1939, 15. Juli. Ah.-Ausg. Marken der Tschechoslowakei mit zweizeiligem RaTdr.-Aufdruck: BÖHMEN u. MÄHREN / ČECHY a MORAVA. Alter Landesname durchstrichen.

			EF	MeF	MiF
1.	5 HALÉŘU schwarzviolettblau	(277)	400.—	120.—	30.—
2.	10 H. dkl'olivbraun	(278)	160.—	40.—	30.—
3.	20 H. rot	(279)	100.—	100.—	30.—
4.	25 H. schw'blaugrün	(280)		60.—	40.—
5.	30 H. dkl'rosalila	(281)	60.—	60.—	30.—
6.	40 H. dunkelblau	(347)	150.—	200.—	80.—
7.	50 H. schw'blaugrün	(400)	30.—	50.—	25.—
8.	60 H. bräunlichviolett	(349)	100.—	130.—	70.—
9.	1 Kč. lilarot (ČESKOSL.)	(350)	50.—	60.—	35.—
10.	1 K. lilarot (ČESKO-SL.)	(406)	50.—	60.—	30.—
11.	1.20 K. purpur	(351)	90.—	130.—	80.—
12.	1.50 K. karmin	(352)	300.—	250.—	160.—
13.	1.60 K. dkl'braunoliv	(386)	220.—	300.—	150.—
14.	2 K. schw'blaugrün	(353)	280.—	180.—	80.—
15.	2.50 K. schw'vio'blau	(354)	120.—	280.—	110.—
16.	3 K. dunkelsiena	(355)	180.—	250.—	110.—
17.	4 K. dunkelviolett	(357)	250.—	500.—	130.—
18.	5 K. schwarzgrün	(358)	450.—	700.—	250.—
19.	10 K. dunkelblau	(359)	800.—	1500.—	400.—
	Nr. 1–19 Satzbrief				250.—

Gültig bis 15.12.1939.

Deutsche Besetzungsausgaben 1939/45 (Böhmen und Mähren)

1939/42. Freim.-Ausg. Lindenzweig bzw. Landschaften. Nr. 20–24 RaTdr., gez. K 14; Nr. 25–37 StTdr.; ⌧ K. Seizinger (Nr. 25, 27, 31 und 32) und B. Heinz (übrige Werte); Nr. 25–37 gez. L 12½.

a) Lindenzweig mit Lindenfrüchten

b) Klingenberg ⌧ K. Vlk
c) Burg Karlstein B. Heinz
d) Kuttenberg K. Vlk
e) Prag C. Vondrouš

f) Brünn, Landesmuseum und Turm ⌧ C. Vondrouš
g) Olmütz ⌧ K. Vlk

h) Schuhfabrik Bata in Zlin ⌧ C. Vondrouš
i) Industriewerke in Mährisch-Ostrau V. Šilovský
k) Prag, Karlsbrücke, Burg u. St.-Veits-Dom C. Vondrouš

		EF	MeF	MiF
20.	5 H. schw'violettblau (30. 8. 1939) . . . . a	180.—	50.—	3.—
21.	10 H. dkl'lilabraun (30. 8. 1939) . . . . a	150.—	25.—	3.—
22.	20 H. mittelrot (30. 8. 1939) a	50.—	5.—	3.—
23.	25 H. schw'grünblau (30. 8. 1939) . . . . a		15.—	7.—
24.	30 H. schw'braunlila bis schw'lila (30. 8. 1939) . . a	10.—	6.—	4.—
25.	40 H. dkl'violettblau (15. 8. 1939) . . . . b	30.—	20.—	5.—
26.	50 H. schw'blaugrün (29. 7. 1939) c	10.—	10.—	2.—
27.	60 H. violettpurpur (29. 7. 1939) . . . . d	7.—	4.—	4.—
28.	1 K. dunkelrotlila (29. 7. 1939) . . . . e	15.—	12.—	5.—
29.	1.20 K. purpur (15. 8. 1939) f	3.—	8.—	2.—
30.	1.50 K. karmin (15. 8. 1939) . . . . f	50.—	50.—	8.—
31.	2 K. dkl'grün (15. 8. 1939) g	18.—	25.—	8.—
32.	2.50 K. schwarzviolettultramarin (15. 8. 1939) g	30.—	40.—	8.—
33.	3 K. . . . . h			
	a. purpurviolett (4. 11. 1939)	70.—	50.—	8.—
	b. violettpurpur (20. 11. 1940)	50.—	40.—	7.—
34.	4 K. i			
	a. schwarzblaugrau (1. 12. 1939)	80.—	90.—	15.—
	b. schwarzblau	90.—	100.—	18.—
	c. schwarzgraublau (1942)	50.—	60.—	10.—
35.	5 K. schwarzblaugrün (30. 8. 1939) . . . . k	50.—	100.—	16.—
36.	10 K. violettultramarin bis preußischblau (30. 8. 1939) . . . . k	80.—	220.—	25.—
37.	20 K. orangebraun (30. 8. 1939) . . . . k	160.—	300.—	45.—

1940, März/Juni. Freim.-Ausg. Neue Zeichnungen und Erg.-Wert. StTdr.; gez. L 12½.

l) Neuhaus ⌧ K. Vlk ⌧ B. Heinz
m) Burg Pernstein V. Šilovský B. Heinz
n) Brünn J. C. Vondrouš

			EF	MeF	MiF
38.	40 H. rotorange (10. 6.) . . . a		30.—	20.—	7.—
39.	50 H. schwarzblaugrün (31. 3.) . . . l		10.—	18.—	7.—
40.	80 H. schw'blau (29. 6.) . . . m		25.—	30.—	14.—
41.	1.20 K. lilabraun (10. 6.) . . . n		8.—	15.—	6.—

Gültig bis 31. 3. 1943.

Weitere Werte in Zeichnung m und n: Nr. 71 und 72.

1939, 25. Aug. Zeitungsmarken. BÖHMEN UND MÄHREN/ČECHY A MORAVA. ⌧ Prof. J. Benda; Bdr.; ☐.

o) Stilisierte Taube

			BF
42.	2 H. braunocker (Töne)	o	70.—
43.	5 H. hellblau	o	35.—
44.	7 H. orangerot	o	100.—
45.	9 H. smaragdgrün	o	110.—
46.	10 H. dkl'braunrot	o	120.—
47.	12 H. dkl'violettultramarin	o	85.—
48.	20 H. schwarzgrün	o	120.—
49.	50 H. (dkl')rotbraun	o	250.—
50.	1 K. dkl'olivgrau	o	220.—

Privat gezähnt gleiche Preise.

1939, 1. Dez. Ah.-Ausg. für Massenauflieferung von Geschäftsdrucksachen zu ermäßigtem Tarif. Nr. 46 mit Aufdruck „GD-OT" (= Geschäftsdrucksache–Obchodní tiskopis).

			EF	MeF	MiF
51.	10 H. dkl'braunrot . . . . . (46)		100.—	350.—	100.—

Nr. 51 ebenfalls privat gez. bekannt; gleicher Preis.

Gültig bis 31. 7. 1941.

1939, 1. Dez. Zustellungsmarke ausschließlich für Aushändigung an den Empfänger persönlich. Dreieckmarke in Kehrdruckpaar-Bogenordnung. ⌧ Antonin Erhardt; RaTdr; gez. 13½.

| 52. | 50 H. dkl'violettblau . . . . r | 175.— |

In Karmin siehe Portomarke Nr. 15.

Gültig bis 19. 4. 1941.

1940, 29. Juni. Wohlt.-Ausg. für das Rote Kreuz. ⌧ Max Geyer; RaTdr.; gez. K 13½:13¾.

Zierfeld

s) Rotkreuz-Schwester mit Verwundetem

Deutsche Besetzungsausgaben 1939/45 (Böhmen und Mähren)

		EF	MeF	MiF
53.	60 H.+40 H. schwarzblau . s	30.—	35.—	18.—
54.	1.20 K.+80 H. schwarzrötlichlila . . . . . s	25.—	40.—	18.—

Gültig bis 31. 12. 1940.

1940, Okt./Dez. Freim.-Ausg. Neue Zeichnungen, Erg.-Werte oder Farbänderung. Nr. 55 RaTdr., gez. K 14; Nr. 56–61 StTdr., gez. L 12½.

u) Lainsitzbrücke mit Bechin i. Hintergrund
☒ J. C. Vondrouš
☒ B. Heinz

t) Schloß Pardubitz
V. Šilovský
J. Goldschmied

v) Samsonbrunnen u. Rathaus in Budweis
V. Šilovský
B. Heinz

w) Motiv aus Kremsier
☒ V. Šilovský
☒ J. Goldschmied

x) Sala Terrena aus dem Waldstein-(Wallenstein-) Palais in Prag
V. Šilovský
B. Heinz

		EF	MeF	MiF
55.	50 H. schw'grün bis schw'blaugrün (20. 12.) . a	5.—	7.—	2.—
56.	2 K. schw'graugrün bis schw'gelbgrün (20. 12.) . t	25.—	35.—	5.—
57.	5 K. . . . . u			
	a. schw'grünblau (20. 11.)	30.—	60.—	7.—
	b. schw'blaugrün (Okt. 1941)	35.—	90.—	8.—
58.	6 K. schw'lila (20. 11.) . . . v	50.—	70.—	9.—
59.	8 K. schwarzgrüngrau (31. 12.) . . . . w	50.—	80.—	22.—
60.	10 K. preußischblau (20. 11.) x	50.—	160.—	25.—
61.	20 K. dkl'lilabraun (20. 11. 1940) . . . . k	120.—	190.—	40.—

Nr. 56 in Blau: Nr. 70. *Gültig bis 31. 3. 1943.*

1941, 20. April. Wohlt.-Ausg. für das Rote Kreuz. RaTdr.; gez. 13½ : 13¾.

y) Rotkreuz-Schwester pflegt Verwundeten

		EF	MeF	MiF
62.	60 H.+40 H. schwarzblau . . y	25.—	30.—	10.—
63.	1.20 K.+80 H. schwarzbräunlichlila . . . y	18.—	45.—	10.—

Gültig bis 31. 12. 1941.

1941, 1. Juni. Freim.-Ausg. Wie Nr. 24, jedoch in Farbänderung. RaTdr.; gez. K 14.

		EF	MeF	MiF
64.	30 H. mittel- bis dunkelbraun, dunkelolivbraun . . . . a	8.—	7.—	6.—

Gültig bis 31. 3. 1943.

1941, 28. Juli/1942, Jan. Freim.-Ausg. Geänderte Zeichnungen (Lindenblüten statt Lindenfrüchte) Erg.-Werte und Farbänderung. StTdr. auf getöntem Papier; gez. L 12½.

Zeichnung z = Lindenzweig mit Lindenblüten (Nr. 65–67)
☒ Prof. A. Schaumann
☒ J. Goldschmied

			EF	MeF	MiF
65.	60 H. GA . . . . z				
	a. grauviolett (1941)		6.—	5.—	2.—
	b. bläul'violett (Jan. 1942) .		6.—	5.—	2.—
66.	80 H. . . . . z				
	a. ziegelrot (1941)		10.—	12.—	3.—
	b. orangerot (Anf. 1942)		8.—	10.—	2.—
67.	1 K. GA . . . . z				
	a. dkl'lilabraun (1941) . .		18.—	18.—	3.—
	b. dunkelbraun (Jan. 1942)		15.—	15.—	2.—
68.	1.20 K. . . . . e				
	a. bräunlichrot (1941)		4.—	6.—	3.—
	b. karminrot (1942)		3.—	5.—	2.—
69.	1.50 K. . . . . d				
	a. lilakarmin (1941)		45.—	30.—	10.—
	b. braunkarmin (Anf. 1942)		40.—	25.—	8.—
70.	2 K. . . . . t				
	a. kobalt (1941)		22.—	28.—	5.—
	b. blau (Jan. 1942)		25.—	30.—	7.—
71.	2.50 K. . . . . n				
	a. violettultramarin		25.—	25.—	12.—
	b. kornblumenblau (Anf. 1942)		20.—	30.—	8.—
72.	3 K. . . . . m				
	a. dkl'braunoliv (1941) . .		50.—	50.—	14.—
	b. dkl'oliv (Anf. 1942) . .		40.—	25.—	10.—

Gültig bis 31.3.1943.

1941, 25. Aug. So.-Ausg. zum 100. Geburtstag Dvořáks. ☒ Prof. J. Sejpka (nach einem Bilde von Prof. O. Španiel; ☒ J. Goldschmid; StTdr.; gez. L 12½.

aa) Anton Dvořák (1841—1904), tschechischer Komponist

		EF	MeF	MiF
73.	60 H. blauviolett . . . . aa	20.—	20.—	15.—
74.	1.20 K. dkl'violettbraun . . . aa	12.—	35.—	12.—

Gültig bis 31. 12. 1941.

1941, 7. Sept. So.-Ausg. Prager Messe (7.–14. Sept.). RaTdr.; gez. K 13½:13¾.

ab) „Landwirtschaft" (Ochsengespann)
☒ Prof. J. Sejpka

ac) „Industrie" (Hochofen in Pilsen)
☒ V. Šilovský

		EF	MeF	MiF
75.	30 H. dkl'rotbraun . . . . ab	40.—	60.—	30.—
76.	60 H. schwarzblaugrün . . . ab	30.—	50.—	30.—
77.	1.20 K. violettpurpur . . . . . ac	20.—	60.—	25.—
78.	2.50 K. schwarzkobalt . . . ac	100.—	200.—	25.—

Gültig bis 31. 12. 1941.

Deutsche Besetzungsausgaben 1939/45 (Böhmen und Mähren)

1941, 26. Okt. So.-Ausg. 150. Todestag Mozarts.
RaTdr.; gez. K 13½:13¾.

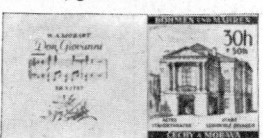

ad) Altes Ständetheater in Prag
⊠ M. Geyer

⊠ der Zierfelder:
J. Sejpke

ae) Wolfgang Amadeus Mozart (1756–1791), Komponist
⊠ A. Langenberger

		EF	MeF	MiF
79.	30 h.+30 H. dkl'siena ..... ad	35.—	35.—	15.—
80.	60 h.+60 H. schwarzgrünblau .... ad	15.—	15.—	10.—
81.	1.20 K.+1.20 K. mittelrot . ae	10.—	35.—	8.—
82.	2.50 K.+2.50 K. dkl'preußischblau .... ae	40.—	160.—	20.—

Gültig bis 31. 1. 1942.

1942, 15. März. So.-Ah.-Ausg. zum 3. Jahrestag der Errichtung des Protektorats. Nr. 68b und 71b mit blauem bzw. rotem Prägedruckaufdruck eines stilisierten Adlers und den Daten 15. III. 1939 und 15. III. 1942.

| 83. | 1.20 K. karminrot .... (68b) Bl | 28.— | 50.— | 28.— |
| 84. | 2.50 K. kornblumenblau (71b) R | 45.— | 120.— | 35.— |

Gültig bis 31. 12. 1942.

1942, 20. April. So.-Ausg. 53. Geburtstag Hitlers (af). ⊠ Prof. J. Sejpka; ⊠ J. Goldschmied; StTdr.; gez. L 12½.

af) Hitler am Rednerpult

85.	30+20 (H.) dkl'karminbraun ..	10.—	12.—	6.—
86.	60+40 (H.) schwarzblaugrün ..	8.—	8.—	5.—
87.	1.20 (K.)+80 (H.) dkl'braunlila .	4.—	15.—	4.—
88.	2.50+1.50 (K.) schwarzblau ..	30.—	100.—	15.—

Gültig bis 31.12.1942.

1942, ab 1. Juli. Freim.-Ausg. Adolf Hitler. ⊠ Prof. J. Sejpka; ⊠ J. Schmidt (Nr. 89–94) und J. Goldschmid (Nr. 95–110); Nr. 89–94 RaTdr.; gez. K 14; Nr. 95 bis 110 StTdr., gez. L 12½.

ag ah ai

ak al am

ag–am) Adolf Hitler (1889–1945)

		EF	MeF	MiF
89.	10 (H.) schwarz .... ag	100.—	8.—	2.—
90.	30 (H.) dkl'gelbbraun .... ag	5.—	8.—	2.—
91.	40 (H.) dkl'indigo .... ag	35.—	20.—	3.—
92.	50 (H.) schw'blaugrün GA . ag	5.—	12.—	3.—
93.	60 (H.) purpurviolett GA .. ag	4.—	6.—	3.—
94.	80 (H.) orangerot .... ag	12.—	15.—	5.—
95.	1 K. dkl'siena .... ah	12.—	12.—	4.—
96.	1.20 (K.) karminrot GA .. ai	3.—	6.—	2.—
97.	1.50 (K.) dkl'braun bis karminbraun (Töne)....ai	90.—	60.—	8.—
98.	1.60 (K.) schw'grünblau .. ai	30.—	50.—	10.—
99.	2 K. blau .... ah	20.—	40.—	8.—
100.	2.40 (K.) orangebraun .. ai	18.—	60.—	10.—
101.	2.50 (K.) preußischblau (22. 7.) .... ak	40.—	35.—	12.—
102.	3 K. schwarzoliv (22. 7.) . al	70.—	50.—	12.—
103.	4 K. violett (22. 7.) ..... al	40.—	60.—	14.—
104.	5 K. schwarzblaugrün (22. 7.) .... al	40.—	70.—	12.—
105.	6 K. lilabraun (22. 7.) ... al	45.—	150.—	13.—
106.	8 K. schwarzblau (22. 7.) al	50.—	200.—	12.—
107.	10 K. schwarzgrün (22. 7.) am	50.—	170.—	15.—
108.	20 K. schwarzviolett (22. 7.) .... am	120.—	250.—	40.—
109.	30 K. rot (22. 7.) .... am	300.—	460.—	80.—
110.	50 K. schwarzviolettultramarin (22. 7.) ... am	650.—	880.—	200.—

Weiterer Wert in ähnlicher Zeichnung: Nr. 142.

1942, 1. Sept. Wohlt.-Ausg. zugunsten des Roten Kreuzes. ⊠ M. Geyer; RaTdr.; gez. K 13½:13¾.

an) Rotkreuz-Schwester pflegt Verwundeten

| 111. | 60 H.+40 H. schwarzkobalt an | 20.— | 20.— | 18.— |
| 112. | 1.20 (K.)+80 (H.) dkl'lilapurpur .... an | 15.— | 45.— | 18.— |

Gültig bis 31. 12. 1942.

1943, 10. Jan. So.-Ausg. Tag der Briefmarke 1943. ⊠ A. Erhardt; RaTdr.; gez. K 13½:13¾.

ao) Reitender Postbote aus dem 18. Jahrhundert

| 113. | 60 (H.) violettpurpur (Töne) .... ao | 6.— | 6.— | 3.— |

Gültig bis 30. 6. 1943.

1943, 29. Jan. Wohlt.-Ausg. für das Winterhilfswerk. ⊠ A. Langenberger; RaTdr.; gez. 13½ : 13¾.

ap) Kaiser Karl IV. (1313–1378)
ar) Peter Parler (1330–1399), Baumeister
as) König Johann d. Blinde (1296–1346)

| 114. | 60 (H.)+ 40 (H.) purpurviolett .... ap | 12.— | 10.— | 6.— |

Deutsche Besetzungsausgaben 1939/45 (Böhmen und Mähren)

		EF	MeF	MiF
115.	120 (H.)+ 80 (H.) bräunlichkarmin .... ar	10.—	25.—	6.—
116.	250 (H.)+150 (H.) dkl'-violettblau .... as	20.—	80.—	14.—

Gültig bis 30. 6. 1943.

1943, 15. Febr. Zeitungsmarken wie Nr. 42—50 mit zusätzlicher Inschrift „Deutsches Reich" (at). ⌧ Prof. J. Benda; Bdr.; □.

at

		BF
117.	2 (H.) ocker	90.—
118.	5 (H.) mattblau	40.—
119.	7 (H.) ziegelrot	100.—
120.	9 (H.) grün	120.—
121.	10 (H.) braunrot	80.—
122.	12 (H.) dkl'violettultramarin ...	70.—
123.	20 (H.) schwarzgrün	130.—
124.	50 (H.) karminbraun	130.—
125.	1 K. olivgrau	200.—

Privat gezähnt gleiche Preise.

1943, 20. April. So.-Ausg. 54. Geburtstag Hitlers. ⌧ und Ⓢ J. Schmid; StTdr.; gez. L 12½.

av) Hitler am Fenster der Prager Burg

126.	60+140 (H.) purpurviolett av	25.—	15.—	12.—
127.	120+380 (H.) karminrot .. av	20.—	40.—	12.—

Gültig bis 30. 9. 1943.

1943, 22. Mai. So.-Ausg. zum 130. Geburtstag Wagners. RaTdr.; gez. K 13½ : 13¾.

aw) Szenenbild aus den „Meistersingern"
⌧ A. Erhardt

ax) Richard Wagner (1813–1883), Komponist, nach einer Büste A. Langenbergers

ay) Szenenbild aus „Siegfried"
⌧ A. Erhardt

128.	60 (H.) blauviolett ..... aw	6.—	5.—	4.—
129.	120 (H.) karmin .... ax	5.—	20.—	4.—
130.	250 (H.) dkl'violettblau ... ay	30.—	100.—	12.—

Gültig bis 30. 9. 1943.

1943, 28. Mai. So.-Ausg. zum Tode Heydrichs. ⌧ Prof. F. Rotter; RaTdr.; gez. K 13½ : 13¾.

az) Reinhard Heydrich (1904–1942), Politiker

131.	60+440 (H.) violettschwarz .... az	20.—	25.—	15.—

1943. 16. Sept. Wohlt.-Ausg. zugunsten des Roten Kreuzes. ⌧ A. Erhardt; RaTdr.; gez. K 13½:13¾.

ba) Adler auf Rotem Kreuz

		EF	MeF	MiF
132.	120+880 (H.) .... ba			
	a. grauschwarz/hellkarmin (1. Auflage)	20.—	60.—	20.—
	b. blauschwarz/dkl'karmin (2. Auflage)	7.—	30.—	6.—

Gültig bis 31.12.1943.

1944, 15. März. So.-Ausg. zum 5. Jahrestag der Errichtung des Protektorats. ⌧ A. Erhardt. RaTdr.; gez. K 13½:13¾.

bb) Chodische und hanakische Volkstracht

bc) Adler mit Wappen von Böhmen und Mähren

133.	120+380 (H.) lilarot .... bb	15.—	35.—	7.—
134.	420+1080 H. braun ..... bc	25.—	200.—	10.—
135.	10+20 K. schwarzblau .. bb	250.—	600.—	45.—

Gültig bis 31. 12. 1944.

1944, 20. April. So.-Ausg. 55. Geburtstag Hitlers. ⌧ A. Erhardt; RaTdr.; gez. K 13½:13¾.

bd) Hitler vor Portal des neuen Rathauses in Brünn

136.	60+140 (H.) schwarzbraun .... bd	35.—	30.—	20.—
137.	120+380 (H.) schwarzblaugrün .... bd	30.—	100.—	20.—

Gültig bis 31. 12. 1944.

1944, 12. Mai. So.-Ausg. 60. Todestag Smetanas. ⌧ Prof. J. Sejpka; Ⓢ J. Goldschmied; StTdr.; gez. L 12½.

be) Friedrich Smetana (1824—1884), Komponist

138.	60+140 (H.) schwarzgrün .... be	35.—	30.—	20.—
139.	120+380 (H.) dkl'braunkarmin .... be	25.—	100.—	20.—

1944, 21. Nov. So.-Ausg. ⌧ u. Ⓢ J. Schmidt; StTdr.; gez. L 12½.

bf) St.-Veits-Dom, Prag

140.	150 (H.) dkl'lilabraun .... bf	100.—	60.—	17.—
141.	250 (H.) schwarzviolett .. bf	50.—	100.—	17.—

Deutsche Besetzungsausgaben 1939/45 (Böhmen und Mähren)

1945, 1. Febr. Freim.-Erg.-Wert. Adolf Hitler. Geänderte Inschrift „Großdeutsches Reich". ⌧ J. Schmidt nach Foto von H. Hoffmann; ⌧ J. Goldschmied; StTdr.; gez. L 12½.

bg) Adolf Hitler (1889–1945)

			EF	MeF	MiF
142.	4.20 (K.) schwarzbläulichgrün........... bg		100.—	1200.—	80.—

Nr. 138–142 gültig bis zur Besetzung der einzelnen Poststellen durch sowjetische bzw. amerikanische Truppen. Formelle Kursfähigkeit bis 16. 5. 1945 laut Erlaß des tschechoslowakischen Postministeriums.

Dienstmarken

1941, 1. Jan. Ziffernzeichnung (Da) ⌧ A. Erhardt. Bdr.; gez. K 14.

Da

1.	30 H. dkl'braunocker	40.—	30.—	16.—
2.	40 H. dkl'indigo	60.—	40.—	20.—
3.	50 H. grün	35.—	50.—	15.—
4.	60 H. dkl'russischgrün	20.—	20.—	10.—
5.	80 H. orangerot	40.—	30.—	15.—
6.	1 K. dkl'rotbraun	40.—	40.—	18.—
7.	1.20 K. karminrot	7.—	12.—	5.—
8.	1.50 K. dkl'rötlichlila	100.—	80.—	40.—
9.	2 K. mittelblau	35.—	70.—	25.—
10.	3 K. braunoliv (Töne)	100.—	90.—	35.—
11.	4 K. lebhaftviolett	90.—	170.—	70.—
12.	5 K. gelborange	110.—	250.—	75.—

Gültig bis 31.3.1943.

1943, 15. Febr. Neue Zeichnung (Db). ⌧ A. Erhardt; Bdr.; gez. K 14.

Db) Adler mit Wappenschild Böhmens

13.	30 (H.) dkl'braunocker	45.—	35.—	22.—
14.	40 (H.) indigo	70.—	50.—	30.—
15.	50 (H.) dkl'graugrün	40.—	60.—	22.—
16.	60 (H.) purpurviolett	25.—	25.—	15.—
17.	80 (H.) ziegelrot	45.—	35.—	22.—
18.	1 K. dkl'lilabraun	50.—	50.—	25.—
19.	1.20 (K.) karminrot	8.—	15.—	6.—
20.	1.50 (K.) rotbraun bis karminbraun	110.—	90.—	80.—
21.	2 K. mittelkobalt	60.—	100.—	45.—
22.	3 K. dkl'gelboliv	120.—	140.—	65.—
23.	4 K. mittelviolett	110.—	200.—	75.—
24.	5 K. schwarzblaugrün	140.—	300.—	90.—

Gültig bis 31.12.1944.

Portomarken

1939/40. Ziffernzeichnung (Pa). ⌧ A. Erhardt; Bdr.; gez. K 14.

Pa

1.	5 H. rot (1. 12. 1939)		50.—	30.—
2.	10 H. rot (1. 12. 1939) ...	200.—	50.—	30.—
3.	20 H. rot (1. 12. 1939) ...	100.—	60.—	35.—
4.	30 H. rot (1. 12. 1939) ...	60.—	45.—	40.—
		EF	MeF	MiF
5.	40 H. rot (1. 12. 1939) ...	60.—	35.—	22.—
6.	50 H. rot (1. 12. 1939) ...	16.—	20.—	16.—
7.	60 H. rot (1. 12. 1939) ...	16.—	16.—	16.—
8.	80 H. rot (10. 6. 1940) ...	70.—	100.—	40.—
9.	1 K. viol'bl. (1. 12. 1939) .	70.—	90.—	40.—
10.	1.20 K. viol'bl. (10. 6. 1940)	30.—	50.—	25.—
11.	2 K. viol'bl. (1. 12. 1939) .	100.—	220.—	70.—
12.	5 K. violettblau (1.12. 1939)	120.—	300.—	85.—
13.	10 K. violettblau (1.12. 1939)	380.—	—.—	200.—
14.	20 K. violettblau (1.12. 1939)	550.—	—.—	300.—

Gültig bis 31. 3. 1943.

1939, 1. Dez. Portomarke für Zustellung zu eigenen Händen des Empfängers. Wie dreieckige Zustellungsmarke Nr. 52, jedoch Farbänderung. RaTdr.; gez. 13½.

| 15. | 50 H. rotkarmin .... | r 175.— |

Gültig bis 19. 4. 1941.

Zulassungsmarken

1943, 10. Juli. Zulassungsmarke für Pakete nach dem KZ. Theresienstadt. Bdr. der Staatsdr. Prag; gez. L 10½.

| 1. | (—) dkl'grün .... | 1250.— |

✉ = auf Packpapier geklebt und entwertet. Federzug- oder Kopierstiftentwertung ⅔ des ✉-Preises.

Pakete an Insassen des KZ durften nur befördert werden, wenn das Paket selbst (nicht der Begleitkarte) aufgeklebt war; daher kommen echt gestempelte, unbeschädigte Stücke wenig vor.

FALSCH Ⓖ

BRAČ (Brazza)
(Insel Bratsch)

1944. Wohlt.-Ah.-Ausgabe für die Insel-Nothilfe. Zweizeiliger Bdr.-Aufdruck der Druckerei Jadran in Schwarz oder Rot auf jugoslawischen Marken mit Wertangabe in Kuna.

			BF
1.	2+2 (Kune) a. 0,25 Din. braunschwarz	(393) R	—.—
2.	4+4 (Kune) a. 0,50 Din. orange	(394) S	—.—
3.	8+8 (Kune) a. 2 Din. lilakarmin	(397) S	—.—
4.	16+16 (Kune) a. 0,25 Din. braunschwarz	(393) R	—.—
5.	32+32 (Kune) a. 2 Din. lilakarmin	(397) S	—.—
6.	50+50 (Kune) a. 1 Din. karmin	(P 65 II) S	—.—
	Nr. 1–6 Satzbrief		9000.—

EF = Einzelfrankatur
MeF = Mehrfachfrankatur
MiF = Mischfrankatur

Elsaß

Nach dem Waffenstillstand mit Frankreich blieben die französischen Marken bis zum 17.8.1940 postgültig. Bis zu diesem Tag waren auch Mischfrankaturen mit Nr. 1–16 möglich. Ab 15.7.1941 waren die Marken des Deutschen Reiches (Nr. 751–759 bereits ab 5.11.1940), Lothringens und Luxemburgs ebenso gültig wie die Marken des Elsaß im Altreich, in Lothringen und in Luxemburg (dort bereits ab 1.4.1941). Die Deutsche Dienstpost benutzte von Anfang an nur deutsche Marken ohne Aufdruck.

1 Mark = 100 Pfennig

1940, 15. Aug. Freim.-Ah.-Ausg. Deutsches Reich Nr. 513—528 mit waagerechtem Aufdruck Elsaß.

		EF	MeF	MiF
1.	3 (Pfg.) dkl'gelbbraun (Töne) .... (513)	30.—	35.—	25.—
2.	4 (Pfg.) graublau bis dkl'graublau........ (514)	50.—	50.—	25.—
3.	5 (Pfg.) smaragdgrün (Töne) GA .... (515)	50.—	60.—	25.—
4.	6 (Pfg.) schw'grün bis schw.-blaugrün (Töne) GA .. (516)	15.—	20.—	12.50
5.	8 (Pfg.) zinnober (Töne) (517)	35.—	45.—	25.—
6.	10 (Pfg.) rotbraun bis schwarzrotbraun..... (518)	240.—	120.—	25.—
7.	12 (Pfg.) mittelrot bis rot................ (519)	8.—	20.—	7.50
8.	15 (Pfg.) purpur .... (520)	250.—	170.—	50.—
9.	20 (Pfg.) hellblau....... (521)	140.—	200.—	50.—
10.	25 (Pfg.) lebh'violett-ultramarin .... (522)	120.—	140.—	55.—
11.	30 (Pfg.) dkl'braunoliv .. (523)	230.—	160.—	55.—
12.	40 (Pfg.) lebh'violett.... (524)	110.—	150.—	55.—
13.	50 (Pfg.) schw'blaugrün/ grauschwarz .... (525)	130.—	220.—	70.—
14.	60 (Pfg.) schw'rosalila/ grauschwarz .... (526)	130.—	240.—	70.—
15.	80 (Pfg.) dkl'blau/ grauschwarz .... (527)	140.—	320.—	90.—
16.	100 (Pfg.) dkl'gelborange/ grauschwarz .... (528)	300.—	500.—	175.—
	Nr. 1–16 Satzbrief			70.—

Gültig bis 31. 12. 1941. Ab 1. 1. 1942 wurden deutsche Reichspostmarken ohne Aufdruck verwendet.
✉ Dauerserien DR ohne Aufdruck mit Abstempelungen im Elsaß + 100%, MiF DR + Elsaß + 150% Aufschlag auf obige Preise.
✉ Sondermarken siehe DR + 200% Aufschlag.

Estland

Landespost unter deutscher Besetzung

Nach der Besetzung Estlands im Sommer 1941 nahm mit Genehmigung der deutschen Militärverwaltung die frühere estnische Landespost ihre Tätigkeit wieder auf. Zunächst waren die Reichspostmarken Hindenburg und Hitler ohne Aufdruck kursfähig. Die Ausgaben von Dorpat (Nr. 1–9) konnten im späteren Gebiet Ostland (s. dieses) und Nr. 4–9 auch im internationalen Postverkehr neben dessen Ausgaben bis 30. 4. 1942 weiter verwendet werden.

1 Rubel = 100 Kopeken (= 10 Pfennig)

Postgebühren

	7. 8.—19. 8. 1941	29. 9.—30. 11. 1941	ab 1.12.1941
Drucksache	15 Kop.	30 Kop.	3 Pfg.
Postkarte	20 Kop.	40 Kop.	6 Pfg.
Brief	30 Kop.	60 Kop.	12 Pfg.

1941, 7. Aug./12. Aug. Freim.-Ausg. der Landespost (a). ✉ V. Krass; Bdr. Ilutrükk; x dickes Papier, bräunl. Gummi; y gewöhnliches Papier, weißer Gummi; gez. L 11¼.

a) Hakenkreuz, Wertziffer, estnisches Wappen

		BF
1.	15 (K.)	
	x. braun (7. 8.)	250.—
	y. rotbraun (12. 8.)	250.—
2.	20 (K.)	
	x. hellgrün bis grün (7. 8.)	250.—
	y. grün (12. 8.)	250.—
3.	30 (K.)	
	x. schwarzblau (7. 8.)	250.—
	y. dkl'blau, hellblau (12. 8.)	250.—

1941, 29. Sept. Wohlt.-Ausg. zugunsten des Wiederaufbaus von Estland. ✉ H. Sarap; RaTdr. der Ilutrükk auf netzförmigem, graubraunem Unterdruck; gez. L 11¼.

b) Turm „Der lange Hermann" in Reval
c) Steinbrücke in Dorpat
d) Mittelalterliche Befestigungen in Narva

Deutsche Besetzungsausgaben 1939/45 (Estland)

e) Ansicht von Reval f) Universität in Dorpat g) Hermannsfeste in Narva

			BF
4.	15+ 15 (K.) dkl'braun, graubraun	b	150.—
5.	20+ 20 (K.) violettpurpur, graubraun	c	150.—
6.	30+ 30 (K.) indigo, graubraun	d	150.—
7.	50+ 50 (K.) blaugrün, graubraun	e	150.—
8.	60+ 60 (K.) rosakarmin, graubraun	f	180.—
9.	100+100 (K.) grau, graubraun	g	200.—

Mischfrankaturen mit Marken von Rußland und Estland vorkommend (200.—).

Gültig bis 31. 3. 1942.

Bis zur Räumung des Gebietes wurden deutsche Marken mit Aufdruck Ostland verwendet. Ab der erneuten sowjetischen Besetzung, Herbst 1944, waren sowjetrussische Marken in Gebrauch.

			BF
22.	1 R. dkl'grün	(792)	
23.	1 R. graubraun	(809)	

Auf Landwirtschaftliche Ausstellung Moskau 1940:

24.	10 K. grün/rot/blau/gelb	(736)	—.—
25.	15 K. grün/rot/blau/gelb	(764)	—.—
26.	30 K. grün/rot/blau/gelb	(767)	—.—
27.	30 K. grün/rot/blau/gelb	(768)	—.—
28.	30 K. grün/rot/blau/gelb	(769)	—.—
29.	30 K. grün/rot/blau/gelb	(770)	—.—
30.	30 K. grün/rot/blau/gelb	(771)	—.—
31.	30 K. grün/rot/blau/gelb	(772)	—.—
32.	30 K. grün/rot/blau/gelb	(773)	—.—
33.	30 K. grün/rot/blau/gelb	(774)	—.—
34.	30 K. grün/rot/blau/gelb	(775)	—.—
35.	30 K. grün/rot/blau/gelb	(776)	—.—
36.	30 K. grün/rot/blau/gelb	(777)	—.—
37.	50 K. grün/rot/blau/gelb	(778)	—.—
38.	60 K. grün/rot/blau/gelb	(779)	—.—

Auf Sondermarken:

A38.	10 K. dkl'grün	(780A)	—.—
39.	10 K. dkl'grün	(806)	—.—
40.	15 K. blau	(801)	—.—
41.	15 K. dkl'braun	(804)	—.—
42.	15 K. karmin	(807)	—.—
43.	30 K. schwarzblau/rot	(693B)	—.—
44.	30 K. dkl'blaugrün	(737)	—.—
45.	30 K. blauschwarz	(808)	—.—
46.	30 K. dkl'braun	(789)	—.—
47.	50 K. dkl'violettblau	(755)	—.—
48.	60 K. dkl'olivbraun	(791)	—.—

Gültig bis 15. 8. 1941, teils in Ausnahmefällen bis 29. 9. 1941.

Lokalausgaben
Elwa (bei Dorpat)

1941, 9. Juli. Ah.-Ausg. Freimarken der Sowjet-Union, mit waagerechtem, zweizeiligem Handstempelaufdruck „Eesti/Post".

1.	1. K. orange		
	X. oWz.	(672)	—.—
	Y. mit Wz.	(365A)	—.—
2.	2 K. hellgrün	(673)	700.—
3.	3 K. hellblau	(376B)	—.—
4.	4 K. rotlila	(368A)	—.—
5.	5 K. braunrot	(676)	800.—
6.	10 K. dkl'blaugrau	(677)	900.—
7.	15 K. graugrün	(679)	900.—
8.	20 K. grün	(578)	900.—
9.	30 K. preußischblau	(682)	900.—
10.	50 K. braun	(683)	—.—
11.	60 K. karmin	(684)	—.—
A11.	1 K. karminrot	(812)	—.—
B11.	2 R. braun	(813)	—.—
12.	3 R. grün	(687)	—.—
13.	5 R. rotbraun	(688)	—.—

Auf Sondermarken:

14.	30 K. braun	(751)	—.—
15.	45 K. dkl'blaugrün	(811)	—.—
16.	50 K. dkl'braunlila	(783A)	—.—
17.	60 K. schwarzblau	(747)	—.—
18.	60 K. dkl'violettblau	(756)	—.—
19.	80 K. karmin	(587)	—.—
20.	1 R. rot/schwarz	(594)	—.—
21.	1 R. schwarz	(785A)	—.—

Mõisaküla (Moiseküll)

1941, 4. Aug. Ah.-Ausg. Freimarken der Sowjet-Union bzw. von Estland, mit Aufdruck VABA EESTI (= Freies Estland). Nr. 4—7 mit neuem Wertaufdruck und VABA EESTI in einem Kästchen.

1.	10 K. dkl'blaugrau	(677)	3000.—
2.	20 K. grün	(578)	1600.—
3.	60 K. karmin	(684)	5000.—
4.	**1.20** a. 1 K. orange	(672)	3300.—
5.	**1.20** a. 3 S. dkl'rötlichorange	(Estl. 160)	17000.—
6.	**1.20** a. 5 K. braunrot	(676)	3000.—
7.	**2.40** a. 50 K. grün/rot/blau/gelb	(778)	—.—

Gültig bis 15.8.1941.

Otepää (Odenpäh)

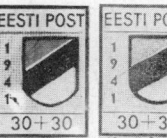

1941, 22. Juli. Wohlt.-Ausg. zugunsten der Stadtverwaltung von Odenpäh. ☒ A. Valdmaa; Bdr. von A. Hinno auf waagerecht gestreiftem Papier; A gez. L 10¾, B ☐.

Type I Type II
Wappenschild Wappenschild
unten spitz unten abgerundet

		A gez. BF	B ☐ BF
1.	20+20 K. schwarz/blau (Type II)	1000.—	10000.—
2.	30+30 K. schwarz/blau		
	Type I	1600.—	5000.—
	Type II	2400.—	1700.—

Gültig bis 15. 8. 1941.

Deutsche Besetzungsausgaben 1939/45 (Estland)

Pärnu (Pernau)

1941, 16. Aug./14. Sept. Ah.-Ausg. Freimarken der Sowjet-Union, mit waagerechtem, dreizeiligem Aufdruck Pernau/8. VII /1941. Bdr. der Druckerei Mühlmann, Pernau.

			BF
1.	1 K. orange	(672)	
2.	2 K. hellgrün	(673)	
3.	3 K. hellblau		
	A. gez.	(367A)	
	B. □	(367B)	
4.	4 K. rotlila	(368)	
5.	5 K. braunrot	(676)	350.—
6.	10 K. dkl'blaugrau	(677)	350.—
7.	15 K. graugrün	(679)	200.—
8.	20 K. grün	(578)	500.—
9.	30 K. preußischblau	(682)	200.—
10.	50 K. braun	(375)	—.—

Gültig bis 25. 8. 1941.

Frankreich

1 Franc = 100 Centimes

Postgebühren

1) Dünkirchen 1940

Während des Gebrauches der Aushilfsausgaben waren die alten französischen Portosätze gültig:
Postkarte .... Fr. —.80
Brief .... Fr. 1.—
Andere Postaufkommen als Brief oder Postkarte waren verboten.

2) Festung Lorient/Festung St. Nazaire

a) August 1944—29. 3. 1945
Postkarte .... Fr. 1.20
Brief .... Fr. 1.50

E-Brief .... Fr. 4.50
Briefe nach Deutschland
(je nach Gewicht) .... Fr. 4.— bis 5.—
Nachportogebühr für
postlagernde Sendungen .... Fr. 1.—

b) 30. 3. 1945—14. 5. 1945
Postkarte .... Fr. 1.50
Brief .... Fr. 2.—
E-Brief .... Fr. 6.—
Briefe nach Deutschland .... Fr. 4.— bis 5.—
Nachporto .... Fr. 1.—

Dünkirchen

1940, 1. Juli. Ah.-Ausg. Französische Marken mit dreizeiligem Handstempelaufdruck „Besetztes / Gebiet / Nordfrankreich" in einem Kästchen, jeweils über 2 Marken gehend.

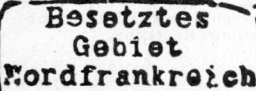

Type I (Dünkirchen): Kästchen oben abgerundet

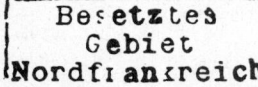

Type II (Coudekerque-Branche) Kästchen spitz

		Type I BF	Type II BF
1.	40 C. violett (382) Paar	10000.—	8000.—
2.	50 C. rot (276) (Paar)	750.—	6000.—
3.	50 C. blau (384) (Paar)	750.—	2000.—

Geschätzte Auflagen: Nr. 2 I 10 000, Nr. 3 II = 1500 Paare.

Diese Ausgabe in beiden Typen wurde für den provisorischen zivilen Postverkehr (1. 7.—9. 8. 1940) von dem deutschen Militärkommandanten in Dünkirchen angeordnet. Zugelassen waren Postkarten und offene gewöhnliche Briefe. Da nur größere, das reguläre Markenformat überragende Stempel zur Verfügung standen, wurden immer zwei Marken mit einem Stempel waagerecht oder senkrecht überdruckt und paarweise am Postschalter abgegeben. Die Abstempelung geschah durch französische Ortsstempel.

Da die gelieferten und vorhandenen Vorräte nicht ausreichten, um einen reibungslosen Postverkehr zu gewährleisten, ließen einzelne Postvorsteher die unter Nr. 1–3 gemeldeten Briefmarkenpaare mit dem Stempel Type I (Postämter: Téteghem/Ghyvelde/Malo les Bains), bzw. Type II (Coudekerque-Branche) versehen.

Freimarken			Type I BF	Type II BF
4.	1 C. dunkelbraun	(373)		
5.	2 C. graugrün	(374)		
6.	5 C. karminrosa	(375)	1350.—	
7.	10 C. ultramarin	(376)	1350.—	4500.—
8.	15 C. orangebraun	(378)	1350.—	
9.	20 C. lila	(185)		—.—
10.	20 C. hellila	(379)	1350.—	
11.	25 C. blaugrün	(380)	1350.—	4500.—
12.	30 C. braunrot	(363)	1350.—	
13.	30 C. dunkelkarmin	(381)	1350.—	
14.	45 C. hellbläulichgrün	(383)	1350.—	
15.	60 C. gelbbraun	(367)		—.—
16.	70 C. lilarosa	(388)		—.—
17.	75 C. olivgrün	(278)		
18.	80 C. dunkelorange	(390)	2500.—	
19.	90 C. ultramarin	(393)		—.—
20.	1 Fr. dunkelgrün	(394)	1250.—	4500.—
21.	1 Fr. karmin	(395)	1250.—	
22.	1.25 Fr. hellkarminrot	(396)		
23.	1.40 Fr. violettpurpur	(398)	2500.—	
24.	1.50 Fr. blau	(282)	2500.—	
25.	2 Fr. lilakarmin	(401)	2500.—	
26.	2.25 Fr. ultramarin	(402)		
27.	2.50 Fr. dunkelgrün	(403)	2500.—	
28.	3 Fr. dunkellilapurpur	(405)	2500.—	

Unter den postamtlich ausgegebenen Werten mit Aufdruck Type I können nur die Nummern 2, 3, 11, 20, 21 einen waagerechten Aufdruck tragen. Die übrigen Werte wurden ausschließlich mit senkrechtem Aufdruck ausgegeben. Über weitere Marken mit waagerechter Überstempelung siehe Notiz „Noch im Besitz des Puklikums befindliche Marken" nach Nr. 48. Dies gilt auch für die Nr. 1 I, die **nur** mit senkrechtem Aufdruck offiziell ausgegeben worden ist.

Sodann noch nachfolgende Sondermarken in Type II:

			BF
29.	40+10 (C.) Chavannes	(450)	—.—
30.	40 C.+60 C. Postmuseum	(461)	—.—
31.	40 C.+60 C. Soldaten	(464)	—.—
32.	70+10 C. Debussy	(451)	—.—
33.	70+80 (C.) Geburtenrückgang	(455)	—.—

Deutsche Besetzungsausgaben 1939/45 (Frankreich)

			BF
34.	80+45 C. Joffre	(467)	—.—
35.	90+30 C. Gesundheitspflege	(437)	—.—
36.	90+35 C. Rotes Kreuz	(440)	—.—
37.	90+35 C. Arbeitslosenkinder	(447)	—.—
38.	90 C.+10 C. Balzac	(452)	—.—
39.	90+60 (C.) Geburtenrückgang	(456)	—.—
40.	1 Fr.+50 C. Soldaten	(465)	—.—
41.	1 Fr.+25 C. Übersee	(466)	—.—
42.	1 Fr.+50 C. Foch	(468)	—.—
43.	1.50 Fr.+50 C. Gallieni	(469)	—.—
44.	2.25 Fr.+25 (C.) Bernard	(453)	—.—
45.	2.50 Fr.+50 C. Kriegsopfer	(470)	—.—
46.	5 Fr. Carcassonne	(413)	—.—
47.	10 Fr. Vincennes	(414)	—.—
48.	20 Fr. St. Malo	(415)	—.—

Noch im Besitz des Publikums vorhandene französische Marken anderer Sorten ohne Aufdruck erhielten den gleichen Aufdruck Type I auf Postkarte oder Brief. Nachfolgende französische Marken sind von den zuständigen Bundesprüfern gemeldet worden (✉ je 1500.—).

Freimarken
Allegorie Type Blanc:
90

Säerin:
161, 184, 185, 201—203, 207, 233, 245, 363, 364

Frieden:
276, 279, 282, 295, 366, 369, 390, 392, 393, 398

Merkur:
375—384, 387, 388

Iris:
394, 395

Ceres:
401

Sondermarken
223, 224, 237, 240, 241, 247, 249, 286—288, 290, 296, 299, 302—305, 309, 310, 312, 316, 317, 319, 320, 322, 323, 324, 326, 328—346, 347 I, 347 II, 348—352, 357, 358, 361, 362, 406—413, 415—444, 446—470.
Da die französische Post ihre Marken nicht außer Kurs gesetzt hatte, sind praktisch alle vor dem 30. 6. 1940 herausgekommenen Marken als Frankatur möglich.
Es kommen auch noch echt gelaufene Briefe nach dem 9. 8. 1940 vor.
FALSCH Aufdruckfälschungen.
Bei Bedarf verwendeten die Postämter Bergues und Cassel zwischen 5. 7. und 10. 8. 1940 statt des Stempelaufdrucks einen handschriftlichen Vermerk mit gleichem Text (✉ —.—).

Festung Lorient

Diese Ausgabe ist bedarfsmäßig im Verkehr innerhalb des Festungsbereiches und im Verkehr mit dem von deutschen Truppen nicht besetzten, „freien" Teil Frankreichs verwendet worden.

1945, Jan. Ah.-Ausg. französische Freimarken mit zweizeiligem, waagerechtem Aufdruck „Festung Lorient".

Festung
Lorient

			BF
1.	10 C. ultramarin	(557)	1600.—
2.	30 C. rot	(558)	1700.—
3.	40 C. violett	(559)	2500.—
4.	50 C. hellblau	(560)	1000.—
5.	60 C. blauviolett	(516)	4000.—
6.	70 C. orangerot	(518)	2000.—
7.	80 C. smaragdgrün	(520)	2000.—
8.	1 Fr. karminrot	(521)	2800.—
9.	1.20 Fr. rotbraun	(522)	2800.—
10.	1.70 Fr. dkl'rotbraun	(524)	1000.—
11.	2 Fr. dkl'bläulichgrün	(525)	3600.—
12.	4 Fr. dkl'ultramarin	(579)	3100.—
A12.	4 Fr. ultramarin	(646)	9500.—
B12.	4.50 Fr. schwarzblaugrün	(530) S+R	8000.—
13.	4.50 Fr. dkl'bläulichgrün	(580)	7000.—

			BF
14.	5 Fr. ocker/schwarz/rosakarmin	(615)	7500.—
15.	5 Fr. grauschwarz	(647)	11500.—
A15.	10 Fr. orange	(648)	30000.—

FALSCH Prüfung unerläßlich.

Gleicher Aufdruck auf Wohlt.-Ausg.

16.	50 C.+1.50 Fr. karmin	(624)	13500.—
17.	80 C.+2.20 Fr. dkl'grün	(625)	13500.—
A17.	1.20 Fr.+2.80 Fr. schwarz	(626)	13500.—
18.	1.50 Fr.+3.50 Fr. dunkelbraun	(619)	13500.—
19.	1.50 Fr.+3.50 Fr. ultramarin	(627)	13500.—
20.	2 Fr.+4 Fr. braunkarmin	(628)	13500.—
21.	4 Fr.+6 Fr. ziegelrot	(629)	13500.—

Gleicher Aufdruck auf So.-Ausg.

22.	4 Fr. dunkelblau	(673)	—.—
23.	10 Fr. grün	(578)	—.—

St. Nazaire

Die Generalinspektion der Organisation Todt, die in St. Nazaire stationiert war, entwertete im Juli bis September 1940 die auf ihrer ausgehenden Post befindlichen französischen Briefmarken mit dem nachstehend abgebildeten Rahmen-Langstempel:

卐 **Bes. Geb. West** 卐

Meistens wurde dieser Stempel in Rot, selten in Schwarz abgeschlagen (✉ 4000.—). Die Umschläge mußten als Empfangsbestätigung an die Org. Todt zurückgegeben werden, wodurch sich die Seltenheit der erhaltenen Ganzstücke (ca. 30 Stück) erklärt.

1945, 9. April. Ah.-Ausg. der Handelskammer St. Nazaire. Stdr. auf farbigem Papier; gez. L 11½; o. G.

			BF
1.	50 C. russischgrün		800.—
2.	2 Fr.		
	a. lilabraun a. grün		800.—
	b. dunkelviolettbraun a. grün		3000.—

FALSCH

Die ✉-Preise gelten für portogerecht frankierte Belege.
EF = Einzelfrankatur, d.h. die Marke allein auf dem Brief.
MeF = Mehrfachfrankatur, d.h. die gleiche Marke mehrfach auf dem Brief. Der Preis gilt nur für 2 Stück; weitere Stücke der gleichen Marke werden mit dem Preis für lose ⊙ dazugerechnet.
MiF = Mischfrankatur, d.h. die Marke mit anderen Marken auf dem Brief. Briefpreis gilt für die teuerste Marke, die übrigen Marken werden mit dem Preis für lose ⊙ dazugerechnet.

Deutsche Besetzungsausgaben 1939/45 (Frankreich)

1945, Febr. Ah.-Ausg. für Einschreibesendungen. Bdr. auf farbigem Papier; gez. L 11½.

		BF
3.	4.50 Fr. schwarz a. rosa	800.—

Vielfach wurde auch Barfrankierung mit dem Stempel TAXE PERÇUE durchgeführt. Dieser Stempel findet sich auch auf verschiedenen Werten der französischen Marken, die am 9. 5. 1945 noch mit einem Aufdruck Libération versehen wurden (✉ 150.— bis 300.—).

Generalgouvernement

Bis zum 31. 3. 1940 waren deutsche Marken ohne Aufdruck zum Kurs von 1 Pfennig = 2 Groschen in Verwendung. ✉ hiervon gesucht (mindest. 70.—), auch Mischfrankaturen waren möglich. Die poln. Zivilbevölkerung bezahlte bis zum 31. 3. 1940 im Inlands- und Auslandsverkehr die reichsdeutschen Auslandsgebühren, im Ortsverkehr die reichsdeutschen Ferngebühren.
Für Briefsendungen innerhalb des Generalgouvernements sowie nach dem Deutschen Reich galten ab 1.4.1940 die deutschen Inlandsgebühren, umgerechnet nach dem Währungsverhältnis 2:1 (2 Zl. = 1 RM).

Die Marken des Generalgouvernements hatten nur in den Distrikten Krakau, Lemberg, Lublin, Radom und Warschau Gültigkeit, nicht aber in den Gebieten von Polnisch-Oberschlesien, Warthegau (Posen bis Lodz), Olsa-Gebiet (Österreichisch-Schlesien), Danziger Korridor, Reg.-Bez. Zichenau, Kreis Suwalki (Sudauen) und Restkreis Soldau, da diese Gebiete dem Deutschen Reich eingegliedert waren und deutsche Reichspostmarken verwendeten.

1 Zloty (= 50 Rpfg.) = 100 Groschen

Deutsche Post Osten

1939, ab 1. Dez. Ah.-Ausg. Deutsches Reich Nr. 513–514, 516–525 und 528 mit waagerechtem, dreizeiligem Aufdruck der Reichsdruckerei Berlin Deutsche Post / OSTEN / Wert in polnischer Währung.

			EF	MeF	MiF
1.	**6 Groschen** a. 3 (Pfg.) dkl'gelbbraun (Töne)	(513)	15.—	20.—	12.—
2.	**8 Groschen** a. 4 (Pfg.) graublau bis dkl'graublau	(514)	22.—	35.—	25.—
3.	**12 Groschen** a. 6 (Pfg.) schwarzgrün bis schwarzblaugrün (Töne) GA	(516)	7.—	8.—	5.—
4.	**16 Groschen** a. 8 (Pfg.) zinnober (Töne) (4.12.)	(517)	35.—	50.—	40.—
5.	**20 Groschen** a. 10 (Pfg.) rotbraun bis schw'rotbraun (4.12.)	(518)	250.—	150.—	100.—
6.	**24 Groschen** a. 12 (Pfg.) mittelrot bis rot	(519)	6.—	30.—	5.—
7.	**30 Groschen** a. 15 (Pfg.) purpur (4.12.) GA	(520)	70.—	60.—	25.—
8.	**40 Groschen** a. 20 (Pfg.) hellblau (4.12.)	(521)	80.—	250.—	40.—
9.	**50 Groschen** a. 25 (Pfg.) lebh'violettultramarin	(522)	25.—	80.—	30.—
10.	**60 Groschen** a. 30 (Pfg.) dkl'braunoliv	(523)	100.—	120.—	30.—
11.	**80 Groschen** a. 40 (Pfg.) lebh'violett (4.12.)	(524)	75.—	180.—	40.—
12.	**1 Zloty** a. 50 (Pfg.) schw'blaugrün/grauschw.	525	80.—	250.—	50.—
13.	**2 Zloty** a. 100 (Pfg.) dkl'gelborange/grauschw.	(528)	150.—	500.—	70.—
	Nr. 1–13 Satzbrief				60.—

✉ Mit provisorischen Stempeln auf Bedarfsbriefen gesucht.
Gültig bis 30. 9. 1940.

Die Bildbeschreibungen zu den Markenabbildungen sind so ausführlich wie möglich gehalten.

Generalgouvernement

1940, 8. März/18. März. Ah.-Ausg. Marken von Polen mit Aufdruck der Staatsdruckerei Wien „General/Gouvernement", Hoheitszeichen und neuer Wertangabe in Zloty-Währung.

Nr. 15   Nr. 16

Nr. 24: I. Weiter Abstand (T. I)   II. Enger Abstand (T. II)

Nr. 24   Nr. 30   Nr. 36

I. Weiter Abstand   II. Enger Abstand
(Urmarke Nr. 355)

Auf Rydz-Smigly-So.-Ausg. 1937:

			EF	MeF	MiF
14.	**24 Gr.** a. 25 gr. schwarzblaugrau	(319)	20.—	30.—	18.—

Deutsche Besetzungsausgaben 1939/45 (Generalgouvernement)

		EF	MeF	MiF
15.	**50 Gr.** a. 55 Gr. dunkelviolettultramarin . . . . . (320)	25.—	80.—	30.—

Auf Moscicki-So.-Ausg. 1938:

16.	**40 Gr.** a. 30 Gr. violettpurpur . . . . (325)			
	I. Aufdruck von Metallplatte	120.—	100.—	25.—
	II. Aufdruck von Gummiplatte	—.—		

Auf So.-Ausg. 1938:

17.	**2 Gr.** a. 5 Gr. orangerot . (331)		50.—	8.—
18.	**4** (Gr.) a. 5 Gr. orangerot . (331)		20.—	10.—
19.	**6** (Gr.) a. 10 Gr. dunkelgelbgrün . . . . (332)	10.—	15.—	8.—
20.	**8** (Gr.) a. 10 Gr. dunkelgelbgrün . . . . (332)	15.—	25.—	8.—
21.	**10** (Gr.) a. 10 Gr. dunkelgelbgrün . . . . (332)	40.—	45.—	20.—
22.	**24 Gr.** a. 25 Gr. bräunlichviolett GA . . . . (335)	8.—	20.—	7.—
23.	**30** (Gr.) a. 30 Gr. rot . . . . (336)	80.—	100.—	18.—
24.	**50** (Gr.) a. 50 Gr. dunkelkarminlila . . . . (338)			
	I. Type I: weiter, norm. Abst.	20.—		10.—
	II. Type II: enger (0,75 mm) Abstand	60.—	140.—	50.—
25.	**60** (Gr.) a. 55 Gr. violettultramarin . . . . (339)	200.—	180.—	80.—
26.	**80** (Gr.) a. 75 Gr. schwarzblaugrün . . . . (340)	150.—	250.—	100.—
27.	**1 Zl.** a. 1 Zl. orange . . . . (341)	120.—	250.—	70.—
28.	**2 Zl.** a. 2 Zl. dunkelrosakarmin . . . . (342)	150.—	300.—	40.—
29.	**3 Zl.** a. 3 Zl. schwarzblau (343)	180.—		50.—

Auf Wohlt.-Ausg. 1933 (Winterhilfe):

30.	**30 Gr.** a. 5+5 Gr. ziegelrot (348)	30.—	50.—	10.—
31.	**40 Gr.** a. 25+10 Gr. bräunlichviolett . . . . (349)	120.—	100.—	18.—
32.	**1 Zl.** a. 55+15 Gr. violettultramarin . . . . (350)	100.—	200.—	80.—

Auf Freim.-Ausg. 1939:

33.	**12** (Gr.) a. 15 Gr. orangebraun (⚡) GA . . . . . . (355)			
	I. Type I: weiter, norm. Abst.	12.—	25.—	12.—
	II. Type II: enger (0,75 mm) Abstand	60.—	100.—	70.—
34.	**16** (Gr.) a. 15 Gr. orangebraun . . . . (355)			
	a. Aufdruck violettschwarz . .	50.—	85.—	25.—
	b. Aufdruck tiefschwarz (matt)			

Auf Portomarken 1938/39 (als Freimarken verwendet):

35.	**50** (Gr.) a. 20 Gr. dunkelblaugrün . . . . (P.95)	50.—	140.—	45.—
36.	**50** (Gr.) a. 25 Gr. dunkelblaugrün . . . . (P.96)	140.—	350.—	120.—
37.	**50** (Gr.) a. 30 Gr. dunkelblaugrün . . . . (P.97)	290.—	650.—	210.—
38.	**50** (Gr.) a. 50 Gr. dunkelblaugrün . . . . (P.98)	40.—	150.—	30.—
39.	**50** (Gr.) a. 1 Zl. dunkelblaugrün . . . . (P.99)	40.—	140.—	30.—

Der Aufdruck auf Nr. 16 sollte ursprünglich mittels Gummiplatten (Nr. 16 II) erfolgen; dieser Versuch wurde aber wieder aufgegeben.

Die erste Auflage vn Nr. 24 und 33 hat den Aufdruck mit engem (0,75 mm) Abstand (Type II? zwischen Wertzahl und „General", während die Hauptauflage den Aufdruck mit weitem, normalem (1,5 mm) Abstand (Type I) wie die übrigen Werte hat.

Nr. 34 b ist wahrscheinlich ein Fehldruck, der versehentlich in Krakau am Schalter verkauft worden ist; ⊙ bisher nicht bekanntgeworden.

✉ Die anfänglich verwendeten provisorischen Entwertungsstempel auf dieser Ausgabe sind besonders gesucht.

FALSCH Gefälschte Aufdrucke sind bekannt von Nr. 36 und 37 sowie von den kopfstehenden Aufdrucken.

Gültig bis 30. 11. 1941.

1940, 5. Aug./5. Sept. Freim.-Ausg. Bauwerke in Krakau, Lublin und Warschau. ✎ Prof. Puchinger; RaTdr. gez. K 13¾ :14.

a) Florianstor in Krakau
b) Wachturm der Burg in Krakau
c) Krakauer Tor in Lublin
d) Hof der alten Universität Krakau mit Kopernikus-Denkmal
e) Dominikanerkirche in Krakau
f) Burg Wawel in Krakau
g) Kirche in Lublin
h) Tuchhalle in Krakau
i) Rathausturm in Krakau
k) Burghof in Krakau
l) Marienkirche zu Krakau
m) Brühlsches Palais i. Warschau

			EF	MeF	MiF
40.	6 (Gr.) dunkelbraun	a	8.—	10.—	7.—
41.	8 (Gr.) braunorange	b	10.—	18.—	10.—
42.	10 (Gr.) smaragdgrün	c	15.—	40.—	12.—
43.	12 (Gr.) dunkelgrün GA	d	6.—	7.—	4.—
44.	20 (Gr.) braunschwarz	e	120.—	100.—	40.—
45.	24 (Gr.) dkl'braunrot (Töne) GA	f	8.—	15.—	7.—
46.	30 (Gr.) purpurviolett GA	g	90.—	70.—	15.—
47.	40 (Gr.) schw'graublau	h	100.—	85.—	30.—
48.	50 (Gr.) schwarzkobalt	i	20.—	70.—	10.—
49.	60 (Gr.) schwarzoliv	k	100.—	80.—	10.—
50.	80 (Gr.) schwarzbraunviolett .	l	80.—	200.—	45.—
51.	1 Zl. dunkelkarmin (5.9.) . . .	m	100.—	250.—	40.—

In geänderten Farben: Nr. 66—70.

Deutsche Besetzungsausgaben 1939/45 (Generalgouvernement)

1940, 17. Aug. Wohlt.-Ausg. zugunsten des Roten Kreuzes. Marken in Zeichnung der Nr. 43, 45, 48 und 50, jedoch geänderte Farbe, mit orangerotem Bdr.-Aufdruck eines Kreuzes und des Zuschlagbetrages. RaTdr.; gez. K 13¾ : 14.

		EF	MeF	MiF
52.	12+ 8 (Gr.) schw'braunoliv .. (d)	25.—	40.—	25.—
53.	24+16 (Gr.) schw'braunoliv .. (f)	25.—	120.—	25.—
54.	50+50 (Gr.) schw'braunoliv .. (i)	90.—	230.—	50.—
55.	80+80 (Gr.) schw'braunoliv .. (l)	200.—	340.—	55.—

Gültig bis 30.11.1941.

1940, 26. Okt. Wohlt.-So.-Ausg. zum 1. Jahrestag der Errichtung des G.-G. ☒ O. Engelhardt-Kyffhäuser; ⓢ Prof. F. Lorber; Handpressenkupferdruck auf kartonähnlichem, sämischem (sog. Japan-)Papier; gez. L 14¾ : 14½.

n) Junges Mädchen o) Bäuerin p) Bauer

56.	12+38 (Gr.) schwarzgrün a. hellrahmfarben .... n	35.—	60.—	35.—
57.	24+26 (Gr.) krapprot a. sämisch .... o	40.—	120.—	30.—
58.	30+20 (Gr.) dunkelviolett a. sämisch .... p	170.—	250.—	60.—

Gültig bis 31.7.1941.

1940, 1. Dez. Wohlt.-Ausg. zur Winterhilfe (r). StTdr.; gez. K 12¼.

r) Bauer

59.	12+ 8 (Gr.) schwarzgrün	20.—	30.—	14.—
60.	24+16 (Gr.) rot	25.—	100.—	12.—
61.	30+30 (Gr.) dunkelkarminbraun ..	170.—	250.—	35.—
62.	50+50 (Gr.) violettultramarin	130.—	270.—	60.—

Gültig bis 31.7.1941.

1941. Freim.-Erg.-Werte. ⓢ Prof. F. Lorber; StTdr.; gez. K 14¼ : 14¾.

s) Barbakan, Torzwinger in Krakau
☒ Prof. Fahringer und Prof. Gessner

t) Kloster Tyniec
☒ Prof. Fahringer und Prof. Gessner

u) Burg und Stadt Krakau
☒ Prof. Gessner und Postbaurat Kreb

63.	2 Zl. dkl'violettblau (22.5.) ...... s	120.—	200.—	35.—
64.	4 Zl. schw'gelbgrün (10.7.) .... t	200.—	420.—	80.—
65.	10 Zl. bräunlichrot/schwarzbraun (20.4.) .... u	600.—		220.—

In ähnlichen Zeichnungen: Nr. 113–116.

1941, 15. Aug./8. Sept. Freim.-Ausg. Farbänderungen und Erg.-Wert. RaTdr. gez. K 13¹/₃₄ : 14.

v) Rathaus in Sandomierz

			EF	MeF	MiF
66.	8 (Gr.) schwarzgraublau	b	15.—	25.—	10.—
67.	12 (Gr.) blauviolett (15.8.) GA	d	8.—	10.—	6.—
68.	30 (Gr.) dkl'braunlichlila	g	90.—	70.—	25.—
69.	48 (Gr.) dkl'braunorange		40.—	220.—	40.—
70.	1 Zl. schwarzgrünblau	m	90.—	250.—	35.—

1941, 26. Okt. Freim.-Ausg. Adolf Hitler (w). ☒ Prof. W. Dachauer; ⓢ Prof. F. Lorber; RaTdr.; gez. K 14:14¼; mit senkrechter Gummiriffelung.

w) Adolf Hitler (1889–1945)

71.	2 (Gr.) schwarzgrau		30.—	5.—
72.	6 (Gr.) braun	8.—	10.—	5.—
73.	8 (Gr.) schwarzblau	10.—	18.—	5.—
74.	10 (Gr.) dkl'smaragdgrün	18.—	30.—	10.—
75.	12 (Gr.) blauviolett GA	5.—	8.—	3.—
76.	16 (Gr.) dkl'rotorange bis orangerot	25.—	75.—	15.—
77.	20 (Gr.) sepia	160.—	150.—	40.—
78.	24 (Gr.) dkl'braunrot	5.—	10.—	3.—
79.	30 (Gr.) bräunlichlila	100.—	80.—	15.—
80.	32 (Gr.) schwarzgrünlichblau ...	70.—	220.—	60.—
81.	40 (Gr.) dunkelkobalt	150.—	100.—	30.—
82.	48 (Gr.) rotbraun	40.—	200.—	30.—

1942, 7. April/1944, Freim.-Erg.-Werte Adolf Hitler (w). StTdr.; A grob, unregelmäßig gez. L 12½, B fein, gleichmäßig gez. K 14:14½.

		A EF	MeF	MiF	B (1944) EF	MeF	MiF
83.	50 (Gr.) dunkelviolettblau	18.—	40.—	6.—			
84.	60 (Gr.) schw'oliv	70.—	40.—	8.—			
85.	80 (Gr.) schw'lila	50.—	80.—	10.—			
86.	1.00 (Zl.) schw'blaugrün	45.—	80.—	8.—	50.—	90.—	12.—
87.	1.20 (Zl.) dkl'violettbraun	45.—	100.—	10.—	50.—	120.—	15.—
88.	1.60 (Zl.) schw'violett	50.—	220.—	20.—	60.—	250.—	28.—

Nr. 83–85 in RaTdr. (mit glattem Grund): Nr. 110–112.

1942, 20. April. Wohlt.-So.-Ausg. zum 53. Geburtstag Hitlers (x). ☒ Prof. W. Dachauer; ⓢ Prof. F. Lorber; Handpressen-Kupferdruck auf kartonähnlichem, sämischem (sog. Japan-) Papier; gez. L 10¾.

x) Adolf Hitler (1889–1945)

		EF	MeF	MiF
89.	30 (Gr.)+1 Zl. dkl'braunkarmin a. sämisch	90.—	60.—	18.—
90.	50 (Gr.)+1 Zl. schwarzviolett a. sämisch	25.—	100.—	20.—
91.	1.20 (Zl.)+1 Zl. dunkelsiena a. sämisch	75.—	200.—	30.—

Gültig bis 31.12.1943.

Deutsche Besetzungsausgaben 1939/45 (Generalgouvernement)

1942, 15. Aug. Wohlt.-So.-Ausg. 600 Jahre Stadt Lublin. RaTdr.; gez. L 12½.

y) Alt-Lublin   z) Neu-Lublin

			EF	MeF	MeF
92.	12+ 8 (Gr.) violettpurpur	y	12.—	18.—	12.—
93.	24+ 6 (Gr.) braunkarmin	z	10.—	30.—	10.—
94.	50+50 (Gr.) schwarzblau	y	40.—	120.—	25.—
95.	1+1 Zl. schwarzblaugrün	z	100.—	250.—	35.—

Gültig bis 31. 12. 1943.

1942, 20. Nov. 1. Wohlt.-So.-Ausg. zugunsten des Kulturfonds, anläßlich des 3. Jahrestages der Errichtung des G.-G. Ⓚ Prof. W. Dachauer; Ⓢ Prof. F. Lorber; StTdr. gez. K 14.

aa) Veit Stoß (1445–1533), Bildhauer

ab) Porträt eines jungen Mannes; Gemälde von Albrecht Dürer (1471–1528)

ac) Johann Chr. Schuch (1752–1813), Architekt

ad) Josef Elsner (1769—1854), Komponist

ae) Nikolaus Kopernikus (1473–1543), Astronom

Die Marken Nr. 96 und 97 weisen gegenüber neueren Nachschlagewerken andere Jahreszahlen auf.

96.	12+18 Gr. dkl'grauviolett	aa	25.—	35.—	22.—
97.	24+26 Gr. dkl'braunrot	ab	20.—	50.—	18.—
98.	30+30 Gr. violettpurpur	ac	150.—	120.—	35.—
99.	50+50 Gr. schwarzviolett	ad	100.—	200.—	40.—
100.	1+ 1 Zl. schw'blaugrün	ae	150.—	300.—	50.—

1943, 20. April. Wohlt.-So.-Ausg. zum 54. Geburtstag Hitlers (af). Ⓚ Prof. W. Dachauer; Ⓢ Prof. F. Lorber; StTdr.; gez. K 14.

af) Adolf Hitler (1889–1945)

101.	12 (Gr.)+1 Zl. purpurviolett	35.—	40.—	30.—
102.	24 (Gr.)+1 Zl. karminrot	20.—	50.—	25.—
103.	84 (Gr.)+1 Zl. schw'blaugrün	40.—	200.—	40.—

Bei Anfragen bitte Rückporto nicht vergessen!

1943, 23. Mai. Wohlt.-So.-Ausg. zum 400. Todestag Kopernikus'. Ähnlich Nr. 100, jedoch geänderte Farbe, links und rechts mit senkrechtem Aufdruck der Daten des Sterbetages und des Gedenktages auf den Randleisten; StTdr.; gez. K 14.

ae) Nikolaus Kopernikus (1473–1543), Astronom und Arzt

			EF	MeF	MiF
104.	1+1 Zl. dunkellilapurpur	ae	90.—	200.—	30.—

1943, 13. Aug./Sept. Wohlt.-So.-Ausg.: 3 Jahre NSDAP im Generalgouvernement. Ⓚ Kreb; kombinierter RaTdr. und Prägedruck; gez. K 14.

ag) Krakauer Tor in Lublin   ah) Tuchhalle in Krakau   ai) Verwaltungsgebäude in Radom

ak) Brühlsches Palais in Warschau   al) Rathaus in Lemberg

105.	12+38 (Gr.) schwarzgrün	ag	25.—	25.—	22.—
106.	24+76 (Gr.) mittelrot (13.8.)	ah	20.—	40.—	20.—
107.	30+70 (Gr.) mittelviolettpurpur	ai	120.—	100.—	30.—
108.	50 (Gr.)+1 Zl. dunkelkobalt	ak	80.—	160.—	35.—
109.	1 Zl.+2 Zl. blaugrauschwarz	al	150.—	300.—	65.—

1943, 25. Juni/15. Juli. Freim.-Ausg. Adolf Hitler (w). Ähnlich Nr. 83–85, jedoch glatter Grund. RaTdr. statt StTdr.; gez. K 14.

110.	50 (Gr.) schwarzultramarin (25.6.)	20.—	60.—	8.—
111.	60 (Gr.) schwarzoliv	100.—	60.—	15.—
112.	80 (Gr.) braunviolett	100.—	150.—	25.—

1943/44. Freim.-Ausg. Zusätzliche Inschrift DEUTSCHES REICH. StTdr.; gez. 13¾:14¼.

am) Barbakan, Torzwinger in Krakau   an) Kloster Tyniec

ao) Stadt Lemberg   ap) Burg und Stadt Krakau

|113. | 2 Zl. dkl'russischgrün (10.4.) | am |130.— |220.— | 40.— |
|114. | 4 Zl. schwarzviolett (10.4.) | an |220.— |450.— | 90.— |

Deutsche Besetzungsausgaben 1939/45 (Generalgouvernement)

		EF	MeF	MiF
115.	6 Zl. viol'schwarz (11.2.1944) ao	400.—		140.—
116.	10 Zl. dkl'rotbraun/schwarz (26.10.1943) .... ap	720.—		330.—

In ähnlichen Zeichnungen: Nr. 63–65.

1944, 20. April. Wohlt.-So.-Ausg. zum 55. Geburtstag Hitlers (aq). RaTdr. gez. 14 : 13¾.

aq) Adolf Hitler (1889–1945)

117.	12 (Gr.)+1 Zl. dkl'grün	25.—	30.—	25.—
118.	24 (Gr.)+1 Zl. dkl'rotbraun	22.—	60.—	25.—
119.	84 (Gr.)+1 Zl. blauviolett	45.—	250.—	40.—

1944, 15. Juli. 2. Wohlt.-So.-Ausg. zugunsten des Kulturfonds. ⓔ Prof. W. Dachauer; Ⓢ Prof. F. Lorber; StTdr.; gez. K 14.

ar) Konrad Celtis (1459–1508), Humanist

as) Andreas Schlüter (1664–1714), Baumeister und Bildhauer

at) Hans Boner (auch Bauer) (ca. 1463–1523), Handelsherr

au) August der Starke (1670–1733), König von Polen

av) Georg Gottlieb Pusch (1791–1846), Geologe

Die Nr. 120 weist gegenüber neueren Nachschlagewerken andere Jahreszahl auf.

120.	12+18 Gr. schwarzgrün ... ar	30.—	30.—	30.—
121.	24+26 Gr. rot .... as	20.—	40.—	20.—
122.	30+30 Gr. schwarzlila ..... at	150.—	120.—	35.—
123.	50+50 Gr. dkl'violettultram. au	80.—	150.—	50.—
124.	1+1 Zl. dunkelrotbraun ... av	150.—	250.—	60.—

1944, 26. Okt. Wohlt.-So.-Ausg. 5 Jahre Generalgouvernement. ⓔ Stübinger; StTdr.; gez. L s14½.

aw) Burg von Krakau

| 125. | 10+10 Zloty rot, grünlich-schwarz (Töne) ...... aw | —.— | —.— | 2600.— |

Nr. 125 auf echtgelaufenem, überfrankiertem E-✉ mit Ⓢ vom Ausgabetag 700.—.
ⓔ

Dienstmarken

1940, ab 1. April großformatige Marken. ✉ Kreb; RaTdr., Wertziffern Bdr.; Nr. 1–12 gez. K 12½, Nr. 13–15 gez. K 13¾:14½.

Da) Hoheitszeichen; Bildgröße 31,2:23,2 mm

Db) Hoheitszeichen; Bildgröße 35,2:26,2 mm

			EF	MeF	MiF
1.	6 Gr. braun	Da	30.—	35.—	25.—
2.	8 Gr. schwarzgrau	Da	30.—	30.—	23.—
3.	10 Gr. schwarzblaugrün	Da	80.—	80.—	35.—
4.	12 Gr. schwarzgrün	Da	14.—	18.—	12.—
5.	20 Gr. dunkelsiena	Da	220.—	170.—	60.—
6.	24 Gr. dkl'braunrot	Da	18.—	35.—	15.—
7.	30 Gr. lilakarmin	Da	90.—	60.—	40.—
8.	40 Gr. dunkelblauviolett ...	Da	130.—	100.—	80.—
9.	48 Gr. dkl'braunoliv	Da	40.—	150.—	35.—
10.	50 Gr. dkl'kobalt	Da	70.—	120.—	65.—
11.	60 Gr. schw'bräunlicholiv ..	Da	150.—	120.—	22.—
12.	80 Gr. bläulichviolett	Da	150.—	250.—	125.—
13.	1 Zl. grauschwarz/schwarzlila (5.4.)	Db	130.—	250.—	60.—
14.	3 Zl. grauschwarz/dkl'braunrot (5.4.)	Db	280.—	600.—	170.—
15.	5 Zl. grauschwarz/braunorange (5.4.)	Db	520.—	—.—	300.—

1940, 22. Juli/Aug. Gleiche Zeichnung, jedoch kleineres Format (Dc). RaTdr. Wertziffern Bdr.; gez. K 12.

Dc) Hoheitszeichen

16.	6 Gr. dunkelsiena (5.8.)	20.—	30.—	20.—
17.	8 Gr. schwarzblaugrau (5.8.)	40.—	50.—	25.—
18.	10 Gr. dunkelblaugrün (5.8.)	60.—	150.—	55.—
19.	12 Gr. schwarzgrün (5.8.)	45.—	50.—	40.—
20.	20 Gr. schwarzbraun	200.—	250.—	80.—
21.	24 Gr. dkl'braunrot (5.8.)	12.—	25.—	12.—
22.	30 Gr. lilakarmin	120.—	100.—	50.—
23.	40 Gr. dunkelblauviolett	100.—	150.—	60.—
24.	50 Gr. dunkelkobalt	80.—	250.—	60.—

1943, Febr. Neue Zeichnung (Dd). ✉ Kreb; RaTdr. Wertziffer Bdr.; gez. K 14.

Dd) Silhouette der Burg in Krakau

25.	6 (Gr.) dkl'orangebraun	50.—	50.—	40.—
26.	8 (Gr.) schwarzblau	30.—	40.—	35.—
27.	10 (Gr.) grün	100.—	150.—	70.—
28.	12 (Gr.) blauviolett	15.—	15.—	12.—
29.	16 (Gr.) orangerot	100.—	150.—	90.—
30.	20 (Gr.) sepia/dkl'lilabraun	300.—	300.—	70.—
31.	24 (Gr.) bräunlichrot	12.—	28.—	10.—
32.	30 (Gr.) dkl'rötlichlila	130.—	100.—	50.—
33.	40 (Gr.) mittelblau	200.—	170.—	110.—
34.	60 (Gr.) dunkeloliv	130.—	150.—	50.—
35.	80 (Gr.) dkl'braunlila/purpur	120.—	300.—	80.—
36.	100 (Gr.) schw'blaugrüngrau	220.—	500.—	110.—

Zustellungsmarken
(sog. Poststützpunktmarken)

1940, 1. Dez. Ziffernzeichnung (Za). RaTdr. der Staatsdr. Wien; gez. K 13¾ : 14.

Za

		EF	MeF	MiF
1.	10 Gr. zinnober	120.—	160.—	380.—
2.	20 Gr. zinnober	120.—		480.—
3.	30 Gr. zinnober	650.—		900.—
4.	50 Gr. zinnober	900.—		

Diese Marken dienten in den Landbezirken zur Erhebung der Zustellgebühren, die den Stützpunkten bzw. Gemeinden verblieben. Die Marken wurden auf die Rückseiten der Briefe geklebt und zuerst handschriftlich, später auch mit Kasten-, Lang- oder Ovalstempeln des Poststützpunktes entwertet.

Gültig bis 28. 2. 1942.

Kanal-Inseln
(Normannische Inseln)

Die auf den Inseln geltenden Marken von Großbritannien blieben auch nach der am 1. 7. 1940 erfolgten deutschen Besetzung für die Zivilbevölkerung in Verwendung.

1 Shilling = 12 Pence

Postgebühren

Inland
- Drucksachen bis 20 oz .... 1 Penny
- Postkarten .... 2 Pence
- Briefe bis 2 oz .... 2½ Pence
- Einschreib-Gebühr .... 3 Pence
- Expreß-Gebühr .... 6 Pence

Ausland
- Postkarten .... 15 Pfg.
- Briefe bis 20 g .... 25 Pfg.
- R-Briefe (nur für Deutsche) .... 55 Pfg.

Für Auslandspost war nur die deutsche Feldpost zuständig.

Guernsey
(Mit den kleineren Inseln Alderney, Herm, Jethou und Sark)

1940, 27. Dez. Ah.-Ausg. Marken zu 2 Pence von Großbritannien schräg halbiert als 1-d-Marken verwendet.

		BF
I.	2 Pence orange (201) halbiert a. ✉	140.—
II.	2 Pence rötlichorange (218) halbiert a. ✉	110.—

Es konnten auch alle anderen im Besitze des Publikums befindlichen 2.-P.-Marken wie Großbritannien Nr. 130 (✉ 850.—), 157 (✉ 750.—) und 178 (✉ 750.—) verwendet werden. Diese Halbierungen waren zugelassen bis 22. 2. 1941. Sie sind jedoch auf Nebenpostämtern noch bis Ende Juli 1941 unbeanstandet geduldet worden (30% Aufschlag). ✉

1941/44. Freim.-Ausg. (a). ✍ E. W. Vaudin; Bdr. Guernsey Press Co., Ltd.; ▢.

a) Wappen

1.	½ Penny (7.4.1941)	
	a. blaugrün	150.—
	b. (hell)gelbgrün	80.—
	c. resedagrün, dunkelolivgrün	300.—
	d. smaragdgrün	30.—
	e. hellgrün	160.—
	f. gelblichgraugrün (Töne)	160.—
	g. dunkelgelbgrün (Töne)	150.—
2.	1 P. (18.2.1941)	
	a. rot	
	u. normales Papier	60.—
	v. dünnes Papier	50.—
	w. dickes Papier	100.—
	b. karmin	
	u. normales Papier	*550.—*
	v. dünnes Papier	100.—
	c. zinnober	
	u. normales Papier	—
	v. dünnes Papier	200.—
3.	2½ P. ultramarin bis dunkelultramarin ..	150.—

1942. Freim.-Ausg. wie Nr. 1 und 2, aber auf bläulichem französischem Banknotenpapier. Bdr. Guernsey Press Co.; Ltd.; *Wz. Schlingen;* ▢.

Wz. Schlingen

		BF
4.	½ P. grün a. bläulich (11. 3.)	a 550.—
5.	1 P. rot a. bläulich (7. 4.)	a 550.—

Jersey
(Mit den Inselgruppen Les Boeuftins, Les Dirouilles, Les Ecrehos, Les Minquiers)

✉: Auch auf Jersey wurden die für Guernsey angeordneten Halbierungen nicht zugelassen, vom 27.12.1940 bis 22.2.1941 geduldet. ✉ 200.—.

1941/42. Freim.-Ausg. ✍ N. V. L. Rybot; Bdr. Evening Post; gez. L 11.

a) Wappen

		B
1.	½ P. (29. 1. 1942)	a
	x. grün, graues Papier	80.—
	y. grün, hellgrün, weißes Papier	30.—
2.	1 P. rot, hellrot (1. 4. 1941)	a
	x. graues Papier	80.—
	y. weißes Papier	30.—
	z. gestrichenes Papier	375.—

1943, Juni. Freim.-Ausg. Landschaftsdarstellungen. ✍ E. Blampied; ✍ H. Cortot; Bdr. Staatsdr. Paris; weisses, einige Werte auch graues Papier; gez. K 13¾ : 13½.

b) Tor zur alten Jersey-Farm   d) Leuchtturm von Corbiere   c) Portelet-Bay

Deutsche Besetzungsausgaben 1939/45 (Kanal-Inseln)

e) Ruinen des Fort Elisabeth
f) Schloß Mont Orgueil
g) Einsammeln von Seetang

			BF
3.	½ P. grün (1. 6.)	b	50.—
4.	1 P. braunrot (1. 6.)	c	30.—
5.	1½ P. dkl'braun (8.6.)	d	30.—
6.	2 P. orange (8.6.)	e	30.—
7.	2½ P. kornblumenblau (29.6.)	f	50.—
8.	3 P. purpur (29.6.)	g	50.—

Auf grauem Papier: 3x (Aufschlag 300%), 4x (100%), 5x (500%), 6x (500%), 7x (100%, 8x (300%).

✉ Mischfrankatur Guernsey/Jersey war möglich (✉ ab 200.—).

✉ mit deutscher Frankatur und Inselfrankatur = Mache.

Kotor
(Bucht von Kotor)
Cattaro; Boka Kotorska

Kotor war bis 1918 Teil der Österreichisch-Ungarischen Monarchie und wurde nach Kriegsende 1918 an Jugoslawien angegliedert. Im April fiel Kotor mit der Besetzung von Jugoslawien unter italienische Besetzung und verwendete italienische Marken. Die für das Gebiet der Boka Kotorska (Bucht von Cattaro) eingerichtete Postdirektion errichtete eine eigene Landespost unter Aufsicht der deutschen Militärverwaltung. Vor Ausgabe eigener Marken waren die Marken Nr. 1–9 von Montenegro, Landespost unter deutscher Besetzung, sowie oftmals noch italienische Freimarken ohne Aufdruck in Gebrauch. Ab 1945 war Kotor wieder jugoslawisches Gebiet.

1 Lira = 100 Centesimi, ab Sept. 1944 1 RM = 100 Pfg.

1944, Jan. Ah.-Ausg. Marken von Italien mit waagerechtem, vierzeiligem Aufdruck: Deutsche / Militär- / Verwaltung / Kotor und neuer Wertangabe in Lire, von Staatsdr. Cetinje.

			BF
1.	**0.50 LIT.** a. 10 C. dkl'braun	(301) R	
2.	**1.— LIT.** a. 25 C. grün (Wz.)	(304) R	
3.	**1.50 LIT.** a. 50 C. hellviolett (ZM)	(307) R	
4.	**3.— LIT.** a. 30 C. dkl'braun	(305) R	
5.	**4.— LIT.** a. 20 C. karmin	(303) S	
6.	**10.— LIT.** a. 20 C. karmin	(303) S	

Bedarfsbriefe bisher nicht bekannt. Satzbrief 1150.—

[FALSCH] Aufdruckfälschungen, Brieffälschungen mit ✉ bekannt.

Reichsmark-Währung 1 RM = 100 Pfg.

1944, 16. Sept. Ah.-Ausg. Marken von Jugoslawien mit waagerechtem Bdr.-Aufdruck in deutscher Währung und Boka Kotorska, alter Landesname und Wert mit vier Linien durchstrichen; von Staatsdr. Cetinje.

			BF
7.	**0.10 RM** a. 3 Din. lilabraun	(398)	
8.	**0.15 RM** a. 3 Din. lilabraun	(398)	
9.	**0.25 RM** a. 4 Din. ultramarin	(399)	
10.	**0.50 RM** a. 4 Din. ultramarin	(399)	

Satzbrief 110.—

Kurland

Im Brückenkopf Kurland wurden, als dieses Gebiet ab Oktober 1944 von jeder Landverbindung abgeschnitten war, für den zivilen Postverkehr Marken verausgabt, zu deren Herstellung Reichspostmarken aus den Beständen der Feldpostleitstelle in Libau herangezogen wurden.

[FALSCH] ✉

1 RM = 100 Pfennig

Postgebühren:

Postkarten im Fernverkehr	6 Pfg.
Briefe bis 20 g im Fernverkehr	12 Pfg.
Briefe von 20–250 g im Fernverkehr	24 Pfg.

			BF
1.	6 a. 5 (Pfg.) dkl'olivgrün (Töne)	(784)	380.—
2.	6 a. 10 (Pfg.) dkl'- bis schw'rotbraun	(826a, b)	240.—
3.	6 a. 20 (Pfg.) kobalt	(791)	140.—

1945, April. Ah.-Ausg. Deutsche Marken mit Aufdruck KURLAND und neuer Wertangabe; alte Wertangabe durchbalkt. Aufdruck der Druckerei des „Kuezemes värds" (= „Das Wort von Kurland").

Mit MICHEL besser sammeln

Deutsche Besetzungsausgaben 1939/45

1945, 20. April. Ah.-Ausg. Aufdruck auf Feldpost-Päckchen-Zulassungsmarke. A auf Nr. 2A (gez.), B auf Nr. 2B ⬚.

Kurland

		A gez.	B ⬚
		BF	BF
4.	12 a. (—) rotbraun .... (2)	600.—	200.—

Folgende Postorte-Abstempelungen (teils in Versalien und auch in abweichenden Schreibweisen – in Lettisch wie in Deutsch) sind hier belegt:

AIZPUTE (Hasenpoth*)
ALSVANGA*) (Alschwangen)
DURBE*) (Durben)
NICA*) (Niederbartau)
PAVILOSTA*) (Paulshafen*)
PILTENE*) (Pilten)
EDOLE*) (Edwahlen)
GROBINA*) (Grobin)
KAZDANGA*) (Kazdangen)
KULDIGA*) (Goldingen*)
LEPICE (Lepitzen)
LIEPAJA*) (Libau*)
LIEPAJA-ALZPUTE*) (Libau-Hasenpoth = Bahnpost*)
LIEPAJA-KULDIGA*) (Libau-Goldingen = Bahnpost*)
SAKA*) (Sackenhausen)
STENDE*) (Stenden)
TĒRANDE*) (Terweden)
VALDEMARPILS*) (Sasmacken)
VARVE (Warwen*)
VENTSPIIS*) (Windau*)

*) Diese Ortsstempel haben auf Kurland-Briefen oder Briefstücken vorgelegen.

Roter Aufdruck ist Probedruck. *Gültig bis 8.5.1945.*

Feldpostmarke Nr. 4 ▌ halbiert für Luftfeldpostbriefe der Truppen ausgegeben, siehe Militär-(Feld-)Postmarke Nr. 16.

Laibach
(Ljubljana)
Landespost unter deutscher Besetzung

Nach der Besetzung des ganzen adriatischen Küstenlandes durch die deutsche Wehrmacht und Entfernung aller italienischen Regierungsstellen wurde für die Zivilverwaltung der Provinz Laibach eine slowenische Provinzialverwaltung gebildet, die von der deutschen Militärverwaltung u. a. beauftragt wurde, den Postdienst mit eigenen Marken weiterzuführen; die vorhergehenden italienischen Besetzungsausgaben (siehe „Italienische Besetzungsgebiete 1940/45") wurden außer Kurs gesetzt. Nr. 1–44.

1 Lire = 100 Centesimi

1944. Ah.-Ausg. Marken von Italien mit Aufdruck des Krainer Wappenadlers und den Inschriften: „PROVINZ LAIBACH LJUBLJANSKA POKRAJINA", in den drei verschiedenen Formen I, II oder III, Nr. 14–15 und 17–19 noch mit neuem Wertaufdruck.

✠ **1944. Flp.-Ah.-Ausg. Flugpostmarken Italien Nr. 328, 330–332, 360, 408 und 409 mit Aufdruck I oder II.**

					BF
21.	25 C. dkl'grün	(408)	R	II	90.—
22.	50 C. dkl'braun	(328)	R	I	380.—
23.	75 C. gelbbraun	(409)	Gr	II	100.—
24.	1 L. violett	(330)	R	I	300.—
25.	2 L. blau	(331)	Bl	II	300.—
26.	5 L. grün	(332)	R	II	350.—
27.	10 L. karmin	(360)	Gr	II	400.—

I II III

✠ **1944. Flugpost-Eilmarke Italien Nr. 490 mit blauem, ähnlichem Aufdruck.**

28.	2 L. schwarzschiefer	(490)	Bl		350.—

				BF
1.	5 C. sepia bis braun	(299)	Bl II	15.—
2.	10 C. dkl'braun	(301)	Bl I	15.—
3.	15 C. dkl'grün	(302)	K II	15.—
4.	20 C. karmin	(303)	Bl I	15.—
5.	25 C. grün	(304)	K II	15.—
6.	30 C. dkl'braun	(305)	Bl II	15.—
7.	35 C. blau	(306)	Br II	15.—
8.	50 C. hellviolett	(307)	K I	15.—
9.	75 C. karmin	(308)	Bl I	15.—
10.	1 L. dkl'violett	(633)	Bl I	20.—
11.	1.25 L. blau	(309)	K II	15.—
12.	1.75 L. rotorange	(310)	Bl I	60.—
13.	2 L. dkl'karmin	(311)	Bl II	25.—
14.	**2.55 Lire** a. 5 C. sepia bis braun	(299)	S III	60.—
15.	**5 Lire** a. 25 C. grün	(304)	Bl II	150.—
16.	10 L. violett	(314)	Bl I	180.—
17.	**20 Lire** a. 20 C. karmin	(303)	Gr II	200.—
18.	**25 Lire** a. 2 L. dkl'karmin	(311)	Gr I	380.—
19.	**50 Lire** a. 1.75 L. rotorange	(310)	R II	700.—

1944. Wohlt.-Ah.-Ausg. zugunsten des Roten Kreuzes. Eilmarken Nr. 414 und 436 von Italien mit Aufdruck I oder II und zusätzlichem Aufdruck eines Roten Kreuzes und des Zuschlagswertes.

(Abb. ½ Größe)

29.	1.25 L.+50 L. hellgrün	(414)	II		1300.—
30.	2.50 L.+50 L. orange	(436)	I		1300.—

1944. Wohlt.-Ah.-Ausg. für die Obdachlosen. Eilmarken Nr. 414 und 436 von Italien mit Aufdruck des Krainer Wappenadlers und den Inschriften: „PROVINZ LAIBACH LJUBLJANSKA POKRAJINA" im Kreis (Aufdruck V) bzw. in umgekehrter Reihenfolge Aufdruck V) sowie zusätzlichen farbigem Aufdruck: „DEN OBDACHLOSEN / BREZDOMCEM / + 50 L."

IV V

31.	1.25 L.+50 L. hellgrün	(414)	Bl	IV	1300.—
32.	2.50 L.+50 L. orange	(436)	Gr	V	1300.—

1944. Eilmarke Italien Nr. 414 mit grünem Aufdruck des Krainer Wappenadlers und den Inschriften: „PROVINZ / LAIBACH / LJUBLJANSKA / PO KRAJINA."

20.	1.25 L. hellgrün	(414)		125.—

Deutsche Besetzungsausgaben 1939/45 (Laibach)

1944. Wohlt.-Ah.-Ausg. für die Waisen. Flugpostmarken Italien Nr. 328, 330–332, 408 und 409 mit Aufdruck IV und V sowie zusätzlichem Aufdruck: „DEN WAISEN / SIROTAM" (bei V in umgekehrter Reihenfolge) und des Zuschlagswertes.

				BF
33.	25 C.+10 L. dkl'grün	(408)	BI IV	1000.—
34.	50 C.+10 L. dkl'braun	(328)	BI V	1000.—
35.	75 C.+20 L. gelbbraun	(409)	BI IV	1000.—
36.	1 L. +20 L. violett	(330)	BI V	1000.—
37.	2 L.+20 L. blau	(331)	R IV	1000.—
38.	5 L.+20 L. grün	(332)	BI V	

1944. Wohlt.-Ah.-Ausg. für die Winterhilfe. Flugpostmarken Nr. 21—26 mit zusätzlichem Aufdruck: „WINTERHILFE / ZIMSKA / POMOC" (bei II in umgekehrter Reihenfolge) und des Zuschlagswertes.

39.	25 C.+10 L. dkl'grün	(21)	BI II	1000.—
40.	50 C.+10 L. dkl'braun	(22)	BI II	1000.—
41.	75 C.+20 L. gelbbraun	(23)	BI II	1000.—
42.	1 L. +20 L. violett	(24)	BI II	1000.—
43.	2 L. +20 L. blau	(25)	BI II	1000.—
44.	5 L.+20 L. grün	(26)	BI II	

1945. Freim.-Ausg. RaTdr.; gez. L 10½:11½, Hochformate ~.

a) Križna jama   b) Zirknitzer See   c) Eisenbahnbrücke bei Borovnica

d) Landschaft bei Laibach   e) Kirche in Rudolfswert (Novomesto)   f) Teilansicht von Reifnitz (Ribnica)

g) Alte Burg in Laibach   h) Gottschee (Kočevje)   i) Wasserfall bei Borovnica

k) Schloß in Landstraß (Konstanjevica)   l) Schloß in Turjak   m) Schloß Seisenberg (Zuzemperk)

n) Landschaft am Fluß Gurk (Krka)   o) Wasserschloß Wördl (Otočec)

p) Bauernhof in der Krain   r) Burg und Kirche Tabor

			BF
45.	5 C. schwarz	a	90.—
46.	10 C. rotorange	b	90.—
47.	20 C. dkl'rotbraun	c	90.—
48.	25 C. dkl'blaugrün	d	90.—
49.	50 C. violett	e	90.—
50.	75 C. karminrot	f	90.—
51.	1 L. dkl'grün	g	90.—
52.	1.25 L. ultramarin	h	90.—
53.	1.50 L. dkl'olivgrün	i	110.—
54.	2 L. blau	k	110.—
55.	2.50 L. dkl'braun	l	110.—
56.	3 L. lila	m	140.—
57.	5 L. karminbraun	n	140.—
58.	10 L. schwarzgrün	o	300.—
59.	20 L. dkl'blau	p	700.—
60.	30 L. karmin	r	3200.—

Portomarken

1944. Portomarken Italiens mit Aufdruck des Krainer Wappenadlers und den Inschriften: PROVINZ LAIBACH LJUBLJANSKA POKRAJINA im Kreis angeordnet (IV oder V). Nr. 5 und 6 Inschriften geradlinig oben und unten (VI oder VII).

(Abb. ⅓ Größe)

				BF
1.	5 C. braun	(24)	Br IV	—.—
2.	10 C. blau	(25)	Bl V	—.—
3.	20 C. karmin	(26)	K IV	50.—
4.	25 C. grün	(27)	Gr V	45.—
5.	30 a. 50 C. violett	(30)	S VI	50.—
6.	40 a. 5 C. braun	(24)	Bl VII	60.—
7.	50 C. violett	(30)	V IV	45.—
8.	1 L. orange	(32)	K V	—.—
9.	2 L. grün	(33)	Bl IV	—.—

Lettland

Landespost unter deutscher Besetzung

Nach der Besetzung Lettlands durch deutsche Truppen im Juli 1941 wurden unter deutscher Oberhoheit provisorisch bestimmte Verwaltungszweige, darunter die Postverwaltung, wieder in Tätigkeit gesetzt, die mit Genehmigung der Militärverwaltung eine Landespost errichtete.

1 Rubel = 100 Kopeken

1941, Juli. Ah.-Ausg. Freimarken der Sowjet-Union mit dreizeiligem schwarzem bis schw'grünem Aufdruck LATVIJA / 1941. / 1. VII

			BF
1.	5 K. braunrot (18.7.)	(676)	100.—
2.	10 K. dunkelblaugrau (18.7.)	(677)	100.—
3.	15 K. graugrün (19.7.)	(679)	350.—
4.	20 K. grün (17.7.)	(578)	100.—
5.	30 K. preußischblau (17.7.)	(682)	100.—
6.	50 K. braun (23.7.)	(683)	120.—

✉ mit Mischfrankaturen mit Marken von Rußland bzw. Lettland ohne Aufdruck 200.— bis 300.—.

Nach Einrichtung der deutschen Zivilverwaltung gelangten im November 1941 deutsche Marken mit Aufdruck OSTLAND zur Verwendung (s. unter Ostland). Seit der Besetzung durch die UdSSR Ende 1944 sind deren Marken in Gebrauch.

Litauen

Landespost unter deutscher Besetzung

Nach der Besetzung Litauens durch deutsche Truppen im Juli 1941 wurden unter deutscher Oberhoheit provisorisch bestimmte Verwaltungszweige, darunter die Postverwaltung, erneut in Tätigkeit gesetzt, die mit Genehmigung der Militärverwaltung eine Landespost errichtete.

Ⓔ Bei allen Ausgaben einschließlich der Lokalausgaben sind sehr viele Marken mit Falschstempeln im Umlauf, teilweise sogar mit echten Prüfstempeln und Attesten.

1 Rubel = 500 Kopeken

Landesausgabe

1941, 23. Juni. Ah.-Ausg. Freimarken der Sowjet-Union, mit dreizeiligem, senkrechtem Aufdruck: NEPRIKLAUSOMA / LIETUVA / 1941—VI—23 von unten nach oben durch Druckerei Spindulys.

			BF
1.	2 K. hellgrün	(673)	1100.—
2.	5 K. braunrot	(676)	180.—
3.	10 K. dkl'blaugrau	(677)	180.—
4.	15 K. graugrün	(679)	180.—
5.	20 K. grün	(578)	180.—
6.	30 K. preußischblau	(682)	180.—
7.	50 K. braun	(683)	240.—
8.	60 K. karin	(684)	300.—
9.	80 K. ultramarin	(748)	350.—

Ausgabe für das südlitauische Wilna-Gebiet

1941, 16. Juli. Ah.-Ausg. Freimarken der Sowjet-Union, mit waagerechtem Aufdruck VILNIUS durch Druckerei Spindulys.

10.	5 K. braunrot	(676)	100.—
11.	10 K. dkl'blaugrau	(677)	100.—
12.	15 K. graugrün	(679)	100.—
13.	20 K. grün	(578)	180.—
14.	30 K. preußischblau	(682)	150.—
15.	50 K. braun	(683)	150.—

			BF
16.	60 K. karmin	(684)	160.—
17.	80 K. karmin	(587)	1100.—
18.	1 R. rot/schwarz	(594) Gr	—.—
	Nr. 10—18 Satzbrief		3300.—

Nach Einrichtung der deutschen Zivilverwaltung im September 1941 gelangten deutsche Marken mit Aufdruck OSTLAND zur Verwendung (s. dort).

Lokalausgaben

Alsedziai (Aledschen)

1941. Freimarken der Sowjet-Union mit dreizeiligem schwarzgrauem Handstempelaufdruck.

Laisvi
Alsedziai
24—VI—41

			BF
1.	2 K. hellgrün	(673)	—.—
2.	5 K. braunrot	(676)	—.—
3.	10 K. dkl'blaugrau	(677)	—.—
4.	15 K. graugrün	(679)	—.—
5.	20 K. grün	(578)	—.—
6.	30 K. preußischblau	(682)	—.—
7.	50 K. braun	(683)	—.—
8.	60 K. karmin	(684)	—.—
9.	80 K. karmin	(587)	—.—
10.	1 R. rot/schwarz	(594)	—.—

FALSCH

1941. Sondermarken der Sowjet-Union zur Allsowjetischen Landwirtschaftlichen Ausstellung mit dreizeiligem schwarzgrauem Handstempelaufdruck Laisva / Alsedziai / 24—VI—41.

| 11.| 10 K. grün/rot/blau/gelb | (763) | 10000.— |
| 12.| 15 K. grün/rot/blau/gelb | (764) | 10000.— |

Deutsche Besetzungsausgaben 1939/45 (Litauen)

			BF
13.	30 K. grün/rot/blau/gelb	(765)	10000.—
14.	30 K. grün/rot/blau/gelb	(766)	10000.—
15.	30 K. grün/rot/blau/gelb	(767)	10000.—
16.	30 K. grün/rot/blau/gelb	(768)	10000.—
17.	30 K. grün/rot/blau/gelb	(769)	10000.—
18.	30 K. grün/rot/blau/gelb	(770)	10000.—
19.	30 K. grün/rot/blau/gelb	(771)	10000.—
20.	30 K. grün/rot/blau/gelb	(772)	10000.—
21.	30 K. grün/rot/blau/gelb	(773)	10000.—
22.	30 K. grün/rot/blau/gelb	(774)	10000.—
23.	30 K. grün/rot/blau/gelb	(775)	10000.—
24.	30 K. grün/rot/blau/gelb	(776)	10000.—
25.	30 K. grün/rot/blau/gelb	(777)	10000.—
26.	50 K. grün/rot/blau/gelb	(778)	10000.—
27.	60 K. grün/rot/blau/gelb	(779)	10000.—

1941. Verschiedene Sondermarken der Sowjet-Union mit dreizeiligem schwarzgrauem Handstempelaufdruck Laisva / Alsedziai / 24—VI—41.

28.	15 K. karmin	(753)	12000.—
29.	15 K. gelblichgrün	(795)	12000.—
30.	20 K. karminrot	(796)	12000.—
31.	30 K. rot	(802)	12000.—
32.	45 K. dunkelblaugrün	(811)	12000.—
33.	50 K. karminbraun	(705)	12000.—
34.	50 K. dkl'ultramarin	(799)	12000.—
35.	80 K. schwarzviolett	(707)	12000.—
36.	1 R. dunkelblaugrün	(800)	12000.—

Panevežys (Ponewesch)

1941. Freimarken der Sowjet-Union mit vierzeiligem Handstempelaufdruck Laisva / Lietuva / 27 VI 41 / Panevežys.

			BF
1.	5 K. braunrot	(676)	2100.—
2.	15 K. graugrün	(679)	2100.—
3.	30 K. preußischblau	(682)	2100.—

1941. Freimarken der Sowjet-Union jetzt mit vierzeiligem Bdr.-Aufdruck wie Nr. 1—3.

			BF
4.	5 K. braunrot	(676)	
	a. Aufdruck rot		650.—
	b. Aufdruck schwarz		650.—
	c. Aufdruck lila		300.—
5.	10 K. dkl'blaugrau	(677) Gr	550.—
6.	15 K. graugrün	(679)	
	a. Aufdruck rot		600.—
	b. Aufdruck schwarz		750.—
	c. Aufdruck lila		400.—
7.	20 K. grün	(578)	
	a. Aufdruck grün		600.—
	b. Aufdruck schwarz		350.—
8.	30 K. preußischblau	(682)	
	a. Aufdruck rot		600.—
	b. Aufdruck schwarz		800.—
	c. Aufdruck lila		250.—
9.	60 K. karmin	(684) Gr	600.—

Raseiniai (Rossingen)

1941. Freimarken der Sowjet-Union mit zweizeiligem senkrechtem Aufdruck Raseiniai/1941. VI. 23. in 3 Typen.

Die Aufdrucktype III kommt sowohl von unten nach oben als auch umgekehrt (100% Aufschlag) vor.

			I BF	II BF	III BF
1.	5 K. braunrot	(676)	90.—	200.—	80.—
2.	10 K. dkl'blaugrau	(677)	60.—	150.—	80.—
3.	15 K. graugrün	(679)	110.—	250.—	140.—
4.	20 K. grün	(578)	100.—	170.—	120.—
5.	30 K. preußischblau	(682)	70.—	150.—	80.—
6.	50 K. karmin	(683)	110.—	300.—	175.—
7.	60 K. karmin	(684)	90.—	300.—	140.—

1941. Sondermarken der Sowjet-Union mit zweizeiligem, waagerechtem Aufdruck III.

			BF
8.	80 K. karmin	(587)	3300.—
9.	80 K. karmin	(707)	350.—
10.	80 K. karmin	(748)	350.—
11.	1 R. karmin	(594)	350.—

Rokiškis (Rakischki)

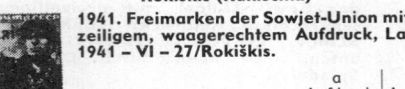

1941. Freimarken der Sowjet-Union mit dreizeiligem, waagerechtem Aufdruck, Laisvas/ 1941 – VI – 27/Rokiškis.

			a Aufdruck schwarz BF	b Aufdruck rot BF
1.	5 K. braunrot	(676)	100.—	180.—
2.	10 K. dkl'blaugrau	(677)	100.—	110.—
3.	15 K. graugrün	(679)	100.—	200.—
4.	20 K. grün	(578)	120.—	110.—
5.	30 K. preußischblau	(682)	90.—	1700.—
6.	50 K. braungelb	(683)	1300.—	
7.	60 K. karmin	(684)	180.—	

Telšiai (Telschen)

1941, 30. Juni/3. Juli. Freimarken der Sowjet-Union mit dreizeiligem Bdr.-Aufdruck „Laisvi / Telšiai / 1941. VI. 26. in 2 Auflagen mit drei verschiedenen Größen. Nr. 10 senkrecht von unten nach oben und umgekehrt. Bischöfliche Druckerei, Telschen.

Mit MICHEL-Katalogen sind Sie immer gut informiert!

Deutsche Besetzungsausgaben 1939/45 (Litauen)

Laisvi Laisvi **Laisvi**

Telšiai Telšiai **Telšiai**

1941.VI.26 1941.VI.26. **1941.VI.26**

   I   II   III

Type I: L und T 2 mm hoch (10% Aufschlag)
Type II: L und T 2,5 mm hoch (20% Aufschlag)
Type III: L und T 3,5 mm hoch (s. nachstehende Preise)

Auf Freim.-Ausg. 1939/41:

			BF
1.	5 K. braunrot	(676)	200.—
2.	10 K. dkl'blaugrau	(677)	200.—
3.	15 K. graugrün	(679)	200.—
4.	20 K. grün	(578)	200.—
5.	30 K. preußischblau	(682)	320.—
6.	50 K. braun	(683)	280.—
7.	60 K. karmin	(684)	280.—

Auf Nordpol-Ausg. 1938:

8.	80 K. karmin (3.7.)	(587)	900.—

Auf Majakowski-Ausg. 1940:

9.	80 K. ultramarin (3.7.)	(748)	9000.—

Auf So.-Ausg. Rote Armee 1938:

10.	1 R. rot/schwarz	(594)	1000.—

Auf Landwirtschafts-Ausstellung 1940 (20. 8.).

11.	10 K. grün/rot/blau/gelb	(763)	2500.—
12.	15 K. grün/rot/blau/gelb	(764)	2500.—

			BF
13.	30 K. grün/rot/blau/gelb	(765)	2500.—
14.	30 K. grün/rot/blau/gelb	(766)	2500.—
15.	30 K. grün/rot/blau/gelb	(767)	2500.—
16.	30 K. grün/rot/blau/gelb	(768)	2500.—
17.	30 K. grün/rot/blau/gelb	(769)	2500.—
18.	30 K. grün/rot/blau/gelb	(771)	2500.—
19.	30 K. grün/rot/blau/gelb	(772)	2500.—
20.	30 K. grün/rot/blau/gelb	(774)	2500.—
21.	30 K. grün/rot/blau/gelb	(775)	2500.—
22.	30 K. grün/rot/blau/gelb	(776)	2500.—
23.	30 K. grün/rot/blau/gelb	(777)	2500.—
24.	50 K. grün/rot/blau/gelb	(778)	2500.—
25.	60 K. grün/rot/blau/gelb	(779)	2500.—

Ukmerge (Wilkomir)

1941. Freimarken der Sowjet-Union mit dreizeiligem, von oben nach unten gehendem Aufdruck Islaisvinta / 1941 VI 24 / Ukmerge.

1.	5 K. braunrot	(676)	900.—
2.	10 K. dkl'blaugrau	(677)	900.—
3.	15 K. graugrün	(679)	900.—
4.	20 K. grün	(578)	2800.—
5.	30 K. preußischblau	(682)	2000.—

[FALSCH]

Zarasai (Zargrad)

1941, Juli. Freimarken der Sowjet-Union mit dreizeiligem Aufdruck Lietuva / 1941-VI-26 / Zarasai in Schwarz (a) oder Rot (b).

			a BF	b BF
1.	5 K. braunrot	(676)	400.—	6500.—
2.	10 K. dkl'blaugrau	(677)	400.—	500.—
3.	15 K. graugrün	(679)	400.—	500.—
4.	20 K. grün	(578)	400.—	500.—
5.	30 K. preußischblau	(682)	400.—	500.—
6.	50 K. braun	(683)	1500.—	2000.—
7.	60 K. karmin	(684)	1000.—	

Lothringen

Nach dem Waffenstillstand mit Frankreich blieben die französischen Marken bis zum 25.8.1940 postgültig. Bis zu diesem Tage waren auch Mischfrankaturen mit Nr. 1–16 möglich. Ab 15.7.1941 waren die Marken des Deutschen Reiches (Nr. 751–759 bereits ab 5.11.1940), des Elsaß und Luxemburgs ebenso gültig wie die Marken Lothringes im Altreich, im Elsaß und in Luxemburg (dort bereits ab 1.4.1941). Die Deutsche Dienstpost benutzte von Anfang an nur deutsche Marken ohne Aufdruck.

1 Mark = 100 Pfennig

1940, 21. Aug. Freim.-Ah.-Ausg. Deutsches Reich Nr. 513—528 mit waagerechtem Aufdruck Lothringen.

Postgebühren

Die Postgebühren Lothringens entsprachen denen des Deutschen Reiches (siehe dort).

			EF	MeF	MiF
1.	3 (Pfg.) dkl'gelbbraun (Töne)	(513)	30.—	35.—	25.—
2.	4 (Pfg.) graublau bis dkl'graublau	(514)	50.—	50.—	25.—
3.	5 (Pfg.) smaragdgrün (Töne) GA	(515)	50.—	60.—	12.50
4.	6 (Pfg.) schw'grün bis schw'bl'grün (Töne) GA	(516)	15.—	20.—	12.50
5.	8 (Pfg.) zinnober (Töne)	(517)	35.—	45.—	25.—
6.	10 (Pfg.) rotbraun bis schwarzrotbraun	(518)	240.—	120.—	55.—
7.	12 (Pfg.) mittelrot bis rot	(519)	8.—	20.—	7.50
8.	15 (Pfg.) purpur	(520)	250.—	170.—	50.—
9.	20 (Pfg.) hellblau	(521)	140.—	200.—	50.—
10.	25 (Pfg.) lebh'vio'ultr.	(522)	120.—	140.—	55.—
11.	30 (Pfg.) dkl'braunoliv	(523)	230.—	160.—	55.—
12.	40 (Pfg.) lebhaftviolett	(524)	110.—	150.—	55.—
13.	50 (Pfg.) schw'blaugrün/grauschwarz	(525)	130.—	220.—	70.—
14.	60 (Pfg.) schw'rosalila/grauschwarz	(526)	130.—	240.—	70.—
15.	80 (Pfg.) dunkelblau/grauschwarz	(527)	140.—	320.—	90.—
16.	100 (Pfg.) dkl'gelborange/grauschwarz	(528)	300.—	500.—	175.—
	Nr. 1–16 Satzbrief				70.—

Gültig bis 31. 12. 1941, ab 1. 1. 1942 wurden deutsche Reichspostmarken ohne Aufdruck verwendet.

✉ Dauerserien DR ohne Aufdruck mit Abstempelungen in Lothringen + 100%, MiF DR + Lothringen + 150% Aufschlag auf obige Preise.
✉ Sondermarken siehe DR + 200% Aufschlag.

Mit alten französischen Poststempeln oder prov. Stempeln ist diese Ausgabe von Spezialsammlern gesucht und höher zu bewerten.

Luxemburg

Die Marken des Großherzogtums verloren mit dem 30.9.1940 ihre Gültigkeit, konnten jedoch bis 2.10.1940 noch aufgebraucht werden. Bis zu diesem Tage waren auch Mischfrankaturen mit Nr. 1–16 möglich. Ab 1.4.1941 waren zusätzlich die Marken des Deutschen Reiches, des Elsaß und Lothringens gültig, die Marken Luxemburgs konnten ab 15.7.1941 auch im Altreich, im Elsaß und in Lothringen verwendet werden. Die Deutsche Dienstpost benutzte von Anfang an nur deutsche Marken ohne Aufdruck.

1 Mark = 100 Pfennig

1940, 1. Okt. Freim.-Ah.-Ausg. Deutsches Reich. Nr. 513—528 mit waagerechtem Aufdruck Luxemburg.

Postgebühren
Die Postgebühren Luxemburgs entsprachen denen das Deutschen Reiches (siehe dort).

			EF	MeF	MiF
1.	3 (Pfg.) dkl'gelbbraun (Töne)	(513)	22.—	30.—	18.—
2.	4 (Pfg.) graublau bis dkl'graublau	(514)	40.—	45.—	18.—
3.	5 (Pfg.) smaragdgrün (Töne) GA	(515)	40.—	55.—	18.—
4.	6 (Pfg.) schw'grün bis schw.-bl'grün (Töne) GA	(516)	12.—	15.—	9.—
5.	8 (Pfg.) zinnober (Töne)	(517)	25.—	40.—	18.—
6.	10 (Pfg.) rotbraun bis schw'rotbraun	(518)	210.—	100.—	18.—
7.	12 (Pfg.) mittelrot bis rot	(519)	7.—	15.—	6.—
8.	15 (Pfg.) purpur	(520)	230.—	140.—	33.—
9.	20 (Pfg.) hellblau	(521)	120.—	180.—	36.—
10.	25 (Pfg.) lebh'vio'ultr.	(522)	160.—	140.—	45.—
11.	30 (Pfg.) dkl'braunoliv	(523)	200.—	140.—	45.—
12.	40 (Pfg.) lebh'violett	(524)	90.—	130.—	45.—
13.	50 (Pfg.) schw'blaugrün/ grauschwarz	(525)	110.—	200.—	60.—
14.	60 (Pfg.) schw'rosalila/ grauschwarz	(526)	110.—	200.—	60.—
15.	80 (Pfg.) dkl'blau/ grauschwarz	(527)	120.—	290.—	75.—
16.	100 (Pfg.) dkl'gelb-orange/grauschwarz	(528)	280.—	460.—	135.—
	Nr. 1–16 Satzbrief				75.—

Gültig bis 31.12.1941.

1940, 5. Dez. Ah.-Ausg. Marken von Luxemburg mit Aufdruck des neuen Wertes in Rpf., alter Wert mit Rosetten oder Strichen überdruckt.

			EF	MeF	MiF
17.	3 Rpf. a. 15 C. schwarz	(221)	30.—	40.—	20.—
18.	4 Rpf. a. 20 C. rot-orange	(168)	90.—	70.—	30.—
19.	5 Rpf. a. 35 C. gelbgrün	(223)	60.—	80.—	20.—
20.	6 Rpf. a. 10 C. olivgrün	(167)	20.—	30.—	15.—
21.	8 Rpf. a. 25 C. graubraun	(187)	60.—	65.—	30.—
22.	10 Rpf. a. 40 C. schwarzoliv	(170)	280.—	200.—	30.—
23.	12 Rpf. a. 60 C. dkl'blaugrün	(206)	18.—	30.—	15.—
24.	15 Rpf. a. 1 Fr. karmin	(224)	320.—	180.—	35.—
25.	20 Rpf. a. 50 C. rotbraun	(171)	200.—	250.—	45.—
26.	25 Rpf. a. 5 C. violett	(166)	160.—	160.—	75.—
27.	30 Rpf. a. 70 C. violett	(281)	280.—	180.—	60.—
28.	40 Rpf. a. 75 C. braunoliv	(189)	150.—	170.—	60.—
29.	50 Rpf. a. 1¼ Fr. dunkelgrün	(239)	160.—	240.—	75.—
30.	60 Rpf. a. 2 Fr. dunkelkarmin	(332)	350.—	600.—	240.—
31.	80 Rpf. a. 5 Fr. dkl'grün	(258)	250.—	450.—	150.—
32.	100 Rpf. a. 10 Fr. grün	(283)	280.—	650.—	180.—

Gültig bis 31. 3. 1941.

1941, 12. Jan. Wohlt.-Ah.-Ausg. für das Winterhilfswerk. Deutsches Reich Nr. 751—759 mit Aufdruck Luxemburg.

			EF	MeF	MiF
33.	3+ 2 (Pfg.) dkl'braun	(751)	40.—	40.—	24.—
34.	4+ 3 (Pfg.) blauschwarz	(752)	90.—	70.—	30.—
35.	5+ 3 (Pfg.) smaragd-grün	(753)	60.—	80.—	24.—
36.	6+ 4 (Pfg.) schw'grün	(754)	20.—	30.—	15.—
37.	8+ 4 (Pfg.) rotorange	(755)	60.—	65.—	24.—
38.	12+ 6 (Pfg.) karminrot	(756)	18.—	30.—	15.—
39.	15+10 (Pfg.) dkl'graulila	(757)	350.—	200.—	45.—
40.	25+15 (Pfg.) vio'ultram.	(758)	180.—	180.—	60.—
41.	40+35 (Pfg.) purpur	(759)	220.—	300.—	90.—

Gültig bis 30. 6. 1941.

Ab 1.1.1942 bis zur Wiedererrichtung des Großherzogtums 1944 galten die Marken Deutschlands, die bis 29.9.1944 verwendet werden durften. Danach war bis zur Herausgabe eigener Marken Barfreimachung angeordnet.

✉ Dauerserien DR ohne Aufdruck mit Abstempelungen in Luxemburg + 100%, MiF DR + Luxemburg + 150% Aufschlag auf obige Preise.
✉ Sondermarken siehe DR + 200% Aufschlag.

Der Philatelist kann nicht ohne Fachliteratur auskommen. Die MICHEL-Rundschau informiert Sie über alle Gebiete und bringt interessante Kurzberichte. Kostenlose Werbenummern stehen bei Anforderung zur Verfügung.

Makedonien
Landespost unter deutscher Besetzung

Nach dem Eintritt Bulgariens in den Krieg gegen Deutschland wurde Makedonien von deutschen Truppen besetzt und erklärte sich am 8. 9. 1944 selbständig. Diese Regierung bestand bis zum Abzug der deutschen Truppen aus diesem Gebiet, der am 13. 11. 1944 beendet war.

1 Lew = 100 Stotinki

1944, 28. Okt. Ah.-Ausg. Marken von Bulgarien mit farbigem Aufdruck МАКЕДОНИЯ / 8. IX. 1944 und neuer Wertangabe in kyrillischer Schrift. Aufdruck unter Anpassung an die Formate der Urmarken in drei verschiedenen Größen.

				BF
1.	1 ЛВ. (Lew) a. 10 Stot. orangerot ..	(407)	Bl	—.—
2.	3 ЛВ. a. 15 Stot. hellblau	(408)	R	—.—
3.	6 ЛВ. a. 10 Stot. schwarzblau	(413)	R	—.—
4.	9 ЛВ. a. 15 Stot. schwarzblaugrün . .	(414)	R	—.—
5.	9 ЛВ. a. 15 Stot. olivschwarz	(415)	R	—.—
6.	15 ЛВ. a. 4 L. schwarzbraun	(439)	R	—.—
7.	20 ЛВ. a. 7 L. schwarzblau	(440)	R	—.—
8.	30 ЛВ. a. 14 L. rotbraun	(441)	Bl	—.—

Ⓔ Bedarfsbriefe sind bisher nicht bekannt.

Nach Abzug der deutschen Truppen wurde Makedonien wieder Jugoslawien eingegliedert.

MICHEL-Ganzsachen-Katalog Deutschland für den Ganzsachensammler

Montenegro
Landespost unter deutscher Besetzung

Im September 1943 löste die deutsche Militärverwaltung die bisherige italienische Verwaltung (Governatorato del Montenegro) ab; Träger der deutschen Verwaltung war die Feld-Kommandantur 1040, die bald darauf die amtliche Bezeichnung Feldkommandantur Montenegro führte. Das Gebiet von Kotor (Cattaro) erhielt eine eigene Verwaltung und Post (s. Kotor).

Am 10. November 1943 wurde eine Zivilverwaltung unter einem „Nationalen Verwaltungsausschuß" errichtet; ihm unterstand auch die Landespost, die Postämter in Bar, Budua, Cetinje, Podgorica und Nikšic unterhielt.

1 Lire = 100 Centesimi, ab 1944 1 RM (= 10 Lire) = 100 Pfennig

1943, 22. Nov. Ah.-Ausg. Jugoslawien Nr. 398 und 399 mit fünfzeiligem Aufdruck Deutsche / Militär- / Verwaltung / Montenegro und neuer Wertbezeichnung in italienischer Währung.

1943, 9. Dez. Freim.-Ah.-Ausg. Montenegro, italienische Regentschaft, Ausgabe 1943 mit dreizeiligem, waagerechtem Aufdruck:

			BF
10.	25 Cmi. dkl'grün . . . . (56)		700.—
11.	50 Cmi. rosakarmin . . . . (57)		700.—
12.	1.25 L. blau . . . . (58)		700.—
13.	2 L. dkl'bläulichgrün . . . . (59)		700.—
14.	5 L. karminrot a. hellorangerot . . (60)		10000.—

Alle Aufdrucke sind ausgeführt in der montenegrinischen Staatsdruckerei „Obod" in Cetinje.

1943, 9. Dez. Freim.-Ah.-Ausg. Montenegro, italienische Regentschaft, Flugpostmarken Nr. 62–66, mit gleichem Aufdruck als Freimarken verwendet.

		BF
1.	**0.50 LIRE** a. 3 Din. lilabraun . . . . (398)	150.—
2.	**1 LIRE** a. 3 Din. lilabraun . . . . (398)	150.—
3.	**1.50 LIRE** a. 3 Din. lilabraun . . . . (398)	150.—
4.	**2 LIRE** a. 3 Din. lilabraun . . . . (398)	150.—
5.	**4 LIRE** a. 3 Din. lilabraun . . . . (398)	175.—
6.	**5 LIRE** a. 4 Din. ultramarin . . . . . . (399)	175.—
7.	**8 LIRE** a. 4 Din. ultramarin . . . . . . (399)	600.—
8.	**10 LIRE** a. 4 Din. ultramarin . . . . . . (399)	750.—
9.	**20 LIRE** a. 4 Din. ultramarin . . . . . . (399)	1400.—

		BF
15.	50 Cmi. dkl'braun . . . . (62)	800.—
16.	1 L. ultramarin . . . . (63)	800.—
17.	2 L. rosakarmin . . . . (64)	800.—
18.	5 L. dkl'gelbgrün . . . . (65)	800.—
19.	10 L. dkl'karmin a. hellorangerot . . . . . (66)	

Vor Ausgabe eigener Marken wurden Nr. 1–9 auch in Kotor gebraucht.

Deutsche Besetzungsausgaben 1939/45 (Montenegro)

1944, 22. Mai. Wohlt.-Ah.-Ausg. für die Flüchtlingshilfe. Montenegro, italienische Regentschaft Nr. 56—59 und Jugoslawien Nr. 398—399 mit Aufdruck Flücht-/lingshilfe/Montenegro/neue Wertangabe in deutscher RM.

Flücht-
lingshilfe
Montenegro
0.15+0.85 RM.

			BF
20.	0.15+0.85 RM. a. 3 D. lilabraun . . . . . (398)	800.—
21.	0.15+0.85 RM. a. 4 D. ultramarin . . . . (399)	800.—
22.	0.15+1.35 RM. a. 25 C. dkl'grün . . . . (56)	800.—
23.	0.15+1.35 RM. a. 50 C. rosakarmin . . . (57)	800.—
24.	0.25+1.75 RM. a. 1.25 L. blau . . . . . (58)	800.—
25.	0.25+1.75 RM. a. 2 L. dkl'bläulichgrün (59)	800.—

1944, 22. Mai Wohlt.-Ah.-Ausg. zum gleichen Anlaß. Montenegro, italienische Regentschaft, Flugpostmarken Nr. 62—64, mit dreizeiligem Aufdruck „Flücht-lingshilfe / Montenegro" und neuen Wertangabe in deutscher RM.

26. 0.15+0.85 RM. a. 50 C. dkl'braun . . . . (62)   800.—

			BF
27.	0.25+1.25 RM. a. 1 L. ultramarin . . . . (63)	800.—
28.	0.50+1.50 RM. a. 2 L. rosakarmin . . . . (64)	800.—

Auflage: 5000 vollständige Sätze.

1944, 31. Juli. Wohlt.-Ah.-Ausg. Zugunsten des montenegrinischen Roten Kreuzes. Montenegro, italienische Regentschaft Nr. 56—57 und Jugoslawien Nr. 398 bis 399 mit vierzeiligem rotem Aufdruck „Crveni krst/Montenegro" und neue Wertangabe in deutscher RM.

			BF
29.	0.15+0.85 RM. a. 25 Cmi. dunkelgrün . (56) R	700.—
30.	0.15+1.35 RM. a. 50 Cmi. rosakarmin (57) R	700.—
31.	0.50+2.50 RM. a. 3 Din. lilabraun . . (398) R	700.—
32.	0.50+2.50 R. a. 4 Din. ultramarin . . (399) R	700.—

1944, 31. Juli. Wohlt.-Ah.-Ausg. zum gleichen Anlaß. Montenegro, italienische Regentschaft Nr. 62—64 mit rotem Aufdruck „Crvenikrst/Montenegro" und neue Wertangabe in deutscher RM.

33.	0.25+1.75 RM. a. 50 Cmi. dkl'braun . . (62) R	700.—
34.	0.25+2.75 RM. a. 1 L. ultramarin . . . (63) R	700.—
35.	0.50+2.— RM. a. 2 L. rosakarmin . . . (64) R	700.—

Im Dezember 1944 wurde das Gebiet von Montenegro nach Abzug der deutschen Truppen wieder Jugoslawien eingegliedert.

Ostland
(Estland, Lettland, Litauen und Weißrußland)

Vom Tage des Einmarsches in Ostland bis zur Herausgabe der Ostlandmarken am 4. 11. 1941 galten alle deutschen Postwertzeichen, auch Dienstmarken und Parteidienstmarken, als frankaturgültig. Sie galten auch nach der Herausgabe der eigenen Ostlandüberdruckmarken weiter, jedoch wurden von den baltischen Zivilpostämtern in Estland, Lettland, Litauen, Weißrußland und an den Dienstpostämtern der Deutschen Dienstpost Ostland sowie bei den Postämtern der Deutschen Post Ostland nur Ostlandwerte verkauft. Die Ausgaben von Dorpat (s. Estland, deutsche Besetzung Nr. 1—9) durften neben den Ostland-Marken bis 31. 3. 1942 weiter verwendet werden.

1 Reichsmark = 100 Pfennig

1941, 4. Nov. Freim.-Ah.-Ausg. Deutsches Reich Nr. 781 bis 798, mit waagerechtem Aufdruck OSTLAND.

			EF	MeF	MiF
1.	1 (Pfg.) schw'grau	(781)		30.—	10.—
2.	3 (Pfg.) rötlichbraun	(782)	15.—	15.—	8.—
3.	4 (Pfg.) dkl'- bis schwarzgraublau	(783)	22.—	22.—	10.—
4.	5 (Pfg.) dkl'olivgrün (Töne) GA	(784)	30.—	50.—	8.—
5.	6 (Pfg.) bläulichviolett GA	(785)	12.—	10.—	5.—
6.	8 (Pfg.) zinnober (Töne)	(786)	25.—	20.—	10.—
7.	10 (Pfg.) dunkelsiena	(787)	120.—	70.—	10.—
8.	12 (Pfg.) karminrot	(788)	8.—	15.—	5.—
9.	15 (Pfg.) karminbraun bis braunkarmin	(789)	90.—	70.—	10.—
10.	16 (Pfg.) dunkelgrünblau . .	(790)	30.—	70.—	20.—
11.	20 (Pfg.) kobalt	(791)	50.—	80.—	15.—
12.	24 (Pfg.) dkl'orangebraun . .	(792)	35.—	100.—	25.—
13.	25 (Pfg.) violettblau bis dkl'violettblau	(793)	50.—	15.—	15.—
14.	30 (Pfg.) schwarzoliv	(794)	70.—	50.—	15.—
15.	40 (Pfg.) dkl'lila bis hellbläulichviolett	(795)	30.—	50.—	18.—
16.	50 (Pfg.) schwarzblaugrün	(796)	60.—	150.—	20.—
17.	60 (Pfg.) karminbraun . . .	(797)	90.—	180.—	25.—
18.	80 (Pfg.) schw'violettblau (Töne)	(798)	120.—	260.—	30.—
	Nr. 1—18 Satzbrief				30.—

1943. Freim.-Ah.-Ausg. Deutsches Reich Nr. 826 und 827 (Bdr.) mit gleichem Aufdruck.

19.	05 (Pfg.) dkl'rotbraun . . . . (826)		—	380.—	100.—
20.	12 (Pfg.) lebhaftkarminrot (827)	35.—	50.—	30.—

Zusammendrucke (aus Automatenrollen).

Kenn-Nr.	Katalog-Nr.	Wert	✉
S 1.	3/5	4+6	250.—
S 2.	3/5/3	4+6+4	500.—
S 3.	5/3	6+4	250.—
S 4.	5/3/5	6+4+6	500.—

Deutsche Besetzungsausgaben 1939/45

Rußland

Block 1 siehe nach Nr. 12 | Block 2 siehe nach Nr. 17 | Block 3 und 4 siehe nach Nr. 18
1 Rubel = 100 Kopeken = 10 Pfennig

Echt gelaufene, richtig frankierte Briefe (gewöhnliche Briefe 20 Kop., eingeschriebene 60 Kop.) bedingen — sofern nicht anders angegeben — einen Aufschlag von ca. 200%. Vor Ausgabe eigener Marken wurden die am 7. und 8. 8. 1941 in den Briefkästen vorgefundenen und mit russischen Marken frankierten Sendungen mit einem primitiven Gummihandstempel „PLESKAU" in Violett oder Rot schräg (✈,✉) über die Marken gehend überdruckt und dann erst mit dem Poststempel abgestempelt.

Pleskau (Pskow)
Stadtpost der Feldkommandantur
7. August 1941 bis 30. April 1942

1941. 9. Aug. Ah.-Ausg. Deutsches Reich Nr. 512 mit senkrechtem Handstempelaufdruck „Pleskau / 20 Kop." im Rahmen von oben nach unten (wie bei Nr. 2—9).

			BF
1.	20 Kop. a. 1 (Pfg.) schwarz .... (512)		
	a. Aufdruck schwarz (1165)	2000.—	
	b. Aufdruck rot (1150)	2000.—	

Infolge eines inzwischen eingegangenen Verbotes der Verwendung von reichsdeutschen Marken wurden die weiter vorbereiteten 3- und 4-Pfg.-Marken Hindenburg mit gleichem Aufdruck 60 Kop. sofort vom Schalter zurückgezogen und nicht mehr ausgegeben. Es existieren einige damit frankierte Briefe. Lp.

1941. Ah.-Ausg. Freimarken der Sowjetunion mit senkrechtem Handstempelaufdruck Pleskau / neuer Wert im Rahmen von oben nach unten.

			BF
2.	20 Kop. a. 1 Kop.		
	a. orange .... (365 A)	450.—	
	b. orange .... (672)	6000.—	
3.	20 Kop. a. 3 Kop. hellblau ..... (367 B)	4000.—	
4.	20 Kop. a. 5 Kop. braunrot ..... (676)	375.—	
5.	20 Kop. a. 10 Kop. dkl'graublau [GA] . (677)	375.—	
6.	20 Kop. a. 15 Kop. graugrün ..... (679)	375.—	
7.	60 Kop. a. 20 Kop. grün [GA] ..... (578)	375.—	
8.	60 Kop. a. 30 Kop. preußischblau . (682)	375.—	
9.	60 Kop. a. 50 Kop. braun [GA] ..... (683)	450.—	

			x (18.10.1941) BF	y (5.1.1942) BF
10.	20 K. bräunlichrot/hellrot	a	70.—	70.—
11.	60 K. grünoliv	b	70.—	70.—

1941/42. Wohlt.-Ausg. zugunsten der Stadtkindergärten. ✉ Alexejev; Bdr. Chlebnikov; x weißes Papier und weißer Gummi, y dickes graues, holzhaltiges Papier und gelblicher Gummi; gez. L 11¼.

c) Mutter Gottes mit Jesuskind von Lebjatowo

			x (1941)	y (5.1.1942)
12.	60+40 K.	c		
	a. rotbraun (18.10.1941) .		160.—	
	b. dkl'karminbraun (23.11.1941) .		220.—	160.—

Neue Auflage, anderes Papier: Nr. 16.

1941, 1. Dez. Wohlt.-Ausg. in Blockform zugunsten der Stadtkindergärten. Nr. 12b als Block. Bdr.; Wz. *liegende oder stehende Querrechtecke* (Wz.1); □; o.G.

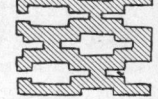

Wz. 1

b) Kathedrale von Pleskau, vollständiger Kleinbogen
(Marken a und c in ähnlichen Kleinbogen gedruckt)

1941/42. Freim.Ausg. ✉ Alexejev; Bdr. Chlebnikov; x weißes Papier und weißer Gummi, y dickes graues, holzhaltiges Papier und gelblicher Gummi; gez. L 11¼.

a) Pleskauer Stadtwappen

Deutsche Besetzungsausgaben 1939/45 (Rußland)

	X = Wz. stehend BF	Y = Wz. liegend BF
13. 60+40 K. dkl'karminbraun ... c	1000.—	1500.—
Block *1* (121:163 mm) .... d	4800.—	10000.—

Verkaufspreis: 5 Rubel

1942, Freim.-Ausg. Ähnlich Nr. 10 und 11, jedoch geänderte Farben, Bdr.; holzhaltiges, gelbliches Papier; A gez. L 11¼, B □.

	A gez. (16.3.)	B □ (2.3.)
14. 20 Kop. grünoliv .... a	80.—	330.—
15. 60 Kop. ziegelrot .... b	80.—	330.—

1942, Wohlt.-Ausg. Ähnlich Nr. 12, Neuauflage. Bdr.; gewöhnliches, holzhaltiges, gelbliches Papier; A gez. L 11¼, B □.

	A gez. (16.3.)	B □ (27.2.)
16. 60+40 Kop. dunkelbraun c	170.—	600.—

1942, 28. Febr. Wohlt.-Ausg. in Blockform zugunsten des Deutschen Roten Kreuzes. Wie Block Nr. 1, jedoch in etwas geänderter Ausführung, in der oberen Umrandungslinie ein Kreuz in der Farbe der Marke; Bdr.; holzhaltiges, gelbliches Papier; □.

	BF
17. 60+40 Kop. dkl'karminbraun c	750.—
Block *2* (121:163 mm) .... e	2100.—

Verkaufspreis: 10 Rubel.

1942. Wohlt.-Ausg. Wie Block Nr. 2, jedoch mit rotem Kreuz statt dunkelbraun in der oberen Umrandungslinie; Bdr.; gez. L 11¼.

18. 60+40 K. dkl'karminbraun c	
x. holzhalt. Papier u. gelblicher Gummi.... e	300.—
y. weißes Papier u. weißer Gummi........ e	300.—
Block *3* mit Nr. 18x (114:152–160 mm)..... e	1300.—
Block *4* mit Nr. 18y (114:152–160 mm)..... e	1300.—

Verkaufspreis jedes Blocks: 10 Rubel.

Am 1. 5. 1942 wurde das Stadtpostamt Pleskau als Dienstpostamt der Deutschen Dienstpost Ostland übernommen.

Bis zum 31. 5. 1942 galt die bisherige letzte Stadtausgabe von 3 Werten (Nr. **14**—**16**) weiter zu $1/10$ des Nennwertes in RM. Es wurden sofort die deutschen Gebührentarife eingeführt. Echt gelaufene Stücke mit Mischfrankaturen sind selten. Ab 1. 6. 1942 galten nur noch die Werte der Hitlerausgabe mit Aufdruck „Ostland" als frankaturgültige Ausgabe.

Ljady, Bez. Leningrad
Kreisbotenpost der deutschen Kreiskommandantur 1941—1943

1941, Dezember. Ah.-Ausg. D. R. Nr. 512 mit Aufdruck **LJADY** darunter „60" sowie Marke von Ostland Nr. 1 mit weiterem Aufdruck **LJADY** und rechts unten „60".

		BF
1. 60 (Kop.) auf 1 (Pfg.) schwarz ... (512)		—.—
2. 60 (Kop.) auf 1 (Pfg.) schwarzgrau (781a)		—.—
a. Aufdruck schwarz		—.—
b. Aufdruck schwarzviolett		—.—

Beendigung der Botenpost mit zunehmender Partisanentätigkeit im Frühjahr 1943, als eine Beförderung der Briefe technisch kaum noch möglich war.

Serbien
Landespost unter deutscher Besetzung

Die Marken sind auf Anordnung des deutschen Oberbefehlshabers in Serbien von der Landespost verausgabt und in der staatlichen Markendruckerei in Belgrad gedruckt worden.

✉ Vorsicht vor Falschstempeln (auch Ⓢ), die bei allen Marken vorkommen; ⊘ bedingen z. T. erhebliche Preisabschläge.

Block 1 siehe nach Nr. 51 | Block 2 siehe nach Nr. 53 | Block 3 siehe nach Nr. 91 | Block 4 siehe nach Nr. 93

1 Dinar = 100 Para

1941, Mai/Dez. Marken des Königreichs Jugoslawien als Ah.-Freimarken zugelassen oder geduldet.

Vorläufer (amtlich zugelassen):	BF
Jugoslawien MiNr. 394, 395, 397 (11.5.–1.6.41)	450.—
Nachläufer:	
Jugoslawien MiNr. 394, 395, 397 (ab 11.5.41)	250.—
Mitläufer (ab 11.5.41):	
Jugoslawien MiNr. 393, 396, 398	350.—
Jugoslawien MiNr. 300	650.—

1941, 5. Juni. Freim.-Ah.-Ausg. Neuauflagen in Zeichnung (cm) und Farben von Jugoslawien Nr. 393 bis 407 mit farbigem Netzüberdruck und schrägem Bdr.-Aufdruck **SERBIEN**, von links oben nach rechts unten; gez. K 12½.

 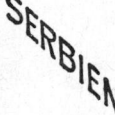

Die Farbe des Netzüberdruckes ist in ( ) angegeben.

	BF
1. 0.25 Din. braunschwarz (grün)	350.—
2. 0.50 Din. orange (rosalila)	75.—
3. 1 Din. grün (grün) GA	40.—
4. 1.50 Din. rot (rosalila)	85.—
5. 2 Din. lilakarmin (rosalila)	40.—
6. 3 Din. lilabraun (rosalila)	250.—
7. 4 Din. ultramarin (grün)	60.—
8. 5 Din. dunkelblau (grün)	110.—
9. 5.50 Din. dunkelbraunviolett (rosalila)	220.—
10. 6 Din. dunkelblau (rosalila)	110.—

Die Preisnotierungen sind Richtwerte auf DM-Basis, Preisbewegungen nach oben und unten sind aufgrund von Angebot und Nachfrage die Regel.

Deutsche Besetzungsausgaben 1939/45 (Serbien)

Nr.	Beschreibung	Preis
11.	8 Din. dunkelbraun (grün)	220.—
12.	12 Din. violett (grün)	350.—
13.	16 Din. dunkelviolettbraun (rosalila)	425.—
14.	20 Din. hellblau (grün)	475.—
15.	30 Din. lilakarmin (grün)	800.—

Gültig bis 28.2.1943.

✈ **1941, 10. Juli. Flp.-Ah.-Ausg.** Neuauflagen in Zeichnungen und Farben von Jugoslawien Nr. 340–347 und 426–427 mit karminrotem (K) oder karminbraunem (Kbr) Odr.-Aufdruck SERBIEN in größerer Schrift und der Markenfarbe angepaßtem, schwach sichtbarem Netzüberdruck, waagerecht (=) oder senkrecht (II); gez. L 12½, Nr. 24 auch gez. L 11 und Nr. 25 auch gez. L 11½.

Aufdrucktypen bei Nr. 16–30:
I: links oben nach rechts unten, 30 mm lang,
II: links oben nach rechts unten, 32¼ mm lang,
III: links oben nach rechts unten, 33½ mm lang,
IV: links unten nach rechts oben, 30½ mm lang,
V: links unten nach rechts oben, 27 mm lang,

Die Farbe des Netzüberdruckes ist in ( ) angegeben.

BF

Nr.	Beschreibung	Typ	Preis
16.	0.50 Din. dkl'braun (h'rosa) (=)	I (Ff) K	—.—
17.	1 Din. dkl'grün (hellgrün) (=)	I (Fg) K	—.—
18.	2 Din. blauschw. (hell'grünblau) (II)	II (Fh) K	—.—
19.	2.50 Din karmin (hellrosa) (II)	III (Fi) Kbr	—.—
20.	5 Din. dkl'violett (hellila) (=)	I (Ff) K	—.—
21.	10 Din. lilakarmin (hellrosa) (=)	I (Fg) Kbr	—.—
22.	20 Din. dkl'grün (hellgrün) (II)	II (346) K	—.—
23.	30 Din. blau (hellgrünblau) (II)	III (Fi) K	—.—
24.	40 Din. schw'grün (h'grünblau) (II)	IV (Fk) K	
	A. gez. L 12½		—.—
	B. gez. L 11		—.—
25.	50 Din. schw'blau (h'grünblau) (II)	V (Fi) K	
	A. gez. L 12½		—.—
	B. gez. L 11½		—.—

Gültig bis 31. 10. 1941.

✈ **1941, 28. Juli. Flp.-Ah.-Ausg.** Neuauflagen in Zeichnungen und Farben von Jugoslawien Nr. 345–347 und 426–427 mit karminbraunem (Kbr) oder karminrotem (K) Odr.-Aufdruck SERBIEN und des neuen Wertes, **o h n e** Netzüberdruck; gez. L 12½.

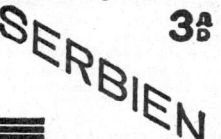

BF

Nr.	Beschreibung	Typ	Preis
26.	1 (D.) a. 10 Din. lilakarmin	I (Fg) Kbr	1100.—
27.	3 D. a. 20 Din. dkl'grün	II (Fh) K	1100.—
28.	6 D. a. 30 Din. blau	III (Fi) K	1100.—
29.	8 D. a. 40 Din. schwarzgrün	IV (Fk) K	1100.—
30.	12 D. a. 50 Din. schwarzblau	V (Fl) K	1300.—

Gültig bis 31. 10.1941.

1941, 1. Sept. Freim.-Ah.-Ausg. Neuauflagen in Zeichnungen (cm) und Farben von Jugoslawien Nr. 393 bis 407 mit farbigem Netzüberdruck und schrägem Bdr.-Aufdruck SERBIEN, in Antiquaschrift von links unten nach rechts oben; gez. K 12½.

Die Farbe des Netzüberdruckes ist in ( ) angegeben

BF

Nr.	Beschreibung	Preis
31.	0.25 Din. braunschwarz (grün)	300.—
32.	0.50 Din. orange (rosalila)	160.—
33.	1 Din. grün (grün)	120.—
34.	1.50 Din. rot (rosalila)	180.—
35.	2 Din. lilakarmin (rosalila)	100.—
36.	3 Din. lilabraun (rosalila)	300.—
37.	4 Din. ultramarin (grün)	110.—
38.	5 Din. dunkelblau (grün)	160.—
39.	5.50 Din. dunkelbraunviolett (rosalila)	300.—
40.	6 Din. dunkelblau (rosalila)	220.—
41.	8 Din. dunkelbraun (grün)	220.—
42.	12 Din. violett (grün)	325.—
43.	16 Din. d'violettbraun (rosalila)	350.—
44.	20 Din. hellblau (grün)	700.—
45.	30 Din. lilakarmin (grün)	1200.—

Gültig bis 28. 2. 1943.

1941, 22. Sept. Wohlt.-Ausg. zugunsten der katastrophengeschädigten Bevölkerung der Stadt Semendria. Ⓖ S. Grujić; Odr. mit hellerem Tonunterdruck in der Markenfarbe auf gestrichenem Papier; gez. L 11½:12½, Nr. 48 auch gez. L 12½.

a) Festungswerke Semendria   b) Flüchtlinge

BF

Nr.	Beschreibung		Preis
46.	0.50+1 Din. dkl'braun/weißbraun	a	800.—
47.	1+2 Din. dkl'grün/weißgrün	b	800.—
48.	1.50+3 Din. braunlila/lila	b	
	A. gez.L 11½:12½		800.—
	B. gez. L 12½		1100.—
49.	2+4 Din. dkl'blau/mattgrünlichblau	a	800.—

Gültig bis 22. 1. 1942.

Deutsche Besetzungsausgaben 1939/45 (Serbien)

1941, 22. Sept. Wohlt.-Ausg. zum gleichen Anlaß in Blockform. Marken in Zeichnungen der Nr. 47 und 49, jedoch mit geänderten Farben und Zuschlagsbeträgen. Odr. auf dickem Papier; Bl. 1 gez. Ks 11½, Bl. 2 □.

a l

			BF
50.	1+49 Din. karminrot	b	—.—
51.	2+48 Din. schwarzgrün	a	—.—
	Block 1 gez. (149:109 mm)	a l	—.—

Wappen und Inschrift rot, Landesname grün

52.	1+49 Din. schwarzgrün	b	—.—
53.	2+48 Din. karminrot	a	—.—
	Block 2 □ (149:109 mm)	a l	—.—

Wappen und Inschrift grün, Landesname rot

Gültig bis 22. 1. 1942.

Notierungen für lose Marken
∗, ∗∗, ⊙ s. MICHEL-Deutschland- bzw. MICHEL-Deutschland-Spezial-Katalog oder MICHEL-Junior-Katalog.

1941, 5. Dez. Wohlt.-Ausg. zugunsten der serbischen Kriegsgefangenen (c). ⊠ Lj. Čučakovic; Odr. auf gestrichenem Papier I, III und IV mit, II ohne Netzüberdruck; gez. K 11½.

c) Beweinung Christi, Ausschnitt aus einem Fresko aus der Pantaleonskirche zu Nerezi bei Skopie (12. Jahrhundert)

		I mit rosa Netzüberdruck, Spitzen nach oben (16 x i. Bg.)	II ohne Netzüberdruck, ohne Stecherzeichen Feld 8, 12–14, 18	III mit rosa Netzüberdruck, Spitzen nach oben, und mit Buchstabe E nach links	IV mit rosa Netzüberdruck, Spitzen nach oben, und mit Buchstabe E nach rechts
		BF	BF	BF	BF
54.	0.50+1.50 Din. karmin-braun/braun	350.—	500.—	600.—	600.—
55.	1+3 Din. schwarzgrün/oliv	350.—	500.—	600.—	600.—
56.	2+6 Din. dkl'-karmin/rot	350.—	500.—	600.—	600.—
57.	4+12 Din. schwarzblau/blau	350.—	500.—	600.—	600.—
		A I mit rosa Netzüberdruck, Spitzen nach unten	A II ohne Netzüberdruck, mit Stecherzeichen	A III mit rosa Netzüberdruck, Spitzen nach unten, und mit Buchstabe E nach links	A IV mit rosa Netzüberdruck, Spitzen nach unten, und mit Buchstabe E nach rechts
		BF	BF	BF	BF
54.	0.50+1.50 Din. karmin-braun/braun	600.—	5000.—	2200.—	2200.—
55.	1+3 Din. schwarzgrün/oliv	350.—	800.—	650.—	650.—
56.	2+6 Din. dkl'-karmin/rot	175.—	650.—	300.—	300.—
57.	4+12 Din. schwarzblau/blau	175.—	650.—	300.—	300.—

III II IV

Die Marken sind in Bogen zu zweimal 25 Marken (= 2 Schalterbogen) gedruckt. Im Schalterbogen haben 20 Marken den rosafarbenen Netzüberdruck (Spitzen nach oben ∪∪∪ bzw. nach unten ∩∩∩). 5 Marken in der Mitte des Schalterbogens haben keinen Netzüberdruck und bilden ein Kreuz. Die Eckmarken (7., 9., 17. und 19. Marke) zeigen innerhalb des Netzüberdruckes den großen, serbischen, linienumzogenen Buchstaben C (wie ein E bzw. Ǝ aussehend), und zwar 2mal als E (9. und 19. Marke) und 2mal als Ǝ (7. und 17. Marke). Aufgrund der Anordnung im Bogen ergeben sich waagerechte und senkrechte Typenkombinationen (pro Paar 20%, Dreier- bzw. Viererkombinationen 25% Aufschlag).

Deutsche Besetzungsausgaben 1939/45 (Serbien)

1942, 1. Jan. So.-Ausg. zur Anti-Freimaurer-Ausstellung in Belgrad (Okt.1941). Ⓚ S. Grujić; Odr. auf gestrichenem Papier; gez. K 11½.

 d  e

 f  g

			BF
58.	0.50+0.50 Din. dkl'braun .... d		250.—
59.	1+1 Din. dkl'grün .... e		250.—
60.	2+2 Din. dkl'braunkarmin .... f		250.—
61.	4+4 Din. schwarzblau .... g		250.—

Gültig bis 31. 3. 1942.

1942, 24. März. Wohlt.-Ausg. Wie Nr. 54–57 (c), jedoch in geänderten Farben und geänderter Ausführung, ohne Netzüberdruck. Odr., dickes Papier; A gez. K 11½, B gez. K:L:K:K 11½ (senkrechte rechte Bogenreihe).

62.	0.50+1.50 Din. schwarzbraun/braun	
	A. gez. K 11½	600.—
	B. gez. K:L:K:K 11½	—.—
63.	1+3 Din. schw'grün/blaugrün	
	A. gez. K 11½	600.—
	B. gez. K:L:K:K 11½	—.—
64.	2+6 Din. dkl'karmin/rot	
	A. gez. K 11½	600.—
	B. gez. K:L:K:K 11½	—.—
65.	4+12 Din. schw'blau/ultramar.	
	A. gez. K 11½	600.—
	B. gez. K:L:K:K 11½	—.—

Gültig bis 24. 4. 1942.

✈ **1942,** 5. Juli. Flp.-Ah.-Ausg. Neuauflagen in Zeichnung (cm) und Farben von Jugoslawien Nr. 397, 399, 404, 406 und 407 mit grünlichblauem Netzüberdruck und Bdr.-Aufdruck eines Flugzeuges, des neues Wertes und des Landesnamens СРБИЈА; gez. K 12½.

		BF
66.	**2** a. 2 Din. lilakarmin	300.—
67.	**4** 4 Din. ultramarin	275.—
68.	**10** a. 12 Din. violett	250.—
69.	**14** a. 20 Din. hellblau	300.—
70.	**20** a. 30 Din. lilarosa	850.—

Gültig bis 28. 2. 1943

1942, 10. Jan./1943. Freim.-Ausg. Serbische Klöster. Ⓚ N. K. Džanga; Bdr. auf gestrichenem Papier; gez. K 11½ : 11¾~.

h) Kloster Lazarica i) Kloster Kalenić k) Kloster Ravanica

l) Kloster Manasija m) Kloster Ljubostinja

n) Kloster Sopoćani o) Kloster Žiča

p) Kloster Gornjak r) Kloster Studenica

			BF
71.	0.50 Din. purpurviolett	h	50.—
72.	1 Din.		
	a. scharlach	i	50.—
	b. zinnober	i	50.—
73.	1.50 Din. lilabraun	k	60.—
74.	1.50 Din. graugrün (1943)	k	130.—
75.	2 Din. dkl'purpur	l	50.—
76.	3 Din. blau	m	130.—
77.	3 Din. rosalila (1943)	m	50.—
78.	4 Din. kornblumenblau	n	50.—
79.	7 Din. schwarzgrün	o	50.—
80.	12 Din. dkl'braunkarmin	p	220.—
81.	16 Din. schwarz	r	350.—

1942, 13. Sept. Wohlt.-Ausg. „Für die Armen" (s). Ⓚ S. Grujić; Odr. auf dickem Papier; gez. K 11¾.

s) Mutter mit Kindern

82.	2+ 6 Din. schwarzlila	700.—
83.	4+ 8 Din. schwarzviolett/blau	700.—
84.	7+13 Din. graugrün/blaugrün	700.—
85.	20+40 Din. karminbraun/karmin	700.—

Gültig bis 12.11.1942.

Deutsche Besetzungsausgaben 1939/45 (Serbien)

1943, 16. Mai. Wohlt.-Ausg. für die serbischen Kriegsinvaliden. ⊠ S. Grujić; Odr. auf gestrichenem Papier; gez. K 11¾ : 11½ ~.

t) Zerbrochenes Schwert, von Dornen umrankt

u) Sterbender Krieger mit Fahne, Landeswappen
v) Verwundeter und Landeswappen
w) Schwester verbindet einen Verwundeten

Nr.	Wert	t/u/v/w	Preis
86.	1.50+1.50 Din. dkl'braun/braun (Töne)	t	700.—
87.	2+3 Din. schwarzgrün/blaugrün	u	700.—
88.	3+5 Din. schwarzlila/lila	v	700.—
89.	4+10 Din. blauschwarz/dkl'blau	w	700.—

Gültig bis 16. 9. 1943.

1943, 16. Mai. Wohlt.-Ausg. zum gleichen Anlaß in Blockform. Marken in Zeichnung der Nr. 86 und 89 sowie Nr. 87 und 88 zu je einem Block zusammengefaßt, geänderte Zuschlagsbeträge, rote Randinschriften; Odr. auf dickem Papier; Block 3 gez. komb. K und L 11½, Block 4 gez. Ks 11½.

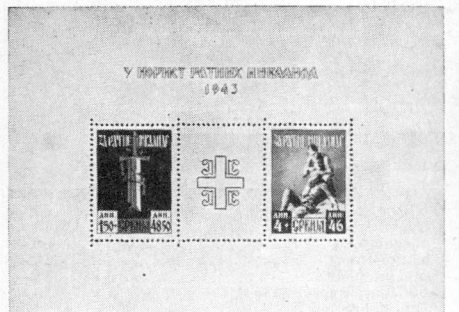

w I

			BF
90.	1.50+48.50 Din. dkl'braun/braun	t	—.—
91.	4+46 Din. blauschwarz/dkl'blau	w I	—.—
	Block 3 (148:110 mm)	w I	—.—

v I

			BF
92.	2+48 Din. schwarzgrün/blaugrün	u	—.—
93.	3+47 Din. schwarzlila	v	—.—
	Block 4 (150:110 mm)	v I	—.—

Gültig bis 16.9.1943. ⓒ

1943, 15. Okt. So.-Ausg. zum 100 jährigen Bestehen der serbischen Post. ⊠ S. Grujić; Odr. auf dickem Papier; gez. K 13:12½, Nr. 94 und 97 auch gez. K 13:12½: 13:L 12½.

x) Postreiter   y) Alte Postkutsche   z) Bahnpostwagen (Marke mit Zierfeld)

aa) Postomnibus   ab) Postflugzeug Junkers Ju 52

Nr.	Wert		Preis
94.	3 Din. rot/hellbraun/graulila	x	
	A. gez. K 13:12½		600.—
	B. gez. K 13:12½:13:L 12½		—.—
95.	8 Din. rosalila/dkl'purpur/graugrün	y	600.—
96.	9 Din. rotbraun/schwarzgrün/dkl'braun	z	600.—
97.	30 Din. rotbraun/dkl'braun/schwarzgrün	aa	
	A. gez. K 13:12½		600.—
	B. gez. K 13:12½:13:L 12½		—.—
98.	50 Din. ultramarin/schwarzblau/lilabraun	ab	600.—

Gültig bis 31. 12. 1943.

1943, 11. Dez. Wohlt.-Ah.-Ausg. für die Bombengeschädigten in Nisch. Neuauflage in Zeichnung der Klosterserie 1942/1943 mit einem grünen Netzüberdruck sowie oben vierzeiligem Bdr.-Aufdruck und unten Zuschlagsbetrag; gez. K 11½.

+ 7

			BF
99.	0.50+2 Din. purpurviolett	(h)	600.—
100.	1+3 Din. rot	(i)	600.—
101.	1.50+4 Din. graugrün	(k)	600.—
102.	2+5 Din. dkl'purpur	(l)	600.—
103.	3+7 Din. rosalila	(m)	600.—
104.	4+9 Din. kornblumenblau	(n)	600.—
105.	7+15 Din. schwarzgrün	(o)	600.—
106.	12+25 Din. dkl'braunkarmin	(p)	600.—
107.	16+33 Din. schwarz	(r)	600.—

Dienstmarken

1943, 1. Jan. Wappenzeichnung. ⊠ S. Grujić; Bdr. auf gestrichenem Papier; gez. K 12½ : 12¾.

Da

			BF
1.	3 Din rotlila	Da	100.—

Deutsche Besetzungsausgaben 1939/45 (Serbien)

Portomarken

1941, 24. Juni. Ah.-Ausg. Nicht ausgegebene Portomarken von Jugoslawien mit Aufdruck des Landesnamens SERBIEN. ✉ S. Grujić; Bdr.; gez. K 12½.

 Pa  Pb

			BF
1.	0.50 Din. violett	Pa	600.—
2.	1 Din. dkl'lilakarmin	Pa	550.—
3.	2 Din. dkl'blau	Pa	550.—
4.	3 Din. rot	Pa	1100.—
5.	4 Din. hellblau	Pb	—.—
6.	5 Din. orange	Pb	—.—
7.	10 Din. violett	Pb	—.—
8.	20 Din. grün	Pb	—.—

Gültig: Nr. 1–4 bis zum Aufbrauch, Nr. 5–8 bis 24. 3. 1942.

1942, 10. Jan. Endgültige Ausgabe. Ähnliche Zeichnung, Landesname andersfarbig eingedruckt. Bdr.; gez. K 12½ : 12¾.

 Pc  Pd

			BF
9.	1 Din. dkl'lilakarmin/grün	Pc	700.—
10.	2 Din. dkl'blau/rot	Pc	850.—
11.	3 Din. rot/blau	Pc	1100.—
12.	4 Din. hellblau/rot	Pd	—.—
13.	5 Din. orange/blau	Pd	—.—
14.	10 Din. violett/rot	Pd	—.—
15.	20 Din. grün/rot	Pd	—.—

Gültig: Nr. 9–11 bis zum Aufbrauch, Nr. 12–15 bis 24. 3. 1942.

1943, 1. Juli. Neue Zeichnung (Pe). ✉ V. Guljević; Bdr.; gez. K 12½.

Pe) Serbischer Doppeladler

16.	0.50 Din. schwarz	450.—
17.	3 Din. purpurviolett	—.—
18.	4 Din. hellgrünlichblau	—.—
19.	5 Din. dunkelgrün	—.—
20.	6 Din. rotorange	—.—
21.	10 Din. karminrot	—.—
22.	20 Din. dunkelblau	—.—

Slowakei

Siehe unter S im Europa-Katalog West.

Ukraine

Bis zur Ausgabe der Ukrainemarken am 14. 11. 1941 waren alle deutschen Postwertzeichen, auch Dienstmarken und Parteidienstmarken, frankaturgültig. Sie galten auch nach der Ausgabe eigener Marken weiter, obwohl an den Postämtern der Zivilpost und an den Dienstpostämtern der Deutschen Dienstpost nur Marken mit Aufdruck Ukraine verkauft wurden.

1941, 14. Nov. Freim.-Ah.-Ausg. Deutsches Reich Nr. 781 bis 798 mit waagerechtem Aufdruck UKRAINE.

			EF	MeF	MiF
1.	1 (Pfg.) schwarzgrau	(781a)		30.—	10.—
2.	3 (Pfg.) rötlichbraun	(782)	15.—	15.—	8.—
3.	4 (Pfg.) dkl'- bis schwarzgraublau	(783)	25.—	22.—	10.—
4.	5 (Pfg.) dkl'olivgrün (Töne) GA	(784)	30.—	50.—	8.—
5.	6 (Pfg.) bläulichviolett GA	(785a)	12.—	10.—	5.—
6.	8 (Pfg.) zinnober (Töne)	(786)	25.—	20.—	8.—
7.	10 (Pfg.) dkl'siena	(787)	120.—	70.—	10.—
8.	12 (Pfg.) karminrot	(788)	8.—	15.—	5.—
9.	15 (Pfg.) karminbraun bis braunkarmin	(789)	90.—	70.—	10.—
10.	16 (Pfg.) dkl'grünblau	(790)	70.—	70.—	20.—
11.	20 (Pfg.) kobalt	(791)	50.—	80.—	15.—
12.	24 (Pfg.) dkl'orangebraun	(792)	35.—	100.—	25.—
13.	25 (Pfg.) violettblau bis dkl'violettblau	(793)	50.—	50.—	15.—
14.	30 (Pfg.) schwarzoliv	(794)	70.—	50.—	15.—
15.	40 (Pfg.) dkl'lila bis hellbläulichviolett	(795)		50.—	18.—
16.	50 (Pfg.) schwarzblaugrün	(796)	60.—	150.—	20.—
17.	60 (Pfg.) karminbraun	(797)	90.—	180.—	25.—
18.	80 (Pfg.) schwarzviolettblau (Töne)	(798)	120.—	260.—	30.—
	Nr. 1–14 Satzbrief				30.—

1943. Freim.-Ah.-Ausg. Deutsches Reich Nr. 826 und 827 (Bdr.) mit gleichem Aufdruck.

19.	10 (Pfg.) dkl'rotbraun	(826)	—.—	800.—	200.—
20.	12 (Pfg.) lebh'karminrot	(827)	50.—	120.—	50.—

A: Sonderausgaben der Deutschen Zivilverwaltung vor Eröffnung der Dienstpost

In den entlegenen Gebietskommissariaten von Alexanderstadt, Sarny und Wosnessensk bestand bis zur Einrichtung der Deutschen Dienstpost eine Ukrainische Post. Sie wurde von der Deutschen Zivilverwaltung ins Leben gerufen und überwacht, bestand einige Monate und versah' den gesamten dienstlichen und zivilen Post- und Telegrafenbetrieb. Entwertung teils mit Federstrich, teils mit vorhandenen oder neu beschafften Poststempeln. Auf echt gelaufenen ✉ 300—500% Aufschlag.

Gebiet Alexanderstadt
(Bolschaja Alexandrowka)

Aufdruck B. ALEX = Abkürzung für Bolschaja Alexandrowka. Der 16. 8. 41 ist das Datum der Eroberung der Hauptstadt Nikolajew.

Deutsche Besetzungsausgaben 1939/45 (Ukraine)

1941, 15. Dez. Ah.-Ausg. Freimarke der Sowjet-Union mit meist mangelhaftem, waagerechtem, vierzeiligem Handstempelaufdruck: 16.8.41 / ✠ / **B. ALEX.** / Wert in sowjetischer Währung. (Das Hakenkreuz (T. I, 7 mm groß, steht verkehrt.)

			BF
1.	**1.50 Rbl.** a. 10 K. dkl'blaugrau	(677)	4000.—

1942, Jan./März. Ah.-Ausg. Mangelhafter Handstempel-Aufdruck mit richtig stehendem Hakenkreuz in zwei weiteren Typen.

Type II, großes ✠ 6 mm.
Type III, kleines ✠ 4 mm.

			II BF	III BF
2.	**1 Rbl.** a. 10 K. dunkelblaugrau	(677)	—	—
3.	**1.50 Rbl.** a. 5 K. br'rot	(676)	—	—
4.	**1.50 Rbl.** a. 10 K. dunkelblaugrau	(677)	1500.—	25000.—
5.	**1.50 Rbl.** a. 15 K. graugrün	(679)	25000.—	1500.—
6.	**1.50 Rbl.** a. 20 K. grün	(578)	25000.—	500.—
7.	**1.50 Rb.** a. 30 K. preußischblau	(682)		2400.—
8.	**2 Rbl.** a. 5 K. braunrot	(676)		20000.—
9.	**3 Rbl.** a. 20 K. grün	(578)	—	—
10.	**3 Rbl.** a. 50 K. rot	(655)		1500.—
11.	**3 Rbl.** a. 60 K. karmin	(684)		2000.—
12.	**3 Rbl.** a. 1 Rbl. dkl'blau X. mit Wz. Winkelmuster	(392 X)	—	—
	Y. mit Wz. Mäandermuster	(392 Y)	—	—
13.	**5 Rbl.** a. 10 K. lilarosa	(699)	—	—
14.	**5 Rbl.** a. 40 K. dunkelbraunlila	(654)	—	—
15.	**10 Rbl.** a. 1 Rbl. dunkelblau	(392 Y)	—	—
16.	**10 Rbl.** a. 1 Rbl. rot/schw.	(594)	—	—

✉ in Mischfrankatur mit Hitlermarken 100% Aufschlag.

Gültig bis 16. 5. 1942, und zwar für die Kreise Alexandrowka, Wissunskij, N. Woronzowka und Beresnegowartyi.

Gebiet Sarny

Vom 1. 10. 1941 bis 4. 12. 1941 war der zivile ukrainische Postdienst unter Kontrolle der öffentlichen deutschen Zivilverwaltung in Tätigkeit. Zur sicheren Abrechnung der vorgeschriebenen Barfrankierung wurden Kontrollzeichen auf die Poststücke geklebt. Nach Übernahme des Postdienstes durch die deutsche Dienstpost am 5. 12. 1941 wurden diese Kontrollzeichen ungültig. Nr. 1–6 wurden in den Kreisen Sarny, Dombrowicsa, Kleseow, Rafalowka und Rokitnow verwendet.

1941, 18. Okt. Ah.-Ausg. Kontrollzeichen Schwarzer Bdr. in Typensatz auf farbigem vorderseitig glänzendem Papier, bei Nr. 3 rückseitiger Text schwarz durchbalkt und *Wz. Wellenlinien*; **Bogen zu 25 Marken. Preise für Type I. A teilgez. L 11, B ▢; o. G.**

		A BF	B BF
1.	50 Kop. schwarz a. dunkelblau	a 2700.—	
2.	1.50 K. K(a)rb(owane) schw. auf a. dunkelbraun, waagerecht gestreiftes gew. Papier	a	—
	b. hellbraun, waagerecht gestreiftes dünnes Papier	a 2600.—	
3.	3 Krb. schwarz a. hellgrau	a 10000.—	

Gültig bis 28.10.1941.

1941, 28. Okt. Ah.-Ausg. Nr. 1–3 mit waagerechtem, rotem Aufdruck GK.-Ssarny; A teilgez. L 11, B ▢; o. G.

		A BF	B BF
4.	50 K. schwarz a. dunkelblau	(1) 2000.-	
5.	1.50 Krb. schwarz a.		
	a. dunkelbraun	(2a)	
	x. waagrecht gestreiftes gewöhnliches Papier		2000.—
	y. senkrecht gestreiftes dickes Papier	9000.—	
	b. hellbraun, waagrecht gestreiftes dünnes Papier	(2b) 1500.—	
6.	3 Krb. schwarz a. hellgrau	(3) 9000.—	

Gültig bis 5. 12. 1941.

Gebiet Wosnessensk

1942, Febr. Ah.-Ausg. Bdr.; gez. 8; o. G.

		BF
1.	60 Kop. schwarz	3000.—
2.	1.20 Krb. schwarz	2000.—

✉ in Mischfrankaturen mit Marken der deutschen besetzung 200% Aufschlag. [FÄLSCH]

Gültig bis 30. 6. 1942.

B. Hilfspostausgaben der Deutschen Zivilverwaltung nach Abzug der Dienstpost

Nach dem etappenweisen Abzug der Deutschen Dienstpost, der gleichzeitig mit dem Zurückgehen der Truppen erfolgte, übernahmen die noch tätigen Gebietskommissare die Postverbindung zu den nächsten rückwärtigen deutschen Dienstpostämtern. Die hierfür erhobene Sondergebühr (Kurier- und Postgebühr) wurde durch eine besondere Marke quittiert, die durch das datumlose Dienstsiegel des jeweiligen Gebietskommissars entwertet wurde. Die mit Nr. 1–7 freigemachten Postsachen wurden auf dem zuständigen Dienstpostamt dann mit Hitlermarken mit Aufdruck „Ukraine" entsprechend der Postgebühr zusätzlich frankiert und mit Poststempel entwertet.

Bei den Marken Nr. 8–28 wurde der Kurier- und die Postgebühr in einer Marke quittiert und beim Gebietskommissar mit seinem datumlosen Dienstsiegel entwertet.

Bei diesen Marken brauchten für die zu befördernden Dienstpost keine zusätzlichen Marken aufgeklebt zu werden.

Die Ausgaben zu B haben den Charakter von Dienstmarken, da ein Bedürfnis zu einem zivilen Postverkehr zu der Zeit kaum mehr bestand.

Allgemeine Ausgaben

Südukraine

1944, 3. Febr. Freim.-Ausg. der ukrainischen Hilfspost (a). Stdr. in Bogen zu (6×7) = 42 Marken; grob gez.; o. G.

a) Bäuerin mit Getreidegarbe

		BF
1.	18 (Pfg.) rot (Bobrinez)	6000.—
2.	18 (Pfg.) chromgelb (Cherson)	1500.—

Deutsche Besetzungsausgaben 1939/45 (Ukraine)

		BF
3.	18 (Pfg.) orangerot (Dolinska)	1500.—
4.	18 (Pfg.) ultramarin (Golowanewsk)	3500.—
5.	18 (Pfg.) sepia (Kamenka)	5000.—
6.	18 (Pfg.) blaugrün (Kriwoj Rog)	1300.—
7.	18 (Pfg.) braun (Nowo Mirgorod)	4000.—

Zusätzliche Portosätze für Postkarten 9 Pfg., Briefe 18 Pfg., Doppelbriefe 36 Pfg., kleine Pakete 90 Pfg.

Gültig bis 26. 3. 1944.

Gebietsausgaben
Westukraine

1944, April. Stehendes Hakenkreuz mit Ornamenten. Inschrift in Schwarz „Deutsche Hilfspost", „Gebietskommissar Luboml" bzw. „Gebietskommissar Wladimir-Wolynsk" auf gelblichem Papier, in Bogen zu 15 Marken; gez. 11; o. G.

Luboml

		BF
8.	6+ 9 (Pfg.) violett/schwarz a.gelblich	450.—
9.	12+18 (Pfg.) rot/schwarz a.gelblich	450.—
10.	24+36 (Pfg.) blau/schwarz a. gelblich ...	450.—
11.	60+90 (Pfg.) grün/schwarz a. gelblich ..	1200.—
	Satzbrief Nr. 8—11	1800.—

Wladimir-Wolynsk

12.	6+ 9 (Pfg.) violett/schwarz a. gelblich ...	450.—
13.	12+18 (Pfg.) rot/schwarz a. gelblich	450.—
14.	24+36 (Pfg.) blau/schwarz a. gelblich ...	450.—
15.	60+90 (Pfg.) grün/schwarz a. gelblich ..	1200.—
	Satzbrief Nr. 12—15	1800.—

Gorochow

1944, März. Umriß des Gebietskommissariates Gorochow in Rot mit Wertangabe in Schwarz sowie dreizeiligem Aufdruck in Schwarz „Deutsche Hilfspost Horochow Ukraine"; A gez. 11¼, B □; o. G.

		BF
16.	12+28 (Pfg.) rot/schwarz	
	A. gez.	40000.—
	B. □	—.—

1944, 15. Juni. Stehendes Hakenkreuz mit Ornamenten wie Nr. 8—15, jedoch auf weißem matt (x) oder glänzendem (y) Kunstdruckpapier. Inschrift jetzt in Schwarz „Deutsche Hilfspost/Luboml" bzw. „Wladimir-Wolynsk" bzw. „Gorochow (Ukraine)", jedoch ohne „Gebietskommissar." Bogen zu 15 Marken; gez. 10¾.

Gorochow

			BF
17.	6+ 9 (Pfg.) violett/schwarz	x, y	550.—
18.	12+18 (Pfg.) rot/schwarz	x	550.—
19.	24+36 (Pfg.) blau/schwarz	x	550.—
20.	60+90 (Pfg.) grün/schwarz	x, y	550.—
	Satzbrief Nr. 17—20		1200.—

Luboml

21.	6+ 9 (Pfg.) violett/schwarz	x, y	550.—
22.	12+18 (Pfg.) rot/schwarz	x	550.—
23.	24+36 (Pfg.) blau/schwarz	x	550.—
24.	60+90 (Pfg.) grün/schwarz	x, y	550.—
	Satzbrief Nr. 21—24		1200.—

Wladimir-Wolynsk

25.	6+ 9 (Pfg.) violett/schwarz	x, y	550.—
26.	12+18 (Pfg.) rot/schwarz	x, y	550.—
27.	24+36 (Pfg.) blau/schwarz	x, y	550.—
28.	60+90 (Pfg.) grün/schwarz	x, y	550.—
	Satzbrief Nr. 25—28		1200.—

Nr. 17—28 gültig bis 17. 7. 1944.

Mit MICHEL immer gut informiert.

Zante
Zakynthos
Landespost unter deutscher Besetzung

Nach Abzug der italienischen Truppen wurde die Insel von der deutschen Wehrmacht unter Hauptmann Lüth besetzt, der durch Anordnung vom 20. 10. 1943 dem griechischen Präfekten den Auftrag zur Ausgabe der provisorischen Marken Nr. 1—3 erteilte. Bis zur Ausgabe der Aufdruckmarken wurden die Marken Nr. 15—23 der Ionischen Inseln weiterbenutzt.

Posttarife
Postkarten 30 C., Briefe 50 C.

1 Lira = 100 Centesimi = 8 Drachmen

1943, 22. Okt. Ah.-Ausg. der Ionischen Inseln Nr. 16, 18 und 20 mit zweizeiligem, kastenförmigem Handstempelaufdruck. I. Aufdruck schwarz, II. Aufdruck rot

		I BF	II BF
1.	25 C. grün	(18) 300.—	500.—
2.	50 C. hellviolett	(20) 300.—	500.—

1943, 22. Okt. Ah.-Ausg. Flugpostmarke Nr. 23 der italienischen Besetzungsausgabe von Ionischen Inseln mit gleichem Handstempelaufdruck in Schwarz (I) oder Rot (II) als Freimarke verwendet.

		I BF	II BF
3.	50 C. dunkelbraun	(23) 300.—	1800.—

Zara

Landespost unter deutscher Besetzung

Zara gehörte bis Kriegsende 1918 zur Österreich-Ungarischen Monarchie. Nach Ende des 1. Weltkrieges erhielt das Gebiet den Status einer italienischen Exklave in Jugoslawien. Nach dem Waffenstillstand der Regierung Badoglio mit den alliierten Streitkräften im September 1943 besetzte die deutsche Wehrmacht alle bis dahin von Italien kontrollierten Gebiete Dalmatiens, Griechenlands und der Inseln der Ägäis wie des Dodekanes. Das Exklave-Gebiet der Stadt Zara und des Umlandes Zara behielt den Status, den es im Jahre 1919 durch die Friedensverträge in Paris erhalten hatte. Die Zivilbehörden blieben unter deutscher Besetzung im Amt und arbeiteten mit beschränkter Verbindung zum Mutterland weiter. Mangels endgültiger italienischer Postwertzeichen wurde die Ausgabe eigener Briefmarken für die Provinzialpost (Landespost) Zara deutscherseits genehmigt, wobei von Weisung bestand, alle italienischen Marken zu überdrucken. Der zunächst durch Kriegseinflüsse kaum gestörte Postdienst im Zivilbereich erfolgte durch Überstellung per Schiff und durch Mitgabe, auch durch eine ansässige Transport-Firma nach Triest regelmäßig durchgeführt wurde. Auch private Postmitnahme erfolgte. Die Herstellung des Aufdrucks wurde der Druckerei „E. de Schoenfeld" in Zara übertragen, die für diese Aufgabe nur unzulänglich ausgerüstet war.

Die geannten Auflageziffern wurden seitens der Postdirektion Zara offiziell dekretiert. Die Druckformen für die 1. Ausgabe wurden nach Beendigung der Arbeit zerlegt, die der 2. Auflage wurden vernichtet. Die Postdirektion wurde am 16.12.1943 mit weiten Teilen der Stadt durch Bombenangriff völlig zerstört, wobei noch vorhandene Bestände verbrannten. Die Räumung der Stadt wurde am 31.12.1943 endgültig abgeschlossen, wobei der Bevölkerung das Betreten Zaras strikt verboten. Bis dahin wurde der Postdienst über das Zweigpostamt Barcagno abgewickelt; Stempel und andere Utensilien gelangten teilweise später in Fälscherhände, jedoch keine Druckformen.

Postgebühren	Inland	Ausland
Drucksachen	10 C.	25 C.
Postkarten	30 C.	75 C.
Briefe	50 C.	1.25 L.
Einschreibgebühr	1.25 L.	1.25 L.
Eilbotengebühr	1.25 L.	2.50 L.
Luftpostzuschlag	50 C.	

Deutsche Besetzung Zara
(Aufdr. ¹/₁ Größe)

1943, 9. Okt. Freim.-Ah.-Ausg. Ital. Frei-, Flug-, Eil- u. Portomarken mit dreizeiligem Aufdruck: Deutsche / Besetzung / Zara waagerecht, bei Nr. 1, 13, 14, 15 senkrecht (von unten nach oben).
BF
1. 5 Centesimi sepia .... (299) 600.—
2. 10 C. dunkelbraun .... (301) 100.—

	BF
3. 15 C. dunkelgrün .... (302)	120.—
4. 20 C. karmin (Töne!) .... (303)	100.—
5. 25 C. dunkelgrün .... (304)	100.—
6. 30 C. braun .... (305)	100.—
7. 35 C. blau .... (306)	2200.—
8. 75 C. karmin .... (308)	150.—
9. 1 Lira dunkelviolett .... (633)	70.—
10. 1.25 L. blau .... (309)	120.—
11. 1.75 L. rotorange .... (310)	300.—
12. 2 L. dunkelkarmin .... (311)	450.—
13. 2.55 L. dunkelgrün .... (312)	2800.—
14. 3.70 L. violett .... (359)	17000.—
15. 5 L. karmin .... (313)	450.—
16. 10 L. violett .... (314)	7500.—
17. 20 L. hellgrün .... (315)	—.—
18. 25 Lire schwarzblau .... (316)	—.—
19. 50 L. dunkelviolett .... (317)	—.—

I   II   III   IV

1943, 9. Okt. Freim.-Ah.-Ausg. Gleicher Aufdruck auf Marken mit Propaganda-Nebenfeld, Aufdruck waagerecht je über Marke und Nebenfeld (s. Italien nach Nr. 641).
BF
20. 50 C. hellviolett .... (307)
   I. a. 307 a (Flugzeug) .... 150.—
   II. a. 307 b (Stahlhelm) .... 150.—
   III. a. 307 c (Artillerie) ..... 150.—
   IV. a. 307 d (Marine) .... 150.—

Aufdruck auf Marke und Nebenfeld. Keine Mittelzähnung.

1943, 9. Okt. Freim.-Ah.-Ausg. Eilmarken von Italien Groß-Querformat mit etwas größerem Aufdruck gleichen Schriftbildes.
21. 1.25 Lire hellgrün .... (414) 160.—
22. 2.50 Lire orange .... (436) 500.—

1943, 9. Okt. Freim.-Ausg. Ital. Flugpostmarken mit dreizeiligem, Nr. 28 mit größerem Aufdruck: Deutsche / Besetzung / Zara.
23. 25 C. dunkelgrün .... (408) 150.—
24. 50 C. dkl'braun .... (328) 150.—

	BF
25. 75 C. gelbbraun .... (409)	2500.—
26. 80 C. rot .... (329)	450.—
27. 1 L. violett .... (330)	150.—
28. 2 L. blau .... (331)	250.—
29. 5 L. grün .... (332)	
30. 10 L. karmin .... (360)	

1943, 9. Okt. Freim.-Ah.-Ausg. Flugpost-Eilmarke von Italien mit dreizeiligem größerem Aufdruck: Deutsche / Besetzung / Zara.

31. 2 L. schwarzschiefer .... (490) 280.—

„Flugpostbriefe" nach Triest, Venedig oder Genua sind Fälschungen. Die Flugverbindung nach Triest diente rein militärischen Zwecken und beförderte keine zivile Post.

1943, 6. Nov. Freim.-Ah.-Ausg. Marken von Italien mit geändertem Aufdruck.

32. 50 C. hellviolett .... (307) 150.—
33. 75 C. karmin .... (308) 150.—
34. 1.25 L. blau .... (309) 600.—

Deutsche Besetzungsausgaben 1939/45 (Zara)

1943, 6. Nov. Freim.-Ah.-Ausg. Gleicher Aufdruck auf Propaganda-Marken und Nebenfeld.

		BF
35.	25 C. grün .... (304)	
	I. a. 304a (Flugzeug)	180.—
	II. a. 304b (Stahlhelm)	180.—
	III. a. 304c (Artillerie)	180.—
	IV. a. 304d (Marine)	180.—
36.	30 C. dkl'braun .... (305)	
	I. a. 305a (Flugzeug)	180.—
	II. a. 305b (Stahlhelm)	180.—
	III. a. 305c (Artillerie)	180.—
	IV. a. 305d (Marine)	180.—

Korrekt frankierte Poststücke mit den Werten der 2. Ausgabe (ab Nr. 32) sind nicht häufig, da zur Zeit der Abgabe dieser Marken der größte Teil Zaras evakuiert worden war. Serienweise Gefälligkeitsabstempelungen sind dagegen häufiger vorhanden, ebenso überfrankierte Poststücke, die keinen Preisaufschlag bedingen.

1943, 6. Nov. Freim.-Ah.-Ausg. Ital. Eilmarken mit gleichem Aufdruck zweimal über die Marke gehend.

		BF
37.	1.25 L. hellgrün .... (414)	180.—
38.	2.50 L. orange .... (436)	1600.—

Portomarken

Portomarken Nr. 1—11 sind nicht auf Bedarfs-✉ bekannt.

Die Postämter in Zara arbeiteten bis 31. Dezember 1943 und beförderten selbst Drucksachen (10 C.) noch im Dezember 1943 ordnungsgemäß (—.—). Echt gelaufene Briefe und Karten sind äußerst selten. Ab 16. Dezember 1943 arbeitete nur noch das Zweigpostamt 1 (Barcagno).

Feldpostmarken
Zulassungsmarken für Feldpost im 2. Weltkrieg
I. Allgemeine Ausgabe

Die Zulassungsmarken Nr. 1 bis 4 wurden durch den Heeresfeldpostmeister im OKH ausgegeben.
Die Zulassungsmarke Nr. 1 für Luftfeldpostbriefe und -karten wurde zur Einschränkung des Postaufkommens kontingentiert den Soldaten, deren Einheiten an Luftfeldpostdienst angeschlossen waren, an Frontabschnitten im Osten, auf dem Balkan und Skandinavien ausgegeben und waren im Verkehr Heimat—Front und Front—Heimat gültig.
Die Zulassungsmarke für Feldpostpäckchen hatte nur Gültigkeit beim Päckchenversand Heimat—Front und wurde bei allen feldpostnummerführenden Einheiten ausgegeben. Die Zulassungsmarken Nr. 3 und 4 für Feldpostpäckchen wurden bei ähnlichen Voraussetzungen ausgegeben, kamen aber nicht mehr bei allen Einheiten zur Ausgabe. Infolge des Zusammenbruchs der Fronten konnten Feldpostpäckchen nur noch beschränkt befördert werden.

✈ **1942**, 20. April/1943. Zulassungsmarke für Luftfeldpostbriefe. ✉ E. Meerwald; Bdr. Reichsdr. Berlin; A gez. 13¾:14, B sägezahnartig ☐.

Ma) Transportflugzeug Ju 52

		A gez.			B ☐		
		EF	MeF	MiF	EF	MeF	MiF
1.	(—) kornblumenblau bis ultramarin (hell oder dunkel) ..... Ma						
	x. glatter Gummi	10.—	10.—				
	y. waagerechte Gummi-Riffelung	10.—	8.—		100.—	20.—	
	z. senkrechte Gummi-Riffelung	10.—	45.—		100.—	20.—	

1942, 10. Juli/1943. Zulassungsmarke für Feldpostpäckchen. ✉ Marggraff; Bdr. Reichsdr.; A gez. 13¾:14, B sägezahnartig ☐.

Mb) Hoheitsadler

		A gez. (1942)			B ☐ (1943)		
		EF	MeF	MiF	EF	MeF	MiF
2.	(—) rotbraun (hell, dkl.) Mb						
	x. glatter Gummi	350.—*)	300.—*)		2600.—*)	2400.—*)	
	y. waager. Riffelung	350.—*)	300.—*)		2600.—*)	2400.—*)	
	z. senkr. Riffelung	450.—*)	350.—*)				

Päckchensendungen bis 250 Gramm waren portofrei, 250—1000 Gramm betrug die Postgebühr 20 Pfg.; die Zulassungsmarken mußten zusätzlich aufgeklebt werden. Ab 1. 9. 1942 wurde die Gewichtsgrenze auf 2000 Gramm erhöht, die Postgebühr für 1000—2000 Gramm betrug 40 Pfg. und zwei Zulassungsmarken. Ab Herbst 1944 wurde das Gewicht auf 100 Gramm beschränkt.
Die Soldaten erhielten vom 10. 7. 1942 bis 31. 8. 1942 monatlich je eine Marke, ab 1. 9. 1942 bis Herbst 1944 zwei Zulassungsmarken für Päckchen Richtung Heimat—Front.

1944, 20. Okt. Feldpostpäckchen-Zulassungsmarke für Weihnachtspäckchen Richtung Heimat—Front bis zu 1000 g. Nr. 2 in kleinerem Format; Bdr. Reichsdruckerei; gez. 14.

		Mc	EF	Mef	MiF
4.	(—) hellgrün ... Mc		3800.—*)	3800.—*)	

Nr. 4 wurde in Kurland halbiert als Luftpostmarke verwendet (s. Nr. 16). Diese Zulassungsmarke wurde an Sammler nicht abgegeben. ✉ ⊘ wie **.

1944. 24. Nov. Freimarke Nr. 795 mit zweizeiligem Aufdruck der Reichsdr. FELDPOST / 2 kg als Zulassungsmarke für 2-kg-Feldpostpakete ausgegeben.

		EF	MeF	MiF
3.	(—) dkl'lila bis h'bläulichviolett .... (795)	18000.—*)		

Die Marke war für Feldpostpakete mit Winterbekleidung von der Heimat an die Front bestimmt. Diese Zulassungsmarke wurde an Sammler nicht abgegeben. ✉ ⊘ = wie **.

*) Der Briefpreis bezieht sich bei Nr. 2 A, B, 3 und 4 auf vollständige Päckchenadressen, bestehend aus Empfänger- und Absenderangabe (Fp. Amtsblatt Verfg. 131/44 vom 24.11.44). Es war dies besonders bei der Nr. 3 und 4 notwendig, da ab Ende 1944 nur noch ein Teil der aufgelieferten Päckchen leitbar war.

Preise für große Briefstücke mit nur einer Angabe (Empfänger oder Absender) werten 30% einer vollständigen Adresse.

II. Örtliche Ausgaben
Tunis (März—April 1943)

✈ **Feldpostpäckchen-Zulassungsmarke für die in Nordafrika befindlichen Truppen.** ✂ Roleff; Stdr. der Prop. Up. Tunis auf verschiedenen Papieren (s. unten); gez. 11½.

Md) Dattelpalme mit ☙ im Mäanderrahmen EF MeF MiF

5. (—) dkl'braun, hellbraun bis rötlichbraun............ Md
   a. hellgraugelbes, dickes Papier, Zähnung meist mangelhaft............ 14000.—*)
   b. hell- bis mittelchromgelbes, wabenartig genetztes Papier, Zähnung meist mangelhaft....... 20000.—*)

Prüfung unerläßlich.
Die Marken galten nur für Feldpostpäckchen von Tunis nach der Heimat. Die Sendungen mußten nach den Gebührensätzen für Feldpostpäckchen frankiert werden.

*) Preis für ✉ gilt nur für vollständige Adressenausschnitte (Absender- und Empfängerangabe) mit Freigebühr bzw. Stempel „Nachgebühr".

Grüne und blaue Stempel 15%, rote Stempel 25% Aufschlag. Heimat-Nachentwertungen, italienische Abstempelungen und Lazarettstempel verdienen Liebhaberpreise (Attest notwendig).

Suchen Sie einen Tauschpartner?
Inserieren Sie in der MICHEL-Rundschau!

1941, Juli/1943, Mai. Palmenstempel (privat hergestellte Zierstempel) aus dem Kampfraum Nordafrika. (Nachläufer von Sizilien bekannt.)

Privat hergestellte Zierstempel (Cachets) in zahlreichen Formen und Farben, ohne postalische Bedeutung und ohne Einfluß auf die Beförderung der Feldpostsendungen. Prüfung empfehlenswert.

Private Zierstempel auf Brief, Postkarte oder Paketadresse je nach Datum und Häufigkeit des Stempels 1000.— bis 2000.—.

Das sogenannte Rommel-Gedenkblatt vom 17.3.1940 zum „Tag der Wehrmacht" ist eine private Ausgabe.

Griechenland-Päckchenmarke siehe unter Saloniki nach Nr. 15.

✈ Inselpost Nr. 6—12

Durch die Rückeroberung des griechischen Festlandes durch die alliierten Streitkräfte waren die auf Kreta und den Ägäischen Inseln liegenden deutschen Truppen im Spätsommer 1944 ihres Versorgungsweges über See beraubt. Die Postversorgung konnte nur noch auf dem Luftwege erfolgen und machte eine erhebliche Einschränkung des Feldpostverkehres notwendig.

Durch ein Fernschreiben waren drei Kommandostellen ernannt: 1. „Kommandant des festen Platzes KRETA, 2. Kommandant OST-ÄGÄIS und 3. Festungskommandant LEROS", die in ihren Anordnungen von der Heeresgruppe E und untereinander unabhängig waren. Der zuständige Heeresfeldpostmeister hatte bereits vor Herausgabe des Fernschreibens für den ganzen Raum der drei neuen Befehlsbereiche angeordnet, daß nur noch Luftfeldpostbriefe mit Feldpostmarken, die mit dem Aufdruck „Inselpost" versehen waren, in beiden Richtungen befördert werden durften. Hierzu wurde ein großer Bestand (200 000 Stück) der vorhandenen Feldpostpäckchenmarken (Nr. 2 B) in Vukovar, Jugoslawien, überdruckt (1. Allgemeine Ausgabe, Nr. 6). Das Flugzeug, das fast die gesamte Auflage an Bord hatte, wurde auf dem Versorgungsfluge im Oktober 1944 abgeschossen. Hierdurch wurden, bis auf einen geringen Restbestand der in Vukovar verblieben war, die Inselpostmarken vernichtet. Die technischen Schwierigkeiten zur Beschaffung neuer Marken (2. allgemeine Ausgabe von Agram, Nr. 10) führten zu den verschiedenen örtlichen Ausgaben auf den Inseln durch Anordnungen der Kommandanten 1—3 (s. oben) für ihre Bereiche.

Feldpostmarken

Sämtlichen Einheiten wurden zur Vereinfachung des Postdienstes Ende Oktober 1944 neue Feldpostnummern zugeteilt, die lauteten:

für die Einheiten auf Kreta	68000—68059	(Milos 68030)
Rhodos	68060—68089	
Leros	68090—68096	
Kos (Coos) ..	68097—68099	

Diese Nummern waren dem Luftgaupostamt Wien angeschlossen; die Beförderung der Inselpost-Briefe erfolgte überwiegend über die Feldpost-Leitstelle Agram.

Die italienischen Kampfwilligen auf den Inseln erhielten ebenfalls Inselpostmarken. Es kommen daher bei der Nr. 7 bis 12 Heimatabstempelungen (auch Bahnhof-Wellenstempel) vor. Ortsabstempelungen auf der Nr. 7 und 9 je 50% Aufschlag, auf Nr. 11 und 12 je 100% Aufschlag.

FALSCH Es kommen folgende Fälschungsarten bei Inselpostmarken vor:

1. **Phantasieaufdrucke.** Andersartige und stark abweichende Aufdrucktypen, teilweise auch auf anderen Urmarken.
2. **Aufdruckfälschungen.** Ohne echte Vergleichsstücke zum Teil sehr schwer zu erkennen.
3. **Zähnungsfälschungen.** Der große Preisunterschied zwischen gezähnten und durchstochenen Marken veranlaßte Fälscher, aus echten billigen Marken die jeweils teureren durch Nachzähnung herzustellen. Auch durch Größenvergleiche und Lupenbeobachtungen nicht immer zu erkennen.
4. **Farbfälschungen.** Durch geschicktes Nachmalen des blauen Aufdrucks auf der Agramausgabe (10 A und 10 B) wird die Farbe in Schwarz verwandelt. Am dicken Farbauftrag und an der tiefschwarzen Farbe zu erkennen.

 7 Fa Außerdem sind Fälschungen zum Schaden der Post bekanntgeworden, die durch handschriftliche Nachzeichnung, Schreibmaschinenschrift oder private Aufdrucke des Wortes INSELPOST hergestellt waren und unbeanstandet befördert worden sind.

Es wird empfohlen, alle Inselpostmarken von einem Spezialprüfer nachprüfen zu lassen!

✈ 1944/45. Luftfeldpost - Zulassungsmarken für Briefe, für die auf Kreta und den Ägäischen Inseln abgeschnittenen deutschen Truppen.

Vukovar-Aufdruck (Okt. 1944).

Offset-Litho-Aufdruck der Kartenstelle der Heeresgruppe F auf Nr. 2 B.

Nr. 6 DD

6. (—) rotbraun (hell, dkl') ☐, Aufdruck schwarz

	EF	MeF	MiF
	65000.—		

Von der Auflage, die 200 000 Stück betrug, wurde der Großteil durch Flugzeugabschuß bei Saloniki vernichtet. Von dem in Vukovar verbliebenen Restbestand von ca. 2000 Stück, darunter dem Druckausschuß (Doppeldrucke, kopfstehende Aufdrucke usw.), kam ein großer Teil im Dezember 1944 nach Rhodos, wo eine Verteilung an Sammler erfolgte; die Marken erhielten meist Gefälligkeitsstempel mit Feldpoststempel (Kennbuchstabe „e", der nie auf Bedarfspost vorkommt) oder mit italienischem Stempel „RODI EGEO".

Bedarfsmäßige Briefe sehr selten; Prüfung unerläßlich.

Erinnerungspostkarten in Verbindung mit anderen Inselpost-Marken von der Panzer-Grenadier-Brigade und Militär-Verwaltung Rhodos sind bekannt und im Handel.

Insel Kreta (Nov. 1944)

Lokalaufdruck in Bdr. der Druckerei der Front-Zeitung „Veste Kreta" auf Nr. 1 (Auflage: A und B zusammen 100 000 Stück. Es wurden jeweils halbe Bogen überdruckt).

7. (—) kornblumenblau bis ultramarin (hell, dkl'), Aufdruck orangerot bis mennigerot

A gezähnt			B ☐		
EF	MeF	MiF	EF	MeF	MiF
1400.—			50000.—		

				EF		
∀ 7 A K				25000.—		
∀ 7 B K						

Päckchen-Zulassungsmarke Nr. 2A mit gleichem orangerotem Aufdruck ist gefälligkeitshalber überdruckt. Alle Abstempelungen ⓔ.

Schwarze Aufdrucke auf Nr. 1 A und 1 B haben sich bisher nur als Fälschungen erwiesen.

Insel Rhodos (Nov. 1944)

Lokal-Bdr.-Aufdruck Tipografia Rodi auf Nr. 1 (Aufl. 40 000):

8. (—) kornblumenblau bis ultramarin (hell, dunkel) Aufdruck schwarz

A gezähnt			B ☐		
EF	MeF	MiF	EF	MeF	MiF
11000.—			800.—		

Gleicher Lokal-Bdr.-Aufdruck Tipografia Rodi auf Nr. 2 B (Auflage 60 000, der größte Teil davon vernichtet):

9. (—) rotbraun, (hell, dkl') Aufdruck schwarz

			EF	MeF	MiF
			2400.—		

Wenn Sie eine eilige philatelistische Anfrage haben, rufen Sie bitte (089) 32393-224. Die MICHEL-Redaktion gibt Ihnen gerne Auskunft.

Agramer Aufdruck (Nov. 1944)

Feldpostmarke Nr. 2 A und B mit Bdr.-Aufdruck in Kursiv-Antiqua der Staatsdruckerei Agram oder Atzinger, Agram.

Platten I/1–I/3   Platte II (Druckspieß hinter T)

		A gez.			B ☐		
10.	(—) rotbraun (hell, dkl')	EF	MeF	MiF	EF	MeF	MiF
	a. Aufdruck blauschwarz (38–40°, Platte I/I)	11000.—			4500.—		
	b I. Aufdruck dunkelblau–blau (30–40°, Platte I/1–I/3) ...				350.—		
	b II. Aufdruck dunkelblau (38–40°, Platte II)	2500.—			350.—		
	c. Aufdruck (wäßrig) hellblau (30–36°; Platte I/2)				700.—		
	d. Aufdruck schwarzblau (38–40°; Platte I/1)	10000.—			2200.—		

Druckunterschiede:

Der Aufdruckwinkel geht von 30° bis 40°, wovon die flachdiagonalen Aufdrucke von 30° bis 34° am seltensten sind.

Der Aufdruckwinkel ist von der Grundlinie des Markenbildes aus zu messen. Kleine Schwankungen ergeben sich aus der Bogenrandbeschaffenheit beim Anlegen in die Maschine und sind ohne Bedeutung. Es kommen magere und fettere Aufdrucke vor.

Insel Leros (Febr. 1945)

Lokaler Rollen-Handstempel-Aufdruck hellviolett bis schwarzviolett in Grotesk auf Nr. 1.

Die Marken wurden zusätzlich für die Weihnachtspost hergestellt und an jeden Soldaten auf den Inseln Rhodos, Leros und Kos mindestens 2 Stück verteilt. Im Postverkehr Richtung Heimat waren Einzelfrankaturen regulär; einer weiteren Frankatur mit Inselpost-Marken bedurfte es nicht. Es kommen trotzdem Briefe mit Nr. 1, 8, 9, 10 und 11 als Mischfrankatur vor.

		A gez.	B ☐
		EF	EF
10.	(—) kornblumenblau bis ultramarin (hell, dunkel)	4500.—	2200.—

Marke Nr. 11 mit hellviolettem Aufdruck (50% Aufschlag) stammt aus den ersten Überdrucken. Wegen schlechter Leserlichkeit wurde die Aufdruckfarbe in Schwarzviolett geändert.

Insel Rhodos (Dez. 1944)

Aufdruck WEIHNACHTEN/1944 in Bdr. der Regierungsdruckerei Rhodos, zweizeilig schwarz auf Ägäische Inseln Neuauflage von 1938/39 der Nr. 105.

Nr. 12 III

Type I

Type II

12.	(—) auf 5 Cent lilarot ... (105)	EF	MeF	MiF
	Type I	3300.—		
	Type II	12000.—		
	Type III	6000.—		
	Type IV	15000.—		
	Type V	12000.—		

Die Aufdrucke wurden auf Veranlassung des Kommandanten Ostägäis von der Regierungsdruckerei auf Rhodos vorgenommen.

Eine Genehmigung des Heeresfeldpostmeisters war nicht notwendig. Die Urmarken stellte der italienische Postdirektor auf Grund der Lire-Abwertung zur Verfügung. Insgesamt wurden 25 000 Stück überdruckt, am 22. Dezember 1944 ausgegeben und unbeanstandet verwendet. Ein großer Teil der Bedarfspost wurde jedoch beim Absturz eines Postflugzeuges zerstört.

Type III

Type IV

Beschreibung der Typen:

Type I: Jahreszahl 1944 in fetten Antiqualettern, schmale 9, geschlossene 4; Zwischenräume gleichmäßig, 1 der Jahreszahl steht

Feldpostmarken

unter El (von Weihnachten), 9 unter HN, die beiden 4 unter C bzw. TE. Zeilenabstand 1,4 mm.

Type II: Jahreszahl wie I, jedoch zwischen 19 und 44 Zwischenraum größer 1944. Stellung der 1 unter WE, 9 unter IH, die beiden 4 unter AC bzw. HT, T mit Zapfen.

Type III: Jahreszahl in breiten Groteskklettern, breite 9, offene 4. Type III auf Feld 1 nur in wenigen Exemplaren bekannt (—.—).

Type IV: wie Type III, jedoch verstümmeltes W: VEIHNACHTEN.

Type V: wie Type I, Zeilenabstand jedoch 1,8 mm (statt 1,4 mm bei Type I).

Type IV

U-Boot Hela (März 1945)

Me) U-Boot und Inschrift

Zulassungsmarke für die auf der Halbinsel Hela abgeschnittenen Truppen. Text: Deutsche Feldpost / Durch U-Boot; ⬚ B. Paetsch, Danzig; Odr. Korps-Kartenstelle Hela in Bogen zu (10×15=) 150 Marken; ohne Gummi; ⬜. Schnittlinien zwischen den Marken durch Strichelung vorgedruckt.

	EF	MeF	MiF
13. (—) a. (blaß)hellblau (früher Druck) ..... 30000.—			
(—) b. blau bis dkl'blau ..... 25000.—			
(—) c. graublau (später Druck) ..... 27000.—			

Kuban, Brückenkopf (April 1943)

Päckchen-Zulassungsschein. Zweizeiliger Typensatz „1 Päckchen / Front—Heimat". Druck der „Frontzeitung für die Kuban-Armee", Simferopol, auf Zeitungspapier ohne Gummi; ⬜.

Type I		Type II		
		EF	MeF	MiF
14. (—) schwarz				
I. Type I .... 35000.—				
II. Type II .... 40000.—				
III. Type III .... 45000.—				

*) Der Briefpreis gilt nur für komplette Päckchenadressen mit vollständigen Absender- und Empfängerangaben und Freigebühr (Hitler 20 Pfg.) und Feldpost-Rund- oder Päckchenstempel „Bei der Feldpost eingeliefert".

Type I: „1 Päckchen" in der Mitte über „Front-Heimat".
Type II: „1 Päckchen" mit „Front-Heimat" links auf gleicher Höhe (s. Abb.).
Type III: „1 Päckchen" mit „Front-Heimat" rechts auf gleicher Höhe oder etwas nach rechts herausragend.

Krim (November 1943)

Päckchen-Zulassungsschein. Dreizeiliger Typensatz-Druck in 2 Typen der Feldpostzeitung „Krimzeitung" auf Zeitungspapier ohne Gummi; mangelhaft gezähnt.

	EF	MeF	MiF
15. (—) schwarz .... 12000.—			

*) Der Briefpreis gilt nur für komplette Päckchenadressen mit vollständigen Absender- und Empfängerangaben und Freigebühr (Hitler 20 Pfg.) und Feldpost-Rund- oder Päckchenstempel „Bei der Feldpost eingeliefert".

Kurland (März 1945)

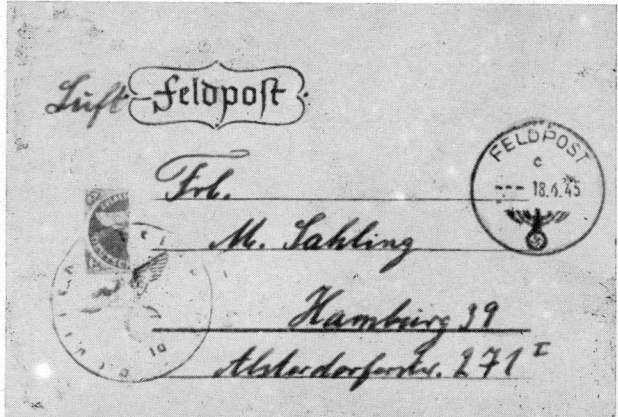

✠ Halbierte Zulassungsmarke Nr. 4 als Zulassungsmarke für Luftpost in Kurland verwendet.

	EF	MeF	MiF
16. (—) hellgrün ⬛ 4000.—			

Sog. Kurland-Schnellbrief

Die Marken wurden maschinell halbiert mit Papierschneidemaschinen einer Druckerei. Häufig wurde die Zähnung nicht mittig durchtrennt, so daß senkrecht ungezähnte Halbierungen herstellungsbedingt vorkommen.

Die halbierten Marken wurden zum Schutz gegen Fälschungen auf Karten und Briefe (Feldpostvordrucke) geklebt und mit den Dienststempeln der Feldpost-Leitstelle 734 (halb) Libau (Iq und 17092) vorausentwertet.

Fälschungen zum Schaden der Feldpost sind vorgekommen. Die Zahl der erhaltenen und echt geflogenen „Kurland-Schnellbriefe" ist gering und stammt fast ausschließlich aus dem Zeitabschnitt Mitte März bis gegen Ende April, adressiert in die bis dahin von den Alliierten noch nicht besetzten Gebiete Deutschlands.

Leer gestempelte Karten und Briefe zusätzlich mit dem Stempel DDPO Libau „c" wurden noch laufend „hergestellt".

Stempelfälschungen und nachträgliche Beschriftungen mit richtigen Absendern kommen vor.

Ruhrkessel (April 1945)

Die in der älteren Literatur angegebenen Zusammenhänge über die Herausgabe der „Ruhrkesselmarke" haben sich als falsch erwiesen.

Gemäß dem neuesten Forschungsstand haben maßgebende Stellen und Personen im Ruhrkessel die Herausgabe der Marke nicht veranlaßt.

Lesen Sie bitte auch das Vorwort!

Ostpreußen-Feldpost

Kurz vor Einmarsch der Russen in Ostpreußen wurden dort Karten (weiß oder gelblich, grün, blau, rot getönt) und Faltbriefe mit Deutschordensschild (grauweiß) mit dem zweizeiligen Kopftext ausgegeben:

P 1

P 2

OSTPREUSSEN-FELDPOST

F 1

		billigste Sorte (Febr. ✉ bis April 1945)
P 1.	Fette Schrift.............	9000.—
P 2.	Magere Schrift............	von 2000.— bis 4000.—
F 1.	Faltbrief	4500.—

Detaillierte Katalogisierung s. MICHEL-Handbuch „Deutsche Feldpost".

Alliierte Besetzung

Wz. 6
DEUTSCHE POST mehrfach
X = fallend
Y = steigend

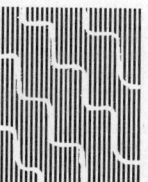

Wz. 7
Stufen fallend

Barfrankierungen als Notmaßnahmen nach der Wiederaufnahme des Postverkehrs

In der Zeit nach dem 8. Mai 1945 stand die Reichsdruckerei in Berlin zunächst für den Postwertzeichendruck nicht zur Verfügung. Das restliche Deutschland war in 4 Besatzungszonen aufgeteilt, der Verkehr zwischen den einzelnen Zonen war so gut wie unterbunden. So ist es zu erklären, daß nach Wiedereröffnung des Postverkehrs in großem Maße zu Möglichkeiten der Barfrankierung gegriffen werden mußte, um den Postverkehr aufrechtzuerhalten. Bezüglich der Daten über den Zeitpunkt der Wiederaufnahme des Postverkehrs wird auf die Arbeit von W. Strobel in Heft 36 der Arge „Deutsche Barfrankaturen und Notentwertungen ab 1945" hingewiesen. Auch nach Einführung der neuen Marken bestand in allen Zonen oftmals akuter Markenmangel, so daß die Postämter immer wieder zur Barfrankierung zurückkehrten.

Für die nachstehend genannten Barfrankierungen gelten die Preise für saubere Briefe oder Postkarten mit klaren Gebühren- und Ortsstempelabdrucken. Sie verstehen sich im allgemeinen für schwarze, rote oder violette Freistempel. Blaue Stempel werten doppelt, grüne vierfach.

A. Frankaturen mit handschriftlichen Vermerken:

1. Handschriftliche Vermerke ohne Wertangabe, mit oder ohne Signum, abgekürzt oder voll ausgeschrieben ..... 8.—
2. Handschriftlicher Einnahme-Nachweis-Vermerk ...... 25.—
3. Handschriftlicher Taxe-perçue-Vermerk oder Gebührenvermerk mit Zusatz T.P. (mit oder ohne Wertangabe) 25.—

4. Handschriftliche Gebühr-bezahlt-Vermerke in Verbindung mit Gebührenstempeln
Preis für handschriftliche Vermerke + Stempelpreis + 20% Zuschlag

5. Vermerk in Schreibmaschinenschrift und Tagesstempel .... 80.— bis 400.—

B. Frankaturen mit Nebenfreistempeln (Gebührenstempeln) in verschiedener Ausführung:

1a Gebühr bezahlt
1b gebühr bezahlt
1c **Gebühr bezahlt**

1. Gebühr bezahlt, ohne Umrandung, einzeilig
a) In verschiedenen Größen und Typen ..... 5.—
b) „gebühr" kleingeschrieben (aus „Zustellgebühr" ausgeschnitten) .... 12.—
c) Gebühr bezahlt, unterstrichen .... 15.—
d) „Bezahlt" großgeschrieben .... 20.—
e) mit Punkt, Ausrufezeichen o. ä. .... 15.—
f) Abkürzungen Gebühr bez., Geb. bezahlt, Geb. bez. je 15.—

2a Gebühr bezahlt
2b Gebühr Bezahlt
2c gebühr bezahlt
2d Gebühr bezahlt

2. Gebühr bezahlt, ohne Umrandung, zweizeilig
a) in verschiedenen Größen und Typen .... 6.—
b) „Bezahlt" großgeschrieben .... 12.—
c) „gebühr" kleingeschrieben .... 10.—
d) „bezahlt" unterstrichen .... 15.—
e) mit Punkt, Ausrufezeichen o. ä. .... 12.—

3. Aus Handdruckkästen zusammengesetzt

✶Gebühr bezahlt✶
a) einzeilig .... 18.—
b) zweizeilig .... 10.—

4. Gebühr bezahlt im Rechteck, einzeilig
a) in verschiedenen Größen und Typen .... 5.—
b) Untere Kästchenhälfte frei .... 15.—

4a Gebühr bezahlt
4b Gebühr bezahlt
4c gebührbezahlt
4e Geb. bezahlt

c) „gebühr" kleingeschrieben .... 20.—
d) mit Punkt, Ausrufezeichen o. ä. .... 12.—
e) Abkürzung Geb. bezahlt, Geb. bez. .... 25.—

Alliierte Besetzung (Notmaßnahmen)

5. Gebühr bezahlt, im Rechteck, zweizeilig
a) In verschiedenen Größen und Typen .... 5.—
b) Nur große Buchstaben .... 15.—
c) mit Linie für Eintragungen .... 30.—
d) „gebühr" kleingeschrieben .... 30.—
e) mit Punkt, Ausrufezeichen o. ä. .... 8.—

6. Gebühr bezahlt, im Oval
a) einzeilig .... 40.—
b) zweizeilig .... 40.—

7. Gebühr bezahlt, im Kreis
a) zweizeilig .... 50.—

8. Gebührenstempel mit Ortsangabe, ohne Datum
a) ohne Umrandung, zwei- und dreizeilig ...... 50.—
b) mit Umrandung, zwei- und mehrzeilig .... 60.—
c) im Oval oder Doppeloval .... 70.—
d) im Kreis, verschiedene Formen .... 70.—

9. Gebühr bezahlt mit Taxe perçue
a) ohne Umrandung .... 15.—
b) mit Umrandung, zweizeilig .... 8.—
c) mit Umrandung, dreizeilig .... 40.—
d) im Doppelspitzoval .... 40.—
e) Gebühr bezahlt mit Taxe perçu (ohne „e"),
   mit und ohne Rahmen .... 25.—

10. Gebühr bezahlt mit Taxe payé (oder payée) ..... 25.—

11. Gebühr bezahlt mit Port payé
a) ohne Umrandung .... 15.—
b) mit Umrandung .... 10.—
c) im Oval .... 25.—

12. Taxe perçue
a) ohne Umrandung .... 30.—
b) mit Umrandung, einzeilig .... 15.—
c) mit Umrandung, zweizeilig .... 20.—

13. Einnahme-Nachweis mit Betrag-Eintragung handschr.
a) Rechteck mit Umrandung .... 50.—
b) Rechteck ohne Umrandung .... 60.—
A 13. Einnahme-Nachweis mit gedruckter Wertangabe ... 50.—

**14. Gebühr bezahlt oder Taxe perçue mit Währungs-
angabe zum handschriftlichen Eintragen des Wertes**
a) ohne Umrandung, einzeilig .... 15.—
b) ohne Umrandung, zweizeilig .... 10.—
c) ohne Umrandung, dreizeilig .... 25.—
d) mit Umrandung, einzeilig .... 25.—
e) mit Umrandung, zweizeilig .... 10.—
f) mit Umrandung, dreizeilig .... 18.—

**15. Gebühr bezahlt oder Taxe perçue mit gedruckter
Wertangabe**
a) Liegendes Rechteck, einzeilig .... 30.—
b) Liegendes Rechteck, zweizeilig .... 20.—
c) Stehendes Rechteck, dreizeilig .... 30.—
d) Ohne Umrandung, einzeilig .... 25.—
e) Ohne Umrandung, zweizeilig .... 20.—
f) Ohne Umrandung, dreizeilig .... 30.—

Mehrfacher Stempelabschlag wegen Gebührenerhöhung am 1.3.1946 dreifacher Preis.

A 15. Dreisprachige Gebührenstempel
a) ohne Umrandung .... 150.—

Mit Umrandung (fehlerhafter Text REPAID statt richtig „PREPAID") ist privaten Ursprungs.

Alliierte Besetzung (Notmaßnahmen)

16. Andere Texte `Freigebühr bezahlt` 16 a

Gebühren bereits verrechnet. 16 e

`Zustellgebühr bezahlt.`   *Bezahlt*
   16 f   16 g   ✉

- a) Freigebühr bezahlt .... 70.—
- b) Gebühr .... 70.—
- c) gebühr (kleingeschrieben) .... 50.—
- d) bezahlt (kleingeschrieben) .... 35.—
- e) Gebühr(en) (bereits) verrechnet oder bezahlt ... 45.—
- f) Zustellgebühr bezahlt .... 30.—
- g) Bezahlt (großgeschrieben) .... 25.—
- h) frei .... 120.—
- i) Freigebühr verrechnet .... 140.—
- k) Gebühr vereinnahmt .... 60.—
- l) Nachgebühr; „Nach" gestrichen .... 70.—
- m) Barzahlung .... 150.—
- n) Betrag erhalten .... 100.—
- o) Betrag empfangen .... 150.—

Hier nicht aufgeführte Texte und ausgefallene Stempelformen bedingen z. T. erheblich höhere Preise (mindestens 50.—).

C. Frankaturen mit Tagesstempel mit Freivermerk (Ort, Datum, Freivermerk):

   1 a   1 b   1 c

   1 f   1 g   1 h

1. Gebühr bezahlt
   - a) Einkreisstempel .... 12.—
   - b) Kreisstegstempel mit Bögen oben und unten .... 5.—
   - c) Zweikreisstegstempel .... 5.—
   - d) Ellipsenstempel (ohne Steg) .... —.—
   - e) Ellipsenstempel .... 25.—
   - f) Ellipsenstegstempel mit Bögen .... 5.—
   - g) Zweiellipsenstempel .... 10.—
   - h) Zweiellipsenstegstempel .... 5.—

   2 a   2 b   2 c

2. Bezahlt   ✉
   - a) Kreisstempel mit Kurzsteg (München) .... 5.—
   - b) Kreisstempel mit Bögen .... 5.—
   - c) Zweikreisstempel .... 5.—

D. Frankaturen durch Stempelmaschinen:
Auch vorhandene Freistempelmaschinen wurden zur Freimachung bar bezahlter Postsendungen verwendet. Dies gilt besonders für Postkarten und Briefe, da Drucksachen als Masseneinlieferung aufgegeben werden konnten, für die dieses Verfahren regulär war. R-✉ doppelte Preise.

1. a) Postfreistempel .... 15.—
   b) Postfreistempel aptiert .... 10.—
   c) Postfreistempel mit Gebühr bezahlt .... 20.—
2. a) Firmenfreistempel (von der Post verwendet) ... 15.—
   b) Firmenfreistempel aptiert .... 10.—
   c) Firmenfreistempel mit Gebühr bezahlt .... 20.—
3. Registrierkassenstempel
   a) Aschaffenburg (5.45–7.46) .... 120.—
   b) Düsseldorf (6.45–2.46) .... 280.—
   c) Nürnberg (9.45–12.45) .... 400.—
   d) Memmingen .... —.—

E. Frankaturen mit Gebührenzetteln:
Näheres siehe unter Lokalausgaben (MICHEL-Deutschland-Spezial-Katalog).

F. Teilfrankaturen (Porto teilweise durch Marken oder Gebührenzettel, teilweise in bar verrechnet):

Preiszuschlag 25.—, für R-✉ 50.— zum Briefpreis der Marken (MiF).

G. Normale volle Frankatur mit Postwertzeichen, trotzdem mit zusätzlichem Stempel „Gebühr bezahlt" als Beweis für Gültigkeit des unkenntlich gemachten Hitlerkopfes oder der nazistischen Embleme Zuschlag 20.— zu den ✉-Preisen der Aufbrauchsprovisorien (vgl. Sowjetische Zone, Aufbrauchsprovisorien).

Einige Postämter verwendeten zusätzliche Zahlenstempel zur Wertangabe. Diese rechtfertigen einen Zuschlag von 10.— zum Stempelpreis.

Es sind viele Varianten in Größe, Form, Schriftart und Datumleiste bekannt.

Literatur: Curt Paul, III. Katalog der Barfreimachungs- und Frankostempel nach dem 8.5.1945 („Gebührenstempelkatalog"). Handbuch der Arbeitsgemeinschaft „Barfrankaturen als Notmaßnahmen in Deutschland ab 1945".

Interessieren Sie sich für deutsche Ganzsachen?

Das Sammeln von Ganzsachen nimmt wieder zu. Der MICHEL-Briefe-Katalog weist nur bei den einzelnen Marken darauf hin, ob es bildgleiche Ganzsachen gibt. Eine ausführliche Katalogisierung der deutschen Ganzsachen (Umschläge, Kartenbriefe, Streifbänder, Postkarten, Postanweisungen) finden Sie im MICHEL-Ganzsachen-Katalog.

Gemeinschaftsausgaben für die amerikanische, britische und sowjetische Besatzungszone

Die alten nach der Besetzung Deutschlands 1945 ausgegebenen Zonenmarken durften bis Ende Oktober 1946 innerhalb ihrer Zonen aufgebraucht werden. Die Gemeinschaftsausgaben schließen sich in der Numerierung an die Marken der früheren Reichspost lückenlos an, während Ausgaben, welche für bestimmte Zonen ausgegeben wurden, unter der betr. Zone mit eigener Numerierung aufgeführt sind.

Die Gemeinschaftsausgaben sollten lt. Kontrollratsbeschluß für alle Zonen gültig sein. Die französische Besatzungsbehörde führte aber für ihre Zone die Gemeinschaftsausgabe nicht ein und gab für jedes Gebiet ihrer Zone eigene Marken heraus (siehe dort). Seit Ende Juni 1948 sind auch in der amerikanischen und britischen Zone sowie in der sowjetischen Besatzungszone wieder eigene Ausgaben erschienen.

1 Reichsmark = 100 Pfennig.

Block 12 siehe nach Nr. 937.

1946, Jan./Mai. Freim.-Ausg. (I. Kontrollratsausgabe). Bdr. der Staatsdr. Berlin; Wz. *DEUTSCHE POST* mehrfach, X fallend oder Y steigend (Wz. 6); **gez. K 14;** weißer bis gelber, in der Regel senkrecht geriffelter Gummi und Papiere verschiedener Sorten.

po　　　　　pp　　　　　Wz. 6, X = *fallend*,
　　　　　　　　　　　　　　Y = *steigend*

			EF	MeF	MiF
911.	1 Pfg. violettschwarz bis schwarz	po		100.—	5.—
912.	2 Pfg. schwarz (Töne)	po		15.—	1.50
913.	3 Pfg. mattbraun bis dkl'gelbbraun	po	650.—	12.—	4.—
914.	4 Pfg. schwarzgraublau	po	1000.—	40.—	8.—
915.	5 Pfg. gelblichgrün, smaragdgrün GA	po	600.—	20.—	4.—
916.	6 Pfg. purpurviolett (viele Töne) GA	po	2.—	2.50	1.50
917.	8 Pfg. orangerot, zinnober	po	24.—	6.—	3.—
918.	10 Pfg. dkl'braun bis dkl'lilabraun, siena GA	po	15.—	50.—	4.—
919.	12 Pfg. mittelrot bis rot GA	po	4.—	6.—	5.—
920.	12 Pfg. dkl'graublau (Töne) GA	po	2.50	3.—	1.50
921.	15 Pfg. braunlila	po	1200.—	75.—	10.—
922.	15 Pfg. gelblichgrün bis lebh'gelblichgrün (Mai)	po	1500.—	50.—	3.—
923.	16 Pfg. dkl'grünblau	po	4.—	10.—	3.—
924.	20 Pfg. hellblau bis hellgraublau	po	850.—	80.—	15.—
925.	24 Pfg. braunorange bis lebh'braunorange	po	1.50	2.—	1.50
926.	25 Pfg. (lebh'violett-) ultramarin	po	18.—	30.—	12.—
927.	25 Pfg. gelborange	po	15.—	30.—	5.—
928.	30 Pfg. lebh'bräunlicholiv bis lebh'braunoliv	po	100.—	30.—	6.—
929.	40 Pfg. dkl'lila bis dkl'karminlila	po	1000.—	50.—	12.—
930.	42 Pfg. grün	po	600.—	120.—	75.—
931.	45 Pfg. mittelrot GA	po	80.—	60.—	10.—
932.	50 Pfg. dkl'grün bis schwarzgrün	po	25.—	80.—	5.—
933.	60 Pfg. braunrot bis dkl'braunrot	po	80.—	60.—	4.—
934.	75 Pfg. violettblau bis dkl'violettblau, violettultramarin	po	20.—	75.—	16.—
935.*)	80 Pfg. schwarzblau bis dkl'preußischblau	po	50.—	75.—	14.—
936.	84 Pfg. grün, lebh'grün	po	10.—	80.—	8.—
937.*)	1 RM hellbraunoliv bis braunoliv, gelboliv	pp	100.—	230.—	25.—

*) Preise gelten für vollständige Paket- oder Päckchenadressen. Auf ✉ 100% Aufschlag.

Marken dieser Serie mit Aufdruck von Posthörnchen siehe amerikanische und britische Besatzungszone, mit Bezirksstempel oder Aufdruck „Sowjetische Besatzungszone" unter dieser. Mit Aufdruck BERLIN und einer 5 siehe Berlin Nr. 64. Zusammendrucke siehe nach Nr. 970.

MICHEL-Abartenführer

Anleitung zur Bestimmung von Abarten, Abweichungen und Fehlern auf Briefmarken

Auf 88 Seiten sind 41 Stichworte über Abarten, Abweichungen und Fehlern auf Briefmarken eingehend beschrieben. Mit Erwerb dieser Broschüre erspart sich der Philatelist manche Enttäuschung, aber auch viel Geld, wenn er den Kauf einer nur scheinbaren Abart unterläßt.

Erhältlich bei Ihrem Briefmarkenhändler!

Alliierte Besetzung (Gemeinschaftsausgaben)

1946, 8. Dez. Wohlt.-So.-Ausg. Nr. 924, 925 und 929 (po) in Blockform zur Briefmarkenausstellung in Berlin (8. bis 15. 12. 1946). ✍ A. Goldammer; Rahmen und Randinschrift dkl'braunlila; Bdr. der Staatsdr. Berlin; Wz. 6 X; A gez. Ks 14, B □.

	po I	EF	MeF	MiF ✉¹)
			A gez.	
924.	20 Pfg. hellblau	—.—	—.—	850.—
925.	24 Pfg. braunorange	850.—	—.—	850.—
929.	40 Pfg. dkl'karminlila	—.—	—.—	850.—
	Block 12 (+4,16 RM) (107:51 mm) ..... po I	1400.—	—.—	1400.—

				B □
924.	20 Pfg. hellblau	—.—	—.—	750.—
925.	24 Pfg. braunorange	750.—	—.—	750.—
929.	40 Pfg. dkl'karminlila	—.—	—.—	750.—
	Block 12 (+4,16 RM) (107:51 mm) ..... po I	1400.—	—.—	1400.—

¹) Blockmarken mit anhängenden Blockrandresten.

Nr. 938—940 fallen aus.

1947, 5. März/1948. Wohlt.-So.-Ausg. für die Leipziger Frühjahrsmesse 1947. ✍ E. Gruner; ⓢ K, Wolf; Wz. 7, Stufen fallend; I = KuTdr. G & D., II = StTdr. Staatsdr. Berlin; verschieden gezähnt.

Wz. 7

pr) Verleihung des Marktrechts an Leipzig durch den Markgrafen Otto von Meißen (1160)

ps) Schutz fremder Messebesucher durch den Markgrafen Dietrich v. Landsberg (1268)

			EF	MeF	MiF
				I (1947)	
941.	24+26 (Pfg.) (hell-)karminbraun	pr	170.—	230.—	50.—
942.	60+40 (Pfg.) violettblau bis dkl'violettblau	ps	350.—	480.—	80.—
				II (1948)	
941.	24+26 (Pfg.) (hell-)karminbraun	pr	180.—	240.—	50.—
942.	60+40 (Pfg.) violettblau bis dkl'violettblau	ps	350.—	450.—	80.—

1947, ab 1. März/1948. Freim.-Ausg. (II. Kontrollratsausgabe) Nr. 943—958 Bdr., Nr. 959—962 StTdr. Staatsdr. Berlin; Wz. 6X; gez. K 14.

pt) Baumpflanzer — pu) Sämann — pv) Arbeiter mit Hammer

✍ Ludwig Brand, H. Luckenbach, I. Rogmann

pw) Neubauernpaar (Maurer und Garbenbinderin) ✍ G. Banach

px) Friedenstaube über entfesselten Händen H.W. Hoepner

943.	2 Pfg. schwarz (Töne) (1.3.1947)	pt		13.—	3.—
944.	6 Pfg. grauviolett bis pur'violett (1.3.1947)	pt	2.—	3.—	(2.—
945.	8 Pfg. orangerot	pu	18.—	7.—	1.50
946.	10 Pfg. gelbgrün, gelblichgrün (Töne) (1.2.1948) ⓖⓐ	pu	20.—	30.—	3.—
947.	12 Pfg. dunkelgraublau (1.3.1947) ⓖⓐ	pv	1.50	2.—	1.50
948.	15 Pfg. siena (Töne), (hell)braun (1.2.1948)	pt		180.—	17.—
949.	16 Pfg. schwarzblaugrün (Töne) (1.3.1947)	pw	5.—	12.—	5.—
950.	20 Pfg. hell(grau)blau, (grau)kobalt (1.3.1947)	pu	750.—	70.—	8.—
951.	24 Pfg. hellorangebraun (Töne) (1.3.1947)	pw	4.—	6.—	4.—
952.	25 Pfg. gelborange, lebhaftgelborange (1.3.1947), W	pt	15.—**	30.—	4.—
953.	30 Pfg. rot, mittelrot (Töne) (1.2.1948) ⓖⓐ	pv	90.—	75.—	17.—
954.	40 Pfg. dunkelrosalila bis karminlila (1.3.1947)	pu	900.—	90.—	12.—
955.	50 Pfg. vio'blau bis vio'ultram. (1.2.1948)	pw	25.—	40.—	6.—
956.	60 Pfg. hellbraunkarmin (Töne) (1.3.1947)	pt		45.—	50.—	13.—
A 956.	60 Pfg. hellkarminbraun bis lebhaftrotbraun (1.2.1948)	pv	40.—	45.—	4.—
957.	80 Pfg. violettblau (Töne) (1.3.1947)	pw	50.—	70.—	15.—
958.	84 Pfg. smaragdgrün (1.3.1947)	pw	8.—	110.—	4.—

Alliierte Besetzung (Gemeinschaftsausgaben)

Nr.	Wert		EF	MeF	MiF
959.*)	1 Mark (4.1947) ...... px				
	a. hellbraunoliv bis braunoliv (🏠 dkl'- bis schw'braunoliv) ...		75.—	100.—	20.—
	b. mattbraunoliv (🏠 hellgelbgrün stark fluoresz.)		—.—	—.—	—.—
	c. matt- bis hellbraunoliv (🏠 hellgelbgrün schwach fluoresz.)		—.—	—.—	—.—
960.*)	2 Mk. violettpurpur bis dkl'violett (5.1947) ... px		130.—	400.—	40.—
961.*)	3 Mk. bräunlichrot bis br'rot (Töne) (5.1947). px		240.—	500.—	50.—
962.*)	5 Mk. (1.2.1948) .... px				
	a. dunkelviolettblau		400.—	600.—	90.—
	b. dkl'violettultramarin ..		450.—	600.—	110.—

*) Preise für Paketkarten. Auf portogerechtem Brief 100% Aufschlag.
**) Preis gilt für überfrankierte Fernbriefe. Genau portogerechte ✉ —.—.

Nr. 943—958 mit Aufdruck von Posthörnchen siehe amerikanische und britische Zone. Mit Aufdruck „BERLIN" siehe Berlin. Mit Bezirksstempel oder Aufdruck „Sowjetische Besatzungszone" siehe dort.

1947, 15. Mai. So.-Ausg. zum 50. Todestag Stephans. Odr. Staatsdr. Berlin; Wz. 6X; gez. K 14.

py) Heinrich v. Stephan (1831—1897), Generalpostmeister, Mitbegründer des Weltpostvereins

963.	24 (Pfg.) braunorange (Töne) .... py	12.—	50.—	10.—
964.	75 (Pfg.) dkl'violettultramarin	60.—	220.—	15.—

Nr. 963 und 964 mit Bezirkshandstempelaufdruck siehe Sowjetische Besatzungszone.

1947, 2. Sept. So.-Ausg. zur Leipziger Herbstmesse 1947. E. Gruner; L. Schnell; Odr. Staatsdr. Berlin; Wz. 6 Y; gez. K 13¼ : 13.

pz) Verleihung des Messeprivilegs durch Maximilian I. (1497)
ra) Schätzung und Erhebung des Budenzinses (1365)

965.	12 (Pfg.) karminrot (Töne) .... pz	25.—	35.—	20.—
966.	75 (Pfg.) violettblau (Töne) .... ra	200.—	400.—	30.—

Für jeden Sammler hat MICHEL den richtigen Katalog. Fordern Sie bitte unser Verlagsverzeichnis an!

1948, 2. März. So.-Ausg. zur Leipziger Frühjahrsmesse 1948. E. Gruner; L. Schnell; StTdr. Staatsdr. Berlin; Wz. 6 Y; gez. K 13¼ : 13.

rb) Vor den Zollschranken (1388)
rc) Errichtung von Stapellagern (1433)

Nr.	Wert		EF	MeF	MiF
967.	50 (Pfg.) .... rb				
	a. dunkelviolettblau		90.—	200.—	22.—
	b. indigo			200.—	
968.	84 (Pfg.) .... rc				
	a. grün		60.—	450.—	30.—
	b. schwarzblaugrün				400.—

Weitere Ausgaben zur Leipziger Messe siehe Sowjetische Zone.

1948, 22. Mai. So.-Ausg. zur Exportmesse in Hannover. H. W. Hoepner; Odr. der Staatsdr. Berlin auf leicht gestrichenem Papier mit waagerechter Gummiriffelung; Wz. 6 Y; gez. 14.

rd) Abwiegen der Waren, nach einer Originalskulptur von Adam Kraft

969.	24 (Pfg.) mittelkarminrot bis rot (Töne) .... rd	20.—	45.—	20.—
970.	50 (Pfg.) violettblau (Töne) .... rd	150.—	220.—	30.—

Nr. 969 und 970 mit Bezirksstempelaufdruck siehe Sowjetische Besatzungszone.

Zusammendrucke von Nr. 969—970:

W. Zd. 2

W. Zd. 1	969/970	24+50	120.—
W. Zd. 2	969/970/969	24+50+24	550.—
W. Zd. 3	970/969	50+24	120.—
W. Zd. 4	970/969/970	50+24+50	600.—
S. Zd. 1	969/970	24+50	130.—
S. Zd. 2	969/970/969	24+50+24	570.—
S. Zd. 3	970/969	50+24	130.—
S. Zd. 4	970/969/970	50+24+50	600.—

✠ I. 50 | 24 EF —.—
    24 | 50 MiF 250.—

✠ II. 24 | 50 750.—
     50 | 24

Nr. 911—970 in der Amerikanischen und Britischen Zone gültig bis 22.6.1948, in der Sowjetzone bis 31.7.1948.

Die Ausgabe einheitlicher Marken für die amerikanische, britische und sowjetische Zone wurde am 20. Juni 1948 eingestellt.

Weitere Ausgaben (wieder nur für die einzelnen Besatzungszonen geltend) siehe anschließend.

Zusammendrucke aus Markenheftchen, alliierte Besetzung

Ziffernserie 1946

MH 50 Nominale 3.— RM, Ausgabe Anfang 1947, Auflage 500 000 Stück.

1 Stück H-Blatt 123

12	12	12	12
16	16	16	12

✉ 360.—

Im Heftrand Strichelleiste: 13 mm vom Markenbild, grau oder 6,5 mm Abstand vom Markenbild, blaugrün

1 Stück H-Blatt 124

24	24	24	24
24	24	24	24

✉ 330.—

Im Heftrand keine oder eine Strichelleiste: 7 oder 11 mm vom Markenbild, orangebraun

W 158

Preise gelten für Stücke mit H-Blatt-Rand, H-Blatt 123 ohne Rand 30% Abschlag, H-Blatt 124 ohne Rand Einzelmarkenpreis.

Kenn-Nr.	Katalog-Nr.	Wert	✉	Kenn-Nr.	Katalog-Nr.	Wert	✉
W 158.	923/920	16+12	140.—	S. 294	920/923	12+16	40.—

MICHEL-Sammler-ABC

Richtig sammeln leicht gemacht!

Aus dem täglichen Umgang mit Briefmarken entstand diese ausführliche Anleitung mit über 150 Seiten und vielen informativen Abbildungen. Nicht nur für den Anfänger bringt das MICHEL-Sammler-ABC viel Wissenswertes über die Philatelie, auch der Fortgeschrittene wird noch manchen wertvollen Tip darin finden.

Alliierte Besetzung – Zehnfach-Frankaturen

Währungsreform am 21.6.1948

Neue Währung: 1 Deutsche Mark (West) = 100 Pfennig

Am 21.6.1948 wurde in den 3 westlichen Besatzungszonen die Währungsreform durchgeführt. Dadurch ergab sich die Notwendigkeit einer sofortigen Aushilfsausgabe. Um möglichst kurzfristig die notwendigen Mengen fertigzustellen, wurden durch Vermittlung der Ober-Postdirektionen Privatdruckereien in Braunschweig, Bremen, Dortmund, Düsseldorf, Frankfurt a. Main, Hamburg, Hannover, Karlsruhe i. B., Kassel, Kiel, Köln a. Rh., München, Münster i. W., Nürnberg, Regensburg und Stuttgart herangezogen.

Die bisher in Deutschland (mit Ausnahme der französischen Zone) gültigen Kontrollratsausgaben (Nr. 911–970) durften zu 1/10 ihres Nennwertes nur am 21.6. und 22.6.1948 aufgebraucht werden. Hierdurch erfolgte eine Freimachung der Postsendungen mit dem zehnfachen Nennwert der bisherigen Marken. Was am 21.6.1948 früh in den Postkästen vorgefunden wurde, konnte meist noch mit dem alten RM-Porto befördert werden. Die bei der ersten Briefkastenleerung am 23.6.1948 vorgefundenen Sendungen mit Zehnfachfrankaturen wurden ebenfalls anstandslos befördert.

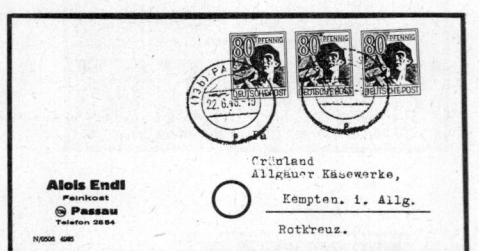

I.   a) ✉ noch mit alter (RM) Frankatur v. 20.6.48 . . . . 50.— Aufschlag
     b) dgl. vom 21.6.48 bis 10ʰ (Briefkastenleerung) . . . . 100.— Aufschlag

II. a) ✉ mit Zehnfachfrankatur v. 21. + 22.6.48 . . . . siehe Aufstellung
     b) dgl. vom 23.6.48 bis 10ʰ (Briefkastenleerung) . . . . 20.— Aufschlag

III. a) ✉ mit Zehnfachfrankatur und neue (DM) Frankatur der Arbeiterserie mit Posthornaufdruck Mi. 36–51 I+II . . . . 20.— Aufschlag
     b) dgl. mit Zehnfachfrankatur und neuer Ziffernserie Mi. 52–68 I+II . . . . 600.— Aufschlag

IV. a) ✉ mit Massenfrankaturen, Bogenteile ab ca. 50 Stück . . . . . . 250.— Aufschlag
     b) dgl. mit vollständigem Bogen . . . 750.— Aufschlag

V.   a) ✉ mit Absender-Freistempel in zehnfacher Portobetragsangabe . . . . 550.— Aufschlag
     b) dgl. in Mischfrankatur mit alter Zehnfach-(RM)-Frankatur . . . . 1200.— Aufschlag
     c) dgl. in Mischfrankatur mit neuer (DM) Frankatur . . . . 1800.— Aufschlag

Zehnfach-Frankaturen vom 21.6.–23.6.1948 der Gemeinschaftsausgaben für die amerikanische, britische und sowjetische Besatzungszone

Germany, Allied Occupation   Allemagne, occupation interalliée

1946, Febr./Mai. Freim.-Ausg. (I. Kontrollratsausgabe).

			EF	MeF	MiF
911.	1 Pfg.	po	850.—	25.—	
912.	2 Pfg.	po	500.—	20.—	
913.	3 Pfg.	po	200.—	20.—	
914.	4 Pfg.	po	250.—	25.—	
915.	5 Pfg.	po	200.—	20.—	
916.	6 Pfg.	po	40.—	12.—	
917.	8 Pfg.	po	55.—	15.—	
918.	10 Pfg.	po	50.—	12.—	
919.	12 Pfg.	po	35.—	12.—	
920.	12 Pfg. (Mai)	po	60.—	12.—	
921.	15 Pfg.	po	120.—	20.—	
922.	15 Pfg.	po	130.—	20.—	
923.	16 Pfg.	po	50.—	15.—	
924.	20 Pfg.	po	110.—	18.—	
925.	24 Pfg.	po	40.—	12.—	
926.	25 Pfg.	po	200.—	25.—	
927.	25 Pfg. (Mai)	po	180.—	20.—	
928.	30 Pfg.	po	70.—	20.—	
929.	40 Pfg.	po	50.—	12.—	
930.	42 Pfg.	po	1200.—	110.—	
931.	45 Pfg.(Mai)	po	140.—	25.—	
932.	50 Pfg.	po	50.—	18.—	
933.	60 Pfg.	po	120.—	60.—	20.—
934.	75 Pfg.	po		200.—	22.—
935.	80 Pfg.	po	115.—	55.—	20.—
936.	84 Pfg. (Mai)	po	100.—	90.—	25.—
937.	1 RM.	pp	160.—	240.—	30.—

1946, 8. Dez. Wohlt.-So.-Ausg. Nr. 924, 925 und 929 (po) in Blockform zur Briefmarkenausstellung in Berlin (8. bis 15.12.1946).

				A gez.
				✉¹)
924.	20 Pfg.	po		—.—
925.	24 Pfg.	po		—.—
929.	40 Pfg.	po		—.—
Block 12 (+4.16 RM) (107:51 mm)		po I	3200.—	3200.—

				B ☐
924.	20 Pfg.	po		1300.—
925.	24 Pfg.	po		1300.—
929.	40 Pfg.	po		1300.—
Block 12 (+4.16 RM) (107:51 mm)		po I	3200.—	3200.—

¹) Blockmarken mit anhängenden Blockrandresten.

Alliierte Besetzung – Zehnfach-Frankaturen

1947, 5. März/1948. Wohlt.-So.-Ausg. für die Leipziger Frühjahrsmesse 1947.

Nr.			EF	MeF	MiF
941.	24+26 (Pfg.)	pr		280.—	55.—
942.	60+40 (Pfg.)	ps	400.—	300.—	60.—

1947, ab 1. März/1948. Freim.-Ausg. (II. Kontrollratsausgabe).

943.	2 Pfg. (1.3.1947)	pt	150.—	12.—
944.	6 Pfg. (1.3.1947)	pt	20.—	8.—
945.	8 Pfg. (1.3.1947)	pu	25.—	12.—
946.	10 Pfg.	pu	20.—	10.—
947.	12 Pfg. (1.3.1948)	pv	15.—	8.—
948.	15 Pfg. (1.2.1948)	pt	130.—	20.—
949.	16 Pfg. (1.3.1947)	pw	25.—	12.—
950.	20 Pfg. (1.3.1947)	pu	50.—	18.—
951.	24 Pfg. (1.3.1947)	pw	15.—	8.—
952.	25 Pfg. (1.3.1947)	pt	170.—	20.—
953.	30 Pfg. (1.2.1948)	pv	110.—	30.—
954.	40 Pfg. (1.3.1947)	pu	40.—	15.—
955.	50 Pfg. (1.2.1948)	pw	55.—	18.—
956.	60 Pfg. h'braunkarmin (Töne) (1.3.1947)	pv	75.—	35.—	15.—
A956.	60 Pfg. hellkarminbraun bis lebh'rotbraun (1.2.1948)	pv	80.—	35.—	15.—
957.	80 Pfg. (1.3.1947)	pv	90.—	40.—	15.—
958.	84 Pfg. (1.3.1947)	pw	80.—	120.—	20.—
959.	1 Mark (4.1947)	px			
	a. h'br'oliv bis br'oliv (□ dkl'- bis schw'br'oliv)		125.—	250.—	25.—
	b. mattbr'oliv (□ h'gelbgrün stark fluoresz.)			—.—	
	c. matt- bis h'br'oliv (□ h'gelbgrün schwach fluoresz.)			—.—	
960.	2 Mk. (5.1947)	px	600.—	500.—	45.—
961.	3 Mk. (5.1947)	px	400.—	360.—	60.—
962.	5 Mk. (1.2.1948)	px			
	a. dkl'violettblau		300.—	750.—	90.—
	b. dkl'violettultramarin		300.—	800.—	100.—

1947, 15. Mai. So.-Ausg. zum 50. Todestag Stephans.

Nr.			EF	MeF	MiF
963.	24 (Pfg.)	py		160.—	35.—
964.	75 (Pfg.)	py		350.—	40.—

1947, 2. Sept. So.-Ausg. zur Leipziger Herbstmesse 1947.

Nr.			EF	MeF	MiF
965.	12 (Pfg.)	pz		250.—	50.—
966.	75 (Pfg.)	ra		400.—	60.—

1948, 2. Mai. So.-Ausg. zur Leipziger Frühjahrsmesse 1948.

967.	50 (Pfg.)	rb		280.—	50.—
968.	84 (Pfg.)	rc	120.—*)	280.—	50.—

*) Preis gilt für überfrankierte Drucksache.

1948, 22. Mai. So.-Ausg. zur Export-Messe in Hannover.

969.	24 (Pfg.)	rd		150.—	40.—
970.	50 (Pfg.)	rd		250.—	45.—

Hannover-Messe ZDr. W Zd 1–II und Ziffer-ZDr. aus MH 50 Aufschlag 50% auf normale Briefpreise der Alliierten Besetzung.

Ganzsachen

der Gemeinschaftsausgaben für die amerikanische, britische und sowjetische Zone.

P 950.	5 Pf. Ziffer grün	1500.—
P 951.	6 Pf. Ziffer violett	1500.—
P 952.	10 Pf. Ziffer braun	300.—
P 953.	12 Pf. Ziffer rot	350.—
P 954.	12 Pf. Ziffer grau	250.—
P 955.	45 Pf. Ziffer rot	270.—
P 961.	10 Pf. Arbeiter gelbgrün	40.—
P 962.	12 Pf. Arbeiter graublau	30.—
P 963.	30 Pf. Arbeiter rot	160.—
P 964.	30/30 Pf. Arbeiter rot	700.—
P 964F.	30 Pf. Arbeiter rot, Fragekarte	250.—
P 964A.	30 Pf. Arbeiter rot, Antwortkarte	250.—
P 965.	12 Pf. Stephan graublau	150.—

Vorstehende Preise gelten nur, wenn der 1/10 Nennwert der Ganzsachen in das tarifmäßige Gesamtporto eingerechnet wurde und dadurch sichergestellt ist, daß die Ganzsachen nicht als Formblätter aufgebraucht wurden.

MICHEL-Abartenführer

Anleitung zur Bestimmung von Abarten, Abweichungen und Fehlern auf Briefmarken.

Sowjetische Zone

1 Reichsmark = 100 Pfennig; ab 24.6.1948: 1 Deutsche Mark (Ost) = 100 Pfennig

| Block 1 siehe nach Nr. 102 | Block 3 siehe nach Nr. 111 | Block 5 siehe nach Nr. 165 |
| Block 2 siehe nach Nr. 106 | Block 4 siehe nach Nr. 115 | Block 6 siehe nach Nr. 239 |

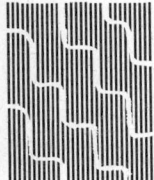

Wz. 1
Stufen
X = fallend,
Y = steigend

Wz. 2
Griechische Buchstaben,
durch Linien verbunden

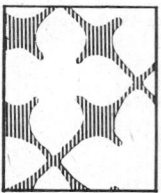

Wz. 3
Kreuzblumen

Berlin-Brandenburg
OPD Berlin (Groß-Berlin) und OPD Potsdam (Provinz Brandenburg)

1945, ab 9. Juni, im Verkehr jedoch erst ab 2. August. Freim.-Ausg. ⊠ A. Goldammer (Nr. 1, 3 und 7) und H. Schwabe (Nr. 2, 4–6); Odr. Staatsdr. auf verschiedenen Papieren; A gez. K 14:14½, B ⏢ 13½; x glatter Gummi, y senkrechte und z waagerechte Gummiriffelung.

 a  b  c  d  e  f

a–f): Berliner Bär als Wappentier und in verschiedenen Darstellungen als Symbol des Wiederaufbaus

g) Eiche (symbolisiert) und Kriegsruinen am Belle-Alliance-Platz

A. /\/\/\/ Durchstich Nr. 1 A B (vergrößert)

		Billigste Sorte		
		EF	MeF	MiF
1 A.	5 (Pfg.) (dkl')graugrün (9.6.) GA .... a			
	A. gezähnt	25.—	25.—	15.—
	B. sägezahnartig ⏢ ...	25.—	25.—	15.—
2 A.	6 (Pfg.) matt- bis mittelblauviolett, hellgrauviolett bis grauviolett (18.7.) GA .. b	20.—	22.—	15.—
3 A.	8 (Pfg.) orangerot (Töne) (9.6.) c	20.—	25.—	15.—
4 A.	10 (Pfg.) rotbraun (Töne) (18.7.) .... d	35.—	120.—	15.—
5 A.	12 (Pfg.) hell- bis mittelkarminrot, hell- bis mittelrot (5.7.) .... e			
	A. gezähnt	20.—	25.—	15.—
	B. sägezahnartig ⏢	—.—	—.—	—.—
6 A.	20 (Pfg.) blau bis dkl'blau (18.7.) .... f	500.—	300.—	20.—
7 A.	30 (Pfg.) dkl'br'oliv (18.7.) . g	250.—	160.—	20.—

B. Zickzackförmig ⏢ 13½. Papier weißstumpf; Gummiriffelung waagerecht.

∿∿∿ Durchstich Nr. 1 B–7 B (vergrößert)

1 B.	5 (Pfg.) (dkl')graugrün ... a	780.—	2000.—	250.—
2 B.	6 Pfg. dkl'grauviolett .... b	600.—	1200.—	350.—
3 B.	8 (Pfg.) mittelorangerot .. c	850.—	1800.—	250.—
4 B.	10 Pfg. hell- bis mittelrotbraun .... d	2400.—	—.—	350.—
5 B.	12 Pfg. hell- bis mittelkarminrot .... e	550.—	1200.—	450.—
6 B.	20 Pfg. blau bis dkl'blau . f	—.—	—.—	500.—
7 B.	30 Pfg. braunoliv ...... g	—.—	—.—	600.—
	1 B–7 B Kompl. Satz auf R-⊠ ..			600.—

Gültig bis 31.10.1946.

Mecklenburg-Vorpommern
(OPD Schwerin)

1945, ab Aug./1946, März. Freim.-Ausg. ⊠ Gustav Otto; Bdr. W. Sandmeyer, Schwerin, auf weißem oder farbigem Papier; gez. L 10¾; weißer oder grauer Gummi.

h) Wertziffer   i) pflügender Bauer   j) Getreideähren vor Bauernhaus

		EF	MeF	MiF
8	6 Pf schwarz GA .... h			
	x auf hellbläulichgrün (Töne) (28.8.1945)	20.—	25.—	10.—
	y auf opalgrün (Sept. 1945)	1000.—	1800.—	
	z auf mittelgraugrün	250.—	250.—	100.—
9	6 Pf .... h			
	a dkl'rotvio. (16.11.1945)	60.—	70.—	35.—
	b dkl'purpur (7.1.1946)	90.—	80.—	70.—
	c dkl'grauviolett	100.—	120.—	100.—
	d dkl'grauvio. auf dünnem, mattgraugelbor. Papier (wie Papier z bei Nr. 29–40)	200.—	220.—	200.—
10	6 Pf (11.1.1946) .... h			
	x grauvio. auf h'bläul'grün	60.—	50.—	35.—
	y grauviolett auf hellbläulichgraugrün	100.—	80.—	50.—
11	8 Pf i			
	xa magenta auf lilarosa (6.10.1945)	80.—	180.—	25.—
	xb dunkelrosarot auf lilarosa (Töne) (1.3.1946)	250.—	280.—	80.—
	y dkl'rosarot auf lebhaftlilarosa (1.3.1946)	300.—	190.—	100.—

Deutschland (Sowjetische Zone)

			EF	MeF	MiF
12	8 Pf schwarz auf lilarosa (19.10.1945) i		200,—	400,—	100,—
13	8 Pf (3.11.1945) i				
	xa dunkelgraulila auf hellbläulichgrün		80,—	200,—	40,—
	yb dunkelgraulila auf hellbläulichgraugrün		170,—	350,—	100,—
14	8 Pf schwarz (2.11.1945) i				
	x auf hellbläulichgrün .		200,—	280,—	100,—
	y auf hellbläulichgraugrün		300,—	400,—	150,—
15	8 Pf (7.1.1946) i				
	a mittelsiena		100,—	120,—	50,—
	b siena		300,—	500,—	150,—

			EF	MeF	MiF
16	12 Pf schwarz auf lilarosa (28.8.1945) .... j		15,—	20,—	10,—
17	12 Pf lilakarmin (9.11.1945) .. j		15,—	20,—	10,—
18	12 Pf (20.12.1945) .... j				
	I Platte I				
	a dunkelrosarot		200,—	300,—	150,—
	b (dunkel)rosa (scharlach)		200,—	300,—	150,—
	II Platte II				
	c rosarot		60,—	70,—	45,—
	d (dkl')bräunlichrot .		800,—	1400,—	750,—
19	12 Pf dkl'rosarot (30.1.1946) .. j				
	x auf lilarosa		35,—	40,—	25,—
	y auf lebhaftlilarosa		350,—	550,—	300,—

Gültig bis 31.10.1946.

Marken mit Aufdruck „20.12.45" sind Privataufdrucke ohne Frankaturkraft, sie wurden aber vereinzelt unbeanstandet befördert.

1945, 21. Okt. Wohlt.-So.-Ausg. für die Opfer des Faschismus. ⬜ Bartholomäus; Bdr. Niemann, Ludwigslust, auf gestrichenem Papier; gez. L 10¾.

k) Rudolf Breitscheid (1874–1944), Politiker

l) Dr. Erich Klausener (1885–1934), kath. Kirchenpolitiker

m) Ernst Thälmann (1886–1944), Politiker

			EF	MeF	MiF
20	6 (Pf)+14 (Pf) grün .... k		500,—	800,—	220,—
21	8 (Pf)+22 (Pf) violettpurpur l		600,—	1000,—	220,—
22	12 (Pf)+28 (Pf) .... m				
	a (lebhaft)rot		500,—	1600,—	220,—
	b orangerot bis zinnober		—,—	—,—	1300,—
	c dunkelrot		—,—	—,—	2000,—

Gültig bis 21.12.1945; Verwendung bis 28.2.1946 geduldet.

1945, 8. Dez./31. Dez. Wohlt.-Ausg. zur Bodenreform: „Junkerland in Bauernhand". ⬜ Bartholomäus; Bdr. Niemann, Ludwigslust; gez. L 10¾.

n) Pflügender Bauer

o) Sämann

p) Schnitter

1945, 31. Dez. Wohlt.-Ausg. für die Kinderhilfe. ⬜ Bartholomäus; Bdr. P. Niemann, Ludwigslust; gez. L 10¾.

q) Kleinkind, in der Hand der Volkssolidarität symbolisch geborgen

r) Schulmädchen im Winter

s) Jungenantlitz

			EF	MeF	MiF
23	6 (Pf)+14 (Pf) .... n				
	a grün (8. Dez.)		300,—	500,—	140,—
	b dunkelgelbgrün (31. Dez.)		300,—	500,—	140,—
24	8 (Pf)+22 (Pf) .... o				
	a siena (8. Dez.)		350,—	550,—	140,—
	aa schwärzlichsiena .		*1000,—*	*2000,—*	*700,—*
	b mittelsiena (31. Dez.)		350,—	750,—	140,—
	c gelbbraun (31. Dez.)		800,—	1000,—	450,—
25	12 (Pf)+28 (Pf) .... p				
	a rot (8. Dez.)		300,—	650,—	140,—
	b lebhaftgelblichrot (31. Dez.)		300,—	650,—	140,—

			EF	MeF	MiF
26	6 (Pf)+14 (Pf) .... q				
	a dunkelrötlichorange		300,—	400,—	80,—
	b hellrötlichorange		500,—	700,—	500,—
27	8 (Pf)+22 (Pf) hellultramarin (Töne) .... r		400,—	700,—	80,—
28	12 (Pf)+28 (Pf) .... s				
	a rosarot		300,—	500,—	80,—
	b dunkelrosa ..		700,—	1000,—	500,—

Gültig bis 28.2.1946

Deutschland (Sowjetische Zone)

1946, 17. Jan./25. Febr. Freimarken: sogen. Abschiedsserie. ⊡ Wriedt; ⊠ Bartholomäus; Bdr. Niemann (Nr. 29–36) und Sandmeyer (Nr. 37–40) (10×10); gez. L 10¾ (Nr. 33, 36–40) bzw. ⬜ (Nr. 29–32, 34 und 35).

t) Neubauernhäuser   u) Rothirsche mit Baumgruppe

v) Fischerboote   w) Bauer   x) Windmühle   y) Pflügender Bauer   z) Hausneubau   aa) Motorpflug   ab) Hafen mit Getreidespeicher   ac) Fabriken   ad) Bäuerin am Spinnrad

Nr. 29–40 lassen sich nach folgenden Papiersorten unterteilen: x = dickes, weißes Kreidepapier (1. Auflage); 0,095–0,115 mm; y = dünnes, graustichiges bis weißes Papier (2. Auflage); 0,065–0,095 mm; z = dünnes, glattes mattgraugelboranges Papier (2. Auflage); 0,065–0,090 mm

Nr.						EF	MeF	MiF
29	3 Pf				t			
		x	Papier x (17. Jan.)					
			a	lebhaftorangebraun		300,—	400,—	200,—
			b	mattorangebraun		700,—	600,—	600,—
		y	mittelorangebraun, Papier y (25. Febr.)			780,—	280,—	150,—
30 x	4 Pf	dunkelultramarin (Töne), Papier x (17. Jan.)			u	480,—	580,—	250,—
31 y	4 Pf	Papier y (25. Febr.)			u			
			a	lebhaftbräunlichrot		800,—	400,—	150,—
			b	lebhaftkarminbraun		3600,—	3400,—	2200,—
32	5 Pf				v			
		x	smaragdgrün, Papier x (17. Jan.)			470,—	300,—	250,—
		y	lebhaftgelblichgrün, Papier y (25. Febr.)			900,—	400,—	150,—
33	6 Pf				w			
		x	Papier x (17. Jan.)					
			a	blauviolett		80,—	120,—	60,—
			b	violettblau		220,—	330,—	200,—
			c	schwärzlichviolettblau		600,—	900,—	350,—
		y	Papier y (5. Febr.)					
			d	dunkelrotviolett		25,—	30,—	30,—
			e	grauviolett (Töne)		600,—	1000,—	1000,—
34	8 Pf				x			
		x	rotorange, Papier x (17. Jan.)			470,—	320,—	200,—
		y	Papier y (25. Febr.)					
			a	lebhaftrötlichorange		420,—	240,—	200,—
			b	rotorange		1500,—	700,—	2000,—
			c	schwärzlichorange		3300,—	3000,—	4500,—
35	10 Pf				y			
		x	Papier x (22. Jan.)					
			a	lebhaftsiena		200,—	400,—	200,—
			b	mattsiena		500,—	850,—	500,—
		y	lebhaftsiena, Papier y (25. Febr.)			200,—	400,—	150,—
36	12 Pf				z			
		x	Papier x (22. Jan.)					
			a	dunkelgraurot		60,—	60,—	60,—
			c	lebhaftbraunrot bis lebhaftbräunlichrot		900,—	1400,—	1500,—
		y	Papier y (5. Febr.)					
			b	rot (Töne)		25,—	25,—	15,—
			d	braunrot		1400,—	2000,—	2200,—
			dd	lebhaftbräunlichrot		1000,—	1500,—	2200,—
			e	orangerot		250,—	500,—	200,—
			f	dunkelrosa		800,—	1000,—	100,—
			g	mittelrosa		300,—	450,—	400,—
		z	rot (Töne) Papier z (5. Febr.)			400,—	850,—	350,—
37	15 Pf				aa			
		y	Papier y (24. Jan.)					
			a	gelbbraun		—,—	500,—	75,—
			b	dunkelbraunorange		—,—	4000,—	3000,—
			bb	schwärzlichgelbbraun		—,—	950,—	1400,—
			c	mittelgelbbraun		—,—	1300,—	1000,—
			d	mittelsiena		—,—	750,—	850,—
			e	orangebraun		—,—	600,—	1000,—
		z	gelbbraun, Papier z (24. Jan.)			—,—	1700,—	1000,—
38 y	20 Pf	Papier y (29. Jan.)			ab			
			a	blau (Töne)		—,—	500,—	150,—
			b	lebhaftgrauultramarin		—,—	550,—	175,—
			c	schwärzlichgrauultramarin		—,—	3500,—	1500,—
39	30 Pf	lebhaftbläulichgrün (26. Jan.)			ac			
		y	lebhaftbläulichgrün, Papier y			600,—	500,—	175,—
		z	lebhaftbläulichgrün, Papier z			1300,—	1100,—	650,—
40 y	40 Pf	Papier y (22. Jan.)			ad			
			a	hell- bis mittelviolettpurpur		370,—	500,—	175,—
			b	violettpurpur		1200,—	1300,—	600,—

Bundesland Sachsen

Aufbrauchsprovisorien, sogenannte „Sächsische Schwärzungen"

Nach der Kapitulation wurde der Postverkehr vorübergehend eingestellt. Die Wiederaufnahme erfolgte im Bereich der (ehemaligen) Oberpostdirektionen Chemnitz und Leipzig am 12. Mai, im Bereich der OPD Dresden am 16. Mai 1945. Die diesbezüglichen Verfügungen besagten, daß bis zur Ausgabe neuer Marken die am 8. 5. 1945 noch gültigen Postwertzeichen des Deutschen Reichs weiterverwendet werden konnten, jedoch Kopfbilder bzw. andere nationalsozialistische Merkmale unkenntlich gemacht werden mußten, die Wertangabe aber lesbar bleiben mußte.

Diese Unkenntlichmachung hatte durch die Postämter vor dem Verkauf zu erfolgen; die sich in Publikumshänden befindenden Marken konnten durch die Postkunden selbst vor Einlieferung der Sendungen „geschwärzt" werden. Form und Ausführung waren nicht vorgeschrieben; daher entstanden Aufdrucke, Überstempelungen mit Kork-, Gummi- oder ähnlichen Stempeln, Verschmierungen (einschließlich Fingerabdrücke), Übermalungen sowie Überklebungen. Briefe, die vor dem Zusammenbruch aufgeliefert und erst später ausgetragen wurden, erfuhren diese Behandlung nachträglich.

Als Aufbrauchsprovisorien („Sächsische Schwärzungen") können nur solche Marken angesehen werden, die nach dem Ende der deutschen Rechtshoheit als Frankaturmittel verwendet wurden. Sie dürfen keinesfalls mit den sogenannten Überrollern verwechselt werden, die aus allen Teilen des Deutschen Reichs (einschließlich des Reichsprotektorates Böhmen und Mähren sowie des Generalgouvernements) vorkommen können; diese Überroller wurden teilweise vor der Zustellung ebenfalls unkenntlich gemacht.

Die „Sächsischen Schwärzungen" können nicht als selbständige Lokalausgaben angesehen werden. Ausnahmen bilden Ausgaben der Behörden, die die Verfügungen der Oberpostdirektionen freier auslegten oder zeitweilig von der vorgesetzten Behörde abgetrennt waren und charakteristische und unverwechselbare Aufdrucke zur Unkenntlichmachung benutzten.

Theoretisch können sämtliche am 8. Mai 1945 noch frankaturgültigen Marken des Deutschen Reichs unkenntlich gemacht worden sein. Vorgelegen haben jedoch bisher nur die nachfolgend katalogisierten Marken. Um Umnumerierungen bei eventuellen Nachmeldungen zu vermeiden, wurden anstelle der bisherigen römischen Nummern die MICHEL-Nummern der Marken des Deutschen Reichs mit vorangestelltem AP (= Aufbrauchs-Provisorium) verwendet.

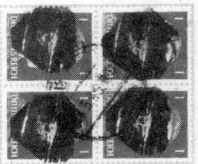

1945, ab 12. Mai. Aufbrauchsprovisorien: unkenntlich gemachte Ausgaben des Deutschen Reichs.

Schwärzungen B und A zusammen auf einem Brief

Billigste Sorte:

Bewertungen gelten für die jeweils billigste Sorte der Urmarken sowie die häufigsten Orte; kleinere Orte sind gesucht und werten oft erheblich höher. Die Briefbewertung gilt für die billigste Frankaturform aus EF, MeF und MiF.

Hindenburg-Medaillon			I OPD Chemnitz (12. 5.) ✉	II OPD Dresden (23. 5.) ✉	III OPD Leipzig (12. 5.) ✉
AP 512	1 (Pf)	schwarz	1300,—	—,—	—,—
AP 513	3 (Pf)	dunkelgelbbraun (Töne)	1300,—	—,—	—,—
AP 514	4 (Pf)	(dunkel)graublau	600,—	—,—	—,—
AP 515	5 (Pf)	smaragdgrün GA	1300,—	—,—	—,—
AP 516	6 (Pf)	schw'grün bis schw'blaugrün GA	1300,—	1500,—	1300,—
AP 517	8 (Pf)	zinnober	600,—	1000,—	750,—
AP 518	10 (Pf)	(schwarz)rotbraun	600,—	—,—	—,—
AP 519	12 (Pf)	(mittel)rot	600,—	850,—	750,—
AP 520	15 (Pf)	purpur	600,—	—,—	—,—
AP 521	20 (Pf)	hellblau	600,—	—,—	—,—
AP 522	25 (Pf)	lebhaftviolettultram., graublau	600,—	—,—	—,—
AP 523	30 (Pf)	dunkelbraunoliv/dunkeloliv	1600,—	—,—	—,—
AP 524	40 (Pf)	lebhaftviolett	1400,—	—,—	—,—
AP 525	50 (Pf)	schwarzblaugrün/grauschwarz	1400,—	—,—	—,—
AP 526	60 (Pf)	schwarzrosalila/grauschwarz	1400,—	—,—	—,—
AP 527	80 (Pf)	dunkelblau/grauschwarz	1400,—	—,—	—,—
AP 528	100 (Pf)	dunkelgelborange/grauschwarz	1400,—	—,—	—,—

Alliierte Besetzung (Sowjetische Zone – Bundesland Sachsen)

Hitlerkopf:

			I OPD Chemnitz (12. 5.) ✉	II OPD Dresden (23. 5.) ✉	III OPD Leipzig (12. 5.) ✉
AP 781	1 (Pf)	schwarzgrau, grauschwarz	75,—	100,—	80,—
AP 782	3 (Pf)	rötlichbraun	75,—	100,—	100,—
AP 783	4 (Pf)	dunkel- bis schwarzgraublau	75,—	100,—	100,—
AP 784	5 (Pf)	dunkelolivgrün, schw'olivgrün GA	75,—	100,—	100,—
AP 785 a II	6 (Pf)	lebh'blauviolett bis purpurviolett	120,—	200,—	150,—
AP 785 b II	6 (Pf)	lebh'violett bis lebh'bläulichviolett GA	75,—	100,—	80,—
AP 786	8 (Pf)	zinnober (Töne)	100,—	100,—	100,—
AP 787	10 (Pf)	dunkelsiena	400,—	600,—	500,—
AP 788	12 (Pf)	karminrot	350,—	550,—	450,—
AP 789	15 (Pf)	karminbraun bis braunkarmin GA	175,—	200,—	175,—
AP 790	16 (Pf)	dunkelgrünblau	175,—	250,—	200,—
AP 791	20 (Pf)	kobalt	100,—	100,—	100,—
AP 792	24 (Pf)	dunkelorangebraun	150,—	225,—	200,—
AP 793	25 (Pf)	(dunkel)violettblau	100,—	100,—	100,—
AP 794	30 (Pf)	schwarzoliv	125,—	175,—	160,—
AP 795	40 (Pf)	dunkellila bis hellbläulichviolett	125,—	175,—	140,—
AP A 795	42 (Pf)	dunkelbläulichgrün (Töne)	400,—	500,—	450,—
AP 796	50 (Pf)	schwarzblaugrün	150,—	250,—	200,—
AP 797	60 (Pf)	karminbraun	140,—	125,—*)	200,—
AP 798	80 (Pf)	schwarzviolettblau (Töne)	300,—	200,—*)	350,—
AP 799	1 RM	schwarzgrün (Töne)	600,—	500,—*)	700,—
AP 800	2 RM	schwarzviolett	150,—*)	200,—*)	175,—*)
AP 801	3 RM	dunkelbraunrot	150,—*)	225,—*)	200,—*)
AP 802	5 RM	schwarzviolettultramarin	200,—*)	260,—*)	225,—*)
AP 826	10 (Pf)	dunkel- bis schwarzrotbraun	125,—	150,—	140,—
AP 827	12 (Pf)	lebhaftkarminrot	100,—	100,—	100,—

*) Preise gelten für überfrankierte Sammlerbriefe, Bedarfspost erheblich teurer!

Sondermarken:

			✉	✉	✉
AP 818	6 (Pf)	Wehrkampftage		1000,—	
AP 830	3+ 2 (Pf)	Reichsadler	800,—		
AP 856	12+ 8 (Pf)	Rosegger		1000,—	
AP 874	4+ 3 (Pf)	Heldengedenktag	—,—		—,—
AP 887	54+96 (Pf)	55. Geburtstag Hitlers			
AP 895	12+ 8 (Pf)	Arbeitsdienst	—,—		—,—
AP 903	12+88 (Pf)	Goldschmiedekunst	1000,—		
AP 907	6+14 (Pf)	Oldenburg	1000,—		

Dienstmarken:

			✉	✉	✉
AP 132	3 (Pf)	ockerbraun (Töne)	—,—		
AP 133	4 (Pf)	dkl'preußischblau (Töne)	—,—		
AP 134	5 (Pf)	smaragdgrün	—,—		
AP 135	6 (Pf)	schwarzgrün	1800,—		
AP 136	8 (Pf)	orangerot	—,—		
AP 137	10 (Pf)	dunkelrötlichbraun	—,—		
AP 138	12 (Pf)	mittelrot (Töne)	800,—		
AP 139	15 (Pf)	dunkelbräunlichlila	—,—		
AP 140	20 (Pf)	hellblau	—,—		
AP 141	30 (Pf)	dunkelbräunlicholiv	—,—		
AP 142	40 (Pf)	dunkellila	—,—		
AP 143	50 (Pf)	mittelorange	2500,—		
AP 159	6 (Pf)	lebhaftblauviolett	2500,—		
AP 161	12 (Pf)	mittelrot	2200,—		
AP 166	3 (Pf)	hellbraun	1000,—		
AP 167	4 (Pf)	dunkelgraublau	1300,—	—,—	
AP 168	5 (Pf)	dunkelolivgrün	1000,—		
AP 169	6 (Pf)	bläulichviolett, purpurviolett	800,—		
AP 170	8 (Pf)	mittelbräunlichrot, hellorangerot	1200,—		
AP 171	10 (Pf)	dunkelsiena	1500,—		
AP 172	12 (Pf)	mittelkarminrot	500,—	—,—	
AP 173	15 (Pf)	dunkelbraunlila	800,—		
AP 174	20 (Pf)	kobalt	1000,—	1500,—	
AP 175	30 (Pf)	oliv	1100,—		
AP 176	40 (Pf)	lila	1100,—		
AP 177	50 (Pf)	schwarzblaugrün	1300,—		

Bei Dienstbriefen läßt sich die Echtheit nur auf kompletten ✉ mit Angabe der absendenden Dienststelle nachweisen.

Alliierte Besetzung (Sowjetische Zone – Bundesland Sachsen)

Zusammendrucke:

AP E I	Einheitgeberstreifen I .... 2000,— ✉	AP S 292	785/783 (6+4)	—,— ✉
AP W 153	A 19/783/786 (A 19+4+8)	AP KZ 38	782/Z/Z/784 (3+Z+Z+5)	

In den drei Gebieten des Bundeslandes Sachsen unkenntlich gemachte Zusammendrucke des Deutschen Reichs sind bekannt, können jedoch erst nach Vorlage katalogisiert werden. **(Bitte nur geprüfte Zusammendrucke vorlegen!)**

Echte Bedarfssendungen (möglichst von Behörden, Sparkassen, bekannten Firmen) sind höchstens mit 54 Pf (= Einschreib-Doppelbrief) freigemacht und tragen den Tagesstempel bis etwa 10. 8. 1945, da kurz vorher (zwischen 3. 8. und 8. 8. 1945) das Verwendungsverbot eintraf. Höhere Werte können auf Postanweisungen, Zahlkarten und Paketkarten (Innendienst) vorkommen. Bedarfsbriefe mit Einzelmarken, die dem normalen Portosatz entsprechen, sind den Briefen mit sogen. kompletten Sätzen vorzuziehen. Die Satzbriefe werten nicht höher als Briefstücke!

Unter Ausnutzung der Möglichkeit, die Marken bei Einlieferung der Sendungen unkenntlich zu machen oder machen zu lassen, wurden von Händlern und Sammlern ganze Sätze und gelegentlich verschiedene Sondermarken zur Gefälligkeits-Überkorkung vorgelegt, so daß die Postämter dazu übergingen, hierfür eine nochmalige Entrichtung des Nennwertes zu verlangen.

Bedarfsbriefe mit Mischfrankaturen (Sendungen mit mehreren Marken in verschiedenartigem Aufdruck) rechtfertigen Preisaufschlag. Befinden sich mehrere gleichartige Unkenntlichmachungen auf ✉, so gilt der Preis für die teuerste Marke als Briefpreis, für die übrigen Stücke ca. 25% der ✉-Notierung.

Arten der Unkenntlichmachung:

A = formlose Kleckse oder Verschmierungen (Farbe, Tusche, Tinte, Fingerabdrücke usw.)
B = Vollkreise (Kork-, Gummi-, Holzstempel, Aufdrucke), etwa 10 bis 25 mm ⌀

A   B

C = für einzelne Postämter typische sonstige Formen (Kreise mit Merkmalen, Rechtecke, Sechsecke, Sterne, Zahlen, Balken usw.)

Aue   Burgstädt   Chemnitz 3   Chemnitz 4   Chemnitz 10

Chemnitz (für KZ-Insassen)   Crimmitschau   Dresden A 1   Dresden A 16   Dresden N 23

Hohndorf   Langenchursdorf   Lichtenstein   Mülsen St. Jacob   Pirna (KZler)

Die Unkenntlichmachungen kommen neben Schwarz auch in Violett bis Rot vor.

Alliierte Besetzung (Sowjetische Zone – Bundesland Sachsen)

Entwertungen:

Selbstverständlich mußten die Marken nach der Unkenntlichmachung für die Beförderung auch mit dem Tagesstempel entwertet werden. In einigen Fällen wurden Sendungen ohne den Tagesstempel befördert, da man offenbar den Kleckstempel als Entwertung ansah, wobei ein Verkauf von überkleckten Wertzeichen an das Publikum lose nicht erfolgt sein dürfte. Tagesstempel neben der Marke kommt anfangs auch vor.

Zusätzlich zum Aufdruck und zum Tagesstempel wurde auch vorübergehend der Stempel „Gebühr bezahlt" gesetzt oder man entwertete die Marken mit rundem oder ovalem Barfreimachungsstempel mit Datumsangabe, nachdem Sendungen ohne diesen Stempelvermerk in Dresden vorübergehend mit Nachporto belegt wurden.

Verzeichnis der bisher festgestellten Ortsstempel an „Sächsischen Schwärzungen":

Die Großbuchstaben in Klammern nach den Orten bezeichnen die von diesem Ort bekanntgewordenen Unkenntlichmachungs-Arten (siehe auch Abb.).

OPD Chemnitz

Adelsberg (A)
Adorf (A, B)
Affalter über Aue (Sachsen) (A)
Albernau (A)
Annaberg (B)
Ansprung (A)
Antonsthal (A)
Arnsfeld (A)
Aue (B, C)
Aue-Alberoda (A)
Auerbach (Erzgebirge) (A, B)
Auerbach (Vogtland) (A)
Auerswalde (A)
Augustusburg (A)

Bärenstein (A)
Bärenwalde (A)
Beierfeld (A)
Bergen (Vogtland) (A)
Bermsgrün über Schwarzenberg (A)
Bernsbach (A)
Bernsbach-Oberpfannensteil (A)
Blumenau (Sachsen) (A)
Bockau (A)
Börmichen (Erzgebirge) (A)
Borstendorf (A)
Brambach, Radiumbad (Vogtland) (B)
Braunsdorf (A)
Bräunsdorf über Oberfrohna (A)
Breitenau/Hetzdorf (Flöha) (A)
Breitenbrunn (Erzgebirge) (B)
Brünlos (B)
Brunndöbra (Vogtland) (A)
Buchholz (Sachsen) (B)
Burkhardtsdorf (A, B)

Calnsdorf (A)
Callenberg (A)
Carlsfeld (A)
Chemnitz
 PA 1 (A, B, C)
 4 (A, B, C)
 ZdA 3 (A, B, C)
 5 (A, B, C)
 7 (A, B, C)
 8 (A, B, C)
 9 (A, B, C)
 10 (A, B, C)
 11 (A, B, C)
 12 (A, B, C)
 13 (A, B, C)
 14 (A, B, C)
 15 (A, B, C)
 16 (A, B, C)
 17 (A, B, C)
 18 (A, B, C)
 19 (A, B, C)
 20 (A, B, C)
 22 (A, B, C)
 23 (A, B, C)
 25 (A, B, C)
 26 (A, B, C)
 Poststelle 21 (A, B, C)
Cranzahl (A)
Crimmitschau (A, B, C)
Crossen (Mulde) (A)
Crottendorf (A)
Cunersdorf (B)

Deutschneudorf (Erzgebirge) (A)
Dittersbach (A)
Dittersdorf (Erzgebirge) (A)
Dorfchemnitz (A)
Drebach (Erzgebirge) (A)

Ehrenfriedersdorf (A)
Eibenstock (A, B)
Einsiedel (A, B)
Ellefeld (A)
Bad Elster (A, B)
Elsterberg (A, B)
Elterlein (Erzgebirge) (B)
Eppendorf (A)
Erdmannsdorf (A, B)
Erfenschlag (Bezirk Chemnitz) (A)
Erlbach-Kirchberg über Lugau/Erzgebirge (A)
Euba (A)

Fährbrücke (Kr. Zwickau) (A)
Falkenau (A)
Falkenstein (B)
Flöha (A, B)
Forchheim über Pockau (A)
Frankenberg (A, B)
Frankenstein (B)

Gahlenz über Eppendorf (A)
Garnsdorf über Chemnitz (A)
Gelenau (A)
Gersdorf (A)
Geyer/Erzgeb. (A, B)
Glauchau siehe Lokalausgaben
Glösa (A)
Gornau (Erzgebirge) (B)
Gornsdorf (Erzgebirge) (B)
Großolbersdorf (A)
Großbrückerswalde (A)
Großwaltersdorf (A)
Grumbach (A)
Grüna (A)
Grünbach i. V. (B)
Grünhain (A)
Grünhainichen (A)
Grünstädtel (A)

Hammerunterwiesenthal (Erzgebirge) (A)
Hartenstein (A)
Harthau (A, B)
Hartmannsdorf (Bez. Zwickau) (A, B)
Heinrichsort über Lichtenstein (Sa.) (A)
Hennersdorf über Flöha (A)
Hermannsdorf über Annaberg (A)
Herlasgrün (A)
Herold (Erzgebirge) (A)
Hohenfichte (Flöhatal) Sa. (A)
Hohenstein-Ernstthal (A)
Hohndorf (A, C)
Hormersdorf (A)
Hundshübel (A)

Irfersgrün (Vogtland) (A)

Jahnsbach (A)
Jahnsdorf (Erzgebirge) (A)
Jocketa (Vogtland) (A)
Johanngeorgenstadt (A, B)
Jöhstadt (Erzgebirge) (A)
Jössnitz (Vogtland) (A)

Kändler über Limbach (A)
Kemtau (Erzgebirge) (A)
Kirchberg (Sachsen) (A)
Klaffenbach (A)
Klingenthal (B)

Königswalde (Erzgebirge) (B)
Krumhermersdorf (Erzgebirge) (A)

Langenbach über Aue (A)
Langenberg-Falken (A)
Langenchursdorf (C)
Lauter (Sachsen) (B)
Lauterbach über Pockau (A)
Lengefeld (Erzgebirge) (A)
Lengenfeld (Vogtland) (A, B)
Leubsdorf (Sachsen) (A)
Leukersdorf (Erzgebirge) (A)
Lichtenstein (B, C)
Lichtentanne (C, ähnlich Mülsen-St. Jacob)
Lichtenwalde (Bezirk Chemnitz) (A)
Limbach (B)
Lippersdorf über Pockau (A)
Lößnitz (B)
Lugau (A)

Marienberg (Sachsen) (A)
Markersbach (Erzgebirge) (A)
Markneukirchen (B)
Mechelgrün über Plauen (A)
Meerane (A)
 (siehe außerdem Lokalausgabe Glauchau)
Mehltheuer (A)
Meinersdorf (Erzgebirge) (B)
Mildenau (A)
Mittelbach (Bez. Chemnitz) (A)
Mittelsaida über Pockau (A)
Mosel (B)
Mühltroff (A)
Mülsen-St. Jacob (C)
Mülsen-St. Niclas (A)
Mutzschen über Crimmitschau (A)
Mylau (A, B)

Netzschkau siehe Lokalausgaben
Neudorf (Erzgebirge) (A)
Neukirchen über Crimmitschau (A)
Neukirchen (Erzgebirge) (A)
Neumark (Sachsen) (A)
Neustadt über Falkenstein (A)
Niederdorf (Erzgebirge) (A)
Niederfrohna über Limbach (A)
Niederlichtenau (B)
Niederschlema (A)
Niederschmiedeberg (A)
Niederwiesa, Leitzahlstempel „10"
Niederwürschnitz (A)

Oberfrohna (Gitterstempel-Marke) (B)
Oberlichtenau (Bezirk Chemnitz) (A)
Oberlungwitz (A)
Oberschlema (Radiumbad) (B)
Obertriebel über Oelsnitz (Vogtland) (A)
Oberwiesenthal (Sa.) (A)
Oederan (A)
Oelsnitz (Erzgebirge) (A, B)
Oelsnitz (Vogtland) (A, B)
Olbernhau (B)
Olbernau-Grünthal (A)
Ortmannsdorf (A, auch Überklebungen)

Pausa (A)
Planitz (A)
Plaue, Krs. Flöha (Sa.) (B)
Plauen 1 (A, B)
Plauen 4 (A)
Pleißa (A)
Pobershau (B)
Pockau (B)
Pöhla/Erzgebirge (A)

Alliierte Besetzung (Sowjetische Zone – Bundesland Sachsen)

Rabenstein (A); Mache: gelochter Balken 9×13 mm; diagonale Gitterstäbe
Raschau (B)
Rautenkranz (Vogtland) (A)
Bad Reiboldsgrün (A)
Reichenbach (Vogtland) siehe auch Netzschkau – Lokalausgaben
Reichenbach über Hohenstein-Ernstthal (A)
Reifland (Flöhatal) (A)
Reinsdorf (Bezirk Zwickau) (A)
Reitzenhain (A)
Remse (A, B)
Reuth (Kr. Zwickau) (A)
Rittersgrün (A)
Rodewisch (A)
Rödlitz (A)
Röhrsdorf (B)
Röthenbach über Auerbach (A)
Rothenkirchen (Vogtland) (B)
Rothenthal (A)
Rübenau (A)

Sachsenberg-Georgenthal (A)
Satzung über Marienberg (A)
Saupersdorf (A)
Scharfenstein (Zschopautal) (A)
Scheibenberg (A)
Schlettau (A)
Schneeberg (B)
Schönberg (A)
Schöneck (Vogtland) (A)
Schönfels über Reichenbach (A)
Schönheide (B)
Schönheiderhammer (A)
Schreiersgrün (A)
Schwarzenberg (A), siehe auch Lokal-ausgaben
Schweinsburg (Pleiße) (A)
Seelingstädt (Kr. Zwickau) (A)
Sehma (Erzgebirge) (B)
Seiffen (A)
Siegmar-Schönau (A, B, auch Postleitzahl „10")
Sorgau über Pockau (A)
Sosa über Aue (B)
Steinbach (b. Jöhrstadt, Erzgebirge) (A)
Steinpleis (B)
Stollberg (A, B)
Streckwalde (Erzgeb.) (A)
Stützengrün (A)
Syrau über Plauen 4 (A)

Tannenberg (B)
Thalheim (Erzgebirge) (A)
Theuma (A)
Thum (B)
Treuen (A)

Ursprung über Lugau (B, auch Ziffer im Kreis)

Venusberg (A)
Vielau über Aue (A)

Waldenburg (A)
Waldkirchen (Erzgebirge) (A)
Walthersdorf (A)
Weischlitz (B)
Weißbach (bei Zschopau) (A)
Werdau (A, B)
Wernersgrün (A)
Wiesa (A)
Wiesenbad (Erzgebirge) (A)
Wiesenburg (B)
Wiesenthal (Erzgebirge) (A)
Wildbach über Aue (A)
Wildenau über Rodewisch (A)
Wildenfels (A)
Wilischthal (A)
Wilkau-Hasslau (B)
Wittgensdorf (A)
Wolkenstein (A)
Wünschendorf (Erzgebirge) (A)
Wüstenbrand (A)

Zöblitz (A)
Zschopau (A, B)
Zschorlau (A)
Zwickau
  PA 1 (A, B)
  2 (A, B)
  3 (A, B)
Zwickau-Planitz 1 (A)
  2 (A)
Zwönitz (A)
Zwota über Klingenthal (Sa.) (A)

OPD Dresden

Altenberg/Erzgebirge (B)
Arnsdorf (A)

Bad Gottleuba (A), s. auch unter Lokalausg.
Bautzen (A)
Berggießhübel über Pirna (A)
Bischofswerda (A)
Boxdorf (A)
Bräunsdorf über Freiberg (A)
Brand-Erbisdorf (Kr. Freiberg) (B)
Burkersdorf (Freiberg) (A)

Colmnitz über Freiberg (Sa.) (A)
Cossebaude (B)
Coswig (B)
Cunewalde (A)

Deutschenbora (Bez. Dresden) (B)
Dippoldiswalde (A)
Dresden
  PA A 1 (C)
  A 16 (C)
  A 19 (A)
  A 20 (A, B)
  A 21 (A)
  A 24 (B)
  A 26 (A)
  A 27 (A)
  A 28 (A)
  A 32 (A)
  A 36 (A)
  A 39 (A)
  A 44 (A)
  A 45 (A)
  A 46 (A)
  N 2 (A)
  N 6 (A, außerdem Ring O)
  N 8 (A)
  N 12 (A)
  N 15 (A)
  N 22 (A)
  N 23 (A, C)
  N 25 (A, B)
  N 30 (B)
Dresden-Blasewitz (B)
Dresden-Leuben (A)
Dresden-Loschwitz (B)
Dresden-Wachwitz (A)
Dresden-Bad Weißer Hirsch (A)
Dürrröhrsdorf (Kr. Pirna) (A)

Ebersbach (A)
Eibau (A)

Frauenstein (Erzgebirge) (A)
Freiberg (A, B)
Freital (A)

Glashütte (A)
Görisch (A)
Görlitz (A), s. auch Lokalausgaben
Gottleuba (Bad) s. Lokalausgaben unter Bad Gottleuba
Grödiz über Riesa (A)
Großhartmannsdorf über Freiberg (A)
Großröhrsdorf (A)
Grube Erika (Kr. Hoyerswerda) (A)

Hainsberg (Sa.) (A)
Heidenau (Sa.) (A)
Heidersdorf (Erzgebirge) (A)
Hellerau (A)
Hermsdorf bei Dresden (B)
Herrnhut (A), s. auch Lokalausgaben
Höckendorf über Tharandt (A)

Johnsbach über Dippoldiswalde (A)

Klotzsche (A)
Königstein (A)
Kreischa (Bezirk Dresden) (A)
Krippen (Kr. Orla) (A)
Krummenhennersdorf über Freiberg (A)

Langebrück (A)
Langenau über Freiberg (A)
Langhennersdorf (A)
Lichtenberg über Freiberg (Sa.) (A)
Liebstadt über Pirna (A)
Löbau (A), s. auch Lokalausgaben
Lommatzsch, Lommatzsch-Land (A)

Meißen (A, B), s. auch Lokalausgaben
Mulda, Rechteck (A)

Nassau (Erzgebirge) (A)
Naundorf über Königstein, Kr. Pirna (A)
Neugersdorf (B)
Neuhausen (A, B)
Neukirch (A)
Neustadt (Sa.) (A)
Niederbobritzsch (Freiberg) (A)
Niederoderwitz (A)
Niedersedlitz (Sa.) (A)
Nossen (Bezirk Dresden) (A, B)

Oberbärenburg über Kipsdorf (A)
Oberbobritzsch (A)
Obercarsdorf (A)
Oberoderwitz (A)
Oelsa (Bezirk Dresden) (A)
Ohorn (Kr. Kamenz) (A)
Oppach s. Lokalausgaben Löbau
Ottendorf-Okrilla (A)

Pappritz (A)
Pilnitz (Elbe) (A)
Pirna (A, B)
Pirna (in Verbindung mit fünfstrahligem Stern für die KZ-Insassen von Sonnenstein) (C)
Pirna-Copitz (A)
Possendorf (A)
Pretzschendorf (Freiberg) (A)
Pulsnitz (A)

Rabenau (A)
Radeberg (A)
Radebeul 1 (A)
  2 (A)
  3 (A)
Rathen (A), Gemeindesiegel (Mache)
Reinhardtsdorf (über Bad Schandau) (A)
Riesa (A)
Ringenhain (A)
Rosenthal über Königstein (Kr. Pirna) (A)

Saupsdorf über Sebnitz (A)
Schandau, Bad 1 (C; ähnlich Mülsen-St. Jacob)
Schirgiswalde (A)
Schmiedeberg (Bez. Dresden) (A, B)
Schöna über Bad Schandau (A)
Schönfeld über Dresden-Bad Weißer Hirsch (A)
Sebnitz (A)
Seifhennersdorf (Kr. Meißen) (A)
Sörnewitz (A)
Stolpen (B)

Tharandt (A)

Voigtsdorf (A)

Wehrsdorf (A)
Weißenborn über Freiberg (Sa.) (A)
Weixdorf (A)
Wilschdorf (A)
Wilsdruff (Bezirk Dresden) (B)

OPD Leipzig

Altenburg (Thür.)[1] (A)

Börln über Wurzen (A)
Bornitz (Kr. Oschatz) (B)
Burgstädt (B, C)

Chursdorf (A)
Claussnitz über Burgstädt (A)
Cossen (Bezirk Rochlitz) (A)

Dahlen (A)
Diethensdorf (A)
Döbeln (A, B, s. auch Lokalausgaben)

Frohburg (A)

---
[1] Ort wurde aufgenommen, da er zwar in Thüringen liegt, jedoch zur OPD Leipzig gehört.

Alliierte Besetzung (Sowjetische Zone – Bundesland Sachsen)

Geringswalde (A)
Göritzhain (A)
Grünlichtenberg über Waldheim (A)
Grunau (Kr. Döbeln) (A)

Hainichen (A)
Hartha (B)
Hartmannsdorf (bei Chemnitz)

Klebitz über Döbeln (A)
Köthensdorf-Reitzenhain über Burgstädt (A)

Leisnig (A)
Leipzig C 1 (A)
       C 2 (A)
       O 5 (A)
       S 3 (A)
Luppa (Kr. Oschatz) (A)

Markersdorf (A)
Mittweida (A, B)
Mochau über Döbeln (A)
Mohsdorf über Burgstädt (A)
Mügeln (A)
Mühlau (B)

Naundorf über Oschatz (A)
Nerchau (A)

Oschatz (B)
Ostrau (A)

Pegau (Kr. Borna) (A)
Penig (A)

Röcknitz über Wurzen (A)

Schmannewitz (Kr. Oschatz) (B)

Schrebnitz über Döbeln (A)
Stauchitz (B)
Stein über Burgstädt (A)
Steina-Saalbach (A)
Strehla (A)

Taucha (A)
Taura (Chemnitztal) (A)

Wachau (A)
Waldheim (A)
Wermsdorf (Bez. Leipzig) (A)
Westewitz (A)
Wolkenburg (A)
Wurzen (A)

Zschaitz (Kr. Döbeln) (A)
Zschoppach über Leisnig (A)

Es kam vor, daß Schwärzungen eines Nachbarortes mitverwendet wurden, so daß nicht immer der Ortsstempel ein Beweis für die Schwärzungsart des Auslieferungs-PA ist. Wichtig ist, die für das betreffende Postamt charakteristische Schwärzungsart (C) eindeutig festzustellen.

Die mitunter auftauchenden Schwärzungen von Bad Schmiedeberg (s. Lokalausgabe Wittenberg-Lutherstadt), Pretzsch und Mühlberg sind der Provinz Sachsen zuzurechnen.

Schwärzungen sind auch aus dem Gebiet der OPD Berlin-Brandenburg (Erkner, Dahme), der OPD Halle (z. B. Pretzsch, Zerbst) und anderen Teilen der Sowjetischen Zone aufgetaucht.

Im Bereich der OPD Leipzig westlich der Mulde wurden die Bestände an früheren Dauer- und Dienstmarken im Juni 1945 eingezogen, um diese mit einem einheitlichen Überdruck im Buchdruckverfahren zu versehen (s. West-Sachsen, sogen. Holzhausen-Ausgabe), doch wurden Schwärzungen ebenfalls vorgenommen.

! Wegen zahlreich auftauchender Fälschungen, insbesondere von Crimmitschau, Eibau, Herrnhut, Löbau, Niederoderwitz und Oberoderwitz teilweise mit ebenfalls gefälschten „Prüfzeichen" und nachträglich hergestellter Briefe, ist größte Vorsicht geboten! Alle Belege mit „Sächsischen Schwärzungen" sollten nur geprüft erworben werden!

Weitere (hier nicht aufgeführte) Unkenntlichmachungen siehe unter Deutsche Lokalausgaben ab 1945

Ausgaben der OPD Dresden siehe Ost-Sachsen Nr. 41–65, Ausgaben der OPD Leipzig siehe West-Sachsen Nr. 116–165

Gültigkeitsdauer der unkenntlich gemachten Marken des Deutschen Reichs:
OPD Chemnitz und Leipzig 12. 5.–8. 8. 1945, OPD Dresden 23. 5.–20. 6. 1945

Bitte der Redaktion:

Bei Einsendungen von vermeintlichen *Abarten* überlegen Sie immer erst, ob sich Ihre beabsichtigte Meldung für den MICHEL-Katalog wirklich eignet. Auch der MICHEL-Briefe-Katalog kann *Zufälligkeiten* des Druckes, der Zähnung, Farbe usw. nur in bestimmten, engumgrenzten Fällen erwähnen. Der in unserem Verlag erschienene MICHEL-Abartenführer sagt Ihnen Näheres. Tausende von sogenannten Abartenmeldungen verfallen jährlich als zu unbedeutend der Ablehnung und verursachen eine erhebliche Arbeitsbelastung. Ergänzungs- und Änderungsvorschläge, denen die entsprechenden Belegstücke nicht beiliegen, können überhaupt nicht berücksichtigt werden.

Alle Einsendungen und Anfragen, die nur im eigenen Interesse des Einsenders gestellt werden, müssen in Zukunft ausnahmslos unerledigt bleiben, wenn ihnen das Rückporto (Ausland Antwortscheine) nicht beiliegt.

Prüfungen und Begutachtungen von Briefmarken sowie Ermittlungen von Katalognummern usw. gehören nicht zu den Aufgaben einer Katalogredaktion. Sie müssen stets abgelehnt werden.

Verlag und Redaktion sind nicht in der Lage, unseren Lesern beim Verkauf oder Beschaffung von Briefmarken behilflich zu sein oder Bezugsquellen nachzuweisen.

Ost-Sachsen

(OPD Dresden, dazu Westlausitz (Görlitz u. Niesky), nur 31.1.1946 einschl. OPD Chemnitz)

1945, 23. Juni. Freim.-Ausg. Ziffernzeichnung mit russischer Inschrift „ПОЧТА". ⓖ Postamtmann Chemnitz in Lommatzsch; RaTdr. Welzel, Dresden, auf gestrichenem Papier; ☐.

		ae	EF
41.	12 (Pfg.) hell- bzw. dunkelrot	ae	3500.—*)
	Gefälligkeitsstempel		1600.—

*) gilt nur für echt gelaufene und geprüfte Briefe.

Nr. 41 wurde wegen Beanstandung der russischen Inschrift am Ausgabetag wieder zurückgezogen. Die Ausgabe erfolgte durch das Postamt Dresden A 20, der Verkauf beim Postamt A 16. Nach Angabe der OPD Dresden gelangten 14 500 Stück zum Verkauf, der Rest ist unter amtlicher Aufsicht vernichtet worden.

ⓖ ⦿ u. a. Bdr.

Nr. 42–63 waren bis 31.10.1946 zur Frankatur gültig und konnten ab Februar 1946 auch in der gesamten sowjetischen Zone verwendet werden.

1945, Juni/Juli. Freim.-Ausg. Ähnliche Zeichnung, jedoch nur deutsche Inschrift (af). ⓖ Chemnitz; RaTdr. auf gestrichenem Papier, Welzel, Dresden; ☐.

		at		
		EF	MeF	MiF
42A.	5 (Pfg.) dkl'or'braun (6.7.)	80.—	80.—	10.—
43A.	6 (Pfg.) 🆖			
	a. schw'gelbgrün (30.6.)	40.—	50.—	25.—
	b. schw'blaugrün (26.7.)	120.—	175.—	125.—
	c. grünl'schwarz (26.7.)	13000.—	—.—	12000.—
44A.	8 (Pfg.)			
	a. (dkl')pur'violett (7.7.)	18.—	30.—	15.—
	b. schwarzviolett (3.7.)	150.—	250.—	80.—
	c. (hell)braunviolett	480.—	600.—	250.—
45A.	10 (Pfg.) dkl'siena (3.7.)	400.—	120.—	12.—
46A.	12 (Pfg.)			
	a. rot (5.7.)	8.—	12.—	8.—
	b. dunkelrot (28.6.)	50.—	100.—	70.—
47A.	15 (Pfg.) (10.7.)			
	a. (dkl')olivgelb (10.7.)	—.—	200.—	15.—
	b. braunolivgelb	—.—	450.—	100.—
48A.	20 (Pfg.)			
	a. dkl'graublau (26.7.)	500.—	250.—	20.—
	b. grau	—.—	1500.—	375.—
	c. dkl'blaugrau	—.—	500.—	150.—
49A.	25 (Pfg.) blau (5.7.)	100.—	300.—	30.—
50A.	40 (Pfg.) dkl'lilapur. (7.7.)	300.—	520.—	30.—

B mit amtlichen Linien-[ ] I = 13–13½ (3. Juli) bzw. [ ] II = 10 (26. Juli).

43B.	6 (Pfg.)			
	Ia. schw'gelbgrün, [ ] I	80.—	100.—	70.—
	IIa. schw'gelbgrün, [ ] II	90.—	120.—	80.—
	IIb. schw'blaugrün, [ ] II	90.—	120.—	80.—

C mit amtlicher (Versuchs)-Zähnung L 11

| 43C. | 6 (Pfg.) schwarzblaugrün (26.7.) | —.— | —.— | 750.— |

Gültig bis 31.10.1946.

Zum Bestimmen der Farben:
MICHEL-Farbenführer

Postmeistertrennungen:

Zur Erleichterung und Beschleunigung wurden die Bogen von Nr. 42–50 im Bezirk Dresden nachträglich mit Postmeistertrennungen versehen und wurden auch nachträglich von der OPD Dresden anerkannt.

Die ⦿-Preise der Postmeister-Trennungen gelten für philatelistisch beeinflußte Briefe. Echt gelaufene Bedarfs-⦿ sind selten und bedingen erhebliche Aufschläge.

D Coswig, 1.7.–4.10.1945

I gez. L 10 ⦿

42 D I	5 (Pf)	dkl'orangebraun	af	110,—
43 D I	6 (Pf)		af	
		a schw'gelbgrün		75,—
		b schw'blaugrün		175,—
44 D I	8 (Pf)	(dkl')purpurviolett	af	100,—
45 D I	10 (Pf)	dunkelsiena	af	80,—
46 D I	12 (Pf)		af	
		a rot		70,—
		b dunkelrot		175,—
47 D I	15 (Pf)	(dkl')olivgelb	af	150,—
48 D I	20 (Pf)	(dkl')graublau	af	200,—
49 D I	25 (Pf)	blau (Töne)	af	120,—
50 D I	40 (Pf)	(dkl')lilapurpur	af	140,—

II gez. L 11 ⦿

42 D II	5 (Pf)	dkl'orangebraun	af	225,—
43 D II	6 (Pf)	schwarzgelbgrün	af	275,—
44 D II	8 (Pf)		af	
		a (dkl')purpurvio.		200,—
		b schwarzviolett		400,—
45 D II	10 (Pf)	dunkelsiena	af	200,—
46 D II	12 (Pf)		af	
		a rot		140,—
		b dunkelrot		—,—
47 D II	15 (Pf)		af	
		a (dkl')olivgelb		275,—
		b braunolivgelb		400,—
48 D II	20 (Pf)		af	
		a (dkl')graublau		450,—
		b grau		—,—
49 D II	25 (Pf)	blau (Töne)	af	225,—
50 D II	40 (Pf)	(dkl')lilapurpur	af	260,—

III gez. L 11½ ⦿

42 D III	5 (Pf)	dkl'orangebraun	af	150,—
43 D III	6 (Pf)		af	
		a schw'gelbgrün		300,—
		b schw'blaugrün		—,—
44 D III	8 (Pf)	(dkl')purpurviolett	af	150,—
45 D III	10 (Pf)	dunkelsiena	af	175,—
46 D III	12 (Pf)		af	
		a rot		120,—
		b dunkelrot		175,—
47 D III	15 (Pf)	(dkl')olivgelb	af	200,—
48 D III	20 (Pf)	(dkl')graublau	af	400,—
49 D III	25 (Pf)	blau (Töne)	af	160,—
50 D III	40 (Pf)	(dkl')lilapurpur	af	250,—

E Großröhrsdorf; 30.7.–24.9.1945; nur senkrecht gez. L 10½;

42 E	5 (Pf)	dkl'orangebraun	af	200,—
43 E	6 (Pf)	schw'gelbgrün	af	1800,—
44 E	8 (Pf)	(dkl')purpurviolett	af	200,—
45 E	10 (Pf)	dunkelsiena	af	350,—

Alliierte Besetzung (Sowjetische Zone – Ost-Sachsen)

				✉
46 E	12 (Pf)	....	af	
	a rot	....		300,—
	b dunkelrot	....		600,—
47 E	15 (Pf)	(dkl')olivgelb	af	450,—
48 E	20 (Pf)	....	af	
	a (dkl')graublau	....		300,—
	c dunkelgraublau	....		400,—
49 E	25 (Pf)	blau (Töne)	af	900,—
50 E	40 (Pf)	(dkl')lilapurpur	af	600,—

allseitig gez. L 10½ (Versuchszähnung)

46 E Z	12 (Pf) rot	....	af	2000,—

Bogenrandstücke blieben teilweise dreiseitig ungezähnt (kein Aufschlag).

F	Klotzsche; 14. 7.–20. 9.1945; gez. L 10¾–11			✉
42 F	5 (Pf) dkl'orangebraun	....	af	400,—
43 F	6 (Pf) schw'gelbgrün	....	af	400,—
44 F	8 (Pf)	....	af	
	a (dkl')purpurviolett	....		500,—
	b schwarzviolett	....		—,—
45 F	10 (Pf) dunkelsiena	....	af	450,—
46 F	12 (Pf) rot	....	af	250,—
47 F	15 (Pf) (dkl')olivgelb	....	af	1500,—
48 F	20 (Pf) (dkl')graublau	....	af	350,—
49 F	25 (Pf) blau (Töne)	....	af	700,—
50 F	40 (Pf) (dkl')lilapurpur	....	af	900,—

Die Klotzscher Zähnung L 10¾–11 unterscheidet sich von der Zähnung L 11 von Coswig (D II) durch ihre Unregelmäßigkeit und sehr mangelhafte Ausführung.

G	Loschwitz; 2. 7.–10. 9.1945; Linien-[] 9½–11½			✉
42 G	5 (Pf) dkl'orangebraun	....	af	35,—
43 G	6 (Pf)	....	af	
	a schw'gelbgrün	....		80,—
	b schw'blaugrün	....		400,—
44 G	8 (Pf)	....	af	
	a (dkl')purpurviolett	....		50,—
	b schwarzviolett	....		150,—
45 G	10 (Pf) dunkelsiena	....	af	60,—
46 G	12 (Pf) rot	....	af	75,—
47 G	15 (Pf) (dkl')olivgelb	....	af	60,—
48 G	20 (Pf)	....	af	
	a dkl'graublau	....		65,—
	b grau	....		600,—
	c dunkelgraublau	....		100,—
49 G	25 (Pf) blau (Töne)	....	af	65,—
50 G	40 (Pf) (dkl')lilapurpur	....	af	65,—

Der Durchstich von Nr. 42 G–50 G wurde mittels Handrädchens durchgeführt und ist immer unregelmäßig. Paare bzw. Viererblöcke, anhand derer der Durchstich besser zu erkennen ist, verdienen eine höhere Bewertung.

Ⓖ

Da das Postamt Dresden-Loschwitz 1947 in PA Dresden-N 54 umbenannt wurde, sind Marken mit letztgenanntem Stempel immer Ⓖ.

In **Pirna** und **Seiffen** erfolgten Durchstiche seitens des Postamtes, die jedoch von der OPD Dresden nicht anerkannt wurden, obgleich Sendungen unbeanstandet befördert wurden.

Pirna; 1. 7.–2. 10. 1945. Nachträglicher Durchstich mittels Handrädchens.

H = linienförmiger Durchstich 9¾–10, kleine Schnitte unregelmäßig

				✉
42	5 (Pf) dkl'orangebraun	....	af	450,—
43	6 (Pf) schw'gelbgrün	....	af	1200,—
44	8 (Pf) (dkl')purpurviolett	....	af	450,—
45	10 (Pf) dunkelsiena	....	af	450,—
46	12 (Pf) rot	....	af	400,—
47	15 (Pf) (dkl')olivgelb	....	af	500,—
48	20 (Pf) (dkl')graublau	....	af	550,—
49	25 (Pf) blau (Töne)	....	af	550,—
50	40 (Pf) (dkl')lilapurpur	....	af	600,—

Viele Orte des Kreises Pirna sind mit diesem Durchstich beliefert worden.

Die Echtheit der hier früher unter K genannten Falzbeinrillung ist nicht nachweisbar.

Seiffen; 5. 7.–25. 9 1945; nachträglicher [] 9¾

L = Durchstich in kleinen Schnitten, an den Enden punktartig verdickt, mit Handrädchen hergestellt
M = Nähmaschinen-Durchstich

42 L	5 (Pf) dkl'orangebraun	....	af	700,—
44	8 (Pf) (dkl')purpurviolett	....	af	
	L []L			900,—
	M []M			2000,—
45	10 (Pf) dunkelsiena	....	af	
	L []L			900,—
	M []M			2000,—
46 L	12 (Pf) rot	....	af	700,—
47 L	15 (Pf) (dunkel)olivgelb	....	af	1000,—
48 L	20 (Pf) (dkl')graublau	....	af	1000,—
50 L	40 (Pf) (dkl')lilapurpur	....	af	1000,—

Außer den katalogisierten vorkommende Zähnungsarten sind privaten Ursprungs.

Von allen Postmeister-Trennungen sind zahlreiche Verzähnungen oder Doppelzähnungen bekannt.

Die ✉-Preise der Postmeister-Trennungen gelten für philatelistisch beeinflußte Briefe. Echt gelaufene Bedarfs-✉ sind selten und bedingen erhebliche Aufschläge.

Postmeistertrennungen sollten nur geprüft erworben werden. Die Preise gelten nur für geprüfte Stücke!

1945. Freim.-Erg.-Wert und Farbänderung (af). Odr. J. R. Ulbrich, Limbach, auf graustichigem, Nr. 52 auch auf weißem Papier; [].

af

Nr. 51: Type I: Spitzer Kopf

Type II: Stumpfer Kopf auf Feld 11, 31, 51, 71, 91

	EF	MeF	MiF
Type I			
51 3 (Pfg.) (5. 12.)			
a schwarzbraun	30,—	20,—	12,50
b graubraun	—,—	600,—	120,—
Type II			
51 3 (Pfg.) (5. 12.)			
a schwarzbraun	180,—	450,—	40,—
b graubraun	—,—	—,—	450,—
52 10 (Pfg.) grau bis dunkelgrau (3. 11.)	150,—	280,—	12,50

1945, 3./5. Nov. Freim.-Erg.-Werte. Zeichnung (af), das Wort POST in etwas dünneren Buchstaben. RaTdr. der Druckerei der Sächsischen Volkszeitung in Dresden; □.

		EF	MeF	MiF
53.	4 (Pfg.) (5.11.)			
	a. dunkelgraublau	100.—	50.—	12.50
	b. schwarzblau	—.—	—.—	7000.—
	c. schwarzgraublau	—.—	—.—	7000.—
54.	20 (Pfg.) (3.11.)			
	a. dunkelblau	500.—	220.—	12.50
	b. hellkobalt	—.—	—.—	*8000.—*
55.	30 (Pfg.) gelb (5.11.)	550.—	270.—	25.—

1945, 3. Nov./21. Dez. Freim.-Ausg. Gleiche Zeichnung (af). Bdr. G & D, auf graustichigem Papier; gez. K 13:12½.

56.	3 (Pfg.) (21. 12.)			
	a. orangebraun	100.—	60.—	10.—
	b. dunkelbraun	320.—	360.—	200.—
57.	5 (Pfg.) (3. 11.)			
	a. dkl'gelbgrün	180.—	240.—	10.—
	b. dunkelolivgrün	480.—	380.—	150.—
58.	6 (Pfg.) (3.11.)			
	a. grauviolett, braunviolett	10.—	18.—	8.—
	b. blauviolett	40.—	60.—	25.—
59.	8 (Pfg.) orange (3. 11.)	60.—	100.—	10.—
60.	12 (Pfg.) orangerot (3. 11.)	10.—	20.—	8.—

1946, Jan./Febr. Freim.-Ausg. Ausführung wie Nr. 53–55 (af). RaTdr. Sächsische Volkszeitung, Dresden, Nr. 61 und 62 auf weißem, glattem, gestrichenem Papier, Nr. 63 auf gewöhnlichem, graustichigem Papier; □.

61.	4 (Pfg.) schwarzgrüngrau (15.1.)	330.—	130.—	12.50
62.	6 (Pfg.) pur'violett (22.1.)	30.—	28.—	10.—
63.	12 (Pfg.) karminrot (1.2.)	80.—	150.—	10.—

Nr. 42–63 waren bis 31.10.1946 zur Frankatur gültig und konnten ab Februar 1946 auch in der gesamten sowjetischen Zone verwendet werden.

1946, 5. Febr. Wohlt.-Ausg. für den Wiederaufbau Dresdens. Ⓔ Heinz Walter, Dresden; RaTdr. Sächsische Volkszeitung, Dresden; gez. L 11.

 ag) Zwinger, Dresden
 ah) Neues Rathaus, Dresden

64.	6+44 (Pfg.)	ag		
	a. schwarzolivgrün	270.—	120.—	30.—
	b. olivgrün	300.—	150.—	70.—
65.	12+88 (Pfg.)	ah		
	a. (dkl')orangerot	160.—	200.—	30.—
	b. or'rot (mit weißem Dach)	200.—	350.—	75.—

Gültig bis 31.10.1946.

Wenn Sie eine eilige philatelistische Anfrage haben, rufen Sie bitte (089) 3 23 93-2 24. Die MICHEL-Redaktion gibt Ihnen gerne Auskunft.

Provinz Sachsen
PD Provinz Sachsen (bis 21.7.1945 PD Halle)

1945, 10. Okt. Freim.-Ausg. Wappenzeichnung (ai). Ⓔ E. Manz; Bdr. G & D; Wz. 1 X fallend, Y steigend; □.

 ai

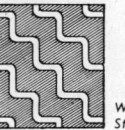 Wz. 1 X *Stufen fallend*
 Wz. 1 Y *Stufen steigend*

X

		EF	MeF	MiF
66.	1 Pfg. schwarzblaugrau		180.—	20.—
67.	3 Pfg. dkl' gelbbraun	60.—	50.—	20.—
68.	5 Pfg. dkl'olivgrün GA	100.—	150.—	20.—
69.	6 Pfg. GA			
	a. grauviolett	17.—	22.—	15.—
	b. rötlichgrauviolett	120.—	200.—	90.—
	c. dunkelgrauviolett	400.—	600.—	300.—
70.	8 Pfg. rotorange	40.—	70.—	20.—
71.	12 Pfg. lebhaftrot	18.—	25.—	15.—

Y

66.	1 Pfg. schwarzblaugrau			
67.	3 Pfg. dkl'gelbbraun	—.—	—.—	80.—
68.	5 Pfg. dkl'olivgrün GA	—.—	—.—	80.—
70.	8 Pfg. rotorange	—.—	—.—	80.—

Postmeistertrennungen:

A gez. L 11½ (Wittenberg-Lutherstadt mit ZwPÄ Kleinwittenberg, Piesteritz, Pratau und Reinsdorf und PST I Nudersdorf sowie benachbarte PÄ wie Annaburg, Jessen, Kemberg, Pretsch und Zahna mit nachgeordneten Dienststellen; Ende Okt.). ✉

66 X A	1 Pf schwarzblaugrau	ai	425,—
67 X A	3 Pf (dkl')gelbbraun, (dkl')ockerbraun	ai	425,—
68 X A	5 Pf dunkelolivgrün	ai	425,—
69 X A	6 Pf grauviolett	ai	300,—
70 X A	8 Pf rotorange	ai	425,—
71 X A	12 Pf lebhaftrot	ai	300,—

B gez. L 11½ (Naumburg [Saale])
Die Außenränder der Bogen wurden nicht mitgezähnt; es kommen daher ein- und zweiseitig ungezähnte Marken vor, kein Preisaufschlag.

69 X B	6 Pf grauviolett	ai	500,—
71 X B	12 Pf lebhaftrot	ai	500,—

C gez. L 11½ (Diesdorf) ✉

69 X C	6 Pf grauviolett	ai	1200,—
71 X C	12 Pf dunkelrosarot	ai	1200,—

Die Zähnungen A, B und C unterscheiden sich nur geringfügig voneinander, lose Stücke von C sind nicht prüfbar! Prüfung unerläßlich!

D unregelmäßig □ (mittels Nähmaschine, Schneiderädchen u. ä.) (Berga, Görzke, Großwusterwitz, Kölleda, Magdeburg BPA 7, Möckern, Osterweddingen, Schlieben und Schwanebeck)

66 X D	1 Pf schwärzlichgrünlichblau	ai	900,—
67 X D	3 Pf (dunkel)orangebraun	ai	900,—
68 X D	5 Pf dunkelolivgrün	ai	900,—
69 aX D	6 Pf grauviolett	ai	800,—
70 X D	8 Pf gelblichrot (Töne)	ai	800,—
71 X D	12 Pf dunkelrosarot	ai	800,—

Neben den (amtl.) Postmeistertrennungen gibt es zahlreiche Privattrennungen/Durchstiche mittels Nähmaschinen, Schneiderädchen und ähnlicher Instrumente, die auf Bedarfsbriefen sehr gesucht sind. Prüfung unerläßlich!

Deutschland (Sowjetische Zone)

1946, Jan. Freim.-Erg.-Wert; sog. „goldene Zehn"; Bdr.; Wz. 1X; □.

			EF	MeF	MiF
72	10 Pf (dunkel)rötlichbraun ... ai		550,—	280,—	150,—

1945, Dez. Freim.-Ausg. in Wappenzeichnung (ai). Bdr.; X = Wz. 1X, Y = Wz. 1Y; gez. K 13:12½, Gummi weiß bis braungelblich.

ai) Wappen der Provinz Sachsen

X

73	1 Pf schwarzblaugrau ...... ai	80,—	10,—
74	3 Pf (dunkel)gelbbraun .... ai	20,—	15,—	10,—
75	5 Pf			
	a dkl'- bis schwärzl'ol'grün	35,—	40,—	10,—
	b graugrün............	170,—	260,—	100,—
76	6 Pf .... ai			
	a grauviolett	6,—	8,—	8,—
	b rötlichgrauviolett	650,—	900,—	600,—
	c dunkelgrauviolett	250,—	460,—	250,—
77	8 Pf rotorange .... ai	15,—	20,—	10,—
78	10 Pf .... ai			
	a rötlichbraun	100,—	150,—	12,—
	b siena	—,—	—,—	60,—
79	12 Pf lebhaftrot .... ai	5,—	12,—	6,—
80	15 Pf braunkarmin ...... ai	—,—	—,—	2000,—
81	20 Pf kobalt .... ai	300,—	200,—	20,—
82	24 Pf dunkelbraunorange . ai	40,—	70,—	30,—
83	30 Pf .... ai			
	a dunkeloliv	400,—	220,—	30,—
	b bräunlicholiv	—,—	—,—	500,—
84	40 Pf .... ai			
	a dunkellilarosa	450,—	—,—	150,—
	b dunkellilapurpur	420,—	—,—	100,—
	c dunkelbräunlichlila	420,—	—,—	100,—

Y

73	1 Pf schwarzblaugrau ...... ai	80,—	10,—
74	3 Pf (dunkel)gelbbraun .... ai	20,—	15,—	10,—
75	5 Pf			
	a dkl'- bis schwärzl'ol'grün	35,—	40,—	10,—
	b graugrün............			—,—
76	6 Pf .... ai			
	a grauviolett	6,—	8,—	6,—
	b rötlichgrauviolett	600,—	900,—	600,—
	c dunkelgrauviolett	225,—	400,—	225,—
77	8 Pf rotorange .... ai	15,—	20,—	10,—
78	10 Pf .... ai			
	a rötlichbraun	100,—	150,—	12,—
	b siena	—,—	—,—	250,—
79	12 Pf lebhaftrot .... ai	9,—	12,—	6,—
80	15 Pf braunkarmin ...... ai	420,—	230,—	6,—
81	20 Pf kobalt .... ai	450,—	260,—	100,—
83	30 Pf dunkeloliv .... ai	600,—	300,—	100,—
84	40 Pf .... ai			
	b dunkellilapurpur	650,—	900,—	250,—
	c dunkelbräunlichlila			

1945, 17. Dez. 1. So.-Ausg. zur Bodenreform in der Provinz Sachsen. ✍ Dipl.-Ing. Gebauer, Halle; Bdr. Ewald Ebelt, Halle, in Bogen zu 50 Marken; □.

ak) Pflügender Bauer

85.	6 (Pfg.) dkl'bläulichgrün (Töne) .... ak	10,—	10,—	6,—
86.	12 (Pfg.) karminrot (Töne) . ak	8,—	15,—	6,—

Der Postmeister in Wittenberg verausgabte diese Marken mit folgenden nichtamtlichen Zähnungen:

A:	vierseitig gez. L 11½ .... BF je	200,—
B:	waagerecht gez. L 11 .... BF je	250,—
C:	senkrecht gez. L 11½ .... BF je	250,—
D:	durchstochen (unregelmäßig) ..... BF je	450,—

Marken in ähnlichem Muster auf dünnem, durchsichtigem Papier mit Wz. siehe Nr. 90—91.

1946, 19. Jan./21. Febr. Wohlt.-Ausg. zugunsten des Wiederaufbaues. ✍ Dipl.-Ing. Gebauer, Halle; Bdr. G & D in Bogen zu 70 Marken (10 waagerechte, 7 senkrechte Reihen); A gez. K 13½:13¼ (19.1.), B □ (21.2.).

al) Wohnungsbau   am) Brücken- und Wasserstraßenbau    an) Maschinenbau (Lokomotive)

87.	6+ 4 (Pfg.) schw'blaugrün al	22,—	40,—	15,—
88.	12+ 8 (Pfg.) rot .... am	20,—	50,—	15,—
89.	42+28 (Pfg.) blauviolett ... an	450,—	200,—	35,—

B □

87.	6+ 4 (Pfg.) schw'blaugrün al	100,—	130,—	30,—
88.	12+ 8 (Pfg.) rot .... am	70,—	240,—	30,—
89.	42+28 (Pfg.) blauviolett ... an	1100,—	600,—	90,—

1946, 21. Febr. 2. So.-Ausg. zur Bodenreform. Etwas abgeänderte Zeichnung; Bdr. G & D in Bogen zu 50 Marken auf dünnem, sog. Zigarettenpapier; Wz. griechische Buchstaben durch Linien verbunden in vier verschiedenen Lagen (Wz. 2); gez. K 13:13¼.

Wz. 2

ak l) Pflügender Bauer

90.	6 (Pfg.) schw'bläulichgrün ak l	30,—	30,—	20,—
91.	12 (Pfg.) mittelrot .... ak l	30,—	40,—	20,—

Gültig bis 31. 10. 1946.

Thüringen (OPD Erfurt)

1945/46. Freim.-Ausg. ✍ Engelbert Schoner, Weimar; Bdr. Ohlenrothsche Druckerei, Erfurt, auf verschiedenen Papieren; gez. L 11, Nr. 98—99 auch □; X glatter Gummi, Y Spargummi.

ao) Tanne (Thüringer Wald)

ap) Posthorn und Brief   aq) Friedrich v. Schiller (1759–1805), Dichter   ar) Johann Wolfgang v. Goethe (1749–1832), Dichter

Billigste Sorte
EF   MeF   MiF

92 A.	3 (Pfg.) orangebraun bis dkl'gelbbraun, siena (4.1.1946) .... ao	350,—	80,—	30,—
93 A.	4 (Pfg.) bläul'schwarzgrau, grauschwarz (4.1.1946) . ao	650,—	180,—	40,—
94 A.	5 (Pfg.) (dkl')gelbl'grün, dkl'smaragdgrün (20.10.1945) .... ao	100,—	180,—	20,—

Deutschland (Sowjetische Zone)

		Billigste Sorte						EF	MeF	MiF
		EF	MeF	MiF	103.	4 (Pfg.) bläul'schw'grau bis blauschwarz .... ao			t	
95 A.	6 (Pfg.) schwärzlichsm'grün bis dkl'(gelblich)grün (1.10.1945) GA .... ap	10.—	10.—	10.—	104.	6 (Pfg.) schwärzlichsmaragdgrün ...... ap				
96 A.	8 (Pfg.) rotorange bis gelblichrot (1.11.1945) .. ap	50.—	40.—	20.—	105.	12 (Pfg.) (lebh')kar'rot . aq				
97 A.	12 (Pfg.) (lebh')karmin, dkl'bräunl. (19.10.1945) aq	10.—	15.—	10.—	106.	20 (Pfg.) preußischblau bis grünlichblau..... ar				
98.	20 (Pfg.) preußischblau bis grünl'blau (24.11.1945).. ar					Block 2 (120:120 mm) .... ar	8000.—	—.—	8000.—
	A. gez............	600.—	450.—	35.—	103.	4 (Pfg.) bläul'schwarzgrau bis blauschwarz .... ao			x	
	B. □	1300.—	700.—	90.—	104.	6 (Pfg.) schwärzlichsmaragdgrün ...... ap				
99.	30 (Pfg.) (dkl')olivgrau bis schw'oliv, lebh'graublau (22.12.1945) .... ar				105.	12 (Pfg.) (lebh')kar'rot . aq				
	A. gez............	780.—	450.—	40.—	106.	20 (Pfg.) preußischblau bis grünlichblau..... ar				
	B. □	1500.—	700.—	120.—		Block 2 (120:120 mm) .... ar	17000.—	—.—	17000.—
					103.	4 (Pfg.) bläul'schw'grau bis blauschwarz .... ao			v	
					104.	6 (Pfg.) schwärzlichsmaragdgrün ...... ap				
					105.	12 (Pfg.) (lebh')kar'rot . aq				
					106.	20 (Pfg.) preußischblau bis grünlichblau..... ar				
						Block 2 (120:120 mm) .... ar	—.—	—.—	—.—

1945, 18. Dez. Wohlt.-Ausg. in Blockform für die Opfer des Faschismus (sog. Antifa.-Block). Marken in Zeichnung der Nr. 92–94 (ao) als Block, mit schwarzer Inschrift. Bdr.; t grauweißes, dünnes Papier, x weißes Kartonpapier; Einzelmarken □.

(½ Orig.-Größe)

ao

100.	3 (Pfg.) dkl'br'ocker (Töne) ..			t	t
101.	4 (Pfg.) bläul'schwarzgrau bis schwarzgrau........				
102.	5 (Pfg.) dkl'smaragdgrün ...				
	Block 1 (78:38 mm) ...... ao I	8500.—	—.—	8500.—	
			x		
100.	3 (Pfg.) dkl'br'ocker (Töne) .		—.—		
101.	4 (Pfg.) bläul'schwarzgrau bis schwarzgrau........		—.—		
102.	5 (Pfg.) dkl'smaragdgrün ...		—.—		
	Block 1 (78:38 mm) ...... ao I	2500.—	—.—	2500.—	

1945, 18. Dez. Wohlt.-Ausg. in Blockform für die soziale Wohlfahrt (sog. Weihnachtsblock). Marken in Zeichnung der Nr. 93, 95, 97 und 98 als Block mit schwarzer Inschrift. Bdr.; t grauweißes, dünnes Papier, x weißes Kartonpapier; v graugefasertes Papier mit kleinen Holzeinschlüssen; schwarz □.

ar I

(½ Orig.-Größe)

1946, 27. März. Wohlt.-Ausg. in Blockform für den Wiederaufbau des Deutschen Nationaltheaters in Weimar. Randinschriften in Hellgrau. A: Bdr. G & D auf dünnem, weißem Papier; Wz. 1 X (Stufen fallend), □; B: Bdr. Ohlenrothsche Druckerei, auf graubraunem Papier oWz., □ in Zickzacklinien.

as) Schiller (6 Pfg.)
at) Goethe (10 Pfg.)
au) Liszt (12 Pfg.)
av) Wieland (16 Pfg.)
aw) Nationaltheater Weimar (40 Pfg.)
(½ Orig.-Größe)

aw I

				A □		
107.	6 (Pfg.) dkl'(grau)braun... as	500.—			—.—	400.—
108.	10 (Pfg.) (dkl')graugrün.... at	720.—			—.—	400.—
109.	12 (Pfg.) (dkl')braunviolett.. au	450.—			—.—	400.—
110.	16 (Pfg.) braunrot bis lebh'karminbraun....... av	550.—			—.—	400.—
111.	40 (Pfg.) lebh'vio'ultramarin aw	1200.—			—.—	400.—
	Block 3 (105:105 mm) .... w I	475.—			—.—	475.—
				B □		
107.	6 (Pfg.) dkl'orangebraun bis dkl'braun .... as	520.—			—.—	450.—
108.	10 (Pfg.) (dkl')graugrün.... at	840.—			—.—	450.—
109.	12 (Pfg.) (dkl')braunviolett.. au	500.—			—.—	450.—
110.	16 (Pfg.) braunrot bis lebh'karminbraun....... av	750.—			—.—	450.—
111.	40 (Pfg.) lebh'vio'ultramarin aw	1800.—			—.—	450.—
	Block 3 (105:105 mm) .... w I	650.—			—.—	650.—

Deutschland (Sowjetische Zone)

1946, 30. März. Wohlt.-Ausg. für den Wiederaufbau der Brücken in Thüringen. ⬛ **Engelbert Schoner, Weimar; Bdr.;** ☐; **Spargummi.**

ax) Saalburger Brücke

ay) Camsdorfer Brücke, Jena   az) Saalebrücke, Göschwitz   ba) Ilmbrücke, Mellingen

ax–ba) Zerstörte Brücken von Thüringen

		EF	MeF	MiF
112.	10+60 (Pfg.) dunkelrötlichbraun .... ax	400,—	600,—	60,—
113.	12+68 (Pfg.) .... ay			
	a. dkl'orangerot (Töne)....	70,—	70,—	60,—
	b. rot................	1100,—	1800,—	800,—
114.	16+74 (Pfg.) schwarzblaugrün (Töne) .... az	210,—	430,—	60,—
115.	24+76 (Pfg.) .... ba			
	a. gelbbraun...........	85,—	280,—	60,—
	b. mittelsiena..........	—,—	—,—	400,—

1946, 30. März. Wohlt.-Ausg. in Blockform. Wiederaufbau der Brücken in Thüringen (ba l). Nr. 112–115 als Block zusammengefaßt, Randinschriften orangebraun; Bdr.; ☐.

ba l

Block	4 ay (119:119 mm)	5000,—	—,—	5000,—
	4 by Nr. 113 rot	6500,—	—,—	6500,—

Alle Ausgaben von Thüringen gültig bis 31.10.1946.

West-Sachsen
(OPD Leipzig)

Die OPD Chemnitz wurde nach ihrer Auflösung in die OPD Leipzig eingegliedert.

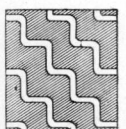   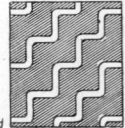

Wz. 1 X   Wz 1 Y
Stufen fallend   Stufen steigend

1945, 28. Sept. Freim.-Ausg. Ziffernzeichnung (bb). **Bdr. G & D;** *Wz. 1 X fallend und Y steigend;* ☐.

	bb	EF	MeF	MiF
			X	
116	5 Pfg. dkl'olivgrün	50,—	75,—	25,—
117	6 Pfg. a (lebhaft)grauviolett (Töne)	17,—	20,—	15,—
	b dunkelrotviolett (Töne)	300,—	400,—	250,—
118	6 Pfg. rotorange	20,—	25,—	20,—
119	12 Pfg. karminrot	6,—	25,—	10,—
			Y	
116	5 Pfg. dkl'olivgrün	220,—	300,—	150,—
117	6 Pfg. purpurviolett (Töne)....	170,—	190,—	150,—
118	8 Pfg. rotorange	200,—	220,—	150,—
119	12 Pfg. karminrot	170,—	240,—	150,—

Postmeistertrennungen:

A gez. L 11½ (Mügeln)			EF	MeF	MiF
116 A	5 Pf dunkelolivgrün ..... bb				
	X Wz. 1 X				600,—
	Y Wz. 1 Y				1500,—
117 A	6 Pf purpurviolett (Töne) . bb				
	X Wz. 1 X				600,—
	Y Wz. 1 Y				1500,—
118 A	8 Pf rotorange .... bb				
	X Wz. 1 X				600,—
	Y Wz. 1 Y				1500,—
119 A	12 Pf karminrot .... bb				
	X Wz. 1 X				600,—
	Y Wz. 1 Y				1500,—

B gez. L 11¼–11½ (Roßwein)		
116 B	5 Pf dunkelolivgrün ..... bb	
	X Wz. 1 X	600,—
	Y Wz. 1 Y	1000,—
117 B	6 Pf purpurviolett (Töne) . bb	
	X Wz. 1 X	600,—
118 B	8 Pf rotorange .... bb	
	X Wz. 1 X	600,—
119 B	12 Pf karminrot .... bb	
	X Wz. 1 X	600,—

C ☐ 10 (Roßwein)		
116 C	5 Pf dunkelolivgrün ... bb	
	X Wz. 1 X	600,—
	Y Wz. 1 Y	
117 C X	6 Pf purpurviolett (Töne) .... bb	600,—
118 C X	8 Pf rotorange .... bb	600,—
119 C X	12 Pf karminrot .... bb	600,—

D ☐ 16 (Roßwein)		
116 D	5 Pf dunkelolivgrün ..... bb	
	X Wz. 1 X	600,—
	Y Wz. 1 Y	1000,—
117 D	6 Pf purpurviolett (Töne) . bb	
	X Wz. 1 X	600,—
118 D	8 Pf rotorange .... bb	
	X Wz. 1 X	600,—
	Y Wz. 1 Y	1000,—
119 D	12 Pf karminrot .... bb	
	X Wz. 1 X	600,—
	Y Wz. 1 Y	—,—

Bei den Trennungen von Roßwein (B, C, D) sind die Seitenränder der äußeren Marken im Bogen nicht gezähnt bzw. durchstochen.

E ☐ 10¼ (Gaschwitz)		
116 E X	5 Pf dunkelolivgrün .... bb	1500,—
117 E X	6 Pf purpurviolett (Töne) bb	1500,—
118 E X	8 Pf rotorange .... bb	1500,—
119 E X	12 Pf karminrot .... bb	1500,—

Deutschland (Sowjetische Zone)

F ⌑ 9½ (Holzhausen)		EF	MeF	MiF
116 F X	5 Pf dunkelolivgrün .... bb			1300,—
117 F X	6 Pf purpurviolett (Töne) bb			1300,—
118 F X	8 Pf rotorange .... bb			1300,—
119 F X	12 Pf karminrot .... bb			1300,—

G Nähmasch. ⌑ (Kriebitzsch)

116 G	5 Pf dunkelolivgrün ..... bb			
	X Wz. 1 X			650,—
117 G	6 Pf purpurviolett (Töne) . bb			
	X Wz. 1 X			650,—
118 G	8 Pf rotorange .... bb			
	X Wz. 1 X			650,—
	Y Wz. 1 Y			2000,—
119 G	12 Pf karminrot .... bb			
	X Wz. 1 X			650,—

Neben den (amtl.) Postmeistertrennungen gibt es einige Privattrennungen/ Durchstiche mittels Nähmaschinen, Schneiderädchen und ähnlichen Instrumente, die auf Bedarfsbrief gesucht sind. Prüfung unerläßlich!

1945, 12. Okt. Freim.-Ausg. wie Nr. 116–119 (bb). Wz. 1 X; mit (Versuchs-)Zähnung L 10¾.

		X		
120.	5 Pfg. dkl'olivgrün GA	480.—	600.—	250.—
121.	6 Pfg. purpurviolett (Töne) GA	200.—	250.—	200.—
122.	8 Pfg. rotorange	280.—	340.—	200.—
123.	12 Pfg. karminrot	200.—	250.—	200.—

✉-Preise gelten nur für geprüfte Belege.

1945, 18. Okt. So.-Ausg. zur Musterschau Leipziger Erzeugnisse 1945 (18.—21. 10. 1945). Bdr. G & D; Wz. 1 X und Y; gez. K 13 : 12½.

bc

		X		
124.	6 (Pfg.) dkl'bläulichgrün . bc	240.—	370.—	200.—
125.	12 (Pfg.) lebh'rot ...... bc	280.—	580.—	250.—

		Y		
124.	6 (Pfg.) dkl'bläulichgrün . bc	40.—	70.—	30.—
125.	12 (Pfg.) lebh'rot ..... bc	40.—	100.—	30.—

1945, ab 9. Nov. Freim.-Ausg. in bisheriger Ziffernzeichnung (bb). Bdr.; Wz. 1 X und Y; gez. K 13 : 12½.

bb

		X		
126.	3 Pfg. braun (Töne) (9.11.)....	30.—	25.—	20.—
127.	4 Pfg. dkl'graublau (9.11.)....	100.—	55.—	20.—
128.	5 Pfg. dkl'olivgrün (12.11.) GA	35.—	40.—	20.—
129.	6 Pfg. lebh'grauviolett (Töne) (12.11.) GA	17.—	20.—	15.—
130.	8 Pfg. rotorange (12.11.)	23.—	27.—	20.—
131.	10 Pfg. hellgrau (15.11.)......	200.—	270.—	30.—
132.	12 Pfg. rot (Töne) (12.11.) ...	11.—	16.—	10.—
133.	15 Pfg. braunlila (15.11.)	480.—	300.—	150.—
134.	20 Pfg. blau (9.11.).........	350.—	250.—	40.—
135.	30 Pfg. bräunl'oliv (9.11.)	500.—	300.—	50.—
136.	40 Pfg. dkl'lila (15.11.)	250.—	350.—	40.—
137.	60 Pfg. dkl'br'karmin (15.11.)..	250.—	900.—	80.—

		EF	MeF Y	MiF
126.	3 Pfg. braun (Töne) (9.11.)....	30.—	25.—	20.—
127.	4 Pfg. dkl'graublau (9.11.)....	100.—	55.—	20.—
128.	5 Pfg. dkl'olivgrün (12.11.) GA	35.—	40.—	20.—
129.	6 Pfg. lebh'grauviolett (Töne) (12.11.) GA	17.—	20.—	15.—
130.	8 Pfg. rotorange (12.11.)	23.—	27.—	20.—
131.	10 Pfg. hellgrau (15.11.)......	200.—	270.—	30.—
133.	15 Pfg. braunlila (15.11.)	400.—	280.—	40.—
134.	20 Pfg. blau (9.11.)..........	380.—	250.—	40.—
135.	30 Pfg. bräunl'oliv (9.11.)	500.—	300.—	40.—
136.	40 Pfg. dkl'lila (15.11.)	250.—	350.—	200.—
137.	60 Pfg. dkl'br'karmin (15.11.)..	250.—	900.—	75.—

Nr. 132 Y gibt es nicht.

1946, 7./28. Jan. Wohlt.-Ausg. zugunsten des Werbeausschusses für Volkssolidarität (bd). ✏ Otto Horn, Leipzig; Bdr. G & D; Wz. 1 Y; Nr. 149 auch Wz. 1 X; gez. K 13 : 12½.

bd

138.	3+ 2 Pfg. hellbraun (Töne) ...	600.—	90.—	30.—
139.	4+ 3 Pfg. dkl'graubraun	450.—	100.—	70.—
140.	5+ 4 Pfg. dkl'olivgrün	380.—	120.—	70.—
141.	6+ 4 Pfg. grauviolett (Töne)..	40.—	35.—	30.—
142.	8+ 4 Pfg. lebh'rotorange	100.—	80.—	60.—
143.	10+ 5 Pfg. hellgrau	280.—	400.—	70.—
144.	12+ 6 Pfg. lebh'rot	60.—	45.—	25.—
145.	15+10 Pfg. braunkarmin	900.—	450.—	90.—
146.	20+10 Pfg. blau	750.—	550.—	110.—
147.	30+20 Pfg. bräunl'oliv (Töne)..	700.—	420.—	150.—
148.	40+30 Pfg. dkl'lila............	600.—	800.—	150.—
149.	60+40 Pfg. lilakarmin	650.—	1300.—	175.—
	Nr. 138–149 Satzbrief			70.—

Nr. 138, 141, und 148 wurden am Ausgabetag (7.1.1946) zurückgezogen und erst wieder am 28.1.1946 verkauft. Briefe mit Abstempelung zwischen 7. und 27.1.1946 werden von Spezialisten gesucht (150.— Aufschlag).

1946, 12. Febr. Freim.-Ausg. Sogenannte Abschiedsausgabe. Bdr. G & D; Wz. 1 X und Y; gez. K 13 : 12¾.

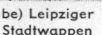

be) Leipziger Stadtwappen   bf) Nikolaikirche, Leipzig   bg) Neues Rathaus, Leipzig

		X		
		EF	MeF	MiF
150.	3 (Pfg.) dkl'braun........ be	—.—	—.—	—.—
151.	4 (Pfg.) schw'graublau .... be	—.—	—.—	2200.—
153.	6 (Pfg.) purpurviolett...... bf	—.—	—.—	800.—
155.	12 (Pfg.) rot.............. bg	—.—	—.—	1500.—

		Y		
150.	3 (Pfg.) dkl'braun........ be	650.—	120.—	20.—
151.	4 (Pfg.) schw'graublau .... be	520.—	120.—	20.—
152.	5 (Pfg.) dkl'olivgrün ...... bf	—.—	180.—	20.—
153.	6 (Pfg.) purpurviolett...... bf	25.—	30.—	15.—
154.	8 (Pfg.) lebh'rotorange .... bg	120.—	100.—	20.—
155.	12 (Pfg.) rot.............. bg	30.—	50.—	15.—

Sonderdrucke: Eine Reihe von Ausgaben der Sowjetischen Besatzungszone wurde nicht am Postschalter zum Nennwert an das Publikum verkauft, sondern nur an bevorzugte Personen in einem besonderen Verfahren abgegeben. Diese Drucke waren jedoch voll frankaturgültig. ✉ —.—.

Deutschland (Sowjetische Zone)

1946, 15. März. Freim.-Ausg. Wie Nr. 150–155; jedoch x graues, y gelbliches Papier; oWz.; **gez. K 13:12¾.**

			EF	MeF	MiF	EF	MeF	MiF
				x			y	
156.	3 (Pfg.) braun (Töne)	be		100.—	30.—		420.—	100.—
157.	4 (Pfg.) schwarzindigo	be		150.—	30.—		500.—	100.—
158.	5 (Pfg.) dkl'olivgrün	bf		180.—	30.—		500.—	100.—
159.	6 (Pfg.) grauviolett	bf	40.—	50.—	25.—	100.—	160.—	140.—
160.	8 (Pfg.) rotorange	bg	200.—	140.—	30.—	650.—	500.—	100.—
161.	12 (Pfg.) rot (Töne)	bg	35.—	70.—	25.—	150.—	200.—	120.—

1946, 8. Mai. Wohlt.-So.-Ausg. Leipziger Messe 1946. Bdr. G & D in Bogen zu 50 Marken; A gez. K 13¼:13, B ☐.

bh) Markt mit altem Rathaus

				A			X			B	
162.	6+14 (Pfg.) purpurviolett (Töne)	bh	100.—	120.—	20.—	240.—	270.—	80.—
163.	12+18 (Pfg.) dkl'graublau	bh	70.—	65.—	30.—	170.—	160.—	80.—
164.	24+26 (Pfg.) braunorange	bh	35.—	200.—	20.—	100.—	400.—	80.—
165.	84+66 (Pfg.) dkl'bläulichgrün	bh	65.—	330.—	30.—	160.—	760.—	100.—

			A		Y		B			Z	
162.	6+14 (Pfg.) purpurviolett (Töne)	bh	100.—	120.—	20.—	470.—	520.—	150.—	220.—	250.—	60.—
163.	12+18 (Pfg.) dkl'graublau	bh	70.—	65.—	30.—	340.—	300.—	150.—	150.—	145.—	175.—
164.	24+26 (Pfg.) braunorange	bh	35.—	200.—	20.—	220.—	850.—	180.—	75.—	230.—	60.—
165.	84+66 (Pfg.) dkl'bläulichgrün	bh	100.—	330.—	75.—	320.—	1400.—	225.—

Auflagen: A = 2100000, B = 510000, Z = 570000 Sätze.

1946, 8. Mai. Wohlt.-So.-Ausg. zum gleichen Anlaß. Nr. 162–165 in einem Block zusammengefaßt, mit hellgrauer Inschrift. Bdr. G & D.; Wz. 1 X und Y; ☐.

Wz. X
Block 5 X. (105:105 mm) .... bhl 1600.—   1600.—

Wz. Y
Block 5 Y. (105:105 mm) .... bhl 1600.—   1600.—

Nr. 116–165 und Block 5 gültig bis 31. 10. 1946.

bhl

(½ Orig.-Größe)

Die ✉-Preise gelten für portogerecht frankierte Briefe oder Paket-(Post-)karten.
- **EF** = Einzelfrankatur, d. h. die Marke allein auf dem Brief.
- **MeF** = Mehrfachfrankatur, d. h. die gleiche Marke mehrfach auf dem Brief. Der Preis gilt nur für 2 Stück; weitere Stücke der gleichen Marke werden mit dem Preis für lose ⊙ dazugerechnet.
- **MiF** = Mischfrankatur, d. h. die Marke mit anderen Marken auf dem Brief. Briefpreis gilt für die teuerste Marke, die übrigen Marken werden mit dem Preis für lose ⊙ dazugerechnet.

Nicht portogerecht frankierte Briefe werden nur mit einem Aufschlag von maximal 15% für die beste Marke auf den ⊙-Preis bewertet, restliche Marken mit dem normalen ⊙-Preis hinzugerechnet.

MICHEL-Rundschau

Monatlich mit Nachtrag zu den MICHEL-Katalogen.

So wichtig und unentbehrlich wie die Kataloge!

Katalogisiert die letzten Neuheiten, bringt die Preisänderungen des Monats, ergänzt Ihr Wissen durch Fachartikel, plaudert über die wichtigsten philatelistischen Ereignisse.

Zehnfachfrankaturen SBZ 24.6. bis 31.7.1948

Am 21. Juni 1948 begann in den drei Westzonen die Währungsreform, da zwischen den vier Alliierten keine Einigung erzielt werden konnte. Die Sowjetische Militär-Administration (SMA) setzte deshalb für ihre Zone am Mittwoch, dem 23. 6. 1948, eine eigene Währungsreform fest, die am 24. 6. 1948 beginnen sollte. Durch Ks-Telegramm Nr. 6 vom 23. 6. 1948 wurde verfügt, wie die einzelnen PÄ sich am Tage X zu verhalten hätten:

„Kursfähige Postwertzeichen verlieren mit dem Ablauf des 23. 6. 1948 grundsätzlich ihre Gültigkeit. In Händen des Publikums befindliche Postwertzeichen behalten zu $1/10$ Frankaturkraft. Die bei Postdienststellen vorhandenen Bestände nach Kassenabschluß sofort zurückziehen und gesichert aufbewahren.

Das Ks-Telegramm Nr. 7 vom 23. 6. 1948 lautete:
„Postsendungen aus der 1. Briefkastenleerung am 24. 6. 1948 gelten noch mit Postwertzeichen zum alten Nennwert als ausreichend freigemacht. Nach 9 Uhr aufgelieferte Postsendungen sind mit Überdruckmarken oder mit 10fach Frankaturen freizumachen."

Nachstehende Bewertungen gelten für portogerechte Belege als Aufschlag zur verwendeten Frankatur. Bei besseren Stücken ist eine Prüfung ratsam.

1a)	✉ noch mit alter (RM) Währung vom 23.6.48 ..	100.—
1b)	dgl. vom 24.6.48–10h (Briefkastenleerung)	220.—
2a)	✉ vom 24.6.48 mit Zehnfachfrankatur (Ersttag)	75.—
2b)	✉ mit Zehnfachfrankatur vom 25.6.–31.7.48	siehe Aufstellungen
2b)	dgl. vom 1.8.48–10h (Briefkastenleerung)	80.—
3a)	Mischfrankaturen mit Zehnfach- und Bezirkshandstempelfrankatur	80.—
3b)	dgl. Zehnfach-, Bezirkshandstempel- und Maschinenaufdruck SBZ	110.—
3c)	dgl. Zehnfachfrankatur und Maschinenaufdruck SBZ	40.—
3d)	dgl. Bezirkshandstempel- und Maschinenaufdruck SBZ	60.—
4a)	Massenfrankaturen mit Bogenteilen ab ca. 50 Stück	200.—
4b)	dgl. mit vollständigem Bogen	600.—
5a)	✉ mit Absender-Freistempel in zehnfacher Portobetragsangabe Wertstufen 160 und 240 Pfg.	500.—
	andere Wertstufen . . . . ab	900.—
5b)	dgl. in Mischfrankatur mit alter (RM) Frankatur	1000.—
5c)	dgl. in Mischfrankatur mit Bezirkshandstempelaufdrucken	2000.—
6a)	✉ mit Post-Freistempel (neue Währung) bis 31.7.1948 Wertstufen 6 und 24 Pfg	350.—
	andere Wertstufen . . . . ab	800.—
6b)	✉ mit Firmen-Freistempel (neue Währung) bis 31.7.1948 Wertstufen 6, 16 und 24 Pfg	60.—
	andere Wertstufen . . . . ab	150.—
6c)	dgl. in Mischfrankatur mit Zehnfachfrankatur . .	800.—
6d)	dgl. in Mischfrankatur mit Bezirkshandstempelaufdrucken	1000.—
6e)	dgl. mit SBZ-Maschinenaufdrucken bis 31.7.1948	750.—
7a)	Gebühr-bezahlt-Stempel mit Zehnfachfrankatur	300.—
7b)	dgl. mit Bezirkshandstempelaufdrucken	400.—
7c)	dgl. mit SBZ-Maschinenaufdrucken bis 31.7.1948.	300.—
7d)	dgl. in Dreifachkombination mit Bezirkshandstempelaufdrucken und Zehnfachfrankatur bzw. SBZ-Maschinenaufdrucken	700.—
7e)	dgl. in Vierfachkombination mit Bezirkshandstempelaufdrucken, Zehnfachfrankatur und SBZ-Maschinenaufdrucken	—.—

1946, Febr./Mai. Freim.-Ausg. (I. Kontrollratsausgabe).

po   pp

		EF	MeF	MiF
911.	1 Pfg. . . . . po		450.—	15.—
912.	2 Pfg. . . . . po		230.—	12.—
913.	3 Pfg. . . . . po		120.—	12.—
914.	4 Pfg. . . . . po		200.—	22.—
915.	5 Pfg. . . . . po		50.—	10.—
916.	6 Pfg. . . . . po		30.—	10.—
917.	8 Pfg. . . . . po		45.—	12.—
918.	10 Pfg. . . . . po		40.—	10.—
919.	12 Pfg. . . . . po		20.—	10.—
920.	12 Pfg. (Mai) . . . . po		40.—	10.—
921.	15 Pfg. . . . . po		80.—	20.—
922.	15 Pfg. (Mai) . . . . po		100.—	15.—
923.	16 Pfg. . . . . po		25.—	12.—
924.	20 Pfg. . . . . po		70.—	15.—
925.	24 Pfg. . . . . po		18.—	10.—
926.	25 Pfg. . . . . po		90.—	20.—
927.	25 Pfg. (Mai) . . . . po		70.—	18.—
928.	30 Pfg. . . . . po		40.—	15.—
929.	40 Pfg. . . . . po		40.—	15.—
930.	42 Pfg. . . . . po		1000.—	95.—
931.	45 Pfg. . . . . po		150.—	25.—
932.	50 Pfg. . . . . po		40.—	15.—
933.	60 Pfg. . . . . po	45.—	40.—	15.—
934.	75 Pfg. . . . . po		150.—	25.—
935.	80 Pfg. . . . . po	120.—	80.—	20.—
936.	84 Pfg. (Mai) . . . . po	80.—	65.—	20.—
937.	1 RM . . . . pp	120.—	300.—	30.—

1946, 8. Dez. Wohl.-So.-Ausg. Nr. 924, 925 und 929 (po) in Blockform zur Briefmarkenausstellung in Berlin (8. bis 15. 12. 1946).

		EF	A gez. MeF	MiF ✉¹⁾
924.	20 Pfg. . . . . po			—.—
925.	24 Pfg. . . . . po			—.—
929.	40 Pfg. . . . . po			—.—
	Block 12 (+4,16 RM) (107:51 mm). . . . . po l			2500.—

			B ☐	
924.	20 Pfg. . . . . po			—.—
925.	24 Pfg. . . . . po			—.—
929.	40 Pfg. . . . . po			—.—
	Block 12 (+4,16 RM) (107:51 mm). . . . . po l			2500.—

[1]) Blockmarken mit anhängenden Blockrandresten.

Deutschland (Sowjetische Zone) – Zehnfachfrankaturen

1947, 5. März/1948. Wohlt.-So.-Ausg. für die Leipziger Frühjahrsmesse 1947.

Nachstehende Abb. zeigen die Doppelkammzähnung (sog. „Kreuzzähnung").

pr) Verleihung des Marktrechts an Leipzig durch den Markgrafen Otto v. Meißen (1160)

ps) Schutz fremder Messebesucher durch den Markgrafen Dietrich v. Landsberg (1268)

		EF	MeF	MiF
941.	24+26 (Pfg.) .... pr		180.—	35.—
942.	60+40 (Pfg.) .... ps	200.—	120.—	30.—

1947, ab 1. März/1948. Freim.-Ausg. (II. Kontrollratsausgabe).

pt) Baumpflanzer   pu) Sämann   pv) Arbeiter mit Hammer

pw) Neubauernpaar (Maurer und Garbenbinderin)   px) Friedenstaube über entfesselten Händen

Alle Entwürfe stammen aus einem Preisausschreiben der alliierten Behörden (Kontrollrat).

			EF	MeF	MiF
943.	2 Pfg. (1.3.1947)	pt		100.—	7.—
944.	6 Pfg. (1.3.1947)	pt		15.—	7.—
945.	8 Pfg. (1.3.1947)	pu		18.—	7.—
946.	10 Pfg. (1.2.1948)	pu		12.—	7.—
947.	12 Pfg. (1.3.1947)	pv		10.—	7.—
948.	15 Pfg. (1.2.1948)	pt		90.—	15.—
949.	16 Pfg. (1.3.1947)	pw		12.—	7.—
950.	20 Pfg. (1.3.1947)	pw		40.—	10.—
951.	24 Pfg. (1.3.1947)	pw		10.—	7.—
952.	25 Pfg. (1.3.1947)	pt		60.—	10.—
953.	30 Pfg. (1.2.1948)	pw		80.—	20.—
954.	40 Pfg. (1.3.1947)	pu		20.—	10.—
955.	50 Pfg. (1.2.1948)	pw		70.—	15.—
956.	60 Pfg. (1.3.1947)	pv	25.—	20.—	10.—
A956.	60 Pfg. (1.2.1948)	pv	20.—	15.—	8.—
957.	80 Pfg. (1.3.1947)	pv	70.—	40.—	12.—

			EF	MeF	MiF
958.	84 Pfg. (1.3.1947)	pw	40.—	100.—	15.—
959.	1 Mark (4.1947)	px			
	a. hellbraunoliv bis braunoliv (◨ dkl'- bis schw'braunoliv)		80.—	200.—	15.—
	b. mattbraunoliv (◨ hellgelbgrün stark fluoresz.)				—.—
	c. matt- bis hellbraunoliv (◨ hellgelbgrün schwach fluoresz.)				—.—
960.	2 Mk. (5.1947)	px	280.—	380.—	20.—
961.	3 Mk. (5.1947)	px	180.—	300.—	40.—
962.	5 Mk. (1.2.1948)	px			
	a. dkl'violettblau		160.—	450.—	50.—
	b. dkl'violettultramarin		160.—	450.—	50.—

1947, 15. Mai. So.-Ausg. zum 50. Todestag Stephans.

py) Heinrich v. Stephan (1831–1897), Generalpostmeister, Mitbegründer des Weltpostvereins

			EF	MeF	MiF
963.	24 (Pfg.)	py		130.—	28.—
964.	75 (Pfg.)	py		200.—	30.—

1947, 2. Sept. So.-Ausg. zur Leipziger Herbstmesse 1947.

pz) Verleihung des Messeprivilegs durch Maximilian I. (1497)   ra) Schätzung und Erhebung des Budenzinses (1365)

			EF	MeF	MiF
965.	12 (Pfg.)	pz		300.—	35.—
966.	75 (Pfg.)	ra		360.—	35.—

1948, 2. März. So.-Ausg. zur Leipziger Frühjahrsmesse 1948.

rb) Vor den Zollschranken (1388)   rc) Errichtung von Stapellagern (1433)

			EF	MeF	MiF
967.	50 (Pfg.)	rb			
	a. dkl'violettblau			380.—	35.—
	b. indigo			—.—	—.—
968.	84 (Pfg.)	rc			
	a. grün		140.—	380.—	35.—
	b. schwarzblaugrün		—.—	—.—	—.—

1948, 22. Mai. So.-Ausg. zur Export-Messe in Hannover.

rd) Abwiegen der Waren, nach einer Originalskulptur von Adam Kraft

Deutschland (Sowjetische Zone) – Zehnfachfrankaturen

			EF	MeF	MiF	
969.	24 (Pfg.)	rd		90.—	25.—	(rechte Abb. Original- größe)
970.	50 (Pfg.)	rd		120.—	25.—	

Hannover-Messe Zusammendrucke (W Zd1 – II), Ziffer-Zusammendrucke (W 158, S 294) und die H-Blätter (123, 124) bedingen einen Aufschlag von 100% auf die Briefpreise der Alliierten-Zone.

Ganzsachen der Alliierten-Zone mit $1/10$ des Nennwerts aufgebraucht.

Die nachstehenden Preise gelten nur, wenn der Portobetrag der Ganzsachenkarte zur Erlangung der portogerechten Frankatur notwendig war. Ganzsachen aufgebraucht als Formblätter 10.—.

P 950.	Ziffer	5 Pfg. grün	1300.—
P 951.	Ziffer	6 Pfg. violett	1800.—
P 952.	Ziffer	10 Pfg. braun	200.—
P 953.	Ziffer	12 Pfg. rot	300.—
P 954.	Ziffer	12 Pfg. grau	200.—
P 955.	Ziffer	45 Pfg. rot	320.—
P 961.	Arbeiter	10 Pfg. gelbgrün	50.—
P 962.	Arbeiter	12 Pfg. graublau	25.—
P 963.	Arbeiter	30 Pfg. rot	150.—
P 964.	Arbeiter	30/30 Pfg. rot	700.—
P 964 F.	Arbeiter	30 Pfg. rot	200.—
P 964 A.	Arbeiter	30 Pfg. rot	200.—
P 965.	Stephan	12 Pfg. graublau	150.—
P 20 a	Suchdienstkarte gez.		9000.—
P 20 b	Suchdienstkarte durchstochen		2800.—

Bei weiteren Zusatzfrankaturen ist nur der Markenwert hinzuzurechnen.

Allgemeine Ausgaben für die gesamte sowjetische Zone

1948, 24. Juni. Freim.-Ah.-Ausg. infolge der Währungsreform. Deutschland-Gemeinschaftsausgabe Nr. 943–958 mit Aufdruck des Bezirksstempels in Schwarz, Violett, seltener Blau, Rot oder Grün.

Postleitzahl
- 3 = OPD-Bezirk Berlin (nur sowjetischer Sektor) ... (1)
- 14 = OPD-Bezirk Dresden (Ostsachsen u. Restschlesien) (10a)
- 16 = OPD-Bezirk Erfurt (Thüringen) ... (15a) (15b)
- 20 = OPD-Bezirk Halle (Sachsen-Anhalt) ... (19a) (19b)
- 27 = OPD-Bezirk Leipzig (Westsachsen) ... (10b)
- 29 = ehemaliger OPD-Bezirk Magdeburg, jetzt zu 20 gehörend ... (19b)
- 36 = OPD-Bezirk Potsdam (Brandenburg) ... (2)
- 37 = OPD-Bezirk Schwerin (Mecklenburg) ... (3a) (3b)
- 38 = Restgebiet des ehemaligen OPD-Bezirks Stettin, jetzt zu 37 gehörend ... (3b)
- 41 = ehemaliger OPD-Bezirk Chemnitz (jetzt hauptsächlich zu 27 gehörend) ... (10b)

Zur Beachtung! Der Aufdruck 2° stellt einen Bezirksstempel der ehemaligen OPD Magdeburg mit der Bezirkszahl „29" dar, von der jedoch der Fußstrich der „9" entfernt wurde, um die Nummer „20" zu erhalten.

Billigste Sorte (aus allen 10 Bezirken):

			EF	MeF	MiF
166.	2 Pfg. schwarz (Töne)	(943)		200.—	70.—
167.	6 Pfg. violett (Töne)	(944)	90.—	90.—	65.—
168.	8 Pfg. orangerot (Töne), zinnober	(945)	250.—	95.—	65.—
169.	10 Pfg. gelbgrün (Töne), gelblichgrün GA	(946)	110.—	350.—	65.—
170.	12 Pfg. dunkelblaugrün, dunkelgrünlichblau GA	(947)	80.—	70.—	60.—
171.	15 Pfg. siena (Töne), braun (Töne)	(948)	3000.—	950.—	140.—
172.	16 Pfg. dunkelgrün (Töne)	(949)	65.—	120.—	65.—
173.	20 Pfg. blau (Töne), kobalt	(950)	400.—	550.—	70.—
174.	24 Pfg. hellorangebraun (Töne)	(951)	60.—	90.—	60.—
175.	25 Pfg. (lebhaft)gelborange	(952)	5000.-*)	800.—	140.—
176.	30 Pfg. rot (Töne) GA	(953)	450.—	500.—	75.—
177.	40 Pfg. dunkelrosalila bis karminlila (Töne)	(954)	450.—	500.—	65.—
178.	50 Pfg. violettblau bis violettultramarin (Töne)	(955)	200.—	1000.—	80.—
179.	60 Pfg. (hell)braunkarmin (Töne)	(955)	3500.—	2500.—	1000.—
A 179.	60 Pfg. (hell)karminbraun bis lebhaftrotbraun	(A 956)	420.—	300.—	75.—
180.	80 Pfg. violettblau (Töne)	(957)	450.—	500.—	80.—
181.	84 Pfg. smaragdgrün (Töne)	(958)	140.—	1900.—	140.—

*) Nur auf Zahlkarte möglich; Fernbrief mit 1 Pfg. Überfrankatur 200.—.

Aufdruckfälschungen sind äußerst häufig.

Die Preise gelten nur für geprüfte Briefe der häufigsten Orte und Aufdrucke.

Deutschland (Sowjetische Zone)

Handstempel- (Bezirksstempel-) Aufdruck auf Deutschland Gemeinschaftsausgabe, Ziffernserie:

			EF	MeF	MiF Billigste Sorte
I aa.	1 Pfg. schwarz	(911)			
I a.	2 Pfg. schwarz	(912)		2800.—	600.—
I b.	5 Pfg. gelblichgrün, smaragdgrün	(915)		1700.—	350.—
I c.	6 Pfg. violett (viele Töne)	(916)	—.—	3800.—	2100.—
I d.	8 Pfg. orangerot, zinnober	(917)		1500.—	500.—
I e.	10 Pfg. braun (Töne), siena GA	(918)	1600.—	2200.—	700.—
I f.	12 Pfg. mittelrot bis rot	(919)			—.—
I g.	12 Pfg. grau (viele Töne) GA	(920)	—.—	6500.—	3600.—
I h.	15 Pfg. braunlila (Töne)	(921)		3000.—	600.—
I i.	15 Pfg. gelblichgrün (Töne)	(922)		800.—	160.—
I k.	16 Pfg. dunkelgrünblau (Töne)	(923)	3200.—	—.—	2800.—
I l.	20 Pfg. blau (Töne)	(924)		—.—	450.—
I m.	24 Pfg. braunorange (Töne), hellorangebraun	(925)	2350.—		2250.—
I n.	25 Pfg. lebhaftviolettultramarin bis ultramarin	(926)			8200.—
I o.	25 Pfg. gelborange (Töne)	(927)	400.—*)	1700.—	225.—
I p.	30 Pfg. lebhaftbräunlicholiv bis lebhaftbraunoliv	(928)	1500.—	1800.—	300.—
I r.	40 Pfg. dunkellila (Töne)	(929)	8500.—		6500.—
I s.	45 Pfg. mittelrot GA	(931)		—.—	290.—
I t.	50 Pfg. dunkelgrün bis schwarzgrün (Töne)	(932)	1400.—	—.—	330.—
I u.	60 Pfg. braunrot bis dunkelbraunrot	(933)	11000.—		9000.—
I v.	75 Pfg. violettblau, violettultramarin	(934)		—.—	330.—
I w.	80 Pfg. schwarzblau, dunkelpreußischblau	(935)			3100.—
I x.	84 Pfg. grün (Töne)	(936)	200.—		190.—
I y.	1 Mk. oliv (viele Töne)	(937)			—.—
	Auf den Markwerten der II. Kontrollrats-Serie:				
II a.	1 Mk. (hell-) braunoliv	(959 a, b)	—.—	2000.—	380.—
II aa.	1 Mk.	(959 aa)			850.—
II b.	2 Mk. violettpurpur bis dunkelviolett	(960)	—.—	—.—	1600.—
II c.	3 Mk. braunrot (Töne)	(961)	3500.—		2500.—
II d.	5 Mk. dkl'violettblau, dkl'violettultramarin, ultramarin	(962)			—.—

*) Portogerechte EF lag noch nicht vor; Preis gilt für Fernbrief mit 1 Pfg. Überfrankatur.

Auf der Stephan-Gedenk-Serie:

III a.	24 Pfg. braunorange (Töne)	(963)	900.—	2100.—	300.—
III b.	75 Pfg. dunkelviolettultramarin	(964)			400.—

Auf Leipziger Frühjahrsmesse 1948

III c.	50 Pfg. dunkelviolettblau	(967)			
III d.	84 Pfg. grün	(968)			—.—

Auf Hannover-Messe:

IV a.	24 Pfg. mittelkarminrot bis rot (Töne)	(969)	800.—	2000.—	280.—
IV b.	50 Pfg. violettblau (Töne)	(970)	2500.—		350.—

In den Westsektoren Berlins besaßen Nr. 166–181, I a–IV b gleichfalls Frankaturkraft. Gültig bis 10.7.1948.

1948, 3. Juli. Freim.-Ah.-Ausg. Sog. „Maschinenaufdruck". Deutschland-Gemeinschaftsausgabe Nr. 943 bis 958 mit dreizeiligem Bdr.-Aufdruck „Sowjetische / Besatzungs / Zone" von G & D, sowie von Otto Noack, beide Leipzig. Urmarken in Platten- bzw. Walzendruck.

Sowjetische Besatzungs Zone

			EF	MeF	MiF
182.	2 Pfg. braunschwarz	(943)		18.—	5.—
183.	6 Pfg. grauviolett (Töne)	(944)	5.—	5.—	3.—
184.	8 Pfg. orangerot	(945)	30.—	15.—	6.—
185.	10 Pfg. gelbgrün, gelblichgrün (Töne) GA	(946)	20.—	75.—	3.—
186.	12 Pfg. dunkelgraublau GA	(947)	3.—	4.—	3.—
187.	15 Pfg. dunkelsiena (Töne)	(948)	1000.—	200.—	15.—
188.	16 Pfg. schwarzblaugrün (Töne)	(949)	8.—	15.—	4.—
189.	20 Pfg. hellgraublau (Töne)	(950)	220.—	150.—	10.—
190.	24 Pfg. hellorangebraun (Töne)	(951)	3.—	4.—	3.—
191.	25 Pfg. gelborange, lebhaftgelborange	(952)	280.—*)	90.—	15.—
192.	30 Pfg. rot, mittelrot (Töne) GA	(953)	140.—	100.—	40.—
193.	40 Pfg. dkl'rosalila bis karminlila	(954)	200.—	120.—	40.—
194.	50 Pfg. violettblau bis violettultramarin	(955)	40.—	140.—	12.—
195.	60 Pfg. hellbraunkarmin (Töne)	(956)	900.—	—.—	300.—
A195.	60 Pfg. hellkarminbraun bis lebhaftrotbraun	(A956)	140.—	270.—	10.—
196.	80 Pfg. violettblau (Töne)	(957)	110.—	400.—	15.—
197.	84 Pfg. smaragdgrün	(958)	30.—	250.—	15.—

*) Überfrankierter DDR-Inlandsfernbrief EF 25.—.

Gültig bis 28.2.1950.

In den Westsektoren Berlins (vgl. Deutsche Post – Westberlin) besaßen Nr. 182–197 gleichfalls Frankaturkraft ab 20.3.1949.

Deutschland (Sowjetische Zone)

1948, 29. Aug. Wohlt.-So.-Ausg. zur Leipziger Herbstmesse 1948. Fortsetzung von Darstellungen aus der Geschichte der Leipziger Messe. Ⓩ Erich Gruner, Leipzig; Odr. G & D; Wz. 3 Kreuzblumen; gez. K 13½ (Doppelkammzähnung).

Wz. 3
Kreuzblumen

1948, ab 11. Okt. Freim.-Ausg. Köpfe von Persönlichkeiten aus Politik, Kunst und Wissenschaft. Ⓩ Heinrich Ilgenfritz, Berlin; Bdr. G & D; Wz. 3; gez. K 13:12½.

bl) Käthe Kollwitz (1867–1945), Malerin
bm) Gerhard Hauptmann (1862–1946), Dichter
bn) Karl Marx (1818–1883), Politiker
bo) August Bebel (1840–1913), Politiker

bp) Friedr. Engels (1820–1895), Politiker
bq) G. W. Fr. Hegel (1770–1831), Philosoph
br) Prof. Dr. Rud. Virchow (1821–1902), Arzt
bs) Ernst Thälmann (1886–1944), Politiker

bi) Der erste Neujahrsmarkt (1459)

bk) Zuzug auswärtiger Tuchmacher (1469)

Nr.		EF	MeF	MiF
198.	16+9 (Pfg.) dunkel bis schw'graulila .... bi	50.—	220.—	10.—
199.	50+25 (Pfg.) dkl'violettblau bk	130.—	300.—	15.—

Gültig bis 30. 4. 1950.

1948, Ende Sept. Freim.-Ah.-Ausg. Bärenmarken von Berlin-Brandenburg Nr. 1 A –7 A mit mattem oder glänzendem Bdr.-Aufdruck „Sowjetische / Besatzungs / Zone".

Billigste Sorte

200.	5 (Pfg.) (dkl') gr'grün GA . (1)		
	A. gezähnt	20.—	5.—
	B. durchstochen	25.—	6.—
201.	6 (Pfg.) hellgrauviolett (Töne) .... (2)	5.—	6.—	5.—
202.	8 (Pfg.) orangerot (Töne) (3)	40.—	20.—	6.—
203.	10 Pfg. rotbraun (Töne) .. (4)	45.—	200.—	7.50
204.	12 Pfg. hell- bis mittelkarminrot ...... (5)	6.—	8.—	5.—
205.	20 (Pfg.) blau bis dkl'blau . (6)	300.—	150.—	10.—
206.	30 (Pfg.) (dkl')braunoliv .. (7)	200.—	160.—	15.—

Gültig bis 28. 2. 1950.

1948, Ende Sept. Freim.-Ah.-Ausg. Deutschland-Gemeinschaftsausgabe, Ziffernausgabe, mit Bdr.-Aufdruck „Sowjetische / Besatzungs / Zone".

207.	5 Pfg. gelblichgrün, smaragdgrün ...... (915)	75.—	20.—
208.	30 Pfg. lebh'bräunlicholiv bis lebh'braunoliv ... (928)	240.—	180.—	15.—
209.	45 Pfg. mittelrot ...... (931)		280.—	15.—
210.	75 Pfg. violettblau bis dkl'violettblau ...... (934)		380.—	15.—
211.	84 Pfg. grün, lebh'grün . (936)	25.—	260.—	15.—

Gültig bis 28. 2. 1950.

Nr.			EF	MeF	MiF
212.	2 (Pfg.) schw'grau (Töne) (11. 10.)	bl		8.—	5.—
213.	6 (Pfg.) purpurviolett (Töne) (11. 10.)	bm	4.—	6.—	3.—
214.	8 (Pfg.) mittelrotbraun bis dkl'braunrot (23. 10.)	bn	30.—	18.—	5.—
215.	10 (Pfg.) dunkelblaugrün (23. 10.) GA	bo	15.—	80.—	3.—
216.	12 (Pfg.) dunkelblau (11. 10.)	bp	2.—	4.—	3.—
217.	15 (Pfg.) dunkelbraun, olivbraun (23. 10.) ..	bq		240.—	20.—
218.	16 (Pfg.) grünlichblau bis dkl'grünlichblau	br	4.—	12.—	5.—
219.	20 (Pfg.) lilakarmin (Töne) GA	bl	200.—	140.—	25.—
220.	24 (Pfg.) rot, karminrot (Töne)	bs	2.—	4.—	3.—
221.	25 (Pfg.) braunoliv, dkl'grünoliv GA	br	320.—	75.—	15.—
222.	30 (Pfg.) lebh'zinnober, mittelrot GA	bp	120.—	100.—	20.—
223.	40 (Pfg.) (matt)violett, mittelviolettpurpur ..	bm	140.—	110.—	10.—
224.	50 (Pfg.) hell- bis dkl'-violettblau	bn	30.—	100.—	10.—
225.	60 (Pfg.) schw'olivgrün, dkl'(gelb)grün	bq	120.—	200.—	8.—
226.	80 (Pfg.) dkl'violettblau bis violettultramarin ...	bs	70.—	180.—	15.—
227.	84 (Pfg.) (mittel)karminbraun	bo	30.—	250.—	25.—

*) Überfrankierter DDR-Inlandsfernbrief 25.—.

Vom 14. 6. bis 15. 9. 1949 wurden die Marken der Sowjetzone in West-Berlin nicht anerkannt (Berliner Postkrieg) s. Notiz West-Berlin nach Nr. 67. Solche Poststücke werden als Dokumente zur Zeitgeschichte von Liebhabern gesucht.

Nr. 212, 214—225, 227 gültig bis 28. 2. 1954, Nr. 226 bis 15. 4. 1953. Nr. 213 auf Briefen an Lotterie-Einnehmer bis 31. 3. 1954.

Nr. 212–227 mit Wz. DDR Posthorn siehe DDR Nr. 327–341.

Mit MICHEL-Katalogen sind Sie immer gut informiert!

Deutschland (Sowjetische Zone)

1948, 23. Okt. Wohlt.-So.-Ausg. zum „Tag der Briefmarke". Ⓔ Erich Müller, Berlin. Odr. G & D, Leipzig, in Bogen zu 50 Marken; Wz. 3; gez. K 13:13½.

bt) Wahrzeichen des Institutes für Philatelie nach einer Idee von Dr. H. W. Gewande, Berlin

		EF	MeF	MiF
228.	12+3 (Pfg.) orangerot . . . . bt	15.—	18.—	10.—

Gültig bis 30. 4. 1950.

1949, 15. Jan. So.-Ausg. zum 30. Todestag von Karl Liebknecht und Rosa Luxemburg. Ⓔ Erich Müller, Berlin; Odr. Wertp.-Druck.; Wz. 3; gez. K 13½ : 13.

bu) Karl Liebknecht (1871—1919) und Rosa Luxemburg (1871 bis 1919), Politiker

229.	24 (Pfg.) braunrot . . . . . . bu	18.—	50.—	12.—

Gültig bis 31. 12. 1951.

1949, 6. März. Wohlt.-So.-Ausg. zur Leipziger Frühjahrsmesse 1949. Ⓔ E. Gruner: Odr. Wertp.-Druck.; Wz. 3; gez. K 13½ (Doppelkammzähnung); 29:23 Zähnungslöcher, seltener 29:24 Zähnungslöcher.

bv) Erste Messe im Rathaus-Neubau (1556)

bw) Die Italiener Pietro und Lorenzo Saliti aus Pisa auf der Leipziger Messe (1536)

230.	30+15 (Pfg.) hellrot (Töne) . bv	220.—	200.—	30.—
231.	50+25 (Pfg.) blau bis violettblau (Töne) . . . . bw	130.—	320.—	35.—

Gültig bis 30.6.1951.

1949, So.-Ausg. Wahlen zum 3. Volkskongreß. Ⓔ F. Gravenhorst; Odr. Wertp.-Druck.; in Bogen zu 50 Marken; Wz. 3; gez. K 13:13½.

bx) Friedenstaube mit Ölzweig

232.	24 Pfg. . . . . bx			
	a. karmin (13.5.)	24.—	70.—	15.—
	b. lilarot (5.6.)	24.—	50.—	20.—

Gültig bis 31.12.1951.

1949, So.-Ah.-Ausg. Tagung des 3. Volkskongresses. Nr. 232 mit zweizeiligem Bdr.-Aufdruck: 3. deutscher Volkskongreß / 29.–30. Mai 1949.

233.	24 Pfg. . . . . (232)	EF	MeF	MiF
	a. karmin (29.5.)	20.—	50.—	15.—
	b. lilarot (5.6.)	60.—	100.—	50.—

Gültig bis 31.12.1951.

1949, 20. Juli. Wohlt.-So.-Ausg. zum 200. Geburtstag Goethes. Ⓔ E. Schoner; Odr. Wertp.-Druck. auf verschiedenen Papiersorten; Wz. 3; gez. K 13½ : 13.

by) Goethe als Student (nach Schmoll)

bz) Goethe in der Campagna (nach J. H. W. Tischbein)

ca) Goethe als Dichter und Minister (nach Lips)

cb) Goethe als 68jähriger (nach Stieler)

cc) Altersporträt Goethes (nach Schwerdtgeburth)

by)—cc) Johann Wolfgang von Goethe (1749—1832), Dichter

234.	6+ 4 (Pfg.) dkl'violett . . . by	90.—	85.—	20.—
235.	12+ 8 (Pfg.) braun, olivbraun . . . . bz	70.—	70.—	20.—
236.	24+16 (Pfg.) mit'kar'braun ca	30.—	140.—	20.—
237.	50+25 (Pfg.) schwarzblau . cb	200.—	520.—	25.—
238.	84+36 (Pfg.) dkl'braunoliv . cc	100.—	600.—	25.—

Gültig bis 30.6.1951.

1949, 22. Aug. So.-Ausg. in Blockform. Goethe-Festwoche in Weimar. Ⓔ F. Gravenhorst; StTdr. Wertp.-Druck; Wz. 3; gez. Ks 14, nur Marke gummiert.

cd) Kopf Goethes (Porzellangemälde von Ludwig Sebbers)

Deutschland (Sowjetische Zone)

239. 50 (Pfg.) (+ 4.50 DM)
    dkl'violettblau .... d   EF 950.—   MeF —.—   MiF 800.—
    Block 6 (106:104 mm) ...... cd l 1600.—   1400.—
✉ BF Ⓢ Weimar 1000.—.—.
✉ BF Ⓢ Weimar 3500.—.

Gültig bis 30.6.1951.

1949, 30. Aug. Wohlt.-So.-Ausg. zur Leipziger Herbstmesse 1949. Ⓖ E. Gruner; Odr. Wertp.-Druck.; Wz. 3; gez. K 13½.

ce) Russische Kaufleute auf der Messe (1650)

cf) Der junge Goethe auf der Messe (1765); Auerbachs Hof mit Ausblick auf die Grimmaische Straße

	EF	MeF	MiF
240. 12+ 8 (Pfg.) schw'bl'grau . ce	50.—	60.—	25.—
241. 24+16 (Pfg.) karminbraun . cf	45.—	120.—	30.—

Gültig bis 30. 6. 1951.

Postgebühren ab 1946 – SBZ und DDR (einschl. VGO)

Inland (Alle Angaben in Pf)	1.3. 1946	15.9. 1947	1.10. 1954	1.10. 1956	1.4. 1959	1.1. 1971[17]	1.7. 1990[3]
Drucksachen							
bis 20 g	6						
bis 50 g	8		5	5	5	5	
bis 100 g	16		15	15	15	15	70
bis 250 g	30		25	25	25	25	140
bis 500 g	60		50	50	50	50	180
Geschäftspapiere/ Warenproben Wirtschaftsdrucksachen[18]							
bis 100 g	16	16	15	15	15	15	70
bis 250 g	30	30	25	25	25	25	140
bis 500 g	60	60	50	50	50	50	180
Postkarten:							
im Ortsverkehr	10	10	10	10	10	10	30
im Fernverkehr	12	12	10	10	10	10	30
Briefe:							
im Ortsverkehr[1]							
bis 20 g	16	16	10	10	10	10	—
bis 250 g	32	32	20	20	20	20	—
bis 500 g	40	40	30	30	30	30	—
bis 1000 g	60	60	40	40	—	—	—
im Fernverkehr[1]							
bis 20 g	24	24	20	20	20	20	50
bis 100 g							100
bis 250 g	48	48	40	40	40	40	160
bis 500 g	80	80	60	60	60	60	240
bis 1000 g	120	120	80	80	—	—	320
Päckchen (bis 2 kg)							
Ortsverkehr	80	80	70	70	70	40[2]	150
Fernverkehr	80	80	70	70	70	70	150
Zusatzleistungen[7]							
Einschreiben	60	60	50	50	50	50	150
Eilzustellung:							
Ortszustellbereich	80[4]	80	60	50	50	50	200
Landzustellbereich	160[4]	160	120	50	50	50	200
Rückschein (sofort)[5]	60	60	50	25	25	25	150
Eigenhändig[5]	20	20	20	20	20	20	150
Nachnahme	40	40	40	40	40	40	150
Wertsendungen[6]:							
Wertangabegebühr je 500,— RM/DM	20	20	20	20	20	20	250
Behandlungsgebühr							
bis 100,— Mark	80	80	50	50	50	50	—
über 100,— Mark	100	100	50	50	50	50	—

Vor dem 1. 3. 1946 galten die Tarife der Deutschen Reichspost (siehe Postgebühren bei Deutsches Reich).

Rohrpost Ostberlin

Am 21. 2. 1949 wurde die Rohrpost in Ostberlin wieder für die Öffentlichkeit freigegeben und bis zum Jahr 1978 nach und nach wieder eingestellt. Rohrpostzuschlag für den gesamten Zeitraum 0,20 Mark. Rohrpostsendungen kommen häufig in Verbindung mit „Eilboten" vor.

Ersttagsbedarfsbelege 750,—
✉ 1949   Zuschlag 50,— bis 100,—
✉ 1950–1954   Zuschlag 30,— bis 75,— } (höherwertige Frankaturen sind hinzuzurechnen)
✉ 1955–1979   Zuschlag 20,— bis 50,—

Postgebühren SBZ und DDR

Ausland (Alle Angaben in Pf)	1.4. 1946	15.9. 1947	1.7. 1952	1.11. 1953	1.10. 1954	1.10. 1956	1.4. 1959	1.3. 1963	1.1. 1971	1.7. 1990[3]
Drucksachen										
bis 20 g									20	60
bis 50 g		10[8]	10	10	10	10	10	10	30	100
jede weitere 50 g		10[8]	10	10	10	5	5	5	—	—
bis 100 g									30	100
bis 250 g									45	180
bis 500 g									80	300
bis 1000 g									140	500
Postkarten	45	30	20	20	20	15	15	5[9]	25[9]	50[9]
Briefe										
bis 20 g	75	50	35	35	35	25	25	25[9]	35[9]	70[9]
jede weitere 20 g	—	20	20	20	20	15	15	15	—	—
bis 50 g									80	160
bis 100 g									80	160
bis 250 g									185	350
bis 500 g									350	600
bis 750 g									580	1000
bis 1000 g									930	1600
Zusatzleistungen[7]										
Einschreiben		60[10]	60	60	50	50	50	50	50	150
Eilzustellung		100[11]	80	80	60	60	50[12]	50	50	200
Rückschein[5]		60	60	60	50	25	25	25	45	150
Eigenhändig[5]		20	20	20	20	20	20	20	20	150
Wertbriefe										
Behandlungsgebühr:		100	100	100	100	100	60[12]	60	50[13]	[14]
Versicherungsgebühr je 300,— Goldmark		60	60	60	60	—	—	—	—	—
jede weitere 200,— DM		—	—	—	—	40	40	40	40	50
Luftpostgebühr (ab 1.3.1950)										
Europa										
Briefe/Karten je 20 g		25	20	15	15	10	5	5	5	10
andere Sendungen je 50 g		25	15	15	15	10	5	5	5	10
Übersee[15] Bfe/Ktn. je 5 g, / andere je 25 g										
Länderzone 1: Nordafrika		40/60	20/30	15/15	15/15	10/10	5/10	5/10	10	30[16]
Länderzone 2: Naher Osten restl. Afrika, Mittl. Osten, Nordamerika		70/80 70/100	50/80 60/90	20/30 30/40	20/30 30/40	20/30 30/30	10/20	10/20	20	30[16]
Länderzone 3: Mittelamerika, Brasilien Südostasien, Südamerika		100/120 130/150	70/120 80/130	40/50 50/60	40/50 50/60	30/40	20/30	20/30	30	30[16]
Länderzone 4: Australien		150/150	120/160	60/80	60/80	40/50	30/40	30/40	40	30[16]

[1] Briefe über 500 g ab 1.1.1959 nicht mehr zulässig
[2] ab 1.9.1967
[3] Dt. Währungsunion, ab 1.7.1990–31.3.1991 Sondertarife in DDR/VGO
[4] ab 31.10.1946 in die Westzonen, ab 1.3.1949 innerhalb der SBZ
[5] nur in Verbindung mit Einschreiben oder Wertsendung
[6] ab 22.9.1945 Wertsendungen innerhalb der SBZ. Ab 1.1.1948 nach den Westzonen und Berlin
[7] zusätzlich zur jeweiligen Beförderungsgebühr
[8] ab 4.8.1949
[9] OSS-Länder, ab 1.1.1962 wie Inland. Ab 1.7.1990 auch BRD und Österreich
[10] ab 1.1.1948
[11] ab 1.11.1949
[12] ab 1.7.1957
[13] ab 1.1.1967 für 200,— Goldmark
[14] wie Einschreibsendungen gleichen Gewichts
[15] nur auszugsweise
[16] ab 1.7.1990 je 10 g
[17] vom 1.7.1971 bis 30.6.1990 galt die BRD als Ausland
[18] ab 1.8.1959 ersetzte die Wirtschaftsdrucksache Geschäftspapiere, Warenproben und Mischsendungen

Deutsche Demokratische Republik

1 Deutsche Mark (Ost) = 100 Pfennig, ab 1.8.1964: 1 Mark der Deutschen Notenbank (MDN), ab 1.1.1968 1 Mark = 100 Pfennig, ab 1.7.1990: 1 Deutsche Mark (DM) = 100 Pfennig

Block 7 siehe nach Nr. 272	Block 32 siehe nach Nr. 1572	Block 56 siehe nach Nr. 2462	Block 80 siehe nach Nr. 2928
Block 8 siehe nach Nr. 391	Block 33 siehe nach Nr. 1631	Block 57 siehe nach Nr. 2482	Block 81 siehe nach Nr. 2933
Block 9 siehe nach Nr. 395	Block 34 siehe nach Nr. 1745	Block 58 siehe nach Nr. 2502	Block 82 siehe nach Nr. 2945
Block 10 siehe nach Nr. 445 B	Block 35 siehe nach Nr. 1746	Block 59 siehe nach Nr. 2520	Block 83 siehe nach Nr. 3013
Block 11 siehe nach Nr. 460 B	Block 36 siehe nach Nr. 1747	Block 60 siehe nach Nr. 2531	Block 84 siehe nach Nr. 3027
Block 12 siehe nach Nr. 466 B	Block 37 siehe nach Nr. 1814	Block 61 siehe nach Nr. 2547	Block 85 siehe nach Nr. 3039
Block 13 siehe nach Nr. 497	Block 38 siehe nach Nr. 1867	Block 62 siehe nach Nr. 2572	Block 86 siehe nach Nr. 3055
Block 14 siehe nach Nr. 522	Block 39 siehe nach Nr. 1876	Block 63 siehe nach Nr. 2599	Block 87 siehe nach Nr. 3106
Block 15 siehe nach Nr. 651	Block 40 siehe nach Nr. 1962	Block 64 siehe nach Nr. 2600	Block 88 siehe nach Nr. 3121
Block 16 siehe nach Nr. 784 B	Block 41 siehe nach Nr. 1983	Block 65 siehe nach Nr. 2672	Block 89 siehe nach Nr. 3123
Block 17 siehe nach Nr. 917	Block 42 siehe nach Nr. 2042	Block 66 siehe nach Nr. 2682	Block 90 siehe nach Nr. 3144
Block 18 siehe nach Nr. 951	Block 43 siehe nach Nr. 2105	Block 67 siehe nach Nr. 2685	Block 91 siehe nach Nr. 3148
Block 19 siehe nach Nr. 1073	Block 44 siehe nach Nr. 2115	Block 68 siehe nach Nr. 2708	Block 92 siehe nach Nr. 3155
Block 20 siehe nach Nr. 1081	Block 45 siehe nach Nr. 2125	Block 69 siehe nach Nr. 2764	Block 93 siehe nach Nr. 3167
Block 21 siehe nach Nr. 1082	Block 46 siehe nach Nr. 2132	Block 70 siehe nach Nr. 2782	Block 94 siehe nach Nr. 3189
Block 22 siehe nach Nr. 1083	Block 47 siehe nach Nr. 2235	Block 71 siehe nach Nr. 2789	Block 95 siehe nach Nr. 3195
Block 23/24 s. nach Nr. 1132	Block 48 siehe nach Nr. 2249	Block 72 siehe nach Nr. 2824	Block 96 siehe nach Nr. 3213
Block 25 siehe nach Nr. 1155	Block 49 siehe nach Nr. 2253	Block 73 siehe nach Nr. 2833	Block 97 siehe nach Nr. 3237
Block 26 siehe nach Nr. 1316	Block 50 siehe nach Nr. 2261	Block 74 siehe nach Nr. 2843	Block 98 siehe nach Nr. 3257
Block 27 siehe nach Nr. 1367 B	Block 51 siehe nach Nr. 2267	Block 75 siehe nach Nr. 2847	Block 99 siehe nach Nr. 3268
Block 28 siehe nach Nr. 1507	Block 52 siehe nach Nr. 2313	Block 76 siehe nach Nr. 2852	Block 100 siehe nach Nr. 3283
Block 29 siehe nach Nr. 1508	Block 53 siehe nach Nr. 2363	Block 77 siehe nach Nr. 2890	Block 101 siehe nach Nr. 3336
Block 30 siehe nach Nr. 1511	Block 54 siehe nach Nr. 2402	Block 78 siehe nach Nr. 2896	
Block 31 siehe nach Nr. 1562	Block 55 siehe nach Nr. 2443	Block 79 siehe nach Nr. 2902	

Wz. 1 Kreuzblumen   Wz. 2 DDR Posthorn   Wz. 3 DDR und Kreuzblüten

1949, 30. Okt. Wohlt.-So.-Ausg. zum Tag der Briefmarke 1949. ▣ F. Gravenhorst; Odr. Wertp.-Druck. in Bogen zu 50 Marken; Wz. 1; gez. 13:13½.

ci) Bayern Nr. 1 unter der Lupe

		EF	MeF	MiF
245.	12+3 (Pfg.) schwarzgrau .. ci	50.—	60.—	25.—

Gültig bis 30. 6. 1951.

1949, 9. Okt. So.-Ausg. zum 75jährigen Bestehen des Weltpostvereins (UPU). ▣ Prof. Jacob und E. P. Weise; Odr. Wertp.-Druck. in Bogen zu 25 Marken; Wz. 1; gez. K 13½.

cg) Taube mit Brief und Weltkugel

		EF	MeF	MiF
242.	50 Pfg. hellblau/ dkl'violettblau .. cg	100.—	350.—	50.—

Gültig bis 31. 12. 1951.

1950, 2. März. So.-Ausg. für die 1. Wintersportmeisterschaften der Deutschen Demokratischen Republik in Schierke (Harz). ▣ F. Gravenhorst; Odr. Wertp.-Druck. in Bogen zu 50 Marken; Wz. 1; gez. K 13:13½.

ck) Schiabfahrtsläufer   cl) Eiskunstläuferin

246.	12 (Pfg.) dkl'violettblau .. ck	50.— 60.— 20.—
247.	24 (Pfg.) blau cl	45.— 180.— 30.—

Gültig bis 31. 12. 1951.

1950, 5. März. Wohlt.-So.-Ausg. zur Leipziger Frühjahrsmesse 1950. ▣ E. Gruner; Odr. Wertp.-Druck. in Bogen zu 25 Marken; Wz. 1; gez. K 13½.

1949, 27. Okt. So.-Ausg. zur Internationalen Tagung der Post-Gewerkschaft in Berlin. ▣ F. Gravenhorst; Odr.Wertp.-Druck. in Bogen zu 100 Marken; Wz. 1; gez. K 13:12½.

ch) Brandenburger Tor und Erdkugel zwischen Postbotin und Postboten

243.	12 (Pfg.) violettultramarin .. ch	50.— 70.— 30.—
244.	30 (Pfg.) .... ch a. rot	200.— 220.— 45.—

Gültig bis 31.12.1951.

cm) Erstes Porzellan auf der Leipziger Messe (1710)

cn) Erste Mustermesse im Städtischen Kaufhaus zu Leipzig (1894)

Deutsche Demokratische Republik

248.	24+12 (Pfg.) bläulich-	EF	MeF	MiF
	violett .... cm	80.—	200.—	40.—
249.	30+14 (Pfg.) dkl'rosalila. cn	250.—	300.—	50.—

Gültig bis 30. 6. 1951.

1950, 1. Mai. So.-Ausg. zur 60. Wiederkehr der Feier des 1. Mai. ⓔ W. Nix; Odr. Wertp.-Druck. in Bogen zu 50 Marken; Wz. 1; gez. K 13:13½.

co) Symbolische Weltkugel mit Sonne

| 250. | 30 (Pfg.) karminrot ...... co | 250.— | 280.— | 60.— |

Gültig bis 31. 12. 1951.

1950, 27. Mai/1951, 3. Jan. Freim.-Ausg. Staatspräsident Pieck. ⓔ F. Gravenhorst; Nr. 251–253 Bdr., Nr. 254 Odr., Nr. 255 StTdr.; Druck Wertp.-Druck. (Nr. 251–255) und Graph. Werkstätten (Nr. 251–254); Wz. 1; gez. K 13:12½ (Pfennigwerte Nr. 251–252), gedruckt in Bogen zu 100 Marken) oder K 13:13½ (Markwerte Nr. 253 bis 255, gedruckt in Bogen zu 50 Marken).

cp-cq) Wilhelm Pieck (3. 1. 1876 bis 7. 9. 1960), Staatspräsident
cp

251.	12 (Pfg.) schwarzblau, preußischblau GA ...... cp	9.—	10.—	8.—
252.	24 (Pfg.) h'- bis dkl'rotbraun cp	3.—	6.—	3.—
253.	1 DM dkl'grauoliv (Töne).. cq	100.—	240.—	25.—
254.*)	2 DM braunrot .... cq	150.—	300.—	20.—
255.	5 DM schw'blau (3.1.1951) cq	—.—	—.—	250.—

*) Preise gültig für ✉ mit ⊙ bis 30.6.1990. Spätere ✉: EF 60.—, MeF 80.—, MiF 15.—.

Nr. 251–253 und 255 gültig bis 31.3.1962, Nr. 254 gültig bis 2.10.1990.

Mit Wz. 2: Nr. 322–326. In ähnlicher Zeichnung: Nr. 342 bis 343, 622–623. Vgl. auch Spezialaufstellung vor Nr. 327.

1950, 14. Juni. Wohlt.-So.-Ausg. zum 200. Todestag Bachs. ⓔ Prof. F. Jacob und E. P. Weise; Odr. Wertp.-Druck. in Bogen zu 50 Marken; Wz. 1; gez. K 13:13½.

cr) Antike (Hirtenknabe mit Doppelflöte)
cs) Mittelalter (Mädchen mit Handorgel)

ct) Barock, Kopf von Joh. Seb. Bach (1685–1750) nach dem Gemälde von Dr. Fritz Volbach
cu) Notenfolge b—a—c—h von drei singenden Masken angestimmt

256.	12+ 4 (Pfg.) blaugrün .... cr	40.—	250.—	20.—
257.	24+ 6 (Pfg.) hellbraunoliv cs	35.—	100.—	20.—
258.	30+ 8 (Pfg.) bräunlichrot ct	230.—	250.—	45.—
259.	50+16 (Pfg.) (hell)blau .. cu	120.—	360.—	55.—

Gültig bis 30. 6. 1951.

1950, 1. Juli. So.-Ausg. für die Deutsche Briefmarkenausstellung DEBRIA in Leipzig (26. 8. bis 3. 9. 1950). ⓔ F. Gravenhorst; Odr. Wertp.-Druck. in Bogen zu 50 Marken; Wz. 1; gez. K 13:13½.

cv) Weltkugel, Friedenstaube und Sachsen Nr. 1.

		EF	MeF	MiF
260.	84+41 (Pfg.) dkl'braunrot cv	80.—	400.—	50.—

Gültig bis 30. 6. 1951.

1950, 10. Juli. So.-Ausg. zur 250-Jahr-Feier der Berliner Akademie der Wissenschaften, gegründet am 10. Juli 1700 durch Leibniz. ⓔ Prof. G. Kreische; Odr. Wertp.-Druck. in Bogen zu 100 Marken; Wz. 1; gez. K 13:12½.

cw) Leonhard Euler (1707—1783), Mathematiker, Physiker und Astronom

cx) Alexander v. Humboldt (1769 bis 1859), Geograph und Naturforscher
cy) Theodor Mommsen (1817 bis 1903), Historiker (Nobelpreis 1902)
cz) Wilhelm v. Humboldt (1767 bis 1835), preuß. Staatsmann u. Kultusmin., Philologe

da) Prof. Dr. Herm. v. Helmholtz (1821–1894), Physiologe u. Physiker
db) Max Planck (1858–1947), Physiker (Nobelpreis 1918)
dc) Jacob Grimm (1785–1863), Philologe

dd) Walter Nernst (1864–1941), Chemiker u. Physikochemiker (Nobelpreis 1920)
de) Gottfr. Wilh. v. Leibniz (1646 bis 1716), Philosoph, Naturwissenschaftler u. Staatsmann
df) Adolf v. Harnack (1851–1930), Kulturpolitiker u. Kirchenhistoriker

261.	1 (Pfg.) dunkelgrau .... cw		90.—	20.—
262.	5 (Pfg.) dunkelgrün ... cx		120.—	35.—
263.	6 (Pfg.) blauviolett ..... cy	40.—	80.—	35.—
264.	8 (Pfg.) karmin (Tönungen) .... cz	140.—	150.—	60.—
265.	10 (Pfg.) russischgrün ... da	140.—	—.—	60.—
266.	12 (Pfg.) dkl'blau (Tönungen) .... db	25.—	30.—	12.—
267.	16 (Pfg.) dkl'grünblau ... dc	140.—	—.—	75.—
268.	20 (Pfg.) bräunlichlila ... dd	—.—	300.—	70.—
269.	24 (Pfg.) braunrot (Tönungen) .... de	20.—	70.—	15.—
270.	50 (Pfg.) dunkel-ultramarin .... df	120.—	—.—	80.—

Gültig bis 31. 3. 1952.

In ähnlichen Zeichnungen: Nr. 574—576.

Deutsche Demokratische Republik

1950, 26. Aug. Wohlt.-So.-Ausg. in Blockform. Deutsche Briefmarken-Ausstellung DEBRIA. Marken in Zeichnung der Nr. 245 und 260 als Block zusammengefaßt mit orangegelbem bis gelborangem Rand. ✍ F. Gravenhorst; Odr. Wertp.-Druck.; Wz. 1; ▢.

df l

		EF	Mef	MiF
271.	12+ 3 (Pfg.) braunschwarz ci	200.—	360.—	200.—
272.	84+41 (Pfg.) bräunlichrot . cv	180.—	800.—	200.—
	Block 7 (92:52 mm) .... df l	500.—	1000.—	500.—

Gültig bis 30.6.1951.

1950, 1. Sept. So.-Ausg. zur 750-Jahr-Feier des Mansfelder Kupferschieferbaues. ✍ F. Gravenhorst; Odr. Wertp.-Druck. in Bogen zu 50 Marken; Wz. 1; gez. K 13:13½.

dg) Arbeiter mit Stirnlampe und Preßluftbohrer unter Tage

dh) Arbeiter beim Abstich am Hochofen

273.	12 (Pfg.) .... dg			
	a. blau (Töne)			
	b. dkl'blau (▢ dkl'blau)	40.—	50.—	30.—
	c. hellblau (▢ violettblau)...	3400.—	—.—	3000.—
274.	24 (Pfg.) bräunlichrot ..... dh	—.—	—.—	2000.—
		40.—	—.—	35.—

Bei MiNr. 273 wurden in der DDR die Farbvarianten mit anderen Kleinbuchstaben geprüft. Neuere Prüfung ratsam. *Gültig bis 31.12.1951.*

1950, 28. Sept. So.-Ausg. zu den Volkswahlen am 15. 10. 1950. ✍ F. Gravenhorst; Odr. Wertp.-Druck. in Bogen zu 50 Marken; Wz. 1; gez. K 13:13½.

di) Symbole der Arbeit, Friedenstaube und Wahlurne

275.	24 (Pfg.) dkl'braunrot .... di	30.—	90.—	25.—

Gültig bis 31. 12. 1951.

1950, 15. Dez. So.-Ausg. zum Friedenstag. ✍ G. Martens; Odr. Wertp.-Druck. in Bogen zu 50 Marken; Wz. 1; gez. K 13½:13.

dk) Panzer

Erhobene Hand u. Friedenstaube wehren Symbole des Kriegsschreckens ab

dl) Bomben und brennende Häuser

dm) Erdball u. explodierende Atombombe

dn) Soldatenfriedhof

		EF	Mef	MiF
276.	6 (Pfg.) dunkelviolettblau dk	70.—	40.—	20.—
277.	8 (Pfg.) siena .... dl	130.—	70.—	15.—
278.	12 (Pfg.) dunkelblau ..... dm	30.—	70.—	18.—
279.	24 (Pfg.) orangerot ...... dn	20.—	70.—	15.—

Gültig bis 30.6.1951.

1951, 3. Febr. So.-Ausg. zu den 2. Wintersportmeisterschaften in Oberhof (Thür.). Odr. Wertp.-Druck. in Bogen zu 50 Marken; Wz. 1; gez. K 13:13½.

do) Zweierbob   dp) Skispringen

280.	12 (Pfg.) dkl'grünblau ... do	75.—	90.—	30.—
281.	24 (Pfg.) karmin .... dp	60.—	150.—	35.—

Gültig bis 31. 3. 1952.

1951, 4. März. So.-Ausg. zur Leipziger Frühjahrsmesse 1951. ✍ Prof. Egon Pruggmayer; Odr. Wertp.-Druck. in Bogen zu 50 Marken; Wz. 1; gez. K 13:13½.

dr) MM über Fabrikanlage

282.	24 (Pfg.) karmin .... dr	100.—	250.—	85.—
283.	50 (Pfg.) violettblau ..... dr	150.—	360.—	75.—

Gültig bis 31. 3. 1952.

1951, 22. April. So.-Ausg. zur Begegnung der Staatspräsidenten W. Pieck und B. Bierut (Polen). ✍ G. Martens; Odr. Wertp.-Druck. in Bogen zu 25 Marken; Wz. 1; gez. K 13:13½.

ds) Die Staatspräsidenten reichen sich die Hände über der Oder-Neiße-Linie

284.	24 (Pfg.) rot .... ds	100.—	280.—	75.—
285.	50 (Pfg.) blau bis tiefblau ds	150.—	—.—	75.—

Gültig bis 31. 1. 1953.

1951, 27. Juni. So.-Ausg. zum Monat der deutsch-chinesischen Freundschaft. ✍ G. Martens; Odr. Wertp.-Druck. in Bogen zu 25 Marken; Wz. 1; gez. K 13½.

dt) Mao Tse-tung (1893–1976), Vorsitzender des ZK der KP Chinas

du) „Das Land wird neu vermessen" (Bodenreform)

			EF	MeF	MiF
286.	12 (Pfg.) schwarzblaugrün	dt	200.—	380.—	100.—
287.	24 (Pfg.) karminrot	du	180.—	750.—	150.—
288.	50 (Pfg.) dunkelviolettblau	dt	220.—1200.—		130.—

1951, 3. Aug. So.-Ausg. zu den 3. Weltfestspielen der Jugend und Studenten für den Frieden. Ⓚ K. Eigler und K. Bade; Odr. Wertp.-Druck. auf leicht getöntem Papier in Bogen zu 50 Marken; Wz. 1; gez. K 13½:13.

dv) Hissung der Festspielflagge vor dem Brandenburger Tor

dw) Mädchen-Tanzgruppe in Volkstracht

289.	12 (Pfg.) siena/hellorangebraun auf mattgrau ...	dv	50.—	65.—	40.—
290.	24 (Pfg.) bräunlichkarmin/maigrün auf mattgrau ..	dw	30.—	100.—	22.—
291.	30 (Pfg.) dkl'blaugrün/hellorangebraun auf mattgrüngrau	dv	200.—	300.—	45.—
292.	50 (Pfg.) dkl'violettblau/bräunlichkarmin auf mattgrau	dw	100.—	320.—	45.—

Gültig bis 31. 1. 1953.

1951, 2. Sept. So.-Ausg. zur Verkündung des 1. Fünfjahresplanes. Odr. Wertp.-Druck. in Bogen zu 100 Marken; Wz. 1; gez. K 13:12½.

dx) Hammer, Zirkel, Ähren und 5

293.	24 (Pfg.) mehrfarbig	dx	15.—	60.—	12.—

Gültig bis 31. 1. 1953.

1951, 7. Okt. So.-Ausg. zum 80. Geburtstag Liebknechts. Ⓚ P. Weiss; Odr. Wertp.-Druck. in Bogen zu 50 Marken; Wz. 1; gez. K 13½:13.

dy) K. Liebknecht (1871—1919), Sozialistenführer, vor roter Fahne

294.	24 (Pfg.) blauschwarz/rot .	dy	15.—	60.—	12.—

Gültig bis 31. 1. 1953.

1951, 28. Okt. So.-Ausg. zum Tag der Briefmarke 1951. Ⓚ Bade und Eigler; Odr. Wertp.-Druck. in Bogen zu 50 Marken; Wz. 1; gez. K 13:13½.

dz) Sammler und Jugendsammler vor dem Album

295.	12 (Pfg.) preußischblau ...	dz	30.—	30.—	15.—

Gültig bis 31. 1. 1953.

1951, Dez. So.-Ausg. zum Monat der deutsch-sowjetischen Freundschaft. Ⓚ E. Gruner; Ⓢ K. Wolf; Odr. Wertp.-Druck. in Bogen zu 25 Marken; Wz. 1; gez. K 13½.

ea) Stalinpreisträger Pawl Bykow und Nationalpreisträger Erich Wirth

eb) Marschall J. W. Stalin und Präsident W. Pieck

			EF	MeF	MiF
296.	12 (Pfg.) preußischblau (15. 12.)	ea	120.—	100.—	30.—
297.	24 (Pfg.) rot (1. 12.)	eb	60.—	180.—	35.—

Gültig bis 31. 1. 1953.

1952, 12. Jan. So.-Ausg. zu den 3. Wintersportmeisterschaften in Oberhof. Ⓚ H. Liedtke und H. Weber; Odr. Wertp.-Druck. in Bogen zu 50 Marken; Wz. 1; gez. K 13½:13.

ec) Skilanglauf

ed) Skispringer

298.	12 (Pfg.) bläulichgrün ..	ec	50.—	40.—	18.—
299.	24 (Pfg.) blau	ed	40.—	120.—	20.—

Gültig bis 31. 1. 1953.

1952, 26. März. So.-Ausg. zum 125. Todestag Beethovens. Ⓚ K. Eigler; Ⓢ K. Wolf; Odr. in 2 Auflagen durch Wertp.-Druck. in Bogen zu 50 Marken; Wz. 1; gez. K 13½:13.

ee

ef

ee—ef) Ludwig van Beethoven (16. 12. 1770, gest. 26. 3. 1827), Komponist

300.	12 (Pfg.) ultramaringrau/violettblau	ee	30.—	25.—	5.—
301.	24 (Pfg.) hellgrau/dkl'karminbraun	ef	15.—	60.—	7.—

Gültig bis 31. 1. 1953.

In ähnlichen Zeichnungen: Nr. 308—310.

1952, 1. Mai. So.-Ausg. zum Staatsbesuch des Präsidenten der Tschechoslowakischen Republik in Berlin. Ⓚ K. Eigler; RaTdr. Einheit in Bogen zu 50 Marken; Wz. 1; gez. K 13:13½.

eg) K. Gottwald (1896—1953), Burg Hradschin, Brandenburger Tor

302.	24 (Pfg.) kornblumenblau .	eg	18.—	70.—	8.—

Gültig bis 31. 1. 1953.

Deutsche Demokratische Republik 313

1952, 1. Mai. Wohlt.-So.-Ausg. zugunsten des Nationalen Aufbauprogramms Berlin 1952. Ⓔ K. Eigler und K. Bade; Ⓢ K. Wolf; Odr. Wertp.-Druck. in Bogen zu 50 Marken; Wz. 1; gez. K 13:13½.

eh) Schuttabräumung

ei) Hausbau   ek) Dachstuhlbau   el) Bauplanung

			EF	MeF	MiF
303.	12+ 3 (Pfg.)	purpurviolett eh	30.—	30.—	5.—
304.	24+ 6 (Pfg.)	hellrotbraun ei	12.—	60.—	8.—
305.	30+10 (Pfg.)	dunkelgrün . ek	180.—	300.—	12.—
306.	50+10 (Pfg.)	violettblau .. el	90.—	300.—	15.—

1952, 5. Mai. So.-Ausg. zur 5. Internationalen Radfernfahrt für den Frieden. Ⓔ H. Liedtke und H. Weber; RaTdr. Einheit in Bogen zu 50 Marken; Wz. 1; gez. K 13½:13.

em) Radrennfahrer auf der Strecke

307. 12 (Pfg.) blau .... em   25.—   22.—   5.—

Gültig bis 31. 1. 1953.

Wz. DDR Posthorn (Wz. 2)

X = fortlaufende Zeilen liegend   Y = fortlaufende Zeilen stehend

Das Wz. 2 kommt in zwei verschiedenen Größen (Buchstaben 6 mm und 5 mm hoch), normal und spiegelverkehrt, außerdem bei vielen Werten liegend oder stehend vor; letztere Positionen sind im Katalog registriert, während die Größe der Buchstaben unberücksichtigt bleibt.

1952, 5. Juli. So.-Ausg. zum Händel-Fest in Halle. Ⓔ K. Eigler; Ⓢ K. Wolf; Odr. Wertp.-Druck. in Bogen zu 50 Marken; Wz. DDR Posthorn (Wz. 2 Y); gez. K 13½:13.

en) G. Friedrich   eo) Albert Lortzing   ep) C. M. Weber
Händel (1685-1759) (1801-1851)   (1786-1826)

308. 6 (Pfg.) mattbraun/braun en 70.— 40.— 6.—
309. 8 (Pfg.) mattlilarosa/karmin eo 80.— 60.— 8.—
310. 50 (Pfg.) mattgraublau/
         preußischblau .... ep 60.— 200.— 15.—

In ähnlichen Zeichnungen: Nr. 300–301. Gültig bis 31.12.1953.

1952, 11. Aug. So.-Ausg. zum 150. Geburtstag Hugos, zum 500. Geburtstag da Vincis, zum 100. Todestag Gogols und zum 1000. Geburtstag Avicennas. Ⓔ K. Eigler; RaTdr. Einheit in Bogen zu 50 Marken; Wz. 1; gez. K 13:13½.

er) Victor Hugo   es) Leonardo da Vinci
(1802–1885),   (1452–1519),
französischer Dichter ital. Maler und
                             Universalgenie

et) Nikolaj Gogol   eu) Avicenna (Ibn Sina)
(1809–1852),   (980–1037),
russ. Dichter   arabischer Arzt und
                  Philosoph

			EF	MeF	MiF
311.	12 (Pfg.)	siena .... er	30.—	30.—	17.—
312.	20 (Pfg.)	dkl'gelbgrün .. es	90.—	150.—	17.—
313.	24 (Pfg.)	karminrot ..... et	20.—	80.—	17.—
314.	35 (Pfg.)	blau .... eu	50.—	200.—	25.—

Gültig bis 31. 12. 1953.

1952, 7. Sept. So.-Ausg. zur Leipziger Herbstmesse 1952. Ⓔ K. Eigler; RaTdr. Einheit in Bogen zu 50 Marken; Wz. 2 X; gez. K 13:13½.

ev) Symbol des Schwermaschinenbaus, Weltkugel und Friedenstaube, Stadtwappen mit MM

315. 24 (Pfg.) karminrot .... ev 12.— 60.— 7.—
316. 35 (Pfg.) dkl'violettultramarin ev 40.— 180.— 13.—

Gültig bis 31. 12. 1953.

1952, 15. Okt. So.-Ausg. zum 100. Todestag Jahns. Ⓔ K. Eigler; Ⓢ K. Wolf; Odr. Wertp.-Druck. in Bogen zu 50 Marken; Wz. 2 Y; gez. K 13½:13.

ew) Turnvater Friedr. Ludw. Jahn (1778—1852), Politiker

317. 12 (Pfg.) dunkelviolettblau ew 15.— 18.— 5.—

Gültig bis 31. 12. 1953.

1952, 18. Okt. So.-Ausg. zum 450jährigen Bestehen der Universität Halle-Wittenberg. Ⓔ E. Gruner; RaTdr. Einheit in Bogen zu 50 Marken; Wz. 2 X; gez. K 13:13½.

ex) Teilansicht der Universität Augusteum in Wittenberg

318. 24 (Pfg.) dunkelgrün ..... ex 8.— 30.— 5.—

Gültig bis 31. 12. 1953.

Deutsche Demokratische Republik

1952, 26. Okt. So.-Ausg. zum Tag der Briefmarke 1952. K. Eigler; RaTdr. Einheit in Bogen zu 50 Marken; Wz. 2 Y; gez. K 13½:13.

ey) Friedenstaube, Hammer, Ährenzweig, Fahnen, darüber Abbildung der Freimarke Nr. 252

		EF	MeF	MiF
319.	24 (Pfg.) karminbraun ... ey	8.—	35.—	5.—

Gültig bis 31. 12. 1953.

1952, 8. Dez. So.-Ausg. Völkerkongreß für den Frieden in Wien 1952. K. Eigler; RaTdr. Einheit in Bogen zu 50 Marken; Wz. 2 Y; gez. K 13½:13.

ez) Erdkugel, von Fahnenband umschlungen, Friedenstaube, Stephansdom, Wien. — Abb. zeigt den rechts angebrachten Drucknummernvermerk.

320.	24 (Pfg.) karmin .... ez	12.—	35.—	8.—
321.	35 (Pfg.) dunkelviolettblau ez	30.—	120.—	11.—

Gültig bis 31. 12. 1953.

1952/53. Freim.-Ausg. Staatspräsident Pieck. Nr. 322 bis 325 Bdr., Nr. 326 Odr. Wertp.-Druck oder Graph. Werkstätten in Bogen zu 100 Marken (Nr. 322–324) bzw. Bogen zu 50 Marken (Nr. 325–326); Wz. 2 X; Nr. 322–324 gez. K 13:12½, Nr. 325–326 gez. K 13:13½.

cp–cq) Wilhelm Pieck (1876–1960), Staatspräsident

cp / cq

Billigste Sorte

322.	5 (Pfg.) grün (22.9.1952) . cp	18.—	35.—	15.—
323.	12 (Pfg.) schwarzblau (Tönungen) .... cp	10.—	10.—	8.—
324.	24 (Pfg.) rotbraun (Tönungen) .... cp	8.—	15.—	8.—
325.	1 DM dunkelgrauoliv .... cp	180.—	—.—	90.—
326.*)	2 DM bräunlichrot (11.6.1953) .... cq	200.—	—.—	70.—

*) Preise gültig für ✉ mit ⊙ bis 30.6.1990. Spätere ✉: EF 35.—, MeF 70.—, MiF 25.—.

MiNr. 322–325 gültig bis 31.3.1962, MiNr. 326 gültig bis 2.10.1990.

1952/53. Freim.-Ausg. Persönlichkeiten. Zeichnungen wie Nr. 212–227 der Sowjetischen Zone. Bdr. Wertp.-Druck. oder Graph. Werkstätten auf gewöhnlichem oder gestrichenem Papier in Bogen zu 100 Marken; Wz. 2 X; gez. K 13:12½.

bl) Käthe Kollwitz (1867–1945), Malerin

bm) Gerhart Hauptmann (1862–1946), Dichter

bn) Karl Marx (1818–1883), Politiker

bo) August Bebel (1840–1913), Politiker

bq) G. W. Fr. Hegel (1770–1831), Philosoph

br) Prof. Dr. Rudolf Virchow (1821–1902), Arzt

bp) Friedrich Engels (1820–1895), Politiker

bs) Ernst Thälmann (1886–1944), Politiker

Billigste Sorte

		EF	MeF	MiF
327X.	2 (Pfg.) dkl'- bis schwarzgrau .... bl		35.—	10.—
328X.	6 (Pfg.) purpurviolett .. bm	8.—	10.—	6.—
329X.	8 (Pfg.) rotbraun ..... bm	30.—	25.—	6.—
330X.	10 (Pfg.) dunkelblaugrün .. bo	14.—	40.—	8.—
331.	15 (Pfg.) siena bis dkl'siena .... bq	—.—	250.—	45.—
332X.	16 (Pfg.) grünblau ..... br	15.—	60.—	10.—
333X.	20 (Pfg.) dunkelkarmin .. bl	80.—	70.—	8.—
334.	25 (Pfg.) braunoliv ..... br	1200.—	1100.—	800.—
335X.	30 (Pfg.) rot .... bp	160.—	180.—	30.—
336X.	40 (Pfg.) purpurlila .... bm	70.—	180.—	9.—
337.	50 (Pfg.) dkl'violettblau (März 1953)	bm	50.—	280.—	100.—
338X.	60 (Pfg.) dkl'graugrün .. bq	120.—	180.—	8.—
339.	80 (Pfg.) schwarzblau ... bs a. gewöhnl. od. gestr. Papier................		90.—	180.—	6.—
	b. m. Laküberzug (18.3.1953) ✉	4500.—	—.—	2500.—
340.	80 (Pfg.) scharl'rot (16.4.1953) .... bs	120.—	250.—	40.—
341.	84 (Pfg.) karminbraun .. bo	260.—	700.—	300.—

Nr. 327–338, 340–341 gültig bis 28. 2. 1954, Nr. 339a und b bis 15. 4. 1953, Nr. 328 auf Briefen an Lotterie-Einnehmer bis 31. 3. 1954.

1953/55. Freim.-Ausg. Staatspräsident Pieck. K. Eigler; RaTdr. Einheit, später (Nr. 342b) Graph. Werkstätten, auf gestrichenem Papier in Bogen zu 50 Marken; Wz. 2 X; gez. K 13:13½.

fa) Wilhelm Pieck (1876–1960), Staatspräsident

342.	1 DM .... fa			
	a. schw'br'oliv (2.2.1953)	100.—	200.—	12.—
	b. schwarzoliv (9.1955) ...	100.—	200.—	12.—
343.*)	2 DM rotbr. (3.1.1953)... fa	150.—	300.—	50.—

*) Preise gültig für ✉ mit ⊙ bis 30.6.1990. Spätere ✉: EF 30.—, MeF 60.—, MiF 20.—.

Nr. 342 gültig bis 31.3.1962, Nr. 343 gültig bis 2.10.1990.

In gleicher Zeichnung mit Wz. 3: Nr. 622–623; mit Dateneindruck: Nr. 807; in ähnlicher Zeichnung: Nr. 253–254.

1953, 14. März/5. Mai. So.-Ausg. zum 70. Todestag Marx'. T. Thomas und K. Eigler; RaTdr. Graph. Werkstätten bzw. Einheit (Nr. 348 und 350) in Bogen zu 50 Marken; Wz. 2 X und Y; gez. K 13½:13 bzw. ~.

fb) Eisenhüttenkombinat Ost u. Fahne mit Kopfbildern von Marx, Engels, Lenin u. Stalin

fc) Marx, Engels u. Kommunistisches Manifest

fd) Kreml u. Fahne mit Kopfbildern von Marx, Engels, Lenin u. Stalin

fe) Aufmarsch von Werktätigen und Transparent

Deutsche Demokratische Republik

ff) Karl Marx liest aus seinem Buch „Das Kapital"

fg) Karl Marx in älteren Jahren

fh) Karl Marx am Rednerpult

fi) Karl Marx und Friedrich Engels

fk) Werktätige mit Fahne mit Kopfbildern von Marx, Engels, Lenin und Stalin

fl) Karl Marx im Medaillon und Stalinallee, Berlin

		EF	MeF	MiF
344 Y.	6 (Pfg.) schwarzblaugrün/ziegelrot/schwarz .... fb	10.—	18.—	3.—
345 X.	10 (Pfg.) dkl'grüngrau/dkl'siena .... fc	25.—	50.—	4.—
346 Y.	12 (Pfg.) schwarzolivgrün/lilarot .... fd	15.—	18.—	3.—
347 X.	16 (Pfg.) violettblau/lilarot/rosa .... fe	20.—	45.—	8.—
348 Y.	20 (Pfg.) dkl'siena/chromgelb (14. März) ...... ff	80.—	140.—	4.—
349 Y.	24 (Pfg.) dkl'siena/ziegelrot (14. März) .... fg	8.—	20.—	3.—
350 Y.	35 (Pfg.) violettpurpur/chromgelb .... fh	45.—	90.—	15.—
351 Y.	48 (Pfg.) schwarzoliv/rotbraun .... fi	40.—	180.—	3.—
352 X.	60 (Pfg.) dkl'karminbraun/ziegelrot .... fk	120.—	250.—	15.—
353 X.	84 (Pfg.) blau/dkl'siena (14. März) .... fl	20.—	300.—	15.—

Gültig bis 30. 6.1955.

1953, 28. März. So.-Ausg. zum 85. Geburtstag Gorkis. Ⓔ K. Eigler; RaTdr. Einheit auf gestrichenem Papier in Bogen zu 50 Marken; Wz. 2 Y; gez. K 13½:13.

fm) Maxim Gorki (1868—1936), russischer Schriftsteller; Hauptwerke: „Nachtasyl", „Die Mutter"

354.	35 (Pfg.) dunkelsiena .... fm	30.—	80.—	4.—

Gültig bis 31. 12. 1953.

Tabelle der Postgebühren für Sowjetische Besatzungszone und DDR siehe vor Beginn der DDR-Katalogisierungen

1953, 2. Mai. So.-Ausg. zur 6. Internationalen Radfernfahrt für den Frieden. Odr. Graph. Werkstätten in Bogen zu 50 Marken; Wz. 2 Y; gez. K 13½:13.

fn–fp) Radrennfahrer auf der Strecke

			EF	MeF	MiF
355.	24 (Pfg.) dkl'bläulichgrün	. fn	12.—	20.—	9.—
356.	35 (Pfg.) kornblumenblau	. fo	30.—	90.—	6.—
357 Y.	60 (Pfg.) braun	fp	100.—	200.—	10.—

Gültig bis 31. 12. 1953.

1953, 6. Juli. So.-Ausg. zur 700-Jahr-Feier der Stadt Frankfurt a. d. Oder. Ⓔ E. Gruner; Odr. Graph. Werkstätten auf gestrichenem Papier in Bogen zu 50 Marken; Wz. 2 X; gez. K 13:13½.

fr) Heinrich von Kleist (1777–1811), Dichter; Geburtshaus, Kleist-Theater

fs) Marienkirche in Frankfurt a. d. Oder

ft) Ansicht der Altstadt von der Löweninsel her, rechts unten die Friedensglocke

fu) Rathaus in Frankfurt (14. Jahrh.), rechts unten Stadtwappen

358.	16 (Pfg.) lilabraun	fr	20.—	30.—	7.—
359.	20 (Pfg.) dkl'blaugrün	fs	50.—	100.—	5.—
360.	24 (Pfg.) karminrot	ft	12.—	40.—	7.—
361.	35 (Pfg.) ultramarin	fu	40.—	90.—	7.—

Gültig bis 31. 12. 1953.

1953,10. Aug./21. Nov. Freim.-Ausg. Arbeiter für den Fünfjahresplan. Ⓔ E. Gruner; Ⓢ K. Wolf; Odr. Graph. Werkstätten auf gestrichenem Papier in Bogen zu 100 Marken; ohne Entwerfer- und Stechernamen unter dem Markenbild; Wz. 2 X, Nr. 367 auch Y; gez. K 13:12½.

Der Odr. ist am punktierten Untergrund und der unscharfen Zeichnung leicht erkennbar.

fv) Kumpel mit Preßlufthammer

fw) Frau bei Bedienung einer Schaltvorrichtung

fx) Werktätige reichen sich die Hände

Deutsche Demokratische Republik

fy) Jugendliche lernen, im Hintergrund Bild von Karl Marx

fz) Werktätige im Erfahrungsaustausch

ga) Bauer, Handwerker und Geistesarbeiter

gb) Frau am Fernschreiber

gc) Stahlschmelzer, im Hintergrund Stahlhütte

gd) Werktätige in Bad Elster

ge) Ansicht der Stalinallee, Berlin

gf) Lokomotivbrigade bei der Arbeit

gg) Tanzgruppe

gh) Sporthalle in Berlin, Stalinallee

gi) Chemiker

gk) Wiederaufbau des Dresdner Zwingers

gl) Hochseedampfer auf Stapel

gm) Mähdrescher

gn) Familie, im Hintergrund Großbauten und Friedenstaube

Übersichtstabelle der Ausgaben „Arbeiter für den Fünfjahresplan"

● = mit Entwerter- u. Stecherzeichen

Wertangabe Pfg.	Zeichnung	Odr.	Bdr.		
			Wz. 2	Wz. 3	
				K 13:12½	K 14
1	fv	362	405 ●		
5	fw	363	406 ●	577 A ●	577 B
6	fx	364	407		
8	fy	365	408 ●		
10	fz	366	409 ●	704 A	704 B
10	ga		453	578 A	578 B
12	ga	367	410		
15	gb	368	411 ●		
15	gc		454	579 A	579 B
16	gc	369	412		
20	gd	370	413 ●		
20	ge		455	580 A ●	580 B
24	ge	371	414 ●		
25	gf	372	415 ●	581 A ●	581 B
30	gg	373	416 ●	582 A ●	582 B
35	gh	374	417		
40	gi	375	418 ●		
40	gk		456	583 A ●	583 B
48	gk	376	419 ●		
50	gl		457	584 A ●	584 B
60	gl	377	420 ●		
70	gn		458	585 A ●	585 B
80	gm	378	421 ●		
84	gn	379	422 ●		

			EF	MeF	MiF
362.	1 (Pfg.) braunschwarz, lilaschwarz, violettschwarz ..... fv			25.—	2.—
363.	5 (Pfg.) grün .... fw		18.—	10.—	3.—
364.	6 (Pfg.) blauviolett .... fx		5.—	6.—	2.—
365.	8 (Pfg.) orangebraun ... fy		20.—	10.—	3.—
366.	10 (Pfg.) dkl'blaugrün [GA] fz		5.—	8.—	3.—
367 X.	12 (Pfg.) hellblau ...... ga		4.—	5.—	2.—
368.	15 (Pfg.) hellpurpurviolett gb		70.—	50.—	5.—
369.	16 (Pfg.) purpurviolett ... gc		8.—	25.—	6.—
370.	20 (Pfg.) schwarzoliv ... gd		30.—	40.—	6.—
371.	24 (Pfg.) karminrot, bräunl'karmin (21. 11.) ge		2.—	4.—	2.—
372.	25 (Pfg.) dkl'blaugrün ... gf		35.—	100.—	9.—
373.	30 (Pfg.) braunrot ...... gg		35.—	80.—	9.—
374.	35 (Pfg.) ultramarin ..... gh		45.—	30.—	10.—
375.	40 (Pfg.) karminrot ..... gi		30.—	80.—	6.—
376.	48 (Pfg.) hellbläul'violett . gk		15.—	120.—	8.—
377.	60 (Pfg.) kornblumenblau gl		70.—	150.—	10.—
378.	80 (Pfg.) grünlichblau ... gm		80.—	150.—	11.—
379.	84 (Pfg.) lilabraun ...... gn		30.—	250.—	24.—

Nr. 362, 364, 365, 367, 369, 371, 374, 376, 377 und 379 gültig bis 31. 3. 1959; Nr. 363, 366, 368, 370, 372, 373, 375 und 378 gültig bis 31. 12. 1962.

Marken mit Aufdruck des neuen Wertes: Nr. 435–442.

1953, 29. Aug. So.-Ausg. zur Leipziger Herbstmesse 1953. [Z] E. Gruner; RaTdr. Graph. Werkstätten auf gestrichenem Papier in Bogen zu 50 Marken; Wz. 2 X; gez. K 13:13½.

go) Messegelände, im Vordergrund Bagger

gp) Messegelände, im Vordergrund Kartoffelrodemaschine

		EF	MeF	MiF
380.	24 (Pfg.) rotbraun ...... go	8.—	25.—	8.—
381.	35 (Pfg.) schwarzblaugrün. gp	30.—	75.—	10.—

Gültig bis 30. 6. 1955.

1953, 16. Sept. So.-Ausg. zum 200. Todesjahr berühmter deutscher Baumeister. [Z] K. Eigler; RaTdr. Einheit auf gestrichenem Papier in Bogen zu 50 Marken; Wz. 2 X; gez. K 13:12½.

gr) Georg Wenzeslaus von Knobelsdorff (1699–1753), Staatsoper Berlin

gs) Balthasar Neumann (1687–1753), Residenz in Würzburg

382 X.	24 (Pfg.) karmin .... gr	10.—	28.—	5.—
383.	35 (Pfg.) dkl'graublau .... gs	35.—	80.—	8.—

Gültig bis 30. 6. 1955.

Deutsche Demokratische Republik

1953, 16. Okt. So.-Ausg. zum 400. Todestag Cranachs. ⬚ K. Eigler; RaTdr. Einheit auf gestrichenem Papier in Bogen zu 50 Marken; Wz. 2 X; gez. K 13:13½.

gt) Lucas Cranach d.Ä. (Pseudonym von Lukas Müller) (1472–1553), Maler der Reformationszeit

		EF	MeF	MiF
384 X. 24 (Pfg.) braun .... gt	8.—	25.—	6.—

Gültig bis 30. 6. 1955.

1953, 23. Okt. So.-Ausg. zum 1. Jahrestag der Gründung des Roten Kreuzes in der DDR. ⬚ K. Eigler; RaTdr. Graph. Werkstätten auf gestrichenem Papier in Bogen zu 50 Marken; Wz. 2 Y; gez. K 13½:13.

gu) Krankenschwester und Patientin im Sanitätsraum eines Großbetriebes, Rotes Kreuz

385 Y. 24 (Pfg.) lilabraun/rot ... gu   8.—   25.—   5.—

Gültig bis 30. 6. 1955.

1953, Okt./Dez. So.-Ausg. in Blockform zum Karl-Marx-Jahr 1953. Marken in Zeichnung der Nr. 344 bis 353 in 2 Blöcken mit Randverzierung und Inschrift zusammengefaßt. ⬚ Eigler; RaTdr.; Graph. Werkstätten auf gestrichenem Papier. Wz. 2 Y; A gez. Ks 13½:13 (Bl. 8 A) bzw. ~ (Bl. 9 A), B ☐.

A = gezähnt (10.12.)

		EF	MeF	MiF
386 A. 6 (Pfg.) schwarzblaugrün/ziegelrot/schwarz .... fb		(Einzelpreise s. Nr. 344 Y, 346 Y, 348 Y bis 351 Y)	
387 A. 12 (Pfg.) schwarzolivgrün/lilarot .... fd			
388 A. 20 (Pfg.) dkl'siena/chromgelb .... ff			
389 A. 24 (Pfg.) dkl'siena/ziegelrot (Type I) .... fg			
390 A. 35 (Pfg.) violettpurpur/chromgelb .... fh			
391 A. 48 (Pfg.) schwarzoliv/rotbraun .... fi			
Block 8 A (148:104 mm) ...... gv	600.—	—.—	500.—
392 A. 10 (Pfg.) dkl'grüngrau/dkl'siena .... fc	150.—	—.—	90.—
393 A. 16 (Pfg.) violettblau/lilarot/rosa .... fe	130.—	—.—	90.—
394 A. 60 (Pfg.) dkl'karminbraun/ziegelrot .... fk	350.—	—.—	90.—
395 A. 84 (Pfg.) blau/dkl'siena ... fl	100.—	—.—	90.—
Block 9 A (148:104 mm) ..... gw	600.—	—.—	500.—

B = ☐ (24. 10.)

386 B. 6 (Pfg.) schwarzblaugrün/ziegelrot/schwarz .... fb	120.—	—.—	90.—
387 B. 12 (Pfg.) schwarzolivgrün/lilarot .... fd	110.—	—.—	90.—
388 B. 20 (Pfg.) dkl'siena/chromgelb .... ff	220.—	—.—	90.—
389 B. 24 (Pfg.) dkl'siena/ziegelrot (Type I) .... fg	110.—	—.—	90.—
390 B. 35 (Pfg.) violettpurpur/chromgelb .... fh	140.—	—.—	90.—
391 B. 48 (Pfg.) schwarzoliv/rotbraun .... fi	120.—	—.—	90.—
Block 8 B (148:104 mm) ...... gv	600.—	—.—	500.—
392 B. 10 (Pfg.) dkl'grüngrau/dkl'siena .... fc	150.—	—.—	90.—
393 B. 16 (Pfg.) violettblau/lilarot/rosa .... fe	130.—	—.—	90.—
394 B. 60 (Pfg.) dkl'karminbraun/ziegelrot .... fk	350.—	—.—	90.—
395 B. 84 (Pfg.) blau/dkl'siena ... fl	100.—	—.—	90.—
Block 9 B (148:104 mm) ..... gw	600.—	—.—	500.—

Die Bewertung von Block 8 und 9 versteht sich für nicht portogerechte Briefe.

Gültig bis 30.6.1955.

gv) Block 8

gw) Block 9

1953, 25. Okt. So.-Ausg. zum Tag der Briefmarke. ⬚ E. Gruner; RaTdr. Graph. Werkstätten auf gestrichenem Papier in Bogen zu 50 Marken; Wz. 2 Y; gez. K 13½:13.

gx) Landzusteller mit Fahrrad übergibt Siedlern Post

396 Y. 24 (Pfg.) schwarzgraublau. gx   6.—   20.—   4.—

Gültig bis 30. 6. 1955.

1953, 2. Nov. So.-Ausg. zum 75-jährigen Bestehen des Zoologischen Gartens in Leipzig. ⬚ E. Gruner; RaTdr. Einheit auf gestrichenem Papier in Bogen zu 50 Marken; Wz. 2 X; gez. K 13:13½.

gy) Löwenpaar (Panthera leo — Felidae)

397. 24 (Pfg.) dkl'sepia ..... gy   6.—   20.—   4.—

Gültig bis 30. 6. 1955.

Deutsche Demokratische Republik

1953, 9./30. Nov. So.-Ausg.: „Deutsche Patrioten".
K. Eigler und K. Bade; RaTdr. Graph. Werkstätten auf gestrichenem Papier in Bogen zu 50 Marken; Wz. 2 X; gez. K 13:12½.

Unterscheidung von Offset- und Buchdruck:

Offset-   Buchdruck

1. Endbogen der „5" im Fünfjahresplanwahrzeichen berührt beim Offsetdruck nicht den linken Zirkelschenkel. Beim Buchdruck stößt der Endbogen der „5" scharf an den Zirkel.
2. Beim Offsetdruck ist die Zeichnung fein punktiert (gerastert), während beim Buchdruck deutlich schraffiert, Hintergrund rein weiß.
3. Mit Ausnahme der Werte 6, 12, 16 und 35 Pfg. zeigen die Buchdruckwerte unterhalb des Markenbildes sog. Entwerfer- und Stecherzeichen: links „E Gruner" (=Entwerfer), rechts „K. Wolf" (=Stecher).

gz) Thomas Müntzer († 1525), Führer im Bauernkrieg 1525; im Hintergrund Szene vom Aufstand (Bauern mit der Bundschuhflagge)

ha) Karl Freiherr vom Stein (1757–1831), preuß. Staatsmann, Befreier der Bauern in Preußen; Pergamentrolle

hb) Major Ferdinand v. Schill (1776–1809), Freiheitskämpfer 1809, im Hintergrund attackierende Husaren

hc) Generalfeldmarschall Gebhard Leberecht von Blücher (1742–1819), Führer in den Befreiungskriegen 1813/1815; im Hintergrund Angriffsszene der schles. Armee.

hd) Studenten beim Wartburgfest 1817

he) Barrikadenkampf während der Revolution 1848

		EF	MeF	MiF
398 X.	12 (Pfg.) lilabraun (9.11.) . gz	8.—	10.—	4.—
399 X.	16 (Pfg.) dkl'siena (30.11.) . ha	10.—	28.—	4.—
400 X.	20 (Pfg.) lilakarmin (9.11.) . hb	50.—	70.—	4.—
401.	24 (Pfg.) schwarzblau (9.11.) . . . . hc	6.—	20.—	3.—
402.	35 (Pfg.) russischgrün (30.11.) . . . . hd	60.—	50.—	7.50
403.	48 (Pfg.) schwarzbraun (30.11.) . . . . he	30.—	150.—	7.50

Gültig bis 30. 6. 1955.

1953, 13. Nov. So.-Ausg. zum 125. Todestag Schuberts. K. Eigler; RaTdr. Einheit in Bogen zu 50 Marken; Wz. 2 Y; gez. K 13½:13.

hf) Franz Schubert (1797—1828), Komponist

404.	48 (Pfg.) dkl'orangebr. (Tönungen) . . . . hf	25.—	130.—	7.50

Gültig bis 30. 6. 1955.

1953/54. Freim.-Ausg. Arbeiter für den Fünfjahresplan. Wie Nr. 362–379, jedoch jetzt Bdr. der Graph. Werkstätten auf gestrichenem Papier (alle Werte außer Nr. 407, 410, 412 und 417 mit Entwerfer- und Stechernamen unter dem Markenbild) in Bogen zu 100 Marken; Wz. 2 X; gez. K 13:12½.

ge) Karl-Marx-Allee (Stalinallee), Berlin

			EF	MeF	MiF
405 X.	1 (Pfg.) br'schwarz/ lilaschwarz, violett, schwarz, (Tönungen) (21.11.)	fv		24.—	2.—
406 X.	5 (Pfg.) (hell)sm'grün (28.12.)	fw	4.—	4.—	2.—
407 X.	6 (Pfg.) bl'violett, purpurviolett (21.11.)	fx	5.—	8.—	2.—
408.	8 (Pfg.) (hell)or'braun (28.12.)	fy	12.—	12.—	3.—
409 X.	10 (Pfg.) bl'grün (21.11.) .	fz	2.—	3.—	1.—
410 X.	12 (Pfg.) grünl'bl. (21.11.)	ga	2.—	3.—	2.—
411 X.	15 (Pfg.) bläul'violett, gr'violett (25.1.1954) . . .	gb	30.—	35.—	3.—
412.	16 (Pfg.) (dkl')purpurviolett (21.11.)	gc	7.—	25.—	4.—
413 X.	20 (Pfg.) schw'oliv, dkl'-oliv (6.2.1954)	gd	18.—	25.—	4.—
414 X.	24 (Pfg.) bräunl'karmin (28.12.)	ge	1.—	2.—	1.—
415 X.	25 (Pfg.) dkl'blaugrün (21.11.)	gf	25.—	70.—	7.—
416 X.	30 (Pfg.) braunrosa, braunrot (21.11.)	gg	20.—	50.—	7.—
417.	35 (Pfg.) lebh'vio'blau, violettblau (21.11.) . .	gh	35.—	25.—	9.—
418 X.	40 (Pfg.) braunrot, karminrot (15.2.1954)	gi	12.—	45.—	4.—
419.	48 (Pfg.) (hell)violett (28.12.)	gk	12.—	100.—	9.—
420.	60 (Pfg.) blau (21.11.) . .	gl	50.—	120.—	7.—
421 X.	80 (Pfg.) (dkl')grünblau (21.11.)	gm	50.—	200.—	10.—
422.	84 (Pfg.) braun, siena, lilabraun (28.12.)	gn	20.—	220.—	12.—

Nr. 405, 407, 408, 410, 411, 412, 413, 414, 417, 419, 420 und 422 gültig bis 31. 3. 1959, alle übrigen bis 31. 12. 1962.

Weitere Werte siehe Übersichtstabelle nach Nr. 379.

1954, 20. Jan. So.-Ausg. zum 225. Geburtstag Lessings. K. Eigler; RaTdr. Graph. Werkstätten auf gestrichenem Papier in Bogen zu 50 Marken; Wz. 2 Y; gez. K 13½:13.

hg) Gotthold Ephraim Lessing (22. 1. 1729 bis 15. 2. 1781), Dichter

423.	20 (Pfg.) russischgrün	15.—	18.—	4.—

Gültig bis 30. 6. 1955.

Deutsche Demokratische Republik

1954, 25. Jan. So.-Ausg. zur Viermächte-Konferenz in Berlin 1954. ⓔ **E. Gruner; RaTdr. Graph. Werkstätten auf gestrichenem Papier in Bogen zu 50 Marken;** Wz. 2 Y; gez. K 12½:13.

hh) Menschenmenge vor Tisch mit 4 leeren Stühlen, darüber Friedenstaube

	EF	MeF	MiF
424. 12 (Pfg.) indigo........... hh	8.—	15.—	3.—

Gültig bis 30. 6. 1955.

1954, 5. März. So.-Ausg. zum 1. Todestag Stalins. ⓔ **K. Eigler; RaTdr. Graph. Werkstätten auf gestrichenem Papier in Bogen zu 50 Marken;** Wz. 2 Y; gez. K 13½:13.

hi) Josef Wissarionowitsch (Dschugaschwili) Stalin (1879—1953)

| 425. 20 (Pfg.) hellgrau/dkl'olivbraun/ziegelrot....... hi | 5.— | 18.— | 4.— |

Gültig bis 30. 6. 1955.

Sog. „Adenauermarke"

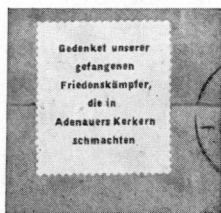

1953 wurde in der DDR die nebenstehend abgebildete **Überklebmarke** in gleichem Format und gleicher Zähnung wie Nr. 425 mit sechszeiligem Text in grauer Farbe auf gestrichenem Markenpapier mit Wz. 2 „DDR und Posthorn mehrfach" hergestellt, um die Kriegsgefangenen-Gedenkmarke Nr. 165 der Bundesrepublik Deutschland unkenntlich bzw. unwirksam zu machen. Vgl. auch entsprechende Notiz bei Nr. 165 DBP und von Nr. 67 Westberlin. Zur Überklebung kamen aber diese Zettel nicht mehr. Preis der Klebemarken etwa 50.—, auf ✉ ist sie nur als Briefverschlußmarke verwendet worden, meist von Behörden (z. B. auf Postscheck-✉).

1954, 30. April. So.-Ausg. zur 7. Internationalen Radrennfahrt für den Frieden. ⓔ **B. Petersen; RaTdr. Graph. Werkstätten auf gestrichenem Papier in Bogen zu 50 Marken;** Wz. 2 X; gez. K 13:12½.

hk) Momentaufnahme am Ziel   hl) An Bauern vorbei

| 426. 12 (Pfg.) dkl'violettbraun hk | 8.— | 15.— | 4.— |
| 427. 24 (Pfg.) russischgrün... hl | 6.— | 20.— | 5.— |

Gültig bis 30. 6. 1955.

Tabelle der Postgebühren für Sowjetische Besatzungszone und DDR siehe vor Beginn der DDR-Katalogisierungen

1954, 3. Juni. So.-Ausg. zum 2. Deutschlandtreffen der Jugend in Berlin. RaTdr. Graph.Werkstätten auf gestrichenem Papier in Bogen zu 50 Marken; Wz. 2 Y; gez. K 13½ : 13.

hm) Tanzpaar, im Hintergrund Jugendliche u. Fahnen ⓔ K. Eigler und K. Bade

hn) Jugendliche vor Fahne ⓔ K. Eigler

	EF	MeF	MiF
428. 12 (Pfg.) grün........ hm	12.—	15.—	4.—
429. 24 (Pfg.) karminbraun... hn	10.—	25.—	4.—

Gültig bis 30. 6. 1955.

1954, 12. Juli. So.-Ausg. zum 80. Todestag Reuters. ⓔ **K.Eigler; RaTdr. Graph. Werkstätten auf gestrichenem Papier in Bogen zu 50 Marken;** Wz. 2 Y; gez. K 13½:13.

ho) Mecklenburger Heimatdichter Fritz Reuter (7. 11. 1810—12. 7. 1874)

| 430. 24 (Pfg.) dunkellilabraun ho | 15.— | 30.— | 5.— |

Gültig bis 30. 6. 1955.

1954, 16. Aug. Wohlt.-Ausg. für die Hochwassergeschädigten. ⓔ **K. Eigler; Odr. Graph. Werkstätten auf gestrichenem Papier in Bogen zu 50 Marken; gez. K 13:13½.**

hp) Talsperre Sosa

| 431. 24+6 (Pfg.) dkl'gelbgrün . hp | 15.— | 50.— | 3.50 |

Gültig bis 31. 12. 1956.

1954, 18. Aug. So.-Ausg. zum 10. Todestag Thälmanns. ⓔ **K. Eigler; RaTdr. Graph. Werkstätten auf gestrichenem Papier in Bogen zu 50 Marken;** Wz. 2 Y; gez. K 13½:13.

hr) Ernst Thälmann (1886—1944), Politiker

| 432Y. 24 (Pfg.) rotorange/schwarzblau....... hr | 15.— | 50.— | 3.50 |

Gültig bis 31. 12. 1956.

1954, 4. Sept. So.-Ausg. zur Leipziger Herbstmesse 1954. ⓔ **E. Gruner; RaTdr. Graph. Werkstätten auf gestrichenem Papier in Bogen zu 50 Marken;** Wz. 2 X; gez. K 13:13½.

hs) Grimmaische Straße in Leipzig mit Messehaus „Handelshof"

| 433. 24 (Pfg.) dunkelbraunrot hs | 50.— | 150.— | 2.50 |
| 434. 35 (Pfg.) schwarzblau... hs | 30.— | 60.— | 3.50 |

Gültig bis 31.12.1956.

1954, 1. Okt./1955. Ah.-Ausg. zur Posttarifsenkung. Freim. mit Aufdruck des neuen Wertes, alter Wert durchkreuzt; gedruckt in Bogen zu 100 Marken.

Deutsche Demokratische Republik

				EF	MeF	MiF
435 X.	5 a. 6 (Pfg.) bl'vio.	(407 X)		3.—	4.—	2.—
436.	5 a. 8 (Pfg.) (hell)-orangebraun	(408)		3.—	4.—	2.—
437 X.	10 a. 12 (Pfg.) grünl'blau	(410 X)		2.—	3.—	2.—
438 X.	15 a. 16 (Pfg.) purpurviolett	(412 X)		18.—	60.—	2.—
439.	20 a. 24 (Pfg.)					
	a. br'rot, karminrot, bräunl'kar.					
	I. X. Urmarke Bdr.	(414 X)		2.—	4.—	2.—
	II. Urmarke Odr. (karminrot)	(371)		8000.—	—.—	8000.—
	b. br'kar., bräunl'karmin (16.3.55) Urmarke Odr. Auflage 2 000 000			4.—	10.—	2.—
440 X.	40 a. 48 (Pfg.) violett	(419 X)		16.—	20.—	6.—
441.	50 a. 60 (Pfg.) (dkl')-kobaltblau	(420)		60.—	70.—	7.—
442 X.	70 a. 84 (Pfg.) lil'br.	(422 X)		20.—	120.—	11.—

Gültig bis 31.5.1962.

1954, 6. Okt. So.-Ausg. zum 5. Jahrestag der Gründung der DDR. E. Gruner; RaTdr. Graph. Werkstätten auf gestrichenem Papier in Bogen zu 50 Marken; Wz. 2 X; gez. K 13:12½.

ht) Wilhelm Pieck (1876, 1960); Fahnen, links Benzinwerk Böhlen, rechts Traktor

443.	20 (Pfg.) siena	ht	4.—	12.—	3.—
444.	35 (Pfg.) schwarzgrünlichblau	ht	22.—	20.—	5.—

Gültig bis 31.12.1956.

1954, 23. Okt. So.-Ausg. zum Tag der Briefmarke. K. Eigler; RaTdr. Graph. Werkstätten auf gestrichenem Papier in Bogen zu 50 Marken; Wz. 2 X; gez. K 13:13½.

hu) Kölner Dom, verkleinerte Marke ähnlich Zeichnung fx, Völkerschlachtdenkmal Leipzig, Schriftband

445AX.	20 (Pfg.) karminlila	hu	6.—	18.—	3.50

Gültig bis 31.12.1956.

1954, 30. Okt. So.-Ausg. in Blockform zur 1. zentralen Briefmarken-Ausstellung der Betriebs-Arbeitsgemeinschaften Philatelie. Marke in Zeichnung der Nr. 445 im Block mit blauer Inschrift und Umrandung. K. Eigler; RaTdr. Graph. Werkstätten auf gestrichenem Papier; Wz. 2 X; □.

hv

445B.	20 (Pfg.) karminlila	hu	140.—	400.—	120.—
	Block 10 (60:80 mm)	hv	180.—	700.—	180.—

Nr. 446 fällt aus.   *Gültig bis 31.12.1956.*

1955, 21. Febr. So.-Ausg. zur Leipziger Frühjahrsmesse 1955. E. Gruner; RaTdr. Graph. Werkstätten auf gestrichenem Papier in Bogen zu 50 Marken; Wz. 2 X; gez. K 13:13½.

 hw) Messepavillon der UdSSR auf der Technischen Messe

 hx) Messepavillon Chinas auf der Technischen Messe

			EF	MeF	MiF
447X.	20 (Pfg.) violett	hw	4.—	12.—	3.—
448.	35 (Pfg.)	hx			
	a. dkl'violettblau (I. Auflage)		30.—	28.—	5.—
	b. dkl'blau, violettultramarin (II. Auflage), gelbl. Papier		25.—	25.—	4.—

Gültig bis 31.12.1956.

1955, 25. Febr. Wohlt.-Ah.-Ausg. Nr. 431 mit Bdr.-Aufdruck des neuen Wertes, alte Wertangabe durchkreuzt; gedruckt in Bogen zu 50 Marken.

449.	20 +5 (Pfg.) a. 24+6 (Pfg.) dunkelgelbgrün	(431)	4.50	12.—	4.—

Gültig bis 31.12.1956.

1955, 1. März. So.-Ausg. zum Internationalen Frauentag. E. Gruner; RaTdr. Graph. Werkstätten auf gestrichenem Papier in Bogen zu 50 Marken; Wz. 2 X; gez. K 13 : 13½.

hy) Frauen dreier Rassen reichen sich die Hände; im Hintergrund eine Demonstration

450.	10 (Pfg.) schwarzblaugrün	hy	5.—	8.—	3.—
451.	20 (Pfg.) rot	hy	4.—	12.—	3.—

Gültig bis 31.12.1956.

1955, 15. März. So.-Ausg. zur internationalen Konferenz der Werktätigen des öffentl. Dienstes im WGB in Wien. E. Gruner; RaTdr. Graph. Werkstätten auf gestrichenem Papier in Bogen zu 50 Marken; Wz. 2 X; gez. K 13:12½.

hz) Demonstration Werktätiger des öffentlichen Dienstes, Fahne mit Emblem des Weltgewerkschaftsbundes

452.	10 (Pfg.) schwarz/bräunlichrot	hz	4.—	6.—	3.50

Gültig bis 31.12.1956.

1955, 22. Jan./15. Aug. Freim.-Erg.-Werte und Bildänderungen. Arbeiter für den Fünfjahresplan. Bdr. Graph. Werkstätten auf gestrichenem Papier (alle Werte außer Nr. 453 und 454 mit Entwerfer- und Stechernamen) in Bogen zu 100 Marken; Wz. 2 X; gez. K 13:12½.

ga

453.	10 (Pfg.) (hell)grünlichblau (22.1.)	ga	2.—	3.—	2.—

Deutsche Demokratische Republik

		EF	MeF	MiF
454.	15 (Pfg.) pur'vio. (15.8.) . gc	10.—	30.—	2.—
455.	20 (Pfg.) bräunl'karmin (22.1.) GA .... ge	2.—	3.—	2.—
456.	40 (Pfg.) (hell)bläulich- violett (22.1.) .... gk	4.—	10.—	3.—
457 X.	50 (Pfg.) blau (22.1.) .... gl	28.—	25.—	4.—
458.	70 (Pfg.) rotbraun, (dkl')- lilabraun (15.8.) ..... gn	8.—	40.—	6.—

Nr. 453, 454 und 456–458 gültig bis 31. 12. 1962, Nr. 455 gültig bis 31. 5. 1962.

Weitere Werte siehe Übersichtstabelle nach Nr. 379.

1955, 9. April. So.-Ausg. zum Internationalen Befreiungstag. K. Eigler; RaTdr. Graph. Werkstätten auf gestrichenem Papier in Bogen zu 50 Marken; Wz. 2 Y; gez. K 13½:13.

ia) Gefangener in Handschellen (Ehrenmal auf dem Friedhof Brandenburg a. d. Havel)

| 459 A. | 10 (Pfg.) dunkelviolettblau . | ia 5.— | 8.— | 4.— |
| 460 A. | 20 (Pfg.) karminlila .... | ia 5.— | 12.— | 5.— |

Gültig bis 31. 12. 1956.

1955, 9. April. So.-Ausg. in Blockform zum gleichen Anlaß. Marken in Zeichnung der Nr. 459 und 460 zu einem Block zusammengefaßt mit Inschrift in Dunkelviolettblau. RaTdr. auf gestrichenem Papier; Wz. 2 X; □.

459 B.	10 (Pfg.) dunkelviolettblau	ia	40.—	150.—	35.—
460 B.	20 (Pfg.) karminlila	ia	35.—	200.—	35.—
Block 11	(73:99 mm)	ib	150.—	.—	80.—

Gültig bis 31. 12. 1956.

Nr. 461—462 fallen aus.

EF = Einzelfrankatur, d. h. die Marke allein auf dem Brief.
MeF= Mehrfachfrankatur, d. h. die gleiche Marke mehrfach auf dem Brief. Der Preis gilt nur für 2 Stück; weitere Stücke der gleichen Marke werden mit dem Preis für lose ⊙ dazugerechnet.
MiF = Mischfrankatur, d. h. die Marke mit anderen Marken auf dem Brief. Briefpreis gilt für die teuerste Marke, die übrigen Marken werden mit dem Preis für lose ⊙ dazugerechnet.

1955, 15. April. So.-Ausg. zum Tag der Befreiung. K. Eigler; RaTdr. Graph. Werkstätten auf gestrichenem Papier in Bogen zu 50 Marken; Wz. 2 Y; gez. K 12½:13.

ic) Ehrenmal der gefallenen Sowjet-Soldaten in Berlin-Treptow

		EF	MeF	MiF
463.	20 (Pfg.) dunkelrosalila ... ic	4.—	12.—	3.50

Gültig bis 31. 12. 1956.

1955, 30. April. So.-Ausg. zum 150. Todestag Schillers. RaTdr. Graph. Werkstätten auf gestrichenem Papier in Bogen zu 50 Marken; Wz. 2 Y; gez. K 13½:13.

id–if) Friedrich von Schiller (1759–1805), Dichter
 K. Eigler H. Götze E. Schoner

464A.	5 (Pfg.) russischgrün .... id	45.—	45.—	15.—
465AY.	10 (Pfg.) schwarzblau .... ie	3.—	6.—	2.—
466A.	20 (Pfg.) dunkelsiena..... if	3.—	10.—	2.—

Gültig bis 31.12.1956.

1955, 30. April. So.-Ausg. in Blockform zum Schillerjahr. Marken in Zeichnung der Nr. 464–466 in einem Block vereint mit Inschrift in Dunkelblau. RaTdr. Graph. Werkstätten auf gestrichenem Papier; Wz. 2 X; □.

464B.	5 (Pfg.) russischgrün ... id	90.—	140.—	40.—
465B.	10 (Pfg.) schwarzblau ... ie	60.—	130.—	40.—
466B.	20 (Pfg.) dunkelsiena .... if	50.—	160.—	40.—
Block 12	(73:100 mm) ...... ig	200.—	.—	100.—

Gültig bis 31. 12. 1956.

Nr. 467—469 fallen aus.

Deutsche Demokratische Republik

1955, 30. April. So.-Ausg. zur 8. Internationalen Radfernfahrt für den Frieden. Ⓑ B. Petersen; RaTdr. Graph. Werkstätten auf gestrichenem Papier in Bogen zu 50 Marken; Wz. 2 Y; gez. K 13½:13.

ih) Radrennfahrer, Wappen von Prag, Berlin und Warschau

		EF	MeF	MiF
470.	10 (Pfg.) dunkelblaugrün . ih	3.—	5.—	2.—
471.	20 (Pfg.) karmin . . . . ih	3.—	10.—	3.—

Gültig bis 31. 12. 1956.

1955, 20. Juni. So.-Ausg.: Führer der deutschen Arbeiterbewegung. Ⓑ K. Eigler und B. Petersen; RaTdr. Graph. Werkstätten auf gestrichenem Papier in Bogen zu 50 Marken; Wz. 2 X; gez. K 13:12½.

ii) Karl Liebknecht (1871—1919)

ik) August Bebel (1840–1913)   il) Franz Mehring (1846–1919)

im) Ernst Thälmann (1886–1944)   in) Klara Zetkin (1857–1933)

io) Wilhelm Liebknecht (1826–1900)   ip) Rosa Luxemburg (1870–1919)

Auf jeder Marke befindet sich noch eine charakteristische Bildwiedergabe aus dem Leben der Geehrten

472.	5 (Pfg.) dunkelblaugrün . ii	10.—	12.—	2.—
473.	10 (Pfg.) dunkelblau . . . . ik	4.—	6.—	2.—
474.	15 (Pfg.) blauviolett il	80.—	140.—	20.—
475.	20 (Pfg.) scharlach . . . . . im	3.—	10.—	2.—
476.	25 (Pfg.) schwarzblau . . . in	20.—	50.—	2.—
477.	40 (Pfg.) karminrot . . . . io	20.—	40.—	3.—
478.	60 (Pfg.) dunkelsiena . . ip	25.—	80.—	3.—

Gültig bis 31. 12. 1956.

1955, 29. Aug. So.-Ausg. zur Leipziger Herbstmesse 1955. Ⓑ E. Gruner; RaTdr. Graph. Werkstätten auf gestrichenem Papier in Bogen zu 50 Marken; Wz. 2 X; gez. K 13:13½.

ir) Erzeugnisse der optischen Industrie, im Hintergrund Messehalle II/III

is) Geschirr aus Porzellan, Keramik, Steingut, im Hintergrund Mädlerpassage

479.	10 (Pfg.) dunkelblau . . . . ir	3.—	5.—	2.50
480.	20 (Pfg.) schwarzoliv . . . is	3.—	10.—	2.50

Gültig bis 31. 12. 1956.

1955, 3. Sept. So.-Ausg.: „10 Jahre Bodenreform". Ⓑ B. Petersen; Odr. Graph. Werkstätten auf gestrichenem Papier in Bogen zu 50 Marken; Wz. 2 Y (Nr. 481—482)oder X (Nr. 483); gez. K 13½:13, Nr. 483 ~.

it) Übergabe der Besitzurkunde

iu) Errichtung einer Neubauernsiedlung

iv) Mähdrescher-Brigade bei der Arbeit

		EF	MeF	MiF
481.	5 (Pfg.) russischgrün . . . it	90.—	90.—	20.—
482.	10 (Pfg.) violettblau . . . . iu	5.—	8.—	3.—
483.	20 (Pfg.) hellkarminbraun iv	5.—	15.—	3.—

Gültig bis 31. 12. 1956.

1955, 10. Okt. So.-Ausg.: 10 Jahre Volkssolidarität. Ⓑ P. Hohler und F. Schreiber; Odr. Graph. Werkstätten auf gestrichenem Papier in Bogen zu 50 Marken; Wz. 2 Y; gez. K 13½:13.

iw) Mann mit Opferschale vor Welthalbkugel

484.	10 (Pfg.) preußischblau . . . . iw	4.—	6.—	1.50

Gültig bis 31. 12. 1956.

1955, 7. Nov. So.-Ausg. zum „Friedrich-Engels-Jahr 1955". Ⓑ T. Thomas; RaTdr. Graph. Werkstätten auf gestrichenem Papier in Bogen zu 50 Marken; Wz. 2 Y; gez. K 13½:13.

ix) I. Internationale 1864

iy) Marx u. Engels bei Abfassung des kommunistischen Manifestes

iz) Engels als Redakteur der „Neuen Rheinisch. Zeitung"

ka) Friedrich Engels (1820–1895)

kb) Friedrich Engels Jugendporträt

kc) Barrikadenkämpfe 1848

485A.	5 (Pfg.) dkl'grünlich-blau/strohgelb ix	12.—	15.—	2.—
486A.	10 (Pfg.) dkl'violettblau/strohgelb . . . . . iy	8.—	12.—	3.—
487A.	15 (Pfg.) schwarzblau-grün/strohgelb . . . . . iz	70.—	80.—	4.—
488A.	20 (Pfg.) dkl'karminbr./d'chrom . . . . . . ka	6.—	15.—	4.—
489A.	30 (Pfg.) orangebraun/grüngrau . . . . . . kb	280.—	200.—	28.—
490A.	70 (Pfg.) dkl'olivgrau/rot kc	20.—	100.—	6.—

Gültig bis 31.12.1956.

Deutsche Demokratische Republik 323

1955, 14. Nov. So.-Ausg.: Historische Bauten der DDR. ⓐ K. Eigler; RaTdr. Graph. Werkstätten auf gestrichenem Papier in Bogen zu 50 Marken; Wz. 2 Y; gez. K 13½:13.

kd) Magdeburger Dom

ke) Deutsche Staatsoper, Berlin

kf) Altes Rathaus Leipzig

kg) Altes Rathaus, Berlin kh) Erfurter Dom ki) Dresdner Zwinger

			EF	MeF	MiF
491.	5 (Pfg.)	braunschwarz .. kd	10.—	12.—	3.—
492.	10 (Pfg.)	russischgrün ... ke	4.—	6.—	3.—
493.	15 (Pfg.)	braunviolett ... kf	60.—	90.—	3.—
494.	20 (Pfg.)	karmin .... kg	4.—	12.—	3.—
495.	30 (Pfg.)	dkl'rotbraun ... kh	—	200.—	50.—
496.	40 (Pfg.)	schwarzblau ... ki	10.—	30.—	5.—

Gültig bis 31. 12. 1956.

In Zeichnung der Nr. 494 mit zusätzlichem Text: Nr. 557 und 558.

1955, 21. Nov. So.-Ausg. zum 400. Todestag Agricolas. ⓐ K. Eigler; Odr. Graph. Werkstätten auf gestrichenem Papier in Bogen zu 50 Marken; Wz. 2 Y; gez. K 13½:13.

kk) Georgius Agricola (eigentl. Georg Bauer) (1494—1555), Mineraloge und Arzt, Begründer der modernen Bergbaukunde

497.	10 (Pfg.) dunkelsiena ... kk	4.—	6.—	2.50

Gültig bis 31. 12. 1956.

1955, 10. Dez. So.-Ausg. in Blockform zum „Friedrich-Engels-Jahr 1955". Marken in Zeichnung der Nr. 485–490 in einem Block vereint. Inschrift in Dunkelgrüngrau, Fahnen und Lorbeerzweige in Braunrot/Schwarz/Gelb/Braun. RaTdr. Graph. Werkstätten auf gestrichenem Papier; Wz. 2 Y; ⬜.

kl

			EF	MeF	MiF
485 B.	5 (Pfg.) dkl'grünlichblau/strohgelb	 ix	200.—	—.—	90.—
486 B.	10 (Pfg.) dkl'violettbl./strohgelb	..... iy	130.—	150.—	90.—
487 B.	15 (Pfg.) schwarzblaugrün/strohgelb	... iz	400.—	—.—	90.—
488 B.	20 (Pfg.) dkl'karm'br'/dkl'chrom	.... ka	120.—	150.—	90.—
489 B.	30 (Pfg.) orangebraun/grüngrau	.... kb	420.—	—.—	90.—
490 B.	70 (Pfg.) dunkelolivgrau/rot	.... kc	150.—	—.—	90.—
Block 13	(148:105 mm)	.... kl	750.—	—.—	400.—

Nr. 498–503 fallen aus. *Gültig bis 31. 12. 1956.*

1955, 15. Dez. 1. So.-Ausg. Gemälde. ⓐ E. Gruner; RaTdr. Graph. Werkstätten auf gestrichenem Papier in Bogen zu 50 Marken; Wz. 2 Y; gez. K 13½:13.

km) „Bildnis eines jungen Mannes" (Albrecht Dürer) um 1500

kn) „Das Schokoladenmädchen" (Jean Etienne Liotard) 18. Jh.

ko) „Bildnis eines Knaben" (Bernardino Pinturicchio) um 1500

kp) „Selbstbildnis mit Saskia" (Rembrandt Harmensz von Rijn) 1636

kr) Ausschnitt „Mädchen mit Brief" (Jan Vermeer van Delft) 17. Jahrhundert

ks) Ausschnitt „Die Sixtinische Madonna" (Raffaello Santi da Urbino) um 1516

504.	5 (Pfg.) rotbraun ...... km	10.—	10.—	2.—
505.	10 (Pfg.) dkl'orangebraun kn	3.—	5.—	2.—
506.	15 (Pfg.) hellviolett .... ko	200.—	280.—	90.—
507.	20 (Pfg.) dunkelbraun ... kp	3.—	8.—	2.—
508.	40 (Pfg.) schwarzoliv ... kr	10.—	30.—	4.—
509.	70 (Pfg.) dunkelblau .... ks	15.—	60.—	5.—

Gültig bis 31. 12. 1956.

In ähnlichen Zeichnungen Nr. 586—591 und Nr. 693—697.

1956, 27. Jan. So.-Ausg. zum 200. Geburtstag Mozarts. ⓐ K. Eigler; RaTdr. Graph. Werkstätten auf gestrichenem Papier in Bogen zu 50 Marken; Wz. 2 Y; gez. K 13½:13.

kt) Plastik Mozarts

ku) Wolfgang Amadeus Mozart (1756—1791), Komponist

510.	10 (Pfg.) schwarzgrün ... kt	60.—	75.—	35.—
511.	20 (Pfg.) braunrot ...... ku	8.—	20.—	7.50

Gültig bis 31. 3. 1958.

Deutsche Demokratische Republik

1956, 1. Febr. So.-Ausg. für die Deutsche Lufthansa (Ost). K. Eigler; Nr. 512 Odr., Nr. 513—515 RaTdr. Graph. Werkstätten auf gestrichenem Papier in Bogen zu 50 Marken; Wz. 2 X; gez. K 13:12½.

kv) Fahne der Lufthansa (Ost) vor Flugplatzgebäude

kw) Flugzeug der Lufthansa (Ost)

 kx

 ky

kx–ky) Flugzeuge (Iljuschin JL 12) der Lufthansa (Ost)

			EF	MeF	MiF
512.	5 (Pfg.) mehrfarbig	kv	80.—	90.—	40.—
513.	10 (Pfg.) dunkelgrün	kw	3.—	5.—	2.—
514.	15 (Pfg.) blau	kx	30.—	35.—	3.—
515.	20 (Pfg.) braunrot	ky	3.—	10.—	2.—

Gültig bis 31. 3. 1958.

1956, 17. Febr. So.-Ausg. zum 100. Todestag Heines. K. Eigler; RaTdr. Graph. Werkstätten auf gestrichenem Papier in Bogen zu 50 Marken; Wz. 2 Y; gez. K 13½:13.

 kz

kz–la) Heinrich Heine (1797–1856), Dichter

 la

			EF	MeF	MiF
516.	10 (Pfg.) schw'blaugrün	kz	40.—	50.—	22.—
517.	20 (Pfg.) bräunlichrot	la	6.—	20.—	5.—

Gültig bis 31. 3. 1958.

1956, 25. Febr. So.-Ausg. zur Leipziger Frühjahrsmesse 1956. E. Gruner; RaTdr. Graph. Werkstätten auf gestrichenem Papier in Bogen zu 50 Marken; Wz. 2 X; gez. K 13:13½.

lb) Eisenbahn-Drehkräne

518.	20 (Pfg.) braunrot	lb	2.—	8.—	2.—
519.	35 (Pfg.) dkl'violettblau	lb	25.—	22.—	3.—

Gültig bis 31. 3. 1958.

1956, 16. April. So.-Ausg. 70. Geburtstag Thälmanns. K. Eigler; Odr. Graph. Werkstätten auf gestrichenem Papier in Bogen zu 50 Marken; Wz. 2 X; gez. K 13:13½.

lc) Ernst Thälmann (1886—1944), Politiker

520A.	20 (Pfg.) braunoliv/olivschwarz/zinnober . lc	4.—	12.—	2.—

Gültig bis 31. 3. 1958.

1956, 30. April. So.-Ausg. 9. Internationale Radfernfahrt für den Frieden. B. Petersen; Odr. Graph. Werkstätten in Bogen zu 50 Marken; Wz. 2 Y; gez. K 13½:13.

ld) Hand mit Lorbeerzweig vor Rad

le) Städtewappen von Warschau, Berlin und Prag vor Rad

			EF	MeF	MiF
521.	10 (Pfg.) dkl'gelbgrün (Töne)	ld	4.—	6.—	2.—
522.	20 (Pfg.) karmin	le	3.—	10.—	2.—

Gültig bis 31. 3. 1958.

1956, 25. Mai. So.-Ausg. in Blockform. 70. Geburtstag Thälmanns. Zeichnung der Nr. 520 im Block mit schwarzer Inschrift. K. Eigler; Odr. Graph. Werkstätten auf gestrichenem Papier; Wz. 2 X; □.

520 B.	20 (Pfg.) braunoliv/olivschwarz/zinnober	lc	50.—	300.—	40.—
Block 14	(73:99,5 mm)	lf	90.—	450.—	90.—

Nr. 523 fällt aus.   *Gültig bis 31. 3. 1958.*

1956, 1. Juni. So.-Ausg. zur 750-Jahr-Feier Dresdens. H. Götze; Odr. Graph. Werkstätten auf gestrichenem Papier in Bogen zu 50 Marken; Wz. 2 Y; gez. K 13½:13.

lg) Neubauten am Altmarkt mit Kreuzkirche und neuem Rathaus im Hintergrund

lh) Blick auf Dresdner Altstadt mit Elbebrücke, Schloßturm und katholischer Hofkirche

li) Technische Hochschule mit Turm der Sternwarte

Auf jeder Marke noch das Dresdner Stadtwappen und Symbole des Wiederaufbaues

524.	10 (Pfg.) dunkelgrün	lg	3.—	4.—	2.—
525.	20 (Pfg.) karminrot	lh	3.—	10.—	2.—
526.	40 (Pfg.) bläulichviolett	li	60.—	100.—	11.—

Gültig bis 31. 3. 1958.

Deutsche Demokratische Republik 325

1956, 30. Juni. So.-Ausg.: 10 Jahre volkseigene Betriebe. ✍ **B. Petersen; Odr. Graph. Werkstätten auf gestrichenem Papier in Bogen zu 50 Marken;** Wz. 2 Y; gez. K 13½:13.

Ik) Arbeiter mit Emblem VEB vor Fabrikanlagen

		EF	MeF	MiF
527.	20 (Pfg.) rot . . . . Ik	3.—	10.—	2.—

Gültig bis 31. 3. 1958.

1956, 20. Aug. So.-Ausg. zum 100. Geburtstag Cišinskis. ✍ **K. Eigler; RaTdr. Graph. Werkstätten auf gestrichenem Papier in Bogen zu 50 Marken;** Wz. 2 Y; gez. K 13½:13.

Is) Jakub Bart Cišinski (1856—1909), sorbischer Dichter

		EF	MeF	MiF
535.	50 (Pfg.) dkl'karminbraun Is	90.—	—.—	4.—

Gültig bis 31. 3. 1958.

1956, 20. Juli. 1. So.-Ausg. zum 100. Todestag Schumanns. ✍ **K. Eigler; RaTdr. Graph. Werkstätten auf gestrichenem Papier in Bogen zu 50 Marken;** Wz. 2 X; gez. K 13:13½.

II) Robert Schumann (1810—1856), Schöpfer romantischer Musikwerke, vor Notenausschnitt aus „Wanderers Nachtlied" von Goethe (Vertonung von Franz Schubert)

528.	10 (Pfg.) smaragdgrün . . II	30.—	40.—	8.—
529.	20 (Pfg.) rot II	4.—	10.—	1.—

Gültig bis 30. 9. 1956.

Berichtigte 2. Ausgabe siehe Nr. 541—542.

1956, 1. Sept. So.-Ausg. zur Leipziger Herbstmesse 1956. ✍ **W. Hoepfner; RaTdr. Graph. Werkstätten auf gestrichenem Papier in Bogen zu 50 Marken;** Wz. 2 Y; gez. K 13½:13.

It) Plauener Spitzen, Messeabzeichen

Iu) Segelboot mit Messeabzeichen

536.	10 (Pfg.) dkl'grün/schwarz . . It	3.—	4.—	1.50
537.	20 (Pfg.) karmin/schwarz . . Iu	3.—	8.—	2.—

Gültig bis 31. 3. 1958.

1956, 25. Juli. So.-Ausg. zum 2. Turn- und Sportfest in Leipzig. ✍ **B. Petersen; Odr. Graph. Werkstätten in Bogen zu 50 Marken;** Wz. 2 Y; gez. K 13½:13.

Im) Fußballspieler

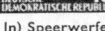

In) Speerwerfer   Io) Hürdenläuferinnen   Ip) Ringeturner

530.	5 (Pfg.) dunkelgrün, russischgrün . . . . Im	8.—	10.—	2.—
531.	10 (Pfg.) blauviolett . . . . In	3.—	5.—	2.—
532.	15 (Pfg.) violett (Farbe wasserempfindlich) . . Io	60.—	80.—	10.—
533.	20 (Pfg.) scharlach . . . . . Ip	3.—	8.—	2.—

Gültig bis 31. 3. 1958.

1956, 8. Sept. Wohlt.-Ausg. zum Gedenktag der Opfer des Faschismus. ✍ **P. Weiss; Odr. Graph. Werkstätten auf gestrichenem Papier in Bogen zu 25 Marken;** Wz. 2 Y; gez. K 13½:13.

Iv) Gedenkstätte Buchenwald bei Weimar

538.	20+80 (Pfg.) karminrot . Iv	25.—	50.—	15.—

Gültig bis 31. 3. 1959.

In ähnlicher Ausführung: Nr. 651.

1956, 28. Sept. So.-Ausg. zu den 16. Olympischen Sommerspielen. ✍ **H. Zethmeyer; Odr. Graph. Werkstätten auf gestrichenem Papier in Bogen zu 50 Marken;** Wz. 2 Y; gez. K 13½:13.

Iw) Olympische Ringe mit Lorbeer und Fackel

Ix) Antiker Speerwerfer, olympische Ringe

1956, 13. Aug. So.-Ausg. zum 1. Todestag Manns. ✍ **A. Bengs; Odr. Graph. Werkstätten auf gestrichenem Papier in Bogen zu 50 Marken;** Wz. 2 Y; gez. K 13½:13.

Ir) Thomas Mann (1875—1955), Romanschriftsteller

534.	20 (Pfg.) schw'violettblau Ir	4.—	10.—	4.—

Gültig bis 31.3.1958.

539.	20 (Pfg.) hellrotbraun . . . Iw	2.—	6.—	1.—
540.	35 (Pfg.) dunkelgraublau . Ix	60.—	10.—	2.—

Gültig bis 31. 3. 1958.

Deutsche Demokratische Republik

1956, 8. Okt. 2. So.-Ausg. zum 100. Todestag Schumanns. Berichtigter Notenhintergrund. ⊡ K. Eigler; RaTdr. der Graph. Werkstätten auf gestrichenem Papier in Bogen zu 50 Marken; Wz. 2 X; gez. K 13:13½.

(Originalgröße)

ly) Robert Schumann (1810 bis 1856) vor einer seiner Original-Notenhandschriften

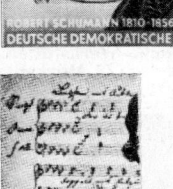

Notenhintergrund bei Nr. 528–529

Notenhintergrund bei Nr. 541–542

ly

			EF	MeF	MiF
541.	10 (Pfg.) smaragdgrün	ly	30.—	40.—	8.—
542.	20 (Pfg.) rot	ly	3.—	8.—	2.—

Gültig bis 31. 3. 1958.

Mit falschem Notenhintergrund: Nr. 528–529.

1956, 17. Okt. So.-Ausg. zur 500-Jahr-Feier der Universität Greifswald. ⊡ A. Bengs und R. Skribelka; Odr. Graph. Werkstätten auf gestrichenem Papier in Bogen zu 50 Marken; Wz. 2 X; gez. K 13:13½.

lz) Altes Siegel der Universität Greifswald

543.	20 (Pfg.) lilapurpur	lz	3.—	8.—	1.50

Gültig bis 31. 3. 1958.

1956, 27. Okt. So.-Ausg. zum Tag der Briefmarke. ⊡ P. Hohler; Odr. Graph. Werkstätten auf gestrichenem Papier in Bogen zu 50 Marken; Wz. 2 Y; gez. K 13½:13.

ma) Mittelalterlicher Postläufer um 1450

544.	20 (Pfg.) bräunlichrot	ma	3.—	8.—	2.—

Gültig bis 31. 3. 1958.

1956, 9. Nov. So.-Ausg. zum 110. Jahrestag des Bestehens der Carl-Zeiss-Werke, Jena. ⊡ A. Bengs und R. Skribelka; Odr. Graph. Werkstätten auf gestrichenem Papier in Bogen zu 50 Marken; Wz. 2 Y (Nr. 545, 547) bzw. 2 X (Nr. 546); gez. K 12½:13, Nr. 546. ~

mb) Ernst Abbe (1840—1905), Physiker, Gründer der Zeiss-Stiftung

mc) Fabrikanlage der Zeiss-Werke, Jena

md) Carl Zeiss (1816—1888) Gründer der Zeiss-Werke

Auf jeder Marke noch das Firmenzeichen der Carl-Zeiss-Werke

			EF	MeF	MiF
545.	10 (Pfg.) schwarzgrün, dunkelgrün	mb	2.—	3.—	1.—
546.	20 (Pfg.) hellrotbraun	mc	2.—	8.—	1.—
547.	25 (Pfg.) schw'violettblau (Töne)	md	10.—	35.—	2.—

Gültig bis 31. 3. 1959.

1956, 10. Dez. So.-Ausg. zum Tag der Menschenrechte. ⊡ A. Bengs und R. Skribelka; Odr. Graph. Werkstätten auf vorderseitig gefärbtem Papier in Bogen zu 50 Marken; Wz. 2 Y; gez. K 13½:13.

me) Chinesin mit Blumen

mf) Negermutter mit Kind

mg) Europäer mit Taube

548.	5 (Pfg.) dunkelgrünoliv a. hellgelboliv	me	35.—	35.—	8.—
549.	10 (Pfg.) dunkelkarminbraun a. braunrosa	mf	3.—	5.—	1.50
550.	25 (Pfg.) dunkelblauviolett a. weißviolettblau	mg	10.—	35.—	2.—

Gültig bis 31. 3. 1958.

1956, 14. Dez. So.-Ausg. für den Berliner Tierpark. ⊡ A. Bengs; RaTdr. Graph. Werkstätten auf gestrichenem Papier in Bogen zu 50 Marken; Wz. 2 X; gez. K 13:12½.

mh) Indisches Elefantenpaar (Elephas maximus)

mi) Rosaflamingos (Phoenicopterus ruber rosens)

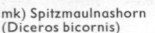

mk) Spitzmaulnashorn (Diceros bicornis)

ml) Mufflons (Ovis musimon)

Nicht portogerecht frankierte Briefe werden nur mit einem Aufschlag von maximal 15% für die beste Marke auf den ⊙-Preis bewertet, restliche Marken mit dem normalen ⊙-Preis hinzugerechnet.

Deutsche Demokratische Republik 327

mm) Wisent (Bison bonasus)

mn) Eisbär (Ursus maritimus)

		EF	MeF	MiF
551.	5 (Pfg.) grünschw'/sepia mh	10.—	12.—	2.—
552.	10 (Pfg.) schw'blaugrün/sepia .... mi	3.—	5.—	2.—
553.	15 (Pfg.) bräunlichviolett/sepia .... mk	—.—	—.—	22.—
554.	20 (Pfg.) dkl'braunrot/sepia .... ml	3.—	8.—	2.—
555.	25 (Pfg.) dkl'olivbraun/sepia .... mm	10.—	35.—	2.—
556.	30 (Pfg.) dunkelviolett-ultramarin/sepia .... mn	60.—	50.—	3.—

Gültig bis 31. 3. 1959.

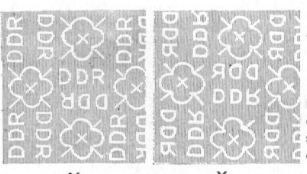

Wz. 3 DDR und Kreuzblüten

X   Y

Das Wz. 3 kommt, von der Markenrückseite gesehen, in den beiden abgebildeten Arten vor.

1956, 20. Dez. Wohlt.-Ausg. Marke in Zeichnung der Nr. 494 mit zusätzlichem Text HELFT DEM/SOZIALISTISCHEN / UNGARN / + 10. Odr. Wertp.-Druck. in Bogen zu 50 Marken; Wz. DDR und Kreuzblüten (Wz. 3 X); gez. K 13½:13.

mo

| 557. | 20+10 (Pfg.) karminrot.. mo | 3.— | 10.— | 1.50 |

Gültig bis 31. 3. 1959.

1956, 20. Dez. Wohlt.-Ausg. Marke in Zeichnung der Nr. 494 mit zusätzlichem Text HELFT / ÄGYPTEN / + 10 Odr. Wertp.-Druck. in Bogen zu 50 Marken; Wz. 3 X; gez. K 13½:13.

mp

| 558. | 20+10 (Pfg.) karminrot .. mp | 3.— | 10.— | 1.50 |

Gültig bis 31. 3. 1959.

1957, 1. März. So.-Ausg. zur Leipziger Frühjahrsmesse 1957. ℰ A. Bengs und R. Skribelka; Odr. Wertp.-Druck.; auf gestrichenem Papier in Bogen zu 50 Marken; Wz. 3 X; gez. K 13:12½.

mr) 10000-t-Motorfrachtschiff   ms) Elektrolokomotive

		EF	MeF	MiF
559.	20 (Pfg.) karmin .... mr	3.—	8.—	2.—
560.	25 (Pfg.) dunkelblau .... ms	12.—	35.—	2.—

Gültig bis 31. 3. 1959.

1957, 12. April. So.-Ausg. zur Naturschutzwoche. ℰ E. Schoner; RaTdr. Graph. Werkstätten auf gestrichenem Papier in Bogen zu 50 Marken; Wz. 3 X; gez. K 13:12½.

mt) Silberdistel (Wetterwurz) (Carlina acaulis)

mu) Smaragdeidechse (Lacer viridis)   mv) Frauenschuh (Cypripedium calceolus)

561.	5 (Pfg.) dunkelsiena ... mt	8.—	10.—	2.—
562.	10 (Pfg.) schw'graugrün . mu	20.—	30.—	9.—
563.	20 (Pfg.) dkl'orangebraun mv	3.—	8.—	2.—

Gültig bis 31. 3. 1959.

1957, 18. April. So.-Ausg. zum 175. Geburtstag Fröbels. ℰ A. Bengs; Odr. Wertp.-Druck. auf gestrichenem Papier in Bogen zu 50 Marken; Wz. 3 X; gez. K 13:13½.

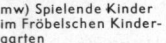

mw) Spielende Kinder im Fröbelschen Kindergarten

mx) Friedrich W. Aug. Fröbel (1782–1852), schuf 1827 den ersten Kindergarten, vor spielenden Kindern

| 564. | 10 (Pfg.) schwarz/oliv ... mw | 25.— | 30.— | 8.— |
| 565. | 20 (Pfg.) schwarz/orangebraun .... mx | 3.— | 8.— | 2.— |

Gültig bis 31. 3. 1959.

1957, 25. April. Wohlt.-So.-Ausg. zum Internationalen Befreiungstag. ℰ R. Skribelka; Odr. Wertp.-Druck. auf gestrichenem Papier in Bogen zu 25 Marken; Wz. 3 X; gez. K 13:13½ (Nr. 566) oder ~ (Nr. 567).

mz) Mahnmal in Ravensbrück mit Blick auf den See

my) Mahnmal in Ravensbrück

| 566. | 5+ 5 (Pfg.) dkl'grün .. my | 25.— | 30.— | 4.— |
| 567. | 20+10 (Pfg.) rot ...... mz | 18.— | 40.— | 9.— |

In ähnlicher Zeichnung Nr. 720.   Gültig bis 31. 3. 1959.

Deutsche Demokratische Republik

1957, 30. April. So.-Ausg. zur 10. Internationalen Radfernfahrt für den Frieden. ✍ B. Petersen (Idee H. Willner); Odr. Wertp.-Druck. auf gestrichenem Papier in Bogen zu 50 Marken; Wz. 3 X; gez. K 13:13½.

na) Streckenskizze mit Karlsbrücke in Prag, Rathaus in Berlin und Kulturpalast in Warschau

		EF	MeF	MiF
568.	5 (Pfg.) rotorange ..... na	3.50	4.—	1.50

Gültig bis 31. 3. 1959.

nb) Schaufelradbagger hinter Verladewaggons

1957, 3. Mai. So.-Ausg. zur Förderung und Popularisierung des Kohlenbergbaues. ✍ G. Heiss; Odr. Wertp.-Druck. auf gestrichenem Papier in Bogen zu 50 Marken; Wz. 3 X; gez. K 13:12½ (Nr. 569 und 570) bzw. K 13½:13 (Nr. 571).

nc) Förderbrücke mit Tagebau   nd) Bergmann vor Ort

569.	10 (Pfg.) schw'blaugrün . nb	3.—	4.—	2.—
570.	20 (Pfg.) lilabraun ..... nc	3.—	8.—	2.—
571.	25 (Pfg.) schw'violettblau nd	50.—	120.—	10.—

Gültig bis 31. 3. 1959.

1957, 7. Mai. So.-Ausg. zum 10. Welttag des Roten Kreuzes. ✍ H. Rose und H. Priess; RaTdr. Graph. Werkstätten auf gestrichenem Papier in Bogen zu 50 Marken; Wz. 3 X; gez. K 13:12½.

ne) Henri Dunant (1828–1910), Begründer des Roten Kreuzes, vor stilis. Weltkugel

nf) Henri Dunant im Alter, vor stilis. Weltkugel

		EF	MeF	MiF
572.	10 (Pfg.) grün/rot/braunschwarz ..... ne	3.—	3.—	2.—
573.	25 (Pfg.) hellblau/rot/schwarz .... nf	10.—	30.—	2.—

Gültig bis 31. 3. 1959.

1957, 7. Juni. So.-Ausg.: Berühmte Wissenschaftler. ✍ H. Zethmeyer; RaTdr. Graph. Werkstätten auf gestrichenem Papier in Bogen zu 100 Marken; Wz. 3 X; gez. K 13:12½.

ng)   nh)   ni)

ng) Joachim Jungius (1587–1657), Naturforscher und Mathematiker
nh) Leonhard Euler (1707–1783), Mathematiker, Physiker und Astronom.
ni) Heinrich Hertz (22. 2. 1857–1. 1. 1894), Physiker

574.	5 (Pfg.) dkl'olivbraun . ng	40.—	45.—	12.—
575.	10 (Pfg.) dunkelgrün .... nh	3.—	5.—	2.—
576.	20 (Pfg.) dkl'braunrot ... ni	3.—	8.—	2.—

Gültig bis 31. 3. 1959.

In ähnlichen Zeichnungen Nr. 261–270.

Die ✉-Preise gelten für portogerecht frankierte Briefe oder Paket- (Post-)karten.

EF = Einzelfrankatur, d. h. die Marke allein auf dem Brief.
MeF = Mehrfachfrankatur, d. h. die gleiche Marke mehrfach auf dem Brief. Der Preis gilt nur für 2 Stück; weitere Stücke der gleichen Marke werden mit dem Preis für lose ⊙ dazugerechnet.
MiF = Mischfrankatur, d. h. die Marke mit anderen Marken auf dem Brief. Briefpreis gilt für die teuerste Marke, die übrigen Marken werden mit dem Preis für lose ⊙ dazugerechnet.

Nicht portogerecht frankierte Briefe werden nur mit einem Aufschlag von maximal 15% für die beste Marke auf den ⊙-Preis bewertet, restliche Marken mit dem normalen ⊙-Preis hinzugerechnet.

1957/60. Freim.-Ausg. Arbeiter für den Fünfjahresplan. Bdr. Wertp.-Druck. auf gestrichenem Papier in Bogen zu 100 Marken; Wz. 3 X; A gez. K 13:12½ (alle Werte außer Nr. 578 und 579 mit Entwerfer- und Stechernamen), B gez. K 14 (1958/60) (ohne Entwerfer- und Stechernamen).

			A				B		
		EF	MeF	MiF		EF	MeF	MiF
577.	5 (Pfg.) smaragdgrün . . fw (März 1957)	3.—	3.—	2.—	(Nov. 1958)	3.—	3.—	2.—
578.	10 (Pfg.) grünlichblau . . ga (Januar 1957)	2.—	3.—	2.—	(August 1958)	6.—	6.—	5.—
579.	15 (Pfg.) purpurviolett . . gc	12.—	15.—	2.—	(Juni 1958)	13.—	15.—	2.—
580.	20 (Pfg.) karminrot ..... ge (Mai 1957)	2.—	3.—	2.—	(Januar 1959)	2.—	4.—	2.—
581.	25 (Pfg.) dunkelblaugrün gf	8.—	25.—	2.—				
582.	30 (Pfg.) braunrot ...... gg	30.—	25.—	2.—	(Mai 1959)	30.—	25.—	2.—
583.	40 (Pfg.) lebh'violett ... gk	6.—	14.—	2.—	(Mai 1959)	7.—	12.—	2.—
584.	50 (Pfg.) blau .... gl (Mai 1957)	20.—	15.—	3.—	(Oktober 1959)	20.—	15.—	3.—
585.	70 (Pfg.) lilabr',rotbr' . . gn	5.—	30.—	3.—	(Januar 1960)	5.—	30.—	3.—

Weitere Werte siehe Übersichtstabelle nach Nr. 379.

Deutsche Demokratische Republik

Am 4. 9. 1959 erschien die 20-Pfg. Marke Nr. 580 B mit einem Zierfeld (580 BZf): „II./DEBRIA"/Berlin/1959.

Waagerecht:

W. Zd. 19.	580 B/Zf.	20/Zf.	6.—
W. Zd. 20.	Zf./580 B	Zf./20	7.—
W. Zd. 21.	Zf./580 B/Zf.	Zf./20/Zf.	20.—
W. Zd. 22.	580 B/Zf./580 B 20/Zf./20		6.—
W. Zd. 23.	580 B/580 B/Zf. 20/20/Zf.		20.—
W. Zd. A 23.	Zf./580 B/580 BZf./20/20		20.—

Nr. 577–597 und 581–584 gültig bis 31.12.1962, Nr. 580 gültig bis 31.5.1962.

1957, 26. Juni. 2. So.-Ausg. Gemälde. ⓔ E. Gruner; RaTdr. Graph. Werkstätten auf gestrichenem Papier in Bogen zu 50 Marken; Wz. 3 X; gez. K 13½:13.

nk) „Heilige Familie mit Elisabeth u. Johannes" (Andrea Mantegna)

nl) „Die Tänzerin Barbarina Campanini" (Rosalba Carriera)

nm) „Bildnis des Morette" (Hans Holbein d. J.)

nn) „Der Zinsgroschen" (Tiziano Vecellio)

no) „Saskia mit der roten Blume" (Rembrandt Harmensz van Rijn)

np) „Ein junger Fahnenträger" (Giovanni Battista Piazzetta)

		EF	MeF	MiF
586.	5 (Pfg.) dkl'violettbraun nk	8.—	10.—	2.—
587.	10 (Pfg.) grauoliv, grünoliv . . . . nl	3.—	5.—	2.—
588.	15 (Pfg.) dkl'olivbraun . . nm	35.—	40.—	2.—
589.	20 (Pfg.) bräunl'karmin . . nn	3.—	8.—	2.—
590.	25 (Pfg.) dkl'braunlila . . . no	25.—	70.—	2.—
591.	40 (Pfg.) schw'graublau . np	70.—	—.—	20.—

Gültig bis 31. 3. 1959.

In ähnlichen Zeichnungen: Nr. 504—509 und 693—697.

1957, 5. Juli. So.-Ausg. zum 100. Geburtstag Clara Zetkins. ⓔ R. Skribelka; RaTdr. Graph. Werkstätten auf gestrichenem Papier in Bogen zu 50 Marken; Wz. 3 X; gez. K 13:13½.

nr) Clara Zetkin, geb. Eissner (1857–1933), kommunistische Politikerin, Nelke

592.	10 (Pfg.) russischgrün/rot nr	3.—	4.—	2.—

Gültig bis 31. 3. 1959.

1957, 14. Aug. So.-Ausg. zum 1. Todestag Brechts. ⓔ I. Friebel; RaTdr. Graph. Werkstätten auf gestrichenem Papier in Bogen zu 50 Marken; Wz. 3 X; gez. K 13½:13.

ns) Bertolt Brecht (1898—1956), Dramatiker

		EF	MeF	MiF
593.	10 (Pfg.) schwarzgrün . . . ns	2.—	4.—	1.—
594.	25 (Pfg.) schwarzblau . . . ns	10.—	30.—	1.—

Gültig bis 31. 3. 1959.

1957, 23. Aug. So.-Ausg. 4. Weltgewerkschaftskongreß in Leipzig. ⓔ P. Weiss; Odr. Wertp.-Druck. auf gestrichenem Papier in Bogen zu 50 Marken; Wz. 3 X; gez. K 13½:13.

nt) Emblem des IV. Weltgewerkschaftskongresses

595.	20 (Pfg.) zinnober/ schwarz . . . . nt	3.—	8.—	2.—

Gültig bis 31. 3. 1959.

1957, 30. Aug. So.-Ausg. zur Leipziger Herbstmesse 1957. ⓔ R. Skribelka; Odr. Wertp.-Druck. in Bogen zu 50 Marken; Wz. 3 Y; gez. K 13½:13.

nu) Messezeichen u. Inschrift

596.	20 (Pfg.) dkl'br'rot/lachs . nu	2.—	7.—	1.—
597.	25 (Pfg.) dkl'kobalt/ lichtblau . . . . nu	9.—	30.—	2.—

Gültig bis 31. 3. 1959.

1957, 10. Okt. So.-Ausg. zu den Sparwochen 1957. ⓔ H. Grohmann; Odr. Wertp.-Druck. in Bogen zu 50 Marken; Wz. 3 Y; gez. K 13½:13.

nv) Sparbuch mit Spruchband

598.	10 (Pfg.) dkl'bläulichgrün/ schw. a. mattgrau . . . nv	25.—	30.—	8.—
599.	20 (Pfg.) lilapurpur/ schw. a. mattgrau . . . nv	3.—	8.—	2.—

Gültig bis 31. 3. 1959.

1957, 25. Okt. So.-Ausg. zum Tag der Briefmarke 1957. ⓔ A. Bengs; Odr. Wertp.-Druck. in Bogen zu 50 Marken; Wz. 3 X; gez. K 13½:13.

nw) Postreiter um 1563

600.	5 (Pfg.) grauschw. a. hellolivbraun . . . . nw	6.—	8.—	1.50

Gültig bis 31. 3. 1959.

Deutsche Demokratische Republik

1957, 7. Nov. So.-Ausg. 40. Jahrestag der Großen Sozialistischen Oktoberrevolution. ☒ Prof. J. Heartfield; RaTdr. Graph. Werkstätten auf gestrichenem Papier in Bogen zu 50 Marken; Wz. 3 X; gez. K 12½ : 13.

nx) Arm mit Gewehr und roter Fahne vor Szene vom Sturm auf das Winterpalais (1917)

		EF	MeF	MiF
601.	10 (Pfg.) grün/braunrot . . nx	2.—	3.—	1.—
602.	25 (Pfg.) blau/orangerot . nx	10.—	30.—	1.50

Gültig bis 31. 3. 1959.

1957, 7. Nov. 1. So.-Ausg. zum Internationalen Geophysikalischen Jahr 1957/1958. ☒ Prof. E. R. Vogenauer; Odr. Wertp.-Druck. auf gestrichenem Papier in Bogen zu 50 Marken; Wz. 3 X; gez. K 12½ : 13.

ny) Künstlicher Erdsatellit vor Teil der Erde und Mond

603.	10 (Pfg.) schwarzblau . . . ny	2.—	3.—	1.50

Gültig bis 31. 3. 1959.

In ähnlicher Zeichnung siehe Nr. 616—617.

1957, 22. Nov. So.-Ausg. zum 1. Todestag von Abendroth und Ramin. ☒ P. Weiss; Odr. Wertp.-Druck. auf gestrichenem Papier in Bogen zu 50 Marken; Wz. 3 X; gez. K 13½ : 13.

nz) Prof. Dr. Günther Ramin (1898–1956), Thomaskantor

oa) Prof. Hermann Abendroth (1883–1956), Dirigent

604.	10 (Pfg.) gelblichgrün/ schwarz . . . . nz	25.—	30.—	8.—
605.	20 (Pfg.) ziegelrot/ schwarz . . . . oa	3.—	8.—	2.—

Gültig bis 31. 3. 1959.

1957, 3. Dez. Wohlt.-Ausg. zugunsten des Aufbaues Nationaler Gedenkstätten. ☒ A. Bengs und R. Skribelka; RaTdr. Graph. Werkstätten auf gestrichenem Papier in Bogen zu 50 Marken; Wz. 3 X; gez. K 13½ : 13.

ob) Ernst Thälmann (1886–1944), KPD-Führer

oc) Rudolf Breitscheid (1874–1944), SPD-Abgeordneter

od) Paul Schneider (1897–1939), Pfarrer

606 A.	20+10 (Pfg.) lilapurpur/ grau . . . . ob	8.—	20.—	3.—
607 A.	25+15 (Pfg.) schw'blau/ grau . . . . oc	20.—	40.—	3.—
608 A.	40+20 (Pfg.) blauviolett/ grau . . . . od	15.—	30.—	3.—

Gültig bis 31. 3. 1960.

Marken in gleicher Zeichnung ☐ zu einem Block zusammengefaßt: 606 B–608 B, Block 15 nach Nr. 651.

In ähnlichen Zeichnungen: Nr. 635—639, 715—719, 752 bis 756, 765—767.

✈ 1957, 13. Dez. Flp.-Ausg. ☒ Prof. E. R. Vogenauer; Odr. Wertp.-Druck. in zwei Auflagen in Bogen zu 100 Marken (Nr. 609—612) bzw. 50 Marken (Nr. 613—615); Wz. 3 Y; Nr. 609—612 gez. K 13:12½, Nr. 613—615 gez. K 13:13½.

oe–of) Stilis. Flugzeug

609.	5 (Pfg.) hellgrau/schwarz . . oe	2.—	4.—	1.—
610.	20 (Pfg.) karmin/schwarz . . . oe	2.—	5.—	1.—
611.	35 (Pfg.) hellblauviolett/ grauschwarz . . . . oe	10.—	20.—	2.—
612.	50 (Pfg.) karminbraun/ grauschwarz . . . . oe	30.—	25.—	2.—
613.	1 DM braunoliv/ grünlichgelb . . . . of	25.—	50.—	4.—
614.	3 DM dkl'karminbraun/ grünlichgelb . . . . of	180.—	—.—	18.—
615.	5 DM schwarzblau/ grünlichgelb . . . . of	300.—	—.—	35.—

✉ mit Stempeldaten ab 1.7.1990 50% Abschlag. *Gültig bis 2.10.1990.*

1958, 5. Febr. 2. So.-Ausg. zum Internationalen Geophysikalischen Jahr 1957/58. ☒ Prof. E. R. Vogenauer; Odr. Wertp.-Druck. in Bogen zu 50 Marken; Wz. 3Y; gez. K 12½ : 13.

og) Stratosphärenballon (Höhenforschung)

oh) Schiff beim Messen mit Echolot (Tiefenforschung)

616.	20 (Pfg.) karminrot . . . . . og	2.—	6.—	2.—
617.	25 (Pfg.) türkisblau . . . . . oh	50.—	80.—	10.—

Gültig bis 31. 3. 1960.

In ähnlicher Zeichnung („Sputnik"): Nr. 603.

1958, 27. Febr. So.-Ausg. zur Leipziger Frühjahrsmesse 1958. ☒ B. Rehm; Odr. Wertp.-Druck. in Bogen zu 50 Marken; Wz. 3Y; gez. K 13:13½.

oi) Erdkugel, Friedenstaube und Messeabzeichen

618.	20 (Pfg.) rot . . . . oi	3.—	8.—	1.50
619.	25 (Pfg.) graultramarin . oi	10.—	30.—	2.—

Gültig bis 31. 3. 1960.

Deutsche Demokratische Republik

1958, 6. März. So.-Ausg. zur 1. Konferenz der Postminister aus den Ostblockstaaten. ✉ H. Priess; Odr. Wertp.-Druck. in Bogen zu 50 Marken; Wz. 3 Y; gez. K 13:12½.

ok) Funkturm, Morsezeichen („Zusammenarbeit — Konferenz in Moskau") und Posthorn, Text

ol) Funkturm mit kreisförmig angeordnetem Text, Posthorn

		EF	MeF	MiF
620.	5 (Pfg.) h'grau/schwarz ok	45.—	45.—	8.—
621.	20 (Pfg.) hellrot/krapprot ol	2.—	6.—	1.—

Gültig bis 31. 3. 1960.

1958. Freim.-Ausg. Staatspräsident Pieck. Wie Nr. 342b und 343, jedoch mit Wz. 3 X; RaTdr. in Bogen zu 50 Marken; gez. K 13:13½.

fa) Wilhelm Pieck (1876–1960), Staatspräsident

622.	1 DM schwarzoliv (6.1.1958) .... fa	15.—	40.—	5.—
623.	2 DM rotbraun (18.3.1958) .... fa	40.—	.—	10.—

Nr. 622 gültig bis 31.3.1962, Nr. 623 gültig bis 2.10.1990.

In gleicher Zeichnung: Nr. 622–623, mit Dateneindruck: Nr. 807; in ähnlicher Zeichnung: Nr. 253–254.

1958, 20. März. So.-Ausg. zum 100. Geburtstag Zilles. ✉ I. Friebel; Odr. Wertp.-Druck. in Bogen zu 50 Marken; Wz. 3 X; gez. K 13½:13.

om) „Zillegören"

on) Heinrich Zille (1858–1929), Zeichner und Maler (Selbstporträt)

624.	10 (Pfg.) schw' blaugrün/br' grau .... om	25.—	30.—	8.—
625.	20 (Pfg.) eosinrosa/braungrau .... on	2.—	6.—	1.—

Gültig bis 31. 3. 1960.

1958, 23. April. So.-Ausg. zum 100. Geburtstag Plancks. ✉ R. Skribelka; Odr. Wertp.-Druck. in Bogen zu 50 Marken; Wz. 3X; gez. K 13½:13.

oo) „h" als Symbol für das physikalische Wirkungsquantum und Unterschrift Plancks

op) Max Planck (1858–1947), Physiker, Begründer der Quantentheorie, bahnbrechend für die Atomforschung

626.	10 (Pfg.) dkl' grüngrau .. oo	25.—	30.—	8.—
627.	20 (Pfg.) dunkelrosalila .. op	2.—	6.—	1.—

Gültig bis 31. 3. 1960.

1958, 4. Juni. So.-Ausg. zur 6. Landwirtschaftsausstellung in Markkleeberg. ✉ H. Rose; Odr. Wertp.-Druck. auf gestrichenem Papier in Bogen zu 50 Marken; Wz. 3X; Nr. 628 gez. K 13:13½, Nr. 629 und 630 gez. K 13:12½.

or) Zuchtkuh und Melkerin

os) Mähhäcksler

ot) Rübenvollerntemaschine

		EF	MeF	MiF
628.	5 (Pfg.) lilagrau/schwarzgrau .... or	45.—	45.—	8.—
629.	10 (Pfg.) grün/hellbläulichgrün .... os	2.—	3.—	1.—
630.	20 (Pfg.) braunrot/lilarosa ot	2.—	6.—	1.—

Gültig bis 31. 3. 1960.

1958, 19. Juni. So.-Ausg. für Darwin und Linné. ✉ R. Skribelka; Odr. Wertp.-Druck. in Bogen zu 50 Marken; Wz. 3Y; gez. K 13:13½.

ou) Charles Darwin (1809–1882), engl. Biologe veröffentlichte am 1. 7. 1858 seine „Abstammungslehre"

ov) Carl von Linné (1707–1778), schwed. Naturforscher Verfasser der „Systema Naturae"

631.	10 (Pfg.) dunkelblaugrün/schwarz .... ou	25.—	30.—	7.—
632.	20 (Pfg.) dkl'braunrot/schwarz .... ov	2.—	6.—	2.—

Gültig bis 31. 3. 1960.

1958, 25. Juni. So.-Ausg. zum 5. Parteitag der Sozialistischen Einheitspartei Deutschlands. ✉ K. Sauer; Odr. Wertp.-Druck. auf gestrichenem Papier in Bogen zu 50 Marken; Wz. 3X; gez. K 13:13½.

ow) Arm mit beschrifteter Fahne

633.	10 (Pfg.) mittelrot .... ow	2.—	3.—	1.50

Gültig bis 31. 3. 1960.

1958, 5. Juli. 1. So.-Ausg. zum Bau des Seehafens Rostock. ✉ A. Bengs; Odr. Wertp.-Druck. in Bogen zu 50 Marken; Wz. 3Y; gez. K 13½:13.

ox) Stilis. Darstellung der sieben Türme Rostocks und Hochseeschiffe

634.	20 (Pfg.) ziegelrot ..... ox	2.—	6.—	1.50

Gültig bis 31. 3. 1960.

1958, 11. Juli. Wohlt.-Ausg. zugunsten des Aufbaues Nationaler Gedenkstätten. ⊠ A. Bengs und R. Skribelka; RaTdr. Graph. Werkstätten auf gestrichenem Papier in Bogen zu 50 Marken; Wz. *3X*; gez. K 13½:13.

oy) Albert Kuntz (1896–1945), Kupferschmied, Arbeiterkämpfer

oz) Rudi Arndt (1909–1940), Jungarbeiter bei IG-Farben

pa) Dr. phil. Kurt Adams (1889–1944), fortschrittlicher Erzieher

pb) Rudolf Renner (1894–1940), Arbeiterkämpfer, Gefährte Karl Liebknechts

pc) Walter Stoecker (1891–1939), Arbeiterführer

			EF	MeF	MiF
635.	5+ 5 (Pfg.) br'schw'/grau/schwarz	oy	17.—	18.—	3.—
636.	10+ 5 (Pfg.) grünschw'/grau/schwarz	oz	10.—	15.—	3.—
637.	15+10 (Pfg.) blauviolett/grau/schwarz	pa	70.—	80.—	12.—
638.	20+10 (Pfg.) karminbr'/grau/schwarz	pb	10.—	25.—	3.—
639.	25+15 (Pfg.) blauschw'/grau/schwarz	pc	80.—	200.—	25.—

Gültig bis 31. 3. 1961.

In ähnlichen Zeichnungen: Nr. 606—608, 715—719, 752 bis 756, 765—767.

1958, 22. Juli. So.-Ausg. Großer Preis der DDR im Pferderennsport. ⊠ E. Schoner; RaTdr. Graph. Werkstätten auf gestrichenem Papier in Bogen zu 50 Marken; Wz. *3 X*; gez. K 13:12½.

pd) Pferd mit Fohlen auf der Koppel

pe) Traber mit Sulky   pf) Galopprennen

640.	5 (Pfg.) schwarzbraun	pd	30.—	40.—	10.—
641.	10 (Pfg.) schw'gelbgrün	pe	2.—	4.—	1.50
642.	20 (Pfg.) karminbraun	pf	2.—	6.—	1.50

Gültig bis 31. 3. 1960.

1958, 7. Aug. So.-Ausg. zum 300. Jahrestag der Ausgabe des Buches „Opera didactica omnia" von Komenský. ⊠ I. Friebel; Odr.Wertp.-Druck. in Bogen zu 50 Marken; Wz. *3Y*; gez. K 13:13½.

pg) Jan Amos Komenský (Comenius) (1592–1670), Pädagoge u. Theologe, Bischof der böhmisch-mährischen Brüder

ph) Comenius beim Schulunterricht

			EF	MeF	MiF
643.	10 (Pfg.) dkl'blaugrün/grauschwarz	pg	25.—	30.—	8.—
644.	20 (Pfg.) hellorangebraun/grauschwarz	ph	2.—	6.—	2.—

Gültig bis 31. 3. 1960.

1958, 7. Aug. Wohlt.-So.-Ausg. 3. Pioniertreffen in Halle anläßlich des zehnjährigen Bestehens der Organisation. ⊠ H. Klöpfel; Odr. Wertp.-Druck. auf gestrichenem Papier in Bogen zu 50 Marken; Wz. *3 X*; gez. K 12½:13.

pi) Junger Hornist vor Pionierwimpel und Zeltlager

pk) Junge Pioniere vor Fahne der Organisation

645.	10+ 5 (Pfg.) dkl'blaugr'.	pi	8.—	12.—	1.50
646.	20+10 (Pfg.) rot	pk	8.—	20.—	1.50

Gültig bis 31. 3. 1960.

1958, 19. Aug. So.-Ausg. zur 400-Jahr-Feier der Friedrich-Schiller-Universität in Jena. ⊠ E. Schoner; Odr. Wertp.-Druck. in Bogen zu 50 Marken; Wz. *3 Y*; gez. K 13:12½.

pl) Siegel der Universität

pm) Universitätsgebäude

647.	5 (Pfg.) dkl'grau/schw'	pl	30.—	40.—	8.—
648.	20 (Pfg.) bräunl'karmin/grau	pm	2.—	6.—	1.—

Gültig bis 31. 3. 1960.

Anfragen können wir nur beantworten, wenn Rückporto beiliegt!

1958, 29. Aug. So.-Ausg. zur Leipziger Herbstmesse 1958. ⊠ H. Priess. Odr. Wertp.-Druck. auf gestrichenem Papier in Bogen zu 50 Marken; Wz. 3X; gez. K 13 : 12½.

pn) Frau im Mantel (mit Hamster gefüttert) vor dem Leipziger Hauptbahnhof

po) Frau mit Karakul-Pelzmantel vor dem Leipziger Alten Rathaus

		EF	MeF	MiF
649.	10 (Pfg.) graugrün/lilabraun ..... pn	3.—	4.—	1.—
650.	25 (Pfg.) dkl'kobalt/schwarz ..... po	10.—	30.—	2.—

Gültig bis 31. 3. 1960.

pp) Gedenkstätte Buchenwald bei Weimar

1958, 15. Sept. Wohlt.-So.-Ausg. zur Einweihung der Nationalen Mahn- und Gedenkstätte Buchenwald. Bild wie Nr. 538, zusätzlicher Text „14. September 1958". ⊠ P. Weiss; Odr. Wertp.-Druck. auf gestrichenem Papier in Bogen zu 25 Marken; Wz. 3X; gez. K 13½ : 13.

651.	20+20 (Pfg.) karminrot/schwarz ..... pp	12.—	30.—	8.—

Gültig bis 31. 3. 1961.

1958, 15. Sept. Wohlt.-So.-Ausg. in Blockform zum gleichen Anlaß. Marken in Zeichnung der Nr. 606–608 zu einem Block zusammengefaßt, mit schwarzer Umrandung und Inschrift. ⊠ A. Bengs; RaTdr. Graph. Werkstätten auf gestrichenem Papier; Wz. 3 X; □.

DER KAMPF UM DIE NATIONALE WIEDERVEREINIGUNG
IST SACHE DES GANZEN DEUTSCHEN VOLKES.
ES WIRD SIEGEN, WENN ES EINIG HANDELT.

			pr		
606 B.	20+10 (Pfg.) lilapurpur/grau ..... ob	70.—	160.—	60.—
607 B.	25+15 (Pfg.) schwarzblau/grau ..... oc	180.—	400.—	60.—
608 B.	40+20 (Pfg.) blauviolett/grau ..... od	100.—	350.—	60.—
Block 15	(140 : 95 mm) .... pr	400.—	—.—	250.—

Nr. 652–654 fallen aus.

Gültig bis 31.3.1961.

1958, 19. Sept. So.-Ausg.: Volkskampf gegen Atomtod. ⊠ C. Sauer; Odr. Wertp.-Druck. auf gestrichenem Papier in Bogen zu 50 Marken; Wz. 3X; gez. K 13 : 13½.

ps) 3 Arme (symb. Menschenrassen) zerbrechen Atombombe

			EF	MeF	MiF
655.	20 (Pfg.) karminrot ..... ps	2.—	5.—	1.—
656.	25 (Pfg.) blau ..... ps	10.—	30.—	2.—

Gültig bis 31. 3. 1960.

1958, 19. Sept. So.-Ausg. zur 1. Sommerspartakiade der befreundeten Armeen. ⊠ O. Leisner; Odr. Wertp.-Druck. auf gestrichenem Papier in Bogen zu 50 Marken; Wz. 3X; gez. K 13½ : 13.

pt) Soldat auf der Kletterwand

pu) Emblem der Spartakiade

pv) Sportler mit Fahne vor Landkarte

657.	10 (Pfg.) smaragd/lilabr' . pt	20.—	25.—	8.—
658.	20 (Pfg.) bräunl'karmin/chromgelb ..... pu	2.—	6.—	1.—
659.	25 (Pfg.) türkisblau/rot .. pv	10.—	30.—	1.—

Gültig bis 31. 3. 1960.

1958, 23. Okt. So.-Ausg. zum Tag der Briefmarke 1958. ⊠ A. Bengs; Odr. Wertp.-Druck. in Bogen zu 50 Marken; Wz. 3Y; gez. K 13:12½.

pw) Vierspänniger Postwagen der sächsischen Personenpost um 1700

px) Moderner vierachsiger Bahnpostwagen und Turbinen-Verkehrsflugzeug „B 152"

660.	10 (Pfg.) schw'blaugrün . pw	25.—	30.—	8.—
661.	20 (Pfg.) dkl' braunkarm' px	3.—	8.—	1.—

Gültig bis 31. 3. 1960.

1958, 7. Nov. So.-Ausg. zum 40. Jahrestag der Novemberrevolution. ⊠ K. Zimmermann; Odr. Wertp.-Druck. auf gestrichenem Papier in Bogen zu 50 Marken; Wz. 3X; gez. K 12½ : 13.

py) Arbeiter mit Gewehr, Soldat

662.	20 (Pfg.) schwarzlila/zinnober ..... py	150.—	350.—	150.—

MiNr. 662 wurde noch am Ausgabetag gegen 15.00 Uhr mit KS-Telegramm Nr. 5 vom Schalterverkauf zurückgezogen. Bereits der Post zur Beförderung übergebene Sendungen, auch solche aus Briefkästen, wurden gestempelt, befördert und ohne Beanstandungen zugestellt. Entwertungen vom 7. 11. 1958 bis 16.00 Uhr kommen vor. Bei einigen Postämtern wurde die Marke entgegen den Anweisungen noch am 8. 11. entwertet. Alle anderen Sendungen mußten mit einem zusätzlichen Postwertzeichen freigemacht werden. Es gibt auch Briefe, bei denen MiNr. 662 mit einer gültigen Marke überklebt wurde (selten).

Ⓢ Der Sonderstempel (Bild eines Matrosen) wurde beim Postamt Berlin W 8 am 7. 11. 1958 bis 14.00 verwendet. Es gibt wenige FDC mit diesem. Die Marken wurden für ungültig erklärt und gegen gültige Postwertzeichen umgetauscht.

Vom 11. bis 21. 11. 1958 war MiNr. 662 wieder zur Freimachung zugelassen und wurde meist entwertet, manchmal wurde beim Zustellpostamt. Ab 22. 11. 1958 wurde MiNr. 662 blau umrandet und der Stempel neben die Marke gesetzt. Manchmal wurde Nachgebühr erhoben.

Ⓕ Vorsicht vor auf den Ersttag rückdatierten Stempelverfälschungen!

Auflage: 1 500 000, davon 726 000 Stück am Ausgabetag verkauft

1958, 24. Nov. 2. So.-Ausg. zum Bau des Seehafens Rostock. ☒ A. Bengs; Odr. Wertp.-Druck. in Bogen zu 50 Marken; Wz. 3Y; gez. K 13½ : 13.

pz) Frachtschiff „Freundschaft" beim Ladunglöschen

ra) Frachtschiff „Frieden" und andere Schiffe vor Rostocker Hafen

		EF	MeF	MiF
663.	10 (Pfg.) grün .... pz	3.—	4.—	1.—
664.	25 (Pfg.) hellblau ...... ra	50.—	70.—	9.—

Gültig bis 31. 3. 1960.

Nr. 663 mit vierzeiligem Aufdruck (1960): Nr. 763.

1958, 29. Nov. So.-Ausg. Brandenburger Tor. ☒ I. Friebel; Odr. Wertp.-Druck. in Bogen zu 50 Marken; Wz. 3 Y; gez. K 13½ : 13½.

rb) Brandenburger Tor, an der Sektorengrenze von Berlin, erbaut 1788/91 von Carl Langhans, im 2. Weltkrieg beschädigt, 1958 wieder aufgebaut

665.	20 (Pfg.) karmin .... rb	2.—	6.—	1.—
666.	25 (Pfg.) dunkelblau ..... rb	50.—	100.—	10.—

Gültig bis 31. 3. 1960.

1958, 2. Dez. 1. So.-Ausg. Rückgabe wertvoller Kulturgüter. ☒ Prof. K. Wittkugel; Odr. Wertp.-Druck. auf gefärbtem Papier in Bogen zu 50 Marken; Wz. 3 X; gez. K 13½ : 13.

rc) Mädchenkopf von einem griech. Grabrelief (500 v. Chr.)

rd) Gigantenkopf aus dem Pergamonfries

667.	10 (Pfg.) braunschwarz			
	a. hellbläulichgrün .... rc	25.—	30.—	8.—
668.	20 (Pfg.) braunschwarz			
	a. dunkelrosa .... rd	2.—	6.—	1.50

Gültig bis 31. 3. 1960.

1958, 10. Dez. So.-Ausg. zum 10. Jahrestag der Verkündung der Menschenrechte durch die UNO. ☒ G. Stauf; Odr. Wertp.-Druck. in Bogen zu 50 Marken; Wz. 3 Y; gez. K 13:12½.

re) Neger und Europäer   rf) Chinesin und Europäerin

		EF	MeF	MiF
669.	10 (Pfg.) bläulichgrün/			
	schwarz .... re	3.—	4.—	1.—
670.	25 (Pfg.) türkisblau/schw. rf	40.—	70.—	8.—

Gültig bis 31. 3. 1960.

1958, 27. Dez. So.-Ausg. zum 1. Todestag Nuschkes. ☒ H. Klöpfel; Odr. Wertp.-Druck. auf gestrichenem Papier in Bogen zu 50 Marken; Wz. 3X; gez. K 13½ : 13.

rg) Dr. h. c. Otto Nuschke (1883—1957), stellvertr. Vors. des Ministerrats

671.	20 (Pfg.) rot	2.—	6.—	1.50

Gültig bis 31. 3. 1960.

1958, 30. Dez. So.-Ausg. 40 Jahre Kommunistische Partei Deutschlands. ☒ H. Priess; Odr. Wertp.-Druck in Bogen zu 50 Marken; Wz. 3 Y; gez. K 13:12½.

rh) Rote Fahne mit Kopf der Zeitung „Die Rote Fahne"

672.	20 (Pfg.) braunrot ...... rh	2.—	6.—	2.—

Gültig bis 31. 3. 1960.

1959, 3. Jan. So.-Ausg. zum 83. Geburtstag Piecks. ☒ A. Bengs; RaTdr. Graph. Werkstätten in Bogen zu 50 Marken; Wz. 3X; gez. K 13½ : 13.

ri) Wilhelm Pieck (1876—1960)

673.	20 (Pfg.) dkl'braunrot .... ri	3.—	8.—	2.—

In Grauschwarz: Nr. 784.   *Gültig bis 31. 3. 1962.*

1959, 15. Jan. So.-Ausg. zum 40. Todestag Luxemburgs und Liebknechts. ☒ G. Stauf; Odr. Wertp.-Druck. in Bogen zu 50 Marken; Wz. 3Y; gez. K 13:13½

rk) Rosa Luxemburg (1870 bis 1919), Sozialistenführerin, spricht zu Arbeitern

rl) Karl Liebknecht (1871 bis 1919), Sozialistenführer, spricht zu Arbeitern

674.	10 (Pfg.) dkl'blaugrün/			
	grauschwarz .... rk	25.—	30.—	9.—
675.	20 (Pfg.) dkl'braunrot/			
	schwarzgrau .... rl	2.—	6.—	1.50

Gültig bis 31. 3. 1961.

Deutsche Demokratische Republik

1959, 28. Febr. So.-Ausg. zum 150. Geburtstag Felix Mendelssohn-Bartholdys (1809—1847). Ⓜ R. Israel; Ⓢ K. Wolf; StTdr. Wertp.-Druck. auf farbigem Papier in Bogen zu 50 Marken; Wz. *3Y*; gez. K 14.

rm) Leipziger Gewandhaus

rn) Noten des Einleitungsthemas zum ersten Satz der Sinfonie in A-Dur (italienische Sinfonie)

		EF	MeF	MiF
676.	10 (Pfg.) schwarzblaugrün a. weißbläulichgrün .. rm	2.—	5.—	1.—
677.	25 (Pfg.) dunkelgrau a. weißgrünlichblau .. rn	40.—	70.—	9.—

Gültig bis 31. 3. 1961.

1959, 28. Febr. So.-Ausg. zur Leipziger Frühjahrsmesse 1959. Odr. Wertp.-Druck. in Bogen zu 50 Marken; Wz. *3Y*; gez. K 13 : 12½.

ro) Symb. Darstellung des Werkes „Schwarze Pumpe"; Messezeichen

Ⓜ Dorfstecher

rp) Schmalfilmkamera und Fotoapparate aus dem Kamera- und Kinowerk Dresden; Messezeichen Bobbe

678.	20 (Pfg.) dkl'rosakarmin . ro	2.—	5.—	1.—
679.	25 (Pfg.) grauultramarin . rp	8.—	25.—	1.—

Gültig bis 31. 3. 1961.

1959, 2. April. So.-Ausg. zur 5. Jugendweihe. Ⓜ R. Skribelka; Odr. Wertp.-Druck. auf gefärbtem Papier in Bogen zu 50 Marken; Wz. *3Y*; gez. K 13½ : 13.

rr–rs) Junge und Mädchen mit Buch „Weltall, Erde, Mensch" vor symbolischen Darstellungen aus Industrie und Landwirtschaft

rr)   rs)

680.	10 (Pfg.) schwarz a. hellseegrün .... rr	25.—	30.—	8.—
681.	20 (Pfg.) schwarz a. hellmennige .... rs	2.—	6.—	1.50

Gültig bis 31. 3. 1961.

1959, 27. April. So.-Ausg. zum 200. Todestag Händels. Ⓜ A. Bengs; Odr. Wertp.-Druck. in Bogen zu 50 Marken; Wz. *3Y*; gez. K 13½ : 13.

rt) Händelstandbild in Halle, Stadtwappen und Oboe

ru) Georg Friedrich Händel (1685–1759) Komponist

		EF	MeF	MiF
682.	10 (Pfg.) dkl'blaugrün/ grauschwarz .... rt	25.—	30.—	8.—
683.	20 (Pfg.) braunrot/ grauschwarz .... ru	2.—	6.—	1.—

Gültig bis 31. 3. 1961.

1959, 6. Mai. So.-Ausg. zum 100. Todestag Humboldts. Ⓜ G. Thieme; Odr. Wertp.-Druck in Bogen zu 50 Marken; Wz. *3Y*; gez. K 13½ : 13.

rv) Kopfbild Alexander v. Humboldts (1769–1859), Naturforscher, über mittelamerikanischer Landschaft

rw) Kopfbild v. Humboldts über Schlitten im winterlichen Uralgebirge

684.	10 (Pfg.) schw'blaugrün . rv	25.—	30.—	8.—
685.	20 (Pfg.) dunkelbr'rot . . . rw	2.—	6.—	1.—

Gültig bis 31. 3. 1961.

1959, 30. Mai. So.-Ausg. zur Konferenz der Postminister aus den Ostblockstaaten. Ⓜ H. Klöpfel; Odr. Wertp.-Druck. in Bogen zu 50 Marken; Wz. *3Y*; gez. K 13½ : 13.

rx) OSS. 1959/Berlin und Posthorn im Schild

686.	20 (Pfg.) hellrot/ dkl'olivgelb/grau .... rx	2.—	6.—	1.50
687.	25 (Pfg.) hellblau/ dkl'olivgelb/grau .... rx	50.—	80.—	10.—

Gültig bis 31. 3. 1961.

1959, 26. Juni. So.-Ausg. für den Naturschutz. Ⓜ W. Oehlke; Odr. Wertp.-Druck. in Bogen zu 50 Marken; Wz. *3Y*; gez. K 13 : 12½.

ry) Graureiher (Ardea cinerea)

rz) Rohrdommel (Botuarus stellaris)

sa) Tagpfauenauge (Inachis io) auf Maiglöckchen (Convallaria majalis)

sb) Europäischer Biber (Castor fiber)

sc) Honigbiene (Apis mellifera) auf Weidenkätzchen

				EF	MeF	MiF
688.	5 (Pfg.)	grünl'bl./schw./grauviolett	ry	8.—	10.—	2.—
689.	10 (Pfg.)	hellgrünblau/viol'schw./hellor'br.	rz	3.—	4.—	1.—
690.	20 (Pfg.)	mehrfarbig	sa	2.50	8.—	1.—
691.	25 (Pfg.)	hellviolett/schw./zitrongelb	sb	10.—	30.—	2.—
692.	40 (Pfg.)	hellgraublau schw./gelborange	sc	45.—	80.—	15.—

Gültig bis 31. 3. 1961.

1959, 29. Juni. 3. So.-Ausg. Gemälde. ⊠ **E. Gruner; RaTdr. Graph. Werkstätten auf gestrichenem Papier in Bogen zu 50 Marken;** Wz. *3 X;* gez. K 13½:13

sd) „Bildnis im Kostüm einer Vestalin" (Angelica Kauffmann)

se) „Die Dame mit dem Klöppelkissen" (Gabriel Metsu)

sf) „Des Meisters Nichte, Mlle. Lavergne" (Jean-Étienne Liotard)

sg) „Die Alte mit dem Kohlenbecken" (Peter Paul Rubens)

sh) „Junger Mann in schwarzem Rock" (Frans Hals d. Ä.)

693.	5 (Pfg.)	dkl'braunoliv	sd	8.—	10.—	2.—
694.	10 (Pfg.)	dkl'gelbgrün	se	3.—	4.—	1.—
695.	20 (Pfg.)	ziegelrot	sf	2.—	6.—	1.—
696.	25 (Pfg.)	rotbraun	sg	10.—	30.—	2.—
697.	40 (Pfg.)	purpur	sh	45.—	80.—	15.—

Gültig bis 31. 3. 1961.

In ähnlichen Zeichnungen: Nr. 504—509, 586—591.

1959, 2. Juli. So.-Ausg. Heimische Vögel. ⊠ **A. Brylka; Odr. Wertp.-Druck. in Bogen zu 50 Marken;** Wz. *3 Y;* gez. K 13:13½.

si) Kormoran (Phalacrocorax carbo)

sk) Schwarzstorch (Ciconia nigra)

sl) Uhu (Bubo bubo)

sm) Birkhuhn (Lyrurus tetrix)

sn) Wiedehopf (Upupa epops)

so) Wanderfalke (Falco peregrinus)

698.	5 (Pfg.)	grünlichgelb/schwarz	si	8.—	10.—	2.—

				EF	MeF	MiF
699.	10 (Pfg.)	hellbläulichgrün/schwarz	sk	3.—	4.—	2.—
700.	15 (Pfg.)	mattblauviolett/schwarz	sl	50.—	70.—	15.—
701.	20 (Pfg.)	lilarosa/schw.	sm	2.—	6.—	1.—
702.	25 (Pfg.)	mattkobalt/schwarz	sn	10.—	30.—	2.—
703.	40 (Pfg.)	hellrot/schwarz	so	6.—	20.—	2.—

Gültig bis 31. 3. 1961.

1959, Juni. Freim.-Ausg. Arbeiter für den Fünfjahresplan. Marke in Zeichnung und Ausführung der Nr. 409; ohne Entwerfer- und Stechernamen; Bdr. Wertp.-Druck. in Bogen zu 100 Marken; Wz. *3 X;* A gez. K 13:12½, B gez. K 14.

fz) Werktätige im Erfahrungsaustausch

704.	10 (Pfg.)	bläul'grün, bl'grün	fz			
	A. gez. K 13:12½			1.50	2.—	1.50
	B. gez. K 14			1.50	2.—	1.50

Gültig bis 31. 12. 1962.

Weitere Werte siehe Übersichtstabelle nach Nr. 379.

1959, 25. Juli. So.-Ausg. zu den Weltfestspielen der Jugend. ⊠ **H. Priess; Odr. Wertp.-Druck. in Bogen zu 50 Marken;** Wz. *3Y;* gez. K 12½:13, Nr. 705 ~.

sp) Jugendliche verschiedener Rassen, Emblem

sr) Weißes küßt schwarzes Mädchen, Emblem

705.	20 (Pfg.)	rot	sp	2.—	6.—	1.—
706.	25 (Pfg.)	blau	sr	50.—	80.—	8.—

Gültig bis 31. 3. 1961.

1959, 10. Aug. Wohlt.-So.-Ausg. zum 3. Deutschen Turn- und Sportfest in Leipzig. ⊠ **H. Priess; Odr. Wertp.-Druck. in Bogen zu 50 Marken;** Wz. *3X;* gez. K 13:13½.

ss) Reifenübungen

st) Hochspringer

su) Pferdturner

sv) Keulengymnastik

sw) Teil des Leipziger Zentralstadions mit Glockenturm bei Feuerwerk

707.	5+ 5 (Pfg.)	rotorange	ss	8.—	10.—	2.—

Deutsche Demokratische Republik

		EF	MeF	MiF
708.	10+ 5 (Pfg.) schwarzblaugrün .... st	4.—	9.—	2.—
709.	20+10 (Pfg.) karmin ... su	4.—	12.—	2.—
710.	25+10 (Pfg.) mittelblau (DD) .... sv	12.—	35.—	2.—
711.	40+20 (Pfg.) mattbläulichviolett ...... sw	60.—	120.—	15.—

Gültig bis 31. 3. 1961.

1959, 17. Aug. So.-Ausg. zur Leipziger Herbstmesse 1959. ⊠ F. Deutschendorf; Odr. Wertp.-Druck. in Bogen zu 50 Marken; Wz. 3Y; gez. K 13 : 12½.

sx) Leipziger Neubauten, stilisierte Erdhalbkugel mit Messezeichen

712.	20 (Pfg.) hellrot/hellgrau .. sx	2.—	5.—	1.—

Gültig bis 31. 3. 1961.

1959, 1. Sept. So.-Ausg. zum 75 jährigen Bestehen der Jenaer Glaswerke. ⊠ A. Bengs; Odr. Wertp.-Druck. in Bogen zu 50 Marken; Wz. 3Y; **Nr. 713** gez. K 13 : 12½, **Nr. 714** ~.

sy) Teegeschirr aus Jenaer Glas
sz) Labor-Bi-Destillationsapparat

| 713. | 10 (Pfg.) blaugrün ..... sy | 3.— | 4.— | 1.— |
| 714. | 25 (Pfg.) hellblau ...... sz | 50.— | 80.— | 10.— |

Gültig bis 31. 3. 1961.

1959, 3. Sept. Wohlt.-Ausg. zur Erhaltung der Nationalen Gedenkstätte Ravensbrück. Bildnisse im KZ. umgekommener Frauen der SPD u. KPD. ⊠ R. Skribelka; RaTdr. Graph. Werkstätten in Bogen zu 50 Marken; Wz. 3X, nr. 716 auch Wz. 3Y; gez. K 13½:13.

ta) Tilde Klose (1892–1945)
tb) Käthe Niederkirchner (1909–1944)
tc) Charlotte Eisenblätter (1903–1944)

td) Olga Benario-Prestes (1908–1942)
te) Maria Grollmuss (1896–1944)

| 715. | 5+ 5 (Pfg.) sepia/schwarz .... ta | 10.— | 12.— | 2.— |
| 716. | 10+ 5 (Pfg.) schw'grün/grauschwarz .... tb | 5.— | 8.— | 2.— |

		EF	MeF	MiF
717.	15+10 (Pfg.) bl'violett/schwarz .... tc	30.—	60.—	2.—
718.	20+10 (Pfg.) lilapurpur/schwarz .... td	4.—	10.—	2.—
719.	25+15 (Pfg.) schwarzbl./schwarz .... te	50.—	80.—	10.—

Gültig bis 31. 3. 1961.

In ähnlichen Zeichnungen: Nr. 606—608, 635—639, 752 bis 756, 765—767.

1959, 11. Sept. Wohlt.-So.-Ausg. zur Einweihung der Nationalen Mahn- und Gedenkstätte Ravensbrück. Bild wie Nr. 567, zusätzlicher Text ,,12. September 1959". ⊠ R. Skribelka; Odr. Wertp.-Druck. in Bogen zu 25 Marken; Wz. 3Y; gez. K 13½ : 13.

tf) Mahnmal in Ravensbrück

| 720. | 20+10 (Pfg.) karminrot .. tf | 4.— | 12.— | 2.— |

Gültig bis 31. 3. 1961.

1959, 21. Sept. So.-Ausg. zur Landung der sowjetischen Rakete auf dem Mond. ⊠ Prof. E. R. Vogenauer; Odr. Wertp.-Druck. in Bogen zu 25 Marken; Wz. 3Y; gez. K 13½ : 13.

tg) Mond mit Raketenflugbahn, beschrifteter Wimpel und Wappen der UdSSR, Landungsdaten

| 721. | 20 (Pfg.) scharlach ...... tg | 2.— | 6.— | 1.50 |

Gültig bis 31. 3. 1961.

1959, 6. Okt. So.-Ausg. zum 10. Gründungstag der DDR. ⊠ L. Grünewald; Odr. Wertp.-Druck. auf gestrichenem Papier in Bogen zu 50 Marken; Wz. 3Y; Nr. 723 und 727 auch Wz. 3X; gez. K 13½:13.

th) Mähdrescher

ti) FDGB-Heim „Fritz Heckert"
tk) Dresdner Zwinger
tl) Hüttenarbeiter vor Werk

Deutsche Demokratische Republik

tm) Chemiker vor Kombinat „Schwarze Pumpe"
tn) Zentralstadion Leipzig
to) Traktoristin

tp) Passagierflugzeug
tr) Hochseeschiff in Werft
ts) Atomreaktor

Auf jeder Marke noch die Fahne der DDR

		EF	MeF	MiF
722.	5 (Pfg.) schwarz/rot/or'gelb a. strohgelb .. th	4.—	5.—	1.—
723.	10 (Pfg.) schw./ziegelrot/or'gelb a. mattlilagrau ti	2.—	3.—	1.—
724.	15 (Pfg.) schwarz/rot/or'gelb a. mattgelb .. tk	25.—	30.—	1.—
725.	20 (Pfg.) schwarz/rot/or'gelb a. hellrötlichgrau .... tl	2.—	5.—	1.—
726.	25 (Pfg.) schwarz/rot/or'gelb a. helloliv ... tm	8.—	25.—	1.—
727.	40 (Pfg.) schwarz/rot/or'gelb a. grünl'gelb . tn	5.—	20.—	2.—
728.	50 (Pfg.) schwarz/rot/or'gelb a. mattorange to	40.—	30.—	2.—
729.	60 (Pfg.) schwarz/rot/or'gelb a. hellgraugrün .... tp	30.—	50.—	2.—
730.	70 (Pfg.) schwarz/rot/or'gelb a. mattolivgrau tr	8.—	50.—	2.—
731.	1 DM schwarz/rot/or'gelb a. hellgraubr. ts	50.—	—.—	4.—

Gültig bis 31. 12. 1962.

1959, 28. Okt. So.-Ausg. zum 1. Todestag Bechers. ⓒ H. Ilgenfritz; Odr. Wertp.-Druck. in Bogen zu 25 Marken und 25 Zierfeldern in Gelb/Schwarzblau; Wz. 3Y; gez. K 13 : 13½.

tt) Johannes R. Becher (1891—1958), Dichter

732.	20 (Pfg.) hellrot/schwarzblau .... tt	2.—	6.—	1.—

Gültig bis 31. 3. 1961.

Mehr wissen mit MICHEL

1959, 10. Nov. So.-Ausg. zum 200. Geburtstag Schillers. ⓒ H. Müller; ⓢ K. Wolf; StTdr. Wertp.-Druck. auf farbigem Papier in Bogen zu 50 Marken; Wz. 3Y; gez. K 14.

tu) Wohnhaus Schillers in Weimar
tv) Friedrich von Schiller (1759–1805), Dichter

		EF	MeF	MiF
733.	10 (Pfg.) schw'blaugrün a. weißbläulichgrün .. tu	25.—	30.—	10.—
734.	20 (Pfg.) dkl'braunkarmin a. hellrosa .... tv	2.—	6.—	1.50

Gültig bis 31. 3. 1961.

1959, 17. Nov. So.-Ausg. zum Tag der Briefmarke 1959. ⓒ A. Bengs; Odr. Wertp.-Druck. in Bogen zu 50 Marken; Wz. 3Y; gez. K 13½ : 13.

tw) Postreiter, Postmeilensäule (18. Jahrh.)
tx) Zustellerin auf Moped

735.	10 (Pfg.) schw'blaugrün . tw	25.—	30.—	10.—
736.	20 (Pfg.) braunkarmin .. tx	2.—	6.—	1.—

Gültig bis 31. 3. 1961.

1959, 27. Nov. So.-Ausg. Waldtiere. ⓒ G. Stauf; Odr. Wertp.-Druck. in Bogen zu 50 Marken; Wz. 3Y; gez K 13 : 12½.

ty) Eichhörnchen (Sciurus vulgaris)

tz) Europäische Feldhasen (Lepus europaeus)
ua) Rehe (Capreolus capreolus)

ub) Rothirsche (Cervus elaphus)
uc) Europäische Luchse (Lynx lynx)

737.	5 (Pfg.) mehrfarbig .... ty	8.—	10.—	2.—
738.	10 (Pfg.) grün/br'ocker/siena .... tz	3.—	5.—	2.—
739.	20 (Pfg.) mehrfarbig .... ua	3.—	8.—	2.—
740.	25 (Pfg.) mehrfarbig .... ub	10.—	30.—	2.—
741.	40 (Pfg.) mehrfarbig .... uc	45.—	90.—	16.—

Gültig bis 31. 3. 1961.

1959, 29. Dez. So.-Ausg. Rückgabe wertvoller Kulturgüter. Prof. K. Wittkugel; Odr. Wertp.-Druck. in Bogen zu 50 Marken; Wz. 3 X; gez. 13½:13.

ud) Kopf einer attischen Göttin (580 v. Chr.)

ue) Prinzessinnenkopf aus Tell el-Amarna (um 1360 v. Chr.)

uf) Bronzefigur aus Toprah-Kale (Armenien) (700 v. Chr.)

ug) Zeusaltar (Pergamonaltar, 185—160 v. Chr.)

			EF	MeF	MiF
742.	5 (Pfg.) grünlichgelb/ schwarzgrau	ud	6.—	8.—	2.—
743.	10 (Pfg.) dkl'blaugrün/ schwarzgrau	ue	3.—	4.—	1.—
744.	20 (Pfg.) dunkelrosa/ grauschwarz	uf	2.—	6.—	1.—
745.	25 (Pfg.) türkisblau/ grauschwarz	ug	60.—	100.—	18.—

Gültig bis 31. 3. 1961.

1960, 27. Jan. So.-Ausg. zu den **Olympischen Sommer- und Winterspielen 1960.** O. Volkamer; Odr. Wertp.-Druck. in Bogen zu 50 Marken; Wz. 3Y; gez. K 13 : 13½.

uh) Boxer

ui) Kurzstreckenläuferinnen   uk) Schispringer   ul) Segelboot

Auf jeder Marke noch die 5 olympischen Ringe

746.	5 (Pfg.) siena/ocker	uh	65.—	75.—	25.—
747.	10 (Pfg.) dkl'bläulichgrün/ ocker	ui	2.—	3.—	1.—
748.	20 (Pfg.) karminrot/ocker	uk	2.—	6.—	1.—
749.	25 (Pfg.) hellviolett- ultramarin/ocker	ui	12.—	35.—	2.—

Gültig bis 31. 3. 1962.

1960, 17. Febr. So.-Ausg. zur Leipziger Frühjahrsmesse 1960. F. Deutschendorf; Odr. Wertp.-Druck. in Bogen zu 50 Marken; Wz. 3 Y; gez. K 13:12½.

um) Nordeingang der Techn. Messe, stilis. Erdhalbkugel mit Messezeichen

un) Ringmessehaus, stilis. Erdhalbkugel mit Messezeichen

			EF	MeF	MiF
750.	20 (Pfg.) br'rot/hellgrau	um	2.—	6.—	1.—
751.	25 (Pfg.) hellblau/hellgrau	un	10.—	30.—	1.—

Gültig bis 31. 3. 1962.

1960, 25. Febr./5. Mai. Wohlt.-Ausg. zum Aufbau der Nationalen Gedenkstätte Sachsenhausen. R. Skribelka; Nr. 752—754 RaTdr. Graph. Werkstätten auf gestrichenem Papier, Nr. 755—756 Odr. Wertp.-Druck. in Bogen zu 50 Marken; Wz. 3X; gez. K 13½ : 13.

uo) Lothar Erdmann (1888–1939)

up) Ernst Schneller (1890–1944)

ur) Lambert Horn (1899–1939)

us) Gustl Sandtner (1893–1944)

ut) Hans Rothbarth (1904–1944)

752.	5+5 (Pfg.) dkl'graubraun/ braunschwarz (25.2.)	uo	10.—	12.—	2.—
753.	10+5 (Pfg.) schwarzgelbgrün/ braunschwarz (25.2.)	up	5.—	8.—	2.—
754.	20+10 (Pfg.) lilapurpur/ schwarzbraungrau (25.2.)	ur	4.—	12.—	2.—
755.	25+10 (Pfg.) schwarztürkisblau/schwarzgrau (5.5.)	us	20.—	40.—	2.—
756.	40+20 (Pfg.) rotorangebraun / schwarzgrau (5.5.)	ut	45.—	100.—	20.—

Gültig bis 31. 3. 1962.

In ähnlichen Zeichnungen: Nr. 606—608, 635—639, 715—719, 765—767.

1960, 7. April. So.-Ausg. Heilkräuter. I. Friebel; Odr. Wertp.-Druck. in Bogen zu 50 Marken; Wz. 3Y; gez. K 12½ : 13.

uu) Roter Fingerhut (Digitalis purpurea)

uv) Kamille (Matricaria chamomilla)

uw) Pfefferminze (Mentha piperita)

ux) Schlafmohn (Papaver orientalis)

uy) Heckenrose mit Hagebutte (Rosa canina)

Deutsche Demokratische Republik

			EF	MeF	MiF
757.	5 (Pfg.) dkl'gelbgrün/ olivgrauweiß/ scharlach	uu	8.—	10.—	2.—
758.	10 (Pfg.) geloliv/olivgrauweiß/dkl'gelbgrün	uv	3.—	4.—	2.—
759.	15 (Pfg.) dkl'braunrot/ olivgrauweiß/ dunkelgelbgrün	uw	30.—	35.—	2.—
760.	20 (Pfg.) mehrfarbig	ux	3.—	8.—	1.—
761.	40 (Pfg.) mehrfarbig	uy	50.—	100.—	25.—

Gültig bis 31. 3. 1962.

1960, 22. April. So.-Ausg. zum 90. Geburtstag Lenins. ⊠ L. Grünewald; Ⓢ M. Sachs; StTdr. Wertp.-Druck. auf gestrichenem Papier in Bogen zu 50 Marken; Wz. 3Y; gez. K 14.

uz) Wladimir Iljitsch Uljanow, genannt Lenin (1870—1924), vor Fahnen

| 762. | 20 (Pfg.) rotlila | uz | 2.— | 5.— | 1.— |

Gültig bis 31. 3. 1962.

1960, 28. April. So.-Ah.-Ausg. zur Inbetriebnahme des Hochseehafens Rostock. Nr. 663 mit Bdr.-Aufdruck „Inbetriebnahme / des Hochsee- / hafens / 1. Mai 1960".

| 763. | 10 (Pfg.) grün | (663) | 3.— | 4.— | 1.50 |

Gültig bis 31. 3. 1962.

1960, 5. Mai. So.-Ausg. zum 15. Jahrestag der Befreiung. ⊠ H. Böhnke; Odr. Wertp.-Druck. auf gestrichenem Papier in Bogen zu 25 Marken; Wz. 3X; gez. K 13 : 13½.

va) Sowjetsoldat mit befreitem Häftling

| 764. | 20 (Pfg.) scharlach | va | 2.— | 6.— | 1.50 |

Gültig bis 31. 3. 1962.

1960, 8. Juni. Wohlt.-Ausg. zum Aufbau der Nationalen Gedenkstätte Sachsenhausen. Kopfbilder in Sachsenhausen umgekommener Antifaschisten. Erg.-Werte zu Nr. 752—756. ⊠ R. Skribelka; Odr. Wertp.-Druck. in Bogen zu 50 Marken; Wz. 3X; gez. K 13½ : 13.

vb) Max Lademann (1896—1941), KPD
vc) Lorenz Breunig (1882—1945), SPD
vd) Mathias Thesen (1891—1944), SPD

			EF	MeF	MiF
765.	10+5 (Pfg.) mehrfarbig	vb	4.—	6.—	1.—
766.	15+5 (Pfg.) mehrfarbig	vc	50.—	70.—	10.—
767.	20+10 (Pfg.) mehrfarbig	vd	3.—	8.—	1.—

Gültig bis 31. 3. 1962.

In ähnlichen Zeichnungen: Nr. 606—608, 635—639, 715—719, 752—756.

1960, 23. Juni. So.-Ausg. zum Stapellauf des FDGB-Urlauberschiffes. ⊠ H. Priess; Odr. Wertp.-Druck. in Bogen zu 25 Marken; Wz. 3X; gez. K 13½ : 13.

ve) Modell und Plan des FDGB-Urlauberschiffes, Emblem des V. Parteitages der SED
vf) FDGB-Urlauberschiff auf der Helling, Stadtwappen von Wismar

vg) FDGB-Urlauberschiff und Segelboot vor Stubbenkammer, Emblem des FDGB
vh) FDGB-Urlauberschiff und „Aurora" vor Leningrad, Wetterfahne des Admiralitätspalastes

768.	5 (Pfg.) dkl'grünblaugrau/ braunrot/zitrongelb	ve	6.—	8.—	2.—
769.	10+5 (Pfg.) schwarz/gelb/ braunrot	vf	3.—	5.—	1.—
770.	20+10 (Pfg.) schwarz/ orangerot/türkisblau	vg	2.—	6.—	1.—
771.	25 (Pfg.) schwarz/schwefe. gelb/hellultramarin	vh	60.—	100.—	17.50

Gültig bis 31. 3. 1962.

1960, 2. Juli. So.-Ausg. Lenin-Thälmann-Denkmäler. ⊠ E. Schoner; Odr. Wertp.-Druck. in Bogen zu 25 Marken; Wz. 3Y; gez. K 13 : 13½.

vi) Lenin-Denkmal
vk) Thälmann-Denkmal

| 772. | 10 (Pfg.) dkl'russischgrün | vi | 3.— | 4.— | 1.50 |
| 773. | 20 (Pfg.) mittelrot | vk | 2.— | 6.— | 1.50 |

Gültig bis 31. 3. 1962.

Lesen Sie bitte auch das Vorwort!

1960, 28. Juli. So.-Ausg. 250 Jahre Porzellan-Manufaktur Meißen. ▣ Prof. J. Widmann; Odr. Wertp.-Druck auf gestrichenem Papier in Bogen zu 50 Marken; Wz. 3 X; gez. K 12½:13.

vl) Maskentänzer

vm) Teller mit Meißner Schwertern vn) Fischotter vo) Töpfer vp) Kaffeekanne

		EF	MeF	MiF
774.	5 (Pfg.) dkl'blau/orange vl	8.—	10.—	2.—
775.	10 (Pfg.) dkl'blau/mittelgrün .... vm	2.—	3.—	1.—
776.	15 (Pfg.) dkl'blau/bläulichviolett ...... vn	70.—	.—	20.—
777.	20 (Pfg.) dkl'blau/orangerot .... vo	2.—	5.—	1.50
778.	25 (Pfg.) dkl'blau/gelboliv vp	12.—	35.—	2.—

Gültig bis 31. 3. 1962.

1960, 3. Aug. Wohlt.-So.-Ausg. zu den Rad-Weltmeisterschaften 1960. ▣ E. Schoner; Odr. Wertp.-Druck. in Bogen zu 50 Marken; Wz. 3 Y; Nr. 779 gez. K 13 : 13½, Nr. 780 gez. K 13 : 12½.

vr) Radrennfahrer vs) Bahnfahrer

779.	20+10 (Pfg.) mattviolett/schwarzsiena/mattolivgrau .... vr	3.—	8.—	1.—
780.	25+10 (Pfg.) hellviolettblau/schwarzbraun/dkl'olivgrau .... vs	50.—	80.—	10.—

Gültig bis 31. 3. 1962.

1960, 29. Aug. So.-Ausg. zur Leipziger Herbstmesse 1960. ▣ F. Deutschendorf und H. Leitner; Odr. Wertp.-Druck. in Bogen zu 50 Marken; Wz. 3 Y; gez. K 13: 12½.

vt) Oper in Leipzig vu) Pkw „Wartburg", Zelt, Campingfamilie, Segelboot

		EF	MeF	MiF
781.	20 (Pfg.) krapprot/dkl'blaugrau .... vt	2.—	6.—	1.—
782.	25 (Pfg.) dkl'graubraun/türkisblau .... vu	8.—	30.—	1.50

Gültig bis 31. 3. 1962.

1960, 8. Sept./1961. 20. April. Wohlt.-So.-Ausg. zum Gedenktag der Opfer des Faschismus. ▣ R. Skribelka; Odr. Wertp.-Druck. in Bogen zu 25 Marken; Wz. 3 Y; gez. K 13:13½.

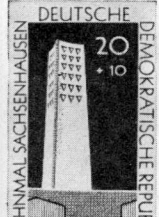

vv) Mahnmal der Gedenkstätte Sachsenhausen

Druckvermerk a.

783.	20+10 (Pfg.) vv			
	a. karminrot (8.9.1960)	2.—	10.—	2.—
	b. karmin (20.4.1961)	3.—	10.—	3.—

Gültig bis 31. 12. 1962.

1960, 10. Sept. So.-Ausg. zum Tode Piecks. Wie Nr. 673, jedoch in geänderter Farbe. ▣ A. Bengs; Odr. Graph. Werkstätten auf gestrichenem Papier in Bogen zu 50 Marken; Wz. 3 X; gez. K 13½:13.

ri) Wilhelm Pieck (1876–1960), Staatspräsident

784 A.	20 (Pfg.) grauschwarz .. ri	2.—	6.—	1.50

Gültig bis 31. 3. 1962.

1960, 10. Sept. So.-Ausg. in Blockform zum gleichen Anlaß. Blockrandbeschriftung in Grauschwarz. ▣ A. Bengs; Odr. Graph. Werkstätten auf gestrichenem Papier; Wz. 3 X; □.

vw

Deutsche Demokratische Republik

		EF	MeF	MiF
784 B.	20 (Pfg.) grauschwarz .... ri	15.—	50.—	10.—
Block 16	(88:108 mm) (DD) .... vw	20.—	70.—	12.—

Nr. 785 fällt aus.   Gültig bis 31. 3. 1962.

1960, 19. Sept. Wohlt.-So.-Ausg. zur 14. Schach-Olympiade. ✍ H. Ilgenfritz; StTdr. Wertp.-Druck. in Bogen zu 50 Marken; Wz. 3 Y; gez. K 14.

vx) Turm vor Schachbrett und Weltkugeln (Emblem)	vy) Springer vor Emblem	vz) Springer (14. Jh.) vor Emblem
🖉 O. Volkamer	O. Volkamer	M. Sachs

786.	10+5 (Pfg.) dkl'bl'grün vx	3.—	4.—	1.—
787.	20+10 (Pfg.) purpur .... vy	2.—	5.—	1.—
788.	25+10 (Pfg.) dkl'blau .... vz	50.—	80.—	10.—

Gültig bis 31. 3. 1962.

1960, 6. Okt. So.-Ausg. zum Tag der Briefmarke 1960. ✍ A. Bengs; Odr. Wertp.-Druck. in Bogen zu 50 Marken; Wz. 3 Y; gez. K 13: 12½.

wa) Postkraftwagen	wb) Bahnpostwagen (19. Jh.)

| 789. | 20 (Pfg.) dkl'rosalila/ schwarz/chromgelb ... wa | 3.— | 6.— | 1.50 |
| 790. | 25 (Pfg.) h'blau/schwarz violettgrau .... wb | 50.— | 80.— | 9.— |

Gültig bis 31. 3. 1962.

1960, 20. Okt. So.-Ausg. 400 Jahre Dresdner Kunstsammlungen. ✍ O. Volkamer; Odr. Wertp.-Druck. in Bogen zu 50 Marken; Wz. 3 X; gez. K 12½ : 13.

wc) Gedenkmedaille von 1518 mit Kopfbild von Hans Burgkmair (1473–1531), Maler und Zeichner für den Holzschnitt

wd) „Tanzende Bauern", von Albrecht Dürer (1471–1528)

| 791. | 20 (Pfg.) mattbraun/ russischgrün/ braunocker .... wc | 3.— | 8.— | 1.— |
| 792. | 25 (Pfg.) mattultramarin- grau/grauschwarz .... wd | 50.— | 80.— | 9.— |

Gültig bis 31. 3. 1962.

Notierungen für lose Marken

*, **, ⊙ siehe MICHEL-Deutschland- bzw. MICHEL-Deutschland-Spezial-Katalog oder MICHEL-Junior-Katalog.

1960, 27. Okt. So.-Ausg. zum 200. Geburtstag Neidhardt von Gneisenaus. ✍ P. Weiss; Odr. Wertp.-Druck. in Bogen zu 50 Marken; Wz. 3 Y; Nr. 793 gez. K 13 : 12½, Nr. 794 ~.

we-wf) August Graf Neidhardt von Gneisenau (1760–1831), Heerführer

we

| 793. | 20 (Pfg.) dkl'braunrot/ violettschwarz .... we | EF 2.— | MeF 5.— | MiF 1.— |
| 794. | 25 (Pfg.) hellpreußischblau wf | 50.— | 80.— | 10.— |

Gültig bis 31. 3. 1962.

1960, 4. Nov. So.-Ausg. 150 Jahre Humboldt-Universität — 250 Jahre Charité Berlin. ✍ E. Schoner; Odr. Wertp.-Druck. in Bogen zu 50 Marken; Wz. 3 Y; gez. K 13 : 12½.

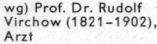

wg) Prof. Dr. Rudolf Virchow (1821–1902), Arzt	wh) Prof. Dr. Robert Koch (1843–1910), Arzt und Bakteriologe

wi) Humboldt-Universität, Denkmäler von Wilhelm und Alexander von Humboldt	wk) Festplakette mit Porträts von Wilhelm und Alexander von Humboldt

wl) Dr. Wilhelm Griesinger (1817–1868), Arzt

795.	5 (Pfg.) hellolivbraun/ braunschwarz .... wg	5.—	5.—	1.—
796.	10 (Pfg.) dkl'graugrün/ braunschwarz .... wh	3.—	4.—	1.—
797.	20 (Pfg.) dkl'rotorange- braun/lilagrau/ braunschwarz .... wi	2.—	5.—	1.—
798.	25 (Pfg.) kobaltblau/ braunschwarz .... wk	10.—	30.—	1.—
799.	40 (Pfg.) karmin/ braunschwarz .... wl	45.—	100.—	15.—

Gültig bis 31. 3. 1962.

1960, 10. Nov. So.-Ausg. zum Tag des Chemiearbeiters ✍ G. Stauf; Odr. Wertp.-Druck. in Bogen zu 50 Marken; Wz. 3 X; gez. K 13:13½.

wm) Wissenschaftler, Aufbau einer chemischen Formel

Deutsche Demokratische Republik

wn) Chemiearbeiter mit Düngemittel, stilis. Ähre
wo) Chemiearbeiterin, Pkw „Trabant"
wp) Laborantin, Kleid aus Kunstfasergewebe

Auf jeder Marke im Hintergrund Chemiewerk

		EF	MeF	MiF
800.	5 (Pfg.) dkl'bräunlichrot/ dkl'blaugrau .... wm	7.—	9.—	1.—
801.	10 (Pfg.) hellorange/ smaragdgrün .... wn	3.—	4.—	1.—
802.	20 (Pfg.) grünl'blau/ bräunl'rot .... wo	3.—	8.—	1.—
803.	25 (Pfg.) gelb/ kornblumenblau ..... wp	50.—	80.—	10.—

Gültig bis 31. 3. 1962.

1960, 5. Dez. So.-Ausg. 125 Jahre Deutsche Eisenbahn. ⓓ D. Dorfstecher; Odr. Wertp.-Druck. in Bogen zu 50 bzw. 25 Marken; Nr. 805 B nur in Zehnerstreifen wie Abb.; Wz. 3 Y; Nr. 804 und 806 gez. K 13:13½, Nr. 805 gez. K 13:12½ und ▢.

wr) Doppelstock-Gliederzug „Expreß junger Sozialisten"
ws) Bahnhof Saßnitz-Hafen mit Eisenbahnfährschiff „Saßnitz"
wt) Neue Diesellokomotive „V180" mit Doppelstock-Gliederzug und erste Dampflokomotive „Adler"

804.	10 (Pfg.) smaragdgrün/ grauschwarz .... wr	2.—	3.—	1.—
805.	20 (Pfg.) orangerot/ grauschwarz .... ws			
	A. gez.	2.—	6.—	1.—
	B. ▢	12.—	40.—	7.—
806.	25 (Pfg.) mittelblau/ grauschwarz .... wt	60.—	120.—	30.—

Gültig bis 31.3.1962.

1961, 3. Jan. So.-Ausg. zum 85. Geburtstag Wilhelm Piecks. Marke in Zeichnung der Nr. 342—343 bzw. 622—623 mit zusätzlichem Dateneindruck. Odr. Wertp.-Druck. in Bogen zu 50 Marken; Wz. 3X; gez. K 13 :13½.

fa l) Wilhelm Pieck (1876–1960), Staatspräsident

| 807. | 20 (Pfg.) orangerot/ schwarz .... fa l | 2.— | 5.— | 1.50 |

Gültig bis 31. 3. 1962.

Ist in einer Preisspalte keine Notierung vorhanden, lagen dafür bisher keine portogerechten ✉ vor. Um leihweise Belegvorlage wird daher gebeten.

1961, 6. Febr. Wohlt.-Ausg. zum Aufbau der Nationalen Gedenkstätten Buchenwald, Ravensbrück und Sachsenhausen. ⓓ und Odr. Wertp.-Druck. in Bogen zu 50 Marken; Wz. 3X; gez. K 13½ : 13.

wu) Werner Kube (1923–1945)
wv) Hanno Günther (1921–1942)
ww) Elvira Eisenschneider (1924–1944)

wx) Hertha Lindner (1920–1943)
wy) Herbert Tschäpe (1913–1944)

		EF	MeF	MiF
808.	5+ 5 (Pfg.) grün/mattgrau olivschwarz .... wu	10.—	12.—	1.—
809.	10+ 5 (Pfg.) dkl'blaugrün/ mattgrau olivschwarz .... wv	5.—	8.—	1.—
810.	15+ 5 (Pfg.) hellbläulich-violett/mattgrau olivschwarz .... ww	70.—	120.—	12.—
811.	20+10 (Pfg.) karminrosa/ mattgrau olivschwarz .... wx	4.—	12.—	1.—
812.	25+10 (Pfg.) blau/mattgrau olivschwarz .... wy	20.—	40.—	2.—

Gültig bis 31. 12. 1962.

In ähnlichen Zeichnungen: Nr. 849—851.

1961, 3. März. So.-Ausg. zur Leipziger Frühjahrsmesse 1961. ⓓ D. Dorfstecher; Odr. Wertp.-Druck. in Bogen zu 50 Marken; Wz. 3Y; gez. K 13½ : 13.

wz) 380-Kilovolt-Schalter
xa) Leipziger Pressezentrum

| 813. | 10 (Pfg.) smaragdgrün/ grauschwarz .... wz | 2.— | 3.— | 1.50 |
| 814. | 25 (Pfg.) kornblumenblau/ grauschwarz .... xa | 8.— | 30.— | 1.50 |

Gültig bis 31. 12. 1962.

1961, 14. März. Freim.-Ausg. „Landschaften und historische Bauten in der DDR". ⓓ E. Gruner; ⓢ O. Volkamer; Bdr. Wertp.-Druck. in Bogen zu 100 Marken; Wz. 3X; gez. K 14.

xb) Lilienstein, Sächsische Schweiz
xc) Brocken, Oberharz

| 815. | 20 (Pfg.) dkl'orangebraun xb | 2.— | 5.— | 1.50 |
| 816. | 25 (Pfg.) preußischblau .. xc | 8.— | 30.— | 1.50 |

Nr. 815 gültig bis 31. 12. 1962.

In ähnlichen Zeichnungen: Nr. 835–837.

Deutsche Demokratische Republik

1961, 10. April. So.-Ausg. Hochseefischerei. StTdr. Wertp.-Druck. in Bogen zu 50 Marken; Wz. 3 Y, Nr. 817 auch Wz. 3 X; **gez. K 14.**

xd) Fischdampfer
⊠ D. Dorfstecher, ⊠ M. Sachs

xe) Fischer beim Netzeinholen
⊠ und . G. Stauf

xf) Fang- und Verarbeitungsschiff „Robert Koch"
⊠ D. Dorfstecher
⊠ O. Volkamer

xg) Arbeiterin an Fischverarbeitungsmaschine
G. Stauf
M. Sachs

		EF	MeF	MiF
817	10 (Pfg.) schwarzblaugrün ..... xd	2.—	3.—	1.—
818	20 (Pfg.) violettpurpur ... xe	2.—	5.—	1.—
819	25 (Pfg.) dunkelgraublau xf	10.—	30.—	1.—
820	40 (Pfg.) dkl'grauviolett . xg	45.—	100.—	15.—

Gültig bis 31. 12. 1962.

1961, 20. April So.-Ausg. 15 Jahre SED. ⊠ O. Volkamer und K. Sauer; Odr. Wertp.-Druck. in Bogen zu 50 Marken; Wz. 3 Y; gez. 13½:13.

xh) Demonstrationszüge, darüber Kopfbilder von Marx, Engels und Lenin

| 821 | 20 (Pfg.) mittelrot ...... xh | 2.— | 5.— | 2.— |

Gültig bis 31. 12. 1962.

1961, 18./20. April. So.-Ausg. zum 1. Start eines bemannten sowjetischen Weltraumschiffes. ⊠ H.-G. Urbschat; Odr. Wertp.-Druck. in Bogen zu 50 Marken; Wz. 3 Y; gez. K 13:12½.

xi) Trägerrakete über Teil der Weltkugel mit Sowjetunion

xk) Raumflieger in seiner Kabine
xl) Weltraumkapsel am Bremsfallschirm über Wolkendecke

822	10 (Pfg.) bläulichgrün/ mittelkarminrot xi	3.—	4.—	1.—
823	20 (Pfg.) karm'rot (20. 4.) . xk	2.—	5.—	1.—
824	25 (Pfg.) hellblau (20. 4.) . xl	65.—	120.—	20.—

Gültig bis 31. 12. 1962.

Die am 20. 4. 1961 erschienene Sondermarke „KZ. Sachsenhausen" mit Zierfeld siehe nach Nr. 783.

1961, 9. Mai. So.-Ausg. 100 Jahre Dresdener Zoo. ⊠ H. Naumann; Odr. Wertp.-Druck. in Bogen zu 50 Marken; Wz. 3 Y; gez. K 13:12½.

xm) Steppenzebra
(Equus quagga)
xn) Kilimandscharoguereza
(Colobus abyssinicus caudatus)

		EF	MeF	MiF
825	10 (Pfg.) graugrün/schw. xm	40.—	60.—	20.—
826	20 (Pfg.) dkl'rosalila/ schwarz/mattblaugrau xn	2.—	5.—	2.—

Gültig bis 31. 12. 1962.

1961, 25. Mai. Wohlt.-So.-Ausg. zum 4. Pioniertreffen in Erfurt. ⊠ J. Friebel; Odr. Wertp.-Druck. in Bogen zu 50 Marken; Wz. 3X oder Y; gez. K 13:12½.

xo) Junge Pioniere beim Volleyball-Spiel

xp) Junge Pioniere beim Volkstanz
xr) Junge Pioniere beim Modellflugzeugbau

827	10+ 5 (Pfg.) mehrfarbig xo	3.—	4.—	1.—
828	20+10 (Pfg.) mehrfarbig xp	3.—	8.—	1.—
829	25+10 (Pfg.) mehrfarbig xr	60.—	120.—	15.—

Gültig bis 31. 12. 1962.

1961, 3. Juni. So.-Ausg. Europameisterschaften im Geräteturnen der Frauen. ⊠ W. Bley, nach Fotos von H. Lachmann (Nr. 830) und K.-H. Müller; Odr. Wertp.-Druck. in Bogen zu 50 Marken; Wz. 3 X; gez. K 13½:13, Nr. 832 ~.

xs) Bodenturnen
xu) Turnen am Schwebebalken
xt) Turnen am Stufenbarren

830	10 (Pfg.) mattbläulichgrün/dkl'blaugrün ... xs	3.—	4.—	1.—
831	20 (Pfg.) dkl'rosakarmin . xt	2.—	5.—	1.—
832	25 (Pfg.) kobalt .... xu	60.—	120.—	20.—

Gültig bis 31. 12. 1962.

1961, 22. Juni. So.-Ausg. zur 1000-Jahrfeier Halles. ⊠ G. Voigt; Odr. Wertp.-Druck. in Bogen zu 50 Marken; Wz. 3 Y; gez. K 13 : 12½.

xv) Hallknechte vor Burg Giebichenstein
xw) Wissenschaftler vor fünf Türmen als Wahrzeichen von Halle a. d. Saale

			EF	MeF	MiF
833.	10 (Pfg.) schwarz/ smaragd/gelb	xv	45.—	50.—	10.—
834.	20 (Pfg.) schwarz/ scharlach/gelb	xw	2.—	6.—	1.50

Gültig bis 31. 12. 1962.

1961, 22. Juni. Freim.-Erg.-Werte. „Landschaften und historische Bauten in der DDR". 🄴 E. Gruner; 🅂 M. Sachs; Bdr. Wertp.-Druck. in Bogen zu 100 Marken; *Wz. 3X;* **gez. K 14.**

BURGRUINE RUDELSBURG an der SAALE
DEUTSCHE DEMOKRATISCHE REPUBLIK
5

xx) Burgruine Rudelsburg a. d. Saale

WARTBURG
DEUTSCHE DEMOKRATISCHE REPUBLIK
10

xy) Wartburg

RATHAUS WERNIGERODE
20
DEUTSCHE DEMOKRATISCHE REPUBLIK

xz) Rathaus Wernigerode

835.	5 (Pfg.) dkl'violettblau-, grau	xx	3.—	3.—	1.—
836.	10 (Pfg.) dunkelblaugrün	xy	2.—	3.—	1.—
837.	20 (Pfg.) dunkelbraunrot	xz	1.—	5.—	1.—

Gültig bis 31. 12. 1962.

In ähnlichen Zeichnungen: Nr. 815–816.

1961, 6. Juli. So.-Ausg. zu den Weltmeisterschaften im Kanu-Slalom und Wildwasserrennen. 🄴 O. Volkamer; Odr. Wertp.-Druck. auf gestrichenem Papier in Bogen zu 50 Marken; *Wz. 3X;* **gez. K 13 : 12½.**

5
DEUTSCHE DEMOKRATISCHE REPUBLIK

ya) Faltbootfahrer

10
DEUTSCHE DEMOKRATISCHE REPUBLIK

yb) Kanadier-Einer

20
DEUTSCHE DEMOKRATISCHE REPUBLIK

yc) Kanadier-Zweier

838.	5 (Pfg.) dkl'graublau/ mattblaugrüngrau	ya	70.—	80.—	15.—
839.	10 (Pfg.) dkl'olivgrün/ mattgrüngrau	yb	2.—	3.—	1.—
840.	20 (Pfg.) braunkarmin/ hellilagrau	yc	2.—	6.—	1.—

Gültig bis 31. 12. 1962.

1961, 21. Juli. So.-Ausg. zu den Weltmeisterschaften im Angeln. 🄴 A. Bengs; Odr. Wertp.-Druck. in Bogen zu 50 Marken; *Wz. 3X;* **gez. K 13 : 12½.**

WELTMEISTERSCHAFTEN IM ANGELN 1961
10
DEUTSCHE DEMOKRATISCHE REPUBLIK

yd) Angler beim Zielwurf

WELTMEISTERSCHAFTEN IM ANGELN 1961
20
DEUTSCHE DEMOKRATISCHE REPUBLIK

ye) Sportangler am Fluß

Auf jeder Marke noch das Emblem der Weltmeisterschaft

841.	10 (Pfg.) dkl'blaugrün/ weißblau	yd	40.—	60.—	15.—
842.	20 (Pfg.) braunkarmin/ helltürkisblau	ye	2.—	6.—	1.—

Gültig bis 31. 12. 1962.

Nach der Errichtung der Mauer zwischen Ost- und Westberlin am 13.8.1961 mußten Personen aus dem DM-Währungsgebiet zwischen 14.8. und 30.9.1961 die Postgebühren in Westmark entrichten. Sie erhielten dafür eine Postbescheinigung, die auf den Umschlag geklebt werden konnte. Solche ✉ gesucht. Vgl. Westberlin nach Nr. 217.

1961, 23. Aug. So.-Ausg. zur Leipziger Herbstmesse 1961. 🄴 D. Dorfstecher und M. Brückels; Odr. Wertp.-Druck. in Bogen zu 50 Marken; *Wz. 3Y;* **gez. K 13½ : 13.**

10

yf) Alte Waage

25

yg) Alte Börse

			EF	MeF	MiF
843.	10 (Pfg.) hellbraunoliv/ dkl'blaugrün	yf	2.—	3.—	1.—
844.	25 (Pfg.) hellblau/ violettblau	yg	6.—	20.—	1.50

Gültig bis 31. 12. 1962.

DEUTSCHE DEMOKRATISCHE REPUBLIK
5

1961, 29. Aug. Freim.-Ausg. Staatsratsvorsitzender Ulbricht (yh). **🄴 und Bdr. Wertp.-Druck. in Bogen zu 100 Marken;** *Wz. 3 X* **oder** *Y;* **gez. K 14.**

yh) Walter Ulbricht (1893–1973)

845X.	5 (Pfg.) dkl'blaugrau, dkl'violettblaugrau	2.—	2.—	1.—
846X.	10 (Pfg.) dkl'- bis schwarzbläulichgrün, dkl'- bis schwarzblaugrün GA	1.—	1.—	1.—
847X.	15 (Pfg.) (hell)bläulichviolett GA	3.—	3.—	1.—
848X.	20 (Pfg.) rot, karminrot	1.—	1.—	1.—

Gültig bis 2.10.1990.

Erg.-Werte in gleicher Zeichnung:

Wertstufe	Kat.-Nr.	Wertstufe	Kat.-Nr.
25 Pfg.	934	60 Pfg.	1080
30 Pfg.	935	70 Pfg.	938
35 Pfg.	1689	80 Pfg.	1331
40 Pfg.	936	1 M.	1540
50 Pfg.	937		

1961, 7. Sept. Wohlt.-Ausg. zu Ehren ermordeter Freiheitskämpfer und zum Aufbau Nationaler Gedenkstätten. 🄴 und Odr. Wertp.-Druck. in Bogen zu 50 Marken; *Wz. 3X;* **Nr. 849—851 gez. K 13½ : 13, Nr. 852—853 gez. K 13½.**

5 +5
DEMOKRATISCHE

yi) Carlo Schönhaar (1924–1942)

10 +5
DEMOKRATISCHE

yk) Herbert Baum (1912–1942)

20 +10
DEMOKRATISCHE

yl) Liselotte Herrmann (1909–1938)

Deutsche Demokratische Republik

ym) Sophie Scholl (1921–1943), Hans Scholl (1918–1943)
yn) Hilde Coppi (1909–1943), Hans Coppi (1916–1942)

		EF	MeF	MiF
849.	5+ 5 (Pfg.) grün/mattgrau/grauschwarz ... yi	15.—	20.—	2.—
850.	10+ 5 (Pfg.) dkl'blaugrün/mattgrau/schwarz ... yk	10.—	18.—	2.—
851.	20+10 (Pfg.) lila/mattgrau/grauschwarz ... yl	8.—	20.—	2.—
852.	25+10 (Pfg.) blau/mattgrau/grauschwarz ... ym	12.—	35.—	2.—
853.	40+20 (Pfg.) dkl'karmin/mattgrau/schwarz ... yn	60.—		20.—

Gültig bis 31. 12. 1962.

In ähnlichen Zeichnungen: Nr. 808—812.

1961, 13. Sept. So.-Ausg. zur 1. Internationalen Gartenbauausstellung der sozialistischen Länder in Erfurt. Ⓢ und RaTdr. Wertp.-Druck. in Bogen zu 50 Marken; Wz. *3X*; gez. K 14

yo) Tulpen (Tulpia gesneriana)
yp) Dahlien (Dahlia variabilis)
yr) Edelrose (Rosa spec.)

854.	10 (Pfg.) dkl'gelbgrün/gelb/rot .... yo	3.—	4.—	1.50
855.	20 (Pfg.) lilabr./gelb/karminrot .... yp	3.—	6.—	1.50
856.	40 (Pfg.) mehrfarbig .... yr	80.—		30.—

Gültig bis 31. 12. 1962.

1961, 19. Okt./23. Nov. So.-Ausg. zum 150. Geburtstag Liszts. Ⓢ F. Deutschendorf; StTdr. Wertp.-Druck. auf gestrichenem Papier in Bogen zu 50 Marken; Wz. *3X*; gez. K 14.

ys) Franz Liszt (1811—1886), Musiker und Komponist, und Hector Berlioz (1803—1869). franz. Komponist

Ⓢ Stauf

yt) Jugendhand von Liszt; Skulptur eines unbekannten franz. Künstlers
yu) Franz Liszt; Relief von Ernst Rietschel
yv) Franz Liszt und Frédéric Chopin (1810–1849), polnischer Komponist Sachs

Ⓢ Volkmar   Sachs

857.	5 (Pfg.) grauschwarz (23.11.) .... ys	8.—	10.—	1.—
858.	10 (Pfg.) dkl'blaugrün (19.10.) .... yt	40.—	50.—	10.—
859.	20 (Pfg.) bräunl'karmin (19.10.) .... yu	2.—	6.—	1.—
860.	25 (Pfg.) preußischblau (23.11.) .... yv	50.—	.—	15.—

Gültig bis 31. 12. 1962.

1961, 25. Okt. So.-Ausg. zum Tag der Briefmarke 1961. Ⓢ D. Dorfstecher und M. Brückels; Odr. Wertp.-Druck. in Bogen zu 50 Marken; Wz. *3Y*; gez. K 13 : 13½.

yw) Fernsehkamera vor Bildschirm
yx) Mikrophon vor Skala eines Rundfunkempfängers

861.	10 (Pfg.) mittelblaugrün/schwarz .... yw	35.—	40.—	6.—
862.	20 (Pfg.) orangerot/schw. yx	2.—	6.—	1.—

Gültig bis 31. 12. 1962.

1961, 11. Dez. So.-Ausg. zum Besuch des sowjet. Weltraumfliegers Titow in der DDR. Ⓢ Sauer; Odr. Wertp.-Druck. auf gestrichenem Papier in Bogen zu 25 Marken; Wz. *3 X*; gez. K 13½.

yy) German Stepanowitsch Titow mit jungen Pionieren
yx) Titow in Leipzig

za) Titow im Weltraumschiff
zb) Titow erhält von Ulbricht den Karl-Marx-Orden

zc) Weltraumschiff „Wostock 2" zwischen Mond und Erde
zd) Titow und Ulbricht in Berlin

863.	5 (Pfg.) purpurviolett/mittelkarminrot ..... yy	10.—	12.—	2.—
864.	10 (Pfg.) russischgrün/mittelkarminrot ..... yz	3.—	5.—	2.—

Deutsche Demokratische Republik

		EF	MeF	MiF
865.	15 (Pfg.) hellbläulich-violett/blau .... za	—	—	30.—
866.	20 (Pfg.) karmin/blau ... zb	3.—	10.—	2.—
867.	25 (Pfg.) blau/mittel-karminrot .... zc	12.—	35.—	2.—
868.	40 (Pfg.) dkl'viol. ultra-marin/mittelkarminrot zd	20.—	30.—	3.—

Gültig bis 31. 12. 1962.

1962, 16. Febr. So.-Ausg. Nützliche geschützte Tiere. ▣ H. Naumann; RaTdr. Wertp.-Druck. in Bogen zu 50 Marken; Wz. 3X; gez. K 14.

ze) Rote Waldameisen (Formica rufa)

zf) Maus- oder Kleines Wiesel (Mustela nivalis)

zg) Waldspitzmäuse (Sorex araneus)

zh) Braune Langohrfledermaus (Plecotus auritis)

869.	5 (Pfg.) dkl'gelb/schw./rotbraun .... ze	80.—	100.—	15.—
870.	10 (Pfg.) hellsmaragd-grün/dunkelrotbraun . zf	2.—	3.—	1.—
871.	20 (Pfg.) dkl'rosakarmin/dkl'rotbraun .... zg	2.—	6.—	1.—
872.	40 (Pfg.) (mittel-)blau-viol./schw./mattgelb . zh	6.—	20.—	2.—

Gültig bis 31. 3. 1964.

Marken in ähnlichen Zeichnungen: Nr. 978—982.

1962, 22. Febr. So.-Ausg. zur Leipziger Frühjahrsmesse 1962. ▣ D. Dorfstecher und M. Brückels; Odr. Wertp.-Druck. auf Faserpapier in Bogen zu 50 Marken; Wz. 3Y; gez. K 13½ : 13.

zi) Zum Kaffeebaum, Leipzig

zk) Gohliser Schlößchen, Leipzig-Gohlis

zl) Romanus-Haus, Leipzig

873.	10 (Pfg.) grauoliv/dkl'olivbraun .... zi	2.—	3.—	1.—
874.	20 (Pfg.) lachs/schwarzgraublau .... zk	2.—	6.—	1.—
875.	25 (Pfg.) hellblau/dkl'karminbraun .... zl	10.—	30.—	3.50

Gültig bis 31. 3. 1964.

1962, 1. März. So.-Ausg. zum 6. Jahrestag der Nationalen Volksarmee. ▣ Gerhard Stauf; Odr. Wertp.-Druck. in Bogen zu 50 Marken; Wz. 3Y; gez. K 13 : 12½.

zm) Grüßender Pilot in Flugzeugkanzel, Jagdflugzeuge

zn) Soldat vor Schützenpanzerwagen

zo) Soldat und Arbeiter vor Industriebetrieb und Traktor

zp) Signalisierender Matrose vor Kriegsschiff

zr) Panzersoldat vor Panzer

		EF	MeF	MiF
876.	5 (Pfg.) türkisblau .... zm	10.—	12.—	1.—
877.	10 (Pfg.) dkl'blaugrün ...... zn	2.—	3.—	1.—
878.	20 (Pfg.) hellrot .... zo	2.—	6.—	1.—
879.	25 (Pfg.) violettblau .... zp	15.—	35.—	1.50
880.	40 (Pfg.) siena .... zr	45.—	—.—	10.—

Gültig bis 31.3.1964.

1962, 22. März. Wohlt.-Ausg. zum Aufbau Nationaler Gedenkstätten. Internationale Antifaschisten. ▣ und StTdr. Wertp.-Druck. in Bogen zu 50 Marken; Wz. 3Y; gez. K 14.

zs) Danielle Casanova (1909–1943), franz. Jugendführerin
▣ O. Volkamer

zt) Julius Fučík (1903–1945), tschechischer Schriftsteller
M. Sachs

zu) Johanna Jannetje Schaft (1920–1945), holländ. Studentin
G. Stauf

zv) Pawel Finder (1904–1944), poln. Parteifunktionär
▣ O. Volkamer

zw) Soja Anatoljewna Kosmodemjanskaja (1923–1941), russische Studentin
M. Sachs

881.	5+ 5 (Pfg.) blauschw. . zs	15.—	18.—	1.—
882.	10+ 5 (Pfg.) schwarzblaugrün .... zt	10.—	15.—	1.—
883.	20+10 (Pfg.) dkl'braunkarmin .... zu	8.—	18.—	1.—
884.	25+10 (Pfg.) preuß'blau . zv	20.—	50.—	1.—
885.	40+20 (Pfg.) dkl'viol'br. . zw	60.—	120.—	15.—

Gültig bis 31. 3. 1964.

In ähnlicher Zeichnung: Nr. 918—921.

Deutsche Demokratische Republik

zx) Rennradfahrer vor Prager Burg

1962, 26. April. So.-Ausg. zur 15. Internationalen Radfernfahrt für den Frieden. ⊠ L. Grünewald; Odr. Wertp.-Druck. in Bogen zu 50 Marken; Wz. *3X*; gez. K 13 : 12½.

zy) Rennradfahrer vor Warschauer Palast für Kultur und Wissenschaft

zz) Rennradfahrer vor Berliner Rotem Rathaus, Friedenstaube

		EF	MeF	MiF
886.	10 (Pfg.) mehrbarbig ..... zx	2.—	3.—	1.—
887.	20+10 (Pfg.) mehrfarbig .. zy	3.—	6.—	1.—
888.	25 (Pfg.) mehrfarbig ..... zz	50.—	—.—	10.—

Gültig bis 31. 3. 1964.

1962, 17. Mai. So.-Ausg. zum 200. Geburtstag Fichtes. Odr. Wertp.-Druck. in Bogen zu 50 Marken; Wz. *3X*; gez. K 13 : 13½.

aaa) Geburtsstätte in Rammenau, Krs. Bischofswerda ⊠ D. Dorfstecher

aab) Johann Gottlieb Fichte (1762–1814), Philosoph, Namenszug Fichtes K. Hennig

889.	10 (Pfg.) grün/schwarz .. aaa	30.—	40.—	8.—
890.	20 (Pfg.) bräunlichrot/ schwarz .... aab	2.—	5.—	1.—

Gültig bis 31. 3. 1964.

1962, 7. Juni. So.-Ausg. zum 20. Jahrestag der Zerstörung von Lidice. ⊠ P. Weiss; Odr. Wertp.-Druck. in Bogen zu 50 Marken; Wz. *3X*; gez. K 12½ : 13.

aac) Kreuz mit Dornenkranz als Symbol des Denkmals in Lidice, eine weiße Rose, Inschrift

891.	20 (Pfg.) scharlachrot/ schwarz .... aac	2.—	5.—	1.—
892.	25 (Pfg.) hellblau/schw. . aac	50.—	—.—	8.—

Gültig bis 31. 3. 1964.

1962, 18. Juni. So.-Ausg. 80. Geburtstag Dimitroffs. ⊠ A. Bengs; RaTdr. Wertp.-Druck. auf gestrichenem Papier in Bogen zu 50 Marken; Wz. *3 X*; gez. K 14.

aae) Georgi Dimitroff (1882–1949)

aad) Dimitroff vor dem Reichsgericht in Leipzig

		EF	MeF	MiF
893.	5 (Pfg.) dkl'blaugrün/ schwarz .... aad	60.—	80.—	8.—
894.	20 (Pfg.) karmin/schw. . . aae	2.—	6.—	1.—

Gültig bis 31. 3. 1964.

1962, 26. Juni. So.-Ausg. zur 10. Landwirtschaftsausstellung in Markkleeberg. ⊠ H.-J. Walch; Odr. Wertp.-Druck. auf gestrichenem Papier in Bogen zu 50 Marken; Wz. *3X*; gez. K 13 : 12½.

aaf) Traktor mit Maislegemaschine, Maiskolben

aag) Kühe in Weidemelkstand   aah) Mähdrescher, Weizenähren

895.	10 (Pfg.) mehrfarbig ... aaf	3.—	5.—	1.—
896.	20 (Pfg.) mehrfarbig ... aag	3.—	8.—	1.—
897.	40 (Pfg.) mehrfarbig ... aah	50.—	100.—	12.—

Gültig bis 31. 3. 1964.

1962, 2. Juli. So.-Ausg. zur 5. Ostseewoche. ⊠ H. Priess (Nr. 898) und Ch. Schneider; Odr. Wertp.-Druck. auf gestrichenem Papier in Bogen zu 50 Marken; Wz. *3X*; Nr. 898 und 900 gez. K 13 : 13½, Nr. 899 ~.

aai) Karte der Ostsee   aak) Hochhaus in der Langen Straße, Rostock   aal) Motorschiff „Frieden" (10 000 BRT) im Hafen Rostock

Auf jeder Marke noch das Emblem der Ostseewoche

898.	10 (Pfg.) bläulichgrün/blau aai	2.—	3.—	1.—
899.	20 (Pfg.) br'rot/strohgelb . aak	2.—	6.—	1.—
900.	25 (Pfg.) hellblau/helloliv- braun .... aal	50.—	—.—	10.—

Gültig bis 31. 3. 1964.

1962, 17. Juli. So.-Ausg. zu den 8. Weltfestspielen der Jugend in Helsinki. ⊠ R. Skribelka; Odr. Wertp.-Druck. in Bogen zu 60 Marken; Wz. *3X*; gez. K 13½ : 13.

aao) Friedenstaube

aap) Nationaltheater in Helsinki

aam) Brandenburger Tor in Berlin

aan) Kopfbilder Jugendlicher verschiedener Rassen

Über alle vier Marken das Emblem der Festspiele

Deutsche Demokratische Republik

				EF	MeF	MiF
901.	5 (Pfg.)	mehrfarbig	.. aam	20.—	25.—	8.—
902.	5 (Pfg.)	mehrfarbig	.. aan	20.—	25.—	8.—
903.	20 (Pfg.)	mehrfarbig	.. aao	15.—	30.—	8.—
904.	20 (Pfg.)	mehrfarbig	.. aap	15.—	30.—	8.—

Gültig bis 31. 3. 1964.

1962, 17. Juli. Wohlt.-So.-Ausg. zu den 8. Weltfestspielen der Jugend in Helsinki. ⓢ **D. Dorfstecher und K. Hennig; RaTdr. Wertp.-Druck. in Bogen zu 80 Marken;** *Wz. 3X; gez. K 14.*

aar) Volkstanzpaar   aas) Jugendliche verschiedener Rassen
Über beide Marken gehend das Emblem der Festspiele

| 905. | 10+5 (Pfg.) mehrfarbig aar | 3.— | 4.— | 1.— |
| 906. | 15+5 (Pfg.) mehrfarbig aas | 20.— | 30.— | 1.— |

Gültig bis 31. 3. 1964.

1962, 7. Aug. So.-Ausg. zu den 10. Europameisterschaften im Schwimmsport. ⓢ **H. Priess; Odr. Wertp.-Druck. in Bogen zu 50 Marken;** *Wz. 3X; gez. K 13 : 13½.*

aat) Freistilschwimmer   aau) Rückenschwimmer   aav) Kunstspringerin

aaw) Schmetterlingsschwimmer   aax) Brustschwimmer   aay) Wasserballspieler

907.	5 (Pfg.) grünblau/rotorange .... aat	3.—	5.—	1.—
908.	10 (Pfg.) grünblau .... aau	2.—	2.—	1.—
909.	20+10 (Pfg.) grünblau/lila .... aav	1.—	6.—	1.—
910.	25 (Pfg.) grünblau/violettblau .... aaw	5.—	30.—	1.—
911.	40 (Pfg.) grünblau/blauviolett .... aax	80.—	140.—	20.—
912.	70 (Pfg.) grünblau/karminbraun ...... aay	6.—	35.—	2.—

Gültig bis 31. 3. 1964.

EF = Einzelfrankatur, d. h. die Marke allein auf dem Brief.
MeF = Mehrfachfrakatur, d. h. die gleiche Marke mehrfach auf dem Brief. Der Preis gilt nur für 2 Stück; weitere Stücke der gleichen Marke werden mit dem Preis für lose ⊙ dazugerechnet.
MiF = Mischfrakatur, d. h. die Marke mit anderen Marken auf dem Brief. Briefpreis gilt für die teuerste Marke, die übrigen Marken werden mit dem Preis für lose ⊙ dazugerechnet.

1962, 28. Aug. So.-Ausg. zur Leipziger Herbstmesse 1962. ⓢ **D. Dorfstecher;** ⓢ **G. Stauf; komb. StTdr. und RaTdr. Wertp.-Druck. in Bogen zu 50 Marken;** *Wz. 3X; gez. K 14.*

aaz) Städtisches Kaufhaus   aba) Eingang zur Mädler-Passage   abb) Teil eines Flugzeuges, Flugplatz Leipzig

		EF	MeF	MiF
913.	10 (Pfg.) schwarz/gelblichgrün ...... aaz	3.—	4.—	1.—
914.	20 (Pfg.) schwarz/rot .. aba	3.—	6.—	1.—
915.	25 (Pfg.) schw./hellblau abb	15.—	35.—	2.—

Gültig bis 31. 3. 1964.

1962, 3. Sept. So.-Ausg. zum 10. Jahrestag der Hochschule für Verkehrswesen „Friedrich List" in Dresden. ⓢ **A. Bengs; Odr. Wertp.-Druck. in Bogen zu 45 Marken;** *Wz. 3Y; gez. K 13½ : 13.*

abc) Flugzeug, Diesellokomotive, Dampfer, Sendemast

| 916. | 5 (Pfg.) m'blau/vio'schw. . abc | 4.— | 5.— | 1.— |

Gültig bis 31.3.1964.

1962, 13. Sept. So.-Ausg. in Blockform zum Gruppenflug der Raumschiffe „Wostok 3" und „Wostok 4". Blockumschrift in Schwarzblau, Sterne in Rot. ⓢ **H.-G. Urbschat; Odr. Wertp.-Druck. auf gestrichenem Papier;** *Wz. 3X;* □.

WOSTOK III 11. 8. 1962, 9.30 Uhr. bis 15. 8. 1962, 7.55 Uhr (MEZ)
WOSTOK IV 12. 8. 1962, 9.02 Uhr. bis 15. 8. 1962, 8.01 Uhr (MEZ)   abe

abd) Weltraumflieger P. R. Popowitsch und A. G. Nikolajew, Raumschiff mit Flugbahn

| 917. | 70 (Pfg.) schwarzblau/zitronengelb .... abd | 70.— | 250.— | 60.— |
| | Block 17 (89:107 mm) ...... abe | 70.— | 250.— | 60.— |

Gültig bis 31.3.1964.

Deutsche Demokratische Republik

1962, 4. Okt. Wohlt.-Ausg. zum Aufbau nationaler Gedenkstätten. Internationale Antifaschisten II. ☒ und StTdr. Wertp.-Druck. in Bogen zu 50 Marken; Wz. 3 Y; gez. K 14.

abf) René Blieck (1910—1945), belg. Schriftsteller und Dichter ☒ O. Volkamer

agb) Dr. Alfred Klahr (1904–1944), österr. Nationalökonom
☒ O. Volkamer

abh) José Diaz (1896–1942), span. Gewerkschaftsführer
O. Volkamer

abi) Julius Alpari (1882–1944), ung. Parteiführer und Redakteur
M. Sachs

abk) Die sieben Brüder Cervi (†1943); Gelindo (*1901), Antenore (*1904), Aldo (*1909), Ferdinando (*1911), Agostino (*1916), Ovidio (*1918), Ettore (*1921). ☒ M. Sachs.

		EF	MeF	MiF
918.	5+ 5 (Pfg.) schwarzblau ..... abf	10.—	12.—	1.—
919.	10+ 5 (Pfg.) dunkelblaugrün ..... abg	5.—	8.—	1.—
920.	15+ 5 (Pfg.) purpurviolett ..... abh	25.—	30.—	1.—
921.	20+10 (Pfg.) br'karmin abi	5.—	10.—	1.50
922.	70+30 (Pfg.) dkl'violettbraun ..... abk	60.—	140.—	15.—

Gültig bis 31. 3. 1964.

In ähnlichen Zeichnungen: Nr. 881—885.

1962, 25. Okt. So.-Ausg. 10 Jahre Deutscher Fernsehfunk und zum Tag der Briefmarke 1962. ☒ A. Bengs; Odr. Wertp.-Druck. in Bogen zu 50 Marken; Wz. 3 Y; gez. K 13½ : 13.

abl) Fernsehschirm mit Sendezeichen des Deutschen Fernsehfunks, daneben Sende- und Empfangstürme

abm) Jugendliches Philatelistenpaar vor Weltkarte

923.	20 (Pfg.) smaragdgrün/violettschwarz .... abl	2.—	6.—	1.—
924.	40 (Pfg.) dkl'rosalila/violettschwarz .... abm	45.—	100.—	10.—

Gültig bis 31. 3. 1964.

1962, 15. Nov. So.-Ausg. zum 100. Geburtstag Hauptmanns. ☒ D. Dorfstecher; Odr. Wertp.-Druck. in Bogen zu 50 Marken; Wz. 3 Y; gez. K 13 : 13½.

abn) Gerhart Hauptmann (1862–1946), Dichter

925.	20 (Pfg.) bräunlichrot/schwarz ..... abn	EF 2.—	MeF 6.—	MiF 1.—

Gültig bis 31. 3. 1964.

1962, 28. Dez. So.-Ausg. 5 Jahre sowjetische Weltraumflüge. ☒ H.-G. Urbschat; Odr. Wertp.-Druck.; Wz. 3 X; gez. K 12½ : 13.

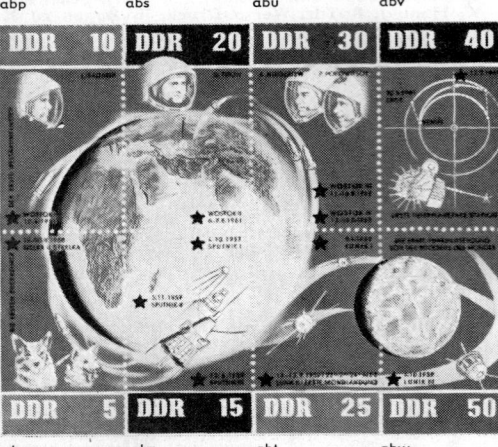

abo Weltraumhunde „Belka" und „Strelka"
abp Weltraumflieger J. Gagarin und Wostok 1
abr Sputnik 1, 2 und 3
abs Weltraumflieger G. Titow und Wostok 2
abt Lunik 1 und 2
abu Weltraumflieger A. Nikolajew und P. Popowitsch mit Wostok 3 und 4
abv Sputnik 1, 2 und 3
abw 1. interplanetarische Station und Flugskizze
abw Lunik 3

Über alle 8 Marken gehend Darstellung des Weltalls mit Erde und Mond

926.	5 (Pfg.) mehrfarbig ..... abo	30.—	50.—	12.—
927.	10 (Pfg.) mehrfarbig ..... abp	25.—	30.—	12.—
928.	15 (Pfg.) mehrfarbig ..... abr	90.—	120.—	12.—
929.	20 (Pfg.) mehrfarbig ..... abs	20.—	35.—	12.—
930.	25 (Pfg.) mehrfarbig ..... abt	50.—	100.—	12.—
931.	30 (Pfg.) mehrfarbig ..... abu	100.—	90.—	12.—
932.	40 (Pfg.) mehrfarbig ..... abv	30.—	80.—	12.—
933.	50 (Pfg.) mehrfarbig ..... abw	100.—	180.—	12.—

Gültig bis 31. 3. 1964.

1963, 2. Jan./11. Febr. Freim.-Erg.-Werte Staatsratsvorsitzender Ulbricht (yh). ☒ und Bdr. Wertp.-Druck. in Bogen zu 100 Marken; Wz. 3 X, Nr. 935 und 936 auch Wz. 3 Y; gez. K 14.

yh) Walter Ulbricht (1893–1973)

934.	25 (Pfg.) grünlichblau GA	1.—	8.—	1.—
935X.	30 (Pfg.) karmin	3.—	2.—	1.—
936X.	40 (Pfg.) hellblauviolett...	1.—	15.—	1.—
937.	50 (Pfg.) blau bis preußischblau (11.2.)........	10.—	10.—	1.—
938.	70 (Pfg.) rotbraun (11.2.)...	3.—	12.—	2.—

Gültig bis 2.10.1990.

Weitere Werte in gleicher Zeichnung s. Übersichtstabelle nach Nr. 848.

Deutsche Demokratische Republik 351

1963, 2. Jan. So.-Ausg. zum 100. Geburtstag Coubertins. A. Bengs und R. Skribelka; Odr. Wertp.-Druck. in Bogen zu 50 Marken; Wz. 3Y; gez. K 13½ : 13.

abx) Pierre Baron de Coubertin (1863–1937), Begründer der modernen Olympischen Spiele

aby) Sportstadion, olympische Ringe

	EF	MeF	MiF
939. 20 (Pfg.) karminrot/hellgrau .... abx	1.—	3.—	1.50
940. 25 (Pfg.) blau/ockerbr. . aby	50.—	80.—	10.—

Gültig bis 31. 3. 1965.

1963, 15. Jan. So.-Ausg. zum 6. Parteitag der Sozialistischen Einheitspartei Deutschlands. K. Sauer; Odr. Wertp.-Druck. auf gestrichelten Papier in Bogen zu 50 Marken; Wz. 3 X; gez. K 13 : 13½.

abz) Emblem des Parteitages: Fahne mit Köpfen von Marx, Engels, Lenin und VI mit Inschrift

| 941. 10 (Pfg.) mehrfarbig .... abz | 3.— | 4.— | 1.50 |

Gültig bis 31. 3. 1965.

1963, 6. Febr. So.-Ausg. zum Kampf gegen die Malaria. K. Hennig und D. Dorfstecher; Odr. Wertp.-Druck. in Bogen zu 50 Marken; Wz. 3 X; gez. K 13 : 12½.

aca) Schädlingsbekämpfer mit Spritzgerät für DDT

acb) Rotes Kreuz mit Äskulapstab

acc) Stechmücke im gelben Kreuz

Auf jeder Marke als Hintergrund die Weltkarte

942. 20 (Pfg.) rotorange/schwarz/dkl' br'rot . aca	2.—	6.—	1.—
943. 25 (Pfg.) mehrfarbig . . acb	20.—	50.—	1.—
944. 50 (Pfg.) mehrfarbig . . acc	70.—	90.—	10.—

Gültig bis 31. 3. 1965.

1963, 14. Febr. So.-Ausg. zu den internationalen Rauchwarenauktionen in Leipzig. D. Dorfstecher, K. Hennig und G. Stauf; RaTdr. Wertp.-Druck. in Bogen zu 50 Marken; Wz. 3X; gez. K 14.

acd) Silberfuchs

ace) Karakulschaf

	EF	MeF	MiF
945. 20 (Pfg.) bräunlichrot/schwarz .... acd	2.—	6.—	1.—
946. 25 (Pfg.) helltürkisblau/schwarz .... ace	50.—	80.—	10.—

Gültig bis 31. 3. 1965.

1963, 26. Febr. So.-Ausg. zur Leipziger Frühjahrsmesse 1963. D. Dorfstecher; komb. StTdr. und RaTdr. Wertp.-Druck. in Bogen zu 50 Marken; Wz. 3 X; gez. K 14.

afc) Barthels Hof   acg) Neues Rathaus   ach) Glockenturm-Hochhaus

Auf jeder Marke noch das Messezeichen

947. 10 (Pfg.) schw./h'gelboliv . acf	3.—	4.—	1.—
948. 20 (Pfg.) schwarz/lachs . . acg	2.—	6.—	1.50
949. 25 (Pfg.) schw./h'graublau ach	10.—	30.—	3.50

Gültig bis 31. 3. 1965.

1963, 12. März. So.-Ausg. in Blockform. „Chemie für Frieden und Sozialismus". Randinschriften in Olivgrau. und Odr. auf Dederongewebe Wertp.-Druck.;

aci) Laborantin an modernen labortechnischen Geräten

ack) Destillationskolonne der Petrolchemie

950. 50 (Pfg.) dkl'grauultramarin/grau ...... aci	200.—	350.—	40.—
951. 70 (Pfg.) grau/dkl'grauultramarin .... ack	80.—	400.—	40.—
Block 18 (105:74 mm) .... acl	60.—	.—	40.—

Gültig bis 31.3.1965.

Wenn Sie eine eilige philatelistische Anfrage haben, rufen Sie bitte (089) 3 23 93-2 24. Die MICHEL-Redaktion gibt Ihnen gerne Auskunft.

1963, 9. April. So.-Ausg. Berühmte deutsche Künstler. Ⓩ I. Friebel; Odr. Wertp.-Druck. in Bogen zu 50 Marken; Wz. 3X; gez. K 13:12½.

acm) Joh. Gottfried Seume (1763—1810), Schriftsteller, links Szene aus seinem Werk „Spaziergang nach Syrakus"

acn) Friedrich Hebbel (1813 bis 1863), Dichter, links Szene aus seinem Drama „Maria Magdalena"

aco) Georg Büchner (1813 bis 1837), Schriftsteller und Dramatiker, links Szene aus seinem Drama „Woyzeck"

acp) Richard Wagner (1813 bis 1883), Komponist, links Szene aus seiner Oper „Der fliegende Holländer"

			EF	MeF	MiF
952.	5 (Pfg.) olivgelb/schw.	acm	6.—	8.—	1.—
953.	10 (Pfg.) blaugrün/schw.	acn	3.—	4.—	1.—
954.	20 (Pfg.) rotorange/schwarz	aco	3.—	6.—	2.—
955.	25 (Pfg.) hellgraublau/schwarz	acp	50.—	80.—	10.—

Gültig bis 31. 3. 1965.

1963, 14. Mai. So.-ausg. 100 Jahre Internationales Rotes Kreuz. Ⓩ H. Rose; Odr. Wertp.-Druck. in Bogen zu 50 Marken; Wz. 3 X; gez. K 13:12½.

acr) Rote-Kreuz-Schwester legt Verband an

acs) Krankenwagen (Typ Barkas B 1000) vor Poliklinik

Auf beiden Marken links noch das Jubiläumssignet des Roten Kreuzes

956.	10 (Pfg.) mehrfarbig	acr	30.—	40.—	9.—
957.	20 (Pfg.) hellrot/schw./hellgrau	acs	2.—	6.—	1.—

Gültig bis 31. 3. 1965.

1963, 27. Mai. Wohlt.-Ausg. zum Aufbau Nationaler Gedenkstätten. Antifaschistische Sportler I. Ⓩ G. Stauf; komb. StTdr. und RaTdr. Wertp.-Druck. in Bogen zu 25 Marken und 25 Zierfeldern; Wz. 3X; gez. K 14.

act) Walter Bohne (1903—1944), Langstreckenläufer Ⓢ M. Sachs

acu) Werner Seelenbinder (1904—1944), Ringkämpfer Ⓢ O. Volkamer

acv) Albert Richter (1912—1940), Radrennfahrer Ⓢ M. Sachs

acw) Heinz Steyer (1909—1944), Fußballspieler Ⓢ O. Volkamer

acx) Kurt Schlosser (1900—1944), Bergsteiger Ⓢ M. Sachs und O. Volkamer

			EF	MeF	MiF
958.	5+ 5 (Pfg.) mattgelb/schwarz	act	8.—	12.—	2.—
959.	10+ 5 (Pfg.) mattgelbgrün/schwarz	acu	5.—	8.—	2.—
960.	15+ 5 (Pfg.) mattgraulila/schwarz	acv	40.—	60.—	2.—
961.	20+10 (Pfg.) mattrosa/schwarz	acw	4.—	10.—	2.—
962.	25+10 (Pfg.) mattgrünlichblau/schwarz	acx	60.—	120.—	18.—

Gültig bis 31. 3. 1965.

In ähnlichen Zeichnungen: Nr. 983—987.

Die Preisnotierungen sind Richtwerte auf DM-Basis, Preisbewegungen nach oben und unten sind aufgrund von Angebot und Nachfrage die Regel.

Deutsche Demokratische Republik

1963, 13. Juni. Wohlt.-So.-Ausg. zum 4. Deutschen Turn- und Sportfest 1963 in Leipzig. Ⓡ L. Grünewald; Odr. Wertp.-Druck. auf gestrichenem Papier in Bogen zu 50 Marken; Wz. 3X; gez. K 12½ : 13.

acy) Männer bei Gymnastik mit Holmen
acz) Frauen bei Gymnastik mit Tüchern
ada) Männer-Staffelläufer

		EF	MeF	MiF
963.	10+ 5 (Pfg.) schwarz/graugrün/hellgelboliv. . acy	8.—	10.—	1.—
964.	20+10 (Pfg.) mehrfarbig acz	6.—	15.—	1.—
965.	25+10 (Pfg.) schwarz/hellbl./hellgrün'l'blau. . . ada	40.—	80.—	10.—

Gültig bis 31.12.1965.

1963, 18. Juni. So.-Ausg. 75 Jahre die „Internationale". Ⓡ W. Kosak; Odr. Wertp.-Druck. auf gestrichenem Papier in Bogen zu 50 Marken; Wz. 3X; gez. K 13:13½.

adb) Eugene Pottier (1816 bis 1887), Textdichter
adc) Pierre-Chrétien de Geyter (Degeyter) (1848–1932), Komponist

Auf beiden Marken die Noten des Vorspieles und der Anfangstakte der „Internationale"

966.	20 (Pfg.) hellrot/schwarz adb	2.—	6.—	1.—
967.	25 (Pfg.) hellultramarin/schwarz . . . . adc	40.—	75.—	9.—

Gültig bis 31. 3. 1965.

1963, 25. Juni. Freim.-Ausg. Staatsratsvorsitzender Ulbricht. Ⓩ und Ⓢ K. Wolf; StTdr. Wertp.-Druck. in Bogen zu 50 Marken; Wz. 3 X; gez. K 14.

add) Walter Ulbricht (1893–1973)

968.	1 DM schwarzoliv. . . . . . add	10.—	40.—	2.—
969.	2 DM lilabraun. . . . . add	15.—	—.—	4.—

Gültig bis 2.10.1990.

In gleicher Zeichnung, jedoch Wertbezeichnung MDN: Nr. 1087—1088; Wertbezeichnung M: Nr. 1481—1482; als 20-Pfg.-Sondermarke: Nr. 1870; in kleinerem Format und Bdr.: s. Übersichtstabelle nach Nr. 848.

1963, 18. Juli. So.-Ausg. zum Gruppenflug der Raumschiffe „Wostok 5" und „Wostok 6". Ⓡ R. Skribelka und A. Bengs; RaTdr. Wertp.-Druck. in Bogen zu 50 Marken (25 Paare); Wz. 3X; gez. K 14.

ade) Valentina V. Tereschkowa, „Wostok 6"
adf) Valeri F. Bykowski, „Wostok 5"

Über beide Marken gehend Teil der Erdkugel

		EF	MeF	MiF
970.	20 (Pfg.) hellblau/dkl'graublau/schwarz ade	3.—	6.—	1.—
971.	20 (Pfg.) dkl'graublau/hellblau/schwarz . . . adf	3.—	6.—	1.—

Gültig bis 31. 3. 1965.

1963, 30. Juli. So.-Ausg. zu den Motorrad-Weltmeisterschaftsläufen in der DDR. Ⓡ F. Deutschendorf; Ⓢ M. Sachs und O. Volkamer (Nr. 973); komb. StTdr. und RaTdr. Wertp.-Druck. in Bogen zu 50 Marken; Wz. 3 X; gez. K 14.

adg) Moto-Crossfahrer auf 250-ccm-Motorrad

adh) Rennfahrer auf 125-ccm-Motorrad
adi) Rennfahrer auf 250-ccm-Motorrädern

972.	10 (Pfg.) dkl'bläulichgrün/schwarzblaugrün . . . adg	40.—	60.—	18.—
973.	20 (Pfg.) dkl'karmin/braunkarmin . . . . . . adh	2.—	6.—	1.—
974.	25 (Pfg.) grünlichblau/dkl'grünlichblau . . . . adi	10.—	30.—	1.—

Gültig bis 31. 3. 1965.

1963, 20. Aug. So.-Ausg. Internationale Mahn- und Gedenkstätten. Ⓡ P. Weiss; Odr. Wertp.-Druck. in Bogen zu 25 Marken; Wz. 3X; gez. K 13:13½.

adk) Mahn- und Gedenkstätte Treblinka, Polen

975.	20 (Pfg.) zinnober/kornblumenblau . . . . . adk	2.—	6.—	1.—

Gültig bis 31. 3. 1965.

1963, 27. Aug. So.-Ausg. zur Leipziger **Herbstmesse** 1963. Ⓢ D. Dorfstecher; Odr. Wertp.-Druck. in Bogen zu 50 Marken (25 Paare); Wz. 3X; gez. K 13½ : 13.

adl) Auto und Triebwagen, Messezeichen
adm) Flugzeug und Omnibus, Messezeichen

Über beide Marken gehend stilis. Erdkugel

		EF	MeF	MiF
976.	10 (Pfg.) mehrfarbig ... adl	3.—	4.—	1.—
977.	10 (Pfg.) mehrfarbig ... adm	3.—	4.—	1.—

Gültig bis 31. 3. 1965.

1963, 10. Sept. So.-Ausg. Geschützte Tiere. Ⓢ H. Naumann; RaTdr. Wertp.-Druck. in Bogen zu 50 Marken; Wz. 3X; gez. K 14.

adn) Hirschkäfer (Lucanus cervus)

ado) Fleckenstreifiger Feuersalamander (Salamandra salamandra terrestris)
adp) Europäische Sumpfschildkröte (Emys orbicularis)

adr) Wechselkröte (Bufo viridis)
ads) Braunbrustigel (Erinaceus europaeus)

978.	10 (Pfg.) mehrfarbig ... adn	2.—	3.—	1.—
979.	20 (Pfg.) mehrfarbig ... ado	2.—	5.—	1.—
980.	30 (Pfg.) mehrfarbig ... adp	50.—	30.—	1.—
981.	50 (Pfg.) mehrfarbig ... adr	—.—	—.—	20.—
982.	70 (Pfg.) mehrfarbig ... ads	10.—	40.—	3.—

Gültig bis 31. 3. 1965.

Marken in ähnlichen Zeichnungen: Nr. 869—872.

1963, 24. Sept. Wohlt.-Ausg. zum Aufbau Nationaler Gedenkstätten. Antifaschistische Sportler II. Ⓢ G. Stauf; komb. StTdr. und RaTdr. Wertp.-Druck. in Bogen zu 25 Marken und 25 Zierfeldern; Wz. 3X; gez. K 14.

adt) Hermann Tops (1897—1944), Jugendlicher beim Bockspringen
Ⓢ M. Sachs

adu) Käte Tucholla (1910—1943), Feldhockeyspielerinnen
Ⓢ O. Volkamer und M. Sachs

adv) Rudolf Seiffert (1908—1945), Langstreckenschwimmer beim Start
Ⓢ M. Sachs

adw) Ernst Grube (1890—1945), demonstrierende Sportler
Ⓢ O. Volkamer

adx) Kurt Biedermann (1903—1942), Faltbootfahrer im Wildwasser
Ⓢ O. Volkamer

		EF	MeF	MiF
983.	5+ 5 (Pfg.) mattgelb/violettschwarz ... adt	12.—	15.—	2.—
984.	10+ 5 (Pfg.) mattsmaragd/violettschw. adu	5.—	8.—	2.—
985.	15+ 5 (Pfg.) mattgrauviolett/schwarz ... adv	40.—	60.—	2.—
986.	20+10 (Pfg.) mattrosa/violettschwarz ... adw	4.—	10.—	2.—
987.	40+20 (Pfg.) mattürkisblau/violettschwarz . adx	55.—	120.—	15.—

Gültig bis 31. 3. 1965.

In ähnlichen Zeichnungen: Nr. 958—962.

1963, 10. Okt. So.-Ausg. zum Nationalen Befreiungskampf 1813. Ⓢ P. Weiss; Odr. Wertp.-Druck. in Bogen zu 25 Marken; Wz. 3X; gez. K 13½ : 13.

ady) August Wilhelm Anton Graf Neidhardt von Gneisenau (1760 bis 1831), und Gebhardt Leberecht Blücher Fürst von Wahlstatt (1742—1819), nach zeitgenössischen Darstellungen

Deutsche Demokratische Republik 355

adz) Kosaken und Landwehr in Berlin, nach einem Aquarell von Ludwig Wolf

aea) Ernst Moritz Arndt (1769—1860), Schriftsteller und Dichter, und Karl Reichsfreiherr vom und zum Stein (1757—1831), Staatsmann, nach zeitgenössischen Darstellungen

aeb) Lützows Freischar vor dem Kampf, Ausschnitt aus dem Gemälde von Hans Kohlschein

aec) Gerhard von Scharnhorst (1755—1813), General, und Fürst Kutusow (1745 bis 1813), russ. Feldmarschall, nach zeitgenössischen Darstellungen

		EF	MeF	MiF
988.	5 (Pfg.) dkl'gelb/braunschw./rötl'sämisch .. ady	10.—	12.—	1.—
989.	10 (Pfg.) smaragdgrün/br'schw./rötl'sämisch adz	3.—	4.—	1.—
990.	20 (Pfg.) br'orange/br'schw./rötl'sämisch aea	2.—	5.—	1.—
991.	25 (Pfg.) viol'blau/br'schw./rötl'sämisch aeb	20.—	40.—	1.—
992.	40 (Pfg.) bräunl'karmin/br'schw./rötl'sämisch aec	45.—	120.—	10.—

Gültig bis 31. 3. 1965.

1963, 17. Okt./19. Nov. So.-Ausg. zum Besuch der Weltraumflieger V. Tereschkowa und J. Gagarin. ⌧ K. Sauer; Odr. Wertp.-Druck. auf gestrichenem Papier Nr. 993 und 996 in Bogen zu 50, Nr. 994 und 995 in Bogen zu 45 Marken; Wz. 3 X; Nr. 993 und 996 gez. K 13½, Nr. 994 und 995 gez. K 13:13½.

aed) Valentina V. Tereschkowa vor Weltall und Weltraumschiff

aee) Valentina V. Tereschkowa und Kundgebung

aef) Juri A. Gagarin und Kundgebung

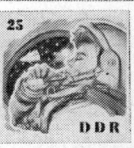

aeg) Valentina V. Tereschkowa im Weltraumschiff mit Ausblick durch ein Bordfenster

		EF	MeF	MiF
993.	10 (Pfg.) dkl'grüngrau/hellultramarin ..... aed	3.—	5.—	1.—
994.	20 (Pfg.) karminrot/orangegelb/schwarz . aee	2.—	6.—	1.—
995.	20 (Pfg.) karminrot/or'gelb/russischgrün (19.11.) .... aef	2.—	6.—	1.—
996.	25 (Pfg.) hellblau/hellor. aeg	40.—	80.—	10.—

Gültig bis 31. 3. 1965.

1963, 8. Nov. So.-Ausg. 25. Jahrestag der „Reichskristallnacht". ⌧ K. Sauer und H. Naumann; Odr. Wertp.-Druck. auf gestrichenem Papier in Bogen zu 50 Marken; Wz. 3 X; gez. K 13½:13.

aeh) Brennende Synagoge und mit Kette umwundener Davidstern mit Inschrift „Jude"

| 997. | 10 (Pfg.) mehrfarbig.... aeh | 3.— | 4.— | 1.— |

Gültig bis 31. 3. 1965.

1963, 25. Nov. So.-Ausg. zum Tag der Briefmarke 1963. ⌧ D. Dorfstecher; Odr. Wertp.-Druck. in Bogen zu 50 Marken; Wz. 3X; gez. K 13:12½.

aei) Briefverteilmaschine, Postemblem

aek) Gabelstapler mit Rollbehälter vor Bahnpostwagen, Postemblem

| 998. | 10 (Pfg.) mehrfarbig ... aei | 30.— | 40.— | 8.— |
| 999. | 20 (Pfg.) mehrfarbig ... aek | 2.— | 6.— | 1.— |

Gültig bis 31. 3. 1965.

1963, 16. Dez. So.-Ausg. zu den Olympischen Winterspielen in Innsbruck 1964. ⌧ I. Friebel; Odr. Wertp.-Druck. in Bogen zu 45 Marken; Wz. 3X; gez. K 13½ : 13.

ael) Schispringer im Anlauf

aem) Schispringer im Absprung

aen) Schispringer im Fluge

aeo) Schispringer beim Aufsprung

Auf jeder Marke noch die olympischen Ringe

Deutsche Demokratische Republik

			EF	MeF	MiF
1000.	5 (Pfg.) mehrfarbig	..ael	10.—	10.—	1.—
1001.	10 (Pfg.) mehrfarbig	..aem	2.—	3.—	1.—
1002.	20 + 10 (Pfg.) mfg.	...aen	3.—	8.—	1.—
1003.	25 (Pfg.) mehrfarbig	..aeo	40.—	80.—	9.—

Gültig bis 31.3.1965.

Nr. 1004 bis 3343 gültig bis 2.10.1990.

1964, 15. Jan. So.-Ausg. Schmetterlinge. ▣ H. Priess; RaTdr. Wertp.-Druck. in Bogen zu 50 Marken; Wz. *3X*; gez. K 14.

aep) Admiral (Vanessa atalanta)

aer) Hochalpenapollo (Parnassius phoebus)

aes) Schwalbenschwanz (Papilio machaon)

aet) Postillion (Colias croceus)

aeu) Großer Fuchs (Nymphalis polychloros)

			EF	MeF	MiF
1004.	10 (Pfg.) mehrfarbig	...aep	2.—	3.—	1.—
1005.	15 (Pfg.) mehrfarbig	...aer	15.—	18.—	1.—
1006.	20 (Pfg.) mehrfarbig	...aes	2.—	5.—	1.—
1007.	25 (Pfg.) mehrfarbig	...aet	10.—	25.—	2.—
1008.	40 (Pfg.) mehrfarbig	...aeu	45.—	90.—	10.—

1964, 6. Febr. So.-Ausg. Berühmte Künstler. ▣ E. Böhme; Odr. Wertp.-Druck. in Bogen zu 50 Marken; Wz. *3X*; gez. K13: 12½.

aev) Quadriga auf dem Brandenburger Tor, Berlin; Namenszug von Bildhauer Gottfried Schadow (1764—1850)

aew) Schlußstein der Eingangsfront des Museums für Deutsche Geschichte, Berlin; Namenszug von Bildhauer Andreas Schlüter (1664–1714)

aex) William Shakespeare (1564–1616), englischer Bühnendichter; Namenszug

1009.	20 (Pfg.) dkl'rosa/ dkl'blauviolett .... aev	2.—	5.—	1.—
1010.	25 (Pfg.) hellgraublau/ dkl'purpur .... aew	10.—	25.—	2.—
1011.	40 (Pfg.) mattgrauviolett/ schwarzblau .... aex	30.—	75.—	7.—

Notierungen für lose Marken
✱, ✱✱, ⊙ siehe MICHEL-Deutschland- bzw. MICHEL-Deutschland-Spezial-Katalog oder MICHEL-Junior-Katalog.

1964, 26. Febr. So.-Ausg. zur Leipziger Frühjahrsmesse 1964. ▣ D. Dorfstecher; Odr. Wertp.-Druck. in Bogen zu 30 Marken und 30 Zierfeldern; Wz. *3X*; gez. K 13: 13½.

aez) Bräunigkes Hof um 1700

aey) Messehalle 18, Elektrotechnik

			EF	MeF	MiF
1012.	10 (Pfg.) grün/schwarz	aey	10.—	25.—	8.—
1013.	20 (Pfg.) ziegelrot/schwarz	aey	18.—	40.—	10.—

Nr. 1012 und 1013 wurden in schachbrettförmiger Anordnung zusammenhängend mit Zierfeld in Chromgelb/Schwarz gedruckt. Ungerade waagerechte Reihen beginnend mit 20-Pfg.-Marke, gerade waagerechte Reihen beginnend mit Zierfeld.

Zusammendrucke

Waagerecht:			BF
W. Zd. 118.	Zf./1012	Zf./10	15.—
W. Zd. 119.	1012/Zf.	10/Zf.	16.—
W. Zd. 120.	1013/Zf.	20/Zf.	20.—
W. Zd. 121.	Zf./1013	Zf./20	22.—
W. Zd. 122.	Zf./1012/Zf.	Zf./10/Zf.	30.—
W. Zd. 123.	1012/Zf./1012	10/Zf./10	30.—
W. Zd. 124.	1013/Zf./1013	20/Zf./20	35.—
W. Zd. 125.	Zf./1013/Zf.	Zf./20/Zf.	35.—

Senkrecht:			
S. Zd. 44.	Zf./1012	Zf./10	15.—
S. Zd. 45.	1012/Zf.	10/Zf.	16.—
S. Zd. 46.	1013/Zf.	20/Zf.	20.—
S. Zd. 47.	Zf./1013	Zf./20	22.—
S. Zd. 48.	Zf./1012/Zf.	Zf./10/Zf.	30.—
S. Zd. 49.	1012/Zf./1012	10/Zf./10	30.—
S. Zd. 50.	1013/Zf./1013	20/Zf./20	35.—
S. Zd. 51.	Zf./1013/Zf.	Zf./20/Zf.	35.—

1964, 24. März. Wohlt.-Ausg. zum Aufbau Nationaler Gedenkstätten. Internationale Antifaschisten. ▣ K. Sauer; Odr. Wertp.-Druck. in Bogen zu 25 Marken; Wz. *3X*; gez. K 13½.

afa) Anton Saefkow (1903–1944), antifaschistische Propagandakolonne

afb) Franz Jacob (1906–1944), antifaschistische Propagandakolonne

Deutsche Demokratische Republik

afc) Bernhard Bästlein (1894–1944), antifaschistische Propagandakolonne

afd) Harro Schulze-Boysen (1909–1942), Herstellung illegaler Flugblätter

afe) Dr. Adam Kuckhoff (1887–1943), Herstellung illegaler Flugblätter

aff) Dr. Mildred Harnack (1902 bis 1943) und Dr. Arvid Harnack (1901–1942), Herstellung illegaler Flugblätter

		EF	MeF	MiF
1014.	5+5 (Pfg.) karminbraun/ indigo.................. afa	10.—	12.—	1.—
1015.	10+5 (Pfg.) karminbraun/ dkl'brauneoliv......... afb	3.—	4.—	1.—
1016.	15+5 (Pfg.) karminbraun/ mattblauviolett........ afc	15.—	18.—	1.—
1017.	20+5 (Pfg.) dkl'brauneoliv/ karmin................ afd	3.—	8.—	1.50
1018.	25+10 (Pfg.) dkl'brauneoliv/ hellblau.............. afe	10.—	30.—	2.—
1019.	40+10 (Pfg.) dkl'brauneoliv/ karminbraun........... aff	40.—	80.—	8.—

1964, 15. April. 70. Geburtstag Chruschtschows. ☒ K. Sauer; Odr. Wertp.-Druck. in Bogen zu 45 Marken; Wz. 3 X; gez. K 13½.

afg) Nikita Sergejewitsch Chruschtschow (1894–1971) mit Werktätigen der DDR

afh) N. S. Chruschtschow mit den Kosmonauten Valentina Tereschkowa und Juri Gagarin, darüber Erdkugel, Mond und Satelliten

1020.	25 (Pfg.) dkl'grünlichblau.. afg	10.—	30.—	2.—
1021.	40 (Pfg.) bläulichviolett/ schwarzolivgrau........ afh	45.—	90.—	10.—

Bitte teilen Sie uns eventuelle Fehler mit, damit wir sie verbessern können.

1964, 13. Mai. So.-Ausg. zum Deutschlandtreffen der Jugend. ☒ E. Walter; Odr. Wertp.-Druck. auf gestrichenem Papier in Bogen zu 50 Marken; Wz. 3 X; gez. K 13:13½.

afi) Jugendliche, Fahnen

afk) Jugendliche Sportler, Seitpferdturner

afl) Jugendliche, Brandenburger Tor in Berlin

			EF	MeF	MiF
1022.	10 (Pfg.) mehrfarbig........	afi	2.—	3.—	1.—
1023.	20 (Pfg.) mehrfarbig........	afk	2.—	5.—	1.—
1024.	25 (Pfg.) mehrfarbig........	afl	30.—	50.—	5.—

1964, 1. Juni. So.-Ausg. zum Tag des Kindes. ☒ Prof. W. Klemke; Odr. Wertp.-Druck. in Bogen zu 25 Marken; Wz. 3 X; gez. K 13:13½.

afm) Flax und Krümel mit Struppi

afn) Meister Nadelöhr

afo) Pittiplatsch

afp) Sandmännchen

afr) Bummi und Schnatterinchen

1025.	5 (Pfg.) mehrfarbig........ afm	10.—	10.—	1.—
1026.	10 (Pfg.) mehrfarbig........ afk	3.—	5.—	1.—
1027.	15 (Pfg.) mehrfarbig........ afl	15.—	18.—	1.—
1028.	20 (Pfg.) mehrfarbig........ afl	3.—	8.—	1.—
1029.	40 (Pfg.) mehrfarbig........ afl	40.—	80.—	7.—

1964, 25. Juni. So.-Ausg. Frauenkongreß der DDR. ☒ E. Böhme; Odr. Wertp.-Druck. in Bogen zu 50 Marken; Wz. 3 X; gez. K 13½:13.

afs) Frau mit Kind. Bild von Jenny Marx

Deutsche Demokratische Republik

aft) Technikerinnen, Transistorenschaltung
afu) Viehzüchterinnen, Ferkel

		EF	MeF	MiF
1030.	20 (Pfg.) hellkarminrot/grünlichgelb/hellgrau ... afs	2.—	3.—	1.—
1031.	25 (Pfg.) helltürkisblau/hellbraunrot/hellgrau ... aft	25.—	50.—	6.—
1032.	70 (Pfg.) mehrfarbig ...... afu	10.—	40.—	3.—

1964, 15. Juli. 1. So.-Ausg. zu den Olympischen Sommerspielen in Tokio 1964. G. Stauf; komb. StTdr. und RaTdr. Wertp.-Druck. in Bogen zu 50 Marken; Wz. 3 X; gez. K 14.

afv) Radrennfahrer
afw) Volleyballspielerinnen — M. Sachs
afx) Judokämpfer — M. Sachs
O. Volkamer

afy) Kunstspringerin
O. Volkamer
afz) Langstreckenläufer — G. Faulwasser
aga) Springreiter — G. Faulwasser

Auf jeder Marke noch die olympischen Ringe

		EF	MeF	MiF
1033.	5 (Pfg.) mehrfarbig ...... afv	6.—	10.—	1.—
1034.	10 (Pfg.) mehrfarbig ...... afw	2.—	3.—	1.—
1035.	20 (Pfg.) mehrfarbig ...... afx	2.—	6.—	1.—
1036.	25 (Pfg.) mehrfarbig ...... afy	10.—	30.—	2.—
1037.	40+20 (Pfg.) mehrfarbig ... afz	7.—	22.—	2.—
1038.	70 (Pfg.) mehrfarbig ...... aga	40.—	100.—	12.—

1964, 15. Juli. 2. So.-Ausg. zu den Olympischen Sommerspielen in Tokio 1964. A. Bengs und R. Skribelka; Odr. Wertp.-Druck. in Bogen zu 60 Marken; Wz. 3 X; gez. K 13:13½.

agb) Kunstspringerinnen
agc) Springreiter
agd) Volleyballspielerinnen

age) Radrennfahrer
agf) Langstreckenläufer
agg) Judokämpfer

Über alle Marken gehend die olympischen Ringe

		EF	MeF	MiF
1039.	10 (Pfg.) mehrfarbig ...... agb	10.—	40.—	7.—
1040.	10+5 (Pfg.) mehrfarbig ... agc	12.—	50.—	10.—
1041.	10 (Pfg.) mehrfarbig ...... agd	10.—	40.—	7.—
1042.	10 (Pfg.) mehrfarbig ...... age	10.—	40.—	7.—
1043.	10+5 (Pfg.) mehrfarbig ... agf	12.—	50.—	10.—
1044.	10 (Pfg.) mehrfarbig ...... agg	10.—	40.—	7.—

Zusammendrucke

Waagerecht: BF

W. Zd. 126.	1039/1040	10/10	35.—
W. Zd. 127.	1040/1041	10/10	35.—
W. Zd. 128.	1041/1039	10/10	40.—
W. Zd. 129.	1042/1043	10/10	35.—
W. Zd. 130.	1043/1044	10/10	35.—
W. Zd. 131.	1044/1042	10/10	35.—
W. Zd. 132.	1039/1040/1041	10/10/10	50.—
W. Zd. 133.	1040/1041/1039	10/10/10	60.—
W. Zd. 134.	1041/1039/1040	10/10/10	60.—
W. Zd. 135.	1042/1043/1044	10/10/10	50.—
W. Zd. 136.	1043/1044/1042	10/10/10	60.—
W. Zd. 137.	1044/1042/1043	10/10/10	60.—

Senkrecht:

S. Zd. 52.	1039/1042	10/10	30.—
S. Zd. 53.	1040/1043	10/10	40.—
S. Zd. 54.	1041/1044	10/10	30.—
S. Zd. 55.	1042/1039	10/10	40.—
S. Zd. 56.	1043/1040	10/10	50.—
S. Zd. 57.	1044/1041	10/10	30.—
S. Zd. 58.	1039/1042/1039	10/10/10	50.—
S. Zd. 59.	1040/1043/1040	10/10/10	75.—
S. Zd. 60.	1041/1044/1041	10/10/10	50.—
S. Zd. 61.	1042/1039/1042	10/10/10	50.—
S. Zd. 62.	1043/1040/1043	10/10/10	75.—
S. Zd. 63.	1044/1041/1044	10/10/10	50.—

1964, 29. Juli. Wohlt.-So.-Ausg. zum 5. Pioniertreffen in Karl-Marx-Stadt. I. Friebel; Odr. Wertp.-Druck. in Kehrdruck-Bogen zu 50 Marken, WZ. 3 X; gez. 13½:13:13.

agh) Pioniere beim Lernen

agi) Pioniere beim Bäumchenpflanzen

agk) Pioniere beim Ballspiel

		EF	MeF	MiF
1045.	10+ 5 (Pfg.) mehrfarbig .. agh	5.—	8.—	1.—
1046.	20+10 (Pfg.) mehrfarbig .. agi	8.—	20.—	1.—
1047.	25+10 (Pfg.) mehrfarbig .. agk	25.—	50.—	6.—

Deutsche Demokratische Republik

1964, 12. Aug. So.-Ausg. Internationale Mahn- und Gedenkstätten. ⌧ P. Weiss; Odr. Wertp.-Druck. in Bogen zu 25 Marken; Wz. 3 X; gez. K 13:13½.

agl) Denkmal in der Mahn- und Gedenkstätte Leningrad

	EF	MeF	MiF
1048. 25 (Pfg.) hellblau/schwarz/ hellocker .... agl	10.—	30.—	2.—

1964, 1. Sept. So.-Ausg. „Für den Frieden der Welt". ⌧ G. Voigt; RaTdr. Wertp.-Druck. in Bogen zu 50 Marken; Wz. 3 X; gez. K 14.

agm) Frédéric Joliot-Curie (* 1900), Atomphysiker

agn) Bertha von Suttner (1843–1914), Schriftstellerin

ago) Carl von Ossietzky (1889–1938), Schriftsteller

Auf jeder Marke noch der Namenszug der Abgebildeten

1049. 20 (Pfg.) mittelrot/ braunschwarz .... agm	1.—	2.—	1.—
1050. 25 (Pfg.) hellviolettultramarin/ braunschwarz .... agn	12.—	30.—	2.—
1051. 50 (Pfg.) hellpurpurviolett/ brauschwarz .... ago	120.—	100.—	10.—

1964, 3. Sept. So.-Ausg. zur Leipziger Herbstmesse 1964. ⌧ A. Bengs; RaTdr. Wertp.-Druck. in Bogen zu 35 Marken und 15 Zierfeldern; Wz. 3 X; gez. K 14.

agp) Mittelalterliche Glaswerkstatt, Pokal

agr) Neuzeitliche Glasarmaturen aus Jenaer Glas

1052. 10 (Pfg.) mehrfarbig ...... agp	5.—	10.—	3.—
1053. 15 (Pfg.) mehrfarbig ...... agp	8.—	20.—	5.—

Zusammendrucke (nur waagerecht:)

			BF
W. Zd. 138.	1052/Zf.	10/Zf.	4.—
W. Zd. 139.	Zf./1053	Zf./15	4.—
W. Zd. 140.	1053/1052	15/10	11.—
W. Zd. 141.	1052/Zf./1053	10/Zf./15	8.—
W. Zd. 142.	Zf./1053/1052	Zf./15/10	13.—
W. Zd. 143.	1053/1052/Zf.	15/10/Zf.	13.—

1964, 16. Sept. So.-Ausg. 100. Jahrestag der I. Internationale. ⌧ P. Weiss; RaTdr. Wertp.-Druck. in Bogen zu 50 Marken; Wz. 3 X; gez. K 14.

ags) Faksimile eines Stempelabdruckes der Organisation

		EF	MeF	MiF
1054. 20 (Pfg.) bräunlichrot/ schwarz .... ags		2.—	5.—	1.—
1055. 25 (Pfg.) graublau/schwarz ags		20.—	50.—	6.—

1964, 23. Sept. Wohlt.-So.-Ausg. zur Nationalen Briefmarkenausstellung 1964 in Berlin. ⌧ A. Bengs; Odr. Wertp.-Druck. in Bogen zu 25 Marken; Wz. 3 X; K 13: 13½.

agt) DDR Nr. 663   agu) DDR Nr. 278   agv) DDR Nr. 504

1056. 10+ 5 (Pfg.) orange/ blaugrün. .... agt	5.—	6.—	1.—
1057. 20+10 (Pfg.) dkl'lila/ dkl'grünlichblau ...... agu	3.—	8.—	1.—
1058. 50 (Pfg.) grüngrau/ rotbraun. .... agv	120.—	100.—	10.—

1964, 6. Okt. So.-Ausg. 15 Jahre DDR. ⌧ D. Dorfstecher und K. Hennig; Odr. Wertp.-Druck. in Bogen zu 50 Marken; Wz. 3 X; gez. K 13½:13.

agw) Schweißer vor Schiff am Kai

agx) Melkerin vor Melkmaschine bei Kühen im Stall (Landwirtschaft)

agy) Studentin mit Mikroskop vor Hörsaal (Bildungswesen)

agz) Hochofenarbeiter vor Hüttenwerk Schwerindustrie

aha) Fahne vor Häuserblocks (Aufbau Berlins)

ahb) Wissenschaftler vor Chemiewerk (Entwicklung der Chemie)

Deutsche Demokratische Republik

ahc) Ingenieur vor Maschine (Maschinenbau)

ahd) Kampfgruppenangehöriger vor Chemiewerk (Entwicklung der Chemie)

ahe) Leipziger Messe-Emblem vor altem Rathaus in Leipzig (Außenhandel)

ahf) Vermessungsingenieur vor Tagebau (Braunkohlenförderung)

ahg) Schifahrerin vor verschneitem Dorf (Freizeit und Erholung)

ahh) Techniker vor Gerät (Feinmechanik-Optik)

ahi) Künstler mit Skulptur vor Bauwerk

ahk) Bauarbeiter vor Baustelle (Bauwesen)

ahl) Weberin mit Stoff vor Webstuhl (Konsumgüter)

	EF	MeF	MiF
1059 A. 10 (Pfg.) mehrfarbig .... agw	2.—	3.—	1.—
1060 A. 10 (Pfg.) mehrfarbig .... agx	2.—	3.—	1.—
1061 A. 10 (Pfg.) mehrfarbig .... agy	2.—	3.—	1.—
1062 A. 10 (Pfg.) mehrfarbig .... agz	2.—	3.—	1.—
1063 A. 10 (Pfg.) mehrfarbig .... aha	2.—	3.—	1.—
1064 A. 10 (Pfg.) mehrfarbig .... ahb	2.—	3.—	1.—
1065 A. 10 (Pfg.) mehrfarbig .... ahc	2.—	3.—	1.—
1066 A. 10 (Pfg.) mehrfarbig .... ahd	2.—	3.—	1.—
1067 A. 10 (Pfg.) mehrfarbig .... ahe	2.—	3.—	1.—
1068 A. 10 (Pfg.) mehrfarbig .... ahf	2.—	3.—	1.—
1069 A. 10 (Pfg.) mehrfarbig .... ahg	2.—	3.—	1.—
1070 A. 10 (Pfg.) mehrfarbig .... ahh	2.—	3.—	1.—
1071 A. 10 (Pfg.) mehrfarbig .... ahi	2.—	3.—	1.—
1072 A. 10 (Pfg.) mehrfarbig .... ahk	2.—	3.—	1.—
1073 A. 10 (Pfg.) mehrfarbig .... ahl	2.—	3.—	1.—

Nr. 1063 A mit Aufdruck: Nr. 1125.

Die verschiedenen Markenarten:

Ah.-Ausg.	= Aushilfs-Ausgabe
Einschr.-Marken	= Einschreibe-Marken
✈ Flp.-Ausg.	= Flugpost-Ausgabe
Freim.Ausg.	= Freimarken-Ausgabe
So.-Ausg.	= Sonder-Ausgabe
Wohlt.-Ausg.	= Wohltätigkeits-Ausgabe

Abkürzungen des Druckverfahrens:

Stdr.	= Steindruck
Odr.	= Offsetdruck
Bdr.	= Buchdruck
Sta-St. } StTdr.	= Stahlstich } Stichtiefdruck
Ku-St. }	= Kupferstich }
RaTdr.	= Rastertiefdruck

1964, 6. Okt. So.-Ausg. in Blockform zum gleichen Anlaß. Marken in Zeichnung der Nr. 1059–1073 im Block zusammengefaßt. ❰ D. Dorfstecher und K. Hennig; Odr. Wertp.-Druck.; Wz. *3 X*; ☐; o. G.

ahm) Karte und Emblem der DDR, Inschrift

	EF	MeF	MiF
1059 B. 10 (Pfg.) mehrfarbig .... agw	20.—	60.—	10.—
1060 B. 10 (Pfg.) mehrfarbig .... agx	20.—	60.—	10.—
1061 B. 10 (Pfg.) mehrfarbig .... agy	20.—	60.—	10.—
1062 B. 10 (Pfg.) mehrfarbig .... agz	20.—	60.—	10.—
1063 B. 10 (Pfg.) mehrfarbig .... aha	20.—	60.—	10.—
1064 B. 10 (Pfg.) mehrfarbig .... ahb	20.—	60.—	10.—
1065 B. 10 (Pfg.) mehrfarbig .... ahc	20.—	60.—	10.—
1066 B. 10 (Pfg.) mehrfarbig .... ahd	20.—	60.—	10.—
1067 B. 10 (Pfg.) mehrfarbig .... ahe	20.—	60.—	10.—
1068 B. 10 (Pfg.) mehrfarbig .... ahf	20.—	60.—	10.—
1069 B. 10 (Pfg.) mehrfarbig .... ahg	20.—	60.—	10.—
1070 B. 10 (Pfg.) mehrfarbig .... ahh	20.—	60.—	10.—
1071 B. 10 (Pfg.) mehrfarbig .... ahi	20.—	60.—	10.—
1072 B. 10 (Pfg.) mehrfarbig .... ahk	20.—	60.—	10.—
1073 B. 10 (Pfg.) mehrfarbig .... ahl	20.—	60.—	10.—
Block *19* (210:285 mm) .... ahm	1400.—	—.—	800.—

Folienmaterial (zum Schutz oder zur Unterbringung) soll säurefrei und ohne „Weichmacher" sein (= dokumentenecht).

Deutsche Demokratische Republik

1964, 25. Nov. 1. So.-Ausg. Volkstrachten. ⌧ I. Friebel; RaTdr. Wertp.-Druck. auf gestrichenem Papier in Bogen zu 50 Marken; Wz. 3 X; gez. K 14.

ahn aho ahp ahr

ahn–aho) Mönchgut (Rügen)   ahp–ahr) Spreewald

ahs aht   ahs–aht) Thüringen

1964, 9. Dez. Freim.-Erg.-Wert Staatsratsvorsitzender Ulbricht. ⌧ und Bdr. Wertp.-Druck in Bogen zu 100 Marken; Wz. 3 X; gez. K 14.

yh) Walter Ulbricht (1893–1973)

		EF	MeF	MiF
1080.	60 (Pfg.) dkl'olivgrün ...... yh	1.—	3.—	1.—

Weitere Werte in gleicher Zeichnung s. Übersichtstabelle nach Nr. 848.

			EF	MeF	MiF
1074.	5 (Pfg.) mehrfarbig	ahn	60.—	100.—	18.—
1075.	5 (Pfg.) mehrfarbig	aho	60.—	100.—	18.—
1076.	10 (Pfg.) mehrfarbig	ahp	3.—	5.—	1.—
1077.	10 (Pfg.) mehrfarbig	ahr	3.—	5.—	1.—
1078.	20 (Pfg.) mehrfarbig	ahs	4.—	12.—	1.—
1079.	20 (Pfg.) mehrfarbig	aht	4.—	12.—	1.—

Zusammendrucke

Waagerecht: BF

W. Zd. 144.	1074/1075	5/5	60.—
W. Zd. 145.	1075/1074	5/5	65.—
W. Zd. 146.	1076/1077	10/10	2.50
W. Zd. 147.	1077/1076	10/10	2.50
W. Zd. 148.	1078/1079	20/20	3.—
W. Zd. 149.	1079/1078	20/20	3.50
W. Zd. 150.	1074/1075/1074	5/5/5	100.—
W. Zd. 151.	1075/1074/1075	5/5/5	100.—
W. Zd. 152.	1076/1077/1076	10/10/10	3.50
W. Zd. 153.	1077/1076/1077	10/10/10	3.50
W. Zd. 154.	1078/1079/1078	20/20/20	4.50
W. Zd. 155.	1079/1078/1079	20/20/20	4.50

Senkrecht:

S. Zd. 64.	1074/1075	5/5	65.—
S. Zd. 65.	1075/1074	5/5	65.—
S. Zd. 66.	1076/1077	10/10	2.50
S. Zd. 67.	1077/1076	10/10	2.50
S. Zd. 68.	1078/1079	20/20	3.—
S. Zd. 69.	1079/1078	20/20	3.50
S. Zd. 70.	1074/1075/1074	5/5/5	100.—
S. Zd. 71.	1075/1074/1075	5/5/5	100.—
S. Zd. 72.	1076/1077/1076	10/10/10	3.50
S. Zd. 73.	1077/1076/1077	10/10/10	3.50
S. Zd. 74.	1078/1079/1078	20/20/20	4.50
S. Zd. 75.	1079/1078/1079	20/20/20	4.50

1964, 29. Dez. So.-Ausg. in Blockform. Internationale Jahre der ruhigen Sonne. ⌧ H.-G. Urbschat; Odr. Wertp.-Druck.; Wz. 3 X; gez. Ks 13½:13.

ahv

ahu) Rakete über Teil der Weltkugel

ahx

ahw) Sonne mit Korona und Protuberanzen

Zum Bestimmen der Farben: MICHEL-Farbenführer

Alle Marken der DDR von Nr. 1004–3343 gültig bis 2.10.1990.

Deutsche Demokratische Republik

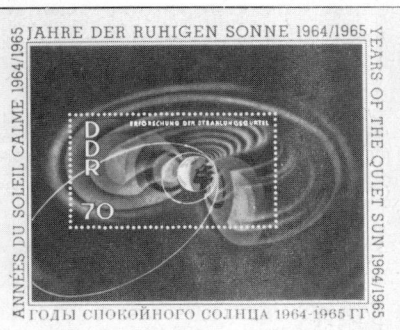

ahy) Weltkugel mit Raketenbahnen und Strahlungsgürtel

		EF	MeF	MiF
1081.	25 (Pfg.) mehrfarbig ...... ahu	40.—	90.—	15.—
	Block 20 (108:90 mm) .... ahv	50.—	100.—	20.—
1082.	40 (Pfg.) mehrfarbig ..... ahw	25.—	80.—	10.—
	Block 21 (108:90 mm) .... ahx	30.—	50.—	12.—
1083.	70 (Pfg.) mehrfarbig ..... ahy	30.—	100.—	10.—
	Block 22 (108:90 mm) .... ahz	40.—	160.—	12.—

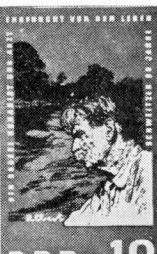

1965, 14. Jan. So.-Ausg. zum 90. Geburtstag Schweitzers. 🖋 P. Weiss; RaTdr. Wertp.-Druck. in Bogen zu 25 Marken; Wz. 3 X; gez. K 14.

aia) Prof. Dr. Albert Schweitzer vor Urwaldlandschaft

aib) Prof. Schweitzer (1875–1965) vor Demonstranten gegen Kernwaffen

aic) Prof. Schweitzer vor Faksimile des Orgel-Präludiums von Joh. Seb. Bach

Auf jeder Marke noch Namenszug Schweitzers

1084.	10 (Pfg.) gelblichgrün/schwarz/ dunkelbraungelb....... aia	1.—	2.—	1.—
1085.	20 (Pfg.) mittelrot/schwarz/ braungelb............ aib	2.—	5.—	1.—
1086.	25 (Pfg.) hellgrünlichblau/ schwarz/braungelb..... aic	50.—	90.—	10.—

1965, 10. Febr. Freim.-Ausg. Staatsratsvorsitzender Ulbricht. Jetzt Wertbezeichnung MDN. 🖋 und 🖋 K. Wolf; StTdr. Wertp.-Druck. in Bogen zu 50 Marken; Wz. 3 X; gez. K 14.

aid) Walter Ulbricht (1893–1973)

		EF	MeF	MiF
1087.	1 MDN schwarzoliv...... aid	4.—	10.—	2.—
1088.	2 MDN dkl/lilabraun..... aid	12.—	40.—	4.—

In gleicher Zeichnung, jedoch Wertbezeichnung DM: Nr. 968—969; Wertbezeichnung M: Nr. 1481—1482; als 20-Pfg.-Sondermarke: Nr. 1870; in kleinerem Format und Bdr.: s. Übersichtstabelle nach Nr. 848.

1965, 22. Febr. So.-Ausg. zum 125. Geburtstag Bebels. 🖋 P. Weiss; RaTdr. Wertp.-Druck. auf gestrichenem Papier in Bogen zu 50 Marken; Wz. 3 X; gez. K 14.

aie) August Bebel (1840–1913), Parteiführer

1089.	20 (Pfg.) sepia/mittelrot/ hellstrohgelb .... aie	2.—	5.—	1.—

1965, 25. Febr. So.-Ausg. zur Leipziger Frühjahrsmesse 1965. 🖋 D. Dorfstecher; RaTdr. Wertp.-Druck. in Bogen zu 50 Marken; Wz. 3 X; gez. K 14.

aif) Messe-Goldmedaille (Vorderseite)

aig) Messe-Goldmedaille (Rückseite)

aih) Chemieanlagenbau

1090.	10 (Pfg.) dkl'lila/gold....... aif	2.—	3.—	1.—
1091.	15 (Pfg.) dkl'lila/gold...... aig	10.—	10.—	1.—
1092.	25 (Pfg.) mehrfarbig ...... aih	8.—	25.—	2.—

1965, 24. März. So.-Ausg. 10 Jahre Tierpark in Berlin. 🖋 A. Bengs; RaTdr. Wertp.-Druck. in Bogen zu 50 Marken; Wz. 3 X; gez. K 14.

aii) Angola-Giraffe (Giraffa camelopardalis angolensis)

aik) Grüner Leguan (Iguana iguana)

ail) Weißschwanz-Gnu (Connochaetes gnou)

Deutsche Demokratische Republik

		EF	MeF	MiF
1093.	10 (Pfg.) dkl'bläulichgrün/ dunkelgrau........ aii	1.—	2.—	1.—
1094.	25 (Pfg.) dkl'violettultramarin/ dunkelblaugrau...... aik	8.—	25.—	2.—
1095.	30 (Pfg.) dkl'bläulichgrün/ dunkelblaugrau........ ail	50.—	70.—	7.—

1965, 24. März. So.-Ausg. zum 120. Geburtstag Röntgens. ✍ Prof. P. Weiss; RaTdr. Wertp.-Druck. in Bogen zu 50 Marken; Wz. 3X; gez. K 14.

aim) Wilhelm Conrad Röntgen (1845—1923), Physiker

| 1096. | 10 (Pfg.) dkl'olivbraun/gelblichgrün/rahmfarben ... aim | 1.— | 2.— | 1.— |

1965, 15. April. So.-Ausg. zum 700. Geburtstag von Dante Alighieri. ✍ Prof. P. Weiss; RaTdr. Wertp.-Druck. auf gestrichenem Papier in Bogen zu 50 Marken; Wz. 3X; gez. K 14.

ain) Dante Alighieri (1265—1321), ital. Dichter

| 1097. | 50 (Pfg.) dkl'olivbraun/ chromgelb/rahmfarben. ain | 50.— | 40.— | 3.— |

1965, 15. April. So.-Ausg. zum Flug des Weltraumschiffes „Woschod 2". ✍ A. Bengs; Odr. Wertp.-Druck. in Bogen zu 50 Marken; Wz. 3X; gez. K 13½ : 13.

 aio) Kosmonauten Pawel Beljajew und Alexei Leonow

 aip) Kosmonaut im Weltraum, Weltraumschiff

| 1098. | 10 (Pfg.) mittelrot........ aio | 4.— | 6.— | 1.— |
| 1099. | 25 (Pfg.) kornblumenblau.. aip | 40.— | 80.— | 10.— |

1965, 27. April. Wohlt.-So.-Ausg. zu den 16. Europameisterschaften im Boxen. ✍ K. Hennig; RaTdr. Wertp.-Druck. auf gestrichenem Papier in Bogen zu 50 Marken; Wz. 3X; gez. K 14.

 air–ais) Boxhandschuhe

| 1100. | 10+5 (Pfg.) mehrfarbig .... air | 3.— | 4.— | 1.— |
| 1101. | 20 (Pfg.) mehrfarbig .... ais | 10.— | 22.— | 4.— |

1965, 5. Mai. So.-Ausg. zum 20. Jahrestag der Befreiung vom Faschismus. ✍ K. Sauer; RaTdr. Wertpapier-Druck. auf gestrichenem Papier in Bogen zu 25 Marken; Wz. 3X; gez. K 14.

ait) Georgi Dimitroff vor dem Reichstag in Leipzig. Titelblatt der Zeitung „Rote Fahne"

aiu) Antifaschisten beim illegalen Ankleben des Manifestes der KPD-Parteikonferenz

aiv) Soldaten der Internationalen Brigaden gegen den Faschismus in Spanien

aiw) Demonstranten fordern Freiheit für Ernst Thälmann

aix) Gründer und Gründungsurkunde des Nationalkomitees „Freies Deutschland"

aiy) Agitatoren an der Ostfront, Manifest des Nationalkomitees „Freies Deutschland"

aiz) Sowjetsoldat befreit KZ-Häftling

aka) Rotarmisten hissen die sowjetische Fahne auf dem Berliner Reichstagsgebäude

Deutsche Demokratische Republik

akb) Demonstration zur Vereinigung der KPD und SPD zur SED

Auf jeder Marke noch Fahnen der UdSSR und DDR, Lorbeerzweige

		EF	MeF	MiF
1102.	5+ 5 (Pfg.) mehrfarbig … ait	10.—	10.—	1.—
1103.	10+ 5 (Pfg.) mehrfarbig .. aiu	4.—	8.—	1.—
1104.	15+ 5 (Pfg.) mehrfarbig .. aiv	30.—	20.—	1.—
1105.	20+10 (Pfg.) mittel/schwarz/ gelb………… aiw	6.—	12.—	1.—
1106.	25+10 (Pfg.) mehrfarbig .. aix	10.—	25.—	2.—
1107.	40 (Pfg.) mehrfarbig …… aiy	5.—	20.—	2.—
1108.	50 (Pfg.) mehrfarbig …… aiz	60.—	50.—	3.—
1109.	60 (Pfg.) mehrfarbig …… aka	120.—	150.—	10.—
1110.	70 (Pfg.) mehrfarbig …… akb	15.—	70.—	3.—

1965, 12. Mai. So.-Ausg. 20 Jahre Deutscher Demokratischer Rundfunk. ⊠ L. Grünewald; Odr. Wertp.-Druck. in Bogen zu 50 Marken; Wz. 3 X; gez. K 12½:13.

akc) Sendemast vor Weltkugel
akd) Arbeiter mit Mikrophon vor Sendemast, Chemiewerk

1111.	20 (Pfg.) rotlila/schwarz/ zinnober…………… akc	2.—	5.—	1.—
1112.	40 (Pfg.) hellviolettblau/ schwarz……… akd	30.—	60.—	6.—

1965, 17. Mai. So.-Ausg. 100 Jahre Internationale Fernmeldeunion (UIT). ⊠ K.-H. Bobbe; Odr. Wertp.-Druck. in Bogen zu 50 Marken; Wz. 3 X; gez. K 12½:13.

ake) Emblem der UIT, Frequenzschema für die trägerfrequente Umsetzung des Sprachfrequenzbestandes
akf) Emblem der UIT, Blockschaltbild für eine Fernsprechvermittlung mit Koordinatenschalter und Register

1113.	20 (Pfg.) dkl'gelboliv/schwarz/ zitronengelb………. ake	2.—	5.—	1.—
1114.	25 (Pfg.) hellblauviolett/ schwarz/mattgrauviolett akf	40.—	80.—	6.—

Mit MICHEL immer gut informiert

1965, 10. Juni. So.-Ausg. 20 Jahre Freier Deutscher Gewerkschaftsbund (FDGB), 20 Jahre Weltgewerkschaftsbund. ⊠ Prof. P. Weiss; RaTdr. Wertp.-Druck. auf gestrichenem Papier in Bogen zu 50 Marken; Wz. 3 X; gez. K 14.

akg) Emblem des FDGB mit Lorbeerzweigen
akh) Demonstrierende Werktätige in zwei symb. Erdkugeln

		EF	MeF	MiF
1115.	20 (Pfg.)mittelrot/gold .... akg	2.—	5.—	1.—
1116.	25 (Pfg.) gold/hellblau/ schwarz ………… akh	25.—	50.—	6.—

1965, 16. Juni. So.-Ausg. 800 Jahre Chemnitz (Karl-Marx-Stadt). ⊠ M. Gottschall; RaTdr. Wertp.-Druck. auf gestrichenem Papier in Bogen zu 50 Marken; Wz. 3 X; gez. K 14.

aki) Hochöfen, Maschine
akk) Roter Turm in Karl-Marx-Stadt
akl) Rathaus in Karl-Marx-Stadt

1117.	10 (Pfg.) gold/lebhaft- gelblichgrün………. aki	1.—	2.—	1.—
1118.	20 (Pfg.) gold/scharlach … akk	1.—	4.—	1.—
1119.	25 (Pfg.) gold/hellblau….. akl	25.—	50.—	6.—

1965, 21. Juni. So.-Ausg. zur 6. Konferenz der Postminister der Ostblockstaaten. ⊠ G. Stauf; Odr. Wertp.-Druck. in Bogen zu 50 Marken; Wz. 3 X; gez. K 13½:13.

akm) Karl Marx und W. Lenin

1120.	20 (Pfg.) orangerot/schwarz/ weißgelb………. akm	2.—	5.—	1.—

1965, 5. Juli. So.-Ausg. 90. Geburtstag von Dr. Külz. ⊠ Prof. W. Weiss; RaTdr. Wertp.-Druck. auf gestrichenem Papier in Bogen zu 50 Marken; Wz. 3 X; gez. K 14.

akn) Dr. Wilhelm Külz (1875—1948), Politiker

1121.	25 (Pfg.) dkl'olivbraun/ hellblau/rahmfarben … akn	8.—	25.—	2.—

Deutsche Demokratische Republik 365

1965, 5. Juli. Wohlt.-So.-Ausg. zur Tagung des Weltfriedenskongresses 1965 in Helsinki. Ⓩ A. Bengs; Odr. Wertp.-Druck. in Bogen zu 50 Marken; Wz. 3 X; gez. K 13 : 13½.

ako) Vier Tauben, Erdkugel, Flagge Finnlands

		EF	MeF	MiF
1122.	10+5 (Pfg.) violettblau/ dkl'blaugrün ... ako	3.—	4.—	1.—
1123.	20+5 (Pfg.) mittelrot/ violettblau ... ako	10.—	20.—	4.—

1965, 28. Juli. So.-Ausg. zum 75. Geburtstag Weinerts. Ⓩ Prof. P. Weiss; RaTdr. Wertp.-Druck. auf gestrichenem Papier in Bogen zu 50 Marken; Wz. 3 X; gez. K 14.

akp) Erich Weinert (1890—1953), Schriftsteller

1124.	40 (Pfg.) dkl'olivbraun/karmin/ rahmfarben ... akp	7.—	20.—	2.—

1965, 23. Aug. Wohlt.-Ah.-Ausg. Nr. 1063 A mit Aufdruck „Hilfe für / VIETNAM / + 10".

1125.	10+10 (Pfg.) mfg. ... (1063 A)	3.—	6.—	1.—

1965, 25. Aug. So.-Ausg. zur 800-Jahr-Feier der Stadt Leipzig. Ⓩ K.-H. Bobbe und D. Dorfstecher; RaTdr. Wertp.-Druck. in Bogen zu 50 Marken; gez. K 14.

aks) „Alte Waage" und Neubau Katharinenstraße   akt) Altes Rathaus

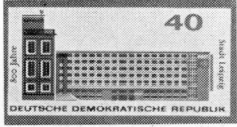 

aku) Eingang zum Opernhaus und neues Hauptpostamt am Karl-Marx-Platz   akv) Hotel Stadt Leipzig

1126.	10 (Pfg.) gold/violett-ultramarin/schwarzlila . aks	3.—	5.—	1.—
1127.	25 (Pfg.) mehrfarbig ... akt	10.—	30.—	2.—
1128.	40 (Pfg.) mehrfarbig ... aku	7.—	25.—	2.—
1129.	17 (Pfg.) gold/violett-ultramarin ... akv	40.—	100.—	8.—

Gleiche Marken in Blocks: Bl. 23–24.

1965, 2. Sept. So.-Ausg. zur Leipziger Herbstmesse 1965. Ⓩ D. Dorfstecher; RaTdr. Wertp.-Druck. in Bogen zu 50 Marken; gez. K 14.

akw) Fotoapparate   akx) Klavichord und Elektrogitarre   aky) Mikroskop

		EF	MeF	MiF
1130.	10 (Pfg.) dunkelblaugrün/gold/ schwarz ... akw	2.—	3.—	1.—
1131.	15 (Pfg.) mehrfarbig ... akx	15.—	15.—	1.—
1132.	25 (Pfg.) mehrfarbig ... aky	10.—	30.—	2.—

1965, 4. Sept. Wohlt.-So.-Ausg. zur Briefmarkenausstellung INTERMESS III. Nr. 1126–1129 in Blocks mit Umschrift zusammengefaßt. RaTdr. Wertp.-Druck.; gez. Ks 14.

akz

Block 23 (137:99 mm) ... akz   70.—   180.—   12.—

Postpreis MDN —.90

ala

Block 24 (137:99 mm) ... ala   70.—   150.—   10.—

Postpreis MDN —.80

Deutsche Demokratische Republik

1965, 15. Sept. Wohlt.-So.-Ausg. Weltmeisterschaft im modernen Fünfkampf. K. Henning; Odr. Wertp.-Druck. in Bogen zu 50 Marken; gez. K 13½:13.

 alb) Reiter
 alc) Fechter
 ald) Pistolenschütze

 ale) Schwimmer
 alf) Läufer

		EF	MeF	MiF
1133.	10 (Pfg.) mehrfarbig ..... alb	3.—	4.—	1.—
1134.	10+5 (Pfg.) kornblumenblau/ hellgrünblau .... alc	3.—	4.—	1.—
1135.	10+5 (Pfg.) dunkelrosalila/ hellgrüngrau/schwarz... ald	3.—	4.—	1.—
1136.	10 (Pfg.) mehrfarbig ..... ale	3.—	4.—	1.—
1137.	10 (Pfg.) mehrfarbig ..... alf	20.—	40.—	10.—

1965, 1. Okt. So.-Ausg. zum Besuch sowjetischer Kosmonauten in der DDR. J. Rieß; RaTdr. Wertp.-Druck. in Bogen zu 30 Marken; Wz. 3 X; gez. K 14.

alg) A. Leonow und Brandenburger Tor

ali) Stilis. Weltraumschiff mit beiden Kosmonauten und Teil der Weltkugel

alh) P. Beljajew und Rathaus in Berlin

1138.	20 (Pfg.) mehrfarbig .... alg	5.—	12.—	3.—
1139.	20 (Pfg.) mehrfarbig .... alh	5.—	12.—	3.—
1140.	25 (Pfg.) mehrfarbig .... ali	12.—	35.—	3.—

Nr. 1138–1140 wurden zusammenhängend gedruckt.

Zusammendrucke (nur waagerecht:)

			BF
W. Zd. 156.	1139/1138	20/20	12.—
W. Zd. 157.	1138/1140	20/25	12.—
W. Zd. 158.	1140/1139	25/20	12.—
W. Zd. 159.	1138/1140/1139	20/25/20	15.—
W. Zd. 160.	1139/1138/1140	20/20/25	20.—
W. Zd. 161.	1140/1139/1138	25/20/20	20.—

1965, 19. Okt. So.-Ausg. Internationale Mahn- und Gedenkstätten. Prof. P. Weiss; Odr. Wertp.-Druck. in Bogen zu 25 Marken; Wz. 3 X; gez. K 13:13½.

alk) Mahnmal in Putten, Niederlande

		EF	MeF	MiF
1141.	25 (Pfg.) mittelblau/schwarz/ weißgelb.............. alk	8.—	25.—	2.—

1965, 11. Nov. So.-Ausg. zum 200jährigen Bestehen der Bergakademie Freiberg. Prof. W. Klemke; Odr. Wertp.-Druck. in Bogen zu 50 Marken; gez. K 13:12½.

all) Treibofen (nach historischen Holzschnitten)

alm) Erzgewinnung (nach historischen Holzschnitten)

aln) Proustit (Erzgebirge) alo) Schwefel

1142.	10 (Pfg.) mehrfarbig .... all	3.—	4.—	1.—
1143.	15 (Pfg.) mehrfarbig .... alm	30.—	30.—	10.—
1144.	20 (Pfg.) mehrfarbig .... aln	3.—	8.—	1.—
1145.	25 (Pfg.) mehrfarbig .... alo	8.—	25.—	2.—

1965, 8. Dez. So.-Ausg. zum 150. Geburtstag von A. von Menzel. Prof. P. Weiss; RaTdr. Wertp.-Druck. auf gestrichenem Papier in Bogen zu 50 Marken; Wz. 3 X; gez. K 14.

alp) Adolph von Menzel (1815–1905), Maler

1146.	10 (Pfg.) dkl'olivbraun/ rahmfarben/ziegelrot .. alp	2.—	3.—	1.—

1965, 8. Dez. So.-Ausg. Europäische Greifvögel. A. Bengs; RaTdr. Wertp.-Druck. auf gestrichenem Papier in Bogen zu 50 Marken; gez. K 14.

alr) Rotmilan oder Gabelweihe (Milvus milvus)

als) Bart- oder Lämmergeier (Gypaetus barbatus)

alt) Mäusebussard (Buteo buteo)

alu) Turmfalke
(Falco tinnunculus)

alv) Hühnerhabicht
(Accipiter gentilis)

alw) Steinadler
(Aquila chrysaetos)

		EF	MeF	MiF
1147.	5 (Pfg.) gold/hellorangebraun/schwarz .... alr	5.—	6.—	1.—
1148.	10 (Pfg.) mehrfarbig .... als	3.—	4.—	1.—
1149.	20 (Pfg.) mehrfarbig .... alt	2.—	5.—	1.—
1150.	25 (Pfg.) mehrfarbig ...... alu	10.—	30.—	2.—
1151.	40 (Pfg.) mehrfarbig ...... alv	10.—	25.—	2.—
1152.	70 (Pfg.) mehrfarbig ...... alw	40.—	120.—	12.—

1965, 14. Dez. So.-Ausg. 1. Todestag von Grotewohl. ✎ A. Bengs; RaTdr. Wertp.-Druck. in Bogen zu 50 Marken; Wz. 3 X; gez. K 14.

alx) Otto Grotewohl (1894—1964), Politiker

1153. 20 (Pfg.) schwarzgrau/
schwarz .... alx   2.—   5.—   1.—

1966, 3. Jan. So.-Ausg. in Blockform. 50. Jahrestag der Reichskonferenz der Spartakusgruppe. Blockrandbeschriftung in Dunkelolivgrau. ✎ Prof. P. Weiss; RaTdr. Wertp.-Druck; gez. Ks 14.

aly) Ausschnitt aus einem Spartakusbrief   ama
alz) Porträts von Karl Liebknecht und Rosa Luxemburg

1154. 20 (Pfg.) mittelrot/schwarz
(☐) .... aly   10.—   25.—   3.—
1155. 50 (Pfg.) mittelrot/schwarz
(☐) .... alz   70.—   100.—   15.—
Block 25 (138:99 mm)
(☐—.—) .... ama   40.—   120.—   15.—

Vorsicht, eine Teilauflage des Blockes 25 ist wasserempfindlich!

Bitte teilen Sie uns eventuelle Fehler mit, damit wir sie verbessern können.

1966, 25. Jan. So.-Ausg. zu den 10. Weltmeisterschaften im Rennschlittensport. ✎ D. Dorfstecher und Klaus Hennig; Odr. Wertp.-Druck. in Bogen zu 50 Marken; gez. K 13½ : 13.

amb) Damen-Einsitzer

amc) Doppelsitzer

amd) Herren-Einsitzer

		EF	MeF	MiF
1156.	10 (Pfg.) mittelgelboliv/graugrün/schwarzgrün amb	1.—	2.—	1.—
1157.	20 (Pfg.) rosakarmin/dkl'grauultram./dkl'violettblau . amc	1,—	4.—	1.—
1158.	25 (Pfg.) helltürkisblau/hellindigo/schwarzblau amd	25.—	60.—	6.—

1966, 24. Febr. So.-Ausg. zur Leipziger Frühjahrsmesse 1966. ✎ D. Dorfstecher; Odr. Wertp.-Druck. in Bogen zu 50 Marken; gez. K 13 : 12½.

ame) Elektronischer Lochkartenrechner

amf) Bohr- und Fräswerk

1159. 10 (Pfg.) mehrfarbig ..... ame   2.—   3.—   1.—
1160. 15 (Pfg.) mehrfarbig ..... amf   10.—   10.—   1.—

1966, 1. März. So.-Ausg. 10 Jahre Volksarmee. ✎ Prof.P.Weiss; RaTdr. Wertp.-Druck. in Bogen zu 50 Marken; Wz. 3 X; gez. K 14.

amg) Nationalgalerie in Berlin

amh) Brandenburger Tor   ami) Industrieanlage   amk) Landwirtschaftsmaschine
Auf allen Marken noch Soldaten der Volksarmee

1161. 5 (Pfg.) mehrfarbig ..... amg   4.—   4.—   1.—
1162. 10 (Pfg.) mehrfarbig ..... amh   2.—   3.—   1.—
1163. 20 (Pfg.) mehrfarbig ..... ami   2.—   5.—   1.—
1164. 25 (Pfg.) mehrfarbig ..... amk   20.—   50.—   6.—

Wichtige philatelistische Informationen

finden Sie in der **Einführung in den MICHEL-Katalog** sowie in den Vortexten und Anmerkungen zu den einzelnen Ländern.

1966, 1. März. So.-Ausg. zum 150. Geburtstag von Schmoler. J. Hansky und G. Stauf; Odr. Wertp.-Druck. in Bogen zu 50 Marken; gez. K 13 : 13½.

aml) Jan Ernst Schmoler (Smoler) (1816—1884), Wissenschaftler

amm) Haus der Sorben in Bautzen

		EF	MeF	MiF
1165.	20 (Pfg.) kobalt/orangerot/schwarz ...... aml	2.—	5.—	1.—
1166.	25 (Pfg.) orangerot/kobalt/schwarz ...... amm	20.—	50.—	6.—

1966, 31. März. So.-Ausg. zum 20. Jahrestag des Bestehens der Sozialistischen Einheitspartei Deutschlands (SED). RaTdr. Wertp.-Druck. in Bogen zu 25 Marken; gez. K 14.

amu) Abzeichen der SED über Demonstrationszug
K. Hennig

amw) Karl Marx und Friedrich Engels und Titelblatt des Manifestes der Kommunistischen Partei
K. Hennig

amx) Wilhelm Pieck und Otto Grotewohl, darüber symbolische Darstellung des Zusammenschlusses der beiden politischen Parteien
K. Hennig

1966, 7. März. So.-Ausg. zum 20jährigen Bestehen der Freien Deutschen Jugend (FDJ). D. Dorfstecher; Odr. Wertp.-Druck. in Bogen zu 50 Marken; gez. K 13½ : 13.

amn) FDJ-Abzeichen „Für gutes Wissen"

| 1167. | 20 (Pfg.) mehrfarbig ..... amn | 1.— | 4.— | 1.— |

amv) Fahne mit Köpfen von Karl Marx und W. J. Lenin, Demonstranten
K. Sauer und G. Stauf

amy) Walter Ulbricht im Kreise von Werktätigen
Prof. P. Weiss

		EF	MeF	MiF
1173.	5 (Pfg.) mehrfarbig ..... amu	3.—	3.—	1.—
1174.	10 (Pfg.) dkl'karmin/gelb/schwarz ...... amv	1.—	2.—	1.—
1175.	15 (Pfg.) dkl'gelbgrün/schwarz ...... amw	15.—	15.—	1.—
1176.	20 (Pfg.) dkl'karmin/schwarz ...... amx	1.—	4.—	1.—
1177.	25 (Pfg.) dkl'karmin/gelb/schwarz ...... amy	20.—	40.—	10.—

1966, 7. März. So.-Ausg. zur Mondlandung von „Luna 9" am 3. 2. 1966. W. Pochanke und G. Stauf; RaTdr. Wertp.-Druck. in Bogen zu 50 Marken; gez. K 14.

amo) Weiche Landung von „Luna 9" auf Mondoberfläche, Weltkugel

| 1168. | 20 (Pfg.) mehrfarbig ..... amo | 6.— | 12.— | 4.— |

1966, 28. März. So.-Ausg. „Augen auf im Straßenverkehr". Odr. Wertp.-Druck. in Bogen zu 50 Marken; gez. K 13:13½.

amp) Drei Verkehrszeichen. M. Gottschall

amr) Kind mit Roller vor einem Personenkraftwagen
H. Detlefsen

ams) Radfahrer gibt vor ausgebreitetem Hand das Handzeichen
M. Gottschall

amt) Motorradfahrer vor gefülltem Bierglas und Krankentransportwagen
M. Gottschall

1966, 26. April. So.-Ausg. zur Einweihung des neuen Verwaltungsgebäudes der Weltgesundheitsorganisation. D. Dorfstecher; Odr. Wertp.-Druck. in Bogen zu 30 Marken; gez. K 13:12½.

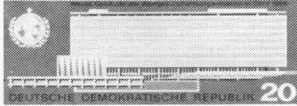
amz) Verwaltungsgebäude in Genf und Emblem der Weltgesundheitsorganisation

| 1178. | 20 (Pfg.) mehrfarbig ..... amz | 2.— | 5.— | 2.— |

1966, 17. Mai. So.-Ausg. Natur- und Landschaftsschutzgebiete. G. Stauf; Odr. Wertp.-Druck. in Bogen zu 50 Marken; gez. K 13 : 12½.

ana) Landschaftsschutzgebiet Spreewald

anb) Naturschutzgebiet Königstuhl auf der Insel Rügen

1169.	10 (Pfg.) mehrfarbig ..... amp	3.—	3.—	1.—
1170.	15 (Pfg.) mehrfarbig ..... amr	15.—	18.—	1.—
1171.	25 (Pfg.) mehrfarbig ..... ams	10.—	30.—	2.—
1172.	50 (Pfg.) mehrfarbig ..... amt	100.—	80.—	10.—

Deutsche Demokratische Republik

anc) Landschaftsschutzgebiet
Sächsische Schweiz

and) Naturschutzgebiet
Westdarß

ane) Naturschutzgebiet
Teufelsmauer bei Thale
im Harz

anf) Landschaftsschutz-
gebiet Feldberger Seen
in Mecklenburg

		EF	MeF	MiF
1179. 10 (Pfg.) mehrfarbig	ana	2.—	3.—	1.—
1180. 15 (Pfg.) mehrfarbig	anb	12.—	12.—	1.—
1181. 20 (Pfg.) mehrfarbig	anc	2.—	5.—	1.—
1182. 25 (Pfg.) mehrfarbig	and	10.—	30.—	7.—
1183. 30 (Pfg.) mehrfarbig	ane	70.—	60.—	7.—
1184. 50 (Pfg.) mehrfarbig	anf	50.—	40.—	10.—

1966, 26. Mai. So.-Ausg. „Plauener Spitze". W. Rahm; Odr. Wertp.-Druck. in Bogen zu 50 Marken; gez. K 13:13½.

ang

anh

ani

ank

ang—ank) Blütenmotive

1185. 10 (Pfg.) schwarzblaugrün/ hellbläulichgrün	ang	2.—	3.—	1.—
1186. 20 (Pfg.) schwarzblau/ hellttürkisblau	anh	2.—	5.—	1.—
1187. 25 (Pfg.) braunkarmin/ hellbräunlichrot	ani	10.—	30.—	2.—
1188. 50 (Pfg.) blauviolett/ mattgrauviolett	ank	80.—	50.—	10.—

Die Bildbeschreibungen sind so informativ wie möglich gehalten, können und wollen jedoch kein Lexikon ersetzen. Fortlaufende Buchstaben (= Klischeezeichen) vor den Bildlegenden sowie vor den Preisspalten in den Katalogisierungszeilen ermöglichen problemlos die Zuordnung von Abbildungen und MICHEL-Nummern.

1966, 28. Juni/16. Aug. So.-Ausg. zur Internationalen Gartenbauausstellung Erfurt 1966 (iga 66). L. Grünewald; komb. RaTdr. und StTdr. Wertp.-Druck. auf gestrichenem Papier in Bogen zu 25 Marken; gez. K. 14.

anl) Maiglöckchen
(Convallaria majalis)

anm) Rhododendron simsii

ann) Dahlie (Dahlia variabilis)

ano) Persisches Alpenveilchen
(Cyclamen persicum)

		EF	MeF	MiF
1189. 20 (Pfg.) mfg. (16.8.)	anl	2.—	3.—	1.—
1190. 25 (Pfg.) mehrfarbig	anm	10.—	30.—	2.—
1191. 40 (Pfg.) mehrfarbig	ann	7.—	25.—	2.—
1192. 50 (Pfg.) mehrfarbig	ano	120.—	100.—	18.—

1966, 12. Juli. So.-Ausg. zu den 8. Weltmeisterschaften im Fallschirmsportspringen in Leipzig 1966. K. Hennig; Odr. Wertp.-Druck. auf gestrichenem Papier in Bogen zu 50 Marken; gez. K 12½ : 13.

anp) Einzelzielsprung; Fallschirmspringer nach Landung auf dem Zielkreuz

anr) Gruppenzielsprung; Gruppe während des Sinkens

ans) Figurensprung; Fallschirmspringer während des freien Falles

1193. 10 (Pfg.) mehrfarbig	anp	1.—	2.—	1.—
1194. 15 (Pfg.) mehrfarbig	anr	30.—	30.—	10.—
1195. 20 (Pfg.) mehrfarbig	ans	2.—	5.—	1.—

1966, 15. Juli. Wohlt.-So.-Ausg. für die Gedenkstätten von Spanienkämpfern der Internationalen Brigaden. Ⓖ G. Stauf nach Entwürfen von K. Sauer; RaTdr. Wertp.-Druck. auf gestrichenem Papier in Bogen zu 25 Marken; gez. K 14.

ant) Hans Kahle (1899—1947); Lied „Die Thälmann-Kolonne" und Abzeichen der internationalen Spanien-Kämpfer

anu) Willi Bredel (1901—1964); Unterricht für die Interbrigadisten

anv) Hans Beimler (1895–1936); Straßenkampfszenen in der Stadt Madrid

anw) Heinrich Rau (1899—1961); Internationale Brigadisten nach der Schlacht bei Brunete

anx) Hans Marchwitza (1890—1965); Internationale Brigadisten verschiedener Kontinente

any) Artur Becker (1905—1938); Kampfszene aus der Schlacht am Ebro

ant—any) Auf allen Marken noch die rote Fahne und die Flagge der Internationalen Brigaden in Spanien

		EF	MeF	MiF
1196.	5 (Pfg.) mehrfarbig ...... ant	8.—	10.—	1.—
1197.	10+ 5 (Pfg.) mehrfarbig .. anu	6.—	8.—	1.—
1198.	15 (Pfg.) mehrfarbig ...... anv	15.—	18.—	1.—
1199.	20+10 (Pfg.) mehrfarbig . anw	6.—	12.—	2.—
1200.	25+10 (Pfg.) mehrfarbig .. anx	20.—	35.—	2.—
1201.	40+10 (Pfg.) mehrfarbig .. any	50.—	100.—	12.—

MICHEL-Rundschau-Probeheft gratis!

1966, 16. Aug. So.-Ausg. zu den 7. Weltmeisterschaften im Kanusport, Berlin 1966. Ⓖ K. Hennig; Odr. Wertp.-Druck. in Bogen zu 30 Marken; gez. K 13 : 12½.

anz) Kanadier-Einer der Herren

aoa) Kajak-Zweier der Damen

			EF	MeF	MiF
1202.	10+5 (Pfg.) mehrfarbig ...	anz	3.—	5.—	2.—
1203.	15 (Pfg.) mehrfarbig	aoa	30.—	30.—	10.—

1966, 29. Aug. So.-Ausg. zur Leipziger Herbstmesse 1966. Ⓖ D. Dorfstecher; Odr. Wertp.-Druck. in Bogen zu 50 Marken; gez. K 13 : 12½.

aob) Fernsehgerät; auf dem Bildschirm das Emblem der Leipziger Muster-Messen

aoc) Elektrische Schreibmaschine mit Streifenlocher

			EF	MeF	MiF
1204.	10 (Pfg.) mehrfarbig	aob	1.—	2.—	1.—
1205.	15 (Pfg.) mehrfarbig	aoc	10.—	10.—	1.—

1966, 9. Sept. So.-Ausg. Internationale Mahn- und Gedenkstätten. Ⓖ Prof. P. Weiss; Odr. Wertp.-Druck. in Bogen zu 25 Marken; Wz. 3 X; gez. K 13 : 13½.

aod) Denkmal für die Opfer von Oradour-sur-Glane vor den Trümmern des Dorfes und den französischen Nationalfarben

1206.	25 (Pfg.) mehrfarbig ...... aod	8.—	25.—	2.—

1966, 13. Sept. So.-Ausg. zur Förderung des Blutspendewesens, der internationalen Zusammenarbeit und der Gesundheitserziehung. Ⓖ H. Priess; RaTdr. Wertp.-Druck. in Bogen zu 50 Marken; Wz. 3 X; gez. K 14.

aog) Fackel mit Äskulapstab; Rotes Kreuz

aoe) Blutübertragung (symbolisch) unter dem Zeichen des Roten Kreuzes

aof) Internationale Zusammenarbeit von Rotem Halbmond, Rotem Kreuz und Rotem Löwen symbolisch

aor–aos) Magdeburger Börde

		EF	MeF	MiF
1207.	5 (Pfg.) blaugrün/ dkl'orangerot .... aoe	4.—	4.—	1.—
1208.	20+10 (Pfg.) hellblauviolett/ dkl'orangerot .... aof	3.—	6.—	2.—
1209.	40 (Pfg.) hellblau/mittelrot. aog	20.—	50.—	7.—

aor aos

		EF	MeF	MiF
1214.	5 (Pfg.) mehrfarbig ..... aom	10.—	10.—	1.—
1215.	10 (Pfg.) mehrfarbig ..... aon	8.—	10.—	1.—
1216.	10 (Pfg.) mehrfarbig ..... aoo	8.—	10.—	1.—
1217.	15 (Pfg.) mehrfarbig ..... aop	15.—	18.—	1.—
1218.	20 (Pfg.) dunkelviolettblau/ gelborange .... aor	20.—	40.—	10.—
1219.	30 (Pfg.) mehrfarbig ..... aos	120.—	100.—	15.—

Marken Nr. 1214 und 1215, 1216 und 1217 sowie 1218 und 1219 wurden jeweils als Trachtenpaar zusammenhängend gedruckt.

1966, 22. Sept. So.-Ausg. zu den Welt- und Europameisterschaften im Gewichtheben, Berlin 1966. ▣ G. Bläser und K.-H. Bobbe; Odr. Wertp.-Druck. in Bogen zu 50 Marken; gez. K 13½:13.

aoh) Gewichtheben – Reißen

aoi) Gewichtheben – Stoßen

Zusammendrucke (nur waagerecht:)

			BF
W. Zd. 162.	1214/1215	5/10	2.—
W. Zd. 163.	1215/1214	10/5	2.—
W. Zd. 164.	1214/1215/1214	5/10/5	2.—
W. Zd. 165.	1215/1214/1215	10/5/10	2.—
W. Zd. 166.	1216/1217	10/15	2.—
W. Zd. 167.	1217/1216	15/10	2.—
W. Zd. 168.	1216/1217/1216	10/15/10	2.50
W. Zd. 169.	1217/1216/1217	15/10/15	3.—
W. Zd. 170.	1218/1219	20/30	30.—
W. Zd. 171.	1219/1218	30/20	30.—
W. Zd. 172.	1218/1219/1218	20/30/20	40.—
W. Zd. 173.	1219/1218/1219	30/20/30	40.—

| 1210. | 15 (Pfg.) hellbraun/ mattlilabraun/schwarz.. aoh | 25.— | 30.— | 10.— |
| 1211. | 20+5 (Pfg.) hellultramarin/ mattblaugrau/schwarz .. aoi | 3.— | 6.— | 2.— |

In ähnlichen Zeichnungen: Nr. 1074–1079, 1353–1356.

1966, 10. Okt. So.-Ausg. 6. Kongreß der Internationalen Journalisten-Organisation. ▣ D. Dorfstecher; Odr. Wertp.-Druck. in Bogen zu 50 Marken; Nr. 1212 gez. K 13:13½, Nr. 1213~.

1966, 25. Okt. Wohlt.-So.-Ausg. Unbesiegbares Vietnam. ▣ G. Schütz; Odr. Wertp.-Druck. in Bogen zu 50 Marken; gez. K 13½ : 13.

aot) Mädchen mit Gewehr pflanzt eine Blume

aok) Kongreßhalle am Alexanderplatz in Berlin

aol) Emblem der internationalen Journalisten-Organisation

		EF	MeF	MiF
1220.	20+5 (Pfg.) schwarz/rosa . aot	3.—	6.—	2.—

| 1212. | 10 (Pfg.) mehrfarbig ...... aok | 15.— | 20.— | 8.— |
| 1213. | 20 (Pfg.) dunkelviolettblau/ gelborange .... aol | 2.— | 5.— | 1.— |

1966, 8. Nov. So.-Ausg. Zierfische. ▣ H. Priess; Odr. Wertp.-Druck. in Bogen zu 50 Marken; gez. K 13:12½.

1966, 25. Okt. 2. So.-Ausg. Volkstrachten. ▣ I. Friebel; RaTdr. Wertp.-Druck. auf gestrichenem Papier in Bogen zu 50 Marken; gez. K 14.

aou) Phantomsalmler (Megalamphodus megalopterus)

aov) Roter Neon (Cheirodon axelrodi)

aom aon aoo aop
aom–aon) Altenburg   aoo–aop) Mecklenburg

aow) Perlbuntbarsch (Cichlasoma cyanoguttatum)

aox) Blauer Prachtkärpfling (Aphyosemion coeruleum)

Deutsche Demokratische Republik

aoy) Schmetterlingsbuntbarsch (Microgeophagus ramirezi)

aoz) Honiggurami (Colisa chuna)

			EF	MeF	MiF
1221.	5 (Pfg.) mehrfarbig	aou	5.—	6.—	1.—
1222.	10 (Pfg.) mehrfarbig	aov	3.—	4.—	1.—
1223.	15 (Pfg.) mehrfarbig	aow	50.—	80.—	12.—
1224.	20 (Pfg.) mehrfarbig	aox	2.—	5.—	1.—
1225.	25 (Pfg.) mehrfarbig	aoy	10.—	30.—	2.—
1226.	40 (Pfg.) mehrfarbig	aoz	12.—	30.—	2.—

1966, 8. Nov. So.-Ausg. Chemische Industrie. ✉ **Prof. P. Weiss; Odr. Wertp.-Druck. in Bogen zu 25 Marken; gez. K 13½:13.**

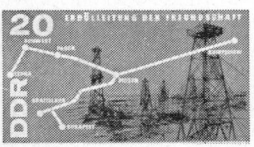

apa) Erdölfeld mit Bohrtürmen; Streckenverlauf der Erdölleitung „Freundschaft"

apb) Leuna-Werke „Walter Ulbricht" (Teilansicht); Streckenverlauf der Erdölleitung „Freundschaft"

1227.	20 (Pfg.) mittelrot/schwarz	apa	2.—	5.—	1.—
1228.	25 (Pfg.) hellblau/schwarz	apb	10.—	30.—	2.—

1966, 23. Nov. So.-Ausg. Kunstwerke aus dem Vorderasiatischen Museum in Berlin. ✉ **K. Hennig; Ra-Tdr. Wertp.-Druck. auf gestrichenem Papier in Bogen zu 25 Marken; gez. K 14.**

apc) Stier in Angriffsstellung vom Ischtar-Tor

ape) Schreitender Löwe mit gesenktem Schweif aus der Prozessionsstraße

apd) Gehörnter Schlangengreif (Drache) vom Ischtar-Tor

apf) Schreitender Löwe mit erhobenen Schweif aus der Thronsaalfassade

apc—apf) Wanddekors aus gebrannten und emaillierten Ziegeln, entstanden unter König Nebukadnezar II. um 580 v. Chr. in Babylon (neu-babylonisch)

			EF	MeF	MiF
1229.	10 (Pfg.) mehrfarbig	apc	2.—	3.—	1.—
1230.	20 (Pfg.) mehrfarbig	apd	2.—	5.—	1.—
1231.	25 (Pfg.) mehrfarbig	ape	8.—	25.—	2.—
1232.	50 (Pfg.) mehrfarbig	apf	70.—	80.—	10.—

1966, 23. Nov. So.-Ausg. 900 Jahre Wartburg (1967). ✉ **J. Rieß; Odr. Wertp.-Druck. auf gestrichenem Papier in Bogen zu 25 Marken; gez. K 13:13½.**

apg) Wartburg von Osten mit Wehrgängen, Neue Kemenate und Bergfried

aph) Wartburg gotische Vogtei, Aufenthaltsort Luthers 1521/22

api) Wartburg, romanische Hoffront des Landgrafenhauses (der Palas) um 1200

1233.	10+5 (Pfg.) indigo	apg	3.—	4.—	2.—
1234.	20 (Pfg.) dunkeloliv	aph	2.—	5.—	1.—
1235.	25 (Pfg.) schwarzlila	api	40.—	70.—	6.—

Die ✉-Preise gelten für portogerecht frankierte Belege.

EF = Einzelfrankatur, d.h. die Marke allein auf dem Brief.
MeF = Mehrfachfrankatur, d.h. die gleiche Marke mehrfach auf dem Brief. Der Preis gilt nur für 2 Stück; weitere Stücke der gleichen Marke werden mit dem Preis für lose ⊙ dazugerechnet.
MiF = Mischfrankatur, d.h. die Marke mit anderen Marken auf dem Brief. Briefpreis gilt für die teuerste Marke, die übrigen Marken werden mit dem Preis für lose ⊙ dazugerechnet.

Deutsche Demokratische Republik

1966, 8. Dez. 1. So.-Ausg. Deutsche Märchen. G. Bläser und K. Hennig; Odr. Wertp.-Druck; gez. K 13½:13.

apk) Der 1. Sohn wird vom Vater verstoßen

apl) Tischlein deck dich

apm) Der diebische Wirt

apn) Goldesel streck dich

apo) Knüppel aus dem Sack

app) Rückkehr des 3. Sohnes

apk)—app) Szenenbilder aus dem Grimmschen Märchen „Tischlein deck dich".

		EF	MeF	MiF
1236.	5 (Pfg.) mehrfarbig ..... apk	10.—	10.—	1.—
1237.	10 (Pfg.) mehrfarbig ..... apl	6.—	8.—	1.—
1238.	20 (Pfg.) mehrfarbig ..... apm	6.—	10.—	1.—
1239.	25 (Pfg.) mehrfarbig ..... apn	15.—	35.—	3.—
1240.	30 (Pfg.) mehrfarbig ..... apo	70.—	60.—	7.—
1241.	50 (Pfg.) mehrfarbig ..... app	70.—	50.—	15.—
	Kleinbogen	150.—	—.—	3.—

Nr. 1236–1241 wurden zusammenhängend in Kleinbogen gedruckt.

Zusammendrucke

Waagerecht: BF
W. Zd. 174.	1236/1237	5/10	5.—
W. Zd. 175.	1238/1239	20/25	6.—
W. Zd. 176.	1240/1241	30/50	5.—

Senkrecht:
S. Zd. 76.	1236/1238	5/20	5.—
S. Zd. 77.	1237/1239	10/25	5.—
S. Zd. 78.	1238/1240	20/30	5.—
S. Zd. 79.	1239/1241	25/50	5.—
S. Zd. 80.	1236/1238/1240	5/20/30	7.50
S. Zd. 81.	1237/1239/1241	10/25/50	7.50

Übersicht der Marken „Märchen" in gleicher bzw. ähnlicher Ausführung:

Märchen-Darstellung	MiNr.
König Drosselbart	1323–1328
Der gestiefelte Kater	1426–1431
Jorinde und Joringel	1450–1455
Brüderchen und Schwesterchen	1545–1550
Die Bremer Stadtmusikanten	1717–1722
Die Schneekönigin	1801–1806
Auf Hechtes Geheiß	1901–1906
Zwitscher hin, zwitscher her	1995–2000
Des Kaisers neue Kleider	2096–2098
Rumpelstilzchen	2187–2192
Sechse kommen durch die ganze Welt	2281–2286
Rapunzel	2382–2387
Märchen von der toten Zarentochter und den 7 Recken	2914–2919
Versch. Märchen der Brüder Grimm	2987–2992

1966, 8. Dez. So.-Ausg. Geschützte heimische Pflanzen. Prof. W. Klemke; Odr. Wertp.-Druck. auf gestrichenem Papier in Bogen zu 50 Marken; gez. K 12½:13.

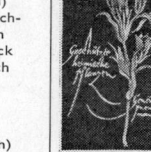

apr) Lungenenzian (Gentiana pneumonanthe)

aps) Rotes Waldvögelein (Cephalanthera rubra)

apt) Bergarnika (Arnica montana)

	EF	MeF	MiF
1242. 10 (Pfg.) mehrfarbig ...... apr	2.—	3.—	1.—
1243. 20 (Pfg.) mehrfarbig ...... aps	2.—	5.—	1.—
1244. 25 (Pfg.) mehrfarbig ...... apt	40.—	80.—	10.—

1967, 24. Jan. So.-Ausg. Bedeutende Bauten. D. Dorfstecher; RaTdr. Wertp.-Druck. auf gestrichenem Papier in Bogen zu 50 Marken; gez. K 14.

apu) Schloß Wörlitz, Klassizismus, erbaut 1769–1773

apv) Rathaus Stralsund, Nordfassade am Markt, Spätgotik, um 1500

apw) Kloster Chorin, Westfassade, niederdeutsche Backsteingotik, um 1300

apx) Ribbeckhaus in Berlin, Fassade Spätrenaissance, erbaut 1624

apy) Moritzburg in Zeitz, Spätrenaissance, erbaut 1657–1667, heute Städt. Museum

apz) Ehem. Altes Rathaus Potsdam, Barock, 1753

1245. 5 (Pfg.) mehrfarbig ...... apu	5.—	5.—	1.—
1246. 10 (Pfg.) mehrfarbig ...... apv	1.—	2.—	1.—
1247. 15 (Pfg.) mehrfarbig ...... apw	10.—	12.—	1.—
1248. 20 (Pfg.) mehrfarbig ...... apx	1.—	4.—	1.—
1249. 25 (Pfg.) mehrfarbig ...... apy	10.—	30.—	2.—
1250. 40 (Pfg.) mehrfarbig ...... apz	20.—	50.—	7.—

In ähnlichen Zeichnungen: Nr. 1379–1382, 1434–1439, 1661 bis 1666.

Zum Bestimmen der Farben:
MICHEL-Farbenführer

1967, 15. Febr. So.-Ausg. Weltmeisterschaft im Biathlon 1967 in Altenberg (Osterzgeb.). ▣ J. Rieß. Odr. Wertp.-Druck. auf gestrichenem Papier; in Bogen zu 30 Marken; gez. K 13:12½.

ara) Schießen liegend

arb) Schießen stehend

arc) Staffelwechsel

		EF	MeF	MiF
1251.	10 (Pfg.) dkl'grünlichblau/ olivgrau/karminlila..... ara	2.—	3.—	1.—
1252.	20 (Pfg.) schwarzoliv/hell- türkisblau/bläulichgrün . arb	2.—	5.—	1.—
1253.	25 (Pfg.) dkl'oliv/grünoliv/ helloliv............... arc	40.—	70.—	6.—

1967, 2. März. So.-Ausg. Leipziger Frühjahrsmesse 1967. ▣ D. Dorfstecher; Odr. Wertp.-Druck in Bogen zu 50 Marken; Wz. 3 X; gez. K 13½:13.

ard) Rundstrickmaschine „Multilock"

are) 2-Meter-Universalspiegelteleskop, Firmenzeichen von Carl Zeiss, Jena

1254.	10 (Pfg.) dkl'lilapurpur/grün/ grau................ ard	1.—	2.—	1.—
1255.	15 (Pfg.) violettultramarin/ hellbraunoliv......... are	10.—	10.—	1.—

1967, 7. März. So.-Ausg. 20 Jahre Frauenorganisation (DFD). ▣ H. Detlefsen; Odr. Wertp.-Druck. in Bogen zu 25 Marken; gez. K 13 : 13½.

arf) Frau mit Kind (Familie)

arg) Frau am Schaltpult (Beruf)

1256.	20 (Pfg.) mehrfarbig .... arf	2.—	5.—	1.50
1257.	25 (Pfg.) mehrfarbig .... arg	40.—	70.—	6.—

1967, 22. März. 1. So.-Ausg. zum 7. Parteitag der SED. ▣ K. Sauer; RaTdr. Wertp.-Druck. auf gestrichenem Papier in Bogen zu 30 Marken; gez. K 14.

arh) Steuer-, Meß- und Regeltechnik

ari) Walter Ulbricht und Werktätige

ark) Soldaten vor Fabrikanlagen

arl) Landarbeiter vor landwirtschaftlichen Maschinen

arh—arl) Links noch Köpfe von Marx, Engels und Lenin mit Umschrift

		EF	MeF	MiF
1258.	10 (Pfg.) mehrfarbig ...... arh	1.—	2.—	1.—
1259.	20 (Pfg.) mehrfarbig ...... ari	2.—	5.—	1.—
1260.	25 (Pfg.) mehrfarbig ...... ark	8.—	25.—	2.—
1261.	40 (Pfg.) mehrfarbig ...... ark	20.—	50.—	7.—

1967, 29. März. 1. So.-Ausg. Bilder aus der „Gemäldegalerie Neue Meister" in Dresden. ▣ Kollektiv A. Bengs; RaTdr. Wertp.-Druck. in Bogen zu 25 Marken; gez. K 14.

arm) „Bildnis Madame de R.", Mischtechnik auf Mahagoniholz, 1898, von Ferdinand Hodler (1853–1918, Schweiz)

arn) „Peter im Tierpark", Öl, 1960, von Harald Hakenbeck (geb. 1926)

arp) „Zwei Frauen aus Tahiti", 1891, von Paul Gauguin (1848—1903, Frankreich)

Deutsche Demokratische Republik

aro) „Venezianische Episode",
Öl, 1958, von Rudolf Bergander (geb. 1909)

arr) „Großmutter und Enkelin"
Öl, 1863, von Julius Scholtz (1825–1893)

ars) „Hünengrab im Schnee", um 1815, von Caspar David Friedrich (1774—1840)

			EF	MeF	MiF
1262.	20 (Pfg.) mehrfarbig	arm	2.—	5.—	1.—
1263.	25 (Pfg.) mehrfarbig	arn	12.—	30.—	2.—
1264.	30 (Pfg.) mehrfarbig	aro	70.—	60.—	7.—
1265.	40 (Pfg.) mehrfarbig	arp	10.—	25.—	2.—
1266.	50 (Pfg.) mehrfarbig	arr	100.—	80.—	10.—
1267.	70 (Pfg.) mehrfarbig	ars	20.—	50.—	3.—

1967, 6. April. 2. So.-Ausg. zum 7. Parteitag der SED. ⊠ H. Detlefsen; Odr. Wertp.-Druck. in Bogen zu 30 Marken; gez. K 12½:13.

art) Traktorfahrer, landwirtschaftliche Maschinen
aru) Lehrtätigkeit, Industrie

arv) Familie, Wohnungsbau
arw) Infanterist, Matrose und Flieger; Emblem der DDR

art—arw) Oben noch Flagge mit Marx, Engels und Lenin

			EF	MeF	MiF
1268.	5 (Pfg.) mehrfarbig	art	4.—	4.—	1.—
1269.	10 (Pfg.) mehrfarbig	aru	1.—	2.—	1.—
1270.	15 (Pfg.) mehrfarbig	arv	25.—	40.—	10.—
1271.	20 (Pfg.) mehrfarbig	arw	2.—	5.—	1.—

1967, 27. April. So.-Ausg. Geschützte Vogelarten. ⊠ E. Mailick; RaTdr. Wertp.-Druck. auf gestrichenem Papier in Bogen zu 50 Marken; gez. K 14.

arx) Schleiereule (Tyto alba)
ary) Grauer Kranich (Grus grus)
arz) Wanderfalke (Falco peregrinus)

asa) Gimpel (Pyrrhula pyrrhula)
asb) Eisvogel (Alcedo atthis)
asc) Blauracke (Coracias garrulus)

1272.	5 (Pfg.) mehrfarbig	arx	4.—	5.—	1.—
1273.	10 (Pfg.) mehrfarbig	ary	3.—	4.—	1.—
1274.	20 (Pfg.) mehrfarbig	arz	3.—	6.—	1.—
1275.	25 (Pfg.) mehrfarbig	asa	10.—	30.—	2.—
1276.	30 (Pfg.) mehrfarbig	asb	100.—	90.—	15.—
1277.	40 (Pfg.) mehrfarbig	asc	7.—	22.—	2.—

Als Grundlage für die Ermittlung der Preisnotierungen dienten Unterlagen des Briefmarken-Groß- und -Einzelhandels, von Arbeitsgemeinschaften sowie Sammlern im In- und Ausland.

Deutsche Demokratische Republik

1967, 10. Mai. So.-Ausg. 20. Internationale Radfernfahrt Warschau—Berlin—Prag. A. Wagner und M. Baumann; Odr. Wertp.-Druck. in Bogen zu 50 Marken; Wz. 3 Y; gez. K 13 : 12½.

asd) Stadtwappen von Warschau, Berlin und Prag als Radachsen; Tauben stilisiert

ase) Radfernfahrer im Blickpunkt; Tauben stilisiert

	EF	MeF	MiF
1278. 10 (Pfg.) dkl'orangegelb/ schwarz/hellpurpurviolett .... asd	1.—	2.—	1.—
1279. 25 (Pfg.) hellgrünlichblau/ dkl'karmin .... ase	30.—	60.—	6.—

1967, 1. Juni. So.-Ausg. Zeichnungen sechs- und siebenjähriger Kinder. G. Schütz (Schrift); Odr. Wertp.-Druck. auf gestrichenem Papier in Bogen zu 50 Marken; gez. K 13 : 12½.

asf) „Kater" asg) „Schneewittchen"

ash) „Feuerwehr" asi) „Hahn"

ask) „Blumenstrauß" asl) „Spielende Kinder"

1280. 5 (Pfg.) mehrfarbig ..... asf	4.—	5.—	1.—
1281. 10 (Pfg.) mehrfarbig ..... asg	2.—	3.—	1.—
1282. 15 (Pfg.) mehrfarbig ..... ash	6.—	12.—	1.—
1283. 20 (Pfg.) mehrfarbig ..... asi	2.—	5.—	1.—
1284. 25 (Pfg.) mehrfarbig ..... ask	8.—	25.—	4.—
1285. 30 (Pfg.) mehrfarbig ..... asl	80.—	70.—	12.—

1967, 7. Juni. So.-Ausg. Vermißte Gemälde niederländischer und deutscher Meister. F. Deutschendorf; RaTdr. Wertp.-Druck. auf gestrichenem Papier in Bogen zu 50 Marken; gez. K 14.

asn) „Traubenpflückendes Mädchen", 1656, von Gerard Dou (1613—1675, Niederlande)

asm) „Drei Reiter"; Peter Paul Rubens (1577—1640); Eigentum der Staatl. Museen Berlin

aso) „Frühlingsidyll", 1871, von Hans Thoma (1839—1924)

asp) „Bildnis der Hofopernsängerin Wilhelmine Schroeder-Devrient", 1848, von Karl Begas (1794—1854)

asr) „Junges Mädchen mit Strohhut" 1635 von Salomon Bray (1595—1664, Niederlande)

ass) „Die vier Evangelisten" von Jacob Jordaens (1593—1678, Niederlande); einst Gemäldegalerie Dessau/Anhalt

asn—asr) Eigentum der Dresdner Gemäldegalerie

	EF	MeF	MiF
1286. 5 (Pfg.) mattblau/ dkl'blau .... asm	4.—	4.—	1.—
1287. 10 (Pfg.) mattorangebraun/ dkl'orangebraun .... asn	2.—	3.—	1.—
1288. 20 (Pfg.) hellgelbgrün/ dkl'gelbgrün .... aso	2.—	5.—	1.—
1289. 25 (Pfg.) mattpurpur/ purpur .... asp	10.—	30.—	2.—
1290. 40 (Pfg.) mattbräunlicholiv/ dkl'bräunlicholiv .... asr	8.—	20.—	2.—
1291. 50 (Pfg.) mattviolettbraun/ dkl'violettbraun .... ass	100.—	80.—	10.—

1967, 14. Juni. So.-Ausg. 15. Landwirtschaftsausstellung in Leipzig-Markkleeberg (agra 1967). A. Bengs; Odr. Wertp.-Druck. in Bogen zu 50 Marken; gez. K 12½ : 13.

ast) Landkarte der DDR mit Ausstellungs-Emblem

1292. 20 (Pfg.) schwarzblaugrün/ dkl'chromgelb/zinnober . ast	2.—	5.—	1.—

1967, 6. Juli/27. Sept. So.-Ausg. Geburtstage bedeutender Persönlichkeiten. M. Bitzer; StTdr. Wertp.-Druck. auf gestrichenem Papier in Bogen zu 50 Marken; gez. K 14.

asu) Georg Herwegh (1817—1875), patriotischer Dichter

asv) Marie Sklodowska-Curie (1867 bis 1934), zweifache Nobelpreisträgerin

asw) Käthe Kollwitz (1867—1945), Malerin und Graphikerin

Deutsche Demokratische Republik

asx) Johann Joachim Winckelmann (1717—1768), Archäologe und Historiker

asy) Theodor Storm (1817—1888), Dichter und Schriftsteller

		EF	MeF	MiF
1293.	5 (Pfg.) rotbraun (27.9.).. asu	3.—	3.—	1.—
1294.	10 (Pfg.) schwarzblau (6.7.) .... asv	2.—	3.—	1.—
1295.	20 (Pfg.) lilakarmin (6.7.).. asw	2.—	5.—	1.—
1296.	25 (Pfg.) dunkellilabraun (27.9.)............ asx	8.—	25.—	2.—
1297.	40 (Pfg.) schwarzgrüngrau (27.9.)............ asy	20.—	50.—	7.—

Übersicht der Marken in gleicher bzw. ähnlicher Ausführung

Werte	Darstellung	MiNr.
5 (Pfg.)	Johannes R. Becher	1644
10 (Pfg.)	Heinrich Mann	1645
10 (Pfg.)	Johannes Tralow	1731
15 (Pfg.)	John Heartfield	1646
20 (Pfg.)	Willi Bredel	1647
20 (Pfg.)	Leonhard Frank	1732
25 (Pfg.)	Franz Mehring	1648
25 (Pfg.)	Korla August Kocor	1733
35 (Pfg.)	Heinrich Schliemann	1734
40 (Pfg.)	Rudolf Virchow	1707
50 (Pfg.)	Johannes Kepler	1649
50 (Pfg.)	Friederike Caroline Neuber	1735

1967, 18. Juli. So.-Ausg. Deutsche Spielkarten. Ⓖ K. H. Bobbe; RaTdr. Wertp.-Druck. auf gestrichenem Papier in Bogen zu 25 Marken; gez. K 14.

asz) Schellen-Unter/Karo-Bube

ata) Herz-Unter/Herz-Bube atb) Grün-Unter/Pik-Bube atc) Eichel-Unter/Kreuz-Bube

1298.	5 (Pfg.) mehrfarbig ...... asz	4.—	4.—	1.—
1299.	10 (Pfg.) mehrfarbig ...... ata	4.—	4.—	1.—
1300.	20 (Pfg.) mehrfarbig ...... atb	3.—	6.—	1.—
1301.	25 (Pfg.) mehrfarbig .... atc	40.—	80.—	12.50

1967, 15. Aug. So.-Ausg. Vollblutmeeting sozialistischer Länder in Berlin-Hoppegarten. Ⓖ K. Hennig und G. Bläser; Odr. Wertp.-Druck. auf gestrichenem Papier in Bogen zu 25 Marken; gez. K 13½ : 13, Nr. 1305 gez. K 13 : 13½.

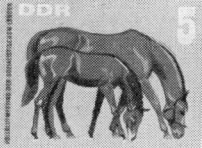 

atd) Mutterstute mit Fohlen   ate) Zuchthengst

atf) Endspurt beim Pferderennen atg) Spielende Jährlingshengste

		EF	MeF	MiF
1302.	5 (Pfg.) mehrfarbig ...... atd	4.—	5.—	1.—
1303.	10 (Pfg.) mehrfarbig ...... ate	3.—	4.—	1.—
1304.	20 (Pfg.) mehrfarbig ...... atf	3.—	6.—	1.—
1305.	50 (Pfg.) mehrfarbig ...... atg	100.—	80.—	10.—

1967, 30. Aug. So.-Ausg. Leipziger Herbstmesse 1967. Ⓖ A. Bengs; RaTdr. Wertp.-Druck. auf gestrichenem Papier in Bogen zu 50 Marken; gez. K 14.

ath) Elektrische Küchengeräte   ati) Pelzmantel und Schutzmarke der Interpelz

| 1306. | 10 (Pfg.) hellblau/violettschwarz/orangegelb ... ath | 2.— | 3.— | 1.— |
| 1307. | 15 (Pfg.) braungelb/violett/grauschwarz .... ati | 10.— | 10.— | 2.— |

1967, 5. Sept. So.-Ausg. 50 Jahre revolutionäre Matrosenbewegung. Ⓖ H. Schneider; Odr. Wertp.-Druck. auf hellblau gefärbtem Papier in Bogen zu 25 Marken; gez. K 13½:13.

atk) Max Reichpietsch vor Großlinienschiff „Friedrich der Große"

atl) Albin Köbis vor Großlinienschiff „Prinzregent Luitpold"

Deutsche Demokratische Republik

atm) Matrosen mit roter Fahne vor Schlachtkreuzer der „Seydlitz"-Klasse

		EF	MeF	MiF
1308. 10 (Pfg.) mehrfarbig	atk	1.—	2.—	1.—
1309. 15 (Pfg.) mehrfarbig	atl	30.—	35.—	10.—
1310. 20 (Pfg.) mehrfarbig	atm	2.—	5.—	1.—

1967, 20. Sept. So.-Ausg. Internationale Mahn- und Gedenkstätten. 🖌 Prof. P. Weiss; Odr. Wertp.-Druck. auf gestrichenem Papier in Bogen zu 25 Marken; gez. K 13:13½.

atn) Zwei Figuren des Mahnmals in Kragujevac, Jugoslawien

1311. 25 (Pfg.) braunkarmin/ mattgelb/schwarz ..... atn 8.— 25.— 2.—

1967, 6. Okt. So.-Ausg. 50. Jahrestag der Großen Sozialistischen Oktoberrevolution. 🖌 M. Gottschall, J. Rieß und H. Detlefsen; RaTdr. Wertp.-Druck. auf gestrichenem Papier in Bogen zu 50 Marken; gez. K 14.

ato) Arbeiter mit roter Fahne, Titel der Zeitung „Die Rote Fahne"

atp) Elektriker vor Staudamm und Hochspannungsleitung

atr) Skulptur des russischen Soldaten-Ehrenmals, Berlin-Treptow, vor zerbrochenem Adler

ats) Russischer Soldat und Volksarmist, Staatswappen der DDR, Erdöllleitung „Freundschaft"

att) Lenin vor dem historisch gewordenen Kreuzer „Aurora"

Auf allen Marken außerdem Hammer und Sichel

		EF	MeF	MiF
1312. 5 (Pfg.) mehrfarbig	ato	4.—	4.—	1.—
1313. 10 (Pfg.) mehrfarbig	atp	1.—	2.—	1.—
1314. 15 (Pfg.) mehrfarbig	atr	10.—	10.—	1.—
1315 A. 20 (Pfg.) mehrfarbig	ats	2.—	5.—	1.—
1316 A. 40 (Pfg.) mehrfarbig	att	30.—	70.—	10.—

1967, 6. Okt. Wohlt.-So.-Ausg. in Blockform zum gleichen Anlaß und zur Jubiläums-Briefmarkenausstellung „50 Jahre Roter Oktober 1917–1967" vom 6.–15. 10. 1967 in Karl-Marx-Stadt. Marken in Zeichnung der Nr. 1315–1316 mit aufgedruckter Zähnung zu einem Block mit Blockbeschriftung in Rotlila/ Hellgrau zusammengefaßt. 🖌 M. Gottschall, J. Rieß und H. Detlefsen; RaTdr. Wertp.-Druck. auf gestrichenem Papier; ☐.

atu

		EF	MeF	MiF
1315 B. 20 (Pfg.) mehrfarbig	ats	30.—	80.—	10.—
1316 B. 40 (Pfg.) mehrfarbig	att	40.—	100.—	10.—
Block 26 (129:85 mm)	atu	60.—	130.—	30.—

Der Block wurde mit einem Zuschlag von 25 Pfg. verkauft.

1967, 17. Okt. So.-Ausg. 450. Jahrestag des Thesenanschlags durch Martin Luther an der Schloßkirche Wittenberg. 🖌 und 🅂 G. Stauf; komb. RaTdr. und StTdr. Wertp.-Druck. in Bogen zu 50 Marken; gez. K 14.

atv) „Martin Luther (1483–1546) mit Doktorhut"; 1521 nach einem Kupferstich von Lucas Cranach d. Ä.

atw) Lutherhaus in Wittenberg

atx) „Schloßkirche in Wittenberg" nach einem Kupferstich von Lucas Cranach d. Ä.

1317. 20 (Pfg.) dkl'violettbraun/ mattpurpur	atv	2.—	5.—	1.—
1318. 25 (Pfg.) dkl'violettbraun/ ultramaringrau	atw	8.—	25.—	2.—
1319. 40 (Pfg.) dkl'violettbraun/ dkl'strohgelb	atx	20.—	50.—	7.—

Die Bildbeschreibungen zu den Markenabbildungen sind so ausführlich wie möglich gehalten!

Deutsche Demokratische Republik

1967, 15. Nov. So.-Ausg. 10. Messe der Meister von morgen vom 15.–26. Nov. 1967 in Leipzig. ⌧ J. Rieß; komb. RaTdr. und StTdr. Wertp.-Druck in Bogen zu 10 Dreierstreifen; gez. K 14.

aua) Medaillenverteilung und Medaille
atz) Jugendarbeiter, FDJ-Emblem
aty) Beratung, Messe-Emblem

		EF	MeF	MiF
1320.	20 (Pfg.) grünblau/gold/schwarz .... aty	5.—	12.—	4.—
1321.	20 (Pfg.) grünblau/gold/schwarz .... atz	5.—	12.—	4.—
1322.	25 (Pfg.) mehrfarbig ...... aua	12.—	35.—	4.—

Nr. 1320–1322 wurden zusammenhängend gedruckt.

Zusammendrucke (nur waagerecht):

			BF
W. Zd. 177.	1321/1320	20/20	20.—
W. Zd. 178.	1320/1322	20/25	16.—
W. Zd. 179.	1322/1321	25/20	16.—
W. Zd. 180.	1320/1322/1321	20/25/20	25.—
W. Zd. 181.	1321/1320/1322	20/20/25	30.—
W. Zd. 182.	1322/1321/1320	25/20/20	30.—

1967, 27. Nov. 2. So.-Ausg. Deutsche Märchen. ⌧ G. Bläser; Odr. Wertp.-Druck.; gez. K 13½ : 13.

aub–aug) Szenen aus dem Märchen „König Drosselbart"

1323.	5 (Pfg.) mehrfarbig ...... aub	5.—	6.—	1.—
1324.	10 (Pfg.) mehrfarbig ...... auc	4.—	5.—	1.—
1325.	15 (Pfg.) mehrfarbig ...... aud	30.—	30.—	10.—
1326.	20 (Pfg.) mehrfarbig ...... aue	20.—	30.—	6.—
1327.	25 (Pfg.) mehrfarbig ...... auf	12.—	30.—	2.—
1328.	30 (Pfg.) mehrfarbig ...... aug	70.—	60.—	7.—
	Kleinbogen	120.—		15.—

Nr. 1323–1328 wurden zusammenhängend in Kleinbogen gedruckt.

Zusammendrucke

Waagerecht:

			BF
W. Zd. 183.	1323/1324	5/10	5.—
W. Zd. 184.	1324/1326	15/20	7.—
W. Zd. 185.	1327/1328	25/30	5.—

Senkrecht:

S. Zd. 82.	1323/1325	5/15	6.—
S. Zd. 83.	1324/1326	10/20	6.—
S. Zd. 84.	1325/1327	15/25	6.—
S. Zd. 85.	1326/1328	20/30	6.—
S. Zd. 86.	1323/1325/1327	5/15/25	8.50
S. Zd. 87.	1324/1326/1328	10/20/30	8.50

Weitere Ausgaben in gleicher bzw. ähnlicher Ausführung s. Übersichtstabelle nach Nr. 1241.

1967, 27. Nov. So.-Ausg. Stätten des klassischen deutschen Humanismus. ⌧ D. Dorfstecher und K.-H. Bobbe; Odr. Wertp.-Druck. in Bogen zu 50 Marken; gez. K 13 : 12½.

auh) Goethehaus in Weimar
aui) Schillerhaus in Weimar

		EF	MeF	MiF
1329.	20 (Pfg.) hellolivgrau/dkl'braun/grauschwarz. auh	2.—	5.—	2.—
1330.	25 (Pfg.) mattgelboliv/dkl'rotbraun/schwarzoliv aui	15.—	40.—	6.—

1967, 6. Dez. Freim.-Erg.-Wert Staatsratsvorsitzender Ulbricht. ⌧ und Bdr. Wertp.-Druck. in Bogen zu 100 Marken; Wz. 3 X; gez. K 14.

yh) Walter Ulbricht (1893–1973)

1331.	80 (Pfg.) .... yh			
	a. grünlichcyanblau (Töne)	3.—	10.—	3.—
	b. grünlichblau	80.—	100.—	40.—

Weitere Werte in gleicher Zeichnung s. Übersichtstabelle nach Nr. 848.

1967, 6. Dez. So.-Ausg. 15 Jahre Produktionsgenossenschaften. ⌧ J. Rieß; Odr. Wertp.-Druck. in Bogen zu 30 Marken; gez. K 13 : 12½.

auk) Bäuerin und Bauern vor moderner Stallanlage mit Futtersilo

1332.	10 (Pfg.) mehrfarbig ...... auk	1.—	1.—	1.—

1967, 6. Dez. So.-Ausg. Erzgebirgische Volkskunst. ⌧ D. Dorfstecher; RaTdr. Wertp.-Druck. auf gestrichenem Papier in Bogen zu 50 Marken; gez. K 14.

 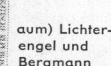

aul) Nußknacker zwischen Räuchermännern
aum) Lichterengel und Bergmann

	EF	MeF	MiF
1333. 10 (Pfg.) mehrfarbig ...... aul	7.—	15.—	8.—
1334. 20 (Pfg.) mehrfarbig ...... aum	2.—	5.—	1.—

1968, 17. Jan. So.-Ausg. zu den 10. Olympischen Winterspielen in Grenoble. Ⓔ D. Dorfstecher und R. Platzer; Odr. Wertp.-Druck. in Bogen zu 50 Marken; gez. K 13½ : 13.

aun) Eisschnellauf

auo) Rennrodeln

aup) Schislalom

aur) Eishockey

aus) Eiskunstlauf

aut) Schilanglauf

Auf jeder Marke im Hintergrund die olympischen Ringe

		EF	MeF	MiF
1335.	5 (Pfg.) mattblau/dunkelblau/ zinnober .... aun	5.—	5.—	1.—
1336.	10+5 (Pfg.) hellgrünblau/ violettblau/orangerot ... auo	3.—	4.—	2.—
1337.	15 (Pfg.) mehrfarbig ...... aup	15.—	15.—	1.—
1338.	20 (Pfg.) mattgrünlichblau/ kornblumenblau/br'rot . aur	3.—	6.—	1.—
1339.	25 (Pfg.) mehrfarbig ...... aus	8.—	25.—	2.—
1340.	30 (Pfg.) helltürkisblau/ violettblau/braunrot .... aut	100.—	90.—	15.—

Interessieren Sie sich für deutsche Ganzsachen?

Das Sammeln von Ganzsachen nimmt wieder zu. Der MICHEL-Briefe-Katalog weist nur bei den einzelnen Marken darauf hin, ob es bildgleiche Ganzsachen gibt. Eine ausführliche Katalogisierung der deutschen Ganzsachen (Umschläge, Kartenbriefe, Streifbänder, Postkarten, Postanweisungen) finden Sie im MICHEL-Ganzsachen-Katalog.

1968, 24. Jan. Raumfahrterfolge. Ⓔ M. Gottschall; RaTdr. Wertp.-Druck. auf gestrichenem Papier in Bogen zu 50 Marken; gez. K 14.

auu) „Venus 4": Erste weiche Venuslandung am 18. 10. 1967; im Hintergrund Planet Venus

auv) „Kosmos 186" und „Kosmos 188": Erste automatische Kopplung am 30. 10. 1967 im Flug über der Erde

	EF	MeF	MiF
1341. 20 (Pfg.) mehrfarbig ...... auu	2.—	5.—	1.—
1342. 25 (Pfg.) mehrfarbig ...... auv	15.—	35.—	6.—

1968, 24. Jan. So.-Ausg. 75 Jahre Hauptobservatorium Potsdam, Welttag der Meteorologie am 23. März 1968. Ⓔ J. Rieß und M. Gottschall; Odr. Wertp.-Druck. in Bogen zu 10 Streifen; gez. K 13½:13.
auw) Aktinometer (Strahlenmeßgerät) nach Michelson-Marten, vor meteorologischem Hauptobservatorium und Sonne

aux

auy

aux) Von einem Satelliten aufgenommene Wolken, vorn Erdantenne zur Aufnahme der Satellitenbilder, im Hintergrund Landkarte von Europa

auy) Ähren, Rübe und Getreidefeld, dazu den Einfluß des Wetters auf die Landwirtschaft, graphisch dargestellt durch zunehmenden Mond und Sonne

1343. 10 (Pfg.) dkl'lila/schwarz/ mittelorangerot....... auw	5.— 6.— 2.—
1344. 20 (Pfg.) mehrfarbig ...... aux	5.— 10.— 2.—
1345. 25 (Pfg.) hellbraunoliv/ olivschwarz/zitrongelb . auy	12.— 30.— 2.—

Nr. 1343–1345 wurden zusammenhängend gedruckt.

Zusammendrucke (nur waagerecht):			BF
W. Zd. 186.	1343/1344	10/20	14.—
W. Zd. 187.	1344/1345	20/25	14.—
W. Zd. 188.	1345/1343	25/10	16.—
W. Zd. 189.	1343/1344/1345	10/20/25	17.50
W. Zd. 190.	1344/1345/1343	20/25/10	20.—
W. Zd. 191.	1345/1343/1344	25/10/20	20.—

Zum Bestimmen der Farben:
MICHEL-Farbenführer

Deutsche Demokratische Republik

1968, 21. Febr. So.-Ausg. Glasmalerei aus dem Museum der Widerstandskämpfer in Sachsenhausen. ▢ **A. Bengs; RaTdr. Wertp.-Druck. auf gestrichenem Papier in Bogen zu 25 Marken; gez. K 14.**

auz) „Illegaler Kampf" ava) „Befreiung" avb) „Partisanenkampf"

auz—avb) Glasfensterentwürfe des Gedenktriptychons (dreiteilige Bildreihe) von Prof. Walter Womacka

		EF	MeF	MiF
1346.	10 (Pfg.) mehrfarbig ...... auz	2.—	3.—	1.—
1347.	20 (Pfg.) mehrfarbig ...... ava	2.—	5.—	1.—
1348.	25 (Pfg.) mehrfarbig ...... avb	15.—	35.—	6.—

1968, 29. Febr. So.-Ausg. Leipziger Frühjahrsmesse 1968, ▢ **D. Dorfstecher; RaTdr. Wertp.-Druck. auf gestrichenem Papier in Bogen zu 30 Marken; gez. K 14.**

avc) Dieselelektrische Lokomotive Typ DE I bis DE III, Mehrzwecklok für Rangier- und Streckendienst

avd) Fang- und Gefrierschiff „Atlantik" (Hecktrawler), 3362 BRT, Geschwindigkeit 13 kn

1349.	10 (Pfg.) mehrfarbig ...... avc	1.50	3.—	1.—
1350.	15 (Pfg.) mehrfarbig ...... avd	15.—	20.—	6.—

1968, 14. März. So.-Ausg. zum 100. Geburtstag von M. Gorki. ▢ **G. Preuss; StTdr. Wertp.-Druck. in Bogen zu 50 Marken; gez. K 14.**

ave) Maxim Gorki (1868—1936), russischer Schriftsteller, vor Geburtsstadt Gorki
▢ G. Faulwasser

avf) Das Lied vom Sturmvogel (Eissturmvogel)
▢ M. Bitzer

1351.	20 (Pfg.) lilabraun/lilarot .. ave	2.—	5.—	1.—
1352.	25 (Pfg.) lilabraun/lilarot .. avf	12.—	30.—	5.—

1968, 14. März. 3. So.-Ausg. Volkstrachten. ▢ **I. Friebel; RaTdr. Wertp.-Druck. auf gestrichenem Papier in Bogen zu 50 Marken; gez. K 14.**

avg) Hoyerswerda avh) Schleife avi) Crostwitz avk) Spreewald

avg—avk) Sorbische Frauen-Festtrachten

		EF	MeF	MiF
1353.	10 (Pfg.) mehrfarbig ...... avg	2.—	3.—	1.—
1354.	20 (Pfg.) mehrfarbig ...... avh	2.—	5.—	1.—
1355.	40 (Pfg.) mehrfarbig ...... avi	7.—	22.—	2.—
1356.	50 (Pfg.) mehrfarbig ...... avk	80.—	60.—	8.—

In ähnlichen Zeichnungen: Nr. 1074–1079, 1214–1219.

1968, 26. März. So.-Ausg. Niederwild. ▢ **H. Naumann, Odr. Wertp.-Druck. auf gestrichenem Papier in Bogen zu 50 Marken; gez. K 13½ : 13.**

avl) Jagdfasane (Phasianus colchicus)   avm) Rebhühner (Perdix perdix)

avn) Stockenten (Anas platyrhynchos)   avo) Graugänse (Anser anser)

avp) Ringeltauben (Columba palumbus)   avr) Feldhasen (Lepus europaeus)

1357.	10 (Pfg.) mehrfarbig ...... avl	3.—	4.—	1.—
1358.	15 (Pfg.) mehrfarbig ...... avm	15.—	18.—	1.—
1359.	20 (Pfg.) mehrfarbig ...... avn	3.—	8.—	1.—
1360.	25 (Pfg.) mehrfarbig ...... avo	10.—	30.—	2.—
1361.	30 (Pfg.) mehrfarbig ...... avp	60.—	50.—	7.—
1362.	40 (Pfg.) mehrfarbig ...... avr	40.—	100.—	12.—

Bei Anfragen bitte Rückporto nicht vergessen!

Deutsche Demokratische Republik

1968, 25. April. So.-Ausg. 7. FDGB-Kongreß. ⌀ J. Rieß; RaTdr. Wertp.-Druck. auf gestrichenem Papier in Bogen zu 50 Marken; gez. K 14.

Zusammendrucke (nur waagerecht:)

			BF
W. Zd. 192.	1365/1366	10/20	5.—
W. Zd. 193.	1366/1367	20/25	5.—
W. Zd. 194.	1367/1365	25/10	6.—
W. Zd. 195.	1365/1366/1367	10/20/25	7.50
W. Zd. 196.	1366/1367/1365	20/25/10	9.—
W. Zd. 197.	1367/1365/1366	25/10/20	9.—

avs) „Porträt von Fritz Heckert", nach einem Gemälde von E. Hering; Kongreß-Abzeichen

avt) Junge Werktätige vor Neubauten, nach einer Idee von Gotenbach; Kongreß-Abzeichen

		EF	MeF	MiF
1363. 10 (Pfg.) mehrfarbig	avs	2.—	3.—	1.—
1364. 20 (Pfg.) mehrfarbig	avt	2.—	5.—	2.—

1968, 25. April. So.-Ausg. zum 150. Geburtstag von K. Marx. ⌀ Prof. P. Weiss; RaTdr. Wertp.-Druck. auf gestrichenem Papier in Bogen zu 15 Streifen; gez. K 14.

avu) Buchtitel des „Kommunistischen Manifests" aus dem Jahre 1848

avv) Karl Marx (1818—1883), Sozialideologe; Namenszug

avw) Titel des Buches „Das Kapital", aus dem Jahre 1867

	EF	MeF	MiF
1365 A. 10 (Pfg.) grünoliv/ schwarz .... avu	5.—	6.—	2.—
1366 A. 20 (Pfg.) schwarzrosalila/ mattgoliv/schwarz . avv	5.—	10.—	2.—
1367 A. 25 (Pfg.) mattgoliv/ schwarzrosalila avw	12.—	30.—	3.—

Nr. 1365 A–1367 A wurden zusammenhängend gedruckt.

Marken mit anhängendem Leerfeld erheblicher Aufschlag.

1968, 25. April. So.-Ausg. in Blockform zum gleichen Anlaß. Marken in Zeichnung der Nr. 1365–1367 mit aufgedruckter Zähnung zu einem Block mit Blockrandbedruckung in Schwarzrosalila/Mattgoliv zusammengefaßt. ⌀ Prof. E. Weiß; RaTdr. Wertp.-Druck. auf gestrichenem Papier; □.

	EF	MeF	MiF
1365 B. 10 (Pfg.) grünoliv/ schwarz .... avu	20.—	30.—	10.—
1366 B. 20 (Pfg.) schwarzrosalila/ mattgoliv/schwarz . avv	20.—	50.—	10.—
1367 B. 25 (Pfg.) mattgoliv/ schwarz/schw'rosalila avw	40.—	100.—	20.—
Block 27 (126:86 mm) .... avx	80.—	—.—	10.—

MICHEL-Fehlliste Deutschland

Inhalt: Deutsches Reich, Gemeinschaftsausgaben, Französische Zone, Amerikanische und Britische Zone, Bundesrepublik Deutschland, Berlin, Sowjetische Zone, DDR.

Die Numerierung erfolgt mit Unterarten. Zusätzlich nach jeder Nummer Platz zur Eintragung von Abarten. Strichfelder für ✶ bzw. ✶✶, ⊙.

Erhältlich bei Ihrem Briefmarkenhändler!

1968, 8. Mai. So.-Ausg. zum 20. Jahrestag der Verkündung der Menschenrechte durch die UNO. ⓔ H. Detlefsen; Odr. Wertp.-Druck. in Bogen zu 50 Marken; gez. K 13½:13.

avy) Hammer vor Amboß   avz) Baum vor Weltkugel   awa) Taube vor Sonne

		EF	MeF	MiF
1368. 5 (Pfg.) dkl'braunkarmin/ hellkarminlila	avy	4.—	4.—	1.—
1369. 10 (Pfg.) dkl'graubraun/ hellgraubraun	avz	2.—	3.—	1.—
1370. 25 (Pfg.) dkl'grünlichlichblau/ hellgrünlichblau	awa	15.—	40.—	6.—

1968, 8. Mai. 2. Wohlt.-So.-Ausg. Unbesiegbares Vietnam. ⓔ G. Schütz; Odr. Wertp.-Druck. in Bogen zu 50 Marken; gez. K 13½:13.

awb) Bewaffnete Mutter mit Kind

1371. 10+5 (Pfg.) mehrfarbig	awb	2.—	2.—	2.—

awc) Hochspringerin

1968, 6. Juni. So.-Ausg. 2. Europäische Leichtathletikkämpfe der Junioren in Leipzig; Europameisterschaften der Frauen im Rudern in Berlin; Weltmeisterschaften im Turnierangeln in Güstrow. ⓔ J. Rieß; RaTdr. Wertp.-Druck. in Bogen zu 50 Marken; gez. K 14.

awd) Ruderin (Einer)   awe) Turnierangler

1372. 20 (Pfg.) bräunlichrot/violettpurpur/grünlichblau	awc	2.—	5.—	1.—
1373. 20 (Pfg.) grünblau/ preußischblau/oliv	awd	2.—	5.—	1.—
1374. 20 (Pfg.) oliv/dkl'grünlichblau/ lilarot	awe	15.—	35.—	6.—

1968, 20. Juni. So.-Ausg. 2. Kinder- und Jugendspartakiade in Berlin. ⓔ Patzer; Odr. Wertp.-Druck. in Bogen zu 50 Marken; gez. K 13½:13.

awf) Brennende Fackel, Brandenburger Tor   awg) Brennende Fackel, stilis. Sportstadion

1375. 10 (Pfg.) mehrfarbig	awf	2.—	3.—	1.—
1376. 25 (Pfg.) mehrfarbig	awg	15.—	40.—	5.—

1968, 20. Juni. So.-Ausg. 9. Weltfestspiele der Jugend und Studenten 1968 in Sofia. ⓔ Hennig; Odr. Wertp.-Druck. in Bogen zu 50 Marken; gez. K 13½:13.

awh   awi

awh–awi) Stilis. Festivalblume und Erdkugel

		EF	MeF	MiF
1377. 20+5 (Pfg.) mehrfarbig	awh	3.—	5.—	2.—
1378. 25 (Pfg.) mehrfarbig	awi	15.—	40.—	6.—

1968, 25. Juni. 2. So.-Ausg. Bedeutende Bauten. ⓔ Dorfstecher; RaTdr. Wertp.-Druck. in Bogen zu 50 Marken; gez. K.14.

awk) Rathaus in Wernigerode   awl) Schloß Moritzburg bei Dresden

awm) Rathaus in Greifswald   awn) Potsdam, Sanssouci, Neues Palais

1379. 10 (Pfg.) mehrfarbig	awk	3.—	4.—	1.—
1380. 20 (Pfg.) mehrfarbig	awl	3.—	6.—	1.—
1381. 25 (Pfg.) mehrfarbig	awm	8.—	25.—	2.—
1382. 30 (Pfg.) mehrfarbig	awn	70.—	60.—	12.—

In ähnlichen Zeichnungen: Nr. 1245–1250, 1434–1439, 1661 bis 1666.

1968, 27. Juni. So.-Ausg. 75. Geburtstag Ulbrichts. ⓔ Rieß; komb. RaTdr. und StTdr. Wertp.-Druck. in Bogen zu 50 Marken; gez. K 14.

awo) Walter Ulbricht (1893—1973), Staatswappen der DDR

1383. 20 (Pfg.) dkl'karmin/ziegelrot/ schwarz	awo	5.—	5.—	1.—

1968, 4. Juli. So.-Ausg. 750 Jahre Rostock. ⓔ Dorfstecher; RaTdr. Wertp.-Druck. in Bogen zu 50 Marken; gez. K 14.

awp) Historische Stadtansicht und Wappen von Rostock   awr) Moderne und bekannte Bauten Rostocks; Stadtwappen

	EF	MeF	MiF
1384. 20 (Pfg.) mehrfarbig ..... awp	2.—	5.—	1.—
1385. 25 (Pfg.) mehrfarbig ..... awr	15.—	40.—	6.—

1968, 17. Juli. 1. So.-Ausg. Bedeutende Persönlichkeiten. ⟨Z⟩ Stauf; ⟨S⟩ Faulwasser und Bitzer (Nr. 1387, 1390); StTdr. Wertp.-Druck. auf gestrichenem Papier; in Bogen zu 50 Marken; gez. K 14.

aws) Karl Landsteiner (1868—1943), österr. Serologe und Nobelpreisträger

awt) Emanuel Lasker (1868—1941), Schachweltmeister, Mathematiker und Philosoph

awu) Hanns Eisler (1898—1962), Komponist und Nationalpreisträger

 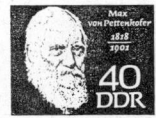

awv) Ignaz Philipp Semmelweis (1818—1865), österr. Gynäkologe, Entdecker der Ursache des Kindbettfiebers

aww) Max von Pettenkofer (1818—1901), Hygieniker, Begründer der modernen Hygiene

1386. 10 (Pfg.) schwarzoliv..... aws	2.—	3.—	1.—
1387. 15 (Pfg.) grauschwarz..... awt	10.—	10.—	1.—
1388. 20 (Pfg.) lilabraun .... awu	2.—	5.—	1.—
1389. 25 (Pfg.) dkl'graublau .... awv	8.—	25.—	2.—
1390. 40 (Pfg.) dkl'braunlila.... aww	20.—	50.—	7.—

Bei Einsendung von vermeintlichen **Abarten** überlegen Sie immer erst, ob sich Ihre beabsichtigte Meldung für den MICHEL-Katalog wirklich eignet. Der in unserem Verlag erschienene MICHEL-Abartenführer sagt Ihnen Näheres. Tausende von sogenannten Abartenmeldungen verfallen jährlich als zu unbedeutend der Ablehnung und verursachen eine erhebliche Arbeitsbelastung. Ergänzungs- und Änderungsvorschläge, denen die entsprechenden Belegstücke nicht beiliegen, können überhaupt nicht berücksichtigt werden.

Übersicht der Marken in gleicher Ausführung („Bedeutende Persönlichkeiten")

Werte	Darstellung	MiNr.
5 (Pfg.)	Ernst Barlach	1534
10 (Pfg.)	Martin Andersen Nexö	1440
10 (Pfg.)	Johann Gutenberg	1535
15 (Pfg.)	Kurt Tucholsky	1536
20 (Pfg.)	Otto Nagel	1441
20 (Pfg.)	Ludwig van Beethoven	1537
25 (Pfg.)	Alexander von Humboldt	1442
25 (Pfg.)	Friedrich Hölderlin	1538
40 (Pfg.)	Theodor Fontane	1443
40 (Pfg.)	G. W. F. Hegel	1539

1968, 13. Aug. So.-Ausg. 5. Weltmeisterschaften im Motorkunstflug 1968, Magdeburg. ⟨Z⟩ Grünewald; Odr.-Wertp.-Druck. in Bogen zu 50 Marken; gez. K 12½ : 13.

awx) Sportflugzeug Typ „Trener"

awy) Zwei „Trener"-Maschinen beim Spiegelflug

	EF	MeF	MiF
1391. 10 (Pfg.) mehrfarbig ..... awx	2.—	3.—	1.—
1392. 25 (Pfg.) mehrfarbig ..... awy	15.—	40.—	6.—

1968, 20. Aug. 2. So.-Ausg. Bilder aus der „Gemäldegalerie Neue Meister" in Dresden. ⟨Z⟩ Deutschendorf; RaTdr. Wertp.-Druck. auf gestrichenem Papier in Bogen zu 50 Marken; gez. K 14.

awz) „Am Strand", Prof. W. Womacka (* 1925)

axa) „Mähende Bergbauern", A. Egger-Lienz (1868—1925)

axb) „Kopf einer Bäuerin", W. Leibl (1844—1900)

axc) „Bildnis der Tochter", J. Venturelli (* 1924)

axd) „Oberschülerin", P. Michaelis (* 1914)

axe) „Mädchen mit Gitarre", L. Castelli (1805—1849)

1393. 10 (Pfg.) mehrfarbig ...... awz	2.—	3.—	1.—
1394. 15 (Pfg.) mehrfarbig ...... axa	12.—	12.—	1.—
1395. 20 (Pfg.) mehrfarbig ...... axb	2.—	5.—	1.—
1396. 40 (Pfg.) mehrfarbig ...... axc	5.—	20.—	2.—
1397. 50 (Pfg.) mehrfarbig ...... axd	50.—	40.—	3.—
1398. 70 (Pfg.) mehrfarbig ...... axe	40.—	100.—	12.—

Deutsche Demokratische Republik

1968, 29. Aug. So.-Ausg. Leipziger Herbstmesse 1968. ⌂ **Dorfstecher; RaTdr. Wertp.-Druck. in Bogen zu 50 Marken; gez. K 14.**

axf) Verschiedene Modelleisenbahnen

	EF	MeF	MiF
1399. 10 (Pfg.) mehrfarbig ...... axf	1.—	2.—	1.—

1968, 11. Sept. So.-Ausg. Talsperren. ⌂ **Weiss; Odr. Wertp.-Druck. in Bogen zu 50 Marken; gez. K 13: 12½, Nr. 1401 und 1402 ~.**

 axh) Talsperre Pöhl

 axi) Ohratalsperre

axg) Talsperre Spremberg axk) Rappbodetalsperre

1400.	5 (Pfg.) mehrfarbig ...... axg	4.—	5.—	1.—
1401.	10 (Pfg.) mehrfarbig ...... axh	2.—	3.—	1.—
1402.	15 (Pfg.) mehrfarbig ...... axi	30.—	30.—	10.—
1403.	20 (Pfg.) mehrfarbig ...... axk	2.—	5.—	1.—

1968, 18. Sept. So.-Ausg. 19. Olympische Sommerspiele Mexiko 1968. ⌂ **Henning; RaTdr. Wertp.-Druck. auf gestrichenem Papier in Bogen zu 50 Marken; gez. K 14.**

axl) Kurzstreckenläufer axr) Ruderer im Einer

axm) Stabhochspringer axn) Fußballspieler axo) Turnerin am Stufenbarren axp) Wasserballspieler

Auf jeder Marke noch die olympischen Ringe

1404.	5 (Pfg.) mehrfarbig ...... axl	4.—	5.—	1.—
1405.	10+ 5 (Pfg.) mehrfarbig . axm	3.—	4.—	2.—
1406.	20+10 (Pfg.) mehrfarbig .. axn	4.—	8.—	2.—
1407.	25 (Pfg.) mehrfarbig ...... axo	10.—	25.—	2.—
1408.	40 (Pfg.) mehrfarbig ...... axp	7.—	22.—	2.—
1409.	70 (Pfg.) mehrfarbig ...... axr	40.—	100.—	12.—

1968, 10. Okt. So.-Ausg. Internationale Mahn- und Gedenkstätten. ⌂ **Weiss; Odr. Wertp.-Druck. in Bogen zu 25 Marken; gez. K 13 : 13½.**

axs) Mahnmal Fort de Breendonk, Belgien

	EF	MeF	MiF
1410. 25 (Pfg.) mehrfarbig ...... axs	10.—	30.—	2.—

1968, 16. Okt. So.-Ausg. Nützliche Käfer. ⌂ **Priess; Odr. Wertp.-Druck. in Bogen zu 50 Marken; gez. K 13½ : 13.**

axt) Feldsandlaufkäfer (Cicindela campestris) axu) Schaufellaufkäfer (Cychrus caraboides) axv) Zweipunkt-Marienkäfer (Adalia bipunctata)

axw) Feldlaufkäfer (Carabus arcensis) axx) Feuerfleck-Stutzkäfer (Hister bipustulatus) axy) Schwarzhals-Buntkäfer (Pseudoclerops mutillarius)

1411.	10 (Pfg.) mehrfarbig ...... axt	3.—	4.—	1.—
1412.	15 (Pfg.) hellblauviolett/ mattblauviolett/schwarz axt	15.—	18.—	1.—
1413.	20 (Pfg.) mehrfarbig ...... axv	3.—	6.—	1.—
1414.	25 (Pfg.) hellbläul'violett/mattbläulichviolett/schwarz axw	25.—	55.—	10.—
1415.	30 (Pfg.) mehrfarbig ...... axx	60.—	50.—	5.—
1416.	40 (Pfg.) braunrot/hellrosa/ schwarz .... axy	7.—	22.—	2.—

Die verschiedenen Markenarten:

Ah.-Ausg.	= Aushilfs-Ausgabe
Einschr.-Marken	= Einschreibe-Marken
✈ Flp.-Ausg.	= Flugpost-Ausgabe
Freim.Ausg.	= Freimarken-Ausgabe
So.-Ausg.	= Sonder-Ausgabe
Wohlt.-Ausg.	= Wohltätigkeits-Ausgabe

Abkürzungen des Druckverfahrens:

Stdr.	= Steindruck
Odr.	= Offsetdruck
Bdr.	= Buchdruck
Sta-St. } StTdr.	= Stahlstich } Stichtiefdruck
Ku.-St.	= Kupferstich
RaTdr.	= Rastertiefdruck

1968, 29. Okt. 50. Jahrestag der November-Revolution.
Gottschall; Odr. Wertp.-Druck. in Bsogen zu 30 Marken; gez. K 13:12Ü1/2Ü.

axz) Kopf Lenins, Faksimile eines seiner Briefe

aya) Bewaffnete Revolutionäre in Berlin

ayb) Kopfbilder Karl Liebknechts und Rosa Luxemburgs

		EF	MeF	MiF
1417.	10 (Pfg.) orangerot/schwarz/ mattbraunoliv .... axz	1.—	2.—	1.—
1418.	20 (Pfg.) orangerot/schwarz/ dkl'olivgelb .... aya	1.—	5.—	1.—
1419.	25 (Pfg.) mehrfarbig ...... ayb	20.—	40.—	6.—

Lesen Sie bitte im Katalog das Vorwort und die Einführung. Sie ersparen sich dadurch manche Rückfrage.

1968, 12. Nov. So.-Ausg. Orchideen. Gottschall; RaTdr. Wertp.-Druck. in Bogen zu 25 Marken; gez. K 13.

ayc) Laelio-Cattleya Maggie Raphaela alba rubra

ayd) Paphiopedilum albertianum

aye) Cattleya fabia

ayf) Cattleya aclandiae

ayg) Sobralia macrantha

ayh) Dendrobium alpha

		EF	MeF	MiF			EF	MeF	MiF
1420.	5 (Pfg.) mehrfarbig ...... ayc	4.—	5.—	1.—	1423. 20 (Pfg.) mehrfarbig ...... ayf		3.—	6.—	1.—
1421.	10 (Pfg.) mehrfarbig ...... ayd	3.—	4.—	1.—	1424. 40 (Pfg.) mehrfarbig ...... ayg		6.—	20.—	2.—
1422.	15 (Pfg.) mehrfarbig ...... ayd	12.—	15.—	1.—	1425. 50 (Pfg.) mehrfarbig ...... ayh		80.—	60.—	10.—

Deutsche Demokratische Republik

1968, 27. Nov. 3. So.-Ausg. Deutsche Märchen.
🅜 Bläser; Odr. Wertp.-Druck.; gez. K 13½ : 13.

ayi—ayo) Szenen aus dem Märchen „Der gestiefelte Kater"

			EF	MeF	MiF
1426.	5 (Pfg.) mehrfarbig	ayi	10.—	10.—	1.—
1427.	10 (Pfg.) mehrfarbig	ayk	5.—	6.—	1.—
1428.	15 (Pfg.) mehrfarbig	ayl	15.—	22.—	10.—
1429.	20 (Pfg.) mehrfarbig	aym	5.—	18.—	8.—
1430.	25 (Pfg.) mehrfarbig	ayn	10.—	30.—	2.—
1431.	30 (Pfg.) mehrfarbig	ayo	60.—	50.—	7.—
	Kleinbogen		120.—	—.—	20.—

Nr. 1426–1431 wurden zusammenhängend in Kleinbogen gedruckt.

Zusammendrucke

Waagerecht:				BF
W. Zd. 198.	1426/1427	5/10		5.—
W. Zd. 199.	1428/1429	15/20		8.—
W. Zd. 200.	1430/1431	25/30		5.—

Senkrecht:
S. Zd. 88. | 1426/1428 | 5/15 | | 6.50
S. Zd. 89. | 1427/1429 | 10/20 | | 6.50
S. Zd. 90. | 1428/1430 | 15/25 | | 6.50
S. Zd. 91. | 1429/1431 | 20/30 | | 6.50
S. Zd. 92. | 1426/1428/1430 | 5/15/25 | | 9.—
S. Zd. 93. | 1427/1429/1431 | 10/20/30 | | 9.—

Weitere Ausgaben in gleicher bzw. ähnlicher Ausführung s. Übersichtstabelle nach Nr. 1241.

1968, 3. Dez. So.-Ausg. 20 Jahre Pionierorganisation „Ernst Thälmann". 🅜 Uhlich; Odr. Wertp.-Druck. in Bogen zu 50 Marken; gez. K 13:13½.

ayp—ayr) Spielende und musizierende Kinder der Pionierorganisation

			EF	MeF	MiF
1432.	10 (Pfg.) mehrfarbig	ayp	1.—	2.—	1.—
1433.	15 (Pfg.) mehrfarbig	ayr	10.—	10.—	1.—

1969, 15. Jan. 3. So.-Ausg. Bedeutende Bauten.
🅜 Dorfstecher; RaTdr. Wertp.-Druck. in Bogen zu 50 Marken; gez. K 14.

ays) Rathaus in Tangermünde, erbaut um 1430

ayt) Deutsche Staatsoper in Berlin, erbaut 1741—1743

ayu) Wallpavillon des Dresdner Zwingers, erbaut 1709—1732

ayv) Bürgerhaus in Luckau, erbaut 1699

ayw) Dornburger Rokoko-Schloß, erbaut 1736–1747

ayx) Haus „Zum Stockfisch", Erfurt, erbaut 1607

			EF	MeF	MiF
1434.	5 (Pfg.) mehrfarbig	ays	4.—	5.—	1.—
1435.	10 (Pfg.) mehrfarbig	ayt	3.—	4.—	1.—
1436.	20 (Pfg.) mehrfarbig	ayu	3.—	6.—	1.—
1437.	25 (Pfg.) mehrfarbig	ayv	15.—	40.—	6.—
1438.	30 (Pfg.) mehrfarbig	ayw	60.—	50.—	7.—
1439.	40 (Pfg.) mehrfarbig	ayx	6.—	20.—	2.—

In ähnlichen Zeichnungen: Nr. 1245–1250, 1379–1382, 1661 bis 1666.

1969, 5. Febr. 2. So.-Ausg. Bedeutende Persönlichkeiten. 🅜 Stauf; 🅢 Faulwasser (Nr. 1440 und 1441) und Bitzer (Nr. 1442 und 1443); StTdr. Wertp.-Druck. auf gestrichenem Papier in Bogen zu 50 Marken; gez. K 14.

ayy) Martin Andersen Nexö (1869 bis 1954), dänischer Dichter

ayz) Otto Nagel (1894 bis 1967), Maler

aza) Alexander von Humboldt (1769 bis 1859), Naturforscher

azb) Theodor Fontane (1819 bis 1898), Schriftsteller

1440.	10 (Pfg.) schwarzgrauoliv	ayy	1.—	2.—	1.—
1441.	20 (Pfg.) schw'karminbraun	ayz	1.—	5.—	1.—
1442.	25 (Pfg.) schwarzblau	aza	15.—	35.—	6.—
1443.	40 (Pfg.) dunkelbraun	azb	5.—	20.—	2.—

Weitere Werte in gleicher Ausführung s. Übersichtstabelle nach Nr. 1390.

Zum besseren Gebrauch des Kataloges empfehlen wir, die Einleitung zu lesen.

1969, 18. Febr. So.-Ausg. Verkehrssicherheit. ⌸
Heinrich; Odr. Wertp.-Druck. in Bogen zu 50 Marken; gez. K 13 : 13½.

 azc) Fußgänger, PKW, Verkehrsschild

 azd) PKW, Lastwagen, Verkehrsampel

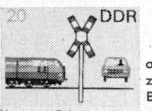 aze) Dieselzug, PKW, Bahnübergang

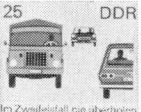 azf) Last- und Personenkraftwagen

		EF	MeF	MiF
1444.	5 (Pfg.) mehrfarbig ...... azc	4.—	5.—	1.—
1445.	10 (Pfg.) mehrfarbig ...... azd	2.—	3.—	1.—
1446.	20 (Pfg.) mehrfarbig ...... aze	2.—	5.—	1.—
1447.	25 (Pfg.) mehrfarbig ...... azf	14.—	35.—	6.—

1969, 26. Febr. So.-Ausg. Leipziger Frühjahrsmesse 1969. ⌸ Dorfstecher; RaTdr. Wertp.-Druck. in Bogen zu 50 Marken; gez. K 14.

 azg) Mähdrescher E 512

 azh) Offsetdruckmaschine Planeta-Variant

1448.	10 (Pfg.) mehrfarbig ...... azg	2.—	3.—	1.—
1449.	15 (Pfg.) mehrfarbig ...... azh	12.—	15.—	1.—

1969, 18. März. 4. So.-Ausg. Deutsche Märchen. ⌸ Bläser; Odr. Wertp.-Druck.; gez. K 13½ : 13.

azi—azo) Szenen aus dem Märchen „Jorinde und Joringel"

		EF	MeF	MiF
1450.	5 (Pfg.) mehrfarbig ...... azi	10.—	10.—	1.50
1451.	10 (Pfg.) mehrfarbig ...... azk	5.—	6.—	1.50
1452.	15 (Pfg.) mehrfarbig ...... azl	15.—	18.—	2.50
1453.	20 (Pfg.) mehrfarbig ...... azm	5.—	10.—	2.50
1454.	25 (Pfg.) mehrfarbig ...... azn	12.—	30.—	2.—
1455.	30 (Pfg.) mehrfarbig ...... azo	60.—	50.—	7.—
	Kleinbogen	120.—	—.—	15.—

Nr. 1450–1455 wurden zusammenhängend in Kleinbogen gedruckt.

Zusammendrucke

Waagerecht:			BF
W. Zd. 201.	1450/1451	5/10	4.—
W. Zd. 202.	1452/1453	15/20	6.—
W. Zd. 203.	1454/1455	25/30	6.—

Senkrecht:			
S. Zd. 94.	1450/1452	5/15	5.—
S. Zd. 95.	1451/1453	10/20	6.—
S. Zd. 96.	1452/1454	15/25	6.—
S. Zd. 97.	1453/1455	20/30	6.—
S. Zd. 98.	1450/1452/1454	5/15/25	10.—
S. Zd. 99.	1451/1453/1455	10/20/30	10.—

Weitere Ausgaben in gleicher bzw. ähnlicher Ausführung s. Übersichtstabelle nach Nr. 1241.

1969, 15. April. 1. So.-Ausg. Geschützte Pflanzen. ⌸ Deutschendorf; RaTdr. Wertp.-Druck. in Bogen zu 50 Marken; gez. K 14.

azp) Märzenbecher (Leucojum vernum)   azr) Adonisröschen (Adonis vernalis)   azs) Trollblume (Trollius europaeus)

azt) Türkenbund (Lilium martagon)   azu) Stranddistel (Eryngium maritimum)   azv) Breitblättriges Knabenkraut (Dactylorchis latifolia)

		EF	MeF	MiF
1456.	5 (Pfg.) mehrfarbig ...... azp	5.—	6.—	1.—
1457.	10 (Pfg.) mehrfarbig ...... azr	3.—	4.—	1.—
1458.	15 (Pfg.) mehrfarbig ...... azs	12.—	15.—	1.—
1459.	20 (Pfg.) mehrfarbig ...... azt	3.—	6.—	1.—
1460.	25 (Pfg.) mehrfarbig ...... azu	30.—	60.—	10.—
1461.	30 (Pfg.) mehrfarbig ...... azv	60.—	50.—	7.—

Weitere Ausgabe „geschützte Pflanzen": Nr. 1563–1568.

Deutsche Demokratische Republik

1969, 23. April. So.-Ausg. Waldbrandschutz-Erziehung. ℰ **Naumann; Odr. Wertp.-Druck. in Bogen zu 50 Marken; gez. K 12½ : 13.**

azw) Nadelbaumaufzucht im Pflanzengarten azx) Holzeinschlag und Harzgewinnung azy) Waldbach, Baumbestand azz) Waldsee mit Zeltplatz

Auf jeder Marke als Warnzeichen rotes Eichhörnchen

		EF	MeF	MiF
1462.	5 (Pfg.) mehrfarbig ...... azw	4.—	5.—	1.—
1463.	10 (Pfg.) mehrfarbig ...... azx	2.—	3.—	1.—
1464.	20 (Pfg.) mehrfarbig ...... azy	2.—	5.—	1.—
1465.	25 (Pfg.) mehrfarbig ...... azz	14.—	40.—	6.—

1969, 23. April. So.-Ausg. 50 Jahre Liga der Rotkreuzgesellschaften. Odr. Wertp.-Druck. in Bogen zu 50 Marken; gez. K 12½ : 13.

baa bab

baa—bab) Symbole der zur Liga gehörenden Organisationen in verschiedenen Darstellungen.

1466.	10 (Pfg.) mehrfarbig ...... baa	2.—	3.—	1.—
1467.	15 (Pfg.) mehrfarbig ...... bab	20.—	20.—	3.—

1969, 21. Mai. So.-Ausg. Minerale. ℰ **Grünewald; RaTdr. Wertp.-Druck. in Bogen zu 50 Marken; gez. K 14.**

bac) Erythrin aus Schneeberg   bad) Fluorit aus Halsbrücke   bae) Galenit aus Neudorf (Harz)

baf) Rauchquarz aus Lichtenberg   bag) Calcit aus Niederrabenstein   bah) Silber aus Freiberg

		EF	MeF	MiF
1468.	5 (Pfg.) mehrfarbig ...... bac	4.—	5.—	1.—
1469.	10 (Pfg.) mehrfarbig ...... bad	2.—	3.—	1.—
1470.	15 (Pfg.) mehrfarbig ...... bae	10.—	12.—	1.—
1471.	20 (Pfg.) mehrfarbig ...... baf	2.—	5.—	1.—
1472.	25 (Pfg.) mehrfarbig ...... bag	12.—	35.—	6.—
1473.	50 (Pfg.) mehrfarbig ...... bah	50.—	40.—	3.—

1969, 28. Mai. So.-Ausg. 2. Frauenkongreß der DDR. ℰ **Rieß; StTdr. Wertp.-Druck. in Bogen zu 50 Marken; gez. K 14.**

bai bak

bai—bak) Frauenköpfe und Symbole aus Industrie, Landwirtschaft und Wissenschaft

1474.	20 (Pfg.) braunkarmin/ dkl'blau .... bai	2.—	5.—	1.—
1475.	25 (Pfg.) blau/ bräunlichkarmin .... bak	10.—	30.—	5.—

1969, 4. Juni. 3. Wohlt.-So.-Ausg. Unbesiegbares Vietnam. ℰ **Schütz; Odr. Wertp.-Druck. in Bogen zu 50 Marken; gez. K 13½ : 13.**

bal) Bewaffnete Vietnamesen

1476.	10+5 (Pfg.) mehrfarbig ... bal	2.—	2.—	2.—

1969, 4. Juni. 1. So.-Ausg. Nationale Briefmarkenausstellung ,,20 Jahre DDR", Magdeburg (31. 10. bis 9. 11. 1969). ℰ **Hennig; RaTdr. Wertp.-Druck. in Bogen zu 50 Marken; gez. K 14.**

bam) Abzeichen des Philatelistenverbandes der DDR

1477.	10 (Pfg.) scharlach/ violettultramarin/gold . bam	2.—	3.—	1.—

EF = Einzelfrankatur. Der Preis gilt für die betreffende Marke allein auf Postbeleg.

MeF = Mehrfachfrankatur. Der Preis gilt für eine Frankatur mit 2 Stück der betreffenden Marke. Weitere Stücke der gleichen Marke sind mit dem Preis für lose ⊙ hinzuzurechnen.

MiF = Mischfrankatur. Der Preis gilt für die teuerste der auf dem Postbeleg befindlichen Marken. Weitere Marken werden mit dem Preis für lose ⊙ hinzugerechnet.

BF = Belegfrankatur, jeweils niedrigste Preisbewertung, wobei die Feststellung des Bewertungsverhältnisses zwischen EF, MeF und MiF nicht möglich ist oder noch fehlt.

1969, 4. Juni. Wohlt.-So.-Ausg. Weltfriedenstreffen in Berlin (Ost) (21.–24. 6. 1969). Rieß; Odr.; Wertp.-Druck. in Bogen zu 10 Streifen; gez. K 13¼:13.

ban) Kinder unter dem Schutz des Vaters

bao) Berliner Bauwerke: Brandenburger Tor, Staatsratsgebäude, sowj. Ehrenmal, Rathausturm, Fernsehturm, Kongreßhalle

bap) Arbeiter verschiedener Völkerrassen

			EF	MeF	MiF
1478.	10 (Pfg.) mehrfarbig	ban	5.—	8.—	3.—
1479.	20+5 (Pfg.) mehrfarbig	bao	5.—	12.—	4.—
1480.	25 (Pfg.) mehrfarbig	bap	8.—	30.—	4.—

Nr. 1478–1480 wurden zusammenhängend gedruckt.

Zusammendrucke (nur waagerecht):

			BF
W. Zd. 204.	1478/1479	10/20	15.—
W. Zd. 205.	1479/1480	20/25	15.—
W. Zd. 206.	1480/1478	25/10	18.—
W. Zd. 207.	1478/1479/1480	10/20/25	20.—
W. Zd. 208.	1479/1480/1478	20/25/10	25.—
W. Zd. 209.	1480/1478/1479	25/10/20	25.—

1969, 4. Juni. Freim.-Ausg. Staatsratsvorsitzender Ulbricht. Jetzt Wertzeichnung M. und Wolf; StTdr. Wertp.-Druck. in Bogen zu 50 Marken; gez. K 14.

bar) Walter Ulbricht (1893—1973)

			EF	MeF	MiF
1481.	1 M. schwarzoliv	bar	4.—	30.—	2.—
1482.	2 M. dunkelsiena	bar	25.—	70.—	4.—

In gleicher Zeichnung, Wertbezeichnung DM: Nr. 968, 969; Wertbezeichnung MDN: Nr. 1087, 1088; als 20-Pfg.-Sondermarke: Nr. 1870; in kleinerem Format und Bdr.: s. Übersichtstabelle nach Nr. 848.

1969, 18. Juni. So.-Ausg. 5. Deutsches Turn- und Sportfest, Leipzig, 24.–27. Juli 1969. Rieß; komb. StTdr. und RaTdr. Wertp.-Druck. in Bogen zu 50 Marken; gez. K 14.

bas) Sportler mit Fahne, Völkerschlachtdenkmal in Leipzig

bat) Gymnastische Übungen

bau) Sportschau im Stadion

bav) Kunstausstellung mit Sportmotiven

baw) Fahnenschwinger und Leichtathleten

bax) Fahnenweihe, Altes Rathaus in Leipzig

			EF	MeF	MiF
1483.	5 (Pfg.) mehrfarbig	bas	5.—	5.—	1.—
1484.	10+5 (Pfg.) mehrfarbig	bat	3.—	4.—	1.—
1485.	15 (Pfg.) mehrfarbig	bau	15.—	18.—	1.—
1486.	20+5 (Pfg.) mehrfarbig	bav	3.—	6.—	1.—
1487.	25 (Pfg.) mehrfarbig	baw	18.—	40.—	6.—
1488.	30 (Pfg.) mehrfarbig	bax	60.—	45.—	7.—

1969, 20. Juni. So.-Ausg. 75 Jahre olympische Bewegung der Neuzeit. Stauf; Stauf (Nr. 1489), Bitzer (Nr. 1490); komb. StTdr. und RaTdr. Wertp.-Druck. in Bogen zu 25 Marken; gez. K 14.

bay) Coubertin-Büste von Wieland Förster, Bildhauer

baz) Coubertin-Stele im Hain von Olympia

Wenn Sie eine eilige philatelistische Anfrage haben, rufen Sie bitte (0 89) 3 23 93-2 24.
Die MICHEL-Redaktion gibt Ihnen gerne Auskunft.

		EF	MeF	MiF
1489. 10 (Pfg.) mattürkisblau/ violettschwarz	bay	1.—	2.—	1.—
1490. 25 (Pfg.) mattrot/ violettschwarz	baz	12.—	35.—	6.—

1969, 29. Juli. So.-Ausg. Weltmeisterschaften 1969 in der DDR. ⓩ **Stauf; RaTdr. Wertp.-Druck. in Bogen zu 50 Marken; gez. K 14.**

bba) 16. Studenten-weltmeisterschaft im Schach; Springer
bbb) Hallenradsport-Weltmeisterschaften; Rad
bbc) 2. Weltpokal im Volleyball; Ball und Netz

1491. 20 (Pfg.) mittelrot/gold/ schwarzlila	bba	2.—	5.—	1.—
1492. 20 (Pfg.) mehrfarbig	bbb	2.—	5.—	1.—
1493. 20 (Pfg.) mehrfarbig	bbc	2.—	5.—	1.—

1969, 27. Aug. So.-Ausg. Leipziger Herbstmesse 1969. ⓩ **Dorfstecher; Odr. Wertp.-Druck. in Bogen zu 50 Marken; gez. K 12½ : 13.**

bbd) Verschiedene Messemuster in stilis. Form

| 1494. 10 (Pfg.) mehrfarbig ...... | bbd | 1.— | 2.— | 1.— |

1969, 23. Sept. 1. So.-Ausg. 20 Jahre DDR. ⓩ **Voigt und Lipsch; RaTdr. Wertp.-Druck. auf gestrichenem Papier in Bogen zu 50 Marken; gez. K 14.**

bbe) Rostock — Haus der Schiffahrt, Hotel „Warnow"
bbf) Neubrandenburg — Hochhaus für Kultur

bbg) Potsdam — Interhotel, Nikolai-Kirche
bbh) Eisenhüttenstadt — Wohnblocks

Alle Marken der DDR von 1004–3343 gültig bis 2.10.1990.

bbi) Hoyerswerda — Warenhaus
bbk) Magdeburg — Wohnblocks

bbl) Halle-Neustadt — Wohnanlage
bbm) Suhl — Wohnhochhaus Hotel „Thüringen-Tourist"

bbn) Dresden — Kulturpalast
bbo) Leipzig — Universitäts-Silhouette, Karl-Marx-Platz

bbp) Karl-Marx-Stadt — Wohnanlagen
bbr) Berlin — Blick vom Strausberger Platz

		EF	MeF	MiF
1495. 10 (Pfg.) mehrfarbig......	bbe	1.—	3.—	1.—
1496. 10 (Pfg.) mehrfarbig......	bbf	1.—	3.—	1.—
1497. 10 (Pfg.) mehrfarbig......	bbg	1.—	3.—	1.—
1498. 10 (Pfg.) mehrfarbig......	bbh	1.—	3.—	1.—
1499. 10 (Pfg.) mehrfarbig......	bbi	1.—	3.—	1.—
1500. 10 (Pfg.) mehrfarbig......	bbk	1.—	3.—	1.—
1501. 10 (Pfg.) mehrfarbig......	bbl	1.—	3.—	1.—
1502. 10 (Pfg.) mehrfarbig......	bbm	1.—	3.—	1.—
1503. 10 (Pfg.) mehrfarbig......	bbn	1.—	3.—	1.—
1504. 10 (Pfg.) mehrfarbig......	bbo	1.—	3.—	1.—
1505. 10 (Pfg.) mehrfarbig......	bbp	1.—	3.—	1.—
1506. 10 (Pfg.) mehrfarbig......	bbr	1.—	3.—	1.—

Die Preisnotierungen sind Richtwerte auf DM-Basis, Preisbewegungen nach oben und unten sind aufgrund von Angebot und Nachfrage die Regel.

1969, 23. Sept. 1. So.-Ausg. in Blockform. 20 Jahre DDR. Ⓚ Voigt und Lipsch; RaTdr. Wertp.-Druck. auf gestrichenem Papier; gez. Ks 14.

1969, 6. Okt. 2. So.-Ausg. in Blockform. 20 Jahre DDR. Ⓚ Stauf; Odr. Wertp.-Druck. auf gestrichenem Papier; gez. Ks 13:12½.

bbs) Rotes Rathaus, Marienkirche, Fernsehturm (Luftaufnahme)

bbu) Festzug und Fahnen

		EF	MeF	MiF
1507. 1 M. mehrfarbig	bbs	40.—	100.—	10.—
Block 28 (88:110 mm)	bbt	60.—	—.—	10.—

		EF	MeF	MiF
1508. 1 M. mehrfarbig	bbu	50.—	100.—	10.—
Block 29 (110:154 mm)	bbv	65.—	—.—	10.—

MICHEL informiert

MICHEL ist das einzige Katalogwerk, welches alle Postwertzeichen der Welt chronologisch aufzeichnet. Durch jahrzehntelange Erfahrung und ständige Überarbeitung sind MICHEL-Kataloge im Aufbau, in der Übersicht, in der Genauigkeit und in der Ausführlichkeit unübertroffen.

Regelmäßige Marktbeobachtung sowie neutrale Preiserfassung sind die Gewähr für fundierte Notierungen. MICHEL-Kataloge sind philatelistische Lexika, sie geben Auskunft über alle wichtigen Daten von Briefmarken und Ganzsachen, sie vermitteln Sicherheit und präzises Wissen.

Die systematische Erfassung der Postwertzeichen, die durchdachte Gliederung der Markengattungen sowie die ausführliche Bebilderung gestatten rasche Orientierung und schnelles Auffinden jeder gesuchten Information. Aufgrund ihrer kompakten Festigkeit sind MICHEL-Kataloge äußerst stabile und mobile Unterlagen. Jede Neuauflage eines MICHEL-Kataloges ist komplett überarbeitet sowie ergänzt und erweitert und entspricht somit immer der jüngsten Situation des Marktes und der philatelistischen Erkenntnisse. Als Grundlage für die Ermittlung der Preisnotierungen dienen Unterlagen des Briefmarken-Groß- und Einzelhandels, von Sammlern sowie Arbeitsgemeinschaften im In- und Ausland.

1969, 6. Okt. 3. So.-Ausg. 20 Jahre DDR. Detlefsen; RaTdr. Wertp.-Druck. auf gestrichenem Papier in Bogen zu 50 Marken; gez. Ks 14.

bbw) Fernseh- und UKW-Turm, Berlin
bbx) Kugel des Fernseh- und UKW-Turms, Testbild

	EF	MeF	MiF
1509. 10 (Pfg.) mehrfarbig ..... bbw	1.—	2.—	1.—
1510. 20 (Pfg.) mehrfarbig ..... bbx	2.—	5.—	1.—

1969, 6. Okt. 4. So.-Ausg. in Blockform. 20 Jahre DDR. Detlefsen; RaTdr. Wertp.-Druck. auf gestrichenem Papier; gez. Ks 14.

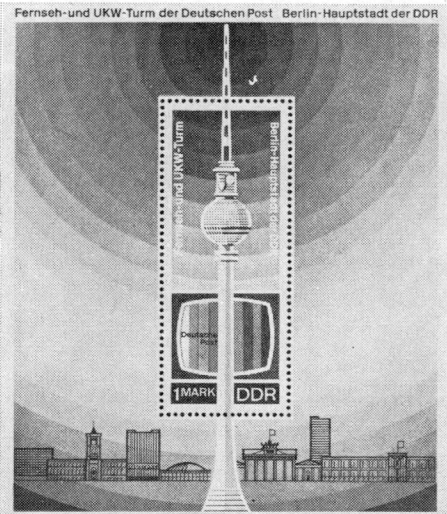

bby) Fernseh- und UKW-Turm, Berlin; Testbild
bbz) Berliner Bauten (Ostberlin)

1511. 1 M. mehrfarbig .... bby	40.—	100.—	10.—
Block 30 (94:114 mm) .... bbz	60.—	—.—	10.—

1969, 28. Okt. So.-Ausg. Internationale Mahn- und Gedenkstätten. Gottschall und Rieß; Odr. Wertp.-Druck. auf gestrichenem Papier in Bogen zu 25 Marken; gez. K 13:13½.

bca) Mahnmal Kopenhagen/Ryvangen, Dänemark

	EF	MeF	MiF
1512. 25 (Pfg.) mehrfarbig ...... bca	6.—	20.—	2.—

1969, 28. Okt. 2. So.-Ausg. Nationale Briefmarkenausstellung „20 Jahre DDR", Magdeburg (31.10. bis 9.11.1969). Hennig; Odr. Wertp.-Druck. in Bogen zu 30 Marken; gez. K 13:12½.

bcb) Magdeburg: Otto-von-Guericke-Denkmal, Dom und Hotel International

bcc) „Experiment mit den Magdeburger Halbkugeln" — historische Darstellung nach der Erfindung Guerickes

1513. 20 (Pfg.) mehrfarbig ...... bcb	2.—	5.—	1.—
1514. 40+10 (Pfg.) mehrfarbig .. bcc	20.—	50.—	7.—

1969, 28. Okt. So.-Ausg. 36. Kongreß des Internationalen Messeverbandes (UFI), Leipzig (28. 10. bis 30. 10. 1969). Bertholdt; Odr. Wertp.-Druck in Bogen zu 50 Marken; gez. K 13 : 13½.

bcd) Emblem der UFI, Hintergrundzeichnung MM vielfach

1515. 10 (Pfg.) mehrfarbig ...... bcd	2.—	3.—	1.—
1516. 15 (Pfg.) mehrfarbig ...... bcd	20.—	25.—	8.—

Die MICHEL-Rundschau – gesammelt griffbereit!

Die MICHEL-Rundschau-Sammelmappe, aus blauer PVC-Folie mit Goldaufdruck und der bewährten Federstabmechanik, bietet Platz für die 12 Ausgaben eines Jahres.

So schaffen Sie Ordnung und Übersicht – können aber mühelos jede MICHEL-Rundschau herausnehmen und später wieder einordnen.

Fragen Sie bei Ihrem Briefmarkenhändler nach der MICHEL-Rundschau-Sammelmappe.

Deutsche Demokratische Republik

1969, 12. Nov. So.-Ausg. 50 Jahre Internationale Arbeiterorganisation (IAO). Ⓐ **Dorfstecher; RaTdr. Wertp.-Druck. auf gestrichenem Papier in Bogen zu 50 Marken; gez. K 14.**

bce) 2 Fäuste mit Schraubenschlüsseln — Sinnbild des Jubiläumsjahres

		EF	MeF	MiF
1517.	20 (Pfg.) dkl'blaugrün/silber .... bce	2.—	5.—	1.—
1518.	25 (Pfg.) karminlila/silber . bce	12.—	35.—	6.—

1969, 12. Nov. So.-Ausg. 550 Jahre Universität Rostock. Ⓐ **Bertholdt; Odr. Wertp.-Druck. auf gestrichenem Papier in Bogen zu 50 Marken; gez. K 12½ : 13.**

bcf) Signet der Universität, Universitätsgebäude

bcg) Turbinenläufer einer Dampfturbine, Signet der Universität

1519.	10 (Pfg.) mehrfarbig ...... bcf	2.—	3.—	1.—
1520.	15 (Pfg.) mehrfarbig ...... bcg	30.—	30.—	10.—

1969, 25. Nov. So.-Ausg. Lausitzer Volkskunst. Ⓐ **Dorfstecher; Odr. Wertp.-Druck. auf gestrichenem Papier in Bogen zu 50 Marken; gez. K 13½:13.**

bch) Form für Weihnachtsgebäck

bci) Kunstvoller Teller (Lausitz)

bck) Handgeformtes Backwerk

1521.	10 (Pfg.) mehrfarbig ...... bch	20.—	30.—	8.—
1522.	20+5 (Pfg.) mehrfarbig .... bci	3.—	8.—	1.—
1523.	50 (Pfg.) mehrfarbig ...... bck	80.—	60.—	10.—

Nr. 1521 und 1523 wurden zusammenhängend gedruckt.

Zusammendrucke (nur waagerecht):

			BF
W. Zd. 210.	1521/1523	10/50	30.—
W. Zd. 211.	1523/1521	50/10	30.—
W. Zd. 212.	1521/1523/1521	10/50/10	45.—
W. Zd. 213.	1523/1521/1523	50/10/50	50.—

1969, 2. Dez. 1. So.-Ausg. Flugzeugtypen. Ⓐ **Bormann; Odr. Wertp.-Druck. auf gestrichenem Papier in Bogen zu 50 Marken; gez. K 13:12½.**

bcl) Antonov AN-24, Reiseverkehrsmaschine, Hochdecker

bcm) Iljushin IL-18, Reiseverkehrsmaschine

bcn) Tupolev TU-134, Turbinenluftstrahlflugzeug

bco) MI-8, Turbinenhubschrauber für Spezialflüge

			EF	MeF	MiF
1524.	20 (Pfg.) mehrfarbig	bcl	2.—	5.—	1.—
1525.	25 (Pfg.) mehrfarbig	bcm	30.—	55.—	10.—
1526.	30 (Pfg.) mehrfarbig	bcn	60.—	50.—	3.—
1527.	50 (Pfg.) mehrfarbig	bco	50.—	40.—	3.—

In ähnlichen Zeichnungen: Nr. 1749–1752.

1969, 10. Dez. So.-Ausg. Russisch-sowjetische Malerei. Ⓐ **Naumann und Deutschendorf; RaTdr. Wertp.-Druck. auf gestrichenem Papier in Bogen zu 30 Marken; gez. K 13.**

bcp) „Sibirische Lehrerin", von D. K. Sweschnikov (*1912)

bcr) „Der Stahlwerker", von W. A. Serov (1910–1966)

bcs) „Stilleben", von E. A. Aslamasjan (*1907)

bct) „Warmer Tag", von J. D. Romas (*1902)

bcu) „Wieder wird es Frühling", von L. W. Kabatschek (*1924)

bcv) „Mann am Fluß", von W. J. Makowski (1846—1920)

1528.	5 (Pfg.) mehrfarbig .... bcp	4.—	4.—	1.—
1529.	10 (Pfg.) mehrfarbig .... bcr	2.—	3.—	1.—
1530.	20 (Pfg.) mehrfarbig .... bcs	2.—	5.—	1.—
1531.	25 (Pfg.) mehrfarbig .... bct	20.—	40.—	6.—
1532.	40 (Pfg.) mehrfarbig .... bcu	5.—	20.—	2.—
1533.	50 (Pfg.) mehrfarbig .... bcv	50.—	40.—	3.—

Mit MICHEL immer gut informiert

1970, 20. Jan. 3. So.-Ausg. Bedeutende Persönlichkeiten. ⓢ Stauf; Ⓢ Nr. 1534, 1535, 1539 Faulwasser, Nr. 1536–1538 Bitzer; StTdr. Wertp.-Druck. in Bogen zu 50 Marken; gez. K 14.

bcw) Ernst Barlach (1870—1938), Bildhauer, Grafiker und Dichter

bcx) Johann Gutenberg (ca. 1399—1468), Erfinder des Buchdruckes

bcy) Kurt Tucholsky (1890—1935), Schriftsteller

bcz) Ludwig van Beethoven (1770 bis 1827), Komponist

bda) Friedrich Hölderlin (1770 bis 1843), Dichter

bdb) G. W. F. Hegel (1770—1831), Philosoph

		EF	MeF	MiF
1534.	5 (Pfg.) blauviolettschwarz .... bcw	3.—	4.—	1.—
1535.	10 (Pfg.) dkl'violettbraun .. bcx	2.—	3.—	1.—
1536.	15 (Pfg.) violettblau .... bcy	10.—	10.—	1.—
1537.	20 (Pfg.) bläulichviolett.... bcz	2.—	5.—	1.—
1538.	25 (Pfg.) dkl'grünlichblau .. bda	14.—	40.—	6.—
1539.	40 (Pfg.) dkl'rosalila ...... bdb	5.—	20.—	2.—

Weitere Werte in gleicher Ausführung s. Übersichtstabelle nach Nr. 1390.

1970, 20. Jan. Freim.-Erg.-Wert Staatsratsvorsitzender Ulbricht. ⓢ und Bdr. Wertp.-Druck.; *Wz. 3 Y;* gez. K 14.

yh) Walter Ulbricht (1893—1973)

1540.	1 M. braunoliv .... yh	10.—	20.—	8.—

Weitere Werte in gleicher Zeichnung s. Übersichtstabelle nach Nr. 848.

1970, 5. Febr. So.-Ausg. 525. Internationale Rauchwarenauktion, Leipzig 7.–12. Febr. 1970. ⓢ Bengs; RaTdr. Wertp.-Druck. auf gestrichenem Papier in Bogen zu 50 Marken; gez. K 14.

bdc) Kaninchen

bdd) Fuchs

bde) Nerz

bdf) Hamster

		EF	MeF	MiF
1541.	10 (Pfg.) mehrfarbig ...... bdc	3.—	4.—	1.—
1542.	20 (Pfg.) mehrfarbig ...... bdd	3.—	6.—	1.—
1543.	25 (Pfg.) mehrfarbig ...... bde	30.—	60.—	10.—
1544.	40 (Pfg.) mehrfarbig ...... bdf	6.—	22.—	2.—

1970, 17. Febr. 5. So.-Ausg. Deutsche Märchen. ⓢ Bläser; Odr. Wertp.-Druck. auf gestrichenem Papier; gez. K 13½:13.

bdg—bdm) Darstellungen aus dem Märchen „Brüderchen und Schwesterchen"

1545.	5 (Pfg.) mehrfarbig ...... bdg	5.—	10.—	1.—
1546.	10 (Pfg.) mehrfarbig ...... bdh	3.—	6.—	1.—
1547.	15 (Pfg.) mehrfarbig ...... bdi	12.—	18.—	2.—
1548.	20 (Pfg.) mehrfarbig ...... bdk	3.—	8.—	2.—
1549.	25 (Pfg.) mehrfarbig ...... bdl	10.—	30.—	2.—
1550.	30 (Pfg.) mehrfarbig ..... bdm	60.—	50.—	3.—
	Kleinbogen	120.—	.—	20.—

Nr. 1545–1550 wurden zusammenhängend in Kleinbogen gedruckt.

Die Bildbeschreibungen zu den Markenabbildungen sind so ausführlich wie möglich gehalten!

Deutsche Demokratische Republik

Zusammendrucke

Waagerecht:
			BF
W. Zd. 214.	1545/1546	5/10	5.—
W. Zd. 215.	1547/1548	15/20	8.—
W. Zd. 216.	1549/1550	25/30	5.—

Senkrecht:
S. Zd. 100.	1545/1547	5/15	6.—
S. Zd. 101.	1546/1548	10/20	6.—
S. Zd. 102.	1547/1549	15/25	6.—
S. Zd. 103.	1548/1550	20/30	6.—
S. Zd. 104.	1545/1547/1549	5/15/25.	8.—
S. Zd. 105.	1546/1548/1550	10/20/30	8.—

Weitere Ausgaben in gleicher bzw. ähnlicher Ausführung s. Übersichtstabelle nach Nr. 1241.

1970, 24. Febr. So.-Ausg. Leipziger Frühjahrsmesse 1970. ⓩ Gottschall; Odr. Wertp.-Druck. auf gestrichenem Papier in Bogen zu 50 Marken; Nr. 1551 gez. K 13 : 12½, Nr. 1552 ~.

bdn) Koordinatenschalter-
zentrale ATZ 65

bdo) Hochspannungs-Prüftransformator

	EF	MeF	MiF
1551. 10 (Pfg.) mehrfarbig ...... bdn	1.—	2.—	1.—
1552. 15 (Pfg.) mehrfarbig ...... bdo	8.—	12.—	1.—

1970, 10. März. So.-Ausg. Archäologische Funde. Voigt; RaTdr. Wertp.-Druck. auf gestrichenem Papier in Bogen zu 30 Marken; gez. K 13.

bdp) Reiterstein (700 n. Chr.);
Fundort Hornhausen

bdr) Spangenhelm
(500 n. Chr.);
Fundort Stößen

bds) Bronzebecken
(100 v. Chr.);
Fundort Schadeleben

bdt) Tontrommel
(2500 v. Chr.);
Fundort Leuna-Rössen

1553.	10 (Pfg.) dkl'gelbgrün/schwarz-lilabraun/mattolivgrau.. bdp	2.—	3.—	1.—
1554.	20 (Pfg.) mehrfarbig ...... bdr	2.—	5.—	1.—
1555.	25 (Pfg.) orangegelb/dkl'blau-grün/schwarz........ bds	14.—	40.—	6.—
1556.	40 (Pfg.) mehrfarbig ...... bdt	5.—	20.—	2.—

1970, 16. April. So.-Ausg. 100. Geburtstag Lenins. ⓩ Stauf; komb. StTdr. und RaTdr. Wertp.-Druck. auf gestrichenem Papier in Bogen zu 25 Marken; gez. K 14.

bdu) Lenin, Druckerpresse,
Zeitung „Iskra"

Ⓢ Bitzer

bdv) Lenin und Clara Zetkin

Ⓢ Faulwasser

bdw) Lenin, Buchtitel
„Staat und Revolution"

Ⓢ Bitzer

bdx) Lenin-Denkmal,
Eisleben

Ⓢ Bitzer

bdy) Leninplatz in Berlin
(Ost)

Ⓢ Bitzer

	EF	MeF	MiF
1557. 10 (Pfg.) mehrfarbig ...... bdu	2.—	3.—	1.—
1558. 20 (Pfg.) mehrfarbig ...... bdv	2.—	5.—	1.—
1559. 25 (Pfg.) mehrfarbig ...... bdw	30.—	60.—	10.—
1560. 40 (Pfg.) mehrfarbig ...... bdx	5.—	20.—	2.—
1561. 70 (Pfg.) mehrfarbig ...... bdy	8.—	40.—	3.—

Folienmaterial (zum Schutz oder zur Unterbringung) soll säurefrei und ohne „Weichmacher" sein (= dokumentenecht).

Deutsche Demokratische Republik

1970, 16. April. So.-Ausg. in Blockform. 100. Geburtstag Lenins. ⌧ **Stauf; komb. StTdr. und RaTdr. auf gestrichenem Papier; gez. Ks 14.**

bdz) Lenin-Porträt
bea) Medaillons von Marx und Engels

		EF	MeF	MiF
1562.	1 M. mehrfarbig .... bdz	50.—	120.—	25.—
Block	*31* (118:83 mm) .... bea	60.—	120.—	25.—

1970, 28. April. 2. So.-Ausg. Geschützte Pflanzen. ⌧ **Gottschall; RaTdr. Wertp.-Druck. auf gestrichenem Papier in Bogen zu 50 Marken; gez. K 14.**

beb) Meerkohl   bec) Heide-Küchenschelle   bed) Fransen-Enzian

bee) Helmknabenkraut   bef) Sumpfporst   beg) Rundblättriges Wintergrün

1563.	10 (Pfg.) mehrfarbig ...... beb	3.—	3.—	1.—
1564.	20 (Pfg.) mehrfarbig ...... bec	2.—	5.—	1.—
1565.	25 (Pfg.) mehrfarbig ...... bed	30.—	60.—	10.—
1566.	30 (Pfg.) mehrfarbig ...... bdf	60.—	50.—	3.—
1567.	40 (Pfg.) mehrfarbig ...... bef	5.—	20.—	2.—
1568.	70 (Pfg.) mehrfarbig ...... beg	8.—	40.—	3.—

Weitere Ausgabe „geschützte Pflanzen": Nr. 1456–1461.

1970, 5. Mai. So.-Ausg. 25. Jahrestag der Befreiung. ⌧ **Nr. 1569 Stauf, Nr. 1570 und 1571 Gottschall; Odr. Wertp.-Druck. auf gestrichenem Papier in Bogen zu 25 Marken; gez. K 13:13½.**

  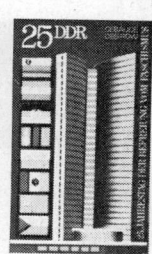

beh) Sowjets auf dem Reichstagsgebäude in Berlin, Mai 1945
bei) Zeitungstitel von 1964, Wappen und Wahrzeichen von Berlin-Ost und Moskau
bek) Gebäude des Rates für Wirtschaftshilfe in Moskau und Flaggen

		EF	MeF	MiF
1569.	10 (Pfg.) mehrfarbig ...... beh	1.—	2.—	1.—
1570.	20 (Pfg.) mehrfarbig ...... bei	2.—	5.—	1.—
1571.	25 (Pfg.) mehrfarbig ...... bek	14.—	35.—	6.—

1970, 5. Mai. So.-Ausg. in Blockform. 25. Jahrestag der Befreiung. ⌧ **Sauer; Odr. Wertp.-Druck. auf gestrichenem Papier; gez. Ks 13½ : 13.**

bel) Figurengruppe der Buchenwald-Gedenkstätte   bem

1572.	70 (Pfg.) mehrfarbig ...... bel	40.—	100.—	15.—
Block	*32* (135:105 mm) ...... bem	50.—	—.—	15.—

Block 32 weist rechts in der 1. Zeile der Randbeschriftung immer den Setzfehler SC̲WÖREN (ohne „H") auf.

Die Ausführlichkeit der MICHEL-Kataloge
ist international anerkannt.

1970, 13. Mai. So.-Ausg. 25 Jahre Deutscher Demokratischer Rundfunk. ⓔ Gottschall; Odr. Wertp.-Druck. auf gestrichenem Papier in Bogen zu 15 Zusammendrucken; gez. K 13½:13.

 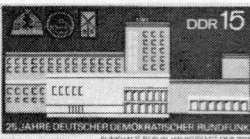

ben) Kurzwellenantenne von Radio Berlin (Ost) vor Erdkugel

beo) Funkhaus Berlin-Ost, Embleme vom Berliner Rundfunk, Radio DDR und Deutschlandsender

		EF	MeF	MiF
1573.	10 (Pfg.) helllgelboliv/violettblau/mattkobalt .... ben	17.—	28.—	8.—
1574.	15 (Pfg.) violettblau/hellgelboliv/rosakarmin ...... ben	25.—	30.—	10.—

Nr. 1573 und 1574 wurden zusammenhängend gedruckt.
Nr. 1573 weist die fehlerhafte Inschrift INTERNATIAONAL auf.

Zusammendrucke (nur waagerecht):

			BF
W. Zd. 217.	1573/1574	10/15	15.—
W. Zd. 218.	1574/1573	15/10	18.—
W. Zd. 219.	1573/1574/1573	10/15/10	20.—
W. Zd. 220.	1574/1573/1574	15/10/15	20.—

1970, 19. Mai. So.-Ausg. 5. Welt-Getreide- und Brotkongreß, 24.—29. Mai 1970, Dresden. ⓔ Berthold; Odr. Wertp.-Druck. auf gestrichenem Papier in Bogen zu 15 Zusammendrucken; gez. K 13½:13.

bep) Erdkugel und Ähre
  Zierfeld
  ber) Kulturpalast, Dresden; Ähre

1575.	20 (Pfg.) mehrfarbig	bep	20.—	40.—	6.—
1576.	25 (Pfg.) mehrfarbig	ber	30.—	60.—	10.—

Nr. 1575–1576 wurden im Zusammendruck mit mittlerem Zierfeld hergestellt.

Zusammendrucke (nur waagerecht):

			BF
W. Zd. 221.	1575/Zf.	20/Zf.	12.—
W. Zd. 222.	Zf./1576	Zf./25	15.—
W. Zd. 223.	1576/1575	25/20	24.—
W. Zd. 224.	1575/Zf./1576	20/Zf./25.	20.—
W. Zd. 225.	Zf./1576/1575	Zf./25/20.	24.—
W. Zd. 226.	1576/1575/Zf.	25/20/Zf.	24.—

Abkürzungen:

ⓔ = Entwurf   Bdr. = Buchdruck
ⓢ = Stich   RaTdr. = Rastertiefdruck
Odr. = Offsetdruck StTdr. = Stichtiefdruck

1970, 9. Juni. So.-Ausg. 25 Jahre Freier Deutscher Gewerkschaftsbund (FDGB) und 25 Jahre Weltgewerkschaftsbund (WGB). ⓔ Bengs; Odr. Wertp.-Druck. in Bogen zu 50 Marken; gez. K 13:12½.

bes) Fritz-Heckert-Medaille, FDGB-Abzeichen
bet) Erdkugelhälften mit Abkürzung FSM

		EF	MeF	MiF
1577.	20 (Pfg.) scharlach/grünlichgelb/braunocker .... bes	2.—	5.—	1.—
1578.	25 (Pfg.) scharlach/grünlichgelb/mittelblau .... bet	15.—	40.—	6.—

1970, 23. Juni. So.-Ausg. 25 Jahre Volkspolizei. ⓔ Zill; Odr. Wertp.-Druck. in Bogen zu 50 Marken; gez. K 13:12½.

beu) Motorradstreife der Verkehrsüberwachung

bev) Volkspolizistin, Junge Pioniere
bew) Funkstreifenwagen Typ „Wolga"

bex) Transportpolizist mit Funksprechgerät
bey) Tragflächenboot, Typ „Wolga", der Wasserschutzpolizei

1579.	5 (Pfg.) mehrfarbig	beu	4.—	4.—	1.—
1580.	10 (Pfg.) mehrfarbig	bev	2.—	3.—	1.—
1581.	15 (Pfg.) mehrfarbig	bew	10.—	12.—	1.—
1582.	20 (Pfg.) mehrfarbig	bex	2.—	5.—	1.—
1583.	25 (Pfg.) mehrfarbig	bey	15.—	40.—	6.—

1970, 23. Juni. So.-Ausg. Archäologische Forschung der Humboldt-Universität, Berlin. ⓔ Bertholdt; RaTdr. Wertp.-Druck. in Bogen zu 25 Marken; gez. K 14.

bfd) Gott Arensnuphis

Deutsche Demokratische Republik

bez) Götter Amon, Schu und Tefnut

bfa) Kopf des Königs Arnekhamani

bfb) Teil des Rinderfrieses

bfc) Kopf des Prinzen Arka

bfe) Gezähmte Kriegselefanten mit Gefangenen

bff) Gott Apedemak

bez—bff) Motive aus dem Löwentempel in Musawwarat, Republik Sudan

		EF	MeF	MiF
1584.	10 (Pfg.) mehrfarbig ..... bez	2.—	3.—	1.—
1585.	15 (Pfg.) mehrfarbig ..... bfa	10.—	12.—	1.—
1586.	20 (Pfg.) mehrfarbig ..... bfb	2.—	5.—	1.—
1587.	25 (Pfg.) mehrfarbig ..... bfc	30.—	60.—	10.—
1588.	30 (Pfg.) mehrfarbig ..... bfd	60.—	50.—	3.—
1589.	40 (Pfg.) mehrfarbig ..... bfe	5.—	20.—	2.—
1590.	50 (Pfg.) mehrfarbig ..... bff	50.—	40.—	3.—

1970, 1. Juli. So.-Ausg. 20 Jahre Görlitzer Abkommen (Oder-Neiße-Grenze). ✉ Gottschall; Odr. Wertp.-Druck. in Bogen zu 30 Marken; gez. K 13:12½.

bfg) Staatswappen der DDR und Polens

		EF	MeF	MiF
1591.	20 (Pfg.) mehrfarbig ..... bfg	2.—	5.—	1.—

1970, 1. Juli. So.-Ausg. 25 Jahre Deutscher Kulturbund (DDR). ✉ Voigt; RaTdr. Wertp.-Druck. in Bogen zu 15 Zusammendrucken; gez. K 14.

bfh) Mitgliedsabzeichen Zierfeld: Ausspruch J. R. Bechers bfi) Johannes-R.-Becher-Medaille

1592.	10 (Pfg.) lebh'kobalt/silber/dkl'karminbraun ..... bfh	20.—	40.—	10.—
1593.	25 (Pfg.) mehrfarbig ..... bfi	30.—	60.—	12.—

Nr. 1592–1593 wurden, mit Zierfeld verbunden, zusammenhängend gedruckt.

Marken mit anhängendem Leerfeld auf ✉ erheblicher Aufschlag.

Zusammendrucke (nur waagerecht):

			BF
W. Zd. 227.	1592/Zf.	10/Zf.	25.—
W. Zd. 228.	Zf./1593	Zf./25	25.—
W. Zd. 229.	1593/1592	25/10	50.—
W. Zd. 230.	1592/Zf./1593	10/Zf./25	50.—
W. Zd. 231.	Zf./1593/1592	Zf./25/10	60.—
W. Zd. 232.	1593/1592/Zf.	25/10/Zf.	60.—

1970, 14. Juli. So.-Ausg. 3. Kinder- und Jugendspartakiade, Berlin, 20.—26. 7. 1970. ✉ Bengs; RaTdr. Wertp.-Druck. in Bogen zu 50 Marken; gez. K 14.

bfk) Turner am Seitpferd bfl) Jugendliche beim Hürdenlauf

		EF	MeF	MiF
1594.	10 (Pfg.) schwarz/grünlichgelb/dkl'braunrot ..... bfk	2.—	3.—	1.—
1595.	20+5 (Pfg.) mehrfarbig ..... bfl	2.—	5.—	1.—

1970, 28. Juli. Wohlt.-So.-Ausg. 6. Pioniertreffen, Cottbus, 5.–9. Aug. 1970. ✉ Detlefsen; Odr. Wertp.-Druck in Bogen zu 10 Zusammendrucken; gez. K 13:12½.

bfm

bfn

bfm—bfn) Junge und Mädchen mit zusammengeknüpften Pionier-Halstüchern

	EF	MeF	MiF
1596. 10+5 (Pfg.) mehrfarbig ... bfm	3.—	5.—	3.—
1597. 25+5 (Pfg.) mehrfarbig ... bfn	10.—	30.—	4.—

Nr. 1596–1597 wurden zusammenhängend gedruckt.

Zusammendrucke (nur waagerecht):

			BF
W. Zd. 233.	1596/1597	10+5/25+5	8.—

1970, 28. Juli. So.-Ausg. 25 Jahre Potsdamer Abkommen. Ⓢ **Steinwendner; Odr. Wertp.-Druck. in Bogen zu 10 Zusammendrucken; gez. K 13½:13.**

bfo) Schloß Cecilienhof

bfp) Text: Potsdamer Abkommen (viersprachig)

bfr) Beratung der alliierten Delegationen 1945

	EF	MeF	MiF
1598. 10 (Pfg.) schwarz/scharlach/hellbraunoliv (Töne) ... bfo	3.—	4.—	1.—
1599. 20 (Pfg.) schw./scharlach .. bfp	3.—	6.—	1.—
1600. 25 (Pfg.) schwarz/scharlach/hellbraunoliv (Töne) .... bfr	8.—	30.—	2.—

Zusammendrucke (nur waagerecht):

			BF
W. Zd. 234.	1598/1600	10/25	5.—
W. Zd. 235.	1600/1599	25/20	5.—
W. Zd. 236.	1599/1598	20/10	6.—
W. Zd. 237.	1598/1600/1599	10/25/20	10.—
W. Zd. 238.	1600/1599/1598	25/20/10	13.—
W. Zd. 239.	1599/1598/1600	20/10/25	13.—

1970, 25. Aug. So.-Ausg. Leipziger Herbstmesse 1970. Ⓢ **Dorfstecher; RaTdr. Wertp.-Druck. in Bogen zu 50 Marken; gez. K 14.**

bfs) Taschen- und Armbanduhr

	EF	MeF	MiF
1601. 10 (Pfg.) mehrfarbig .... bfs	1.—	2.—	1.—

1970, 2. Sept. Wohlt.-So.-Ausg. für Vietnam. Ⓢ **Bobbe; Odr. Wertp.-Druck. in Bogen zu 50 Marken; gez. K 13:13½.**

bft) Ho Chi Minh (1890–1969), vietnamesischer Politiker

| 1602. 20+5 (Pfg.) mehrfarbig ... bft | 2.— | 5.— | 2.— |

1970, 2. Sept. So.-Ausg. Widerstandskämpfer. Ⓢ **Detlefsen; Odr. Wertp.-Druck. in Bogen zu 50 Marken; gez. K 13:12½, Nr. 1604 ~.**

bfu) Theodor Neubauer (1890–1945), Magnus Poser (1907–1944)

bfv) „Mutter Heimat", Skulptur, sowj. Ehrenmal in Berlin-Treptow

	EF	MeF	MiF
1603. 20 (Pfg.) mehrfarbig ...... bfu	2.—	5.—	1.—
1604. 25 (Pfg.) mehrfarbig ...... bfv	6.—	20.—	2.—

1970, 15. Sept. So.-Ausg. Weltmeisterschaften im Orientierungslauf in der DDR. Ⓢ **Bobbe; Odr. Wertp.-Druck. in Bogen zu 50 Marken; gez. K 13:12½.**

bfw) Wettkampfkarte, Sportkompaß

bfx) Wettkampfkarte, Läufer (3-Phasen-Darstellung)

| 1605. 10 (Pfg.) mehrfarbig ...... bfw | 3.— | 3.— | 1.— |
| 1606. 25 (Pfg.) mehrfarbig ...... bfx | 12.— | 35.— | 6.— |

1970, 22. Sept. So.-Ausg. Kunst. Ⓢ **Wittkugel und Naumann; Nr. 1607—1608 und 1611—1612 RaTdr., Nr. 1609—1610 Odr. Wertp.-Druck. in Bogen zu 25 Marken; gez. K 14.**

bfy) „Der 70. Geburtstag des Waldarbeiters Scharf"

bfz) „Mädchenbildnis"

bfy—bfz) Gemälde von Otto Nagel (1894—1967)

bga) „Nie wieder Krieg", Plakat (1924)

bgb) „Mutter mit Kind auf dem Arm"

bga—bgb) Arbeiten von Käthe Kollwitz (1867—1945)

Deutsche Demokratische Republik

bgc) „Kopf des Güstrower Ehrenmals"

bgd) „Der Flötenspieler"

bgc—bgd) Plastiken von Ernst Barlach (1870—1938)

			EF	MeF	MiF
1607.	10 (Pfg.) mehrfarbig	bfy	2.—	3.—	1.—
1608.	20 (Pfg.) mehrfarbig	bfz	2.—	5.—	1.—
1609.	25 (Pfg.) mattrosalila/dunkelkarminbraun	bga	30.—	60.—	10.—
1610.	30 (Pfg.) mattbraunrot/violettschwarz	bgp	60.—	50.—	3.—
1611.	40 (Pfg.) chromgelb/schwarzbraun	bgb	5.—	20.—	2.—
1612.	50 (Pfg.) gelborange/braunschwarz	bgd	50.—	40.—	3.—

1970, 1. Okt. So.-Ausg. 2. Nationale Briefmarken-Ausstellung der Jugend, Karl-Marx-Stadt, 1970. ⓔ Voigt; RaTdr. Wertp.-Druck. in Bogen zu 25 Marken; gez. K 14.

bge) „Der kleine Trompeter", Denkmal für Fritz Weineck (Rotfrontkämpferbund), Halle

bgf) DDR Nr. 726

1613.	10 (Pfg.) violettultramarin/dkl`siena/orange	bge	2.—	3.—	1.—
1614.	15+5 (Pfg.) mehrfarbig	bdf	8.—	10.—	1.—

1970, 1. Okt. So.-Ausg. Waffenbrüderschaft. ⓔ Bernsdorf, Wende; Odr. Wertp.-Druck. in Bogen zu 30 Marken; gez. K 13:12½.

bgg) Emblem der Herbstmanöver der Streitkräfte des Warschauer Paktes

1615.	10 (Pfg.) mehrfarbig	bgg	2.—	3.—	1.—
1616.	20 (Pfg.) mehrfarbig	bgg	2.—	5.—	1.—

Bitte teilen Sie uns eventuelle Fehler mit, damit wir sie verbessern können.

1970, 6. Okt. So.-Ausg. Berliner Tierpark. ⓔ Naumann; RaTdr. Wertp.-Druck. in Bogen zu 50 Marken; gez. K 14.

bgh) Moschusochse (Ovibos moschatus)

bgi) Schuhschnabel (Balaeniceps rex)

bgk) Mendesantilope (Addax nasomaculatus)

bgl) Malaienbär (Helarctos malayanus)

			EF	MeF	MiF
1617.	10 (Pfg.) mehrfarbig	bgh	3.—	5.—	1.—
1618.	15 (Pfg.) mehrfarbig	bgi	15.—	18.—	1.—
1619.	20 (Pfg.) mehrfarbig	bgk	3.—	6.—	2.—
1620.	25 (Pfg.) mehrfarbig	bgl	30.—	60.—	18.—

1970, 20. Okt. So.-Ausg. 25 Jahre Organisation der Vereinten Nationen (UNO). ⓔ Gottschall; RaTdr. Wertp.-Druck. in Bogen zu 30 Marken; gez. K 13.

bgm) UN-Gebäude in New York, Emblem

1621.	20 (Pfg.) mehrfarbig	bgm	2.—	5.—	2.—

1970, 24. Nov. So.-Ausg. 150. Geburtstag Engels'. ⓔ Stauf; komb. StTdr. und RaTdr. Wertp.-Druck. in Bogen zu 50 Marken; gez. K 14.

bgn) Friedrich Engels (1820—1895), Politiker ⓔ Stauf

bgo) Friedrich Engels und Karl Marx — polit. Parole Bitzer

bgp) Friedrich Engels, Buchumschlag Bitzer

1622.	10 (Pfg.) orangerot/braungrau/schwarz	bgn	2.—	3.—	1.—
1623.	20 (Pfg.) orangerot/schwarzblaugrün/schwarz	bgo	2.—	5.—	1.—
1624.	25 (Pfg.) orangerot/lilakarmin/schwarz	bgp	12.—	35.—	6.—

Zum Bestimmen der Farben:
MICHEL-Farbenführer

Deutsche Demokratische Republik

1970, 2. Dez. 1. So.-Ausg. Kakteen. Ⓖ Gottschall; RaTdr. Wertp.-Druck. in Bogen zu 50 Marken; gez. K 14.

bgr) Blattkaktus (Ephyllum hybride)
bgs) Bischofsmütze (Astrophytum myorostigma)

bgt) Echinocereus salmdyckianus
bgu) Königin der Nacht (Selenicereus grandiflorus)
bgv) Borstiger Hakenstachelkaktus (Hamatocactus setispinus)
bgw) Warzenkaktus (Mamillaria boolii)

		EF	MeF	MiF
1625.	5 (Pfg.) mehrfarbig ...... bgr	4.—	5.—	1.—
1626.	10 (Pfg.) mehrfarbig ...... bgs	2.—	3.—	1.—
1627.	15 (Pfg.) mehrfarbig ...... bgt	12.—	18.—	1.—
1628.	20 (Pfg.) mehrfarbig ...... bgu	2.—	5.—	1.—
1629.	25 (Pfg.) mehrfarbig ...... bgv	30.—	60.—	10.—
1630.	30 (Pfg.) mehrfarbig ..... bgw	60.—	50.—	3.—

In ähnlichen Zeichnungen: Nr. 1922–1927.

1970, 10. Dez. So.-Ausg. in Blockform. 200. Geburtstag Beethovens. Ⓖ Stauf; Ⓢ Bitzer; StTdr. Wertp.-Druck. auf vorderseitig leicht getöntem Papier; gez. Ks 14.

bgx) Ludwig van Beethoven (1770—1827), Komponist

bgy

1631.	1 M. schwarzgraublau.... bgx	50.—	—.—	12.—
	Block 33 (80:55 mm).......... bgy	60.—	—.—	12.—

1971, 12. Jan. So.-Ausg. Ausstellungsstücke aus dem Museum für Völkerkunde, Leipzig. Ⓖ Voigt; RaTdr. Wertp.-Druck. in Bogen zu 30 Marken; gez. K 13.

bgz) Tanzmaske aus der Südsee (19. Jh.)
bha) Bronzekopf aus Afrika (18. Jh.)

bhb) Teekanne aus Asien (19. Jh.)
bhc) Tonplastik aus Mexiko (5.—8. Jh.)

		EF	MeF	MiF
1632.	10 (Pfg.) mehrfarbig ...... bgz	2.—	3.—	1.—
1633.	20 (Pfg.) rotorange/orangebraun................ bha	2.—	5.—	1.—
1634.	25 (Pfg.) mehrfarbig ...... bhb	14.—	40.—	6.—
1635.	40 (Pfg.) mittelkarminbraun/ schwarzgraubraun..... bhc	5.—	20.—	2.—

1971, 11. Febr. So.-Ausg. 10 Jahre sowjetische Weltraumforschung. Ⓖ Zill; Odr. Wertp.-Druck.; gez. K 13:12½.

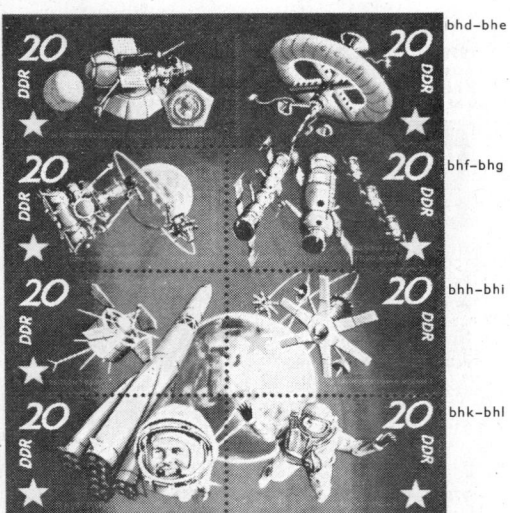

bhd) Venussonde „Venus 5" (16. 5. 1969)
bhe) Modell einer Orbitalstation
bhf) „Luna 16" (24. 9. 1970), Mondsatellit „Luna 10"
bhg) „Sojus 4—9" in verschiedenen Manövern
bhh) Strahlungsmeß-Satellit „Proton 1", Wostok-Rakete
bhi) Nachrichtensatellit „Molnija 1"
bhk) J. A. Gagarin, „Wostok 1" (12. 4. 1961)
bhl) A. Leonov, „Woschod 2" (18. 3. 1965)

1636.	20 (Pfg.) mehrfarbig ...... bhd	5.—	20.—	4.—
1637.	20 (Pfg.) mehrfarbig ...... bhe	5.—	20.—	5.—
1638.	20 (Pfg.) mehrfarbig ...... bhf	5.—	20.—	5.—
1639.	20 (Pfg.) mehrfarbig ...... bhg	5.—	20.—	5.—
1640.	20 (Pfg.) mehrfarbig ...... bhh	5.—	20.—	5.—
1641.	20 (Pfg.) mehrfarbig ...... bhi	5.—	20.—	5.—
1642.	20 (Pfg.) mehrfarbig ...... bhk	5.—	20.—	5.—
1643.	20 (Pfg.) mehrfarbig ...... bhl	5.—	20.—	4.—
	Kleinbogen	150.—	—.—	20.—

Deutsche Demokratische Republik

Zusammendrucke

Waagerecht:

			BF
W. Zd. 240.	1636/1637	20/20	4.—
W. Zd. 241.	1638/1639	20/20	6.—
W. Zd. 242.	1640/1641	20/20	6.—
W. Zd. 243.	1642/1643	20/20	4.—

Senkrecht:

S. Zd. 106.	1636/1638	20/20	5.—
S. Zd. 107.	1638/1640	20/20	6.—
S. Zd. 108.	1640/1642	20/20	5.—
S. Zd. 109.	1636/1638/1640	20/20/20	7.—
S. Zd. 110.	1638/1640/1642	20/20/20	7.—
S. Zd. 111.	1637/1639	20/20	5.—
S. Zd. 112.	1639/1641	20/20	6.—
S. Zd. 113.	1641/1643	20/20	5.—
S. Zd. 114.	1637/1639/1641	20/20/20	7.—
S. Zd. 115.	1639/1641/1643	20/20/20	7.—

1971, 23. Febr. So.-Ausg. Bedeutende Persönlichkeiten. Ⓢ Stauf; StTdr. Wertp.-Druck. in Bogen zu 50 Marken; gez. K 14.

bhm) Johannes R. Becher (1891—1958), Dichter Ⓢ Bitzer

bhn) Heinrich Mann (1871—1950), Schriftsteller Stauf

bho) John Heartfield (1891—1968), Maler und Grafiker Bitzer

bhp) Willi Bredel (1901—1964), Schriftsteller Ⓢ Stauf

bhr) Franz Mehring (1846—1919), Parteiführer Volkamer

bhs) Johannes Kepler (1571—1630), Astronom Volkamer

		EF	MeF	MiF
1644.	5 (Pfg.) dkl'siena .... bhm	4.—	4.—	1.—
1645.	10 (Pfg.) dkl'violettblau.... bhn	2.—	3.—	1.—
1646.	15 (Pfg.) schwarzviolett ... bho	10.—	12.—	1.—
1647.	20 (Pfg.) dkl'braunkarmin . bhp	2.—	5.—	1.—
1648.	25 (Pfg.) dkl'blaugrün..... bhr	6.—	22.—	3.—
1649.	50 (Pfg.) schw'violettblau.. bhs	50.—	40.—	3.—

Weitere Werte in gleicher bzw. ähnlicher Ausführung s. Übersichtstabelle nach Nr. 1297.

Mit MICHEL besser sammeln

1971, 23. Febr. So.-Ausg. 100. Geburtstag Luxemburgs und Liebknechts. Ⓢ Voigt; RaTdr. Wertp.-Druck. in Bogen zu 25 Zusammendrucken; gez. K 14.

bht

bhu

bht) Karl Liebknecht (1871—1919), Parteiführer
bhu) Rosa Luxemburg (1871—1919), Parteiführerin

		EF	MeF	MiF
1650.	20 (Pfg.) gold/dunkelrosalila/ schwarz .... bht	6.—	12.—	4.—
1651.	25 (Pfg.) gold/dunkelrosalila/ schwarz .... bhu	14.—	40.—	6.—

Nr. 1650—1651 wurden zusammenhängend gedruckt.

Zusammendrucke (nur waagerecht):

			BF
W. Zd. 244.	1650/1651	20/25	10.—
W. Zd. 245.	1651/1650	25/20	12.—
W. Zd. 246.	1650/1651/1650	20/25/20	15.—
W. Zd. 247.	1651/1650/1651	25/20/25	15.—

1971, 1. März. So.-Ausg. 15 Jahre Nationale Volksarmee. Ⓢ Bernsdorf; RaTdr. Wertp.-Druck. in Bogen zu 25 Marken; gez. K 14.

bhv) Volksarmist, Emblem

1652. 20 (Pfg.) mehrfarbig..... bhv 2.— 5.— 2.—

1971, 9. März. So.-Ausg. Leipziger Frühjahrsmesse 1971. Ⓢ Detlefsen; Odr. Wertp.-Druck. in Bogen zu 50 Marken; gez. K 13:12½.

bhw) Brech- und Förderanlage — SKET Magdeburg

bhx) Kältebagger SRs (K) 470 — TAKRAF Leipzig

1653. 10 (Pfg.) mehrfarbig..... bhw 2.— 3.— 1.—
1654. 15 (Pfg.) mehrfarbig..... bhx 12.— 15.— 1.—

1971, 9. März. So.-Ausg. 100 Jahre Pariser Kommune. Ⓢ Deutschendorf; RaTdr. Wertp.-Druck. in Bogen zu 30 Marken; gez. K 13.

bhy) Proklamierung auf dem Rathausplatz

bhz) Barrikadenkampf auf der Place Blanche

Deutsche Demokratische Republik

bia) Zeitgenössisches
Zeitungsblatt

bib) Buchtitel

bih) Ermelerhaus,
erbaut im 18. Jh.

bii) Neue Wache,
erbaut 1816—1818

bik) Nationalgalerie,
erbaut 1866—1872

		EF	MeF	MiF
1655.	10 (Pfg.) karmin/sämisch/schwarz .... bhy	2.—	3.—	1.—
1656.	20 (Pfg.) karmin/sämisch/schwarz .... bhz	2.—	5.—	1.—
1657.	25 (Pfg.) karmin/hellsämisch/schwarz .... bia	20.—	40.—	6.—
1658.	30 (Pfg.) karmin/weißgrau/schwarz .... bib	60.—	50.—	3.—
1661.	10 (Pfg.) mehrfarbig ...... bie	2.—	3.—	1.—
1662.	15 (Pfg.) mehrfarbig ...... bif	12.—	17.—	1.—
1663.	20 (Pfg.) mehrfarbig ...... big	2.—	5.—	1.—
1664.	25 (Pfg.) mehrfarbig ...... bih	30.—	60.—	10.—
1665.	50 (Pfg.) mehrfarbig ...... bii	50.—	40.—	3.—
1666.	70 (Pfg.) mehrfarbig ...... bik	8.—	35.—	3.—

In ähnlichen Zeichnungen: Nr. 1245—1250, 1379—1382, 1434—1439.

1971, 30. März. So.-Ausg. Lunochod 1. Detlefsen; RaTdr. Wertp.-Druck. in Bogen zu 30 Marken; gez. K 14.

bic) „Lunochod 1"
bei Fahrt
von der Rampe

| 1659. | 20 (Pfg.) violettultramarin/hell-türkisblau/rosakarmin ... bic | 2.— | 5.— | 1.— |

1971, 20. April. So.-Ausg. 25 Jahre SED. Detlefsen; komb. Odr. und Prägedr. Wertp.-Druck. in Bogen zu 25 Marken; gez. K 13:13½.

bil) Händedruck — Symbol der SED

| 1667. | 20 (Pfg.) mittelrot/schwarzgrau/gold .... bil | 2.— | 5.— | 1.— |

1971, 6. April. So.-Ausg. 20 Jahre Nationales Olympisches Komitee der DDR. Dorfstecher; Odr. Wertp.-Druck. in Bogen zu 25 Marken; gez. K 13¼:13.

bid) „Der Diskuswerfer von Myron", Signet des NOK

| 1660. | 20 (Pfg.) mehrfarbig ...... bid | 2.— | 5.— | 1.— |

1971, 6. April. 4. So.-Ausg. Bedeutende Bauten — Berlin. Dorfstecher; RaTdr. Wertp.-Druck. in Bogen zu 50 Marken; gez. K 14.

bie) Marienkirche,
erbaut um 1250

bif) Schloß Köpenick,
erbaut 1681

big) Alte Bibliothek,
erbaut 1774—1780

1971, 4. Mai. 1. So.-Ausg. Sorbische Tanztrachten (Format 33:42 mm). Leitner und Deutschendorf; Odr. Wertp.-Druck. in Bogen zu 25 Marken; gez. K 13½.

bim) Tanztracht aus Schleife

bin) Tanztracht aus Hoyerswerda

bio) Tanztracht aus Cottbus

bip) Tanztracht aus Kamenz

Die Preisnotierungen sind Richtwerte auf DM-Basis, Preisbewegungen nach oben und unten sind aufgrund von Angebot und Nachfrage die Regel.

Deutsche Demokratische Republik

		EF	MeF	MiF
1668. 10 (Pfg.) mehrfarbig	bim	2.—	3.—	1.—
1669. 20 (Pfg.) mehrfarbig	bin	2.—	5.—	1.—
1670. 25 (Pfg.) mehrfarbig	bio	14.—	40.—	6.—
1671. 40 (Pfg.) mehrfarbig	bip	5.—	15.—	2.—

Gleiche Zeichnungen in kleinerem Format 23:28 mm siehe Nr. 1723–1724.

1971, 18. Mai. So.-Ausg. 500. Geburtstag Dürers. Ⓖ Naumann; Odr. Wertp.-Druck. in Bogen zu 50 Marken; gez. K 12½:13.

bir) Selbstporträt Dürers (um 1500) bis) „Drei Bauern im Gespräch" bit) „Philipp Melanchthon"

bir—bit) Arbeiten Albrecht Dürers (1471—1528)

1672. 10 (Pfg.) mattgrünlichblau/ grauschwarz/mattgold...	bir	2.—	3.—	1.—
1673. 40 (Pfg.) hellrotbraun/grauschwarz/mattgold	bis	5.—	15.—	2.—
1674. 70 (Pfg.) lilagrau/grauschwarz/mattgold	bit	40.—	100.—	12.—

1971, 9. Juni. 1. So.-Ausg. 8. Parteitag der SED. Ⓖ Grünewald; RaTdr. Wertp.-Druck. in Bogen zu 50 Marken; gez. K 14.

biu) Wohnungs- und Industriebau biv) Wissenschaft und Technik biw) Industrialisierte Landwirtschaft bix) Landesverteidigung

biu—bix) Charakteristische Kopfdarstellungen zum Thema und Emblem des Parteitages

1675. 5 (Pfg.) mehrfarbig	biu	5.—	5.—	1.—
1676. 10 (Pfg.) mehrfarbig	biv	2.—	3.—	1.—
1677. 20 (Pfg.) mehrfarbig	biw	2.—	5.—	1.—
1678. 25 (Pfg.) mehrfarbig	bix	15.—	35.—	6.—

1971, 9. Juni. 2. So.-Ausg. 8. Parteitag der SED. Ⓖ Gottschall; RaTdr. Wertp.-Druck. in Bogen zu 50 Marken; gez. K 14.

biy) Emblem des Parteitages

		EF	MeF	MiF
1679. 20 (Pfg.) gold/dunkelrosakarmin/orangerot	biy	2.—	5.—	1.—

1971, 22. Juni. So.-Ausg. 20 Jahre Internationale Föderation der Widerstandskämpfer (FIR). Ⓖ Dorfstecher; Odr. Wertp.-Druck. in Bogen zu 10 Zusammendrukken; gez. K 13½.

biz

bka

biz–bka) Lithographien aus dem Buchenwald-Zyklus von Fritz Cremer

1680. 20 (Pfg.) hellolivbraun/mattgrau/schwarz	biz	5.—	12.—	4.—
1681. 25 (Pfg.) hellgraublau/mattgrau/blauschwarz	bka	20.—	50.—	6.—

Nr. 1680–1681 wurden, mit Zierfeld verbunden, zusammenhängend gedruckt.

Zusammendrucke (nur waagerecht):

			BF
W. Zd. 248.	1680/Zf.	20/Zf.	6.—
W. Zd. 249.	Zf./1681	Zf./25	6.50
W. Zd. 250.	1681/1680	25/20	9.—
W. Zd. 251.	1680/Zf./1681	20/Zf.25	10.—
W. Zd. 252.	Zf./1681/1680	Zf.25/20	12.—
W. Zd. 253.	1681/1680/Zf.	25/20/Zf.	12.—

1971, 22. Juni. So.-Ausg. Kunstwerke. Ⓖ Voigt; RaTdr. Wertp.-Druck. in Bogen zu 30 Marken; gez. K 13.

bkb) Kirschkern mit 180 Köpfen (um 1590) bkc) Goldenes Vlies (um 1730)

bkd) Prunkkanne aus Nürnberg (um 1530) bke) Mohr als Kesselpauker (um 1720)

Deutsche Demokratische Republik

bkf) Schreibzeugkästchen (1562)
bkg) St.-Georg-Anhänger (um 1570)

bkb—bkg) Kunstwerke aus dem „Grünen Gewölbe", Dresden

		EF	MeF	MiF
1682.	5 (Pfg.) mehrfarbig ...... bkb	4.—	5.—	1.—
1683.	10 (Pfg.) mehrfarbig ...... bkc	2.—	3.—	1.—
1684.	15 (Pfg.) mehrfarbig ...... bkd	12.—	15.—	1.—
1685.	20 (Pfg.) mehrfarbig ...... bke	2.—	5.—	1.—
1686.	25 (Pfg.) mehrfarbig ...... bkf	30.—	60.—	10.—
1687.	30 (Pfg.) mehrfarbig ...... bkg	60.—	50.—	3.—

1971, 6. Juli. So.-Ausg. 50. Jahrestag des Sieges der Mongolischen Volksrevolution. Gottschall; Odr. Wertp.-Druck. in Bogen zu 50 Marken; gez. K 13:13½.

bkh) Staatswappen der Mongolei

| 1688. | 20 (Pfg.) mehrfarbig ...... bkh | 2.— | 5.— | 1.— |

1971, 8. Juli. Freim.-Erg.-Wert Staatsratsvorsitzender Ulbricht. und Bdr. Wertp.-Druck. in Bogen zu 100 Marken; Wz. 3 X; gez. K 14.

yh) Walter Ulbricht (1893–1973)

| 1689. | 35 (Pfg.) (dkl')grünblau .... yh | 1.— | 3.— | 1.— |

Weitere Werte in gleicher Zeichnung s. Übersichtstabelle nach Nr. 848.

1971, 13. Juli. So.-Ausg. 25 Jahre Kinderhilfsfonds der Vereinten Nationen (UNICEF). Gottschall; RaTdr. Wertp.-Druck. in Bogen zu 30 Marken; gez. K 13.

bki) Kindergesicht, Emblem der UNICEF

| 1690. | 20 (Pfg.) mehrfarbig ...... bki | 2.— | 5.— | 1.— |

1971, 12. Aug. So.-Ausg. 10 Jahre Berliner Mauer. Bernsdorf RaTdr. Wertp.-Druck. in Bogen zu 50 Marken; gez. K 14.

bkk) Volksarmist und Angehöriger ziviler Kampfgruppen, Brandenburger Tor
bkl) Brandenburger Tor, Bauten in Ost-Berlin

		EF	MeF	MiF
1691.	20 (Pfg.) mehrfarbig ...... bkk	2.—	6.—	1.—
1692.	35 (Pfg.) mehrfarbig ...... bkl	10.—	20.—	4.—

1971, 24. Aug. So.-Ausg. Schiffbau der DDR. Berthold; Nr. 1693—1694 und 1697—1698 Bitzer, Nr. 1695—1696 Faulwasser; StTdr. Wertp.-Druck. in Bogen zu 30 Marken; gez. K 14.

bkm) Seefahrgastschiff „Iwan Franko"

bkn) Frachtmotorschiff Typ 17 — 12500 BRT

bko) Frachtmotorschiff „Rostock" — 10130 BRT

bkp) Transport- und Verarbeitungsschiff „Junge Welt"

bkr) Teilcontainer-Frachtmotorschiff Typ 451

bks) Expeditionsschiff „Akademik Kurtschatow"

1693.	10 (Pfg.) dkl'violett ...... bkm	3.—	4.—	1.—
1694.	15 (Pfg.) dkl'violettbraun/ schwarzviolettblau ...... bkn	10.—	12.—	1.—
1695.	20 (Pfg.) schwarzgrün..... bko	2.—	5.—	1.—
1696.	25 (Pfg.) dunkelgraublau .. bkp	30.—	60.—	10.—
1697.	40 (Pfg.) braunkarmin..... bkr	5.—	10.—	2.—
1698.	50 (Pfg.) schwarzblau ..... bks	50.—	40.—	3.—

1971, 2. Sept. Wohlt.-So.-Ausg. für Vietnam. Rieß; komb. StTdr. und RaTdr. Wertp.-Druck. in Bogen zu 50 Marken; gez. K 14.

bkt) Vietnamesin mit Kind

| 1699. | 10+5 (Pfg.) mehrfarbig ... bkt | 1.— | 2.— | 1.— |

Deutsche Demokratische Republik

1971, 2. Sept. So.-Ausg. Leipziger Herbstmesse 1971.
🅔 Rieß; Odr. Wertp.-Druck. in Bogen zu 50 Marken; gez. K 13½:13.

 bku) MAG-Butadien-Anlage

 bkv) Reformierungsanlage SKL

	EF	MeF	MiF
1700. 10 (Pfg.) dkl'gelboliv/lila/hellblauviolett .... bku	2.—	3.—	1.—
1701. 25 (Pfg.) hellblau/dkl'gelboliv/hellblauviolett .... bkv	8.—	20.—	2.—

1971, 23. Sept. So.-Ausg. Internationales Jahr gegen Rassendiskriminierung. 🅔 Rieß; RaTdr. Wertp.-Druck. in Bogen zu 30 Marken; gez. K 13.

bkw) Gestreckte Arme — Fotomontage John Heartfields von 1937, Emblem

| 1702. 35 (Pfg.) hellgrünblau/violettschwarz/silber........ bkw | 4.— | 12.— | 2.— |

1971, 5. Okt. So.-Ausg. Tag der Philatelisten. 🅔 Rieß; komb. RaTdr. und StTdr. Wertp.-Druck. in Bogen zu 50 Marken; gez. K 14.

 bkx) Postaustausch auf Flughafen

 bky) Postmeilensäulen (18. Jh.), Meßwagen von Zürner

| 1703. 10+5 (Pfg.) dkl'grünoliv/lebhaftviolett.......... bkx | 2.— | 4.— | 1.— |
| 1704. 25 (Pfg.) grünlichblau/braunoliv/lebhaftviolett ...... bky | 12.— | 35.— | 6.— |

1971, 5. Okt. So.-Ausg. Internationale Mahn- und Gedenkstätten. 🅔 Detlefsen; RaTdr. Wertp.-Druck. in Bogen zu 25 Marken; gez. K 14.

 bkz) Mahnmal Wiltz, Luxemburg

| 1705. 25 (Pfg.) mehrfarbig ...... bkz | 6.— | 20.— | 2.— |

1971, 5. Okt. So.-Ausg. Einweihung des Karl-Marx-Denkmals in Karl-Marx-Stadt (Chemnitz). 🅔 Gottschall; RaTdr. Wertp.-Druck. in Bogen zu 25 Marken; gez. K 14.

 bla) Karl-Marx-Denkmal

	EF	MeF	MiF
1706. 35 (Pfg.) mehrfarbig...... bla	4.—	10.—	2.—

1971, 13. Okt. So.-Ausg. 150. Geburtstag Virchows. 🅔 Stauf; 🅢 Nebel; StTdr. Wertp.-Druck. in Bogen zu 50 Marken; gez. K 14.

 blb) Rudolf Virchow (1821—1902), Arzt und Forscher

| 1707. 40 (Pfg.) violettpurpur .... blb | 5.— | 15.— | 2.— |

Weitere Werte in gleicher bzw. ähnlicher Ausführung s. Übersichtstabelle nach Nr. 1297.

1971, 26. Okt. So.-Ausg. Musikinstrumente der Völker. 🅔 Dorfstecher; RaTdr. Wertp.-Druck. in Bogen zu 25 Marken; gez. K 14.

 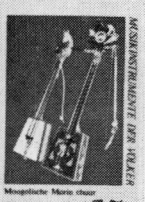

blc) Darbuka — Nordafrika
bld) Morin chuur — Mongolei
ble) Violine — Markneukirchen

Alle Marken der DDR von 1004–3343 gültig bis 2.10.1990.

Deutsche Demokratische Republik

blf) Mandolone — Italien   blg) Dudelsack — Böhmen   blh) Kasso — Sudan

		EF	MeF	MiF
1708. 10 (Pfg.) mehrfarbig	blc	2.—	3.—	1.—
1709. 15 (Pfg.) mehrfarbig	bld	12.—	15.—	1.—
1710. 20 (Pfg.) mehrfarbig	ble	2.—	5.—	1.—
1711. 25 (Pfg.) mehrfarbig	blf	7.—	22.—	2.—
1712. 40 (Pfg.) mehrfarbig	blg	6.—	20.—	2.—
1713. 50 (Pfg.) mehrfarbig	blh	80.—	60.—	10.—

1971, 9. Nov. So.-Ausg. 125 Jahre Carl Zeiss Jena. Uttikal; RaTdr. Wertp.-Druck. in Bogen zu 10 Zusammendrucken; gez. K 14.

bli) Geodätisches Gerät „Dahlta 010 A" aus der Theodolit-Typenreihe

bll   blk
blk) Mikroskop „ERGAVAL" aus der MIKROVAL-Reihe
bll) Raumflugplanetarium

1714. 10 (Pfg.) hellblau/schwarzgrau/ karminrot	bli	4.—	6.—	3.—
1715. 20 (Pfg.) hellblau/schwarzgrau/ karminrot	blk	4.—	12.—	3.—
1716. 25 (Pfg.) hellblau/dkl'violettblau/schwefelgelb	bll	15.—	40.—	6.—

Nr. 1714—1716 wurden zusammenhängend gedruckt.

Zusammendrucke (nur waagerecht:)

			BF
W. Zd. 254.	1714/1716	10/25	8.—
W. Zd. 255.	1716/1715	25/20	8.—
W. Zd. 256.	1715/1714	20/10	10.—
W. Zd. 257.	1714/1716/1715	10/25/20	13.—
W. Zd. 258.	1716/1715/1714	25/20/10	16.—
W. Zd. 259.	1715/1714/1716	20/10/25	16.—

1971, 23. Nov. 6. So.-Ausg. Deutsche Märchen. Bläser; Odr. Wertp.-Druck.; gez. K 13½:13.

blm—bls) Darstellungen aus dem Märchen „Die Bremer Stadtmusikanten"

		EF	MeF	MiF
1717. 5 (Pfg.) mehrfarbig	blm	5.—	10.—	2.—
1718. 10 (Pfg.) mehrfarbig	bln	3.—	5.—	2.—
1719. 15 (Pfg.) mehrfarbig	blo	20.—	30.—	10.—
1720. 20 (Pfg.) mehrfarbig	blp	6.—	15.—	8.—
1721. 25 (Pfg.) mehrfarbig	blr	8.—	25.—	3.—
1722. 30 (Pfg.) mehrfarbig	bls	60.—	50.—	3.—
Kleinbogen		100.—	—.—	15.—

Nr. 1717—1722 wurden zusammenhängend in Kleinbogen gedruckt.

Zusammendrucke

Waagerecht:			BF
W. Zd. 260.	1717/1718	5/10	6.—
W. Zd. 261.	1719/1720	15/20	12.—
W. Zd. 262.	1721/1722	25/30	12.—
Senkrecht:			
S. Zd. 116.	1717/1719	5/15	10.—
S. Zd. 117.	1718/1720	10/20	10.—
S. Zd. 118.	1719/1721	15/25	12.—
S. Zd. 119.	1720/1722	20/30	12.—
S. Zd. 120.	1717/1719/1721	5/15/25	25.—
S. Zd. 121.	1718/1720/1722	10/20/30	25.—

Weitere Ausgaben in gleicher bzw. ähnlicher Ausführung siehe Übersichtstabelle nach Nr. 1241.

1971, 23. Nov. 2. So.-Ausg. Sorbische Tanztrachten. Nr. 1668—1669 im kleineren Format 23:28 mm. Leitner und Deutschendorf; Odr. Wertp.-Druck.; gez. K 13½:13.

bim l   bin l

Deutsche Demokratische Republik

	EF	MeF	MiF
1723. 10 (Pfg.) mehrfarbig ..... bim l	2.—	3.—	1.—
1724. 20 (Pfg.) mehrfarbig ..... bin l	2.—	5.—	2.—

In gleichen Zeichnungen, aber Großformat 33:42 mm siehe Nr. 1668–1669.

1971, 7. Dez. So.-Ausg. 11. Olympische Winterspiele Sapporo 1972. Ⓖ Gottschall; RaTdr. Wertp.-Druck. in Bogen zu 25 Marken; gez. K 14.

blt) Rennrodeln

blu) Eiskunstlaufpaar

blv) Eisschnellauf

blw) Schilanglauf

blx) Biathlon

bly) Schispringen

	EF	MeF	MiF
1725. 5 (Pfg.) dkl'blaugrün/violett-schwarz/karminlila...... blt	5.—	5.—	1.—
1726. 10+5 (Pfg.) hellblau/schwarz/karminlila .... blu	2.—	4.—	1.—
1727. 15+5 (Pfg.) blaugrün/schwarz/dkl'kobalt .... blv	12.—	15.—	1.—
1728. 20 (Pfg.) lebhaftrosakarmin/schwarz/blauviolett .... blw	2.—	5.—	1.—
1729. 25 (Pfg.) blauviolett/schwarz/karminlila............ blx	30.—	60.—	10.—
1730. 70 (Pfg.) violettultramarin/violettschw./blauviolett .. bly	8.—	30.—	3.—

1972, 25. Jan. So.-Ausg. Bedeutende Persönlichkeiten. Ⓖ Stauf; StTdr. Wertp.-Druck. in Bogen zu 50 Marken; gez. K 14.

blz) Johannes Tralow (1882—1968), Schriftsteller, Dramatiker und Regisseur — Ⓢ Faulwasser

bma) Leonhard Frank (1882–1961), Schriftsteller	bmb) Korla Awgust Kocor (1822–1904), sorbischer Komponist	bmc) Heinrich Schliemann (1822–1890), Archäologe	bmd) Friederike Caroline Neuber (1697–1760), Schauspielerin
Ⓢ Bitzer	Nebel	Faulwasser	Bitzer

	EF	MeF	MiF
1731. 10 (Pfg.) russischgrün ...... blz	2.—	3.—	1.—
1732. 20 (Pfg.) dunkelrosalila... bma	2.—	5.—	1.—
1733. 25 (Pfg.) violettultramarin bmb	6.—	20.—	2.—
1734. 35 (Pfg.) dunkelbraun .... bmc	4.—	12.—	2.—
1735. 50 (Pfg.) bläulichviolett... bmd	80.—	60.—	10.—

Weitere Werte in gleicher bzw. ähnlicher Ausführung s. Übersichtstabelle nach Nr. 1297.

1972, 22. Febr. Wohlt.-So.-Ausg. für Vietnam. Ⓖ Rieß; Odr. Wertp.-Druck. in Bogen zu 50 Marken; gez. K 13½:13.

bme) Vietnamesin, Feldbestellung

	EF	MeF	MiF
1736. 10+5 (Pfg.) mehrfarbig .. bme	2.—	2.—	1.—

Folienmaterial (zum Schutz oder zur Unterbringung) soll säurefrei und ohne „Weichmacher" sein (= dokumentenecht).

Deutsche Demokratische Republik

1972, 22. Febr. So.-Ausg. Mineralienfunde. ☒ Grünewald; RaTdr. Wertp.-Druck. in Bogen zu 30 Marken; gez. K 13.

bmf) Gips aus Eisleben

bmg) Zinnwaldit aus Zinnwald (Erzgebirge)

bmh) Malachit aus Ullersreuth (Vogtland)

bmi) Amethyst aus Wiesenbad (Erzgebirge)

bmk) Halit aus Merkers (Rhön)

bml) Proustit aus Schneeberg (Erzgebirge)

		EF	MeF	MiF
1737.	5 (Pfg.) mehrfarbig ..... bmf	4.—	4.—	1.—
1738.	10 (Pfg.) mehrfarbig ..... bmg	2.—	3.—	1.—
1739.	20 (Pfg.) mehrfarbig ..... bmh	2.—	5.—	1.—
1740.	25 (Pfg.) mehrfarbig ..... bmi	6.—	20.—	2.—
1741.	35 (Pfg.) mehrfarbig ..... bmk	4.—	12.—	2.—
1742.	50 (Pfg.) mehrfarbig ..... bml	80.—	60.—	10.—

1972, 7. März. So.-Ausg. Leipziger Frühjahrsmesse 1972. ☒ Stauf; RaTdr. Wertp.-Druck. in Bogen zu 50 Marken; gez. K 14.

bmm) Ausstellungshalle der UdSSR, Messeemblem

bmn) Flaggen der DDR und UdSSR, Messeemblem

1743.	10 (Pfg.) mehrfarbig ..... bmm	2.—	3.—	1.—
1744.	25 (Pfg.) mehrfarbig ..... bmn	6.—	20.—	2.—

Die Bildbeschreibungen zu den Markenabbildungen sind so ausführlich wie möglich gehalten!

1972, 23. März. So.-Ausg. in Blockform. Internationale Meteorologen-Versammlung, Leipzig 1872—1972. ☒ Gottschall; Odr. Wertp.-Druck.; gez. Ks 13:12½.

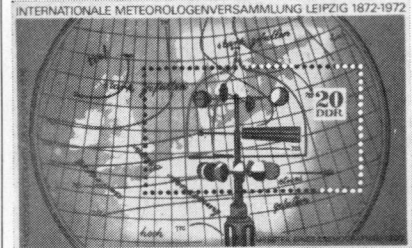
bmo) Windmesser von 1896 — 1. deutsche Wetterkarte von 1876

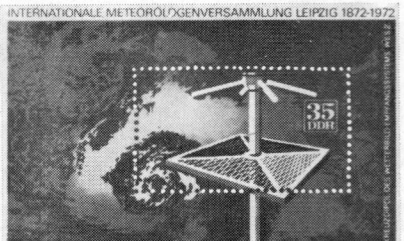
bmr) Kreuzdipol des Wetterbild-Empfangssystems — Satelliten-Wolkenaufnahme

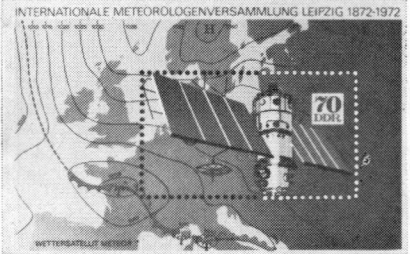
bmt) Wettersatellit Meteor — neuzeitliche Wetterkarte

		EF	MeF	MiF
1745.	20 (Pfg.) mehrfarbig ..... bmo	10.—	30.—	6.—
	Block 34 (85:57 mm)......... bmp	12.—	30.—	6.—
1746.	35 (Pfg.) mehrfarbig ..... bmr	15.—	40.—	6.—
	Block 35 (85:57 mm)......... bms	18.—	50.—	6.—
1747.	70 (Pfg.) mehrfarbig ..... bmt	18.—	70.—	6.—
	Block 36 (85:57 mm)......... bmu	20.—	100.—	6.—

1972, 4. April. So.-Ausg. Welt-Herz-Monat. ☒ Dorfstecher; RaTdr. Wertp.-Druck. in Bogen zu 30 Marken; gez. K 13.

bmv) Emblem der Weltgesundheits-Organisation

1748.	35 (Pfg.) hellblau/dunkelviolettblau/silber .... bmv	4.—	12.—	2.—

Deutsche Demokratische Republik

1972, 25. April. 2. So.-Ausg. Flugzeugtypen. ☒ Bormann; RaTdr. Wertp.-Druck. in Bogen zu 50 Marken; gez. K 14.

bmw) Hubschrauber KA-26

bmx) Landwirtschaftsflugzeug Z-37

bmy) Düsen-Verkehrsflugzeug IL-62

bmz) Düsenflugzeug, Leitwerk

		EF	MeF	MiF
1749.	5 (Pfg.) mehrfarbig ..... bmw	4.—	5.—	1.—
1750.	10 (Pfg.) mehrfarbig ..... bmx	2.—	3.—	1.—
1751.	35 (Pfg.) mehrfarbig ..... bmy	4.—	12.—	2.—
1752.	1 M. mehrfarbig .... bmz	50.—	200.—	15.—

In ähnlichen Zeichnungen: Nr. 1524–1527.

1972, 16. Mai. So.-Ausg. 20. Olympische Sommerspiele, München 1972. ☒ Gottschall; RaTdr. Wertp.-Druck. in Bogen zu 25 Marken; gez. K 14.

bna) Ringer

bnb) Turmspringerin

bnc) Stabhochspringer

bnd) Ruderer

bne) Handballer

bnf) Turnerin

		EF	MeF	MiF
1753.	5 (Pfg.) mehrfarbig ...... bna	4.—	4.—	1.—
1754.	10+ 5 (Pfg.) mehrfarbig .. bnb	3.—	4.—	1.—
1755.	20 (Pfg.) mehrfarbig ...... bnc	2.—	5.—	1.—
1756.	25+10 (Pfg.) mehrfarbig .. bnd	7.—	22.—	2.—
1757.	35 (Pfg.) mehrfarbig ...... bne	5.—	14.—	2.—
1758.	70 (Pfg.) mehrfarbig ...... bnf	40.—	100.—	12.—

1972, 24. Mai. So.-Ausg. 25 Jahre Gesellschaft für Deutsch-Sowjetische Freundschaft. ☒ Rieß; komb. RaTdr. und StTdr. Wertp.-Druck. in Bogen zu 25 Marken; gez. K 14.

bng) Flaggen der Sowjetunion und der DDR

bnh) Leonid Breschnew und Erich Honecker

| 1759. | 10 (Pfg.) mehrfarbig ...... bng | 3.— | 5.— | 1.25 |
| 1760. | 20 (Pfg.) mehrfarbig ...... bnh | 3.— | 8.— | 2.50 |

1972, 24. Mai. So.-Ausg. 8. Kongreß des Freien Deutschen Gewerkschaftsbundes (FDGB). ☒ Heise; Odr. Wertp.-Druck. in Bogen zu 15 Zusammendrucken; gez. K 13½:13.

bni   bnk

bni—bnk) Arbeiter und Arbeiterinnen, Zierfeld: Kongreßemblem

| 1761. | 10 (Pfg.) lila/orangebraun/ocker .... bni | 3.— | 6.— | 1.— |
| 1762. | 35 (Pfg.) kornblumenblau/ocker .... bnk | 4.— | 12.— | 2.— |

Nr. 1761–1762 wurden, mit Zierfeld verbunden, zusammenhängend gedruckt.

Deutsche Demokratische Republik

Zusammendrucke (nur waagerecht:)

W. Zd.		BF
W. Zd. 263.	1761/Zf.	
	Zf./1762	
	10/Zf.	3.—
W. Zd. 264.	Zf./1762	
	Zf./35	3.—
W. Zd. 265.	1762/1761	
	35/10	4.—
W. Zd. 266.	1761/Zf./1762	
	10/Zf./35	4.—
W. Zd. 267.	Zf./1761/1762	
	Zf./35/10	5.—
W. Zd. 268.	1762/1761/Zf.	
	35/10/Zf.	5.—

1972, 13. Juni. 1. So.-Ausg. Internationale Rosenausstellung 1972 in der DDR (Format 36:36 mm). Gottschall; RaTdr. Wertp.-Druck. in Bogen zu 30 Marken; gez. K 13.

bnl) Karneol-Rose

bnm) Bergers Rose iga Erfurt

bnn) Charme

bno) Izetka Spreeathen

bnp) Izetka Köpenicker Sommer

bnr) Professor Knöll

		EF	MeF	MiF
1763.	5 (Pfg.) mehrfarbig ..... bnl	4.—	4.—	1.—
1764.	10 (Pfg.) mehrfarbig ..... bnm	2.—	3.—	1.—
1765.	15 (Pfg.) mehrfarbig ..... bnn	30.—	30.—	10.—
1766.	20 (Pfg.) mehrfarbig ..... bno	2.—	5.—	1.—
1767.	25 (Pfg.) mehrfarbig ..... bnp	6.—	20.—	2.—
1768.	35 (Pfg.) mehrfarbig ..... bnr	4.—	12.—	2.—

Gleiche Zeichnungen in kleinerem Format 23:28 mm siehe Nr. 1778–1780.

Die Preisnotierungen sind Richtwerte auf DM-Basis, Preisbewegungen nach oben und unten sind aufgrund von Angebot und Nachfrage die Regel.

1972, 4. Juli. So.-Ausg. 500. Geburtstag Cranachs d. Ä. Naumann; RaTdr. Wertp.-Druck. in Bogen zu 25 Marken; gez. K 14.

bns) „Bildnis eines jungen Mannes" (1526)

bnt) „Junge Mutter mit Kind" (um 1525)

bnu) „Bildnis Margarete Luther" (1527)

bnv) „Ruhende Quellnymphe" (1518)

bns–bnv) Gemälde von Lukas Cranach d. Ä. (1472–1553)

		EF	MeF	MiF
1769.	5 (Pfg.) mehrfarbig ...... bns	4.—	5.—	1.—
1770.	20 (Pfg.) mehrfarbig ...... bnt	2.—	5.—	1.—
1771.	35 (Pfg.) mehrfarbig ...... bnu	4.—	12.—	2.—
1772.	70 (Pfg.) mehrfarbig ...... bnv	40.—	100.—	12.—

1972, 8. Aug. So.-Ausg. „Gesellschaft für Sport und Technik". Gottschall; RaTdr. Wertp.-Druck. in Bogen zu 50 Marken; gez. K 14.

bnw) Marschkompaß, bewaffneter Motorradfahrer

bnx) Fallschirm, Flugzeug

bny) Schießscheibe, bewaffneter Hindernisläufer

bnz) Amateur-Funkstation

boa) Schiffsschraube, Segelschulschiff „Wilhelm Pieck"

Deutsche Demokratische Republik

		EF	MeF	MiF
1773.	5 (Pfg.) mehrfarbig ..... bnw	3.—	3.—	1.—
1774.	10 (Pfg.) mehrfarbig ..... bnx	2.—	3.—	1.—
1775.	20 (Pfg.) mehrfarbig ..... bny	2.—	5.—	1.—
1776.	25 (Pfg.) mehrfarbig ..... bnz	15.—	60.—	10.—
1777.	35 (Pfg.) mehrfarbig ..... boa	4.—	12.—	2.—

1972, 19. Sept. So.-Ausg. 90. Geburtstag Dimitrovs. ⓖ Gottschall; Odr. Wertp.-Druck. in Bogen zu 50 Marken; gez. K 13:13½.

boe) Georgi Dimitrov (1882–1949), bulgarischer Politiker

		EF	MeF	MiF
1784.	20 (Pfg.) bräunlichkarmin/hellrosalila/schwarz.... boe	2.—	5.—	1.—

1972, 22. Aug. 2. So.-Ausg. Internationale Rosenausstellung 1972 in der DDR. Nr. 1764, 1767—1768 in kleinerem Format 23:28 mm. ⓖ Gottschall; Odr. Wertp.-Druck.; gez. K 13½:13.

bnm l) Bergers Rose iga Erfurt
bnp l) Izetka Köpenicker Sommer
bnr l) Professor Knöll

1972, 19.Sept. So.-Ausg. Internationale Briefmarkenausstellung „Interartes", Berlin, 4. 10.—5. 11. 1972. ⓖ Gottschall; RaTdr. Wertp.-Druck. in Bogen zu 25 Marken; gez. K 14.

bof) Vogelfangszene, ägyptisch, um 2400 v. Chr.
bog) Speerträger, persisch, um 500 v. Chr.
boh) Tierteppich, Anatolien, um 1400

1778.	10 (Pfg.) mehrfarbig .... bnm l	1.—	2.—	1.—
1779.	25 (Pfg.) mehrfarbig .... bnp l	4.—	15.—	2.—
1780.	35 (Pfg.) mehrfarbig .... bnr l	3.—	10.—	2.—

Nr. 1778–1780 stammen aus Markenheftchen.

In gleichen Zeichnungen, aber Großformat 36:36 mm siehe Nr. 1763–1768.

boi) „Weintraubenverkäuferinnen", Gemälde von Max Lingner (1949)

1785.	5 (Pfg.) mehrfarbig ..... bof	4.—	5.—	1.—
1786.	15 + 5 (Pfg.) mehrfarbig ... bog	30.—	35.—	10.—
1787.	20 (Pfg.) mehrfarbig ..... boh	2.—	5.—	1.—
1788.	35 + 5 (Pfg.) mehrfarbig ... boi	5.—	14.—	2.—

1972, 22. Aug. So.-Ausg. Internationales Jahr des Buches 1972. ⓖ Naumann; RaTdr. Wertp.-Druck. in Bogen zu 25 Marken; gez. K 14.

bob) „Lesender junger Arbeiter", Gemälde von Jutta Damme

1781.	50 (Pfg.) mehrfarbig ..... bob	50.—	40.—	3.—

1972, 3. Okt. So.-Ausg. Aus der Arbeit des Roten Kreuzes. ⓖ Detlefsen; Odr. Wertp.-Druck. in Bogen zu 10 Zusammendrucken; gez. K 13½:13.

bok

bol

bok—bom) Sanitätsdienst, Unterstützungsarbeit und Transportmittel des Roten Kreuzes

1972, 29. Aug. So.-Ausg. Leipziger Herbstmesse 1972. ⓖ Deutschendorf; Odr. Wertp.-Druck. in Bogen zu 50 Marken; Nr. 1782 gez. K 12½:13, Nr. 1783 ~.

boc) Tageslicht-Schreibprojektor „Polylux"
bod) Pentacon-Audiovision

1782.	10 (Pfg.) mittelrotlila/dkl'grau/schwarz .... boc	2.—	3.—	1.—
1783.	25 (Pfg.) blaugrün/mattgrau/schwarz .... bod	6.—	20.—	2.—

1789.	10 (Pfg.) hellgrünlichblau/preußischblau/mittelrot. bok	3.—	6.—	1.—
1790.	15 (Pfg.) hellgrünlichblau/preußischblau/mittelrot. bol	12.—	15.—	1.—
1791.	35 (Pfg.) mehrfarbig ..... bom	5.—	14.—	2.—

Deutsche Demokratische Republik

Zusammendrucke (nur waagerecht:)

			BF
W. Zd. 269.	1789/1791	10/35	6.—
W. Zd. 270.	1791/1790	35/10	6.—
W. Zd. 271.	1790/1789	15/10	7.—
W. Zd. 272.	1789/1791/1790	10/35/15	9.—
W. Zd. 273.	1791/1790/1789	35/15/10	10.—
W. Zd. 274.	1790/1789/1791	15/10/35	10.—

1972, 17. Okt. So.-Ausg. Erd- und Himmelsgloben Ⓔ Dorfstecher; RaTdr. Wertp.-Druck. in Bogen zu 25 Marken; gez. K 14.

bon) Arabischer Himmelsglobus (1279)

boo) Erdglobus von J. Praetorius (1568)

bop) Globusuhr von J. Reinhold und G. Roll (1586)

bor) Globusuhr von J. Bürgi (1590)

bos) Armillarsphäre von J. Moeller (1687)

bot) Heraldischer Himmelsglobus (1690)

			EF	MeF	MiF
1792.	5 (Pfg.) mehrfarbig	bon	4.—	5.—	1.—
1793.	10 (Pfg.) mehrfarbig	boo	2.—	3.—	1.—
1794.	15 (Pfg.) mehrfarbig	bop	35.—	45.—	15.—
1795.	20 (Pfg.) mehrfarbig	bor	2.—	5.—	1.—
1796.	25 (Pfg.) mehrfarbig	bos	6.—	20.—	2.—
1797.	35 (Pfg.) mehrfarbig	bot	4.—	12.—	3.—

1972, 24. Okt. So.-Ausg. Internationale Mahn- und Gedenkstätten. Ⓔ Platzer; Odr. Wertp.-Druck. in Bogen zu 50 Marken; gez. K 12½:13.

bou) Denkmal für die polnischen Soldaten und deutschen Antifaschisten, Berlin (Ost)

1798.	25 (Pfg.) mehrfarbig	bou	6.—	20.—	2.—

1972, 2. Nov. So.-Ausg. 15. Messe der Meister von morgen. Ⓔ Rieß; RaTdr. Wertp.-Druck. in Bogen zu 10 Zusammendrucken; gez. K 14.

bov) Lernende junge Arbeiter

bow) Arbeiter an Reibschweißmaschine

			EF	MeF	MiF
1799.	10 (Pfg.) mehrfarbig	bov	5.—	8.—	2.—
1800.	25 (Pfg.) mehrfarbig	bow	7.—	22.—	2.—

Nr. 1799 und 1800 wurden, durch Zierfeld verbunden, zusammenhängend gedruckt.

Zusammendrucke (nur waagerecht:)

			BF
W. Zd. 275.	1799/Zf.	10/Zf.	3.—
W. Zd. 276.	Zf./1800	Zf./25	3.—
W. Zd. 277.	1800/1799	25/10	5.—
W. Zd. 278.	1799/Zf./1800	10/Zf./25	8.—
W. Zd. 279.	Zf./1800/1799	Zf./25/10	8.—
W. Zd. 280.	1800/1799/Zf.	25/10/Zf.	8.—

1972, 28. Nov. So.-Ausg. Andersen-Märchen. Ⓔ Bläser; Odr. Wertp.-Druck.; gez. K 13:13½.

box—bpc) Darstellungen aus dem „Wintermärchen — Die Schneekönigin", von Hans Christian Andersen (1804—1875)

			EF	MeF	MiF
1801.	5 (Pfg.) mehrfarbig	box	5.—	8.—	4.—
1802.	10 (Pfg.) mehrfarbig	boy	6.—	20.—	8.—
1803.	15 (Pfg.) mehrfarbig	boz	15.—	25.—	5.—
1804.	20 (Pfg.) mehrfarbig	bpa	6.—	14.—	2.—
1805.	25 (Pfg.) mehrfarbig	bpb	12.—	40.—	6.—
1806.	35 (Pfg.) mehrfarbig	bpc	10.—	25.—	3.—
	Kleinbogen		120.—	—.—	20.—

Deutsche Demokratische Republik

Zusammendrucke

Waagerecht:			BF
W. Zd. 281.	1801/1802	5/10	5.—
W. Zd. 282.	1802/1803	10/15	5.—
W. Zd. 283.	1801/1802/1803	5/10/15	8.—
W. Zd. 284.	1804/1805	20/25	5.—
W. Zd. 285.	1805/1806	25/35	5.—
W. Zd. 286.	1804/1805/1806	20/25/35	8.—

Senkrecht:			
S. Zd. 122.	1801/1804	5/20	4.—
S. Zd. 123.	1802/1805	10/25	5.—
S. Zd. 124.	1803/1806	15/35	4.—

Weitere Werte in gleicher bzw. ähnlicher Ausführung s. Übersichtstabelle nach Nr. 1241.

Zusammendrucke

Waagerecht:			BF
W. Zd. 287.	1807/1808	5/10	5.—
W. Zd. 288.	1809/1810	15/20	5.—
W. Zd. 289.	1811/1812	25/35	6.—

Senkrecht:			
S. Zd. 125.	1807/1809	5/15	6.—
S. Zd. 126.	1808/1810	10/20	6.—
S. Zd. 127.	1809/1811	15/25	6.—
S. Zd. 128.	1810/1812	20/35	7.—
S. Zd. 129.	1807/1809/1811	5/15/25	10.—
S. Zd. 130.	1808/1810/1812	10/20/35	10.—

1972, 28. Nov. So.-Ausg. Figuren des Kinderfernsehens der DDR. Ⓒ Bläser; Odr. Wertp.-Druck.; gez. K 13½:13.

bpd) Mauz und Hoppel
bpe) Fuchs und Elster
bpf) Herr Uhu
bpg) Frau Igel und Borstel
bph) Schnuffel und Pieps
bpi) Paulchen aus der Kinderbibliothek

		EF	MeF	MiF
1807.	5 (Pfg.) mehrfarbig ...... bpd	5.—	8.—	2.—
1808.	10 (Pfg.) mehrfarbig ...... bpe	4.—	6.—	2.—
1809.	15 (Pfg.) mehrfarbig ...... bpf	20.—	30.—	10.—
1810.	20 (Pfg.) mehrfarbig ...... bpg	8.—	20.—	8.—
1811.	25 (Pfg.) mehrfarbig ...... bph	12.—	40.—	6.—
1812.	35 (Pfg.) mehrfarbig ...... bpi	10.—	25.—	3.—
	Kleinbogen	120.—	—.—	20.—

Nr. 1807—1812 wurden zusammenhängend in Kleinbogen gedruckt.

Von den meisten Kleinbogen der DDR gibt es Exemplare, bei denen einer der Ränder nicht durchgezähnt ist. Einen Aufpreis verdienen solche Stücke nur, wenn dies im Katalog besonders erwähnt ist.

1972, 5. Dez. So.-Ausg. 50 Jahre Sowjet-Union. Ⓒ Grünewald; RaTdr. Wertp.-Druck. in Bogen zu 50 Marken; gez. K 14.

bpk) Staatswappen der Sowjet-Union

		EF	MeF	MiF
1813.	20 (Pfg.) mehrfarbig ...... bpk	2.—	5.—	1.—

1972, 5. Dez. So.-Ausg. in Blockform. 175. Geburtstag Heines. Ⓒ Dorfstecher; Odr. Wertp.-Druck.; gez. Ks 12½:13.

bpl) Heinrich Heine (1797—1856), Dichter und Schriftsteller
bpm

1814.	1 M. mehrfarbig .... bpl	60.—	200.—	15.—
	Block 37 (61:86 mm)......... bpm	80.—	200.—	15.—

1973, 23. Jan. So.-Ausg. Berühmte Persönlichkeiten. Ⓒ Stauf; Odr. Wertp.-Druck. In Bogen zu 50 Marken; gez. 13½:13.

bpn) Michelangelo da Caravaggio, auch Merisi Amerighi (1573—1610), italienischer Maler

bpo) Friedrich Wolf (1888—1953), Dichter
bpp) Max Reger (1873—1916), Komponist
bpr) Max Reinhardt (1873—1943), Theaterregisseur
bps) Johannes Dieckmann (1893—1969), Politiker

		EF	MeF	MiF
1815.	5 (Pfg.) siena........... bpn	30.—	30.—	4.—
1816.	10 (Pfg.) dkl'graugrün..... bpo	2.—	3.—	1.—
1817.	20 (Pfg.) lebhaftviolett..... bpp	2.—	5.—	1.—
1818.	25 (Pfg.) dkl'graultramarin bpr	6.—	20.—	2.—
1819.	35 (Pfg.) lebh'braunkarmin bps	4.—	12.—	2.—

Weitere Ausgaben „Berühmte Persönlichkeiten": Nr. 1855, 1941–1945, 2025–2029.

1973, 23. Jan. Freim.-Ausg. Bauwerke. ⓔ Gottschall; StTdr. Wertp.-Druck. in Bogen zu 50 Marken; gez. K 14.

bpt) Berlin – Leninplatz, Stufenhochhaus, Leninmonument
bpu) Karl-Marx-Stadt, Haus der Staatsorgane mit Schrifttafel, Karl-Marx-Monument

| 1820. | 20 (Pfg.) dkl'rosalila ...... bpt | 1.— | 1.50 | 1.— |
| 1821. | 35 (Pfg.) dkl'grünlichblau.. bpu | 1.— | 6.— | 2.— |

Übersicht der Marken Bauwerke in ähnlichen Zeichnungen

Werte	MiNr.	Werte	MiNr.
5 (Pfg.)	1842	60 (Pfg.)	1919
10 (Pfg.)	1843	70 (Pfg.)	1881
15 (Pfg.)	1853	80 (Pfg.)	1920
25 (Pfg.)	1854	1 M.	1882
30 (Pfg.)	1899	2 M.	1900
40 (Pfg.)	1879	3 M.	1967
50 (Pfg.)	1880		

In kleinerem Format und RaTdr.:

Werte	MiNr.	Werte	MiNr.
5 (Pfg.)	1947	25 (Pfg.)	2022
10 (Pfg.)	1868	50 (Pfg.)	1948
20 (Pfg.)	1869	1 M.	1968

In kleinerem Format und StTdr.:

Werte	MiNr.	Werte	MiNr.
5 (Pfg.)	2483	50 (Pfg.)	2549
10 (Pfg.)	2484	60 (Pfg.)	2649
15 (Pfg.)	2501	70 (Pfg.)	2602
20 (Pfg.)	2485	80 (Pfg.)	2650
25 (Pfg.)	2521	1 M.	2561
30 (Pfg.)	2588	2 M.	2550
35 (Pfg.)	2506	3 M.	2633
40 (Pfg.)	2541		

Folienmaterial (zum Schutz oder zur Unterbringung) soll säurefrei und ohne „Weichmacher" sein (= dokumentenecht).

1973, 6. Febr. So.-Ausg. Paläontologische Sammlungen aus dem Museum für Naturkunde in Berlin. ⓔ Voigt; RaTdr. Wertp.-Druck. in Bogen zu 30 Marken; gez. K 13.

bpv) Älteste Nadelgehölze (Lebachia speciosa)
bpw) Karbonischer Farnsamer (Sphenopteris hollandica)

bpx) Flugsaurier (Pterodactylus kochi)
bpy) Permischer Farn (Botryopteris)

bpz) Urvogel (Archaeopteryx lithographica)
bra) Trilobit (Odontopleura ovata)

		EF	MeF	MiF
1822.	10 (Pfg.) bräunlichkarmin/strohgelb/schwarz ..... bpv	2.—	3.—	1.—
1823.	15 (Pfg.) kornblumenblau/dkl'grau/braunschwarz bpw	15.—	18.—	1.—
1824.	20 (Pfg.) mehrfarbig ...... bpx	2.—	5.—	1.—
1825.	25 (Pfg.) mehrfarbig ...... bpy	6.—	20.—	2.—
1826.	35 (Pfg.) mehrfarbig ...... bpz	4.—	12.—	2.—
1827.	70 (Pfg.) schwarz/schwarzblaugrün/schwefelgelb . bra	40.—	100.—	15.—

1973, 13. Febr. So.-Ausg. 500. Geburtstag Kopernikus'. ⓔ Stauf; Odr. Wertp.-Druck. in Bogen zu 15 Marken; gez. K 13½:13.

brb) Nikolaus Kopernikus (1473—1543), Astronom, Titelblatt „Über die Umdrehungen der Himmelskörper"

| 1828. | 70 (Pfg.) mehrfarbig ...... brb | 10.— | 40.— | 3.— |

Deutsche Demokratische Republik

1973, 13. Febr. 1. Wohlt.-So.-Ausg. 10. Weltfestspiele der Jugend und Studenten, Berlin 1973. ▣ **Gottschall; Odr. Wertp.-Druck. in Bogen zu 50 Marken; gez. K 12¾:13.**

brc) Fahnenblock, Weltzeituhr

brd) Fröhliche Jugend

		EF	MeF	MiF
1829.	10+5 (Pfg.) mehrfarbig ... brc	1.50	2.—	1.—
1830.	25+5 (Pfg.) mehrfarbig ... brd	4.—	15.—	2.—

In ähnlichen Zeichnungen: Nr. 1862–1866.

1973, 13. Febr. So.-Ausg. 15. Rennrodel-Weltmeisterschaften, Oberhof 1973. ▣ **Grünewald; Odr. Wertp.-Druck. in Bogen zu 30 Marken; gez. K 12½:13.**

bre) Rennrodelbahn in Oberhof/DDR

1831.	35 (Pfg.) mehrfarbig ...... bre	4.—	12.—	2.—

1973, 6. März. So.-Ausg. Leipziger Frühjahrsmesse 1973. ▣ **Detlefsen; Odr. Wertp.-Druck. in Bogen zu 50 Marken; gez. K 13:12½.**

brf) Exaktfeldhäcksler E 280 im Komplexeinsatz

brg) Drehmaschine DFS 400 NC mit numerischer Steuerung

1832.	10 (Pfg.) mehrfarbig ...... brf	2.—	3.—	1.—
1833.	25 (Pfg.) mehrfarbig ...... brg	4.—	15.—	2.—

1973, 20. März. So.-Ausg. Geschützte Singvögel. ▣ **Voigt; RaTdr. Wertp.-Druck. in Bogen zu 50 Marken; gez. K 14.**

brh) Sommergoldhähnchen (Regulus ignicapillus)

bri) Bindenkreuzschnabel (Loxia bifasciata)

brk) Seidenschwanz (Bombycilla garrulus)

brl) Weiß- und Rotstern-Blaukehlchen (Luscinia svecica)

brm) Stieglitz (Carduelis carduelis)

brn) Pirol (Oriolus oriolus)

bro) Gebirgsstelze (Motacilla cinerea)

brp) Mauerläufer (Tichodroma muraria)

			EF	MeF	MiF
1834.	5 (Pfg.) mehrfarbig	brh	5.—	6.—	1.—
1835.	10 (Pfg.) mehrfarbig	bri	3.—	4.—	1.—
1836.	15 (Pfg.) mehrfarbig	brk	12.—	15.—	1.—
1837.	20 (Pfg.) mehrfarbig	brl	3.—	6.—	1.—
1838.	25 (Pfg.) mehrfarbig	brm	8.—	25.—	2.—
1839.	35 (Pfg.) mehrfarbig	brn	5.—	14.—	2.—
1840.	40 (Pfg.) mehrfarbig	bro	6.—	22.—	2.—
1841.	50 (Pfg.) mehrfarbig	brp	80.—	60.—	12.—

1973, 10. April. Freim.-Erg.-Werte. Bauwerke. ▣ **Gottschall; StTdr. Wertp.-Druck. in Bogen zu 50 Marken; gez. K 14.**

brr) Tierpark Berlin-Friedrichsfelde, Alfred-Brehm-Haus-Fassade, Rosa-Pelikan

brs) Berlin, Rathausstraße, Neptunbrunnen vor Wohnhochhaus

1842.	5 (Pfg.) blaugrün	brr	1.—	1.—	1.—
1843.	10 (Pfg.) mittelbläulichgrün (Töne) GA	brs			
	I. Type I		1.—	1.—	1.—
	II. Type II		5.—	10.—	2.—

1843 I   II

Typenunterschiede bei Nr. 1843:

	Type I	Type II
Treppentrakt des Gebäudes:	die beiden unteren Etagenstriche lang	die beiden unteren Etagenstriche kurz
Brustzeichnung:	vier senkrechte Linien	fünf senkrechte Linien

Weitere Werte in ähnlichen Zeichnungen bzw. in kleinerem Format und RaTdr. s. Übersichtstabelle nach Nr. 1821.

Deutsche Demokratische Republik

1973, 22. Mai. So.-Ausg. Schienenfahrzeuge. Glinski; Odr. Wertp.-Druck. in Bogen zu 30 Marken; gez. K 13:12½.

brt) Elektrolokomotive Baureihe 211

bru) Maschinenkühlwagen MK 4 21 m

brv) Personenwagen Typ 47 D/k

brw) Behälterwagen

brx) Doppelstock-Standardwagen

bry) Reisezugwagen Typ B/70

		EF	MeF	MiF
1844.	5 (Pfg.) mehrfarbig ...... brt	4.—	5.—	1.—
1845.	10 (Pfg.) mehrfarbig ..... bru	3.—	4.—	1.—
1846.	20 (Pfg.) mehrfarbig ..... brv	3.—	6.—	1.—
1847.	25 (Pfg.) mehrfarbig ..... brw	8.—	25.—	2.—
1848.	35 (Pfg.) mehrfarbig ..... brx	5.—	14.—	2.—
1849.	85 (Pfg.) mehrfarbig ..... bry	30.—	150.—	18.—

1973, 29. Mai. So.-Ausg. Theater-Inszenierungen. Grünewald; RaTdr. Wertp.-Druck. in Bogen zu 30 Marken; gez. K 13.

brz) „König Lear"

Alle Marken der DDR von 1004–3343 gültig bis 2.10.1990.

bsa) „Sommernachtstraum"

bsb) „Mutter Courage"

		EF	MeF	MiF
1850.	10 (Pfg.) dkl'braunrot/rosalila/gelb .... brz	2.—	3.—	1.—
1851.	25 (Pfg.) dkl'violettultramarin/hellblau/lila .... bsa	6.—	20.—	2.—
1852.	35 (Pfg.) schwarz/braunoliv/mittelgrünlichblau ...... bsb	20.—	40.—	10.—

1973, 13. Juni. Freim.-Erg.-Werte. Bauwerke. Gottschall; StTdr. Wertp.-Druck. in Bogen zu 50 Marken; gez. K 14.

bsc) Berlin, Wohnhochhäuser auf der Fischerinsel

bsd) Berlin, Hotelhochhaus, Fernsehturm, Weltzeituhr — Alexanderplatz

			EF	MeF	MiF
1853.	15 (Pfg.) lebhaftviolett.....	bsc	3.—	8.—	1.—
1854.	25 (Pfg.) dkl'bläulichgrün GA	bsd	4.—	12.—	2.—

1973, 13. Juni. So.-Ausg. Berühmte Persönlichkeiten. Stauf; Odr. Wertp.-Druck. in Bogen zu 50 Marken; gez. K 13½:13.

bse) Hermann Matern (1893–1971), Partei- und Staatsfunktionär

		EF	MeF	MiF
1855.	40 (Pfg.) dkl'rosalila....... bse	5.—	15.—	2.—

Weitere Ausgaben „Berühmte Persönlichkeiten": Nr. 1815 bis 1819, 1941–1945, 2025–2029.

1973, 26. Juni. So.-Ausg. Gedenkstätten in Weimar. Dorfstecher; Odr. Wertp.-Druck. in Bogen zu 50 Marken; gez. K 12½:13.

bsf) Goethehaus, Porträt des Dichters

bsg) Wielandhaus, Porträt des Dichters

bsh) Schillerhaus, Porträt des Dichters

Deutsche Demokratische Republik

bsi) Herderhaus, Porträt des Philosophen
bsk) Cranachhaus, Porträt des Malers
bsl) Liszthaus, Porträt des Komponisten

		EF	MeF	MiF
1856.	10 (Pfg.) mehrfarbig ...... bsf	2.—	3.—	1.—
1857.	15 (Pfg.) mehrfarbig ...... bsg	10.—	12.—	1.—
1858.	20 (Pfg.) mehrfarbig ...... bsh	2.—	5.—	1.—
1859.	25 (Pfg.) mehrfarbig ...... bsi	6.—	20.—	2.—
1860.	35 (Pfg.) mehrfarbig ...... bsk	4.—	12.—	2.—
1861.	50 (Pfg.) mehrfarbig ...... bsl	80.—	60.—	10.—

1973, 3. Juli. 2. So.-Ausg. 10. Weltfestspiele der Jugend und Studenten, Berlin 1973. ▣ Gottschall; Odr. Wertp.-Druck. in Bogen zu 50 Marken; gez. K 12½:13.

bsm) Feuerwerk, Berliner Bauten
bsn) Asiat und Europäer
bso) Bauarbeiter

bsp) Entwicklungshilfe
bsr) Embleme

1862.	5 (Pfg.) mehrfarbig ...... bsm	3.—	5.—	1.—
1863.	15 (Pfg.) mehrfarbig ...... bsn	8.—	10.—	1.—
1864.	20 (Pfg.) mehrfarbig ...... bso	2.—	5.—	1.—
1865.	30 (Pfg.) mehrfarbig ...... bsp	50.—	40.—	4.—
1866.	35 (Pfg.) mehrfarbig ...... bsr	4.—	12.—	2.—

Nr. 1862 und 1864 wurden auch in Markenheftchen (MH 7) und Markenheftchenbogen (MHB 26 und 17) gedruckt.

In ähnlichen Zeichnungen: Nr. 1829–1830.

Unterscheidungsmerkmale der Papiersorten v und w:

v = leicht gelbliches Papier mit schwachem Aufheller und mattem Gummi.
w = rein weißes Papier mit starkem Aufheller und glänzendem Gummi.

1973, 26. Juli. So.-Ausg. in Blockform. 10. Weltfestspiele der Jugend und Studenten, Berlin 1973. ▣ Detlefsen; Odr. Wertp.-Druck.; gez. Ks 12½:13.

bst

bss) Brandenburger Tor, Emblem

		EF	MeF	MiF
1867.	50 (Pfg.) mehrfarbig ...... bss	60.—	60.—	10.—
	Block 38 (86:108 mm) ...... bst	70.—	65.—	10.—

1973, 26. Juli/1989. Freim.-Erg.-Werte. Bauwerke. Wie Nr. 1843 und 1820, jedoch in kleinerem Format (Bildformat 21,5:17,5 mm). ▣ Gottschall RaTdr. in Rollen oder Bogen zu 100 Marken; Wertp.-Druck.; v = leicht gelbliches Papier mit mattem Gummi, w = rein weißes Papier mit glänzendem Gummi; gez. K 14¼.

brs l) Berlin, Rathausstraße, Neptunbrunnen vor Wohnhochhaus
bpt l) Berlin, Leninplatz, Stufenhochhaus, Leninmonument

1868.	v. 10 (Pfg.) mittelbläulichgrün ...... brs l	2.—	2.—	2.—
1869.	20 (Pfg.) dkl'karminlila .. bpt l			
	v. Papier v.	2.—	3.—	2.—
	w. Papier w (1989)	20.—	50.—	20.—

Kurze Zeit wurden die Marken Nr. 1868 und 1869 auch in Schalterbogen zu 100 Marken ausgegeben. Bogenteile mit rückseitiger Zählnummer stammen aus unzertrennt gebliebenen Rollenbahnbogen (25% Aufschlag).

Weitere Werte in ähnlichen Zeichnungen bzw. in größerem Format und StFdr. s. Übersichtstabelle nach Nr. 1821. Unterscheidungsmerkmale und genaue Beschreibung der Papiersorten siehe nach Nr. 1871.

1973, 8. Aug. So.-Ausg. zum Tode Ulbrichts. ▣ und ▣ Wolf; StTdr. Wertp.-Druck. in Bogen zu 50 Marken; gez. K 14.

bar) Walter Ulbricht (1893–1973), Staatsratsvorsitzender

	EF	MeF	MiF
1870. 20 (Pfg.) schwarz........ bar	1.50	3.—	1.—

Freimarken in gleicher Zeichnung: Nr. 968—969, 1087 bis 1088, 1481—1482; in kleinerem Format und Bdr.: siehe Übersichtstabelle nach Nr. 848.

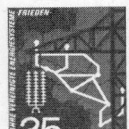

1973, 14. Aug. So.-Ausg. 10 Jahre Vereinigte Energiesysteme „Frieden". ⓖ Detlefsen; RaTdr. Wertp.-Druck. in Bogen zu 50 Marken; gez. K 14.

bsu) Energieverbundnetz des Ostblocks, Hochspannungsmast

		EF	MeF	MiF
1871. 35 (Pfg.) dkl'karmin/orange/ hellblau.............	bsu	4.—	12.—	2.—

1973, 28. Aug. So.-Ausg. Leipziger Herbstmesse 1973. ⓖ Gottschall; RaTdr. Wertp.-Druck. in Bogen zu 50 Marken; gez. K 14.

bsv) Geräte für Camping und Freizeit
bsw) Geräte für Sport, Spiel und Heimwerken

		EF	MeF	MiF
1872. 10 (Pfg.) mehrfarbig......	bsv	2.—	3.—	1.—
1873. 25 (Pfg.) mehrfarbig......	bsw	6.—	20.—	2.—

1973, 11. Sept. So.-Ausg. 20 Jahre Kampfgruppen in der DDR. ⓖ Rieß; Odr. Wertp.-Druck. in Bogen zu 50 Marken; gez. K 13:12½.

bsx) Kämpfer, Emblem der Kampfgruppen
bsy) Kampfgruppenangehörige, Brandenburger Tor

		EF	MeF	MiF
1874. 10 (Pfg.) mehrfarbig......	bsx	2.—	3.—	1.—
1875. 20 (Pfg.) mehrfarbig......	bsy	2.—	5.—	1.—

Blockausgabe, gez. Ks 12½:13

bsz) Angehörige des Roten Frontkämpferbundes, der Spanienbrigade und der DDR-Kampfgruppen

		EF	MeF	MiF
1876. 50 (Pfg.) mehrfarbig......	bsz	60.—	60.—	10.—
Block 39 (61:86 mm).........	bta	70.—	65.—	10.—

1973, 11. Sept. So.-Ausg. 15 Jahre Zeitschrift „Probleme des Friedens und des Sozialismus". ⓖ Rieß; RaTdr. Wertp.-Druck. in Bogen zu 50 Marken; gez. K 14.
btb) Emblem der Zeitschrift: Rote Fahne umringt die Erdkugel

		EF	MeF	MiF
1877. 20 (Pfg.) mittelrot/gold....	btb	2.—	5.—	2.—

1973, 18. Sept. So.-Ausg. Internationale Mahn- und Gedenkstätten. ⓖ Detlefsen; RaTdr. Wertp.-Druck. in Bogen zu 25 Marken; gez. K 14.

btc) Mahnmal Langenstein-Zwieberge

		EF	MeF	MiF
1878. 25 (Pfg.) mehrfarbig.......	btc	6.—	20.—	2.—

1973, 18. Sept. Freim.-Erg.-Werte. Bauwerke. ⓖ Gottschall; StTdr. Wertp.-Druck. in Bogen zu 50 Marken; gez. K 14.

btd) Berlin, Brandenburger Tor

bte) Berlin, Neue Wache
btf) Leipzig, Altes Rathaus
btg) Berlin, sowjetisches Ehrenmal

		EF	MeF	MiF
1879. 40 (Pfg.) purpurviolett.....	btd	3.—	12.—	2.—
1880. 50 (Pfg.) violettultramarin..	bte	30.—	20.—	3.—
1881. 70 (Pfg.) dkl'braunkarmin..	btf	7.—	30.—	3.—
1882. 1 M. schwarzoliv.........	btg	10.—	35.—	6.—

Weitere Werte in ähnlichen Zeichnungen bzw. in kleinerem Format und RaTdr. s. Übersichtstabelle nach Nr. 1821.

Die Bildbeschreibungen sind so informativ wie möglich gehalten, können und wollen jedoch kein Lexikon ersetzen. Fortlaufende Buchstaben (= Klischeezeichen) vor den Bildlegenden sowie vor den Preisspalten in den Katalogisierungszeilen ermöglichen problemlos die Zuordnung von Abbildungen und MICHEL-Nummern.

Deutsche Demokratische Republik

1973, 19. Sept. So.-Ausg. DDR Mitglied der Organisation der Vereinten Nationen (UNO). ℰ Gottschall; RaTdr. Wertp.-Druck. in Bogen zu 30 Marken; gez. K 13.

bth) UNO-Gebäude New York, Embleme

		EF	MeF	MiF
1883.	35 (Pfg.) mehrfarbig ..... bth	4.—	12.—	4.—

1973, 4. Okt. Wohlt.-So.-Ausg. 3. Briefmarkenausstellung junger Philatelisten der DDR. ℰ Gottschall; RaTdr. Wertp.-Druck. in Bogen zu 50 Marken; gez. K 14.

bti) Günter Glombitza: Junges Paar

1884.	20+5 (Pfg.) mehrfarbig .... bti	3.—	6.—	1.—

1973, 11. Okt. So.-Ausg. 8. Weltkongreß der Gewerkschaften in Warna, Bulgarien. ℰ Detlefsen; RaTdr. Wertp.-Druck. in Bogen zu 50 Marken; gez. K 14.

btk) Emblem des Weltgewerkschaftsbundes

1885.	35 (Pfg.) mehrfarbig ..... btk	5.—	14.—	4.—

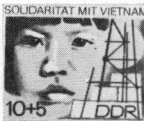

1973, 11. Okt. Wohlt.-So.-Ausg. Solidarität mit Vietnam. ℰ Gottschall; RaTdr. Wertp.-Druck. in Bogen zu 50 Marken; gez. K 14.

btl) Kindergesicht, Symbole des Aufbaus

1886.	10+5 (Pfg.) mehrfarbig .... btl	2.—	3.—	1.—

1973, 23. Okt. So.-Ausg. Tage der sowjetischen Wissenschaft und Technik in der DDR. ℰ Nr. 1887, 1889 Gottschall, Nr. 1888 Pröbrock; RaTdr. Wertp.-Druck. in Bogen zu 50 Marken; gez. K 14.

btm) Start in den Kosmos   btn) Karte der UdSSR, Hammer und Sichel   bto) Rjasaner Erdöldestillationswerk

1887.	10 (Pfg.) mehrfarbig ...... btm	2.—	3.—	1.—
1888.	20 (Pfg.) dkl'violettblau/lebhaftrot/silber ..... btn	2.—	5.—	1.—
1889.	25 (Pfg.) mehrfarbig ...... bto	15.—	35.—	6.—

1973, 5. Nov. Wohlt.-So.-Ausg. Solidarität mit dem chilenischen Volk. ℰ Rieß; RaTdr. Wertp.-Druck. in Bogen zu 50 Marken; gez. K 14.

btp) Luis Corvalan   btr) Salvador Allende, chilenischer Staatspräsident

		EF	MeF	MiF
1890.	10+5 (Pfg.) schwarz/purpurviolett/lebhaftkarmin.... btp	3.—	4.—	2.—
1891.	25+5 (Pfg.) mehrfarbig .... btr	14.—	40.—	6.—

1973, 13. Nov. So.-Ausg. Gemälde Alter Meister. ℰ Naumann; RaTdr. Wertp.-Druck. in Bogen zu 25 Marken; gez. K 14.

bts) Christian Leberecht Vogel (1759—1816): Kind mit Puppe   btt) Parmigianino (1503—1540): Die Madonna mit der Rose   btu) Rubens (1577—1640): Frau mit geflochtenem blondem Haar

btv) Tizian (1477—1576): Dame in Weiß   btw) Domenico Fetti (1589—1624): Archimedes   btx) Jan D. de Heem (1606—1683): Ein Blumenstrauß mit blauer Schwertlilie

1892.	10 (Pfg.) mehrfarbig .... bts	2.—	3.—	1.—
1893.	15 (Pfg.) mehrfarbig .... btt	10.—	12.—	1.—
1894.	20 (Pfg.) mehrfarbig .... btu	2.—	5.—	1.—
1895.	25 (Pfg.) mehrfarbig .... btv	6.—	20.—	2.—
1896.	35 (Pfg.) mehrfarbig .... btw	4.—	12.—	2.—
1897.	70 (Pfg.) mehrfarbig .... btx	40.—	100.—	15.—

Mit MICHEL immer gut informiert

1973, 20. Nov. So.-Ausg. 25. Jahrestag der Allgemeinen Erklärung der Menschenrechte. Dorfstecher; RaTdr. Wertp.-Druck. in Bogen zu 30 Marken; gez. K 13.

bty) Jubiläums-Emblem, Flamme der Freiheit

		EF	MeF	MiF
1898.	35 (Pfg.) mehrfarbig ...... bty	4.—	12.—	2.—

1973, 20. Nov. Freim.-Erg.-Werte. Bauwerke. Gottschall; StTdr. Wertp.-Druck. in Bogen zu 50 Marken; gez. K 14.

btz) Halle/Saale, Denkmal auf dem Ernst-Thälmann-Platz
bua) Staatswappen

1899.	30 (Pfg.) lachs .... btz	35.—	25.—	3.—
1900.	2 M. rot .... bua	12.—	—.—	6.—

Weitere Werte in ähnlichen Zeichnungen bzw. in kleinerem Format und RaTdr. s. Übersichtstabelle nach Nr. 1821.

1973, 4. Dez. So.-Ausg. Wintermärchen. Bläser; Odr. Wertp.-Druck.; gez. K 13:13½.

bub   buc   bud

(Kleinbogen mit 6 Marken, siehe Abbildung)

bue   buf   bug

bub—bug) Darstellungen aus dem Volksmärchen „Auf des Hechtes Geheiß"

1901.	5 (Pfg.) mehrfarbig ...... bub	5.—	8.—	2.—
1902.	10 (Pfg.) mehrfarbig ..... buc	6.—	20.—	8.—
1903.	15 (Pfg.) mehrfarbig ..... bud	15.—	20.—	5.—
1904.	20 (Pfg.) mehrfarbig ..... bue	6.—	10.—	2.—
1905.	25 (Pfg.) mehrfarbig ..... buf	15.—	40.—	6.—
1906.	35 (Pfg.) mehrfarbig ..... bug	10.—	20.—	3.—
	Kleinbogen	120.—		12.—

Nr. 1901–1906 wurden zusammenhängend in Kleinbogen gedruckt.

Zusammendrucke

Waagerecht: BF

W. Zd. 290.	1901/1902	5/10	10.—
W. Zd. 291.	1902/1903	10/15	10.—
W. Zd. 292.	1901/1902/1903	5/10/15	13.—
W. Zd. 293.	1904/1905	20/25	10.—
W. Zd. 294.	1905/1906	25/35	10.—
W. Zd. 295.	1904/1905/1906	20/25/35	13.—

Senkrecht:

S. Zd. 131.	1901/1904	5/20	6.—
S. Zd. 132.	1902/1903	10/25	13.—
S. Zd. 133.	1903/1906	15/35	6.—

Weitere Werte in gleicher bzw. ähnlicher Ausführung s. Übersichtstabelle nach Nr. 1241.

1974, 8. Jan./9. Juli. Persönlichkeiten der deutschen Arbeiterbewegung. Stauf; Odr. Wertp.-Druck. in Bogen zu 50 Marken; gez. K 13¼:13.

buh) Edwin Hörnle (1883—1952)   bui) Etkar André (1894—1936)   buk) Paul Merker (1894—1969)

bul) Hermann Duncker (1874—1960)   bum) Fritz Heckert (1884—1936)   bun) Otto Grotewohl (1894—1964)

buo) Wilhelm Florin (1894—1944)   bup) Georg Handke (1894—1962)   bur) Rudolf Breitscheid (1874—1944)

bus) Kurt Bürger (1894—1951)   but) Carl Moltmann (1884—1960)

Deutsche Demokratische Republik

		EF	MeF	MiF
1907.	10 (Pfg.) schwarzoliv...... buh	2.—	3.—	1.—
1908.	10 (Pfg.) purpurviolett..... bui	2.—	3.—	1.—
1909.	10 (Pfg.) schwarzblau..... buk	2.—	3.—	1.—
1910.	10 (Pfg.) dkl'karminbraun . bul	2.—	3.—	1.—
1911.	10 (Pfg.) schwarzgrün.... bum	2.—	3.—	1.—
1912.	10 (Pfg.) mittelrotbraun ... bun	2.—	3.—	1.—
1913.	10 (Pfg.) preußischblau.... buo	2.—	3.—	1.—
1914.	10 (Pfg.) dkl'graubraun ... bup	2.—	3.—	1.—
1915.	10 (Pfg.) schwarzgraubraun (9.7.)...... bur	2.—	3.—	1.—
1916.	10 (Pfg.) blauviolett (9.7.).. bus	2.—	3.—	1.—
1917.	10 (Pfg.) siena (9.7.)...... but	2.—	3.—	1.—

Weitere Ausgaben siehe Hinweis nach Nr. 2012.

1974, 22. Jan. So.-Ausg. 25 Jahre Rat für Gegenseitige Wirtschaftshilfe (RGW). Rieß; RaTdr. Wertp.-Druck. in Bogen zu 30 Marken; gez. K 13.

buu) Symbolik — Flaggen der Mitgliedstaaten

1918.	20 (Pfg.) mehrfarbig ...... buu	2.—	5.—	1.—

1974, 22. Jan. Freim.-Erg.-Werte. Bauwerke. Gottschall; StTdr. Wertp.-Druck. in Bogen zu 50 Marken; gez. K 14.

buv) Dresden, Kronentor des Dresdener Zwingers

buw) Rostock-Warnemünde, Kröpeliner Tor, Haus Sonne, „Teepott" vor Leuchtturm; MS „Etkar André"

1919.	60 (Pfg.) violett.......... buv	7.—	18.—	2.—
1920.	80 (Pfg.) dkl'violettblau... buw	10.—	40.—	4.—

Weitere Werte in ähnlichen Zeichnungen bzw. in kleinerem Format und RaTdr. s. Übersichtstabelle nach Nr. 1821.

1974, 22. Jan. 1. Todestag von Neruda. Detlefsen; RaTdr. in Bogen zu 50 Marken; gez. K 14.

bux) Neftalí Ricardo Reyes, genannt Pablo Neruda (1904—1973), chilenischer Dichter

1921.	20 (Pfg.) mehrfarbig ...... bux	2.—	5.—	1.—

1974, 12. Febr. 2. Ausg. Kakteen. Gottschall; RaTdr. in Bogen zu 50 Marken; gez. K 14.

buy) Echinopsis multiplex

buz) Lobivia haageana

bva) Parodia sanguiniflora

bvb) Gymnocalycium monvillei

bvc) Neoporteria rapifera

bvd) Notocactus concinnus

		EF	MeF	MiF
1922.	5 (Pfg.) mehrfarbig ...... buy	4.—	5.—	1.—
1923.	10 (Pfg.) mehrfarbig ...... buz	2.—	3.—	1.—
1924.	15 (Pfg.) mehrfarbig ...... bva	30.—	40.—	15.—
1925.	20 (Pfg.) mehrfarbig ...... bvb	2.—	5.—	1.—
1926.	25 (Pfg.) mehrfarbig ...... bvc	6.—	20.—	2.—
1927.	35 (Pfg.) mehrfarbig ...... bvd	5.—	14.—	2.—

In ähnlichen Zeichnungen: Nr. 1625—1630.

1974, 26. Febr. Hallenhandball-Weltmeisterschaft der Männer. Rieß; Odr. in Bogen zu 15 Zusammendrucken; gez. K 13:13½.

bve—bvg) Hallenhandball-Spielszene

1928.	5 (Pfg.) mehrfarbig ...... bve	5.—	8.—	2.—
1929.	10 (Pfg.) mehrfarbig ...... bvf	4.—	6.—	2.—
1930.	35 (Pfg.) mehrfarbig ...... bvg	10.—	25.—	2.—

Nr. 1928—1930 wurden zusammenhängend gedruckt.

Zusammendrucke (nur waagerecht:)

			BF
W. Zd. 296.	1928/1929	5/10	5.—
W. Zd. 297.	1929/1930	10/35	5.—
W. Zd. 298.	1930/1928	35/5	7.—
W. Zd. 299.	1928/1929/1930	5/10/35	7.—
W. Zd. 300.	1929/1930/1928	10/35/5	8.—
W. Zd. 301.	1930/1928/1929	35/ 5/10	8.—

1974, 5. März. Leipziger Frühjahrsmesse 1974. RaTdr. in Bogen zu 50 Marken; gez. K 14.

bvh) VEM-Hochspannungs-Prüfanlage Reißmüller

bvi) Datenverarbeitungsanlage Robotron EC 2040 Detlefsen

		EF	MeF	MiF
1931.	10 (Pfg.) mehrfarbig ...... bvh	2.—	3.—	1.—
1932.	25 (Pfg.) mehrfarbig ...... bvi	6.—	20.—	2.—

Deutsche Demokratische Republik

Alle Marken, wenn nicht ausdrücklich anders angegeben, sind in der Deutschen Wertpapier-Druckerei, Leipzig, gedruckt.

1974, 19. März. Europäische Giftpilze. ⊠ Deutschendorf; Odr. in Bogen zu 50 Marken; gez. K 13:13½.

bvk) Riesen-Rötling (Rhodophyllus sinuatus)
bvl) Satanspilz (Boletus satanas)
bvm) Pantherpilz (Amanita pantherina)

bvn) Fliegenpilz (Amanita muscaria)
bvo) Frühjahrslorchel (Gyromitra esculenta)
bvp) Ziegelroter Rißpilz (Inocybe patouillardii)

bvr) Grüner Knollenblätterpilz (Amanita phalloides)
bvs) Feldtrichterling (Clitocybe dealbata)

			EF	MeF	MiF
1933.	5 (Pfg.)	mehrfarbig ...... bvk	4.—	5.—	1.—
1934.	10 (Pfg.)	mehrfarbig ...... bvl	3.—	4.—	1.—
1935.	15 (Pfg.)	mehrfarbig ...... bvm	12.—	15.—	1.—
1936.	20 (Pfg.)	mehrfarbig ...... bvn	3.—	6.—	1.—
1937.	25 (Pfg.)	mehrfarbig ...... bvo	7.—	22.—	2.—
1938.	30 (Pfg.)	mehrfarbig ...... bvp	50.—	40.—	3.—
1939.	35 (Pfg.)	mehrfarbig ...... bvr	5.—	14.—	2.—
1940.	40 (Pfg.)	mehrfarbig ...... bvs	30.—	65.—	10.—

Wichtige philatelistische Informationen

finden Sie in der **Einführung in den MICHEL-Katalog** sowie in den Vortexten und Anmerkungen zu den einzelnen Ländern.

1974, 26. März. Berühmte Persönlichkeiten. ⊠ Stauf; Odr. in Bogen zu 50 Marken; gez. K 13½:13.

bvt) Gustav Robert Kirchhoff (1824—1887), Physiker
bvu) Immanuel Kant (1724—1804), Philosoph
bvv) Ehm Welk (1884—1966), Schriftsteller

bvw) Johann Gottfried Herder (1744—1803), Schriftsteller
bvx) Lion Feuchtwanger (1884—1958), Schriftsteller

		EF	MeF	MiF
1941.	5 (Pfg.) schwarzgrau/mattgrau .... bvt	4.—	5.—	1.—
1942.	10 (Pfg.) schwarzblau/hellultramarin .... bvu	2.—	3.—	1.—
1943.	20 (Pfg.) karminbraun/mattlilapurpur .... bvv	2.—	5.—	1.—
1944.	25 (Pfg.) schwarzgrün/hellblaugrün......... bvw	7.—	22.—	2.—
1945.	35 (Pfg.) siena/hellbraun .. bvx	20.—	40.—	10.—

Weitere Ausgaben „Berühmte Persönlichkeiten": Nr. 1815 bis 1819, 1855, 2025–2029.

1974, 16. April. 25. Jahrestag des 1. Weltfriedenskongresses. ⊠ Detlefsen; RaTdr. in Bogen zu 30 Marken; gez. K 13.

bvy) Erdkugel, umhüllt mit dem Wort Frieden in 5 Sprachen

1946.	35 (Pfg.) mehrfarbig...... bvy	4.—	12.—	2.—

1974, 16. April. Freim.-Erg.-Werte. Bauwerke. Wie Nr. 1842 und 1880, jedoch in kleinerem Format (Bildformat 21,5:17,5 mm). ⊠ Gottschall; RaTdr. in Rollen; gez. K 14.

brr l
bte l

1947.	5 (Pfg.) blaugrün .... brr l	2.—	3.—	1.—
1948.	50 (Pfg.) blau........... bte l	10.—	8.—	3.—

Weitere Werte in ähnlichen Zeichnungen bzw. in größerem Format und StTdr. s. Übersichtstabelle nach Nr. 1821.

Deutsche Demokratische Republik

1974, 30. April. 25 Jahre DDR. Detlefsen; RaTdr. in Bogen zu 30 Marken; gez. K 13.

bvz

bwa

bwb

bwc

bvz—bwc) Gesellschaftliches Leben

			EF	MeF	MiF
1949.	10 (Pfg.) mehrfarbig	bvz	2.—	3.—	1.—
1950.	20 (Pfg.) mehrfarbig	bwa	2.—	5.—	1.—
1951.	25 (Pfg.) mehrfarbig	bwb	6.—	20.—	2.—
1952.	35 (Pfg.) mehrfarbig	bwc	20.—	40.—	10.—

1974, 7. Mai. Leuchttürme an der Küste der DDR. Bertholdt; Odr. in Bogen zu 50 Marken; gez. K 14.

bwd) Leuchtturm Buk, 1878
bwe) Leuchtturm Warnemünde, 1898
bwf) Leuchtturm Darßer Ort, 1848

bwg) Leuchttürme Arkona, 1827 und 1902
bwh) Leuchtturm Greifswalder Oie, 1855

bwd—bwh) Hintergrund: Seehydrographische Karte mit Einzeichnung der Leuchttürme

			EF	MeF	MiF
1953.	10 (Pfg.) mehrfarbig	bwd	2.—	3.—	1.—
1954.	15 (Pfg.) mehrfarbig	bwe	10.—	12.—	1.—
1955.	20 (Pfg.) mehrfarbig	bwf	2.—	5.—	1.—
1956.	35 (Pfg.) mehrfarbig	bwg	5.—	14.—	2.—
1957.	40 (Pfg.) mehrfarbig	bwh	30.—	65.—	10.—

In ähnlichen Zeichnungen: Nr. 2045–2049.

1974, 21. Mai. 200. Geburtstag von Friedrich. Naumann; RaTdr. in Bogen zu 25 Marken; gez. K 14.

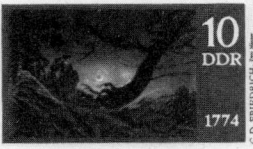

bwi) „Zwei Männer in Betrachtung des Mondes"

bwk) „Die Lebensstufen"

bwl) „Das große Gehege bei Dresden"

bwm) „Ausblick ins Elbtal"

bwi—bwm) Gemälde von Caspar David Friedrich (1774—1840)

			EF	MeF	MiF
1958.	10 (Pfg.) mehrfarbig	bwi	2.—	3.—	1.—
1959.	20 (Pfg.) mehrfarbig	bwk	2.—	5.—	1.—
1960.	25 (Pfg.) mehrfarbig	bwl	20.—	60.—	10.—
1961.	35 (Pfg.) mehrfarbig	bwm	4.—	12.—	2.—

Blockausgabe; Rieß; StTdr.; gez. Ks 14.

bwo

bwn) Selbstbildnis

1962.	70 (Pfg.) schwarzbraun	bwn	40.—	150.—	15.—
	Block 40 (80:55 mm)	bwo	50.—	160.—	18.—

Anfragen können wir nur beantworten, wenn Rückporto beiliegt!

Deutsche Demokratische Republik

1974, 11. Juni. Plauener Spitze. Gottschall; Odr. in Bogen zu 50 Marken; gez. K 13¼:13.

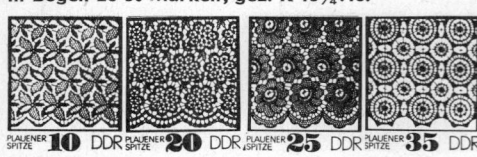

bwp — bwr — bws — bwt

bwp—bwt) Plauener Spitze — Muster

		EF	MeF	MiF
1963.	10 (Pfg.) mehrfarbig ..... bwp	2.—	3.—	1.—
1964.	20 (Pfg.) mehrfarbig ..... bwr	2.—	5.—	1.—
1965.	25 (Pfg.) mehrfarbig ..... bws	20.—	60.—	10.—
1966.	35 (Pfg.) mehrfarbig ..... bwt	4.—	12.—	2.—

1974, 11. Juni. Freim.-Erg.-Wert. Gottschall; StTdr. in Bogen zu 50 Marken; gez. K 14.

bua) Staatswappen

1967.	3 M. dkl'karminlila ..... bua	80.—	—.—	8.—

Weitere Werte in ähnlichen Zeichnungen bzw. in kleinerem Format und RaTdr. s. Übersichtstabelle nach Nr. 1821.

1974, 9. Juli. Freim.-Erg.-Werte. Bauwerke. Wie Nr. 1882, jedoch in kleinerem Format (Bildformat 21,5:17,5 mm). Gottschall; RaTdr.; gez. K 14.

btgl) Berlin sowjetisches Ehrenmal

1968.	1 M. schwarzoliv ..... btgl	7.—	18.—	4.—

Weitere Werte in ähnlichen Zeichnungen bzw. in größerem Format und StTdr. s. Übersichtstabelle nach Nr. 1821.

1974, 13. Aug. Internationaler Kongreß für Pferdezucht. Naumann; RaTdr. in Bogen zu 25 Marken; gez. K 14.

bwu) Edles Warmblutpferd

bwv) Traber

bww) Haflinger

bwx) Englisches Vollblut

		EF	MeF	MiF
1969.	10 (Pfg.) mehrfarbig ..... bwu	3.—	4.—	1.—
1970.	20 (Pfg.) mehrfarbig ..... bwv	3.—	6.—	1.—
1971.	25 (Pfg.) mehrfarbig ..... bww	30.—	60.—	10.—
1972.	35 (Pfg.) mehrfarbig ..... bwx	4.—	12.—	2.—

1974, 27. Aug. Leipziger Herbstmesse 1974. Reißmüller; Odr. in Bogen zu 50 Marken; gez. K 13:12½.

bwy) Eisenbahndrehkran EDK 2000

bwz) Rübenrodelader KS-6

1973.	10 (Pfg.) mehrfarbig ..... bwy	2.—	3.—	1.—
1974.	25 (Pfg.) mehrfarbig ..... bwz	6.—	20.—	2.—

1974, 10. Sept. Schloßmuseum Arnstadt — „Mon plaisir". Gottschall; RaTdr. in Bogen zu 25 Marken; gez. K 14.

bxa) Porzellan- und Spiegelkabinett

bxb) Ausrufer einer Schaubude

bxc) Weinprobe im Hofkeller

bxd) Böttchermeister und Geselle

bxe) Dudelsackpfeifer (Bärentanz)

bxf) Fleischermeisterin und Bettlerin

1975.	5 (Pfg.) mehrfarbig ..... bxa	2.—	5.—	1.—
1976.	10 (Pfg.) mehrfarbig ..... bxb	2.—	3.—	1.—
1977.	15 (Pfg.) mehrfarbig ..... bxc	8.—	10.—	1.—
1978.	20 (Pfg.) mehrfarbig ..... bxd	2.—	5.—	1.—
1979.	25 (Pfg.) mehrfarbig ..... bxe	30.—	60.—	12.—
1980.	35 (Pfg.) mehrfarbig ..... bxf	4.—	12.—	2.—

Deutsche Demokratische Republik

1974, 24. Sept. Internationale Mahn- und Gedenkstätten. Detlefsen; RaTdr. in Bogen zu 25 Marken; gez. K 14.

bxg) Mahnmal in den Ardeatinischen Höhlen bei Rom: 3 aneinandergefesselte Gestalten

bxh) Nationales Monument bei Châteaubriant, Frankreich: in Stein gehauene Personengruppe, von Roal

	EF	MeF	MiF
1981. 35 (Pfg.) mehrfarbig....... bxg	4.—	12.—	2.—
1982. 35 (Pfg.) mehrfarbig....... bxh	4.—	12.—	2.—

bxm) Diesellokomotive, historische Lokomotive

bxn) Düsenflugzeug, Kolbenmotorflugzeug

bxo) Postauto, Postkutsche

bxl—bxo) Briefumschlagrückseite mit UPU-Emblem

	EF	MeF	MiF
1984. 10 (Pfg.) mehrfarbig....... bxl	2.—	3.—	1.—
1985. 20 (Pfg.) mehrfarbig....... bxm	2.—	5.—	1.—
1986. 25 (Pfg.) mehrfarbig....... bxn	6.—	20.—	2.—
1987. 35 (Pfg.) mehrfarbig....... bxo	20.—	40.—	10.—

1974, 3. Okt. Blockausgabe. 25 Jahre DDR. Detlefsen; RaTdr.; gez. Ks 13:13½.

bxi) Familie vor Staatswappen und Neubauten

1983. 1 M. mehrfarbig......... bxi	60.—	200.—	15.—
Block 41 (90:108 mm) ...... bxk	70.—	200.—	15.—

1974, 24. Okt. Tag der Philatelisten 1974 — Briefmarkenausstellung „DDR '74", Karl-Marx-Stadt. Gottschall; Odr. in Bogen zu 15 Zusammendrucken; gez. K 13:13¼.

bxp) Reliefausschnitt von E. Roßdeutscher

bxr) Reliefausschnitt von J. Jastram

bxs) Reliefausschnitt von M. Wetzel

bxp—bxs) Plastisches Ensemble nach den Lobgedichten von Bertolt Brecht

1988. 10+5 (Pfg.) mehrfarbig ... bxp	3.—	6.—	1.—
1989. 20 (Pfg.) mehrfarbig ...... bxr	3.—	10.—	1.—
1990. 25 (Pfg.) mehrfarbig ...... bxs	7.—	22.—	2.—

Zusammendrucke (nur waagerecht:)

			BF
W. Zd. 302.	1988/1989	10+5/20	5.—
W. Zd. 303.	1989/1990	20/25	5.—
W. Zd. 304.	1990/1988	25/10+5	6.—
W. Zd. 305.	1988/1989/1990	10+5/20/25...........	8.—
W. Zd. 306.	1989/1990/1988	20/25/10+5...........	9.—
W. Zd. 307.	1990/1988/1989	25/10+5/20...........	9.—

1974, 9. Okt. 100 Jahre Weltpostverein (UPU). Gottschall; RaTdr. in Bogen zu 50 Marken; gez. K 14.

bxl) Modernes Frachtschiff, alter Raddampfer

Sie wohnen nicht in Deutschland?

Wir suchen noch in einigen Ländern ständige Korrespondenten für den Neuheitendienst. Bitte schreiben Sie uns, wenn Sie glauben, bei der Ausgestaltung des Katalogs und der MICHEL-Rundschau helfen zu können.

Deutsche Demokratische Republik

1974, 26. Nov. Zeichnungen Junger Pioniere. Detlefsen; Odr.; gez. K 14.

bxt) Gabriele Mosch: Über allem strahlt die Sonne

bxu) Michael Kluge: Carsten, bester Schwimmer der Klasse

bxv) Birk Ozminski: Mein Freund Sascha

Zf: Kirsten Wagner: Pionierorchester

bxw) Petra Westphal: Ich an der Wandtafel

Kleinbogenabbildung ½ Originalgröße

			EF	MeF	MiF
1991.	20 (Pfg.) mehrfarbig	bxt	3.—	10.—	2.—
1992.	20 (Pfg.) mehrfarbig	bxu	3.—	10.—	2.—
1993.	20 (Pfg.) mehrfarbig	bxv	3.—	10.—	2.—
1994.	20 (Pfg.) mehrfarbig	bxw	3.—	10.—	2.—
	Kleinbogen		30.—	120.—	15.—

Zusammendrucke (nur senkrecht:)

			BF
S. Zd. 134.	1991/1993	20/20	4.—
S. Zd. 135.	1992/1994	20/20	4.—

1974, 3. Dez. Wintermärchen. Bläser; Odr.; gez. K 13:13½.

bxx   bxy   bxz

bya   byb   byc

bxx—byc) Darstellungen aus dem russischen Volksmärchen „Zwitscher hin, Zwitscher her" von Alexej N. Tolstoi (1883—1945)

			EF	MeF	MiF
1995.	10 (Pfg.) mehrfarbig	bxx	3.—	6.—	2.—
1996.	15 (Pfg.) mehrfarbig	bxy	12.—	15.—	2.—
1997.	20 (Pfg.) mehrfarbig	bxz	3.—	8.—	3.—
1998.	30 (Pfg.) mehrfarbig	bya	60.—	40.—	3.—
1999.	35 (Pfg.) mehrfarbig	byb	7.—	18.—	4.—
2000.	40 (Pfg.) mehrfarbig	byc	7.—	20.—	3.—
	Kleinbogen		150.—	—.—	20.—

Nr. 1995–2000 wurden zusammenhängend im Kleinbogen gedruckt.

Zusammendrucke

Waagerecht:

			BF
W. Zd. 308.	1995/1996	10/15	6.—
W. Zd. 309.	1996/1997	15/20	6.—
W. Zd. 310.	1995/1996/1997	10/15/20	8.—
W. Zd. 311.	1998/1999	30/35	6.—
W. Zd. 312.	1999/2000	35/40	6.—
W. Zd. 313.	1998/1999/2000	30/35/40	8.—

Senkrecht:

S. Zd. 136.	1995/1998	10/30	6.—
S. Zd. 137.	1996/1999	15/35	8.—
S. Zd. 138.	1997/2000	20/40	8.—

Weitere Ausgaben in gleicher bzw. ähnlicher Ausführung s. Übersichtstabelle nach Nr. 1241.

1974, 10. Dez. Gemälde. Naumann; RaTdr. in Bogen zu 25 Marken; gez. K 14.

byd) Ronald Paris (* 1933): Stilleben mit Sonnenblumen und Quitten

bye) Wilhelm Lachnit (1899—1962): Sinnendes Mädchen

byf) Harald Hakenbeck (* 1926): Fischerhaus in Vitte

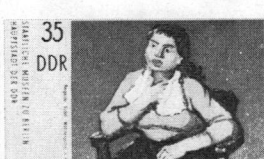

byg) Rudolf Bergander (1909—1970): Mädchenporträt in Rot

byh) Willi Sitte (* 1921): Meine Eltern, 1967

byd—byh) Gemälde aus den Staatlichen Museen zu Berlin

			EF	MeF	MiF
2001.	10 (Pfg.) mehrfarbig	byd	2.—	3.—	1.—
2002.	15 (Pfg.) mehrfarbig	bye	10.—	12.—	1.—
2003.	20 (Pfg.) mehrfarbig	byf	2.—	5.—	1.—
2004.	35 (Pfg.) mehrfarbig	byg	4.—	12.—	2.—
2005.	70 (Pfg.) mehrfarbig	byh	40.—	100.—	15.—

Deutsche Demokratische Republik

1974, 17. Dez. Mineralien aus den Sammlungen der Bergakademie Freiberg. Ⓔ Grünewald; RaTdr. in Bogen zu 50 Marken; gez. K 14.

byi) Bandjaspis aus Gnandstein (Bez. Leipzig)

byk) Rauchquarz aus Pechtelsgrün (Vogtland)

byl) Topas aus Schneckenstein (Vogtland)

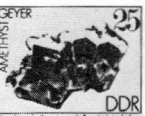
bym) Amethyst mit Quarz aus Geyer (Erzgebirge)

byn) Aquamarin aus Irfersgrün (Vogtland)

byo) Achat im Porphyr aus St. Egidien (Glauchau/Sa.)

	EF	MeF	MiF
2006. 10 (Pfg.) mehrfarbig ...... byi	2.—	4.—	1.—
2007. 15 (Pfg.) mehrfarbig ...... byk	10.—	12.—	1.—
2008. 20 (Pfg.) mehrfarbig ...... byl	2.—	5.—	1.—
2009. 25 (Pfg.) mehrfarbig ...... bym	7.—	22.—	2.—
2010. 35 (Pfg.) mehrfarbig ...... byn	5.—	14.—	2.—
2011. 70 (Pfg.) mehrfarbig ...... byo	40.—	100.—	15.—

1975, 14. Jan. Persönlichkeiten der deutschen Arbeiterbewegung. Ⓔ Stauf; Odr. in Bogen zu 50 Marken; gez. K 13¼:13.

byp) Martha Arendsee (1885—1953)

2012. 10 (Pfg.) mehrfarbig ...... byp   2.—   3.—   1.—

Weitere Ausgaben „Persönlichkeiten der deutschen Arbeiterbewegung": 1907–1917, 2107–2110, 2264–2266, 2454–2457, 2500, 2589–2592, 2686–2690, 2765–2769, 2849–2851, 2920–2922, 3082–3085, 3222–3225, 3300–3301.

1975, 11. Febr. 450. Jahrestag des Deutschen Bauernkrieges. Ⓔ Müller; Odr.; gez. Ks 12½:13.

byr) Bauern bei der Fronarbeit   bys) Bauern bei der Abgabe des Zehnten

byt   byu   byv   byw

byt) Thomas Müntzer
byu) Revolutionäre Bauern
byv) Revolutionärer Bauer mit Sturmfahne
byw) Bauern vor Gericht

Kleinbogenabbildung ½ Originalgröße

		EF	MeF	MiF
2013.	5 (Pfg.) mehrfarbig ...... byr	8.—	10.—	2.—
2014.	10 (Pfg.) mehrfarbig ...... bys	4.—	8.—	2.—
2015.	20 (Pfg.) mehrfarbig ...... byt	4.—	10.—	2.—
2016.	25 (Pfg.) mehrfarbig ...... byu	12.—	40.—	6.—
2017.	35 (Pfg.) mehrfarbig ...... byv	10.—	35.—	10.—
2018.	50 (Pfg.) mehrfarbig ...... byw	50.—	40.—	5.—
	Kleinbogen	180.—	—.—	25.—

Nr. 2013–2018 wurden zusammenhängend mit Zierfeld im Kleinbogen gedruckt.

Zusammendrucke

Waagerecht:			BF
W. Zd. 314.	2015/2016	20/25	5.—
W. Zd. 315.	2016/2017	25/35	7.—
W. Zd. 316.	2017/2018	35/50	5.—
W. Zd. 317.	2015/2016/2017	20/25/35	8.—
W. Zd. 318.	2016/2017/2018	20/35/50	8.—
W. Zd. A318.	2013/Zf.	5/Zf.	3.—
W. Zd. B318.	2013/Zf./2014	5/Zf./10	5.—
W. Zd. C318.	Zf./2014	Zf./10	3.—

Senkrecht:			
S. Zd. 139.	2013/2015	5/20	5.—
S. Zd. 140.	2014/2018	10/50	6.—
S. Zd. A140.	Zf./2016+2017	Zf./25/35	7.—

1975, 25. Febr. Internationales Jahr der Frau 1975. Ⓔ Rieß; Odr. in Bogen zu 15 Zusammendrucken; gez. K 13:13¼.

byx   byy   byz

byx—byz) Frauen verschiedener Nationen, Emblem

Entwertungen

⊙	= mit Poststempel gebraucht
~	= Federzugentwertung
⊗	= fiskalische Entwertung
⊘	= Gefälligkeitsstempel
○	= Lochentwertung
≡	= andere besondere Entwertungen
Ⓢ	= Sonderstempel
Ⓣ	= Tagesstempel

Deutsche Demokratische Republik

		EF	MeF	MiF
2019.	10 (Pfg.) mehrfarbig ...... byx	3.—	4.—	1.—
2020.	20 (Pfg.) mehrfarbig ...... byy	3.—	6.—	1.—
2021.	25 (Pfg.) mehrfarbig ...... byz	8.—	25.—	2.—

Nr. 2019–2021 wurden zusammenhängend gedruckt.

Zusammendrucke (nur waagerecht):

			BF
W. Zd. 319.	2019/2020	10/20	4.—
W. Zd. 320.	2020/2021	20/25	4.—
W. Zd. 321.	2021/2019	25/10	5.—
W. Zd. 322.	2019/2020/2021	10/20/25	6.—
W. Zd. 323.	2020/2021/2019	20/25/10	7.—
W. Zd. 324.	2021/2019/2020	25/10/20	7.—

Auflage: 4 400 000 Sätze.

1975, 4. März. Freim.-Erg.-Wert. Bauwerke. Wie Nr. 1854, jedoch in kleinerem Format (Bildformat 21,5:17,5 mm). ⊠ Gottschall; RaTdr. in Rollen; gez. K 14.

bsd I

		EF	MeF	MiF
2022.	25 (Pfg.) dkl'blaugrün .... bsd l	2.—	10.—	2.—

Weitere Werte in ähnlichen Zeichnungen bzw. in größerem Format und StTdr. siehe Übersichtstabelle nach Nr. 1821.

1975, 4. März. Leipziger Frühjahrsmesse 1975. ⊠ Bertholdt; RaTdr. in Bogen zu 50 Marken; gez. K 14.

bza) Mikrofilm-Aufnahmekamera PENTAKTA A 100

bzb) SKET-Zementwerk nach dem Trockenverfahren

2023.	10 (Pfg.) mehrfarbig ...... bza	2.—	3.—	1.—
2024.	6 (Pfg.) mehrfarbig ...... bzb	6.—	20.—	2.—

Auflagen: Nr. 2023 = 8 000 000, Nr. 2024 = 4 500 000 Stück.

1975, 18. März. Berühmte Persönlichkeiten. ⊠ Stauf; Odr. in Bogen zu 50 Marken; gez. K 13¼:13.

bzc) Hans Otto (1900—1933), Schauspieler

   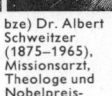

bzd) Thomas Mann (1875–1955), Schriftsteller

bze) Dr. Albert Schweitzer (1875–1965), Missionsarzt, Theologe und Nobelpreisträger

bzf) Michelangelo Buonarroti (1475–1564), italien. Bildhauer, Maler, Baumeister und Dichter

bzg) André-Marie Ampère (1775–1836), französ. Physiker

2025.	5 (Pfg.) dkl'blau .... bzc	4.—	5.—	1.—
2026.	10 (Pfg.) purpur .... bzd	2.—	3.—	1.—
2027.	20 (Pfg.) schwarzblaugrün . bze	4.—	20.—	2.—
2028.	25 (Pfg.) dkl'lilabraun ... bzf	6.—	20.—	2.—
2029.	35 (Pfg.) dkl'violettblau... bzg	20.—	40.—	10.—

Weitere Ausgaben „Berühmte Persönlichkeiten": Nr. 1815 bis 1819, 1855, 1941–1945.

1975, 25. März. Zootiere. ⊠ Zieger; Odr. in Bogen zu 50 Marken; gez. K 13¼:13, Querformate ∼.

bzh) Ararauna (Ara ararauna)

bzi) Orang-Utan (Pongo pygmaeus)

bzk) Sibirischer Steinbock (Capra ibex sibirica)

bzl) Panzernashorn (Rhinoceros unicornis)

bzm) Zwergflußpferd (Choeropsis liberiensis)

bzn) Kegelrobbe (Halichoerus grypus)

bzo) Sibirischer Tiger (Panthera tigris altaica)

bzp) Böhm-Zebra (Equus quagga boehmi)

		EF	MeF	MiF
2030.	5 (Pfg.) mehrfarbig ...... bzh	8.—	10.—	1.—
2031.	10 (Pfg.) mehrfarbig ...... bzi	3.—	5.—	1.—
2032.	15 (Pfg.) mehrfarbig ...... bzk	12.—	18.—	1.—
2033.	20 (Pfg.) mehrfarbig ...... bzl	3.—	6.—	1.—
2034.	25 (Pfg.) mehrfarbig ...... bzm	8.—	25.—	2.—
2035.	30 (Pfg.) mehrfarbig ...... bzn	40.—	40.—	3.—
2036.	35 (Pfg.) mehrfarbig ...... bzo	5.—	14.—	3.—
2037.	50 (Pfg.) mehrfarbig ...... bzp	80.—	60.—	12.—

1975, 6. Mai. 30. Jahrestag der Befreiung. ⊠ Detlefsen; RaTdr. in Bogen zu 25 Marken; gez. K14.

bzr) Sowjetisches Ehrenmal, Berlin-Treptow

bzs) Buchenwald-Denkmal (Detail)

bzt) Aufbauhelferin

bzu) Arbeiter und Soldat vor Hochhaus

bzr—bzu) Rote Fahne, Staatswappen der DDR

Deutsche Demokratische Republik

		EF	MeF	MiF
2038.	10 (Pfg.) mehrfarbig ...... bzr	2.—	3.—	1.—
2039.	20 (Pfg.) mehrfarbig ...... bzs	2.—	5.—	1.—
2040.	25 (Pfg.) mehrfarbig ...... bzt	6.—	20.—	2.—
2041.	35 (Pfg.) mehrfarbig ...... bzu	20.—	40.—	10.—

Blockausgabe, □

bzw
bzy) Rotarmist hißt die Flagge auf dem Reichstagsgebäude in Berlin

2042.	50 (Pfg.) mehrfarbig ...... bzv	80.—	—.—	10.—
	Block 42 (107:89 mm) .... bzw	80.—	—.—	10.—

1975, 6. Mai. 20 Jahre Warschauer Vertrag. ⊠ Gottschall und Rieß; RaTdr. in Bogen zu 25 Marken; gez. K 14.

bzx) Soldaten, Industrieanlage

2043. 20 (Pfg.) mehrfarbig ...... bzx   2.—   5.—   3.—

1975, 13. Mai. 3. Jugend-Festival der Freundschaft. ⊠ Detlefsen; RaTdr. in Bogen zu 50 Marken; gez. K 14.

bzy) Fahnenbänder, Abzeichen des Komsomol und der FDJ

		EF	MeF	MiF
2044.	10 (Pfg.) mehrfarbig ...... bzy	2.—	3.—	1.—

1975, 13. Mai. Leucht-, Leit- und Molenfeuer an den Küsten der DDR. ⊠ Berthold; Odr. in Bogen zu 50 Marken; gez. K 14

bzz) Leitfeuer Timmendorf, 1872   caa) Leuchtfeuer Gellen, 1905   cab) Molenfeuer Saßnitz, 1904

cac) Leuchtturm Dornbusch, 1888   cad) Leuchtturm Peenemünde, 1954

bzz–cad) Hintergrund: Seehydrographische Karte mit Standortzeichnung

2045.	5 (Pfg.) mehrfarbig ...... bzz	5.—	6.—	1.—
2046.	10 (Pfg.) mehrfarbig ...... caa	3.—	4.—	1.—
2047.	20 (Pfg.) mehrfarbig ...... cab	3.—	6.—	1.—
2048.	25 (Pfg.) mehrfarbig ...... cac	7.—	22.—	2.—
2049.	35 (Pfg.) mehrfarbig ...... cad	20.—	40.—	10.—

In ähnlichen Zeichnungen: Nr. 1953–1957.

1975, 21. Mai. 100. Jahrestag der Marxschen Programmkritik und des Gothaer Vereinigungskongresses. ⊠ Rieß; RaTdr. in Bogen zu 15 Zusammendrucken; gez. K 14.

cae) Wilhelm Liebknecht, August Bebel   caf) Tagungsstätte Tivoli in Gotha, Titelseite des Protokolls des Vereinigungskongresses   cag) Karl Marx, Friedrich Engels

2050.	10 (Pfg.) mehrfarbig ...... cae	3.—	4.—	1.—
2051.	20 (Pfg.) mehrfarbig ...... caf	3.—	6.—	1.—
2052.	25 (Pfg.) mehrfarbig ...... cae	8.—	25.—	2.—

Nr. 2050–2052 wurden zusammenhängend gedruckt.

Folienmaterial (zum Schutz oder zur Unterbringung) soll säurefrei und ohne „Weichmacher" sein (= dokumentenecht).

Zusammendrucke (nur waagerecht:)

			BF
W. Zd. 325.	2050/2051	10/20	3.—
W. Zd. 326.	2051/2052	20/25	3.—
W. Zd. 327.	2052/2050	25/10	4.—
W. Zd. 328.	2050/2051/2052	10/20/25	5.—
W. Zd. 329.	2051/2052/2050	20/25/10	6.—
W. Zd. 330.	2052/2050/2051	25/10/20	6.—

Deutsche Demokratische Republik

1975, 10. Juni. 25 Jahre Eisenhüttenstadt. Voigt; Odr. in Bogen zu 25 Marken; gez. K 13:13½.

cah) Prof. Womacka: Wissenschaftliche Zusammenarbeit der sozialistischen Länder; Mosaikbild in der Magistrale von Eisenhüttenstadt

	EF	MeF	MiF
2053. 20 (Pfg.) mehrfarbig ...... cah	2.—	5.—	1.—

1975, 10. Juni. 30 Jahre Freier Deutscher Gewerkschaftsbund. Detlefsen; RaTdr. in Bogen zu 25 Marken; gez. K 14.

cai) Arbeiter vor Neubau, FDGB-Abzeichen

	EF	MeF	MiF
2054. 20 (Pfg.) mehrfarbig ...... cai	2.—	5.—	1.—

1975, 24. Juni. Alte Uhren. Dorfstecher, Ziratzki und Reinhold; RaTdr. in Bogen zu 25 Marken; gez. K 14.

cak) Automatenuhr von Paulus Schuster (1585)
cal) Astronomische Stutzuhr, Augsburger Meister (um 1560)
cam) Automatenuhr von Hans Schlottheim (um 1600)

can) Stutzuhr von Johann Heinrich Köhler (um 1720)
cao) Stutzuhr von J. H. Köhler (um 1700)
cap) Astronomische Kunstuhr von Johannes Klein (1738)

	EF	MeF	MiF
2055. 5 (Pfg.) mehrfarbig ...... cak	5.—	6.—	1.—
2056. 10 (Pfg.) mehrfarbig ...... cal	2.—	3.—	1.—
2057. 15 (Pfg.) mehrfarbig ...... cam	30.—	35.—	15.—
2058. 20 (Pfg.) mehrfarbig ...... can	2.—	5.—	1.—
2059. 25 (Pfg.) mehrfarbig ...... cao	7.—	25.—	2.—
2060. 35 (Pfg.) mehrfarbig ...... cap	5.—	14.—	2.—

1975, 2. Juli. 275 Jahre Akademie der Wissenschaften. Bengs; Odr. in Bogen zu 25 Marken; gez. K 13½:13.

car) Deutsches Wörterbuch von Jacob und Wilhelm Grimm

cas) Karl-Schwarzschild-Observatorium in Tautenburg über Jena

cat) Elektronenmikroskop und Chemieanlage

cau) Satellit der Interkosmosserie

	EF	MeF	MiF
2061. 10 (Pfg.) mehrfarbig ...... car	2.—	3.—	1.—
2062. 20 (Pfg.) mehrfarbig ...... cas	2.—	5.—	1.—
2063. 25 (Pfg.) mehrfarbig ...... cat	6.—	20.—	2.—
2064. 35 (Pfg.) mehrfarbig ...... cau	20.—	40.—	10.—

1975, 15. Juli. 5. Kinder- und Jugendspartakiade der DDR. Bremer; Odr. in Bogen zu 50 Marken; gez. K 13½:13.

  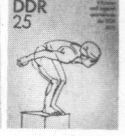 

cav) Fackelläufer
caw) Hürdenläufer
cax) Schwimmerin auf dem Startblock
cay) Turnerin auf dem Schwebebalken

	EF	MeF	MiF
2065. 10 (Pfg.) hellrosa/schwarz. cav	2.50	4.—	1.—
2066. 20 (Pfg.) gelb/schwarz .... caw	3.—	6.—	1.—
2067. 25 (Pfg.) hellgrauultramarin/ schwarz .... cax	7.—	22.—	2.—
2068. 35 (Pfg.) hellgelbgrün/ schwarz .... cay	20.—	40.—	10.—

Deutsche Demokratische Republik

1975, 30. Juli. Konferenz über Sicherheit und Zusammenarbeit in Europa (KSZE). ✉ Bertholdt; RaTdr. in Bogen zu 30 Marken; gez. K 13.

caz) Landkarte Europas

		EF	MeF	MiF
2069.	20 (Pfg.) mehrfarbig ..... caz	3.—	6.—	2.—

1975, 19. Aug. Blumen. ✉ Naumann; RaTdr. in Bogen zu 50 Marken; gez. K 14.

cba) Sommeraster (Callistephus chinensis)   cbb) Pelargonie (Pelargonium zonale)   cbc) Gerbera (Gerbera jamesonii)

cbd) Nelke (Dianthus caryophyllus)   cbe) Chrysantheme (Chrysanthemum indicum)   cbf) Stiefmütterchen (Viola x wittrockiana)

2070.	5 (Pfg.) mehrfarbig ..... cba	5.—	6.—	1.—
2071.	10 (Pfg.) mehrfarbig ..... cbb	3.—	4.—	1.—
2072.	20 (Pfg.) mehrfarbig ..... cbc	3.—	6.—	1.—
2073.	25 (Pfg.) mehrfarbig ..... cbd	7.—	22.—	2.—
2074.	35 (Pfg.) mehrfarbig ..... cbe	5.—	14.—	2.—
2075.	70 (Pfg.) mehrfarbig ..... cbf	50.—	120.—	15.—

1975, 28. Aug. Leipziger Herbstmesse 1975. ✉ Bertholdt; RaTdr. in Bogen zu 50 Marken; gez. K 14.

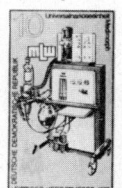 

cbg) Universalnarkoseeinheit Medimorph   cbh) Motorrad MZ TS 250

2076.	10 (Pfg.) mehrfarbig ..... cbg	2.—	3.—	1.—
2077.	25 (Pfg.) mehrfarbig ..... cbh	10.—	25.—	2.—

Von den DDR-Kleinbogen gibt es an den Außenrändern durchgezähnte und nicht durchgezähnte Kleinbogen. Letztere befanden sich bei den Druckbogen an den Außenseiten.

1975, 9. Sept. Verkehrserziehung. ✉ Rieß: Odr. in Bogen zu 50 Marken; gez. K 13:12½.

cbi) Schülerlotse

cbk) Verkehrsreglerin der Volkspolizei   cbl) Verkehrspolizist im operativen Dienst

cbm) Technische Überprüfung der Kraftfahrzeuge   cbn) Verkehrsunterricht

		EF	MeF	MiF
2078.	10 (Pfg.) mehrfarbig ..... cbi	2.—	3.—	1.—
2079.	15 (Pfg.) mehrfarbig ..... cbk	30.—	35.—	15.—
2080.	20 (Pfg.) mehrfarbig ..... cbl	2.—	5.—	1.—
2081.	25 (Pfg.) mehrfarbig ..... cbm	6.—	20.—	2.—
2082.	35 (Pfg.) mehrfarbig ..... cbn	4.—	12.—	2.—

1975, 15. Sept. Sowjetisch-amerikanisches Raumfahrtunternehmen Sojus-Apollo. ✉ Bertholdt; RaTdr. in Bogen zu 25 (Nr. 2083 und 2084) bzw. 15 Marken (Nr. 2085); gez. K 14.

cbo) Start Sojus   cbp) Annäherungsmanöver

cbr) Kopplung Sojus-Apollo

2083.	10 (Pfg.) mehrfarbig ..... cbo	2.—	3.—	1.—
2084.	20 (Pfg.) mehrfarbig ..... cbp	2.50	6.—	1.—
2085.	70 (Pfg.) mehrfarbig ..... cbr	50.—	120.—	15.—

Deutsche Demokratische Republik

1975, 23. Sept. 1000 Jahre Weimar. ⊠ Dorfstecher; Odr. in Bogen zu 25 Marken; gez. K 13½:13, Nr. 2087 ~.

cbs) Stadtansicht (1650), nach Merian

cbt) Selbstbefreiung der Insassen des Konzentrationslagers Buchenwald bei Weimar

cbu) Historische und neuzeitliche Gebäude der Stadt Weimar

		EF	MeF	MiF
2086.	10 (Pfg.) mehrfarbig ..... cbs	2.—	3.—	1.—
2087.	20 (Pfg.) mehrfarbig ..... cbt	2.—	5.—	1.—
2088.	35 (Pfg.) mehrfarbig ..... cbu	20.—	40.—	10.—

1975, 23. Sept. Internationale Solidarität. ⊠ Gottschall; Odr. in Bogen zu 50 Marken; gez. K 13:13½.

cbv) Erhobene Faust, roter Stern

2089.	10+5 (Pfg.) mehrfarbig ... cbv	3.—	4.—	1.—

1975, 14. Okt. 150 Jahre Braille-Blindenschrift. ⊠ Gottschall; RaTdr. in Bogen zu 50 Marken; gez. K 14.

cbw) Louis Braille (1809–1852), Erfinder der Blindenschrift

cbx) Braillepunkte abtastende Hände

cby) Auge, Schutzbrille

2090.	20 (Pfg.) mehrfarbig ..... cbw	2.—	5.—	1.—
2091.	35 (Pfg.) mehrfarbig ..... cbx	4.—	12.—	2.—
2092.	50 (Pfg.) mehrfarbig ..... cby	80.—	60.—	10.—

Bitte teilen Sie uns eventuelle Fehler mit, damit wir sie verbessern können.

1975, 14. Okt. Internationale Mahn- und Gedenkstätten. ⊠ Grünewald; RaTdr. in Bogen zu 25 Marken; gez. K 14.

cbz) Figur im Mahnmal der Stadt Wien, von Prof. Fritz Cremer

		EF	MeF	MiF
2093.	35 (Pfg.) mehrfarbig ..... cbz	4.—	12.—	2.—

1975, 21. Okt. Tag der Philatelisten 1975. ⊠ Rieß; RaTdr. in Bogen zu 50 Marken; gez. K 14.

cca) Erneuertes Posttor von 1734 in Wurzen

ccb) Neues Postamt in Bärenfels (Osterzgebirge)

2094.	10+5 (Pfg.) mehrfarbig ... cca	10.—	18.—	8.—
2095.	20 (Pfg.) mehrfarbig ..... ccb	2.—	5.—	1.—

1975, 18. Nov. Andersen-Märchen. ⊠ Bläser; Odr.; gez. K 14:13¼.

ccc–cce) Darstellungen aus dem Märchen „Des Kaisers neue Kleider", von Hans Christian Andersen (1804–1875)

2096.	20 (Pfg.) mehrfarbig ccc	5.—	12.—	3.—
2097.	35 (Pfg.) mehrfarbig ..... ccd	20.—	40.—	10.—
2098.	50 (Pfg.) mehrfarbig ..... cce	60.—	50.—	4.—
	Kleinbogen	120.—	—.—	20.—

Nr. 2096–2098 wurden zusammenhängend in Kleinbogen gedruckt.

Deutsche Demokratische Republik

Zusammendrucke (nur senkrecht):

			BF
S. Zd. 141.	2096/2097	20/35	15.—
S. Zd. 142.	2097/2098	35/50	15.—
S. Zd. A142.	2096/2097/2098	20/35/50	18.—

Weitere Ausgaben in ähnlicher Ausführung siehe Übersichtstabelle nach Nr. 1241.

Blockausgabe

ccm) Ansicht von Innsbruck und Umgebung

	EF	MeF	MiF
2105. 1 M. mfg. (☐—.— —.—) ccm	65.—	180.—	15.—
Block 43 (79:55 mm) ccn	80.—	180.—	17.—

1975, 2. Dez. 12. Olympische Winterspiele Innsbruck 1976. Ⓔ Rieß; RaTdr. in Bogen zu 25 Marken; gez. K 14.

ccf) Massen-Rodelwettkämpfe

ccg) Rennschlittenbahn Oberhof

cch) Eisschnellaufbahn Berlin

cci) Schanze am Rennsteig Oberhof

cck) Eissporthalle Karl-Marx-Stadt

ccl) Massenschilauf

1975, 30. Dez. 100. Geburtstag von Pieck. Ⓔ Stauf; Odr. in Bogen zu 50 Marken; gez. K 13½:13.

cco) Wilhelm Pieck (1876–1960), 1. Präsident der DDR

2106. 10 (Pfg.) hellkobalt/braunschwarz .... cco 2.— 3.— 1.—

Weitere Werte: Nr. 1815–1819, 1855, 1907–1917, 1941–1945, 2012, 2025–2029, 2107–2110, 2264–2266, 2454 bis 2457, 2500, 2589–2592, 2686–2690, 2765–2769, 2849 bis 2851, 2920–2922, 3082–3085.

1976, 13. Jan. Persönlichkeiten der deutschen Arbeiterbewegung. Ⓔ Stauf; Odr. in Bogen zu 50 Marken; gez. K 13½:13.

ccp) Ernst Thälmann (1886–1944)   ccr) Georg Schumann (1886–1945)   ccs) Wilhelm Koenen (1886–1963)   cct) John Schehr (1896–1934)

	EF	MeF	MiF
2099. 5 (Pfg.) mehrfarbig .... ccf	4.—	4.—	1.—
2100. 10+5 (Pfg.) mehrfarbig ... ccg	3.—	4.—	1.—
2101. 20 (Pfg.) mehrfarbig ...... cch	4.—	10.—	1.—
2102. 25+5 (Pfg.) mehrfarbig cci	7.—	22.—	2.—
2103. 35 (Pfg.) mehrfarbig ...... cck	5.—	14.—	2.—
2104. 70 (Pfg.) mehrfarbig ccl	40.—	100.—	15.—

Die verschiedenen Markenarten

Ah.-Ausg.	=	Aushilfs-Ausgabe
Einschr.-Marken	=	Einschreibe-Marken
✈ Flp.-Ausg.	=	Flugpost-Ausgabe
Freim.Ausg.	=	Freimarken-Ausgabe
So.-Ausg.	=	Sonder-Ausgabe
Wohlt.-Ausg.	=	Wohltätigkeits-Ausgabe

Abkürzungen des Druckverfahrens

Stdr.	=	Steindruck
Odr.	=	Offsetdruck
Bdr.	=	Buchdruck
Sta-St. } StTdr.	=	Stahlstich } Stichtiefdruck
Ku.-St.	=	Kupferstich
RaTdr.	=	Rastertiefdruck

Deutsche Demokratische Republik

		EF	MeF	MiF
2107. 10 (Pfg.) hellkarmin/braunschwarz	ccp	2.—	3.—	1.—
2108. 10 (Pfg.) smaragd/braunschwarz	ccr	2.—	3.—	1.—
2109. 10 (Pfg.) hellgelbbraun/braunschwarz	ccs	2.—	3.—	1.—
2110. 10 (Pfg.) hellpurpurviolett/braunschwarz	cct	2.—	3.—	1.—

[ABSV] Nr. 2107 in mattviolett ist chemische Verfärbung.

Weitere Ausgaben „Persönlichkeiten der deutschen Arbeiterbewegung": Nr. 1907–1917, 2012, 2264–2266, 2454–2457, 2500, 2589–2592, 2686–2690, 2765–2769, 2849–2851, 2920–2922, 3082–3085, 3222–3225, 3300–3301.

1976, 27. Jan. Silbermann-Orgeln. ⌧ Voigt; RaTdr. in Bogen zu 50 Marken; gez. K 14.

ccu) Silbermann-Orgel in Rötha ccv) Silbermann-Orgel in Freiberg ccw) Silbermann-Orgel in Fraureuth ccx) Silbermann-Orgel in Dresden

ccu–ccx) Von Gottfried Silbermann (1683–1753) gebaute Orgeln in der DDR

2111. 10 (Pfg.) mehrfarbig	ccu	2.—	3.—	1.—
2112. 20 (Pfg.) mehrfarbig	ccv	2.—	5.—	1.—
2113. 35 (Pfg.) mehrfarbig	ccw	4.—	12.—	2.—
2114. 50 (Pfg.) mehrfarbig	ccx	70.—	50.—	10.—

1976, 3. Febr. Blockausgabe. 80. Geburtstag von Dr. Sorge. ⌧ Stauf; Odr.; ☐ Zähnung aufgedruckt.

ccy) Dr. Richard Sorge (1895–1944), Journalist und Spion

2115. 1 M. olivgrau/schw. violett	ccy	65.—	180.—	15.—
Block 44 (81:64 mm)	ccz	80.—	180.—	15.—

1976, 24. Febr. 20 Jahre Nationale Volksarmee. ⌧ Müller; Odr. in Bogen zu 25 Marken; gez. K 14.

cda) Truppenfahne, Soldatengesichter

cdb) Truppenfahne, Luft-, Land- und Seestreitkräfte

		EF	MeF	MiF
2116. 10 (Pfg.) mehrfarbig	cda	2.—	3.—	1.—
2117. 20 (Pfg.) mehrfarbig	cdb	2.—	5.—	1.—

1976, 2. März. 100 Jahre Telefon. ⌧ Glinski; Odr. in Bogen zu 50 Marken; gez. K 13½:13.

cdc) Modernes Tischtelefon mit Wählscheibe

2118. 20 (Pfg.) grünlichblau	cdc	2.—	5.—	1.—

1976, 9. März. Leipziger Frühjahrsmesse 1976. ⌧ Reißmüller; RaTdr. in Bogen zu 50 Marken. Nr. 2119 gez. K 14¼:14, Nr. 2120 ~.

cdd) Wohnhochhaus

cde) Atlantik – Supertrawler MS „Promotey"

2119. 10 (Pfg.) mehrfarbig	cdd	2.—	3.—	1.—
2120. 25 (Pfg.) mehrfarbig	cde	12.—	20.—	2.—

1976, 22. April. Eröffnung des Palastes der Republik. ⌧ Gottschall; RaTdr. in Bogen zu 25 Marken; gez. K 14.

cdf) Palast der Republik in Berlin

2121. 10 (Pfg.) mehrfarbig	cdf	2.—	3.—	1.—

1-Mark-Wert in Blockform: Nr. 2125.

1976, 27. April. Bodenfunkstelle Intersputnik. ⌧ Bertholdt; RaTdr. in Bogen zu 50 Marken; gez. K 14.

cdg) Bodenfunkstelle Intersputnik in Berlin

2122. 20 (Pfg.) mehrfarbig	cdg	2.—	5.—	1.—

Deutsche Demokratische Republik

1976, 11. Mai. 9. Parteitag der SED. RaTdr. in Bogen zu 25 Marken; gez. K 14.

cdh) Marx, Engels, Lenin; Emblem des 9. Parteitages
✍ König

cdi) Industrieanlage, Wohnneubauten, Emblem Bertholdt

		EF	MeF	MiF
2123.	10 (Pfg.) mehrfarbig ...... cdh	2.—	3.—	1.—
2124.	20 (Pfg.) mehrfarbig .... cdi	2.—	5.—	1.—

Blockausgabe

cdf) Palast der Republik in Berlin   cdk
✍ Gottschall

2125	1 M. mehrfarbig .... cdf	65.—	180.—	15.—
	Block 45 (109:90 mm) .... cdk	80.—	180.—	15.—

1976, 18. Mai. Olympische Sommerspiele Montreal 1976. ✍ Rieß; RaTdr. in Bogen zu 25 Marken; gez. K 14.

cdl) Radfahrergruppe – kleine Friedensfahrt

cdm) Schwimmhalle der deutschen Hochschule für Körperkultur in Leipzig

cdn) Stadt- und Sporthalle in Suhl

cdo) Regattastrecke in Brandenburg

cdp) Schießsportanlage in Suhl

cdr) Läufer – Meilenlauf

		EF	MeF	MiF
2126.	5 (Pfg.) mehrfarbig .... cdl	4.—	5.—	1.—
2127.	10+5 (Pfg.) mehrfarbig .. cdm	3.—	4.—	1.—
2128.	20 (Pfg.) mehrfarbig ..... cdn	2.—	5.—	1.—
2129.	25 (Pfg.) mehrfarbig ..... cdo	7.—	22.—	2.—
2130.	35+10 (Pfg.) mehrfarbig .. cdp	5.—	14.—	2.—
2131.	70 (Pfg.) mehrfarbig ..... cdr	40.—	100.—	15.—

Blockausgabe

cds) Zentralstadion in Leipzig

2132.	1 M mehrfarbig .... cds	65.—	180.—	15.—
	Block 46 (80:55 mm)			
	(□✉—.—) .... cdt	80.—	180.—	17.—

1976, 25. Mai. 10. Parlament der Freien Deutschen Jugend (FDJ). ✍ Rieß; RaTdr. in Bogen zu 50 Marken; gez. K 14.

cdu) Fahnenbänder, Abzeichen

cdv) FDJ-Mitglieder vor Industrieanlage

		EF	MeF	MiF
2133.	10 (Pfg.) mehrfarbig ...... cdu	2.—	3.—	1.—
2134.	20 (Pfg.) mehrfarbig ...... cdv	2.—	5.—	1.—

1976, 15. Juni. Heimische Orchideen. ✍ Grünewald; Odr. in Bogen zu 50 Marken; gez. K 12¾ :13.

cdw) Bocks-Riemenzunge (Himantoglossum hircinum)

cdx) Fleischrotes Knabenkraut (Dactylorhiza incarnata)

cdy) Rote Spitzorchis (Anacamptis pyramidalis)

cdz) Holunderknabenkraut (Dactylorhiza sambucina)

cea) Wanzenknabenkraut (Orchis coriophora)

ceb) Frauenschuh (Cypripedium calceolus)

2135.	10 (Pfg.) mehrfarbig ...... cdw	3.—	4.—	1.—
2136.	20 (Pfg.) mehrfarbig ...... cdx	3.—	6.—	1.—
2137.	25 (Pfg.) mehrfarbig ...... cdy	8.—	25.—	2.—
2138.	35 (Pfg.) mehrfarbig ...... cdz	5.—	14.—	2.—
2139.	40 (Pfg.) mehrfarbig ...... cea	5.—	20.—	2.—
2140.	50 (Pfg.) mehrfarbig ...... ceb	80.—	60.—	12.—

Notierungen für lose Marken
✳, ✳✳, ⊙ s. MICHEL-Deutschland- bzw. MICHEL-Deutschland-Spezial-Katalog oder MICHEL-Junior-Katalog.

1976, 22. Juni. Kleinplastiken aus den Staatlichen Museen zu Berlin. ✍ Wittkugel; RaTdr. in Bogen zu 25 Marken; gez. K 14.

cec) Heinrich Drake (* 1903), „Shetland Pony", Bronze

ced) Walter Arnold (*1909), „Tanzpause", Bronze

cee) Ludwig Engelhardt (* 1924), „Am Strand", Bronze

cef) Walter Howard (* 1910), „Hermann Duncker", Bronze

ceg) Gustav Weidanz (1883–1970), „Das Gespräch", Bronze

		EF	MeF	MiF
2141.	10 (Pfg.) braunschwarz/ bläulichgrün .... cec	2.—	3.—	1.—
2142.	20 (Pfg.) hellbraunocker/ braunschwarz .... ced	2.—	5.—	1.—
2143.	25 (Pfg.) hellbraunorange/ braunschwarz .... cee	6.—	20.—	2.—
2144.	35 (Pfg.) olivgrün/braunschwarz .... cef	4.—	12.—	2.—
2145.	50 (Pfg.) mattrot/braunschwarz .... ceg	80.—	60.—	10.—

1976, 29. Juni. Konferenz der kommunistischen und Arbeiterparteien Europas in Berlin. ✍ Gottschall; RaTdr. in Bogen zu 25 Marken; gez. K 14.

ceh) Fahnen; Marx, Engels und Lenin; Bauwerke

2146.	20 (Pfg.) mehrfarbig ...... ceh	2.—	5.—	1.—

Deutsche Demokratische Republik

1976, 27. Juli. Historische Kutschen. ✉ **Bobbe; RaTdr. in Bogen zu 50 Marken; gez. K 14.**

cei) Staatswagen (1790)

cek) Russischer Einspänner (1800)

cel) Einzugswagen (1840)

cem) Galawagen (1860)

cen) Postwagen (um 1850)

ceo) Stadtwagen (1889)

		EF	MeF	MiF
2147.	10 (Pfg.) mehrfarbig .... cei	2.—	3.50	1.—
2148.	20 (Pfg.) mehrfarbig .... cek	3.—	6.—	1.—
2149.	25 (Pfg.) mehrfarbig .... cel	7.—	22.—	2.—
2150.	35 (Pfg.) mehrfarbig .... cem	5.—	14.—	2.—
2151.	40 (Pfg.) mehrfarbig .... cen	5.—	20.—	2.—
2152.	50 (Pfg.) mehrfarbig .... ceo	80.—	60.—	12.—

cep) Gera um 1652

1976, 5. Aug. Tag der Philatelisten 1976 – 4. Jugend-Briefmarkenausstellung in Gera. ✉ **Rieß; Odr. in Bogen zu 20 Zusammendrucken; gez. K 13:12½.**

cer) Historische und moderne Gebäude der Stadt Gera;

Zierfeld: Stadtwappen von Gera

2153.	10+5 (Pfg.) mehrfarbig ... cep	2.50	4.—	1.—
2154.	20 (Pfg.) mehrfarbig .... cer	2.—	5.—	1.—

Nr. 2153–2154 wurden, mit Zierfeld verbunden, zusammenhängend gedruckt.

Zusammendrucke (nur waagerecht):

			BF
W. Zd. 331.	2153/Zf.	10+5/Zf.	3.—
W. Zd. 332.	2153/Zf./2154	10+5/Zf./20	4.—
W. Zd. 333.	Zf./2154	Zf./20.	3.—
W. Zd. 334.	Zf./2154/2153	Zf./20/10+5	5.—
W. Zd. 335.	2154/2153	20/10+5	4.—
W. Zd. 336.	2154/2153/Zf.	20/10/Zf.	5.—

Die Bildbeschreibungen zu den Markenabbildungen sind so ausführlich wie möglich gehalten!

1976, 17. Aug. Dienst- und Gebrauchshunde. ✉ **Zieger; Odr. in Bogen zu 50 Marken; gez. K 14.**

ces) Deutscher Boxer

cet) Airedale-Terrier

ceu) Deutscher Schäferhund

cev) Collie oder Schottischer Schäferhund

cew) Riesenschnauzer

cex) Deutsche Dogge

		EF	MeF	MiF
2155.	5 (Pfg.) mehrfarbig .... ces	5.—	6.—	1.—
2156.	10 (Pfg.) mehrfarbig .... cet	3.—	4.—	1.—
2157.	20 (Pfg.) mehrfarbig .... ceu	3.—	6.—	1.—
2158.	25 (Pfg.) mehrfarbig .... cev	8.—	25.—	2.—
2159.	35 (Pfg.) mehrfarbig .... cew	5.—	14.—	2.—
2160.	70 (Pfg.) mehrfarbig .... cex	40.—	100.—	15.—

1976, 1. Sept. Leipziger Herbstmesse 1976. ✉ **Bertholdt; Odr. in Bogen zu 50 Marken; gez. K 13:12½.**

cey) Erdöldestillationsanlage

cez) Deutsche Bücherei, Leipzig

2161.	10 (Pfg.) mehrfarbig .... cey	2.—	3.—	1.—
2162.	25 (Pfg.) mehrfarbig .... cez	6.—	20.—	2.—

1976. 21. Sept. Brücken in der DDR. ✉ **Reißmüller; RaTdr. in Bogen zu 30 Marken; gez. K 14.**

cfa) Brücke über den Templiner See

cfb) Brücke Berlin-Adlergestell

cfc) Elbbrücke bei Roßlau

cfd) Göltzschtal-Viadukt

cfe) Elbbrücke, Magdeburg

cff) Brücke am Großen Dreesch, Schwerin

		EF	MeF	MiF
2163.	10 (Pfg.) mehrfarbig ...... cfa	2.—	3.—	1.—
2164.	15 (Pfg.) mehrfarbig ...... cfb	10.—	12.—	1.—
2165.	20 (Pfg.) mehrfarbig ...... cfc	2.—	5.—	1.—
2166.	25 (Pfg.) mehrfarbig ...... cfd	6.—	20.—	2.—
2167.	35 (Pfg.) mehrfarbig ...... cfe	4.—	12.—	2.—
2168.	50 (Pfg.) mehrfarbig ...... cff	80.—	60.—	10.—

1976, 5. Okt. Internationale Mahn- und Gedenkstätten. ⊠ Grünewald; RaTdr. in Bogen zu 25 Marken; gez. K 14.

cfg) Figurengruppe aus dem „Arbeiter-Pantheon", Mahn- und Ehrenmal Budapest

2169. 35 (Pfg.) mehrfarbig...... cfg   4.—   12.—   2.—

1976, 19. Okt. Internationale Briefmarkenausstellung SOZPHILEX '77. ⊠ Detlefsen; Odr. in Bogen zu 50 Marken; gez. K 13:13½.

cfh) Fernsehturm, ausgestrahlte Wellen

2170. 10+5 (Pfg.) zinnober/ dunkelblau............ cfh   3.—   3.—   1.—

1976, 19. Okt. Historisches Kunsthandwerk. ⊠ Voigt; RaTdr. in Bogen zu 50 Marken; gez. K 14.

cfi) Kanne, Gelbguß (um 1500)

cfk) Deckelvase, Fayence (um 1710)

cfl) Tafelaufsatz, Porzellan (um 1768)

cfm) Lastenträger, Silber vergoldet (um 1700)

cfn) Vase, Überfangglas (um 1900)

cfi–cfn) Exponate aus dem Kunstgewerbemuseum Berlin, Schloß Köpenick

		EF	MeF	MiF
2171.	10 (Pfg.) mehrfarbig ...... cfi	2.—	3.—	1.—
2172.	20 (Pfg.) mehrfarbig ...... cfk	2.—	5.—	1.—
2173.	25 (Pfg.) mehrfarbig ...... cfl	6.—	20.—	2.—
2174.	35 (Pfg.) mehrfarbig ...... cfm	4.—	12.—	2.—
2175.	70 (Pfg.) mehrfarbig ...... cfn	40.—	100.—	12.—

1976, 9. Nov. Zierfische. ⊠ Zieger; Odr. in Bogen zu 50 Marken; gez. K 13½:13.

cfo) Spitzschwanz-Guppy

cfp) Doppelschwert-Guppy

cfr) Fahnenschwanz-Guppy

cfs) Untenschwert-Guppy

cft) Triangel-Guppy

cfu) Rundschwanz-Guppy

cfo–cfu) Guppys (Poecilia reticulata)

		EF	MeF	MiF
2176.	10 (Pfg.) mehrfarbig ...... cfo	3.—	4.—	1.—
2177.	15 (Pfg.) mehrfarbig ...... cfp	10.—	12.—	1.—
2178.	20 (Pfg.) mehrfarbig ...... cfr	2.50	6.—	1.—
2179.	25 (Pfg.) mehrfarbig ...... cfs	7.—	22.—	2.—
2180.	35 (Pfg.) mehrfarbig ...... cft	5.—	14.—	2.—
2181.	70 (Pfg.) mehrfarbig ...... cfu	40.—	100.—	15.—

1976, 23. Nov. Archäologische Funde in der DDR. ⊠ Dorfstecher; RaTdr. in Bogen zu 30 Marken; gez. K 13.

cfv) Tongefäße (ca. 3500 v. Chr.)

Deutsche Demokratische Republik

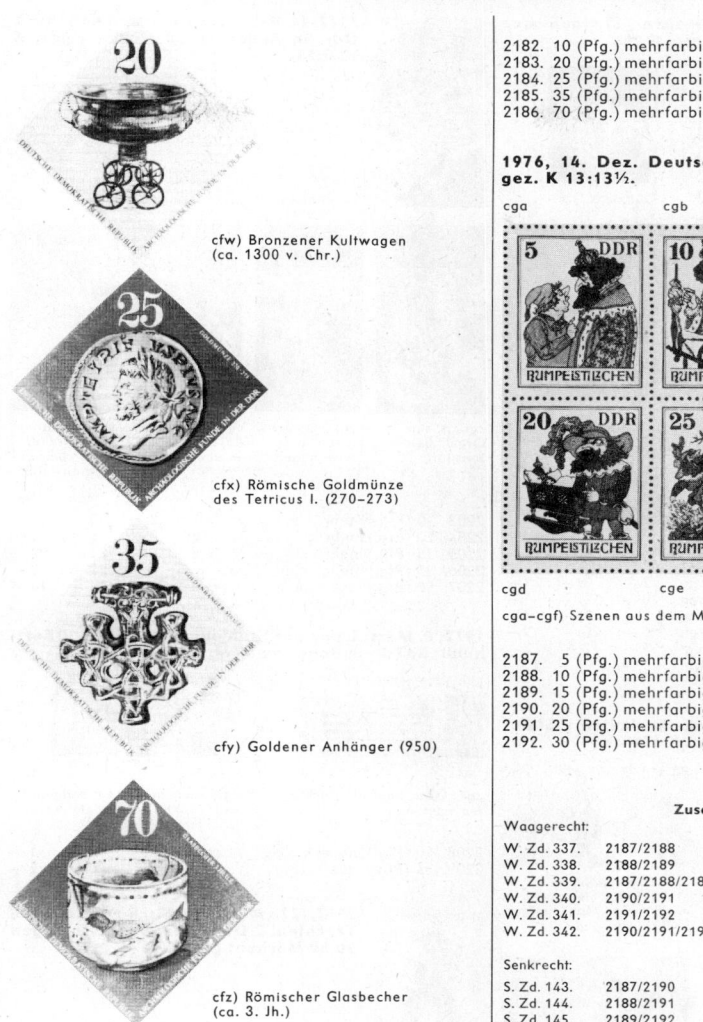

cfw) Bronzener Kultwagen (ca. 1300 v. Chr.)

cfx) Römische Goldmünze des Tetricus I. (270–273)

cfy) Goldener Anhänger (950)

cfz) Römischer Glasbecher (ca. 3. Jh.)

		EF	MeF	MiF
2182.	10 (Pfg.) mehrfarbig .... cfv	2.—	3.—	1.—
2183.	20 (Pfg.) mehrfarbig .... cfw	2.—	5.—	1.—
2184.	25 (Pfg.) mehrfarbig .... cfx	6.—	20.—	2.—
2185.	35 (Pfg.) mehrfarbig .... cfy	4.—	12.—	2.—
2186.	70 (Pfg.) mehrfarbig .... cfz	40.—	100.—	15.—

1976, 14. Dez. Deutsche Märchen. ⌧ Rosié; Odr.; gez. K 13:13½.

cga–cgf) Szenen aus dem Märchen „Rumpelstilzchen"

2187.	5 (Pfg.) mehrfarbig ...... cga	5.—	6.—	2.—
2188.	10 (Pfg.) mehrfarbig ...... cgb	8.—	15.—	8.—
2189.	15 (Pfg.) mehrfarbig ...... cgc	15.—	15.—	3.—
2190.	20 (Pfg.) mehrfarbig ...... cgd	5.—	8.—	2.—
2191.	25 (Pfg.) mehrfarbig ...... cge	10.—	25.—	4.—
2192.	30 (Pfg.) mehrfarbig ...... cgf	70.—	60.—	3.—
	Kleinbogen	100.—	—.—	20.—

Zusammendrucke

Waagerecht:			BF
W. Zd. 337.	2187/2188	5/10	6.—
W. Zd. 338.	2188/2189	10/15	6.—
W. Zd. 339.	2187/2188/2189	5/10/15	8.—
W. Zd. 340.	2190/2191	20/25	6.—
W. Zd. 341.	2191/2192	25/30	6.—
W. Zd. 342.	2190/2191/2192	20/25/30	8.—

Senkrecht:
S. Zd. 143.	2187/2190	5/20	5.—
S. Zd. 144.	2188/2191	10/25	6.—
S. Zd. 145.	2189/2192	15/30	5.—

MICHEL-Abartenführer

Anleitung zur Bestimmung von Abarten, Abweichungen und Fehlern auf Briefmarken.

Deutsche Demokratische Republik

1976, 14. Dez. Gemälde alter Meister. ✉ Naumann; RaTdr. in Bogen zu 50 Marken; gez. K 14.

cgg) Rosalba Carriera (1675–1757): Die Luft

cgh) Bartolomé Estéban Murillo (1618–1682): Maria mit dem Kinde

cgi) Bernardo Strozzi (1581–1644): Eine Gambenspielerin

cgk) Angelica Kauffmann (1741–1807): Die verlassene Ariadne

cgl) Bartolomeo Nazzari (1699 bis 1758): Alter Mann mit schwarzer Kappe

cgm) Gerard Terborc (1617–1681): Der brieflesende Offizier

cgg–cgm) Gemälde aus den Staatlichen Kunstsammlungen Dresden

		EF	MeF	MiF
2193.	10 (Pfg.) mehrfarbig ...... cgg	2.—	3.—	1.—
2194.	15 (Pfg.) mehrfarbig ...... cgh	10.—	10.—	1.—
2195.	20 (Pfg.) mehrfarbig ...... cgi	2.—	5.—	1.—
2196.	25 (Pfg.) mehrfarbig ...... cgk	6.—	20.—	2.—
2197.	35 (Pfg.) mehrfarbig ...... cgl	4.—	12.—	2.—
2198.	70 (Pfg.) mehrfarbig ...... cgm	40.—	100.—	15.—

1977, 8. Febr. Bedeutende Persönlichkeiten. ✉ Stauf; Odr. in Bogen zu 50 Marken; gez. K 13:12½.

cgn) Arnold Zweig (1887–1968), Schriftsteller; Ausspruch

cgo) Otto von Guericke (1602–1686), Staatsmann und Physiker; Magdeburger Halbkugeln

cgp) Albrecht Daniel Thaer (1752–1828), Mediziner und Agronom; landwirtschaftliche Symbole

cgr) Gustav Hertz (1887–1975), Physiker; Schema einer Anlage zur Trennung von Isotopen durch Diffusion

2199.	10 (Pfg.) graulila/lilaschwarz .... cgn	2.—	3.—	1.—
2200.	20 (Pfg.) mattgrau/lilaschwarz .... cgo	2.—	5.—	1.—
2201.	35 (Pfg.) mattbläulichgrün/lilaschwarz. .... cgp	4.—	12.—	2.—
2202.	40 (Pfg.) hellgrünblau/lilaschwarz .... cgr	30.—	70.—	10.—

Weitere Ausgaben „Bedeutende Persönlichkeiten": Nr. 2336 bis 2342, 2406–2411, 2492–2497, 2603–2608, 3091–3094, 3230 bis 3234.

1977, 24. Febr. Naturdenkmäler. ✉ Rieß, Odr. in Bogen zu 50 Marken; gez. K 12½:13.

cgs) Karstquelle „Der Spring" bei Plaue

cgt) „Kleine Orgel" bei Jonsdorf

cgu) „Ivenacker Eichen" bei Stavenhagen

cgv) „Steinerne Rose" bei Saalburg

cgw) Findling „Rauenscher Stein" bei Fürstenwalde

		EF	MeF	MiF
2203.	10 (Pfg.) mehrfarbig .... cgs	2.—	3.—	1.—
2204.	20 (Pfg.) mehrfarbig .... cgt	2.—	5.—	1.—
2205.	25 (Pfg.) mehrfarbig .... cgu	6.—	20.—	2.—
2206.	35 (Pfg.) mehrfarbig .... cgv	4.—	12.—	2.—
2207.	50 (Pfg.) mehrfarbig .... cgw	70.—	50.—	10.—

1977, 8. März. Leipziger Frühjahrsmesse 1977. ✉ Bertholdt; RaTdr. in Bogen zu 50 Marken; gez. K 14.

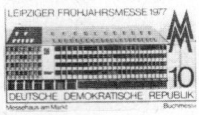
cgx) Messehaus am Markt, Buchmesse

cgy) Aluminiumbreitbandgießwalzen, VEB Leichtmetallwerk Nachterstedt

2208.	10 (Pfg.) mehrfarbig .... cgx	2.—	3.—	1.—
2209.	25 (Pfg.) mehrfarbig .... cgy	8.—	20.—	2.—

1977, 22. März. Sorbische historische Trachten. ✉ Detlefsen; RaTdr. in Bogen zu 50 Marken; gez. K 14¼.

cgz) Senftenberg (Zly Komorow)

cha) Bautzen (Budyšin)

chb) Klitten (Klětno)

chc) Nochten (Wochozy)

chd) Muskau (Mužakow)

		EF	MeF	MiF
2210.	10 (Pfg.) mehrfarbig ...... cgz	2.—	3.—	1.—
2211.	20 (Pfg.) mehrfarbig ...... cha	2.—	5.—	1.—
2212.	25 (Pfg.) mehrfarbig ...... chb	6.—	20.—	2.—
2213.	35 (Pfg.) mehrfarbig ...... chc	4.—	12.—	2.—
2214.	70 (Pfg.) mehrfarbig ...... chd	40.—	100.—	15.—

1977, 19. April. 200. Geburtstag von Gauß. Ⓔ Stauf; Odr. in Bogen zu 50 Marken; gez. K 13:12½.

che) Carl Friedrich Gauß (1777–1855), Mathematiker; Zirkel, Siebzehneck, gleichschenkeliges Dreieck

| 2215. | 20 (Pfg.) mattkobalt/lilaschwarz .... che | 2.— | 5.— | 1.— |

1977, 19. April. 30. Internationale Friedensfahrt. Ⓔ Lindner und Diedrichs; RaTdr. in Bogen zu 15 Zusammendrucken; gez. K 14.

chf) Start nach Radwechsel   chg) Spurt   chh) Zielankunft

2216.	10 (Pfg.) mehrfarbig ...... chf	3.—	6.—	2.—
2217.	20 (Pfg.) mehrfarbig ...... chg	3.50	8.—	2.—
2218.	35 (Pfg.) mehrfarbig ...... chh	8.—	15.—	4.—

Nr. 2216–2218 wurden zusammenhängend gedruckt.

Zusammendrucke (nur waagerecht:)

			BF
W. Zd. 343.	2216/2217	10/20	5.—
W. Zd. 344.	2217/2218	20/35	5.—
W. Zd. 345.	2218/2216	35/10	7.—
W. Zd. 346.	2216/2217/2218	10/20/35	10.—
W. Zd. 347.	2217/2218/2216	20/35/10	12.—
W. Zd. 348.	2218/2216/2217	35/10/20	12.—

1977, 3. Mai. 9. Kongreß des Freien Deutschen Gewerkschaftsbundes. Ⓔ Grünewald; RaTdr. in Bogen zu 30 Marken; gez. K 13.

chi) Fahnen, Händedruck

		EF	MeF	MiF
2219.	20 (Pfg.) mehrfarbig ...... chi	2.—	5.—	1.—

1977, 17. Mai. 25 Jahre Gesellschaft für Sport und Technik. Ⓔ Haller; RaTdr. in Bogen zu 50 Marken; gez. K 14:14¼.

chk) Schießsport   chl) Tauchsport

chm) Modellsport

		EF	MeF	MiF
2220.	10 (Pfg.) mehrfarbig ...... chk	2.—	3.—	1.—
2221.	20 (Pfg.) mehrfarbig ...... chl	2.—	5.—	1.—
2222.	35 (Pfg.) mehrfarbig ...... chm	20.—	40.—	10.—

1977, 17. Mai. Weltfernmeldetag 1977. Ⓔ Bertholdt; Odr. in Bogen zu 50 Marken; gez. K 14.

chn) Kanalumsetzer VKM mit mechanischen Filtern, UIT-Emblem

| 2223. | 20 (Pfg.) mehrfarbig ...... chn | 2.— | 5.— | 1.— |

1977, 14. Juni. Alte Musikinstrumente. Ⓔ Dorfstecher; RaTdr. in Bogen zu 25 Marken; gez. K 14.

cho) Akkordeon (um 1900)   chp) Diskant-Gambe (1747)

chr) Oboe (1785), Klarinette (1830), Querflöte (1871)   chs) Konzertzither (1891)   cht) Trompete (1860)

cho–cht) Alte Musikinstrumente aus dem Vogtland

2224.	10 (Pfg.) mehrfarbig ...... cho	2.—	3.—	1.—
2225.	20 (Pfg.) mehrfarbig ...... chp	2.—	5.—	1.—
2226.	25 (Pfg.) mehrfarbig ...... chr	6.—	20.—	2.—
2227.	35 (Pfg.) mehrfarbig ...... chs	4.—	12.—	2.—
2228.	70 (Pfg.) mehrfarbig ...... cht	40.—	100.—	15.—

Deutsche Demokratische Republik

1977, 28. Juni. 400. Geburtstag von Rubens. ⊡ Naumann; RaTdr. in Bogen zu 25 Marken; gez. K 14.

chv) „Merkur und Argus"

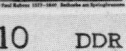

chu) „Bathseba am Springbrunnen"

chw) „Der trunkene Herkules"

chy) „Die Alte mit dem Kohlenbecken"

chx) „Dianas Heimkehr von der Jagd"

chz) „Leda mit dem Schwan"

chu–chz) Gemälde des flämischen Malers Peter Paul Rubens (1577–1640) aus der Gemäldegalerie in Dresden

			EF	MeF	MiF
2229.	10 (Pfg.) mehrfarbig	chu	2.—	3.—	1.—
2230.	15 (Pfg.) mehrfarbig	chv	8.—	10.—	1.—
2231.	20 (Pfg.) mehrfarbig	chw	2.—	5.—	1.—
2232.	25 (Pfg.) mehrfarbig	chx	6.—	20.—	2.—
2233.	35 (Pfg.) mehrfarbig	chy	4.—	12.—	2.—
2234.	50 (Pfg.) mehrfarbig	chz	70.—	50.—	10.—

1977, 28. Juni. Blockausgabe. 30 Jahre Gesellschaft für Deutsch-Sowjetische Freundschaft. ⊡ Müller; RaTdr.; gez. Ks 14.

cia) Goldene Ehrennadel

2235.	50 (Pfg.) mehrfarbig	cia	60.—	50.—	10.—
	Block 47 (80:55 mm)	cib	65.—	60.—	12.—

Mit MICHEL immer gut informiert

1977, 12. Juli. Moderne Technik in der Landwirtschaft. ⊡ Glinski; Odr. in Bogen zu 30 Marken; gez. K 13:12½.

cic) Traktor T 150-K mit Pflug 6 PHX-35

cid) Düngerstreuer D 032/N auf LKW W 50

cie) Kartoffel-Rodelader E 684

cif) Hochdrucksammelpresse K 453

cig) Melkkarussell M 693-40

			EF	MeF	MiF
2236.	10 (Pfg.) mehrfarbig	cic	2.—	3.—	1.—
2237.	20 (Pfg.) mehrfarbig	cid	2.—	5.—	1.—
2238.	25 (Pfg.) mehrfarbig	cie	6.—	20.—	2.—
2239.	35 (Pfg.) mehrfarbig	cif	4.—	12.—	2.—
2240.	50 (Pfg.) mehrfarbig	cig	70.—	50.—	10.—

1977, 19. Juli. 6. Turn- und Sportfest, 6. Kinder- und Jugendspartakiade der DDR. ⊡ Lehmann; Odr. in Bogen zu 50 Marken; gez. K 13:12½.

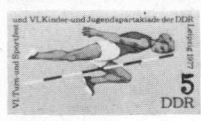

cih) Hochsprung

cii) Meilenlauf

cik) Hürdenlauf

cil) Künstlerische Gymnastik

cim) Tanz

cin) Fackelläufer vor roten Fahnen

Deutsche Demokratische Republik

	EF	MeF	MiF
2241. 5 (Pfg.) mehrfarbig .... cih	4.—	5.—	2.—
2242. 10+5 (Pfg.) mehrfarbig cii	3.—	4.—	1.—
2243. 20 (Pfg.) mehrfarbig .... cik	2.50	5.—	1.—
2244. 25+5 (Pfg.) mehrfarbig cil	8.—	22.—	2.—
2245. 35 (Pfg.) mehrfarbig ...... cim	4.—	12.—	4.—
2246. 40 (Pfg.) mehrfarbig .... cin	60.—	60.—	10.—

1977, 16. Aug. Internationale Briefmarkenausstellung SOZPHILEX '77. ⌧ Naumann; RaTdr. in Bogen zu 50 und in Kleinbogen zu 4 Marken; gez. K 14.

cio) Wolfram Schubert: Brot für alle (Detail)

cip) Walter Womacka: ... wenn Kommunisten träumen (Detail)

2247. 10 (Pfg.) mehrfarbig ...... cio	2.—	3.—	1.—
2248. 25 (Pfg.) mehrfarbig ...... cip	15.—	30.—	6.—

Blockausgabe, gez. Ks 13:12¾.

cir) Lothar Zitzmann (1924–1977): Weltjugendlied

2249. 50+20 (Pfg.) mehrfarbig ... cir	60.—	50.—	10.—
Block 48 (85:54 mm)............ cis	65.—	55.—	10.—

1977, 30. Aug. Leipziger Herbstmesse 1977. ⌧ Reißmüller; RaTdr. in Bogen zu 50 Marken; gez. K 14.

cit) Konsument-Warenhaus Leipzig, Fußgängerbrücke am Friedrich-Engels-Platz

ciu) Exponate aus der "expertic"-Serie: Glasgefäße, Holz-"Blumenkugel"

2250. 10 (Pfg.) mehrfarbig ...... cit	2.—	3.—	1.—
2251. 25 (Pfg.) mehrfarbig ...... ciu	10.—	25.—	2.—

Mehr wissen mit MICHEL

1977, 6. Sept. Blockausgabe. 100. Geburtstag von Dzierżyński. ⌧ Stauf; Odr.; gez. Ks 12½:13.

civ) Büste von F. E. Dzierżyński, junge Pioniere   ciw) Feliks Edmundowitsch Dzierżyński (1877–1926), sowjet. Staatsmann   cix

	EF	MeF	MiF
2252. 20 (Pfg.) mehrfarbig civ	20.—	30.—	8.—
2253. 35 (Pfg.) mehrfarbig ...... ciw	25.—	35.—	12.—
Block 49 (127:69 mm) cix	80.—	70.—	15.—

1977, 13. Sept. Verkehrsmuseum Dresden. ⌧ Detlefsen; RaTdr. in Bogen zu 50 Marken; gez. K 14.

ciy) Dampflokomotive „Muldenthal" (1861)

ciz) Elektr. Straßenbahntriebwagen (1896), Dresden

cka) Eindecker-Motorflugzeug (1909) von Hans Grade

ckb) Phänomobil-Dreiradwagen (1924)

ckc) Personendampfschiff „Königin Maria" (1837)

2254. 5 (Pfg.) mehrfarbig .... ciy	4.—	5.—	1.—
2255. 10 (Pfg.) mehrfarbig ...... ciz	2.—	3.—	1.—
2256. 20 (Pfg.) mehrfarbig ...... cka	2.—	5.—	1.—
2257. 25 (Pfg.) mehrfarbig ...... ckb	6.—	20.—	2.—
2258. 35 (Pfg.) mehrfarbig ...... ckc	30.—	40.—	15.—

1977, 20. Sept. 60. Jahrestag der Großen Sozialistischen Oktoberrevolution. ⌧ Gottschall; RaTdr. in Bogen zu 50 Marken; gez. K 14.

ckd) Panzerkreuzer „Aurora"

cke) Sturm auf das Winterpalais

2259. 10 (Pfg.) mehrfarbig ...... ckd	2.—	3.—	1.—
2260. 25 (Pfg.) mehrfarbig ...... cke	8.—	22.—	2.—

Deutsche Demokratische Republik

Blockausgabe, gez. Ks 12¾:13.

ckf) Wladimir Iljitsch Lenin (1870 bis 1924), russ. Staatsmann

ckg

		EF	MeF	MiF
2261.	1 M. mehrfarbig........ ckf	50.—	200.—	15.—
	Block 50 (55:86 mm).......... ckg	60.—	200.—	18.—

1977, 20. Sept. Internationale Mahn- und Gedenkstätten. ✂ Rieß; Odr. in Bogen zu 25 Marken; gez. K 14.

ckh) Sowjetisches Ehrenmal Berlin-Schönholz

2262.	35 (Pfg.) mehrfarbig...... ckh	4.—	12.—	2.—

1977, 18. Okt. Internationale Solidarität. ✂ Platzer; Odr. in Bogen zu 50 Marken; gez. K 14.

cki) Hand mit Flammenschale

2263.	10+5 (Pfg.) mehrfarbig .... cki	2.—	3.—	1.—

1977, 18. Okt. Persönlichkeiten der deutschen Arbeiterbewegung. ✂ Stauf; Odr. in Bogen zu 50 Marken; gez. K 14.

ckk) Ernst Meyer (1887–1930)
ckl) August Frölich (1877–1966)
ckm) Gerhart Eisler (1897–1968)

		EF	MeF	MiF
2264.	10 (Pfg.) mattbraunoliv/braunschwarz......... ckk	2.—	3.—	1.—
2265.	10 (Pfg.) weißbrot/schwarzbraun.......... ckl	2.—	3.—	1.—
2266.	10 (Pfg.) mattgrünblau/schwarzbraun.......... ckm	2.—	3.—	1.—

Weitere Ausgaben ,,Persönlichkeiten der deutschen Arbeiterbewegung'': Nr. 1907–1917, 2012, 2107–2110, 2454–2457, 2500, 2589–2592, 2686–2690, 2765–2769, 2849–2851, 2920–2922, 3082–3085, 3222–3225, 3300–3301.

1977, 18. Okt. Blockausgabe. 200. Geburtstag von H. von Kleist. ✂ Rosié; Odr.; gez. Ks 14.

ckn) Heinrich von Kleist (1777–1811), Dichter

2267.	1 M. violettschw./braunrot ckn	50.—	200.—	15.—
	Block 51 (82:55 mm).......... cko	60.—	200.—	20.—

1977, 8. Nov. 20. Zentrale Messe der Meister von morgen in Leipzig. ✂ Schütz; RaTdr. in Bogen zu 20 Zusammendrucken; gez. K 14:14¼.

ckp–ckr) Rakete; Zierfeld: Embleme

2268.	10 (Pfg.) mehrfarbig ...... ckp	3.—	5.—	1.—
2269.	20 (Pfg.) mehrfarbig ...... ckr	3.—	6.—	1.—

Nr. 2268–2269 wurden, mit Zierfeld verbunden, zusammenhängend gedruckt.

Zusammendrucke

Waagerecht: | | | | BF |
|---|---|---|---|
| W. Zd. 349. | 2268/Zf. | 10/Zf............ | 4.— |
| W. Zd. 350. | 2268/Zf./2269 | 20/Zf./20.......... | 5.— |
| W. Zd. 351. | Zf./2269 | Zf./20............ | 4.— |
| W. Zd. 352. | Zf./2269/2268 | Zf./20/10......... | 7.— |
| W. Zd. 353. | 2269/2268 | 20/10............ | 6.— |
| W. Zd. 354. | 2269/2268/Zf. | 20/10/Zf.......... | 7.— |

W. Zd. 355 fällt aus.

1977, 15. Nov. Jagdwesen in der DDR. ✂ Naumann; RaTdr. in Bogen zu 50 Marken; gez. K 14¼:14.

cks) Mufflon (Ovis musimon)
ckt) Rothirsch (Cervus elaphus)
cku) Jagdhund mit Fasan

Deutsche Demokratische Republik

ckv) Stockente, Nistkorb, Fuchs
ckw) Traktorist beim Aufnehmen von Jungwild
ckx) Wildschwein (Sus scrofa)

		EF	MeF	MiF
2270.	10 (Pfg.) mehrfarbig ...... cks	2.—	3.—	1.—
2271.	15 (Pfg.) mehrfarbig ...... ckt	40.—	60.—	15.—
2272.	20 (Pfg.) mehrfarbig ...... cku	2.—	5.—	1.—
2273.	25 (Pfg.) mehrfarbig ...... ckv	6.—	20.—	2.—
2274.	35 (Pfg.) mehrfarbig ...... ckw	4.—	12.—	2.—
2275.	70 (Pfg.) mehrfarbig ...... ckx	8.—	25.—	3.—

1977, 22. Nov. Aus der Arbeit der Feuerwehr. ✉ Bertholdt; Odr. in Bogen zu 50 Marken; gez. K 14.

cky) Wettkampf mit Steigleitern
ckz) Kindergruppe besucht die Feuerwehr

cla) Feuerwachturm, Löschfahrzeug, Tanklöschfahrzeug
clb) Künstliche Beatmung
clc) Feuerlöschboot im Einsatz

		EF	MeF	MiF
2276.	10 (Pfg.) mehrfarbig ...... cky	2.—	3.—	1.—
2277.	20 (Pfg.) mehrfarbig ...... ckz	2.—	5.—	1.—
2278.	25 (Pfg.) mehrfarbig ...... cla	6.—	20.—	2.—
2279.	35 (Pfg.) mehrfarbig ...... clb	4.—	12.—	2.—
2280.	50 (Pfg.) mehrfarbig clc	60.—	45.—	12.—

Die Preisnotierungen sind Richtwerte auf DM-Basis, Preisbewegungen nach oben und unten sind aufgrund von Angebot und Nachfrage die Regel.

1977, 22. Nov. Deutsche Märchen. ✉ Rosié; Odr.; gez. K 13:13½.

cld–cli) Darstellungen aus dem Volksmärchen „Sechse kommen durch die ganze Welt"

		EF	MeF	MiF
2281.	5 (Pfg.) mehrfarbig ...... cld	5.—	8.—	2.—
2282.	10 (Pfg.) mehrfarbig ...... cle	5.—	10.—	3.—
2283.	20 (Pfg.) mehrfarbig ...... clf	4.—	8.—	2.—
2284.	25 (Pfg.) mehrfarbig ...... clg	10.—	25.—	3.—
2285.	35 (Pfg.) mehrfarbig ...... clh	8.—	20.—	3.—
2286.	60 (Pfg.) mehrfarbig cli	12.—	30.—	3.—
	Kleinbogen	120.—	.—	20.—

Nr. 2281–2286 wurden zusammenhängend im Kleinbogen gedruckt.

Zusammendrucke

Waagerecht: | | | BF
|---|---|---|
| W. Zd. 356. | 2281/2282 | 5/10 .... 7.— |
| W. Zd. 357. | 2282/2283 | 10/20 .... 7.— |
| W. Zd. 358. | 2281/2282/2283 | 5/10/20 ..... 10.— |
| W. Zd. 359. | 2284/2285 | 25/35 .... 7.— |
| W. Zd. 360. | 2285/2286 | 35/60 .... 7.— |
| W. Zd. 361. | 2284/2285/2286 | 25/35/60 .... 10.— |

Senkrecht:
S. Zd. 146.	2281/2284	5/25 .... 6.—
S. Zd. 147.	2282/2285	10/35 .... 8.—
S. Zd. 148.	2283/2286	20/60 .... 6.—

Weitere Ausgaben in gleicher bzw. ähnlicher Ausführung s. Übersichtstabelle nach Nr. 1241.

1978, 10. Jan. Arzneipflanzen. ✉ Heise; RaTdr. in Bogen zu 50 Marken; gez. K 14:14¼.

clk) Hundsrose (Rosa canina), Früchte
cll) Weißbirke (Betula pendula), Blätter

clm) Echte Kamille (Matricaria chamomilla), Blüten
cln) Huflattich (Tussilago farfara), Blätter

Deutsche Demokratische Republik

clo) Sommerlinde (Tilia platyphyllos), Blüten

clp) Holunder (Sambucus nigra), Blüten

			EF	MeF	MiF
2287.	10 (Pfg.) mehrfarbig	clk	2.50	3.50	1.—
2288.	15 (Pfg.) mehrfarbig	cll	12.—	15.—	1.—
2289.	20 (Pfg.) mehrfarbig	clm	2.50	6.—	1.—
2290.	25 (Pfg.) mehrfarbig	cln	7.—	22.—	2.—
2291.	35 (Pfg.) mehrfarbig	clo	5.—	12.—	2.—
2292.	50 (Pfg.) mehrfarbig	clp	60.—	45.—	15.—

1978, 17. Jan. 5. Todestag von Cabral. ⊠ Grünewald; Odr. in Bogen zu 50 Marken; gez. K 14.

clr) Amilcar Cabral (1924–1973), Freiheitskämpfer aus Guinea-Bissau

| 2293. | 20 (Pfg.) mehrfarbig | clr | 2.— | 5.— | 1.— |

1978, 24. Jan. Fachwerkbauten in der DDR. ⊠ Grünewald; RaTdr. in Bogen zu 50 Marken; gez. K 14.

cls) Rathaus von Suhl-Heinrichs
clt) Bauernhaus, Niederoderwitz
clu) Bauernhaus, Strassen

clv) Bürgerhaus, Quedlinburg
clw) Bürgerhaus (Lutherhaus), Eisenach

2294.	10 (Pfg.) mehrfarbig	cls	2.—	3.—	1.—
2295.	20 (Pfg.) mehrfarbig	clt	2.—	5.—	1.—
2296.	25 (Pfg.) mehrfarbig	clu	6.—	20.—	2.—
2297.	35 (Pfg.) mehrfarbig	clv	4.—	12.—	2.—
2298.	40 (Pfg.) mehrfarbig	clw	25.—	50.—	12.—

1978, 9. Febr. Transportmittel der Deutschen Post. ⊠ Detlefsen; Odr. in Bogen zu 10 Zusammendrucken; gez. K 13:12½.

clx) Postfahrzeug (1921)   cly) Postfahrzeug (1978)

clz) Bahnpostwagen (1896)   cma) Bahnpostwagen (1978)

			EF	MeF	MiF
2299.	10 (Pfg.) mehrfarbig	clx	4.—	8.—	2.—
2300.	20 (Pfg.) mehrfarbig	cly	4.—	8.—	2.—
2301.	25 (Pfg.) mehrfarbig	clz	8.—	25.—	3.—
2302.	35 (Pfg.) mehrfarbig	cma	8.—	20.—	4.—

Nr. 2299–2302 wurden zusammenhängend im Viererblock gedruckt.

Zusammendrucke

Waagerecht: BF

W. Zd. 362.	2299/2300	10/20	5.—
W. Zd. 363.	2300/2299	20/10	5.—
W. Zd. 364.	2301/2302	25/35	9.—
W. Zd. 365.	2302/2301	35/25	10.—
W. Zd. 366.	2299/2300/2299	10/20/10	7.—
W. Zd. 367.	2300/2299/2300	20/10/20	9.—
W. Zd. 368.	2301/2302/2301	25/35/25	12.—
W. Zd. 369.	2302/2301/2302	35/25/35	15.—

Senkrecht:

S. Zd. 149.	2299/2301	10/25	5.—
S. Zd. 150.	2300/2302	20/35	8.—
S. Zd. 151.	2301/2299	25/10	5.—
S. Zd. 152.	2302/2300	35/20	9.—
S. Zd. 153.	2299/2301/2299	10/25/10	7.—
S. Zd. 154.	2301/2299/2301	25/10/25	10.—
S. Zd. 155.	2300/2302/2300	20/35/20	13.—
S. Zd. 156.	2302/2300/2302	35/20/35	15.—

1978, 21. Febr. Kostbarkeiten von slawischen Stätten. ⊠ Bobbe; RaTdr. in Bogen zu 50 Marken; gez. K 14.

cmb) Silbernes Ohrgehänge (11. Jh.)
cmc) Silberner Ohrring, Fundort Bodelwitz (10. Jh.)
cmd) Bronzebeschlag einer Schwertscheide, Fundort Nimschütz (10. Jh.)

cme) Bronzepferd, Fundort Brandenburg (12. Jh.)
cmf) Tabaristan-Silbermünze, Afzutprägung des Ispahbads, Fundort Ralswiek

			EF	MeF	MiF
2303.	10 (Pfg.) mehrfarbig	cmb	2.—	3.—	1.—
2304.	20 (Pfg.) mehrfarbig	cmc	2.—	5.—	1.—
2305.	25 (Pfg.) mehrfarbig	cmd	6.—	20.—	2.—
2306.	35 (Pfg.) mehrfarbig	cme	4.—	12.—	2.—
2307.	70 (Pfg.) mehrfarbig	cmf	40.—	100.—	15.—

1978, 7. März. Leipziger Frühjahrsmesse 1978. ⊠ Reißmüller; RaTdr. in Bogen zu 50 Marken; gez. K 14.

cmg) Königshaus am Markt
cmh) Universalmeßkammer UMK 10/1318

Deutsche Demokratische Republik

		EF	MeF	MiF
2308. 10 (Pfg.) mehrfarbig	cmg	2.—	3.—	1.—
2309. 25 (Pfg.) mehrfarbig	cmh	6.—	20.—	2.—

1978, 21. März. Interkosmosprogramm. ⊠ Bertholdt; RaTdr. in Bogen zu 25 Marken; gez. K 14.

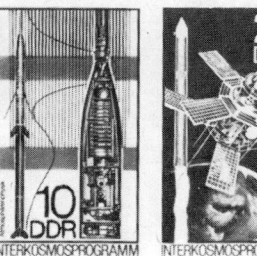

cmi) Meteorologische Rakete „M-100" für Atmosphärenphysik   cmk) Satellit „Interkosmos I" für kosmische Physik   cml) Satellit „Meteor" für kosmische Meteorologie

2310. 10 (Pfg.) mehrfarbig	cmi	2.—	3.—	1.—
2311. 20 (Pfg.) mehrfarbig	cmk	2.—	5.—	1.—
2312. 35 (Pfg.) mehrfarbig	cml	20.—	40.—	6.—

Blockausgabe

cmm) Multispektralkamera MKF-6 zur Fernerkennung der Erde

2313. 1 M. mehrfarbig	cmm	60.—	200.—	15.—
Block 52 (90:109 mm)	cmn	85.—	200.—	20.—

Mit MICHEL immer gut informiert

1978, 4. April. 200 Jahre 1. staatliche Bildungseinrichtung für Gehörlose durch Heinicke. ⊠ Rieß; Odr. in Bogen zu 50 Marken; gez. K 13:12½.

cmo) Samuel Heinicke (1727–1790), Begründer des Taubstummenunterrichts   cmp) Buchstaben a, b und c aus dem Daktylalphabet, Schüler mit elektro-akustischer Hörhilfe

		EF	MeF	MiF
2314. 20 (Pfg.) mehrfarbig	cmo	2.—	5.—	1.—
2315. 25 (Pfg.) mehrfarbig	cmp	25.—	45.—	10.—

1978, 25. April. Weltfernmeldetag 1978. ⊠ Bertholdt; RaTdr. in Bogen zu 50 Marken; gez. K 14.

cmr) Richtfunkturm Dequede, Fernsehübertragungswagen   cms) Fernsehturm Dresden, Richtfunkleitzentrale im Fernsehturm Berlin

2316. 10 (Pfg.) mehrfarbig	cmr	2.—	3.—	1.—
2317. 20 (Pfg.) mehrfarbig	cms	8.—	18.—	8.—

1978, 9. Mai. Paradetrachten aus dem Bergbau- und Hüttenwesen. ⊠ Haller; Odr. in Bogen zu 50 Marken; gez. K 12½:13.

cmt) Sächsischer Bergmann (19. Jh.)   cmu) Freiberger Hüttenmann (19. Jh.)   cmv) Bergakademist (19. Jh.)   cmw) Oberberghauptmann (19. Jh.)

2318. 10 (Pfg.) mehrfarbig	cmt	1.—	3.—	1.—
2319. 20 (Pfg.) mehrfarbig	cmu	1.—	5.—	1.—
2320. 25 (Pfg.) mehrfarbig	cmv	6.—	20.—	2.—
2321. 35 (Pfg.) mehrfarbig	cmw	20.—	40.—	10.—

1978, 23. Mai. 100 Jahre Leipziger Zoo – Junge Raubkatzen. ⊠ Heise, Lissmann; RaTdr. in Bogen zu 50 Marken; gez. K 14.

cmx) Löwe (Panthera leo)

cmy) Leopard (Panthera pardus)   cmz) Tiger (Panthera tigris)   cna) Irbis (Uncia uncia)

Nr.		EF	MeF	MiF
2322.	10 (Pfg.) mehrfarbig ..... cmx	2.—	3.—	1.—
2323.	20 (Pfg.) mehrfarbig ..... cmy	2.—	5.—	1.—
2324.	35 (Pfg.) mehrfarbig ..... cmz	4.—	12.—	2.—
2325.	50 (Pfg.) mehrfarbig ..... cna	60.—	40.—	12.—

1978, 13. Juni. Containertransport. ⌧ Glinski; Odr. in Bogen zu 50 Marken; gez. K 12½:13.

cnb) Beladen eines Großcontainers

cnc) Umsetzen auf einen Sattelschlepper

cnd) Großcontainer-Umschlagbahnhof

cne) Umsetzen auf Seeschiff „Boltenhagen"

Nr.		EF	MeF	MiF
2326.	10 (Pfg.) mehrfarbig ..... cnb	2.—	3.—	1.—
2327.	20 (Pfg.) mehrfarbig ..... cnc	2.—	5.—	1.—
2328.	35 (Pfg.) mehrfarbig ..... cnd	4.—	12.—	2.—
2329.	70 (Pfg.) mehrfarbig ..... cne	40.—	100.—	15.—

1978, 20. Juni. Altafrikanische Kunstschätze. ⌧ Gottschall; RaTdr. in Bogen zu 25 Marken; gez. K 14.

cnf) Rinderfigur, Ton (2. Jh. v. Chr.)

cng) Frauenkopf Ton (2. Jh. v. Chr.)

cnh) Oberarmreif, Gold mit Glasfuß (1. Jh. v. Chr.)

cni) Schildring, Gold (1. Jh. v. Chr.)

cnk) Siegelring, Gold (1. Jh. v. Chr.)

cnl) Halsschmuck, Halbedelsteine, Fayence (1. Jh. v. Chr.)

Nr.		EF	MeF	MiF
2330.	5 (Pfg.) mehrfarbig ..... cnf	4.—	5.—	1.—
2331.	10 (Pfg.) mehrfarbig ..... cng	2.—	3.—	1.—
2332.	20 (Pfg.) mehrfarbig ..... cnh	2.—	5.—	1.—
2333.	25 (Pfg.) mehrfarbig ..... cni	6.—	20.—	2.—
2334.	35 (Pfg.) mehrfarbig ..... cnk	4.—	12.—	2.—
2335.	40 (Pfg.) mehrfarbig ..... cnl	25.—	40.—	12.—

1978, 18. Juli. Bedeutende Persönlichkeiten. ⌧ Stauf; Odr. in Bogen zu 50 Marken; gez. K 13:12½.

cnm) Justus von Liebig (1803–1873), Chemiker; Symbole der Agrikulturchemie

cnn) Joseph Dietzgen (1828–1888), Philosoph; Buchtitel

cno) Alfred Döblin (1878–1957), Schriftsteller; Romantitel

cnp) Hans Loch (1898–1960), Politiker; Unterschrift

cnr) Theodor Brugsch (1878–1963), Internist; Transgrafik eines Menschen, EKG

cns) Friedrich Ludwig Jahn (1778–1852), Turnvater; Turnen am Seitpferd

cnt) Albrecht von Graefe (1828–1870), Augenarzt; Helmholtz-Augenspiegel

Nr.		EF	MeF	MiF
2336.	5 (Pfg.) hellorangegelb/ braunschwarz .... cnm	4.—	5.—	1.—
2337.	10 (Pfg.) ultramaringrau/ grauschwarz .... cnn	2.—	3.—	1.—
2338.	15 (Pfg.) hellgelbgrün/ braunschwarz .... cno	10.—	10.—	1.—
2339.	20 (Pfg.) hellkobalt/ braunschwarz .... cnp	2.—	5.—	1.—
2340.	25 (Pfg.) mattrot/ grauschwarz .... cnr	6.—	20.—	2.—

Deutsche Demokratische Republik

		EF	MeF	MiF
2341.	35 (Pfg.) mattgrün/ braunschwarz .... cns	4.—	12.—	2.—
2342.	70 (Pfg.) mattbraunoliv/ braunschwarz .... cnt	40.—	100.—	15.—

Weitere Ausgaben „Bedeutende Persönlichkeiten": Nr. 2199 bis 2202, 2406–2411, 2492–2497, 3091–3094, 3230–3234.

1978, 18. Juli. Briefmarkenausstellung der Jugend in Cottbus. ⌾ Rieß; Odr. in Bogen zu 20 Zusammendrucken; gez. K 13:12½.

cnu) Cottbus um 1730

Zierfeld: Stadtwappen von Cottbus
cnv) Historische und moderne Gebäude der Stadt Cottbus

2343.	10+5 (Pfg.) mehrfarbig ... cnu	4.—	6.—	2.—
2344.	20 (Pfg.) mehrfarbig ..... cnv	4.—	10.—	2.—

Nr. 2343–2344 wurden, durch Zierfeld verbunden, zusammenhängend gedruckt.

Zusammendrucke (nur waagerecht:)

			BF
W. Zd. 370.	2343/Zf.	10+5/Zf.	3.—
W. Zd. 371.	2343/Zf./2344	10+5/Zf./20	4.—
W. Zd. 372.	Zf./2344	Zf./20	3.—
W. Zd. 373.	Zf./2344/2343	Zf./20/10+5	5.—
W. Zd. 374.	2344/2343	20/10+5	5.—
W. Zd. 375.	2344/2343/Zf.	20/10+5/Zf.	5.—

1978, 25. Juli. Weltfestspiele der Jugend und Studenten, Havanna. ⌾ Gottschall; Odr. in Bogen zu 20 Zusammendrucken; gez. K 13:12½.

cnw) Festivalblume, Bauwerke in Havanna

Zierfeld: Text
cnx) Festivalblume, Bauwerke in Berlin

		EF	MeF	MiF
2345.	20 (Pfg.) mehrfarbig ...... cnw	4.—	10.—	2.—
2346.	35 (Pfg.) mehrfarbig ...... cnx	8.—	15.—	3.—

Nr. 2345–2346 wurden, durch Zierfeld verbunden, zusammenhängend gedruckt.

Zusammendrucke (nur waagerecht:)

			BF
W. Zd. 376.	2345/Zf.	20/Zf.	4.—
W. Zd. 377.	2345/Zf./2346	20/Zf./35	7.—
W. Zd. 378.	Zf./2346	Zf./35	4.—
W. Zd. 379.	Zf./2346/2345	Zf./35/20	9.—
W. Zd. 380.	2346/2345	35/2	7.—
W. Zd. 381.	2346/2345/Zf.	35/20/Zf.	9.—

1978, 25. Juli. Zeichnungen aus dem Kupferstichkabinett der staatlichen Museen, Berlin. ⌾ Neumann; Odr.; gez. Ks 14:14½.

cny) Hans Schäufelein (1483–1539): Landsknecht mit Hellebarde
cnz) Jean Antoine-Watteau (1684–1721): Briefleserin
coa) Gabriel Metsu (1629–1667): Sitzender Knabe

cob) Cornelius Saftleven (1607–1681): Brotschneidender Mann
coc) Mathias Grünewald (1470/80 bis 1528): Hl. Antonius
cod) Abraham von Diepenbeeck (1596–1675): Mann im Lehnstuhl

		EF	MeF	MiF
2347.	10 (Pfg.) mattorangegelb/ violettschwarz .... cny	5.—	10.—	3.—
2348.	20 (Pfg.) mattorangegelb/ violettschwarz .... cnz	5.—	12.—	3.—
2349.	25 (Pfg.) mattorangegelb/ violettschwarz .... coa	10.—	25.—	3.—
2350.	30 (Pfg.) mattorangegelb/ violettschwarz .... cob	70.—	60.—	3.—
2351.	35 (Pfg.) mattorangegelb/ violettschwarz .... coc	10.—	22.—	3.—
2352.	50 (Pfg.) mattorangegelb/ violettschwarz .... cod	55.—	45.—	3.—
	Kleinbogen	120.—	—.—	25.—

Nr. 2347–2352 wurden zusasmmenhängend im Kleinbogen gedruckt.

Zusammendrucke

Waagerecht:			BF
W. Zd. 382.	2347/2348	10/20	8.—
W. Zd. 383.	2347/2348/2349	10/20/25	10.—
W. Zd. 384.	2348/2349	20/25	8.—
W. Zd. 385.	2350/2351	30/35	8.—
W. Zd. 386.	2350/2351/2352	30/35/50	10.—
W. Zd. 387.	2351/2352	35/50	8.—
Senkrecht:			
S. Zd. 157.	2347/2350	10/30	7.—
S. Zd. 158.	2348/2351	15/35	8.—
S. Zd. 159.	2349/2352	25/50	7.—

Die Bildbeschreibungen sind so informativ wie möglich gehalten, können und wollen jedoch kein Lexikon ersetzen. Fortlaufende Buchstaben (= Klischeezeichen) vor den Bildlegenden sowie vor den Preisspalten in den Katalogisierungszeilen ermöglichen problemlos die Zuordnung von Abbildungen und MICHEL-Nummern.

1978, 29. Aug. Leipziger Herbstmesse 1978. Bertholdt; RaTdr. in Bogen zu 50 Marken; gez. K 14.

coe) Kleintransporter „IFA-Multicar 25"

cof) Messehaus „Drei Könige"

		EF	MeF	MiF
2353.	10 (Pfg.) mehrfarbig ..... coe	2.—	3.—	1.—
2354.	25 (Pfg.) mehrfarbig ..... cof	6.—	20.—	2.—

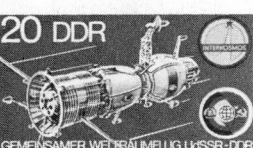

1978, 4. Sept. Interkosmosprogramm – Gemeinsamer Weltraumflug UdSSR–DDR. Bertholdt; RaTdr. in Bogen zu 25 Marken; gez. K 14.
cog) Raumschiff „Sojus", Embleme

2355.	20 (Pfg.) mehrfarbig ..... cog	2.—	5.—	1.—

1978, 5. Sept. Internationale Mahn- und Gedenkstätten. Grünewald; RaTdr. in Bogen zu 25 Marken; gez. K 14.
coh) Ehrenmal der DDR im ehemaligen Konzentrationslager Mauthausen, Österreich

2356.	35 (Pfg.) mehrfarbig ..... coh	4.—	12.—	2.—

1978, 19. Sept. 25 Jahre Kampfgruppen in der DDR. König, Diedrichs; RaTdr. in Bogen zu 20 Zusammendrucken, gez. K 14.
coi) Kampfgruppenformation, Traktor, Industrieanlagen

Zierfeld: Emblem der Kampfgruppen
cok) Soldaten und Mitglieder der Kampfgruppen

2357.	20 (Pfg.) mehrfarbig ..... coi	4.—	10.—	2.—
2358.	35 (Pfg.) mehrfarbig ..... cok	8.—	20.—	3.—

Zusammendrucke (nur waagerecht:)

			BF
W. Zd. 388.	2357/Zf.	20/Zf.	5.—
W. Zd. 389.	2357/Zf./2358	20/Zf./35	7.—
W. Zd. 390.	Zf./2358	Zf./35	5.—
W. Zd. 391.	Zf./2358/2357	Zf./35/20	10.—
W. Zd. 392.	2358/2357	35/20	8.—
W. Zd. 393.	2358/2357/Zf.	35/20/Zf.	10.—

1978, 21. Sept. Interkosmosprogramm – Gemeinsamer Weltraumflug UdSSR–DDR. Odr. in Bogen zu 50 Marken; Nr. 2359, 2360 und 2362 gez. K 13½:13, Nr. 2361 ~.

col) „Sojus 22", Orbitalkomplex, Multispektralkamera MKF 6 M
Bertholdt

com) Albert Einstein (1879–1955), „Sojus 31"
Bertholdt

con) Oberstlt. Sigmund Jähn, erster deutscher Kosmonaut Glinski

coo) Orbitalkomplex, Otto Lilienthal (1848 bis 1896) mit Gleitflugzeug Bertholdt

		EF	MeF	MiF
2359.	5 (Pfg.) mehrfarbig ..... col	4.—	5.—	1.—
2360.	10 (Pfg.) mehrfarbig ..... com	2.—	3.—	1.—
2361.	20 (Pfg.) mehrfarbig ..... con	2.—	5.—	1.—
2362.	35 (Pfg.) mehrfarbig ..... coo	20.—	35.—	10.—

Blockausgabe, gez. Ks 14

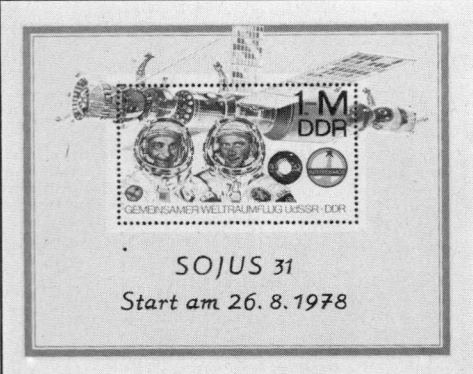

cop) Orbitalkomplex, Kosmonauten Waleri Bykowski und Sigmund Jähn
Bertholdt

2363.	1 M. mehrfarbig .... cop	65.—	200.—	15.—
	Block 53 (110:90 mm) ...... cor	80.—	200.—	18.—

Wenn Sie eine eilige philatelistische Anfrage haben, rufen Sie bitte (089) 3 23 93-2 24. Die MICHEL-Redaktion gibt Ihnen gerne Auskunft.

1978, 26. Sept. Zirkuskunst in der DDR. ⊠ Grünewald; RaTdr. in Bogen zu 4 Zusammendrucken, gez. K 14.

cos) Pyramide mit 7 Artisten
cot) Elefant auf Dreirad
cou) Pferdedressur
cov) Eisbärenkuß

			EF	MeF	MiF
2364.	5 (Pfg.) mehrfarbig	cos	10.—	20.—	1.—
2365.	10 (Pfg.) mehrfarbig	cot	8.—	20.—	3.—
2366.	20 (Pfg.) mehrfarbig	cou	8.—	20.—	4.—
2367.	35 (Pfg.) mehrfarbig	cov	15.—	25.—	7.—

Nr. 2364–2367 wurden zusammenhängend gedruckt.

Zusammendrucke

Waagerecht:			BF
W. Zd. 394.	2364/2365	5/10	8.—
W. Zd. 395.	2364/2365/2364	5/10/5.	14.—
W. Zd. 396.	2365/2364	10/5	9.—
W. Zd. 397.	2365/2364/2365	10/ 5/10	16.—
W. Zd. 398.	2366/2367	20/35	24.—
W. Zd. 399.	2366/2367/2366	20/35/20	30.—
W. Zd. 400.	2367/2366	35/20	27.—
W. Zd. 401.	2367/2366/2367	35/20/35	42.—
Senkrecht:			
S. Zd. 160.	2364/2366	5/20	12.—
S. Zd. 161.	2364/2366/2364	5/20/5.	16.—
S. Zd. 162.	2366/2364	20/5	13.—
S. Zd. 163.	2366/2364/2366	20/5/20	23.—
S. Zd. 164.	2365/2367	10/35	20.—
S. Zd. 165.	2365/2367/2365	10/35/10	25.—
S. Zd. 166.	2367/2365	35/10	22.—
S. Zd. 167.	2367/2365/2367	35/10/35	36.—

Alle Marken der DDR von 1004–3343 gültig bis 2.10.1990.

1978, 3. Okt. Bau der Erdgasleitung von Orenburg zur Westgrenze der UdSSR, DDR-Abschnitt Drushba-Trasse. ⊠ Reißmüller; Odr. in Bogen zu 50 Marken; gez. K 13:12½.

cow) Verlegung eines Rohrstückes

			EF	MeF	MiF
2368.	20 (Pfg.) mehrfarbig	cow	2.—	5.—	1.—

1978, 3. Okt. Internationales Jahr gegen Rassismus. ⊠ Detlefsen; Odr. in Bogen zu 50 Marken; gez. K 12½:13.

cox) Afrikaner hinter Stacheldraht

2369.	20 (Pfg.) mehrfarbig	cox	2.—	5.—	1.—

1978, 24. Okt. 250 Jahre Staatliche Wissenschaftliche Museen in Dresden. ⊠ Zill; RaTdr. in Bogen zu 50 Marken; gez. K 14.

coy) Segelfalter (Papilio hahneli); Museum für Tierkunde
coz) Turkestan-Agame (Agama lehmanni); Museum für Tierkunde
cpa) Achat; Museum für Mineralogie und Geologie

cpb) Fossiler Froschlurch (Palaeobatrachus diluvianus); Museum für Mineralogie und Geologie
cpc) Stutzuhr (um 1720); Mathematisch-Physikalischer Salon
cpd) Gregorianisches Tisch-Spiegelteleskop (um 1750); Mathematisch-Physikalischer Salon

2370.	10 (Pfg.) mehrfarbig	coy	2.—	3.—	1.—
2371.	20 (Pfg.) mehrfarbig	coz	2.—	5.—	1.—
2372.	25 (Pfg.) mehrfarbig	cpa	7.—	22.—	2.—
2373.	35 (Pfg.) mehrfarbig	cpb	5.—	14.—	2.—
2374.	40 (Pfg.) mehrfarbig	cpc	5.—	15.—	2.—
2375.	50 (Pfg.) mehrfarbig	cpd	60.—	40.—	15.—

Deutsche Demokratische Republik

1978, 21. Nov. Jagdwaffen aus Suhl. ⊠ Grünewald; RaTdr. in Bogen zu je 9 Zusammendrucken; gez. K 14.

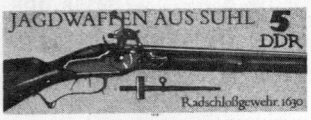 cpe) Radschloßgewehr (1630)

 cpg) Schnapphahngewehr (1780)

 cpi) Perkussionsbüchse (1850)

 cpf) Doppelflinte 147 (1978)

 cph) Bockdoppelflinte 303 E (1978)

 cpk) Drilling 30 (1978)

			EF	MeF	MiF
2376.	5 (Pfg.) mehrfarbig	cpe	4.—	5.—	1.—
2377.	10 (Pfg.) mehrfarbig	cpf	3.—	5.—	1.—
2378.	20 (Pfg.) mehrfarbig	cpg	3.—	8.—	2.—
2379.	25 (Pfg.) mehrfarbig	cph	7.—	22.—	3.—
2380.	35 (Pfg.) mehrfarbig	cpi	6.—	12.—	3.—
2381.	70 (Pfg.) mehrfarbig	cpk	20.—	100.—	15.—

Nr. 2376, 2378, 2380 und 2377, 2379, 2381 wurden jeweils zusammenhängend gedruckt.

Zusammendrucke (nur senkrecht:)

			BF
S. Zd. 168.	2376/2378	5/20	4.—
S. Zd. 169.	2376/2378/2380	5/20/35	8.—
S. Zd. 170.	2378/2380	20/35	6.—
S. Zd. 171.	2378/2380/2376	20/35/5	10.—
S. Zd. 172.	2380/2376	35/5	6.—
S. Zd. 173.	2380/2376/2378	35/5/20	10.—
S. Zd. 174.	2377/2379	10/25	5.—
S. Zd. 175.	2377/2379/2381	10/25/70	20.—
S. Zd. 176.	2379/2381	25/70	13.—
S. Zd. 177.	2379/2381/2377	25/70/10	23.—
S. Zd. 178.	2381/2377	70/10	13.—
S. Zd. 179.	2381/2377/2379	70/10/25	22.—

1978, 21. Nov. Märchen. ⊠ Rosié; Odr.; gez. K 13:13½.

cpl–cpr) Darstellungen aus dem Volksmärchen „Rapunzel"

			EF	MeF	MiF
2382.	10 (Pfg.) mehrfarbig	cpl	5.—	10.—	3.—
2383.	15 (Pfg.) mehrfarbig	cpm	15.—	25.—	5.—
2384.	20 (Pfg.) mehrfarbig	cpn	5.—	10.—	3.—
2385.	25 (Pfg.) mehrfarbig	cpo	10.—	30.—	3.—
2386.	35 (Pfg.) mehrfarbig	cpp	8.—	25.—	4.—
2387.	50 (Pfg.) mehrfarbig	cpr	50.—	40.—	3.—
	Kleinbogen		80.—	—.—	20.—

Nr. 2382–2387 wurden zusammenhängend im Kleinbogen gedruckt.

Zusammendrucke

Waagerecht:			BF
W. Zd. 402.	2382/2383	10/15	7.—
W. Zd. 403.	2382/2383/2384	10/15/20	10.—
W. Zd. 404.	2383/2384	15/20	7.—
W. Zd. 405.	2385/2386	25/35	7.—
W. Zd. 406.	2385/2386/2387	25/35/50	10.—
W. Zd. 407.	2386/2387	35/50	7.—

Senkrecht:
S. Zd. 180.	2382/2385	10/25	6.—
S. Zd. 181.	2383/2386	15/35	8.—
S. Zd. 182.	2384/2387	20/50	6.—

Weitere Ausgaben in gleicher bzw. ähnlicher Ausführung s. Übersichtstabelle nach Nr. 1241.

1979, 9. Jan. Heimische Singvögel. ⊠ Gottschall; RaTdr. in Bogen zu 50 Marken; gez. K 14.

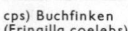

cps) Buchfinken (Fringilla coelebs) cpt) Kleiber (Sitta europaea) cpu) Rotkehlchen (Erithacus rubecula)

> Von den meisten Kleinbogen der DDR gibt es Exemplare, bei denen einer der Ränder nicht durchgezähnt ist. Einen Aufpreis verdienen solche Stücke nur, wenn dies im Katalog besonders erwähnt ist.

cpv) Karmingimpel (Carpodacus erythrinus) cpw) Blaumeise (Parus caeruleus) cpx) Bluthänflinge (Acanthis cannabina)

		EF	MeF	MiF
2388.	5 (Pfg.) mehrfarbig ...... cps	4.—	4.—	1.—
2389.	10 (Pfg.) mehrfarbig ...... cpt	2.—	3.—	1.—
2390.	20 (Pfg.) mehrfarbig ...... cpu	2.—	5.—	2.—
2391.	25 (Pfg.) mehrfarbig ...... cpv	6.—	20.—	2.—
2392.	35 (Pfg.) mehrfarbig ...... cpw	4.—	12.—	2.—
2393.	50 (Pfg.) mehrfarbig ...... cpx	60.—	50.—	12.—

1979, 23. Jan. Rassegeflügel. ◯ Bertram; Odr. in Bogen zu 50 Marken; gez. K 14.

cpy) Chabo (Siro) cpz) Kraienkopp cra) Porzellanfarbiger federfüßiger Zwerg

crb) Sachsenhuhn crc) Phönix crd) Gestreifter Italiener

2394.	10 (Pfg.) mehrfarbig ...... cpy	2.—	3.—	1.—
2395.	15 (Pfg.) mehrfarbig ...... cpz	14.—	15.—	1.—
2396.	20 (Pfg.) mehrfarbig ...... cra	2.—	5.—	1.—
2397.	25 (Pfg.) mehrfarbig ...... crb	6.—	20.—	2.—
2398.	35 (Pfg.) mehrfarbig ...... crc	4.—	12.—	2.—
2399.	50 (Pfg.) mehrfarbig ...... crd	60.—	50.—	12.—

1979, 6. Febr. Fernsprechvermittlung und Telegrammübermittlung. ◯ Lehmann; RaTdr. in Bogen zu 25 Marken; gez. K 14.

cre) Fernsprechvermittlung um 1900 und 1979

crf) Telegrammübermittlung um 1880 und 1979

		EF	MeF	MiF
2400.	20 (Pfg.) mehrfarbig ...... cre	2.—	5.—	1.—
2401.	35 (Pfg.) mehrfarbig ...... crf	20.—	35.—	10.—

1979, 20. Febr. Blockausgabe. 100. Geburtstag von Einstein. ◯ Rieß; Odr.; gez. Ks 14.

crg) Albert Einstein (1879–1955), Physiker

crh

2402.	1 M. mehrfarbig .... crg	65.—	200.—	15.—
	Block 54 (55:86 mm) ...... crh	80.—	200.—	15.—

1979, 6. März. Leipziger Frühjahrsmesse 1979. ◯ Scheuner; Odr. in Bogen zu 50 Marken; gez. K 14.

cri) Max-Klinger-Haus, Leipzig crk) Waagerecht-Bohr- und Fräsmaschine

2403.	10 (Pfg.) mehrfarbig ...... cri	2.—	3.—	1.—
2404.	25 (Pfg.) mehrfarbig ...... crk	6.—	20.—	12.—

1979, 20. März. Weltschiffahrtstag 1979. ◯ Bertholdt; RaTdr. in Bogen zu 25 Marken; gez. K 14.

crl) Containerschiff Typ „Meridian", Schlepper, IMCO-Emblem

| 2405. | 20 (Pfg.) mehrfarbig ...... crl | 2.— | 3.— | 1.— |

1979, 20. März. Bedeutende Persönlichkeiten. ⊠ Stauf; Odr. in Bogen zu 50 Marken; gez. K 13:12½.

crm) Otto Hahn (1879–1968), Chemiker; Formel der Atomkernspaltung

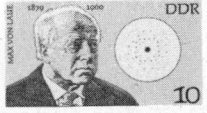
crn) Max von Laue (1879 bis 1960), Physiker; Laue-Diagramme der Zinkblende

cro) Arthur Scheunert (1879 bis 1957), Physiologe; Symbol der Ernährungsforschung

crp) Friedrich August Kekulé (1829–1896), Chemiker; Formel des Benzolringes

crr) Georg Forster (1754 bis 1794), Völkerkundler; Forschungsschiff „Resolution"

crs) Gotthold Ephraim Lessing (1729–1781), Dichter; Buchtitel „Nathan der Weise"

			EF	MeF	MiF
2406.	5 (Pfg.)	mattorangebraun/braunschwarz ..... crm	4.—	5.—	1.—
2407.	10 (Pfg.)	weißkobalt/schwarzbraun ..... crn	2.—	3.—	1.—
2408.	20 (Pfg.)	hellolivgelb/schwarzbraun ..... cro	2.—	5.—	1.—
2409.	25 (Pfg.)	mattgrün/schwarzbraun ..... crp	6.—	20.—	2.—
2410.	35 (Pfg.)	mittelgrünlichblau/schwarzbraun ..... crr	4.—	12.—	2.—
2411.	70 (Pfg.)	mittellilarosa/schwarzbraun ..... crs	25.—	100.—	15.—

Weitere Ausgaben „Bedeutende Persönlichkeiten": Nr. 2199 bis 2202, 2336–2342, 2492–2497, 2603–2608, 3091–3094, 3230 bis 3234.

1979, 3. April. Automobilbau in Zwickau. ⊠ Rieß; Odr.; gez. K 14.

crt) Horch 8, Baujahr 1911

Zierfeld: VEB Sachsenring Automobilwerke

cru) Trabant 601 S de luxe, Baujahr 1978

2412.	20 (Pfg.) mehrfarbig ..... crt	2.—	8.—	2.—
2413.	35 (Pfg.) mehrfarbig ..... cru	8.—	25.—	3.—
	Kleinbogen	80.—	100.—	20.—

Nr. 2412–2413 wurden, durch Zierfeld verbunden, zusammenhängend im Kleinbogen gedruckt.

Zusammendrucke (nur waagerecht):

			BF
W. Zd. 408.	2412/Zf.	20/20	5.—
W. Zd. 409.	2412/Zf./2413	20/Zf./35	18.—
W. Zd. 410.	Zf./2413	Zf./35	8.—

1979, 17. April. Schienenfahrzeuge. ⊠ Glinski; RaTdr. in Bogen zu 30 Marken; gez. K 13.

crv) Triebzug MXA

crw) Selbstentladewagen Typ Us-y

crx) Diesellokomotive BR 110

cry) Autotransportwagen Typ Laaes

			EF	MeF	MiF
2414.	5 (Pfg.) mehrfarbig	crv	4.—	5.—	1.—
2415.	10 (Pfg.) mehrfarbig	crw	2.—	3.—	1.—
2416.	20 (Pfg.) mehrfarbig	crx	2.—	5.—	1.—
2417.	35 (Pfg.) mehrfarbig	cry	20.—	40.—	10.—

1979, 8. Mai. Indische Miniaturen. ⊠ Gottschall; RaTdr. in Bogen zu 25 Marken; gez. K 14.

crz) Durga (18. Jahrhundert)

csa) Mahavira (15./16. Jahrh.)

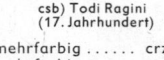
csb) Todi Ragini (17. Jahrhundert)

csc) Asavari Ragini (17. Jahrhundert)

2418.	20 (Pfg.) mehrfarbig	crz	2.—	5.—	2.—
2419.	35 (Pfg.) mehrfarbig	csa	4.—	12.—	2.—
2420.	50 (Pfg.) mehrfarbig	csb	50.—	40.—	3.—
2421.	70 (Pfg.) mehrfarbig	csc	25.—	100.—	15.—

Deutsche Demokratische Republik

1979, 22. Mai. Internationales Jahr des Kindes. ⌧ Lüders; RaTdr. in Bogen zu 50 Marken; gez. K 14.

csd) Spielende Kinder

cse) Arzt, Kinder verschiedener Völker

		EF	MeF	MiF
2422.	10 (Pfg.) mehrfarbig ..... csd	2.—	3.—	1.—
2423.	20 (Pfg.) mehrfarbig ..... cse	10.—	15.—	8.—

1979, 22. Mai. FDJ-Initiative Berlin. ⌧ Lehmann; Odr. in Bogen zu 50 Marken; gez. K 13:12¾.

csf) Wohnkomplex Leipziger Straße

csg) Großbaustelle der Jugend Berlin-Marzahn

2424.	10 (Pfg.) mehrfarbig ..... csf	2.—	3.—	1.—
2425.	20 (Pfg.) mehrfarbig ..... csg	10.—	15.—	8.—

1979, 22. Mai. Nationales Jugendfestival, Berlin. ⌧ Grünewald; RaTdr. in Bogen zu 20 Zusammendrucken; gez. K 14.

csh) Fackelzug der FDJ (1949)

Zierfeld: Emblem

csi) Manifestation der FDJ

2426.	10+5 (Pfg.) mehrfarbig ... csh	3.—	5.—	2.—
2427.	20 (Pfg.) mehrfarbig ..... csi	3.—	10.—	2.—

Nr. 2426–2427 wurden, durch Zierfeld verbunden, zusammenhängend gedruckt.

Zusammendrucke (nur waagerecht:)

			BF
W. Zd. 411.	2426/Zf.	10+5/Zf.	3.—
W. Zd. 412.	2426/Zf./2427	10+5/Zf./20	5.—
W. Zd. 413.	Zf./2427	Zf./20.	3.—
W. Zd. 414.	Zf./2427/2426	Zf./20/10+5	7.—
W. Zd. 415.	2427/2426	20/10+5	6.—
W. Zd. 416.	2427/2426/Zf.	20/10+5/Zf.	7.—

1979, 5. Juni. Landwirtschaftsausstellung „agra 79", Markkleeberg. ⌧ König; RaTdr. in Bogen zu 50 Marken; gez. K 14¼:14.

csk) Ausstellungsemblem

		EF	MeF	MiF
2428.	10 (Pfg.) mehrfarbig ..... csk	2.—	3.—	1.—

1979, 26. Juni. 70 Jahre Eisenbahnfährverbindung Saßnitz-Trelleborg. ⌧ Zill; RaTdr. in Bogen zu 20 Zusammendrucken; gez. K 14:14¼.

csl) Eisenbahnfährschiff Rostock

Zierfeld: Landkarte

csm) Eisenbahnfährschiff Rügen

2429.	20 (Pfg.) mehrfarbig ..... csl	3.—	10.—	2.—
2430.	35 (Pfg.) mehrfarbig ..... csm	8.—	20.—	3.—

Nr. 2429–2430 wurden, durch Zierfeld verbunden, zusammenhängend im Kleinbogen gedruckt.

Zusammendrucke (nur waagerecht:)

			BF
W. Zd. 417.	2429/Zf.	20/Zf.	5.—
W. Zd. 418.	2429/Zf./2430	20/Zf./35	7.—
W. Zd. 419.	Zf./2430	Zf./35	5.—
W. Zd. 420.	Zf./2430/2429	Zf./35/20	8.—
W. Zd. 421.	2430/2429	35/20	8.—
W. Zd. 422.	2430/2429/Zf.	35/20/Zf.	8.—

1979, 26. Juni. Rehabilitation von Schwerbehinderten in der DDR. ⌧ Rieß; Odr. in Bogen zu 50 Marken; gez. K 13:12½.

csn) Unterricht im Krankenhaus

cso) Arbeitstätigkeit im Betrieb

2431.	10 (Pfg.) mehrfarbig ..... csn	3.—	3.—	1.—
2432.	35 (Pfg.) mehrfarbig ..... cso	20.—	40.—	10.—

1979, 3. Juli. Kinder- und Jugendspartakiade, Berlin. ⌧ Lüders; Odr. in Bogen zu 50 Marken; gez. K 13:12½.

csp) Radrennen

csr) Rollschuhschnellauf

2433.	10 (Pfg.) mehrfarbig ..... csp	2.—	3.—	1.—
2434.	20 (Pfg.) mehrfarbig ..... csr	6.—	12.—	8.—

Zum Bestimmen der Farben:
MICHEL-Farbenführer

1979, 17. Juli. Dahlien auf der Internationalen Gartenbauausstellung „iga 1979" in Erfurt. Bobbe; RaTdr. in Bogen zu 30 Marken; gez. K 13.

css) Semikaktus-Dahlie „Rubens"

cst) Ball-Dahlie „Rosalie"

csu) Hirschgeweih-Dahlie „Corinna"

csv) Schmuck-Dahlie „Enzett-Dolli"

csw) Kaktus-Dahlie „Enzett-Carola"

csx) Halskrausen-Dahlie „Don Lorenzo"

		EF	MeF	MiF
2435.	10 (Pfg.) mehrfarbig ..... css	2.—	3.—	1.—
2436.	20 (Pfg.) mehrfarbig ..... cst	2.—	5.—	1.—
2437.	25 (Pfg.) mehrfarbig ..... csu	6.—	20.—	2.—
2438.	35 (Pfg.) mehrfarbig ..... csv	4.—	12.—	2.—
2439.	50 (Pfg.) mehrfarbig ..... csw	50.—	40.—	3.—
2440.	70 (Pfg.) mehrfarbig ..... csx	40.—	100.—	18.—

1979, 7. Aug. Nationale Briefmarkenausstellung „DDR 79" in Dresden. Rieß; RaTdr. in Bogen zu 50 Marken; gez. K 14¼ :14.

csy) Gänsediebbrunnen

csz) Pusteblumenbrunnen

2441.	10+5 (Pfg.) mehrfarbig ... csy	15.—	20.—	8.—
2442.	20 (Pfg.) mehrfarbig ..... csz	2.—	5.—	1.—

Blockausgabe, Odr.; gez. Ks 13:12¾

cta) Bauwerke in Dresden

		EF	MeF	MiF
2443.	1 M. mehrfarbig .... cta	65.—	200.—	15.—
	Block 55 (86:55 mm) ...... ctb	80.—	200.—	18.—

1979, 7. Aug. Internationaler Kongreß der Lehrkräfte für russische Sprache und Literatur, Berlin. Detlefsen; RaTdr. in Bogen zu 30 Marken; gez. K 13.

ctc) Russisches Alphabet, Weltkarte

2444.	20 (Pfg.) mehrfarbig ...... ctc	2.—	5.—	1.—

1979, 21. Aug. 50 Jahre Musikinstrumenten-Museum Leipzig. Detlefsen; RaTdr. in Bogen zu 25 Marken; gez. K 14.

ctd) Lira da Gamba (1592)

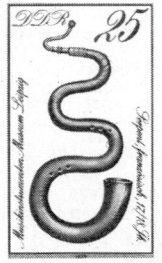
cte) Serpent (17./18. Jh.)

Anfragen können wir nur beantworten, wenn Rückporto beiliegt!

Deutsche Demokratische Republik

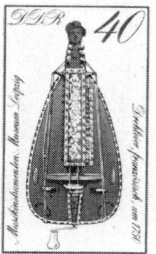

cf) Drehleier (um 1750)

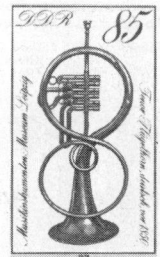

cg) Tenor-Flügelhorn (vor 1850)

	EF	MeF	MiF
2445. 20 (Pfg.) mehrfarbig .... ctd	2.—	5.—	1.—
2446. 25 (Pfg.) mehrfarbig .... cte	6.—	20.—	2.—
2447. 40 (Pfg.) mehrfarbig .... ctf	5.—	20.—	2.—
2448. 85 (Pfg.) mehrfarbig .... ctg	40.—	150.—	18.—

1979, 21. Aug. Internationaler Kongreß für Pferdezucht der sozialistischen Staaten 1979, Berlin – Internationales Vollblutmeeting. ⊠ Naumann; Odr. in Bogen zu 25 Marken; gez. K 14.

cth) Galopprennen

ci) Dressur (Pas de deux)

		EF	MeF	MiF
2449. 10 (Pfg.) mehrfarbig .... cth		2.—	3.—	1.—
2450. 25 (Pfg.) mehrfarbig .... cti		30.—	50.—	10.—

1979, 28. Aug. Internationale Mahn- und Gedenkstätten. ⊠ Detlefsen; RaTdr. in Bogen zu 25 Marken; gez. K 14.

ck) Figurengruppe im ehem. Konzentrationslager Mittelbau-Dora, Nordhausen

	EF	MeF	MiF
2451. 35 (Pfg.) mittelblauviolett/ schwarz .... ctk	4.—	12.—	2.—

1979, 28. Aug. Leipziger Herbstmesse 1979. ⊠ Bertholdt; RaTdr. in Bogen zu 50 Marken; gez. K 14.

ctl) Teddybär

ctm) Wohngebäude „Großer Blumenberg"

	EF	MeF	MiF
2452. 10 (Pfg.) mehrfarbig .... ctl	2.—	3.—	1.—
2453. 25 (Pfg.) mehrfarbig ...... ctm	30.—	50.—	10.—

1979, 11. Sept. Persönlichkeiten der deutschen Arbeiterbewegung. ⊠ Stauf; Odr. in Bogen zu 50 Marken; gez. K 14.

ctn) Philipp Dengel (1888–1948)

cto) Otto Buchwitz (1879–1964) ctp) Bernhard Koenen (1889–1964) ctr) Heinrich Rau (1899–1961)

	EF	MeF	MiF
2454. 10 (Pfg.) mehrfarbig .... ctn	2.—	3.—	1.—
2455. 10 (Pfg.) mehrfarbig .... cto	2.—	3.—	1.—
2456. 10 (Pfg.) mehrfarbig .... ctp	2.—	3.—	1.—
2457. 10 (Pfg.) mehrfarbig .... ctr	2.—	3.—	1.—

Weitere Ausgaben „Persönlichkeiten der deutschen Arbeiterbewegung": Nr. 1907–1917, 2012, 2107–2110, 2264–2266, 2500, 2589–2592, 2686–2690, 2765–2769, 2849–2851, 2920–2922, 3082–3085, 3222–3225, 3300–3301.

1979, 2. Okt. 30 Jahre DDR. ⊠ Grünewald; RaTdr. in Bogen zu 30 Marken; gez. K 13.

cts) Arbeiter vor Hochhaus ctt) Jugendliche

ctu) Soldaten ctv) Arbeiter und Sowjetsoldat

Deutsche Demokratische Republik

		EF	MeF	MiF
2458.	5 (Pfg.) mehrfarbig .... cts	3.—	5.—	1.—
2459.	10 (Pfg.) mehrfarbig ...... ctt	2.—	3.—	1.—
2460.	15 (Pfg.) mehrfarbig ...... ctu	30.—	80.—	15.—
2461.	20 (Pfg.) mehrfarbig ...... ctv	2.—	5.—	1.—

Blockausgabe, gez. Ks 14.

ctw) Familie vor Wohnblock   ctx

2462.	1 M. mehrfarbig .... ctw	65.—	200.—	15.—
	Block 56 (90:110 mm) .... ctx	80.—	200.—	18.—

1979, 6. Nov. Unbesiegbares Vietnam. ⊠ Preuß; Odr. in Bogen zu 50 Marken; gez. K 14.

cty) Soldat, Mutter mit Kind

2463.	10+5 (Pfg.) zinnober/ braunschwarz .... cty	2.—	3.—	1.—

1979, 6. Nov. Meißner Porzellan. ⊠ Haller Stauf; RaTdr. in Bogen zu 16 Marken; gez. K 14.

ctz) Sich schminken-   cua) Kaffeekanne,
des Mädchen   Form „Altozier"
(1966/67)   (18. Jahrh.)

cub) Kaffeekanne,   cuc) Deckelvase
Form „Großer Aus-   (18. Jahrh.)
schnitt" (1973/74)

cud) Papagei auf   cue) Harlekin mit
Stamm mit Kirschen   Deckelkanne
(18. Jh.)   (18. Jh.)

cuf) Blumenver-   cug) Sakeflasche
käuferin (18. Jh.)   (18.Jh.)

		EF	MeF	MiF
2464.	5 (Pfg.) mehrfarbig .... ctz	10.—	10.—	1.—
2465.	10 (Pfg.) mehrfarbig ...... cua	6.—	8.—	1.—

Nicht portogerecht frankierte Briefe werden nur mit einem Aufschlag vom maximal 15% für die beste Marke auf den ⊙-Preis bewertet, restlichen Marken mit dem normalen ⊙-Preis hinzugerechnet.

Deutsche Demokratische Republik

	EF	MeF	MiF
2466. 15 (Pfg.) mehrfarbig ...... cub	22.—	25.—	3.—
2467. 20 (Pfg.) mehrfarbig ...... cuc	10.—	12.—	3.—
2468. 25 (Pfg.) mehrfarbig ...... cud	20.—	30.—	4.—
2469. 35 (Pfg.) mehrfarbig ...... cue	12.—	25.—	4.—
2470. 50 (Pfg.) mehrfarbig ...... cuf	50.—	35.—	4.—
2471. 70 (Pfg.) mehrfarbig ...... cug	40.—	100.—	12.—

Nr. 2464–2467 und 2468–2471 wurden jeweils zusammenhängend gedruckt. Die Bogen mit Nr. 2464–2467 haben links bzw. rechts Leerfelder in Markengröße, die Bogen mit Nr. 2468–2471 nur rechts.

Zusammendrucke

Waagerecht:			BF
W. Zd. 423.	2464/2465	5/10	3.—
W. Zd. 424.	2464/2465/2464	10/5/10	4.50
W. Zd. 425.	2465/2464	10/5	3.50
W. Zd. 426.	2465/2464/2465	10/5/10	4.50
W. Zd. 427.	2466/2467	15/20	6.—
W. Zd. 428.	2466/2467/2466	15/20/15	8.50
W. Zd. 429.	2467/2466	20/15	7.—
W. Zd. 430.	2467/2466/2467	20/15/20	10.—
W. Zd. 431.	2468/2469	25/35	8.—
W. Zd. 432.	2468/2469/2468	25/35/25	13.—
W. Zd. 433.	2469/2468	35/25	10.—
W. Zd. 434.	2469/2468/2469	35/25/35	15.—
W. Zd. 435.	2470/2471	50/70	18.—
W. Zd. 436.	2470/2471/2470	50/70/50	25.—
W. Zd. 437.	2471/2470	70/50	20.—
W. Zd. 438.	2471/2470/2471	70/50/70	28.—

Senkrecht:			
S. Zd. 183.	2464/2466	5/15	4.50
S. Zd. 184.	2464/2466/2464	5/15/5	5.—
S. Zd. 185.	2466/2464	15/5	4.50
S. Zd. 186.	2466/2464/2466	15/5/15	7.—
S. Zd. 187.	2465/2467	10/20	4.50
S. Zd. 188.	2465/2467/2465	10/20/10	7.—
S. Zd. 189.	2467/2465	20/10	5.—
S. Zd. 190.	2467/2465/2467	20/10/20	10.—
S. Zd. 191.	2468/2470	25/50	12.50
S. Zd. 192.	2468/2470/2468	25/50/25	16.—
S. Zd. 193.	2470/2468	50/25	14.—
S. Zd. 194.	2470/2468/2470	50/25/50	20.—
S. Zd. 195.	2469/2471	35/70	15.—
S. Zd. 196.	2469/2471/2469	35/70/35	24.—
S. Zd. 197.	2471/2469	70/35	18.—
S. Zd. 198.	2471/2469/2471	70/35/70	28.—

1979, 20. Nov. Historische Puppen. ⌂ Bertram; Odr.; gez. K 14.

cuh) Stoffpuppe (um 1800)
cui) Keramikfigürchen (um 1960)
cuk) Kronendöckchen (um 1780)

cul) Strohpuppe (um 1900)
cum) Gliederpuppe (um 1800)
cun) Stehaufpuppe (um 1820)

	EF	MeF	MiF
2472. 10 (Pfg.) mehrfarbig ...... cuh	5.—	8.—	3.—
2473. 15 (Pfg.) mehrfarbig ...... cui	15.—	20.—	3.—
2474. 20 (Pfg.) mehrfarbig ...... cuk	5.—	10.—	3.—
2475. 35 (Pfg.) mehrfarbig ...... cul	8.—	25.—	4.—
2476. 50 (Pfg.) mehrfarbig ...... cum	50.—	40.—	4.—
2477. 70 (Pfg.) mehrfarbig ...... cun	20.—	70.—	5.—
Kleinbogen	80.—	.—	25.—

Nr. 2472–2477 wurden zusammenhängend im Kleinbogen gedruckt.

Zusammendrucke

Waagerecht:			BF
W. Zd. 439.	2472/2473	10/15	7.—
W. Zd. 440.	2472/2473/2474	10/15/20	10.—
W. Zd. 441.	2473/2474	15/20	7.—
W. Zd. 442.	2475/2476	35/50	7.—
W. Zd. 443.	2475/2476/2477	35/50/70	10.—
W. Zd. 444.	2476/2477	50/70	7.—

Senkrecht:			
S. Zd. 199.	2472/2475	10/35	6.—
S. Zd. 200.	2473/2476	15/50	8.—
S. Zd. 201.	2474/2477	20/70	6.—

1980, 15. Jan. Olympische Winterspiele, Lake Placid 1980. ⌂ Gottschall; RaTdr. in Bogen zu 25 Marken; gez. K 14.

cuo) Günter Rechn (* 1944): Bobstart

cup) Johanna Starke (* 1921): Balance auf dem Eis
cur) Günter Schütz (* 1934): Spezialspringer (Plastikgruppe)
cus) Axel Wunsch (* 1941): Startvorbereitung

	EF	MeF	MiF
2478. 10 (Pfg.) mehrfarbig ...... cuo	2.—	3.—	1.—
2479. 20 (Pfg.) mehrfarbig ...... cup	2.—	5.—	1.—
2480. 25+10 (Pfg.) mehrfarbig .. cur	6.—	20.—	2.—
2481. 35 (Pfg.) mehrfarbig ...... cus	20.—	35.—	10.—

Notierungen für lose Marken

*, **, ⊙ s. MICHEL-Deutschland- bzw. MICHEL-Deutschland-Spezial-Katalog oder MICHEL-Junior-Katalog.

Deutsche Demokratische Republik

Blockausgabe

cut) Prof. Lothar Zitzmann (1924–1977), Skiläuferinnen
                                                          cuu

	EF	MeF	MiF
2482. 1 M. mehrfarbig .... cut	65.—	200.—	15.—
Block 57 (80:55 mm) .... cuu	80.—	200.—	18.—

1980, 29. Jan./1989. Freim.-Erg.-Werte. Bauwerke. Nr. 2483 und 2485 wie Nr. 1947 und 1969 (Bildformat 21,5:17,5 mm), jedoch StTdr. Ⓖ Gottschall; StTdr. Wertp. Druck. in Bogen zu 100 Marken; v = leicht gelbliches Papier mit mattem Gummi, w = rein weißes Papier mit glänzendem Gummi; gez. K 14.

brr I) Tierpark Berlin Friedrichsfelde, Alfred-Brehm-Haus-Fassade, flügelschlagender Pelikan

cuv) Berlin, Palast der Republik

bpt I) Berlin, Leninplatz, Stufenhochhaus, Leninmonument

2483. 5 (Pfg.) dkl'blaugrün .... brr I			
v. Papier v	2.—	3.—	1.—
w. Papier w (1989)	3.—	3.—	1.—
2484. 10 (Pfg.) smaragdgrün GA cuv			
v. Papier v	2.—	3.—	1.—
w. Papier w (1989)	4.—	5.—	1.—
2485. 20 (Pfg.) dkl'rosalila ..... bpt I			
v. Papier v	1.50	5.—	1.—
w. Papier w	200.—	200.—	200.—

Weitere Werte in ähnlichen Zeichnungen bzw. in größerem Format siehe Übersichtstabelle nach Nr. 1821.

Unterscheidungsmerkmale und genaue Beschreibung der Papiersorten siehe nach Nr. 1871.

1980, 29. Jan. Barockgärten in der DDR. Ⓖ Gabriel; RaTdr. in Bogen zu 25 Marken; gez. K 14.

cuw) Stille Musik, Großsedlitz

cux) Orangerie im Belvedere, Weimar

cuy) Parterre, Dornburg

cuz) Schloßpark, Rheinsberg

	EF	MeF	MiF
2486. 10 (Pfg.) mehrfarbig ...... cuw	2.—	3.—	1.—
2487. 20 (Pfg.) mehrfarbig ...... cux	2.—	5.—	1.—
2488. 50 (Pfg.) mehrfarbig ...... cuy	50.—	40.—	3.—
2489. 70 (Pfg.) mehrfarbig ...... cuz	40.—	100.—	15.—

1980, 5. Febr. Aus der Arbeit der Deutschen Post der DDR. Ⓖ Gottschall; RaTdr. in Bogen zu 25 Marken; gez. K 14.

cva) Kabelverlegung, Erdefunkstelle

cvb) Fernsehturm Berlin, Bildschirme

2490. 10 (Pfg.) mehrfarbig ...... cva	2.—	3.—	1.—
2491. 20 (Pfg.) mehrfarbig ...... cvb	2.—	5.—	1.—

1980, 26. Febr. Bedeutende Persönlichkeiten. Ⓖ Stauf; Odr. in Bogen zu 50 Marken; gez. K 13:12½.

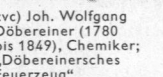

cvc) Joh. Wolfgang Döbereiner (1780 bis 1849), Chemiker; „Döbereinersches Feuerzeug"

cvd) Frédéric Joliot-Curie (1900 bis 1958), Chemiker; Atommodell mit Friedenstaube

Deutsche Demokratische Republik

cve) Johann Friedrich Naumann (1780 bis 1857), Zoologe; Rötelfalke (Falco naumanni)

cvf) Alfred Wegener (1880–1930), Geophysiker; Weltkugel mit Kontinentalverschiebungen

cvg) General Carl Philipp Gottfried von Clausewitz (1780 bis 1831), Militärtheoretiker; Buchtitel

cvh) Helene Weigel (1900–1971), Schauspielerin und Intendantin; Bertolt-Brecht-Bühne, Berlin

	EF	MeF	MiF
2492. 5 (Pfg.) hellorangegelb/ schwarzgraubraun..... cvc	4.—	5.—	1.—
2493. 10 (Pfg.) mehrfarbig ..... cvd	2.—	3.—	1.—
2494. 20 (Pfg.) mittelgelbgrün/ braunschwarz .... cve	2.—	5.—	1.—
2495. 25 (Pfg.) mehrfarbig .... cvf	6.—	20.—	2.—
2496. 35 (Pfg.) mittelgrauultramarin/ schwarzgraubraun ..... cvg	4.—	12.—	2.—
2497. 70 (Pfg.) mattrotbraun/ braunschwarz .... cvh	40.—	100.—	12.—

Weitere Ausgaben „Bedeutende Persönlichkeiten": Nr. 2199 bis 2202, 2336–2342, 2406–2411, 2603–2608, 3091–3094, 3230–3234.

1980, 4. März. Leipziger Frühjahrsmesse 1980. ⌧ Reißmüller. RaTdr. in Bogen zu 50 Marken; gez. K 14.

cvi) Karl-Marx-Universität, Leipzig

cvk) Traktor ZT 303

2498. 10 (Pfg.) mehrfarbig cvi	2.—	3.—	1.—
2499. 25 (Pfg.) mehrfarbig ...... cvk	6.—	20.—	2.—

1980, 18. März. Persönlichkeiten der deutschen Arbeiterbewegung. ⌧ Stauf; Odr. in Bogen zu 50 Marken; gez. K 14.

cvl) Werner Eggerath (1900–1977)

2500. 10 (Pfg.) bräunlichrot/ schwarzbraun cvl	2.—	3.—	2.—

Weitere Ausgaben „Persönlichkeiten der deutschen Arbeiterbewegung": Nr. 1907–1917, 2012, 2107–2110, 2264–2266, 2454–2457, 2589–2592, 2686–2690, 2765–2769, 2849 bis 2851, 2920–2922, 3082–3085, 3222–3225, 3300–3301.

1980, 18. März/1989. Freim.-Erg.-Wert. Bauwerke. Wie Nr. 1853, jedoch in kleinerem Format (Bildformat 21,5:17,5 mm). ⌧ Gottschall; StTdr. Wertp.-Druck in Bogen zu 100 Marken; v = leicht gelbliches Papier mit mattem Gummi, w = rein weißes Papier mit glänzendem Gummi; gez. K 14¼:14.

bsc I) Berlin, Fischerinsel

	EF	MeF	MiF
2501. 15 (Pfg.) lebhaftviolett.... bsc I			
v. Papier v	3.—	6.—	1.—
w. Papier w (1989)	5.—	10.—	3.—

Weitere Werte in ähnlichen Zeichnungen bzw. in größerem Format und RaTdr. s. Übersichtstabelle nach Nr. 1821.
Unterscheidungsmerkmale und genaue Beschreibung der Papiersorten siehe nach Nr. 1871.

1980, 11. April. Blockausgabe. Interkosmosprogramm – Gemeinsame bemannte Weltraumflüge. ⌧ Lewanowskij, Glinski; Odr.; gez. Ks 14.

cvm) Kosmonauten, Orbitalkomplex, Emblem

2502. 1 M. mehrfarbig .... cvm	65.—	200.—	15.—
Block 58 (110:90 mm) .... cvn	80.—	200.—	18.—

1980, 22. April. Olympische Sommerspiele, Moskau 1980. ⌧ Gottschall; RaTdr. in Bogen zu 25 Marken; gez. K 14.

cvo) Erich Wurzer (* 1913): Am Schwebebalken (Plastik)

cvp) Lothar Zitzmann (1924–1977): Läufer vor dem Ziel

Deutsche Demokratische Republik

cvr) Wilfried Falkenthal (* 1942): Vierer ohne

	EF	MeF	MiF
2503. 10 (Pfg.) mehrfarbig ...... cvo	2.—	3.—	1.—
2504. 20+5 (Pfg.) mehrfarbig ... cvp	2.—	6.—	1.—
2505. 50 (Pfg.) mehrfarbig ...... cvr	50.—	40.—	10.—

1980, 13. Mai/1990. Freim.-Erg.-Wert. Bauwerke. Wie Nr. 1821, jedoch in kleinerem Format (Bildformat 21,5:17,5 mm); ⌧ Gottschall; StTdr. Wertp.-Druck in Bogen zu 100 Marken; v = leicht gelbliches Papier mit mattem Gummi; w = rein weißes Papier mit glänzendem Gummi; gez. K 14¼:14.

bpu l) Karl-Marx-Stadt, Monument

2506. 35 (Pfg.) dkl'grünlichblau. bpu l			
v. Papier v	3.—	6.—	1.50
w. Papier w (1990)	10.—	40.—	3.—

Weitere Werte in ähnlichen Zeichnungen bzw. in größerem Format siehe Übersichtstabelle nach Nr. 1821.

Unterscheidungsmerkmale und genaue Beschreibung der Papiersorten siehe nach Nr. 1871.

1980, 13. Mai. 25 Jahre Warschauer Vertrag über Freundschaft, Zusammenarbeit und gegenseitige Hilfe. ⌧ Lehmann; RaTdr. in Bogen zu 50 Marken; gez. K 14¼:14.

cvs) Flaggen der Mitgliedsstaaten vor roter Fahne

2507. 10 (Pfg.) mehrfarbig ...... cvs	2.—	3.—	1.—

1980, 27. Mai. Künstlerische Ausbildungsstätte „bauhaus" (1919–1933) – Bauwerke im bauhaus-Stil. ⌧ Grünewald; RaTdr. in Bogen zu 50 Marken; gez. K 14.

cvt) Konsumgebäude (1928), Dessau-Törten

cvu) Gedenkstätte der Sozialisten (1926), Berlin-Friedrichsfelde

cvv) Denkmal für die Märzgefallenen (1922), Weimar

cvw) Stahlhaus (1926), Dessau-Törten

cvx) Gewerkschaftsschule (1928/30), Bernau

cvy) bauhaus-Gebäude (1926), Dessau

	EF	MeF	MiF
2508. 5 (Pfg.) mehrfarbig .... cvt	3.—	5.—	1.—
2509. 10 (Pfg.) mehrfarbig ...... cvu	2.—	3.—	1.—
2510. 15 (Pfg.) mehrfarbig cvv	10.—	10.—	1.—
2511. 20 (Pfg.) mehrfarbig ...... cvw	2.—	5.—	1.—
2512. 50 (Pfg.) mehrfarbig cvx	50.—	40.—	3.—
2513. 70 (Pfg.) mehrfarbig ...... cvy	40.—	100.—	15.—

1980, 10. Juni. Arbeiterfestspiele der DDR 1980, Bezirk Rostock. ⌧ Berthold; RaTdr. in Bogen zu 50 Marken; gez. K 14.

cvz) Gebäude aus dem Bezirk Rostock

cwa) Trachtenpaar von der Insel Rügen

2514. 10 (Pfg.) mehrfarbig ...... cvz	2.—	3.—	1.—
2515. 20 (Pfg.) mehrfarbig ...... cwa	2.—	5.—	1.—

1980, 10. Juni. 25 Jahre 1. sozialistischer Luftverkehrsbetrieb in der DDR INTERFLUG. ⌧ Bormann; Odr. in Bogen zu 10 Zusammendrucken; gez. K 13:12½.

cwb cwc

 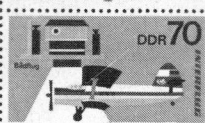

cwd cwe

cwb) Radarkomplex, Berlin-Schönefeld (Betrieb Flugsicherung)
cwc) Abfertigungsgebäude, Berlin-Schönefeld (Betrieb Flughäfen)
cwd) Landwirtschaftsflugzeug PLZ-106 A (Betrieb Agrarflug)
cwe) Flugzeug AN-2 mit Multispektralkamera (Betrieb Bildflug)

2516. 20 (Pfg.) mehrfarbig ...... cwb	6.—	10.—	2.—
2517. 25 (Pfg.) mehrfarbig ...... cwc	8.—	30.—	3.—
2518. 35 (Pfg.) mehrfarbig ...... cwd	8.—	25.—	3.—
2519. 70 (Pfg.) mehrfarbig ...... cwe	25.—	100.—	12.—

Abkürzungen der Druckverfahren

Stdr.	= Steindruck
Odr.	= Offsetdruck
Bdr.	= Buchdruck
Sta-St. ⎱ StTdr.	= Stahlstich ⎱ Stichtiefdruck
Ku-St. ⎰	= Kupferstich ⎰
RaTdr.	= Rastertiefdruck

Blockausgabe

cwf) Verkehrsflugzeug IL-62, Weltkugel (Betrieb Verkehrsflug)

cwg

			EF	MeF	MiF
2520.	1 M.+10 (Pfg.) mfg.	cwf	65.—	200.—	15.—
	Block 59 (65:95 mm)	cwg	80.—	200.—	18.—

Nr. 2516–2519 wurden zusammenhängend gedruckt.

Zusammendrucke

Waagerecht:

			BF
W. Zd. 445.	2516/2517	20/25	7.—
W. Zd. 446.	2517/2516	25/20	8.—
W. Zd. 447.	2518/2519	35/70	15.—
W. Zd. 448.	2519/2518	70/35	17.—
W. Zd. 449.	2516/2517/2516	20/25/20	10.—
W. Zd. 450.	2517/2516/2517	25/20/25	11.—
W. Zd. 451.	2518/2519/2518	35/70/35	20.—
W. Zd. 452.	2519/2518/2519	70/35/70	25.—

Senkrecht:

S. Zd. 202.	2516/2518	20/35	8.—
S. Zd. 203.	2518/2516	35/20	9.—
S. Zd. 204.	2517/2519	25/70	13.—
S. Zd. 205.	2519/2517	70/25	15.—
S. Zd. 206.	2516/2518/2516	20/35/20	14.—
S. Zd. 207.	2518/2516/2518	35/20/35	15.—
S. Zd. 208.	2517/2519/2517	25/70/25	18.—
S. Zd. 209.	2519/2517/2519	70/25/70	25.—

1980, 10. Juni. Freim.-Erg.-Wert. Bauwerke. Wie Nr. 1854, jedoch in kleinerem Format (Bildformat 21,5:17,5 mm). Gottschall; StTdr. Wertp.-Druck. in Bogen zu 100 Marken; gez. K 14¼:14.

bsd l) Berlin, Alexanderplatz

			EF	MeF	MiF
2521.	25 (Pfg.) dkl'blaugrün	bsd l	2.—	3.—	2.—

Weitere Werte in ähnlichen Zeichnungen bzw. in größerem Format siehe Übersichtstabelle nach Nr. 1821.

1980, 24. Juni. Vom Aussterben bedrohte Tiere. Bengs; Odr. in Bogen zu 50 Marken; gez. K 14.

cwh) Okapi (Okapia johnstoni) cwi) Katzenbären (Ailurus fulgens) cwk) Mähnenwolf (Chrysocyon brachyurus)

cwl) Arabische Oryx-Antilope (Oryx gazella) cwm) Weißer Ohrfasan (Crossoptilon crossoptilon) cwn) Moschusochsen (Ovibos moschatus)

			EF	MeF	MiF
2522.	5 (Pfg.) mehrfarbig	cwh	4.—	5.—	1.—
2523.	10 (Pfg.) mehrfarbig	cwi	2.—	3.—	1.—
2524.	15 (Pfg.) mehrfarbig	cwk	10.—	10.—	1.—
2525.	20 (Pfg.) mehrfarbig	cwl	2.—	5.—	1.—
2526.	25 (Pfg.) mehrfarbig	cwm	6.—	30.—	1.—
2527.	35 (Pfg.) mehrfarbig	cwn	25.—	40.—	15.—

1980, 8. Juli. Olympische Sommerspiele, Moskau 1980. Gottschall; RaTdr. in Bogen zu 25 Marken; gez. K 14.

cwo) Erhard Schmidt (* 1933): Judo

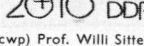

cwp) Prof. Willi Sitte (* 1921): Schwimmer   cwr) Siegfried Schreiber (* 1928): Spurt (Bronzeplastik)

2528.	10 (Pfg.) mehrfarbig	cwo	2.—	3.—	1.—
2529.	20+10 (Pfg.) mehrfarbig	cwp	2.—	5.—	1.—
2530.	50 (Pfg.) mehrfarbig	cwr	50.—	40.—	15.—

Bei Anfragen bitte Rückporto nicht vergessen!

Deutsche Demokratische Republik

Blockausgabe

			EF	MeF	MiF
		cws			
		Karl			
		Raetsch			
		(*1930):			
		Spin-			
		naker			
		cwt			
2531.	1 M. mehrfarbig	cws	65.—	200.—	15.—
	Block 60 (80:55 mm)	cwt	80.—	200.—	18.—

1980, 22. Juli. Briefmarkenausstellung der Jugend in Suhl. ⊠ Rieß; Odr. in Bogen zu 20 Zusammendrucken; gez. K 13:12½.

cwu) Suhl um 1700
Zierfeld: Stadtwappen von Suhl

cwv) Historische und moderne Gebäude der Stadt Suhl

2532.	10+5 (Pfg.) mehrfarbig	cwu	3.—	6.—	2.—
2533.	20 (Pfg.) mehrfarbig	cwv	3.—	8.—	2.—

Zusammendrucke (nur waagerecht:)

			BF
W. Zd. 453.	2532/Zf.	10+5/Zf.	3.—
W. Zd. 454.	2532/Zf./2533	10+5/Zf./20	6.—
W. Zd. 455.	Zf./2533	Zf./20	3.—
W. Zd. 456.	Zf./2533/2532	Zf./20/10+5	8.—
W. Zd. 457.	2533/2532	20/10+5	7.—
W. Zd. 458.	2533/2532/Zf.	20/10+5/Zf.	8.—

1980, 12. Aug. Optisches Museum der Carl-Zeiss-Stiftung, Jena. ⊠ Voigt; RaTdr. in Bogen zu 10 Zusammendrucken; gez. K 14.

cww) Mikroskop von Huntley, London (1740)

cwx) Mikroskop von Magny, Paris (1751)

cwy) Mikroskop von Amici, Modena (1845)

cwz) Mikroskop von Zeiss, Jena (1873)

			EF	MeF	MiF
2534.	20 (Pfg.) mehrfarbig	cww	5.—	10.—	2.—
2535.	25 (Pfg.) mehrfarbig	cwx	8.—	30.—	3.—
2536.	35 (Pfg.) mehrfarbig	cwy	8.—	25.—	3.—
2537.	70 (Pfg.) mehrfarbig	cwz	25.—	100.—	12.—

Nr. 2534–2537 wurden zusammenhängend gedruckt.

Zusammendrucke

Waagerecht: BF

W. Zd. 459.	2534/2535	20/25	6.—
W. Zd. 460.	2534/2535/2534	20/25/20	10.—
W. Zd. 461.	2535/2534	25/20	7.—
W. Zd. 462.	2535/2534/2535	25/20/25	10.—
W. Zd. 463.	2536/2537	35/70	13.—
W. Zd. 464.	2536/2537/2536	35/70/35	20.—
W. Zd. 465.	2537/2536	70/35	15.—
W. Zd. 466.	2537/2536/2537	70/35/70	25.—

Senkrecht:

S. Zd. 210.	2534/2536	20/35	6.—
S. Zd. 211.	2534/2536/2534	20/35/20	10.—
S. Zd. 212.	2536/2534	35/20	7.—
S. Zd. 213.	2536/2534/2536	35/20/35	12.—
S. Zd. 214.	2535/2537	25/70	12.—
S. Zd. 215.	2535/2537/2535	25/70/25	16.—
S. Zd. 216.	2537/2535	70/25	14.—
S. Zd. 217.	2537/2535/2537	70/25/70	25.—

1980, 26. Aug. Internationale Mahn- und Gedenkstätten. ⊠ Rieß; RaTdr. in Bogen zu 25 Marken; gez. K 14.

cxa) Mahnmal Majdanek, Polen

			EF	MeF	MiF
2538.	35 (Pfg.) mehrfarbig	cxa	4.—	12.—	2.—

1980, 26. Aug. Leipziger Herbstmesse 1980. ⊠ Rieß; RaTdr. in Bogen zu 50 Marken; gez. K 14.

cxb) Gebäude Leipzig-Information, Sachsenplatz

cxc) Textima-Teppichwirkmaschine „Iiroflor"

2539.	10 (Pfg.) mehrfarbig	cxb	2.—	3.—	1.—
2540.	25 (Pfg.) mehrfarbig	cxc	6.—	20.—	2.—

1980, 26. Aug. Freim.-Erg.-Wert. Bauwerke. Wie Nr. 1879, jedoch in kleinerem Format (Bildformat 21,5:17,5 mm). ⊠ Gottschall; StTdr. Wertp.-Druck. in Bogen zu 100 Marken; gez. K 14¼:14.

btd l) Berlin, Brandenburger Tor

2541.	40 (Pfg.) purpurviolett	btd l	3.—	8.—	2.—

Weitere Werte in ähnlichen Zeichnungen bzw. in größerem Format siehe Übersichtstabelle nach Nr. 1821.

1980, 9. Sept. Interparlamentarische Konferenz, Berlin 1980. Ⓜ **Bobbe; RaTdr. in Bogen zu 50 Marken; gez. K 14.**

cxd) Berliner Stadtzentrum mit dem Palast der Republik

	EF	MeF	MiF
2542. 20 (Pfg.) mehrfarbig ...... cxd	2.—	5.—	1.—

1980, 14. Okt. Internationale Solidarität. Ⓜ **Voigt; RaTdr. in Bogen zu 50 Marken; gez. K 14.**

cxl) Erhobene Faust mit Rotem Stern, durchbrochener Stacheldraht

	EF	MeF	MiF
2548. 10+5 (Pfg.) mehrfarbig ... cxl	2.50	4.—	1.—

1980, 23. Sept. 400. Geburtstag von Hals. Ⓜ **Naumann; RaTdr.; in Bogen zu 25 Marken; gez. K 14.**

cxe) Lachender Knabe mit einer Flöte

1980, 14. Okt./1990. Freim.-Erg.-Werte. Bauwerke. Nr. 2549 wie Nr. 1948 (Bildformat 21,5:17,5 mm), jedoch StTdr.; Nr. 2550 wie Nr. 1900, jedoch kleineres Format (Bildformat 21,5:17,5 mm); Ⓜ **Gottschall; StTdr. Wertp.-Druck. in Bogen zu 100 Marken, v = leicht gelbliches Papier mit mattem Gummi, w = rein weißes Papier mit glänzendem Gummi; gez. K 14¼:14.**

bte l) Berlin, Neue Wache   bua l) Staatswappen

2549. 50 (Pfg.) violettultramarin bte l			
v. Papier v	2.—	3.—	1.50
w. Papier w (1990)	10.—	20.—	7.—
2550. 2 M. karminrot .... bua l			
v. Papier v	10.—	30.—	4.—
w. Papier w (1990)	50.—	—.—	50.—

Weitere Werte in ähnlichen Zeichnungen bzw. in größerem Format und RaTdr. s. Übersichtstabelle nach Nr. 1821.

cxf) Bildnis eines jungen Mannes im graugelben Rock   cxg) Der Mulatte   cxh) Bildnis eines jungen Mannes im schwarzen Rock

cxe–cxf) Gemälde des holländischen Malers Frans Hals (ca. 1581–1666)

2543. 10 (Pfg.) mehrfarbig ...... cxe	2.—	3.—	1.—
2544. 20 (Pfg.) mehrfarbig ...... cxf	4.—	5.—	1.—
2545. 25 (Pfg.) mehrfarbig ...... cxg	6.—	20.—	2.—
2546. 35 (Pfg.) mehrfarbig ...... cxh	25.—	30.—	12.—

Blockausgabe

cxi) Frans Hals: Selbstporträt

1980, 28. Okt. Europäische Speisepilze. Ⓜ **Schmidt; Odr. in Bogen zu 50 Marken; gez. K 13:13½.**

cxm) Rotkappe (Leccinum testaceo scabrum)   cxn) Flockenstieliger Hexenröhrling (Boletus erythropus)   cxo) Wiesenchampignon (Agaricus campester)

cxp) Marone (Xerocomus badius)   cxr) Steinpilz (Boletus edulis)   cxs) Pfifferling (Cantharellus cibarius)

2547. 1 M. rotbraun/grauoliv... cxi	50.—	200.—	15.—
Block 61 (80:55 mm) .... cxk	60.—	200.—	15.—
2551. 5 (Pfg.) mehrfarbig ..... cxm	5.—	5.—	1.—
2552. 10 (Pfg.) mehrfarbig ..... cxn	2.—	3.—	1.—
2553. 15 (Pfg.) mehrfarbig ..... cxo	15.—	15.—	1.—
2554. 20 (Pfg.) mehrfarbig ..... cxp	2.—	5.—	1.—
2555. 35 (Pfg.) mehrfarbig ..... cxr	4.—	12.—	2.—
2556. 70 (Pfg.) mehrfarbig ..... cxs	40.—	100.—	15.—

Deutsche Demokratische Republik

1980, 11. Nov. Geophysik. ☒ Grünewald; Odr. in Bogen zu 10 Zusammendrucken; gez. K 13:12½.

cxt) Gravimetrie – Braunkohlenerkundung
cxu) Bohrlochmessung – Wassererkundung
cxv) Seismik – Erdöl-Erdgas-Erkundung
cxw) Seismologie – Erdkrustenforschung

		EF	MeF	MiF
2557. 20 (Pfg.) mehrfarbig	cxt	6.—	6.—	2.—
2558. 25 (Pfg.) mehrfarbig	cxu	8.—	30.—	3.—
2559. 35 (Pfg.) mehrfarbig	cxv	8.—	25.—	3.—
2560. 50 (Pfg.) mehrfarbig	cxw	50.—	30.—	4.—

Nr. 2557/2560 wurden in Viererblockanordnung zusammenhängend gedruckt.

Zusammendrucke

Waagerecht:			BF
W. Zd. 467.	2557/2558	20/25	6.—
W. Zd. 468.	2558/2557	25/20	7.—
W. Zd. 469.	2559/2560	35/50	12.—
W. Zd. 470.	2560/2559	50/35	14.—
W. Zd. 471.	2557/2558/2557	20/25/20	10.—
W. Zd. 472.	2558/2557/2558	25/20/25	10.—
W. Zd. 473.	2559/2560/2559	35/50/35	20.—
W. Zd. 474.	2560/2559/2560	50/35/50	20.—

Senkrecht:
S. Zd. 218. | 2557/2559 | 20/25 | 8.—
S. Zd. 219. | 2559/2557 | 35/20 | 9.—
S. Zd. 220. | 2558/2560 | 25/50 | 10.—
S. Zd. 221. | 2560/2558 | 50/25 | 11.—
S. Zd. 222. | 2557/2559/2557 | 20/35/20 | 12.—
S. Zd. 223. | 2559/2557/2559 | 35/20/35 | 14.—
S. Zd. 224. | 2558/2560/2558 | 25/50/25 | 16.—
S. Zd. 225. | 2560/2558/2560 | 50/25/50 | 20.—

1980, 11. Nov. Freim.-Erg.-Wert. Bauwerke. Wie Nr. 1968 (Bildformat 21,5:17,5 mm), jedoch StTdr. ☒ Gottschall; StTdr. Wertp.-Druck. in Bogen zu 100 Marken; gez. K 14¼:14.

btg l) Berlin, sowjetisches Ehrendenkmal

		EF	MeF	MiF
2561. 1 M. dunkeloliv	btg l	6.—	10.—	3.—

Die Preisnotierungen sind Richtwerte auf DM-Basis, Preisbewegungen nach oben und unten sind aufgrund von Angebot und Nachfrage die Regel.

1980, 25. Nov. Schmalspurbahnen in der DDR. ☒ Glinski; Odr. in Bogen zu 20 Zusammendrucken; gez. K 13:12½.

cxx/cxz) Traditionsbahn Radebeul–Radeburg
Zierfeld: Schloß Moritzburg, Streckenskizze

cxy/cya) Schmalspurbahn Bad Doberan–Ostseebad Kühlungsborn
Zierfeld: Ansicht von Bad Doberan, Streckenskizze

		EF	MeF	MiF
2562. 20 (Pfg.) mehrfarbig	cxx	4.—	10.—	3.—
2563. 20 (Pfg.) mehrfarbig	cxy	4.—	10.—	3.—
2564. 25 (Pfg.) mehrfarbig	cxz	8.—	30.—	4.—
2565. 35 (Pfg.) mehrfarbig	cya	8.—	25.—	4.—

Nr. 2562/2564 und 2563/2565 wurden, jeweils durch Zierfeld verbunden, zusammenhängend gedruckt.

Zusammendrucke (nur waagerecht):

			BF
W. Zd. 475.	2562/Zf.	20/Zf.	7.—
W. Zd. 476.	2562/Zf./2564	20/Zf./25	10.—
W. Zd. 477.	Zf./2564	Zf./25	7.—
W. Zd. 478.	Zf./2564/2562	Zf.25/20	12.—
W. Zd. 479.	2564/2562	25/20	9.—
W. Zd. 480.	2564/2562/Zf.	25/20/Zf.	12.—
W. Zd. 481.	2563/Zf.	20/Zf.	7.—
W. Zd. 482.	2563/Zf./2565	20/Zf./35	10.—
W. Zd. 483.	Zf./2565	Zf./35	7.—
W. Zd. 484.	Zf./2565/2563	Zf.35/20	12.—
W. Zd. 485.	2565/2563	35/20	9.—
W. Zd. 486.	2565/2563/Zf.	35/20/Zf.	12.—

In ähnlichen Zeichnungen: Nr. 2629–2632, 2792–2795, 2864 bis 2867.

1980, 9. Dez. Historisches Spielzeug. ☒ Bertram; Odr. gez. K 14.

cyb) Lokomotive (um 1850) cyc) Flugzeug (vor 1914) cyd) Dampfwalze (um 1920)

cye) Schiff (um 1825) cyf) Auto (um 1900) cyg) Ballon (um 1920)

Deutsche Demokratische Republik

		EF	MeF	MiF
2566. 10 (Pfg.) mehrfarbig	cyb	4.—	8.—	3.—
2567. 20 (Pfg.) mehrfarbig	cyc	4.—	10.—	3.—
2568. 25 (Pfg.) mehrfarbig	cyd	8.—	30.—	3.—
2569. 35 (Pfg.) mehrfarbig	cye	8.—	25.—	3.—
2570. 40 (Pfg.) mehrfarbig	cyf	10.—	30.—	4.—
2571. 50 (Pfg.) mehrfarbig	cyg	50.—	40.—	3.—
Kleinbogen		80.—	—.—	20.—

Nr. 2566–2571 wurden zusammenhängend in Kleinbogen gedruckt.

Zusammendrucke

Waagerecht:

			BF
W. Zd. 487.	2566/2567	10/20	9.—
W. Zd. 488.	2566/2567/2568	10/20/25	10.—
W. Zd. 489.	2567/2568	20/25	9.—
W. Zd. 490.	2569/2570	35/40	9.—
W. Zd. 491.	2569/2570/2571	35/40/50	10.—
W. Zd. 492.	2570/2571	40/50	9.—

Senkrecht:

S. Zd. 226.	2566/2569	10/35	7.—
S. Zd. 227.	2567/2570	20/40	9.—
S. Zd. 228.	2568/2571	25/50	7.—

cyn) Paulownie (Paulownia tomentosa)
cyo) Deutsches Geißblatt (Lonicera periclymenum)
cyp) Echter Gewürzstrauch (Calycanthus floridus)

		EF	MeF	MiF
2573. 5 (Pfg.) mehrfarbig	cyk	4.—	6.—	1.—
2574. 10 (Pfg.) mehrfarbig	cyl	2.—	3.—	1.—
2575. 20 (Pfg.) mehrfarbig	cym	2.—	5.—	1.—
2576. 25 (Pfg.) mehrfarbig	cyn	6.—	20.—	2.—
2577. 35 (Pfg.) mehrfarbig	cyo	4.—	12.—	2.—
2578. 50 (Pfg.) mehrfarbig	cyp	50.—	40.—	15.—

1981, 13. Jan. Blockausgabe. 225. Geburtstag von Mozart. Gottschall; Odr.; gez. Ks 14.

cyh) Wolfgang Amadeus Mozart (1756–1791), Komponist

cyi

		EF	MeF	MiF
2572. 1 M. mehrfarbig	cyh	65.—	200.—	15.—
Block 62 (55:80 mm)	cyi	80.—	200.—	18.—

1981, 20. Jan. 150. Geburtstag von Stephan. Stauf; Odr. in Bogen zu 50 Marken; gez. K 13:13½.

cyr) Heinrich von Stephan (1831–1897), Mitbegründer des Weltpostvereins (Büste)

2579. 10 (Pfg.) braunschwarz/hellgelborange .... cyr 2.— 3.— 2.—

1981, 27. Jan. 25 Jahre Nationale Volksarmee. Zill; RaTdr. in Bogen zu 50 Marken; gez. K 14.

cys) Vereidigung in der Mahn- und Gedenkstätte Sachsenhausen
cyt) Wachaufzug am Mahnmal für die Opfer des Faschismus und Militarismus, Berlin

2580. 10 (Pfg.) mehrfarbig	cys	2.—	3.—	1.—
2581. 20 (Pfg.) mehrfarbig	cyt	2.—	5.—	1.—

1981, 13. Jan. Seltene Gehölze. Bobbe; RaTdr. in Bogen zu 50 Marken; gez. K 14:14¼, Querformate ~.

cyk) Johannis-Apfel (Malus pumila)
cyl) Schneeglöckchenbaum (Halesia carolina)
cym) Blasenstrauch (Colutea arborescens)

1981, 10. Febr. 10. Parteitag der SED. Rieß; RaTdr. in Bogen zu 25 Marken; gez. K 14.

cyu) Karl Marx und W. I. Lenin, Rote Fahne

2582. 20 (Pfg.) mehrfarbig .... cyu 2.— 3.— 1.—

Deutsche Demokratische Republik

1981, 10. Febr. Bildungseinrichtungen der Deutschen Post. Ⓑ Lehmann; Odr. in Bogen zu 25 Marken; gez. K 14.

cyv) Lehrlingsausbildung im Post- und Zeitungswesen

cyw) Lehrlingsausbildung im Fernschreib- und Fernsprechwesen

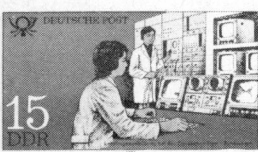

cyx) Lehrlingsausbildung im Funkwesen

cyy) Ingenieurschule „Rosa Luxemburg", Leipzig

cyz) Hochschule für Verkehrswesen „Friedrich List", Dresden

		EF	MeF	MiF
2583.	5 (Pfg.) mehrfarbig ..... cyv	6.—	8.—	1.—
2584.	10 (Pfg.) mehrfarbig ..... cyw	2.—	3.—	1.—
2585.	15 (Pfg.) mehrfarbig ..... cyx	14.—	15.—	1.—
2586.	20 (Pfg.) mehrfarbig ..... cyy	2.—	5.—	1.—
2587.	25 (Pfg.) mehrfarbig ..... cyz	20.—	50.—	12.—

1981, 10. Febr. Freim.-Erg.-Wert. Bauwerke. Wie Nr. 1899, jedoch kleineres Format (Bildformat 21,5:17,5 mm). Ⓑ Gottschall; StTdr. in Bogen zu 100 Marken; gez. K 14¼:14.

btz l) Halle/Saale, Denkmal auf dem Ernst-Thälmann-Platz

| 2588. | 30 (Pfg.) mehrfarbig ..... btz l | 30.— | 30.— | 3.— |

Weitere Werte in ähnlichen Zeichnungen bzw. in größerem Format und RaTdr. s. Übersichtstabelle nach Nr. 1821.

Mehr wissen mit MICHEL

1981, 24. Febr. Persönlichkeiten der deutschen Arbeiterbewegung. Ⓑ Stauf; Odr. in Bogen zu 50 Marken; gez. K 14.

cza) Erich Baron (1881–1933)

czb) Conrad Blenkle (1901–1943)   czc) Arthur Ewert (1890–1959)   czd) Walter Stoecker (1891–1939)

		EF	MeF	MiF
2589.	10 (Pfg.) graugrün/lilaschwarz .... cza	2.—	3.—	1.—
2590.	10 (Pfg.) dkl'olivgelb/braunschwarz .... czb	2.—	3.—	1.—
2591.	10 (Pfg.) mattviolettblau/braunschwarz .... czc	2.—	3.—	1.—
2592.	10 (Pfg.) hellorangebraun/braunschwarz .... czd	2.—	3.—	1.—

Weitere Ausgaben „Persönlichkeiten der deutschen Arbeiterbewegung": Nr. 1907–1917, 2012, 2107–2110, 2264–2266, 2454–2457, 2500, 2686–2690, 2765–2769, 2849–2851, 2920–2922, 3082–3085, 3222–3225, 3300–3301.

1981, 10. März. Leipziger Frühjahrsmesse 1981. Ⓑ Reißmüller; RaTdr. in Bogen zu 50 Marken; gez. K 14.

cze) Hotel Merkur, Leipzig   czf) Bandabsetzer „TAKRAF" für Tagebaubetriebe

| 2593. | 10 (Pfg.) mehrfarbig ..... cze | 2.— | 3.— | 1.— |
| 2594. | 25 (Pfg.) mehrfarbig ..... czf | 6.— | 20.— | 2.— |

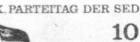

1981, 24. März. Parteitag der SED. Ⓑ Glinski; RaTdr. in Bogen zu 25 Marken; gez. K 14.

czg) Prof. Willi Sitte: Ernst Thälmann

czh) Prof. Bernhard Heisig: Brigadier
czi) Prof. Rudolf Bergander: Festtag
czk) Prof. Paul Michaelis: Waffenbrüder

		EF	MeF	MiF
2595.	10 (Pfg.) mehrfarbig ...... czg	2.—	3.—	1.—
2596.	20 (Pfg.) mehrfarbig ...... czh	2.—	5.—	1.—
2597.	25 (Pfg.) mehrfarbig ...... czi	30.—	50.—	10.—
2598.	35 (Pfg.) mehrfarbig ...... czk	5.—	12.—	2.—

Blockausgabe

czl) Prof. Walter Womacka: Wenn Kommunisten träumen

				czm
2599.	1 M. mehrfarbig .... czl	50.—	200.—	15.—
	Block 63 (108:82 mm) ...... czm	60.—	200.—	18.—

1981, 24. März. Blockausgabe. Sport- und Erholungszentrum Berlin. ◫ Rieß; Odr.; gez. Ks 14.

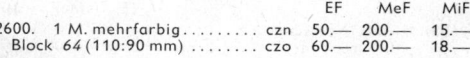

czn) Sport- und Erholungszentrum Berlin, Leninallee   czo

		EF	MeF	MiF
2600.	1 M. mehrfarbig .... czn	50.—	200.—	15.—
	Block 64 (110:90 mm) .... czo	60.—	200.—	18.—

1981, 21. April. Rationelle Energieanwendung. ◫ Bobbe; Odr. in Bogen zu 50 Marken; gez. K 12½:13.

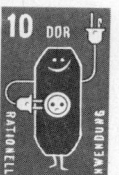

czp) Braunkohlebrikett mit Steckdose

		EF	MeF	MiF
2601.	10 (Pfg.) orange/schwarz.. czp	2.—	3.—	1.—

btf l) Leipzig, Altes Rathaus

1981, 21. April/1989. Freim.-Erg.-Wert. Bauwerke. Wie Nr. 1881, jedoch in kleinerem Format (Bildformat: 21,5:17,5 mm). ◫ Gottschall; StTdr. Wertp.-Druck. in Bogen zu 100 Marken; v = leicht gelbliches Papier mit mattem Gummi; w = rein weißes Papier mit glänzendem Gummi; gez. K 14¼:14.

2602.	70 (Pfg.) dkl'braunkarmin . btf l			
	v. Papier v	2.—	8.—	2.50
	w. Papier w (1989)	10.—	20.—	4.—

Weitere Werte in ähnlicher Zeichnung bzw. in größerem Format siehe Übersichtstabelle nach Nr. 1821.

Unterscheidungsmerkmale und genaue Beschreibung der Papiersorten siehe nach Nr. 1871.

1981, 5. Mai. Bedeutende Persönlichkeiten. ◫ Stauf; Odr. in Bogen zu 50 Marken; gez. K 13:12½.

czr) Heinrich Barkhausen (1881–1956), Elektrotechniker; Röhrenkennlinien

czs) Johannes R. Becher (1891–1958), Dichter; Vers aus „Jahrhundert"

czt) Richard Dedekind (1831–1916), Mathematiker; Formel

czu) Georg Philipp Telemann (1681–1767), Komponist; Noten

czv) Adelbert von Chamisso (1781–1838), Dichter und Naturforscher; morphologische Bestimmung

czw) Wilhelm Raabe (1831–1910), Schriftsteller; Buchtitel

Deutsche Demokratische Republik

	EF	MeF	MiF
2603. 10 (Pfg.) hellkobalt/ braunschwarz .... czr	2.—	3.—	1.—
2604. 20 (Pfg.) hellorangebraun/ braunschwarz .... czs	2.—	5.—	1.—
2605. 25 (Pfg.) hellgraubraun/ braunschwarz .... czt	20.—	50.—	15.—
2606. 35 (Pfg.) hellpurpurviolett/ braunschwarz .... czu	5.—	12.—	2.—
2607. 50 (Pfg.) hellgelbgrün/ braunschwarz .... czv	50.—	40.—	3.—
2608. 70 (Pfg.) hellolivbraun/ braunschwarz .... czw	10.—	40.—	3.—

Weitere Ausgaben „Bedeutende Persönlichkeiten": Nr. 2199 bis 2202, 2336–2342, 2406–2411, 2492–2497, 3091–3094, 3230 bis 3234.

1981, 19. Mai. Parlament der Freien Deutschen Jugend, Berlin. ⊡ Detlefsen; Odr. in Bogen zu 20 Zusammendrucken; gez. K 13:12½.

czx) FDJ-Mitglieder vor Ehrenbanner des Zentralkomitees

czy) FDJ-Mitglieder und ausländische Jugendliche bei Berufsausbildung, FDJ-Fahne

Zierfeld: Emblem des FDJ-Parlaments

		EF	MeF	MiF
2609. 10 (Pfg.) mehrfarbig ...... czx		4.—	5.—	2.—
2610. 20 (Pfg.) mehrfarbig ...... czy		4.—	8.—	2.—

Nr. 2609–2610 wurden, durch Zierfeld verbunden, zusammenhängend gedruckt.

Zusammendrucke (nur waagerecht):

			BF
W. Zd. 493.	2609/Zf.	10/Zf..................	4.—
W. Zd. 494.	2609/Zf./2610	10/Zf./20	5.—
W. Zd. 495.	Zf./2610	Zf./20	4.—
W. Zd. 496.	Zf./2610/2609	Zf./20/10	6.—
W. Zd. 497.	2610/2609	20/10	5.—
W. Zd. 498.	2610/2609/Zf.	20/10/Zf.	6.—

1981, 9. Juni. Landschaftsparks in der DDR. ⊡ Dorfstecher; Odr. in Bogen zu 50 Marken; gez. K 12½:13.

czz) Wörlitzer Park   daa) Tiefurter Park, Weimar   dab) Marxwalde

dac) Branitzer Park   dad) Treptower Park, Berlin   dae) Wiesenburger Park

	EF	MeF	MiF
2611. 5 (Pfg.) mehrfarbig ...... czz	4.—	5.—	1.—
2612. 10 (Pfg.) mehrfarbig ...... daa	2.—	3.—	1.—
2613. 15 (Pfg.) mehrfarbig ...... dab	12.—	12.—	1.—
2614. 20 (Pfg.) mehrfarbig ...... dac	2.—	5.—	1.—
2615. 25 (Pfg.) mehrfarbig ...... dad	20.—	50.—	15.—
2616. 35 (Pfg.) mehrfarbig ...... dae	5.—	12.—	2.—

1981, 23. Juni. Kinder- und Jugendspartakiade, Berlin. ⊡ Rieß; RaTdr. in Bogen zu 50 Marken; gez. K 14.

daf) Jugendliche bei Spiel und Sport   dag) Jugendliche bei künstlerischer Gymnastik

	EF	MeF	MiF
2617. 10+5 (Pfg.) mehrfarbig ... daf	10.—	12.—	8.—
2618. 20 (Pfg.) mehrfarbig ...... dag	2.—	5.—	1.—

1981, 23. Juni. 200. Geburtstag des Architekten Karl Friedrich Schinkel (1781–1841). ⊡ Bengs; ⊡ Stauf; komb. StTdr. und RaTdr. in Bogen zu 50 Marken; gez. K 14.

dah) Schauspielhaus, Berlin   dai) Altes Museum, Berlin

	EF	MeF	MiF
2619. 10 (Pfg.) mattchromgelb/ schwarz .... dah	2.—	5.—	1.—
2620. 25 (Pfg.) mattchromgelb/ schwarz .... dai	20.—	50.—	15.—

Viele Marken der DDR auf ✉ sind mit Stempeldaten bis zum 30. Juni 1990 teurer als mit Stempeldaten ab dem 1. Juli 1990. Die Katalognotierungen gelten, soweit nicht abweichend angegeben, stets für die billigste Sorte.

Deutsche Demokratische Republik

1981, 23. Juni. Internationales Jahr der Behinderten.
Rieß; Odr. in Bogen zu 20 Zusammendrucken; gez. K 13:12½.

dak) Rollstuhlfahrer beim Speerwurf
Zierfeld: Emblem
dal) Behinderte beim Museumsbesuch

		EF	MeF	MiF
2621.	5 (Pfg.) mehrfarbig ..... dak	5.—	6.—	1.—
2622.	15 (Pfg.) mehrfarbig ..... dal	15.—	15.—	1.—

Nr. 2621–2622 wurden, durch Zierfeld verbunden, zusammenhängend gedruckt.

Zusammendrucke (nur waagerecht:)

			BF
W. Zd. 499.	2621/Zf.	5/Zf.	3.—
W. Zd. 500.	2621/Zf./2622	5/Zf./15	4.—
W. Zd. 501.	Zf./2622	Zf./15	3.—
W. Zd. 502.	Zf./2622/2621	Zf./15/5	5.—
W. Zd. 503.	2622/2621	15/5	4.—
W. Zd. 504.	2622/2621/Zf.	15/5/Zf.	5.—

1981, 7. Juli. Fachwerkbauten in der DDR. Grünewald; RaTdr. in Bogen zu 50 Marken; gez. K 14.

dam) Ernhaus, Zaulsdorf
dan) „Zuckerhut", Groß Zicker
dao) Wohnstallhaus, Weckersdorf

dap) „Löwinghuus", Pillgram
dar) Bauernhaus, Eschenbach
das) Bauernhaus, Lüdersdorf

		EF	MeF	MiF
2623.	10 (Pfg.) mehrfarbig ..... dam	2.—	3.—	1.—
2624.	20 (Pfg.) mehrfarbig ..... dan	2.—	5.—	1.—
2625.	25 (Pfg.) mehrfarbig ..... dao	6.—	20.—	2.—
2626.	35 (Pfg.) mehrfarbig ..... dap	4.—	12.—	2.—
2627.	50 (Pfg.) mehrfarbig ..... dar	50.—	40.—	3.—
2628.	70 (Pfg.) mehrfarbig ..... das	30.—	100.—	18.—

In ähnlichen Zeichnungen: Nr. 2294–2298.

1981, 21. Juli. Schmalspurbahnen in der DDR. Glinski; Odr. in Bogen zu 20 Zusammendrucken; gez. K 13:12½.

 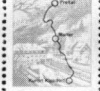 

dat
dav

dat/dav) Schmalspurbahn Freital-Hainsberg–Kurort Kipsdorf
Zierfeld: Bahnhof Kurort Kipsdorf, Streckenskizze

dau
daw

dau/daw) Schmalspurbahn Putbus–Göhren
Zierfeld: Jagdschloß Granitz, Streckenskizze

		EF	MeF	MiF
2629.	5 (Pfg.) mehrfarbig ..... dat	5.—	6.—	1.—
2630.	5 (Pfg.) mehrfarbig ..... dau	5.—	6.—	1.—
2631.	15 (Pfg.) mehrfarbig ..... dav	15.—	15.—	1.—
2632.	20 (Pfg.) mehrfarbig ..... daw	3.—	6.—	1.—

Nr. 2629/2631 und 2630/2632 wurden, durch Zierfeld verbunden, zusammenhängend gedruckt.

Zusammendrucke (nur waagerecht:)

			BF
W. Zd. 505.	2629/Zf.	5/Zf.	3.—
W. Zd. 506.	2629/Zf./2631	5/Zf./15	5.—
W. Zd. 507.	Zf./2631	Zf./15	3.—
W. Zd. 508.	Zf./2631/2629	Zf./15/5	6.—
W. Zd. 509.	2631/2629	15/5	4.—
W. Zd. 510.	2631/2629/Zf.	15/5/Zf.	5.—
W. Zd. 511.	2630/Zf.	5/Zf.	3.—
W. Zd. 512.	2630/Zf./2632	5/Zf./20	5.—
W. Zd. 513.	Zf./2632	Zf./20	3.—
W. Zd. 514.	Zf./2632/2630	Zf./20/5	6.—
W. Zd. 515.	2632/2630	20/5	4.—
W. Zd. 516.	2632/2630/Zf.	20/5/Zf.	6.—

In ähnlichen Zeichnungen: Nr. 2562–2565, 2792–2795, 2864 bis 2867.

1981, 21. Juli. Freim.-Erg.-Wert. Bauwerke. Wie Nr. 1967, jedoch in kleinerem Format (Bildformat 21,5:17,5 mm). Gottschall; StTdr. Wertp.-Druck. in Bogen zu 100 Marken; gez. K 14¼:14.

bua l) Staatswappen

		EF	MeF	MiF
2633.	3 M. dkl'karminlila ..... bua l	80.—	.——	9.—

Weitere Werte in ähnlichen Zeichnungen bzw. in größerem Format siehe Übersichtstabelle nach Nr. 1821.

1981, 18. Aug. Leipziger Herbstmesse 1981. Haller; RaTdr. in Bogen zu 50 Marken; gez. K 14.

dax) Chemieanlagenbau Leipzig-Grimma
day) Neues Gewandhaus

		EF	MeF	MiF
2634.	10 (Pfg.) mehrfarbig ..... dax	2.—	3.—	1.—
2635.	25 (Pfg.) mehrfarbig ..... day	6.—	20.—	2.—

Lesen Sie bitte auch das Vorwort!

Deutsche Demokratische Republik

1981, 18. Aug. Kostbarkeiten in Bibliotheken der DDR.
✉ Müller; RaTdr. in Bogen zu 50 Marken; gez. K 14.

daz) Papyros Ebers (Detail), Universitätsbibliothek Leipzig

dba) Maya-Handschrift (Detail), Sächsische Landesbibliothek Dresden

dbb) Miniatur zu Petrarca, Deutsche Staatsbibliothek Berlin

		EF	MeF	MiF
2636.	20 (Pfg.) mehrfarbig ...... daz	2.—	5.—	1.—
2637.	35 (Pfg.) mehrfarbig ...... dba	4.—	12.—	2.—
2638.	50 (Pfg.) mehrfarbig ...... dbb	50.—	40.—	12.—

1981, 8. Sept. Internationale Mahn- und Gedenkstätten. ✉ Detlefsen; RaTdr. in Bogen zu 25 Marken; gez. K 14.

dbc) Ehrenmal für die Widerstandskämpfer, Saßnitz

| 2639. | 35 (Pfg.) mehrfarbig ...... dbc | 4.— | 12.— | 2.— |

1981, 22. Sept. Medizinhistorische Sammlung des Karl-Sudhof-Instituts, Leipzig. ✉ Hennig; RaTdr. in Bogen zu 50 Marken; gez. K 14.

 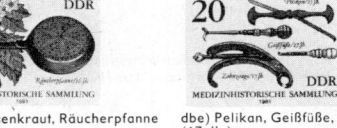

dbd) Bilsenkraut, Räucherpfanne (16. Jh.)

dbe) Pelikan, Geißfüße, Zahnzange (17. Jh.)

dbf) Haarseilzangen (17. Jh.)

dbg) Steinschnittmesser (18. Jh.), Bruchschere (17. Jh.)

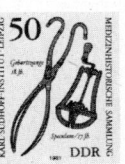 

dbh) Geburtszange (18. Jh.), Speculum (17. Jh.)

dbi) Elevatoren (17. Jh.)

		EF	MeF	MiF
2640.	10 (Pfg.) mehrfarbig ...... dbd	2.—	3.—	1.—
2641.	20 (Pfg.) mehrfarbig ...... dbe	2.—	5.—	1.—
2642.	25 (Pfg.) mehrfarbig ...... dbf	6.—	20.—	2.—
2643.	35 (Pfg.) mehrfarbig ...... dbg	4.—	12.—	2.—
2644.	50 (Pfg.) mehrfarbig ...... dbh	80.—	60.—	15.—
2645.	85 (Pfg.) mehrfarbig ...... dbi	10.—	—.—	5.—

1981, 6. Okt. Tag der Philatelisten. ✉ Rieß; RaTdr. in Bogen zu 50 Marken; gez. K 14.

dbk) Brief von Friedrich Engels (1840)

dbl) Postkarte von Karl Marx (1878)

| 2646. | 10+5 (Pfg.) mehrfarbig ... dbk | 10.— | 15.— | 8.— |
| 2647. | 20 (Pfg.) mehrfarbig ...... dbl | 2.— | 5.— | 1.— |

1981, 6. Okt. Internationale Solidarität. ✉ Lehmann; RaTdr. in Bogen zu 50 Marken; gez. K 14.

dbm) Afrikaner mit gesprengten Ketten

| 2648. | 10+5 (Pfg.) mehrfarbig .. dbm | 3.— | 6.— | 1.— |

1981, 6. Okt. Freim.-Erg.-Werte. Bauwerke. Wie Nr. 1919–1920, jedoch in kleinerem Format (Bildformat 21,5:17,5 mm). ✉ Gottschall; StTdr. Wertp.-Druck. in Bogen zu 100 Marken; gez. K 14¼:14.

buv l) Dresden, Kronentor des Dresdner Zwingers

buw l) Rostock–Warnemünde, Kröpeliner Tor

| 2649. | 60 (Pfg.) violett......... duv l | 7.— | 18.— | 2.— |
| 2650. | 80 (Pfg.) dkl'violettblau.. duw l | 4.— | 50.— | 4.— |

1981, 20. Okt. Binnenschiffe. ✉ Reißmüller; RaTdr. in Bogen zu 50 Marken; gez. K 14:14¼.

dbn) Schubschiff (1969–70)

dbo) Schubverband aus 1 Kanalschubschiff (1964–66) und 2 Schubprähmen

dpb) Dieselelektrisches Seitenrad-Fahrgastschiff (1961–64)

dbr) Eisbrecher der „Oderserie" (1957–58)

dbs) Motorgüterschiff (1961–63)

dbt) Eimerketten-Schwimmbagger (1970)

		EF	MeF	MiF
2651. 10 (Pfg.) mehrfarbig	dbn	2.—	3.—	1.—
2652. 20 (Pfg.) mehrfarbig	dbo	2.—	5.—	1.—
2653. 25 (Pfg.) mehrfarbig	dbp	7.—	22.—	1.—
2654. 35 (Pfg.) mehrfarbig	dbr	5.—	12.—	2.—
2655. 50 (Pfg.) mehrfarbig	dbs	50.—	40.—	3.—
2656. 85 (Pfg.) mehrfarbig	dbt	30.—	.—	15.—

1981, 24. Nov. Historisches Spielzeug. Ⓚ **Bertram;** Odr.; gez. K 13½:13.

dby) Gliederschlange (um 1850)
dca) Badefisch (um 1935)
dcc) Kuckuck (um 1800)
dbz) Teddybär (seit 1910)
dcb) Steckenpferd (um 1850)
dcd) Springfrosch (um 1930)

		EF	MeF	MiF
2661. 10 (Pfg.) mehrfarbig	dby	5.—	10.—	3.—
2662. 20 (Pfg.) mehrfarbig	dbz	5.—	12.—	3.—
2663. 25 (Pfg.) mehrfarbig	dca	8.—	30.—	4.—
2664. 35 (Pfg.) mehrfarbig	dcb	8.—	25.—	4.—
2665. 40 (Pfg.) mehrfarbig	dcc	6.—	20.—	4.—
2666. 70 (Pfg.) mehrfarbig	dcd	10.—	40.—	4.—
Kleinbogen		100.—	.—	25.—

Nr. 2661–2666 wurden zusammenhängend im Kleinbogen gedruckt.

1981, 10. Nov. Technische Denkmale – Windmühlen. Ⓚ **Bertholdt; RaTdr.** in Bogen zu 50 Marken; gez. K 14.

dbu) Galerieholländermühle, Dabel (1892)

dbv) Turmholländermühle, Pahrenz

dbw) Turmholländermühle, Dresden-Gohlis

dbx) Bockwindmühle, Ballstädt (1850)

2657. 10 (Pfg.) mehrfarbig	dbu	2.—	3.—	1.—
2658. 20 (Pfg.) mehrfarbig	dbv	2.—	5.—	1.—
2659. 25 (Pfg.) mehrfarbig	dbw	7.—	22.—	2.—
2660. 70 (Pfg.) mehrfarbig	dbx	30.—	100.—	15.—

Der große Komplettkatalog in Farbe

MICHEL-Deutschland

SCHWANEBERGER VERLAG GMBH · MÜNCHEN

Deutsche Demokratische Republik

Zusammendrucke

			BF
Waagerecht:			
W. Zd. 517.	2661/2662	10/20	6.—
W. Zd. 518.	2663/2664	25/35	10.—
W. Zd. 519.	2665/2666	40/70	6.—
Senkrecht:			
S. Zd. 229.	2661/2663	10/25	8.—
S. Zd. 230.	2662/2664	20/35	8.—
S. Zd. 231.	2663/2665	25/40	8.—
S. Zd. 232.	2664/2666	35/70	8.—
S. Zd. 233.	2661/2663/2665	10/25/40	12.—
S. Zd. 234.	2662/2664/2666	20/35/70	12.—

1982, 26. Jan. 300. Geburtstag des Alchimisten Johann Friedrich Böttger (1682–1719). ✍ Lüders; RaTdr. in Bogen zu 10 Zusammendrucken; gez. K 14.

dce) Kanne (um 1715)
dcf) Bechervase (um 1715)
dcg) Figur „Oberon" (1969)
dch) Vase „Tag und Nacht" (1979)

dce–dch) Meißener Porzellan

			EF	MeF	MiF
2667.	10 (Pfg.) mehrfarbig	dce	5.—	6.—	1.—
2668.	20 (Pfg.) mehrfarbig	dcf	4.—	8.—	2.—
2669.	25 (Pfg.) mehrfarbig	dcg	10.—	30.—	4.—
2670.	35 (Pfg.) mehrfarbig	dch	10.—	25.—	4.—

Blockausgabe, ✍ Gottschall, Odr.

dci) Böttger-steinzeug-medaille
dck) Siegel
dcl

			EF	MeF	MiF
2671.	50 (Pfg.) mehrfarbig	dci	110.—	90.—	10.—
2672.	50 (Pfg.) mehrfarbig	dck	110.—	90.—	10.—
Block 65 (90:110 mm)		dcl	70.—	200.—	15.—

Nr. 2667–2670 wurden zusammenhängend gedruckt.
Marken mit unten anhängendem Leerfeld bzw. Feld mit Farbstrichen 50% Aufschlag.

Zusammendrucke

			BF
Waagerecht:			
W. Zd. 520.	2667/2668	10/20	5.—
W. Zd. 521.	2668/2667	20/10	5.—
W. Zd. 522.	2669/2670	25/35	10.—
W. Zd. 523.	2670/2669	35/25	10.—
W. Zd. 524.	2667/2668/2667	10/20/10	7.—
W. Zd. 525.	2668/2667/2668	20/10/20	9.—
W. Zd. 526.	2669/2670/2669	25/35/25	15.—
W. Zd. 527.	2670/2669/2670	35/25/35	17.50
Senkrecht:			
S. Zd. 235.	2667/2669	10/25	5.50
S. Zd. 236.	2669/2667	25/10	6.—
S. Zd. 237.	2668/2670	20/35	9.—
S. Zd. 238.	2670/2668	35/20	10.—
S. Zd. 239.	2667/2669/2667	10/25/10	8.50
S. Zd. 240.	2669/2667/2669	25/10/25	10.—
S. Zd. 241.	2668/2670/2668	20/35/20	14.—
S. Zd. 242.	2670/2668/2670	35/20/35	15.—

1982, 9. Febr. Bauten der Deutschen Post. ✍ Lehmann; RaTdr. in Bogen zu 25 Marken; gez. K 14.

dcm) Postamt Bad Liebenstein

dcn) Technisches Fernmeldedienstgebäude, Berlin

dco) Hauptpostamt Erfurt

dcp) Hauptpostamt Dresden 6

			EF	MeF	MiF
2673.	20 (Pfg.) mehrfarbig	dcm	2.—	5.—	1.—
2674.	25 (Pfg.) mehrfarbig	dcn	6.—	20.—	2.—
2675.	35 (Pfg.) mehrfarbig	dco	4.—	12.—	2.—
2676.	50 (Pfg.) mehrfarbig	dcp	50.—	40.—	12.—

1982, 23. Febr. Internationale Leipziger Rauchwaren-auktion. ⌂ Heise; RaTdr. in Bogen zu 50 Marken; gez. K 14.

dcr) Murmeltier

dcs) Iltis

dct) Nerz

dcu) Steinmarder

		EF	MeF	MiF
2677.	10 (Pfg.) mehrfarbig ...... dcr	2.—	3.—	1.—
2678.	20 (Pfg.) mehrfarbig ...... dcs	2.—	5.—	1.—
2679.	25 (Pfg.) mehrfarbig ...... dct	6.—	20.—	2.—
2680.	35 (Pfg.) mehrfarbig ...... dcu	20.—	30.—	10.—

1982, 9. März. Blockausgabe. Goethe- und Schiller-Ehrungen der DDR 1980–1984. ⌂ Rieß; Odr.; gez. Ks 14.

dcv) Johann Wolfgang von Goethe (1749–1832), Dichter
dcw) Friedrich von Schiller (1759–1805), Dichter
dcx

2681.	50 (Pfg.) mehrfarbig ...... dcv	110.—	90.—	10.—
2682.	50 (Pfg.) mehrfarbig ...... dcw	110.—	90.—	10.—
	Block 166 (110:90 mm) .... dcx	70.—	200.—	20.—

1982, 9. März. Leipziger Frühjahrsmesse 1982. ⌂ Rieß; Odr. in Bogen zu 50 Marken; gez. K 13:12½.

dcy) Westeingang Messegelände

dcz) Rohrstoßbankanlage

		EF	MeF	MiF
2683.	10 (Pfg.) mehrfarbig ...... dcy	2.—	3.—	1.—
2684.	25 (Pfg.) mehrfarbig ...... dcz	8.—	20.—	2.—

1982, 23. März. Blockausgabe. 100. Jahrestag der Entdeckung des Tuberkulose-Erregers durch Robert Koch. ⌂ Grünewald; Odr.; gez. Ks 14.

dda) Robert Koch (1843 bis 1910), Bakteriologe, Nobelpreisträger

ddb

2685.	1 M. mehrfarbig .... dda	65.—	200.—	15.—
	Block 67 (80:55 mm) .... ddb	80.—	200.—	15.—

1982, 23. März. Persönlichkeiten der deutschen Arbeiterbewegung. ⌂ Stauf; ⌂ Wertp.-Druck.; StTdr. in Bogen zu 50 Marken; gez. K 14.

ddc) Max Fechner (1892–1973)
ddd) Ottomar Geschke (1882–1957)
dde) Helmut Lehmann (1882–1959)

ddf) Herbert Warnke (1902–1975)
ddg) Otto Winzer (1902–1975)

2686.	10 (Pfg.) dkl'karminbraun . ddc	2.—	3.—	1.—
2687.	10 (Pfg.) schwarzblaugrün. ddd	2.—	3.—	1.—
2688.	10 (Pfg.) purpurviolett..... dde	2.—	3.—	1.—
2689.	10 (Pfg.) dunkelgrigublau . ddf	2.—	3.—	1.—
2690.	10 (Pfg.) dunkelolivgrau... ddg	2.—	3.—	1.—

Weitere Ausgaben „Persönlichkeiten der deutschen Arbeiterbewegung": Nr. 1907–1917, 2012, 2107–2110, 2264–2266, 2454–2457, 2500, 2589–2592, 2765–2769, 2849–2851, 2920–2922, 3082–3085,3222–3225, 3300–3301.

Alle Marken der DDR von 1004–3343 gültig bis 2.10.1990.

Deutsche Demokratische Republik

1982, 6. April. Giftpflanzen. ⊠ Bobbe; Odr. in Bogen zu 50 Marken; gez. K 14.

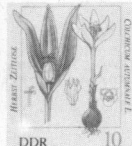
ddh) Herbstzeitlose (Colchicum autumnale)

ddi) Sumpf-Schweinsohr (Calla palustris)

ddk) Sumpf-Porst (Ledum palustre)

ddl) Rotbeerige Zaunrübe (Bryonia dioica)

ddm) Blauer Eisenhut (Aconitum napellus)

ddn) Schwarzes Bilsenkraut (Hyoscyamus niger)

	EF	MeF	MiF
2691. 10 (Pfg.) mehrfarbig .... ddh	2.—	3.—	1.—
2692. 15 (Pfg.) mehrfarbig .... ddi	12.—	12.—	1.—
2693. 20 (Pfg.) mehrfarbig .... ddk	2.—	5.—	1.—
2694. 25 (Pfg.) mehrfarbig .... ddl	6.—	20.—	2.—
2695. 35 (Pfg.) mehrfarbig .... ddm	4.—	12.—	2.—
2696. 50 (Pfg.) mehrfarbig .... ddn	50.—	40.—	15.—

1982, 20. April Internationale Buchkunstausstellung IBA '82, Leipzig. ⊠ Bobbe; RaTdr. in Bogen zu 15 Zusammendrucken; gez. K 14.

ddo) Initiale „I"
Zierfeld: Ausspruch von J. R. Becher
ddp) Emblem

	EF	MeF	MiF
2697. 15 (Pfg.) mehrfarbig .... ddo	40.—	30.—	10.—
2698. 35 (Pfg.) mehrfarbig .... ddp	30.—	40.—	10.—

Nr. 2697–2698 wurden mit Zierfeld zusammenhängend gedruckt.

Zusammendrucke (nur waagerecht):

			BF
W. Zd. 528.	2697/Zf.	15/Zf.	10.—
W. Zd. 529.	2697/Zf./2698	15/Zf./35	15.—
W. Zd. 530.	Zf./2698	Zf./35	10.—
W. Zd. 531.	Zf./2698/2697	Zf./35/15	14¼.—
W. Zd. 532.	2698/2697	35/15	14.—
W. Zd. 533.	2698/2697/Zf.	35/15/Zf.	20.—

MICHEL-Rundschau-Probeheft gratis!

1982, 20. April. 10. Kongreß des Freien Deutschen Gewerkschaftbundes (FDGB), Berlin. ⊠ Glinski; RaTdr. in Bogen zu 25 Marken; gez. K 14.

ddr) Walter Womacka: Mutter mit Kind

ddt) Karl Heinz Jakob: Junges Paar

dds) Willi Neubert: Diskussion im Neuererkollektiv

	EF	MeF	MiF
2699. 10 (Pfg.) mehrfarbig .... ddr	2.—	3.—	1.—
2700. 20 (Pfg.) mehrfarbig .... dds	2.—	5.—	1.—
2701. 25 (Pfg.) mehrfarbig .... ddt	20.—	40.—	10.—

1982, 18. Mai. Geschützte Vögel – Greifvögel. ⊠ Zill; RaTdr. in Bogen zu 50 Marken; gez. K 14.

ddu) Fischadler (Pandion haliaetus), Nisthilfe

ddv) Seeadler (Haliaeetus albicilla), Winterfütterung

ddw) Steinkauz (Athene noctua), Niströhre

ddx) Uhu (Bubo bubo), Künstliche Nistüberdachung

	EF	MeF	MiF
2702. 10 (Pfg.) mehrfarbig .... ddu	2.50	4.—	1.—
2703. 20 (Pfg.) mehrfarbig .... ddv	2.50	6.—	1.—
2704. 25 (Pfg.) mehrfarbig .... ddw	8.—	22.—	2.—
2705. 35 (Pfg.) mehrfarbig .... ddx	30.—	35.—	12.—

1982, 8. Juni. Arbeiterfestspiele der DDR, Bezirk Neubrandenburg. ⊠ Berthold; RaTdr. in Bogen zu 50 Marken; gez. K 14:14¼.

ddy) Bauten im Bezirk Neubrandenburg

ddz) Trachtenpaar, Landwirtschaftsanlage

Deutsche Demokratische Republik

	EF	MeF	MiF
2706. 10 (Pfg.) mehrfarbig ...... ddy	2.—	3.—	1.—
2707. 20 (Pfg.) mehrfarbig ...... ddz	2.50	8.—	2.—

1982, 8. Juni. Blockausgabe. 100. Geburtstag von Georgi Michailovič Dimitroff (1882–1949), bulg. Politiker. ⌧ Grünewald; RaTdr.; gez. Ks 14.

	EF	MeF	MiF
2709. 5 (Pfg.) mehrfarbig ...... dec	4.—	6.—	1.—
2710. 10 (Pfg.) mehrfarbig ...... ded	2.50	4.—	1.—
2711. 15 (Pfg.) mehrfarbig ...... dee	14.—	15.—	1.—
2712. 20 (Pfg.) mehrfarbig ...... def	2.50	5.—	1.—
2713. 25 (Pfg.) mehrfarbig ...... deg	6.—	20.—	2.—
2714. 35 (Pfg.) mehrfarbig ...... deh	18.—	22.—	12.—

1982, 22. Juni. 30 Jahre Gesellschaft für Sport und Technik (GST). ⌧ Gottschall; Odr. in Bogen zu 50 Marken; gez. K 13:12½.

dei) Ausbildungs- und Wehrsporttätigkeiten in der GST

2715. 20 (Pfg.) mehrfarbig ...... dei	2.—	5.—	1.—

dea) Gedenkmedaille		deb		
2708. 1 M. mehrfarbig .... dea	50.—	200.—	15.—
Block 68 (80:55 mm) .... deb	50.—	200.—	18.—

1982, 6. Juli. Sorbische Volksbräuche. ⌧ Scheuner; Odr. in Bogen zu 5 Zusammendrucken; gez. K 13:12½.

1982, 22. Juni. Hochseeschiffe. ⌧ Bertholdt; RaTdr. in Bogen zu 30 Marken; gez. K 14.

dek) Vogelhochzeit del) Zampern dem) Waleien

dec) Stückgutschiff-Typ IV „Frieden"

ded) Ro-Ro-Schiff „Fichtelberg"

den) Ostereiermalen deo) Johannisreiter dep) Bescherkind

2716. 10 (Pfg.) mehrfarbig ...... dek	3.—	5.—	1.—
2717. 20 (Pfg.) mehrfarbig ...... del	3.—	8.—	2.—
2718. 25 (Pfg.) mehrfarbig ...... dem	8.—	22.—	3.—
2719. 35 (Pfg.) mehrfarbig ...... den	10.—	18.—	3.—
2720. 40 (Pfg.) mehrfarbig ...... deo	15.—	30.—	4.—
2721. 50 (Pfg.) mehrfarbig ...... dep	50.—	40.—	6.—

dee) Spezial-Schwergutschiff „Brocken"

Nr. 2716–2721 wurden zusammenhängend gedruckt.

Zusammendrucke

def) OBC-Frachtschiff „Weimar"

Waagerecht:			BF
W. Zd. 534.	2716/2717	10/20	4.—
W. Zd. 535.	2716/2717/2718	10/20/25	8.—
W. Zd. 536.	2717/2718	20/25	6.—
W. Zd. 537.	2719/2720	35/40	8.—
W. Zd. 538.	2719/2720/2721	35/40/50	15.—
W. Zd. 539.	2720/2721	40/50	12.—

deg) Erstes Handelsschiff der DSR „Vorwärts"

Senkrecht:			
S. Zd. 243.	2716/2719	10/35	6.—
S. Zd. 244.	2717/2720	20/40	8.—
S. Zd. 245.	2718/2721	25/50	8.—
S. Zd. 246.	2719/2716	35/10	6.—
S. Zd. 247.	2720/2717	40/20	8.—
S. Zd. 248.	2721/2718	50/25	10.—
S. Zd. 249.	2716/2719/2716	10/35/10	9.—
S. Zd. 250.	2719/2716/2719	35/10/35	12.—
S. Zd. 251.	2717/2720/2717	20/40/20	12.—
S. Zd. 252.	2720/2717/2720	40/20/40	14.—
S. Zd. 253.	2718/2721/2718	25/50/25	15.—
S. Zd. 254.	2721/2718/2721	50/25/50	18.—

deh) Semicontainerschiff „Berlin - Hauptstadt der DDR"

Deutsche Demokratische Republik

1982, 6. Juli. Briefmarkenausstellung der Jugend, Schwerin. ⌧ Rieß; Odr. in Bogen zu 20 Zusammendrucken; gez. K 13:12½.

der) Schwerin (um 1640)   Zierfeld: Stadtwappen von Schwerin   des) Historische und moderne Gebäude der Stadt Schwerin

		EF	MeF	MiF
2722.	10+5 (Pfg.) mehrfarbig ... der	2.—	5.—	2.—
2723.	20 (Pfg.) mehrfarbig ...... des	2.—	8.—	2.—

Zusammendrucke (nur waagerecht):

			BF
W. Zd. 540.	2722/Zf.	10+5/Zf.	4.—
W. Zd. 541.	2722/Zf./2723	10+5/Zf./20	6.—
W. Zd. 542.	Zf./2723	Zf./20	4.—
W. Zd. 543.	Zf./2723/2722	Zf./20+5	7.—
W. Zd. 544.	2723/2722	20/20+5	6.—
W. Zd. 545.	2723/2722/Zf.	20/20+5/Zf.	7.—

1982, 20. Juli. Pioniertreffen, Dresden. ⌧ Lehmann; RaTdr. in Bogen zu 50 Marken; gez. K 14.

det) Pioniere, Ehrenbanner   deu) Trommel, Fanfare, Nelken

		EF	MeF	MiF
2724.	10+5 (Pfg.) mehrfarbig ... det	10.—	15.—	8.—
2725.	20 (Pfg.) mehrfarbig ...... deu	2.—	5.—	1.—

1982, 10. Aug. Gemälde aus dem Staatlichen Museum Schwerin. ⌧ Naumann; RaTdr. in Bogen zu 25 Marken; gez. K 14.

dev) Bewegte See; L. Backhuysen (1631–1708)   dew) Das Hauskonzert; F. v. Mieris (1635–1681)

dex) Die Torwache; C. Fabritius (1622–1654)

dey) Bauerngesellschaft; A. Brower (1606–1638)

dez) Frühstückstisch mit Schinken; W. C. Heda (1593–1680)

dfa) Flußlandschaft; J. V. Goyen (1596–1656)

			EF	MeF	MiF
2726.	5 (Pfg.) mehrfarbig	dev	3.—	5.—	1.—
2727.	10 (Pfg.) mehrfarbig	dew	2.—	4.—	1.—
2728.	20 (Pfg.) mehrfarbig	dex	2.—	5.—	1.—
2729.	25 (Pfg.) mehrfarbig	dey	6.—	20.—	2.—
2730.	35 (Pfg.) mehrfarbig	dez	4.—	12.—	2.—
2731.	70 (Pfg.) mehrfarbig	dfa	40.—	100.—	15.—

1982, 24. Aug. Ministerkonferenz der Organisation für die Zusammenarbeit der sozialistischen Länder auf dem Gebiet des Post- und Fernmeldewesens (OSS), Karl-Marx-Stadt. ⌧ Rieß; RaTdr. in Bogen zu 30 Marken mit Zierfeldern; gez. K 14.

dfb) Bauwerke in Karl-Marx-Stadt

Zierfeld: Symbole des Post- und Fernmeldewesens

2732.	10 (Pfg.) mehrfarbig ...... dfb	3.—	3.—	1.—

Zusammendrucke (nur waagerecht:)

			BF
W. Zd. 546.	2732/Zf.	10/Zf.	2.—
W. Zd. 547.	Zf./2732	Zf./10	2.—
W. Zd. 548.	2732/Zf./2732	10/Zf./10	2.—
W. Zd. 549.	Zf./2732/Zf.	Zf./10/Zf.	2.—

Mit MICHEL immer gut informiert

1982, 24. Aug. Leipziger Herbstmesse. Ⓒ Grünewald; Odr. in Bogen zu 50 Marken; gez. K 13:12½.

dfc) Messehaus Stenzlers Hof

dfd) Ostseeschmuck

		EF	MeF	MiF
2733.	10 (Pfg.) mehrfarbig ...... dfc	2.—	4.—	1.—
2734.	25 (Pfg.) mehrfarbig ...... dfd	6.—	20.—	2.—

1982, 7. Sept. Internationale Mahn- und Gedenkstätten. Ⓒ Detlefsen; RaTdr. in Bogen zu 25 Marken; gez. K 14.

dfe) Internationales Denkmal Auschwitz-Birkenau

2735.	35 (Pfg.) mehrfarbig...... dfe	4.—	12.—	2.—

1982, 7. Sept. Kongreß der Internationalen Föderation der Widerstandskämpfer (FIR), Berlin. Ⓒ Bobbe; Odr. in Bogen zu 50 Marken; gez. K 14.

dff) FIR-Emblem

2736.	10 (Pfg.) mehrfarbig .... dff	2.—	3.—	1.—

1982, 21. Sept. Herbstblumen. Ⓒ Müller; RaTdr. in Bogen zu 50 Marken; gez. K 14.

dfg) Herbstanemone (Anemone hupehensis)

dfh) Studentenblume (Tagetes patula)

dfi) Mittagsgold (Gazania-Hybriden)

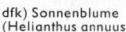
dfk) Sonnenblume (Helianthus annuus)

dfl) Wucherblume (Chrysanthemum carinatum)

dfm) Schmuckkörbchen (Cosmos bipinnatus)

		EF	MeF	MiF
2737.	5 (Pfg.) mehrfarbig ...... dfg	5.—	6.—	1.—
2738.	10 (Pfg.) mehrfarbig ...... dfh	2.—	3.—	1.—
2739.	15 (Pfg.) mehrfarbig ...... dfi	10.—	10.—	1.—
2740.	20 (Pfg.) mehrfarbig ...... dfk	2.—	5.—	1.—
2741.	25 (Pfg.) mehrfarbig ...... dfl	6.—	20.—	2.—
2742.	35 (Pfg.) mehrfarbig ...... dfm	20.—	25.—	15.—

1982, 21. Sept. Solidarität mit dem palästinensischen Volk. Ⓒ Korn; Odr. in Bogen zu 50 Marken; gez. K 14.

dfn) Palästinensische Familie mit Lebensbaum

2743.	10+5 (Pfg.) mehrfarbig ... dfn	4.—	3.—	1.—

1982, 5. Okt. IFA-Nutzfahrzeuge. Ⓒ Gottschall; Odr. in Bogen zu 50 Marken; gez. K 13:12½.

dfo) Krankenfahrzeug B 1000

dfp) Wasch- und Sprühfahrzeug

dfr) Reiseomnibus LD 3000

dft) Pritschenfahrzeug W 50

dfu) Milchtank-Sattelzug W 50

dfs) Pritschenfahrzeug LD 3000

2744.	5 (Pfg.) mehrfarbig .... dfo	5.—	6.—	1.—
2745.	10 (Pfg.) mehrfarbig ...... dfp	2.—	3.—	1.—
2746.	20 (Pfg.) mehrfarbig ...... dfr	2.—	5.—	1.—
2747.	25 (Pfg.) mehrfarbig ...... dfs	6.—	20.—	2.—
2748.	35 (Pfg.) mehrfarbig ...... dft	4.—	12.—	2.—
2749.	85 (Pfg.) mehrfarbig ...... dfu	30.—	180.—	18.—

1982, 19. Okt. Zentrale Messe der Meister von morgen, Leipzig. Ⓒ Haller; Odr. in Bogen zu 50 Marken; gez. K 14.

dfv) Messe-Emblem, FDJ-Abzeichen

2750.	20 (Pfg.) mehrfarbig .... dfv	2.—	5.—	1.—

✈ **1982, 26. Okt. Flugpostmarken** (dfw). ▱ Glinski; RaTdr. in Bogen zu 100 Marken; gez. K 14.

dfw) Stilis. Flugzeug mit Brief

		EF	MeF	MiF
2751.	30 (Pfg.) blaugrün/schwarz	30.—	30.—	3.—
2752.	40 (Pfg.) schwarzblaugrün/schwarz	4.—	10.—	2.—
2753.	1 M. blau/schwarz	15.—	35.—	3.—

In gleicher Zeichnung: Nr. 2831–2832, 2868, 2967, 3128 bis 3129.

1982, 9. Nov. 500. Geburtstag von Martin Luther. ▱ Schmidt; RaTdr. in Bogen zu 25 Marken; gez. K 14.

dfx) Stadtsiegel von Eisleben (um 1500)

dfy) M. Luther als Junker Jörg (1521)

dfz) Stadtsiegel von Wittenberg (um 1500)

dga) M. Luther (1483–1546), Reformator

2754.	10 (Pfg.) mehrfarbig	dfx	2.—	3.—	1.—
2755.	20 (Pfg.) mehrfarbig	dfy	2.—	5.—	1.—
2756.	35 (Pfg.) mehrfarbig	dfz	4.—	12.—	2.—
2757.	85 (Pfg.) mehrfarbig	dga	30.—	180.—	18.—

Nr. 2755 wurde auch in Kleinbogen zu 10 Marken gedruckt.

✈ **1982, 23. Nov. Historisches Spielzeug.** ▱ Bertram. Odr.; gez. K 14.

dgb) Zimmermann dgc) Schuhmacher dgd) Bäcker
dge) Büttner dgf) Gerber dgg) Wagner

dgb–dgg) Berufe darstellende Spielzeugfiguren (um 1930)

			EF	MeF	MiF
2758.	10 (Pfg.) mehrfarbig	dgb	10.—	12.—	3.—
2759.	20 (Pfg.) mehrfarbig	dgc	10.—	15.—	3.—
2760.	25 (Pfg.) mehrfarbig	dgd	12.—	35.—	4.—
2761.	35 (Pfg.) mehrfarbig	dge	10.—	30.—	4.—
2762.	40 (Pfg.) mehrfarbig	dgf	10.—	30.—	4.—
2763.	70 (Pfg.) mehrfarbig	dgg	12.—	50.—	4.—
	Kleinbogen		80.—	—.—	25.—

Nr. 2758–2763 wurden zusammenhängend im Kleinbogen gedruckt.

Zusammendrucke

Waagerecht:			BF
W. Zd. 550.	2758/2759	10/20	7.—
W. Zd. 551.	2758/2759/2760	10/20/25	10.—
W. Zd. 552.	2759/2760	20/25	7.—
W. Zd. 553.	2761/2762	35/40	7.—
W. Zd. 554.	2761/2762/2763	35/40/70	10.—
W. Zd. 555.	2762/2763	40/70	7.—
Senkrecht:			
S. Zd. 255.	2758/2761	10/35	6.—
S. Zd. 256.	2759/2762	20/40	9.—
S. Zd. 257.	2760/2763	25/70	6.—

**Wenn Sie eine eilige philatelistische Anfrage haben, rufen Sie bitte (0 89) 3 23 93-2 24.
Die MICHEL-Redaktion gibt Ihnen gerne Auskunft.**

Deutsche Demokratische Republik

1983, 11. Jan. Blockausgabe: 150. Geburtstag von Johannes Brahms. ▨ Rieß; Odr.; gez. Ks 14.

dgh) J. Brahms (1833–1897), Komponist

dgi

		EF	MeF	MiF
2764.	1.15 M. mehrfarbig ...... dgh	150.—	300.—	25.—
	Block 69 (55:80 mm)......... dgi	160.—	300.—	25.—

1983, 25. Jan. Persönlichkeiten der deutschen Arbeiterbewegung. ▨ Stauf; Ⓢ Wertp.-Druck.; StTdr. in Bogen zu 50 Marken; gez. K 14.

dgk) Franz Dahlem (1892–1981)

dgl) Karl Maron (1903–1975)   dgm) Josef Miller (1883–1964)

dgn) Fred Oeßner (1903–1977)   dgo) Siegfried Rädel (1893–1943)

2765.	10 (Pfg.) schwarzlila ...... dgk	2.—	3.—	1.—
2766.	10 (Pfg.) schw'bläulichgrün dgl	2.—	3.—	1.—
2767.	10 (Pfg.) schwarzoliv..... dgm	2.—	3.—	1.—
2768.	10 (Pfg.) blauviolett....... dgn	2.—	3.—	1.—
2769.	10 (Pfg.) schwarzviolett-ultramarin .... dgo	2.—	3.—	1.—

Weitere Ausgaben „Persönlichkeiten der deutschen Arbeiterbewegung": Nr. 1907–1917, 2012, 2107–2110, 2264–2266, 2454–2457, 2500, 2589–2592, 2686–2690, 2849–2851, 2920 bis 2922, 3082–3085, 3222–3225, 3300–3301.

1983, 8. Febr. Weltkommunikationsjahr. ▨ Glinski; RaTdr. in Bogen zu 50 Marken; gez. K 14:14¼.

dgp) Telefonhörer, Tastwahl   dgr) Radiosender Rügen, Schiffe

dgs) Postbeförderung auf See- und Luftweg   dgt) Lichtleiterkabel

		EF	MeF	MiF
2770.	5 (Pfg.) mehrfarbig ...... dgp	4.—	5.—	1.—
2771.	10 (Pfg.) mehrfarbig ...... dgr	2.—	3.—	1.—
2772.	20 (Pfg.) mehrfarbig ...... dgs	2.—	5.—	1.—
2773.	35 (Pfg.) mehrfarbig ...... dgt	20.—	35.—	12.—

1983, 8. Febr. 100. Geburtstag von Otto Nuschke. ▨ Müller; Odr. in Bogen zu 50 Marken; gez. K 14.

dgu) O. Nuschke (1883–1957), Politiker

2774.	20 (Pfg.) mehrfarbig ...... dgu	2.—	5.—	1.—

1983, 22. Febr. Historische Rathäuser. ▨ Zill; RaTdr. in Bogen zu 50 Marken; gez. K 14.

dgv) Rathaus Stolberg/Harz (erb. 1482)

dgw) Rathaus Gera (erb. 1573–1576)   dgx) Rathaus Pössneck (erb. 1478–1486)   dgy) Rathaus Berlin (erb. 1861–1869)

2775.	10 (Pfg.) mehrfarbig ...... dgv	2.—	3.—	1.—
2776.	20 (Pfg.) mehrfarbig ..... dgw	2.—	5.—	1.—
2777.	25 (Pfg.) mehrfarbig ..... dgx	6.—	20.—	2.—
2778.	35 (Pfg.) mehrfarbig ..... dgy	20.—	35.—	12.—

1983, 8. März. Leipziger Frühjahrsmesse. ▨ Glinski; RaTdr. in Bogen zu 50 Marken; gez. K 14.

dgz) Messehaus „Petershof"   dha) Robotron-Mikrorechner

Deutsche Demokratische Republik

		EF	MeF	MiF
2779.	10 (Pfg.) mehrfarbig ...... dgz	2.—	3.—	1.—
2780.	25 (Pfg.) mehrfarbig ...... dha	6.—	20.—	2.—

1983, 22. März. Paul-Robeson-Ehrung. Ⓚ Lindner; Odr. in Bogen zu 50 Marken; gez. K 13:12½.

dhb) Paul Robeson (1898–1976), afroamerikanischer Schauspieler un Sänger

2781.	20 (Pfg.) mehrfarbig ...... dhb	2.—	5.—	2.—

1983, 22. März. Blockausgabe: Schulze-Boysen/Harnack-Widerstandsorganisation. Ⓚ Stauf; Odr.; gez. Ks 13:12½.

dhc) Arvid Harnack (1901–1942), Harro Schulze-Boysen (1909–1942), John Sieg (1903–1942), Widerstandskämpfer

2782.	85 (Pfg.) schwarz/ hellgrünlichgelb ...... dhc	40.—	180.—	20.—
	Block 70 (80:55 mm) .... dhd	50.—	180.—	25.—

1983, 11. April. 100. Todestag von Karl Marx. Ⓚ Gottschall; RaTdr. in Bogen zu 50 Marken; gez. K 13:12½.

dhe) K. Marx; Titel „Neue Rheinische Zeitung"

dhf) Marx; Aufstand der Seidenweber, Lyon; Titel „Deutsch-Französische Jahrbücher"

dhg) Marx und Engels; Titel „Manifest der Kommunistischen Partei"

dhh) Marx; Titel „Das Kapital"

dhi) Marx; Randglosse zum „Programm der Deutschen Arbeiterbewegung"

dhk) Erdkugel; Rote Fahne mit Porträts Marx, Engels, Lenin

		EF	MeF	MiF
2783.	10 (Pfg.) mehrfarbig ...... dhe	2.—	3.—	1.—
2784.	20 (Pfg.) mehrfarbig ...... dhf	2.—	5.—	1.—
2785.	35 (Pfg.) mehrfarbig ...... dhg	4.—	12.—	2.—
2786.	50 (Pfg.) mehrfarbig ...... dhh	50.—	40.—	3.—
2787.	70 (Pfg.) mehrfarbig ...... dhi	10.—	40.—	3.—
2788.	85 (Pfg.) mehrfarbig ...... dhk	40.—	180.—	20.—

Blockausgabe; Ⓚ Rieß; Odr.; gez. Ks 14

dhl) K. Marx (1818–1883), Philosoph und Nationalökonom

2789.	1.15 M. mehrfarbig ...... dhl	150.—	300.—	25.—
	Block 71 (83:55 mm) .... dhm	160.—	300.—	25.—

1983, 19. April. Kunstwerke aus den Staatlichen Museen, Berlin. Ⓚ Bobbe; RaTdr. in Bogen zu 50 Marken; gez. K 14.

dhn) Statue der Athena (2. Jh. v. Chr.)

dho) Statue einer Amazone (430 v. Chr.)

2790.	10 (Pfg.) mehrfarbig ...... dhn	2.—	3.—	1.—
2791.	20 (Pfg.) mehrfarbig ...... dho	2.—	5.—	1.—

1983, 17. Mai. Schmalspurbahnen in der DDR. Ⓚ Glinski; Odr. in Bogen zu 20 Zusammendrucken; gez. K 13:12½.

dhp/dhr) Schmalspurbahn Wernigerode–Nordhausen Zierfeld: Steinerne Renne, Streckenskizze

dhs/dht) Schmalspurbahn Zittau–Kurort Oybin/Kurort Jonsdorf Zierfeld: Landschaft im Zittauer Gebirge, Streckenskizze

Deutsche Demokratische Republik

		EF	MeF	MiF
2792. 15 (Pfg.) mehrfarbig ...... dhp		20.—	30.—	3.—
2793. 20 (Pfg.) mehrfarbig ...... dhr		4.—	12.—	3.—
2794. 20 (Pfg.) mehrfarbig ...... dhs		4.—	12.—	3.—
2795. 50 (Pfg.) mehrfarbig ...... dht		50.—	40.—	4.—

Nr.2792/2793 und 2794/2795 wurden, jeweils durch Zierfeld verbunden, zusammenhängend gedruckt.

Zusammendrucke (nur waagerecht:)

			BF
W. Zd. 556.	2792/Zf.	15/Zf.	8.—
W. Zd. 557.	2792/Zf./2793	15/Zf./20	10.—
W. Zd. 558.	Zf./2793	Zf./20	8.—
W. Zd. 559.	Zf./2793/2792	Zf./20/15	12.—
W. Zd. 560.	2793/2792	20/15	9.—
W. Zd. 561.	2793/2792/Zf.	20/15/Zf.	12.—
W. Zd. 562.	2794/Zf.	20/Zf.	8.—
W. Zd. 563.	2794/Zf./2795	20/Zf./50	10.—
W. Zd. 564.	Zf./2795	Zf./50	8.—
W. Zd. 565.	Zf./2795/2794	Zf./50/20	12.—
W. Zd. 566.	2795/2794	50/20	9.—
W. Zd. 567.	2795/2794/Zf.	50/20/Zf.	12.—

In ähnlichen Zeichnungen: Nr. 2562–2565, 2629–2632, 2864 bis 2867.

1983, 7. Juni. Sand- und Sonnenuhren aus dem Staatlichen Mathematisch-Physikalischen Salon, Dresden. ⌀ Rieß; RaTdr. in Bogen zu 50 Marken; gez. K 14.

dhu) Kanzelsanduhr mit Wandbrett (1674)

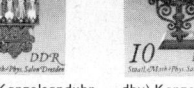
dhv) Kanzelsanduhr (um 1700)

dhw) Horizontal-Tischsonnenuhr (1611)

dhx) Äquatorial-Tischsonnenuhr (um 1750)

dhy) Äquatorial-Tischsonnenuhr (um 1760)

dhz) Tischsonnenuhr „Mittagskanone" (um 1800)

		EF	MeF	MiF
2796. 5 (Pfg.) mehrfarbig ...... dhu		4.—	5.—	1.—
2797. 10 (Pfg.) mehrfarbig ...... dhv		2.—	3.—	1.—
2798. 20 (Pfg.) mehrfarbig ...... dhw		4.—	5.—	1.—
2799. 30 (Pfg.) mehrfarbig ...... dhx		60.—	50.—	
2800. 50 (Pfg.) mehrfarbig ...... dhy		50.—	40.—	3.—
2801. 85 (Pfg.) mehrfarbig ...... dhz		40.—	180.—	20.—

Nr. 2798 wurde auch in Kleinbogen zu 8 Marken gedruckt.

Die großen philatelistischen Abteilungen
der Bibliotheken in München und Hamburg stehen jedem Sammler zur Verfügung.

1983, 21. Juni. Kakteen. ⌀ Gottschall; RaTdr. in Bogen zu 50 Marken; gez. K 14.

dia) Coryphantha elephantidens

dib) Thelocactus schwarzii

dic) Leuchtenbergia principis

did) Submatucana madisoniarum

die) Oroya peruviana

dif) Copiapoa cincrea

		EF	MeF	MiF
2802. 5 (Pfg.) mehrfarbig ...... dia		3.—	5.—	1.—
2803. 10 (Pfg.) mehrfarbig ...... dib		2.—	5.—	1.—
2804. 20 (Pfg.) mehrfarbig ...... dic		2.—	5.—	1.—
2805. 25 (Pfg.) mehrfarbig ...... did		6.—	20.—	2.—
2806. 35 (Pfg.) mehrfarbig ...... die		4.—	12.—	2.—
2807. 50 (Pfg.) mehrfarbig ...... dif		80.—	50.—	15.—

1983, 5. Juli. Stifterfiguren des Naumburger Doms. ⌀ Grünewald; RaTdr. in Bogen zu 6 Zusammendrucken; gez. K 13.

dig) Thimo und Wilhelm
dih) Gepa und Gerburg

dii) Hermann und Reglindis
dik) Eckehard und Uta

dig–dik) Standbilder im Westchor des Naumburger Doms

		EF	MeF	MiF
2808. 20 (Pfg.) mehrfarbig ...... dig		4.—	10.—	3.—
2809. 25 (Pfg.) mehrfarbig ...... dih		10.—	30.—	4.—
2810. 35 (Pfg.) mehrfarbig ...... dii		10.—	25.—	4.—
2811. 85 (Pfg.) mehrfarbig ...... dik		40.—	180.—	18.—

Nr. 2808–2811 wurden zusammenhängend gedruckt.

Deutsche Demokratische Republik

Zusammendrucke

			BF
Waagerecht:			
W. Zd. 568.	2808/2809	20/25	8.—
W. Zd. 569.	2809/2808	25/20	9.—
W. Zd. 570.	2810/2811	35/85	24.—
W. Zd. 571.	2811/2810	85/35	26.—
W. Zd. 572.	2808/2809/2808	20/25/20	12.—
W. Zd. 573.	2809/2808/2809	25/20/25	13.—
W. Zd. 574.	2810/2811/2810	35/85/35	30.—
W. Zd. 575.	2811/2810/2811	85/35/85	35.—
Senkrecht:			
S. Zd. 258.	2808/2810	20/35	8.—
S. Zd. 259.	2810/2808	35/20	9.—
S. Zd. 260.	2809/2811	25/85	24.—
S. Zd. 261.	2811/2809	85/25	26.—
S. Zd. 262.	2808/2810/2808	20/35/20	12.—
S. Zd. 263.	2810/2808/2810	35/20/35	13.—
S. Zd. 264.	2809/2811/2809	25/85/25	30.—
S. Zd. 265.	2811/2809/2811	85/25/85	35.—

1983, 5. Juli. Internationale Briefmarkenausstellung der Jugend JUNIOR-SOZPHILEX, Berlin. ⚀ Detlefsen; Odr. in Bogen zu 50 Marken; Nr. 2812 gez. K 12½:13, Nr. 2813 ~.

dil) Glasewaldt und Zinna verteidigen die Barrikade – 18. März 1848; Lithografie von Theodor Hosemann (1807–1875)

dim) Polytechnischer Unterricht; Gemälde von Harald Metzkes (* 1929)

			EF	MeF	MiF
2812.	10 (Pfg.)+5 (Pfg.) mfg.	dil	10.—	15.—	8.—
2813.	20 (Pfg.) mehrfarbig	dim	2.—	5.—	1.—

1983, 19. Juli. Turn- und Sportfest; Kinder- und Jugendspartakiade, Leipzig. ⚀ Lehmann; RaTdr. in Bogen zu 50 Marken; gez. K 14.

din) Ballübung

dio) Volleyball

2814.	10 (Pfg.)+5 (Pfg.) mfg.	din	10.—	15.—	8.—
2815.	20 (Pfg.) mehrfarbig	dio	2.—	5.—	1.—

1983, 19. Juli. 200. Geburtstag von Simón de Bolívar. ⚀ Detlefsen; RaTdr. in Bogen zu 50 Marken; gez. K 14.

dip) S. de Bolívar (1783–1830), lateinamerikanischer Freiheitskämpfer

2816.	35 (Pfg.) mehrfarbig	dip	4.—	15.—	2.—

1983, 9. Aug. Stadtwappen. ⚀ Stier; RaTdr.; Nr. 2817 in Bogen zu 50, Nr. 2818–2821 in Bogen zu 100 Marken; gez. K 14.

dir) Berlin

dis) Cottbus dit) Dresden diu) Erfurt div) Frankfurt/Oder

				EF	MeF	MiF
2817.	50 (Pfg.) mehrfarbig		dir	50.—	40.—	5.—
2818.	50 (Pfg.) mehrfarbig		dis	50.—	40.—	5.—
2819.	50 (Pfg.) mehrfarbig		dit	50.—	40.—	5.—
2820.	50 (Pfg.) mehrfarbig		diu	50.—	40.—	5.—
2821.	50 (Pfg.) mehrfarbig		div	50.—	40.—	5.—

Weitere Werte „Stadtwappen": Nr. 2857–2861, 2934–2938.

1983, 30. Aug. Leipziger Herbstmesse. ⚀ Volkamer; RaTdr. in Bogen zu 50 Marken; gez. K 14.

diw) Zentral-Messepalast   dix) Mikrochip

2822.	10 (Pfg.) mehrfarbig	diw	2.—	3.—	1.—
2823.	25 (Pfg.) mehrfarbig	dix	10.—	20.—	2.—

1983, 6. Sept. Blockausgabe: 30 Jahre Kampfgruppen der Arbeiterklasse der DDR. ⚀ Naumann; Odr.; gez. Ks 12½:13.

diy) Angehöriger der Kampfgruppen der Arbeiterklasse

			diz		
2824.	1 M. mehrfarbig	diy	50.—	200.—	15.—
Block 72 (63:86 mm)		diz	50.—	200.—	15.—

1983, 6. Sept. 200. Todestag von Leonhard Euler. ⊠ Bengs; Odr. in Bogen zu 50 Marken; gez. K 13:12½.

dka) L. Euler (1707–1783), Mathematiker; Ikosaeder, Polyederformel

		EF	MeF	MiF
2825.	20 (Pfg.) blau/schwarz .... dka	2.—	5.—	1.—

1983, 20. Sept. Gebäude aus den Staatlichen Schlössern und Gärten Potsdam-Sanssouci. ⊠ Korn; Odr. in Bogen zu 50 Marken; gez. K 13:12½.

dkb) Schloß Sanssouci   dkc) Chinesisches Teehaus

dkd) Schloß Charlottenhof   dke) Marstall/Filmmuseum

2826.	10 (Pfg.) mehrfarbig ...... dkb	2.—	4.—	1.—
2827.	20 (Pfg.) mehrfarbig ...... dkc	2.—	6.—	1.—
2828.	40 (Pfg.) mehrfarbig ...... dkd	6.—	22.—	2.—
2829.	50 (Pfg.) mehrfarbig ...... dke	100.—	80.—	12.—

1983, 4. Okt. Internationale Mahn- und Gedenkstätten. ⊠ Gottschall; RaTdr. in Bogen zu 25 Marken; gez. K 14.

dkf) Ehrenmal „Mutter Heimat" auf dem Mamajew-Kurgan, Wolgograd (Rußland)

2830.	35 (Pfg.) mehrfarbig ...... dkf	4.—	12.—	2.—

✈ **1983, 4. Okt./1989. Flugpostmarken.** ⊠ Glinski; RaTdr. in Bogen zu 100 Marken; v: leicht gelbliches Papier mit mattem Gummi, w: rein weißes Papier mit glänzendem Gummi; gez. K 14.

dfw) Stilis. Flugzeug mit Brief

2831 v.	5 (Pfg.) cyanblau/ schwarz .... dfw	1.—	3.—	1.—
2832.	20 (Pfg.) gelblichorange/ schwarz .... dfw			
	v. Papier v.	2.—	3.—	1.—
	w. Papier w (1989)	3.—	8.—	2.—

In gleicher Zeichnung: Nr. 2751–2753, 2868, 2967, 3128 bis 3129.
Unterscheidungsmerkmale und genaue Beschreibung der Papiersorten siehe nach Nr. 1871.

1983, 18. Okt. Blockausgabe: 500. Geburtstag von Martin Luther. ⊠ Schmidt; Odr.; gez. Ks 14.

dkg) Initialen von M. Luther (1483–1546), Reformator   dkh

		EF	MeF	MiF
2833.	1 M. mehrfarbig .... dkg	50.—	200.—	15.—
	Block 73 (108:83 mm) .... dkh	50.—	200.—	18.—

1983, 8. Nov. Solidarität mit Nicaragua. ⊠ Hennig; Odr. in Bogen zu 50 Marken; gez. K 14.

dki) Lesen und Schreiben lernende Familie, Soldat, Flaggen

2834.	10 (Pfg.)+5 (Pfg.) mfg. ..... dki	2.—	3.—	1.—

1983, 8. Nov. Thüringer Glas. ⊠ Berthold; RaTdr. in Bogen zu 50 Marken; gez. K 14.

dkk) Hahn

dkl) Glasbecher   dkm) Glasvase   dkn) Zierglas

2835.	10 (Pfg.) mehrfarbig ...... dkk	2.—	5.—	1.—
2836.	20 (Pfg.) mehrfarbig ...... dkl	2.—	5.—	1.—
2837.	25 (Pfg.) mehrfarbig ...... dkm	6.—	22.—	2.—
2838.	70 (Pfg.) mehrfarbig ...... dkn	40.—	100.—	15.—

Bei Anfragen bitte Rückporto nicht vergessen!

Deutsche Demokratische Republik

1983, 22. Nov. Olympische Winterspiele 1984, Sarajevo. Rieß; RaTdr. in Bogen zu 50 Marken; gez. K 14.

dko) Rennrodeln

dkp) Nordische Kombination

dkr) Skilanglauf

dks) Biathlon

		EF	MeF	MiF
2839. 10 (Pfg.)+ 5 (Pfg.) mfg.	dko	4.—	5.—	1.—
2840. 20 (Pfg.)+10 (Pfg.) mfg.	dkp	3.—	6.—	1.—
2841. 25 (Pfg.) mehrfarbig	dkr	6.—	22.—	2.—
2842. 35 (Pfg.) mehrfarbig	dks	20.—	35.—	12.—

Blockausgabe, gez. Ks 13:12½

dkt) Olympisches Zentrum, Sarajevo

2843. 85 (Pfg.) mehrfarbig	dkt	40.—	180.—	20.—
Block 74 (82:57 mm)	dku	40.—	180.—	25.—

1983, 22. Nov. Blockausgabe: Neujahr 1984. Hennig; RaTdr.; gez. Ks 14.

dkv–dky) Friedenstaube, Teil eines Kleeblattes, Glückwünsche

		EF	MeF	MiF
2844. 10 (Pfg.) mehrfarbig	dkv	5.—	8.—	2.—
2845. 20 (Pfg.) mehrfarbig	dkw	5.—	12.—	3.—
2846. 25 (Pfg.) mehrfarbig	dkx	10.—	40.—	4.—
2847. 35 (Pfg.) mehrfarbig	dky	10.—	20.—	4.—
Block 75 (93:83 mm)	dkz	100.—	—.—	15.—

1984, 10. Jan. 100 Jahre Jenaer Glas. Bertholdt; Odr. in Bogen zu 50 Marken; gez. K 12½:13.

dla) Dr. Otto Schott (1851–1935), Chemiker

2848. 20 (Pfg.) mehrfarbig	dla	2.—	5.—	2.—

1984, 24. Jan. Persönlichkeiten der deutschen Arbeiterbewegung. Stauf; Wertp.-Druck.; StTdr. in Bogen zu 50 Marken; gez. K 14.

dlb) Friedrich Ebert (1894–1979)

dlc) Fritz Große (1904–1957)

dld) Albert Norden (1904–1982)

2849. 10 (Pfg.) braunschwarz	dlb	2.—	3.—	1.—
2850. 10 (Pfg.) schwarzgrün	dlc	2.—	3.—	1.—
2851. 10 (Pfg.) schwarzblau	dld	2.—	3.—	1.—

Weitere Ausgaben „Persönlichkeiten der deutschen Arbeiterbewegung": Nr. 1907–1917, 2012, 2107–2110, 2264–2266, 2454–2457, 2500, 2589–2592, 2686–2690, 2765–2769, 2920 bis 2922, 3082–3085, 3222–3225, 3300–3301.

Die verschiedenen Markenarten:

Ah.-Ausg.	= Aushilfs-Ausgabe
Einschr.-Marken	= Einschreibe-Marken
✈ Flp.-Ausg.	= Flugpost-Ausgabe
Freim.Ausg.	= Freimarken-Ausgabe
So.-Ausg.	= Sonder-Ausgabe
Wohlt.-Ausg.	= Wohltätigkeits-Ausgabe

Abkürzungen des Druckverfahrens:

Stdr.	= Steindruck
Odr.	= Offsetdruck
Bdr.	= Buchdruck
Sta-St. } StTdr.	= Stahlstich } Stichtiefdruck
Ku-St.	= Kupferstich
RaTdr.	= Rastertiefdruck

1984, 24. Jan. Blockausgabe: 175. Geburtstag von Felix Mendelssohn-Batholdy. ⌧ Gottschall; Odr.; gez. Ks 14.

dle) F. Mendelssohn-Bartholdy (1809–1847), Komponist

dlf

			EF	MeF	MiF
2852	85 (Pf) mehrfarbig	dle	50,—	—,—	18,—
Block 76 (83×57 mm)		dlf	50,—	—,—	20,—

1984, 7. Febr. Postmeilensäulen. ⌧ Gottschall; RaTdr. (10×5); gez. K 14.

dlg) Viertelmeilenstein, Mühlau (1725); Halbmeilensäule Oederan (1722) dlh) Grenzmeilensäulen Johanngeorgenstadt (1723) und Schönbrunn (1724) dli) Distanzsäule Freiberg (1723) dlk) Distanzsäule Pegau (1723)

			EF	MeF	MiF
2853	10 (Pf) mehrfarbig	dlg	2,—	3,—	1,—
2854	20 (Pf) mehrfarbig	dlh	2,—	5,—	1,25
2855	35 (Pf) mehrfarbig	dli	4,—	12,—	2,—
2856	85 (Pf) mehrfarbig	dlk	30,—	—,—	18,—

1984, 21. Febr. Stadtwappen. ⌧ Stier; RaTdr. (10×10); gez. K 14.

dll) Gera

dlm) Halle dln) Karl-Marx-Stadt dlo) Leipzig dlp) Magdeburg

			EF	MeF	MiF
2857	50 (Pf) mehrfarbig	dll	50,—	40,—	4,—
2858	50 (Pf) mehrfarbig	dlm	50,—	40,—	4,—
2859	50 (Pf) mehrfarbig	dln	50,—	40,—	4,—
2860	50 (Pf) mehrfarbig	dlo	50,—	40,—	4,—
2861	50 (Pf) mehrfarbig	dlp	50,—	40,—	4,—

Weitere Werte „Stadtwappen": Nr. 2817–2821, 2934–2938

Mit MICHEL immer gut informiert

1984, 6. März. Leipziger Frühjahrsmesse. ⌧ Volkamer; RaTdr. (5×10); gez. K 14.

dlr) Altes Rathaus, Leipzig   dls) Fertigungslinie für Karosserieblechteile

			EF	MeF	MiF
2862	10 (Pf) mehrfarbig	dlr	2,—	3,—	1,—
2863	25 (Pf) mehrfarbig	dls	6,—	20,—	2,—

1984, 20. März. Schmalspurbahnen in der DDR. ⌧ Glinski; Odr. (2×10 Zd.); gez. K 13:12½.

dlt   dlw

dlt/dlw) Schmalspurbahn Cranzahl–Kurort Oberwiesenthal
Zierfeld: Schwebebahn zum Fichtelberg, Streckenskizze

dlu   dlv

dlu/dlv) Schmalspurbahn Selketalbahn
Zierfeld: Alexisbad, Streckenskizze

			EF	MeF	MiF
2864	30 (Pf) mehrfarbig	dlt	40,—	30,—	3,—
2865	40 (Pf) mehrfarbig	dlu	8,—	20,—	2,—
2866	60 (Pf) mehrfarbig	dlv	15,—	40,—	3,—
2867	80 (Pf) mehrfarbig	dlw	20,—	80,—	5,—

Zusammendrucke (nur waagerecht):

			BF
W Zd 576	2864/Zf	30/Zf	4,—
W Zd 577	2864/Zf/2867	30/Zf/80	7,—
W Zd 578	Zf/2867	Zf/80	6,—
W Zd 579	Zf/2867/2864	Zf/80/30	7,50
W Zd 580	2867/2864	80/30	9,—
W Zd 581	2867/2864/Zf	80/30/Zf	10,—
W Zd 582	2865/Zf	40/Zf	4,—
W Zd 583	2865/Zf/2866	40/Zf/60	7,—
W Zd 584	Zf/2866	Zf/60	5,—
W Zd 585	Zf/2866/2865	Zf/60/40	9,—
W Zd 586	2866/2865	60/40	7,50
W Zd 587	2866/2865/Zf	60/40/Zf	9,—

In ähnlichen Zeichnungen: Nr. 2562–2565, 2629–2632, 2792–2795

✈ 1984, 10. April. Flugpostmarke. ⌧ Glinski; RaTdr. (10×10); gez. K 14.

dfw) Stilis. Flugzeug mit Brief

			EF	MeF	MiF
2868	3 M dunkelbraun/schwarz	dfw	40,—	150,—	8,—

In gleicher Zeichnung: Nr. 2751–2753, 2831–2832, 2967, 3128 bis 3129

1984, 24. April. Generalversammlung der Internationalen Gesellschaft für Denkmalpflege (ICOMOS), Rostock und Dresden. Zill; RaTdr. (Nr. 2869–2870 und 2872 5×10, Nr. 2871 10×5); gez. K 14.

dlx) Rathaus, Rostock

dly) Albrechtsburg, Meißen

dlz) Steintor, Rostock

dma) Stallhof, Dresden

			EF	MeF	MiF
2869	10 (Pf) mehrfarbig	dlx	2,—	3,—	1,—
2870	15 (Pf) mehrfarbig	dly	15,—	15,—	1,—
2871	40 (Pf) mehrfarbig	dlz	6,—	15,—	2,—
2872	85 (Pf) mehrfarbig	dma	30,—	—,—	18,—

1984, 8. Mai. Tagung der Ständigen Kommission für das Post- und Fernmeldewesen des Rates für gegenseitige Wirtschaftshilfe, Krakau. Korn; RaTdr. (10 × 5); gez. K 14.

dmb) RGW-Gebäude, Posthorn, Kommunikationsmittel

| 2873 | 70 (Pf) mehrfarbig | dmb | 5,— | 20,— | 3,— |

1984, 22. Mai. Kunstguß aus Lauchhammer. Korn; RaTdr. (10×5); gez. K 14.

dmc) Durchbrochene Schale (Mitte 19. Jh.)

dmd) Aufsteigender; Skulptur (1966/67) von Fritz Cremer

| 2874 | 20 (Pf) mehrfarbig | dmc | 2,— | 5,— | 1,— |
| 2875 | 85 (Pf) mehrfarbig | dmd | 30,— | —,— | 20,— |

1984, 5. Juni. Theaterpuppen. Lindner; RaTdr. (10×5); gez. K 14.

dme) Marionettenkasper

dmf) Handpuppenkasper

| 2876 | 50 (Pf) mehrfarbig | dme | 40,— | 30,— | 3,— |
| 2877 | 80 (Pf) mehrfarbig | dmf | 30,— | 150,— | 18,— |

1984, 5. Juni. Nationales Jugendfestival der DDR. Lehmann; Odr. (2×10 Zd.); gez. K 13:12½.

dmg) Demonstrationszug   Zierfeld: Emblem   dmh) Jugendliche Bauarbeiter

			EF	MeF	MiF
2878	10 (Pf)+5 (Pf) mehrfarbig	dmg	2,—	3,—	1,—
2879	20 (Pf) mehrfarbig	dmh	2,—	5,—	1,—

Nr. 2878–2879 wurden, durch Zierfeld verbunden, zusammenhängend gedruckt.

Zusammendrucke (nur waagerecht):

			BF
W Zd 588	2878/Zf	10/Zf	2,—
W Zd 589	2878/Zf/2879	10/Zf/20	3,—
W Zd 590	Zf/2878	Zf/20	2,—
W Zd 591	Zf/2878/2878	Zf/20/10	4,—
W Zd 592	2878/2878	20/10	3,—
W Zd 593	2879/2878/Zf	20/10/Zf	4,—

1984, 19. Juni. Arbeiterfestspiele der DDR, Bezirk Gera. Bertholdt; Odr. (2×10 Zd.); gez. K 13:12½.

dmi) Gebäude im Bezirk Gera   Zierfeld: Emblem   dmk) Trachtenpaar, Industriebauten

			EF	MeF	MiF
2880	10 (Pf) mehrfarbig	dmi	2,—	3,—	1,—
2881	20 (Pf) mehrfarbig	dmk	2,—	5,—	1,—

Nr. 2880–2881 wurden, durch Zierfeld verbunden, zusammenhängend gedruckt.

Zusammendrucke (nur waagerecht):

			BF
W Zd 594	2880/Zf	10/Zf	2,—
W Zd 595	2880/Zf/2881	10/Zf/20	3,—
W Zd 596	Zf/2881	Zf/20	2,—
W Zd 597	Zf/2881/2880	Zf/20/10	3,—
W Zd 598	2881/2880	20/10	3,—
W Zd 599	2881/2880/Zf	20/10/Zf	4,—

1984, 3. Juli. Nationale Briefmarkenausstellung DDR '84, Halle. Voigt; Odr. (10×5); gez. K 14.

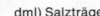
dml) Salzträger   dmm) Hallore mit seiner Braut

			EF	MeF	MiF
2882	10 (Pf)+5 (Pf) mehrfarbig	dml	2,—	3,—	1,—
2883	20 (Pf) mehrfarbig	dmm	2,—	5,—	2,—

Viele Marken der DDR auf ✉ sind mit Stempeldaten bis zum 30. Juni 1990 teurer als mit Stempeldaten ab dem 1. Juli 1990. Die Katalognotierungen gelten, soweit nicht abweichend angegeben, stets für die billigste Sorte.

Deutsche Demokratische Republik

1984, 7. Aug. Historische Siegel. ⊠ Haller; Odr. (5×2 ⊞-Zd.); gez. K 14.

dmn) Siegel der Bäcker von Berlin (1442)

dmo) Siegel der Wollweber von Berlin (1442)

dmp) Siegel der Wollweber von Cölln an der Spree (1442)

dmr) Siegel der Schuster von Cölln an der Spree (1442)

			EF	MeF	MiF
2884	5 (Pf) mehrfarbig	dmn	5,—	8,—	1,—
2885	10 (Pf) mehrfarbig	dmo	4,—	8,—	2,—
2886	20 (Pf) mehrfarbig	dmp	4,—	8,—	2,—
2887	35 (Pf) mehrfarbig	dmr	15,—	20,—	12,—

Nr. 2884–2887 wurden zusammenhängend gedruckt.

Zusammendrucke

waagerecht:			BF
W Zd 600	2884/2885	5/10	4,—
W Zd 601	2885/2884	10/5	4,—
W Zd 602	2886/2887	20/35	18,—
W Zd 603	2887/2886	35/20	20,—
W Zd 604	2884/2885/2884	5/10/5	6,—
W Zd 605	2885/2884/2885	10/5/10	8,—
W Zd 606	2886/2887/2886	20/35/20	23,—
W Zd 607	2887/2886/2887	35/20/35	30,—

senkrecht:			
S Zd 266	2884/2886	5/20	6,—
S Zd 267	2886/2884	20/5	7,—
S Zd 268	2885/2887	10/35	16,—
S Zd 269	2887/2885	35/10	18,—
S Zd 270	2884/2886/2884	5/20/5	8,—
S Zd 271	2886/2884/2886	20/5/20	15,—
S Zd 272	2885/2887/2885	10/35/10	20,—
S Zd 273	2887/2885/2887	35/10/35	25,—

Weitere Werte „Historische Siegel": Nr. 3156–3159.

1984, 21. Aug. 35 Jahre Deutsche Demokratische Republik (I). ⊠ Bertholdt; Odr. (5×10); gez. K 14.

dms) Neues und renovierte Wohngebäude

dmt) Braunkohlenbagger, Mikrochip

			EF	MeF	MiF
2888	10 (Pf) mehrfarbig	dms	2,—	5,—	1,—
2889	20 (Pf) mehrfarbig	dmt	2,—	5,—	2,—

Blockausgabe

dmu) Staatsratsgebäude, Berlin

dmv

2890	1 M mehrfarbig	dmu	50,—	200,—	15,—
Block 77 (80×55 mm)		dmv	50,—	200,—	18,—

1984, 28. Aug. Leipziger Herbstmesse. ⊠ Gottschall; RaTdr. (10×5); gez. K 14.

 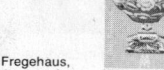

dmw) Fregehaus, Katharinenstraße

dmx) Bleikristalldose, Olbernhau

			EF	MeF	MiF
2891	10 (Pf) mehrfarbig	dmw	2,—	3,—	1,—
2892	25 (Pf) mehrfarbig	dmx	8,—	22,—	2,—

1984, 11. Sept. 35 Jahre Deutsche Demokratische Republik (II). ⊠ Glinski; RaTdr. (3×10); gez. K 14.

dmy) Eisenhüttenkombinat Ost

dmz) Waffenbrüderschaft

dna) Petrolchemisches Kombinat Schwedt

2893	10 (Pf) mehrfarbig	dmy	2,—	3,—	1,—
2894	20 (Pf) mehrfarbig	dmz	2,—	5,—	2,—
2895	25 (Pf) mehrfarbig	dna	6,—	20,—	2,—

Blockausgabe, Odr.

dnb) Wohnungsneubauten, Familie

dnc

2896	1 M rotlila	dnb	50,—	200,—	15,—
Block 78 (110×90 mm)		dnc	50,—	200,—	18,—

1984, 18. Sept. Internationale Mahn- und Gedenkstätten. ⊠ Detlefsen; RaTdr. (5×5); gez. K 14.

dnd) Widerstandskämpfer; Gruppenplastik im Georg-Schumann-Bau, Dresden

2897	35 (Pf) mehrfarbig	dnd	4,—	12,—	2,—

1984, 4. Okt. 35 Jahre Deutsche Demokratische Republik (III). Rieß; RaTdr. (5×5); gez. K 14.

dne) Bauwesen

dnf) Landesverteidigung

dng) Industrie

dnh) Landwirtschaft

			EF	MeF	MiF
2898	10 (Pf) mehrfarbig	dne	2,—	3,—	1,—
2899	20 (Pf) mehrfarbig	dnf	2,—	5,—	1,—
2900	25 (Pf) mehrfarbig	dng	6,—	20,—	2,—
2901	35 (Pf) mehrfarbig	dnh	4,—	12,—	2,—

Blockausgabe

dni) Friedenstaube, Staatswappen
dnk

2902	1 M mehrfarbig	dni	50,—	200,—	15,—
Block 79	(108×88 mm)	dnk	50,—	200,—	18,—

1984, 4. Okt. Briefmarkenausstellung der Jugend, Magdeburg. Rieß; Odr. (2×10 Zd.); gez. K 13:12½.

dnl) Magdeburg (um 1551) Zierfeld: Stadtwappen von Magdeburg

dnm) Historische und moderne Gebäude der Stadt Magdeburg

2903	10 (Pf)+5 (Pf) mehrfarbig	dnl	2,—	3,—	1,—
2904	20 (Pf) mehrfarbig	dnm	2,—	5,—	1,—

Nr. 2903–2904 wurden, durch Zierfeld verbunden, zusammenhängend gedruckt.

Zusammendrucke (nur waagerecht):

			BF
W Zd 608	2903/Zf	10/Zf	2,—
W Zd 609	2903/Zf/2904	10/Zf/20	4,—
W Zd 610	Zf/2904	Zf/20	3,—
W Zd 611	Zf/2904/2903	Zf/20/10	4,—
W Zd 612	2904/2903	20/10	3,—
W Zd 613	2904/2903/Zf	20/10/Zf	4,—

1984, 23. Okt. Kunstwerke aus dem Grünen Gewölbe Dresden. Detlefsen; I RaTdr. (10×5), gez. K 14; II Odr. (Kleinbogen 4×2), gez. K 12½:13.

dnn) Der Frühling dno) Der Sommer dnp) Der Herbst dnr) Der Winter

dnn–dnr) Elfenbeinskulpturen von Balthasar Permoser (1651–1732)

			EF	MeF	MiF
2905 I	10 (Pf) mehrfarbig	dnn	2,—	3,—	1,—
2906	20 (Pf) mehrfarbig	dno			
	I RaTdr.		2,—	5,—	1,—
	II Odr.		3,—	6,—	2,—
2907 I	35 (Pf) mehrfarbig	dnp	4,—	12,—	2,—
2908 I	70 (Pf) mehrfarbig	dnr	8,—	40,—	4,—
	Kleinbogen mit Nr. 2906 II		30,—	100,—	15,—

1984, 23. Okt. Solidarität. Detlefsen; RaTdr. (10×5); gez. K 14.

dns) Weberknoten, roter Stern

2909	10 (Pf)+5 (Pf) mehrfarbig	dns	3,—	8,—	2,—

1984, 6. Nov. Burgen der DDR. Russewa-Hoyer; Odr. (5×10); gez. K 14.

dnt) Burg Falkenstein (12. Jh.)

dnu) Burg Kriebstein (12. Jh.) dnv) Burg Ranis (11. Jh.) dnw) Neuenburg (11. Jh.)

				EF	MeF	MiF
2910	10 (Pf) mehrfarbig		dnt	2,—	3,—	1,—
2911	20 (Pf) mehrfarbig	GA	dnu	2,—	5,—	1,—
2912	35 (Pf) mehrfarbig		dnv	4,—	12,—	2,—
2913	80 (Pf) mehrfarbig	GA	dnw	8,—	50,—	5,—

Weitere Werte: Nr. 2976–2979

Viele Marken der DDR auf ✉ sind mit Stempeldaten bis zum 30. Juni 1990 teurer als mit Stempeldaten ab dem 1. Juli 1990. Die Katalognotierungen gelten, soweit nicht abweichend angegeben, stets für die billigste Sorte.

1984, 27. Nov. Märchen. ⊠ Klemke; Odr. (Kleinbogen 2×3); gez. K 13½:13.

dnx
dny
dnz
doa
dob
doc

dnx–doc) Szenen aus „Märchen von der toten Zarentochter und den 7 Rekken" von Aleksandr Sergejewitsch Puschkin (1799–1837), russ. Dichter

				EF	MeF	MiF
2914	5 (Pf)	mehrfarbig	dnx	5,—	8,—	1,—
2915	10 (Pf)	mehrfarbig	dny	5,—	8,—	2,—
2916	15 (Pf)	mehrfarbig	dnz	20,—	20,—	2,—
2917	20 (Pf)	mehrfarbig	doa	5,—	10,—	3,—
2918	35 (Pf)	mehrfarbig	dob	10,—	25,—	5,—
2919	50 (Pf)	mehrfarbig	doc	50,—	40,—	6,—
		Kleinbogen		50,—	—,—	20,—

Zusammendrucke

waagerecht:			BF
W Zd 614	2914/2915	5/10	4,—
W Zd 615	2916/2917	15/20	9,—
W Zd 616	2918/2919	35/50	20,—

senkrecht:			
S Zd 274	2914/2916	5/15	5,—
S Zd 275	2915/2917	10/20	8,—
S Zd 276	2916/2918	15/35	13,—
S Zd 277	2917/2919	20/50	18,—
S Zd 278	2914/2916/2918	5/15/35	15,—
S Zd 279	2915/2917/2919	10/20/50	20,—

Weitere Ausgaben „Märchen" s. Übersichtstabelle nach Nr. 1241

1985, 8. Jan. Persönlichkeiten der deutschen Arbeiterbewegung. ⊠ Stauf; ⊠ Wertp.-Druck.; StTdr. (10×5); gez. K 14.

dod) Anton Ackermann (1905–1973) doe) Alfred Kurella (1895–1975) dof) Otto Schön (1905–1968)

				EF	MeF	MiF
2920	10 (Pf)	braunschwarz	dod	2,—	3,—	1,—
2921	10 (Pf)	schwarzlila	doe	2,—	3,—	1,—
2922	10 (Pf)	violettschwarz	dof	2,—	3,—	1,—

Weitere Ausgaben „Persönlichkeiten der deutschen Arbeiterbewegung": Nr. 1907–1917, 2012, 2107–2110, 2264–2266, 2454–2457, 2500, 2589–2592, 2686–2690, 2765–2769, 2849–2851, 3082–3085, 3222–3225, 3300–3401

1985, 22. Jan. Rennrodel-Weltmeisterschaften, Oberhof. ⊠ Lenz; RaTdr. (5×10); gez. K 14.

dog) Einsitzer

				EF	MeF	MiF
2923	10 (Pf)	mehrfarbig	dog	2,—	3,—	1,—

1985, 5. Febr. Historische Briefkästen. ⊠ Lindner; Odr. (10×5 und 5×2 Zd.); gez. K 14.

doh) Briefkasten (um 1850)
doi) Briefkasten (um 1860)
dok) Briefkasten (um 1900)
dol) Briefkasten (um 1920)

2924	10 (Pf)	mehrfarbig	doh	4,—	4,—	1,—
2925	20 (Pf)	mehrfarbig	doi	4,—	5,—	1,—
2926	35 (Pf)	mehrfarbig	dok	10,—	15,—	2,—
2927	50 (Pf)	mehrfarbig	dol	50,—	40,—	3,—

Nr. 2924–2927 wurden einzeln und zusammenhängend gedruckt.

Zusammendrucke

waagerecht:			BF
W Zd 617	2924/2925	10/20	2,50
W Zd 618	2924/2925/2924	10/20/10	3,50
W Zd 619	2925/2924	20/10	2,50
W Zd 620	2925/2924/2925	20/10/20	4,—
W Zd 621	2926/2927	35/50	5,—
W Zd 622	2926/2927/2926	35/50/35	8,50
W Zd 623	2927/2926	50/35	6,—
W Zd 624	2927/2926/2927	50/35/50	10,—

senkrecht:			
S Zd 280	2924/2926	10/35	2,50
S Zd 281	2924/2926/2924	10/35/10	4,—
S Zd 282	2926/2924	35/10	3,—
S Zd 283	2926/2924/2926	35/10/35	6,—
S Zd 284	2925/2927	20/50	4,50
S Zd 285	2925/2927/2925	20/50/20	6,—
S Zd 286	2927/2925	50/20	5,—
S Zd 287	2927/2925/2927	50/20/50	7,50

1985, 12. Febr. Blockausgabe: Wiedereröffnung der Semperoper, Dresden. ⊠ Kraus; ⊠ Wertp.-Druck.; komb. StTdr. und Odr.; gez. Ks 13:12½.

dom) Semperoper (1985)

don

				EF	MeF	MiF
2928	85 (Pf)	mehrfarbig	dom	50,—	—,—	20,—
Block 80	(57×80 mm)		don	60,—	—,—	25,—

Deutsche Demokratische Republik

1985, 5. März. Leipziger Frühjahrsmesse. ⊠ Volkamer; RaTdr. (10×5); gez. K 14.

doo) Bach-Denkmal an der Thomas-kirche, Leipzig
dop) Kanne mit Weinlaub-Dekor (Meißener Porzellan)

			EF	MeF	MiF
2929	10 (Pf) mehrfarbig	doo	2,—	3,—	1,—
2930	25 (Pf) mehrfarbig	dop	6,—	20,—	2,—

1985, 19. März. Blockausgabe: Bach-, Händel-, Schütz-Ehrung der DDR. ⊠ Gottschall; Odr.; gez. Ks 14.

dor) Johann Sebastian Bach (1685–1750), Komponist
Zierfeld: Bachs letzte Handschrift (1750): Kunst der Fuge

dos) Georg Friedrich Händel (1685–1759), Komponist
Zierfeld: Hallesche Händelausgabe (1961): Concerto grosso, Opus 6 Nr. 5, 5. Satz Allegro

dot) Heinrich Schütz (1585–1672), Komponist
Zierfeld: Erstdruck Dresden (1648): Geistliche Chor-Music Nr. 4

2931	10 (Pf) mehrfarbig	dor	5,—	8,—	2,—
2932	20 (Pf) mehrfarbig	dos	5,—	10,—	4,—
2933	85 (Pf) mehrfarbig	dot	35,—	—,—	18,—
Block 81	(90×115 mm)	dou	150,—	—,—	25,—

1985, 9. April. Stadtwappen. ⊠ Stier; RaTdr. (10×10); gez. K 14.

dov) Neubrandenburg

dow) Potsdam dox) Rostock doy) Schwerin doz) Suhl

2934	50 (Pf) mehrfarbig	dov	50,—	40,—	4,—
2935	50 (Pf) mehrfarbig	dow	50,—	40,—	4,—
2936	50 (Pf) mehrfarbig	dox	50,—	40,—	4,—
2937	50 (Pf) mehrfarbig	doy	50,—	40,—	4,—
2938	50 (Pf) mehrfarbig	doz	50,—	40,—	4,—

Weitere Werte „Stadtwappen": Nr. 2817–2821, 2857–2861

1985, 16. April. Internationale Mahn- und Gedenkstätten. ⊠ Zill; RaTdr. (10×5); gez. K 14.

dpa) Ehrenmal in der Gedenkstätte der Befreiung auf den Seelower Höhen

			EF	MeF	MiF
2939	35 (Pf) mehrfarbig	dpa	4,—	12,—	2,—

1985, 23. April. 100. Geburtstag von Egon Erwin Kisch. ⊠ Grünewald; RaTdr. (3×10 Zd.); gez. K 14.

Zierfeld: Geburtshaus „Zwei goldene Bären", Prag

dpb) E. E. Kisch (1885–1948), Journalist und Schriftsteller

2940	35 (Pf) mehrfarbig	dpb	4,—	12,—	2,—

Nr. 2940 wurde mit anhängendem Zierfeld gedruckt.

Zusammendrucke (nur waagerecht):

			BF
W Zd 625	Zf/2940	Zf/35	3,—
W Zd 626	Zf/2940/Zf	Zf/35/Zf	3,50
W Zd 627	2940/Zf	35/Zf	3,50
W Zd 628	2940/Zf/2940	35/Zf/35	4,50

1985, 7. Mai. 40. Jahrestag der Befreiung. ⊠ Gottschall; RaTdr. (5×5); gez. K 14.

dpc) Weltraumflug UdSSR-DDR (1978); S. Jähn, W. Bykowski
dpd) Kohle und Energie; Förderrekord durch A. Hennecke (1948)
dpe) Sozialistische Landwirtschaft; Landarbeiter, Traktoren
dpf) Wissenschaft und Technik; Arbeiterinnen, Mikrochip

			EF	MeF	MiF
2941	10 (Pf) mehrfarbig	dpc	2,—	3,—	1,—
2942	20 (Pf) mehrfarbig	dpd	2,—	5,—	1,—
2943	25 (Pf) mehrfarbig	dpe	6,—	20,—	2,—
2944	50 (Pf) mehrfarbig	dpf	40,—	35,—	3,—

Blockausgabe; ⊠ Detlefsen; Odr.; gez. Ks 12½:13

dpg) Ehrenmal für die gefallenen sowjetischen Soldaten, Berlin-Treptow

dph

Deutsche Demokratische Republik

			EF	MeF	MiF
2945	1 M mehrfarbig .... dpg		50,—	200,—	15,—
Block 82 (55×80 mm) .... dph			50,—	200,—	18,—

1985, 14. Mai. 30 Jahre Warschauer Pakt. Ⓐ Detlefsen; Odr. (3×10); gez. K 13:12½.

dpi) Wort FRIEDEN aus den Flaggen der Mitgliedsländer

2946	20 (Pf) mehrfarbig .... dpi	2,—	5,—	1,—

1985, 21. Mai. Parlament der Freien Deutschen Jugend (FDJ), Berlin. Ⓐ Reißmüller; Odr. (2×10 Zd.); gez. K 13:12½.

dpk) Historische und moderne Bauten in Berlin, FDJ-Emblem
Zierfeld: Parlamentsemblem
dpl) Ernst Thälmann (1886–1944), Politiker; Fahnen, FDJ-Emblem

2947	10 (Pf)+5 (Pf) mehrfarbig .. dpk	3,—	4,—	1,—
2948	20 (Pf) mehrfarbig .... dpl	3,—	5,—	1,—

Nr. 2947–2948 wurden, durch Zierfeld verbunden, zusammenhängend gedruckt.

Zusammendrucke (nur waagerecht):

			BF
W Zd 629	2947/Zf	10/Zf	2,—
W Zd 630	2947/Zf/2948	10/Zf/20	3,—
W Zd 631	Zf/2948	Zf/20	2,—
W Zd 632	Zf/2948/2947	Zf/20/10	3,—
W Zd 633	2948/2947	20/10	3,—
W Zd 634	2948/2947/Zf	20/10/Zf	3,—

1985, 28. Mai. Session des Internationalen Olympischen Komitees (IOC), Berlin. Ⓐ Korn; Odr. (5×5 Zd.); gez. K 14

dpm) Olympische Flagge
Zierfeld: Olympisches Feuer

		EF	MeF	MiF
2949	35 (Pf) mehrfarbig .... dpm	6,—	15,—	2,—

Nr. 2949 wurde schachbrettartig mit anhängendem Zierfeld gedruckt.

Zusammendrucke

waagerecht:

			BF
W Zd 635	2949/Zf	35/Zf	3,—
W Zd 636	2949/Zf/2949	35/Zf/35	5,—
W Zd 637	Zf/2949	Zf/35	4,—
W Zd 638	Zf/2949/Zf	Zf/35/Zf	4,—

senkrecht:

S Zd 288	2949/Zf	35/Zf	3,—
S Zd 289	2949/Zf/2949	35/Zf/35	5,—
S Zd 290	Zf/2949	Zf/35	4,—
S Zd 291	Zf/2949/Zf	Zf/35/Zf	4,—

1985, 28. Mai. Solidarität. Ⓐ Rieß; RaTdr. (5×10); gez. K 14.

dpn) Weltkarte, Friedenstaube

		EF	MeF	MiF
2950	10 (Pf)+5 (Pf) mehrfarbig .. dpn	2,—	3,—	1,—

1985, 11. Juni. 40 Jahre Freier Deutscher Gewerkschaftsbund (FDGB). Ⓐ Glinski; RaTdr. (5×10); gez. K 14.

dpo) Zahl „40" aus roten Fahnen

		EF	MeF	MiF
2951	20 (Pf) mehrfarbig .... dpo	2,—	5,—	1,—

1985, 25. Juni. Vom Aussterben bedrohte Tiere. Ⓐ Soest; RaTdr. (Nr. 2952 10×5, Nr. 2953–2956 5×10); gez. K 14.

dpp) Harpyie (Harpia harpyja)

dpr) Rothalsgans (Branta ruficollis)
dps) Brillenbär (Tremarctos ornatus)
dpt) Banteng (Bos javanicus)
dpu) Sunda-Gavial (Tomistoma schlegeli)

2952	5 (Pf) mehrfarbig .... dpp	3,—	5,—	1,—
2953	10 (Pf) mehrfarbig .... dpr	2,—	3,—	1,—
2954	20 (Pf) mehrfarbig .... dps	2,—	5,—	1,—
2955	50 (Pf) mehrfarbig .... dpt	40,—	35,—	3,—
2956	85 (Pf) mehrfarbig .... dpu	25,—	,—	18,—

1985, 9. Juli. Technische Denkmale: Dampfmaschinen. Ⓐ Glinski; RaTdr. (Nr. 2957 10×5, Nr. 2958 5×10); gez. K 14.

dpv) Bock-Dampfmaschine (1833), Gera
dpw) Balancier-Dampfmaschine (1848), Freiberg

2957	20 (Pf) mehrfarbig .... dpv	2,—	3,—	1,—
2958	85 (Pf) mehrfarbig .... dpw	25,—	,—	18,—

Weitere Ausgabe „Technische Denkmale": Nr. 3015–3018, 3203 bis 3207.

1985, 23. Juli. Weltfestspiele der Jugend und Studenten, Moskau. Ⓐ Lehmann; Odr. (2×10 Zd.); gez. K 13:12½.

dpx) FDJ-Mitglied im Gespräch mit asiatischen Studenten
Zierfeld: Festivalemblem
dpy) Demonstrierende Jugendliche verschiedener Nationalitäten

2959	20 (Pf)+5 (Pf) mehrfarbig .. dpx	4,—	5,—	1,—
2960	50 (Pf) mehrfarbig .... dpy	40,—	35,—	4,—

Nr. 2959–2960 wurden, durch Zierfeld verbunden, zusammenhängend gedruckt.

Zusammendrucke (nur waagerecht):

			BF
W Zd 639	2959/Zf	20/Zf	4,—
W Zd 640	2959/Zf/2960	20/Zf/50	6,—
W Zd 641	Zf/2960	Zf/50	5,—
W Zd 642	Zf/2960/2959	Zf/50/20	7,—
W Zd 643	2960/2959	50/20	6,—
W Zd 644	2960/2959/Zf	50/20/Zf	7,—

1985, 13. Aug. Weltmeisterschaft im Orientierungstauchen, Neuglobsow. Zill; RaTdr. (3×10); gez. K 14.

dpz) Taucher an Wendeboje   dra) Streckentaucher

			EF	MeF	MiF
2961	10 (Pf) mehrfarbig	dpz	2,—	3,—	1,—
2962	70 (Pf) mehrfarbig	dra	20,—	50,—	12,—

Auflagen: Nr. 2961 = 8 100 000, Nr. 2962 = 2 100 000 Stück

1985, 27. Aug. Leipziger Herbstmesse. Grünewald; RaTdr. (10×5); gez. K 14.

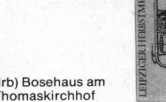

drb) Bosehaus am Thomaskirchhof   drc) Bachtrompete „Meister Johannes Scherzer"

| 2963 | 10 (Pf) mehrfarbig | drb | 2,— | 3,— | 1,— |
| 2964 | 25 (Pf) mehrfarbig | drc | 6,— | 20,— | 2,— |

1985, 10. Sept. Internationale Briefmarkenausstellung SOZPHILEX '85, Berlin. Glinski; Odr. Bogen (5×10 Zd.), Markenheftchen; gez. K 13:12½.

drd–dre) Personenpostwagen (19. Jh.); Relief von Hermann Steinemann

drd   dre

| 2965 | 5 (Pf) mehrfarbig GA | drd | 5,— | 5,— | 1,— |
| 2966 | 20 (Pf)+5 (Pf) mehrfarbig | dre | 3,— | 5,— | 2,— |

Nr. 2965–2966 wurden zusammenhängend in Bogen, in Markenheftchen (MH 8) und Markenheftchenbogen gedruckt.

1985, 10. Sept. Flugpostmarke. Glinski; RaTdr. (10×10); gez. K 14.

dfw) Stilis. Flugzeug mit Brief

| 2967 | 5 M lebhaftrot/schwarz | dfw | 75,— | 150,— | 15,— |

In gleicher Zeichnung: Nr. 2751–2753, 2831–2832, 2868, 3128 bis 3129

1985, 24. Sept. Das sozialistische Eisenbahnwesen und seine Traditionen. Detlefsen; Odr. (10×5); gez. K 12½:13.

drf) Stellwerk; Meldetafel GS II DR   drg) Dampflok „Saxonia" (1838); Elektrolok BR 250   drh) Verlegen einer Oberleitung   dri) Hauptbahnhof Leipzig

2968	20 (Pf) mehrfarbig	drf	2,—	5,—	1,—
2969	25 (Pf) mehrfarbig	drg	6,—	20,—	2,—
2970	50 (Pf) mehrfarbig GA	drh	40,—	35,—	4,—
2971	85 (Pf) mehrfarbig GA	dri	30,—	—,—	18,—

1985, 8. Okt. Historische Brücken in Berlin. Korn; I RaTdr. (5×10), gez. K 14; II Odr. (Kleinbogen 2×4), gez. K 13:12½.

drk) Gertraudenbrücke

drl) Jungfernbrücke   drm) Weidendammer Brücke   drn) Marx-Engels-Brücke

			EF	MeF	MiF
2972 I	10 (Pf) mehrfarbig	drk	2,—	3,—	1,—
2973	20 (Pf) mehrfarbig	drl			
	I RaTdr.		2,—	5,—	1,25
	II Odr.		3,—	6,—	1,25
2974 I	35 (Pf) mehrfarbig	drm	4,—	12,—	2,—
2975 I	70 (Pf) mehrfarbig	drn	7,—	30,—	4,—
	Kleinbogen mit Nr. 2973 II		80,—	—,—	15,—

1985, 15. Okt. Burgen der DDR. Russewa-Hoyer; Odr. (5×10); gez. K 14.

dro) Burg Hohnstein (14. Jh.)

drp) Rochsburg (12. Jh.)   drr) Burg Schwarzenberg (12. Jh.)   drs) Burg Stein (12./13. Jh.)

2976	10 (Pf) mehrfarbig	dro	2,—	3,—	1,—
2977	20 (Pf) mehrfarbig GA	drp	2,—	5,—	1,—
2978	35 (Pf) mehrfarbig GA	drr	4,—	12,—	2,—
2979	80 (Pf) mehrfarbig GA	drs	15,—	80,—	8,—

Weitere Werte: Nr. 2910–2913

1985, 22. Okt. 175 Jahre Humboldt-Universität, Berlin; 275 Jahre Charité Berlin. Bobbe; Odr. (10×5); gez. K 14.

drt) Mittelteil der Humboldt-Universität   dru) Historisches Gebäude und Neubau der Charité

| 2980 | 20 (Pf) mehrfarbig | drt | 2,— | 5,— | 1,— |
| 2981 | 85 (Pf) mehrfarbig | dru | 30,— | —,— | 18,— |

1985, 22. Okt. 40 Jahre Vereinte Nationen (UNO). Detlefsen; RaTdr. (6×5); gez. K 13.

drv) UNO-Emblem; Schloß Cecilienhof, Potsdam

| 2982 | 85 (Pf) mehrfarbig | drv | 30,— | —,— | 18,— |

1985, 12. Nov. Zirkuskunst in der DDR. Lehmann; RaTdr. (2×2 Zd.); gez. K 14.

drw) Elefantendressur

drx) Luftakrobatik am Schwungtrapez

dry) Radäquilibristik

drz) Tigerdressur

			EF	MeF	MiF
2983	10 (Pf) mehrfarbig	drw	10,—	10,—	1,—
2984	20 (Pf) mehrfarbig	drx	10,—	12,—	2,—
2985	35 (Pf) mehrfarbig	dry	12,—	20,—	4,—
2986	50 (Pf) mehrfarbig	drz	50,—	45,—	5,—

Nr. 2983–2986 wurden in Viererblockanordnung zusammenhängend gedruckt.

Zusammendrucke

			BF
waagerecht:			
W Zd 645	2983/2984	10/20	7,—
W Zd 646	2983/2984/2983	10/20/10	10,—
W Zd 647	2984/2983	20/10	8,—
W Zd 648	2984/2983/2984	20/10/20	12,—
W Zd 649	2985/2986	35/50	18,—
W Zd 650	2985/2986/2985	35/50/35	20,—
W Zd 651	2986/2985	50/35	20,—
W Zd 652	2986/2985/2986	50/35/50	25,—
senkrecht:			
S Zd 292	2983/2985	10/35	9,—
S Zd 293	2983/2985/2983	10/35/10	14,—
S Zd 294	2985/2983	35/10	10,—
S Zd 295	2985/2983/2985	35/10/35	15,—
S Zd 296	2984/2986	20/50	15,—
S Zd 297	2984/2986/2984	20/50/20	25,—
S Zd 298	2986/2984	50/20	18,—
S Zd 299	2986/2984/2986	50/20/50	30,—

Kennen Sie die MICHEL-LUX?

Lassen Sie sich bitte diese Prüflampe von Ihrem Händler vorführen. Auch Sie werden begeistert sein.

1985, 26. Nov. 200. Geburtstag der Brüder Grimm. Klemke; Odr. (Kleinbogen 2×3); gez. K 13½:13.

dsa) Wilhelm Grimm (1786–1859) und Jacob Grimm (1785–1863), Germanisten, Märchenforscher

dsb) Szene aus „Das tapfere Schneiderlein"

dsc) Szene aus „Hans im Glück"

dsd) Szene aus „Der gestiefelte Kater"

dse) Szene aus „Die sieben Raben"

dsf) Szene aus „Der süße Brei"

			EF	MeF	MiF
2987	5 (Pf) mehrfarbig	dsa	5,—	8,—	1,—
2988	10 (Pf) mehrfarbig	dsb	5,—	8,—	1,—
2989	20 (Pf) mehrfarbig	dsc	5,—	8,—	1,—
2990	25 (Pf) mehrfarbig	dsd	10,—	22,—	2,—
2991	35 (Pf) mehrfarbig	dse	6,—	15,—	2,—
2992	85 (Pf) mehrfarbig	dsf	30,—	—,—	18,—
	Kleinbogen		100,—	—,—	15,—

Nr. 2987–2992 wurden zusammenhängend im Kleinbogen gedruckt.

Zusammendrucke

			BF
waagerecht:			
W Zd 653	2987/2988	5/10	2,50
W Zd 654	2989/2990	20/25	4,—
W Zd 655	2991/2992	35/85	9,—
senkrecht:			
S Zd 300	2987/2989	5/20	3,—
S Zd 301	2988/2990	10/25	4,—
S Zd 302	2989/2991	20/35	5,—
S Zd 303	2990/2992	25/85	10,—
S Zd 304	2987/2989/2991	5/20/35	6,—
S Zd 305	2988/2990/2992	10/25/85	10,—

Weitere Ausgaben „Märchen" siehe Übersichtstabelle nach Nr. 1241.

1986, 21. Jan. Denkmale der Wasserwirtschaft. Glinski; Nr. 2993, 2995 und 2996 StTdr., Nr. 2994 komb. StTdr. und RaTdr. (10×5); gez. K 14.

dsg) Handständerkolbenpumpe, Berlin (um 1900)

dsh) Wasserturm Berlin-Altglienicke (1906)

dsi) Wasserwerk Berlin-Friedrichshagen (1893)

dsk) Rappbodetalsperre (1959)

Deutsche Demokratische Republik

			EF	MeF	MiF
2993	10 (Pf)	schwarzbläulichgrün/purpur .... dsg	2,—	3,—	1,—
2994	35 (Pf)	mehrfarbig .... dsh	4,—	12,—	2,—
2995	50 (Pf)	schwarzlila/dkl'grünoliv .... dsi	50,—	40,—	3,—
2996	70 (Pf)	schwarzblau/lilabraun .... dsk	8,—	35,—	4,—

1986, 4. Febr. Historische Postuniformen. ▣ Gottschall; I RaTdr. (10×5), gez. K 14; II Odr. (5×2 Zd.), gez. K 12½:13.

dsl) Sächsischer Postillion (um 1850)
dsm) Preußischer Briefträger (um 1850)
dsn) Preußischer Postbeamter (um 1850)
dso) Mecklenburger Postbeamter (um 1850)

2997 I	10 (Pf)	mehrfarbig .... dsl	2,—	3,—	1,—
2998 I	20 (Pf)	mehrfarbig .... dsm	2,—	5,—	1,—
2999 I	85 (Pf)	mehrfarbig .... dsn	30,—	150,—	18,—
3000 I	1 M	mehrfarbig .... dso	50,—	200,—	6,—
2997 II	10 (Pf)	mehrfarbig .... dsl	2,—	3,—	1,—
2998 II	20 (Pf)	mehrfarbig .... dsm	2,—	5,—	1,—
2999 II	85 (Pf)	mehrfarbig .... dsn	20,—	120,—	18,—
3000 II	1 M	mehrfarbig .... dso	50,—	200,—	6,—

Nr. 2997–3000 sind wasserempfindlich!

Nr. 2997 I–3000 I wurden einzeln, Nr. 2997 II–3000 II zusammenhängend gedruckt.

Zusammendrucke:

waagerecht: BF
W Zd 656	2997 II/2998 II	10/20	2,—
W Zd 657	2997 II/2998 II/2997 II	20/10/20	3,—
W Zd 658	2998 II/2997 II	20/10	3,—
W Zd 659	2998 II/2997 II/2998 II	20/10/20	4,—
W Zd 660	2999 II/3000 II	85/100	25,—
W Zd 661	2999 II/3000 II/2999 II	85/100/85	40,—
W Zd 662	3000 II/2999 II	100/85	25,—
W Zd 663	3000 II/2999 II/3000 II	100/85/100	40,—

senkrecht:
S Zd 306	2997 II/2999 II	10/85	30,—
S Zd 307	2997 II/2999 II/2997 II	10/85/10	35,—
S Zd 308	2999 II/2997 II	85/10	30,—
S Zd 309	2999 II/2997 II/2999 II	85/10/85	45,—
S Zd 310	2998 II/3000 II	20/100	10,—
S Zd 311	2998 II/3000 II/2998 II	20/100/20	13,—
S Zd 312	3000 II/2998 II	100/20	10,—
S Zd 313	3000 II/2998 II/3000 II	100/20/100	18,—

1986, 18. Febr. 30 Jahre Nationale Volksarmee. ▣ Zill; RaTdr. (3×10 Zd.); gez. K 14.

dsp) Truppenfahne der Nationalen Volksarmee
Zierfeld: Inschrift

			EF	MeF	MiF
3001	20 (Pf)	mehrfarbig .... dsp	2,—	5,—	1,—

Nr. 3001 wurde mit anhängendem Zierfeld gedruckt.

Zusammendrucke (nur waagerecht): BF
W Zd 664	3001/Zf	20/Zf	2,—
W Zd 665	3001/Zf/3001	20/Zf/20	3,—
W Zd 666	Zf/3001	Zf/20	2,—
W Zd 667	Zf/3001/Zf	Zf/20/Zf	3,—

1986, 18. Febr. 40 Jahre Freie Deutsche Jugend. ▣ Abramowski-Lautenschläger; RaTdr. (5×10); gez. K 14.

dsr) Fahne der FDJ

			EF	MeF	MiF
3002	20 (Pf)	mehrfarbig .... dsr	2,—	5,—	1,—

1986, 11. März. Leipziger Frühjahrsmesse. ▣ Bertholdt; Odr. (5×10); gez. K 13:12½.

dss) Messeemblem, Ausstellungshallen
dst) Fabriktrawler „Atlantik 488"

3003	35 (Pf)	mehrfarbig .... dss	4,—	12,—	2,—
3004	50 (Pf)	mehrfarbig GA ..... dst	50,—	40,—	3,—

1986, 25. März. 25 Jahre bemannter Weltraumflug. ▣ Glinski; Odr. (2×2 Zd.); gez. K 14.

dsu) Jurij Gagarin (1934–1968), sowjetischer Kosmonaut; Raumschiff „Wostok"
dsv) Kosmonauten Waleri Bykowski und Sigmund Jähn; Orbitalkomplex, Interkosmos-Emblem
dsw) Raumsonde „Venera", Fourier-Spektrometer, Umlaufbahn um die Venus
dsx) Multispektralkamera MKF-6, Orbitalkomplex, Erdaufnahme, Flugzeug, Forschungsschiff

3005	40 (Pf)	mehrfarbig .... dsu	7,—	18,—	2,—
3006	50 (Pf)	mehrfarbig .... dsv	50,—	40,—	3,—
3007	70 (Pf)	mehrfarbig .... dsw	8,—	40,—	4,—
3008	85 (Pf)	mehrfarbig .... dsx	8,—	100,—	5,—

Nr. 3005–3008 wurden zusammenhängend gedruckt.

Zusammendrucke:

waagerecht: BF
W Zd 668	3005/3006	40/50	7,—
W Zd 669	3005/3006/3005	40/50/40	10,—
W Zd 670	3006/3005	50/40	7,—
W Zd 671	3006/3005/3006	50/40/50	11,—
W Zd 672	3007/3008	70/85	10,—
W Zd 673	3007/3008/3007	70/85/70	15,—
W Zd 674	3008/3007	85/70	11,—
W Zd 675	3008/3007/3008	85/70/85	18,—

senkrecht:
S Zd 314	3005/3007	40/70	8,—
S Zd 315	3005/3007/3005	40/70/40	10,—
S Zd 316	3007/3005	70/40	9,—
S Zd 317	3007/3005/3007	70/40/70	12,—
S Zd 318	3006/3008	50/85	9,—
S Zd 319	3006/3008/3006	50/85/50	13,—
S Zd 320	3008/3006	85/50	10,—
S Zd 321	3008/3006/3008	85/50/85	15,—

Deutsche Demokratische Republik

1986, 8. April. Parteitag der SED. ⊠ Kraus; Odr. (5×10); gez. K 13¼:13.

dsy) Karl Marx (1818–1883), Friedrich Engels (1820–1895), Wladimir Iljitsch Lenin (1870–1924)

dsz) Ernst Thälmann (1886–1944), Politiker

dta) Wilhelm Pieck (1876–1960), 1. Präsident der DDR; Otto Grotewohl (1894–1964), Politiker

dtb) Junge Familie mit Kind

			EF	MeF	MiF
3009	10 (Pf)	mehrfarbig . . . . dsy	2,—	3,—	1,—
3010	20 (Pf)	mehrfarbig . . . . dsz	2,—	5,—	1,—
3011	50 (Pf)	mehrfarbig . . . . dta	50,—	40,—	3,—
3012	85 (Pf)	mehrfarbig . . . . dtb	8,—	100,—	5,—

Blockausgabe, gez. Ks 13:13¼

dtc) Bauarbeiter übergibt Schlüssel

dtd

3013	1 (M)	mehrfarbig . . . . dtc	50,—	200,—	15,—
Block 83	(80×55 mm) . . . . dtd		50,—	200,—	15,—

1986, 15. April. Übergabe des Ernst-Thälmann-Parks, Berlin. ⊠ Kraus; RaTdr. (10×5); gez. K 14.

dte) Ernst-Thälmann-Denkmal

3014	20 (Pf)	mehrfarbig . . . . dte	2,—	5,—	1,—

1986, 20. Mai. Technische Denkmale: Historische Straßenbahnen. ⊠ Bertholdt; RaTdr. (5×10); gez. K 14.

dtf) Dresdner Pferdebahn (1886)

dtg) Leipziger Straßenbahn (1896)

dth) Berliner Straßenbahn (1910)

dti) Hallesche Straßenbahn (1928)

3015	10 (Pf)	mehrfarbig . . . . dtf	2,—	3,—	1,—
3016	20 (Pf)	mehrfarbig . . . . dtg	2,—	5,—	1,—
3017	40 (Pf)	mehrfarbig . . . . dth	4,—	15,—	2,—
3018	70 (Pf)	mehrfarbig . . . . dti	8,—	30,—	4,—

Weitere Ausgabe „Technische Denkmale": Nr. 2957–2958, 3203 bis 3207.

1986, 27. Mai. 125 Jahre Dresdner Zoo. ⊠ Zieger; Odr. (10×5); gez. K 14.

dtk) Sumatra-Orang-Utan (Pongo pygmaeus abeli)

dtl) Kilimandscharo-guereza (Colobus abyssinicus caudatus)

dtm) Mandrill (Mandrillus sphinx)

dtn) Katta (Lemur catta)

			EF	MeF	MiF
3019	10 (Pf)	mehrfarbig . . . . dtk	2,—	3,—	1,—
3020	20 (Pf)	mehrfarbig . . . . dtl	2,—	5,—	1,—
3021	50 (Pf)	mehrfarbig . . . . dtm	50,—	40,—	3,—
3022	70 (Pf)	mehrfarbig . . . . dtn	8,—	30,—	4,—

1986, 3. Juni. 750 Jahre Berlin. ⊠ Glinski; ⊠ Wertp.-Druckerei; Nr. 3023–3025 komb. StTdr. und Odr., Nr. 3026 StTdr. (Nr. 3023 und 3026 10×5, Nr. 3024–3025 5×10); Nr. 3023 und 3026 gez. K 12½:13, Nr. 3024–3025 ∼.

dto) Ältestes Stadtsiegel (1253)

dtp) Ältester Stadtplan (1648)

dtr) Ältestes Stadtwappen (um 1280)

dts) Nicolaikirche (um 1832)

3023	10 (Pf)	mehrfarbig . . . . dto	2,—	3,—	1,—
3024	20 (Pf)	mehrfarbig . . . . dtp	2,—	5,—	1,—
3025	50 (Pf)	mehrfarbig . . . . dtr	50,—	40,—	3,—
3026	70 (Pf)	dkl'siena/ dkl'grünoliv . . . . dts	8,—	30,—	4,—

Blockausgabe; StTdr.; gez. Ks 12½:13

dtt) Haus des Ministerrats der DDR

dtu

3027	1 M grünschwarz . . . . dtt	50,—	200,—	15,—
Block 84	(55×80 mm) . . . . dtu	60,—	200,—	15,—

Deutsche Demokratische Republik

1986, 17. Juni. Arbeiterfestspiele der DDR, Bezirk Magdeburg.
🆂 Zill; Odr. (2×10 Zd.); gez. K 13:12½.

dtv) Trachtenpaar, Traktor, Förderbagger, Fachwerkhaus
Zierfeld: Emblem
dtw) Frachtkähne im Elbhafen von Magdeburg, Stadtansicht

		EF	MeF	MiF
3028	20 (Pf) mehrbarig .... dtv	2,50	6,—	1,—
3029	50 (Pf) mehrbarig .... dtw	50,—	40,—	3,—

Nr. 3028–3029 wurden, durch Zierfeld verbunden, zusammenhängend gedruckt.

Zusammendrucke (nur waagerecht): BF

W Zd 676	3028/Zf	20/Zf...................	3,—
W Zd 677	3028/Zf/3029	20/Zf/50	5,—
W Zd 678	Zf/3029	Zf/50...................	4,—
W Zd 679	Zf/3029/3028	Zf/50/20	6,—
W Zd 680	3029/3028	50/20...................	5,—
W Zd 681	3029/3028/Zf	50/20/Zf	6,—

1986, 22. Juli. Briefmarkenausstellung der Jugend, Berlin.
🆂 Rieß; Odr. (2×10 Zd.); gez. K 13:12½.

dtx) Berlin (um 1652)
Zierfeld: Stadtsiegel von Berlin (1338)
dty) Historische und moderne Gebäude der Stadt Berlin

		EF	MeF	MiF
3030	10 (Pf)+5 (Pf) mehrbarig ... dtx	3,—	4,—	1,—
3031	20 (Pf) mehrbarig .... dty	3,—	8,—	1,—

Nr. 3030–3031 wurden, durch Zierfeld verbunden, zusammenhängend gedruckt.

Zusammendrucke (nur waagerecht): BF

W Zd 682	3030/Zf	10+5/Zf................	3,—
W Zd 683	3030/Zf/3031	10+5/Zf/20	4,—
W Zd 684	Zf/3031	Zf/20...................	3,—
W Zd 685	Zf/3031/3030	Zf/20/10+5	6,—
W Zd 686	3031/3030	20/10+5................	4,—
W Zd 687	3031/3030/Zf	20/10+5/Zf	5,—

1986, 29. Juli. Schlösser der DDR.
🆂 Russewa-Hoyer; Odr. (5×10, Nr. 3032–3033 auch Kleinbogen 2×2); gez. K 13:12½.

dtz) Schloß Schwerin

  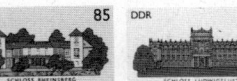

dua) Schloß Güstrow
dub) Schloß Rheinsberg
duc) Schloß Ludwigslust

		EF	MeF	MiF
3032	10 (Pf) mehrbarig .... dtz	2,—	3,—	1,—
3033	20 (Pf) mehrbarig .... dua	2,—	5,—	1,—
3034	85 (Pf) mehrbarig .... dub	8,—	100,—	5,—
3035	1 M mehrbarig .... duc	40,—	180,—	12,—
	Kleinbogen mit Nr. 3032	20,—	40,—	10,—
	Kleinbogen mit Nr. 3033	30,—	100,—	15,—

1986, 5. Aug. Internationales Jahr des Friedens. 🆂 Kaiser; RaTdr. (6×5); gez. K 13.

dud) Friedenstauben, UNO-Emblem, Hände

		EF	MeF	MiF
3036	35 (Pf) mehrbarig .... dud	4,—	12,—	2,—

1986, 5. Aug. 25 Jahre Berliner Mauer.
🆂 Grünewald. Odr. (5×10); gez. K 14.

due) Mitglieder der Kampfgruppen der Arbeiterklasse und der Freien Deutschen Jugend, Brandenburger Tor, Staatswappen

3037	20 (Pf) mehrbarig .... due	2,—	5,—	2,—

1986, 19. Aug. Blockausgabe: Leipziger Herbstmesse. 🆂 Volkamer; Odr.; gez. Ks 14.

duf) Ring-Messehaus
dug) Historische Marktszene
duh

3038	25 (Pf) mehrbarig .... duf	20,—	60,—	8,—
3039	85 (Pf) mehrbarig .... dug	30,—	100,—	10,—
Block 85 (82:57 mm) .... duh		80,—	200,—	18,—

1986, 2. Sept. Historische Münzen: Städtetaler. 🆂 Reißmüller; RaTdr. (6×5); gez. K 13.

dui) Stadttaler Rostock (1637)
duk) Stadttaler Nordhausen (1660)
dul) Stadttaler Erfurt (1633)

dum) Stadttaler Magdeburg (1638)
dun) Stadttaler Stralsund (1622)

3040	10 (Pf) mehrbarig .... dui	2,—	3,—	1,—
3041	35 (Pf) mehrbarig .... duk	4,—	12,—	2,—
3042	50 (Pf) mehrbarig .... dul	50,—	40,—	3,—
3043	85 (Pf) mehrbarig .... dum	8,—	100,—	5,—
3044	1 M mehrbarig .... dun	30,—	120,—	12,—

1986, 2. Sept. Weltmeisterschaften im Sportschießen, Suhl. Haller; RaTdr. (10×5); gez. K 14.

duo) Gewehrschießen   dup) Pistolenschießen   dur) Skeetschießen

				EF	MeF	MiF
3045	20 (Pf) mehrfarbig	duo	2,—	5,—	1,—
3046	70 (Pf) mehrfarbig	dup	8,—	30,—	4,—
3047	85 (Pf) mehrfarbig	dur	8,—	100,—	5,—

1986, 9. Sept. 40 Jahre Grenztruppen der DDR. Detlefsen; RaTdr. (10×5); gez. K 14.

dus) Soldat der Grenztruppen, Grenzpfahl

| 3048 | 20 (Pf) mehrfarbig .... dus | 2,— | 5,— | 1,— |

1986, 9. Sept. Weltgewerkschaftskongreß, Berlin. Detlefsen; RaTdr. (5×5 Zd.); gez. K 14.

dut) Weltkugeln, Flaggenband
Zierfeld: Inschrift

| 3049 | 70 (Pf) mehrfarbig .... dut | 10,— | 20,— | 4,— |

Nr. 3049 wurde mit anhängendem Zierfeld schachbrettartig zusammenhängend gedruckt.

Zusammendrucke

			BF
waagerecht:			
W Zd 688	3049/Zf	70/Zf.	5,—
W Zd 689	3049/Zf/3049	70/Zf/70	8,—
W Zd 690	Zf/3049	Zf/70.	6,—
W Zd 691	Zf/3049/Zf	Zf/70/Zf	6,—
senkrecht:			
S Zd 322	3049/Zf	70/Zf.	5,—
S Zd 323	3049/Zf/3049	70/Zf/70	8,—
S Zd 324	Zf/3049	Zf/70	6,—
S Zd 325	Zf/3049/Zf	Zf/70/Zf	6,—

1986, 11. Sept. 50. Jahrestag der Formierung der Internationalen Brigaden in Spanien. Gottschall; RaTdr. (5×10); gez. K 14.

duu) Denkmal der deutschen Interbrigadisten im Volkspark Friedrichshain, Berlin

		EF	MeF	MiF
3050	20 (Pf) mehrfarbig .... duu	2,—	5,—	1,—

Nr. 3050 wurde beim Postamt 5 in Zwickau irrtümlich bereits am 9. Sept. vormittags einige Stunden verkauft (entsprechende Briefbelege selten und gesucht).

1986, 23. Sept. 25 Jahre Mahn- und Gedenkstätte Sachsenhausen. Detlefsen; RaTdr. (5×5); gez. K 14.

duv) Mahnmal und Figurengruppe in der Gedenkstätte Sachsenhausen

		EF	MeF	MiF
3051	35 (Pf) mehrfarbig .... duv	4,—	12,—	2,—

1986, 23. Sept. Eröffnung der Eisenbahnfährverbindung zwischen Mukran (DDR) und Klaipeda (Memel) (UdSSR). Bertholdt; RaTdr. (2×10 Zd); gez. K 14.

duw) Doppelstockfährbrücken   dux) Zweideckfährschiff

| 3052 | 50 (Pf) mehrfarbig .... duw | 50,— | 40,— | 3,— |
| 3053 | 50 (Pf) mehrfarbig .... dux | 50,— | 40,— | 3,— |

Nr. 3052–3053 wurden waagerecht zusammenhängend gedruckt.

Zusammendrucke (nur waagerecht):			BF
W Zd 692	3052/3053	50/50	5,—
W Zd 693	3052/3053/3052	50/50/50	10,—
W Zd 694	3053/3052	50/50	8,—
W Zd 695	3053/3052/3053	50/50/50	10,—

1986, 4. Nov. Solidarität. Rieß; RaTdr. (5×10); gez. K 14.

duy) Hilfe für die Entwicklungsländer

		EF	MeF	MiF
3054	10 (Pf)+5 (Pf) mehrfarbig .. duy	2,50	4,—	1,—

1986, 4. Nov. Blockausgabe: 200. Geburtstag von Carl Maria von Weber. Rieß; Odr.; gez. Ks 14.

duz) C. M. von Weber (1786–1826), Komponist

dva

| 3055 | 85 (Pf) mehrfarbig .... duz | 30,— | 120,— | 10,— |
| Block 86 | (83×57 mm) .... dva | 40,— | —,— | 10,— |

1986, 18. Nov. 69. Geburtstag von Indira Gandhi. Detlefsen; RaTdr. (5×10); gez. K 14.

dvb) I. Gandhi (1917–1984), indische Politikerin

| 3056 | 10 (Pf) mehrfarbig .... dvb | 2,— | 3,— | 1,— |

Deutsche Demokratische Republik

1986, 18. Nov. Erzgebirgische Schwibbogen. ▨ **Scheuner; Odr. (Kleinbogen 2×3); gez. K 14.**

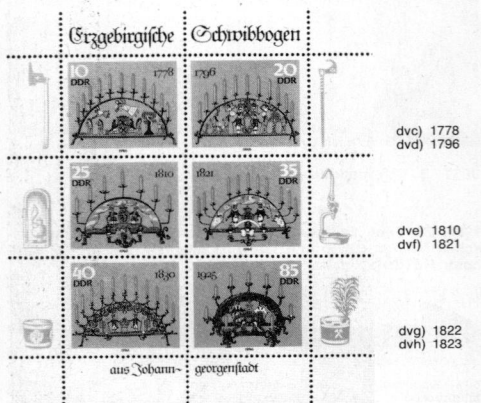

	dvc)	1778
	dvd)	1796
	dve)	1810
	dvf)	1821
	dvg)	1822
	dvh)	1823

dvc–dvh) „Schwibbogen" genannte Weihnachtsleuchter aus Johanngeorgenstadt

			EF	MeF	MiF
3057	10 (Pf) mehrfarbig	dvc	5,—	5,—	1,—
3058	20 (Pf) mehrfarbig	dvd	4,—	8,—	1,—
3059	25 (Pf) mehrfarbig	dve	7,—	20,—	2,—
3060	35 (Pf) mehrfarbig	dvf	5,—	12,—	2,—
3061	40 (Pf) mehrfarbig	dvg	5,—	22,—	2,—
3062	85 (Pf) mehrfarbig	dvh	8,—	100,—	5,—
		Kleinbogen	100,—	200,—	20,—

Nr. 3057–3062 wurden zusammenhängend im Kleinbogen gedruckt.

Zusammendrucke:

			BF
waagerecht:			
W Zd 696	3057/3058	10/20	3,—
W Zd 697	3059/3060	25/35	4,—
W Zd 698	3061/3062	40/85	8,—
senkrecht:			
S Zd 326	3057/3059	10/25	3,—
S Zd 327	3057/3059/3061	10/25/40	4,—
S Zd 328	3059/3061	25/40	4,—
S Zd 329	3058/3060	20/35	4,—
S Zd 330	3058/3060/3062	20/35/85	10,—
S Zd 331	3060/3062	35/85	8,—

1987, 20. Jan. Historische Denkmale: Rolandsäulen. ▨ **Soest; RaTdr. (10×5); gez. K 14.**

dvi) Stendal (1525)   dvk) Halle (1719)   dvl) Brandenburg (1474)   dvm) Quedlinburg (1460)

			EF	MeF	MiF
3063	10 (Pf) mehrfarbig	dvi	2,—	3,—	1,—
3064	20 (Pf) mehrfarbig	dvk	2,—	5,—	1,—
3065	35 (Pf) mehrfarbig	dvl	4,—	12,—	2,—
3066	50 (Pf) mehrfarbig	dvm	50,—	40,—	3,—

1987, 3. Febr. Historische Postgebäude. ▨ **Detlefsen; RaTdr. (5×10 und 2×5 Zd.); gez. K 14.**

dvn) Postamt Freiberg
dvo) Postamt Perleberg 1
dvp) Postamt Weimar
dvr) Postamt Kirschau

			EF	MeF	MiF
3067	10 (Pf) mehrfarbig	dvn	3,—	5,—	1,—
3068	20 (Pf) mehrfarbig	dvo	3,—	8,—	1,—
3069	70 (Pf) mehrfarbig	dvp	7,—	40,—	4,—
3070	1.20 (M) mehrfarbig	dvr	30,—	150,—	5,—

Zusammendrucke:

			BF
waagerecht:			
W Zd 699	3067/3068	10/20	2,—
W Zd 700	3067/3068/3067	10/20/10	3,—
W Zd 701	3068/3067	20/10	2,—
W Zd 702	3068/3067/3068	20/10/20	3,—
W Zd 703	3069/3070	70/120	8,—
W Zd 704	3069/3070/3069	70/120/70	12,—
W Zd 705	3070/3069	120/70	10,—
W Zd 706	3070/3069/3070	120/70/120	15,—
senkrecht:			
S Zd 332	3067/3069	10/70	4,—
S Zd 333	3067/3069/3067	10/70/10	5,—
S Zd 334	3069/3067	70/10	5,—
S Zd 335	3069/3067/3069	70/10/70	8,—
S Zd 336	3068/3070	20/120	8,—
S Zd 337	3068/3070/3068	20/120/20	8,—
S Zd 338	3070/3068	120/20	8,—
S Zd 339	3070/3068/3070	120/20/120	12,—

1987, 17. Febr. 750 Jahre Berlin. ▨ **Glinski; StTdr. (Nr. 3071 10×5, Nr. 3072–3074 5×10, Nr. 3075–3078 Kleinbogen 2×2); gez. K 12½:13. Querformate ~.**

dvs) Palais Ephraim

dvt) Alt-Marzahn, Neubauten   dvu) Marx-Engels-Forum   dvv) Friedrichstadtpalast

			EF	MeF	MiF
3071	20 (Pf) schwarzlila/blaugrün	dvs	2,—	5,—	1,—
3072	35 (Pf) schwarzblaugrün/dkl'lila	dvt	4,—	12,—	2,—
3073	70 (Pf) dkl'orangerot/dkl'blau	dvu	7,—	40,—	4,—
3074	85 (Pf) smaragdgrün/dkl'braunoliv	dvv	8,—	100,—	5,—

Kleinbogen

			EF	MeF	MiF
3075	10 (Pf) schwarzlila/blaugrün	dvs	1,—	3,—	1,—
3076	10 (Pf) schw'blaugrün/dkl'lila	dvt	1,—	3,—	1,—
3077	20 (Pf) dkl'orangerot/dkl'blau	dvu	2,—	5,—	2,—
3078	20 (Pf) smaragdgrün/d'braunoliv	dvv	2,—	5,—	2,—
	Kleinbogen mit Nr. 3075		15,—	60,—	10,—
	Kleinbogen mit Nr. 3076		15,—	60,—	10,—
	Kleinbogen mit Nr. 3077		25,—	80,—	15,—
	Kleinbogen mit Nr. 3078		25,—	80,—	15,—

Deutsche Demokratische Republik

1987, 3. März. 40 Jahre Demokratischer Frauenbund Deutschlands (DFD); Bundeskongreß, Berlin. Ⓔ Reißmüller; Odr. (5×10); gez. K 13¼.

dvw) Frau mit roter Blume im Haar

			EF	MeF	MiF
3079	10 (Pf) mehrfarbig .... dvw		2,—	3,—	1,—

1987, 10. März. Leipziger Frühjahrsmesse. Ⓔ Bertholdt; Odr. (5×10); gez. K 13:12½.

dvx) Neubau Messehalle 20

dvy) Händler vor der Waage am Markt (um 1804)

3080	35 (Pf) mehrfarbig .... dvx	4,—	12,—	2,—
3081	50 (Pf) mehrfarbig .... dvy	50,—	40,—	3,—

1987, 24. März. Persönlichkeiten der deutschen Arbeiterbewegung. Ⓔ Stauf; Ⓢ Wertp.-Druck.; StTdr. (10×5); gez. K 13¾:14.

dvz) Fritz Gäbler (1897–1974)
dwa) Robert Siewert (1887–1978)
dwb) Walter Vesper (1897–1978)
dwc) Clara Zetkin (1857–1933)

3082	10 (Pf)	braunschwarz ...... dvz	2,—	3,—	1,—
3083	10 (Pf)	schwarzgrün ...... dwa	2,—	3,—	1,—
3084	10 (Pf)	blauschwarz ...... dwb	2,—	3,—	1,—
3085	10 (Pf)	violettschwarz ..... dwc	2,—	3,—	1,—

Weitere Ausgaben „Persönlichkeiten der deutschen Arbeiterbewegung": Nr. 1907–1917, 2012, 2107–2110, 2264–2266, 2454 bis 2457, 2500, 2589–2592, 2686–2690, 2765–2769, 2849–2851, 2920–2922, 3222–3225, 3300–3301

1987, 7. April. Kongreß des Freien Deutschen Gewerkschaftsbundes (FDGB), Berlin. Ⓔ Korn; Odr. (2×10 Zd.); gez. K 13:12½.

dwd) Wohnungsbau
Zierfeld: Emblem
dwe) Technologie

3086	20 (Pf) mehrfarbig .... dwd	3,—	6,—	1,—
3087	50 (Pf) mehrfarbig .... dwe	50,—	40,—	3,—

Nr. 3086–3087 wurden, durch Zierfeld verbunden, zusammenhängend gedruckt.

Zusammendrucke (nur waagerecht):

			BF
W Zd 707	3086/Zf	20/Zf	2,—
W Zd 708	3086/Zf/3087	20/Zf/50	6,—
W Zd 709	Zf/3087	Zf/50	4,—
W Zd 710	Zf/3087/3086	Zf/50/20	6,—
W Zd 711	3087/3086	50/20	6,—
W Zd 712	3087/3086/Zf	50/20/Zf	7,—

1987, 7. April. Kongreß des Deutschen Roten Kreuzes der DDR, Dresden. Ⓔ Link; RaTdr. (5×10); gez. K 14.

dwf) DRK-Fahne, Weltkarte, Friedenstauben

			EF	MeF	MiF
3088	35 (Pf) mehrfarbig .... dwf		4,—	12,—	2,—

1987, 7. April. 75 Jahre Deutsches Hygiene-Museum, Dresden. Ⓔ Lindner; RaTdr. (10×5); gez. K 14.

dwg) Karl August Lingner (1861–1916), Gründer; Museumsgebäude

3089	85 (Pf) mehrfarbig .... dwg	7,—	100,—	5,—

1987, 21. April. 35 Jahre Landwirtschaftliche Produktionsgenossenschaften (LPG). Ⓔ Rieß; Odr. (5×10); gez. K 13:12½.

dwh) Landwirtschaftsmaschinen, Pferdepflug

3090	20 (Pf) mehrfarbig .... dwh	2,—	5,—	1,—

1987, 5. Mai. Bedeutende Persönlichkeiten. Ⓔ Gottschall; Odr. (5×10); gez. K 13:12½.

dwi) Ludwig Uhland (1787–1862), Dichter und Germanist

dwk) Arnold Zweig (1887–1968), Schriftsteller
dwl) Gerhart Hauptmann (1862–1946), Dramatiker, Nobelpreisträger
dwm) Gustav Hertz (1887–1975?), Physiker, Nobelpreisträger

3091	10 (Pf) mehrfarbig .... dwi	2,—	3,—	1,—
3092	20 (Pf) mehrfarbig .... dwk	2,—	5,—	1,—
3093	35 (Pf) mehrfarbig .... dwl	4,—	12,—	2,—
3094	50 (Pf) mehrfarbig .... dwm	50,—	40,—	3,—

Weitere Ausgaben „Bedeutende Persönlichkeiten": Nr. 2199 bis 2202, 2336–2342, 2406–2411, 2492–2497, 2603–2608, 3230 bis 3234

1987, 19. Mai / 1988, 29. Nov. Süßwasserfische. Ⓔ Kraus; Odr.; I mit Jahreszahl 1987 (5×10, Nr. 3096 I–3097 I auch Kleinbogen 2×2), II ohne Jahreszahl (MH); v = leicht gelbliches Papier mit mattem Gummi, w = rein weißes Papier mit glänzendem Gummi; gez. K 13:12½.

dwn) Blei (Abramis brama)
dwo) Bachforelle (Salmo trutta f. fario)
dwp) Wels (Silurus glanis)

dwr) Äsche (Thymallus thymallus)
dws) Barbe (Barbus barbus)
dwt) Hecht (Esox lucius)

Deutsche Demokratische Republik

			EF	MeF	MiF
3095 I v	5 (Pf) mfg. (19. 5. 1987) dwn		4,—	5,—	1,—
3096	10 (Pf) mehrfarbig ..... dwo				
	I v mit Jahreszahl 1987 (19. 5. 1987) .		2,—	3,—	1,—
	II ohne Jahreszahl (29. 11. 1988)				
	v Papier v		2,—	3,—	1,—
	w Papier w		5,—	10,—	1,—
3097 I v	20 (Pf) mfg. (19. 5. 1987) dwp		2,—	5,—	2,—
3098 I v	35 (Pf) mfg. (19. 5. 1987) dwr		4,—	12,—	2,—
3099 I v	50 (Pf) mfg. (19. 5. 1987) dws		50,—	40,—	3,—
3100 I v	70 (Pf) mfg. (19. 5. 1987) dwt		7,—	25,—	4,—
	Kleinbogen mit Nr. 3096 I (16. 6. 1987)		15,—	30,—	8,—
	Kleinbogen mit Nr. 3097 I (16. 6. 1987)		20,—	60,—	12,—

1987, 16. Juni. Feuerwehren und Löschfahrzeuge. ✍ Lüders; Odr. (5×10 und 2×5 Zd.); gez. K 13:12½.

dwu) Bespannte Handdruckspritze (1756)
dwv) Mobile Dampfspritze (1903)
dww) Löschfahrzeug Lf 15 (1919)
dwx) Löschfahrzeug LF 16-TS 8 (1971)

3101	10 (Pf) mehrfarbig .... dwu	2,—	3,—	1,—
3102	25 (Pf) mehrfarbig .... dwv	6,—	20,—	2,—
3103	40 (Pf) mehrfarbig .... dww	5,—	15,—	2,—
3104	70 (Pf) mehrfarbig .... dwx	7,—	30,—	4,—

Nr. 3101–3104 wurden einzeln und zusammenhängend gedruckt.

Zusammendrucke:

waagerecht: BF
W Zd 713	3101/3102	10/25	3,—
W Zd 714	3101/3102/3101	10/25/10	4,—
W Zd 715	3102/3101	25/10	3,—
W Zd 716	3102/3101/3102	25/10/25	5,—
W Zd 717	3103/3104	40/70	10,—
W Zd 718	3103/3104/3103	40/70/40	15,—
W Zd 719	3104/3103	70/40	12,—
W Zd 720	3104/3103/3104	70/40/70	18,—

senkrecht: BF
S Zd 340	3101/3103	10/40	5,—
S Zd 341	3101/3103/3101	10/40/10	6,—
S Zd 342	3103/3101	40/10	5,—
S Zd 343	3103/3101/3103	40/10/40	10,—
S Zd 344	3102/3104	25/70	10,—
S Zd 345	3102/3104/3102	25/70/25	12,—
S Zd 346	3104/3102	70/25	10,—
S Zd 347	3104/3102/3104	70/25/70	18,—

1987, 16. Juni. Solidarität. ✍ Bertholdt; Odr. (5×10); gez. K 14.

dwy) Kampf gegen die Apartheid

		EF	MeF	MiF
3105	10 (Pf)+5 (Pf) mehrfarbig .. dwy	2,—	3,—	1,—

Viele Marken der DDR auf ✉ sind mit Stempeldaten bis zum 30. Juni 1990 teurer als mit Stempeldaten ab dem 1. Juli 1990. Die Katalognotierungen gelten, soweit nicht abweichend angegeben, stets für die billigste Sorte.

1987, 7. Juli. Blockausgabe: 100 Jahre Esperanto. ✍ Haller; Odr.; gez. Ks 14.

dwz) Ludwig Lazarus Zamenhof (1859–1917), polnischer Augenarzt, Erfinder der Welthilfssprache Esperanto

dxa

			EF	MeF	MiF
3106	85 (Pf) mehrfarbig .... dwz		30,—	100,—	10,—
Block 87 (55×80 mm) .... dxa			40,—	—,—	10,—

1987, 7. Juli. Weltweiter Naturschutz: Fischotter. ✍ Abramowski-Lautenschläger; RaTdr. (5×10); gez. K 14.

dxb

dxc   dxd   dxe

dxb–dxe) Fischotter (Lutra lutra), WWF-Emblem

3107	10 (Pf) mehrfarbig .... dxb	2,—	3,—	1,—
3108	25 (Pf) mehrfarbig .... dxc	6,—	20,—	2,—
3109	35 (Pf) mehrfarbig GA .... dxd	4,—	12,—	2,—
3110	60 (Pf) mehrfarbig .... dxe	12,—	30,—	3,—

1987, 21. Juli. Turn- und Sportfest; Kinder und Jugendspartakiade, Leipzig. ✍ Lehmann; RaTdr. (5×10); gez. K 14.

dxf) Tauziehen   dxg) Handball   dxh) Weitsprung

dxi) Tischtennis   dxk) Kegeln   dxl) Meilenlauf

3111	5 (Pf) mehrfarbig .... dxf	5,—	5,—	1,—
3112	10 (Pf) mehrfarbig .... dxg	2,—	3,—	1,—
3113	20 (Pf)+5 (Pf) mehrfarbig .. dxh	2,—	5,—	1,—
3114	35 (Pf) mehrfarbig .... dxi	4,—	12,—	2,—
3115	40 (Pf) mehrfarbig .... dxk	5,—	20,—	2,—
3116	70 (Pf) mehrfarbig .... dxl	7,—	30,—	4,—

Deutsche Demokratische Republik

1987, 4. Aug. 35 Jahre Gesellschaft für Sport und Technik (GST). ⊠ Rieß; Odr. (5×10); gez. K 13:12½.

dxm) GST-Mitglieder in verschiedenen Ausbildungsdisziplinen

			EF	MeF	MiF
3117	10 (Pf) mehrfarbig	dxm	2,—	3,—	1,—

1987, 11. Aug. Tag der Philatelisten. ⊠ Bertholdt; RaTdr. (2×10 Zd.); gez. K 14.

dxn) Ehemaliges Hof-Postamt, Berlin (um 1760)
Zierfeld: Cariolpost-Wagen
dxo) Wartenberg-Palais

3118	10 (Pf) +5 (Pf) mehrfarbig	dxn	2,—	3,—	1,—
3119	20 (Pf) mehrfarbig	dxo	2,—	5,—	1,—

Nr. 3118–3119 wurden, durch Zierfeld verbunden, zusammenhängend gedruckt.

Zusammendrucke (nur waagerecht):

			BF
W Zd 721	3118/Zf	10+5/Zf	3,—
W Zd 722	3118/Zf/3119	10+5/Zf/20	4,—
W Zd 723	Zf/3119	Zf/20	3,—
W Zd 724	Zf/3119/3118	Zf/20/10+5	4,—
W Zd 725	3119/3118	20/10+5	3,—
W Zd 726	3119/3118/Zf	20/10+5/Zf	4,—

1987, 25. Aug. Blockausgabe: Leipziger Herbstmesse. ⊠ Scheuner; Odr.; gez. Ks 13¼.

dxp
dxr
dxp–dxr) Historische Messeszene (1804)
dxs

			EF	MeF	MiF
3120	40 (Pf) mehrfarbig	dxp	10,—	22,—	2,—
3121	50 (Pf) mehrfarbig	dxr	50,—	40,—	3,—
Block 88	(81×57 mm)	dxs	30,—	100,—	12,—

1987, 8. Sept. Internationale Mahn- und Gedenkstätten. ⊠ Gottschall; RaTdr. (5×5); gez. K 14.

dxt) Skulptur in der Mahn- und Gedenkstätte Budapest

3122	35 (Pf) mehrfarbig	dxt	4,—	12,—	4,—

1987, 8. Sept. Blockausgabe: 750 Jahre Berlin. ⊠ Glinski; ⊠ Wertp.-Druckerei; komb. StTdr. und Odr.; gez. Ks 14.

dxu) Ernst-Thälmann-Denkmal im Ernst-Thälmann-Park

dxv

			EF	MeF	MiF
3123	1,35 M mehrfarbig	dxu	35,—	—,—	12,—
Block 89	(80×56 mm)	dxv	35,—	—,—	12,—

1987, 22. Sept. 10. Kunstausstellung der DDR. ⊠ Gottschall; Odr. (5×5); gez. K 14.

dxw) Weidendammbrücke; Gemälde von Arno Mohr

 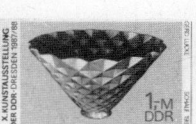

dxx) Sie wollten nur Lesen und Schreiben lehren; Gemälde von Willi Sitte
dxy) Großer trauernder Mann; Skulptur von Wieland Forster
dxz) Schale; von Gerd Lucke

3124	10 (Pf) mehrfarbig	dxw	2,—	3,—	1,—
3125	50 (Pf) mehrfarbig	dxx	50,—	40,—	3,—
3126	70 (Pf) mehrfarbig	dxy	8,—	35,—	4,—
3127	1 M mehrfarbig	dxz	25,—	120,—	12,—

✈ **1987, 6. Okt./1989 Flugpostmarken.** ⊠ Glinski; RaTdr. (10×10); v = leicht gelbliches Papier mit mattem Gummi, w = rein weißes Papier mit glänzendem Gummi; gez. K 14.

dfw) Stilis. Flugzeug mit Brief

3128 w	15 (Pf) rötlichviolett/schwarz (6.10.87)	dfw	3,—	8,—	1,—
3129	25 (Pf) hellolivbraun/schwarz	dfw			
v	Papier v (1989)		2,—	6,—	6,—
w	Papier w (6.10.87)		8,—	15,—	2,—

In gleicher Zeichnung: Nr. 2751–2753, 2831–2832, 2868, 2967

1987, 27. Okt. 70. Jahrestag der Großen Sozialistischen Oktoberrevolution. Rieß; RaTdr. (5×10); gez. K 14.

dya) Wladimir Iljitsch Lenin;
Smolny-Gebäude, Leningrad;
Panzerkreuzer „Aurora"

dyb) Türme und Roter Stern
des Kremlpalastes, Moskau

			EF	MeF	MiF
3130	10 (Pf) mehrfarbig	dya	2,—	3,—	1,—
3131	20 (Pf) mehrfarbig	dyb	2,—	5,—	1,—

1987, 3. Nov. 30 Jahre Bewegung „Messe der Meister von morgen". Reißmüller; Odr. (5×10); gez. K 13:12½.

dyc) Jugendlicher am
Personalcomputer

dyd) Schweißroboter
ZIM 10-S

			EF	MeF	MiF
3132	10 (Pf) mehrfarbig	dyc	2,—	3,—	1,—
3133	20 (Pf) mehrfarbig	dyd	2,—	5,—	1,—

1987, 24. Nov. Weihnachtspyramiden aus dem Erzgebirge. Scheuner; Odr. (Kleinbogen 3×2); gez. K 12½:13.

dye) Annaberg
(um 1810)

dyf) Freiberg
(um 1830)

dyg) Neustädtel
(um 1870)

dyh) Schneeberg
(um 1870)

dyi) Lößnitz
(um 1880)

dyk) Seiffen
(um 1910)

				EF	MeF	MiF
3134	10 (Pf) mehrfarbig	dye	4,—	10,—	1,—
3135	20 (Pf) mehrfarbig	dyf	3,—	10,—	1,—
3136	25 (Pf) mehrfarbig	dyg	6,—	25,—	2,—
3137	35 (Pf) mehrfarbig	dyh	5,—	15,—	2,—
3138	40 (Pf) mehrfarbig	dyi	6,—	20,—	2,—
3139	85 (Pf) mehrfarbig	dyk	8,—	120,—	5,—
	Kleinbogen		200,—	—,—	15,—

Nr. 3134–3139 wurden im Kleinbogen zusammenhängend gedruckt.

Zusammendrucke:

waagerecht:

			BF
W Zd 727	3134/3135	10/20	2,—
W Zd 728	3134/3135/3136	10/20/25	4,—
W Zd 729	3135/3136	20/25	4,—
W Zd 730	3137/3138	35/40	5,—
W Zd 731	3137/3138/3139	35/40/85	8,—
W Zd 732	3138/3139	40/85	7,—

senkrecht:

			BF
S Zd 348	3134/3137	10/35	4,—
S Zd 349	3135/3138	20/40	4,—
S Zd 350	3136/3139	25/85	7,—

1988, 19. Jan. Olympische Winterspiele, Calgary. Gottschall; RaTdr. (10×5); gez. K 14.

dyl) Skispringen dym) Eisschnelllauf dyn) Viererbob dyo) Biathlon

			EF	MeF	MiF
3140	5 (Pf) mehrfarbig	dyl	4,—	5,—	1,—
3141	10 (Pf) mehrfarbig	dym	2,—	3,—	1,—
3142	20 (Pf)+10 (Pf) mehrfarbig	dyn	2,—	8,—	2,—
3143	35 (Pf) mehrfarbig	dyo	4,—	15,—	2,—

Blockausgabe, gez. Ks 13:12½

dyp) Rennrodeln –
Doppel- und Einsitzer

dyr

3144	1.20 M mehrfarbig	dyp	40,—	—,—	12,—
Block 90	(80×55 mm)	dyr	40,—	—,—	12,—

1988, 2. Febr. Gebäude der Deutschen Post. Rieß; RaTdr. (5×10); gez. K 14.

dys) Postamt Berlin-Buch

dyt) Postmuseum der DDR dyu) Hauptpostamt Berlin-Marzahn

3145	15 (Pf) mehrfarbig	dys	15,—	15,—	1,—
3146	20 (Pf) mehrfarbig	dyt	2,—	5,—	1,—
3147	50 (Pf) mehrfarbig	dyu	50,—	40,—	3,—

1988, 2. Febr. Blockausgabe: Bertolt-Brecht-Ehrung der DDR. ⊠ Lehmann; Odr.; gez. Ks 13:12½.

dyv) B. Brecht (1898–1956), Schriftsteller und Regisseur

dyw

				EF	MeF	MiF
3148	70 (Pf) mehrfarbig		dyv	40,—	100,—	12,—
Block 91	(58×82 mm)		dyw	40,—	100,—	12,—

1988, 16. Febr. Bromelien. ⊠ Glinski; RaTdr. (10×5); gez. K 14.

dyx) Tillandsia macrochlamys
dyy) Tillandsia bulbosa
dyz) Tillandsia kalmbacheri
dza) Guzmania blassii

				EF	MeF	MiF
3149	10 (Pf)	mehrfarbig	dyx	2,—	3,—	1,—
3150	25 (Pf)	mehrfarbig	dyy	6,—	20,—	2,—
3151	40 (Pf)	mehrfarbig	dyz	5,—	15,—	2,—
3152	70 (Pf)	mehrfarbig	dza	7,—	40,—	4,—

1988, 8. März. Leipziger Frühjahrsmesse: 75 Jahre Messehaus „Mädler-Passage". ⊠ Scheuner; Odr. (10×5); gez. K 12½:12¾.

dzb) Portal der Mädler-Passage
dzc) Mephisto und Faust; Bronze-Figurengruppe

				EF	MeF	MiF
3153	20 (Pf) mehrfarbig		dzb	2,—	5,—	1,—
3154	70 (Pf) mehrfarbig		dzc	7,—	40,—	4,—

1988, 8. März. Blockausgabe: 200. Geburtstag von Joseph von Eichendorff. ⊠ Rieß; Odr.; gez. Ks 14.

dzd) J. v. Eichendorff (1788–1857), Dichter

dze

				EF	MeF	MiF
3155	70 (Pf) mehrfarbig		dzd	40,—	100,—	12,—
Block 92	(82×57 mm)		dze	40,—	100,—	12,—

1988, 22. März. Historische Siegel. ⊠ Bobbe; RaTdr. (10×5 und 5×2 Zd.); gez. K 14.

dzf) Siegel der Sattler von Mühlhausen (1565)

dzg) Siegel der Fleischer von Dresden (1564)

dzh) Siegel der Schmiede von Nauen (16. Jh.)

dzi) Siegel der Tuchmacher von Frankfurt (Oder) (16. Jh.)

				EF	MeF	MiF
3156	10 (Pf) mehrfarbig		dzf	2,—	3,—	1,—
3157	25 (Pf) mehrfarbig		dzg	6,—	20,—	2,—
3158	35 (Pf) mehrfarbig		dzh	4,—	15,—	2,—
3159	50 (Pf) mehrfarbig		dzi	50,—	40,—	3,—

Nr. 3156–3159 wurden einzeln und zusammenhängend gedruckt.

Marken mit anhängendem Leerfeld bzw. Feld mit Farbstrichen 50% Aufschlag.

Zusammendrucke:

			BF
waagerecht:			
WZd 733	3156/3157	10/25	2,—
WZd 734	3156/3157/3156	10/25/10	4,—
WZd 735	3157/3156	25/10	2,—
WZd 736	3157/3156/3157	25/10/25	4,—
WZd 737	3158/3159	35/50	5,—
WZd 738	3158/3159/3158	35/50/35	7,—
WZd 739	3159/3158	50/35	5,—
WZd 740	3159/3158/3159	50/35/50	8,—
senkrecht:			
SZd 351	3156/3158	10/35	4,—
SZd 352	3156/3158/3156	10/35/10	5,—
SZd 353	3158/3156	35/10	4,—
SZd 354	3158/3156/3158	35/10/35	6,—
SZd 355	3157/3159	25/50	5,—
SZd 356	3157/3159/3157	25/50/25	6,—
SZd 357	3159/3157	50/25	5,—
SZd 358	3159/3157/3159	50/25/50	7,—

Weitere Werte „Historische Siegel": Nr. 2884–2887

1988, 22. März. Antarktisforschungsstation der DDR „Georg Forster". ⊠ Reißmüller; Odr. (5×10); gez. K 13:12½.

dzk) Forschungsstation, Königin-Maud-Land

				EF	MeF	MiF
3160	35 (Pf) mehrfarbig		dzk	4,—	12,—	2,—

1988, 5. April. Stadtansichten: Kreisstädte im Norden der DDR. ⊠ Bertholdt; RaTdr. (5×10); gez. K 14.

dzl) Wismar   dzm) Anklam   dzn) Ribnitz-Damgarten

dzo) Stralsund   dzp) Bergen   dzr) Greifswald

Deutsche Demokratische Republik

			EF	MeF	MiF
3161	5 (Pf) mehrfarbig .... dzl		4,—	5,—	1,—
3162	10 (Pf) mehrfarbig .... dzm		2,—	3,—	1,—
3163	25 (Pf) mehrfarbig .... dzn		6,—	20,—	2,—
3164	60 (Pf) mehrfarbig .... dzo		7,—	20,—	3,—
3165	90 (Pf) mehrfarbig .... dzp		8,—	60,—	5,—
3166	1.20 M mehrfarbig .... dzr		20,—	—,—	5,—

1988, 5. April. Blockausgabe: 500. Geburtstag von Ulrich von Hutten. Abramowski-Lautenschläger; Odr.; gez. Ks 12½:13.

dzs) U. von Hutten (1488–1523), Reichsritter und Humanist

dzt

3167	70 (Pf) mehrfarbig .... dzs	30,—	100,—	12,—
Block 93	(55:80 mm) .... dzt	40,—	100,—	12,—

1988, 7. Juni. Arbeiterfestspiele der DDR, Frankfurt/Oder. Kraus; Odr. (2×10 Zd.); gez. K 13:12½.

dzu Zierfeld: dzv
     Emblem

dzu–dzv) Historische Bauwerke und Industrieanlagen im Bezirk Frankfurt/Oder, Tanzgruppen

3168	20 (Pf) mehrfarbig .... dzu	3,—	6,—	1,—
3169	50 (Pf) mehrfarbig .... dzv	50,—	40,—	3,—

Nr. 3168–3169 wurden, durch Zierfeld verbunden, zusammenhängend gedruckt.

Zusammendrucke (nur waagerecht): BF

WZd 741	3168/Zf	20/Zf	2,—
WZd 742	3168/Zf/3169	20/Zf/50	5,—
WZd 743	Zf/3169	Zf/50	4,—
WZd 744	Zf/3169/3168	Zf/50/20	7,—
WZd 745	3169/3168	50/20	6,—
WZd 746	3169/3168/Zf	50/20/Zf	6,—

1988, 21. Juni. 10. Jahrestag des gemeinsamen Weltraumfluges UdSSR–DDR. Kraus; Odr. (5×5); gez. K 14.

dzw) Kosmonauten Sigmund Jähn und Waleri Bykowski nach der Landung

dzx) Mehrkanalspektrometer MKS-M   dzy) Orbitalkomplex MIR

			EF	MeF	MiF
3170	5 (Pf) mehrfarbig .... dzw		5,—	6,—	1,—
3171	10 (Pf) mehrfarbig .... dzx		2,—	3,—	1,—
3172	20 (Pf) mehrfarbig .... dzy		2,—	5,—	2,—

In gleichen Zeichnungen: Nr. 3190–3192

1988, 21. Juni. Briefmarkenausstellung der Jugend, Erfurt und Karl-Marx-Stadt. Rieß; RaTdr. (2×10 Zd.); gez. K 14.

dzz) Erfurt (um 1520) Zierfeld: eab) Historische und moderne
                       Stadtwappen Gebäude in Erfurt

eaa) Chemnitz Zierfeld: eac) Historische und moderne
(um 1620)   Stadtwappen Gebäude in Karl-Marx-Stadt

3173	10 (Pf)+5 (Pf) mehrfarbig ... dzz	3,—	5,—	1,—
3174	20 (Pf)+5 (Pf) mehrfarbig .. eaa	3,—	8,—	1,—
3175	25 (Pf) mehrfarbig .... eab	7,—	22,—	2,—
3176	50 (Pf) mehrfarbig .... eac	50,—	40,—	3,—

Nr. 3173/3175 und 3174/3176 wurden, jeweils durch Zierfeld verbunden, zusammenhängend gedruckt.

Zusammendrucke (nur waagerecht): BF

WZd 747	3173/Zf	10+5/Zf	1,—
WZd 748	3173/Zf/3175	10+5/Zf/25	3,—
WZd 749	Zf/3175	Zf/25	2,—
WZd 750	Zf/3175/3173	Zf/25/10+5	3,—
WZd 751	3175/3173	25/10+5	2,—
WZd 752	3175/3173/Zf	25/10+5/Zf	3,—
WZd 753	3174/Zf	20+5/Zf	3,—
WZd 754	3174/Z/3176	20+5/Zf/50	4,—
WZd 755	Zf/3176	Zf/50	4,—
WZd 756	Zf/3176/3174	Zf/50/20+5	5,—
WZd 757	3176/3174	50/20+5	5,—
WZd 758	3176/3174/Zf	50/20+5/Zf	5,—

1988, 5. Juli. 35 Jahre Kampfgruppen der Arbeiterklasse. Rieß; RaTdr. (5×10); gez. K 14:13¾.

ead) Ver-   eae) Ernst-   eaf) Appell   eag) Waffen-
eidigung   Thälmann-   übergabe
                Ehrung

			EF	MeF	MiF
3177	5 (Pf) mehrfarbig .... ead		5,—	5,—	1,—
3178	10 (Pf) mehrfarbig .... eae		2,—	3,—	1,—
3179	15 (Pf) mehrfarbig .... eaf		10,—	10,—	1,—
3180	20 (Pf) mehrfarbig .... eag		2,—	5,—	1,—

Von den meisten Kleinbogen der DDR gibt es Exemplare, bei denen einer der Ränder nicht durchgezähnt ist. Einen Aufpreis verdienen solche Stücke nur, wenn dies im Katalog besonders erwähnt ist.

Deutsche Demokratische Republik

1988, 19. Juli. Pioniertreffen, Karl-Marx-Stadt. Soest; Odr. (2×10 Zd.); gez. K 13:12½.

eah) Gebäude in Karl-Marx-Stadt, Luftballons, Friedenstauben
Zierfeld: Emblem
eai) Junge Pioniere mit Musikinstrumenten, Luftballons, Friedenstauben

		EF	MeF	MiF
3181	10 (Pf) mehrfarbig ...... eah	3,—	5,—	1,—
3182	10 (Pf)+5 (Pf) mehrfarbig ... eai	3,—	5,—	1,—

Nr. 3181–3182 wurden, durch Zierfeld verbunden, zusammenhängend gedruckt.

Zusammendrucke (nur waagerecht): BF

WZd 759	3181/Zf	10/Zf	2,—
WZd 760	3181/Zf/3182	10/Zf/10+5	3,—
WZd 761	Zf/3182	Zf/10+5	2,—
WZd 762	Zf/3182/3181	Zf/10+5/10	3,—
WZd 763	3182/3181	10+5/10	3,—
WZd 764	3182/3181/Zf	10+5/10/Zf	3,—

1988, 9. Aug. Olympische Sommerspiele, Seoul. Detlefsen; RaTdr. (5×10); gez. K 14.

eak) Schwimmen eal) Hallenhandball eam) Hürdenlauf

ean) Rudern eao) Boxen eap) Radfahren

		EF	MeF	MiF
3183	5 (Pf) mehrfarbig ...... eak	4,—	5,—	1,—
3184	10 (Pf) mehrfarbig ...... eal	2,—	5,—	1,—
3185	20 (Pf)+10 (Pf) mehrfarbig ... eam	3,—	10,—	2,—
3186	25 (Pf) mehrfarbig ...... ean	6,—	22,—	2,—
3187	35 (Pf) mehrfarbig ...... eao	5,—	12,—	2,—
3188	50 (Pf)+20 (Pf) mehrfarbig ... eap	50,—	40,—	3,—

Blockausgabe, Odr., gez. Ks 13:12½.

ear) Staffellauf

eas

3189	85 (Pf) mehrfarbig ...... ear	30,—	120,—	10,—
Block 94	(57×80 mm) ...... eas	40,—	120,—	10,—

1988, 30. August. 10. Jahrestag des gemeinsamen Weltraumfluges UdSSR–DDR. Kraus; Odr. (Kleinbogen 2×2); gez. K 14.

dzw) Kosmonauten Sigmund Jähn und Walerie Bykowski nach der Landung

dzx) Mehrkanalspektrometer MKS-M dzy) Orbitalkomplex MIR

		EF	MeF	MiF
3190	10 (Pf) mehrfarbig ...... dzw	2,—	3,—	1,—
3191	20 (Pf) mehrfarbig ...... dzx	2,—	5,—	1,—
3192	35 (Pf) mehrfarbig ...... dzy	4,—	12,—	2,—
	Kleinbogen mit Nr. 3190	15,—	30,—	6,—
	Kleinbogen mit Nr. 3191	30,—	80,—	8,—
	Kleinbogen mit Nr. 3192	40,—	—,—	12,—

In gleichen Zeichnungen: Nr. 3170–3172

1988, 30. Aug. Blockausgabe: Leipziger Herbstmesse. Arnold. Odr.; gez. Ks 13¾:14.

eaw

eat) Warenkontrolle (um 1810) eau) Völkerschlachtdenkmal, Leipzig eav) Messeszene (um 1820)

3193	5 (Pf) mehrfarbig ...... eat	20,—	22,—	1,—
3194	15 (Pf) mehrfarbig ...... eau	30,—	35,—	1,—
3195	100 (Pf) mehrfarbig ...... eav	40,—	120,—	12,—
Block 95	(110×90 mm) ...... eaw	60,—	—,—	15,—

1988, 13. Sept. Denkmal für die europäische Widerstandsbewegung gegen Faschismus, Como. Detlefsen; RaTdr. (5×5); gez. K 14.

eax) Ansicht des Denkmals

| 3196 | 35 (Pf) mehrfarbig ...... eax | 4,— | 12,— | 2,— |

Bei Anfragen bitte Rückporto nicht vergessen!

Deutsche Demokratische Republik

1988, 13. Sept. 30 Jahre Mahn- und Gedenkstätte Buchenwald. Ⓖ Detlefsen; RaTdr. (5×5); gez. K 14.

eay) Buchenwalddenkmal

			EF	MeF	MiF
3197	10 (Pf) mehrfarbig	eay	2,—	3,—	1,—

1988, 20. Sept. 500 Jahre Schiffer-Compagnie, Stralsund: Segelschiffe. Ⓖ Bertholdt; Odr. (8×5); gez. K 13.

eaz) Brigg „Adolph Friedrich" (1863)

eba) Bark „Gartenlaube" (1872)   ebb) Brigantina „Auguste Mathilde" (1830)   ebc) Brigg „Hoffnung" (1844)

			EF	MeF	MiF
3198	5 (Pf) mehrfarbig	eaz	4,—	5,—	1,—
3199	10 (Pf) mehrfarbig	eba	2,—	3,—	1,—
3200	70 (Pf) mehrfarbig	ebb	8,—	40,—	4,—
3201	1.20 M mehrfarbig	ebc	25,—	—,—	5,—

1988, 4. Okt. Solidarität. Ⓖ Gottschall; RaTdr. (3×10 Zd.); gez. K 14.

ebd) Farbiges Kind in ärztlicher Behandlung

3202	10 (Pf)+5 (Pf) mehrfarbig	ebd	3,—	5,—	2,—

Nr. 3202 wurde mit anhängendem Zierfeld (a = schwarzes, b = rotes Zierfeld) gedruckt

Zusammendrucke (nur waagerecht): BF

WZd 765	3202/Zf a	10+5/Zf a	3,—
WZd 766	3202/Zf a/3202	10+5/Zf a/10+5	5,—
WZd 767	Zf a/3202	Zf a/10+5	4,—
WZd 768	Zf a/3202/Zf b	Zf a/10+5/Zf b	4,—
WZd 769	3202/Zf b	10+5/Zf b	3,—
WZd 770	3202/Zf b/3202	10+5/Zf b/10+5	5,—
WZd 771	Zf b/3202	Zf b/10+5	4,—
WZd 772	Zf b/3202/Zf a	Zf b/10+5/Zf a	4,—

1988, 18. Okt. Technische Denkmale: Schiffshebewerke, Hub- und Zugbrücken. Ⓖ Bertholdt; RaTdr. (5×10); gez. K 14.

ebe) Hubbrücke, Magdeburg   ebf) Schiffshebewerk, Magdeburg-Rothensee   ebg) Schiffshebewerk, Niederfinow

 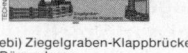

ebh) Zugbrücke mit Schleuse, Altfriesack   ebi) Ziegelgraben-Klappbrücke, Rügendamm

			EF	MeF	MiF
3203	5 (Pf) mehrfarbig	ebe	5,—	5,—	1,—
3204	10 (Pf) mehrfarbig	ebf	2,—	3,—	1,—
3205	35 (Pf) mehrfarbig	ebg	4,—	12,—	2,—
3206	70 (Pf) mehrfarbig	ebh	8,—	40,—	4,—
3207	90 (Pf) mehrfarbig	ebi	10,—	80,—	5,—

Weitere Ausgaben „Technische Denkmale": Nr. 2957–2958, 3015–3018

1988, 8. Nov. 50. Jahrestag der „Reichskristallnacht" (9.11.1938). Ⓖ Glinski; RaTdr. (10×5); gez. K 14.

ebk) Siebenarmiger Leuchter (Menora)

3208	35 (Pf) mehrfarbig	ebk	4,—	12,—	2,—

1988, 8. Nov. 100. Geburtstag von Max Lingner. Ⓖ Detlefsen; Odr. (5×5); gez. K 14.

ebl) Im Boot   ebm) Mademoiselle Yvonne   ebn) Frei, stark und glücklich   ebo) Neue Ernte

ebl–ebo) Gemälde von M. Lingner (1888–1959)

3209	5 (Pf) mehrfarbig	ebl	5,—	5,—	1,—
3210	10 (Pf) mehrfarbig	ebm	2,—	3,—	1,—
3211	20 (Pf) mehrfarbig	ebn	2,—	5,—	1,—
3212	85 (Pf) mehrfarbig	ebo	9,—	100,—	5,—

1988, 22. Nov. Blockausgabe: 100. Geburtstag von Friedrich Wolf. Ⓖ Soest; Odr.; gez. Ks 14.

ebp) Dr. F. Wolf (1888–1953), Dramatiker und Filmautor

3213	110 (Pf) mehrfarbig	ebp	100,—	—,—	18,—
Block 96	(87×59 mm)	ebr	100,—	—,—	18,—

Mehr wissen mit MICHEL

Deutsche Demokratische Republik 511

1988, 22. Nov. 40 Jahre Weltgesundheitsorganisation (WHO). Ⓜ Lenz; RaTdr. (10×5); gez. K 14.

ebs) WHO-Emblem, Staatswappen der DDR

			EF	MeF	MiF
3214	85 (Pf) mehrfarbig	ebs	10,—	100,—	5,—

1988, 22. Nov. Erzgebirgische Klöppelspitze. Ⓜ Scheuner; Odr. (Kleinbogen 3×2); gez. K 12½:13.

ebt
ebu
ebv

ebw
ebx
eby

ebt–eby) Verschiedene Muster erzgebirgischer Klöppelspitze

3215	20 (Pf) mehrfarbig	ebt	4,—	10,—	1,—
3216	25 (Pf) mehrfarbig	ebu	10,—	25,—	2,—
3217	35 (Pf) mehrfarbig	ebv	6,—	20,—	2,—
3218	40 (Pf) mehrfarbig	ebw	6,—	20,—	2,—
3219	50 (Pf) mehrfarbig	ebx	50,—	40,—	3,—
3220	85 (Pf) mehrfarbig	eby	10,—	100,—	5,—
	Kleinbogen		200,—	—,—	15,—

Nr. 3215–3220 wurden im Kleinbogen zusammenhängend gedruckt.

Zusammendrucke:

			BF
waagerecht:			
WZd 773	3215/3216	20/25	3,—
WZd 774	3215/3216/3217	20/25/35	5,—
WZd 775	3216/3217	25/35	4,—
WZd 776	3218/3219	40/50	6,—
WZd 777	3218/3219/3220	40/50/85	10,—
WZd 778	3219/3220	50/85	8,—
senkrecht:			
SZd 359	3215/3218	20/40	4,—
SZd 360	3216/3219	25/50	4,—
SZd 361	3217/3220	35/85	7,—

1989, 10. Jan. 40 Jahre Rat für gegenseitige Wirtschaftshilfe (RGW). Ⓜ Gottschall; RaTdr. (6×5); gez. K 13.

ebz) Flaggen der Mitgliedsstaaten vor roter Fahne

			EF	MeF	MiF
3221	20 (Pf) mehrfarbig	ebz	2,—	5,—	1,—

1989, 24. Jan. Persönlichkeiten der deutschen Arbeiterbewegung. Ⓜ Stauf; Ⓢ Wertp.-Druck.; StTdr. (10×5); gez. K 13¾:14.

eca) Edith Baumann (1909–1973)
ecb) Otto Meier (1889–1962)
ecc) Alfred Oelßner (1879–1962)
ecd) Fritz Selbmann (1899–1975)

			EF	MeF	MiF
3222	10 (Pf) dunkelbraunlila	eca	2,—	3,—	1,—
3223	10 (Pf) schwarzgrün	ecb	2,—	3,—	1,—
3224	10 (Pf) schw'vio'braun	ecc	2,—	3,—	1,—
3225	10 (Pf) schw'vio'ultramarin	ecd	2,—	3,—	1,—

Weitere Ausgaben „Persönlichkeiten der deutschen Arbeiterbewegung": Nr. 1907–1917, 2012, 2107–2110, 2264–2266, 2454 bis 2457, 2500, 2589–2592, 2686–2690, 2765–2769, 2849 bis 2851, 2920–2922, 3082–3085, 3300–3301

1989, 7. Febr. Fernsprechapparate im Wandel der Zeiten. Ⓜ Korn; Odr. (5×10 und 2×5 Zd.); gez. K 14.

ece) Telefonapparat von Philipp Reis (1861)
ecf) Wandapparat von Siemens & Halske (1882)
ecg) Wandapparat OB 03 (1903)
ech) Tischapparat OB 05 (1905)

3226	10 (Pf) mehrfarbig	ece	2,—	3,—	1,—
3227	20 (Pf) mehrfarbig	ecf	2,—	5,—	1,—
3228	50 (Pf) mehrfarbig	ecg	50,—	40,—	3,—
3229	85 (Pf) mehrfarbig	ech	7,—	100,—	5,—

Nr. 3226–3229 wurden einzeln und zusammenhängend gedruckt.

Zusammendrucke:

			BF
waagerecht:			
WZd 779	3226/3227	10/20	2,—
WZd 780	3226/3227/3228	10/20/10	3,—
WZd 781	3227/3226	20/10	2,—
WZd 782	3227/3226/3227	20/10/20	3,—
WZd 783	3228/3229	50/85	8,—
WZd 784	3228/3229/3228	50/85/50	10,—
WZd 785	3229/3228	85/50	8,—
WZd 786	3229/3228/3229	85/50/85	13,—
senkrecht:			
SZd 362	3226/3228	10/50	4,—
SZd 363	3226/3228/3226	10/50/10	4,—
SZd 364	3228/3226	50/10	4,—
SZd 365	3228/3226/3228	50/10/50	6,—
SZd 366	3227/3229	20/85	6,—
SZd 367	3227/3229/3227	20/85/20	7,—
SZd 368	3229/3227	85/20	6,—
SZd 369	3229/3227/3229	85/20/85	9,—

1989, 28. Febr. Bedeutende Persönlichkeiten. Ⓜ Gottschall; RaTdr. (5×10); gez. K 14.

eci) Ludwig Renn (1889–1979), Schriftsteller
eck) Carl von Ossietzky (1889–1938), Publizist
ecl) Adam Scharrer (1889–1948), Schriftsteller

Deutsche Demokratische Republik

ecm) Rudolf Mauersberger (1889–1971), Kreuzkantor

ecn) Johann Beckmann (1739–1811), Ökonom und Technologe

			EF	MeF	MiF
3230	10 (Pf) mehrfarbig	eci	2,—	3,—	1,—
3231	10 (Pf) mehrfarbig	eck	2,—	3,—	1,—
3232	10 (Pf) mehrfarbig	ecl	2,—	3,—	1,—
3233	10 (Pf) mehrfarbig	ecm	2,—	3,—	1,—
3234	10 (Pf) mehrfarbig	ecn	2,—	3,—	1,—

Weitere Ausgaben „Bedeutende Persönlichkeiten": Nr. 2199 bis 2202, 2336–2342, 2406–2411, 2492–2497, 2603–2608, 3091–3094

1989, 7. März. Leipziger Frühjahrsmesse. Volkamer; Odr. (5×10); gez. K 14.

eco) Messehaus „Handelshof" am Naschmarkt

ecp) Garküche und Brotscharren am Naschmarkt (1690)

3235	70 (Pf) mehrfarbig	eco	7,—	40,—	4,—
3236	85 (Pf) mehrfarbig	ecp	8,—	100,—	5,—

1989, 21. März. Blockausgabe: Thomas-Müntzer-Ehrung der DDR (I). Schmidt; Odr.; gez. Ks 13:12½.

ecr) Th. Müntzer (um 1489–1525), Theologe und Revolutionär

ecs)

3237	110 (Pf) hellchromgelb/schwarz	ecr	100,—	—,—	18,—
Block 97 (86:66 mm)		ecs	100,—	—,—	18,—

Weitere Ausgabe „Thomas-Müntzer-Ehrung": Nr. 3268–3273.

1989, 4. April. 150. Jahrestag der Inbetriebnahme der ersten deutschen Ferneisenbahn Leipzig–Dresden; 200. Geburtstag von Friedrich List. Glinski; Odr. (5×10); gez. K 14.

ect) F. List (1789–1846) Wirtschaftswissenschaftler

ecu) Dresdner Bahnhof in Leipzig (1839)

ecv) Leipziger Bahnhof in Dresden (um 1839)

3238	15 (Pf) mehrfarbig	ect	15,—	15,—	1,—
3239	20 (Pf) mehrfarbig	ecu	2,—	5,—	1,—
3240	50 (Pf) mehrfarbig	ecv	50,—	40,—	3,—

1989, 18. April. 250 Jahre Zwiebelmuster als Dekor auf Meißener Porzellan. Rieß; Odr.; I Format 25,5×43 mm (10×5), gez. K 12½:13; II Format 32,5×55 mm (2×2 Zd.), gez. K 14.

ecw) Teedose ecx) Vase ecy) Brotbrett ecz) Kaffeekanne

I Format 25,5×43 mm, gez. K 12½:13

			EF	MeF	MiF
3241 I	10 (Pf) mehrfarbig	ecw	2,—	3,—	1,—
3242 I	20 (Pf) mehrfarbig	ecx	2,—	5,—	1,—
3243 I	35 (Pf) mehrfarbig	ecy	4,—	12,—	2,—
3244 I	70 (Pf) mehrfarbig	ecz	7,—	40,—	4,—

II Format 32,5×55 mm, gez. K 14

3241 II	10 (Pf) mehrfarbig	ecw I	4,—	8,—	1,—
3242 II	20 (Pf) mehrfarbig	ecx I	4,—	10,—	1,—
3243 II	35 (Pf) mehrfarbig	ecy I	10,—	20,—	2,—
3244 II	70 (Pf) mehrfarbig	ecz I	20,—	40,—	4,—

Nr. 3241 I–3244 I wurden einzeln, Nr. 3241 II–3244 II zusammenhängend gedruckt.

Zusammendrucke:

			BF
waagerecht:			
WZd 787	3241 II/3242 II	10/20	4,—
WZd 788	3241 II/3242 II/3241 II	10/20/10	5,—
WZd 789	3242 II/3241 II	20/10	4,—
WZd 790	3242 II/3241 II/3242 II	20/10/20	5,—
WZd 791	3243 II/3244 II	35/70	8,—
WZd 792	3243 II/3244 II/3243 II	35/70/35	13,—
WZd 793	3244 II/3243 II	70/35	8,—
WZd 794	3244 II/3243 II/3244 II	70/35/70	15,—
senkrecht:			
SZd 370	3241 II/3243 II	10/35	5,—
SZd 371	3241 II/3243 II/3241 II	10/35/10	6,—
SZd 372	3243 II/3241 II	35/10	5,—
SZd 373	3243 II/3241 II/3243 II	35/10/35	8,—
SZd 374	3242 II/3244 II	20/70	8,—
SZd 375	3242 II/3244 II/3242 II	20/70/20	9,—
SZd 376	3244 II/3242 II	70/20	8,—
SZd 377	3244 II/3242 II/3244 II	70/20/70	14,—

1989, 2. Mai. Internationale Buchkunstausstellung (IBA), Leipzig. Bobbe; RaTdr. (10×5); gez. K 14.

eda) Initiale „I" edb) Initiale „B" edc) Initiale „A"

			EF	MeF	MiF
3245	20 (Pf) mehrfarbig	eda	2,—	5,—	1,—
3246	50 (Pf) mehrfarbig	edb	50,—	40,—	3,—
3247	1.35 (M) mehrfarbig	edc	20,—	—,—	7,—

Deutsche Demokratische Republik

1989, 9. Mai. Pfingsttreffen der Freien Deutschen Jugend (FDJ), Berlin; Weltfestspiele der Jugend und Studenten, Pjöngjang. ⌧ Lehmann; Odr. (2×10 Zd.); gez. K 13:12½.

ede) Bauwerke im Zentrum Berlins, Emblem	Zierfeld: FDJ-Emblem	edd) Bauwerke in Pjöngjang, Emblem

				EF	MeF	MiF
3248	20 (Pf) mehrfarbig	......	edd	3,—	5,—	1,—
3249	20 (Pf)+5 (Pf) mehrfarbig	.	ede	3,—	5,—	1,—

Nr. 3248–3249 wurden, durch Zierfeld verbunden, zusammenhängend gedruckt.

Zusammendrucke (nur waagerecht): BF

WZd 795	3249/Zf	20+5/Zf	2,—
WZd 796	3249/Zf/3248	20+5/Zf/20	3,—
WZd 797	Zf/3248	Zf/20	2,—
WZd 798	Zf/3248/3249	Zf/20/20+5	4,—
WZd 799	3248/3249	20/20+5	4,—
WZd 800	3248/3249/Zf	20/20+5/Zf	5,—

1989, 16. Mai. 225. Geburtstag von Johann Gottfried Schadow. ⌧ Rieß; RaTdr. (10×5); gez. K 14.

edf) Prinzessin Luise (Detail)	edg) Prinzessin Friederike (Detail)

edf–edg) Doppelstandbild von J. G. Schadow (1764–1850), Bildhauer

				EF	MeF	MiF
3250	50 (Pf) mehrfarbig	......	edf	50,—	40,—	3,—
3251	85 (Pf) mehrfarbig	......	edg	8,—	—,—	5,—

1989, 16. Mai. 100 Jahre Carl-Zeiss-Stiftung, Jena. ⌧ Haller; RaTdr. (3×5 Zd.); gez. K 14.

edh) Interferenzmikroskop „JENAVAL interphako"
Zierfeld: Ernst Abbe (1840–1905), Physiker und Sozialreformer
edi) Zweikoordinatenmeßgerät ZKM 01-250 C

				EF	MeF	MiF
3252	50 (Pf) mehrfarbig	......	edh	60,—	50,—	3,—
3253	85 (Pf) mehrfarbig	......	edi	10,—	—,—	5,—

Nr. 3252–3253 wurden, durch Zierfeld verbunden, zusammenhängend gedruckt.

Zusammendrucke (nur waagerecht): BF

WZd 801	3252/Zf	50/Zf	3,—
WZd 802	3252/Zf/3253	50/Zf/85	7,—
WZd 803	Zf/3253	Zf/85	6,—
WZd 804	Zf/3253/3252	Zf/85/50	8,—
WZd 805	3253/3252	85/50	8,—
WZd 806	3253/3252/Zf	85/50/Zf	8,—

1989, 23. Mai. 200. Jahrestag der Antrittsrede Friedrich Schillers an der Universität Jena. ⌧ Kraus; RaTdr. (3×5 Zd.); gez. K 14.

edk) Titelseite der Antrittsrede
Zierfeld: Friedrich von Schiller (1759–1805), Dichter
edl) Ausschnitt aus der Antrittsrede

				EF	MeF	MiF
3254	25 (Pf) mehrfarbig	......	edk	7,—	22,—	2,—
3255	85 (Pf) mehrfarbig	......	edl	8,—	—,—	5,—

Nr. 3254–3255 wurden, durch Zierfeld verbunden, zusammenhängend gedruckt.

Zusammendrucke (nur waagerecht): BF

WZd 807	3254/Zf	25/Zf	2,—
WZd 808	3254/Zf/3255	25/Zf/85	7,—
WZd 809	Zf/3255	Zf/85	6,—
WZd 810	Zf/3255/3254	Zf/85/25	8,—
WZd 811	3255/3254	85/25	7,—
WZd 812	3255/3254/Zf	85/25/Zf	8,—

1989, 13. Juni. Blockausgabe: Alfred Edmund und Christian Ludwig Brehm. ⌧ Soest; Odr.; gez. Ks 14.

edm) A. E. Brehm (1829–1884), Zoologe	edn) Chr. L. Brehm (1787–1864), luther. Pfarrer und Ornithologe

				EF	MeF	MiF
3256	50 (Pf) mehrfarbig	....	edm	50,—	40,—	8,—
3257	85 (Pf) mehrfarbig	......	edn	15,—	—,—	13,—
Block 98	(110×80 mm)	....	edo	80,—	—,—	35,—

1989, 4. Juli. 200. Jahrestag der Französischen Revolution. ⌧ Rieß; RaTdr. (3×10); gez. K 13.

edp) Sturm auf die Bastille	edr) Sansculotten mit Fahnenträger	eds) Erstürmung der Tuilerien

				EF	MeF	MiF
3258	5 (Pf) mehrfarbig	......	edp	5,—	5,—	1,—
3259	20 (Pf) mehrfarbig	......	edr	2,—	5,—	1,—
3260	90 (Pf) mehrfarbig	....	eds	10,—	80,—	5,—

1989, 18. Juli. Internationaler Kongreß für Pferdezucht der sozialistischen Staaten, Berlin. ⊠ Abramowski-Lautenschläger; Odr. (5×5); gez. K 13¼.

edt) Haflinger

edu) Englisches Vollblut

edv) Kaltblut

edw) Edles Warmblut

				EF	MeF	MiF
3261	10 (Pf)	mehrfarbig	edt	2,—	3,—	1,—
3262	20 (Pf)	mehrfarbig	edu	2,—	5,—	1,—
3263	70 (Pf)	mehrfarbig	edv	8,—	40,—	4,—
3264	110 (Pf)	mehrfarbig	edw	50,—	—,—	18,—

1989, 8. Aug. Nationale Briefmarkenausstellung, Magdeburg. ⊠ Rieß; Odr. (5×10 und 4×5); gez. K 13:12½.

edx) Eulenspiegelbrunnen

edy) Teufelsbrunnen

3265	20 (Pf)	mehrfarbig	edx	2,—	5,—	1,—
3266	70 (Pf)+5 (Pf)	mehrfarbig	edy	7,—	40,—	4,—

Nr. 3265–3266 wurden jeweils sowohl in Bogen zu 50 Marken als auch jeweils in Bogen zu 10 waagerechten Markenpaaren mit Zwischenstegen gedruckt.

Zwischenstegpaare (ZW):

waagerecht:		BF
3265 ZW		3,—
3266 ZW		8,—

senkrecht:

Die senkrechten Paare weisen im Zwischensteg je nach Lage im Bogen verschiedene Wortfragmente auf.

3265 ZS		3,—
3266 ZS		9,—

Herzstück (Hz)		BF
3265 Hz		—,—
3266 Hz		—,—

1989, 22. Aug. Blockausgabe: Leipziger Herbstmesse. ⊠ Zill; Odr.; gez. Ks 14.

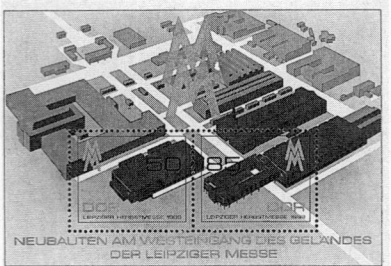

edz   eea

edz–eea) Neubauten am Westeingang des Messegeländes

				EF	MeF	MiF
3267	50 (Pf)	mehrfarbig	edz	50,—	40,—	3,—
3268	85 (Pf)	mehrfarbig	eea	15,—	—,—	5,—
Block 99	(105:75 mm)		eeb	80,—	—,—	18,—

1989, 22. Aug. Thomas-Müntzer-Ehrung der DDR (II). ⊠ Schmidt; Odr. (5×5, Nr. 3271 auch Kleinbogen 2×2); gez. K 14.

eec

eed

eee

eef

eeg

eec–eeg) Frühbürgerliche Revolution in Deutschland 1525 (Details); Monumentalgemälde von Werner Tübke (* 1929) im Panoramamuseum, Bad Frankenhausen

3269	5 (Pf)	mehrfarbig	eec	5,—	5,—	1,—
3270	10 (Pf)	mehrfarbig	eed	2,—	3,—	1,—
3271	20 (Pf)	mehrfarbig	eee	2,—	5,—	1,—
3272	50 (Pf)	mehrfarbig	eef	50,—	40,—	3,—
3273	85 (Pf)	mehrfarbig	eeg	8,—	—,—	5,—
	Kleinbogen mit Nr. 3271			30,—	80,—	8,—

Weitere Ausgabe „Thomas-Müntzer-Ehrung": Block 97.

Viele Marken der DDR auf ✉ sind mit Stempeldaten bis zum 30. Juni 1990 teurer als mit Stempeldaten ab dem 1. Juli 1990. Die Katalognotierungen gelten, soweit nicht abweichend angegeben, stets für die billigste Sorte.

Deutsche Demokratische Republik

1989, 5. Sept. 30 Jahre Nationale Mahn- und Gedenkstätte Ravensbrück. ✍ Rieß; RaTdr. (5×5); gez. K 14.

eeh) Müttergruppe; Bronzefigurengruppe (1965) in der Mahn- und Gedenkstätte Ravensbrück

		EF	MeF	MiF
3274	35 (Pf) mehrfarbig .... eeh	4,—	12,—	2,—

1989, 5. Sept. Solidarität. ✍ Lehmann; RaTdr. (10×5); gez. K 14.

eei) Afrikanische Kinder, UNICEF-Emblem

| 3275 | 10 (Pf)+5 (Pf) mehrfarbig ... eei | 2,— | 3,— | 1,— |

1989, 19. Sept. Blattkakteenzüchtungen. ✍ Gottschall; Odr. (8×5); gez. K 13.

eek) Epiphyllum-Hybride „Adriana" eel) Epiphyllum-Hybride „Feuerzauber" eem) Epiphyllum-Hybride „Franzisko"

3276	10 (Pf) mehrfarbig .... eek	2,—	3,—	1,—
3277	35 (Pf) mehrfarbig .... eel	4,—	12,—	2,—
3278	50 (Pf) mehrfarbig .... eem	50,—	40,—	3,—

1989, 3. Okt. 40 Jahre Deutsche Demokratische Republik. ✍ Rieß; Odr. (5×5); gez. K 14.

een) Lernende Jugend   eeo) Sozialistische Landwirtschaft

eep) Bündnis der antifaschistisch-demokratischen Parteien, Parteifahnen   eer) Moderner Maschinenbau

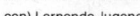

een–eer) Friedenstaube, Staatsflagge

3279	5 (Pf) mehrfarbig .... een	5,—	5,—	1,—
3280	10 (Pf) mehrfarbig .... eeo	2,—	3,—	1,—
3281	20 (Pf) mehrfarbig .... eep	2,—	5,—	1,—
3282	25 (Pf) mehrfarbig .... eer	7,—	22,—	2,—

Blockausgabe

ees) Bauarbeiter
eet

		EF	MeF	MiF
3283	135 (Pf) mehrfarbig .... ees	60,—	200,—	7,—
Block 100	(113×96 mm) .... eet	70,—	200,—	7,—

1989, 7. Nov. 100. Geburtstag von Dschawaharlal Nehru. ✍ Detlefsen; RaTdr. (5×10); gez. K 14:13¾.

eeu) D. Nehru (1889–1964), indischer Staatsmann

| 3284 | 35 (Pf) mehrfarbig .... eeu | 4,— | 12,— | 2,— |

1989, 7. Nov. Historische Denkmale: Rolandsäulen. ✍ Soest; RaTdr. (5×10); gez. K 14.

eev) Zerbst (1445)   eew) Halberstadt (1433)   eex) Buch/Altmark (1611)   eey) Perleberg (1546)

3285	5 (Pf) mehrfarbig .... eev	4,—	5,—	1,—
3286	10 (Pf) mehrfarbig .... eew	2,—	3,—	1,—
3287	20 (Pf) mehrfarbig .... eex	2,—	5,—	1,—
3288	50 (Pf) mehrfarbig .... eey	50,—	40,—	3,—

Mit MICHEL immer gut informiert

1989, 28. Nov. Erzgebirgische Leuchterspinnen. ⌧ Scheuner; Odr., Kleinbogenrand komb. StTdr. und Odr. (Kleinbogen 3×2); gez. K 14.

eez) Schneeberg (um 1860)	efa) Laufleuchter, Schwarzenberg (um 1850)	efb) Annaberg (um 1800)
efc) Seiffen (um 1900)	efd) Seiffen (um 1930)	efe) Annaberg (um 1925)

			EF	MeF	MiF
3289	10 (Pf) mehrfarbig	eez	4,—	10,—	1,—
3290	20 (Pf) mehrfarbig	efa	3,—	10,—	1,—
3291	25 (Pf) mehrfarbig	efb	6,—	25,—	2,—
3292	35 (Pf) mehrfarbig	efc	5,—	15,—	2,—
3293	50 (Pf) mehrfarbig	efd	50,—	40,—	3,—
3294	70 (Pf) mehrfarbig	efe	8,—	40,—	4,—
	Kleinbogen		200,—	—,—	12,—

Nr. 3289–3294 wurden im Kleinbogen zusammenhängend gedruckt.

Zusammendrucke:

waagerecht:			BF
WZd 813	3289/3290	10/20	2,—
WZd 814	3289/3290/3291	10/20/25	4,—
WZd 815	3290/3291	20/25	3,—
WZd 816	3292/3293	35/50	5,50
WZd 817	3292/3293/3294	35/50/70	9,—
WZd 818	3293/3294	50/70	7,50
senkrecht:			
SZd 378	3289/3292	10/35	3,—
SZd 379	3290/3293	20/50	4,—
SZd 380	3291/3294	25/70	5,50

1990,
9. Jan. Die Biene. ⌧ Abramowski-Lautenschläger; Odr. (5×10); gez. K 14.

eff) Apfelblüte	efg) Blühendes Heidekraut	efh) Rapsblüte	efi) Rotkleeblüte

eff–efi) Honigbiene (Apis mellifica)

			EF	MeF	MiF
3295	5 (Pf) mehrfarbig	eff	5,—	15,—	1,—
3296	10 (Pf) mehrfarbig	efg	2,—	3,—	1,—
3297	20 (Pf) mehrfarbig	efh	2,—	5,—	2,—
3298	50 (Pf) mehrfarbig	efi	50,—	40,—	3,—

1990, 12. Jan. 500 Jahre internationale Postverbindungen in Europa. ⌧ Bundesdruckerei Berlin/Kößlinger; Odr. (10×5); gez. K 13:13¼.

efk) Der kleine Postreiter (Detail); Stich von Albrecht Dürer (1471–1528), Maler und Grafiker

			EF	MeF	MiF
3299	35 (Pf) mehrfarbig	efk	6,—	15,—	4,—

1990, 16. Jan. Persönlichkeiten der deutschen Arbeiterbewegung. ⌧ Stauf; Odr. (10×5); gez. K 13¾:14.

efl) Bruno Leuschner (1910–1965)	efm) Erich Weinert (1890–1953)

			EF	MeF	MiF
3300	10 (Pf) dunkelbraun	efl	2,—	3,—	2,—
3301	10 (Pf) schwarzblau	efm	2,—	3,—	2,—

Weitere Ausgaben „Persönlichkeiten der deutschen Arbeiterbewegung": Nr. 1907–1917, 2012, 2107–2110, 2264–2266, 2454 bis 2457, 2500, 2589–2592, 2586–2690, 2765–2769, 2849 bis 2851, 2920–2922, 3082–3085, 3222–3225

1990, 6. Febr. Tag der Werktätigen des Post- und Fernmeldewesens: Historische Posthausschilder. ⌧ Bertholdt; Nr. 3302 bis 3305 Format 28×33 mm, RaTdr. (10×5); gez. K 13¾:14; Nr. 3306–3309 Format 36×45 mm, Odr. (2×2 Zd.), gez. K 13¼.

efn   efo   efp   efr

efn) Fürstliche Thurn- und Taxissche Lehnspost-Expedition des Fürstentums Schwarzburg-Rudolstadt, Blankenburg
efo) Königlich-Sächsische Briefsammlung
efp) Kaiserliche Postagentur
efr) Posthülfstelle

Format 28×33 mm, RaTdr., gez. K 13¾:14

			EF	MeF	MiF
3302	10 (Pf) mehrfarbig	efn	2,—	3,—	1,—
3303	20 (Pf) mehrfarbig	efo	2,—	5,—	1,—
3304	50 (Pf) mehrfarbig	efp	50,—	40,—	4,—
3305	110 (Pf) mehrfarbig	efr	50,—	—,—	18,—

Format 36×45 mm, Odr., gez. K 13¼

3306	10 (Pf) mehrfarbig	efn l	10,—	10,—	1,—
3307	20 (Pf) mehrfarbig	efo l	15,—	15,—	1,—
3308	50 (Pf) mehrfarbig	efp l	60,—	50,—	4,—
3309	110 (Pf) mehrfarbig	efr l	70,—	—,—	18,—

Nr. 3302–3305 wurden einzeln, Nr. 3306–3309 zusammenhängend gedruckt.
Nr. 3302–3305 unterscheiden sich von Nr. 3306–3309 auch noch in der Farbe des Wappenrahmens mit Wertangabe und Landesnamen.

Zusammendrucke:

waagerecht:			BF
WZd 819	3306/3307	10/20	3,—
WZd 820	3306/3307/3306	10/20/10	4,—
WZd 821	3307/3306	20/10	3,—
WZd 822	3307/3306/3307	20/10/20	5,—
WZd 823	3308/3309	50/110	12,—
WZd 824	3308/3309/3308	50/110/50	17,—
WZd 825	3309/3308	110/50	12,—
WZd 826	3309/3308/3309	110/50/110	20,—

Deutsche Demokratische Republik

senkrecht:

			BF
SZd 381	3306/3308	10/50	5,—
SZd 382	3306/3308/3306	10/50/10	7,—
SZd 383	3308/3306	50/10	6,—
SZd 384	3308/3306/3308	50/10/50	9,—
SZd 385	3307/3309	20/110	10,—
SZd 386	3307/3309/3307	20/110/20	12,—
SZd 387	3309/3307	110/20	12,—
SZd 388	3309/3307/3309	110/20/110	20,—

1990, 20. Febr. 150. Geburtstag von August Bebel. ◫ Kraus; RaTdr. (5×10); gez. K 14.

efs) A. Bebel (1840–1913), Mitbegründer und Führer der deutschen Sozialdemokratie

		EF	MeF	MiF
3310	20 (Pf) mehrfarbig .... efs	4,—	5,—	2,—

1990, 20. Febr. Historische Flugmodelle; Europäische Luftpostausstellung „Lilienthal '91". ◫ Rieß; Odr. (8×5); gez. K 13.

eft) Entwurf eines Flügels und eines Flugzeugs von Leonardo da Vinci (1452–1519), italienischer Maler, Ingenieur und Erfinder

efu) Gleitflugzeug (1733) von Melchior Bauer, Flugpionier

efv) Hängegleiter von Albrecht-Ludwig Berblinger (1770–1829), Flugpionier

efw) Hängegleiter von Otto Lilienthal (1848–1896), Ingenieur

3311	20 (Pf) mehrfarbig .... eft	3,—	6,—	1,—
3312	35 (Pf)+5 (Pf) mehrfarbig ... efu	8,—	15,—	2,—
3313	50 (Pf) mehrfarbig .... efv	40,—	30,—	3,—
3314	90 (Pf) mehrfarbig .... efw	20,—	80,—	5,—

1990, 28. Febr. „Wir sind das Volk". ◫ Fiedler, Köhler; RaTdr. (6×5); gez. K 13.

efx) Nikolaikirche, Leipzig; Stadtwappen

3315	35 (Pf)+15 (Pf) mehrfarbig . efx	10,—	18,—	3,—

1990, 6. März. Leipziger Frühjahrsmesse. ◫ Volkamer; Odr. (10×5); gez. K 12½:13.

efy) Siegel des Messeprivilegs von 1268

efz) Siegel des Messeprivilegs von 1497

efy–efz) Historische Stadtansicht von Leipzig

3316	70 (Pf) mehrfarbig .... efy	10,—	40,—	4,—
3317	85 (Pf) mehrfarbig .... efz	10,—	—,—	5,—

1990, 6. März. Museum für Deutsche Geschichte im Zeughaus Berlin. ◫ Ebert; RaTdr. (10×5); gez. K 13¾:14.

ega   egb

ega–egb) Köpfe sterbender Krieger; Schlußsteinreliefs von Fensterwölbungen am Berliner Zeughaus von Andreas Schlüter (um 1660–1714), Bildhauer und Baumeister

		EF	MeF	MiF
3318	40 (Pf) mehrfarbig .... ega	7,—	22,—	2,—
3319	70 (Pf) mehrfarbig .... egb	10,—	40,—	4,—

1990, 20. März. Bedeutende Persönlichkeiten. ◫ Glinski; RaTdr. (5×10); gez. K 14.

egc) Friedrich Adolph Wilhelm Diesterweg (1790–1866), Pädagoge

egd) Kurt Tucholsky (1890–1935), Schriftsteller

3320	10 (Pf) mehrfarbig .... egc	3,—	3,—	2,—
3321	10 (Pf) mehrfarbig .... egd	3,—	3,—	2,—

1990, 3. April. 100 Jahre Tag der Arbeit (1. Mai). ◫ Haller; RaTdr. (10×5); gez. K 14.

ege) Historisches Mai-Schmuckblatt (um 1890)

egf) Rote Nelke

3322	10 (Pf) mehrfarbig .... ege	3,—	3,—	1,—
3323	20 (Pf) mehrfarbig .... egf	3,—	10,—	2,—

1990, 17. April. 100 Jahre Museum für Naturkunde der Humboldt-Universität Berlin. ◫ Lange; Odr. (Nr. 3324–3326 5×10, Nr. 3327–3328 10×5, Nr. 3325 auch Kleinbogen 2×2); gez. K 13:12½, Hochformate ~.

  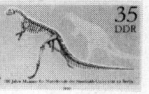

egg) Dicraeosaurus   egh) Kentrurosaurus   egi) Dysalotosaurus

egk) Brachiosaurus

egl) Schädel des Brachiosaurus

3324	10 (Pf) mehrfarbig .... egg	3,—	4,—	1,—
3325	25 (Pf) mehrfarbig .... egh	10,—	22,—	2,—
3326	35 (Pf) mehrfarbig .... egi	8,—	15,—	2,—
3327	50 (Pf) mehrfarbig .... egk	40,—	30,—	3,—
3328	85 (Pf) mehrfarbig .... egl	10,—	100,—	5,—
	Kleinbogen mit Nr. 3325	50,—	200,—	15,—

1990, 8. Mai. 150 Jahre Briefmarken. ◨ Gottschall; Odr. (10×5); gez. K 14.

egm) Marke Großbritannien Nr. 1 egn) Marke Sachsen Nr. 1 ego) Marke DDR Nr. 242

			EF	MeF	MiF
3329	20 (Pf) mehrfarbig	egm	6,—	10,—	2,—
3330	35 (Pf)+15 (Pf) mfg.	egn	10,—	20,—	4,—
3331	110 (Pf) mehrfarbig	ego	60,—	—,—	18,—

1990, 15. Mai. 125 Jahre Internationale Fernmeldeunion (UIT). ◨ Rieß; Odr. (10×5); gez. K 14.

egp) Typendruck-Telegraph (1855) von E. Hughes und Porträt egr) Verteilergestänge am Postamt Köpenick egs) Fernseh- und UKW-Turm und Senderegie (Rundfunk) egt) Nachrichtensatellit vom Typ Molnija vor Erdkugel

3332	10 (Pf) mehrfarbig	egp	3,—	3,—	1,—
3333	20 (Pf) mehrfarbig	egr	6,—	10,—	2,—
3334	25 (Pf) mehrfarbig	egs	10,—	22,—	2,—
3335	50 (Pf) mehrfarbig	egt	40,—	30,—	3,—

Blockausgabe

egu) Philipp Reis (1834–1874), Ingenieur

3336	70 (Pf) mehrfarbig	egu	25,—	70,—	6,—
Block 101	(82×57 mm)	egv	30,—	75,—	8,—

1990, 15. Mai. 70. Geburtstag von Papst Johannes Paul II. ◨ Rieß; Odr. (10×5); gez. K 14.

egw) Papst Johannes Paul II.

3337	35 (Pf) mehrfarbig	egw	10,—	12,—	2,—

1990, 5. Juni. Briefmarkenausstellung der Jugend, Halle. ◨ Rieß; Odr. (2×10 Zd.); gez. K 13:12½.

egx) Halle (Anfang 18. Jh.) Zierfeld: Stadtwappen egy) Historische und moderne Gebäude in Halle

			EF	MeF	MiF
3338	10 (Pf)+5 (Pf) mehrfarbig	egx	3,—	3,—	1,—
3339	20 (Pf) mehrfarbig	egy	6,—	10,—	1,—

Nr. 3338–3339 wurden, durch Zierfeld verbunden, zusammenhängend gedruckt.

Zusammendrucke (nur waagerecht):

WZd 827	3338/Zf	10+5/Zf	2,—
WZd 828	3338/Zf/3339	10+5/Zf/20	3,—
WZd 829	Zf/3339	Zf/20	3,—
WZd 830	Zf/3339/3338	Zf/20/10+5	4,—
WZd 831	3339/3338	20/10+5	3,—
WZd 832	3339/3338/Zf	20/10+5/Zf	4,—

1990, 19. Juni. Kostbarkeiten in Bibliotheken der DDR. ◨ Lehmann; Odr. (5×10); gez. K 13:12½.

egz) Ordensregeln (1264) eha) Rudimentum novitiorum (1475)

ehb) Chosrou wa Schirin (18. Jh.) ehc) Einband der Amalienbibliothek (18. Jh.)

egz–ehc) Exponate aus der Deutschen Staatsbibliothek, Berlin

3340	20 (Pf) mehrfarbig	egz	10,—	12,—	1,—
3341	25 (Pf) mehrfarbig	eha	15,—	20,—	2,—
3342	50 (Pf) mehrfarbig	ehb	15,—	25,—	3,—
3343	110 (Pf) mehrfarbig	ehc	5,50	—,—	18,—

1 Deutsche Mark (DM) = 100 Pfennig

1990, 2. Juli. Freimarken: Bauwerke und Denkmäler. ◨ Detlefsen; RaTdr. (10×10); gez. K 14¼:14.

ehd) Albrechtsburg und Dom, Meißen

ehe) Goethe-Schiller-Denkmal, Weimar ehf) Brandenburger Tor, Berlin ehg) Kyffhäuser-Denkmal ehh) Semper-Oper, Dresden

ehi) Schloß Sanssouci, Potsdam ehk) Wartburg, Eisenach ehl) Dom, Magdeburg ehm) Schloß, Schwerin

3344	10 (Pf) dunkelblau	ehd	—,—	3,—	1,—
3345	30 (Pf) dunkeloliv	ehe	2,—	3,—	1,50
3346	50 (Pf) smaragdgrün	ehf	3,—	4,—	3,—
3347	60 (Pf) rotbraun	ehg	5,—	8,—	2,50
3348	70 (Pf) braun	ehh	5,—	6,—	3,—
3349	80 (Pf) schwarzorangerot	ehi	6,—	10,—	3,—
3350	100 (Pf) lilapurpur	ehk	6,—	12,—	4,—
3351	200 (Pf) purpurviolett	ehl	8,—	15,—	8,—
3352	500 (Pf) dkl'gelbl'grün	ehm	30,—	80,—	20,—

Gültig bis 31. 12. 1991

1990, 24. Juli. Internationales Jahr der Alphabetisierung. Nicht ausgegebene Marke mit rotem Bdr.-Aufdruck. ✉ Gottschall; RaTdr. (10×5); gez. K 14.

ehn) Buchstaben verschiedener Schriften

			EF	MeF	MiF
3353	30 (Pf)+5 (Pf) auf 10 (Pf)+5 (Pf) mehrfarbig	(ehn)	10,—	20,—	6,—

Von Nr. 3353 sind zahlreiche Aufdruckverschiebungen sowie -farbschwankungen bekannt.

Die Reihenwertzähler wurden nicht der geänderten Nominale angepaßt.

Gültig bis 31. 12. 1991

1990, 28. Aug. 500 Jahre internationale Postverbindungen in Europa (II). ✉ Rieß; Odr. (5×10); gez. K 13:12½.

eho) Briefbote (Kartenspiel aus dem 15. Jh.), Briefbote (um 1486)

ehp) Der kleine Postreiter, Stich von A. Dürer (16. Jh.), Postreiter (um 1590)

ehr) Kutschwagen (um 1595), Postwagen (1750)

ehs) Bahnpostwagen (1872), Bahnpostwagen (um 1900)

				EF	MeF	MiF
3354	30 (Pf)	mehrfarbig	eho	4,—	5,—	2,—
3355	50 (Pf)	mehrfarbig	ehp	3,—	6,—	3,—
3356	70 (Pf)	mehrfarbig	ehr	10,—	15,—	4,—
3357	100 (Pf)	mehrfarbig	ehs	12,—	20,—	6,—

Gültig bis 31. 12. 1991

1990, 18. Sept. Wiederaufbau der Neuen Synagoge Berlin. ✉ Lenz. Odr. (10×5); gez. K 14.

 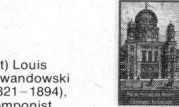

eht) Louis Lewandowski (1821–1894), Komponist

ehu) Neue Synagoge Berlin

				EF	MeF	MiF
3358	30 (Pf)	mehrfarbig	eht	4,—	5,—	2,—
3359	50 (Pf)+15 (Pf)	mehrfarbig	ehu	4,—	8,—	3,50

Gültig bis 31. 12. 1991

1990, 2. Okt. Kongreß der Internationalen Astronautischen Föderation, Dresden. ✉ Glinski; RaTdr. (5×10); gez. K 14.

ehv) Bauwerke in Dresden

ehw) Erde

ehx) Mond

ehy) Mars

				EF	MeF	MiF
3360	30 (Pf)	mattblaugrau/ schwarz	ehv	4,—	5,—	2,—
3361	50 (Pf)	mehrfarbig	ehw	3,—	6,—	2,50
3362	70 (Pf)	mehrfarbig	ehx	7,—	10,—	3,50
3363	100 (Pf)	mehrfarbig	ehy	12,—	20,—	5,—

Gültig bis 31. 12. 1991

1990, 2. Okt. Heinrich-Schliemann-Ehrung. ✉ Fiedler; RaTdr. (Nr. 3364 10×5, Nr. 3365 5×10); gez. K 14.

ehz) Doppelhenkelbecher (ca. 2600 bis 1900 v. Chr.)

eia) Doppelgefäß (ca. 2600 bis 1900 v. Chr.)

ehz–eia) H. Schliemann (1822–1890), Archäologe

				EF	MeF	MiF
3364	30 (Pf)	mehrfarbig	ehz	4,—	5,—	2,—
3365	50 (Pf)	mehrfarbig	eia	4,—	6,—	3,—

Gültig bis 31. 12. 1991

Mischfrankaturen zwischen DDR-Marken in Ost-Mark- und DM-Währung und Ausgaben Bundesrepublik Deutschland und/oder Berlin waren in der DDR ab 2. Juli bis 2. Oktober 1990 möglich.

Alle Marken der DDR von Nr. 1004 bis 3343 gültig bis 2. 10. 1990

Spendenmarken mit Frankaturkraft

1972/1973

Eine Spendenmarke von 1971 wurde vom Verkauf zurückgezogen; ✉ nicht bekannt.

1972/1973. Spendenmarken zur gleichzeitigen Freimachung der Einsendungen für das Preisausschreiben der Zeitung „Junge Welt" und des Jugendstudios DT 64 zu den 10. Weltfestspielen der Jugend und Studenten 1973 in Berlin. ✉ DWD; RaTdr. (6×5); gez. K 13.

b) Emblem der Weltfestspiele

				EF
1	1,— (M)	mehrfarbig	b	50,—
2	1,— (M)	mehrfarbig	b	50,—

Die Spendenmarken MiNr. 1 und 2 wurden auf Tippscheine für die 1., 2. und 3. Runde des Preisausschreibens aufgeklebt und an die Redaktion eingesandt. Sie waren nicht zu entwerten. ✉-Preise gelten für Tippscheine ohne Entwertung. Tippscheine mit gestempelten Spendenmarken Zuschlag 200%.

Nach Abschluß des Preisausschreibens wurden die Tippscheine, mit einem Nebenstempel der Redaktion versehen, zum Verkaufspreis von 1,— M an Sammler abgegeben.

Eine ähnliche Spendenmarke aus dem Jahr 1979 hatte keine Frankaturkraft.

Deutsche Demokratische Republik

Dienstmarken
Gültig nur innerhalb der DDR

A. Verwaltungspost B

1954, 15. Aug./1. Okt. Zirkelbogen nach links (DAa). K. Eigler; Odr. Graph. Werkstätten in Bogen zu 100 Marken; Wz. 2 X; gez. K 13:12½.

DAa) Wappen der DDR, Grund des Mittelstückes punktiert

			Frankaturen vom 15.8.1954 – 30.9.1954			Frankaturen ab 1.10.1954		
			EF	MeF	MiF	EF	MeF	MiF
1 X.	5 (Pfg.)	smaragdgrün		28.—	10.—	5.—	3.—	3.—
2.	6 (Pfg.)	blauviolett	30.—	27.—	27.—		30.—	20.—
3.	8 (Pfg.)	braunorange	70.—	50.—	30.—		30.—	4.—
4.	10 (Pfg.)	blaugrün	20.—	12.—	10.—	3.—	3.—	3.—
5.	12 (Pfg.)	grünlichblau	12.—	5.—	8.—		20.—	3.—
6 X.	15 (Pfg.)	purpurviolett (1.10.)				3.—	25.—	3.—
7.	16 (Pfg.)	purpurviolett	18.—	25.—	14.—		50.—	6.—
8 X.	20 (Pfg.)	dunkelgrauoliv		30.—	8.50	2.—	2.—	2.—
9.	24 (Pfg.)	bräunlichrot	12.—	20.—	20.—		25.—	6.—
10 X.	25 (Pfg.)	schwarzblaugrün (1.10.)				40.—	30.—	25.—
11.	30 (Pfg.)	braunrot	95.—	60.—	12.—	80.—	50.—	4.—
12.	40 (Pfg.)	mittelrot	50.—	20.—	5.—	2.50	4.—	2.50
13.	48 (Pfg.)	bläulichviolett	140.—		125.—			40.—
14 X.	50 (Pfg.)	(hell)bläulichviolett (1.10.)				50.—	25.—	10.—
15.	60 (Pfg.)	blau	120.—	80.—	40.—	40.—	30.—	10.—
16.	70 (Pfg.)	mittellilabraun (1.10.)				5.—	18.—	5.—
17.	84 (Pfg.)	lilabraun	280.—		230.—			200.—

1954/56. Zirkelbogen nach rechts (DAb). K. Eigler; Bdr. Graph. Werkstätten in Bogen zu 100 Marken; Wz. 2 X; gez. K 13:12½.

DAb) Wappen der DDR
Grund des Mittelstückes senkrecht schraffiert

 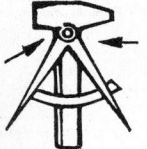 

Type I
geschlossener Zirkelknopf und geschlossener Schenkel

Type II
offener Zirkelknopf und offener Schenkel

Type II a
offener Zirkelknopf und geschlossener Schenkel

			I (1954)			II (1956)			II a (Feld 32)		
			EF	MeF	MiF	EF	MeF	MiF	EF	MeF	MiF
18 X.	5 (Pfg.)	smaragdgrün	9.—	9.—	7.50	55.—	70.—	50.—			
19.	10 (Pfg.)	blaugrün	2.—	2.—	2.—	—.—	—.—	—.—			
20.	12 (Pfg.)	grünlichblau		25.—	2.—						
Frankatur vom 15.8.1954–30.9.1954			280.—	225.—	280.—						
21.	15 (Pfg.)	purpurviolett	2.—	6.—	2.—				—.—	—.—	—.—
22.	20 (Pfg.)	(dkl)grauoliv (1956)	3.—	3.—	4.—	7.—	10.—	7.—			
23.	25 (Pfg.)	dunkelblaugrün	30.—	35.—	12.—						
24.	30 (Pfg.)	braunrot	100.—	40.—	35.—						
25.	40 (Pfg.)	mittelrot	3.—	5.—	2.50						
26.	50 (Pfg.)	violett	60.—	30.—	3.—						
27 X.	70 (Pfg.)	lilabraun	3.50	15.—	4.—						

**Wenn Sie eine eilige philatelistische Anfrage haben, rufen Sie bitte (0 89) 3 23 93-2 24.
Die MICHEL-Redaktion gibt Ihnen gerne Auskunft.**

Deutsche Demokratische Republik

1955, Dez. Zirkelbogen nach links, aber in Bdr. Graph. Werkstätten in Bogen zu 100 Marken; Wz. 2 X; gez. K 13 : 12½.

DAa I) Wappen der DDR, Grund des Mittelstückes senkrecht schraffiert

		EF	MeF	MiF
28.	20 (Pfg.) dunkelgrauoliv . . DAa	2.50	4.—	3.—

1956. Zirkelbogen nach rechts (DAb). Bdr. Graph. Werkstätten und Wertp.-Druck. auf gefasertem Papier in Bogen zu 100 Marken; Wz. 2 X; gez. K 13 : 12½.

		EF	MeF	MiF
29.	5 (Pfg.) smaragdgrün (Type II)	12.—	10.—	10.—
30.	10 (Pfg.) blaugrün (Type II)	10.—	10.—	10.—
31.	15 (Pfg.) purpurviolett			
	II. Type II	22.—	26.—	20.—
	IIa. Type IIa	—.—	—.—	400.—
32.	20 (Pfg.) dunkelgrauoliv			
	I. Type I	300.—	—.—	—.—
	II. Type II	10.—	12.—	10.—
33.	40 (Pfg.) dunkelbraunrot (Type I)	10.—	17.—	10.—

1957/60. Zirkelbogen nach rechts (DAb), Type II. Bdr. auf gefasertem Papier Graph. Werkstätten und Wertp.-Druck in Bogen zu 100 Marken; jetzt Wz. 3; A gez. K 13:12½, B gez. K 14 (1960).

DAb) Wappen der DDR, Grund des Mittelstückes senkrecht schraffiert

		A			B		
		EF	MeF	MiF	EF	MeF	MiF
34.	5 (Pfg.) smaragdgrün	4.—	4.—	2.50	5.—	5.—	3.50
35.	10 (Pfg.) blaugrün	3.—	3.—	2.—	3.—	3.—	3.—
36.	15 (Pfg.) purpurviolett						
	II. Type II	3.—	4.—	2.50	2.50	4.—	2.50
	IIa. Type IIa	300.—		300.—			
37.	20 (Pfg.) dunkelgrauoliv	3.—	3.—	2.50	1.50	3.—	1.50
38.	30 (Pfg.) dunkelbraunrot (1958)	—.—	—.—				
39.	40 (Pfg.) mittelrot	3.—	4.—	3.—			
40.	50 (Pfg.) violett (Febr. 1960)						
41.	70 (Pfg.) lilabraun	420.—	800.—	400.—			

Alle Dienstmarken der „Verwaltungspost B" gültig bis 30. April 1960, Aufbrauch bis 7. Juni 1960 geduldet. ✆

B. Verwaltungspost A

Zentraler Kurierdienst

Vorläufer (vom 10. 10. 1955 bis 31. 3. 1956) der „Verwaltungspost A" mit rotem „Bezahlt"-Stempel von Berlin O 17 mit verschiedenen Kennbuchstaben:

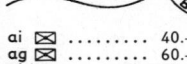 

ai ✉ .... 40.—
ag ✉ .... 60.—
ah ✉ .... 75.—
ak ✉ .... 150.—
a ✉ .... 500.—

Desgl., von der DDR nach Berlin ohne rote Stempel ✉ 300.—.

1956, 1. April. Für die „Verwaltungspost A" (DBa). Odr. Graph. Werkstätten in Bogen zu 100 Marken; Wz. 2 X; gez. K 13:12½.

DBa) Ziffernzeichnung

		EF	MeF	MiF
1.	5 (Pfg.) br'schwarz (Töne)	100.—	60.—	35.—
2.	10 (Pfg.) br'schwarz (Töne)	11.—	10.—	11.—
3.	20 (Pfg.) br'schwarz (Töne)	4.—	6.—	6.—
4.	40 (Pfg.) br'schwarz (Töne)	30.—	60.—	45.—
5.	70 (Pfg.) br'schwarz (Töne)	—.—	—.—	1200.—

Nr. 5 (70 Pfg.) ist als Einzelfrankatur nur auf Päckchenadresse, als Mischfrankatur (80 Pfg.) nur auf Brief über 500 g möglich.

✉ mit Stempel: „Als Verwaltungspost A nicht zugelassen" —.—

Nr. 4 ND ✆ 40 Pfg. in Lilaschwarz a. leicht gelblichem Papier N ⊘ Kl.

✆ Besonders Nr. 5: Vorsicht vor Falsch-✉! Die falschen ✉ und ✉ tragen meist die falschen Entwertungsstempel „Wernigerode p", „Wernigerode i", „Karl-Marx-Stadt C 1 m", „Sonneberg (Thür.) 1 a", „Sonneberg (Thür.) 1 n", „Saalfeld (Saale) 1 e".

▦ Nr. 5 auf Päckchenadresse als Teilfälschung mit Stempel „Senftenberg d".

Gültig bis 30.9.1956.

Die ✉-Preise gelten für portogerecht frankierte Briefe oder Paket-(Post-)karten.
EF = Einzelfrankatur, d. h. die Marke allein auf dem Brief.
MeF = Mehrfachfrankatur, d. h. die gleiche Marke mehrfach auf dem Brief. Der Preis gilt nur für 2 Stück; weitere Stücke der gleichen Marke werden mit dem Preis für lose ⊙ dazugerechnet.
MiF = Mischfrankatur, d. h. die Marke mit anderen Marken auf dem Brief. Briefpreis gilt für die teuerste Marke, die übrigen Marken werden mit dem Preis für lose ⊙ dazugerechnet.

Nicht portogerecht frankierte Briefe werden nur mit einem Aufschlag von maximal 15% für die beste Marke auf den ⊙-Preis bewertet, restliche Marken mit dem normalen ⊙-Preis hinzugerechnet.

Deutsche Demokratische Republik

1956, 1. Okt. Für den „Zentralen Kurierdienst" (DBb). Odr. Graph. Werkstätten in Bogen zu 50 Marken; Wz. 2 X; gez. K 13 : 12½.

DBb

		EF	MeF	MiF
6.	10 (Pfg.) hellviolett/schwarz	10.—	7.50	10.—
7.	20 (Pfg.) hellviolett/schwarz	4.—	8.—	5.—
8.	40 (Pfg.) hellviolett/schwarz	20.—	50.—	30.—
9.	70 (Pfg.) hellviolett/schwarz	275.—	.—	250.—

Druckausführung Nr. 6—9 und 10 bis 13: Die untere Schleife des „S" in KURIERDIENST endet mit einem schrägstehenden Abschlußbalken (s. Abb.); die Spitzen der in Blitzstrahlen auslaufenden Hintergrundlinien berühren sich nicht.

Mischfrankaturen mit Marken der 2. ZKD-Ausgabe (Nr. 10—15): ✉ 75.— Zuschlag.
Spätfrankaturen nach dem 30. April 1957: ✉ 25.— Zuschlag.
Postkarten und Eilbotensendungen s. Bemerkungen nach Nr. 5.

✉ **Frankaturmöglichkeit von Nr. 9 (70 Pfg.)** war nur zu folgendem Porto möglich:
Briefe über 500 g .... —.80
Päckchenadresse bis 2000 g .... —.70
Unteilbare Sendung bis 4000 g 1.40
Zustellungsurkunde im Ort bis 20 g .... —.70
        über 20 g .... —.80
        im Fernverkehr bis 20 g .... —.90
        über 20 g 1.10
Zustellungsurkunden waren erst ab 1. März 1957 zugelassen.

Gültig bis 30.4.1957 (Nachverwendungen bekannt).

1957, 1. April. Nr. 6—9 in Zeichnung DBb, mit schwarzem oder violettem Aufdruck vierstelliger Kontrollzahlen mehrfach waagerecht, in schachbrettförmiger Anordnung.

10.	10 (Pfg.) hellviolett/schwarz .... (6)	
11.	20 (Pfg.) hellviolett/schwarz .... (7)	Einzelpreise siehe Tabelle nach Nr. 15
12.	40 (Pfg.) hellviolett/schwarz .... (8)	
13.	70 (Pfg.) hellviolett/schwarz .... (9)	

Gültig bis 31.12.1957.

1957, 15. April. Marken in Zeichnung DBb; mit schwarzem oder violettem Aufdruck vierstelliger Kontrollzahlen mehrfach waagerecht, in schachbrettförmiger Anordnung wie vorher. Odr. Wertp.-Druck.; jetzt Wz. 3 X; gez. K 13:12½.

14.	10 (Pfg.) hellviolett/schwarz	Einzelpreise siehe nachfolgende Tabelle
15.	20 (Pfg.) hellviolett/schwarz	

Druckausführung Nr.14—15, I—II und Nachdruck von Nr. 7: Die untere Schleife des „S" in KURIERDIENST endet ohne Abschlußbalken (siehe Abb.); die Spitzen der in Blitzstrahlen auslaufenden Hintergrundlinien berühren sich gegenseitig.

Vereinzelt wurden Marken bereits vor dem 1. April verwendet (Aufschlag auf ✉ mind. 30.—); Spätverwendungen (1958) sind sehr selten (—.—).

Mischfrankaturen verschiedener Kontrollnummern sind sehr selten.

Es sind auch Briefe bekannt, auf denen die Urmarke nachträglich mit einem Kontrollzahlen-Aufdruck versehen wurde (Aufschlag auf ✉ 300.—).

Gültig bis 31.12.1957.

Nummern-Aufstellung und Bewertungstabelle von Nr. 10-15

Die angegebenen Preise sind nur für Einzelfrankaturen; alle weiteren auf dem ✉ befindliche ZKD-Streifen werden für lose ⊙ dazu gerechnet, wobei der teuerste Wert als ✉-Preis angesehen wird.

Nr.		Gruppe:	0	1	2	3	4	5	6	7	8
10.	10 Pfg.	EF	6.—	8.—	15.—	25.—	50.—	80.—	200.—	240.—	300.—
11.	20 Pfg.	EF	5.—	6.—	10.—	15.—	30.—	55.—	100.—	160.—	200.—
12.	40 Pfg.	EF	15.—	25.—	30.—	60.—	110.—	160.—	220.—	260.—	320.—
13.	70 Pfg.	EF	300.—	350.—	380.—	420.—	480.—	540.—	620.—	750.—	800.—
14.	10 Pfg.	EF	15.—	17.—	30.—	60.—	95.—	135.—	185.—	250.—	300.—
15.	20 Pfg.	EF	10.—	8.—	10.—	11.—	23.—	45.—	65.—	120.—	230.—

Deutsche Demokratische Republik

	Gruppe
1000 Rostock	0
1 Bad Doberan	5
2 Greifswald	0
3 Grevesmühlen	4
4 Grimmen	8
5 Ribnitz-Damgarten	7
6 Rügen	8
7 Stralsund	1
8 Wismar	1
9 Wolgast	4
2000 Schwerin	0
1 Bützow	7
2 Gadebusch	5
3 Güstrow	0
4 Hagenow	3
5 Ludwigslust	4
6 Lübz	5
7 Parchim	5
8 Perleberg	1
9 Sternberg	6
3000 Neubrandenburg	0
1 Altentreptow	4
2 Anklam	1
3 Demmin	1
4 Malchin	5
5 Neustrelitz	0
6 Pasewalk	2
7 Prenzlau	2
8 Röbel	3
9 Strasburg	5
10 Templin	0
11 Teterow	4
12 Ueckermünde	3
13 Waren	0
4000 Potsdam	0
1 Belzig	5
2 Brandenburg	0
3 Gransee	4
4 Jüterbog	5
5 K.-Wusterhausen	2
6 Kyritz	7
7 Luckenwalde	2
8 Nauen	4
9 Neuruppin	1
10 Oranienburg	0
11 Pritzwalk	6
12 Rathenow	0
13 Wittstock	6
14 Zossen	1
5000 Frankfurt (Oder)	1
1 Angermünde	5
2 Beeskow	4
3 Bernau	4
4 Eberswalde	1
5 Bad Freienwalde	3
6 Fürstenberg	3
7 Fürstenwalde	0
8 Seelow/Mark	4
9 Strausberg	4
6000 Cottbus	0
1 Bad Liebenwerda	4
2 Calau	3
3 Finsterwalde	2
4 Forst	3
5 Guben	3
6 Herzberg	7
7 Hoyerswerda	1
8 Jessen	5
9 Luckau	7
10 Lübben	6
11 Senftenberg	0
12 Spremberg	0
13 Weißwasser	2
7000 Magdeburg	0
1 Burg	3
2 Gardelegen	4
3 Genthin	2
4 Halberstadt	0
5 Haldensleben	2
6 Havelberg	7
7 Kalbe/Milde	4
8 Klötze	5
9 Loburg	8
10 Oschersleben	4
11 Osterburg	6
12 Salzwedel	2
13 Schönebeck	0
14 Seehausen	6
15 Staßfurt	0
16 Stendal	1
17 Tangerhütte	4
18 Wanzleben	1
19 Wernigerode	0
20 Wolmirstedt	5
21 Zerbst	1
8000 Halle/Saale	0
1 Artern	1
2 Aschersleben	0
3 Bernburg	2
4 Bitterfeld	0
5 Eisleben	0
6 Gröfenhainichen	1
7 Hettstedt	0
8 Hohenmölsen	2
9 Köthen	3
10 Merseburg	0
11 Naumburg	2
12 Nebra	2
13 Quedlinburg	0
14 Querfurt	7
15 Dessau	0
16 Sangerhausen	0
17 Weißenfels	1
18 Wittenberg	1
19 Zeitz	0
20 Roßlau	3
9000 Erfurt	0
1 Apolda	3
2 Arnstadt	1
3 Eisenach	0
4 Gotha	0
5 Heiligenstadt	3
6 Langensalza	3
7 Mühlhausen	3
8 Nordhausen	0
9 Sömmerda	4
10 Sondershausen	1
11 Weimar	0
12 Worbis	5
1100 Gera	0
1 Eisenberg	4
2 Greiz	1
3 Jena	0
4 Lobenstein	6
5 Pößneck	0
6 Rudolstadt	2
7 Saalfeld	0
8 Schleiz	4
9 Stadtroda	0
10 Zeulenroda	1
1200 Suhl/Thür.	0
1 Bad Salzungen	1
2 Hildburghausen	2
3 Ilmenau	4
4 Meiningen	0
5 Neuhaus/Rennweg	4
6 Schmalkalden	3
7 Sonneberg	4
1300 Dresden	0
1 Bautzen	0
2 Bischofswerda	0
3 Dippoldiswalde	1
4 Freital	0
5 Görlitz	0
6 Grossenhain	4
7 Kamenz	2
8 Löbau	5
9 Meißen	0
10 Niesky	5
11 Pirna	0
12 Riesa	0
13 Sebnitz	0
14 Zittau	0
1400 Leipzig	0
1 Altenburg	3
2 Borna	3
3 Delitzsch	1
4 Döbeln	3
5 Eilenburg	3
6 Geithain	2
7 Grimma	2
8 Oschatz	4
9 Schmölln	3
10 Torgau	0
11 Wurzen	3
1500 Karl-Marx-Stadt	0
1 Annaberg	1
2 Aue	1
3 Auerbach/Vogtl.	2
4 Brand-Erbisdorf	5
5 Flöha	2
6 Freiberg	0
7 Glauchau	0
8 Hainichen	1
9 Hohenstein-Ernstthal	0
10 Johanngeorgenstadt	5
11 Klingenthal	4
12 Marienberg	3
13 Oelsnitz/Vogtl.	0
14 Plauen	2
15 Reichenbach	2
16 Rochlitz	3
17 Schneeberg	0
18 Schwarzenberg	0
19 Stollberg	0
20 Werdau	0
21 Zschopau	2
22 Zwickau	0
1600 Berlin	
Ministerien, usw.	0
1 Bezirk Mitte	0
2 Bezirk Friedrichshain	0
3 Bezirk Prenzlauer Berg	4
4 Bezirk Lichtenberg	0
5 Bezirk Köpenick	0
6 Bezirk Treptow	0
7 Bezirk Pankow	0
8 Bezirk Weißensee	1
9 noch nicht vorgelegen	
10 VOPO	6

Nr. 16–31 Preise billigster Sorten. Notierungen für einzelne Buchstaben s. Tabellen nach Nr. 31.

1958, 2. Jan. Neue Zeichnung, Streifen für den „Zentralen Kurierdienst". Wertstriche dünn. Bdr. VEB-Kassenblock-, Billett- und Formulardruck; senkr. gez. 10.
BDc) Dünne Striche statt Wertzahlen

			EF	MeF
16. —	(10 Pfg.) chromgelb/mittelrot	DBc	20.—	25.—
17. ≡	(20 Pfg.) chromgelb/mittelrot	DBc	7.50	20.—

1958, 1. Juli/Dez. Ähnliche Zeichnung. Wertstriche balkenförmig. 3 Ausgaben in verschiedenen Farben, Nr. 18 und 19 auf grünlichem Faserpapier (DBd). Bdr. VEB-Kassenblock-, Billett- und Formulardruck; senkr. gez. 10.
DBd

I Type I: breite Kennbuchstaben **BCDEFGJKMNOP**   II Type II: schmale Kennbuchstaben **BCDEFGJKMNOP**

		I EF	I MeF	II EF	II MeF
18. ≡	(10 Pfg.) chromgelb/mittelrot a. mattolivgrau	30.—	35.—	100.—	130.—
19. ≡	(20 Pfg.) chromgelb/mittelrot a. mattolivgrau	15.—	25.—	9.—	20.—

Deutsche Demokratische Republik

Desgleichen Farbänderung (1. Okt.).

A M = Die zwei Typen der Kennbuchstaben A u. M:
A M = Type I. A mit breitem Dach (= Querstrich) oben, M schmal bei Nr. 20 I/21 I. Type II: A oben spitz, M breit bei Nr. 20 II/21 II.

			I		II	
			EF	MeF	EF	MeF
20.	▬	(10 Pfg.) hellblau/rotbraun	25.—	35.—	25.—	35.—
21.	≡	(20 Pfg.) hellblau/rotbraun	14.—	20.—	15.—	25.—

Desgleichen Farbänderung (Dez.).

			EF	MeF
22.	≡	(10 Pfg.) orange/violettpurpur	30.—	40.—
23.	≡	(20 Pfg.) orange/violettpurpur	15.—	25.—

Nach Berlin gerichtete und wegen falscher Anschrift beanstandete Briefe (fehlende oder falsche ZKD-Nr.: Briefe ab Stellen, die nicht am ZKD teilnahmen usw.), versehen mit hektographierten oder gedruckten Beanstandungszetteln des MdI/ZKD sind selten und bedingen —.— (mindestens 15.—).

1959, ab 18. März. Neue Zeichnung und neues Format für den „Zentralen Kurierdienst". Bdr. VEB-Kassenblock-, Billett- und Formulardruck; senkrecht gez. 10.

 DBe

			EF	MeF
24.	▬	(10 Pfg.) hellgrün/violett/orangerot..	20.—	25.—
25.	≡	(20 Pfg.) chromgelb/rotbraun/violettblau	10.—	15.—

1959, ab 27. Juli. Gleiche Zeichnung, geänderte Farben. Bdr. VEB-Kassenblock-, Billett- und Formulardruck; senkrecht gez. 10.

				EF	MeF
26.	▬	(10 Pfg.) lichtblau/schwarz	DBe	225.—	300.—
27.	≡	(20 Pfg.) mittelbräunlichrot/violettblau/hellgelblichgrün	DBe	20.—	35.—

1959, ab 6. Nov. Gleiche Zeichnung, erneut geänderte Farben. Bdr. VEB-Kassenblock-, Billett- und Formulardruck; senkrecht gez. 10.

				EF	MeF
28.	▬	(10 Pfg.) graultr./orangebraun/schwarz	DBe	300.—	400.—
29.	≡	(20 Pfg.) hellrotbraun/schwarz/violettpurpur	DBe	12.—	16.—

1959, ab 15. Dez. Wie Nr. 18–23, aber in geänderten Farben. VEB-Kassenblock-, Billett- und Formulardruck in 3 Typen; senkrecht gez. 10.

				I		II	
				EF	MeF	EF	MeF
30.	▬	(10 Pfg.) seegrün/zinnober	DBd	40.—	55.—	60.—	75.—
31.	≡	(20 Pfg.) seegrün/zinnober	DBd	10.—	20.—	6.—	12.—
						III	
30.	▬	(10 Pfg.) seegrün/zinnober	DBd			60.—	75.—
31.	≡	(20 Pfg.) seegrün/zinnober	DBd			10.—	20.—

Type I = Kürzere Wertbalken (3,7 mm lang), matte Farben, normale Buchstaben

Type II = Längere Wertbalken (4,5 mm lang), leuchtende Farben, normale Buchstaben

Type III = Wie Type II, jedoch schmales enges „M".

Nr. 16–31 Aufstellungen nach einzelnen Buchstaben

	16 EF	16 MeF	17 EF	17 MeF	18 I EF	18 I MeF	19 I EF	19 I MeF	18 II EF	18 II MeF	19 II EF	19 II MeF
A	25.—	30.—	7.—	20.—	35.—	45.—	15.—	25.—			11.—	30.—
B	30.—	45.—	7.—	20.—	80.—	120.—	15.—	25.—	130.—	150.—	11.—	30.—
C	50.—	70.—	13.—	35.—	45.—	60.—	20.—	45.—			13.—	35.—
D	75.—	100.—	13.—	35.—	250.—	330.—	35.—	100.—			13.—	35.—
E	20.—	30.—	7.50	20.—	30.—	35.—	15.—	25.—	120.—	140.—	11.—	30.—
F	20.—	30.—	7.50	20.—	30.—	35.—	15.—	25.—			11.—	30.—
G	90.—	125.—	15.—	45.—	100.—	140.—	25.—	75.—	130.—	180.—	30.—	75.—
H	20.—	30.—	7.50	20.—	30.—	35.—	20.—	45.—				
J	50.—	70.—	9.—	25.—	55.—	80.—	30.—	90.—			20.—	45.—
K	100.—	140.—	15.—	35.—	45.—	65.—	22.—	50.—			60.—	100.—
L	20.—	25.—	7.50	20.—	30.—	35.—	15.—	25.—				
M	20.—	30.—	7.50	20.—	30.—	35.—	25.—	65.—	100.—	130.—	9.—	20.—
N	25.—	30.—	7.—	20.—	30.—	35.—	25.—	65.—	100.—	130.—	9.—	20.—
O	120.—	160.—	20.—	50.—	180.—	250.—	200.—	600.—	250.—	350.—	175.—	475.—
P	45.—	65.—	10.—	25.—	50.—	80.—	25.—	65.—			13.—	35.—

	20 I EF	20 I MeF	21 I EF	21 I MeF	20 II EF	20 II MeF	21 II EF	21 II MeF	22 EF	22 MeF	23 EF	23 MeF
A	35.—	45.—	16.—	25.—	25.—	35.—	15.—	25.—	50.—	70.—	18.—	40.—
B	70.—	95.—	16.—	25.—					75.—	105.—	15.—	30.—
C	55.—	75.—	16.—	25.—					50.—	70.—	25.—	55.—
D	55.—	75.—	16.—	25.—					40.—	55.—	15.—	30.—
E	30.—	40.—	14.—	20.—					30.—	40.—	15.—	25.—
F	30.—	40.—	14.—	20.—					35.—	45.—	15.—	25.—
G	60.—	90.—	20.—	35.—					800.—	1200.—	30.—	80.—
H	25.—	35.—	14.—	20.—					30.—	40.—	15.—	25.—
J	70.—	100.—	30.—	60.—					50.—	70.—	18.—	25.—
K	55.—	75.—	25.—	50.—					100.—	140.—	25.—	55.—
L	25.—	35.—	14.—	20.—					30.—	40.—	15.—	25.—
M	25.—	35.—	14.—	20.—	25.—	35.—	18.—	50.—	30.—	40.—	10.—	20.—
N	25.—	35.—	16.—	25.—					30.—	40.—	10.—	30.—
O	100.—	140.—	30.—	60.—					60.—	85.—	25.—	75.—
P	55.—	75.—	16.—	25.—					90.—	125.—	25.—	60.—

	24 EF	24 MeF	25 EF	25 MeF	26 EF	26 MeF	27 EF	27 MeF		28 EF	28 MeF	29 EF	29 MeF
A	60.—	85.—	12.—	25.—					BC			13.—	30.—
U	45.—	65.—	16.—	45.—					U			15.—	18.—
Q	150.—	210.—	16.—	45.—					Q			13.—	30.—
DA	150.—	210.—	20.—	50.—					DA			—.—	—.—
X	25.—	30.—	12.—	25.—					X			12.—	16.—
					V 225.—	300.—	20.—	35.—	V	430.—	500.—	12.—	16.—
					GF		30.—	90.—					
Z	25.—	30.—	12.—	25.—					Z			12.—	16.—
					S 240.—	320.—	25.—	50.—					
					Y —.—	—.—	25.—	50.—					
L	20.—	25.—	10.—	15.—					HP	300.—	400.—	12.—	16.—
M	20.—	25.—	10.—	15.—					NK			12.—	16.—
R	175.—	250.—	12.—	25.—					R			15.—	25.—
					W 475.—	650.—	25.—	50.—					
T			14.—	35.—									

	30 I EF	30 I MeF	31 I EF	31 I MeF	30 II EF	30 II MeF	31 II EF	31 II MeF	30 III EF	30 III MeF	31 III EF	31 III MeF
F			30.—	85.—			175.—	500.—				
E			70.—	200.—			650.—	1900.—				
A			25.—	75.—								
B			10.—	20.—			10.—	22.—				
C	—.—	—.—	10.—	20.—			10.—	20.—				
P	100.—	135.—	10.—	20.—	170.—	235.—	12.—	25.—				
M	40.—	55.—	10.—	20.—	60.—	75.—	20.—	60.—	60.—	75.—	10.—	20.—
L			10.—	20.—			10.—	15.—				
K			15.—	35.—			20.—	60.—				
H			25.—	75.—			25.—	75.—				

Mischfrankaturen (z. B. 4 x 20 und 1 x 10 = 0,90 = Fernbrief mit Zustellungsurkunde) sind selten (ca. 100.— Aufschlag).

Mischfrankaturen zwischen Streifen der einzelnen Serien waren möglich, vor allem zwischen den 10-Pf-Streifen der älteren und 20-Pf-Streifen der darauffolgenden Serie, da die 10-Pf-Werte meist länger vorrätig waren. Aufschlag etwa 75.— auf gewöhnliche ✉-Bewertung.

Mischfrankaturen zwischen Marken verschiedener Bezirke oder bezirksfremde Entwertungen sind unbekannt.

Nach Berlin gerichtete und wegen falscher Anschrift beanstandete Briefe (fehlende oder falsche ZKD-Nr.; Briefe an Stellen, die nicht am ZKD teilnahmen usw.), versehen mit hektographierten oder gedruckten Beanstandungszetteln des MdI/ZKD sind selten, ✉ mind. 100.—.

Von September 1960 bis Juli 1963 wurden keine neuen ZKD-Streifen mehr herausgegeben; nunmehr trugen die Briefe einen Kastenstempel mit Angabe des Absenders und der Bezeichnung „ZKD". Eine Wertangabe unterblieb. Die Restbestände wurden in den einzelnen Bezirken aufgebraucht, jedoch soll nach dem 30.9.1960 keine Marke mehr in Verwendung gewesen sein. Ab August 1963 kamen für besondere ZKD-Teilnehmer erneut besondere Marken heraus (siehe anschließend unter C–E).

✉ mit Kastenstempel ab 5.—.

4. (20 Pfg.) grün/karmin (Eft) . . . . 110.—
5. (20 Pfg.) türkisblau/karmin (Ffo) . . . . 135.—
6. (20 Pfg.) ultramarin/violettultramarin (Gra) . .
7. (20 Pfg.) rotbraun/violettultramarin (Hle) . . 110.—
8. (20 Pfg.) schwarzlila/karmin (KMS) . . . . . . 110.—
9. (20 Pfg.) rot/violettultramarin (Lpz) . . . . . . 110.—
10. (20 Pfg.) mattpurpur/violettultramarin (Mbg) .
11. (20 Pfg.) blaugrün/violettultramarin (Nbg) . . 110.—
12. (20 Pfg.) dkl'olivgrau/violettultramarin (Pdm) . 140.—
13. (20 Pfg.) violett/violettultramarin (Rst) (12.8.) . 150.—
14. (20 Pfg.) orangebraun/violettultramarin (Shl) .
     (14.8.) . . . .
15. (20 Pfg.) gelb/karmin (Swn) (13.8.) . . . . . .

Die hinter den Farbangaben in Klammern befindlichen Abkürzungen sind die auf den Marken befindlichen Bezirksstädtenamenabkürzungen.

Gültig bis 22.8.1963, Spätverwendungen bis Oktober bekannt.

C. Laufkontrollzettel des ZKD für besondere ZKD-Teilnehmer

Diese „Laufkontrollzettel" erhielten verschiedene VPKA, VEB und VVB, um bestimmte Erhebungen durchzuführen, wie z. B. Ermittlung der Anzahl und Laufzeit der Sendungen usw.

1964, 17. Febr. 1. Ah.- Ausg. Laufkontrollzettel für Vereinigung Volkseigener Betriebe (VVB). Nr. 1–15 mit vierstelligen Kontrollnummernaufdrucken mehrfach in Rot.

16. (20 Pfg.) rotorange/karmin (1150) . . . . (1) R
17. (20 Pfg.) braunoliv/karmin (1060) . . . . (2) R
18. (20 Pfg.) blauviolett/karmin (1120) . . . . (3) R
19. (20 Pfg.) grün/karmin (1090) . . . . (4) R
20. (20 Pfg.) türkisblau/karmin (1050) . . . . (5) R   —.—
21. (20 Pfg.) ultramarin/violettultramarin
     (1101) . . . . (6) R 140.—
22. (20 Pfg.) rotbraun/violettultramarin . . . (7) R
     I. Aufdruck 1081 . . . . 140.—
     II. Aufdruck 1082 . . . . 140.—
     III. Aufdruck 1083 . . . . 140.—

1963, 10. Aug. Für Volkspolizeikreisämter, Bezirksbehörden der Volkspolizei, Volkspolizei-Inspektionen und Volkseigene Betriebe (DCa). Bdr. Wertp.-Druck.; Wz.; gez. K 13:12½.

DCa

1. (20 Pfg.) rotorange/karmin (Bln) . . . .
2. (20 Pfg.) braunoliv/karmin (Cbs) . . . . 110.—
3. (20 Pfg.) blauviolett/karmin (Ddn) . . . . 110.—

23. (20 Pfg.) schwarzlila/karmin (1141) ... (8) R
24. (20 Pfg.) rot/violettultramarin (1131) .. (9) R 125.—
25. (20 Pfg.) mattpurpur/violettultramarin
        (1071) .... (10) R 125.—
26. (20 Pfg.) blaugrün/violettultramarin
        (1030) .... (11) R
27. (20 Pfg.) dunkelolivgrau/violettultra-
        marin (1040) .... (12) R
28. (20 Pfg.) violett/violettultramarin
        (1011) .... (13) R 130.—
29. (20 Pfg.) orangebraun/violettultramarin
        (1111) .... (14) R 170.—
30. (20 Pfg.) gelb/karmin (1020) .... (15) R

Die hinter den Farbangaben in Klammern befindlichen Zahlen sind die aufgedruckten Kontrollnummern.

Gültig bis 29. 2. 1964.

1964, 1. Juni. 2. Ah.-Ausg. Laufkontrollzettel für Vereinigung Volkseigener Betriebe (VVB). Nr. 1–15 mit durch Schrägstriche getrennten Kontrollnummernaufdrucken in Karmin.

31. (20 Pfg.) rotorange/karmin .... (1) K
    I. Aufdruck 2/1 .... 150.—
    II. Aufdruck 2/2
    III. Aufdruck 2/3 .... 150.—
    IV. Aufdruck 2/4 .... 150.—
    V. Aufdruck 2/5 .... 140.—
    VI. Aufdruck 2/6 .... 150.—
    VII. Aufdruck 2/7 .... 150.—
    VIII. Aufdruck 2/8 .... 150.—
    IX. Aufdruck 2/9
    X. Aufdruck 2/10 .... 160.—
    XI. Aufdruck 2/11 .... 140.—
    XII. Aufdruck 2/12 .... 150.—
    XIII. Aufdruck 2/13 .... 150.—
    XIV. Aufdruck 2/14 .... 150.—
    XV. Aufdruck 2/15 .... 140.—
    XVI. Aufdruck 2/16 .... 160.—
    XVII. Aufdruck 2/17 .... 140.—

32. (20 Pfg.) braunoliv/karmin .... (2) K
    I. Aufdruck 2/1
    II. Aufdruck 2/2 .... 160.—
    III. Aufdruck 2/3
    IV. Aufdruck 2/4 .... 140.—

33. (20 Pfg.) blauviolett/karmin .... (3) K
    I. Aufdruck 2/1 .... 160.—
    II. Aufdruck 2/2
    III. Aufdruck 2/3 .... 160.—
    IV. Aufdruck 2/4 .... 160.—
    V. Aufdruck 2/5 .... 150.—
    VI. Aufdruck 2/6 .... 140.—
    VII. Aufdruck 2/7 .... 150.—

34. 20 (Pfg.) grün/karmin .... (4) K
    I. Aufdruck 2/1
    II. Aufdruck 2/2 .... 150.—
    III. Aufdruck 2/3 .... 160.—
    IV. Aufdruck 2/4

35. (20 Pfg.) türkisblau/karmin Aufdruck 2/1 (5) K
36. (20 Pfg.) ultramarin/violettultramarin .. (6) K
    I. Aufdruck 2/1
    II. Aufdruck 2/2 .... 150.—

37. (20 Pfg.) rotbraun/violettultramarin ... (7) K
    I. Aufdruck 2/1
    II. Aufdruck 2/2
    III. Aufdruck 2/3 .... 150.—
    IV. Aufdruck 2/4
    V. Aufdruck 2/5 .... 150.—
    VI. Aufdruck 2/6
    VII. Aufdruck 2/7 .... 150.—
    VIII. Aufdruck 2/8
    IX. Aufdruck 2/9
    X. Aufdruck 2/10 .... 140.—
    XI. Aufdruck 2/11 .... 140.—
    XII. Aufdruck 2/12
    XIII. Aufdruck 2/13 .... 150.—

38. (20 Pfg.) schwarzlila/karmin .... (8) K
    I. Aufdruck 2/1
    II. Aufdruck 2/2 .... 150.—
    III. Aufdruck 2/3 .... 150.—
    IV. Aufdruck 2/4
    V. Aufdruck 2/5 .... 140.—
    VI. Aufdruck 2/6
    VII. Aufdruck 2/7 .... 160.—
    VIII. Aufdruck 2/8
    IX. Aufdruck 2/9 .... 150.—
    X. Aufdruck 2/10 .... 150.—
    XI. Aufdruck 2/11
    XII. Aufdruck 2/12 .... 140.—

39. (20 Pfg.) rot/violettultramarin .... (9) K
    I. Aufdruck 2/1
    II. Aufdruck 2/2 .... 150.—
    III. Aufdruck 2/3 .... 150.—
    IV. Aufdruck 2/4 .... 150.—
    V. Aufdruck 2/5 .... 150.—
    VI. Aufdruck 2/6
    VII. Aufdruck 2/7 .... 140.—
    VIII. Aufdruck 2/8 .... 140.—
    IX. Aufdruck 2/9 .... 160.—
    X. Aufdruck 2/10 .... 150.—
    XI. Aufdruck 2/11
    XII. Aufdruck 2/12 .... 150.—
    XIII. Aufdruck 2/13 .... 140.—
    XIV. Aufdruck 2/14 .... 150.—

40. (20 Pfg.) mattpurpur/violettultramarin .. (10) K
    I. Aufdruck 2/1 .... 140.—
    II. Aufdruck 2/2 .... 140.—
    III. Aufdruck 2/3 .... 150.—

41. (20 Pfg.) blaugrün/violettultramarin
        Aufdruck 2/1 .... (11) K

42. (20 Pfg.) dunkelolivgrau/violettultramarin
        Aufdruck 2/1 .... (12) K

43. (20 Pfg.) violett/violettultramarin ..... (13) K
    I. Aufdruck 2/1 .... 140.—
    II. Aufdruck 2/2 .... 150.—

44. (20 Pfg.) orangebraun/violettultramarin (14) K
    I. Aufdruck 2/1 .... 140.—
    II. Aufdruck 2/2

45. (20 Pfg.) gelb/karmin Aufdruck 2/1 .... (15) K

Gültig bis 8. 6. 1964.

Wenn Sie eine eilige philatelistische Anfrage haben, rufen Sie bitte (089) 32393-224. Die MICHEL-Redaktion gibt Ihnen gerne Auskunft.

Deutsche Demokratische Republik

1964, 24. Juni. 3. Ah.-Ausg. Laufkontrollzettel für Vereinigung Volkseigener Betriebe (VVB). Nr. 2—15 mit durch Schrägstriche getrennten, etwas kleineren Kontrollnummernaufdrucken in Schwarz; bei Nr. 46, 52, 53, und 54 die Städtenamenabkürzungen der Urmarken durchbalkt (9 mm lang) und neue Abkürzungen in Schwarz eingedruckt.

46. (20 Pfg.) türkisblau/karmin .... (5)
- I. Aufdruck Bln 2/1 .... 150.—
- II. Aufdruck Bln 2/2 .... 150.—
- III. Aufdruck Bln 2/3 .... 140.—
- IV. Aufdruck Bln 2/4 .... 150.—
- V. Aufdruck Bln 2/5 .... 160.—
- VI. Aufdruck Bln 2/6 .... 140.—
- VII. Aufdruck Bln 2/7 .... 160.—
- VIII. Aufdruck Bln 2/8 .... 150.—
- IX. Aufdruck Bln 2/9 .... 150.—
- X. Aufdruck Bln 2/10 .... 150.—
- XI. Aufdruck Bln 2/11 .... 160.—
- XII. Aufdruck Bln 2/12 .... 160.—
- XIII. Aufdruck Bln 2/13 .... 140.—
- XIV. Aufdruck Bln 2/14 .... 150.—
- XV. Aufdruck Bln 2/15 .... 150.—
- XVI. Aufdruck Bln 2/16 .... 160.—
- XVII. Aufdruck Bln 2/17 .... 175.—

47. (20 Pfg.) braunoliv/karmin .... (2)
- I. Aufdruck 2/1 .... 150.—
- II. Aufdruck 2/2 .... 160.—
- III. Aufdruck 2/3 ....
- IV. Aufdruck 2/4 ....

48. (20 Pfg.) blauviolett/karmin .... (3)
- I. Aufdruck 2/1 .... 160.—
- II. Aufdruck 2/2 .... 140.—
- III. Aufdruck 2/3 .... 160.—
- IV. Aufdruck 2/4 .... 140.—
- V. Aufdruck 2/5 ....
- VI. Aufdruck 2/6 ....
- VII. Aufdruck 2/7 ....

49. (20 Pfg.) grün/karmin .... (4)
- I. Aufdruck 2/1 .... 150.—
- II. Aufdruck 2/2 ....
- III. Aufdruck 2/3 .... 175.—
- IV. Aufdruck 2/4 .... 160.—

50. (20 Pfg.) türkisblau/karmin Aufdruck 2/1 (5)

51. (20 Pfg.) ultramarin/violettultramarin .. (6)
- I. Aufdruck 2/1 .... 175.—
- II. Aufdruck 2/2 .... 175.—

52. (20 Pfg.) gelb/karmin .... (15)
- I. Aufdruck Hle 2/1 .... 160.—
- II. Aufdruck Hle 2/2 .... 160.—
- III. Aufdruck Hle 2/3 .... 150.—
- IV. Aufdruck Hle 2/4 .... 160.—
- V. Aufdruck Hle 2/5 .... 160.—
- VI. Aufdruck Hle 2/6 .... 175.—
- VII. Aufdruck Hle 2/7 ....
- VIII. Aufdruck Hle 2/8 ....
- IX. Aufdruck Hle 2/9 ....
- X. Aufdruck Hle 2/10 .... 175.—
- XI. Aufdruck Hle 2/11 .... 175.—
- XII. Aufdruck Hle 2/12 .... 160.—
- XIII. Aufdruck Hle 2/13 .... 160.—

53. (20 Pfg.) dunkelolivgrau/violettultramarin .... (12)
- I. Aufdruck KMS 2/1 .... 160.—
- II. Aufdruck KMS 2/2 .... 150.—
- III. Aufdruck KMS 2/3 .... 150.—
- IV. Aufdruck KMS 2/4 .... 150.—
- V. Aufdruck KMS 2/5 .... 140.—
- VI. Aufdruck KMS 2/6 .... 175.—
- VII. Aufdruck KMS 2/7 .... 175.—
- VIII. Aufdruck KMS 2/8 .... 175.—
- IX. Aufdruck KMS 2/9 .... 160.—
- X. Aufdruck KMS 2/10 .... 140.—
- XI. Aufdruck KMS 2/11 .... 160.—
- XII. Aufdruck KMS 2/12 .... 150.—

54. (20 Pfg.) blaugrün/violettultramarin ... (11)
- I. Aufdruck Lpz 2/1 .... 175.—
- II. Aufdruck Lpz 2/2 .... 175.—
- III. Aufdruck Lpz 2/3 .... 175.—
- IV. Aufdruck Lpz 2/4 .... 150.—
- V. Aufdruck Lpz 2/5 .... 160.—
- VI. Aufdruck Lpz 2/6 .... 160.—
- VII. Aufdruck Lpz 2/7 .... 140.—
- VIII. Aufdruck Lpz 2/8 .... 160.—
- IX. Aufdruck Lpz 2/9 .... 160.—
- X. Aufdruck Lpz 2/10 .... 175.—
- XI. Aufdruck Lpz 2/11 .... 175.—
- XII. Aufdruck Lpz 2/12 .... 160.—
- XIII. Aufdruck Lpz 2/13 .... 150.—
- XIV. Aufdruck Lpz 2/14 ....

55. (20 Pfg.) mattpurpur/violettultramarin .. (10)
- I. Aufdruck 2/1 .... 150.—
- II. Aufdruck 2/2 .... 150.—
- III. Aufdruck 2/3 .... 150.—

56. (20 Pfg.) blaugrün/violettultramarin Aufdruck 2/1 .... (11)

57. (20 Pfg.) dunkelolivgrau/violettultramarin Aufdruck 2/1 .... (12)

58. (20 Pfg.) violett/violettultramarin ..... (13)
- I. Aufdruck 2/1 .... 150.—
- II. Aufdruck 2/2 .... 160.—

59. (20 Pfg.) orangebraun/violettultramarin (14)
- I. Aufdruck 2/1 .... 150.—
- II. Aufdruck 2/2 .... 160.—

60. (20 Pfg.) gelb/karmin Aufdruck 2/1 .... (15)

Gültig bis 6.7.1964; Spätverwendungen bis 15.7. bekannt.

D. Für Vertrauliche Dienstsachen

Abstempelung durch Poststempel und bzw. oder ZKD-Maschinenfreistempel möglich.

1965, 1. April. Bdr. VEB-Kassenblock-, Billett- und Formulardruck; senkrecht gez. 9½.

1. 20 (Pfg.) orangerot/schwarz .... DDa 200.—

1965. Wie Nr. 1, jedoch geänderte Farbe. Bdr. VEB-Kassenblock-, Billett- und Formulardruck; senkrecht gez. 9½.

2. 20 (Pfg.) schwarz a. lilarosa .... DDa 1200.—

1965. Abermals geänderte Farbe und Ausführung. Odr.Wertp.-Druck x auf gewöhnlichem Papier oder y auf gestrichenem (1966) Papier; gez. K 13:12½.

DDb

3. 20 (Pfg.) orangerot/schwarz .... DDb
   x. auf gewöhnlichem Papier .... 40.—
   y. auf gestrichenem Papier .... 50.—

Nr. 1–3 gültig bis 31.8.1969.

E. Für Sendungen mit Zustellungsurkunde

Abstempelung durch Poststempel und bzw. oder ZKD-Maschinenfreistempel möglich.

1965, 1. April Bdr. VEB-Kassenblock-, Billett- und Formulardruck; senkrecht gez. 9½.

DEa

1. 65 (Pfg.) blaugrün .... DEa   350.—

1965. Geänderte Farbe und Ausführung. Odr. Wertp.-Druck auf x gewöhnlichem oder y gestrichenem (1966) Papier; gez. K 13:12½.

DEb

2. 65 (Pfg.) gelbgrün/schwarz .... DEb
   x. auf gewöhnlichem Papier .... 60.—
   y. auf gestrichenem Papier .... 70.—

Einschreibemarken (Gebühr-bezahlt-Zettel) für SbPÄ

Zusätzliche Erläuterungen zur Katalogisierung der Einschreibemarken (Gebühr-bezahlt-Zettel) für SbPÄ:

(1 Z)	=	Ortsname einzeilig gedruckt
(2 Z)	=	Ortsname zweizeilig gedruckt
K	=	Kopfstehender Unterscheidungsbuchstabe bei einer SbPÄ-Marke
⊠	=	Frankaturreiner Bedarfsbrief mit E-Schein, ohne E-Schein ca. 80% Abschlag (ohne Eilboten). Eilbotenbriefe bzw. Briefe mit ⊙ SbPÄ-Marke bzw. Briefe mit besseren Briefmarken bedingen Aufschläge. Bei Briefen mit Sperrsätzen bzw. Sperrwerten kommt der Katalogwert für ⊙-Marken hinzu.
PLZ.	=	Postleitzahl (die SbPÄ-Marken sind nach der PLZ. eingeordnet, z. B.: 9292-1 = Frankenberg 1)
T.P.	=	Handstempel auf SbPÄ-Sendungen (Taxe perçue = Gebühr bezahlt)

Es gab eine Dienstanweisung v. 6.4.1967 an die Bezirksdirektionen, daß die Versuchspostämter für Selbstbedienung einen T.P.-Stempel führen müssen. Der T.P.-Stempel sollte nur auf Auslandssendungen angebracht werden, um evtl. Nachgebühren für den Empfänger zu verhindern. Die Anweisung bezog sich nicht auf SbPÄ-Sendungen innerhalb der DDR und der Bundesrepublik Deutschland. Trotzdem wurden T.P.-Stempel entgegen der Vorschrift angebracht. Die Bezirksdirektionen wurden angewiesen, ab 1. Juni 1968 keine T.P.-Stempel mehr zu verwenden. Folgende Versuchspostämter hatten T.P.-Stempel: 1092/1135/25-1/65-1/701/75. In 1057/8023/8068 u. 8122-1 wurden keine T.P.-Stempel geführt. In der Aufstellung ist jeweils die billigste Ausgabe aufgeführt.

Den T.P.-Stempel gibt es in 2 Hauptfarben: Rot + Violett mit Mischfarben.

🅖 T.P.-Stempel in abweichenden Typen sind Fälschungen.

In nachfolgender Standard-Katalogisierung ist nur die jeweils billigste Sorte berücksichtigt, wenn von einem Zettel mehrere Arten vorhanden sind.

Versuchsausgabe Ahlbeck

Vom 31. 10.–4. 11. 1966 wurde anläßlich einer Arbeitstagung der Abteilung Post- und Zeitungswesen des Ministeriums für Post- und Fernmeldewesen den Tagungsteilnehmern in Ahlbeck der erste Automat für Einschreibe-Zettel vorgeführt. Die hierfür benutzten Einschreibezettel mit Eindruck „2252 Seebad Ahlbeck" und fünfstelliger, laufender Nummer, gez. 9½, zwischen den Zetteln gleicher Nummern ⬜, kamen postamtlich nicht zur Verwendung, sie sind aber als ungebrauchte Paare in den Handel gekommen.

Folienmaterial (zum Schutz oder zur Unterbringung) soll säurefrei und ohne „Weichmacher" sein (= dokumentenecht).

1967, 13. April. Einschreibe-Gebührenzettel (R-Zettel) für Versuchspostämter. Dienstleistungsteil und Quittungsteil in gleicher Zeichnung. Bdr. in Rollen, VEB Kassenblock-, Billett- und Formulardruck auf x gewöhnlichem, y durchscheinendem Pergaminpapier; senkrecht gez. A 9½, C 12½.

Ea billigste Sorte

1.	50 Pfg. rotlila/schwarz	Ea	15.—

PLZ.	✉	T.P.
1057	100.—	—.—
1092	25.—	
1135	15.—	35.—
25-1	25.—	40.—
65-1	20.—	25.—
701	50.—	70.—
75	25.—	40.—
8022	25.—	
8068	20.—	
8122-3	20.—	

Mit MICHEL machen Sie mehr aus Ihren Briefmarken

C x gez. 12½, gewöhnl. Papier

PLZ.	✉	T.P.
1057	350.—	
1092	300.—	
1135	—.—	150.—
25-1	100.—	100.—
65-1	50.—	60.—
701	200.—	300.—
75	100.—	100.—
8022*)	70.—	
8068	60.—	
8122-3	70.—	

*) nur aus Reexport vorkommend, keine ✶✶G bekannt. Bei angeblich geschnittenen Exemplaren der Nr. 1 Cx1092 handelt es sich stets um Ausschnitte aus einem privaten Gedenkblatt.

C y gez. 12½, Pergaminpapier

PLZ.	✉	T.P.
1057		
1092	100.—	350.—
	80.—⊘	
1135		1600.—
25-1	120.—	—.—
65-1	150.—	—.—
701	175.—	—.—
75	120.—	—.—
8022		
8068		
8122-3		

Die Briefpreise für Versuchsausgaben gelten für die billigste Sorte, normaler SbPA-Brief frankaturrein mit E-Schein. Briefe der Versuchsausgaben ohne E-Schein wegen evtl. Doppelverwendung ca. 40% Abschlag! Geprüfte Briefe der 1. Verwendungszeit bedingen erhebliche Aufschläge!

SbPA-Marken ohne Rotliladruck u. nur mit schwarzer Nummer sind Teststreifen für die Monteure zum Einstellen der WK-3 E Selbstbedienungsautomaten.

Der große Komplettkatalog in Farbe

MICHEL-Deutschland

SCHWANEBERGER VERLAG GMBH · MÜNCHEN

Deutsche Demokratische Republik (Einschreibmarken)

1968

1968, März. Einschreibe-Gebührenzettel für SbPÄ. DT und QT in unterschiedlicher Zeichnung. Bdr. KBF (in Rollen); durchscheinendes Pergamin-Papier; vier verschiedene Typen; verschiedene Zähnungen.

Eb

Billigste Sorte:

2	50 Pf	rosakarmin bis rotlila (Töne)		Eb ✉
	A	senkrecht gez. 9½		4,50
	C	senkrecht gez. 12½		4,—
	D	senkrecht gez. 12½:9½:12½		4,50
	E	senkrecht gez. 9½:12½:9½		4,50
	F	gez. 11		4,50
	G	gez. 10		4,50

Bei den Zähnungen D und E ist die mittlere Angabe jeweils die Zähnung zwischen Dienstleistungs- und Quittungsteil.

Unterscheidung nach Postleitzahlen und Typen:

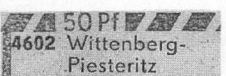 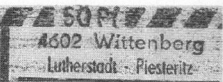 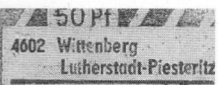 

Type I: fette PLZ   Type II: magere PLZ   Type III: kleine PLZ   Type IV: sehr kleine PLZ

Bei den nachfolgenden Katalogisierungen befinden sich nach der Postleitzahl (PLZ) folgende Angaben: Abk. für Sonderausgaben oder Besonderheiten – Unterscheidungsbuchstabe (B) – Type (T).

Am Anfang der jeweiligen PLZ-Gruppe werden hintereinander die Postämter aufgeführt, die in der Bewertung der billigsten Sorte entsprechen! Bei mit *) gekennzeichneten Stücken gibt es keine amtlichen Trennungen.

A = senkrecht gez. 9½

PLZ	B	T	✉
DDR: PLZ 1			4,50
Bill. Sorte: 12-1 o l, p l; 12-3 s l, t l; 122-1 h l; 122-6 t l;			
12-2	ac	l	6,—
12-2	be	l	135,—
12-4	f	l	100,—
12-8	l	l	4,50
12-8	m	l	230,—
122-5	r	l	10,—
DDR: PLZ 2			4,50
Bill. Sorte: 213-1 l; 22-1 l, a l, b l; 2205-1 l; 233 a l, b l; 242 l; 25-1 l; 25-2 l			
233		l	75,—
25-3		l	18,—
25-4	a	l	18,—

PLZ	B	T	✉
DDR: PLZ 4			4,50
Bill. Sorte: 401 z l; 4037 a l; 409-1 y l; 409-3 z l; 409-5 a l; 427-1 l; 43 l; 432-1 l; 45-1 c l; 45-9 a l; 4502 a l; 4602 a IV; 4603 l; 4732 l; 48-1 l			
425-1		l	18,50
425-1	QTl	l	1500,—
435-1	f	l	17,50
44-1		l	85,—
45-1	a	l	8,—
45-1	b	l	8,—
453 auf 4502	a	l	40,—
46-1	z	l	5,—
46-11		l	27,—
485-1	s	l	27,50
DDR: PLZ 7			4,50
Bill. Sorte: 701 c l; 7019 l; 7035 l; 75-1 a l; 75-2 l; 75-20 l			
701	a	l	5,50

PLZ	B	T	✉
DDR: PLZ 8			4,50
Bill. Sorte: 8016 l; 8027 l; 828-1 l; 84-2 a l; 86-1 gz l			
806		l	400,—
8122-1		l	7,50
8122-2	a	l	15,—
825-1	v	l	100,—
DDR: PLZ 9		4,—	4,50
Bill. Sorte: 9007 a l; 9010 l; 9061 a l; 9071 a l; 9156-1 a l; 9262 l; 933 s l; 9373 s l; 94-1 as l, bs, v l; 98-1 h l; 992 l			
9007	b	l	6,—
9010	z	l	1500,—
9073	a	l	5,—
9073	b	l	5,—
965		l	75,—
9933	a	l	6,50

C = senkrecht gez. 12½

PLZ	B	T	✉
Berlin (Ost)			4,—
Bill. Sorte: 1014 a l; 1017 a l, b l, a II, b II; 102-2 j II; 103 a l, b l, a II, b II; 1032 b l, a II, b II; 1034 a l, b l, a II, b II; 1043 a l, b II; 1054 a l, b l, a II, b II; 1055 a l, b l, II; 1056 a l, b l; 1057 b l, a II, b II; 1057-57 II, 1058 a l, b I*, a II, b II; 1058-58 II*; 1059 a l, b l, a II, b II*; 1059-59 II*; 1064 a l, b l, II; 1064-64 II*; 1066 a l, b l, a II; 1067 a l, b l, a II, b II; 1071 b l, a II, b II; 1071-71 a II; 1072 a II, b II; 1072-72 a II*; 1074 a l, b l, b II; 1074-74 II*; 1075 a l, b l; 1075-75 II*; 1076 a l, b l, a II, b II*; 108 a II, b II; 110 a II, b II; 1102 a II, b l, a II, b II, b II*; 1103 a l, b l, a II, b II; 1106 a l, b l, a II;			

PLZ	B	T	✉
Bill. Sorte (Fortsetzung):			
111 a II, b II; 1111 a II*; 1112 a II; 1113 a l, b l, a II, b II; 1115 b l, a II, b II; 112 a l, b l, a II, b II; 1123 a II, b II*; 1125 b II; 113 a l, b l, II, b II*; 1132 a l, b l, b II; 1133 a II, b II; 1134 a l, b l, b II; 1135 b l, II, b II, 1136 a II; 1137 a l, b l; 114 a l, a II, b II; 1157 b l, a II; 1158 a II, b II; 115 l; 116 a l*, b l*; a II; 1162 a l, b l, b II; 1163 II, a II; 1165 a l, b l, a II*, b II; 117 a l, b l, II, b II; 1172 a II, b II; 1173 a II, b II*; 1174 a l, b l, II, b II; 118 II; 1183 a II; 1185 b l*, a II; 1186 II; 119 a II, b II*; 1193 a l, a II, b II; 1194 a l, a II, b II; 1195 a l, a II; 1197 a l, b l, b II			

PLZ	B	T	✉
1014	a	II	8,50
1014	b	l	12,—
1017 QTl	a	l	
1018	a	l	4,—
1018	b	l	4,—
102	a	l	4,—
102	b	l	8,—
102-2	a	II	4,—
102-2	b	II	4,—
102-2	c	II	4,—
102-2	d	II	4,—
1025		l	
1032	a	l	4,—
1035	a	l	4,—
1035	b	l	12,—

Deutsche Demokratische Republik (Einschreibemarken)

PLZ	B	T	✉
1035	a	II	8,—
1035	b	II	4,—
104	a	I	4,50
104	a	II	4,50
104	b	II	4,50
1043-43		II	6,—
1054	a	II	4,—
1055	b	I	4,—
1055	a	II	110,—
1055-55		II	7,50
1056	b	II	8,—
1057	a	I	4,50
106	a	I	7,—
106	b	I	6,50
106	a	II	9,—
1064	a	II	8,—
1071	a	I	4,50
1072	a	I	4,50
1072	b	I	5,—
1074	a	II	4,—
1075		II	4,50
1076	a	II	8,—
108	a	I	5,50
108	b	I	5,—
108-8	a	II	17,50
1092	a	I	5,—
1092	b	I	10,—
1092	a	II	350,—
1092	b	II	30,—
1094	a	II	4,—
1094	b	II	4,50
1098	a	I	4,—
1098	a	II	10,—
1098	b	II	10,—
1098	b	II	4,50
110	a	II	4,—
110 K	a	II	4,50
110	b	I	12,—
1105	a	I	6,—
1105	b	II	6,—
1106 QTI	a	I	—,—
1106	b	II	70,—
1108	a	II	8,—
1108	b	II	4,—
111	a	I	4,—
1112	b	I	4,—
1112			8,—
1114	a	I	12,—
1114	b	I	5,50
1114	a	II	8,—
1114	b	II	4,50
1115	a	I	8,50
1116	a	I	9,—
1116	b	I	325,—
1116	a	II	5,50
1122	a	I	4,—
1122	b	I	10,—
1122	a	II	8,—
1122	b	II	4,—
1125	a	I	4,—
1125	b	I	15,—
1125	a	II	10,—
113	a	II	75,—
1133	a	I	4,50
1133	b	I	6,—
1135	a	I	4,50
1135	a	II	4,—
1136	a	I	4,50
1136	b	I	4,—
1136	a	II	10,—
1137		II	5,—
1137	a	II	4,—
1137	b	II	4,—
1138		I	8,—
1138	b	I	4,—
1138	a	II	6,50
1138	b	II	4,—
114	b	II	4,—
1145		II	23,—
115		II	4,—
115	a	I	8,—
115	b	I	4,—
115	a	II	4,—
1152	a	I	8,—
1152	b	I	4,—
1152	a	II	4,—
1152	b	II	7,—
1157	a	I	4,—
1158	a	I	4,50
1158	b	I	12,50
116	b	II	4,—
1162	a	II	4,—
117	a	II	5,—
1172	a	I	4,—
1172	b	I	4,—
1173	a	I	4,50
1173	b	I	4,—
1174	a	II	7,50

PLZ	B	T	✉
118	a	I	4,—
118	a	II	4,—
118	b	II	4,—
1183	a	I	4,—
1183	b	I	7,—
1183	b	II	7,—
1185	a	I	4,—
1185	b	I	7,—
1189		II	4,50
1189 Zfh		III	250,—
119	a	I	5,50
119	b	I	4,50
1193	b	I	4,—
1195	b	I	4,—
1195	b	II	7,—
1197	a	II	7,—
1199	a	I	45,—
1199	a	II	4,—
1199	b	II	4,—
1199	a	II	4,—

PLZ	B	T	✉
DDR: PLZ 1			4,50

Bill. Sorte: 12-1 k I, k II*; 122-1 II*, h II; 122-5 r II; 122-6 II, t II*; 124-1 e II; 125-1 k II; 131 f I, II; 132-1 e II*, f II; 132-2 II; 133-1 I II, 133-1 g II; 133-5 h II*, k II*; 133-6 II; 15-1 aaz II; 15-8 I, gz II*; 1502-1 az II; 1504 z II; 1532-1 az II*; 1554 z II*; 1613-4 y II; 17-1 z II; 171-1 z II*; 171-4 y II; 172-1 y II*, z II; 18-3 y II; 183 z II; 1832 z II*; 19-2 z II; 191 z II; 193 z II*; 195 z II, 195-1 II; 1955 z II

PLZ	B	T	✉
12-1		I	6,—
12-1	o	II	80,—
12-2		II	4,50
12-2	ac	II	40,—
12-3		II	8,—
12-3	m	II	4,50
12-4	a	II	8,—
12-8		II	4,50
122-1	h	II	4,50
122-7	fb	I	4,50
124-1	e	I	4,50
124-1	a	II	4,50
125-1		I	7,—
126-2	c	II	4,—
126-2	d	II	6,—
133-1	g	I	8,—
133-5	g	I	14,—
133-5 QTI	g	I	
15-1	aay	II	80,—
1503	z	II	6,—
1506	z	II	11,—
1507	z	II	5,—
1508	z	II	5,—
1512-1	z	II	7,—
153-1	az	II	8,—
1603	z	II	25,—
1613-1	z	II	25,—
1712	z	II	4,—
172-3	z	II	350,—
183 auf 18-1	z	II	35,—
183 auf 18-3	y	II	130,—
195-1	z	II	7,50

PLZ	B	T	✉
DDR: PLZ 2			4,50

Bill. Sorte: 20-1 a I, II*; 203 II; 208-1 a II; 208-5 II, oa II; 211-1 II; 2112 II*; 2112-1 II*; 213-1 II; 214-1 I*, II; 22-1 II; 2205-1 II; 222-1 II*, a II; 222-3 II*; 2252 II*, a II*; 23-1 II*, a II; 23-2 I; 233 II; 2337 II; 2355 II; 24-1 q II, r II, s II, t II*; 242 I*; 25-1 II*, a II*; b II*, c II; 25-2 II*, a II; 25-3 a II*; 25-4 II; 25-6 a II; 251-5 I, II*, a II, b II*; 2565-1 II; 259-1 II; 27-1 a I, b I, a II; 27-2 II; 285 II; 29-1 II

PLZ	B	T	✉
20		II	4,50
20-1		I	5,—
20-8		I	4,50
20-8		II	5,—
203 SP	a	II	20,—
203 SP	b	II	55,—
203 SP	c	II	55,—
2065			4,—
208		II	7,—
208-1		II	4,50
208-1		II	1000,—
208-2			500,—
21-1		II	5,—
21-2		I	4,50
21-2		II	7,50
213-1		II	4,50
213-1	a	I	12,—
214-2		I	50,—

PLZ	B	T	✉
22-1		I	4,50
22-1		II	6,50
22-1 K (QT)	a	II	10,—
22-1	b	II	35,—
222-1 K (DT)		II	6,—
222-3		II	7,—
2252 K (QT)	a	II	5,—
23	sb	II	7,—
23-1		II	4,50
23-2		II	5,—
23-2	a	II	17,—
24	q	II	5,50
24-1		I	4,50
24-1		II	7,—
24-1	z	II	7,50
24-3	a	II	4,—
24-4	a	II	4,—
2402	a	II	6,50
242		II	5,—
25-1		II	4,50
25-1 Knf	a	II	
25-1 K (DT)	a	II	125,—
25-2	b	II	8,—
25-3		I	20,—
25-4	a	II	20,—
25-9	a	II	
253-1		II	
253	à	II	
256		I	
259-1		II	5,—
26-1		I	5,—
26-1		II	13,—
27-1	b	II	4,50
29-1		II	4,50

PLZ	B	T	✉
DDR: PLZ 3			4,50

Bill. Sorte: 3011 II; 3014 II; 3018 II; 304 I*, II*; 306 II; 324 II; 324-1 II; 33-1 I*, II; 353 II; 354 I, II; 356-1 II; 357 II; 36-1 II, a II

PLZ	B	T	✉
301		I	4,50
301		II	11,—
302		II	
3026		II	45,—
309		II	100,—
35		II	5,—
35-5		II	6,—
356		II	7,—
36		II	4,50

PLZ	B	T	✉
DDR: PLZ 4			4,50

Bill. Sorte: 401 sa II*, y II, z II; 401-1 z II; 402 sa II, sb I, II*, y II*, z II; 402-2 y II*; 4036 a II*; 404 a II, f II; 405 b II, z II*; 406 d II, z II*; 406-6 d II*; 408 a II, b II, z II; 409-1 z II; 409-3 v II*, z II; 42-1 a II, g II, y II*, z II; 425-1 y II*; 425-2 I*, w II*, ad II*; 427-2 II*; 43 I, k II, y II*, z II; 4303 II*; 4303-1 II*; 4308 II; 432-1 f II, y II*, z II; 435-1 z II; 437-1 e II, z II*; 44-1 h II; 444-3 I, z II*; 445 z II; 45-1 sa II, sd II, z II; 45-3 bc II*; 453-1 z II*; 46-1 e II, z II*; 4602 z III, z IV*; 4603 I; 4606 z II*; 47-1 K II, I II*, z II; 47-2 I II*; 47-3 v II*; 4713 II; 473 b II*; 4732 y II; 48-1 e II, z II; 4803 b II; 485-1 a II*, s II, y II, z II; 485-3 cc II; 49-1 d II*, z II

PLZ	B	T	✉
401		I	7,50
401	sb	II	10,—
401	sb	II	5,—
401-1		II	5,—
401-1	sb	II	4,50
402	sa	II	4,50
402-2	sb	II	5,—
403	b	II	4,50
4034	a	II	10,—
404	b	II	15,—
404	y	II	5,—
404	z	II	5,—
405	b	II	5,—
406	d	II	4,50
406-6	z	II	18,—
409-1	y	II	7,50
409-4	u	II	5,50
409-4	z	II	6,—
42-1	a	II	4,50
42-1	b	I	4,50
42-1	b	II	4,50
42-1	f	II	7,—
425-1		I	12,—
425-1	e	II	5,—
425-1	v	II	450,—
425-1	z	II	7,50
425-2 Knf	ad	II	200,—
427-1		I	6,—

Deutsche Demokratische Republik (Einschreibemarken)

PLZ	B	T	✉
427-2 auf 1 AK		I	5,—
43 (nur DT)			
43 auf 4303		II	20,—
43 auf 4305		II	26,—
432-1		I	4,50
435-1	ab		12,50
435-1	f	II	4,50
437-1		I	5,—
44-1		I	6,—
44-2	bb	II	850,—
444-3	bd	II	4,50
45			4,50
45-2	z	II	25,—
45-3	z	II	7,—
453-1		II	6,—
453-1	y	II	5,—
453;45-3 (1)	bc		20,—
453;45-3 (2)	bc		—,—
46-1		II	4,50
46-1		II	5,50
46-11		II	12,—
46-11	z	II	10,—
4606		II	5,—
47-1		I	10,—
47-2		I	8,—
47-2	y	II	7,50
47-4	w	II	4,50
4714	't	I	4,50
473			10,—
473	y	II	18,—
473	z	II	6,—
4732	z	II	4,50
48-1		I	4,50
4803	b	I	1100,—
485-1		II	4,50
485-1		II	4,50
485-3	cc	I	10,—
49-1	d	II	4,50
49-1		II	75,—
49-6		II	10,—

(1) = Aufdruck violett,, (2) = Aufdruck rot

PLZ	B	T	✉

DDR: PLZ 5 · 4,50
Bill. Sorte: 50-1 II, a II; 50-3 II; 50-6 II; 503-3 II*; 504 II; 507-7 II*; 521-1 II, a II*; 523 II; 53-1 II; 532-1 II*, a II; 532-2 I, II; 55-1 II*, a II*; 55-2 II; 56 II*, c II*; 562 II*; 563 II; 57-1 II; a II; 58-1 II, a II*; 582-1 II; 59-1 II, a II

50-1	b	II	4,50
50-1	c	II	5,50
50-7		II	4,50
507		II	4,50
523	„h" H	h	II	5,—
53-4		II	5,—
532-1	b	II	30,—
562		I	200,—
57-1 Knf	a	II	—,—
58-1	b	II	10,—
582		II	5,50
582-1	a	II	5,—
59	b	II	175,—

PLZ	B	T	✉

DDR: PLZ 6 · 4,50
Bill. Sorte: 6055 II*, b II; 608-1 I; 65-1 I, II, a II; 65-4 II; 6502 II*; 6502-2 II*; 6506 II; 6508 II; 653 e II; 657 I*, d II*; 66-1 I, a II; 68-1 af II; 68-2 ac II, bd II*, bf II*; 6804 2 I; 69 a II*; 69-1 I, a II, sb II*; 69-6 c II; 6902 a II*; 6902-1 II*; 6902-2 b II*

60-1	e	II	5,—
60-1	f	II	5,50
60-1	g	II	6,—
60-7	e	II	5,—
606	c	II	55,—
608		II	—,—
608	a	II	7,50
61-1		II	5,—
61-1	a	II	4,50
61-5	a	II	140,—
611	g	II	20,—
612	c	II	1600,—
62	c	II	10,—
62-2	z	II	30,—
6202-1		II	5,—
63		II	7,50
63	aa	II	15,—
63-3		II	15,—
64	a	II	18,—
642	c	II	18,—
65-3		II	40,—

PLZ	B	T	✉
65-4 auf 1 AK		II	35,—
655		I	5,—
655	e	II	6,—
655	x	II	6,50
657	a	II	16,—
657	b	II	175,—
66-1	b	II	5,50
66-5	a	II	120,—
68-1	ad	II	4,50
68-2	a	II	4,50
6806	d	II	—,—
69-1	b	II	5,50
69-6		II	8,—
69-1*)		II	50,—
69-1*)	sb	II	80,—

*) „1" durchbalkt und zusätzlicher Handstempelaufdruck „Lobeda"

PLZ	B	T	✉

DDR: PLZ 7 · 4,50
Bill. Sorte: 701 I, b II, c II*, d II; 7011 c II*, d II, e II; 7012 I, II; 7013 b II, d II*, e II; 7014 I, II; 7015 I, II*; 7016 II; 7017 a II, b II, d II, e II; 7019 II*; 7022 II*; 7023 II; 7028 y II; 7032 II; 7035 II; 7037 I, y II*, z II; 704 I, a II*, b II, d II; 7046 I, II; 7047 II*; 7048 I; 707 a II*, d II*, e II; 72-1*; 72-3 II; 724-4 b II*; 725-1 ad II; 728-2 I; 73-1 c II; 74-1 I; 74-2 II; 75-1 I, II, a II, b II*, c II*; 75-3 I*, II; 75-9 I, II*; 75-14 II; 75-15 II; 75-16 II; 75-16 II; 75-17 II*; 755-1 II; 756-3 a II*; 756-9 II; 757-1 a II; 758-1 m II; 7586 d II; 759-1 m I, II, m II; 759-3 II; 761-1 d II; 77-4 a II; 77-6 a II, m II*; 77-8 II*, a II*; 798 II*, d II

701	a	II	4,50
701	e	II	7,50
7011		I	4,50
7011	b	II	7,50
7013		I	7,—
7013	a	II	8,—
7013	c	II	10,—
7016		I	6,50
7017		II	4,50
7017	c	II	15,—
7018	a	II	5,—
7018-18	a	II	10,—
7022		I	8,50
7023		II	5,—
7027		II	4,50
7027		II	10,—
7027	y	II	4,50
7027	z	II	5,—
7028		II	5,—
7028	z	II	4,50
7034			—,—
7037		II	—,—
704	c	II	22,50
704	a	II	250,—
7048	y	II	4,50
7048	z	II	4,50
7049		II	5,—
707		I	5,50
707	b	II	6,50
707	c	II	17,50
72-3	b	II	7,50
725-1		II	8,—
728		I	10,—
728-2	a	II	7,50
73-1		I	10,—
73-1		II	6,50
73-2	a	II	24,—
73-2	a	II	400,—
74-1		II	5,50
74-1	f	II	6,50
75-4			—,—
75-14		II	4,50
756-3	a	I	4,50
756-3		II	7,50
756-7		II	12,—
757-1	b	II	5,—
758		II	10,—
758-1	m	I	20,—
758-1		II	10,—
758-2		II	125,—
758-3		II	5,—
758-3	m	II	10,—
758-4	m	II	25,—
7586		II	5,50
759-1		II	17,50
759-5		II	20,—
761-1	d	II	5,50
761-1		II	15,—
77-4		II	7,50
77-7	a	II	150,—
77-10	a	II	10,—

PLZ	B	T	✉
784	ab	II	7,50
784-1	ab	I	4,50
784-1		II	6,—
7845		I	8,—

PLZ	B	T	✉

DDR: PLZ 8 · 4,50
Bill. Sorte: 801 I, az II; 8016 II; 8018 II*; 8019 II; 8020 I*; 8021 I; 8022 II; 8023 I; 8025 I; 8026 II; 8027 II; 8028 I, II; 8030 II; 8032 II; 8036 II; 8044 II*; 8044-44 II*; 8045 II*; 8046 I*; 8046-46 II; 8051 BWH II; 8053 II; 8054 II*; 8054-54 II; 806 I; 8068 I; 8071 II; 8071-71 II*; 8072 II; 8072-72 II*; 8073 I, II; 808 II; 809 II; 8122-1 II; 8122-2 II*, az II*; 8142-2 az II; 821-1 II; 825-1 II; 829-1 II*; 83-4 cz II; 8305 II; 8312-1 II; 832-1 II; 84-1 II; 84-5 iz II; 84-11 fz II*; 8403 II; 86-1 I*, gz II; 88-2 az II; 89-1 I; 89-3 bz I; 8902 II

801		II	4,50
8011		II	7,50
8011-11		II	5,—
8016-16		II	4,50
8017		II	6,—
8017-17		II	4,50
8018-18		II	5,—
8019-19		II	5,—
8020		II	7,50
8020-20		II	5,—
8022-22		II	5,—
8026-26		II	8,—
8030-30		II	15,—
8032-32		II	10,—
8036-36		II	4,50
8040-40		II	370,—
8042		II	5,—
8042-42		II	6,—
8045-45		II	5,—
8051		II	4,50
8052-52		II	5,—
8053-53		II	5,—
808-8		II	6,50
809-9		II	4,50
825-3		II	200,—
83-4 QTI	cz		
8312-3	cz	II	
8355		II	
836-1		II	
8505-2	bz	II	7,50
85:8505-2	bz	II	
86-6	hz	II	
8802		II	
8805		II	8,—

PLZ	B	T	✉

DDR: PLZ 9 · 4,50
Bill. Sorte: 901 I, w II, x II*, y II*, z II; 9019 b II; 902 I, II, a II; 9022 a II, b II; 9023 I*, y II, z II*; 9025 I, II, a II*; 9038 z II; 904 I, II; 9041 a II*; 9042 y II*, z II*; 905 I, II, a II, b II; 908 II, a II, b II; 9102-1 I, g II*; 9102-4 a II*; 9156-1 a II; 9166 a II*; 92-1 II, xa II*; 92-5 I*, xb II; 9262-1 II, m II*; 93-1 I*, II*; 933 s II; 934-1 II; 9373 II, s II*; 9374-1 II, s II; 94-1 I*, as II; 94-7 ns II; 9406 II; 95-1 ax II; 95-19 px II; 9622 II*, s II*; 965-1 a II*; 97-1 a II; 98-1 I, h II; 99-3 cs II; 99-4 I; 992 II; 9933 II

9019	a	II	6,—
9019 K (DT)	a	I	6,—
9022		I	4,50
9022		II	4,50
9025	b	II	5,—
9038	y	II	5,—
9045	y	II	900,—
9045	z	II	16,—
908		II	4,50
92-1		II	7,—
92-2		II	500,—
9262-1		II	6,—
927-1	s	II	6,—
934-1		II	6,—
9373		II	10,—
9374		II	6,—
9374-1		II	4,50
94-1	bs	II	7,—
943-1		I	8,50
9438-1		II	4,50
9438-1	d	II	7,50
9612-2		II	4,50
9612-2	bs	II	8,—
98 auf 95-9		II	16,—
98 auf 95-9		II	25,—
99-4		II	4,50
99-4	ds	II	8,—
9933		I	5,50

Deutsche Demokratische Republik (Einschreibemarken)

D = gez. 12½:9½:12½

PLZ	B	T	✉
Berlin (Ost):			
102 SP SOZ		l	30,—
DDR: PLZ 1			4,50
Bill. Sorte: 122-1 h l; 133-1 l; 133-4 a l, b l;			
133-6 c l; 15-1 aaz l; 183-1 z l; 183-2 y l;			
191 z l; 1955 z l			
15-8	gz	l	225,—
1502-1	az	l	225,—
1504	z	l	225,—
DDR: PLZ 2			4,50
Bill. Sorte: 22-1 a l; 2205-1 l; 222-1 a l; 2252 a l;			
23-1 a l; 24-1 r l; 25-1 l, a l, c l; 25-2 l, 25-4 l;			
251-5 a l; 259-1 l			
22-1		l	5,—
22-1	b	l	5,—
2252 Knf	a	l	
23-1		l	5,—
23-2	a	l	22,50
25-2	a	l	22,50
25-2	b	l	5,—
25-3	a	l	5,—
25-6		l	7,—
251-5		l	130,—
251-5	b	l	7,50
DDR: PLZ 3			
325-2		l	—,—

PLZ	B	T	✉
DDR: PLZ 4			4,50
Bill. Sorte: 401 y l, z l; 4036 a l; 409-3 z l;			
409-7 y l; 42-1 ay l, az l; 425-1 y l; 427-1 l;			
43 z l; 432-1 f l, y l; 435-1 f l; 437-1 e l; 44-1 h l;			
445 h l; 45-1 sd l; 4502 l; 4602 z l; 4603 l;			
47-1 l l; 47-3 v l; 47-4 w l; 4752 y l; 48-1 z l;			
4803 b l; 485-1 z l; 485-3 cc l; 49-1 z l			
4036		l	6,—
409	y	l	17,50
405-5		l	5,—
425-1		l	5,—
427-2		l	8,—
43 auf 4305	f	l	50,—
453-1		l	18,—
46-1	z	l	12,50
46-11		l	15,—
47-1 F		l	250,—
47-3 F	v	l	75,—
47-4 F	w	l	10,—
473	y	l	12,—
F = Sangershausen (statt Sangerhausen)			
DDR: PLZ 5			4,50
Bill. Sorte: 523-2 l; 53-1 l; 55-1 l; 57-1 a l;			
5807 l; 59-1 l			
523-2 „i" H	i	l	5,—
DDR: PLZ 6			4,50
Bill. Sorte: 6502-2 l; 6506 l			
60-1	f	l	55,—

PLZ	B	T	✉
DDR: PLZ 7			4,50
Bill. Sorte: 701 d l; 7032 l; 7047 l; 758-1 m l;			
758-4 m l; 77-6 a l; 77-8 a l; 77-9 l, a l;			
7845 b l; 798-1 d l			
7019		l	45,—
7035		l	40,—
7064 auf 7019 (1)		l	7,—
7064 auf 7019 (2)		l	15,—
758-5		l	12,50
759-5		l	350,—
798-4	a	l	5,—
(1) = Aufdruck blau			
(2) = Aufdruck schwarz			
DDR: PLZ 8			4,50
Bill. Sorte: 801 a l; 825-1 l; 828-1 l;			
84-11 g l; 86-1 gz l			
8016-16		l	12,—
8017		l	25,—
8027		l	12,—
8045		l	5,—
8053-53		l	12,—
88-1 F	az	l	5,—
F = Zitttau (statt Zittau) auf DT			
DDR: PLZ 9			4,50
Bill. Sorte: 9044 a l, b l; 9303 l; 934-1 l			

E = gez. 9½:12½:9½

PLZ	B	T	✉
Berlin (Ost):			
102 SP SOZ		l	22,50
106	a	l	4,50
106	b	l	5,—
106	c	l	6,—
DDR: PLZ 1			
122-1	h	l	15,—
122-5	r	l	15,—
122-6	t	l	17,50

PLZ	B	T	✉
DDR: PLZ 4			
43	z	l	27,50
432-1	z	l	8,—
44-1	h	l	15,—
444-3	bd	l	12,—
445*	z	l	20,—
*) Im DT weist die Gesamtauflage den Druckfehler „Gräfenhanichen" (statt ... hainichen) auf			

PLZ	B	T	✉
DDR: PLZ 5			
5015-15	a	l	8,—
59-1	a	l	10,—
DDR: PLZ 7			
701	d	l	
75-18		l	30,—
DDR: PLZ 8			
8016-16		l	15,—

F = gez. 11

PLZ	B	T	✉
Berlin (Ost)			4,50
Bill. Sorte: 1020 a l; 1055 l			
1020 AESOZ		l	15,—
1125-2		l	27,50
DDR: PLZ 1			4,50
Bill. Sorte: 122-1 h l; 122-6 t l; 1220-1 h l;			
1330-1 g l; 183-3 z l; 191-1 l; 1930-1 z l			
1200-1	f	l	5,—
1200-1	g	l	5,—
1220-6	t	l	200,—
1500-11	hz	l	5,—
1600-2	z	l	
1720-1	z	l	5,—
1830-1	z	l	5,—
1830-3	y	l	5,50
195-1		l	500,—

PLZ	B	T	✉
DDR: PLZ 2			4,50
Bill. Sorte: 213-1 l; 2130-1 l; 2200-1 l; 222-3 a l;			
2220-1 a l; 2330-1 l, b l; 2337 l; 2355-1 l; 242-1 l;			
2420 l; 25-1 l; 2500-1 l; 2500-2 l, a l; 25-3 l;			
251-5 a l			
22-1		l	20,—
22-1	a	l	90,—
22-1	a	b	11,—
2200-1	a	l	8,—
2200-1	a	b	8,—
222-1	a	l	25,—
2252		l	35,—
23-1		l	15,—
2300-1	a	l	13,—
233-1		l	33,—
25-2		l	33,—
2500-2	b	l	5,50
2500-3		l	7,—
2500-3	a	l	7,—
2500-5	a	l	5,—
2590-1		l	300,—

PLZ	B	T	✉
DDR: PLZ 3			4,50
Bill. Sorte: 356-1 l; 356-6 l; 36-1 a l			
DDR: PLZ 4			4,50
Bill. Sorte: 401 z l; 4010 y l, z l; 402 y l; 4020 k l;			
4037 a l; 4040 y l; 4060 z l; 409-5 l; 4250-1 l;			
427-1 l; 4270-2 l; 43 l; 4300 l; 4303-1 l; 432-1 l;			
4320-1 l; 4350-1 l; 44-1 l; 4400-1 l; 444-3 l;			
4440-3 l; 445 l; 4450 l; 4500-1 a l, b l; 4502 l;			
4530 l; 46-1 z l; 4600-1 l; 46-2 z l; 4602 l; 4603 l;			
4606 l; 47-1 l; 47-3 l; 4700-1 l; 4708 a l; 48-1 l;			
4800-1 l; 485-1 a l; 4850 z l; 4850-3 cc l			
4020	m	l	5,—
4090-5 a	a	l	6,—
425-1*		l	200,—
4440-2		l	5,50
4502	a	l	8,—
4600-2		l	27,50
4600-11		l	280,—
4850-1	a	l	12,50
4850-1	s	l	5,—
*) wg. falscher Schreibweise „Lut-" wurden alle Rollen amtl. vernichtet			

Deutsche Demokratische Republik (Einschreibemarken)

Zähnung F (Fortsetzung)

PLZ	B	T	✉
DDR: PLZ 5			4,50
Bill. Sorte: 5230 l; 5620 l; 5630 l; 5820-1 l			
5230 „h" H	h	l	5,50
5230-2		l	6,—
5230-2 „h" H	h	l	12,—
5820-1 „b" H	b	l	9,—
DDR: PLZ 6			4,50
Bill. Sorte: 6500-1 l; 6506 l; 6530 l; 6540 l; 6800-2 bd l, bf l			
6516:6506 „1" H		l	6,—
DDR: PLZ 7			4,50
Bill. Sorte: 7019 l; 7032 l; 7047 l; 73-1 l; 7500-1 z l; 7513-13 l; 758-1 l; 758-3 l			

PLZ	B	T	✉
73-4	a	l	10,—
7500-2		l	5,—
7520-2		l	10,—
DDR: PLZ 8			4,50
Bill. Sorte: 801 az l; 8016 l; 8019 l; 8020 l; 8021 l; 8023 sa l; 8025 sa l; 8026 l; 8027 l; 8028 l; 8030 sa l; 8032 l; 8036 l; 8042 l; 8044 l; 8045 l; 8046 l; 8051 l; 8052 sa l; 8053 l; 8054 l; 806 sa l; 8072 l, a l; 8073 a l; 808 sa l; 8080 sa l; 8122-1 sa l; 8122-2 sb l; 821-1 l; 825-1 l; 8250-1 l; 8312-1 l; 8403 l; 86-1 gz l; 8600-1 gz l; 8600-6 hz l; 88-1 ax l; 88-2 ab l; 89-3 bz l; 8900-3 bz l (SB)			
8017		l	50,—
8018		l	
8022	sa	l	12,50
8029		l	

PLZ	B	T	**Z	✉
8047		l		
84-13	i	l		
85-1	f	l		5,—
8900 SB		l		12,50
8902-5		l		5,—
DDR: PLZ 9				4,50
Bill. Sorte: 9003 l; 9007 l, b l; 9010 l, z l; 9023 z l; 9061 l, a l; 9071 l; 9091 l; 9156-1 a l; 9262-1 l, m l; 9373 s l; 94-1 a l, bs l; 9400-1 as l, bs l; 9533-3 l; 97-1 a l; 98-1 h l; 992 l; 9933 l				
9102-1		l		—,—
925-1	c	l		14,—
9270-1		l		9,—
933	s	l		5,—
934-1	r	l		5,—
9500-14	kx	l		14,—
965-1	a	l		

G = gez. 10

PLZ	B	T	✉
Berlin (Ost)			4,50
Bill. Sorte: 1136-5 d l; 1140-4 f l; 1140-6 f l; 1140-7 f l; 1140-8 f l; 1141-1 d l; 1144-1 f l; 1144-3 h l; 1147-1 f l			
1133		l	5,—
DDR: PLZ 1			4,50
Bill. Sorte: 1200-1 c l, p l; 1220-1 h l; 1220-5 r l; 1220-6 t l; 1330-1 g l, i l; 1950-1 z l			
1200-8	m	l	500,—
1955	z	l	850,—
DDR: PLZ 2			4,50
Bill. Sorte: 2000-1 l; 2110 l; 2200-1 l, a l; 2220-1 l, a l; 2252 l; 2300-1 l; 2330-1 l, a l; 2400-1 q l; 2420 l; 2500-1 l, a l, b l, c l; 2500-2 l, a l, b l; 2500-3 l			
2200-1	b	l	5,—
2300-1	a	l	550,—
2330-1	a	l	5,—
2420-1		l	5,50
2500-2 „ac" H	ac	l	13,—
2500-2 „a" H	ab	l	6,50
2500-3*	a	l	25,—
2500-4	a	l	7,—
2510-5	a	l	10,—

*) Marke meist stark beschädigt; Preise gelten für einwandfreie Stücke.

PLZ	B	T	✉
DDR: PLZ 4			4,50
Bill. Sorte: 4010 sb l, y l, z l; 4020 k l; 4036 a l; 4037 a l; 4050 l, b l; 4060 z l; 4090-1 z l; 4090-5 l; 4200-1 a l, b l, d l; 4250-1 y l; 4270-2 l; 4300 l; 4320 l; 4320-1 l; 4350-1 l; 4370-1 l; 4400-1 l; 4440-3 l; 4500-1 a l, b l, z l; 4500-3 l, a l; 4500-9 a l; 4502 l; 4530 l, a l, c l; 4600-1 l; 4600-2 l; 4602 l; 4603 l; 4606 l; 4700-1 l; 4732 l; 4800-1 l; 4850-1 a l, s l, z l; 4850-3 cc l; 4900-1 l, z l			
4020	x	l	8,—
4020	y	l	15,—
4036		l	5,—
4040	k	l	16,—
4090-1		l	5,—
4200-1	e	l	5,—
4500-1	sd	l	12,—
4500-9		l	50,—
DDR: PLZ 5			4,50
Bill. Sorte: 5062-62 l; 5300 l; 5300-1 l; 5320 l; 5320-1 l, a l; 5620 l; 5630 l; 5700-1 l; 5820-1 l			
5700-1	a	l	5,—
5820-1 „b" H	b	l	6,50
DDR: PLZ 6			4,50
Bill. Sorte: 6500-1 l; 6530-2 e l; 6800-1 af l			
6500-7*		l	500,—
6502-12		l	5,50
6540-1		l	32,50

*) durfte ungebraucht nicht abgegeben werden.

PLZ	B	T	✉
DDR: PLZ 7			4,50
Bill. Sorte: 7010 l, a l; 7028 y l; 7047 l; 7300-1 l			
7027		l	—,—
7052 auf 7028	y	l	17,50
DDR: PLZ 8			4,50
Bill. Sorte: 8010 l, az l; 8016 l; 8019 l; 8021 l; 8023 sa l; 8025 sa l; 8027 l; 8030 sa l; 8036 l; 8044 l; 8045 l; 8046 l; 8051 sa l; 8052 sa l; 8053 l; 8060 sa l; 8068 sa l; 8072 l, a l; 8073 a l; 8080 sa l; 8122-1 sa l; 8122-2 sb l; 8210-1 l; 8250-1 l; 8300-4 dc l; 8305 l; 8312-1 l; 8500-1 l; 8600-1 gz l; 8800-1 ax l; 8900-1 l; 8900-3 bz l			
8017		l	5,50
8022	sa	l	5,—
8305	c	l	17,50
8400-1		l	—,—
DDR: PLZ 9			4,50
Bill. Sorte: 9010 l, w l, z l; 9040 l; 9061 l; 9071 l; 9102-1 l; 9340-1 r l; 9374-1 s l; 9400-1 as l; 9800-1 h l; 9920 l; 9933 l			
9003		l	12,—
9007	a	l	5,—
9270-1		l	5,50
9560		l	5,50
9580		l	7,50

In allen Fragen über philatelistische Literatur stehen Ihnen die Münchner Stadtbibliothek, Philatelistische Abteilung, Rosenheimer Straße 5, 81667 München, und die Philatelistische Bücherei Hamburg e.V., Hohenfelder Straße 10, 22087 Hamburg, zur Verfügung.

1983

1983, Juli. Einschreibe-Gebührenzettel für SbPÄ. DT und QT in unterschiedlicher Zeichnung. Bdr. KBF (in Rollen); durchscheinendes Pergamin-Papier; senkrecht gez. 10.

Ec

Billigste Sorte:

				✉
3	50 Pf	rosakarmin bis rotlila (Töne) .... Ec		4,50

Bei den nachfolgenden Katalogisierungen stehen nach der Postleitzahl (PLZ) folgende Angaben: Abk. für Sonderausgaben oder Besonderheiten – Unterscheidungsbuchstabe (B).

Am Anfang der jeweiligen PLZ-Gruppe werden hintereinander die Postämter aufgeführt, die in der Bewertung der billigsten Sorte entsprechen.

PLZ	B	✉
Berlin (Ost):		4,50
Bill. Sorte: 1030 a; 1040 ak; 1055; 1060 a; 1080 ak, ap; 1120; 1135; 1136, d; 1136-1; 1140-1, f; 1140-4; 1140-6; 1140-7; 1140-8, f; 1143-9; 1144-1; 1144-3; 1147-1, f; 1151; 1170		
1020	JUSOZ	30,—
1020	SOZ P	7,—
1025	IOC-SESS	5,—
1025 F	IOC-SESS	45,—
1025	JAH	10,—
1040	am	10,—
1140-4	f	250,—
1140-6	f	250,—
1141-1		5,—
1141-2		150,—
1141-3		5,—
1141-4		200,—
1141-5		10,—
1142-5		5,—
1142-9		16,—
1142-11		250,—
1144-1	Knf	—,—
1144-1	f	210,—
1144-2		275,—
1144-3	Knf	
1147-2	f	300,—
1153-3		10,—
1157		1300,—
1157	JUGA 1	9,—
1157	JUGA 2	6,—
F = Eindruck 1020 statt 1025		
DDR: PLZ 1		4,50
Bill. Sorte: 1200-1 ac, ad, af, ag, ah, ai; 1220-1; 1220-5 r; 1220-6 t; 1240-1 r; 1330-1 i; 1330-4 c; 1563 z; 1910-1, z; 1955-1 z		
1200-1	aa	10,—
1200-1	QTI ad	
1330-1	QTI i	
1504-1	z	5,—
1560	z	5,—
1580	z	5,—
1590	z	5,—
1910-1	QTI z	
1950-1	z	12,—
DDR: PLZ 2		4,50
Bill. Sorte: 2000-1; 2110; 2130; 2200-1, a, b, c; 2220-1, a, d; 2220-3 a; 2252 a; 2300-1 a; 2330-1 a, b, c; 2400-1 a, q, r, s; 2420; 2500-1, a, b, c; 2500-2 a, b, ab, ae; 2510-5 a, b		
2000		5,—
2220-3	„bb" H a	30,—
2220-3	bb	280,—
2300-1		1000,—
2300-1	b	5,—
2400-1	QTI s	
2500-1	Knf	250,—
2500-2		400,—
2500-2	aa	5,—
2500-2	„ab" H ab	85,—
2500-2	„ac" H ac	5,—
2500-2	„ae" H ae	75,—
2500-2	„a" H ac	5,—
2500-2	af	5,50
2500-2	ag	5,50
2500-4		
2500-4	a	15,—
DDR: PLZ 3		4,50
Bill. Sorte: 3010; 3011; 3014; 3033; 3600-1, a		
3010	OVG	7,—
3010-1	DDR M	5,50
3020*		
3040		5,—
3500-1		16,—
3500-7		8,—
*) Blauer Handstempeleindruck auf Marke ohne PLZ und Ortsangabe		
DDR: PLZ 4		4,50
Bill. Sorte: 4010 sb, y, z; 4026 k; 4031 a, z; 4040 k; 4060 a; 4076; 4090-1 z; 4090-5, a; 4200-1 a, b; 4250-1; 4270-1; 4270-2; 4300; 4303-1; 4320-1; 4350-1; 4400-1; 4450; 4500-3 a; 4502, a; 4530 a, b, f, g, h, r, s, t; 4530-1 m, n, u, v, w; 4600-1, z; 4600-2; 4700-4; 4732; 4732-1; 4800; 4800-1; 4850-1 a, s; 4900-1		
4020	DDR	25,—
4020	z	5,—
4200-1	QTI	
4250		450,—
4250-2		5,—
4303-1	QTI	
4320-1	QTI	
4530		5,—
4530	c	5,—
4603		5,—
DDR: PLZ 5		4,50
Bill. Sorte: 5020 a, b; 5061; 5210-1 a; 5230 s; 5300-1, 5320; 5320-1, a; 5500-4; 5600; 5630; 5700-1; 5700-1 TMS, a; 5800-1; 5820-1; 5900-1; 5900-6		
5010-1	JUGA E	5,—
5020	Knf b	5,—
5300		200,—
5500-1		5,—
5700-1	a	27,50
5820-1	„b" H b	6,50
5820-1	„c" H c	6,50
5900-1	QTI	
5900-1	SB	50,—
DDR: PLZ 6		4,50
Bill. Sorte: 6500-1; 6506; 6516; 6530-2 e		
6000-1	WM	8,—
DDR: PLZ 7		4,50
Bill. Sorte: 7010 a, b, c, d; 7011; 7013; 7027, d; 7032; 7035; 7048; 7052 y, z; 7300-1, h; 7400-2 f; 7500; 7500-1 a; 7500-22; 7586; 7610-1; 7980-1		
7010		
7010	sa	5,—
7010	sc	17,50
7010	sd	17,50
7031-64		12,—
7046		600,—
7064		7,—
7500-1		5,—
7500-1	z	5,—
7500-22	Knf	
7513-13	a	15,—
7560-5*		
7610		200,—
*) Herkunft dieser Marke ungeklärt!		
DDR: PLZ 8		4,50
Bill. Sorte: 8010, az; 8016; 8017; 8019; 8020; 8021; 8023 sa; 8025 sa; 8032; 8036; 8042; 8044; 8045; 8053; 8072 a; 8080 sa; 8210-1; 8250-1; 8300-4 dc; 8312-1; 8600-1 gz; 8900-1; 8900-3 bz		
8025	Knf sa	
8042	Knf	
8122-2	sb	1000,—
DDR: PLZ 9		4,50
Bill. Sorte: 9061; 9262-1; 9300-1; 9700-1 a; 9800-1, h; 9933		
9010	FK	7,—
9270-1		18,—
9300-3		5,—
9560		
9800-1	OTI	

Auch einem Briefe-Katalog sind gewisse Grenzen gesetzt. Das Gebiet der SbPÄ-Einschreibemarken ist besonders umfangreich für Spezialisierungen. Es konnte auch in diesem Katalog nur das Hauptsächlichste erwähnt werden.

Weitere Einzelheiten siehe Ulrich P. Haubold: „Spezialkatalog u. Handbuch Einschreibemarken an Selbstbedienungseinrichtungen der Deutschen Post" und Forschungsgemeinschaft der DDR, Gruppe Selbstbedienungs-Postämter: „Einschreibemarken an Selbstbedienungs-Postämtern der Deutschen Post der DDR – Katalog".

Paketgebührenmarken (Nummernzettel)

Für Selbstbedienungs-Postämter (SbPÄ)

1968, 16. Mai. Paketnummernzettel. Bdr. KBF (in Rollen); Pergamin-Papier; senkrecht gez. 12½.

 Pa

Bei der Gesamtauflage ist ein Doppeldruck des Bdr.-Textes (= gesamter Vordruck ohne laufende Nummer) erkennbar. Kein Aufschlag!

Die Paketmarke besteht nur aus einem Teil. Ab 14. 4. 1969 durften für den Versand nach West-Berlin und in das Bundesgebiet keine Paketmarken mehr verwendet werden.

Wegen hoher Kosten und mangelnder Nutzung durch die Bevölkerung wurde die Paket-Selbstbedienung 1970 eingestellt.

				✉ ⊘	✉[1])
1	50 (Pf)	schwarz .... Pa			
	1092	Postamt 1092.		7,—	450,—
	1137	Postamt 1137.		10,—	500,—

⊘-✉ mit E-Schein .... ✉⊘ 80,—

[1]) Preise gelten für echt gelaufene Paketaufkleber.

Ganzsachen-Ausschnitte als Freimarken verwendet

Da die Postordnung der DDR vom 3. 4. 1959 kein Verbot der Verwendung von Wertstempeln aus Ganzsachen (Postkarten, Faltbriefen usw.) enthielt, kommen Postsendungen mit aufgeklebten Ganzsachenausschnitten als Freimarken vor.

Katalogisierungen von Ganzsachen siehe MICHEL-Ganzsachen-Katalog Deutschland.

Rohrpost Ostberlin

Am 21. 2. 1949 wurde die Rohrpost in Ostberlin wieder für die Öffentlichkeit freigegeben und bis zum Jahr 1978 nach und nach wieder eingestellt.
Rohrpostzuschlag für den gesamten Zeitraum 0,20 Mark.
Rohrpostsendungen kommen häufig in Verbindung mit „Eilboten" vor.

Ersttagsbedarfsbelege   750,—
✉ 1949   Zuschlag   50,— bis 100,— ⎫
✉ 1950–1954   Zuschlag   30,— bis 75,— ⎬ (höherwertige Frankaturen sind hinzuzurechnen)
✉ 1955–1979   Zuschlag   20,— bis 50,— ⎭

Literatur: Handbuch – Postschnelldienst-Rohrpost von Steinbock/Decke

Rollenmarken

Siehe bei den jeweiligen Ausgaben; Spezialkatalogisierung siehe MICHEL-Handbuch-Katalog Rollenmarken Deutschland.

Markenheftchenblätter und Zusammendrucke

> **Wichtige Bewertungshinweise:**
>
> ✉-Preise bei H-Blättern: Die Preise verstehen sich für Stücke mit H-Blatt-Rand, ohne Rand 30% Abschlag.
>
> ✉-Bewertung bei Zusammendrucken: Die angegebenen Preise gelten ausschließlich für Einheiten in der katalogisierten Form, wobei als Zusatzfrankatur bei Mischfrankatur entweder Einzelmarken oder andere Zusammendruckeinheiten gesondert verklebt sein müssen. Zusammendrucke in anderen Zusammenstellungen als katalogisiert erfordern je nach Vorkommen eine besondere Bewertung, die einem Briefe-Spezial-Katalog vorbehalten bleiben muß.

Fünfjahrplan (Wz. 2), 1955, Heftchen MiNr. 1 mit H-Bl. 1–3

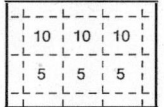 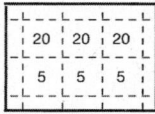 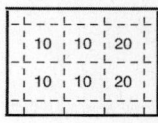

Vorkommende Zähnungsvarianten:
A = Rand allseitig durchgezähnt
B = Rand oben nicht durchgezähnt

H-Blatt 1   H-Blatt 2   H-Blatt 3

H-Bl.-MiNr.	MiNr.	Werte	✉
1 A	3×406 X/3×453 X	3×5+3×10	60,—
1 B	3×406 X/3×453 X	3×5+3×10	100,—
2 A	3×406 X/3×455 X	3×5+3×20	70,—
2 B	3×406 X/3×455 X	3×5+3×20	100,—
3 A	4×453 X/2×455 X	4×10+2×20	80,—
3 B	4×453 X/2×455 X	4×10+2×20	110,—

Es gibt H-Blätter mit Wz. 2 X I und 2 X II; eine differenzierte Katalogisierung ist jedoch derzeit noch nicht möglich.

Zusammendrucke aus H-Blatt 1–3 und MHB:

Die roten Andreaskreuze befinden sich nicht in den Markenheftchen, sondern nur im Heftchenbogen auf den Zwischenstegen und sollen, ähnlich den Strichelleisten auf den Zwischenstegen bei den Heftchenbogen des Deutschen Reiches, das gezähnte Wertzeichenpapier für eine andere Verwendung untauglich machen. Es sind deshalb nur die Kreuze im Zwischensteg aufgeführt.

WZ 3: Balken des Andreaskreuzes enden schräg

W 1–4 und S 1–4 fallen aus

Zd-MiNr.	MiNr.	Werte	✉
W 5	453 X/455 X	10+20	25,—
WZ 1	406 X/x/406 X	5+x+5	18,—
WZ 2	453 X/x/453 X	10+x+10	36,—
WZ 3	455 X/x/453 X	20+x+10	36,—
WZ 4	455 X/x/455 X	20+x+20	40,—
S 5	453 X/406 X	10+5	20,—
S 6	455 X/406 X	20+5	20,—
SZ 1	406 X/x/453 X	5+x+10	20,—
SZ 2	406 X/x/455 X	5+x+20	19,—
SZ 3	453 X/x/453 X	10+x+10	25,—
SZ 4	455 X/x/455 X	20+x+20	35,—
Hz 1	406 X/x/406 X	5+x+5	
	x/x/x	x+x+x	
	453 X/x/453 X	10+x+10	—,—
Hz 2	406 X/x/406 X	5+x+5	
	x/x/x	x+x+x	
	455 X/x/455 X	20+x+20	—,—
Hz 3	455 X/x/453 X	20+x+10	
	x/x/x	x+x+x	
	455 X/x/453 X	20+x+10	—,—

Fünfjahrplan (Wz. 3), 1957, Heftchen MiNr. 2 mit H-Bl. 4–6

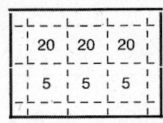

H-Blatt 4

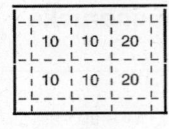

H-Blatt 5

H-Blatt 6

Vorkommende Zähnungsvarianten:

A = Rand allseitig durchgezähnt
B = Rand oben nicht durchgezähnt

H-Bl.-MiNr.	MiNr.	Werte	✉
4 A	3×577 A/3×578 A	3×5+3×10	85,—
4 B	3×577 A/3×578 A	3×5+3×10	115,—
5 A	3×577 A/3×580 A	3×5+3×20	95,—
5 B	3×577 A/3×580 A	3×5+3×20	115,—
6 A	4×578 A/2×580 A	4×10+2×20	110,—
6 B	4×578 A/2×580 A	4×10+2×20	140,—

Zusammendrucke aus H-Blatt 4–6 und MHB:

Siehe Bemerkung bei Zusammendrucken aus H-Blatt 1–3.

WZ 5: Balken des Andreaskreuzes enden rechtwinklig.

Zd-MiNr.	MiNr.	Werte	✉
W 6	578 A/580 A	10+20	22,—
WZ 5	577 A/x/577 A	5+x+5	6,—
WZ 6	578 A/x/578 A	10+x+10	70,—
WZ 7	580 A/x/578 A	20+x+10	40,—
WZ 8	580 A/x/580 A	20+x+20	45,—
S 7	578 A/577 A	10+5	18,—
S 8	580 A/577 A	20+5	18,—
SZ 5	577 A/x/578 A	5+x+10	25,—
SZ 6	577 A/x/580 A	5+x+20	30,—
SZ 7	578 A/x/578 A	10+x+10	40,—
SZ 8	580 A/x/578 A	20+x+10	25,—
Hz 4	577 A/x/577 A	5+x+5	
	x/x/x	x+x+x	
	578 A/x/578 A	10+x+10	—,—
Hz 5	577 A/x/577 A	5+x+5	
	x/x/x	x+x+x	
	580 A/x/580 A	20+x+20	—,—
Hz 6	580 A/x/578 A	20+x+10	
	x/x/x	x+x+x	
	580 A/x/578 A	20+x+10	—,—

In allen Fragen über philatelistische Literatur stehen Ihnen die

Münchner Stadtbibliothek, Philatelistische Abteilung,

Rosenheimer Straße 5, 81667 München, und die Philatelistische Bücherei

Hamburg e.V., Hohenfelder Straße 10, 22087 Hamburg, zur Verfügung.

Deutsche Demokratische Republik (Markenheftchen)

Fünfjahrplan (Wz. 3), 1960, Heftchen MiNr. 3 mit H-Bl. 7–9

H-Blatt 7   H-Blatt 8   H-Blatt 9

Vorkommende Zähnungsvarianten:
A = Rand allseitig durchgezähnt
B = Rand oben nicht durchgezähnt

H-Bl.-MiNr.	MiNr.	Werte	✉
7 A	6×577 A	6×5	7,—
7 B	6×577 A	6×5	8,—
8 A	6×704 A	6×10	10,—
8 B	6×704 A	6×10	12,—
9 A	1×704 A/5×580 A	1×10+5×20	40,—
9 B	1×704 A/5×580 A	1×10+5×20	45,—

Zusammendrucke aus H-Blatt 9 und MHB:

Siehe Bemerkung bei Zusammendrucken aus H-Blatt 1–3. Die Balken der Andreaskreuze auf den Zwischenstegen enden rechtwinklig.

Zd-MiNr.	MiNr.	Werte	✉
W 7	580 A/704 A	20+10	30,—
WZ 9	704 A/x/704 A	10+x+10	5,—
WZ 10	704 A/x/580 A	10+x+20	50,—
S 9	580 A/704 A	20+10	30,—
SZ 9	577 A/x/577 A	5+x+5	5,—
SZ 10	704 A/x/704 A	10+x+10	5,—
SZ 11	704 A/x/580 A	10+x+20	50,—
Hz 7	577 A/x/577 A	5+x+5	
	x/x/x	x+x+x	
	577 A/x/577 A	5+x+5	—,—
Hz 8	704 A/x/704 A	10+x+10	
	x/x/x	x+x+x	
	704 A/x/704 A	10+x+10	—,—
Hz 9	704 A/x/580 A	10+x+20	
	x/x/x	x+x+x	
	580 A/x/580 A	10+x+20	

Ulbricht, 1962, Heftchen MiNr. 4 mit H-Bl. 10–11

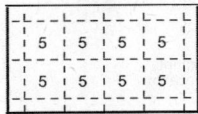

H-Blatt 10   H-Blatt 11

Vorkommende Zähnungsvarianten:
A = Rand allseitig durchgezähnt
D = Rand rechts nicht durchgezähnt
E = Rand links nicht durchgezähnt

Die Zähnungsvarianten D und E kommen mit Bogenzählnummern vor. Aufschlag 50,—

H-Bl.-MiNr.	MiNr.	Werte	✉
10 A			
X IA	8×845 X x IA	8×5	55,—
X IB/IA	4×845 X x IB (Feld 1–4) + 4×845 X x IA (Feld 5–8)	8×5	—,—
X IB	8×845 X x IB	8×5	—,—
Y IA	8×845 Y x IA	8×5	55,—
Y IB/IA	4×845 Y x IB (Feld 1–4) + 4×845 Y x IA (Feld 5–8)	8×5	—,—
Y IB	8×845 Y x IB	8×5	80,—
10 D			
X IA	8×845 X x IA	8×5	80,—
Y IA	8×845 Y x IA	8×5	80,—

Deutsche Demokratische Republik (Markenheftchen)

H-Bl.-MiNr.	MiNr.	Werte	✉
10 E			
X IA	8×845 X x IA	8×5	80,—
Y IA	8×845 Y x IA	8×5	80,—
Y IB/IA	4×845 Y x IB (Feld 1–4) + 4×845 Y x IA (Feld 5–8)	8×5	—,—
11 A			
X I2	8×846 X x I2	8×10	30,—
X I3/I2	4×846 X x I3 (Feld 1–4) + 4×846 X x I2 (Feld 5–8)	8×10	—,—
X I3	8×846 X x I3	8×10	—,—
Y I3	8×846 Y x I3	8×10	40,—
11 D			
X I2	8×846 X x I2	8×10	90,—
Y I3	8×846 Y x I3	8×10	40,—
11 E			
X I2	8×846 X x I2	8×10	90,—
Y I3	8×846 Y x I3	8×10	40,—

H-Blatt 11 ist in verschiedenen Farbtönungen – auch innerhalb eines Heftchens – bekannt. Preise gleich.

Zusammendrucke aus MHB:

(Zwischenstege [Z] immer mit rotem Monogramm)

WZ 12

Zd-MiNr.	MiNr.	Werte	✉
WZ 11	845 X x IA/Z/845 X x IA	5+Z+5	18,—
WZ 12	846 X x I2/Z/846 X x I2	10+Z+10	18,—
SZ 12	845 X x IA/Z/845 X x IA	5+Z+5	3,—
SZ 13	846 X x I2/Z/846 X x I2	10+Z+10	10,—
Hz 10	845 X x IA/Z/845 X x IA Z/Z/Z	5+Z+5 Z+Z+Z	—,—
Hz 11	845 X x IA/845 X x IA 846 X x I2/Z/846 X x I2 Z/Z/Z 846 X x I2/Z/846 X x I2	5+Z+5 10+Z+10 Z+Z+Z 10+Z+10	—,—

Trachten, kleines Format, 1971, Heftchen MiNr. 5 mit H-Bl. 12–13

```
 _L__ _L__ _L__ _L__ L
|    |    |    |    |
| 10 | 10 | 10 | 10 |
|_L__|_L__|_L__|_L__|L
```
H-Blatt 12

```
 _L__ _L__ _L__ _L__ L
|    |    |    |    |
| 10 | 20 | 10 | 20 |
|_L__|_L__|_L__|_L__|L
```
H-Blatt 13

I = ohne Firmensiegel auf dem H-Blatt-Rand
II = mit Firmensiegel auf zwei oder drei Seiten des Randes

Vorkommende Zähnungsvarianten:

A = Rand allseitig durchgezähnt
B = Rand oben nicht durchgezähnt
C = Rand unten nicht durchgezähnt
D = Rand rechts nicht durchgezähnt
E = Rand links nicht durchgezähnt
F = Rand links und unten nicht durchgezähnt
G = Rand rechts und unten nicht durchgezähnt

H-Bl.-MiNr.	✉	H-Bl.-MiNr.	✉
12 I		3 I	
A	3,50	B	45,—
B	30,—	C	15,—
C	6,—	D	15,—
E	10,—	E	15,—
F	10,—	F	15,—
12 II		G	15,—
A	3,50	13 II	
C	8,—	A	9,—
E	8,—	C	15,—
F	8,—	D	15,—
13 I		E	15,—
A	8,—	F	15,—

Zusammendrucke aus H-Blatt 13 und MHB:

Z I = Zwischensteg ohne, Z II = Zwischensteg mit Firmensiegel

Zd-MiNr.	MiNr.	Werte	✉
W 8	1723/1724	10+20	3,—
W 9	1723/1724/1723	10+20+10	5,—
W 10	1724/1723	20+10	5,—
W 11	1724/1723/1724	20+10+20	6,50
WZ 13 I	1723/Z I/1723	10+Z I+10	30,—
WZ 13 II	1723/Z II/1723	10+Z II+10	6,—
WZ 14 I	1724/Z I/1723	20+Z I+10	30,—
WZ 14 II	1724/Z II/1723	20+Z II+10	10,—
SZ 14 II	1723/Z II/1723	10+Z II+10	3,—
SZ 15 II	1724/Z II/1724	20+Z II+20	5,—
Hz 12 II	1723/Z II/1723	10+Z II+10	
	Z II/Z II/Z II	Z II+Z II+Z II	
	1723/Z II/1723	10+Z II+10	—,—
Hz 13 II	1724/Z II/1723	20+Z II+10	
	Z II/Z II/Z II	Z II+Z II+Z II	
	1724/Z II/1723	20+Z II+10	—,—

Rosenausstellung, kleines Format, 1972, Heftchen MiNr. 6 mit H-Bl. 14–15

H-Blatt 14: | 10 | 10 | 10 | 10 |

H-Blatt 15: | 25 | 35 | 25 | 35 |

Vorkommende Zähnungsvarianten:
A = Rand allseitig durchgezähnt
C = Rand unten nicht durchgezähnt
D = Rand rechts nicht durchgezähnt
E = Rand links nicht durchgezähnt
F = Rand links und unten nicht durchgezähnt

H-Bl.-MiNr.	MiNr.	Werte	✉
14	4×1778	4×10	
A			3,—
C			3,50
D			8,—
E			8,—
F			8,—
15	2×1779/2×1780	2×25+2×35	
A			13,—
C			30,—
E			35,—

Zusammendrucke aus H-Blatt 15 und MHB:

Zd-MiNr.	MiNr.	Werte	✉
W 12	1779/1780	25+35	6,—
W 13	1779/1780/1779	25+35+25	9,—
W 14	1780/1779	35+25	6,—
W 15	1780/1779/1780	35+25+35	9,—
WZ 15	1778/Z/1778	10+Z+10	3,—
WZ 16	1780/Z/1779	35+Z+25	7,—
SZ 16	1778/Z/1778	10+Z+10	3,—
SZ 17	1779/Z/1779	25+Z+25	7,—
SZ 18	1780/Z/1780	35+Z+35	7,—
Hz 14	1778/Z/1778	10+Z+10	
	Z/Z/Z	Z+Z+Z	
	1778/Z/1778	10+Z+10	—,—
Hz 15	1780/Z/1779	35+Z+25	
	Z/Z/Z	Z+Z+Z	
	1780/Z/1779	35+Z+25	—,—

Mit MICHEL-Katalogen sind Sie immer gut informiert!

Deutsche Demokratische Republik (Markenheftchen)

Weltfestspiele der Jugend, 1973, Heftchen MiNr. 7 mit H-Bl. 16–17

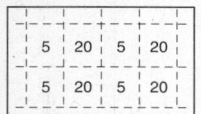

H-Blatt 16   H-Blatt 17

Vorkommende Zähnungsvarianten:
A = Rand allseitig durchgezähnt
D = Rand rechts nicht durchgezähnt

H-Bl.-MiNr.	MiNr.	Werte	✉
16	4×1862	4×5	
A			4,—
D			6,—
17	4×1864	2×20	
A			4,—
D			6,—

Zusammendrucke aus MHB:

Zd-MiNr.	MiNr.	Werte	✉
W 17	1862/Za/1862	5+Za+5	9,—
W 18	1864/Za/1864	20+Za+20	9,—
SZ 19	1862/Zb/1862	5+Zb+5	2,50
SZ 20	1864/Zb/1864	20+Zb+20	2,50
Hz 16	1862/Za/1862	5+Za+5	
	Zb/Zb/Zb	Zb+Zb+Zb	
	1862/Za/1862	5+Za+5	—,—
Hz 17	1864/Za/1864	20+Za+20	
	Zb/Zb/Zb	Zb+Zb+Zb	
	1864/Za/1864	20+Za+20	—,—

Sozphilex '85, 1985, Heftchen MiNr. 8 mit H-Bl. 18

```
 5 | 20 | 5 | 20
 5 | 20 | 5 | 20
```
H-Blatt 18

H-Bl.-MiNr.	MiNr.	Werte	✉
18	4x2965/4x2966	4x5+4x20	6,—

Zusammendrucke aus H-Blatt 18 und MHB:

Zd-MiNr.	MiNr.	Werte	✉
W 16	2965/2966	5+20	2,—
W 17	2965/2966/2965	5+20+5	4,—
W 18	2966/2965	20+5	3,—
W 19	2966/2965/2966	20+5+20	4,—
WZ 19	2966/Z/2965	20+Z+5	5,—
SZ 21	2965/Z/2965	5+Z+5	3,—
SZ 22	2966/Z/2965	20+Z+20	4,—
Hz 18	2966/Z/2965	20+Z+5	
	Z/Z/Z	Z+Z+Z	
	2966/Z/2965	20+Z+5	—,—

Zum Bestimmen der Farben   **MICHEL-Farbenführer**

Deutsche Demokratische Republik (Markenheftchen)

Süßwasserfische, 1988, Heftchen MiNr. 9 mit H-Bl. 19

```
┌─L──L──┐
│ 10 │ 10 │
├─L──L──┤
│ 10 │ 10 │
└─L──L──┘
    H-Blatt 19
```

Vorkommende Zähnungsvarianten:
- A = Rand allseitig durchgezähnt
- B = Rand oben nicht durchgezähnt
- C = Rand unten nicht durchgezähnt
- D = Rand rechts nicht durchgezähnt
- G = Rand rechts und unten nicht durchgezähnt
- H = Rand oben und rechts nicht durchgezähnt

H-Bl.-MiNr.	MiNr.	Werte	✉
19 v	4×3096 II v	4×10	
A			2,75
B			4,—
C			4,—
D			4,—
H			4,—
G			4,—
19 w	4×3096 II w	4×10	
A			2,75
D			4,—

Zusammendrucke aus MHB:

Zd-MiNr.	MiNr.	Werte	✉
W 20	3096 II v/3096 II v	10+Z+10	2,—
SZ 33	3096 II v/3096 II v	10+Z+10	2,—
Hz 19	3096 II v/3096 II v	10+Z+10	
	Z/Z/Z	Z+Z+Z	
	3096 II v/3096 II v	10+Z+10	—,—

Bauwerke und Denkmäler, 1990, Heftchen MiNr. 10 mit H-Bl. 20–21

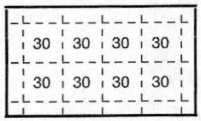
H-Blatt 20

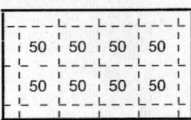
H-Blatt 21

H-Bl.-MiNr.	MiNr.	Werte	✉
20	8×3345	8×30	15,—
21	8×3346	8×50	25,—

Zusammendrucke aus MHB:

Zd-MiNr.	MiNr.	Werte	✉
WZ 21	3345/Z/3345	30+Z+30	7,—
WZ 22	3346/Z/3346	50+Z+50	8,—
SZ 24	3345/Z/3345	30+Z+30	7,—
SZ 25	3346/Z/3346	50+Z+50	8,—
Hz 20	3345/Z/3345	30+Z+30	
	Z/Z/Z	Z+Z+Z	
	3345/Z/3345	30+Z+30	
Hz 21	3346/Z/3346	50+Z+50	—,—
	Z/Z/Z	Z+Z+Z	
	3346/Z/3346	50+Z+50	

Berlin (West)

Nach der Kapitulation des Deutschen Reiches wurde die ehemalige Reichshauptstadt Berlin aus dem Gebiet des übrigen besetzten Deutschland ausgegliedert und einer eigenen Vier-Mächte-Verwaltung unterstellt. Diese hatte auch das Postwesen zu verwalten (siehe Berlin und Brandenburg vor SBZ).

Die durch die sowjetische Währungsreform vom 24. 6. 1948 eingeleiteten politischen Ereignisse führten zu der Spaltung in einen West- und einen Ostteil der Stadt. Während der Ostteil der Stadt die Ausgaben der Sowjetischen Besatzungszone und nur diese im Postverkehr verwendete und schließlich völlig in das Gebiet der DDR integriert wurde, wurden für West-Berlin nach einer kurzen Übergangszeit eigene Postwertzeichen geschaffen.

Die Währungsreform in den drei westlichen Besatzungszonen hatte das Gebiet Groß-Berlins nicht einbezogen. Die Währungsreform in der Sowjetischen Besatzungszone vom 24. 6. 1948 schloß ausdrücklich das gesamte Stadtgebiet Groß-Berlins ein. Dies wurde von den westlichen Alliierten nicht anerkannt. Statt dessen wurde zum 25. 6. 1948 eine eigene Währungsreform verfügt. Die Ostmark blieb jedoch weiterhin gültiges Zahlungsmittel und auch alle Postwertzeichen der SBZ blieben in West-Berlin frankaturgültig.

Ab 28. 12. 1948 konnten bestimmte Postgebühren nur noch in DM (West) entrichtet werden. Mit einer weiteren Währungsreform vom 21. 3. 1949 wurde die DM (West) zum alleinigen Zahlungsmittel erklärt.

Ab 21. 3. 1949 waren nur noch die eigenen Ausgaben für Berlin in DM (West)-Währung gültig, jedoch wurden bereits ab 27. 10. 1949 die Ausgaben der Bundesrepublik Deutschland sowie alle noch gültigen Wertzeichen der Länder der französischen Zone und der Bizone zur Frankatur auf Sendungen in die Westsektoren zugelassen.

Nach Gründung der Bundesrepublik Deutschland verblieb West-Berlin als eigenständige politische Einheit, wurde dann jedoch allmählich dem Bundesgebiet in zahlreichen Belangen angegliedert. Zwar wurden eigene Postwertzeichen bis Ende 1990 beibehalten, jedoch hatten diese und die bundesdeutschen wechselseitige Frankaturgültigkeit. Näheres siehe „Übersicht über die in Berlin (West) gültigen Postwertzeichen"!

Vom 2. 7. 1990 bis 31. 12. 1991 durften die Marken der Deutschen Demokratischen Republik mit Inschrift „Deutsche Post" einschließlich MiNr. 3353 mit Inschrift „DDR" auch im gesamten Bundesgebiet sowie in Berlin (West) verwendet werden.

Berlin unter alliierter Verwaltung siehe Berlin und Brandenburg (vor SBZ)!

Wasserzeichen

 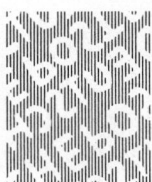  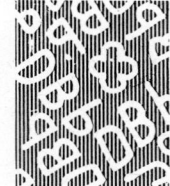

Wz. 1 X
DEUTSCHE POST
fallend

Wz. 1 Y
DEUTSCHE POST
steigend

Wz. 2
Kreuze und Ringe

Wz. 3
DBP und Kreuzblätter

Bis 24. 6. 1948 1 Reichsmark (RM) = 100 Pfennig (Pf), vom 24. 6. 1948–31. 3. 1949 1 Mark (M) (Ost) = 100 Pfennig (Pf), ab 25. 6. 1948 1 Deutsche Mark (DM) (West) = 100 Pfennig (Pf).

Preise ab 1955 ungebraucht für ✶✶*, für* ✶ *mindestens 60% Nachlaß*

Berlin (West)

Übersicht über die in Berlin (West) bis zur Gründung des Bundespostministeriums gültigen Postwertzeichen (25. 6. 48 bis 31. 3. 50).

(1) 25. 6. 48–2. 7. 48:
Zulässige MiF zwischen den Kontrollratsausgaben (MiNr. 911–970) zu 1/10 ihres Nennwertes, den Band-Netz-Aufdrucken der Bizone (MiNr. 36–68 I/II) und den Bezirkshandstempel-Aufdrucken der SBZ (MiNr. 166–181)

(2) 3. 7. 48–9. 7. 48:
Zulässige MiF zwischen den unter (1) genannten Ausgaben und den Maschinenaufdrucken der SBZ auf der Arbeiterserie (MiNr. 182–197)

(3) 10. 7. 48–31. 7. 48:
Zulässige MiF zwischen den Kontrollratsausgaben (MiNr. 911–970) zu 1/10 ihres Nennwertes, den Band-Netz-Aufdrucken der Bizone (MiNr. 36–68 I/II) und den Maschinenaufdrucken der SBZ auf der Arbeiterserie (MiNr. 182–197)

(4) 1. 8. 48–2. 9. 48:
Zulässige MiF zwischen den Band-Netz-Aufdrucken der Bizone (MiNr. 36–68 I/II), den Maschinenaufdrucken der SBZ auf der Arbeiterserie (MiNr. 182–197) und ab 29. 8. 48 den SBZ-Sondermarken zur Leipziger Herbstmesse (MiNr. 198–199)

(5) 3. 9. 48–19. 9. 48:
Zulässige MiF zwischen den unter (4) genannten Ausgaben und den Marken mit Schwarzaufdruck „BERLIN" (MiNr. 1–20)

(6) 20. 9. 48–13. 1. 49:
Zulässige MiF zwischen den Marken mit Schwarzaufdruck „BERLIN" (MiNr. 1–20) und den SBZ-Ausgaben (MiNr. 182–228) je nach Erscheinungsdatum

(7) 14. 1. 49–19. 1. 49:
Zulässige MiF der unter (6) genannten Ausgaben auf Sendungen in den Ostsektor Berlins, in die SBZ oder ins Ausland (ab 15. 1. 49 auch in MiF mit der SBZ-Sondermarke MiNr. 229)

(8) 20. 1. 49–7. 2. 49:
Zulässige MiF der unter (7) genannten Ausgaben mit den Marken mit Rotaufdruck „BERLIN" (MiNr. 24–26, 31) auf Postsendungen in den Ostsektor Berlins, in die SBZ oder ins Ausland.
Zulässige MiF der Marken mit Schwarzaufdruck (MiNr. 1–20) und mit Rotaufdruck (MiNr. 24–26, 31) auf Sendungen innerhalb Berlins (West), in die Westzonen oder ins Ausland

(9) 8. 2. 49–20. 3. 49:
Zulässige MiF der Marken mit Schwarzaufdruck (MiNr. 1–20) und mit Rotaufdruck (MiNr. 24–26, 31) auf Sendungen innerhalb Berlins (West), nach den Westzonen oder ins Ausland.
Zulässige MiF der SBZ-Ausgaben (MiNr. 182–229, ab 6. 3. 49 auch 230–231) mit den Marken mit Schwarzaufdruck (MiNr. 1–20) und mit Rotaufdruck (MiNr. 24–26, 31) auf Postsendungen in den Ostsektor Berlins oder in die SBZ

(10) 21. 3. 49–31. 3. 49:
Zulässige MiF der Marken mit Schwarzaufdruck (MiNr. 1–20), mit Rotaufdruck (MiNr. 21–34) und der 1-Pf-Berliner-Bauten-Marke (MiNr. 42)

(11) 1. 4. 49–26. 10. 49:
Zulässige MiF der Marken mit Rotaufdruck (MiNr. 21–34), den Berliner Sonderausgaben (MiNr. 35–41 bzw. 61–63), den Berliner Bautenmarken (MiNr. 42–60) und den Marken mit Grünaufdruck je nach Erscheinungsdatum

(12) 27. 10. 49–6. 11. 49:
Zulässige MiF der Berliner Ausgaben (MiNr. 21–67), der Ausgaben der Bizone (MiNr. 69–110) der Ausgaben der französischen Zone Baden (MiNr. 14–37, 46–57), der Ausgaben der französischen Zone Rheinland-Pfalz (MiNr. 16–29, 32–41, 46–52), der Ausgaben der französischen Zone Württemberg (MiNr. 14–37, 44–52) und der Sonderausgaben der BRD (MiNr. 111–116) auf Postsendungen mit Zielort in der BRD

(13) 7. 11. 49–31. 12. 49:
Zulässige MiF zwischen den unter (12) genannten Ausgaben auf Postsendungen innerhalb Berlins (West) oder in die BRD (ab 1. 12. 49 einschließlich der Wohltätigkeitsausgabe für Berliner Währungsgeschädigte und ab 14. 12. 49 auch einschließlich der Wohltätigkeitsausgabe 1949 der BRD)

(14) 1. 1. 50–31. 1. 50:
Zulässige MiF der Berliner Ausgaben (MiNr. 21–70), der Ausgaben der Bizone (MiNr. 69–110), der Sonderausgaben der BRD (MiNr. 111–120) und der späten Sondermarken der französischen Zone Baden MiNr. 46–57, Rheinland-Pfalz MiNr. 46–52, Württemberg MiNr. 44–52) auf Sendungen innerhalb Berlins (West) oder in die BRD

(15) 1. 2. 50–4. 2. 50:
Zulässige MiF der unter (14) genannten Ausgaben ohne die ungültig gewordenen Ausgaben von Berlin (MiNr. 21–34) und von Baden (MiNr. 46) auf Sendungen innerhalb Berlin (West) oder in die BRD

(16) 5. 2. 50–31. 3. 50:
Zulässige MiF der unter (14) bzw. (15) genannten Ausgaben (also ohne Berlin MiNr. 21–34 und ohne Baden MiNr. 46) auf allen Postsendungen (unabhängig vom Zielort)

Literatur:
Wolf J. Pelikan: „West-Berlin-Belege zur Währungsreform 1948/49"
W. Strobel: „Die Aufnahme des Postverkehrs in Deutschland nach der Besetzung 1945–1950" (4. Aufl. 1994)

Um an Hand der Abstempelung die in West-Berlin benutzten Marken bzw. Briefe zu erkennen, werden nachstehend die zuständigen Postämter aufgeführt. ©

Selbständige Postämter:

Berlin SW 11, W 15, N 20, NW 21, SW 29, W 30, W 35, SO 36, NW 40, SW 61, N 65, SW 68, SW 77, NW 87, -Borsigwalde, -Britz 1, -Charlottenburg 1, 2, 4, 5, 7, 9, -Dahlem, -Friedenau 1, -Frohnau 1, -Grunewald 1, -Halensee 1, -Hermsdorf 1, -Kladow, -Lankwitz 1, -Lichtenrade 1, -Lichterfelde 1, -Mariendorf, -Marienfelde, -Neukölln 1, -Nikolassee, -Reinickendorf, -Rudow, -Schlachtensee, -Schmargendorf, -Schöneberg 1, -Siemensstadt, -Spandau 1, -Staaken, -Steglitz 1, -Tegel 1, -Tempelhof 1, -Waidmannslust, -Wannsee 1, -Wilmersdorf 1, -Wittenau, -Zehlendorf

Zweigämter:

Diese stempelten hauptsächlich die am Schalter aufgelieferten Sendungen ab. Es sind: Berlin W 10, SO 26, N 28, N 31, SW 47, N 49, W 57, S 59, N 69, N 96, NW 108, Berlin-Buckow Ost, -Buckow West, -Eichenkamp, -Gatow, -Haselhorst, -Heiligensee, -Konradshöhe, -Lübars, -Neuheiligensee, -Plötzensee, -Ruhleben, -Südende, -Tegelort, Berlin-Zentralflughafen; ferner alle Postämter mit obigen Namen, die sich nur durch zusätzliche Angaben (z. B. Berlin-Tegel 2 usw.) oder Zusätze wie „Ost 2" (z. B. bei -Reinickendorf) unterscheiden.

Zu beachten ist, daß sich die Postämter Berlin W 1, NW 6, NW 7, W 8, W 9 und Staaken über Falkensee im Sowjetsektor Berlins bzw. in der SBZ befanden. Sie kommen daher außer Betracht.

Vor- und Mitläufer

Die Preise gelten für Stücke mit vollem lesbarem Stempel (Ort und Datum). Belege, die nur Teile des Stempels erkennen lassen, können nicht als Vor- oder Mitläufer eingestuft werden.

1. Belege mit RM-Einfachfrankatur (innerhalb von West-Berlin und in die westlichen Besatzungszonen) oder mit RM-Zehnfachfrankatur (nach Ost-Berlin und in die SBZ)

Gemeinschaftsausgaben der Alliierten Besetzung:

lfd. Nr. d. Ausg.	KatNr.	⊙ 24. 6. 1948 ✉	⊙ 25. 6. 1948 – 10 h ✉
1	911–937	1200,—	450,—
2	H-Bl. 123		1000,—
3	W 158, S 294	1200,—	650,—
4	Bl. 12 A, B		
5	941–942	350,—	
6	943–962	250,—	300,—
7	963–964	350,—	
8	965–966	350,—	
9	967–968	350,—	450,—
10	969–970	350,—	400,—

Briefe in den Ostsektor oder in die SBZ mit Nachgebühr belegt Zuschlag 300,—.

2. Zehnfachfrankaturen

Nachstehende Bewertungen gelten für portogerechte Belege als Aufschlag zur verwendeten Frankatur. Bei besseren Stücken ist eine Prüfung ratsam.

1a)	✉ mit Zehnfachfrankatur vom 24. 6. 48 in den Ostsektor oder die SBZ (Ersttag)	600,—
1b)	dgl. vom 25. 6. 48 als Ortspost in Westberlin oder nach Westdeutschland (Ersttag)	60,—
1c)	✉ mit Zehnfachfrankatur vom 26. 6.–31. 7. 48	s. Aufstellungen
1d)	dgl. vom 1. 8. 48–10h (Briefkastenleerung)	120,—
2a)	Massenfrankaturen mit Bogenteilen ab ca. 50 Stück	350,—
2b)	dgl. mit vollständigem Bogen	800,—
3a)	✉ Absender-Freistempel in zehnfacher Portobetragsangabe	6000,—
3b)	dgl. in Mischfrankatur mit alter Zehnfach-(RM) Frankatur	5000,—
3c)	✉ Absender-Freistempel (neue Währung) mit Zehnfachfrankatur kombiniert	4000,—
4)	„Gebühr bezahlt"-Stempel mit Zehnfachfrankatur kombiniert	1200,—

1946, Febr./Mai. Freim.-Ausg. (I. Kontrollratsausgabe).

po

pp

			EF	MeF	MiF
911.	1 Pfg.	po		1300,—	35,—
912.	2 Pfg.	po		550,—	25,—
913.	3 Pfg.	po		250,—	30,—
914.	4 Pfg.	po		320,—	45,—
915.	5 Pfg.	po		100,—	20,—
916.	6 Pfg.	po		60,—	20,—
917.	8 Pfg.	po		80,—	25,—
918.	10 Pfg.	po		60,—	25,—
919.	12 Pfg.	po		50,—	20,—
920.	12 Pfg. (Mai)	po		60,—	20,—
921.	15 Pfg.	po		90,—	35,—
922.	15 Pfg.	po		65,—	25,—
923.	16 Pfg.	po		50,—	20,—
924.	20 Pfg.	po		70,—	25,—
925.	24 Pfg.	po		50,—	20,—
926.	25 Pfg.	po		140,—	40,—
927.	25 Pfg. (Mai)	po		100,—	25,—
928.	30 Pfg.	po		75,—	20,—
929.	40 Pfg.	po		80,—	25,—
930.	42 Pfg.	po		1100,—	140,—
931.	45 Pfg. (Mai)	po		260,—	45,—
932.	50 Pfg.	po		90,—	30,—
933.	60 Pfg.	po	160,—	80,—	30,—
934.	75 Pfg.	po		180,—	40,—
935.	80 Pfg.	po	180,—	90,—	30,—
936.	84 Pfg. (Mai)	po	120,—	100,—	40,—
937.	1 RM.	pp	300,—	300,—	80,—

Nr. 938–940 fallen aus.

1946, 8. Dez. Wohl.-So.-Ausg. Nr. 924, 925 und 929 (po) in Blockform zur Briefmarkenausstellung in Berlin (8. bis 15. 12. 1946).

po I

Wichtige philatelistische Informationen

finden Sie in der **Einführung in den MICHEL-Katalog** sowie in den Vortexten und Anmerkungen zu den einzelnen Ländern.

Berlin (West) – Zehnfachfrankaturen

			A gez.	
924.	20 Pfg.	po	✉)	—.—
925.	24 Pfg.	po		—.—
929.	40 Pfg.	po		—.—
	Block 12 (+4,16 RM)			
	(107:51 mm)	po I		4500.—
			B □	
924.	20 Pfg.	po		—.—
925.	24 Pfg.	po		—.—
929.	40 Pfg.	po		—.—
	Block 12 (+4,16 RM)			
	(107:51 mm)	po I		4500.—

¹) Blockmarken mit anhängenden Blockrandresten.

1947, 5. März/1968. Wohlt.-So.-Ausg. für die Leipziger Frühjahrsmesse 1947.

pr) Verleihung des Marktrechts an Leipzig durch den Markgrafen Otto v. Meißen (1160)

ps) Schutz fremder Messebesucher durch den Markgrafen Dietrich v. Landsberg (1268)

			EF	MeF A	MiF
941.	24+26 (Pfg.)	pr		450.—	80.—
942.	60+40 (Pfg.)	ps	600.—	400.—	80.—

1947, ab 1. März/1948. Freim.-Ausg. (II. Kontrollratsausgabe).

pt) Baumpflanzer

pu) Sämann

pv) Arbeiter mit Hammer

pw) Neubauernpaar (Maurer und Garbenbinderin)

px) Friedenstaube über entfesselten Händen

Alle Entwürfe stammen aus einem Preisausschreiben der alliierten Behörden (Kontrollrat).

			EF	MeF	MiF
943.	2 Pfg. (1.3.1947)	pt		200.—	20.—
944.	6 Pfg. (1.3.1947)	pt		30.—	15.—
945.	8 Pfg. (1.3.1947)	pu		35.—	18.—
946.	10 Pfg. (1.2.1948)	pu		30.—	18.—
947.	12 Pfg. (1.3.1947)	pv		25.—	15.—
948.	15 Pfg. (1.2.1948)	pt		70.—	23.—
949.	16 Pfg. (1.3.1947)	pw		25.—	18.—
950.	20 Pfg. (1.3.1947)	pu		50.—	20.—
951.	24 Pfg. (1.3.1947)	pw		20.—	15.—
952.	25 Pfg. (1.3.1947)	pt		70.—	20.—
953.	30 Pfg. (1.2.1948)	pv		150.—	45.—
954.	40 Pfg. (1.3.1947)	pu		50.—	20.—
955.	50 Pfg. (1.2.1948)	pw		65.—	20.—
956.	60 Pfg. h'braunkarmin (Töne) (1.3.1947)	pv	50.—	45.—	18.—
A956.	60 Pfg. hellkarminbraun bis lebh'rotbraun (1.2.1948)		150.—	100.—	25.—
957.	80 Pfg. (1.3.1947)	pv	110.—	60.—	20.—
958.	84 Pfg. (1.3.1947)	pw	120.—	120.—	25.—
959.	1 Mark (4.1947)	px	120.—	250.—	25.—
	a. h'br'oliv bis br'oliv (✉ dkl'- bis schw'br'oliv).				
	b. mattbr'oliv (✉ h'gelbgrün stark fluoresz.)				—.—
	c. matt- bis h'br'oliv (✉ h'gelbgrün schwach fluoresz.)				
960.	2 Mk. (5.1947)	px	560.—	400.—	50.—
961.	3 Mk. (5.1947)	px	430.—	400.—	70.—
962.	5 Mk. (1.2.1948)	px			
	a. dkl'violettblau		320.—	—.—	85.—
	b. dkl'violettultramarin		320.—	—.—	85.—

1947, 15. Mai. So.-Ausg. zum 50. Todestag Stephans.

py) Heinrich v. Stephan (1831–1897), Generalpostmeister, Mitbegründer des Weltpostvereins

| 963. | 24 (Pfg.) | py | 350.— | 70.— |
| 964. | 75 (Pfg.) | py | 480.— | 70.— |

1947, 2. Sept. So.-Ausg. zur Leipziger Herbstmesse 1947.

pz) Verleihung des Messeprivilegs durch Maximilian I. (1497)

ra) Schätzung und Erhebung des Budenzinses (1365)

| 965. | 12 (Pfg.) | pz | 550.— | 85.— |
| 966. | 75 (Pfg.) | ra | 500.— | 85.— |

Mit MICHEL besser sammeln

1948, 2. März. So.-Ausg. zur Leipziger Frühjahrsmesse 1948.

rb) Vor den Zollschranken (1388)

rc) Errichtung von Stapellagern (1433)

			EF	MeF	MiF
967.	50 (Pfg.)	rb		400.—	85.—
968.	84 (Pfg.)	rc	300.—	480.—	85.—

1948, 22. Mai. So.-Ausg. zur **Export-Messe in Hannover.**

rd) Abwiegen der Waren, nach einer Originalskulptur von Adam Kraft

969.	24 (Pfg.)	rd	250.—	50.—
970.	50 (Pfg.)	rd	350.—	50.—

Hannover-Messe Zusammendrucke (W Zd 1 – II), Aufschlag von 100%, Ziffer-Zusammendrucke (W 158, S 294) und die H-Blätter (123, 124) bedingen einen Aufschlag von 100% auf die Briefpreise der Alliierten Zone.

Ganzsachen der Alliierten-Zone mit ¹⁄₁₀ des Nennwerts aufgebraucht.

Die nachstehenden Preise gelten nur, wenn der Portobetrag der Ganzsachenkarte zur Erlangung der portogerechten Frankatur notwendig war. Ganzsachen aufgebraucht als Formblätter 15.—.

P 950.	Ziffer	5 Pfg. grün	2000.—
P 951.	Ziffer	6 Pfg. violett	1500.—
P 952.	Ziffer	10 Pfg. braun	320.—
P 953.	Ziffer	12 Pfg. rot	400.—
P 954.	Ziffer	12 Pfg. grau	270.—
P 955.	Ziffer	45 Pfg. rot	400.—
P 961.	Arbeiter	10 Pfg. gelbgrün	100.—
P 962.	Arbeiter	12 Pfg. graublau	80.—
P 963.	Arbeiter	30 Pfg. rot	270.—
P 964.	Arbeiter	30/30 Pfg. rot	700.—
P 964 F.	Arbeiter	30 Pfg. rot	320.—
P 964 A.	Arbeiter	30 Pfg. rot	320.—
P 965.	Stephan	12 Pfg. graublau	220.—

Weitere Zusatzfrankaturen sind nicht werterhöhend, sondern es ist nur der Markenwert hinzuzurechnen.

Wenn Sie eine eilige philatelistische Anfrage haben, rufen Sie bitte (089) 3 23 93-2 24. Die MICHEL-Redaktion gibt Ihnen gerne Auskunft.

3. Belege mit DM (West)-Frankatur: mit Ausgaben der Bizone (Nr. 36–102)

lfd. Nr. d. Ausg.	KatNr.	möglicher Verwendungszeitraum	✉	lfd. Nr. d. Ausg.	KatNr.	möglicher Verwendungszeitraum	✉
1	36 I–51 I	25. 6.–19. 9. 1948		3	52 I–68 I	25. 6.–19. 9. 1948	
	36 I		30,—		52 I		420,—
	37 I		30,—		53 I		750,—
	38 I		30,—		54 I		350,—
	39 I		25,—		55 I		600,—
	40 I		30,—		56 I		8400,—
	41 I		300,—		57 I		450,—
	42 I		30,—		58 I		350,—
	43 I		50,—		59 I		3600,—
	44 I		25,—		60 I		3900,—
	45 I		30,—		61 I		750,—
	46 I		200,—		62 I		350,—
	47 I		140,—		63 I		350,—
	48 I		75,—		64 I		4200,—
	49 I		1200,—		65 I		350,—
	A 49 I		80,—		66 I		350,—
	50 I		140,—		67 I		350,—
	51 I		100,—		68 I		350,—
2	36 II–51 II	25. 6.–19. 9. 1948		4	52 II–68 II	25. 6.–19. 9. 1948	
	36 II		45,—		52 II		1500,—
	37 II		45,—		53 II		2000,—
	38 II		60,—		54 II		2000,—
	39 II		25,—		55 II		750,—
	40 II		25,—		56 II		15000,—
	41 II		30,—		57 II		500,—
	42 II		30,—		58 II		350,—
	43 II		30,—		59 II		2000,—
	44 II		30,—		60 II		4200,—
	45 II		360,—		61 II		650,—
	46 II		30,—		62 II		2700,—
	47 II		30,—		63 II		350,—
	48 II		30,—		64 II		4400,—
	49 II		200,—		65 II		350,—
	A 49 II		70,—		66 II		350,—
	50 II		100,—		67 II		350,—
	51 II		60,—		68 II		350,—

Berlin (West)

lfd. Nr. d. Ausg.	Kat.-Nr.	möglicher Verwendungszeitraum	✉	lfd. Nr. d. Ausg.	Kat.-Nr.	möglicher Verwendungszeitraum	✉
5	I/I–A IX/I	25. 6.–19. 9. 1948			88		—,—
	I/I		2100,—		89		—,—
	II/I		2700,—		90		—,—
	III/I		3800,—		91		—,—
	IV/I		2100,—		92		—,—
	V/I		2400,—		93		—,—
	VI/I		3000,—		94		—,—
	VII/I		11000,—		95		—,—
	VIII/I	25. 6.–19. 9. 1948	3600,—		96		—,—
	IX/I		3600,—		97 I		—,—
	A IX/I		—,—		97 II		—,—
6	I/II–A IX/II	25. 6.–19. 9. 1948			98 I		—,—
	I/II		3300,—		98 II		—,—
	II/II		3500,—		99 I		—,—
	III/II		4700,—		99 II		—,—
	IV/II		3000,—		100 I		—,—
	V/II		2600,—		100 II		—,—
	VI/II		4400,—	9	73 A–96 A	1. 9. 1948–20. 3. 1949	—,—
	VII/II		16500,—		73 A		—,—
	VIII/II		4000,—		74 A		—,—
	IX/II		4000,—		75 A		—,—
	A IX/II		18000,—		77 A		—,—
7	69–72	15. 8. 1948–20. 3. 1949			80 A		—,—
	69		3000,—		82 A		—,—
	70		—,—		85 A		—,—
	71		—,—		89 A		—,—
	72		—,—		90 A		—,—
8	73–100	1. 9. 1948–20. 3. 1949			92 A		—,—
	73		—,—		93 A		—,—
	74		—,—		94 A		—,—
	75		—,—		96 A		—,—
	76		—,—	10	101–102	9. 12. 1948–20. 3. 1949	—,—
	77		—,—		101		—,—
	78		—,—		102		—,—
	79		—,—				
	80		—,—				
	81		—,—				
	82		—,—				
	83		—,—				
	84		—,—	Bitte teilen Sie uns eventuelle Fehler			
	85		—,—	mit, damit wir sie berichtigen können.			
	86		—,—				
	87		—,—				

4. Belege mit Mark (Ost)-Frankatur (Marken der SBZ Nr. 166–229)

Praktisch war es vom 15. Januar 1949 (amtlich seit 12. 1. 1949) nicht mehr möglich, in West-Berlin Postsendungen innerhalb der Westsektoren, nach Westdeutschland sowie ins westliche Ausland mit Marken der SBZ freizumachen; nur Sendungen nach Ost-Berlin, in die SBZ und die übrigen Ostblockstaaten mußten mit Marken der SBZ frankiert werden, da dort die West-Berliner Wertzeichen nicht anerkannt wurden. Ab 21. März 1949 war auch dieses nicht mehr zulässig. Ⓔ

I	= Bezirk 3 (OPD Berlin)		VI	= Bezirk 29/2° (ehem. OPD Magdeburg)
II	= Bezirk 14 (OPD Dresden)		VII	= Bezirk 36 (OPD Potsdam)
III	= Bezirk 16 (OPD Erfurt)		VIII	= Bezirk 37 (OPD Schwerin)
IV	= Bezirk 20 (OPD Halle)		IX	= Bezirk 38 (ehem. OPD Stettin)
V	= Bezirk 27 (OPD Leipzig)		X	= Bezirk 41 (ehem. OPD Chemnitz)

lfd. Nr. d. Ausg.	Kat.-Nr.	möglicher Verwendungszeitraum	✉ I	✉ VII	✉ II–VI, VIII–X
1	166–181	24. 6.–10. 7. 1948			
	166		100,—	250,—	1200,—
	167		90,—	250,—	1200,—

Die MICHEL-Rundschau – gesammelt griffbereit!

Die MICHEL-Rundschau-Sammelmappe, aus blauer PVC-Folie mit Goldaufdruck und der bewährten Federstabmechanik, bietet Platz für die 12 Ausgaben eines Jahres.

So schaffen Sie Ordnung und Übersicht – können aber mühelos jede MICHEL-Rundschau herausnehmen und später wieder einordnen.

Fragen Sie bei Ihrem Briefmarkenhändler nach der MICHEL-Rundschau-Sammelmappe!

Berlin (West)

lfd. Nr. d. Ausg.	Kat.-Nr.	möglicher Verwendungszeitraum	✉ I	✉ VII	✉ II–VI, VIII–X
1	168	24. 6.–10. 7. 1948	100,—	250,—	1200,—
	169		90,—	250,—	1200,—
	170		90,—	350,—	1200,—
	171		140,—	350,—	1200,—
	172		100,—	250,—	1200,—
	173		90,—	250,—	1200,—
	174		90,—	250,—	1200,—
	175		180,—	350,—	1200,—
	176		100,—	250,—	1200,—
	177		100,—	250,—	1200,—
	178		100,—	250,—	1200,—
	179		400,—	700,—	2000,—
	A 179		90,—	250,—	1200,—
	180		90,—	250,—	1200,—
	181		160,—	250,—	1200,—
2	I a–I y	24. 6.–10. 7. 1948			
	I a		700,—	1800,—	—,—
	I b		700,—	1800,—	—,—
	I c			1800,—	—,—
	I d		700,—	1800,—	—,—
	I e		700,—	1800,—	—,—
	I f				—,—
	I g		—,—	2000,—	—,—
	I h		700,—	1800,—	—,—
	I i		700,—	1800,—	—,—
	I k		800,—	1800,—	—,—
	I l		700,—	1800,—	—,—
	I m		—,—	2600,—	—,—
	I n				—,—
	I o		700,—	1800,—	—,—
	I p		700,—	1800,—	—,—
	I r			3000,—	—,—
	I s		700,—	1800,—	2500,—
	I t		700,—	1800,—	—,—
	I u				—,—
	I v		700,—	1800,—	—,—
	I w		2500,—	3000,—	—,—
	I x		700,—	1800,—	—,—
	I y				—,—
3	II a–II d	24. 6.–10. 7. 1948			
	II a		700,—	1800,—	—,—
	II b		700,—	1800,—	—,—
	II c		700,—	1800,—	—,—
	II d		700,—	1800,—	—,—
4	III a–III b	24. 6.–10. 7. 1948			
	III a		700,—	1800,—	—,—
	III b		700,—	1800,—	—,—
5	IV a–IV b	24. 6.–10. 7. 1948			
	IV a		700,—	1800,—	1800,—
	IV b		700,—	1800,—	1800,—

✉-Preise bei Nr. 182–228 gelten für Verwendungen bis 14. 1. 1949, ab 15. 1. 1949 Aufschlag 100%.

lfd. Nr. d. Ausg.	Kat.-Nr.	möglicher Verwendungszeitraum	✉
6	182–197	3. 7. 1948–20. 3. 1949	
	182		45,—
	183		35,—
	184		35,—
	185		35,—
	186		35,—
	187		55,—
	188		35,—
	189		40,—
	190		35,—
	191		65,—
	192		55,—
	193		60,—
	194		40,—
	195		650,—
	A 195		50,—
	196		60,—
	197		50,—
7	198–199	29. 8. 1948–20. 3. 1949	
	198		2500,—
	199		3000,—
8	200–206	Sept. 1948–20. 3. 1949	
	200		50,—
	201		50,—
	202		40,—
	203		55,—
	204		40,—
	205		60,—
	206		50,—

lfd. Nr. d. Ausg.	Kat.-Nr.	möglicher Verwendungszeitraum	✉
9	207–211	Sept. 1948–20. 3. 1949	
	207		100,—
	208		100,—
	209		120,—
	210		130,—
	211		120,—
10	212–227	11. 10. 1948–20. 3. 1949	
	212		80,—
	213		80,—
	214		80,—
	215		80,—
	216		70,—
	217		110,—
	218		75,—
	219		95,—
	220		60,—
	221		100,—
	222		100,—
	223		85,—
	224		85,—
	225		85,—
	226		95,—
	227		120,—
11	228	23. 10. 1948–20. 3. 1949	300,—
12	229	15. 1. 1949–20. 3. 1949	3200,—

Theoretisch könnten auch die SBZ-Nr. 230–231 in West-Berlin auf Sendungen nach Ost-Berlin oder in die SBZ Verwendung gefunden haben, solche jedoch lagen bisher noch nicht vor. Die schon einmal katalogisiert gewesene Nr. 230 hat sich als Fälschung erwiesen.

Berlin (West)

Mischfrankaturen

Nachstehende Bewertungen sind Mindestpreise für Belege mit jeweils zwei verschiedenen Markenausgaben. Mischfrankaturen von drei und mehr Ausgaben sind im allgemeinen nicht wertsteigernd. Seltene Portostufen oder Verwendungen erfordern jedoch weitere Aufschläge.

1. Belege mit RM-Einfach- oder -Zehnfach-Mischfrankaturen vom 24. 6. 1948

Gemeinschaftsausgaben mit Gemeinschaftsausgaben der Alliierten Besetzung

lfd. Nr. d. Ausg.	1 (911–917)	2 (H-Bl. 123)	3 (W158, S 294)	4 (Bl. 12 A, B)	5 (941–942)	6 (943–962)	7 (963–964)	8 (965–966)	9 (967–968)	10 (969–970)
1	—				350,—	100,—	300,—	300,—	300,—	350,—
2		—			—,—	—,—	—,—	—,—	—,—	—,—
3			—		—,—	—,—	—,—	—,—	—,—	—,—
4				—	—,—	—,—	—,—	—,—	—,—	—,—
5	350,—				—	350,—	400,—	400,—	400,—	400,—
6	100,—				350,—	—	350,—	350,—	350,—	350,—
7	300,—				400,—	350,—	—	400,—	400,—	400,—
8	300,—				400,—	350,—	400,—	—	400,—	400,—
9	300,—				400,—	350,—	400,—	400,—	—	400,—
10	350,—				400,—	350,—	400,—	400,—	400,—	—

Belege mit Mischfrankaturen von Gemeinschaftsausgaben mit Gemeinschaftsausgaben der Alliierten Besetzung aus der ersten Briefkastenleerung sind nicht bekannt.

2. Belege mit RM-Zehnfach-Mischfrankaturen (vom 25. 6. 1948–31. 7. 1948 möglich)

a. Gemeinschaftsausgaben mit Gemeinschaftsausgaben der Alliierten Besetzung:

lfd. Nr. d. Ausg.	1 (911–917)	2 (H-Bl. 123)	3 (W 158, S 294)	4 (Bl. 12 A, B)	5 (941–942)	6 (943–962)	7 (963–964)	8 (965–966)	9 (967–968)	10 (969–970)
1	—	1000,—		4000,—	350,—	50,—	150,—	120,—	110,—	150,—
2	1000,—	—								
3			—							
4	4000,—			—						
5	350,—					250,—	180,—			
6	50,—				250,—		90,—	90,—	100,—	90,—
7	150,—				180,—	90,—	—			
8	120,—					90,—				
9	110,—					100,—			—	
10	150,—					90,—				—

b. Gemeinschaftsausgaben der Alliierten Besetzung (Zehnfachfrankaturen) mit Ausgaben der Franz. Zone:

Solche Belege sind bekannt, jedoch äußerst selten und gesucht.

c. Gemeinschaftsausgaben der Alliierten Besetzung (Zehnfachfrankaturen) mit Ausgaben der Bizone:

lfd. Nr. d. Ausg.	1 (911–937)	6 (943–962)	7 (963–964)	8 (965–966)	9 (967–968)	10 (969–970)
1 (36 I–52 I)	50,—	40,—	—,—	350,—	250,—	300,—
2 (36 II–52 II)	50,—	40,—	—,—	350,—	250,—	300,—

d. Gemeinschaftsausgaben der Alliierten Besetzung (Zehnfachfrankaturen) mit Ausgaben der SBZ:

lfd. Nr. d. Ausg.	1 (911–937)	6 (943–962)	7 (963–964)	8 (965–966)	9 (967–968)	10 (969–970)
1 { (166–181 I)	160,—	80,—				240,—
(166–181 VII)	450,—	300,—				
(166–181 II–VI, VIII–X)	—,—	—,—				
2 (I a–I y I)	600,—	800,—				
3 (II a–II d I)	600,—	800,—				
4 (III a–III b I)	600,—	800,—				
5 (IV a–IV b I)	600,—	800,—				
6 (182–197)	90,—	45,—	—,—	300,—	260,—	300,—

3. Belege mit DM (West)-Mischfrankaturen

a. Ausgaben der Bizone mit Ausgaben der Bizone

lfd. Nr. d. Ausg.	1 (36 I–51 I)	2 (36 II–51 II)	3 (52 I–68 I)	4 (52 II–68 II)	5 (I/I–A IX/I)	6 (I/II–A IX/II)	7 (69–72)	8 (73–100)	9 (73 A–96 A)	10 (101–102)
1	—	—	350,—	350,—	—,—	—,—	—,—	—,—	—,—	—,—
2	—	—	350,—	350,—	—,—	—,—	—,—	—,—	—,—	—,—
3	350,—	350,—	—	—	—,—	—,—	—,—	—,—	—,—	—,—
4	350,—	350,—	—	—	—,—	—,—	—,—	—,—	—,—	—,—
5	—,—	—,—	—,—	—,—	—	—,—	—,—	—,—	—,—	—,—
6	—,—	—,—	—,—	—,—	—	—,—	—,—	—,—	—,—	—,—
7	—,—	—,—								
8	—,—	—,—						—		
9	—,—	—,—							—	
10										—

b. Ausgaben der Bizone mit Ausgaben der Franz. Zone:

Bizone Nr. 36 I–51 I und 36 II–51 II mit Franz. Zone Baden Nr. 14–45 (außer Nr. 38–41 und Bl. 1), Rheinland-Pfalz Nr. 16–45, Württemberg Nr. 14–43. Es sind einzelne derartige Belege bekannt. Sehr selten und gesucht. Mischfrankaturen der übrigen Ausgaben der Bizone mit Ausgaben der Franz. Zone sind bisher nicht bekannt.

c. Ausgaben der Bizone mit Ausgaben der SBZ:

lfd. Nr. d. Ausg.		1 (36 I–51 I)	2 (36 II–51 II)	3 (52 I–68 I)	4 (52 II–68 II)	7 (69–72)	8 (73–100)	9 (73 A–96 A)	10 (101–102)
1 (166–181)	I	100,—	100,—						
	VII	300,—	300,—						
	II–VI, VIII–X	750,—	750,—						
2–5 (I a–IV b)		—,—	—,—						
6 (182–197)		50,—	50,—	450,—	450,—				
7 (198–199)		350,—	350,—						
8 (200–206)									
9 (207–211)							—,—	—,—	
10 (212–227)							—,—	—,—	
11 (228)							—,—	—,—	
12 (229)							—,—	—,—	

4. Belege mit Mark (Ost)-Mischfrankaturen

a. Bezirkshandstempelaufdrucke (möglicher Verwendungszeitraum 24. 6.–10. 7. 1948):

lfd. Nr. d. Ausg.		1 (166–181) I	1 (166–181) VII	1 (166–181) II–VI, VIII–X	2 (I a–I y) I	2 (I a–I y) II–X	3 (II a–II d) I	3 (II a–II d) II–X	4 (III a–III b) I	4 (III a–III b) II–X	5 (IV a–IV b) I	5 (IV a–IV b) II–X
1 (166–181)	I		300,—	1200,—	900,—	—,—	800,—	—,—	800,—	—,—	800,—	—,—
	VII	300,—										
	II–VI, VIII–X	1200,—	—		—							
2 (I a–I y)	I	900,—										
	II–X	—,—										
3 (II a–II d)	I	800,—										
	II–X	—,—				—						
4 (III a–III b)	I	800,—										
	II–X	—,—										
5 (IV a–IV b)	I	800,—										
	II–X	—,—									—	
6 (182–197)		120,—										

b. übrige Ausgaben (Nr. 182–229)

lfd. Nr. d. Ausg.	6 (182–197)	7 (198–199)	8 (200–206)	9 (207–211)	10 (212–227)	11 (228)	12 (229)
6	—	350,—	50,—	60,—	70,—	250,—	
7	350,—	—	200,—				
8	50,—	200,—		50,—	50,—	250,—	
9	60,—		50,—		70,—	250,—	
10	70,—		50,—	70,—		250,—	3000,—
11	250,—		250,—	250,—	250,—		3500,—
12					3000,—	3500,—	

Dreifach-Mischfrankaturen:

Da Mischfrankaturen von mehr als zwei verschiedenen Ausgaben im allgemeinen nicht wertsteigernd sind, wird auf eine Katalogisierung verzichtet. Bewertung: zu der teuersten Ausgabenkombination laut vorstehenden Tabellen werden die Marken der weiteren Ausgaben mit ihrem ⊙-Preis hinzugerechnet. Näheres siehe Wolf J. Pelikan: „West-Berlin-Belege zur Währungsreform 1948/49".

Berlin (West)

1948

1948, 3. Sept./6. Sept. Freimarken. Alliierte Besetzung – Gemeinschaftsausgaben MiNr. 943–962 (II. Kontrollratsausgabe) größtenteils in Neuauflage mit schwarzem Bdr.-Aufdruck (glänzend oder mattrußig).

				EF	MeF	MiF
1	2 Pf	braunschwarz bis schwarz (3. Sept.) . . . . (z. T. 943)			50,—	20,—
2	6 Pf	schwärzlichpurpurviolett bis dunkelviolett (3. Sept.) . . . . (z. T. 944)		30,—	40,—	20,—
3	8 Pf	(lebhaft)orangerot bis rotorange (3. Sept.) . . . . (z. T. 945)		50,—	45,—	20,—
4	10 Pf	gelbgrün (Töne) (3. Sept.). GA . . . . (z. T. 946)		10,—	50,—	5,—
5	12 Pf	dunkelblaugrau (Töne) (3. Sept.). GA . . . . (z. T. 947)		10,—	15,—	8,—
6	15 Pf	mittel- bis dunkelsiena (Töne) (3. Sept.) . . . . (z. T. 948)		—,—	850,—	250,—
7	16 Pf	schwarzgrün (Töne) (3. Sept.) . . . . (z. T. 949)		12,—	50,—	12,—
8	20 Pf	preußischblau (Töne) (3. Sept.) . . . . (z. T. 950)		800,—	380,—	35,—
9	24 Pf	(lebhaft)braunorange (Töne) (3. Sept.) . . . . (z. T. 951)		10,—	40,—	8,—
10	25 Pf	hell- bis lebhaftgelblichorange (Töne) (3. Sept.) . . . . (z. T. 952)		200,—	550,—	180,—
11	30 Pf	mittelrot bis (rosa)rot (Töne) (3. Sept.) . . . . (z. T. 953)		350,—	400,—	35,—
12	40 Pf	dunkelrosalila bis dunkelrotlila (Töne) (3. Sept.) . . . . (z. T. 954)		600,—	550,—	40,—
13	50 Pf	(lebhaft)lilaultramarin (Töne) (3. Sept.) . . . . (z. T. 955)		150,—	600,—	150,—
14	60 Pf	lebhaftrotbraun (Töne) (3. Sept.) . . . . (z. T. A 956)		300,—	480,—	18,—
15	80 Pf	dunkellilaultramarin (Töne) (3. Sept.) . . . . (z. T. 957)		650,—	900,—	200,—
16	84 Pf	smaragdgrün bis (dunkel)olivgrün (3. Sept.) . . . . (z. T. 958)		400,—	1200,—	360,—
17	1 M	lebhaftbräunlicholiv (Töne) (⊠ dunkel- bis schwarzbraunoliv) (6. Sept.) . . . . (958 a)		1200,—	4500,—	800,—
		überfrankierter R-⊠		540,—		
18	2 M	schwärzlichviolettbraun bis dunkelbraunkarmin (6. Sept.) . . . . (z. T. 960)		5000,—	—,—	3500,—
		überfrankierter R-⊠		1700,—		
19	3 M	(lebhaft)bräunlichrot (Töne) (6. Sept.) . . . . (z. T. 961)		7500,—	—,—	7000,—
		überfrankierter R-⊠		2400,—		
20	5 M	schwärzlich- bis schwarzlilaultramarin (6. Sept.) . . . . (z. T. 962)		—,—	—,—	14000,—
		überfrankierter R-⊠		2500,—		

Ⓖ FALSCH

Von allen Werten sind Aufdruckverschiebungen bekannt; sie können nicht gesondert katalogisiert werden.

Mischfrankaturen:

Die nachfolgenden Preise verstehen sich als Zuschläge zu den ⊠-Preisen der Nr. 1–20.

a. mit Ausgaben der Bizone:

1. mit Nr. 36 I/II–51 I/II . . . . ⊠ 35,—
2. mit Nr. 52 I/II–68 I/II . . . . 260,—
3. mit Nr. 69–72 . . . . —,—
4. mit Nr. 72–100 . . . . 2500,—
5. mit Nr. 73 A–96 A . . . . —,—

b. mit Ausgaben der Französischen Zone:

1. mit Baden Nr. 14–45 (außer Nr. 38–41 und Bl. 1) . . . . . —,—
2. mit Rheinland-Pfalz Nr. 16–45 . . . . —,—
3. mit Württemberg Nr. 14–43 . . . . —,—

c. mit Ausgaben der SBZ:

1. mit Nr. 182–197 . . . . 35,—
2. mit Nr. 198–199 . . . . 350,—
3. mit Nr. 200–206 . . . . 30,—
4. mit Nr. 207–211 . . . . 50,—
5. mit Nr. 212–227 . . . . 40,—
5. mit Nr. 228 . . . . 220,—

Dreifach-Mischfrankaturen:

a. mit verschiedenen Ausgaben der Bizone:

1. mit Nr. 36 I/II–51 I/II und Nr. 52 I/II–68 I/II . . . . . . 300,—
2. mit Nr. 36 I/II–51 I/II und Nr. 69–72 . . . . —,—
3. mit Nr. 36 I/II–51 I/II und Nr. 73–100 . . . . —,—
4. mit Nr. 36 I/II–51 I/II und Nr. 73 A–96 A . . . . —,—

5. mit Nr. 69–72 und Nr. 73–100 . . . . ⊠ —,—
6. mit Nr. 69–72 und Nr. 73 A–96 A . . . . —,—

b. mit Ausgaben der Bizone und der Franz. Zone:

1. mit Bizone Nr. 69–102 und Ausg. Baden 14–45, Rheinland-Pfalz 16–45, Württemberg Nr. 14–43 . . . . . —,—

c. mit Ausgaben der Bizone und der SBZ:

1. mit Bizone Nr. 36 I/II–51 I/II und SBZ Nr. 182–197 . . 25,—
2. mit Bizone Nr. 36 I/II–51 I/II und SBZ Nr. 198–199 . . 200,—
3. mit Bizone Nr. 52 I/II–68 I/II und SBZ Nr. 182–197 . . 300,—
4. mit Bizone Nr. 69–72 und SBZ Nr. 198–199 . . . . . . 1800,—
5. mit Bizone Nr. 73–100 und SBZ Nr. 182–197 . . . . . . —,—
6. mit Bizone Nr. 73 A–96 A und SBZ Nr. 182–197 . . . . —,—
7. mit Bizone Nr. 73–100 und SBZ Nr. 198–199 . . . . . . —,—
8. mit Bizone Nr. 73 A–96 A und SBZ Nr. 198–199 . . . . —,—
9. mit Bizone Nr. 73–100 und SBZ Nr. 200–228 . . . . . . —,—
10. mit Bizone Nr. 73 A–96 A und SBZ Nr. 200–228 . . . . —,—

d. mit verschiedenen Ausgaben der SBZ:

1. mit Nr. 182–197 und Nr. 198–199 . . . . 125,—
2. mit Nr. 182–197 und Nr. 200–206 . . . . 35,—
3. mit Nr. 182–197 und Nr. 207–211 . . . . 40,—
4. mit Nr. 182–197 und Nr. 212–227 . . . . 45,—
5. mit Nr. 182–197 und Nr. 228 . . . . 300,—
6. mit Nr. 198–199 und Nr. 200–228 . . . . 300,—
7. mit Nr. 200–206 und Nr. 207–211 . . . . 45,—
8. mit Nr. 200–206 und Nr. 212–227 . . . . 40,—
9. mit Nr. 200–206 und Nr. 228 . . . . 200,—
10. mit Nr. 207–211 und Nr. 212–227 . . . . 50,—
11. mit Nr. 207–211 und Nr. 228 . . . . 220,—
12. mit Nr. 212–227 und Nr. 228 . . . . 200,—

Höherwertige Entwertungen

Luftbrücke (23. 6. 1948–12.5.1949)

Obenstehender Maschinenstempel der Post wurde vom 1. 10.–31. 10. 1948 verwendet, kann also nur auf Sendungen mit Vor- und Mitläufern sowie Nr. 1–20 vorkommen. Der Maschinenstempel wurde auch auf Sendungen im Ortsverkehr Berlin verwendet. Die angegebenen Preise verstehen sich als Zuschläge auf die jeweilige Briefpreise.

Postämter	Luftbrücken-✉	Orts-✉
Berlin-Charlottenburg 2	30,—	20,—
Berlin SW 11	50,—	40,—
Berlin-Spandau 1	80,—	40,—

Sendungen mit amtlichen oder privaten Nebenstempeln, die auf die Luftbrücke hinweisen, sind mit 40,— bis 150,— Aufschlag zu bewerten.

Weitere Maschinenstempel siehe nach Nr. 60.

Sonderformen und Notmaßnahmen

MiNr. 1–20 wurden von der Postverwaltung der sowjetischen Besatzungszone einschließlich Ostsektor Berlins nicht anerkannt. Nach diesem Gebiet konnten daher von den West-Berlinern nur Marken der SBZ benutzt werden, die jedoch nur im Ostsektor oder in der SBZ erhältlich waren. Die West-Berliner Postämter beförderten solche Sendungen mit SBZ-Marken bis zur Einführung der DM-West in West-Berlin am 21. 3. 1949. Siehe auch Kapitel „Postkrieg".

Barfreimachung

Wegen Nichtanerkennung der in den Westsektoren verwendeten Postwertzeichen durch die Behörden der SBZ ging man zeitweise dazu über, Barfrankierung mittels „Gebühr bezahlt"-Stempel oder Postfreistempler vorzunehmen.

Die Barfreimachung auf Belegen in den sowjetischen Sektor Berlins oder in die SBZ war möglich vom 5. Juli bis 16. Juli 1948 mit „Gebühr bezahlt"-Stempel und ab 17. Juli mit Postfreistempeln.

Folgende Freimachungsarten sind bisher bekannt:

		✉
1.	mit „Gebühr bezahlt"-Stempel	250,—
2.	mit „Gebühr bezahlt"-Stempel und Zusatzfrankatur mit Ausgaben der SBZ	—,—
3.	mit Freistempler der Postämter SW 11 oder Berlin-Charlottenburg 2	180,—
4.	mit Freistempler der Postämter SW 11 oder Berlin-Charlottenburg und „Gebühr bezahlt"-Stempel	900,—
5.	mit Freistempler der Postämter SW 11 oder Berlin-Charlottenburg und Zusatzfrankatur mit Ausgaben der SBZ	650,—

In einzelnen Fällen wurden Sendungen, die mit in der SBZ nicht zugelassenen Marken frankiert waren, zusätzlich mit Postfreistempeln versehen, um einer möglichen Beanstandung der Sendungen vorzubeugen.

Doppelfrankaturen

Um Schwierigkeiten im „Postkrieg" zu umgehen, wurden Briefe und Karten in die SBZ und von der SBZ mit „doppeltem Porto", nämlich mit Ost- und Westfrankaturen beklebt, zum Teil mit Hilfe der West-Berliner Post. Bekannt sind Kombinationen West-Berlin Nr. 1–67 bzw. Bizone Nr. 36–51 mit SBZ Nr. 182–241.

		✉
1.	Von West-Berlin in die SBZ (vom 22. 3.–15. 9. 1949)	
	nur mit West-Berlin-Stempel	700,—
	mit West- und Ost-Stempel	1000,—
2.	Von der SBZ nach West-Berlin (vom 14. 6.–15. 9. 1949)	
	nur mit West-Berlin-Stempel	700,—
	mit Ost- und West-Stempel	1200,—

Vor bzw. nach diesen Daten vorkommende Doppelfrankaturen sind nur als Überfrankaturen anzusehen und rechtfertigen obige Bewertungen nicht.

Nachnahmebelege

Eine Sonderbewertung verdienen auch Nachnahme-Belege bis zum 31. 3. 1949. Die nachfolgenden Preise verstehen sich als Zuschläge zu den der jeweiligen Frankatur entsprechenden Briefpreisen.

		✉
1.	Nachnahmebelege mit Beträgen in DM (West)	100,—
2.	Nachnahmebelege in M (Ost), einzuziehen in Berlin (West)	250,—
3.	Nachnahmebelege in M (Ost), einzuziehen in Berlin (Ost) oder in der SBZ	1900,—
4.	Nachnahmebelege in DM (West) und M (Ost)	5000,—

West-Einschreibzettel

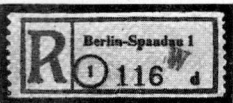

Ab 28. 12. 1948 wurden bestimmte Postgebühren für Sendungen nach Westdeutschland (z. B. Einschreibgebühren) nur noch in DM (West) erhoben. Solche Einschreibbelege verdienen bis zur Ausgabe der dafür vorgesehenen Marken in Westwährung (Nr. 24–26 und 31) am 20. 1. 1949 eine Sonderbewertung.

Einschreibbelege vom 28. 12. 1948–19. 1. 1949 nach Westdeutschland:

		✉
1.	ohne Kenntlichmachung der Westwährung	1700,—
2.	mit handschriftlichem Gebührenvermerk über 60 Pf (West)	15000,—
3.	mit violettem „W"-Stempel auf dem R-Zettel	9000,—
4.	mit rotem „W"-Stempel auf dem R-Zettel	9000,—
5.	mit rotem „West"-Stempel auf dem R-Zettel	10000,—

Nach dem 20. 1. 1949 gelaufene ✉ mit aufgebrauchten gekennzeichneten R-Zetteln 1500,—.

MICHEL-Deutschland-Katalog

Für jeden ernsthaften Sammler ist dieser handliche Farbkatalog nahezu unentbehrlich. Auf über 680 Seiten sind alle deutschen Ausgaben hinreichend beschrieben und katalogisiert.

1949

1949, 20. Jan./21. März. Freimarken. Alliierte Besetzung – Gemeinschaftsausgaben MiNr. 943–946, 948, 950, 952–957, 959–960 (II. Kontrollratsausgabe) größtenteils in Neuauflage mit rotem Bdr.-Aufdruck.

				EF	MeF	MiF
21	2 Pf	braunschwarz bis schwarz (21. März)	(z. T. 943)		40,—	25,—
22	6 Pf	schwärzlichpurpurviolett bis dkl'violett (21. März)	(z. T. 944)	45,—	60,—	40,—
23	8 Pf	(lebhaft)orangerot bis rotorange (21. März)	(z. T. 945)	65,—	40,—	50,—
24	10 Pf	dunkel)gelbgrün (Töne) (20. Jan.) GA	(z. T. 946)	12,—	25,—	12,—
25	15 Pf	mittel- bis dunkelsiena (Töne) (20. Jan.)	(z. T. 948)	1800,—	650,—	75,—
26	20 Pf	(lebhaft)preußischblau bis lebhaftblau (Töne) (20. Jan.)	(z. T. 950)	12,—	140,—	12,—
27	25 Pf	hell- bis lebhaftgelblichorange (Töne) (21. März)	(z. T. 952)	200,—	400,—	12,—
28	30 Pf	mittelrot bis (rosa)rot (21. März)	(z. T. 953)	300,—	700,—	180,—
29	40 Pf	dunkelrosalila bis dunkelrotlila (21. März)	(z. T. 954)	500,—	1000,—	110,—
30	50 Pf	(lebhaft)lilaultramarin (Töne) (21. März)	(z. T. 955)	110,—	1100,—	100,—
31	60 Pf	lebhaftbraunrot (Töne) (20. Jan.)	(z. T. 956)	250,—	1300,—	70,—
32	80 Pf	dunkellilaultramarin (Töne) (21. März)	(z. T. 957)	1000,—	4600,—	30,—
33	1 M	hell- bis mittelbraunoliv (21. März)	(959 c)	4300,—	15000,—	275,—
34	2 M	schwärzlichviolettbraun bis dunkelbraunkarmin (21. März)	(z. T. 960)	14000,—	—,—	2900,—

FALSCH Vorsicht vor Aufdruckfälschungen

 Alle bisher auf Urmarken MiNr. 959 a und 959 b vorgelegten Aufdrucke haben sich als Postfälschungen herausgestellt!

MiNr. 21–34 waren ab 20. 1. 1950 auch in der Bundesrepublik Deutschland gültig.   *Gültig bis 31. 1. 1950*

Mischfrankaturen

Man muß davon ausgehen, daß vor Einführung der Währungsreform am 21. 3. 1949 alle die Postgebühren, die nicht ausdrücklich in DM (West) erhoben wurden, in Ostmark beglichen wurden. Daher dürften Mischfrankaturen von Schwarz-, und Rotaufdrucken bis zum 20. 3. 1949, soweit sie nicht durch postalische Vorschriften erzwungen waren, überwiegend auf philatelistischen Einfluß zurückzuführen sein.

Nach der generellen Einführung der Westwährung am 21. 3. 1949 durften die vorher in Ostwährung gekauften Marken mit Schwarzaufdruck noch bis zum 31. 3. 1949 aufgebraucht werden. Mischfrankaturen zwischen Schwarz- und Rotaufdrucken aus diesem Zeitraum dürften überwiegend auf Mangel an portogerechten Schwarzaufdruck-Wertstufen zurückzuführen sein. Der bei den Aufbrauch-Mischfrankaturen angegebene Aufschlag ist dem jeweils höchsten ✉-Preis der auf dem Beleg befindlichen Marken hinzurechnen.

Folgende Mischfrankaturen verdienen eine Sonderbewertung: ✉

1. Nr. 24, 25, 26, 31 als Einschreibgebühr 60 Pf (West) und Nr. 1–20 auf E-✉ nach Westdeutschland (möglicher Verwendungszeitraum 20. 1.–10. 3. 1949 . .   350,—
2. Nr. 24, 25, 26, 31 als Einschreibgebühr 60 Pf (West) und Mischfrankatur aus Berlin Nr. 1–20 und Bizone 73–100 auf E-✉ nach Westdeutschland (möglicher Verwendungszeitraum 20. 1.–10. 3. 1949 .   —,—
3. Nr. 21–29 als Einschreibgebühr 40 Pf (West) und Nr. 1–20 auf E-✉ nach Westdeutschland . . . .   700,—
4. Nr. 21–34 mit Nr. 1–20 vom 21.–31. 3. 1949 . . . .   600,—

Mischfrankaturen der Nr. 1–20 und 21–34 mit Nr. 42 siehe nach Nr. 60

1949, 9. April. 75 Jahre Weltpostverein (UPU). Odr.; Wz. 1 X; MiNr. 35–39 gez. K 14, MiNr. 40–41 gez. K 13¾:14.

Wz. 1

a–b) Heinrich von Stephan (1831–1897), Postfachmann, Mitbegründer des Weltpostvereins

				EF	MeF	MiF
35	12 (Pf)	dunkelgrautürkis	a	85,—	120,—	50,—
36	16 (Pf)	bläulichgrün	a	60,—	180,—	70,—
37	24 (Pf)	dunkelrötlichorange	a	30,—	90,—	25,—
38	50 (Pf)	dunkelgrauoliv (Töne)	a	320,—	780,—	180,—
39	60 (Pf)	lebhaftbräunlichkarmin	a	300,—	950,—	190,—
40	1 DM	grauoliv	b	1200,—	5000,—	750,—
		Paketkarte				500,—
41	2 DM	schwarzgraupurpur	b	4300,—	8000,—	2100,—
		Paketkarte				1500,—

Gültig bis 30. 6. 1951

Berlin (West)

1949, 21. März/25. Okt. Freimarken: Berliner Bauten (I). ▭ Goldammer; MiNr. 42–56 Bdr., MiNr. 57–60 StTdr.; MiNr. 47–56 Bogen (B), Markenheftchen (MH) und Rollen (R), MiNr. 57–60 nur Bogen (B); MiNr. 47 in zwei Typen; Wz. 1 Y; gez. K 14.

c) Brandenburger Tor d) Schöneberger Rathaus e) Tegeler Schloß f) Reichstagsgebäude g) Kolonnaden am Kleistpark, Schöneberg h) Flugzeug Douglas DC-4 über Flughafen Tempelhof i) Technische Hochschule k) Nationalgalerie

l) Flugzeug Douglas DC-4 „Skymaster" über Flughafen Tempelhof m) Gendarmenmarkt n) Brandenburger Tor o) Tegeler Schloß

Nr.	Wert	Beschreibung		EF	MeF	MiF
42	1 Pf	schwarz, lilaschwarz (Töne) (21. 3. 1949) (B) (MH) c			20,—	1,—
43	4 Pf	lebhaftgelbbraun (7. 5. 1949) (B) (MH) .... d			3,—	1,—
44	5 Pf	bläulichgrün (7. 5. 1949) (B) .... e		1000,—	5,—	1,—
		überfrankierte Drucksache		35,—		
45	6 Pf	violettpurpur (7. 5. 1949) (B) .... f		30,—	90,—	10,—
46	8 Pf	rotorange (7. 5. 1949) (B) ⊠ .... d		10,—	40,—	7,—
47	10 Pf	gelblichgrün (7. 5. 1949) ⊠ .... g				
	I	Type I (B) (MH)		1,—	1,—	1,—
	II	Type II (R)		5,—	5,—	5,—
48	15 Pf	braun bis dunkelbraun (30. 5. 1949) (B) .... h		170,—	150,—	10,—
49	20 Pf	rot (17. 6. 1949) (B) (MH) ⊠ i		1,—	4,—	1,—
50	25 Pf	orange (7. 5. 1949) (B) .... e		20,—	50,—	10,—
51	30 Pf	violettblau (2. 7. 1949) (B) .... d		40,—	25,—	10,—
52	40 Pf	lilarot (7. 5. 1949) (B) .... d		20,—	60,—	10,—
53	50 Pf	bräunlicholiv (2. 7. 1949) (B) .... f		25,—	75,—	15,—
54	60 Pf	karminbraun (7. 5. 1949) (B) .... k		20,—	90,—	15,—
55	80 Pf	schwarzblau (7. 5. 1949) (B) i		75,—	240,—	45,—
56	90 Pf	lebhaftgrün (7. 5. 1949) (B) l		150,—	360,—	90,—
57	1 DM	dunkelgelboliv (17. 6. 1949) (B) l		200,—	850,—	170,—
		Paketkarte				80,—
58	2 DM	schwarzpurpur (22. 7. 1949) (B) .... m		1200,—	2800,—	600,—
		Paketkarte				250,—
59	3 DM	dunkelbräunlichrot (25. 10. 1949) (B) .... n		3100,—	6500,—	1400,—
		Paketkarte				550,—
60	5 DM	lilaultramarin (25. 10.1949) (B) .... o		4500,—	—,—	2000,—
		Paketkarte				1000,—

FALSCH ⊕

Weitere Ausgaben „Berliner Bauten": MiNr. 112–113, 121–123 *Gültig bis 31. 12. 1958*

Mischfrankaturen (möglich vom 20. 3.–31. 3. 1949)

a. MiNr. 42 mit MiNr. 1–20 .... ✉ —,—
b. MiNr. 42 mit MiNr. 1–20 und 21–34 .... —,—
c. MiNr. 42 mit MiNr. 1–20 und 21–29 (ermäßigte Einschreibgebühr von 40 Pf [West] auf E-✉ nach Westdeutschland) .... —,—

Bewertungen der Plattenfehler und Hausauftragsnummern auf ✉ siehe MICHEL-Deutschland-Spezial-Katalog.

1949, 29. Juli. 200. Geburtstag von Johann Wolfgang von Goethe. ▭ Müller; Odr.; Wz. 1 Y; gez. K 14:13¾.

 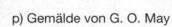  

p) Gemälde von G. O. May q) Kreidezeichnung von Johann Heinrich Lips (1758–1817), Maler und Kupferstecher r) Gemälde von Josef Stieler (1781–1858)

p–r) J. W. von Goethe (1749–1832), Dichter; Hintergrund Szenen aus seinen Werken „Iphigenie auf Tauris" (10 Pf), „Reineke Fuchs" (20 Pf), „Faust" (30 Pf)

Nr.	Wert	Beschreibung	EF	MeF	MiF
61	10 (Pf)	grün .... p	280,—	480,—	250,—
62	20 (Pf)	dunkelrosarot .... q	350,—	700,—	330,—
63	30 (Pf)	dunkelultramarin .... r	450,—	830,—	270,—

Gültig bis 30. 9. 1950

Berlin (West)

1949, 1. Aug. Freimarken. Alliierte Besetzung – Gemeinschaftsausgaben MiNr. 931, 951, 957, 961 (I. und II. Kontrollratsausgabe) größtenteils in Neuauflage mit dunkelgrünem Bdr.-Aufdruck.

				EF	MeF	MiF
64	5 (Pf)	auf 45 Pf lebhaftrot (Töne) . . . . . (z. T. 931)		3000,—	30,—	12,—
		überfrankierte Drucksache.			35,—	
65	10 (Pf)	auf 24 Pf (lebh')braunor. (Töne) . . . . . (z. T. 951)		15,—	20,—	15,—
66	20 (Pf)	auf 80 Pf dkl'lilaultramarin (Töne) . . . . (z. T. 957)		100,—	280,—	80,—
67	1 (DM)	auf 3 M (lebh')bräunlichrot (Töne). . . . (z. T. 961)		1400,—	4500,—	700,—
		Paketkarte				450,—

FALSCH ⓖ   *Gültig bis 30. 6. 1951*

1949, 1. Dez. Für Berliner Währungsgeschädigte.
Ⓖ **Goldammer; Odr. Bogen (B) und Block (Bl); Wz. 1 X; gez. K 13¾:14.**

s) Hand hält Opferschale, Hintergrund Berliner Bär

68	10 + 5 (Pf)	grün (B) (Bl) GA . . . . s	950,—	1600,—	700,—
69	20 + 5 (Pf)	lebhaftrotkarmin (B) (Bl) . . . . s	850,—	2600,—	700,—
70	30 + 5 (Pf)	dunkelgrauultramarin (B) (Bl) . . . . s	1350,—	3300,—	750,—

Blockausgabe (17. Dez.)

68	10 + 5 (Pf)	grün (B) (Bl) GA . . . . s			5000,—*)
69	20 + 5 (Pf)	lebhaftrotkarmin (B) (Bl) . . . . s			5000,—*)
70	30 + 5 (Pf)	dunkelgrauultramarin (B) (Bl) . . . . s			5000,—*)
Block 1	(110×65 mm)	. . . . s l	9000,—	—,—	9000,—

*) Blockmarken mit anhängenden Teilen des Blockrandes

FALSCH ⓖ   *Gültig bis 30. 6. 1951*

1950

Ab 20. 1. 1950 waren die Marken von Berlin während ihrer Gültigkeitsdauer auch im Gebiet der Bundesrepublik frankaturgültig.

1950, 1. Okt. Eröffnung der Deutschen Industrie-Ausstellung; Marshallplan (ERP: European Recovery Program); Ⓖ **Piwczik; StTdr. (10×5); Wz. 2; gez. K 13¾:14.**

t) Riese Atlas trägt die Weltkugel   Wz. 2

			EF	MeF	MiF
71	20 (Pf)	lebhaftbräunlichkarmin . . . . t	200,—	500,—	200,—

Gültig bis 30. 6. 1951

1950, 29. Okt. Wiederaufbau der Berliner Philharmonie. Ⓖ **Goldammer (MiNr. 72) und Schnell (MiNr. 73); StTdr.; Wz. 2; gez. K 13¾:14.**

u) Harfe, Lorbeerkranz   v) Singende Engel; Detail aus dem Genter Altar von den Brüdern Hubert (1370–1426) und Jan van Eyck (1390–1441), niederl. Maler

72	10 + 5 (Pf)	dunkelolivgrün GA . . . u	270,—	380,—	225,—
73	30 + 5 (Pf)	schwarzblau v	500,—	850,—	325,—

Gültig bis 30. 12. 1953

1951

1951, 22. April. 100. Todestag von Albert Lortzing. Ⓖ **Schnell; StTdr.); Wz. 2; gez. K 13¾:14.**

w) A. Lortzing (1801–1851), Komponist

74	20 (Pf)	schwarzbräunlichrot. . . . w	210,—	450,—	200,—

Gültig bis 31. 12. 1953

1951, 1. Mai/6. Aug. Einweihung der Freiheitsglocke im Turm des Schöneberger Rathauses (l). Ⓖ **Schnell; StTdr.; Wz. 2; gez. K 13¾:14.**

x) Freiheitsglocke, Klöppel nach links

75	5 (Pf)	dkl'braun (6. Aug.) x	2500,—	55,—	35,—
		überfrankierte Drucksache . . . . z	60,—		
76	10 (Pf)	schwarzblaugrün (1. Mai) GA x	120,—	160,—	100,—
77	20 (Pf)	karminrot (6. Aug.) . . . x	110,—	310,—	100,—
78	30 (Pf)	preußischblau (1. Mai) . x	320,—	620,—	250,—
79	40 (Pf)	schwärzlichlilapurpur (6. Aug.) x	320,—	700,—	225,—

FALSCH ⓖ   *Gültig bis 31. 12. 1955*

In gleicher Zeichnung, jedoch Klöppel nach rechts: MiNr. 82–86; Klöppel in der Mitte: MiNr. 101–105

MiNr. 77 in geänderter Farbe, Wz. 1 Y und Bdr.-Aufdruck: MiNr. 155

Berlin (West) (1951/52)

1951, 7. Okt. Tag der Briefmarke; Ausstellung „Briefmarken der Welt". Ⓖ Schnell; StTdr.; Wz. 2; gez. K 13¾:14.

y) Jungen mit Briefmarkenalbum, Globus

				EF	MeF	MiF
80	10 + 3 (Pf)	schwärzlichgrün GA	. . y	120,—	200,—	90,—
81	20 + 2 (Pf)	bräunlichrot	y	150,—	370,—	140,—

Gültig bis 31. 10. 1954

1951, 23. Dez./1952, 27. Jan. Einweihung der Freiheitsglocke im Turm des Schöneberger Rathauses (II). Ⓖ Schnell; StTdr.; Wz. 2; gez. K 13¾:14.

z) Freiheitsglocke, Klöppel nach rechts

82	5 (Pf)	schwärzlichbraunoliv (27. 1. 1952) . . . . z	2500,—	35,—	15,—
		überfrankierte Drucksache . . . . . z	45,—		
83	10 (Pf)	dunkelolivgrün (23. 12. 1951) GA . . . z		35,—	55,—	30,—
84	20 (Pf)	rot (23. 12. 1951) GA . . . z	100,—	220,—	90,—
85	30 (Pf)	schwärzlichviolettultramarin (27. 1. 1952) . z	270,—	540,—	200,—
86	40 (Pf)	dkl'lilarot (27. 1. 1952) . z	250,—	600,—	110,—

Gültig bis 31. 12. 1955

In gleicher Zeichnung, jedoch Klöppel nach links: MiNr. 75–79;
Klöppel in der Mitte: MiNr. 101–105

1952

1952, 26. März. 125. Todestag von Ludwig van Beethoven. Ⓖ Schnell; StTdr.; gez. K 13¾:14.

aa) L. van Beethoven (1770–1827), Komponist; Gesichtsmaske (1812)

				EF	MeF	MiF
87	30 (Pf)	dunkelblau	aa	250,—	480,—	140,—

Gültig bis 31. 12. 1953

1952, 20. Juni. Vorolympische Festtage. Ⓖ Goldammer; Odr.; Wz. 2; gez. K 13¾:14.

ab) Fackel, Lorbeerkranz, olympische Ringe

88	4 (Pf)	mittelbraunorange . . . . ab	20,—	40,—	17,—
89	10 (Pf)	smaragdgrün (Töne) . . . ab	60,—	90,—	50,—
90	20 (Pf)	zinnoberrot . . . . ab	120,—	300,—	100,—

Gültig bis 31. 12. 1953

1952, 12. Okt./1953, 24. Juni. Männer aus der Geschichte Berlins (I). Ⓖ Goldammer; StTdr.; Wz. 1 Y; gez. K 13¾:14.

ac) Carl Friedrich Zelter (1758–1832), Musiker, Begründer der 1. Berliner Liedertafel

ad) Otto Lilienthal (1848–1896), Ingenieur und Flugpionier

ae) Walther Rathenau (1867–1922), Industrieller, Politiker, Schriftsteller

af) Theodor Fontane (1819–1898), Dichter und Schriftsteller

ag) Adolph von Menzel (1815–1905), Maler und Grafiker

ah) Prof. Rudolf Virchow (1821–1902), Pathologe, Medizinhistoriker, Politiker

ai) Werner von Siemens (1816–1892), Begründer der Elektrotechnik

ak) Karl Friedrich Schinkel (1781–1841), Baumeister und Maler

al) Max Planck (1858–1947), Physiker, Nobelpreis 1918

am) Wilhelm Frh. von Humboldt (1767–1835), Gelehrter und Staatsmann

				EF	MeF	MiF
91	4 (Pf)	lebhaftsiena (22. 11. 1952) . . . . ac		8,—	12,—	6,50
92	5 (Pf)	dunkelblau (24. 1. 1953) . . . . ad		2300,—	20,—	10,—
		überfrankierte Drucksache)		35,—		
93	6 (Pf)	schwarzbraunpurpur (24. 6. 1953) . . . . ae		200,—	520,—	90,—
94	8 (Pf)	lebhaftbraunrot (7. 3. 1953) . . . . af		20,—	90,—	20,—
95	10 (Pf)	schwarzsmaragdgrün (23. 12. 1952) . . . . ag		10,—	12,—	8,—
96	15 (Pf)	schwärzlichblauviolett (24. 1. 1953) . . . . ah		370,—	250,—	75,—
97	20 (Pf)	bräunlichkarmin (12. 10. 1952) . . . . ai		12,—	35,—	8,—
98	25 (Pf)	dunkelbräunlicholiv (27. 5. 1953) . . . . ak		60,—	200,—	45,—
99	30 (Pf)	dunkelbraunviolett (24. 1. 1953) . . . . al		140,—	230,—	50,—
100	40 (Pf)	bräunlichschwarz (2. 5. 1953) . . . . am		60,—	300,—	40,—

Gültig bis 31. 12. 1955

Weitere Ausgabe „Männer aus der Geschichte Berlins": MiNr. 163–172

Berlin (West)

1953

1953, 28. Juli/9. Okt. Einweihung der Freiheitsglocke im Turm des Schöneberger Rathauses (III). ⌭ Schnell; StTdr. (10×5); Wz. 1 Y; gez. K 13¾:14.

an) Freiheitsglocke, Klöppel in der Mitte

			EF	MeF	MiF
101	5 (Pf)	dunkelockerbraun (28. Juli) .... an	2500,—	20,—	5,—
		überfrankierte Drucksache.	35,—		
102	10 (Pf)	schwärzlichopalgrün (9. Okt.) .... an	15,—	20,—	8,—
103	20 (Pf)	zinnoberrot (26. Sept.) .... an	30,—	120,—	25,—
104	30 (Pf)	dunkelkobalt (26. Sept.) .... an	200,—	280,—	60,—
105	40 (Pf)	schwärzlichpurpurviolett (26. Sept.) .... an	250,—	600,—	150,—

Gültig bis 31. 12. 1955

In gleicher Zeichnung, jedoch Klöppel nach links: MiNr. 75–79; Klöppel nach rechts: MiNr. 82–86

MiNr. 103 in Neuauflage mit Bdr.-Aufdruck: MiNr. 118

1953, 9. Aug. Wiederaufbau der Kaiser-Wilhelm-Gedächtniskirche. ⌭ Goldammer; StTdr.; Wz. 1 Y; gez. K 13¾:14.

ao) Vor der Zerstörung   ap) Ruine

ao–ap) Kaiser-Wilhelm-Gedächtniskirche (1891)

				EF	MeF	MiF
106	4 + 1 (Pf)	dunkelsiena ..... ao		60,—	120,—	50,—
107	10 + 5 (Pf)	schwarzgelblichgrün ..... ao		180,—	260,—	150,—
108	20 + 10 (Pf)	lebhaftlilakarmin .. ap		210,—	340,—	180,—
109	30 + 15 (Pf)	schwarzkobalt ... ap		670,—	800,—	370,—

Ⓖ MiNr. 106–109. Preise gelten nur für geprüfte ✉.

Gültig bis 31. 12. 1955

1953, 17. Aug. Volksaufstand am 17. Juni in der DDR und Ostberlin. Bdr.; Wz. 1 Y; gez. K 13¾:14.

ar) Kettensprengende Hände, Inschrift   as) Brandenburger Tor, Inschrift

				EF	MeF	MiF
110	20 (Pf)	gelbschwarz .... ar		30,—	80,—	20,—
111	30 (Pf)	schwärzl'karminrot ... as		220,—	340,—	110,—

„Postkrieg" siehe gesonderten Abschnitt.

Gültig bis 31. 12. 1955

Beachten Sie die neue Druck-Abkürzung:
Ldr. = indirekter Hochdruck (wie Offsetdruck aussehend; auch Letterset genannt).

1953, 29. Aug./1954, 22. Jan. Freimarken: Berliner Bauten (II). ⌭ Goldammer; Bdr.; Wz. 1 Y; gez. K 14.

at) Ausstellungshallen am Funkturm   au) Olympiastadion, Osteingang

			EF	MeF	MiF
112	4 (Pf)	lebhaftgelbbraun (22. 1. 1954) .... at	25,—	40,—	18,—
113	20 (Pf)	(lebhaft)rot (29. 8. 1953) GA ...... au	10,—	50,—	10,—

Gültig bis 31. 12. 1958

Weitere Ausgaben „Berliner Bauten": MiNr. 42–60, 121–123

MiNr. 114 fällt aus.

1954

1954, 18. Jan. Tod von Prof. Dr. Ernst Reuter. ⌭ Schnell; StTdr.; Wz. 1 X; gez. K 14:13¾:

aw) Prof. Dr. E. Reuter (1889–1953), Politiker, reg. Bürgermeister von Berlin

			EF	MeF	MiF
115	20 (Pf)	schwärzlichlilabraun .... aw	18,—	50,—	10,—

Gültig bis 31. 3. 1956

Berlin (West)

1954, 25. Jan. Vier-Mächte-Konferenz. Odr.; Wz. 1 X; gez. K 14:13¾.

ax) Kleistpark mit Kontrollratsgebäude (ehem. Kammergericht)

				EF	MeF	MiF
116	20 (Pf)	rot (Töne)	ax	40,—	90,—	30,—

Gültig bis 31. 12. 1955

1954, 11. Mai. 100. Geburtstag von Ottmar Mergenthaler. Zapf; StTdr.; Wz. 1 X; gez. K 14:13¾.

ay) O. Mergenthaler (1854–1899), deutsch-amerik. Uhrmacher, Erfinder der Zeilensetz- und -gießmaschine Linotype

117	10 (Pf)	schwärzlich-opalgrün	ay	25,—	40,—	17,—

Gültig bis 31. 12. 1955

1954, 17. Juli. Wahl des Bundespräsidenten. Neuauflage der MiNr. 103 mit Bdr.-Aufdruck.

118	20 (Pf)	zinnoberrot	(103)	30,—	90,—	20,—

„Postkrieg" siehe gesonderten Abschnitt.

Auflage: 1 000 000 Stück

Gültig bis 31. 12. 1955

1954, 20. Juli. 10. Jahrestag des Attentats auf Adolf Hitler vom 20. Juli 1944. Gerhardt; Bdr.; Wz. 1 X; gez. K 13¾:14.

ba) Mann in Fesseln; Denkmal von Richard Scheibe (1879–1964), Bildhauer

119	20 (Pf)	dkl'rotkarmin/dkl'olivgrau	ba	35,—	100,—	25,—

„Postkrieg" siehe gesonderten Abschnitt.

Gültig bis 31. 12. 1956

Dem Papier für die Marken der Deutschen Bundespost Berlin wird neben der fluoreszierenden Substanz auch ein Aufheller beigegeben, der die Gelbfluoreszenz mehr oder weniger überdeckt. Dadurch erscheinen die Marken unter der Prüflampe weiß- bis gelbfluorezierend. Wegen dieser Schwankung ist im Katalog bei den einzelnen Marken ein gesonderter Hinweis auf die Farbe der Fluoreszenz nicht möglich.

1954, 4. Aug. Nationale Postwertzeichen-Ausstellung. Odr.; Wz. 1 X; gez. K 13¾:14.

bb) Preußischer Postillion (um 1827)

				EF	MeF	MiF
120	20 + 10 (Pf)	mehrfarbig .... bb				
a		Streifen mattlilaultramarin, Kragen und Schärpe orangerot		160,—	350,—	130,—
b		Streifen hell(grau) violettblau, Kragen und Schärpe dunkelzinnober ...		260,—	550,—	200,—

Die Farben von MiNr. 120 sind schwankend, daher lassen sich a und b oftmals schwer unterscheiden.

Gültig bis 31. 12. 1955

1954, 10. Aug./23. Okt. Freimarken: Berliner Bauten (III). Goldammer (MiNr. 121 und 123) und Görsch (MiNr. 122); Bdr.; Wz. 1 Y; gez. K 14.

at l) Ausstellungshallen am Funkturm
bc) Amerika-Gedenkbibliothek am Halleschen Tor
bd) Jagdschloß Grunewald

121	7 (Pf)	blaugrün (10. Aug.) ... at l		8,—	55,—	5,—
122	40 (Pf)	mittelviolettpurpur (17. Sept.)	bc	40,—	150,—	20,—
123	70 (Pf)	mittelbräunlicholiv (23. Okt.)	bd	270,—	800,—	150,—

Bildinschrift jetzt „DEUTSCHE POST BERLIN", Bildformat von MiNr. 121 (at l) geringfügig größer als bei MiNr. 112 (at)

Gültig bis 31. 12. 1958

Weitere Ausgaben „Berliner Bauten": MiNr. 42–60, 112–113

1954, 18. Sept. 5. Todestag von Richard Strauss. Schnell; StTdr.; Wz. 1 Y; gez. K 13¾:14.

be) R. Strauss (1864–1949), Komponist und Dirigent

124	40 (Pf)	dunkellilaultramarin	be	50,—	200,—	20,—

Gültig bis 31. 12. 1956

1954, 25. Sept. 100. Todestag von August Borsig (1804–1854), Industrieller, Lokomotivbauer; Deutsche Industrie-Ausstellung. Schnell; StTdr.); Wz. 1 X; gez. K 14:13¾.

bf) Schmiedegruppe (Detail des Beuth-Denkmals) von Friedrich Drake (1805–1882), Bildhauer

125	20 (Pf)	lebhaftrotbraun	bf	20,—	60,—	10,—

Gültig bis 31. 12. 1956

1955

1955, 12. März. Taufe des Motorschiffes „Berlin". ⊠ Schulz; StTdr.; Wz. 1 X; gez. K 14:13¾.

bg) M. S. „Berlin" (früher „Gripsholm", umgetauft in Bremerhaven am 7. Jan. 1955)

			EF	MeF	MiF
126	10 (Pf)	dkl'grünlichblau ..... bg	15,—	20,—	10,—
127	25 (Pf)	violettultramarin ..... bg	60,—	120,—	20,—

Gültig bis 31. 12. 1956

1955, 17. Sept. 1. Todestag von Wilhelm Furtwängler; Berliner Festwochen. ⊠ Schnell; StTdr.; gez. K 13¾:14.

bh) W. Furtwängler (1886–1954), Dirigent und Komponist

128	40 (Pf)	lilaultramarin .... bh	120,—	340,—	80,—

Gültig bis 31. 12. 1956

1955, 17. Okt. Deutscher Bundestag in Berlin. ⊠ Gerhardt; Odr.; Wz. 3; gez. K 13¾:14.

bi) Wappen von Berlin auf Bundesadler   Wz. 3

129	10 (Pf)	mehrfarbig .... bi	15,—	20,—	10,—
130	20 (Pf)	mehrfarbig .... bi	35,—	70,—	30,—

Gültig bis 31. 12. 1956

In ähnlicher Zeichnung: MiNr. 136–137

1955, 27. Okt. Tag der Briefmarke. ⊠ Goldammer; Odr.; Wz. 3; gez. K 13¾:14.

bk) Preußischer Feldpostillion um 1760

131	25 + 10 (Pf)	mehrfarbig ..... bk	130,—	165,—	65,—

Gültig bis 31. 12. 1956

Stempelfälschungen

Die meisten Zuschlagsmarken oder gestempelt teureren Ausgaben von Berlin bis 1968 kommen häufig mit falschen oder verfälschten Abstempelungen vor. Bei teureren Marken oder Blocks ist Prüfung anzuraten.

1955, 26. Nov. 25 Jahre Bistum Berlin; Wiederaufbau zerstörter Kirchen. ⊠ Gerhardt; StTdr. (10×5); Wz. 3; gez. K 14.

bl) Hl. Otto von Bamberg (um 1060–1139), Bischof, „Apostel der Pommern"

bm) Hl. Hedwig (1174–1243), Herzogin, Patronin von Schlesien

bn) Hl. Petrus, Apostel, 1. Bischof von Rom

			EF	MeF	MiF
132	7 + 3 (Pf)	dunkelrotbraun......... bl	70,—	180,—	25,—
133	10 + 5 (Pf)	schwärzlichopalgrün .... bm	55,—	60,—	25,—
134	20 + 10 (Pf)	dunkelrötlichlila........ bn	50,—	150,—	35,—

Gültig bis 31. 12. 1957

1956

1956, 1. März. Freimarke: Berliner Stadtbilder (I). ⊠ Goldammer; Odr.; gelbliches Papier, oder transparentes grauweißes Papier; Wz. 3; gez. K 14.

bo) Funkturm und Ausstellungshallen

135	7 (Pf)	bläulichgrün........ bo	20,—	80,—	15,—

Gültig bis 31. 12. 1957

In ähnlicher Zeichnung mit zusätzlicher Inschrift oben „FUNKTURM / AUSSTELLUNGSHALLEN": MiNr. 142; weitere Ausgaben „Berliner Stadtbilder": MiNr. 140–154, 187, 231

1956, 16. März. Deutscher Bundesrat in Berlin. ⊠ Gerhardt; Odr.; Wz. 3; gez. K 13¾:14.

bp) Wappen von Berlin auf Bundesadler

136	10 (Pf)	mehrfarbig .... bp	10,—	20,—	8,—
137	25 (Pf)	mehrfarbig .... bp	50,—	80,—	25,—

Gültig bis 31. 12. 1957

In ähnlicher Zeichnung: MiNr. 129–130

1956, 12. Mai. 100 Jahre Verein deutscher Ingenieure (VdI). ⊠ Goldammer; StTdr.; Wz. 3; gez. K 13¾:14.

br) VdI-Emblem, Lorbeerzweig

138	10 (Pf)	schwarzgrün .... br	13,—	60,—	10,—
139	20 (Pf)	dunkelbräunlichrot.... br	30,—	80,—	30,—

Gültig bis 31. 12. 1957

Berlin (West)

1956, 22. Juni/1962, 8. März. Freimarken: Berliner Stadtbilder (II). 🅖 Goldammer; MiNr. 140–147 Bdr., MiNr. 148–154 StTdr.; MiNr. 140–152 Bogen (B) und Rollen (R), MiNr. 153–154 Bogen (B); Wz. 3; verschiedene Papiersorten; gez. K 14.

bs) Brandenburger Tor — bt) Landespostdirektion — bu) Funkturm und Ausstellungshallen — bv) Rathaus Neukölln — bw) Ruine der Kaiser-Wilhelm-Gedächtniskirche — bx) Luftbrückendenkmal, Tempelhof — by) Henry-Ford-Bau der Freien Universität, Dahlem — bz) Lilienthal-Denkmal, Lichterfelde

ca) Schloß Pfaueninsel — cb) Schloß Charlottenburg — cc) Kraftwerk Reuter — cd) Industrie- und Handelskammer mit Börse — ce) Schillertheater — cf) Reiterstandbild „Großer Kurfürst" — cg) Kongreßhalle im Tiergarten

MiNr.	Wert	Beschreibung		EF	MeF	MiF
140	1 (Pf)	dunkelblaugrün bis grau	bs			
w		gewöhnliches Papier (23. 2. 1957)			10,—	1,—
y		fluoreszierendes Papier (8. 3. 1962)			10,—	1,—
141	5 (Pf)	lebhaftlilapurpur (23. 2. 1957)	bt	1500,—	5,—	1,—
142	7 (Pf)	lebhaftbläulichgrün (5. 10. 1956)	bu	2,—	30,—	2,—
143	8 (Pf)	grüngrau (22. 6. 1956) 🅖🅐	bv	8,—	45,—	8,—
144	10 (Pf)	smaragdgrün (10. 7. 1956) 🅖🅐	bw	1,—	2,—	1,—
145	15 (Pf)	schwärzlichkobalt (10. 7. 1956) 🅖🅐	bx	95,—	60,—	5,—
146	20 (Pf)	karmin (10. 7. 1956) 🅖🅐	by	1,—	5,—	1,—
147	25 (Pf)	braunkarmin (9. 8. 1956)	bz	15,—	30,—	10,—
148	30 (Pf)	dunkelgraugrün (16. 11. 1957)	ca	300,—	25,—	15,—
149	40 (Pf)	dunkelkobalt (30. 7. 1957)	cb	40,—	90,—	30,—
150	50 (Pf)	bräunlicholiv (5. 10. 1956)	cc	25,—	60,—	15,—
151	60 (Pf)	schwärzlichgelbbraun (16. 11. 1957)	cd	50,—	90,—	20,—
152	70 (Pf)	dunkelbläulichviolett (5. 10. 1956)	ce	100,—	320,—	80,—
153	1 DM	dunkelgelboliv (10. 11. 1956)	cf	200,—	430,—	140,—
154	3 DM	dunkelrosakarmin (26. 4. 1958)	cg	800,—	1500,—	350,—

MiNr. 140 wurde ab 20. Juli 1960 auch an den Postschaltern der Bundesrepublik Deutschland verkauft.

MiNr. 141–154 gültig bis 31.12.1964, MiNr. 140 bis 31.12.1970

Weiterer Wert in Zeichnung bs: MiNr. 231; Zeichnung bv in Farbänderung: MiNr. 187; in ähnlicher Zeichnung: MiNr. 135

1956, 9. Aug. Berlinhilfe für die Hochwassergeschädigten. 🅖 Schnell; StTdr.; Wz. 1 Y; gez. K 13¾:14.

MiNr.	Wert	Beschreibung		EF	MeF	MiF
155	20 + 10 (Pf)	mittelbraunoliv	(x)	35,—	100,—	20,—

Gültig bis 31. 12. 1957

In anderer Farbe, Wz. 2, ohne Bdr.-Aufdruck: MiNr. 77

1956, 15. Sept. Deutsche Industrie-Ausstellung, Berlin. 🅖 Gerhardt; StTdr.); Wz. 3; gez. K 14.

ck) Antennenmasten der Funkstelle Berlin-Nikolassee

MiNr.	Wert	Beschreibung		EF	MeF	MiF
157	25 (Pf)	dunkelrotbraun	ck	50,—	150,—	30,—

Gültig bis 31. 12. 1958

1956, 3. Sept. 10. Todestag von Paul Lincke. 🅖 Schnell; StTdr.; Wz. 3; gez. K 14:13¾.

ci) P. Lincke (1866–1946); Komponist und Musikverleger; Faksimile einer Notenhandschrift, Schriftzug

| 156 | 20 (Pf) | bräunlichrot bis rot | ci | 20,— | 60,— | 15,— |

Gültig bis 31. 12. 1958

1956, 26. Okt. Tag der Briefmarke. 🅖 Helmcke; Odr.; Wz. 3; gez. K 13¾:14.

cl) Brandenburgischer Postreiter (um 1700)

| 158 | 25 + 10 (Pf) | mehrfarbig | cl | 45,— | 100,— | 15,— |

Gültig bis 31. 12. 1958

Berlin (West)

1957

1957, 7. März. 725 Jahre Stadt Spandau.
Goldammer; StTdr.; Wz. 3; gez. K 14:13¾.

cm) Stadtansicht (um 1850)

			EF	MeF	MiF
159	20 (Pf)	lebhaftbraunrot/ schwarzoliv........ cm	8,—	25,—	4,—

Gültig bis 31. 12. 1958

In gleicher Aufmachung: MiNr. 218–229

1957, 27. April/6. Juli. Internationale Bau-Ausstellung „Interbau", Berlin. Gerhardt; StTdr.; Wz. 3; gez. K 14:13¾.

cn) Modell des Hansaviertels
co) Modell des Ausstellungsgeländes
cp) Modell der Kongreßhalle

cn–cp) Auf allen Marken noch Symbol der Ausstellung

				EF	MeF	MiF
160	7 (Pf)	schwärzl'lila-braun (27. April).......... cn		10,—	35,—	6,—
161	20 (Pf)	dkl'rötlichkarmin (6. Juli)........... co		15,—	35,—	8,—
162	40 (Pf)	dkl'violettblau (27. April).......... cp		40,—	130,—	15,—

Gültig bis 31. 12. 1958

1957, 22. Juni/1959, 6. Mai. Männer aus der Geschichte Berlins (II). Degner, MiNr. 167 Kunstwerkstätten Bundesdruckerei; StTdr.; Wz. 3; gez. K 13¾:14.

cr) Theodor Mommsen (1817–1903), Historiker und Jurist, Nobelpreis 1902
cs) Heinrich Zille (1858–1929), satirischer Zeichner
ct) Prof. Dr. Ernst Reuter (1889–1953), Politiker, reg. Bürgermeister von Berlin
cu) Fritz Haber (1868–1934), Chemiker, Nobelpreis 1918
cv) Friedrich Daniel Ernst Schleiermacher (1768–1834), evang. Theologe und Philosoph

cw) Prof. Ludwig Heck (1860–1951), Zoologe
cx) Prof. Max Reinhardt (1873–1943), österreich. Theaterleiter
cy) Friedrich Carl von Savigny (1779–1861), Rechtslehrer
cz) Alexander Frh. von Humboldt (1769–1859), Naturforscher und Geograph
da) Christian Daniel Rauch (1777–1857), Bildhauer

			EF	MeF	MiF
163	7 (Pf)	grünblau/dunkelsiena (24. 10. 1958) .... cr	5,—	40,—	2,—
164	8 (Pf)	dunkelgrünlichgrau/dunkelsiena (10. 1. 1958) .... cs	10,—	35,—	3,—
165	10 (Pf)	schwärzlichsmaragdgrün/dunkelsiena (29. 9. 1958) .... ct	2,—	3,—	2,—
166	15 (Pf)	violettultramarin/dunkelsiena (30. 9. 1957) .... cu	100,—	35,—	10,—
167	20 (Pf)	lebhaftlilakarmin/dunkelsiena (5. 12. 1958) cv	2,50	8,—	2,—
168	20 + 10 (Pf)	schwärzlichrosarot/dunkelsiena (7. 9. 1957) .... cw	9,—	25,—	5,—
169	25 (Pf)	dunkelkarmin/dunkelsiena (28. 9. 1957) cx	15,—	30,—	7,—
170	30 (Pf)	dunkelgrüngrau/dunkelsiena (22. 6. 1957) .... cy	100,—	30,—	12,—
171	40 (Pf)	dunkelcyanblau/dunkelsiena (6. 5. 1959) .... cz	18,—	30,—	10,—
172	50 (Pf)	dunkelgelboliv/dunkelsiena (3. 12. 1957) .... da	60,—	150,—	20,—

Gültig bis 30. 6. 1960, MiNr. 171 bis 31. 12. 1960

Weitere Ausgabe „Männer aus der Geschichte Berlins": MiNr. 91–100

**Wenn Sie eine eilige philatelistische Anfrage haben,
rufen Sie bitte (0 89) 3 23 93-3 33,
die MICHEL-Redaktion gibt Ihnen gerne Auskunft.**

Berlin (West)

1957, 6. Aug. Jahrestagung des Ostdeutschen Kulturrates, Berlin. ⓔ Zimbal; StTdr.; Wz. 3; gez. K 14.

db) Uta (erste Hälfte des 11. Jh.), Markgräfin von Meißen; Stifterfigur im Naumburger Dom

				EF	MeF	MiF
173	25 (Pf)	lebh'karminbraun .... db		20,—	50,—	5,—

Gültig bis 31. 12. 1958

1957, 15. Okt. Erste konstituierende Sitzung des 3. Deutschen Bundestages in Berlin. ⓔ Gerhardt; Odr.; Wz. 3; gez. K 13¾:14.

dc) Bundesadler, Inschrift

174	10 (Pf)	mehrfarbig.......... dc	5,—	8,—	3,—
175	20 (Pf)	mehrfarbig.......... dc	15,—	40,—	8,—

Gültig bis 31. 12. 1959

1957, 23. Okt. Tag der Briefmarke; Briefmarkenausstellung „BEPHILA", Berlin. ⓔ Goldammer; Odr.; Wz. 3; gez. K 13¾:14.

dd) Postillion der Reichspost (1897–1925)

176	20 (Pf)	mehrfarbig .... dd	20,—	40,—	10,—

Gültig bis 31. 12. 1959

1957, 28. Okt. Welt-Frontkämpfer-Kongreß, Berlin. ⓔ Gerhardt; Odr.; Wz. 3; gez. K 14:13¾.

de) Emblem des Internationalen Welt-Frontkämpfer-Verbandes

177	20 (Pf)	mehrfarbig.......... de	8,—	25,—	5,—

Gültig bis 31. 12. 1959

1957, 30. Nov. Deutsches Mütter-Genesungswerk. ⓔ Schnell; StTdr.; Wz. 3; gez. K 14:13¾.

df) Elly Heuss-Knapp (1881–1952), Sozial- und Kulturpolitikerin, Gründerin des Deutschen Mütter-Genesungswerkes

			EF	MeF	MiF
178	20 + 10 (Pf)	karminrot........ df	10,—	30,—	8,—

Gültig bis 31. 12. 1959

1958

1958, 13. Aug. Deutscher Katholikentag, Berlin. ⓔ Finke; Odr.; Wz. 3; gez. K 13¾:14.

dg) Christusdarstellung, Kosmos-Symbol; Werbeplakat des Katholikentags

179	10 (Pf)	lebh'bläulichgrün/ schwarz........... dg	5,—	8,—	4,—
180	20 (Pf)	lebh'graulila/schwarz.. dg	8,—	25,—	5,—

Gültig bis 31. 12. 1960

1958, 30. Aug. 1. Todestag von Prof. Otto Suhr. ⓔ Schnell; StTdr.; Wz. 3; gez. K 14:13¾.

dh) Prof. O. Suhr (1894–1957), Politiker, reg. Bürgermeister von Berlin

181	20 (Pf)	schwärzlichrosa ..... dh	8,—	25,—	6,—

Gültig bis 31. 12. 1960

1959

1959, 31. Jan./22. Mai. Freimarken: Bundespräsident Prof. Dr. Theodor Heuss. ⓔ Cordier; MiNr. 182–184 Bdr., MiNr. 185–186 StTdr.; Bogen (B) und Rollen (R); Wz. 3; gez. K 14.

di) Prof. Dr. Th. Heuss (1884–1963), 1. Bundespräsident

			EF	MeF	MiF
182	7 (Pf)	bläulichgrün (10. April) (B) (R) .... di	4,—	25,—	4,—
183	10 (Pf)	smaragdgrün (31. Jan.) (B) (R) [GA] .... di	2,—	2,—	2,—
184	20 (Pf)	rötlichkarmin (31. Jan.) [GA] .... di	2,—	6,—	2,—
185	40 (Pf)	blau (22. Mai) (B) (R) .... di	50,—	90,—	35,—
186	70 (Pf)	dunkelblauviolett (22. Mai) (B) (R) .... di	85,—	220,—	60,—

Gültig bis 31. 12. 1964

Bildgleiche Marken ohne Inschrift „BERLIN" siehe Bundesrepublik Deutschland MiNr. 302–306

Berlin (West) 565

1959, 14. Febr. Freimarke: Berliner Stadtbilder (III).
Wie MiNr. 143, jedoch Farbänderung.

bv) Rathaus Neukölln

			EF	MeF	MiF
187	8 (Pf)	dunkelzinnober (B) (R) GA . . . . bv	8,—	30,—	7,—

Weitere Ausgaben „Berliner Stadtbilder": MiNr. 135, 140–154, 231

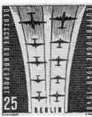

1959, 12. Mai. 10. Jahrestag der Beendigung der Blockade Berlins; Berliner Luftbrücke. ⓔ Gerhardt; StTdr.; gez. K 13¾:14.

dk) Transportmaschinen im Luftkorridor (im Stil des Luftbrückendenkmals)

| 188 | 25 (Pf) | dkl'bräunlichkarmin/ schwarzgrau . . . . dk | 7,— | 25,— | 3,— |

„Postkrieg" siehe gesonderten Abschnitt.

Auflage: 5 000 000 Stück   *Gültig bis 31. 12. 1959*

1959, 18. Juni. Kommunaler Weltkongreß, Berlin. ⓔ Gerhardt; Odr.; Wz. 3; gez. K 14:13¾.

dl) Erdkugel, Inschrift, Brandenburger Tor

| 189 | 20 (Pf) | mehrfarbig . . . . dl | 5,— | 25,— | 3,— |

Gültig bis 31. 12. 1960

1959, 10. Nov. 200. Geburtstag von Friedrich von Schiller. ⓔ Gerhardt; StTdr.; gez. K 14:13¾.

dm) F. von Schiller (1759–1805), Dichter; Pastellzeichnung von L. Simanowicz, poln. Maler

| 190 | 20 (Pf) | bräunl'rot/dkl'rotbr. . . dm | 5,— | 25,— | 2,— |

Auflage: 5 000 000 Stück   *Gültig bis 31. 12. 1961*

1960

1960, 27. Mai. 50. Todestag von Robert Koch. Gerhardt; StTdr.; Wz. 3; gez. K 14:13¾.

dn) R. Koch (1843–1910), Bakteriologe, Nobelpreis 1905; Mikroskop

| 191 | 20 (Pf) | dunkelbraunlila . . . . . dn | 5,— | 25,— | 2,— |

Gültig bis 31. 12. 1961

1960, 30. Juni. 2. Todestag von Dr. Walther Schreiber. ⓔ Fincke; StTdr.; Wz. 3; gez. K 14:13¾.

do) Dr. W. Schreiber (1884–1958), Rechtsanwalt und Politiker, reg. Bürgermeister von Berlin

			EF	MeF	MiF
192	20 (Pf)	bräunlichkarmin . . . . . do	5,—	25,—	3,—

Gültig bis 31. 12. 1961

1960, 15. Sept. Hilfswerk Berlin: Ferienplätze für Berliner Kinder. ⓔ Wüst; Odr. (10×5); Wz. 3; gez. K 13¾:14.

| dp) Junge am Hinterhoffenster | dr) Schulmädchen im Großstadtverkehr | ds) Mädchen im Gebirge | dt) Junge am Meeresstrand |

193	7 + 3 (Pf)	mehrfarbig . . . . . . dp	10,—	50,—	2,—
194	10 + 5 (Pf)	mehrfarbig . . . . . . dr	5,—	6,—	2,—
195	20 + 10 (Pf)	mehrfarbig . . . . . . ds	5,—	25,—	3,—
196	40 + 20 (Pf)	mehrfarbig . . . . . . dt	27,—	85,—	13,—

Gültig bis 31. 12. 1962

1961

1961, 16. Febr. 10. Todestag von Hans Böckler. ⓔ Michel und Kieser; Odr.; Wz. 3; gez. K 13¾:14.

du) H. Böckler (1875–1951), Gewerkschaftsführer

| 197 | 20 (Pf) | dkl'zinnoberrot/ braunschwarz . . . . du | 5,— | 15,— | 2,— |

MiNr. 197 wurde auch an den Postschaltern der Bundesrepublik verkauft.

Gültig bis 31. 12. 1962

1961, 3. Juni. 4. Todestag von Louise Schroeder. ⓔ Gerhardt; StTdr.; Wz. 3; gez. K 14:13¾.

dv) L. Schroeder (1887–1957), Politikerin, amt. Oberbürgermeisterin von Berlin

| 198 | 20 (Pf) | schwarzlilabraun . . . . . dv | 5,— | 20,— | 3,— |

Gültig bis 31. 12. 1962

Ab MiNr. 198 sind alle Ausgaben – wenn nicht ausdrücklich anders angegeben – auf fluoreszierendem Papier gedruckt. Unterschiedliche Farbe der Fluoreszenz (weiß bzw. gelb) ist fabrikationsbedingt und rechtfertigt keine Preisunterschiede.

Berlin (West)

1961, 15. Juni/1962, 12. April. Freimarken: Bedeutende Deutsche. ⌧ Michel und Kieser; MiNr. 199–205 Bdr., MiNr. 206–213 StTdr.; Bogen (B), Markenheftchen (MH) und Rollen (R); Wz. 3; gez. K 14.

dw) Albertus Magnus, Graf von Bollstädt (um 1193–1280), Gelehrter

dx) Hl. Elisabeth (1207–1231), Landgräfin von Thüringen

dy) Johannes Gutenberg (um 1397–1468), Erfinder des Buchdrucks

dz) Albrecht Dürer (1471–1528), Maler und Grafiker

ea) Martin Luther (1483–1546), Reformator

eb) Johann Sebastian Bach (1685–1750), Komponist

ec) Balthasar Neumann (1687–1753), Baumeister

ed) Immanuel Kant (1724–1804), Philosoph

ee) Gotthold Ephraim Lessing (1729–1781), Dichter und Philosoph

ef) Johann Wolfgang von Goethe (1749–1832), Dichter

eg) Friedrich von Schiller (1759–1805), Dichter

eh) Ludwig van Beethoven (1770–1827), Komponist

ei) Heinrich von Kleist (1777–1811), Dichter

ek) Annette Freiin von Droste-Hülshoff (1797–1848), Dichterin

el) Gerhart Hauptmann (1862–1946), Dichter, Dramatiker, Nobelpreis 1912

				EF	MeF	MiF
199	5 (Pf)	braunoliv (18. 9. 1961) (B) (R)	dw	—,—	2,—	1,—
200	7 (Pf)	braunocker (3. 8. 1961) (B) (R)	dx	2,—	5,—	2,—
201	8 (Pf)	lebhaftbraunviolett, dunkelrotviolett (3. 8. 1961) (B) (R) GA	dy	2,—	12,—	2,—
202	10 (Pf)	dunkelgrünoliv bis grauoliv (15. 6. 1961) (B) (MH) (R) GA	dz	1,—	1,—	1,—
203	15 (Pf)	hellblau bis preußischblau (18. 9. 1961) (B) (R)	ea	4,—	6,—	2,—
204	20 (Pf)	mittelbraunrot bis lebh'bräunlichkarmin (28. 6. 1961) (B) (R) GA	eb	1,—	2,—	1,—
205	25 (Pf)	schwärzlichorange bis braunorange (7. 10. 1961) (B) (R)	ec	10,—	25,—	2,—
206	30 (Pf)	braunschwarz (7. 10. 1961) (B)	ed	6,—	8,—	2,—
207	40 (Pf)	(dunkel)blau (28. 6. 1961) (B) (R)	ee	7,—	10,—	2,50
208	50 (Pf)	schwärzlichbraunorange (Töne) (1. 12. 1961) (B)	ef	8,—	10,—	3,—
209	60 (Pf)	dunkelmagenta (12. 4. 1962) (B)	eg	10,—	12,—	5,—
210	70 (Pf)	schwärzlichgrün (1. 12. 1961) (B) (R)	eh	10,—	25,—	5,—
211	80 (Pf)	ockerbraun (1. 12. 1961) (B)	ei	50,—	100,—	22,—
212	1 DM	dunkelviolettblau (18. 9. 1961) (B)	ek	20,—	40,—	11,—
213	2 DM	dunkelolivgrün (12. 4. 1962) (B)	el	40,—	120,—	18,—

Zahlreiche Farbtönungen

Gültig bis 31. 12. 1970

Bildgleiche Marken ohne Inschrift „BERLIN" siehe Bundesrepublik Deutschland MiNr. 347–362.

MiNr. 214 fällt aus.

1961, 19. Juli. Deutscher Evangelischer Kirchentag, Berlin. ⌧ Gerhardt; Odr.; Wz. 3; gez. K 14:13¾.

en) Marienkirche

eo) Ruine der Kaiser-Wilhelm-Gedächtniskirche

en–eo) Auf beiden Marken fünf Kreuze (Zeichen des Kirchentags)

				EF	MeF	MiF
215	10 (Pf)	grün/schwärzlichblauviolett	en	5,—	7,—	2,—
216	20 (Pf)	graulila/schwärzlichblauviolett	eo	6,—	15,—	2,—

Gültig bis 31. 12. 1963

1961, 3. Aug. Deutsche Rundfunk-, Fernseh- und Phono-Ausstellung, Berlin; ⌧ Gerhardt; StTdr.; Wz. 3; gez. K 14.

ep) Berliner Bär mit Fernsehschirm und Schallplatte (Ausstellungsplakat)

				EF	MeF	MiF
217	20 (Pf)	dunkelkarminrot/schwärzlichrotbraun	ep	6,—	15,—	2,—

„Postkrieg" siehe gesonderten Abschnitt.

Gültig bis 31. 12. 1963

Bogenrandbedruckung BERLIN:

Von 1966 bis 1971 weisen einige Ausgaben, die im Motiv gleich oder ähnlich mit solchen des Bundesgebietes sind, auf den Oberrändern der Schalterbogen über den Reihenwertzählern den Eindruck „BERLIN" auf.
Bei Marken im Querformat befindet sich die Inschrift über einer, im Hochformat über zwei Marken auf dem Bogenrand. Details siehe in der entsprechenden Spezialliteratur.

Berlin (West)

1962

1962, 27. Juni/1963, 6. Dez. Alt-Berlin. Hiller; StTdr.; Wz. 3; gez. K 14:13¾.

er) Die Linden (um 1650)　　es) Waisenbrücke (1783)　　et) Mauerstraße (um 1780)　　eu) Berliner Schloß (1703)　　ev) Potsdamer Platz (um 1825)　　ew) Schloß Bellevue (um 1800)

ex) Fischerbrücke (um 1830)　　ey) Hallesches Tor (1880)　　ez) Parochialkirche (um 1780)　　fa) Universität (um 1825)　　fb) Opernhaus (um 1780)　　fc) Grunewaldsee (um 1790)

				EF	MeF	MiF
218	7 (Pf)	orangebraun/schwarzbräunlicholiv (27. 6. 1962) .... er		5,—	30,—	2,—
219	10 (Pf)	schwärzlichsmaragdgrün/schwarzbräunlicholiv (27. 6. 1962) ... es		2,—	2,—	2,—
220	15 (Pf)	dunkelviolettblau/schwarzgrau (26. 4. 1963) .... et		5,—	10,—	2,—
221	20 (Pf)	dunkelbräunlichrot/lilaschwarz (17. 9. 1962) .... eu		2,—	10,—	2,—
222	25 (Pf)	bräunlicholiv/lilaschwarz (29. 8. 1963) .... ev		15,—	25,—	2,—
223	40 (Pf)	violettultramarin/schwarzgrau (17. 9. 1962) .... ew		10,—	30,—	3,—
224	50 (Pf)	schwarzbraunpurpur/lilaschwarz (14. 9. 1963) .... ex		45,—	35,—	5,—
225	60 (Pf)	magenta/lilaschwarz (25. 10. 1963) .... ey		15,—	30,—	6,—
226	70 (Pf)	dunkelviolettpurpur/schwärzlichgrau (27. 7. 1962) .... ez		15,—	50,—	7,—
227	80 (Pf)	karminrot/lilaschwarz (24. 5. 1963) .... fa		60,—	70,—	10,—
228	90 (Pf)	schwärzlichorange/schwarzbraun (6. 12. 1963) .... fb		25,—	70,—	11,—
229	1 DM	dunkelopalgrün, schwarzbräunlicholiv (7. 12. 1962) .... fc		60,—	70,—	12,—

Gültig bis 31. 12. 1966

In gleicher Aufmachung: MiNr. 159

1962, 12. Sept. 50 Jahre Luftpostbeförderung. Michel und Kieser; Odr.; Wz. 3; gez. K 14:13¾.

fd) „Gelber Hund" (Flugzeug der Euler-Werke) von 1912 vor Düsenflugzeug

			EF	MeF	MiF
230	60 (Pf)	kobalt/schwarz .... fd	15,—	35,—	3,—

Gültig bis 31. 12. 1963

1963, 24. Juli. Große Deutsche Funkausstellung, Berlin. Bundesdruckerei Berlin; Odr.; gez. K 13¾:14.

fe) Berliner Bär mit Funkturm

			EF	MeF	MiF
232	20 (Pf)	mehrfarbig .... fe	5,—	15,—	2,—

Gültig bis 31. 12. 1964

1963

1963, 1. März. Freimarke: Berliner Stadtbilder (IV). Goldammer; Odr.; Wz. 3; gez. K 14.

bs) Brandenburger Tor

			EF	MeF	MiF
231	3 (Pf)	violettpurpur .... bs	5,—	1,—	

„Postkrieg" siehe gesonderten Abschnitt.

Gültig bis 31. 12. 1970

Weitere Ausgaben „Berliner Stadtbilder": MiNr. 135, 140–154, 187

1964

1964, 30. Mai. 700 Jahre Schöneberg. Wüst; StTdr.; Wz. 3; gez. K 13¾:14.

ff) Schöneberger Rathaus

			EF	MeF	MiF
233	20 (Pf)	schwärzlichrotbraun ... ff	5,—	15,—	3,—

Gültig bis 31. 12. 1965

Berlin (West)

1964, 1. Juli. Wiederwahl des Bundespräsidenten Heinrich Lübke (I). ▣ Schardt; Odr.; gez. K 13¾:14.

fg) Dr. h. c. H. Lübke (1894–1972), 2. Bundespräsident

				EF	MeF	MiF
234	20 (Pf)	lebhaftlilarot	fg	5,—	15,—	2,—
235	40 (Pf)	(lebhaft)blau	fg	6,—	20,—	2,—

Gültig bis 31. 12. 1969

In gleicher Zeichnung: MiNr. 314–315

Bildgleiche Marken ohne Inschrift „BERLIN" siehe Bundesrepublik Deutschland MiNr. 429–430.

1964, 19. Sept. Hauptstädte der Länder der Bundesrepublik Deutschland: Berlin. ▣ H. und H. Schillinger; Odr.; gez. K 14:13¾.

fh) Berlin, Reichstag

236	20 (Pf)	mehrfarbig	fh	5,—	10,—	2,—

Gültig bis 31. 12. 1966

Bildgleiche Marke ohne Inschrift „BERLIN" siehe Bundesrepublik Deutschland MiNr. 421.

Beachten Sie die neue Druck-Abkürzung:
Ldr. = indirekter Hochdruck (wie Offsetdruck aussehend; auch Letterset genannt)

1964, 6. Okt. Wohlfahrt: Märchen der Brüder Grimm (I). ▣ Börnsen; Odr. (5×10); gez. K 14:13¾.

fi fk fl fm

fi–fm) Szenen aus dem Märchen „Dornröschen"

				EF	MeF	MiF
237	10 + 5 (Pf)	mehrfarbig	fi	5,—	8,—	2,—
238	15 + 5 (Pf)	mehrfarbig	fk	5,—	20,—	2,—
239	20 + 10 (Pf)	mehrfarbig	fl	5,—	10,—	2,—
240	40 + 20 (Pf)	mehrfarbig	fm	20,—	60,—	4,—

Gültig bis 31. 12. 1966

Bildgleiche Marken ohne Inschrift „BERLIN" siehe Bundesrepublik Deutschland MiNr. 447–450

1964, 21. Nov. 1. Todestag von John F. Kennedy. ▣ Gerhardt; StTdr.; Wz. 3; gez. K 13¾:14.

fn) J. F. Kennedy (1917–1963), 35. Präsident der Vereinigten Staaten von Amerika

241	40 (Pf)	dkl'violettultramarin	fn	10,—	30,—	3,—

Gültig bis 31. 12. 1966

Bildgleiche Marke ohne Inschrift „BERLIN" siehe Bundesrepublik Deutschland MiNr. 453.

1964, 15. Dez./1965, 29. Mai. Freimarken: Deutsche Bauwerke aus zwölf Jahrhunderten (I). ▣ Rohse; MiNr. 242–244 Bdr., MiNr. 245–249 StTdr.; Bogen (B), Markenheftchen (MH) und Rollen (R); gez. K 14.

fo) Wallpavillon des Zwingers, Dresden
fp) Schloß Tegel, Berlin
fr) Torhalle, Lorsch (Hessen)
fs) Burg Trifels in der Pfalz
ft) Schloßtor, Ellwangen (Jagst)
fu) Treptower Tor, Neubrandenburg
fv) Osthofentor, Soest
fw) Ellinger Tor, Weißenburg (Bayern)

				EF	MeF	MiF
242	10 (Pf)	dunkelsiena (12. 3. 1965) (B) (MH) (R)	fo	1,—	2,—	1,—
243	15 (Pf)	schwärzlichgrün (12. 3. 1965) (B) (R) GA	fp	3,—	5,—	2,—
244	20 (Pf)	schwärzlichorangerot (12. 3. 1965) (B) (R) GA	fr	1,—	2,—	1,—
245	40 (Pf)	dunkellilaultramarin (12. 3. 1965) (B) (R)	fs	7,—	10,—	3,—
246	50 (Pf)	(dunkel)ockerbraun (15. 12. 1964) (B)	ft	15,—	20,—	7,—
247	60 (Pf)	rosarot (15. 12. 1964) (B)	fu	8,—	15,—	5,—
248	70 (Pf)	schwarzolivgrün (29. 5. 1965) (B) (R)	fv	25,—	60,—	12,—
249	80 (Pf)	rotbraun (15. 12. 1964) (B)	fw	25,—	70,—	12,—

Zahlreiche Farbtönungen

„Postkrieg" siehe gesonderten Abschnitt.

Gültig bis 31. 12. 1991

Weitere Ausgaben „Deutsche Bauwerke ...", größeres Format: MiNr. 270–285
Bildgleiche Marken ohne Inschrift „BERLIN" siehe Bundesrepublik Deutschland MiNr. 454–461

1965

1965, 1. April. Jugend: Jagdbares Federwild. ⊠ Froitzheim; Odr.; gez. K 14:13¾.

 fx) Waldschnepfe (Scolopax rusticola)
 fy) Jagdfasan (Phasianus colchicus)
 fz) Birkhahn (Lyrurus tetrix)
 ga) Auerhahn (Tetrao urogallus)

MiNr.	Wert	Farbe	Bild	EF	MeF	MiF
250	10 + 5 (Pf)	mehrfarbig	fx	5,—	8,—	2,—
251	15 + 5 (Pf)	mehrfarbig	fy	7,—	20,—	2,—
252	20 + 10 (Pf)	mehrfarbig	fz	5,—	15,—	2,—
253	40 + 20 (Pf)	mehrfarbig	ga	15,—	50,—	6,—

Gültig bis 31. 12. 1966

Bildgleiche Marken ohne Inschrift „BERLIN" siehe Bundesrepublik Deutschland MiNr. 464–467.

1965, 28. Aug./1966, 18. Nov. Das neue Berlin. ⊠ Hiller; komb. StTdr. und Odr; Hochformate gez. K 13¾:14, Querformate ∼.

 gb) Kaiser-Wilhelm-Gedächtniskirche
 gc) Deutsche Oper
 gd) Neue Philharmonie
 ge) Jüdisches Gemeindehaus
 gf) Gedenkstätte Regina Martyrum
 gg) Ernst-Reuter-Platz

 gh) Europa-Center
 gi) Technische Universität Berlin-Charlottenburg
 gk) Stadtautobahn
 gl) Planetarium und Wilhelm-Foerster-Sternwarte, Berlin-Steglitz
 gm) Fernmeldeturm auf dem Schäferberg, Berlin-Wannsee
 gn) Universitätsklinikum Steglitz

MiNr.	Wert	Farbe (Ausgabedatum)	Bild	EF	MeF	MiF
254	10 (Pf)	mehrfarbig (28. 8. 1965)	gb	3,—	3,—	2,—
255	15 (Pf)	mehrfarbig (23. 10. 1965)	gc	3,—	8,—	2,—
256	20 (Pf)	mehrfarbig (23. 10. 1965)	gd	3,—	5,—	2,—
257	30 (Pf)	mehrfarbig (19. 4. 1966)	ge	3,—	10,—	2,—
258	40 (Pf)	mehrfarbig (28. 8. 1965)	gf	6,—	12,—	2,—
259	50 (Pf)	mehrfarbig (18. 11. 1965)	gg	6,—	10,—	3,—
260	60 (Pf)	mehrfarbig (19. 4. 1966)	gh	15,—	15,—	3,—
261	70 (Pf)	mehrfarbig (18. 11. 1965)	gi	20,—	30,—	4,—
262	80 (Pf)	mehrfarbig (18. 11. 1965)	gk	25,—	35,—	4,—
263	90 (Pf)	mehrfarbig (16. 9. 1966)	gl	20,—	35,—	5,—
264	1 DM	mehrfarbig (16. 9. 1966)	gm	12,—	25,—	7,—
265	1,10 DM	mehrfarbig (18. 11. 1966)	gn	18,—	40,—	9,—

„Postkrieg" siehe gesonderten Abschnitt.

Gültig bis 31.12. 1970

Die von 1965 bis 1969, z. T. auch später, in der Bundesdruckerei in Odr. bzw. in kombinierten Druckverfahren hergestellten Marken Berlins weisen auf den Bogenrändern sogenannte Farbrandstreifen auf. Diese bis zu 5 mm breiten und ca. 23 mm langen, je nach Grundfarben der Marken drei bis sechsmal vorkommenden Farbbalken sind auf den Rändern folgender MiNr. zu finden: 254–265, 266–269, 295–298, 299–302, 309, 310–313, 321, 322–325, 659, 667.
Außerdem finden sich Farbrandstreifen auf den Bogen der ab November 1987 erschienenen Freimarken „Sehenswürdigkeiten" im Ldr.

Berlin (West)

1965, 6. Okt. Wohlfahrt: Märchen der Brüder Grimm (II). ◫ Stefula; Odr.; gez. K 14:13¾.

 go gp  gr  gs

go–gs) Szenen aus dem Märchen „Aschenputtel"

				EF	MeF	MiF
266	10 + 5 (Pf)	mehrfarbig	go	5,—	8,—	2,—
267	15 + 5 (Pf)	mehrfarbig	gp	7,—	15,—	2,—
268	20 + 10 (Pf)	mehrfarbig	gr	5,—	15,—	2,—
269	40 + 20 (Pf)	mehrfarbig	gs	15,—	35,—	4,—

Gültig bis 31. 12. 1967

Bildgleiche Marken ohne Inschrift „BERLIN" siehe Bundesrepublik Deutschland MiNr. 485–488.

1966

1966, 7. Jan./1969, 26. März. Freimarken: Deutsche Bauwerke aus zwölf Jahrhunderten (II). ◫ Rohse; StTdr.; gez. K 14.

gt) Berliner Tor, Stettin | gu) Pfalzgrafenstein im Rhein bei Kaub | gv) Wallpavillon des Zwingers, Dresden | gw) Torhalle, Lorsch (Hessen) | gx) Nordertor, Flensburg | gy) Burg Trifels in der Pfalz | gz) Schloßtor, Ellwangen (Jagst) | ha) Treptower Tor, Neubrandenburg

hb) Osthofentor, Soest | hc) Ellinger Tor, Weißenburg (Bayern) | hd) Zschokkesches Damenstift, Königsberg | he) Melanchthonhaus, Wittenberg | hf) Trinitatishospital, Hildesheim | hg) Schloß Tegel, Berlin | hh) Bürgerhalle des Rathauses Löwenberg (Schlesien)

				EF	MeF	MiF
270	5 (Pf)	(dunkel)olivbraun (15. 6. 1966)	gt	—,—	6,—	1,—
271	8 (Pf)	dunkelbräunlichlila (15. 6. 1966) GA	gu	8,—	15,—	5,—
272	10 (Pf)	dunkelsiena (21. 6. 1967)	gv	5,—	1,—	1,—
273	20 (Pf)	dunkelgrün (17. 11. 1967) GA	gw	5,—	5,—	4,—
274	30 (Pf)	schwärzlichgrünlicholiv (7. 1. 1966)	gx	3,—	6,—	2,—
275	30 (Pf)	dunkel- bis schwärzlichrosarot (17. 2. 1967) GA	gx	8,—	10,—	5,—
276	40 (Pf)	braunoliv (4. 8. 1967)	gy	8,—	12,—	5,—
277	50 (Pf)	dunkelviolettultramarin (4. 8. 1967)	gz	10,—	15,—	8,—
278	60 (Pf)	dunkelgelblichrot (14. 4. 1967)	ha	10,—	15,—	8,—
279	70 (Pf)	schwarzgrüngrau (14. 4. 1967)	hb	12,—	20,—	10,—
280	80 (Pf)	rötlichbraun (21. 6. 1967)	hc	10,—	20,—	7,—
281	90 (Pf)	schwarz (15. 6. 1966)	hd	12,—	15,—	10,—
282	1 DM	dunkelpreußischblau (7. 11. 1966)	he	10,—	20,—	5,—
283	1,10 DM	dunkelbraunorange (13. 12. 1966)	hf	15,—	25,—	8,—
284	1,30 DM	dunkelolivgrün (26. 3. 1969)	hg	20,—	40,—	15,—
285	2 DM	braunviolett (13. 12. 1966)	hh	30,—	55,—	20,—

„Postkrieg" siehe gesonderten Abschnitt.

Gültig bis 31. 12. 1991

Weitere Ausgabe „Deutsche Bauwerke ...", kleineres Format: MiNr. 242–249

Bildgleiche Marken ohne Inschrift „BERLIN" siehe Bundesrepublik Deutschland MiNr. 489–503.

Als Grundlage für die Ermittlung von Preisnotierungen dienten Unterlagen des Briefmarken-Groß- und Einzelhandels, von Arbeitsgemeinschaften sowie Sammlern im In- und Ausland.

Berlin (West)

1966, April/1967, 14. April. Freimarken: Brandenburger Tor. ✸ Bundesdruckerei Berlin; Bdr. Bogen (B), Markenheftchen (MH) und Rollen (R); gez. K 14.

hi) Brandenburger Tor

Nr.				EF	MeF	MiF
286	10 (Pf)	schwarzsiena (24. 10. 1966) (B) (MH) (R)	hi	2,—	4,—	2,—
287	20 (Pf)	schwarzsmaragdgrün (24. 10. 1966) (B) (MH) (R)	hi	2,—	4,—	2,—
288	30 (Pf)	dunkelrosa (April 1966) (B) (MH) (R)	hi	4,—	8,—	2,—
289	50 (Pf)	indigo (24. 10. 1966) (B) (R)	hi	8,—	15,—	5,—
290	100 (Pf)	dunkelpreußischblau (14. 4. 1967) (B) (R)	hi	40,—	80,—	25,—

„Postkrieg" siehe gesonderten Abschnitt.

Gültig bis 31. 12. 1991

Bildgleiche Marken ohne Inschrift „BERLIN" siehe Bundesrepublik Deutschland MiNr. 506–510.

1966, 22. April. Jugend: Hochwild. ✸ Froitzheim; RaTdr;. gez. K 14:13¾.

hk) Rehbock (Capreolus capreolus)	hl) Gemse (Rupicapra rupicapra)	hm) Damhirsch (Dama dama)	hn) Rothirsch (Cervus elaphus)			
				EF	MeF	MiF
291	10 + 5 (Pf)	mehrfarbig	hk	6,—	8,—	2,—
292	20 + 10 (Pf)	mehrfarbig	hl	6,—	10,—	2,—
293	30 + 15 (Pf)	mehrfarbig	hm	5,—	8,—	2,—
294	50 + 25 (Pf)	mehrfarbig	hn	18,—	35,—	5,—

Gültig bis 31. 12. 1967

Bildgleiche Marken ohne Inschrift „BERLIN" siehe Bundesrepublik Deutschland MiNr. 511–514.

1966, 5. Okt. Wohlfahrt: Märchen der Brüder Grimm (III). ✸ Stefula; Odr.; gez. K 14:13¾.

ho hp hr hs

ho–hs) Szenen aus dem Märchen „Der Froschkönig"

295	10 + 5 (Pf)	mehrfarbig	ho	6,—	8,—	2,—
296	20 + 10 (Pf)	mehrfarbig	hp	6,—	12,—	2,—
297	30 + 15 (Pf)	mehrfarbig	hr	6,—	10,—	2,—
298	50 + 25 (Pf)	mehrfarbig	hs	20,—	35,—	4,—

Gültig bis 31. 12. 1968

Bildgleiche Marken ohne Inschrift „BERLIN" siehe Bundesrepublik Deutschland MiNr. 523–526.

1967

1967, 4. April. Jugend: Pelztiere. ✸ Froitzheim; Odr.; gez. K 14:13¾.

ht) Wildkaninchen (Oryctolagus cuniculus)	hu) Hermelin oder Großwiesel (Mustela erminea)	hv) Feldhamster (Cricetus cricetus)	hw) Rotfuchs (Vulpes vulpes)			
				EF	MeF	MiF
299	10 + 5 (Pf)	mehrfarbig	ht	8,—	10,—	2,—
300	20 + 10 (Pf)	mehrfarbig	hu	8,—	15,—	2,—
301	30 + 15 (Pf)	mehrfarbig	hv	6,—	12,—	3,—
302	50 + 25 (Pf)	mehrfarbig	hw	25,—	40,—	7,—

Gültig bis 31. 12. 1968

Bildgleiche Marken ohne Inschrift „BERLIN" siehe Bundesrepublik Deutschland MiNr. 529–532.

1967, 21. Juni/17. Nov. Berliner Kunstschätze. ✸ Finke; StTdr.; gez. K 13¾:14, MiNr. 308 gez. K 14.

hx) Büste eines jungen Mannes; Miniatur von Conrad Meit (um 1480–1505/51), Bildhauer

hy) Der große Kurfürst; Kopf des Reiterstandbildes von Andreas Schlüter (um 1660–1714), Bildhauer und Baumeister

hz) Evangelist Markus; Detail aus dem Münnerstädter Altars von Tilman Riemenschneider (1460–1531), Bildhauer und Bildschnitzer

---

Nach der am 13. 8. 1961 in Berlin erfolgten Errichtung der Mauer durch die östlichen Organe, wodurch das Gebiet der Ostwährung von dem der Westwährung abgeschnitten wurde, mußten Personen, die sich zwischen 14. 8. und 30. 9. 1961 in Ostberlin ohne DDR-Ausweis aufhielten, die Portogebühren in Westwährung entrichten. Man erhielt für die in Westmark bezahlten DDR-Marken eine Quittung über den entrichteten Westmarkbetrag, die zu den DDR-Marken auf den Umschlag geklebt werden konnte.

Berlin (West)

ia) Kopf der Victoria; Detail der Quadriga auf dem Brandenburger Tor von Gottfried Schadow (1764–1850), Bildhauer und Grafiker

ib) Madonna; Holzarbeit von Joseph Anton Feuchtmeyer (1696–1770), Bildhauer, Stukkator, Kupferstecher

ic) Christus-Johannes-Gruppe; Holzstatue eines unbekannten Meisters aus Oberschwaben (um 1320)

			EF	MeF	MiF
303	10 (Pf)	schwarzbraun/hellockerbraun (21. Juni) .... hx	3,—	3,—	2,—
304	20 (Pf)	grünschwarz/mittelgrauultramarin (31. Okt.) .... hy	4,—	8,—	3,—
305	30 (Pf)	dunkelsiena/lebhaftgrauoliv (17. Nov.) .. hz	5,—	6,—	3,—
306	50 (Pf)	rotschwarz/türkisgrau (14. Okt.) .... ia	6,—	12,—	4,—
307	1 DM	blauschwarz/mattlila-ultramarin (17. Nov.) .... ib	12,—	30,—	8,—
308	1,10 DM	schwarzrötlichbraun/dkl'chromgelb (21. Juni) ic	15,—	45,—	10,—

Gültig bis 31. 12. 1969

1967, 19. Juli. Große Deutsche Funkausstellung, Berlin. ▣ Kummer; komb. StTdr. und Odr.; gez. K 13¾:14.

id) Funkturm, Fernseh-Bildschirm

309	30 (Pf)	mehrfarbig .... id	4,—	6,—	2,—

Gültig bis 31. 12. 1969

1967, 3. Okt. Wohlfahrt: Märchen der Brüder Grimm (IV). ▣ Stefula; Odr. (5×10); gez. K 14:13¾.

ie   if   ig   ih

ie–ih) Szenen aus dem Märchen „Frau Holle"

310	10 + 5 (Pf)	mehrfarbig .... ie	8,—	8,—	3,—
311	20 + 10 (Pf)	mehrfarbig .... if	7,—	10,—	2,—
312	30 + 15 (Pf)	mehrfarbig .... ig	5,—	10,—	2,—
313	50 + 25 (Pf)	mehrfarbig .... ih	15,—	25,—	5,—

Gültig bis 31. 12. 1969

Bildgleiche Marken ohne Inschrift „BERLIN" siehe Bundesrepublik Deutschland MiNr. 538–541.

Bogenrandbedruckung BERLIN:
Von 1966 bis 1971 weisen einige Ausgaben, die im Motiv gleich oder ähnlich mit solchen des Bundesgebietes sind, auf den Oberrändern der Schalterbogen über den Reihenwertzählern den Eindruck „BERLIN" auf.
Bei Marken im Querformat befindet sich die Inschrift über einer, im Hochformat über zwei Marken auf dem Bogenrand. Details siehe in der entsprechenden Spezialliteratur.

1967, 14. Okt. Wiederwahl des Bundespräsidenten Heinrich Lübke (II). ▣ Schardt; StTdr.; gez. K 13¾:14.

fg) Dr. h. c. H. Lübke (1894–1972), 2. Bundespräsident

			EF	MeF	MiF
314	30 (Pf)	lebhaftlilarot .... fg	5,—	10,—	3,—
315	50 (Pf)	blau .... fg	8,—	20,—	4,—

Gültig bis 31. 12. 1969

In gleicher Zeichnung: MiNr. 234–235

Bildgleiche Marken ohne Inschrift „BERLIN" siehe Bundesrepublik Deutschland MiNr. 542–543.

1968

1968, 2. Febr. Jugend: Vom Aussterben bedrohte Tiere. ▣ Froitzheim; RaTdr.; gez. K 14:13¾.

ii) Mitteleuropäische Wildkatze (Felis silvestris)

ik) Fischotter (Lutra lutra)

il) Europäischer Dachs (Meles meles)

im) Biber (Castor fiber)

316	10 + 5 (Pf)	mehrfarbig ii	8,—	10,—	2,—
317	20 + 10 (Pf)	mehrfarbig .... ik	7,—	10,—	2,—
318	30 + 15 (Pf)	mehrfarbig il	7,—	15,—	4,—
319	50 + 25 (Pf)	mehrfarbig .... im	20,—	35,—	4,—

Gültig bis 31. 12. 1969

Bildgleiche Marken ohne Inschrift „BERLIN" siehe Bundesrepublik Deutschland MiNr. 549–552.

1968, 16. März. 500 Jahre Kammergericht Berlin. ▣ Welde; StTdr.; gez. K 13¾:14.

in) Ehemaliges Kammergerichtsgebäude (erbaut um 1735), jetzt Berlin-Museum

320	30 (Pf)	schwarz .... in	5,—	8,—	2,—

Gültig bis 31. 12. 1969

1968, 29. April. Deutsches Turnfest, Berlin. ▣ Schmitt; Odr.; gez. K 13¾:14.

io) Emblem des Deutschen Turnerbundes in drei verschiedenen Größen

321	20 (Pf)	mehrfarbig .... io	5,—	8,—	2,—

Gültig bis 31. 12. 1969

Berlin (West)

1968, 3. Okt. Wohlfahrt: Puppen. Schillinger; Odr.; gez. K 13¾:14.

ip) Puppe um 1878
ir) Puppe um 1850
is) Puppe um 1870
it) Puppe um 1885

				EF	MeF	MiF
322	10 + 5 (Pf)	mehrfarbig	ip	8,—	8,—	2,—
323	20 + 10 (Pf)	mehrfarbig	ir	7,—	10,—	2,—
324	30 + 15 (Pf)	mehrfarbig	is	7,—	15,—	2,—
325	50 + 25 (Pf)	mehrfarbig	it	25,—	35,—	5,—

Gültig bis 31. 12. 1970

Briefpreise für Marken ab MiNr. 326 gelten stets für Verwendung innerhalb der zum Zeitpunkt ihrer Ausgabe aktuellen oder der nächstfolgenden Tarifperiode, jedoch immer für Stempeldaten bis zum 31. Dezember 1991 spätestens. Die Tarifperioden sind in den Portotabellen angegeben.

1969

■ MiNr. 326–879 gültig bis 31. 12. 1991 ■

1969, 6. Febr. Jugend: Pferde. von Andrian; RaTdr.; gez. K 14:13¾.

iu) Pony iv) Kaltblut iw) Warmblut ix) Vollblut

326	10 + 5 (Pf)	mehrfarbig	iu	8,—	6,—	1,—
327	20 + 10 (Pf)	mehrfarbig	iv	5,—	7,—	2,—
328	30 + 15 (Pf)	mehrfarbig	iw	6,—	10,—	3,—
329	50 + 25 (Pf)	mehrfarbig	ix	15,—	20,—	5,—

Bildgleiche Marken ohne Inschrift „BERLIN" siehe Bundesrepublik Deutschland MiNr. 578–581

1969, 6. Febr./24. Okt. Berliner des 19. Jahrhunderts. Finke; StTdr.; gez. K 13¾:14, MiNr. 330 ~.

iy) Droschkenkutscher; Federzeichnung von Heinrich Zille (1858–1929), satir. Zeichner
iz) Zeitungsverkäufer; Zeichnung von Christian Wilhelm Allers (1857–1915), Maler
ka) Pferdeomnibus; Zeichnung von Christian W. Allers

kb) Schusterjunge; Zeichnung von Franz Krüger (1797–1857), Maler
kc) Schuster; Zeichnung von Adolph von Menzel (1815–1905), Maler und Grafiker
kd) Borsigschmiede; Zeichnung von Paul Meyerheim (1842–1915), Maler

ke) Berlinerinnen; Zeichnung von Franz Krüger
kf) Am Brandenburger Tor; Zeichnung von Christian W. Allers

				EF	MeF	MiF
330	5 (Pf)	schwarz (26. März)	iy	—,—	8,—	1,—
331	10 (Pf)	schw'lilabraun (6. Febr.)	iz	8,—	3,—	1,—
332	10 (Pf)	dunkelsiena (24. Okt.)	ka	8,—	3,—	1,—
333	20 (Pf)	schwarzolivgrün (6. Febr.)	kb	5,—	3,—	1,—
334	20 (Pf)	schw'bläul'grün (24. Okt.)	kc	5,—	3,—	1,—
335	30 (Pf)	dkl'karminbraun (26. März)	kd	4,—	4,—	2,—
336	30 (Pf)	dkl'bräunlichkarmin (24. Okt.)	ke	4,—	4,—	2,—
337	50 (Pf)	lebhaftviolettultramarin (26. März)	kf	8,—	15,—	8,—

1969, 4. Juni. Blockausgabe: 125 Jahre Berliner Zoo. Weber; komb. StTdr. und Odr.; gez. Ks 14:13¾.

kh) Orang-Utan-Familie (Pongo pygmaeus)
ki) Krauskopf-Pelikan-Familie (Pelecanus crispus)
kk) Gaur mit Kalb (Bos gaurus)
kl) Zebra mit Fohlen (Equus quagga)

338	10 (Pf)	mehrfarbig	kh	6,—	5,—	2,—
339	20 (Pf)	mehrfarbig	ki	5,—	8,—	2,—
340	30 (Pf)	mehrfarbig	kk	5,—	5,—	2,—
341	50 (Pf)	mehrfarbig	kl	5,—	10,—	3,—
Block 2	(99×74 mm)		km	15,—	30,—	6,—

Berlin (West)

1969, 21. Juli. Weltkongreß des Personals der Post-, Telegrafen- und Telefonbetriebe (IPTT), Berlin. ▣ Wilde; Odr.; gez. K 13¾:14.

kn) Briefträger (Australien)
ko) Telefonistin (Afrika)
kp) Fernmelde-Techniker (Asien)
kr) Luftpost-Verladekräfte (Schweiz)

			EF	MeF	MiF
342	10 (Pf)	mehrfarbig .... kn	4,—	3,—	1,—
343	20 (Pf)	mehrfarbig .... ko	3,50	4,50	2,—
344	30 (Pf)	schwärzlichgrauviolett/ mattockerbraun ...... kp	3,50	4,50	2,50
345	50 (Pf)	mehrfarbig .... kr	7,—	12,—	3,—

1969, 12. Sept. 200. Geburtstag von Alexander Freiherr von Humboldt. ▣ Bundesdruckerei Berlin; RaTdr.; gez. K 13¾:14.

ks) A. Frh. von Humboldt (1769–1859), Naturforscher und Gelehrter; Gemälde von Josef Stieler (1781–1856)

346	50 (Pf)	mehrfarbig .... ks	7,—	12,—	3,50

1969, 12. Sept. 100 Jahre Hochschule für Musik Berlin. ▣ Bundesdruckerei Berlin; RaTdr.; gez. K 13¾:14.

kt) Joseph Joachim (1831–1907), österreich. Violinvirtuose und Komponist, 1. Direktor der Schule; Kreidezeichnung von Adolph von Menzel (1815–1905), Maler und Grafiker

347	30 (Pf)	mehrfarbig .... kt	5,—	7,—	2,—

1969, 2. Okt. Wohlfahrt: Zinnfiguren. ▣ Schillinger; Odr.; gez. K 13¾:14.

ku) Postwagen (um 1835)
kv) Bäuerin (um 1850)
kw) Marktfrau (um 1850)
kx) Postreiter (um 1860)

348	10 + 5 (Pf)	mehrfarbig ...... ku	5,—	4,—	1,—
349	20 + 10 (Pf)	mehrfarbig ...... kv	5,—	4,—	1,—
350	30 + 15 (Pf)	mehrfarbig ...... kw	5,—	5,—	2,—
351	50 + 25 (Pf)	mehrfarbig ...... kx	10,—	20,—	4,—

1969, 13. Nov. Weihnachten. ▣ Schillinger; Odr.; gez. K 13¾:14.

ky) Die drei Heiligen aus dem Morgenland; Zinnfigur (um 1850)

			EF	MeF	MiF
352	10 + 5 (Pf)	mehrfarbig .... ky	8,—	5,—	1,—

1970

1970, 7. Jan. 150. Geburtstag von Theodor Fontane. ▣ Bundesdruckerei Berlin; RaTdr.; gez. K 13¾:14.

kz) Th. Fontane (1819–1898), Dichter und Schriftsteller; Gemälde (Detail) von Hanns Fechner (1860–1931)

353	20 (Pf)	mehrfarbig .... kz	5,—	8,—	1,—

1970, 5. Febr. Jugend: Minnesänger. ▣ Froitzheim; RaTdr.; gez. K 13¾:14.

la) Heinrich von Stretlingen (2. Hälfte 13. Jh.)
lb) Meinloh von Sevelingen (um 1170)
lc) Burkhart von Hohenfels (1212–1242)
ld) Albrecht von Johannesdorf (1180–1209)

la, lc und ld) Miniaturen der Großen Heidelberger Liederhandschrift
lb) Miniatur der Weingartner Liederhandschrift

354	10 + 5 (Pf)	mehrfarbig .... la	5,—	5,—	1,—
355	20 + 10 (Pf)	mehrfarbig .... lb	5,—	6,—	2,—
356	30 + 15 (Pf)	mehrfarbig lc	5,—	6,—	2,50
357	50 + 25 (Pf)	mehrfarbig .... ld	10,—	15,—	5,—

1970, 18. Juni. Internationale Filmfestspiele, Berlin. ▣ Bundesdruckerei Berlin; RaTdr.; gez. K 13¾:14.

le) Filmstreifen in den Farben des Spektrums

358	30 (Pf)	mehrfarbig .... le	3,—	10,—	2,—

> Briefpreise gelten für Verwendungen innerhalb der zum Ausgabezeitpunkt aktuellen oder der folgenden Tarifperiode.

Berlin (West)

1970, 23. Juli/1971, 8. April. Freimarken: Bundespräsident Dr. Gustav Heinemann (I). ✍ Walter; StTdr.; gez. K 14.

ef) Dr. G. Heinemann (1899–1976), 3. Bundespräsident

				EF	MeF	MiF
359	5 (Pf)	schwarzgrau (23. 7. 1970)	.... lf	—,—	10,—	1,—
360	8 (Pf)	olivbraun (8.4.1971) GA	.... lf	12,—	15,—	3,—
361	10 (Pf)	rötlichbraun (23. 10. 1970)	.... lf	2,—	2,—	1,—
362	20 (Pf)	schwärzlichgrün (23. 10. 1970)	.... lf	2,—	4,—	1,—
363	30 (Pf)	dkl'bräunlichrot (7.1.1971) GA	.... lf	3,—	6,—	2,—
364	40 (Pf)	dunkelrotorange (8.4.1971) GA	.... lf	3,—	5,—	1,—
365	50 (Pf)	dunkelblau (8.4.1971) GA	.... lf	5,—	10,—	3,—
366	70 (Pf)	schwärzlich- violettbraun (8. 4. 1971)	.... lf	5,—	10,—	3,—
367	80 (Pf)	schwarzgrünblau (8. 4. 1971)	.... lf	5,—	10,—	4,—
368	90 (Pf)	dunkelmagenta (7. 1. 1971)	.... lf	15,—	25,—	8,—
369	1 DM	bräunlicholiv (23. 7. 1970)	.... lf	15,—	20,—	3,—
370	2 DM	dkl'blauviolett (7. 1. 1971)	.... lf	18,—	30,—	7,—

MiNr. 364 in Lilabraun ist Verfärbung durch chemische Einflüsse.

In gleicher Zeichnung: MiNr. 393–396, 427–433

Bildgleiche Marken ohne Inschrift „BERLIN" siehe Bundesrepublik Deutschland MiNr. 635–645.

MiNr. 371 fällt aus.

1970, 4. Sept. Berliner Festwochen. ✍ Hiller; Odr.; gez. K 13¾:14.

lg) Farbgrafik (Musik, Tanz, Theater und Kunst)

372	30 (Pf)	mehrfarbig	.... lg	3,—	10,—	2,—

1970, 6. Okt. Wohlfahrt: Marionetten. ✍ de Vries; Odr.; gez. K 13¾:14.

lh) Kasperl li) Polichinelle lk) Punch ll) Pulcinella

lh–ll) Marionetten der Puppentheatersammlung München

373	10 + 5 (Pf)	mehrfarbig	.... lh	5,—	5,—	1,—
374	20 + 10 (Pf)	mehrfarbig	 li	5,—	7,—	1,50
375	30 + 15 (Pf)	mehrfarbig	.... lk	6,—	8,—	2,—
376	50 + 25 (Pf)	mehrfarbig	 ll	10,—	15,—	5,—

1970, 23. Okt. 175. Geburtstag von Leopold von Ranke. ✍ Bundesdruckerei Berlin; RaTdr.; gez. K 13¾:14.

lm) L. von Ranke (1795–1886), Historiker; Gemälde von Julius Schrader (1868)

				EF	MeF	MiF
377	30 (Pf)	mehrfarbig	.... lm	4,—	10,—	2,—

1970, 12. Nov. Weihnachten. ✍ de Vries; Odr.; gez. K 13¾:14.

ln) Engel; Krippenfigur aus dem Ursulinerinnen-Kloster Innsbruck (18. Jh.)

378	10 + 5 (Pf)	mehrfarbig	.... ln	8,—	8,—	1,—

1971

1971, 18. Jan./3. Mai. Berliner Verkehrsmittel (I): Schienenfahrzeuge. ✍ Hiller; Odr.; gez. K 14.

lo) Vorortbahn (1925)   lp) Straßenbahn (1890)   lr) Pferde-Straßenbahn (1880)

ls) Stadtbahn (1932)   lt) Straßenbahn (1950)   lu) U-Bahn (1971)

379	5 (Pf)	mfg. (3. Mai)	.... lo	—,—	8,—	1,—
380	10 (Pf)	mfg. (3. Mai)	.... lp	3,—	3,—	1,—
381	20 (Pf)	mfg. (3. Mai)	.... lr	2,—	3,—	1,—
382	30 (Pf)	mfg. (18. Jan.)	.... ls	2,—	5,—	2,—
383	50 (Pf)	mfg. (3. Mai)	.... lt	10,—	15,—	6,—
384	1 DM	mfg. (18. Jan.)	.... lu	18,—	25,—	8,—

Weitere Ausgaben „Berliner Verkehrsmittel": MiNr. 446–451, 483–487

Stempelfälschungen

Die meisten Zuschlagsmarken oder gestempelt teureren Ausgaben von Berlin bis 1968 kommen häufig mit falschen oder verfälschten Abstempelungen vor. Bei teureren Marken oder Blocks ist Prüfung anzuraten.

Berlin (West)

1971, 18. Jan. 100. Jahrestag der Reichsgründung. Stanik; komb. StTdr. und Odr.; gez. K 13¾:14.

lv) Reichsadler mit großem Brustschild und Kaiserkrone

			EF	MeF	MiF
385	30 (Pf)	mehrfarbig lv	4,—	7,—	2,50

Bildgleiche Marke ohne Inschrift „BERLIN" siehe Bundesrepublik Deutschland MiNr. 658.

1971, 5. Febr. Jugend: Kinderzeichnungen. Lortz; Odr.; gez. K 14:13¾.

lw) Fliege; Zeichnung einer 6jährigen
lx) Fisch; Zeichnung eines 12jährigen
ly) Stacheltier; Zeichnung eines 12jährigen
lz) Hahn; Zeichnung eines 13jährigen

386	10 + 5 (Pf)	mehrfarbig . . . . . . lw	7,—	7,—	2,—
387	20 + 10 (Pf)	mehrfarbig lx	5,—	8,—	2,—
388	30 + 15 (Pf)	mehrfarbig . . . . . . ly	5,—	8,—	2,—
389	50 + 25 (Pf)	mehrfarbig . . . . . . lz	10,—	20,—	4,50

1971, 21. Mai. 500. Geburtstag von Albrecht Dürer. Fuchs; StTdr.; gez. K 13¾:14.

ma) Der Dudelsackpfeifer; Kupferstich von A. Dürer (1471–1528), Maler und Grafiker

| 390 | 10 (Pf) | violettschwarz/dunkelorangebraun . . . . ma | 7,— | 5,— | 2,— |

1971, 14. Juli. Internationale Funkausstellung (IFA), Berlin. Hiller; RaTdr.; gez. K 13¾:14.

mb) Fernmeldeturm Berlin-Wannsee

| 391 | 30 (Pf) | mehrfarbig . . . . mb | 5,— | 8,— | 3,— |

1971, 14. Juli. 250 Jahre Brandenburgische Konzerte. Finke; Odr.; gez. K 14.

mc) Johann Sebastian Bach (1685–1750), Komponist; Takte des 2. Brandenburgischen Konzerts

| 392 | 30 (Pf) | mehrfarbig . . . . mc | 5,— | 8,— | 3,— |

1971, 25. Juni/1972, 8. März. Freimarken: Bundespräsident Dr. Gustav Heinemann (II). Walter; StTdr.; gez. K 14.

lf) Dr. G. Heinemann (1899–1976), 3. Bundespräsident

			EF	MeF	MiF
393	25 (Pf)	schwärzl'olivgrün (27. 8. 1971) GA . . . . . . lf	5,—	4,—	3,—
394	60 (Pf)	schwärzlichlilaultramarin (25. 6. 1971) . . . . lf	3,—	8,—	2,—
395	120 (Pf)	lebhaftbraunocker (8. 3. 1972) . . . . lf	10,—	15,—	5,—
396	160 (Pf)	lebhaftrötlichorange (8. 3. 1972) . . . . lf	15,—	25,—	8,—

MiNr. 396 in Gelbbraun ist Verfärbung durch chemische Einflüsse!

Bildgleiche Marken ohne Inschrift „BERLIN" siehe Bundesrepublik Deutschland MiNr. 689–692.

1971, 27. Aug. Blockausgabe: 50 Jahre AVUS-Rennen. Gerhardt; Odr.; gez. Ks 14:13¾.

md) Opel-Rennwagen, Baujahr 1921
me) Auto-Union-Rennwagen, Baujahr 1936
mf) Mercedes-Benz-Rennwagen SSKL, Baujahr 1931
mg) Mercedes-Benz- und Auto-Union-Rennwagen, Baujahr 1937, in der Nordkurve der AVUS

397	10 (Pf)	mehrfarbig . . . . md	4,—	3,—	1,—
398	25 (Pf)	mehrfarbig . . . . me	3,—	4,—	1,—
399	30 (Pf)	mehrfarbig . . . . mf	3,—	4,—	1,—
400	60 (Pf)	mehrfarbig . . . . mg	10,—	15,—	3,—
Block 5		(89×74 mm)	10,—	25,—	4,50

1971, 27. Aug. 150. Geburtstag von Hermann von Helmholtz. Bundesdruckerei Berlin; RaTdr.; gez. K 13¾:14.

mi) H. von Helmholtz (1821–1894), Physiker, Physiologe, Philosoph

| 401 | 25 (Pf) | mehrfarbig . . . . mi | 7,— | 6,— | 2,— |

Briefpreise für Marken von Berlin (West) ab MiNr. 326 gelten stets für Verwendungen innerhalb der zum Zeitpunkt ihrer Ausgabe aktuellen oder der folgenden Tarifperiode.

Berlin (West)

1971, 10. Sept./1974. Freimarken: Unfallverhütung (I). Förtsch und Baumgarten; Bdr. Bogen (B), Markenheftchen (MH) und Rollen (R); A = vierseitig, C und D = dreiseitig gez. K 14.

mk) Brand durch Streichholz ml) Defekte Leiter

mm) Kreissäge mn) Alkohol am Steuer mo) Schutzhelm mp) Defekter Stecker mr) Nagel im Brett ms) Verkehrssicherheit – Ball vor Auto mt) Schwebende Last mu) Absperrung

				EF	MeF	MiF
402 A	5 (Pf)	lebhaftgelblichrot (29. 10.1971) (B) (R), vierseitig gez. . . . . mk		—,—	10,—	2,—
403	10 (Pf)	siena GA . . . . ml				
	A	vierseitig gezähnt (8. 3. 1972) (B) (MH) (R)		2,—	5,—	1,—
	C	oben geschnitten (1974) (MH)		8,—	13,—	7,—
	D	unten geschnitten (1974) (MH)		8,—	13,—	7,—
404	20 (Pf)	dunkelpurpurviolett GA . . . . mm				
	A	vierseitig gezähnt (5. 7. 1972) (B) (MH) (R)		2,—	5,—	1,—
	C	oben geschnitten (1974) (MH)		14,—	23,—	10,—
	D	unten geschnitten (1974) (MH)		14,—	23,—	10,—
405 A	25 (Pf)	bläulichgrün (10. 9. 1971) (B) (R) GA, vierseitig gezähnt . . . . mn		5,—	7,—	2,—
406	30 (Pf)	karminrot GA . . . . mo				
	A	vierseitig gezähnt (8. 3. 1972) (B) (MH) (R)		3,—	5,—	1,—
	C	oben geschnitten (1974) (MH)		9,—	13,—	7,—
	D	unten geschnitten (1974) (MH)		9,—	13,—	7,—
407	40 (Pf)	dunkelrosakarmin GA . . . . mp				
	A	vierseitig gezähnt (20. 6. 1972) (B) (MH) (R)		4,—	7,—	2,—
	C	oben geschnitten (1974) (MH)		13,—	21,—	10,—
	D	unten geschnitten (1974) (MH)		13,—	21,—	10,—
408 A	50 (Pf)	dunkelgrünlichblau (16. 1. 1973) (B) (R) GA, vierseitig gez. . . . . mr		7,—	15,—	4,—
409 A	60 (Pf)	lilaultramarin (10. 9. 1971) (B) (R) GA, vierseitig gez. . . . . ms		6,—	10,—	5,—
410 A	100 (Pf)	braunoliv (5. 7. 1972) (B) (R) GA, vierseitig gez. . . . . mt		12,—	20,—	4,—
411 A	150 (Pf)	dunkelbraunorange (11. 9. 1972) (B) (R) GA, vierseitig gez. . . . . mu		17,—	34,—	12,—

Senkrechte Paare (C/D) aus Markenheftchen siehe bei MH 9.

Weiterer Wert in Zeichnung ms: MiNr. 453

Bildgleiche Marken ohne Inschrift „BERLIN" siehe Bundesrepublik Deutschland MiNr. 694–703.

1971, 5. Okt. Wohlfahrt: Altes Holzspielzeug. Schillinger; Odr.; gez. K 13¾:14.

mv) Kurbelmännchen, bewegliche Figuren mw) Ritter zu Pferde mx) Hampel- oder Zappelmann my) Fahrbare Schaukelamme (19. Jh.)

				EF	MeF	MiF
412	10 + 5 (Pf)	mehrfarbig	mv	5,—	8,—	1,—
413	25 + 10 (Pf)	mehrfarbig	mw	8,—	10,—	2,—
414	30 + 15 (Pf)	mehrfarbig :	mx	5,—	8,—	3,—
415	60 + 30 (Pf)	mehrfarbig	my	10,—	20,—	5,—

> Ausführliche Katalogisierung der Markenheftchen, Markenheftchenbogen und Zusammendrucke siehe MICHEL-Deutschland-Spezial-Katalog.

1971, 26. Okt. 100 Jahre Materialprüfung in Berlin. Hiller; RaTdr.; gez. K 13¾:14.

mz) Mikrobruchgefüge gegossenen reinen Metalls, Mikroskop

				EF	MeF	MiF
416	30 (Pf)	mehrfarbig	mz	6,—	10,—	2,—

1971, 11. Nov. Weihnachten. Schillinger; Odr.; gez. K 13¾:14.

na) Holzgedrechselter Weihnachtsengel

417	10 + 5 (Pf)	mehrfarbig	na	7,—	10,—	1,50

1972

1972, 4. Febr. Jugend: Tierschutz. ⊠ Börnsen; Odr.; gez. K 14:13¾.

nb) Keine Vogelnester ausrauben! nc) Junge Katzen nicht ertränken! nd) Tiere nicht schlagen! ne) Besonders nachts auf Tiere achten!

				EF	MeF	MiF
418	10 + 5 (Pf)	mehrfarbig	nb	8,—	10,—	1,—
419	25 + 10 (Pf)	mehrfarbig	nc	6,—	12,—	2,—
420	30 + 15 (Pf)	mehrfarbig	nd	6,—	10,—	2,50
421	60 + 30 (Pf)	mehrfarbig	ne	10,—	20,—	5,—

1972, 4. Febr. 200. Geburtstag von Friedrich Gilly. ⊠ Bundesdruckerei Berlin; StTdr.; gez. K 13¾:14.

nf) F. Gilly (1772–1800), Baumeister; Büste von Gottfried Schadow (1764–1850), Bildhauer und Grafiker

| 422 | 30 (Pf) | schwarzgrau/violettultramarin | nf | 5,— | 7,— | 2,— |

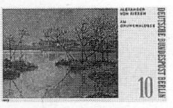

1972, 14. April. Gemälde: Berliner Landschaften. ⊠ Bundesdruckerei Berlin; RaTdr.; gez. K 13¾.

ng) Am Grunewaldsee; von Alexander von Riesen (1892–1964)

 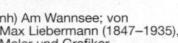

nh) Am Wannsee; von Max Liebermann (1847–1935), Maler und Grafiker
ni) Am Schlachtensee; von Walter Leistikow (1865–1908)

423	10 (Pf)	mehrfarbig	ng	7,—	8,—	2,—
424	25 (Pf)	mehrfarbig	nh	7,—	10,—	2,50
425	30 (Pf)	mehrfarbig	ni	5,—	8,—	3,—

1972, 18. Mai. 150. Todestag von Ernst Theodor Wilhelm (Amadeus) Hoffmann. ⊠ Hiller; StTdr.; gez. K 13¾:14.

nk) E. T. W. (A.) Hoffmann (1776–1822), Schriftsteller, Komponist, Maler, Zeichner

| 426 | 60 (Pf) | blauvio./grauschwarz | nk | 7,— | 10,— | 4,— |

1972, 20. Juni/1973, 16. Jan. Freimarken: Bundespräsident Dr. Gustav Heinemann (III). ⊠ Walter; StTdr.; gez. K 14.

lf) Dr. G. Heinemann (1899–1976), 3. Bundespräsident

				EF	MeF	MiF
427	15 (Pf)	olivbraun (20. 6. 1972)	lf	—,—	4,—	1,50
428	110 (Pf)	olivschwarz (16. 1. 1973)	lf	15,—	20,—	5,—
429	130 (Pf)	dunkelocker (20. 6. 1972)	lf	10,—	20,—	7,—
430	140 (Pf)	schwärzlichblaugrün (16. 1. 1973)	lf	12,—	25,—	7,—
431	150 (Pf)	schwärzlichrosakarmin (5. 7. 1972)	lf	10,—	30,—	3,50
432	170 (Pf)	dunkelorange (11. 9. 1972)	lf	13,—	30,—	6,—
433	190 (Pf)	dunkelbraunkarmin (16. 1. 1973)	lf	16,—	35,—	6,—

In gleicher Zeichnung: MiNr. 359–370, 393–396

Bildgleiche Marken ohne Inschrift „BERLIN" siehe Bundesrepublik Deutschland MiNr. 727–732.

1972, 18. Juli. 125. Geburtstag von Max Liebermann. ⊠ Bundesdruckerei Berlin; RaTdr.; gez. K 13¾:14.

nl) M. Liebermann (1847–1935), Maler und Grafiker, Selbstporträt

| 434 | 40 (Pf) | mehrfarbig | nl | 5,— | 10,— | 2,— |

1972, 5. Okt. Wohlfahrt: Schachfiguren. ⊠ Schillinger; Odr.; gez. K 13¾:14.

nm) Springer nn) Turm no) Dame np) König

nm–np) Schachfiguren aus der Fayencemanufaktur Gien (Frankreich), sogenannter „St.-Georgs-Figurensatz" (19. Jh.).

435	20 + 10 (Pf)	mehrfarbig	nm	7,—	10,—	2,—
436	30 + 15 (Pf)	mehrfarbig	nn	5,—	8,—	2,—
437	40 + 20 (Pf)	mehrfarbig	no	8,—	15,—	4,—
438	70 + 35 (Pf)	mehrfarbig	np	10,—	20,—	6,—

Bildgleiche Marken ohne Inschrift „BERLIN" siehe Bundesrepublik Deutschland MiNr. 742–745.

Bogenrandbedruckung BERLIN:

Von 1966 bis 1971 weisen einige Ausgaben, die im Motiv gleich oder ähnlich mit solchen des Bundesgebietes sind, auf den Oberrändern der Schalterbogen über den Reihenwertzählern den Eindruck „BERLIN" auf.
Bei Marken im Querformat befindet sich die Inschrift über einer, im Hochformat über zwei Marken auf dem Bogenrand. Details siehe in der entsprechenden Spezialliteratur.

Berlin (West)

1972, 20. Okt. Tag der Briefmarke. ✍ Finke; komb. StTdr. und Odr.; gez. K 13¾:14.

nr) Farbwerk, Druckzylinder und Papierbahn einer Spezial-Stichtiefdruck-Rotationsmaschine

			EF	MeF	MiF
439	20 (Pf)	mehrfarbig .... nr	5,—	6,—	1,50

1972, 10. Nov. 150. Todestag von Karl August Fürst von Hardenberg. ✍ Bundesdruckerei Berlin; RaTdr.; gez. K 13¾:14.

ns) K. A. Fürst von Hardenberg (1750–1822), preuß. Staatsmann; Gemälde von Johann Heinrich Wilhelm Tischbein (1751–1829)

440	40 (Pf)	mehrfarbig .... ns	8,—	10,—	2,—

1972, 10. Nov. Weihnachten. ✍ Cordier; Odr.; gez. K 14:13¾.

nt) Die Heilige Familie

441	20 + 10 (Pf)	mehrfarbig ...... nt	10,—	10,—	2,—

1973

1973, 6. Febr. Jugend: Greifvögel. ✍ Magnus; RaTdr.; gez. K 13¾:14.

nu) Hühnerhabicht (Accipiter gentilis)
nv) Wanderfalke (Falco peregrinus)
nw) Sperber (Accipiter nisus)
nx) Steinadler (Aquila chrysaetos)

442	20 + 10 (Pf)	mehrfarbig ...... nu	10,—	10,—	2,—
443	30 + 15 (Pf)	mehrfarbig ...... nv	5,—	15,—	3,—
444	40 + 20 (Pf)	mehrfarbig ...... nw	10,—	15,—	5,—
445	70 + 35 (Pf)	mehrfarbig ...... nx	15,—	25,—	8,—

1973, 30. April/14. Sept. Berliner Verkehrsmittel (II): Omnibusse. ✍ Hiller; Odr.; gez. K 14.

ny) Pferdeomnibus (1907)
nz) Obus (1933)
oa) Decksitzautobus (1919)

ob) Doppeldeckautobus (1970)
oc) Doppeldeckautobus (1925)
od) Standardautobus (1973)

			EF	MeF	MiF
446	20 (Pf)	mehrfarbig (30. April) .... ny	7,—	12,—	1,50
447	20 (Pf)	mehrfarbig (14. Sept.) .... nz	7,—	12,—	1,50
448	30 (Pf)	mehrfarbig (30. April) .... oa	5,—	7,—	2,—
449	30 (Pf)	mehrfarbig (14. Sept.) .... ob	5,—	7,—	2,—
450	40 (Pf)	mehrfarbig (30. April) .... oc	10,—	15,—	3,—
451	40 (Pf)	mehrfarbig (14. Sept.) .... od	10,—	15,—	3,—

Weitere Ausgaben „Berliner Verkehrsmittel": MiNr. 379–384, 483–487.

1973, 25. Mai. 200. Geburtstag von Ludwig Tieck. ✍ Bundesdruckerei Berlin; RaTdr.; gez. K 13¾:14.

oe) L. Tieck (1773–1853), Dichter; Gemälde von Karl Vogel von Vogelstein (1788–1868)

452	40 (Pf)	mehrfarbig .... oe	8,—	10,—	2,—

1973, 5. Juni. Freimarke: Unfallverhütung (II). ✍ Förtsch und Baumgarten; Bdr. Bogen (B) und Rollen (R); gez. K 14.

ms) Verkehrssicherheit – Ball vor Auto

453	70 (Pf)	dunkelbläulichgrün/ lilaultramarin (B) (R) .... ms	15,—	35,—	5,—

Weitere Werte „Unfallverhütung": MiNr. 402–411

Bildgleiche Marke ohne Inschrift „BERLIN" siehe Bundesrepublik Deutschland MiNr. 773.

Dem Papier für die Marken der Deutschen Bundespost Berlin wird neben der fluoreszierenden Substanz auch ein Aufheller beigegeben, der die Gelbfluoreszenz mehr oder weniger überdeckt. Dadurch erscheinen die Marken unter der Prüflampe weiß- bis gelbfluoreszierend. Wegen dieser Schwankung ist im Katalog bei den einzelnen Marken ein gesonderter Hinweis auf die Farbe der Fluoreszenz nicht möglich.

Berlin (West)

1973, 12. Juni. 200. Todestag von Johann Joachim Quantz. ✠ Finke; komb. StTdr. und Odr.; gez. K 13¾:14.

of) J. J. Quantz (1697–1773), Flötist und Komponist

				EF	MeF	MiF
454	40 (Pf)	schwarz	of	8,—	10,—	3,—

1973, 23. Aug. Blockausgabe: 50 Jahre Deutscher Rundfunk. ✠ Finke; Odr.; gez. Ks 14:13¾.

og) Trichterlautsprecher (1924), Batterieempfänger (1926)
oh) Hans Bredow (1879–1959), Ingenieur, Rundfunkpionier, Reismikrophon von 1924
oi) Mädchen vor Fernsehgerät und Video-Cassettenrecorder
ok) Fernsehkamera

455	20 (Pf)	braungelb/schwarz ... og	6,—	12,—	2,—
456	30 (Pf)	mittel(grau)gelb-smaragdgrün/schw' .. oh	5,—	10,—	3,—
457	40 (Pf)	dunkelrosa/schwarz ... oi	10,—	15,—	4,—
458	70 (Pf)	hellkobaltblau/schwarz ... ok	20,—	30,—	5,—
Block 4	(148×105 mm) .... ol		30,—	70,—	16,—

1973, 5. Okt. Wohlfahrt: Musikinstrumente. ✠ Monson-Baumgart; Odr.; gez. K 13¾:14.

om) Drehleier (17. Jh.) on) Trommel (16. Jh.) oo) Laute (18. Jh.) op) Orgel (16. Jh.)

459	20 + 10 (Pf)	mehrfarbig ...... om	10,—	15,—	2,—
460	30 + 15 (Pf)	mehrfarbig ...... on	12,—	15,—	2,50
461	40 + 20 (Pf)	mehrfarbig ...... oo	20,—	30,—	3,50
462	70 + 35 (Pf)	mehrfarbig ...... op	25,—	40,—	5,—

1973, 9. Nov. Weihnachten. ✠ Monson-Baumgart; komb. StTdr. und Odr.; gez. K 13¾:14.

or) Weihnachtsstern

				EF	MeF	MiF
463	20 + 10 (Pf)	mehrfarbig	or	10,—	15,—	2,—

1974

1974, 15. Febr. 275. Geburtstag von Georg Wenzeslaus von Knobelsdorff. ✠ Hiller; StTdr.; gez. K 13¾:14.

os) G. W. von Knobelsdorff (1699–1753), Baumeister und Maler

464	20 (Pf)	schwarzlilabraun ..... os	5,—	6,—	1,50

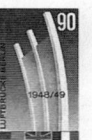

1974, 15. Febr. 150. Geburtstag von Robert Kirchhoff. ✠ Hiller; komb. StTdr. und Odr;. gez. K 14:13¾.

ot) R. Kirchhoff (1824–1887), Physiker; Formel für die Berechnung von vermaschten Stromkreisen

465	30 (Pf)	helltürkisgrau/schwarzopalgrün ..... ot	10,—	5,—	2,—

1974, 17. April. 25. Jahrestag der Beendigung der Blockade Berlins; Berliner Luftbrücke. ✠ Finke; RaTdr.; gez. K 14.

ou) Luftbrückendenkmal in Berlin-Tempelhof, Flaggen der Alliierten Schutzmächte

466	90 (Pf)	mehrfarbig .... ou	18,—	35,—	6,—

1974, 17. April. 125. Geburtstag von Adolf Slaby. ✠ Finke; Odr.; gez. K 14:13¾.

ov) A. Slaby (1849–1913), Funktechniker

467	40 (Pf)	schwarz/bräunlichrot .. ov	5,—	8,—	2,—

1974, 17. April. Jugend: Elemente internationaler Jugendarbeit.
◫ Lorenz; RaTdr.; gez. K 13¾:14.

ow) Jugend fotografiert ox) Jugendsport oy) Jugend musiziert oz) Jugend hilft

				EF	MeF	MiF
468	20 + 10 (Pf)	mehrfarbig	ow	10,—	5,—	2,—
469	30 + 15 (Pf)	mehrfarbig	ox	8,—	8,—	3,—
470	40 + 20 (Pf)	mehrfarbig	oy	8,—	10,—	4,—
471	70 + 35 (Pf)	mehrfarbig	oz	10,—	20,—	6,—

1974, 16. Juli. 400 Jahre Gymnasium zum Grauen Kloster, Berlin. ◫ Hiller; RaTdr.; gez. K 13¾:14.

pa) Athene und Hermes, Siegel des Berlinischen Gymnasiums zum Grauen Kloster

472	50 (Pf)	mehrfarbig	pa	5,—	12,—	2,—

1974, 15. Okt. 25 Jahre Wohlfahrtsmarken: Blumensträuße. ◫ Schillinger; Odr.; gez. K 14:13¾.

pb) Frühlingsstrauß

pc) Herbststrauß pd) Rosenstrauß pe) Winterlicher Strauß

				EF	MeF	MiF
473	30 + 15 (Pf)	mehrfarbig	pb	7,—	7,—	2,—
474	40 + 20 (Pf)	mehrfarbig	pc	7,—	8,—	3,—
475	50 + 25 (Pf)	mehrfarbig	pd	6,—	12,—	4,—
476	70 + 35 (Pf)	mehrfarbig	pe	15,—	25,—	5,—

1974, 15. Okt. Inbetriebnahme des neuen Flughafens Berlin-Tegel. ◫ Finke; komb. StTdr. und Odr.; gez. K 14.

pf) Flughafen-Zentralgebäude mit sechseckigem Flugsteigring

				EF	MeF	MiF
477	50 (Pf)	mehrfarbig	pf	5,—	12,—	3,—

1974, 29. Okt. Berliner Porzellan. ◫ Hiller; Odr.; gez. K 14.

pg) Venus; Figur von Friedrich Elias Meyer d. Ä. (1723–1785), Bildhauer und Porzellan-Modelleur

ph) Die Astronomie; Figur von Wilhelm Christian Meyer (1726–1786), Bildhauer und Porzellan-Modelleur

pi) Die Gerechtigkeit; Figur von J. G. Müller (um 1785)

478	30 (Pf)	mehrfarbig	pg	8,—	8,—	3,—
479	40 (Pf)	mehrfarbig	ph	8,—	8,—	3,—
480	50 (Pf)	mehrfarbig	pi	7,—	14,—	4,—

⚠ Vorsicht bei teilgezähnten Marken! Prüfung erforderlich.

1974, 29. Okt. Weihnachten. ◫ Schillinger; Odr.; gez. K 14:13¾.

pk) Weihnachtlicher Strauß

481	30 + 15 (Pf)	mehrfarbig	pk	7,—	12,—	3,—

Fluoreszierendes Papier

Unabhängig von der Zusammensetzung der Fluoreszenzsubstanz gibt es zwei grundsätzlich verschiedene Herstellungsweisen von fluoreszierendem Papier. Abhängig vom Druckverfahren der Marke wird die Fluoreszenzsubstanz entweder (StTdr., Bdr., komb. Verfahren) bereits bei Herstellung des Papiers in den Papierbrei gegeben (Marken fluoreszieren vorder- und rückseitig) oder (Odr., RaTdr.) es wird das fertige Papier mit einer fluoreszenzhaltigen Oberflächenbeschichtung versehen (Marken fluoreszieren nur vorderseitig). Beide Verfahren werden bei den Marken der Deutschen Bundespost angewendet. Eine gesonderte Katalogisierung erübrigt sich jedoch, da nicht bei ein und derselben Marke beide Verfahren auftreten.

1975

1975, 15. Jan. 125. Todestag von Gottfried Schadow. Pusch; StTdr.; gez. K 13¾:14.

pl) G. Schadow (1764–1850), Bildhauer und Grafiker; Selbstbildnis

			EF	MeF	MiF
482	50 (Pf)	dunkelbraunlila....... pl	7,—	12,—	3,—

1975, 14. Febr. Berliner Verkehrsmittel (III): Personenschiffahrt. Hiller; Odr.; gez. K 14.

pm) Dampfschiff „Prinzeß Charlotte"
pn) Dampfer „Siegfried"
po) Dampfer „Sperber"

pp) Motorschiff „Vaterland"
pr) Motorschiff „Moby Dick"

483	30 (Pf)	mehrfarbig......... pm	7,—	7,—	2,—
484	40 (Pf)	mehrfarbig......... pn	7,—	8,—	2,50
485	50 (Pf)	mehrfarbig......... po	6,—	15,—	3,—
486	60 (Pf)	mehrfarbig......... pp	7,—	15,—	5,—
487	70 (Pf)	mehrfarbig......... pr	15,—	25,—	6,—

Weitere Ausgaben „Berliner Verkehrsmittel": MiNr. 379–384, 446–451.

Mit MICHEL immer gut informiert

1975, 15. April. Jugend: Lokomotiven. Schillinger; Odr.; gez. K 14.

ps) Dampflok „Drache"

pt) Dampflok, Baureihe 89
pu) Dampflok, Baureihe 050
pv) Dampflok, Baureihe 010

			EF	MeF	MiF
488	30 + 15 (Pf)	mehrfarbig...... ps	7,—	7,—	4,—
489	40 + 20 (Pf)	mehrfarbig...... pt	7,—	8,—	5,—
490	50 + 25 (Pf)	mehrfarbig...... pu	8,—	18,—	6,—
491	70 + 35 (Pf)	mehrfarbig...... pv	15,—	25,—	9,—

1975, 15. Mai. 100. Geburtstag von Prof. Ferdinand Sauerbruch. Finke; komb. StTdr. und Odr.; gez. K 13¾:14.

pw) Prof. F. Sauerbruch (1875–1951), Chirurg

| 492 | 50 (Pf) | mehrfarbig......... pw | 7,— | 15,— | 2,50 |

1975, 15. Mai. Gymnaestrada, Berlin. Finke; RaTdr.; gez. K 14:13¾.

px) Veranstaltungs-Abzeichen

| 493 | 40 (Pf) | mehrfarbig......... px | 7,— | 8,— | 2,— |

1975, 15. Mai/1976, 17. Febr. Freimarken: Industrie und Technik (I). Knoblauch und Beer; StTdr.; gez. K 14.

py) Nachrichtensatellit Symphonie
pz) Nahverkehrstriebzug ET 420/421
ra) Leuchtturm Alte Weser
rb) Rettungs-Hubschrauber MBB BO 105
rc) Weltraumlabor (Spacelab)
rd) Erdefunkstelle Raisting
re) Schiffbau

rf) Traktor
rg) Braunkohlenförderbagger
rh) Chemieanlage zur Erzeugung von Styrol
ri) Heizkraftwerk
rk) Großhochofen mit Winderhitzeranlage
rl) Bohrinsel
rm) Radioteleskop

Berlin (West)

Nr.	Wert	Farbe	Code	EF	MeF	MiF
494	5 (Pf)	schwarzoliv (14. 11. 1975)	py		10,—	1,—
495	10 (Pf)	schwarzlila (14. 8. 1975)	pz		3,—	1,—
496	20 (Pf)	orangerot (17. 2. 1976)	ra	2,—	3,—	1,—
497	30 (Pf)	schwärzlichviolett (14. 8 1975)	rb	2,—	3,—	1,—
498	40 (Pf)	bläulichgrün (15. 5. 1975)	rc	3,—	5,—	2,—
499	50 (Pf)	magenta (15. 5. 1975)	rd	3,—	5,—	2,—
500	70 (Pf)	lebhaftblau (14. 8. 1975)	re	10,—	15,—	2,—
501	80 (Pf)	dunkelbläulichgrün (15. 10. 1975)	rf	5,—	15,—	2,—
502	100 (Pf)	dunkelrötlichbraun (15. 5. 1975)	rg	8,—	20,—	2,50
503	120 (Pf)	dunkellilaultramarin (15. 10. 1975)	rh	10,—	20,—	4,—
504	140 (Pf)	dunkelrötlichkarmin (14. 11. 1975)	ri	11,—	25,—	5,—
505	160 (Pf)	schwärzlicholivgrün (15. 10. 1975)	rk	10,—	30,—	5,—
506	200 (Pf)	dunkelbraunviolett (14. 11. 1975)	rl	8,—	20,—	3,—
507	500 (Pf)	schwarzblau (17. 2. 1976)	rm	25,—	55,—	12,—

Weitere Werte „Industrie und Technik": MiNr. 582–586, 668–672

Bildgleiche Marken ohne Inschrift „BERLIN" siehe Bundesrepublik Deutschland MiNr. 846–859.

1975, 15. Juli. Europäisches Denkmalschutzjahr. Ⓔ Rohse; komb. StTdr. und Odr.; gez. K 14.

rn) Naunynstraße, Berlin-Kreuzberg

Nr.	Wert	Farbe	Code	EF	MeF	MiF
508	50 (Pf)	mehrfarbig	rn	7,—	15,—	2,50

1975, 14. Nov. Weihnachten. Ⓔ Schillinger; Odr.; gez. K 14.

ru) Schneeheide (Erica carnea)

Nr.	Wert	Farbe	Code	EF	MeF	MiF
514	30 + 15 (Pf)	mehrfarbig	ru	7,—	10,—	3,—

1975, 15. Juli. 50. Todestag von Lovis Corinth. Ⓔ Bundesdruckerei Berlin; RaTdr.; gez. K 13¾:14.

ro) L. Corinth (1858–1925), Maler und Grafiker; Selbstporträt

Nr.	Wert	Farbe	Code	EF	MeF	MiF
509	50 (Pf)	mehrfarbig	ro	7,—	15,—	2,50

1975, 14. Nov. 100. Geburtstag von Paul Löbe. Ⓔ Finke; StTdr.; gez. K 14.

rv) P. Löbe (1875–1967), Politiker, Reichstagspräsident; Reichstagsgebäude

Nr.	Wert	Farbe	Code	EF	MeF	MiF
515	50 (Pf)	lebhaftbraunrot	rv	5,—	10,—	2,50

1975, 15. Okt. Wohlfahrt: Alpenblumen. Ⓔ Schillinger; Odr.; gez. K 14.

rp) Gelber Enzian (Gentiana lutea)
rr) Arnika (Arnica montana)
rs) Alpenveilchen (Cyclamen purpurascens)
rt) Stengelloser Enzian (Gentiana clusii)

Nr.	Wert	Farbe	Code	EF	MeF	MiF
510	30 + 15 (Pf)	mehrfarbig	rp	7,—	7,—	2,—
511	40 + 20 (Pf)	mehrfarbig	rr	7,—	10,—	3,—
512	50 + 25 (Pf)	mehrfarbig	rs	8,—	18,—	3,—
513	70 + 35 (Pf)	mehrfarbig	rt	15,—	25,—	4,50

Kennen Sie schon das Album

MICHEL-Exklusiv,

das „etwas andere Briefmarkenalbum"?

Lassen Sie es sich von Ihrem Händler vorführen oder verlangen Sie eine Probeseite vom Verlag.

1976

1976, 5. Jan. 50 Jahre Internationale Grüne Woche. ⊠ Hölter; RaTdr.; gez. K 14.

rw) Plakat: Ähren mit Inschrift

			EF	MeF	MiF
516	70 (Pf)	grün/dunkel- rötlichgelb .... rw	12,—	20,—	3,—

1976, 6. April. Jugend: Jugend trainiert für Olympia. ⊠ Schillinger; Odr.; gez. K 13¾:14.

rx) Kugel- ry) Hockey rz) Handball sa) Schwimmen
stoßen, Frauen   (Startsprung)

517	30 + 15 (Pf)	mehrfarbig .... rx	7,—	7,—	2,50
518	40 + 20 (Pf)	mehrfarbig .... ry	7,—	8,—	2,50
519	50 + 25 (Pf)	mehrfarbig .... rz	8,—	18,—	3,—
520	70 + 35 (Pf)	mehrfarbig .... sa	15,—	25,—	5,—

1976, 13. Mai. Hockey-Weltmeisterschaft der Damen, Berlin. ⊠ Hiller; StTdr.; gez. K 14.

sb) Hockey-Spielszene

| 521 | 30 (Pf) | schwarzgelbsmaragd-
grün .... sb | 4,— | 7,— | 2,— |

1976, 13. Mai. Chorfest des Deutschen Sängerbundes, Berlin. ⊠ von der Horst-Voigt; RaTdr.; gez. K 13¾:14.

sc) Violinschlüssel

| 522 | 40 (Pf) | mehrfarbig .... sc | 5,— | 7,— | 2,50 |

1976, 13. Mai. 125 Jahre Berliner Feuerwehr. ⊠ Finke; Odr.; gez. K 13¾:14.

sd) Emblem der Berliner Feuerwehr

| 523 | 50 (Pf) | mehrfarbig .... sd | 7,— | 11,— | 3,50 |

1976, 14. Okt. Wohlfahrt: Gartenblumen. ⊠ Schillinger; Odr.; gez. K 14.

se) Iris sf) Goldlack sg) Dahlie sh) Hoher
(Iris (Cheiranthus (Dahlia Rittersporn
germanica) cheiri) variabilis) (Delphinium
                elatum)

			EF	MeF	MiF
524	30 + 15 (Pf)	mehrfarbig ...... se	7,—	7,—	2,—
525	40 + 20 (Pf)	mehrfarbig ...... sf	7,—	8,—	2,—
526	50 + 25 (Pf)	mehrfarbig ...... sg	8,—	18,—	3,—
527	70 + 35 (Pf)	mehrfarbig ...... sh	15,—	25,—	5,—

1976, 16. Nov. Blockausgabe: Weihnachten. ⊠ von Andrian; komb. StTdr. und Odr.; gez. Ks 14.

si) Marienfenster (Ausschnitt) im gotischen Chor der Frauenkirche Esslingen

sk

| 528 | 30 + 15 (Pf) mehrfarbig .... si | 7,— | 10,— | 2,— |
| Block 5 | (70×100 mm) .... sk | 8,— | 15,— | 3,— |

1976, 16. Nov. Berlin-Ansichten (I). ⊠ Bundesdruckerei Berlin; StTdr.; gez. K 14:13¾.

sl) An der Havel sm) Zitadelle sn) Tiergarten
                 Spandau

529	30 (Pf)	dunkelkobalt/ blauschwarz .... sl	4,—	7,—	2,—
530	40 (Pf)	dunkelrotbraun/ rotschwarz .... sm	4,—	10,—	2,—
531	50 (Pf)	dunkelbläulichgrün/ schwarz .... sn	6,—	12,—	3,—

Weitere Ausgaben „Berlin-Ansichten": MiNr. 578–580, 634–636, 685–687.

1977

1977, 13. Jan./1987. Freimarken: Burgen und Schlösser (I). 🆂 Schillinger; I = Bdr., II = Ldr.; Bogen (B), Markenheftchen (MH) und Rollen (R); A = vierseitig, C und D = dreiseitig gez. K 14.

so) Schloß Glücksburg — sp) Schloß Pfaueninsel, Berlin — sr) Burg Ludwigstein, Werratal — ss) Burg Eltz — st) Schloß Neuschwanstein — su) Marksburg — sv) Wasserschloß Mespelbrunn — sw) Schloß Bürresheim

Nr.	Wert	Beschreibung		EF	MeF	MiF
532	10 (Pf)	schwärzlichgraublau GA	so			
A I		vierseitig gezähnt, Bdr. (14. 4. 1977) (B) (R)			4,—	1,—
A II		vierseitig gezähnt, Ldr. (1987) (R)			20,—	10,—
C I		oben geschnitten, Bdr. (Juni 1977) (MH)			4,—	1,—
D I		unten geschnitten, Bdr. (Juni 1977) (MH)			4,—	1,—
533	20 (Pf)	dunkelgelblichrot GA	sp	3,—	4,—	1,—
534	30 (Pf)	lebhaftolivbraun GA	sr			
A I		vierseitig gezähnt, Bdr. (14. 4. 1977) (B) (R)		3,—	5,—	2,—
A II		vierseitig gezähnt, Ldr. (1987) (R)		13,—	22,—	11,—
C I		oben geschnitten, Bdr. (Juni 1977) (MH)		6,—	10,—	4,—
D I		unten geschnitten, Bdr. (Juni 1977) (MH)		6,—	10,—	4,—
535	40 (Pf)	bläulichgrün bis blaugrün GA	ss			
A I		vierseitig gezähnt, Bdr. (16. 2. 1977) (B) (R)		3,—	5,—	1,—
536	50 (Pf)	magenta GA	st			
A I		vierseitig gezähnt, Bdr. (17. 5. 1977) (B) (R)		2,—	8,—	1,—
C I		oben geschnitten, Bdr. (Juni 1977) (MH)		16,—	32,—	12,—
D I		unten geschnitten, Bdr. (Juni 1977) (MH)		16,—	32,—	12,—
537	60 (Pf)	dunkelockerbraun GA	su			
A I		vierseitig gezähnt, Bdr. (13. 1. 1977) (B) (R)		3,—	12,—	2,—
538	70 (Pf)	lebhaftblau GA	sv			
A I		vierseitig gezähnt, Bdr. (17. 5. 1977) (B) (R)		5,—	15,—	2,—
539	190 (Pf)	braunorange GA	sp			
A I		vierseitig gezähnt, Bdr. (16. 2. 1977) (B) (R)		8,—	15,—	5,—
540	200 (Pf)	schwarzolivgrün GA	sw			
A I		vierseitig gezähnt, Bdr. (13. 1. 1977) (B) (R)		12,—	25,—	4,—

Unterscheidungsmerkmale zwischen Bdr. und Ldr. siehe bei Bundesrepublik Deutschland MiNr. 913–920.

Weitere Ausgaben „Burgen und Schlösser": MiNr. 587–590, 611, 614–615, 673–677

Bildgleiche Marken ohne Inschrift „BERLIN" siehe Bundesrepublik Deutschland MiNr. 913–920.

1977, 13. Jan. 200. Geburtstag von Christian Daniel Rauch. 🆂 Hiller; RaTdr.; gez. K 13¾:14.

sx) Eugenie d'Alton; Büste von Chr. D. Rauch (1777–1857), Bildhauer

Nr.	Wert	Beschreibung		EF	MeF	MiF
541	50 (Pf)	schwarzgrau/schwarz	sx	6,—	12,—	2,50

1977, 14. April. 100. Geburtstag von Georg Kolbe. 🆂 Finke; RaTdr.; gez. K 14.

sz) Brunnenfigur; Plastik von G. Kolbe (1877–1947), Maler und Bildhauer

Nr.	Wert	Beschreibung		EF	MeF	MiF
543	30 (Pf)	schwärzlichbraunoliv/schwarz	sz	4,—	7,—	2,—

1977, 16. Febr. 100. Todestag von Eduard Gaertner. 🆂 von der Horst-Voigt; komb. StTdr. und Odr.; gez. K 13¾:14.

sy) E. Gaertner (1801–1877), Architekturmaler; Selbstporträt

Nr.	Wert	Beschreibung		EF	MeF	MiF
542	40 (Pf)	mehrfarbig	sy	4,—	10,—	2,—

1977, 14. April. Jugend: Deutsche Schiffe. 🆂 Schillinger; Odr.; gez. K 14.

ta) Hansisches Groß-Schiff „Bremer Kogge" (ca. 1380)

Berlin (West)

tb) Erstes deutsches Dampfschiff im Transatlantikdienst „Helena Sloman" (1850)

tc) Luxus-Passagierschiff „Cap Polonio" (1914–1935)

td) Massengutfrachter „Widar" (seit 1971)

tk) Löffelstör (Polyodon spathula)

tl) Strahlenschildkröte (Testudo radiata)

tm) Nashornleguan (Cyclura cornuta)

Auf allen Marken Riesensaurier (Iguanodon), Eingang zum Aquarium im Berliner Zoo

				EF	MeF	MiF
544	30 + 15 (Pf)	mehrfarbig	ta	7,—	7,—	2,—
545	40 + 20 (Pf)	mehrfarbig	tb	7,—	8,—	3,—
546	50 + 25 (Pf)	mehrfarbig	tc	8,—	18,—	4,—
547	70 + 35 (Pf)	mehrfarbig	td	15,—	25,—	5,—

				EF	MeF	MiF
552	20 (Pf)	mehrfarbig	ti	7,—	6,—	2,—
553	30 (Pf)	mehrfarbig	tk	4,—	7,—	2,50
554	40 (Pf)	mehrfarbig	tl	6,—	10,—	3,—
555	50 (Pf)	mehrfarbig	tm	8,—	14,—	4,—

1977, 17. Mai. Deutscher Evangelischer Kirchentag, Berlin. ⓔ Bundesdruckerei Berlin; Odr.; gez. K 14:13¾.

te) Kirchentagskreuz, Losungsworte

| 548 | 40 (Pf) | mehrfarbig | te | 4,— | 8,— | 2,— |

1977, 13. Okt. Wohlfahrt: Wiesenblumen. ⓔ Schillinger; Odr.; gez. K 14.

tn) Margerite (Chrysanthemum leucanthemum)

to) Sumpfdotterblume (Caltha palustris)

tp) Esparsette (Onobrychis viciaefolia)

tr) Vergißmeinnicht (Myosotis palustris)

1977, 13. Juli. Internationale Funkausstellung (IFA), Berlin; 100 Jahre Telefon in Deutschland. ⓔ Hiller; Odr.; gez. K 14.

tf) Telefon von 1905, modernes Tischtelefon mit Tastenwahl, Ausstellungssignet

| 549 | 50 (Pf) | mehrfarbig | tf | 7,— | 13,— | 4,— |

556	30 + 15 (Pf)	mehrfarbig	tn	7,—	7,—	2,—
557	40 + 20 (Pf)	mehrfarbig	to	7,—	8,—	2,50
558	50 + 25 (Pf)	mehrfarbig	tp	8,—	15,—	3,—
559	70 + 35 (Pf)	mehrfarbig	tr	15,—	25,—	5,—

1977, 13. Juli. 100 Jahre Deutsches Patentgesetz. ⓔ Finke; komb. StTdr. und Odr.; gez. K 14.

tg) ehemaliges Reichspatentamt Berlin-Kreuzberg

| 550 | 60 (Pf) | mehrfarbig | tg | 7,— | 10,— | 3,— |

1977, 10. Nov. Blockausgabe: Weihnachten. ⓔ Hansmann; Odr.; gez. Ks 14.

1977, 13. Juli. Europäische Kunstausstellung, Berlin. ⓔ Bundesdruckerei Berlin; Odr.; gez. K 14.

th) ohne Titel; Gemälde von Georg Grosz, eigentl. G. Ehrenfried (1893–1959), Maler und Grafiker

| 551 | 70 (Pf) | mehrfarbig | th | 10,— | 20,— | 3,50 |

ts) „Maria mit dem Kinde"; Glasfenster-Ausschnitt, Sakristei der Basilika St. Gereon in Köln

ti) Picassofisch (Rhinecanthus aculeatus)

560	30 + 15 (Pf) mehrfarbig	ts	7,—	10,—	2,—
Block 6	(70×105 mm)	tt	8,—	15,—	3,—

1978

1978, 12. Jan. 100. Geburtstag von Walter Kollo. Hiller; StTdr.; gez. K 13¾:14.

tu) W. Kollo (1878–1940), Operettenkomponist

			EF	MeF	MiF
561	50 (Pf)	braunrot/dkl'braun .... tu	7,—	13,—	3,—

1978, 13. April. 75 Jahre Amerikanische Handelskammer in Deutschland (ACC). Bundesdruckerei Berlin; StTdr.; gez. K 14.

tv) Emblem der Handelskammer

562	90 (Pf)	schwärzlichviolettultramarin/dunkelrosarot ... tv	15,—	30,—	5,—

1978, 13. April. Jugend: Luftfahrt. Haase; Odr.; gez. K 14.

tw) Montgolfière (1783)

tx) Lilienthal-Gleiter (1891)
ty) Wright-Doppeldecker (1909)
tz) Etrich/Rumpler-Taube (1910)

563	30 + 15 (Pf)	mehrfarbig ...... tw	7,—	7,—	2,—
564	40 + 20 (Pf)	mehrfarbig ...... tx	7,—	8,—	3,—
565	50 + 25 (Pf)	mehrfarbig ...... ty	8,—	15,—	4,—
566	70 + 35 (Pf)	mehrfarbig ...... tz	15,—	25,—	6,—

1978, 13. April. Sporthilfe. Lorenz; Odr.; gez. K 14.

ua) Radsport
ub) Fechten

567	50 + 25 (Pf)	mehrfarbig ...... ua	8,—	15,—	3,—
568	70 + 35 (Pf)	mehrfarbig ...... ub	15,—	25,—	4,—

Stempelfälschungen

Die meisten Zuschlagsmarken oder gestempelt teureren Ausgaben von Berlin bis 1968 kommen häufig mit falschen oder verfälschten Abstempelungen vor. Bei teureren Marken oder Blocks ist Prüfung anzuraten.

1978, 22. Mai. 150. Geburtstag von Albrecht von Graefe. Finke; StTdr.; gez. K 14.

uc) A. von Graefe (1828–1870), Augenarzt; Denkmal an der Charité

			EF	MeF	MiF
569	30 (Pf)	braunrot/gelbschwarz . uc	4,—	7,—	2,—

1978, 13. Juli. 200. Geburtstag von Friedrich Ludwig Jahn. Finke; StTdr.; gez. K 14:13¾.

ud) F. L. Jahn (1778–1852), „Turnvater", Begründer der deutschen Turnbewegung

570	50 (Pf)	braunkarmin .... ud	6,—	12,—	2,50

1978, 17. Aug. Schwimm-Weltmeisterschaften, Berlin. Lorenz; Odr.; gez. K 14.

ue) Freistilschwimmen

571	40 (Pf)	mehrfarbig........ ue	5,—	10,—	3,—

1978, 12. Okt. 100. Geburtstag von Karl Hofer. Bundesdruckerei Berlin; RaTdr.; gez. K 13¾:14.

uf) Das Boot; Gemälde von K. Hofer (1878–1955)

572	50 (Pf)	mehrfarbig .... uf	6,—	12,—	2,50

1978, 12. Okt. Wohlfahrt: Waldblumen. Schillinger; Odr.; gez. K 14.

ug) Salomonssiegel (Polygonatum multiflorum)
uh) Waldschlüsselblume (Primula elatior)
ui) Rotes Waldvögelein (Cephalanthera rubra)
uk) Günsel (Ajuga reptans)

573	30 + 15 (Pf)	mehrfarbig .... ug	7,—	7,—	2,—
574	40 + 20 (Pf)	mehrfarbig .... uh	7,—	8,—	2,—
575	50 + 25 (Pf)	mehrfarbig .... ui	8,—	15,—	3,—
576	70 + 35 (Pf)	mehrfarbig .... uk	15,—	25,—	5,—

Berlin (West)

1978, 16. Nov. Eröffnung der Staatsbibliothek Preußischer Kulturbesitz, Berlin. ⌧ Hiller; StTdr.; gez. K 14.

ul) Neubau der Staatsbibliothek

		EF	MeF	MiF
577	90 (Pf) dunkelorangerot/ schwarzoliv.........ul	15,—	30,—	5,—

1978, 16. Nov. Berlin-Ansichten (II). ⌧ Falz; StTdr.; gez. K 14:13¾.

um) Belvedere, Schloß Charlottenburg
un) Shellhaus am Landwehrkanal
uo) Dorfkirche, Alt-Lichtenrade

578	40 (Pf)	bläul'grün/schwarz...um	6,—	10,—	2,—
579	50 (Pf)	dkl'lilapurpur/schw...un	7,—	12,—	2,50
580	60 (Pf)	dunkelorangebraun/ schwarz.........uo	10,—	15,—	3,—

Weitere Ausgaben „Berlin-Ansichten": MiNr. 529–531, 634–636, 685–687.

1978, 16. Nov. Blockausgabe: Weihnachten. ⌧ Fleckhaus; . Odr.; gez. Ks 14.

up) Anbetung der Könige; Ausschnitt aus einem Fenster der Frauenkirche, München

			EF	MeF	MiF
581	30 + 15 (Pf) mehrfarbig......up		7,—	10,—	2,—
Block 7	(65×93 mm)............ur		8,—	15,—	3,—

1978, 16. Nov./1979, 12. Juli. Freimarken: Industrie und Technik (II). ⌧ Knoblauch und Beer; StTdr.; gez. K 14.

us) Röntgengerät uu) Löffelbagger uv) Radlader uw) Flughafen Frankfurt

				EF	MeF	MiF
582	60 (Pf)	schwärzlichrosa (16. 11. 1978).............................us		3,—	5,—	2,—
584	150 (Pf)	dunkelbräunlichrot (12. 7. 1979).............................uu		12,—	18,—	4,—
585	180 (Pf)	schwarzbraun (12. 7. 1979).............................uv		10,—	22,—	6,—
586	230 (Pf)	dunkelrotviolett (17. 5. 1979).............................uw		13,—	35,—	7,—

Weitere Ausgaben „Industrie und Technik": MiNr. 494–507, 668–672

Bildgleiche Marken ohne Inschrift „BERLIN" siehe Bundesrepublik Deutschland MiNr. 990–994.

1978, 16. Nov./1979, 14. Febr. Freimarken: Burgen und Schlösser (II). ⌧ Schillinger; Bdr. Bogen (B) und Rollen (R); gez. K 14.

ux) Burg Gemen uy) Burg Vischering uz) Schwanenburg, Kleve va) Burg Lichtenberg

587	25 (Pf)	dunkelrosa(rot) (11. 1. 1979) (B) (R) GA.............................ux	5,—	8,—	2,—
588	90 (Pf)	lilaultramarin (11. 1. 1979) (B) (R) GA.............................uy	11,—	15,—	3,—
589	210 (Pf)	rotbraun (14. 2. 1979) (B) (R) GA.............................uz	18,—	20,—	5,—
590	230 (Pf)	schwärzlichopalgrün (16. 11. 1978) (B) (R) GA.............................va	10,—	30,—	5,—

Weitere Ausgaben „Burgen und Schlösser": MiNr. 532–540, 611, 614–615, 673–677

Bildgleiche Marken ohne Inschrift „BERLIN" siehe Bundesrepublik Deutschland MiNr. 995–999.

1979

1979, 14. Febr. Eröffnung des Internationalen Congress-Centrums (ICC), Berlin. ◪ Finke; komb. StTdr. und Odr.; gez. K 14:13¾.

vb) Neubau des Internationalen Congress-Centrums

			EF	MeF	MiF
591	60 (Pf)	mehrfarbig .... vb	4,—	10,—	3,—

1979, 5. April. Jugend: Luftfahrt. ◪ Haase; Odr.; gez. K 14.

vc) Segelflugzeug „Vampyr" (1921)

vd) Verkehrsflugzeug Junkers Ju 52/3 m (1932)
ve) Sportflugzeug Messerschmitt Bf/Me 108 „Taifun" (1934)
vf) Verkehrsflugzeug Douglas (DC-3 (1935)

592	40 + 20 (Pf)	mehrfarbig vc	7,—	10,—	3,—
593	50 + 25 (Pf)	mehrfarbig ...... vd	8,—	15,—	3,—
594	60 + 30 (Pf)	mehrfarbig ...... ve	8,—	15,—	4,—
595	90 + 45 (Pf)	mehrfarbig ...... vf	15,—	30,—	7,—

1979, 5. April. Sporthilfe. ◪ Hoch; Odr.; gez. K 14.

vg) Staffellauf
vh) Bogenschießen

596	60 + 30 (Pf)	mehrfarbig ...... vg	10,—	18,—	3,—
597	90 + 45 (Pf)	mehrfarbig ...... vh	20,—	35,—	4,—

1979, 17. Mai. 100 Jahre Bundesdruckerei Berlin. ◪ Hiller; Odr.; gez. K 14.

vi) Reichsadler und Bundesadler

598	60 (Pf)	mehrfarbig vi	5,—	10,—	4,—

Briefpreise für Marken von Berlin (West) ab MiNr. 326 gelten stets für Verwendungen innerhalb der zum Zeitpunkt ihrer Ausgabe aktuellen oder der folgenden Tarifperiode.

1979, 12. Juli. Weltmeisterschaften im Bogenschießen, Berlin. ◪ Finke; RaTdr.; gez. K 14.

vk) Zielscheibe, Pfeile

			EF	MeF	MiF
599	50 (Pf)	mehrfarbig .... vk	6,—	8,—	2,50

1979, 12. Juli. Internationale Funkausstellung (IFA), Berlin. ◪ Bundesdruckerei Berlin; RaTdr.; gez. K 13¾:14.

vl) Fernsehschirm, Ausstellungsemblem

600	60 (Pf)	mehrfarbig vl	5,—	10,—	3,50

1979, 9. Aug. 250. Geburtstag von Moses Mendelssohn. ◪ Gerstetter; StTdr.; gez. K 14:13¾.

vm) M. Mendelssohn (1729–1786), Philosoph

601	90 (Pf)	mehrfarbig .... vm	12,—	20,—	4,—

1979, 9. Aug. 300 Jahre Botanischer Garten Berlin. ◪ Pusch; Odr.; gez. K 13¾.

vn) Venusschuh (Paphiopedilum insigne), Großes Tropenhaus

602	50 (Pf)	mehrfarbig .... vn	6,—	8,—	2,50

1979, 9. Aug. 300 Jahre Straßenbeleuchtung in Berlin: Historische Straßenlaternen. ◪ Finke; Odr.; gez. K 13¾.

vo) Gasbetriebene Modell-Leuchte

vp) Elektrische Kohlenbogenleuchte
vr) Gas-Hängeleuchte
vs) Fünfarmiger Kandelaber

603	10 (Pf)	mehrfarbig .... vo		8,—	1,—
604	40 (Pf)	mehrfarbig .... vp	6,—	12,—	3,—
605	50 (Pf)	mehrfarbig .... vr	7,—	12,—	3,—
606	60 (Pf)	mehrfarbig .... vs	7,—	15,—	4,—

Berlin (West)

1979, 11. Okt. Wohlfahrt: Blätter, Blüten und Früchte des Waldes. Ⓔ Schillinger; Odr.; gez. K 14.

vt) Lärche (Larix decidua)

vu) Haselnuß (Corylus avellana)

vv) Roßkastanie (Aesculus hippocastanum)

vw) Schlehe (Prunus spinosa)

			EF	MeF	MiF
607	40 + 20 (Pf)	mehrfarbig ..... vt	7,—	13,—	2,50
608	50 + 25 (Pf)	mehrfarbig ..... vu	8,—	13,—	3,50
609	60 + 30 (Pf)	mehrfarbig vv	9,—	14,—	4,—
610	90 + 45 (Pf)	mehrfarbig ..... vw	13,—	22,—	6,—

1979, 14. Nov./1980, Okt. Freimarke: Burgen und Schlösser (III). Ⓔ Schillinger; Bdr. Bogen (B), Markenheftchen (MH) und Rollen (R); A = vierseitig, C und D = dreiseitig gez. K 14.

vx) Schloß Rheydt

611	60 (Pf)	dkl'rosakarmin ᴳᴬ vx			
A		viers. gez. (14. 11. 1979)			
		(B) (R)	3,—	5,—	1,80
C		oben geschn. (Okt. 1980)			
		(MH).	30,—	60,—	25,—
D		unten geschn. (Okt. 1980)			
		(MH).	30,—	60,—	25,—

Senkrechtes Paar (C/D) siehe bei MH 12

Weitere Ausgaben „Burgen und Schlösser": MiNr. 532–540, 587–590, 614–615, 673–677

Bildgleiche Marke ohne Inschrift „BERLIN" siehe Bundesrepublik Deutschland MiNr. 1028.

1979, 14. Nov. 125 Jahre Litfaßsäulen. Ⓔ Finke; komb. StTdr. und Odr.; gez. K 13¾:14.

vy) Straßenszene mit Litfaßsäule

612	50 (Pf)	schwarzviolettblau/ lebhaftlilakarmin ..... vy	6,—	8,—	3,50

1979, 14. Nov. Weihnachten. Ⓔ Steiner; Odr.; gez. K 13¾.

vz) Die Geburt Christi; Detail der Initiale „H" aus einer Handschrift der ehem. Zisterzienserabtei Altenberg (16. Jh.).

			EF	MeF	MiF
613	40 + 20 (Pf)	mehrfarbig ..... vz	6,—	10,—	3,—

1980

1980, 14. Febr./April. Freimarken: Burgen und Schlösser (IV). Ⓔ Schillinger; Bdr. Bogen (B), Markenheftchen (MH) und Rollen (R); A = vierseitig, C und D = dreiseitig gez. K 14.

wa) Renaissance-Schloß Wolfsburg

wb) Wasserschloß Inzlingen

614	40 (Pf)	dkl'braun ᴳᴬ .... wa			
A		vierseitig gez. (14. 2.) (B) (R)	3,—	4,—	1,—
615	50 (Pf)	gelblichgrün ᴳᴬ ..... wa			
A		vierseitig gez. (14. 2.) (B) (R)	4,—	5,—	1,—
C		oben geschn. (April) (MH)	6,—	8,—	2,—
D		unten geschn. (April) (MH)	6,—	8,—	2,—

Senkrechtes Paar (C/D) siehe bei MH 11

Weitere Ausgaben „Burgen und Schlösser": MiNr. 532–540, 587–590, 611, 673–677

Bildgleiche Marken ohne Inschrift „BERLIN" siehe Bundesrepublik Deutschland MiNr. 1037–1038.

1980, 14. Febr. 100. Geburtstag von Alfred Wegener (1880–1930), Geophysiker und Meteorologe. Ⓔ Gerstetter; Odr.; gez. K 13¾.

wc) Anfangsstadium der Kontinentalverschiebung

616	60 (Pf)	mehrfarbig .... wc	6,—	10,—	4,—

Briefpreise für Marken von Berlin (West) ab MiNr. 326 gelten stets für Verwendungen innerhalb der zum Zeitpunkt ihrer Ausgabe aktuellen oder der folgenden Tarifperiode.

Berlin (West)

1980, 10. April. Jugend: Luftfahrt.
✉ Haase; Odr.; gez. K 14.

wd) Verkehrsflugzeug Vickers „Viscount" (1950)

			EF	MeF	MiF
we) Verkehrsflugzeug Fokker F 27 „Friendship" (1955)	wf) Verkehrsflugzeug Sud Aviation „Caravelle" (1955)	wg) Hubschrauber Sikorsky S-55 (1949)			
617	40 + 20 (Pf) mehrfarbig ..... wd		6,—	12,—	3,—
618	50 + 25 (Pf) mehrfarbig ..... we		7,—	12,—	3,—
619	60 + 30 (Pf) mehrfarbig ..... wf		8,—	12,—	4,—
620	90 + 45 (Pf) mehrfarbig ..... wg		15,—	25,—	7,—

1980, 8. Mai. Sporthilfe. ✉ Hoch; RaTdr.; gez. K 14.

	wh) Speerwerfen	wi) Gewichtheben	wk) Wasserball		
621	50 + 25 (Pf) mehrfarbig ..... wh		7,—	12,—	4,—
622	60 + 30 (Pf) mehrfarbig ..... wi		8,—	12,—	4,—
623	90 + 45 (Pf) mehrfarbig ..... wk		15,—	25,—	7,—

1980, 8. Mai. Deutscher Katholikentag, Berlin. ✉
Finke; komb. StTdr. und Odr.; gez. K 13¾:14.

wl) Kardinal Konrad Graf von Preysing-Lichtenegg-Moos (1880–1950), Bischof von Berlin

| 624 | 50 (Pf) | schwarz/magenta .... wl | 6,— | 8,— | 3,— |

1980, 10. Juli. 150 Jahre Preußische Museen, Berlin. ✉ Gerstetter; Odr.; gez. K 13¾.

	wm) Operatio; Emaille-Medaillon mit Goldschmiedearbeit (12. Jh.)	wn) Lesende Mönche; Holzskulptur von Ernst Barlach (1870–1938), Bildhauer, Grafiker, Dichter			
625	40 (Pf) mehrfarbig .... wm		6,—	10,—	2,—
626	60 (Pf) mehrfarbig .... wn		7,—	10,—	3,—

1980, 14. Aug. 100. Geburtstag von Robert Stolz. ✉ Gerstetter; Odr.; gez. K 14:13¾.

wo) R. Stolz (1880–1975), österreich. Komponist

			EF	MeF	MiF
627	60 (Pf)	mehrfarbig .... wo	7,—	10,—	3,50

1980, 14. Aug. 250. Geburtstag von Friedrich Wilhelm von Steuben. ✉ Gerstetter; RaTdr.; gez. K 13¾:14.

wp) F. W. von Steuben (1730–1794), General der amerikanischen Kontinentalarmee

| 628 | 40 (Pf) | mehrfarbig .... wp | 6,— | 10,— | 2,50 |

1980, 9. Okt. Wohlfahrt: Gefährdete Ackerwildkräuter. ✉ Schillinger; Odr.; gez. K 13¾.

wr) Breitsame (Orlaya grandiflora)

	ws) Acker-Goldstern (Gagea arvensis)	wt) Sommer-Adonisröschen (Adonis aestivalis)	wu) Kleiner Frauenspiegel (Legousia hybrida)		
629	40 + 20 (Pf) mehrfarbig ..... wr		7,—	13,—	3,—
630	50 + 25 (Pf) mehrfarbig ..... ws		8,—	13,—	3,50
631	60 + 30 (Pf) mehrfarbig ..... wt		9,—	13,—	3,50
632	90 + 45 (Pf) mehrfarbig ..... wu		17,—	28,—	6,—

1980, 13. Nov. Weihnachten. ✉ Stelzer; Odr.; gez. K 13¾.

wv) Verkündigung der Hirten; aus Handschrift aus Altomünster (frühes 12. Jh.)

| 633 | 40 + 20 (Pf) | mehrfarbig ..... wv | 8,— | 12,— | 3,— |

Bogenrandbedruckung BERLIN:
Von 1966 bis 1971 weisen einige Ausgaben, die im Motiv gleich oder ähnlich mit solchen des Bundesgebietes sind, auf den Oberrändern der Schalterbogen über den Reihenwertzählern den Eindruck „BERLIN" auf.
Bei Marken im Querformat befindet sich die Inschrift über einer, im Hochformat über zwei Marken auf dem Bogenrand. Details siehe in der entsprechenden Spezialliteratur.

1980, 13. Nov. Berlin-Ansichten (III). ☒ Schmidt; StTdr.; gez. K 13¾:14.

ww) Lilienthal-Gedenkstätte, Berlin-Lichterfelde
wx) „Große Neugierde", Schloßpark Klein-Glienicke
wy) Grunewaldturm

			EF	MeF	MiF
634	40 (Pf)	schwärzlichopalgrün/schwarz .... ww	4,—	9,—	2,—
635	50 (Pf)	dkl'rotbraun/schwarz. . wx	6,—	10,—	3,—
636	60 (Pf)	violettultramarin/schwarz............ wy	7,—	12,—	3,50

Weitere Ausgaben „Berlin-Ansichten": MiNr. 529–531, 578–580, 685–687.

1981

1981, 15. Jan. 200. Geburtstag von Achim von Arnim. ☒ Gerstetter; StTdr.; gez. K 13¾:14.

wz) A. von Arnim (1781–1831), Dichter

637	60 (Pf)	schwarzgrünoliv ..... wz	7,—	10,—	3,—

1981, 15. Jan. 200. Geburtstag von Adelbert von Chamisso. ☒ Gerstetter; Odr.; gez. K 13¾:14.

xa) A. von Chamisso (1781–1838), Dichter und Naturforscher

638	60 (Pf)	mehrfarbig.......... xa	7,—	10,—	3,—

1981, 15. Jan. 250. Geburtstag von Karl Philipp von Gontard. ☒ Schmidt; Odr.; gez. K 14.

xb) K. von Gontard (1731–1791), Architekt; Königskolonnaden am Kleist-Park

639	50 (Pf)	mehrfarbig.......... xb	6,—	8,—	3,—

1981, 12. Febr. 200. Geburtstag von Karl Friedrich Schinkel (1781–1841), Baumeister und Maler. ☒ Gerstetter; StTdr.; gez. K 13¾:14.

xc) Nationaldenkmal für die Befreiungskriege 1813–1815, Berlin-Kreuzberg

640	40 (Pf)	schwärzl'braunocker/schwarzgrünl'oliv xc	6,—	10,—	3,—

1981, 10. April. Jugend: Optische Instrumente. ☒ Schillinger; Odr.; gez. K 13¾.

xd) Theodolit (um 1810)

xe) Äquatoreal (um 1820) xf) Mikroskop (1790) xg) Sextant (um 1830)

			EF	MeF	MiF
641	40 + 20 (Pf)	mehrfarbig ...... xd	6,—	12,—	3,—
642	50 + 25 (Pf)	mehrfarbig ...... xe	7,—	12,—	3,—
643	60 + 30 (Pf)	mehrfarbig....... xf	8,—	12,—	4,—
644	90 + 45 (Pf)	mehrfarbig ...... xg	15,—	25,—	6,—

1981, 10. April. Sporthilfe. ☒ Aretz; Odr.; gez. K 14.

xh) Frauen-Gruppengymnastik xi) Volkslauf

| 645 | 60 + 30 (Pf) | mehrfarbig ...... xh | 8,— | 12,— | 4,— |
| 646 | 90 + 45 (Pf) | mehrfarbig....... xi | 15,— | 25,— | 6,— |

1981, 16. Juli. 150. Geburtstag von Reinhold Begas. ☒ Gerstetter; RaTdr.; gez. K 14:13¾.

xk) Amor und Psyche; Marmorskulptur von R. Begas (1831–1911), Bildhauer

647	50 (Pf)	schwärzlichkobalt/schwarz............ xk	6,—	8,—	2,—

1981, 16. Juli. Preußen-Ausstellung, Berlin-Kreuzberg. ☒ Gerstetter; Odr.; gez. K 13¾:14.

xl) Orden „Pour le mérite"

648	40 (Pf)	mehrfarbig xl	6,—	10,—	2,—

1981, 16. Juli. Internationale Funkausstellung (IFA), Berlin. ☒ Gerstetter; Odr.; gez. K 14:13¾.

xm) Haus des Rundfunks, Berlin-Charlottenburg

649	60 (Pf)	mehrfarbig .... xm	7,—	10,—	3,—

Berlin (West)

1981, 8. Okt. Wohlfahrt: Gefährdete Moor-, Sumpfwiesen- und Wasserpflanzen. Schillinger; Odr.; gez. K 13¾.

xn) Schlangenwurz (Calla palustris)

xo) Karlszepter (Pedicularis sceptrum-carolinum)
xp) Sumpfgladiole (Gladiolus palustris)
xr) Sibirische Schwertlilie (Iris sibirica)

			EF	MeF	MiF
650	40 + 20 (Pf)	mehrfarbig ... xn	6,—	12,—	3,—
651	50 + 25 (Pf)	mehrfarbig ... xo	7,—	12,—	3,—
652	60 + 30 (Pf)	mehrfarbig ... xp	9,—	13,—	3,50
653	90 + 45 (Pf)	mehrfarbig ... xr	16,—	27,—	6,—

1981, 12. Nov. 200. Geburtstag von Peter Christian Wilhelm Beuth. Schmidt; komb. StTdr. und Odr.; gez. K 13¾:14.

xs) P. Chr. W. Beuth (1781–1853), Verwaltungsfachmann

| 654 | 60 (Pf) | ockerbraun/blauschwarz ... xs | 7,— | 10,— | 3,— |

1981, 12. Nov. Skulpturen des 20. Jahrhunderts. Gerstetter; RaTdr.; gez. K 13¾:14.

  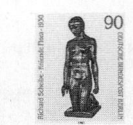

xt) Tänzer Nijinsky (1914); von Georg Kolbe (1877–1947) Maler und Bildhauer
xu) Mutter Erde II (1920); von Ernst Barlach (1870–1938), Bildhauer, Grafiker, Dichter
xv) Kniende Flora (1930); von Richard Scheibe (1879–1964), Bildhauer

655	40 (Pf)	mehrfarbig ... xt	6,—	10,—	2,—
656	60 (Pf)	mehrfarbig ... xu	8,—	12,—	3,—
657	90 (Pf)	mehrfarbig ... xv	12,—	25,—	5,—

1981, 12. Nov. Weihnachten. Froitzheim; Odr.; gez. K 13¾.

xw) Hl. Drei Könige, Hinterglasmalerei (um 1820) aus Buchers (Böhmerwald)

| 658 | 40 + 20 (Pf) | mehrfarbig ... xw | 6,— | 12,— | 3,— |

1982

1982, 18. Febr. 750 Jahre Stadt Spandau. Gerstetter; komb. StTdr. und Odr.; gez. K 14.

xx) Spandau (um 1232), Stadtwappen

			EF	MeF	MiF
659	60 (Pf)	mehrfarbig ... xx	7,—	10,—	4,—

1982, 15. April. Jugend: Historische Kraftfahrzeuge. Schillinger; Odr.; gez. K 14.

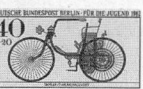

xy) Daimler-Stahlradwagen (1889)

xz) Wanderer-Püppchen (1911)
ya) Adler-Limousine (1913)
yb) DKW F 1 (1931)

660	40 + 20 (Pf)	mehrfarbig ... xy	6,—	12,—	2,—
661	50 + 25 (Pf)	mehrfarbig ... xz	7,—	12,—	3,—
662	60 + 30 (Pf)	mehrfarbig ... ya	8,—	12,—	4,—
663	90 + 45 (Pf)	mehrfarbig ... yb	15,—	25,—	6,—

1982, 15. April. Sporthilfe. Buschfeld; Odr.; gez. K 14.

yc) Leistungssport: Kurzstreckenlauf
yd) Jugendsport: Volleyball

| 664 | 60 + 30 (Pf) | mehrfarbig ... yc | 8,— | 12,— | 4,— |
| 665 | 90 + 45 (Pf) | mehrfarbig ... yd | 15,— | 25,— | 6,— |

1982, 15. April. 100 Jahre Berliner Philharmonisches Orchester. Gerstetter; komb. Odr. und Prägedruck; gez. K 13¾:14.

ye) Harfe, Inschrift

| 666 | 60 (Pf) | mehrfarbig ... ye | 7,— | 10,— | 3,— |

1982, 5. Mai. Aufnahme Salzburger Emigranten in Preußen vor 250 Jahren. Gerstetter; komb. StTdr. und Odr.; gez. K 14:13¾.

yf) Salzburger Emigranten erreichen 1732 die preußische Grenze (Holzschnitt)

| 667 | 50 (Pf) | mehrfarbig ... yf | 6,— | 8,— | 2,50 |

1982, 16. Juni/15. Juli. Freimarken: Industrie und Technik (III). Gerstetter (MiNr. 668), Fuchs (MiNr. 669), Knoblauch und Beer (MiNr. 670, 671) und Falz (MiNr. 672); StTdr.; gez. K 14.

 yg) Farbfernsehkamera  yh) Brauanlage   uu) Löffelbagger   uw) Flughafen Frankfurt   yi) Magnetbahn

					EF	MeF	MiF
668	110 (Pf)	dunkelgraupurpur (16. Juni)		yg	6,—	12,—	3,50
669	130 (Pf)	dunkelmagenta (16. Juni)		yh	6,—	14,—	4,50
670	190 (Pf)	lebhaftgelbbraun (15. Juli)		uu	8,—	17,—	6,—
671	250 (Pf)	schwärzlichgelbsmaragdgrün (15. Juli)		uw	9,—	30,—	5,—
672	300 (Pf)	dunkelbraunoliv (16. Juni)		yi	13,—	40,—	8,—

Weitere Ausgaben „Industrie und Technik": MiNr. 494–507, 582–586

Bildgleiche Marken ohne Inschrift „BERLIN" siehe Bundesrepublik Deutschland MiNr. 1134–1138.

1982, 16. Juni/15. Juli. Freimarken: Burgen und Schlösser (V). Schillinger; Bdr. Bogen (B), Markenheftchen (MH) und Rollen (R); A = vierseitig, C und D = dreiseitig gez. K 14.

 yk) Schloß Lichtenstein   yl) Schloß Wilhelmsthal   ym) Schloß Charlottenburg   yn) Schloß Ahrensburg   yo) Schloß Herrenhausen

673 A	35 (Pf)	lebhaftbraunrot, vierseitig gezähnt (16. Juni) (B) (R)	yk	5,—	7,—	2,—
674	80 (Pf)	oliv GA	yl			
	A	vierseitig gezähnt (16. Juni) (B) (R)		3,—	8,—	2,—
	C	oben geschnitten (Juni) (MH)		15,—	35,—	12,—
	D	unten geschnitten (Juni) (MH)		15,—	35,—	12,—
675 A	120 (Pf)	violett, vierseitig gezähnt (15. Juli) (B) (R)	ym	4,—	9,—	4,—
676 A	280 (Pf)	lebhaftkobaltblau, vierseitig gezähnt (15. Juli) (B) (R)	yn	10,—	27,—	6,—
677 A	300 (Pf)	lebhaftbräunlichrot, vierseitig gezähnt (16. Juni) (B) (R)	yo	13,—	35,—	8,—

Senkrechtes Paar (C/D) siehe bei MH 13.

Weitere Ausgaben „Burgen und Schlösser": MiNr. 532–540, 587–590, 611, 614–615

Bildgleiche Marken ohne Inschrift „BERLIN" siehe Bundesrepublik Deutschland MiNr. 1139–1143.

1982, 15. Juli. Moderne Gemälde aus Berliner Sammlungen. Schmidt; RaTdr.; gez. K 13¾.

 yp) Italienische Steinträger; von Max Pechstein (1881–1955)  yr) Zwei badende Mädchen; von Otto Mueller (1874–1930)

				EF	MeF	MiF
678	50 (Pf)	mehrfarbig	yp	5,—	6,—	3,—
679	80 (Pf)	mehrfarbig	yr	6,50	10,—	4,50

1982, 14. Okt. Wohlfahrt: Gartenrosen. Schillinger; Odr.; gez. K 13¾:14.

 ys) Floribunda-Grandiflora  yt) Teehybride  yu) Floribunda  yv) Miniaturrose

				EF	MeF	MiF
680	50 + 20 (Pf)	mehrfarbig	ys	7,—	12,—	3,50
681	60 + 30 (Pf)	mehrfarbig	yt	8,—	12,—	4,—
682	80 + 40 (Pf)	mehrfarbig	yu	7,—	12,—	5,—
683	120 + 60 (Pf)	mehrfarbig	yv	15,—	25,—	8,—

Ganzsachenausschnitte als Freimarken verwendet

Ab 1.1.1981 auf Nicht-Standard-Sendungen und ab 1.7.1982 auf allen Postsendungen sind sämtliche frankaturgültigen Postwertzeicheneindrucke aus Ganzsachen ausgeschnitten zur Frankatur zulässig, sofern sie auf dünnem Papier gedruckt sind. Ganzsachenausschnitte auf dickem Papier (z. B. Postkarten) sind für alle Sendungen außer Standardsendungen und Wertbriefen mit Siegelabdruck zulässig.

Berlin (West)

1982, 10. Nov. 250. Geburtstag von Carl Gotthard Langhans. ▣ Gerstetter; komb. StTdr. und Odr.; gez. K 14.

yw) Schloßtheater in Charlottenburg; Handzeichnung von C. G. Langhans (1732–1808), Baumeister

			EF	MeF	MiF
684	80 (Pf)	mehrfarbig .... yw	6,—	10,—	5,—

1982, 10. Nov. Berlin-Ansichten (IV). ▣ Gerstetter; StTdr.; gez. K 13¾:14.

yx) Villa Borsig   yy) Kirche St. Peter und Paul   yz) Villa von der Heydt

685	50 (Pf)	violettultramarin/ schwarz.......... yx	5,—	6,—	3,—
686	60 (Pf)	lebhaftmagenta/ schwarz.......... yy	6,—	8,—	3,50
687	80 (Pf)	schwärzl'braunorange/ schwarz.......... yz	6,—	10,—	4,—

Weitere Ausgaben „Berlin-Ansichten": MiNr. 529–531, 578–580, 634–636.

1982, 10. Nov. Weihnachten. ▣ Wiese; Odr.; gez. K 13¾:14.

za) Die Anbetung der Hl. Drei Könige; Detail des Petri-Altars von Meister Bertram von Minden (um 1345–1415), Maler

| 688 | 50 + 20 (Pf) | mehrfarbig ...... za | 7,— | 12,— | 4,— |

1983

1983, 13. Jan. Historische Straßenpumpen in Berlin. ▣ Gerstetter; RaTdr.; gez. K 13¾:14.

zb) Lauch- hammerpumpe (um 1900), Klausenerplatz   zc) Ventil- brunnen (um 1900), Chamissoplatz   zd) Lauch- hammerpumpe (um 1900), Schloßstraße   ze) Krausepumpe (um 1900), Kurfürsten- damm/Ecke Leibnizstraße

689	50 (Pf)	mehrfarbig .... zb	6,—	8,—	3,—
690	60 (Pf)	mehrfarbig .... zc	7,—	9,—	3,—
691	80 (Pf)	mehrfarbig .... zd	7,—	12,—	5,—
692	120 (Pf)	mehrfarbig .... ze	10,—	20,—	8,—

1983, 8. Febr. 150 Jahre Telegraphenlinie Berlin-Coblenz. ▣ Falz; StTdr.; gez. K 13¾:14.

zf) Königlich-Preußische Telegraphen-Inspektoren

			EF	MeF	MiF
693	80 (Pf)	schwarzgraubraun .... zf	7,—	12,—	6,—

1983, 12. April. Jugend: Historische Motorräder. ▣ Schillinger; Odr.; gez. K 14.

zg) Hildebrand & Wolfmüller (1894)

zh) Wanderer (1908)   zi) DKW-Lomos (1922)   zk) Mars (1925)

694	50 + 20 (Pf)	mehrfarbig ..... zg	7,—	12,—	4,—
695	60 + 30 (Pf)	mehrfarbig ..... zh	8,—	12,—	4,—
696	80 + 40 (Pf)	mehrfarbig ..... zi	8,—	20,—	5,—
697	120 + 60 (Pf)	mehrfarbig ..... zk	15,—	30,—	10,—

1983, 12. April. Sporthilfe: Sportereignisse 1983. ▣ Rothacker; RaTdr.; gez. K 14.

zl) Europameisterschaften in den Lateinamerikanischen Tänzen, Berlin   zm) Eishockey-Weltmeisterschaft, Düsseldorf, Dortmund, München

698	80 + 40 (Pf)	mehrfarbig ...... zl	15,—	25,—	5,—
699	120 + 60 (Pf)	mehrfarbig ..... zm	20,—	35,—	9,—

1983, 5. Mai. 300. Geburtstag von Antoine Pesne. ▣ Schmidt; RaTdr.; gez. K 13¾:14.

zn) La Barbarina; Gemälde von A. Pesne (1683–1757), französ. Maler

| 700 | 50 (Pf) | mehrfarbig .... zn | 5,— | 6,— | 3,— |

Briefpreise für Marken von Berlin (West) ab MiNr. 326 gelten stets für Verwendungen innerhalb der zum Zeitpunkt ihrer Ausgabe aktuellen oder der folgenden Tarifperiode.

Berlin (West)

1983, 8. Febr. 150 Jahre Telegraphenlinie Berlin-
1983, 14. Juli. 100. Geburtstag von Joachim Ringelnatz. ▣ Schmidt; Odr.; gez. K 13¾:14.

zo) J. Ringelnatz (1883–1934),
Maler und Schriftsteller; Scherenschnitt

			EF	MeF	MiF
701	50 (Pf)	mehrfarbig . . . . zo	5,—	6,—	3,50

1983, 14. Juli. Internationale Funkausstellung (IFA), Berlin. ▣ Schmidt; Odr.; gez. K 14.

zp) Elektrisches Bildübertragungssystem nach Paul Nipkow (1860–1940), Ingenieur

702	80 (Pf)	mehrfarbig . . . . zp	7,—	12,—	5,—

1983, 13. Okt. Wohlfahrt: Gefährdete Alpenblumen. ▣ Blume; Odr.; gez. K 13¾:14.

zr) Berghähn-
lein (Anemone narcissiflora)
zs) Alpenaurikel (Primula auricula)
zt) Zwerg-Primel (Primula minima)
zu) Einseles Akelei (Aquilegia einseleana)

703	50 + 20 (Pf)	mehrfarbig . . . . . zr	8,—	13,—	4,—
704	60 + 30 (Pf)	mehrfarbig . . . . . zs	9,—	13,—	5,—
705	80 + 40 (Pf)	mehrfarbig . . . . . zt	9,—	20,—	6,—
706	120 + 60 (Pf)	mehrfarbig . . . . zu	15,—	30,—	9,—

1983, 10. Nov. Weihnachten. ▣ Steiner; Odr.; gez. K 13¾:14.

zv) Afrikanische Krippe

707	50 + 20 (Pf)	mehrfarbig . . . . . zv	7,—	12,—	4,—

1984

1984, 12. Jan. Kunstschätze in Berliner Museen. ▣ Görs; Odr.; gez. K 13¾.

zw) Königin Kleopatra VII. (Antikenmuseum)

zx) Ehepaar aus der Nekropole von Giza (Ägyptisches Museum)
zy) Göttin mit dem Perlenturban (Museum für Völkerkunde)
zz) Majolika-Schale (Kunstgewerbemuseum)

			EF	MeF	MiF
708	30 (Pf)	mehrfarbig . . . . zw		8,—	3,50
709	50 (Pf)	mehrfarbig . . . . zx	7,—	10,—	5,—
710	60 (Pf)	mehrfarbig . . . . zy	7,—	9,—	5,—
711	80 (Pf)	mehrfarbig . . . . zz	7,—	12,—	6,—

1984, 12. April. Jugend: Bestäuberinsekten. ▣ Nitsche; Odr;. gez. K 13¾:14.

aaa) Pinselkäfer (Trichius fasciatus), Gemeiner Pastinak (Pastinaca sativa)
aab) Esparsetten-Widderchen (Agrumenia carniolica); Acker-Witwenblume (Knautia arvensis)
aac) Erdhummel (Bombus terrestris), Weißklee (Trifolium repens)
aad) Schwebfliege (Eristalis tenax), Kohl-Gänsedistel (Sonchus oleraceus)

712	50 + 20 (Pf)	mehrfarbig . . . . . aaa	7,—	12,—	4,—
713	60 + 30 (Pf)	mehrfarbig . . . . . aab	8,—	12,—	5,—
714	80 + 40 (Pf)	mehrfarbig . . . . . aac	8,—	20,—	6,—
715	120 + 60 (Pf)	mehrfarbig . . . . . aad	15,—	30,—	9,—

1984, 12. April. Sporthilfe: Olympische Sommerspiele, Los Angeles. ▣ Kefer und Münch; Odr.; gez. K 14.

aae) Hürdenlauf, Frauen
aaf) Straßenradfahren, Frauen
aag) Viererkajak, Frauen

716	60 + 30 (Pf)	mehrfarbig . . . . . aae	8,—	12,—	4,—
717	80 + 40 (Pf)	mehrfarbig . . . . . aaf	15,—	25,—	5,—
718	120 + 60 (Pf)	mehrfarbig . . . . . aag	20,—	35,—	10,—

Ganzsachenausschnitte als Freimarken verwendet

Ab 1.1.1981 auf Nicht-Standard-Sendungen und ab 1.7.1982 auf allen Postsendungen sind sämtliche frankaturgültigen Postwertzeicheneindrucke aus Ganzsachen ausgeschnitten zur Frankatur zulässig, sofern sie auf dünnem Papier gedruckt sind. Ganzsachenausschnitte auf dickem Papier (z. B. Postkarten) sind für alle Sendungen außer Standardsendungen und Wertbriefen mit Siegelabdruck zulässig.

Berlin (West)

1984, 8. Mai. 50. Todestag von Dr. Erich Klausener. ▨ Fuchs; StTdr.; gez. K 14:13¾.

aah) E. Klausener (1885–1934), kath. Kirchenpolitiker; Emblem des Katholikentages, Berlin (1934)

		EF	MeF	MiF
719	80 (Pf) schwarzbläulichgrün/ schwärzl'opalgrün . . . aah	7,—	12,—	3,25

1984, 8. Mai. 100 Jahre Strom für Berlin. ▨ Schmidt; RaTdr.; gez. K 13¾:14.

aai) Allegorie von Karl Ludwig Sütterlin (1865–1917), Grafiker

720	50 (Pf) mehrfarbig . . . . aai	5,—	6,—	3,—

1984, 8. Mai. Konferenz der Europäischen Kulturminister, Berlin. ▨ Gerstetter; Odr.; gez. K 13¾:14.

aak) Konferenzemblem

721	60 (Pf) mehrfarbig . . . . aak	7,—	10,—	3,—

1984, 19. Juni. 100. Todestag von Alfred Edmund Brehm. ▨ Gerstetter; komb. StTdr. und Odr.; gez. K 14.

aal) A. E. Brehm (1829–1884), Zoologe; Weißstorch (Ciconia ciconia)

722	80 (Pf) mehrfarbig . . . . aal	9,—	15,—	5,50

1984, 21. Aug. 150. Todestag von Dr. Ernst Ludwig Heim. ▨ Fuchs; StTdr.; gez. K 14¾:14.

aam) Dr. E. L. Heim (1747–1834), Arzt

		EF	MeF	MiF
723	50 (Pf) braunkarmin/ schwarz . . . . aam	5,50	10,—	3,50

Briefpreise für Marken von Berlin (West) ab MiNr. 326 gelten stets für Verwendungen innerhalb der zum Zeitpunkt ihrer Ausgabe aktuellen oder der folgenden Tarifperiode.

1984, 18. Okt. Wohlfahrt: Orchideen. ▨ Jacki; Odr.; gez. K 14:13¾.

aan) Kleines Zweiblatt (Listera cordata)
aao) Fliegenragwurz (Ophrys insectifera)
aap) Echte Sumpfwurz (Epipactis palustris)
aar) Wanzen-Knabenkraut (Orchis coriophora)

			EF	MeF	MiF
724	50 + 20 (Pf)	mehrfarbig . . . . . aan	8,—	14,—	6,—
725	60 + 30 (Pf)	mehrfarbig . . . . . aao	9,—	14,—	6,—
726	80 + 40 (Pf)	mehrfarbig . . . . . aap	9,—	20,—	9,—
727	120 + 60 (Pf)	mehrfarbig . . . . . aar	15,—	30,—	12,—

1984, 8. Nov. 100. Geburtstag von Karl Schmidt-Rottluff. ▨ Görs; Odr.; gez. K 13¾:14.

aas) Sonnenblumen auf grauem Grund; Gemälde von K. Schmidt-Rottluff (1884–1976), Maler und Grafiker

728	60 (Pf) mehrfarbig . . . . aas	7,—	10,—	3,50

1984, 8. Nov. Weihnachten. ▨ Steiner; Odr;. gez. K 14:13¾.

aat) Hl. Nikolaus

729	50 + 20 (Pf) mehrfarbig . . . . . . aat	8,—	12,—	4,—

1985

1985, 21. Febr. 200. Geburtstag von Bettina von Arnim. ▨ Görs; komb. StTdr. und Odr.; gez. K 13¾:14.

aau) Elisabeth (genannt Bettina) von Arnim (1785–1859), Schriftstellerin; Radierung von Emil Ludwig Grimm

730	50 (Pf) mehrfarbig . . . . aau	5,—	10,—	3,25

1985, 21. Febr. 150. Todestag von Wilhelm Freiherr von Humboldt. ▨ Görs; StTdr.; gez. K 14:13¾.

aav) W. Frh. von Humboldt (1767–1835); Gelehrter und Staatsmann; Marmorskulptur von Paul Otto

731	80 (Pf) mehrfarbig . . . . aav	8,—	13,—	5,—

1985, 21. Febr. Sporthilfe: Basketball-Europameisterschaft der Männer, Stuttgart, Leverkusen und Karlsruhe; 60 Jahre Deutscher Tischtennis-Bund (DTTB). Rothacker; RaTdr.; gez. K 14.

aaw) Basketball   aax) Tischtennis

			EF	MeF	MiF
732	80 + 40 (Pf)	mehrfarbig..... aaw	15,—	25,—	5,—
733	120 + 60 (Pf)	mehrfarbig..... aax	20,—	35,—	9,—

1985, 16. April. Bundesgartenschau, Berlin. Görs; Odr.; gez. K 13¾.

aay) Emblem

734	80 (Pf)	mehrfarbig........ aay	7,—	12,—	4,—

1985, 16. April. Jugend: Historische Fahrräder; Internationales Jahr der Jugend. Schillinger; Odr.; gez. K 14:13¾.

aaz) Büssing-Rad (1868)

aba) Kinderdreirad (1885)   abb) Jaray-Rad (1925)   abc) Opel-Rennrad (1925)

735	50 + 20 (Pf)	mehrfarbig..... aaz	7,—	12,—	5,—
736	60 + 30 (Pf)	mehrfarbig..... aba	8,—	12,—	5,—
737	80 + 40 (Pf)	mehrfarbig..... abb	8,—	20,—	6,—
738	120 + 60 (Pf)	mehrfarbig..... abc	15,—	30,—	10,—

1985, 7. Mai. 100. Geburtstag von Otto Klemperer. Görs; StTdr.; gez. K 14.

abd) O. Klemperer (1885–1973), Dirigent

739	60 (Pf)	schw'lilaultramarin .. abd	7,—	10,—	4,—

1985, 7. Mai. 300 Jahre Berliner Börse. Görs; komb. StTdr. und Odr.; gez. K 14.

abe) Gebäude der Berliner Börse (1863–1945)

740	50 (Pf)	mehrfarbig........ abe	5,50	10,—	3,50

1985, 16. Juli. Internationale Funkausstellung (IFA), Berlin; 50 Jahre Deutscher Fernsehrundfunk. Görs; Odr.; gez. K 14.

abf) Fernsehkamera und Fernsehempfänger „FE 3" (1935)

			EF	MeF	MiF
741	80 (Pf)	mehrfarbig........ abf	7,—	12,—	5,—

1985, 16. Juli. Weltkongreß der Internationalen Gesellschaft für Gynäkologie und Geburtshilfe (FIGO), Berlin. Bundesdruckerei Berlin; RaTdr.; gez. K 13¾:14.

abg) FIGO-Emblem

742	60 (Pf)	mehrfarbig........ abg	7,—	10,—	3,25

1985, 15. Okt. 300. Jahrestag des Edikts von Potsdam. Graschberger; komb. StTdr. und Odr.; gez. K 14.

abh) Kurfürstlich Brandenburgisches Siegel und Titel des Edikts von Potsdam

743	50 (Pf)	grauviolett/ violettschwarz...... abh	5,—	10,—	3,—

1985, 15. Okt. Wohlfahrt: Miniaturen. Börnsen; Odr.; gez. K 14.

abi

abk   abl   abm

abi–abm) Streublumen, Beeren, Vögel und Insekten nach Motiven aus den Bordüren eines mittelalterlichen Gebetbuches

744	50 + 20 (Pf)	mehrfarbig...... abi	7,—	12,—	4,—
745	60 + 30 (Pf)	mehrfarbig...... abk	8,—	12,—	5,50
746	80 + 40 (Pf)	mehrfarbig...... abl	8,—	20,—	6,—
747	120 + 60 (Pf)	mehrfarbig..... abm	15,—	30,—	9,—

1985, 12. Nov. 50. Todestag von Kurt Tucholsky. Gerstetter; Odr.; gez. K 13¾:14.

abn) K. Tucholsky (1890–1935), Schriftsteller

748	80 (Pf)	mehrfarbig........ abn	8,—	13,—	5,—

Berlin (West)

 1985, 12. Nov. Weihnachten: 500. Geburtstag von Hans Baldung. 🅶 Lüdtke; Odr.; gez. K 13¾.

abo) Anbetung der Könige; Mitteltafel des Dreikönigsaltars von Hans Baldung, genannt Grien (1484/85–1545), Maler, Zeichner und Kupferstecher

			EF	MeF	MiF
749	50 + 20 (Pf) mehrfarbig . . . . . abo		7,—	12,—	5,—

 1986, 10. April. Europatag der Gemeinden und Regionen, Berlin. 🅶 Lüdtke; Odr.; gez. K 14.

aby) Stadtsilhouette, Flaggen europäischer Länder

			EF	MeF	MiF
758	60 (Pf)	mehrfarbig . . . . aby	7,—	10,—	3,—

1986

 1986, 16. Jan. 100. Geburtstag von Wilhelm Furtwängler. 🅶 Görs; komb. StTdr. und Odr.; gez. K 14.

abp) W. Furtwängler (1886–1954), Dirigent und Komponist; Noten der Violin-Sonate D-Dur

| 750 | 80 (Pf) | mehrfarbig . . . . abp | 7,— | 12,— | 5,— |

 1986, 5. Mai. 100. Todestag von Leopold von Ranke. 🅶 Gerstetter; Odr.; gez. K 13¾:14.

abz) L. v. Ranke (1795–1886), Historiker

| 759 | 80 (Pf) | schwarz/mattgelbgrau . . . . . . abz | 7,— | 12,— | 4,50 |

1986, 13. Febr. Sporthilfe: Jugend-Europameisterschaften im Schwimmen, Berlin; Weltmeisterschaften im Springreiten, Aachen. 🅶 Hoch; Odr.; gez. K 14.

abr) Rückenschwimmen　　　abs) Springreiten

| 751 | 80 + 40 (Pf) mehrfarbig . . . . . abr | 15,— | 25,— | 6,50 |
| 752 | 120 + 55 (Pf) mehrfarbig . . . . . abs | 20,— | 35,— | 9,— |

 1986, 5. Mai. 100. Geburtstag von Gottfried Benn. 🅶 Schmidt; StTdr.; gez. K 13¾:14.

aca) G. Benn (1886–1956), Dichter

| 760 | 80 (Pf) | lilaultramarin . . . . aca | 7,— | 12,— | 4,50 |

 1986, 13. Febr. 100. Geburtstag von Ludwig Mies van der Rohe. 🅶 Görs; komb. StTdr. und Odr.; gez. K 14.

abt) L. Mies van der Rohe (1886–1969), Architekt; „Neue Nationalgalerie", Berlin

| 753 | 50 (Pf) | mehrfarbig . . . . abt | 6,— | 11,— | 4,— |

1986, 20. Juni. Portale und Tore in Berlin. 🅶 Kanior (MiNr. 761), Fuchs (MiNr. 762) und Maurer (MiNr. 763); komb. StTdr. und Odr.; gez. K 14:13¾.

acb) Charlottenburger Tor　acc) Greifentor, Schloß Glienicke　acd) Elefantentor, Zoologischer Garten

761	50 (Pf)	mehrfarbig . . . . acb	6,—	10,—	4,—
762	60 (Pf)	mehrfarbig . . . . acc	8,—	11,—	5,—
763	80 (Pf)	mehrfarbig . . . . acd	7,—	12,—	5,—

 1986, 10. April. Jugend: Handwerksberufe. 🅶 Schillinger; Odr.; gez. K 14.

abu) Glaser

abv) Schlosser　　abw) Schneider　　abx) Tischler

754	50 + 25 (Pf)	mehrfarbig . . . . . abu	7,—	12,—	4,50
755	60 + 30 (Pf)	mehrfarbig . . . . . abv	8,—	12,—	5,—
756	70 + 35 (Pf)	mehrfarbig . . . . . abw	8,—	20,—	5,50
757	80 + 40 (Pf)	mehrfarbig . . . . . abx	15,—	30,—	6,—

 1986, 14. Aug. 200. Todestag von König Friedrich dem Großen von Preußen (1712–1786). 🅶 Görs; RaTdr.; gez. K 14:13¾.

ace) Das Flötenkonzert; Gemälde (Detail) von Adolph von Menzel (1815–1905)

| 764 | 80 (Pf) | mehrfarbig . . . . ace | 7,— | 12,— | 4,50 |

1986, 16. Okt. Wohlfahrt; Kostbare Gläser. ⌑ Steiner; Odr.
Bagel; gez. K 13:13¼.

acf) Kantharos (1. Jh.)
acg) Becher mit Schlangenfadenmuster (um 200)
ach) Kännchen mit Fadenauflage (3. Jh.)
aci) Diatretbecher (4. Jh.)

				EF	MeF	MiF
765	50 + 25 (Pf)	mehrfarbig	acf	7,—	12,—	4,—
766	60 + 30 (Pf)	mehrfarbig	acg	8,—	12,—	5,—
767	70 + 35 (Pf)	mehrfarbig	ach	8,—	20,—	5,—
768	80 + 40 (Pf)	mehrfarbig	aci	15,—	30,—	8,—

1986, 13. Nov. Weihnachten. ⌑ Lüdtke; Odr.; gez. K 13¾.

ack) Anbetung der Könige; rechter Flügel des Ortenberger Altars (um 1420)

769	50 + 25 (Pf)	mehrfarbig	ack	8,—	15,—	4,—

1986, 13. Nov. Freimarken: Frauen der deutschen Geschichte (I). ⌑ Aretz; StTdr.; gez. K 14.

acl) Christine Teusch (1888–1968), Politikerin
acm) Clara Schumann (1819–1896), Pianistin

770	50 (Pf)	dkl'ockerbraun/schwärzlichgrünblau	acl	5,—	9,—	4,—
771	80 (Pf)	schwarzblaugrün/dkl'braunrot	acm	5,—	11,—	4,—

Weitere Werte „Frauen der deutschen Geschichte": MiNr. 788, 806, 811–812, 824–828, 830, 833, 844–845, 848–849

Bildgleiche Marken ohne Inschrift „BERLIN" siehe Bundesrepublik Deutschland MiNr. 1304–1305.

Wichtige philatelistische Informationen

finden Sie in der Einführung in den MICHEL-Katalog sowie in den Vortexten und Anmerkungen zu den einzelnen Ländern.

1987

1987, 15. Jan. Blockausgabe: 750 Jahre Berlin. ⌑ Steiner; Odr.; gez. Ks 14.

acn) Stadtansicht (1650)
aco) Schloß Charlottenburg   acs
acp) Turbinenhalle der Fa. AEG (1909)
acr) Philharmonie und Kammermusiksaal (1987)

			EF	MeF	MiF
772	40 (Pf)	mehrfarbig acn	10,—	6,—	2,50
773	50 (Pf)	mehrfarbig aco	5,—	10,—	3,—
774	60 (Pf)	mehrfarbig ⌑ acp	7,—	12,—	4,—
775	80 (Pf)	mehrfarbig acr	8,—	13,—	6,—
Block 5 (130 × 100 mm)		acs	22,—	50,—	12,—

1987, 15. Jan. 750 Jahre Berlin. ⌑ Steiner. Odr.; gez. K 14.

act) Sehenswürdigkeiten Berlins, Stadtwappen

776	80 (Pf)	mehrfarbig	act	7,—	12,—	5,—

Bildgleiche Marke ohne Inschrift „BERLIN" siehe Bundesrepublik Deutschland MiNr. 1306.

1987, 12. Febr. Sporthilfe: Deutsches Turnfest, Berlin; Judo-Weltmeisterschaften, Essen. ⌑ Hoch; Odr.; gez. K 14.

acu) Gymnastikgruppe
acv) Judo-Kampfszene

777	80 + 40 (Pf)	mehrfarbig	acu	15,—	25,—	6,—
778	120 + 55 (Pf)	mehrfarbig	acv	20,—	35,—	9,—

Berlin (West)

1987, 12. Febr. 100. Geburtstag von Louise Schroeder. ⓟ Gerstetter; StTdr.; gez. K 13¾:14.

acw) L. Schroeder (1887–1957), Politikerin, Oberbürgermeisterin von Berlin

			EF	MeF	MiF
779	50 (Pf)	dkl'karminrot/schwarzbraun...... acw	7,—	12,—	4,—

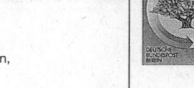

1987, 16. Juli. Internationaler Botanischer Kongreß, Berlin. ⓟ Gerstetter; Odr.; gez. K 13¾:14.

add) Kongreßemblem

			EF	MeF	MiF
786	60 (Pf)	mehrfarbig........ add	7,—	12,—	3,25

1987, 9. April. Jugend: Handwerksberufe. ⓟ Schillinger; Odr.; gez. K 14.

acx) Böttcher

acy) Steinmetz   acz) Kürschner   ada) Maler/Lackierer

780	50 + 25 (Pf)	mehrfarbig..... acx	7,50	12,—	5,—
781	60 + 30 (Pf)	mehrfarbig..... acy	8,—	12,—	5,—
782	70 + 35 (Pf)	mehrfarbig..... acz	8,50	20,—	6,—
783	80 + 40 (Pf)	mehrfarbig..... ada	15,—	30,—	7,—

1987, 20. Aug. Internationale Funkausstellung (IFA), Berlin; 100 Jahre Schallplatte. ⓟ Görs; Odr.; gez. K 14.

ade) Mill-Opera-Grammophon (1907), Schellackplatte, Compact Disc mit Emblem

| 787 | 80 (Pf) | mehrfarbig........ ade | 7,— | 12,— | 4,— |

1987, 17. Sept. Freimarke: Frauen der deutschen Geschichte (II). ⓟ Aretz; StTdr.; gez. K 14.

adf) Maria Sibylla Merian (1647–1717), Blumen- und Insektenmalerin

| 788 | 40 (Pf) | lebh'ultramarin/dunkelkarminlila..... adf | 5,— | 9,— | 4,— |

Weitere Werte „Frauen der deutschen Geschichte: MiNr. 770–771, 806, 811–812, 824–828, 830, 833, 844–845, 848–849

Bildgleiche Marke ohne Inschrift „BERLIN" siehe Bundesrepublik Deutschland MiNr. 1331.

1987, 5. Mai. Ansiedlung der Böhmen in Rixdorf vor 250 Jahren. ⓟ Görs; komb. StTdr. und Odr.; gez. K 14:13¾.

adb) Böhmische Glaubensflüchtlinge; Relief am Denkmal König Friedrich Wilhelms I., Berlin-Neukölln

| 784 | 50 (Pf) | mehrfarbig......... adb | 7,— | 12,— | 3,— |

1987, 5. Mai. Internationale Bauausstellung (IBA), Berlin. ⓟ Lüdtke; Odr.; gez. K 14.

adc) Wohnungsneubau, Berlin-Kreuzberg

| 785 | 80 (Pf) | mehrfarbig........ adc | 7,— | 12,— | 4,— |

Beachten Sie die neue Druck-Abkürzung:
Ldr. = indirekter Hochdruck (wie Offsetdruck aussehend; auch Letterset genannt)

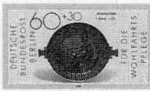

1987, 15. Okt. Wohlfahrt: Gold- und Silberschmiedekunst. ⓟ Lüdtke; Odr.; gez. K 14.

adg) Goldener Haubenschmuck (5. Jh.)

adh) Athenaschale (1. Jh. v. Chr.)   adi) Oberarmschmuck „Armilla" (um 1180)   adk) Schlangenarmreif (um 300 v. Chr.)

789	50 + 25 (Pf)	mehrfarbig..... adg	7,—	12,—	4,—
790	60 + 30 (Pf)	mehrfarbig..... adh	8,—	12,—	5,—
791	70 + 35 (Pf)	mehrfarbig..... adi	8,—	20,—	5,—
792	80 + 40 (Pf)	mehrfarbig..... adk	15,—	30,—	7,—

MICHEL-Sammler-ABC

Die praktische Anleitung zum richtigen Sammeln.

Berlin (West)

adl) Eckturm des Schlosses Celle
adm) Turm des Freiburger Münsters
adn) Bavaria, München
ado) Hauptportal der Zeche Zollern II, Dortmund

1987, 6. Nov./1989, Juni. Freimarken: Sehenswürdigkeiten (I). Haase; Ldr. Bogen (B), Markenheftchen (MH) und Rollen (R); A = vierseitig, C und D = dreiseitig gez. K 14.

			EF	MeF	MiF
793 A	30 (Pf)	braunorange/mittelblaugrün (6. 11. 1987) (B) (R) . . . . adl	4,50	7,—	3,50
794	50 (Pf)	mittellilaultramarin/mattbraunoliv. . . . . adm			
A		vierseitig gezähnt (6. 11. 1987) (B) (R)	5,—	10,—	4,—
C		oben geschnitten (Juni 1989) (MH)	40,—	60,—	30,—
D		unten geschnitten (Juni 1989) (MH)	40,—	60,—	30,—
795	60 (Pf)	lebhaftgraugrün/grünschwarz GA . . . . adn			
A		vierseitig gezähnt (6. 11. 1987) (B) (R)	4,50	10,—	4,—
C		oben geschnitten (Juni 1989) (MH)	90,—	150,—	60,—
D		unten geschnitten (Juni 1989) (MH)	90,—	150,—	60,—
796	80 (Pf)	graugrünblau/dunkelgrünlichgrau GA . . . . ado			
A		vierseitig gezähnt (6. 11. 1987) (B) (R)	5,—	10,—	4,—
C		oben geschnitten (Juni 1989) (MH)	20,—	35,—	15,—
D		unten geschnitten (Juni 1989) (MH)	20,—	35,—	15,—

Senkrechte Paare (C/D) siehe bei MH 14–15

Weitere Werte „Sehenswürdigkeiten": MiNr. 798–799, 814–815, 816, 831–832, 834–835, 863, 874

Bildgleiche Marken ohne Inschrift „BERLIN" siehe Bundesrepublik Deutschland MiNr. 1339–1342.

1987, 6. Nov. Weihnachten. Lüdtke; Odr.; gez. K 13¾.

adp) Anbetung der Könige; Miniatur aus einem englischen Psalter (13. Jh.)

				EF	MeF	MiF
797	50 + 25 (Pf)	mehrfarbig	adp	7,—	3,50	3,50

Weitere Werte „Sehenswürdigkeiten": MiNr. 793–796, 814–815, 816, 831–832, 834–835, 863, 874

Bildgleiche Marken ohne Inschrift „BERLIN" siehe Bundesrepublik Deutschland MiNr. 1347–1348.

1988, 14. Jan. Berlin – Kulturstadt Europas 1988. Schillinger; Odr.; gez. K 13¾:14.

adt) Berliner Bär

				EF	MeF	MiF
800	80 (Pf)	mehrfarbig	adt	7,—	12,—	5,—

1988

1988, 14. Jan./1989, Juni. Freimarken: Sehenswürdigkeiten (II). Haase; Ldr. Bogen (B), Markenheftchen (MH) und Rollen (R); A = vierseitig, C und D = dreiseitig gez. K 14.

adr) Flughafen Frankfurt/Main
ads) Hambacher Schloß

1988, 18. Febr. Sporthilfe: Olympische Winterspiele, Calgary; Olympische Sommerspiele, Seoul. Schmitz; Odr.; gez. K 14.

adu) Tontaubenschießen
adv) Eiskunstlauf
adw) Hammerwerfen

					EF	MeF	MiF
798	10 (Pf)	hellcyanblau/indigo . . . . adr					
A		vierseitig gezähnt (14. 1. 1988) (B) (R) . .			5,—		1,50
C		oben geschnitten (Juni 1989) (MH)			15,—		8,—
D		unten geschnitten (Juni 1989) (MH)			15,—		8,—
799 A	300 (Pf)	rotbraun/mattbraunocker, vierseitig gezähnt (14. 1. 1988) (B) (R) . . . . ads			30,—	45,—	22,—

				EF	MeF	MiF
801	60 + 30 (Pf)	mehrfarbig	adu	7,—	12,—	5,—
802	80 + 40 (Pf)	mehrfarbig	adv	10,—	20,—	5,—
803	120 + 55 (Pf)	mehrfarbig	adw	15,—	30,—	8,—

Senkrechtes Paar (C/D) siehe bei MH 14.

Mit MICHEL immer gut informiert

Berlin (West)

1988, 18. Febr. 100 Jahre Urania Berlin. ⓔ Siegers; Odr.; gez. K 14.

adx) Urania-Gebäude mit Volkssternwarte und Planetarium, Neubauten

			EF	MeF	MiF
804	50 (Pf)	mehrfarbig........adx	7,—	11,—	4,—

1988, 18. Febr. 100. Geburtstag von René Sintenis. ⓔ Görs; Odr.; gez. K 14:13¾.

ady) Großes Vollblutfohlen; Bronzeplastik von R. Sintenis (1888–1965), Bildhauerin

805	60 (Pf)	mehrfarbig........ady	7,—	12,—	3,—

1988, 14. April. Freimarke: Frauen der deutschen Geschichte (III). ⓔ Aretz; StTdr.; gez. K 14.

adz) Paula Modersohn-Becker (1876–1907), Malerin

806	10 (Pf)	blauviolett/ schwärzlichocker....adz	5,—	1,50	

Weitere Werte „Frauen der deutschen Geschichte": MiNr. 770 bis 771, 788, 811–812, 824–828, 830, 833, 844–845, 848–849

Bildgleiche Marke ohne Inschrift „BERLIN" siehe Bundesrepublik Deutschland MiNr. 1359.

1988, 14. April. Jugend: 25 Jahre Wettbewerb „Jugend musiziert". ⓔ Graschberger; Odr.; gez. K 14.

aea) Klaviertrio

aeb) Bläserquintett   aec) Trio aus Gitarre, Mandoline und Blockflöte   aed) Kinderchor

807	50 + 25 (Pf)	mehrfarbig..... aea	7,50	12,—	4,50
808	60 + 30 (Pf)	mehrfarbig..... aeb	10,—	15,—	5,50
809	70 + 35 (Pf)	mehrfarbig..... aec	10,—	20,—	6,—
810	80 + 40 (Pf)	mehrfarbig..... aed	16,—	30,—	7,—

MICHEL-Abartenführer

Anleitung zur Bestimmung von Abarten, Abweichungen und Fehlern auf Briefmarken.

1988, 5. Mai. Freimarken: Frauen der deutschen Geschichte (IV). ⓔ Aretz; StTdr.; gez. K 14.

aee) Cilly Aussem (1909–1963), Tennisspielerin   aef) Lise Meitner (1878–1968), Physikerin

			EF	MeF	MiF
811	20 (Pf)	dunkelmagenta/ dkl'graublau...... aee		4,—	2,50
812	130 (Pf)	dkl'kobaltblau/ schwärzl'vio'blau... aef	10,—	20,—	15,—

Weitere Werte „Frauen der deutschen Geschichte": MiNr. 770 bis 771, 788, 806, 824–828, 830, 833, 844–845, 848–849

Bildgleiche Marken ohne Inschrift „BERLIN" siehe Bundesrepublik Deutschland MiNr. 1365–1366.

1988, 5. Mai. 300. Todestag des Großen Kurfürsten. ⓔ Gerstetter; komb. StTdr. und Odr; gez. K 13¾:14.

aeg) Friedrich Wilhelm (1620–1688, reg. ab 1640), Kurfürst von Brandenburg, mit seiner Familie im Garten des Berliner Schlosses

813	50 (Pf)	mehrfarbig........ aeg	6,50	10,—	3,50

1988, 14. Juli. Freimarken: Sehenswürdigkeiten (III). ⓔ Haase; Ldr. Bogen (B) und Rollen (R); gez. K 14.

aeh) Nofretete-Büste, Berlin   aei) St.-Petri-Dom, Schleswig

814	70 (Pf)	blau/mattrotorange.. aeh	10,—	18,—	7,—
815	120 (Pf)	mattrötlichbraun/ hellblaugrün........ aei	14,—	40,—	10,—

Weitere Werte „Sehenswürdigkeiten": MiNr. 793–796, 798–799, 816, 831–832, 834–835, 863, 874

Bildgleiche Marken ohne Inschrift „BERLIN" siehe Bundesrepublik Deutschland MiNr. 1374–1375.

1988, 11. Aug. Freimarke: Sehenswürdigkeiten (IV). ⓔ Haase; Ldr. Bogen (B) und Rollen (R); gez. K 14.

aek) Chilehaus, Hamburg

816	40 (Pf)	mehrfarbig GA..... aek	8,—	15,—	5,—

Weitere Werte „Sehenswürdigkeiten": MiNr. 793–796, 798–799, 814–815, 831–832, 834–835, 863, 874

Bildgleiche Marke ohne Inschrift „BERLIN" siehe Bundesrepublik Deutschland MiNr. 1379.

1988, 11. Aug. Jahresversammlungen des Internationalen Währungsfonds (IWF) und der Weltbankgruppe, Berlin. Görs; Odr. (5×5); gez. K 13¾.

ael) Weltkarte

Nr.	Wert	Farbe		EF	MeF	MiF
817	70 (Pf)	mehrfarbig	ael	8,—	15,—	3,—

1988, 13. Okt. Wohlfahrt: Gold- und Silberschmiedekunst. Lüdtke; Odr.; gez. K 13¾.

aem) Brustschmuck (um 1700)

aen) Großer Gießlöwe (1540)
aeo) Münzpokal (1536)
aep) Chormantelschließe (um 1400)

Nr.	Wert	Farbe		EF	MeF	MiF
818	50 + 25 (Pf)	mehrfarbig	aem	7,—	12,—	3,50
819	60 + 30 (Pf)	mehrfarbig	aen	9,—	12,—	4,50
820	70 + 35 (Pf)	mehrfarbig	aeo	15,—	20,—	4,50
821	80 + 40 (Pf)	mehrfarbig	aep	16,—	25,—	6,—

1988, 13. Okt. 150 Jahre Eisenbahn Berlin–Potsdam. Görs; Odr.; gez. K 14.

aer) Potsdamer Bahnhof, Berlin (1838)

| 822 | 10 (Pf) | mehrfarbig | aer | | 5,— | 2,— |

1988, 13. Okt. 50. Todestag von Ernst Barlach. Görs; Odr.; gez. K 13¾.

aes) Der Sammler; Bronzeplastik von E. Barlach (1870–1938), Bildhauer, Grafiker und Dichter

| 823 | 40 (Pf) | mehrfarbig | aes | 5,— | 10,— | 2,— |

Kennen Sie schon das Album

MICHEL-Exklusiv,

das „etwas andere Briefmarkenalbum"?

Lassen Sie es sich von Ihrem Händler vorführen oder verlangen Sie eine Probeseite vom Verlag.

1988, 10. Nov. Freimarken: Frauen der deutschen Geschichte (V). Aretz; StTdr.; gez. K 14.

aet) Dorothea Erxleben (1715–1762), Ärztin

aeu) Therese Giehse (1898–1975), Schauspielerin
aev) Hannah Arendt (1906–1975), Philosophin
aew) Mathilde Franziska Anneke (1817–1884), Frauenrechtlerin
aex) Hedwig Dransfeld (1871–1925), Politikerin

Nr.	Wert	Farbe		EF	MeF	MiF
824	60 (Pf)	schwarzoliv/dkl'violett	aet	8,—	12,—	4,—
825	100 (Pf)	rot/olivschwarz	aeu	8,—	12,—	5,—
826	170 (Pf)	schwarzoliv/schwarzviolettpurpur	aev	12,—	18,—	9,—
827	240 (Pf)	schwarzgrünl'blau/schwärzl'braunocker	aew	15,—	30,—	12,—
828	350 (Pf)	grünschwarz/dunkellilarot	aex	23,—	45,—	18,—

Weitere Werte „Frauen der deutschen Geschichte": MiNr. 770 bis 771, 788, 806, 811–812, 830, 833, 844–845, 848–849

Bildgleiche Marken ohne Inschrift „BERLIN" siehe Bundesrepublik Deutschland MiNr. 1332, 1390–1393.

1988, 10. Nov. Weihnachten. Runge; Odr.; gez. K 13¾.

aey) Verkündigung an die Hirten; aus dem Evangeliar Heinrichs des Löwen (12. Jh.)

| 829 | 50 + 25 (Pf) | mehrfarbig | aey | 9,— | 15,— | 4,— |

1989

1989, 12. Jan. Freimarke: Frauen der deutschen Geschichte (VI). Aretz; StTdr.; gez. K 14.

aez) Alice Salomon (1872–1948), Frauenrechtlerin und Sozialpädagogin

| 830 | 500 (Pf) | schwarzbräunl'oliv/dunkelrot | aez | 50,— | 90,— | 40,— |

Weitere Werte „Frauen der deutschen Geschichte": MiNr. 770 bis 771, 788, 806, 811–812, 824–828, 833, 844–845, 848–849

Bildgleiche Marke ohne Inschrift „BERLIN" siehe Bundesrepublik Deutschland MiNr. 1397.

Berlin (West)

1989, 12. Jan. Freimarken: Sehenswürdigkeiten (V). Haase; Ldr. Bogen (B) und Rollen (R); gez. K 14.

aeh) Nofretete-Büste, Berlin

afa) Bronzekanne, Reinheim

			EF	MeF	MiF
831	20 (Pf)	blau/mattrotorange.. aeh	—,—	6,—	2,50
832	140 (Pf)	hellolivbraun/lebhaftrötlichgelb... afa	12,—	20,—	9,—

Weitere Werte „Sehenswürdigkeiten": MiNr. 793–796, 798–799, 814–815, 816, 834–835, 863, 874

Bildgleiche Marken ohne Inschrift „BERLIN" siehe Bundesrepublik Deutschland MiNr. 1398 und 1401.

1989, 9. Febr. Freimarke: Frauen der deutschen Geschichte (VII). Aretz; StTdr.; gez. K 14.

afb) Emma Ihrer (1857–1911), Politikerin und Gewerkschaftlerin

833	5 (Pf)	schwarzblaugrau/dkl'braunorange ..... afb	7,—	2,—

Weitere Werte „Frauen der deutschen Geschichte": MiNr. 770 bis 771, 788, 806, 811–812, 824–828, 830, 844–845, 848–849

Bildgleiche Marke ohne Inschrift „Berlin" siehe Bundesrepublik Deutschland MiNr. 1405.

1989, 9. Febr./Juni. Freimarken: Sehenswürdigkeiten (VI). Haase; Ldr. Bogen (B), Markenheftchen (MH) und Rollen (R); A = vierseitig, C und D = dreiseitig gez. K 14.

afc) Wallfahrtskapelle, Altötting

afd) Externsteine, Horn-Bad Meinberg

834	100 (Pf)	hellbläulichgrün/lebhaftocker ..... afc			
A		vierseitig gez. (9. Febr.) (B) (R)	8,—	12,—	5,—
C		oben geschnitten (Juni) (MH)	35,—	60,—	30,—
D		unten geschnitten (Juni) (MH)	35,—	60,—	30,—
835 A	350 (Pf)	lilaultramarin/mittelolivbraun (9. Febr.) (B) (R) ... afd	25,—	45,—	18,—

Senkrechtes Paar (C/D) siehe bei MH 15.

Weitere Werte „Sehenswürdigkeiten": MiNr. 793–796, 798–799, 814–815, 816, 831–832, 863, 874

Bildgleiche Marken ohne Inschrift „BERLIN" siehe Bundesrepublik Deutschland MiNr. 1406–1407.

1989, 9. Febr. Sporthilfe: Volleyball-Europameisterschaft der Damen, Hamburg, Karlsruhe und Stuttgart; Hockey Champions Trophy, Berlin. Odr.; gez. K 14.

afe) Volleyball

aff) Feldhockey

			EF	MeF	MiF
836	100 + 50 (Pf)	mehrfarbig ..... afe	16,—	27,—	11,—
837	140 + 60 (Pf)	mehrfarbig ..... aff	20,—	37,—	13,—

1989, 20. April. Jugend: Zirkus. Kößlinger; Odr.; gez. K 14.

afg) Dompteur mit Raubtiergruppe

afh) Trapezkünstler   afi) Jonglierende Seelöwen   afk) Jongleur

838	60 + 30 (Pf)	mehrfarbig ..... afg	8,—	12,—	6,—
839	70 + 30 (Pf)	mehrfarbig ..... afh	27,—	15,—	8,—
840	80 + 35 (Pf)	mehrfarbig ..... afi	16,—	21,—	9,—
841	100 + 50 (Pf)	mehrfarbig ..... afk	13,—	21,—	10,—

1989, 5. Mai. 40. Jahrestag der Beendigung der Blockade von Berlin. Görs; RaTdr.; gez. K 13¾:14.

afl) Luftbrückendenkmal, Berlin; stilis. „Rosinenbomber" mit den Flaggen der Westalliierten

842	60 (Pf)	mehrfarbig .... afl	8,—	13,—	4,—

1989, 5. Mai. Kongreß der Internationalen Organisation der Obersten Rechnungskontrollbehörden, Berlin. Schillinger; Odr.; gez. K 14.

afm) Kongreßemblem, Rotstift

843	80 (Pf)	mehrfarbig .... afm	8,—	15,—	4,50

Fluoreszierendes Papier

Unabhängig von der Zusammensetzung der Fluoreszenzsubstanz gibt es zwei grundsätzlich verschiedene Herstellungsweisen von fluoreszierendem Papier. Abhängig vom Druckverfahren der Marke wird die Fluoreszenzsubstanz entweder (StTdr., Bdr., komb. Verfahren) bereits bei Herstellung des Papiers in den Papierbrei gegeben (Marken fluoreszieren vorder- und rückseitig) oder (Odr., RaTdr.) es wird das fertige Papier mit einer fluoreszenzhaltigen Oberflächenbeschichtung versehen (Marken fluoreszieren nur vorderseitig). Beide Verfahren werden bei den Marken der Deutschen Bundespost angewendet. Eine gesonderte Katalogisierung erübrigt sich jedoch, da nicht bei ein und derselben Marke beide Verfahren auftreten.

1989, 13. Juli. Freimarken: Frauen der deutschen Geschichte (VIII). ▣ Aretz; StTdr.; gez. K 14.

afn) Lotte Lehmann (1888–1976), Sängerin

afo) Luise von Preußen (1776–1810), Königin von Preußen

			EF	MeF	MiF
844	180 (Pf)	kobaltblau/ schwarzrotlila......afn	15,—	30,—	12,—
845	250 (Pf)	rötlichlila/ dunkelkobalt......afo	30,—	55,—	18,—

Weitere Werte „Frauen der deutschen Geschichte": MiNr. 770 bis 771, 788, 806, 811–812, 824–828, 830, 833, 848–849

Bildgleiche Marken ohne Inschrift „BERLIN" siehe Bundesrepublik Deutschland MiNr. 1427–1428.

1989, 13. Juli. 100. Geburtstag von Ernst Reuter. ▣ Aretz; komb. StTdr. und Odr.; gez. K 14.

afp) E. Reuter (1889–1953), Politiker, Oberbürgermeister von Berlin

| 846 | 100 (Pf) | mehrfarbig......afp | 7,— | 12,— | 5,50 |

1989, 13. Juli. Internationale Funkausstellung (IFA), Berlin. ▣ Görs; Odr.; gez. K 14.

afr) Satellit, Parabolspiegel (Detail), Ausstellungsemblem

| 847 | 100 (Pf) | mehrfarbig......afr | 6,— | 12,— | 5,— |

1989, 10. Aug. Freimarken: Frauen der deutschen Geschichte (IX). ▣ Aretz; StTdr.); gez. K 14.

afs) Cécile Vogt (1875–1962), Hirnforscherin

aft) Fanny Hensel (1805–1847), Musikerin

| 848 | 140 (Pf) | schwärzl'lilaultramarin/ lebhaftbraunocker..afs | 20,— | 30,— | 15,— |
| 849 | 300 (Pf) | schwarzrötlichlila/ schwärzlichgrün....aft | 32,— | 60,— | 25,— |

Weitere Werte „Frauen der deutschen Geschichte": MiNr. 770 bis 771, 788, 806, 811–812, 824–828, 830, 833, 844–845

Bildgleiche Marken ohne Inschrift „BERLIN" siehe Bundesrepublik Deutschland MiNr. 1432–1433.

1989, 10. Aug. 200. Geburtstag von Peter Joseph Lenné. ▣ Görs; komb. StTdr. und Odr.; gez. K 14.

afu) P. J. Lenné (1789–1866), Gartenarchitekt; Verschönerungsplan des Berliner Zoos

| 850 | 60 (Pf) | mehrfarbig......afu | 8,— | 13,— | 4,— |

1989, 10. Aug. 100. Geburtstag von Carl von Ossietzky. ▣ Görs; RaTdr.; gez. K 14.

afv) C. v. Ossietzky (1889–1938), Publizist; Titel der Zeitschrift „Die Weltbühne"

			EF	MeF	MiF
851	100 (Pf)	mehrfarbig......afv	7,—	12,—	5,50

1989, 12. Okt. Wohlfahrt: Postbeförderung im Laufe der Jahrhunderte. ▣ Steiner; Odr.; gez. K 13¾.

afw) Briefbote (15. Jh.)

afx) Brandenburgischer Postwagen (um 1700)

afy) Preußische Postbeamte (19. Jh.)

852	60 + 30 (Pf)	mehrfarbig......afw	12,—	18,—	9,—
853	80 + 35 (Pf)	mehrfarbig......afx	17,—	25,—	10,—
854	100 + 50 (Pf)	mehrfarbig......afy	14,—	30,—	12,—

1989, 12. Okt. 450. Jahrestag der Reformation im Kurfürstentum Brandenburg. ▣ Görs; Odr;. (gez. K 13¾:14.

afz) St.-Nikolai-Kirche, Berlin-Spandau

| 855 | 60 (Pf) | mehrfarbig......afz | 7,— | 12,— | 3,— |

1989, 12. Okt. 300 Jahre Französisches Gymnasium, Berlin. ▣ Görs; komb. StTdr. und Odr.; gez. K 14.

aga) Schulgebäude (1701–1873), Titelblatt der Schulordnung (1689), erstes Dienstsiegel (1713)

| 856 | 40 (Pf) | mehrfarbig......aga | 5,— | 10,— | 3,— |

1989, 12. Okt. 100. Geburtstag von Hannah Höch. ▣ Schmidt-Dudek; Odr.; gez. K 13¾.

agb) Die Journalisten; Gemälde von H. Höch (1889–1978)

| 857 | 100 (Pf) | mehrfarbig......agb | 5,— | 12,— | 5,— |

Beachten Sie die neue Druck-Abkürzung:

Ldr. = indirekter Hochdruck (wie Offsetdruck aussehend; auch Letterset genannt)

Berlin (West)

1989, 16. Nov. Weihnachten. ⊠ Stelzer; Odr.; gez. K 13¾.

agc) Engel

agd) Anbetung der Könige

agc–agd) Details aus dem „Englischen Gruß" von Veit Stoß (um 1445 bis 1533), Bildhauer, Kupferstecher und Maler, in der St.-Lorenz-Kirche, Nürnberg

			EF	MeF	MiF
858	40 + 20 (Pf)	mehrfarbig . . . . . agc	7,—	12,—	4,—
859	60 + 30 (Pf)	mehrfarbig . . . . . agd	9,—	15,—	6,—

1990

1990, 12. Jan. 500 Jahre internationale Postverbindungen in Europa. ⊠ Bundesdruckerei Berlin; komb. StTdr. und Odr.; gez. K 13¾:14.

age) Der kleine Postreiter (Detail); Stich von Albrecht Dürer (1471–1528), Maler und Grafiker

| 860 | 100 (Pf) | mehrfarbig . . . . . . age | 8,— | 13,— | 6,— |

Bildgleiche Marke ohne Inschrift „BERLIN" siehe Bundesrepublik Deutschland MiNr. 1445.

1990, 12. Jan. 250 Jahre öffentlicher Personenverkehr in Berlin. ⊠ Kößlinger; Odr.; gez. K 14.

agf) Pferdekutsche

| 861 | 60 (Pf) | mehrfarbig . . . . agf | 9,— | 13,— | 5,— |

1990, 12. Jan. 150. Geburtstag von Ernst Rudorff. ⊠ Lüdtke; Odr.; gez. K 14.

agg) E. Rudorff (1840–1916), Musiklehrer, Vorkämpfer des Heimat- und Naturschutzes

| 862 | 60 (Pf) | mehrfarbig . . . . agg | 9,— | 13,— | 5,— |

1990, 15. Febr. Freimarke: Sehenswürdigkeiten (VII). ⊠ Haase; Ldr. Bogen (B) und Rollen (R); gez. K 14.

agh) Löwenstandbild, Braunschweig

| 863 | 5 (Pf) | grünblau/grau (B) (R) . . . . . . agh | | 5,— | 1,50 |

Weitere Werte „Sehenswürdigkeiten": MiNr. 793–796, 798–799, 814–815, 816, 831–832, 834–835, 837

Bildgleiche Marke ohne Inschrift „BERLIN" siehe Bundesrepublik Deutschland MiNr. 1448.

1990, 15. Febr. Sporthilfe: Beliebte Sportarten. ⊠ Aretz; Odr.; gez. K 14.

agi) Wasserball

agk) Rollstuhl-Basketball

			EF	MeF	MiF
864	100 + 50 (Pf)	mehrfarbig . . . . . agi	14,—	28,—	12,—
865	140 + 60 (Pf)	mehrfarbig . . . . . agk	23,—	45,—	18,—

1990, 15. Febr. 100 Jahre Freie Volksbühne Berlin. ⊠ Kößlinger; Odr.; gez. K 13¾.

agl) Theater der Freien Volksbühne Berlin, stilis. Theatervorhang

| 866 | 100 (Pf) | mehrfarbig . . . . agl | 7,50 | 12,— | 5,50 |

1990, 15. Febr. 40 Jahre Bundeshaus in Berlin. ⊠ Görs; Odr.; gez. K 14.

agm) Bundeshaus in der Bundesallee, Berlin

| 867 | 100 (Pf) | mehrfarbig . . . . agm | 10,— | 15,— | 7,50 |

1990, 19. April. Jugend: 125 Jahre „Max und Moritz". ⊠ Schillinger; Odr.; gez. K 14.

agn) „Aber Moritz aus der Tasche zieht die Flintenpulverflasche"

ago) „Und der Meister Bäcker schrie: ‚Ach, herrje! Da laufen sie!'"

agp) „Wozu müssen auch die beiden Löcher in die Säcke schneiden"

agr) „Schon faßt einer, der voran, Onkel Fritzens Nase an"

agn–agr) Illustrationen aus der Bildgeschichte „Max und Moritz" von Wilhelm Busch (1832–1908), Maler, Zeichner und Dichter

868	60 + 30 (Pf)	mehrfarbig . . . . . agn	11,—	16,—	6,50
869	70 + 30 (Pf)	mehrfarbig . . . . . ago	30,—	16,—	7,50
870	80 + 35 (Pf)	mehrfarbig . . . . . agp	17,—	22,—	8,—
871	100 + 50 (Pf)	mehrfarbig . . . . . agr	14,—	22,—	9,—

Berlin (West)

1990, 3. Mai. 200 Jahre Drehorgel. ⊠ Graschberger; Odr.; gez. K 13¾.

ags) „Hofsänger in Berlin"; Radierung nach Ludwig Knaus (1829–1910), Maler

				EF	MeF	MiF
872	100 (Pf)	mehrfarbig	ags	7,—	12,—	5,—

1990, 27. Sept. 200. Geburtstag von Adolph Diesterweg. ⊠ Görs; Odr.; gez. K 13¾:14.

agz) A. Diesterweg (1790–1866), Pädagoge

				EF	MeF	MiF
879	60 (Pf)	mehrfarbig	agz	10,—	15,—	6,50

1990, 3. Mai. Deutscher Katholikentag, Berlin. ⊠ Lüdtke; Odr.; gez. K 13¾.

agt) Plakat

873	60 (Pf)	mehrfarbig	agt	9,—	13,—	4,50

1990, 21. Juni. Freimarke: Sehenswürdigkeiten (VIII). ⊠ Haase; Ldr. Bogen (B) und Rollen (R); gez. K 14.

agu) Helgoland

874	70 (Pf)	mattlilaultramarin/schwärzl'rotorange	agu	15,—	30,—	9,—

Weitere Werte „Sehenswürdigkeiten": MiNr. 793–796, 798–799, 814–815, 816, 831–832, 834–835, 863

Bildgleiche Marke ohne Inschrift „BERLIN" siehe Bundesrepublik Deutschland MiNr. 1469.

1990, 9. Aug. 100 Jahre Deutsche Pharmazeutische Gesellschaft (DPhG). ⊠ Ertle; Odr.; gez. K 14.

agv) Mörser, Formel-Computerbild (Aspirin), DPhG-Emblem

875	100 (Pf)	mehrfarbig	agv	9,—	14,—	8,—

1990, 27. Sept. Wohlfahrt: Geschichte der Post und Telekommunikation. ⊠ Steiner; Odr.; gez. K 13¾.

agw) Bahnpost (um 1900)   agx) Telefonarbeiten (um 1990)   agy) Elektro-Paketzustellwagen (um 1930)

876	60 + 30 (Pf)	mehrfarbig	agw	12,—	22,—	8,—
877	80 + 35 (Pf)	mehrfarbig	agx	16,—	27,—	10,—
878	100 + 50 (Pf)	mehrfarbig	agy	14,—	32,—	12,—

MiNr. 326 bis 879 gültig bis 31. 12. 1991

Ganzsachenausschnitte als Freimarken verwendet

Ab 1.1.1981 auf Nicht-Standard-Sendungen und ab 1.7.1982 auf allen Postsendungen waren sämtliche frankaturgültigen Postwertzeicheneindrucke aus Ganzsachen ausgeschnitten zur Frankatur zulässig, sofern auf dünnem Papier gedruckt. Ganzsachenausschnitte auf dickem Papier (z. B. Postkarten) sind für alle Sendungen außer Standardsendungen und Wertbriefen mit Siegelabdruck zulässig.

Ab MiNr. 198 sind alle Ausgaben – wenn nicht ausdrücklich anders angegeben – auf fluoreszierendem Papier gedruckt. Unterschiedliche Farbe der Fluoreszenz (weiß bzw. gelb) ist fabrikationsbedingt und rechtfertigt keine Preisunterschiede.

Die Ausgabe besonderer Marken für Berlin (West) wurde Ende 1990 eingestellt.

Automatenmarken

1987, 4. Mai. Freimarke: Schloß Charlottenburg. ⊠ Schillinger; RaTdr.; Papier fl.; Typendruck über Farbband; ☐ mit je 2 Transportlöchern am Ober- und Unterrand.

a) Schloß Charlottenburg

		BF ⊠
1 5–9995 (Pf) (in Stufen von 5 Pf) schwarz, Unterdruck mehrfarbig . . . . a		
5–100 (Pf), je Wert		7,50
Höhere Werte . . . . (100 Pf = 1,75)		+7,50

Sehr viele Abweichungen und Zufälligkeiten beim Werteindruck bekannt (0000-Werte, fehlende oder rückseitige Wertangabe, Werteindruck in dunkelvioletter Farbe, ⚹⚹, ⚹, ⚹, ⚹ usw.). Druckzufälligkeiten und Abweichungen dieser Art werden nicht katalogisiert.

FALSCH

Gültig bis 31. 12. 1991

Ausführliche Katalogisierung siehe MICHEL-Automatenmarken-Spezialkatalog!

Postschnelldienst und Rohrpostschnelldienst

Für die während des Krieges weitgehend zerstörte Rohrpost wurde am 1. 3. 1949 in West-Berlin ersatzweise ein Postschnelldienst eingeführt. Dies wurde mit einem amtlichen Ankündigungsblatt bekanntgegeben. Vom 1. 12. 1951 bis 28. 2. 1963 wurde die Rohrpost wieder betrieben; bis zum vollständigen Wiederaufbau des Rohrpostnetzes am 5. 3. 1955 gab es einen kombinierten Rohrpost- und Postschnelldienst.

I: Postschnelldienst (1. 3. 1949–30. 11. 1951): mindestens 300,— Aufschlag auf ⊠-Bewertung
II: Rohrpost: vom 1. 12. 1951 bis 30. 6. 1954 mindestens 250,— Aufschlag auf ⊠-Bewertung
    vom 1. 7. 1954 bis 28. 2. 1963 mindestens 200,— Aufschlag auf ⊠-Bewertung

Eine Bewertung der verschiedenen Kennzeichnungszettel und Frankaturen ist im Rahmen dieses Kataloges nicht möglich.

Näheres siehe: Werner Götz: „Bedarfsbriefe Deutschland nach 1945" und Steinbock+Decke: „Handbuch Postschnelldienst Berlin".

Markenheftchenblätter und Zusammendrucke

Wichtige Bewertungshinweise:

✉-Preise bei H-Blättern:
Bis einschließlich MH 8 verstehen sich die Preise für Stücke mit H-Blatt-Rand, ohne Rand 30% Abschlag, ab MH 9 für ohne Rand.

✉-Bewertung bei Zusammendrucken:
Die angegebenen Preise gelten ausschließlich für Einheiten in der katalogisierten Form, wobei als Zusatzfrankatur bei Mischfrankatur entweder Einzelmarken oder andere Zusammendruckeinheiten gesondert verklebt sein müssen. Zusammendrucke in anderen Zusammenstellungen als katalogisiert erfordern je nach Vorkommen eine besondere Bewertung, die einem Briefe-Spezial-Katalog vorbehalten bleiben muß.

Berliner Bauten, 1949, Heftchen MiNr. 1 mit H-Bl. 1–4

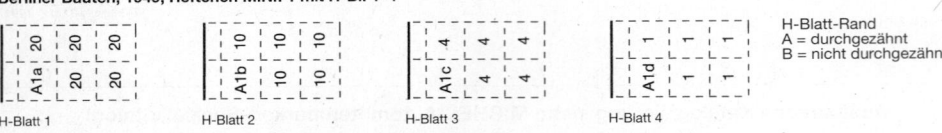

H-Blatt 1 — A 1a = rot
H-Blatt 2 — A 1b = gelblichgrün
H-Blatt 3 — A 1c = lebhaftgelbbraun
H-Blatt 4 — A 1d = schwarz

H-Blatt-Rand
A = durchgezähnt
B = nicht durchgezähnt

H-Bl.-MiNr.		MiNr.	Werte	✉
1	B	A 1a/5×49	A 1a+5×20	950,—
2	B	A 1b/5×47 I	A 1b+5×10	900,—
3	A	A 1c/5×43	A 1c+5×4	250,—
	B			100,—
4	A	A 1d/5×42	A 1d+5×1	250,—
	B			100,—

Zusammendrucke aus H-Bl. 1–4 und MHB:

W 12

W 14

Zd-MiNr.	MiNr.	Werte	✉
W 1	A 1d/42	A 1d+1	35,—
W 2	A 1d/42/A 1d	A 1d+1+A 1d	220,—
W 3	42/A 1d	1+A 1d	140,—
W 4	42/A 1d/42	1+A 1d+1	220,—
W 5	A 1c/43	A 1c+4	35,—
W 6	A 1c/43/A 1c	A 1c+4+A 1c	220,—
W 7	43/A 1c	4+A 1c	140,—
W 8	43/A 1c/43	4+A 1c+4	220,—
W 9	A 1b/47 I	A 1b+10	275,—
W 10	A 1b/47 I/A 1b	A 1b+10+A 1b	2200,—
W 11	47 I/A 1b	10+A 1b	1400,—
W 12	47 I/A 1b/47 I	10+A 1b+10	2200,—
W 13	A 1a/49	A 1a+20	275,—
W 14	A 1a/49/A 1a	A 1a+20+A 1a	2200,—
W 15	49/A 1a	20+A 1a	1400,—
W 16	49/A 1a/49	20+A 1a+20	2200,—
S 1	A 1d/42	A 1d+1	35,—
S 2	A 1c/43	A 1c+4	35,—
S 3	A 1b/47 I	A 1b+10	280,—
S 4	A 1a/49	A 1a+20	280,—

Berlin (West) (Markenheftchen)

Zd-MiNr.	MiNr.	Werte	✉
SZ 1 A	47 I/Z/42	10+Z+1	570,—
SZ 1 B	47 I/Z/42	10+Z+1	80,—
SZ 2 A	47 I/Z/A 1d/42	10+Z+A 1d+1	1000,—
SZ 2 B	47 I/Z/A 1d/42	10+Z+A 1d+1	350,—
SZ 3 A	49/Z/43	20+Z+4	570,—
SZ 3 B	49/Z/43	20+Z+4	80,—
SZ 4 A	49/Z/A 1c/43	20+Z+A 1c+4	1000,—
SZ 4 B	49/Z/A 1c/43	20+Z+A 1c+4	350,—
SK 1	42/42	1+1	10,—
SK 2	43/43	4+4	15,—
SKZ 1 B	47 I/Z/A 1a/49	10+Z+A 1a+20	1700,—
SKZ 2 B	49/Z/A 1b/47 I	20+Z+A 1b+10	1700,—

A = durchgezähnter Zwischensteg, B = nicht durchgezähnter Zwischensteg

Berliner Bauten, 1952, Heftchen MiNr. 2 mit H-Bl. 5–10

H-Blatt 5	H-Blatt 6	H-Blatt 7	H-Blatt 8	H-Blatt 9	H-Blatt 10
A 2 = rot	A 3 = gelblichgrün	A 4 = lebhaftgelbbraun	A 5 = lebhaftgelbbraun	A 6 = schwarz	A 7 = schwarz

H-Bl.-MiNr.	MiNr.	Werte	✉
5	A 2/5×49	A 2+5×20	700,—
6	A 3/5×47 I	A 3+5×10	600,—
7	A 4/5×43	A 4+5×4	220,—
8	A 5/5×43	A 5+5×4	500,—
9	A 6/5×42	A 6+5×1	500,—
10	A 7/5×42	A 7+5×1	220,—

Zusammendrucke aus H-Bl. 5–10 und MHB:

S 5 (mit A 2)　S 6 (mit A 3)　S 7 (mit A 4)　S 8 (mit A 5)　S 9 (mit A 6)　S 10 (mit A 7)

Zd-MiNr.	MiNr.	Werte	✉
W 17	49/A 2	20+A 2	120,—
W 18	A 2/49/A 2	A 2+20+A 2	700,—
W 19	A 2/49	A 2+20	400,—
W 20	49/A 2/49	20+A 2+20	700,—
W 21	47 I/A 3	10+A 3	120,—
W 22	A 3/47 I/A 3	A 3+10+A 3	700,—
W 23	A 3/47 I	A 3+10	400,—
W 24	47 I/A 3/47 I	10+A 3+10	700,—
W 25	43/A 4	4+A 4	55,—
W 26	A 4/43/A 4	A 4+4+A 4	200,—
W 27	A 4/43	A 4+4	120,—
W 28	43/A 4/43	4+A 4+4	200,—
W 29	43/A 5	4+A 5	120,—
W 30	A 5/43/A 5	A 5+4+A 5	700,—

Berlin (West) (Markenheftchen)

Zd-MiNr.	MiNr.	Werte	✉
W 31	A 5/43	A 5+4	400,—
W 32	43/A 5/43	4+A 5+4	700,—
W 33	42/A 6	1+A 6	120,—
W 34	A 6/42/A 6	A 6+1+A 6	700,—
W 35	A 6/42	A 6+1	400,—
W 36	42/A 6/42	1+A 6+1	700,—
W 37	42/A 7	1+A 7	55,—
W 38	A 7/42/A 7	A 7+1+A 7	200,—
W 39	A 7/42	A 7+1	140,—
W 40	42/A 7/42	1+A 7+1	200,—
S 5	A 2/49	A 2+20	120,—
S 6	A 3/47 I	A 3+10	120,—
S 7	A 4/43	A 4+4	55,—
S 8	A 5/43	A 5+4	120,—
S 9	A 6/42	A 6+1	120,—
S 10	A 7/42	A 7+1	55,—
SZ 5	49/Z/A 5/43	20+Z+A 5+4	430,—
SZ 6	47 I/Z/A 6/42	10+Z+A 6+1	430,—
SKZ 3	49/Z/A 3/47 I	20+Z+A 3+10	550,—
SKZ 4	47 I/Z/A 2/49	10+Z+A 2+20	550,—

In MHB 2 sind noch folgende Zusammendrucke enthalten: SZ 1 B, SZ 3 B, SK 1, SK 2 (Katalogisierung bei MH 1)

Ausführliche Darstellung und Bewertung siehe Alfred Lippschütz: „Die Plattenfehler der Berliner Bauten I 1949–1958"

Dürer, 1962, Heftchen MiNr. 3 mit H-Bl. 11

H-Blatt-Rand
A = durchgezähnt
B = nicht durchgezähnt

H-Bl.-MiNr.	MiNr.	Werte	✉
11 A	10×202	10×10	100,—
11 B	10×202	10×10	100,—

Der H-Blatt-Rand ist mit einer Strichelleiste in Markenfarbe bedruckt und dadurch von Randzehnerblocks aus Schalterbogen unterscheidbar. Stücke ohne H-Blatt-Rand werten wie 10 Einzelmarken MiNr. 202.

Zusammendrucke aus MHB:

K 3   KZ 1

Zd-MiNr.	MiNr.	Werte	✉
K 3	202/202	10+10	8,—
KZ 1	202/Z/202	10+Z+10	25,—

Deutsche Bauwerke aus zwölf Jahrhunderten, 1965, Heftchen MiNr. 4 mit H-Bl. 12

```
┌─────────────────────────┐
│ 10 │ 10 │ 10 │ 10 │ 10 │
├────┴────┴────┴────┴────┤
│ 10 │ 10 │ 10 │ 10 │ 10 │
└─────────────────────────┘  H-Blatt 12
```

H-Bl.-MiNr.	MiNr.	Werte	✉
12	10×242	10×10	20,—

Der H-Blatt-Rand ist mit einer Strichelleiste in Markenfarbe bedruckt und dadurch von Randzehnerblocks aus Schalterbogen unterscheidbar. Stücke ohne H-Blatt-Rand werten wie 10 Einzelmarken MiNr. 242.

Zusammendrucke aus MHB:

K 4

KZ 2

Zd-MiNr.	MiNr.	Werte	✉
K 4	242/242	10+10	4,—
KZ 2	242/Z/242	10+Z+10	15,—

Brandenburger Tor, 1966, Heftchen MiNr. 5 mit H-Bl. 13

```
┌───────────────────────┐
│ 30 │ 30 │ 20 │ 10 │ 10 │
├────┴────┴────┴────┴───┤
│ 30 │ 30 │ 20 │ 10 │ 10 │
└───────────────────────┘  H-Blatt 13
```

H-Bl.-MiNr.	MiNr.	Werte	✉
13	4×286/2×287/4×288	4×10+2×20+4×30	20,—

Zusammendrucke aus H-Blatt 13 und MHB 5:

KZ 3 a

W 43

Zd-MiNr.	MiNr.	Werte	✉
W 41	287/286	20+10	2,50
W 42	288/287	30+20	3,—
W 43	288/287/286	30+20+10	4,—
K 5	286/286	10+10	2,50
KZ 3 a[1]	288/Z/288	30+Z+30	6,—

[1] KZ 3 a: Zwischensteg mit zwei senkrechten dunkelrosa Strichelleisten bedruckt

Berlin (West) (Markenheftchen)

Brandenburger Tor, 1970 (I), Heftchen MiNr. 6 mit H-Bl. 14

Ab 1970 wurden neue Markenheftchen-Verkaufsautomaten aufgestellt, die ein verkleinertes Heftchenformat erforderten. Wegen der maschinellen Herstellung der Heftchen sind angeschnittene Zähnungen häufig; solche H-Blätter und Zusammendrucke sind vollwertig.

```
 ┌ ─ ─ ─ ─ ─ ─ ─ ─ ┐
 │ 30 │ 10 │ 10 │
 ├ ─ ─ ┴ ─ ─ ┴ ─ ─ ┤
 │ 30 │ 10 │ 10 │
 └ ─ ─ ┴ ─ ─ ┴ ─ ─ ┘  H-Blatt 14
```

H-Bl.-MiNr.	MiNr.	Werte	✉
14	4×286/2×288	4×10+2×30	10,—

Das rechte senkrechte Markenpaar des H-Blattes ist im MH bei der Zähnung nach vorne umgebogen.

Zusammendrucke aus H-Blatt 14 und MHB:

Zd-MiNr.	MiNr.	Werte	✉
W 44	288/286	30×10	5,—
KZ 3 b[1])	288/Z/288	30×Z+30	6,—

[1]) KZ 3 b: Zwischensteg mit einer senkrechten dunkelrosa Strichelleiste bedruckt

Brandenburger Tor, 1970 (II), Heftchen MiNr. 7 mit H-Bl. 15

Deckel: siehe Hinweise bei MH 6

```
 ┌ ─ ─ ─ ─ ─ ┐
 │ 20 │ 30 │
 ├ ─ ─ ┴ ─ ─ ┤
 │ 20 │ 30 │
 └ ─ ─ ┴ ─ ─ ┘  H-Blatt 15
```

H-Bl.-MiNr.	MiNr.	Werte	✉
15	2×287/2×288	2×20+2×30	10,—

Zusammendrucke aus H-Blatt 15 und MHB:

K 6

Zd-MiNr.	MiNr.	Werte	✉
W 45	287/288	20+30	5,—
K 6	288/288	30+30	6,—
KZ 4	287/Z/287	20+Z+20	5,—

Ausführliche Katalogisierung der Markenheftchen, Markenheftchenbogen und Zusammendrucke siehe MICHEL-Deutschland-Spezial-Katalog.

Unfallverhütung, 1972, Heftchen MiNr. 8 mit H-Bl. 16

```
| 10 | 20 | 30 | 40 |
| 10 | 20 | 30 | 40 |
                      H-Blatt 16
```

H-Bl.-MiNr.	MiNr.	Werte	✉
16	2×403 A/2×404 A/2×406 A/2×407 A	2×10+2×20+2×30+2×40	30,—

Zusammendrucke aus H-Blatt 16 und MHB:

W 49

K 7

KZ 5

Zd-MiNr.	MiNr.	Werte	✉
W 46	403/404	10+20	5,—
W 47	403/404/406	10+20+30	6,50
W 48	404/406	20+30	6,—
W 49	404/406/407	20+30+40	10,—
W 50	406/407	30+40	7,—
K 7	407/407	40+40	15,—
KZ 5	403/Z/403	10+Z+10	12,—

Unfallverhütung, 1974, Heftchen MiNr. 9 mit H-Bl. 17

```
| 40 | 10 | 30 | 20 |
| 40 | 10 | 30 | 20 |
                      H-Blatt 17
```

H-Blatt-Preise ab H-Bl. 17 für Stücke ohne Rand

H-Bl.-MiNr.	MiNr.	Werte	✉
17	403 C/D / 404 C/D / 406 C/D / 407 C/D	2×10+2×20+2×30+2×40	80,—

Ausgleichszähne: Ab MH 9 wurden die H-Blätter im Rollendruck hergestellt; daher gibt es seitdem auch keine Markenheftchenbogen (MHB) mehr. Durch unterschiedlichen Feuchtigkeitsgehalt des Papiers und ungleiche Papierbahnspannung können sich Verschiebungen zwischen Markenbild und Zähnung einstellen. Dies wurde durch die Einschaltung von breiten bzw. spitzen Ausgleichszähnen ausgeglichen.

Zusammendrucke aus H-Blatt 17:

 W 51

 W 58

Zd-MiNr.	MiNr.	Werte	✉
W 51	407 C/403 C	40+10	20,—
W 52	407 D/403 D	40+10	20,—
W 53	407 C/403 C/406 C	40+10+30	36,—
W 54	407 D/403 D/406 D	40+10+30	36,—
W 55	403 C/406 C	10+30	26,—
W 56	403 D/406 D	10+30	26,—
W 57	403 C/406 C/404 C	10+30+20	32,—
W 58	403 D/406 D/404 D	10+30+20	32,—
W 59	406 C/404 C	30+20	20,—
W 60	406 D/404 D	30+20	20,—

Senkrechte Paare aus H-Blatt 17:

	✉		✉
403 C/D....................	20,—	406 C/D....................	20,—
404 C/D....................	26,—	407 C/D....................	26,—

Burgen und Schlösser, Juni 1977, Heftchen MiNr. 10 mit H-Bl. 18

 H-Blatt 18

H-Bl.-MiNr.	MiNr.	Werte	✉
18	2×532 C/D / 534 C/D / 536 C/D	4×10+2×30+2×50	40,—

Zusammendrucke aus H-Blatt 18:

 W 61 W 64

Zd-MiNr.	MiNr.	Werte	✉
W 61	536 C/534 C	50+30	18,—
W 62	536 D/534 D	50+30	18,—
W 63	536 C/534 C/532 C	50+30+10	21,—
W 64	536 D/534 D/532 D	50+30+10	21,—
W 65	534 C/532 C	30+10	6,—
W 66	534 D/532 D	30+10	6,—

Senkrechte Paare aus H-Blatt 18:

	✉		✉
532 C/D....................	3,50	536 C/D....................	125,—
534 C/D....................	8,50		

Berlin (West) (Markenheftchen)

Burgen und Schlösser, April 1980, Heftchen MiNr. 11 mit H-Bl. 19

```
| 10 | 30 | 10 | 50 |
| 10 | 30 | 10 | 50 |  H-Blatt 19
```

H-Bl.-MiNr.	MiNr.	Werte	✉
19	2×532 C/D / 534 C/D / 615 C/D	4×10+2×30+2×50	18,—

Von H-Blatt 19 sind Stücke bekannt, die infolge Fehlschnitts in der Mitte ☐ statt gezähnt sind, dafür oben und unten gezähnt statt ☐.

Zusammendrucke aus H-Blatt 19:

 W 67

 W 72

H-Bl.-MiNr.	MiNr.	Werte	✉
W 67	532 C/534 C	10+30	6,—
W 68	532 D/534 D	10+30	6,—
W 69	532 C/534 C/532 C	10+30+10	7,—
W 70	532 D/534 D/532 D	10+30+10	7,—
W 71	534 C/532 C/615 C	30+10+50	8,—
W 72	534 D/532 D/615 D	30+10+50	8,—
W 73	532 C/615 C	10+50	3,50
W 74	532 D/615 D	10+50	3,50

In H-Blatt 19 sind noch folgende Zusammendrucke enthalten: W 65, W 66 (Katalogisierung bei MH 10)

Senkrechtes Paar aus H-Blatt 19:

615 C/D .... ✉ 5,—

Katalogisierung der außerdem enthaltenen Paare 532 C/D und 534 C/D bei MH 10

Burgen und Schlösser, Okt. 1980, Heftchen MiNr. 12 mit H-Bl. 20

```
| 30 | 10 | 50 | 60 |
| 30 | 10 | 50 | 60 |  H-Blatt 20
```

H-Bl.-MiNr.	MiNr.	Werte	✉
20	532 C/D / 534 C/D / 611 C/D / 615 C/D	2×10+2×30+2×50+2×60	75,—

Ausführliche Katalogisierung der Markenheftchen, Markenheftchenbogen und Zusammendrucke siehe MICHEL-Deutschland-Spezial-Katalog.

Berlin (West) (Markenheftchen)

Zusammendrucke aus H-Blatt 20:

W 75

W 78

Zd-MiNr.	MiNr.	Werte	✉
W 75	532 C/615 C/611 C	10+50+60	40,—
W 76	532 D/615 D/611 D	10+50+60	40,—
W 77	615 C/611 C	50+60	40,—
W 78	615 D/611 D	50+60	40,—

In H-Blatt 20 sind außerdem noch folgende Zusammendrucke enthalten: W 65, W 66 (Katalogisierung bei MH 10) und W 71, W 72, W 73, W 74 (Katalogisierung bei MH 11).

Senkrechtes Paar aus H-Blatt 20:

611 C/D . . . .   ✉ 60,—

In H-Blatt 20 sind außerdem folgende senkrechte Paare enthalten: 532 C/D, 534 C/D (Katalogisierung bei MH 10) und 615 C/D (Katalogisierung bei MH 11).

Burgen und Schlösser, Juni 1982, Heftchen MiNr. 13 mit H-Bl. 21

```
| 10 | 10 | 50 | 80 |
|----|----|----|----|
| 10 | 10 | 50 | 80 |   H-Blatt 21
```

H-Bl.-MiNr.	MiNr.	Werte	✉
21	2×532 C/D / 615 C/D / 674 C/D	4×10+2×50+2×80	40,—

Zusammendrucke aus H-Blatt 21:

W 79

W 82

Zd-MiNr.	MiNr.	Werte	✉
W 79	532 C/615 C/674 C	10+50+80	20,—
W 80	532 D/615 D/674 D	10+50+80	20,—
W 81	615 C/674 C	50+80	20,—
W 82	615 D/674 D	50+80	20,—

In H-Blatt 21 sind außerdem noch folgende Zusammendrucke enthalten: W 73 und W 74 (Katalogisierung bei MH 11).

Senkrechtes Paar aus H-Blatt 21:

674 C/D . . . .   ✉ 30,—

In H-Blatt 21 sind außerdem noch folgende senkrechte Paare enthalten: 532 C/D (Katalogisierung bei MH 10) und 615 C/D (Katalogisierung bei MH 11).

Berlin (West) (Markenheftchen)

Sehenswürdigkeiten, Juni 1989, Heftchen MiNr. 14 mit H-Bl. 22

```
| 10 | 10 | 50 | 80 |
|----|----|----|----|
| 10 | 10 | 50 | 80 |
```
H-Blatt 22

H-Bl.-MiNr.	MiNr.	Werte	✉
22	2×798 C/D / 794 C/D / 796 C/D	4×10+2×50+2×80	125,—

Zusammendrucke aus H-Blatt 22:

W 85

W 88

Zd-MiNr.	MiNr.	Werte	✉
W 83	798 C/794 C	10+50	50,—
W 84	798 D/794 D	10+50	50,—
W 85	798 C/794 C/796 C	10+50+80	70,—
W 86	798 D/794 D/796 D	10+50+80	70,—
W 87	794 C/796 C	50+80	60,—
W 88	794 D/796 D	50+80	60,—

Senkrechte Paare aus H-Blatt 22:

		✉			✉
794 C/D	.....	70,—	798 C/D	.....	20,—
796 C/D	.....	35,—			

Sehenswürdigkeiten, Juni 1989, Heftchen MiNr. 15 mit H-Bl. 23

```
| 10 | 60 | 80 | 100 |
|----|----|----|-----|
| 10 | 60 | 80 | 100 |
```
H-Blatt 23

H-Bl.-MiNr.	MiNr.	Werte	✉
23	798 C/D / 795 C/D / 796 C/D / 834 C/D	2×10+2×60+2×80+2×100	250,—

**Ausführliche Katalogisierung der Markenheftchen,
Markenheftchenbogen und Zusammendrucke
siehe MICHEL-Deutschland-Spezial-Katalog.**

Berlin (West) (Markenheftchen)

Zusammendrucke aus H-Blatt 23:

 W 91    W 98

Zd-MiNr.	MiNr.	Werte	✉
W 89	798 C/795 C	10+60	80,—
W 90	798 D/795 D	10+60	80,—
W 91	798 C/795 C/796 C	10+60+80	90,—
W 92	798 D/795 D/796 D	10+60+80	90,—
W 93	795 C/796 C	60+80	90,—
W 94	795 D/796 D	60+80	90,—
W 95	795 C/796 C/834 C	60+80+100	120,—
W 96	795 D/796 D/834 D	60+80+100	120,—
W 97	796 C/834 C	80+100	70,—
W 98	796 D/834 D	80+100	70,—

Senkrechte Paare aus H-Blatt 23:

795 C/D .... ✉ 130,— | 834 C/D .... ✉ 80,—

In H-Blatt 23 sind außerdem noch folgende senkrechte Paare enthalten: 796 C/D und 798 C/D (Katalogisierung bei MH 14).

Postkrieg

Unter dieser Bezeichnung werden alle postalischen Erscheinungen zusammengefaßt, die auf Maßnahmen aus politischen Gründen von Postverwaltungen gegen Briefmarken, Poststempel oder dergleichen anderer Länder beruhen, ohne daß zwischen den beteiligten Staaten ein Kriegszustand besteht. Hierunter fällt auch die von zahlreichen kommunistischen Staaten ausgeübte, rechtswidrige Nichtanerkennung bestimmter Postwertzeichen anderer Länder (vorwiegend der Bundesrepublik).

Nicht unter diesen Begriff fallen Maßnahmen im Rahmen kriegerischer Auseinandersetzungen sowie rechtmäßige Nichtanerkennungen von Postwertzeichen (z. B. wegen Ungültigkeit im internationalen Postverkehr).

Ausführliche Bearbeitung siehe Dedo Burhop: „Postkrieg"-Spezialkatalog.

A Postkriegvignette

Deutsche Demokratische Republik

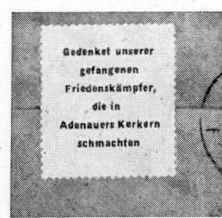

1953, 9. Mai. Sogen. „Adenauer-Marke". Bdr.; Wz. 2; gez. K 13½:13.

Nr.	Farbe	✉ rückseitig	✉ vorderseitig
PkV 1	grau	200,—	500,—

Diese Vignette war amtlich zum Überkleben der Bundesrepublik-Marke Nr. 165 vorgesehen, diese Verfügung wurde jedoch bereits am 12. Mai 1953 zurückgezogen. Die Vignette sollte dann als Briefverschlußmarke aufgebraucht werden.

Die obigen Briefpreise gelten für Stücke auf Behördenpost innerhalb der Deutschen Demokratischen Republik.

PkV 1 in Verbindung mit BRD Nr. 165 auf ✉ siehe Abschnitt B 3, Nr. 165 Pk X.

B Von Postkriegmaßnahmen betroffene Briefmarken

1. Französische Zone, Württemberg

Nr.	Bestimmungsland	Maßnahme	✉
ZZ 2	SBZ	Stempel: „Zurück, Marke unzulässig"	400,—

2. Amerikanische und Britische Zone (Bizone)

Nr.	Bestimmungsland	Maßnahme	✉
101	SBZ	Stempel: „unzulässig – zurück"	350,—
102	SBZ	Stempel: „unzulässig – zurück"	350,—

Unser Verlagsverzeichnis
können Sie kostenlos bei Ihrem Fachhändler bekommen.
Sofern nicht vorrätig, fordern Sie es bei uns direkt an.

3. Bundesrepublik Deutschland

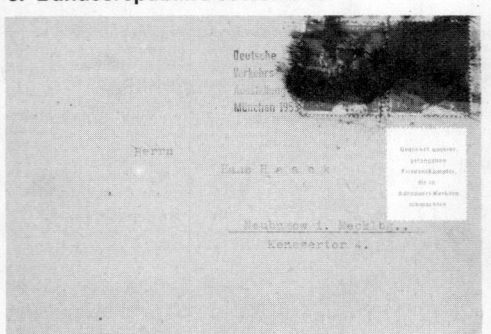

165 Pk X

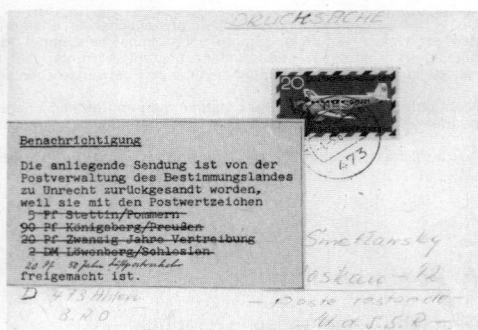

576 Pk I

Nr.	Bestimmungsland	Maßnahme	✉	FDC
165 Pk I	DDR	Schwärzung	70,—	—,—
Pk II	DDR	Schwärzung+Stempel: „Marke unzulässig!"	150,—	
Pk III	DDR	Marke mit Blaustift unkenntlich gemacht	150,—	
Pk IV	DDR	Schwärzung+Stempel: „Zurück! Marke unzulässig!"	200,—	
Pk V	DDR	Rücksendung mit Bundespostaufkleber	400,—	
Pk VI	DDR	Marke entfernt+Stempel oder Signum: „Ohne Wertzeichen eingegangen"	250,—	
Pk VII	DDR	Marke entfernt+Signum: „Marke unzulässig"	250,—	
Pk VIII	DDR	Nachgebühr+Marke entfernt	250,—	
Pk IX	DDR	Nachgebühr+Marke geschwärzt	250,—	
Pk X	DDR	Schwärzung+PkV 1	—,—	—,—

Einschreibe-✉ mit Nr. 165 bedingen doppelte Preise! Die Deutsche Bundespost nahm E-✉ mit Nr. 165 nur an, wenn der Absender auf evtl. Ersatzanspruch bei Verlust verzichtete.

Nr.	Bestimmungsland	Maßnahme	✉	FDC
215 Pk I	DDR	Stempel: „Zurück / Marke unzulässig"	75,—	
Pk II	DDR	„Zurück" mit Bundespost-Aufkleber	90,—	
Pk III	Polen	„Retour" mit Stempel: „Convention, art. § 1 d"	300,—	
Pk IV	ČSSR	„Retour" mit Aufkleber: „Non admis"	150,—	
Pk V	Ungarn	Stempel: „Non admis. / Retour"	150,—	
326 Pk I	Polen	Marke entfernt+entspr. Stempel	400,—	
Pk II	Polen	Schwärzung	400,—	
Pk III	Polen	Rücksendung	400,—	
Pk IV	Rumänien	Überstempelung mit Propagandastempel	400,—	
Pk V	Rumänien	Stempel: „Retour, Affranchie avec timbres non admis"	400,—	
327 Pk I	Polen	Marke entfernt+entspr. Stempel	400,—	
Pk II	Polen	Schwärzung	400,—	
Pk III	Polen	Rücksendung	400,—	
Pk IV	Rumänien	Überstempelung mit Propagandastempel	400,—	
Pk V	Rumänien	Stempel: „Retour, Affranchie avec timbres non admis"	400,—	
454 Pk I	UdSSR	Rücksendung+Bundespost-Benachrichtigung	40,—	
Pk II	UdSSR	„Retour", handschriftlich	50,—	
Pk III	UdSSR	Stempel: „Retour"	35,—	
455 Pk III	UdSSR	Stempel: „Retour"	—,—	
459 Pk I	UdSSR	Rücksendung+Bundespost-Benachrichtigung	40,—	
Pk II	UdSSR	„Retour", handschriftlich	50,—	
Pk III	UdSSR	Stempel: „Retour"	50,—	
479 Pk I a	DDR	Übermalung mit Farbe Schwarz (matt)	50,—	400,—
b	DDR	Übermalung mit schwarzer Lackfarbe	85,—	600,—
c	DDR	Übermalung mit Farben Bläulichgrau, Mattgrau	50,—	400,—
d	DDR	Übermalung mit Farbe Dunkelgrau	50,—	400,—
e	DDR	Übermalung mit Farbe Weiß	70,—	600,—
f	DDR	Übermalung mit Farbe Bläulichweißgrau	200,—	1500,—
g	DDR	Übermalung mit Farbe Graubraun	200,—	
h	DDR	Übermalung mit Farben Braunoliv, Hellbraun	200,—	600,—

Postkrieg

Nr.	Bestimmungsland	Maßnahme	✉	FDC
479 Pk I i	DDR	Übermalung mit Farbe Grün (Töne)	200,—	600,—
k	DDR	Übermalung mit Farbe Olivgrün	200,—	600,—
l	DDR	Übermalung mit Farbe Gelb (Töne)	200,—	600,—
m	DDR	Übermalung mit Farbe Lebhaftrot	250,—	600,—
n	DDR	Übermalung mit Farbe Mattrot	250,—	650,—
o	DDR	Übermalung mit Stempelkissenfarbe Lila	40,—	

Nr. 479 Pk I a–o auf Antwortpostkarte: +70,—, auf Einschreibebrief +30,—.
Zwei verschiedene Farben auf einem ✉ +100%.
FDC-Preise gelten für Schmuckumschläge mit übermaltem Bild. FDC's mit übermaltem Ersttags-Sonderstempel 100,— Aufschlag auf ✉-Preis, wenn gleiche Farbe wie auf Marke. Übermalung in anderer Farbe 130,— Aufschlag.
Preise gelten für in der DDR zugestellte Briefe. Belege mit „zurück"-Vermerk wegen erfundener Anschriften 30% der angegebenen Preise.

479 Pk II	DDR	Unkenntlichmachung mit Blaustift	60,—	
Pk III	DDR	Unkenntlichmachung mit Paketrollstempel (mehrere schwarze Balken)	50,—	
Pk IV	DDR	Marke entfernt	60,—	
Pk V	DDR	Marke entfernt+entspr. Stempel	150,—	
Pk VI	DDR	Rückgabe mit Bundespost-Aufkleber	100,—	

Nr. 479 Pk II–V mit Stempel „Marke unzulässig" 30,— Aufschlag.

479 Pk VII	VR China	Rücksendung+Aufkleber franz.	300,—	
Pk VIII	VR China	Rücksendung+Aufkleber franz. u. chines.	300,—	
Pk IX	VR China	Rücksendung+Stempel franz. u. chines.	300,—	
Pk X	VR China	Rücksendung+Bundespost-Aufkleber	200,—	
Pk XI	ČSSR	Stempel: „Retour"+Aufkleber „Non admis"	60,—	
Pk XII	ČSSR	Marke entfernt+handschriftl. Vermerk oder Aufkleber	150,—	
Pk XIII	Mongolei	Rücksendung	300,—	
Pk XIV	Mongolei	Rücksendung+Stempel franz. u. chines.	300,—	
Pk XV	Nordkorea	Marke entfernt+entspr. Stempel	300,—	
Pk XVI	Polen	Stempel: „Retour Convention art. 58 § 1 d"	300,—	
Pk XVII	Rumänien	Überstempelung mit Propagandastempel	300,—	
Pk XVIII	UdSSR	„Retour", handschriftlich (rot)	100,—	
Pk XIX	UdSSR	Marke entfernt+entspr. Stempel	200,—	
Pk XX	UdSSR	Marke im Transit durch die DDR übermalt	200,—	
Pk XXI	Ungarn	Stempel: „Non admis Retour"	250,—	
Pk XXII	Ungarn	Marke entfernt+entspr. Stempel	250,—	
480	DDR	Schwärzung	—,—	
489 Pk I	DDR	Inschrift mit Tusche durchstrichen (1966–67)	40,—	
Pk II	DDR	Inschrift mit Kugelschreiber oder Bleistift durchstrichen (1967–72)	20,—	
Pk III	Polen	Stempel: „Retour Non admis …" (1966–75)	40,—	
Pk IV	UdSSR	Rücksendung+Bundespost-Benachrichtigung (ab 1968)	40,—	
Pk V	UdSSR	„Retour", handschriftlich (1966–68)	40,—	
Pk VI	UdSSR	Stempel: „Retour"	40,—	
490 Pk I	UdSSR	Rücksendung+Bundespost-Benachrichtigung	40,—	
Pk II	UdSSR	„Retour", handschriftlich	40,—	
Pk III	UdSSR	Stempel: „Retour"	40,—	
496 Pk I	UdSSR	Rücksendung+Bundespost-Benachrichtigung	40,—	
Pk II	UdSSR	„Retour", handschriftlich	60,—	
Pk III	UdSSR	Stempel: „Retour"	50,—	
499 Pk I	DDR	Inschrift mit Tusche durchstrichen	40,—	
Pk II	DDR	Inschrift mit Kugelschreiber oder Bleistift durchstrichen	30,—	
Pk III	Polen	Stempel: „Retour Non admis …"	50,—	
Pk IV	UdSSR	Rücksendung+Bundespost-Benachrichtigung	40,—	
Pk V	UdSSR	„Retour", handschriftlich	40,—	
Pk VI	UdSSR	Stempel: „Retour"	40,—	
500	UdSSR	Stempel: „Retour"	200,—	
503 Pk I	DDR	Inschrift mit Tusche durchstrichen	50,—	
Pk II	DDR	Inschrift mit Kugelschreiber oder Bleistift durchstrichen	30,—	
Pk III	Polen	Stempel: „Retour Non admis …"	80,—	
Pk IV	UdSSR	Rücksendung+Bundespost-Benachrichtigung	40,—	
Pk V	UdSSR	„Retour", handschriftlich	40,—	
Pk VI	UdSSR	Stempel: „Retour"	50,—	
506 Pk I	UdSSR	Rücksendung+Bundespost-Benachrichtigung	40,—	
Pk II	UdSSR	„Retour", handschriftlich	40,—	
Pk III	UdSSR	Stempel: „Retour"	40,—	
507 Pk I	UdSSR	Rücksendung+Bundespost-Benachrichtigung	40,—	
Pk II	UdSSR	„Retour", handschriftlich	40,—	
Pk III	UdSSR	Stempel: „Retour"	40,—	

Nr.	Bestimmungsland	Maßnahme	✉	FDC
508 Pk I	UdSSR	Rücksendung+Bundespost-Benachrichtigung	40,—	
Pk II	UdSSR	„Retour", handschriftlich	40,—	
Pk III	UdSSR	Stempel: „Retour"	40,—	
509 Pk I	UdSSR	Rücksendung+Bundespost-Benachrichtigung	40,—	
Pk II	UdSSR	„Retour", handschriftlich	40,—	
Pk III	UdSSR	Stempel: „Retour"	40,—	
510 Pk I	UdSSR	Rücksendung+Bundespost-Benachrichtigung	50,—	
Pk II	UdSSR	„Retour", handschriftlich	60,—	
Pk III	UdSSR	Stempel: „Retour"	50,—	
576 Pk I	UdSSR	Rücksendung+Bundespost-Benachrichtigung	100,—	
Pk II	UdSSR	„Retour", handschriftlich	100,—	
Pk III	UdSSR	Stempel: „Retour"	100,—	
577	UdSSR, DDR	Stempel: „Retour"	40,—	
1265	UdSSR, DDR	Stempel: „Retour"	40,—	
1287	UdSSR, DDR	Stempel: „Retour"	40,—	
Bl. 20	UdSSR, DDR	Stempel: „Retour"	40,—	

Vereinzelt wurden von der DDR auch Sendungen mit Heinemann-Marken zurückgewiesen. Solche Briefe mit dem Stempel: „Zurück/Sendung verstößt gegen die gesetzlichen Bestimmungen der DDR" werten 150,—.

Zwangszuschlagsmarken (Notopfer)

Bis zur Gründung der Bundesrepublik sind die Notopfermarken Ausgaben der Bizone, werden aber aus Gründen der Übersichtlichkeit hier aufgeführt.

Nr.	Bestimmungsland	Maßnahme	✉
1–8 Pk I	SBZ	Schwärzung	150,—
Pk II	SBZ	Rücksendung mit Stempel: „Marke unzul. zurück"	80,—
Pk III	SBZ	Rücksendung mit Aufkleber der Ostpost	200,—
Pk IV	SBZ	Rücksendung mit Aufkleber der Westpost	250,—
Pk V	SBZ	Nachgebühr	250,—
Pk VI	SBZ	Rücksendung mit Stempel der Westpost: „Steuermarke in der Ostzone unzulässig. – Zck. an Absender."	140,—

Obenstehende Preise gelten für die billigsten Sorten. Für höherwertige Arten gelten die Preise als Zuschläge auf den Briefpreis der unbeanstandeten Marken.

Die Maßnahmen der Westpostämter erstreckten sich teilweise auch auf Sendungen nach Westberlin, während die Berliner Post die Marken nicht beanstandete.

4. Berlin (West)

Alliierte Besetzung, Gemeinschaftsausgaben (Berlin-Vor- und Mitläufer)

Nr.	Bestimmungsland	Maßnahme	✉
911–937	SBZ	Nachgebühr (24. 6. 1948)	—,—
943–962	SBZ	Nachgebühr (24. 6. 1948)	500,—

Die Marken wurden in der SBZ nur zu ¹/₁₀ ihres Nennwertes anerkannt.
Der Preis gilt für die häufigsten Werte Nr. 947 u. 951, alle übrigen —,—.

Amerikanische u. britische Zone (Bizone) (Berlin-Vor- und Mitläufer)

Nr.	Bestimmungsland	Maßnahme (25. 6.–19. 9. 1948)	✉
36–51 Pk I	SBZ	Nachgebühr	350,—
Pk II	SBZ	Stempel: „Zurück unzulässig"	120,—
Pk III	SBZ	Aufkleber: „Zurück an den Absender"	150,—
Pk IV	übriger Ostblock	Stempel: „Zurück unzulässig"	300,—
Pk V	übriger Ostblock	Aufkleber: „Zurück unzulässig"	300,—

Preise gelten für 36 I–40 I, 44 I, 39 II, 41 II–43 II. Übrige Werte erhebliche Aufschläge.

52–68 Pk I	SBZ	Nachgebühr	—,—
Pk II	SBZ	Stempel: „Zurück unzulässig"	—,—
Pk III	SBZ	Aufkleber: „Zurück an den Absender"	—,—
Pk IV	übriger Ostblock	Stempel: „Zurück unzulässig"	—,—
Pk V	übriger Ostblock	Aufkleber: „Zurück unzulässig"	—,—

Postkrieg

Nr.	Bestimmungsland	Maßnahme	✉
I–IX Pk I	SBZ	Nachgebühr	—,—
Pk II	SBZ	Stempel: „Zurück unzulässig"	—,—
Pk III	SBZ	Aufkleber: „Zurück an den Absender"	—,—
Pk IV	übriger Ostblock	Stempel: „Zurück unzulässig"	—,—
Pk V	übriger Ostblock	Aufkleber: „Zurück unzulässig"	—,—
69–72 Pk I	SBZ	Nachgebühr	—,—
Pk II	SBZ	Stempel: „Zurück unzulässig"	—,—
Pk III	SBZ	Aufkleber: „Zurück an den Absender"	—,—
Pk IV	übriger Ostblock	Stempel: „Zurück unzulässig"	—,—
Pk V	übriger Ostblock	Aufkleber: „Zurück unzulässig"	—,—
73–96 Pk I	SBZ	Nachgebühr	—,—
Pk II	SBZ	Stempel: „Zurück unzulässig"	—,—
Pk III	SBZ	Aufkleber: „Zurück an den Absender"	—,—
Pk IV	übriger Ostblock	Stempel: „Zurück unzulässig"	—,—
Pk V	übriger Ostblock	Aufkleber: „Zurück unzulässig"	—,—
97–100 Pk I	SBZ	Nachgebühr	—,—
Pk II	SBZ	Stempel: „Zurück unzulässig"	—,—
Pk III	SBZ	Aufkleber: „Zurück an den Absender"	—,—
Pk IV	übriger Ostblock	Stempel: „Zurück unzulässig"	—,—
Pk V	übriger Ostblock	Aufkleber: „Zurück unzulässig"	—,—
101–102 Pk I	SBZ	Nachgebühr	—,—
Pk II	SBZ	Stempel: „Zurück unzulässig"	500,—
Pk III	SBZ	Aufkleber: „Zurück an den Absender"	500,—

Berlin

2 Pk I

188 Pk II

Nr.	Bestimmungsland	Maßnahme	✉
1–20 Pk I	SBZ	Nachgebühr (3. 9. 48–31. 3. 49)	300,—
Pk II	SBZ	Stempel: „Zurück unzulässig" (3. 9. 48–31. 3. 49)	220,—
Pk III	SBZ	Aufkleber: „Zurück unzulässig" (3. 9. 48–31. 3. 49)	350,—

Preise gelten für Nr. 1–5, 7–9, 14; übrige entsprechend teurer.

21–34 Pk I	SBZ	Nachgebühr (20. 1. 49–15. 9. 49)	300,—
Pk II	SBZ	Stempel: „Zurück unzulässig" (20. 1. 49–15. 9. 49)	300,—
Pk III	SBZ	Aufkleber: „Zurück unzulässig" (20. 1. 49–15. 9. 49)	350,—

Preise gelten für Nr. 21–26, 31; übrige entsprechend teurer.

35–37	SBZ	Nachgebühr (9. 4. 49–15. 9. 49)	300,—
38–41	SBZ	Nachgebühr (9. 4. 49–15. 9. 49)	—,—
42–54	SBZ	Nachgebühr (bis 15. 9. 49)	300,—
55–58	SBZ	Nachgebühr (bis 15. 9. 49)	—,—

Nr.	Bestimmungsland	Maßnahme	✉
61–63	SBZ	Nachgebühr (bis 15. 9. 49)	400,—
64–66	SBZ	Nachgebühr (bis 15. 9. 49)	500,—
67	SBZ	Nachgebühr (bis 15. 9. 49)	—,—
75–79	DDR	Schwärzung	—,—
82–86	DDR	Schwärzung	—,—
101–105	DDR	Schwärzung	—,—
110 Pk I	DDR	Nachgebühr	300,—
Pk II	DDR	Schwärzung	250,—
111 Pk I	DDR	Nachgebühr	400,—
Pk II	DDR	Schwärzung	350,—
118	DDR	Schwärzung	250,—
119 Pk I	DDR	Stempel: „Zurück unzulässig"	250,—
Pk II	DDR	Schwärzung	250,—
140 Pk I	UdSSR	Rücksendung+Bundespost-Aufkleber	30,—
Pk II	UdSSR	Stempel: „Retour"+Bundespost-Aufkleber	40,—
Pk III	UdSSR	„Retour", handschriftlich	40,—
188 Pk I	DDR	Gegenstempel Schreibschrift, 2 Zeilen, 49 mm lang	400,—
Pk II	DDR	Gegenstempel Grotesk, 2 Zeilen, 60 mm lang	400,—
Pk III	DDR	Gegenstempel Grotesk, 3 Zeilen, 52 mm lang	500,—
Pk IV	DDR	Gegenstempel Grotesk, 2 Zeilen, 50 mm lang	300,—
Pk V	DDR	Gegenstempel Grotesk, 4 Zeilen, 35 mm lang	500,—
Pk VI	DDR	Gegenstempel Kursivschrift, 2 Zeilen, 41 mm lang	500,—
Pk VII	DDR	Gegenstempel Antiqua, 2 Zeilen, 56 mm lang	500,—
Pk VIII	DDR	Gegenstempel Grotesk, 2 Zeilen, 44 mm lang	500,—
Pk IX	DDR	Gegenstempel Schreibschrift, 2 Zeilen, 55 mm lang	500,—
Pk X	DDR	Gegenstempel Grotesk, 2 Zeilen in Kästchen	500,—
Pk XI	DDR	Gegenstempel Grotesk, 2 Zeilen mit Ausrufezeichen	500,—
231 Pk I	UdSSR	Rücksendung+Bundespost-Aufkleber	30,—
Pk II	UdSSR	Stempel: „Retour+Bundespost-Aufkleber	40,—
Pk III	UdSSR	„Retour", handschriftlich	50,—
242 Pk I	UdSSR	Rücksendung+Bundespost-Benachrichtigung	30,—
Pk II	UdSSR	„Retour", handschriftlich	55,—
Pk III	UdSSR	Stempel: „Retour"	40,—
247 Pk I	UdSSR	Rücksendung+Bundespost-Benachrichtigung	40,—
Pk II	UdSSR	„Retour", handschriftlich	50,—
Pk III	UdSSR	Stempel: „Retour"	50,—
254 Pk I	UdSSR	Rücksendung+Bundespost-Aufkleber (ab Nov. 68)	50,—
Pk II	UdSSR	Stempel: „Retour" (ab Nov. 68)	70,—
255 Pk I	UdSSR	Rücksendung+Bundespost-Aufkleber	40,—
Pk II	UdSSR	Stempel: „Retour"	60,—
256 Pk I	UdSSR	Rücksendung+Bundespost-Aufkleber	50,—
Pk II	UdSSR	Stempel: „Retour"	70,—
257 Pk I	UdSSR	Rücksendung+Bundespost-Aufkleber	40,—
Pk II	UdSSR	Stempel: „Retour"	50,—
258 Pk I	UdSSR	Rücksendung+Bundespost-Aufkleber	45,—
Pk II	UdSSR	Stempel: „Retour"	50,—
259 Pk I	UdSSR	Rücksendung+Bundespost-Aufkleber	40,—
Pk II	UdSSR	Stempel: „Retour"	50,—
260 Pk I	UdSSR	Rücksendung+Bundespost-Aufkleber	40,—
Pk II	UdSSR	Stempel: „Retour"	40,—
Pk III	UdSSR	„Retour", handschriftlich	120,—
261 Pk I	UdSSR	Rücksendung+Bundespost-Aufkleber	40,—
Pk II	UdSSR	Stempel: „Retour"	40,—
262 Pk I	UdSSR	Rücksendung+Bundespost-Aufkleber	50,—
Pk II	UdSSR	Stempel: „Retour"	40,—
263 Pk I	UdSSR	Rücksendung+Bundespost-Aufkleber	50,—
Pk II	UdSSR	Stempel: „Retour"	40,—
264 Pk I	UdSSR	Rücksendung+Bundespost-Aufkleber	40,—
Pk II	UdSSR	Stempel: „Retour"	50,—
265 Pk I	UdSSR	Rücksendung+Bundespost-Aufkleber	40,—
Pk II	UdSSR	Stempel: „Retour"	40,—

Nr.	Bestimmungsland	Maßnahme	✉
270 Pk I	DDR	Inschrift mit Tusche durchstrichen (1966–67)	40,—
Pk II	DDR	Inschrift mit Kugelschreiber oder Bleistift durchstrichen (1967–72)	20,—
Pk III	Polen	Stempel: „Retour Non admis …" (1966–75)	60,—
Pk IV	UdSSR	Rücksendung+Bundespost-Benachrichtigung (ab 1968)	30,—
Pk V	UdSSR	„Retour", handschriftlich (1966–68)	40,—
Pk VI	UdSSR	Stempel: „Retour"	40,—
272 Pk I	UdSSR	Rücksendung+Bundespost-Benachrichtigung	25,—
Pk II	UdSSR	„Retour", handschriftlich	45,—
Pk III	UdSSR	Stempel: „Retour"	35,—
278 Pk I	UdSSR	Rücksendung+Bundespost-Benachrichtigung	45,—
Pk II	UdSSR	„Retour", handschriftlich	60,—
Pk III	UdSSR	Stempel: „Retour"	50,—
281 Pk I	DDR	Inschrift mit Tusche durchstrichen	60,—
Pk II	DDR	Inschrift mit Kugelschreiber oder Bleistift durchstrichen	30,—
Pk III	Polen	Stempel: „Retour Non admis …"	60,—
Pk IV	UdSSR	Rücksendung+Bundespost-Benachrichtigung	35,—
Pk V	UdSSR	„Retour", handschriftlich	45,—
Pk VI	UdSSR	Stempel: „Retour"	45,—
285 Pk I	UdSSR	Rücksendung+Bundespost-Benachrichtigung	50,—
Pk II	UdSSR	„Retour", handschriftlich	50,—
Pk III	UdSSR	Stempel: „Retour"	50,—
286 Pk I	UdSSR	Rücksendung+Bundespost-Benachrichtigung	45,—
Pk II	UdSSR	„Retour", handschriftlich	45,—
Pk III	UdSSR	Stempel: „Retour"	45,—
287 Pk I	UdSSR	Rücksendung+Bundespost-Benachrichtigung	45,—
Pk II	UdSSR	„Retour", handschriftlich	45,—
Pk III	UdSSR	Stempel: „Retour"	45,—
288 Pk I	UdSSR	Rücksendung+Bundespost-Benachrichtigung	50,—
Pk II	UdSSR	„Retour", handschriftlich	50,—
Pk III	UdSSR	Stempel: „Retour"	50,—
289 Pk I	UdSSR	Rücksendung+Bundespost-Benachrichtigung	45,—
Pk II	UdSSR	„Retour", handschriftlich	45,—
Pk III	UdSSR	Stempel: „Retour"	45,—
290 Pk I	UdSSR	Rücksendung+Bundespost-Benachrichtigung	50,—
Pk II	UdSSR	„Retour", handschriftlich	60,—
Pk III	UdSSR	Stempel: „Retour"	50,—

1969/70 wurden zurückgewiesene Sendungen von der Deutschen Bundespost auch mit einem neutral frankierten weiteren Umschlag versehen und nochmals versandt. Solche 2 zusammengehörige Umschläge werten 500,—.

5. Berlin (West)+SBZ (Mischfrankaturen)

Während der Blockade waren für die an sich bis 14. 1. 49 zulässigen Mischfrankaturen keine Beförderungsmöglichkeiten für Sendungen in die Bundesrepublik oder in das westliche Ausland vorhanden, da solche Sendungen für den Luftweg **nur** mit westlichen, für den Landweg **nur** mit östlichen Marken frankiert werden durften.

Briefe mit entsprechenden „zurück"-Vermerken verdienen folgende Aufschläge auf die normalen MiF-Preise: in die Bundesrepublik 150,—, in das westliche Ausland 200,—.

6. Sowjetische Zone (SBZ)

Vom 14. 6.–15. 9. 1949 von der Westberliner Post mit Nachgebühr belegt:

Nr.	✉ je	Nr.	✉ je	Nr.	✉ je	Nr.	✉ je
182–197	120,—	217	50,—	228	120,—	233 b	150,—
195 a	—,—	218	30,—	229	120,—	234–238	200,—
198–199	—,—	219	40,—	230–231	—,—	240–241	250,—
200–206	40,—	220	30,—	232 a	200,—		
207–211	80,—	221–226	40,—	232 b	150,—		
212–216	30,—	227	70,—	233 a	200,—		

Sendungen mit „Zurück"-Vermerken wegen Annahmeverweigerung: 250,— Aufschlag auf obige Preise.

An Behörden sowie humanitäre Einrichtungen (Rotes Kreuz, Suchdienst usw.) gerichtete Sendungen wurden nicht mit Nachgebühr belegt. Derartige Briefe aus dem fraglichen Zeitraum werten mindestens 200,—.

7. DDR

Nr.	Bestimmungsland	Maßnahme	✉	FDC
1196–1200	Spanien	„Retour" mit amtl. Vermerk der span. Post oder Benachrichtigung durch DDR-Post	80,—	
1201	Spanien	wie oben (15. 7. 1966–1967)	200,—	
1691–1692 FDC*	Bundesrepublik	„Zurück" mit amtl. Vermerk oder Stempel der Bundespost: „Unzulässig nach § 13 Abs. 1 Nr. 3 Postordnung"		200,—
1699 FDC*	Bundesrepublik	wie oben		300,—
1705 FDC*	Bundesrepublik	wie oben		500,—
3037 FDC*	Bundesrepublik	wie oben		100,—

*) Von der Deutschen Bundespost wurden nur die Texte der amtl. FDC's beanstandet, nicht die Marken.

FDC-Umschläge, die nach dem Ersttag verwendet wurden, werten wesentlich niedriger.

Sendungen nach Berlin (West) 25% Aufschlag.

C Maßnahmen gegen Barfrankaturen

3 Pk I (Berlin/West → SBZ)

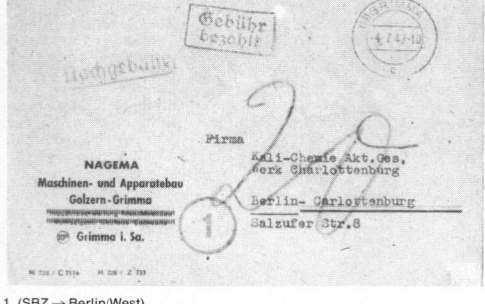

1 (SBZ → Berlin/West)

1. Berlin (West)

Barfrankatur	Bestimmungsland	Maßnahme	✉
Gebühr-bezahlt-Stempel 1			
Pk I	SBZ	Stempel: „Zurück unzulässig"	350,—
Pk II	SBZ	Stempel wie oben, Erstattung der Gebühr	500,—
Postfreistempel 3			
Pk I	SBZ	Nachgebühr	350,—
Pk II	SBZ	Stempel: „Zurück unzulässig"	500,—
Absenderfreistempel 6			
Pk I	SBZ	Nachgebühr	250,—
Pk II	SBZ	Stempel: „Zurück unzulässig"	—,—

Eine dringende Bitte!

Bevor Sie über eventuell nicht verstandene Abkürzungen, Katalogisierungen etc. an die Redaktion schreiben, lesen Sie zunächst die Einführung zum Katalog. Sie können sich dadurch vielleicht manche Rückfrage ersparen!

2. Sowjetische Zone (SBZ)

Barfrankatur	Bestimmungsland	Maßnahme (14. 6. 1949–15. 9. 1949)	✉
Gebühr-bezahlt-Stempel 1	Berlin (West)	Nachgebühr	300,—
Gebühr-bezahlt-Stempel, handschr. Einnahmenachweis 2	Berlin (West)	Nachgebühr	400,—
Postfreistempel 3	Berlin (West)	Nachgebühr	150,—
Absenderfreistempel 4	Berlin (West)	Nachgebühr	350,—

Sendungen mit „Zurück"-Vermerken wegen Annahmeverweigerung: 250,— Aufschlag auf obige Preise.

D Maßnahmen gegen Stempel

1. Maßnahmen der Westberliner Postverwaltung gegen SBZ- bzw. DDR-Stempel mit politischen Inhalten

		✉
1	Gegenstempel: „... aber nicht unter kommunistischer Diktatur!"	100,—
2	Gegenstempel: „... und was dabei herausgekommen ist"	80,—
3	Gegenstempel: „Berlin Hauptstadt Deutschlands – nicht der Sowjetzone"	
a	roter Fünfzeiler, 29 mm lang	350,—
b	roter Zweizeiler, 69–80 mm lang	60,—

2. Maßnahmen der SBZ- bzw. DDR-Postverwaltung gegen westliche Stempel mit politischen Inhalten

		✉
1	Gegenstempel: „Unser Recht: Friedensvertrag und gesamtdeutsche Verständigung"	500,—
2	Stempel: „Zurück, Sendung verstößt gegen die gesetzlichen Bestimmungen der DDR" (1969)	50,—
3	Schwärzungen	150,—

Wir danken Herrn Dedo Burhop für die freundliche Genehmigung, zahlreiche Einzelheiten aus seinem „Postkrieg" 1948–1972-Spezialkatalog für die vorstehende Katalogisierung zu verwenden.

Französische Zone

In den von den französischen Truppen besetzten Teilen Deutschlands bzw. der Französischen Zone war bis 31.8.1945 jeglicher Postverkehr eingestellt worden. Einzige Ausnahme bildet Reutlingen, wo am 27. und 28.4.1945 ein lokaler Postdienst mit eigenen Gebühren (Barfrankierung) organisiert wurde.

Ab 1.9.1945 wurde der zivile Postkartenverkehr, ab 17.9. auch Briefe und Drucksachen jeweils innerhalb des Nord- bzw. Südteils der Französischen Zone zugelassen. Ab 15.10.1945 wurde der Postdienst zwischen diesen beiden Teilgebieten, ab 24.10. auch mit den Zonen der drei anderen Besatzungsmächte aufgenommen.

Bis einschließlich 16.12.1945 fand ausschließlich Barfrankierung bzw. die Verwendung von provisorischen Ganzsachen statt. Auch nach der ab 17.12.1945 begonnenen Ausgabe von Briefmarken kam es im Bereich der Französischen Zone noch bis 1948 immer wieder zu erheblichen Engpässen, so daß in weit größerem Maße als in den übrigen Besatzungszonen Barfrankierungen durchgeführt werden mußten.

Ab April/Mai 1947 ging die Postverwaltung der Französischen Zone dazu über, für die einzelnen Länder eigenständige, nur im jeweiligen Gebiet gültige Marken auszugeben. Auch nach der Währungsreform blieben bis zur Gründung der Bundespostverwaltung (2.10.1949) die Marken der Länder der Französischen Zone alleine in Gebrauch. Ab 3.10.1949 konnten sie im gesamten Bundesgebiet (auch in den beiden anderen Ländern der Franz. Zone) sowie bei den Postämtern in den deutschen Zollanschlußgebieten in Österreich verwendet werden.

1 Reichsmark (RM) = 100 Pfennig (Pfg.); ab 21.6.1948: 1 Deutsche Mark (DM) = 100 Pfennig (Pfg.).

Allgemeine Ausgabe

1945, 17. Dez./1946. Freim.-Ausg. Wappen der Länder der franz. Zone. ◨ R. Louis; ◩ J. Piel und Prof. H. Cortot; Bdr. Staatsdr. Paris, auf verschiedenartigem Papier; gez. K 14:13½.

a) Rheinland   b) Pfalz   c) Württemberg   d) Baden   e) Saar

billigste Sorten

			EF	MeF	MiF
1.	1 Pfg. schwarz/mattstrohgelb/grün (12.1.1946) . . a			
2.	3 Pfg. rot/schwarz/orangegelb (12.1.1946) . . . . . . b		100.—	7.—
3.	5 Pfg. dkl.braun/schwarz/orange (12.1.1946) c	150.—	8.—	2.—
4.	8 Pfg. dkl.braun/gelborange/rot (12.1.1946) . d	300.—	18.—	2.—
5.	10 Pfg. braun/strohgelb/grün (17.12.1945) . . . . . a		16.—	12.—	3.—
6.	12 Pfg. orangerot/schwarz/dkl.gelborange (17.12.1945) . . . . b	250.—	900.—	80.—
		1.50	2.—	1.—
7.	15 Pfg. schwarz/violettultramarin/orangerot (12.1.1946) . . . . e	1200.—	80.—	8.—
8.	20 Pfg. mittelrot/schwarz/orange (17.12.1945) . . . c	800.—	100.—	7.—
9.	24 Pfg. schwarz/blau/rot/ (12.1.1946) . . . . e		
		1.50	3.—	1.—
10.	30 Pfg. schwarz/gelborange/rot (12.1.1946) . . . . d	200.—	60.—	7.—

1945/46. Freim.-Erg.-Werte. ◨ und ◩ Ouvré; StTdr. Staatsdr. Paris; gez. K 13:13¼.

11.	1 M. lilabraun (17.12.1945) f	1000.—	—.—	80.—
12.	2 M. schwarzblau (1.4.1946) . . . . g	1200.—	—.—	150.—
13.	5 M. braunkarmin (1.4.1946) . . . . h	1000.—	—.—	250.—

f) Johann Wolfgang v. Goethe (1749–1832)   g) Friedrich v. Schiller (1759–1805)   h) Heinrich Heine (1797–1856)

Nr. 1–13 waren bis 27.11.1947 auch im Saarland gültig, das während der Kurszeit der I. Ausgabe der französischen Zone ein Teil der französischen Besatzungszone war.

Mischfrankaturen mit Marken der Saar sowie von Baden, Rheinland-Pfalz und Württemberg waren möglich. Zuschlag für ✉ jeweils 30.—.

✉ *Gültig bis 20.6.1948.*

Ausgaben für die einzelnen Länder der französischen Zone

Gültigkeitsbereich:
Vom 3.10. bis 31.12.1949 waren die Marken von Baden, Rheinland-Pfalz und Württemberg (sofern nicht schon vorher für ungültig erklärt) im gesamten Gebiet der Bundesrepublik Deutschland gültig, die Sondermarken bis 31.3.1950, wie auch die Marken der Bizone in den drei Ländern gültig waren. Die allgemeine Gültigkeit der Marken von Baden, Rheinland-Pfalz und Württemberg in den beiden anderen Ländern der französischen Zone beschränkte sich ebenfalls nur auf die oben angeführte Zeit.

In West-Berlin durften obengenannte Marken ab ende Okt. 1949 verwendet werden und waren ab 1.1.1950 mit den Sondermarken der franz. Zone bis 31.3.1950 zugelassen (bzw. geduldet). ✉ *Zuschlag 250.—.*

Baden
(Südbaden)

Die nachstehenden Marken wurden für den zur Französischen Zone gehörenden Teil Badens ausgegeben.

1947, ab 1. Mai. 1. Freim.-Ausg. Wertangaben in PF. und M. (Reichsmark). ◨ Prof. V. K. Jonynas, Freiburg i. Br.; RaTdr.; gez. K 14:14¼, Nr. 13 ~.

a) Johann Peter Hebel (1760—1826), Heimatdichter   b) Trachtenmädchen vom Bodensee und Konstanz   c) Hans Baldung, genannt Grien (ca. 1475—1545), Maler

Alliierte Besetzung (Französische Zone — Baden)

d) Schloß Rastatt

e) Höllental im Schwarzwald

f) Freiburger Münster

			EF	MeF	MiF
1.	2 Pfg. dkl'volettgrau bis schwarzgrau	a		25.—	4.—
2.	3 Pfg. (dunkel)siena	b		18.—	4.—
3.	10 Pfg. schwarzblau (Töne)	c	100.—	30.—	8.—
4.	12 Pfg. schw'blaugrün (Töne) (12. Mai)	a		4.—	2.—
5.	15 Pfg. braunviolett (Töne)	b		60.—	8.—
6.	16 Pfg. dkl'olivgrün (Töne)	d	25.—	45.—	10.—
7.	20 Pfg. cyanblau (Töne)	c	—.—	85.—	9.—
8.	24 Pfg. mit'rot (Töne) (1. Mai)	d	2.—	5.—	2.—
9.	45 Pfg. dunkelkarmin (Töne)	b	125.—	85.—	9.—
10.	60 Pfg. (dkl')rotorange (Töne)	a	150.—	220.—	12.—
11.	75 Pfg. blau (Töne)	c	60.—	220.—	25.—
12.	84 Pfg. dkl'bläul'grün (Töne)	e	20.—	130.—	25.—
13.	1 M. graubraun bis dkl'braun	f	500.—	300.—	35.—

Gültig bis 20.6.1948.

Währungsreform am 21. Juni 1948:
1 Deutsche Mark (West) = 100 D.-Pfennig

Am Währungsstichtag waren die neuen Wertzeichen bei allen Poststellen vorhanden. In allen Ländern der französischen Zone wurden bisherige Marken bis zum alten Nennwert von RM 460.— insgesamt im Verhältnis 10:1 gegen neue Frankaturen umgetauscht.

Zehnfachfrankaturen mit den Marken in RM-Währungen war offiziell nicht vorgesehen, sind aber bis 23.6.1948 geduldet worden. Sendungen vom Vormittag des 21.6. durften noch nach den alten Portotarifen in Reichsmark frankiert sein.

		✉
RM-Letzttagsbelege vom 20.6.48	Zuschlag	60.—
RM-Belege aus der 1. Briefkastenleerung am 21.6.1948	Zuschlag	120.—
Barfrankaturen vom 21.6.48		300.—
DM-Ersttagsbelege vom 21.6.48	Zuschlag	150.—
Unbeanstandete Zehnfachfrankaturen	Zuschlag	200.—
Beanstandete Zehnfachfrankaturen	Zuschlag	300.—
Währungs-MiF im Verhältnis 10 RM zu 1 DM	Zuschlag	350.—

Alle Preise verstehen sich als Mindestzuschläge für genau portogerechte Bedarfsbelege.

Währungsmischfrankaturen im Verhältnis 1 RM zu 1 DM sind immer philatelistisch beeinflußt (—.—).

Ausführliche Darstellung der Verhältnisse während der Währungsreform siehe Artikel von W. Straub im Handbuch der Arbeitsgemeinschaft Französische Zone.

1948, 21. Juni/Sept. 2. Freim.-Ausg. Geänderte Farben, neue Werte und Darstellungen mit teilweise geänderter Wertangabe D.Pf. bzw. DM; ⌧ Prof. V. K. Jonynas; RaTdr.; gez. K 14:14¼, Nr. 27 ~.

D. PF.

PF.
g) Schwarzwaldmädel

k) Großherzogin Stephanie (1789–1860)

			EF	MeF	MiF
14.	2 Pfg.	a			
	a. dkl'orange			14.—	3.—
	b. hellorange			20.—	15.—
15.	6 Pfg. dkl'lilabraun	b	10.—	15.—	5.—
16.	8 D. Pfg. dkl'blaugrün	g	100.—	40.—	10.—
17.	10 Pfg. dkl'olivbraun, schwarzbraun	c	5.—	8.—	3.—
18.	12 Pfg. mittelrot (Töne)	a		3.—	5.— 2.—
19.	15 Pfg. blau (Töne)	b	600.—	85.—	5.—
20.	16 D. Pfg. grauviolett (Töne)	d l		35.—	80.— 10.—
21.	20 D. Pfg. rotbraun (Töne)	c l		25.—	35.— 12.—
22.	24 Pfg. schwarzblaugrün (Töne)	d		2.—	6.— 2.—
23.	30 Pfg. dkl'rosakarmin	g	60.—	70.—	20.—
24.	50 Pfg. dkl'blau	k	50.—	100.—	20.—
25.	60 D. Pfg. dkl'grau	a l	55.—	240.—	20.—
26.	84 D. Pfg. braunkarmin	e l	45.—	360.—	50.—
27.	1 D. M. dkl'blau (Töne)	f l	400.—	480.—	80.—

1948/49. 3. Freim.-Ausg. Bisherige Ausführung unter-Wegfall der Wertangabe Pf. bzw. DPf., Teilweise neue Werte und geänderte Farben; ⌧ **Prof. V. K. Jonynas; RaTdr.; gez. K 14:14¼.**

b II) (ohne Währungsbezeichnung)

g I) (ohne Währungsbezeichnung)

			EF	MeF	MiF
28.	2 (Pfg.)	a II			
	a. hellbraunorange			30.—	6.—
	b. dkl'braunorange (Dez. 1948)			45.—	9.—
29.	4 (Pfg.)	d II			
	a. schwarzlila (Töne)		8.—	16.—	5.—
	b. schwarzviolett (Töne)		15.—	28.—	9.—
30.	5 (Pfg.) grünlichblau	b II		25.—	8.—
	überfrankierte Drucksache.			25.—	
31.	6 (Pfg.) schwarzlilabraun	b II	220.—	500.—	70.—
32.	8 (Pfg.) braunkarmin [GA]	g I	65.—	240.—	20.—
33.	10 (Pfg.) dkl'grün (Töne) [GA]		4.—	5.—	3.—
34.	20 (Pfg.) [GA]	c II			
	a. dkl'rosalila (Töne)		4.—	10.—	4.—
	b. dkl'karmin (Töne)		15.—	25.—	10.—
35.	40 (Pfg.) dkl'olivbraun	d II	900.—	1500.—	350.—
36.	80 (Pfg.) mittelrot	II	250.—	600.—	110.—
37.	90 (Pfg.) braunkarmin	e II	900.—	2200.—	500.—

Gültig bis 31.12.1949.

1949, 24. März. Wohlt.-Ausg. für den Wiederaufbau Freiburgs. ⌧ Prof. Dietrich, Bodman (Bodensee); RaTdr.; A gez. K 14:14¼.

u) Das Kornhaus

v) Freiburger Münsterturm

Alliierte Besetzung (Französische Zone — Baden)

 w) Der Posaunen-engel

 x) Der Fisch-brunnen

		EF	MeF	MiF
38A.	4+16 (Pfg.) schwarzviolett .... u	280.—	500.—	150.—
39A.	10+20 (Pfg.) schwarzblaugrün v	220.—	450.—	130.—
40A.	20+30 (Pfg.) rot .... w	200.—	580.—	140.—
41A.	30+50 (Pfg.) blau .... w	600.—	850.—	180.—

Gültig bis 20.10.1949.

Blockausgabe, A gez. K 14:14¼, B □.

y

		A gez.		
38 A.	4+16 (Pfg.) schwarzviolett .... u	—.—	—.—	1000.—
39 A.	10+20 (Pfg.) schwarzblaugrün v	—.—	—.—	1000.—
40 A.	20+30 (Pfg.) rot .... w	—.—	—.—	1000.—
41 A.	30+50 (Pfg.) blau .... w	—.—	—.—	1000.—
Block 1 A (64:75mm) .... y		1600.—	—.—	1500.—

✉-Preise für Marken mit anhängendem Blockrand.

		B □		
38 B.	4+16 (Pfg.) schwarzviolett .... u	—.—	—.—	900.—
39 B.	10+20 (Pfg.) schwarzblaugrün v	—.—	—.—	900.—
40 B.	20+30 (Pfg.) rot .... w	—.—	—.—	900.—
41 B.	30+50 (Pfg.) blau x	—.—	—.—	900.—
Block 1 B (64:75 mm) .... y		1600.—	—.—	1500.—

Gültig bis 20.10.1949.

1949, 25. Febr. Wohlt.-Ausg. zugunsten des Roten Kreuzes (z). ✉ Eugen Bargatzky, Baden-Baden; RaTdr.; gez. K 14:14¼.

z) Wappen von Baden

42.	10+20 (Pfg.) schw'blaugrün/braunrot	500.—	850.—	350.—
43.	20+40 (Pfg.) bräunlichviolett/braunrot	420.—	1200.—	350.—
44.	30+60 (Pfg.) blau/braunrot	950.—	1800.—	375.—
45.	40+80 (Pfg.) grauschwarz/braunrot	920.—	1800.—	375.—

Gültig bis 15.9.1949.

1949, 25. Febr. Wohlt.-Ausg. zum gleichen Anlaß. Nr. 42–45 (z) zu einem Block zusammengefaßt. Blockbeschriftung in Braunrot. RaTdr.; □.

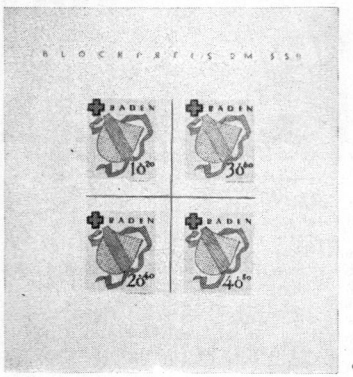

aa

		EF	MeF	MiF
42 B.	10+20 (Pfg.) schw'blaugrün/braunrot	—.—	—.—	1200.—
43 B.	20+40 (Pfg.) bräunlichviolett/braunrot	1200.—	—.—	1200.—
44 B.	30+60 (Pfg.) blau/braunrot ...	—.—	—.—	1200.—
45 B.	40+80 (Pfg.) grauschwarz/braunrot	—.—	—.—	1200.—
Block 2 (90:100 mm) .... aa		4500.—	—.—	4500.—

Mit rotem Sonderstempel Freiburg 25% Aufschlag.

Gültig bis 15.9.1949.

1949, 22. Juni/Aug. So.-Ausg. Ingenieur-Kongreß in Konstanz. ✉ Paul Hund; RaTdr.; gez. K 14:14¼.

ab) Ansicht von Konstanz

46.	30 (Pfg.) schwarzblau ...... ab			
	I. Auflage (22. Juni)	400.—	650.—	270.—
	II. Auflage (Aug.)	8500.—	—.—	7000.—

I. 1. Auflage: Umrahmungslinien des Markenbildes dicker, glatter Strich. Inschriften dick, Schatten dunkel, obere Schleife des „B" in BADEN eng. Druckdatum 18. 6. 1949 (Auflage 200000).

II. 2. Auflage: Umrahmungslinien feine Zickzacklinien. Inschriften fein, Schatten heller, obere Schleife des „B" in BADEN weit. Druckdatum 25. 8. 1949 (Auflage 25250).

Wenngleich die 2. Auflage erst am 25. 8. 1949 gedruckt wurde, kommt der Sonderstempel mit früheren Daten (zurückdatiert) auf diesen Marken vor (kein Preisaufschlag).

Gültig bis 31. 1. 1950.

1949, 12. Aug. Wohlt.-So.-Ausg. zum 200. Geburtstag Goethes. RaTdr.; gez. K 14:14¼.

ac) Relief von Peter Melchior (1775)   ad) Zeichnung von J. H. Lips (1791)   ae) Relief von Angelika Facius nach einer Büste von Rauch (1820)

ac–ae) Johann Wolfgang von Goethe (1749–1832), Dichter

Alliierte Besetzung (Französische Zone — Baden)

47.	10+ 5 (Pfg.) schw'blau-		EF	MeF	MiF
	grün	ac	180.—	300.—	100.—
48.	20+10 (Pfg.) lilapurpur ..	ad	170.—	420.—	100.—
49.	30+15 (Pfg.) dkl'kobalt ..	ae	400.—	950.—	175.—

Gültig bis 31.3.1950.

Durch Verfügung Nr. 191/1949 des Postzentralamtes der französischen Zone wurden die Marken Nr. 111 und 112 der Bundesrepublik Deutschland ab 19.9.1949 auch in den 3 Ländern der französischen Zone verkauft. (✉ vom 19.9.49–3.10.49 Zuschlag 60.—.)

1949, 24. Aug. So.-Ausg. zur 100-Jahr-Feier der Badischen Revolution unter Leitung von Carl Schurz (af). ✉ Prof. V. K. Jonynas; RaTdr.; gez. K 14¼:14.

af) Carl Schurz, (1829–1906), deutscher Freiheitskämpfer, später amerik. Staatsmann

50.	10+ 5 (Pfg.) schw'blaugrün .		220.—	400.—	150.—
51.	20+10 (Pfg.) lilapurpur		200.—	480.—	150.—
52.	30+15 (Pfg.) dkl'kobalt		500.—	1100.—	150.—

Gültig bis 31.3.1950.

1949, 27. Aug. So.-Ausg. zum 100. Todestag Kreutzers. ✉ Thorweger, Messkirch; RaTdr.; gez. K 14:14¼.

ag) Conradin Kreutzer (1780–1849), Komponist

| 53. | 10 (Pfg.) schw'blaugrün .. | ag | 45.— | 65.— | 25.— |

Gültig bis 31. 3. 1950.

1949, 17. Sept. So.-Ausg. 100 Jahre Deutsche Briefmarken. RaTdr.; gez. K 14:14¼.

ah) Vierspänner-Postkutsche ai) Postomnibus und Flugzeug
✉ Meyer   Pixa

54.	10 (Pfg.) schw'blaugrün ..	ah	85.—	190.—	50.—
55.	20 (Pfg.) karminbraun	ai	200.—	250.—	50.—

Gültig bis 31. 3. 1950.

1949, 4. Okt. So.-Ausg.; 75 Jahre Weltpostverein. ✉ Meyer und Pixa; RaTdr.; gez. K 14:14¼.

ak) Posthorn, Weltkugel, Friedenszweig

56.	20 (Pfg.) dunkelrot	ak	95.—	200.—	50.—
57.	30 (Pfg.) preußischblau ...	ak	200.—	250.—	50.—

Gültig bis 31. 3. 1950.

Vom 3.10. bis 31.12.1949 waren die Marken von Baden (franz. Zone) im gesamten Gebiet der Bundesrepublik Deutschland und Berlin (West) gültig, die Sondermarken bis 31.3.1950, wie auch die Marken der Bizone und der Länder Rheinland-Pfalz und Württemberg-Hohenzollern in Baden gültig waren.

Zwangszuschlagsmarken

Die Zwangszuschlagsmarken „Notopfer-Berlin" mußten im Gebiet des Landes Baden (franz. Zone) am 1. und 2.7.1949 und dann wieder ab 17. 7. 1949 bis 31. 3. 1956 verwendet werden. Lt. Bad. Gesetz- und Verordnungsblatt 28/1949 vom 21. 6. 1949 waren die Einnahmen als Notopfer für Berlin und Kehl bestimmt.

Rheinland-Pfalz

1947/48. 1. Freim.-Ausg. Wertangabe in PF. und M. (Reichsmark). ✉ Prof. V. K. Jonynas, Freiburg i. Br.; RaTdr.; gez. K 14:14¼.

a) Ludwig van Beethoven (16. 12. 1770 bis 26. 3. 1827), Komponist
b) Wilhelm Emanuel Freiherr von Ketteler (1811–1877), Bischof von Mainz
c) Winzerin vor Ruine Maxburg, Weinstraße bei Hambach

d) Trier Porta Nigra
e) Karl Marx (1818–1883)
f) Teufelstisch bei Kaltenbach

g) Kleinstadt-Idyll von St. Martin (Winzerhäuser)
h) Dom zu Worms (1030–1200 erbaut)
i) Dom zu Mainz (1239 vollendet)
k) Gutenberg-Denkmal zu Mainz

l) Der Rhein bei Kaub, links Burg Gutenfels, im Strom die Pfalz

m) Karl der Große (742–814) (Goldschmiedearbeit am Aachener Karlsschrein)

Alliierte Besetzung (Französische Zone — Rheinland-Pfalz)

		EF	MeF	MiF
1.	2 Pfg. schw'blaugrau (Töne) (Sept. 1947) .... a		25.—	3.—
2.	3 Pfg. dkl'rotbraun (Töne) (Sept. 1947) .... b		15.—	3.—
3.	10 Pfg. schw'blau (Töne) (Sept. 1947) c	20.—	25.—	3.—
4.	12 Pfg. grün (viele Töne) (5.5.1947) .... d	3.—	5.—	2.—
5.	15 Pfg. br'violett bis dkl'violett (Töne) (5.5.1947) .... e		65.—	5.—
6.	16 Pfg. dkl'olivgrün (Töne) (Okt. 1947) .... f	20.—	45.—	8.—
7.	20 Pfg. dkl'blau, kobalt (Okt. 1947) .... g	650.—	80.—	5.—
8.	24 Pfg. rot (Töne) (5.5.1947) . h	2.—	4.—	2.—
9.	30 Pfg. dkl'karminlila (Febr. 1948) .... k	70.—	90.—	18.—
10.	45 Pfg. dkl'rosalila (Töne) (20.5.1947) i	100.—	85.—	8.—
11.	50 Pfg. (dkl')grauultramarin (Töne) (Febr. 1948) i	70.—	120.—	18.—
12.	60 Pfg. dkl'rotorange (Töne (Okt. 1947) .... a	130.—	210.—	12.50
13.	75 Pfg. blau (Juni 1947) k	60.—	180.—	5.—
14.	84 Pfg. dkl'bläulichgrün (Töne) (Aug. 1947) l	30.—	40.—	20.—
15.	1 M. rotbraun bis lilabraun (Juli 1947) .... m	120.—	300.—	30.—

Gültig bis 20.6.1948.

Währungsreform am 21. Juni 1948: 1 Deutsche Mark (West) = 100 D.-Pfennig (vgl. Ausführungen bei Baden vor Nr. 14)

1948, ab 21. Juni. 2. Freim.-Ausg. Geänderte Farben, neue Werte und Darstellungen mit teilweise geänderter Wertangabe D.Pf. bzw. DM. ⌂ Prof. V. K. Jonynas, Freiburg i. Br.; RaTdr.; gez. K 14:14¼, Nr. 29 ~.

d l) Trier, Porta Nigra

f II) Teufelstisch bei Kaltenbach

l l) Der Rhein bei Kaub, links Burg Gutenfels, im Strom die Pfalz   m l) Karl der Große (742–814)

16.	2 Pfg. .... a			
	a. braunorange (Töne)		17.—	3.—
	b. orange (Töne)		20.—	5.—
17.	6 Pfg. dkl'lilabraun (Töne) .. b	12.—	18.—	3.—
18.	8 D.Pf. dkl'blaugrün ..... d l	100.—	45.—	6.—
19.	10 Pfg. c			
	a. dkl'olivbraun		5.—	6.—	2.—
	b. schwarzbraun (Sept.)	12.—	15.—	8.—
20.	12 Pfg. br'rot bis karminrot (Töne) .... d	3.—	4.—	2.—
21.	15 Pfg. .... e			
	a. blau	600.—	80.—	6.—
	b. grünblau	600.—	100.—	10.—
22.	16 D.Pf. dkl'grauvio. (Töne) f l	35.—	80.—	8.—

		EF	MeF	MiF
23.	20 D.Pfg. orangebraun bis rotbraun (Töne) ..... g l	20.—	35.—	5.—
24.	24 Pfg. (schwblau)grün (Töne) .... h	2.—	5.—	2.—
25.	30 Pfg. dkl'rosalila (Töne) i	65.—	80.—	13.—
26.	50 Pfg. (dkl')blau (Töne) ..... k	60.—	120.—	15.—
27.	60 D.Pfg. grau (Töne) ..... a l	65.—	210.—	30.—
28.	84 D.Pfg. br'karmin (Töne) . . l l	60.—	320.—	50.—
29.	1 D.M. hell- bis dkl'blau ... m l	400.—	500.—	70.—

Gültig bis 31.12.1949.

1948, 18. Okt. Hilfswerk Ludwigshafen. ⌂ Graf; RaTdr.; gez. K 14¼:14.

t) Der hl. Martin

u) Der heilige Christophorus

30.	20+30 (Pfg.) dkl'karminlila ... t	320.—	800.—	150.—
31.	30+50 (Pfg.) blau .... u	900.—	1600.—	150.—

Gültig bis 31.1.1949.

1948/49. 3. Freim.-Ausg. Bisherige Ausführung unter Wegfall der Wertangabe Pf. bzw. D.Pf., teilweise neue Werte und geänderte Farben. ⌂ Prof. V. K. Jonynas, Freiburg/Br.; RaTdr.; gez. K 14:14¼.

v = Beethoven (wie a)

f II) (ohne Währungsbezeichnung)

e l) (ohne Währungsbezeichnung)

y = Ketteler (wie b)   ab = St. Martin (wie g)
z = Porta Nigra (wie d)   ac = Dom zu Worms (wie h)
aa = Winzerin (wie c)   ad = Rhein bei Caub (wie l)

32.	2 (Pfg.) (braun-)orange (Töne) .... a II		40.—	5.—
33.	4 (Pfg.) .... f II			
	a. schwarzlila	9.—	17.—	5.—
	b. blauviolett	12.—	22.—	7.—
34.	5 (Pfg.) grünlichbl. (Töne) e II	—.—	30.—	5.—
	überfrankierte Drucksache. .	30.—		
35.	6 (Pfg.) dunkellilabraun .. b II	330.—	600.—	65.—
36.	8 (Pfg.) braunkarmin GA d II	1800.—	3000.—	600.—
37.	10 (Pfg.) GA .... c l			
	a. schwarzblaugrün		4.—	7.—	3.—
	b. dunkelgrün, stark glänzend		4.—	7.—	3.—
38.	20 (Pfg.) GA .... g II		4.—	14.—	3.—
	a. dunkelrosalila (Töne)			
	b. dunkelmagenta (Töne) (Nov. 1948)		4.—	14.—	3.—
39.	40 (Pfg.) (dkl')olivbraun (Töne) .... h l	80.—	180.—	35.—
40.	80 (Pfg.) mittelrot (Töne) . d II	160.—	550.—	70.—
41.	90 (Pfg.) br'karmin (Töne) . e II	380.—	1400.—	160.—

Bei Anfragen bitte Rückporto nicht vergessen!

Alliierte Besetzung (Französische Zone — Rheinland-Pfalz)

1949, 25. Febr. Wohlt.-Ausg. zugusten des Roten Kreuzes (ae). ✂ Eugen Bargatzky, Baden-Baden; RaTdr.; gez. K 14:14¼.

ae) Wappen von Rheinland-Pfalz

		EF	MeF	MiF
42.	10+20 (Pfg.) schwarzblaugrün/braunrot..........	450.—	750.—	350.—
43.	20+40 (Pfg.) bräunlichviolett/braunrot..........	400.—	1100.—	350.—
44.	30+60 (Pfg.) blau/braunrot....	900.—	1700.—	375.—
45.	40+80 (Pfg.) grauschwarz/braunrot.................	850.—	1800.—	375.—

Gültig bis 15.9.1949.

1949, 25. Febr. Wohlt.-Ausg. in Blockform zum gleichen Anlaß. Nr. 42–45 (ae) zu einem Block zusammengefaßt. Blockbeschriftung in Braunrot. RaTdr.; □; o.G.

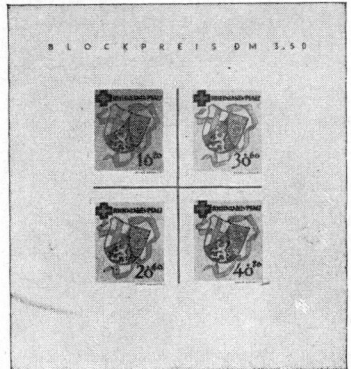

ae I

42 B.	10+20 (Pfg.) schwarz-blaugrün/braunrot........1200.—	—.—	1100.—
43 B.	20+40 (Pfg.) bräunlichviolett/braunrot...........1000.—	—.—	900.—
44 B.	30+60 (Pfg.) blau/braunrot...	—.—	1200.—
45 B.	40+80 (Pfg.) grauschwarz/braunrot...........	—.—	1200.—
Block	1 (90:100 mm)......... ae I 5000.—	—.—	4500.—

Gültig bis 15.9.1949.

1949, 12. Aug. Wohlt.-So.-Ausg. zum 200. Geburtstag Goethes. RaTdr.; gez. K 14:14¼.

 af  ag  ah

Beschreibungen siehe Baden Nr. 47—49

46.	10+ 5 (Pfg.) schwarzblaugrün .... af	180.—	280.—	60.—
47.	20+10 (Pfg.) lilapurpur .. ag	160.—	400.—	80.—
48.	30+15 (Pfg.) dkl'kobalt .. ah	380.—	900.—	140.—

Gültig bis 31. 3. 1950.

1949, 17. Sept. So.-Ausg. 100 Jahre Deutscher Briefmarken. RaTdr.; gez. K 14:14¼.

ai) Vierspänner-Postkutsche   ak) Postomnibus und Flugzeug
✂ Meyer   Pixa

		EF	MeF	MiF
49.	10 (Pfg.) schwarzblaugrün.. ai	130.—	200.—	70.—
50.	20 (Pfg.) karminbraun...... ak	120.—	300.—	70.—

Gültig bis 31.3.1950.

1949, 4. Okt. So.-Ausg.: 75 Jahre Weltpostverein. ✂ Meyer und Pixa; RaTdr.; gez. K 14:14¼.

al) Posthorn, Weltkugel, Friedenszweig

51.	20 (Pfg.) dunkelrot .... al	120.—	240.—	55.—
52.	30 (Pfg.) preußischblau ... al	230.—	270.—	50.—

Gültig bis 31.3.1950.

Vom 3.10. bis 31.12.1949 waren die Marken von Rheinland-Pfalz (franz. Zone) im gesamten Gebiet der Bundesrepublik Deutschland und Berlin (West) gültig, die Sondermarken bis 31.3.1950, wie auch die Marken der Bizone und der Länder Baden und Württemberg-Hohenzollern in Rheinland-Pfalz gültig waren.

Durch Verfügung Nr. 191/1949 des Postzentralamtes der französischen Zone wurden die Marken Nr. 111 und 112 der Bundesrepublik Deutschland ab 19.9.1949 auch in den 3 Ländern der französischen Zone verkauft. (✉ vom 19.9.49–3.10.49 Zuschlag 60.—.)

Zwangszuschlagsmarken

Die Zwangszuschlagsmarke „Notopfer Berlin" der Bizone mußte im Lande Rheinland-Pfalz erstmals vom 1. 2. 1949 bis 31. 3. 1949 und dann wieder ab 1. 7. 1949 bis 31. 3. 1956 verwendet werden.

Landkreis Saarburg

Stadt und Landkreis Saarburg wurden am 18.7.1946 dem Saarland angeschlossen. Auf Intervention der übrigen Alliierten kamen am 8.6.1947 Teile des Landkreises Saarburg einschl. der Kreisstadt zurück zu Rheinland-Pfalz. In diesen Postorten waren von Juni bis Anfang Juli 1947 Mischfrankaturen zwischen den Länderausgaben von Rheinland-Pfalz und Saar möglich. ✉ —.—.

Saar

Die Marken mit Inschrift SAAR, Ausgaben ab 1947
siehe Saarland

Die Preisnotierungen gelten für
Marken in einwandfreier Qualität.

Alliierte Besetzung (Französische Zone)

Württemberg-Hohenzollern

Die nachstehenden Marken wurden für die zur französischen Zone gehörenden Gebiete Süd-Württemberg, Hohenzollern und den bayerischen Kreis Lindau verausgabt.

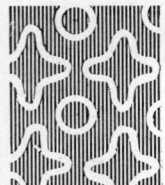

1947/48. 1. Freim.-Ausg. Wertangaben in PF. und M. (Reichsmark). ⌂ Prof. V. K. Jonynas, Freiburg i. Br.; RaTdr.; gez. K 14:14¼, Nr. 12–13 ~.

Wz. 1
Kreuze und
Ringe

a) Friedr. v. Schiller (10.11.1759 bis 9.5.1805)
b) Friedr. Hölderlin (20.3.1770 bis 7.6.1843)
c) Wangen (Allgäu) Stadttor
d) Kloster Bebenhausen (Innenhof)
e) Schloß Lichtenstein b. Reutlingen, bekannt durch Hauffs Roman
f) Barockkirche Zwiefalten

			EF	MeF	MiF
1.	2 Pfg. grau (Töne) (Jan. 1948) .... a		28.—	4.—	
2.	3 Pfg. (dkl')braun (Jan. 1948) .... b		18.—	4.—	
3.	10 Pfg. schwarzblau (Töne) (Jan. 1948) c	50.—	30.—	4.—	
4.	12 Pfg. schwarzblaugrün (Töne) (15.6.1947) ..... a	3.—	4.—	2.—	
5.	15 Pfg. br'violett (Febr. 1948) b		65.—	5.—	
6.	16 Pfg. dkl'olivgrün (Febr. 1948) .... d	25.—	50.—	10.—	
7.	20 Pfg. cyanblau (Töne) (Febr. 1948) c	—.—	90.—	8.—	
8.	24 Pfg. mittelrot (15.6.1947) . d	2.—	5.—	2.—	
9.	45 Pfg. rotlila bis dkl'rosalila (viele Töne) (15.6.1947) . b	130.—	90.—	15.—	
10.	60 Pfg. dkl'rotor. (Febr. 1948) a	180.—	230.—	15.—	
11.	75 Pfg. blau (Töne) (Juni 1947) c	70.—	230.—	25.—	
12.	84 Pfg. (dkl')bläulichgrün (Aug. 1947) .... e	25.—	120.—	20.—	
13.	1 M. dkl'braun (Töne) (Aug. 1947) .... f	500.—	320.—	30.—	

19.	15 Pfg. blau .... b	600.—	80.—	8.—
20.	16 D.Pfg. grauviolett (Töne) d l	35.—	75.—	12.—
21.	20 D.Pfg. rotbraun (Töne) .. c l	25.—	25.—	7.—
22.	24 Pfg. schwarzbläulichgrün (Töne)............... d	2.—	5.—	2.—
23.	30 Pfg. rotkarmin .... g	65.—	85.—	15.—
24.	50 Pfg. preußischblau ...... h	60.—	130.—	25.—
25.	60 D.Pfg. grau (Töne) ..... a l	70.—	230.—	25.—
26.	84 D.Pfg. braunkarmin ... e l	60.—	350.—	50.—
27.	1 D.M. hellblau .... f l	400.—	500.—	80.—

Gültig bis 31.12.1949.

Währungsreform am 21. Juni 1948.
1 Deutsche Mark (West) = 100 D.-Pfennig
(vergl. Ausführungen bei Baden vor Nr. 14)

1948, ab 21. Juni. **2.** Freim.-Ausg. Geänderte Farben, neue Werte und Darstellungen mit teilweise geänderter Wertangabe D.Pf. bzw. DM. ⌂ Prof. V. K. Jonynas, Freiburg/Br.; gez. K 14:14¼, Nr. 26–27 ~.

g) Rathaus von Waldsee
h) Ludwig Uhland (1787–1862), Balladendichter und 1848 Mitglied der Nationalversammlung

14.	2 Pfg. orange bis br'orange (Töne).................a		20.—	4.—
15.	6 Pfg. (dkl')lilabraun (Töne) b	16.—	20.—	3.—
16.	8 D.Pfg. dkl'blaugrün ....g	80.—	50.—	13.—
17.	10 Pfg. dkl'olivbraun c	8.—	10.—	3.—
18.	12 Pfg. bräunl'rot (Töne) ... e		3.—	2.—

1948. 3. Freim.-Ausg. Bisherige Ausführung unter Wegfall der Wertangabe Pf. bzw. DPf., teilweise neue Werte und geänderte Farben. ⌂ Prof. V. K. Jonynas, Freiburg/Br.; gez. K 14:14¼, Nr. 37 ~.

o = Schiller (wie a)

d II) (ohne Währungsbezeichnung)
b I) (ohne Währungsbezeichnung)
c II) (ohne Währungsbezeichnung)

28.	2 (Pfg.) .... a II			
	a. rotorange (Töne) (Okt. 1948)		25.—	8.—
	b. braunorange (Dez. 1948).		27.—	10.—
29.	4 (Pfg.) .... d II			
	a. dkl'violett	10.—	18.—	5.—
	b. grauviolett	12.—	20.—	7.—
30.	5 (Pfg.) grünlichblau ..... b l überfrankierte Drucksache.	—.—	30.—	10.—
31.	6 (Pfg.) dkl'lilabraun .... b l	275.—	520.—	60.—
32.	8 (Pfg.) braunkarmin [GA] . g l	180.—	250.—	20.—
33.	10 (Pfg.) schw'bl'grün [GA] c II	5.—	6.—	2.—
34.	20 (Pfg.) .... c II			
	a. dkl'rosalila (Töne) (Okt. 1948)		3.—	2.—
	b. dkl'karmin (Töne) (April/Sept. 1949)........	3.—	10.—	2.50

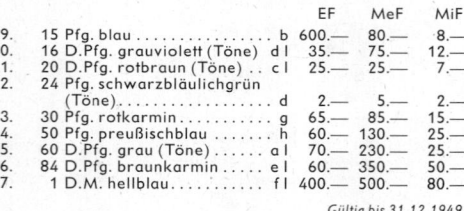

Alliierte Besetzung (Französische Zone — Württemberg)

		EF	MeF	MiF
35.	40 (Pfg.) dkl'olivbraun .... d II	550.—	850.—	325.—
36.	80 (Pfg.) mittelrot......... a II	400.—	1400.—	325.—
37.	90 (Pfg.) braunkarmin..... e II	2000.—	2200.—	500.—

Gültig bis 31.12.1949.

1949, 11. Febr. Deutsche Skimeisterschaften 1948/49 in Isny. ✎ Josef Dorner; Odr. der Staatsdr. Berlin *Wz. Kreuze und Ringe (Wz. 1);* x senkrecht, y waagrecht geriffelter Gummi; Bogen zu 50 Marken; gez. K 14:14¼.

 Wz. 1

u) Isny im Schnee mit Iberg, Stuiben, Rindalphorn und Hochgrat

v) Isny: Rathaus, Espantor und Blaserturm

			x			
38 x.	10+4 (Pfg.) dkl'grünblau ..	u	100.—	140.—	60.—
39 x.	20+6 (Pfg.) karminbraun ..	v	80.—	230.—	60.—
			y			
38 y.	10+4 (Pfg.) dkl'grünblau ..	u	90.—	140.—	60.—
39 y.	20+6 (Pfg.) karminbraun ..	v	80.—	220.—	60.—

Gültig bis 15.9.1949.

 **1949, 25. Febr. Wohlt.-Ausg. zugunsten des Roten Kreuzes (w). ✎ Eugen Bargatzky, Baden-Baden; RaTdr.; gez. K 14:14¼.**

w) Wappen von Württemberg

40.	10+20 (Pfg.) schwarzblaugrün/braunrot..............	620.—	950.—	450.—
41.	20+40 (Pfg.) bräunlichviolett/braunrot..............	520.—	1300.—	500.—
42.	30+60 (Pfg.) blau/braunrot	1000.—	2100.—	500.—
43.	40+80 (Pfg.) grauschwarz/braunrot..............	1000.—	2000.—	450.—

Ⓔ

1949, 25. Febr. Wohlt.-Ausg. in Blockform zum gleichen Anlaß. Nr. 40–43 (w) zu einem Block zusammengefaßt, Blockinschrift in Braunrot. RaTdr.; ☐; o.G.

(Abb. ½ Größe)

w I

		EF	MeF	MiF
40 B.	10+20 (Pfg.) schwarzblaugrün/braunrot..............	—.—	—.—	1500.—
41 B.	20+40 (Pfg.) bräunlichviolett/braunrot..............	—.—	—.—	1500.—
42 B.	30+60 (Pfg.) blau/braunrot	—.—	—.—	1500.—
43 B.	40+80 (Pfg.) grauschwarz/braunrot..............	—.—	—.—	1500.—
	Block 1 (90:100 mm)......... w I	6000.—		6000.—

Ⓔ

Gültig bis 15.9.1949.

1949, 12. Aug. Wohlt.-So.-Ausg. zum 200. Geburtstag Goethes. RaTdr.; gez. K 14:14¼.

Beschreibungen siehe Baden Nr. 47—49

44.	10+ 5 (Pfg.) schw'blaugrün.. x	170.—	260.—	80.—
45.	20+10 (Pfg.) lilapurpur....... y	160.—	450.—	100.—
46.	30+15 (Pfg.) dkl'kobalt...... z	370.—	880.—	140.—

Gültig bis 31.3.1950.

 **1949, 3. Sept. Wohlt.-So.-Ausg. 100 Jahre Gustav-Werner-Stiftung. RaTdr.; gez. K 14:14¼.**

aa) Gustav Werner (1809–1887), Gründer des „Bruderhauses"

47.	10+ 5 (Pfg.) schw'blaugrün .... aa	100.—	120.—	55.—
48.	20+10 (Pfg.) purpur ...... aa	80.—	250.—	55.—

Mit Sonderstempel zur Jubiläumsfeier 25% Aufschlag.

Gültig bis 31.3.1950.

1949, 17. Sept. 100 Jahre Deutsche Briefmarken. RaTdr.; gez. K 14:14¼.

ab) Vierspänner-Postkutsche ✎ Meyer

ac) Postomnibus u. Flugzeug Pixa

49.	10 (Pfg.) schw'blaugrün .... ab	130.—	200.—	55.—
50.	20 (Pfg.) karminbraun....... ac	120.—	300.—	55.—

Gültig bis 31.3.1950.

 **1949, 4. Okt. 75 Jahre Weltpostverein. ✎ Meyer und Pixa. RaTdr.; gez. K 14:14¼.**

ad) Posthorn, Weeltkugel, Friedenszweig

51.	20 (Pfg.) dunkelrot .... ad	120.—	230.—	65.—
52.	30 (Pfg.) preußischblau ... ad	200.—	260.—	55.—

Gültig bis 31. 3.1950.

Vom 3.10. bis 31.12.1949 waren die Marken von Württemberg-Hohenzollern (franz. Zone) im gesamten Gebiet der Bundesrepublik Deutschland und Berlin (West) gültig. die Sondermarken bis 31.3.1950, wie auch die Marken der Bizone und der Länder Baden und Rheinland-Pfalz in Württemberg-Hohenzollern gültig waren.

Durch Verfügung Nr. 191/1949 des Postzentralamtes der französischen Zone wurden die Marken Nr. 111 und 112 der Bundesrepublik Deutschland ab 19.9.1949 auch in den 3 Ländern der französischen Zone verkauft.

Lindau

In dem zur französischen Zone gehörenden Teil von Bayern, dem Kreis und der Stadt Lindau, waren die Marken von Württemberg in Verwendung. Die Notopfer-Berlin-Marken mußten in Lindau vom 10. 1. 1949–31. 5. 1949 verwendet werden. Die Wohnungsbau-Abgabe-Marken mußten in diesem Gebiet jedoch nicht verwendet werden.

Zwangszuschlagsmarken

Vom 10.1.1949 bis Ende Mai 1949 und wieder vom 1.1.1950 bis 31.3.1956 waren die Zwangszuschlagsmarken (Berliner Notopfermarken) der Bizone bzw. der Bundesrepublik Deutschland auch in Württemberg als Zwangszuschlagsmarken vorgeschrieben. Vom 1.7. bis 31.12. 1949 mußten dort statt dessen auf Grund des Württemberger Gesetzes vom 24. Juni 1949 nachstehende Wohnungsbau-Abgabe-Marken verwendet werden, sonst gingen die Postsachen an den Absender zurück. Die Preise verstehen sich als Zuschläge zur normalen Frankatur. Es befindet sich jeweils nur eine einzige Zwangszuschlagsmarke auf jedem Brief.

1949, 1./22. Juli. Zwangszuschlagsmarke für den Wohnungsbau, Notopfer-Berlin-Marke der Bizone mit zweizeiligem rotem Aufdruck von Marquart: Wohnungsbau-/abgabe.

W. Wz. stehende Buchstaben DP und fallende Striche (wie Wz. 1 W bei amerik. und brit. Zone) Z. Wz. fallende Wellenlinien (wie Wz. 1 bei Saarland).

Ungezähnt: Aufdrucklänge 18½ mm.
(Aulendorfer Aufdruck, ziegelrot bis karminbraun:)

			W ✉
1.	2 (Pfg.) blau bis schwarzblau...........		2000.—

Gezähnt: a. Aufdrucklänge 18½ mm:

			W
2 a.	2 (Pfg.) blau bis schwarzblau........... R		
	A. gez. K 11¼:11		500.—
	BA. gez. L 12:K 14¼:K 14¼:K 14¼		—.—
	BB. gez. K 14¼:K 14¼:L 12:K 14¼		—.—

			Z
2 a.	2 (Pfg.) blau bis schwarzblau........... R		
	A. gez. K 11¼:11		10.—
	BA. gez. L 12:K 14¼:K 14¼:K 14¼		10.—
	BB. gez. K 14¼:K 14¼:L 12:K 14¼		10.—
	C. gez. K 12:12¼		70.—
	D. gez. L 12		110.—
	E. gez. L 12:11		12.—
	F. gez. L 11		3500.—
2 b.	Aufdrucklänge 16½ mm (Alfelder Aufdruck von Wegener, orange- bis bräunlichrot): (gez. K 12) (22.7.)		
	I. Type I......................		7.—
	II. Type II.....................		6.—
	III. Type III....................		7.—
	IV. Type IV....................		7.—
	V. Type V.....................		25.—

Aufdruck:

Zu 1 und 2 a.

Der Aulendorfer Aufdruck schwankt in der Farbe zwischen ziegelrot und karminbraun und ist öfters nach Seite oder Höhe mehr oder weniger verschoben. Das „g" in „abgabe" ist Antiqua.

Zu 2 b.

Der Alfelder Aufdruck ist mehr orange- bis bräunlichrot und sehr sorgfältig angebracht. Das „g" in „abgabe" ist Grotesk.

Die Stellung des ersten „a" in „abgabe" wechselt in den waagerechten Reihen: Type I „a" unter „n", Type II „a" unter „nu", Type III „a" unter „oh", Type IV „a" unter dem linken Schenkel des „h", Type V „a" unter „h".

Sonstiges:

Zu 2 a A—F:

Zähnungsschwankungen um ¼ nach oben oder unten kommen öfters vor.

Zu 2 a B:

Eine waagerechte Seite (oben oder unten) ist L 12, die 3 anderen Seiten sind K 14.

Zu 2 a C und D: Verschobener Kammschlag täuscht bei 2 C unten L 12 vor. 2 D nur mit L-Ecken oben und unten.

1949, Aug./Okt. Wohnungsbau-Abgabe: Endgültige Ausgabe. ✉ Oestreich; Bdr. **Wegener (10×20);** Wz. 3 X; gez. K 12.

			Za ✉
3.	2 (Pfg.)........................ Za		
	a. gelb (22. Aug.)................		4.—
	b. gelborange (25. Aug.).............		55.—
	c. orange (4 Okt.)................		4.—
	d. orangegelb...................		300.—

Zwangsverwendung bis 31.12.1949. Ab 1.1.1950 bis 31.3.1956 sollten nur noch Berliner Notopfer-Marken verwendet werden. Nachverwendung von Wohnungsbauabgabe-Marken vom 1.1.1950 bis 5.1.1950 erlaubt (✉ Zuschlag 35.—), aber auch später in der gesamten Französischen Zone geduldet.

Amerikanische und Britische Zone
Bizone

Gemeinsame Ausgaben für die Deutsche Post in diesen beiden Zonen bzw. im Vereinigten Wirtschaftsgebiet

Wz. 1
DP und Striche

Wz. 2
Kreuze und Ringe

Wz. 3
Wellenlinien
X = fallend
Y = steigend

1 Reichsmark = 100 Pfennig, ab 21. 6. 1948: 1 Deutsche Mark (West) = 100 Pfennig
Block 1 siehe nach Nr. 105

1945/46. Freim.-Ausg. ⊠ W. A. Roach.

I. Amerikanischer Druck (Nr. 1—9), II. Englischer Druck (Nr. 10—15), III. Deutscher Druck (Nr. 16—35)

I. Amerikanischer Druck: März/Juni 1945 (a). Odr. Staatsdr. Washington; gez. L 11 (10¾).

		EF	MeF	MiF
1.	3 Pfg. lebh'blauviolett bis purpurviolett (15.5.1945) ...	30.—	20.—	8.—
2.	4 Pfg. dkl'braungrau (15.5.1945)	150.—	30.—	8.—
3.	5 Pfg. gelbsmaragdgrün (19.3.1945) GA	75.—	75.—	7.—
4.	6 Pfg. (dunkel)gelborange bis orangegelb (19.3.1945) GA	4.—	5.—	3.—
5.	8 Pfg. rötlichorange bis rotorange (19.3.1945)	6.—	8.—	4.—
6.	10 Pfg. dkl'orangebraun bis siena (15.5.1945)	75.—		10.—
7.	12 Pfg. dkl'lilapurpur (19.3.1945)	3.—	4.—	2.—
8.	15 Pfg. lebh'karminrot bis lebh'rotkarmin (19.6.1945) .	400.—		10.—
9.	25 Pfg. lilaultramarin (Töne) (19.6.1945)	600.—		10.—

MiNr. 4, 5 und 7 wurden in Berlin an den Postschaltern des amerikanischen und britischen Sektors vom 20. August bis zum 17. September 1945 verkauft und waren in diesen Sektoren gültig. Vom 8. Dezember 1945 bis zum 31. Oktober 1946 waren MiNr. 1—35 in allen Sektoren Berlins frankaturgültig.

II. Englischer Druck: Aug./Sept. 1945 (a). RaTdr. Harrison & Sons, London; gez. L 14¼—14¾.

10.	3 Pfg. dkl'bläulichviolett bis blauviolett (19.9.)	30.—	20.—	6.—
11.	4 Pfg. dkl'gelbgrau (14.9.) .	150.—	30.—	10.—
12.	5 Pfg. gelbsmaragdgrün (4.9.) .	280.—	200.—	40.—
13.	6 Pfg. gelborange (28.8.)	4.—	5.—	3.—
14.	8 Pfg. rötlichorange bis rotorange (14.9.)	75.—	80.—	12.—
15.	12 Pfg. dkl'rotviolett bis dkl'violettpurpur (28.8.) ...	4.—	5.—	4.—

b

c

III. Deutscher Druck: Juli 1945 / Jan. 1946. Etwas abweichende Zeichnung. Odr. G. Westermann; gez. L 11—11½.

			EF	MeF	MiF
16.	1 Pfg. schwarzolivgrau bis olivschwarz (11.10.)	a		200.—	15.—
17.	3 Pfg. grauviolett bis blauviolett (11.10.)	a	30.—	20.—	5.—
18.	4 Pfg. dkl'braungrau bis dkl'bräunlicholiv (31.10.) .	a	150.—	30.—	10.—
19.	5 Pfg. gelbsmaragdgrün (30.8.)	a	75.—	75.—	10.—
20.	6 Pfg. dkl'gelborange bis orangegelb (21.8.)	a	4.—	5.—	3.—
21.	8 Pfg. dkl'rötlichorange bis rotorange (9.10.)	a	175.—	350.—	75.—
22.	10 Pfg. lebh'orangebraun bis dkl'orangebraun (29.8.) .	a	75.—		10.—
23.	12 Pfg. dunkel(violett)purpur (25.8.)	a	4.—	5.—	3.—
24.	15 Pfg. karminrot bis lebh'rotkarmin (28.8.)	a	450.—		12.—
25.	16 Pfg. dkl'grünblau bis schwarzblaugrün (10.10.) .	a	125.—	250.—	50.—
26.	20 Pfg. cyanblau bis lebh'blau, preußischblau (23.10.)	a			12.50
27.	24 Pfg. dkl'siena bis dkl'braun (17.10.)	a	75.—	150.—	50.—
28.	25 Pfg. lilaultramarin (Töne) (29.8.)	a	600.—		50.—

Alliierte Besetzung (Amerik. u. Brit. Zone)

Nr.	Beschreibung		EF	MeF	MiF	Nr.	Beschreibung	EF	MeF	MiF
29.	30 Pfg. dkl'grauoliv bis dkl'olivgrün (11.9.)	b	750.—		15.—	33.	60 Pfg. dkl'karminbraun bis braunkarmin (21.9.) ... b			80.—
30.	40 Pfg. magenta bis dkl'rotlila (11.9.)	b			20.—	34.	80 Pfg. schwarzviolett-ultramarin, schwarzblau (21.9.) ... b	3000.—		1000.—
31.	42 Pfg. (dunkel)grün bis dkl'gelbsm'grün (17.9.)	b	20.—	30.—	15.—	35.	1 RM dkl'graugrün (Töne) (17.1.1946) ... c			1400.—
32.	50 Pfg. schw'(oliv)grün (19.9.)	b			60.—					

Preise gelten für ausdrücklich als portogerecht geprüfte Briefe und Postkarten; eine Bewertung von Zahl- und Paketkarten ist derzeit noch nicht möglich.

Unterscheidungsmerkmale
der 3 Drucke (Ausgaben)

1. Alle Werte in enger Zähnung sind II. (englische) Ausgabe.
2. Alle Werte zu 1, 16, 20, 24, 30, 40, 42, 50, 60, 80 Pfg. und 1 RM sind III. (deutsche) Ausgabe.
3. Unterscheidungsmerkmale der Werte zu 3, 4, 5, 6, 8, 10, 12, 15 und 25 Pfg. der I. (amerikanischen) und III. (deutschen) Ausgabe:

I u. II: ohne Dreieckverzierung

III. mit

Die deutsche Ausgabe weist links neben dem rechten P von Pfennig eine Verzierung in Form eines flachen auf einer Spitze stehenden Dreiecks auf, die bei den anderen Ausgaben fehlt.

Die Bögen der I. Ausgabe haben auf Ober- oder Unterrand lediglich Beschriftung und Plattennummer, während die der III. Ausgabe (1—25 Pfg.) auf Ober- und Unterrand zusätzlich Strichelleisten aufweisen.

Bei allen Werten gibt es helle und dunkle und abweichende Tönungen.

Nr. 1—35 gültig bis 7. 11. 1946.

Währungsreform

Neue Währung: **1 Deutsche Mark (West)** = **100 Pfennig**

Posthornaufdrucke, vor allem die teuren Werte, sollte man nur geprüft erwerben.

Die vorher in Deutschland (mit Ausnahme der französischen Zone) gültigen Kontrollratsausgaben (Nr. 911—970) durften zu 1/10 ihres Nennwertes nur am 21.6. und 22.6.1948 aufgebraucht werden (Poststempel vom 23.6.1948 als Erstleerung noch geduldet).

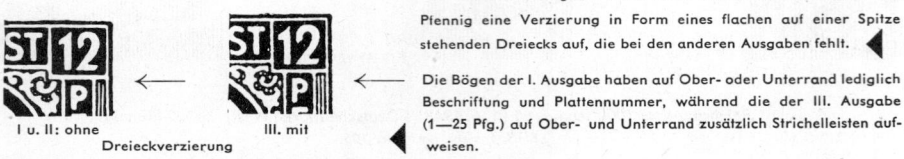

Aufdruck I (Paar), Band waagerecht über 10 Marken gehend

Aufdruck II (Paar), Netz über den ganzen Bogen

1948, 21. Juni. 1. Freim.-Ah.-Ausg. Deutschland-Gemeinschaftsausgaben Nr. 943—958 mit Kontrollüberdruck „Posthörnchen". I. Bandförmiger Aufdruck, Posthörnchen zwischen Bandleisten. II. Netzartiger, über die ganze Markenfläche gehender Überdruck.

			I			II		
			EF	MeF	MiF	EF	MeF	MiF
36.	2 Pfg. braunschwarz	(943)		10.—	6.—		45.—	30.—
37.	6 Pfg. (dunkel)grauviolett (Töne)	(944)	3.—	4.—	4.—	25.—	35.—	30.—
38.	8 Pfg. orangerot	(945)	15.—	10.—	8.—	60.—	45.—	30.—
39.	10 Pfg. gelbgrün, gelblichgrün (Töne)	(946)	12.—	30.—	6.—	10.—	28.—	2.—
40.	12 Pfg. dunkelblaugrau	(947)	2.—	3.—	3.—	20.—	30.—	20.—
41.	15 Pfg. (dunkel)siena (Töne)	(948)	1500.—	600.—	200.—	600.—	200.—	25.—
42.	16 Pfg. schwarzblaugrün (Töne)	(949)	35.—	55.—	30.—	10.—	20.—	8.—
43.	20 Pfg. hellgraublau, hellblau (Töne)	(950)	60.—	90.—	40.—	25.—	55.—	12.—
44.	24 Pfg. hellorangebraun (Töne)	(951)	2.—	4.—	2.—	20.—	30.—	25.—
45.	25 Pfg. gelborange, lebhaftgelborange	(952)	40.—	60.—	16.—	380.—	450.—	275.—
46.	30 Pfg. rot, mittelrot (Töne)	(953)	350.—	250.—	1000.—	100.—	85.—	22.—
47.	40 Pfg. dunkelrosalila bis karminlila	(954)	250.—	180.—	150.—	120.—	100.—	35.—
48.	50 Pfg. violettblau bis (lebhaft)ultramarin	(955)	100.—	190.—	80.—	45.—	80.—	15.—
49.	60 Pfg. (hell)braunkarmin (Töne)	(956)	1200.—	4000.—	800.—	150.—	320.—	100.—
A 49.	60 Pfg. (hell)karminbraun bis lebhaftrotbraun	(A 956)	90.—	200.—	80.—	60.—	110.—	45.—
50.	80 Pfg. hell- bis (grau-)violettblau (Töne)	(957)	200.—	500.—	120.—	90.—	180.—	60.—
51.	84 Pfg. smaragdgrün (Töne)	(958)	80.—	500.—	80.—	40.—	330.—	40.—

Nr. 37 I F mit dunkelblauem Aufdruck (Bonn) 15000.— —.— 15000.—

Nr. 36—68 I und II wurden auch in den Westsektoren Berlins gegen DM-Ost an den Postschaltern verkauft, durften jedoch auf Postsendungen nach dem Ostsektor Berlins und in die Ostzone nicht benutzt werden.

Alliierte Besetzung (Amerik. u. Brit. Zone)

1948, Juli/Aug. 2. Freim.-Ah.-Ausg. Deutschland-Gemeinschaftsausgaben, Ziffernserie (Einheitsausgabe) mit gleichem Band-(I) oder Netz-(II)-Kontrollüberdruck „Posthörnchen".

 Aufdruck I, Band    Aufdruck II, Netz

			I			II		
			EF	MeF	MiF	EF	MeF	MiF
52.	2 Pfg. schwarz	(912)		280.—	130.—		750.—	400.—
53.	8 Pfg. orangerot	(917)	1000.—	1100.—	270.—	1400.—	1800.—	900.—
54.	10 Pfg. dunkelbraun bis dkl'lilabraun	(918)	120.—	250.—	60.—	1000.—	2200.—	900.—
55.	12 Pfg. mittelrot bis rot	(919)	230.—	500.—	220.—	320.—	650.—	300.—
56.	12 Pfg. dkl'blaugrau	(920)	3200.—	—.—	2600.—	5500.—	8000.—	4500.—
57.	15 Pfg. braunlila	(921)	2300.—	900.—	220.—	1800.—	800.—	230.—
58.	15 Pfg. gelblichgrün bis lebh'gelblichgrün	(922)	1800.—	300.—	80.—	1400.—	250.—	60.—
59.	16 Pfg. dkl'grünblau	(923)	1800.—	3200.—	1200.—	1300.—	2400.—	700.—
60.	24 Pfg. braunorange bis lebh'braunorange	(925)	1600.—	2400.—	1300.—	1700.—	2600.—	1500.—
61.	25 Pfg. lebh'violettultramarin	(926)	350.—	750.—	250.—	380.—	820.—	160.—
62.	25 Pfg. gelborange	(927)	150.—	300.—	80.—	1100.—	1900.—	900.—
63.	30 Pfg. lebh'bräunlicholiv bis lebh'braunoliv	(928)	250.—	140.—	70.—	250.—	140.—	60.—
64.	40 Pfg. dkl'lila bis dkl'karminlila	(929)	2800.—	3500.—	1400.—	2400.—	3300.—	1400.—
65.	45 Pfg. mittelrot	(931)	800.—	350.—	80.—	880.—	400.—	100.—
66.	50 Pfg. dkl'grün bis schwarzgrün	(932)	140.—	260.—	70.—	200.—	330.—	90.—
67.	75 Pfg. violettblau bis dkl'violettblau	(934)	600.—	450.—	110.—	700.—	560.—	90.—
68.	84 Pfg. grün, lebh'grün	(936)	110.—	—.—	70.—	60.—	60.—	60.—

Die ✉-Preise gelten für portogerecht frankierte, geprüfte ✉.

Ziffernmarken mit gleichem von der Hauptverwaltung **nicht** anerkanntem Aufdruck, jedoch zu Frankaturen unbeanstandet verwendet.

			I			II		
I.	1 Pfg. violettschwarz bis schwarz	(911)			800.—		—.—	1100.—
II.	3 Pfg. mittelbraun bis dkl'gelbbraun	(913)		2200.—	1000.—		2500.—	1100.—
III.	4 Pfg. schwarzgraublau	(914)	2300.—	—.—	1200.—	3000.—	—.—	1600.—
IV.	5 Pfg. gelblichgrün, smaragdgrün	(915)			600.—			1000.—
V.	6 Pfg. purpurviolett (viele Töne)	(916)	1200.—	2300.—	750.—	1400.—	2800.—	1000.—
VI.	20 Pfg. hellblau bis blau	(924)	1500.—	1800.—	800.—	2200.—	2700.—	1300.—
VII.	42 Pfg. grün (Töne)	(930)	4800.—	—.—	3000.—	6800.—	11000.—	4500.—
VIII.	60 Pfg. braunrot bis dkl'rot	(933)	1500.—	2600.—	1100.—	1800.—	3000.—	1300.—
IX.	80 Pfg. schwarzgraublau, dkl'preußischblau	(935)	1400.—		1000.—	1700.—	—.—	1300.—
A IX.	1 RM braunoliv	(937)			—.—		—.—	10000.—

Alle besseren ✉ mit Band- und Netzaufdruck sollten nur geprüft erworben werden.

Alle Posthorn-Aufdrucke gültig nur bis 19.9.1948, auch in West-Berlin.

Mischfrankaturen von Marken mit Posthörnchen-Aufdrucken und Marken „Kölner Dom" und/oder Marken der Bautenserie waren vom 15.8. bzw. 1. bis 19. September 1948 möglich. Auf ✉ 10% Aufschlag auf errechnete normale ✉-Preise; Mindestpreis ✉ 10.—.

1948, 15. Aug. Wohlt.-So.-Ausg. zur 700-Jahr-Feier der Grundsteinlegung des Kölner Doms. Bdr. G. Westermann; *Wz. DP-Striche in verschiedenen Lagen (Wz. 1);* **A** gez. L 11, **B** gez. K 11¼:11.

d) Marienbild aus einem Chorfenster   e) Heilige Drei Könige   f) Kölner Dom   g) Westansicht des Kölner Doms
✉ Anton Wolf   ✉ Prof. Heinrich Hussmann   ✉ Alfred Will

Die ✉-Preise gelten für portogerecht frankierte Briefe oder Paket- (Post-)karten.
- EF = Einzelfrankatur, d.h. die Marke allein auf dem Brief.
- MeF = Mehrfachfrankatur, d.h. die gleiche Marke mehrfach auf dem Brief. Der Preis gilt nur für 2 Stück; weitere Stücke der gleichen Marke werden mit dem Preis für lose ⊙ dazugerechnet.
- MiF = Mischfrankatur, d.h. die Marke mit anderen Marken auf dem Brief. Briefpreis gilt für die teuerste Marke, die übrigen Marken werden mit dem Preis für lose ⊙ dazugerechnet.

Nicht portogerecht frankierte Briefe werden nur mit einem Aufschlag von maximal 15% für die beste Marke auf den ⊙-Preis bewertet, restliche Marken mit dem normalen ⊙-Preis hinzugerechnet.

Alliierte Besetzung (Amerik. u. Brit. Zone)

Wasserzeichen Nr. 1 (von der Rückseite der Marke aus gesehen).

Wasserzeichen W
stehende Buchstaben,
fallende Striche

Wasserzeichen X
stehende Buchstaben,
steigende Striche

Wasserzeichen Y
liegende Buchstaben,
steigende Striche

Wasserzeichen Z
liegende Buchstaben,
fallende Striche

			EF	MeF	MiF
69.	6+ 4 Pfg. orangebraun	....d	50.—	70.—	17.—
70.	12+ 8 Pfg. grünlichblau	....e	140.—	100.—	27.—
71.	24+16 Pfg. karminrot	....f	100.—	200.—	27.—
72.	50+50 Pfg. dunkelkobalt	....g	190.—	210.—	75.—

Gültig bis 31.1.1951.

billigste Sorte
			EF	MeF	MiF
92.	50 (Pfg.) blaugrün bis schwarzblaugrün	i	12.—	40.—	7.—
93.	60 (Pfg.) purpur bis lilapurpur	....k	6.—	35.—	5.—
94.	80 (Pfg.) (dkl')lila bis dkl'karminlila	l	25.—	110.—	10.—
95.	84 (Pfg.) violett	i	70.—*)	400.—	80.—
96.	90 (Pfg.) (dkl')rötlichlila	....k	25.—	120.—	20.—

Nr. 73–96 gültig bis 31.3.1953.

*) Preis gilt für überfrankierte „80-Pfg."-Frankaturen.

1948, 1. Sept./22. Okt. Freim.-Ausg. Bautenserie. ☒ Max Bittrof, Frankfurt/M.; Odr. Georg Westermann, Braunschweig (W), und Adolf Bagel, Mönchen-Gladbach (B); Wz.1 *(DP-Striche in verschiedenen Lagen);* **Westermann: weit gez. L 11 und K 11¼:11; Bagel: verschieden weit gezähnt.**

 h) Römer in Frankfurt/M.

 k) Dom in Köln

 i) Frauenkirche in München

 l) Brandenburger Tor in Berlin

 **1948, 1. Sept. Freim.-Ausg. Markwerte** (m). ☒ **M. Bittrof; Odr. A. Bagel (flache Treppe);** *Wz 1Y und Z;* **weit gez. L11 und L 11:11½.**

m) Holstentor in Lübeck

billigste Sorten:
			EF	MeF	MiF
97 I.	1 DM mattgrün bis grün		80.—	320.—	50.—
	Paketkarte		50.—	150.—	30.—
98 I.	2 DM grauviolett		380.—	1000.—	150.—
	Paketkarte		150.—	370.—	60.—
99 I.	3 DM dkl'rosalila bis dkl'karminlila		950.—	—.—	350.—
	Paketkarte		470.—	1100.—	150.—
100 I.	5 DM blau bis dkl'blau		1600.—	—.—	550.—
	Paketkarte		950.—	1500.—	250.—

 **Ab Anfang 1949. In gleicher Zeichnung** (m). Odr. G. Westermann (hohe Treppe); *Wz. 1Y (liegende Buchstaben, steigende Striche);* **weit gezähnt; B = L 11.**

Type II = waagerechte Striche im Torbogen, sogen. „hohe Treppe", Bänder am rechten Turm waagerecht und senkrecht schraffiert.

		EF	MeF	MiF
97 II.	1 DM grün	60.—	170.—	35.—
	Paketkarte	35.—	80.—	15.—
98 II.	2 DM grauviolett	250.—	580.—	100.—
	Paketkarte	100.—	220.—	40.—
99 II.	3 DM dkl'rosalila bis dkl'karminlila	650.—	1400.—	250.—
	Paketkarte	280.—	650.—	80.—
100 II.	5 DM blau bis dkl'blau	1300.—	—.—	500.—
	Paketkarte	650.—	—.—	120.—

Nr. 97–100 gültig bis 31.12.1954.

billigste Sorten:
			EF	MeF	MiF
73.	2 (Pfg.) schwarz	....h		5.—	1.—
74.	4 (Pfg.) (hell)braun bis braunoliv	i	2.—	3.—	1.—
75.	5 (Pfg.) dkl'violettultramarin bis dkl'graukobalt	....k	450.—	3.—	2.—
	überfrankierte Drucksache..		20.—		
76.	6 (Pfg.) (hell)orangebraun	i	70.—	180.—	10.—
77.	6 (Pfg.) (lebh')orange	i	25.—	80.—	2.—
78.	8 (Pfg.) gelblichorange	....k	60.—	120.—	10.—
79.	8 (Pfg.) schwarzblau, schw'violettblau (22.10.)	i	12.—	80.—	4.—
80.	10 (Pfg.) (lebhaft) grün	....k	1.—	1.—	1.—
81.	15 (Pfg.) lebhaftorange	i	500.—	270.—	70.—
82.	15 (Pfg.) grauviolett, blauviolett (22.10.)	....h	240.—	95.—	5.—
83.	16 (Pfg.) lebhaft- bis dkl'blaugrün	....h	240.—	560.—	20.—
84.	20 (Pfg.) hellblau	....h	25.—	70.—	25.—
85.	20 (Pfg.) karminrot bis rosakarmin	l	1.—	1.—	1.—
86.	24 (Pfg.) karminrot bis rosakarmin	l	—.—	380.—	20.—
87.	25 (Pfg.) orangerot, bräunlichrot (22.10.)	....k	45.—	35.—	5.—
88.	30 (Pfg.) hell- bis lebhaftrot	i	200.—	200.—	100.—
89.	30 (Pfg.) (dkl')kobalt	l	15.—	10.—	5.—
90.	40 (Pfg.) grauvio., rotviolett	....k	8.—	25.—	5.—
91.	50 (Pfg.) blau	l	150.—	400.—	60.—

1948/51. Freim.-Ausg.-Bautenserie. Odr. G. Westermann (W) und A. Bagel (B); Wz. 1 W; eng gez. K 14:14¼, Nr. 93 G gez. L 14.

73 A.	2 (Pfg.) schwarz	....h		85.—	20.—
74 A.	4 (Pfg.) (hell)braun bis braunocker	i	2.—	8.—	1.—
75 A.	5 (Pfg.) dkl'vio'ultramarin bis dkl'graukobalt	....k	900.—	10.—	2.—
	überfrankierte Drucksache..		30.—		
77 A.	6 (Pfg.) (lebhaft)orange	i	120.—	500.—	35.—

Alliierte Besetzung (Amerik. u. Brit. Zone)

			EF	MeF	MiF
80 A.	10 (Pfg.) (lebhaft)grün	k	1.—	2.—	1.—
82 A.	15 (Pfg.) grauviolett, blauviolett	h	340.—	140.—	7.50
85 A.	20 (Pfg.) karminrot bis rosakarmin	l	1.—	2.—	1.—
87 A.	25 (Pfg.) orangerot, bräunlichrot	k	400.—	500.—	150.—
89 A.	30 (Pfg.) (lebhaft)kobalt	l	25.—	20.—	5.—
90 A.	40 (Pfg.) grauviolett, rotviolett	k	15.—	55.—	5.—
92 A.	50 (Pfg.) blaugrün bis schwarzblaugrün	l	30.—	60.—	7.—
93 A.	60 (Pfg.) purpur bis lilapurpur	k	12.—	65.—	5.—
94 A.	80 (Pfg.) (dkl')lila bis dkl'karminlila	l	55.—	250.—	12.—
96 A.	90 (Pfg.) (dkl')rötlichlila	k	70.—	200.—	25.—

Nr. 73 A–96 A gültig bis 31.3.1953.

1950. Freim.-Ausg. Markwert. Odr. von G. Westermann und A. Bagel; Wz. 1 Y; jedoch eng gez. L 14.

97 G.	1 DM grün	m	100.—	300.—	45.—
	Paketkarte		70.—	140.—	25.—

Nr. 97 gültig bis 31.12.1954.

1948, 14. Dez. Wohlt.-Ausg. zugunsten der Berlin-Hilfe. Ⓜ M. Bittrof; Odr. A. Bagel; Wz. 1 Y; gez. L 11 oder L 11:11½.

n) Brandenburger Tor

101.	10+ 5 (Pfg.) dkl'-bläulichgrün	n	55.—	80.—	40.—
102.	20+10 (Pfg.) karminrot	n	50.—	170.—	40.—

Briefe mit Nr. 101-102 wurden nur in den ersten Tagen in der Sowjetischen Besatzungszone zugelassen, dann zurückgewiesen.

Gültig bis 30. 6. 1951.

1949, 22. April. So.-Ausg. zur Exportmesse Hannover 1949 (o). Ⓜ Axster-Heudtlass; StTdr.; Wz. Kreuze und Ringe (Wz. 2); gez. K 14.

o) Stahlhofkaufmann Hermann Hillebrandt Wedigh mit Kogge vor Weltkarte, nach einem Gemälde von H. Holbein d.J. 1533

Wz. 2

103.	10 (Pfg.) schw'bläulichgrün	30.—	45.—	20.—
104.	20 (Pfg.) rot bis rotkarmin	25.—	70.—	20.—
105.	30 (Pfg.) dunkelblau	85.—	120.—	30.—

Nr. 103–105 mit anhängenden Blockrandresten siehe nachstehend vor Block 1.

1949, 22. April. Wohlt.-So.-Ausg. in Blockform zum gleichen Anlaß. Nr. 103–105 zu einem Block zusammengefaßt mit roter Randinschrift. Ⓜ Axster-Heudtlass; StTdr. der Staatsdr. Berlin; Wz. 2; gez. Ks 14.

o l

			EF	MeF	MiF
103.	10 (Pfg.) schwarzblaugrün				600.—¹)
104.	20 (Pfg.) rot bis rotkarmin				600.—¹)
105.	20 (Pfg.) (dunkel)blau				600.—¹)

Block 1a	schwarzblaugrün/rot/ dunkelblau	o l	850.—	—.—	850.—
1b	dkl'grün/karminrot/ dkl'grünl'graublau	o l	20000.—	—.—	20000.—
1c	schw'bläul'grün/rot/ schwarzblau	o l	7500.—	—.—	7500.—

Postpreis: 1 DM; Blockgröße 110:65 mm.

Die genannten Farben sind (in der Reihenfolge 10, 20, 30 Pfg.) die Farben der Marken im Block.

¹) Preise gelten für Blockmarken mit anhängenden Blockrandresten oder Zusammendrucke aus Block.

Nr. 103–105 und Block 1 gültig bis 31.5.1950.

1949, 15. Mai. Wohlt.-So.-Ausg. zur Radfahrt „Quer durch Deutschland 1949" mit Zuschlag zugunsten der „IRA" (Industriegemeinschaft zur Förderung des Radfahrwesens, Schweinfurt). StTdr. Staatsdr. Berlin; Wz. 2; gez. K 14.

p) Rennfahrer auf der Strecke

106.	10+ 5 (Pfg.) dkl'-bläulichgrün	p	80.—	80.—	50.—
107.	20+10 (Pfg.) braunrot	p	120.—	250.—	90.—

Gültig bis 31. 8. 1950.

1949, 15. Aug. Wohlt.-So.-Ausg. zum 200. Geburtstag Goethes. StTdr. der Staatsdr. Berlin; Wz. 2; gez. K 14.

q) Goethe in der Campagna. Im Hintergrund Grabmal der Cäcilia Metella an der Via Appia, Aquäduktruinen und Albaner Berge. Nach Gemälde von Tischbein.

r) Nach dem Gemälde von Stieler

s) Nach Kreidezeichnung v. Jagemann

q-s) Johann Wolfgang v. Goethe (1749–1832), Dichter

108.	10+ 5 (Pfg.) (bläul')grün	q	45.—	70.—	30.—
109.	20+10 (Pfg.) mittelrot	r	40.—	150.—	30.—
110.	30+15 (Pfg.) schwarzblau	s	200.—	280.—	100.—

Gültig bis 30.9.1950.

Flugpost-Zulassungsmarke

1948, 1. Mai. Flugpost-Zulassungsmarke für Geschäftsbriefe. Odr.; gez. L 11.

		✉)[1]
1.	(—) ultramarin	550.—

[1]) Als mit Flugpost geflogen sind nur solche Stücke anzusehen, welche in der Zeit vom 1. Mai bis 19. Oktober 1948 verwendet worden sind. Ab 20. Oktober 1948 wurde der Flugpostdienst allgemein freigegeben.

Zwangszuschlagsmarken

Alle Postsendungen (Drucksachen, Postkarten, Briefe, Päckchen und Pakete) mußten in der amerikanisch-britischen Zone ab 1.12.1948 zusätzlich mit einer der Zwangszuschlagsmarken (Nr. 1–8) versehen sein, sonst erfolgte Rücksendung an den Absender, zeitweilig mit Stempelvermerk „Zurück – Steuermarke fehlt" oder ähnlichem (✉ 60.—) bzw. mit Aufklebezettel (✉ 140.—).

Verwendungszwang in der franz. Zone: B a d e n am 1. u. 2. 7. und ab 17. 7. 1949; in R h e i n l a n d - P f a l z vom 1. 2.–31. 3. und ab 1. 7. 1949; in W ü r t t e m b e r g - Hohenzollern vom 10. 1.–31. 5. 1949, hier dann vom 1. 6.–31. 12. 1949 dafür Wohnungsbau-Abgabe-Marken.

Ab 1. 1. 1950 Verwendungszwang im ganzen Bundesgebiet, auch für Behörden und bei „Gebühr bezahlt"-Stempeln. Drucksachen ab 28. 7. 1949 wurden ganz ausgenommen. Firmen mit Absenderfreistempel konnten am Firmenort bar bezahlen. Kein Zwang für Besatzungsmächte, ausländische Konsulate usw. Keine Verwendung bei Sendungen nach Berlin, in die Sowjetische Zone und Ausland.

Notopfer-Postkrieg: Briefe mit Notopfermarken in die SBZ wurden entweder zurückgeschickt oder zugestellt, nachdem die Notopfermarke geschwärzt oder abgerissen worden war, siehe Aufstellung Postkrieg.

Ab 1. 4. 1956 wurde die Zwangsfrankatur endgültig aufgehoben. Verbraucht wurden über 20 Milliarden Stück Marken.

Notopfer-Marken über 20.— Katalogwert sollten nur geprüft erworben werden.

✉-Preise verstehen sich als Zuschläge zur normalen Frankatur.

Es befindet sich jeweils nur eine einzige Zwangszuschlagsmarken auf jedem Brief. MeF waren auf Paketkarten möglich (mehrere Pakete auf 1 Karte) (ab 15.—)

	Zähnung	N von NOTOPFER	R von NOTOPFER	Buchstaben BERLIN	Rechte Kante des letzten E
Za 	geschnitten und alle Zähnungsmaße bis 13½	 spitz	 flacher Abstrich	schlank, regelmäßig	
Zb 	K 11 K 12 K 14			schlank bis fett, unregelmäßig	
Zc 	K 12 K 14	 stumpf	steiler Abstrich	schlank, regelmäßig	ragt über eine gedachte Verlängerung der rechten Kante des N von BERLIN mehr oder weniger hinaus
Zd 	K 14		 flacher Abstrich	fett, regelmäßig	 schließt mit Verlängerung ab

1948, 1. Dez. Zwangszuschlagsmarke für das „Notopfer Berlin". Bdr. (Platte) A. Wegener; W: Wz.1 W *(stehende Buchstaben DP, fallende Striche)*;
Za
X: Wz. 1 X *(stehende Buchstaben DP, steigende Striche);*
Y: Wz. 1 Y *(liegende Buchstaben DP, steigende Striche);*
Z: Wz. 3 X *(fallende Wellenlinien);* ☐.;

	W ✉	X ✉	Y ✉	Z ✉
1. 2 (Pfg.) blau bis schwarzblau ☐ .. Za	—.25		4000.—	7.—

1948, Dez. u. später. Zeichnung wie Nr. 1. Bdr.: W: Wz. 1 W *(stehende Buchstaben DP, steigende Striche);* Z: Wz. 3 X *(fallende Wellenlinien);* V: Wz. 3 Y *(steigende Wellenlinien):* **verschieden gez.**

	W ✉	Z ✉	✉
2. 2 (Pfg.) blau bis schwarzblau .. Za			
A. K 11¼:11	—.70	—.25	7.—
B. komb. K 14, L 12	2.—	—.30	
C. K 12:12¼		—.25	2.—
D. L 12	360.—	20.—	
E. L 12:11		3.—	
F. L 11	35.—	10.—	
H. L 11½	35.—	1000.—	
I. L 12:13½		200.—	
L. L 12:11½:11½:11½	1200.—		
M. L 11½:11½:12:11½	1200.—		
N. L 12:12½	850.—		
O. amtl. ☐ linienförmig 12¼	300.—		
P. amtl. ☐ linienförmig 9 .	—.—		
R. amtl. ☐ linienförmig 8 .	—.—		
S. amtl. ☐ kreuzförmig ..	—.—		

Postmeistertrennungen:

	W	Z
2. 2 (Pfg.) blau bis schwarzblau .... Za		
GA. gez. L 9	700.—	
GB. gez. L 9½	250.—	650.—
GC. gez. L 10	180.—	
GD. gez. L 11	250.—	
GE. senkr. gez. L 9	350.—	
GF. senkr. gez. L 10¼	350.—	
GG. senkr. gez. L 11	350.—	
GH. gez. L 10¾—11	200.—	
GI. gez. L 11½	—.—	500.—
[FALSCH] GK. punktf. Durchstich	150.—	

Die verschiedenen teuren Trennungen bei Nr. 2 sind außerordentlich fälschungsgefährdet. Preise gelten nur für geprüfte ✉.

Infolge Verwendung von Behelfsmaschinen usw. schwankt die Zähnung nach oben oder unten bis zu ¼. Die Kammzähnung 11¼:11 ist immer genau. In der ersten Zeit kam infolge von Personalmangel und Zeitnot (Gesetz datierte vom 8.11.1948, Verwendung sollte am 1.12.1948 einsetzen!) viel Makulatur unter die Schalter:

Weitere Einzelheiten:

Zu 2 GD. **Postmeisterzähnung Oberndorf am Neckar.** In Oberndorf a.N. (Württemberg-Hohenzollern) ließ der Postmeister im 1. Halbjahr 1949 die erhaltenen ungezähnten Bogen halbieren und dann auf eigene Kosten primitiv L 11 zähnen. Die vorgedruckten Reihenzähler am Oberrand wurden (wegen der Bogenteilung) handschriftlich berichtigt. An gebrauchten Einzelstücken kaum feststellbar, zumal auch die amtl. Linienzähnung 11 öfters mangelhaft ist. Die etwas dunklere blaue Farbe ist ebenfalls auch bei anderen Marken vertreten.

Zu 2 B. Eine waagerechte Seite — oben oder unten — ist L 12; die drei anderen Seiten K 14¼.

Zu 2 C. und 2 D. Vorsicht! Verschobener Kamm täuscht bei 2 C unten L 12 vor.

1950, 30. März/18. April. Leicht geänderte Zeichnung (Zb). Bdr.; Wz. 3 X *(fallende Wellenlinien);* **Nr. 3 gez. K 12, Nr. 4 gez. K 11¼:11.**

		✉
3. 2 (Pfg.) blau .... Zb		2.—
4. 2 (Pfg.) dkl'blau (18. 4.) .. Zb		5.—

1950, März. Zeichnung der Nr. 3 und 4, jedoch Odr. (Walze) A. Wegener; Wz. 3 X *(fallende Wellenlinien);* **gez. K 14.**

		✉
5. 2 (Pfg.) blau .... Zb		4.—

1950, 10. Juni/1953, 8. Jan. Veränderte, neue Zeichnung. Odr. (Walze) Z: Wz. 3 X *(fallende Wellenlinien);* V: Wz. 3 Y *(steigende Wellenlinien);* **gez. K 14.**

	Z ✉	V (8.1.53) ✉
6. 2 (Pfg.) blau Zc	—.25	120.—

1950, Juni. Zeichnung wie Nr. 6. Bdr.; Wz. 3 X *(fallende Wellenlinien);* **gez. K 12.**

		✉
7. 2 (Pfg.) blau .... Zc		30.—

1954, Jan./1955. Veränderte, neue Zeichnung. Odr. (Walze) A. Wegener; X: Wz. 3 X *(fallende Wellenlinien);* Y: Wz. 4 Va *(Zierlinien steigend, BP seiten- und spiegelverkehrt);* Z: Wz. Vb *(Zierlinien steigend, BP normalstehend);* **gez. K 14.**

	X	Y (22.8.55)	Z (17.11.54)
	✉	✉	✉
8. 2 (Pfg.) blau	—.25	220.—	—.25

Am 1. 4. 1956 endete im ganzen Bundesgebiet die Verwendung der Zwangszuschlagsmarken.

Nr. 1 und 2 mit rotem Aufdruck „Wohnungsbau-/abgabe" siehe am Schluß des Abschnittes Württemberg-Hohenzollern (Französische Zone).

Die MICHEL-Rundschau – gesammelt griffbereit!

Die MICHEL-Rundschau-Sammelmappe, aus blauer PVC-Folie mit Goldaufdruck und der bewährten Federstabmechanik, bietet Platz für die 12 Ausgaben eines Jahres.

So schaffen Sie Ordnung und Übersicht – können aber mühelos jede MICHEL-Rundschau herausnehmen und später wieder einordnen.

Fragen Sie Ihren Briefmarkenhändler nach der MICHEL-Rundschau-Sammelmappe!

Postgebühren ab 1946
Alliierte Besetzung (ohne SBZ), Bundesrepublik Deutschland (einschl. Berlin West)

Inland (Alle Angaben in Pf)	1.3. 1946	1.9. 1948[9]	1.7. 1954	1.3. 1963[2]	1.4. 1966	1.9. 1971	1.7. 1972	1.7. 1974	1.1. 1979	1.7. 1982	1.4. 1989	1.7. 1992	1.4. 1993	1.9. 1994
Drucksachen														
bis 20 g	6	4	7	10	10	20	25	30	40	50	60	60	[1]	
bis 50 g	8	6	10	15	20	30	40	50	60	80	100	100	[1]	
bis 100 g	16	10	15	20	30	40	50	60	80	110	140	140	[1]	
bis 250 g	30	20	25	25	40	50	70	70	100	140	180	180	[1]	
bis 500 g	60	40	50	50	70	70	100	120	150	200	240	240	[1]	
Briefdrucksachen														
bis 20 g	—	—	—	15	20	25	30	40	50	70	80	80	[1]	
bis 50 g	—	—	—	30	40	40	50	60	80	110	140	140	[1]	
bis 100 g	—	—	—	30	40	50	70	90	120	160	200	200	[1]	
bis 250 g	—	—	—	30	60	60	90	120	160	210	260	260	[1]	
bis 500 g	—	—	—	60	80	80	120	170	200	260	320	320	[1]	
Warenprobe/ Warensendung														
bis 20 g	16	10	15	10	10	30	40	30	40	50	60	60	60	
bis 50 g	16	10	15	15	20	30	40	50	60	80	100	100	130[6]	
bis 100 g	16	10	15	20	30	40	50	60	80	110	140	140		
bis 250 g	30	20	25	25	40	50	70	70	100	140	180	180	300	
bis 500 g	60	40	50	50	70	70	100	120	150	200	240	240		
Postkarten:														
im Ortsverkehr[3]	10	8	8	8	8	8	15	20	30	40	40	—	—	
im Fernverkehr	12	10	10	15	20	25	30	40	50	60	60	60	60	
Briefe: im Ortsverkehr[3]														
bis 20 g	16	10	10	10	10	10	20	30	40	50	60	—	—	
bis 50 g	32	20	20	20	20	20	30	40	60	80	100	—	—	
bis 100 g	32	20	20	20	20	20	40	60	80	110	140	—	—	
bis 250 g	32	20	20	20	20	20	50	80	100	140	180	—	—	
bis 500 g	40	30	30	30	30	30	60	100	120	170	220	—	—	
bis 1000 g	60	40	40	40	40	40	70	120	150	200	260	—	—	
im Fernverkehr														
bis 20 g	24	20	20	20	30	30	40	50	60	80	100	100	100	
bis 50 g	48	40	40	40	50	50	60	80	100	130	170	170	200[10]	
bis 100 g	48	40	40	40	50	60	80	120	140	190	240	240	300	
bis 250 g	48	40	40	40	70	70	110	160	180	250	320	320	300	
bis 500 g	80	60	60	70	90	90	140	200	230	310	400	400	300	
bis 1000 g	120	80	80	90	110	130	170	240	280	370	480	480	400	
Päckchen (bis 2 kg)[7]	80	60	70	80	100	120	150	200	230	300	350[20]	450	450	550**
Einzel-Anschriftenprüfung	6	5	10	15	20	25	30	40	50	60	120	120	140	
Postzustellungsauftrag Förmliche Zustellung	60	45[21]	50[21]	150[21]	200[22]	200	250	300	400	500	600	900	900	
Zusatzleistungen[8]														
Einschreiben	60	40	50	50	80	100	130	140	150	200	250	350	350	
Eilzustellung[23]:														
Ortszustellbereich 6–22 Uhr	80	60	60	80	100	150	200	200	250	350	500[5]	700	700	900
Landzustellbereich 22–6 Uhr	160	120	120	160	160	250	300	300	400	600	800[5]	1000	1000	1500
Rückschein (bei Einlieferung)[4]	60	40	40	50	50	50	80	100	120	150	250	350	350	
Nachnahme	40	30	40	50	80	100	130	140	150	170	200	300	300	
Eigenhändig[4]	20	15	20	50	50	50	80	100	120	150	250	350	350	
Wertbriefe:														
Bf-Gebühr und:														
je 500,– RM/DM	20	15	20	100	100	200	200	200	300	400	600	700	700	900[25]
jede weitere 500,– DM	20	15	20	80	80	100	100	100	100	100	120	150	150	
Behandlungsgebühr	80	60	50	—	—	—	—	—	—	—	—	—	—	
Luftpostgebühr je 20 g* * bei Zeitungen je 25 g * bei Drucksachen je 50 g (ab 15.7.1948 bis 19.2.1990)	—	5	5	5	5	5	5	5	5	5	5	—	—	

**) Päckchengebühr ab 1. 9. 1995: 640
Vor dem 1. 3. 1946 galten die Tarife der Deutschen Reichspost (siehe Postgebühren bei Deutsches Reich)

Postgebühren ab 1946

Ausland (Alle Angaben in Pf)	19. 9. 1947	1. 9. 1948[9]	1. 7. 1954	1. 3. 1963	1. 4. 1966	1. 7. 1971	1. 7. 1972	1. 7. 1974	1. 1. 1979	1. 7. 1982	1. 4. 1989	1. 7. 1992	1. 4. 1993
Drucksachen													
bis 20 g (Standard)						30	30	30	50	60	80	80	[1]
bis 50 g	10	10	10	15	20	40	50	50	70	90	120	120	[1]
jede weiteren 50 g	10	5	10	10	20	—	—	—	—	—	—	—	
bis 100 g						50	60	60	90	120	160	160	[1]
bis 250 g						80	70	70	110	170	220	220	[1]
bis 500 g						130	130	120	160	280	360	360	[1]
Drucksache zu erm. Gebühr													
bis 50 g						20	25	30	40	50	60	60	[1]
bis 100 g			10	10	20	30	30	30	50	60	80	80	[1]
bis 250 g			30	40	60	40	40	40	60	90	110	110	[1]
bis 500 g			50	70	100	65	65	60	90	140	180	180	[1]
Postkarten[12]:	30	20	20	20	30	30	50	50	60	70	80[11]	80[11]	200[13]
Briefe[12]:													
bis 20 g	50	30	40	40	50	60	70	70	90	120	140[11]	140[11]	300[13]14]
jede weitere 20 g	30	20	20	20	30	—	—	—	—	—	—	—	—
bis 50 g						100	130	120	150	180	210	210	600[13]
bis 100 g						130	160	150	190	230	280	280	1000[13]
bis 250 g						300	290	270	350	430	500	500	1600[13]
bis 500 g						580	550	510	660	830	940	940	2400[13]
bis 750 g											1280	1280	3200[13]
bis 1000 g						960	910	840	1080	1450	1650	1650	4000[13]
Aerogramm		60	60	60	70	80	90	90	110	140	165	165	200
Zusatzleistungen[8]													
Einschreiben ab 1. 1. 48	60	40	50	50	80	100	130	140	150	200	250	350	350
Eilzustellung ab 1. 1. 48	100	60	60	80	80	150	200	200	250	350	500	600	700
Rückschein, sofort[4] ab 1. 3. 48	60	40	40	50	50	70	80	100	120	150	250	350	350
Eigenhändig[4] ab 1. 7. 53	—	15	20	(– ab 1.5.58 bis 30.6.1971 gebührenfrei bei Rückschein –)							250	350	350
Wertbriefe (ab 1. 9. 50):													
Beförderungsgebühr:	—	[15]	[15]	[15]	[15]	[15]	[15]	[15]	[15]	[15]	[15]	[15]	[15]
Versicherungsgebühr: je 500,– RM/DM und ab 1. 9. 1959 je 200,– DM	—	30	50	50	50	60	60	60	80	100	120	120	150
Luftpostgebühr													
Europa ab 1. 5. 48: Bfe/Pkn. je 5 g, andere je 50 g	50	25	15[17]	15	15[18]	15[18]	15[18]	15[18]	15[18]	15[18]	20[18]	20[18]	20[18]
Übersee ab 15. 7. 48: Bfe/Pkn. je 5 g, andere je 50 g													
Länderzone 1:	100	50	10[19]	20	20	20[24]	20	20	20	20	25	25	25[18]
Länderzone 2:	100	50	20[19]	30	30	30[24]	30	30	30	30	35	35	35[18]
Länderzone 3:	100	50	30[19]	40	40	40[24]	40	40	40	40	45	45	45[18]
Länderzone 4:	100	50	40[19]	50	50								

[1] Seit 1. 4. 1993 Infopost. Besondere Bedingungen
[2] Zusatzleistungen nur noch bei vollbezahlten Sendungen möglich (Bfe, Kt und Päckchen)
[3] Ab 1. 3. 1963 bis 3. 10. 1990 nur noch innerhalb Groß-Berlin
[4] Nur in Verbindung mit Einschreiben oder Wertsendung
[5] Ermäßigte Gebühr in die DDR/VGO bis 30. 6. 1991: 200 Pf
[6] Kompaktsendung. Bei Nichteinhaltung der Standardmaße, 300 Pf
[7] In die DDR galten gesonderte Porti
[8] zusätzlich zur jeweiligen Beförderungsgebühr
[9] In der französischen Zone erst ab 4. 10. 1946; in Berlin (West) ab 1. 6. 1949
[10] Standardmaße bis 50 g, sonst 300 Pf
[11] Osteuropa und Übersee
[12] Ceptländer, bei Standardsendungen wie Inland
[13] Welt-Luftbrief! Europa bei Standardsendungen wie Inland, sonst 50% vom Weltbrief
[14] Welt-Kompaktbrief bis 50 g: 400 Pf
[15] Wie Einschreibebrief gleichen Gewichts
[16] Luftpost-Tariftabelle siehe Spezialliteratur!
[17] Ab 1. 1. 1954
[18] Ab 1. 4. 1966 in Europa und ab 1. 4. 93 auch nach Übersee Briefe und Karten zuschlagsfrei
[19] Am 1. 12. 1950 wurde ein Entfernungstarif mit 10 Zonen eingeführt. Am 1. 7. 1953 waren es noch sieben Zonen. Am 1. 4. 1959 wurde die Aufgliederung nach geographischen Gesichtspunkten in vier Tarifzonen gestaltet
[20] Ab 1. 7. 1991 Päckchen 400 Pf
[21] zusätzlich Briefgebühr für eine Hin- und Rücksendung
[22] Ab 1. 8. 1964 incl. Beförderungsgebühr
[23] Ab 1. 3. 1963 Wegfall Landzustellung. Einführung Nachtzustellung
[24] Ab 1. 7. 1971 Beschränkung auf 3 LP-Tarifzonen
[25] Zulässig bis 1000.— DM

Bundesrepublik Deutschland

Am 23.5.1949 trat das Grundgesetz der Bundesrepublik Deutschland in Kraft. Vorerst blieben die Postverwaltungen der Bizone sowie der drei Länder der französischen Zone in unveränderter Weise mit der Ausübung des Postdienstes betraut. Ab 3.10.1949 wurden sie dem Bundesminister für das Post- und Fernmeldewesen unterstellt.

Die Deutsche Bundespost existierte ab 1.4.1950, nach der Aufhebung der Hauptverwaltung für das Post- und Fernmeldewesen des Vereinigten Wirtschaftsgebietes in Frankfurt a. Main sowie des Deutschen Postzentralamtes in der französischen Zone in Rastatt.

MiNr. 111 und 112 sowie die beiden Ganzsachen gleichen Motivs wurden durch Vfg. 191/1949 des Postzentralamtes der französischen Zone ab 19.9.1949 auch in den drei Ländern der französischen Zone verkauft.

Ab 3.10.1949 waren die Marken der Bizone bzw. Bundespost auch im Bereich der drei Länder der französischen Zone gültig. Ab dem gleichen Tag erhielten die Ausgaben der französischen Zone Frankaturgültigkeit im gesamten Bundesgebiet. Hierdurch wurden unterschiedlichste Mischfrankaturen der bisherigen Verwaltungen untereinander wie auch mit Ausgaben der Deutschen Bundespost möglich.

Die Zulassung von Westzonen-Postwertzeichen erfolgte in West-Berlin – zunächst nur auf Sendungen an westdeutsche Empfänger – mit Verfügung „Vf. I C 1–2040" vom 27.10.1949.

Erst ab Ende Oktober/Anfang November 1949 durften westdeutsche Marken auch innerhalb West-Berlins verwendet (offiziell: „stillschweigend" geduldet) werden. Die endgültige Erlaubnis kam erst am 4.2.1950 heraus. Ein Verkauf westdeutscher Postwertzeichen hat niemals an Postschaltern West-Berlins stattgefunden (mit Ausnahme des „Sammlerschalters" in Berlin-Charlottenburg).

Vom 20.1.1950 bis 31.12.1991 konnten die Marken von West-Berlin auch im gesamten Bundesgebiet verwendet werden.

Vom 2.7.1990 bis 31.12.1991 durften die Marken der Deutschen Demokratischen Republik ab MiNr. 3344 mit Inschrift „Deutsche Post" einschließlich MiNr. 3353 mit Inschrift „DDR" auch im gesamten Bundesgebiet verwendet werden.

Alle Farbangaben beziehen sich auf den MICHEL-Farbenführer ab 36. Auflage.

Wasserzeichen

Wz. 1 W
DP und Striche

Wz. 1 Y
DP und Striche

Wz. 3 X
Wellenlinien fallend

Wz. 3 Y
Wellenlinien steigend

Wz. 4
BP und Zickzacklinien

Wz. 5
DBP und Kreuzblüten

1 Deutsche Mark (DM) = 100 Pfennig (Pf)

Bundesrepublik Deutschland

1949

1949, 7. Sept. Eröffnung des ersten deutschen Bundestages, Bonn. ✍ Bittrof; Odr. Bagel Wz. 1 Y; gez. L 14.

t) Richtfest

			EF	MeF	MiF
111	10 (Pf)	dkl'bläulichgrün GA .... t	120,—	200,—	90,—
112	20 (Pf)	rosarot GA .... t	110,—	320,—	110,—

Gültig bis 31. 8. 1950

MiNr. 111 und 112 waren ab 19. 9. 1949 auch in den drei Ländern der französischen Zone frankaturgültig.

1949, 14. Dez. Wohlfahrt: Helfer der Menschheit (I). StTdr.; Wz. 1 W; gez. K 13¾:14.

y) Hl. Elisabeth, (1207–1231), Landgräfin von Thüringen

z) Paracelsus (1493–1541), Philosoph und Arzt

aa) Friedrich Fröbel (1782–1852), Pädagoge

ab) Johann Hinrich Wichern (1808–1881), evang. Theologe, Mitbegründer der Inneren Mission

			EF	MeF	MiF
117	8 + 2 (Pf)	dkl'bräunl'- lila, dkl'lilarot ...... y	250,—	380,—	85,—
118	10 + 5 (Pf)	dkl'olivgrün .... z	65,—	120,—	50,—
119	20 + 10 (Pf)	rot .... aa	60,—	180,—	50,—
120	30 + 15 (Pf)	dkl'violett- ultramarin .... ab	600,—	1200,—	425,—

Gültig bis 31. 3. 1951

1949, 30. Sept. 100 Jahre deutsche Briefmarken. RaTdr. Bruckmann Wz. 3 Y; gez. K 13¾:14.

u) Marke Bayern MiNr. 1

v) Marke Bayern MiNr. 2

w) Marke Bayern MiNr. 4

113	10 + 2 (Pf)	grün/schwarz ..... u	80,—	140,—	100,—
114	20 (Pf)	orangerot/ graublau v	150,—	350,—	140,—
115	30 (Pf)	blau/siena .... w	420,—	700,—	270,—

✉-Preise für Tagesstempel und rote Sonderstempel. Schwarze Sonderstempel verdienen Zuschläge!

Gültig bis 31. 8. 1950

1950

1950, 28. Juli. 200. Todestag von Johann Sebastian Bach. ✍ Trump; StTdr; Wz. 1 Y; gez. K 13¾:14.

ac) Siegel von J. S. Bach (1685–1750), Komponist

121	10 + 2 (Pf)	schwarzolivgrün ... ac	250,—	430,—	200,—
122	20 + 3 (Pf)	dunkelkarmin ..... ac	240,—	580,—	240,—

Gültig bis 31. 1. 1951

Das Wz. 4 (Zierlinien und BP) kommt in 8 verschiedenen Lagen vor:

Va: Zierlinien steigend, BP kopfstehend

Vb: Zierlinien steigend, BP normal stehend

Vc: Zierlinien fallend, BP nach rechts liegend

Vd: Zierlinien fallend, BP nach links liegend

1949, 9. Okt. 75 Jahre Weltpostverein (UPU). ✍ Bittrof; RaTdr. Burda Wz. 1 W; gez. K 14.

x) Heinrich von Stephan (1831–1897), Postfachmann, Mitbegründer des Weltpostvereins; früheres Generalpostamt, Berlin; Ständehaus, Bern

116	30 (Pf)	vio'ultramarin x	270,—	500,—	180,—

Gültig bis 31. 8. 1950

W: Zierlinien fallend, BP seitenverkehrt stehend

X: Zierlinien fallend, BP seitenverkehrt nach rechts liegend

Y: Zierlinien steigend, BP seitenverkehrt nach links liegend

Z: Zierlinien fallend, BP seitenverkehrt kopfstehend

MICHEL ist das einzige Katalogwerk, welches die Briefmarken der ganzen Welt systematisch katalogisiert.

1951

1951, 20. Juni/1952, 16. April. Freimarken: Posthorn. Mathey; MiNr. 123–131 Bdr., MiNr. 132–138 StTdr. Bogen (B), Markenheftchen (MH) und Rollen (R); Wz. 4 W; gez. K 14.

ad) Ziffer(n) mit Posthorn

ad I) Ziffern mit Posthorn

				EF	MeF	MiF
123	2 (Pf)	gelbgrün (1. 8. 1951) (B)...................................... ad			40,—	5,—
		Gefälligkeitsentwertung...................................		10,—		
124	4 (Pf)	lebhaftgelbbraun (20. 6. 1951) (B) (MH) (R)............... ad		1,—	5,—	1,—
125	5 (Pf)	dunkellilapurpur (1. 8. 1951) (B)............................ ad		750,—	10,—	2,—
		überfrankierte Drucksache................................		35,—		
126	6 (Pf)	orange (20. 9. 1951) (B) (MH)............................... ad		70,—	800,—	15,—
127	8 (Pf)	dunkelgrünlichgrau, grau (20. 9. 1951) (B) GA ...... ad		50,—	650,—	40,—
128	10 (Pf)	dunkelgrün (20. 6. 1951) (B) (MH) (R) GA .... ad		1,—	2,—	1,—
129	15 (Pf)	dunkelbläulichviolett (20. 9. 1951) (B)..................... ad		250,—	250,—	60,—
130	20 (Pf)	karminrot (20. 6. 1951) (B) (MH) (R) GA .... ad		1,—	4,—	1,—
131	25 (Pf)	dunkelbraunkarmin (20. 9. 1951) (B)...................... ad		90,—	130,—	30,—
132	30 (Pf)	schwärzlichultramarin (1. 8. 1951) (B).................... ad I		45,—	18,—	10,—
133	40 (Pf)	dunkelgraulila (20. 12. 1951) (B)............................ ad I		10,—	25,—	10,—
134	50 (Pf)	grautürkis (11. 3. 1952) (B).................................... ad I		35,—	110,—	17,—
135	60 (Pf)	siena (20. 12. 1951) (B).. ad I		20,—	130,—	15,—
136	70 (Pf)	gelborange (11. 3. 1952) (B).................................. ad I		320,—	1400,—	130,—
		Paketkarte..		240,—		
137	80 (Pf)	rosarot (16. 4. 1952) (B).. ad I		120,—	1250,—	50,—
		Paketkarte..		90,—		
138	90 (Pf)	grünlicholiv (16. 4. 1952) (B)................................. ad I		300,—	1700,—	120,—
		Paketkarte..		240,—		

MiNr. 126, 127, 129 und 131 wurden in Erlangen bereits ab 15. 9. 1951 verkauft.

FALSCH Vorsicht vor gefälschten ⊠ der MiNr. 123–138. Auch private Nachdrucke in Odr. bekannt!

Gültig bis 30. 12. 1954

1951, 30. Aug. 700 Jahre Marienkirche Lübeck. Bittrof; Odr. Westermann Wz. 1 W; gez. L 13¾.

af) Wandmalerei in der Marienkirche

			EF	MeF	MiF
139	10 + 5 (Pf)	dkl'olivgrün/schwarzgrau...... af	380,—	650,—	300,—
140	20 + 5 (Pf)	lilakarmin/schwarzgrau...... af	330,—	1200,—	300,—

MiNr. 139–140 sind meist schlecht gezähnt. Die Preise gelten für Marken mit kleinen Zahnfehlern.

FALSCH oWz.

Gültig bis 29. 2. 1952

1951, 14. Sept. Nationale Briefmarkenausstellung (NBA), Wuppertal. Schardt; Odr. Wz. 4 W; gez. K 13¾:14.

ag) Altdeutsche Marken unter der Lupe

141	10 + 2 (Pf)	mehrfarbig....... ag	220,—	400,—	180,—
142	20 + 3 (Pf)	mehrfarbig....... ag	200,—	600,—	180,—

Gültig bis 31. 3. 1952

1951, 23. Okt. Wohlfahrt: Helfer der Menschheit (II). Zapf; StTdr.; Wz. 4 X; gez. K 13¾:14.

ah) Hl. Vinzenz von Paul (1581–1660), franzöś. kath. Seelsorger, Begründer der Caritas

ai) Friedrich von Bodelschwingh (1831–1910), evang. Theologe, 1. Leiter der Bethel-Anstalten

ak) Elsa Brändström (1888–1948), schwed. Kriegsgefangenen-Fürsorgerin

al) Johann Heinrich Pestalozzi (1746–1827), schweizer. Erzieher und Sozialreformer

				EF	MeF	MiF
143	4 + 2 (Pf)	dunkelbraun..... ah		70,—	280,—	40,—
144	10 + 3 (Pf)	schwärzlichgrün .. ai		50,—	90,—	35,—
145	20 + 5 (Pf)	rot.................. ak		50,—	200,—	35,—
146	30 + 10 (Pf)	dunkelviolettultramarin........ al		570,—	1300,—	425,—

Gültig bis 31. 5. 1952

Zum besseren Gebrauch des Kataloges empfehlen wir, die Einleitung zu lesen.

Bundesrepublik Deutschland

1951, 10. Dez. 50. Jahrestag der Verleihung des Nobelpreises an Wilhelm Röntgen. ✍ Barth; StTdr.; Wz. 4 W; gez. K 14.

am) W. Röntgen (1845–1923), Physiker; erste Röntgenröhre (1895)

				EF	MeF	MiF
147	30 (Pf)	kobalt/schwärzlich- ultramarin	am	260,—	55,—	75,—

Gültig bis 31. 5. 1952

1952, 9. Aug. 100 Jahre Germanisches Nationalmuseum Nürnberg. ✍ Goldammer; StTdr.; Wz. 4 X; gez. K 13¾:14.

ar) Nürnberger Madonna (aus dem Museum)

				EF	MeF	MiF
151	10 + 5 (Pf)	olivgrün	ar	110,—	220,—	90,—

Gültig bis 31. 12. 1953

1952

1952, 15. April. 500. Geburtstag von Leonardo da Vinci. ✍ Zapf; Odr. Bagel; Wz. 3 Y; I = erste Auflage, II = Nachauflage; gez. K 13¾:13½.

an) Mona Lisa Gioconda; Gemälde von Leonardo da Vinci (1452–1519), italien. Maler, Ingenieur, Erfinder

148	5 (Pf)	mehrbarbig	an			
	I	erste Auflage		10000,—	30,—	12,—
	II	Nachauflage		10000,—	20,—	8,—

Von MiNr. 148 wurde wegen der Beliebtheit der Marke eine zweite Auflage gedruckt:

Type I (erste Auflage, 5 000 000 Stück): Gesicht verschwommen, Augen und -brauen sowie Lippen ineinanderfließend; Hautfarbe gelblich-blaß.

Type II (Nachauflage, 10 000 000 Stück): Augen klar, Oberlid von den Brauen abgesetzt. Ober- und Unterlippe scharf voneinander getrennt; Hautfarbe rotbräunlich getönt.

Farben beider Auflagen lichtempfindlich. Vorsicht vor Farbverfälschungen!

Gültig bis 31. 12. 1953

1952, 25. Juli. Tagung des Lutherischen Weltbundes, Hannover. ✍ Zapf; StTdr. Wz. 4 W; gez. K 14.

ao) Martin Luther (1483–1546), Reformator; Holzschnitt von Lucas Cranach d. Ä. (1472–1553), Maler, Zeichner

| 149 | 10 (Pf) | schwärzlicholivgrün | ao | 30,— | 55,— | 20,— |

Gültig bis 31. 12. 1953

1952, 25. Juli. 75 Jahre Otto-Viertakt-Gasmotor. ✍ Schnell; StTdr.; Wz. 4 W; gez. K 14.

ap) Nikolaus Otto (1832–1891), Maschinenbauer; Ottomotor

| 150 | 30 (Pf) | schwarzultramarin | ap | 130,— | 270,— | 70,— |

Gültig bis 31. 12. 1953

1952, 6. Sept. Rückgabe der Insel Helgoland. ✍ Goldammer; StTdr.; Wz. 4 W; gez. K 14.

as) Hochsee-Fischdampfer vor Helgoland

| 152 | 20 (Pf) | lebhaftkarminrot | as | 35,— | 100,— | 30,— |

Gültig bis 31. 12. 1953

1952, 17. Sept. Jugend: Zweiter Bundesjugendplan. ✍ Bittrof; StTdr.; Wz. 4 W; gez. K 13¾:14.

at) Wandernde Jungen, Jugendherberge

au) Wandernde Mädchen, Jugendherberge

| 153 | 10 + 2 (Pf) | schwärzlicholivgrün | at | 110,— | 170,— | 85,— |
| 154 | 20 + 3 (Pf) | karminrot | au | 100,— | 250,— | 90,— |

Gültig bis 30. 6. 1954

1952, 17. Sept. 100. Jahrestag der Landung von Carl Schurz in Amerika. ✍ und Odr. Bagel; Wz. 3 Y; gez. K 13¾:13½.

av) C. Schurz (1829–1906), deutscher Freiheitskämpfer, später amerik. Staatsmann; Hintergrund Erdkugel

| 155 | 20 (Pf) | mehrfarbig | av | 40,— | 120,— | 30,— |

Gültig bis 31. 12. 1953

1952, 1. Okt. Wohlfahrt: Helfer der Menschheit (III). ✍ Schnell (MiNr. 156, 157, 159) und Piwczyk (MiNr. 158); StTdr.; I = Type I, II = Type II; Wz. 4 X; gez. K 13¾:14.

aw) Elizabeth Fry (1780–1845), britische Reformerin des Gefängniswesens

ax) Dr. Carl Sonnenschein (1876–1929), kath. Seelsorger, Sozialpolitiker

ay) Theodor Fliedner (1800–1864), evang. Pfarrer, Gründer der Diakonissenhäuser

az) Henri Dunant (1828–1910), schweizer. Mitbegründer des Roten Kreuzes, Friedens-Nobelpreis 1901

Bundesrepublik Deutschland

				EF	MeF	MiF
156	4 + 2 (Pf)	dunkelbraun-orange	aw	60,—	170,—	35,—
157	10 + 5 (Pf)	schwärzlicholivgrün	ax	40,—	60,—	30,—
158	20 + 10 (Pf)	....	ay			
I		dkl'lilarot, Type I		60,—	200,—	50,—
II		dkl'braunrot, Type II		60,—	200,—	50,—
159	30 + 10 (Pf)	schwarzblau	az	530,—	1200,—	300,—

MiNr. 158 gibt es in zwei Typen:

Type I   Type II

Type I: Walzen-StTdr. Markenbild 29 (¼) mm hoch, Hintergrund dunkelfleckig. Farbe lilarot nuanciert, dunkler Schatten an der Nasenwurzel in der Höhe der Augenbrauen.

Type II: Platten-StTdr. Markenbild ca. 29½ (¾) mm hoch, Hintergrund rein ohne dunkle Stellen, beide Untergrundseiten gleichmäßiger Helligkeitsgrad. Farbe braunrot nuanciert.

Gültig bis 31. 12. 1953

1952, 25. Okt. 100. Jahrestag der Erstausgabe der Briefmarken von Thurn und Taxis; Tag der Briefmarke. ⌑ und Odr. Bagel; Wz. 3 X; gez. K 13½:13¾.

ba) Karriol-(Felleisen-)
Post der Thurn und
Taxis'schen Post 1846

Wz. 3 X
Wellenlinien
fallend

| 160 | 10 (Pf) | mehrfarbig | ba | 18,— | 28,— | 10,— |

Gültig bis 31. 12. 1953

1952, 27. Okt. 75 Jahre Telefon in Deutschland. ⌑ Zapf; RaTdr. Bruckmann; Wz. 3 Y; gez. K 13¾:14.

bb) Philipp Reis (1834–1874), Physiker, Erfinder des Telefons

| 161 | 30 (Pf) | kobalt | bb | 130,— | 270,— | 80,— |

Gültig bis 31. 12. 1953

Fehlt in Kopftexten (nach dem Druckverfahren) die Angabe einer Druckerei, wurden die Ausgaben in der Staats-, später Bundesdruckerei in Berlin hergestellt!

1953

1953, 30. März. Verkehrsunfall-Verhütung. ⌑ Weinert; Odr. Bagel; Wz. 3 X; gez. K 13¾:13½.

bc) Mutter mit verletztem Jungen, Verkehrszeichen

				EF	MeF	MiF
162	20 (Pf)	mehrfarbig	bc	40,—	110,—	20,—

Gültig bis 30. 6. 1954

1953, 7. Mai. 50 Jahre Deutsches Museum München. ⌑ Cordier; StTdr.; Wz. 4 Y; gez. K 13¾:14.

bd) Eule auf Zahnrad (Signum des Deutschen Museums)

| 163 | 10 + 5 (Pf) | dunkelolivgrün | bd | 180,— | 280,— | 125,— |

Gültig bis 30. 6. 1954

1953, 8. Mai. 125. Geburtstag von Henri Dunant (1828–1910), schweizer. Mitbegründer des Roten Kreuzes, Friedensnobelpreis 1901. ⌑ Baum; Odr. Bagel; Wz. 3 X; gez. K 13¾:13½.

be) Windrose mit Lilie, Rotes Kreuz

| 164 | 10 (Pf) | schwärzlicholivgrün/zinnoberrot | be | 45,— | 60,— | 30,— |

Gültig bis 30. 6. 1954

1953, 9. Mai. Deutsche Kriegsgefangene. ⌑ Walter; komb. Bdr. und Prägedr.; gez. K 13¾:14.

bf) Kriegsgefangener hinter Stacheldraht

| 165 | 10 (Pf) | dunkelgelblichgrau/grauschwarz | bf | 10,— | 12,— | 5,— |

Gültig bis 31. 12. 1954

„Postkrieg" siehe gesonderten Abschnitt.

1953, 12. Mai. 150. Geburtstag von Justus von Liebig. ⌑ Schnell; StTdr.; Wz. 4 W; gez. K 14.

bg) J. von Liebig (1803–1873), Chemiker und Naturforscher

| 166 | 30 (Pf) | schwarzblau | bg | 140,— | 280,— | 110,— |

Gültig bis 30. 6. 1954

1953, 20. Juni. Deutsche Verkehrsausstellung, München. ✍ Bittrof; StTdr.; Wz. 4 W; gez. K 14.

bh) Bahn bi) Luftpost bk) Straße bl) Wasserstraße

bh–bl) stilis. Darstellungen des Verkehrs; im Kreis Frauenkirche München

				EF	MeF	MiF
167	4 (Pf)	lebhaftbraun	bh	45,—	140,—	20,—
168	10 (Pf)	dunkelolivgrün	bi	60,—	85,—	40,—
169	20 (Pf)	rot	bk	60,—	140,—	45,—
170	30 (Pf)	schwärzlichblau	bl	140,—	300,—	90,—

Gültig bis 30. 6. 1954

1953, 29. Juli. Internationale Briefmarkenausstellung „IFRABA 1953", Frankfurt a. M. ✍ Brudi; Odr.; Wz. 3 X; gez. K 13¾:13½.

bm) Portal des Palais Thurn und Taxis in Frankfurt a. M., 1741

bn) Neue Fernmeldebauten in Frankfurt a. M.

171	10 + 2 (Pf)	mehrfarbig	bm	150,—	200,—	110,—
172	20 + 3 (Pf)	mehrfarbig	bn	140,—	300,—	125,—

Gültig bis 31. 12. 1954

1953, 2. Nov. Wohlfahrt: Helfer der Menschheit (IV). ✍ Schnell; Grafische Ausarbeitung: Zapf; StTdr.; Wz. 4 X; gez. K 13¾:14.

bo) August Hermann Francke (1663–1727), evang. Theologe

bp) Sebastian Kneipp (1821–1897), kath. Pfarrer

br) Dr. Johann Christian Senckenberg (1707–1772), Arzt

bs) Fridtjof Nansen (1861–1930), norweg. Polarforscher, Zoologe, Friedensnobelpreis 1922

173	4 + 2 (Pf)	braun	bo	60,—	170,—	35,—
174	10 + 5 (Pf)	dunkelopalgrün	bp	40,—	80,—	30,—
175	20 + 10 (Pf)	schwärzl'rot	br	40,—	150,—	35,—
176	30 + 10 (Pf)	schwärzl'blau	bs	500,—	1100,—	270,—

Gültig bis 31. 12. 1954

Die Preisnotierungen sind Richtwerte für Marken in einwandfreier Qualität. Preisbewegungen nach oben und unten sind aufgrund von Angebot und Nachfrage die Regel.

1954

1954, 31. Jan./1961, 15. Juli. Freimarken: Bundespräsident Theodor Heuss (I). ✍ Bittrof; MiNr. 177–186 Bdr., MiNr. 187 bis 196 StTdr. Bogen (B), Markenheftchen (MH) und Rollen (R); x = Papier ohne, y = Papier mit Fluoreszenz; Wz. 4 in verschiedenen Lagen; MiNr. 177 bis 193 gez. K 14, MiNr. 194–196 gez. K 13¾:14.

bt bu bv

bt) Markengröße 21,5×25,5 mm
bu) Markengröße 23×27,3 mm
bv) Markengröße 27,5×32,8 mm

bt–bv) Prof. Dr. Th. Heuss (1884–1963), 1. Bundespräsident

x = Papier ohne Fluoreszenz, Wz. 4 W, X oder Y

				EF	MeF	MiF
177 x W	2 (Pf)	(dunkel)gelboliv (15.6.1954) (B) (MH)	bt		–,20	1,—
178 x W	4 (Pf)	(lebhaft)braunorange (31.1.1954) (B) (R)	bt	10,—	6,—	1,—
179 x W	5 (Pf)	(lebhaft)rosalila (1.4.1954) (B) (MH) (R) überfrank. Drucksache	bt	1800,— 50,—	4,—	1,—
179 x Y	5 (Pf)	(lebhaft)rosalila (Febr. 1960) (MH)	bt	—,—	40,—	8,—
180 x W	6 (Pf)	lebhaftbraun (1.4.1954) (B)	bt	380,—	280,—	22,—
181 x W	7 (Pf)	(lebhaft)bläulichgrün (28.7.1954) (B) (R)	bt	1,—	6,—*)	1,—
182 x W	8 (Pf)	dkl'grünl'grau (1.4.1954) (B) (MH) ✉		15,—	140,—	10,—
182 x Y	8 (Pf)	dunkelgrünlichgrau (Febr. 1960) (MH)	bt	800,—	2700,—	350,—
183 x W	10 (Pf)	smaragdgrün (31.1.1954) (B) (MH) (R) ✉		10,—	6,—	1,—
183 x Y	10 (Pf)	smaragdgrün (Febr. 1960) (MH)	bt	25,—	30,—	10,—
184 x W	15 (Pf)	dkl'blau bis preuß'blau (1.4.1954) (B) (MH) (R)	bt	60,—	60,—	7,—
185 x W	20 (Pf)	dunkelgrünlichgrau (1.4.1954) (B) (MH) (R)	bt	1,—	3,—	1,—
185 x Y	20 (Pf)	dunkelgrünlichgrau (Febr. 1960) (MH)	bt	15,—	60,—	8,—
186 x W	25 (Pf)	mittel- bis lebh'lilabraun (15.6.1954) (B) (R)	bt	40,—	40,—	5,—
187 x W	30 (Pf)	lebhaftkobalt (31.1.1954) (B)	bu	180,—	100,—	15,—
188 x W	40 (Pf)	schwärzlichpurpur (1.4.1954) (B)	bu	8,—	20,—	2,—
189 x W	50 (Pf)	grünlichschwarz (15.6.1954) (B)	bu	45,—	70,—	10,—
190 x W	60 (Pf)	br'rot (15.6.1954) (B)	bu	15,—	45,—	2,—
191 x W	70 (Pf)	lebhaftbraunoliv (15.6.1954) (B) (R)	bu	15,—	110,—	10,—
192 x W	80 (Pf)	bräunlichrot (15.6.1954) (B)	bu	50,—	180,—	40,—
193 x W	90 (Pf)	schwärzlichgrün (15.6.1954) (B)	bu	45,—	200,—	30,—
194 x X	1 DM	dunkelgelboliv (1.4.1954) (B) Paketkarte	bv	50,— 40,—	200,— 120,—	20,— 15,—
195 x X	2 DM	violettblau (15.6.1954) (B) Paketkarte	bv	450,—*)1000,—*) 180,—	380,—	50,— 30,—
196 x X	3 DM	dunkelrosalila (15.6.1954) (B) Paketkarte	bv	700,—*)1800,—*) 350,—	700,—	90,— 45,—

*) Preis gilt für leicht überfrankierte Belege (bis 10%).

y = Papier fl., Wz. 4 W

			EF	MeF	MiF
179 y	5 (Pf)	rosalila (Aug. 1960) (B) . . . . bt	—,—	500,—	75,—
181 y	7 (Pf)	(lebhaft)bläulichgrün (Aug. 1960) (B) . . bt	40,—	130,—	25,—
183 y	10 (Pf)	smaragdgrün . . . bt			
	a	◨ graugrün (Aug. 1960) (B) (MH) (R)	20,—	35,—	10,—
	b	◨ gelbgrün (15. 7. 1961) (B) (MH) . .	20,—	35,—	10,—
184 y	15 (Pf)	dunkelblau (Aug. 1960) (B) (R) . bt	900,—	1200,—	120,—
185 y	20 (Pf)	rotkarmin (Aug. 1960) (B) (R) . bt	25,—	180,—	20,—
186 y	25 (Pf)	lebhaftlilabraun (Aug. 1960) (B) (R) . bt	750,—	1400,—	200,—

FALSCH aus x-Werten verfälschte y-Werte

Gültig bis 31. 12. 1964

Weitere Werte in Zeichnung bt: MiNr. 259–265

Bildgleiche Marken mit zusätzlicher Inschrift „SAARLAND" siehe Saar MiNr. 380–399 und MiNr. 409–428.

1954, 13. März. 100. Geburtstag von Prof. Paul Ehrlich und Emil von Behring. ◨ Boehland; Odr. Bagel Wz. 3 Y; gez. K 13½:13¾.

bw) Prof. P. Ehrlich (1854–1915), Serologe, Nobelpreis 1908; E. von Behring (1854–1917), Serologe, Nobelpreis 1901

| 197 | 10 (Pf) | schwärzlichgrün . . . . . bw | 20,— | 40,— | 18,— |

Gültig bis 30. 6. 1955

1954, 5. Mai. 500 Jahre Gutenberg-Bibel. ◨ Brudi; Bdr.; Wz. 4 W; gez. K 13¾:14.

bx) Drucker (15. Jh.) an der Gutenberg-Handpresse

| 198 | 4 (Pf) | schwarzlilabraun bis schwarzbraun . . . . bx | 60,— | 20,— | 5,— |

1954, 5. Juni. 1200. Todestag des hl. Bonifatius (672/73–754), „Apostel der Deutschen", Benediktiner. ◨ Göhlert; komb. StTdr. und Prägedr.; gez. K 13¾:14.

by) Mitra von Schwert durchbohrt

| 199 | 20 (Pf) | lilagrau/orangerot . . . . by | 30,— | 80,— | 25,— |

Gültig bis 30. 6. 1955

1954, 28. Dez. Wohlfahrt: Helfer der Menschheit (V). ◨ Walter; StTdr.; Wz. 4 X; gez. K 13¾:14.

bz) Käthe Kollwitz (1867–1945), Grafikerin und Malerin

ca) Lorenz Werthmann (1858–1921), kath. Theologe, Gründer des Caritasverbandes

cb) Johann Friedrich Oberlin (1740–1826), elsäss. evang. Pfarrer

cc) Bertha Pappenheim (1859–1936), Sozialarbeiterin

				EF	MeF	MiF
200	7 + 3 (Pf)	siena . . . . bz		30,—	100,—*)	20,—
201	10 + 5 (Pf)	schwärzlicholivgrün . . . . ca		20,—	30,—	15,—
202	20 + 10 (Pf)	rot . . . . cb		20,—	80,—	20,—
203	40 + 10 (Pf)	dunkelgraublau cc		240,—	550,—	170,—

*) Preis gilt für leicht überfrankierte Belege (bis 10%).

Gültig bis 31. 12. 1955

1955

1955, 23. Febr. 100. Todestag von Carl Friedrich Gauß. ◨ Eidenbenz; StTdr.; Wz. 4 X; gez. K 13¾:14.

cd) C. F. Gauß (1777–1855), Mathematiker, Astronom, Physiker

| 204 | 10 (Pf) | schwärzl'opalgrün . . . . cd | 6,— | 8,— | 3,— |

Gültig bis 30. 6. 1956

✈ 1955, 31. März. Flugdienstbeginn der Deutschen Lufthansa. ◨ Müller und Blase; Odr. Bagel; Wz. 4 Va und 4 Vb; gez.K 13¼:13.

ce) Stilis. Kranich (Emblem der Lufthansa)

205	5 (Pf)	rosalila/schwarz . . . ce		20,—	5,—
206	10 (Pf)	dunkelopalgrün/ schwarz . . . . ce	15,—	22,—	12,—
207	15 (Pf)	grünl'blau/schw' . . . ce	240,—	300,—	40,—
208	20 (Pf)	lebhaftrot/schw' . . . ce	50,—	150,—	40,—

Gültig bis 31. 12. 1956

Abbildung der verschiedenen Lagen des Wz. 4 siehe nach MiNr. 122.

MICHEL ist das einzige Katalogwerk, welches die Briefmarken der ganzen Welt systematisch katalogisiert.

Bundesrepublik Deutschland

1955, 7. Mai. 100. Geburtstag von Oskar von Miller. ▣ Cordier; Odr.; Wz. 5; gez. K 14.

cf) O. von Miller (1855–1934), Ingenieur, Gründer des Deutschen Museums München   Wz. 5 DBP und Kreuzblüten

1955, 2. Aug. 10 Jahre Vertreibung. ▣ Hahn; StTdr.; Wz. 5; gez. K 13¾:14.

cl) Vertriebenengruppe

			EF	MeF	MiF
209	10 (Pf)	lebh.'smaragdgrün ..... cf	18,—	35,—	12,—

Gültig bis 30. 6. 1956

| 215 | 20 (Pf) | dkl'bräunlichrot ...... cl | 8,— | 25,— | 5,— |

„Postkrieg" siehe gesonderten Abschnitt.

Gültig bis 31. 12. 1956

In ähnlicher Zeichnung: MiNr. 479

1955, 9. Mai. 150. Todestag von Friedrich von Schiller. ▣ Walter; komb. StTdr. und Prägedr.; gez. K 13¾:14.

cg) F. von Schiller (1759–1805), Dichter

| 210 | 40 (Pf) | schwärzl'ultramarin ... cg | 70,— | 200,— | 25,— |

Gültig bis 30. 6. 1956

1955, 10. Aug. 1000. Jahrestag der Schlacht auf dem Lechfeld. ▣ Göhlert; komb. Odr. und Prägedr.; gez. K 13¾:14.

cm) Reichsapfel mit Schwert und Pinienzapfen (Wappen Augsburgs), 3 Pfeile, stilis. Flußlauf

| 216 | 20 (Pf) | dkl'bräunlichlila ..... cm | 30,— | 100,— | 26,— |

Gültig bis 31. 12. 1956

1955, 1. Juni. 50 Jahre Kraftpost. ▣ Müller und Blase; Bdr.; Wz. 5; gez. K 14:13¾.

ch) Kraftomnibus aus dem Jahre 1906

| 211 | 20 (Pf) | mittelrot/schwarz. .... ch | 35,— | 120,— | 25,— |

Gültig bis 30. 6. 1956

1955, 14. Sept. Internationale Briefmarkenausstellung „Westropa 1955", Düsseldorf. ▣ Bentele; StTdr.; Wz. 5; gez. K13¾:14.

cn) Stilis. Brieftaube und Lupe   co) Stilis. Posthorn und Pinzette

| 217 | 10 + 2 (Pf) | dunkelgrün .... cn | 70,— | 80,— | 30,— |
| 218 | 20 + 3 (Pf) | dunkelrot .... co | 65,— | 270,— | 52,— |

Gültig bis 31. 12. 1956

1955, 15. Juni. Landesausstellung Baden-Württemberg, Stuttgart. ▣ Bentele; Odr. Bagel; Wz. 4 Vc und 4 Vd; gez. K13:13¼.

ci) Wappen von Baden-Württemberg

| 212 | 7 (Pf) | mehrfarbig .... ci | 20,— | 90,—*) | 17,— |
| 213 | 10 (Pf) | mehrfarbig .... ci | 20,— | 35,— | 15,— |

*) Preis gilt für leicht überfrankierte Belege (bis 10%).

Gültig bis 30. 6. 1956

Abbildung der verschiedenen Lagen des Wz. 4 siehe nach MiNr. 122.

1955, 5. Okt. Europäische Fahrplankonferenz, Wiesbaden. ▣ Stankowski; Odr.; Wz. 5; gez. K 13¾:14.

cp) Signal, schematische Darstellung von Schienenwegen

| 219 | 20 (Pf) | lebhaftorangerot/ schwarz............ cp | 18,— | 70,— | 12,— |

Gültig bis 31. 12. 1956

1955, 24. Juni. Forschungsförderung. ▣ Kranz; RaTdr. Bruckmann; Wz. 4 Vc; gez. K 13¾:14.

ck) Atommodell (Mikrokosmos) und Weltall (Makrokosmos) mit Erdglobus

| 214 | 20 (Pf | braunkarmin .... ck | 15,— | 50,— | 8,— |

Gültig bis 30. 6. 1956

1955, 22. Okt. 150. Geburtstag von Adalbert Stifter (1805–1868), Dichter und Maler. ▣ Stankowski; StTdr.; Wz. 5; gez. K 13¾:14.

cr) Stifter-Denkmal am Plöckensteinsee (Böhmerwald), Bäume

| 220 | 10 (Pf) | dunkelgrün .... cr | 20,— | 25,— | 12,— |

Gültig bis 31. 12. 1956

Bundesrepublik Deutschland

1955, 24. Okt. 10 Jahre Vereinte Nationen (UNO). ◪ Walter; komb. Odr. und Prägedr.; gez. K 14:13¾.

cs) UNO-Emblem

		EF	MeF	MiF
221	10 (Pf) hellgrünoliv/ dkl'braunorange ..... cs	38,—	60,—	30,—

Gültig bis 31. 12. 1956

1955, 15. Nov. Wohlfahrt: Helfer der Menschheit (VI). ◪ Berke; komb. StTdr. und Odr.; Wz. 5; gez. K 13¾:14.

ct) Amalie Sieveking (1794 bis 1859), Gründerin des Weibl. Vereins für Armen- und Krankenpflege

cu) Adolf Kolping (1813–1865), Mitbegründer der kath. Gesellenvereine

cv) Dr. Samuel Hahnemann (1755–1843), Arzt, Begründer der Homöopathie

cw) Florence Nightingale (1820–1910), engl. Krankenpflegerin

cw) Auf der Marke MiNr. 225 (40+10) wird irrtümlich der Vorname Florentine angegeben

222	7 + 3 (Pf) dkl'olivbraun/ weißbraun .... ct	25,—	90,—*)	15,—
223	10 + 5 (Pf) schwarzgrün/ weißgrün .... cu	14,—	18,—	8,—
224	20 + 10 (Pf) orangerot/ weißorangerot... cv	12,—	70,—	8,—
225	40 + 10 (Pf) preußischblau/ weißpreußischblau .... cw	240,—	280,—	150,—

*) Preis gilt für leicht überfrankierte Belege (bis 10%).

Gültig bis 31. 12. 1956

1955, 1. Dez./1963. Freimarke: Ziffernzeichnung. ◪ Schraml; Bdr.; x = Papier ohne, y = Papier mit Fluoreszenz; Wz. 5; gez. K 14.

cx) Ziffer 1 in Zierschrift

226 x	1 (Pf) dkl'grüngr. (Töne)... cx Papier ohne Fluoresz. (1. 12. 1955)......... y..........Papier fl., (1963)	20,— 25,—	10,—*) 10,—

*) Bewertung gilt für ✉ mit Stempeldaten vor 1958.

In gleicher Zeichnung mit Wz. 4: MiNr. 285

Eine Notierung in Schrägschrift bedeutet, daß die Bewertungsunterlagen für eine eindeutige Preisfestsetzung nicht ausreichen.

1956

1956, 7. Jan. 125. Geburtstag von Heinrich von Stephan (1831–1897), Mitbegründer des Weltpostvereins (UPU). ◪ Schraml; StTdr. Wz. 5; gez. K 14:13¾.

cy) Wertziffer mit Namenszug „v. Stephan"

		EF	MeF	MiF
227	20 (Pf) dunkelrot .... cy	20,—	70,—	15,—

Gültig bis 30. 6. 1957

1956, 27. Jan. 200. Geburtstag von Wolfgang Amadeus Mozart (1756–1791), Komponist. ◪ Michel und Kieser; Odr.; gez. K 14:13¾.

cz) Notenhandschrift Mozarts, Klavichord

| 228 | 10 (Pf) dunkelviolettgrau/ schwarz .... cz | 6,— | 8,— | 3,— |

Von MiNr. 228 gibt es zahlreiche Farbtönungen.

Gültig bis 30. 6. 1957

1956, 17. Febr. 100. Todestag von Heinrich Heine. ◪ Müller und Blase; Odr. Bagel; Va = Wz. 4 Va, Vb = Wz. 4 Vb; gez. K 13¼:13.

da) Kopfsilhouette von H. Heine (1797–1856), Dichter und Satiriker

| 229 | 10 (Pf) grün(grau)oliv (Töne)/schwarz .... da | 16,— | 30,— | 15,— |

Gültig bis 30. 6. 1957

Abb. der verschiedenen Lagen des Wz. 4 siehe nach MiNr. 122.

1956, 2. Mai. 1000 Jahre Lüneburg. ◪ Mahlau; StTdr.; Wz. 5; gez. K 14:13¾.

db) Mittelalterliche Bürgerhäuser, ältester Drehkran

| 230 | 20 (Pf) dunkelorangerot ..... db | 50,— | 130,— | 40,— |

Gültig bis 31. 12. 1957

1956, 9. Juni. Olympisches Jahr. ◪ Bentele; StTdr.; Wz. 5; gez. K 13¾:14.

dc) Olympische Ringe über Wertziffer

| 231 | 10 (Pf) schwarzolivgrün ..... dc | 6,— | 6,— | 3,— |

Gültig bis 31. 12. 1957

1956, 21. Juli. Jugend. ✍ Michel und Kieser; Odr.; gez. K 14:13¾.

dd) Junge, Taube, astronomisch-geometrische Zeichen

de) Mädchen mit Flöte, Sonne, Blumen

			EF	MeF	MiF
232	7 + 3 (Pf)	mehrfarbig .... dd	65,—	180,—*)	25,—
233	10 + 5 (Pf)	mehrfarbig .... de	50,—	90,—	40,—

*) Preis gilt für leicht überfrankierte Belege (bis 10%).

Gültig bis 31. 12. 1957

1956, 28. Juli. 100. Todestag von Robert Schumann. ✍ Michel und Kieser; Odr.; gez. K 13¾:14.

df) Silhouette von R. Schumann (1810–1856), Komponist; Ausschnitt aus einer Original-Notenhandschrift

| 234 | 10 (Pf) | mehrfarbig .... df | 6,— | 8,— | 2,— |

Gültig bis 31. 12. 1958

1956, 8. Aug. Deutscher Evangelischer Kirchentag. ✍ Stelzer; Odr. Bagel; Wz. 5; gez. K 13:13¼.

dg) Fünf Kreuze (Zeichen des Kirchentags), Inschrift

| 235 | 10 (Pf) | dunkelgrün .... dg | 20,— | 30,— | 15,— |
| 236 | 20 (Pf) | dkl'bräunl'karmin .... dg | 25,— | 80,— | 22,— |

Gültig bis 31. 12. 1958

1956, 11. Aug. 1. Todestag von Thomas Mann. ✍ Walter; StTdr.; Wz. 5; gez. K 13¾:14.

dh) Th. Mann (1875–1955), Schriftsteller, Nobelpreis 1929

| 237 | 20 (Pf) | dunkelrötlichlila...... dh | 18,— | 70,— | 12,— |

Gültig bis 31. 12. 1958

1956, 24. Aug. 800 Jahre Abteikirche Maria Laach. ✍ Göhlert; Odr. Bagel; Wz. 5; gez. K 13:13¼.

di) Abteikirche Maria Laach

| 238 | 20 (Pf) | schwarzbräunlichrot/grau .... di | 18,— | 70,— | 12,— |

Gültig bis 31. 12. 1958

1956, 29. Aug. Deutscher Katholikentag, Köln. ✍ Fassbender; Odr. Bagel; Wz. 5; gez. K 13:13¼.

dk) Grundriß des Kölner Doms, Schwurhand

			EF	MeF	MiF
239	10 (Pf)	olivgrün/dunkelbraunrot ...... dk	18,—	30,—	10,—

Gültig bis 31. 12. 1958

1956, 1. Sept. Internationale Polizeiausstellung (IPA), Essen. ✍ Michel und Kieser; Odr. Bagel; Wz. 5; gez. K 13¼:13.

dl) Weltkarte, Handfläche

| 240 | 20 (Pf) | mehrfarbig .... dl | 18,— | 60,— | 16,— |

Gültig bis 31. 12. 1958

1956, 15. Sept. Europa. ✍ Gonzague; StTdr.; Wz. 5; gez. K 14.

dm) Wort EUROPA hinter Stahlrohrgerüst, Europafahne

| 241 | 10 (Pf) | schwärzlichgrün..... dm | 4,— | 5,— | 2,— |
| 242 | 40 (Pf) | dunkelblau .... dm | 15,— | 80,— | 6,— |

MiNr. 241 und 242 gibt es mit starken Formatunterschieden.

Gültig bis 31. 12. 1958

1956, 1. Okt. Wohlfahrt: Kinderpflege. ✍ Jäger; Odr.; gez. K 14:13¾.

dn) Hebamme wiegt Kind · do) Dr. Ignaz Semmelweis (1818–1865), ungar. Arzt und Geburtshelfer · dp) Mutter mit Kinderwiege · dr) Kinderschwester, Kinder

243	7 + 3 (Pf)	dunkelbraun-orange/schwarz .... dn	25,—	90,—*)	17,—
244	10 + 5 (Pf)	schwärzlich-gelblichgrün/schwarz .... do	12,—	15,—	5,—
245	20 + 10 (Pf)	orangerot/schwarz .... dp	10,—	60,—	5,—
246	40 + 10 (Pf)	lebh'grünl'-blau/schwarz..... dr	150,—	300,—	90,—

*) Preis gilt für leicht überfrankierte Belege (bis 10%).

Gültig bis 31. 12. 1958

Bundesrepublik Deutschland

1956, 27. Okt. Tag der Briefmarke. Huber; StTdr.; Wz. 5; gez. K 13¾:14.

ds) Taube mit Brief im Schnabel

			EF	MeF	MiF
247	10 (Pf)	dunkelgrün .... ds	8,—	12,—	3,—

Gültig bis 31. 12. 1958

1956, 17. Nov. Kriegsgräberfürsorge. Kern; StTdr.; Wz. 5; gez. K 14:13¾.

dt) Kreuze

| 248 | 10 (Pf) | grünschwarz .... dt | 8,— | 12,— | 3,— |

Gültig bis 31. 12. 1958

1957

1957, 2. Jan. Eingliederung des Saarlandes. Kern; Odr. Bagel; Wz. 5; gez. K 13:13¼.

du) Wappen des Saarlandes

| 249 | 10 (Pf) | dunkelbläulich(grau)grün/ dunkelbraun .... du | 8,— | 8,— | 3,— |

Gültig bis 31. 12. 1958

Bildgleiche Marke mit zusätzlicher Inschrift „SAARLAND" siehe Saar MiNr. 379.

1957, 1. Febr. Erholungsplätze für Berliner Kinder. Krauss-Guyer und Schraml; Odr. Bagel; gez. K 13¼:13.

dv) Kinder mit Reisegepäck (symb. Abfahrt in Berlin)

dw) Kinder und Frau (symb. Aufnahme am Ferienplatz)

| 250 | 10 + 5 (Pf) | schwärzlicholivgrün/ gelblichrot ...... dv | 30,— | 90,— | 15,— |
| 251 | 20 + 10 (Pf) | rotorange/ mattkobaltblau .. dw | 25,— | 120,— | 17,— |

Gültig bis 31. 12. 1958

Mit MICHEL immer gut informiert

1957, 22. Febr. 100. Geburtstag von Heinrich Hertz. Müller und Blase; Odr.; Wz. 5; gez. K 13¾:14.

dx) H. Hertz (1857–1894), Physiker

			EF	MeF	MiF
252	10 (Pf)	olivgrün/schwarz ..... dx	8,—	12,—	3,—

Gültig bis 31. 12. 1958

1957, 18. Mai. 350. Geburtstag von Paul Gerhardt. Schnell; StTdr.; Wz. 5; gez. K 13¾:14.

dy) P. Gerhardt (1607–1676), luther. Kirchenliederdichter

| 253 | 20 (Pf) | dunkellilarot .... dy | 6,— | 28,— | 3,— |

Gültig bis 31. 12. 1958

1957, 8. Juni. Briefmarkenausstellung „Flora und Philatelie", Köln. Göhlert; StTdr.; Wz. 5; gez. K 14:13¾.

dz) Posthorn, Tulpe, 3 Kronen (Wappen der Stadt Köln)

| 254 | 20 (Pf) | rotorange .... dz | 6,— | 28,— | 3,— |

Gültig bis 31. 12. 1958

1957, 15. Juni. 1000 Jahre Stift und Stadt Aschaffenburg. Noeth; Odr. Bagel; Wz. 5; gez. K 13:13¼.

ea) Aschaffenburger Stadtsiegel aus dem Jahre 1332

| 255 | 20 (Pf) | mittelbräunlichrot/ schwarz .... ea | 6,— | 28,— | 3,— |

Gültig bis 31. 12. 1958

1957, 24. Juni. 500 Jahre Universität Freiburg. Jäger; Odr. Bagel; Wz. 5; gez. K 13¼:13.

eb) Dozent vor Studenten; Wiedergabe aus der Freiburger Sapienshandschrift (15. Jh.)

| 256 | 10 (Pf) | mehrfarbig .... eb | 8,— | 12,— | 3,— |

Gültig bis 31. 12. 1958

1957, 25. Juni. Tag der deutschen Seeschiffahrt. Müller und Blase; Odr.; Wz. 5; gez. K 14.

ec) Modernes Frachtschiff mit Passage-Einrichtung Typ „Bayernstein"

| 257 | 15 (Pf) | mehrfarbig .... ec | 150,— | 120,— | 10,— |

Gültig bis 31. 12. 1958

Bundesrepublik Deutschland

1957, 3. Juli. 350 Jahre Justus-Liebig-Hochschule Gießen. ▣ Lortz; StTdr.; Wz. 5; gez. K 14:13¾.

ed) Frontalansicht des alten Liebig-Laboratoriums

			EF	MeF	MiF
258	10 (Pf)	schwarzopalgrün..... ed	8,—	12,—	3,—

Gültig bis 31. 12. 1958

1956, Nov./1960. Freimarken: Bundespräsident Theodor Heuss (II). ▣ Bittrof; StTdr. Bogen (B), MiNr. 260 und 263 auch Rollen (R); x = Papier ohne, y = Papier mit Fluoreszenz; Wz. 5; gez.K 14.

bt) Prof. Dr. Th. Heuss (1884–1963), 1. Bundespräsident

x = Papier ohne Fluoreszenz

259 x	30 (Pf)	schwarzgrün (Mai 1957) (B)................bt	140,—	25,—	4,—
260 x	40 (Pf)	blau (Töne) (Nov. 1956) (B) (R).............bt	4,—	10,—	3,—
261 x	50 (Pf)	dunkelbraunoliv (Febr. 1957) (B)......bt	30,—	30,—	4,—
262 x	60 (Pf)	dunkelgelbbraun (Sept. 1957) (B) .....bt	12,—	25,—	10,—
263 x	70 (Pf)	dunkelviolett (Febr. 1957) (B) (R)....bt	12,—	80,—	10,—
264 x	80 (Pf)	dunkelgelbrot (Juni 1957) (B) ....bt	60,—	160,—	30,—
265 x	90 (Pf)	dunkelopalgrün (Juni 1957) (B) ....bt	80,—	180,—	40,—

y = Papier fl.

259 y	30 (Pf)	schwarzgrün (1960) (B)................bt	2000,—	1200,—	300,—
260 y	40 (Pf)	blau (Töne) (1960) (B) (R).............bt	130,—	350,—	40,—

Ab Frühjahr 1960 wurden MiNr. 259 und 260 versuchsweise auf fluoreszierendem Papier gedruckt und ab 1. 8. 1960 von Postämtern im Raum Darmstadt verkauft. FALSCH aus x-Werten verfälschte y-Werte.

Gültig bis 30. 12. 1964

Weitere Werte in Zeichnung bt: MiNr. 177–186, in größeren Formaten: MiNr. 187–196

Bildgleiche Marken mit zusätzlicher Inschrift „SAARLAND" siehe Saar MiNr. 380–399 und MiNr. 409–428.

1957, 15. Aug. 100. Geburtstag von Albert Ballin. ▣ Goldammer; Odr.; Wz. 5; gez. K 13¾:14.

ee) A. Ballin (1857–1918), Reeder

266	20 (Pf)	schwärzlichrotkarmin/ schwarz...........ee	6,—	28,—	3,—

Gültig bis 31. 12. 1959

1957, 23. Aug. Fernsehen. ▣ Michel und Kieser; StTdr.; Wz. 5; gez. K 14:13¾.

ef) Darstellung der Lichteinwirkung des Fernseh-Bildschirmes beim Ein- bzw. Ausschalten

			EF	MeF	MiF
267	10 (Pf)	schwarzblau/ dunkelgrün..........ef	8,—	12,—	2,—

Gültig bis 31. 12. 1959

1957, 16. Sept. Europa. ▣ Blank; komb. Odr. und Prägedr.; oWz.; gez. K 14:13¾.

eg) Stilis. Baum

268	10 (Pf)	schwärzl'olivgrün/ helltürkisblau .... eg	4,—	4,—	1,—
269 v	40 (Pf)	violettultramarin/ helltürkisblau .... eg	15,—	45,—	3,—

Gültig bis 31. 12. 1959

Wie MiNr. 268, jedoch mit Wz. 5: MiNr. 294

Bildgleiche Marken mit zusätzlicher Inschrift „SAARLAND" siehe Saar MiNr. 402 und 403.

1957, 1. Okt. Wohlfahrt: Kohlebergbau. ▣ Jäger; Odr.;Wz. 5; gez. K 14:13¾.

eh) Bergmann mit Grubenlampe — ei) Bergmann mit Abbauhammer — ek) Bergmann am Kohlenhobel — el) Anschläger am Förderschacht

270	7 + 3 (Pf)	lebh'braun-ocker/braunschwarz ....eh	30,—	90,—*)	15,—
271	10 + 5 (Pf)	braunschwarz/ lebh'grünoliv .....ei	12,—	15,—	5,—
272	20 + 10 (Pf)	braunschwarz/ lebh'orangerot ... ek	10,—	50,—	5,—
273	40 + 10 (Pf)	braunschwarz/ mattblau ....el	140,—	280,—	90,—

*) Preis gilt für leicht überfrankierte Belege (bis 10%).

Gültig bis 31. 12. 1959

Bildgleiche Marken mit zusätzlicher Inschrift „SAARLAND" siehe Saar MiNr. 404–407.

MICHEL-Einführung in die Druckverfahren
Die ausführliche Erklärung der wichtigsten Druckverfahren mit Abbildungen und Beispielen.

Bundesrepublik Deutschland

1957, 4. Okt. Naturschutz. ▣ Gerhardt (MiNr. 274) und Goldammer (MiNr. 275); Odr.;Wz. 5; MiNr. 274 gez. K 14:13¾, MiNr. 275 ~.

em) Seerosen (Nymphaea alba)

en) Rotkehlchen (Erithacus rubecula)

				EF	MeF	MiF
274	10 (Pf)	mehrfarbig	em	10,—	16,—	3,—
275	20 (Pf)	mehrfarbig	en	8,—	32,—	3,—

Gültig bis 31. 12. 1959

1957, 5. Okt. Internationale Briefwoche. ▣ Neufeld; Odr.; Wz. 5; gez. K 14:13¾.

eo) Zwei Tauben mit Briefen im Schnabel

276	20 (Pf)	lebh'rotkarmin/ gelbschwarz	eo	6,—	28,—	2,50

Gültig bis 31. 12. 1959

Bildgleiche Marke mit zusätzlicher Inschrift „SAARLAND" siehe Saar MiNr. 408.

1957, 26. Okt. 200. Geburtstag von Karl Reichsfreiherr vom und zum Stein. ▣ Dietrich; StTdr.; Wz. 5; gez. K 13¾:14.

ep) K. Reichsfrh. v. u. z. Stein (1757–1831), Staatsmann

277	20 (Pf)	bräunlichrot	ep	6,—	28,—	3,50

Gültig bis 31. 12. 1959

1957, 2. Nov. 1. Todestag von Dr. Leo Baeck. ▣ Dietrich; StTdr.; Wz. 5; gez. K 13¾:14.

er) Dr. L. Baeck (1873–1956), Rabbiner und Dozent

278	20 (Pf)	dkl'bräunlichrot	er	6,—	28,—	3,—

Gültig bis 31. 12. 1959

1957, 16. Nov. 500 Jahre Landtag Württemberg. ▣ Brudi; Odr. Bagel; Wz. 5; gez. K 13:13¼.

es) Fassade des Landschaftshauses in Stuttgart

279	10 (Pf)	schwarzoliv/ lebhaftgrünoliv	es	8,—	12,—	3,—

Gültig bis 31. 12. 1959

1957, 26. Nov. 100. Todestag von Joseph Freiherr von Eichendorff (1788–1857), Dichter. ▣ Willberg; StTdr.; Wz. 5; gez. K 13¾:14.

et) Postkutsche, Hintergrund Eichenlaub; Illustration zur Novelle „Aus dem Leben eines Taugenichts"

				EF	MeF	MiF
280	10 (Pf)	schwarzolivgrün	et	8,—	12,—	3,—

Gültig bis 31. 12. 1959

1958

1958, 9. Jan. 50. Todestag von Wilhelm Busch. ▣ Michel und Kieser; Odr. Bagel; Wz. 5; gez. K 13¼:13.

eu) Max und Moritz

ev) W. Busch (1832–1908), Maler, Zeichner, Dichter; Selbstporträt

281	10 (Pf)	dunkelboliv/ schwarz	eu	10,—	15,—	3,—
282	20 (Pf)	lebhaftbräunlichrot/ schwarz	ev	32,—	5,—	4,—

Gültig bis 31. 12. 1959

Bildgleiche Marken mit zusätzlicher Inschrift „SAARLAND" siehe Saar MiNr. 429 und 430.

1958, 5. März. Waldbrandverhütung. ▣ Kern; Odr.; Wz. 5; gez. K 14:13¾.

ew) Ausgebranntes Waldstück

283	20 (Pf)	zinnober/schwarz	ew	6,—	28,—	3,—

Gültig bis 31. 12. 1959

Bildgleiche Marke mit zusätzlicher Inschrift „SAARLAND" siehe Saar MiNr. 431.

1958, 18. März. 100. Geburtstag von Rudolf Diesel. ▣ Schardt; StTdr.; Wz. 5; gez. K 14.

ex) R. Diesel (1858–1913), Maschinenbau-Ingenieur; Dieselmotor

284	10 (Pf)	schwarzblaugrün	ex	8,—	12,—	2,—

Gültig bis 31. 12. 1959

Bildgleiche Marke mit zusätzlicher Inschrift „SAARLAND" siehe Saar MiNr. 432.

1958, 26. März/1960, Juli. Freimarke: Ziffernzeichnung. ✏ Schraml; Bdr. Markenheftchen oder Markenheftchenbogen; X = Wz. 4 W, Y = Wz. 4 Y; I = Erstauflage, II = Nachauflage; gez. K 14.

cx) Ziffer 1 in Zierschrift

			EF	MeF	MiF
285	1 (Pf)	dk'blaugrau cx			
X		mit Wz. 4 W	380,—	90,—	
Y		mit Wz. 4 Y			
I		Erstaufl. ✉ grau, Febr. 1960)	350,—	70,—	
II		Nachaufl. ✉ dunkel-vio'braun, Juli 1960)	270,—	60,—	

Gültig bis 31. 12. 1970

In gleicher Zeichnung mit Wz. 5: MiNr. 226

1958, 1. April. Jugend: Volkslieder. ✏ Göhlert; Odr.; Wz. 5; gez. K 13¾:14.

ey) Fuchs; Illustration zum Kinderlied „Fuchs du hast die Gans gestohlen"

ez) Reiter; Illustration zum Volkslied „Ein Jäger aus Kurpfalz"

| 286 | 10 + 5 (Pf) | mehrfarbig ...... ey | 35,— | 50,— | 13,— |
| 287 | 20 + 10 (Pf) | mehrfarbig ...... ez | 28,— | 130,— | 18,— |

Gültig bis 31. 12. 1959

Bildgleiche Marken mit zusätzlicher Inschrift „SAARLAND" siehe Saar MiNr. 433 und 434.

1958, 7. Mai. 100 Jahre Zoologischer Garten Frankfurt a. M. ✏ A. und G. Haller; Odr. Bagel; Wz. 5; gez. K 13:13¼.

fa) Giraffe, Löwe

| 288 | 10 (Pf) | dunkelgelblichgrün/schwarz ...... fa | 8,— | 12,— | 2,— |

Gültig bis 31. 12. 1959

1958, 22. Mai. 800 Jahre München. ✏ Ege; StTdr.; Wz. 5; gez. K 14:13¾.

fb) Alte Stadtansicht (Ausschnitt)

| 289 | 20 (Pf) | karminrot ...... fb | 5,— | 25,— | 2,— |

Gültig bis 31. 12. 1959

Mit MICHELsoft mehr Zeit für's Hobby!

1958, 3. Juni. 1000 Jahre Trierer Hauptmarkt. ✏ Stelzer; StTdr.; Wz. 5; gez. K 14:13¾.

fc) Gebäude, Marktkreuz

			EF	MeF	MiF
290	20 (Pf)	bräunlichrot/schwarz ...... fc	5,—	25,—	2,—

Gültig bis 31. 12. 1959

1958, 20. Juni. 10 Jahre Deutsche Mark. ✏ Kühlborn; Odr. Bagel; Wz. 5; gez. K 13:13¼.

fd) Wappenseite eines 5-DM -Stückes

| 291 | 20 (Pf) | lebhaftrotorange/schwarz ...... fd | 5,— | 25,— | 2,50 |

Gültig bis 31. 12. 1959

1958, 21. Juli. 150 Jahre Deutsche Turnbewegung. ✏ Göhlert; Odr.; Wz. 5; gez. K 13¾:14.

fe) Turnerkreuz in Eichenblatt

| 292 | 10 (Pf) | mehrfarbig ...... fe | 8,— | 12,— | 2,— |

Gültig bis 31. 12. 1960

Bildgleiche Marke mit zusätzlicher Inschrift „SAARLAND" siehe Saar MiNr. 437.

1958, 29. Aug. 150. Geburtstag von Hermann Schulze-Delitzsch. ✏ Eidenbenz; StTdr.; Wz. 5; gez. K 13¾:14.

ff) H. Schulze-Delitzsch (1808–1883), Genossenschaftsführer

| 293 | 10 (Pf) | schwärzlichsmaragdgrün ...... ff | 8,— | 12,— | 2,— |

Gültig bis 31. 12. 1960

Bildgleiche Marke mit zusätzlicher Inschrift „SAARLAND" siehe Saar MiNr. 438.

1958, Aug. Europa. Wie MiNr. 268, jedoch Wz. 5.

eg) Stilisierter Baum

| 294 | 10 (Pf) | schwärzlicholivgrün/helltürkisblau ...... eg | 70,— | 120,— | 45,— |

Nachdem MiNr. 268 versehentlich in ganz geringen Mengen auf Wasserzeichenpapier gedruckt worden war und das Versehen zu Spekulationen Anlaß gab, ließ die Deutsche Bundespost kurzerhand eine größere Menge mit Wz. nachdrucken.

Gültig bis 31. 12. 1959

In gleicher Zeichnung, jedoch ohne Wz.: MiNr. 268

Bundesrepublik Deutschland

1958, 13. Sept. Europa. ⓔ v. d. Vossen; Odr.; Wz. 5; gez. K 13¾:14.

fg) Stilis. Taube über lateinischem großen E und dem Wort EUROPA

				EF	MeF	MiF
295	10 (Pf)	dunkelgelblichgrün/ hellkobalt (Töne)...... fg		1,—	2,—	1,—
296	40 (Pf)	lebh'kobalt/mittelrot... fg		10,—	40,—	4,—

Gültig bis 31. 12. 1960

Bildgleiche Marken mit zusätzlicher Inschrift „SAARLAND" siehe Saar MiNr. 439 und 440.

1958, 1. Okt. Wohlfahrt: Landwirtschaft. ⓔ Meerwald; Odr.; Wz. 5; gez. K 13¾:14.

fh) Friedrich Wilhelm Raiffeisen (1818–1888), Begründer der Raiffeisen-Vereine
fi) Sennerin mit Butterfaß
fk) Winzerin mit Weinrebe
ff) Bauer mit Heugabel

297	7 + 3 (Pf)	mehrfarbig....... fh	18,—	50,—*)	7,—
298	10 + 5 (Pf)	mehrfarbig....... fi	12,—	18,—	2,—
299	20 + 10 (Pf)	mehrfarbig....... fk	10,—	35,—	2,—
300	40 + 10 (Pf)	mehrfarbig....... fl	60,—	120,—	40,—

*) Preis gilt für leicht überfrankierte Belege (bis 10%).

Gültig bis 31. 12. 1960

Bildgleiche Marken mit zusätzlicher Inschrift „SAARLAND" siehe Saar MiNr. 441–444.

1958, 3. Dez. 500 Jahre Cusanusstift. ⓔ Kern; Odr.; Wz. 5; gez. K 14:13¾.

fm) Nikolaus von Kues (Cusanus) (1401–1464), Philosoph und Theologe

301	20 (Pf)	dunkelrosalila/ schwarz........... fm	5,—	25,—	2,—

Gültig bis 31. 12. 1960

1959

1959, 31. Jan./22. Mai. Freimarken: Bundespräsident Theodor Heuss (III). ⓔ Cordier; MiNr. 302–304 Bdr., MiNr. 305 bis 306 StTdr. Bogen (B), Markenheftchen (MH) und Rollen (R); Wz. 5; gez. K 14.

fn) Prof. Dr. Th. Heuss (1884–1963), 1. Bundespräsident

302	7 (Pf)	bläulichgrün (10. 4.)			
		(B) (R) GA............ fn	1,—	5,—	1,—
303	10 (Pf)	smaragdgrün (31. 1.)			
		(B) (MH) (R) GA...... fn	1,—	1,—	1,—
304	20 (Pf)	rötlichkarmin (31. 1.)			
		(B) (R) GA............ fn	1,—	3,—	1,—
305	40 (Pf)	blau (22. 5.) (B)........ fn	10,—	30,—	8,—
306	70 (Pf)	dunkelblauviolett (22. 5.)			
		(B)................. fn	18,—	120,—	15,—

*) Preis gilt für leicht überfrankierte Belege (bis 10%).

[FALSCH] Prüfung ratsam

Gültig bis 31. 12. 1964

Bildgleiche Marken mit zusätzlicher Inschrift „BERLIN" siehe Berlin (West) MiNr. 182–186.

1959, 6. März. 500. Geburtstag von Jakob Fugger. ⓔ Göhlert; Odr. Bagel; Wz. 5; gez. K 13:13¼.

fo) J. Fugger, der Reiche (1459–1525), Großunternehmer, Bankier

			EF	MeF	MiF
307	20 (Pf)	mehrfarbig......... fo	5,—	25,—	2,—

Gültig bis 31. 12. 1960

Bildgleiche Marke mit zusätzlicher Inschrift „SAARLAND" siehe Saar MiNr. 445

1959, 28. März. 400. Todestag von Adam Riese. ⓔ Michel und Kieser; Odr. Bagel; Wz. 5; gez. K 13¼:13.

fp) A. Riese (1492–1559), Rechenmeister; Wappenzeichen

308	10 (Pf)	dunkelgrünoliv/ schwarz........... fp	12,—	3,—	2,—

Gültig bis 31. 12. 1960

1959, 6. Mai. 100. Todestag von Alexander Freiherr von Humboldt. ⓔ Kern; StTdr.; Wz. 5; gez. K 13¾:14.

fr) A. Frh. von Humboldt (1769–1859), Naturforscher und Geograph

309	40 (Pf)	dkl'preußischblau..... fr	4,25	3,50	6,—

Gültig bis 31. 12. 1960

Bildgleiche Marke mit zusätzlicher Inschrift „SAARLAND" siehe Saar MiNr. 448

1959, 22. Mai/22. Aug. Internationale Postwertzeichen-Ausstellung INTERPOSTA, Hamburg. ⓔ Schraml; StTdr.; a = Erstauflage, b = Nachauflage; Wz. 5; gez. K 13¾:14.

fs) Marke Hamburg MiNr. 2
ft) Marke Lübeck MiNr. 3 F

a = Erstauflage (22. Mai)

310 a	10 + 5 (Pf)	dkl'opalgrün/siena...... fs	18,—	15,—	9,—
311 a	20 + 10 (Pf)	karminrot/ rötlichbraun..... ft	22,—	70,—	9,—

b = Nachauflage (22. August)

310 b	10 + 5 (Pf)	dkl'grün/ siena........... fs	10,—	15,—	4,—
311 b	20 + 10 (Pf)	dkl'rotorange/ rötlichbraun..... ft	10,—	35,—	4,—

Die Herstellung der Nachauflage erfolgte, da die Erstauflage sofort vergriffen war. Der geringfügige Unterschied ist nur in der Farbe der Randbeschriftung und Wertangabe festzustellen.

Gültig bis 31. 12. 1960

Bundesrepublik Deutschland

1959, 20. Juni. 1000 Jahre Buxtehude. ▣ Rohse; Odr.; Wz. 5; gez. K 14:13¾.

fu) Gebäude in Buxtehude

				EF	MeF	MiF
312	20 (Pf)	mehrfarbig	fu	5,—	25,—	2,—

Gültig bis 31. 12. 1960

1959, 18. Juli. Ausstellung des Heiligen Rocks, Trier. ▣ Göhlert; komb. Odr. und Prägedr.; Wz. 5; gez. K 14:13¾.

fv) Heiliger Rock in Kreuz

313	20 (Pf)	mehrfarbig	fv	5,—	25,—	2,—

Gültig bis 31. 12. 1961

1959, 12. Aug. Deutscher Evangelischer Kirchentag, München. ▣ Bentele; Odr.; Wz. 5; gez. K 13¾:14.

fw) Fünf Kreuze (Zeichen des Kirchentages)

314	10 (Pf)	mehrfarbig	fw	8,—	12,—	2,—

Gültig bis 31. 12. 1961

1959, 8. Sept. Blockausgabe: Einweihung der Beethovenhalle Bonn. ▣ Kern; StTdr., Blockbeschriftung Bdr.; Wz. 5; gez. Ks 14:13¾.

gc

fx) Georg Friedrich Händel (1685–1759), Komponist
fy) Louis Spohr (1784–1859), Komponist, Geiger, Dirigent
fz) Ludwig van Beethoven (1770–1827), Komponist
ga) Joseph Haydn (1732–1809), österreich. Komponist
gb) Felix Mendelssohn-Bartholdy (1809–1847), Komponist

gc) Notenhandschrift Beethovens

315	10 (Pf)	schwärzl'opalgrün	fx	140,—	190,—	50,—
316	15 (Pf)	blau	fy	450,—	750,—	50,—
317	20 (Pf)	rot (Töne)	fz	40,—	140,—	50,—
318	25 (Pf)	schwärzl'braunocker..	ga	350,—	750,—	50,—
319	40 (Pf)	dunkelblau (Töne) ...	gb	200,—	500,—	50,—
Block 2 (148×104 mm).............			gc	300,—	1000,—	270,—

Gültig bis 31.12.1961

1959, 19. Sept. Europa. ▣ Brudi; Odr.; Wz. 5; gez. K 13¾:14.

gd) Sechsgliedrige geschlossene Kette mit Wort EUROPA

				EF	MeF	MiF
320	10 (Pf)	dunkelgrünoliv	gd	1,—	4,—	1,—
321	40 (Pf)	indigo	gd	10,—	35,—	2,—

Gültig bis 31. 12.1961

1959, 1. Okt. Wohlfahrt: Märchen der Brüder Grimm (I). ▣ Sporer (MiNr. 322–324) und Jäger (MiNr. 325); Odr.; Wz. 5; gez. K 14:13¾.

ge   gf   gg   gh) Wilhelm (1786–1859) und Jacob Grimm (1785–1863), Germanisten, Märchenforscher

ge–gg) Szenen aus dem Märchen „Die Sterntaler"

322	7 + 3 (Pf)	schwarzbraun/gelb	ge	12,—	35,—	5,—
323	10 + 5 (Pf)	schwärzl'grün/grünlichgelb	gf	10,—	15,—	3,—
324	20 + 10 (Pf)	dkl'orangerot/lebhaftgelb	gg	8,—	40,—	3,—
325	40 + 10 (Pf)	mehrfarbig	gh	40,—	80,—	22,—

Gültig bis 31. 12. 1961

1960

1960, 7. April. Weltflüchtlingsjahr 1959/60. ▣ Rastorfer; Odr. Bagel; Wz. 5; gez. K 13¼:13.

gi) Stilis. entwurzelter Baum in Weltkugel

326	10 (Pf)	mehrfarbig	gi	2,—	4,—	1,—
327	40 (Pf)	mehrfarbig	gi	15,—	40,—	9,50

Gültig bis 31. 12. 1961

„Postkrieg" siehe gesonderten Abschnitt.

1960, 19. April. 400. Todestag von Philipp Schwarzerd, genannt Melanchthon. ▣ Michel und Kieser; Odr.; Wz. 5; gez. K 13¾:14.

gk) Melanchthon (1497–1560), Humanist und Reformator; Gemälde von Lucas Cranach d. Ä. (1472–1553)

328	20 (Pf)	mittelbräunlichkarmin/schwarz...........	gk	7,—	28,—	5,—

Gültig bis 31. 12. 1961

1960, 17. Mai. Passionsspiele Oberammergau. ⊠ Kern; Odr.; Wz. 5; gez. K 14:13¾.

gl) Kreuz und Marterwerkzeuge im Ornamentschmuck

				EF	MeF	MiF
329	10 (Pf)	mehrfarbig	gl	8,—	12,—	2,—

Gültig bis 31. 12. 1961

Ab 20. Juli 1960 wurde die 1-Pfennig-Marke von Berlin (West), MiNr. 140, auch an den Schaltern der Bundesrepublik Deutschland verkauft. Es wurde empfohlen, als äußeres Merkmal zur Verbundenheit mit Berlin diese Marke zusätzlich zur normalen Frankatur auf die Poststücke aufzukleben. Derartige Belege mit Zusatzfrankatur sind gesucht (MiF ca. 80,—).

FALSCH Vorsicht bei Belegen mit MeF 6551 Waldböckelheim!

1960, 30. Juli. Eucharistischer Weltkongreß, München. ⊠ Ege; StTdr.; Wz. 5; gez. K 14:13¾.

gm) Stilis. Taube, Kelch mit Kreuz

330	10 (Pf)	schwärzlich-opalgrün	gm	8,—	12,—	2,50
331	20 (Pf)	braunkarmin	gm	6,—	28,—	3,50

Gültig bis 31. 12. 1962

1960, 8. Aug. Olympische Sommerspiele, Rom. ⊠ Heinsdorff; StTdr.; Wz. 5; gez. K 14:13¾.

gn) Ringen go) Laufen gp) Diskus- und Speerwerfen gr) Wagenrennen

gn–gr) Griechische Vasenbilder, olympische Ringe

332	7 (Pf)	braunrot	gn	10,—	22,—*)	3,—
333	10 (Pf)	schwärzlichgrünoliv	go	8,—	12,—	2,—
334	20 (Pf)	bräunlichrot	gp	6,—	28,—	2,—
335	40 (Pf)	schwärzlichblau	gr	15,—	40,—	6,—

*) Preis gilt für leicht überfrankierte Belege (bis 10%).

Gültig bis 31. 12. 1962

1960, 6. Sept. 1000. Geburtstag der Bischöfe hl. Bernward (960–1022) und hl. Godehard (960–1038). ⊠ Ege; StTdr.; Wz. 5; gez.K 13¾:14.

gs) Bischofsinsignien über Michaeliskirche Hildesheim

				EF	MeF	MiF
336	20 (Pf)	braunlila	gs	6,—	28,—	2,75

Gültig bis 31. 12. 1962

1960, 19. Sept. Europa. ⊠ Rahikainen; StTdr.; Wz. 5; gez. K 14:13¾.

gt) Wort EUROPA, O als Wagenrad mit 19 Speichen

337	10 (Pf)	schwärzlicholivgrün/dunkelgelblichgrün	gt	1,—	2,—	1,—
338	20 (Pf)	lebhaftrot/zinnoberrot	gt	2,—	20,—	1,50
339	40 (Pf)	kobalt/lebhaftgrünlichblau	gt	10,—	35,—	6,—

Gültig bis 31. 12. 1962

1960, 1. Okt. Wohlfahrt: Märchen der Brüder Grimm (II). ⊠ Michel und Kieser; Odr.; Wz. 5; gez. K 14:13¾.

gu gv gw gx

gu–gx) Szenen aus dem Märchen „Rotkäppchen"

340	7 + 3 (Pf)	mehrfarbig	gu	12,—	35,—*)	4,—
341	10 + 5 (Pf)	mehrfarbig	gv	10,—	15,—	2,—
342	20 + 10 (Pf)	mehrfarbig	gw	8,—	30,—	2,—
343	40 + 20 (Pf)	mehrfarbig	gx	35,—	60,—	22,—

*) Preis gilt für leicht überfrankierte Belege (bis 10%).

Gültig bis 31. 12. 1962

1960, 15. Okt. 1. Todestag von George C. Marshall. ⊠ Michel und Kieser; Odr. Bagel; Wz. 5; gez. K 13:13¼.

gy) G. C. Marshall (1880–1959), amerik. General und Staatsmann, Friedensnobelpreis 1953

344	40 (Pf)	blau/schwarz	gy	20,—	60,—	9,—

Gültig bis 31. 12. 1962

Mit MICHEL machen Sie mehr aus Ihren Briefmarken!

Bundesrepublik Deutschland

1960, 7. Dez. 125 Jahre deutsche Eisenbahnen.
🖌 Bentele; Odr.; Wz. 5; gez. K 13¾:14.

gz) Erste Dampflokomotive in Deutschland „Adler"
(Ludwigsbahn 1835)

				EF	MeF	MiF
345	10 (Pf)	lebhaftbraunoliv/schwarz .... gz		8,—	12,—	2,—

Gültig bis 31. 12. 1962

Die Preisnotierungen gelten für
Marken in einwandfreier Qualität.

1961

Die am 16. 2. 1961 ausgegebene Marke Berlin MiNr. 197 wurde auch an den Postschaltern der Bundesrepublik verkauft.

1961, 22. April. 50 Jahre Pfadfinder in Deutschland. 🖌 Ege; StTdr., Wz. 5; gez. K 14:13¾.

ha) Hl. Georg (der Drachentöter), Schutzpatron der Pfadfinder

				EF	MeF	MiF
346	10 (Pf)	schwärzlichgrün ..... ha		7,—	10,—	2,—

Gültig bis 31. 12. 1962

1961, 15. Juni/1965, 6. Juli. Freimarken: Bedeutende Deutsche. 🖌 Michel und Kieser; MiNr. 347–353 Bdr., MiNr. 354–362 StTdr. Bogen (B), Markenheftchen (MH) und Rollen (R); x = Papier ohne, y = Papier mit Fluoreszenz; Wz. 5; gez. K 14.

hb) Albertus Magnus, Graf von Bollstädt (um 1193–1280), Bischof und Gelehrter

hc) Hl. Elisabeth (1207–1231), Landgräfin von Thüringen

hd) Johannes Gutenberg (um 1397–1468), Erfinder des Buchdrucks

he) Albrecht Dürer (1471–1528), Maler und Grafiker

hf) Martin Luther (1483–1546), Reformator

hg) Johann Sebastian Bach (1685–1750), Komponist

hh) Balthasar Neumann (1687–1753), Baumeister

hi) Immanuel Kant (1724–1804), Philosoph

hk) Gotthold Ephraim Lessing (1729–1781), Dichter und Philosoph

hl) Johann Wolfgang von Goethe (1749–1832), Dichter

hm) Friedrich von Schiller (1759–1805), Dichter

hn) Ludwig van Beethoven (1770–1827), Komponist

ho) Heinrich von Kleist (1777–1811), Dichter

hp) Prof. Franz Oppenheimer (1864–1943), Volkswirtschaftler

hr) Annette Freiin von Droste-Hülshoff (1797–1848), Dichterin

hs) Gerhart Hauptmann (1862–1946), Dichter, Dramatiker, Nobelpreis 1912

x = Papier ohne Fluoreszenz

				EF	MeF	MiF
347 x	5 (Pf)	braunoliv (18. 9. 1961) (B) (R) GA .... hb		2200,—	8,—	3,—
348 x	7 (Pf)	braunocker (3. 8. 1961) (B) (R) GA .... hc		4,—	12,—	3,—
349 x	8 (Pf)	lebhaftbraunviolett, dunkelrotviolett (3. 8. 1961) (B) (R) GA .... hd		18,—	35,—	2,—
350 x	10 (Pf)	dunkelgrünoliv bis grauoliv (15. 6. 1961) (B) (R) .... he		2,—	3,—	2,—
351 x	15 (Pf)	hellblau bis preußischblau (18. 9. 1961) (B) (R) GA .... hf		10,—	50,—	6,—
352 x	20 (Pf)	mittelbraunrot bis lebh'bräunlichkarmin (28. 6. 1961) (B) (R) GA .... hg		2,—	5,—	2,—
355 x	40 (Pf)	(dunkel)blau (28. 6. 1961) (B) (R) .... hk		15,—	50,—	10,—

y = Papier fl.

				EF	MeF	MiF
347 y	5 (Pf)	.... hb				
	a	(lebhaft)braunoliv (18. 9. 1961) (B) (MH) (R)		1600,—	2,—	1,—
	b	bräunlicholiv (6. 7. 1965) (MH)		1600,—		1,50
348 y	7 (Pf)	braunocker (3. 8. 1961) (B) (R) .... hc		1,—	5,—*)	1,—
349 y	8 (Pf)	lebhaftbraunviolett, dunkelrotviolett (3. 8. 1961) (B) GA .... hd		8,—	35,—	3,—
350 y	10 (Pf)	dunkelgrünoliv bis grauoliv (15. 6. 1961) (B) (MH) (R) GA .... he		1,—	1,—	1,—
351 y	15 (Pf)	hellblau bis preußischblau (18. 9. 1961) (B) (MH) (R) .... hf		2,—	10,—	1,—
352 y	20 (Pf)	lebhaftbraunrot bis lebhaftbräunlichkarmin (28. 6. 1961) (B) (MH) (R) GA .. hg		1,—	4,—	1,—
353 y	25 (Pf)	schwärzlichorange bis braunorange (7. 10. 1961) (B) (R) .... hh		30,—	15,—	2,—
354 y	30 (Pf)	braunschwarz (7. 10. 1961) (B) .... hi		4,—	6,—	2,—
355 y	40 (Pf)	dunkelblau (28. 6. 1961) (B) (R) .... hk		3,—	5,—	2,—
356 y	50 (Pf)	schwärzlichbraunorange (Töne) (1. 12. 1961) (B) .... hl		8,—	10,—	2,—
357 y	60 (Pf)	dunkelmagenta (12. 4. 1962) (B) (R) .... hm		6,—	12,—	3,—
358 y	70 (Pf)	(B) (R) .... hn				
	a	schwärzlichgrün (1. 12. 1961)		6,—	14,—	4,—
	b	schwarzblaugrün (Nov. 1962)		4,—	10,—	2,—

Bundesrepublik Deutschland

				EF	MeF	MiF
359 y	80 (Pf)	ockerbraun (1. 12. 1961) (B)	ho	10,—	25,—	3,—
360 y	90 (Pf)	mittelbraunoliv (3. 8. 1964) (B)	hp	12,—	40,—	4,—
361 y	1 (DM)	dunkelviolettblau (18. 9. 1961) (B)	hr	8,—	20,—	4,—
362 y	2 (DM)	dunkelolivgrün (12. 4. 1962) (B)	hs	30,—	60,—	7,—

*) Preis gilt für leicht überfrankierte Belege (bis 10%).

Bei allen Werten sind zahlreiche Farbtönungen bekannt.

FALSCH MiNr. 348 auf weißem Papier, o. G. und o. Wz., □, grober Druck

Gültig bis 31. 12. 1970

Bildgleiche Marken mit zusätzlicher Inschrift „Berlin" siehe Berlin (West) MiNr. 199–213.

1961, 3. Juli. 75 Jahre Motorisierung des Verkehrs. ☒ Siegmund; Odr.; Wz. 5; gez. K 14:13¾.

ht) Erster Motorwagen von Gottlieb Daimler (1834–1900), Maschineningenieur; Namenszug

hu) Erster Motorwagen von Carl Benz (1844–1929), Ingenieur; Namenszug

				EF	MeF	MiF
363	10 (Pf)	dunkelbläulichgrün/schwarz	ht	4,—	10,—	2,—
364	20 (Pf)	lebhaftbräunlichrot/schwarz	hu	3,—	25,—	2,—

Gültig bis 31. 12. 1962

1961, 31. Aug. Ausstellung „Der Brief im Wandel von fünf Jahrhunderten", Nürnberg. ☒ Heinsdorff; komb. StTdr. und Odr.; Papier fl.; Wz. 5; gez. K 13¾:14.

hv) Nürnberger Bote (um 1700)

			EF	MeF	MiF
365	7 (Pf)	hellbraunrot/schwarz . . hv	3,—	16,—*)	2,—

*) Preis gilt für leicht überfrankierte Belege (bis 10%).

Gültig bis 31. 12. 1963

1961, 2. Sept. 900 Jahre Kaiserdom Speyer. ☒ Ege; StTdr.; Wz. 5; gez. K 13¾:14.

hw) Kaiserdom Speyer

366	20 (Pf)	rot . . . . hw	2,—	18,—	2,—

Gültig bis 31. 12. 1963

1961, 18. Sept./1962, 15. Febr. Europa. ☒ Kurpershoek; Odr.; x = Papier ohne (Bundesdruckerei), y = Papier mit Fluoreszenz (Bagel); MiNr. 367 und 368 x gez. K 14:13¾, MiNr. 367 y gez. K 13¼:13.

hx) 19 Tauben, geordnet als fliegende Taube

x = Papier ohne Fluoreszenz, gez. K 14:13¾ (18. 9. 1961)

367 x	10 (Pf)	dunkelgrünoliv . . . . . . hx	1,—	2,—	1,—
368 x	40 (Pf)	violettultramarin . . . . . hx	6,—	22,—	3,—

y = Papier fl., gez. K 13¼:13 (15. 2. 1962)

			EF	MeF	MiF
367 y	10 (Pf)	grün(grau)oliv . . . . . . hx	3,—	5,—	2,—

Von MiNr. 367 x gibt es Farb- und Papiertönungen.

Gültig bis 31. 12. 1963

1961, 2. Okt. Wohlfahrt: Märchen der Brüder Grimm (III). ☒ Jäger; Odr.; Wz. 5; gez. K 14:13¾.

hy hz ia ib

hy–ib) Szenen aus dem Märchen „Hänsel und Gretel"

369	7 + 3 (Pf)	mehrfarbig . . . . . . hy	5,—	22,—*)	2,—
370	10 + 5 (Pf)	mehrfarbig . . . . . . hz	4,—	10,—	2,—
371	20 + 10 (Pf)	mehrfarbig . . . . . . ia	4,—	25,—	2,—
372	40 + 20 (Pf)	mehrfarbig . . . . . . ib	20,—	50,—	11,—

*) Preis gilt für leicht überfrankierte Belege (bis 10%).

Gültig bis 31. 12. 1963

1961, 26. Okt. 100 Jahre Telefon von Philipp Reis. ☒ Blase; StTdr.; Wz. 5; gez. K 14:13¾.

ic) Reis-Telefon von 1861

373	10 (Pf)	schwärzlichgrün ic	4,—	8,—	2,—

Gültig bis 31.12.1963

1961, 22. Dez. 150. Geburtstag von Wilhelm Emmanuel Freiherr von Ketteler. ☒ G. und E. Aretz; Odr.; Wz. 5; gez. K 14:13¾.

ie) W. E. Frh. von Ketteler (1811–1877), kath. Bischof, Abgeordneter

374	10 (Pf)	grünoliv/schwarz . . . . . ie	4,—	8,—	2,—

Gültig bis 31. 12. 1963

Wissen kommt nicht von selbst
MICHEL

Bundesrepublik Deutschland

Ab MiNr. 375 sind alle Ausgaben – wenn nicht ausdrücklich anders angegeben – auf fluoreszierendem Papier gedruckt. Unterschiedliche Farbe der Fluoreszenz (weiß bis lebhaftgelb) ist fabrikationsbedingt und rechtfertigt keine Preisunterschiede.

1962

1962, 10. Mai. 2000 Jahre Mainz. ▨ Ege; StTdr; Wz. 5; gez. K 14:13¾.

if) Drususstein (100 n. Chr.), Ausschnitt aus altem Stadtbild von Mainz

			EF	MeF	MiF
375	20 (Pf)	dunkelgraulila .... if	3,—	25,—	2,—

Gültig bis 31. 12. 1963

1962, 25. Mai. Jugend: Schmetterlinge. ▨ Blase; Odr.; Wz. 5; gez. K 14:13¾.

ig) Apollofalter (Parnassius apollo)
ih) Trauermantel (Nymphalis antiopa)
ii) Kleiner Fuchs (Aglais urticae)
ik) Segelfalter (Iphiclides podalirius)

376	7 + 3 (Pf)	mehrfarbig ...... ig	10,—	33,—*)	5,—
377	10 + 5 (Pf)	mehrfarbig ...... ih	6,—	10,—	3,—
378	20 + 10 (Pf)	mehrfarbig ii	5,—	30,—	4,—
379	40 + 20 (Pf)	mehrfarbig ...... ik	22,—	70,—	10,—

*) Preis gilt für leicht überfrankierte Belege (bis 10%).

Gültig bis 31. 12. 1963

1962, 12. Juli. Lied und Chor. ▨ Breker; Odr.; Wz. 5; gez. K 13¾:14.

il) Stimmgabel vor Notentext „In dulci jubilo" aus „Musae Sioniae" von Michael Praetorius

| 380 | 20 (Pf) | orangerot/schwarz ..... il | 3,— | 20,— | 2,— |

Gültig bis 31. 12. 1963

1962, 22. Aug. Deutscher Katholikentag, Hannover. ▨ Ege; StTdr.; gez. K 14:13¾.

im) Kreuz und zwei Gläubige: Motto Glauben, Danken, Dienen

| 381 | 20 (Pf) | dunkelmagenta ...... im | 3,— | 20,— | 2,— |

Gültig bis 31. 12. 1964

1962, 11. Sept. 150 Jahre Württembergische Bibelanstalt. ▨ Rohse; komb. StTdr. und Odr.; Wz. 5; K 14:13¾.

in) Aufgeschlagene Bibel mit Christusmonogramm und Kelch

			EF	MeF	MiF
382	20 (Pf)	schwärzlichzinnoberrot/schwarz .... in	3,—	20,—	2,—

Gültig bis 31. 12. 1964

1962, 17. Sept. Europa. ▨ Weyer; StTdr.; Wz. 5; gez. K 14:13¾.

io) Stilis. Baum mit 19 Blättern

| 383 | 10 (Pf) | schwärzlichsmaragdgrün .... io | 1,— | 2,— | 1,— |
| 384 | 40 (Pf) | dunkelblau .... io | 6,— | 22,— | 2,50 |

Gültig bis 31. 12. 1964

1962, 10. Okt. Wohlfahrt: Märchen der Brüder Grimm (IV). ▨ Börnsen; Odr.; Wz. 5; gez. K 14:13¾.

ip ir is it

ip–it) Szenen aus dem Märchen „Schneewittchen und die sieben Zwerge"

385	7 + 3 (Pf)	mehrfarbig .... ip	6,—	22,—*)	3,—
386	10 + 5 (Pf)	mehrfarbig .... ir	5,—	10,—	2,—
387	20 + 10 (Pf)	mehrfarbig .... is	4,—	25,—	2,—
388	40 + 20 (Pf)	mehrfarbig .... it	15,—	40,—	6,—

*) Preis gilt für leicht überfrankierte Belege (bis 10%).

Gültig bis 31. 12. 1964

1962, 23. Nov. Brot für die Welt. ▨ Kern; komb. Odr. und Prägedr.; Wz. 5; gez. K 14:13¾.

iu) Inschrift

| 389 | 20 (Pf) | lebhaftbraunrot/schwarz .... iu | 3,— | 20,— | 2,— |

Gültig bis 31. 12. 1964

1963

1963, 9. Febr. Hilfeleistungen der Organisationen CRALOG und CARE. ▨ Ege; StTdr.; Wz. 5; gez. K 14:13¾.

iv) Übergabe eines Geschenkpaketes

| 390 | 20 (Pf) | dunkelrotkarmin ...... iv | 3,— | 20,— | 2,— |

Gültig bis 31. 12. 1964

1963, 27. Febr. Misereor: Kampf gegen Hunger und Krankheit auf der Welt. ▧ Jäger; komb. StTdr. und Odr.; Wz. 5; gez. K 14:13¾.

iw) Stilis. Kornähren, Samenkörner, Kreuz und Inschrift vor Erdkugel

			EF	MeF	MiF
391	20 (Pf)	mehrfarbig . . . . iw	–,50	–,60	2,—

MiNr. 391 als EF auf ✉ ohne Einhaltung der Standardmaße (nur möglich am 27. und 28. Februar 1963, vgl. Portotabelle): ✉ 150,–.

Gültig bis 31. 12. 1964

Die am 1. 3. 1963 ausgegebene Marke Berlin MiNr. 231 wurde auch an den Postschaltern der Bundesrepublik verkauft.

1963, 26. April. Briefmarkenausstellung „Flora und Philatelie"; Internationale Gartenbau-Ausstellung (IGA), Hamburg. ▧ Rohse; Odr.; gez. K 13¾:14.

ix) Schachbrettblume (Fritillaria meleagris)
iy) Frauenschuh (Cypripedium calceolus)
iz) Gemeine Akelei (Aquilegia vulgaris)
ka) Stranddistel (Eryngium maritimum)

392	10 (Pf)	mehrfarbig ix	5,—	8,—	2,—
393	15 (Pf)	mehrfarbig . . . . iy	4,—	50,—	2,—
394	20 (Pf)	mehrfarbig . . . . iz	3,—	22,—	2,—
395	40 (Pf)	mehrfarbig . . . . ka	10,—	35,—	3,—

Gültig bis 31. 12. 1964

1963, 2. Mai. 400 Jahre Heidelberger Katechismus. ▧ Müller; komb. StTdr. und Odr.; gez. K 14:13¾.

kb) Inschrift auf Ornament-Hintergrund

396	20 (Pf)	mehrfarbig . . . . kb	3,—	20,—	2,—

Gültig bis 31. 12. 1964

1963, 4. Mai. Gedenkstätte Regina Martyrum, Berlin. ▧ Rohse; Odr.; Wz. 5; gez. K 14:13¾.

kc) Kreuz von Golgatha, verdunkeltes Himmelsgestirn

397	10 (Pf)	mehrfarbig . . . . kc	4,—	8,—	2,—

Gültig bis 31. 12. 1964

1963, 7. Mai. 100. Jahrestag der ersten Internationalen Postkonferenz, Paris. ▧ Ege; StTdr.; Wz. 5; gez. K 14:13¾.

kd) Wappen der 18 an der Konferenz beteiligten Länder

			EF	MeF	MiF
398	40 (Pf)	violettultramarin . . . . . kd	8,—	30,—	3,—

Gültig bis 31. 12. 1964

1963, 14. Mai. Einweihung der „Vogelfluglinie" (kürzeste Verbindung zwischen Deutschland und Kopenhagen). ▧ Blase; Odr.; gez. K 13¾:14.

ke) Im Vogelumriß Landkarte mit Linienführung der „Vogelfluglinie", Flaggen von Dänemark und der Bundesrepublik Deutschland

399	20 (Pf)	mehrfarbig . . . . ke	3,—	20,—	2,—

Gültig bis 31. 12. 1964

1963, 24. Mai. 100 Jahre Internationales Rotes Kreuz. ▧ Bentele; komb. Odr. und Prägedr.; gez. K 13¾:14.

kf) Rotes Kreuz, Inschrift im Strahlenkranz

400	20 (Pf)	mehrfarbig . . . . kf	3,—	20,—	2,—

Gültig bis 31. 12. 1964

MiNr. 400 mit POL-Lochung siehe nach ...

1963, 12. Juni. Jugend: Einheimische Vögel. ▧ Schillinger; Odr.; gez. K 13¾:14.

kg) Wiedehopf (Upupa epops)
kh) Pirol (Oriolus oriolus)
ki) Gimpel (Pyrrhula pyrrhula)
kk) Eisvogel (Alcedo atthis)

401	10 + 5 (Pf)	mehrfarbig . . . . . kg	10,—	12,—	3,—
402	15 + 5 (Pf)	mehrfarbig . . . . . kh	7,—	70,—	4,—
403	20 + 10 (Pf)	mehrfarbig . . . . . . ki	6,—	25,—	4,—
404	40 + 20 (Pf)	mehrfarbig . . . . . kk	23,—	70,—	12,—

Gültig bis 31. 12. 1964

1963, 24. Juli. Deutscher Evangelischer Kirchentag, Dortmund. ▧ Rau; Odr. Bagel; Wz. 5; gez. K 13¼:13.

kl) Jerusalemkreuz in Krone aus Stacheldraht

405	20 (Pf)	rötl'orange/schwarz . . . kl	3,—	20,—	2,—

Gültig bis 31. 12. 1965

Eine Notierung in Schrägschrift bedeutet, daß die Bewertungsunterlagen für eine eindeutige Preisfestsetzung nicht ausreichen.

Bundesrepublik Deutschland

1963, 14. Sept. Europa. Holm; StTdr.; Wz. 5; gez. K 14:13¾.

km) Buchstaben CEPT im Ornament

			EF	MeF	MiF
406	15 (Pf)	schwärzlichsmaragdgrün ..... km	3,—	25,—	1,50
407	20 (Pf)	dunkelrosa .... km	2,—	18,—	1,—

Gültig bis 31. 12. 1965

1963, 23. Sept. Wohlfahrt: Märchen der Brüder Grimm (V). Börnsen; Odr.; gez. K 14:13¾.

kn   ko   kp   kr

kn–kr) Szenen aus dem Märchen „Der Wolf und die sieben Geißlein"

408	10 + 5 (Pf)	mehrfarbig ..... kn	6,—	10,—	2,—
409	15 + 5 (Pf)	mehrfarbig ..... ko	5,—	50,—	2,—
410	20 + 10 (Pf)	mehrfarbig ..... kp	4,—	25,—	2,—
411	40 + 20 (Pf)	mehrfarbig ..... kr	15,—	40,—	5,—

Gültig bis 31. 12. 1965

1964

1964, 10. April. Jugend: Fische. Heinsdorff; Odr.; gez. K 14:13¾.

ks) Hering (Clupea harengus) kt) Kleiner Rotbarsch (Sebastes viviparus) ku) Karpfen (Cyprinus carpio) kv) Kabeljau (Gadus morrhua)

412	10 + 5 (Pf)	mehrfarbig ..... ks	10,—	12,—	3,—
413	15 + 5 (Pf)	mehrfarbig ..... kt	6,—	60,—	3,—
414	20 + 10 (Pf)	mehrfarbig ..... ku	6,—	25,—	2,—
415	40 + 20 (Pf)	mehrfarbig ..... kv	20,—	60,—	6,—

Gültig bis 31. 12. 1965

1964, 29. April/1965, 23. Okt. Hauptstädte der Länder der Bundesrepublik Deutschland. H. und H. Schillinger; Odr. Bundesdruckerei (MiNr. 416–419, 421, 422, 425–427) und Bagel (MiNr. 420, 423 und 424); MiNr. 416–419, 421, 422 und 425–427 gez. K 14:13¾, MiNr. 420, 423 und 424 gez. K 13¼:13.

kw) Hannover, Altes Rathaus (Niedersachsen) kx) Hamburg, Hafen (Hamburg) ky) Kiel, Fährhafen (Schleswig-Holstein) kz) München, Nationaltheater (Bayern)

la) Wiesbaden, Kurhaus (Hessen) lb) Berlin, Reichstag (Berlin) lc) Mainz, Gutenbergmuseum (Rheinland-Pfalz) ld) Düsseldorf, Jan-Wellem-Denkmal (Nordrhein-Westfalen)

le) Bonn, Rathaus (Bundesrepublik Deutschland) lf) Bremen, Rathaus (Bremen) lg) Stuttgart, Stadtansicht (Baden-Württemberg) lh) Saarbrücken, Ludwigskirche (Saarland)

			EF	MeF	MiF
416	20 (Pf)	mfg. (29.4.64) ..... kw	4,—	22,—	2,—
417	20 (Pf)	mfg. (6.5.64) ..... kx	4,—	22,—	2,—
418	20 (Pf)	mfg. (6.5.64) ..... ky	4,—	22,—	2,—
419	20 (Pf)	mfg. (6.5.64) ..... kz	4,—	22,—	2,—
420	20 (Pf)	mfg. (6.5.64) ..... la	4,—	22,—	2,—
421	20 (Pf)	mfg. (19.9.64) ..... lb	4,—	22,—	2,—
422	20 (Pf)	mfg. (25.9.64) lc	4,—	22,—	2,—
423	20 (Pf)	mfg. (24.10.64) ..... ld	4,—	22,—	2,—
424	20 (Pf)	mfg. (17.5.65) ..... le	4,—	22,—	2,—
425	20 (Pf)	mfg. (17.5.65) ..... lf	4,—	22,—	2,—
426	20 (Pf)	mfg. (17.5.65) ..... lg	4,—	22,—	2,—
427	20 (Pf)	mfg. (23.10.65) ..... lh	4,—	22,—	2,—

Gültig bis 31. 12. 1966

MiNr. 421 bildgleich mit zusätzlicher Inschrift „BERLIN" siehe Berlin (West) MiNr. 236.

1964, 29. Mai. 1200 Jahre Benediktinerabtei Ottobeuren. Ege; komb. StTdr. und Odr.; gez. K 14:13¾.

li) Benediktinerabtei Ottobeuren

428	20 (Pf)	mehrfarbig li	4,—	20,—	2,—

Gültig bis 31. 12. 1965

1964, 1. Juli. Wiederwahl des Bundespräsidenten Heinrich Lübke (I). Schardt; Odr.; gez. K 13¾:14.

lk) Dr. h. c. H. Lübke (1894–1972), 2. Bundespräsident

429	20 (Pf)	lilarot .... lk	3,—	15,—	1,—
430	40 (Pf)	blau .... lk	6,—	20,—	2,—

Gültig bis 31. 12. 1969

In gleicher Zeichnung: MiNr. 542–543

Bildgleiche Marken mit zusätzlicher Inschrift „BERLIN" siehe Berlin (West) MiNr. 234–235.

1964, 20. Juli. Blockausgabe: 20. Jahrestag des Attentats auf Adolf Hitler vom 20. Juli 1944. ▣ G. und E. Aretz; komb. StTdr. und Odr.; gez. Ks 14:13¾.

DEM DEUTSCHEN WIDERSTAND ZUM JAHRESTAG DES 20. JULI · 1944/1964

				lu
ll) Sophie Scholl (1921–1943), Studentin	lm) Ludwig Beck (1880–1944), Generaloberst	ln) Dietrich Bonhoeffer (1906–1945), evang. Theologe	lo) Alfred Delp (1907–1945), kath. Theologe	
lp) Karl-Friedrich Goerdeler (1884–1945), Jurist	lr) Wilhelm Leuschner (1888–1944), Gewerkschaftsführer	ls) Helmut James Graf von Moltke (1907–1945), Jurist	lt) Claus Graf Schenk von Stauffenberg (1907–1944), Generalstabsoffizier	

ll–lt) Deutsche Widerstandskämpfer

			EF	MeF	MiF
431	20 (Pf)	dkl'blaugrau/schwarz .. ll	22,—	110,—	10,—
432	20 (Pf)	dkl'blaugrau/schwarz . lm	22,—	110,—	10,—
433	20 (Pf)	dkl'blaugrau/schwarz .. ln	22,—	110,—	10,—
434	20 (Pf)	dkl'blaugrau/schwarz .. lo	22,—	110,—	10,—
435	20 (Pf)	dkl'blaugrau/schwarz .. lp	22,—	110,—	10,—
436	20 (Pf)	dkl'blaugrau/schwarz .. lr	22,—	110,—	10,—
437	20 (Pf)	dkl'blaugrau/schwarz .. ls	22,—	110,—	10,—
438	20 (Pf)	dkl'blaugrau/schwarz .. lt	22,—	110,—	10,—
Block 3 (148×105 mm) .... lu			270,—	—,—	180,—

Lt. amtlicher Verfügung waren nur die ausgetrennten Einzelmarken, nicht aber die Blocks als Ganzes frankaturgültig. Sendungen mit aufgeklebten ganzen Blocks wurden jedoch vom Ersttag an unbeanstandet abgestempelt und befördert.

Gültig bis 31. 12. 1966

1964, 3. Aug. Tagung des Reformierten Weltbundes, Frankfurt a. M. ▣ Blase; Odr.; gez. K 13¾:14.

lv) Johann Calvin (1509–1564), französ. Reformator

439	20 (Pf)	orangerot/schwarz lv	3,—	20,—	2,—

Farbschwankungen, die vor allem bei Freimarken-Ausgaben häufig vorkommen, sind Druckabweichungen, die nicht gesondert katalogisiert werden können.

1964, 14. Aug. Fortschritt in Technik und Wissenschaft (I): 100 Jahre Benzolformel, 25 Jahre Kernspaltung, 100 Jahre Verbrennungsmotor. ▣ Blase; Odr.; gez. K 13¾:14.

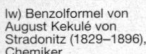

lw) Benzolformel von August Kekulé von Stradonitz (1829–1896), Chemiker

lx) Atomreaktor im Betriebszustand; nach Otto Hahn (1879–1968), Chemiker, Nobelpreis 1944

ly) 1. Gasmotor von Nikolaus Otto (1832–1891), Maschinenbauer

			EF	MeF	MiF
440	10 (Pf)	mehrfarbig .... lw	2,—	3,—	1,—
441	15 (Pf)	mehrfarbig lx	3,—	35,—	2,—
442	20 (Pf)	mehrfarbig .... ly	2,—	15,—	2,—

Gültig bis 31. 12. 1966

Weitere Ausgaben „Fortschritt in Technik und Wissenschaft": MiNr. 521–522, 546–548

1964, 31. Aug. 100. Todestag von Ferdinand Lassalle. ▣ Rischka; Odr.; gez. K14:13¾.

lz) F. Lassalle (1825–1864), Mitbegründer der Sozialdemokratischen Partei in Deutschland

443	20 (Pf)	dunkelgrünlichblau/ schwarz .... lz	3,—	20,—	2,—

Gültig bis 31. 12. 1966

1964, 2. Sept. Deutscher Katholikentag, Stuttgart. ▣ Neufeld; StTdr.; Wz. 5; gez. K 13¾:14.

ma) Stilis. Sonne, Inschrift

444	20 (Pf)	schwarzblaugrau/rot . ma	3,—	20,—	2,—

Gültig bis 31. 12. 1966

1964, 14. Sept. Europa. ▣ Betemps; Odr.; gez. K 13¾:14.

mb) Stilis. Blume mit 22 Blütenblättern und Emblem der CEPT

445	15 (Pf)	grünoliv/lebhaftbraunviolett .... mb	4,—	35,—	2,—
446	20 (Pf)	lebhaftkarminrot/ violettpurpur........ mb	2,—	18,—	1,—

Gültig bis 31. 12. 1966

1964, 6. Okt. Wohlfahrt: Märchen der Brüder Grimm (VI). ✉
Börnsen; Odr.; gez. K 14:13¾.

mc md me mf

mc–mf) Szenen aus dem Märchen „Dornröschen"

			EF	MeF	MiF
447	10 + 5 (Pf)	mehrfarbig......mc	7,—	8,—	3,—
448	15 + 5 (Pf)	mehrfarbig......md	5,—	30,—	2,—
449	20 +10 (Pf)	mehrfarbig......me	4,—	22,—	2,—
450	40 +20 (Pf)	mehrfarbig......mf	10,—	30,—	4,—

Gültig bis 31.12.1966

Bildgleiche Marken mit zusätzlicher Inschrift „BERLIN" siehe Berlin (West) MiNr. 237–240.

1964, 10. Okt. Olympische Sommerspiele, Tokio. ✉ H. und H. Schillinger; Odr.; gez. K 13¾:14.

mg) Judo, olympische Ringe

451	20 (Pf)	mehrfarbig........mg	3,—	20,—	2,—

Gültig bis 31.12.1966

1964, 30. Okt. 250 Jahre Rechnungshof in Deutschland. ✉ Kern; komb. Odr. und Prägedruck; gez. K 14:13¾.

mh) Preußischer Adler, Inschrift

452	20 (Pf)	dunkelrötlichorange/ schwarz..........mh	3,—	20,—	2,—

Gültig bis 31.12.1966

1964, 21. Nov. 1. Todestag von John F. Kennedy. ✉ Gerhardt; StTdr.; Wz. 5; gez. K 13¾:14.

mi) J. F. Kennedy (1917–1963), 35. Präsident der Vereinigten Staaten von Amerika

453	40 (Pf)	dkl'violettultramarin...mi	10,—	30,—	3,—

Gültig bis 31.12.1966

Bildgleiche Marke mit zusätzlicher Inschrift „BERLIN" siehe Berlin (West) MiNr. 241.

1964, 15. Dez./1965, 29. Mai. Freimarken: Deutsche Bauwerke aus zwölf Jahrhunderten (I). ✉ Rohse; MiNr. 454–456 Bdr., MiNr. 457–461 StTdr. Bogen (B), Markenheftchen (MH) und Rollen (R); gez. K 14.

mk) Wallpavillon des Zwingers, Dresden   ml) Schloß Tegel, Berlin   mm) Torhalle, Lorsch (Hessen)   mn) Burg Trifels in der Pfalz

mo) Schloßtor, Ellwangen (Jagst)   mp) Treptower Tor, Neubrandenburg   mr) Osthofentor, Soest   ms) Ellinger Tor, Weißenburg (Bayern)

			EF	MeF	MiF
454	10 (Pf)	dunkelsiena (12.3.1965) (B) (R) GA...........mk	1,—	1,—	1,—
455	15 (Pf)	GA..................ml			
a		schwärzlichgrün (12.3.1965) (B) (R)....	2,—	10,—	1,—
b		schwarzolivgrün (6.7.1965) (MH)......	2,50	12,—	1,—
456	20 (Pf)	schwärzlichorangerot (12.3.1965) (B) (MH) (R) GA............mm	1,—	3,—	1,—
457	40 (Pf)	dunkellilaultramarin (12.3.1965) (B) (R)...mn	5,—	8,—	1,50
458	50 (Pf)	dunkelockerbraun (15.12.1964) (B)....mo	7,—	14,—	3,—
459	60 (Pf)	rosarot (15.12.1964) (B) (R).mp	18,—	16,—	4,—
460	70 (Pf)	schwarzolivgrün (29.5.1965) (B) (R)...mr	6,—	18,—	4,—
461	80 (Pf)	dunkelrotbraun (15.12.1964) (B) (R)...ms	10,—	25,—	4,—

Briefpreise gelten für Verwendungen innerhalb der zum Ausgabezeitpunkt aktuellen oder der folgenden Tarifperiode.

Zahlreiche Farbtönungen

Postkriegs-Belege von MiNr. 454 und 459 siehe gesonderten Abschnitt.

In ähnlichen Zeichnungen, größeres Format: MiNr. 489–503

Bildgleiche Marken mit zusätzlicher Inschrift „BERLIN" siehe Berlin (West) MiNr. 242–249.

1965

1965, 21. Jan. 150. Todestag von Matthias Claudius (1740–1815), Dichter. ✉ Heinsdorff; StTdr.; gez. K 14:13¾.

mt) Eule, Stock mit Wandertasche, Hut mit 3 Kröten

462	20 (Pf)	schwarz/rot........mt	3,—	20,—	2,—

Gültig bis 31.12.1966

1965, 1. April. 150. Geburtstag von Otto Fürst von Bismarck. ✉ Gerhardt; Odr.; gez. K 13¾:14.

mu) O. Fürst v. Bismarck (1815–1898), Gründer und Kanzler des Zweiten Deutschen Reiches

463	20 (Pf)	braunschwarz/ mittelbraunrot.......mu	3,—	20,—	2,—

Gültig bis 31.12.1966

1965, 1. April. Jugend: Jagdbares Federwild. ✧ Froitzheim; Odr.; gez. K 14:13¾.

mv) Waldschnepfe (Scolopax rusticola)   mw) Jagdfasan (Phasianus colchicus)   mx) Birkhuhn (Lyrurus tetrix)   my) Auerhuhn (Tetrao urogallus)

				EF	MeF	MiF
464	10 + 5 (Pf)	mehrfarbig	mv	7,—	8,—	2,—
465	15 + 5 (Pf)	mehrfarbig	mw	6,—	35,—	2,—
466	20 + 10 (Pf)	mehrfarbig	mx	4,—	22,—	2,—
467	40 + 20 (Pf)	mehrfarbig	my	15,—	40,—	4,—

Gültig bis 31. 12. 1966

Bildgleiche Marken mit zusätzlicher Inschrift „BERLIN" siehe Berlin (West) MiNr. 250–253.

1965, 1. April/25. Juni. Internationale Verkehrsausstellung (IVA), München. ✧ Magnus; MiNr. 468 Odr., MiNr. 469–474 RaTdr.; gez. K 14:13¾.

mz) Verkehrsschilder, Ampel   na) Nachrichtensatellit, Bodenempfangsstation   nb) Moderner und alter Postomnibus

nc) Zeigertelegraph, Fernmeldeturm   nd) Moderne Elektrolokomotive und alte Dampflokomotive   ne) Weltraumkapsel, Düsenflugzeug   nf) Passagierdampfer „Bremen", Segelschiff „Hammonia"

468	5 (Pf)	mehrfarbig (25. Juni)	mz	—	6,—	1,—
469	10 (Pf)	mehrfarbig (25. Juni)	na	2,—	8,—	1,—
470	15 (Pf)	mehrfarbig (25. Juni)	nb	3,—	25,—	1,—
471	20 (Pf)	mehrfarbig (25. Juni)	nc	1,—	15,—	1,—
472	40 (Pf)	mehrfarbig (25. Juni)	nd	5,—	15,—	1,50
473	60 (Pf)	mehrfarbig (1. April)	ne	12,—	30,—	2,—
474	70 (Pf)	mehrfarbig (25. Juni)	nf	10,—	40,—	3,—

Gültig bis 31. 12. 1968

1965, 30. April. 75 Jahre Tag der Arbeit (1. Mai). ✧ Blase; Odr.; gez. K 13¾:14.

ng) Blumenstrauß mit Bändern

| 475 | 15 (Pf) | mehrfarbig | ng | 4,— | 30,— | 2,— |

Gültig bis 31. 12. 1966

1965, 17. Mai. 100 Jahre Internationale Fernmeldeunion (UIT). ✧ Lichtwitz; Odr.; gez. K 13¾:14.

nh) UIT-Emblem

				EF	MeF	MiF
476	40 (Pf)	preußischblau/schwarz	nh	8,—	25,—	3,—

Gültig bis 31. 12. 1966

1965, 26. Mai. 100. Todestag von Adolf Kolping. ✧ Kern; StTdr.; gez. K 14:13¾.

ni) A. Kolping (1813–1865), Mitbegründer der kath. Gesellenvereine

| 477 | 20 (Pf) | mehrfarbig | ni | 3,— | 20,— | 2,— |

Gültig bis 31. 12. 1966

1965, 29. Mai. 100 Jahre Deutsche Gesellschaft zur Rettung Schiffbrüchiger (DGRS). ✧ Blase; komb. StTdr. und Odr.; gez. K 14:13¾.

nk) Seenotrettungskreuzer „Georg Breusing"

| 478 | 20 (Pf) | (lebhaft)rot/schwarz | nk | 3,— | 20,— | 2,— |

Gültig bis 31. 12. 1966

1965, 28. Juli. 20 Jahre Vertreibung. ✧ Hahn und Lemke; StTdr.; Wz. 5; gez. K 14:13¾.

nl) Vertriebenengruppe

| 479 | 20 (Pf) | schwarzviolettgrau | nl | 3,— | 20,— | 2,— |

„Postkrieg" siehe gesonderten Abschnitt.

Gültig bis 31. 12. 1967

In ähnlicher Zeichnung: MiNr. 215

1965, 28. Juli. Deutscher Evangelischer Kirchentag, Köln. ✧ Rau; komb. StTdr. und Odr.; gez. K 13¾:14.

nm) Labyrinth mit Zeichen des Kirchentags

| 480 | 20 (Pf) | mehrfarbig | nm | 3,— | 20,— | 2,— |

„Postkrieg" siehe gesonderten Abschnitt.

Gültig bis 31. 12. 1967

1965, 28. Juli. Deutsche Funkausstellung, Stuttgart. ⓦ H. und H. Schillinger; Odr. Bagel; gez. K 13¼:13.

nn) Fernsehturm Stuttgart, Sendewellen

				EF	MeF	MiF
481	20 (Pf)	mehrfarbig	nn	3,—	20,—	2,—

Gültig bis 31. 12. 1967

1965, 27. Sept. Europa. ⓦ Karlsson; StTdr.; Wz. 5; gez. K 14:13¾.

np) Zweig mit aus den Buchstaben CEPT gebildeter Frucht

				EF	MeF	MiF
483	15 (Pf)	dunkelgrün	np	4,—	25,—	2,—
484	20 (Pf)	karminrot	np	2,—	18,—	1,—

Gültig bis 31. 12. 1967

1965, 28. Aug. 125 Jahre Briefmarken. ⓦ Poell; Odr.; gez. K 14.

no) Marken Thurn und Taxis MiNr. 5, 7 und 18

482	20 (Pf)	mehrfarbig	no	3,—	20,—	2,—

Gültig bis 31. 12. 1967

MICHEL-Kataloge werden ständig überarbeitet und durch Berücksichtigung der neuesten Forschungsergebnisse auf dem aktuellen Stand gehalten.

1965, 6. Okt. Wohlfahrt: Märchen der Brüder Grimm (VII). ⓦ Stefula; Odr.; gez. K 14:13¾.

nr ns nt nu

nr–nu) Szenen aus dem Märchen „Aschenputtel"

				EF	MeF	MiF
485	10 + 5 (Pf)	mehrfarbig	nr	5,—	6,—	2,—
486	15 + 5 (Pf)	mehrfarbig	ns	3,—	10,—	2,—
487	20 + 10 (Pf)	mehrfarbig	nt	3,—	25,—	2,—
488	40 + 20 (Pf)	mehrfarbig	nu	10,—	30,—	4,—

Gültig bis 31. 12. 1967

Bildgleiche Marken mit zusätzlicher Inschrift „BERLIN" siehe Berlin (West) MiNr. 266–269.

1966

1966, 7. Jan./1969, 26. März. Freimarken: Deutsche Bauwerke aus zwölf Jahrhunderten (II). ⓦ Rohse; StTdr.; gez. K 14.

nv) Berliner Tor, Stettin   nw) Wallpavillon des Zwingers, Dresden   nx) Torhalle, Lorsch (Hessen)   ny) Nordertor, Flensburg   nz) Burg Trifels in der Pfalz   oa) Schloßtor, Ellwangen (Jagst)   ob) Treptower Tor, Neubrandenburg

oc) Osthofentor, Soest   od) Ellinger Tor, Weißenburg (Bayern)   oe) Zschokkesches Damenstift, Königsberg   of) Melanchthonhaus, Wittenberg   og) Trinitatishospital, Hildesheim   oh) Schloß Tegel, Berlin   oi) Bürgerhalle des Rathauses Löwenberg (Schlesien)

				EF	MeF	MiF
489	5 (Pf)	dunkeloliv braun (15. 6. 1966)	nv	200,—	4,—	1,—
490	10 (Pf)	dunkelsiena (21. 6. 1967)	nw	1,—	1,—	1,—
491	20 (Pf)	dunkelgrün (17. 11. 1967) GA	nx	1,—	3,—	1,—
492	30 (Pf)	schwärzlichgrünlicholiv (7. 1. 1966)	ny	2,—	8,—	1,—
493	30 (Pf)	schwärzlichrosarot (17. 2. 1967) GA	ny	1,—	7,—	1,—
494	40 (Pf)	braunoliv (4. 8. 1967)	nz	12,—	10,—	1,50
495	50 (Pf)	dunkelviolettultramarin (4. 8. 1967)	oa	2,—	5,—	1,50
496	60 (Pf)	dunkelgelbrot (14. 4. 1967)	ob	10,—	16,—	8,—
497	70 (Pf)	schwarzgrüngrau (14. 4. 1967)	oc	10,—	12,—	2,—
498	80 (Pf)	rötlichbraun (21. 6. 1967)	od	10,—	18,—	7,—
499	90 (Pf)	schwarz (15. 6. 1966)	oe	8,—	12,—	2,50
500	100 (Pf)	dunkelpreußischblau (7. 11. 1966)	of	4,—	10,—	2,—
501	110 (Pf)	dunkelbraunorange (13. 12. 1966)	og	4,—	14,—	2,50

Bundesrepublik Deutschland

				EF	MeF	MiF
502	130 (Pf)	dunkelolivgrün (26. 3. 1969)	oh	5,—	20,—	3,—
503	200 (Pf)	braunviolett (13. 12. 1966)	oi	15,—	30,—	4,—

Briefpreise gelten für Verwendungen innerhalb der zum Ausgabezeitpunkt aktuellen oder der folgenden Tarifperiode.

"Postkrieg" siehe gesonderten Abschnitt.

In ähnlichen Zeichnungen, kleineres Format: MiNr. 454–461

Bildgleiche Marken mit zusätzlicher Inschrift „BERLIN" siehe Berlin (West) MiNr. 270–285.

1966, 15. Jan. 100. Geburtstag von Nathan Söderblom. Michel; Odr. Bagel; gez. K 13:13¾.

ok) N. Söderblom (1866–1931), schwedischer evangelischer Theologe, Friedensnobelpreis 1930

				EF	MeF	MiF
504	20 (Pf)	schwarz/karmingrau	ok	4,—	25,—	2,—

Gültig bis 31. 12. 1967

1966, 22. März. 20. Todestag von Kardinal Clemens August Graf Galen. Blase; Odr.; gez. K 13¾:14.

ol) Kardinal C. A. Graf Galen (1878–1946)

505	20 (Pf)	mehrfarbig	ol	8,—	30,—	2,—

Gültig bis 31. 12. 1967

1966, April/1967, 14. April. Freimarken: Brandenburger Tor. Bundesdruckerei Berlin; Bdr. Bogen (B), Markenheftchen (MH) und Rollen (R); gez. K 14.

om) Brandenburger Tor, Berlin

506	10 (Pf)	schwarzsiena (24. 10. 1966) GA	om	1,—	2,—	1,—
507	20 (Pf)	schwarzsmaragdgrün (24. 10. 1966) GA	om	1,—	4,—	1,—
508	30 (Pf)	dunkelrosa (April 1966) GA	om	1,—	10,—	1,—
509	50 (Pf)	indigo (24. 10. 1966) GA	om	4,—	12,—	1,50
510	100 (Pf)	preußischblau (14. 4. 1967) GA	om	8,—	25,—	5,—

Briefpreise gelten für Verwendungen innerhalb der zum Ausgabezeitpunkt aktuellen oder der folgenden Tarifperiode.

"Postkrieg" siehe gesonderten Abschnitt.

Bildgleiche Marken mit zusätzlicher Inschrift „BERLIN" siehe Berlin (West) MiNr. 286–290.

1966, 22. April. Jugend: Hochwild. Froitzheim; RaTdr.; gez. K 14:13¾.

on) Reh (Capreolus capreolus)　　oo) Gemse (Rupicapra rupicapra)　　op) Damhirsch (Dama dama)　　or) Rothirsch (Cervus elaphus)

1966, 13. Juli. Deutscher Katholikentag, Bamberg. Oberberger; Odr.; gez. K 13¾:14.

os) Der Fischzug

				EF	MeF	MiF
511	10 + 5 (Pf)	mehrfarbig	on	10,—	8,—	2,—
512	20 + 10 (Pf)	mehrfarbig	oo	8,—	30,—	2,—
513	30 + 15 (Pf)	mehrfarbig	op	5,—	30,—	2,—
514	50 + 25 (Pf)	mehrfarbig	or	12,—	35,—	6,—

Gültig bis 31. 12. 1967

Bildgleiche Marken mit zusätzlicher Inschrift „BERLIN" siehe Berlin (West) MiNr. 291–294.

515	30 (Pf)	mittelrotorange/schwarz	os	3,—	25,—	2,—

Gültig bis 31. 12. 1967

1966, 13. Juli/24. Sept. Kongreß des Internationalen Philatelistenverbandes (FIP), München. H. und H. Schillinger; Odr.; gez. K 13¾:14.

ot) Bayerische Postkutsche aus der Zeit um 1900　　ou) Preußischer Briefträger aus der Zeit um 1830

516	30 + 15 (Pf)	mfg. (24. 9.)	ot	10,—	35,—	5,—
517	50 + 25 (Pf)	mfg. (13. 7.)	ou	10,—	40,—	5,—

Gültig bis 31. 12. 1968

1966, 24. Aug. 250. Todestag von Gottfried Wilhelm Leibniz. Blase; komb. StTdr. und Odr.; gez. K 13¾:14.

ov) G. W. Leibniz (1646–1716), Philosoph und Universal-Gelehrter

518	30 (Pf)	mehrfarbig	ov	3,—	25,—	2,—

Gültig bis 31. 12. 1968

Mit MICHEL immer gut informiert

1966, 24. Sept. Europa. ⓔ J. und G. Bender; RaTdr.; gez. K 13¾:14.

ow) Stilis. Darstellung eines Bootes mit geblähtem Segel und CEPT-Inschrift

			EF	MeF	MiF
519	20 (Pf)	mehrfarbig .... ow	3,—	25,—	1,50
520	30 (Pf)	mehrfarbig .... ow	2,—	20,—	1,—

Gültig bis 31. 12. 1968

1966, 28. Sept. Fortschritt in Technik und Wissenschaft (II): 75 Jahre Drehstromübertragung, 100 Jahre Dynamo. ⓔ Blase; Odr.; gez. K 13¾:14.

ox) Drehstromleitung

oy) Dynamo von Werner von Siemens (1816–1892), Begründer der Elektrotechnik

521	20 (Pf)	mehrfarbig .... ox	3,—	25,—	2,—
522	30 (Pf)	mehrfarbig .... oy	2,—	25,—	2,—

Gültig bis 31. 12. 1968

Weitere Ausgaben „Fortschritt in Technik und Wissenschaft": MiNr. 440–442, 546–548

1966, 5. Okt. Wohlfahrt: Märchen der Brüder Grimm (VIII). ⓔ Stefula; Odr.; gez. K 14:13¾.

oz   pa   pb   pc

oz–pc) Szenen aus dem Märchen „Der Froschkönig"

523	10 + 5 (Pf)	mehrfarbig ...... oz	8,—	6,—	2,—
524	20 + 10 (Pf)	mehrfarbig ...... pa	6,—	28,—	2,—
525	30 + 15 (Pf)	mehrfarbig ...... pb	4,—	26,—	2,—
526	50 + 25 (Pf)	mehrfarbig ...... pc	10,—	30,—	5,—

Gültig bis 31. 12. 1968

Bildgleiche Marken mit zusätzlicher Inschrift „BERLIN" siehe Berlin (West) MiNr. 295–298.

1966, 24. Okt. 20 Jahre Welt-Kinderhilfswerk der Vereinten Nationen (UNICEF), Verleihung des Friedensnobelpreises an die UNICEF. ⓔ Müller; Odr.; gez. K 13¾:14.

pd) UNICEF-Emblem

527	30 (Pf)	mehrfarbig .... pd	3,—	25,—	2,—

Gültig bis 31. 12. 1968

1966, 13. Dez. 150. Geburtstag von Werner von Siemens. ⓔ Kern; StTdr.; gez. K 14:13¾.

pe) W. von Siemens (1816–1892), Begründer der Elektrotechnik

528	30 (Pf)	dkl'karminbraun ..... pe	3,—	25,—	2,—

Gültig bis 31. 12. 1968

1967

1967, 4. April. Jugend: Pelztiere. ⓔ Froitzheim; Odr.; gez. K 14:13¾.

pf) Wildkaninchen (Oryctolagus cuniculus)   pg) Hermelin oder Großwiesel (Mustela erminea)   ph) Feldhamster (Cricetus cricetus)   pi) Rotfuchs (Vulpes vulpes)

			EF	MeF	MiF
529	10 + 5 (Pf)	mehrfarbig ...... pf	12,—	10,—	3,—
530	20 + 10 (Pf)	mehrfarbig ...... pg	10,—	35,—	3,—
531	30 + 15 (Pf)	mehrfarbig ...... ph	8,—	35,—	3,—
532	50 + 25 (Pf)	mehrfarbig ...... pi	18,—	50,—	9,—

Gültig bis 31. 12. 1968

Bildgleiche Marken mit zusätzlicher Inschrift „BERLIN" siehe Berlin (West) MiNr. 299–302.

1967, 2. Mai. Europa. ⓔ Bonnevalle; RaTdr; gez. K 13¾:14.

pk) Ineinandergreifende Zahnräder, Antriebsrad mit CEPT-Emblem

533	20 (Pf)	mehrfarbig .... pk	3,—	25,—	2,—
534	30 (Pf)	mehrfarbig .... pk	2,—	20,—	1,—

Gültig bis 31. 12. 1969

1967, 3. Juni. 450. Todestag von Franz von Taxis. ⓔ Blase; komb. StTdr. und Odr. gez. K 13¾:14.

pl) F. von Taxis (1459–1517), Begründer des Taxisschen Postwesens; Tafelbild (16. Jh.)

535	30 (Pf)	lebhaftrotorange/ schwarz .... pl	3,—	25,—	2,—

Gültig bis 31. 12. 1968

1967, 21. Juni. Deutscher Evangelischer Kirchentag, Hannover. ⓔ Ege; komb. StTdr. und Odr; gez. K 13¾:14.

pm) Jerusalemkreuz, Allegorien aus dem Neuen Testament

536	30 (Pf)	hellkarmin/schwarz .. pm	3,—	25,—	2,—

Gültig bis 31. 12. 1968

1967, 1. Juli. 100 Jahre Krankenanstalten Bethel, Bielefeld. ⓔ Michel; Odr. Bagel; gez. K 13¼:13.

pn) Friedrich von Bodelschwingh (1877–1946), evang. Theologe, 1910–1946 Leiter der Anstalten

537	30 (Pf)	mattkarminbraun/ schwarz........... pn	3,—	25,—	2,—

Gültig bis 31. 12. 1968

Bundesrepublik Deutschland

1967, 3. Okt. Wohlfahrt: Märchen der Brüder Grimm (IX). Stefula; Odr.; gez. K 14:13¾.

po   pp   pr   ps

po–ps) Szenen aus dem Märchen „Frau Holle"

			EF	MeF	MiF
538	10 + 5 (Pf) mehrfarbig	po	10,—	7,—	2,—
539	20 + 10 (Pf) mehrfarbig	pp	7,—	28,—	2,—
540	30 + 15 (Pf) mehrfarbig	pr	4,—	26,—	2,—
541	50 + 25 (Pf) mehrfarbig	ps	12,—	35,—	6,—

Gültig bis 31. 12. 1969

Bildgleiche Marken mit zusätzlicher Inschrift „BERLIN" siehe Berlin (West) MiNr. 310–313.

1967, 14. Okt. Wiederwahl des Bundespräsidenten Heinrich Lübke (II). Schardt; StTdr.; gez. K 13¾:14.

lk) Dr. h. c. H. Lübke (1894–1972), 2. Bundespräsident

| 542 | 30 (Pf) | lilarot | lk | 3,— | 22,— | 2,— |
| 543 | 50 (Pf) | blau | lk | 4,— | 30,— | 2,— |

Gültig bis 31. 12. 1969

In gleicher Zeichnung: MiNr. 429–430

Bildgleiche Marken mit zusätzlicher Inschrift „BERLIN" siehe Berlin (West) MiNr. 314–315.

1967, 31. Okt. 450. Jahrestag des Thesenanschlags durch Martin Luther an der Schloßkirche Wittenberg. Ege; StTdr.; gez. K 14:13¾.

pt) Wartburg bei Eisenach

| 544 | 30 (Pf) | dkl'bräunlichrot | pt | 3,— | 25,— | 2,— |

Gültig bis 31. 12. 1969

1967, 17. Nov. Katholische Hilfsaktion für die Kirche in Lateinamerika (ADVENIAT). Klein; RaTdr.; gez. K 13¾:14.

pu) Kreuz vor Weltkugel mit dem mittel- und südamerikanischen Kontinent

| 545 | 30 (Pf) | mehrfarbig | pu | 3,— | 25,— | 2,— |

Gültig bis 31. 12. 1969

1968

1968, 12. Jan. Fortschritt in Technik und Wissenschaft (III): 150 Jahre Druckmaschinen, 1000 Jahre Harzer Bergbau, 100 Jahre wissenschaftlicher Mikroskopbau. Blase; Odr.; gez. K 13¾:14.

pv) Erste Buchdruck-Zylinder-Schnellpresse von Friedrich Koenig (1774–1833)

pw) Erzkristalle; oben Bleiglanz, unten Zinkblende

px) Strahlenführung durch modernes Mikroskop

				EF	MeF	MiF
546	10 (Pf)	mehrfarbig	pv	1,50	3,—	1,—
547	20 (Pf)	mehrfarbig	pw	2,—	20,—	2,—
548	30 (Pf)	mehrfarbig	px	3,—	20,—	2,—

Gültig bis 31. 12. 1970

Weitere Ausgaben „Fortschritt in Technik und Wissenschaft": MiNr. 440–442, 521–522

1968, 2. Febr. Jugend: Vom Aussterben bedrohte Tiere. Froitzheim; RaTdr.; gez. K 14:13¾.

py) Wildkatze (Felis silvestris)

pz) Fischotter (Lutra lutra)

ra) Europäischer Dachs (Meles meles)

rb) Biber (Castor fiber)

549	10 + 5 (Pf) mehrfarbig	py	12,—	12,—	4,—
550	20 + 10 (Pf) mehrfarbig	pz	8,—	35,—	4,—
551	30 + 15 (Pf) mehrfarbig	ra	8,—	35,—	6,—
552	50 + 25 (Pf) mehrfarbig	rb	28,—	60,—	13,—

Gültig bis 31. 12. 1969

Bildgleiche Marken mit zusätzlicher Inschrift „BERLIN" siehe Berlin (West) MiNr. 316–319

1968, 8. März. Handwerk. Blase; Odr. Bagel; gez. K 14.

rc) Verschiedene Handwerks-Symbole

| 553 | 30 (Pf) | mehrfarbig | rc | 3,— | 25,— | 2,— |

Gültig bis 31. 12. 1969

MICHEL ist das einzige Katalogwerk, welches die Briefmarken der ganzen Welt systematisch katalogisiert.

1968, 19. April. Blockausgabe: 1. Todestag von Dr. Konrad Adenauer. Ⓚ Kern; Odr.; gez. Ks 14:13¾.

rh

rg) Dr. K. Adenauer (1876–1967), 1. deutscher Bundeskanzler

rd) Sir Winston Churchill (1874–1965), brit. Staatsmann

re) Alcide De Gasperi (1881–1954), ital. Staatsmann

rf) Robert Schuman (1886–1963), franzos. Politiker

			EF	MeF	MiF
554	10 (Pf)	mittelrotbraun/schwarz .... rd	30,—	30,—	7,—
555	20 (Pf)	dunkelopalgrün/schwarz .... re	25,—	80,—	7,—
556	30 (Pf)	bräunlichrot/schwarz .. rf	30,—	90,—	7,—
557	50 (Pf)	dunkelblau/schwarz ... rg	40,—	100,—	7,—
Block 4	(148×105 mm)	.... rh	25,—	—,—	15,—

Gültig bis 31. 12. 1969

1968, 29. April. 150. Geburtstag von Karl Marx. Ⓚ Kern; komb. StTdr. und Odr.; gez. K 14:13¾.

ri) K. Marx (1818–1883), Philosoph und Nationalökonom

558 30 (Pf) mehrfarbig........... ri   3,—   25,—   2,—

Gültig bis 31. 12. 1969

1968, 29. April. Europa. Ⓚ Schwarzenbach; RaTdr.; gez. K 14:13¾.

rk) Kreuzbartschlüssel mit CEPT-Emblem im Schlüsselgriff

559 20 (Pf) mehrfarbig .... rk   3,—   22,—   2,—
560 30 (Pf) mehrfarbig .... rk   2,—   20,—   2,—

Gültig bis 31. 12. 1970

1968, 6. Juni. Olympische Sommerspiele, Mexiko. Ⓚ Blase; komb. StTdr. und Odr.; gez. K 14.

rl) Carl Friedrich Freiherr von Langen (1887–1934), Turnierreiter

rm) Rudolf Harbig (1913–1944), Mittelstreckenläufer

rn) Pierre de Coubertin (1863–1937), franz. Pädagoge und Historiker

ro) Helene Mayer (1910–1953), Fechterin

rp) Carl Diem (1882–1962), Sportpädagoge und -organisator

			EF	MeF	MiF
561	10 + 5 (Pf)	mehrfarbig ..... rl	8,—	6,—	2,—
562	20 + 10 (Pf)	mehrfarbig .... rm	6,—	10,—	3,—
563	30 (Pf)	mehrfarbig ..... rn	2,—	6,—	2,—
564	30 + 15 (Pf)	mehrfarbig..... ro	6,—	10,—	5,—
565	50 + 25 (Pf)	mehrfarbig .... rp	8,—	14,—	6,—

Briefpreise gelten für Verwendungen innerhalb der zum Ausgabezeitpunkt aktuellen oder der folgenden Tarifperiode.

1968, 21. Juni. 100. Jahrestag der Uraufführung von „Die Meistersinger von Nürnberg". Ⓚ Kern; komb. StTdr. und Odr.; gez. K 14.

rr) Anfangstakte des Vorspiels zu dieser Oper; Handschrift von Richard Wagner (1813–1883)

566 30 (Pf) mehrfarbig .... rr   3,—   25,—   2,—

Gültig bis 31. 12. 1969

1968, 19. Juli. 1. Todestag von Dr. Konrad Adenauer. Ⓚ Schillinger; Odr.; gez. K 13¾:14.

rs) Dr. K. Adenauer (1876–1967), erster deutscher Bundeskanzler

567 30 (Pf) lebhaftrotorange/schwarz .... rs   3,—   25,—   2,—

Gültig bis 31. 12. 1969

1968, 19. Juli. Deutscher Katholikentag, Essen. Ⓚ Stelzer; komb. StTdr. und Odr.; gez. K 14.

rt) Makrokosmos, Kreuz, Taube

568 20 (Pf) mehrfarbig .... rt   3,—   25,—   2,—

Gültig bis 31. 12. 1970

1968, 5. Sept. 100. Jahrestag der Gründung des Norddeutschen Postbezirks. Ⓚ Stelzer; StTdr.; gez. K 14.

ru) Marken Norddeutscher Postbezirk MiNr. 4 und 10

569 30 (Pf) mehrfarbig .... ru   3,—   25,—   2,—

Gültig bis 31. 12. 1970

Bundesrepublik Deutschland

1968, 26. Sept. 100 Jahre Gewerkschaften in Deutschland. Ⓖ acon-Köln; RaTdr.; gez. K 13¾:14.

rv) Pfeile als Symbol für zielstrebige Aktion und Dynamik

				EF	MeF	MiF
570	30 (Pf)	mehrfarbig	rv	3,—	25,—	2,—

Gültig bis 31. 12. 1970

1968, 3. Okt. Wohlfahrt: Puppen. Ⓖ Schillinger; Odr. gez. K 13¾:14.

rw) Puppe um 1878   rx) Puppe um 1850   ry) Puppe um 1870   rz) Puppe um 1885

571	10 + 5 (Pf)	mehrfarbig	rw	8,—	8,—	2,—
572	20 + 10 (Pf)	mehrfarbig	rx	5,—	28,—	2,—
573	30 + 15 (Pf)	mehrfarbig	ry	5,—	28,—	2,—
574	50 + 25 (Pf)	mehrfarbig	rz	12,—	40,—	4,—

Gültig bis 31. 12. 1970

1968, 10. Dez. Internationales Jahr der Menschenrechte; 20. Jahrestag der Allgemeinen Erklärung der Menschenrechte durch die UNO. RaTdr.; gez. K 13¾:14.

sa) Lorbeerkranz, Flamme

575	30 (Pf)	mehrfarbig	sa	3,—	25,—	2,—

Gültig bis 31. 12. 1970

Alle ab 1. Januar 1969 ausgegebenen Marken und Blocks sind unbegrenzt frankaturgültig, außerdem auch MiNr. 454–461, 489–503, 506–510 und 561–565. ⊠-Preise gelten jeweils ausschließlich für Belege, deren Stempel Postleitzahlen mit höchstens vier Stellen aufweisen!

1969

1969, 6. Febr. 50 Jahre deutscher Luftpostverkehr. Ⓖ Blase; Odr.; gez. K 14.

sb) „Junkers Ju 52", dreimotoriges Flugzeug aus der Zeit von 1930 bis 1945

sc) „Boeing 707", vierstrahliges Düsenflugzeug der Neuzeit

576	20 (Pf)	mehrfarbig	sb	3,—	18,—	2,—
577	30 (Pf)	mehrfarbig	sc	3,—	18,—	2,—

„Postkrieg" siehe gesonderten Abschnitt.

1969, 6. Febr. Jugend: Pferde. Ⓖ von Andrian; RaTdr.; gez. K 14:13¾.

sd) Pony   se) Kaltblut   sf) Warmblut   sg) Vollblut

				EF	MeF	MiF
578	10 + 5 (Pf)	mehrfarbig	sd	8,—	10,—	3,—
579	20 + 10 (Pf)	mehrfarbig	se	5,—	10,—	3,—
580	30 + 15 (Pf)	mehrfarbig	sf	5,—	20,—	4,—
581	50 + 25 (Pf)	mehrfarbig	sg	12,—	30,—	9,—

Bildgleiche Marken mit zusätzlicher Inschrift „BERLIN" siehe Berlin (West) MiNr. 326–329.

1969, 28. April. 50 Jahre Internationale Arbeitsorganisation (IOA). Ⓖ Wiese; Odr. Bagel; gez. K 13¼:13.

sh) Fünfzackiger Stern in den Farben der fünf Erdteile

582	30 (Pf)	mehrfarbig	sh	3,—	17,—	1,50

1969, 28. April. Europa. Ⓖ Gasbarra und Belli; RaTdr.; gez. K 14:13¾.

si) EUROPA und CEPT in Tempelform

583	20 (Pf)	mehrfarbig	si	3,—	7,—	1,50
584	30 (Pf)	mehrfarbig	si	2,50	16,—	1,25

1969, 23. Mai. 20 Jahre Bundesrepublik Deutschland. Ⓖ Stelzer; RaTdr.; gez. K 14:13¾.

sk) Bundes- und Reichsadler

585	30 (Pf)	mehrfarbig	sk	2,50	17,—	2,50

FALSCH Ganz oder teilweise fehlende Zeichnung

1969, 4. Juni. 50 Jahre Volksbund Deutsche Kriegsgräberfürsorge. (VDK). Ⓖ Sauer; komb. StTdr. und Odr.; gez. K 14:13¾.

sl) Grabkreuze (Signet des Volksbundes)

586	30 (Pf)	schwarzviolettultramarin/weißgelb	sl	3,—	15,—	1,50

Bundesrepublik Deutschland

1969, 4. Juni. Olympische Sommerspiele 1972, München (I). Schmidt; RaTdr.; gez. K 14.

sm) Leichtathletik   sn) Feldhockey   so) Bogenschießen   sp) Segeln

			EF	MeF	MiF
587	10 + 5 (Pf)	mehrfarbig ..... sm	6,—	8,—	2,—
588	20 + 10 (Pf)	mehrfarbig ..... sn	5,—	10,—	3,—
589	30 + 15 (Pf)	mehrfarbig ..... so	5,—	16,—	4,—
590	50 + 25 (Pf)	mehrfarbig ..... sp	10,—	18,—	5,—

Weitere Ausgaben „Olympische Sommerspiele 1972, München": MiNr. 624–627, 680–683, Block 6, 719–722, Block 7, 734–737, Block 8

1969, 4. Juni. Europäisches Naturschutzjahr 1970. Rohse; komb. StTdr. und Odr.; gez. K 14:13¾.

sr) Seeniederung   ss) Mittelgebirge   st) Hochgebirge   su) Flußlandschaft

591	10 (Pf)	mehrfarbig ..... sr	8,—	10,—	2,—
592	20 (Pf)	mehrfarbig ..... ss	3,—	8,—	2,—
593	30 (Pf)	mehrfarbig ..... st	2,50	17,—	1,50
594	50 (Pf)	mehrfarbig ..... su	10,—	25,—	3,—

1969, 7. Juli. Deutscher Evangelischer Kirchentag, Stuttgart. Rau; RaTdr.; gez. K 14:13¾.

sv) Konzentrische Kreise, spektral abschattiert

| 595 | 30 (Pf) | mehrfarbig ..... sv | 3,— | 15,— | 1,50 |

1969, 11. Aug. Blockausgabe: 50 Jahre Frauenwahlrecht in Deutschland. Walter; StTdr.; gez. Ks 13¾:14.

sw) Marie Juchacz (1879–1956)   sx) Marie-Elisabeth Lüders (1878–1966)   sy) Helene Weber (1881–1962)

sw–sy) Politikerinnen der deutschen Frauenbewegung

596	10 (Pf)	schwärzlichgrauoliv .. sw	7,—	15,—	1,—
597	20 (Pf)	schwarzgrün .... sx	4,—	20,—	2,—
598	30 (Pf)	dkl'bräunlichkarmin ... sy	4,—	18,—	1,50
Block 5 (100×60 mm) .... sz			20,—	40,—	10,—

1969, 11. Aug. Nationale Funkausstellung, Stuttgart. Magnus; Odr.; gez. K 13¾:14.

ta) Elektromagnetisches Feld, Koordinatenkreuz

			EF	MeF	MiF
599	30 (Pf)	mehrfarbig .... ta	3,—	15,—	1,50

1969, 11. Aug. Malteser Hilfsdienst. Peters; Odr. Bagel; gez. K 13:13¾.

tb) Malteserkreuz

| 600 | 30 (Pf) | lebhaftrot/schwarz .... tb | 3,— | 15,— | 1,50 |

1969, 4. Sept. Philatelistentag, Garmisch-Partenkirchen. Poell; komb. Odr. und Prägedr.; gez. K 13¾:14.

tc) Marke Bayern MiNr. 15

| 601 | 30 (Pf) | hellblaugrau/lebhaftrötlichkarmin ... tc | 3,— | 15,— | 1,50 |

1969, 4. Sept. 350 Jahre Soleleitung. Blase; Odr. Bagel; gez. K 13¼:13.

td) Reliefkarte mit eingezeichneter Linienführung der Soleleitung Bad Reichenhall–Traunstein

| 602 | 20 (Pf) | mehrfarbig .... td | 2,50 | 7,— | 1,50 |

1969, 4. Sept. Fremdenverkehr (I): Rothenburg ob der Tauber. Schillinger; komb. StTdr. und Odr.; gez. K 14.

te) Gesamt-Stadtansicht von der Flußseite gesehen

| 603 | 30 (Pf) | schwärzlichrosarot/schwarz .... te | 3,— | 15,— | 1,50 |

Übersicht der Ausgaben „Fremdenverkehr"

Werte	Stadt	MiNr.
20 (Pf)	Cochem/Mosel	649
20 (Pf)	Freiburg	654
20 (Pf)	Goslar	704
30 (Pf)	Helgoland	746
30 (Pf)	Nürnberg	678
30 (Pf)	Oberammergau	622
30 (Pf)	Rothenburg	603
30 (Pf)	Saarbrücken	787
40 (Pf)	Aachen	788
40 (Pf)	Bremen	789
40 (Pf)	Hamburg	761
40 (Pf)	Heidelberg	747
40 (Pf)	Rüdesheim	762

Briefpreise für Marken ab MiNr. 576 gelten stets für Verwendungen innerhalb der zum Zeitpunkt ihrer Ausgabe aktuellen oder der folgenden Tarifperiode.

Bundesrepublik Deutschland

1969, 2. Okt. Wohlfahrt: Zinnfiguren. ⌧ Schillinger; Odr.; gez. K 13¾:14.

tf) Eisenbahn (um 1835)
tg) Gärtner (um 1780)
th) Vogelhändler (um 1850)
ti) Reiter (um 1840)

				EF	MeF	MiF
604	10 + 5 (Pf)	mehrfarbig	tf	7,—	9,—	2,—
605	20 + 10 (Pf)	mehrfarbig	tg	5,—	10,—	2,—
606	30 + 15 (Pf)	mehrfarbig	th	5,—	16,—	2,—
607	50 + 25 (Pf)	mehrfarbig	ti	11,—	20,—	4,—

1969, 2. Okt. 100. Geburtstag von Mahatma Gandhi. ⌧ Blase; Odr.; gez. K 13¾:14.

tk) Mohandas Karamchand Gandhi, Ehrentitel Mahatma (1869–1948), Führer der indischen Unabhängigkeitsbewegung

608	20 (Pf)	grünlicholiv/schwarz .. tk	2,50	7,—	1,50

1969, 2. Okt. Papst Johannes XXIII. ⌧ Schillinger; StTdr.; gez. K 13¾:14.

tl) Papst Johannes XXIII. (1881–1963), Pontifikat 1958–1963

609	30 (Pf)	bräunlichrot .... tl	3,—	16,—	2,—

1969, 13. Nov. Weihnachten. ⌧ Schillinger; Odr.; gez. K 13¾:14.

tm) Christi Geburt: Zinnfigur (um 1850)

610	10 + 5 (Pf)	mehrfarbig ...... tm	7,50	9,—	2,50

1969, 13. Nov. 200. Geburtstag von Ernst Moritz Arndt. ⌧ Schillinger; komb. StTdr. und Odr.; gez. K 13¾:14.

tn) E. M. Arndt (1769–1860), Dichter und polit. Schriftsteller

611	30 (Pf)	mattolivgrau/ dunkellilabraun ...... tn	3,—	15,—	1,50

Prüfungen und Begutachtungen von Briefmarken sowie Ermittlungen von Katalognummern etc. sind aus Zuständigkeits- bzw. Zeitgründen nicht möglich.

1970

1970, 5. Febr. Jugend: Minnesänger. ⌧ Froitzheim; RaTdr.; gez. K 13¾:14.

to) Heinrich von Rugge (ca. 1150–1220)
tp) Wolfram von Eschenbach (um 1170–1220)
tr) Walther von Metz (urkundl. nicht nachweisbar)
ts) Walther von der Vogelweide (um 1170–1230)

to und ts) Miniaturen der Weingartner Liederhandschrift
tp und tr) Miniaturen der Großen Heidelberger Liederhandschrift

				EF	MeF	MiF
612	10 + 5 (Pf)	mehrfarbig .... to	7,50	9,—	2,—
613	20 + 10 (Pf)	mehrfarbig .... tp	5,50	10,—	2,—
614	30 + 15 (Pf)	mehrfarbig .... tr	6,—	17,—	3,—
615	50 + 25 (Pf)	mehrfarbig .... ts	12,—	22,—	5,—

1970, 20. März. 200. Geburtstag von Ludwig van Beethoven, Georg Hegel und Friedrich Hölderlin. ⌧ Schillinger; komb. StTdr. und Odr.; gez. K 13¾:14.

tt) L. van Beethoven (1770–1827), Komponist
tu) G. Hegel (1770–1831), Philosoph
tv) F. Hölderlin (1770–1843), Dichter

616	10 (Pf)	mattviolettblau/schwarz .... tt	9,—	11,—	1,50
617	20 (Pf)	lebhaftgrauoliv/schwarz .... tu	2,50	7,—	1,50
618	30 (Pf)	mittelrötlichkarmin/schwarz .... tv	2,50	16,—	1,50

Eine „Lenin-Briefmarke" zum 100. Geburtstag W. I. Lenins in Rot/Schwarz (Odr.; gez. L 11), die im April 1970 auf Briefen in den Postverkehr geschleust wurde, ist keine postamtliche Ausgabe der Deutschen Bundespost.

1970, 29. April. Nationale Briefmarkenausstellung „SABRIA 70", Saarbrücken. ⌧ Poell; RaTdr.; gez. K 14:13¾.

tw) Marke Saar MiNr. 225

619	30 (Pf)	mehrfarbig .... tw	2,50	16,—	1,50

MiNr. 619 wurde ab 29. April in Saarbrücken auf dem SABRIA-Sonderpostamt verkauft; im übrigen Bundesgebiet Ausgabedatum 4. Mai.

Bundesrepublik Deutschland

1970, 4. Mai. Europa ⓢ Le Brocqui; StTdr.; gez. K 14:13¾.

tx) Flechtwerk als Sonnensymbol

				EF	MeF	MiF
620	20 (Pf)	schwärzlich-smaragdgrün	tx	2,50	3,—	1,—
621	30 (Pf)	rot	tx	2,50	15,—	1,—

1970, 11. Mai. Fremdenverkehr (II): Oberammergau. ⓢ Schillinger; komb. StTdr. und Odr.; gez. K 14.

ty) Oberammergau

| 622 | 30 (Pf) | dkl'rötlichorange/schwarz ..... ty | 2,50 | 15,— | 1,— |

Weitere Ausgaben „Fremdenverkehr" siehe Übersichtstabelle nach MiNr. 603.

1970, 11. Mai. 250. Geburtstag von Karl Friedrich Hieronymus Frh. von Münchhausen (1720–1797), Offizier, „Lügenbaron". ⓢ Stefula; Odr. Bagel; gez. K 13¼:13.

tz) Illustration zur Geschichte „Das durchtrennte Pferd"

| 623 | 20 (Pf) | mehrfarbig .... tz | 2,50 | 10,— | 1,50 |

1970, 5. Juni. Olympische Sommerspiele 1972, München (II). ⓢ Kern; StTdr.; gez. K 14.

ua) Residenz (erbaut 16.–19. Jh.)

ub) Propyläen (erbaut 1848–1862)   uc) Glyptothek (erbaut 1816–1830)   ud) Bavaria und Ruhmeshalle (erbaut 1843–1853)

624	10 + 5 (Pf)	dunkelockerbraun ..... ua	7,50	9,—	2,—
625	20 + 10 (Pf)	dunkelgrünblau .... ub	5,—	10,—	2,—
626	30 + 15 (Pf)	karminrot .... uc	5,—	17,—	2,—
627	50 + 25 (Pf)	preußischblau .... ud	12,—	20,—	4,—

Weitere Ausgaben „Olympische Sommerspiele 1972, München": MiNr. 587–590, 680–683, Block 6, 719–722, Block 7, 734–737, Block 8.

1970, 18. Juni. 75 Jahre Nord-Ostsee-Kanal. ⓢ Blase; Odr.; gez. K 14:13¾.

ue) Straßenunterführung, Hochseeschiff

| 628 | 20 (Pf) | mehrfarbig .... ue | 2,50 | 7,— | 1,— |

1970, 18. Juni/21. Sept. Freiwillige Hilfsdienste. ⓢ Förtsch und v. Baumgarten; RaTdr.; gez. K 13¾:14.

uf) Sauerstofflanze im Einsatz; Technisches Hilfswerk   ug) Abseilen eines Verunglückten; Bergwacht   uh) Betreuung Behinderter; Pflegehilfe

ui) Brandbekämpfung: Feuerwehr   uk) Hilfe nach Verkehrsunfall; Unfallschutz   ul) Rettung eines Ertrinkenden; Deutsche Lebensrettungsgesellschaft

				EF	MeF	MiF
629	5 (Pf)	mehrfarbig (21. Sept.)	uf	—,—	12,—	1,—
630	10 (Pf)	mehrfarbig (21. Sept.)	ug	8,—	6,—	1,—
631	20 (Pf)	mehrfarbig (18. Juni)	uh	2,50	8,—	1,—
632	30 (Pf)	mehrfarbig (18. Juni)	ui	2,50	16,—	1,—
633	50 (Pf)	mehrfarbig (21. Sept.)	uk	9,—	22,—	2,—
634	70 (Pf)	mehrfarbig (21. Sept.)	ul	40,—	80,—	5,—

1970, 23. Juli/1971, 8. April. Freimarken: Bundespräsident Gustav Heinemann (I). ⓢ Walter; StTdr.; gez. K 14.

um) Dr. G. Heinemann (1899–1976), 3. Bundespräsident

635	5 (Pf)	schwarzgrau (23. 7. 1970) ...... um	500,—¹)	9,—	1,—
636	10 (Pf)	rotbraun (23. 10. 1970) ⒼⒶ .. um	5,—	2,—	1,—
637	20 (Pf)	schwärzlichgrün (23. 10. 1970) ..... um	1,50	5,—	1,—
638	30 (Pf)	dunkelbräunlichrot (7. 1. 1971) ⒼⒶ .. um	1,50	25,—	1,—
639	40 (Pf)	dunkelrotorange (8. 4. 1971) ⒼⒶ .. um	18,—	20,—	1,—
640	50 (Pf)	dunkelblau (8. 4. 1971) ⒼⒶ .. um	7,—	20,—	1,—
641	70 (Pf)	schwärzlichviolettbraun (8. 4. 1971) . um	10,—	25,—	2,—
642	80 (Pf)	schwarzgrünblau (8. 4. 1971) .. um	40,—	25,—	2,—
643	90 (Pf)	dunkelmagenta (7. 1. 1971) ...... um	25,—	20,—	6,—
644	100 (Pf)	bräunlicholiv (23. 7. 1970) ..... um	15,—	16,—²)	1,50
645	200 (Pf)	dunkelblauviolett (7. 1. 1971) .... um	20,—	22,—²)	3,50

¹) Preis gilt nicht für Stempelwunschkarten.
²) Preis gilt für Paketkarten.

MiNr. 639 in Lilabraun ist Verfärbung durch chemische Einflüsse!

In gleicher Zeichnung: MiNr. 689–692, 727–732

Bildgleiche Marken mit zusätzlicher Inschrift „BERLIN" siehe Berlin (West) MiNr. 359–370.

MiNr. 646 fällt aus.

Mit MICHEL besser sammeln

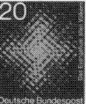

1970, 25. Aug. Katholische Weltmission. ✉ Staedler; Odr.; gez. K 13¾:14.

un) Durch Industrieglas leuchtendes Kreuz

			EF	MeF	MiF
647	20 (Pf)	dunkelsmaragdgrün/ orangegelb .. un	2,50	7,—	1,—

1970, 4. Sept. Deutscher Katholikentag, Trier. ✉ Froitzheim; Odr. Bagel; gez. K 13:13¼.

uo) Farbige Punkte, Kreuz

| 648 | 20 (Pf) | mehrfarbig .... uo | 2,50 | 7,— | 1,— |

1970, 21. Sept. Fremdenverkehr (III): Cochem. ✉ Schillinger; komb. StTdr und Odr.; gez. K 14.

up) Stadtansicht von Cochem a. d. Mosel

| 649 | 20 (Pf) | lebhaftgelboliv/ schwarz .... up | 2,50 | 7,— | 1,— |

Weitere Ausgaben „Fremdenverkehr" siehe Übersichtstabelle nach MiNr. 603.

1970, 6. Okt. Wohlfahrt: Marionetten. ✉ de Vries; Odr.; gez. K 13¾:14.

ur) Narr   us) Hanswurst   ut) Clown   uu) Harlekin

ur–uu) Marionetten der Puppentheatersammlung München

650	10 + 5 (Pf)	mehrfarbig ...... ur	7,50	9,—	2,—
651	20 + 10 (Pf)	mehrfarbig ...... us	5,50	10,—	2,—
652	30 + 15 (Pf)	mehrfarbig ...... ut	6,—	17,—	2,—
653	50 + 25 (Pf)	mehrfarbig ...... uu	11,—	22,—	4,—

1970, 4. Nov. Fremdenverkehr (IV): Freiburg im Breisgau. ✉ Schillinger; komb. StTdr. und Odr.; gez. K 14.

uv) Stadtbild mit Münster, Schwarzwald-Silhouette

| 654 | 20 (Pf) | schwärzlicholivgrün/ schwarzviolettbraun .. uv | 2,50 | 7,— | 1,— |

Weitere Ausgaben „Fremdenverkehr" siehe Übersichtstabelle nach MiNr. 603.

1970, 12. Nov. Weihnachten. ✉ de Vries; Odr.; gez. K 13¾:14.

uw) Engel; Krippenfigur aus dem Ursulinerinnenkloster Innsbruck (18. Jh.)

			EF	MeF	MiF
655	10 + 5 (Pf)	mehrfarbig .. uw	7,—	8,—	1,50

1970, 12. Nov. Internationales Erziehungsjahr; 300. Todestag von Johann Amos Comenius. ✉ Schillinger; komb. StTdr. und Odr.; gez. K 13¾:14.

ux) J. A. Comenius (1592–1670), tschech. Geistlicher und Pädagoge

| 656 | 30 (Pf) | dunkelkarminrot/ schwarz .... ux | 2,50 | 15,— | 1,— |
| | | FDC | | | 2,50 |

Auflage: 30 000 000 Stück

1970, 27. Nov. 150. Geburtstag von Friedrich Engels. ✉ Kern; Odr.; gez. K 14:13¾.

uy) F. Engels (1820–1895), Publizist, Sozialist

| 657 | 50 (Pf) | lebhaftrot/schwarzbraunviolett .... uy | 11,— | 24,— | 3,50 |

1971

1971, 18. Jan. 100. Jahrestag der Reichsgründung. ✉ Stanik; komb. StTdr. und Odr.; gez. K 13¾:14.

uz) Reichsadler mit großem Brustschild und Kaiserkrone

| 658 | 30 (Pf) | mehrfarbig .... uz | 2,50 | 7,— | 1,— |

Bildgleiche Marke mit zusätzlicher Inschrift „BERLIN" siehe Berlin (West) MiNr. 385.

1971, 18. Jan. 100. Geburtstag von Friedrich Ebert. ✉ Stelzer; Odr. Bagel; gez. K 13:13¼.

va) F. Ebert (1871–1925), 1. Reichspräsident (Marke DR MiNr. 417 mit Aufdruck)

| 659 | 30 (Pf) | mehrfarbig .... va | 2,50 | 7,— | 1,50 |

Bundesrepublik Deutschland

1971, 5. Febr. Jugend: Kinderzeichnungen. Lortz; Odr.; gez. K 13¾:14.

vb) Mohrenkönig; Zeichnung einer 9jährigen
vc) Floh; Zeichnung eines 11jährigen
vd) Gestiefelter Kater; Zeichnung eines 10jährigen
ve) Schlange; Zeichnung einer 12jährigen

Nr.	Wert	Farbe	Typ	EF	MeF	MiF
660	10 + 5 (Pf)	mehrfarbig	vb	7,50	9,—	2,—
661	20 + 10 (Pf)	mehrfarbig	vc	5,50	10,—	2,—
662	30 + 15 (Pf)	mehrfarbig	vd	6,—	17,—	2,50
663	50 + 25 (Pf)	mehrfarbig	ve	12,—	23,—	4,—

1971, 18. Febr. 125 Jahre Chemiefaserforschung. Blase; Odr. Bagel; gez. K 13¼:13.

vf) Stoffmuster aus Kettenmolekülen gebildet

| 664 | 20 (Pf) | mehrfarbig | vf | 2,50 | 7,— | 1,— |

1971, 18. Febr. Neue Regeln im Straßenverkehr (I). Wöhrle; RaTdr.; gez. K 13¾:14.

vg) Schülerlotse
vh) Vorfahrt
vi) Halt! Vorfahrt gewähren
vk) Fußgängerüberweg

vg–vk) Verkehrszeichen zur neuen Straßenverkehrsordnung (Stichtag 1. März 1971)

665	10 (Pf)	mehrfarbig	vg	8,—	4,—	1,—
666	20 (Pf)	mehrfarbig	vh	2,50	8,—	1,—
667	30 (Pf)	mehrfarbig	vi	2,50	7,—	1,—
668	50 (Pf)	mehrfarbig	vk	8,—	20,—	2,—

1971, 18. März. 450. Jahrestag des Wormser Reichstages. Jäger; Odr.; gez. K 14:13¾.

vl) Martin Luther vor Kaiser Karl V. auf dem Reichstag

| 669 | 30 (Pf) | schwarz/dunkelrosa | vl | 2,50 | 7,50 | 1,50 |

Die Erhaltung entscheidet bei allen Marken über den Preis.

Die Preisnotierungen gelten für Marken in einwandfreier Qualität. Marken ohne Gummi, mit starker Verstempelung und sonstigen Fehlern kosten weniger. Luxusstücke mit Überdurchschnittserhaltung, besonders bei den klassischen Ausgaben, oft wesentlich mehr.

1971, 16. April. Neue Regeln im Straßenverkehr (II). Siegel; RaTdr.; gez. K 14:13¾.

vm) Vor Überholen Fahrtrichtungsanzeiger betätigen
vn) Bei Panne Warnleuchten und Warndreieck anzeigen
vo) Nach Überholen erneut Fahrbahnwechsel anzeigen
vp) Fußgänger haben Vorrang am Zebrastreifen, Handzeichen geben

vm–vp) Regeln der neuen Straßenverkehrsordnung

				EF	MeF	MiF
670	5 (Pf)	mehrfarbig	vm	—	12,—	1,—
671	10 (Pf)	mehrfarbig	vn	8,—	6,—	1,—
672	20 (Pf)	mehrfarbig	vo	2,50	8,—	1,—
673	30 (Pf)	mehrfarbig	vp	2,50	8,—	1,—

1971, 3. Mai. 500. Todestag von Thomas von Kempen. Mahlstedt; StTdr.; gez. K 13¾:14.

vr) Th. von Kempen (Th. Hemerken) (1379–1471). Mystiker, Augustinerchorherr

| 674 | 30 (Pf) | rot/schwarz | vr | 2,50 | 7,— | 1,50 |

1971, 3. Mai. Europa. Haflidason; RaTdr.; gez. K 14:13¾.

vs) Brüderlichkeit und Zusammenarbeit durch Kette symbolisiert

| 675 | 20 (Pf) | mehrfarbig | vs | 2,50 | 7,— | 1,— |
| 676 | 30 (Pf) | mehrfarbig | vs | 2,50 | 7,50 | 1,— |

1971, 21. Mai. 500. Geburtstag von Albrecht Dürer. Sauer; StTdr.; gez. K 14:13¾.

vt) AD; Signum von A. Dürer (1471–1528), Maler und Grafiker

| 677 | 30 (Pf) | bräunlichrot/dunkelbraun | vt | 2,50 | 7,50 | 1,50 |

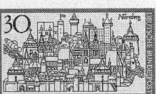

1971, 21. Mai. Fremdenverkehr (V): Nürnberg. Schillinger; komb. StTdr. und Odr.; gez. K 14.

vu) Historischer Stadtkern

| 678 | 30 (Pf) | lebhaftzinnoberrot/schwarz | vu | 2,50 | 7,— | 1,— |

Weitere Ausgaben „Fremdenverkehr" siehe Übersichtstabelle nach MiNr. 603

1971, 28. Mai. Ökumenisches Pfingsttreffen, Augsburg. Marschler; Odr. Bagel; gez. K 13¼:13.

vv) Emblem des Treffens

| 679 | 30 (Pf) | mehrfarbig | vv | 2,50 | 7,— | 1,— |

1971, 4. Juni. Olympische Spiele 1972, Sapporo und München (III). Kohei Sugiura; Odr.; gez. K 14.

vw) Skispringen   vx) Eiskunstlauf   vy) Abfahrtslauf   vz) Eishockey

			EF	MeF	MiF
680	10 + 5 (Pf)	lebh'braun-orange/schwarz .. vw	7,50	9,—	2,—
681	20 + 10 (Pf)	dkl'smaragdgrün/schwarz vx	6,—	12,—	3,—
682	30 + 15 (Pf)	lebh'magenta/schwarz .... vy	7,50	19,—	4,—
683	50 + 25 (Pf)	kobaltblau/schwarz .... vz	14,—	30,—	5,—

Blockausgabe, gez. Ks 14

XX. Olympische Spiele München 1972

vw I   vx I   vy I   vz I   wa

684	10 + 5 (Pf)	lebhaftbraun-orange/schwarz . vw I	8,50	10,—	3,—
685	20 + 10 (Pf)	dkl'smaragdgrün/schwarz .... vx I	7,50	13,—	4,—
686	30 + 15 (Pf)	lebh'magenta/schwarz .... vy I	7,—	20,—	5,—
687	50 + 25 (Pf)	kobaltblau/schwarz .... vz I	16,—	40,—	6,—
Block	6 (111×66 mm) .... wa		45,—	130,—	30,—

Die Blockmarken (MiNr. 684–687) unterscheiden sich von den Einzelmarken (MiNr. 680–683) durch die fehlende Jahreszahl am Unterrand rechts.

Weitere Ausgaben „Olympische Sommerspiele 1972, München": MiNr. 587–590, 624–627, 719–722, Block 7, 734–737, Block 8

1971, 25. Juni. 400. Geburtstag von Johannes Kepler. Kern; RaTdr.; gez. K 14.

wb) Darstellung aus „Neue Astronomie oder Physik des Himmels"; Werk von J. Kepler (1571–1630), Astronom und Naturwissenschaftler

			EF	MeF	MiF
688	30 (Pf)	mehrfarbig .... wb	2,50	1,—	1,—

1971, 25. Juni/1972, 8. März. Freimarken: Bundespräsident Gustav Heinemann (II). Walter; StTdr.; gez. K 14.

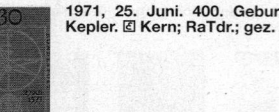

um) Dr. G. Heinemann (1899–1976), 3. Bundespräsident

689	25 (Pf)	schwärzlicholivgrün (27. 8. 1971) GA ... um	4,—	5,—	1,—
690	60 (Pf)	schwärzlichultramarin (25. 6. 1971) . um	10,—	15,—*)	1,—
691	120 (Pf)	lebhaftbraunocker (8. 3. 1972) .... um	30,—	25,—*)	3,—
692	160 (Pf)	lebhaftrötlichorange (8. 3. 1972) ...... um	50,—	90,—*)	4,—

*) Preis gilt für Paketkarte.

MiNr. 692 in Gelbbraun ist Verfärbung durch chemische Einflüsse!

In gleicher Zeichnung: MiNr. 635–645, 727–732; Zusammenfassung siehe nach Jahrgangswerttabelle.

Bildgleiche Marken mit zusätzlicher Inschrift „BERLIN" siehe Berlin (West) MiNr. 393–396.

1971, 3. Sept. 650. Todestag von Dante Alighieri. Walter; StTdr.; gez. K 13¾:14.

wc) Dante Alighieri (1265–1321), italien. Dichter, Gelehrter, Politiker

| 693 | 10 (Pf) | schwarzgrau .... wc | 50,—*) | 2,50 | 1,— |

*) EF nur in Berlin (West) möglich.

> Briefpreise für Marken ab MiNr. 576 gelten stets für Verwendungen innerhalb der zum Zeitpunkt ihrer Ausgabe aktuellen oder der folgenden Tarifperiode.

1971, 10. Sept./1974. Freimarken: Unfallverhütung (I). Förtsch und Baumgarten; Bdr. Bogen (B), Markenheftchen (MH) und Rollen (R); A = vierseitig, C und D = dreiseitig gez. K 14.

wd) Brand durch Streichholz   we) Defekte Leiter

wf) Kreissäge   wg) Alkohol am Steuer   wh) Schutzhelm   wi) Defekter Stecker   wk) Nagel im Brett   wl) Verkehrssicherheit – Ball vor Auto   wm) Schwebende Last   wn) Absicherung

Bundesrepublik Deutschland

					EF	MeF	MiF
694 A	5 (Pf)	lebhaftgelblichrot, vierseitig gezähnt (29. 10. 1971) (B) (MH) (R)		wd	500,—	15,—	1,50
695	10 (Pf)	siena GA		we			
A		vierseitig gezähnt (8. 3. 1972) (B) (MH) (R)			45,—	2,50	1,—
C		oben geschnitten (1974) (MH)			50,—	12,—	5,—
D		unten geschnitten (1974) (MH)			50,—	12,—	5,—
696	20 (Pf)	dunkelpurpurviolett GA		wf			
A		vierseitig gezähnt (5. 7. 1972) (B) (MH) (R)			45,—	3,—	1,—
C		oben geschnitten (1974) (MH)			50,—	8,—	6,—
D		unten geschnitten (1974) (MH)			50,—	8,—	6,—
697 A	25 (Pf)	bläulichgrün, vierseitig gezähnt (10. 9. 1971) (B) (MH) (R) GA		wg	1,—	4,—	1,—
698	30 (Pf)	karminrot GA		wh			
A		vierseitig gezähnt (8. 3. 1972) (B) (MH) (R)			1,50	5,—	1,—
C		oben geschnitten (1974) (MH)			7,—	15,—	6,—
D		unten geschnitten (1974) (MH)			7,—	15,—	6,—
699	40 (Pf)	dunkelrosakarmin GA		wi			
A		vierseitig gezähnt (20. 6. 1972) (B) (MH) (R)			1,50	6,—	1,—
C		oben geschnitten (1974) (MH)			5,—	20,—	5,—
D		unten geschnitten (1974) (MH)			5,—	20,—	5,—
700 A	50 (Pf)	dunkelgrünlichblau, vierseitig gezähnt (16. 1. 1973) (B) (R) GA		wk	1,50	40,—	1,—
701 A	60 (Pf)	lilaultramarin, vierseitig gezähnt (10. 9. 1971) (B) (R) GA		wl	8,—	15,—	2,—
702 A	100 (Pf)	braunoliv, vierseitig gezähnt (5. 7. 1972) (B) (R) GA		wm	50,—	85,—	1,—
703 A	150 (Pf)	dunkelbraunorange, vierseitig gezähnt (11. 9. 1972) (B) (R) GA		wn	150,—	220,—	5,—

MiNr. 694 in Lilabraun ist Verfärbung durch chemische Einflüsse.

Senkrechte Paare (C/D) aus Markenheftchen siehe bei MH 20.

Weiterer Wert in Zeichnung wl: MiNr. 773

Bildgleiche Marken mit zusätzlicher Inschrift „BERLIN" siehe Berlin (West) MiNr. 402–411.

1971, 15. Sept. Fremdenverkehr (VI): Goslar. ✍ Schillinger; komb. StTdr. und Odr.; gez. K 14.

wo) Stadtbild mit Kaiserpfalz und Harzbergen

			EF	MeF	MiF
704	20 (Pf)	lebhaftsmaragd-grün/schwarz . . . . . . wo	3,—	2,50	1,—

Weitere Ausgaben „Fremdenverkehr" siehe Übersichtstabelle nach MiNr. 603.

1971, 5. Okt. Wohlfahrt: Altes Holzspielzeug. ✍ Schillinger; Odr.; gez. K 13¾:14.

wp) Butterfrauen; bewegliche Figuren (18. Jh.) wr) Reiter; Fahrspielzeug ws) Nußknacker wt) Taubenhaus; Klingkästchen (19. Jh.)

705	20 + 10 (Pf)	mehrfarbig . . . . . . wp	7,50	6,—	2,—
706	25 + 10 (Pf)	mehrfarbig . . . . . . wr	5,50	10,—	2,—
707	30 + 15 (Pf)	mehrfarbig . . . . . . ws	6,—	12,—	2,—
708	60 + 30 (Pf)	mehrfarbig . . . . . . wt	14,—	30,—	5,—

1971, 11. Nov. Weihnachten. ✍ Schillinger; Odr.; gez. K 13¾:14.

wu) Holzgedrechselter Weihnachtsengel

| 709 | 20 + 10 (Pf) | mehrfarbig . . . . . . wu | 7,50 | 6,— | 2,— |

1972

1972, 20. Jan. 100. Todestag von Wilhelm Löhe. ✍ Kößlinger; Odr. Bagel; gez. K 13:13¼.

wv) Diakonissen-Schwestern; Lebenswerk von W. Löhe (1808–1872), evang. Theologe, Gründer der Missionsanstalt Neuendettelsau

			EF	MeF	MiF
710	25 (Pf)	mehrfarbig . . . . wv	3,—	6,—	1,—

1972, 4. Febr. Jugend: Tierschutz. ✍ Börnsen; RaTdr.; gez. K 14:13¾.

ww) Junge schützt Enten auf der Straße wx) Junge als Unruhestifter im Wald wy) Mädchen schützt Vögel vor einer Katze wz) Junge reizt Schwäne

711	20 + 10 (Pf)	mehrfarbig . . . . . . ww	12,—	15,—	4,—
712	25 + 10 (Pf)	mehrfarbig . . . . . . wx	10,—	20,—	4,—
713	30 + 15 (Pf)	mehrfarbig . . . . . . wy	12,—	20,—	4,—
714	60 + 30 (Pf)	mehrfarbig . . . . . . wz	15,—	35,—	8,—

1972, 14. April. 175 Jahre Flachdruckverfahren. ✍ Blase; Odr. Bagel; gez. K 13¼:13.

xa) Steindruckpresse von Alois Senefelder (1771 bis 1834), Erfinder der Lithographie, Theaterschriftsteller

| 715 | 25 (Pf) | mehrfarbig . . . . xa | 3,— | 6,— | 1,— |

Bundesrepublik Deutschland

xb) Symbol

1972, 2. Mai. Europa. ⌧ Huovinen; RaTdr.; gez. K 13¾:14.

			EF	MeF	MiF
716	25 (Pf)	mehrfarbig.........xb	3,—	6,—	1,—
717	30 (Pf)	mehrfarbig.........xb	3,—	6,—	1,—

1972, 18. Mai. 500. Geburtstag von Lucas Cranach d. Ä. ⌧ Sauer; komb. StTdr. und Odr.; gez. K 13¾:14.

xc) L. Cranach d. Ä. (1472–1553). Maler und Zeichner; Zeichnung von Albrecht Dürer (1471–1528), Maler und Grafiker

718	25 (Pf)	mehrfarbig.........xc	3,—	6,—	1,—

1972, 5. Juni. Olympische Sommerspiele, München (IV). ⌧ Haller; RaTdr.; gez. K 14.

xd) Ringen xe) Segeln xf) Bodenturnen xg) Schwimmen

719	20 + 10 (Pf)	mehrfarbig......xd	10,—	13,—	2,—
720	25 + 10 (Pf)	mehrfarbig......xe	8,—	14,—	2,—
721	30 + 15 (Pf)	mehrfarbig......xf	10,—	17,—	3,—
722	60 + 30 (Pf)	mehrfarbig......xg	15,—	35,—	7,50

1972, 5. Juli. Blockausgabe: Olympische Sommerspiele, München (V). ⌧ Stelzer; Odr.; gez. Ks 14.

xh) Velodrom (Radrennbahn)
xi) Olympiastadion
xk) Mehrzweckhalle und Schwimmstadion
xl) Fernsehturm
xm) Gesamtansicht des Olympiageländes, München

723	25 + 10 (Pf)	mehrfarbig......xh	12,—	25,—	10,—
724	30 + 15 (Pf)	mehrfarbig......xi	15,—	18,—	10,—
725	40 + 20 (Pf)	mehrfarbig......xk	15,—	30,—	10,—

			EF	MeF	MiF
726	70 + 35 (Pf)	mehrfarbig......xl	18,—	90,—	10,—
	Block 7 (148×105 mm)	......xm	—,—	180,—	50,—

Weitere Ausgaben „Olympische Sommerspiele 1972, München": MiNr. 587–590, 624–627, 680–683, Block 6, 734–737, Block 8

1972, 20. Juni/1973, 16. Jan. Freimarken: Bundespräsident Gustav Heinemann (III). ⌧ Walter; StTdr., gez. K 14.

um) Dr. Gustav Heinemann (1899–1976), 3. Bundespräsident

727	110 (Pf)	olivschwarz (16. 1. 1973)......um	80,—	50,—	3,—
728	130 (Pf)	dunkelocker (20. 6. 1972)......um	40,—	50,—	4,—
729	140 (Pf)	schwärzlichblaugrün (16. 1. 1973)..um	160,—	50,—	5,—
730	150 (Pf)	schwärzlichrosakarmin (5. 7. 1972)..um	90,—	100,—	3,—
731	170 (Pf)	dunkelorange (11. 9. 1972)......um	12,—	150,—	3,—
732	190 (Pf)	dunkelbraunkarmin (16. 1. 1973)......um	10,—	60,—	4,—

In gleicher Zeichnung: MiNr. 635–645, 689–692

Bildgleiche Marken mit zusätzlicher Inschrift „BERLIN" siehe Berlin (West) MiNr. 427–433

1972, 18. Juli. Weltspiele der Gelähmten, Heidelberg. ⌧ Schwarz; Odr.; gez. K 14.

xn) Rollstuhlfahrer beim Bogenschießen

733	40 (Pf)	mehrfarbig..........xn	3,—	10,—	1,50

1972, 18. Aug. Olympische Sommerspiele, München (VI). ⌧ Haller; Odr.; Markenheftchen (MH) und Block (Bl); gez. Ks 14.

xo) Weitsprung
xp) Basketball
xr) Diskuswerfen
xs) Kanuslalom

734	25 + 5 (Pf)	mehrfarbig (MH, Bl.).........xo	7,50	22,—	4,—
735	30 + 10 (Pf)	mehrfarbig (MH, Bl.).........xp	15,—	18,—	10,—
736	40 + 10 (Pf)	mehrfarbig (MH, Bl.).........xr	15,—	30,—	10,—
737	70 + 10 (Pf)	mehrfarbig (MH, Bl.).........xs	18,—	90,—	5,—

Blockausgabe:

XX. Olympische Spiele München 1972

Verkaufspreis 2,- DM   xt

Block 8 mit MiNr. 734–737
(111×66 mm) . . . . xt   —,—   180,—   50,—

MiNr. 734–737 in Viererblock-Anordnung stammen aus MH 17.

Zu den Olymp. Spielen gab es eine Anzahl besonderer Einschreibzettel.

1972, 18. Aug. 20. Todestag von Kurt Schumacher. Blase; komb. StTdr. und Odr.; gez. K 14:13¾.

xu) K. Schumacher (1895–1952), Politiker

738 40 (Pf) dkl'rosarot/schwarz . . . xu   3,—   10,—   1,—

1972, 18. Aug. 100 Jahre Postmuseum, Frankfurt a. M. (früher in Berlin). Walter; RaTdr.; gez. K 13¾:14.

xv) Posthorn der Reichspost, Detail der Gründungsverfügung für das Museum von Heinrich von Stephan

739 40 (Pf) mehrfarbig xv   3,—   10,—   1,—

1972, 11. Sept. Internationales Jahr des Buches. Knoblauch; Odr. Bagel; gez. K 13:13¼.

xw) Aufgeschlagenes Buch

740 40 (Pf) mehrfarbig . . . . xw   3,—   10,—   1,—

1972, 29. Sept. 300. Todestag von Heinrich Schütz. König; komb. StTdr. und Odr.; gez. K 14:13¾.

xx) Violinstimmen und Text „Verleih uns Frieden gnädiglich"; Geistl. Konzert von H. Schütz (1585–1672), Komponist

			EF	MeF	MiF
741	40 (Pf)	mehrfarbig xx	3,—	10,—	1,—

Briefpreise für Marken ab MiNr. 576 gelten stets für Verwendungen innerhalb der zum Zeitpunkt ihrer Ausgabe aktuellen oder der folgenden Tarifperiode.

1972, 5. Okt. Wohlfahrt: Schachfiguren. Schillinger; Odr.; gez. K 13¾:14.

xy) Springer   xz) Turm   ya) Dame   yb) König

xy–yb) Schachfiguren aus der Fayencemanufaktur Gien (Frankreich), sogenannter „St.-Georgs-Figurensatz" (19. Jh.)

				EF	MeF	MiF
742	25 + 10 (Pf)	mehrfarbig	xy	6,50	20,—	3,—
743	30 + 15 (Pf)	mehrfarbig	xz	12,—	14,—	2,—
744	40 + 20 (Pf)	mehrfarbig	ya	12,—	25,—	2,—
745	70 + 35 (Pf)	mehrfarbig	yb	18,—	80,—	8,—

1972, 20. Okt. Fremdenverkehr (VII): Helgoland und Heidelberg. Schillinger; komb. StTdr. und Odr.; gez. K 14.

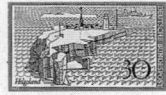   

yc) Insel Helgoland   yd) Teilansicht von Heidelberg mit Neckarbrücke und Schloß

| 746 | 30 (Pf) | mittelbläul'grün/schwarz . . . . . yc | 2,50 | 10,— | 1,— |
| 747 | 40 (Pf) | dunkelorange/schwarz . . . . . . yd | 3,— | 10,— | 1,— |

Weitere Ausgaben „Fremdenverkehr" siehe Übersichtstabelle nach MiNr. 603

1972, 10. Nov. 150 Jahre Kölner Karneval. de Vries, Odr.; gez. K 14.

ye) Karnevalsfiguren

748 40 (Pf) mehrfarbig . . . . ye   3,—   10,—   1,—

1972, 10. Nov. Weihnachten. Cordier; Odr; gez. K 14:13¾.

yf) Die Heiligen Drei Könige beim Jesuskind

749 30 + 5 (Pf) mehrfarbig . . . . . . yf   13,—   15,—   2,50

1972, 13. Dez. 175. Geburtstag von Heinrich Heine. Blase; Odr. (5×10); gez. K 14.

yg) H. Heine (1797–1856), Dichter und Satiriker

750 40 (Pf) mehrfarbig . . . . yg   3,50   10,—   1,50

1972, 13. Dez. Brot für die Welt. Diakonisches Werk und Kunstwerkstätten der Bundesdr. Berlin; RaTdr.; gez. K 14.

yh) Inschriften

751 30 (Pf) smaragdgrün/dunkelorangerot . . . . . yh   6,—   15,—   1,50

1972, 13. Dez. Synode der kath. Bistümer, Würzburg. ◨ Ackermann; Odr, gez. K 13¾:14.

yi) Würzburger Dom im Medaillon (Stadtsiegel 1237–1560)

				EF	MeF	MiF
752	40 (Pf)	mehrfarbig	yi	3,—	10,—	1,—

1973

1973, 22. Jan. 10 Jahre Vertrag über deutsch-französische Zusammenarbeit. ◨ Schillinger; Odr.; gez. K 13¾:14.

yk) Nationalfarben von Deutschland und Frankreich zu Pfeil vereinigt

753	40 (Pf)	mehrfarbig	yk	4,—	12,—	2,—

1973, 6. Febr. Jugend: Greifvögel. ◨ Magnus; RaTdr.; gez. K 13¾:14.

yl) Fischadler (Pandion haliaetus)
ym) Mäusebussard (Buteo buteo)
yn) Rotmilan (Milvus milvus)
yo) Wiesenweihe (Circus pygarus)

754	25 + 10 (Pf)	mehrfarbig	yl	12,—	20,—	10,—
755	30 + 15 (Pf)	mehrfarbig	ym	15,—	14,—	10,—
756	40 + 20 (Pf)	mehrfarbig	yn	15,—	25,—	10,—
757	70 + 35 (Pf)	mehrfarbig	yo	26,—	80,—	20,—

1973, 19. Febr. 500. Geburtstag von Nikolaus Kopernikus. ◨ Kern; Odr.; gez. K 14.

yp) N. Kopernikus (1473–1543). Astronom; Darstellung seines Weltsystems

758	40 (Pf)	mittelrot/grauschwarz	yp	3,50	10,—	1,—

1973, 19. Febr. 50 Jahre Interpol. ◨ Blase; Odr. Bagel; gez. K 13¼:13.

yr) Funksendemast, Interpolzeichen

				EF	MeF	MiF
759	40 (Pf)	mehrfarbig	yr	3,50	10,—	1,—

1973, 19. Febr. 100 Jahre internationale meteorologische Zusammenarbeit. ◨ Blase; Odr.; gez. K 14:13¾.

ys) Arbeitswetterkarte des Deutschen Wetterdienstes

760	30 (Pf)	mehrfarbig	ys	2,50	10,—	1,—

1973, 15. März. Fremdenverkehr (VIII): Hamburg und Rüdesheim am Main. ◨ Schillinger; komb. StTdr. und Odr.; gez. K 14.

yt) Hafen- und Stadtansicht von Hamburg
yu) Gesamtansicht von Rüdesheim am Rhein

				EF	MeF	MiF
761	40 (Pf)	hell- bis mittelrot/schwarz	yt	3,50	10,—	1,—
762	40 (Pf)	mittelgelblichrot/schwarz	yu	3,50	10,—	1,—

Weitere Ausgaben „Fremdenverkehr" siehe Übersichtstabelle nach MiNr. 603.

1973, 15. März. Deutsches Turnfest, Stuttgart. ◨ Lämmle; RaTdr.; gez. K 13¾:14.

yv) Hals-Schulterpartie eines Turners, Turnerkreuz (Festplakat)

763	40 (Pf)	mehrfarbig	yv	3,50	10,—	1,—

1973, 5. April. Kongreß des Internationalen Philatelistenverbandes (FIP); Internationale Briefmarkenausstellung (IBRA), München. ◨ Schillinger; Odr.; gez. K 14.

yw) Posthausschild Hessen-Kassel
yx) Posthausschild Preußen

764	40 + 20 (Pf)	mehrfarbig	yw	13,—	22,—	5,—
765	70 + 35 (Pf)	mehrfarbig	yx	16,—	75,—	7,—

Blockausgabe, gez. Ks 14

yy) Posthausschild, Württemberg

yz) Posthausschild, Kurpfalz Bayern za

766	40 + 20 (Pf)	mehrfarbig	yy	16,—	30,—	15,—
767	70 + 35 (Pf)	mehrfarbig	yz	20,—	90,—	15,—
Block 9	(74×105 mm)	....	za	70,—	140,—	60,—

Postpreis: 2,20 DM

MiNr. 765 in hellerer Grundfarbe ist schwacher Farbauftrag.

Zur IBRA gab es besondere Einschreibzettel „8 München 2 / IBRA München '73".

Bundesrepublik Deutschland

1973, 30. April. Europa. ▫ Anisdahl; RaTdr.; gez. K 14.

zb) Stilisiertes Posthorn

			EF	MeF	MiF
768	30 (Pf)	mehrfarbig.........zb	2,50	10,—	1,—
769	40 (Pf)	mehrfarbig.........zb	3,50	10,—	1,—

1973, 25. Mai. 1000. Todestag von Hrotsvith (Roswitha) von Gandersheim (um 935 – nach 973), mittellateinische Dichterin. ▫ Lederbogen; Odr.; gez. K 13¾:14.

zc) Illuminierte Initiale R (Romanische Buchmalerei)

770	40 (Pf)	mehrfarbig..........zc	3,50	10,—	1,—

1973, 25. Mai. Hl. Maximilian Kolbe. ▫ Knoblauch; Odr.; gez. K 14:13¾.

zd) Hl. M. Kolbe (1894–1941), Franziskanerpater und Märtyrer

771	40 (Pf)	mehrfarbig..........zd	3,50	10,—	1,—

1973, 25. Mai. Deutscher Evangelischer Kirchentag, Düsseldorf. ▫ Piatti; RaTdr.; gez. K 13¾:14.

ze) Skizziertes Profil (Sinnbildlich: Erde und Himmel gehören zusammen)

772	30 (Pf)	mehrfarbig...........ze	2,50	10,—	1,—

1973, 5. Juni. Freimarke: Unfallverhütung (II). ▫ Förtsch und Baumgarten; Bdr. Bogen (B) und Rollen (R); gez. K 14.

wl) Verkehrssicherheit – Ball vor Auto

773	70 (Pf)	dkl'bläulichgrün/ lilaultramarin (B) (R)...wl	12,—	70,—	1,50

Weitere Werte „Unfallverhütung": MiNr. 694–703

Bildgleiche Marke mit zusätzlicher Inschrift „BERLIN" siehe Berlin (West) MiNr. 453

1973, 5. Juni. Umweltschutz. ▫ Schillinger; Odr.; gez. K 14.

zf) Abfallbeseitigung
zg) Wasserhaushalt
zh) Lärmbekämpfung
zi) Luftreinhaltung

774	25 (Pf)	mehrfarbig..........zf	3,50	7,—	1,—
775	30 (Pf)	mehrfarbig..........zg	2,50	10,—	1,—
776	40 (Pf)	mehrfarbig..........zh	3,50	10,—	1,50
777	70 (Pf)	mehrfarbig..........zi	12,—	70,—	3,—

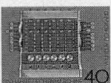

1973, 12. Juni. 350 Jahre Rechenmaschine. ▫ Blase; Odr.; gez. K 14:13¾

zk) Rechenmaschine (1623) von Wilhelm Schickard (1592–1635), Mathematiker

			EF	MeF	MiF
778	40 (Pf)	mehrfarbig..........zk	6,—	15,—	2,—

1973, 14. Sept. 800 Jahre Dom zu Lübeck. ▫ Kern; komb. StTdr. und Odr.; gez. K 14.

zl) Lübecker Dom

779	40 (Pf)	mehrfarbig..........zl	3,50	10,—	1,50

1973, 14. Sept. 100. Geburtstag von Otto Wels. ▫ Blase; Odr.; gez. K 14:13¾.

zm) O. Wels (1873–1939), sozialdemokratischer Politiker

780	40 (Pf)	mattgrauviolett/ dkl'bräunlichlila.....zm	3,50	10,—	1,—

1973, 21. Sept. Aufnahme der Bundesrepublik Deutschland in die Vereinten Nationen (UNO). ▫ Blase; Odr.; gez. K 14.

zn) UNO-Emblem, Flagge der Bundesrepublik Deutschland

781	40 (Pf)	mehrfarbig..........zn	3,50	10,—	1,50

1973, 5. Okt. Wohlfahrt: Musikinstrumente. ▫ Monson-Baumgart; Odr.; gez. K 13¾:14.

zo) Waldhorn (19. Jh.)
zp) Pedalflügel (18. Jh.)
zr) Geige (18. Jh.)
zs) Pedalharfe (18. Jh.)

782	25 + 10 (Pf)	mehrfarbig......zo	5,50	15,—	2,—
783	30 + 15 (Pf)	mehrfarbig......zp	12,—	15,—	2,—
784	40 + 20 (Pf)	mehrfarbig.......zr	14,—	28,—	3,—
785	70 + 35 (Pf)	mehrfarbig......zs	16,—	75,—	6,—

1973, 19. Okt. 50 Jahre Deutscher Rundfunk. ▫ Froitzheim; RaTdr.; gez. K 14:13¾.

zt) Rundfunkgerät (1923)

786	30 (Pf)	mehrfarbig..........zt	2,50	10,—	1,—

Wenn Sie eine eilige philatelistische Anfrage haben, rufen Sie bitte (0 89) 3 23 93-2 24. Die MICHEL-Redaktion gibt Ihnen gerne Auskunft.

Bundesrepublik Deutschland

1973, 19. Okt. Fremdenverkehr (IX): Saarbrücken, Aachen und Bremen. ▣ Schillinger; komb. StTdr. und Odr.; gez. K 14.

zu) Stadtansicht von Saarbrücken

zv) Innenstadt Aachen

zw) Bremer Hafen

			EF	MeF	MiF
787	30 (Pf)	lebhaftgrünlich-oliv/schwarz .... zu	2,50	10,—	1,—
788	40 (Pf)	bräunlichrot/schwarz .... zv	3,50	10,—	1,—
789	40 (Pf)	lebhaftrot/schwarz .... zw	3,50	10,—	1,—

Weitere Ausgaben „Fremdenverkehr" siehe Übersichtstabelle nach MiNr. 603.

1973, 9. Nov. Weihnachten. ▣ Monson-Baumgart; komb. StTdr. und Odr.; gez. K 13¾:14.

zx) Weihnachtsstern

790	30 + 15 (Pf)	mehrfarbig ...... zx	10,—	17,—	2,50

1974

1974, 15. Jan. Bedeutende deutsche Frauen (I): Frauenrechtlerinnen. ▣ H. und S. Förtsch, von Baumgarten; komb. StTdr. und Odr.; gez. K 14:13¾.

zy) Luise Otto-Peters (1819–1895), Publizistin, Vorkämpferin der deutschen Frauenbewegung

zz) Helene Lange (1848–1930), Gründerin des Allgem. Deutschen Lehrerinnenvereins

aaa) Gertrud Bäumer (1873–1954), Schriftstellerin

aab) Rosa Luxemburg (1871–1919); Politikerin, Mitbegründerin der KPD

791	40 (Pf)	lebhaftrötlich-orange/schwarz ...... zy	4,—	12,—	2,50
792	40 (Pf)	lebhaftrötlich-orange/schwarz ...... zz	4,—	12,—	2,50
793	40 (Pf)	lebhaftrötlich-orange/schwarz ..... aaa	4,—	12,—	2,50
794	40 (Pf)	lebhaftrötlich-orange/schwarz .... aab	4,—	12,—	2,50

Weitere Ausgaben „Bedeutende Deutsche Frauen": MiNr. 826 bis 829, 908–911

1974, 15. Febr. 700. Todestag von Thomas von Aquin. ▣ Städler; Odr.; gez. K 14:13¾.

aac) Hl. Thomas von Aquin (1225–1274), italien. Kirchenlehrer und Philosoph, vor Schülern

			EF	MeF	MiF
795	40 (Pf)	schwarz/ lebh'rot.... aac	3,50	10,—	1,—

1974, 15. Febr. Rehabilitation Behinderter. ▣ Langer; Odr.; gez. K 14.

aad) Silhouetten: Behinderter im Rollstuhl zwischen Gesunden

796	40 (Pf)	dunkelrosa/schwarz.......... aad	3,50	10,—	1,—

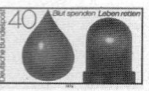

1974, 15. Febr. Blutspendedienst in Verbindung mit Unfallrettungsdienst. ▣ Langer; RaTdr.; gez. K 14.

aae) Blutstropfen, Blaulicht

797	40 (Pf)	dunkelrosarot/lebh'lilaultramarin ... aae	3,50	10,—	1,—

1974, 15. Febr. Deutscher Expressionismus (I). RaTdr.; MiNr. 798 gez. K 13¾:14, MiNr. 799 ~.

af) Die roten Rehe; Gemälde von Franz Marc (1880–1916)

ag) Kopf in Blau; Gemälde von Alexej von Jawlensky (1864–1941)

798	30 (Pf)	mehrfarbig .... aaf	3,—	11,—	1,25
799	40 (Pf)	mehrfarbig.......... aag	3,50	11,—	1,25

Weitere Ausgaben „Deutscher Expressionismus": MiNr. 816 bis 817, 822–823

1974, 17. April. Jugend: Elemente internationaler Jugendarbeit. ▣ Lorenz; RaTdr.; gez. K 13¾:14.

aah) Jugend baut auf

aai) Jugend-Folklore

aak) Jugend lernt

aal) Jugend forscht

800	25 + 10 (Pf)	mehrfarbig ..... aah	9,—	17,—	5,—
801	30 + 15 (Pf)	mehrfarbig ...... aai	14,—	12,—	6,—
802	40 + 20 (Pf)	mehrfarbig ..... aak	15,—	25,—	10,—
803	70 + 35 (Pf)	mehrfarbig ...... aal	20,—	75,—	15,—

Bundesrepublik Deutschland

1974, 17. April. Europa: Skulpturen. ✍ Wiese; Odr.; gez. K 14.

aam) Emporsteigender Jüngling   aan) Kniende

aam–aan) Skulpturen von Wilhelm Lehmbruck (1881–1919), Bildhauer

				EF	MeF	MiF
804	30 (Pf)	mehrfarbig	aam	2,—	9,—	1,—
805	40 (Pf)	mehrfarbig	aan	3,50	9,—	1,—

1974, 17. April. 250. Geburtstag von Immanuel Kant. ✍ Walter; StTdr.; gez. K 13¾:14.

aao) I. Kant (1724–1804), Philosoph

| 806 | 90 (Pf) | dunkelbräunlich-karmin | aao | 10,— | 12,— | 2,— |

1974, 15. Mai. Blockausgabe: 25 Jahre Bundesrepublik Deutschland. ✍ Langer; komb. Odr. und Prägedruck; gez. Ks 13¾:14.

aap) Bundesadler, Bundesfarben Schwarz/Rot/Gold

| 807 | 40 (Pf) | mehrfarbig | aap | 8,— | 17,— | 8,— |
| Block 10 | (100×70 mm) | | aar | 12,— | 30,— | 10,— |

1974, 15. Mai. Wandern. ✍ Lederbogen; Odr. Bagel; gez. K 14.

aas) Landschaftsbild

| 808 | 30 (Pf) | mehrfarbig | aas | 2,50 | 10,— | 1,— |

Bei Anfragen bitte Rückporto nicht vergessen!

1974, 15. Mai. 250. Geburtstag von Friedrich Gottlieb Klopstock. ✍ Sauer; komb. StTdr. und Odr.; gez. K 13¾:14.

aat) F. G. Klopstock (1724–1803), Dichter

				EF	MeF	MiF
809	40 (Pf)	schwarz/rot	aat	4,—	11,—	1,25

1974, 15. Mai. 125 Jahre Diakonie. ✍ Lederbogen; Odr., gez. K 14.

au) Kronenkranz, Zeichen der Diakonie

| 810 | 40 (Pf) | mehrfarbig | aau | 3,50 | 10,— | 1,— |

1974, 15. Mai. Fußballweltmeisterschaft, Deutschland. ✍ Poell; Odr.; gez. K 14.

aav) Torwartparade   aaw) Spielszene

| 811 | 30 (Pf) | mehrfarbig | aav | 3,50 | 10,— | 1,50 |
| 812 | 40 (Pf) | mehrfarbig | aaw | 4,— | 12,— | 1,50 |

1974, 16. Juli. 450. Todestag von Hans Holbein d. Ä. ✍ Froitzheim; komb. StTdr. und Odr.; gez. K 13¾:14.

aax) H. Holbein d. Ä. (um 1465–1524); Maler und Zeichner; Selbstporträt

| 813 | 50 (Pf) | mehrfarbig | aax | 3,50 | 10,— | 1,— |

1974, 16. Juli. Organisation „amnesty international". ✍ Gaßner; Odr.; gez. K 14:13¾.

aay) Geborstenes Gefängnisfenster-Gitter

| 814 | 70 (Pf) | violettultramarin/schwarz | aay | 14,— | 90,— | 2,— |

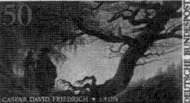

1974, 16. Aug. 200. Geburtstag von Caspar David Friedrich. ✍ Knoblauch; RaTdr.; gez. K 13¾:14.

aaz) Mann und Frau den Mond betrachtend: Gemälde von C. D. Friedrich (1774–1849), Maler und Zeichner

| 815 | 50 (Pf) | mehrfarbig | aaz | 4,— | 11,— | 1,50 |

MiNr. 815 gibt es in stark schwankenden Farbtönen.

Bundesrepublik Deutschland

1974, 16. Aug. Deutscher Expressionismus (II). RaTdr.; MiNr. 816 gez. K 13¾:14, MiNr. 817 ~.

aba) Mädchen unter Bäumen; Gemälde von August Macke (1887–1914), Maler

abb) Schlafender Pechstein; Gemälde von Erich Heckel (1883–1970), Maler und Grafiker

			EF	MeF	MiF
816	30 (Pf)	mehrfarbig........aba	2,50	10,—	1,—
817	50 (Pf)	mehrfarbig........abb	3,50	10,—	1,—

Weitere Ausgaben „Deutscher Expressionismus": MiNr. 798 bis 799, 822–823

1974, 15. Okt. Wohlfahrt; 25 Jahre Wohlfahrtsmarken: Blumen. Schillinger; Odr.; gez. K 13¾:14.

abc) Prachtnelke (Dianthus superbus)
abd) Roter Fingerhut (Digitalis purpurea)
abe) Malve (Althaea Spec.)
abf) Glockenblume (Campanula spec.)

				EF	MeF	MiF
818	30 + 15 (Pf)	mehrfarbig.....abc		5,—	15,—	2,—
819	40 + 20 (Pf)	mehrfarbig.....abd		10,—	15,—	3,—
820	50 + 25 (Pf)	mehrfarbig.....abe		12,—	28,—	3,—
821	70 + 35 (Pf)	mehrfarbig.....abf		16,—	75,—	6,—

1974, 29. Okt. Deutscher Expressionismus (III). RaTdr.; MiNr. 822 K 13¾:14, MiNr. 823 ~.

abg) Großes Stilleben mit Fernrohr; Gemälde von Max Beckmann (1884–1950), Maler und Grafiker

abh) Alter Bauer; Gemälde von Ernst Ludwig Kirchner (1880–1938), Maler, Grafiker, Bildhauer

822	70 (Pf)	mehrfarbig.......abg	18,—	100,—	4,—
823	120 (Pf)	mehrfarbig.......abh	25,—	60,—	7,50

Weitere Ausgaben „Deutscher Expressionismus": MiNr. 798 bis 799, 816–817

1974, 29. Okt. Weihnachten. Schillinger, Odr.; gez. K 13¾:14.

abi) Weihnachtsstern; Poinsettie (Euphorbia pulcherrima)

			EF	MeF	MiF
824	40 + 20 (Pf)	mehrfarbig......abi	10,—	15,—	3,—

1974, 29. Okt. 100 Jahre Weltpostverein (UPU). Kühlborn; Odr.; gez. K 13¾:14.

abk) Briefkästen aus der Schweiz und aus Deutschland (19. Jh.)

825	50 (Pf)	mehrfarbig........abk	4,50	12,—	1,50

1975

1975, 15. Jan. Bedeutende deutsche Frauen (II): Schriftstellerinnen. Aretz; komb. StTdr. und Odr.; gez. K 14:13¾.

abl) Annette Kolb (1870–1967)
abm) Ricarda Huch (1864–1947)
abn) Else Lasker-Schüler (1869–1945)
abo) Gertrud Freiin von Le Fort (1876–1971)

826	30 (Pf)	mehrfarbig........abl	4,50	12,—	1,50
827	40 (Pf)	mehrfarbig........abm	3,—	10,—	1,50
828	50 (Pf)	mehrfarbig........abn	4,—	9,—	1,50
829	70 (Pf)	mehrfarbig........abo	14,—	90,—	3,50

Weitere Ausgaben „Bedeutende deutsche Frauen": MiNr. 791 bis 794, 908–911

1975, 15. Jan. 100. Geburtstag von Dr. Albert Schweitzer. Busse; StTdr.; gez. K 14.

abp) Dr. A. Schweitzer (1875–1965), elsäss. Missionsarzt, evang. Theologe, Musiker, Friedensnobelpreis 1952

830	70 (Pf)	schwärzl'cyanblau/schwarz........abp	14,—	90,—	2,50

1975, 15. Jan. 25 Jahre Müttergenesungswerk. Hölzing; Odr. Bagel; gez. K 13:13¼.

abr) Mutter mit Kind, Mutter mit Emblem des Müttergenesungswerks

831	50 (Pf)	mehrfarbig........abr	4,—	11,—	1,—

Bundesrepublik Deutschland

1975, 14. Febr. 100. Geburtstag von Hans Böckler. Ⓔ Busse; StTdr.; gez. K 14.

abs) H. Böckler (1875–1951), Gewerkschaftsführer

			EF	MeF	MiF
832	40 (Pf)	schwärzl'olivgrün/ schwarz . . . . abs	2,50	–,10	1,—

1975, 14. Febr. 500. Geburtstag von Michelangelo (1475–1564), italien. Bildhauer, Maler, Baumeister, Dichter. Ⓔ Fischer; RaTdr.; gez. K 13¾:14.

abt) Detail aus dem Deckengemälde der Sixtinischen Kapelle, Vatikan

| 833 | 70 (Pf) | mittellilaultramarin/ schwarz . . . . abt | 16,— | 100,— | 5,— |

1975, 14. Febr. Heiliges Jahr. Ⓔ Börnsen; RaTdr.; gez. K 14.

abu) Grundriß des Petersdoms in Rom

| 834 | 50 (Pf) | mehrfarbig . . . . abu | 4,— | 11,— | 1,— |

1975, 14. Febr. Eishockeyweltmeisterschaft, München und Düsseldorf. Ⓔ Poell; Odr.; gez. K 14.

abv) Spielszene

| 835 | 50 (Pf) | mehrfarbig . . . . abv | 4,— | 11,— | 1,— |

1975, 15. April. Jugend: Lokomotiven. Ⓔ Schillinger; Odr.; gez. K 14.

abw) Diesellok, Baureihe 218

abx) E-Lok, Baureihe 103

aby) Elektrischer Triebzug, Baureihe 403

abz) Magnetschwebezug „Transrapid" (Modell)

836	30 + 15 (Pf)	mehrfarbig . . . . . abw	7,—	20,—	3,—
837	40 + 20 (Pf)	mehrfarbig . . . . . abx	13,—	20,—	4,—
838	50 + 25 (Pf)	mehrfarbig . . . . . aby	15,—	35,—	5,—
839	70 + 35 (Pf)	mehrfarbig . . . . . abz	20,—	90,—	8,—

1975, 15. April. Europa: Gemälde. Ⓔ Wiese; komb. StTdr. und Odr.; gez. K 14.

aca) Konzentrische Gruppe

acb) Bauhaustreppe

aca–acb) Gemälde von Oskar Schlemmer (1888–1943), Maler, Bildhauer, Bühnenbildner

			EF	MeF	MiF
840	40 (Pf)	mehrfarbig . . . . aca	2,50	10,—	1,—
841	50 (Pf)	mehrfarbig . . . . acb	4,—	11,—	1,—

1975, 15. Mai. 100. Todestag von Eduard Mörike. Ⓔ Jacki; komb. StTdr. und Odr.; gez. K 14.

acc) E. Mörike (1804–1875), Dichter; Hahn, Tintenfaß mit Feder

| 842 | 40 (Pf) | mehrfarbig . . . . acc | 2,50 | 10,— | 1,— |

1975, 15. Mai. 500. Jahrestag der Belagerung der Stadt Neuss durch Karl den Kühnen. Ⓔ Keidel; komb. StTdr. und Odr.; gez. K 14.

acd) „Nuis" (Neuss); Holzschnitt (1477)

| 843 | 50 (Pf) | mehrfarbig . . . . acd | 4,— | 11,— | 1,— |

1975, 15. Mai. 500 Jahre Landshuter Fürstenhochzeit. Ⓔ Knoblauch; RaTdr.; gez. K 14.

ace) Ritter beim Stechturnier

| 844 | 50 (Pf) | mehrfarbig . . . . ace | 4,— | 11,— | 1,— |

1975, 15. Mai. 1000 Jahre Mainzer Dom. Ⓔ Rohse; komb. StTdr. und Odr.; gez. K 14.

acf) Nordansicht des Mainzer Doms

| 845 | 40 (Pf) | mehrfarbig . . . . acf | 2,50 | 10,— | 1,— |

Briefpreise für Marken ab MiNr. 576 gelten stets für Verwendungen innerhalb der zum Zeitpunkt ihrer Ausgabe aktuellen oder der nächstfolgenden Tarifperiode, jedoch immer für Stempeldaten vor dem 1. Juli 1993. Die Tarifperioden sind in den Portotabellen angegeben.

Bundesrepublik Deutschland

1975, 15. Mai/1976, 17. Febr. Freimarken: Industrie und Technik (I). ⌂ Knoblauch und Beer; StTdr.; gez. K 14.

acg) Nachrichtensatellit Symphonie
ach) Nahverkehrstriebzug ET 420/421
aci) Leuchtturm Alte Weser
ack) Rettungshubschrauber MBB

acl) Weltraumlabor (Spacelab)
acm) Erdefunkstelle Raisting
acn) Schiffbau
aco) Traktor

acp) Braunkohlenförderbagger
acr) Chemieanlage zur Erzeugung von Styrol
acs) Heizkraftwerk
act) Großhochofen mit Winderhitzeranlage

acu) Bohrinsel
acv) Radioteleskop

				EF	MeF	MiF
846	5 (Pf)	schwärzlicholiv (14. 11. 1975)	acg	500,—	40,—¹)	1,—
847	10 (Pf)	schwarzlila (14. 8. 1975)	ach	—,—	10,—²)	1,—
848	20 (Pf)	orangerot (17. 2. 1976)	aci	60,—³)	6,—	1,—
849	30 (Pf)	schwärzlichviolett (14. 8. 1975)	ack	4,—	5,—	1,—
850	40 (Pf)	bläulichgrün (15. 5. 1975)	acl	3,—	5,—	1,—
851	50 (Pf)	lebhaftmagenta (15. 5. 1975)	acm	1,50	5,—	1,—
852	70 (Pf)	lebhaftblau (14. 8. 1975)	acn	8,—	15,—	1,—
853	80 (Pf)	dunkelbläulichgrün (15. 10. 1975)	aco	3,—	25,—	1,—
854	100 (Pf)	rötlichbraun (15. 5. 1975)	acp	5,—	50,—	1,—
855	120 (Pf)	dunkellilaultramarin (15. 10. 1975)	acr	15,—	40,—	2,—
856	140 (Pf)	dunkelrötlichkarmin (14. 11. 1975)	acs	30,—	12,—	2,—
857	160 (Pf)	schwärzlicholivgrün (15. 10. 1975)	act	25,—	40,—	3,—
858	200 (Pf)	dunkelbraunviolett (14. 11. 1975)	acu	30,—	—,—	2,—
859	500 (Pf)	schwarzpreußischblau (17. 2. 1976)	acv	40,—	150,—	4,—

¹) Preis gilt für MeF mit 6 Marken.
²) Preis gilt für MeF mit 3 Marken.
³) Preis gilt für Ortspostkarte Berlin (West).

Weitere Werte „Industrie und Technik": MiNr. 990–994, 1134–1138

Bildgleiche Marken mit zusätzlicher Inschrift „BERLIN" siehe Berlin (West) MiNr. 494–507.

1975, 15. Juli. Europäisches Denkmalschutzjahr. ⌂ Rohse; komb. StTdr. und Odr.; gez. K 14.

acw) Hauptmarkt mit Rathaus, Alsfeld

acx) Siebersturm, Plönlein, Kobolzeller Tor, Rothenburg ob der Tauber
acy) Die Steipe, Trier
acz) Gesamtansicht, Xanten

				EF	MeF	MiF
860	50 (Pf)	mehrfarbig	acw	3,50	12,—	3,—
861	50 (Pf)	mehrfarbig	acx	3,50	12,—	3,—
862	50 (Pf)	mehrfarbig	acy	3,50	12,—	3,—
863	50 (Pf)	mehrfarbig	acz	3,50	12,—	3,—

1975, 14. Aug. Kampf dem Drogenmißbrauch. ⌂ Spreen; RaTdr.; gez. K 14.

ada) Unzufriedener, Gelegenheitskonsument, Süchtiger

864	40 (Pf)	mehrfarbig	ada	2,50	10,—	1,—

1975, 14. Aug. 100. Geburtstag von Matthias Erzberger. ⌂ Busse; StTdr.; gez. K 14.

adb) M. Erzberger (1875–1921), Zentrum-Politiker

865	50 (Pf)	bräunlichrot/schwarz	adb	3,—	10,—	1,—

1975, 14. Aug. Tag der Briefmarke. ⌂ Schillinger; Odr. Bagel; gez. K 14.

adc) Posthausschild Königlich Preußische Posthalterei (1776)

866	10 (Pf)	mehrfarbig	adc	—,—	10,—	1,—

1975, 15. Okt. Wohlfahrt: Alpenblumen. ⌂ Schillinger; Odr.; gez. K 14.

add) Edelweiß (Leontopodium alpinum)
ade) Trollblume (Trollius europaeus)
adf) Rostblättrige Alpenrose (Rhododendron ferrugineum)
adg) Frühlings-Kuhschelle (Pulsatilla vulgaris)

867	30 + 15 (Pf)	mehrfarbig	add	5,—	15,—	2,—
868	40 + 20 (Pf)	mehrfarbig	ade	6,—	15,—	2,—
869	50 + 25 (Pf)	mehrfarbig	adf	13,—	30,—	4,—
870	70 + 35 (Pf)	mehrfarbig	adg	16,—	75,—	6,—

1975, 14. Nov. Blockausgabe: Deutsche Friedensnobelpreisträger. Ⓚ Wiese; komb. StTdr. und Odr.; gez. Ks 13¾:14.

adh   adi   adk   adl

adh) Gustav Stresemann (1878–1929), Reichskanzler, Nationalökonom, Friedensnobelpreis 1926
adi) Ludwig Quidde (1858–1941), Politiker und Historiker, Friedensnobelpreis 1927
adk) Carl von Ossietzky (1889–1938), Publizist, Friedensnobelpreis 1936

adh–adk) Skulpturen von Klaus Kütemeier

				EF	MeF	MiF
871	50 (Pf)	schwarz	adh	5,—	16,—	2,50
872	50 (Pf)	schwarz	adi	5,—	16,—	2,50
873	50 (Pf)	schwarz	adk	5,—	16,—	2,50
Block 11 (100×70 mm)			adl	180,—	130,—	15,—

[FALSCH] Bl. 11 F Golddruck nachträglich entfernt. Prüfung ratsam!

1975, 14. Nov. Weihnachten. Ⓚ Schillinger; Odr.; gez. K 14.

adm) Schneerose (Helleborus niger)

874	40 + 20 (Pf)	mehrfarbig	adm	6,—	15,—	3,—

1976

1976, 5. Jan. Olympische Winterspiele, Innsbruck. Ⓚ Zeiler; komb. StTdr. und Odr.; gez. K 14:13¾.

adn) Stilis. Berge in Kufenform

875	50 (Pf)	mehrfarbig	adn	3,50	10,—	1,50

1976, 5. Jan. 100. Geburtstag von Dr. Konrad Adenauer. Ⓚ Walter; StTdr.; gez. K 13¾:14.

ado) Dr. K. Adenauer (1876–1967), 1. deutscher Bundeskanzler

876	50 (Pf)	schwarzgrün	ado	3,—	10,—	1,—

1976, 5. Jan. 400. Todestag von Hans Sachs. Ⓚ Schillinger; Odr.; gez. K 14.

adp) Titelillustrationen zu vier Büchern von H. Sachs (1494–1576); Dichter und Komponist

				EF	MeF	MiF
877	40 (Pf)	mehrfarbig	adp	2,50	10,—	1,—

1976, 5. Jan. 50 Jahre Deutsche Lufthansa. Ⓚ Schillinger; Odr.; gez. K 14:13¾.

adr) Junkers F 13 (1926), erstes Passagierflugzeug der Lufthansa

878	50 (Pf)	mehrfarbig	adr	3,—	10,—	1,—

1976, 17. Febr. 25 Jahre Bundesverfassungsgericht, Karlsruhe. Ⓚ Schillinger; RaTdr.; gez. K 14.

ads) Bundesadler, Inschrift

879	50 (Pf)	mehrfarbig	ads	3,—	10,—	1,—

1976, 6. April. 25 Jahre Europäische Gemeinschaft für Kohle und Stahl (EGKS). Ⓚ Kroehl; RaTdr.; gez. K 14.

adt) Aus glühenden Eisenträgern geformte Buchstaben EG

880	40 (Pf)	mehrfarbig	adt	2,50	10,—	1,—

1976, 6. April. 75 Jahre Wuppertaler Schwebebahn. Ⓚ Ade; Odr.; gez. K 14:13¾.

adu) Schwebebahnzug

881	50 (Pf)	mehrfarbig	adu	3,—	10,—	1,—

1976, 6. April. Jugend: Jugend trainiert für Olympia. Ⓚ Schillinger; Odr.; gez. K 13¾:14.

adv) Basketball   adw) Rudern, Einer   adx) Bodenturnen   ady) Volleyball

882	30 + 15 (Pf)	mehrfarbig	adv	9,—	20,—	3,—
883	40 + 20 (Pf)	mehrfarbig	adw	15,—	25,—	4,—
884	50 + 25 (Pf)	mehrfarbig	adx	16,—	35,—	4,—
885	70 + 35 (Pf)	mehrfarbig	ady	18,—	80,—	6,—

1976, 6. April. Olympische Sommerspiele, Montreal. ⌧ Spreen; Odr.; gez. K 13¾.

adz) Freistilschwimmen   aea) Hochsprung

			EF	MeF	MiF
886	40 + 20 (Pf)	mehrfarbig ..... adz	12,—	20,—	2,50
887	50 + 25 (Pf)	mehrfarbig ..... aea	14,—	30,—	3,50

Blockausgabe, gez. Ks 13¾.

aeb) Feldhockey   aec) Rudern, Vierer ohne Steuermann   aed

888	30 + 15 (Pf)	mehrfarbig ..... aeb	15,—	22,—	3,50
889	70 + 35 (Pf)	mehrfarbig ..... aec	15,—	80,—	4,—
Block 12	(110×70 mm)	.... aed	30,—	60,—	20,—

1976, 13. Mai. Europa: Kunsthandwerk. ⌧ Wiese; RaTdr.; gez. K 14.

aee) Straßenhändlerin mit Bijouterien und Kupferstichen   aef) Straßenhändler mit Kupferstichen

aee–aef) Erzeugnisse der Porzellan-Manufaktur in Ludwigsburg (um 1765)

890	40 (Pf)	mehrfarbig .... aee	2,50	10,—	1,—
891	50 (Pf)	mehrfarbig .... aef	3,—	10,—	1,—

1976, 13. Mai. 100. Geburtstag von Dr. Carl Sonnenschein. ⌧ Knoblauch; Odr.; gez. K 14:13¾.

aeg) Dr. C. Sonnenschein (1876–1929), kath. Seelsorger, Sozialpolitiker

892	50 (Pf)	mehrfarbig .... aeg	3,—	10,—	1,—

Zum besseren Gebrauch des Kataloges empfehlen wir, die Einleitung zu lesen.

1976, 13. Mai. 300. Todestag von Paul Gerhardt (1607–1676), luther. Kirchenliederdichter. ⌧ Börnsen; komb. StTdr. und Odr.; gez. K 14:13¾.

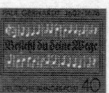

aeh) Noten und Textanfang des Liedes „Befiehl du deine Wege"

			EF	MeF	MiF
893	40 (Pf)	mehrfarbig .... aeh	2,50	10,—	1,—

1976, 13. Mai. 150. Todestag von Carl Maria von Weber. ⌧ Hölzing; Odr.; gez. K 14.

aei) C. M. von Weber (1786–1826), Komponist

894	50 (Pf)	bräunlichrot/schwarz .... aei	3,—	10,—	1,—

1976, 13. Mai. 200 Jahre Unabhängigkeit der Vereinigten Staaten von Amerika. ⌧ Knoblauch; Odr.; gez. K 14.

aek) Carl Schurz (1829–1906), deutscher Freiheitskämpfer, später amerik. Staatsmann; Fahne der USA, Capitol in Washington

895	70 (Pf)	mehrfarbig .... aek	14,—	90,—	2,—

1976, 14. Juli. 100 Jahre Bayreuther Festspiele. ⌧ Poell; Odr.; gez. K 14.

ael) Theaterbühne

896	50 (Pf)	mehrfarbig .... ael	3,—	10,—	1,50

1976, 14. Juli. Archäologisches Kulturgut (I). ⌧ Schillinger; Odr.; gez. K 14.

aem) Bronzekultwagen aus einem urnenfelderzeitlichen Grab von Acholshausen

aen) Goldverzierte Schale aus einem keltischen Fürstengrab, Schwarzenbach   aeo) Silberner Halsring von Trichtingen; Abzeichen eines keltischen Fürsten   aep) Maskenbecher aus dem Hildesheimer Schatzfund (Römische Kaiserzeit)

897	30 (Pf)	mehrfarbig .... aem	4,50	12,—	2,—
898	40 (Pf)	mehrfarbig .... aen	3,—	10,—	2,—
899	50 (Pf)	mehrfarbig .... aeo	4,—	9,—	2,—
900	120 (Pf)	mehrfarbig .... aep	15,—	90,—	6,—

Weitere Ausgabe „Archäologisches Kulturgut": MiNr. 943–945

1976, 17. Aug. Vogelschutz. ⌧ Froitzheim; Odr.; gez. K 13¾:14.

aer) Goldregenpfeifer (Pluvialis apricaria) im Brutgefieder

901	50 (Pf)	mehrfarbig .... aer	9,—	10,—	1,—

Bundesrepublik Deutschland

1976, 17. Aug. 300. Todestag von Hans Jacob Christoffel von Grimmelshausen (um 1622–1676), Erzähler. ⬛ Jacki; Odr.; gez. K 14.

aes) Fabelwesen aus Titelkupfer von „Der Abentheurliche Simplicissimus Teutsch"

Nr.				EF	MeF	MiF
902	40 (Pf)	mehrfarbig	aes	2,50	10,—	1,—

1976, 14. Okt. Tag der Briefmarke. ⬛ Schillinger; Odr. Bagel; gez. K 14.

aet) Posthausschild der Kaiserlichen Reichs-Post-Expedition Höchst am Main (18. Jh.)

903	10 (Pf)	mehrfarbig	aet	—,—	10,—*)	1,—

*) Preis gilt für MeF mit 3 Marken.

1976, 14. Okt. Wohlfahrt: Gartenblumen. ⬛ Schillinger; Odr.; gez. K 14.

aeu) Phlox (Phlox paniculata)

aev) Ringelblumen (Calendula officinalis)
aew) Zinnien (Zinnia elegans)
aex) Stiefmütterchen (Viola tricolor)

904	30 + 15 (Pf)	mehrfarbig	aeu	5,—	15,—	3,—
905	40 + 20 (Pf)	mehrfarbig	aev	6,—	15,—	3,—
906	50 + 25 (Pf)	mehrfarbig	aew	13,—	30,—	3,—
907	70 + 35 (Pf)	mehrfarbig	aex	16,—	75,—	5,—

1976, 16. Nov. Bedeutende deutsche Frauen (III): Schauspielerinnen und Theaterleiterinnen. ⬛ Fischer-Nosbisch; RaTdr.; gez. K 14.

aey) Friederike Caroline Neuber (1697–1760) als Medea
aez) Sophie Schröder (1781–1868) als Sappho
afa) Louise Dumont (1862–1932) als Hedda Gabler
afb) Hermine Körner (1882–1960) als Lady Macbeth

Nr.				EF	MeF	MiF
908	30 (Pf)	mehrfarbig	aey	4,50	12,—	1,50
909	40 (Pf)	mehrfarbig	aez	3,—	10,—	1,50
910	50 (Pf)	mehrfarbig	afa	4,—	9,—	2,—
911	70 (Pf)	mehrfarbig	afb	14,—	90,—	4,—

Weitere Ausgaben „Bedeutende deutsche Frauen": MiNr. 791 bis 794, 826–829

1976, 16. Nov. Blockausgabe: Weihnachten. ⬛ von Andrian; komb. StTdr. und Odr.; gez. Ks 14.

afc) Marienfenster (Ausschnitt) im gotischen Chor der Frauenkirche in Esslingen

afd

912	50 + 25 (Pf)	mehrfarbig	afc	13,—	30,—	3,—
Block 13	(70×100 mm)		afd	15,—	40,—	7,—

Die MICHEL-Rundschau – gesammelt griffbereit!

Die MICHEL-Rundschau-Sammelmappe, aus blauer PVC-Folie mit Goldaufdruck und der bewährten Federstabmechanik, bietet Platz für die 12 Ausgaben eines Jahres.

So schaffen Sie Ordnung und Übersicht – können aber mühelos jede MICHEL-Rundschau herausnehmen und später wieder einordnen.

Fragen Sie bitte bei Ihrem Briefmarkenhändler nach der neuen MICHEL-Rundschau-Sammelmappe!

1977

1977, 13. Jan./1990. Freimarken: Burgen und Schlösser (I). Ⓢ Schillinger; I = Bdr., II = Ldr.; Bogen (B) (10x10), Markenheftchen (MH) und Rollen (R); A = vierseitig, C und D = dreiseitig gez. K 14.

afe) Schloß Glücksburg   aff) Burg Ludwigstein, Werratal   afg) Burg Elz   afh) Schloß Neuschwanstein   afi) Marksburg   afk) Wasserschloß Mespelbrunn   afl) Schloß Pfaueninsel, Berlin   afm) Schloß Bürresheim

				EF	MeF	MiF
913	10 (Pf)	schwärzlichgraublau GA	.... afe			
A I		vierseitig gezähnt, Bdr. (14. 4. 1977) (B) (R)		—,—	3,—	1,—
A II		vierseitig gezähnt, Ldr. (1987) (R)		—,—	7,—	2,—
C I		oben geschnitten, Bdr. (Juni 1977) (MH)		—,—	4,—	1,50
C II		oben geschnitten, Ldr. (1990) (MH)		—,—	3,50	1,—
D I		unten geschnitten, Bdr. (Juni 1977) (MH)		—,—	4,—	1,50
D II		unten geschnitten, Ldr. (1990) (MH)		—,—	3,50	1,—
914	30 (Pf)	lebhaftolivbraun GA	.... aff			
A I		vierseitig gezähnt, Bdr. (14. 4. 1977) (B) (R)		1,50	2,—	1,—
A II		vierseitig gezähnt, Ldr. (1987) (R)		5,—	4,—	2,50
C I		oben geschnitten, Bdr. (Juni 1977) (MH)		4,—	4,—	2,—
C II		oben geschnitten, Ldr. (1990) (MH)		3,50	3,50	1,50
D I		unten geschnitten, Bdr. (Juni 1977) (MH)		4,—	4,—	2,—
D II		unten geschnitten, Ldr. (1990) (MH)		3,50	3,50	1,50
915	40 (Pf)	blaugrün GA	.... afg			
A I		vierseitig gezähnt, Bdr. (16. 2. 1977) (B) (R)		1,50	6,—	1,—
916	50 (Pf)	magenta GA	.... afh			
A I		vierseitig gezähnt, Bdr. (17. 5. 1977) (B) (R)		1,—	2,50	1,—
C I		oben geschnitten, Bdr. (Juni 1977) (MH)		5,—	9,—	4,—
D I		unten geschnitten, Bdr. (Juni 1977) (MH)		5,—	9,—	4,—
917	60 (Pf)	dunkelockerbraun GA	.... afi			
A I		vierseitig gezähnt, Bdr. (13. 1. 1977) (B) (R)		2,—	12,—	1,50
918	70 (Pf)	mittelblau GA	.... afk			
A I		vierseitig gezähnt, Bdr. (17. 5. 1977) (B) (R)		7,—	20,—	1,50
919	190 (Pf)	braunorange GA	.... afl			
A I		vierseitig gezähnt, Bdr. (16. 2. 1977) (B) (R)		10,—	35,—	5,—
920	200 (Pf)	schwarzolivgrün GA	.... afm			
A I		vierseitig gezähnt, Bdr. (13. 1. 1977) (B) (R)		30,—	60,—	5,—

Senkrechte Paare (C/D) siehe bei MH 21 und MH 22.

Weitere Ausgaben „Burgen und Schlösser"; MiNr. 995–999, 1028, 1037–1038, 1139–1143

Bildgleiche Marken mit zusätzlicher Inschrift „BERLIN" siehe Berlin (West) MiNr. 532–540.

1977, 13. Jan. Einweihung des Palais de l'Europe des Europarats in Straßburg. Ⓢ Poell; StTdr.; gez. K 14.

afn) Palais de l'Europe, Straßburg

				EF	MeF	MiF
921	140 (Pf)	schwärzlichsmaragdgrün/schwarz	.... afn	25,—	15,—	3,—

1977, 13. Jan. Till Eulenspiegel († 1350), Schalksnarr. Ⓢ Börnsen; Odr.; gez. K 14.

afo) Vier Szenen der Streiche von Till Eulenspiegel aus dem gleichnamigen Volksbuch

922	50 (Pf)	mehrfarbig .... afo	3,—	10,—	1,50

Mit MICHEL besser sammeln

1977, 16. Febr. Blockausgabe: 75 Jahre Jugendstil in Deutschland. Ⓢ Steiner; Odr.; gez. Ks 14.

afp) Blumenornament   afr) Athenahaupt mit Helm, Ornament   afs) Stuhl, Ornament

				EF	MeF	MiF
923	30 (Pf)	mehrfarbig	.... afp	6,—	10,—	2,—
924	70 (Pf)	mehrfarbig	.... afr	12,—	20,—	3,—
925	90 (Pf)	mehrfarbig	.... afs	15,—	25,—	5,—
Block 14	(115×85 mm)		.... aft	30,—	60,—	15,—

Bundesrepublik Deutschland

1977, 16. Febr. Ernennung von Jean Monnet zum Ehrenbürger Europas. ▣ Langer; Odr.; gez. K 14:14¼.

afu) J. Monnet (1888–1979), französ. Politiker und Staatsmann

				EF	MeF	MiF
926	50 (Pf)	mehrfarbig .... afu		3,50	10,—	1,50

1977, 14. April. 25 Jahre Bundesgartenschau. ▣ Rieger; Odr.; gez. K 14.

afv) Stilis. Blume auf liegendem „S"; Signet der Bundesgartenschau 1977, Stuttgart

927	50 (Pf)	mehrfarbig .... afv	3,50	10,—	1,50

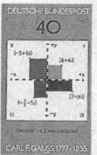

1977, 14. April. 200. Geburtstag von Carl Friedrich Gauß (1777–1855), Mathematiker, Astronom, Physiker. ▣ Wiese; Odr.; gez. K 14.

afw) Gaußsche Zahlenebene

928	40 (Pf)	mehrfarbig .... afw	2,50	10,—	1,50

1977, 14. April. Jugend: Deutsche Schiffe. ▣ Schillinger; Odr.; gez. K 14.

afx) Konvoischiff „Wappen von Hamburg" (um 1730)

afy) Fünfmast-Vollschiff „Preußen" (1902–1910)

afz) Schnelldampfer „Bremen" (1929–1941)

aga) Schwergutfracht- und Ausbildungsschiff „Sturmfels" (ab 1972)

929	30 + 15 (Pf)	mehrfarbig ...... afx	9,—	20,—	3,—
930	40 + 20 (Pf)	mehrfarbig ...... afy	15,—	25,—	4,—
931	50 + 25 (Pf)	mehrfarbig ...... afz	16,—	35,—	5,—
932	70 + 35 (Pf)	mehrfarbig ..... aga	18,—	80,—	6,—

1977, 14. April. Stauferjahr in Baden-Württemberg. ▣ Lohrer; Odr.; gez. K 14.

agb) Barbarossakopf, Reliquiar aus Cappenberg (1165)

933	40 (Pf)	mehrfarbig .... agb	2,50	10,—	1,50

1977, 17. Mai. Europa: Landschaften. ▣ Schillinger; komb. StTdr. und Odr.; gez. K 14.

agc) Autobahnabschnitt der Rhönstrecke

agd) Rheinlandschaft mit Siebengebirge

			EF	MeF	MiF
934	40 (Pf)	lebh'grün/schwarz... agc	2,50	10,—	1,—
935	50 (Pf)	dkl'rosarot/schwarz . agd	3,—	10,—	1,—

1977, 17. Mai. 400. Geburtstag von Peter Paul Rubens. ▣ Stelzer; StTdr.; gez. K 14.

age) P. P. Rubens (1577–1640), flämischer Maler; Selbstporträt

936	30 (Pf)	gelbschwarz .... age	2,50	4,—	1,—

1977, 17. Mai. 600 Jahre Ulmer Münster. ▣ Kern; komb. StTdr. und Odr.; gez. K 14.

agf) Ulmer Münster (Frontalansicht)

937	40 (Pf)	mehrfarbig .... agf	2,50	10,—	1,—

1977, 17. Mai. 500 Jahre Universität Mainz. ▣ Blase; RaTdr. (10×5); gez. K 13¾:14.

agg) Madonna im Strahlenkranz, Wappen des Kurfürsten Diether von Isenburg; Rektoratssiegel der Universität Mainz

938	50 (Pf)	gelblichrot/schwarz.. agg	3,—	10,—	1,50

1977, 17. Mai. 450 Jahre Universität Marburg. ▣ Blase; RaTdr.; gez. K 13¾:14.

agh) Landgraf Philipp der Großmütige, hessischer Löwe; Großes Universitätssiegel

939	50 (Pf)	gelblichrot/schwarz.. agh	3,—	10,—	1,50

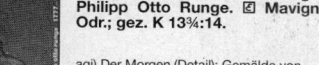

1977, 13. Juli. 200. Geburtstag von Philipp Otto Runge. ▣ Mavignier; Odr.; gez. K 13¾:14.

agi) Der Morgen (Detail); Gemälde von Ph. O. Runge (1777–1810), Maler, Grafiker, Kunsthistoriker

940	60 (Pf)	mehrfarbig .... agi	3,—	15,—	1,50

Bundesrepublik Deutschland

1977, 13. Juli. 100. Todestag von Wilhelm Emmanuel Freiherr von Ketteler. Ⓑ Steiner; Odr.; gez. K 14.

agk) Wappen von W. E. Frh. von Ketteler (1811–1877), kath. Bischof und Sozialreformer

Nr.	Wert	Farbe	Zeichen	EF	MeF	MiF
941	50 (Pf)	mehrfarbig	agk	3,—	10,—	1,50

1977, 13. Juli. 100. Geburtstag von Friedrich von Bodelschwingh. Ⓑ Aretz; komb. StTdr. und Odr.; gez. K 14:13¾.

agl) F. von Bodelschwingh (1877–1946), evang. Theologe, Leiter der Bethel-Anstalten

| 942 | 50 (Pf) | mehrfarbig | agl | 3,— | 10,— | 1,25 |

1977, 16. Aug. Archäologisches Kulturgut (II). Ⓑ Schillinger; Odr.; gez. K 14.

agm) „Goldener Hut" von Schifferstadt, kultischer Goldkegel der Bronzezeit
agn) Vergoldeter Spangenhelm aus dem Fürstengrab von Krefeld-Gellep
ago) Bronzener Kentaurenkopf aus Schwarzenacker

943	30 (Pf)	mehrfarbig	agm	2,50	15,—	2,—
944	120 (Pf)	mehrfarbig	agn	13,—	10,—	5,—
945	200 (Pf)	mehrfarbig	ago	35,—	10,—	7,50

Weitere Ausgabe „Archäologisches Kulturgut": MiNr. 897–900

1977, 16. Aug. 500 Jahre Universität Tübingen. Ⓑ Blase; RaTdr.; gez. K 13¾:14.

agp) Lehrender Christus, Bücher, Wappen von Tübingen und der Grafen von Wirtemberg; Großes Siegel der Eberhard-Karls-Universität

| 946 | 50 (Pf) | dunkelgelblichrot/schwarz | agp | 3,— | 10,— | 1,25 |

1977, 13. Okt. 100 Jahre Telefon in Deutschland. Ⓑ von Janota-Bzowski; Odr.; gez. K 14.

agr) Vermittlungsbeamter, Abfrageapparat, Ortsvermittlungsschrank (nach 1881)

| 947 | 50 (Pf) | mehrfarbig | agr | 3,— | 10,— | 1,25 |

1977, 13. Okt. Tag der Briefmarke. Ⓑ Schillinger; Odr. Bagel; gez. K 14.

ags) Posthausschild einer Postexpedition in Hamburg (nach 1861); Großes Staatswappen von Hamburg

				EF	MeF	MiF
948	10 (Pf)	mehrfarbig	ags	—,—	10,—*)	1,—

*) Preis gilt für MeF mit 3 Marken.

1977, 13. Okt. Wohlfahrt: Wiesenblumen. Ⓑ Schillinger; Odr.; gez. K 14.

agt) Kümmel (Carum carvi)
agu) Löwenzahn (Taraxacum officinale)
agv) Roter Klee (Trifolium pratense)
agw) Wiesensalbei (Salvia pratensis)

949	30 + 15 (Pf)	mehrfarbig	agt	8,—	17,—	2,—
950	40 + 20 (Pf)	mehrfarbig	agu	12,—	20,—	2,50
951	50 + 25 (Pf)	mehrfarbig	agv	12,—	30,—	2,50
952	70 + 35 (Pf)	mehrfarbig	agw	15,—	65,—	4,—

1977, 10. Nov. 250. Todestag von Dr. Johannes Andreas Eisenbarth (1663–1727), fahrender Wundarzt. Ⓑ Börnsen; Odr.; gez. K 14.

agx) Fahrender Wundarzt mit Marktstand, Gehilfen, Patienten

| 953 | 50 (Pf) | mehrfarbig | agx | 3,— | 10,— | 1,25 |

1977, 10. Nov. 150. Todestag von Wilhelm Hauff. Ⓑ von Janota-Bzowski; RaTdr.; gez. K 13¾:14.

agy) W.-Hauff (1802–1827), Schriftsteller

| 954 | 40 (Pf) | mehrfarbig | agy | 2,50 | 10,— | 1,25 |

> Briefpreise für Marken ab MiNr. 576 gelten stets für Verwendungen innerhalb der zum Zeitpunkt ihrer Ausgabe aktuellen oder der folgenden Tarifperiode.

Bundesrepublik Deutschland

1977, 10. Nov. Blockausgabe: Weihnachten. ✍ Hansmann; Odr.; gez. Ks 14.

agz) „König Kaspar überreicht dem Kinde Gold", Glasfenster-Ausschnitt, Sakristei der Basilika St. Gereon in Köln

aha

		EF	MeF	MiF
955	50 + 25 (Pf) mehrfarbig ..... agz	13,—	30,—	3,—
Block 15	(70×105 mm) .... aha	15,—	40,—	7,—

1978, 16. Febr. Blockausgabe: Nobelpreisträger deutschsprachiger Literatur. ✍ Aretz; Odr.; gez. Ks 14:13¾.

ahe) Gerhart Hauptmann (1862–1946), Dichter, Dramatiker, Nobelpreis 1912

ahf) Hermann Hesse (1877–1962), Erzähler, Nobelpreis 1946

ahg) Thomas Mann (1875–1955), Schriftsteller, Nobelpreis 1929

ahh

		EF	MeF	MiF
959	30 (Pf) mehrfarbig .... ahe	6,—	10,—	3,—
960	50 (Pf) mehrfarbig .... ahf	10,—	22,—	3,—
961	70 (Pf) mehrfarbig .... ahg	12,—	28,—	3,—
Block 16	(120× 70 mm) .... ahh	80,—	130,—	12,—

1978, 16. Febr. 100. Geburtstag von Martin Buber. ✍ Aretz; Odr.; gez. K 14:13¾.

ahi) M. Buber (1878–1965), jüd. Sozialphilosoph

| 962 | 50 (Pf) mehrfarbig .... ahi | 3,— | 10,— | 1,25 |

1978

1978, 12. Jan. 100. Geburtstag von Rudolf Alexander Schröder. ✍ Jacki; Odr.; gez. K 14.

ahb) Buchumschlag von R. A. Schröder (1878–1962), Schriftsteller

| 956 | 50 (Pf) mehrfarbig .... ahb | 3,— | 10,— | 1,50 |

1978, 12. Jan. 20 Jahre Friedlandhilfe. ✍ Ade; RaTdr.; gez. K 14.

ahc) Aussiedler mit Handgepäck

| 957 | 50 (Pf) mehrfarbig .... ahc | 3,— | 10,— | 1,50 |

1978, 12. Jan. Sporthilfe. ✍ Lorenz; Odr.; gez. K 14.

ahd) Abfahrtslauf

| 958 | 50 + 25 (Pf) mehrfarbig ..... ahd | 15,— | 40,— | 6,— |

1978, 13. April. 75 Jahre Deutsches Museum, München. ✍ Schillinger; Odr.; gez. K 14.

ahk) Sternwarte und Aussichtsturm des Deutschen Museums; Plakat von Prof. Hohlwein

| 963 | 50 (Pf) mehrfarbig .... ahk | 3,— | 10,— | 1,25 |

1978, 13. April. Jugend: Luftfahrt. ✍ Haase; Odr.; gez. K 14.

ahl) Ballonfahrt Oktoberfest München (1820)

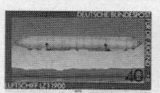  

ahm) Luftschiff LZ 1 (1900)

ahn) Blériot-Eindecker (1909)

aho) Grade-Eindecker (1909)

964	30 + 15 (Pf) mehrfarbig ...... ahl	9,—	20,—	3,—
965	40 + 20 (Pf) mehrfarbig ..... ahm	15,—	25,—	4,—
966	50 + 25 (Pf) mehrfarbig ..... ahn	16,—	35,—	4,—
967	70 + 35 (Pf) mehrfarbig ..... aho	18,—	80,—	5,—

Bundesrepublik Deutschland

1978, 13. April. Sporthilfe. ⌧ Lorenz; Odr.; gez. K 14.

ahp) Springreiten

			EF	MeF	MiF
968	70 + 35 (Pf)	mehrfarbig ..... ahp	30,—	100,—	13,—

1978, 22. Mai. Europa: Baudenkmäler. ⌧ Rohse; komb. StTdr. und Odr.; gez. K 14.

ahr) Altes Rathaus, Bamberg
ahs) Altes Rathaus, Regensburg
aht) Altes Rathaus, Esslingen

969	40 (Pf)	mehrfarbig .... ahr	2,50	10,—	5,—
970	50 (Pf)	mehrfarbig .... ahs	3,—	10,—	5,—
971	70 (Pf)	mehrfarbig .... aht	10,—	25,—	5,—

1978, 22. Mai. Der Rattenfänger von Hameln. ⌧ Jacki; Odr.; gez. K 14.

ahu) Kinder folgen dem Rattenfänger

972	50 (Pf)	mehrfarbig .... ahu	3,—	10,—	1,25

1978, 13. Juli. 100. Geburtstag von Dr. Janusz Korczak. ⌧ Magnus; Odr; gez. K 14.

ahv) Dr. J. Korczak (1878–1942), poln. Kinderarzt und Sozialpädagoge

973	90 (Pf)	mehrfarbig .... ahv	10,—	20,—	2,50

1978, 13. Juli. Fossilien. ⌧ Froitzheim; Odr.; gez. K 14.

 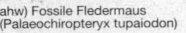

ahw) Fossile Fledermaus (Palaeochiropteryx tupaiodon)
ahx) Urpferdchen (Propalaeotherium messelense)

ahw–ahx) Funde aus der Grube Messel bei Darmstadt

974	80 (Pf)	mehrfarbig .... ahw	10,—	30,—	8,—
975	200 (Pf)	mehrfarbig .... ahx	35,—	80,—	8,—

1978, 17. Aug. Interparlamentarische Konferenz, Bonn. ⌧ Poell; Odr.; gez. K 14.

ahy) Bundeshaus, Bonn

			EF	MeF	MiF
976	70 (Pf)	mehrfarbig .... ahy	10,—	25,—	1,50

1978, 17. Aug. Deutscher Katholikentag, Freiburg im Breisgau. ⌧ Froitzheim; Odr.; gez. K 13¾:14.

ahz) Rosettenfenster, Freiburger Münster

977	40 (Pf)	mehrfarbig .... ahz	2,50	10,—	1,—

1978, 17. Aug. 200. Geburtstag von Clemens Brentano. ⌧ v. Janota-Bzowski; Odr.; gez. K 13¾:14.

aia) C. Brentano (1778–1842), Dichter als Schmetterling; Scherenschnitt von Luise Duttenhofer

978	30 (Pf)	mehrfarbig .... aia	2,50	4,—	1,—

1978, 17. Aug. 25 Jahre Europäische Konvention zum Schutz der Menschenrechte. ⌧ Steiner; Odr.; gez. K 14.

aib) Inschrift

979	50 (Pf)	mehrfarbig .... aib	3,—	10,—	1,25

1978, 12. Okt. Tag der Briefmarke: Weltbewegung Philatelie. ⌧ Stelzer; Odr. Bagel; gez. K 14.

aic) Posthausschild, Baden (1844)
aid) Marke Sachsen MiNr. 1

980	40 (Pf)	mehrfarbig GA ...... aic	2,50	10,—	1,25
981	50 (Pf)	mehrfarbig .... aid	3,—	10,—	1,25
		Zusammendruck	10,—	20,—	4,—

MiNr. 980–981 wurden waagerecht zusammenhängend gedruckt.

1978, 12. Okt. Wohlfahrt: Waldblumen. ⌧ Schillinger; Odr.; gez. K 14.

aie) Aronstab (Arum maculatum)
aif) Goldnessel (Lamiastrum galeobdolon)
aig) Türkenbund (Lilium martagon)
aih) Leberblümchen (Hepatica nobilis)

982	30 + 15 (Pf)	mehrfarbig ...... aie	8,—	17,—	2,—
983	40 + 20 (Pf)	mehrfarbig ...... aif	10,—	18,—	2,—
984	50 + 25 (Pf)	mehrfarbig ...... aig	10,—	25,—	4,—
985	70 + 35 (Pf)	mehrfarbig ...... aih	13,—	65,—	4,—

Bundesrepublik Deutschland

1978, 16. Nov. Deutscher Impressionismus. Schall; RaTdr.; MiNr. 986 gez. K 13¾:14, MiNr. 987–988 ~.

aii) Ostern am Walchensee; Gemälde von Lovis Corinth (1858–1925), Maler und Grafiker

aik) Reiter nach links am Strand; Gemälde von Max Liebermann (1847–1935), Maler und Grafiker

ail) Dame mit Katze; Gemälde von Max Slevogt (1868–1932), Maler und Grafiker

				EF	MeF	MiF
986	50 (Pf)	mehrfarbig	aii	3,—	10,—	4,—
987	70 (Pf)	mehrfarbig	aik	12,—	27,—	4,50
988	120 (Pf)	mehrfarbig	ail	15,—	85,—	6,—

1978, 16. Nov. Blockausgabe: Weihnachten. Fleckhaus; Odr.; gez. Ks 14.

aim) Das Christkind; Ausschnitt aus einem Fenster der Frauenkirche, München

989	50 + 25 (Pf) mehrfarbig	aim	13,—	30,—	2,50
Block 17	(65×93 mm)	ain	15,—	40,—	6,—

1978, 16. Nov./1979, 12. Juli. Freimarken: Industrie und Technik (II). Knoblauch und Beer; StTdr.; gez. K 14.

aio) Röntgengerät air) Löffelbagger ais) Radlader ait) Flughafen Frankfurt

990	60 (Pf) schwärzlichrosa (16. 11. 1978)	aio	1,50	10,—	1,—
992	150 (Pf) dunkelbräunlichrot (12. 7. 1979)	air	12,—	60,—	3,—
993	180 (Pf) schwarzbraun (12. 7. 1979)	ais	12,—	50,—	3,—
994	230 (Pf) dunkelrotviolett (17. 5. 1979)	ait	20,—	40,—	3,—

MiNr. 991 fällt aus.

Weitere Werte „Industrie und Technik": MiNr. 846–859, 1134–1138

Bildgleiche Marken mit zusätzlicher Inschrift „BERLIN" siehe Berlin (West) MiNr. 582–586.

1978, 16. Nov./1979, 14. Febr. Freimarken: Burgen und Schlösser (II). Schillinger; Bdr. Bogen (B) und Rollen (R); gez. K 14.

afl) Schloß Pfaueninsel, Berlin   aiu) Burg Gemen   aiv) Burg Vischering   aiw) Schwanenburg, Kleve   aix) Burg Lichtenberg

995	20 (Pf) gelblichrot (14. 2. 1979) (B) (R) GA	afl	50,—*)	2,50	1,—
996	25 (Pf) dunkelrosarot (11. 1. 1979) (B) (R) GA	aiu	2,—	2,—	1,—
997	90 (Pf) lilaultramarin (11. 1. 1979) (B) (R) GA	aiv	8,—	16,—	2,—
998	210 (Pf) dunkelbraunrot (14. 2. 1979) (B) (R) GA	aiw	8,—	70,—	3,—
999	230 (Pf) schwarzbläulichgrün (16. 11. 1978) (B) (R) GA	aix	20,—	40,—	3,—

*) Preis gilt für Ortspostkarte Berlin (West).

MiNr. 997 in Odr. auf nicht fluoreszierendem Papier; gez. L 10¾, MiNr. 999 in Odr. auf nicht fluoreszierendem Papier; gez. L 11. je –,-

Weitere Ausgaben „Burgen und Schlösser": MiNr. 913–920, 1028, 1037–1038, 1139–1143

Bildgleiche Marken mit zusätzlicher Inschrift „BERLIN" siehe Berlin (West) MiNr. 587–590.

1979

1979, 11. Jan. Internationales Jahr des Kindes. Blase; RaTdr.; gez. K 14.

aiy) Kind, Wohnhaus

| 1000 | 60 (Pf) mehrfarbig | aiy | 3,— | 12,— | 1,25 |

1979, 14. Febr. 100. Geburtstag von Agnes Miegel. v. Janota-Bzowski; RaTdr.; gez. K 14.

aiz) A. Miegel (1879–1964), Dichterin und Schriftstellerin

| 1001 | 60 (Pf) mehrfarbig | aiz | 3,— | 12,— | 1,25 |

Bundesrepublik Deutschland

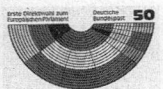

1979, 14. Febr. Erste Direktwahlen zum Europäischen Parlament. ⌘ Poell; Odr.; gez. K 14.

aka) Stilis. Parlamentsränge mit der Sitzverteilung der beteiligten Staaten in ihren Landesfarben

			EF	MeF	MiF
1002	50 (Pf)	mehrfarbig .... aka	3,50	10,—	1,50

1979, 14. Febr. 25 Jahre Westdeutsche Kurzfilmtage. ⌘ Urban; Odr.; gez. K 13¾:14.

akb) Filmstreifen

1003	50 (Pf)	schwarz/lebh'opalgrün .... akb	2,50	10,—	1,—

1979, 14. Febr. Straßen-Rettungsdienste. ⌘ Klein; Odr.; gez. K 14.

akc) Embleme der Straßen-Rettungsorganisationen

1004	50 (Pf)	mehrfarbig .... akc	2,50	10,—	1,—

1979, 5. April. Jugend: Luftfahrt. ⌘ Haase; Odr.; gez. K 14.

akd) Flugboot Dornier „Wal" (1922)

ake) Schnellverkehrsflugzeug Heinkel He 70 (1932)
akf) Verkehrsflugzeug Junkers W 33 „Bremen" (1928)
akg) Hubschrauber Focke-Wulf Fw 61 (1936)

1005	40 + 20 (Pf)	mehrfarbig .... akd	9,—	15,—	3,—
1006	50 + 25 (Pf)	mehrfarbig ..... ake	15,—	18,—	4,—
1007	60 + 30 (Pf)	mehrfarbig ..... akf	16,—	20,—	5,—
1008	90 + 45 (Pf)	mehrfarbig ..... akg	18,—	40,—	6,—

1979, 5. April. Sporthilfe. ⌘ Hoch; Odr.; gez. K 14.

akh) Handball
aki) Zweier-Canadier

1009	60 + 30 (Pf)	mehrfarbig .... akh	16,—	20,—	4,—
1010	90 + 45 (Pf)	mehrfarbig ..... aki	18,—	30,—	6,—

1979, 17. Mai. Europa: Geschichte des Post- und Fernmeldewesens. ⌘ v. Janota-Bzwoski; Odr.; gez. K 14:13¾.

akk) Telegrafenbüro (1863)
akl) Postschalter (1854)

			EF	MeF	MiF
1011	50 (Pf)	mehrfarbig .... akk	2,50	10,—	1,—
1012	60 (Pf)	mehrfarbig .... akl	3,—	9,—	1,—

1979, 17. Mai. 50. Geburtstag von Anne Frank. ⌘ v. Janota-Bzwoski; RaTdr.; gez. K 13¾:14.

akm) A. Frank (1929–1945), KZ-Opfer, berühmt durch ihr Tagebuch

1013	60 (Pf)	mehrfarbig .... akm	3,—	12,—	1,25

1979, 17. Mai. Internationale Verkehrsausstellung, (IVA), Hamburg; 100 Jahre elektrische Bahnen. ⌘ Schillinger; Odr.; gez. K 14.

akn) Erste elektrische Bahn auf der Berliner Gewerbe-Ausstellung (1879)

1014	60 (Pf)	mehrfarbig .... akn	3,—	12,—	1,50

1979, 12. Juli. Weltweite Funkverwaltungskonferenz, Genf. ⌘ Seiter; Odr.; gez. K 14.

ako) Hand am Funkgerät

1015	60 (Pf)	mehrfarbig .... ako	3,—	12,—	1,50

1979, 12. Juli. 450 Jahre Katechismus von Martin Luther. ⌘ Neufeld; komb. StTdr. und Odr.; gez. K 13¾:14.

akp) Moses empfängt die Gesetzestafeln auf dem Berg Sinai; Holzschnitt von Lukas Cranach d. Ä. (1472–1553), Maler und Zeichner

1016	50 (Pf)	schwarz/opalgrün .. akp	2,50	10,—	1,25

1979, 12. Juli. Heiligtumsfahrt Aachen. ⌘ Walter; komb. Odr. und Prägedruck; gez. K 14.

akr) Kreuz mit Zeichen Karls des Großen (742–814), König der Franken, römischer Kaiser

1017	50 (Pf)	mehrfarbig .... akr	2,50	10,—	1,25

Bundesrepublik Deutschland

1979, 9. Aug. 800. Todestag von Hildegard von Bingen. ✍ Steiner; Odr.; gez. K 14:13¾.

aks) Hildegard von Bingen (1098–1179), Benediktinerin, Mystikerin

				EF	MeF	MiF
1018	110 (Pf)	mehrfarbig	aks	25,—	60,—	3,—

1979, 9. Aug. Nobelpreisträger der Physik und Chemie. ✍ Linde. RaTdr.; gez. K 14:14¼.

akt) Lichtelektrischer Effekt; Albert Einstein (1879–1955), deutsch-amerik. Physiker, Nobelpreis 1921

aku) Kernspaltung des Uran-Atoms; Otto Hahn (1879–1968), Chemiker, Nobelpreis 1944

akv) Röntgenstrahl-Beugung am Kristallgitter; Max von Laue (1879–1960), Physiker, Nobelpreis 1914

1019	60 (Pf)	mehrfarbig	akt	3,—	12,—	2,50
1020	60 (Pf)	mehrfarbig	aku	3,—	12,—	2,50
1021	60 (Pf)	mehrfarbig	akv	3,—	12,—	2,50

1979, 11. Okt. 300 Jahre Lotsen-Reglements. ✍ Löffelhardt; komb. StTdr. und Odr.; gez. K 14:13¾.

akw) Lotse und Steuermann

1022	60 (Pf)	hellbräunlichlila/dunkelsiena	akw	3,—	12,—	1,50

1979, 11. Okt. Tag der Briefmarke; ✍ Schillinger; Odr.; gez. K 13¾.

akx) Posthausschild, Altheim/Saar (1754)

1023	60 + 30 (Pf)	mehrfarbig	akx	9,—	40,—	5,—

1979, 11. Okt. Wohlfahrt: Blätter, Blüten und Früchte des Waldes. ✍ Schillinger; Odr.; gez. K 14.

aky) Rotbuche (Fagus sylvatica)   akz) Stieleiche (Quercus robur)

ala) Weißdorn (Crataegus spec.)   alb) Bergkiefer (Pinus mugo)

1024	40 + 20 (Pf)	mehrfarbig	aky	8,—	14,—	2,50
1025	50 + 25 (Pf)	mehrfarbig	akz	14,—	17,—	2,50
1026	60 + 30 (Pf)	mehrfarbig	ala	15,—	22,—	3,—
1027	90 + 45 (Pf)	mehrfarbig	alb	18,—	35,—	5,—

1979, 14. Nov./1987. Freimarke: Burgen und Schlösser (III). ✍ Schillinger; I = Bdr., II = Ldr.; Bogen (B), Markenheftchen (MH) und Rollen (R); A = vierseitig, C und D = dreiseitig gez. K 14.

alc) Schloß Rheydt

				EF	MeF	MiF
1028	60 (Pf)	dunkelrosakarmin ▨	alc			
A		vierseitig gezähnt Bdr. (14. 11. 1979)				
I		(B) (R)		2,—	10,—	1,—
		Ldr. (1987) (R)		5,—	12,—	4,—
C I		oben geschnitten, Bdr. (Okt. 1980) (MH)		18,—	30,—	15,—
D I		unten geschnitten, Bdr. (Okt. 1980) (MH)		18,—	30,—	15,—

Unterscheidungsmerkmale Bdr. und Ldr. siehe bei MiNr. 913–920.

Weitere Ausgaben „Burgen und Schlösser": MiNr. 913–920, 995–999, 1037–1038, 1139–1143

Bildgleiche Marke mit zusätzlicher Inschrift „BERLIN" siehe Berlin (West) MiNr. 611.

1979, 14. Nov. 100. Geburtstag von Paul Klee. ✍ Schall; RaTdr.; gez. K 13¾:14.

ald) Vogelgarten; Aquarell von P. Klee (1879–1940), Maler und Grafiker

1029	90 (Pf)	mehrfarbig	ald	10,—	25,—	2,50

1979, 14. Nov. Doctor Johannes Faust. ✍ Burkert; Odr.; gez. K 14:13¾.

ale) Dr. J. Faust (um 1480 bis um 1539) mit Homunculus, Mephistopheles; Holzschnitt (1616)

1030	60 (Pf)	mehrfarbig	ale	3,—	12,—	1,50

1979, 14. Nov. Energie sparen. ✍ v. Mannstein; Odr.; gez. K 13:13¼.

alf) Glühlampe zur Hälfte abgedunkelt

1031	40 (Pf)	mehrfarbig	alf	2,50	10,—	1,25

1979, 14. Nov. Weihnachten. ✍ Steiner; Odr.; gez. K 14.

alg) Die Geburt Christi; Detail der Initiale „P" aus einer Handschrift der ehemaligen Zisterzienserabtei Altenberg (16. Jh.)

1032	60 + 30 (Pf)	mehrfarbig	alg	16,—	24,—	4,—

1980

1980, 10. Jan. 100. Todestag von Anselm Feuerbach. Ⓖ Schall, Odr.; gez. K 14.

alh) Iphigenie (Detail); Gemälde von A. Feuerbach (1829–1880)

			EF	MeF	MiF
1033	50 (Pf)	mehrfarbig .... alh	2,50	10,—	1,50

1980, 10. Jan. 25 Jahre Zugehörigkeit zur NATO. Ⓖ Börnsen; Odr.; gez. K 14.

ali) Flaggen der NATO und ihrer Mitgliedstaaten

1034	100 (Pf)	mehrfarbig .... ali	6,—	20,—	3,50

1980, 10. Jan. 1200 Jahre Stadt und Bistum Osnabrück. Ⓖ Rohse; komb. StTdr. und Odr.; gez. K 14.

alk) Rathaus, Kirche St. Marien, Dom St. Peter

			EF	MeF	MiF
1035	60 (Pf)	mehrfarbig .... alk	3,—	12,—	1,50

1980, 10. Jan. 500. Geburtstag von Götz von Berlichingen. Ⓖ Jacki; Odr.; gez. K 13¾:14.

all) Götz von Berlichingen (1480–1562), Reichsritter; Glasbild im Schloßmuseum Jagsthausen

1036	60 (Pf)	mehrfarbig .... all	3,—	12,—	1,50

1980, 4. Febr./1990. Freimarken: Burgen und Schlösser (IV). Ⓖ Schillinger; I = Bdr., II = Ldr.; Bogen (B), Markenheftchen (MH) und Rollen (R); A = vierseitig, C und D = dreiseitig gez. K 14.

alm) Renaissance-Schloß Wolfsburg

aln) Wasserschloß Inzlingen

				EF	MeF	MiF
1037	A I	40 (Pf)	dunkelbraun, vierseitig gezähnt, Bdr. (14. 2. 1980) (B) (R) .... alm	2,—	10,—	1,—
1038		50 (Pf)	gelblichgrün GA .... aln			
	A I		vierseitig gezähnt, Bdr. (14. 2. 1980) (B) (R)	2,—	6,—	1,—
	A II		vierseitig gezähnt, Ldr. (1987) (R)	6,—	12,—	3,50
	C I		oben geschnitten, Bdr. (April 1980) (MH)	3,50	8,—	2,—
	C II		oben geschnitten, Ldr. (1990) (MH)	3,—	7,—	1,75
	D I		unten geschnitten, Bdr. (April 1980) (MH)	3,50	8,—	2,—
	D II		unten geschnitten, Ldr. (1990) (MH)	3,—	7,—	1,75

Unterscheidungsmerkmale Bdr. und Ldr. siehe bei MiNr. 913–920.

Weitere Ausgaben „Burgen und Schlösser": MiNr. 913–920, 995–999, 1028, 1139–1143

Bildgleiche Marken mit zusätzlicher Inschrift „BERLIN" siehe Berlin (West) MiNr. 614–615

1980, 14. Febr. 100 Jahre Rechtschreiblexikon von Konrad Duden (1829–1911), Gymnasiallehrer. Ⓖ Froitzheim; Odr.; gez. K 14.

alo) Textauszüge aus Duden von 1880 und 1980

			EF	MeF	MiF
1039	60 (Pf)	mehrfarbig .... alo	3,—	12,—	1,50

Briefpreise für Marken ab MiNr. 576 gelten stets für Verwendungen innerhalb der zum Zeitpunkt ihrer Ausgabe aktuellen oder der nächstfolgenden Tarifperiode, jedoch immer für Stempeldaten vor dem 1. Juli 1993. Die Tarifperioden sind in den Portotabellen angegeben.

1980, 10. April. Jugend: Luftfahrt. Ⓖ Haase; Odr.; gez. K 14.

alp) Segelflugzeug fs 24 „Phönix" (1957)

alr) Verkehrsflugzeug Lockheed „Super Constellation" (1950)

als) Verkehrsflugzeug Airbus A 300 (1972)

alt) Verkehrsflugzeug Boeing 747 „Jumbo-Jet" (1969)

			EF	MeF	MiF
1040	40 + 20 (Pf)	mehrfarbig ..... alp	9,—	15,—	3,—
1041	50 + 25 (Pf)	mehrfarbig ..... alr	15,—	18,—	4,—
1042	60 + 30 (Pf)	mehrfarbig ..... als	16,—	24,—	5,—
1043	90 + 45 (Pf)	mehrfarbig ..... alt	18,—	30,—	6,—

1980, 10. April. 100 Jahre Deutscher Verein für öffentliche und private Fürsorge (D.V.f.ö.u.p.F.). Ⓔ Blase; Odr.; gez. K 14.

alu) Inschrift, Signets der Mitgliedsverbände

			EF	MeF	MiF
1044	60 (Pf)	mehrfarbig . . . . alu	3,—	12,—	1,25

🟦 MiNr. 1044 auf nicht fluoreszierendem Papier, grobe Linienzähnung. ✉ —.—

1980, 10. April. 800. Jahrestag des Reichstages zu Gelnhausen. Ⓔ Walter; Odr.; gez. K 13¾:14.

alv) Friedrich I. Barbarossa (um 1125–1190), deutscher König, Kaiser des Heiligen Römischen Reiches, mit seinen Söhnen; Miniatur aus der Welfenchronik (12. Jh.)

| **1045** | 60 (Pf) | mehrfarbig . . . . alv | 3,— | 12,— | 1,25 |

1980, 8. Mai. Sporthilfe. Ⓔ Hoch; RaTdr.; gez. K 14.

alw) Fußball   alx) Dressurreiten   aly) Skilanglauf

1046	50 + 25 (Pf)	mehrfarbig . . . . . alw	15,—	18,—	4,—
1047	60 + 30 (Pf)	mehrfarbig . . . . . alx	16,—	24,—	4,—
1048	90 + 45 (Pf)	mehrfarbig . . . . . aly	18,—	30,—	6,50

1980, 8. Mai. Europa: Bedeutende Persönlichkeiten. Ⓔ v. Janota-Bzowski; Odr.; gez. K 13¾:14.

alz) Hl. Albertus Magnus, Graf von Bollstädt (um 1193–1280), Bischof und Gelehrter

ama) Gottfried Wilhelm Leibniz (1646–1716), Philosoph, Universal-Gelehrter

| **1049** | 50 (Pf) | mehrfarbig GA . . . . . alz | 2,50 | 10,— | 1,— |
| **1050** | 60 (Pf) | mehrfarbig . . . . . ama | 2,— | 12,— | 1,— |

1980, 8. Mai. 450 Jahre Augsburger Bekenntnis (Confessio Augustana). Ⓔ Schillinger; Odr.; gez. K 13¾:14.

amb) Verlesung der Confessio Augustana vor Karl V. auf dem Reichstag zu Augsburg 1530; Stich (1630)

| **1051** | 50 (Pf) | mehrfarbig . . . . amb | 2,50 | 10,— | 1,— |

1980, 8. Mai. Naturschutzgebiete. Ⓔ Schillinger; RaTdr.; gez. K 14.

amc) Naturschutzgebiet

| **1052** | 40 (Pf) | mehrfarbig . . . . amc | 2,50 | 6,— | 1,25 |

1980, 10. Juli. Internationaler Kongreß für Erziehung und Bildung Hörgeschädigter, Hamburg. Ⓔ Poell; komb. Odr. und Prägedruck; gez. K 14.

amd) Ohr, Impulszeichen eines Geräusch-Oszillogramms

			EF	MeF	MiF
1053	90 (Pf)	mehrfarbig . . . . amd	10,—	25,—	2,50

1980, 10. Juli. 250. Ausgabe des Losungsbuches der Brüdergemeine. Ⓔ Steiner; Odr.; gez. K 14.

ame) Erstes gedrucktes Losungsbuch (1731)

| **1054** | 50 (Pf) | mehrfarbig . . . . ame | 2,50 | 10,— | 1,25 |

1980, 10. Juli. 1500. Geburtstag des hl. Benedikt von Nursia. Ⓔ v. Janota-Bzowski. Odr.; gez. K 13:13¾.

amf) Hl. Benedikt von Nursia (480–547), italien. Ordensgründer, Schutzpatron Europas

| **1055** | 50 (Pf) | mehrfarbig . . . . amf | 2,50 | 10,— | 1,25 |

1980, 14. Aug. 200. Geburtstag von Dr. Friedrich Joseph Haass (1780–1853), Arzt. Ⓔ Aretz; komb. StTdr. und Odr.; gez. K 14:13¾.

amg) Hand

| **1056** | 60 (Pf) | mehrfarbig . . . . amg | 3,— | 12,— | 1,25 |

1980, 14. Aug. 150. Geburtstag von Marie Freifrau von Ebner-Eschenbach. Ⓔ Wiese; RaTdr. (10×5); gez. K 13¾:14.

amh) M. Freifrau von Ebner-Eschenbach (1830–1916), österreich. Schriftstellerin

| **1057** | 60 (Pf) | rotschwarz/lebhaft-rötlichorange . . . . . amh | 3,— | 12,— | 1,25 |

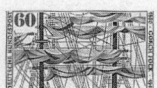

1980, 14. Aug. 100. Geburtstag von Johann Kinau, Pseudonym Gorch Fock (1880–1916), Schriftsteller. Ⓔ Jacki; Odr.; gez. K 14.

ami) Gereffte Segel und Takelage

| **1058** | 60 (Pf) | mehrfarbig . . . . ami | 3,— | 12,— | 1,25 |

MICHEL-Rundschau

zwölfmal im Jahr aktuelle Informationen für den Philatelisten. Mit einem Abonnement können Sie auch diesen Katalog auf dem laufenden halten!

Bundesrepublik Deutschland

Nicht ausgegeben:

1980. Olympische Sommerspiele, Moskau. ⊠ Jacki; Odr.; gez. K 14.

amj) Olympia-Fahne

			EF	MeF	MiF
XIII	60 + 30 (Pf) mehrfarbig....... amj		—,—		100000,—

MiNr. XIII war eine vorbereitete, wegen des westlichen Olympia-Boykotts aber nicht amtlich ausgegebene Marke. Einige Vorlagestücke für den Postminister wurden versehentlich zur Frankatur benutzt.

1980, 9. Okt. Wohlfahrt: Gefährdete Ackerwildkräuter. ⊠ Schillinger; Odr.; gez. K 13¾.

amk) Hornköpfchen (Ceratocephalus falcatus)

aml) Ranken-Platterbse (Lathyrus aphaca)
amm) Kornrade (Agrostemma githago)
amn) Träubelhyazinthe (Muscari comosum)

1059	40 + 20 (Pf)	mehrfarbig..... amk	9,—	15,—	3,—
1060	50 + 25 (Pf)	mehrfarbig..... aml	15,—	18,—	4,—
1061	60 + 30 (Pf)	mehrfarbig..... amm	16,—	24,—	4,—
1062	90 + 45 (Pf)	mehrfarbig..... amn	18,—	30,—	6,—

1980, 9. Okt. Zwei Jahrtausende Weinbau in Mitteleuropa. ⊠ Poell; Odr.; gez. K 14.

amo) Anbau, Ernte und Veredelung des Weines; Holzschnitt aus dem Lehrbuch „Rucelia commoda" (1309) von Petrus de Crescentiis (um 1230 bis 1310?), italien. Schriftsteller

1063	50 (Pf)	mehrfarbig....... amo	2,50	10,—	1,25

1980, 9. Okt. 100. Jahrestag der Vollendung des Kölner Doms. ⊠ Steiner; Odr.; gez. K 13¾:14.

amp) Einfügung des Schlußsteins in die Südturm-Kreuzblume des Kölner Doms

1064	60 (Pf)	mehrfarbig....... amp	3,—	12,—	1,25

1980, 13. Nov. Kongreß des Internationalen Philatelistenverbandes (FIP), Essen. ⊠ Schillinger; Odr.; gez. K 13¾.

amr) Posthausschild, Altheim/Saar (1754)

1065	60 + 30 (Pf)	mehrfarbig.... amr	8,—	30,—	3,—

1980, 13. Nov. Weihnachten. ⊠ Stelzer; Odr.; gez. K 13¾.

ams) Geburt Christi; aus Handschrift aus Altomünster (frühes 12. Jh.)

			EF	MeF	MiF
1066	60 + 30 (Pf)	mehrfarbig..... ams	15,—	24,—	4,—

1980, 13. Nov. 500. Geburtstag von Albrecht Altdorfer. ⊠ Steiner; komb. StTdr. und Odr.; gez. K 14.

amt) Landschaft mit den zwei Fichten; Radierung von A. Altdorfer (1480–1538), Maler, Zeichner, Kupferstecher, Baumeister

1067	40 (Pf)	mehrfarbig........ amt	2,50	10,—	1,25

MiNr. 1068–1081 fallen aus.

1981

1981, 15. Jan. 100. Geburtstag von Elly Heuss-Knapp. ⊠ v. Janota-Bzowski; RaTdr.; gez. K 13¾:14.

amv) E. Heuss-Knapp (1881–1952), Sozial- und Kulturpolitikerin, Gründerin des Deutschen Müttergenesungswerkes

1082	60 (Pf)	mehrfarbig .... amv	3,—	12,—	1,25

1981, 15. Jan. Internationales Jahr der Behinderten. ⊠ Löffelhardt; Odr.; gez. K 14.

amw) Behinderter und Gesunde gehen aufeinander zu

1083	60 (Pf)	mehrfarbig....... amw	3,—	12,—	1,25

1981, 15. Jan. Europäische Denkmalschutzkampagne „Renaissance der Städte". ⊠ Rohse; komb. StTdr. und Odr.; gez. K 14.

amx) Stadtbild

1084	60 (Pf)	mehrfarbig....... amx	3,—	12,—	1,25

1981, 12. Febr. 300. Geburtstag von Georg Philipp Telemann. ⊠ v. Janota-Bzowski; RaTdr.; gez. K 14:13¾.

amy) G. P. Telemann (1681–1767), Komponist

1085	60 (Pf)	mehrfarbig....... amy	3,—	12,—	1,25

Bundesrepublik Deutschland

1981, 12. Febr. Integration ausländischer Arbeitnehmerfamilien. ⌧ Ade; Odr.; gez. K 14.

amz) Deutsche Familie besucht Ausländerfamilie

				EF	MeF	MiF
1086	50 (Pf)	mehrfarbig .... amz		2,50	10,—	1,25

1981, 12. Febr. Umweltschutz. ⌧ Schillinger; Odr.; gez. K 13¾.

ana) Schmetterling, Fisch und Zweig, zum Teil durch schädliche Umwelteinflüsse zerstört

1087	60 (Pf)	mehrfarbig .... ana	3,50	12,—	1,50

1981, 12. Febr. Europäisches Patentamt, München. ⌧ Poell; Odr.; gez. K 14.

anb) Emblem

1088	60 (Pf)	mehrfarbig .... anb	3,—	12,—	1,25

1981, 12. Febr. Gesundheit durch Vorsorge gegen den Krebs. ⌧ Götzinger; Odr.; gez. K 13:13¼.

anc) Szintigramm eines gesunden Menschen

1089	40 (Pf)	mehrfarbig .... anc	2,50	10,—	1,25

1981, 10. April. Jugend: Optische Instrumente. ⌧ Schillinger; Odr.; gez. K 13¾.

and) Borda-Kreis (um 1800)

ane) Spiegelfernrohr (um 1770)
anf) Binokularmikroskop (um 1860)
ang) Oktant (1775)

1090	40 + 20 (Pf)	mehrfarbig .... and	10,—	17,—	4,—
1091	50 + 25 (Pf)	mehrfarbig .... ane	16,—	20,—	5,—
1092	60 + 30 (Pf)	mehrfarbig ..... anf	16,—	24,—	5,—
1093	90 + 45 (Pf)	mehrfarbig .... ang	18,—	30,—	6,—

Zum besseren Gebrauch des Kataloges empfehlen wir, die Einleitung zu lesen.

1981, 10. April. Sporthilfe. ⌧ Aretz; Odr.; gez. K 14.

anh) Rudern – Doppelvierer
ani) Segelfliegen

			EF	MeF	MiF
1094	60 + 30 (Pf)	mehrfarbig .... anh	16,—	24,—	4,—
1095	90 + 45 (Pf)	mehrfarbig ..... ani	18,—	30,—	6,—

1981, 7. Mai. Europa: Folklore. ⌧ v. Janota-Bzowski; Odr. (10×5); gez. K 13¾:14.

ank) Tanzpaar in Schwarzwälder Tracht
anl) Tanzpaar in friesischer Tracht

1096	50 (Pf)	mehrfarbig .... ank	2,50	10,—	1,—
1097	60 (Pf)	mehrfarbig .... anl	2,50	12,—	1,—

1981, 7. Mai. Deutscher Evangelischer Kirchentag, Hamburg. ⌧ Jacki; RaTdr; gez. K 14.

anm) Linien, Zeichen des Kirchentags

1098	50 (Pf)	mehrfarbig .... anm	2,50	10,—	1,25

1981, 7. Mai. 450. Todestag von Tilman Riemenschneider. ⌧ Wiese; Odr.; gez. K 13¾:14.

ann) Kriegsknechte unter dem Kreuz; Gruppe aus einem Kreuzigungsaltar (um 1485/90) von T. Riemenschneider (1460–1531). Bildhauer und Bildschnitzer

1099	60 (Pf)	mehrfarbig .... ann	3,—	12,—	1,50

1981, 16. Juli. Polarforschung. ⌧ Blumenstein; Odr.; gez. K 13¾:14.

ano) Deutsche Antarktis-Winterforschungsstation „Georg von Neumayer"

1100	110 (Pf)	mehrfarbig .... ano	25,—	60,—	3,—

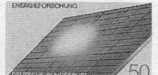

1981, 16. Juli. Energieforschung. ⌧ Jünger; Odr.; gez. K 14.

anp) Fotovoltaischer Solargenerator

1101	50 (Pf)	mehrfarbig .... anp	2,50	10,—	1,25

1981, 16. Juli. Tierschutz. ✦ de Vries; Odr.; gez. K 14:13¾.

anr) Bläßhuhn-Küken (Fulica atra juv.)

			EF	MeF	MiF
1102	60 (Pf)	mehrfarbig .... anr	3,50	14,—	1,75

1981, 16. Juli. Entwicklungszusammenarbeit. ✦ Ade; Odr.; gez. K 14.

ans) Hände unterschiedlicher Hautfarbe stützen sich gegenseitig

| 1103 | 90 (Pf) | mehrfarbig .... ans | 8,— | 17,— | 2,50 |

1981, 13. Aug. 150. Geburtstag von Wilhelm Raabe. ✦ Wiese; komb. StTdr. und Odr.; gez. K 14:13¾.

ant) W. Raabe (1831–1910), Dichter und Erzähler

| 1104 | 50 (Pf) | schwärzlichgrün/ gelblichgrün ...... ant | 2,50 | 10,— | 1,25 |

1981, 13. Aug. Grundgedanken der Demokratie (I): Grundgesetz. ✦ Jacki; Odr. (5×10); gez. K 14.

anu   anv   anw

anu–anw) Artikel 20 des Grundgesetzes: Rechtsstaatlichkeit, Gewaltenteilung, Volkssouveränität

1105	40 (Pf)	mehrfarbig .... anu	2,50	10,—	1,—
1106	50 (Pf)	mehrfarbig .... anv	2,50	10,—	1,—
1107	60 (Pf)	mehrfarbig .... anw	3,—	12,—	1,50

Weitere Ausgaben „Grundgedanken der Demokratie": MiNr. 1156 bis 1160 (Bl. 18), 1194, 1230, 1266, 1287–1289 (Bl. 20), 1789

1981, 8. Okt. Wohlfahrt: Gefährdete Moor-, Sumpfwiesen- und Wasserpflanzen. ✦ Schillinger; Odr.; gez. K 13¾.

anx) Wassernuß (Trapa natans)

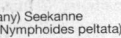

any) Seekanne (Nymphoides peltata)   anz) Wasserfeder (Hottonia palustris)   aoa) Wasserlobelie (Lobelia dortmanna)

1108	40 + 20 (Pf)	mehrfarbig .... anx	8,—	15,—	2,50
1109	50 + 25 (Pf)	mehrfarbig..... any	13,—	16,—	3,—
1110	60 + 30 (Pf)	mehrfarbig..... anz	16,—	24,—	4,—
1111	90 + 45 (Pf)	mehrfarbig .... aoa	20,—	32,—	7,—

1981, 8. Okt. Tag der Briefmarke. ✦ v. Janota-Bzowski; Odr.; gez. K 13¾.

aob) Szene an einer Poststation (um 1855)

			EF	MeF	MiF
1112	60 (Pf)	mehrfarbig........ aob	3,50	14,—	1,50

1981, 12. Nov. Weihnachten. ✦ Froitzheim; Odr.; gez. K 13¾.

aoc) Geburt Christi; Hinterglasmalerei (um 1840) aus Sand (Oberösterreich)

| 1113 | 60 + 30 (Pf) | mehrfarbig .... aoc | 16,— | 24,— | 4,— |

1981, 12. Nov. 750. Todestag der hl. Elisabeth. ✦ Lederbogen; Odr.; gez. K 13¾.

aod) Hl. Elisabeth (1207–1231). Landgräfin von Thüringen; Detail aus der Tafel 16 des Lübecker Elisabeth-Zyklus

| 1114 | 50 (Pf) | mehrfarbig........ aod | 2,50 | 10,— | 1,25 |

1981, 12. Nov. 150. Todestag von Carl von Clausewitz. ✦ v. Janota-Bzowski; RaTdr.; gez. K 13¾:14.

aoe) C. von Clausewitz (1780–1831), preußischer General und Philosoph

| 1115 | 60 (Pf) | mehrfarbig .... aoe | 3,— | 12,— | 1,50 |

1981, 12. Nov. 100 Jahre Sozialversicherung. ✦ von Mannstein; RaTdr.; gez. K 14.

aof) Menschen bilden die Zahl 100

| 1116 | 60 (Pf) | mehrfarbig .... aof | 3,— | 12,— | 1,25 |

1981, 12. Nov. 20 Jahre Antarktis-Vertrag. ✦ Jünger; Odr.; gez. K 13¾:14.

aog) Südpolkarte; Emblem des Antarktis-Vertrages

| 1117 | 100 (Pf) | mehrfarbig .... aog | 5,— | 18,— | 2,— |

Mit MICHEL immer gut informiert

1982

1982, 13. Jan. 300. Geburtstag von Johann Friedrich Böttger (1682–1719), Alchimist. ⌧ Jacki; Odr.; gez. K 13¾:14.

aoh) Porzellantopf mit Reliefdekor (um 1715)

| 1118 | 60 (Pf) | mehrfarbig | aoh | 3,— | 12,— | 1,50 |

1982, 13. Jan. Energiesparen. ⌧ Jünger; Odr.; gez. K 14.

aoi) Isolierte Wand (stilis.)

| 1119 | 60 (Pf) | mehrfarbig | aoi | 3,— | 12,— | 1,50 |

1982, 13. Jan. Die Bremer Stadtmusikanten. v. Janota-Bzowski; Odr.; gez. K 13¾:14.

aok) Die Bremer Stadtmusikanten; Scherenschnitt von Dora Brandenburg-Polster

| 1120 | 40 (Pf) | lebhaftrot/schwarz | aok | 2,50 | 10,— | 1,50 |

1982, 18. Febr. 150. Todestag von Johann Wolfgang von Goethe. ⌧ v. Janota-Bzowski; RaTdr.; gez. K 14:13¾.

aol) J. W. von Goethe (1749–1832), Dichter; Gemälde von Georg Melchior Kraus (1737–1806)

| 1121 | 60 (Pf) | mehrfarbig | aol | 3,— | 12,— | 1,50 |

1982, 18. Febr. 100. Jahrestag der Entdeckung des Tuberkulose-Erregers durch Robert Koch. ⌧ Langer-Rosa und Langer. RaTdr.; gez. K 14.

aom) R. Koch (1843–1910), Bakteriologe, Nobelpreis 1905

| 1122 | 50 (Pf) | mehrfarbig | aom | 2,50 | 10,— | 1,25 |

1982, 15. April. Jugend: Historische Kraftfahrzeuge. ⌧ Schillinger; Odr.; gez. K 14.

aon) Benz-Patent-Motorwagen (1886)

aoo) Mercedes-Tourenwagen (1924)*
aop) Hanomag-Kommißbrot (1925)
aor) Opel-Olympia (1937)

* Die Baujahr-Angabe (1913) auf der Marke ist falsch!

				EF	MeF	MiF
1123	40 + 20 (Pf)	mehrfarbig	aon	9,—	15,—	3,—
1124	50 + 25 (Pf)	mehrfarbig	aoo	13,—	16,—	3,50
1125	60 + 30 (Pf)	mehrfarbig	aop	15,—	22,—	4,—
1126	90 + 45 (Pf)	mehrfarbig	aor	20,—	32,—	7,—

1982, 15. April. Sporthilfe: Breitensport, Behindertensport. ⌧ Buschfeld; Odr.; gez. K 14.

aos) Dauerlauf   aot) Bogenschießen

| 1127 | 60 + 30 (Pf) | mehrfarbig | aos | 16,— | 24,— | 4,— |
| 1128 | 90 + 45 (Pf) | mehrfarbig | aot | 18,— | 30,— | 6,— |

1982, 15. April. 150. Geburtstag von Wilhelm Busch. ⌧ Froitzheim; Odr.; gez. K 13¾:14.

aou) Die fromme Helene: Zeichnung von W. Busch (1832–1908), Maler, Zeichner, Dichter

| 1129 | 50 (Pf) | mehrfarbig | aou | 2,50 | 10,— | 1,50 |

1982, 5. Mai. Europa: Historische Ereignisse. ⌧ Blase; Odr.; gez. K 14.

aov) Zug auf das Schloß Hambach; 150 Jahre Hambacher Fest
aow) Vertragstext (Auszug); 25 Jahre Römische Verträge

| 1130 | 50 (Pf) | mehrfarbig | aov | 2,50 | 10,— | 1,— |
| 1131 | 60 (Pf) | mehrfarbig GA | aow | 2,50 | 12,— | 1,50 |

1982, 5. Mai. 100 Jahre Kieler Woche. ⌧ Börnsen; Odr.; gez. K 14.

aox) Segelregatta

| 1132 | 60 (Pf) | mehrfarbig | aox | 2,50 | 12,— | 1,25 |

1982, 5. Mai. 100 Jahre Gesamtverband der Christlichen Vereine Junger Männer (CVJM). ⌧ Steiner; Odr.; gez. K 14.

aoy) Junges Paar

| 1133 | 50 (Pf) | mehrfarbig | aoy | 2,50 | 10,— | 1,25 |

Mehr wissen mit MICHEL

1982, 16. Juni/15. Juli. Freimarken: Industrie und Technik (III). Gerstetter (MiNr. 1134), Fuchs (MiNr. 1135), Knoblauch und Beer (MiNr. 1136, 1137) und Falz (MiNr. 1138); StTdr.; gez. K 14.

 aoz) Farbfernsehkamera
 apa) Brauanlage
 air) Löffelbagger
 ait) Flughafen Frankfurt/Main
 apb) Magnetbahn

				EF	MeF	MiF
1134	110 (Pf)	dunkelgraupurpur (16. Juni)	aoz	20,—	60,—	2,50
1135	130 (Pf)	dunkelmagenta (16. Juni)	apa	6,—	30,—	2,50
1136	190 (Pf)	lebhaftgelbbraun (15. Juli)	air	20,—	80,—	3,50
1137	250 (Pf)	schwärzlichgelbsmaragdgrün (15. Juli) GA	ait	25,—	60,—	6,—
1138	300 (Pf)	dunkelbraunoliv (16. Juni) GA	apb	25,—	70,—	8,—

Weitere Werte „Industrie und Technik": MiNr. 846–859, 990–994

Bildgleiche Marken mit zusätzlicher Inschrift „BERLIN" siehe Berlin (West) MiNr. 668–672.

1982, 16. Juni/1987. Freimarken: Burgen und Schlösser (VI). Schillinger; I = Bdr.; II = Ldr.; Bogen (B), Markenheftchen (MH) und Rollen (R); A = vierseitig, C und D = dreiseitig gez. K 14.

 apc) Schloß Lichtenstein
 apd) Schloß Wilhelmsthal
 ape) Schloß Charlottenburg, Berlin
 apf) Schloß Ahrensburg
 apg) Schloß Herrenhausen

1139	35 (Pf)	lebhaftbraunrot	apc			
A I		vierseitig gezähnt, Bdr. (16. 6. 1982) (B) (R)		8,—	6,—	1,—
1140	80 (Pf)	oliv GA	apd			
A		vierseitig gezähnt				
I		Bdr. (16. 6. 1982) (B) (R)		2,—	10,—	1,25
II		Ldr. (1987) (R)		7,—	22,—	4,—
C I		oben geschnitten, Bdr. (Juni 1982) (MH)		6,—	20,—	4,—
D I		unten geschnitten, Bdr. (Juni 1982) (MH)		6,—	20,—	4,—
1141	120 (Pf)	violett	ape			
A I		vierseitig gezähnt, Bdr. (15. 7. 1982) (B) (R)		7,—	60,—	1,50
1142	280 (Pf)	lebhaftkobaltblau	apf			
A I		vierseitig gezähnt, Bdr. (15. 7. 1982) (B) (R)		8,—	20,—	5,—
1143	300 (Pf)	lebhaftbräunlichrot	apg			
A I		vierseitig gezähnt, Bdr. (16. 6. 1982) (B) (R)		25,—	60,—	5,—
A II		vierseitig gezähnt, Ldr. (1987) (R)		35,—	85,—	15,—

Senkrechtes Paar (C/D) siehe bei MH 24.

Weitere Ausgaben „Burgen und Schlösser": MiNr. 913–920, 995–999, 1028, 1037 und 1038

Bildgleiche Marken mit zusätzlicher Inschrift „BERLIN" siehe Berlin (West) MiNr. 673–677.

1982, 15. Juli. Verhütung der Verschmutzung des Meeres. Göttner; Odr.; gez. K 14.

aph) Meer mit markiertem Schmutzfleck

				EF	MeF	MiF
1144	120 (Pf)	mehrfarbig	aph	12,—	80,—	2,—

1982, 15. Juli. 25 Jahre Deutsches Aussätzigen-Hilfswerk (DAH). Haase; Odr.; gez. K 14:13¾.

apk) Arzt behandelt Leprakranken

				EF	MeF	MiF
1146	80 (Pf)	mehrfarbig	apk	3,—	9,—	1,50

1982, 15. Juli. Kein Alkohol im Straßenverkehr. Gamroth; RaTdr.; gez. K 14.

api) Verbeultes Nummernschild

1145	80 (Pf)	mehrfarbig	api	3,—	9,—	1,50

1982, 12. Aug. 100. Geburtstag von James Franck und Max Born. Walter; komb. StTdr. und Odr.; gez. K 14:13¾.

apl) J. Franck (1882–1964) und Max Born (1882–1970), Physiker, Nobelpreise 1926 bzw. 1954

1147	80 (Pf)	mehrfarbig	apl	3,—	9,—	1,50

Bundesrepublik Deutschland

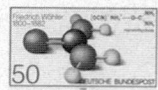

1982, 12. Aug. 100. Todestag von Friedrich Wöhler (1800–1882), Chemiker. ◨ Jünger; RaTdr.; gez. K 14.

apm) Modell des Harnstoffmoleküls, Formel der Harnstoffsynthese

			EF	MeF	MiF
1148	50 (Pf)	mehrfarbig .... apm	2,50	10,—	1,25

1982, 12. Aug. 800. Geburtstag des hl. Franz von Assisi; Deutscher Katholikentag, Düsseldorf. ◨ Steiner; Odr.; gez. K 13¾:14.

apn) Vogelpredigt des hl. Franz von Assisi (1182–1226), italien. Ordensgründer

1149	60 (Pf)	mehrfarbig .... apn	2,50	10,—	1,25

1982, 14. Okt. Wohlfahrt: Gartenrosen. ◨ Schillinger; Odr.; gez. K 13¾:14.

apo) Teehybride   app) Floribunda   apr) Bourbonrose   aps) Polyantha-Hybride

1150	50 + 20 (Pf)	mehrfarbig..... apo	9,—	15,—	3,—
1151	60 + 30 (Pf)	mehrfarbig..... app	13,—	16,—	4,—
1152	80 + 40 (Pf)	mehrfarbig..... apr	15,—	18,—	5,—
1153	120 + 60 (Pf)	mehrfarbig..... aps	20,—	110,—	7,—

1982, 14. Okt. Tag der Briefmarke. ◨ Aretz; RaTdr.; gez. K 14.

apt) Schreibtisch, Schreibutensilien

1154	80 (Pf)	mehrfarbig .... apt	3,50	10,—	1,50

1982, 14. Okt. 400 Jahre Gregorianischer Kalender. ◨ v. Janota-Bzowski; Odr.; gez. K 13¾:14.

apu) Zeitgenössische Erläuterung des Gregorianischen Kalenders durch Johannes Rasch (1586)

1155	60 (Pf)	mehrfarbig GA..... apu	2,50	10,—	1,25

1982, 10. Nov. Blockausgabe: Grundgedanken der Demokratie (II): Bundespräsidenten der Bundesrepublik Deutschland. ◨ Aretz; Odr.; gez. Ks 14:13¾.

apv) Prof. Dr. Theodor Heuss (1884–1963)
apw) Dr. h. c. Heinrich Lübke (1894–1972)
apx) Dr. Gustav Heinemann (1899–1976)
apy) Walter Scheel (*1919)
apz) Karl Carstens (1914–1992)

			EF	MeF	MiF
1156	80 (Pf)	mehrfarbig........ apv	7,50	13,—	3,50
1157	80 (Pf)	mehrfarbig .... apw	7,50	13,—	3,50
1158	80 (Pf)	mehrfarbig........ apx	7,50	13,—	3,50
1159	80 (Pf)	mehrfarbig........ apy	7,50	13,—	3,50
1160	80 (Pf)	mehrfarbig........ apz	7,50	13,—	3,50
Block 18	(130×100 mm)	.... ara	120,—	—	20,—

Weitere Ausgaben „Grundgedanken der Demokratie": MiNr. 1105–1107, 1230, 1266, 1287–1289 (Bl. 20)

1982, 10. Nov. Weihnachten. ◨ Wiese; Odr.; gez. K 13¾:14.

arb) Die Geburt Christi; Holztafel von Meister Bertram von Minden (um 1345–1415), Maler

1161	80 + 40 (Pf)	mehrfarbig..... arb	15,—	18,—	5,50

1983

1983, 13. Jan. Edith Stein. ◨ Lüdtke; Odr.; gez. K 13¾:14.

arc) E. Stein (1891–1942), Karmeliterin, Philosophin

1162	80 (Pf)	mehrfarbig........ arc	3,—	9,—	1,75

1983, 13. Jan. Verfolgung und Widerstand 1933–1945. ◨ Kern; Odr. Bagel; gez. K 14.

ard) Weiße Rose, Stacheldraht

1163	80 (Pf)	mehrfarbig .... ard	3,—	9,—	1,75

MICHEL-Rundschau
zwölfmal im Jahr aktuelle Informationen für den Philatelisten. Mit einem Abonnement können Sie auch diesen Katalog auf dem laufenden halten!

Bundesrepublik Deutschland

1983, 8. Febr. Bauhaus: 100. Geburtstag von Walter Gropius (1883 bis 1969), Architekt, Gründer der Kunstakademie Bauhaus. ✎ Nitsche; Odr.; gez. K 13¾:14.

are) Licht-Raum-Modulator (1930); kinetische Plastik von Laszlo Moholy-Nagy (1895–1946)

 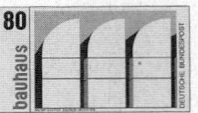

arf) Sanctuary (1942); Zink-Lithografie von Josef Albers (1888–1976)

arg) Oberlichtfenster des Bauhaus-Archivs (1979); Entwurf von Walter Gropius

			EF	MeF	MiF
1164	50 (Pf)	mehrfarbig . . . . are	3,—	10,—	1,50
1165	60 (Pf)	mehrfarbig . . . . arf	3,—	10,—	1,50
1166	80 (Pf)	mehrfarbig . . . . arg	3,—	9,—	1,50

1983, 8. Febr. Schwäbisch-alemannische Fastnacht. ✎ Steiner; Odr.; gez. K 13¾:14.

arh) „Federahannes" aus Rottweil beim Narrensprung

1167	60 (Pf)	mehrfarbig . . . . arh	2,50	10,—	1,50

1983, 12. April. Jugend: Historische Motorräder. ✎ Schillinger; Odr.; gez. K 14.

ari) Daimler-Maybach (1885)

ark) NSU (1901)   arl) Megola-Sport (1922)   arm) BMW-Weltrekordmaschine (1936)

1168	50 + 20 (Pf)	mehrfarbig . . . . . . ari	10,—	15,—	3,50
1169	60 + 30 (Pf)	mehrfarbig . . . . . ark	14,—	17,—	4,—
1170	80 + 40 (Pf)	mehrfarbig . . . . . . arl	15,—	20,—	6,—
1171	120 + 60 (Pf)	mehrfarbig . . . . . arm	22,—	120,—	8,—

1983, 12. April. Sporthilfe: Sportereignisse 1983. ✎ Rothacker; RaTdr.; gez. K 14.

arn) Deutsches Turnfest, Frankfurt am Main

aro) Weltmeisterschaft im Modernen Fünfkampf, Warendorf

1172	80 + 40 (Pf)	mehrfarbig . . . . . arn	16,—	20,—	5,—
1173	120 + 60 (Pf)	mehrfarbig . . . . . aro	24,—	120,—	8,—

1983, 12. April. Internationale Gartenbau-Ausstellung (IGA), München. ✎ Graschberger; Odr.; gez. K 14.

arp) Stilisierte Pflanze

			EF	MeF	MiF
1174	60 (Pf)	mehrfarbig . . . . arp	3,—	10,—	1,50

1983, 5. Mai Europa: Große Werke des menschlichen Geistes. ✎ Jünger; Odr.; gez. K 14.

arr) Moderne Schrifttype „A", historische Gutenberglettern; Erfindung der Buchdruckerkunst durch Johannes Gutenberg (um 1397–1468)

ars) Schwingungskreis (Hertzscher Dipol), elektrische Feldlinien; Entdeckung der elektromagnetischen Wellen durch Heinrich Hertz (1857–1894), Physiker

1175	60 (Pf)	mehrfarbig GA . . . . . arr	3,—	10,—	1,50
1176	80 (Pf)	mehrfarbig . . . . ars	3,—	9,—	1,50

1983, 5. Mai. 150. Geburtstag von Johannes Brahms. ✎ v. Janota-Bzowski; RaTdr.; gez. K 14:13¾.

art) J. Brahms (1833–1897), Komponist

1177	80 (Pf)	mehrfarbig . . . . art	3,—	9,—	1,50

1983, 5. Mai. 100. Geburtstag von Franz Kafka. ✎ Schmitz; RaTdr.; gez. K 14.

aru) Namenszug von F. Kafka (1883–1924), Schriftsteller; Teynkirche. Prag

1178	80 (Pf)	mehrfarbig . . . . aru	3,—	9,—	1,50

1983, 5. Mai. Über 450 Jahre deutsches Reinheitsgebot für Bier. ✎ Poell; Odr.; gez. K 14.

arv) Titelbild des ältesten Kommentars zum Bierbraurecht. Quedlinburg (1677)

1179	80 (Pf)	mehrfarbig . . . . arv	3,—	9,—	1,50

1983, 5. Mai. 300. Jahrestag der Einwanderung der ersten Deutschen in Amerika. ✎ Schlecht; komb. StTdr. und Odr.; gez. K 14.

arw) Einwanderer-Segelschiff „Concord" (1683)

1180	80 (Pf)	mehrfarbig . . . . arw	3,50	10,—	2,—

1983, 14. Juli. Kind und Straßenverkehr. ✎ Fromm; Odr.; gez. K 14.

arx) Polizist leitet Kinder über eine Straße

1181	80 (Pf)	mehrfarbig . . . . arx	3,—	9,—	1,50

Bundesrepublik Deutschland

1983, 14. Juli. Internationale Automobilausstellung (IAA), Frankfurt am Main. ▣ Nitsche; Odr.; gez. K 14.

ary) Moderne Auto-Silhouette

		EF	MeF	MiF
1182	60 (Pf) mehrfarbig .... ary	2,50	10,—	1,50

1983, 11. Aug. 250. Geburtstag von Christoph Martin Wieland. ▣ v. Janota-Bzowski; Odr.; gez. K 13¾:14.

arz) Chr. M. Wieland (1733–1813), Dichter

1183	80 (Pf) mehrfarbig .... arz	3,—	9,—	1,50

1983, 11. Aug. 100. Geburtstag von Otto Warburg. ▣ v. Janota-Bzowski; RaTdr.; gez. K 13¾:14.

asa) O. Warburg (1883–1970), Biochemiker, Nobelpreis 1931

1184	50 (Pf) mehrfarbig .... asa	3,—	10,—	1,50

1983, 11. Aug. Bundesrepublik Deutschland 10 Jahre Mitglied der Vereinten Nationen (UNO). ▣ Spohn; RaTdr.; gez. K 14.

asb) Rosette mit Landesfarben

1185	80 (Pf) mehrfarbig .... asb	3,—	9,—	1,75

1983, 11. Aug. 150 Jahre „Das Rauhe Haus", Hamburg. ▣ Börnsen; Odr.; gez. K 14.

asc) Johann Hinrich Wichern (1808–1881), evang. Theologe, Mitbegründer der Inneren Mission; Kinder; „Das Rauhe Haus" (1833)

1186	80 (Pf) mehrfarbig .... asc	3,—	9,—	1,75

1983, 11. Aug. Generalversammlung der Internationalen Union für Geodäsie und Geophysik (IUGG), Hamburg. ▣ Jünger; Odr.; gez. K 14.

asd) Satellit, Wetterkarte, Triangulation, Nordlichtaufnahme, Erdbebengrafik

1187	120 (Pf) mehrfarbig .... asd	9,—	70,—	2,50

1983, 13. Okt. Wohlfahrt: Gefährdete Alpenblumen. ▣ Blume; Odr.; gez. K 13¾:14.

ase) Schweizer Mannsschild (Androsace helvetica)

asf) Krainer Greiskraut (Senecio carniolicus)

asg) Fleischers Weidenröschen (Epilobium fleischeri)

ash) Alpen-Milchlattich (Cicerbita alpina)

		EF	MeF	MiF
1188	50 + 20 (Pf) mehrfarbig ..... ase	9,—	15,—	4,—
1189	60 + 30 (Pf) mehrfarbig ..... asf	13,—	16,—	4,—
1190	80 + 40 (Pf) mehrfarbig ..... asg	15,—	18,—	5,—
1191	120 + 60 (Pf) mehrfarbig ..... ash	20,—	110,—	8,—

1983, 13. Okt. Tag der Briefmarke. ▣ Steiner; Odr.; gez. K 13¾.

asi) Postreiter

1192	80 (Pf) mehrfarbig .... asi	3,50	11,—	2,50

Der größte Teil der Auflage der MiNr. 1192 ist auf Papier mit kaum erkennbarer Fluoreszenz gedruckt.

1983, 13. Okt. 500. Geburtstag von Martin Luther. ▣ v. Janota-Bzowski; Odr.; gez. K 14:13¾.

ask) M. Luther (1483–1546), Reformator

1193	80 (Pf) mehrfarbig .... ask	3,—	9,—	1,75

1983, 10. Nov. Grundgedanken der Demokratie (III): Bund, Länder und Gemeinden. ▣ Ganzenmüller; Odr.; gez. K 14.

asl) Flechtwerk in Landesfarben

1194	80 (Pf) mehrfarbig .... asl	3,—	9,—	1,75

Weitere Ausgaben „Grundgedanken der Demokratie": MiNr. 1105–1107, 1156–1160 (Bl. 18), 1230, 1266, 1287–1289 (Bl. 20)

1983, 10. Nov. 150 Jahre Deutscher Zollverein. ▣ Hoffmann; Odr.; gez. K 14.

asm) Zollstempel

1195	60 (Pf) mehrfarbig .... asm	2,50	10,—	1,50

1983, 10. Nov. Weihnachten. ▣ Steiner; Odr.; gez. K 13¾:14.

asn) Sternsinger

1196	80 + 40 (Pf) mehrfarbig ..... asn	14,—	18,—	6,—

1984

1984, 12. Jan. 2000 Jahre Stadt Trier. ▣ Rohse; komb. StTdr. und Odr. gez. K 14.

aso) Porta Nigra, Trier (erb. um 175)

1197	80 (Pf) mehrfarbig .... aso	3,—	9,—	1,75

Bundesrepublik Deutschland

1984, 12. Jan. 150. Geburtstag von Philipp Reis. v. Janota-Bzowski; Odr.; gez. K 13¾:14.

asp) Ph. Reis (1834–1874), Physiker, Erfinder des Telefons; einige seiner Apparate

			EF	MeF	MiF
1198	80 (Pf)	mehrfarbig........asp	3,—	9,—	1,50

1984, 12. Jan. 100. Todestag von Gregor Johann Mendel. Jünger; Odr.; gez. K 14.

asr) G. J. Mendel (1822–1884), mährischer Augustinermönch und Entdecker der Vererbungsgesetze; erste Mendelsche Regel

1199	50 (Pf)	mehrfarbig........asr	3,—	10,—	1,50

1984, 16. Febr. 500 Jahre Rathaus Michelstadt. Burkert; Odr.; gez. K 13¾:14.

ass) Rathaus, Michelstadt

1200	60 (Pf)	mehrfarbig........ass	2,50	10,—	1,50

1984, 16. Febr. 350 Jahre Passionsspiele Oberammergau. Jacki; RaTdr.; gez. K 14.

ast) Symbolische Darstellung der Kreuzigung

1201	60 (Pf)	mehrfarbig........ast	2,50	10,—	1,50

1984, 12. April. Jugend: Bestäuberinsekten. Nitsche; Odr.; gez. K 13¾:14.

asu) Bienenwolf (Trichodes apiarius), Kriechender Hahnenfuß (Ranunculus crepens)
asv) Admiral (Vanessa atalanta), Kohl-Kratzdistel (Cirsium oleraceum)
asw) Honigbiene (Apis mellifera), Wiesensalbei (Salvia pratensis)
asx) Schwebfliege (Chrysotoxum festivum), Gemeine Wegwarte (Chichorium intybus)

1202	50 + 20 (Pf)	mehrfarbig.....asu	10,—	16,—	4,—
1203	60 + 30 (Pf)	mehrfarbig.....asv	14,—	17,—	5,—
1204	80 + 40 (Pf)	mehrfarbig.....asw	15,—	20,—	6,—
1205	120 + 60 (Pf)	mehrfarbig.....asx	22,—	120,—	8,—

MICHEL-Abartenführer

Anleitung zur Bestimmung von Abarten, Abweichungen und Fehlern auf Briefmarken.

1984, 12. April. Sporthilfe: Olympische Sommerspiele, Los Angeles; Olympische Sommerspiele der Behinderten, New York und Illinois. Kefer und Münch; Odr.; gez. K 14.

asy) Diskuswerfen, Frauen
asz) Rhythmische Sportgymnastik – Band
ata) Segelsurfen

			EF	MeF	MiF
1206	60 + 30 (Pf)	mehrfarbig....asy	14,—	17,—	5,—
1207	80 + 40 (Pf)	mehrfarbig....asz	15,—	20,—	6,—
1208	120 + 60 (Pf)	mehrfarbig.....ata	23,—	125,—	10,—

1984, 12. April. Zweite Direktwahlen zum Europäischen Parlament. Poell; Odr.; gez. K 13¾.

atb) Emblem des Europäischen Parlaments

1209	80 (Pf)	mehrfarbig........atb	3,—	9,—	1,50

1984, 8. Mai. Europa: 25 Jahre Europäische Konferenz der Verwaltungen für das Post- und Fernmeldewesen (CEPT). Larrivière; RaTdr.; gez. K 14:13¾.

atc) Brücke

1210	60 (Pf)	mehrfarbig........atc	2,50	10,—	1,25
1211	80 (Pf)	mehrfarbig........atc	3,—	9,—	1,25

1984, 8. Mai. 850. Todestag des hl. Norbert von Xanten. Wiese; RaTdr.; gez. K 13¾:14.

atd) Hl. Norbert (um 1080–1134), Erzbischof, Stifter des Prämonstratensordens; Chorgestühl-Skulptur in der Pfarrkirche St. Verena, Rot

1212	80 (Pf)	dunkelgelblichgrün/ schwarz..........atd	3,—	9,—	1,75

1984, 8. Mai. 100. Todestag von Ludwig Richter. Langer-Rosa und Langer; StTdr.; gez. K 14:14¾.

ate) „Ghasel", Buchillustration von L. Richter (1803–1884), Maler und Zeichner

1213	60 (Pf)	dunkelrötlichbraun/ grauschwarz.......ate	2,50	10,—	1,50

1984, 8. Mai. 50 Jahre Barmer Theologische Erklärung. Schmitz; Odr.; gez. K14.

atf) Kreuz

1214	80 (Pf)	mehrfarbig........atf	3,—	9,—	1,75

Bundesrepublik Deutschland

1984, 19. Juni. Blockausgabe: Weltpostkongreß, Hamburg.
Nitsche; Odr.; gez. Ks 13¾.

atg) Briefsortierung im Hauptpostamt Berlin (um 1880)
ati) Heinrich von Stephan (1831–1897), Postfachmann, Mitbegründer des Weltpostvereins
ath) Abtastobjektiv einer automatischen Briefverteileranlage
atk

			EF	MeF	MiF
1215	60 (Pf)	mehrfarbig GA .... atg	3,—	12,—	
1216	80 (Pf)	mehrfarbig .... ath	5,—	15,—	5,—
1217	120 (Pf)	mehrfarbig .... ati	11,—	80,—	8,—
Block 19	(138×105 mm) .... atk		80,—	150,—	25,—

1984, 19. Juni. 2000 Jahre Neuss. Lederbogen; komb. StTdr. und Odr.; gez. K 14:13¾.

atl) Roßknecht mit Pferd; Ausschnitt aus der in Neuss gefundenen Grabstele des Oclatius (1. Jh.)

| 1218 | 80 (Pf) | mehrfarbig......... atl | 3,— | 9,— | 1,75 |

1984, 19. Juni. 200. Geburtstag von Friedrich Wilhelm Bessel. Schwahn; komb. StTdr. und Odr.; gez. K 14:13¾.

atm) F. W. Bessel (1784–1846), Astronom und Mathematiker

| 1219 | 80 (Pf) | mehrfarbig......... atm | 3,— | 9,— | 1,75 |

1984, 19. Juni. Deutscher Katholikentag, München. Aretz; RaTdr.; gez. K 14:13¾.

atn) Eugenio Pacelli, später Papst Pius XII. (1876–1958, Pontifikat ab 1939)

| 1220 | 60 (Pf) | mehrfarbig .... atn | 2,50 | 10,— | 1,50 |

1984, 21. Aug. 25 Jahre Deutsches Elektronen-Synchrotron (DESY), Hamburg. Nitsche; RaTdr.; gez. K 14.

ato) DESY-Forschungszentrum, Hamburg

| 1221 | 80 (Pf) | mehrfarbig .... ato | 3,— | 9,— | 1,75 |

1984, 21.Aug. 750 Jahre Rathaus Duderstadt. Monson-Baumgart; Odr.; gez. K 13¾:14.

atp) Rathaus Duderstadt

			EF	MeF	MiF
1222	60 (Pf)	mehrfarbig .... atp	2,50	10,—	1,75

1984, 21. Aug. 200. Jahrestag der Eröffnung des Schleswig-Holsteinischen Canals. Seiter; Odr.; gez. K 14.

atr) Schleuse Knoop mit Herrenhaus

| 1223 | 80 (Pf) | mehrfarbig......... atr | 3,— | 9,— | 1,75 |

1984, 21. Aug. Internationaler Archivkongreß, Bonn. v. Janota-Bzowski; Odr.; gez. K 13¾:14.

ats) Mittelalterliche Urkunde, Datensichtgerät

| 1224 | 70 (Pf) | mehrfarbig .... ats | 10,— | 25,— | 1,50 |

1984, 18. Okt. Wohlfahrt: Orchideen. Jacki; Odr.; gez. K 14:13¾.

att) Ohnhorn (Aceras anthropophorum)
atu) Brand-Knabenkraut (Orchis ustulata)
atv) Violetter Dingel (Limodorum abortivum)
atw) Holunder-Knabenkraut (Dactylorhiza sambucina)

1225	50 + 20 (Pf)	mehrfarbig ..... att	3,—	15,—	4,—
1226	60 + 30 (Pf)	mehrfarbig ..... atu	13,—	16,—	4,—
1227	80 + 40 (Pf)	mehrfarbig ..... atv	15,—	18,—	5,—
1228	120 + 60 (Pf)	mehrfarbig ..... atw	22,—	110,—	10,—

1984, 18. Okt. Tag der Briefmarke. Fischer-Nosbisch; Odr.; gez. K 14.

atx) Posthaus der Kaiserlich Taxisschen Post, Augsburg (16. Jh.)

| 1229 | 80 (Pf) | mehrfarbig .... atx | 3,— | 9,— | 1,75 |

1984, 8. Nov. Grundgedanken der Demokratie (IV): Gleichberechtigung von Mann und Frau. Tröger; RaTdr.; gez. K 14:13¾.

aty) Mit Paragraph und Gleichheitszeichen verbundene Geschlechtssymbole

| 1230 | 80 (Pf) | mehrfarbig .... aty | 3,— | 9,— | 1,50 |

Weitere Ausgaben „Grundgedanken der Demokratie": MiNr. 1105–1107, 1156–1160 (Bl. 18), 1194, 1266, 1287–1289 (Bl. 20).

Bundesrepublik Deutschland

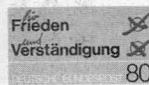

1984, 8. Nov. Für Frieden und Verständigung. ✉ Ludwig; Odr.; gez. K 14.

atz) Symbolischer Stimmzettel

			EF	MeF	MiF
1231	80 (Pf)	mehrfarbig .... atz	3,—	9,—	1,75

1984, 8. Nov. Anti-Raucher-Kampagne. ✉ Vogel; Odr. Bagel; gez. K 14.

aua) Brennendes Zündholz

1232	60 (Pf)	mehrfarbig .... aua	2,50	10,—	1,50

1984, 8. Nov. Weihnachten. ✉ Steiner; Odr.; gez. K 14:13¾.

aub) Hl. Martin (316/7–397), Bischof und Asket

1233	80 + 40 (Pf)	mehrfarbig .... aub	15,—	18,—	5,—

1985

1985, 10. Jan. 2000 Jahre Augsburg. ✉ Vollbracht; Odr. Bagel; gez. K 14.

auc) Kaiser Augustus (Bronzebüste), wichtige Bauwerke Augsburgs, Stadtwappen

1234	80 (Pf)	mehrfarbig........ auc	3,—	9,—	1,50

1985, 10. Jan. 350. Geburtstag von Philipp Jakob Spener. ✉ Jacki; Odr.; gez. K 13¾:14.

aud) Ph. J. Spener (1635–1705), evangelischer Theologe

1235	80 (Pf)	schwarz/bläulich-grün............ aud	3,—	9,—	1,50

1985, 10. Jan. 200. Geburtstag der Brüder Grimm. ✉ v. Janota-Bzowski; Odr.; gez. K 14.

aue) Wilhelm Grimm (1786–1859) und Jacob Grimm (1785–1863), Germanisten, Märchenforscher; Wörterbuchmanuskript

1236	80 (Pf)	mehrfarbig........ aue	3,—	9,—	1,50

1985, 10. Jan. 100. Geburtstag von Romano Guardini. ✉ Aretz; Odr.; gez.K 14:13¾.

auf) R. Guardini (1885–1968), katholischer Theologe und Religionsphilosoph

1237	80 (Pf)	mehrfarbig........ auf	3,—	9,—	1,50

1985, 21. Febr. Sporthilfe: 100 Jahre Deutscher Keglerbund (DKB); Weltmeisterschaften im Wildwasserrennsport, Garmisch-Partenkirchen und im Kanuslalom, Augsburg. ✉ Rothacker; RaTdr.; gez. K 14.

aug) Kegeln   auh) Kanuslalom – Einer-Kajak

			EF	MeF	MiF
1238	80 + 40 (Pf)	mehrfarbig..... aug	16,—	20,—	6,—
1239	120 + 60 (Pf)	mehrfarbig..... auh	22,—	120,—	10,—

1985, 21. Febr. 1000 Jahre Markt- und Münzrechte in Verden. ✉ Steiner; Odr.; gez. K 14.

aui) Stadtansicht von Verden

1240	60 (Pf)	mehrfarbig........ aui	2,50	10,—	1,50

1985, 21. Febr. 30 Jahre Bonn-Kopenhagener Erklärungen. ✉ Jünger; Odr.; gez. K 14.

auk) Landkarte des deutsch-dänischen Grenzgebietes; Landesflaggen

1241	80 (Pf)	mehrfarbig........ auk	3,—	9,—	1,75

1985, 16. April. Jugend: Historische Fahrräder; Internationales Jahr der Jugend. ✉ Schillinger; Odr.; gez. K 14:13¾.

aul) Drais-Laufrad (1817)

aum) NSU Germania Hochrad (1886)   aun) Kreuzrahmen-Niederrad (1887)   auo) Adler-Dreirad (1888)

1242	50 + 20 (Pf)	mehrfarbig..... aul	9,—	15,—	4,—
1243	60 + 30 (Pf)	mehrfarbig..... aum	14,—	16,—	5,—
1244	80 + 40 (Pf)	mehrfarbig..... aun	15,—	18,—	6,—
1245	120 + 60 (Pf)	mehrfarbig..... auo	22,—	110,—	10,—

1985, 16. April. 225. Geburtstag von Johann Peter Hebel. ✉ v. Janota-Bzowski; Odr.; gez. K 14:13¾.

aup) J. P. Hebel (1760–1826), Heimatdichter, mit einer Markgräflerin

1246	80 (Pf)	mehrfarbig........ aup	3,—	9,—	1,50

1985, 16. April. 100. Geburtstag von Egon Erwin Kisch. ✉ Ade. Odr.; gez. K 14:13¾.

aur) E. E. Kisch (1885–1948), Journalist und Schriftsteller

1247	60 (Pf)	mehrfarbig........ aur	2,50	10,—	1,25

Bundesrepublik Deutschland

1985, 7. Mai. Europa: Europäisches Jahr der Musik. ☒ Walter; RaTdr.; gez. K 13¾:14.

aus) Georg Friedrich Händel (1685–1759), Komponist
aut) Johann Sebastian Bach (1685–1750), Komponist

			EF	MeF	MiF
1248	60 (Pf)	mehrfarbig .... aus	2,—	10,—	1,25
1249	80 (Pf)	mehrfarbig .... aut	2,50	9,—	1,50

1985, 7. Mai 750 Jahre Limburger Dom. ☒ Schillinger; Odr.; gez. K 14:13¾.

auu) St.-Georgs-Dom, Limburg a. d. Lahn

1250	60 (Pf)	mehrfarbig .... auu	2,50	10,—	1,25

1985, 7. Mai. 300. Geburtstag von Dominikus Zimmermann (1685–1766), Baumeister und Stukkateur. ☒ Nitsche; RaTdr.; gez. K 13¾:14.

auv) Säulenkapitell aus dem Presbyterium der Wieskirche

1251	70 (Pf)	mehrfarbig .... auv	10,—	25,—	1,50

1985, 7. Mai. 100. Geburtstag von Josef Kentenich. ☒ Lüdtke; Odr.; gez. K 14.

auw) J. Kentenich (1885–1968), Pallottiner-Pater, Gründer der Internat. Schönstatt-Bewegung

1252	80 (Pf)	mehrfarbig .... auw	3,—	9,—	1,50

1985, 16. Juli. Umweltschutzkampagne „Rettet den Wald". ☒ Ganzenmüller; Odr.; gez. K 13¾:14.

aux) Uhr, Wald

1253	80 (Pf)	mehrfarbig .... aux	3,—	9,—	1,50

1985, 16. Juli. Weltpfadfinderkonferenz, München. ☒ Lüdtke; Odr.; gez. K 14.

auy) Junge Pfadfinder, Emblem

1254	60 (Pf)	mehrfarbig .... auy	2,50	10,—	1,50

1985, 13. Aug. Internationale Briefmarkenausstellung MOPHILA '85, Hamburg. ☒ Schillinger; Odr.; gez. K 14.

auz) Postillion, Zugpferde
ava) Postkutsche

			EF	MeF	MiF
1255	60 + 20 (Pf)	mehrfarbig ..... auz	18,—	25,—	10,—
1256	80 + 20 (Pf)	mehrfarbig ..... ava	20,—	27,—	10,—
		Zusammendruck	40,—	65,—	22,—

MiNr. 1255–1256 wurden waagerecht zusammenhängend gedruckt.

1985, 13. Aug. 400 Jahre Frankfurter Börse. ☒ Kefer und Münch; Odr.; gez. K 14.

avb) Gebäude, Emblem

1257	80 (Pf)	mehrfarbig .... avb	3,—	9,—	1,50

1985, 13. Aug. 100. Todestag von Carl Spitzweg. ☒ Lüdtke; Odr.; gez. K 14.

avc) Sonntagsspaziergang; Gemälde von C. Spitzweg (1808–1885)

1258	60 (Pf)	mehrfarbig [GA] ..... avc	2,50	10,—	1,50

1985, 15. Okt. Wohlfahrt; Miniaturen. ☒ Börnsen; Odr.; gez. K 14.

avd

ave   avf   avg

avd–avg) Streublumen, Beeren, Vögel und Insekten nach Motiven aus den Bordüren eines mittelalterlichen Gebetbuches

1259	50 + 20 (Pf)	mehrfarbig .... avd	9,—	15,—	4,—
1260	60 + 30 (Pf)	mehrfarbig ..... ave	13,—	16,—	4,—
1261	80 + 40 (Pf)	mehrfarbig ..... avf	15,—	18,—	5,—
1262	120 + 60 (Pf)	mehrfarbig .... avg	20,—	110,—	7,50

1985, 15. Okt. 175. Geburtstag von Fritz Reuter. ☒ Steiner; Odr.; gez. K 13¾:14.

avh) F. Reuter (1810–1874), niederdeutscher Mundart-Schriftsteller

1263	80 (Pf)	mehrfarbig .... avh	3,—	9,—	1,50

1985, 12. Nov. 150 Jahre deutsche Eisenbahnen; 200. Geburtstag von Johannes Scharrer (1785–1844), Mitbegründer. ☒ Schillinger; Odr.; gez. K 14.

avi) Erste Fahrt der „Adler" von Nürnberg nach Fürth (1835) (Ludwigsbahn)

1264	80 (Pf)	mehrfarbig .... avi	3,—	9,—	1,50

Bundesrepublik Deutschland

1985, 12. Nov. 40 Jahre Eingliederung heimatvertriebener Deutscher. ▣ Przewieslik; Odr.; gez. K 13¾:14.

avk) Symbolische Darstellung

			EF	MeF	MiF
1265	80 (Pf)	mehrfarbig .... avk	3,—	9,—	1,50

1985, 12. Nov. Grundgedanken der Demokratie (V): 30 Jahre Bundeswehr. ▣ Wiese; Odr.; gez. K 14.

avl) Hoheitszeichen der Bundeswehr

| 1266 | 80 (Pf) | mehrfarbig .... avl | 3,— | 9,— | 1,50 |

Weitere Ausgaben „Grundgedanken der Demokratie": MiNr. 1105–1107, 1156–1160 (Bl. 18), 1194, 1230, 1287–1289 (Bl. 20)

1985, 12. Nov. Weihnachten: 500. Geburtstag von Hans Baldung. ▣ Lüdtke; Odr.; gez. K 13¾.

avm) Geburt Christi; Gemälde am Hochaltar des Freiburger Münsters von Hans Baldung, genannt Grien (1484/85–1545), Maler, Zeichner und Kupferstecher

| 1267 | 80 + 40 (Pf) | mehrfarbig .... avm | 15,— | 18,— | 6,— |

1986

1986, 16. Jan. 100 Jahre Automobil. ▣ Schillinger; Odr.; gez. K 14.

avn) Entwicklungsstufen des Automobils

| 1268 | 80 (Pf) | mehrfarbig .... avn | 3,— | 9,— | 1,50 |

1986, 13. Febr. Sporthilfe: Leichtathletik-Europameisterschaften, Stuttgart; Bob-Weltmeisterschaften, Königssee. ▣ Hoch; Odr.; gez. K 14.

avo) Kurzstreckenlauf   avp) Viererbob

| 1269 | 80 + 40 (Pf) | mehrfarbig ..... avo | 15,— | 18,— | 6,— |
| 1270 | 120 + 55 (Pf) | mehrfarbig ..... avp | 20,— | 110,— | 8,50 |

1986, 13. Febr. 1250 Jahre Bad Hersfeld. ▣ Lüdtke; Odr. Bagel; gez. K 14.

avr) Sehenswürdigkeiten von Bad Hersfeld

| 1271 | 60 (Pf) | mehrfarbig GA ..... avr | 2,50 | 10,— | 1,50 |

1986, 13. Febr. 100. Geburtstag von Oskar Kokoschka. ▣ Wiese; Odr.; gez. K 13¾:14.

avs) O. Kokoschka (1886–1980), österreichischer Maler, Grafiker und Dichter; Selbstporträt

			EF	MeF	MiF
1272	80 (Pf)	mehrfarbig .... avs	3,—	9,—	1,50

1986, 13. Febr. Halleyscher Komet; GIOTTO-Mission der ESA. ▣ Jünger; RaTdr.; gez. K 14.

avt) GIOTTO-Raumsonde, Halleyscher Komet

| 1273 | 80 (Pf) | mehrfarbig .... avt | 3,— | 9,— | 1,25 |

1986, 10. April. Jugend: Handwerksberufe. ▣ Schillinger; Odr.; gez. K 14.

avu) Augenoptiker

avv) Maurer   avw) Friseur   avx) Bäcker

1274	50 + 25 (Pf)	mehrfarbig ..... avu	10,—	15,—	5,—
1275	60 + 30 (Pf)	mehrfarbig ..... avv	14,—	16,—	5,—
1276	70 + 35 (Pf)	mehrfarbig .... avw	15,—	35,—	7,—
1277	80 + 40 (Pf)	mehrfarbig ..... avx	15,—	18,—	7,—

1986, 5. Mai. Europa: Natur- und Umweltschutz. ▣ Schmitz; RaTdr.; gez. K 14.

 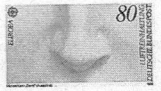

avy–avz) David (Details); Skulptur von Michelangelo (1475–1564), italienischer Bildhauer, Maler und Architekt

avy) Mund   avz) Nase

| 1278 | 60 (Pf) | mehrfarbig GA ..... avy | 2,— | 10,— | 1,25 |
| 1279 | 80 (Pf) | mehrfarbig .... avz | 2,50 | 9,— | 1,25 |

1986, 5. Mai. 1000 Jahre Walsrode und Kloster Walsrode. ▣ Rohse; komb. StTdr. und Odr.; gez. K 14.

awa) Ansicht von Walsrode mit Kloster

| 1280 | 60 (Pf) | mehrfarbig .... awa | 2,50 | 10,— | 1,50 |

1986, 5. Mai. 100. Todestag von König Ludwig II. von Bayern. ▣ Graschberger; Odr.; gez. K 14.

awb) König Ludwig II. (1845–1886); Schloß Neuschwanstein

| 1281 | 60 (Pf) | mehrfarbig .... awb | 2,50 | 10,— | 1,50 |

Bundesrepublik Deutschland

1986, 5. Mai. 100. Geburtstag von Karl Barth. ⊠ Schwahn; StTdr.; gez. K 14:13¾.

awc) K. Barth (1886–1968), schweizerischer reformierter Theologe

			EF	MeF	MiF
1282	80 (Pf)	mehrfarbig ...... awc	3,—	9,—	1,50

1986, 5. Mai. Cartellversammlung des Cartellverbandes der Katholischen Deutschen Studentenverbindungen (CV), Frankfurt a. M. ⊠ Rogger; Odr.; gez. K 14.

awd) Bunte Bänder mit den Grundprinzipien des Cartellverbandes

| 1283 | 80 (Pf) | mehrfarbig ...... awd | 3,— | 9,— | 1,50 |

1986, 20. Juni. 200. Geburtstag von Carl Maria von Weber. ⊠ Gamroth; Odr.; gez. K 14:13¾.

awe) C. M. von Weber (1786–1826), Komponist; Notenhandschrift (Gloria aus der Messe in Es-Dur)

| 1284 | 80 (Pf) | mehrfarbig ...... awe | 3,— | 9,— | 1,50 |

1986, 20. Juni. 100. Todestag von Franz Liszt. ⊠ Rothacker; Odr.; gez. K 14.

awf) F. Liszt (1811–1886), österreichisch-ungarischer Komponist und Pianist

| 1285 | 80 (Pf) | mehrfarbig ...... awf | 3,— | 9,— | 1,50 |

1986, 20. Juni. Internationales Jahr des Friedens. ⊠ Lenica; Odr.; gez. K 14.

awg) Friedenstauben, Emblem

| 1286 | 80 (Pf) | mehrfarbig ...... awg | 3,— | 9,— | 1,50 |

1986, 20. Juni. Blockausgabe: Grundgedanken der Demokratie (VI): Bedeutende Gebäude der Geschichte der Bundesrepublik Deutschland. ⊠ Vogel; Odr.; gez. Ks 14.

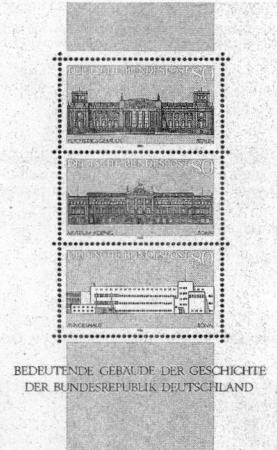

awl

awh) Reichstagsgebäude, Berlin
awi) Museum Koenig, Bonn
awk) Bundeshaus, Bonn

			EF	MeF	MiF
1287	80 (Pf)	mehrfarbig ...... awh	7,—	13,—	5,—
1288	80 (Pf)	mehrfarbig ...... awi	7,—	13,—	5,—
1289	80 (Pf)	mehrfarbig ...... awk	7,—	13,—	5,—
Block 20 (100×130 mm) ...... awl			90,—	170,—	15,—

Weitere Ausgaben „Grundgedanken der Demokratie": MiNr. 1105–1107, 1156–1160 (Bl. 18), 1194, 1230, 1266

1986, 20. Juni. Europäische Satellitentechnik. ⊠ Haase; Odr.; gez. K 14.

awm) Deutsch-französischer Rundfunksatellit TV-SAT/TDF-1, Weltkugel

| 1290 | 80 (Pf) | mehrfarbig ...... awm | 3,— | 9,— | 1,50 |

1986, 14. Aug. Denkmalschutz. ⊠ Lüdtke; Odr.; gez. K 14.

awn) Zum Teil restaurierte mittelalterliche Glasmalerei im Dom zu Regensburg

| 1291 | 80 (Pf) | mehrfarbig ...... awn | 3,— | 9,— | 1,50 |

1986, 14. Aug. 200. Todestag von König Friedrich dem Großen. ⊠ v. Janota-Bzowski; Odr.; gez. K 14:13¾.

awo) König Friedrich der Große von Preußen (1712–1786); Gemälde von Anton Graff (1736–1813)

| 1292 | 80 (Pf) | mehrfarbig ...... awo | 3,— | 9,— | 1,50 |

Kennen Sie schon das Album

MICHEL-Exklusiv,

das „etwas andere Briefmarkenalbum"?

Lassen Sie es sich von Ihrem Händler vorführen oder verlangen Sie eine Probeseite vom Verlag.

Bundesrepublik Deutschland

1986, 14. Aug. 100 Jahre Deutsche Skatkongresse. ⓔ de Vries; Odr.; gez. K 13¾:14.

awp) Herz-Dame/Herz-Ober, kombinierte Spielkarte aus französischem und deutsch-sächsischem Kartenspiel

			EF	MeF	MiF
1293	80 (Pf)	mehrfarbig . . . . . . awp	3,—	9,—	1,50

1986, 14. Aug. 25 Jahre Organisation für wirtschaftliche Zusammenarbeit und Entwicklung (OECD). ⓔ Graml; komb. Odr. und Prägedruck; gez. K 14.

awr) Symbolische Darstellung

1294	80 (Pf)	mehrfarbig . . . . awr	3,—	9,—	1,50

1986, 16. Okt. Wohlfahrt: Kostbare Gläser. ⓔ Steiner; Odr.; gez. K 13¾:14.

aws) Zierflasche mit Fadendekor (um 300)
awt) Flügelglas (um 1650)
awu) Reichsadler-Humpen (1662)
awv) Pokal mit Schnittdekor (um 1720)

1295	50 + 25 (Pf)	mehrfarbig . . . . aws	9,—	15,—	4,—
1296	60 + 30 (Pf)	mehrfarbig . . . . awt	13,—	16,—	4,—
1297	70 + 35 (Pf)	mehrfarbig . . . . awu	15,—	35,—	5,—
1298	80 + 40 (Pf)	mehrfarbig . . . . awv	15,—	18,—	5,—

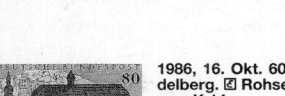

1986, 16. Okt. 600 Jahre Universität Heidelberg. ⓔ Rohse; komb. StTdr. und Odr.; gez. K 14.

aww) „Alte Universität", Stadtansicht von Heidelberg

1299	80 (Pf)	mehrfarbig . . . . . . aww	3,—	9,—	1,50

1986, 16. Okt. 50 Jahre Tag der Briefmarke. ⓔ Graschberger; Odr.; gez. K 14.

awx) Postkutsche; Marken Bundesrepublik Deutschland MiNr. 1229, 980, 482, 866, 903, 1154, 948, 1192

1300	80 (Pf)	mehrfarbig. . . . . . . awx	4,—	11,—	2,—

1986, 13. Nov. 100. Geburtstag von Mary Wigman. ⓔ Blume-Zander; Odr.; gez. K 13¾:14.

awy) M. Wigman (1886–1973), Tänzerin, Choreographin und Tanzpädagogin

1301	70 (Pf)	mehrfarbig. . . . . . . awy	10,—	25,—	1,50

1986, 13. Nov. 25 Jahre Sammelaktion Adveniat. ⓔ Lüdtke; RaTdr.; gez. K 14.

awz) Karte von Südamerika, Kreuz

			EF	MeF	MiF
1302	80 (Pf)	mehrfarbig. . . . . . . awz	3,—	9,—	1,50

1986, 13. Nov. Weihnachten. ⓔ Lüdtke; Odr.; gez. K 13¾.

axa) Anbetung des Kindes; linker Flügel des Ortenberger Altars (um 1420)

1303	80 + 40 (Pf)	mehrfarbig. . . . axa	15,—	18,—	5,—

1986, 13. Nov. Freimarken: Frauen der deutschen Geschichte (I). ⓔ Aretz; StTdr.; gez. K 14.

axb) Christine Teusch (1888–1968), Politikerin
axc) Clara Schumann (1819–1896), Pianistin

1304	50 (Pf)	dunkelockerbraun/ schwärzl'grünblau . . axb	2,—	2,—	1,—
1305	80 (Pf)	schwarzblaugrün/ dunkelbraunrot . . . . axc	1,50	3,—	1,—

Weitere Werte „Frauen der deutschen Geschichte": MiNr. 1331 bis 1332, 1338, 1359, 1365–1366, 1390–1393, 1397, 1405, 1427 bis 1428, 1432–1433, 1488–1489, 1497–1498, 1582, 1614; 1755 bis 1756

Bildgleiche Marken mit zusätzlicher Inschrift „BERLIN" siehe Berlin (West) MiNr. 770–771.

1987

1987, 15. Jan. 750 Jahre Berlin. ⓔ Steiner; Odr.; gez. K 14.

axd) Sehenswürdigkeiten Berlins, Stadtwappen

1306	80 (Pf)	mehrfarbig . . . . axd	3,—	9,—	2,—

Bildgleiche Marke mit zusätzlicher Inschrift „BERLIN" siehe Berlin (West) MiNr. 776.

1987, 15. Jan. 300. Geburtstag von Balthasar Neumann (1687–1753), Baumeister. ⓔ Schwahn; RaTdr.; gez. K 14:13¾.

axe) Treppenhaus der Würzburger Residenz

1307	80 (Pf)	mehrfarbig . . . . axe	3,—	9,—	1,50

Bundesrepublik Deutschland

1987, 15. Jan. 90. Geburtstag von Ludwig Erhard. Ⓖ Aretz; RaTdr.; gez. K 14:13¾.

axf) L. Erhard (1897–1977), Wirtschaftspolitiker, Bundeskanzler

		EF	MeF	MiF
1308	80 (Pf) mehrfarbig .... axf	3,—	9,—	1,50

1987, 15. Jan. Volkszählung. Ⓖ Wiese; Odr, gez. K 14:13¾.

axg) Auf Rechenbrett geformter Bundesadler

1309	80 (Pf) mehrfarbig........ axg	3,—	9,—	1,50

1987, 12. Febr. Sporthilfe: Segel-Weltmeisterschaften, Kiel; Nordische Ski-Weltmeisterschaften, Oberstdorf. Ⓖ Hoch; Odr.; gez. K 14.

axh) Segelregatta   axi) Skilanglauf

1310	80 + 40 (Pf) mehrfarbig..... axh	14,—	18,—	5,—
1311	120 + 55 (Pf) mehrfarbig .... axi	20,—	110,—	8,—

1987, 12. Febr. 250 Jahre Schloß Clemenswerth. Ⓖ Haase; Odr.; gez. K 14.

axk) Jagdschloß Clemenswerth

1312	60 (Pf) mehrfarbig........ axk	2,50	10,—	5,—

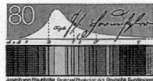

1987, 12. Febr. 200. Geburtstag von Joseph von Fraunhofer (1787–1826), Optiker und Physiker. Ⓖ Kößlinger; komb. StTdr. und Odr.; gez. K 14.

axl) Sonnenspektrum mit Fraunhofer-Linien und Diagramm der Intensitätsverteilung

1313	80 (Pf) mehrfarbig .... axl	3,—	9,—	1,50

1987, 12. Febr. 75. Todestag von Karl May (1842–1912), Schriftsteller. Ⓖ Regenstein; RaTdr.; gez. K 13¾:14.

axm) Romanfigur „Winnetou"

1314	80 (Pf) mehrfarbig .... axm	3,—	9,—	1,50

Zum Bestimmen der Farben:
MICHEL-Farbenführer

1987, 9. April. Jugend: Handwerksberufe. Ⓖ Schillinger; Odr.; gez. K 14.

axn) Installateur

axo) Zahntechniker   axp) Fleischer   axr) Buchbinder

		EF	MeF	MiF
1315	50 + 25 (Pf) mehrfarbig .... axn	10,—	15,—	5,—
1316	60 + 30 (Pf) mehrfarbig .... axo	14,—	16,—	5,50
1317	70 + 35 (Pf) mehrfarbig .... axp	15,—	35,—	7,—
1318	80 + 40 (Pf) mehrfarbig..... axr	15,—	18,—	7,—

1987, 9. April. 125 Jahre Deutscher Sängerbund (DSB). Ⓖ Steiner; Odr.; gez. K 14.

axs) Notenschlüssel, Noten, Zusatzzeichen, Blätter

1319	80 (Pf) mehrfarbig .... axs	3,—	9,—	1,50

1987, 9. April. Besuch von Papst Johannes Paul II. in der Bundesrepublik Deutschland; Marianischer und Mariologischer Kongreß, Kevelaer. Ⓖ Graschberger; Odr.; gez. K 14.

axt) Sehenswürdigkeiten von Kevelaer, Gnadenbild der Madonna, Wappen von Papst Johannes Paul II.

1320	80 (Pf) mehrfarbig .... axt	3,—	9,—	1,50

FALSCH Fehlender Silberdruck durch nachträgliche Manipulation

1987, 5. Mai. Europa: Moderne Architektur. Ⓖ Wiese; Odr. Bundesdr. Berlin (MiNr. 1321) und Schwann-Bagel (MiNr. 1322); gez. K 14.

axu) Deutscher Pavillon, Barcelona (Architekt Ludwig Mies van der Rohe)   axv) Köhlbrandbrücke, Hamburg

1321	60 (Pf) mehrfarbig GA..... axu	2,50	10,—	1,50
1322	80 (Pf) mehrfarbig........ axv	2,50	9,—	1,50

1987, 5. Mai. 350. Geburtstag von Dietrich Buxtehude (um 1637–1707), Komponist und Organist. Ⓖ Jacki; Odr.; gez. K 14:13¾.

axw) Orgel

1323	80 (Pf) mehrfarbig......... axw	3,—	9,—	1,50

Bundesrepublik Deutschland

1987, 5. Mai. 300. Geburtstag von Johann Albrecht Bengel. 🗐 Schall; RaTdr.; gez. K 13¾:14.

axx) J. A. Bengel (1687–1752), evangelischer Theologe

			EF	MeF	MiF
1324	80 (Pf)	mehrfarbig .... axx	3,—	9,—	1,50

1987, 5. Mai. 100. Geburtstag von Wilhelm Kaisen. 🗐 Aretz; Odr.; gez. K 14.

axy) W. Kaisen (1887–1979), Politiker, Bürgermeister von Bremen

1325	80 (Pf)	mehrfarbig .... axy	3,—	9,—	1,50

1987, 5. Mai. 100. Geburtstag von Kurt Schwitters. 🗐 Blume-Zander; Odr.; gez. K 13¾.

axz) „Ohne Namen (mit frühem Porträt)"; Collage von K. Schwitters (1887–1948), Maler und Schriftsteller

1326	80 (Pf)	mehrfarbig .... axz	3,—	9,—	1,50

1987, 5. Mai. Weltkongreß des Internationalen Rotary-Clubs, München. 🗐 Stelzer; Odr.; gez. K 12.

aya) Rotary-Emblem, Weltkugel

1327	70 (Pf)	mehrfarbig .... aya	10,—	25,—	1,50

1987, 5. Mai. Natur- und Umweltschutz. 🗐 Lüdtke; RaTdr.; gez. K 14.

ayb) Dülmener Wildpferde im Naturschutzgebiet Merfelder Bruch

1328	60 (Pf)	mehrfarbig .... ayb	3,—	9,—	1,50

1987, 16. Juli. 1200. Jahrestag der Erhebung Bremens zum Bischofssitz. 🗐 Rothacker; Odr.; gez. K 14.

ayc) Kaiser Karl der Große (742–814), Bischof Willehad (745–789), Bremer Dom und Stadtwappen

1329	80 (Pf)	mehrfarbig .... ayc	3,—	9,—	1,50

1987, 20. August. Europa-Schützenfest, Lippstadt. 🗐 Steiner; Odr.; gez. K 14:14¼.

ayd) Schießscheibe, Gewehre, Rosen

1330	80 (Pf)	mehrfarbig .... ayd	3,—	9,—	1,50

1987, 17. Sept. Freimarken: Frauen der deutschen Geschichte (II). 🗐 Aretz; StTdr. (10×10); gez. K 14.

aye) Maria Sibylla Merian (1647–1717), Blumen- und Insektenmalerin

ayf) Dorothea Erxleben (1715–1762), Ärztin

			EF	MeF	MiF
1331	40 (Pf)	lebh'lilaultramarin/ dkl'karminlila ..... aye	2,—	2,—	1,—
1332	60 (Pf)	schwarzoliv/ dkl'violett .... ayf	2,—	9,—	1,—

Weitere Werte „Frauen der deutschen Geschichte": MiNr. 1304 bis 1305, 1338, 1359, 1365–1366, 1390–1393, 1397, 1405, 1427 bis 1428, 1432–1433, 1488–1489, 1497–1498, 1582, 1614, 1755–1756

MiNr. 1331 mit zusätzlicher Inschrift „BERLIN" siehe Berlin (West) MiNr. 788, MiNr. 1332 siehe MiNr. 824.

1987, 15. Okt. Wohlfahrt: Gold- und Silberschmiedekunst. 🗐 Lüdtke; Odr.; gez. K 14.

ayg) Römisches Armband (4. Jh.)

ayh) Ostgotische Prunkschnalle (6. Jh.)   ayi) Merowingische Scheibenfibel (7. Jh.)   ayk) Bursenreliquiar (8. Jh.)

1333	50 + 25 (Pf)	mehrfarbig .... ayg	9,—	15,—	4,—
1334	60 + 30 (Pf)	mehrfarbig ..... ayh	13,—	16,—	4,—
1335	70 + 35 (Pf)	mehrfarbig ..... ayi	15,—	35,—	4,—
1336	80 + 40 (Pf)	mehrfarbig ..... ayk	15,—	18,—	6,—

1987, 15. Okt. Tag der Briefmarke. 🗐 v. Janota-Bzowski; Odr.; gez. K 13¾.

ayl) Bahnpostverladung in Preußen (1897)

1337	80 (Pf)	mehrfarbig .... ayl	3,—	9,—	2,50

1987, 6. Nov. Freimarke: Frauen der deutschen Geschichte (III). 🗐 Aretz; StTdr.; gez. K 14.

aym) Elisabeth Selbert (1896–1986), Rechtsanwältin und Notarin

1338	120 (Pf)	dkl'braunkarmin/ dunkeloliv .... aym	8,—	70,—	2,50

Weitere Werte „Frauen der deutschen Geschichte": MiNr. 1304 bis 1305, 1331–1332, 1359, 1365–1366, 1390–1393, 1397, 1405, 1427–1428, 1432–1433, 1488–1489, 1497–1498, 1582, 1614, 1755 bis 1756

1987, 6. Nov./1992. Freimarken: Sehenswürdigkeiten (I). ⌾ Haase; Ldr. Bogen (B), Markenheftchen (MH) und Rollen (R); A = vierseitig, C und D = dreiseitig gez. K 14.

ayn) Eckturm des Schlosses Celle
ayo) Turm des Freiburger Münsters
ayp) Bavaria, München
ayr) Hauptportal der Zeche Zollern II, Dortmund

			EF	MeF	MiF
1339	A	30 (Pf) braunorange/ mittelblaugrün GA (6.11.1987) (B) (R) . . ayn	3,—	3,—	1,—
1340		50 (Pf) mittellilaultramarin/ mattbraunoliv . . . . . ayo			
	A	vierseitig gezähnt	3,—	2,50	1,—
	C	oben geschnitten (Juni 1989) (MH)	4,50	3,50	1,50
	D	unten geschnitten (Juni 1989) (MH)	4,50	3,50	1,50
1341		60 (Pf) lebhaftgraugrün/ grünschwarz GA . . ayp			
	A	vierseitig gezähnt	2,50	8,—	1,—
	C	oben geschnitten (Juni 1989) (MH)	3,50	12,—	1,75
	D	unten geschnitten (Juni 1989) (MH)	3,50	12,—	1,75
1342		80 (Pf) graugrünblau/ dkl'grünl'grau GA . . ayr			
	A	vierseitig gezähnt	2,50	40,—	1,—
	C	oben geschnitten (Juni 1989) (MH)	3,50	55,—	2,—
	D	unten geschnitten (Juni 1989) (MH)	3,50	55,—	2,—

Senkrechte Paare (C/D) siehe bei MH 25 und 26.

In gleichen Zeichnungen wie MiNr. 1341–1342: MiNr. 1532–1533; weitere Werte „Sehenswürdigkeiten": MiNr. 1347–1348, 1374 bis 1375, 1379–1381, 1398–1401, 1406–1407, 1448, 1468–1469, 1531, 1534, 1535, 1562, 1623, 1665, 1679, 1687, 1691, 1746

Bildgleiche Marken mit zusätzlicher Inschrift „BERLIN" siehe Berlin (West) MiNr. 793–796.

1987, 6. Nov. 200. Todestag von Christoph Willibald Gluck. ⌾ Schwahn; komb. StTdr. und Odr.; gez. K 14:13¾.

ays) Chr. W. Gluck (1714–1787), Komponist

| 1343 | 60 (Pf) | mehrfarbig . . . . ays | 2,50 | 10,— | 1,25 |

1987, 6. Nov. 125. Geburtstag von Gerhart Hauptmann. ⌾ Schwarz; Odr.; gez. K 14.

ayt) Plakat zu „Die Weber"; Drama von G. Hauptmann (1862–1946), Dichter, Dramatiker, Nobelpreis 1912

| 1344 | 80 (Pf) | mehrfarbig . . . . ayt | 3,— | 9,— | 1,25 |

1987, 6. Nov. 25 Jahre Deutsche Welthungerhilfe. ⌾ Amann; RaTdr.; gez. K 14.

ayu) Reisfeld, Emblem

			EF	MeF	MiF
1345	80 (Pf)	mehrfarbig . . . . ayu	3,—	9,—	1,50

1987, 6. Nov. Weihnachten. ⌾ Lüdtke; Odr.; gez. K 13¾.

ayv) Geburt Christi; Miniatur aus einem englischen Psalter (13. Jh.)

| 1346 | 80 + 40 (Pf) | mehrfarbig . . . . ayv | 14,— | 18,— | 4,50 |

1988

1988, 14. Jan./1982. Freimarken: Sehenswürdigkeiten (II). ⌾ Haase; Ldr. Bogen (B), Markenheftchen (MH) und Rollen (R); A = vierseitig, C und D = dreiseitig gez. K 14.

ayw) Flughafen Frankfurt am Main
ayx) Hambacher Schloß

			EF	MeF*	MiF
1347		10 (Pf) hellcyanblau/ indigo . . . . ayw			
	A	vierseitig gezähnt		10,—	1,—
	C	oben geschnitten (Juni 1989) (MH)		25,—	1,—
	D	unten geschnitten (Juni 1989) (MH)		25,—	1,—
1348	A	300 (Pf) rotbraun/mattbraunocker, viers. gez. . ayx	20,—	80,—	5,—

*) Preise gelten für gängige MeF mit mehr als zwei Marken.

Senkrechtes Paar (C/D) siehe bei MH 25.

⟨7⟩ MiNr. 1348 A auf gelblichem Papier mit gröberer Struktur; Druckbild etwas unklarer, Flächen fleckig, unregelmäßig; Zähnung etwas unregelmäßig, Zahnspitzen wegen weicherem Papier fransig, Zahnlöcher kleiner

In gleicher Zeichnung wie MiNr. 1347: MiNr. 1531; weitere Werte „Sehenswürdigkeiten": MiNr. 1339–1342, 1374–1375, 1379 bis 1381, 1398–1401, 1406–1407, 1448, 1468–1469, 1532–1534, 1535, 1562, 1623, 1665, 1679, 1687, 1691, 1746

Bildgleiche Marken mit zusätzlicher Inschrift „BERLIN" siehe Berlin (West) MiNr. 798–799.

1988, 14. Jan. 150 Jahre Mainzer Karneval. ⌾ Jacki; Odr.; gez. K 13¾:14.

ayy) Der „Bajass"

| 1349 | 60 (Pf) | mehrfarbig GA . . . . . ayy | 2,50 | 10,— | 1,25 |

Mit MICHEL immer gut informiert

726 Bundesrepublik Deutschland

1988, 14. Jan. 100. Geburtstag von Jakob Kaiser. ✉ Aretz; komb. StTdr. und Odr.; gez. K 14:13¾.

ayz) J. Kaiser (1888–1961), Politiker

			EF	MeF	MiF
1350	80 (Pf)	hellgelbgrau/schwarz .... ayz	3,—	9,—	1,25

1988, 14. Jan. 25 Jahre Vertrag über die deutsch-französische Zusammenarbeit. ✉ . Veret-Lemarinier; StTdr.; gez. K 14.

aza) Bundeskanzler Dr. Konrad Adenauer (1876–1967) und Staatspräsident Charles de Gaulle (1890–1970)

1351	80 (Pf)	violettschwarz/schwarz .... aza	4,—	12,—	2,50

1988, 14. Jan. Seligsprechung von Edith Stein und Pater Rupert Mayer durch Papst Johannes Paul II. ✉ Fackelmann; RaTdr.; gez. K 14.

azb) E. Stein (1891–1942), Karmeliterin; R. Mayer (1876–1945), Jesuit

1352	80 (Pf)	mehrfarbig .... azb	3,—	9,—	1,25

1988, 18. Febr. Sporthilfe: Fußball-Europameisterschaft, Bundesrepublik Deutschland; Olympische Sommerspiele, Seoul. ✉ Schmitz; Odr.; gez. K 14.

azc) Fußball   azd) Tennis   aze) Kunstspringen

1353	60 + 30 (Pf)	mehrfarbig ..... azc	13,—	16,—	4,—
1354	80 + 40 (Pf)	mehrfarbig ..... azd	15,—	18,—	5,—
1355	120 + 55 (Pf)	mehrfarbig ..... aze	20,—	110,—	6,—

1988, 18. Febr. 200. Geburtstag von Joseph von Eichendorff (1788–1857), Dichter. ✉ Monson-Baumgart; Odr.; gez. K 14:13¾.

azf) Holzschnitt (Detail) von Ludwig Richter zu Eichendorffs Gedicht „Waldeinsamkeit, du grünes Revier"

1356	60 (Pf)	mehrfarbig .... azf	2,50	10,—	1,50

1988, 18. Febr. 200. Geburtstag von Arthur Schopenhauer. ✉ v. Janota-Bzowski; RaTdr.; gez. K 13¾:14.

azg) A. Schopenhauer (1788–1860), Philosoph

1357	80 (Pf)	siena/schwarz ..... azg	3,—	9,—	1,50

1988, 18. Febr. 100. Todestag von Friedrich Wilhelm Raiffeisen. ✉ Förtsch; Odr.; gez. K 14.

azh) F. W. Raiffeisen (1818–1888), Sozialreformer und Genossenschaftsgründer

			EF	MeF	MiF
1358	80 (Pf)	schwarz/gelblichgrün .... azh	3,—	9,—	1,50

1988, 14. April. Freimarke: Frauen der deutschen Geschichte (IV). ✉ Aretz; StTdr.; gez. K 14.

azi) Paula Modersohn-Becker (1876–1907), Malerin

			EF	MeF*)	MiF
1359	10 (Pf)	blauviolett/schwärzl'-ocker .... azi		10,—	1,—

*) Preise gelten für gängige MeF mit mehr als zwei Marken.

Weitere Werte „Frauen der deutschen Geschichte": MiNr. 1304 bis 1305, 1331–1332, 1338, 1365–1366, 1390–1393, 1397, 1405, 1427–1428, 1432–1433, 1488–1489, 1497–1498, 1582, 1614, 1755 bis 1756

Bildgleiche Marke mit zusätzlicher Inschrift „BERLIN" siehe Berlin (West) MiNr. 806.

1988, 14. April. Jugend: Idole der Rock- und Popmusik. ✉ Graschberger; Odr.; gez. K 14.

azk) Buddy Holly (1936–1959)

azl) Elvis Presley (1935–1977)   azm) Jim Morrison (1943–1971)   azn) John Lennon (1940–1980)

1360	50 + 25 (Pf)	mehrfarbig ..... azk	10,—	15,—	5,—
1361	60 + 30 (Pf)	mehrfarbig ...... azl	14,—	16,—	6,—
1362	70 + 35 (Pf)	mehrfarbig .... azm	15,—	35,—	6,—
1363	80 + 40 (Pf)	mehrfarbig ..... azn	15,—	18,—	6,—

1988, 14. April. 500. Geburtstag von Ulrich von Hutten. ✉ Stelzer; komb. StTdr. und Odr.; gez. K 13¾:14.

azo) U. von Hutten (1488–1523), Humanist und Publizist; Holzschnitt (Detail) aus seiner Schrift „Conquestiones"

1364	80 (Pf)	mehrfarbig .... azo	3,—	9,—	2,—

Zum Bestimmen der Farben: MICHEL-Farbenführer

Bundesrepublik Deutschland

1988, 5. Mai. Freimarken: Frauen der deutschen Geschichte (V). ⌧ Aretz; StTdr.; gez. K 14.

azp) Cilly Aussem (1909–1963), Tennisspielerin

azr) Lise Meitner (1878–1968), Physikerin

			EF	MeF	MiF
1365	20 (Pf)	dkl'magenta/dkl'graublau .... azp	8,—	1,—	
1366	130 (Pf)	dkl'kobaltblau/schwärzl'viol'blau .... azr	12,—	25,—	2,50

Weitere Werte „Frauen der deutschen Geschichte": MiNr. 1304 bis 1305, 1331–1332, 1359, 1390–1393, 1397, 1405, 1427–1428, 1432–1433, 1488–1489, 1497–1498, 1582, 1614, 1755–1756

Bildgleiche Marken mit zusätzlicher Inschrift „BERLIN" siehe Berlin (West) MiNr. 811–812.

1988, 5. Mai. Europa: Transport- und Kommunikationsmittel. ⌧ Jünger; Odr.; gez. K 14.

azs) Flugzeug „Airbus A 320", Flaggen der an der Konstruktion beteiligten Länder

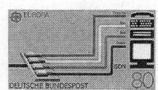
azt) Schematische Darstellung des Telekommunikationsprojekts der Deutschen Bundespost (ISDN)

1367	60 (Pf)	mehrfarbig GA ..... azs	2,50	10,—	2,—
1368	80 (Pf)	mehrfarbig .... azt	3,—	9,—	2,—

1988, 5. Mai. 700 Jahre Stadt Düsseldorf. ⌧ Blume-Zander; Odr. Schwann-Bagel; gez. K 14.

azu) Stilis. Stadtansicht

1369	60 (Pf)	mehrfarbig .... azu	2,50	10,—	1,50

1988, 5. Mai. 600 Jahre Kölner Universität. ⌧ Rohse; Odr.; gez. K 13¾.

avz) Universitätsgebäude, Kirchtürme

1370	80 (Pf)	mehrfarbig .... azv	3,—	9,—	2,—

1988, 5. Mai. 100. Todestag von Theodor Storm. ⌧ Jacki; Odr.; gez. K 14.

azw) Th. Storm (1817–1888), Dichter

1371	80 (Pf)	mehrfarbig .... azw	3,—	9,—	2,—

1988, 5. Mai. 100. Geburtstag von Jean Monnet. ⌧ Aretz; Odr.; gez. K 13¾.

azx) J. Monnet (1888–1979), französischer Wirtschaftspolitiker (Porträtzeichnung)

			EF	MeF	MiF
1372	80 (Pf)	mehrfarbig .... azx	3,—	9,—	2,—

1988, 5. Mai. 25 Jahre Deutscher Entwicklungsdienst (DED). ⌧ Wiese; Odr.; gez. K 13¾:14.

azy) Junger Baum mit Stützpfahl in den Landesfarben

1373	80 (Pf)	mehrfarbig .... azy	3,—	9,—	2,—

1988, 14. Juli. Freimarken: Sehenswürdigkeiten (III). ⌧ Haase; Ldr. Bogen (B) und Rollen (R); gez. K 14.

azz) Nofretete-Büste, Berlin

baa) St.-Petri-Dom, Schleswig

1374	70 (Pf)	blau/mattrotorange .... azz	9,—	12,—	1,50
1375	120 (Pf)	mattrötlichbraun/hellblaugrün ..... baa	15,—	20,—	3,—

Weitere Werte „Sehenswürdigkeiten": MiNr. 1339–1342, 1347 bis 1348, 1379–1381, 1398–1401, 1406–1407, 1448, 1468–1469, 1531–1534, 1535, 1562, 1623, 1665, 1679, 1687, 1691, 1746

Bildgleiche Marken mit zusätzlicher Inschrift „BERLIN" siehe Berlin (West) MiNr. 814–815.

1988, 14. Juli. 1000 Jahre Meersburg. ⌧ Monson-Baumgart; Odr. Schwann-Bagel; gez. K 14.

bab) Ansicht von Meersburg

1376	60 (Pf)	mehrfarbig .... bab	2,50	10,—	1,50

1988, 14. Juli. 200. Geburtstag von Leopold Gmelin. ⌧ Schwahn; komb. StTdr. und Odr.; gez. K 14:13¾.

bac) L. Gmelin (1788–1853), Chemiker

1377	80 (Pf)	mehrfarbig .... bac	3,—	9,—	2,—

1988, 14. Juli. 100 Jahre Herkunftsbezeichnung „Made in Germany". ⌧ Jünger; Odr.; gez. K 14.

bad) Schublehre, Sechskantmutter

1378	140 (Pf)	mehrfarbig ...... bad	9,—	24,—	3,50

Bundesrepublik Deutschland

1988, 11. Aug./1992. Freimarken: Sehenswürdigkeiten (IV). ⌧ Haase; Ldr. Bogen (B) und Rollen (R); ; gez. K 14.

bae) Chilehaus, Hamburg

baf) Bronzekanne, Reinheim

bag) Rolandsäule, Bremen

			EF	MeF	MiF
1379	40 (Pf)	mfg .... bae	7,—	7,—	1,—
1380	90 (Pf)	hellolivbraun/......... lebh'rötlichgelb..... baf	15,—	120,—	3,—
1381	280 (Pf)	mittelkobaltblau/...... grauolivbraun ..... bag	10,—	35,—	5,—

Weitere Werte „Sehenswürdigkeiten": MiNr. 1339–1342, 1347 bis 1348, 1374–1375, 1398–1401, 1406–1407, 1448, 1468–1469, 1531–1534, 1535, 1652, 1623, 1665, 1679, 1687, 1691, 1746

MiNr. 1379 mit zusätzlicher Inschrift „BERLIN" siehe Berlin (West) MiNr. 816.

1988, 11. Aug. 75. Todestag von August Bebel. ⌧ Schmitz; RaTdr.; gez. K 14.

bah) A. Bebel (1840–1913), Mitbegründer und Führer der deutschen Sozialdemokratie

| 1382 | 80 (Pf) | mehrfarbig........ bah | 3,— | 9,— | 2,— |

1988, 13. Okt. Wohlfahrt: Gold- und Silberschmiedekunst. ⌧ Lüdtke; Odr.; gez. K 13¾.

bai) Bergkristallreliquiar (um 1200)

bak) Karlsbüste (nach 1349)

bal) Krone von Otto III. (vor 983)

bam) Blütenstrauß (um 1620)

1383	50 + 25 (Pf)	mehrfarbig ..... bai	8,50	15,—	3,—
1384	60 + 30 (Pf)	mehrfarbig..... bak	12,—	16,—	4,—
1385	70 + 35 (Pf)	mehrfarbig ..... bal	15,—	35,—	5,—
1386	80 + 40 (Pf)	mehrfarbig .... bam	15,—	18,—	5,—

1988, 13. Okt. 125 Jahre Internationales Rotes Kreuz. ⌧ Wilke; komb. StTdr. und Odr.; gez. K 13¾:14.

ban) Rotes Kreuz

| 1387 | 80 (Pf) | schwarz/dunkelrosa .... ban | 3,— | 9,— | 2,— |

1988, 13. Okt. Tag der Briefmarke. ⌧ Steiner; Odr.; gez. K 13¾.

bao) Brieftaube

			EF	MeF	MiF
1388	20 (Pf)	mehrfarbig........ bao		9,—	1,50

1988, 13. Okt. 50. Jahrestag der „Reichskristallnacht" (9.11.1938). ⌧ Lüdtke; RaTdr.; gez. K 14.

bap) Brennende Synagoge, Davidstern

| 1389 | 80 (Pf) | schwarz/dkl'lilagrau............ bap | 3,— | 9,— | 2,— |

1988, 10. Nov. Freimarken: Frauen der deutschen Geschichte (VI). ⌧ Aretz; StTdr.; gez. K 14.

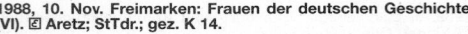

bar) Therese Giehse (1898–1975), Schauspielerin

bas) Hannah Arendt (1906–1975), Philosophin

bat) Mathilde Franziska Anneke (1817–1884), Frauenrechtlerin

bau) Hedwig Dransfeld (1871–1925), Politikerin

1390	100 (Pf)	rot/olivschwarz ... bar	2,—	6,—	1,25
1391	170 (Pf)	schwarzoliv/ schwarzviolettpurpur.......... bas	9,—	60,—	2,—
1392	240 (Pf)	schwarzgrünlichblau/schwärzlichbraunocker ...... bat	30,—	90,—	4,—
1393	350 (Pf)	grünschwarz/ dunkellilarot .... bau	15,—	30,—	6,—

Weitere Werte „Frauen der deutschen Geschichte": MiNr. 1304 bis 1305, 1331–1332, 1338, 1359, 1365–1366, 1397, 1405, 1427 bis 1428, 1432–1433, 1488–1489, 1497–1498, 1582, 1614, 1755–1756

Bildgleiche Marken mit zusätzlicher Inschrift „BERLIN" siehe Berlin (West) MiNr. 825–828.

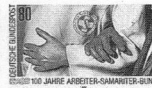

1988, 10. Nov. 100 Jahre Arbeiter-Samariter-Bund. ⌧ Rogger; Odr.; gez. K 14.

bav) Helfende und gestützte Hand

| 1394 | 80 (Pf) | mehrfarbig........ bav | 3,— | 9,— | 2,— |

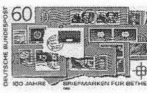

1988, 10. Nov. 100 Jahre Briefmarkenspendeaktion für Bethel. ⌧ Poell; Odr.; gez. K 14.

baw) Briefstücke mit Marken der Bundesrepublik Deutschland

| 1395 | 60 (Pf) | mehrfarbig .... baw | 2,50 | 10,— | 1,50 |

Bundesrepublik Deutschland

1988, 10. Nov. Weihnachten. ▣ Runge; Odr.; gez. K 13¾.

bax) Geburt Christi; aus dem Evangeliar Heinrichs des Löwen (12. Jh.)

			EF	MeF	MiF
1396	80 + 40 (Pf)	mehrfarbig .... bax	14,—	18,—	4,50

1989

1989, 12. Jan. Freimarke: Frauen der deutschen Geschichte (VII). ▣ Aretz; StTdr.; gez. K 14.

bay) Alice Salomon (1872–1948), Frauenrechtlerin und Sozialpädagogin

1397	500 (Pf)	schwarzbräunlicholiv/dunkelrot .... bay	35,—	150,—	10,—

Weitere Werte „Frauen der deutschen Geschichte": MiNr. 1304 bis 1305, 1331–1332, 1338, 1359, 1365–1366, 1390–1393, 1405, 1427 bis 1428, 1432–1433, 1488–1489, 1497–1498, 1582, 1614, 1755 bis 1756

Bildgleiche Marke mit zusätzlicher Inschrift „BERLIN" siehe Berlin (West) MiNr. 830.

1989, 12. Jan./1993. Freimarken: Sehenswürdigkeiten (V). ▣ Haase; Ldr. Bogen (B), Markenheftchen (MH) und Rollen (R); A = vierseitig, C und D = dreiseitig gez. K 14.

azz) Nofretete-Büste, Berlin
baa) St.-Petri-Dom, Schleswig
bag) Rolandsäule, Bremen
baf) Bronzekanne, Reinheim

1398		20 (Pf)	blau/m'orangerot .. azz			
	A		vierseitig gezähnt.....	6,—		1,—
	C		oben geschnitten (1993) (MH)	8,—		1,—
	D		unten geschnitten (1993) (MH)	8,—		1,—
1399 A		33 (Pf)	mattbräunlichrot/hellblaugrün, vierseitig gezähnt.. baa	3,—	80,—	1,—
1400 A		38 (Pf)	cyanblau/braunoliv, vierseitig gezähnt (B) (R) .... bag	5,—	—,—	1,—
1401 A		140 (Pf)	mattolivbraun/gelb, vierseitig gezähnt .. baf	10,—	30,—	2,50

Senkrechtes Paar 1398 C/D siehe bei MH 28.

Weitere Werte „Sehenswürdigkeiten": MiNr. 1339–1342, 1347 bis 1348, 1374–1375, 1379–1381, 1406–1407, 1448, 1468–1469, 1531 bis 1534, 1535, 1562, 1623, 1665, 1679, 1687, 1691, 1746

MiNr. 1398 A und 1401 A mit zusätzlicher Inschrift „BERLIN" siehe Berlin (West) MiNr. 831–832.

1989, 12. Jan. 2000 Jahre Bonn. ▣ Steiner; Odr.; gez. K 14.

baz) Bedeutende Bauwerke in Bonn, Schiff, Stadtwappen

			EF	MeF	MiF
1402	80 (Pf)	mehrfarbig........ baz	3,—	9,—	2,—

1989, 12. Jan. 100. Geburtstag von Willi Baumeister. ▣ Burkert; Odr.; gez. K 14.

bba) Bluxao I; Gemälde von W. Baumeister (1889–1955)

1403	60 (Pf)	mehrfarbig........ bba	2,50	10,—	1,50

1989, 12. Jan. 30 Jahre kirchliche Hilfsorganisationen „Misereor" und „Brot für die Welt". ▣ Rogger; RaTdr.; gez. K 14.

bbb) Durch Dürre aufgebrochene Erde

1404	80 (Pf)	mehrfarbig........ bbb	3,—	9,—	2,—

1989, 6. Febr. Freimarke: Frauen der deutschen Geschichte (VIII). ▣ Aretz; StTdr.; gez. K 14.

bbc) Emma Ihrer (1857–1911), Politikerin und Gewerkschaftlerin

			EF	MeF*)	MiF
1405	5 (Pf)	schwarzblaugrau/dunkelbraunorange.. bbc		20,—	1,—

*) Preise gelten für gängige MeF mit mehr als zwei Marken.

Weitere Werte „Frauen der deutschen Geschichte": MiNr. 1304 bis 1305, 1331–1332, 1338, 1359, 1365–1366, 1390–1393, 1397, 1427 bis 1428, 1432–1433, 1488–1489, 1497–1498, 1582, 1614, 1755 bis 1756

Bildgleiche Marke mit zusätzlicher Inschrift „BERLIN" siehe Berlin (West) MiNr. 833.

1989, 9. Febr./1994. Freimarken: Sehenswürdigkeiten (VI). ▣ Haase; Ldr. Bogen (B), Markenheftchen (MH) und Rollen (R); A = vierseitig, C und D = dreiseitig gez. K 14.

bbd) Wallfahrtskapelle, Altötting
bbe) Externsteine, Horn-Bad Meinberg

			EF	MeF	MiF
1406		100 (Pf)	hellbläulichgrün/lebhaftocker...... bbd			
	A		vierseitig gezähnt....	1,50	30,—	1,—
	C		oben geschnitten (Juni 1989) (MH)....	3,—	45,—	2,50
	D		unten geschnitten (Juni 1989) (MH)....	3,—	45,—	2,50
1407 A		350 (Pf)	lilaultramarin/mittelolivbraun, vierseitig gezähnt (9. Febr.) (B) (R) .. bbe	22,—	30,—	6,—

Senkrechtes Paar (C/D) siehe bei MH 26.

In gleicher Zeichnung wie MiNr. 1406: MiNr. 1534; weitere Werte „Sehenswürdigkeiten": MiNr. 1339–1342, 1347–1348, 1374 bis 1375, 1379–1381, 1398–1401, 1448, 1468–1469, 1531–1533, 1535, 1562, 1623, 1665, 1679, 1687, 1691, 1746

Bildgleiche Marken mit zusätzlicher Inschrift „BERLIN" siehe Berlin (West) MiNr. 834–835.

1989, 9. Febr. Sporthilfe: Tischtennis-Weltmeisterschaften, Dortmund; Kunstturn-Weltmeisterschaften, Stuttgart. 🅖 Hoch; Odr.; gez. K 14.

bbf) Tischtennis   bbg) Kunstturnen

				EF	MeF	MiF
1408	100 + 50 (Pf)	mehrfarbig	bbf	15,—	18,—	5,—
1409	140 + 60 (Pf)	mehrfarbig	bbg	22,—	110,—	8,—

1989, 9. Febr. 100. Geburtstag von Gerhard Marcks. 🅖 Jacki; Odr.; gez. K 14.

bbh) Katzen im Dachboden; Holzschnitt von G. Marcks (1889–1981), Bildhauer und Grafiker

| 1410 | 60 (Pf) | mehrfarbig | bbh | 2,50 | 10,— | 1,50 |

1989, 20. April. Jugend: Zirkus. 🅖 Kößlinger; Odr.; gez. K 14.

bbi) Elefantengruppe

bbk) Ballerina auf dem Pferd   bbl) Clown   bbm) Zirkuszelt

1411	60 + 30 (Pf)	mehrfarbig	bbi	11,—	17,—	6,—
1412	70 + 30 (Pf)	mehrfarbig	bbk	18,—	22,—	7,—
1413	80 + 35 (Pf)	mehrfarbig	bbl	14,—	18,—	8,—
1414	100 + 50 (Pf)	mehrfarbig	bbm	15,—	22,—	9,—

1989, 20. April. Weltausstellung für philatelistische Literatur IPHLA '89, Frankfurt a. Main. 🅖 Graschberger; Odr.; gez. K 14.

bbn) Buch mit Nachbildungen historischer Briefmarken und Abbildung der Alten Oper Frankfurt als Titelbild, Posthorn

| 1415 | 100 + 50 (Pf) | mehrfarbig | bbn | 14,— | 20,— | 7,— |

1989, 20. April. Dritte Direktwahlen zum Europäischen Parlament. 🅖 Wiese; Odr. Schwann-Bagel; gez. K 14.

bbo) Europafahne, Staatsflaggen der Mitgliedsländer

| 1416 | 100 (Pf) | mehrfarbig | bbo | 3,— | 6,— | 3,— |

1989, 5. Mai. Europa: Kinderspiele. 🅖 de Vries; Odr.; gez. K 14.

bbp) Drachensteigen   bbr) Puppentheater

				EF	MeF	MiF
1417	60 (Pf)	mehrfarbig 🅖	bbp	2,50	10,—	1,25
1418	100 (Pf)	mehrfarbig	bbr	2,50	6,—	1,25

1989, 5. Mai. 800 Jahre Hamburger Hafen. 🅖 Seiter; Odr.; gez. K 14.

bbs) Schiffe im Hamburger Hafen

| 1419 | 60 (Pf) | mehrfarbig | bbs | 2,50 | 10,— | 1,50 |

1989, 5. Mai. 250. Todestag von Cosmas Damian Asam. 🅖 Kößlinger; Odr.; gez. K 14:13¾.

bbt) C. D. Asam (1686–1739), Maler und Baumeister; Detail aus dem Kuppelfresko im Kloster Weltenburg von Egid Quirin Asam

| 1420 | 60 (Pf) | mehrfarbig | bbt | 2,50 | 10,— | 1,50 |

1989, 5. Mai. 40 Jahre Bundesrepublik Deutschland. 🅖 Jünger; RaTdr.; gez. K 14.

bbu) Bundesadler, Nationalfarben, Unterschriften der Bundespräsidenten

| 1421 | 100 (Pf) | mehrfarbig | bbu | 3,— | 6,— | 2,— |

1989, 5. Mai. 40 Jahre Europarat. 🅖 Zauner; RaTdr.; gez. K 14.

bbv) Parlamentarische Versammlung, Sterne der Europafahne

| 1422 | 100 (Pf) | mehrfarbig | bbv | 3,— | 6,— | 2,— |

1989, 5. Mai. 200. Geburtstag von Franz Xaver Gabelsberger. 🅖 Wiese; Odr.; gez. K 13¾:14.

bbw) F. X. Gabelsberger (1789–1849), Stenograph; Sinnspruch in Kurzschrift

| 1423 | 100 (Pf) | mehrfarbig | bbw | 3,— | 6,— | 2,— |

FALSCH Fehlender Silberdruck durch nachträgliche Manipulation

1989, 15. Juni. 1300. Todestag der Frankenapostel Kilian, Kolonat und Totnan. 🅖 Effert; Odr.; gez. K 14.

bbx) Die Heiligen Kilian, Kolonat und Totnan († 689), iro-schottische Wandermönche

| 1424 | 100 (Pf) | mehrfarbig | bbx | 3,— | 6,— | 2,— |

Bundesrepublik Deutschland

1989, 15. Juni. 200. Geburtstag von Friedrich Silcher. ☒ Meyn; Odr.; gez. K 14.

bby) F. Silcher (1789–1860), Komponist und Musikerzieher; Autograph der Notenschrift „Lorelei"

			EF	MeF	MiF
1425	80 (Pf)	mehrfarbig....... bby	2,50	20,—	1,75

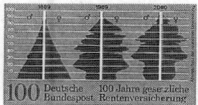

1989, 15. Juni. 100 Jahre gesetzliche Rentenversicherung. ☒ Poell; Odr.; gez. K 14.

bbz) Alterspyramiden der Jahre 1889, 1989 (eigentlich 1985) und 2000 in Deutschland

1426	100 (Pf)	mehrfarbig....... bbz	3,—	6,—	2,—

1989, 13. Juli. Freimarken: Frauen der deutschen Geschichte (IX). ☒ Aretz; StTdr.; gez. K 14.

bca) Lotte Lehmann (1888–1976), Sängerin

bcb) Luise von Preussen (1776–1810), Königin von Preußen

1427	180 (Pf)	kobaltblau/schwarzrotlila........... bca	40,—	60,—	3,—
1428	250 (Pf)	rötlichlila/dunkelkobalt .... bcb	22,—	30,—	4,50

Weitere Werte „Frauen der deutschen Geschichte": MiNr. 1304 bis 1305, 1331–1332, 1338, 1359, 1365–1366, 1390–1393, 1397, 1405, 1432–1433, 1488–1489, 1497–1498, 1582, 1614, 1755 bis 1756

Bildgleiche Marken mit zusätzlicher Inschrift „BERLIN" siehe Berlin (West) MiNr. 844–845.

1989, 13. Juli. 200. Geburtstag von Friedrich List. ☒ von Andrian; StTdr.; gez. K 14.

bcc) F. List (1789–1846), Nationalökonom und Wirtschaftspolitiker; Eisenbahnzug (19. Jh.)

1429	170 (Pf)	schwarz/dunkelrosarot.......... bcc	11,—	65,—	4,—

1989, 13. Juli. 100 Jahre Künstlerdorf Worpswede. ☒ S. und F. Haase; Odr.; gez. K 14.

bcd) Der Sommerabend; Gemälde von Heinrich Vogeler (1872–1942)

1430	60 (Pf)	mehrfarbig....... bcd	2,50	10,—	1,50

1989, 13. Juli. 50. Todestag von Paul Schneider. ☒ Jacki; RaTdr.; gez. K 13¾:14.

bce) P. Schneider (1897–1939), Pfarrer und Widerstandskämpfer

1431	100 (Pf)	mehrfarbig....... bce	3,—	6,—	2,—

1989, 10. Aug./1994. Freimarken: Frauen der deutschen Geschichte (X). ☒ Aretz; StTdr.; gez. K 14.

bcf) Cécile Vogt (1875–1962), Hirnforscherin

bcg) Fanny Hensel (1805–1847), Musikerin

			EF	MeF	MiF
1432	140 (Pf)	schwärzlichultramarin/lebhaft braunocker........ bcf	10,—	30,—	2,50
1433	300 (Pf)	schwarzrötlichlila/ schwärzlichgrün ... bcg	30,—	15,—	5,—

Weitere Werte „Frauen der deutschen Geschichte": MiNr. 1304 bis 1305, 1331–1332, 1338, 1359, 1365–1366, 1390–1393, 1397, 1405, 1427–1428, 1488–1489, 1497–1498, 1582, 1614, 1755 bis 1756

Bildgleiche Marken mit zusätzlicher Inschrift „BERLIN" siehe Berlin (West) MiNr. 848–849.

1989, 10. Aug. 750 Jahre Dom Frankfurt a. M. ☒ Kößlinger; Odr.; gez. K 13¾:14.

bch) Frankfurter Dom, Kaiserkrone

1434	60 (Pf)	mehrfarbig....... bch	2,50	10,—	1,50

1989, 10. Aug. „Kinder gehören dazu". ☒ Fromm; Odr.; gez. K 14.

bci) Kinder bauen ein Haus

1435	100 (Pf)	mehrfarbig....... bci	3,—	6,—	2,—

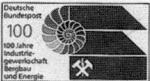

1989, 10. Aug. 100 Jahre Industriegewerkschaft Bergbau und Energie. ☒ Poell; Odr. Schwann-Bagel; gez. K 14.

bck) Ammonit, Emblem

1436	100 (Pf)	mehrfarbig....... bck	3,—	6,—	2,—

1989, 12. Okt. Wohlfahrt: Postbeförderung im Laufe der Jahrhunderte. ☒ Steiner; Odr.; gez. K 13¾.

bcl) Thurn und Taxischer Postreiter (18. Jh.)

bcm) Bote der Hamburgischen Fußpost (1808)

bcn) Bayerischer Postomnibus (um 1900)

1437	60 + 30 (Pf)	mehrfarbig..... bcl	9,—	15,—	3,50
1438	80 + 35 (Pf)	mehrfarbig..... bcm	11,—	16,—	4,—
1439	100 + 50 (Pf)	mehrfarbig..... bcn	12,—	18,—	5,—

1989, 12. Okt. 100. Geburtstag von Reinhold Maier. Ⓖ Aretz; Odr.; gez. K 14:13¾.

bco) R. Maier (1889–1971), Politiker

			EF	MeF	MiF
1440	100 (Pf)	mehrfarbig ..... bco	3,—	6,—	2,—

1989, 16. Nov. 300 Jahre Arp-Schnitger-Orgel in der Hauptkirche St. Jacobi, Hamburg. Ⓖ Steiner; Odr. Schwann-Bagel; gez. K 14.

bcp) Orgelprospekt (Detail)

| 1441 | 60 (Pf) | mehrfarbig .... bcp | 2,50 | 10,— | 1,50 |

1989, 16. Nov. Weihnachten. Ⓖ Stelzer; Odr.; gez. K 13¾.

bcr) Engel bcs) Geburt Christi

bcr–bcs) Details aus dem „Englischen Gruß" von Veit Stoß (um 1445 bis 1533), Bildhauer, Kupferstecher und Maler, in der St.-Lorenz-Kirche, Nürnberg

| 1442 | 60 + 30 (Pf) | mehrfarbig ..... bcr | 8,50 | 15,— | 3,— |
| 1443 | 100 + 50 (Pf) | mehrfarbig ..... bcs | 12,— | 18,— | 4,25 |

1990

1990, 12. Jan. 2000 Jahre Speyer. Ⓖ Steiner; Odr.; gez. K 14.

bct) Dom und bedeutende Bauwerke in Speyer

| 1444 | 60 (Pf) | mehrfarbig GA ..... bct | 2,50 | 9,— | 1,50 |

1990, 12. Jan. 500 Jahre internationale Postverbindungen in Europa. Ⓖ Bundesdruckerei Berlin; komb. StTdr. und Odr.; gez. K 13¾:14.

bcu) Der kleine Postreiter (Detail); Stich von Albrecht Dürer (1471–1528), Maler und Grafiker

| 1445 | 100 (Pf) | mehrfarbig ..... bcu | 2,50 | 9,— | 2,— |

Bildgleiche Marke mit zusätzlicher Inschrift „BERLIN" siehe Berlin (West) MiNr. 860.

1990, 12. Jan. 500 Jahre Rieslinganbau. Ⓖ Kößlinger; Odr.; gez. K 14:13¾.

bcv) Von Rebe umrankte Initiale „R"

			EF	MeF	MiF
1446	100 (Pf)	mehrfarbig .... bcv	2,50	9,—	1,50

1990, 12. Jan. Aufnahme der Altstadt Lübeck in die Liste „Kultur- und Naturerbe der Welt" durch die UNESCO. Ⓖ Rohse; komb. StTdr. und Odr.; gez. K 14.

bcw) Stadtansicht von Lübeck (stilisiert)

| 1447 | 100 (Pf) | mehrfarbig ...... bcw | 2,50 | 9,— | 2,— |

1990, 15. Febr. Freimarke: Sehenswürdigkeiten (VII). Ⓖ Haase; Ldr. Bogen (B) und Rollen (R); gez. K 14.

bcx) Löwenstandbild, Braunschweig

			EF	MeF*)	MiF
1448	5 (Pf)	grünblau/grau (B) (R) .... bcx		20,—	1,50

*) Preis gilt für gängige MeF mit mehr als zwei Marken.

Weitere Werte „Sehenswürdigkeiten": MiNr. 1339–1342, 1347 bis 1348, 1374–1375, 1379–1381, 1398–1401, 1406–1407, 1468 bis 1469, 1531–1534, 1535, 1562, 1623, 1665, 1679, 1687, 1691, 1746

Bildgleiche Marke mit zusätzlicher Inschrift „BERLIN" siehe Berlin (West) MiNr. 863.

1990, 15. Febr. Sporthilfe: Beliebte Sportarten. Ⓖ Aretz; Odr.; gez. K 14.

bcy) Hallenhandball bcz) 20 Jahre Trimm-Dich-Aktion

			EF	MeF	MiF
1449	100 + 50 (Pf)	mehrfarbig ..... bcy	14,—	18,—	6,—
1450	140 + 60 (Pf)	mehrfarbig ..... bcz	17,—	40,—	8,—

1990, 15. Febr. 800 Jahre Deutscher Orden. Ⓖ Lüdtke; Odr.; gez. K 13¾.

bda) Siegel des Obersten Spittlers des Deutschen Ordens (1400), Amtswappen des Hochmeisters des Deutschen Ordens (1982)

| 1451 | 100 (Pf) | mehrfarbig ...... bda | 2,50 | 9,— | 2,— |

Bei Anfragen bitte Rückporto nicht vergessen!

Bundesrepublik Deutschland

1990, 15. Febr. 750 Jahre Privileg für Messen in Frankfurt a. M. ⊠ Schmitz; Odr. Schwann-Bagel; gez. K 14.

bdb) Siegel Kaiser Friedrichs II. (1240), Empfangshalle „Galleria" der Frankfurter Messe

				EF	MeF	MiF
1452	100 (Pf)	mehrfarbig	bdb	2,50	9,—	2,—

1990, 15. Febr. 25 Jahre Wettbewerb „Jugend forscht". ⊠ Lüdtke; Odr.; gez. K 14.

bdc) Labyrinth, Frage- und Ausrufezeichen

1453	100 (Pf)	mehrfarbig	bdc	3,—	9,50	2,—

1990, 15. Febr. Internationale Nordseeschutz-Konferenz, Den Haag. ⊠ Przewieslik; Odr.; gez. K 14.

bdd) Fauna der Nordsee

1454	100 (Pf)	mehrfarbig	bdd	2,50	9,—	2,—

1990, 19. April. Jugend: 125 Jahre „Max und Moritz". ⊠ Schillinger; Odr.; gez. K 14.

bde) „Witwe Bolte in der Kammer hört im Bette diesen Jammer"

bdf) „Max und Moritz im Verstecke schnarchen aber an der Hecke"

bdg) „Max und Moritz, gar nicht träge, sägen heimlich mit der Säge"

bdh) „Ach, was muß man oft von bösen Buben hören oder lesen"

bde–bdh) Illustrationen aus der Bildgeschichte „Max und Moritz" von Wilhelm Busch (1832–1908), Maler, Zeichner und Dichter

1455	60 + 30 (Pf)	mehrfarbig	bde	9,—	15,—	3,50
1456	70 + 30 (Pf)	mehrfarbig	bdf	15,—	20,—	4,—
1457	80 + 35 (Pf)	mehrfarbig	bdg	13,—	16,—	4,—
1458	100 + 50 (Pf)	mehrfarbig	bdh	25,—	20,—	5,—

1990, 19. April. 100 Jahre Tag der Arbeit (1. Mai). ⊠ Hoch; RaTdr.; gez. K 14.

bdi) Stilis. Fabrikdach, Inschrift

1459	100 (Pf)	mehrfarbig	bdi	2,50	9,—	2,—

1990, 19. April. 75 Jahre Deutscher Hausfrauen-Bund (DHB). ⊠ Poell; Odr.; gez. K 14.

bdk) Hausfrau, DHB-Emblem

1460	100 (Pf)	mehrfarbig	bdk	2,50	9,—	2,—

1990, 3. Mai. Europa: Postalische Einrichtungen. ⊠ Przewieslik; Odr.; gez. K 14.

bdl) Palais Thurn und Taxis, Frankfurt am Main

bdm) Postgiroamt Frankfurt am Main

				EF	MeF	MiF
1461	60 (Pf)	mehrfarbig GA	bdl	2,50	9,—	1,75
1462	100 (Pf)	mehrfarbig	bdm	2,50	8,—	2,—

1990, 3. Mai. 175 Jahre Nationalfarben Schwarz-Rot-Gold und Deutsche Burschenschaft. ⊠ Effert; komb. StTdr. und Odr.; gez. K 14.

bdn) Nationalfarben, Studentengruppe

1463	100 (Pf)	mehrfarbig	bdn	2,50	9,—	2,—

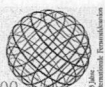

1990, 3. Mai. 125 Jahre Internationale Fernmeldeunion (UIT). ⊠ Langer-Rosa, Langer; Odr.; gez. K 14:13¾.

bdo) Stilisierte Weltkugel

1464	100 (Pf)	mehrfarbig	bdo	2,50	8,50	2,—

1990, 3. Mai. 125 Jahre Deutsche Gesellschaft zur Rettung Schiffbrüchiger (DGzRS). ⊠ Haase; Odr.; gez. K 14.

bdp) Sammelschiffchen

1465	60 (Pf)	mehrfarbig	bdp	3,—	10,—	1,50

1990, 3. Mai. 100. Geburtstag von Wilhelm Leuschner. ⊠ Aretz; komb. StTdr. und Odr.; gez. K 14:13¾.

bdr) W. Leuschner (1890–1944), Gewerkschaftsführer

1466	100 (Pf)	mehrfarbig	bdr	2,50	8,50	2,—

1990, 3. Mai. 100 Jahre Diakonenanstalt Rummelsberg. ⊠ Seiter; Odr. Schwann-Bagel; gez. K 14.

bds) Philippuskirche, Rummelsberg; Fahne der evangelischen Kirche

1467	100 (Pf)	mehrfarbig	bds	2,50	8,50	2,—

**MICHEL-Kataloge
überragen durch ihre
Ausführlichkeit,
Genauigkeit und Übersicht!**

1990, 21. Juni/1994. Freimarken: Sehenswürdigkeiten (VIII).
Haase; Ldr. Bogen (B) und Rollen (R); gez. K 14.

bdt) Schloß Rastatt   bdu) Helgoland

			EF	MeF	MiF
1468	45 (Pf)	hellgrünblau/mattrötlichorange .... bdt	8,—	35,—	1,50
1469	70 (Pf)	schwärzlichlilaultramarin/schwärzlichrotorange ...... bdu	12,—	12,—	1,50

Weitere Werte „Sehenswürdigkeiten": MiNr. 1339–1342, 1347 bis 1348, 1374–1375, 1379–1381, 1398–1401, 1406–1407, 1448, 1531–1534, 1535, 1562, 1623, 1665, 1679, 1687, 1691, 1746

MiNr. 1469 mit zusätzlicher Inschrift „BERLIN" siehe Berlin (West) MiNr. 874.

1990, 21. Juni: 40 Jahre Charta der deutschen Heimatvertriebenen. Lüdtke; RaTdr.; gez. K 14.

bdv) Schlußsatz der Charta der deutschen Heimatvertriebenen

1470	100 (Pf)	mehrfarbig ..... bdv	2,50	8,50	1,75

1990, 21. Juni. 30. Weltkongreß der Internationalen Handelskammer (IHK), Hamburg. Effert; Odr.; gez. K 14:14¼.

bdw) Ineinandergreifende Hände

1471	80 (Pf)	mehrfarbig ...... bdw	2,50	9,—	1,50

1990, 21. Juni. Blockausgabe: 10. Internationale Briefmarkenausstellung der Jugend, Düsseldorf. Ullmann; Odr.; gez. Ks 14.

bdx) Fünf Kinderköpfe, Vignette mit Weltkugel   bdy

| 1472 | 100 + 50 (Pf) | mehrfarbig..... bdx | 18,— | 28,— | 10,— |
| **Block 21** | (165×101 mm) | .... bdy | *150,—* | —,— | *100,—* |

FALSCH MiNr. 1472 (ohne Blockrand) im Odr. auf dickem Papier ohne Fluoreszenz, gez. K 14.

Ab 2. Juli 1990 waren die Postwertzeichen der Bundesrepublik Deutschland und von Berlin (West) auch auf dem Gebiet der DDR gültig.

Umgekehrt konnten die DDR-Marken ab MiNr. 3344 ab diesem Zeitpunkt auch in der Bundesrepublik und in Berlin (West) verwendet werden.

1990, 9. Aug. 250. Geburtstag von Matthias Claudius. Lüdtke; Odr.; gez. K 13¾.

bdz) M. Claudius (1740–1815), Dichter und Schriftsteller

			EF	MeF	MiF
1473	100 (Pf)	mehrfarbig ...... bdz	2,50	8,50	1,50

1990, 27. Sept. Wohlfahrt: Geschichte der Post und Telekommunikation. Steiner; Odr.; gez. K 13¾.

bea) Motorpostwagen (um 1900)   beb) Fernsprechvermittlungsstelle (um 1890)   bec) Paketpostamt (um 1900)

1474	60 + 30 (Pf)	mehrfarbig..... bea	9,—	15,—	4,—
1475	80 + 35 (Pf)	mehrfarbig..... beb	12,—	17,—	6,—
1476	100 + 50 (Pf)	mehrfarbig..... bec	13,—	18,—	6,—

1990, 3. Okt. Deutsche Einheit. Effert; Odr. MiNr. 1477 Schwann-Bagel, MiNr. 1478 Bundesdruckerei; gez. K 14.

bed) Inschrift, Farben der Staatsflagge

| 1477 | 50 (Pf) | mehrfarbig ...... bed | 3,50 | 3,— | 2,— |
| 1478 | 100 (Pf) | mehrfarbig ...... bed | 2,50 | 8,50 | 2,— |

1990, 11. Okt. 150 Jahre Briefmarken. Runge; Odr. Schwann-Bagel; gez. K 14.

bee) Marken Großbritannien MiNr. 1, Bayern MiNr. 1 und Bundesrepublik Deutschland MiNr. 1416

| 1479 | 100 (Pf) | mehrfarbig....... bee | 2,50 | 8,50 | 1,50 |

1990, 11. Okt. 100. Todestag von Heinrich Schliemann. Jünger; Odr.; gez. K 14.

bef) H. Schliemann (1822–1890), Altertumsforscher; Löwentor von Mykene

| 1480 | 60 (Pf) | mehrfarbig .... bef | 3,— | 10,— | 1,50 |

Bundesrepublik Deutschland

1990, 6. Nov. 1. Jahrestag der Öffnung der innerdeutschen Grenzen und der Berliner Mauer: Friedlicher Aufbruch zur deutschen Einheit. ⬚ Gottschall; I = RaTdr., II = Odr. (Block) Wertp.-Druckerei Leipzig; gez. K 13¾:14.

beg) Durchbrochene Mauer
beh) Szene am Brandenburger Tor

			EF	MeF	MiF
1481 I	50 (Pf)	mehrfarbig ..... beg	3,50	3,—	1,50
1482 I	100 (Pf)	mehrfarbig ..... beh	2,50	8,50	2,50

Blockausgabe, gez. Ks 13¾:14

[block image]

beh I   beg I   bei

1481 II	50 (Pf)	mehrfarbig.... beg I	8,50	15,—	5,—
1482 II	100 (Pf)	mehrfarbig.... beh I	8,—	16,—	5,—
Block 22	(145×100 mm)	.... bei	20,—	—,—	10,—

1990, 6. Nov. 100. Geburtstag von Käthe Dorsch. ⬚ Kahrl; RaTdr.; gez. K 14:13¾.

bek) K. Dorsch (1890–1957), Schauspielerin

1483	100 (Pf)	mehrfarbig....... bek	2,40	8,50	2,—

1990, 6. Nov. Weihnachten: Weihnachtliches Kunsthandwerk. ⬚ Schillinger; Odr.; gez. K 13¾.

bel) Engel

bem) Räuchermännchen ben) Nußknacker beo) Rauschgoldengel

			EF	MeF	MiF
1484	50 + 20 (Pf)	mehrfarbig..... bel	8,—	13,50	3,—
1485	60 + 30 (Pf)	mehrfarbig..... bem	9,—	15,—	3,—
1486	70 + 30 (Pf)	mehrfarbig..... ben	15,—	20,—	4,—
1487	100 + 50 (Pf)	mehrfarbig..... beo	13,50	18,—	5,—

1991

1991, 8. Jan. Freimarken: Frauen der deutschen Geschichte (XI). ⬚ Aretz; StTdr.; gez. K 14.

bep) Käthe Kollwitz (1867–1945), Malerin, Grafikerin und Bildhauerin

ber) Elisabet Boehm (1859–1943), Gründerin des ersten Landwirtschaftlichen Hausfrauenvereins

1488	30 (Pf)	schwarzkarminlila/dunkelbraunoliv.... bep	5,—	4,—	2,—
1489	70 (Pf)	schwärzl'karminrot/dunkeloliv......... ber	12,—	12,—	2,—

Weitere Werte „Frauen der deutschen Geschichte": MiNr. 1304 bis 1305, 1331–1332, 1338, 1359, 1365–1366, 1390–1393, 1397, 1405, 1427–1428, 1432–1433, 1497–1498, 1582, 1614, 1755 bis 1756

1991, 8. Jan. 750 Jahre Apothekerberuf. ⬚ Wiese; Odr.; gez. K 14:13¾.

bes) Apotheker; Miniatur aus einem in Frankreich entstandenen Codex (13. Jh.)

1490	100 (Pf)	mehrfarbig....... bes	2,50	8,50	1,75

1991, 8. Jan. 750 Jahre Hannover. ⬚ Steiner; Odr.; gez. K 13¾.

bet) Stadtansicht (stilisiert)

1491	60 (Pf)	mehrfarbig........ bet	3,—	10,—	1,50

1991, 8. Jan. 200 Jahre Brandenburger Tor, Berlin. ⬚ Graschberger; komb. StTdr. und Odr.; gez. K 14.

beu) Brandenburger Tor

1492	100 (Pf)	mehrfarbig...... beu	2,50	8,50	1,75

1991, 8. Jan. 100. Geburtstag von Erich Buchholz. ⬚ Denkhaus; RaTdr.; gez. K 13¾:14.

bev) Drei Goldkreise mit Vollkreis blau; Holzreliefplatte von E. Buchholz (1891–1972), Maler, Bildhauer und Architekt

1493	60 (Pf)	mehrfarbig........ bev	3,—	10,—	1,50

1991, 8. Jan. 100. Geburtstag von Walter Eucken. ⌧ Schmitz; Odr.; gez. K 14:14¾.

bew) W. Eucken (1891–1950), Volkswirtschaftler

			EF	MeF	MiF
1494	100 (Pf)	mehrfarbig . . . . . . bew	2,50	8,50	1,75

1991, 8. Jan. Internationale Tourismusbörse (ITB), Berlin. ⌧ Görs; Odr.; gez. K 13¾.

bex) Plakat

1495	100 (Pf)	mehrfarbig . . . . . . bex	2,50	8,50	1,75

1991, 8. Jan. Blockausgabe: Weltmeisterschaften im Bobsport, Altenberg. ⌧ Grünewald; Odr. Wertp.-Druckerei Leipzig; gez. Ks 12½:13.

bey) Zweierbob

bez

1496	100 (Pf)	mehrfarbig . . . . . . bey	7,—	13,—	5,—
Block 23	(55×80 mm) . . . . bez		8,50	16,—	6,—

1991, 14. Febr./1994. Freimarken: Frauen der deutschen Geschichte (XII). ⌧ Aretz; StTdr.; gez.K14.

bfa) Sophie Scholl (1921–1943), Studentin, Widerstandskämpferin

bfb) Bertha von Suttner (1843–1914), österreichische Schriftstellerin

1497	150 (Pf)	dkl'bräunlichkarmin/ violettultramarin . . . bfa	8,—	—,—	3,—
1498	200 (Pf)	schwarzbraunlila/ dkl'bräunlichrot . . . bfb	3,—	15,—	4,—

Weitere Werte „Frauen der deutschen Geschichte": MiNr. 1304 bis 1305, 1331–1332, 1338, 1359, 1365–1366, 1390–1393, 1397, 1405, 1427–1428, 1432–1433, 1488–1489, 1582, 1614, 1755 bis 1756

1991, 14. Febr. Sporthilfe: Weltmeisterschaften im Gewichtheben, Donaueschingen; Bahn- und Straßen-Radweltmeisterschaften, Stuttgart; 100 Jahre Basketballspiel; Europameisterschaften im Freistilringen, Stuttgart, und im griechisch-römischen Stil, Aschaffenburg. ⌧ Blume-Zander; Odr.; gez. K 13¾.

bfc) Gewichtheben

bfd) Radfahren   bfe) Basketball   bff) Ringen

			EF	MeF	MiF
1499	70 + 30 (Pf)	mehrfarbig . . . . . bfc	16,—	18,—	5,—
1500	100 + 50 (Pf)	mehrfarbig . . . . . bfd	13,50	18,—	5,—
1501	140 + 60 (Pf)	mehrfarbig . . . . . bfe	18,—	45,—	7,—
1502	170 + 80 (Pf)	mehrfarbig . . . . . bff	20,—	60,—	8,—

1991, 14. Febr. 400. Geburtstag von Friedrich Spee von Langenfeld. ⌧ Graschberger; Odr. Schwann-Bagel; gez. K 14.

bfg) F. Spee von Langenfeld (1590–1635), Jesuitenpater, Theologe und Schriftsteller; Titel seiner Schrift „Cautio criminalis" und Noten aus seiner Liedersammlung „Trutz-Nachtigall"

1503	100 (Pf)	mehrfarbig . . . . bfg	2,50	8,50	1,75

1991, 12. März. 400. Geburtstag von Jan von Werth. ⌧ v. Janota-Bzowski; Odr.; gez. K 13¾:14.

bfh) J. von Werth (1591–1652), Heerführer, zu Pferde

1504	60 (Pf)	mehrfarbig GA . . . . . bfh	3,—	10,—	1,50

1991, 12. März. Natur- und Umweltschutz: Pflanzen aus dem Rennsteiggarten, Oberhof. ⌧ Heise; Odr. Wertp.-Druckerei Leipzig; gez. K 13.

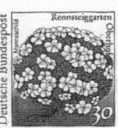  

bfi) Schweizer Mannsschild (Androsace helvetica)

bfk) Wulfens Primel (Primula wulfeniana)

bfl) Sommerenzian (Gentiana acaulis)

bfm) Preiselbeere (Vaccinium vitisidaea)

bfn) Alpenedelweiß (Leontopodium alpinum)

Bundesrepublik Deutschland

			EF	MeF	MiF
1505	30 (Pf)	mehrfarbig....... bfi	—,—	4,—	1,25
1506	50 (Pf)	mehrfarbig....... bfk	3,50	3,—	1,50
1507	80 (Pf)	mehrfarbig....... bfl	3,—	9,—	2,—
1508	100 (Pf)	mehrfarbig....... bfm	3,—	9,—	2,—
1509	350 (Pf)	mehrfarbig....... bfn	28,—	55,—	8,—

MiNr. 1506 ist mit stark schwankender Fluoreszenz bekannt (von kaum feststellbar bis normal).

1991, 12. März. 100. Todestag von Ludwig Windthorst. Aretz; Odr.; gez. K 14:13¾.

bfo) L. Windthorst (1812–1891), Politiker

| 1510 | 100 (Pf) | mehrfarbig....... bfo | 2,50 | 8,50 | 1,50 |

1991, 9. April 750. Jahrestag der Schlacht bei Liegnitz. Lüdtke; komb. StTdr. und Odr.; gez. K 14.

bfp) Aufeinandertreffen des deutsch-polnischen und des mongolischen Heeres; nach einer Miniatur aus dem Schlackenwerther Codex (um 1350)

| 1511 | 100 (Pf) | mehrfarbig....... bfp | 2,50 | 8,50 | 2,25 |

1991, 9. April. Jugend: Gefährdete Schmetterlinge. Schillinger; Odr.; gez. K 13¾.

bfr) Alpen-Gelbling (Colias phicomone)
bfs) Großer Eisvogel (Limenitis populi)
bft) Großer Schillerfalter (Apatura iris)

bfu) Blauschillernder Feuerfalter (Lycaena helle)
bfv) Schwalbenschwanz (Papilio machaon)
bfw) Alpen-Apollo (Parnassius apollo)

bfx) Hochmoor-Gelbling (Colias palaeno)
bfy) Großer Feuerfalter (Lycaena dispar)

1512	30 + 15 (Pf)	mehrfarbig..... bfr	—,—	5,50	2,—
1513	50 + 25 (Pf)	mehrfarbig..... bfs	7,50	8,50	2,50
1514	60 + 30 (Pf)	mehrfarbig..... bft	10,—	16,—	3,50
1515	70 + 30 (Pf)	mehrfarbig..... bfu	13,50	17,—	3,50
1516	80 + 35 (Pf)	mehrfarbig..... bfv	12,50	17,—	4,—
1517	90 + 45 (Pf)	mehrfarbig..... bfw	20,—	55,—	5,—
1518	100 + 50 (Pf)	mehrfarbig..... bfx	14,—	18,—	6,—
1519	140 + 60 (Pf)	mehrfarbig..... bfy	18,—	45,—	7,—

1991, 9. April. 200 Jahre Sing-Akademie, Berlin. Rothacker; komb. StTdr. und Odr.; gez. K 14.

bfz) Gebäude der Sing-Akademie (um 1830)

			EF	MeF	MiF
1520	100 (Pf)	mehrfarbig....... bfz	2,50	8,50	1,75

1991, 9. April. 125 Jahre Lette-Verein, Berlin. Görs; RaTdr.; gez. K 14.

bga) Setzerinnenschule des Lette-Vereins (um 1875)

| 1521 | 100 (Pf) | mehrfarbig....... bga | 2,50 | 8,50 | 1,75 |

1991, 9. April. Historische Luftpostbeförderung. Bertholdt; RaTdr. Wertp.-Druckerei Leipzig; gez. K 14.

bgb) Flugzeug Junkers F 13 (1930)

bgc) Grade-Eindecker (1909)
bgd) Flugzeug Fokker F III (1922)
bge) Luftschiff LZ 127 „Graf Zeppelin" (1928)

1522	30 (Pf)	mehrfarbig...... bgb	—,—	4,—	1,50
1523	50 (Pf)	mehrfarbig...... bgc	3,50	3,—	1,50
1524	100 (Pf)	mehrfarbig...... bgd	3,—	9,—	2,—
1525	165 (Pf)	mehrfarbig...... bge	30,—	—,—	8,—

1991, 2. Mai. Europa: Europäische Weltraumfahrt. Lüdtke; Odr.; gez. K 13¾.

bgf) Europäischer Erdbeobachtungssatellit „ERS-1"
bgg) Deutscher Fernmeldesatellit „Kopernikus"

| 1526 | 60 (Pf) | mehrfarbig....... bgf | 3,— | 10,— | 1,50 |
| 1527 | 100 (Pf) | mehrfarbig....... bgg | 2,50 | 8,50 | 1,75 |

1991, 2. Mai. 700 Jahre Stadtrechte für Mayen, Welschbillig, Bernkastel, Montabaur, Wittlich und Saarburg. Wiese; Odr.; gez. K 13¾.

bgh) Stadtwappen

| 1528 | 60 (Pf) | mehrfarbig....... bgh | 3,— | 10,— | 1,50 |

Bitte teilen Sie uns Fehler mit, damit wir sie berichtigen können.

1991, 2. Mai. 75. Todestag von Max Reger. ⓔ Jünger; Odr. Schwann-Bagel; gez. K 14.

bgi) M. Reger (1873–1916), Komponist Orgelpfeifen

			EF	MeF	MiF
1529	100 (Pf)	mehrfarbig ..... bgi	2,50	8,50	1,75

1991, 2. Mai. Start des Hochgeschwindigkeitsverkehrs der Deutschen Bundesbahn. ⓔ Haase; Odr.; gez. K 14.

bgk) Fahrender ICE-Zug

1530	60 (Pf)	mehrfarbig GA ..... bgk	3,—	10,—	1,50

Von MiNr. 1530 existieren Stücke mit farbschwachem Druck der blauen Farbe: Druckzufälligkeit!

1991, Mai. Freimarken: Sehenswürdigkeiten (IX). ⓔ Haase; Ldr. Markenheftchen; selbstklebend; □.

ayw) Flughafen Frankfurt a. M. ayp) Bavaria, München ayr) Hauptportal der Zeche Zollern II, Dortmund bbd) Wallfahrtskapelle, Altötting

1531	10 (Pf)	mattblau/schwärzlichgraublau ..... ayw	20,—*)	1,—
1532	60 (Pf)	lebhaftgraugrün/grünschwarz GA . ayp	2,50	15,—	2,—
1533	80 (Pf)	graubläulichgrün/dkl'grünlichgrau . ayr	2,50	25,—	2,50
1534	100 (Pf)	hellbläulichgrün/lebh'gelbocker GA bbd	2,50	6,—	3,50

*) Preis gilt für gängige MeF mit mehr als zwei Marken.

MiNr. 1531–1534 stammen aus Markenheftchen 27.

MiNr. 1533 ist in hell- bis mittelbläulichgrün bekannt. Diese Stücke sind durch schwachen Farbauftrag (nach Reinigung der Druckplatte) entstanden. Druckzufälligkeit!

In gleichen Zeichnungen: MiNr. 1341–1342, 1347, 1406; weitere Werte „Sehenswürdigkeiten": MiNr. 1339–1340, 1348, 1374 bis 1375, 1379–1381, 1398–1401, 1407, 1448, 1468–1469, 1535, 1562, 1623, 1665, 1679, 1687, 1691, 1746

1991, 4. Juni. Freimarke: Sehenswürdigkeiten (X). ⓔ Haase; Ldr. Bogen (B) und Rollen (R); gez. K 14.

bgl) Russische Kirche, Wiesbaden

1535	170 (Pf)	dunkelbraungrau/orangegelb ..... bgl	7,—	40,—	3,—

🅿 Beschreibung siehe bei MiNr. 1348.

In gleicher Zeichnung: MiNr. 1687; weitere Werte „Sehenswürdigkeiten": MiNr. 1339–1342, 1347–1348, 1374–1375, 1379–1381, 1398–1401, 1406–1407, 1448, 1468–1469, 1531–1534, 1562, 1623, 1665, 1679, 1691, 1746

1991, 4. Juni. 150. Geburtstag von Paul Wallot. ⓔ Görs; komb. StTdr. und Odr.; gez. K 14.

bgm) P. Wallot (1841–1912), Architekt; Reichstagsgebäude, Berlin

			EF	MeF	MiF
1536	100 (Pf)	mehrfarbig ..... bgm	2,50	8,—	1,75

1991, 4. Juni. Weltgaskongreß, Berlin. ⓔ Glinski; Odr. Wertp.-Druckerei Leipzig; gez. K 13:12½.

bgn) Wilhelm August Lampadius (1772 bis 1842), Mineraloge und Chemiker Zierfeld bgo) Gaskandelaber in Berlin; von Karl Friedrich Schinkel (1781–1841), Baumeister und Maler

1537	60 (Pf)	mattgrünlichblau/schwarz ..... bgn	3,—	10,—	1,50
1538	100 (Pf)	mattgrünlichblau/schwarz ..... bgo	2,50	8,—	2,—

1991, 4. Juni. Tierschutz: Bedrohte Seevögel. ⓔ Rieß; Odr.; gez. K 13¾:14.

bgp) Kampfläufer (Philomachus pugnax) bgr) Zwergseeschwalbe (Sterna albifrons) bgs) Ringelgans (Branta bernicla) bgt) Seeadler (Haliaeetus albicilla)

1539	60 (Pf)	mehrfarbig ..... bgp	3,—	10,—	2,—
1540	80 (Pf)	mehrfarbig ..... bgr	3,—	9,—	2,50
1541	100 (Pf)	mehrfarbig ..... bgs	2,50	8,—	2,—
1542	140 (Pf)	mehrfarbig ..... bgt	13,—	28,—	5,—

1991, 9. Juli. Blockausgabe: Europäische Luftpostausstellung LILIENTHAL '91, Dresden; 100. Jahrestag des ersten Flugversuches von Otto Lilienthal. ⓔ Detlefsen; Odr. Wertp.-Druckerei Leipzig; gez. Ks 14.

bgu) Otto Lilienthal (1848–1896), Flugpionier; Lilienthal-Gleiter Nr. 13

bgv

1543	100 + 50 (Pf) mehrfarbig ..... bgu	10,—	40,—	8,—
Block 24	(57×83 mm) .... bgv	12,—	55,—	10,—

Bundesrepublik Deutschland

1991, 9. Juli. 40 Jahre Genfer Flüchtlingskonvention. ◊ Schmitz; Odr.; gez. K 14.

bgw) Hand mit Umhang; Emblem der Weltflüchtlingsorganisation

				EF	MeF	MiF
1544	100 (Pf)	mehrfarbig	bgw	2,50	8,—	1,50

1991, 9. Juli. Libellen. ◊ Grünewald; RaTdr. Wertp.-Druckerei Leipzig; gez. K 14.

bgx) Plattbauch (Libellula depressa)

bgy) Blutrote Heidelibelle (Sympetrum sanguineum)
bgz) Zweigestreifte Quelljungfer (Cordulegaster boltonii)
bha) Grüne Mosaikjungfer (Aeschna viridis)

1545	50 (Pf)	mehrfarbig	bgx	3,50	4,—	1,50
1546	60 (Pf)	mehrfarbig	bgx	3,—	10,—	2,—
1547	60 (Pf)	mehrfarbig	bgy	3,—	10,—	2,—
1548	60 (Pf)	mehrfarbig	bgz	3,—	10,—	2,—
1549	60 (Pf)	mehrfarbig	bha	3,—	10,—	2,—
1550	70 (Pf)	mehrfarbig	bgy	10,—	12,—	2,—
1551	80 (Pf)	mehrfarbig	bgz	3,—	9,—	2,—
1552	100 (Pf)	mehrfarbig	bha	3,—	8,—	2,50

MiNr. 1546–1549 wurden zusammenhängend in Viererblockanordnung gedruckt.

1991, 9. Juli. Internationale Funkausstellung (IFA), Berlin. ◊ Graschberger; Odr.; gez. K 14.

bhb) Symbole für Rundfunk und Fernsehen

1553	100 (Pf)	mehrfarbig	bhb	2,50	8,—	1,75

1991, 9. Juli. Verkehrssicherheit. ◊ Kößlinger; Odr. Schwann-Bagel; gez. K 14.

bhc) Straßenverkehrsszene

1554	100 (Pf)	mehrfarbig	bhc	2,50	8,—	1,75

1991, 8. Aug. 150 Jahre Deutschlandlied. ◊ Graschberger; Odr.; gez. K 14.

bhd) August Heinrich Hoffmann von Fallersleben (1798–1874), Dichter und Germanist: 3. Strophe des Deutschlandliedes

				EF	MeF	MiF
1555	100 (Pf)	mehrfarbig	bhd	2,50	8,—	1,75

1991, 8. Aug. 100. Geburtstag von Reinold von Thadden-Trieglaff. ◊ Aretz; Odr.; gez. K 14.

bhe) R. von Thadden-Trieglaff (1891–1976), Jurist, Gründer und Präsident des Deutschen Evangelischen Kirchentages

				EF	MeF	MiF
1556	100 (Pf)	mehrfarbig	bhe	2,50	8,—	1,75

1991, 8. Aug. 100 Jahre Energieübertragung durch Drehstrom. ◊ Effert; Odr.; gez. K 14.

bhf) Drehstromübertragung vom Neckar-Kraftwerk Lauffen nach Frankfurt am Main (1891)

1557	170 (Pf)	mehrfarbig	bhf	15,—	30,—	4,—

1991, 12. Sept. 275 Jahre Rhein-Ruhr-Hafen Duisburg. ◊ Ullmann; Odr.; gez. K 14.

bhg) Hafenanlagen, Schiffe (stilis.)

1558	100 (Pf)	mehrfarbig	bhg	2,50	8,—	1,75

1991, 12. Sept. Blockausgabe: 200. Geburtstag von Theodor Körner. ◊ Lehmann, Odr. Wertp.-Druckerei Leipzig; gez. Ks 13:12½.

bhh) Feder, Schwertgriff, Eichenblatt
bhi) Th. Körner (1791–1813), Schriftsteller

bhk

1559	60 (Pf)	mehrfarbig	bhh	7,—	20,—	3,50
1560	100 (Pf)	mehrfarbig	bhi	12,—	20,—	5,—
Block 25	(55×80 mm)		bhk	25,—	—,—	8,—

MICHEL-Rundschau

zwölfmal im Jahr aktuelle Informationen für den Philatelisten. Mit einem Abonnement können Sie auch diesen Katalog auf dem laufenden halten!

Bundesrepublik Deutschland

1991, 12. Sept. 100. Geburtstag von Hans Albers. ✑ Kahrl; RaTdr.; gez. K 14:13¾.

bhl) H. Albers (1891–1960), Schauspieler, im Film „Der Sieger"

		EF	MeF	MiF
1561	100 (Pf) mehrfarbig ...... : bhl	2,50	8,—	1,75

1991, 10. Okt. Freimarke: Sehenswürdigkeiten (XI). ✑ Haase; Ldr. Bogen (B) und Rollen (R); gez. K 14.

bhm) Semperoper, Dresden

| **1562** | 400 (Pf) | dunkelbräunlichlila/ hellgelborange... bhm | 25,— | 15,— | 7,— |

🔍 Beschreibung siehe bei MiNr. 1348.

Weitere Werte „Sehenswürdigkeiten": MiNr. 1339–1342, 1347 bis 1348, 1374–1375, 1379–1381, 1398–1401, 1406–1407, 1448, 1468–1469, 1531–1534, 1535, 1623, 1665, 1679, 1687, 1691, 1746

1991, 10. Okt. Wohlfahrt: Historische Posthäuser in Deutschland. ✑ Blume-Zander; Odr.; gez. K 13¾.

bhn) Postamt Bethel   bho) Poststation Büdingen   bhp) Postamt Stralsund

bhr) Postamt Lauscha   bhs) Postamt Bonn   bht) Postamt Weilburg

1563	30 + 15 (Pf)	mehrfarbig..... bhn	—,—	6,—	3,—
1564	60 + 30 (Pf)	mehrfarbig..... bho	10,—	16,—	4,—
1565	70 + 30 (Pf)	mehrfarbig..... bhp	15,—	19,—	5,—
1566	80 + 35 (Pf)	mehrfarbig..... bhr	14,—	18,—	6,—
1567	100 + 50 (Pf)	mehrfarbig..... bhs	15,—	19,—	7,—
1568	140 + 60 (Pf)	mehrfarbig..... bht	20,—	50,—	8,—

1991, 10. Okt. 100. Geburtstag von Max Ernst. ✑ Veret-Lemarinier; Odr.; gez. K 13¾.

bhu) Vogeldenkmal; Gemälde von M. Ernst (1891 bis 1976), Maler und Bildhauer

| **1569** | 100 (Pf) mehrfarbig..... bhu | 2,50 | 8,— | 1,75 |

Mit MICHEL immer voraus

1991, 10. Okt. Tag der Briefmarke. ✑ Fischer-Nosbisch; Odr.; gez. K 13¾.

bhv) Briefträger im Spreewald

		EF	MeF	MiF
1570	100 (Pf) mehrfarbig....... bhv	2,50	8,—	1,75

1991, 5. Nov. Blockausgabe: 200. Todestag von Wolfgang Amadeus Mozart. ✑ Rieß; Odr. Wertp.-Druckerei Leipzig; gez. Ks 14.

bhw) W. A. Mozart (1756–1791), österreichischer Komponist

bhx

| **1571** | 100 (Pf) mehrfarbig...... bhw | 10,— | 20,— | 7,— |
| **Block 26** (82,5×57 mm)......... bhx | | 11,— | 22,— | 8,— |

1991, 5. Nov. 100. Geburtstag von Otto Dix. ✑ Lüders; RaTdr. Wertp.-Druckerei Leipzig; gez. K 13¾:14.

 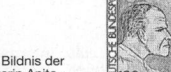

bhy) Bildnis der Tänzerin Anita Berber   bhz) Selbstbildnis im Profil nach rechts

bhy–bhz) Gemälde von O. Dix (1891–1969), Maler und Grafiker

| **1572** | 60 (Pf) | mehrfarbig....... bhy | 3,— | 10,— | 1,50 |
| **1573** | 100 (Pf) | mehrfarbig....... bhz | 2,50 | 8,— | 1,50 |

1991, 5. Nov. 100. Geburtstag von Julius Leber. ✑ Graschberger; Odr. Schwann-Bagel; gez. K 13¾.

bia) J. Leber (1891–1945), Politiker

| **1574** | 100 (Pf) mehrfarbig .... bia | 2,50 | 8,— | 1,50 |

1991, 5. Nov. 100. Geburtstag von Nelly Sachs. ✑ Jacki; Odr.; gez. K 13¾:14.

bib) N. Sachs (1891–1970), Dichterin und Schriftstellerin

| **1575** | 100 (Pf) | hellviolettblau/ schw'violettblau... bib | 2,50 | 8,— | 1,50 |

1991, 5. Nov. Sorbische Sagen. Abramowski-Lautenschläger; Odr. Wertp.-Druckerei Leipzig; gez. K 13.

bic) Geiger und Wassermann

bid) Mittagsfrau und Nochtenerin

			EF	MeF	MiF
1576	60 (Pf)	mehrfarbig...... bic	3,—	10,—	1,50
1577	100 (Pf)	mehrfarbig...... bid	2,50	8,—	1,50

1991, 5. Nov. Weihnachten: 500. Todestag von Martin Schongauer. Stelzer; Odr.; gez. K 13¾.

bie) Engel der Verkündigung

bif) Mariä Verkündigung

big) Maria im Rosenhag (Detail)

bih) Geburt Christi

bie–bih) Tafelbilder von M. Schongauer (1450–1491), Maler und Kupferstecher

1578	60 + 30 (Pf)	mehrfarbig..... bie	10,—	16,—	4,—
1579	70 + 30 (Pf)	mehrfarbig..... bif	15,—	19,—	5,—
1580	80 + 35 (Pf)	mehrfarbig..... big	14,—	18,—	7,—
1581	100 + 50 (Pf)	mehrfarbig..... bih	15,—	19,—	9,—

1992

1992, 9. Jan. Freimarke: Frauen der deutschen Geschichte (XIII). Aretz; StTdr.; gez. K 14.

bii) Charlotte von Stein (1742–1827), Freundin Goethes

1582	400 (Pf)	dkl'magenta/blauschwarz......... bii	25,—	15,—	8,—

Weitere Werte „Frauen der deutschen Geschichte": MiNr. 1304 bis 1305, 1331–1332, 1338, 1359, 1365–1366, 1390–1393, 1397, 1405, 1427–1428, 1432–1433, 1488–1489, 1497–1498, 1614, 1755 bis 1756

1992, 9. Jan. 2000 Jahre Koblenz. Bertholdt; Odr. Wertp.-Druckerei Leipzig; x = Papier ohne Fluoreszenz, y = Papier fl; gez. K 13:12½.

bik) Sockel des Kaiser-Wilhelm-Denkmals, Stadtsilhouette mit Liebfrauen- und St.-Florinkirche, Balduinbrücke; Stadtwappen

1583	60 (Pf)	mehrfarbig........ bik			
x		Papier ohne Fluoreszenz...........	120,—	200,—	100,—
y		Papier fl............	3,—	10,—	2,—

1992, 9. Jan. 100. Geburtstag von Martin Niemöller. Aretz; Odr.; gez. K 14:13¾.

bil) M. Niemöller (1892–1984), evangelischer Theologe

			EF	MeF	MiF
1584	100 (Pf)	mehrfarbig....... bil	3,—	9,—	2,50

1992, 9. Jan. 25 Jahre Kinderhilfsorganisation „Terre des Hommes Deutschland". de Vries; Odr.; gez. K 14:13¾.

bim) Kinderaugen

1585	100 (Pf)	mehrfarbig....... bim	3,—	9,—	2,50

1992, 9. Jan./10. Sept. Wappen der Länder der Bundesrepublik Deutschland (I). Jünger; Odr.; gez. K 13¾.

bin) Baden-Württemberg   bio) Bayern   bip) Berlin

bir) Brandenburg   bis) Bremen   bit) Hamburg

1586	100 (Pf)	mehrfarbig (9.1.).... bin	2,50	8,—	2,—
1587	100 (Pf)	mehrfarbig (12.3.)... bio	2,50	8,—	2,—
1588	100 (Pf)	mehrfarbig (11.6.)... bip	2,50	8,—	2,—
1589	100 (Pf)	mehrfarbig (16.7.)... bir	2,50	8,—	2,—
1590	100 (Pf)	mehrfarbig (13.8.)... bis	2,50	8,—	2,—
1591	100 (Pf)	mehrfarbig (10.9.)... bit	2,50	8,—	2,—

FALSCH MiNr. 1588 und 1591 in Odr. auf dickem (Karton-)Papier ohne Fluoreszenz, gez. K 13¾

Weitere Ausgaben „Wappen der Länder der Bundesrepublik Deutschland": MiNr. 1660–1664, 1712–1716

1992, 6. Febr. Sporthilfe: Olympische Winterspiele, Albertville; Olympische Sommerspiele, Barcelona. Aretz; Odr.; gez. K 13¾.

biu) Fechten – Damen-Florett

biv) Rudern – Achter   biw) Dressurreiten   bix) Ski alpin – Herren-Slalom

1592	60 + 30 (Pf)	mehrfarbig..... biu	10,—	16,—	4,—
1593	80 + 40 (Pf)	mehrfarbig..... biv	15,—	19,—	4,50
1594	100 + 50 (Pf)	mehrfarbig..... biw	16,—	20,—	8,—
1595	170 + 80 (Pf)	mehrfarbig..... bix	23,—	70,—	10,—

Bundesrepublik Deutschland

1992, 6. Febr. 100. Geburtstag von Arthur Honegger. Ⓔ Lüdtke; RaTdr. Wertp.-Druckerei Leipzig; gez. K 14:13¾.

biy) A. Honegger (1892–1955), Komponist

		EF	MeF	MiF
1596 100 (Pf)	hellrotgrau/schwarz .... biy	3,—	8,—	2,50

1992, 6. Febr. 75. Todestag von Ferdinand Graf von Zeppelin. Ⓔ Jünger; Odr.; gez. K 14.

biz) F. Graf von Zeppelin (1838–1917), Erfinder des lenkbaren Luftschiffs; Luftschiff LZ 127 „Graf Zeppelin"

1597 165 (Pf)	mehrfarbig .... biz	20,—	—,—	4,—

1992, 12. März. 750 Jahre Stadt Kiel. Ⓔ Korn; Odr. Schwann-Bagel; gez. K 14.

bka) Stadt- und Hafenansicht, Stadtwappen

1598 60 (Pf)	mehrfarbig........ bka	3,—	10,—	1,50

1992, 12. März. 125. Jahrestag der Gründung des Zuckerinstituts Berlin. Ⓔ Jünger; Odr. Wertp.-Druckerei Leipzig; gez. K 13:12½.

bkb) Andreas Sigismund Marggraf (1709–1782), Chemiker, Entdecker des Rübenzuckers; Franz Carl Achard (1753–1821), Chemiker, Begründer der Rübenzuckerindustrie; Carl Scheibler (1827–1899), Gründer des ersten Zuckerinstituts; Zuckerrübe

1599 100 (Pf)	mehrfarbig ...... bkb	3,—	8,—	2,50

MiNr. 1599 ist mit stark schwankender Fluoreszenz bekannt (von kaum feststellbar bis normal).

1992, 12. März. 100. Todestag von Ernst Jakob Renz. Ⓔ de Vries; Odr.; gez. K 14:13¾.

bkc) E. J. Renz (1815–1892), Zirkusdirektor, bei der Pferdedressur

1600 100 (Pf)	mehrfarbig....... bkc	3,—	8,—	2,50

1992, 12. März. 25. Todestag von Dr. Konrad Adenauer. Ⓔ Schmitz; RaTdr.; gez. K 13¾.

bkd) Dr. K. Adenauer (1876–1967), 1. deutscher Bundeskanzler

1601 100 (Pf)	mehrfarbig ...... bkd	3,—	8,—	2,50

1992, 9. April. Jugend: Gefährdete Nachtfalter. Ⓔ Schillinger; Odr.; gez. K 13¾.

bke) Purpurbär (Rhyparia purpurata)
bkf) Labkrautschwärmer (Celerio galii)
bkg) Silbermönch (Cucullia argentea)

bkh) Schwarzer Bär (Arctia villica)
bki) Rauschbeeren-Fleckenspanner (Arichanna melanaria)

			EF	MeF	MiF
1602	60 + 30 (Pf)	mehrfarbig..... bke	11,—	17,—	5,—
1603	70 + 30 (Pf)	mehrfarbig..... bkf	16,—	20,—	5,50
1604	80 + 40 (Pf)	mehrfarbig..... bkg	16,—	20,—	6,—
1605	100 + 50 (Pf)	mehrfarbig..... bkh	17,—	21,—	6,—
1606	170 + 80 (Pf)	mehrfarbig..... bki	23,—	70,—	8,—

1992, 9. April. 400. Geburtstag von Johann Adam Schall von Bell. Ⓔ Zill; Odr. Wertp.-Druckerei Leipzig; gez. K 14.

bkj) J. A. Schall von Bell (1592–1666), Missionar und Astronom; Zeichen des Jesuitenordens

1607 140 (Pf)	mehrfarbig....... bkk	10,—	40,—	3,50

1992, 7. Mai. Europa: 500 Jahrestag der Entdeckung von Amerika. Ⓔ de Vries; Odr.; gez. K 13¾.

bkl) Die Kolumbusflotte landet in Amerika; florentinischer Holzschnitt (1493)
bkm) René de Laudonnière und Häuptling Athore (1564); Holzschnitt von Jacques le Moyne de Morgues

1608	60 (Pf)	mehrfarbig GA .... bkl	3,—	10,—	1,25
1609	100 (Pf)	mehrfarbig ...... bkm	3,—	8,—	2,—

1992, 7. Mai. 1250. Geburtstag des hl. Ludgerus. Ⓔ Börnsen; Odr.; gez. K 13¾:14.

bkn) Bischofsweihe des hl. Ludgerus (um 742–809), Apostel der Friesen und Sachsen; Miniatur aus der „Vita Liudgeri auctore Altfrido" (11. Jh.)

1610 100 (Pf)	mehrfarbig....... bkn	2,50	8,—	1,50

Bundesrepublik Deutschland

1992, 7. Mai. 1250 Jahre Erfurt. ⬛ Steiner; Odr.; gez. K 14:13¾.

bko) Dom, Severikirche, Häuser der Altstadt

			EF	MeF	MiF
1611	60 (Pf)	mehrfarbig ⬛ ..... bko	3,—	10,—	1,50

1992, 7. Mai. 500. Geburtstag von Adam Riese. ⬛ Scheuner; Odr. Schwann-Bagel; gez. K 14.

bkp) Autograph der Neunerprobe (1524); Unterschrift von A. Riese (1492 bis 1559), Rechenmeister: Initialen „AR" aus einem Holzschnitt (1550)

| **1612** | 100 (Pf) | mehrfarbig ...... bkp | 3,— | 8,— | 2,50 |

FALSCH MiNr. 1612 im Odr. auf dickem (Karton-)Papier ohne Fluoreszenz, gez. K 14

1992, 7. Mai. 150 Jahre Orden „Pour le mérite". ⬛ Effert; Odr. Wertp.-Druckerei Leipzig; gez. K 13.

bkr) Orden „Pour le mérite"

| **1613** | 100 (Pf) | mehrfarbig ...... bkr | 3,— | 8,— | 2,50 |

1992, 11. Juni. Freimarke: Frauen der deutschen Geschichte (XIV). ⬛ Aretz; StTdr.; gez. K 14.

bks) Hedwig Courths-Maler (1867–1950), Schriftstellerin

| **1614** | 450 (Pf) | cyanblau/dkl'lila-ultramarin ...... bks | 25,— | 16,— | 12,— |

Weitere Werte „Frauen der deutschen Geschichte": MiNr. 1304 bis 1305, 1331–1332, 1338, 1359, 1365–1366, 1390–1393, 1397, 1405, 1427–1428, 1432–1433, 1488–1489, 1497–1498, 1582, 1755 bis 1756

1992, 11. Juni. Umweltschutz: Rettet den tropischen Regenwald. ⬛ Wilhelm; Odr. Wertp.-Druckerei Leipzig; gez. K 13.

bkt) Tropischer Regenwald

| **1615** | 100 + 50 (Pf) | mehrfarbig ..... bkt | 7,— | 16,— | 5,50 |

1992, 11. Juni. 250. Geburtstag von Georg Christoph Lichtenberg. ⬛ Aretz; Odr.; gez. K 14:13¾.

bku) G. Chr. Lichtenberg (1742–1799), Physiker und Schriftsteller

| **1616** | 100 (Pf) | mehrfarbig ...... bku | 2,50 | 8,— | 2,— |

1992, 11. Juni. Deutsche Malerei des 20. Jahrhunderts (I). ⬛ Jünger; Odr.; gez. K 13¾:14.

bkv) Pferd in der Landschaft; von Franz Marc (1880–1916)

bkw) Modegeschäft; von August Macke (1887–1914)

bkx) Murnau mit Regenbogen; von Wassily Kandinsky (1866–1944)

			EF	MeF	MiF
1617	60 (Pf)	mehrfarbig ...... bkv	3,—	10,—	1,50
1618	100 (Pf)	mehrfarbig ...... bkw	3,—	8,—	2,—
1619	170 (Pf)	mehrfarbig ...... bkx	13,—	30,—	3,50

Weitere Ausgaben „Deutsche Malerei des 20. Jahrhunderts": MiNr. 1656–1658, 1748–1750, 1774–1776

1992, 16. Juli. Welthauswirtschaftskongreß, Hannover. ⬛ Effert; RaTdr.; gez. K 14.

bky) Haus, Weltkugel

| **1620** | 100 (Pf) | mehrfarbig ...... bky | 2,50 | 8,— | 2,— |

1992, 16. Juli. Familie schafft Zukunft. ⬛ Rieß; Odr.; gez. K 13¾.

bkz) Familie (Kinderzeichnung)

| **1621** | 100 (Pf) | mehrfarbig ...... bkz | 2,50 | 8,— | 2,— |

1992, 16. Juli. Natur- und Umweltschutz: Botanischer Garten, Leipzig. ⬛ Seiter; Odr. Wertp.-Druckerei Leipzig; gez. K 13:12½.

bla) Ansicht des Botanischen Gartens, verschiedene Arabesken

| **1622** | 60 (Pf) | mehrfarbig .... bla | 3,— | 10,— | 1,50 |

1992, 13. Aug. Freimarke: Sehenswürdigkeiten (XII). ⬛ Haase; Ldr. Bogen (B) und Rollen (R); gez. K 14.

blb) Neues Tor, Neubrandenburg

| **1623** | 450 (Pf) | schwärzlichgraublau/ dunkelbraun-orange .... blb | 25,— | 16,— | 10,— |

Weitere Werte „Sehenswürdigkeiten": MiNr. 1339–1342, 1347 bis 1348, 1374–1375, 1379–1381, 1398–1401, 1406–1407, 1448, 1468–1469, 1531–1534, 1535, 1562, 1665, 1679, 1687, 1691, 1746

Bundesrepublik Deutschland

1992, 13. Aug. 300. Geburtstag von Egid Quirin Asam. ✍ Detlefsen; Odr. Wertp.-Druckerei Leipzig; gez. K 13¾:14.

blc) Mariä Himmelfahrt; Skulptur in der Stiftskirche Rohr von E. Q. Asam (1692–1750), Stukkateur und Baumeister

			EF	MeF	MiF
1624	60 (Pf)	mehrfarbig .... blc	3,—	10,—	1,50

1992, 13. Aug. 250 Jahre Deutsche Staatsoper, Berlin. ✍ Jünger; Odr. Schwann-Bagel; gez. K 14.

bld) Deutsche Staatsoper, Berlin

1625	80 (Pf)	mehrfarbig .... bld	3,—	9,—	2,—

1992, 13. Aug. 100 Jahre Bund Deutscher Amateurtheater. ✍ Steiner; Odr.; gez. K 13¾:14.

ble) Theaterfiguren

1626	100 (Pf)	mehrfarbig .... ble	3,—	8,—	2,25

1992, 10. Sept. 500 Jahre Erdglobus. ✍ Schillinger; Odr.; gez. K 13¾.

blf) Erdglobus nach Entwurf von Martin Behaim (1459–1507), Kaufmann und Kosmograph

1627	60 (Pf)	mehrfarbig GA ...... blf	3,—	10,—	1,50

1992, 10. Sept. 225 Jahre Schmuck- und Uhrenindustrie, Pforzheim. ✍ Ehmke; Odr.; gez. K 13¾:14.

blg) Anhänger (1890), Uhr (1990)

1628	100 (Pf)	mehrfarbig .... blg	3,—	8,—	2,25

1992, 10. Sept. 100. Geburtstag von Werner Bergengruen. ✍ v. Janota-Bzowski; Odr. Wertp.-Druckerei Leipzig; gez. K 13¾:14.

blh) W. Bergengruen (1892–1964), Schriftsteller; Zeichnung von Hanny Fries

1629	100 (Pf)	mehrfarbig .... blh	3,—	8,—	2,25

Bitte teilen Sie uns Fehler mit, damit wir sie berichtigen können.

1992, 10. Sept. Eröffnung des Main-Donau-Kanals. ✍ Schillinger; Odr.; gez. K 14.

bli) Neue Holzbrücke bei Essing über den Main-Donau-Kanal

			EF	MeF	MiF
1630	100 (Pf)	mehrfarbig .... bli	3,—	8,—	2,25

1992, 15. Okt. Wohlfahrt: Kostbare alte Uhren aus deutschen Sammlungen. ✍ Schillinger; Odr.; gez. K 13¾.

blk) Türmeruhr (um 1400)   bll) Astronomisch-geographische Stutzuhr (1738)   blm) Flötenuhr (um 1790)

bln) Figurenuhr (um 1580)   blo) Tischuhr (um 1550)

1631	60 + 30 (Pf)	mehrfarbig ..... blk	10,—	16,—	3,—
1632	70 + 30 (Pf)	mehrfarbig ..... bll	15,—	19,—	4,—
1633	80 + 40 (Pf)	mehrfarbig ..... blm	15,—	19,—	4,—
1634	100 + 50 (Pf)	mehrfarbig ..... bln	16,—	20,—	5,—
1635	170 + 80 (Pf)	mehrfarbig ..... blo	22,—	60,—	7,—

1992, 15. Okt. 100 Jahre Verband Deutscher Maschinen- und Anlagenbau (VDMA). ✍ Lüdtke; komb. StTdr. und Odr.; gez. K 14.

blp) Otto-Motor (um 1892), Zahnrad, Computertechnologie

1636	170 (Pf)	mehrfarbig .... blp	13,—	30,—	4,—

1992, 15. Okt. 50. Todestag von Hugo Distler. ✍ Kahrl; Odr. Wertp.-Druckerei Leipzig; gez. K 14:13¾.

blr) H. Distler (1908–1942), Komponist und Organist; Autograph des Chorals für drei Kinderstimmen „Wir danken dir, Herr Jesu Christ"

1637	100 (Pf)	bläulichviolett/schwarz .... blr	3,—	8,—	2,25

1992, 15. Okt. Tag der Briefmarke. ✍ Kößlinger; Odr.; gez. K 13¾.

bls) Ballonpost der Deutschen Militärluftschiffer (um 1900), Gasballon

1638	100 (Pf)	mehrfarbig .... bls	3,—	8,—	2,25

Bundesrepublik Deutschland

1992, 5. Nov. Weihnachten. ❊ Ehmke; Odr.; gez. K 13¾.

blt) Anbetung der Könige
blu) Christi Geburt

blt–blu) Details aus dem steinernen Reliefzyklus der Empore der St.-Annenkirche, Annaberg-Buchholz; von Franz Maidberg, Bildhauer

			EF	MeF	MiF
1639	60 + 30 (Pf)	mehrfarbig ..... blt	11,—	17,—	4,—
1640	100 + 50 (Pf)	mehrfarbig ..... blu	16,—	20,—	5,50

1992, 5. Nov. 250. Geburtstag von Gebhard Leberecht Fürst Blücher von Wahlstatt. ❊ v. Janota-Bzowski; Odr. Wertp.-Druckerei Leipzig; gez. K 14:13¾.

blv) G. L. Fürst Blücher von Wahlstatt (1742–1819); preußischer Generalfeldmarschall, zu Pferde; Gemälde von Simon Meister

1641	100 (Pf)	mehrfarbig .... blv	3,—	8,—	2,25

1992, 5. Nov. 100. Todestag von Werner von Siemens. ❊ Zauner; RaTdr.; gez. K 13¾:14.

blw) W. v. Siemens (1816–1892), Ingenieur, Erfinder und Industrieller

1642	100 (Pf)	mehrfarbig .... blw	3,—	8,—	2,25

1992, 5. Nov. 50. Todestag von Jochen Klepper. ❊ Aretz; komb. StTdr. und Odr.; gez. K 14:13¾.

blx) J. Klepper (1903–1942); Schriftsteller

1643	100 (Pf)	mehrfarbig .... blx	3,—	8,—	2,25

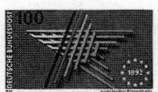

1992, 5. Nov. Europäischer Binnenmarkt. ❊ Schmitz; Odr. Schwann-Bagel; gez. K 14.

bly) Stem des Europa-Emblems aus Holzstäben; Europa-Emblem

1644	100 (Pf)	mehrfarbig .... bly	3,—	8,—	2,25

1993

1993, 14. Jan. 1200 Jahre Münster. ❊ Monson-Baumgart; Odr.; gez. K 14:13¾.

blz) Häusergiebel, Dom und Überwasserkirche

			EF	MeF	MiF
1645	60 (Pf)	mehrfarbig .... blz	3,—	10,—	1,75

1993, 14. Jan. 350. Geburtstag von Sir Isaac Newton. ❊ Zill; komb. StTdr. und Odr.; gez. K 14.

bma) Sir I. Newton (1643–1727), englischer Mathematiker, Physiker und Astronom; Skizze zur Untersuchung der Lichtbrechungen, Formel für das zweite Newtonsche Axiom

			EF	MeF	MiF
1646	100 (Pf)	mehrfarbig ...... bma	3,—	8,—	2,25

1993, 14. Jan. 125 Jahre Norddeutsche Seewarte, Hamburg. ❊ Langer-Rosa, Langer; Odr. Wertp.-Druckerei Leipzig; gez. K 12¾:12½.

bmb) Weltkarte mit Schiffahrtsrouten, Emblem des Bundesamtes für Seeschiffahrt und Hydrographie

1647	100 (Pf)	mehrfarbig ...... bmb	3,—	8,—	2,—

1993, 14. Jan. 100 Jahre Verband Deutscher Elektrotechniker (VDE). ❊ Gamroth; RaTdr.; gez. K 14:13¾.

bmc) Steckdose und Stromkabel bilden Umriß eines Hauses, VDE-Emblem

1648	170 (Pf)	mehrfarbig ...... bmc	13,—	30,—	4,—

1993, 14. Jan. Europäisches Jahr für Sicherheit und Gesundheitsschutz am Arbeitsplatz. ❊ Detlefsen; RaTdr.; gez. K 13¾:14.

bmd) Emblem, Sicherheitsstreifen

1649	100 (Pf)	mehrfarbig ...... bmd	3,—	8,—	2,—

1993, 11. Febr. Sporthilfe: Olympische Sportstätten in Deutschland. ❊ Rieß; Odr.; gez. K 13¾.

bme) Olympiaschanze, Garmisch-Partenkirchen

bmf) Olympiapark, München
bmg) Olympiastadion, Berlin
bmh) Olympiahafen, Kiel

1650	60 + 30 (Pf)	mfg .... bme	10,—	16,—	4,—
1651	80 + 40 (Pf)	mfg .... bmf	15,—	19,—	5,—
1652	100 + 50 (Pf)	mfg .... bmg	16,—	20,—	6,—
1653	170 + 80 (Pf)	mfg .... bmh	22,—	60,—	7,—

1993, 11. Febr. 250 Jahre Gewandhausorchester Leipzig. ❊ Wunderlich; Odr. Wertp.-Druckerei Leipzig; gez. K 13:12½.

bmi) Stilisierte Tonschwingung

1654	100 (Pf)	mehrfarbig .... bmi	3,—	8,—	2,—

1993, 11. März. 600. Todestag von Johannes von Nepomuk. ✉ Rieß; Odr. Wertp.-Druckerei Leipzig; gez. K 13:12½.

bmk) Hl. Johannes von Nepomuk (1350–1393), böhmischer Kleriker (Brückenstatue, 1693); Karlsbrücke, Prag

			EF	MeF	MiF
1655	100 (Pf)	mehrfarbig . . . . . bmk	3,—	8,—	2,—

1993, 11. März. Deutsche Malerei des 20. Jahrhunderts (II). ✉ Jünger; Odr.; gez. K 13¾:14.

bml) Café; von George Grosz (1893–1959)

bmm) Meer und Sonne; von Otto Pankok (1893–1966)
bmn) Publikum; von Andreas Paul Weber (1893–1980)

1656	100 (Pf)	mehrfarbig . . . . . bml	3,—	8,—	2,—
1657	100 (Pf)	mehrfarbig . . . . . bmm	3,—	8,—	2,—
1658	100 (Pf)	mehrfarbig . . . . . bmn	3,—	8,—	2,—

Weitere Ausgaben „Deutsche Malerei des 20. Jahrhunderts": MiNr. 1617–1619, 1748–1750, 1774–1776

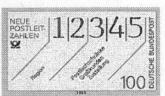

1993, 11. März. Neue Postleitzahlen. ✉ Jünger; Odr. Schwann-Bagel; gez. K 14.

bmo) Postleitzahlen mit Erläuterungen, Postemblem

1659	100 (Pf)	mehrfarbig . . . . . bmo	3,—	8,—	2,—

1993, 11. März/16. Sept. Wappen der Länder der Bundesrepublik Deutschland (II). ✉ Jünger; Odr.; gez. K 13¾.

bmp) Hessen
bmr) Mecklenburg-Vorpommern
bms) Niedersachsen

bmt) Nordrhein-Westfalen
bmu) Rheinland-Pfalz

			EF	MeF	MiF
1660	100 (Pf)	mehrfarbig (11.3.) . . . bmp	3,—	8,—	2,50
1661	100 (Pf)	mehrfarbig (17.6.) . . . bmr	3,—	8,—	2,55
1662	100 (Pf)	mehrfarbig (15.7.) . . . bms	3,—	8,—	2,50
1663	100 (Pf)	mehrfarbig (12.8.) . . . bmt	3,—	8,—	2,50
1664	100 (Pf)	mehrfarbig (16.9.) . . . bmu	3,—	8,—	2,50

Weitere Ausgaben „Wappen der Länder der Bundesrepublik Deutschland": MiNr. 1586–1591, 1712–1716

1993, 15. April. Freimarke: Sehenswürdigkeiten (XIII). ✉ Haase; Ldr. Bogen (B) und Rollen (R); gez. K 14.

bmv) Magdeburger Dom

1665	200 (Pf)	hellviolettultramarin/ mattockerbraun . . bmv	6,—	8,—	4,—

Weitere Werte „Sehenswürdigkeiten": MiNr. 1339–1342, 1347 bis 1348, 1374–1375, 1379–1381, 1398–1401, 1406–1407, 1448, 1468–1469, 1531–1534, 1535, 1562, 1623, 1679, 1687, 1691, 1746

1993, 15. April. Jugend: Gefährdete Käfer. ✉ Ehmke; Odr.; gez. K 13¾.

bmw) Alpenbock (Rosalia alpina)
bmx) Gold-Rosenkäfer (Cetonia aurata)
bmy) Hirschkäfer (Lucanus cervus)

bmz) Feld-Sandlaufkäfer (Cicindela campestris)
bna) Feld-Maikäfer (Melolontha melolontha)

1666	80 + 40 (Pf)	mfg . . . . bmw	15,—	19,—	5,—
1667	80 + 40 (Pf)	mfg . . . . bmx	15,—	19,—	5,—
1668	100 + 50 (Pf)	mfg . . . . bmy	16,—	20,—	6,—
1669	100 + 50 (Pf)	mfg . . . . bmz	16,—	20,—	6,—
1670	200 + 50 (Pf)	mfg . . . . bna	25,—	55,—	9,—

1993, 15. April. 900 Jahre Benediktinerabteien Maria Laach und Bursfelde. ✉ Rohse; komb. StTdr. und Odr.; gez. K 14.

bnb) Abteien Maria Laach und Bursfelde

1671	80 (Pf)	mehrfarbig . . . . bnb	3,—	9,—	2,—

1993, 15. April. Internationale Gartenbauausstellung IGA '93, Stuttgart. ✉ Runge; Odr. Wertp.-Druckerei Leipzig; gez. K 13:12½.

bnc) Pflanzen

1672	100 (Pf)	mehrfarbig . . . . . . bnc	3,—	8,—	2,—

Bundesrepublik Deutschland

1993, 5. Mai. Europa: Zeitgenössische Kunst. ✏ Jünger; Odr. gez. K 13¾:14.

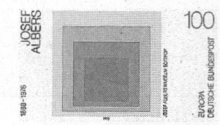

bnd) Lagerplatz; Vitrine von Joseph Beuys (1921–1986)

bne) Ehrung des Quadrates; Gemälde von Josef Albers (1888–1976)

				EF	MeF	MiF
1673	80 (Pf)	mehrfarbig	bnd	3,—	9,—	1,75
1674	100 (Pf)	mehrfarbig	bne	3,—	8,—	2,25

1993, 5. Mai. 450 Jahre Schulpforta. ✏ Blume-Zander, Zander; Odr. Wertp.-Druckerei Leipzig; gez. K 13¾:14.

bnf) Kirche des ehemaligen Zisterzienserklosters St. Marien, Pforta

| 1675 | 100 (Pf) | mehrfarbig | bnf | 3,— | 8,— | 2,— |

1993, 5. Mai. 125 Jahre Coburger Convent. ✏ Effert; komb. StTdr. und Odr.; gez. K 14.

bng) Studentengruppe, Stadthaus und Veste Coburg, Band des Coburger Convents

| 1676 | 100 (Pf) | mehrfarbig | bng | 3,— | 8,— | 2,— |

1993, 5. Mai. 125 Jahre Galopprennbahn Hoppegarten bei Berlin. ✏ Glinski; Odr.; gez. K 13¾:14.

bnh) Galopprennen, Zuschauer (um 1900)

| 1677 | 80 (Pf) | mehrfarbig | bnh | 3,— | 9,— | 1,75 |

1993, 5. Mai. Euregio Bodensee. ✏ Wittmer; RaTdr.; gez. K 14.

bni) Restaurierter Schaufelraddampfer „Hohentwiel", Flaggen der Bodensee-Anrainerstaaten

| 1678 | 100 (Pf) | mehrfarbig | bni | 3,— | 8,— | 2,— |

1993, 17. Juni. Freimarke: Sehenswürdigkeiten (XIV). ✏ Haase; Ldr. Bogen (B) und Rollen (R); gez. 14.

bnk) Staatstheater Cottbus

| 1679 | 500 (Pf) | schwärzlichbraunpurpur/mattchromgelb | bnk | 35,— | 50,— | 9,50 |

📷 Beschreibung siehe bei MiNr. 1348.

Weitere Werte „Sehenswürdigkeiten": MiNr. 1339–1342, 1347 bis 1348, 1374–1375, 1379–1381, 1398–1401, 1406–1407, 1448, 1468–1469, 1531–1534, 1535, 1562, 1623, 1665, 1687, 1691, 1746

1993, 17. Juni. 1000 Jahre Potsdam. ✏ Lüders; Odr. Wertp.-Druckerei Leipzig; gez. K 13:12½.

bnl) Alter Markt – Blick auf die Nikolaikirche; Gemälde von Ferdinand von Arnim

				EF	MeF	MiF
1680	80 (Pf)	mehrfarbig	bnl	3,—	9,—	2,—

1993, 17. Juni. 150. Todestag von Friedrich Hölderlin. ✏ v. Janota-Bzowski; RaTdr.; gez. K 13¾:14.

bnm) F. Hölderlin (1770–1843), Dichter

| 1681 | 100 (Pf) | mehrfarbig | bnm | 3,— | 9,— | 2,50 |

1993, 17. Juni. 40 Jahre Deutsches Komitee für UNICEF. ✏ Braesecke-Kaul; Odr. Schwann-Bagel; gez. K 14.

bnn) Kinder, Inschrift

| 1682 | 100 (Pf) | mehrfarbig | bnn | 3,— | 9,— | 2,50 |

Alle ab 1. 1. 1969 ausgegebenen Marken und Blocks sind unbegrenzt frankaturgültig, außerdem auch MiNr. 454–461, 489–503, 506–510 und 561–565.

Preisnotierungen für unbegrenzt frankaturgültige Briefmarken gelten nur für Belege mit Abstempelungen vor dem 1. Juli 1993 (vierstellige Postleitzahlen).
Für alle nach diesem Datum verwendete Marken können keine ✉-Preisnotierungen genannt werden.

Automatenmarken

1981

1981, 2. Jan./1992, 14. April. Freimarken: Emblem der Deutschen Bundespost. ✉ Bundesdr. Berlin; RaTdr.; Papier fl.; Typendruck über Farbband; I = Type I (Automat Klüssendorf), II = Type II (Automat Nagler); ☐ mit je 2 Transportlöchern am Ober- und Unterrand.

a) Emblem der Deutschen Bundespost

Type I
DBP normal

Type II
DBP fett

✉ BF

1   schwarz; Unterdruck mehrfarbig.. a
   I   5–9995 (Pf) (in Stufen von 5 Pf), Type I (2.1.1981, 1.7.1982 und 27.9.1982)
       5–100 (Pf), je Wert.. 3,50
       Höhere Werte... (100 Pf = 1,75) + 3,50
   II   10–9990 (Pf) (in Stufen von 10 Pf), Type II (14.4.1992)
       10–100 (Pf), je Wert... 10,—
       Höhere Werte... (100 Pf = 1,75) + 10,—

Jede fünfte Marke von MiNr. 1 weist auf der Rückseite eine Zählnummer auf; Marke mit Zählnummer Aufschlag 50%.

1993

1993, 19. Mai/14. Sept. Freimarken: Schloß Sanssouci. ✉ Bundesdr. Berlin; RaTdr.; Papier fl.; Typen- oder Nadeldruck über Farbband; I = Type I (Automat Klüssendorf, Typendr.), II = Type II (Automat Nagler, Typendr.), III = Type III (Nagler, Nadeldr.); ☐ mit je 2 Transportlöchern am Ober- und Unterrand.

b) Schloß Sanssouci, Potsdam

Type I: DBP normal (Typendruck)   Type II: DBP fett (Typendruck)   Type III: DBP und Wertziffern fett (Nadeldruck)

✉ BF

2   schwarz; Unterdruck mehrfarbig.. b
   I   5–9995 (Pf) (in Stufen von 5 Pf), Type I (19.5.1993)
       5–100 (Pf), je Wert.. 5,—
       Höhere Werte... (100 Pf = 1,75) + 5,—
   II   10–9990 (Pf) (in Stufen von 10 Pf), Type II (19.5.1993)
       10–100 (Pf), je Wert... 5,—
       Höhere Werte... (100 Pf = 1,75) + 5,—
   III   10–9990 (Pf) (in Stufen von 10 Pf), Type III (14.9.1993)
       10–100 (Pf), je Wert...
       Höhere Werte..

Jede fünfte Marke von MiNr. 2 weist auf der Rückseite eine Zählnummer auf; Marke mit Zählnummer Aufschlag 50%.

Eine ✉-Bewertung von MiNr. 2 III ist noch nicht möglich.

Ausführliche Katalogisierung der Automatenmarken nach Unterarten usw. siehe MICHEL-Automatenmarken-Spezial-Katalog Ganze Welt.

Neuheiten   Ein Abonnement auf die MICHEL-Rundschau sichert Ihnen einen immer vollständigen Katalog, zeigt Ihnen Preisänderungen an und bereichert Ihre philatelistischen Kenntnisse.

Markenheftchen und Zusammendrucke

Wichtige Bewertungshinweise:

✉-Preise bei H-Blättern:
Bis einschließlich MH 19 verstehen sich die Preise für Stücke mit H-Blatt-Rand, ohne Rand 30% Abschlag, ab MH 20 ohne Rand.

✉-Bewertung bei Zusammendrucken:
Die angegebenen Preise gelten ausschließlich für Einheiten in der katalogisierten Form, wobei als Zusatzfrankatur bei Mischfrankatur entweder Einzelmarken oder andere Zusammendruckeinheiten gesondert verklebt sein müssen. Zusammendrucke in anderen Zusammenstellungen als katalogisiert erfordern ggf. nach Vorkommen eine besondere Bewertung, die einem Briefe-Spezial-Katalog vorbehalten bleiben muß.

Zusammendrucke aus H-Blättern 1 und 2 und MHB:

W 1   WZ 1 mit HAN

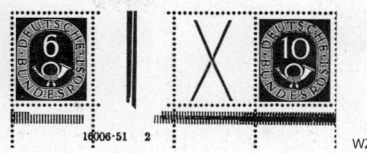

WZ 4 mit HAN

Zd-MiNr.	MiNr.	Werte	✉
W 1	x/128	x+10	150,—
W 2	130/124	20+4	110,—
W 3	130/126	20+6	120,—
WZ 1	128/Z/130	10+Z+20	450,—
WZ 2	130/Z/130	20+Z+20	450,—
WZ 3	124/Z/130	4+Z+20	1300,—
WZ 4	126/Z/x/128	6+Z+x+10	2800,—
S 1	124/126	4+6	35,—
S 2	124/126/124	4+6+4	250,—
S 3	126/124	6+4	200,—
S 4	126/124/126	6+4+6	250,—
S 5	130/x	20+x	150,—
S 6	130/x/130	20+x+20	3400,—
S 7	x/130	x+20	2200,—
S 8	x/130/x	x+20+x	3400,—
S 9	130/128	20+10	35,—
S 10	130/128/130	20+10+20	150,—
S 11	128/130	10+20	110,—
S 12	128/130/128	10+20+10	150,—

Posthorn, 1951, Heftchen MiNr. 1 mit H-Blättern 1 und 2

```
 20   20   20   20   20        20   20    4    4    4
  x   10   10   10   10        20   20    6    6    6
```
H-Blatt 1   H-Blatt 2

x = dunkelgrün

H-Bl.-MiNr.	MiNr.	Werte	✉
1	4×128/5×130	4×10+5×20	1500,—
2	3×124/3×126/4×130	3×4+3×6+4×20	1500,—

Heuss, 1955, Heftchen MiNr. 2 mit H-Blättern 3, 4 und 5

```
 20   20   20   20   20      10   10   10   10   10       2    2    2    2    2
 R1   10   10   10   10      R2   10   10    5    5      R3    5    5    5    5
```
H-Blatt 3   H-Blatt 4   H-Blatt 5

R 1 = smaragdgrün   R 2 = smaragdgrün   R 3 = lebhaftrosalila

H-Bl.-MiNr.	MiNr.	Werte	✉
3	R 1/4×183 xW v/5×185 xW v	R 1+4×10+5×20	500,—
4	R 2/2×179 xW v/7×183 xW v	R 2+2×5+7×10	400,—
5	R 3/5×177 xW v/4×179 xW v	R 3+5×2+4×5	300,—

Mit MICHEL-Katalogen sind Sie immer gut informiert!

Bundesrepublik Deutschland (Markenheftchen)

Zusammendrucke aus H-Blättern 3–5 und MHB:

R 1+183 xW v = W 4   R 2+183 xW v = W 5

R 3+179 xW v = W 6

Zd-MiNr.	MiNr.	Werte	✉
W 4	R 1/183 xW v	R 1+10	75,—
W 5	R 2/183 xW v	R 2+10	75,—
W 6	R 3/179 xW v	R 3+5	75,—
W 7	183 xW v/179 xW v	10+5	60,—
WZ 5	179 xW v/Z/Z/R 3/179 xW v	5+Z+Z+R 3+5	240,—
WZ 6	183 xW v/Z/Z/177 xW v	10+Z+Z+2	240,—
WZ 7	183 xW v/Z/R 2/183 xW v	10+Z+R 2+10	240,—
WZ 8	185 xW v/Z/183 xW v	20+Z+10	180,—
S 13	177 xW v/R 3	2+R 3	35,—
S 14	177 xW v/R 3/177 xW v	2+R 3+2	550,—
S 15	R 3/177 xW v	R 3+2	500,—
S 16	R 3/177 xW v/R 3	R 3+2+R 3	550,—
S 17	177 xW v/179 xW v	2+5	15,—
S 18	177 xW v/179 xW v/177 xW v	2+5+2	25,—
S 19	177 xW v/177 xW v	5+2	15,—
S 20	179 xW v/177 xW v/179 xW v	5+2+5	25,—
S 21	183 xW v/R 2	10+R 2	40,—
S 22	183 xW v/R 2/183 xW v	10+R 2+10	560,—
S 23	R 2/183 xW v	R 2+10	500,—

Zd-MiNr.	MiNr.	Werte	✉
S 24	R 2/183 xW v/R 2	R 2+10+R 2	550,—
S 25	183 xW v/179 xW v	10+5	30,—
S 26	183 xW v/179 xW v/183 xW v	10+5+10	150,—
S 27	179 xW v/183 xW v	5+10	140,—
S 28	179 xW v/183 xW v/179 xW V	5+10+5	150,—
S 29	185 xW v/R 1	20+R 1	50,—
S 30	185 xW v/R 1/185 xW v	20+R 1+20	550,—
S 31	R 1/185 xW v	R 1+20	500,—
S 32	R 1/185 xW v/R 1	R 1+20+R 1	550,—
S 33	185 xW v/183 xW v	20+10	20,—
S 34	185 xW v/183 xW v/185 xW v	20+10+20	40,—
S 35	183 xW v/185 xW v	10+20	30,—
S 36	183 xW v/185 xW v/183 xW v	10+20+10	40,—

Sonderbewertung für Stücke mit breitem Strichelleisten-Bogenrand:

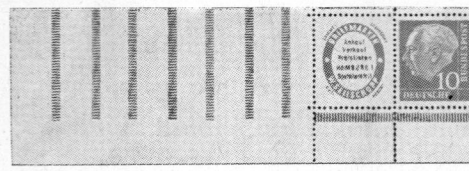

RL 2

Kenn-Nr.	MiNr.	Werte	✉
RL 1	RL/185 xW v	RL+20	500,—
RL 2	RL/R 1/183 xW v	RL+R 1+20	550,—

Heuss, 1956, Heftchen Mi Nr. 3 und H-Blättern 6 und 7

```
┌─────────────────────┐
│ R4 │ 5 │ 5 │ 5 │ 5 │
│────┼───┼───┼───┼───│
│ 5  │ 5 │ 2 │ 2 │ 2 │
└─────────────────────┘ H-Blatt 6
```
R 4 = lebhaftrosalila/gelboliv

```
┌──────────────────────┐
│ R5 │ 2 │ 10 │ 10 │ 10│
│────┼───┼────┼────┼───│
│ 2  │ 2 │ 10 │ 8  │ 10│
└──────────────────────┘ H-Blatt 7
```
R 5 = gelboliv

H-Bl.-MiNr.	MiNr.	Werte	✉
6	R 4/3×177 xW v/6×179 xW v	R 4+3×2+6×5	90,—
7	R 5/3×177 xW v/182 xW v/ 5×183 xW v	R 5+3×2+8+5×10	180,—

Zusammendrucke aus H-Blättern 6–7 und MHB:

R 4+179 xW v = W 8   R 5+177 xW v+183 xW v = W 10   177 xW v+Z+179 xW v = WZ 11

Bundesrepublik Deutschland (Markenheftchen)

Zd-MiNr.	MiNr.	Werte	✉
W 8	R 4/179 xW v	R 4+5	20,—
W 9	R 5/177 xW v	R 5+2	20,—
W 10	R 5/177 xW v/183 xW v	R 5+2+10	30,—
W 11	179 xW v/177 xW v	5+2	10,—
W 12	177 xW v/183 xW v	2+10	10,—
W 13	177 xW v/183 xW v/182 xW v	2+10+8	60,—
W 14	182 xW/183 xW v	8+10	45,—
W 15	183 xW v/182 xW v	10+8	45,—
W 16	183 xW v/182 xW v/183 xW v	10+8+10	60,—
WZ 9	179 xW v/Z R 4/179 xW v	5+Z+R 4+5	90,—
WZ 10	177 xW v/Z/177 xW v	2+Z+2	80,—
WZ 11	177 xW v/Z/179 xW v	2+Z+5	80,—
WZ 12	179 xW v/Z/R 5/177 xW v	5+Z+R 5+2	90,—
WZ 13	183 xW v/Z/R 5/177 xW v	10+Z+R 5+2	90,—
WZ 14	183 xW v/Z/177 xW v	10+Z+2	80,—
S 37	R 5/177 xW v	R 5+2	20,—
S 38	R 5/177 xW v/R 5	R 5+2+R 5	200,—
S 39	177 xW v/R 5	2+R 5	150,—
S 40	177 xW v/R 5/177 xW v	2+R 5+2	200,—
S 41	R 4/179 xW v	R 4+5	20,—
S 42	R 4/179 xW v/R 4	R 4+5+R 4	150,—
S 43	179 xW v/R 4	5+R 4	125,—
S 44	179 xW v/R 4/179 xW v	5+R 4+5	150,—
S 45	183 xW v/182 xW v	10+8	40,—
S 46	183 xW v/182 xW v/183 xW v	10+8+10	200,—
S 47	182 xW v/183 xW v	8+10	175,—
S 48	182 xW v/183 xW v/182 xW v	8+10+8	200,—

Heuss und Ziffer, 1958/1960, Heftchen, MiNr. 4 mit H-Blatt 8

MH 4 X enthält Marken mit Wz. 4 W; MH 4 Y enthält – angeblich irrtümlich – Marken mit Wz. 4 Y. Da MH 4 Y I bereits nach 4 Wochen ausverkauft war, forderte die Versandstelle für Sammlermarken, um der Spekulation Einhalt zu gebieten, im Mai 1960 ihre Abonnenten zur Nachbestellung bis 7. 6. 1960 auf. Alle Bestellungen wurden ausgeführt. Die Marken der Erstauflage (I) und der Nachauflage (II) unterscheiden sich geringfügig voneinander. Deutlichste Unterscheidungsmerkmale sind die Farben der MiNr. 182 xY und 285 Y unter UV-Licht (siehe MICHEL-Deutschland-Spezial-Katalog).

Wz. 4 W   Wz. 4 Y

```
 ┌─────────────────────┐
 │ 1 │ 5 │ 10 │ 20 │ 8 │
 ├───┴───┴────┴────┴───┤
 │ 1 │ 5 │ 10 │ 20 │ 20│
 └─────────────────────┘  H-Blatt 8
```

H-Bl.-MiNr.	MiNr.	Werte	✉
8 X	2×285 X/2×179 xW v/182xWv/ 2×183 xW v/3×185 xW v	2×1+2×5+8+ 2×10+3×20	300,—
8 Y I	2×285 Y I/2×179 xY I/182xWv/ 2×183 xY I/3×185 xY I	2×1+2×5+8+ 2×10+3×20	1000,—
8 Y II	2×285 Y II/2×179 xY II/182xWv/ 2×183 xY II/3×185 xY II	2×1+2×5+8+ 2×20+3×20	800,—

Zusammendrucke aus H-Blatt 8 X und MHB:

182 xW v+Z b+285 X = WZ 15 b X   285 X+179 xW v+183 xW v = W 18 X

Zd-MiNr.	MiNr.	Werte	✉
W 17 X	285 X/179 xW v	1+5	150,—
W 18 X	285 X/179 xW v/183 xW v	1+5+10	150,—
W 19 X	179 xW v/183 xW v	5+10	5,—
W 20 X	179 xW v/183 xW v/185 xW v	5+10+20	8,—
W 21 X	183 xW v/185 xW v	10+20	5,—
W 22 X	183 xW v/185 xW v/182 xW v	10+20+8	20,—
W 23 X	185 xW v/182 xW v	20+8	18,—

Bundesrepublik Deutschland (Markenheftchen)

Zd-MiNr.	MiNr.	Werte	✉
WZ 15 al X[1])	182 xW v/Z al/285 X	8+Z+1	200,—
WZ 15 b X[2])	182 xW v/Z b/285 X	8+Z+1	200,—
WZ 16 al X[1])	185 xW v/Z al/285 X	20+Z+1	200,—
WZ 16 b X[2])	185 xW v/Z b/285 X	20+Z+1	200,—
S 49 X	182 xW v/185 xW v	8+20	20,—
S 50 X	182 xW v/185 xW v/182 xW v	8+20+8	50,—
S 51 X	185 xW v/182 xW v	20+8	40,—
S 52 X	185 xW v/182 xW v/185 xW v	20+8+20	50,—

Zusammendrucke aus H-Blatt 8 Y I+II und MHB:

I = Erstauflage, II = Nachauflage

Zd-MiNr.	MiNr.	Werte	✉
W 17 Y I	285 Y/179 xY	1+5	150,—
W 17 Y II	285 Y/179 xY	1+5	75,—
W 18 Y I	285 Y/179 xY/183 xY	1+5+10	150,—
W 18 Y II	285 Y/179 xY/183 xY	1+5+10	80,—
W 19 Y I	179 xY/183 xY	5+10	15,—
W 19 Y II	179 xY/183 xY	5+10	10,—
W 20 Y I	179 xY/183 xY/185 xY	5+10+20	25,—
W 20 Y II	179 xY/183 xY/185 xY	5+10+20	15,—
W 21 Y I	183 xY/185 xY	10+20	15,—
W 21 Y II	183 xY/185 xY	10+20	10,—
W 22 Y I	183 xY/185 xY/182 xY	10+20+8	800,—
W 22 Y II	183 xY/185 xY/182 xY	10+20+8	500,—
W 23 Y I	185 xY/182 xY	20+8	750,—
W 23 Y II	185 xY/182 xY	20+8	480,—
WZ 15 aII Y I[1])	182 xY/Z aII/285 Y	8+Z+1	800,—
WZ 15 aIII Y I[2])	182 xY/Z aIII/285 Y	8+Z+1	1100,—
WZ 15 aIV Y II[3])	182 xY/Z aIV/285 Y	8+Z+1	500,—
WZ 15 b Y I[4])	182 xY/Z b/285 Y	8+Z+1	1000,—
WZ 15 b Y II[4])	182 xY/Z b/285 Y	8+Z+1	500,—
WZ 16 aII Y I[1])	185 xY/Z aII/285 Y	20+Z+1	160,—
WZ 16 aIII Y I[2])	185 xY/Z aIII/285 Y	20+Z+1	800,—
WZ 16 aIV Y II[3])	185 xY/Z aIV/285 Y	20+Z+1	90,—
WZ 16 b Y I[4])	185 xY/Z b/285 Y	20+Z+1	200,—
WZ 16 b Y II[4])	185 xY/Z b/285 Y	20+Z+1	100,—
S 49 Y I	182 xY/185 xY	8+20	750,—
S 49 Y II	182 xY/185 xY	8+20	500,—
S 50 Y I	182 xY/185 xY/182 xY	8+20+8	1500,—
S 50 Y II	182 xY/185 xY/182 xY	8+20+8	950,—
S 51 Y I	185 xY/182 xY	20+8	800,—
S 51 Y II	185 xY/182 xY	20+8	500,—
S 52 Y I	185 xY/182 xY/185 xY	20+8+20	825,—
S 52 Y II	185 xY/182 xY/185 xY	20+8+20	500,—

[1]) Zwischensteg aII: je eine senkrechte Strichelleiste im Blinddruck und in Dunkelblaugrau
[2]) Zwischensteg aIII: eine zur Hälfte rosalila ausgefüllte senkrechte Blinddruckstrichelleiste und eine Strichelleiste in Dunkelblaugrau
[3]) Zwischensteg aIV: eine schmale senkrechte Strichelleiste in Rosalila und eine normalbreite in Dunkelblaugrau
[4]) Zwischensteg b: ohne Strichelleisten

**Ausführliche Katalogisierung der Markenheftchen,
Markenheftchenbogen und Zusammendrucke
siehe MICHEL-Deutschland-Spezial-Katalog.**

Bundesrepublik Deutschland (Markenheftchen)

Heuss II, 1960 (Versuchsheftchen), Heftchen MiNr. 5 mit H-Blatt 9

H-Blatt 9 mit 10x MiNr. 303

H-Blatt 9 wurde aus Schalterbogen gefertigt. Daher ist eine Bewertung des einzelnen H-Blattes nicht möglich. Bei einem Fünftel der Gesamtauflage befinden sich auf dem H-Blatt-Rand schwarze fünfstellige Bogenlaufnummern.

Heuss I, 1960 – fluoreszierendes Papier (Erstauflage = Versuchsheftchen), Heftchen MiNr. 6 mit H-Blatt 10

H-Blatt 10 a–c mit MiNr. 183 yW a (✉ graugrün)

H-Bl.-MiNr.	MiNr.	Werte	H-Blatt-Rand	✉
10 a	10×183 yW a	10×10	unbedruckt	—,—
10 b	10×183 yW a	10×10	mit roter Bogenlaufnummer	—,—
10 ca I	10×183 yW a	10×10	mit liegendem grünen „L" oberhalb der Mittelperforation	—,—
10 ca II	10×183 yW a	10×10	mit liegendem grünen „L" unterhalb der Mittelperforation	—,—
10 cb	10×183 yW a	10×10	mit Maschinenmeisternummer „5"	
10 cc	10×183 yW a	10×10	mit Maschinenmeisternummer „4"	
10 cd	10×183 yW a	10×10	mit Maschinenmeisternummer „2"	

H-Blatt 10 (a–c) wurde aus Schalterbogen gefertigt. Dementsprechend weisen auch die H-Blatt-Ränder die Bogenranderscheinungen der Schalterbogen auf: a = unbedruckt (3/5 der Erstauflage), b = rote Bogenlaufnummer (1/5 der Erstauflage), ca. = liegendes grünes „L" in zwei Stellungen: neben Feld 1 bzw. neben Feld 6 (je ca. 350–400 Stück), cb bis cc = Maschinenmeisternummern, immer neben Feld 1 (theoretische Auflage ca. 350–400, vorhandene Menge jedoch wesentlich geringer).

Die angegebenen H-Blatt-Preise gelten für Stücke, deren Herkunft aus Markenheftchen durch Prüfung nachgewiesen ist.

Heuss I, 1960 – fluoreszierendes Papier (Nachauflage), Heftchen MiNr. 6 mit H-Blatt 10

Wegen der einsetzenden Spekulation mit MH 6 Versuchsauflage ließ die Bundespost eine Nachauflage (in zwei Teilauflagen) herstellen. Vorbestellungen waren bei den Sammlerstellen vom Februar bis zum 15. 3. 1961 möglich. Die 1. Teilauflage wurde nur über die Sammlerstellen ausgeliefert, die 2. Teilauflage wurde auch über Postämter im Raum Darmstadt und in Nordhessen verkauft.

H-Blatt 10 d–g mit MiNr. 183 yW b (✉ gelbgrün)

H-Bl.-MiNr.	MiNr.	Werte	H-Blatt-Rand	✉
10 d	10×183 yW b	10×10	unbedruckt	500,—
10 e	10×183 yW b	10×10	mit roter Bogenlaufnummer	1000,—
10 f I	10×183 yW b	10×10	mit grünem „L"	1000,—
10 f II	10×183 yW b	10×10	mit Maschinenmeister-Nr. „7"	1000,—
10 g	10×183 yW b	10×10	mit schwarzer Bogenlaufnummer	2750,—

H-Blatt 10 (d–g) wurde aus Schalterbogen gefertigt. Dementsprechend weisen auch die H-Blatt-Ränder die Bogenranderscheinungen der Schalterbogen auf: d = unbedruckt (1. und 2. Teilauflage), e = rote vierstellige Bogenlaufnummer (nur 1. Teilauflage), f = grünes „L" in 2 verschiedenen Stellungen (neben Feld 1 unten, neben Feld 6 oben) bzw. grüne Maschinenmeisternummer „7" in 4 Stellungen (1. und 2. Teilauflage), g = schwarze vierstellige Bogenlaufnummer (2. Teilauflage).

Dürer, 1961/1963, Heftchen MiNr. 7 mit H-Blatt 11

```
┌─────────────────────────┐
│ 10 │ 10 │ 10 │ 10 │ 10 │
├────┼────┼────┼────┼────┤
│ 10 │ 10 │ 10 │ 10 │ 10 │
└────┴────┴────┴────┴────┘
```
H-Blatt 11 (H-Blatt-Rand durchgezähnt und nicht durchgezähnt bekannt.)

H-Bl.-MiNr.	MiNr.	Werte	✉
11	10×350 y	10×10	100,—

Zusammendrucke aus MHB:

K 1

KZ 1

Zd-MiNr.	MiNr.	Werte	✉
K 1	350 y/350 y	10×10	6,—
KZ 1	350 y/Z/350 y	10+Z+10	30,—

Albertus / Luther, 1963, Heftchen MiNr. 8 mit H-Blättern 12 und 13

```
┌─────────────────────┐         ┌─────────────────────────┐
│ 5 │ 5 │ 5 │ 5 │ 5 │         │ 15 │ 15 │ 15 │ 15 │ 15 │
├───┼───┼───┼───┼───┤         ├────┼────┼────┼────┼────┤
│ 5 │ 5 │ 5 │ 5 │ 5 │         │ 15 │ 15 │ 15 │ 15 │ 15 │
└───┴───┴───┴───┴───┘         └────┴────┴────┴────┴────┘
      H-Blatt 12 a                      H-Blatt 13
```

H-Bl.-MiNr.	MiNr.	Werte	✉
12 a	10×347 y a	10×5	40,—
13	10×351 y	10×15	100,—

Katalogisierung H-Blatt 12 b siehe bei MH 10.

Zusammendrucke aus MHB 7:

K 2 a

K 3

KZ 2

Zd-MiNr.	MiNr.	Werte	✉
K 2 a	347 y a/347 y a	5+5	7,—
K 3	351 y a/351 y	15+15	10,—
KZ 2	351 y/Z/347 y a	15+Z+5	12,—

Katalogisierung K 2 b siehe bei MH 10.

Bach, 1963, Heftchen MiNr. 9 mit H-Blatt 14

```
| 20 | 20 | 20 | 20 | 20 |
| 20 | 20 | 20 | 20 | 20 |
```
H-Blatt 14 (H-Blatt-Rand durchgezähnt und nicht durchgezähnt bekannt.)

H-Bl.-MiNr.	MiNr.	Werte	✉
14	10×352 y	10×20	70,—

Zusammendrucke aus MHB:

K 4

KZ 3

Zd-MiNr.	MiNr.	Werte	✉
K 4	352 y/352 y	20+20	8,—
KZ 3	352 y/Z/352 y	20+Z+20	15,—

Albertus / Tegel, 1965, Heftchen MiNr. 10 mit H-Blättern 12b und 15

```
| 5 | 5 | 5 | 5 | 5 |
| 5 | 5 | 5 | 5 | 5 |
```
H-Blatt 12 b

```
| 15 | 15 | 15 | 15 | 15 |
| 15 | 15 | 15 | 15 | 15 |
```
H-Blatt 15

H-Bl.-MiNr.	MiNr.	Werte	✉
12 b	10×347 y b	10×5	40,—
15	10×455 b	10×15	

Zusammendrucke aus MHB:

K 2 b

K 5

Zd-MiNr.	MiNr.	Werte	✉
K 2 b	347 y b/347 y b	5+5	5,—
K 5	455 b/455 b	15+15	10,—

Lorsch, 1966, Heftchen MiNr. 11 mit H-Blatt 16

```
| 20 | 20 | 20 | 20 | 20 |
| 20 | 20 | 20 | 20 | 20 |
```
H-Blatt 16

H-Bl.-MiNr.	MiNr.	Werte	✉
16	10×456	10×20	25,—

Bundesrepublik Deutschland (Markenheftchen)

Zusammendrucke aus MHB 11:

 K 6  KZ 4

Zd-MiNr.	MiNr.	Werte	✉
K 6	456/456	20+20	10,—
KZ 4	456/Z/456	20+Z+20	15,—

Brandenburger Tor, 1967, Heftchen MiNr. 12 mit H-Blatt 17

```
| 30 | 30 | 20 | 10 | 10 |
| 30 | 30 | 20 | 10 | 10 |  H-Blatt 17
```

H-Bl.-MiNr.	MiNr.	Werte	✉
17	4×506 v/2×507 v/4×508 v	4×10+2×20+4×30	—,—

Zusammendrucke aus H-Blatt 17 und MHB 12:

Zd-MiNr.	MiNr.	Werte	✉
W 24	507 v/506 v	20+10	3,—
W 25	508 v/507 v	30+20	6,—
W 26	508 v/507 v/506 v	30+20+10	7,—
K 7	506 v/506 v	10+10	3,—
KZ 5	508 v/Z/508 v	30+Z+30	8,—

Brandenburger Tor, 1968 (I), Heftchen MiNr. 13 mit H-Blatt 18

```
| 10 | 20 | 20 |
| 10 | 20 | 20 |  H-Blatt 18
```

H-Bl.-MiNr.	MiNr.	Werte	✉
18	4×506 v/4×507 v	2×10+4×20	15,—

Zusammendrucke aus H-Blatt 18 und MHB:

 KZ 6

Zd-MiNr.	MiNr.	Werte	✉
W 27	506 v/507 v	10+20	4,—
K 8	507 v/507 v	20+20	7,—
KZ 6	506 v/Z/506 v	10+Z+10	3,—

Bundesrepublik Deutschland (Markenheftchen)

Brandenburger Tor, 1968 (II), Heftchen MiNr. 14 mit H-Blatt 19

```
 ┌─────────┐
 │ 20 │ 30 │
 ├────┼────┤
 │ 20 │ 30 │
 └─────────┘ H-Blatt 19
```

H-Bl.-MiNr.	MiNr.	Werte	✉
19	2×507 v/2×508 v	2×20+2×30	15,—

Zusammendrucke aus H-Blatt und MHB 14:

W 28

KZ 7

Zd-MiNr.	MiNr.	Werte	✉
W 28	507 v/508 v	20+30	6,—
K 9	508 v/508 v	30+30	8,—
KZ 7	507 v/Z/507 v	20+Z+20	6,—

Unfallverhütung, November 1971, Heftchen MiNr. 15 mit H-Blatt 20

```
 ┌─────────┐
 │ 25 │ 25 │
 ├────┼────┤
 │ 25 │ 25 │
 └─────────┘ H-Blatt 20
```

H-Bl.-MiNr.	MiNr.	Werte	✉
20	4×697 A	4×25	25,—

Zusammendrucke aus MHB:

KZ 8

Zd-MiNr.	MiNr.	Werte	✉
K 10	697 A/697 A	25+25	12,—
KZ 8	697 A/Z/697 A	25+Z+25	12,—

Die Marken aller ab 1. 1. 1969 ausgegebenen Markenheftchen sind unbegrenzt frankaturgültig. ✉-Preise ab MH-MiNr. 15 gelten ausschließlich für Belege, deren Stempel Postleitzahlen mit höchstens vier Stellen aufweisen (s. auch Einführung).

Bundesrepublik Deutschland (Markenheftchen)

Unfallverhütung, März 1972, Heftchen MiNr. 16 mit H-Batt 21

H-Blatt 21

H-Bl.-MiNr.	MiNr.	Werte	✉
21	4×695 A/2×698 A	4×10+2×30	15,—

Zusammendrucke aus H-Blatt 21 und MHB:

W 29

Zd-MiNr.	MiNr.	Werte	✉
W 29	695 A/698 A	10+30	3,—
K 11	698 A/698 A	30+30	—,—
KZ 9 a	695 A/Z/695 A	10+Z+10	6,—

Der Zwischensteg bei KZ 9 a ist mit einer senkrechten Strichelleiste in Siena bedruckt. Katalogisierung KZ 9 b siehe bei MH 18.

Olympiamarken, 1972, Heftchen MiNr. 17, mit H-Blatt R 2

H-Blatt 22

H-Bl.-MiNr.	MiNr.	Werte	✉
22	1×734/1×735/1×736/1×737	1×25+1×30+1×40+1×70	60,—

Zusammendrucke aus H-Blatt 22 und MHB:

 W 33    W 35

Zd-MiNr.	MiNr.	Werte	✉
W 30	734/735	25+30	20,—
W 31	734/735/734	25+30+25	50,—
W 32	735/734	30+25	—,—
W 33	735/734/735	30+25+30	—,—
W 34	736/737	40+70	20,—
W 35	736/737/736	40+70+40	60,—
W 36	737/736	70+40	40,—
W 37	737/736/737	70+40+70	60,—
S 53	734/736	25+40	—,—
S 54	735/737	30+70	25,—
SZ 1 a*	736/Z/734	40+Z+25	—,—
SZ 1 b*	736/Z/734	40+Z+25	—,—
SZ 2 a*	737/Z/735	70+Z+30	30,—
SZ 2 b*	737/Z/735	70+Z+30	30,—

* SZ 1 a, 2 a Zwischensteg in Markengröße, SZ 1 b, 2 b Zwischensteg in halber Markengröße

Unfallverhütung, November 1972, Heftchen MiNr. 18 mit H-Blatt 23

```
┌─ ─ ─ ─ ─ ─ ─ ─ ─ ─ ─┐
│ 10 │ 20 │ 30 │ 40 │
│ ─ ─  ─ ─  ─ ─  ─ ─ │
│ 10 │ 20 │ 30 │ 40 │
└ ─ ─  ─ ─  ─ ─  ─ ─ ┘ H-Blatt 23
```

H-Bl.-MiNr.	MiNr.	Werte	✉
23	2×695 A/2×696 A/2×698 A/2×699 A	2×10+2×20+2×30+2×40	25,—

Zusammendrucke aus H-Blatt 23 und MHB:

 W 38  W 41  K 12

Zd-MiNr.	MiNr.	Werte	✉
W 38	695 A/696 A	10+20	2,50
W 39	695 A/696 A/698 A	10+20+30	3,50
W 40	696 A/698 A	20+30	3,—
W 41	696 A/698 A/699 A	20+30+40	7,50
W 42	698 A/699 A	30+40	3,—
K 12	699 A/699 A	40+40	4,—
KZ 9 b	695 A/Z/695 A	10+Z+10	—,—

Der Zwischensteg bei KZ 9 b ist mit je einer senkrechten Strichelleiste in Siena und Dunkelpurpurviolett bedruckt. Katalogisierung KZ 9 a siehe bei MH 16!

Unfallverhütung, August 1973, Heftchen MiNr. 19 mit H-Blatt 24

```
┌─ ─ ─ ─ ─ ─ ─ ─ ─ ─ ─┐
│ 5 │ 25 │ 30 │ 40 │
│ ─ ─  ─ ─  ─ ─  ─ ─ │
│ 5 │ 25 │ 30 │ 40 │
└ ─ ─  ─ ─  ─ ─  ─ ─ ┘ H-Blatt 24
```

H-Bl.-MiNr.	MiNr.	Werte	✉
24	2×694 A/2×697 A/2×698 A/2×699 A	2×5+2×25+2×30+2×40	25,—

Zusammendrucke aus H-Blatt 24 und MHB:

 W 44

Zd-MiNr.	MiNr.	Werte	✉
W 43	694 A/697 A	5+25	6,—
W 44	694 A/697 A/698 A	5+25+30	6,—
W 45	697 A/698 A	25+30	7,50
W 46	697 A/698 A/699 A	25+30+40	—,—
KZ 10	694 A/Z/694 A	5+Z+5	—,—

In H-Blatt 24 sind außerdem W 42 und K 12 enthalten. Katalogisierung siehe bei MH 18.

Bundesrepublik Deutschland (Markenheftchen)

```
| 40 | 10 | 30 | 20 |
| 40 | 10 | 30 | 20 |
```
H-Blatt 25

Ab H-Bl. 25 gelten die Preise für Stücke ohne Rand.

H-Bl.-Nr.	MiNr.	Werte	✉
25	695 C/D / 696 C/D / 698 C/D / 699 C/D	2×10+2×20+2×30+2×40	50,—

Zusammendrucke aus H-Blatt 25:

W 47

W 54

Zd-MiNr.	MiNr.	Werte	✉
W 47	699 C/695 C	40+10	12,50
W 48	699 D/695 D	40+10	12,50
W 49	699 C/695 C/698 C	40+10+30	17,50
W 50	699 D/695 D/698 D	40+10+30	17,50
W 51	695 C/698 C	10+30	15,—
W 52	695 D/698 D	10+30	15,—
W 53	695 C/698 C/696 C	10+30+20	20,—
W 54	695 D/698 D/696 D	10+30+20	20,—
W 55	698 C/696 C	30+20	12,50
W 56	698 D/696 D	30+20	12,50

Senkrechte Paare aus H-Blatt 25:

	✉		✉
695 C/D	15,—	698 C/D	15,—
696 C/D	15,—	699 C/D	15,—

Burgen und Schlösser, Juni 1977, Heftchen MiNr. 21 mit H-Blatt 26

```
| 50 | 30 | 10 | 10 |
| 50 | 30 | 10 | 10 |
```
H-Blatt 26

H-Bl.-MiNr.	MiNr.	Werte	✉
26	2×913 C I/D I/914 C I/DI/916 C I/D I	4×10+2×30+2×50	20,—

Zusammendrucke aus H-Blatt 26:

W 57

W 60

Bundesrepublik Deutschland (Markenheftchen)

Zd.-MiNr.	MiNr.	Werte	✉
W 57	916 C I/914 C I	50+30	6,—
W 58	916 D I/914 D I	50+30	6,—
W 59	916 C I/914 C I/913 C I	50+30+10	10,—
W 60	916 D I/914 D I/913 D I	50+30+10	10,—
W 61 I	914 C I/913 C I	30+10	2,50
W 62 I	914 D I/913 D I	30+10	2,50

Senkrechte Paare aus H-Blatt 26:

	✉		✉
913 C I/D I	2,—	916 C I/D I	10,—
914 C I/D I	3,—		

Burgen und Schlösser, Juni 1986–1992, Heftchen MiNr. 22 I und 22 II mit H-Blatt 27 I und 27 II

```
| 10 | 30 | 10 | 50 |
| 10 | 30 | 10 | 50 |  H-Blatt 27
```

H-Bl.-MiNr.	MiNr.	Werte	✉
27 I	2×913 C I/D I / 914 C I/D I / 1038 C I/D I	4×10+2×30+2×50	10,—
27 II	2×913 C II/D II / 914 C II/D II / 1038 C II/D II	4×10+2×30+2×50	5,—

Von H-Blatt 27 sind Stücke bekannt, die infolge Fehlschnitts in der Mitte ☐ statt gez. und oben und unten gez. statt ☐ sind. (✉ —,—)

Zusammendrucke aus H-Blatt 27:

W 63

W 68

Zd.-MiNr.	MiNr.	Werte	✉
W 61 II	914 C II/913 C II	30+10	1,50
W 62 II	914 D II/913 D II	30+10	1,50
W 63 I	913 C I/914 C I	10+30	2,50
W 63 II	913 C II/914 C II	10+30	1,50
W 64 I	913 D I/914 D I	10+30	2,50
W 64 II	913 D II/914 D II	10+30	1,50
W 65 I	913 C I/914 C I/913 C I	10+30+10	3,50
W 65 II	913 C I/914 C II/913 C II	10+30+10	2,—
W 66 I	913 D I/914 D I/913 D I	10+30+10	3,50
W 66 II	913 D I/914 D II/913 D II	10+30+10	2,—
W 67 I	914 C I/913 C I/1038 C I	30+10+50	5,—
W 67 II	914 C II/913 C II/1038 C II	30+10+50	3,50
W 68 I	914 D I/913 D I/1038 D I	30+10+50	5,—
W 68 II	914 D II/913 D II/1038 D II	30+10+50	3,50
W 69 I	913 C I/1038 C I	10+50	3,50
W 69 II	913 C II/1038 C II	10+50	2,—
W 70 I	913 D I/1038 D I	10+50	3,50
W 70 II	913 D II/1038 D II	10+50	2,—

Katalogisierung W 61 I und W 62 I siehe bei MH 21.

Senkrechte Paare aus H-Blatt 27:

	✉		✉
913 C II/D II	1,—	1038 C I/D I	3,50
914 C II/D II	2,—	1038 C II/D II	2,50

Katalogisierung 913 C I/D I und 914 C I/D I siehe bei MH 21.

Bundesrepublik Deutschland (Markenheftchen)

Burgen und Schlösser, 1980, Heftchen MiNr. 23 mit H-Blatt 28

```
| 30 | 10 | 50 | 60 |
|----|----|----|----|
| 30 | 10 | 50 | 60 |
```
H-Blatt 28

H-Bl.-MiNr.	MiNr.	Werte	✉
28	913 C I/D I / 914 C I/D I / 1038 C I/D I / 1028 C/D	2×10+2×30+2×50+2×60	40,—

Zusammendrucke aus H-Blatt 28:

W 71

W 74

Zd-MiNr.	MiNr.	Werte	✉
W 71	913 C I/1038 C I/1028 C	10+50+60	20,—
W 72	913 D I/1038 D I/1028 D	10+50+60	20,—
W 73	1038 C I/1028 C	50+60	20,—
W 74	1038 D I/1028 D	50+60	20,—

In H-Blatt 28 sind außerdem folgende Zusammendrucke enthalten: W 61 I, W 62 I (Katalogisierung siehe bei MH 21) und W 67 I–W 70 I (Katalogisierung siehe bei MH 22).

Senkrechtes Paar aus H-Blatt 28:

	✉
1028 C/D	—,—

In H-Blatt 28 sind außerdem folgende senkrechte Paare enthalten: 913 C I/D I, 914 C I/D I (Katalogisierung siehe bei MH 21) und 1038 C I/D I (Katalogisierung siehe bei MH 22).

Burgen und Schlösser, 1982, Heftchen MiNr. 24 mit H-Blatt 29

```
| 10 | 10 | 50 | 80 |
|----|----|----|----|
| 10 | 10 | 50 | 80 |
```
H-Blatt 29

H-Bl.-MiNr.	MiNr.	Werte	✉
29	2×913 C I/D I / 1038 C I/D I / 1140 C I/D I	4×10+2×50+2×80	16,—

Zusammendrucke aus H-Blatt 29:

W 75

W 78

Bundesrepublik Deutschland (Markenheftchen)

Zd-MiNr.	MiNr.	Werte	✉
W 75	913 C I/1038 C I/1140 C I	10+50+80	10,—
W 76	913 D I/1038 D I/1140 D I	10+50+80	10,—
W 77	1038 C/1140 C I	50+80	10,—
W 78	1038 D/1140 D I	50+80	10,—

In H-Blatt 29 sind außerdem folgende Zusammendrucke enthalten: W 69 I und W 70 I (Katalogisierung siehe bei MH 22).

Senkrechtes Paar aus H-Blatt 29:

1140 C I/D I . . . . ✉ 12,—

In H-Blatt 29 sind außerdem folgende senkrechte Paare enthalten: 913 C I/D I (Katalogisierung siehe bei MH 21) und 1038 C I/D I (Katalogisierung siehe bei MH 22).

Sehenswürdigkeiten, 1989–1992, Heftchen MiNr. 25 mit H-Blatt 30

10	10	50	80
10	10	50	80

H-Blatt 30

H-Bl.-MiNr.	MiNr.	Werte	✉
30	1347 C/D/1340 C/D/1342 C/D	4×10+2×50+2×80	10,—

Zusammendrucke aus H-Blatt 30:

 W 81    W 84

Zd-MiNr.	MiNr.	Werte	✉
W 79	1347 C/1340 C	10+50	2,—
W 80	1347 D/1340 D	10+50	2,—
W 81	1347 C/1340 C/1342 C	10+50+80	5,—
W 82	1347 D/1340 D/1342 D	10+50+80	5,—
W 83	1340 C/1342 C	50+80	5,—
W 84	1340 D/1342 D	50+80	5,—

Senkrechte Paare aus H-Blatt 30:

	✉		✉
1340 C/D	3,—	1347 C/D	1,50
1342 C/D	5,—		

Mit MICHEL machen Sie mehr aus Ihren Briefmarken!

Bundesrepublik Deutschland (Markenheftchen)

Sehenswürdigkeiten, 1989, 1991, Heftchen MiNr. 26 mit H-Blatt 31

```
┌─────────────────────┐
│ 10 │ 60 │ 80 │ 100 │
│────┼────┼────┼─────│
│ 10 │ 60 │ 80 │ 100 │
└─────────────────────┘  H-Blatt 31
```

H-Bl.-MiNr.	MiNr.	Werte	✉
31	1347 C/D / 1341 C/D / 1342 C/D / 1406 C/D	2×10+2×60+2×80+2×100	20,—

Zusammendrucke aus H-Blatt 31:

 W 87

 W 94

Zd-MiNr.	MiNr.	Werte	✉
W 85	1347 C/1341 C	10+60	3,50
W 86	1347 D/1341 D	10+60	3,50
W 87	1347 C/1341 C/1342 C	10+60+80	6,—
W 88	1347 D/1341 D/1342 D	10+60+80	6,—
W 89	1341 C/1342 C	60+80	6,—
W 90	1341 D/1342 D	60+80	6,—
W 91	1341 C/1342 C/1406 C	60+80+100	8,50
W 92	1341 D/1342 D/1406 D	60+80+100	8,50
W 93	1342 C/1406 C	80+100	7,—
W 94	1342 D/1406 D	80+100	7,—

Senkrechte Paare aus H-Blatt 31:

1341 C/D .... ✉ 4,— | 1406 C/D .... ✉ 7,—

In H-Blatt 31 sind außerdem noch folgende senkrechte Paare enthalten: 1342 C/D und 1347 C/D (Katalogisierung siehe bei MH 25).

Sehenswürdigkeiten (selbstklebend), 1991, Heftchen MiNr. 27

MH 27 enthielt keine Zusammendrucke. ✉ siehe bei MiNr. 1531–1534.

Die MICHEL-Rundschau – gesammelt griffbereit!

Die MICHEL-Rundschau-Sammelmappe, aus blauer PVC-Folie mit Goldaufdruck und der bewährten Federstabmechanik, bietet Platz für die 12 Ausgaben eines Jahres.

So schaffen Sie Ordnung und Übersicht – können aber mühelos jede MICHEL-Rundschau herausnehmen und später wieder einordnen.

Fragen Sie bitte bei Ihrem Briefmarkenhändler nach der neuen MICHEL-Rundschau-Sammelmappe!

Bundesrepublik Deutschland (Markenheftchen)

Sehenswürdigkeiten, 1993, Heftchen MiNr. 28 mit H-Blatt 32

```
┌─────────────┐
│ 20 │ 80 │
├────┼────┤
│ 20 │ 80 │
└─────────────┘
```
H-Blatt 32

H-Bl.-MiNr.	MiNr.	Werte	✉
32	1398 C/D / 1342 C/D	2×20+2×80	—,—

Zusammendrucke aus H-Blatt 32:

 W 95

Zd-MiNr.	MiNr.	Werte	✉
W 95	1398 C/1342 C	20+80	—,—
W 96	1398 D/1342 D	20+80	—,—

Senkrechte Paare aus H-Blatt 32:

1398 C/D .... —,— | *1342 C/D siehe bei MH 25.*

Der überwiegende Teil der Auflage von Heftchen 28 wurde von der Post erst nach dem 1. Juli 1993 abgegeben. Nachweislich vor diesem Zeitpunkt verwendete H-Bl. 32 und die Zusammendrucke daraus sind deshalb auf ✉ selten. Prüfung empfehlenswert.

MICHEL geht in die Luft!

Der MICHEL-Zeppelin- und Flugpost-Spezial-Katalog dokumentiert den faszinierenden Aufbruch in das Zeitalter der Luftfahrt. Er erfaßt systematisch die Pionierflugpost sowie die Erst- und Eröffnungsflüge des planmäßigen Luftpostverkehrs in Deutschland zwischen 1919 und 1945. Dazu werden alle Arten von Flugpoststempeln, halbamtliche Flugmarken und Luftpost-Ganzsachen mit all ihren Besonderheiten gezeigt.

Im Zeppelin-Teil sind die teilweise abenteuerlichen Fahrten aller großen zum Einsatz gekommenen Luftschiffe mit ihren einzelnen Etappen und den beteiligten Vertragsstaaten aufgeführt und die dazugehörigen Belege mit ihren oftmals dekorativen Stempeln bewertet.

Damit ist der MICHEL-Zeppelin- und Flugpost-Spezial-Katalog das Katalogwerk für ein einzigartiges und fesselndes Sammelgebiet.

Der Katalog enthält auf 400 Seiten mehr als 1600 Abbildungen und über 8000 Preisnotierungen. Ladenpreis 68,– DM.

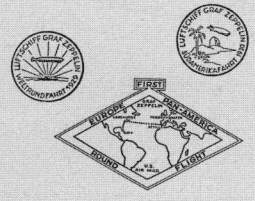    

MICHEL Schwaneberger Verlag GmbH · Muthmannstraße 4 · 80939 München

MICHEL*soft*

Software für jeden Sammler

- Die komfortable Datenbank für MS-DOS und Windows
- Ausgereift und erprobt
- Für Briefmarken, Telefonkarten, Münzen und viele andere Sammelobjekte
- Erstellung von Bestands-, Fehl-, Motivlisten usw.
- Problemlose Installation
- MICHEL-Katalogdisketten mit MICHEL-Nummern und Preisnotierungen
- Demo-Disketten zum Ausprobieren
- Aktuelle Informationen auf Anforderung

Schwaneberger Verlag GmbH · Muthmannstraße 4 · 80939 München